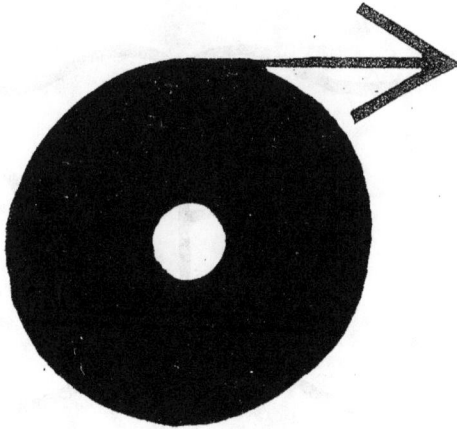

Début de bobine
NF Z 43-120-1

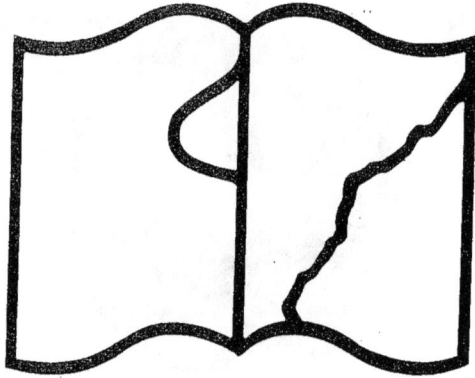

Texte détérioré — reliure défectueuse

NF Z 43-120-11

JURISPRUDENCE GÉNÉRALE

DE MM. DALLOZ

LES

CODES ANNOTÉS

SUPPLÉMENT AU CODE DE PROCÉDURE CIVILE

Comprenant la loi du 26 janvier 1892 sur les frais de justice

ANNOTÉ ET EXPLIQUÉ D'APRÈS LA JURISPRUDENCE ET LA DOCTRINE

Avec renvois au Répertoire alphabétique, à son Supplément et au Recueil périodique

Par MM.

Édouard DALLOZ fils	**Charles VERGÉ**
Avocat, ancien Député, Commandeur de la Légion d'honneur.	Membre de l'Institut.
Ch. VERGÉ fils, Maître des requêtes honoraire.	**Gaston GRIOLET,** Docteur en Droit.

Avec la collaboration de **M. A. GIGOT**, ancien avocat au Conseil d'État et à la Cour de cassation,
Et de **M. N. GAVOIS**, Conservateur des hypothèques, à Paris.

PARIS

AU BUREAU DE LA JURISPRUDENCE GÉNÉRALE

19, RUE DE LILLE, 19

1893

ANGERS. — TYPOGRAPHIE A. BURDIN ET Cie, 4, RUE GARNIER

JURISPRUDENCE GÉNÉRALE

DE MM. DALLOZ

LES

CODES ANNOTÉS

SUPPLÉMENT AU CODE DE PROCÉDURE CIVILE

Comprenant la loi du 26 janvier 1892 sur les frais de justice

ANNOTÉ ET EXPLIQUÉ D'APRÈS LA JURISPRUDENCE ET LA DOCTRINE

Avec renvois au Répertoire alphabétique, à son Supplément et au Recueil périodique

Par MM.

Édouard DALLOZ fils
Avocat, ancien Député, Commandeur de la Légion d'honneur.

Ch. VERGÉ fils, Maître des requêtes honoraire.

Charles VERGÉ
Membre de l'Institut.

Gaston GRIOLET, Docteur en Droit.

Avec la collaboration de **M. A. GIGOT**, ancien avocat au Conseil d'État et à la Cour de cassation,
Et de **M. N. GAVOIS**, Conservateur des hypothèques, à Paris.

PARIS

AU BUREAU DE LA JURISPRUDENCE GÉNÉRALE

19, RUE DE LILLE, 19

1893

EXPLICATION DES ABRÉVIATIONS

Adm.	Administratif; administration.
Arg.	Argument.
Arr.	Arrêté.
Av.	Avis.
Bull. min. just.	Bulletin officiel du ministère de la justice.
C. cass.	Cour de cassation.
C. civ.	Code civil.
C. com.	Code de commerce.
C. for.	Code forestier.
C. instr. cr.	Code d'instruction criminelle.
C. pén.	Code pénal.
C. proc. civ.	Code de procédure civile.
Ch. réun. c.	Arrêt des chambres réunies de la Cour de cassation qui casse.
Ch. réun. r.	Arrêt des chambres réunies de la Cour de cassation qui rejette.
Circ.	Circulaire.
Circ. min. int.	Circulaire du ministre de l'intérieur.
Civ. c.	Arrêt de la chambre civile de la Cour de cassation qui casse.
Civ. r.	Arrêt de la chambre civile de la Cour de cassation qui rejette.
Comp.	Comparez.
Conf.	Conforme.
Cons. d'Ét.	Arrêt du Conseil d'État.
Cons. de préf.	Conseil de préfecture.
Contr.	Contraire.
Cr. c.	Arrêt de la chambre criminelle de la Cour de cassation qui casse.
Cr. r.	Arrêt de la chambre criminelle de la Cour de cassation qui rejette.
D. P.	Dalloz, Recueil périodique.
Décis.	Décision.
Décr.	Décret.

Délib.	Délibération.
Enreg.	Enregistrement.
Instr.	Instruction.
J.G.	Jurisprudence générale ou Répertoire alphabétique de MM. Dalloz.
J. G. S.	Supplément au Répertoire alphabétique de MM. Dalloz.
Jug.	Jugement.
L.	Loi.
Lett.	Lettre.
Min. fin.	Ministre des finances.
Min. int.	Ministre de l'intérieur.
Min. just.	Ministre de la justice.
Observ.	Observations.
Ord.	Ordonnance.
Préc.	Précité.
Quest. controv.	Question controversée.
Rec.	Recueil.
Rec. Cons. d'État.	Recueil des arrêts du Conseil d'État statuant au contentieux, du Tribunal des conflits et de la Cour des comptes, rédigé par F. Lebon, continué par MM. Panhard, Hallays-Dabot et Gérard.
Règl.	Règlement.
Req.	Arrêt de la chambre des requêtes de la Cour de cassation.
s. ou s.	Et suivants. Exemple : 13 s. ou 13 et s., signifie nos 13 et suivants.
Sén.-cons.	Sénatus-consulte.
Sol. implic.	Solution implicite.
Trib.	Tribunal.
Trib. confl.	Tribunal des conflits.
V.	Voir.

EXEMPLES DE L'ABRÉVIATION DES RENVOIS AUX OUVRAGES DE M. DALLOZ.

D. P. 89. 1. 42. — *Signifie* Recueil périodique de MM. Dalloz, année 1889, 1re partie, page 42.

J. G. *Sépar. de corps*, 200. — *Signifie* Jurisprudence générale de M. Dalloz aîné et de M. Armand Dalloz son frère, ou Répertoire de législation, de doctrine et de jurisprudence, v° *Séparation de corps*, n° 200.

J. G. S. *Divorce*, 35. — *Signifie* Supplément au Répertoire alphabétique de MM. Dalloz, v° *Divorce*, n° 35.

JURISPRUDENCE GÉNÉRALE

SUPPLÉMENT

AU

CODE DE PROCÉDURE CIVILE

PREMIÈRE PARTIE

PROCÉDURE DEVANT LES TRIBUNAUX

LIVRE PREMIER

DE LA JUSTICE DE PAIX

TITRE PREMIER.

Des Citations.

Art. 1er. Toute citation devant les juges de paix contiendra la date des jour, mois et an, les noms, profession et domicile du demandeur, les noms, demeure et immatricule de l'huissier, les noms et demeure du défendeur; elle énoncera sommairement l'objet et les moyens de la demande, et indiquera le juge de paix qui doit connaître de la demande et le jour et l'heure de la comparution(1).

DIVISION.

§ 1. — *Attributions des juges de paix* (n° 1).
§ 2. — *Citation en justice de paix* (n° 34).

§ 1er. — *Attributions des juges de paix* (C. proc. civ. n°s 1 à 63) (2).

1. — I. CONCILIATION. — V. *infrà*, art. 48 et s. n°s 897 et s.

(1) La dernière édition officielle du Code de procédure civile est du 8 oct. 1842; c'est celle dont nous donnons ici le texte.

(2) Un *projet de loi relatif à l'extension de la compé-*

SUPPL. AU C. PROC. CIV.

2. — II. ATTRIBUTIONS JUDICIAIRES (C. proc. civ. n°s 2 à 16). — 1° *Matières civiles.* — V. *infrà*, n°s 62 et s.

3. — 2° *Matières spéciales* (C. proc. civ. n°s 3 à 8). — L'art. 26 de la loi du 3 juill. 1877 (D.P.77. 4. 53) relative aux réquisitions militaires et aux dommages causés aux propriétés privées par le passage ou le stationnement des troupes dans les marches, manœuvres et opérations d'ensemble prévues par la loi du 24 juill. 1873 confère aux juges de paix compétence pour statuer en dernier ressort jusqu'à 200 fr., et en premier ressort jusqu'à 1500 fr., sur les demandes d'indemnités pour réquisitions exercées par l'autorité militaire. — J.G.S. *Compét. civ. des trib. de paix*, 1. — V. *Code des lois adm. annotées*, t. 5, v° *Organisation militaire*.

4. La loi du 3 juill. 1877 accorde au Gouvernement, en cas de mobilisation partielle ou totale de l'armée, ou même de rassemblement de troupes, le droit de requérir les

toute civile des juges de paix a été présenté récemment au Gouvernement. Ce projet qui élève en dernier ressort la compétence des juges de paix jusqu'à trois cents francs a été adopté en première délibération par la Chambre des députés dans sa séance du 24 févr. 1891. Nous nous contentons d'indiquer ici sommairement les modifications que ce projet apporte au Code de procédure et à la loi du 25 mai 1838, nous réservant de l'étudier plus en détail à la fin du volume (V. infrà, Additions complémentaires). — Pour le texte même du projet voir V. Journ. off. des 15, 17, 18, 20, 24, 24 et 25 févr. 1891, et infrà, Add. complém.

prestations nécessaires pour suppléer à l'insuffisance des moyens ordinaires d'approvisionnement de l'armée (art. 1er). — J.G.S. *Compét. civ. des trib. de paix*, 93.

5. Les indemnités dues pour ces réquisitions sont fixées, d'après les propositions d'une commission d'évaluation, par l'autorité militaire (art. 24 et 25). Si les habitants n'acceptent pas les offres qui leur sont faites, ils notifient ce refus au maire qui le transmet au juge de paix. — J.G.S. *Compét. civ. des trib. de paix*, 93.

6. Le juge de paix donne connaissance à l'autorité militaire du refus des habitants d'accepter les indemnités qui leur sont offertes, et envoie de simples avertissements sans frais, pour une date aussi rapprochée que possible, à l'autorité militaire et au réclamant. S'il ne parvient pas, sur cet avertissement, à concilier les parties, il peut prononcer immédiatement ou ajourner les parties pour être jugées dans le plus bref délai. — J.G.S. *Compét. civ. des trib. de paix*, 93.

7. Le juge de paix est saisi par le maire et non pas directement par la partie réclamante; il ne peut statuer qu'autant que le litige est inférieur à 1500 fr. Pour toute demande supérieure à ce chiffre, le juge de paix n'en connaît que comme tribunal de conciliation; la connaissance de l'affaire appartient en premier ressort aux tribunaux de première instance, et, au second degré aux cours d'appel. — J.G.S. *Compét. civ. des trib. de paix*, 93.

8. Sur les attributions contentieuses des

juges de paix en matière d'octroi, V. *Code des lois adm. annotées*, t. 4, v° *Octroi*.

9. En matière de douanes, les tribunaux de paix constituent la juridiction ordinaire. — *Ibid.*, v° *Douanes*.

10. Le juge de paix est compétent, aux termes de l'art. 5 de la loi du 10 juin 1854, pour connaître des contestations relatives aux travaux de drainage. — V. *Code de procédure civile*, n° 6 1). — V. aussi *Code civil annoté*, t. 1er, p. 463; et son *Supplément*, n°s 4232 et s.

11. En matière d'enregistrement, l'art. 13 de la loi du 23 août 1871 (D.P. 71. 4. 54) attribue compétence au juge de paix pour statuer sur les réclamations de la Régie relatives aux dissimulations commises dans le prix d'une vente, la soulte d'un échange ou d'un partage de biens immeubles, lorsque le chiffre de la demande ne dépasse pas 200 fr. — J.G.S. *Enregistrement*, 3327.

12. Le juge de paix connaît de l'appel des commissions municipales relativement aux demandes d'inscription ou de radiation en matière électorale. — V. *Code de procédure civile*, n° 8. — V. aussi *Code des lois adm. annotées*, t. 1er, X, v° *Élections*, n°s 4259 et s.

13. — 3° *Matières criminelles* (C. proc. civ. n°s 9 à 16).

14. — III. ATTRIBUTIONS EXTRAJUDICIAIRES (C. proc. civ n°s 17 à 54). — Les juges de paix sont chargés de dresser les actes : ... d'émancipation. — V. *Code civil annoté*, art. 477, n°s 27 et s.; et son *Supplément*, n° 3272.

15. . . D'adoption. — V. *Code civil annoté*, art. 353, n°s 3 et s.; et son *Supplément*, n°s 2926 et s.

16. Ils sont aussi chargés : ... d'apposer les scellés après décès. — V. *infrà*, art. 907 et s.

17. ... De procéder aux opérations qui leur sont déléguées par un tribunal civil ou le président d'un tribunal civil. — V. *infrà*, art. 255, 305, 1035.

18. Aux termes de l'art. 6 du décret du 13 août 1889 (D.P. 89. 4. 72), le juge de paix est chargé de recevoir les déclarations prescrites par la loi du 26 juin 1889 (D.P. 89. 4. 59) pour acquérir ou répudier la qualité de Français. — V. *Supplément au Code civil annoté*, p. 659, note 1.

19. Le juge de paix a compétence pour nommer, à défaut du président du tribunal civil, les experts qui doivent, en cas de contestation pour la réception d'objets transportés par un voiturier, constater leur état. — V. *Code de commerce annoté*, art. 106, n°s 6, 12 et 46.

20. Dans les villes où il n'y a pas de tribunal de commerce, ce même magistrat est compétent pour autoriser le capitaine dont le navire a besoin de radoub ou d'achat de victuailles à emprunter sur le corps du vaisseau. — V. *Code de commerce annoté*, art. 234, n°s 16, 18 et s.

21. Sur les attributions conférées au juge de paix par la loi du 6 août 1791, relative au sauvetage des navires, V. *Code des lois adm. annotées*, t. 4, v° *Douanes*, et t. 5, v° *Organisation maritime*.

22. Le juge de paix vise et déclare exécutoires, sans frais, les contraintes décernées par l'administration des contributions indirectes. — V. *Code des lois adm. annotées*, t. 4, v° *Contributions indirectes*.

23. Il vise également les contraintes décernées par l'administration de l'Enregistrement (L. 22 frim. an 7, art. 64). — V. *Code annoté de l'Enregistrement*, n°s 5917 et s.

24. Il reçoit le serment des experts nommés dans les affaires d'enregistrement (L. 15 nov 1808). — V. *Code annoté de l'Enregistrement*, n°s 3162 et s.

25. Il reçoit également l'affirmation des procès-verbaux dressés par les préposés :... des douanes. — V. *Code des lois adm. annotées*, t. 4, v° *Douanes*

26. ... Des contributions indirectes. — V. *ibid.*, v° *Contributions indirectes*.

27. ... Des octrois. — V. *ibid.*, v° *Octroi*.

28. Il reçoit aussi l'affirmation des procès-verbaux... des gardes champêtres. — V. *ibid.*, t. 1er, VIII, v° *Commune*, n°s 5911 et s.

29. ... Et des gardes forestiers. — V. *Code forestier annoté*, art. 165, n°s 136 et s.

30. En matière forestière, le juge de paix doit assister à l'introduction, dans l'intérieur des maisons et enclos, des gardes champêtres et forestiers qui veulent opérer une saisie. — *Ibid.*, art. 161, n°s 128 et 135, et art. 162.

31. Il peut donner mainlevée provisoire des objets saisis, à la charge du payement des frais de séquestre, et moyennant caution. — V. *ibid.*, art. 167 et 168.

32. Il doit ordonner la vente des bestiaux saisis non réclamés dans les cinq jours du séquestre ou pour lesquels il n'a pas été fourni caution suffisante. Il taxe dans ce cas les frais de séquestre et de vente. — V. *ibid.*, art. 169, n°s 4 et s.

33. — IV. CAS OU LE JUGE DE PAIX NE PEUT SIÉGER (C. proc. civ. n°s 55 à 63). — V. *infrà*, art. 363 et s.

§ 2. — *Citation en justice de paix* (C. proc. civ. n°s 64 à 71).

34. Sur la sentence rendue par un juge de paix à une audience postérieure à la date indiquée dans la citation, V. *infrà*, art. 149.

Art. 2. En matière purement personnelle ou mobilière, la citation sera donnée devant le juge du domicile du défendeur; s'il n'a pas de domicile, devant le juge de sa résidence.

35. Sur la distinction des actions en personnelles et réelles, mobilières et immobilières, V. *infrà*, L. 25 mai 1838, art. 1er, n°s 62 et s., et art. 59 et 69.

36. Le *projet de loi sur l'extension de la compétence des juges de paix* abroge dans son art. 20 l'art. 2 C. proc. civ. L'art. 14 de ce projet qui remplace et complète les art. 2 et 3 dispose qu'en matière personnelle et mobilière l'action sera portée devant le juge de paix du domicile du défendeur et à défaut de domicile ou de résidence connue du défendeur, le demandeur pourra intenter son action devant le juge de paix de son propre domicile. — V. *infrà*, *Add. complém.*

Art. 3. Elle le sera devant le juge de la situation de l'objet litigieux, lorsqu'il s'agira :

1° Des actions pour dommages aux champs, fruits et récoltes;

2° Des déplacements de bornes, des usurpations de terres, arbres, haies, fossés et autres clôtures, commis dans l'année : des entreprises sur les cours d'eau, commises pareillement dans l'année, et de toutes autres actions possessoires;

3° Des réparations locatives;

4° Des indemnités prétendues par le fermier ou locataire pour non-jouissance, lorsque le droit ne sera pas contesté; et des dégradations alléguées par le propriétaire.

37. Cet article est abrogé par l'art. 20 du *projet de loi* susindiqué. — V. *infrà*, *Add. complém.*

38. Les art. 3 et 4 du même *projet de loi* (V. *infrà*, *Add. complém.*), étendent la compétence du juge de la situation des lieux : ... 1° aux actions pour dommages faits aux champs, fruits et récoltes, soit par l'homme, soit par les animaux; et à celles relatives à l'élagage des arbres ou haies et au curage soit des fossés, soit des canaux servant à l'irrigation des propriétés ou au mouvement des usines, lorsque les droits de propriété ou de servitude ne sont pas contestés;

39. ... 2° Aux réparations locatives des maisons ou fermes mises par la loi à la charge des locataires;

40. ..., 3° Aux indemnités réclamées par le locataire ou fermier pour non-jouissance provenant du fait du propriétaire, lorsque le droit à une indemnité n'est pas contesté;

41. ... 4° Aux dégradations et pertes dans les cas prévus par les art. 1732 et 1735 C. civ.

42. ... 5° Aux entreprises commises dans l'année sur les cours d'eau servant à l'irrigation des propriétés et au mouvement des usines et moulins, sans préjudice des attributions de l'autorité administrative dans les cas déterminés par les lois et règlements; aux dénonciations de nouvel œuvre, complaintes, actions en réintégrande et autres actions possessoires fondées sur des faits également commis dans l'année.

43. ... 6° Aux actions en bornage et à celles relatives à la distance prescrite par la loi, les règlements particuliers et l'usage des lieux, pour les plantations d'arbres ou de haies, lorsque la propriété ou les titres qui l'établissent ne sont pas contestés.

44.... 7° Aux actions relatives aux constructions et travaux énoncés par l'art. 674 C. civ., lorsque la propriété ou la mitoyenneté du mur ne sont pas contestés.

45.... 8° A toutes les demandes relatives aux vices rédhibitoires dans les cas prévus par la loi du 2 août 1884 (D.P. 84. 4. 121), soit que les animaux qui en font l'objet aient été vendus, soit qu'ils aient été échangés, soit qu'ils aient été acquis par tout autre mode de transmission.

46. Lorsque le demandeur en complainte prétend, en se disant enclavé, avoir la possession annale de passer sur un réseau de six chemins, qui forment au point de vue de l'enclave un ensemble indivisible, en raison de ce que les cinq premiers ne communiquent avec la voie publique que par le sixième, le litige a, en réalité, un objet unique, résidant à la fois dans les six chemins en question. En conséquence, bien que cinq desdits chemins soient situés [illegible] un canton, et le sixième dans un a[illegible] deux juges de paix de la sit[illegible]ment saisi pour le to[illegible] ité. — Req. 11 [illegible] la note 1.

47. Aussi, dans le cas où [illegible] saisi, dans le canton duquel sont situés [illegible] cinq premiers chemins, tout en reconnaissant sa compétence pour connaître quant à eux de la complainte, se déclare à tort incompétent pour en connaître quant au chemin situé sur le canton voisin, le tribunal civil qui réforme partiellement la sentence en décidant que la compétence est totale, peut-il valablement renvoyer la cause entière devant ce même juge de paix, afin d'y être statué au fond. — Même arrêt.

48. Sur la compétence du juge de paix en matière d'actions possessoires, V. *infrà*, art. 23, n°s 330 et s.

Art. 4. La citation sera notifiée par l'huissier de la justice de paix du domicile du défendeur; en cas d'empêchement par celui qui sera commis par le juge : copie en sera laissée à la partie; s'il ne se trouve personne en son domicile, la copie sera laissée au maire ou adjoint de la commune qui visera l'original sans frais.

L'huissier de la justice de paix ne pourra instrumenter pour ses parents en ligne directe, ni pour ses frères, sœurs et alliés au même degré.

Art. 5. Il y aura un jour au moins entre celui de la citation et le jour indiqué pour la comparution, si la partie citée est domiciliée dans la distance de trois myriamètres.

Si elle est domiciliée au delà de cette dis-

(1) Dans les renvois que, dans le présent *Supplément*, nous faisons au *Code de procédure civile annoté*, nous n'indiquons les articles du Code qu'autant qu'il s'agit du commentaire d'articles différents de ceux sous lesquels figure le renvoi.

tance, il sera ajouté un jour par trois myriamètres.

Dans le cas où les délais n'auront point
été observés, si le défendeur ne comparait
pas, le juge ordonnera qu'il sera réassigné,
et les frais de la première citation seront à
charge du demandeur.

Art. 6. Dans les cas urgents, le juge donnera une cédule pour abréger les délais, et
pourra permettre de citer, même dans le
jour et à l'heure indiqués.

49. V. *infrà*, L. 25 mai 1838, art. 17, nᵒˢ 298
et s.

Art. 7. Les parties pourront toujours se
présenter volontairement devant un juge de
paix; auquel cas il jugera leur différend, soit
en dernier ressort, si les lois ou les parties
l'y autorisent, soit à la charge de l'appel, encore qu'il ne fût le juge naturel des parties,
ni à raison du domicile du défendeur, ni à
raison de la situation de l'objet litigieux.

La déclaration des parties qui demanderont
jugement sera signée par elles ou mention
sera faite si elles ne peuvent signer.

50. — I. DANS QUELS CAS IL Y A PROROGATION
DE LA JURIDICTION DU JUGE DE PAIX (C. proc. civ.
nᵒˢ 1 à 8). — La faculté de proroger la juridiction du juge de paix, résultant de l'art. 7
C. proc. civ., peut s'exercer en lui conférant
le pouvoir de statuer sur une somme supérieure au taux de sa compétence ordinaire
ou de prononcer un dernier ressort sur une
contestation dont il ne peut connaître qu'à
charge d'appel. — Civ. c. 5 janv. 1858, D.P. 58.
1. 36.

51. Le fait par une partie d'avoir volontairement comparu devant un expert chargé
par jugement de procéder à un réglement de
comptes et d'avoir discuté ses intérêts devant l'expert attribue au juge de paix qui a
rendu le jugement ordonnant l'expertise
compétence pour statuer au fond sur les
comptes respectifs des parties, bien que le
défendeur ait soulevé une demande reconventionnelle excédant, par son taux, la compétence du juge de paix. — Civ. r. 8 mai 1889,
D.P. 90. 4. 206.

52. La prorogation *de re ad rem* ne peut
s'exercer valablement, les parties ne pouvant
déroger à l'ordre des juridictions, ni étendre
la compétence d'un juge d'exception à une
matière qui est complétement étrangère.
— J.G.S. *Compét. civ. des trib. de paix*, 436.
— V. *Code de procédure civile*.

53. En pareil cas, l'incompétence du juge
de paix est une incompétence d'ordre public
et qui ne peut être couverte par le consentement même des parties. — Civ. c. 20 juin
1877, D.P. 77. 1. 392.

54. Jugé au sens que les actions réelles
immobilières pétitoires échappant à la compétence du juge de paix, aucune prorogation n'est possible
en cette matière, à son profit. — Besançon,
2 mai 1890, D.P. 91. 2. 104.

55. Ce magistrat est donc incompétent
ratione materiæ s'il s'agit de prononcer la
résolution d'une donation immobilière pour
cause d'inexécution des charges par le donataire. — Même arrêt.

56. Par suite, si le donateur des immeubles
a également fait donation de ses meubles, les
créanciers du donateur qui saisissent ces
meubles ne peuvent pas se fonder sur la
décision du juge de paix qui a prononcé la
révocation de la donation pour soutenir que
le mobilier ayant été saisi dans un immeuble
appartenant à leur débiteur, celui-ci est présumé propriétaire de ce mobilier. — Même
arrêt.

57. — II. FORMES DE LA DÉCLARATION DES PAR-
TIES (C. proc. civ. nᵒˢ 9 à 16). — Le consentement des parties est la base et la condition
sine quâ non de toute prorogation de juridiction. — J.G.S. *Compét. civ. des trib. de
paix*, 137.

58. — III. FORMES DE LA SENTENCE RENDUE SUR
PROROGATION; VOIES DE RECOURS (C. proc. civ. nᵒˢ 17
à 31). — D'après une opinion admise par plusieurs cours d'appel, le juge de paix ne peut
recevoir les conventions des parties qu'autant qu'il siège comme magistrat conciliateur;
il n'a point qualité à cet effet, lorsqu'il est
saisi, comme juge, d'une affaire de sa compétence, spécialement d'une action possessoire.
— Limoges, 28 juill. 1877, D.P. 79. 2. 149. —
V. *Code de procédure civile*. nᵒˢ 20 et s.

59. Par suite, le procès-verbal qu'il dresse
en ce dernier cas, à l'effet de constater un
arrangement conclu en sa présence, est sans
valeur légale, et ne peut servir de preuve
s'il n'est pas revêtu de la signature des parties. — Même arrêt.

60. Mais la Cour de cassation a décidé, au
contraire, que le juge de paix, saisi d'une
action possessoire, a qualité pour constater
les déclarations faites devant lui par les parties en vue d'un règlement amiable de l'intérieur de leur différend, et que le jugement
qui le décide ainsi ne viole en rien l'art. 25 et 54
C. pr. civ., ni le paragraphe 1ᵉʳ de l'art. 6 de
la loi du 25 mai 1838. — Req. 19 févr. 1889,
D.P. 89. 5. 458. — V. dans le même sens
Code de procédure civile, art. 48, nᵒˢ 42 et s.

61. Ce jugement ne méconnaît pas davantage les art. 1341 et 2044 C. civ. sur la preuve
testimoniale et la transaction, lorsqu'il a réservé pour la juridiction ordinaire toutes les
questions touchant la validité de l'arrangement qui aurait résulté desdites déclarations.
— Même arrêt.

APPENDICE AU TITRE PREMIER

Loi du 25 mai 1838

Sur les justices de paix. — Publiée le 6 juin 1838, au
Bulletin des Lois, nᵒ 7443. — (J.G. *Compét. civ.
des trib. de paix*, p. 110, note).

Art. 1ᵉʳ. Les juges de paix connaissent de
toutes actions purement personnelles et mobilières en dernier ressort, jusqu'à la valeur
de cent francs, et, à charge d'appel, jusqu'à
la valeur de deux cent francs (1).

DIVISION.

§ 1. — *Compétence du juge de paix en
matière d'actions personnelles ou
mobilières* (nᵒ 62).

§ 2. — *Détermination de la compétence et du
dernier ressort* (nᵒ 84).

§ 3. — *Exceptions opposées à la demande*
(nᵒ 99).

§ 4. — *Compétence territoriale* (nᵒ 103).

§ 1ᵉʳ. — *Compétence du juge de paix en
matière d'actions personnelles ou mobilières* (C. proc. civ. nᵒˢ 1 à 30).

62. — I. ACTIONS PERSONNELLES OU MOBILIÈRES
(C. proc. civ. nᵒˢ 1 à 13). — D'après l'art. 1ᵉʳ
du *projet de loi sur l'extension de la compétence des juges de paix*, ces magistrats
connaîtront de toutes les actions purement
personnelles et mobilières en dernier ressort jusqu'à la valeur de 300 fr. et à charge

---

(1) L'art. 20 *du projet de loi sur l'extension de la
compétence des juges de paix* abroge les art. 1 à 10
de la loi du 25 mai 1838. — V. *infrà*, Add. complém.

---

d'appel jusqu'à la valeur de 1.500 fr. — V.
infrà, Add. compl.

63. La règle d'après laquelle le juge de
paix est absolument incompétent pour statuer sur toute action mixte ou immobilière
ne doit pas recevoir une portée trop absolue. — J.G.S. *Compét. civ. des trib. de
paix*, 8.

64. De même que le juge de paix ne
cesse pas d'être compétent pour statuer sur
une action personnelle et mobilière d'une
valeur inférieure à 200 fr., bien que le défendeur y oppose une exception tirée d'un contrat de vente d'immeubles, de même il ne
cesse pas d'être compétent par cela seul que
l'action formée devant lui est relative à une
chose immobilière. — J.G.S. *Compét. civ.
des trib. de paix*, 8.

65. Dans ce cas, en effet, la demande peut
conserver un caractère mobilier; avoir, par
exemple, pour objet le payement d'une
somme d'argent ou des travaux qu'il avait
été convenu entre les parties d'exécuter à un
immeuble. — J.G.S. *Compét. civ. des trib. de
paix*, 8.

66. Ainsi la demande ayant pour objet
l'exécution d'une transaction, par laquelle
une partie, reconnaissant l'existence d'une
servitude de passage, s'est obligée à effectuer
certains travaux, ou à payer une somme
d'argent inférieure à 200 fr., est une demande
purement personnelle et mobilière et rentre,
par suite, dans la compétence du juge de
paix. — Civ. r. 27 mai 1878, D.P. 79. 1. 122.

67. Il n'importe que le tribunal de première instance ait confirmé la sentence du
juge de paix par des motifs tirés de l'étendue
et des conditions d'exercice de la servitude.
les motifs de la décision rendue par un tribunal d'appel ne pouvant modifier le caractère de la demande, telle qu'elle a été formulée devant le premier juge. — Même
arrêt, et la note 3 et 4.

68. La contestation sur le titre en vertu
duquel la demande est formée ne rend pas
le juge de paix incompétent, d'une manière
absolue, pour statuer sur la demande d'une
somme qui n'excède pas le taux de sa compétence. — J.G.S. *Compét. civ. des trib. de
paix*, 9. — V. *Code de procédure civile*, nᵒ 3.

69 Le juge de paix est encore compétent
pour statuer sur une demande en dommages-
intérêts pour réparation d'un préjudice résultant d'un délit constaté par une condamnation correctionnelle antérieure, pourvu
que cette demande en indemnité ne dépasse
pas 200 fr. — Trib. civ. de Saint-Flour,
23 janv. 1889, D.P. 90. 3. 16.

70. Le juge de paix est-il compétent pour
connaître d'une demande en validité d'offres
réelles? — V. *Code de procédure civile*, art.
815, nᵒˢ 1 et s. — V. aussi, *infrà*, art. 815.

71. Sur les demandes relatives aux honoraires des *officiers ministériels*, V. *infrà*,
art. 60, nᵒˢ 1402 et s.

72. La demande en restitution d'une
somme de 4 fr., intentée par un particulier
contre un conservateur des hypothèques, en
raison de ce que celui-ci aurait perçu cette
somme en trop pour le salaire d'une inscription, constitue une action personnelle et mobilière
placée dans la compétence du juge de paix
en dernier ressort, par l'art. 1ᵉʳ de la loi du
25 mai 1838. — Civ. c. 5 nov. 1889, D.P. 90.
1. 9, et la note 1.

73. Lorsque cette action a été intentée
devant le tribunal civil, la cour d'appel, qui
en trouve saisie au second degré, doit d'office, et alors même que l'exception d'incompétence n'a été soulevée à aucun moment
dans la cause, déclarer que le tribunal était
absolument incompétent pour en connaître.
— Même arrêt.

74. L'arrêt de la cour d'appel encourt par
suite la cassation, au lieu de décider ainsi,
il a déclaré l'appel irrecevable, sous le prétexte que la somme réclamée était inférieure
à 1.500 fr., et a ordonné comme conséquence
que le jugement du tribunal statuant au fond
sortirait son plein et entier effet. — Même arrêt.

75. Le pourvoi dirigé contre l'arrêt de la cour d'appel dont il s'agit ne rencontre d'ailleurs aucune fin de non-recevoir, dans la circonstance que la demande en réclamation des 4 fr., avant toute action devant le tribunal civil, avait été portée d'abord devant le juge de paix, qui s'était reconnu incompétent pour en connaître, par une sentence n'ayant pu avoir pour effet de rendre le tribunal civil compétent, ni de le dispenser, ainsi que la cour d'appel, de vérifier sa propre compétence. — Même arrêt.

76. Par dérogation à la règle qui place hors la compétence des juges de paix les actions relatives au payement des droits que l'administration de la régie est chargée de recouvrer, la loi du 23 août 1871 (D.P. 71. 4. 54) a donné compétence au juge de paix au cas de poursuites pour dissimulation dans le prix d'une vente et dans la soulte d'un échange ou d'un partage, lorsque le montant de la réclamation n'excède pas le taux de la compétence de ce magistrat (art. 12 et 13). — J. G. S. Compét. civ. des trib. de paix, 19. — V. Code de procédure civile, n° 15.

77. — II. ACTIONS IMMOBILIÈRES (C. proc. civ. n°s 16 à 26). — Le juge de paix est incompétent pour connaître d'une demande qui a pour objet tout à la fois d'obtenir le payement d'une somme inférieure à 200 fr. et de faire fixer le sens, contesté par le défendeur, du titre constitutif d'un droit d'usage sur lequel est basée la réclamation du demandeur, cette demande ayant le caractère d'une action réelle et étant, en outre, d'une valeur indéterminée. — Req. 23 juill. 1879, D. P. 80. 1. 423. — V. Code de procédure civile n° 16 et s.

78. Spécialement, la demande tendant, d'une part, au payement de la portion contributive des défendeurs dans les dépenses occasionnées par la prolongation d'un aqueduc dont l'usage a été concédé à ces derniers à titre onéreux, par le demandeur, et, d'autre part, à faire décider que les réparations de cet aqueduc seront supportées par ceux qui en tirent parti, n'est pas de la compétence du juge de paix, bien que le chiffre de la somme réclamée n'excède pas le taux de cette compétence, alors que le sens de la convention intervenue entre les parties est contesté par les défendeurs et que la demande a pour but de le faire déterminer. — Même arrêt.

79. Le juge de paix est également incompétent pour statuer sur une demande en dommages-intérêts fondée sur l'inexécution d'une promesse verbale de vente d'immeuble, lorsque cette promesse est contestée, une telle contestation rentrant, à raison de son caractère immobilier, dans les attributions exclusives des tribunaux civils. — Civ. c. 9 avr. 1879, D.P. 79. 1. 264. — V. Code de procédure civile, n° 25.

80. — III. AFFAIRES COMMERCIALES (C. proc. civ. n° 27). — Les juges de paix sont incompétents ratione materiæ pour connaître des affaires commerciales. — Civ. c. 14 févr. 1883, D.P. 83. 1. 190. — J.G.S. Compét. civ. des trib. de paix, 20; Compét. commerciale, 7, 12 et 17.

81. Et lorsqu'un jugement d'un juge de paix est déféré par voie d'appel au tribunal d'arrondissement pour cause d'incompétence, à raison de la nature commerciale de l'affaire, ce tribunal jugeant incompétent pour statuer sur le fond; il doit se borner à infirmer le jugement du juge de paix. — Même arrêt.

82. ... Surtout si la partie demande son renvoi devant les juges compétents. — Même arrêt.

83. — IV. EXCEPTION D'INCOMPÉTENCE (C. proc. civ. n°s 28 à 30). — Sur la question relative à l'incompétence du juge de paix pour statuer sur des actions excédant la valeur de 200 fr., et au moment où cette exception peut être proposée, V. infrà, art. 170.

§ 2. — Détermination de la compétence et du dernier ressort (C. pr. civ. n°s 31 à 73).

84. — I. DEMANDE D'UNE VALEUR DÉTERMINÉE (C. proc. civ. n°s 31 à 65.) — 1° Fixation du taux de la demande (C. proc. civ. n°s 31 à 47). — Aux termes de l'art. 1er de la loi de 1838, la valeur est déterminée par la chiffre de la demande, et non par la difficulté de la question à résoudre, pas plus que par l'intérêt de principe qui peut s'y attacher. — D.P. 90. 1. 9, note 1.

85. — 2° Intérêts et dommages-intérêts (C. proc. civ. n°s 48 à 52). — D'après un arrêt, le tribunal d'arrondissement est incompétent pour statuer sur une demande personnelle et mobilière de moins de 200 fr., bien qu'à la demande originaire et principale ait été jointe depuis, sous prétexte d'omission, une demande en dommages-intérêts supérieure au taux de la compétence du juge de paix, ces deux demandes, introduites séparément, ayant un objet différent. — Montpellier, 19 déc. 1878, D.P. 80. 2. 19.

86. Mais à la doctrine de cet arrêt on a objecté d'une part que la demande en dommages-intérêts formée postérieurement à la demande principale ; sous prétexte d'omission dans cette dernière, a nécessairement une cause antérieure à la demande principale ; et que, par conséquent, elle doit entrer en ligne de compte pour la détermination du degré de juridiction. — J.G.S. Compét. civ. des trib. de paix, 34.

87. On a fait observer, d'autre part, qu'il n'est nullement nécessaire que le demandeur ait réclamé les dommages-intérêts dans l'exploit introductif d'instance pour qu'ils puissent augmenter le chiffre de la demande principale et déterminer le taux de la compétence, car il est admis que les conclusions peuvent être modifiées par les parties, qu'elles peuvent être restreintes ou amplifiées de manière à rendre l'appel recevable ou non, à la condition qu'elles soient fondées sur une cause antérieure à l'exploit introductif. — J.G.S. Compét. civ. des trib. de paix, 34.

88. — 3° Exceptions (C. proc. civ. n° 53).

89. — 4° Modification des conclusions primitives (C. proc. civ. n°s 54 à 65).

90. — II. DEMANDE D'UNE VALEUR INDÉTERMINÉE (C. proc. civ. n°s 66 à 73). — L'art. 1er de la loi de 1838 est sans application, lorsque l'objet de la demande consistant non à obtenir le payement d'une somme d'argent, mais à obliger une partie, soit à faire, soit à ne pas faire une certaine chose, se trouve indéterminé quant à sa quotité. — J.G.S. Compét. civ. des trib. de paix, 28. — V. Code de procédure civile, n° 66.

91. L'indétermination de la demande est exclusive de la compétence du juge de paix, alors même qu'à la demande principale seraient jointes des conclusions tendant à faire condamner le défendeur à des dommages-intérêts, à titre de peine, pour le cas où il ne voudrait pas se soumettre à cette demande. — Civ. c. 30 avr. 1878, D.P. 79. 1. 268.

92. En pareil cas, en effet, la demande accessoire de dommages-intérêts n'offre pas une évaluation assez précise de l'intérêt du demandeur à l'accomplissement de la chose demandée au principal, pour que cette dernière demande puisse être considérée comme déterminée. — J.G.S. Compét. civ. des trib. de paix, 28.

93. Ainsi le juge de paix est incompétent pour connaître de la demande en suppression d'une boîte aux lettres placée par un locataire sur la porte d'une maison et en rétablissement de cette porte dans son premier état, cette demande étant d'une valeur indéterminée. — Civ. c. 30 avr. 1878, D.P. 79. 1. 268.

94. Il importe peu que le demandeur ait joint à son action, pour le cas où le défendeur refuserait d'exécuter lui-même cette suppression, une demande accessoire de dommages-intérêts n'excédant pas le taux de la compétence du juge de paix, si cette demande n'emporte point estimation de la suppression requise, et se déterminer pas au chef principal de ses conclusions. — Même arrêt.

95. L'action formée par le locataire d'une maison contre un autre locataire, afin d'être rétabli dans la jouissance d'un pilastre qu'il prétend être l'accessoire de sa boutique, constitue également une demande personnelle d'une valeur indéterminée, qui n'est point de la compétence du juge de paix. — Civ. c. 30 juill. 1877, D.P. 78. 1. 394.

96. Et le caractère de cette action n'est point modifié par le fait que, pour le préjudice qu'il prétendrait avoir éprouvé, le demandeur n'aurait sollicité qu'une condamnation inférieure à 100 fr. de dommages-intérêts. — Même arrêt, notes 1 et 2.

97. De même, la demande en restitution d'une lettre missive étant d'une valeur indéterminée ne saurait être portée devant le juge de paix, même lorsque le demandeur conclut à ce que le défendeur soit, à défaut de cette restitution, condamné à 200 fr. de dommages-intérêts. — Civ. c. 23 mai 1887, D.P. 88. 1. 31.

98. Mais la demande tendant à obtenir l'exécution de certains travaux, ou le payement d'une somme d'argent, bien qu'elle soit indéterminée quant à l'importance des travaux à accomplir, rentre dans la limite de la compétence du juge de paix, si la somme d'argent stipulée comme dédit ne dépasse pas le taux de cette compétence. — Civ. c. 27 mai 1878, D.P. 79. 1. 422. — V. Code de procédure civile.

§ 3. — Exceptions opposées à la demande (C. proc. civ. n°s 74 à 89).

99. Le juge de paix est compétent pour connaître de la demande en payement de deux primes annuelles d'assurances, s'élevant à une somme de moins de 200 fr., alors même que l'assuré soutient que le temps pour lequel la police a été souscrite est expiré, sans former d'ailleurs contre la compagnie aucune demande reconventionnelle. — Civ. c. 27 avr. 1875, D.P. 75. 1. 423. — V. Code de procédure civile, n° 73.

100. Mais le juge de paix, saisi d'une action en payement de primes d'assurance, dont la connaissance lui est attribuée par une clause de la police, est incompétent pour statuer sur la demande reconventionnelle formée incidemment à cette action, et tendant, d'une part, à faire restreindre la portée du contrat, d'autre part, à en obtenir la résiliation. — Civ. c. 9 févr. 1880, D.P. 81. 1. 296. — V. Code de procédure civile, n° 86.

101. Il doit, dans ce cas, soit retenir le jugement de la cause principale, s'il peut y être statué séparément de la demande reconventionnelle, soit renvoyer sur le tout les parties à se pourvoir devant le tribunal civil, si la liaison intime des demandes lui paraît exiger qu'il y soit statué par une seule décision. — Même arrêt.

102. Décidé également que, dans le cas où l'assuré d'une compagnie d'assurances à primes fixes, assigné par le payement d'une prime, soulève, par une demande reconventionnelle, la question de la résiliation de sa police, la valeur de cette demande, et par suite la compétence du tribunal de paix pour en connaître, dépend de la durée de la police et de la totalisation des primes, échues ou à échoir, auxquelles l'assuré serait obligé, jusqu'à l'expiration naturelle du contrat. — Civ. r. 10 déc. 1888, D.P. 89. 1. 441. — V. Dissertation de M. l'avocat général Petiton, ibid.

103. En conséquence, le juge du fond n'a pas été appelé à s'expliquer sur les éléments de fait, le moyen pris de ce que le tribunal de paix aurait été incompétent pour statuer sur la demande reconventionnelle en résiliation ne peut, bien qu'intéressant l'ordre public, être utilement proposé, pour la première fois, devant la Cour de cassation, comme étant mélangé de fait et de droit. — Même arrêt.

104. Le juge de paix est compétent en ce qui concerne les dommages-intérêts demandés reconventionnellement par le défendeur et fondés exclusivement sur la demande principale. — J.G.S. *Compét. civ. des trib. de paix*, 33.

§ 4. — *Compétence territoriale.*

105. V. Code de procédure civile.

Art. 2. Les juges de paix prononcent, sans appel, jusqu'à la valeur de cent francs, et, à charge d'appel, jusqu'au taux de la compétence en dernier ressort des tribunaux de première instance :

Sur les contestations entre les hôteliers, aubergistes ou logeurs, et les voyageurs ou locataires en garni, pour dépense d'hôtellerie et perte ou avarie d'effets déposés dans l'auberge ou dans l'hôtel ;

Entre les voyageurs et les voituriers ou hôteliers, pour retards, frais de route et perte ou avarie d'effets accompagnant les voyageurs ;

Entre les voyageurs et les carrossiers ou autres ouvriers, pour fournitures, salaires et réparations faites aux voitures de voyage.

106. — I. Contestations entre hôteliers et voyageurs (C. proc. civ. n°s 2 à 10). — Les dépenses faites dans une pension de chevaux ne sont pas assimilables à des dépenses d'hôtellerie, alors surtout que le propriétaire des chevaux habite la ville où la pension est établie ; par conséquent, si elles excèdent 200 fr., les contestations auxquelles elles donnent lieu ne sont pas de la compétence des juges de paix. — Aix, 20 mars 1879, D.P. 80. 2. 168.

107. Mais il semble que la solution devrait être différente si les chevaux placés dans la pension appartenaient à un voyageur, c'est-à-dire à une personne ne résidant pas dans la commune. — J.G.S. *Compét. civ. des trib. de paix*, 39.

108. Au cas de perte ou d'avarie des effets du voyageur, prévu par l'art. 2 de la loi du 25 mai 1838, cet article est applicable dans le cas où la perte porterait sur une somme d'argent aussi bien que s'il s'agissait de vêtements, linge, etc., et sans distinction entre le cas où les effets perdus ont été remis aux mains de l'hôtelier et celui où ils ne l'ont pas été. — Nîmes, 9 mars 1865, J.G.S. *Compét. civ. des trib. de paix*, 87.

109 — II. Contestations entre voituriers et voyageurs (C. proc. civ. n°s 11 à 25).

110. — III. Contestations entre carrossiers et voyageurs (C. proc. civ. n° 26).

111. — IV. Compétence territoriale (C. proc. civ. n°s 27 et 28).

Art. 3. « Les juges de paix connaissent, sans appel, jusqu'à la valeur de cent francs, et, à charge d'appel, à quelque valeur que la demande puisse s'élever :

« Des actions en payement de loyers ou fermages ; des congés ; des demandes en résiliation de baux, fondées sur le seul défaut de payement de loyers ou fermages ; des expulsions de lieux et des demandes en validité de saisie-gagerie ; le tout, lorsque les locations verbales ou par écrit n'excèdent pas annuellement cent francs.

« Si le prix principal du bail consiste en denrées ou prestations en nature, appréciables d'après les mercuriales, l'évaluation sera faite sur celles du jour de l'échéance, lorsqu'il s'agira du payement des fermages ; dans tous les autres cas, elle aura lieu suivant les mercuriales du mois qui aura précédé la demande.

« Si le prix principal du bail consiste en prestations non appréciables d'après les mercuriales, ou s'il s'agit de baux à colons partiaires, le juge de paix déterminera la compétence en prenant pour base seulement de la propriété le principal de la contribution foncière de l'année courante multiplié par cinq » (L. 9 mai 1835).

112. — I. A quels baux s'applique la compétence du juge de paix (C. proc. civ. n°s 5 à 16). — V. *Code civil annoté*, art. 1709, n°s 21 et s ; et son *Supplément*, n°s 13198 et s.

113. — II. A quelles actions s'applique la compétence du juge de paix (C. proc. civ. n°s 17 à 43). — 1° *Payement de loyers et fermages* (C. pr. civ. n°s 18 à 23). — Le juge de paix cesse d'être compétent en matière de louage, lorsque la contestation ne porte pas seulement sur le payement des loyers, mais aussi sur l'existence ou la validité du bail. — Civ. c. 6 janv. 1886, D.P. 86. 1. 339. — V. *Code de procédure civile*, n°s 22 et 23

114. De même, lorsque le défendeur cité en justice de paix pour payement de loyers, excipe de ce qu'il a acheté d'un tiers et de ce qu'il possède depuis plus de vingt ans la partie de l'immeuble qu'il occupe, ce moyen de défense soulève une question de propriété ou de prescription, en présence de laquelle le juge de paix doit se déclarer incompétent. — Civ. c. 1er déc 1890, D.P. 91. 1. 98.

115. En conséquence, le magistrat ne saurait passer outre et accueillir la demande, sous le prétexte de maintenir le demandeur en possession annale de l'immeuble en question. — Même arrêt.

116. — 2° *Congés* (C. proc. civ. n°s 24 à 26).

117. — 3° *Résiliation de baux* (C. proc. civ. n°s 27 à 33).

118. — 4° *Expulsion des lieux* (C. proc. civ. n°s 34 à 36).

119. — 5° *Saisie-gagerie* (C. proc. civ. n°s 37 à 43). — Il a été jugé par un arrêt, contrairement à l'opinion généralement consacrée par la doctrine, que la compétence des juges de paix en matière de demandes en validité de saisie-gagerie doit être restreinte au seul cas où les meubles n'auraient pas été l'objet d'un déplacement. — Bordeaux, 18 août 1851, J.G.S. *Compét. civ. des trib. de paix*, 41. — V. en sens contraire *Code de procédure civile*, n°s 39 et 40.

120. — III. Détermination de la compétence du juge de paix (C. proc. civ. n°s 44 à 61).

121. — IV. Compétence territoriale (C. proc. civ. n° 62).

Art. 4. Les juges de paix connaissent, sans appel, jusqu'à la valeur de cent francs, et, à charge d'appel, jusqu'au taux de la compétence en dernier ressort des tribunaux de première instance :

1° Des indemnités réclamées par le locataire ou fermier pour non-jouissance provenant du fait du propriétaire, lorsque le droit à une indemnité n'est pas contesté ;

2° Des dégradations et pertes, dans les cas prévus par les art. 1732 et 1795 C. civ.

Néanmoins, le juge de paix ne connaît des pertes causées par incendie ou inondation que dans les limites posées par l'art. 1er de la présente loi.

122. — I. Non-jouissance des lieux loués (C. proc. civ. n°s 1 à 26). V. *Code civil annoté*, art. 1719 et s. ; et son *Supplément*, n°s 13208 et s.

123. — II. Dégradations et pertes (C. proc. civ. n°s 27 à 48). — Sur l'incompétence du juge de paix, lorsque la demande en rétablissement des lieux est d'une valeur indéterminée. V. *supra*, art. 1er, n°s 90 et s.

124. — III. Compétence territoriale (C. proc. civ. n° 49).

Art. 5. Les juges de paix connaissent également, sans appel, jusqu'à la valeur de cent francs, et, à charge d'appel, à quelque valeur que la demande puisse s'élever :

1° Des actions pour dommages faits aux champs, fruits et récoltes, soit par l'homme, soit par les animaux, et de celles relatives à l'élagage des arbres ou haies, et au curage, soit des fossés, soit des canaux servant à l'irrigation des propriétés ou au mouvement des usines, lorsque les droits de propriété ou de servitude ne sont pas contestés ;

2° Des réparations locatives des maisons ou fermes, mises par la loi à la charge du locataire ;

3° Des contestations relatives aux engagements respectifs des gens de travail au jour, au mois et à l'année, et de ceux qui les emploient ; des maîtres et des domestiques ou gens de service à gages ; des maîtres et de leurs ouvriers ou apprentis, sans néanmoins qu'il soit dérogé aux lois et règlements relatifs à la juridiction des prud'hommes ;

4° Des contestations relatives au payement des nourrices, sauf ce qui est prescrit par les lois et règlements d'administration publique, à l'égard des bureaux de nourrices de la ville de Paris et de toutes les autres villes ;

5° Des actions civiles pour diffamation et pour injures publiques, verbales ou par écrit, autrement que par la voie de la presse ; des mêmes actions pour rixes ou voies de fait ; le tout, lorsque les parties ne se sont pas pourvues par la voie criminelle.

DIVISION.

§ 1. — *Dommages aux champs, fruits et récoltes ; Élagage ; Curage* (n° 125).
§ 2. — *Réparations locatives* (n° 171).
§ 3. — *Engagement des gens de travail, domestiques, ouvriers et apprentis* (n° 173).
§ 4. — *Payement des nourrices* (n° 191).
§ 5. — *Diffamation, injures, voies de fait* (n° 192).
§ 6. — *Compétence territoriale* (n° 197).

§ 1er. — *Dommages aux champs, fruits et récoltes ; Élagage ; Curage* (C. proc. civ. n° 1 à 60).

125. Le paragraphe 1er de l'art. 5 est reproduit textuellement dans l'art. 3 du *projet de loi sur l'extension de la compétence des juges de paix*. — V. *supra*, p. 1, note 2, et *infrà*, *Add. complém.*

126. — I. Dommages aux champs (C. proc. civ. n° 1 à 52). — 1° *Par qui et contre qui l'action peut-elle être intentée?* (C. proc. civ. n°s 1 à 2).

127. — 2° *Dommages donnant lieu à l'action* (C. proc. civ. n°s 3 à 23). — La disposition de l'art. 5, n° 1, de la loi du 25 mai 1838, aux termes duquel les juges de paix connaissent des actions pour dommages faits aux champs, fruits et récoltes, n'est relative qu'aux dommages résultant d'une faute ou d'un quasi-délit ; elle cesse d'être applicable lorsqu'il s'agit d'un préjudice ayant pour cause l'inexécution d'une obligation ou la réparation d'un dommage prévu dans une stipulation contractuelle. — Civ. c. 21 janv. 1879, D.P. 79. 1. 84. — V. *Code de procédure civile*, n° 6.

128. Spécialement, le juge de paix n'est pas compétent pour connaître de la demande intentée contre le locataire d'un droit de chasse par le propriétaire qui lui a afferme ce droit sur son héritage, à l'effet d'obtenir l'exécution de l'engagement contracté par le preneur, dans l'acte de bail, de payer tous les dégâts qui pourraient être causés par le gibier aux récoltes du bailleur. — Même arrêt. — V. *Code de procédure civile*, n° 7.

129. Il faut se garder de poser ce principe absolu que le juge de paix est incompétent à l'égard de tout dommage aux champs prévu dans une stipulation contractuelle. — J.G.S. *Compét. civ. des trib. de paix*, 50.

130. Il ne suffit pas, en effet, pour qu'un fait dommageable perde le caractère de délit ou de quasi-délit, que l'éventualité en ait été prévue dans une convention ; il faut encore que la convention ait rendu ce fait licite en quelque sorte, et en réglant, dores et déjà, les conséquences pécuniaires. Lorsqu'il en est ainsi, l'action en indemnité ne procède plus de l'art. 1382 C. civ., mais elle est fondée sur les stipulations contenues dans la convention, et le juge de paix ne peut en connaître en vertu de l'art. 5 de la loi du 25 mai 1838. — J.G.S. *Compét. civ. des trib. de paix*, 50.

131. Sur la question de savoir à quel moment doit être opposée dans ce cas l'exception d'incompétence, V. *infra* art. 170, C. proc. civ.

132. La clause d'un bail de bien rural, par laquelle le preneur s'est interdit de réclamer à son bailleur des indemnités pour les dégâts que le gibier occasionnerait aux récoltes, ne met point obstacle à ce que ledit preneur actionne en dommages-intérêts le propriétaire voisin, lorsque le gibier nuisible provient des bois qui appartiennent à ce dernier. — Req. 12 mai 1886, D.P. 87. 1. 323.

133. Par suite, si le propriétaire des bois voisins a acheté le bien rural, il ne peut exciper utilement de la clause stipulée dans le bail par son vendeur, pour s'exonérer de l'action en indemnité que le fermier vient à intenter contre lui en l'envisageant, non comme bailleur, mais comme propriétaire des bois qui renferment le gibier, et, dans ces conditions, le juge de paix est compétent pour connaître de la demande en réparation de dommages aux champs dont il s'agit, nonobstant la prétention du défendeur d'appliquer au litige la clause prérappelée du bail, le fond du droit ne se trouvant pas par là sérieusement contesté. — Même arrêt.

134. La compétence attribuée aux juges de paix par l'art. 5 de la loi du 25 mai 1838 pour connaître en premier ressort de toutes les actions pour dommages faits aux champs, fruits et récoltes, doit être limitée aux faits dommageables accomplis à la surface du sol, et ne saurait être étendue aux dommages créés à la propriété par les travaux de recherche et d'exploitation des mines. — Chambéry, 8 févr. 1887, D.P. 88. 2. 232, et la note 1. — V. *Code de procédure civile*, n° 20. — V. aussi *Code des lois adm. annotées*, v° *Mines*.

135. La compétence du juge de paix ne s'étend pas à l'occupation de terrains pour la construction d'un chemin de fer et les travaux entrepris sur ce terrain, lorsque les formalités administratives prescrites par les règlements n'ont pas été remplies, et les contestations relatives à l'occupation de ce terrain par l'entrepreneur et aux dommages qui ont été causés, présentant le caractère de voies de fait. — Poitiers, 18 juill. 1884, D.P. 82. 2. 252.

136. Le fait de déposer et répandre, d'une manière nuisible et encombrante, des pierres et matériaux sur un terrain en nature d'*aisance communale*, qui donne un accès nécessaire à l'exploitation de culture d'un particulier, constitue le *dommage aux champs* prévu par l'art. 5, § 1er, de la loi du 25 mai 1838. — Civ. r. 13 janv. 1890, D.P. 90. 1. 359.

137. Dès lors, le juge de paix est compétent pour connaître d'une demande en dommages-intérêts formée, à l'occasion de ce fait, par le propriétaire lésé ; et il doit en connaître seulement en premier ressort, bien que les dommages-intérêts réclamés n'excèdent pas 100 fr., si le demandeur y a joint

un chef indéterminé tendant à l'enlèvement des matériaux répandus sur le terrain. — Même arrêt.

138. — 3° *A quels objets doit avoir été causé le dommage* (C. proc. civ. n°s 21 à 30). — Les tribunaux civils sont seuls compétents pour statuer sur un litige intéressant la propriété ; par suite, la compétence du juge de paix en matière de dommages faits aux champs, fruits ou récoltes vient à cesser, lorsque la demande portée devant lui a pour objet la réparation de dommages causés non plus seulement aux fruits et récoltes, mais au fonds lui-même. — Pau, 24 déc. 1872, J.G.S. *Compét. civ. des trib. de paix*, 45. — Poitiers, 18 juill. 1881, D.P. 82. 2. 252. — Civ. c. 8 août 1888, D.P. 89. 1. 284. — V. *Code de procédure civile*, n° 24.

139. Il en est ainsi, notamment, lorsque le demandeur, réclamant la réparation du dommage causé à sa propriété par l'effet d'émanations corrosives provenant de l'usine du défendeur, lesquelles auraient fait dépérir une grande quantité d'arbres et arbustes, a motivé sa demande sur ce que ce dommage ne constituerait pas seulement une perte matérielle considérable, mais encore un regrettable amoindrissement dans les agréments que procurait ladite propriété. — Arrêt préc. 8 août 1888.

140. L'expression *champs* employée par l'art. 5 de la loi du 25 mai 1838 désigne tous les terrains productifs de fruits naturels ; elle ne doit pas être étendue aux propriétés bâties, qu'elles soient situées à la ville ou à la campagne. — J.G.S. *Compét. civ. des trib. de paix*, 44.

141. L'art. 5, en effet, qui étend indéfiniment, quant à la quotité de la somme demandée, la compétence en premier ressort des juges de paix, est une disposition exceptionnelle à la règle générale posée en l'art. 1er, et, comme telle, elle doit être restreinte strictement aux objets énumérés audit art. 5, c'est-à-dire aux champs, fruits et récoltes, termes qui ne sauraient, à aucun point de vue, comprendre les bâtiments. — J.G.S. *Compét. civ. des trib. de paix*, 44.

142. — 4° *Exceptions; Droit contesté* (C. proc. civ. n°s 31 à 45). — Le juge de paix et sur appel le tribunal d'arrondissement sont incompétents pour statuer sur une action en indemnité pour dommages faits aux champs, lorsque le défendeur allègue un droit de servitude et que ce droit est contesté par le demandeur. — Civ. c. 7 juin 1886 et 28 févr. 1887, D.P. 87. 1. 467. — Civ. c. 23 mars 1887, D.P. 87. 1. 444. — Civ. c. 25 mai 1887, D.P. 87. 1. 480. — Civ. c. 7 juill. 1890, D.P. 90. 1. V. *Code de procédure civile*, n°s 37 et s.

143. En conséquence, si le défendeur à une demande de cette nature produit une transaction, dont il excipe comme lui attribuant la propriété de la pièce de terre relativement à laquelle a lieu le litige, la décision du juge de paix, ou en appel celle du tribunal civil, est entachée d'incompétence, alors que, par des motifs tirés du fond du droit, elle condamne ledit défendeur à payer une indemnité au demandeur, pour dommages causés aux champs. — Arrêt préc. 7 juill. 1890.

144. Spécialement, le juge de paix n'est pas compétent pour connaître d'une action relative aux dommages faits aux champs par suite du pâturage abusif d'un troupeau, lorsque l'existence d'une servitude de vaine pâture, sur laquelle le défendeur fonde sa défense, est contestée par le demandeur. — Civ. c. 11 juill. 1882, D.P. 83. 1. 350.

145. Il est également incompétent pour apprécier une demande en indemnité en raison de dommages prétendus causés aux champs du demandeur par les incursions du troupeau du défendeur, quand il est établi qu'une partie du tort fait par le troupeau a affecté le fonds de la propriété lui-même. — Req. 23 oct. 1888, D.P. 89. 1. 449.

146. Il en est de même lorsqu'il s'agit de statuer sur la réparation de dommages causés aux champs par des eaux provenant d'une propriété voisine, alors que le propriétaire voisin soutient que le préjudice est la conséquence de l'exercice légitime d'un droit de servitude et que ce droit est contesté. — Civ. c. 22 mars 1887, D.P. 87. 1. 444.

147. Le juge de paix est incompétent pour connaître d'une demande en indemnité, en raison de dommages prétendus causés aux champs du défendeur, quand il devient nécessaire, par suite du système de défense, d'examiner la question de savoir si l'invasion momentanée des eaux n'a pas été la conséquence de l'état des lieux, tel qu'il résulte de travaux anciens, qui auraient réduit le ténement du demandeur à l'état de fonds asservi, au regard de l'héritage du défendeur, aux temps d'inondation. — Req. 23 oct. 1888, D.P. 89. 1. 449.

148. Il y a ici incompétence *ratione materiæ* :... alors même que le demandeur ne demande pas en indemnité et simplement fermier de la propriété à laquelle le dommage allégué a été causé. — Même arrêt.

149.. Et alors même aussi que les parties seraient tombées d'accord pour proroger la juridiction du juge de paix, une prorogation de cette nature n'étant pas légalement possible pour des affaires qui, à raison de leur caractère immobilier, sont d'une nature absolue soustraites à la connaissance de ce magistrat. — Même arrêt. — Conf. Besançon, 2 mai 1890, cité *suprà*, n°s 54 et s.

150. Une action en dommages-intérêts pour faits de passage exercés sur un champ n'est pas de la compétence du juge de paix, lorsque le défendeur se prévaut de la possession annale du passage dont il jouirait sur ce champ pour la desserte d'un fonds voisin, une telle exception soulevant implicitement, mais nécessairement la question de servitude. — Civ. c. 14 mai 1879, D.P. 80. V. *Code de procédure civile*, n° 39.

151. En pareil cas, le juge de paix, tout en statuant sur l'action possessoire dont il est reconventionnellement saisi, doit renvoyer devant le juge compétent pour statuer sur la question de servitude ; mais il peut, sans excéder ses pouvoirs, rejeter ladite demande en se fondant sur l'existence de la possession prétendue. — Même arrêt.

152. Le juge de paix saisi d'une action pour dommages aux champs fondée sur l'exécution par le défendeur d'une action sur un chemin dont le demandeur prétend être propriétaire exclusif, doit se déclarer incompétent, alors que l'auteur de ces travaux conteste le droit de son adversaire à la propriété du chemin en soutenant que celui-ci voie appartient à la commune, et si celle-ci, régulièrement mise en cause, déclare revendiquer la propriété du chemin. — Req. 9 févr. 1876, D.P. 78. 1. 66. — V. *Code de procédure civile*, n° 33.

153. Dans cette hypothèse, il n'y a pas faute à un simple sursis, l'exception de propriété réagissant sur l'action en dommages, et transformant la cause entière en un débat de droit commun qui échappe à la compétence exceptionnelle des justices de paix. — Même arrêt.

154. Au contraire, le juge de paix reste compétent pour connaître d'une demande en dommages-intérêts formée à raison du dépôt de matériaux sur un terrain en nature d'aisance communale qui donne un accès nécessaire à l'exploitation de culture d'un particulier, alors même que le défendeur soutient que le terrain en question appartient à la commune, aucun débat sur la propriété ne se trouvant par là soulevé, du moment où le demandeur n'a pas allégué et n'allègue pas être propriétaire du terrain, dont il a seulement la jouissance en fait, pour l'aisance et l'accès de sa maison rurale et de son exploitation. — Civ. r. 19 janv. 1896, D.P. 96. 4. 359.

155. Le juge saisi de cette contestation ne porte aucune atteinte au principe de la séparation des pouvoirs, en écartant l'exception tirée par le défendeur de ce qu'il n'aurait déposé et répandu les matériaux dont il s'agit sur un terrain communal que pour accomplir des prestations en nature, lorsque ledit juge constate que le défendeur ne justifie pas, quant à ce, d'un ordre régulier à lui donné par le maire, ou par l'agent-voyer, et s'est, au contraire, libéré de ses prestations sur un chemin situé dans un autre quartier. — Même arrêt.

156. Lorsqu'en défense à une action en dommages-intérêts pour dommages causés, par le passage d'un troupeau, à un champ, à ses fruits ou à ses récoltes, le défendeur se borne à invoquer un prétendu droit de passage sur ce terrain, mais sans l'appuyer sur aucun titre, cette exception constitue, non une demande reconventionnelle possessoire, mais la revendication d'une servitude discontinue qui ne peut s'établir que par titre, et n'étant pas susceptible d'être acquise par prescription, ne peut donner lieu à une question préjudicielle. — Civ. c. 23 nov. 1886, D.P. 87. 1. 184.

157. Dès lors, si le chiffre de la demande principale est inférieur à 100 fr., la sentence du juge de paix qui a repoussé l'exception et condamné le défendeur à des dommages-intérêts en dernier ressort et ne peut être déférée au juge supérieur par la voie de l'appel. — Même arrêt.

158. C'est le tribunal civil, et non le juge de paix, qui est compétent pour connaître de l'action par laquelle le propriétaire d'une prairie, à raison d'un fait de dépaissance, réclame des dommages-intérêts au propriétaire d'un troupeau, alors même que l'exploit introductif d'instance n'énonce pas expressément que la demande soulève une question d'interprétation de contrat, s'il est néanmoins démontré qu'avant l'assignation, c'est en vertu d'un contrat qu'il a été prétendu droit à la dépaissance par le propriétaire du troupeau. — Req. 13 févr. 1889, D.P. 88. 1. 320.

159. Mais le juge de paix est compétent pour statuer sur des dommages portés aux champs, lorsque le défendeur, reconnaissant les faits, se borne à remettre en question la validité d'une location. — Req. 13 déc. 1887, D.P. 88. 1. 456.

160. En effet, une telle contestation ne porte pas sur la propriété même des immeubles litigieux. — Même arrêt.

161. — 5° *Pouvoirs du juge de paix* (C. proc. civ. nᵒˢ 46 et 47).

162. — 6° *Action en indemnité jointe à une autre action* (C. proc. civ. nᵒˢ 48 à 51). — Lorsqu'il résulte des qualités d'un jugement que le demandeur a conclu tant à l'allocation d'une indemnité pour dommages à son champ qu'à sa maintenue en possession de ce champ, le tribunal d'appel ne peut, sous prétexte que l'action possessoire n'était point formellement soumise au premier juge et que celui-ci était incompétent pour connaître de l'exception de servitude opposée par le défendeur à l'action en dommages aux champs, annuler la sentence par laquelle le juge de paix, sans statuer sur la demande de dommages-intérêts, s'est borné à maintenir le demandeur en possession du terrain litigieux. — Civ. c. 19 oct. 1887, D.P. 89. 1. 38-39.

163. — 7° *Pouvoirs du juge d'appel* (C. proc. civ. nᵒ 52).

164. — II. ÉLAGAGE DES ARBRES ET HAIES (C. proc. civ. nᵒ 53 et 54). — Le tribunal saisi de l'appel formé contre la sentence d'un juge de paix statuant sur une action tendant à l'élagage de haies, n'a pas une compétence plus étendue que celle du juge auquel cette action est déférée. — Civ. c. 17 mai 1882, D.P. 83. 1. 412.

165. Sur la compétence des juges de paix relativement à l'élagage des arbres placés sur la lisière des forêts, V. *Code forestier annoté*, art. 159, nᵒˢ 45 et s.

166. — III. CURAGE DES FOSSÉS ET CANAUX (C. proc. civ. nᵒˢ 55 à 60). — Le juge de paix cesse d'être compétent pour statuer sur l'action par laquelle le demandeur, pour assurer l'écoulement des eaux de sa maison, veut faire ordonner le curage du canal correspondant de la maison voisine, si le propriétaire de cette dernière maison se refuse, en déniant tout droit de propriété ou de servitude quelconque sur son fonds, au demandeur, et en concluant par suite à son renvoi pour incompétence. — Civ. c. 27 juill. 1887. D.P. 88. 1. 13

167. Il ne saurait appartenir au juge de la paix, pour conserver la connaissance de la cause d'être transformer une action possessoire, et de déclarer que, s'il ordonne le curage demandé, ce n'est « qu'au point de vue de l'état ancien et actuel des choses », et avec « toutes réserves au point de vue des servitudes et de la propriété », alors qu'il est constant que l'action du demandeur ne tendait pas au maintien ou à la réintégration d'une possession, mais impliquait la reconnaissance du droit même de faire écouler les eaux de son canal, par le canal de son voisin. — Même arrêt.

168. Mais le juge de paix est compétent pour connaître de l'action en dommages-intérêts fondée sur le dommage fait aux champs du demandeur par l'écoulement des eaux pluviales provenant du fonds supérieur, alors même qu'il serait fixé à cette action une demande tendant à obtenir le curage du fossé qui sert à l'écoulement desdites eaux. — Req. 4 juin 1877, D.P. 78. 1. 293-294. — *Contra* : Trib. de Jonzac. 27 juin 1876, D.P. 78. 1. 293-294, et la note 3.

169. ... Si, d'ailleurs, il ne s'élève au cours du procès aucune question de propriété ou de servitude. — Arrêt préc. 4 juin 1877.

170. Sur la compétence du juge de paix relative aux curages des fossés qui séparent les forêts domaniales des fonds riverains, V. *Code forestier annoté*, art. 8-9, nᵒ 159.

§ 2. — *Réparations locatives* (C. proc. civ. nᵒ 61 et s.).

171. Le paragraphe 2 de l'art. 5 est reproduit textuellement dans l'art. 3, § 2, du projet de loi sur l'extension de la compétence des juges de paix. — V. *supra*, p. 1, note 2, et *infra*. Add. complém.

172. Sur ce qu'il faut entendre par *grosses réparations* et *réparations d'entretien*, V. *Code civil annoté*, art. 606, nᵒ 23 ; et son *Supplément*, nᵒˢ 4044 et s.

§ 3. — *Engagement des gens de travail, domestiques, ouvriers et apprentis* (C. proc. civ. nᵒˢ 75 à 122).

173. — I. GENS DE TRAVAIL (C. proc. civ. nᵒˢ 76 à 84). — Le juge de paix auquel la loi de 1838 n'a attribué que la connaissance des contestations entre patrons et ouvriers, maîtres et gens de travail, est incompétent pour connaître des litiges entre propriétaires et entrepreneurs, et entre les entrepreneurs et leurs commis. — Chambéry, 3 déc. 1883, J.G.S. *Compét. civ. des trib. de paix*, 71. — V. *Code de procédure civile*, nᵒˢ 76 et 77.

174. Il avait été décidé par de nombreux arrêts que les juges de paix étaient seuls compétents, à l'exclusion des tribunaux de commerce, pour connaître des actions intentées par des gens de travail contre ceux qui les emploient, alors même que ces derniers seraient commerçants, ou que le louage de services intervenu présenterait, en ce qui les concerne, les caractères d'un acte commercial. — J.G.S. *Compét. civ.*

des trib. de paix, 70. — V. *Code de procédure civile*, nᵒˢ 82 et 83.

175. Jugé en ce sens que le juge de paix est seul compétent pour connaître de l'action intentée à son patron par un ouvrier, qui a subi sur ses salaires une retenue destinée à lui procurer une indemnité en cas d'accident, dans le but d'obtenir cette indemnité. — C. sup. Luxembourg, 1ᵉʳ juin 1882, J.G.S. *Compét. civ. des trib. de paix*, 70.

176. Mais la Cour de cassation a modifié cette jurisprudence en décidant que : ... que la disposition de l'art. 5, nᵒ 3, de la loi du 25 mai 1838 a eu pour but unique d'étendre, dans le cas prévu, la compétence des juges de paix, et n'a nullement eu pour effet de modifier les règles générales de la compétence et d'y déroger. — Civ. c. 23 mars 1882, D.P. 83. 1. 289

177. ... Que les justices de paix étant des juridictions purement civiles, l'attribution qui leur est faite, par la disposition précitée de la loi du 25 mai 1838 de la connaissance des contestations relatives aux engagements entre gens de travail et ceux qui les emploient s'applique spécialement aux actions civiles, et ne saurait être étendue à celles qui, se rattachant à des transactions commerciales, sont de la compétence des tribunaux de commerce. — Même arrêt.

178. Par suite, c'est le tribunal de commerce, et non le juge de paix, qui est compétent pour connaître de la demande formée par un ouvrier contre un entrepreneur de travaux publics, en payement d'une somme due pour extraction de pierres destinées à être employées dans les travaux entrepris et pour réparation du préjudice causé par la résiliation sans cause du marché conclu entre les parties. — Même arrêt.

179. La Cour de Rouen, saisie de la question, par suite du renvoi prononcé dans le même affaire, a résolu conformément à l'arrêt de cassation précité. — Rouen, 21 févr. 1883, J.G.S. *Compét. civ. des trib. de paix*, 70.

180. Jugé, dans le même sens, que les litiges qui ont lieu entre les commerçants et leurs employés au sujet des engagements intervenus entre eux sont de la compétence du tribunal de commerce. — Chambéry, 3 déc. 1883, J.G S. *Compét. civ. des trib. de paix*, 70, 71. — Paris, 26 janv. 1884, *ibid.*, 70.

181. — II. DOMESTIQUES OU GENS DE SERVICE À GAGES (C. proc. civ. nᵒˢ 85 à 101). — Sur ce qu'il faut entendre par *domestiques* ou *gens de services à gages*, V. *Code de procédure civile*, nᵒˢ 86 et s. — V. aussi *Code civil annoté*, art. 1780, nᵒˢ 1 et s. ; 73 et s. ; et *Code de commerce annoté*, art. 634, nᵒˢ 51 et s.

182. L'action intentée par un négociant contre son serviteur ou préposé est de la compétence du tribunal de commerce, et non de celle du juge de paix, lorsqu'elle se rattache au trafic même du demandeur. — Civ. c. 18 nov. 1890, D.P. 91. 1. 108.

183. Spécialement, le juge de paix est incompétent pour connaître de l'action par laquelle un entrepreneur de transports, précédemment condamné à rembourser un expéditeur ou raison du vol d'une marchandise transportée, réclame le remboursement du montant de cette condamnation au serviteur à gages qu'il avait préposé à la conduite ou voiture de la marchandise en question. — Même arrêt.

184. Lorsque le juge de paix s'est, néanmoins, déclaré compétent, le tribunal civil qui réforme son jugement en appel, sur l'exception soulevée par le serviteur et tirée du caractère commercial du litige, n'a pas qualité pour évoquer et juger l'affaire échappant à sa propre compétence. — Même arrêt.

185. Décidé également qu'une contestation concernant des salaires n'est pas de la compétence du juge de paix, lorsqu'elle s'agite entre l'administration d'une entreprise ayant le caractère commercial, et ceux qu'elle a employés à un travail qui se relie à ladite entreprise, de manière à y concourir directement. — Civ. c. 30 déc. 1890, D.P. 91. 1. 99.

186. En conséquence, lorsque celui qui a travaillé à un journal et qui est cité en règlement de salaires devant le juge de paix élève un déclinatoire d'incompétence tiré de ce que l'entreprise de publicité était commerciale, et de ce qu'il y jouait le rôle de commis ou préposé, le juge doit nécessairement s'expliquer, tant sur la commercialité alléguée, que sur le point de savoir à quel degré l'engagement du salarié se reliait à l'entreprise. — Même arrêt.

187. Lors donc que le juge de paix se déclare compétent, et pour justifier sa compétence, se borne à énoncer que le salarié en question était chef d'atelier et premier metteur en pages à l'imprimerie du journal, sans pouvoir être considéré comme rédacteur, il ne donne pas de base légale à sa décision, d'où suit qu'elle doit être annulée. — Même arrêt.

188. — III. OUVRIERS ET APPRENTIS (C. proc. civ. nᵒˢ 102 à 122). — 1ᵒ *Juridiction des juges de paix et des conseils de prud'hommes* (C. proc. civ. nᵒˢ 102 à 105). — D'après la loi du 22 févr. 1851, relative au contrat d'apprentissage (D.P. 51. 4. 43), lorsqu'un contrat d'apprentissage a été passé, non entre l'apprenti et le maître, mais entre celui-ci et le père de l'apprenti, le juge de paix est compétent, à l'exclusion du conseil des prud'hommes, pour statuer sur les contestations relatives à l'exécution de ce contrat. — J.G.S *Compét. civ. des trib. de paix*, 73.

189. — 2ᵒ *Ce qu'on entend par ouvrier* (C. proc. civ. nᵒˢ 106 à 117). — V. *Code civil annoté*, art. 1780, nᵒ 9 et s.

190. — 3ᵒ *Contestations de la compétence du juge de paix* (C. proc. civ. nᵒˢ 118 à 122).

§ 4. — *Payement des nourrices* (C. proc. civ. nᵒˢ 123 à 128).

191. Le paragraphe 6 de l'art. 3 du *projet de loi sur l'extension de la compétence des juges de paix reproduit textuellement le paragraphe 4 de l'art. 5 de la loi du 25 mai 1838*. — V. *suprà*, p. 1, note 2 et *infrà*, *Add. complém.*

§ 5. — *Diffamation, injures, voies de fait* (C. proc. civ. nᵒˢ 129 à 152).

192. Le paragraphe 7 de l'art. 3 du *projet de loi reproduit le paragraphe 5 de l'art. 5 de la loi de 1838 en précisant, toutefois, la nature des voies de fait qui y sont visées en indiquant, que ce sont celles qui n'ont occasionné aucune incapacité de travail*. — V. *infrà*, *Add. complém.*

193. Le juge de paix est compétent pour statuer sur une action en dommages-intérêts... pour *diffamation verbale*. — Paris, 19 mars 1885, D.P. 85. 2. 150. — Req. 7 fév. 1887, D.P. 89. 1. 77, et la note 3. — V. *Code de procédure civile*, nᵒ 130.—V. aussi *Appendice au Code pénal annoté*, vᵒ *Presse*, p. 262, L. 29 juill. 1881, art. 46, nᵒˢ 11, 13 et s.

194. .."Pour *injures* publiques ou non publiques.—Arrêt préc. 19 mars 1885.—V. *Code de procédure civile*, nᵒ 135. — V. également L. 29 juill. 1881, art. 46 précité, nᵒˢ 12, 22 et s.

195. La compétence du juge de paix n'a pas été modifiée par la loi du 29 juill. 1881, sur la presse. — Trib. Seine 21 juin 1881, D.P. 89. 1. 77, note 3.

196. Lorsque les propos diffamatoires tenus contre un corps constitué ou un fonctionnaire public l'ont été dans les conditions prévues par les art. 30 et 31 de la loi du 29 juill. 1881, il y a lieu d'appliquer l'art. 46 de la même loi, d'après lequel l'action civile résultant d'un délit de diffamation commis envers un fonctionnaire doit, comme l'action

publique, être portée devant la Cour d'assises. — J.G S. *Compét. civ des trib. de paix*, 79.

197. Le juge de paix doit alors se déclarer incompétent. — J.G.S. *Compét. civ. des trib. de paix*, 79.

§ 6. — *Compétence territoriale.*

198. V. *Code de procédure civile*, nᵒˢ 153 et s.

Art. 6. Les juges de paix connaissent, en outre, à charge d'appel :

1ᵒ Des **entreprises** commises dans l'année sur les cours d'eau servant à l'irrigation des propriétés et au mouvement des usines et moulins, sans préjudice des attributions de l'autorité administrative dans les cas déterminés par les lois et par les règlements; des dénonciations de nouvel œuvre, complaintes, actions en réintégrande et autres actions possessoires fondées sur des faits également commis dans l'année;

2ᵒ Des actions en **bornage** et de celles relatives à la distance prescrite par la loi, les règlements particuliers et l'usage des lieux, pour les plantations d'arbres ou de haies, lorsque la propriété ou les titres qui l'établissent ne sont pas contestés;

3ᵒ Des actions relatives aux **constructions** et travaux énoncés dans l'article 674 du Code civil, lorsque la propriété ou la mitoyenneté du mur ne sont pas contestées;

4ᵒ Des demandes en **pension alimentaire** n'excédant pas cent cinquante francs par an, et seulement lorsqu'elles seront formées en vertu des art. 205, 206 et 207 du Code civil.

DIVISION.

§ 1. — *Entreprises sur les cours d'eau et actions possessoires* (nᵒ 199).

§ 2. — *Bornage et plantations* (nᵒ 204).

§ 3. — *Constructions* (nᵒ 251).

§ 4. — *Pensions alimentaires* (nᵒ 258).

§ 5. — *Compétence territoriale* (nᵒ 259).

§ 1ᵉʳ. — *Entreprises sur les cours d'eau et actions possessoires* (C. proc. civ. nᵒˢ 1 à 9).

199. — I. ENTREPRISES SUR LES COURS D'EAU (C. proc. civ. nᵒˢ 1 à 8). — Une demande tendant à la répression d'une entreprise commise dans l'année sur un cours d'eau et au rétablissement des choses dans leur ancien état est de la compétence du juge de paix, alors même que le demandeur aurait en même temps conclu à des dommages-intérêts à raison du préjudice causé par l'entreprise, ces dommages-intérêts n'étant que l'accessoire de l'action possessoire. — Civ. c. 23 déc. 1874, D.P. 85. 1. 400. — V. *Code de procédure civile*, nᵒ 6.

200. Si, aux termes de la première disposition de l'art. 6 de la loi du 25 mai 1838, un propriétaire riverain peut, sans prouver la durée annale de sa possession avant le trouble, se faire maintenir par le juge de possessoire en jouissance des eaux servant à l'irrigation de son fonds, c'est uniquement quand il prend l'eau dans l'endroit même où elle borde ou traverse sa propriété. — Civ. r. 12 nov. 1889, D.P. 90. 1. 5.

201. La règle qui considère l'usage d'un cours d'eau comme constituant, au profit de chaque riverain, l'exercice d'un droit individuel, dans la possession duquel il est autorisé à se faire maintenir contre les entreprises des propriétaires supérieurs ou inférieurs, ne peut être invoquée que lors qu'il s'agit de riverains usant successivement du cours d'eau, et n'est applicable qu'à raison de la partie du cours qui traverse ou borde leurs propriétés respectives. — Même arrêt.

202. — II. ACTIONS POSSESSOIRES (C. proc. civ. nᵒ 9). — Le propriétaire troublé dans ses irri-

gations ne saurait recourir qu'à l'action possessoire ordinaire, dans laquelle la preuve de l'annalité de la possession est obligatoire, lorsqu'il arrose son fonds au moyen d'un canal artificiel, lui amenant des eaux qui ont été dérivées du cours d'eau par un barrage d'amont établi, en un point où il n'est pas riverain, sur le fonds supérieur d'un tiers à ce consentant. — Civ. c. 23 déc. 1884, D.P. 85. 1. 400. — V. *infrà*, art. 23, nᵒˢ 557 et s.

203. Mais l'action possessoire ordinaire intentée dans ces conditions est rejetée si bon droit, quand le propriétaire en question ne justifie pas avoir la possession annale exclusive des eaux ainsi aménagées, et quand il est au contraire constaté par le juge du fond que la possession alléguée par le demandeur en complainte est depuis longtemps promiscue entre lui et le défendeur. — Même arrêt.

§ 2. — *Bornages et plantations* (C. proc. civ. nᵒˢ 10 à 73).

204. — I. BORNAGE (C. proc. civ. nᵒˢ 10 à 61.) — L'action en bornage peut être intentée, alors même qu'il n'existe aucune contestation sur les limites des propriétés contiguës, et dans le seul but de faire établir des bornes. — D.P. 79. 1. 183, note 5. — V. *Code civil annoté*, art. 646, nᵒˢ 1 et s. ; et son *Supplément*, nᵒˢ 4268 et s.

205. Le juge de paix ne peut donc se déclarer incompétent sous le prétexte que les propriétaires seraient d'accord sur la délimitation de leurs propriétés respectives. — Civ. c. 4 mars 1879, D.P. 79. 1. 183.

206. Le principe même de la limitation de la compétence du juge de paix en matière de bornage, au cas où la *propriété ou les titres qui l'établissent ne sont pas contestés*, étant inscrit dans la loi, ne saurait donner lieu à discussion et est consacré par la jurisprudence. — Civ. c. 29 juill. 1884, D.P. 85. 1. 52. — Req. 16 juin 1885, J.G.S. *Compét. civ. des trib. de paix*, 97. — V. *Code civil annoté*, art. 646, nᵒ 14 et s. ; et son *Supplément*, nᵒˢ 4291 et s.

207. D'une manière générale, le juge de paix est donc compétent, en matière de bornage, lorsque la partie, en invoquant sa possession annale, a par là donné les caractères nécessaires pour en faire un élément d'acquisition de la propriété. — Conf. Req. 22 mars 1876, D.P. 78. 1. 67. — Civ. c. 14 juin 1876, D.P. 76. 1. 324. — Civ. c. 24 juin 1876, D.P. 79. 1. 288.

208. En ce qui concerne la compétence du juge de paix relativement à la délimitation et au bornage des forêts domaniales, V. *Code forestier annoté*, art. 8-9, nᵒˢ 148 et s.

209. — 1ᵒ *Non-production de titres ou documents* (C. proc. civ. nᵒˢ 20 et 21). — Une action en bornage ne se transforme pas en action en revendication par cette circonstance que les parties ne sont point tombées d'accord sur la ligne divisoire à établir, ni par cette autre que le juge ait, pour déterminer les parties, recherché qui avait la possession actuelle d'une haie et d'une bande de terrain, alors que le débat s'est uniquement établi sur la possession annale, sans qu'aucune des parties ait invoqué un titre spécial d'acquisition ni la prescription. — Civ. c. 14 juin 1876, D.P. 76. 1. 324.

210. En conséquence, le juge de paix est compétent pour décider que la ligne séparative des deux héritages serait une ligne tracée à une distance déterminée de la haie, et pour ordonner la plantation de bornes sur cette ligne séparative. — Même arrêt.

211. — 2ᵒ *Production de titres* (C. proc. civ. nᵒˢ 22 à 35). — Il appartient au juge saisi de l'action en bornage, pour rechercher la limite des héritages des parties, d'interroger leurs titres respectifs, et de les interpréter au besoin, de consulter le cadastre ou autres documents de nature à l'éclairer. — Req. 2 janv. 1884, D.P. 84. 5. 104.

212. C'est au juge de paix à examiner, en vue de l'opération à laquelle il est appelé à procéder, si le titre produit par le demandeur s'applique à la portion de terrain que celui-ci prétend se faire attribuer au delà de la limite indiquée par l'expert, le débat qui a pu s'élever à ce sujet entre les parties ne constituant point une contestation sur les titres, de nature à faire cesser la compétence du juge de paix. — Req. 23 avr. 1873, J.G.S. *Compét. civ. des trib. de paix*, 115.

213. Le juge de paix cesse d'être compétent pour statuer sur une action en bornage, lorsque cette action nécessite l'appréciation de titres dont l'application à la cause est contestée, et qu'elle porte sur la propriété d'une parcelle de terrain soit que la possession en ait précédemment été attribuée au défendeur. — Req. 26 mars 1879, D.P. 81. 1. 83-84.

214. Il cesse également d'être compétent, et est tenu de se dessaisir dès que la propriété de certaines parcelles du terrain à délimiter est mise en question devant lui par la revendication desdites parcelles soit en vertu de titres, soit en vertu de la prescription. — Civ. c. 15 juin 1880, D.P. 80. 1. 262.

215. La même solution doit être adoptée, lorsque l'une des parties élève d'un côté la prétention d'être reconnue propriétaire, en vertu tant des titres que de la prescription, de la totalité d'une parcelle de terrain comprise dans le bornage, et conteste, d'un autre côté, les titres produits par la partie adverse, en ce qu'ils attribueraient à l'héritage de celle-ci une contenance supérieure à la contenance réelle. — Civ. c. 24 juin 1879, D.P. 79. 1. 288.

216. Et il en est ainsi dans le cas même où cette contestation est soulevée pour la première fois en appel. — Arrêts préc. 24 juin 1879 et 15 juin 1880.

217. — 3o *Exception tirée de la propriété ou de la possession* (C. proc. civ. nos 36 à 51). — Le juge de paix ne cesse d'être compétent, en matière de bornage qu'autant que la propriété ou les titres sont contestés. — Civ. c. 29 juill. 1884, D.P. 85. 1. 52.

218 .... C'est-à-dire qu'autant qu'il s'agit d'une contestation réelle et sérieuse changeant le caractère de l'instance — Civ. c. 16 mars 1880, D.P. 80. 1. 232. — Req. 2 janv. 1884, D.P. 84. 5. 194. — Civ. c. 15 déc. 1885, D.P. 86. 1. 183. — V. *Code de procédure civile*, no 36.

219. Et il n'y a pas contestation sérieuse : ... lorsque le défendeur à l'action en bornage prétend seulement en appel qu'il résulte d'un rapport d'expert que la question de propriété est la seule véritablement posée. — Arrêt préc. 2 janv. 1884.

220. .. Ni quand le défendeur à l'action en bornage se contente de dénier à son adversaire la propriété de la parcelle litigieuse, sans spécifier la nature des prétendus droits ni les titres qui pourraient leur servir de base. — Civ. c. 16 mars 1880, D.P. 80. 1. 232. — V. *Code de procédure civile*, no 38 et s.

221. ... Ni lorsqu'aucune des parties ne produit de titres de propriété et n'invoque la prescription, qu'elles sont divisées seulement sur le point de savoir si le bornage aura lieu tout à la fois d'après la possession et les indications du cadastre, ou seulement d'après la possession actuelle. — C. c. 2 août 1875, J.G.S. *Compét. civ. des trib. de paix*, 98.

222. Mais il y a contestation sérieuse : ... lorsque l'une des parties repousse, d'une part, les titres produits par la partie adverse, en ce qu'ils attribueraient à l'héritage de celle-ci une contenance supérieure à la contenance réelle, et formule, d'autre part, la prétention d'être reconnue propriétaire, en vertu soit des titres, soit de la prescription, de la totalité d'une parcelle comprise dans le bornage. — J.G.S. *Compét. civ. des trib. de paix*, 99.

223. ... Ou bien, lorsqu'au moment où le juge de paix se dispose à procéder au bor-

nage, sur le vu d'un plan contradictoire, l'une des parties déclare que sa signature apposée sur ledit plan est fausse, et annonce l'intention de s'inscrire en faux contre l'acte qui la renferme. — Civ. c. 24 févr. 1875, J.G.S. *Compét. civ. des trib. de paix*, 99.

224. Il y a contestation de propriété, et non pas action en reconnaissance de bornes, dans le litige qui porte sur une parcelle de terrain que l'un des contestants revendique, en invoquant les données d'un bornage antérieur. — Civ. c. 26 juin 1888, D.P. 88. 1. 480.

225. Par suite, c'est à tort que le juge de paix se considère comme compétent pour connaître d'une instance de cette nature. — Même arrêt.

226. Le juge de paix est encore incompétent pour statuer sur une action en délimitation intentée par les défendeurs à une poursuite correctionnelle pour avoir coupé des arbres sur le terrain d'autrui, et tendant à faire déclarer que les arbres ont été coupés sur leurs terrains. — J.G.S. *Compét. civ. des trib. de paix*, 118.

227. En effet, l'instance qui, dans un tel cas, s'exerce au civil, constitue, non une action possessoire en bornage, mais une action pétitoire ou revendication d'immeuble : elle est, dès lors, de la compétence du tribunal de première instance, et non de celle de la justice de paix. — Req. 21 mai 1884, D.P. 84. 1. 446.

228. Mais le juge de paix est compétent quand le voisin auquel on reproche de posséder plus que ne lui accorde son titre, par suite d'actes d'envahissement, répétés, alors que son voisin possède moins que ne lui donne son propre titre, veut faire maintenir l'excédent dans les limites de son héritage, en s'armant contre le titre du voisin de la seule possession, sans soutenir qu'il a prescrit. — Req. 23 avr. 1873, J.G.S. *Compét. civ. des trib. de paix*, 115.

229. Le juge de paix saisi d'une demande tendant à faire élaguer et arracher des arbres, non contestée en principe par le défendeur, mais au sujet de laquelle ce dernier réclame le bornage préalable des propriétés, est compétent pour ordonner cet abornement, bien qu'il existe entre les parties un différend relativement à la possession d'un mur situé près de la limite des héritages, et que cette contestation ait donné lieu à une complainte portée devant le juge de paix en même temps que l'action en élagage. — Req. 22 mars 1876, D.P. 78. 1. 67.

230. ... Alors, d'ailleurs, qu'aucune contestation sur la propriété ou sur les titres ne s'est révélée dans les dires des parties. — Même arrêt.

231. L'existence de haies, barrières ou constructions formant clôture, ne met par obstacle à l'action en bornage, du moment que les clôtures dont il s'agit n'ont pas été établies contradictoirement entre les intéressés, et ne présentent pas les caractères de bornes usitées. — Civ. c. 4 mars 1879, D.P. 79. 1. 183.

232. En matière d'action en bornage, la demande en maintien de la possession ne constitue une contestation de propriété ou des titres que lorsque cette possession est invoquée comme une cause acquisitive de la propriété, pouvant servir de fondement à la prescription. — Req. 12 févr. 1879, D.P. 79. 1. 463. — V. *Code de procédure civile*, no 47.

233. Dès lors, il ne suffit pas, pour que le bornage soit effectué selon la possession actuelle des parties, que ne soulève pas la question de propriété ou d'interprétation des titres contestés, et, par suite, ne sort pas de la compétence du juge de paix. — Même arrêt.

234. Il n'appartient pas, en effet, au juge de paix, saisi d'une demande en bornage, d'apprécier si une possession, dont se prévaut une partie, réunit les conditions exigées

par la loi pour fonder une prescription. — Civ. c. 25 août 1880, D.P. 81. 1. 64. — V. *Code de procédure civile*, no 43.

235. Ainsi, lorsque dans une instance en bornage, une des parties a formellement allégué qu'elle était en possession d'un terrain sur lequel elle avait ouvert une carrière depuis plus de trente ans, le juge de paix ne peut repousser ses conclusions en se fondant sur ce que le moyen proposé était dépourvu d'articulation de faits précis pouvant caractériser la possession actuelle, ou la prescription, et servir de base à l'une et à l'autre, et ce qu'un jugement antérieur, rendu entre les mêmes parties sur une action en complainte intentée au sujet du même fonds, a déclaré que la possession du terrain était indécise aussi bien pour l'une que pour l'autre. — Même arrêt.

236. L'incompétence du juge de paix et du tribunal civil remise juge d'appel pour trancher une question de propriété est indicale et ne saurait être couverte par le consentement que les parties pourraient donner à ce que la juridiction du juge du bornage fût prorogée sur ce point. — Civ. c. 26 juin 1877. D.P. 77. 1. 392. — V. *infra*, art. 25, nos 729 et s.

237. En conséquence, il y a lieu d'annuler la sentence d'un juge de paix qui, saisi d'une instance en bornage, au cours de laquelle s'est produite une contestation fondée sur un acte de partage, après avoir sursis au jugement de l'affaire, et le délai expiré sans que ladite contestation ait été portée devant les tribunaux compétents, décidé que l'acte de partage invoqué devant lui comportait une erreur dans l'indication d'une pièce de terre attribuée par ledit acte à l'une des parties. — Même arrêt.

238. Le tribunal saisi de l'appel doit se déclarer incompétent ou surseoir à statuer jusqu'à ce que la question de propriété soit vidée, si, les titres et les limites étant contestés, il ne s'agit plus de bornage, mais d'une revendication d'immeuble. — Civ. c. 17 mai 1882, D.P. 83. 1. 412.

239. Le tribunal n'a pas dans ce cas une compétence plus étendue que celle du juge de première instance auquel cette action est déférée. — Même arrêt.

240. Le tribunal civil est seul compétent lorsque, d'une part, des empiétements sont reprochés à l'un des voisins, et que, d'autre part, il arrive soit que le prétendu usurpateur excipe d'actes acquisitifs de la propriété de tout l'héritage qu'il possède, y compris la portion qu'il aurait usurpée, soit que le demandeur lui-même s'est constitué véritable revendiquant. — J.G.S. *Compét. civ. des trib. de paix*, 116.

241. Il en est de même, lorsque l'une des parties, poursuivant sa réintégration dans une portion de son héritage, qu'elle prétend avoir été envahie par l'autre, veut faire prévaloir son titre contre une possession confirmée par le titre du prétendu usurpateur. — Req. 19 oct. 1885, J.G.S. *Compét. civ. des trib. de paix*, 116.

242. Mais la partie condamnée par un arrêt à détruire des travaux par lesquels elle avait empiété sur un terrain communal est recevable à demander à la Cour d'appel, sous prétexte d'interprétation dudit arrêt, qu'il soit procédé au bornage du terrain; cette demande soulève une question nouvelle de la compétence exclusive du juge de paix. — Req. 30 janv. 1877, D.P. 78. 1. 408.

243. — 4o *A quel moment l'exception de propriété peut être présentée* (C. proc. civ. nos 52 à 56). — La contestation sur la propriété ou sur les titres, qui rend le juge de paix incompétent peut être élevée en tout état de cause et, le tribunal, juge d'appel, à qui une telle contestation est soumise, doit immédiatement se déclarer incompétent. — Civ. c. 24 févr. 1875, J.G.S. *Compét. civ. des trib. de paix*, no 99. — Civ. c. 19 août

1879, D.P. 79. 1. 131. — Civ. c. 24 juin 1879, D.P. 79 1. 288. — Civ. c. 17 mai 1882, D.P. 83. 1. 412. — Civ. c. 29 juill. 1884, D.P. 85. 1. 52. — Conf. Dissertation de M. Glasson, D.P. 84. 2. 201.

244. — 5° *Pouvoirs du juge sur l'action en bornage* (C. proc. civ. n⁰⁸ 57 à 61). — Le juge de paix qui ne peut connaître des actions en bornage lorsque la propriété ou les titres sont contestés doit, dans ce cas, non pas se borner à ordonner un sursis, mais se déclarer absolument incompétent. — Civ. c. 24 févr. 1875, J.G.S. *Compét. civ. des trib. de paix*, 99. — Civ. c. 20 juin 1877, D.P. 77. 1. 392. — Civ. c. 18 juin 1884, D.P. 85. 1. 213. — V. *Code de procédure civile*, n⁰ 62.

245. Et le tribunal civil d'arrondissement, saisi de la question de propriété, est compétent non seulement pour statuer sur cette question, mais encore pour opérer, s'il y a lieu, l'abornement et ordonner un sursis, mais pas se borner à ordonner un sursis, mais se déclarer absolument incompétent du terrain dont il déclare une partie propriétaire. — Arrêt 16 juin 1884.

246. Par suite, lorsqu'il a reconnu le droit de propriété d'une partie sur une certaine étendue de terrain à prendre dans un domaine, il ne peut renvoyer le juge de paix pour faire déterminer l'emplacement de ce terrain, mais il doit lui-même en fixer l'assiette et les limites. — Même arrêt.

247. — II. DISTANCE DES ARBRES ET HAIES (C. proc. civ. n⁰⁸ 65 à 73). — Le juge de paix est incompétent pour statuer sur une action tendant à la suppression d'arbres plantés à la distance légale, lorsque les titres invoqués par le défendeur pour faire maintenir ces plantations sont expressément contestés par l'autre partie. — Civ. c. 19 août 1878, D.P. 79. 1. 131. — V. *Code de procédure civile*, n⁰ 69.

248. Le juge de paix et le tribunal civil, sur appel, se déclarent donc à tort compétents pour connaître de cette action sous le prétexte que ce n'est pas interpréter les titres, mais seulement les consulter, que d'y rechercher par la comparaison des termes avec les faits qui s'en sont suivis, le sens que les parties leur ont donné. — Même arrêt.

249. Le juge de paix est incompétent pour statuer sur les actions relatives à la distance prescrite par la loi pour les plantations d'arbres, non seulement lorsque la propriété du sol est contestée, mais encore lorsqu'il y a litige sur un droit de servitude qui est une dépendance de la propriété du fonds dominant et un démembrement de celle du fonds servant. — Civ. c. 9 mars 1880, D.P. 80. 1. 295. — V. *Code civil annoté*, art. 671 et 672, n⁰⁸ 4552 et s.

250. Et spécialement, il n'est pas compétent pour connaître d'une demande en suppression de plusieurs souches d'arbres qui ne sont pas à la distance légale des limites d'un bois taillis, lorsque le propriétaire de ce bois prétend les conserver à titre de servitude résultant de la destination du père de famille. — Même arrêt.

§ 3. — *Constructions* (C. proc. civ. n⁰⁸ 74 à 83).

251. La compétence attribuée aux juges de paix par l'art. 6, n⁰ 3, de la loi du 25 mai 1838 pour statuer sur les contestations relatives aux constructions et travaux énoncés dans l'art. 674 C. civ. a un caractère exceptionnel et ne doit pas être étendue au delà des limites déterminées par cet article. Trib. civ. de Châtillon-sur-Seine, 13 juill. 1881, D.P. 82. 3. 94. — Req. 6 déc. 1886, D.P. 87. 1. 223. — V. *Code de procédure civile*, n⁰⁸ 78 et s. — V. *Code civil annoté*, art. 674, n⁰ 39; et son *Supplément*, n⁰⁸ 4606 et s.

252. Par suite, le juge de paix est incompétent pour connaître d'une demande tendant à faire ordonner les travaux nécessaires à l'effet de faire cesser les infiltrations pro-

venant d'une fosse commune à deux maisons en rendant cette fosse étanche, des travaux de cette nature ne rentrant pas dans la catégorie des ouvrages prescrits par les réglements et usages particuliers, énoncés dans l'art. 674 C. civ. — Arrêt préc. 6 déc. 1886.

253. De même, le tribunal civil est compétent, à l'exclusion du juge de paix, pour connaître d'une demande d'une valeur indéterminée fondée, non sur une infraction aux dispositions spéciales de l'art. 674 C. civ., mais uniquement sur ce fait que des infiltrations malsaines, provenant de la propriété du défendeur, causent un dommage à celle du demandeur. — Trib. civ. de Châtillon-sur-Seine, 13 juill. 1881, D.P. 82. 3. 94.

254. C'est une question controversée que celle de savoir si le législateur n'a entendu par la disposition contenue dans l'art. 6, n⁰ 3, de la loi du 25 mai 1838 attribuer aux juges de paix que la connaissance des actions fondées sur l'art. 674 et tendant à faire appliquer aux constructions et travaux mentionnés à cet article le respect des prescriptions des usages et règlements, ou s'il a voulu soumettre à ces travaux et constructions et, par exemple, les demandes en indemnité à raison du préjudice qui pourrait en résulter, alors même qu'on s'est conformé pour leur exécution aux prescriptions des règlements et usages locaux. — D.P. 87. 1. 223. note 3.

255. Dans un premier système, on pense qu'une semblable action ne rentrant n'ayant pas sa base dans l'art. 674 C. civ., mais dans l'art. 1382, ne doit rentrer dans la compétence du juge de paix que lorsqu'elle n'excède pas 200 fr. — Même note.

256. Dans une autre opinion plus généralement suivie, au contraire, les juges de paix doivent connaître de toutes les difficultés qui peuvent surgir à l'occasion des travaux énoncés dans l'art. 674 C. civ. — Même note. — J.G.S. *Compét. civ. des trib. de paix*, n⁰ 124.

257 L'incompétence des actions relatives aux constructions et travaux énoncés dans l'art. 674 C. civ. dont la connaissance est attribuée aux juges de paix, lorsque la propriété de la mitoyenneté du mur n'est pas contestée, n'est point une incompétence *ratione materia* : par suite, l'exception d'incompétence ne peut être soulevée d'office. — Bordeaux, 17 juill. 1889, D.P. 90. 2. 142.

§ 4. — *Pensions alimentaires* (C. proc. civ. n⁰⁸ 84 à 91).

258. L'art. 4 du *projet de loi sur l'extension de la compétence des juges de paix* (V. *suprà*, p. 1, note 2) élève de 150 à 500 fr. par an le chiffre de la demande en pension alimentaire dont les juges de paix peuvent connaître à charge d'appel. — V. *infrà*, *Add. complém.*

§ 5. — *Compétence territoriale*.

259. V. *Code de procédure civile*, n⁰ 92.

Art. 7. Les juges de paix connaissent de toutes les demandes reconventionnelles ou en compensation qui, par leur nature ou leur valeur, sont dans les limites de leur compétence, alors même que, dans les cas prévus par l'art. 1ᵉʳ, ces demandes, réunies à la demande principale, s'élèveraient au-dessus de deux cent francs. Ils connaissent, en outre, à quelque somme qu'elles puissent monter, des demandes reconventionnelles en dommages-intérêts fondées exclusivement sur la demande principale elle-même.

260. Cet article est reproduit avec quelques modifications par l'art. 7 du *projet de loi* voté par la Chambre des députés. — V. *infrà*, *Add. complém.*

261. Les demandes reconventionnelles ne doivent pas être confondues avec les exceptions qui peuvent être opposées à la demande principale : pour ces dernières, le juge de l'action est le juge de l'exception présentée comme défense, alors même que cette exception soulèverait une question qui ne rentrant pas dans sa compétence, à moins, toutefois, que la connaissance ne lui en ait été interdite par une disposition formelle de la loi. — J.G.S. *Compét. civ. des trib. de paix*, 129. — V. *infrà*, art. 170.

262. Le juge de paix compétent pour apprécier une exception présentée comme défense, alors même que cette exception soulève une question ne rentrant pas dans sa compétence, devient incompétent lorsque la question incidente est soulevée par le défendeur au moyen de conclusions reconventionnelles à résoudre dans le dispositif de la sentence. — J.G.S. *Compét. civ. des trib. de paix*, 129.

263. Le juge de paix saisi d'une action en payement de primes d'assurance, dont la connaissance lui est attribuée par une clause de la police, est également incompétent pour statuer sur la demande reconventionnelle formée incidemment à cette action et tendant, d'une part, à faire restreindre la portée du contrat, d'autre part, à en obtenir la résiliation. — Civ. c. 9 févr. 1889, D.P. 81. 1. 296.

264. Il doit alors, ou bien retenir le jugement de la cause principale, s'il peut y être statué séparément de la demande reconventionnelle, ou bien renvoyer, sur le tout, les parties à se pourvoir devant le tribunal civil, si la liaison intime des deux demandes lui paraît exiger qu'il y soit statué par une seule décision. — Même arrêt.

265. Dans le silence de la loi, une jurisprudence constante refuse au juge de paix le droit de statuer en dernier ressort, lorsque les deux demandes qui se rentrent pas également dans les limites de sa compétence en dernier ressort. — J.G.S. *Compét. civ. des trib. de paix*, 130. — V. *infrà*, n⁰⁸ 270 et s.

266. Une demande reconventionnelle en dommages-intérêts, formée par le défendeur à l'action possessoire, à raison de la dépréciation qui serait résultée pour son usine, soit de l'autorisation obtenue par le demandeur d'abaisser le niveau des eaux, soit du procès qui est de la suite, ne peut être considérée comme fondée exclusivement sur la demande principale. — Civ. c. 7 nov. 1876, D.P. 77. 1. 225.

267. En conséquence, si cette demande excède 200 fr., le juge de paix, en première instance, et le tribunal civil, en appel, sont incompétents pour en connaître. — Même arrêt.

268. Lorsqu'à une action en dommages-intérêts pour dommages faits à un champ, le défendeur répond par une demande reconventionnelle dans laquelle il invoque à son profit l'existence d'une servitude et que le droit de cette servitude est contesté, le juge de paix et, après lui, le tribunal d'appel cessent d'être compétents et commettent un excès de pouvoir s'ils statuent sur la contestation. — Civ. c. 7 juin 1886, D.P. 87. 1. 107. — Civ. c. 28 févr. 1887, D.P. 87. 1. 107.

Art. 8. Lorsque chacune des demandes principales reconventionnelles ou en compensation sera dans les limites de la compétence du juge de paix en dernier ressort, il prononcera sans qu'il y ait lieu à appel.

Si l'une de ces demandes n'est susceptible d'être jugée qu'à charge d'appel, le juge de paix ne prononcera sur toutes qu'en premier ressort;

Si la demande reconventionnelle excède les limites de sa compétence, il pourra, soit retenir le jugement de la demande principale, soit renvoyer sur le tout les parties à se pourvoir devant le tribunal de première instance, sans préliminaire de conciliation.

269. Cet article est textuellement reproduit par l'art. 8 du *projet de loi sur l'extension de la compétence des juges de paix.* — V. *infrà*, Add. *complém.*

270. Le jugement rendu par le juge de paix sur une demande inférieure au taux du premier ressort, à laquelle le défendeur a opposé une demande reconventionnelle indéterminée, est susceptible d'appel. — Trib. civ. Beaune, 2 août 1889 (1ʳᵉ espèce), D.P. 90. 3. 78-79. — V. aussi Req. 11 juin 1884, D.P. 84. 1. 359.

271. Il en est ainsi, notamment, lorsqu'on réponse à une demande principale ayant pour objet le payement d'une somme de 10 centimes pour droit de place à un marché, le défendeur a demandé au juge de paix de décider que pour le présent qu'il avait le droit, sans être assujetti au payement d'un droit de place, de porter ou faire porter du lait au domicile des personnes abonnées. — Jugement préc. 2 août 1889, et la note 3.

272. Le juge de paix statue en dernier ressort sur une demande reconventionnelle en dommages-intérêts supérieure à 100 fr. et formée, même conjointement et solidairement par plusieurs personnes, alors que d'une part, cette demande est exclusivement fondée sur la demande principale, et que, d'autre part, ceux qui l'ont introduite (des associés en participation), dans l'espèce) n'étant unis par aucun lien de solidarité, l'intérêt de chacun d'eux dans ladite demande est inférieur à 100 fr. — Req. 30 mai 1877, D.P. 78. 1. 278.

Art. 9. Lorsque plusieurs demandes formées par la même partie seront réunies dans une même instance, le juge de paix ne prononcera qu'en premier ressort, si leur valeur totale s'élève au-dessus de cent francs, bien que quelqu'une de ces demandes serait inférieure à cette somme. Il sera incompétent sur le tout, si ces demandes excèdent, par leur réunion, les limites de sa juridiction.

273. Cet article est reproduit à peu près textuellement par l'art. 5 du *projet de loi sur l'extension de la compétence des juges de paix.* — V. *infrà*, Add. *complém.*

274. — I. RÉUNION DE PLUSIEURS DEMANDES (C. proc. civ. nᵒˢ 1 à 5).

275. — II. DEMANDE FORMÉE PAR OU CONTRE PLUSIEURS PERSONNES (C. proc. civ. nᵒˢ 6 à 16). — D'après la dernière état de la jurisprudence, si les demandes sont formées par plusieurs personnes qui, n'étant point solidaires entre elles, n'y ont chacune qu'un intérêt inférieur au taux du dernier ressort, le juge de paix jugera sans appel, en vertu du principe que le montant des demandes collectives formées par plusieurs demandeurs à l'égard desquels il n'existe ni solidarité, ni indivisibilité d'obligation, s'évalue en raison de l'intérêt de chacun d'eux dans la demande. — J.G.S. *Compét. civ. des trib. de paix*, 133.

276. C'est en vertu de ce principe que, suivant une jurisprudence aujourd'hui définitivement établie, les tribunaux de première instance jugent en dernier ressort la demande, formée collectivement par plusieurs héritiers, d'une somme de plus de 1500 fr. qui leur est due sans solidarité ni indivisibilité, si la part de chacun d'eux dans cette créance n'est pas supérieure à ce chiffre. — J.G.S. *Compét. des trib. de paix*, 133. — V. *infrà*, L. 11 avr. 1838, art. 2, *Appendice* à l'art. 453 C. proc. civ.

Art. 10. Dans les cas où la saisie-gagerie

ne peut avoir lieu qu'en vertu de permission de justice, cette permission sera accordée par le juge de paix du lieu où la saisie devra être faite, toutes les fois que les causes rentreront dans sa compétence.

S'il y a opposition de la part des tiers, pour des causes et pour des sommes qui, réunies, excéderaient cette compétence, le jugement en sera déféré aux tribunaux de première instance.

277. Cet article est remplacé par l'art. 10 du *projet de loi sur l'extension de la compétence des juges de paix* (V. *supra*, p. 1, note 2), qui s'applique à la saisie sur débiteurs forains, à la saisie-gagerie et à la saisie-revendication dans les cas prévus par les art. 2102 C. civ., 819 et 822 C. proc. civ. — V. *infrà*, Add. *complém.*

278. Sur la compétence des juges de paix en matière de saisie-gagerie, V. *supra*, nᵒ 119. — V. également *Code de procédure civile*, art. 819 et s., et *infrà*, mêmes articles.

Art. 11. L'exécution provisoire des jugements sera ordonnée dans tous les cas où il y a titre authentique, promesse reconnue, ou condamnation précédente dont il n'y a point eu appel.

Dans tous les autres cas, le juge pourra ordonner l'exécution provisoire, nonobstant appel, avec caution, lorsqu'il s'agira de pension alimentaire, ou lorsque la somme n'excédera pas trois cents francs, et avec caution, au-dessus de cette somme.

La caution sera reçue par le juge de paix.

Art. 12. S'il y a péril en la demeure, l'exécution provisoire pourra être ordonnée sur la minute du jugement avec ou sans caution, conformément aux dispositions de l'article précédent.

Art. 13. L'appel des jugements des juges de paix ne sera recevable ni avant les trois jours qui suivront celui de la prononciation des jugements, à moins qu'il n'y ait lieu à exécution provisoire, ni après les trente jours qui suivront la signification à l'égard des personnes domiciliées dans le canton.

Les personnes domiciliées hors du canton auront, pour interjeter appel, outre le délai de trente jours, le délai réglé par les art. 73 et 1033 du Code de procédure civile.

279. — I. DÉCISIONS SUSCEPTIBLES D'APPEL (C. proc. civ. nᵒˢ 2 à 6).

280. — II. DÉLAI DE L'APPEL (C. proc. civ. nᵒˢ 7 à 9). — Le délai de trente jours accordé pour interjeter appel des décisions des juges de paix est franc et ne comprend pas le jour de l'échéance; l'appel contre un jugement signifié le 17 août est donc valablement formé le 17 septembre suivant. — Trib. civ. Pont l'Évêque, 5 août 1879, D.P. 81. 1. 126.

281. Jugé, en sens contraire, que le délai de trente jours accordé pour interjeter appel des jugements des juges de paix n'est pas franc et comprend le jour de l'échéance. — Req. 5 févr. 1879, D.P. 80. 1. 209.

282. Ainsi, que l'appel contre une décision signifiée le 17 janvier est tardivement formé le 18 février, alors même que le 17 février aurait été un jour férié, le dernier jour dans lequel le recours pouvait avoir lieu étant le 16 février. — Même arrêt.

283. Décidé dans le même sens, d'une manière générale, que l'art. 13 de la loi du 25 mai 1838 disposant que l'appel des jugements des juges de paix ne sera plus recevable après les trente jours qui suivront la signification, on doit déclarer tardif l'appel interjeté le trente et unième jour. — Civ. c. 2 août 1887, D.P. 88. 1. 180.

Art. 14. Ne sera pas recevable l'appel des jugements mal à propos qualifiés en premier ressort, ou qui, étant en dernier ressort, n'auraient point été qualifiés.

Seront sujets à l'appel les jugements qualifiés en dernier ressort, s'ils ont statué, soit sur des questions de compétence, soit sur des matières sur lesquelles le juge de paix ne pouvait connaître qu'en premier ressort.

Néanmoins, si le juge de paix s'est déclaré compétent, l'appel ne pourra être interjeté qu'après le jugement définitif.

284. La disposition de l'art. 14 qui ne permet d'interjeter appel du jugement par lequel le juge de paix s'est déclaré compétent qu'après le jugement définitif, suppose qu'en statuant sur la compétence, le juge de paix n'a pris relativement au fond que des mesures préparatoires. — J.G.S. *Appel civil*, 31.

285. Dans le cas, au contraire, où il ne s'est pas borné à se déclarer compétent mais a ordonné un interlocutoire, comme l'appel de ce dernier chef se trouve permis avant le jugement définitif, la majorité des auteurs admet que cet appel peut frapper également le jugement sur la compétence, J.G.S. *Appel civil*, 31.

Art. 15. Les jugements rendus par les juges de paix ne pourront être attaqués par la voie du recours en cassation que pour excès de pouvoir.

286. L'excès de pouvoir, qui seul peut donner ouverture à cassation contre les jugements des juges de paix, ne doit s'entendre que de la transgression par le juge des limites dans lesquelles la loi a circonscrit son autorité, et non d'une fausse interprétation de la loi qu'il est chargé d'appliquer. — Req. 25 juill. 1888, D.P. 90. 1. 51. — V. *Code de procédure civile*, nᵒ 1.

287. En conséquence, il y a lieu de déclarer non recevable le pourvoi reprochant au jugement rendu par un juge de paix de s'être fondé sur une expertise précédemment ordonnée par lui, bien que la partie adverse n'eût pas été régulièrement appelée à cette expertise, confiée d'ailleurs à un seul expert et sans le consentement des parties, et que ledit expert eût procédé sans avoir prêté serment. — Même arrêt.

288. La sentence d'un juge de paix ne peut être déférée à la Cour de cassation pour fausse interprétation de l'art. 77 du décret du 30 déc. 1809 aux termes duquel les fabriques ne peuvent plaider sans autorisation. — Req. 31 janv. 1870, D.P. 75. 5. 46. — V. *Code de procédure civile*, nᵒ 4. — V. aussi *Code des lois adm. annotées*, t. 2, I, vᵒ *Culte*, nᵒˢ 5441 et s.

289. ... Ni pour fausse application d'un tarif diocésain reconnu légal et obligatoire. — Req. 5 juill. 1875, D.P. 78. 1. 475. — V. *Code des lois adm. annotées*, t. 2, II, vᵒ *Sépulture*, nᵒˢ 1614 et 1615.

290. ... Ni pour fausse interprétation d'un tarif d'octroi. — V. à cet égard *Code des lois adm. annotées*, t. 4, vᵒ *Octroi*.

291. Le juge de paix qui, saisi de l'action en réparation d'un dommage causé aux récoltes, repousse, par un motif erroné, l'exception de prescription, alors qu'il s'agit d'un fait qui remonte à moins de trois mois, rend une décision légale, contre laquelle un pourvoi fondé sur l'excès de pouvoir n'est pas recevable. — Req. 9 déc. 1885, D.P. 86. 1. 259. — V. *Code de procédure civile*, nᵒ 13.

292. Mais la sentence rendue par un juge de paix à une audience postérieure à la date indiquée dans la citation, sans assignation nouvelle et sans qu'une décision contradictoire ait continué l'affaire à cette audience, doit être annulée pour excès de pouvoir, le juge n'étant plus alors saisi de la demande. — Civ. c. 12 mars 1879, D.P. 79. 1. 260.

293. Le juge n'est saisi que par la citation. et pour le jour seulement où les parties sont appelées à comparaître devant lui afin de présenter leurs moyens de défense. S'il statue à une audience suivante, sans assignation nouvelle, son jugement doit être annulé, parce que l'assigné n'est pas obligé de se présenter à un autre jour que celui qui a été indiqué par la citation, et qu'il ignore le moment où il plaira au demandeur de porter désormais la cause. — D.P. 79. 1. 260, note 1.

294. Sur les règles du pourvoi en cassation, V. *Code de procédure civile*, 1ʳᵉ part. liv. 4, *Appendice*, p. 787, nᵒˢ 1121 et s. ; — et *infrà*, même *Appendice*.

Art. 16. Tous les huissiers d'un même canton auront le droit de donner toutes les citations et de faire tous les actes devant la justice de paix. Dans les villes où il y en a plusieurs, les huissiers exploitent concurremment dans le ressort de la juridiction assignée à leur résidence. Tous les huissiers du même canton seront tenus de faire le service des audiences et d'assister le juge de paix toutes les fois qu'ils en seront requis ; les juges de paix choisiront leurs huissiers audienciers.

295. Les huissiers n'ont pas le droit d'instrumenter hors du canton pour les actes de la justice de paix sans encourir la pénalité édictée par l'art. 1030 C. proc. civ. qui consiste en une amende de 5 à 100 fr. — V. *infrà.* art. 1030. — J.G.S. *Conciliation*, 67.

296. Cette prohibition n'est pas applicable, d'après l'art. 16 de la loi du 25 mai 1838, dans les villes divisées en plusieurs justices de paix ; car elle n'aurait, en effet, pour résultat que de créer des difficultés considérables. — J.G.S. *Conciliation*, 68..

297. L'art. 20 C. proc. civ. qui exige que la signification des jugements par défaut soit faite par un huissier commis n'a pas été modifié par la loi du 25 mai 1838. — Observ. sous Req. 1ᵉʳ févr. 1882, D.P. 82. 1. 113, note 2.

298. Cette interprétation est conforme à une pratique universelle et constante; elle est défendue par la doctrine et conforme aux instructions ministérielles du 6 juin 1838 rédigées pour assurer l'exécution de la loi du 25 mai 1838. — Mêmes observ.

Art. 17. — « Dans toutes les causes, excepté celles qui requièrent célérité, et celles dans lesquelles le défendeur serait domicilié hors du canton ou dans un même canton, ville, il est interdit aux huissiers de donner aucune citation en justice, sans qu'au préalable le juge de paix n'ait appelé les parties devant lui au moyen d'un avertissement sur papier non timbré, rédigé et délivré par le greffier, au nom et sous la surveillance du juge de paix, et expédié par la poste, sous bande simple scellée du sceau de la justice de paix, avec affranchissement.

« A cet effet, il sera tenu par le greffier un registre sur papier non timbré, constatant l'envoi et le résultat des avertissements ; ce registre sera coté et paraphé par le juge de paix. Le greffier recevra pour tout droit, et par chaque avertissement, une rétribution de 25 centimes, y compris l'affranchissement, qui sera, dans tous les cas, de 10 centimes.

« S'il y a conciliation, le juge de paix, sur la demande de l'une des parties, peut dresser procès-verbal des conditions de l'arrangement; ce procès-verbal aura force d'obligation privée.

« Dans les cas qui requièrent célérité, il ne sera remis de citation non précédée d'avertissement qu'en vertu d'une permission donnée sans frais, par le juge de paix, sur l'original de l'exploit (L. 2 mai 1855) ».

299. La loi du 2 mai 1855 (art. 2), en modifiant

la rédaction de l'art. 17 de la loi du 25 mai 1838, a étendu le principe consacré par cet article et rendu obligatoire l'appel des parties devant le juge de paix dans toutes les causes de sa compétence autres que celles qui requièrent célérité ou lorsque le défendeur est domicilié hors du canton ou dans une même ville. — J.G.S. *Conciliation*, 32.

300. L'art. 17 modifié par l'art. 2 de la loi du 2 mai 1855 n'est pas plus que l'art. 48 C. proc. civ. applicable aux demandes qui ne sont pas introductives d'instance, ce qui résulte nettement de la discussion de la loi et du rejet, comme inutile, d'un amendement qui formulait cette restriction. — J.G.S. *Conciliation*, 32. — V. *infrà,* art. 48 C. proc. civ., nᵒˢ 897 et s.

301. L'art. 2. de la loi du 2 mai 1835 n'est applicable qu'aux demandes qui rentrent dans la compétence du juge de paix, et non à celles qui sont du ressort des tribunaux d'arrondissement, en ce sens que le juge de paix ne saurait soumettre à la conciliation prévue par l'art. 17 de la loi de 1838, dite *petite conciliation*, les affaires qui doivent être ensuite portées devant lui en vertu de l'art 48 C. proc. civ. pour conciliation. — J.G.S. *Conciliation*, 33. — V. *infrà,* art. 48 C. proc. civ., nᵒˢ 897 et s.

302. Les billets d'avertissement qui, pour une cause quelconque, ne parviendraient pas à leurs destinataires, au lieu d'être envoyés au bureau des rebuts, doivent être rendus au juge de paix, et dans le cas où le domicile du défendeur aurait été inexactement indiqué par le demandeur, soit par fraude, soit par tout autre motif, le juge pourra ajourner la délivrance du billet de citer jusqu'à l'envoi d'une nouvelle lettre. — Instr. min. 13 janv. 1857, J.G.S. *Conciliation*, 65.

303. L'avertissement doit être affranchi. L'affranchissement, fixé à 10 centimes dans le canton, a été élevé par l'art. 5 du décret du 24 nov. 1871 à 15 centimes, taxe qui est également appliquée au dehors du canton. — J.G.S. *Conciliation*, 65.

304. Une instruction ministérielle du 22 avr. 1856 interdit formellement aux greffiers de remettre eux-mêmes les billets d'avertissement, ou de les faire remettre par des personnes étrangères au service des postes, et prescrit des mesures propres à assurer l'exacte observation des prescriptions de la loi du 2 mai 1855. — J.G.S. *Conciliation*, 66.

Art. 18. Dans les causes portées devant la justice de paix, aucun huissier ne pourra ni assister comme conseil ni représenter les parties en qualité de procureur fondé, à peine d'une amende de vingt-cinq à cinquante francs, qui sera prononcée, sans appel, par le juge de paix.

Ces dispositions ne seront pas applicables aux huissiers qui se trouveront dans l'un des cas prévus par l'art. 86 du Code de procédure civile.

305. L'art. 18 de la loi du 25 mai 1838 est conçu dans des termes généraux et s'applique sans distinction à toutes les affaires soumises au juge de paix. Les huissiers ne peuvent donc pas plus représenter les parties appelées en conciliation que celles qui comparaissent dans une instance débattue au fond. La généralité des auteurs et la pratique sont d'accord sur ce point. — Décis. min. just. 1ᵉʳ juill. 1876, *Bull. min. just.* 1876, p. 124. — V. *infrà,* art. 48, nᵒˢ 897 et s.

Art. 19. En cas d'infraction aux dispositions des art. 16, 17 et 18, le juge de paix pourra défendre aux huissiers du canton, de citer devant lui, pendant un délai de quinze jours à trois mois, sans appel et sans préjudice de l'action disciplinaire des tribunaux et des dommages-intérêts des parties, s'il y a lieu.

Art. 20. Les actions concernant les brevets d'invention seront portées, s'il s'agit de nullité ou de déchéance des brevets, devant les tribunaux civils de première instance ; s'il s'agit de contrefaçon, devant les tribunaux correctionnels.

306. Ces dispositions sont reproduites dans la loi des art. 34, 45 et 46 de la loi du 5 juill. 1844 sur les brevets d'invention. — V. *Appendice au Code de commerce annoté,* art. 34, nᵒˢ 9 et s. p. 904 et s. ; art. 45, p. 912; art. 46, nᵒˢ 1, 8, 34 et s., p. 912 et s.

Art. 21. Toutes les dispositions des lois antérieures, contraires à la présente loi, sont abrogées.

Art. 22. Les dispositions de la présente loi ne s'appliqueront pas aux demandes introduites avant sa promulgation.

TITRE II.

Des Audiences du Juge de paix et de la Comparution des Parties.

Art. 8. Les juges de paix indiqueront au moins deux audiences par semaine ; ils pourront juger tous les jours, même ceux de dimanches et fêtes, le matin et l'après-midi.

Ils pourront donner audience chez eux, en tenant les portes ouvertes.

307. L'art. 8 C. proc. civ. n'a pas apporté de dérogation au principe posé dans l'art. 9 de la loi du 29 vent. an IX, d'après lequel les juges de paix doivent tenir audience au chef-lieu de canton. — Décis. min. just. 5 févr. 1883, *Bull. min. just.* 1883, p. 13.

308. Les audiences qu'un juge de paix peut être autorisé à tenir dans une commune de son canton autre que la commune chef-lieu doivent être exclusivement affectées aux conciliations, conseils de famille ou autres actes de juridiction non contentieuse. — Décis. min. just. 20 avr. et 14 déc. 1876, *Bull. min. just.* 1876, p. 74 et 249. — Décis. min. just. 31 oct. 1877, *ibid.*, 1877, p. 134. — Décis. min just. 5 févr. 1883, *ibid.*, 1883. — V. *Code de procédure civile,* nᵒ 1. — V. *suprà,* art. 1ᵉʳ, nᵒˢ 14 et s.

309. Il ne peut y rendre aucune décision civile, même quand les parties se présentent volontairement devant lui conformément à l'art. 7 C. proc. civ. — Décis. min. just. préc. 31 oct. 1877. — V. *Code de procédure civile,* art. 7, et *suprà,* même article, nᵒˢ 58 et s.

310. La disposition finale de l'art. 8 C. proc. civ. autorise, il est vrai, le juge de paix à tenir audience en son propre domicile, les portes ouvertes, mais il ne peut s'agir que d'une audience accidentelle en cas de comparution spontanée des parties et non de la tenue d'audiences périodiques et régulières. — Décis. min. just. préc. 5 févr. 1883.

Art. 9. Au jour fixé par la citation, ou convenu entre les parties, elles comparaîtront en personne ou par leurs fondés de pouvoir, sans qu'elles puissent faire signifier aucune défense.

311. — I. COMPARUTION DES PARTIES (C. proc. civ. nᵒˢ 1 à 11).

312. — II. Pouvoir du mandataire (C. proc. civ. n°s 12 à 18). — Les parties peuvent se faire représenter devant le juge de paix par un fondé de pouvoir, mais il est indispensable que ce mandat spécial soit donné par écrit, et son existence ne saurait s'induire, par voie de présomptions, des faits et circonstance de la cause. — Civ. c. 21 juill. 1886, D.P. 87. 1. 226. — Civ. r. 22 avr. 1890, D.P. 90. 1. 463. — V. *Code de procédure civile*, art. 53, et *infrà*, *ibid.*

313. Mais ce pouvoir résulte suffisamment d'écrits émanés de la partie elle-même, signés d'elle, visés et reproduits dans le jugement rendu, si ces écrits établissent directement et à eux seuls l'existence du mandat; ainsi, des conclusions au nom de la partie intéressée, écrites sur papier timbré, signées par la partie intéressée, déposées en son nom après avoir été lues en audience publique et transcrites dans la sentence, constituent une preuve manifeste et littérale du mandat *ad litem*; en conséquence, le plaideur non comparant, ayant été ainsi régulièrement représenté en justice, est admis à former opposition à la sentence rendue contre lui. — Civ. r. 22 avr. 1890, D.P. 90. 1. 465.

314. Les auteurs discutent la question de savoir si l'on peut exiger que le mandat écrit soit donné en la forme authentique; mais l'opinion générale et la pratique se contentent d'une procuration sous seing privé et enregistrée, dont la signature est ordinairement légalisée et qui reste annexée à la minute du jugement. — J.G.S. *Défense-Défenseur*, 75. — V. *Code de procédure civile*, n° 18.

315. — III. Conclusions (C. proc. civ. n°s 19 et 20).

316. — IV. Publicité des audiences (C. proc. civ. n° 21).

Art. 10. Les parties seront tenues de s'expliquer avec modération devant le juge, et de garder en tout le respect qui est dû à la justice : si elles y manquent, le juge les y rappellera d'abord par un avertissement; en cas de récidive, elles pourront être condamnées à une amende qui n'excédera pas la somme de cinq francs, avec affiches du jugement, dont le nombre n'excédera pas celui des communes du canton.

317. L'individu qui, cité devant le juge de paix, résiste à l'audience pour que son affaire soit retenue et commet à la suite de cette réclamation des actes d'irrévérence envers le juge, doit être considéré, non comme un spectateur passible des mesures édictées par l'art 504 C instr. crim., mais comme une partie tombant sous l'application de l'art. 10 C. pr. civ. — Civ. r. 29 juill. 1877, D.P. 78. 1. 340. — V. *Code d'instr. crim. annoté*, art. 504 et s.

Art. 11. Dans le cas d'insulte ou irrévérence grave envers le juge, il en dressera procès-verbal, et pourra condamner à un emprisonnement de trois jours au plus.

318. L'irrévérence commise à l'audience civile d'un juge de paix par un avocat plaidant pour lui-même et dans sa propre cause, tombe sous l'application de l'art. 11 C. proc. civ. — Civ. r. 1er mars 1877, D.P. 78. 1. 443.

319. Le trouble causé à l'audience civile d'un juge de paix par les gestes et les vociférations d'une partie qui vient d'être condamné pour irrévérence envers le juge est une infraction distincte de la première, et qui peut donner lieu à une nouvelle mesure de répression (l'expulsion de l'audience, dans l'espèce). — Même arrêt. — V. *Code d'instr. crim. annoté*, art. 504.

320. Les constatations faites par le juge de paix dans un procès-verbal qu'il a dressé

relativement à des actes d'irrévérence commis envers lui à l'audience ne peuvent pas être, quant à leur exactitude matérielle, combattues par la preuve contraire. — Cr. r. 29 juin 1877, D.P. 78. 1. 340. — V. *Code d'instr. crim. annoté*, art. 504 et s.

321. Lorsque l'audience d'un juge de paix est troublée par des propos qui ne sont pas seulement irrévérencieux, mais tendent à déverser le mépris sur ce magistrat, et qui, étant de nature à inculper son honneur et sa délicatesse, présentent le caractère du délit d'outrage puni par l'art. 222 C. pén., c'est l'art. 505 C. instr. crim. et non l'art. 11 C. proc. civ. qui est applicable. — Cr. c. 14 déc. 1889, D.P. 90. 1. 465. — V. *Code d'instr. crim. annoté*, art. 505.

322. En conséquence, encourt la cassation le jugement qui s'est borné à faire application de l'art. 11 C. proc. civ. à un justiciable qui, invité à réduire au taux du dernier ressort le montant de sa demande, a refusé de le faire en disant qu' « il y avait des juges de paix qui pour un gigot de mouton pouvaient faire perdre ou gagner un procès, et qu'il tenait à se réserver son droit d'appel », en continuant, malgré son rappel aux convenances, à déclamer contre la partialité des magistrats. — Même arrêt.

323. C'est devant un tribunal correctionnel et non devant un tribunal de paix que le renvoi doit être en ce cas prononcé, le pouvoir exceptionnel attribué au juge de paix de réprimer un délit s'appliquant seulement au cas où la répression intervient immédiatement et séance tenante. — Même arrêt. — V. dans le même sens Cr. c. 3 oct. 1851, D.P. 51. 5. 37.

Art. 12. Les jugements, dans les cas prévus par les précédents articles, seront exécutoires par provision.

Art. 13. Les parties ou leurs fondés de pouvoirs seront entendus contradictoirement. La cause sera jugée sur-le-champ, ou à la première audience; le juge, s'il le croit nécessaire, se fera remettre les pièces.

Art. 14. Lorsqu'une des parties déclarera vouloir s'inscrire en faux, déniera l'écriture, ou déclarera ne pas la reconnaître, le juge lui en donnera acte : il parafera la pièce et renverra la cause devant les juges qui doivent en connaître.

324. La disposition de l'art. 14 est impérative et absolue, et, en présence des termes, qui ne comportent aucune réserve ni exception, il est difficile d'admettre que le juge de paix conserve le pouvoir d'apprécier si la dénégation d'écriture opposée devant lui est sérieuse, et de passer outre dans le cas où elle lui paraîtrait la constituer qu'un moyen dilatoire. — D.P. 83. 1. 26, note 1.

325. La plupart des auteurs lui reconnaissent, néanmoins, la faculté d'examiner si la vérification d'écriture est nécessaire à la décision de la cause, en faisant observer qu'il serait inutile de renvoyer devant le tribunal civil pour une mesure d'instruction qui serait sans influence sur le fond du droit. — J.G.S. *Compét. civ. des trib. de paix.* 134.

326. Mais il a été décidé, contrairement à cette opinion, que, dans le cas de dénégation d'écriture, le juge de paix est tenu, sans condition ni réserve, de surseoir et de statuer sur la demande principale, et de renvoyer la cause devant les juges qui doivent en connaître. — Civ. c. 24 août 1881. D.P. 83. 1. 26. — V. en sens contraire, *Code de procédure civile*, n° 4.

327. Et il n'est pas en son pouvoir de

modifier les limites de sa compétence, en statuant au fond, sous le prétexte que la demande en vérification d'écriture n'apparaîtrait pas comme sérieuse. — Même arrêt. — V. *Code de procédure civile*, art. 214 et s., et *infrà*, *mêmes articles*

328. Sur la procédure en inscription de faux, V. *Code de procédure civile*, art. 214 et s., et *infrà*, *mêmes articles*.

Art. 15. Dans les cas où un interlocutoire aurait été ordonné, la cause sera jugée définitivement, au plus tard, dans le délai de quatre mois du jour du jugement interlocutoire après ce délai, l'instance sera périmée de droit; le jugement qui serait rendu sur le fond sera sujet à l'appel, même dans les matières dont le juge de paix connaît en dernier ressort, et sera annulé sur la réquisition de la partie intéressée.

Si l'instance est périmée par la faute du juge, il sera passible des dommages et intérêts.

329. Sur ce qu'il faut entendre par jugement *interlocutoire*, V. *infrà*, n° 452.

330. L'instance portée devant un juge de paix est périmée faute d'avoir été vidée dans le délai de quatre mois à partir du jugement interlocutoire qui a ordonné des mesures d'instruction, s'il ne résulte pas de ce jugement lui-même que les vérifications ordonnées étaient de nature à exiger pour leur accomplissement un délai plus long. — Req. 20 mars 1878, D.P. 78. 1. 328. — Civ. r. 2 févr. 1882, D.P. 83. 1. 149-150. — V. *Code de procédure civile*, n°s 1 et s.

331. Un jugement *préparatoire* rendu en justice de paix ne tombe pas en péremption à défaut de jugement définitif intervenu dans les quatre mois fixés par l'art. 15 C. proc. civ. — Req. 19 mars 1884, D.P. 85. 1. 212. — V. *Code de procédure civile*, n° 4.

332. Et l'on doit considérer comme tel le jugement qui se borne à ordonner une visite et une description de lieux sans préjudice du fond. — Même arrêt.

333. Le délai de quatre mois, imparti au juge de paix pour statuer sur le fond du litige dans lequel est intervenu un interlocutoire, est nécessairement suspendu par l'appel qu'interjette une des parties contre l'interlocutoire. — Civ. r. 25 nov. 1884, D.P. 85. 1. 318. — V. *Code de procédure civile*, n° 9.

334. Dès lors, le point de départ du délai de péremption est reporté, non au jour du jugement à intervenir sur l'appel, mais au jour où ce jugement est signifié à avoué. — Même arrêt. — V. *Code de procédure civile*, art. 15, n° 11; art. 147; et *infrà*, art. 147.

335. Lorsque le juge de paix rend, dans la même affaire, plusieurs jugements interlocutoires, la péremption d'instance ne court qu'à partir du dernier des jugements. — Req. 21 avr. 1885. D.P. 85. 1. 452. — V. *Code de procédure civile*, n°s 12 et 13

336. Ainsi, lorsqu'après avoir prescrit une expertise, le juge de paix ordonne une enquête, la péremption d'instance court, non du jour de la première sentence interlocutoire, mais à partir de la seconde qui a ordonné l'enquête. — Civ. r. 9 avr. 1884, D.P. 85. 4. 292.

337. Une instance devant le juge de paix, dans laquelle un interlocutoire a été rendu, n'est pas périmée faute d'avoir été jugée dans les quatre mois de ce jugement, si l'interlocutoire lui-même fait obstacle à ce que les vérifications ordonnées aient lieu dans ce délai, et si, par exemple, il prescrit une expertise définitive devant avoir lieu à une époque déterminée; en ce cas, le délai de la péremption court, non à partir du jour de l'interlocutoire, mais à dater du rapport des experts. — Req. 16 févr. 1887, D.P. 87. 1. 329. — V. *Code de procédure civile*, n°s 17 et 18.

338. De même, lorsqu'à la suite d'une expertise effectuée en vertu d'un premier jugement interlocutoire, le juge de paix a, par une seconde décision rendue dans le délai de l'art. 15, ordonné un supplément d'expertise, le jugement définitif peut valablement intervenir après l'expiration de ce même délai. — Req. 20 mars 1878, D.P. 78. 1. 328. — V. *Code de procédure c vile*, nᵒ 18.

339. Lorsque le juge de paix a ordonné qu'il serait procédé à autant de visites de lieux qu'il serait nécessaire et que la dernière est postérieure de plus de quatre mois à son jugement, le délai de quatre mois, fixé par l'art. 15 C. proc civ., court non du jour du jugement, mais du jour du dépôt du rapport des experts. — Civ. c. 30 août 1880, D.P. 80. 5. 363.

340. La péremption édictée pour les instances de justices de paix par l'art. 15 C. proc. civ., n'est pas d'ordre public; par suite, l'instance peut être valablement prorogée du consentement commun des parties, au delà du délai de quatre mois à compter du jugement interlocutoire. — Req. 19 juin 1877, D.P. 78. 1. 123. — V. *Code de procédure civile*, nᵒˢ 20 et 21.

341. Mais les parties ne peuvent abréger, d'accord entre elles, le délai de quatre mois imparti au juge de paix pour rendre le jugement sur le fond du litige dans lequel est intervenu un interlocutoire. — Civ. r. 25 nov. 1884, D.P. 85. 1. 318, et la note 2.

342 L'art. 15 C. proc. civ., qui déclare l'instance périmée de droit dans le cas où, un interlocutoire ayant été ordonné, la cause n'a pas été jugée définitivement au plus tard dans le délai de quatre mois du jugement interlocutoire, n'est applicable qu'aux jugements émanés des juges de paix, et non aux jugements rendus en appel par les tribunaux de première instance; en conséquence, il n'est pas nécessaire que le jugement prononçant un interlocutoire en appel soit suivi, dans les quatre mois, d'un jugement définitif. — Civ. c. 11 août 1874, D.P. 76. 1. 308.

Art. 16. L'appel des jugements de la justice de paix ne sera pas recevable après les trois mois, à dater du jour de la signification faite par l'huissier de la justice de paix, ou tel autre commis par le juge.

Art. 17. Les jugements des justices de paix, jusqu'à concurrence de trois cents francs, seront exécutoires par provision, nonobstant l'appel et sans qu'il soit besoin de fournir caution : les juges de paix pourront, dans les autres cas, ordonner l'exécution provisoire de leurs jugements, mais à la charge de donner caution.

Art. 18. Les minutes de tout jugement seront portées par le greffier sur la feuille d'audience, et signées par le juge qui aura tenu l'audience et par le greffier.

343. Lorsque, par suite d'un état de santé, le juge de paix ne peut signer les minutes de ses jugements, il devra affirmer que ces minutes préparées par le greffier sont bien conformes aux décisions rendues; son affirmation sera ensuite judiciairement recueillie et on constatera l'impossibilité où il se trouve de signer. — Décis. min. just. 26 juill. 1877, *Bull. min. just* 1877, p. 93.

344. Si le juge de paix est décédé sans avoir signé les minutes de ses jugements, ou s'il est dans l'impossibilité de manifester ses sentiments, la conformité des minutes aux jugements rendus devra être constatée par une décision judiciaire contradictoire, décision rendue par le même tribunal de paix une fois reconstitué. — Décis. préc. 26 juill. 1877. — Décis. min. just. 9 août 1878, *Bull. min. just.* 1878, p. 83 — V. aussi Note, *Bull. min. just.* 1880, p. 219.

345. On ne saurait appliquer dans ces hypothèses les dispositions des art. 38 et 74 du décret du 30 mars 1808 relatif à la police et à la discipline des cours et tribunaux et qui supposent que plusieurs magistrats ont concouru au jugement. — Décis. préc. 26 juill. 1877 et 9 août 1878. — V. *infrà*, art. 138, *Appendice* à l'art. 139.

346. Lorsque le juge de paix est décédé et que les minutes de ses jugements ont été détruites, le tribunal de paix qui a prononcé antérieurement sur les litiges devra, une fois revêtues de la formule exécutoire, soit au moyen de la preuve testimoniale et des présomptions, en appliquant par analogie les dispositions des art. 1335 et 1348-4° C. civ. — Décis min. just. 12 avr. 1876, *Bull. min. just.* 1876, p. 74. — V. *Code civil annoté*, art. 1335, nᵒˢ 13 et s.; 1348, nᵒˢ 125 et s.; et son *Supplément*, nᵒˢ 8742 et s., 8944 et s.

TITRE III.

Des Jugements par défaut, et des Oppositions à ces Jugements.

Art. 19. Si, au jour indiqué par la citation, l'une des parties ne comparaît pas, la cause sera jugée par défaut, sauf la réassignation dans le cas prévu le dernier alinéa de l'art. 5.

Art. 20. La partie condamnée par défaut pourra former opposition, dans les trois jours de la signification faite par l'huissier du juge de paix, ou autre qu'il aura commis.

L'opposition contiendra sommairement les moyens de la partie, et assignation au prochain jour d'audience, en observant toutefois les délais prescrits pour les citations; elle indiquera les jour et heure de la comparution, et sera notifiée ainsi qu'il est dit ci-dessus.

347. La signification des jugements par défaut, rendus par les juges de paix, doit être faite, à peine de nullité, par un huissier commis. — Req. 1ᵉʳ févr. 1882, D.P. 82. 1. 113, et la note 2. — Civ. c. 19 août 1884, D. P. 85. 1. 63. — V. *Code de procédure civile*, art. 20, nᵒ 9; art. 156, nᵒˢ 3 et s. — V. *infrà*, art. 156. — V. aussi *suprà*, art. 16, L. 25 mai 1838, nᵒˢ 297 et s.

348. En conséquence, l'huissier qui signifie un jugement par défaut rendu par un juge de paix, alors qu'un autre huissier a été commis dans le jugement pour faire cette notification, commet une faute qui l'oblige à réparer le préjudice qu'il a ainsi causé à l'huissier commis. — Req. 1ᵉʳ févr. 1882, D.P. 82. 1 113.

Art. 21. Si le juge de paix sait par lui-même, ou par les représentations qui lui seraient faites à l'audience par les proches, voisins ou amis du défendeur, que celui-ci n'a pu être instruit de la procédure, il pourra, en adjugeant le défaut, fixer, pour le délai de l'opposition, le temps qui lui paraîtra convenable; et, dans le cas où la prorogation n'aurait été ni accordée d'office, ni demandée, le défaillant pourra être relevé de la rigueur du délai et admis à opposition, en justifiant qu'à raison d'absence ou de maladie grave, il n'a pu être instruit de la procédure.

349. Le tribunal de première instance statuant comme juge du second degré sur l'appel d'une sentence de justice de paix qui a déclaré tardive une opposition à un jugement par défaut peut faire à la cause l'application de l'art. 21 C. proc. civ. aux termes duquel le juge de paix est autorisé à relever de la rigueur du délai imparti pour former opposition le défaillant qui justifie n'avoir pu, à raison de son absence, être instruit de la procédure. — Req. 14 nov. 1881, D.P. 82. 1. 156.

Art. 22. La partie opposante qui se laisserait juger une seconde fois par défaut ne sera plus reçue à former une nouvelle opposition.

TITRE IV.

Des Jugements sur les Actions possessoires.

Art. 23. Les actions possessoires ne seront recevables qu'autant qu'elles auront été formées dans l'année du trouble, par ceux qui, depuis une année au moins, étaient en possession paisible par eux ou les leurs, à titre non précaire.

DIVISION.

SECT. 7. — ACTION EN RÉINTÉGRANDE (n° 684).

SECT. 1re. — CARACTÈRE DES ACTIONS POSSESSOIRES ;
DIFFÉRENTES ESPÈCES D'ACTIONS POSSESSOIRES :
COMPLAINTE, RÉINTÉGRANDE, DÉNONCIATION DE
NOUVEL ŒUVRE (C. proc. civ. n°s 1 à 55).

350. — I. CARACTÈRE DES ACTIONS POSSESSOIRES
(C. proc. civ. n°s 1 à 29). — Une action a le
caractère possessoire lorsque les conclusions
de l'assignation ont pour objet, au principal,
le maintien de la possession, quelles que
soient les demandes accessoires, ou même les
énonciations surabondantes qui se trouvent
dans ces conclusions. — J.G.S. *Act. poss.*, 8.
— V. *Code de procédure civile*, n°s 16 et s.

351. L'action en *bornage* est une action
pétitoire et non une action possessoire. — V.
à cet égard *Code de procédure civile*, n° 14, et
sur la nature de cette action, V. *Code civil annoté*, art. 646, n°s 6 et s.; et son *Supplément*,
n°s 4268 et s. — V. aussi *suprà*, n°s 204 et s.

352. L'action possessoire implique l'existence
entre les parties d'une contestation
sur la possession du demandeur. — Civ. r.
2 juill. 1877, D.P. 77. 1. 485.

353. Ainsi une demande tendant à la répression d'une entreprise commise dans l'année sur un cours d'eau, et au rétablissement
des choses dans leur ancien état, est de la
compétence du juge de paix, bien que le demandeur ait en même temps conclu à des
dommages-intérêts à raison du préjudice subi
par lui, ces dommages-intérêts n'étant que
l'accessoire de l'action possessoire. — Civ. c.
23 déc. 1884, D.P. 85. 1. 400.

354. Au contraire, l'action est purement
pétitoire quand la citation devant le juge de
paix tend à la démolition des travaux, en
raison de ce qu'ils auraient été effectués contrairement à un acte de partage, sans que
le demandeur ait invoqué la possession an-
nuale. La demande ainsi précisée et formulée
ne peut être valablement rectifiée au moyen
de conclusions ultérieures, qui auraient pour
but de restreindre la prétention du demandeur au maintien d'une possession annale :
et le juge qui accepte cette restriction contrevient à l'art. 26 C. proc. civ., aux termes
duquel l'exercice de l'action pétitoire implique renonciation à l'action possessoire. —
Civ. c. 16 févr. 1881, D.P. 81. 1. 413. — V. in-
frà, n°s 843 et s.

355. Mais cette jurisprudence doit être
appliquée avec une grande circonspection,
et si l'assignation, un peu indécise dans ses
formules, pouvait être interprétée comme
contenant un maintien de pétitoire et de possessoire, il serait permis au juge de paix
d'admettre qu'elle fût rectifiée devant lui au
moyen de conclusions nouvelles. — J.G.S.
Act. poss., 9. — V. *Code de procédure civile*,
n° 22.

356. La circonstance que, dans l'assignation introductive d'instance, le demandeur a conclu à la démolition de travaux
indûment entrepris, ne fait pas obstacle à
l'admissibilité de son action, en tant que le
possessoire, si le dispositif de ses conclusions, tendant à la cessation du trouble, n'a
aucun caractère pétitoire. — Req. 21 août
1883, D.P. 85. 1. 4.

357. Le caractère de l'action est, d'ailleurs,
suffisamment déterminé, lorsqu'elle est fondée sur ce que le demandeur a jusqu'alors
exercé un droit de passage à titre d'enclave,
et en a invoqué par là la possession. —
Même arrêt.

358. Dans ces circonstances, le fait que
le demandeur a qualifié surabondamment sa
possession d'immémoriale ne s'oppose point
à ce que le juge, s'appuyant, d'ailleurs, sur
les autres documents de la cause, se déclare
uniquement saisi d'une action possessoire.
— Même arrêt.

359. Lorsqu'une demande a le caractère
possessoire, elle le conserve nonobstant la
prétention du défendeur de n'avoir agi que

conformément à son titre, cette prétention,
dont l'appréciation définitive et au fond est
réservée au juge du pétitoire qui pourra être
ultérieurement saisi, n'étant pas de nature
à empêcher le juge de paix de connaître,
sous le rapport de la possession, de la cause
portée devant lui. — J.G.S. *Act. poss.*, 10. —
V. *Code de procédure civile*, n° 26.

360. Le débat auquel donne lieu l'action
en complainte motivée par l'établissement
d'un chemin sur le terrain dont le demandeur est en possession, conserve son caractère purement possessoire, bien que le tiers
appelé en garantie par le défendeur excipe
d'un droit de passage qui aurait été constitué sur le terrain litigieux par un acte de
partage intervenu entre les auteurs respectifs des parties. — Civ. c. 1er juin 1881, D.P.
82. 1. 351.

361. Par suite, cette exception ne fait pas
obstacle à ce que le juge, compétemment
saisi de l'action possessoire, statue sur ladite action. — Même arrêt.

362. — II. DIFFÉRENTES ESPÈCES D'ACTIONS
POSSESSOIRES (C. pr. civ. n°s 30 à 55). — La
complainte peut être exercée chaque fois que
la possession est atteinte, sans violence ni
voie de fait, soit par un trouble simple, soit
par un trouble générateur d'éviction. —
J.G.S. *Act. poss.*, 12. — V. *Code de procédure
civile*, n° 31.

363. Ce trouble peut être de deux sortes :
trouble du fait résultant d'un empêchement
matériel, partiel ou total, apporté à la jouissance du possesseur, trouble de droit résultant d'un acte judiciaire ou extrajudiciaire,
qui méconnaît et conteste la possession. —
J.G.S. *Act. poss.*, 12. — V. *infrà*, n°s 367 et s.

364. Sur l'action en réintégrande, V. *Code
de procédure civile*, n°s 32 et 751 et s.; —
et *infrà*, n°s 684 et s.

365. La *dénonciation de nouvel œuvre* est
une action possessoire ayant pour objet de
faire ordonner la suspension de travaux qui,
sans causer un trouble actuel à la possession
du demandeur, produiraient ce résultat s'ils
venaient à être achevés. — J.G.S. *Act. poss.*,
38. — V. *Code de procédure civile*, n° 34.

366. Elle exige, comme la complainte,
une possession annale revêtue des caractères
indiqués par l'art. 2229 C. civ.; mais elle en
diffère en ce qu'elle peut être formée à raison
d'un trouble simplement éventuel, tandis
que la complainte n'est admise que pour un
trouble actuel. — J.G.S. *Act. poss.*, 38.

367. D'après sa nature et son objet, la
dénonciation de nouvel œuvre ne peut s'appliquer qu'à des travaux exécutés sur un
terrain autre que celui du demandeur, et qui
sont encore en cours d'exécution. — J.G.S.
Act. poss., 38.

368. En matière de dénonciation de nouvel
œuvre, le juge ne peut, comme en matière de
travaux commencés; il doit, lorsqu'il accueille l'action, se borner à en prescrire la
suspension. — J.G.S. *Act. poss.*, 38.

369. Par cela même que la dénonciation
de nouvel œuvre tend simplement à faire
suspendre la continuation des travaux, elle
devient sans objet lorsque les travaux sont complètement achevés. Mais, à
supposer qu'il en résulte un trouble réel à
la possession, le possesseur pourra recourir
à la voie de la complainte, qui sera recevable,
pourvu qu'elle soit formée dans l'année à
partir du moment où, par leur état d'avancement, les travaux ont réellement porté
atteinte à sa possession. — J.G.S. *Act. poss.*,
39. — Conf. Req. 31 janv. 1870, D.P. 76. 1.
112. — V. *Code de procédure civile*, n° 45.

SECT. 2. — FAITS OU TROUBLES QUI DONNENT LIEU
A L'ACTION POSSESSOIRE (C. proc. civ. n°s 56
à 148).

370. — I. CE QU'ON DOIT ENTENDRE PAR TROU-
BLE A LA POSSESSION (C. proc. civ. n°s 56 à 88). —
On entend par *trouble*, dans le sens général

de ce mot, tout fait matériel ou tout *acte
juridique* qui, soit directement et par lui-
même, soit indirectement et par voie de conséquence, constitue ou implique une prétention contraire à la possession d'autrui. —
D.P. 83. 1. 129, note 1.

371. Tout possesseur, même indivis, d'un
immeuble a le droit de faire respecter sa
possession annale contre toute prétention
de tout acte tendant à la contredire. — Civ.
c. 1er mai 1889, D.P. 90. 1. 479.

372. Les faits ou les actes de cette nature
autorisent la complainte, bien qu'ils n'aient
encore causé aucun dommage à celui qui
veut la former, ou que même ils ne soient
pas de nature à lui porter un préjudice
matériel; car l'intérêt qu'a le possesseur à
faire reconnaître ou respecter sa possession
suffit à lui seul, et indépendamment de tout
dommage éprouvé, pour motiver la complainte. — D.P. 83. 1. 129, note 1.

373. La complainte intentée par le possesseur ne saurait donc être repoussée par
le motif que le trouble dont il se plaint ne
lui a causé qu'un dommage insignifiant et
que le fait qui y a donné lieu a été commis
de bonne foi. — Arrêt préc. 1er mai 1889.

374. Il y a trouble à la possession, non
seulement quand l'entreprise consiste en un
fait extérieurement nouveau, mais quand
elle consiste en un simple changement apporté
dans l'exercice d'une servitude préexistante,
si cette modification a pour résultat d'aggraver la condition du fonds servant. —
J.G.S. *Act. poss.*, 16.

375. Il est nécessaire pour qu'il y ait
trouble, et, par suite, que le possesseur soit
mis en demeure de former la complainte
dans l'année, que le trouble ait un caractère
matériel ou juridique soit opposée au droit du possesseur. — Req. 14 mai 1877, D.P. 78. 1. 39.
— Civ. r. 2 juill. 1877, D.P. 77. 1. 485.

376. Spécialement, le propriétaire qui
prétend que l'exécution de travaux sur un
chemin public a causé un dommage à l'immeuble lui appartenant ne peut intenter
une complainte possessoire, en l'absence de
toute contradiction de la part de l'auteur
des travaux relativement à la possession du
demandeur. — Arrêt préc. 2 juill. 1877. —
V. *Code de procédure civile*, n° 61.

377. Sur la controverse relative au point
de savoir si le demandeur, qui a pu justement
croire que l'acte dommageable était
de nature à impliquer une contestation sur
la possession, a le droit d'intenter une
action possessoire, V. *Code de procédure
civile*, n° 61 et s.

378. L'action possessoire conserve son
caractère dès l'instant que le trouble allégué
constitue une atteinte formelle à la possession, bien que le défendeur déclare qu'il
n'entend point contester cette possession. —
Civ. r. 8 août 1888, D.P. 89. 1. 120. — V.
Code de procédure civile, n° 64 et s.

379. Elle conserve de même son caractère
et ne se convertit pas en une simple action
en dommages-intérêts par cela seul que le
défendeur ne conteste pas la possession du
demandeur, lorsque le trouble peut se plaint
celui-ci constituerait, la preuve en étant
rapportée, une atteinte formelle à cette possession. — Civ. c. 9 juin 1885, D.P. 86. 1. 128.
— V. *Code de procédure civile*, n° 61.

380. Le principe de la séparation des
pouvoirs met obstacle à ce que l'exécution
d'un acte administratif qui est par lui-même
être considéré comme un trouble donnant
ouverture à la complainte en faveur du particulier qui se prétend lésé. — J.G.S. *Act.
poss.*, 19. — V. *Code de procédure civile*, n° 62.
— V. aussi *Code des lois adm.* annotées,
t. 1er. II. *Séparation des pouvoirs*, n°s 290 et s.

381. Jugé, en Belgique, conformément à
ce principe, que le riverain d'un chemin
public communal n'est pas recevable à intenter une action possessoire à raison du
trouble qu'il a apporté à sa possession les
travaux exécutés sur ce chemin par l'admi-

nistratiou communale. — C. cass. de Belgique, 19 juin 1851. J.G.S. *Act. poss.*, 19.

382 Mais il a été décidé, en France, en sens coutraire, que l'arrêté administratif qui déclare chemin rural ou sentier, impliquant de la part de la commune la prétention de comprendre le sol même du chemin dans le domaine public municipal, et valant prise de possession dudit sol par la commune, constitue un trouble vis-à-vis du propriétaire sur le fonds duquel la commune prétend exercer un droit de passage, et, qu'en conséquence, ce propriétaire a le droit d'intenter la complainte. — Civ. c. 15 avr. 1890, D.P. 90. 1. 442.

383. L'autorité judiciaire est seule compétente pour statuer sur une demande en complainte formée par un particulier contre une commune relativement à un chemin faisant partie d'une forêt acquise par ce particulier, bien que le maire de la commune ait pris un arrêté de police pour rétablir provisoirement la circulation sur ce chemin, et que la commune défenderesse à l'action possessoire allègue la vicinalité de ladite voie. — Civ. c. 26 juill. 1881, D. P. 81. 1. 452.

384. — II. TROUBLE DE FAIT (C. proc. civ. nᵒˢ 89 à 169). — Le *trouble de fait* existe dès qu'un tiers fait un acte quelconque de mattre impliquant par lui-même et par sa nature une prétention à la jouissance de la chose, au regard du possesseur, bien que ce tiers devenu défendeur vienne ensuite prétendre devant le juge qu'il ne conteste pas la possession. — J.G.S. *Act. poss.*, 13. — V. *Code de procédure civile*, nᵒ 91.

385. Il importe peu, d'ailleurs, que l'acte qui constitue le trouble soit ou non préjudiciable dans son résultat; il suffit qu'il réalise un empiètement sur les droits qui découlent naturellement de la possession. — J.G.S. *Act. poss.*, 13.

386. Ainsi une action possessoire peut être fondée sur le trouble matériel résultant d'une voie de fait. — Req. 11 mai 1885, D.P. 86. 1. 299.

387. Le *déplacement de bornes* constitue un trouble de fait pouvant donner lieu à l'action possessoire pour déplacement de bornes qui ne doit pas être confondue avec l'action en bornage. — V. *supra*, nᵒ 204 et s. et 351, et sur cette distinction, *Code civil annoté*, art. 646, nᵒˢ 7 et s. ; et son *Supplément*, nᵒˢ 4268 et s.

388. Le fait que un propriétaire de donner à une porte ouvrant sur une ruelle appartenant à un propriétaire voisin une plus grande largeur que celle que cette porte avait auparavant peut donner lieu à une complainte possessoire de la part du propriétaire de la ruelle sur laquelle s'exerce le passage. — Req. 31 janv. 1876, D.P. 76. 1. 112.

389. Mais la complainte intentée par l'un des propriétaires d'une ruelle commune contre l'autre communiste, à raison de travaux entrepris par ce dernier, doit être rejetée si le juge du possessoire reconnaît que les changements apportés à la disposition des lieux par ces travaux « ne causent aucun dommage au complaignant, et ne s'opposent point à ce qu'il se serve de la ruelle, comme auparavant, aux mêmes fins ou à des fins différentes, pour les divers usages auxquels elle est affectée ». — Req. 14 févr. 1876, D.P. 77. 1. 327-328.

390. Le propriétaire d'un terrain bordé par une haie est fondé à intenter une action en complainte contre son voisin, à raison d'usurpations et de dégâts qu'il lui reproche d'avoir commis sur cette haie, dont il se prétend possesseur exclusif; et cette action doit être accueillie, si le demandeur prouve qu'il a possédé exclusivement la haie pendant une année ou plus; il importe peu, d'ailleurs, que cette haie doive ou non être réputée mitoyenne, d'après l'art. 670 C. civ. — Req. 2 févr. 1876, D.P. 77. 1. 377.

391. En ce qui touche les modifications apportées à l'art. 670 C. civ. par la loi du 20 août 1881 (D.P. 82. 4. 7), V. *Supplément au Code civil annoté*, art. 666, nᵒˢ 4508 et s.

392 Le propriétaire inférieur, en possession annale du droit d'utiliser les eaux rejetées dans un ruisseau après l'irrigation du fonds supérieur, peut exercer la complainte si le propriétaire de ce dernier héritage a exécuté, depuis moins d'un an, des travaux à l'effet de dévier ces eaux et de les affecter à l'immersion de ses vignes. — Req. 16 mars 1881, D.P. 82. 1. 173.

393. — III. TROUBLE DE DROIT (C. proc. civ. nᵒˢ 140 à 123). — Toute prétention manifestée judiciairement qui tend à méconnaître la possession de l'adversaire, à porter atteinte à la jouissance d'un fonds, constitue un *trouble de droit*. — D.P. 77. 1. 223, note 2.

394. Le procès-verbal dressé par le garde champêtre à la requête d'une commune contre le fermier et le régisseur d'un propriétaire, à raison de travaux de culture sur un terrain que la commune prétend faire partie d'un chemin, constitue un trouble de droit à la possession dudit terrain. — Civ. c. 18 août 1890, D.P. 81. 1. 454.

395. L'adjudication de travaux pour la création d'un égout destiné à amener les eaux d'une ville dans un ruisseau peut constituer, à elle seule, un trouble de droit qui autorise le juge du possessoire à accueillir l'action en complainte par laquelle les riverains de ce ruisseau demandent à être maintenus dans la possession de ses eaux. — Civ. r. 16 janv. 1883, D.P. 83. 1. 120.

396. L'adjudication constitue, en effet, un acte aussi agressif qu'une opposition, une sommation, ou un procès-verbal. Aussi, dans tous ces cas, et dans ceux analogues où un acte, soit judiciaire, soit extrajudiciaire *lato sensu*, constitue une agression ou un droit contre la possession légale, le possesseur doit être admis à intenter l'action en complainte. — J.G.S. *Act. poss.*, 20.

397. — IV. PRÉJUDICE (C. proc. civ. nᵒˢ 424 à 137). — Lorsque la possession annale d'une prise d'eau est reconnue constante, le possesseur doit être maintenu en possession contre toute entreprise susceptible de la troubler, sans qu'il soit besoin que cette entreprise ait un caractère abusif et dommageable, la question de savoir si l'auteur du trouble a ou non usé de son droit ne pouvant être soulevée et résolue qu'au pétitoire. — Civ. c. 25 juin 1888, D.P. 89. 1. 292. — V. *Code de procédure civile*, nᵒ 127.

398. L'action possessoire, exercée par le possesseur d'un cours d'eau à raison de travaux établis pour détourner une partie des eaux de ce cours d'eau, ne peut être rejetée par le motif que l'exécution de ces travaux n'a porté aucune atteinte aux droits du demandeur et ne lui a causé aucun dommage actuel ou éventuel; une telle décision méconnaît le caractère légal de l'action possessoire et cumule le possessoire et le pétitoire. — Civ. c. 5 août 1885, D.P. 86. 1. 164. — Ch. réun. c. 25 févr. 1889, D.P. 90. 1. 478. — V *infra*, art. 25, nᵒˢ 729 et s.

399. Un dommage non encore éprouvé, mais probable, suffit pour autoriser, en matière de cours d'eau, l'exercice de la complainte. — Trib. civ. de Corte, 29 avr. 1874, D.P. 77. 1. 136. — V. *Code de procédure civile*, nᵒ 432.

400. — V. POUVOIR DU JUGE (C. proc. civ. nᵒˢ 138 à 148).

SECT. 3. — POSSESSION REQUISE POUR EXERCER L'ACTION POSSESSOIRE (C. proc. civ. nᵒˢ 149 à 279).

§ 1ᵉʳ. — *Caractères de la possession* (C. proc. civ. nᵒˢ 149 à 203).

401. Pour autoriser la complainte, et aussi la dénonciation du nouvel œuvre, il est nécessaire que la possession du demandeur soit paisible, publique, non précaire, continue, non interrompue, et enfin non équivoque. — J.G.S. *Act. poss.*, 42. — V. *Code de procédure civile*, nᵒ 450. — V. aussi *Code civil annoté*, art. 2229, nᵒˢ 6 et s. ; et son *Supplément*, nᵒˢ 17535 et s.

402. — I. POSSESSION PAISIBLE (C. proc. civ. nᵒˢ 152 à 158). — Les actes de violence ne peuvent fonder une possession valable. — V. *Code civil annoté*, art. 2233, nᵒ 6; et son *Supplément*, nᵒ 17579.

403. Le défendeur à l'action possessoire ne peut se prévaloir d'actes émanés d'un tiers pour soutenir que la possession du demandeur n'a pas été paisible. — Civ. c. 26 août 1884, D.P. 85. 1. 58. — V. *Code de procédure civile*, nᵒ 458.

404. Sur la controverse relative à la question de savoir en quel sens la possession doit être paisible pour être protégée par les actions possessoires, V. Observ. sur l'arrêt précité, D.P. 85. 1. 58, note 2.

405. Toutefois si des actes de violence commis par des tiers n'empêchent pas la possession d'être paisible entre le demandeur et le défendeur, ils peuvent, cependant, et tout au moins au point de vue de la prescription, rendre cette possession équivoque. — Mêmes observ.

406. Lorsque la possession du défendeur à une action en revendication et de ses auteurs a été jugée paisible et publique au moment où cette action était intentée, cette situation n'a pu être ébranlée par le trouble résultant de l'assignation; c'est donc à bon droit qu'après avoir reconnu cette possession paisible de l'héritage revendiqué, les juges du fond le dispensent de toute autre preuve et déboutent de ses prétentions le demandeur qui n'a pu établir sa propriété ou sa copropriété. — Req. 3 juill. 1889, D.P. 90. 1. 441.

407. Le vice résultant de ce que la possession n'aurait pas été paisible est simplement relatif, et ne peut être invoqué contre le possesseur par celui qui est resté étranger aux actes constitutifs du trouble et de la contradiction. — J.G.S. *Act. poss.*, 43.

408. — II. POSSESSION PUBLIQUE (C. proc. civ. nᵒˢ 159 et 160). — La clandestinité est également un vice purement relatif, susceptible d'être invoqué seulement par ceux qui n'ont pu connaître la possession. — J.G.S. *Act. poss.*, 44. — V. *Code civil annoté*, nᵒˢ 37 et s. ; et son *Supplément*, nᵒˢ 17540 et s.

409. — III. POSSESSION A TITRE DE PROPRIÉTAIRE (C. proc. civ. nᵒˢ 161 à 170). — Pour posséder à titre de propriétaire, il ne suffit pas d'avoir l'*animus domini*; il faut encore que les actes par lesquels cette intention tend à se manifester soient assez caractérisés pour que personne ne puisse se méprendre sur la prétention du possesseur à la chose par lui possédée. — J.G.S. *Act. poss.*, 45. — V. *Code de procédure civile*, nᵒˢ 161 et 168. — V. aussi *Code civil annoté*, art. 2229, nᵒ 404 et s.; et son *Supplément*, nᵒˢ 17557 et s.

410. Ainsi lorsqu'un jugement rendu au possessoire constate les motifs que le demandeur a justifié d'un certain nombre de faits de possession qui, en raison des circonstances, démontrent l'absence de l'*animus domini*, c'est à bon droit que le défendeur est déclaré mal fondé en sa demande tendant à être maintenu en possession du terrain litigieux. — Civ. c. 24 juill. 1899, D.P. 90. 1. 15.

411. La possession est précaire, en premier lieu, quand celui qui détient la chose l'a reçue d'autrui, en vertu d'une convention, ou d'une qualité, d'après laquelle il est obligé de la rendre, au bout d'un certain temps. Tel est le cas du mandataire, du locataire, du fermier, etc. — J.G.S. *Act. poss.*, 47.

412. Dans ce cas, il y a de la part du détenteur absence complète de possession, et il est dans l'impossibilité d'exercer personnellement l'action possessoire, non seulement contre le maître de la chose, mais de plus contre qui que ce soit, sa détention de pur fait étant à cet égard insuffisante d'une manière absolue. — J.G.S. *Act. poss.*, 47.

413. L'action en complainte n'appartient qu'à celui qui justifie vis-à-vis de l'auteur du trouble d'un titre non précaire à la possession ou à l'exercice de droits réels sur un immeuble. — Req. 20 janv. 1879, D.P. 79. 1. 152.

414. Ainsi le locataire ou concessionnaire d'un banc d'église, n'ayant sur le banc qu'un droit purement personnel, et non un droit réel, ne peut intenter une action en complainte, ni contre la fabrique, ni contre un tiers, pour faire cesser le trouble apporté à sa possession. — *Même arrêt.* — V. à cet égard, *Code des lois civ. annotées*, t. 2, I, v° *Culte*, n°s 4283 et s.

415. Les concessions qu'une commune fait des eaux qui alimentent ses fontaines publiques sont à titre purement précaire, sans qu'il y ait lieu de distinguer entre les eaux indispensables à ses besoins et les eaux superflues et surabondantes; et la commune a le droit absolu de révocation de ces concessions, sans être obligée de prouver que les eaux concédées sont devenues nécessaires à ses besoins, et sans que le concessionnaire puisse prétendre qu'il est, dans ces circonstances, l'objet d'un trouble donnant lieu à l'exercice d'une action possessoire à son profit contre la commune. — Civ. c. 30 avr. 1889, D.P. 89. 1. 373. — Conf. Civ. c. 24 janv. 1883, D.P. 84. 1. 107. — V. sur cette question *Code des lois adm. annotées*, t. 1er, VIII, v° *Commune*, n°s 9119 et s.

416. Et il en est ainsi, soit qu'il s'agisse des eaux superflues et surabondantes formant le trop plein des fontaines publiques après leur fonctionnement pour le service public, soit qu'il s'agisse de eaux souterraines près de l'endroit où elles jaillissent, entre une canalisation souterraine les conduisant aux fontaines publiques, et un aqueduc latéral à ciel ouvert conduisant à la rivière les eaux qui sur leur parcours ont été concédées à des particuliers. — *Même arrêt.*

417. La possession d'une fontaine avec un débit déterminé en vertu d'un contrat présentant tous les caractères d'une association et à charge de payer une redevance à l'association est entachée d'une véritable précarité. — Req. 7 nov. 1888, D.P. 89. 1. 379.

418. En appréciant ainsi les faits et les documents au point de vue purement possessoire et en déclarant que, dans ces circonstances, la possession alléguée est insuffisante pour servir de base à la complainte, le tribunal ne commet aucun excès de pouvoir. — *Même arrêt.*

419. Le vice de précarité se communique à la détention des héritiers ou successeurs universels du détenteur primitif et ne peut être effacé que par une interversion de jouissance résultant, soit d'une cause venant d'un tiers, tel qu'un acte translatif de propriété consenti au profit du détenteur par d'une contradiction formelle opposée par le moyen d'un acte judiciaire ou extrajudiciaire, ou de faits matériels assez graves pour constituer une dénégation expresse des droits du propriétaire. — J.G.S. *Act. poss.*, 47.

420. Quant aux successeurs à titre particulier, ce vice ne se communique à leur possession que s'ils en ont eu connaissance au moment de leur acquisition. — Civ. c. 8 nov. 1880, D.P. 81. 1. 28.

421. La précarité de la possession d'un fonds s'étend nécessairement à ce qui n'est que l'accessoire de ce fonds; ainsi l'alluvion qui vient se joindre à l'immeuble ne serait possédée que précairement par le fermier. — J.G.S. *Act. poss.*, 48.

422. Il y a, en second lieu, précarité

SUPPL. AU C. PROC. CIV.

dans la possession, quand les actes de jouissance exercés sur un fonds appartenant à autrui ne constituent pas autre chose que des faits dits du simple tolérance, c'est-à-dire des faits que le propriétaire de l'immeuble supporte, de la part de ses voisins, par pur esprit de bienveillance et de familiarité, sans leur concéder aucun droit. — J.G.S. *Act. poss.*, 50.

423. Mais ce genre de précarité ne met obstacle à l'exercice de l'action possessoire qu'à l'encontre du propriétaire dont émane la concession tacite et toujours révocable; la complainte est, au contraire, ouverte pour repousser le trouble causé par des tiers étrangers à la tolérance. — J.G.S. *Act. poss.*, 50.

424. Jugé, en ce sens, que dans une instance en complainte, il importe peu que la possession du demandeur soit entachée de précarité, pourvu qu'elle ne soit pas précaire à l'égard du défendeur; qu'en conséquence, les indigènes d'une tribu arabe dont les terres ont été frappées de séquestre par l'État, mais qui, avec l'autorisation de l'Administration, ont continué d'en exercer la jouissance, pour eux-mêmes et à titre de propriétaires, sont recevables à exercer la complainte contre un tiers qui les trouble dans leur possession. — Req. 3 janv. 1877, D.P. 77. 1. 14.

425. La possession d'un chemin dont un particulier a, depuis plus d'un an, la possession à titre de propriétaire, tandis que d'autres propriétaires riverains de ce chemin n'en jouissent que par pure tolérance doit être considérée comme précaire à l'égard de ceux-ci, et ne peut donner lieu, de leur part, à l'exercice de la complainte. — Req. 11 mai 1877, D.P. 78. 1. 15.

426. ... Alors même qu'un arrêté préfectoral aurait classé le chemin dont il s'agit au nombre des chemins publics ruraux, cet acte n'ayant pu changer la nature et la destination du chemin, ni créer aucun droit au profit de la commune ou des riverains. — *Même arrêt.*

427. Au contraire, le propriétaire dont vivaient découlant des eaux pluviales non de la tolérance du propriétaire de ce fonds, mais de travaux effectués par l'administration sur un chemin intermédiaire devenu public, ne peut être considéré ce fonds comme un détenteur précaire ou tant qu'il possède son terrain affranchi de la servitude établie par l'art. 640 C. civ., et, par suite, l'action possessoire, qui, prolongée pendant trente ans, le conduirait à la prescription de ladite servitude, lui permet d'agir au possessoire en cas de nouvel œuvre émané du propriétaire supérieur. — Req. 2 avr. 1878, D.P. 78. 1. 381.

428. En dehors de la présomption de tolérance qui existe pour les actes de servitude discontinue (V. *infra*, n°s 453 et s.), la question de savoir si des faits de possession allégués sont ou non de pure tolérance, relève de l'appréciation souveraine des juges du fond, car il s'agit là surtout d'une question d'intention de la part des parties intéressées. — J.G.S. *Act. poss.*, 53.

429. Ainsi, bien que le défendeur à la complainte reconnaisse n'avoir considéré la terrain litigieux sur lequel il a exercé des actes de jouissance que comme une dépendance du domaine public et n'avoir joui en vertu de la tolérance de l'État, le juge du fait peut décider qu'il a, et depuis plus d'un an, sur ce terrain, une possession *animo domini* du demandeur, et que, dès lors, celui-ci n'ayant pas prouvé sa possession exclusive, la demande doit être rejetée. — Req. 25 juill. 1887, D.P. 89. 1. 67.

430. Et la précarité dont la possession d'un particulier est entachée vis-à-vis de l'État ne s'oppose pas à ce que ce particulier puisse posséder *animo domini* à

l'égard de toute autre personne. — *Même arrêt.*

431. — IV. POSSESSION NON ÉQUIVOQUE (C. proc. civ. n°s 171 à 187). — Le caractère équivoque de la possession se confond le plus souvent avec les autres vices dont elle est susceptible. Ainsi la possession est équivoque quand il n'est pas suffisamment démontré qu'elle ait été exercée, soit à titre de maître, soit publiquement ou paisiblement, soit par des actes soutenus, réitérés, et d'un caractère privatif. — J.G.S. *Act. poss.*, 57.

432. En cette matière, l'appréciation du juge du fait échappe au contrôle de la Cour de cassation, et c'est à lui de décider souverainement, d'après les circonstances de la cause, si des actes de jouissance constituent une possession civile caractérisée, ou seulement une possession équivoque, impropre au point de vue immeuble. — J.G.S. *Act. poss.*, 58. — V. *supra*, n° 424 — et son *Supplément*, n°s 51 et s.; et son *Supplément*, n° 17541 et s.

433. Pour servir de base à l'action possessoire, la possession ne doit pas être fondée sur des actes de *pure faculté* ou de *simple tolérance.* — V. *Code civil annoté*, art. 2232, n°s 1 et s.; et son *Supplément*, n°s 17570 et s.

434. La possession promiscue est essentiellement équivoque, et conséquemment inefficace pour faire atteindre à une partie la maintenue possessoire d'un immeuble. — Civ. c. 4 janv. 1888, D.P. 88. 1. 34. — V. *Code de procédure civile*, n° 180. — V. *Code civil annoté*, art. 2229, n°s 57 et s.; et son *Supplément*, n°s 17517 et s.

435. En conséquence, le juge qui reconnaît que la possession est promiscue entre le demandeur et le défendeur ne peut pas plus accorder le maintenue au second qu'au premier. — *Même arrêt.*

436. L'action possessoire peut être exercée entre communistes, à raison de tout fait qui, ou qui étend la jouissance des autres communistes, ou qui étend la jouissance de l'un d'eux contrairement à la destination de la chose commune. — Civ. c. 22 juin 1881, D.P. 82. 1. 308. — V. *Code de procédure civile*, n° 182. — V. son *Supplément*, art. 2229, n°s 63 et s.; et son *Supplément*, n°s 17553 et s.

437. Et le juge du possessoire peut, à l'effet de reconnaître cette destination, se fonder tant sur la possession que sur les titres qu'il a le droit et le devoir de consulter pour éclairer sa conviction. — *Même arrêt.*

438. Spécialement, l'action en réintégrande est recevable même entre communistes ou entre concessionnaires indivis, le juge du possessoire n'ayant point, en pareil cas, à s'occuper des titres que peut faire valoir le défendeur, mais devant se borner à constater, d'une part, la détention matérielle de l'immeuble et d'autre part, la possession violente dont se plaint le dernier. — Civ. r. 25 nov. 1885, D.P. 90. 1. 451.

439. Mais l'action possessoire ne peut, entre communistes, être fondée sur un actes ayant pour but, ou pour conséquence directe, une appropriation exclusive de la chose commune au profit de leur auteur, ou une restriction injuste des droits utiles exercés par les autres communistes. — Req. 23 déc. 1885, D.P. 87. 1. 82. — V. *Code de procédure civile*, n° 186.

440. En conséquence, la personne qui a la possession légale du droit de faire maintenir à un certain niveau, en qualité de communiste, les eaux d'un ruisseau pour l'irrigation tant de ses propriétés que de celles de son co-communiste, ne peut obtenir, au moyen de l'action possessoire, la destruction de la vanne construite par ce dernier, alors que cette vanne n'a pas eu pour résultat de modifier le niveau de l'eau. — Arrêt préc. 23 déc. 1885.

441. De même, l'action possessoire ne

3

peut être exercée, relativement à un chemin possédé en commun par plusieurs propriétaires, contre celui qui s'est borné à exécuter un travail d'entretien et non d'exhaussement pour rétablir la circulation devenue difficile par suite de la formation devant la maison de son voisin d'un cloaque que celui-ci s'abstenait de combler. — Req. 13 déc. 1876, J.G.S. Act. poss., 14.

442. L'existence depuis plus de trente ans d'un portail donnant accès d'une propriété sur un chemin en a fait constant et non interrompu manifestant suffisamment, de la part du propriétaire de ce portail, la possession au moins commune et plus qu'annale de ce chemin. — Req. 13 juin 1881, D.P. 83. 1. 300.

443. En conséquence, l'action en complainte dirigée contre le propriétaire du portail par un propriétaire voisin qui prétend à la possession exclusive du chemin litigieux est rejetée avec raison par le juge de paix possessoire. — Même arrêt.

444. Un demandeur en complainte, qui a la possession plus qu'annale d'une parcelle de terre, obtient à bon droit la maintenue possessoire, alors même qu'il est reconnu du fond reconnaissant que certains troupeaux appartenaient à des voisins ont pacagé parfois avec ceux du demandeur sur le terrain litigieux, s'ils déclarent en même temps que c'était là l'effet d'une simple tolérance. — Req. 9 déc. 1889, D.P. 90. 1. 110.

445. L'action possessoire intentée pour se faire maintenir en possession d'une haie réputée *mitoyenne* d'après la loi ne peut être admise qu'autant que celui qui l'intente a en une possession annale et *exclusive* de cette haie. — Civ. c. 3 avr. 1889, D.P. 89. 1. 412-413.

446. En conséquence, elle n'est pas recevable lorsque le fermier de deux propriétaires réputés mitoyens a joui de la haie en cette double qualité, la jouissance promiscue exercée par ce fermier au nom des deux bailleurs ayant mis obstacle à toute possession exclusive et personnelle au profit de l'un d'eux. — Même arrêt.

447. — V. POSSESSION CONTINUE (C. proc. civ. nᵒˢ 188 et 189). — V. *Code civil annoté*, art. 2229, nᵒˢ 6 et s.; et son *Supplément*, nᵒˢ 17533 et s.

448. — VI. POSSESSION NON INTERROMPUE (C. proc. civ. nᵒˢ 190 à 193). — V. *Code civil annoté*, art. 2229, nᵒˢ 23 et 24; art. 2242 à 2250; et son *Supplément*, nᵒ 17591 et s.

449. — VII. POSSESSION DÉLICTUEUSE (C. proc. civ. nᵒˢ 194-195). — La possession délictueuse, qu'il paraît naturel de rapprocher de la possession violente, ne saurait servir de base à l'action possessoire. — J.G.S. Act. poss., 44. — V. *Code de procédure civile*, nᵒ 194.

450. Mais le caractère délictueux de la prise de possession peut, selon les circonstances, ne pas s'étendre aux faits de jouissance paisible qui ont suivi, et à partir desquels, dès lors, la possession a pu devenir utile. — J.G.S. Act. poss., 44.

451. — VIII. PREUVE DE LA POSSESSION (C. proc. civ. nᵒˢ 196 à 200).

452. — IX. POUVOIR DU JUGE (C. proc. civ. nᵒˢ 201-203). — Le jugement qui décide que les faits de possession allégués par le demandeur ne réunissent pas les caractères exigés par la loi et ne sont pas d'ailleurs exclusifs de la possession invoquée par l'adversaire. — Civ. c. 13 juill. 1871, D.P. 78. 1. 365. — V. *Code civil annoté*, art. 2229, nᵒˢ 124 et s.; et son *Supplément*, nᵒ 17561 et s.

453. Décidé dans le même sens que les constatations des juges du fait sur l'existence et les caractères de la possession sont souveraines et échappent à la censure de la Cour de cassation. — Req. 25 juill. 1887, D.P. 89. 1. 67.

454. Le fait que les habitants d'une commune ont passé de tout temps et notamment depuis plus d'un an et jour avant l'instance sur un chemin classé comme chemin rural de cette commune, a pu être considéré par les juges du fond dans leur appréciation souveraine des faits et de la cause comme constituant au profit de ladite commune une possession légalement caractérisée dans laquelle elle doit être maintenue. — Civ. c. 20 mai 1889, D.P. 90. 1. 247.

§ 2. — *Acquisition, transmission et perte de la possession* (C. proc. civ. nᵒˢ 204 à 261).

455. La possession légale d'un fonds immobilier, une fois acquise par des faits matériels continus, accomplis à une époque ancienne, se conserve par la seule intention du possesseur, aussi longtemps qu'elle n'a pas été volontairement abandonnée. — Civ. r. 12 févr. 1889, D.P. 89. 1. 229. — Req. 11 déc. 1889, D.P. 91. 1. 38. — V. *Code de procédure civile*, nᵒ 242. — V. *Code civil annoté*, nᵒˢ 21 et s.; et son *Supplément*, nᵒ 17527 et s.

456. En conséquence, celui qui allègue être possesseur d'un fonds immobilier est recevable à intenter la complainte dans l'année du trouble, alors même que sa possession, acquise à une époque ancienne, ne se serait manifestée par aucun acte matériel depuis plusieurs années, si le juge du fait affirme, par une appréciation souveraine, que ledit demandeur n'avait renoncé ni expressément, ni tacitement à la possession de l'immeuble litigieux. — Mêmes arrêts.

457. En matière de servitudes discontinues, susceptibles d'être exercées seulement à des intervalles plus ou moins éloignés, notamment lorsqu'elles sont fondées sur un état d'enclave, et qu'il s'agit d'un passage nécessaire pour les travaux de curage d'un canal, la possession s'en conserve *animo tantum* jusqu'au jour du trouble, par conséquent, pendant l'année qui l'a précédé, s'il est constaté que le propriétaire du fonds dominant a usé de la servitude toutes les fois qu'il en a eu besoin, bien que, dans l'année précédant le trouble, il n'ait pas eu occasion d'en user. — Req. 19 mars 1884, D.P. 85. 1. 212.

458. Jugé dans le même sens : 1ᵒ que la possession d'une servitude discontinue peut servir de base à l'action possessoire, alors même que, dans le cours de l'année antérieure au trouble, il n'a été fait aucun acte de jouissance, si le propriétaire du fonds dominant n'a pas eu besoin, pendant ce laps de temps, d'exercer la servitude. — Req. 9 juill. 1877, D.P. 78. 1. 29.

459. ... 2ᵒ Que le propriétaire d'un fonds enclavé, qui, depuis plusieurs années, a traversé avec charrettes attelées un héritage limitrophe chaque fois que ce passage a été utile à son exploitation, peut agir par voie de complainte contre le maître de cet héritage qui entreprend des travaux devant rendre impossible l'exercice de cette servitude, alors même que les faits de passage ne se sont produits qu'à des intervalles assez éloignés et sans périodicité fixe : l'action est recevable, bien qu'aucun acte de jouissance n'ait eu lieu dans l'année qui a précédé le trouble, s'il est établi que le passage n'était pas de nature à s'exercer nécessairement tous les ans. — Civ. c. 4 janv. 1875, D.P. 76. 1. 500.

460. ... 3ᵒ Que lorsqu'il s'agit de la servitude discontinue de passage pour cause d'enclave, s'exerçant à des époques plus ou moins éloignées, il n'est point indispensable, pour que l'action possessoire soit recevable, que les actes constitutifs ou indicatifs de la possession annale aient été accomplis dans l'année qui a précédé le trouble; il suffit qu'ils l'aient été quand cela a été nécessaire et possible, selon les besoins des terres enclavées. — Req. 14 mars 1884, D.P. 82. 1. 86.

461. Les juges du fond peuvent décider, par une appréciation souveraine des faits qu'un cas de force majeure s'est produit et a eu pour résultat le non-usage momentané de la servitude, et que cette circonstance, indépendant de la volonté du possesseur, n'est pas de nature à rendre l'action en complainte irrecevable par le motif que la possession n'aurait pas été conservée. — Même arrêt.

462. Il a été décidé également, en vertu du même principe, que l'action en complainte est recevable, bien que le propriétaire qui l'exerce ait été, depuis plus d'un an, dans l'impossibilité de jouir du terrain litigieux, par suite de l'occupation militaire dont ce terrain a été l'objet pendant la guerre, soit de la part de l'État, soit de celle de l'armée ennemie. — Req. 19 juill. 1873, D.P. 77. 1. 111.

463. La possession peut cesser d'être précaire par l'interversion du titre. — V. *Code de procédure civile*, nᵒ 244. — V. *Code civil annoté*, art. 2238, nᵒˢ 21 et s.; et son *Supplément*, nᵒˢ 17582 et s.

464. Sur la perte de possession des servitudes continues, V. *Code civil annoté*, nᵒˢ 1 et s.; et son *Supplément*, nᵒˢ 4937 et s.

§ 3. — *Durée de la possession nécessaire pour servir de base à l'action possessoire* (C. proc. civ. nᵒˢ 262 à 279).

465. Pour reconnaître le demandeur en complainte a possédé utilement depuis un an au moins avant le trouble, c'est en général aux faits de jouissance qui se sont produits dans le courant même de l'année qu'il faut s'attacher. — J.G.S. Act. poss., 64.

466. Si ces faits apparaissent comme constitutifs d'une possession réelle et efficace pour tout ce laps de temps, il n'y a pas lieu de s'inquiéter de cette circonstance qu'à une époque antérieure le possesseur n'aurait pas eu la disposition paisible de la chose. — J.G.S. Act. poss., 64.

467. S'il était établi que le demandeur n'a eu, pendant l'année qui a précédé le trouble, qu'une possession vicieuse, la complainte devrait être rejetée, alors qu'il y eût à tenir compte soit d'actes de jouissance remontant à plus d'un an, soit de faits qui se seraient produits à une époque très voisine du trouble. — Req. 2 août 1875, J.G.S. Act. poss., 64.

468. Il appartient au juge du fait de déclarer souverainement qu'une possession alléguée n'est point une possession annale. — Civ. c. 7 déc. 1885, D.P. 86. 1. 207.

469. Sur le point de départ du délai nécessaire pour l'extinction par le non-usage d'une servitude continue, V. *Code civil annoté*, art. 707, nᵒ 12 et s.; et son *Supplément*, nᵒˢ 4936 et s.

SECT. 4. — CHOSES QUI PEUVENT ÊTRE L'OBJET DE L'ACTION POSSESSOIRE (C. proc. civ. nᵒˢ 280 à 616).

470. Ce sont les immeubles, soit corporels, soit incorporels, qui forment l'objet des actions possessoires. — J.G.S. Act. poss., 66. — V. *Code de procédure civile*, nᵒ 280. — V. *Code civil annoté*, art. 517 et s.; et son *Supplément*, nᵒ 3478 et s.

§ 1ᵉʳ. — *Biens du domaine public* (C. proc. civ. nᵒˢ 284 à 383).

471. La possession de biens dépendant du domaine public, eût-elle le caractère d'annalité, ne saurait, en cas de trouble par l'Administration, donner contre elle ouverture à l'action en complainte en faveur d'un particulier. — J.G.S. Act. poss., 68. — V. *Code de procédure civile*, nᵒ 284.

472. Mais si, au contraire, il s'agissait pour l'État, le département ou la commune, en possession de la chose du domaine public, de faire réprimer un empiétement qu'un particulier viendrait à commettre sur cette chose, il serait loisible à l'Administration de recourir à l'action possessoire, si elle trouvait préférable de le faire dans un cas donné, au lieu de se servir de la voie administrative qui lui appartient en principe. — J.G.S. *Act. poss.*, 69. — V. *Code de procédure civile*, nos 291 et s.

473. L'action possessoire ayant pour objet une chose du domaine public est également ouverte au simple particulier, alors qu'au lieu d'agir contre l'État, le département ou la commune, il agit contre un autre particulier qui a troublé sa possession. — J.G.S. *Act. poss.*, 70. — V. *Code de procédure civile*, no 286.

474. Jugé en ce sens que l'action possessoire peut être intentée par celui qui a obtenu l'autorisation d'user d'un terrain communal. — Trib. civ. de Corte, 29 avril 1874, D.P. 77. 1. 136.

475. ... Qu'un particulier est recevable à intenter l'action possessoire contre un autre particulier, à l'effet de se faire maintenir dans la jouissance d'un cours d'eau dépendant du domaine public. — Req. 6 mars 1878, D.P. 78. 1. 302.

476. ... Et qu'il appartient au juge du possessoire, si cette demande lui paraît fondée, d'ordonner le rétablissement des lieux en l'état où ils étaient avant le trouble, spécialement de prescrire la reconstruction d'un barrage détruit par le défendeur. — Même arrêt.

477. Mais l'action possessoire ne peut être exercée, relativement aux dépendances du domaine public, que pour les droits réels de servitude, de jouissance ou d'usage, tels que celui de prise d'eau, et non pour les droits personnels de jouissance, comme celui de fermier ou de locataire. — Req. 20 janv. 1879. D.P. 79. 1. 152.

478. Il n'appartient pas à un particulier, actionné au possessoire, de se prévaloir de la domanialité publique de l'immeuble litigieux, l'État ou la commune ayant seuls qualité pour opposer cette exception. — Civ. c. 20 nov. 1877, D.P. 78. 1. 272. — V. *Code de procédure civile*, no 289.

479. Ainsi, les concessions faites par les communes sur les eaux dont elles sont propriétaires (dans l'espèce, l'autorisation de faire des ouvrages dérivatifs) ne confèrent pas au droit du concessionnaire le caractère d'un droit public, et ne l'autorisent pas à invoquer, dans un intérêt privé et pour repousser une action en complainte, l'imprescriptibilité qui protège les droits du domaine public. — Civ. r. 11 juill. 1883, D.P. 83. 1. 452.

480. — I. RIVAGES DE LA MER (C. proc. civ. nos 295 et 296). — V. *Code civil annoté*, art. 538, nos 110 et s.; et son *Supplément*, nos 3610 et s.

481. — II. VOIES PUBLIQUES (C. pr. civ. no 297 à 347). — Sur l'imprescriptibilité des voies publiques qui ne peuvent, par conséquent, faire l'objet d'une action possessoire, V. *Code civil annoté*, art. 2226, nos 31 et s.; et son *Supplément*, nos 17495 et s. — V. aussi *Code des lois adm. annotées*, t. 3, vo *Voirie*.

482. — 1o *Grandes routes* (C. proc. civ. nos 297 à 300).

483. — 2o *Chemins vicinaux* (C. proc. civ. nos 301 à 320). — Le sol d'un chemin vicinal étant imprescriptible ne peut faire l'objet d'une action possessoire tant qu'il conserve cette destination. — Trib. confl. 2 juin 1889, D.P. 91. 3. 5. — V. *Code de procédure civile*, no 301. — V. aussi *Code civil annoté*, art. 2226, nos 35 et s.; et son *Supplément*, no 17495.

484. De même, un terrain incorporé à un chemin vicinal par un arrêté de classement régulièrement rendu n'est pas susceptible d'une action possessoire tendant à faire maintenir ou réintégrer le demandeur dans la possession de ce chemin. — Trib. confl. 12 mai 1883, D.P. 85. 3. 10. — V. *Code de procédure civile*, no 302.

485. En conséquence, si une contestation

s'élève, devant le juge saisi de l'action possessoire, sur le point de savoir si le terrain litigieux a été compris par l'arrêté de classement dans les limites du chemin vicinal, le juge doit surseoir à statuer jusqu'à ce que cette question ait été tranchée par l'autorité administrative. — Même arrêt.

486. L'arrêté préfectoral pris pour le classement d'un chemin vicinal, sous l'empire de la loi du 21 mai 1836, ayant attribué d'une manière définitive à ce chemin le sol compris dans les limites qu'il détermine, les tribunaux ne peuvent admettre aucune demande possessoire en maintenue ou réintégrande tendant à priver le public de la jouissance de ce chemin. — Req. 12 août 1873, D.P. 75. 1. 410. — Req. 29 déc. 1879, D.P. 80. 1. 376. — Civ. c. 2 mars 1887, D.P. 87. 1. 200.

487. En pareil cas, les pouvoirs du juge du l'action possessoire se bornent à la constatation des actes de possession qui seraient de nature à ouvrir des droits utiles en indemnité ou en annulation de l'arrêté de classement, si les intéressés ont été dépossédés de parcelles leur appartenant ou d'un chemin privé constituant leur propriété exclusive et n'ayant pas le caractère de voie publique qui lui a été attribué par l'Administration. — Mêmes arrêts.

488. Le juge qui, en ce cas, déclare recevable l'action possessoire, malgré l'arrêté de classement, sous prétexte que cet arrêté est illégal, et, sans constater que possession quelconque, décide le possessoire par le pétitoire et, dès lors, rend une sentence nulle. — Arrêt préc. 2 mars 1887. — V. *infra*, art. 29, et no 729 et s.

489. De plus, il viole le principe de la séparation des pouvoirs en interprétant l'arrêté de classement. — Même arrêt. — V. à cet égard *Code des lois adm. annotées*, t. 1er, II, vo *Séparation des pouvoirs*, no 1130 et s.

490. Toutefois, le possessoire d'un terrain (dans l'espèce un talus et une haie) compris par un arrêté préfectoral de classement dans le sol attribué à un chemin vicinal, est recevable à faire constater sa possession annale, sinon à l'effet de se maintenir en possession, du moins pour arriver à établir son droit à une indemnité. — Req. 7 juin 1886, D.P. 87. 1. 405. — V. *Code de procédure civile*, no 309. — V. aussi *Code des lois adm. annotées*, t. 1er, II, vo *Séparation des pouvoirs*, no 1002.

491. Il n'est troublé dans sa possession ni par l'arrêté de classement, ni par le seul fait de l'exécution des travaux, mais uniquement par la notification du refus d'indemnité. — Même arrêt.

492. L'action possessoire doit être sans difficulté admise au profit des particuliers contre la commune, à raison de la possession habituelle qu'il est de conserver au demandeur une jouissance effective, quand elle a pour objet des terrains qui, tout en étant limitrophes du chemin classé comme tel, sont néanmoins, d'une façon certaine, en dehors des limites déterminées par l'Administration préfectorale. — J.G.S. *Act. poss.*, 77. — V. *Code de procédure civile*, nos 312 et s.

493. — 3o *Rues et places publiques* (C. proc. civ. nos 321 à 325). — Les rues et les places publiques sont en dehors du commerce et ne peuvent être, de la part d'un simple particulier, l'objet d'une possession utile, et, par conséquent, d'une complainte. Les obstacles que les riverains ont laissés, ou par présumés du caractère d'une façon précaire, le long des rues et places, sont présumés n'avoir été tolérés que jusqu'à preuve contraire. — J.G.S. *Act. poss.*, 90. — V. *Code de procédure civile*, no 321. — V. aussi *Code civil annoté*, art. 2226, nos 38 et s.; et son *Supplément*, no 17496.

494. Des difficultés se sont élevées sur le droit soit à la propriété, soit à la possession des arbres plantés sur les grandes routes,

les chemins vicinaux, ruraux et privés, les places et les rues elles-mêmes. — J.G.S. *Act. poss.*, 91.

495. La jurisprudence tend de plus en plus à se prononcer dans un sens favorable à la recevabilité de l'action possessoire et déclare la complainte recevable, en vertu du principe que les arbres considérés en eux-mêmes sont passibles de possession utile et de prescription, sans qu'il y ait à distinguer si le sol qui les porte dépend de la propriété privée, ou du domaine public imprescriptible. — J.G.S. *Act. poss.*, 91.

496. Jugé en ce sens que les arbres et haies plantés sur le sol des rues et des places publiques sont susceptibles d'une appropriation particulière et distincte de la propriété du terrain sur lequel ils existent; ils peuvent, dès lors, être l'objet d'une possession annale et donner lieu à une action en complainte de la part des particuliers qui les possèdent. — Civ. c. 8 nov. 1880, D.P. 81. 1. 28.

497. — 4o *Voies donnant accès à un chemin de fer* (C. proc. civ. nos 326 et 327).

498. — 5o *Chemins ruraux* (C. proc. civ. nos 328 à 338). — A côté des chemins vicinaux se place la catégorie des chemins ruraux affectés à l'usage du public, et appartenant à la commune, dont le régime a été déterminé par la loi du 20 août 1881 (D.P. 82. 4. 1). — V. à cet égard *Supplément au Code civil annoté*, nos 3678 et s. — V. aussi *Code des lois adm. annotées*, t. 3, vo *Voirie*.

499. Sous la législation antérieure à 1881, le chemin rural, qu'il eût ou non été compris dans le tableau des chemins publics de la commune, dressé alors en conformité avec la nouvelle circulaires administratives, restait toujours prescriptible, et toujours soumis, par conséquent, à l'action possessoire ou à la part des simples particuliers. — J.G.S. *Act. poss.*, 80. — V. *Code de procédure civile*, no 329.

500. La loi du 20 août 1881 divise les chemins ruraux en deux classes : les chemins reconnus et les chemins non reconnus, et leur situation juridique est essentiellement différente suivant qu'ils ont été ou non l'objet d'arrêtés de reconnaissance pris dans les formes indiquées par l'art. 4 de la loi. — J.G.S. *Act. poss.*, 82.

501. L'arrêté de reconnaissance produit un effet très important, très naturel, et qui est la conséquence directe des faits accomplis; c'est comme une mainmise de la commune, dressé alors en conformité aux conséquences. S3.

502. Si le propriétaire riverain laisse écouler l'année à partir du jour de la publication de l'arrêté sans faire décider par les tribunaux qu'il a la possession ou la propriété d'une partie du chemin, la commune a la possession annale et peut exercer l'action possessoire pour défendre ses droits. — J.G.S. *Act. poss.*, 83.

503. L'effet immédiat de la reconnaissance prononcée par la commission départementale et notifiée au riverain intéressé, c'est donc la prise de possession. — J.G.S. *Act. poss.*, 83.

504. Si au bout d'une année aucune action pour possession antérieure n'a été saisine possessoire exercée en justice par les riverains, la saisine possessoire (la question de propriété demeurant réservée) est définitivement acquise à la commune sur le chemin tel qu'il se constitue, avec sa largeur fixée par l'arrêté. — J.G.S. *Act. poss.*, 83.

505. Par suite, après l'expiration de l'année, quels que fussent les faits antérieurs à la reconnaissance, et quels qu'aient pu être les faits postérieurs, il n'y aura jamais lieu à complainte en faveur de la commune, sauf le cas, bien entendu, où la possession d'un empiétement sur le chemin serait seulement disputée entre deux particuliers. — J.G.S. *Act. poss.*, 83.

506. Les riverains ne pourraient pas non plus être admis à prétendre, par voie de complainte contre la commune, qu'ils ont de fait exercé une possession sur le chemin *postérieurement* à sa reconnaissance; une telle possession est frappée de précarité et ne peut servir de base à une action possessoire, puisqu'elle aurait porté sur un fonds devenu imprescriptible (art. 6 de la loi de 1881) et assimilé à cet égard aux grandes routes et aux chemins vicina ux. — J.G.S. *Act. poss.*, 83.

507. L'art. 5 de la loi de 1881 a voulu éviter que la disposition édictée dans l'intérêt des droits possessoires de la commune pût être exposée à lui nuire; aussi déclaret-il que si un arrêté de reconnaissance comprend un chemin rural dont la commune a déjà la possession acquise, ce droit acquis ne sera pas affecté par l'arrêté, et conservera toute sa force, l'arrêté n'autorisant pas les propriétaires riverains à porter devant le juge de paix une action possessoire qu'ils n'avaient pas auparavant. — J.G.S. *Act. poss.*, 83.

508. A la différence de la loi de 1836 qui, pour des chemins vicinaux, résout en une indemnité purement pécuniaire les droits des propriétaires sur leurs parcelles riveraines englobées par l'arrêté de classement, la loi du 20 août 1881 ne confère en aucune façon à la commune l'attribution définitive et irrévocable du sol du chemin rural reconnu par arrêté. — J.G.S. *Act. poss.*, 84.

509. Les propriétaires, qui ne peuvent que pendant une année seulement au possessoire demander la réintégration des parties du chemin dont ils auraient eu la saisine avant la reconnaissance, conservent, au contraire, la possibilité de revendiquer au pétitoire, dans les termes du droit commun, le sol qui, suivant eux, leur appartenait et a été indûment compris dans l'arrêté de la commission départementale. — J.G.S. *Act. poss.*, 84.

510. Indépendamment des arrêtés ayant directement pour objet la reconnaissance de voies rurales, la commission départementale peut être appelée à prononcer, par des arrêtés pris en la même forme, « l'ouverture, le redressement, la fixation de la largeur et de la limite » des chemins ruraux (L. 20 août 1881, art. 13). — J.G.S. *Act. poss.*, 85.

511. En pareil cas, si la commune est obligée de demander des terrains à la propriété privée, elle doit recourir à la voie de l'expropriation telle qu'elle est organisée par l'art. 16, § 2, de la loi du 21 mai 1836 sur les chemins vicinaux. — J.G.S. *Act. poss.*, 85.

512. Si la commune voulait appréhender, et appréhendait, en effet, un terrain privé, pour créer ou rendre plus praticable un chemin rural, sans avoir rempli les formalités d'expropriation qui lui sont imposées, le possesseur troublé dans sa jouissance pourrait demander, par la voie possessoire, sa maintenue et sa réintégration. — J.G.S. *Act. poss.*, 85.

513. Mais par suite de l'arrêté de la commission départementale qui ordonne l'ouverture, le redressement ou l'élargissement d'un chemin rural, et de l'exécution que reçoit cet arrêté, la voie dont il s'agit passe de la classe des chemins ruraux reconnus et tombe sous la disposition de l'art. 6 de la loi, qui veut que les voies rurales reconnues deviennent imprescriptibles. — J.G.S. *Act. poss.*, 85.

514. Les chemins ainsi ouverts seront compris dans la catégorie des chemins reconnus. Il en sera de même des chemins redressés ou élargis qui n'auraient pas été précédemment l'objet d'un arrêté de reconnaissance. — Circ. min. int. 27 août 1881, D.P. 82. 4. 5, note 1.

515. Il en résulte, comme conséquence de droit, que ces chemins, qui pourraient toujours donner lieu à une complainte de la part de la commune, ne pourront plus, de la part d'un particulier, être l'objet ni d'une possession utile, ni d'une action possessoire

contre cette même commune. — J.G.S. *Act. poss.*, 85.

516. La loi du 20 août 1881 n'a apporté aucun changement au régime des chemins non reconnus; ils restent donc prescriptibles et soumis, par conséquent, à l'acquisition possessoire de la part des simples particuliers. — J.G.S. *Act. poss.*, 86. — V. *Code de procédure civile*, nᵒ 330.

517. Aux termes de l'art. 7 de la loi du 20 août 1881, les contestations élevées par toute partie intéressée sur la propriété ou la possession soit totale, soit partielle, des chemins ruraux, seront jugées par les tribunaux ordinaires, c'est-à-dire par les juges de paix au possessoire et les tribunaux civils au pétitoire, sauf les recours de droit. Cette disposition n'est que la consécration des principes fondamentaux de la compétence. — Circ. min. int. 27 août 1881, D.P. 82. 4. 5, note 3.

518. — 6ᵒ *Chemins privés* (C. proc. civ. nᵒˢ 339 à 340). — V. *Supplément au Code civil annoté*, nᵒ 3755.

519. — 7ᵒ *Chemins d'exploitation* (C. proc. civ. nᵒˢ 342 à 347). — Quant aux chemins d'exploitation rurale qui desservent plusieurs fonds, la présomption de copropriété de ces chemins entre les divers riverains telle qu'elle ressortait de la doctrine et de la jurisprudence, a été consacrée en termes formels par la loi du 20 août 1881 précitée, qui, dans sa seconde partie (art. 33 et s.), contient quelques dispositions relatives aux voies de communication de cette catégorie. — J.G.S. *Act. poss.*, 88. — V. *Supplément au Code civil annoté*, nᵒ 4828 et s.

520. Il en résulte que la jouissance d'un sentier de ce genre ne doit pas être considérée comme l'exercice d'une simple servitude de passage, mais constitue, au contraire, une possession du sentier lui-même, exercée *animo domini*, et susceptible, dès lors, d'être protégée par voie de complainte, sans la production d'aucun titre. — Req. 29 mai 1876, D.P. 77. 1. 438.; Civ. c. 18 juill. 1877, D.P. 78. 1. 365. — Req. 10 mai 1881, D.P. 83. 1. 245.

521. Le juge saisi d'une action possessoire en matière de chemin ou sentier d'exploitation se trouve, d'ailleurs, en présence de la présomption, aujourd'hui écrite dans l'art. 33 de la loi du 20 août 1881, que ce chemin est la copropriété des riverains, d'où l'on est induit à conclure que la possession dont il a été l'objet est de nature à servir de base à l'action possessoire, comme étant exempte de précarité. — J.G.S. *Act. poss.*, 127.

522. Aussi devra-t-il constater avec soin dans la rédaction de sa sentence, à côté de l'appréciation des faits de passage pris en eux-mêmes, soit que la présomption de copropriété du chemin dont il s'agit a été détruite par des preuves ou présomptions contraires, soit que cette présomption est indifférente au procès, parce que le demandeur en complainte, qui se plaint d'avoir été troublé dans sa jouissance, n'est pas au nombre des propriétaires riverains en faveur desquels la copropriété est présumée par la loi. — J.G.S. *Act. poss.*, 127.

523. — III. *Chemins de fer* (C. proc. civ. nᵒˢ 348 à 350). — Bien que les compagnies de chemins de fer ne soient pas propriétaires du sol du chemin de fer qui, après comme avant la concession, continue à appartenir en entier au domaine public imprescriptible et inaliénable, la disposition de les considérer comme de simples fermiers ou locataires de ce sol, c'est-à-dire des possesseurs à titre purement précaire. — J.G.S. *Act. poss.*, 49. — V. *Code des lois adm. annotées*, t. 3, vᵒ *Voirie*.

524. Leur droit, qui est *sui generis* et de création nouvelle, ayant une certaine analogie avec les droits de l'usufruitier et du superficiaire, lesquels agiraient au possessoire, il a dû rentrer dans l'intention présumée du législateur de les investir du

droit correspondant d'arrêter et de réprimer, par la voie possessoire, les entreprises nuisibles au fonds immobilier dont elles ont la jouissance et la garde. — J.G.S. *Act. poss.*, 49.

525. — IV. *Rivières navigables* (C. proc. civ. nᵒˢ 351 à 365). — Celui qui possède depuis plus d'un an, à titre de propriétaire, des alluvions formées sur les bords d'un cours d'eau dépendant du domaine public peut se faire maintenir dans cette possession à l'égard d'un propriétaire voisin, alors même que celui-ci prétendrait que les alluvions n'étant pas encore sorties du lit du fleuve, la possession en serait inefficace, l'État ayant seul le droit de se prévaloir de l'exception de précarité qui pourrait résulter de cette circonstance. — Req. 19 juin 1877, D.P. 79. 1. 123.

526. Il prétendrait vainement aussi que ces alluvions lui ont été concédées par l'État, une telle concession ne pouvant avoir lieu que sous la réserve des droits des tiers. — Même arrêt.

527. — V. *Rivières non flottables* (C. proc. civ. nᵒ 366 à 372). — V. *Supplément au Code civil annoté*, nᵒ 17509.

528. — VI. *Biens divers non susceptibles de propriété privée* (C. proc. civ. nᵒˢ 373 à 380). — Les murs, fossés et remparts des anciennes places de guerre concédées aux villes font partie, lorsqu'ils sont affectés à un service public communal, du domaine public de la commune, et ne peuvent, par suite, faire, de la part d'un tiers, l'objet d'une action en complainte possessoire. — Civ. r. 29 janv. 1878, D.P. 78. 1. 414.

529. Parmi les choses hors du commerce, la loi et la jurisprudence ont placé les églises et chapelles affectées au culte public dans l'intérêt de tous, d'où il suit qu'elles ne peuvent être l'objet d'une action possessoire tant qu'elles conservent leur destination. — Même arrêt.

530. Ainsi un particulier ne peut revendiquer par voie de complainte la possession à titre privé d'une chapelle, alors que cette chapelle est attenante à une église, et qu'il est constaté en fait qu'elle renferme ses bancs, etc. — un confessionnal, des bancs autres que ceux dont le demandeur avait l'usage et dont il payait la location à la fabrique, et qu'ainsi elle sert actuellement à l'exercice public du culte. — V. *Code des lois adm. annotées*, *ibid.*, vᵒ 5332 et s.

531. — VII. *Cessation de l'affectation publique* (C. proc. civ. nᵒˢ 381 à 383). — V. *Code civil annoté*, art. 2226, nᵒˢ 157 et s.

§ 2. — *Biens de l'État, des départements et des communes* (C. proc. civ. nᵒˢ 384 à 397).

532. Les biens du domaine privé de l'État, des départements et des communes, ceux qui ont fait l'objet de ventes nationales peuvent faire l'objet d'actions possessoires. — V. *Code de procédure civile*, nᵒˢ 384 et s. — V. aussi *Code civil annoté*, art. 2227; et son *Supplément*, nᵒ 17522 et s.; et *Code des lois adm. annotées*, t. 1ᵉʳ, II, vᵒ *Séparation des pouvoirs*, nᵒˢ 296 et s.

§ 3. — *Biens des particuliers déclarés imprescriptibles* (C. proc. civ. nᵒˢ 398 à 407).

533. V. *Code de procédure civile*, nᵒˢ 398 et s.

§ 4. — *Étangs et marais* (C. proc. civ. nᵒˢ 408 à 422).

534. V. *Code de procédure civile*, nᵒˢ 408 et s. — V. aussi *Code des lois adm. annotées*, t. 3, vᵒ *Marais*.

§ 5. — *Droits réels autres que les servitudes* (C. proc. civ. nᵒˢ 423 à 441).

535. L'usufruit, l'usage et l'habitation, en

cas de trouble apporté à la jouissance de ceux qui en sont investis, donnent ouverture aux actions possessoires. — J.G.S. *Act. poss.,* 139. — V. *Code de procédure civile,* nos 427 et s.

536. Dans les bois de l'État, les servitudes d'usage ne sont pas prescriptibles, ce qui rend non recevable l'exercice des actions possessoires à l'effet de protéger des prétendus droits de cette nature dénués de titre. — J.G.S. *Act. poss.,* 140. — V. *Code forestier annoté,* art. 61, nos 871 et s.

537. Au contraire, les droits d'usage qui sont exercés dans les bois autres que ceux de l'État sont susceptibles de prescription et d'action possessoire. — Civ. c. 1er déc. 1880, D.P. 81. 1. 121. — *Contra :* Req. 23 juin 1880, D.P. 81. 1. 316. — V. *Code de procédure civile,* no 430. — V. aussi *Code forestier annoté,* art. 107, nos 575 et s., et art. 117, nos 141 et s.

538. Mais les droits d'usage ne sont susceptibles de former l'objet d'une action possessoire, alors même qu'ils ne sont pas fondés en titre, qu'autant qu'ils ont été exercés conformément aux règles établies par les lois forestières. — J.G.S. *Act. poss.,* 141.

539. D'après un jugement, le droit de glanage peut donner lieu à l'action possessoire ; et cette action peut être exercée notamment par une section de commune, à l'effet d'exclure du glanage, dans les limites de sa circonscription, les habitants des autres parties de la commune. — Trib. civ. de Saint-Quentin, 31 mai 1882, D.P. 83. 1. 113.

540. Mais cette décision paraît contestable, par le motif que le glanage ne saurait être assimilé aux droits d'usage dans les forêts qui tous impliquent à des degrés divers la faculté de percevoir une portion quelconque des produits du fonds qui en est grevé, et qui participent ainsi, plus ou moins, à la nature de l'usufruit ou de l'usage proprement dit, tandis que le droit de glaner n'enlève au propriétaire aucune fraction utile de sa jouissance, puisqu'il ne s'exerce qu'après l'achèvement de la moisson et ne porte que sur un excédent demeuré sans emploi. — D.P. 85. 1. 113, note 3.

541. Sur la question de savoir si les droits d'usage dans les bois et forêts sont susceptibles de donner lieu à l'action possessoire, V. *Code forestier annoté,* art. 61, nos 869 et s., 916 et s.

542. Le pacage exercé à titre de propriétaire peut servir de base à l'action en complainte. — Req. 14 mai 1877, D.P. 78. 1. 39.

543. Un droit de pacage est exercé par une commune comme propriétaire, non à titre de servitude, s'il a pour objet d'un bien désigné sous le nom de communal, dont les habitants de la commune, après avoir défriché, labouré et ensemencé les parcelles, étaient autorisées à garder et à transmettre la jouissance, sous la double condition que ces parcelles ne resteraient pas plus d'un an sans culture, et qu'elles seraient soumises chaque année à un dépaissance du troupeau commun, depuis l'enlèvement des récoltes jusqu'aux labours et aux semailles. — Même arrêt. — V. *Code forestier annoté,* art. 61, nos 903 et s.

544. Les droits de pâturage, de vive et vaine pâture peuvent être aussi l'objet d'une action possessoire. — V. *Code forestier annoté,* art. 61, nos 903 et s.

545. Le droit à l'exploitation d'une mine ne peut être l'objet d'une action possessoire. — V. *Code des lois adm. annotées,* t. 3, vo *Mines.*

§ 6. — *Servitudes* (C. proc. civ. nos 442 à 500).

A. — *Servitudes dérivant de la situation des lieux* (C. proc. civ. nos 442 à 509).

546. — I. EAUX DÉCOULANT NATURELLEMENT DES FONDS SUPÉRIEURS (C. proc. civ. nos 442 à 449). — Les eaux pluviales qui tombent et courent sur un chemin public ou sur ses bords demeurent *res nullius,* et peuvent être utilisées par le premier occupant ; la jouissance qu'un riverain en aurait eue depuis un temps plus ou moins prolongé, même à l'aide d'un ouvrage par lui effectué, ne met pas obstacle à ce qu'un riverain supérieur ne les absorbe au passage, et ne vienne ainsi à en priver celui qui en jouissait d'abord. — J.G.S. *Act. poss.,* 99.

547. La complainte ayant pour objet le maintien du demandeur dans la jouissance d'eaux pluviales est donc recevable, bien que l'aqueduc servant au complaignant à recueillir ces eaux n'ait pas une année d'existence, si cet ouvrage n'a fait que remplacer une rigole qui remplissait depuis longtemps la même fonction. — Req. 21 mars 1876, D.P. 78. 1. 121.

548. Les eaux pluviales coulant sur la voie publique appartiennent au premier occupant tant qu'elles sont abandonnées à elles-mêmes ; mais elles cessent d'être à la libre disposition des riverains et des habitants du moment qu'elles sont soumises à une appropriation particulière, soit par suite d'une convention privée entre un riverain inférieur et le propriétaire d'un fonds supérieur, soit au moyen d'un aqueduc construit sur la voie publique avec l'autorisation de l'autorité compétente. — Même arrêt. — V. aussi *Code civil annoté,* art. 640, nos 69 et s. ; et son *Supplément,* nos 4106 et s.

549. Par suite, cette possession qui, prolongée pendant trente ans, le conduirait à la prescription de ladite servitude, lui permet d'agir au possessoire en cas de nouvel œuvre émané du propriétaire supérieur. — Même arrêt.

550. Le propriétaire du fonds supérieur, troublé dans la jouissance des eaux pluviales par le propriétaire inférieur, est fondé à exercer la complainte, si sa possession réunit les caractères et la durée exigés par l'article 23 C. pr. civ. — Trib. civ. de Châteaubriant, 30 mars 1882, D.P. 83. 3. 104.

551. Il en est ainsi, notamment, lorsque, recueillies à l'aide d'ouvrages faits de main d'homme, ces eaux sont devenues l'objet d'une possession utile, de nature à servir de base à une action possessoire. — Même jugement. — V. *Code civil annoté,* art. 640, nos 102 et s. ; et son *Supplément,* nos 4107 et s.

552. Il suit de là, lorsqu'un riverain inférieur du chemin invoque contre l'entreprise d'un riverain supérieur la possession qu'il prétend avoir acquise au moyen de travaux exécutés sur le chemin, on doit rechercher avec soin si ces travaux ont été ou non l'objet d'une autorisation administrative ayant pour but d'assurer la concession exclusive des eaux pluviales tombant sur la voie publique. — J.G.S. *Act. poss.,* 100.

553. Jugé ce le sens que les eaux pluviales qui tombent ou coulent sur un chemin public n'étant à personne et appartenant au premier occupant, leur possession, même lorsqu'elle se manifeste par des travaux qu'un riverain inférieur a exécutés sur le chemin ou le fossé en dépendant, est de pure tolérance, et par suite entachée de précarité à l'égard du propriétaire riverain. — Civ. c. 13 janv. 1891, D.P. 91. 1. 148.

554. Il n'en est autrement et ladite possession ne peut servir de base à l'action en complainte, que lorsque les eaux ont été concédées administrativement, ou ont été entre particuliers l'objet d'une attribution ou d'un partage conventionnel. — Même arrêt.

555. La circonstance qu'avant le trouble apporté au propriétaire supérieur, celui-ci et le propriétaire inférieur conduisaient les eaux, chacun chez eux, par deux aqueducs prenant, sur le fossé de la voie publique, leur amorce au même point et à un niveau égal de manière à diviser l'eau également, n'implique pas d'une façon nécessaire que cet état de choses ait été établi conventionnellement. — Même arrêt.

556. Dès lors, et quand d'ailleurs aucune concession administrative n'est invoquée, la constatation par le juge du fait que le propriétaire inférieur avait ouvert à le premier son aqueduc sur le fossé, ne peut l'autoriser à conclure que le propriétaire supérieur, qui s'était d'abord contenté d'amorcer au même point un aqueduc prenant seulement la moitié des eaux, est passible de l'action en complainte, pour avoir établi en amont sur le même fossé une prise différente nuisible à la jouissance du propriétaire inférieur. — Même arrêt.

557. Mais le propriétaire dont le terrain a cessé de recevoir les eaux pluviales découlant d'un fond supérieur, non par suite de la tolérance du propriétaire de ce fonds, mais de travaux effectués par l'autorité publique sur le fonds servant, ne peut être considéré désormais comme un détenteur précaire au titre qu'il possède son terrain affranchi de la servitude établie par l'art. 640 C. civ. — Req. 2 avr. 1878, D.P. 78. 1. 381.

558. En pareil cas, celui à qui les eaux sont attribuées privativement n'en jouissant plus à titre de riverain ou d'habitant, mais en vertu du contrat ou de l'acte de concession qui les lui a exclusivement réservées, sa possession est susceptible de donner lieu à une action possessoire. — Même arrêt.

559. Quand les eaux pluviales, dérivées du chemin public par un riverain quelconque sur son fonds, passent ensuite de l'héritage de celui-ci, dans le fonds d'un second propriétaire non riverain, on doit tenir pour constant que le droit du second propriétaire sur cette eau peut s'établir au détriment du premier, non seulement par titre, mais par la destination du père de famille, et par la prescription. — J.G.S. *Act. poss.,* 101.

560. En ce qui concerne les eaux pluviales tombant directement sur un fonds privé, le propriétaire de ce fonds peut les retenir et les absorber au préjudice du propriétaire inférieur, alors même qu'il les aurait auparavant, et pendant quelque temps que ce fût, laissé couler suivant leur pente naturelle. — J.G.S. *Act. poss.,* 102.

561. — II. EAUX DE SOURCE (C. proc. civ. nos 450 à 464). — Le propriétaire inférieur, qui est en possession des eaux découlant d'une source, au moyen de travaux effectués sur le fonds supérieur où elle jaillit, peut protéger sa jouissance, en cas de trouble de la part du propriétaire de ce dernier fonds, en exerçant la complainte. — J.G.S. *Act. poss.,* 103. — V. *Code civil annoté,* art. 642, nos 5 et s. ; et son *Supplément,* nos 4136 et s.

562. Mais les règles des art. 641 et 642 C. civ. sur la prescription des eaux de source édictées dans l'intérêt du fonds où naît la source sont inapplicables au cas où les eaux qui font l'objet du litige s'écoulent de sources situées sur les fonds dont ni le demandeur, ni le défendeur ne sont prétendus propriétaires. — Civ. r. 11 juill. 1883, D.P. 83. 1. 452. — V. *Code de procédure civile,* no 455.

563. En pareil cas, le demandeur qui se prétend troublé dans sa possession plus qu'annale des eaux d'une source par de nouveaux ouvrages ayant moins d'une année, doit être admis à prouver, suivant les règles ordinaires, les faits de nature à établir sa possession légale. — Même arrêt.

564. Le droit de servitude établi au profit des communes, villages et hameaux sur les sources dont l'eau est nécessaire à l'usage des habitants, étant fondé sur un titre légal, peut servir de base à la complainte possessoire. — Req. 3 déc. 1878, D.P. 79. 1. 150. — V. *Code de procédure civile,* no 463.

565. — III. SOURCES D'EAUX THERMALES (C. proc. civ. nos 465 et 466). — V. *Code civil annoté,* art. 643, nos 63 et s. ; et son *Supplément,* no 4129 et s. — V. aussi *Code des lois adm. annotées,* t. 2, vo *Eaux minérales et thermales.*

566. — IV. Sources d'eaux salées (C. proc. civ. n° 467).

567. — V. Eaux courantes (C. proc. civ. n°ˢ 468 à 485). — L'usage des eaux des cours d'eau naturels, non compris dans le domaine public, constitue une quasi-possession propre à donner ouverture à l'action possessoire en faveur de celui qui en a joui, contre tout propriétaire supérieur ou inférieur qui commettrait, sur ces cours d'eau, une entreprise de nature à porter atteinte à cette jouissance, telle qu'elle s'est exercée. — J.G.S. *Act. poss.*, 105. — V. *Code de procédure civile*, n° 174. — V. aussi *Code civil annoté*, art. 644, n°ˢ 8 et s.; et son *Supplément*, n°ˢ 4161 et s.

568. Pour que l'action possessoire puisse être mise en exercice, il est tout d'abord nécessaire qu'il y ait eu trouble actuellement apporté à l'usage des eaux. — J.G.S. *Act. poss.*, 106.

569. Il est en second lieu nécessaire que le demandeur démontre que sa possession des eaux courantes avait réellement l'étendue qu'il prétend faire consacrer par le juge du possessoire, ce qui ne sera pas toujours facile à démontrer, car, en ce qui concerne la quotité des eaux dont jouit un riverain, il y a souvent beaucoup d'incertitude. — J.G.S. *Act. poss.*, 108.

570. L'usage d'un cours d'eau non navigable ni flottable constitue au profit de chacun des riverains un droit individuel, et non une jouissance promiscue; par suite, il est susceptible de possession et peut donner lieu à une action en complainte. — Civ. c. 7 nov. 1876, D.P. 77. 1. 225-226.

571. Cette action ne peut être rejetée par le seul motif que l'arrêté préfectoral qui servait de base à la complainte du demandeur avait été frappé par son adversaire de protestations devant tous les degrés de la juridiction administrative ou civile: le juge doit relever un vice rendant inefficace la possession du demandeur. — Même arrêt.

572. Le propriétaire qui a droit à l'usage des eaux d'un cours d'eau non navigable ni flottable, et dont la possession réunit tous les caractères prescrits par la loi, peut, en cas de trouble dans la jouissance desdites eaux, exercer l'action en complainte, alors même qu'il ne serait pas propriétaire riverain. — Civ. 3 févr. 1875, D.P. 75. 1. 127.

573. C'est une question discutée depuis longtemps que celle de savoir si le défendeur, pour repousser la complainte, peut se prévaloir de ce que son entreprise, contre laquelle réclame le demandeur, n'est autre chose que l'exercice légitime de la faculté légale qui lui est accordée, quant à l'usage des eaux, par l'art. 644 C. civ. — J.G.S. *Act. poss.*, 110.

574. On soutient, dans un premier système, que le juge doit écarter l'action possessoire, si le défendeur, par sa nouvelle entreprise, n'a pas excédé les limites de son droit de jouissance, et s'est au contraire borné à reprendre l'exercice qu'il avait pu négliger jusque-là pendant un temps plus ou moins long, les facultés naturelles se conservant de droit même sans être pratiquées. — J.G.S. *Act. poss.*, 110.

575. Suivant l'opinion contraire, les seules questions à examiner au possessoire sont celles de savoir si le riverain demandeur en complainte a joui des eaux pour l'objet et dans la mesure qu'il indique, et si la nouvelle entreprise faite sur ce cours d'eau porte atteinte, sous un rapport quelconque, à la jouissance des eaux telle qu'il l'a exercée. Ces deux points établis, le défendeur ne saurait faire rejeter la complainte en se prévalant, soit de ce que la possession du demandeur aurait excédé les limites du droit de celui-ci, soit de ce que lui-même n'aurait fait que reprendre l'exercice de son propre droit, sans extension, et tel que l'art. 644 le lui confère. — J.G.S. *Act. poss.*, 110.

576. Ce dernier système paraît être aujourd'hui définitivement adopté par la juris-

prudence de la Cour de cassation qui a décidé que les entreprises sur les cours d'eau destinés à l'irrigation des propriétés riveraines ou au fonctionnement des usines pouvant donner lieu aux actions possessoires, le juge du possessoire, saisi d'une complainte relative à l'usage des eaux d'un ruisseau, ne saurait écarter la demande par le motif que le défendeur n'a fait qu'user de son droit en se servant des eaux conformément à un usage local. — Civ. c. 11 juill. 1877, D.P. 77. 1. 424. — V. *Code de procédure civile*, n° 490.

577. Jugé dans le même sens que le propriétaire inférieur, en possession annale du droit d'utiliser les eaux rejetées dans un ruisseau après l'irrigation du fonds supérieur, peut exercer la complainte contre le propriétaire de ce dernier héritage à exécuté depuis moins d'un an des travaux à l'effet de dévier ces eaux et de les affecter à l'immersion de ses vignes. — Req. 16 mars 1881, D.P. 82. 1. 173.

578. Et le jugement qui le décide ainsi échappe au contrôle de la cour de cassation, lorsqu'il se borne à constater le fait de la possession annale et à en apprécier les caractères. — Même arrêt.

579. De même, l'usage des eaux courantes est susceptible de possession comme toutes autres natures de biens, et la jouissance plus qu'annale de l'un des riverains peut, dès lors, être protégée par une action possessoire contre les troubles et entreprises nuisant à son exercice, sauf le règlement au pétitoire des droits respectifs des riverains sur ces eaux. — Req. 14 mars 1882, D.P. 83. 1. 150. — V. *Code de procédure civile*, n° 469.

580. Sur l'extinction par prescription des droits conférés par l'art. 644 C. civ., V. *Code de procédure civile*, n° 486. — V. aussi *Code civil annoté*, art. 644, n°ˢ 104 et s.; et son *Supplément*, n°ˢ 4493 et s.

581. — VI. Servitude d'aqueduc (C. proc. civ. n°ˢ 496 à 502). — Le particulier qui demande au possessoire, contre une commune, à être maintenu en jouissance des eaux qu'il reçoit par un aqueduc construit sous la traversée d'un chemin communal, conclut par là même à son maintien dans la possession de la servitude d'aqueduc qu'elle est établie. — Civ. c. 26 juin 1886, D.P. 88. 1. 308.

582. En conséquence, si la commune allègue, d'une part, que la servitude d'aqueduc dont il s'agit est non apparente, et, d'autre part, que le chemin public sous lequel règne le conduit caché est imprescriptible, le juge du possessoire accueille à tort la complainte, du moment où il le fait sans contester ouvertement les circonstances alléguées. — Même arrêt.

583. Les conduites d'eaux qui se manifestent par des ouvrages extérieurs sans avoir besoin du fait de l'homme pour leur fonctionnement peuvent être l'objet d'une action possessoire. — V. *Code de procédure civile*, n° 502. — V. aussi *Code civil annoté*, art. 689, n°ˢ 6 et s.; et son *Supplément*, n°ˢ 4769 et s.

584. — VII. Usines (C. proc. civ. n°ˢ 503 à 508). — Lorsqu'une usine, au lieu d'être établie sur le cours d'eau lui-même, a son assiette sur un canal de dérivation qui amène les eaux, et que les francs bords, est réputée, au point de vue épreuvé dans la possession des francs bords du canal alimentant ce moulin, se borner à invoquer la présomption de possession des francs bords qui résulterait, suivant lui, de la possession même du canal; il doit prouver le

fait de la possession des francs bords. — Même arrêt.

587. Toutefois, si la possession du canal d'une usine n'entraîne pas au profit de l'usinier la présomption des francs bords, elle lui procure du moins un titre valable qui autorise le dépôt des résidus, considéré comme simple servitude, lorsque les francs bords qui enclavent ce canal sont tombés dans la possession légale d'un tiers. — J.G.S. *Act. poss.*, 118.

B. — *Servitudes établies par la loi* (C. proc. civ. n°ˢ 510 à 540).

588. L'obligation pour le propriétaire d'immeubles urbains longeant la voie publique de supporter sur ces immeubles les plaques indicatives du nom des rues, est une charge imposée aux propriétaires, en vue de l'utilité publique et dans un intérêt de police, par les règlements municipaux valablement pris en vertu de la loi, et si l'inexécution de ces règlements constitue une contravention de petite voirie tombant sous le coup de l'art. 471 C. pén., elle ne peut servir de fondement à une action possessoire, de la part de la ville, contre le contrevenant. — Civ. c. 8 juill. 1890, D.P. 90. 1. 365.

589. L'exercice d'une action possessoire présuppose l'existence d'une charge imposée sur un héritage pour l'utilité d'un héritage appartenant à un autre propriétaire, circonstance qu'on ne rencontre pas dans l'assujettissement d'utilité publique dont il s'agit. — Même arrêt. — V. *Code de procédure civile*, n° 510.

590. — I. Mitoyenneté (C. proc. civ. n°ˢ 543 à 517). — Le propriétaire d'un terrain bordé par une haie est fondé à intenter une action en complainte contre son voisin, à raison d'usurpations et de dégâts qu'il lui reproche d'avoir commis sur cette haie, dont il se prétend possesseur exclusif. — Req. 2 févr. 1876, D.P. 77. 1. 377. — V. *Code de procédure civile*, n° 514.

591. ... Et cette action doit être accueillie, si le demandeur prouve qu'il a possédé exclusivement la haie pendant une année au moins. — Même arrêt.

592. Il importe peu, d'ailleurs, que cette haie doive ou non être réputée mitoyenne, d'après l'art. 670 C. civ. — Même arrêt.

593. Sur les modifications apportées par la loi du 20 août 1881 aux art. 666 à 673 C. civ., V. *Supplément au Code civil annoté*, n°ˢ 4505 et s.

594. L'action possessoire intentée pour se faire maintenir en possession d'une haie réputée mitoyenne d'après la loi, ne peut être admise qu'autant que celui qui l'intente a eu une possession annale et *exclusive* de cette haie. — Civ. c. 3 avr. 1889, D.P. 89. 1. 412.

595. En conséquence, elle n'est pas recevable lorsque le fermier des deux propriétaires réputés mitoyens a joui de la haie en cette double qualité, la jouissance promiscue exercée par ce fermier au nom des deux bailleurs ayant mis obstacle à toute possession exclusive et personnelle au profit de l'un d'eux. — Même arrêt.

596. — II. Plantations d'arbres a la distance légale (C. proc. civ. n°ˢ 518 à 523). — En ce qui concerne les modifications apportées par la loi du 20 août 1881, V. *Supplément au Code civil annoté*, n°ˢ 4595 et s.

597. — III. Jours et vues (C. proc. civ. n°ˢ 524 à 528). — V. *Code civil annoté*, art. 675, n°ˢ 2 et s.; et son *Supplément*, n°ˢ 4612 et s.

598. — IV. Passage en cas d'enclave (C. proc. civ. n°ˢ 529 à 539). — Sur les changements introduits par la loi du 20 août 1881 dans les art. 682 à 685 C. civ., V. *Supplément au Code civil annoté*, n° 4664 et s.

599. La jouissance plus qu'annale d'un passage en cas d'enclave peut, malgré son caractère de discontinuité, servir de base à une contestation, suivant laquelle les servitudes discontinues ne sont susceptibles ni d'action possessoire, ni de prescription, est inapplicable en pareil cas. — Civ. c. 4 janv. 1875, D.P. 76. 1. 500. — Civ. c. 21 avr. 1875, D.P. 75. 1. 480. — V. *Code de procédure civile*, n° 529. — J.G.S. *Act. poss.*, 135.

600. Ainsi le propriétaire d'un fonds enclavé, qui, depuis plusieurs années, a traversé avec charrettes attelées un héritage limitrophe, *chaque fois que ce passage a été utile à son exploitation*, est fondé à agir par voie de complainte contre le maître de cet héritage qui entreprend des travaux devant rendre impossible l'exercice de cette servitude, alors même que les faits de passage ne se sont produits qu'à des intervalles assez éloignés et sans périodicité fixe. — Civ. c. 4 janv. 1875, D.P. 76. 1. 500, et la note.

601. Et cette action est recevable, bien qu'aucun acte de jouissance n'ait eu lieu dans l'année qui a précédé le trouble, s'il est établi que le passage n'était pas de nature à s'exercer nécessairement tous les ans. — Même arrêt.

602. De même, le propriétaire enclavé qui est en possession d'exercer sur une pièce de terre appartenant au défendeur une servitude de passage lui permettant seule d'accéder à la voie publique, et dont la possession s'est continuée paisiblement, publiquement pendant un et un jour, peut se faire maintenir par la voie de la complainte en possession de ce passage. — Req. 3 janv. 1881, D.P. 81. 1. 204.

603. ... Alors même que le défendeur offrirait de prouver qu'il est seul à ses auteurs ont pendant plus de trente ans passé sur une propriété voisine, et prétendrait, par suite, que le passage sur son terrain n'a pu avoir lieu qu'à titre précaire, s'il reconnaît lui-même implicitement que le demandeur n'est pas en possession de ce premier passage. — Même arrêt.

604. Et le jugement qui refuse d'admettre cette offre de preuve par le motif que les faits seraient non concluants et ne pourraient enlever au défendeur le bénéfice de la possession utile dont il se prévaut à juste titre, ne peut être réputé avoir cumulé le possessoire et le pétitoire. — Même arrêt.

605. Le propriétaire d'un fonds troublé dans sa possession par un voisin qui prétend exercer sur ce fonds une servitude de passage pour cause d'enclave, doit être maintenu dans sa possession, s'il ne résulte pas des faits de passage invoqués, mais peu nombreux, la preuve que le défendeur était en possession depuis plus d'un an, d'une façon paisible et non équivoque, de la servitude. — Civ. r. 27 févr. 1889, D.P. 90. 1. 79.

606. La servitude de passage en cas d'enclave étant toujours fondée sur la loi, sa possession ne saurait être accusée de précarité, pourvu, toutefois, que cette possession soit précaire réunisse les autres conditions prescrites par la loi, c'est-à-dire qu'elle soit annale, publique, non équivoque. — D.P. 90. 1. 79, note 2.

607. Toutefois, en matière de servitudes discontinues s'exerçant à des époques plus ou moins éloignées, et, par exemple, lorsqu'il s'agit d'une servitude de passage pour cause d'enclave, il n'est point indispensable, pour que l'action possessoire soit recevable, que les actes constitutifs ou indicatifs de la possession annale aient été accomplis dans l'année qui a précédé le trouble; il suffit qu'ils l'aient été quand cela a été nécessaire et possible (dans l'espèce, selon les besoins de l'exploitation des terres enclavées). — Req. 14 mars 1881, D.P. 82. 1. 86.

608. Les juges du fond peuvent décider,

par une appréciation souveraine du fait, et, par exemple, d'un cas de force majeure, qu'un non-usage accidentel n'a pas fait perdre au propriétaire du fonds dominant la possession de la servitude. — Même arrêt.

609. Le juge du possessoire, saisi d'une action en complainte, fondée sur le trouble apporté à l'exercice d'un passage prétendu nécessaire, pour cause d'enclave, peut, pour apprécier le caractère de la possession invoquée, vérifier s'il y a véritablement enclave. — Req. 14 mars 1881, D.P. 82. 1. 86. — Trib. civ. de Saint-Gaudens, 23 déc. 1881, D.P. 82. 3. 119. — V. *Code de procédure civile*, n° 537.

610. Et le jugement qui ordonne cette vérification ne peut être réputé avoir cumulé le pétitoire et le possessoire. — Arrêt 14 mars 1881. — V. *infra*, art. 25.

611. De même, le juge du possessoire saisi d'une action en complainte, fondée sur ce qu'il aurait été apporté obstacle à l'exercice d'une servitude de passage prétendue d'un fonds prétendu enclavé, n'excède pas les limites de sa compétence lorsqu'il décide que l'enclave n'existe pas et que, par suite, le demandeur n'a pas la possession annale de la servitude litigieuse. — Req. 15 janv. 1877, D.P. 78. 1. 416.

612. Il appartient également au juge du possessoire, nonobstant tout arrêté de classement, d'apprécier au point de vue d'une enclave si un chemin rural a cessé d'être public; ce n'est pas là une violation de la règle de la séparation des pouvoirs. — Civ. r. 24 juin 1883, D.P. 84. 1. 456.

613. Mais le juge du possessoire n'est pas compétent pour statuer sur le point de savoir si la servitude de passage est ou non éteinte par le non-usage et il ne peut conséquemment ordonner une expertise pour arriver à la preuve de cette extinction. — Jugement préc. 23 déc. 1881.

614. — V. Droit d'aqueduc pour l'irrigation, (C. proc. civ. n° 540). — V. *Code civil annoté*, L. 29 avr. 1845 et 11 juill. 1847 ; et son Supplément, n° 4207 et s.

C. — Servitudes conventionnelles (C. proc. civ. n° 541 à 590).

615. — I. Servitudes continues et apparentes (C. proc. civ. n° 541 à 553). — Les servitudes tout à la fois continues et apparentes étant prescriptibles donnent lieu à l'action possessoire. — J.G.S. *Act. poss.*, 123. — V. *Code de procédure civile*, n° 541. — V. aussi *Code civil annoté*, art. 690 ; et son Supplément, n° 4777 et s.

616. Par suite, le demandeur en possession acquise du droit de déverser sur le fossé les eaux de son pré sur celui du défendeur peut exercer à intenter une action en complainte, alors même que les eaux s'écoulant sur le fonds servant auraient été artificiellement amenées sur le fonds dominant. — Req. 13 mars 1887, D.P. 87. 5. 10.

617. Sur l'acquisition des servitudes continues et apparentes : ... par prescription. V. *Code civil annoté*, art. 690, n° 69 et s.; et son Supplément, n° 4797 et s.

618. ...Par destination du père de famille, V. *Code civil annoté*, art. 693 et 693 ; et son Supplément, n° 4848 et s.

619. La destination du père de famille peut être le fondement d'une servitude discontinue aussi bien qu'en même temps apparente, si l'acte qui constate la division des deux fonds d'abord réunis ne contient aucune clause contraire à la conservation de la servitude, après cette division. — Civ. c. 13 juill. 1865, D.P. 86. 1. 316. — V. *Code de procédure civile*, n° 546. — V. aussi *Code civil annoté*, art. 694, n° 1 et s.; et son Supplément, n° 4859 et s.

620. Mais si le titre légal que l'art. 694 C. civ. fait résulter du signe apparent joint à la destination du père de famille peut servir de fondement à une servitude discontinue, c'est à la condition que l'acte de division des hé-

ritages soit représenté, et qu'il ne contienne aucune stipulation contraire au droit réclamé. — Req. 2 mai 1876, D.P. 78. 1. 63. — Civ. c. 17 juin 1885, D.P. 86. 1. 323.

621. Par suite, le juge du possessoire ne peut accueillir une action en complainte quant à une servitude discontinue à l'appui de laquelle on invoque le signe apparent et la destination du père de famille, sans avoir pris connaissance de l'acte de division des héritages, et en avoir apprécié les clauses, relativement au débat sur la possession. — Mêmes arrêts. — V. *Code de procédure civile*, n° 547.

622. Spécialement, dans une instance en complainte ayant pour but de faire cesser le trouble apporté à un passage par le possessoire à travers une haie, le juge du possessoire ne saurait accueillir la demande en prenant pour base l'existence dans la haie d'une barrière mobile et la destination du père de famille, du moment où il ne se fait pas représenter l'acte de partage pour savoir s'il ne renferme rien de contraire à la servitude de passage prétendue, afin d'en tirer conséquence quant à la question de possession. — Arrêt préc. 17 juin 1885.

623. Lorsque le juge du possessoire décide qu'il résulte de l'acte de division des héritages que la possession invoquée est précaire et de pure tolérance, son appréciation à cet égard échappe au contrôle de la Cour de cassation. — Arrêt préc. 2 mai 1876.

624. Le juge du possessoire, pour se prononcer sur la recevabilité de la complainte, a donc à rechercher, d'une part, si la servitude discontinue dont la maintenue est demandée a été réellement établie par l'auteur commun, avec signes apparents, pendant qu'il était propriétaire des deux fonds, d'autre part, si l'acte par lequel a été opérée la séparation des deux immeubles, s'il doit être représenté, ne contient aucune clause impliquant que la servitude dont il s'agit doit cesser. — J.G.S. *Act. poss.*, 136.

625. — II. Servitudes discontinues (C. proc. civ. n° 554 à 590). — 1° Servitude exercée *sans titre* (C. proc. civ. n° 554 à 576). — Les servitudes discontinues ne peuvent donner lieu à l'action possessoire que lorsqu'elles s'appuient sur un titre émanant de l'homme ou de la loi. — Civ. c. 1er juill. 1890, D.P. 90. 1. 355. — V. *Code civil annoté*, art. 689 et 691, n° 5 et s.; et son Supplément, n° 4769 et s., 4809 et s.

626. Les servitudes discontinues ne s'établissant que par titres, leur possession sans titre doit être considérée comme le résultat d'une pure tolérance de voisinage, et ne peut, dès lors, à raison de sa précarité, servir de base à une action possessoire, quel que soit le caractère des travaux établis sur le fonds prétendu servant. — Civ. c. 17 juin 1883, D.P. 86. 1. 323.

627. Il faut distinguer, en cette matière, si les faits de jouissance accomplis sur un chemin, sur un héritage, sont en général sur un héritage, sont susceptibles de constituer la possession du fonds même de la voie, ou s'ils ne constituent, au contraire, que de simples actes de passage exercés à titre de servitude. — J.G.S. *Act. poss.*, 125.

628. Dans ce dernier cas, il n'y a eu que l'exercice d'une servitude discontinue sur la propriété d'autrui et il ne peut, dès lors, y avoir lieu à l'action possessoire. — J.G.S. *Act. poss.*, 125.

629. Au contraire, la possession d'un droit de passage peut servir de base à une action en complainte, dans le premier cas, c'est-à-dire lorsque la possession a été exercée, non à titre de servitude, mais à titre de copropriété sur un terrain servant à la desserte de deux héritages voisins. — Civ. c. 18 juill. 1877, D.P. 78. 1. 365. — V. également dans le même sens : Req. 2 févr. 1875, J.G.S. *Act. poss.*, 125. — Req. 26 janv. 1876, D.P. 77. 1. 259. — Req. 14 mai 1877, D.P. 78. 1. 39.

630. L'action en complainte peut aussi avoir pour objet la possession des eaux d'un réservoir, si le demandeur (dans l'espèce, une commune) prétend y avoir droit, non pas à titre de servitude, mais à titre de propriété. — Req. 26 janv., 1876, D.P. 77. 1. 259. — V. *Code de procédure civile*, nᵒ 558.

631. Il appartient aux juges du fond d'apprécier à ce point de vue les caractères de la possession dont se prévaut le demandeur. — Même arrêt.

632. Et la décision qui se borne à préciser ces caractères, sans faire ressortir des faits de jouissance qu'elle constate aucun droit pour l'action en complainte en dehors de sa possession, ne contrevient pas à la règle qui prohibe le cumul du possessoire et du pétitoire. — Même arrêt.

633. La servitude d'évier, ayant pour destination spéciale l'écoulement des eaux ménagères, est une servitude discontinue qui ne peut, en l'absence d'un titre, faire l'objet d'une action possessoire. — Req. 17 févr. 1875, D.P. 76. 1. 304. — V. *Code civil annoté*, art. 689, nᵒ 19 ; art. 691, nᵒ 40 ; et son *Supplément*, nᵒ 4773.

634. Mais on soutient dans une autre opinion que la servitude d'évier a le caractère de servitude continue, parce que les eaux ménagères, une fois versées dans l'évier ou la conduite, *s'écoulent sur le fonds servant sans aucun fait de l'homme*. — D.P. 76.1. 504, note 3.

635. Sur la servitude de *tour d'échelle*, V. *Code de procédure civile*, nᵒ 569, et V. aussi *Code civil annoté*, art. 686, nᵒˢ 122 et s., art. 689, nᵒˢ 25 et s. ; et son *Supplément*, nᵒˢ 4759 et s.

636. Le droit de pacage, exercé comme servitude sur le fonds d'autrui, en raison de son caractère, est également impropre à servir de base à l'action possessoire, à moins que l'exercice discontinu de cette jouissance ne se trouve appuyé sur un titre émané du propriétaire du fonds servant. — J.G.S. *Act. poss.*, 137.

637. Mais si le droit de pacage est exercé à titre de propriété du la copropriété, l'action en complainte est toujours admissible, même dans l'hypothèse où, ayant pour objet sa production de titre, puisqu'elle a pour objet la possession des fonds lui-même, et non plus la quasi-possession d'une simple servitude. — J.G.S. *Act. poss.*, 137.

638. Ainsi un droit de pacage est exercé par une commune comme propriétaire, et, par conséquent, peut servir de base à la complainte, s'il a pour objet un bien désigné sous le nom de communal, dont les habitants de la commune, après avoir défriché, labouré et ensemencé des parcelles, étaient autorisées à garder ou à transmettre les parcelles non restaurées est plus d'un an sans culture, et qu'elles seraient soumises chaque année à la dépaissance du troupeau commun, depuis l'enlèvement des récoltes jusqu'aux labours et aux semailles. — Req. 14 mai 1877, D.P. 78. 1. 39.

639. De même, la complainte est recevable de la part d'une commune, à raison du trouble apporté à la possession qu'elle exerce sur un terrain et y faisant pacager et abreuver de ses bestiaux, alors que cette possession s'appliquant au fonds lui-même, ne peut être utilisé d'une autre manière, ne saurait, dès lors, être considérée comme l'exercice d'une servitude de pacage. — Civ. r. 5 févr. 1878, J.G.S. *Act. poss.*, 137.

640. Et ce qui concerne le pacage dans *les forêts*, V. *supra*, nᵒ 542 et s.

641. — 2ᵉ *Servitudes fondées sur un titre* (C. proc. civ. nᵒˢ 577 à 587). — L'action possessoire est recevable en matière de servitude discontinue, lorsque la possession est caractérisée par un titre conventionnel ou légal. — Req. 30 juill. 1889, D.P. 90. 1. 427. — V. *Code de procédure civile*, nᵒ 577. — V. aussi *Code civil annoté*, art. 690, nᵒ 1 et s. ; et son *Supplément*, nᵒˢ 4777 et s.

642. Le titre légal, comme le titre conventionnel, fait disparaître tout soupçon de précarité quant à la jouissance du demandeur en complainte. — J.G.S. *Act. poss.*, 135.

643. Le juge du possessoire motive suffisamment le rejet de conclusions tendant à faire décider qu'une servitude de passage, étant discontinue, ne peut donner naissance à une action possessoire, lorsqu'il déclare que ni la possession de ce droit de passage, ni le titre sur lequel elle repose ne sont contestés par le défendeur à la complainte, qui se borne à nier le trouble. — Arrêt préc. 30 juill. 1889.

644. Et, en énumérant les faits de trouble imputables à ce défendeur, puis en constatant qu'il trouve, dans ces faits et dans la nature de la cause, des éléments d'appréciation suffisants et en allouant, en conséquence, au demandeur une somme déterminée *pour le préjudice éprouvé*, le juge de paix donne à la condamnation qu'il prononce une base juridique suffisante. — Même arrêt.

645. Décidé en ce sens que la possession d'une servitude discontinue ne peut donner lieu à l'action possessoire, si le titre invoqué à l'appui de cette servitude est étranger au propriétaire du fonds servant. — Civ. r. 15 juill. 1878, D.P. 79. 1. 131. — V. *Code de procédure civile*, nᵒ 580 et s.

646. Quant au titre qui émanerait des anciens propriétaires du fonds dominant, par exemple, le titre d'acquisition de celui qui jouit actuellement pour son fonds et sur le fonds servant, de la servitude litigieuse, il va de soi qu'il ne serait pas de nature à appuyer la possession. — J.G.S. *Act. poss.*, 133.

647. De même, l'action possessoire doit être déclarée irrecevable, s'il résulte de l'examen du titre énonçant l'existence de la servitude que la possession n'est pas exercée conformément à ce titre. — J.G.S. *Act. poss.*, 134.

648. Ce qui est, dans tous les cas, nécessaire, c'est que le titre invoqué par le possesseur de la servitude discontinue, pour colorer sa possession, renferme des énonciations de nature à donner un réel appui à cette possession. — J.G.S. *Act. poss.*, 134.

649. Bien que, en l'absence d'ouvrages apparents établis sur le fonds supérieur, le propriétaire du fonds inférieur ne puisse pas, aux termes de l'art. 642 C. civ., acquérir par prescription une servitude de prise d'eau, il est cependant recevable à intenter la complainte, lorsqu'il possède légalement, depuis au moins un an, cette servitude en vertu d'un titre. — Req. 12 mars 1890, D.P. 90. 1. 447. — V. *Supplément au Code civil annoté*, nᵒ 4136 et s.

650. En matière de servitude discontinue (de prise d'eau), le juge ne peut rejeter l'action possessoire sans apprécier le titre produit par le demandeur à l'effet d'établir que sa possession n'a pas été précaire et que les actes qui la caractérisent ont été accomplis *animo domini*. — Req. 9 août 1886, D.P. 87. 1. 38.

651. Mais le juge du possessoire qui ne peut refuser d'examiner les titres invoqués à l'appui de la possession litigieuse doit se déclarer incompétent, lorsque la contestation porte sur l'existence même du titre invoqué. — Civ. c. 10 août 1886, D.P. 87. 1. 38.

652. Il en est ainsi spécialement, lorsqu'il s'agit de décider si l'ancienne coutume de Bretagne vaut titre pour justifier l'existence d'une servitude de tour d'échelle acquise avant la promulgation du Code civil. — Même arrêt.

653. Le juge saisi d'une action possessoire fondée sur l'existence d'une servitude discontinue doit donc examiner le titre constitutif de la servitude, déclarer quelles sont la nature et l'étendue, et aussi quel est le mode d'exercice du droit qu'il établit, et, à peine de commettre un excès de pouvoirs,

écarter comme non avenus tous les actes faits en dehors des dispositions formelles du titre. — Req. 27 janv. 1885, D.P. 85. 1. 362, et la note.

654. L'action en complainte fondée sur un trouble apporté à l'exercice d'une servitude de passage et de puisage résultant d'un titre est recevable, lorsque le terrain dont le demandeur prétend être maintenu en possession pour l'usage de son droit est incontestablement celui sur lequel les contractants ont entendu asseoir la servitude. — Req. 12 mars 1888, D.P. 88. 1. 408. — V. *Code de procédure civile*, nᵒ 581.

655. ... Spécialement, lorsque ce terrain est situé en dehors de l'assiette de cette servitude expressément exclue de l'assiette de cette servitude, et que, d'après la disposition des lieux, l'accès de la mare affectée au puisage concédé n'a jamais été possible sur un autre point. — Même arrêt.

656. Si l'art. 643 C. civ. peut servir de base à une complainte ayant pour but d'empêcher le propriétaire d'une source d'en changer le cours au préjudice des nécessités d'un groupe d'habitants, cet article qui restreint ce droit de propriété doit être strictement renfermé dans son objet ; et notamment, il n'oblige pas le propriétaire à ouvrir ou à laisser un accès sur son fonds auxdits habitants pour l'usage de l'eau. — Civ. c. 1ᵉʳ juill. 1890, D.P. 90. 1. 355.

657. En conséquence, lorsqu'une complainte intentée par le maire d'une commune a pour but non pas de faire réprimer un détournement du cours de l'eau, mais de faire maintenir les habitants dans la possession des droits de puisage et de lavage sur la fontaine et le lavoir du fonds particulier, l'art. 643 ne peut servir de base à cette action possessoire, et elle est, par suite, irrecevable comme s'appliquant à des servitudes discontinues non fondées en titre conventionnel ou légal. — Même arrêt. — V. *Supplément au Code civil annoté*, nᵒˢ 4153 et s.

658. En ce qui concerne les *chemins d'exploitation* ou *de desserte*, V. *supra*, nᵒˢ 519 et s.

659. — 3ᵉ *Servitude manifestée par des ouvrages apparents* (C. proc. civ. nᵒˢ 588 à 590).

§ 7. — *Biens meubles* (C. proc. civ. nᵒˢ 591 à 616).

660. En ce qui touche les objets placés dans les églises, les offices ministériels, les enseignes des marchands, V. *Code de procédure civile*, art. 525, nᵒ 94 ; art. 529, nᵒ 49 ; et son *Supplément*, nᵒˢ 3515 et s., 3546 et s.

SECT. 5. — PAR QUI ET CONTRE QUI DOIVENT ÊTRE INTENTÉES LES ACTIONS POSSESSOIRES (C. proc. civ. nᵒˢ 617 à 721).

§ 1ᵉʳ. — *Par qui peuvent être intentées les actions possessoires* (C. proc. civ. nᵒˢ 617 à 695).

661. — I. CAPACITÉ RÉELLE (C. proc. civ. nᵒˢ 617 à 653). — La complainte, la dénonciation de nouvel œuvre et la réintégrande appartiennent à celui qui agit à titre de propriétaire, d'usufruitier, d'usager, d'ayant cause à une servitude prescriptible, de preneur à bail emphytéotique ou à domaine congéable. — J.G.S. *Act. poss.*, 143.

662. Elles peuvent être exercées par un copropriétaire ou communiste, de même que par un simple usager. — (Motifs) Trib. civ. de Corte, 29 avr. 1874, D.P. 77. 1. 436, et la note 4.

663. On doit, au contraire, refuser les deux premières de ces actions, et accorder seulement la réintégrande aux personnes qui, ne possédant que pour le compte d'autrui, ont un titre purement précaire, tels que le fermier, le locataire, le créancier antichrésiste. — J.G.S. *Act. poss.*, 145. — V. *Code de procédure civile*, nᵒˢ 631 et s., et *infra*, nᵒ 684 et s.

664. L'opinion d'après laquelle le créancier antichrésiste a qualité pour exercer la complainte parait ensuite avoir été inspirée par les principes du droit romain qui ne doivent pas trouver leur application dans notre jurisprudence ; il y a donc lieu de suivre, sur cette question, l'opinion contraire qui est généralement enseignée par la doctrine. — J.G.S. *Act. poss.*, 445. — V *Contra : Code de procédure civile*, n° 624.

665. Sur les caractères généraux du droit de rétention dans les cas où ce droit peut s'exercer, V. *Code civil annoté*, art. 2094, n° 3 et s., et son *Supplément*, n° 16126 et s.

666. — II. **CAPACITÉ PERSONNELLE** (C. proc. civ. n° 654 à 695). — La disposition de l'art. 55 de la loi du 18 juill. 1837, qui conférait au maire, administrateur légal des intérêts communaux, le droit d'agir au possessoire sans l'autorisation préalable du conseil de préfecture, a été reproduite dans la nouvelle loi municipale du 5 avr. 1884 (art. 122), D.P. 84. 4. 59. — J.G.S. *Act. poss.*, 146. — V *Code de procédure civile*, n° 674 et s. — V. aussi *Code des lois adm. annotées*, t. 1er, VIII, v° *Commune*, n° 8254 et s.

667. Mais cette disposition spéciale ne saurait être étendue. En conséquence, si un contribuable voulait exercer une action possessoire au nom et dans l'intérêt de la commune, en vertu de l'art. 49 de la loi de 1837 (art. 121 et 123 de la loi de 1884), l'autorisation du conseil de préfecture serait indispensable. — Civ. r. 20 fév. 1877, D.P. 77. 1. 477. — Req. 14 mai 1877, D.P. 78. 1. 45. — J.G.S. *Act. poss.*, 146. — V. *Code de procédure civile*, n° 684.

668. Sur le droit accordé à tout contribuable d'exercer les actions de la commune et les conditions auxquelles il est subordonné l'exercice de ce droit, V. *Code des lois adm. notées*, t. 1er, VIII, v° *Commune*, n° 8331 et s.

669. Les préfets, aux termes des art. 46-15e et 54 de la loi du 10 août 1871, ne peuvent exercer ni soutenir les actions possessoires relatives aux propriétés départementales sans avoir été autorisés par les conseils généraux, sauf dans les cas d'urgence où l'autorisation peut être donnée par la commission départementale. — J.G.S. *Act. poss.*, 148. — V. *Code de procédure civile*, n° 691. — V. aussi *Code des lois adm. annotées*, t. 1er, V, v° *Département*, n° 2101 et s.

670. Sur l'exercice des actions possessoires relatives aux biens :... des établissements publics, V. *Code des lois adm. annotées*, t. 2, v° *Établissements publics*.

671. ... Notamment : ... des fabriques, V. *ibid.*, t. v° *Culte*, n° 5487 et s., 5479. ... Et des hospices. — V. *ibid.*, t. 2, v° *Établissement de bienfaisance et de prévoyance*.

§ 2. — *Contre qui peuvent être intentées les actions possessoires* (C. proc. civ. n° 695 à 721.)

672. D'après la jurisprudence de la Cour de cassation, le droit de représenter les communes dans les actions relatives aux chemins d'intérêt commun appartient aux maires. — Civ. r. 8 déc. 1885, D.P. 87. 1. 422. — V. *Code de procédure civile*, n° 718. — V. aussi *Code des lois adm. annotées*, t. 1er, VIII, v° *Commune*, n° 7827 et s.

673. Les art. 40 et 46 de la loi du 10 août 1871 sur les conseils généraux n'ont apporté sur ce point aucune modification à la législation antérieure. — Même arrêt.

674. Plusieurs décisions du conseil d'État ont, au contraire, attribué aux préfets le droit d'ester en justice dans les litiges concernant les chemins d'intérêt commun. — V. notamment : Cons. d'Et. 12 janv. 1877, D.P. 77. 3. 9-10. — Cons. d'Et. 25 mars 1881, D.P. 82. 3. 92. — V. aussi *Code des lois adm. annotées*, t. 3, v° *Voirie*.

675. Un préfet peut être retenu en cause comme défendeur à une action possessoire intentée par un propriétaire dont le terrain a été indûment occupé par les agents de l'Administration, sous prétexte d'effectuer le

curage d'un ruisseau, lorsqu'il est reconnu que ces agents ont agi d'après les ordres du préfet et n'ont fait que se conformer à ses instructions. — Civ. r. 23 mars 1880, D.P. 80. 1. 264.

676. Il importe peu que le juge du possessoire ait donné au ruisseau non navigable ni flottable dont le curage était prescrit la fausse qualification de bien domanial, s'il s'est d'ailleurs appuyé sur d'autres considérations pour justifier le maintien en cause du préfet. — Même arrêt.

677. Sur l'exercice des actions possessoires dirigées contre la commune, V. *Code des lois adm. annotées*, t. 1er, VIII, v° *Commune*, n° 8309.

SECT. 6. — DÉLAI POUR EXERCER L'ACTION POSSESSOIRE (C. proc. civ. n° 722 à 750).

678. La disposition de l'art. 23 C. proc. civ. qui exige expressément que l'action possessoire soit intentée dans l'année du trouble s'applique au cas où la complainte est introduite sous forme de demande reconventionnelle. — J.G.S. *Act. poss.*, 152.

679. Ainsi a-t-il été décidé que le jugement rendu sur une complainte relative à une haie mitoyenne justifie suffisamment le rejet d'une demande reconventionnelle en suppression de lierres poussés dans cette haie, s'il constate que le demandeur au principal avait la possession de ces lierres depuis plus d'un an..., alors même que cette possession ne serait point une possession utile. — Req. 7 janv. 1874, D.P. 74. 1. 390.

680. L'action en complainte est recevable, bien que le propriétaire qui l'exerce ait été, depuis plus d'un an, dans l'impossibilité de jouir du terrain litigieux par suite de l'occupation militaire dont ce terrain a été l'objet au nom de l'État. — Req. 19 juill. 1873, D.P. 77. 1. 111.

681. En effet, l'occupation de l'immeuble par un tiers pendant plus d'une année n'a pas pour effet d'en faire perdre la possession lorsque le tiers occupant ne détient l'immeuble qu'à titre précaire et non du chef du possesseur antérieur. — Observ. sur l'arrêt précité.

682. En cas de troubles successifs, le délai d'une année dans lequel doit être intentée l'action en complainte commence à courir à dater du premier fait de trouble. — Civ. r. 18 août 1880, D.P. 81. 1. 451. — V. *Code de procédure civile*, n° 734.

683. La prescription annale d'une action en complainte au profit de l'auteur du trouble n'est interrompue ni par une assignation devant le juge de paix sur laquelle il n'a pas été suivi, ni par une action en bornage. — Civ. c. 23 févr. 1880, D.P. 80. 1. 197. — V. *Code de procédure civile*, n° 744 et s.

SECT. 7. — ACTION EN RÉINTÉGRANDE (C. proc. civ. n° 751 à 813).

684. La réintégrande constitue sous la législation actuelle comme dans l'ancien droit, une action possessoire spéciale accordée au possesseur qui vient à être dépossédé, soit partiellement, soit totalement, par violence ou voie de fait, alors même que sa possession n'avait pas la durée annale et ne s'était pas exercée *animo domini*. — J.G.S. *Act. poss.*, 21. — V. *Code de procédure civile*, n° 751.

685. Il y a voie de fait, au point de vue de l'action en réintégrande, toutes les fois qu'on s'empare de la possession d'autrui, arbitrairement, sans aucun titre apparent. — D.P. 83. 1. 348, note 1. — V toutefois en sens contraire les arrêts cités *infra*, n° 706 et s.

686. La réintégrande constitue une action possessoire en ce qu'elle n'est possessoire que *lato sensu*, puisqu'elle n'a pas pour but de faire reconnaître le maintien en saisine qui doit résulter de la possession annale. — J.G.S. *Act. poss.*, 29.

687. — I. FAITS QUI DONNENT LIEU A L'ACTION EN RÉINTÉGRANDE (C. proc. civ. n° 752 à 779). — L'action en réintégrande suppose tout d'abord non seulement la détention actuelle et paisible de l'immeuble litigieux, mais en outre un acte agressif, sur la personne ou sur le fonds même du plaignant, qui mette en mouvement le droit de légitime défense, et soit de nature à troubler dans une certaine mesure la paix publique. — Civ. c. 26 juill. 1882, D.P. 83. 1. 348. — Civ. c. 28 oct. 1885, D.P. 86. 1. 309. — Req. 6 juill. 1887, D.P. 87. 1. 429. — Req. 19 nov. 1888, D.P. 90. 1. 16. — V. *Code de procédure civile*, n° 753 et s.

688. Ce double caractère fait défaut, et par suite la réintégrande doit être rejetée, alors que le défendeur s'est borné à boucher dans son mur une ouverture antérieurement pratiquée par le demandeur, afin d'assurer la communication de leurs aqueducs respectifs, et que ledit défendeur, en dehors de son fonds, n'a pas touché aux travaux de conduite d'eau exécutés par sa partie adverse. — Arrêt préc. 6 juill. 1887.

689. Il est indispensable que l'acte agressif de nature à donner lieu à la réintégrande ait été pratiqué sur la personne ou sur l'immeuble même du possesseur, qu'il ait constitué en un mot une attaque directe ; qu'il n'y avait qu'atteinte indirecte à la jouissance du possesseur, sans qu'aucune entreprise eût été réalisée sur son immeuble lui-même, il n'y aurait pas agression violente au sens voulu pour la réintégrande. — J.G.S. *Act. poss.*, 22.

690. Jugé au le sens que la destruction partielle sur le fonds servant (dans l'espèce, par un fermier) du chemin fréquenté, à titre de servitude prétendue de passage, par le propriétaire du fonds dominant, ne donne pas ouverture à ce dernier ouverture à une action en réintégrande. — Arrêt préc. 28 oct. 1885.

691. De même encore, lorsque les eaux pluviales d'un bâtiment sont projetées par des tuyaux de décharge à un mètre du mur du fonds voisin, le fait par le propriétaire de ce terrain de substituer à ces tuyaux des conduits descendant le long du mur jusque dans l'intérieur du sol peut être considéré comme exclusif de toute atteinte à l'ordre public et ne donne pas, dès lors, ouverture à l'action en réintégrande. — Arrêt préc. 26 juill. 1882.

692. La même solution doit être donnée dans le cas de destruction partielle d'une palissade servant de clôture à une propriété, lorsque la partie de palissade détruite se trouvait, non sur le fonds du plaignant, mais sur un canal de décharge dont le défendeur avait, conjointement avec d'autres usiniers, la possession constante. — Arrêt préc. 19 nov. 1888.

693. De même, le fait par un fermier de détruire, à l'une de ses extrémités, un chemin existant sur le terrain qui lui est affermé, et d'en interdire l'accès, au bout opposé, par un obstacle matériel, dans le but d'empêcher l'exercice du droit de passage dont un tiers était en possession, ne peut donner lieu à une action en réintégrande. — Arrêt préc. 28 oct. 1885.

694. Mais la destruction d'un barrage paisiblement et publiquement possédé par un tiers donne ouverture, contre l'auteur de cette destruction, à l'action en réintégrande. — Req. 18 nov. 1873, D.P. 75. 1. 413.

695. ... Alors même qu'il prétendrait n'avoir agi qu'en qualité de maire et dans l'intérêt exclusif d'une commune. — Même arrêt.

696. Sur les actions possessoires exercées par le maire au nom et dans l'intérêt de la commune, V. *Code des lois adm. annotées*, t. 1er, VIII, v° *Commune*, n° 7913 et s.

697. L'action en réintégrande supposant une voie de fait, une servitude contre celui qui a fait abattre des arbres formant haie sur le terrain litigieux. — Req. 22 févr. 1888, D.P. 88. 1. 387.

698. Il faut, en outre, pour que la réintégrande soit ouverte, que le demandeur ait été effectivement dépossédé de l'immeuble détenu par lui, soit en totalité, soit en partie. — J.G.S. *Act. poss.*, 23. — V. *Code de procédure civ.*, n° 775.

699. En conséquence, le simple enlèvement matériel des récoltes, qui ne serait pas le résultat et la suite de l'usurpation par violence ou voie de fait du fonds lui-même, ne pourrait autoriser l'emploi de cette action possessoire spéciale. — Req. 12 août 1874, D.P. 76. 1. 501.

700. Le possesseur d'un terrain ne peut pas davantage agir par voie de réintégrande contre le tiers qui a fait enlever à l'aide de nombreux ouvriers les pailles excrues sur ce fonds, un enlèvement de cette nature ne constituant pas une usurpation par violence du fonds lui-même. — Req. 12 août 1874, D.P. 76. 1. 501.

701. De même, le fait d'avoir fait stationner une voiture sur le terrain possédé par autrui ne constitue qu'un simple trouble à la possession, pouvant donner lieu à la complainte, mais non à l'action en réintégrande, laquelle suppose une dépossession complète. — Req. 31 janv. 1871, J.G.S. *Act. poss.*, 23.

702. C'est au juge du fond qu'il appartient de relever souverainement, dans chaque espèce, les circonstances au moyen desquelles s'est opérée la dépossession. — J.G.S. *Act. poss.*, 24.

703. — II. CONDITIONS D'EXERCICE DE L'ACTION EN RÉINTÉGRANDE (C. proc. civ. nᵒˢ 780 à 801). — Il n'est pas nécessaire, pour l'exercice de la réintégrande, que la possession réunisse toutes les conditions prescrites par l'art. 23 C. proc. civ.; il suffit que celui qui l'exerce justifie de sa possession actuelle et matérielle, et de sa dépossession par violence et voie de fait. — Req. 14 mars 1876, D.P. 76. 1. 68-69.

704. ... Pourvu que sa possession soit, en outre, paisible et publique. — Req. 20 juill. 1880, D.P. 81. 1. 476.

705. A ce point de vue, la réintégrande diffère de la complainte, en ce sens qu'il n'est pas nécessaire que la possession du demandeur se soit prolongée pendant une année, et ait été exercée *animo domini*; celle-ci été précaire ou de très courte durée, elle n'en serait pas moins suffisante pour donner ouverture à la réintégrande, à laquelle ne s'appliquent, sous ce rapport, ni l'art. 2229 C. civ., ni l'art. 23 C. proc. civ. — J.G.S. *Act. poss.*, 28. — V. *Code de procédure civile*, nᵒˢ 780 et s.

706. Jugé en ce sens que, s'il faut, pour la complainte, que la possession réunisse toutes les conditions prescrites par l'art. 23 C. proc. civ., il suffit, pour la réintégrande, que celui qui l'exerce justifie de sa possession actuelle et matérielle au moment où il a été dépouillé, sans qu'il ait à se prévaloir de la possession annale. — Req. 14 mars 1876, D.P. 78. 1. 68.

707. L'action en réintégrande introduite par le propriétaire d'une maison qui demande à être rétabli dans la possession d'une bande de terrain longeant ses bâtiments, est recevable lorsque le demandeur prouve que l'accès du terrain litigieux lui a été violemment fermé par le défendeur à l'aide d'une barrière, et qu'il en avait la possession au moment de cette entreprise. — Même arrêt.

708. Elle est également recevable lorsqu'il est établi, d'une part, que le demandeur possédait le terrain et en retirait toute l'utilité possible en y faisant paître ses bestiaux et en y plantant des arbres, et, d'autre part, qu'il en a été dépossédé par suite d'une entreprise de la commune qui y a pratiqué une excavation et construit un lavoir public. — Arrêt préc. 20 juill. 1880.

709. Toute possession actuelle, même de pur fait, peut donner lieu à la réintégrande,

à la seule condition que cette possession ne soit ni clandestine, ni violente. — Req. 18 nov. 1873, D.P. 75. 1. 413

710. Le possesseur même précaire de l'immeuble, qui en est dépossédé par violence ou voie de fait, pourra en principe agir en réintégrande, quelle qu'ait été la brièveté de sa possession, pourvu qu'elle ait réellement existé. — J.G.S. *Act. poss.*, 29.

711. Ainsi la simple détention, c'est-à-dire la possession matérielle et actuelle, suffit pour autoriser l'action en réintégrande, alors, d'ailleurs, que cette possession est paisible et publique. — Civ. c. 27 févr. 1878, D.P. 78. 1. 277. — V. *Code de procédure civile*, nᵒˢ 785 et s.

712. En conséquence, le juge du possessoire ne peut, pour rejeter cette action, se fonder soit sur ce que les faits de jouissance allégués par le demandeur, remontant seulement à quelques jours, ne constitueraient pas une possession sérieusement appréciable. — Même arrêt.

713. ... Soit sur ce que ces faits, s'appliquant à un terrain qui paraissait naturellement dépendre de la voie publique, plutôt que de la propriété privée, ne pourraient constituer que des actes de tolérance. — Même arrêt.

714. Par suite, lorsque la possession d'un fonds a successivement donné lieu entre les mêmes parties à une action en réintégrande, puis à une complainte, le demandeur ne peut, dans la seconde de ces instances, invoquer le jugement rendu à son profit dans la première, comme le dispensant de toute preuve à l'égard de la possession. — Req. 12 août 1874, D.P. 76. 1. 501.

715. L'action en réintégrande formée par le concessionnaire, en Algérie, d'une forêt domaniale, contre l'auteur du trouble apporté à sa possession, rentre exclusivement dans la compétence du juge de paix, lorsque le demandeur ne réclame ni la modification, ni l'interprétation des clauses de sa concession, mais se borne à soutenir qu'il a depuis plus d'un an la détention matérielle, paisible et publique de la forêt litigieuse. — Civ. r. 26 juin 1889, D.P. 90, 1. 431.

716. Sur l'application du régime forestier en Algérie, V. *Code forestier annoté*, art. 1ᵉʳ, n° 42.

717. Le possesseur évincé pourra intenter la réintégrande, alors même que sa propre détention aurait débuté par une voie de fait dirigée contre celui qui, en dernier lieu à son tour, est venu reprendre violemment l'immeuble comme en ayant été précédemment dépouillé. — J.G.S. *Act. poss.*, 29.

718. Mais il faut pour cela que la dernière agression n'ait pas suivi aussitôt la première, de façon à constituer un acte de défense de la part du possesseur originaire; car si elle avait été la répression immédiate, et couronnée de succès, de cette première agression, il n'aurait pas existé, au profit du premier agresseur, de possession paisible et publique. — J.G.S. *Act. poss.*, 29.

719. — III. FORMES DE LA DEMANDE (C. proc. civ. nᵒˢ 802 à 811). — L'instance doit d'abord être introduite nommément à titre de réintégrande. — J.G.S. *Act. poss.*, 34. — V. *Code de procédure civile*, n° 802.

720. Toutefois, si la qualification de réintégrande n'a pas été donnée expressément par le demandeur à son action, le juge en devra pas moins rechercher dans les éléments de la cause quel est le véritable caractère de la demande. — J.G.S. *Act. poss.*, 34. — V. *Code de procédure civile*, n° 805.

721. L'action possessoire, tendant à réintégrer celui qui l'exerce dans la possession dont il a été dépouillé, a pour cela même les caractères de la réintégrande, et l'on ne saurait la considérer comme une action en complainte, bien qu'il ne soit parlé, dans la citation et les conclusions du demandeur, que de son maintien et non de son rétablis-

sement en possession. — Req. 22 janv. 1878, D.P. 78. 1. 316.

722. Dans le cas où l'exploit introductif d'instance aurait un sens équivoque, il serait toujours permis de le rectifier devant le juge de paix saisi, et de préciser qu'on a entendu intenter l'action en réintégrande, et non la complainte. — J.G.S. *Act. poss.*, 35.

723. Il a même été décidé que le complaignant qui, par son exploit introductif d'instance, a demandé à être maintenu dans la possession d'une prise d'eau, et à faire condamner le défendeur à reconstruire un barrage violemment détruit, peut, au cours de l'instance, et même après l'exécution du jugement interlocutoire qui l'a admis à prouver sa possession plus qu'annale sur cette prise d'eau, conclure par voie de réintégrande à être rétabli provisoirement dans la possession de fait du barrage, de pareilles conclusions ne substituant pas à l'action originaire une action tout à fait différente de celle-ci dans sa cause et dans son objet. — Req. 18 nov. 1873, D.P. 75. 1. 413.

724. Lorsque le juge du premier degré a omis de statuer sur l'action en réintégrande qui formait l'un des chefs de la demande, il appartient au juge d'appel, sur les conclusions de l'intéressé, de statuer sur ce chef en vertu de l'effet dévolutif de l'appel, et sans qu'il y ait lieu de procéder par voie d'annulation et d'évocation. — Req. 12 mai 1874, D.P. 76. 1. 501.

725. — IV. INSTRUCTION ET JUGEMENT (C. proc. civ. nᵒˢ 811 et 812).

726. — V. CAS OU LE FAIT CONSTITUE UN DÉLIT (C. proc. civ. nᵒˢ 813 à 818).

Art. 24. Si la possession ou le trouble sont déniés, l'enquête qui sera ordonnée ne pourra porter sur le fond du droit.

727. Le juge du possessoire, saisi d'une action en maintenue d'une servitude dont le caractère est contesté, peut, avant de statuer au fond, ordonner une enquête à l'effet de vérifier si la servitude prétendue est continue et apparente, et susceptible, dès lors, de donner lieu à l'action possessoire, ou si elle n'est, au contraire, qu'une servitude discontinue et non apparente. — Req. 5 avr. 1881, D.P. 81. 1. 440.

728. Sur le mode de preuve des faits de trouble et de possession, V. *Code civil annoté*, art. 1348, nᵒˢ 18 et s.; et son *Supplément*, nᵒˢ 8928 et s.

Art. 25. Le possessoire et le pétitoire ne seront jamais cumulés.

SECT. 5. — APPEL EN MATIÈRE D'ACTIONS POSSES-
SOIRES (n° 842).

SECT. 1re. — COMPÉTENCE DU JUGE DU POSSESSOIRE
(C. proc. civ. n°s 1 à 71).

729. — I. ÉTENDUE DE LA JURIDICTION (C. proc.
civ. n°s 1 à 63). — Si le défendeur cité devant
le juge de paix prétend que le fonds sur
lequel porte le litige n'est pas situé dans la
circonscription cantonale de ce magistrat, il
faut distinguer le cas où la solution de cette
question n'offre aucune difficulté de celui
au contraire où elle présente des obscurités
à raison du caractère indéterminé des limites
du canton. — J.G.S. *Act. poss.*, 157.

730. Dans la première hypothèse, le juge de
paix doit statuer lui-même et aussitôt sur sa
compétence; dans la seconde, il doit surseoir
et renvoyer à l'autorité administrative le
soin d'expliquer ou de compléter la délimitation du ressort cantonal. — J.G.S. *Act.
poss.*, 157.

731. Le juge de paix est compétent pour
statuer sur les dommages-intérêts réclamés
devant lui accessoirement à une action possessoire fondée sur le trouble matériel résultant d'une voie de fait. — Req. 11 mai 1885,
D.P. 86. 1. 299. — V. *Code de procédure
civile*, n° 6.

732. — 1° Domaine de l'État, des départements et des communes (C. proc. civ. n°s 7 à 10).
— Sur les actions possessoires relatives aux
biens de l'État, des départements et des
communes, V. *supra*, n° 471 et s.

733. — 2° Domaine public (C. proc. civ. n°s
11 à 23). — Le juge du possessoire, devant
recourir aux titres pour caractériser la possession, peut, alors même qu'il s'agirait du
petitoire, consulter ces titres dans le
but d'éclairer une exception de domanialité
soulevée par une des parties à l'effet de faire
repousser l'action possessoire. — Req. 19
juill. 1882, D.P. 82. 1. 340-341. — Civ. c. 8
janv. 1884, D.P. 84. 1. 71. — V. *Code de procédure civile*, n° 20.

734. Mais il ne peut, sans excès de pouvoir, prononcer une condamnation qui implique la solution des questions de domanialité. — J.G.S. *Domaine public*, 48.

735. — 3° Actes administratifs (C. proc. civ.
n°s 24 à 40). — Si le juge de paix, par cela
même qu'il a à statuer sur la question de
possession, a qualité pour connaître de l'exception de domanialité qui peut influer sur
le caractère de cette possession, ce n'est
qu'autant qu'il ne lui est pas nécessaire pour
cela d'interpréter des actes administratifs
obscurs ou ambigus. — J.G.S. *Act. poss.*,
161.

736. Les principes qui déterminent les pouvoirs des tribunaux relativement aux actes
administratifs invoqués devant eux ont, en
effet, une portée générale et absolue; ils
s'appliquent en matière de possession aussi
bien qu'en matière de propriété. — J.G.S.
Act. poss., 161.

737. On ce sens: ... que le juge d'une
action possessoire est, en principe, compétent pour connaître de l'exception de domanialité qui est exclusive de toute possession, pourvu qu'il ne lui soit pas nécessaire
d'apprécier des actes administratifs. — Trib.
conf. 6 déc. 1884, D.P. 86. 3. 44-45.

738. ... Que le juge du possessoire saisi
d'une complainte relativement à un chemin,
que la commune défenderesse prétend être
vicinal, sans produire d'arrêté de classement, ne peut surseoir à statuer sur sa
propre compétence jusqu'à ce que l'autorité
administrative se soit prononcée sur la vicinalité de ce chemin. — Civ. c. 26 juill. 1881,
D.P. 81. 1. 452.

739. ... Que le juge du possessoire peut même
relever d'office l'exception de domanialité
publique résultant de l'art. 5 de la loi des
22 nov.-1er déc. 1790 qui a cédé aux villes

et communautés les murs, fossés et remparts des anciennes places de guerre. —
Civ. r. 29 janv. 1878, D.P. 78. 1. 414.

740. Il peut aussi consulter, pour éclairer
le possessoire, le titre que cette disposition
conférait à la commune, alors même que
ce titre était contesté. — Même arrêt.

741. Mais lorsque le juge du possessoire
saisi de la complainte d'un particulier se
trouve en présence non seulement de la
mainmise de l'administration, mais de travaux publics exécutés sur le fonds litigieux,
il est incompétent pour ordonner la suppression desdits travaux, alors même qu'il
serait prétendu que leur exécution n'a pas
été précédée des formalités de l'expropriation publique. — Civ. c. 1er mars 1875,
J.G.S. *Act. poss.*, 165. — V. *Code de procédure civile*, n° 34.

742. Le jugement qui, pour repousser le
moyen tiré par le défendeur, contre lequel
une action en réintégrande a été dirigée, de
l'incompétence prétendue de la juridiction
civile, sous prétexte qu'il s'agirait d'une
concession administrative, répond que « la
compétence est nettement déterminée par les
art. 23 et suiv.(C. proc. civ.) qui attribuent
aux juges de paix une juridiction exclusive
en matière possessoire et que l'instance
actuelle est essentiellement possessoire »,
donne des motifs suffisants pour justifier
le rejet des conclusions soumises au tribunal. — Civ. r. 25 juin 1889, D.P. 90. 1. 151.

743. — 4° Travaux publics (C. proc. civ.
n°s 41 à 63). — Sur ce qu'il faut entendre
par *travaux publics*, V. *Code des lois adm.
annotées*, t. 3, v° *Travaux publics*.

744. — II. QUESTION PRÉJUDICIELLE ; SURSIS
(C. proc. civ. n°s 64 à 70). — Mais si en vertu
de la règle qui veut que le juge de l'action
le soit aussi des exceptions, le juge du possessoire est, en principe compétent pour
apprécier l'exception de domanialité, laquelle est exclusive de toute possession
utile, il n'en peut être ainsi que lorsque cet
examen ne porte aucune atteinte aux droits
de l'autorité administrative, et il y a notamment lieu de surseoir, quand il est nécessaire de déterminer le sens et la portée
d'un acte de délimitation du domaine public
relativement à des fortifications, et d'un
acte de vente nationale. — Arrêt préc. 6 déc.
1884.

745. Quand il est fait échec à la possession prétendue d'un particulier par des
actes et arrêtés administratifs, qui non seulement ne sont pas susceptibles d'équivaloir
à une expropriation, mais qui au contraire,
n'ayant pour l'intention de la loi, ne doivent
s'exercer que dans la sphère des intérêts
publics, et en dehors de toute atteinte aux
droits de propriété et que le
demandeur conteste la légalité des actes,
le juge du possessoire est compétent pour
trancher le litige dont il est saisi. — J.G.S.
Act. poss., 163.

746. En effet, les actes administratifs qui
ne portent atteinte ni à la propriété et à la
possession qu'en vertu d'une autorisation
expresse de la loi, et sont intervenus dans
la sphère légale des attributions de l'administrateur de qui ils émanent, doivent seuls
être respectés par la justice. — J.G.S. *Act.
poss.*, 162.

747. Il a été décidé en ce sens : ... par la Cour
de cassation, que l'autorité judiciaire est
seule compétente pour statuer sur une demande en complainte formée par un particulier contre une commune relativement à
un chemin traversant une forêt acquise par
ce particulier, bien que le maire de la commune ait pris un arrêté de police pour rétablir provisoirement la circulation sur ce
chemin et eu faire disparaître les barrières,
et que la commune défenderesse allègue la
vicinalité de ladite voie. — Civ. c. 26 juill.
1881, D.P. 81. 1. 452.

748. ...Et par le Conseil d'État, que s'il
appartient au maire de prendre un arrêté

pour faire cesser les obstacles apportés par
un particulier à la circulation sur un chemin dont il se prétend propriétaire, cet arrêté ne fait pas obstacle à ce que l'autorité
judiciaire statue, tant au possessoire qu'au
pétitoire, sur les prétentions respectives de
ce particulier et de la commune. — Cons.
d'Ét. 17 juin 1881, D.P. 82. 3. 113.

749. Lorsque le juge du possessoire constate dans sa sentence, d'une part, que l'action intentée devant lui tend bien à la répression d'un prétendu trouble de possession, d'autre part, que la chose ou le droit,
objet du litige, ne lui paraît pas susceptible
d'une possession utile, il ne doit pas repousser la demande par une déclaration d'incompétence, mais bien par un rejet au fond.
— J.G.S. *Act. poss.*, 167.

750. C'est ainsi qu'il a été jugé que l'action du riverain d'un cours d'eau, fondée
sur une possession annale prétendue, et
tendant, contre un autre riverain, au maintien des eaux à une hauteur que leur donnait précédemment ce dernier, au moyen du
jeu et de l'abaissement de sa vanne, constitue une complainte possessoire et que,
par suite, est nul le jugement par lequel le
tribunal civil acquitte la sentence du juge de
paix qui y avait fait droit, comme *incompétemment* rendue, en s'appuyant sur des
motifs qui, étant tirés de la nature de la
servitude réclamée et des circonstances de
l'entreprise imputée au défendeur, se réfèrent exclusivement soit à la recevabilité, soit
au bien ou mal fondé de l'action possessoire.
— Civ. c. 4 janv. 1875, D.P. 75. 1. 11.

751. — III. COMPÉTENCE TERRITORIALE (C.
proc. civ. n° 71). — V. *supra*, art. 3, n° 37 et s.

SECT. 2. — CUMUL DU POSSESSOIRE ET DU PÉTI-
TOIRE (C. proc. civ. n°s 72 à 216).

§ 1er. — *Défense au juge du possessoire de
rien statuer sur la propriété* (C. proc. civ.
n°s 77 à 122).

752. Quand le demandeur en complainte
se prétend troublé dans la possession d'une
haie et des arbres en dépendant, le juge
cumule le possessoire et le pétitoire, alors
que, pour repousser cette demande, il décide
expressément que le défendeur est propriétaire du fonds ainsi que de la haie et des
arbres litigieux. — Civ. c. 14 mars 1883, D.P.
83. 1. 445.

753. Il en est de même lorsque le juge
du possessoire, saisi d'une complainte du
propriétaire supérieur, prescrit, en vue de
l'intérêt général, l'exécution de travaux destinés à réglementer l'usage des eaux pluviales dont la jouissance a été troublée. —
Trib. civ. de Châteaubriant, 30 mars 1882,
D.P. 85. 3. 104. — V. *Code de procédure civile*,
n° 84.

754. Le juge du possessoire cumule également le possessoire et le pétitoire, lorsqu'il
repousse l'action en complainte en se fondant sur l'absence d'un dommage présent et
que, pour le trouble à venir, il considère
comme garantie suffisante une simple déclaration du défendeur qui n'a pas été acceptée par le demandeur et dont il n'a pas été
donné ni pu être donné acte au défendeur
qui ne l'a pas demandé. — Civ. c. 25 juin
1888, D.P. 89. 1. 292.

755. Mais le juge du possessoire, saisi
d'une action en complainte ayant pour objet la jouissance d'eaux détournées par une
commune défenderesse, peut, sans cumuler
le possessoire et le pétitoire, déterminer, au
point de vue purement possessoire, la nature
des eaux litigieuses et déclarer que ces eaux
ne sont pas affectées à un usage public. —
Req. 28 déc. 1880, D.P. 81. 1. 152.

756. Il n'y a pas davantage cumul du
possessoire et du pétitoire, lorsque le juge,
loin d'emprunter exclusivement les motifs
de sa décision au fond du droit, s'est expliqué nettement sur les caractères et l'éten-

due de la possession qui, s'appliquant à une servitude discontinue, devait avoir en titre pour base. — Req. 21 août 1883, D.P. 85. 1. 7. — V. *Code de procédure civile*, n° 91.

757. Il importe peu, d'ailleurs, que le dispositif du jugement, en repoussant l'action possessoire, ait reconnu au défendeur le droit d'élever une barrière, si cette déclaration, accessoire et incidente, a pour but non de trancher une question possessoire, mais seulement de réserver au défendeur le moyen de s'opposer à des actes d'induc possession. — Même arrêt.

758. Décidé également qu'un jugement ne cumule pas le possessoire et le pétitoire, quand il fait résulter la preuve de la possession annale des eaux d'un ruisseau qu'il attribue aux riverains, de faits de possession *légale* constatés au profit de ces derniers. — Civ. r. 16 janv. 1883, D.P. 83. 1. 129.

759. Il n'importe qu'en ce cas il contienne des motifs surabondants desquels il résulterait la connaissance d'un droit de propriété pour les riverains. — Même arrêt.

760. Il n'y a pas cumul prohibé du possessoire et du pétitoire dans l'hypothèse où le juge d'appel du possessoire exprime dans ses motifs empruntés à la sentence du premier juge que le demandeur a la possession si même la *propriété* de la chose litigieuse, si, d'ailleurs, le dispositif ne statue que sur la possession. — (Sol. implic.) Civ. r. 24 janv. 1883, D.P. 84. 1. 456. — V. *Code de procédure civile*, n° 105.

761. De même, le juge du possessoire ne cumule pas le pétitoire et le possessoire lorsque, dans les motifs de sa sentence, il se livre à l'examen d'une question de propriété, s'il n'en tire de conséquence que pour mieux caractériser la possession, et s'il se borne dans le dispositif à statuer sur le maintien ou le non-maintien de l'état possessoire. — Req. 1er juill. 1873, J.G.S. *Act. poss.*, 193. — V. *Code de procédure civile*, n° 113.

762. Dans le cas où un jugement accueillant une action possessoire, après avoir déclaré dans ses motifs que le demandeur est propriétaire du terrain litigieux, fait, dans son dispositif, défense à son adversaire de le troubler à l'avenir, cette défense doit s'entendre d'un trouble apporté à la possession, et n'implique point, dès lors, le cumul des deux actions. — Req. 19 juill. 1882, D.P. 82. 1. 340-344.

§ 2. — *Défense au juge du possessoire de baser son jugement sur des motifs tirés exclusivement du fond du droit* (C. proc. civ. n°s 123 à 142).

763. Le juge du possessoire cumule le possessoire et le pétitoire, lorsqu'il statue sur le possessoire par des motifs tirés exclusivement du fond du droit. — Req. 19 juill. 1875, D.P. 77. 1. 136. — Civ. c. 7 avr. 1880, D.P. 80. 1. 232. — Civ. c. 6 mars 1882, D.P. 83. 1. 104. — Civ. c. 15 déc. 1886, D.P. 87. 1. 102. — Civ. 11 févr. 1887, D.P. 87. 5. 11. — Ch. réun. 15 déc. 1890, D.P. 91. 1. 164. — V. *Code de procédure civile*, n° 123.

764. Ainsi il y a cumul du possessoire et du pétitoire dans le jugement qui, pour adjuger au demandeur la possession d'une haie et d'un arbre litigieux, se fonde, sans relever aucun fait matériel précis constitutif de cette possession, sur le motif unique que le demandeur est propriétaire du sol. — Civ. c. 28 févr. 1886, D.P. 85. 1. 408.

765. ... 2° Dans le jugement qui rejette une complainte exercée à l'occasion d'un détournement d'eaux résultant de travaux faits sur la rivière, par le motif que ces travaux n'ont pas eu d'effet de priver le demandeur de tout ou partie des eaux auxquelles il a effectivement droit. — Civ. c. 5 août 1885, D.P. 86. 1. 164. — V. *Code de procédure civile*, n° 130.

766. ... 3° Dans le jugement qui, sur une complainte relative à une servitude d'écou-

lement des eaux, se base uniquement pour rejeter l'action sur ce motif que le changement apporté à l'état des lieux n'a causé au demandeur aucun préjudice. — Civ. c. 26 mai 1884, D.P. 84. 5. 7.

767. ... 4° Dans le jugement qui subordonne le sort de l'action possessoire au jugement à intervenir sur le pétitoire, en renvoyant les parties à se pourvoir au pétitoire, sous prétexte qu'il serait, en l'état, impossible d'apprécier la possession sans savoir si le terrain litigieux est un chemin de desserte ou une voie communale. — Civ. 10 août 1886, D.P. 87. 1. 35.

768. ... 5° Dans le jugement qui, pour accueillir l'action introduite à raison de la démolition d'un mur, se fonde uniquement sur ce que ce mur clôturait par un côté un terrain appartenant au demandeur. — Civ. 15 févr. 1887, D.P. 87. 5. 11.

769. ... 6° Dans la décision par laquelle le juge saisi d'une complainte fondée sur la possession annale d'un étang, sans s'attacher au fait matériel et aux caractères légaux de la possession, repousse l'action par ce seul motif que, s'agissant d'une eau courante et non d'un étang, le défendeur avait le droit de s'en servir, en qualité de riverain, à son passage sur son terrain, aux termes de l'art. 644 C. civ. — Civ. c. 15 déc. 1886, D.P. 87. 1. 102. — J.G.S. *Act. poss.*, 189.

770. ... 7° Dans le jugement qui consacre le droit d'une partie à la possession d'un terrain litigieux sans constater le fait même de cette possession et par des motifs exclusivement tirés du fond du droit. — Civ. c. 7 avr. 1880, D.P. 80. 1. 232.

771. ... Et qui se fonde, notamment, sur ce que les titres produits constitueraient le demandeur à l'action possessoire légitime propriétaire du terrain dont la possession était contestée. — Même arrêt.

772. Le juge du possessoire, saisi d'une action en complainte, cumule le possessoire et le pétitoire, comme statuant exclusivement par des motifs tirés du fond du droit, lorsque, pour rejeter l'action, il se borne à déclarer que le demandeur, n'ayant éprouvé aucun préjudice matériel, est sans intérêt et que l'œuvre dont il se plaint est l'exercice d'une faculté reconnue par la loi. — Civ. c. 26 juill. 1882, D.P. 83. 1. 348.

773. Mais il en est autrement lorsque le juge saisi d'une complainte relative à l'exercice d'un droit d'irrigation constate que les eaux litigieuses se proviennent pas exclusivement d'une source dont le défendeur se prétend propriétaire, mais forment un véritable cours d'eau, et se fonde sur cette constatation pour déclarer la possession du complaignant civilement efficace. — Req. 8 déc. 1874, D.P. 76. 1. 432.

774. De même, il n'y a point de cumul du possessoire et du pétitoire dans le fait de rechercher si le droit à raison duquel on exerce la complainte est susceptible de prescription. — C. cass. de Belgique, 7 mai 1885, J.G.S. *Act. poss.*, 196.

775. En matière de jouissance et de possession des eaux, c'est la jurisprudence constante le droit du juge du possessoire d'apprécier le fond, incidemment, pour en déduire les faits qui ont pu servir à caractériser la possession. — J.G.S. *Act. poss.*, 195.

776. Décidé en ce sens que le jugement possessoire n'enfreint pas la défense du cumul, quand son dispositif se contenant rien qui s'applique au fond du droit, ses motifs se résument dans une dénégation pure et simple de la possession des eaux revendiquée. — Req. 6 févr. 1872, D.P. 72. 1. 431.

777. De même, le juge du possessoire saisi d'une action en complainte ayant pour objet la jouissance d'eaux détournées par une commune défenderesse, peut, sans cumul, déterminer au point de vue purement possessoire la nature des eaux litigieuses, et déclarer que ces eaux ne sont pas affectées

à un usage public. — Req. 28 déc. 1880, D.P. 81. 1. 152.

778. Mais le juge saisi d'une action possessoire tendant à la suppression de travaux qui ont momentanément détourné les eaux d'une rivière au préjudice d'usiniers inférieurs, cumule le possessoire et le pétitoire lorsqu'il rejette cette action par le motif que l'auteur du trouble n'a fait qu'user du droit conféré par l'art. 644 C. civ. — Civ. c. 28 févr. 1887, D.P. 88. 1. 30.

779. Il va de soi, d'ailleurs, que la présomption de possession, tirée de l'existence de travaux apparents et permanents, ne tient pas au fond du droit et peut, dès lors, sans difficulté, être invoquée au possessoire, devant le juge de l'action en complainte intentée à l'occasion d'une servitude de prise d'eau continue et apparente. — Conf. Req. 20 déc. 1882, D.P. 82. 1. 189.

780. Il y a également cumul du possessoire et du pétitoire, lorsque le juge saisi d'une complainte fondée sur la possession annale d'un étang, sans s'attacher au fait matériel et aux caractères légaux de la possession tirée pour le demandeur, a admis le défendeur à prouver que, s'agissant d'une eau courante et non d'un étang, ledit défendeur y avait, comme riverain, l'exercice du droit de lavage consacré par l'art. 644 C. civ. — Ch. réun. 15 déc. 1890, D.P. 91. 1. 164.

§ 3. — *Examen des titres* (C. proc. civ. n°s 143 à 175).

781. Le juge du possessoire peut consulter les titres des parties pour vérifier si la possession alléguée présente les caractères juridiques nécessaires pour servir de base à l'action, pourvu qu'il se borne soit à statuer sur la possession, soit à en admettre la preuve : ce n'est pas là cumuler le possessoire et le pétitoire. — Req. 14 mars 1881, D.P. 82. 1. 86. — Civ. c. 6 mars 1882, D.P. 83. 1. 104. — Civ. c. 11 févr. 1885, D.P. 85. 1. 421. — V. *Code de procédure civile*, n° 144.

782. D'une manière générale, le cumul du possessoire et du pétitoire n'existe pas par cela seul que le juge a examiné les titres des parties pour déterminer les caractères et la nature de la possession litigieuse. — Civ. r. 12 août 1874, D.P. 75. 1. 258, et la note. — Req. 26 janv. 1876, D.P. 77. 1. 259.

783. La sentence possessoire qui accueille la demande doit donc établir : 1° que l'*existence* de la possession est démontrée en fait par la preuve des actes qui la constituent; 2° que le *caractère* non précaire de cette même possession résulte du titre, légal ou conventionnel, qui appuie les prétentions du demandeur. — J.G.S. *Act. poss.*, 191.

784. En conséquence, le cumul du possessoire n'existe pas par cela seul que le juge a examiné les titres des parties pour déterminer les caractères et la nature de la possession litigieuse, ou pour vérifier que la possession n'a lieu à titre précaire ou à titre de propriétaire. — Req. 19 juill. 1875, D.P. 77. 1. 136. — Req. 12 mars 1890, D.P. 90. 1. 447.

785. Ainsi le juge du possessoire peut invoquer dans sa décision tant les titres de propriété des parties qu'un jugement précédemment rendu entre elles, du moment qu'il ne le fait que pour déterminer le caractère de la possession. — Req. 21 mars 1876, D.P. 78. 1. 121.

786. Il peut aussi, sans cumuler le pétitoire avec le possessoire, examiner l'état des titres et les titres produits à l'effet de rechercher s'ils ne contrediraient pas le caractère commun de la possession des parties litigantes. — Req. 13 juin 1881, D.P. 83. 1. 300.

787. Jugé dans le même sens que le juge du possessoire qui ne consulte l'usage des lieux, le cadastre et les documents de la cause que pour se fixer sur la nature et le caractère de la possession, ne statue ni directement, ni indirectement sur le droit de propriété, et, par suite, ne cumule pas le pétitoire et le possessoire. — Req. 14 mai 1877, D.P. 78. 1. 39.

788. Il n'y a pas davantage cumul du possessoire et du pétitoire : ... dans le jugement qui a invoqué un ancien acte de vente de possession de l'acheteur devaient être considérés comme accomplis à titre de propriétaire, conformément à son titre. — Req. 7 août 1876, D.P. 77. 1. 123-124.

789. ... Ni dans le jugement qui ne consulte les titres que dans les limites du possessoire, et qui ne statue que sur la possession annale du demandeur. — Req. 25 avr. 1877, D.P. 78. 1. 298.

790. ... Ni dans le jugement qui décide qu'une servitude de passage dans une allée et le droit de prohiber sur cette allée l'établissement de barrières, n'ont pu, à défaut d'un titre suffisant pour caractériser la possession du demandeur, faire l'objet d'une possession utile. — Même arrêt.

791. La servitude de passage ne pouvant s'acquérir ni s'aggraver par prescription, le juge de paix est en droit, sans cumuler le possessoire et le pétitoire, de consulter les titres, et de rejeter la possession invoquée quand ces titres paraissent la contredire. — Civ. r. 7 déc. 1886, D.P. 86. 1. 207.

792. Mais le juge du possessoire, saisi d'une action tendant à faire réintégrer le demandeur dans la possession d'un chemin d'exploitation dont sa propriété, n'est pas tenu d'examiner les titres de propriété que le défendeur offre de produire, du moment qu'il a trouvé, soit dans l'enquête ordonnée par lui, soit même dans le simple examen des lieux, la preuve que le demandeur avait effectivement la possession dudit chemin dans les conditions requises par la loi. — Req. 29 mai 1876, D.P. 77. 1. 438.

793. La complainte possessoire n'est recevable en matière de servitude discontinue ou non apparente qu'autant qu'elle s'appuie sur un titre, c'est-à-dire sur un acte émanant de la personne qui passait pour être propriétaire du fonds servant au moment de la constitution ou de la reconnaissance de la servitude. — Civ. c. 13 mars 1889, D.P. 90. 1. 529.

794. En conséquence, un acte constitutif ou récognitif émané d'un copropriétaire indivis du fonds servant ne peut servir de base à la complainte et être opposable au défendeur qu'autant que le constituant a eu ce fonds dans son lot à la suite d'un partage ou l'a acquis en entier à tout autre titre et est ensuite devenu l'auteur du défendeur. — Même arrêt.

795. Et le juge de paix a le droit d'examiner cette question, sans qu'il y ait cumul du possessoire et du pétitoire. — Même arrêt.

796. Le juge ne peut, même en matière de servitude discontinue, rejeter l'action possessoire sans apprécier le titre produit par le demandeur à l'effet d'établir que sa possession n'a pas été précaire, et que les actes qui la caractérisent ont été accomplis *animo domini.* — Civ. c. 9 août 1886, D.P. 87.1.38. — V. *Code de procédure civile,* n° 50.

797. Dans une instance entre un particulier qui est en demeure de conduire à sa demeure les eaux d'une fontaine et la commune qui prétend que c'est là une jouissance équivoque ou de pure tolérance, le particulier doit être admis à prouver, par ses titres, que la fontaine est sa propriété ; et il n'y a pas de cumul interdit, du moment où le juge se borne à conclure de cette constatation que la possession des eaux en provenant a été exercée par ce particulier à titre de propriétaire. — Civ. r. 12 août 1874, D.P. 76.1.258. — Req. 19 juill. 1875, D.P. 77. 1. 136. — V. *Code de procédure civile,* n° 155.

798. A l'inverse, si c'est le défendeur en complainte qui prétend que les eaux, dans la possession desquelles le demandeur se dit troublé, proviennent d'une source dont il est, lui défendeur, propriétaire, le juge a le droit, en examinant les titres et les lieux, de constater que les eaux se provienment pas exclusivement de cette source, mais forment un véritable cours d'eau, et de se fonder sur cette constatation pour déclarer la possession du complaignant civilement efficace. — Req. 8 déc. 1874, D.P. 76. 1. 432.

799. Si le juge du possessoire a le droit d'apprécier les actes produits devant lui pour en induire le caractère légal de la possession invoquée, il ne lui est pas permis néanmoins de baser sa décision sur des motifs exclusivement tirés du fond du droit, ni d'interpréter les titres dans le seul but d'apprécier une contestation sur les droits respectifs des parties résultant de ces titres. — Civ. c. 6 mars 1882, D.P. 83. 1. 104. — V. *Code de procédure civile,* n° 176 à 199).

800. Il y a, en conséquence, cumul du possessoire et du pétitoire : ... dans le jugement qui, pour repousser l'action en complainte tendant à la répression du trouble apporté à la jouissance d'un abreuvoir et de ses chemins d'accès, s'est uniquement fondé sur ce que, d'après les titres, le demandeur n'avait aucun droit de passage sur le terrain où avaient été effectués les changements imputés au défendeur. — Civ. c. 28 mai 1878, D.P. 79. 1. 8.

801. ... Lorsque le juge du possessoire, saisi d'une demande en maintien dans la possession annale d'une servitude de passage exercée sur un terrain d'une étendue déterminée et en démolition des constructions élevées par le défendeur sur une portion dudit terrain, déboute le demandeur de son action, sans examiner si la possession par lui alléguée était justifiée, et en se fondant uniquement sur ce que la portion de terrain restée libre en dehors des nouvelles constructions était d'une largeur suffisante pour l'exercice de la servitude de passage telle qu'elle était établie par le titre constitutif. — Civ. c. 15 mai 1878, D.P. 78. 1. 277.

802. ... Lorsque, saisi à la fois d'une demande au pétitoire et de l'appel d'une sentence au possessoire, ce même magistrat joint les deux causes et infirme cette sentence par des motifs exclusivement tirés du fond du droit, c'est-à-dire des titres produits. — Civ. c. 28 juin 1882, D.P. 83. 1. 468.

803. ... Lorsqu'il se fonde pour rejeter l'action possessoire sur ce qu'il ne résulte pas des titres produits que le demandeur soit propriétaire. — Civ. c. 26 août 1884, D.P. 85. 1. 58.

804. ... Lorsqu'en présence d'une allégation de faits de possession, il base uniquement sa décision sur la portée et l'étendue du droit respectif des parties, tel qu'il résulte de leur titre commun qui consiste dans un arrêt de cour d'appel. — Civ. c. 6 mars 1882, D.P. 83. 1. 104.

805. Le juge du possessoire, qui ne peut statuer sur la possession que par des motifs tirés uniquement du fond du droit, peut et doit cependant constater et apprécier les titres, à condition de ne le faire que pour déterminer le caractère de la possession. — Civ. c. 6 mars 1882, D.P. 83. 1. 104. — Req. 19 juin 1882, D.P. 83. 1. 463. — Req. 19 juill. 1882, D.P. 83. 1. 463. — Civ. r. 11 févr. 1885, D.P. 85. 1. 424. — V. *Code de procédure civile,* n° 177.

806. Spécialement, il est autorisé à consulter les titres des parties, afin de rechercher si la servitude discontinue de passage prétendue par le demandeur a été exercée par lui en vertu d'un droit ou à titre précaire et de pure tolérance. — Arrêt préc. 19 juin 1882. — V. *Code de procédure civile,* n° 181.

807. D'après une règle constamment suivie en jurisprudence, la possession d'une servitude de cette nature doit être considérée, en l'absence d'un titre, comme un effet de la tolérance du propriétaire du fonds servant, et ne peut, à raison de son caractère précaire, servir de fondement à une action possessoire. — Civ. c. 15 juill. 1878, D.P. 79. 1. 131. — Req. 24 août 1883, D.P. 85. 1. 7. — Civ. c. 17 juin 1885, D.P. 86. 1. 323.

808. En conséquence, le juge, saisi d'une complainte, fondée sur l'existence d'une servitude discontinue (qui doit résulter d'un titre pour donner ouverture à une semblable action), et à laquelle le défendeur oppose une fin de non-recevoir tirée de la précarité de la possession, peut examiner les titres produits, à l'effet d'en conclure que la possession n'a joui de cette possession qu'à titre de tolérance et, par suite, rejeter purement et simplement l'action comme non recevable, sans s'expliquer sur les faits de possession matérielle allégués. — Req. 27 janv. 1885, D.P. 85. 1. 362-363. — V. également en ce sens : Civ. c. 12 juin 1881, D.P. 82. 1. 208. — Civ. c. 19 juill. 1882, D.P. 82. 1. 340. — Civ. c. 7 déc. 1885, D.P. 86. 1. 207.

809. De même, le juge du possessoire, saisi d'un action sur la complainte fondée sur le trouble apporté à l'exercice d'un passage prétendu nécessaire pour cause d'enclave, peut, pour apprécier le caractère de la possession invoquée, vérifier s'il y a réellement enclave. — Req. 14 mars 1881, D.P. 82. 1. 86.

810. ... Et le jugement qui ordonne cette vérification ne peut être réputé avoir cumulé le pétitoire et le possessoire. — Même arrêt.

811. Mais le juge du possessoire, qui serait compétent pour interpréter les titres à l'effet de déterminer le caractère légal de la possession, ne peut le faire dans le but unique de fixer l'étendue et les limites de la servitude dont l'exercice est réclamé par le demandeur en complainte, cette recherche n'intéressant que le fond du droit et non le caractère de la possession. — Civ. r. 11 févr. 1885, D.P. 85. 1. 424.

812. Le juge saisi d'une complainte pour trouble à la possession cumule le possessoire et le pétitoire lorsque, pour rejeter cette complainte, il se fonde sur ce qu'il ne résulte pas des titres produits que le demandeur soit devenu, comme il le prétend, propriétaire du terrain litigieux. — Civ. c. 26 août 1884, D.P. 85. 1. 58.

813. Le juge du possessoire à qui il appartient d'apprécier les titres pour déterminer les caractères de la possession, n'a cependant pas le droit, saisi d'une complainte possessoire et de déclarer que le fait constitutif du trouble n'a été, d'après ces titres, que l'exercice légitime d'un droit — Civ. c. 27 févr. 1889, D.P. 89. 1. 414.

814. En conséquence, en se fondant uniquement pour rejeter l'action en complainte, sur cette considération que, d'après la généralité des termes du titre constitutif de la servitude de passage, celle-ci ne comporte aucune limitation, le jugement cumule manifestement le possessoire et le pétitoire. — Même arrêt.

815. Il ne peut également, sans empiéter sur le fond du droit, fonder exclusivement sa décision sur les dispositions d'un contrat d'une espèce, un acte de partage). — Civ. c. 29 juin 1887, D.P. 88. 1. 485.

816. Spécialement, il ne saurait écarter l'action ayant pour objet principal de faire maintenir le demandeur dans la possession plus qu'annale d'une servitude de passage résultant à son profit d'un acte de partage, en donnant pour seul motif à sa décision que le passage réclamé n'aurait point été

§ 4. — *Appréciation des titres (C. proc. civ. n° 176 à 199).*

exercé conformément au titre constitutif. — Même arrêt.

817. ... Alors surtout que cet acte ne contenait aucune indication fixant taxativement le point spécial de l'héritage servant par lequel devait se pratiquer le passage. — Même arrêt.

818. Il y a cumul du possessoire et du pétitoire quand le juge, interprétant une convention, décide qu'elle ne s'applique pas au terrain sur lequel le trouble allégué se serait produit. — Civ. c. 8 août 1888, D.P. 89. 1. 120.

§ 5. — *Examen des exceptions opposées à l'action possessoire et non fondées sur un titre* (C. proc. civ. nᵒˢ 200 à 216).

819. Il y a cumul du possessoire et du pétitoire, lorsque le juge saisi d'une complainte fondée sur la possession annale d'un étang, sans s'attacher au fait matériel aux caractères légaux de la cause, repousse l'action par cet unique motif que, s'agissant d'une eau courante, et non d'un étang, le défendeur avait le *droit* de s'en servir, en qualité de riverain, à son passage sur son terrain, aux termes de l'art. 644 C. civ. — Civ. c. 15 déc. 1886, D.P. 87. 1. 102.

820. La présomption de possession, tirée de l'existence de travaux apparents et permanents, ne tient pas au fond du droit et peut, dès lors, être invoquée au possessoire devant le juge de l'action en complainte intentée à l'occasion d'une servitude de prise d'eau continue et apparente. — Req. 20 déc. 1882, D.P. 83. 1. 189.

Sect. 3. — Jugement (C. proc. civ. nᵒˢ 217 à 261).

821. — I. Jugement interlocutoire (C. proc. civ. nᵒˢ 217 à 224). — En matière possessoire, comme en toute autre, le juge n'est pas lié par le jugement interlocutoire qu'il a rendu. — J.G.S. *Act. poss.*, 178. — V. *Code de procédure civile*, nᵒ 222. — V. aussi *Code civil annoté*, art. 1351, nᵒˢ 120 et s.; et son *Supplément*, nᵒˢ 3996 et s.

822. La demande de nomination d'un expert à l'effet d'appliquer les titres ne peut être considérée comme relative au pétitoire, quand elle ne porte que sur la possession, et le juge du possessoire ne peut se déclarer incompétent pour statuer sur cette demande. — Civ., c. 8 janv. 1884, D.P. 84. 1. 71. — V. *Code de procédure civile*, nᵒ 219.

823. Dès l'instant en effet, que le juge du possessoire n'agit que pour se fixer sur la nature et le caractère de la possession invoquée, et que son dispositif ne statue que sur le possessoire, il a le droit, s'il en est besoin, d'ordonner des mesures d'instruction, comme une expertise. — D.P. 84. 1. 71, note.

824. La sentence par laquelle un juge de paix a admis le demandeur à prouver l'existence à son profit de la possession annale d'un droit de passage dont il prétendait avoir été troublé, mais ne s'énonce que celle possession reposait sur un titre quelconque, est une décision purement interlocutoire; elle ne fait donc pas obstacle à ce que l'action possessoire soit ensuite écartée par le motif que le titre dont excipe le demandeur ne peut servir de base à la possession d'une servitude discontinue, comme n'émanant pas du propriétaire du fonds servant. — Civ. r. 15 juill. 1878, D.P. 79. 1. 131.

825. De même, le juge du possessoire, après avoir, par une décision interlocutoire, chargé un juge de visiter les lieux contentieux et de faire application au terrain litigieux des titres produits, peut, dans son jugement définitif, rejeter la complainte par le motif que le demandeur n'avait eu, dans l'année avant le trouble, qu'une possession vicieuse. — Req. 2 août 1875, J.G.S. *Act. poss.*, 64.

826. — II. Jugement définitif (C. proc. civ. nᵒˢ 225 à 236). — Le juge de paix, doit, conformément à la règle *actore non probante reus absolvitur*, rejeter la complainte, si le demandeur ne justifie pas d'une manière suffisante de sa possession annale et du trouble imputé au défendeur. — J.G.S. *Act. poss.*, 176. — V. *Code de procédure civile*, nᵒ 244.

827. Lorsque ce dernier élève des prétentions à la possession réclamée par le demandeur, et que l'un et l'autre rapportent la preuve de faits possessoires, il y a lieu d'examiner avant tout si les parties n'ont pas joui sous les rapports divers de l'objet litigieux; et, en cas d'affirmative, le juge doit maintenir chacune d'elles dans sa possession respective. — J.G.S. *Act. poss.*, 176.

828. Si les faits possessoires respectivement prouvés sont de même nature, et qu'il ne soit pas possible de déterminer, d'après l'examen des titres et l'appréciation des circonstances de la cause, quelle est celle des deux possessions qui se trouve la mieux caractérisée ou colorée, le juge de paix doit, en général, maintenir les deux parties dans leur possession commune. — J.G.S. *Act. poss.*, 176.

829. Le juge d'appel doit, dans sa sentence, caractériser la possession pour lui reconnaître des effets légaux; mais il n'est pas tenu de le faire sous une forme sacramentelle; il suffit que, d'après l'ensemble des constatations de la décision éclairée au besoin par la référence au jugement confirmé, cette possession ait les caractères et la durée voulus par la loi. — Req. 19 juill. 1883, D.P. 82. 1. 346-344.

830. — III. Récréance et séquestre; Possession simultanée des deux parties (C. proc. civ. nᵒˢ 237 à 261). — Lorsque les faits possessoires prouvés par le demandeur et le défendeur sont de même nature, le juge de paix peut : ... soit renvoyer les parties à se pourvoir au pétitoire purement et simplement. — J.G.S. *Act. poss.*, 176. — V. *Code de procédure civile*, nᵒ 237 et s.

831. ... Soit établir un séquestre. — J.G.S. *Act. poss.*, 176.

832. ... Soit accorder la *récréance*, c'est-à-dire la garde provisoire de l'objet litigieux à l'une ou l'autre des parties, à la charge de rendre compte des fruits, le cas échéant. — J.G.S. *Act. poss.*, 176.

833. Le juge de paix pourrait encore être autorisé à prononcer le renvoi au pétitoire, et à recourir à l'une des mesures susindiquées, si les deux parties, prétendant également être à la possession, avaient chacune rapporté la preuve de faits caractéristiques d'une possession exclusive, sans en avoir établi l'annalité. — J.G.S. *Act. poss.*, 176.

834. Dans une instance possessoire portant sur la jouissance des eaux, quand le demandeur et le défendeur prétendent l'un et l'autre avoir la possession annale, le juge doit rechercher si chacun d'eux a une possession divise ou distincte où si l'un d'eux a une possession exclusive. — Civ. c. 81 oct. 1888, D.P. 89. 1. 152.

835. Les actes accomplis sur les eaux par le défendeur, et qualifiés de trouble par le demandeur qui fait usage de ces eaux, ne sauraient, en admettant même qu'ils aient eu pour objet de rétablir un état ancien, justifier la possession du défendeur, du moment où ils ne remontent pas à une année avant l'assignation. — Même arrêt.

836. En tous cas, ces actes fussent-ils de nature à établir une possession annale en faveur du défendeur, il en résulterait seulement, le demandeur usant d'ancienne date des mêmes eaux, que les deux parties ont une possession distincte et divise et dans ces conditions le juge du possessoire méconnaît les caractères légaux de la possession, en décidant que le demandeur n'a aucun droit à être maintenu. — Même arrêt. — V. *Code de procédure civile*, nᵒ 240.

837. Le juge du possessoire peut également accorder la récréance, c'est-à-dire la remise à titre provisoire de la possession, à l'une des parties, alors qu'il constate que ni le demandeur en complainte ni le défendeur ne justifiant à laquelle chacun d'eux prétend avoir droit. — Req. 4 déc. 1882, D.P. 83. 1. 247. — V. *Code de procédure civile*, nᵒ 251.

Sect. 4. — Mesures que peut ordonner le juge du possessoire (C. proc. civ. nᵒˢ 262 à 288).

838. Le jugement qui statue d'une manière définitive sur l'action possessoire et l'accueille peut contenir en même temps la défense au perdant de troubler à l'avenir l'autre partie dans sa possession; c'est là une interdiction qui n'est que la conséquence de la solution intervenue au possessoire. — J.G.S. *Act. poss.*, 176.

839. Ainsi le juge qui accueille une complainte, peut incontestablement prescrire les mesures d'exécution indispensables pour assurer l'efficacité de la maintenue de possession qu'il prononce. — J.G.S. *Act. poss.*, 180.

840. Le juge du possessoire peut donc, sans cumul, autoriser la partie qu'il maintient en jouissance à établir une barrière, cette disposition accessoire ayant pour but, non de trancher une question de pétitoire, mais de réserver au gagnant le moyen de s'opposer à des actes d'indue possession. — Req. 21 août 1883, D.P. 83. 1. 412. — V. *Code de procédure civile*, nᵒ 283.

841. Mais le pouvoir du juge qui, en ce qui concerne la destruction des travaux préjudiciables à la possession reconnue fondée, s'étend à ceux qui ont été faits par un particulier, avec l'autorisation administrative, accordée dans un intérêt privé, ne peut au contraire atteindre les travaux prescrits par l'Administration dans un intérêt public. — J.G.S. *Act. poss.*, 180.

Sect. 5. — Appel en matière d'actions possessoires (C. proc. civ. nᵒˢ 289 à 342).

842. Le tribunal civil, statuant sur l'appel d'une sentence rendue en matière possessoire, n'a pas une compétence plus étendue que celle du juge de paix; il ne peut user de la faculté d'évocation pour statuer par des motifs tirés du fond du droit sur une action qui avait conservé son caractère d'action possessoire, à moins que les deux parties ne l'aient autorisé par des conclusions formelles à trancher la question de propriété. — Civ. c. 12 janv. 1887, D.P. 87. 1. 182. — V. dans le même sens : Civ. c. 7 nov. 1876, D.P. 77. 1. 225. — Civ. c. 17 mai 1882, D.P. 83. 1. 412. — V. *Code de procédure civile*, nᵒˢ 309 et 310.

843. En conséquence, il y a cumul du pétitoire et du possessoire et violation des règles sur l'ordre des juridictions, lorsqu'un tribunal, saisi par appel d'une action possessoire, écarte cette action, non par le rejet de la possession, mais par le droit de propriété du défendeur, sans avoir été saisi du pétitoire par les conclusions expresses des deux parties. — Civ. c. 14 mars 1883, D.P. 83. 1. 445.

844. Le conflit peut être élevé en matière possessoire devant le tribunal civil saisi sur appel de la sentence du juge de paix. — Cons. d'Ét. 23 nov. 1888, D.P. 90. 3. 2, et la note. — V. aussi *Code des lois adm. annotées*, t. 1ᵉʳ, III, vᵒ *Conflit*, nᵒˢ 78 et s.

Art. 26. Le demandeur au pétitoire ne sera plus recevable à agir au possessoire.

845. Il résulte des termes mêmes de l'art. 26 que la loi a voulu empêcher la partie citée au possessoire, comme auteur d'un trouble, de priver le demandeur du droit de faire prononcer sur la possession elle-même. — J.G.S. *Act. poss.*, 174.

846. L'action pétitoire ne rend l'action possessoire relative au même droit non recevable qu'autant qu'elle a été effectivement exercée par une demande en revendication dirigée contre la même partie et dont le juge a été saisi. — Civ. c. 1er déc. 1880, D.P. 81. 1. 121. — V. *Code de procédure civile*, n° 11.

847. En conséquence, l'action possessoire est recevable de la part de la commune qui, étant intervenue devant le juge de paix saisi d'une demande en dommages-intérêts formée contre un habitant sur le fait de pacage dans une forêt du demandeur, a, comme prétendant avoir des droits d'usage dans cette forêt, déclaré prendre le fait et cause du défendeur, et conclu tant à la mise hors de cause de celui-ci qu'à l'incompétence du juge de paix, et a été prononcées par ce juge, du consentement du demandeur, de telles conclusions ne constituant pas une demande au pétitoire des droits d'usage dont il s'agit. — Même arrêt.

848. ... Et l'instance dans laquelle a statué le juge de paix ne présentant ni chose jugée, ni contrat judiciaire sur les prétentions réciproques du demandeur et de la commune, d'où puisse résulter une fin de non-recevoir contre l'action possessoire de cette dernière. — Même arrêt.

849. L'action possessoire est recevable de la part de celui qui a d'abord formé devant le juge de paix une action en dommages-intérêts, alors même que le défendeur a soulevé, comme exception, une question de servitude à laquelle le demandeur a répondu par de nouvelles conclusions et sur laquelle le juge de paix s'est déclaré incompétent. — Req. 9 nov. 1875, D.P. 76. 1. 376.

850. La citation donnée même devant le juge de paix et tendant à la démolition de travaux effectués contrairement à un acte de partage, sans que le demandeur ait invoqué la possession annale, donne à la demande le caractère d'action pétitoire, le caractère de l'action en cette matière étant déterminé par l'assignation. — Civ. c. 16 févr. 1881, D.P. 81. 1. 413.

851. ... Et une telle action rendant le demandeur non recevable à agir ensuite au possessoire, il ne lui est plus permis de modifier ses conclusions premières et de réduire sa demande à une simple maintenue de possession. — Même arrêt. — V. *Code de procédure civile*, n° 3.

852. Mais le fait d'une partie, après avoir demandé sa remise en possession d'un terrain empiété d'arbres qui formaient une haie, de conclure subsidiairement au bornage des propriétés, n'implique pas de sa part renonciation au possessoire. — Req. 22 févr. 1888, D.P. 88. 1. 387. — V. *Code de procédure civile*, n°s 15 et s.

853. L'art. 26 C. pr. civ., d'après lequel le demandeur au pétitoire n'est plus recevable à agir au possessoire, ne doit être entendu en ce sens que la demande au pétitoire emporte, elle seule, la reconnaissance par le demandeur de la possession annale du défendeur. — Civ. c. 13 juill. 1886, D.P. 87. 1. 74.

854. Celui qui agit au pétitoire renonce par là même à la faculté de demander par la voie possessoire la réparation des troubles antérieurs à sa demande, et prend par sa charge la preuve du droit de propriété; mais il ne crée pas contre lui un préjugé sur le fait de la possession. — Observ. sous l'arrêt précité.

855. Il parait résulter de cette remarque deux conséquences: l'une, non douteuse, c'est qu'*elle seule* la demande au pétitoire n'implique pas la reconnaissance de la possession annale du défendeur; la seconde, plus délicate, mais qui semble logique, c'est qu'il ne suffit pas que le défendeur au possessoire ait préalablement intenté l'action pétitoire pour que l'exercice de cette action puisse lui être opposé comme impliquant un aveu de la

possession de son adversaire; il faut encore que celui-ci fournisse la preuve de sa possession pour que sa complainte soit fondée et accueillie. — Même observ.

856. Le défendeur au pétitoire conserve toute liberté d'agir au possessoire, même pour les troubles de possession antérieurs à la demande pétitoire formée contre lui. — Req. 16 déc. 1874, D.P. 75. 1. 103. — V. *Code de procédure civile*, n°s 26 et s.

Art. 27. Le défendeur au possessoire ne pourra se pourvoir au pétitoire qu'après que l'instance au possessoire aura été terminée : il ne pourra, s'il a succombé, se pourvoir qu'après qu'il aura pleinement satisfait aux condamnations prononcées contre lui.

Si néanmoins la partie qui les a obtenues était en retard de les faire liquider, le juge du pétitoire pourra fixer, pour cette liquidation, un délai, après lequel l'action au pétitoire sera reçue.

DIVISION.

§ 1. — *Interdiction au défendeur à l'action possessoire de se pourvoir au pétitoire* (n° 857).

§ 2. — *Effets du jugement possessoire* (n° 858).

§ 1er. — *Interdiction au défendeur à l'action possessoire de se pourvoir au pétitoire.*

857. V. *Code de procédure civile*, n°s 1 et s.

§ 2. — *Effets du jugement possessoire* (C. proc. civ. n°s 9 à 52).

858. Un jugement, aux termes duquel la maintenue possessoire a été prononcée en faveur d'un demandeur dont la possession annale à cette époque était reconnue par l'auteur du trouble, ne saurait rien préjuger sur l'état de la possession qui, à une époque ultérieure, est au contraire contestée comme n'étant plus caractérisée légalement. — Req. 19 juin 1889, D.P. 89. 1. 337, et la note. — V. *Code de procédure civile*, n° 28.

859. En conséquence, le propriétaire d'un fonds inférieur, qui a été maintenu en possession des eaux provenant d'un fonds supérieur, dans une première instance où sa possession annale n'était pas contestée, et qui ultérieurement a été informé du trouble par le propriétaire du fonds supérieur dans sa jouissance des mêmes eaux, ne peut invoquer la première décision, comme ayant force de chose jugée dans la seconde instance, alors que sa possession annale y est contestée, en raison de ce qu'elle n'aurait pas les caractères exigés par la loi. — Même arrêt.

860. La nouvelle demande en maintenue possessoire du propriétaire du fonds inférieur doit être rejetée pour défaut, par lui, de possession utile de la servitude de prise d'eau prétendue, quand d'une part, il ne prouve pas être l'auteur des travaux apparents existant sur le fonds supérieur et à l'établissement desquels le propriétaire de ce dernier fonds était intéressé. — Même arrêt.

861. ... Et quand, d'autre part, le fonds supérieur est séparé du fonds inférieur par un chemin public, au-dessus et au-dessous duquel aucun ouvrage n'a été effectué pour faciliter le passage des eaux, dont le fonds inférieur ne reçoit par suite que le trop plein, à travers le chemin même. — Même arrêt.

862. Lorsque le défendeur au possessoire, au lieu de se conformer au jugement rendu en appel qui l'a condamné à rétablir les lieux dans leur état primitif, continue de troubler la possession du demandeur, il n'y a pas lieu à une action possessoire nou-

velle; le demandeur peut agir directement devant le tribunal civil, pour lui demander de prescrire les mesures propres à assurer l'exécution de sa décision, et que celle-ci n'indiquait pas. — Req. 27 févr. 1878, D.P. 78. 1. 304.

863. L'action intentée dans ce but constitue une demande nouvelle d'une valeur indéterminée, soumise, au point de vue de l'appel, aux règles du droit commun. — Même arrêt.

864. La sentence possessoire met le fardeau de la preuve à la charge de celui contre qui elle a été rendue. — V. à cet égard *Code de procédure civile*, n° 34. — V. aussi *Code civil annoté*, art. 712, n°s 69 et s.; et son *Supplément*, n° 4957 et s.

865. Le préjugé que le jugement possessoire élève en faveur de celui qui l'a obtenu peut être combattu par de simples présomptions. — V. à cet égard *Code de procédure civile*, n° 38. — V. aussi *Code civil annoté*, art. 712, n°s 114 et s.; et son *Supplément*, n°s 4966 et s.

TITRE V.

Des Jugements qui ne sont pas définitifs, et de leur exécution.

Art. 28. Les jugements qui ne seront pas définitifs ne seront point expédiés, quand ils auront été rendus contradictoirement et prononcés en présence des parties. Dans le cas où le jugement ordonnerait une opération à laquelle les parties devraient assister, il indiquera le lieu, le jour et l'heure, et la prononciation vaudra citation.

866. Cette opération peut même commencer immédiatement, suivant la disposition de l'art. 28, dont l'unique but est d'éviter aux parties les frais d'expédition et de signification du jugement ainsi que des frais de citation, n'impliquant que l'opération ordonnée par le juge de paix ne doive jamais être immédiate. — J.G.S. *Enquête*, 301.

867. Dans ce cas, il suffit, pour remplir le vœu de la loi, que les parties soient bien et dûment averties, et elles le sont nécessairement quand le jugement d'avant faire droit est prononcé en leur présence et après contradiction. — J.G.S. *Enquête*, 301.

Art. 29. Si le jugement ordonne une opération par des gens de l'art, le juge délivrera, à la partie requérante, cédule de citation pour appeler les experts; elle fera mention du lieu, du jour, de l'heure et contiendra le fait, les motifs et la disposition du jugement relative à l'opération ordonnée.

Si le jugement ordonne une enquête, la cédule de citation fera mention de la date du jugement, du lieu, du jour et de l'heure.

Art. 30. Toutes les fois que le juge de paix se transportera sur le lieu contentieux, soit pour en faire la visite, soit pour entendre les témoins, il sera accompagné du greffier, qui apportera la minute du jugement préparatoire.

Art. 31. Il n'y aura lieu à l'appel des jugements préparatoires qu'après le jugement définitif et conjointement avec l'appel de ce jugement; mais l'exécution des jugements préparatoires ne portera aucun préjudice aux droits des parties sur l'appel, sans qu'elles soient obligées de faire à cet égard aucune protestation ni réserve.

L'appel des jugements interlocutoires est permis avant que le jugement définitif ait été rendu.

Dans ce cas, il sera donné expédition du jugement interlocutoire.

TITRE VI.

De la Mise en cause des garants.

Art. 32. Si, au jour de la première comparution, le défendeur demande à mettre garant en cause, le juge accordera délai suffisant en raison de la distance du domicile du garant : la citation donnée au garant sera libellée, sans qu'il soit besoin de lui notifier le jugement qui ordonne sa mise en cause.

Art. 33. Si la mise en cause n'a pas été demandée à la première comparution, ou si la citation n'a pas été faite dans le délai fixé, il sera procédé, sans délai, au jugement de l'action principale, sauf à statuer séparément sur la demande en garantie.

TITRE VII.

Des Enquêtes.

—

Art. 34. Si les parties sont contraires en faits de nature à être constatés par témoins, et dont le juge de paix trouve la vérification utile et admissible, il ordonnera la preuve et en fixera précisément l'objet.

Art. 35. Au jour indiqué, les témoins, après avoir dit leurs noms, profession, âge et demeure, feront le serment de dire vérité, et déclareront s'ils sont parents ou alliés des parties et à quel degré, et s'ils sont leurs serviteurs ou domestiques.

868. Bien que la question soit controversée, il est généralement admis que la formalité du serment est substantielle et doit être observée, à peine de nullité, dans les enquêtes faites devant les juges de paix, aussi bien que dans celles qui ont lieu devant les tribunaux civils ou devant les tribunaux de commerce. — J.G.S. *Enquête,* n° 307. — V. *Code de procédure civile,* n° 3. — V. aussi Civ. c. 8 nov. 1880, D.P. 81. 1. 28.

869. En ce qui concerne le serment en matière d'enquête, V. *infrà,* art. 262.

Art. 36. Ils seront entendus séparément, en présence des parties, si elles comparaissent; elles seront tenues de fournir leurs reproches avant la déposition, et de les signer; si elles ne le savent ou ne le peuvent, il en sera fait mention : les reproches ne pourront être reçus après la déposition commencée, qu'autant qu'ils seront justifiés par écrit.

870. — I. Audition des témoins (C. proc. civ. n° 1 à 4).

871. — II. Reproches des témoins (C. proc.

civ. n° 5 à 13). — La disposition de l'art. 36 C. proc. civ. portant que les reproches doivent être signés par les parties ne peut s'appliquer quand le juge de paix statue en dernier ressort, car il n'y a pas de procès-verbal; il suffit alors que le jugement constate que la partie a allégué tel reproche. — J.G.S. *Enquête,* 309. — V. *Code de procédure civile,* n° 6 et s.

872. Les causes de reproche sont ici les mêmes qu'en matière ordinaire. — J.G.S. *Enquête,* 310. — V. *Code de procédure civile,* art. 283, et *infrà,* même article.

873. La question de savoir si l'art. 283 C. proc. civ., aux termes duquel le témoin reproché sera entendu dans sa déposition, est applicable aux enquêtes faites par les juges de paix est controversée. — V. à ce sujet J.G.S. *Enquête,* 311.

874. Il a été décidé à cet égard que dans les enquêtes qui ont lieu devant le juge de paix, le témoin reproché ne doit pas être entendu par le juge du premier degré, quand le reproche est admis par lui; mais qu'il appartient au juge d'appel, en infirmant la décision qui a admis le reproche, de restituer à l'appelant la faculté de faire recueillir la déposition dont il a été indûment privé. — Req. 30 déc. 1874, J.G.S. *Enquête,* 311.

875. Jugé encore que les art. 284 et 411 C. proc. civ. ne sont pas applicables aux enquêtes faites par les juges de paix dans les affaires de leur compétence; par suite, les témoins dont le reproche a été admis par le juge de paix ne doivent pas être entendus. — Req. 31 juill. 1876, D.P. 77. 1. 24. — V. *Code de procédure civile,* n° 12 et s.

876. Mais il ne semble pas que la nullité d'une enquête, faite par le juge de paix dans une affaire de sa compétence, doive résulter de l'audition de témoins à l'égard desquels des reproches ont été admis. — D.P. 81. 1. 28, note 1.

877. En tout cas, il y a là une cause de nullité qui n'intéresse pas l'ordre public, et ne peut, dès lors, être invoquée pour la première fois devant la Cour de cassation. — Civ. c. 8 nov. 1880, D.P. 81. 1. 28.

878. — III. Témoins défaillants (C. proc. civ. n° 14 à 16).

879. — IV. Prorogation de l'enquête (C. proc. civ. n° 17 à 23). — Dans le cas où le juge de paix a ordonné une enquête provoquée par le demandeur, et a réservé au défendeur la contre-enquête, pour laquelle il lui a même accordé un sursis, ledit défendeur, après s'être abstenu de faire entendre des témoins à la date fixée, peut être admis en appel devant le tribunal civil à procéder à la contre-enquête à laquelle il avait ainsi renoncé en première instance. — Req. 17 oct. 1888, D.P. 89. 1. 135. — Comp. *Code de procédure civile,* n° 18 et s.

880. Le principe des deux degrés de juridiction serait lésé, si un défendeur était recevable à produire devant le juge d'appel la contre-enquête qu'il a refusé de faire devant le juge du premier degré, et son adversaire serait privé de la possibilité de la discuter et de chercher à la détruire par des preuves réunies dans l'intervalle entre la sentence du juge de paix et l'instance d'appel. — J.G.S. *Enquête,* 317.

Art. 37. Les parties n'interrompront point les témoins : après la déposition, le juge pourra, sur la réquisition des parties, et même d'office, faire aux témoins les interpellations convenables.

Art. 38. Dans tous les cas où la vue du lieu peut être utile pour l'intelligence des dépositions, et spécialement dans les actions pour déplacement de bornes, usurpations de terres, arbres, haies, fossés ou autres clôtures, et pour entreprises sur les cours d'eau, le juge de paix se transportera, s'il le croit

nécessaire, sur le lieu, et ordonnera que les témoins y seront entendus.

Art. 39. Dans les causes sujettes à l'appel, le greffier dressera procès-verbal de l'audition des témoins; cet acte contiendra leurs noms, âge, profession et demeure, leur serment de dire la vérité, leur déclaration s'ils sont parents, alliés, serviteurs ou domestiques des parties, et les reproches qui auraient été fournis contre eux. Lecture de ce procès-verbal sera faite à chaque témoin pour la partie qui le concerne; il signera sa déposition, ou mention sera faite qu'il ne sait ou ne peut signer. Le procès-verbal sera, en outre, signé par le juge et le greffier. Il sera procédé immédiatement au jugement, ou, au plus tard, à la première audience.

881. Dans les causes sujettes à appel, notamment dans les causes possessoires, le procès-verbal d'enquête, dressé par le juge de paix, doit mentionner les déclarations des témoins concernant leur parenté, alliance, ou relation de service à gages avec les parties. — Req. 9 déc. 1889, D.P. 90. 1. 170. — J.G.S. *Enquête,* 315.

882. En admettant que l'inobservation de cette formalité dans l'enquête d'un juge de paix puisse entraîner nullité, cette nullité n'intéresse pas l'ordre public, et peut, dès lors, être couverte par les défenses au fond. — Même arrêt.

883. En conséquence, lorsque, postérieurement au procès-verbal d'enquête dressé par le juge de paix, il a été plaidé au fond, à l'audience de ce magistrat, sur les témoignages recueillis, l'une des parties n'est plus recevable, en appel devant le tribunal civil, à proposer l'annulation de l'enquête, sous prétexte de l'irrégularité de forme sus-mentionnée. — Même arrêt.

Art. 40. Dans les causes de nature à être jugées en dernier ressort, il ne sera point dressé de procès-verbal; mais le jugement énoncera les noms, âge, profession et demeure des témoins, s'ils sont parents, alliés, serviteurs ou domestiques des parties, les reproches, et le résultat des dépositions.

TITRE VIII.

Des Visites des lieux et des appréciations.

—

Art. 41. Lorsqu'il s'agira, soit de constater l'état des lieux, soit d'apprécier la valeur des indemnités ou dédommagements demandés, le juge de paix ordonnera que le lieu contentieux soit visité par lui, en présence des parties.

884. La visite des lieux doit toujours avoir lieu en présence des parties : une visite officieuse ne pourrait devenir un élément légal de jugement. — J.G.S. *Desc. sur les lieux,* 15.

Art. 42. Si l'objet de la visite ou de l'appréciation exige des connaissances qui soient étrangères au juge, il ordonnera que les gens de l'art, qu'il nommera par le même jugement, feront la visite avec lui et donneront leur avis : il pourra juger sur le lieu même, sans désemparer. Dans les causes sujettes à l'appel, procès-verbal de la visite sera dressé par le greffier, qui constatera le serment prêté par les experts. Le procès-verbal sera signé par le juge, par le greffier et par les experts; et si les experts ne savent ou ne peuvent signer, il en sera fait mention.

885. La présence du juge de paix à l'expertise qu'il a ordonnée, conformément à l'art. 42 C. proc. civ., n'est pas prescrite à peine de nullité. — Req. 13 janv. 1886, D.P. 86. 1.359. — V. *Code de procédure civile,* n° 20.
886. En effet, la présence du juge de paix n'est exigée que dans un but de célérité et d'économie, comme le prouve la suite de l'art. 42 où il est dit que ce magistrat pourra juger sur le juge, même sans greffier. — D.P. 86. 1. 359, note.
887. Les expertises, ordonnées même en justice de paix, ne peuvent être régulièrement faites sans que les parties y aient été appelées; mais la partie qui a fixé ou fait fixer elle-même le jour et l'heure du commencement de l'expertise, ne peut être admise à se plaindre de n'avoir pas été sommée d'y assister. — Req. 31 juill. 1876, D.P. 77. 1. 108, et la note. — V. *Code de procédure civile,* n° 23.
888. La disposition de l'art. 42 qui porte que le juge de paix pourra juger sur le lieu même de la visite, sans désemparer, fait exception à la règle d'après laquelle toutes les décisions judiciaires doivent être prononcées publiquement dans le lieu ordinaire des audiences. — J.G.S. *Desc. sur les lieux,* 17.
889. Décidé à cet égard que l'art. 42 C. proc. civ. qui autorise le juge de paix à statuer sans désemparer sur les lieux contentieux, est applicable toutes les fois que ce magistrat se transporte, soit pour constater l'état des lieux, soit pour apprécier la valeur des indemnités demandées, sans qu'il y ait à distinguer entre le cas où le juge de paix procède seul et celui où il est assisté d'experts. — Civ.r.3 nov.1885, D.P. 86. 1. 376.
890. Le juge de paix est, en effet, absolument libre de décider s'il convient ou non de recourir à une expertise, et si l'on rapproche l'art. 42 de l'art. 41, on reconnaît que la faculté de statuer sans désemparer doit être accordée toutes les fois qu'un transport est nécessaire. — J.G.S. *Desc. sur les lieux,* 17.
891. On soutiendrait vainement que le jugement rendu par le juge de paix sur les lieux contentieux sans l'assistance d'experts

doit être déclaré nul pour n'avoir pas été prononcé publiquement et dans le lieu ordinaire où se tiennent les audiences. — Arrêt préc. 3 nov. 1885.
892. La prestation du serment des experts étant une des formalités substantielles de l'expertise doit avoir lieu également dans les expertises devant la justice de paix. — Req. 5 juill. 1882, J.G.S. *Expert-expertise,* 122. — V. *Code de procédure civile,* n° 14 et s.
893. Sont entachés de nullité comme manquant de base légale, la sentence du tribunal de paix ainsi que le jugement confirmatif du tribunal civil jugeant en appel, qui s'appuient exclusivement sur une expertise ordonnée par une autre juridiction, et notamment par le juge des référés, pour accorder des dommages-intérêts au propriétaire d'un fonds rural, en raison du préjudice que lui ont fait éprouver les lapins d'un bois voisin. — Civ. c. 26 juill. 1887, D.P. 88. 1. 151.

Art. 43. Dans les causes non sujettes à l'appel, il ne sera point dressé de procès-verbal; mais le jugement énoncera les noms des experts, la prestation de leur serment, et le résultat de leur avis.

894. Dans le cas où le juge de paix ne croit pas devoir rendre son jugement sur place, il doit être dressé procès-verbal des opérations, alors du moins que l'affaire est sujette à appel et en pareil cas une visite faite sans procès-verbal serait nulle. — (Sol. implic.) Req. 13 janv. 1886, J.G.S. *Desc. sur les lieux,* 18.
895. Mais le jugement lui-même ne serait pas entaché de nullité, si, en fait, il se fondait sur les résultats d'une enquête et ne faisait aucun état de la descente sur les lieux. — Même arrêt. — J.G.S. *Desc. sur les lieux,* 18.

TITRE IX.

De la Récusation des Juges de Paix.

Art. 44. Les juges de paix pourront être

récusés : 1° quand ils auront intérêt personnel à la contestation; 2° quand ils seront parents ou alliés d'une des parties, jusqu'au degré de cousin germain inclusivement; 3° si, dans l'année qui a précédé la récusation, il y a eu procès criminel entre eux et l'une des parties ou son conjoint, ou ses parents et alliés en ligne directe; 4° s'il y a procès civil existant entre eux et l'une des parties, ou son conjoint; 5° s'ils ont donné un avis écrit dans l'affaire.

896. Sur la récusation du juge de paix statuant comme juge d'appel en matière électorale, V. *Code des lois adm. annotées,* t. 1er, X, v° *Élection des députés,* n°° 4248 et s.

Art. 45. La partie qui voudra récuser un juge de paix sera tenue de former la récusation, et d'en exposer les motifs par un acte qu'elle fera signifier, par le premier huissier requis, au greffier de la justice de paix, qui visera l'original. L'exploit sera signé, sur l'original et la copie, par la partie ou son fondé de pouvoir spécial. La copie sera déposée au greffe et communiquée immédiatement au juge par le greffier.

Art. 46. Le juge sera tenu de donner au bas de cet acte, dans le délai de deux jours, sa déclaration par écrit, portant, ou son acquiescement à la récusation, ou son refus de s'abstenir, avec ses réponses aux moyens de récusation.

Art. 47. Dans les trois jours de la réponse du juge qui refuse de s'abstenir, ou faute par lui de répondre, expédition de l'acte de récusation et de la déclaration du juge, s'il y en a, sera envoyée par le greffier, sur la réquisition de la partie la plus diligente, au procureur de la République près le tribunal de première instance dans le ressort duquel la justice de paix est située. La récusation y sera jugée en dernier ressort dans la huitaine, sur les conclusions du procureur de la République, sans qu'il soit besoin d'appeler les parties.

LIVRE DEUXIÈME

DES TRIBUNAUX INFÉRIEURS

TITRE PREMIER.

De la Conciliation.

Art. 48. Aucune demande principale introductive d'instance entre parties capables de transiger, et sur des objets qui peuvent être transigés, ne sera reçue dans les tribunaux de première instance, que le défendeur n'ait été préalablement appelé en conciliation devant le juge de paix, ou que les parties n'y aient volontairement comparu.

DIVISION.

§ 1. — *Caractères de la conciliation* (n° 897).
§ 2. — *Défaut de tentative de conciliation* (n° 904).
§ 3. — *Demandes soumises au préliminaire de conciliation* (n° 907).

§ 1er. — *Caractères de la conciliation* (C. proc. civ, n°° 1 à 15).

897. Du principe que la citation en conciliation n'est pas une procédure préparatoire, et que le préliminaire de conciliation reste en dehors de l'instance, résultent les

conséquences suivantes : ... 1° il n'y a pas litispendance si deux demandes relatives au même objet sont portées simultanément, l'une en justice, l'autre en conciliation. — J.G.S. *Conciliation,* 6. — V. *Code de procédure civile,* n° 4.
898. ... 2° La mort d'une partie, survenue entre l'essai de conciliation et la demande en justice, n'obligeant pas à recommencer ce préliminaire, la théorie de la *reprise d'instance* ne s'appliquant pas ici, puisqu'il n'y a pas eu d'instance. — J.G.S. *Conciliation,* 6.
899. ... 3° Le juge de paix qui siège comme conciliateur ne peut ni juger le différend, ni ordonner des mesures d'instruction, ni condamner les parties, ni même statuer sur sa

5

propre compétence, si elle est contestée. —
J.G.S. *Conciliation*, 6. — V. *Code de procédure
civile*, nᵒˢ 2 et 3.

900. Sur les pouvoirs du juge de paix
comme magistrat conciliateur en dehors de
la formalité légale de la conciliation dont
parlent les art. 49 C. proc. civ. et s., V. *supra*,
nᵒˢ 50 et s. — V. aussi *Code de procédure
civile*, art. 7, nᵒˢ 20 et s.

§ 2. — *Défaut de tentative de conciliation*
(C. proc. civ. nᵒˢ 16 à 41).

901. Le préliminaire de conciliation n'est
pas d'ordre public, et l'exception qui serait
tirée de l'omission de cette formalité serait
couverte par le silence des parties ou par
les conclusions prises sur le fond du débat. —
Nancy, 30 mai 1883, D.P. 86. 2. 11. — C. cass.
Belgique, 17 déc. 1885, *Pancrisie belge*, 1886.
1. 24. — J.G.S. *Conciliation*, 8. — V. *Code
de procédure civile*, nᵒ 23.

902. Il en résulte : ... que le moyen tiré
de l'omission du préliminaire de conciliation
ne peut être proposé pour la première fois
en appel. — Lyon, 22 févr. 1872, J.G.S. *Chose
jug ée*, 158. — Pau, 3 mars 1888, D.P. 89. 2.
135. — V. *Code de procédure civile*, nᵒ 27.

903. ... Qu'il ne peut non plus être invoqué pour la première fois devant la Cour de
cassation. — Civ. r. 3 déc. 1878, D.P. 79. 1.
23. — V. *Code de procédure civile*, nᵒ 28.

904. ... Et qu'il n'y serait pas recevable,
alors même que l'exception aurait été invoquée en première instance, si elle n'a pas
été reproduite en appel. — Req. 24 nov.
1885, D.P. 86. 1. 285. — V. *Code de procédure
civile*, nᵒ 29.

905. Toutefois, il a été jugé, contrairement
aux arrêts qui précédent, que l'exception
fondée sur l'omission du préliminaire de
conciliation est d'ordre public, au ce sens
qu'elle peut être suppléée d'office par le juge;
qu'elle n'est, en conséquence, pas couverte
par les défenses au fond et peut être proposée pour la première fois en appel. —
Caen, 9 août 1866. J.G.S. *Conciliation*, 9. —
V. *Code de procédure civile*, nᵒ 30 et s.

906. Mais cette décision, manifestement
contraire à la jurisprudence constante de la
Cour de cassation, ne paraît pas devoir être
suivie. J.G.S. *Conciliation*, 9.

§ 3. — *Demandes soumises au préliminaire de
conciliation* (C. proc. civ. nᵒˢ 42 à 135).

907. — I. DEMANDE PRINCIPALE ET INTRODUC-
TIVE D'INSTANCE (C. proc. civ. nᵒˢ 43 à 111).
— Si le copropriétaire par indivis du débiteur
est mis en cause par le créancier, et si, loin
de résister à l'action intentée contre lui, il
conclut au contraire à ce que la licitation
soit en même temps ordonnée à sa requête,
il n'y a de sa part ni demande introductive
d'instance, ni intervention, et, en conséquence, cette prétention peut être formée
par voie de simple conclusion et dispensée
de la tentative de conciliation. — Req. 19 juin
1888, D.P. 88. 1. 449, note 2.

908. Cette prétention ne constitue, en effet,
de sa part ni une demande principale introductive d'instance, soumise à la tentative de
conciliation et à la forme des assignations,
ni une intervention pour laquelle la loi
prescrit la forme d'une requête grossoyée.
— D.P. 88. 1. 449, note 2.

909 Il n'y a pas lieu au préliminaire de
conciliation pour : 1ᵒ les demandes incidentes
ou connexes; 2ᵒ les demandes qui sont la
suite ou l'accessoire d'une demande personnelle
à la différence des demandes nouvelles;
3ᵒ les demandes reconventionnelles. —
J.G.S. *Conciliation*, 13.

910. — 1ᵒ *Demandes incidentes* (C. proc.
civ. nᵒˢ 52 à 58). — Les demandes incidentes
sont celles qui, formées au cours d'un procès
déjà lié, viennent en élargir la sphère. —
J.G.S. *Conciliation*, 14.

911. Si la demande connexe n'est pas sou-

mise au préliminaire de conciliation comme
la demande incidente, c'est à la condition
que la connexité qui la relie à la demande
principale soit intime, qu'elle dérive de cette
demande et ait avec elle identité de cause
et d'origine : il ne suffirait pas qu'elle eût
quelque rapport avec la demande principale
et fût de même nature. — J.G.S. *Conciliation*, 15.

912. La seconde demande n'est donc dispensée du préliminaire de conciliation que
si elle dérive de la demande originaire et
s'il y a entre elles identité de cause et d'origine, ou encore si elle est, soit incidente,
soit subsidiaire à la demande principale. —
J.G.S. *Conciliation*, 15.

913. Jugé à cet égard qu'il ne suffit pas,
pour qu'une demande soit exempte du préliminaire de conciliation, comme connexe à
la demande originaire, qu'elle ait quelque
rapport avec cette demande, ni qu'elle soit
de même nature : il faut qu'elle dérive de cette
demande, qu'il y ait entre elles identité de
cause et d'origine, ou que la seconde demande soit incidente ou subsidiaire à la
demande principale. — Orléans, 1ᵉʳ août
1885, D.P. 86. 2. 270.

914. Et la demande formée par un copartageant, au cours d'une instance en partage,
et tendant au remboursement d'une partie
des dépenses faites par lui, pendant l'indivision, dans l'intérêt des immeubles communs, n'est ni connexe ni subsidiaire à la
demande principale, et doit, par suite, être
déclarée non recevable, faute d'avoir été
soumise au préliminaire de conciliation, alors
que, dans sa demande introductive d'instance, le demandeur n'avait réclamé l'établissement d'aucun compte, et s'était borné
à demander la licitation des immeubles et
le partage du prix de l'adjudication entre
les parties suivant leurs droits. — Même
arrêt.

915. — 2ᵒ *Demandes qui sont la suite ou
l'accessoire de la demande primitive* (C. proc.
civ. nᵒˢ 59 à 74). — Les demandes qui sont
la suite ou l'accessoire de la demande primitive échappent au préliminaire de conciliation. — J.G.S. *Conciliation*, 16. — V. *Code
de procédure civile*, nᵒ 59.

916. Il en est ainsi, par exemple, de la
demande en dommages-intérêts formée par
le demandeur accessoirement à sa demande
principale et sur la base des faits mêmes
du procès, alors surtout que cette
demande principale n'a été elle-même, à
l'origine, qu'une demande reconventionnelle. —
Paris, 25 févr. 1876, D.P. 76. 2. 234.

917. On doit également considérer comme
dispensée du préliminaire de conciliation
une demande qui ne fait que modifier
une demande déjà introduite, notamment,
une seconde assignation qui n'a pour but
que de rectifier le chiffre de la somme réclamée dans le premier exploit. — Req.
17 nov. 1875, J.G.S. *Conciliation*, 17.

918. — 3ᵒ *Demande nouvelle* (C. proc. civ.
nᵒˢ 75 à 94). — Si le demandeur peut, sans
recourir au préliminaire de conciliation, former des réclamations qui se rattachent à l'action principale, qui en sont la suite ou l'accessoire, il n'en est pas de même des demandes
nouvelles, c'est-à-dire de celles qui en dé-
pendraient pas de cette action et constitueraient un litige distinct. — J.G.S. *Conciliation*, 20. — V. *Code de procédure civile*, nᵒ 75.

919. Ainsi, une demande en dommages-
intérêts, supérieure au taux de la compétence
du juge de paix et ajoutée, sous prétexte
d'omission, à une demande personnelle et
mobilière de moins de 200 fr., postérieurement à l'introduction de cette dernière, est
une demande nouvelle et principale qui
n'est pas affranchie du préliminaire de conciliation, bien que la demande à laquelle elle
se réfère en ait été dispensée. — Montpellier, 10 déc. 1878 D.P. 80. 2. 19.

920. — 4ᵒ *Demandes reconventionnelles* (C.
proc. civ. nᵒˢ 95 à 111).

921. — II. CAPACITÉ DE TRANSIGER (C. proc.
civ. nᵒˢ 126 à 132). — Sur les personnes capables de transiger, V. *Code civil annoté*,
art. 2045, nᵒˢ 1 et s; et son *Supplément*,
nᵒˢ 15939 et s.

922. — III. DEMANDES SUSCEPTIBLES DE TRAN-
SACTION (C. proc. civ. nᵒˢ 126 à 132). — Sur les
objets pouvant faire l'objet d'une transaction, V. *Code civil annoté*, art. 2046, nᵒˢ 1 et
s.; et son *Supplément*, nᵒˢ 15967 et s.

923. — IV. COMPÉTENCE DU TRIBUNAL CIVIL
(C. proc. civ. nᵒˢ 133 à 135). — Pour qu'une
affaire soit soumise au préliminaire de conciliation, il faut qu'elle soit de la compétence des tribunaux civils de première instance et de la compétence en premier ressort,
ou en premier ou dernier ressort de ces tribunaux. — J.G.S. *Conciliation*, 31. — V.
Code de procédure civile, nᵒ 133.

924. Quant aux affaires de la compétence
en premier ressort ou en premier et dernier
ressort des juges de paix, elles sont aujour-
d'hui soumises au préliminaire de conciliation. — J.G.S. *Conciliation*, 32.

925. La loi des 2-5 mai 1855 (D.P. 55. 4. 52),
en modifiant la rédaction de l'art. 17 de la
loi du 25 mai 1838, a étendu le principe
consacré par cet article et rendu obligatoire
l'appel des parties devant le juge de paix
dans toutes les causes de sa compétence
autres que celles qui requièrent célérité ou
lorsque le défendeur est domicilié hors du
canton ou des cantons d'une même ville. —
J.G.S. *Conciliation*, 32. — V. *supra*, nᵒˢ 299
et s.

926. L'art. 2 de la loi des 2-5 mai 1855
n'est, pas plus que l'art. 48 C. proc. civ.
applicable aux demandes qui ne sont pas
introductives d'instance. — J.G.S. *Conciliation*, 32.

927. Il n'est applicable qu'aux demandes
qui rentrent dans la compétence du juge
de paix, et non à celles qui sont du ressort
des tribunaux d'arrondissement, en ce sens
que le juge de paix ne saurait soumettre à
la conciliation prévue par l'art. 17 de la
loi de 1838, dite *petite conciliation*, les affaires
qui doivent être ensuite portées devant lui
en vertu de l'art. 48 C. proc. civ. pour conciliation. — J.G.S. *Conciliation*, 33.

Art. 49. Sont dispensées du préliminaire de
la conciliation :

1ᵒ Les demandes qui intéressent l'État et
le domaine, les communes, les établissements
publics, les mineurs, les interdits, les curateurs aux successions vacantes;

2ᵒ Les demandes qui requièrent célérité;

3ᵒ Les demandes en intervention ou en garantie;

4ᵒ Les demandes en matière de commerce;

5ᵒ Les demandes de mise en liberté, celles
en mainlevée de saisie ou opposition, en
payement de loyers, fermages ou arrérages
de rentes ou pensions, celles des avoués en
payement de frais;

6ᵒ Les demandes formées contre plus de
deux parties, encore qu'elles aient le même
intérêt;

7ᵒ Les demandes en vérification d'écritures,
en désaveu, en règlement de juges, en renvoi, en prise à partie; les demandes contre
un tiers saisi, et en général sur les saisies,
sur les offres réelles, sur la remise des titres,
sur leur communication, sur les séparations
de biens, sur les tutelles et curatelles; et
enfin toutes les causes exceptées par les lois

DIVISION.

§ 5. — *Demandes en matière commerciale* (n° 948).

§ 6. — *Demandes en mainlevée, payements ou frais* (n° 949).

§ 7. — *Demandes contre plus de deux parties* (n° 953).

§ 8. — *Causes diverses de dispense : l'vérification d'écritures; Désaveu; Saisie, etc.* (n° 963).

§ 1ᵉʳ. *Caractères de la dispense de conciliation* (C. proc. civ. n°ˢ 1 à 5).

928. Le préliminaire de conciliation ayant le caractère d'une formalité de droit commun, les parties ont le droit de soumettre volontairement à un juge de paix de leur choix, pour les concilier, un différend que la loi dispense du préliminaire de conciliation, pourvu, d'ailleurs, que la matière soit susceptible de transaction. — J.G.S. *Conciliation*, 12. — V. *Code de procédure civile*, n° 3.

§ 2. — *Demandes intéressant les incapables* (C. proc. civ. n°ˢ 6 à 26).

929. Les causes des fabriques sont, comme celles qui intéressent les établissements publics, exemptes du préliminaire de conciliation. — V. *Code de procédure civile*, n° 6. — V. aussi *Code des lois adm. annotées*, t. 2, l, v° *Culte*, n° 5530.

930. — 1° *Femme mariée* (C. proc. civ. n° 7 à 11). — Sur la question controversée de savoir si les demandes intentées par une femme mariée doivent être soumises au préliminaire de conciliation. V. *Code de procédure civile*, n° 7 et s., et J.G.S. *Conciliation*, 24.

931. — 2° *Mineur émancipé* (C. proc. civ. n° 12). — La question de savoir si le mineur émancipé est dispensé du préliminaire de conciliation, lorsque le litige a trait à des actes qu'il est habile à faire seul, est controversée. — J.G.S. *Conciliation*, 24.

932. Plusieurs auteurs enseignent que l'incapacité du mineur émancipé pour transiger est absolue, et que, par suite, le préliminaire de conciliation n'est jamais nécessaire dans les procès où il est intéressé. — J.G.S. *Conciliation*, 24.

933. D'autres, au contraire, dont l'opinion parait devoir être préférée, lui reconnaissent le droit de transiger, sous réserve de son curateur, en ce qui concerne les actes de simple administration et sur les objets dont il a la libre disposition; il y a lieu dans ce cas de soumettre l'affaire au préliminaire de conciliation. — J.G.S. *Conciliation*, 24.

934. — 3° *Prodigue* (C. proc. civ. n° 13). — Le caractère absolu de la dispense de conciliation à l'égard des prodigues, en raison de l'incapacité de transiger de ces personnes, a été reconnu par les auteurs les plus récents. — J.G.S. *Conciliation*, 25.

935. — 4° *Absent* (C. proc. civ. n° 14).

936. — 5° *Envoyés en possession provisoire* (C. proc. civ. n°ˢ 15 et 16).

937. — 6° *Curateurs* (C. proc. civ. n°ˢ 17 et 18).

938. — 7° *Héritier bénéficiaire* (C. proc. civ. n°ˢ 19 à 21). — Bien qu'en principe la demande dirigée contre un héritier bénéficiaire ou par lui soit affranchie de l'essai de conciliation, à moins qu'elle ne concerne point la succession et n'intéresse que l'héritier bénéficiaire, cependant il parait prudent d'appeler l'héritier bénéficiaire en conciliation pour le cas où il aurait déjà, à l'insu du demandeur, fait acte d'héritier pur et simple. — J.G.S. *Conciliation*, 27.

939. — 8° *Syndic de faillite* (C. proc. civ. n°ˢ 22 et 23). — Sur les conditions de validité de la transaction consentie par les syndics, V. *Code de commerce annoté*, art. 487, n°ˢ 17 et s., et art. 535, n°ˢ 2 et s.

940. — 9° *Administrateurs d'une société* (C. proc. civ. n°ˢ 24 à 26). — La loi n'attribuant pas de plein droit le pouvoir de transiger aux administrateurs d'une société, il semble nécessaire, pour soumettre l'affaire au préliminaire de conciliation, que ce pouvoir leur soit spécialement accordé. — J.G.S. *Conciliation*, 29.

941. — 10° *État, département et communes*. — Les demandes, autres que les demandes au possessoire, dirigées contre l'État, les départements ou les communes, doivent être précédées, aux termes des lois des 28 oct.-5 nov. 1790, tit. 3, art. 15; 10 août 1871, art. 55, et 5-6 avr. 1884, art. 124, du dépôt à la préfecture ou à la sous-préfecture d'un mémoire adressé au préfet ou au sous-préfet, et qui expose l'objet et les motifs du litige : le dépôt de ce mémoire équivaut, en quelque sorte, au préliminaire de conciliation. — J.G.S. *Conciliation*, 31. — V. *Code des lois adm. annotées*, t. 1ᵉʳ, V, v° *Département*, n°ˢ 2142 et s., et VIII, v° *Commune*, n°ˢ 8514 et s.

§ 3. — *Demandes requérant célérité* (C. proc. civ. n°ˢ 27 à 44).

942. Il n'est pas nécessaire, pour qu'une affaire soit dispensée du préliminaire de conciliation comme urgente, que le président du tribunal ait donné l'autorisation d'assigner à bref délai. — J.G.S. *Conciliation*, 36. — V. *Code de procédure civile*, n° 35.

943. Aucune loi n'exigeant que la dispense de conciliation soit accordée par le juge sur requête à lui présentée, il suffit que la cause requière célérité pour que le demandeur puisse citer directement le défendeur devant le tribunal de première instance, sauf le droit pour celui-ci d'établir que l'affaire n'appartenait pas à la catégorie des affaires urgentes, et ne devait pas bénéficier de la dispense du préliminaire de conciliation. — J.G.S. *Conciliation*, 36.

944. Les caractères constitutifs de l'urgence sont abandonnés à la sagacité des juges, qui ont à se déterminer d'après les considérations spéciales à chaque affaire et la nature de la demande. — J.G.S. *Conciliation*, 37. — V. *Code de procédure civile*, n° 44.

945. Aussi a-t-il été jugé qu'une demande en payement de pension alimentaire est dispensée du préliminaire de conciliation, tant parce qu'une telle demande requiert célérité que parce qu'elle rentre dans la catégorie des demandes en payement d'arrérages de rentes ou de pensions qui ont été affranchies du préliminaire de conciliation par l'art. 49, n° 5, comme touchant à des objets de nature alimentaire. — Gand, 28 mai 1881, J.G.S. *Conciliation*, 37. — V. *Code de procédure civile*, n° 33.

946. L'art. 2 de la loi du 2 mai 1855 dispense également de la formalité de la conciliation, dite *petite conciliation*, les affaires requérant célérité qui sont de la compétence en premier ou en dernier ressort des juges de paix. Dans ce cas, la loi constitue en quelque sorte le juge de paix juge de l'urgence, sans débat contradictoire, et les pouvoirs qui lui sont conférés à cet égard sont plus étendus que ceux du président du tribunal. — J.G.S. *Conciliation*, 38. — V. *supra*, n° 301.

§ 4. — *Demandes en intervention en garantie* (C. proc. civ. n°ˢ 45 à 55).

947. V. *Code de procédure civile*, n°ˢ 45 et s.

§ 5. — *Demandes en matière commerciale* (C. proc. civ. n°ˢ 56 à 60).

948. V. *Code de procédure civile*, n°ˢ 56 et s.

§ 6. — *Demandes en mainlevée, payements ou frais* (C. proc. civ. n°ˢ 61 à 76).

949. — I. *Mainlevée d'opposition* (C. proc. v. n°ˢ 61 à 66).

950. — II. *Mainlevée d'inscription hypothécaire* (C. proc. civ. n°ˢ 67 à 69).

951. — III. *Demande en payement de loyers* (C. proc. civ. n°ˢ 70 à 73).

952. — IV. *Demande en payement de frais* (C. proc. civ. n°ˢ 74 à 76). — La dispense de conciliation ne s'applique pas à la demande formée par un officier ministériel (spécialement, un notaire) en recouvrement d'honoraires ou débours relatifs, non à des actes de son ministère, mais à un mandat étranger aux attributions qui lui sont conférées par la loi. — Bruxelles, 17 nov. 1884, J.G.S. *Conciliation*, 42. — V. *Code de procédure civile*, n° 76.

§ 7. — *Demandes contre plus de deux parties* (C. proc. civ. n°ˢ 77 à 103).

953. Ce qui a déterminé le législateur à dispenser du préliminaire de conciliation les demandes dirigées contre plus de deux parties, c'est moins la divergence des intérêts, la dispense s'appliquant même aux cas où les parties assignées ont le même intérêt, que la difficulté d'opérer la conciliation quand il y a plus de deux volontés à réunir dans le même accord. — D.P. 77. 1. 473, note 1.

954. La demande formée contre trois parties ou un plus grand nombre ne cesse d'être dispensée du préliminaire de conciliation que si, en y comprenant plus de deux défendeurs, le demandeur a voulu faire fraude à la loi. Il ne suffirait pas que chacune des parties mises en cause eût un intérêt distinct de celui des codéfendeurs. — Civ.c. 13 juill. 1880, D.P. 81. 1. 74, et sur renvoi, Lyon, 23 juin 1881, D.P. 82. 2. 68.

955. La demande formée collectivement contre plus de deux défendeurs ayant des intérêts séparés et dont chacun peut transiger avec le demandeur sans la participation des autres, n'est pas dispensée du préliminaire de conciliation. Et il en est ainsi spécialement de la demande en payement de la prime d'une société d'assurances mutuelles contre les chances du tirage au sort, formée collectivement contre les souscripteurs après leur libération du service militaire, en vertu de titres distincts, et ne tendant qu'au payement du montant de la souscription de chacun d'eux. — Req. 21 nov. 1882, D.P. 83. 1. 477. — V. *Code de procédure civile*, n° 87.

956. Mais, pour que l'action ne puisse pas être considérée, à l'égard de chaque défendeur, comme action distincte principale et introductive d'instance, il suffit qu'ils aient des intérêts et des titres communs, quelle que soit la décision à intervenir sur le fond du litige. — Lyon, 23 juin 1881, D.P. 82. 2. 68.

957. Il n'y a pas à rechercher si l'un ou plusieurs des défendeurs sont ou non mis hors de cause par le jugement définitif, leur situation au point de vue de la conciliation devant se régler d'après l'état du débat au moment où il s'engage. — D.P. 82. 2. 68, note.

958. Sur la question controversée de savoir si deux conjoints actionnés conjointement avec d'autres personnes doivent être comptés pour un ou pour deux défendeurs, V. *Code de procédure civile*, n° 93 et s.

959. D'après certains auteurs récents, le mari et la femme doivent toujours être comptés comme formant deux défendeurs, bien que le mari ne soit cité que pour autoriser sa femme, la présence de ce consentement rendant dans ce cas la transaction plus difficile. — J.G.S. *Conciliation*, 45.

960. Jugé en ce sens que la demande formée contre un mari et une femme communs en biens et une autre personne ne comportment doit être considérée comme formée contre plus de deux parties, et, par suite, est dispensée du préliminaire de conciliation, surtout si l'action est dirigée, non contre la communauté, mais contre chacun des époux séparément, à raison d'un engagement personnel de la femme, des suites duquel le demandeur entend faire déclarer le mari responsable. — Req. 9 déc. 1856, J.G.S. *Conciliation*, 46. — V. *Code de procédure civile*, n° 93.

961. Il en est ainsi de l'action dirigée à la fois contre un tiers et contre deux époux, quel que soit le régime sous lequel les époux sont mariés, alors même que le mari n'est assigné que pour autoriser sa femme. — Req. 20 mars 1877, D.P. 77. 1. 473. — V. *Code de procédure civile*, n° 97.

962. A plus forte raison, le mari qui figure dans une instance de son chef, et non pas seulement pour autoriser sa femme, est-il partie dans la cause ; dès lors, la demande engagée contre deux femmes et leurs maris doit être dispensée du préliminaire de conciliation. — Chambéry, 9 janv. 1884, D.P. 85. 2. 62-63.

§ 8. — *Causes diverses de dispense : Vérification d'écritures; Désaveu; Saisie* (C. proc. civ. n° 104 à 131).

963. — I. VÉRIFICATION D'ÉCRITURES (C. proc. civ. n° 104 et 105).

964. — II. DÉSAVEU (C. proc. civ. n° 106).

965. — III. SAISIE (C. proc. civ. n° 107 à 111).

966. — IV. OFFRES RÉELLES (C. proc. civ. n° 112 et 113).

967. — V. REMISE ET COMMUNICATION DE TITRES (C. proc. civ. n° 114 et 115).

968. — VI. SÉPARATION DE BIENS ET DE CORPS; DIVORCE (C. proc. civ. n° 116 à 119). — La dispense accordée aux demandes *en séparation de biens* s'étend aux demandes *en séparation de corps*, depuis la loi du 27 juill. 1884 qui a rétabli le divorce, aux demandes *en divorce*. — J.G.S. *Conciliation*, 49. — V, *Code de procédure civile*, n° 416 et s.

969. La dispense relative aux demandes en divorce ou en séparation de corps est la conséquence du mode de conciliation spécial à ces instances et réglé par l'art. 239 C. civ. — J.G.S. *Conciliation*, 49. — V. *Supplément au Code civil annoté*, n° 1904 et s.

970. Quant aux demandes postérieures à la séparation ou au divorce, et qui ont trait aux rapports, soit personnels, soit pécuniaires des époux, elles sont évidemment dispensées du préliminaire de conciliation, comme relatives à l'exécution d'un jugement. — J.G.S. *Conciliation*, 49.

971. — VII. TUTELLES ET CURATELLES (C. proc. civ. n° 119 à 124). — La demande intentée par le mineur devenu majeur contre son ancien subrogé tuteur, et fondée sur ce que celui-ci n'avait pas surveillé l'emploi des capitaux touchés par le tuteur du demandeur, pendant la minorité de celui-ci, n'est pas dispensée du préliminaire de conciliation. — Bruxelles, 13 mai 1886, J.G.S. *Conciliation*, 50. — V. *Code de procédure civile*, n° 123.

972. — VIII. CAUSES EXCEPTÉES PAR LES LOIS (C. proc. civ. n° 125 à 131).

Art. 50. Le défendeur sera cité en conciliation :

1° En matière personnelle et réelle, devant le juge de paix de son domicile : s'il y a deux défendeurs, devant le juge de l'un d'eux, au choix du demandeur;

2° En matière de société autre que celle de commerce, devant le juge du lieu où elle est établie;

3° En matière de succession, sur les demandes entre héritiers, jusqu'au partage inclusivement; sur les demandes qui seraient intentées par les créanciers du défunt, avant le partage; sur les demandes relatives à l'exécution des dispositions à cause de mort, jusqu'au jugement définitif, devant le juge de paix du lieu où la succession est ouverte.

973. — I. COMPÉTENCE (C. proc. civ. n° 1 à

18). — 1° *Actions personnelles, réelles ou mixtes* (C. proc. civ. n° 1 à 7).

974. — 2° *Sociétés civiles* (C. proc. civ. n° 8 à 12). — Bien que les sociétés civiles soient seules visées par la disposition de l'art. 50 d'après lequel *en matière de société autre que celle de commerce*, tant qu'elle existe, la citation en conciliation doit être donnée devant le juge de paix du lieu où la société est établie, la règle formulée par cet article s'applique quelquefois aux sociétés commerciales, notamment, lorsque les contestations dans lesquelles elles sont parties n'ont pas le caractère commercial. — Civ. c. 19 déc. 1866, D.P. n° 1 à 113.

975. Ces sociétés doivent alors être citées en conciliation devant le juge du lieu de leur domicile, c'est-à-dire de leur principal établissement. — J.G.S. *Conciliation*, 55. — V. *Code de procédure civile*, n° 8. — V. *infrà*, art. 59, n° 1250 et s.

976. Lorsqu'il s'agit d'une société civile, on doit supposer, pour appliquer l'art. 50-2°, qu'elle ne se compose que de deux associés ou, s'ils sont en plus grand nombre, que les demandes se trouveraient dispensées du préliminaire de conciliation comme formées contre plus de deux parties. — J.G.S. *Conciliation*, 56.

977. Il faut de plus que l'administrateur ait le pouvoir de transiger. — J.G.S. *Conciliation*, 56. — V. *supra*, n° 940.

978. Mais ce serait une erreur de dire en termes généraux qu'il n'y a jamais lieu au préliminaire de conciliation à l'encontre d'une société civile qui compte plus de deux associés; car il se peut, notamment, que deux associés seulement aient été mis en cause, par exemple, par d'autres associés, et alors il y aurait lieu au préliminaire de conciliation. — J.G.S. *Conciliation*, 56.

979. — 3° *Successions et partages* (C. proc. civ. n° 13 à 18). — En ce qui concerne « les demandes relatives à l'exécution des dispositions à cause de mort », une controverse s'est élevée sur le sens de la portée de la règle édictée par l'art. 50, et spécialement sur le sens des mots *jusqu'au jugement définitif*. — J.G.S. *Conciliation*, 59.

980. Dans un premier système, les termes *jusqu'au jugement définitif* signifient jusqu'au jugement d'homologation du partage, et alors au cas où il n'y aurait qu'un héritier, le juge de paix du lieu de l'ouverture de la succession ne serait compétent à aucun moment pour concilier sur une demande dirigée contre l'héritier. — J.G.S. *Conciliation*, 59. — V. conf. Dissertation de M. Glasson sous Agen, 24 avr. 1882, D.P. 83. 2. 185, note 1.

981. Dans un second système, aujourd'hui plus généralement suivi, les mots *jugement définitif* désignent le jugement à intervenir sur la contestation entre le légataire et l'héritier. En conséquence, les contestations entre légataires et héritiers doivent toujours être portées en conciliation devant le juge de paix du lieu de l'ouverture de la succession, et ensuite devant le tribunal du même lieu, tant qu'il n'est pas intervenu entre eux un jugement définitif. — J.G.S. *Conciliation*, 59.

982. Jugé en ce sens que la demande en délivrance d'un legs doit être portée en conciliation devant le juge de paix du lieu de l'ouverture de la succession et non devant le juge de paix du domicile du défendeur, même s'il n'existe qu'un héritier. — Agen, 24 avr. 1882, D.P. 83. 2. 185, et la dissertation de M. Glasson sous cet arrêt.

983. — II. EXCEPTION D'INCOMPÉTENCE (C. proc. civ. n° 19 à 29).

Art. 51. Le délai de la citation sera de trois jours au moins

Art. 52. La citation sera donnée par un

huissier de la justice de paix du défendeur ; elle énoncera sommairement l'objet de la conciliation.

984. — I. HUISSIER QUI PEUT ÊTRE CHARGÉ DE LA CITATION (C. proc. civ. n° 1 à 4). — V. *supra*, art. 16, L. 25 mai 1838, n° 295 et s.

985. — II. FORMALITÉS DE LA CITATION (C. proc. civ. n° 5 à 11). — V. *infrà*, art. 61.

Art. 53. Les parties comparaîtront en personne; en cas d'empêchement, par un fondé de pouvoir.

986. — I. COMPARUTION PERSONNELLE (C. proc. civ. n° 1 à 4). — Dans la pratique, les parties n'accomplissent que fort exceptionnellement le vœu de l'art. 53 C. proc. civ., et la plupart du temps même, dans les grandes villes, elles chargent leur avoué de suivre leur affaire et de comparaître pour elles, lui ou ses clercs. — J.G.S. *Conciliation*, 71. — V. *Code de procédure civile*, n° 3.

987. Toutefois, d'après une lettre ministérielle du 15 mars 1882, le juge de paix est en droit de s'opposer à ce que les parties comparaissent en personne soient accompagnées d'un homme de loi, s'il croit que la présence de celui-ci peut rendre inutiles les efforts de conciliation. — J.G.S. *Conciliation*, 72.

988. Lorsque le juge de paix croit devoir user de la faculté d'entendre les parties à huis clos, la comparution doit avoir lieu en présence du greffier, sauf quand il s'agit de la conciliation prévue par l'art. 2 de la loi de 1855. — J.G.S. *Conciliation*, 73. — V. *Code de procédure civile*, n° 4. — V. *supra*, art. 17, L. 25 mai 1838, n° 239 et s.

989. — II. COMPARUTION PAR FONDÉ DE POUVOIR (C. proc. civ. n° 5 à 24). — Sur le droit qu'ont les huissiers d'assister comme conseils et de représenter les parties en qualité de procureurs fondés devant le bureau de conciliation. V. *supra*, art. 18, L. 25 mai 1838, n° 305.

990. On a soutenu, en invoquant les travaux préparatoires de la loi du 25 mai 1838, que le juge de paix aurait le droit d'écarter un mandataire qui lui paraîtrait d'une moralité douteuse. — J.G.S. *Conciliation*, 77.

991. Dans tous les cas, le juge de paix, s'il a ce droit, doit l'exercer avec la plus grande modération et la plus grande circonspection. — J.G.S. *Conciliation*, 77.

Art. 54. Lors de la comparution, le demandeur pourra expliquer, même augmenter sa demande, et le défendeur répondre celle qu'il jugera convenables : le procès-verbal qui en sera dressé contiendra les conditions de l'arrangement, s'il y en a : dans le cas contraire, il fera sommairement mention que les parties n'ont pu s'accorder.

Les conventions des parties, insérées au procès-verbal, ont force d'obligation privée.

992. — I. CONCLUSIONS DES PARTIES (C. proc. civ. n° 1 à 5).

993. — II. MISSION DU JUGE DE PAIX (C. proc. civ. n° 6 à 12). — Les parties peuvent librement accepter la discussion sur toute question qui serait soulevée devant le juge conciliateur ; mais, à défaut de consentement, on doit observer les règles posées par l'art. 54. — V. *Code de procédure civile*, n° 7.

994. — III. PROCÈS-VERBAL DE NON-CONCILIATION (C. proc. civ. n° 13 à 267). — Il ne faut pas prendre à la lettre la règle de l'art. 54 qui dit que le juge de paix mentionnera sommairement que les parties n'ont pu s'accorder; s'il ne restait aucune trace des paroles échangées devant lui, une partie pourrait rétracter, au mépris de la bonne foi, les aveux les plus formels et les déclarations les plus explicites. — J.G.S. *Conciliation*, 85.

995. Aussi appartiendra-t-il au juge de paix de distinguer les aveux précis et les déclarations péremptoires des propos en l'air et des simples réticences, et de veiller à ce qu'une partie ne puisse, grâce à la rédaction du procès-verbal, revenir sur des aveux définitifs, être victime d'un entraînement de parole ou d'une réserve excessive. — J.G.S. *Conciliation*, 85.

996. Cependant il a été jugé que toute mention d'un procès-verbal de non-conciliation autre que celle que les parties n'ont pu s'accorder, étant surabondante et abusive, est dépourvue par elle-même de force probante. — Trib. civ. de Tournon, 11 janv. 1876, D.P. 78. 3. 22.

997. En d'autres termes, les énonciations du procès-verbal, les aveux qu'il contient, etc., ne font pas pleine foi par eux-mêmes et ne servent pour le juge que de renseignements auxquels il aura tel égard qu'il appartiendra. — J.G.S. *Conciliation*, 85.

998. Lorsque la conciliation a lieu sur avertissement (L. 2 mai 1855, art. 2), le défaut de conciliation est simplement mentionné par le juge de paix sur le registre à ce destiné; puis le permis de citer est délivré. — J.G.S. *Conciliation*, 86. — V. *suprà*, art. 17, L. 25 mai 1838, nos 299 et s.

999. — IV. PROCÈS-VERBAL DE CONCILIATION (C. proc. civ. nos 27 à 37). — En cas de *petite conciliation* (L. 2 mai 1855, art. 2), le juge de paix peut, sur la demande de l'une des parties, dresser procès-verbal des conditions de l'arrangement, procès-verbal qui, d'après la loi de 1855, a force d'obligation privée. — J.G.S. *Conciliation*, 84.

1000. La similitude des termes employés par l'art. 2 de la loi de 1855, et par l'art. 54, § 2, C. proc. civ., paraît devoir entraîner l'assimilation complète du procès-verbal dressé en cas de conciliation dans les conditions de l'art. 54 et du procès-verbal de *petite conciliation.* Aussi doit-il être rédigé dans la même forme et avoir les mêmes effets au point de vue de la preuve que le procès-verbal en cas de conciliation. — J.G.S. *Conciliation*, 84.

1001. — V. CONVENTIONS INSÉRÉES AU PROCÈS-VERBAL (C. proc. civ. nos 38-43). — Le procès-verbal de conciliation du juge de paix est un acte authentique faisant foi jusqu'à inscription de faux des conventions qu'il relate, ayant date certaine, etc., car il est dressé dans les formes prescrites pour les actes publics et par un officier public compétent. — J.G.S. *Conciliation*, 83. — V. *Code de procédure civile*, no 41.

1002. Si l'art. 54 déclare que les conventions des parties qui y sont insérées ont force d'obligation privée, ce n'est pas de la loi que l'acte qu'il veut parler, mais de la force exécutoire : authentique comme moyen de preuve, il est sans seing privé au point de vue de l'exécution forcée; par conséquent, celle des parties qui veut obtenir l'exécution des arrangements souscrits à son profit est tenue de se procurer un titre exécutoire, c'est-à-dire un jugement ou un acte notarié. — J.G.S. *Conciliation*, 83.—V. *Code de procédure civile*, no 40.

1003. Le procès-verbal de conciliation dressé par le juge de paix, signé de lui et des parties, ou contenant au moins la déclaration que les parties ne savent ou ne peuvent signer, est un acte authentique, c'est-à-dire, que la partie qui l'invoquera n'a pour l'avant pas besoin de prouver la vérité des signatures, la vérité des conventions, et qu'au contraire la partie qui le niera devra prendre, pour le faire annuler, la voie de l'inscription de faux, la seule qu'on puisse employer pour détruire un acte authentique, ainsi que l'effet d'emporter hypothèque. — J.G.S. *Conciliation*, 83. — V. *Code de procédure civile*, no 40.

1004. Sur le droit du juge de paix de constater les conventions des parties lorsqu'il ne siège pas comme conciliateur, mais qu'il est saisi d'une affaire de sa compétence, V. *suprà*, art. 7, nos 50 et s.

Art. 55. Si l'une des parties défère le serment à l'autre, le juge de paix le recevra ou fera mention du refus de le prêter.

1005. Celle des parties à laquelle est déféré le serment peut le prêter, jurer qu'elle est créancière ou qu'elle n'est pas débitrice et terminer ainsi la contestation en sa faveur; elle peut aussi le refuser, sans qu'il en résulte contre elle autre chose qu'une présomption défavorable dont les juges du procès s'engage, auront à mesurer la portée. — J.G.S. *Conciliation*, 82. — V. *Code de procédure civile*, no 40. — V. aussi *Code civil annoté*, art. 1361, no 25.

1006. Sur le vu du procès-verbal qui constate la prestation de serment, le juge devant la demande serait, par hasard, portée donnera immédiatement gain de cause à celui qui a juré; si au contraire le procès-verbal constate le refus de serment, le juge en tirera telle induction qu'il jugera convenable. — J.G.S. *Conciliation*, 82.

Art. 56. Celle des parties qui ne comparaîtra pas sera condamnée à une amende de dix francs, et toute audience lui sera refusée jusqu'à ce qu'elle ait justifié de la quittance.

1007. — I. JUGE COMPÉTENT POUR PRONONCER L'AMENDE (C. proc. civ. nos 1 et 2).

1008 — II. CAS OU L'AMENDE DOIT ÊTRE PRONONCÉE (C. proc. civ. nos 3 à 18.) — Au cas où la conciliation est tentée dans les conditions de l'art. 17 de la loi du 25 mai 1838 et 2 de la loi du 2 mai 1855, aucune amende n'est encourue par celle des parties qui fait défaut. — J.G.S. *Conciliation*, 80.

1009. Sur la sanction édictée contre l'huissier pour infraction aux dispositions des lois des 25 mai 1838 et 2 mai 1855, V. *suprà*, art. 17 et 19, L. 25 mai 1838, nos 299 et s.

1010. — III. PAYEMENT DE L'AMENDE (C. proc. civ. nos 19 à 21).

1011. — IV. EFFETS DU DÉFAUT DE CONCILIATION DE L'AMENDE (C. proc. civ. no 22 à 30). — Il n'y a pas lieu non plus, dans ces conditions, de refuser l'audience; la loi ne donne, à cet égard, au juge de paix aucun pouvoir analogue à celui qui résulte, pour le tribunal civil, de l'art. 56 C. proc. civ. — J.G.S. *Conciliation*, 80.

Art. 57. La citation en conciliation interrompra la prescription, sera privée au point de vue de l'exécution forcée; le tout, pourvu que la demande soit formée dans le mois, à dater du jour de la non-comparution ou de la non-conciliation.

1012. — I. DROIT DE POURSUIVRE L'INSTANCE (C. proc. civ. nos 1 à 5).

1013. — II. INTERRUPTION DE LA PRESCRIPTION (C. proc. civ. no 6). — La comparution volontaire des parties devant le juge de paix paraît devoir avoir les mêmes effets que la citation en conciliation. — J.G.S. *Conciliation*, 89.

1014. La prescription est alors interrompue et les intérêts moratoires courent du jour du procès-verbal de non-comparution suivi d'ajournement dans le mois. — J.G.S. *Conciliation*, 89.

1015. Mais on s'accorde à reconnaître que l'avertissement donné dans les conditions des art. 17 de la loi du 25 mai 1838 et 2 de la loi du 2 mai 1855 ne saurait avoir un semblable effet; il n'interrompt la pres-

cription, ni ne fait courir les intérêts moratoires, à la différence de l'avertissement donné devant le juge de paix dans le cas prévu par l'art. 8 de la loi du 14 mai 1851 (D.P. 51. 4. 69), c'est-à-dire lorsque les juges de paix statuent à défaut des conseils de prud'hommes, avertissement qui vaut citation. — J.G.S. *Conciliation*, 89.

Art. 58. En cas de non-comparution de l'une des parties, il en sera fait mention sur le registre du greffe de la justice de paix, et sur l'original ou la copie de la citation, sans qu'il soit besoin de dresser procès-verbal.

1016. Sur les formalités relatives à cette mention, V. *infrà*, art. 65.

TITRE II.

Des Ajournements.

Art. 59. En matière personnelle, le défendeur sera assigné devant le tribunal de son domicile; s'il n'a pas de domicile, devant le tribunal de sa résidence;

S'il y a plusieurs défendeurs devant le tribunal du domicile de l'un d'eux, au choix du demandeur;

En matière réelle, devant le tribunal de la situation de l'objet litigieux;

En matière mixte, devant le juge de la situation, ou devant le juge du domicile du défendeur;

En matière de société, tant qu'elle existe, devant le juge du lieu où elle est établie;

En matière de succession, 1° sur les demandes entre héritiers, jusqu'au partage inclusivement; 2° sur les demandes qui seraient intentées par des créanciers du défunt, avant le partage; 3° sur les demandes relatives à l'exécution des dispositions à cause de mort, jusqu'au jugement définitif, devant le tribunal du lieu où la succession est ouverte;

En matière de faillite, devant le juge du domicile du failli;

En matière de garantie, devant le juge où la demande originaire sera pendante;

Enfin, en cas d'élection de domicile pour l'exécution d'un acte, devant le tribunal du domicile élu, ou devant le tribunal du domicile réel du défendeur, conformément à l'art. 111 du Code civil.

DIVISION.

SECT. 1. — NATURE ET DISTINCTION DES ACTIONS (no 1017).

SECT. 2. — EXERCICE DES ACTIONS (no 1033).

§ 1 — *Conditions requises pour l'exercice de l'action* (no 1033).

A. — *Intérêts* (no 1033).
B. — *Droit légal* (no 1052).
C. — *Qualité* (no 1053).
D. — *Capacité* (no 1080).

§ 2. — *De la règle « Nul ne plaide par procureur »* (no 1088).

§ 3. — *Contre qui l'action doit être exercée* (no 1146).

§ 4. — *Quelle partie doit être réputée demanderesse ou défenderesse* (no 1147).

§ 5. — *Concours et cumul d'actions* (no 1149).

Sect. 3. — Compétence d'attribution des tribunaux civils (n° 1159).

Sect. 4. — Compétence territoriale (n° 1175).

§ 1. — *Actions personnelles* (n° 1183).
§ 2. — *Actions réelles* (n° 1230).
§ 3. — *Actions mixtes* (n° 1240).
§ 4. — *Actions en matière de société* (n° 1250).
§ 5. — *Actions en matière de succession* (n° 1336).
§ 6. — *Actions en matière de faillite* (n° 1365).
§ 7. — *Actions en matière de garantie* (n° 1392).
§ 8. — *Actions en matière d'élection de domicile* (n° 1393).

Sect. 1ʳᵉ. — Nature et distinction des actions (C. proc. civ. n° 1 à 39).

1017. — I. Nature des actions (C. proc. civ. n° 1 à 4). — V. *Code civil annoté*, art. 817; et son *Supplément*, n° 5464 et s.

1018. — II. Actions divisibles et indivisibles (C. proc. civ. n° 5 à 13). — En ce qui concerne les jugements de défaut profit joint, V. *Code de procédure civile*, n° 11, et *infrà*, art. 153.

1019. — III. Actions mobilières et immobilières (C. proc. civ. n° 14 à 39). — Le caractère mobilier ou immobilier d'un objet dépendant dans certains cas de l'usage auquel le destine celui qui s'en rend acquéreur, l'action qui tend à obtenir cet objet est, suivant le cas, mobilière ou immobilière. — J.G.S. *Action*, 21. — V. *Code de procédure civile*, n° 14.

1020. Ainsi celui qui a acheté une maison pour la conserver aura une action immobilière; si c'est une maison à démolir qui fait l'objet de l'acquisition, l'action sera mobilière, car les matériaux qui composent la maison deviennent meubles aussitôt qu'ils sont séparés. — J.G.S. *Action*, 21.

1021. Sur les juridictions compétentes en matière de : ... d'actions mobilières, V. *infrà*, n° 1190 et s.

1022. ... D'actions immobilières, V. *infrà*, n° 1230 et s.

1023. ... D'actions possessoires, V. *suprà*, art. 23, n° 350 et s.

1024. En ce qui concerne l'exercice des actions immobilières appartenant : ... à un mineur, V. *Code civil annoté*, art. 464; et son *Supplément*, n° 3206.

1025. ... A une femme mariée, V. *Code civil annoté*, art. 1002, n° 220; art. 1401, n° 5 et s., 17 et s.; art. 1428, n° 41 et s.; et son *Supplément*, n° 6742.

1026. Est réputée action mobilière toute action dont l'objet est d'obtenir une chose mobilière. — V. *Code civil annoté*, art. 527 et s.; et son *Supplément*, n° 3538 et s.

1027. Une demande en dommages-intérêts fondée sur l'inexécution d'une promesse verbale de vente d'immeubles est immobilière, alors que cette promesse est contestée. — Civ. c. 9 avr. 1879, D.P. 79. 1. 261.

1028. Suivant une opinion, la nature d'un droit devant s'apprécier d'après l'objet auquel il tend, l'hypothèque constitue un droit mobilier toutes les fois qu'elle garantit une créance mobilière, ce qui est le cas le plus fréquent. — J.G.S. *Action*, 23.

1029. Mais cette opinion paraît confondre l'objet de l'hypothèque avec l'objet de la créance; l'hypothèque portant sur un immeuble a le caractère d'un droit immobilier, et par suite, l'action hypothécaire est nécessairement de même nature. — J.G.S. *Action*, 23.

1030. L'action tirant son caractère de la nature de l'objet réclamé, dans le cas d'une obligation alternative portant sur un meuble et un immeuble, la nature de l'action est en suspens tant que l'option n'est pas faite. — J.G.S. *Action*, 24. — V. *suprà*, n° 1017 et s.

1031. Il en est tout autrement s'il s'agit d'une obligation facultative, car ici l'objet du droit est unique, et bien qu'il puisse se résoudre en un équivalent au choix du débiteur, la nature de l'action se détermine par la nature de l'objet qui est seul *in obligatione*. — J.G.S. *Action*, 24.

1032. — IV. Actions personnelles et réelles (C. proc. civ. n° 39). — Sur la distinction entre ces actions, V. *infrà*, n° 1181 et s., 1230 et s.

Sect. 2. — Exercice des actions (C. proc. civ. n° 40 à 337).

§ 1ᵉʳ. — *Conditions requises pour l'exercice de l'action* (C. proc. civ. n° 40 à 202).

A. — *Intérêts* (C. proc. civ. n° 41 à 115).

1033. — I. Intérêt pécuniaire (C. proc. civ. n° 42 à 81). — En ce qui touche l'existence d'un préjudice nécessaire pour intenter une action possessoire, V. *suprà*, art. 23, n° 397 et s.

1034. L'action du créancier nanti d'un titre exécutoire est recevable, lorsque ce titre est relatif à une créance non liquide, telle que celle résultant d'une ouverture de crédit, le créancier ayant alors un juste motif d'agir en justice, afin de faire liquider sa créance. En conséquence, les frais de cette action ne sont pas frustratoires. — Chambéry, 19 févr. 1875, D.P. 76. 2. 236. — V. *Code de procédure civile*, n° 53. — Comp. *Code civil annoté*, art. 2133, n° 68 et s.; et son *Supplément*, n° 16186.

1035. Le créancier muni d'un titre authentique est également en droit d'actionner les héritiers de son débiteur, lorsque ceux-ci soutiennent que la dette est en partie prescrite, et prétendent qu'ils sont libérés pour le surplus, parce qu'ayant accepté la succession de leur auteur sous bénéfice d'inventaire, ils ont réalisé l'actif, en ont partagé le produit entre les créanciers et ont reçu décharge définitive de leur gestion. — Req. 13 août 1874, D.P. 75. 1. 215.

1036. Le maire d'une commune est non recevable à intenter contre le maire d'une commune limitrophe une action tendant à faire déclarer que le domicile d'un particulier est situé dans la commune par lui représentée, alors qu'il ne justifie d'aucun intérêt né et actuel, et se borne à demander, en termes généraux, qu'il soit défendu au maire de l'autre commune de faire aucun acte, et d'exercer aucun droit se rattachant audit domicile. — Douai, 27 mars 1878, D.P. 78. 2. 86.

1037. Les héritiers légitimes exhérédés par deux testaments successifs, dont le dernier contient une clause révoquant le premier, sont non recevables, pour défaut d'intérêt, à poursuivre l'annulation du dernier testament, lorsque le premier est reconnu valable. — Req. 10 juill. 1883, D.P. 84. 1. 159.

1038. De même que l'absence de tout intérêt, un intérêt trop minime rend l'action non recevable. — J.G.S. *Action*, 27.

1039. Il en est ainsi, notamment, de l'action en dommages-intérêts dirigée contre un éditeur par le traducteur d'un ouvrage édité par lui, qui se plaint de ce que le nom de l'auteur original n'a pas été accompagné de ses titres de noblesse, et, en second lieu, de ce que, dans une lettre reproduite à la préface, la voyelle *o* usitée dans l'ancienne orthographe a été remplacée par la voyelle *a*. — Paris, 18 juin 1883, D.P. 85. 2. 192.

1040. L'indication des titres nobiliaires ou autres appartenant à l'auteur peut, néanmoins, suivant les circonstances, ajouter à la valeur de l'ouvrage, s'il s'agit, par exemple, d'un livre sur l'art héraldique ou d'un ouvrage de science ; en pareil cas, on devrait considérer comme recevable l'action tendant à faire accompagner le nom de l'auteur de toutes ses distinctions honorifiques. — J.G.S. *Action*, 27.

1041. — II. Intérêt moral (C. proc. civ. n° 82 à 89).

1042. — III. Intérêt actuel ou futur (C. proc. civ. n° 90 à 113). — L'action judiciaire, pour être recevable, doit être basée sur un intérêt né et actuel; un intérêt purement éventuel ne suffirait pas. — Liège, 7 juill. 1883, J.G.S. *Action*, 31.

1043. Ainsi, l'action en nullité d'une reconnaissance est non recevable, lorsque les défendeurs déclarent expressément qu'ils n'entendent pas réclamer actuellement l'exécution de cette reconnaissance. — Même arrêt.

1044. Mais on ne pourrait considérer comme une action *in futurum*, fondée sur un intérêt purement éventuel, la demande ayant pour objet de faire reconnaître l'existence d'une créance à terme. — Bruxelles, 16 mars 1883, J.G.S. *Action*, 31.

1045. On ne doit pas confondre l'intérêt qui motive une action judiciaire avec le préjudice souffert, et dont on demande réparation. Le préjudice peut n'être qu'éventuel, et cependant l'action est recevable si la menace de préjudice est assez sérieuse et imminente pour constituer un intérêt actuel. — J.G.S. *Action*, 32. — V. *Code de procédure civile*, n° 95.

1046. Ainsi lorsqu'un arrêté municipal, réglementant l'exploitation des carrières, a interdit d'y employer la poudre à une certaine distance des habitations, le propriétaire d'un immeuble situé dans la zone protégée est recevable à se plaindre de l'inobservation de cet arrêté par l'exploitant d'une carrière voisine qui fait usage de la poudre, sans être tenu de prouver, ni même qu'il en a souffert un préjudice quelconque. — Civ. c. 29 juill. 1883, D.P. 86. 1. 165.

1047. L'ancienne *action de jactance*, c'est-à-dire celle qui, dirigée contre la partie qui se targuait au détriment d'autrui de certaines prétentions, avait pour but de la contraindre à agir en justice dans un délai déterminé, sous peine de se voir imposer un silence perpétuel, n'est plus en vigueur dans le droit français. — Orléans, 15 mars 1889, D.P. 89. 2. 188. — V. *Code de procédure civile*, n° 142. — Observ. sous Civ. c. 14 mars 1888, D.P. 88. 1. 417. — Comp. Arrêt préc. Liège, 7 juill. 1883.

1048. Les auteurs admettent que celui qui est dans les liens d'un engagement est fondé à en demander la rescision ou la nullité contre ceux qui pourraient un jour s'en prévaloir, et cela avant tout poursuite. — J.G.S. *Action*, 35.

1049. La difficulté plus ou moins grande que peut présenter la détermination du préjudice éprouvé ne rend point irrecevable une action en réparation. — J.G.S. *Action*, 37.

1050. Jugé en ce sens qu'une corporation d'officiers ministériels ou quelques-uns de ses membres réunis dans un intérêt commun ont le droit de poursuivre une action en dommages-intérêts, sans être obligés de spécifier la quotité du préjudice souffert par chacun des demandeurs. — Lyon, 22 févr. 1877, D.P. 77. 2. 194.

1051. — IV. Exception tirée du défaut d'intérêt (C. proc. civ. n° 114 et 115). — V. sur cette question *infrà*, art. 173.

B. — *Droit légal* (C. proc. civ. n° 116 à 123).

1052. Aucune action ne peut naître d'une convention *illicite*, c'est-à-dire contraire à l'ordre public ou aux bonnes mœurs. — V. *Code de procédure civile*, n° 119. — V. aussi *Code civil annoté*, art. 1133, n° 135, 199 et s.; art. 1147, n° 7 et s.; art. 1371, n° 56 et s.; art. 1965, n° 86 et s.; et son *Supplé-*

ment, nᵒˢ 7554 et s., 7569, 9594 et s., 14419 et s.

C. — Qualité (C. proc. civ. nᵒˢ 124 à 179).

1053. — I. Personnes qui ont qualité pour agir (C. proc. civ. nᵒˢ 125 à 154). — Les créanciers ont qualité pour exercer tous les droits et actions de leur débiteur, à l'exception de ceux exclusivement attachés à la personne. — V. *Code de procédure civile*, nᵒˢ 130 et s. — V. aussi *Code civil annoté*, art. 1166; et son *Supplément*, nᵒˢ 7833 et s.

1054. Les créanciers qui attaquent les actes de leur débiteur faits en fraude de leurs droits n'agissent qu'en leur nom personnel. — V. *Code de procédure civile*, nᵒ 133. — V. aussi *Code civil annoté*, art. 1167; et son *Supplément*, nᵒˢ 7848 et s.

1055. A côté des créanciers qui exercent les actions de leur débiteur, il y a lieu de mentionner le contribuable qui, dans certains cas exceptionnels, est admis à exercer les actions de la commune. — J.G.S. *Action*, 41. — V. sur l'exercice de ces actions *Code des lois adm. annotées*, t. 1ᵉʳ, VIII, vᵒ *Commune*, nᵒˢ 8334 et s.

1056. Sur le droit qu'a le propriétaire troublé dans sa possession d'intenter l'action en complainte, V. *Code de procédure civile*, nᵒ 137, et *supra*, art. 23, nᵒˢ 370 et s.

1057. Les chambres de commerce, instituées pour donner leur avis sur les questions intéressant le commerce en général, n'ont pas qualité pour défendre en justice les intérêts commerciaux des commerçants de leur ressort. — Trib. corr. de la Seine, 10 août 1882, D.P. 84. 2. 76.

1058. Cette solution résulte des termes mêmes dans lesquels les arrêtés et décrets ont constitué les chambres de commerce qui ne sont que des institutions consultatives. — D.P. 84. 2. 76, note.

1059. Le ministère de la guerre a qualité, comme chef de l'armée de terre, pour contester la nationalité de tous ceux qui y sont incorporés, à quelque titre que ce soit, et pour assurer ainsi l'exécution de l'art. 7 de la loi du 27 juill. 1872, qui dispose que nul n'est admis dans les troupes françaises, s'il n'est Français. — Trib. civ. de la Seine, 30 nov. 1883, D.P. 86. 2. 169.

1060. L'art. 7 de la loi du 27 juill. 1872, aujourd'hui abrogée, a été remplacé par l'art. 3 de la loi du 15 juill. 1889 sur le recrutement de l'armée (D.P. 89. 4. 73). — V. à cet égard *Code des lois adm. annotées*, t. 5, vᵒ *Organisation militaire*.

1061. Spécialement, le ministère de la guerre a qualité pour demander la nullité d'une déclaration par laquelle un individu né en France d'un étranger a revendiqué le bénéfice de l'art. 9 C. civ., et faire décider qu'il n'est pas Français, cette action n'ayant point les caractères d'une rectification d'un acte de l'état civil, mais ne pouvant être poursuivie que par les parties intéressées ou le ministère public, mais ceux d'une contestation d'état, mettant en question principalement la nationalité du défendeur. — Jugement préc. 30 nov. 1883.

1062. En ce qui concerne le bénéfice accordé par l'art. 9 C. civ. à l'enfant né en France d'un étranger, V. *Supplément au Code civil annoté*, nᵒˢ 356 et s., et ibid. *Add. complém.*, nᵒˢ 318-2ᵉ et s.

1063. A partir de la vente, le vendeur est sans qualité pour agir en revendication contre les tiers détenteurs de l'immeuble vendu. — Poitiers, 8 juill. 1878, D.P. 79. 2. 36.

1064. Et la demande qu'il a formée depuis ce chef être rejetée comme non recevable, alors même qu'il aurait été chargé par une clause insérée au contrat de vente de poursuivre la restitution de cet immeuble, quand bien même le vendeur aurait recouvré, depuis l'introduction de l'instance, les droits qu'il avait cédés avant le procès. — *Même arrêt*.

1065. — II. Action collective des associés

(C. proc. civ. nᵒˢ 141 à 154). — Des associés peuvent charger de la défense de leurs intérêts un représentant, à la condition de figurer personnellement au nom dans les actes de poursuite. — J.G.S. *Action*, 63.

1066. Jugé ce de seus que les commissaires d'un cercle sont admis à réclamer en justice, au nom des membres du cercle, les sommes dues à l'association. — Civ. r. 7 déc. 1880, D.P. 81. 1. 148. — V. *Code de procédure civile*, nᵒ 142.

1067. Mais, à défaut d'un représentant, les associés ont toujours le droit d'agir individuellement en justice. — J.G.S. *Action*, 63.

1068. Ainsi les membres d'un groupe de commerçants propriétaires d'une marque de fabrique agissant *ut singuli* sont recevables à instituer une action en dommages-intérêts contre les usurpateurs de cette marque. — Paris, 13 juill. 1883, D.P. 84. 2. 151.

1069. De même, chacun des membres d'une société chorale a droit de poursuivre en justice l'exécution d'une obligation indivisible existant au profit des membres de cette société. — Trib. de la Seine, 16 avr. 1879, D.P. 80. 3. 22. — V. *Code de procédure civile*, nᵒ 141.

1070. Spécialement, un membre de la société a qualité pour demander la restitution de diplômes d'honneur obtenus par cette société et détenus par un de ses anciens directeurs. — *Même jugement*.

1071. Toutefois, le président d'une réunion d'individus qui ne constitue pas une société civile ne peut agir en justice comme mandataire des membres de cette réunion qu'autant que tous les mandants figurent personnellement dans l'instance et sont dénommés dans les actes de la procédure. — D.P. 80. 3. 22, note.

1072. Tout associé a une action personnelle pour réclamer, contre les administrateurs ou gérants de la société, la réparation du dommage que ces derniers ont causé à la société par des fautes commises dans la gestion. — Req. 9 juin 1874, D.P. 76. 1. 387. — V. *Code de procédure civile*, nᵒ 143.

1073. Mais dans toute société, soit civile, soit commerciale, sauf dans les cas spécialement prévus par la loi, l'action sociale n'appartient qu'à l'universalité des associés ou à leurs représentants légaux. — *Même arrêt.*

1074. — III. À quel moment peut être proposé le défaut de qualité (C. proc. civ. nᵒˢ 155 à 179). — La fin de non-recevoir tirée du défaut de qualité du demandeur est péremptoire, et dès lors, peut être proposée pour la première fois en appel. — Req. 27 avr. 1875, D.P. 75. 1. 483. — Limoges, 20 janv. 1886, D.P. 87. 2. 28. — Bordeaux, 13 janv. 1887, D.P. 87. 2. 142-143. — J.G.S. *Except.*, 183. — V. *Code de procédure civile*, nᵒ 159.

1075. La fin de non-recevoir opposée à une action en désaveu de paternité et tirée par le défendeur de ce que sa nomination en qualité de tuteur ad hoc du mineur désavoué serait irrégulière, constitue une exception d'ordre public qui peut être invoquée en tout état de cause et même suppléée d'office par le juge. — Civ. c. 18 avril 1879, D.P. 80. 1. 277.

1076. De même, la fin de non-recevoir tirée du défaut de qualité du maire pour ester en justice dans une instance relative à un chemin de vicinalité de grande communication est une exception péremptoire qui peut être proposée pour la première fois en appel. — Trib. de Péronne, 28 févr. 1880, D.P. 81. 1. 157. — V. *Code des lois adm. annotées*, t. 1ᵉʳ, VIII, vᵒ *Commune*, nᵒˢ 7900 et s.

1077. Un jugement du tribunal civil de la Seine du 15 nov. 1890, qui admet cette doctrine, réserve toutefois le cas où la qualité a été antérieurement reconnue par la partie au cours de la procédure. — J.G.S. *Except.*, 183.

1078. Mais le défendeur actionné en une qualité dont il s'est prévalu devant le tribunal de première instance pour prendre le fait et cause d'un autre défendeur assigné en même temps que lui, ne peut, après avoir fait prononcer la mise hors de cause de celui-ci, exciper de son propre défaut de qualité pour décliner toute responsabilité vis-à-vis du demandeur dont l'action avait été régulièrement et utilement introduite contre la partie à laquelle le preneur cause s'était substitué. — Req. 21 nov. 1842, D.P. 83. 1. 389.

1079. Le supérieur d'une société civile religieuse auquel a été signifié l'arrêt d'admission d'un pourvoi en cassation formé contre un jugement qu'il a obtenu, agissant en son nom personnel et au nom de la société contre l'administration de l'enregistrement, n'est pas fondé à invoquer pour la première fois devant la Cour son défaut de qualité pour recevoir cette signification comme représentant de la société. — Civ. c. 2 août 1876, D.P. 86 4. 446. — V. *Code de procédure civile*, nᵒ 166.

D. — Capacité (C. proc. civ. nᵒˢ 180 à 202).

1080. — I. Personnes qui ont capacité pour agir (C. proc. civ. nᵒˢ 180 à 185). — En ce qui concerne l'administration du père pendant le mariage relativement aux biens de ses enfants mineurs, V. *Code de procédure civile*, nᵒ 180. — V. aussi *Code civil annoté*, art. 389, nᵒˢ 24 et s.; et son *Supplément*, nᵒˢ 3059 et s.

1081. Sur la nécessité pour les communes et les établissements publics d'avoir une autorisation administrative pour intenter une demande en justice, V. *infra*, art. 1042. — V. aussi *Code des lois adm. annotées*, t. 1ᵉʳ, VIII, vᵒ *Commune*, nᵒˢ 7933 et s., et t. 2, vᵒ *Établissement public*.

1082. Le failli est seul recevable à exercer les actions qui intéressent sa personne *physique*, son *honneur* ou sa *considération*. — Trib. civ. de la Seine, 9 janv. 1879, J.G.S. *Faillite*, nᵒˢ 467 et s. — V. *Code civil annoté*, art. 443, nᵒˢ 246 et s.

1083. — II. À quel moment peut être opposé le défaut de capacité (C. proc. civ. nᵒˢ 186 à 202). — L'exception tirée du défaut de capacité peut être proposée en tout état de cause, soit en appel, soit même en cassation. Il en est ainsi notamment:... du moyen tiré du défaut d'autorisation de la femme mariée pour ester en justice. — Civ. c. 6 déc. 1876, D.P. 77. 1. 397. — Civ. c. 30 janv. 1877, D.P. 77. 1. 348. — Civ. c. 4 août 1884, D.P. 85. 1. 209. — V. *Code de procédure civile*, nᵒˢ 188 et s. — V. *Code civil annoté*, art. 225, nᵒˢ 67 et s.; et son *Supplément*, nᵒ 1322 et s.

1084. ... De l'exception fondée sur ce qu'une commune n'a pas été autorisée à plaider. — Civ. c. 3 nov. 1879, D.P. 80. 1. 400. — V. *Code de procédure civile*, nᵒˢ 195 et s. — V. aussi *Code des lois adm. annotées*, t. 1ᵉʳ, VIII, vᵒ *Commune*, nᵒˢ 8208 et s.

1085. ... Du défaut d'autorisation d'une fabrique pour plaider. — V. *Code de procédure civile*, nᵒˢ 190, 201 et s. — V. aussi *Culte des lois adm. annotées*, t. 2, I, vᵒ *Culte*, nᵒˢ 5530 et s.

1086. ... Du défaut d'autorisation accordé à un consistoire protestant pour ester en justice. — V. *Code de procédure civile*, nᵒ 491. — V. *Code des lois adm. annotées*, t. 2, I, vᵒ *Culte*, nᵒˢ 7687 et s.

1087. ... Du défaut d'autorisation de plaider nécessaire aux établissements publics. — V. *Code de procédure civile*, nᵒ 191 et s. — V. aussi *Code des lois adm. annotées*, t. 2, vᵒ *Établissement public*. — Conf. Cons. de préf. de la Seine, 26 nov. 1880, D.P. 80. 3. 72.

§ 2. — *De la règle : « Nul ne plaide par procureur »* (C. proc. civ. nᵒˢ 203 à 283).

1088. — I. Défense de plaider par procuneur (C. proc. civ. nᵒˢ 203 à 273). — Suivant un auteur, il faut voir dans cette maxime un tempérament à la règle plus générale, qui apparaît au début de chaque législation, et interdit à toute personne de se faire représenter en justice d'une manière quelconque, prohibition qui, dans notre ancien droit en particulier, était la conséquence de l'organisation sociale qui existait alors, et de la forme dans laquelle la justice était rendue. — J.G.S. Action, 46.

1089. Cette maxime signifie que toute personne intéressée dans un procès doit y figurer personnellement, que l'instance doit être poursuivie en son nom propre, et la condamnation directement prononcée contre elle. — D.P. 78. 1. 303, note.

1090. Mais il n'en résulte pas qu'une des parties ne puisse charger un tiers de diriger l'instance dans son intérêt et de faire pour elle tous les actes nécessaires, pourvu que le nom du mandant figure dans les actes de la procédure à côté de celui du mandataire, comme étant le nom du dominus litis. — V. ibid.

1091. Cette règle ne doit être considérée comme abrogée dans la législation actuelle; la plupart des auteurs en admettent, au contraire, l'existence et lui attribuent la signification qu'il vient d'être rappelée. — J.G.S. Action, 47. — V. Code de procédure civile, nᵒ 203.

1092. C'est ce qu'admet, d'ailleurs, la jurisprudence en décidant que la partie qui a obtenu une expertise à l'effet d'établir le préjudice résultant pour elle de l'inexécution d'une convention, est non recevable à demander que ladite expertise porte en même temps sur le dommage que cette inexécution a pu causer à un tiers, dont elle est garante, mais qui ne figure pas dans l'instance et ne lui a pas donné mandat de l'y représenter, alors surtout qu'il n'apparaît pas que ce tiers ait eu à se plaindre de la partie adverse, ni qu'il ait entendu lui adresser aucune réclamation. — Req. 13 févr. 1878, D.P. 79. 1. 127.

1093. — Action exercée par ou contre:.. 1ᵒ Un mandataire (C. proc. civ. nᵒ 204 à 231). — La règle : « Nul en France ne plaide par procureur » ne s'oppose pas à ce qu'un entrepreneur de travaux pour le compte d'autrui soit actionné en son propre nom par les ouvriers avec lesquels il a traité, s'il a agi en son nom personnel et sans faire intervenir son mandant. — Req. 26 avr. 1876, D.P. 76. 1. 492.

1094. ... Ni à ce que plusieurs personnes ayant un intérêt commun, donnent un mandat précis et spécial à une autre personne à l'effet de poursuivre leurs droits en justice, lorsque d'ailleurs les différents mandants ont figuré en nom dans les actes de procédure et dans les qualités du jugement. — Req. 26 mars 1878, D.P. 78. 1. 303. — Civ. r. 7 déc. 1887, D.P. 89. 1. 147. — V. Code de procédure civile, nᵒ 220.

1095. De même, les administrateurs d'une société civile peuvent intenter, au nom et à la requête des sociétaires ou de plusieurs d'entre eux, en vertu du mandat qui leur en a été donné, les actions qui intéressent la société, alors que les noms desdits administrateurs ne figurent dans l'instance que secondairement et avec la mention du mandat reçu. — Douai, 11 juill. 1882, D.P. 83. 2. 153.

1096. On a même soutenu que la maxime : « Nul ne plaide par procureur » est suffisamment respectée, du moment que le nom du mandant se trouve énoncé dans un acte séparé, dont la communication ne peut être refusée, et auquel se réfère l'assignation. — J.G.S. Action, 49.

1097. Mais cette opinion ne semble pas devoir être suivie, et sous peine d'enlever toute valeur à la règle dont il s'agit, on doit exiger que le nom du mandant soit indiqué dans l'assignation elle-même, et non pas seulement dans un acte distinct étranger à la procédure. — J.G.S. Action, 49.

1098. Au surplus, l'indication du nom du mandant, de ses qualité et demeure ne suffit, pour écarter l'application de la règle « Nul ne plaide par procureur », qu'autant que les pouvoirs du mandataire sont sérieusement établis, et qu'il est prouvé que c'est bien réellement le mandant qui agit en son propre nom par cet intermédiaire du mandataire. — Paris, 29 janv. 1880, J.G.S. Action, 50.

1099. Il n'y a pas lieu d'invoquer la maxime : « Nul en France ne plaide par procureur », alors qu'il n'est reconnu par les juges du fait que celui qui se présente en justice a été admis à plaider, non comme mandataire irrégulier, mais comme ayant la qualité de partie dans le contrat dont il réclame l'exécution. — Req. 30 janv. 1883, D.P. 84. 1. 58.

1100. Mais il y a excès de pouvoir et violation de la maxime : « Nul ne plaide par procureur » dans le jugement qui, statuant sur appel, prononce une condamnation au profit d'une partie non en cause, soit en première instance, soit en appel, et spécialement d'une partie contre laquelle il n'y a pas eu d'appel. — Civ. c. 28 mars 1882, D.P. 83. 1. 167.

1101. ... 2ᵒ Un prête-nom (C. proc. civ. nᵒˢ 232 et 233). — La règle « Nul en France ne plaide par procureur » ne s'oppose pas à ce que l'on agisse en justice par l'intermédiaire d'un prête-nom, cela est la conséquence du principe général d'après lequel la simulation est licite lorsqu'elle n'est entachée d'aucune fraude. — J.G.S. Action, 52. — V. Code de procédure civile, nᵒ 232.

1102. Le prête-nom, bien que tenu de rendre compte à son mandant, est, au regard des tiers avec lesquels il a traité personnellement » dans le contrat, et celui dans le cas même où des tiers auraient eu connaissance de sa qualité de prête-nom. — J.G.S. Action, 54.

1103. Lui seul peut intenter ou repousser les actions nées du contrat; et la maxime : « Nul ne plaide par procureur » s'oppose à ce que le mandant puisse, en dehors d'une cession régulièrement consentie, intenter les actions qui sont nées de sa personne. — J.G.S. Action, 54.

1104. Jugé en ce sens que celui qui a vendu en son propre nom les produits d'un autre propriétaire peut, à raison de cette vente, agir en justice en son nom personnel. — Req. 29 juill. 1874, J.G.S. Action, 53.

1105. ... 3ᵒ Un cessionnaire (C. proc. civ. nᵒˢ 234 à 242). — Un arrêt a rejeté l'action en payement de redevances minières, intentée par le concessionnaire d'un droit tréfoncier, sous le prétexte que la cession ne constituait pas une vente, mais un simple mandat, à l'effet de recouvrer les redevances. — Paris, 13 févr. 1875, D.P. 77. 2. 143. — V. Code des lois adm. annotées, t. 3, vᵒ Mines.

1106. Mais cette décision parait faire une application exagérée de la maxime : « Nul ne plaide par procureur »; il est, en effet, de jurisprudence que le cessionnaire d'une créance, alors même qu'il n'est en réalité que le prête-nom du cédant, agit valablement en son nom personnel, en l'absence de fraude et de préjudice pour le défendeur. — Observ. sous l'arrêt précité. — V. Code de procédure civile, nᵒˢ 236 et s.

1107. ... 4ᵒ Un commissionnaire (C. proc. civ nᵒˢ 243 et 244). — La maxime « Nul ne plaide par procureur » n'est pas applicable, suivant certains auteurs, à l'égard du commissionnaire qui peut agir en son nom propre, alors même qu'il a contracté au nom du commettant. — J.G.S. Action, 67. — V. infrà, nᵒ 4.

1108. ... 5ᵒ Un représentant légal (C. proc. civ. nᵒˢ 245 à 273). — La règle « Nul ne plaide par procureur » est étrangère au mandat légal ou judiciaire. — J.G.S. Action, 55. — V. Code de procédure civile, nᵒ 245.

1109. On entend par mandataires légaux les individus qui tiennent de la loi le pouvoir de représenter les personnes morales dans tous les actes de leur vie civile. — J.G.S. Action, 55.

1110. Suivant qu'il s'agit de personnes morales publiques, comme l'État, les départements, les communes, les établissements de bienfaisance, ou de personnes morales privées, comme les sociétés commerciales, les représentants sont désignés soit par l'autorité compétente, soit par les parties qui composent l'association; dans l'un et l'autre cas, ces mandataires peuvent ester en justice dans l'intérêt des personnes morales qu'ils représentent. — J.G.S. Action, 55.

1111. Des raisons d'utilité pratique ont conduit la jurisprudence à admettre au bénéfice de la représentation légale toutes les sociétés ou associations organisées avec le concours ou l'approbation de l'autorité publique. — J.G.S. Action, 56.

1112. Décidé en ce sens que les sociétés d'encouragement pour l'amélioration de la race chevaline, formant des associations instituées avec le concours et l'approbation de l'autorité publique dans un but d'intérêt général, tiennent tant de la nature de leur objet que de l'adhésion de l'autorité à leur institution une personnalité véritable: en conséquence, elles peuvent ester en justice par leur comité d'administration nommé en assemblée générale, alors même qu'un pouvoir spécial ne lui a pas été conféré, à cet effet, par les statuts. — Civ. c. 25 mai 1887, D.P. 87. 1. 289, et la note. — V. Code de procédure civile, nᵒ 249 et s.

1113. De même, la régie des inhumations composée des délégués des diverses fabriques d'une ville peut, lorsqu'elle a été légalement constituée par un décret du pouvoir exécutif, plaider par l'intermédiaire de l'agent général et du trésorier, avec l'autorisation qui serait nécessaire à chaque fabrique en particulier. — Req. 29 juill. 1873, D.P. 75. 1. 69. — V. Code de procédure civile, nᵒ 256. — V. aussi Code des lois adm. annotées, t. 2, II, vᵒ Sépulture, nᵒ 1176 et s.

1114. Le bâtonnier de l'ordre des avocats formant barreau auprès d'une cour est admis à soutenir en justice les intérêts de l'ordre. — Chambéry, 20 juill. 1872, D.P. 73. 2. 9.

1115. Le même droit est accordé aux présidents et syndics des chambres de discipline des officiers ministériels. — Req. 25 juill. 1870, D. P. 72. 1. 25.

1116. Enfin un arrêt récent a reconnu, comme conséquence de la personnalité civile attribuée à une compagnie d'agents de change, que le syndic, représentant légal de la corporation, avait le droit d'exercer en son nom propre les droits et actions concernant d'une caisse commune créée pour les besoins de la compagnie. — Civ. r. 16 févr. 1885, D.P. 86. 1. 161.

1117. La question de savoir si les sociétés civiles constituent des êtres moraux est controversée. — J.G.S. Action, 56. — V. Code civil annoté, art. 1832, nᵒ 57 et s.; et son Supplément, nᵒˢ 43857 et s., et la dissertation de M. Brésillion, D.P. 87. 2. 233, notes 1 à 12.

1118. Dans l'opinion qui admet que les sociétés civiles forment des êtres moraux, il résulte cette conséquence qu'elles ont qualité pour ester en justice, sans qu'il soit nécessaire de mentionner dans la procédure les noms et domiciles des membres qui les composent. — J.G.S. Action, 56.

1119. Décidé en ce sens que les sociétés civiles constituent des personnes morales, et par suite ont le droit d'agir en justice par l'intermédiaire de leurs représentants légaux. — (Sol. implic.) Trib. civ. de Lille, 17 juin 1882, J.G.S. Action, 56. — V. Code de procédure civile, nᵒˢ 260 et 264.

1120. Lorsque la gestion des intérêts collectifs appartient, aux termes des statuts, à un conseil investi de pouvoirs nettement déterminés, et ayant mission de représenter la société à l'égard des tiers, celle-ci, alors même qu'elle ne serait pas organisée sous une forme commerciale, doit être considérée comme un être moral, capable d'ester en justice. — J.G.S. *Action,* 57.

1121. Jugé en ce sens que, lorsque la gestion des affaires d'une société civile a été confiée à un conseil d'administration ou à un directeur, cette société constitue un être moral distinct de ceux des membres qui la composent, et peut être représentée en justice par ce conseil d'administration ou ce directeur. — Paris, 27 fév. 1878, D.P. 78. 2. 257. — Conf. Paris, 2 déc. 1885, J.G.S. *Action,* 57. — V. *Code de procédure civile,* n° 265.

1122. Spécialement, il en est ainsi d'une société civile constituée pour l'exploitation d'une mine. — Arrêt préc. 27 fév. 1878. — V. *Code des lois adm. annotées,* t. 3, v° *Mines.*

1123. En Belgique, les sociétés de *charbonnages* ont une personnalité juridique distincte de celle des associés. — Bruxelles, 2 févr. 1882, D.P. 83. 2. 1, et la note 1.

1124. La personnalité civile, et, comme conséquence, le droit d'ester en justice appartiennent aux associations syndicales qui ont le droit d'être représentées en justice par leurs syndics. — J.G.S. *Action,* 58.

1125. Sur ce point la jurisprudence avait même devancé le législateur : toutefois, un arrêt avait décidé qu'une association constituée pour la construction d'un canal, et qui n'avait reçu aucun caractère légal et public, ne pouvait être actionnée en la personne du président du syndicat. — Colmar, 5 juill. 1864, J.G.S. *Action,* 58.

1126. La loi du 21 mars 1884, en organisant les syndicats professionnels, pour l'étude et la défense des intérêts économiques, industriels, commerciaux et agricoles (art. 3), leur a accordé, dans son art. 6, le droit d'ester en justice par leurs représentants légaux. — D.P. 84. 4. 429.

1127. Mais ce même faculté est expressément refusée par l'art. 5 aux unions de syndicats, que la loi reconnaît cependant comme licites. — V. *ibid.*

1128. Une association en participation, n'ayant pas une personnalité distincte de celle de ses participants, les intérêts d'une association de cette nature ne peuvent être soutenus en justice par son liquidateur. — J.G.S. *Action,* 62. — *Contrà* : Paris, 24 mai 1867.

1129. De même, les chambres de commerce instituées pour donner leur avis sur les questions intéressant le commerce en général n'ont pas qualité pour défendre en justice les intérêts commerciaux des commerçants de leur ressort. — Trib. cor. Seine, 10 août 1882, D.P. 84. 2. 76. — J.G.S. *Action,* 62.

1130. Les cercles constituent des associations dépourvues de toute personnalité civile. — Nancy, 20 janv. 1877, D.P. 80. 4. 84. — Civ. r. 7 déc. 1880, D.P. 81. 1. 148. — V. *Code de procédure civile,* n° 273.

1131. Par suite, le président d'un cercle ne peut en représenter les membres dans une instance judiciaire qu'autant qu'il a reçu à cet effet un mandat spécial de chacun d'eux et qu'ils sont individuellement désignés dans les actes de la procédure. — Civ. r. 7 déc. 1880, D.P. 81. 4. 148.

1132. Le demandeur peut, d'ailleurs, être un membre quelconque du cercle, agissant tant en son nom personnel qu'en nom et comme mandataire des autres membres. — Cr. r. 20 juill. 1878, J.G.S. *Action,* 63.

1133. La même solution doit être donnée en ce qui concerne les membres d'un groupe de commerçants propriétaires d'une marque de fabrique qui poursuivent les usurpateurs de cette marque. — Paris, 13 juill. 1883, D.P. 84. 2. 151.

1134. Jugé également que les membres d'une compagnie de sapeurs-pompiers peuvent s'engager *ut singuli,* les uns envers les autres et poursuivre en justice par l'intermédiaire de l'un d'eux, auquel ils ont donné pouvoir à cet effet, l'exécution de ces engagements, pourvu que le défendeur n'oppose pas à cette procédure l'exception tirée de la règle : « qu'on ne plaide pas par procureur ». — Civ. c. 24 nov. 1875, D.P. 76. 1. 415.

1135. Mais, dans tous les cas, ceux qui intentent l'action ne peuvent agir que dans leur intérêt personnel. — J.G.S. *Action,* 63. — Conf. Angers, 4 mars 1870, D.P. 70. 2. 59.

1136. La règle : « Nul ne plaide par procureur » n'est pas applicable aux mandataires nommés par justice qui doivent être assimilés aux mandataires légaux, la loi les investissant de leurs fonctions par l'intermédiaire du juge. — J.G.S. *Action,* 64.

1137. C'est ce qui a été décidé à l'égard : 1° d'un mandataire nommé par justice pour remplacer une personne chargée par les statuts d'une société de défendre devant les tribunaux les intérêts des obligataires, ladite personne ne pouvant remplir la mission qui lui était ainsi confiée. — Civ. r. 19 févr. 1884, D.P. 84. 1. 396.

1138. ... 2° D'un liquidateur désigné par justice pour représenter les intérêts d'une chambre syndicale d'agents de change, aux lieu et place du syndic dont les fonctions avaient pris fin. — Lyon, 15 mars 1883, D.P. 86. 1. 161.

1139. L'art. 17 de la loi du 24 juill. 1867 (D.P. 67. 4. 98) sur les sociétés commerciales qui permet à un groupe d'actionnaires représentant le vingtième au moins du capital social de charger un ou plusieurs mandataires de soutenir, dans leur intérêt commun, contre les gérants ou membres du conseil de surveillance de la société, une action tant en demandant qu'en défendant constitue une exception à la règle : « Nul ne plaide par procureur ». — J.G.S. *Action,* 66.

1140. Une autre exception est admise par quelques auteurs à l'égard du commissionnaire. — J.G.S. *Action,* 67. — V. *supra,* n° 1107.

1141. — II. EXCEPTION TIRÉE DE LA VIOLATION DE LA MAXIME « NUL NE PLAIDE PAR PROCUREUR » (C. proc. civ. n°s 274 à 283). — La maxime : « Nul en France ne plaide par procureur » ne constituant pas une règle d'ordre public, la convention par laquelle une partie renonce à s'en prévaloir est licite. — Civ. c. 29 nov. 1879, D.P. 80. 1. 84. — Req 27 nov. 1890, D.P. 90. 1. 148. — V. *Code de procédure civile,* n° 281.

1142. Cette renonciation peut résulter de l'adhésion donnée, par un associé, aux statuts qui confèrent à une commission, ou à son président, le pouvoir d'assurer le recouvrement des cotisations de chacun des membres de l'association. — Arrêt préc. 27 janv. 1890.

1143. En conséquence, le membre d'un cercle qui a adhéré aux statuts conférant au président le pouvoir de représenter le cercle en justice, ne peut, alors qu'une action en payement de ses cotisations est intentée contre lui, soutenir que le président n'a point qualité pour exercer cette action. — Arrêt préc. 29 nov. 1879.

1144. La violation de la règle : « Nul ne plaide par procureur » ne peut être invoquée pour la première fois devant la Cour de cassation. — Civ. c. 24 nov. 1875, D.P. 76. 1. 115. — V. *Code de procédure civile,* n° 282.

1145. Mais, devant les autres juridictions, la maxime peut être invoquée en tout état de cause, et il est permis de l'opposer pour la première fois en appel. — Paris, 27 janv. 1880, J.G.S. *Action,* 69.

§ 3. — *Contre qui l'action doit être exercée.*

1146. V. *Code de procédure civile,* n°s 284 et s.

§ 4. — *Quelle partie doit être réputée demanderesse ou défenderesse* (C. proc. civ. n°s 297 à 311).

1147. Sur les conditions dans lesquelles le défendeur peut invoquer la maxime : *Temporalia ad agendum, perpetua sunt ad excipiendum,* V. *Code civil annoté,* art. 1304, n°s 202 et s.; et son *Supplément,* n° 8378.

1148. Dans une instance en bornage, chaque partie est également demanderesse et défenderesse. — V. *Code de procédure civile,* n° 310. — V. aussi *Code civil annoté,* art. 646, n°s 16 et 97; et son *Supplément,* n°s 4268 et s., 4299 et s. — V. *infrà,* art. 861, et L. 11 avr. 1838, art. 2, *Appendice* à l'art. 453.

§ 5. — *Concours et cumul d'actions.*

1149. V. *Code de procédure civile,* n°s 312 et s.

SECT. 3. — COMPÉTENCE D'ATTRIBUTION DES TRIBUNAUX CIVILS (C. proc. civ. n°s 338 à 388).

1150. — I. COMPÉTENCE CIVILE DES TRIBUNAUX D'ARRONDISSEMENT COMME JUGES DU PREMIER DEGRÉ (C. proc. civ. n°s 338 à 381). — 1° *Etendue de cette compétence en général* (C. proc. civ. n°s 338 à 350). — Les demandes en nullité ou en déchéance d'un brevet d'invention ne peuvent être portées devant les tribunaux de commerce, même à l'occasion d'un débat rentrant dans la compétence de la juridiction consulaire, si elles ne constituent point une défense à l'action principale. — Rennes, 24 août 1883, D.P. 85. 1. 349. — V. *Code de procédure civile,* n° 340.

1151. Sur la compétence exclusive des tribunaux civils relativement à la propriété des brevets d'invention. V. *Code de commerce annoté,* L. 5 juill. 1844, art. 1, n° 49, 62 et s., et art. 34.

1152. Les tribunaux civils sont seuls compétents pour connaître : ... des difficultés relatives à la perception des taxes indirectes. — Cons. d'Ét. 16 juin 1874, D.P. 75. 3. 50. — V. *Code de procédure civile,* n° 345. — V. *Code des lois adm. annotées,* t. 4, v° *Contributions indirectes.*

1153. ... Et des oppositions à contrainte. — Trib. Pontarlier, 21 déc. 1871, D.P. 75. 1. 326. — Lyon, 3 juill. 1874, D.P. 75. 2. 173.

1154. En ce qui concerne la compétence des tribunaux civils relativement : ... aux demandes incidentes et aux demandes reconventionnelles, V. *infrà,* art. 337.

1155. ... Au cas de litispendance et de connexité, V. *infrà,* art. 171.

1156. ... Sur les matières sur lesquelles les tribunaux d'arrondissement statuent en premier ou en dernier ressort, V. *infrà,* L. 11 avr. 1838, *Appendice* à l'art. 453.

1157. — 2° *Compétence en matière d'exception* (C. proc. civ. n°s 351 à 360). — Le juge de l'action est le juge de l'exception, lorsqu'une disposition spéciale de la loi ne lui interdit pas la connaissance de cette exception. — Req. 26 avr. 1880, D.P. 80. 1. 425. — V. *Code de procédure civile,* n°s 351 et s.

1158. Ainsi un tribunal de commerce n'est pas compétent pour prononcer sur les questions d'état ou de propriété que présentent à résoudre les exceptions élevées devant lui. — V. *Code de commerce annoté,* art. 631, n°s 138 et suiv.

1159. Mais un tribunal civil saisi d'une demande formée par des individus disant agir comme liquidateurs d'une société commerciale, demande à laquelle le défendeur oppose une fin de non-recevoir tirée du défaut de qualité des demandeurs résultant de ce que la société dont il s'agit n'aurait pas d'existence légale, est compétent pour prononcer sur la question de nullité de cette société, alors, d'ailleurs, qu'il déclare en limiter la solution à l'appréciation de la fin de non-recevoir à laquelle elle se rattache. — Arrêt préc. 26 avr. 1880.

1160. Décidé également que le juge de l'action est juge de l'exception en général, et, en particulier, de l'exception tirée de ce qu'il y aurait déjà chose jugée sur l'action. — Nîmes, 27 mars 1876, D.P. 77. 2. 6.

1161. En conséquence, le tribunal civil, saisi de la question préjudicielle de savoir si un individu privé antérieurement de ses droits politiques par une condamnation judiciaire en a été relevé par la loi du 13 mai 1863, (D.P. 63. 4. 79, modificative du Code pénal qui a fait passer de la classe des crimes dans celle des délits les peines prononcées pour coups et blessures) est compétent pour prononcer sur l'exception de chose jugée soulevée devant lui, et ne peut se déclarer incompétent par le motif que le conseil d'État, qui lui a renvoyé l'examen de cette question, serait seul compétent pour décider s'il n'y a pas déjà chose jugée sur ce point. — Même arrêt. — Comp. Cons. d'Ét. 7 août 1875, D.P. 76. 3. 33.

1162. La compétence des tribunaux en matière civile se détermine par la nature, l'objet ou la valeur de la demande et non par les moyens de la défense, alors surtout que ces moyens sont contestés. — Rennes, 31 janv. 1880, D.P. 80. 2. 295.

1163. Spécialement, un tribunal civil saisi d'une demande tendant à établir qu'un immeuble n'est pas grevé d'une servitude de passage reste compétent pour statuer sur cette action, bien que le défendeur soutienne qu'il a eu le droit de passer sur l'immeuble en vertu de la disposition de l'art. 41, tit. 2, de la loi du 28 sept. 1791, qui permet aux voyageurs de passer sur les propriétés voisines d'un chemin public impraticable, question qui, suivant le défendeur, serait de la compétence du juge de paix. — Même arrêt.

1164. La règle d'après laquelle « le juge de l'action est le juge de l'exception » s'efface devant la règle constitutionnelle de la séparation des pouvoirs, et, dans aucun cas, la juridiction administrative ne peut statuer incidemment sur des questions du ressort des tribunaux judiciaires. — J.G.S. Compét. admin., t. 1er, II, vo Séparation des pouvoirs, no 1092 et s.

1165. — 3o Prorogation de juridiction (C. proc. civ. nos 361 à 375). — La clause d'un contrat par laquelle les parties conviennent que les contestations qui pourraient surgir à raison de l'interprétation ou de l'exécution dudit contrat seront déférées aux tribunaux d'un lieu spécialement désigné est le point une clause compromissoire, dont l'art. 1006 C. proc. civ., règle les conditions de validité, mais une simple soumission volontaire de juridiction, parfaitement licite et permise. — Alger, 7 déc. 1889, D.P. 90. 2. 188. — V. Code de procédure civile, no 363.

1166. Cette attribution de juridiction fait la loi des parties qui y ont librement adhéré, et s'impose à elles, même après la résiliation du contrat, pour toutes les contestations qui s'y rattachent. — Même arrêt.

1167. La clause d'une police d'assurance, aux termes de laquelle toutes les contestations sur le règlement des indemnités seront portées devant un tribunal déterminé, tant en demandant qu'en défendant, est obligatoire pour les parties qui l'ont souscrite. — Toulouse, 8 juin 1887, D.P. 89. 2. 43. — V. Code de procédure civile, nos 368 et s.

1168. Et la compagnie d'assurances qui, en commettant un expert pour procéder à l'estimation des dommages occasionnés par un incendie, réserve expressément toutes les facultés ou conventions dérivant de la police, sauvegarde ainsi formellement son droit à l'exception d'incompétence. — Même arrêt.

1169. Cette clause connue sous le nom de soumission de juridiction s'opère aussi par la simple élection de domicile dans un acte. — V. Code de procédure civile, no 370.

— V. aussi Code civil annoté, art. 111 ; et son Supplement, nos 873 et s.

1170. Sur le droit qu'ont les parties de renoncer devant le tribunal civil au second degré de juridiction, V. infrà, L. 11 avr. 1838, Appendice à l'art. 453.

1171. — 4o Compétence en matière commerciale (C. proc. civ. nos 376 à 381). — Les tribunaux civils sont compétents, à l'exclusion de la juridiction commerciale, pour connaître des affaires commerciales dans les localités où il n'existe pas de tribunaux de commerce. — J.G.S. Compét. commerciale, 4. — V. Code de compét. civile, no 376. — V. aussi Code de commerce annoté, art. 640 et 641, nos 1 et s

1172. — II Compétence civile du second degré (C. proc. civ. nos 382 à 388). — Lorsque les tribunaux d'arrondissement sont juges d'appel des décisions des juges de paix, leur compétence, tant au point de vue de la matière que du taux de la demande, n'excède pas celle du juge de paix. — J.G.S. Compét. civ. des trib d'avr., 4. — V. Code de procédure civile, no 384.

1173. Ainsi, lorsqu'un jugement d'un juge de paix est déféré par voie d'appel au tribunal d'arrondissement pour cause d'incompétence à raison de la nature commerciale de l'affaire, ce tribunal est également incompétent pour statuer sur le fond, et doit se borner à infirmer le jugement du juge de paix. — Civ. c. 14 févr. 1883, D.P. 83. 1. 190.

1174. De même, le tribunal civil saisi comme tribunal d'appel de la décision du juge de paix qui a statué incompétemment sur une action en réparation d'un dommage causé au fonds de la propriété, n'a que une compétence plus étendue que ce dernier et ne peut statuer valablement sur les questions jugées à tort par ce magistrat. — Civ. c. 28 juin 1882, D.P. 83. 1. 408. — Civ. c. 7 juin 1886, D.P. 87. 1. 107. — Civ. c. 28 févr. 1887, ibid. — V. Code de procédure civile, no 385.

SECT. 4. — COMPÉTENCE TERRITORIALE (C. proc. civ. nos 389 à 408).

1175. En matière d'opposition à mariage, la demande en mainlevée peut être portée devant le juge du lieu où le mariage doit être célébré, parce que la loi a exigé que l'opposant fit élection de domicile en ce lieu. — Rouen, 13 nov. 1878, J.G.S. Compét. civ. des trib. d'arr., 133. — V. Code civil annoté, art. 176, no 4, et art. 177, nos 4 et s ; et son Supplement, nos 1148 et s., 1151 et s.

1176. Sur le tribunal compétent en matière de désaveu d'enfant, V. infrà, art. 356.

1177. ... De tierce-opposition, V. infrà, art. 475.

1178. ... De saisie-arrêt, V. infrà, art. 567 et 570.

1179. ... De divorce et de séparation de corps, V. infrà, art. 875.

1180. ... De référé, V. infrà, art. 807.

1181. ... De droits d'enregistrement, V. Code de l'enregistrement annoté, nos 5918 et s.

1182. L'infraction aux règles de la compétence respective des tribunaux civils ne constitue pas une incompétence absolue ; et l'incompétence qui provient uniquement de ce que le tribunal n'est pas celui du lieu où l'affaire aurait dû être portée est couverte par l'acquiescement ou le silence des parties, et doit être proposée préalablement à toutes autres exceptions ou fins de non-recevoir. — Req. 15 juill. 1875, D.P. 76. 5. 226. — J.G.S. Exceptions et fins de non-recevoir, 34. — V. Code de procédure civile, no 408, et infrà, art. 169.

§ 1er. — Actions personnelles (C. proc. civ. nos 409-524).

1183. — 1. CARACTÈRES DE L'ACTION PERSONNELLE (C. proc. civ. nos 409 à 467). — D'une manière générale, l'action personnelle suppose un droit ou une obligation personnelle, qu'elle tend à faire respecter ou exécuter, quelle que soit l'origine de l'obligation ; peu importe qu'elle se rattache à l'établissement ou au mode d'exercice d'un droit réel, du moment que la contestation qui motive l'action ne porte point sur le droit réel lui-même. — J.G.S. Action, 4. — V. Code de procédure civile, no 409.

1184. Ainsi l'action tendant au payement d'une somme d'argent pour occupation indue d'un terrain constitue une action purement personnelle de la compétence du tribunal du domicile du défendeur. — Bourges, 11 mai 1884, D.P. 85. 2. 232.

1185. Doivent être regardées comme personnelles toutes les actions tendant à la résiliation d'une convention, constitutive d'un droit personnel.

1186. Au contraire, si la résolution devait porter sur un droit réel immobilier, l'action serait mixte. — V. infrà, no 18. — J.G.S. Action, 5.

1187. L'action tendant à faire cesser le trouble de fait apporté à la jouissance d'un immeuble par les dégradations commises sur un mur mitoyen par le propriétaire voisin est une action personnelle. — Civ. r. 28 août 1877, D.P. 78. 1. 213.

1188. ... A la condition, toutefois, que l'auteur du trouble ne prétende à aucun droit sur l'héritage voisin. — J.G.S. Action, 9.

1189. Un arrêt a décidé que l'action en nullité de la vente formée par l'acheteur n'est pas une action personnelle, mais une action mixte, cette action ayant pour objet le délaissement des immeubles vendus. — Rouen, 30 avr. 1870, J.G.S. Action, 17. — V. Contrà : Code de procédure civile, no 429.

1190. D'après un autre arrêt, l'action paulienne est également une action mixte, lorsqu'elle tend à faire rentrer dans le patrimoine du débiteur un immeuble aliéné par celui-ci ; elle est, en conséquence, valablement portée dans ce cas devant le tribunal de la situation de l'immeuble. — Grenoble, 2 mars 1875, D.P. 77. 2. 208. — V. Code de procédure civile, nos 448 et s.

1191. — II. DOMICILE DU DÉFENDEUR (C. proc. civ. nos 468 à 487). — Le tribunal du domicile, ou, à défaut de domicile connu, de la résidence du défendeur, est compétent d'une manière générale pour statuer en matière personnelle. — J.G.S. Compét. civ. des trib. d'arr., 8. — V. Code de procédure civile, no 468.

1192. Cette attribution de compétence est absolue, et il n'appartient en aucun cas au demandeur de la valider par des voies détournées. — J.G.S. Compét. civ. des trib. d'arr., 15.

1193. En ce qui touche la situation du domicile du défendeur, V. Code civil annoté, art. 102, no 5 et s ; et son Supplement, nos 801 et s.

1194. Spécialement, c'est le tribunal du domicile du défendeur qui est compétent en principe, et en vertu de la règle générale de l'art. 59 C. pr., pour connaître de la demande tendant à l'apurement d'un compte courant et au payement du solde provenant de la balance, sans qu'il y ait à faire acception, pour la compétence, du lieu où ont été réalisées les opérations commerciales comprises dans ledit compte courant. — Req. 1er mars 1887, D.P. 87. 1. 161.

1195. La compétence du tribunal est déterminée par la situation des parties au moment où l'instance s'engage, et elle se perpétue jusqu'à ce que l'instance introduite par l'exploit d'assignation ait été terminée par un jugement. — J.G.S. Compét. civ. des trib. d'arr., 13.

1196. Par conséquent, si l'instance a été suspendue pendant un temps plus ou moins long, puis reprise, le tribunal compétent est, non pas celui du domicile du défendeur au moment où l'instance reparaît au rôle, mais celui où cette instance a été commencée. — J.G.S. *Compét. civ. des trib. d'arr.*, 13.

1197. Il n'en serait autrement que dans le cas où, sous couleur d'une reprise d'instance, le demandeur intenterait une nouvelle action, par exemple, s'il changeait l'objet de sa demande ou ajoutait à son action primitive une autre demande indépendante de la première; la compétence serait alors déterminée par le domicile du défendeur au moment de l'assignation en prétendue reprise d'instance. — Req. 30 déc. 1884, D.P. 85. 1. 421.

1198. La règle générale de compétence, suivant laquelle le défendeur doit être assigné au tribunal de son domicile, reçoit exception lorsque la difficulté porte sur l'exécution ou l'interprétation d'un jugement rendu par un tribunal civil. — J.G.S. *Compét. civ. des trib. d'arr.*, 14.

1199. Mais lorsqu'il ne s'agit pas réellement soit de l'interprétation, soit de l'exécution d'un jugement antérieur, la demande doit nécessairement être portée, suivant le droit commun, devant le tribunal du domicile du défendeur. — J.G.S. *Compét. civ. des trib. d'arr.*, 14.

1200. Ainsi l'action en payement des frais d'éducation d'un enfant formée par l'un des époux séparés de corps contre son conjoint doit être portée devant le tribunal du domicile du défendeur et non devant le tribunal qui a rendu le jugement de séparation de corps, alors qu'elle ne soulève aucune difficulté d'interprétation ou d'exécution de ce jugement. — Cass. 30 mai 1876, D.P. 78. 2. 129.

1201. Il suffit pour la validité d'une assignation que le domicile devant le tribunal duquel elle a été donnée soit le domicile apparent. — Req. 7 juill. 1885, D.P. 87. 1. 12. — V. *Code de procédure civile*, n° 470.

1202. Il en est ainsi notamment lorsque le défendeur a acheté dans une localité des immeubles importants, y habite pendant une partie de l'année et a présenté requête au tribunal dudit lieu afin d'être autorisé à aliéner le droit mobilier de sa femme, en affirmant vouloir transférer son domicile dans cet endroit. — Même arrêt.

1203. Sur les règles de compétence applicables entre Français et étrangers non résidant en France pour l'exécution d'obligations contractées par un étranger envers un Français, V. *Supplément au Code civil annoté*, n° 430 et s.

1204. En l'absence de toute disposition légale dérogatoire, quant aux contestations entre étrangers, à la règle *actor sequitur forum rei*, les tribunaux français sont, en général, incompétents pour statuer en matière personnelle et mobilière sur les contestations entre étrangers. — Nancy, 9 févr. 1886, D.P. 87. 2. 31. — *Supplément au Code civil annoté*, n° 499 et s.

1205. Néanmoins, il en est autrement lorsque l'instance engagée entre deux étrangers a pour objet la réparation civile d'un délit ou quasi-délit commis en France. — Même arrêt.

1206. Sur les divers tribunaux devant lesquels le défendeur peut être assigné en matière commerciale, V. *infrà*, art. 420.

1207. — III. PLURALITÉ DE DÉFENDEURS (C. proc. civ. n°s 488 à 524). — En matière personnelle, lorsqu'il y a plusieurs défendeurs, le demandeur peut les assigner au domicile de l'un d'eux, à moins que l'action dirigée contre ce dernier ne paraisse point sérieuse et n'ait pour objet de distraire les autres défendeurs de leurs juges naturels. — Req. 9 mai 1883, D.P. 84. 1. 358. — V. *Code de procédure civile*, n°s 488 et 493.

1208. Ainsi, la demande formée contre un défendeur en son nom personnel qu'en sa qualité de directeur d'une société civile, à l'effet exclusif d'obtenir l'exécution d'un traité passé avec la dite société, peut être portée devant le tribunal dans l'arrondissement duquel cette société a son unique établissement, quand les juges du fond, dont l'appréciation est sur ce point souverain, constatent que la société a des intérêts considérables dans le litige, et que l'assignation n'a point pour but de distraire la partie citée de ses juges naturels. — Même arrêt.

1209. De même, lorsque plusieurs défendeurs ont été cités devant le tribunal du domicile de l'un d'eux, il n'appartient qu'aux juges du fond d'apprécier si ce défendeur n'a été compris dans l'instance que pour distraire un de ses codéfendeurs de ses juges naturels et s'il n'aurait pas dû être appelé seulement en qualité de garant. — Req. 27 déc. 1880, D.P. 81. 1. 421. — V. *Code de procédure civile*, n° 497.

1210. Lorsqu'il y a plusieurs défendeurs, spécialement plusieurs héritiers, ils peuvent également être assignés devant le tribunal du domicile de l'un d'eux, et les autres défendeurs ne sont pas recevables à exciper de l'incompétence du tribunal, surtout si ce tribunal est précisément celui du lieu où la succession s'est ouverte et s'il n'a pas encore été procédé au partage. — Riom, 2 janv. 1888, D.P. 89. 2. 23.

1211. Mais la disposition de l'art. 59, § 2, C. proc. civ., aux termes de laquelle, s'il y a plusieurs défendeurs, le demandeur peut les assigner tous devant le tribunal du domicile de l'un d'eux, n'est applicable qu'autant que le défendeur dont le domicile se trouve dans l'arrondissement du tribunal saisi de la demande est partie sérieuse et personnellement intéressée au procès. — Toulouse, 27 juill. 1872, D.P. 76. 1. 395-396.

1212. Ainsi la partie assignée en déclaration de jugement commun, sans avoir vis-à-vis du demandeur un intérêt distinct de celui du demandeur, ne saurait être réputée codéfendeur à l'action principale, sa présence ne saurait autoriser à assigner à son domicile le défendeur principal. — Req. 20 mai 1873, D.P. 75. 1. 469-470.

1213. Pour permettre au tribunal d'apprécier s'il existe réellement entre le demandeur et celui des défendeurs dont il a choisi le domicile, une opposition sérieuse d'intérêts, il faut examiner le fond du procès. — J.G.S *Compét. civ. des trib. d'arr.*, 16.

1214. En conséquence, l'action en dommages-intérêts, dirigée conjointement et solidairement contre l'auteur d'un fait dommageable et son commettant civilement responsable, peut être, s'ils ont un domicile différent, portée au choix du demandeur, devant le tribunal du domicile de l'un d'eux. — Chambéry, 22 févr. 1886, D.P. 87. 2. 32.

1215. Le demandeur étant autorisé, lorsqu'il y a plusieurs défendeurs, à porter son action devant le tribunal du domicile de l'un d'eux, à son choix, le syndic (en cas de faillite de l'un des défendeurs) peut saisir de sa demande en nullité le tribunal du domicile du failli personnellement intéressé à la cause, et y appeler la partie avec laquelle les actes argués ont été passés, bien que cette partie soit domiciliée dans le ressort d'un autre tribunal. — Req. 10 mars 1879 (1er et 2e espèce), D.P. 79. 1. 354 et 354-356.

1216. Le même tribunal peut être saisi par le syndic, lorsqu'il s'agit de faire statuer en référé sur la demande en commination d'un séquestre pour gérer et administrer la société dont la nullité est demandée. — Même arrêt (2e espèce).

1217. La demande en dommages-intérêts poursuivie, à l'occasion d'une souscription d'actions obtenue par dol, contre une compagnie ayant son siège à Paris, et contre son agent local, auteur direct des faits reprochés, peut être valablement portée devant le tribunal du domicile de ce dernier. — Req. 8 déc. 1884, D.P. 85. 5. 102.

1218. La renonciation au bénéfice de l'art. 14 C. civ. n'enlève pas au Français, ou à l'étranger admis à établir son domicile en France, le droit de se prévaloir de la disposition de l'art. 59, § 2, C. proc. civ., qui attribue au demandeur la faculté d'assigner les défendeurs, à son choix, devant le tribunal du domicile de l'un d'eux. — Civ. c. 14 mars 1883, D.P. 83. 1. 377. — V. *Supplément au Code civil annoté*, n°s 464 et s. — Comp. Req. 28 févr. 1877, D.P. 77. 1. 474. — Req. 9 déc. 1878, D.P. 79. 1. 176.

1219. C'est là un droit général qui ne comporte aucune exception, l'art. 59, § 2, ayant pour but d'empêcher qu'il y ait des décisions contradictoires, que les mêmes faits soient différemment appréciés par divers juges appelés à en connaître, et que, par suite d'un désaccord dans leur manière de voir, la même demande, dirigée contre plusieurs défendeurs, soit ici accueillie et là repoussée. — D.P. 83. 1. 377, note.

1220. Cette disposition de l'art. 59, étant générale, doit recevoir son application non seulement entre Français, mais encore lorsqu'un ou plusieurs défendeurs sont étrangers. — Arrêt préc. 14 mars 1883.

1221. En conséquence, le destinataire français d'une marchandise transportée par chemin de fer a le droit de citer devant les tribunaux français, saisis par lui d'une action dirigée contre des compagnies françaises de transport, la compagnie étrangère par laquelle la marchandise transportée a été assurée. — D.P. 83. 1. 377.

1222. Pour que le demandeur ait le droit d'assigner tous les défendeurs au domicile de l'un d'eux à son choix, il faut que la même action soit dirigée contre ces divers défendeurs; et il en est ainsi lorsqu'il y a identité d'objet et de cause; peu importe d'ailleurs que les divers défendeurs soient obligés de manière différentes. — Orléans, 10 mars 1888 (1re espèce), D.P. 89. 2. 203. — V. *Code de procédure civile*, n° 498.

1223. Tel est le cas d'une demande dirigée solidairement à la fois contre un banquier et un agent de change, à l'effet d'obtenir la remise de titres nominatifs, et fondée sur la même cause, savoir la vente irrégulière de ces titres qui constitue une faute commune aux deux défendeurs, bien qu'ils aient employé l'un et l'autre des moyens différents pour la commettre, le banquier en violant son mandat, l'agent de change en n'observant pas les règles de sa profession. — Même arrêt.

1224. De même, l'action personnelle, fondée sur un ensemble de faits dolosifs imputés à certaines personnes et de nature à entraîner entre elles une responsabilité solidaire, ayant la même cause et le même objet contre toutes, le demandeur a le droit de les porter devant le tribunal du domicile de l'un des défendeurs à son choix. — Req. 11 juin 1888, D.P. 89. 1. 293.

1225. Au contraire, les deux demandes doivent être séparées et ne peuvent plus être jointes devant le tribunal du domicile de l'un des défendeurs lorsque l'action est dirigée par les liquidateurs d'une société d'assurance mutuelle à la fois contre les anciens administrateurs de cette société et contre une autre société (ou son liquidateur), alors que cette action est basée, vis-à-vis des administrateurs de la première société, sur des fautes de gestion, et, vis-à-vis de la seconde société, sur les stipulations d'un contrat. — Orléans, 1er août 1888 (2e espèce), D.P. 89. 2. 203.

1226. La disposition aux termes de laquelle, en cas de pluralité de défendeurs, le demandeur peut les assigner tous, à son choix, au domicile de l'un d'eux, ne s'applique qu'au cas où tous ces défendeurs sont également obligés, et non à celui où les uns sont obligés principalement et les autres éventuellement. — Req. 18 déc. 1883, D.P. 85. 5. 100. — V. *Code de procédure civile*, n° 506

1227. Mais cette disposition s'applique au cas où les demandes formées contre divers défendeurs, bien que non identiques, ont un caractère de connexité tel que l'action du demandeur ne peut atteindre sa fin sans la présence simultanée de tous les défendeurs. — Douai, 26 juin 1877, D.P. 79. 2. 208. — V. *Code de procédure civile*, n° 507.

1228. Spécialement, lorsqu'une vente de marchandises a été passée par un courtier pour le compte d'un négociant qui nie avoir donné mandat de la couclure, l'acheteur qui actionne à la fois le courtier à l'effet de faire valoir le marché, et le négociant à l'effet de l'exécuter, peut assigner les deux défendeurs devant le tribunal du domicile du courtier, le point de savoir si le mandat a été donné ne pouvant être jugé à l'écart de l'un ou de l'autre. — Même arrêt.

1229. ... Alors, d'ailleurs, qu'il est constant que le défendeur dont le domicile a déterminé le choix du tribunal saisi est un défendeur sérieux qui n'a pas été arbitrairement mis en cause pour soustraire son codéfendeur à ses juges naturels. — Même arrêt.

§ 2. — Actions réelles (C. proc. civ. n° 522 à 547).

1230. En matière réelle immobilière, le tribunal compétent est celui de la situation de l'immeuble qui fait l'objet du litige ou lui sert de base. — J.G.S. *Compét. civ. des trib. d'arr.*, 25. — V. *Code de procédure civile*, n° 526.

1231. En conséquence, l'acquéreur de bois sur pied vendus pendant la guerre par l'ennemi dans une forêt domaniale, qui a été dépossédé d'une partie de ces bois par les agents français, en vertu des ordres du directeur général des forêts, doit porter sa demande en dommages-intérêts devant le tribunal du département où la forêt est située. — Paris, 25 avr. 1814, D.P. 74. 2. 177.

1232. D'après un arrêt, l'action par laquelle un voisin réclame contre le propriétaire d'un four à chaux l'observation des prescriptions de l'arrêté d'autorisation est une action réelle ou tout au moins mixte. — Dijon, 16 nov. 1877, J.G.S. *Action*, 11.

1233. Mais cette action est bien plutôt une action réelle, car les prescriptions concernant les établissements dangereux et insalubres sont des restrictions au droit de propriété, ayant quelque analogie avec les servitudes réelles; aussi peut-on dire que l'exécution de ces prescriptions constitue une charge de la propriété qui la suit en quelques mains qu'elle passe. — J.G.S. *Action*, 11.

1234. L'action en payement de la valeur de la mitoyenneté exercée par le propriétaire sur lequel la mitoyenneté a été acquise contre le tiers détenteur est réelle et par suite l'exercice de cette action contre le tiers détenteur est soumis à la nécessité de la transcription, par application des art. 1 et 2 de la loi du 23 mars 1855. — Paris, 25 nov. 1885, D.P. 86. 2. 189. — V. *Code de procédure civile*, n° 534.

1235. L'action intentée à fin de reconstruction du mur mitoyen est également une action réelle. — Bordeaux, 14 avr. 1882, J.G.S. *Action*, 12. — V. *Code de procédure civile*, n° 536.

1236. Lorsqu'il existe dans un bail une clause commissoire portant qu'à défaut de payement du terme de loyer dans un délai déterminé, le bail sera résilié de plein droit et sans aucune formalité, l'action en expulsion intentée par le bailleur est réelle ou tout au moins mixte et, en conséquence, le tribunal du lieu de la situation de l'immeuble est compétent pour en connaître, alors surtout que cette demande est connexe à l'action en validité de la saisie-gagerie et à la demande en payement des loyers

échus. — Caen, 28 mars 1887, D.P. 87. 2. 185.

1237. Mais une opinion contraire et qui paraît devoir être préférée soutient que l'action en expulsion est purement personnelle, le bailleur se bornant à se prétendre créancier de l'obligation de livrer qui incombe au preneur lorsqu'il a encouru la résiliation du contrat. — Observ. sous l'arrêt précité. — V. *Code de procédure civile*, n° 419.

1238. Et il n'y a pas lieu de distinguer entre le cas où la justice, en l'absence de toute clause commissoire, prononce elle-même la résiliation du bail pour inexécution des obligations du preneur et le cas où elle est appelée à reconnaître si la résiliation prononcée par une clause commissoire formelle a été encourue. — Mêmes observ.

1239. Les actions ayant pour objet des questions d'état, bien qu'elles puissent être assimilées à des actions réelles, ne sont point régies, au point de vue de la règle générale, *actor sequitur forum rei*. — Toulouse, 4 juin 1879, D.P. 80. 2. 113. — V. *Code de procédure civile*, n° 524.

§ 3. — Actions mixtes (C. proc. civ. n° 548 à 594).

1240. L'action mixte consiste dans la réunion de deux actions fondées, l'une sur un droit réel, l'autre sur un droit personnel, mais tendant toutes deux au même objet. — J.G.S. *Action*, 14.

1241. Tandis que l'action réelle immobilière ne peut être portée que devant le tribunal de la situation de l'immeuble, l'action *mixte* peut être portée indifféremment devant le tribunal du domicile du défendeur ou devant celui de la situation des biens. — J.G.S. *Compét. civ. des trib. d'arr.*, 26. — V. *Code de procédure civile*, n° 550.

1242. L'action en révocation d'une donation pour cause d'inexécution des conditions est une action mixte. — Agen, 20 janv. 1868, J.G.S. *Action*, 17.

1243. L'action en résolution d'une vente est également une action mixte, personnelle en tant qu'elle a pour objet le payement du prix, réelle en tant qu'à défaut de payement du prix, elle s'adresse à l'immeuble vendu dont le vendeur demande à être remis en possession. — Rouen, 30 avr. 1870, et Nancy, 10 juin 1871, J.G.S. *Action*, 17. — V. *Code de procédure civile*, n° 560.

1244. Les actions dites *divisoires*, c'est-à-dire en partage ou en bornage, ne méritent la qualification d'actions mixtes que dans les cas très rares où l'indivision, qu'elles tendent à faire cesser, a été l'objet d'une convention entre les cointéressés, notamment, dans le cas de partage d'une communauté conjugale ou d'une société. — J.G.S. *Action*, 15.

1245. En dehors de ces hypothèses, l'action en partage ou en bornage est purement réelle, car le copropriétaire ou le voisin n'est tenu de la subir qu'en tant que détenteur de l'immeuble indivis ou limitrophe. — J.G.S. *Action*, 15. — V. *Code de procédure civile*, n° 583.

1246. On a soutenu, toutefois, que les actions divisoires sont mixtes en toutes hypothèses, par le motif que l'un des communistes ou voisins ne pourrait, en vertu du seul droit de propriété, contraindre les autres à la division où à la délimitation, et qu'il ne puise cette faculté que dans l'obligation personnelle et positive, imposée par la loi à chaque communiste ou voisin, de concourir à frais communs au partage ou bornage. — J.G.S. *Action*, 15.

1247. Suivant une opinion, la pétition d'hérédité a le caractère d'une action mixte, lorsque l'héritier réclame simultanément la restitution des biens corporels et le payement des créances, et que par suite cette action

sert à poursuivre tout à la fois l'exécution de droits réels et personnels. — J.G.S. *Action*, 16. — V. *infra*, n° 1347 et s.

1248. Mais cette qualification paraît inexacte, attendu que dans cette hypothèse, ce n'est pas un objet unique qui est réclamé par la pétition d'hérédité en vertu d'un double droit; il y a dualité d'objets, l'un servant de fondement à un droit réel, l'autre à un droit personnel, et l'on doit, par conséquent, admettre l'existence de deux actions distinctes de nature différente. — J.G.S. *Action*, 16.

1249. Toutefois celle de ces deux actions qui sera la moins importante devra être considérée comme l'accessoire de l'autre, de telle sorte que la pétition d'hérédité sera, suivant les cas, ou exclusivement réelle, ou purement personnelle. — J.G.S. *Action*, 16.

§ 4. — Actions en matière de société (C. proc. civ. n° 592 à 712).

1250. — I. SOCIÉTÉS COMMERCIALES (C. proc. civ. n° 593 à 617). — 1° *Action en matière de société* (C. proc. civ. n° 593 à 608). — Pour que la solution des difficultés qui s'élèvent en matière de société doive être nécessairement soumise, conformément à l'art. 59, § 5, C. proc. civ., au juge du lieu où la société est établie, il faut que la demande, par sa cause ou par son objet, touche soit à l'existence de la société, soit à ses opérations, soit à l'ensemble de ses rapports avec les actionnaires. — Req. 26 mars 1873, D.P. 75. 1. 29. — V. *Code de procédure civile*, n° 594.

1251. Dans toute autre hypothèse, le litige ne constitue pas une contestation sociale qui doive être portée devant le juge du lieu où la société est établie. — Même arrêt.

1252. Ainsi la demande en dommages-intérêts contre plusieurs personnes à raison de manœuvres frauduleuses consistant à attribuer faussement à quelques-unes d'entre elles la qualité d'actionnaires, afin de les faire concourir aux votes de l'assemblée générale d'une société et d'entraîner des mesures dommageables aux demandeurs, est une action purement personnelle qui doit être portée devant le juge du domicile du défendeur, et non devant le tribunal du siège social. — Même arrêt.

1253. Mais l'instance par laquelle d'anciens associés tendent, par des redressements aux comptes établis lors de la dissolution, à faire réduire les sommes dont l'un d'eux se prétend créancier; en tant, par suite, à modifier la répartition des bénéfices et des pertes, est une instance en matière de société, et, dès lors, de la compétence du juge du lieu où la société était établie. — Civ. r. 11 mars 1884, D.P. 84. 1. 199.

1254. La demande en nullité d'une société doit être portée devant le tribunal du lieu où cette société est établie, même si cette société ne subsiste plus que pour sa liquidation. — Req. 11 juin 1888, D.P. 89. 1. 293. — V. *Code de procédure civile*, n° 607.

1255. La disposition de l'art. 59 C. proc. civ., qui attribue compétence, en matière de société, au tribunal du lieu où la société est établie, ne déroge pas à l'art. 14 C. civ., aux termes duquel l'étranger, même non résidant en France, peut être cité devant les tribunaux français pour l'exécution des engagements contractés envers un Français. — Rouen, 1ᵉʳ avr. 1881, D.P. 82. 2. 92. — V. *Code civil annoté*, art. 14; et son *Supplément*, n° 430 et s.; et *Add. complém.* n° 607.

1256. En conséquence, les créanciers français d'une société étrangère ont le droit d'actionner cette société devant les tribunaux français, bien que cette société n'ait pas de domicile en France. — Paris, 30 nov. 1880, D.P. 82. 2. 64.

1257. De même les liquidateurs d'une société commerciale formée à l'étranger entre Français, et le syndic de la faillite de l'un des associés peuvent assigner cette société devant les tribunaux français, bien qu'elle ait son siège social hors de France, l'étranger, même non résidant en France, pouvant être cité devant les tribunaux français pour l'exécution des engagements contractés envers un Français. — Rouen, 1er avr. 1884, D.P. 82. 2. 92.

1258. Mais le Français peut renoncer expressément ou tacitement à la faculté qui lui est conférée par l'art. 14 C. civ. — Req. 28 févr. 1877, D.P. 77. 1. 474.

1259. En matière de faillite, le tribunal du lieu où est situé le siège de la société est compétent pour connaître de l'action en revendication d'actif formée par le syndic de la faillite de la société contre le syndic de la faillite d'une autre société domiciliée dans le ressort d'un autre tribunal. — Paris, 29 déc. 1885, D.P. 89. 1. 205. — V. *infrà*, nos 1371 et s.

1260. — 2o *Siège social* (C. proc. civ. nos 609 à 647). — Les actions qui concernent l'intérêt général des sociétés ne peuvent être portées que devant le tribunal du siège social. — V. en ce sens Req. 16 mai 1874, J.G.S. *Compét. civ. des trib. d'arr.*, 72. — Nancy, 8 mai 1875, J.G.S. *Compét. civ. des trib. d'arr.*, 72.

1261. Décidé en ce sens que toute société doit être assignée en matière personnelle devant le tribunal du lieu où elle est établie, et l'on ne saurait considérer comme impliquant de la part des associés l'intention de déplacer le siège social, le fait de décider que le conseil d'administration se réunira dans telle ville. — Req. 30 juill. 1888, D.P. 89. 1. 288. — V. *Code de procédure civile*, nos 609 et 611.

1262. Toutefois, une société commerciale peut être assignée en dehors de son siège social partout où elle possède un établissement principal. — Aix, 4 avr. 1862 et 18 févr. 1863, J.G.S. *Compét. civ. des trib. d'arr.*, 50.

1263. Ainsi quand une société dont le siège est à Paris établit dans une ville de province, sous le nom de Compagnie nouvelle du gaz de telle ville, une entreprise d'éclairage qui est pourvue de bureaux organisés et fait appel aux souscripteurs pour ses actions, ladite entreprise forme un établissement principal et distinct pour l'exploitation en vue de laquelle elle a été créée. En conséquence, le tribunal de la ville où existe cette entreprise est compétent pour connaître des actions intentées contre elle, en raison de conventions passées dans cette ville. — Req. 17 févr. 1885, D.P. 86. 1. 14.

1264. Décidé dans le même sens : 1o que les membres d'une société commerciale qui a un établissement dans un lieu autre que celui de son siège social, peuvent être actionnés dans la personne du représentant de la société, devant le tribunal dans l'arrondissement duquel cet établissement est situé, à raison d'engagements contractés dans ce même arrondissement. — Req. 10 août 1875, D.P. 77. 1. 110. — Conf. Aix, 15 janv. 1884, D.P. 85. 2. 49.

1265. ... 2o Que la société de commerce qui a plusieurs maisons en divers lieux est valablement assignée devant le tribunal du lieu où ces maisons sont établies, pour l'exécution des opérations qui y ont été traitées. — Req. 30 août 1874, D.P. 76. 1. 372. — Conf. Dijon, 1er avr. 1874, D.P. 75. 2. 81.

1266. ... Et spécialement, que la Compagnie générale des allumettes chimiques, qui avait (avant la loi du 27 déc. 1889 et le décret du 30 déc. 1889, D.P. 90. 4. 125-126 qui ont attribué exclusivement à l'Etat le monopole de la fabrication et de la vente des allumettes chimiques) dans chaque chef-lieu de département un concessionnaire départemental et un dépôt, pouvait être assignée en la personne de ce dépositaire devant le tribunal du lieu du dépôt, relativement à difficultés élevées entre elle et un marchand, à propos de l'échange des anciennes allu-

mettes contre des produits similaires à la marque de la Compagnie. — Arrêt précité 30 mai 1876.

1267. Il a même été décidé qu'une assignation est valablement donnée au directeur de la succursale française d'une société étrangère devant le tribunal du lieu de cette succursale pour l'exécution des contrats passés dans ce lieu. — Req. 10 août 1875, D.P. 77. 1. 110. — (Sol. implic.) Lyon, 13 juin 1882, D.P. 83. 2. 100

1268. Une partie qui a donné, au directeur de la succursale d'une société financière, mandat de faire vendre un titre en bourse, porte valablement sa demande en payement du montant de cette vente, devant le tribunal de commerce du lieu où ladite succursale est établie. — Req. 30 juin 1885, D.P. 86. 1. 262.

1269. Et ce tribunal est compétent pour connaître aussi de la prétention de la même partie de faire annuler sa souscription à des actions de la société financière dont il s'agit, du moment où cette annulation n'est sollicitée qu'accessoirement à la demande principale en payement susindiquée, et pour répondre d'avance à l'exception de compensation, qui pourrait être opposée, par la société financière, du chef de la souscription, à la réclamation de faire compte formant l'objet direct de l'action intentée. — Même arrêt.

1270. La demande relative à l'exécution d'un marché commercial conclu avec la succursale d'une société de crédit est valablement portée non devant le tribunal du siège principal de la société, seul compétent, d'après les statuts, pour connaître des actions sociales, mais devant le tribunal du lieu de la succursale elle-même, alors que celle-ci était autorisée à faire des opérations de ce genre et que le prix du marché était stipulé payable dans la caisse de cette agence. — Lyon, 19 juin 1883, D.P. 85. 2. 185.

1271. Décidé dans le même sens qu'une compagnie de paquebots est valablement assignée devant le tribunal du lieu d'une de ses succursales, distincte du siège social, pour toutes les obligations contractées par les agents de cette succursale ou payables en ce lieu. — Bordeaux, 23 févr. 1863, J.G.S. *Compét. civ. des trib. d'arr.*, 50.

1272. Toutefois le tribunal du lieu où une maison de commerce a une succursale n'est compétent que pour connaître des litiges auxquels donnent naissance les opérations accomplies dans cette succursale. — Orléans, 21 févr. 1889, D.P. 90. 2. 164.

1273. Si une société de commerce qui a des succursales où elle est représentée par des agents peut être assignée, dans la personne d'un de ces agents, devant le tribunal civil du lieu où est établie la succursale, cette dérogation aux règles de la compétence civile, introduite en faveur des tiers, elle n'a été introduite que par les agents et préposés des succursales qui, traitant directement et sans intermédiaire, n'ont de rapport avec elles que par le siège de leur établissement. — J.G.S. *Compét. civ. des trib. d'arr.*, 70. — V. *Code de procédure civile*, no 616.

1274. Décidé spécialement, pour le cas où une action est formée contre la société par le directeur, même d'une succursale, que l'assignation doit être donnée au siège et devant le tribunal de ce siège. — Req. 25 mai 1877, J.G.S. *Compét. civ. des trib. d'arr.*, 70.

1275. Toutes ces solutions ne paraissent pas devoir être restreintes aux sociétés commerciales; il y a même raison de les appliquer aux commerçants exerçant isolément le commerce, qui auraient établi une succursale distincte de leur principal établissement. — V. en ce sens Dijon, 26 févr. 1873, D.P. 74. 2. 93, et la note.

1276. En ce qui touche la compétence des tribunaux de commerce relativement aux

contestations entre associés pour raison d'une société de commerce, V. *Code de commerce annoté*, art. 631-2o, nos 30 et s.

1277. II. SOCIÉTÉS CIVILE (C. proc. civ. nos 618 à 625). — L'art. 59, § 5, s'applique aux sociétés civiles comme aux sociétés commerciales, de telle sorte qu'une société civile, tant qu'elle existe, doit être assignée devant le juge du lieu où elle est établie. — J.G.S. *Compét. civ. des trib. d'arr.*, 43.

1278. Les solutions qui précèdent sont donc applicables aux sociétés civiles ou tout au moins à celles qui, bien que n'ayant aucun caractère commercial, ont cependant la personnalité civile comme les sociétés religieuses ou congrégations. — J.G.S. *Compét. civ. des trib. d'arr.*, 51.

1279. Décidé à cet égard que les congrégations religieuses autorisées constituent des personnes morales qui, outre leur principal établissement, peuvent avoir autant de succursales attributives de juridiction qu'il y a de lieux où leur activité se manifeste par l'existence d'un établissement complet par lui-même, traitant avec les tiers et obligeant vis-à-vis d'eux. — Civ., 7 déc. 1886, D.P. 87. 1. 191. — V. *Code des lois adm. annotées*, 1, 2, 3, vo Culte, nos 6870 et s.

1280. Dès lors, elles sont valablement assignées devant le tribunal de ces succursales en exécution des obligations contractées par elles à l'occasion des actes accomplis pour l'administration de ces maisons. — Même arrêt.

1281. Comme les sociétés anonymes, elles peuvent, à côté de leur établissement principal, former des établissements secondaires, complets par eux-mêmes, s'administrant eux-mêmes sous la surveillance de l'administration centrale, et traitant avec les tiers. — J.G.S. *Compét. civ. des trib. d'arr.*, 52.

1282. Dans ce cas, elles sont valablement assignées devant le tribunal de ces succursales en exécution des obligations contractées par elles à l'occasion des actes accomplis pour l'administration de ces maisons. — Arrêt préc. 7 déc. 1886.

1283. Quoique les congrégations autorisées aient besoin d'une nouvelle autorisation du Gouvernement pour fonder des maisons séparées, distinctes de la maison mère et leur faire acquérir la personnalité civile, l'absence d'autorisation n'empêche pas l'existence de fait. — J.G.S. *Compét. civ. des trib. d'arr.*, 52. — V. *Code des lois adm. annotées*, 1, 2, 3, vo Culte, nos 6812 et s.

1284. Cette existence de fait, à laquelle la jurisprudence a reconnu certains effets au point de vue civil, suffit pour qu'au point de vue de la compétence et de l'attribution de juridiction, le juge puisse reconnaître l'existence d'un domicile de fait pour la communauté même. — J.G.S. *Compét. civ. des trib. d'arr.*, 52.

1285. En ce qui concerne la personnalité civile des congrégations religieuses et ses effets, ainsi que les conditions nécessaires pour obtenir l'autorisation du gouvernement, V. *Code des lois adm. annotées*, 1, 2, 3, vo Culte, nos 6785 et s., 6870 et s.

1286. — III. SOCIÉTÉS EN PARTICIPATION (C. proc. civ. nos 624 et 625). — Les associations en participation ne constituent pas des êtres moraux et n'ont pas de siège social au sens de l'art. 59, § 5, C. proc. civ. — Bordeaux, 29 mars 1887, D.P. 88. 2. 228. — V. *Code de procédure civile*, no 624.

1287. Mais les associés peuvent convenir de l'établissement d'un domicile social distinct du domicile réel des associés et attributif de juridiction pour les difficultés pouvant surgir entre eux. — Même arrêt. — Req. 6 mars 1877, D.P. 77. 1. 403.

1288. La preuve de la convention intervenue à cet égard peut être établie, soit par un acte synallagmatique ordinaire, soit par les autres modes de preuve admis par l'art. 49 C. com. pour la constitution des sociétés de

cette espèce. — Req. 6 mars 1877, D.P. **77.**
1. 103.

1289. Et les juges du fond peuvent décider, par une interprétation souveraine des faits, que le siège social, ainsi constitué pour une première association en particulier, s'applique par une extension naturelle aux diverses opérations qui s'y sont successivement rattachées. — Même arrêt.

1290. — IV. COMPAGNIES DE CHEMIN DE FER (C. proc. civ. nᵒˢ 626 à 663). Sur la controverse relative à la question de savoir si les compagnies de chemin de fer peuvent être valablement assignées au lieu de leur siège social ou au lieu de leurs établissements secondaires ou succursales, V. *Code de procédure civile*, nᵒˢ 626 et s. — V. aussi *Code des lois adm. annotées*, t. 3, vᵒ *Voirie*.

1291. D'après l'opinion qui a définitivement prévalu, une société de commerce peut avoir plusieurs maisons sociales, à titre de principal établissement, et, par suite, avoir plusieurs domiciles sociaux ou succursales ; spécialement, une société anonyme créée pour l'exploitation d'un chemin de fer peut avoir un principal établissement dans un lieu autre que celui où son siège social a été fixé par les statuts et les décrets qui l'ont constitué, et, dès lors, elle est régulièrement assignée au lieu de ce principal établissement. — J.G.S. *Compét. civ. des trib. d'arr.*, 47. — V. *Code de procédure civile*, nᵒ 636.

1292. Toutefois, cette faculté cesserait si une clause du contrat réservait expressément l'attribution de juridiction au tribunal du siège principal de la compagnie l'attribution de juridiction. — J.G.S. *Compét. civ. des trib. d'arr.*, 53.

1293. L'attribution de juridiction au tribunal du lieu où une compagnie a une succursale ne résulte pas non plus de la seule existence d'un établissement dans une localité donnée ; il faut, en outre, que l'établissement présente certains caractères particuliers et qu'il s'agisse au débat d'opérations ayant leur source dans la localité où l'on prétend que la société possède un domicile. — J.G.S. *Compét. civ. des trib. d'arr.*, 54.

1294. D'une manière générale, quand une société établit dans une ville autre que celle de son siège social un établissement pourvu de bureaux organisés et formant une entreprise sinon distincte, du moins susceptible de fonctionner à côté de la société principale, cette entreprise forme un établissement principal et distinct pour l'exploitation en vue de laquelle elle a été créée, et le tribunal de la ville où existe cette entreprise est compétent pour connaître des actions intentées contre elle, en raison de conventions passées dans cette ville. — Req. 17 nov. 1885, D.P. 86. 1. 14.

1295. Jugé, conformément à ces principes, qu'une compagnie de chemin de fer peut être valablement assignée dans la ville où elle possède une gare assez importante pour pouvoir être considérée comme une succursale de son siège social, alors que cette ville a été le lieu de destination ou d'expédition des marchandises formant l'objet du litige. — Poitiers. 28 déc. 1868, J.G.S. *Compét. civ. des trib. d'arr.*, 47. — Req. 19 juin 1876, D.P. 77. 1. 134-133. — V. *Code de procédure civile*, nᵒˢ 646 et s.

1296. De même, une compagnie de chemins de fer est censée faire élection de domicile au lieu où elle a établi une gare assez importante pour que celle-ci puisse être considérée comme une succursale commerciale de l'exploitation. — Req. 7 août 1876, D.P. 77. 1. 80. — Orléans, 19 mars 1886, D.P. 87. 2. 107. — V. en sens contraire Dissertation de M. Glasson, D.P. 85. 2.49.

1297. Mais, pour qu'elle puisse être assignée devant le tribunal de cette succursale, il faut que l'action ait sa cause dans des opérations de cette succursale. — Civ. c. 3 févr. 1885, D.P. 86. 1. 304. — Orléans, 7 août et 19 mars 1886, D.P. 87. 2. 107. — Rouen, 27 avr. 1887, D.P. 88. 2. 211, note *a*.

1298. Une compagnie ne peut donc être assignée en la personne du chef d'une gare de son réseau, à raison d'une expédition étrangère à cette gare, sous le prétexte que celle-ci est la plus importante de l'arrondissement judiciaire dans laquelle se trouve le lieu de destination. — Civ. c. 3 févr. 1885, D.P. 86. 1. 304.

1299. Et il importerait peu que, depuis plusieurs années, cette compagnie, assignée dans ladite gare pour toutes opérations ayant eu lieu ou s'étant terminées dans cet arrondissement, se fût abstenue d'opposer la nullité des ajournements qui lui étaient ainsi notifiés ; l'assignation n'en serait pas moins nulle, à moins que l'on ne pût induire des agissements de la compagnie l'intention d'élire un domicile dans ladite gare et d'y constituer un mandataire spécial, pouvoirs qui devraient alors subsister tant qu'ils n'auraient pas été l'objet d'une révocation portée à la connaissance des tiers. — Même arrêt.

1300. Un voyageur ne peut pas actionner en dommages-intérêts une compagnie de chemins de fer à une gare succursale hors de l'arrondissement de laquelle il a effectué en entier le voyage au cours duquel il a été victime d'un accident. — Orléans, 7 août 1886, D.P. 87. 2. 107. — Comp. Rouen, 27 avr. 1887, D.P. 88. 2. 211, note *a*.

1301. Mais on doit regarder comme se rattachant à une opération de la gare succursale l'action intentée à raison d'un accident survenu à un voyageur dans un autre arrondissement, si c'est dans cette gare que le contrat de transport s'est formé. — Orléans. 19 mars 1886, D.P. 87. 2. 107.

1302. Peu importe, pour la détermination de la compétence, que la gare succursale soit le siège d'une inspection principale comprenant le lieu de l'accident dans sa circonscription administrative. — Orléans, 7 août 1886. D.P. 87. 2. 107. — *Contra* : Orléans, 19 mars 1886, D.P. 87. 2. 107

1303. Les préposés à la succursale d'une compagnie de chemins de fer ne sont pas uniquement chargés des opérations du trafic, mais ont dans leurs attributions tout ce qui concerne l'exploitation dans le rayon qui leur est confié ; spécialement, les mesures intéressant la sûreté dans le transport des voyageurs que du personnel placé sous leur direction rentrent dans l'exécution du mandat dont ils sont investis. — Besançon, 8 févr. 1888, D.P. 88. 2. 211.

1304. Par suite, le tribunal dans le ressort duquel est situé cette succursale est compétent pour connaître de toute action se rattachant à l'exécution de ces mesures, et notamment, d'une action en responsabilité intentée à la compagnie par un de ses employés, à raison d'un accident dont il aurait été victime, dans cette succursale, au cours d'un travail commandé par ses chefs. — Même arrêt.

1305. Toutefois, le droit d'actionner une compagnie de chemins de fer devant le tribunal du domicile des agents qui la représentent ne s'applique pas à la demande en réparation d'un sinistre survenu dans la circonscription de l'agent, mais auquel il est demeuré étranger. — Req. 19 juin 1876. D.P. 77. 1. 134.

1306. Quoique, en règle générale, une société ne puisse être actionnée par ses agents devant un autre tribunal que celui du siège social, il a été jugé cependant que la compagnie de chemin de fer qui possède dans une ville un établissement considérable peut être assignée devant le tribunal de commerce de cette ville par un de ses employés dans une contestation relative aux appointements que cet employé recevait. — Paris, 1er avr. 1873. D.P. 77. 3. 110. — V. *supra*, nᵒ 1299.

1307. Décidé dans le même ordre d'idées que les notifications et significations sont valablement faites à la personne du chef d'une gare qui, par son importance, constitue une succursale de la compagnie. — Req.

7 août 1876, J.G.S. *Compét. civ. des trib. d'arr.*, 58. — V. *infrà*, art. 69, nᵒˢ 1632 et s.

1308. Mais l'exploit adressé à une compagnie de chemin de fer ne peut être valablement signifié à un chef de section qui n'est chargé que de diriger ou de surveiller certains travaux sur la voie, n'a aucune mission à l'effet de recevoir des actes judiciaires, et, par conséquent, n'est nullement réputé représenter la compagnie. — Grenoble, 6 déc. 1873. D.P. 74. 5. 421.

1309. — VI. COMPAGNIES MINIÈRES (C. proc. civ. nᵒˢ 664 à 668). Une société formée pour l'exploitation d'une mine peut avoir plusieurs domiciles sociaux et être assignée valablement au lieu de celle-ci où se trouve pas le siège social. — Dijon, 1er avr. 1874, D.P. 75. 2. 81. — V. *Code de procédure civile*, nᵒ 664. — V. aussi *Code des lois adm. annotées*, t. 3, vᵒ *Mines*.

1310. — V. COMPAGNIES D'ASSURANCES (C. proc. civ. nᵒˢ 669 à 682). — Les compagnies d'assurances peuvent être assignées devant le tribunal du lieu où elles ont une *succursale*, à fin d'exécution des contrats passés dans ce même lieu. — Civ. c. 30 juin 1874, D.P. 76. 1. 395-396. — Aix, 15 juin 1884, D.P. 85. 2. 49. — Orléans, 2 févr. 1889, D.P. 90. 2. 165. — V. *Code de procédure civile*, nᵒ 669.

1311. Mais on ne doit considérer comme succursale qu'un établissement d'une certaine importance, à la tête duquel se trouvent placés un ou plusieurs agents investis de pouvoirs suffisants pour traiter au nom de la société et l'obliger envers les tiers. — Arrêt préc. 2 févr. 1889.

1312. On ne saurait, dès lors, considérer comme succursale une simple agence à la tête de laquelle est placé un employé chargé de recueillir et de rechercher les assurances, de toucher le montant des primes dont les quittances sont signées par le directeur et de préparer les polices qui ne doivent avoir d'existence et d'effet qu'autant qu'elles auront été signées à Paris par un administrateur et par le directeur. — Même arrêt.

1313. Il faut que l'agent ait au moins personnellement le pouvoir d'engager la Compagnie en signant lui-même les contrats en son nom, et même qu'il ait le pouvoir de la représenter en justice. — J.G.S. *Compét. civ. des trib. d'arr.*, 62.

1314. La Compagnie d'assurances qui a établi seulement dans une ville un agent chargé de remettre aux assurés les polices et quittances de primes, signées par les administrateurs et le directeur de la société à Paris, ne saurait être considérée comme ayant établi une succursale dans cette ville ; en conséquence, elle ne peut être assignée devant le tribunal de l'arrondissement où est établi cet agent. — Req. 20 mai 1878, D.P. 75. 1. 469-470. — Req. 28 juin 1878, D.P. 79. 1. 242.

1315. Jugé en sens contraire que l'on doit considérer comme succursale l'*agence générale* établie en permanence dans un grand centre de population, ayant à sa tête un directeur autorisé à débattre et arrêter les conditions de l'assurance, à signer la police, à toucher le montant de la prime et à faire procéder, le cas échéant, aux constatations intéressant la compagnie. — Toulouse, 27 juill. 1872, D.P. 76. 1. 395-396. — *Contra* : J.G.S. *Compét. civ. des trib. d'arr.*, 63.

1316. Et il en est ainsi, alors même que la validité de la police signée par le directeur de l'agence est subordonnée à la ratification du conseil d'administration fonctionnant au siège principal de la société. — Même arrêt. — V. *Code de procédure civile*, nᵒ 672.

1317. On ne saurait considérer comme une marchandise vendue les prix ou d'assurance et, dès lors, il n'y a pas lieu de donner compétence au tribunal du lieu où elles sont payables, surtout si la promesse n'a pas été faite dans le même lieu. — Orléans, 2 févr. 1889, D.P. 90. 2. 165. — V. *infrà*, art. 420.

1318. En outre, le lieu de payement des primes doit être sans influence sur la question de compétence lorsque le litige a pour objet, non pas le payement de ces primes par l'assuré mais celui d'une indemnité par la compagnie. — *Même arrêt.* — *Contrà :* Req. 1er déc. 1884, D.P. 85. 1. 195.

1319. A moins de convention contraire, le payement d'une indemnité d'assurance doit être effectué au siège social qui est le domicile du débiteur et, dès lors, le tribunal de ce domicile qui est compétent pour connaître de la demande en payement de cette indemnité. — Arrêt préc. 2 févr. 1889.

1320. S'il est permis de porter devant les juges au lieu où une compagnie d'assurances a une succursale les contestations relatives aux contrats passés dans la circonscription de cette succursale, c'est néanmoins au tribunal du siège principal de la compagnie que la contestation doit être soumise, lorsque l'attribution de juridiction à ce dernier tribunal a été expressément stipulée par une clause du contrat. — Civ. c. 30 juin 1874, D.P. 76. 1. 395. — Civ. c. 6 avr. 1886, D.P. 86. 5. 97.

1321. Et cette clause peut valablement être placée dans les *conditions générales* imprimées à la suite des conventions signées par les intéressés. — (Sol. implic.) Civ. c. 30 juin 1874, D.P. 76. 1. 395-396.

1322. Et le juge, qui ne conteste ni son existence, ni sa portée, ni sa relation avec les conventions signées, ne peut refuser de lui donner effet, sous le seul prétexte que l'assuré avait ne pas se croire obligé par son contrat et qu'il y avait toute l'intention des parties. — Même arrêt.

1323. La clause d'une police d'assurances par laquelle l'assuré déclare expressément faire élection de domicile au siège principal de la compagnie pour l'exécution du contrat, attribue juridiction aux tribunaux de ce siège aussi bien pour les difficultés relatives au règlement des sinistres que pour celles qui pourraient s'élever au sujet du payement des primes. — Dijon, 24 juill. 1877, D.P. 78. 2. 111.

1324. Mais l'assuré assigné par le cessionnaire régulier de la police, à qui le payement du capital a été refusé, a le droit d'appeler la compagnie d'assurances en garantie devant le tribunal saisi de la demande originaire, nonobstant la clause de la police qui, pour toutes les actions susceptibles d'être exercées contre la compagnie, attribuerait juridiction aux tribunaux du siège social. — Rouen, 24 nov. 1873, D.P. 78. 2. 114-115.

1325. Si les contestations relatives aux contrats passés avec une compagnie d'assurances, dans une de ses succursales, doivent légalement être portées devant le tribunal du siège social, cette attribution a été stipulée par une clause de la convention, il est du moins nécessaire, pour que le juge soit en demeure de statuer ainsi, que des conclusions formelles aient été posées à son audience. — Req. 25 mai 1886, D.P. 87. 1. 378.

1326. Et cette condition n'est pas remplie, alors même que l'attribution conventionnelle dont il s'agit aurait été invoquée, soit dans un acte d'appel, soit dans des conclusions signifiées entre parties, si les qualités de l'arrêt n'indiquent qu'une question de compétence ayant été soumise à la cour, que la contestation conventionnelle relative à l'existence en fait d'une véritable succursale de la compagnie. — Même arrêt.

1327. Dans ces conditions, le moyen pris de ce que l'arrêt serait entaché de défaut de motifs, pour ne s'être pas expliqué sur l'attribution conventionnelle prétendue invoquée devant la cour, manque par le fait qui lui sert de base. — Même arrêt.

1328. D'autre part, le grief fondé sur ce que la compétence résultant de ladite attri-

bution alléguée aurait été méconnue, constitue un moyen nouveau, irrecevable devant la Cour de cassation, comme reposant sur un fait non vérifié par le juge du fond. — Même arrêt.

1329. La compétence exclusive du tribunal du siège social des compagnies d'assurances ne saurait faire doute, lorsque les statuts ne prévoient pas l'établissement de succursales. — J.G.S. *Compét. civ. des trib. d'arr.*, 64.

1330. Dans tous les cas, la compagnie qui, pour donner des facilités à l'assuré, a fait toucher les primes au domicile de celui-ci, ne doit point être présumée avoir renoncé au droit qu'elle tient de la loi et de ses statuts d'être assignée devant le tribunal du siège social. — Req. 25 juin 1878, D.P. 79. 1. 212-213. — Req. 17 déc. 1879, D.P. 80. 1. 262. — Nîmes, 18 avr. 1882, J.G.S. *Compét. civ. des trib. d'arr.*, 64.

1331. — VII. COMPTOIR D'ESCOMPTE DES DÉPARTEMENTS (C. proc. civ. n° 683).

1332. — VIII. SOCIÉTÉS EN LIQUIDATION (C. proc. civ. n°° 684 à 695). — Une société dissoute continuant d'exister pour les besoins de sa liquidation, le tribunal du lieu où elle avait son siège social reste compétent tant que la liquidation n'est pas terminée pour statuer sur toutes les contestations qui s'élèvent relativement à cette société ou à l'occasion des engagements qu'elle avait contractés. — Civ. r. 11 mars 1884, D.P. 84. 1. 199. — V. *Code de procédure civile,* n° 685 et s.

1333. Et une liquidation ne doit pas être considérée comme terminée, malgré le partage, lorsque la convention avait réservé à l'une des parties un droit pour rectifier les bases du partage, qu'avant l'expiration de ce délai l'instance a été introduite et que, dès lors, le partage, ne pouvait être que provisoire et qu'il n'était pas devenu définitif. — Même arrêt.

1334. — IX. SOCIÉTÉS EN FAILLITE (C. proc. civ. n°° 696 à 712). — C'est au tribunal du lieu du domicile d'une société, c'est-à-dire du lieu où le siège de cette société est fixé par ses statuts, quelle que soit l'importance des établissements possédés par elle dans un autre lieu, qu'il appartient de la déclarer en faillite. — Req. 16 mars 1874, J.G.S. *Compét. civ. des trib. d'arr.*, 72. — Nancy, 8 mai 1875, *ibid.* — V. *Code de procédure civile,* n° 704.

1335. D'ailleurs, s'il en était autrement, la faillite pourrait être déclarée à la fois par plusieurs tribunaux, ce qui nécessiterait un règlement de juges. — Rouen, 14 juill. 1874, J.G.S. *Compét. civ. des trib. d'arr.,* 72.

§ 5. — *Actions en matière de succession* (C. proc. civ. n°° 713 à 804).

1336. Une demande en remise de titres de rentes, lorsque ces titres dépendent d'une communauté et d'une succession dont la liquidation est encore pendante devant le tribunal de l'ouverture de la succession et qu'ils doivent être rapportés à la masse à liquider, constitue un litige en matière de succession, et, par suite, doit être portée devant ce tribunal. — Req. 16 mars 1880, D.P. 81. 1. 208.

1337. En outre, en pareil cas, il y a fréquemment litispendance et connexité entre les deux instances, et c'est une raison de plus pour que le renvoi en soit ordonné en partage de la succession. — Paris, 8 févr. 1879, D.P. 81. 1. 208.

1338. L'action paulienne intentée par la femme d'un héritier contre un mari et d'autres héritiers doit être portée devant le tribunal du domicile du défendeur et non devant le tribunal de l'ouverture de la succession, lors même que la demanderesse réclamerait en même temps l'exercice des droits successoraux de son mari, si elle n'entend les exercer que dans la mesure de ses

droits de créancière. — Civ. r. 30 juill. 1884, D.P. 85. 1. 62.

1339. En effet, il ne s'agit pas ici d'un procès entre cohéritiers, ni entre un créancier du défunt et les héritiers, mais d'une contestation relative dans un fait postérieur à l'ouverture de la succession. — J.G.S. *Compét. civ. des trib. d'arr.,* 12.

1340. Sur le moment où doit être proposée l'exception d'incompétence d'un tribunal civil autre que celui de l'ouverture de la succession. V. *infra*, art. 169.

1341. — I. DEMANDES ENTRE HÉRITIERS JUSQU'AU PARTAGE INCLUSIVEMENT (C. proc. civ. n°° 749-755). — D'après un arrêt, le tribunal du lieu où s'est ouverte une succession est seul compétent pour connaître des actions relatives à certains biens restés dans l'indivision entre les cohéritiers, quoique l'ensemble de la succession ait fait l'objet d'un partage définitif. — Paris, 6 juill. 1886, D.P. 87. 2. 187.

1342. Mais il est difficile d'admettre, en présence du texte de l'art. 59, que le tribunal de l'ouverture de la succession reste compétent, alors que le partage de la succession est définitivement terminé et que l'indivision ne subsiste qu'en ce qui concerne certains biens laissés en dehors de ce partage. — J.G.S. *Compét. civ. des trib. d'arr.,* 27.

1343. Une action en contestation d'état, alors même qu'elle est soulevée à l'occasion d'un partage de succession et qu'elle peut être considérée comme une véritable exception à l'action en matière de succession, doit être portée devant le tribunal du lieu où s'ouvre la succession. — Civ. r. 4 juin 1879, D.P. 80. 2. 143.

1344. Par suite, l'héritier qui, au cours de l'instance en partage, conteste l'état de son cohéritier, peut, à son choix, agir par voie d'exception devant le tribunal du lieu où la succession s'est ouverte, ou par voie d'action principale devant le tribunal du domicile du défendeur. — Même arrêt.

1345. Et il peut porter son action principale et isolée devant ce dernier tribunal, alors même qu'il a déjà formulé des réserves au sujet de l'état de son cohéritier devant le tribunal saisi de l'action en partage, ces réserves ne constituant pas une demande et n'ayant pas eu pour effet de saisir ce dernier tribunal. — Même arrêt.

1346. Mais si la question d'état est intimement liée à la question de quotité des droits du défendeur dont le tribunal du lieu de la succession demeure saisi, et si, de la connexité de ces deux instances peuvent résulter des décisions contradictoires, il y a lieu de renvoyer l'action devant le tribunal d'état saisi de la demande en partage. — Même arrêt. — V. *infra*, art. 171.

1347. Le tribunal compétent pour statuer sur l'action en pétition d'hérédité est celui du lieu où la succession s'est ouverte. — Bordeaux, 18 nov. 1889, D.P. 91. 2. 17, et la note. — V. *Code de procédure civile,* n° 737 et s.

1348. Sur la nature de l'action en pétition d'hérédité, V. Observ. sous l'arrêt précité.

1349. Le tribunal français dans l'arrondissement duquel une succession s'est ouverte a seul compétence pour en ordonner la liquidation et toutes les opérations qui s'y rattachent, notamment la licitation des immeubles, alors même qu'une partie des immeubles est située à l'étranger. — Besançon, 23 juill. 1875, D.P. 76. 2. 158.

1350. En cette matière, en effet, l'égalité des partages doit prévaloir sur les règles du statut réel, et cette égalité exige l'unité dans la liquidation : il en est surtout ainsi pour les immeubles situés en Alsace-Lorraine, la convention additionnelle au traité de Francfort du 11 déc. 1871, art. 17 (D.P. 72. 4. 9) ayant provisoirement étendu à cette province la convention franco-badoise du 16 avr. 1846, qui autorise l'exécution réciproque des jugements rendus par les deux États. — Même arrêt.

1351. Bien que l'art. 59, § 6, ne soit applicable qu'aux successions ouvertes en France, les tribunaux français restent toutefois compétents pour connaître de la demande en partage des immeubles situés en France, alors même qu'ils proviendraient d'une succession ouverte en pays étranger, l'art. 3 C. civ. soumettant tous les immeubles situés en France à la juridiction française, et la disposition de l'art. 59 C. proc. civ. ne pouvant avoir pour résultat de déférer le sort d'immeubles français à un tribunal étranger. — J.G.S. *Compét. civ. des trib. d'arr.*, 31. — V. *Code de procédure civile*, n° 744 : et *Supplément au code civil annoté*, n°^s 482 et s.

1352. Si l'on doit comprendre dans l'expression *jusqu'au partage inclusivement* employée par l'art. 59 les actions qui sont une conséquence du partage, telles que les actions en garantie des lots entre cohéritiers, etc., il n'en est pas de même de l'action qui, après le partage consommé, serait dirigée contre l'héritier qui se serait rendu coupable de détournement ou de recel de valeurs ou effets dépendant de la succession. — J.G.S. *Compét. civ. des trib. d'arr.*, 33. — V. *Code de procédure civile*, n° 749.

1353. Suivant un arrêt, cette action doit être portée devant le tribunal du domicile du défendeur et non devant celui de l'ouverture de la succession. — Rouen, 10 mars 1880, J.G.S. *Compét. civ. des trib. d'arr.*, 33.

1354. — II. DEMANDES DES CRÉANCIERS DU DÉFUNT AVANT LE PARTAGE (C. proc. civ. n°^s 756 à 781). — La disposition de l'art. 59 C. proc. civ., qui attribue compétence au tribunal du lieu de l'ouverture de la succession pour statuer sur les demandes intentées par les créanciers du défunt avant le partage est inapplicable lorsqu'il n'y a pas lieu au partage de la succession. — Req. 11 juin 1879, D.P. 80. 1. 21.

1355. En conséquence, la personne qui, à titre de légataire universelle, recueille seule la succession du défunt, doit être assignée par un créancier de ce dernier devant ses juges naturels, c'est-à-dire devant le tribunal de son domicile. — Même arrêt. — V. *Code de procédure civile*, n° 761.

1356. Il en est ainsi, alors même que le légataire universel serait de nationalité suisse (dans l'espèce, de la ville de Genève), l'application de l'art. 14 C. civ., aux termes duquel l'étranger peut être cité devant les tribunaux français pour obligations contractées en France, se trouvant écartée par l'art. 1er du traité franco-suisse du 19 oct. 1869 (D.P. 70.4. 6) qui dispose que, dans les contestations entre Français et Suisses, en matière personnelle et mobilière, le demandeur est tenu de suivre son action devant les juges naturels du défendeur. — Même arrêt.

1357. — III. DEMANDES RELATIVES À L'EXÉCUTION DES DISPOSITIONS À CAUSE DE MORT JUSQU'AU JUGEMENT DÉFINITIF (C. proc. civ. n°^s 782 à 804). — La disposition de l'art. 59 C. proc. civ., qui attribue au tribunal du lieu de l'ouverture d'une succession le droit de statuer sur les demandes relatives à l'exécution des dispositions à cause de mort, est inapplicable dans le cas d'une action en partage entre le légataire de l'usufruit de la moitié de la succession et l'héritier, lorsque l'objet principal de la demande est l'exécution d'un pacte de famille pour laquelle élection de domicile a été faite au lieu de la situation des biens. — Angers, 16 déc. 1875, D.P. 76. 2. 176.

1358. Le partage doit être ordonné par le tribunal de la situation des biens, alors surtout que le pacte de famille qui a transmis les biens du défunt a été passé au lieu et que le partage y sera opéré plus convenablement et à moins de frais. — Même arrêt.

1359. Le tribunal du lieu d'ouverture de la succession est compétent pour connaître de la demande en nullité d'un testament. —

Bordeaux, 18 nov. 1869, D.P. 91. 2. 17. — V. *Code de procédure civile*, n° 783.

1360. On doit également porter devant ce tribunal la demande en nullité d'une donation faite par le défunt au légataire universel, lorsqu'il existe entre le testament et la donation un lien intime de connexité. — Même arrêt.

1361. C'est là une application pure et simple des principes ordinaires sur la connexité et qui ne paraît pas susceptible de contestation sérieuse ; la question de savoir dans quels cas il y a connexité entre deux demandes est de pur fait et doit être abandonnée à l'entière appréciation des tribunaux. — D.P. 91. 2. 17, note.

1362. L'action en nullité d'une transaction que l'héritier aurait consentie pour l'exécution d'un testament litigieux, en fraude des droits de son créancier, ne peut en vertu de l'art. 59 être portée par celui-ci devant le tribunal du lieu où la succession s'est ouverte. — J.G.S. *Compét. civ. des trib. d'arr.*, 42.

1363. Dès lors, il n'y a place, à aucun point de vue, pour l'application des règles de compétence établies par l'art. 59 C. proc. civ. en matière de succession, qui ne peuvent être étendues au delà de leurs limites. — J.G.S. *Compét. civ. des trib. d'arr.*, 42.

1364. Spécialement, l'action paulienne intentée par la femme d'un héritier contre son mari et d'autres héritiers doit être portée devant le tribunal du domicile du défendeur et non devant le tribunal de l'ouverture de la succession,... alors même que la demanderesse réclamerait en même temps l'exercice des droit successoraux de son mari, si elle n'entend les exercer que dans la mesure de ses droits de créancière. — Civ. r. 30 juill. 1884, D.P. 85. 1. 62.

§ 6. — *Actions en matière de faillite* (C. proc. civ. n°^s 805 à 876).

1365. L'art. 59, § 7, C. proc. civ., qui attribue compétence au tribunal de la faillite, ne s'applique qu'aux tribunaux français et ne s'oppose pas à ce que le demandeur cite devant le tribunal de son propre domicile une société étrangère dont la faillite ou la liquidation est poursuivie devant un tribunal étranger. — Aix, 30 nov. 1880, D.P. 82. 2. 64.

1366. Il en est surtout ainsi lorsque l'action a une cause antérieure à la faillite et est indépendante de celle-ci. — Même arrêt.

1367. Dans le cas où un négociant a été déclaré en faillite en France et à l'étranger, la faillite déclarée en France et celle qui a été déclarée à l'étranger restant distinctes, le débiteur français de la faillite étrangère ne peut décliner la compétence du tribunal de son domicile devant lequel il est poursuivi : il n'y a pas lieu d'appliquer les art. 59, § 7, C. proc. civ., et d'attribuer compétence au tribunal qui a déclaré la faillite en France. — Nancy, 12 juill. 1887, D.P. 88. 2. 289.

1368. L'art. 59 C. proc. civ. en autorisant l'assignation du défendeur, en matière de faillite, devant le tribunal du domicile du failli, ne crée point un ordre spécial de compétence *ratione materiæ* ; il consacre simplement, pour le cas indiqué, une exception au principe général suivant lequel le défendeur doit être assigné devant le juge de son propre domicile. — Req. 20 mars 1883 (2 arrêts), D.P. 83. 1. 202

1369. En conséquence, si une demande en payement d'une lettre de change due à une faillite, demande commerciale par sa nature est portée devant un tribunal de commerce qui n'est pas celui du défendeur, mais celui du domicile du failli, sous le prétexte que l'on se trouve en matière de faillite, l'exception prise de ce que cette dernière condition ne serait pas réalisée ne constitue pas une question d'incompétence *ratione materiæ*, mais une simple question d'incompétence relative, qui ne peut,

dès lors, être proposée pour la première fois en appel. — Mêmes arrêts. — *Contrà* : Rouen, 11 juill. 1874, J.G.S. *Compét. civ. des trib d'arr.*, 72.

1370. Sur le tribunal compétent en matière de faillite à raison du domicile du failli, V. *Code de commerce annoté*, art. 440, n°^s 6 et s.

1371. — I. SENS DES MOTS : ACTIONS EN MATIÈRE DE FAILLITE (C. proc. civ. n°^s 809 à 848). — Sur la controverse relative à la portée de ces expressions, V. *Code de procédure civile*, n°^s 809 et s.

1372. On peut poser en règle générale, d'après les derniers monuments de la jurisprudence, que le tribunal du domicile du failli est compétent pour connaître de toutes les actions nées de la faillite ou sur lesquelles l'état de faillite exerce une influence juridique. — Civ. c. 26 avr. 1875, D.P. 75. 1. 300. — Req. 2 juin 1883, D.P. 86. 1. 212. — Req. 29 oct. 1888, D.P. 89. 1. 13-14. — Conf. Civ. c. 6 avr. 1884, D.P. 84. 1. 439. — Civ. r. 1er févr. 1888, D.P. 88. 1. 213. — V. *Code de procédure civile*, n° 818.

1373. Jugé en ce sens que la compétence attribuée au tribunal du domicile du failli par l'art. 59, § 7, C. proc. civ., n'est applicable qu'aux contestations nées de la faillite ou sur lesquelles l'état de faillite exerce une influence juridique. — Civ. c. 26 avr. 1875, D.P. 75. 1. 300.

1374. D'autre part, la procédure spéciale organisée par les art. 491 et suiv. C. com., au siège de la faillite, n'a trait qu'aux formalités mêmes de vérification et d'admission des créances. — Arrêt préc. 29 oct. 1888.

1375. En conséquence, la demande d'un créancier qui tend, non à la vérification et à l'admission de sa créance au passif de la faillite, mais au règlement d'opérations de commission antérieures à l'état de cessation des payements, est compétemment portée, dans les termes de l'art. 420 C. proc. civ., devant le tribunal du domicile du demandeur qui a joué le rôle de commissionnaire. — Même arrêt.

1376. De même, l'action des syndics en règlement des profits et pertes résultant de l'exploitation, postérieure à la faillite, d'un navire indivis entre le failli et ses défendeurs, doit être portée devant le tribunal du domicile des défendeurs, et non devant celui du domicile du failli. — Arrêt préc. 26 avr. 1875.

1377. Une action formée par les syndics d'une faillite en remise de titres achetés pour le compte du failli ne constitue pas non plus une demande en matière de faillite, et, par suite, cette action doit être portée devant le tribunal du domicile du défendeur et non devant celui de l'ouverture de la faillite. — Douai, 3 janv. 1877, J.G.S. *Compét. civ. des trib. d'arr.*, 78.

1378. Il s'agit là, en effet, d'une restitution que le failli aurait pu poursuivre lui-même, si la faillite ne s'était pas produite, et qui, dès lors, n'est pas une conséquence de la faillite. — Même arrêt.

1379. Au contraire, le tribunal de commerce du domicile du failli est compétent pour connaître de tout litige ayant pour cause l'événement de la faillite et qui, sans elle, n'aurait pu se produire. — Req. 7 déc. 1881, D.P. 83. 1. 79.

1380. En conséquence, lorsque, par suite de la faillite et du report de son ouverture, le syndic attaque le transport d'une créance pour irrégularité et fraude aux droits des créanciers, les cessionnaires et le débiteur cédé sont valablement assignés en même temps devant le tribunal de commerce du domicile du failli. — Même arrêt.

1381. Décidé dans le même sens que le tribunal du domicile du failli est seul compétent pour annuler les payements faits par le failli pendant la période suspecte, alors même que le créancier qui a reçu le payement a été depuis déclaré en état de faillite par un autre tribunal. — Bordeaux, 31 déc. 1887, D P. 89. 2. 231. — V. Code de procédure civile, nº 831

1382. Mais il est incompétent pour condamner le syndic de la faillite du créancier à rembourser intégralement la somme touchée; cette demande en restitution intégrale soulève une question de privilège qui ne peut être tranchée que par le tribunal qui a prononcé la faillite du créancier. — Même arrêt

1383. Toute action née de la faillite est, aux termes de l'art. 59 C. proc. civ., de la compétence du tribunal de commerce du lieu où la faillite s'est ouverte; telle est, notamment, l'action qui a pour but la reddition du compte de gestion de la faillite. — Civ. c. 8 avr. 1884, D.P. 84. 1. 439. — V. Code de procédure civile, nº 842.

1384. — II. ACTIONS A RAISON DE FAITS ANTÉRIEURS A LA FAILLITE (C. proc. civ. nos 849 à 862). — La compétence exceptionnelle de l'art. 59, § 7, C. proc. civ., en matière de faillite, ne peut s'appliquer, lorsqu'il s'agit d'une action qui suppose la discussion d'opérations remontant à une époque antérieure à l'ouverture de la faillite et indépendantes par leur nature même de cette faillite. — Req. 2 juin 1885, D.P. 86. 1. 212. — V. Code de procédure civile, nº 849 et s.

1385. En conséquence, les actions dont le principe est antérieur à la faillite, qui ne l'ont pas pour cause et ne se rattachent pas à son administration, doivent être portées devant le tribunal du domicile du défendeur. — Arrêt préc. 2 juin 1885. — Rennes, 22 juill. 1879, D.P. 81. 2. 31. — Req. 11 juin 1888, D.P. 89. 1. 293.

1386. Ainsi donc la compétence du tribunal de la faillite ne doit pas être étendue à l'action formée par un commissionnaire à l'effet d'être autorisé à vendre les marchandises du failli formant son gage, pour se rembourser de ses avances : une telle action peut être portée devant le tribunal du domicile de ce commissionnaire, comme ayant pour cause des faits antérieurs à la faillite ou des contrats passés avant son ouverture. — Douai, 8 janv. 1877, J.G.S. Compét. civ. des trib. d'arr., 79.

1387. Les art. 59, § 7, C. proc. civ. et 635 C. com. ne sont attributifs de compétence en faveur des tribunaux de commerce et du tribunal du domicile du failli qu'en ce qui concerne les actions nées du fait même de la faillite; ils ne s'appliquent donc pas à une contestation purement civile, relative à une collocation d'ordre, et dont la cause est antérieure à la cessation des payements. — Req. 9 févr. 1886, D.P. 86. 1. 489. — V. Code de procédure annoté, art. 635, nos 17 et 76.

1388. Le tribunal déclaré compétent pour prononcer la faillite n'est pas nécessairement par cela seul pour connaître d'une demande formée par le syndic en vertu d'une convention antérieure, indépendamment de l'état de cessation des payements. — Req. 1er févr. 1884, D.P. 85. 1. 372.

1389. Spécialement, la demande formée par le syndic de la faillite d'une société commerciale contre un des actionnaires, à l'effet de le contraindre à compléter le versement du montant des actions par lui souscrites, doit être portée devant le tribunal du siège social de la compagnie, alors même qu'un jugement passé en force de chose jugée aurait déclaré un autre tribunal compétent pour prononcer la faillite. — Même arrêt.

1390. — III. ACTIONS POSTÉRIEURES AU CONCORDAT (C. proc. civ. nos 863 à 869).

1391. — IV. DOMICILE DU FAILLI (C. proc. civ. nos 870 à 876). — Si un commerçant, ayant quitté une localité sans esprit de retour et s'étant établi dans une autre, vient à être déclaré en état de faillite dans les deux localités à la fois, c'est le tribunal du lieu où il a actuellement son domicile qui

seul est compétent. — Rouen, 11 juill. 1874, J.G.S. Compét. civ. des trib. d'arr., 87.

§ 7. — Actions en matière de garantie.

1392. V. Code de procédure civile, nº 877 et infra, art. 181.

§ 8. — Actions en cas d'élection de domicile (C. proc. civ. nos 878 à 896).

1393. Que l'élection de domicile soit expresse ou implicite, elle doit résulter d'une clause formelle manifestant l'intention de déroger au droit commun qui régit les attributions de juridiction : l'élection ne se présume pas. — J.G.S. Domicile élu, 20. — V. Code de procédure civile, nº 883.

1394. En conséquence, la simple obligation de rendre compte de l'administration dont on est chargé n'emporte pas élection de domicile dans le lieu où le compte doit être rendu, et, par suite, n'est pas, en matière civile, attributive de juridiction du tribunal de ce lieu. — Civ. r. 7 déc. 1886, D.P. 87. 1. 401.

1395. Lorsqu'un domicile a été élu pour l'exécution d'un acte, cette élection autorise au domicile convenu toutes les significations, demandes et poursuites relatives à cet acte. Spécialement, l'action en nullité de la vente constatée par l'acte dans lequel un domicile a été désigné est au nombre des actions relatives à cet acte ; elle est, par suite, comprise dans les poursuites autorisées au domicile élu. — Rouen, 30 avr. 1870, J.G.S. Compét. civ. des trib. d'arr., 99. — V. Code de procédure civile, nº 884. — V. aussi Code civil annoté, art. 111, nos 46 et s.; et Supplément, nos 880 et s.

1396. Mais le créancier conserve toujours la faculté de signifier ses actes de poursuite au domicile réel du débiteur, malgré l'élection de domicile faite dans le contrat qui sert de titre à la créance. — Req. 12 août 1868, J.G.S. Compét. civ. des trib. d'arr., 97.

APPENDICE A L'ARTICLE 59
DU CODE DE PROCÉDURE CIVILE.

Loi du 14 nov. 1808,

Relative à la saisie immobilière des biens d'un débiteur situés dans plusieurs arrondissements. — Publié le 24 nov. 1808 au Bulletin des lois, nº 3887. — (J.G. Vente publique d'immeubles, p. 534.)

Art. 4. Les procédures relatives tant à l'expropriation forcée qu'à la distribution du prix des immeubles seront portées devant les tribunaux respectifs de la situation des biens.

1397. — I. EXPROPRIATION FORCÉE (C. proc. civ. nos 1 à 8).

1398. — II. ORDRE (C. proc. civ. nos 9 à 65). — Le tribunal devant lequel un ordre est ouvert pour la distribution du prix provenant de la licitation d'un immeuble qui dépendait indivisément de deux successions est compétent pour statuer sur toutes les contestations soulevées relativement à l'existence, à la quotité et à la nature des créances pour lesquelles des tiers, ainsi que sur le point de savoir si ces tiers sont créanciers des deux hérédités ou de l'une d'elles seulement; sa compétence ne saurait être contestée par le motif que les difficultés qui lui sont soumises se réfèrent à la liquidation et au partage desdites successions. — Civ. c. 16 nov. 1885, D.P. 86. 1. 76-17. — V. Code de procédure civile, nº 58.

1399. Et il n'est pas tenu de surseoir au

règlement définitif de l'ordre jusqu'à ce que le tribunal devant lequel est pendante l'instance en partage des deux successions ait fixé les droits respectifs de chacune d'elles sur le prix de l'immeuble licité. — Même arrêt.

1400. — III. DISTRIBUTION PAR CONTRIBUTION (C. proc. civ. nos 66 à 74). — Le tribunal civil devant lequel une distribution par contribution a été ouverte reste compétent lorsque le débiteur saisi est déclaré en faillite, pourvu toutefois que le délai d'un mois accordé aux créanciers pour produire la déclaration soit expiré au moment où intervient la déclaration de faillite. — J.G.S. Distrib. par contr., 12.

1401. A plus forte raison en est-il ainsi lorsque la déclaration est postérieure au règlement provisoire : et il importe peu que l'ouverture de la faillite soit reportée à une date antérieure à celle du règlement. — J.G.S. Distrib. par contr., 12.

1402. Décidé en ce sens que lorsqu'une contribution a été régulièrement ouverte et a donné lieu à un règlement provisoire, elle doit continuer à être suivie devant le tribunal civil qui en est saisi malgré la faillite du débiteur. — Paris, 4 déc. 1886, J.G.S. Distrib. par contr., 12. — Trib. civ. Seine, 2 juill. 1875, ibid.

1403. Jugé, au contraire, que, lorsque le débiteur tombe en faillite avant le jugement sur les contredits, la juridiction civile doit se dessaisir de la distribution de la somme consignée et la renvoyer devant la juridiction commerciale dans le ressort de laquelle la faillite s'est ouverte. — Rouen, 1er août 1891, J.G.S. Distrib. par contr., 12.

Art. 60. Les demandes formées pour frais par les officiers ministériels seront portées au tribunal où les frais ont été faits.

DIVISION.

§ 1er. — Frais en matière civile (C. proc. civ. nos 1 à 66).

1404. — I. FRAIS RÉCLAMÉS (C. proc. civ. nos 1 à 54). — ...1º Par les avoués (C. proc. civ. nos 1 à 45). — La question de savoir si la compétence établie par l'art. 60 C. proc. civ. doit être restreinte aux demandes que les officiers ministériels forment pour obtenir le payement de ce qui leur est dû à raison des actes de leur ministère, ou si elle doit être étendue aux réclamations relatives aux peines et soins qu'ils auraient pris à titre de mandataires, est controversée. — J.G.S. Compét. civ. des trib. d'arr., 100.

1405. Il paraît préférable d'admettre que le tribunal devant lequel un procès a été plaidé est compétent pour statuer sur les frais extraordinaires qui, sans être susceptibles d'être taxés, sont avancés par l'avoué en qualité d'officier ministériel, mais il ne faudrait pas faire rentrer dans les frais de cette catégorie ceux que l'avoué a pu avancer à titre de simple mandataire de sa partie, tels, par exemple, que les frais d'honoraires de l'avocat. — J.G.S. Compét. civ. des trib. d'arr., 100.

1406. L'action de l'avoué contre son client en remboursement d'honoraires payés par cet avoué à l'avocat qui a plaidé est, au point de vue de la compétence, comme celle de l'avocat lui-même, soumise aux règles du droit commun et non à la règle spéciale établie par l'art. 60 C. proc. civ. — Poitiers, 21 janv. 1879, D.P. 79. 2. 95. — V. Code de procédure civile, nº 15.

1407. D'après l'art. 1er de la loi du 25 mai 1838, le juge de paix est compétent pour statuer sur une demande personnelle et mobilière de 50 fr., formée par un avoué, en sa qualité de mandataire ordinaire du défendeur, pour des démarches accomplies en dehors d'une instance judiciaire. — Civ. c. 1ᵉʳ nov. 1884, D.P. 85. 1. 308. — V. *suprà*, nᵒˢ 62 et s.

1408. Cependant on peut dire d'une manière générale que, sous l'empire de la loi de 1838, le juge de paix est incompétent, pour tout ce qui a trait aux frais et honoraires que les officiers ministériels peuvent réclamer en cette qualité même, et qui leur sont dus en raison de l'exécution du mandat légal qui résulte de leur qualité d'officiers ministériels. — J.G.S. *Compét. civ. des trib. de paix*, 25.

1409. — ... 2ᵒ *Par les huissiers* (C. proc. civ. nᵒˢ 16 à 18). — La demande en payement de frais formée par un huissier contre son client doit être portée devant le tribunal civil de première instance près duquel cet huissier exerce ses fonctions. — Civ. c. 26 nov. 1889, D.P. 90. 1. 101. — V. *Code de procédure civile*, nᵒ 17.

1410. Le juge de paix est incompétent pour connaître d'une telle demande, alors même que le montant des frais réclamés n'excéderait pas le taux de sa compétence ordinaire, et qu'il s'agirait de frais faits devant un tribunal. — Même arrêt. — Req. 21 janv. 1882, D.P. 90. 1. 101, note 4.

1411. — ... 3ᵉ *Par les greffiers* (C. proc. civ. nᵒˢ 19 à 23).

1412. — ... 4ᵒ *Par les commissaires-priseurs* (C. proc. civ, nᵒ 26).

1413. — ... 5ᵒ *Par les notaires* (C. proc. civ. nᵒˢ 29 à 40). — Les notaires peuvent réclamer des honoraires qui leur sont dus pour tous les actes professionnels qu'ils accomplissent à la requête des parties, en usant du bénéfice de l'art. 60 C. proc. civ. et en appelant devant le tribunal du lieu de leur résidence les clients domiciliés dans un autre arrondissement. — Trib. Louviers, 21 déc. 1882, D.P. 84. 3. 127. — V. *Code de procédure civile*, nᵒ 30.

1414. ... Alors même qu'il s'agit d'actes projetés entre les parties, qu'ils ont été chargés de préparer, et auxquels il n'a pas été donné suite : car, en se prêtant, par la préparation d'actes de son ministère, à des projets d'actes de donation, de vente, contrats de mariage, etc., aux projets des particuliers, le notaire agit dans l'exercice de ses fonctions. — Même jugement.

1415. D'une manière générale, toutes les fois que les honoraires réclamés par un notaire ont eu pour cause des soins et des démarches qui ne sont pas étrangers aux attributions officielles du notariat, ces honoraires doivent être fixés par le tribunal de la résidence de cet officier public. — Dijon, 3 janv. 1884, D.P. 85. 2. 232.

1416. — ... 6ᵒ *Par des arbitres* (C. proc. civ. nᵒ 41).

1417. — ... 7ᵒ *Par un séquestre judiciaire* (C. proc. civ. nᵒ 42).

1418. — ... 8ᵒ *Par des avocats* (C. proc. civ. nᵒˢ 43 à 47). — Quoiqu'en principe l'action de l'avocat en payement d'honoraires doive être portée devant le tribunal du domicile du défendeur, il a été décidé qu'à défaut d'accord entre les parties, le montant des honoraires dus aux avocats exerçant près des tribunaux mixtes en Égypte doit être fixé par le juge devant lequel l'affaire a été plaidée, et que, par suite, lorsqu'il est constaté que les honoraires réclamés par un avocat lui sont dus, d'après sa propre demande, pour l'assistance donnée à son client devant les tribunaux mixtes égyptiens, le tribunal consulaire de France au Caire est incompétent pour connaître de cette demande, bien que les frais réclamés soient de nationalité française. — Req. 27 févr. 1883, D.P. 84. 1. 69.

1419. Mais cet arrêt n'est pas fondé sur l'art. 60 C. proc. civ. et il n'est que l'application de la législation spéciale aux tribunaux mixtes égyptiens, législation qui est sans doute le résultat d'un accord international, et qui concerne une juridiction étrangère, mais qui a été rendue applicable aux citoyens français plaidant devant cette juridiction par les lois des 17 déc. 1875 (D.P. 76. 4. 37) et 20 déc. 1882 (D.P. 83. 4. 80). — J.G.S. *Avocat*, 119. — Observ. de M. le conseiller Féraud-Giraud, rapportées avec l'arrêt précité, D.P. 84. 1. 69.

1420. — ... 9ᵒ *Par un officier ministériel ayant cessé ses fonctions* (C. proc. civ. nᵒˢ 48 à 50).

1421. — ... 10ᵒ *Par les parties elles-mêmes, leur mandataire ou leur cessionnaire* (C. proc. civ. nᵒˢ 51 à 54). — La compétence spéciale établie par l'art. 60 C. proc. civ. doit être appliquée aux seules personnes que la loi a entendu désigner; elle serait sans application au cas où la contestation s'élèverait, non entre le client et l'officier ministériel, mais entre le client et le mandataire qu'il a chargé de régler les honoraires de l'officier ministériel, si elle avait pour objet, par exemple, le remboursement à ce mandataire des sommes par lui payées en exécution du mandat. — Grenoble, 24 déc. 1868, J.G.S. *Compét. civ. des trib. d'arr.*, 101. — V. *Code de procédure civile*, nᵒ 53.

1422. — II. CONTRE QUI L'ACTION DOIT ÊTRE EXERCÉE (C. proc. civ. nᵒˢ 55 à 62).

1423. — III. ÉTENDUE DE LA COMPÉTENCE (C. proc. civ. nᵒˢ 63 à 66).

§ 2. — *Frais en matière commerciale* (C. proc. civ. nᵒˢ 67 à 78)

1424. — I. FRAIS FAITS PAR LES HUISSIERS OU AVOUÉS (C. proc. civ. nᵒˢ 67 à 72). — L'action en payement des frais faits devant un tribunal de commerce par un huissier ou un greffier n'a aucun caractère commercial, et ne peut, par conséquent, être soumise au tribunal de commerce; elle doit être soumise au tribunal d'arrondissement. — J.G.S. *Compét. civ. des trib. d'arr.*, 107.

1425. Ainsi la demande formée par un huissier à l'effet d'obtenir le payement des frais faits à l'occasion d'une procédure devant un tribunal de commerce ne peut être portée que devant le tribunal civil auquel est attaché cet officier ministériel. — Paris, 14 mars 1874, J.G.S. *Compét. civ. des trib. d'arr.*, 107. — V. *Code de procédure civile*, nᵒ 68.

1426. Il en est ainsi, à plus forte raison, lorsque la demande est complexe et porte à la fois sur des frais faits devant la justice de commerce et sur des frais faits devant le tribunal civil. — Paris, 22 janv. 1874, J.G.S. *Compét. civ. des trib. d'arr.*, 107.

1427. — II. FRAIS FAITS PAR LES AVOUÉS (C. proc. civ. nᵒˢ 73 et 74).

1428. — III. HONORAIRES D'ARBITRES EXPERTS (C. proc. civ. nᵒˢ 75 et 76).

1429. — IV. DROITS DUS AUX COURTIERS (C. proc. civ. nᵒˢ 77 et 78).

Art. 61. L'exploit d'ajournement contiendra :

1ᵒ La date des jour, mois et an, les noms, profession et domicile du demandeur, la constitution de l'avoué qui occupera pour lui, et chez lequel l'élection de domicile sera de droit à moins d'une élection contraire dans le même exploit;

2ᵒ Les noms, demeure et immatricule de l'huissier, les noms et demeure du défendeur, et mention de la personne à laquelle copie de l'exploit sera laissée;

3ᵒ L'objet de la demande, l'exposé sommaire des moyens;

4ᵒ L'indication du tribunal qui doit connaître de la demande et du délai pour comparaître : le tout à peine de nullité.

SECT. 1ʳᵉ. — FORMALITÉS COMMUNES A TOUS LES EXPLOITS (nᵒˢ 1 à 323).

§ 1ᵉʳ. — *Nature des formalités* (C. proc. civ. nᵒˢ 1 à 5).

1430. Les tribunaux, tout en respectant les nullités prononcées par la loi pour vices de forme, se gardent d'une rigueur excessive, et s'appliquent sur ce que le non-impose point de formules sacramentelles, pour admettre les équivalents dans une large mesure. — J.G.S. *Exploit*, 30. — V. *Code de procédure civile*, nᵒ 4. — Comp. Rennes, 25 mars 1879, D.P. 80. 2. 166.

§ 2. — *Actes assujettis aux formalités* (C. proc. civ. nᵒˢ 6 à 9).

1431. En ce qui concerne les formalités relatives : ... aux actes d'appel, V. *infrà*, art. 456.

1432. — Aux actes d'avoué à avoué, V. *infrà*, art. 82, nᵒˢ 1693 et s.

§ 3. — *Écriture et signature des exploits* (C. proc. civ. nᵒˢ 10 à 36).

1433. — I. ÉCRITURE (C. proc. civ. nᵒˢ 10 à 23). — L'emploi de l'écriture dans la rédaction des exploits n'est pas exigé à peine de nullité. — Civ. c. 26 févr. 1878, D.P. 78. 1. 217.

1434. Spécialement, la signification d'un arrêt d'admission rendu par la chambre des requêtes n'est pas nulle, bien que le nom de la personne qui l'a reçue ait été inscrit au crayon sur la copie de l'exploit, du moment que cette mention subsiste dans la copie, représentée par la partie qui en invoque l'irrégularité. — Même arrêt.

1435. Les ratures et surcharges non approuvées dans la copie d'un exploit doivent être tenues pour non avenues, alors surtout que les nouvelles mentions sont en contradiction absolue avec les énonciations de l'original. — Toulouse, 18 juin 1875, D.P. 79. 1. 467. — V. *Code de procédure civile*, nᵒ 22.

1436. Spécialement, lorsque la date, dans la copie d'un exploit de signification de jugoment, conforme d'ailleurs à l'original, a été ra¹urée et remplacée par une date postérieure, c'est de la première seule qu'il doit être tenu compte; en conséquence, l'appel formé moins de deux mois après la date en surcharge, mais plus de deux mois après la date primitive, est non recevable comme tardif. — Même arrêt.

1437. — II. SIGNATURE DES EXPLOITS (C. proc. civ. n°° 24 à 36). — La signature d'un exploit par l'huissier instrumentaire est une formalité essentielle dont l'inobservation vicie l'acte dans sa substance. — Paris, 10 févr. 1879, D.P. 79. 2. 114. — Civ. c. 25 mars 1891, D.P. 91. 1. 223. — V. *Code de procédure civile*, n° 24.

1438. La copie de l'exploit d'appel valant original à l'égard de la partie à qui elle est remise, la nullité de cette copie pour défaut de signature entraîne la nullité de l'appel lui-même. — Arrêt préc. 10 févr. 1879.

1439. Il a même été jugé que l'exploit dont la copie signifiée porte la désignation d'un huissier autre que le signataire est nul, et que ce nul, s'il contient notification d'un jugement en dernier ressort, cette notification ne fait pas courir le délai du pourvoi — Civ. c. 21 juill. 1885, D.P. 86. 1. 85.

1440. D'après un arrêt, la copie du jugement signifié à l'avoué et à domicile fait partie intégrante de l'exploit dressé et signifié par l'huissier; dès lors, la signature de l'avoué sur cette copie n'est pas prescrite à peine de nullité et n'est nécessaire que s'il veut se réserver l'émolument. — Paris, 13 juill. 1866, J.G.S. *Exploit*, 49. V. *Code de procédure civile*, n° 32.

1441. Sur la signature des exploits de désistement, V. *infrà*, art. 402.

§ 4. — *Rédaction des exploits en double exemplaire* (C. proc. civ. n°° 37 à 45).

1442. Le principe posé par l'art. 1334 C. civ., d'après lequel la copie, lorsque le titre original est produit, ne fait foi que de ce qui est contenu au titre, n'est pas applicable à un exploit d'huissier: c'est, au contraire, la copie de l'exploit qui tient lieu d'original à la partie qui l'a reçue. — Civ. c. 13 févr. 1884, D.P. 84. 1. 325. — Req. 10 juill 1885, D.P. 86. 1. 222. — V. *Code de procédure civile*, n° 37.

1443. En conséquence, lorsque la copie de l'exploit de signification d'un jugement porte qu'elle a été remise non au maire ou à l'adjoint de la commune du domicile de la partie à qui elle est destinée, mais au maire de la commune voisine, la signification est nulle et ne peut faire courir le délai du pourvoi en cassation. — Civ. c. 13 févr. 1884, D.P. 84. 1. 325. — V. *infrà*, art. 68, n°° 1850 et s.

1444. De même, lorsque le juge, en prenant pour point de départ la signification du jugement, a fixé limitativement un délai pour qu'une délivrance de valeurs industrielles soit opérée, ce délai court, contre celui qui doit délivrer et auquel la décision a été signifiée, à partir de la date portée dans la copie de l'exploit de signification, sans qu'il y ait lieu de se reporter à la date différente que pourrait porter l'original de cet exploit. — Req. 10 juin 1885, D.P. 86. 1. 222.

1445. Et il en est ainsi même si la date est surchargée, tant qu'elle n'est pas attaquée par la voie de l'inscription de faux. — Paris, 28 avr. 1883, D.P. 84. 2. 119-120.

1446. De ce que la copie sert d'original à la partie qui la reçoit, il résulte que l'interversion des copies d'un exploit entraîne la nullité de la signification. — J.G.S. *Exploit*, 23.

1447. Ainsi il a été jugé que la dénonciation d'une surenchère à l'avoué de l'adjudicataire est nulle, si cet avoué a reçu la copie destinée à l'avoué de la partie poursuivante. — Civ. c. 28 janv. 1879, D.P. 79. 1. 151.

1448. L'huissier doit faire enregistrer l'original de l'exploit dans un délai de quatre jours, à peine de nullité et d'une amende. — V. *Code de l'Enregistrement annoté*, n°° 3387 et s., 4220 et s., et *infrà*, n° 1717.

§ 5. — *Date des exploits* (C. proc. civ. n°° 46 à 100).

1449. — I. MENTION DE LA DATE (C. proc. civ. n°° 46 à 70). — Quoique la mention de la date, formalité essentielle, soit prescrite à peine de nullité, il est constant que l'indication incomplète ou erronée, ou même l'omission de la date, peut être suppléée par les indications contenues dans l'acte lui-même. — J.G.S. *Exploit*, 31.

1450. Jugé en ce sens qu'un exploit n'est pas nul pour absence de date ou pour inexactitude dans la date quand il contient des énonciations de nature à dissiper toute incertitude sur le moment précis de sa signification. — V. *Code de procédure civile*, n°° 60 et s.

1451. Décidé également que, si les règles édictées par l'art. 61 C. proc. civ. pour la validité des exploits sont applicables aussi bien à la copie qu'à l'original d'un acte d'appel, il est néanmoins de principe que l'erreur ou l'insuffisance de la date d'un exploit n'emporte pas nullité de cet acte, lorsque les autres énonciations de l'exploit permettent d'en préciser la véritable date. — Riom, 13 mai 1889, D.P. 90. 2. 107. — V. *Code de procédure civile*, n° 65.

1452. Spécialement, l'acte d'appel est valable, bien que la copie puisse se référer à deux dates différentes, s'il résulte de tous les documents et éléments de la cause que le seul et unique original d'exploit d'appel, dont la copie a été signifiée, à une date certaine, et notamment la date de l'enregistrement de cet exploit vient affirmer, concurremment avec les énonciations de la copie, la date véritable de sa signification. — Même arrêt.

1453. De même, le défaut de date sur la copie de l'acte d'appel n'entraîne pas la nullité de cet acte, lorsqu'il a été signifié au maire d'une commune, lequel a déclaré dans son visa sur l'original que la copie lui a été remise à la date exprimée par cet original; dans ce cas, la remise de la copie de l'exploit et l'apposition du visa sur l'original constituent deux formalités liées l'une à l'autre par une étroite corrélation qui crée une indivisibilité de fait entre les énonciations de la copie et celles de l'original, lesquelles se complètent les unes par les autres. — Riom, 26 juill. 1887, D.P. 89. 2. 87.

1454. Il appartient au juge de paix d'apprécier si l'erreur de date d'une citation à comparaître devant lui est de nature à lui enlever son utilité et doit en entraîner l'annulation. — Req. 29 juill. 1875, D.P. 76. 1. 83.

1455. Ainsi la nullité ne doit pas en être prononcée lorsque l'erreur dans l'énonciation de la date de la notification de cette citation n'a pu laisser à l'assigné aucun doute sur le jour de la comparution. — Même arrêt.

1456. La copie d'un exploit tenant lieu d'original à celui qui l'a reçu, on doit considérer comme nulle la signification d'un arrêt d'admission, quand la copie ne porte le quantième des dix mois auquel elle a été remise au destinataire et ne contient aucune énonciation de nature à réparer cette omission. — Civ. r. 1er août 1888, D.P. 89. 1. 119. — Conf. Crim. c. 13 avr. 1888, D.P. 88. 1. 494. — V. *Code de procédure civile*, n° 77.

1457. En ce qui concerne la date des actes d'appel et les mentions qu'ils doivent contenir, V. *infrà*, art. 456.

1458. — II. INDICATION DU JOUR (C. proc. civ. n°° 71 à 85).

1459. — III. INDICATION DU MOIS (C. proc. civ. n°° 86 à 92).

1460. — IV. INDICATION DE L'ANNÉE (C. proc. civ. n°° 93 à 100).

§ 6. — *Mentions relatives au demandeur* (C. proc. civ. n°° 191 à 221).

1461. — I. NOMS ET PRÉNOMS (C. proc. civ. n°° 191 à 162). — L'esprit général de la jurisprudence est ici que la nullité doit être prononcée toutes les fois que le demandeur n'est pas désigné avec une entière précision selon le vœu de la loi; mais qu'on peut admettre des équipollents, quand aucun doute ne peut s'élever dans l'esprit du défendeur sur l'identité de son adversaire. — J.G.S. *Exploit*, 36.

1462. Jugé en ce sens que, bien que tout acte d'ajournement doive contenir le nom du demandeur, cette omission n'entraîne pas nullité lorsque les diverses énonciations de l'exploit n'ont pu permettre aucun doute sur l'identité du demandeur. — Riom, 20 mai 1886, D.P. 87. 2. 26. — Conf. C. cass. de Belgique, 16 juin 1881, *Pasicrisie belge*, 1881. 1. 325. — V. *Code de procédure civile*, n° 110.

1463. De même, l'omission du nom patronymique du demandeur dans les exploits d'ajournement en matière civile n'emporte pas nullité, lorsqu'il y est suppléée par des énonciations qui ne permettent aucun doute sur son identité; et il en est ainsi, à plus forte raison, des citations données, en matière correctionnelle, à la requête de la partie civile. — Cr. c. 31 mai 1879, D.P. 79. 1. 273.

1464. Sur les significations faites au nom de personnes morales, V. *infrà*, art. 69, n°° 1598 et s.

1465. — II. PROFESSION (C. proc. civ. n°° 163 à 176).

1466. — III. DOMICILE (C. proc. civ. n°° 177 à 220). — La jurisprudence, tout en admettant assez largement des équivalents, prononce la nullité, quand l'omission ou l'erreur dans la mention du domicile n'est pas réparée par d'autres énonciations. — J.G.S. *Exploit*, 41.

1467. Décidé en ce sens que l'acte d'appel doit, à peine de nullité, faire connaître exactement le domicile réel de l'appelant. — Req. 23 avr. 1882, D.P. 83. 1. 287. — V. *Code de procédure civile*, n° 177. — V. *infrà*, art. 456.

1468. Et cette formalité sera remplie quand l'appelant s'est dit domicilié dans une maison qu'il n'a jamais habitée, sous le prétexte que cette maison aurait été édifiée, dans une rue de création récente, sur l'emplacement d'un ancien immeuble, siège de son domicile d'origine, qui avait été détruit pour le passage de la voie nouvelle avec la rue dont il faisait partie. — Même arrêt.

1469. Mais est valable la signification du jugement faite au nom d'une personne dont la demeure est inexactement relatée, si d'ailleurs aucun doute n'est possible sur l'identité de celui qui fait signifier le jugement. — Bourges, 15 avr. 1889, D.P. 91. 2. 43.

1470. En supposant que l'irrégularité relative à la mention de la demeure de la personne qui fait signifier le jugement empêche l'huissier de la partie adverse chargé de la signification de l'acte d'appel, de faire cette signification à personne ou à domicile, cet officier ministériel doit alors procéder conformément aux dispositions de l'art. 68 C. proc. civ. — Même arrêt. — V. *infrà*, n°° 1533 et s.

1471. — IV PATENTE (C. proc. civ. n° 221).

§ 7. — *Mentions relatives à l'huissier* (C. proc. civ. n°° 222 à 240).

1472. — I. NOMS (C. proc. civ. n°° 222 et 223). — Est valable l'acte d'appel qui ne contient pas le nom de l'huissier dans le corps de l'exploit, mais qui est signé lisiblement de lui et indique, en outre, ses titre, demeure et immatricule. — Bastia, 7 juill. 1874, D.P. 76. 1. 155. — V. *Code de procédure civile*, n° 223.

1473. Décidé, au contraire, que l'exploit dont la copie signifiée porte la désignation d'un huissier autre que le signataire est nul, et que, par suite, s'il contient notification d'un jugement en dernier ressort, cette notification ne fait pas courir le délai du pourvoi. — Civ. c. 21 juill. 1885, D.P. 86, 1. 85-86. — V. toutefois Observ. sous cet arrêt, D.P. 86. 1. 85, note 1.

1474. — II. DEMEURE (C. proc. civ. nos 224 à 233).

1475. — III. IMMATRICULE (C. proc. civ. nos 234 à 249).

§ 8. — *Mentions relatives au défendeur* (C. proc. civ. nos 250 à 284).

1476. — I. NOMS (C. proc. civ. nos 250 à 265). — L'huissier n'est pas tenu, à peine de nullité, de faire suivre, dans la copie, le nom de l'imprimeur d'un journal de sa qualité, lorsque, malgré cette omission, aucune erreur ou confusion n'est possible sur la personne dénommée. — Besançon, 25 mars 1885, D.P. 85. 2. 149-150. — V. *Code de procédure civile*, n° 266.

1477. Mais il y a nullité d'un acte d'appel en ce qui concerne la qualité du tuteur de l'intimé, lorsque, bien qu'il soit actionné à la fois à ce titre et en son nom personnel dans l'original de l'exploit, la copie de cet exploit ne reproduit pas la mention de la qualité de tuteur ni aucune mention équivalente. — Req. 20 févr. 1878, J.G.S. *Exploit*, 52.

1478. L'exploit d'ajournement qui ne contient pas l'énonciation de la demeure du défendeur est nul, alors même que la copie aurait été remise à personne. — Caen, 31 janv. 1887, D.P. 88. 2. 60. — V. *Code de procédure civile*, n° 270.

1479. Cependant, un arrêt s'inspirant plutôt de l'équité que de la rigueur du droit, et dans le but de rendre plus rares les nullités d'ajournement, décide que le défaut de mention de la demeure du défendeur, ou l'erreur commise dans cette mention, n'entraîne pas nullité si le défendeur a reçu lui-même la signification. — Montpellier, 8 juin 1855, D.P. 88. 2. 69, note 2. — V. *Code de procédure civile*, n° 280.

1480. — II. PROFESSION (C. proc. civ. nos 266 à 269).

1481. — III. DEMEURE (C. proc. civ. nos 270 à 284).

§ 9. — *Libellé* (C. proc. civ. nos 285 et 286).

1482. Sur l'indication de l'objet de l'exploit, V. *infrà*, n° 1501 et s.

§ 10. — *Preuve de l'existence et de la régularité des exploits* (C. proc. civ. nos 287 à 302).

1483. Il n'est point nécessaire pour la validité d'une procédure que l'assignation régulière soit représentée, lorsque les documents de la cause ne permettent pas de douter qu'elle a existé. — Civ. r. 14 avr. 1885, D.P. 85. 1. 401. — Comp. *Code de procédure civile*, n° 288.

1484. L'existence et la régularité de la signification d'un jugement peuvent être établies, à défaut de représentation de l'exploit et en l'absence de preuve contraire par un extrait délivré par le receveur de l'enregistrement, alors même que cet extrait ne mentionnerait que l'enregistrement de la signification, sans que le jugement contiendrait que la signification et le commandement seraient faits par un seul et même acte. — Poitiers, 1er déc. 1875, D.P. 77. 2. 226.

1485. Jugé en sens contraire par un arrêt de cassation qu'aucune loi n'impose aux tribunaux l'obligation de considérer les extraits des registres de l'enregistrement comme des preuves nécessaires de l'existence des actes d'huissier soumis à cette formalité. — Civ.

c. 28 févr. 1856, J.G.S. *Exploit*, 25. — Conf. Agen, 12 juin 1854, D.P. 55. 2. 27.

§ 11. — *Force probante des exploits* (C. proc. civ. nos 303 à 323).

1486. La copie d'un exploit fait foi de sa date, même surchargée, tant qu'elle n'a pas été attaquée par la voie de l'inscription de faux. — Paris, 28 avr. 1883, D.P. 84. 2. 119-120.

1487. Il en est de même de la copie signifiée de l'arrêt d'admission d'un pourvoi en cassation. — Civ. r. 5 juill. 1882, D.P. 83. 1. 350. — V. aussi *Code de procédure civile*, nos 307 et s. — V. aussi *Code civil annoté*, art. 1319, nos 16 et s.; et son *Supplément*, nos 8575 et s.

SECT. 2. — FORMALITÉS SPÉCIALES A L'EXPLOIT D'AJOURNEMENT (C. proc. civ. nos 324 à 440).

§ 1er. — *Constitution d'avoué et élection de domicile* (C. proc. civ. nos 325 à 354).

1488. — I. CONSTITUTION D'AVOUÉ (C. proc. civ. nos 325 à 337). — La constitution d'avoué, dans les exploits d'ajournement, n'est assujettie à aucune forme sacramentelle, il suffit qu'elle résulte de l'acte lui-même, et non pas d'énonciations étrangères à cet acte. — Req. 5 juill. 1881, D.P. 83. 1. 71. — V. *Code de procédure civile*, n° 332.

1489. Spécialement, l'omission du nom de l'avoué en tête du libellé, à la place où s'inscrit d'ordinaire cette mention, n'entraîne pas la nullité d'un exploit, qui contient plus loin l'indication de l'avoué au profit duquel est requise la distraction des frais. — Même arrêt.

1490. Sur la constitution d'avoué devant les cours d'appel, V. *infrà*, art. 456.

1491. — II. DISPENSE DE CONSTITUTION D'AVOUÉ (C. proc. civ. nos 338 à 348). — Sur la constitution d'avoué dans les affaires qui intéressent : le domaine de l'État et la Régie des domaines, V. *Code des lois adm. annotées*, t. 3,vo *Domaine de l'État*. — V. *Code de procédure civile*, nos 338 et s.; 345.

1492. ... Les douanes, V. *ibid.*, t. 4, vo *Douanes*. — V. *Code de procédure civile*, nos 341 et 346.

1493. ... Les contributions indirectes, V. *ibid.*, t. 4, vo *Contributions indirectes*. — V. *Code de procédure civile*, n° 343.

1494. ... Les hospices, V. *ibid.*, t. 2, vo *Etablissements de bienfaisance et de prévoyance*. — V. *Code de procédure civile*, nos 344 et s.

1495. ... La caisse des invalides de la marine, V. *Code des lois adm. annotées*, t. 5, vo *Organisation maritime*. — V. *Code de procédure civile*, n° 347.

1496. ... L'enregistrement, V. *Code annoté de l'Enregistrement*, nos 6029 et s. — V. *Code de procédure civile*, nos 342 et 346.

1497. — III. ÉLECTION DE DOMICILE (C. proc. civ. nos 349 à 354). — L'élection de domicile chez un avoué du siège où l'action est portée ne peut pas suppléer à la constitution d'avoué exigée par l'art. 61 C. proc. civ. — Civ. r. 1er juill. 1878, D.P. 78. 1. 337. — Conf. Nîmes, 3 janv. 1877, D.P. 77. 2. 152. — V. *Code de procédure civile*, n° 334.

1498. En effet, les deux mandats contenus dans la constitution d'avoué et dans l'élection de domicile diffèrent par leur origine, qui est pour le siège de l'avoué dans la loi, pour le second dans la libre volonté du demandeur. — Observ. sous l'arrêt précité. — V. aussi J.G.S. *Exploit*, 209.

1499. ... Et ils diffèrent surtout par leur objet, le premier emportant le pouvoir de représenter la partie, à cet effet, de rédiger, de signifier et de recevoir tous les actes relatifs à l'instruction de l'affaire, le second étant limité au droit de recevoir la signification d'actes qu'il est assez difficile de spécifier, et qui, en tous cas, ne sont pas

ceux dont la remise est obligatoirement faite à l'avoué constitué. — Mêmes observ.

1500. En ce qui concerne les pouvoirs de l'avoué constitué, son refus, sa démission ou sa révocation, V. *infrà*, art. 75, nos 1686 et s.

§ 2. — *Indication de l'objet de la demande et exposé sommaire des moyens ou libellé* (C. proc. civ. nos 355 à 386).

1501. Toute assignation doit énoncer, au moins sommairement, les griefs qui servent de base à la demande. — V. *Supplément au Code civil annoté*, n° 1918.

1502. Ainsi l'exploit d'assignation dans lequel l'huissier se borne à énoncer qu'il s'agit d'un acte de dépaissance accompli *dernièrement* est nul, comme n'indiquant pas suffisamment l'objet de la demande. — Req. 18 juill. 1879, D.P. 80. 1. 198. — Comp. *Code de procédure civile*, n° 360 et s.

1503. Mais l'objet de la demande et les moyens à l'appui sont suffisamment indiqués dans un exploit portant qu'une compagnie de chemins de fer assignée devra être tenue de restituer toutes les marchandises qu'elle a reçues pour le compte du demandeur, et dont la valeur s'y trouve indiquée, avec offre de justifier cette réclamation par la présentation des récépissés constatant la remise desdites marchandises. — Req. 19 juin 1876, D.P. 77. 1. 134-135.

1504. Alors même que l'exploit d'ajournement n'a visé que les art. 446 et 447 C. com., le demandeur peut relever dans ses conclusions la nullité prévue par l'art. 1167 C. civ., si cet exploit est libellé en termes généraux et se fonde sur des circonstances de fait de nature à justifier l'application de ce dernier article. — Lyon, 15 déc. 1881. D.P. 82. 2. 134.

1505. En ce qui concerne l'exposé sommaire des moyens qui doit contenir l'acte d'appel, V. *infrà*, art. 456.

§ 3. — *Indication du tribunal et du délai pour comparaître* (C. proc. civ. nos 387 à 440).

1506. — I. INDICATION DU TRIBUNAL (C. proc. civ. nos 387 à 396). — D'après une jurisprudence constante, si l'indication du tribunal qui doit connaître de la demande est prescrite à peine de nullité, l'erreur dans cette énonciation peut être utilement rectifiée par les autres énonciations de l'exploit. — J.G.S. *Exploit*, 186.

1507. Ainsi un exploit n'est pas nul par cela seul qu'un tribunal a été indiqué au lieu d'un autre, alors que l'erreur peut se rectifier par les autres énonciations de l'acte. — Req. 26 juin 1882, D.P. 83. 5. 237. — V. *Code de procédure civile*, nos 392 et 393.

1508. De même, dans le cas où l'exploit a pour objet la signification d'un jugement de défaut profit joint et la réassignation de la partie défaillante, l'erreur commise dans l'indication du tribunal est rectifiée par les énonciations de l'exploit lui-même, puisqu'il contient en tête la copie du jugement de défaut, lequel indique exactement par quel tribunal il a été rendu. — Même arrêt.

1509. La compétence *ratione materiæ* est uniquement déterminée par les conclusions de l'exploit d'ajournement. — Civ. c. 16 juill. 1889, D.P. 91. 1. 135.

1510. En conséquence, le demandeur ne peut substituer, par des conclusions d'audience, à une demande incompétemment portée devant un tribunal, une demande rentrant dans ses attributions. — Même arrêt.

1511. Et notamment le tribunal de commerce, incompétent *ratione materia* au regard des conclusions de l'exploit d'ajournement, ne peut retenir le litige sous prétexte que l'objet de conclusions postérieures rentrerait dans sa compétence. — Même arrêt.

1512. Sur l'indication dans l'acte d'appel du tribunal ou de la cour devant lequel l'appel est porté. V. *infrà*, art. 456.

1513. — II. INDICATION DU DÉLAI POUR COMPARAÎTRE (C. proc. civ. nos 397 à 440). — La question de savoir s'il y a nullité, lorsqu'un ajournement contient indication d'un délai inférieur à celui de la loi, est toujours controversée. — J.G.S. *Exploit,* 196.

1514. Jugé à cet égard que la loi n'exigeant pas, à peine de nullité, qu'il soit donné copie de l'ordonnance du président du tribunal autorisant le demandeur à assigner le défendeur à bref délai, il suffit que l'exploit d'ajournement fasse connaître au défendeur l'existence de cette ordonnance, pour justifier et expliquer le délai de l'assignation. — Req. 19 juin 1888, D.P. 88. 1. 449.

1515. En conséquence, est valable l'exploit d'ajournement qui mentionne expressément cette ordonnance, surtout si la copie de cet exploit était précédée de celle de la requête et de l'ordonnance. — Même arrêt.

1516. Peu importe que cette copie renferme des omissions, telle que celle de la mention de la signature du président, du moment que, jointe aux indications de l'exploit, elle est suffisante pour faire connaître au défendeur l'existence de l'ordonnance autorisant à l'assigner à bref délai. — Même arrêt.

1517. L'assignation n'est nulle pour vice de forme qu'autant qu'elle ne contient pas les indications prescrites par l'art. 61 C. proc. civ., et particulièrement celle du tribunal compétent et du délai de la comparution; mais elle est valable, et par conséquent interruptive de prescription, alors même qu'au jour indiqué comme étant celui de la comparution, le tribunal ne tient pas audience. — Civ. c. 6 déc. 1876, D.P. 77. 1. 53-56.

Art. 62. Dans le cas du transport d'un huissier, il ne lui sera payé pour tous frais de déplacement qu'une journée au plus.

Art. 63. Aucun exploit ne sera donné un jour de fête légale, si ce n'est en vertu de permission du président du tribunal.

Art. 64. En matière réelle ou mixte, les exploits énonceront la nature de l'héritage, la commune, et autant qu'il est possible, la partie de la commune où il est situé, et deux au moins des tenants et aboutissants; s'il s'agit d'un domaine, corps de ferme ou métairie, il suffira d'en désigner le nom et la situation: le tout à peine de nullité.

1518. Malgré la précision de ce texte, la jurisprudence a constamment admis que les formalités exigées par l'art. 64 pouvaient être suppléées par des équivalents dans l'acte lui-même ou même par des énonciations d'autres actes. — J.G.S. *Exploit,* 202.

1519. Ainsi l'exploit introductif d'instance dans lequel l'immeuble, objet du litige, est suffisamment désigné pour que le défendeur ne puisse être induit en erreur, notamment, par sa situation dans la commune et par le nom de celui qui l'exploite, remplit les conditions prescrites par la loi et ne saurait être annulé. — Req. 20 mars 1889, D.P. 89. 1. 277. — V. *Code de procédure civile,* no 47.

Art. 65. Il sera donné, avec l'exploit, copie du procès-verbal de non-conciliation, ou copie de la mention de non-comparution, à peine de nullité; sera aussi donnée copie des pièces ou de la partie des pièces sur lesquelles la demande est fondée: à défaut de ces copies celles que le demandeur sera tenu de donner dans le cours de l'instance n'entreront point en taxe.

1520. — I. COPIE DU PROCÈS-VERBAL DE NON-CONCILIATION (C. proc. civ. nos 1 à 6). — La formalité prescrite, par l'art. 65 C. proc. civ. pour le cas de non-comparution de l'une des parties en conciliation est suffisamment remplie, lorsque l'ajournement constate que le défendeur n'a pas comparu, ainsi qu'il résulte d'une mention de non-comparution mise en marge de la citation par le greffier de la justice de paix »; il n'est pas nécessaire que l'exploit d'ajournement contienne une copie textuelle du procès-verbal. — Civ. c. 12 févr. 1889, D.P. 89. 1. 422.

1521. Cette solution est d'autant plus juridique que, dans le cas de non-comparution de l'un ou l'autre des plaideurs, il n'est pas nécessaire de dresser un procès-verbal; l'art. 58 C. proc. civ. porte, en effet, qu'il sera seulement fait mention de la non-comparution sur *le registre* du greffe de la justice de paix et sur l'original ou la copie de la citation sans qu'il soit besoin de dresser procès-verbal. — Observ. sous l'arrêt précité.

1522. D'après un jugement, l'exploit d'ajournement signifié à la requête de plusieurs parties est valable, bien que le procès-verbal de non-conciliation joint à cet exploit ne constate pas expressément la non-comparution de l'un des demandeurs qui ne s'était pas présenté devant le juge de paix. — Trib. civ. de Confolens, 16 avr. 1884, D.P. 87. 3. 128.

1523. Mais cette solution paraît contestable en présence de la disposition de l'art. 65 qui, lorsqu'une des parties n'a pas comparu en conciliation, exige *à peine de nullité* qu'il soit joint à l'exploit d'ajournement une copie de la mention de non-comparution. — D.P. 87. 3. 126, note 1.

1524. En matière de divorce, il y a lieu de signifier en tête de l'assignation copie de l'ordonnance qui permet de citer et des pièces sur lesquelles la demande peut être fondée. — V. *Supplément au Code civil annoté,* no 1911.

1525. — II. COPIES DE PIÈCES (C. proc. civ. nos 7 à 33.)

APPENDICE A L'ARTICLE 65
DU CODE DE PROCÉDURE CIVILE.

Décret du 29 août 1813,

Relatif aux copies à signifier par les huissiers. — Publié au *Bulletin des lois,* no 9570. — (J.G. *Huissier,* 12-1°.)

(V. le texte, *Code de procédure civile,* p. 142.)

Loi du 2 juill. 1862,

Portant fixation du budget général ordinaire des dépenses et des recettes de l'exercice 1863. — (Extrait, D.P. 62. 4.60.)

Art. 20. — (V. le texte, *Code de procédure civile,* p. 142.)

Décret du 30 juill. 1862,

Relatif à l'exécution de l'art. 20 de la loi précédente. — (Extrait, D.P. 62.4.83.)

Art. 1er. — (V. le texte, *Code de procédure civile,* p. 142.)

Code de procédure civile (*Suite*).

Art. 66. L'huissier ne pourra instrumenter pour ses parents et alliés et ceux de sa femme, en ligne directe à l'infini, ni pour ses parents et alliés collatéraux, jusqu'au degré de cousin issu de germain inclusivement; le tout à peine de nullité.

1526. L'huissier ne peut pas, à peine de nullité, instrumenter dans sa propre cause, et notamment dresser lui-même l'acte de protêt d'un billet à ordre dont il est l'endosseur. — Civ. c. 19 juill. 1875, D.P. 75. 1. 408. V. *Code de procédure civile,* no 8.

1527. Mais un huissier peut instrumenter dans toute contestation où il n'est ni en cause, ni susceptible d'être mis en cause, bien qu'il puisse y avoir quelque intérêt. — Civ. c. 22 janv. 1879, D.P. 79. 1. 159, et sur renvoi: Caen, 30 avr. 1879, D.P. 79. 5. 244. — V. *Code de procédure civile,* no 10.

1528. Spécialement, il a le droit d'instrumenter pour le gérant d'une société dont il fait partie en qualité d'associé commanditaire. — Même arrêt.

Art. 67. Les huissiers seront tenus de mettre, à la fin de l'original et de la copie de l'exploit, le coût d'icelui, à peine d'une amende de cinq francs d'amende, payables à l'instant de l'enregistrement.

1529. Aux termes de la loi de finances du 29 déc. 1873, art. 2 et suiv., les huissiers sont tenus d'indiquer, au bas de l'original et des copies de chaque exploit le nombre de feuilles de papier timbré employées et le montant du timbre déboursé. — D.P. 74. 4. 27. — V. pour le commentaire de ces dispositions *Code annoté de l'Enregistrement,* nos 12706 et s., 12726 et s., 12802, 14823 et s., 14553.

1530. La loi de finances précitée a été suivie d'un décret du 30 déc. 1873, portant règlement d'administration publique pour l'exécution de ses prescriptions. — D.P. 74. 4. 37. — V. aussi pour le commentaire de ses dispositions *Code annoté de l'Enregistrement,* nos 12715 et s.

1531. Enfin un décret du 27 août 1884, modifiant l'art. 1er du décret du 30 déc. 1873, a créé de nouveaux types de timbres destinés à timbrer le papier employé pour les copies d'exploits, les notifications d'avoué à avoué et les significations de tous jugements, actes ou pièces. — D.P. 85. 4. 15.

Art. 68. Tous exploits seront faits à personne ou domicile : mais si l'huissier ne trouve au domicile ni la partie, ni aucun de ses parents ou serviteurs, il remettra de suite la copie à un voisin, qui signera l'original; et ce voisin ne peut ou ne veut signer, l'huissier remettra la copie au maire ou adjoint de la commune, lequel visera l'original sans frais. L'huissier fera mention du tout, tant sur l'original que sur la copie.

DIVISION.

§ 1. — *Signification à personne* (no 1532).
§ 2. — *Signification à domicile* (no 1538).
§ 3. — *Remise de la copie* (no 1547).
§ 4. — *Nombre de copies* (no 1569).
§ 5. — *Mention de la formalité de la remise de la copie ou « parlant à »* (no 1576).

§ 1er. — *Signification à personne* (C. proc. civ. nos 1 à 19).

1532. L'exploit signifié au propriétaire d'une maison construite sur la ligne séparative de deux communes, appartenant à des arrondissements différents, est valable, si la signification a été faite à personne dans la partie de la maison appartenant à la comuune dépendant de l'arrondissement où l'huissier exerce ses fonctions. — Civ. c. 22 janv. 1877, D.P. 77. 1. 310.

1533. La doctrine enseigne que le domicile de la personne désignée, et par suite la capacité de l'huissier instrumentaire doivent être déterminés par le lieu où se trouve située la principale porte de la maison, parce qu'elle est le signe extérieur du principal établissement. — D.P. 77. 1. 310, note.

1534. Il n'importe, en ce cas, que le domicile du destinataire de l'exploit soit ou non établi dans cette commune. — Même arrêt.

1535. La maxime « Nul en France ne plaide par procureur » s'oppose à ce que la signification des exploits puisse valablement être faite à un *fondé de pouvoirs*. — V. *supra*, nᵒˢ 1089 et s.

1536. En ce qui concerne la signification des *actes d'appel* à personne ou domicile, V. *infrà*, art. 456.

1537. Sur les jours et heures où les exploits peuvent être signifiés, V. *infrà*, art. 1037.

§ 2. — *Signification à domicile* (C. proc. civ. nᵒˢ 20 à 83).

1538. — I. DANS QUEL CAS ET DE QUELLE MANIÈRE SE FAIT LA SIGNIFICATION A DOMICILE (C. proc. civ. nᵒˢ 20 à 39). — En général, la jurisprudence reconnaît comme satisfaisant au vœu de la loi la signification faite à la *résidence*, qui est en somme le lieu où il y a le plus de certitude pour la remise de la copie à la partie. — J.G.S. *Exploit*, 62.

1539. Ainsi le gérant d'un journal doit être réputé avoir son domicile dans les bureaux du journal, pour tous les actes relatifs aux publications dont il a la responsabilité. — Rennes, 15 janv. 1882, D.P. 82. 2. 187. — Besançon, 25 mars 1885, D.P. 85. 2. 149.

1540. ... Surtout quand il n'existe pas de bureau de rédaction séparé du bureau de rédaction et d'administration du journal. — Rennes, 15 janv. 1882, précité.

1541. Par suite, les exploits donnés au gérant, en sadite qualité, aux bureaux du journal, sont valables. — Arrêts préc. 15 janv. 1882 et 25 mars 1885.

1542. Jugé cependant que la signification de nature à faire courir le délai d'appel doit être faite au domicile réel, et non à la résidence temporairement occupée par la partie. — Riom, 21 nov. 1887, D.P. 90. 2. 38.

1543. — II. SIGNIFICATION AUX INCAPABLES (C. proc. civ. nᵒˢ 40 à 43). — La signification de la requête en interdiction et de l'avis du conseil de famille est valablement faite à la personne de l'aliéné dans la maison de santé où il est placé, lorsqu'il n'a pas d'autre domicile que celui de son père, demandeur à l'interdiction. — Paris, 15 avr. 1875, D.P. 75. 2. 233. — V. *Code de procédure civile*, nᵒ 43.

1544. — III. CHANGEMENT DE DOMICILE (C. proc. civ. nᵒˢ 54 à 70). — Sur les faits d'où résulte le changement de domicile, V. *Supplément* au *Code civil annoté*, nᵒˢ 831 et s.

1545. Jugé à cet égard que la simple déclaration faite par une personne au greffe du tribunal de son changement de domicile est inefficace si elle n'est pas accompagnée du changement de résidence effectif, et que par suite, les significations qui lui ont été faites depuis lors au domicile indiqué comme abandonné, ne peuvent être réputées irrégulières. — Civ. c. 9 mars 1880, D.P. 80. 1. 203.

1546. — IV. DOMICILE ÉLU (C. proc. civ. nᵒˢ 71 à 83). — Sur le lieu où la partie doit être assignée pour être présente à l'enquête, V. *infrà*, art. 261.

§ 3. — *Remise de la copie* (C. proc. civ. nᵒˢ 84 à 206).

1547. — I. RÈGLES GÉNÉRALES (C. proc. civ. nᵒˢ 84 à 99). — L'interversion dans la re-

mise des copies d'un exploit entraîne la nullité de la signification. — Civ. c. 28 janv. 1879, D.P. 79. 1. 151.

1548. Ainsi, la dénonciation d'une surenchère à l'avoué de l'adjudicataire est nulle si cet avoué a reçu la copie destinée à l'avoué de la partie poursuivante. — Même arrêt.

1549. Et cette nullité entraîne celle de la surenchère, si une signification régulière n'a pas eu lieu avant l'expiration des délais fixés par l'art. 709 C. proc. civ. — C. de la Martinique, 15 mai 1875, D.P. 79. 1. 151. — V. *infrà*, art. 709.

1550. Sur les formalités à remplir par l'huissier qui ne trouve pas au domicile indiqué la personne à laquelle il veut signifier l'exploit, V. *infrà*, art. 69, nᵒˢ 1548 et s.

1551. — II. REMISE DE LA COPIE AUX PARENTS (C. proc. civ. nᵒˢ 100 à 106).

1552. — III. REMISE DE LA COPIE AUX SERVITEURS (C. proc. civ. nᵒˢ 107 à 142). — L'huissier peut remettre à un serviteur copie de l'exploit signifié au maître sans être tenu de s'assurer d'abord de l'absence de celui-ci. — Nancy, 26 juill. 1879, D.P. 80. 1. 211. — V. *Code de procédure civile*, nᵒ 86.

1553. Les clercs employés dans la maison de la partie à laquelle est signifié un exploit sont au nombre des *serviteurs* de cette partie, auxquels la copie peut être remise, aux termes de l'art. 68 C. proc. civ. — Req. 2 mars 1889, D.P. 89. 1. 211. — V. *Code de procédure civile*, nᵒ 111.

1554. Et l'on doit considérer comme serviteur de la partie, dans le sens de cet article, le serviteur du parent vivant avec elle dans un appartement et un ménage communs. — Même arrêt. — V. *Code de procédure civile*, nᵒ 141.

1555. En conséquence, est valable la signification d'un exploit remise au domicile de la partie, en parlant au clerc de son frère, avec qui cette partie habite avec ce dernier, qu'elle mange à la même table que lui et est servie par les mêmes domestiques. — Même arrêt. — V. *Code de procédure civile*, nᵒˢ 136 et s. — V. aussi Observ. sous D.P. 85. 2. 149, note 4.

1556. Le secrétaire d'un évêché a qualité pour recevoir la signification faite à l'évêque. — Liège, 20 juill. 1880, D.P. 81. 2. 41.

1557. En ce qui concerne les formes de la notification des actes respectueux en matière d'opposition à mariage, V. *Supplément au Code civil annoté*, nᵒˢ 1061 et s.

1558. — IV. REMISE DE LA COPIE A UN VOISIN (C. proc. civ. nᵒˢ 143 à 174). — L'imprimeur du journal, qui a le même domicile que le gérant, et qui est intéressé à la même exploitation, a qualité, à raison de ces relations, pour recevoir l'exploit d'ajournement donné au gérant; il ne doit pas être considéré comme un voisin, ni astreint comme tel à signer l'original. — Besançon, 25 mars 1885, D.P. 85. 2. 149.

1559. La remise faite, dans ces conditions, à l'imprimeur du journal, est valable, quoique l'huissier n'ait pas mentionné dans l'exploit les rapports existant entre l'imprimeur et le gérant, alors d'ailleurs qu'il est certain que la copie est parvenue à ce dernier. — Même arrêt.

1560. — V. REMISE DE LA COPIE AU MAIRE (C. proc. civ. nᵒˢ 175 à 206). — 1ᵒ Dans quels cas la copie doit être remise au maire (C. proc. civ. nᵒˢ 175 à 197). — L'huissier ne peut remettre la copie de l'exploit au maire de la commune qu'autant qu'il n'a trouvé au domicile ni la personne assignée, ni aucun de ses parents ou serviteurs, et que, à leur défaut aucun voisin n'a pu ou voulu signer l'original; mention de ces circonstances doit être faite sur l'original et sur la copie, le tout à peine de nullité. — Req. 2 avr. 1889, D.P. 90. 1. 133. — V. *Code de procédure civile*, nᵒˢ 182 et s.

1561. En conséquence, l'exploit de signi-

fication d'un jugement est nul lorsque l'huissier, ne trouvant personne au domicile de la partie, en remet directement la copie au maire sans constater qu'il a présenté préalablement à l'un des voisins et que ceux-ci n'ont pu ou voulu le signer. — Lyon, 11 août 1881, D.P. 82. 2. 126. — Lyon, 17 mars 1882, D.P. 83. 2. 126. — V. *Code de procédure civile*, nᵒ 183.

1562. Et il importe peu : ... soit que l'huissier ait été dans l'impossibilité de remettre cette copie aux voisins, s'il n'a pas fait mention de cette impossibilité sur l'original et la copie. — Lyon, 17 mars 1882, D.P. 83. 2. 126.

1563. ... Soit que la copie de l'exploit ait été transmise à la partie par le maire. — Même arrêt.

1564. Sur la remise de la copie d'un exploit d'appel, V. *infrà*, art. 456.

1565. — 2ᵒ Visa de l'original par le maire (C. proc. civ. nᵒˢ 198 à 206). — Le maire ou l'adjoint qui vise l'original d'un exploit et en reçoit la copie, conformément à l'art. 68 C. proc. civ., n'est pas tenu de le faire parvenir ni même d'en donner avis au destinataire. — Nancy, 12 mars 1885, D.P. 86. 2. 37.

1566. Si, comme mandataire légal, mais gratuit, il est tenu de l'obligation de veiller à la conservation de cette pièce, il remplit suffisamment ce devoir en se conformant aux usages et règlements d'ordre intérieur qui régissent cette partie des services municipaux. — Même arrêt.

1567. Dans tous les cas, une partie ne saurait agir en dommages-intérêts contre un maire ou un adjoint à raison de la perte de la copie d'une citation, qu'à la condition de prouver que cette perte lui a causé un préjudice certain et appréciable. — Même arrêt.

1568. Sur le visa donné par le maire en matière de saisie immobilière, V. *infrà*, art. 673.

§ 4. — *Nombre des copies* (C. proc. civ. nᵒˢ 207 à 273).

1569. — I. COPIES SIGNIFIÉES A PLUSIEURS DÉFENDEURS (C. proc. civ. nᵒˢ 207 à 221). — Un exploit est nul, s'il n'en a été remis qu'une seule copie à l'avoué, alors que celui-ci représentait plusieurs héritiers agissant comme ayants-cause d'un même auteur. — Req. 9 avr. 1877, D.P. 78. 1. 28.

1570. Toutefois, une seule copie suffit, lorsque l'intérêt de toutes les parties avant un même avoué est identique, spécialement lorsqu'il se compose avec celui d'une société dont ces parties sont fondateurs et se trouvent engagées dans l'instance. — Civ. r. 13 déc. 1880, D.P. 85. 1. 114.

1571. Sur le nombre de copies à signifier en cas d'appel, V. *infrà*, art. 456.

1572. — II. COPIES SIGNIFIÉES A DES ÉPOUX (C. proc. civ. nᵒˢ 222 à 258).

1573. — III. MENTION DU NOMBRE DES COPIES (C. proc. civ. nᵒˢ 259 à 264).

1574. — IV. COPIES SIGNIFIÉES A DES INCAPABLES (C. proc. civ. nᵒˢ 265 à 269).

1575. — V. COPIES SIGNIFIÉES A DES PERSONNES QUI ONT UNE DOUBLE QUALITÉ (C. proc. civ. nᵒˢ 270 à 273).

§ 5. — *Mention de la formalité de la remise de la copie au « parlant à »* (C. proc. civ. nᵒˢ 274 à 303).

1576. — I. MENTION « PARLANT A » (C. proc. civ. nᵒˢ 274 à 3041). — Sur la question de savoir si l'emploi de l'encre n'est pas exigé à peine de nullité pour l'écriture d'un exploit, et en particulier pour la mention du *parlant à*, il a été jugé que la signification d'un arrêt d'admission rendu par la chambre des requêtes n'est pas nulle, bien que le nom de la personne qui l'a reçu ait été inscrit au crayon sur la copie de l'exploit. — Civ. c. 26 févr.

1878, D.P. 78. 1. 217. — V. *Code de procédure civile*, n°* 283 et s.

1577. L'huissier ne peut à l'avance, et en blanc, signer un exploit, sauf à le remettre à un domestique, bien que, par une tolérance reconnue nécessaire, les huissiers soient généralement dans l'usage à Paris et dans les grandes villes de faire remettre par leurs clercs les copies de leurs exploits. — J.G.S. *Exploit*, 106.

1578. Mais cette tolérance laisse entière la responsabilité de l'huissier, qui peut être puni de suspension pendant trois mois, d'une amende de 200 à 300 fr., s'il y a seulement négligence, et qui est passible de la peine de faux en écriture publique, s'il y a eu intention frauduleuse. — J.G.S. *Exploit*, 107.

1579. En ce qui touche la question de savoir si la procédure d'inscription de faux est nécessaire pour établir que l'huissier n'a pas signifié l'exploit en personne, il a été décidé qu'un arrêt n'avait violé aucune loi en condamnant à des dommages-intérêts un huissier auquel on imputait d'avoir fait signifier des exploits par un clerc, alors que cette imputation ne fût pas établie par la voie de l'inscription de faux, si, d'une part, l'huissier s'était borné à exciper de la tolérance de la chancellerie et du parquet, et s'il était constaté, d'autre part, que cet officier ministériel se trouvait dans l'impossibilité matérielle de signifier en une seule journée tous les exploits à l'original portant la même date. — Req. 12 févr. 1878, J.G.S. *Exploit*, 108.

1580. La mention de la personne à laquelle a été remis un exploit (dans l'espèce, un acte d'appel) doit se trouver tant sur l'original que sur la copie, à peine de nullité; en conséquence, est nul l'exploit qui laisse d'une manière le *parlant à*. — Limoges, 10 févr. 1888, D.P. 89. 2. 261, et sur pourvoi, Req. 17 juill. 1889, D.P. 90. 1. 485. — V. *Code de procédure civile*, n° 285.

1581. La copie de l'ajournement vaut, en effet, original pour le défendeur et dès lors il est nécessaire qu'elle contienne toutes les mentions prescrites par la loi à peine de nullité, de telle sorte qu'elles se suffisent à elles-mêmes et qu'il soit inutile de se reporter à l'original pour la compléter. — D.P. 89. 2. 261, note 1.

1582. On objecterait vainement que cette nullité a été couverte par le fait d'une constitution d'avoué sous réserves, un tel acte étant nécessaire pour permettre de proposer la nullité de l'exploit et s'impliquant, par suite, aucune renonciation à la faire valoir. — Arrêt préc. 17 juill. 1889.

1583. — II. MENTION DE LA REMISE AUX PARENTS OU VOISINS (C. proc. civ. n° 305 à 366). — Est nul l'exploit qui ne mentionne pas expressément ou par équivalent la remise d'une copie et ne contient pas l'indication de la personne à laquelle cette remise a été faite. — Bordeaux, 18 juin 1886, D.P. 88. 2. 189. — V. *Code de procédure civile*, n° 300 et s.

1584. Quant à l'indication de la personne, il a été jugé : 1° qu'un exploit dont la copie ne mentionne pas la personne à laquelle elle a été remise, est nul. — Pau, 7 janv. 1867, J.G.S. *Exploit*, 99.

1585. ... Que l'erreur matérielle équivalente à un défaut de mention, sur la copie d'un exploit, de la personne à qui il a été remis, est une cause de nullité, alors même que l'original contiendrait cette indication exacte, la copie tenant lieu d'original à l'égard de la partie à laquelle l'exploit est signifié. — Poitiers, 16 févr. 1881, D.P. 81. 2. 136.

1586. Cette mention de la personne est nécessaire, bien que ce soit à la partie elle-même que la copie ait été remise. — Caen, 16 mars 1884, J.G.S. *Exploit*, 100.

1587. Mais la désignation incorrecte du tiers auquel a été remise la copie d'un exploit (dans l'espèce, un acte d'appel) n'est pas une cause de nullité, alors que, malgré cette incorrection, d'ailleurs légère et purement matérielle, il ne peut y avoir aucune équivoque sur la personne que l'huissier a voulu désigner. — Req. 19 déc. 1882, D.P. 83. 1. 320. — Comp. Bourges, 13 avr. 1889, D.P. 91. 2. 43, et *suprà*, n° 1461. — V. *Code de procédure civile*, n° 303.

1588. Les auteurs sont aujourd'hui généralement d'accord pour reconnaître que l'huissier doit mentionner tout à la fois et la personne à qui il a parlé et la personne à qui la copie a été remise. — J.G.S. *Exploit*, 102.

1589. Ainsi est nul l'acte dont l'original et la copie ne mentionnent ni la remise de cette copie, ni la personne à qui la remise aurait été faite. — Besançon, 23 févr. 1880, D.P. 80. 2. 225.

1590. Il en est ainsi, spécialement, de l'acte d'appel que l'on doit à constater que l'huissier a *signifié* et *déclaré* à la partie que le requérant interjette appel de tel jugement. — Même arrêt.

1591. Peu importe que l'original indique la personne à laquelle l'huissier a parlé, si le nom de cette personne est illisible sur la copie, la régularité de l'original, à supposer qu'elle résulte d'une semblable énonciation, ne faisant point disparaître la nullité de la copie. — Même arrêt.

1592. — III. MENTIONS DIVERSES (C. proc. civ. n°* 361 à 363).

Art. 69. Seront assignés :

1° L'Etat, lorsqu'il s'agit de domaines et droits domaniaux, en la personne ou au domicile du préfet du département où siège le tribunal devant lequel doit être portée la demande en première instance;

2° Le Trésor public, en la personne ou au bureau de l'agent;

3° Les administrations ou établissements publics, en leurs bureaux, dans le lieu où réside le siège de l'administration; dans les autres lieux, en la personne et au bureau de leur préposé;

4° *Le Roi pour ses domaines, en la personne du procureur du Roi de l'arrondissement* (1);

5° Les communes, en la personne ou au domicile du maire; et à Paris, en la personne ou au domicile du préfet;

Dans les cas ci-dessus, l'original sera visé de celui à qui copie de l'exploit aura été laissée; en cas d'absence ou de refus, le visa sera donné, soit par le juge de paix, soit par le procureur du Roi (*procureur de la République*) près le tribunal de première instance, auquel, en ce cas, la copie sera laissée;

6° Les sociétés de commerce, tant qu'elles existent, en leur maison sociale; et s'il n'y en a pas, en la personne ou au domicile de l'un des associés;

7° Les unions et directions de créanciers, en la personne ou au domicile de l'un des syndics ou directeurs;

8° Ceux qui n'ont aucun domicile connu en France, au lieu de leur résidence actuelle : si ce lieu n'est pas connu, l'exploit sera affiché à la principale porte de l'auditoire du tribunal de la demande est portée; une seconde copie sera donnée au procureur du Roi (*procureur de la République*) lequel visera l'original;

9° « Ceux qui habitent le territoire français, hors de l'Europe et de l'Algérie, et ceux qui sont établis à l'étranger, au parquet du procureur de la République, près le tribunal

---

(1) Modifié par l'art. 27 de la loi du 2 mars 1832, (J.G. *Domaine de la Couronne*, 21, note 3) sur la liste civile, et aujourd'hui sans application depuis la promulgation de la République.

---

où la demande est portée, lequel visera l'original et enverra directement la copie au ministre compétent ou à toute autre autorité déterminée par les conventions diplomatiques » (L. 3 mars 1882) (1).

Rapport et discussion, D.P. 82.4.57.

DIVISION.

§ 1. — *Assignation à l'Etat, au Trésor, aux établissements publics et aux communes* (n° 1593).

§ 2. — *Assignation aux sociétés et unions de créanciers* (n° 1624).

§ 3. — *Assignation aux personnes sans domicile connu en France* (n° 1637).

§ 4. — *Assignation aux personnes domiciliées sur le territoire français hors de l'Europe et de l'Algérie ou établies à l'étranger* (n° 1653).

§ 1er — *Assignation à l'Etat, au Trésor, aux établissements publics et aux communes* (C. proc. civ. n°* 1 à 87).

1593. — I. ETAT; ACTION DOMANIALE (C. proc. civ. n°* 1 à 19). — L'Etat doit, lorsqu'il s'agit de domaines et de droits domaniaux, être assigné en la personne ou au domicile du préfet du département où siège le tribunal qui doit connaître de la demande. — J.G.S. *Domaine de l'Etat*, 59.

1594. Cette règle qui ne comporte aucune exception s'applique en toute matière domaniale a été consacrée par la jurisprudence. — J.G.S. *Domaine de l'Etat*, 59. — V. *Code des lois adm. annotées*, t. 1er, V, v° *Département*, n°* 458 et s.

1595. Cependant il a été jugé que les assignations concernant le domaine militaire doivent être données, non au préfet, mais au ministre de la guerre sous la surveillance duquel la loi a placé la conservation et l'administration du domaine, et que les dispositions de la loi des 28 oct.-5 nov. 1790, qui prescrivent, en matière domaniale, le dépôt préalable d'un mémoire, sont inapplicables au domaine militaire. — Paris, 8 mai 1884, D.P. 85. 2. 148.

1596. Malgré cette décision qui est demeurée isolée jusqu'à présent, il n'en est pas moins certain que le préfet reste ici l'unique représentant de l'Etat, que c'est au nom que l'assignation doit être donnée et l'instance suivie et que la loi des 28 oct.-5 nov. 1790, relative à la remise préalable du mémoire au préfet, doit également recevoir son application en matière de domaine militaire. — J.G.S. *Domaine de l'Etat*, 60.

1597. — II. TRÉSOR PUBLIC (C. proc. civ. n°* 20 à 23). — V. *Code des lois adm. annotées*, t. 1, v° *Organisation financière*.

1598. — III. ADMINISTRATIONS ET ÉTABLISSEMENTS PUBLICS (C. proc. civ. n°* 24 à 39). — L'exploit contre un conseil de fabrique doit être notifié au trésorier et la fabrique est défenderesse, à sa requête, s'il est demanderesse; c'est ce qui résulte clairement de la disposition de l'art. 79 du décret du 30 déc. 1809. — J.G.S. *Exploit*, 131. — V. *Code de procédure civile*, n° 32 et s.

1599. Cependant la Cour de cassation a décidé qu'aux termes du décret du 30 déc. 1809, les procès à entreprendre ou à soutenir doivent être soumis à la délibération du conseil de fabrique (art. 12); qu'ils sont soutenus au nom de la fabrique (art. 78)

---

(1) *Ancien art. 69-9°.* Ceux qui habitent le territoire français hors du continent, et ceux qui sont établis à l'étranger, au domicile du procureur du Roi près le tribunal où sera portée la demande, lequel visera l'original; et enverra la copie, pour les premiers, au ministre de la marine, et, pour les seconds, à celui des affaires étrangères.

qu'ainsi le president du conseil de fabrique a qualité pour recevoir les significations faites à l'occasion de ces procès. — Civ. c. et r. 28 juill. 1879, D.P. 80. 1, 81.

1600. Un *évéché* étant un établissement public, dont l'évêque est l'administrateur et le représentant légal, il a été jugé en Belgique que la signification faite personnellement à l'évêque est valable, lorsque le litige a pour objet de revendiquer des immeubles possédés par l'évêché. — Liège, 29 juill. 1880, D.P. 81. 2. 41.

1601. Un établissement d'*utilité publique* ayant, comme un *établissement public*, un représentant légal, il a été jugé que l'exploit d'appel d'un jugement rendu au profit d'une association syndicale de vidanges, à laquelle aucun siège social n'a été assigné par le décret qui l'a constituée, et qui n'en a indiqué aucun dans la procédure, est valablement signifié au domicile personnel du directeur chargé de la représenter. — Civ. c. 1er déc. 1886, D.P. 87. 1. 183. — V. *Code de procédure civile*, n° 38.

1602. Une communauté d'huissiers ne constitue pas un établissement public. — Civ. c. 6 août 1878, D.P. 79. 1. 291.

1603. — IV. Communes (C. proc. civ. n° 40 à 60). — Sur les attributions du maire comme représentant la commune en justice, V. *Code des lois adm. annotées*, t. 1er, VIII, v° *Commune*, n° 7807 et s.

1604. Une assignation est valablement donnée à une commune en la personne d'un conseiller municipal, quand la copie et visa l'exploit en l'absence du maire, de l'adjoint et des conseillers municipaux placés avant lui dans l'ordre du tableau. — Req. 20 nov. 1889, D.P. 90. 1. 389. — V. *Code de procédure civile*. n° 42.

1605. Et cette absence est régulièrement et légalement constatée par l'affirmation qu'au fait l'huissier dans son exploit, qui acte faisant, en principe, preuve jusqu'à inscription de faux des faits attestés par l'officier ministériel. — Même arrêt.

1606. Décidé dans le même sens que l'exploit qui constate l'absence du maire et de l'adjoint de la commune à laquelle il est signifié, est valablement remis en copie au conseiller municipal désigné par le conseil ou, à défaut de désignation, pris dans l'ordre du tableau; et la preuve de la qualité de ce conseiller municipal peut être administrée en fait, dans le silence de l'exploit, par l'examen de son rang dans l'ordre du tableau. — Montpellier, 20 juin 1887, D.P. 88. 2. 303. — V. *Code de procédure civile*, n° 46.

1607. L'omission dans la copie de la signification d'un jugement remis à une commune de la mention de l'absence du maire et de l'adjoint n'empêche pas la nullité signification de faire courir le délai du recours en cassation, pourvu que l'original constate la remise de la copie au procureur de la République, qui a visé l'original en l'absence du maire et de l'adjoint. — Civ. c. 25 avr. 1876, D.P. 77. 1. 30.

1608. — V. Départements (C. proc. civ. n°° 61 à 63). — Sur les attributions du préfet comme représentant le département en justice, V. *Code des lois adm. annotées*, t. 1er, V, v° *Département*, n°° 2099 et s.

1609. — VI. Visa de l'original de l'exploit (C. proc. civ. n°° 64 à 87). — D'après l'opinion générale et la jurisprudence, la nullité faute de visa prononcée par l'art. 70 ne s'applique qu'aux actes d'ajournement ou d'appel, les seuls qui concernent les art. 68 et 69; pour toutes autres significations, la seule sanction du défaut de visa est l'amende prononcée par l'art. 1039 C. proc. civ. — J.G.S. *Exploit*, 171.

1610. Jugé en ce sens que l'omission de la mention du visa sur la copie entraîne la nullité des exploits d'ajournement, mais non celle des significations de jugement. — Civ. r. 21 août 1882, D.P. 83. 1. 212. — V. *Code de procédure civile*, n° 65.

1611. De même, le visa exigé à peine de nullité pour les exploits d'ajournement remis aux fonctionnaires publics n'est pas prescrit sous la même peine, lorsqu'il s'agit de constater la réception des actes de signification de jugement. — Civ. r. 11 mars 1879, D.P. 79. 1. 136.

1612. En conséquence, la signification d'un jugement au parquet du procureur de la République suffit pour faire courir les délais de l'appel, alors même que l'original de l'exploit n'est pas visé. — Même arrêt.

1613. Les notifications de pourvoi en matière d'expropriation pour cause d'utilité publique ne constituent pas des ajournements et, par suite, ne sont pas soumises à la formalité du visa. — Civ. c. et r. 28 juill. 1879, D.P. 80. 1. 81.

1614. L'acte d'appel signifié à une section de commune en la personne du syndic nommé en vertu de l'art. 36 de la loi du 18 juill. 1837 (aujourd'hui remplacé par l'art. 128 de la loi du 5 avr. 1884) ne doit pas être visé par ce syndic « dont la mission et les devoirs sont limités par la défense même des intérêts litigieux confiés à sa garde ». — Montpellier, 9 janv. 1872, J.G.S. *Exploit*, 174.

1615. De même, est nul l'exploit d'ajournement ou d'appel signifié à une commune, lorsque la cop° a été remise à un conseiller municipal et l'original visé par le juge de paix au refus du conseiller. — Civ. c. 13 mai 1878, D.P. 78. 1. 352.

1616. D'autre part, il a été décidé que le visa prescrit par l'art. 68 C. proc. civ. pour le cas où l'exploit est remis en mairie en l'absence de la partie ne peut pas tenir lieu du visa qu'exige l'art. 69-5° C. proc. civ. à l'égard des exploits signifiés à des communes en la personne ou au domicile du maire. — Limoges, 3 mai 1887, D.P. 90. 2. 129.

1617. Spécialement, lorsqu'un maire reçoit en même temps la copie d'un exploit d'appel le concernant personnellement en sa qualité de maire et la copie destinée à un autre intimé non trouvé à son domicile, l'huissier doit faire constater sur son original l'accomplissement de cette double remise par un visa satisfaisant à la fois aux prescriptions de l'art. 68 et à celles de l'art. 69, et mention doit être faite sur chaque copie du visa obtenu en ce qui concerne chacun d'elles. — Même arrêt.

1618. L'inobservation de ces formalités entraîne la nullité de l'appel envers tous les intimés, lorsque la procédure est indivisible. — Même arrêt.

1619. Une communauté d'huissiers ne constituant pas un établissement public dans le sens de l'art. 69, n° 3, C. proc. civ. (V. *supra*, n° 1602), il n'est pas nécessaire, pour la régularité de la signification d'un arrêt d'admission à la Compagnie des huissiers en la personne de son syndic, et de son assignation devant la chambre civile, que l'exploit soit visé par celui à qui copie de l'exploit est laissée. — Civ. c. 6 août 1878, D.P. 79. 1. 291.

1620. Une association syndicale autorisée d'assainissement et de vidanges, constituée dans un intérêt collectif et territorial, mais privé, étant un établissement d'utilité publique et non un établissement public, pour qu'un appel notifié à une association de ce genre soit valable, il n'est pas nécessaire que l'exploit soit visé par le directeur. — Civ. c. 1er déc. 1886, D.P. 87. 1. 183.

1621. Quand il y a lieu au visa, c'est le fonctionnaire qui reçoit la copie qui doit l'apposer. — J.G.S. *Exploit*, 177.

1622. Aussi le visa du juge de paix ou du procureur de la République sur l'original d'un exploit (d'un acte d'appel, dans l'espèce) signifié à une commune n'est-il obligatoire qu'en cas d'absence ou de refus des fonctionnaires désignés au paragraphe 5 de

l'art. 69 C. proc. civ., ou de leurs suppléants naturels et légaux. — Montpellier, 2 juin 1887, D.P. 88. 2. 303.

1623. L'original de l'exploit devant être visé par celui à qui copie de l'exploit sera laissée, est nul l'exploit d'ajournement ou d'appel signifié à une commune, lorsque la copie a été remise à un conseiller municipal et l'original visé par le juge de paix au refus du conseiller. — Civ. c. 13 mai 1878, D.P. 78. 1. 352.

§ 2. — *Assignation aux sociétés et unions de créanciers* (C. proc. c°v. n°° 88 à 144).

1624. — I. Assignation aux sociétés (C. proc. civ. n°° 88 à 141). — 1° *Sociétés commerciales* (C. proc. civ. n°° 88 à 110). — Les notifications à faire aux sociétés de commerce doivent, à peine de nullité, être faites en leur maison sociale. — Civ. r. 12 juin 1888, D.P. 90. 1. 106. — V. *Code de procédure civile*, n° 88. — V. aussi *supra*, art. 59, n°° 1250 et s.

1625. En conséquence, est nulle la signification d'un jugement faite, non au siège d'une compagnie de chemins de fer départementaux, mais au bureau d'un de ses ingénieurs où il n'est point établi qu'elle eût un domicile. — Même arrêt.

1626. De même, la Compagnie des lits militaires ne peut être assignée en la personne d'un des préposés qu'elle est tenue d'avoir dans les chefs-lieux de divisions et subdivisions militaires et qui sont chargés d'exécuter les ordres de l'intendance militaire. — Req. 17 juin 1867, D.P. 81. 3. 64, notes 1 et 2.

1627. Une société commerciale est valablement assignée à son siège social en la personne de son directeur, alors même que, d'après les statuts, le président du conseil d'administration aurait seul qualité pour représenter la société en justice, la loi n'exigeant pas que l'exploit contienne le nom du représentant que la société a pu se donner. — Req. 23 nov. 1880, D.P. 81. 1. 136. — V. *Code de procédure civile*, n° 95.

1628. La signification d'un jugement rendu contre une société commerciale est valablement faite au domicile privé et à la personne de son directeur qui a qualité pour la représenter en justice; il n'est pas nécessaire qu'elle ait lieu au siège social. — Req. 17 juill. 1889, D.P. 90. 1. 485.

1629. Une société anonyme, alors même qu'elle a son siège social à Paris, peut être assignée à l'une de ses fabriques, en la personne de son préposé, lorsqu'il est constaté par les juges du fond que celui-ci était chargé de se mettre en rapport avec la clientèle pour l'exploitation de l'usine, que cette usine est le principal établissement de la société et que les faits générateurs de l'action se sont accomplis en ce lieu. — Req. 16 avr. 1883, D.P. 84. 1. 87. — V. *supra*, art. 59, n°° 1296 et s.

1630. Lorsqu'une société a, en dehors de son siège social, établi des succursales dirigées par des préposés pour l'intermédiaire desquels elle traite avec les tiers, elle est valablement assignée dans la personne ou au domicile de ces préposés, même sans aucune élection de domicile, si le fait à l'occasion duquel l'assignation a été donnée s'est passé dans le ressort du tribunal où se trouve la succursale. — Lyon, 19 juin 1883, D.P. 85. 2. 185. — Aix, 15 janv. 1884, D.P. 85. 2. 49.

1631. — 2° *Sociétés civiles* (C. proc. civ. n°° 111 à 119).

1632. — 3° *Compagnies de chemins de fer* (C. proc. civ. n°° 120 à 137). — Une gare de chemins de fer qui est le centre d'un service et d'un mouvement d'affaires considérable et qui constitue une véritable succursale de l'administration de la compagnie peut être considérée comme une maison de commerce ayant un domicile spécial, et le chef de gare a qualité pour répondre aux actes d'exécution dirigés contre la Compagnie à raison des affaires traitées dans cette localité. — Req. 7 août 1876, D.P. 77. 1. 80. — V. *Code de procédure civile,* n° 131. — V. *suprà,* art. 59, n° 1307 et s.

1633. Mais l'arrêt de la Cour d'appel qui, pour décider qu'une gare de chemin de fer peut être considérée comme un domicile où des significations peuvent être faites à la Compagnie, se fonde uniquement sur l'importance et la situation de cette gare sans préciser suffisamment les circonstances qui l'auraient transformée en une véritable succursale ne donne pas une base juridique suffisante à sa décision. — Civ. c. 15 nov. 1875, D.P. 76. 1. 321.

1634. — 4° *Sociétés d'assurances* (C. proc. civ. n° 138-140). — L'assignation donnée par un assuré à une compagnie d'assurances, à fin de payement de l'indemnité d'un sinistre, est valablement signifiée à la personne et au domicile de l'agent de cette compagnie, placé à la tête d'une succursale en qualité de Directeur, et chargé, aux termes de la police, du recevoir les primes, les déclarations des assurés et de procéder à la vérification des sinistres. — Chambéry, 12 janv. 1886, D.P. 86. 2. 237. — V. *Code de procédure civile,* n° 138.

1635. — 5° *Comptoir d'escompte des départements* (C. proc. civ. n° 141).

1636. — II. Unions de créanciers (C. proc. civ. n° 142 à 144). — Aux termes de l'art. 5, § 1, de la loi du 4 mars 1889 qui a institué la *liquidation judiciaire,* modifié par la loi du 5 avr. 1890, à partir du jugement qui déclare ouverte la liquidation judiciaire, toute action mobilière ou immobilière et toute voie d'exécution, tant sur les meubles que sur les immeubles, doivent être intentées ou suivies à la fois contre les liquidateurs et le débiteur; les significations doivent alors être faites tant aux liquidateurs qu'aux débiteurs et dont les copies séparées. — D.P. 89. 4. 9 et 90. 4. 105.

§ 3. — *Assignation aux personnes sans domicile connu en France* (C. proc. civ. n° 145 à 185).

1637. — I. Résidence connue (C. proc. civ. n° 146).

1638. — II. Domicile et résidence inconnus (C. proc. civ. n° 147 à 185). — Les circonstances dans lesquelles un individu doit être considéré comme n'ayant pas de *domicile connu en France* constituent une question de fait, et l'appréciation des tribunaux sur ce point échappe à l'examen de la Cour de cassation. — Req. 31 mai 1881, D.P. 82. 1. 19. — Civ. r. 20 nov. 1889, D.P. 90. 4. 71. — V. *Supplément au Code civil annoté,* n° 832 et s., 850 et s.

1639. Ainsi l'individu qui allègue un changement de domicile peut, en l'absence de déclaration, être réputé avoir conservé son ancien domicile, s'il y a payé l'impôt personnel et les droits de mutation, et s'il y a reçu sans protestation une signification et un commandement, et cela, bien qu'il ait également été inscrit au rôle des contributions dans la nouvelle résidence, qu'il s'y soit marié, et qu'il ait été porté sur les listes électorales. — Caen, 9 avr. 1875, D.P. 77. 2. 135-136. — V. *Code de procédure civile,* n° 169 et s.

1640. Par suite, un commandement à fin de saisie immobilière et la dénonciation de ladite saisie ont pu, dans de pareilles circonstances, être valablement signifiés à l'ancien domicile de cet individu. — Même arrêt.

1641. La personne qui a quitté une ville depuis plusieurs mois, dont le logement est occupé par un autre locataire, et dont la nouvelle résidence n'est pas connue, peut être citée par voie d'affiche à la porte de l'auditoire du tribunal et par copie remise

au parquet. — Req. 24 avr. 1875, D.P. 76. 1, 39, et la note. — V. *Code de procédure civile,* n° 169.

1642. Il en est de même si le concierge de la maison déclare « que le débiteur n'a bité plus dans la maison, et qu'il en est parti tout récemment après avoir vendu ses meubles et sans indiquer un nouveau domicile ». — Paris, 8 mars 1860, J.G.S. *Exploit,* 145.

1643. La même solution doit être admise pour les significations à faire au cours d'une instance à l'une des parties qui quitte la commune et n'y a plus de domicile, sans que l'on connaisse sa nouvelle résidence. — Caen, 13 juin 1865, J.G.S. *Exploit,* 145.

1644. La disposition de l'art. 69 C. proc. civ., aux termes de laquelle le défendeur peut être assigné au parquet du procureur de la République quand il n'a ni domicile, ni résidence connus en France, ne comporte qu'une application limitative. — Rouen, 4 mai 1880, D.P. 81. 2. 121. — V. *Code de procédure civile,* n° 152 et s.

1645. En conséquence, il y a nullité de l'assignation signifiée au capitaine abordeur, conformément à cette disposition, alors que ce dernier est simplement en cours de voyage, si d'ailleurs son nom, sa résidence habituelle, le port d'attache de son navire sont connus du demandeur, et si, peu de jours après la notification de l'exploit, il est rentré dans la localité où il est domicilié. — Même arrêt.

1646. De même, il n'y a pas lieu d'appliquer les dispositions qui règlent les significations à faire aux individus sans résidence connue, lorsqu'il est constaté que la partie, objet de ces significations, a conservé son domicile d'origine, bien que sa résidence actuelle soit inconnue. — Req. 31 mai 1881, D.P. 82. 1. 18.

1647. Une partie ne peut également être valablement assignée au parquet, comme n'ayant pas de domicile connu, lorsque, dans un acte à l'occasion duquel est né le litige, il a été fait dans son intérêt une élection de domicile pour l'exécution de cet acte. — Poitiers, 22 mai 1889, D.P. 89. 2. 239, et la note. — V. *Code de procédure civile,* n° 161.

1648. En pareil cas, dans l'ignorance du domicile réel, c'est au domicile élu et non au parquet que doit être donnée l'assignation. — Observ. sous l'arrêt précité. — *Contrà :* Riom, 15 juin 1847, où se pourvoit, Req. 12 août 1868, D.P. 80. 2. 239, *ibid.,* note 4.

1649. L'art. 69, § 8, prescrivant l'affichage de l'exploit à la principale porte de l'auditoire du tribunal dont la demande est portée ne s'applique qu'à la demande introductive d'instance. — J.G.S. *Exploit,* 147.

1650. En conséquence, la signification d'un commandement tendant à saisie immobilière contre une personne sans domicile ni résidence connus doit être faite au parquet du tribunal qui a rendu le jugement en vertu duquel a été pratiquée la saisie et non à celui du tribunal qui doit connaître de la saisie elle-même. — Paris, 8 mars 1860, J.G.S. *Exploit,* 147. — V. *Code de procédure civile,* n° 176 et s.

1651. Il n'est pas exigé, à peine de nullité, que la copie remise au parquet contienne la mention de l'affiche dudit exploit à la porte de l'auditoire du tribunal. — Req. 24 avr. 1875, *Code de procédure civile,* n° 185.

1652. Sur l'application de l'art. 69, § 8, aux actes d'appel, V. *infrà,* art. 456.

§ 4. — *Assignation aux personnes domiciliées sur le territoire français hors de l'Europe et de l'Algérie ou établies à l'étranger* (C. proc. civ. n° 186 à 217).

1653. — I. Assignation aux Français domiciliés hors de l'Europe et de l'Algérie ou établis à l'étranger (C. proc. civ. n° 186 à 201).

— Les dispositions du paragraphe 9 de l'art. 69, modifié aujourd'hui par la loi du 8 mars 1882, étaient applicables, d'après l'ancienne rédaction de cet article, à tous ceux qui habitant le territoire français *hors du continent* et par conséquent aux habitants de l'Algérie, de la Corse et même des îles françaises voisines de nos côtes et faisant partie des départements français. — D.P. 82. 4. 51, note 2.

1654. La loi du 8 mars 1882, en remplaçant ces expressions *hors du continent* par celles-ci *hors de l'Europe et de l'Algérie,* fait rentrer dans le droit commun applicable au continent européen l'Algérie, la Corse et les îles françaises voisines de nos côtes. — Rapport au Sénat, *ibid.*

1655. Cette loi autorise également la transmission *directe* des exploits par le parquet qui les a reçus soit au ministre compétent, soit à toute autre autorité déterminée par les conventions diplomatiques et supprime ainsi les lenteurs de la transmission par la voie hiérarchique. — Même rapport. — V. à cet égard Circ. min.-just. 17 avr. 1882, *Bull. min. just.,* 1882, p. 23.

1656. Enfin cette même loi autorise la transmission de parquet à parquet des exploits destinés à des personnes établies à l'étranger, sans passer par l'intermédiaire du ministre des affaires étrangères, toutes les fois que des conventions diplomatiques permettent ce mode de transmission. — Même rapport. — Circ. min. just. 17 avr. 1882, précitée.

1657. Antérieurement à la loi de 1882, des conventions diplomatiques conclues avec la Suisse et l'Italie avaient autorisé entre la France et ces deux États la transmission directe des significations sans passer par le ministère des affaires étrangères. — J.G.S. *Exploit,* 153 et 154.

1658. Postérieurement à la loi nouvelle, une convention analogue à celles précitées a été conclue le 14 mars 1884 entre la France et le grand-duché de Luxembourg et approuvée par décret du 5 avril suivant. — D.P. 84. 4. 90.

1659. En France, à défaut de traité international, l'exploit reçu de l'étranger par la voie diplomatique est transmis au ministre de la justice, qui le fait parvenir au parquet du tribunal dans l'arrondissement duquel réside l'individu auquel il doit être remis. Il est joint à l'envoi un récépissé que doit signer le destinataire, et un bordereau destiné à recevoir toutes observations sur les incidents de la remise, que le procureur de la République renvoie ensuite au ministre de la justice. — Circ. min. just. 15 févr. 1877, *Bull. min. just.,* 1877, p. 11.

1660. On ne peut faire assigner, en l'absence d'une convention diplomatique spéciale, devant un tribunal français une personne résidant à l'étranger que par un officier ministériel de son pays et dans les formes locales, selon la règle *locus regit actum.* — J.G.S. *Exploit,* 158.

1661. Le paragraphe 9 de l'art. 69 C. proc. civ., aux termes duquel les Français qui sont établis à l'étranger doivent recevoir assignation au domicile du procureur de la République près le tribunal où sera portée la demande, n'est applicable que dans le cas où la partie à assigner n'a pas de domicile connu en France, la règle générale étant que, pour tout Français qui a un domicile en France, c'est à ce domicile qu'il y a lieu de l'assigner et de le concerner. — Civ. r. 20 nov. 1889, D.P. 90. 1. 471.

1662. La disposition de l'art. 422 C. com. qui permet de notifier au greffe du tribunal de commerce le jugement rendu par ce tribunal contre une partie non domiciliée dans la circonscription établit une simple faculté et non une obligation; par suite, si la partie en question a son domicile à l'étranger, la signification du jugement peut toujours lui être faite valablement, en vertu du droit commun, au parquet du procureur de la République. — Req. 19 mai 1885, D.P. 86. 1. 151.

1663. En conséquence, lorsqu'il s'agit d'un jugement par défaut, le délai pour faire opposition court à partir du jour où la notification au parquet a été effectuée, et l'arrêt qui le décide ainsi motive d'une façon explicite le rejet des conclusions tendant à la recevabilité de l'opposition. — Même arrêt.

1664. Aux termes de l'art. 69, § 9, C. proc. civ., ceux qui habitent le territoire français hors du continent et ceux qui sont établis chez l'étranger doivent être assignés au parquet du tribunal où a été portée la demande. — Civ. r. 20 nov. 1886, D.P. 90. 1. 54.

1665. Il suit de là qu'en cas d'arrêt d'admission prononcé par la chambre des requêtes sur un pourvoi formé contre une partie qui habite Tunis, c'est au parquet de la Cour de cassation que doit avoir lieu la signification de l'arrêt avec assignation du défendeur devant la chambre civile. — Même arrêt.

1666. La notification d'un exploit destiné à une personne établie à l'étranger est valable quand elle a été régulièrement faite au parquet, alors même que le procureur de la République négligerait de transmettre la copie par voie diplomatique. — Paris, 21 févr. 1885, D.P. 86. 2. 93, et sur pourvoi, Req. 12 mai 1886, D.P. 86. 1. 325, et la note. — V. *Code de procédure civile*, nº 207.

1667. Il en est spécialement ainsi au cas de signification d'un jugement par la partie gagnante; et le délai d'appel court, en conséquence, à partir de cette notification, contre la personne établie à l'étranger, nonobstant le défaut de transmission à cette personne de la copie signifiée. — Req. 12 mai 1886, D.P. 86. 1. 325.

1668. La mention de la remise de la copie au parquet doit, à peine de nullité, être mentionnée dans l'exploit. — Paris, 13 janv. 1887, D.P. 87. 2. 188.

1669. Sur l'application de l'art. 69, § 9, aux actes d'appel. V. *infrà*, art. 436.

1670. — II. ASSIGNATION AUX ÉTRANGERS (C. proc. civ. nᵒˢ 202 à 217). — Sans s'arrêter au sens littéral des mots, il faut appliquer l'art. 69, § 9, non seulement aux Français expatriés, mais encore aux étrangers proprement dits; cela résulte du texte de la loi de 1882 qui a substitué à l'expression « ceux qui sont établis chez l'étranger » celle-ci « ceux qui sont établis à l'étranger » ce qui peut parfaitement s'entendre des étrangers. — J.G.S. *Exploit*, 164.

1671. En Italie, la signification d'un exploit faite à un étranger dans les formes légales et au domicile du procureur du roi est valable, quoique ce magistrat n'ait pas transmis en temps utile la copie de cet exploit à la personne à laquelle elle était destinée. — Lyon, 25 févr. 1882, D.P. 82. 2. 228.

Art. 70. Ce qui est prescrit par les deux articles précédents sera observé à peine de nullité.

1672. Sur le moment auquel les nullités d'exploit peuvent être proposées, V. *infrà*, art. 173.

1673. Jugé à cet égard qui ni l'apposition par le maire d'une commune du visa sur l'original de la signification d'un jugement, ni la mention dans l'acte que l'on fait de la signification n'emportent déchéance du droit, pour le maire, d'invoquer la nullité de la signification. — Civ. r. 23 mars 1891, D.P. 91. 1. 223.

Art. 71. Si un exploit est déclaré nul par le fait de l'huissier, il pourra être condamné aux frais de l'exploit et de la procédure annulée, sans préjudice des dommages et intérêts de la partie, suivant les circonstances.

1674. — I. NULLITÉS DONT L'HUISSIER PEUT ÊTRE DÉCLARÉ RESPONSABLE (C. proc. civ. nᵒˢ 1 à 22).

1675. — II. ÉTENDUE DE LA RESPONSABILITÉ DE L'HUISSIER (C. proc. civ. nᵒˢ 23 à 43). — L'huissier peut être déclaré responsable des frais d'un exploit annulé par sa faute, ainsi que de la procédure qui l'a suivi, et être condamné, en outre, à des dommages-intérêts, alors surtout qu'il a reçu de la partie les indications nécessaires pour la rédaction régulière de l'acte. — Req. 15 juill. 1879, D.P. 80. 1. 498.

1676. La partie qui prévoit le cas où son acte d'appel sera déclaré nul peut obtenir la mise en cause de l'huissier par la faute duquel cette nullité aura été encourue, afin de le faire condamner à réparer le dommage; mais, pour statuer sur la responsabilité de cet huissier, qui découle nécessairement du résultat de l'appel, la Cour doit se livrer à l'examen du mérite de cet appel. — Req. 17 juill. 1889, D.P. 90. 1. 485. — V. *Code de procédure civile*, nº 32.

1677. Décidé dans le même sens que, lorsque la nullité de l'acte d'appel provient de la faute de l'huissier, celui-ci doit supporter le coût de l'acte; mais qu'il ne peut être condamné à de plus amples réparations, s'il est établi que le jugement frappé d'appel aurait dû être confirmé et que la nullité imputable à l'huissier n'a en réalité causé aucun préjudice. — Grenoble, 25 juin 1875, D.P. 80. 2. 225, note a. — Bordeaux, 16 juin 1886, D.P. 88. 2. 189. — V. *Code de procédure civile*, nᵒˢ 33 et s.

1678. Ces solutions sont une conséquence du principe général suivant lequel les dommages-intérêts ne sont dus qu'à raison du préjudice éprouvé, principe auquel l'art. 1031 C. proc. civ. n'a pas entendu déroger. — D.P. 88. 2. 189, note 3. — V. *infrà*, art. 1031

1679. Au contraire, dans le cas où la décision des premiers juges aurait dû être infirmée, la cour d'appel peut condamner l'huissier à la fois à des dommages-intérêts et à tous les dépens de première instance et d'appel. — Besançon, 23 févr. 1886, D.P. 80. 2. 225. — V. Observ. sous cet arrêt, D.P. 80. 2. 225, note 5.

la cause est déférée. — Limoges, 14 déc. 1878, J.G.S. *Délai*, 54. — V. *Code de procédure civile*, nº 37.

Art. 73. « Si celui qui est assigné demeure hors de la France continentale, le délai sera :

« 1º Pour ceux qui demeurent en Corse, en Algérie, dans les îles Britanniques, en Italie, dans le royaume des Pays-Bas, et, dans les États ou Confédérations limitrophes de la France, d'un mois;

« 2º Pour ceux qui demeurent dans les autres États, soit de l'Europe, soit du littoral de la Méditerranée et de celui de la mer Noire de deux mois;

« 3º Pour ceux qui demeurent hors d'Europe, en deçà des détroits de Malacca et de la Sonde, et en deçà du cap Horn, de cinq mois;

« 4º Pour ceux qui demeurent au delà des détroits de Malacca et de la Sonde et au delà du cap Horn, de huit mois.

« Les délais ci-dessus seront doublés pour les pays d'outre-mer, en cas de guerre maritime. » (L. 3 mai 1862.)

Art. 74. Lorsqu'une assignation à une partie domiciliée hors de la France sera donnée à sa personne en France, elle n'emportera que les délais ordinaires, sauf au tribunal à les prolonger s'il y a lieu.

TITRE III.

Constitution d'avoués et défenses.

Art. 75. Le défendeur sera tenu, dans les délais de l'ajournement, de constituer avoué; ce qui se fera par acte signifié d'avoué à avoué. Le défendeur ni le demandeur ne pourront révoquer leur avoué sans en constituer un autre. Les procédures faites et jugements obtenus contre l'avoué révoqué et non remplacé seront valables.

1686. — I. CONSTITUTION D'AVOUÉ PAR LE DÉFENDEUR (C. proc. civ. nᵒˢ 1 à 7). — Il n'est pas nécessaire que le défendeur ou l'intimé indique son domicile ou sa résidence dans l'acte par lequel il constitue avoué; en conséquence, ce défaut d'énonciation ne fait pas obstacle à ce que l'instance soit contradictoirement liée. — Poitiers, 11 mai 1881, D.P. 82. 2. 104.

1687. La constitution d'avoué par le défendeur n'a point pour but de fournir au demandeur l'indication du domicile du défendeur, mais de lui apprendre que son adversaire a fait choix d'un mandataire légal, chargé de le représenter, et auquel toutes significations pourront être utilement faites dans le cours de la procédure. Le vœu de l'art. 75 C. civ. se trouve donc satisfait dès que le nom et le domicile de ce mandataire sont portés à la connaissance de la partie qui a introduit l'instance. — J.G.S. *Avoué*, 39.

1688. Dans le cas même où l'exploit d'assignation est fait donné à personne ou à domicile, mais au parquet, selon les prescriptions de l'art. 69 C. proc. civ., parce que l'assigné n'a ni domicile, ni résidence connue en France (V. *supra*, nᵒˢ 1637 et s.), le demandeur n'est pas fondé à exiger que son adversaire lui fasse connaître sa résidence ou son domicile réel, afin qu'il puisse renouveler l'assignation dans les formes prévues par l'art. 68. — J.G.S. *Avoué*, 39.

1680. — I. DÉLAI DE HUITAINE (C. proc. civ. nᵒˢ 1 à 4). — Sur la computation des délais, V. *infrà*, art. 1033.

1681. Sur le calcul des délais de distance, V. *infrà*, art. 1033.

1682. Sur le délai de comparution de la partie réassignée en vertu du jugement de défaut profit-joint, V. *infrà*, art. 153.

1683. — II. ABRÉVIATION DES DÉLAIS (C. proc. civ. nᵒˢ 5 à 8). — La faculté donnée au président, dans les cas qui requièrent célérité, d'abréger les délais de l'assignation, s'applique au délai ordinaire de comparution, mais ne s'étend pas aux délais réglés à raison des distances. — Limoges, 14 déc. 1878, J.G.S. *Délai*, 54. — V. *Code de procédure civile*, nº 9.

1684. Il a été cependant jugé en Belgique que le président peut permettre d'assigner à bref délai n'est pas tenu d'observer l'augmentation des délais de l'art. 1033. — Trib. Bruxelles, 7 janv. 1862, J.G.S. *Délai*, 54. — V. *Code de procédure civile*, nº 12.

1685. L'ordonnance qui abrège les délais peut être attaquée devant le tribunal auquel

1689. Dans la pratique, la constitution du défendeur ou de l'intimé se borne généralement à indiquer ses nom et prénoms; elle ne mentionne pas ses profession et domicile. — J.G.S. *Avoué*, 39.

1690. La remise des pièces à l'avoué, qui constitue le mandat à lui conféré, peut être faite par un tiers, si elle a lieu en présence et du consentement du mandant. — Req. 10 juill. 1884, D.P. 85. 1. 236.

1691. Le défaut faute de comparaître n'est pas encouru par le défendeur qui constitue avoué, même après l'expiration des délais de l'ajournement, dans l'intervalle entre l'audience où il a été conclu et plaidé pour le demandeur et celle à laquelle l'affaire avait été continuée pour entendre le ministère public. — Paris, 4 janv. 1876, D.P. 78. 2. 68.

1692. — II. CONSTITUTION D'AVOUÉ DANS LES MATIÈRES SPÉCIALES (C. proc. civ. nᵒˢ 8 à 17).

1693. — III. REFUS ET DÉMISSION DE L'AVOUÉ (C. proc. civ. nᵒˢ 18 à 35).

1694. — IV. REMPLACEMENT DE L'AVOUÉ CONSTITUÉ (C. proc. civ. nᵒˢ 36 à 40).

1695. — V. RÉVOCATION DE L'AVOUÉ PAR LA PARTIE (C. proc. civ. nᵒˢ 41 à 42). — La révocation de l'avoué par son client, qui ne peut être valablement faite à l'égard de la partie adverse que par acte du palais constituant un nouvel avoué, n'est soumise à aucune formalité dans les rapports du client avec l'avoué; la partie est toujours admise à prouver, par témoins, la révocation de son avoué, pourvu qu'il y ait un commencement de preuve par écrit. — J.G.S *Avoué*, 42. — V. *Code de procédure civile*, nᵒ 45.

1696. La même faculté doit être reconnue à l'avoué contre son client. — (Sol. implic.) Paris, 20 mars 1877, D.P. 78. 2. 95.

1697. — VI. POUVOIRS DE L'AVOUÉ CONSTITUÉ (C. proc. civ. nᵒˢ 50 à 59). — Sur les actes que l'avoué peut faire ou ne pas faire sans s'exposer au désaveu, V. *infra*, art. 352.

1698. — VII. FIN DU MANDAT DE L'AVOUÉ (C. proc. civ. nᵒˢ 60 à 62).

Art. 76. Si la demande a été formée à bref délai, le défendeur pourra, au jour de l'échéance, faire présenter à l'audience un avoué auquel il sera donné acte de sa constitution; ce jugement ne sera point levé : l'avoué ne tenu de se référer dans le jour sa constitution par acte: faute par lui de le faire, le jugement sera levé à ses frais.

Art. 77. Dans la quinzaine du jour de la constitution, le défendeur fera signifier ses défenses, signées des son avoué; elles contiendront offre de communiquer les pièces à l'appui ou à l'amiable, d'avoué à avoué, ou par la voie du greffe.

Art. 78. Dans la huitaine suivante, le demandeur fera signifier sa réponse aux défenses.

Art. 79. Si le défendeur n'a point fourni ses défenses dans le délai de quinzaine, le demandeur poursuivra l'audience sur un simple acte d'avoué à avoué.

Art. 80. Après l'expiration du délai accordé au demandeur pour faire signifier sa réponse, la plus diligente pourra poursuivre l'audience sur un simple acte d'avoué à avoué; toutes les parties poursuivre l'audience, après la signification des défenses et sans y répondre.

Art. 81. Aucunes autres écritures ni significations n'entreront en taxe.

Art. 82. Dans tous les cas où l'audience peut être poursuivie sur un acte d'avoué à avoué, il n'en sera admis en taxe qu'un seul pour chaque partie.

1699. — I. ACTES D'AVOUÉ A AVOUÉ (C. proc. civ. nᵒˢ 1 à 7). — Une demande qui a pour objet de modifier le dispositif d'un précédent arrêt, ne porte pas sur une simple difficulté d'exécution, mais constitue une demande principale, qui ne peut être introduite par un simple acte d'avoué à avoué. — Civ. c. 3 août 1881, D.P. 82. 1. 124.

1700. — II. AVENIR (C. proc. civ. nᵒˢ 8 à 19). — En matière d'enregistrement, le ministère des avoués n'étant pas obligatoire, il peut être pris jugement sans qu'il ait été donné au préalable un avenir par acte d'avoué à avoué. — V. *Code de procédure civile*, nᵒ 12. — V. aussi *Code annoté de l'Enregistrement*, nᵒˢ 6029 et s.

1701. — III. FORMALITÉS DES SIGNIFICATIONS D'AVOUÉ A AVOUÉ (C. proc. civ. nᵒˢ 20 à 58). — Les actes d'avoué à avoué ne sont pas soumis aux formalités minutieuses de l'art. 61 C. proc. civ.; la loi étant muette sur leur signification, il est plus juridique de n'admettre de nullité qu'au cas de violation d'une forme substantielle, que d'étendre arbitrairement l'application de cet article. — J.G.S. *Exploit*, 216. — V. *Code de procédure civile*, nᵒ 20. — Conf. Civ. r. 45 déc. 1884, D.P. 85. 1. 114. — Riom, 26 mai 1886, D.P. 87. 2. 29. — Req. 16 janv. 1888, D.P. 88. 1. 69.

1702. Et il en est ainsi dans le cas même où ces significations servent de point de départ aux délais de recours contre les jugements et arrêts. — Civ. r. 15 déc. 1884, précité.

1703. De pareils actes sont valables, pourvu qu'ils satisfassent aux conditions substantielles sans lesquelles ils ne pourraient produire d'effet légal, qu'ils indiquent notamment avec certitude la date de l'exploit, et désignent la personne à qui l'acte a été remise. — Même arrêt.

1704. L'exploit de signification d'un arrêt à avoué est valable, bien qu'il ne mentionne pas expressément le nom de la personne à la requête de laquelle a eu lieu cette notification, si ledit acte peut être expliqué et complété par la copie de l'arrêt dressé en tête et faisant corps avec lui. — Req. 14 mars 1876, D.P. 77. 1. 490. — V. *Code de procédure civile*, nᵒ 24.

1705. Les actes d'avoué à avoué doivent désigner, à peine de nullité, la personne à qui la copie a été remise. — Civ. r. 15 déc. 1884 précité.

1706. Il n'est pas nécessaire que les nom, demeure et immatricule de l'huissier soient énoncés dans le corps de l'acte signifié d'avoué à avoué. — Req. 16 janv. 1888, D.P. 88. 1. 69. — V. *Code de procédure civile*, nᵒ 38 et s.

1707. Mais il est nécessaire et indispensable que l'acte qu'un huissier signifie au nom d'un avoué à un autre avoué fasse connaître le nom et porte la signature de l'huissier qu'on dit chargé de la signification; et la signification d'un jugement en matière d'ordre, faite sans l'accomplissement de cette formalité, est nulle et ne fait pas courir le délai d'appel. — Metz, 25 juin 1856, J.G.S. *Exploit*, 220.

1708. L'acte d'avoué à avoué doit porter la date de sa signification, à peine de nullité. — J.G.S. *Exploit*, 221.

1709. Il en est ainsi : … 1ᵒ pour une signification d'arrêt. — Civ. r. 15 déc. 1884, D.P. 85. 1. 114.

1710. — 2ᵒ Pour une demande en péremption d'instance. — Paris, 21 nov. 1871, D.P. 72. 2. 72.

1711. La signification à avoué, lorsqu'elle tient lieu de la signification à partie, n'est régulière qu'à la condition d'être faite en autant de copies que l'avoué représente de personnes ayant des intérêts distincts. — Civ. r. 15 déc. 1884, D.P. 85. 1. 114-145.

1712. Il en est ainsi spécialement en matière d'ordre. — Même arrêt.

1713. Toutefois, une seule copie suffit, lorsque l'intérêt de toutes les parties ayant

un même avoué est identique, spécialement lorsqu'il se confond avec celui d'une société dont ces parties sont fondateurs et qui se trouve engagée dans l'instance. — Même arrêt.

1714. De même, la signification à avoué d'un jugement rendu en matière d'incident à saisie immobilière n'a pas besoin d'être faite en autant de copies qu'il y a de parties, lorsque ces parties sont représentées par un seul avoué et qu'elles ont le même intérêt. — Riom, 26 mai 1886, D.P. 87. 2. 29.

1715. Parmi les auteurs, les uns distinguent entre les simples actes d'avoué à avoué faits par les huissiers audienciers, pour lesquels une seule copie pourra être faite pour tous les clients d'un avoué, et les citations qui, en certaines matières (enquête, requête civile), doivent être laissées aux avoués dans la forme ordinaire des exploits, et ils observent la même règle pour la signification des délais rigoureux et dont l'expiration emporte déchéance. — J.G.S. *Exploit*, 223.

1716. Les autres admettent aussi la nécessité de plusieurs copies pour les significations qui doivent se faire aux parties au domicile de leurs avoués, en matière d'enquête et de requête civile, et tiennent le milieu entre les exploits ordinaires et les actes d'avoué à avoué. — J.G.S. *Exploit*, 223

1717. La nullité qui frappe les exploits et les procès-verbaux rédigés par les huissiers pour défaut d'enregistrement dans les quatre jours de leur date ne peut être étendue aux significations par actes d'avoué à avoué, et spécialement à la signification des qualités des jugements ou arrêts. — Req. 3 mars 1879, D.P. 80. 1. 373. — V. *supra*, nᵒ 1448.

1718. Mais cette solution semble trop absolue, car il n'est pas exact de dire qu'un acte d'avoué à avoué n'est pas un exploit; elle est contraire à la jurisprudence qui, sans appliquer rigoureusement aux actes d'avoué à avoué les prescriptions édictées par la loi pour l'acte d'ajournement, exige cependant qu'ils remplissent les conditions substantielles communes à tous les exploits. — J.G.S. *Exploit*, 224.

1719. De même que l'art. 61, l'art. 68 C. proc. civ. ne doit pas être rigoureusement appliqué aux significations d'avoué à avoué. — J.G.S. *Exploit*, 225.

1720. Ainsi un avenir donné par un avoué à un autre avoué qui avait formé opposition aux qualités d'un arrêt, de se trouver à l'issue de l'audience du lendemain, devant le président, est valablement notifié au Palais de justice, au clerc de l'avoué assigné. — Req. 16 juin 1879, D.P. 80. 1. 374. — V. *Code de procédure civile*, nᵒ 37.

APPENDICE AU TITRE III.

Distribution et instruction des affaires.

Décret du 30 mars 1808,

Contenant règlement pour la police et la discipline des cours et tribunaux. (Publié au Bulletin des lois, nᵒ 3245. — (Extrait, J.G. Organ, judic., p. 1494.)

SECT. III. — *De la distribution des affaires.*

Art. 55 et 56. — (V. le texte, *Code de procédure civile*, p. 168.)

Art. 57. Le président du tribunal tiendra l'audience des référés à laquelle seront portés tous référés, pour quelque cause que ce soit.

1721. En ce qui concerne les audiences de référé, V. infrà, art. 806 et s.

Art. 58 à 63. — (V. le texte, Code de procédure civile, p. 168.)

SECT. IV. — De l'instruction et du jugement.

Art. 66 à 69. — (V. le texte, Code de procédure civile, p. 168 et 169.)

Art. 70. Les avoués seront tenus, dans les affaires portées aux affiches, de signifier leurs conclusions trois jours au moins avant de se présenter à l'audience, soit pour plaider, soit pour poser les qualités.

1722. En ordonnant, dans l'art. 70, non seulement la signification des conclusions, mais encore en exigeant que cette signification fût faite trois jours au moins avant l'audience, le législateur n'a pas voulu que la religion de la justice ou la bonne foi du défendeur pussent être surprises par la dissimulation d'un demandeur qui ne démasquerait qu'au dernier moment ses batteries — J.G.S. Conclusions, 4.

1723. La jurisprudence a toujours considéré ce délai comme de rigueur, et le ministère public, en dépit du consentement des parties, a le droit d'en requérir d'office l'observation. — J.G.S. Conclusions, 4.

1724. Jugé à cet égard que sont non recevables, si elles n'ont pas été signifiées trois jours avant l'audience, les conclusions explicatives qui changent celles précédemment prises par l'appelant. — Paris, 26 nov. 1874, D.P. 76. 1. 269. — V. Code de procédure civile, n°s 6 et s.

1725. En tout cas, l'appelant n'est pas fondé à déférer à la Cour de cassation l'arrêt qui a prononcé la non-recevabilité de ces conclusions, lorsque cet arrêt les a appréciées au fond. — Civ. r. 10 avr. 1876, D.P. 76. 1. 269.

1726. L'art. 66 du décret de 1808 fait exception à cette règle pour les affaires urgentes, laissant aux juges le soin d'apprécier l'existence de ce caractère dans les contestations qui leur sont soumises. — J.G.S. Conclusions, 6.

1727. De même, en matière commerciale, où les affaires exigent d'ordinaire une solution rapide, les conclusions peuvent être prises devant la cour le jour même de l'audience. — Rennes, 29 nov. 1881, J.G.S. Conclusions, 8.

1728. Aucune disposition de loi n'impose, à peine de nullité, la signification des conclusions prises à la barre. — Paris, 8 mai 1884, D.P. 85. 2. 148-149. — V. Code de procédure civile, n° 2.

1729. De même, les conclusions prises par une partie devant le juge lient le débat, alors même qu'elles n'ont pas été signifiées, pourvu qu'en ce cas il soit établi que la partie adverse en a eu connaissance et qu'elle les a acceptées. — Paris, 3 mars 1877, D.P. 78. 2. 152.

1730. On est, en effet, toujours maître de renoncer aux droits qui n'intéressent pas l'ordre public, et la signification des conclusions n'étant prescrite que dans l'intérêt de la partie adverse, celle-ci est libre d'en ne pas l'exiger, si elle le juge inutile à sa défense. — Paris 78. 2. 152, notes 1 et 2.

1731. Spécialement, le défendeur qui a conclu au fond n'est pas recevable à exciper du défaut de signification de ces conclusions, et à opposer une exception préjudicielle, telle que l'incompétence du tribunal, lorsqu'il résulte de l'avenir pour plaider, donné

par la partie adverse, la preuve que celle-ci a accepté le débat comme contradictoire. — Arrêt préc. 3 mars 1877.

Art. 71. En toutes causes, les avoués et défenseurs ne seront admis à plaider contradictoirement ou à prendre leurs conclusions, qu'après que les conclusions, respectivement prises, signées des avoués, ont été remises au greffier.

1732. Lorsque le jugement constate que la cause ayant été appelée à l'audience après l'accomplissement des formalités légales, les parties ont comparu, conclu et plaidé, on doit présumer que leurs conclusions ont été écrites, signées et déposées comme il le fallait pour que le débat fût lié contradictoirement. — Req. 26 mars 1889, D.P. 90. 1. 135.

Art. 72. S'il est pris des conclusions sur le barreau, l'avoué ou les avoués seront tenus de les remettre, après les avoir signées, au greffier qui les portera sur les feuilles d'audience.

Les avoués seront tenus d'ajouter à leurs conclusions l'indication de la section où la cause est pendante et son numéro dans le rôle général.

1733. — I. MODIFICATIONS DES CONCLUSIONS (C. proc. civ. n°s 1 à 12.) — Les parties ont le droit d'apporter dans un certain délai, à leurs conclusions, tels changements et modifications qu'il leur convient. Le tribunal lui-même peut sans excès de pouvoirs modifier l'objet des conclusions posées devant lui, lorsque la situation des parties se trouve modifiée par suite de circonstances étrangères à leur volonté. — J.G.S. Conclusions, 49.

1734. Ainsi, lorsque, dans l'intervalle écoulé entre le jugement de première instance et celui d'appel, une coupe affouagère, reconnue litigieuse, a été vendue par l'administration forestière, et que le prix en a été déposé à la caisse des consignations, le juge d'appel peut d'office, et sans qu'il y ait été conclu, adjuger ce prix aux ayants droit, bien qu'avant la vente ils eussent conclu en première instance à la délivrance des bois en nature. — Civ. r. 24 févr. 1874, D.P. 74. 1. 233. — J.G.S. Conclusions, 49.

1735. Jugé également qu'un chef de conclusions formulé pour la première fois à la barre du tribunal n'en est pas moins recevable, si, loin de constituer une demande distincte, il était implicitement contenu dans celle formulée par l'exploit d'assignation, dont il n'est que le développement naturel et la conséquence. — Req. 21 juill. 1890, D.P. 91. 1. 459.

1736. Spécialement, lorsque le demandeur a, dans son assignation, conclu à voir déclarer le défendeur sans droit pour mettre en vente, par ses prix courants, lettres, factures ou autres pièces analogues, les vins de sa récolte, sous la dénomination de « Grands vins de l'Hospice de Beaune », il peut, dans ses conclusions additionnelles, demander au tribunal de faire défense à son adversaire d'employer la marque « Hospices de Beaune » sur ses étiquettes, ladite marque étant la propriété exclusive du demandeur. — Même arrêt.

1737. Les conclusions, même déposées et signifiées, ne sont pas irrévocables, et tant que les parties ne sont pas liées par un jugement définitif, il leur est permis d'introduire des modifications qui peuvent même porter sur la qualité des parties. — J.G.S. Conclusions, 9.

1738. Ainsi toute personne engagée dans un procès en une qualité déterminée a le droit de prendre des conclusions en une qualité différente pour soutenir les intérêts

qui lui appartiennent en cette dernière qualité. — Paris, 24 déc. 1880, D.P. 81. 2. 293. — V. infrà, art. 339.

1739. Mais ces modifications ne peuvent cependant pas être telles qu'elles changent complètement le fond même de la demande. — J.G.S. Conclusions, 10.

1740. Et ce n'est qu'autant que la partie adverse, régulièrement avertie, consentirait à répondre à des chefs nouveaux, que le demandeur aurait le droit de remplacer une demande par une autre. — Trib. com. Laval, 25 janv. 1882, D.P. 83. 3. 31-32.

1741. Le juge doit admettre les conclusions qui, se rattachant à la demande originaire par l'identité du fait sur lequel elles se fondent, ne peuvent être considérées comme une demande nouvelle devant donner lieu à une citation particulière et former l'objet d'une instance spéciale, alors surtout qu'elles ne sont que la conséquence du développement donné au litige par les débats contradictoires des parties. — Civ. c. 19 nov. 1879, D.P. 80. 1. 78.

1742. Spécialement, le demandeur qui a conclu primitivement à la restitution d'une somme déterminée qu'il prétend avoir remise à titre de prêt, et que le défendeur, interrogé sur faits et articles, soutient n'avoir reçue qu'à titre de mandat, peut, par des conclusions nouvelles et sans recourir à un ajournement distinct, demander la reddition de compte du mandat dont cette somme aurait fait l'objet. — Même arrêt.

1743. De même, le preneur qui a formé contre son bailleur une action en résiliation de bail pour défaut de jouissance, en se fondant uniquement sur le trouble que lui cause la reconstruction d'un mur mitoyen est recevable à demander, au cours du procès, par des conclusions subsidiaires, que la résiliation soit prononcée à raison d'autres vices qui se sont révélés depuis l'exploit introductif d'instance. — Req. 3 juill. 1878, D.P. 80. 1. 77.

1744. — II. DÉLAI DANS LEQUEL LES CONCLUSIONS PEUVENT ÊTRE MODIFIÉES (C. proc. civ. n° 13 à 55). — Toutes conclusions prises après la clôture des débats sont non recevables. — Paris, 13 mars 1884, D.P. 85. 2. 14. — Conf. Req. 15 janv. 1878, D.P. 78. 1. 152. — V. Code de procédure civile, n° 26.

1745. Il a été décidé, toutefois, que des conclusions nouvelles peuvent être prises à la barre après la clôture des débats, pourvu qu'elles soient prises et déposées par les avoués avant l'audition du ministère public. — Rennes, 24 janv. 1883, D.P. 85. 2. 91. — Poitiers, 9 nov. 1885, D.P. 86. 2. 238-239. — V. Code de procédure civile, n° 33 et s.

1746. ... Surtout quand elles répondent en partie à des conclusions déposées par l'adversaire pendant la durée de la même audience. — Rennes, 24 janv. 1887, D.P. 89. 2. 91, et la note 1.

1747. Dans tous les cas, la remise au ministère public de notes et conclusions après la clôture des plaidoiries ne peut donner ouverture à cassation, alors que rien n'établit qu'elles aient modifié les conclusions antérieures, que le ministère public les a acceptées et qu'elles ont passé ensuite sous les yeux de la cour. — Req. 19 janv. 1887, D.P. 87. 1. 484.

1748. L'interdiction de poser des conclusions après que le ministère public a été entendu, s'applique également aux conclusions ayant pour objet d'un bon acte d'un fait à la charge de la partie adverse et non admis par celle-ci, d'un refus, par exemple, de communication de pièces. — Req. 23 janv. 1878, D.P. 78. 1. 375.

1749. Mais la règle d'après laquelle il est interdit aux parties de signifier, après l'audition du ministère public, des conclusions nouvelles et de rouvrir, sur un terrain nouveau, un débat précédemment clos, ne s'applique pas au cas où une partie, par un écrit sous forme de conclusions, demande acte de la rectification d'erreurs matérielles qui s'étaient glissées dans le libellé d'articulations admises en preuve. — Civ. r. 29 mars 1887, D.P. 87. 4. 453. — V. *Code de procédure civile*, n° 42.

1750. ... Alors, d'ailleurs, que cette rectification demandée oralement dans les plaidoiries, puis formulée par écrit sur la demande du président, a fait l'objet d'un débat contradictoire à l'audience, et qu'elle ne constitue aucun moyen nouveau. — Même arrêt.

1751. Il a été jugé également qu'on ne peut considérer comme tardives et irrecevables des conclusions prises par la partie civile après l'audition du ministère public, mais avant la réplique du prévenu. — Crim. c. 27 avr. 1882, D.P. 82. 4. 326.

1752. Dans l'espèce de cet arrêt, la partie civile était la Compagnie générale des allumettes chimiques, qui, investie d'attributions répressives, puisqu'elle pouvait requérir contre les délinquants la peine de l'amende (avant le décret du 29 déc. 1889 (D.P. 90. 4. 125), qui a rendu à l'État l'exploitation du monopole de la fabrication et de la vente des allumettes chimiques) devait, comme la ministère public, pouvoir prendre des conclusions jusqu'au prononcé du jugement, et même après la mise en délibéré de l'affaire. — J.G.S. *Conclusions*, 19.

1753. De nouvelles conclusions ne peuvent être prises après que la cause a été mise en délibéré. — Paris, 12 mars 1863, J.G.S. *Conclusions*, 20. — Dijon, 8 déc. 1873, D.P. 75. 3. 198. — V. *Code de procédure civile*, n° 37 et 84.

1754. En conséquence, lorsque la mise en délibéré a été prononcée, les conclusions à fin d'expertise, prises au nom du locataire, en vertu de la faculté d'option que l'art. 1746 C. civ. lui accorde, en cas de bail verbal, sont réputées tardives et non avenues. — Arrêt préc. 8 déc. 1873.

1755. Mais les parties peuvent toujours, même après l'audition du ministère public et la mise en délibéré de la cause, remettre des notes et fournir des éclaircissements et observations. — Req. 15 janv. 1878, D.P. 78. 4. 452.

1756. Toutefois, la faculté reconnue aux parties, lorsqu'une cause a été mise en délibéré après l'audition du ministère public, de produire de simples notes et observations, ne va pas jusqu'à leur permettre de remettre aux juges pendant le délibéré des pièces nouvelles qui n'auraient pas été communiquées à toutes les parties en cause. — J.G.S. *Défense-Défenseur*, 72.

1757. Lorsque, pendant les débats, l'une des parties prend un engagement au sujet duquel la partie adverse présente toutes les observations et conclusions qu'elle juge utile, cette partie a le droit, en exécution de son engagement, de déposer, même après la mise en délibéré, des conclusions subsidiaires, et le juge qui les admet ne viole en aucune manière les droits de la défense. — Req. 17 nov. 1873, J.G.S. *Conclusions*, 22.

1758. On doit considérer comme des *conclusions nouvelles* le fait, par une partie, de se porter incidemment appelante; par suite, le ministère public entendu, cette demande serait non recevable. — J.G.S. *Conclusions*, 18. — Comp. Angers, 18 mai 1877, D.P. 78. 2. 24.

1759. Le principe en vertu duquel il est interdit de signifier des conclusions nouvelles après la clôture des débats ne s'applique pas en matière correctionnelle, ni en simple police, cette clôture n'étant ici que de pure forme et ne produisant pas de résultat définitif, tant que le jugement n'est pas prononcé. — J.G.S. *Conclusions*, 45.

Art. 73. — (V. le texte, *Code de procédure civile*, p. 172.)

Décret du 18 août 1810,

Contenant règlement sur l'organisation des tribunaux de première instance. — Publié au *Bulletin des lois*, n° 5876. — (Extrait, J.G. *Organ. judic.*, p. 1902.)

Sect. VIII. — *Du service.*

Art. 34 et 35. — (V. le texte, *Code de procédure civile*, p. 172.)

TITRE IV.

De la communication au ministère public.

Art. 83. Seront communiquées au procureur du Roi (*procureur de la République*) les causes suivantes:

1° Celles concernant l'ordre public, l'État, le domaine, les communes, les établissements publics, les dons et legs au profit des pauvres;

2° Celles qui concernent l'état des personnes et les tutelles;

3° Les déclinatoires sur incompétence;

4° Les règlements de juges, les récusations et renvois pour parenté et alliance;

5° Les prises à partie;

6° Les causes des femmes non autorisées par leurs maris ou même autorisées, lorsqu'il s'agit de leur dot, et qu'elles sont mariées sous le régime dotal; les causes des mineurs et généralement toutes celles où l'une des parties est défendue par un curateur;

7° Les causes concernant ou intéressant les personnes présumées absentes.

Le procureur du Roi (*procureur de la République*) pourra, néanmoins, prendre communication de toutes les autres causes dans lesquelles il croira son ministère nécessaire; le tribunal pourra même l'ordonner d'office.

Loi du 30 juin 1838,

Sur les aliénés. — Publiée au *Bulletin des lois*, n° 7443. — (Extrait, J. G. *Aliéné*, p. 451).

Art. 40. Le ministère public sera entendu dans toutes les affaires qui intéresseront les personnes placées dans un établissement d'aliénés, lors même qu'elles ne seraient pas interdites.

1760. — I. Communication au ministère public (C. proc. civ. n° 1 à 14). — Sur l'application de l'art. 83 aux tribunaux civils jugeant commercialement, V. *Code de commerce annoté*, n° 25 et s.

1761. Le défaut de communication dans les affaires en dernier ressort donne lieu à la requête civile. — V. *infrà*, art. 480.

1762. — II. Causes communicables (C. proc. civ. n° 15 à 96). — Sur l'action du ministère public : en matière de rectification des actes d'état civil, V. *Code civil annoté*, art. 99, n° 65 et s.; et son *Supplément*, n° 787 et s. — J.G.S. *Ministère public*, art. 6, § 1.

1763. ... D'interdiction, V. *Code civil annoté*, art. 491; et son *Supplément*, n° 3321 et s.

1764. ... D'absence, V. *Code civil annoté*, art. 114; et son *Supplément*, n° 896 et s.

1765. Le ministère public est entendu, aux termes de l'art. 40 de la loi du 6 juill. 1838, dans toutes les affaires intéressant les personnes placées dans les établissements d'aliénés; mais il ne lui appartient pas de

---

poursuivre la nullité des actes faits par l'aliéné ou en son nom, ni de provoquer directement ou indirectement son interdiction. — J.G.S. *Aliéné*, 148. — V. *Code de procédure civile*, n° 86.

1766. Spécialement, le ministère public ne peut intervenir comme partie principale dans l'instance en partage d'une succession engagée contre l'aliéné, pour demander qu'il soit sursis à tout acte de poursuite jusqu'à ce que l'interdiction du défendeur ait été prononcée et qu'il lui ait été nommé un tuteur; ce sursis ne pourrait davantage être ordonné d'office par le tribunal. — Civ. c. 15 mai 1878, D.P. 78. 4. 270.

1767. Les causes intéressant les fabriques doivent être toutes communiquées au ministère public. — V. *Code de lois adm. annotées*, t. 2, 1, v° *Culte*, n° 5581.

1768. Il en est de même des causes qui concernent les communes. — V. *ibid.*, t. 1er, VIII, v° *Commune*, n° 886.

1769. Sur le rôle du ministère public en matière de divorce, V. *Supplément au Code civil annoté*, n° 1962 et s., et *infrà*, art. 879.

1770. La constatation de l'audition du ministère public par le jugement n'est exigée, à peine de nullité, que dans les cas où la loi prescrit que le ministère public donne des conclusions orales. — Req. 18 nov. 1879, D.P. 80. 4. 389.

1771. Mais dans les causes qui ne sont pas communicables au ministère public, il suffit que la rédaction des jugements et arrêts indique le nom de l'officier du ministère public présent à l'audience : il n'est pas nécessaire qu'elle énonce s'il a pris ou non la parole. — Req. 8 nov. 1871, D.P. 71. 1. 253.

1772. — III. Communication d'office (C. proc. civ. n° 97 à 103).

APPENDICE A L'ARTICLE 83
DU CODE DE PROCÉDURE CIVILE.

Formes de la communication et audition du ministère public.

Décret du 30 mars 1808,

Contenant règlement pour la police et la discipline des cours et tribunaux. — Publié au *Bulletin des lois*, n° 3243. — (Extrait, J.G. *Organ. judic.*, p. 1495.)

Art. 83. — (V. le texte, *Code de procédure civile*, p. 175.)

Art. 84. Lorsque celui qui remplit le ministère public ne portera pas la parole sur-le-champ, il ne pourra demander qu'un seul délai, et il en sera fait mention sur la feuille d'audience.

1773. Quand le ministère public demande un renvoi pour donner ses conclusions dans une affaire civile, aucune disposition de loi n'exige, à peine de nullité, que le jour où il sera entendu soit déterminé à l'avance d'une manière fixe et invariable. — Req. 14 mars 1888, D.P. 88. 1. 271.

Art. 85 et 86. — (V. le texte, *Code de procédure civile*, p. 176.)

Art. 87. Le ministère public, une fois entendu, aucune partie ne peut obtenir la parole après lui, mais seulement remettre sur-le-champ de simples notes, comme il est dit à l'art. 111 du Code de procédure civile.

1774. Les parties ne peuvent, après l'audition du ministère public et la mise en délibéré de la cause, signifier des conclusions nouvelles et rouvrir, sur un terrain nouveau, un débat précédemment clos; elles peuvent seulement remettre des notes et fournir des éclaircissements ou des observations. — Req. 15 janv. 1878, D.P. 78. 1. 152. — Req. 9 janv. 1888, D.P. 88. 1. 148. — V. *suprà*, n° 1744 et s., et *Code de procédure civile*, n° 5.

1775. Et cette règle serait violée, si l'on permettait à une partie, les débats une fois clos, de produire une pièce introduisant dans le procès un nouvel élément de décision. — Arrêt préc. 9 janv. 1888.

1776. En conséquence, dans un procès en règlement de comptes d'association, entre l'un des anciens associés, demandeur, et les héritiers de l'autre, le demandeur ne peut, après la clôture des débats, produire une pièce signée de l'associé prédécédé, par laquelle celui-ci reconnaissait que son associé, en ce qui concernait une dette déterminée à payer à un tiers, ne devait participer à ce payement que dans une mesure restreinte. — Même arrêt.

1777. Il en est ainsi, bien que la question de la participation de chacun des associés au payement de la dette dont il s'agit ait été comprise dans les conclusions des parties, si la pièce susindiquée, non invoquée jusque-là, est de nature à constituer quant à ce un élément nouveau de décision. — Même arrêt.

1778. Il est interdit au juge, à peine de nullité, de puiser des motifs de décision dans des pièces qui, produites pour la première fois dans la cause après l'audition du ministère public, lui sont remises pendant le délibéré en la chambre du conseil, et dont il n'a pas ordonné ou constaté la communication préalable aux parties. — Civ. c. 22 mai 1878, D.P. 78. 1. 266.

1779. Et cette règle s'applique à la Martinique comme dans la métropole. — Même arrêt.

1780. Mais il est permis aux juges de rouvrir le débat après sa clôture et après les conclusions du ministère public. — Req. 28 févr. 1877, D.P. 78. 1. 39. — V. *Code de procédure civile*, n° 11.

1781. Le débat une fois rouvert, les magistrats ont la faculté d'entendre contradictoirement les parties dans leurs explications personnelles, et les parties, celle de prendre, le cas échéant, des conclusions nouvelles. — Même arrêt.

1782. Par suite, une Cour d'appel peut, soit donner acte à une partie d'une déclaration par elle faite, soit s'approprier cette déclaration et la consigner d'office dans son arrêt. — Même arrêt.

1783. Lorsqu'après les conclusions du ministère public, sur la production par un des plaideurs d'un mémoire imprimé qui, en dénommant une personne, amène son intervention, la cour rouvre les débats, et rend les plaidoiries quant à ce point à une audience ultérieure, cette décision prise en présence de toutes les parties en cause constitue une simple mesure d'ordre intérieur, et non une arrêt susceptible d'être levé; d'où il suit que la cour peut statuer sur le procès, à l'audience ultérieure indiquée, sans que cette décision ait été signifiée à avoué. — Civ. r. 17 déc. 1888, D.P. 89. 1. 465. — V *Code de procédure civile*, n° 12.

Art. 83. — (V. le texte, *Code de procédure civile*, p. 176.)

Code de procédure civile (*Suite*)

Art. 84. En cas d'absence ou empêchement des procureurs du Roi (*procureurs de la République*) et de leurs substituts, ils seront remplacés par l'un des juges ou suppléants

---

Loi du 27 ventôse an 8,

Relative à l'organisation des tribunaux. — Publiée au *Moniteur* du 23 germinal an 8 et au *Bulletin des lois*, n° 103. — (Extrait, J.G. *Organ. judic.*, p. 1846.)

Art. 26. En cas d'empêchement du commissaire du Gouvernement et des substituts près des tribunaux d'appel, les fonctions du ministère public seront momentanément remplies par le dernier nommé des juges.

Loi du 22 ventôse an 12,
(13 mars 1804)

Relative aux écoles de droit. — Publiée au *Bulletin des lois*, n° 3678. — (Extrait, J.G. *Organ. de l'instr. publ.*, p. 1385.)

Art. 30. A compter du 1ᵉʳ vend. an 17, les avocats, selon l'ordre du tableau, et, après eux, les avoués selon la date de leur réception, seront appelés en l'absence des suppléants, à suppléer... les commissaires du Gouvernement et leurs substituts.

Décret du 6 juillet 1810,

Contenant règlement sur l'organisation et le service des cours impériales, des cours d'assises et des cours spéciales. — Publié au *Bulletin des lois*, n° 5725. — (Extrait, J.G. *Organ. judic.*, p. 1848.)

Art. 50. En cas d'absence ou empêchement du procureur général, il est remplacé par le plus ancien des avocats généraux, soit pour porter la parole, soit pour les autres actes du ministère public.

Art. 51. Les avocats généraux absents ou empêchés sont remplacés par des substituts nommés à cet effet, ou par des conseillers auditeurs (1) nommés à cet effet par notre procureur général.

Art. 52. En cas d'absence ou d'empêchement des substituts, le service du parquet est fait par les avocats généraux ou par des conseillers auditeurs (2) désignés à cet effet par notre procureur général.

Décret du 18 août 1810,

Contenant règlement sur l'organisation des tribunaux de première instance. — Publié au *Bulletin des lois*, n° 5876. — (Extrait, J.G. *Organ. judic.*, p. 1501.)

Art. 20. En cas d'absence ou d'empêchement d'un procureur impérial ayant plusieurs substituts, il sera suppléé par le plus ancien de ceux qui ne seront point chargés spécialement des fonctions d'officier de police judiciaire; et, en cas d'empêchement des substituts eux-mêmes, par un juge ou un suppléant désigné par le tribunal.

Art. 21. Les procureurs impériaux qui n'auront qu'un substitut seront aussi en cas d'absence ou d'empêchement, suppléés par ce substitut, et, à son défaut, par un juge... ou enfin par un suppléant.

1784. La loi du 10 déc. 1830 (art. 2) a supprimé par extinction au fur et à mesure des vacances les conseillers auditeurs près des cours royales qui avaient été institués par le décret du 16 mars 1808 et dont les attributions avaient été réglementées tant par ledit décret (art. 2 et s.) que par la loi du 20 avr. 1810 (art. 12 et s.) et par le décret du 6 juill. 1810 (art. 13 et 14). — J.G.

(1 et 2) Modifié par l'art. 2 de la loi du 10 déc. 1830.
— V. *infrd*, n° 1784.

Organ. judic., p. 1493, 1497, 1499, et n° 446.
1785. — I. REMPLACEMENT DES MEMBRES DU MINISTÈRE PUBLIC DEVANT LES TRIBUNAUX DE PREMIÈRE INSTANCE (C. proc. civ. n°ˢ 1 à 21). — 1° *Remplacement par un juge ou un suppléant* (C. proc. civ. n°ˢ 1 à 12). — Les juges suppléants sont aptes, en vertu de leur qualité propre, à remplir les fonctions du ministère public devant les tribunaux de première instance. — Cr. c. 28 nov. 1876, D.P. 77. 1. 62. — V. *Code de procédure civile*, n° 8.

1786. Mais un juge suppléant peut être appelé à remplir les fonctions du ministère public, sans qu'il soit nécessaire que le jugement fasse mention de l'empêchement du magistrat remplacé, cet empêchement étant présumé par le fait seul du remplacement. — Civ. c. 28 nov. 1876, D.P. 77. 1. 62. — V. *Code de procédure civile*, n° 6.

1787. — 2° *Remplacement par un avocat ou un avoué* (C. proc. civ. n°ˢ 13 à 21). — En appelant les avocats à compléter le tribunal ou même à suppléer les officiers du ministère public, la loi leur impose une obligation à laquelle ils ne peuvent se soustraire. — J.G.S. *Avocat*, 133.

1788. En cas d'absence ou d'empêchement des officiers du parquet, les avocats, selon l'ordre de leur inscription au tableau, peuvent, aussi bien que les juges titulaires ou suppléants, être appelés à remplir à l'audience les fonctions du ministère public. — Aix, 13 févr. 1872, D.P. 73. 5. 332.

1789. Aucune loi n'exige, à peine de nullité, que le ministère public, dans les affaires où il n'est que partie jointe, assiste à la prononciation du jugement; et pourvu que l'arrêt qui, constatant la présence d'un avocat au banc du ministère public au moment où il a été prononcé, omet de faire connaître si cet avocat a été appelé selon son rang d'ancienneté, est par là même pas nul. — Civ. r. 23 juill. 1873, D.P. 74. 1. 71.

1790. Mais il y a nullité du jugement auquel a concouru un avoué occupant le siège du ministère public, s'il n'est pas constaté que cet officier ministériel n'a été appelé qu'à raison de l'empêchement de tous les avocats inscrits près du tribunal. — Civ. c. 24 oct. 1888, D.P. 88. 5. 289. — V. *Code de procédure civile*, n°ˢ 17 et s.

1791. — II. REMPLACEMENT DES MEMBRES DU MINISTÈRE PUBLIC DEVANT LES COURS D'APPEL (C. proc. n°ˢ 22 à 26). — En cas d'empêchement des membres du parquet, les fonctions du ministère public, à l'audience d'une cour d'appel, peuvent être remplies par un des conseillers, sans distinction de rang. — Req. 15 mai 1878, D.P. 79. 1. 488.

1792. — III. INCOMPATIBILITÉS ET PROHIBITIONS (C. proc. civ. n°ˢ 27 à 32). — Les fonctions du ministère public sont absolument incompatibles avec celles de juge; par suite, il y a lieu d'annuler l'arrêt de condamnation rendu (au Sénégal) avec le concours d'un juge qui, dans l'exercice des fonctions de procureur de la République par intérim, avait reçu la plainte et requis information sur cette plainte. — Cr. 16 déc. 1875, D.P. 77. 1. 113. — Comp. Angers 7 juin 1889, D.P. 90. 2. 315. — J.G.S *Ministère public*, art. 4.

1793. Décidé cependant que les juges d'instruction peuvent remplir les fonctions du ministère public dans les affaires qu'ils ont instruites. — Rennes, 7 août 1878, D.P. 79. 2. 31.

1794. La nullité résultant de l'incompatibilité des fonctions du ministère public avec celles de juge ne peut être proposée devant la Cour de cassation, lorsqu'elle ne l'a pas d'abord été devant la Cour d'appel, la composition irrégulière d'un tribunal n'étant qu'une de ces nullités réparables devant le juge d'appel que si elles sont invoquées. — Cr. r. 26 avr. 1890, D.P. 91. 1. 140.

1795. Sur les empêchements pour parenté

ou alliance relativement aux membres d'un même tribunal ou d'une même cour d'appel, V. *infrà, Appendice* à l'art. 116, L. 20 avr. 1810, art. 63.

1796. Sur la question de savoir si les art. 368 et 711 C. proc. civ. sont applicables aux membres du ministère public, V. *infrà,* art. 368 et 711.

APPENDICE AU TITRE IV.

Attributions du ministère public en matière civile: indivisibilité, indépendance et responsabilité du ministère public.

Loi du 20 avril 1810,

Sur l'organisation de l'ordre judiciaire et l'administration de la justice. — Publiée au *Moniteur* du 21 avr. 1810 et au *Bulletin des lois,* n° 5351. — (Extrait, J.G. *Organ. judic.,* p. 1458.)

Art. 46. En matière civile, le ministère public agit d'office dans les cas spécifiés par la loi.

Il surveille l'exécution des lois, des arrêts et des jugements; il poursuit d'office cette exécution dans les dispositions qui intéressent l'ordre public.

Art. 47. Les substituts du procureur général exercent la même action dans les mêmes cas, d'après les mêmes règles, sous la surveillance et la direction du procureur général.

DIVISION.

§ 1. — *Attributions du ministère public en matière civile* (n° 1797).

§ 2. — *Indivisibilité, indépendance et responsabilité du ministère public* (n° 1833).

§ 1er. — *Attributions du ministère public en matière civile* (C. proc. civ. 1 à 115).

1797. — I. ATTRIBUTIONS DU MINISTÈRE PUBLIC A L'AUDIENCE (C. proc. civ. n° 1 à 114). — 1° *Du ministère public comme partie jointe* (C. proc. civ. 1 à 31). — Le ministère public est partie jointe et non partie principale dans les procès relatifs à des demandes en inscription au tableau de l'ordre des avocats. — Civ. c. 29 août 1877, D.P. 77. 1. 489. — V. *Code de procédure civile,* n° 22. — J.G.S. *Ministère public,* art. 5.

1798. Dès lors, en cas de pourvoi contre un arrêt rendu en cette matière, il ne saurait être assigné comme défendeur à la cassation. — Même arrêt.

1799. Décidé, en sens contraire, qu'il appartient au procureur général près la cour d'appel de déférer à cette cour pour violation des lois et règlements, et notamment pour incompétence, la décision par laquelle un tribunal, statuant comme conseil de discipline de l'ordre des avocats, a prononcé sur une demande d'admission au tableau. — Alger, 15 févr. 1864, J.G.S. *Avocat,* 67.

1800. Lorsque les formes prescrites pour le renouvellement de la chambre des avoués n'ont pas été observées, l'élection peut être attaquée par le ministère public en vertu de l'art. 46 de la loi du 20 avr. 1810. — J.G.S. *Avoué,* 91.

1801. Si un exécuteur testamentaire nommé par le testateur refuse ces fonctions, le ministère public peut, dans l'instance en homologation du partage de la succession, conclure à la désignation d'une autre personne qui, sans recevoir le titre d'exécuteur

testamentaire, sera chargée d'accomplir les mesures ordonnées par le testateur. — Civ. r. 3 juin 1872, D.P. 72. 1. 241. — V. *Code de procédure civil,* n° 2.

1802. Le ministère public n'a pas le droit de provoquer une déclaration de faillite. — Nancy, 21 mars 1874, D.P. 75. 2. 37.

1803. ... Alors même qu'il s'agit d'un notaire qui faisait des opérations de commerce. — Même arrêt.

1804. Aucune loi n'exige, à peine de nullité, que dans les affaires où le ministère public n'est que partie jointe, il assiste à la prononciation du jugement, lorsqu'il a donné ses conclusions. — Riom, 15 janv. 1886, D.P. 87. 2. 6.

1805. — 2° *Du ministère public agissant comme partie principale* (C. proc. civ. n° 32 à 46). — Le ministère public peut agir d'office, et par voie d'action principale, dans toutes les circonstances où l'ordre public est directement intéressé. — Req. 28 mai 1869, D.P. 69. 1. 413-414. — Paris, 20 août 1870, D.P. 74. 2. 9. — V. *Code de procédure civile,* n° 25 et s. — J.G.S. *Ministère public,* art. 3.

1806. Si, en règle générale et suivant l'art. 2, titre 8 de la loi du 24 août 1790, les fonctions du ministère public au civil s'exercent non par voie d'action, mais par voie de réquisition seulement, l'art. 46 de la loi du 20 avr. 1810 a dérogé à cette règle en conférant au ministère public le droit d'agir d'office dans toutes les matières intéressant l'ordre public : ... notamment en matière de rectification d'actes de l'état civil. — C. cass. de Belgique, 5 mai 1881, D.P. 81. 2. 241. — V. *Code de procédure civile,* n° 24.

1807. En conséquence, le ministère public a qualité pour appeler d'un jugement dans lequel il n'a été que partie jointe, lorsque l'ordre public y est intéressé. — Même arrêt.

1808. Et le délai d'appel court contre lui à partir du jour du jugement. — (Sol. implic.) Même arrêt.

1809. Le ministère public, dans les cas exceptionnels où il a reçu, en matière civile, le droit d'agir comme partie principale, n'a cette qualité et ne peut former un pourvoi en cassation que contre les décisions qu'il a provoquées par l'exercice de son droit d'action. — Civ. c. 5 nov. 1884, D.P. 85. 1. 84.

1810. Par suite, le procureur général, qui, en matière d'élections consulaires, n'a pas usé du droit qui lui est attribué par la loi de demander à la cour d'appel la nullité des opérations électorales d'un tribunal de commerce, est non recevable à se pourvoir en cassation contre l'arrêt de cette cour intervenu sur la réclamation de tiers électeurs. — Même arrêt.

1811. En cas de disparition subite d'un notaire qui ne laisse aucune explication et n'a pris aucune mesure de conservation, le ministère public est investi par l'art. 3 du titre 8 de la loi du 16 août 1790 du droit de provoquer du tribunal civil la nomination d'administrateurs des biens de ce notaire. — Nancy, 26 mars 1874, D.P. 75. 2. 37. — V. *suprà,* n° 1803.

1812. — II. ATTRIBUTIONS DU MINISTÈRE PUBLIC EN DEHORS DE L'AUDIENCE (C. proc. civ. n° 47 à 114). — 1° *Attributions réglées par le Code civil* (C. proc. civ. n° 47 à 100). — En ce qui concerne les attributions du ministère public en matière : ... de rectification d'actes d'état civil, V. *Code civil annoté,* art. 99, n° 51 et s.; et son *Supplément,* n° 637, 787 et s.

1813. De surveillance des intérêts de l'aliéné, V. *suprà,* n° 1763 et s. — V. aussi *Code civil annoté, Appendice* aux art. 497 et 510; et son *Supplément,* n° 3354 et s., 3444 et s.

1814. D'apposition des scellés, V. *infrà,* art. 911.

1815. Sur le devoir du ministère public en matière de nullité de mariage, V. *Code*

civil *annoté,* art. 190 et 191; et son *Supplément,* n° 1179 et s.

1816. Le ministère public peut faire opposition au mariage, lorsque la célébration du mariage est contraire à l'ordre public, ou tout au moins lorsqu'il aurait qualité pour demander la nullité du mariage une fois célébré. — Grenoble, 14 janv. 1889, D.P. 90. 2. 193.

1817. — 2° *Attributions résultant du Code de procédure civile* (C. proc. civ. n° 85 à 100). — Relativement aux attributions du ministère public en ce qui touche : ... les assignations données à l'État, au Trésor, aux établissements publics et aux communes, V. *suprà,* art. 69, n° 1593 et s.

1818. ... Les assignations dirigées contre ceux qui n'ont en France ni domicile, ni résidence connus, V. *suprà,* art. 69, n° 1637 et s.

1819. ... Les assignations dirigées contre ceux qui habitent le territoire français hors de l'Europe et de l'Algérie et qui sont établis à l'étranger, V. *suprà,* art. 69, n° 1653 et s.

1820. ... L'observation des formalités prescrites pour assurer l'authenticité des jugements, V. *infrà,* art. 138, 140, 141.

1821. ... Les contestations élevées en matière d'ordre, V. *infrà,* art. 762.

1822. — 3° *Attributions résultant de lois spéciales* (C. proc. civ. n° 101 à 114). — Sur les attributions du ministère public en matière d'enregistrement, V. *Code annoté de l'Enregistrement,* n° 6068 et s.

1823. Le ministère public n'intervient ici que comme partie jointe; l'action directe appartient à la direction générale de l'enregistrement au nom de qui les poursuites doivent être exercées. — V. *Code annoté de l'Enregistrement,* n° 6070.

1824. En matière d'enregistrement, le jugement constatant qu'il a été rendu, sur l'avis du juge-commissaire en son rapport, vu les mémoires respectivement signifiés et produits, ensemble en ses conclusions, M... substitut, atteste suffisamment, non seulement que le ministère public a conclu dans la cause, mais que ses conclusions ont été données à l'audience, et sont conséquemment valables. — Civ. c. 3 févr. 1879, D.P. 79. 1. 393.

1825. Et le moyen de cassation tiré de ce que ni le juge-commissaire n'aurait fait son rapport, ni le ministère public donné ses conclusions orales publiquement est non recevable, alors que le jugement constate qu'il a été rendu à bureau ouvert, en audience publique, cette mention s'appliquant à toutes les audiences consacrées au jugement de la cause. — Req. 26 nov. 1883, D.P. 84. 1. 478.

1826. Le ministère public est entendu dans toutes les affaires dans lesquelles l'une des parties a été admise au bénéfice de l'assistance judiciaire. — V. *infrà, Appendice,* L. 22 janv. 1851, art. 15.

1827. Sur ses attributions relatives au mariage des indigents, V. *Supplément au Code civil annoté,* n° 652 et s.

1828. Le préfet étant le seul représentant de l'État devant les tribunaux civils en matière de recrutement, il en résulte que le ministère public ne peut agir d'office sur les questions relatives à la validité des contrats d'engagements volontaires; et le tribunal devant lequel le ministère public intente une pareille action doit déclarer la demande non recevable, alors même que les parties n'ont pris aucune conclusion à cet égard. — Civ. c. 16 déc. 1878, D.P. 79. 1. 113.

1829. Dans les jugements rendus en matière d'expropriation pour cause d'utilité publique, le réquisitoire du ministère public doit être écrit : ses conclusions déterminant la demande sur laquelle le tribunal est appelé à statuer; elles font partie intégrante du jugement et doivent rester déposées en minute au greffe du tribunal. — J.G.S. *Exprop. publ.,* 113.

1830. Le procureur de la République est libre de présenter des observations orales à l'appui de son réquisitoire ou même de le combattre, mais il n'est pas tenu de prendre à l'audience des conclusions orales, le jugement d'expropriation ne portant pas sur un débat appartenant au contentieux judiciaire. — J.G.S. *Expropr. publ.*, 114.

1831. Sur le rôle du ministère public en matière : ... de conflit, V. *Code des lois adm. annotées*, t. Ier, III, v° *Conflit*, n° 282, 304 et s., 434 et s. — V. aussi *Code de procédure civile*, n° 410 et s.

1832. ... De brevet d'invention. V. *Code de commerce annoté*, L. 5 juill. 1844, art. 37, n° 1 et s. — V. aussi *Code de procédure civile*, n° 409.

§ 2. — *Indivisibilité, indépendance et responsabilité du ministère public* (C. proc. civ n° 115 à 137).

1833. — I. INDIVISIBILITÉ DU MINISTÈRE PUBLIC (C. proc. civ. n° 115 à 120). — Le ministère public étant indivisible, la présence successive de deux officiers du ministère public dans la même affaire n'est pas une cause de nullité du jugement. — Req. 10 mai 1875, D.P. 76. 1. 450. — Civ. r. 29 janv. 1879, D.P. 79. 1. 76. — V. *Code de procédure civile*, n° 118. — J.G.S. *Ministère public*, art. 3.

1834. — II. INDÉPENDANCE DU MINISTÈRE PUBLIC (C. proc. civ. n° 121 à 134). — Les tribunaux qui, dans leurs décisions, se livrent à la discussion et à la censure des actes du ministère public, commettent un excès de pouvoir. — Cr. c. 13 janv. 1881, D.P. 81. 1. 89. — Req. 19 mars 1883, D.P. 84. 1. 333. — V. *Code de procédure civile*, n° 430. — J.G.S. *Excès de pouvoir*, 5, et *Ministère public*, art. 3.

1835. Ainsi, il y a excès de pouvoir de la part du tribunal qui, sous prétexte de rechercher s'il existe des circonstances atténuantes en faveur des prévenus, critique, dans les motifs de son jugement, l'inaction du ministère public en présence de faits prétendus délictueux et analogues à ceux sur lesquels statue ledit jugement. — Arrêt. préc. 13 janv. 1881.

1836. ... Et qui, par exemple, dans une poursuite intentée contre un journal pour outrages aux officiers du parquet, après avoir rappelé qu'un autre journal de la même localité s'est livré à plusieurs reprises, sans être poursuivi, aux insinuations les plus outrageantes contre les magistrats du siège, ajoute que le prévenu a pu, étant autorisé à croire qu'il bénéficierait de la même impunité pour les outrages à l'égard du parquet, que cette situation doit déterminer les juges à user d'indulgence à son égard. — Même arrêt.

1837. De même, le tribunal correctionnel auquel est déféré un journaliste pour avoir outragé un membre du parquet de la cour à l'occasion du discours de rentrée prononcé par celui-ci, commet un excès de pouvoir lorsque, après avoir reconnu la culpabilité du prévenu, il se met le prétexte de rechercher s'il existe dans la cause des circonstances atténuantes se livre à la critique du discours dont il s'agit et censure ainsi le magistrat qui en est l'auteur. — Cr. c. 5 déc. 1879, D.P. 80. 1. 41.

1838. Il faut distinguer soigneusement le blâme et la censure qui sont interdits aux cours et tribunaux sur les actes du ministère public de *l'injonction* exceptionnellement permise par l'art. 11 de la loi du 20 avr. 1810. — J.G.S. *Discipline judic.*, 134. —V. aussi *infra*, Appendice, *Discipline des cours et tribunaux*, L. 28 avr. 1810.

1839. — III. RESPONSABILITÉ DU MINISTÈRE PUBLIC (C. proc. civ. n° 135 à 137). — Sur la prise à partie dont peuvent être l'objet les officiers du ministère public, V. *infra*, art. 505 et s.

TITRE V.

Des audiences, de leur publicité et de leur police.

Art. 85. Pourront les parties, assistées de leurs avoués, se défendre elles-mêmes; le tribunal cependant aura la faculté de leur interdire ce droit, s'il reconnaît que la passion ou l'inexpérience les empêche de discuter leur cause et laisse donner défaut-congé contre leur cause et laisse donner défaut-congé avec la décence convenable ou la clarté nécessaire pour l'instruction des juges. — (Décr. 2 juill. 1812 (1). — Ordonn. 27 févr. 1822) (2).

1840. — I. DÉFENSE ÉCRITE ET DÉFENSE ORALE (C. proc. civ. n° 1 à 25). — L'avocat qui, chargé de plaider pour une partie civile, ne se présente pas à l'audience au moment de l'appel de la cause et laisse donner défaut-congé contre son client, sans que son absence puisse être excusée par un motif légal, est tenu de rembourser à ce dernier les frais de l'instance et les honoraires qu'il a reçus de lui. — Trib. civ. de Bordeaux, 14 févr. 1887, D.P. 87. 3. 96.

1841. En matière d'enregistrement, les contestations sont, à peine de nullité, jugées sur mémoires. — V. *Code de procédure civile*, n° 10. — V. aussi *Code annoté de l'Enregistrement*, n° 6038 et s.

1842. — II. PLAIDOIRIE PAR LA PARTIE (C. proc. civ. n° 26 à 31).

1843. — III. PLAIDOIRIE PAR LES AVOCATS (C. proc. civ. n° 32 à 44). — Les avocats ont le droit de plaider aux audiences des cours et des tribunaux civils d'arrondissement, à l'exclusion des avoués. — Trib. civ. de Châteaubriant, 10 juill. 1884, D.P. 86. 3. 48.

1844. Et le tribunal est sans droit pour autoriser une partie qui a obtenu le bénéfice de l'assistance judiciaire à se faire défendre par un avoué. — Même jugement.

1845. Mais il faut pour cela qu'il s'agisse d'un tribunal où il existe des avocats en nombre suffisant; dans ce cas, la seule exception faite par la loi en faveur des avoués s'applique aux demandes incidentes qui sont de nature à être jugées sommairement et aux incidents de procédure. — D.P. 86. 3. 48, note 1.

1846. — IV. PLAIDOIRIE PAR LES AVOUÉS (C. proc. civ. n° 26 à 44). — D'après les dispositions du décret du 2 juill. 1812, non modifiées sur ce point par l'ordonnance de 1822, les avoués exerçant près les tribunaux chefs-lieux de cours d'appel, de cours d'assises ou de départements, ne pouvaient avoir devant ces juridictions le droit de plaider que les demandes incidentes de nature à être jugées sommairement et les incidents relatifs à la procédure, lorsque le nombre des avocats était insuffisant, ou que, faute d'avocats, il n'y avait pas d'avocats, à accorder spécialement pour chaque affaire ce droit aux avoués, conformément à l'art. 5 dudit décret. — J.G.S. *Défense*, n° 47. — V. *Code de procédure civile*, n° 47.

1847. Mais l'expérience avait fait reconnaître que la restriction consacrée par le décret de 1812 présentait de sérieux inconvénients, et qu'il existait des tribunaux chefs-lieux de cours d'assises ou de départements, où le nombre des avocats était absolument insuffisant pour assurer la prompte expédition des affaires. — J.G.S. *Défense*, 56.

1848. En conséquence, un décret du

25 juin 1878 a fait disparaître cette restriction et permis aux avoués exerçant près les tribunaux établis aux chefs-lieux de cours d'assises ou de départements de concourir avec les avocats à l'exercice de la plaidoirie, dans les cas prévus et suivant les formes établies par l'ordonnance de 1822 pour les avoués des tribunaux ordinaires. — D.P. 78. 4. 88 (1).

1849. Un décret du 15 juill. 1885 pris en raison de celui du 4 juillet précédent, qui a modifié l'époque des vacances des cours et des tribunaux, a mis d'accord avec les dispositions de ce dernier décret celles de l'art. 3 de l'ordonnance du 27 févr. 1822, en disposant que « chaque année, dans la seconde quinzaine d'octobre, les cours d'appel arrêteront l'état des tribunaux de première instance de leur ressort où les avoués pourront jouir de la faculté de plaider les causes dans lesquelles ils occupent ». — D.P. 86. 4. 7 (2). — V. *Code de procédure civile*, n° 50.

1850. L'autorisation donnée par la cour aux avoués d'exercer la plaidoirie, bien que constituant une mesure transitoire, est cependant valable pour toute la durée de l'année judiciaire, et elle ne saurait, au cours de cette période, être rapportée par une délibération contraire. — J.G.S. *Défense*, 65.

1851. Et il en est ainsi, alors même que, dans le cours de l'année commencée, le nombre des avocats viendrait à augmenter; il faut qu'une expérience sérieuse donne la certitude que les avocats, récemment arrivés, auront dans l'arrondissement une résidence sérieuse et d'une manière suivie à l'audience pour y assurer le service. — J.G.S. *Défense*, 65.

1852. Une cour d'appel commet donc un excès de pouvoir, lorsqu'elle s'attribue, au cours d'une année judiciaire, la faculté de modifier à son gré, et suivant les circonstances, sa précédente délibération qui, avec l'approbation du garde des sceaux, a autorisé les avoués d'un tribunal de son ressort à plaider pendant toute la durée de cette année judiciaire. — Req. 3 juin 1884, D.P. 84. 1. 409.

1853. Le droit attribué aux avoués par l'art. 2 du décret du 12 juill. 1812 de plaider les demandes incidentes qui sont susceptibles d'être jugées sommairement, ainsi que tous les incidents relatifs à la procédure, ne s'étend pas aux demandes qui, affectant le fond du droit, sont de nature à soulever de graves difficultés et nécessitent une discussion approfondie. — Civ. c. 30 déc. 1878, D.P. 84. 1. 57.

1854. Spécialement, les avoués ne peuvent être admis à plaider les demandes en revendication d'immeubles ou en nullité de créances hypothécaires, encore bien qu'elles seraient formées, les unes à la suite d'une

---

(1) **25 juin-31 juill. 1878.** — *Décret relatif à la plaidoirie.* — (D.P. 78. 4. 88).
Art. 1er. Les avoués institués près les tribunaux chefs-lieux de cours d'assises ou de département pourront être autorisés à plaider les causes dans lesquelles ils occuperont, lorsque le nombre des avoués inscrits sur le tableau ou stagiaires exerçant et résidant dans le chef-lieu sera jugé insuffisant pour la plaidoirie ou l'expédition des affaires. Cette autorisation sera donnée par la cour d'appel, dans la forme prévue par les art. 3 et 4 de l'ordonnance du 27 févr. 1822.
Art. 2. Les dispositions de l'art. 3 du décret du 2 juill. 1812 sont abrogées en ce qu'elles ont de contraire au présent décret.

(2) **15-19 juill. 1885.** — *Décret portant modification de l'art. 3 de l'ordonnance du 27 févr. 1822, relatives à la plaidoirie.*
Art. 1er. L'art. 3 de l'ordonnance du 27 févr. 1822 est modifié ainsi qu'il suit :
« Chaque année, dans la seconde quinzaine d'octobre, les cours d'appel arrêteront l'état des tribunaux de première instance de leur ressort où les avoués pourront jouir de la faculté de plaider les causes dans lesquelles ils occupent. »
2. Le président du conseil, etc., est chargé, etc.

(1 et 2) V. le texte de ces décret et ordonnance au *Code de procédure civile*, p. 182, note 1.

saisie immobilière, les autres au sujet de la réception de la caution offerte en cas de surenchère sur aliénation volontaire, de telles demandes constituent un procès distinct de la procédure à laquelle elles se rattachent. — *Même arrêt.*

1855. D'ailleurs, les incidents de saisie immobilière et les contestations relatives à la réception de la caution offerte par le surenchérisseur étant assimilés par la loi aux affaires sommaires, les avoués, par cela même, n'ont pas qualité pour les plaider. — *Même arrêt.*

1856. Le jugement qui dénie à un avoué le droit de plaider des affaires d'une certaine nature ne peut être frappé de tierce opposition par les autres avoués exerçant près le même tribunal, et, dès lors, ceux-ci ne sont pas recevables à intervenir sur l'appel de ce jugement. — *Même arrêt.*

Art. 86. Les parties ne pourront charger de la défense, soit verbale, soit par écrit, même à titre de consultation, les juges en activité de service, procureurs généraux, procureurs du Roi (*procureurs de la République*), **substituts des procureurs généraux et du Roi** (*procureurs de la République*) **même dans les tribunaux autres que ceux près desquels ils exercent leurs fonctions : pourront néanmoins les juges, procureurs généraux, avocats généraux, procureurs du Roi** (*procureurs de la République*) **et substituts des procureurs généraux et du Roi** (*procureurs de la République*), **plaider, dans tous les tribunaux, leurs causes personnelles, et celles de leurs femmes, parents ou alliés en ligne directe, et de leurs pupilles.**

Art. 87. Les plaidoiries seront publiques, excepté dans les cas où la loi ordonne qu'elles seront secrètes. Pourra cependant le tribunal ordonner qu'elles se feront à huis clos, si la discussion publique devait entraîner un scandale ou des inconvénients graves; mais, dans ce cas, le tribunal sera tenu de délibérer, et de rendre compte de sa délibération au procureur général près la cour royale (*cour d'appel*) et, si la cause est pendante dans une cour royale (*cour d'appel*), au ministre de la justice.

1857. — I. Publicité des audiences (C. proc. civ., nos 1 à 5). — Le principe de la publicité des plaidoiries et des jugements n'est pas applicable à un simple mode d'instruction. — Civ. r. 12 mars 1879, D.P. 79. 1. 272.

1858. Ainsi, le juge peut ordonner la comparution des parties dans la chambre du conseil si, d'après les circonstances de la cause, cette manière de procéder lui paraît devoir conduire, plus sûrement que la comparution en audience publique, à la manifestation de la vérité. — *Même arrêt.*

1859. Par suite, les constatations de fait résultant de ladite comparution ne sauraient être écartées sous le prétexte qu'en pareil mode d'instruction ne pourrait servir de base à une décision de justice. — *Même arrêt.*

1860. — II. Mention de la publicité des audiences (C. proc. civ. nos 6 à 18). — Il y a constatation suffisante de la publicité, pour les débats ainsi bien que pour l'arrêt lui-même, quand il est énoncé dans cet arrêt qu'il a été rendu en audience publique, et qu'il ressort de ses qualités que les avoués, les avocats et le ministère public ont été entendus à l'audience. — Req. 12 juin 1877, D.P. 79. 5. 345.

1861. La mention, dans les qualités d'un arrêt, que les avoués ont été entendus, les avocats en leurs plaidoiries, et le ministère public en ses audiences à des audiences dont les dates sont indiquées, constate suffisamment la publicité de ces audiences. — Req. 10 mai 1882, D.P. 82. 1. 303. 308.

1862. Le mot *audience* impliquant, pour la juridiction civile, l'idée de publicité, la mention dans un jugement civil qu'un témoignage a été reçu « à l'audience », et qu'on y a ensuite entendu les avoués, avocats et le ministère public, constate d'une façon suffisante la publicité des débats. — Req. 12 juin 1877, D.P. 79. 5. 345. — Civ. r. 24 oct. 1888, D.P. 89. 1. 52. — V. *Code de procédure civile*, no 16.

1863. Il en est à plus forte raison ainsi quand l'arrêt se termine par la mention générale qu'il a été prononcé en audience publique qu'il est applicable à toutes les audiences consacrées au jugement de la cause. — Arrêts préc. 12 juin 1877, 10 mai 1882, et 24 oct. 1888. — V. *Code de procédure civile*, no 14.

1864. Les causes de divorce et de séparation de corps pouvant, suivant les expressions de l'art. 87 C. proc. civ., entraîner du scandale ou des inconvénients graves, l'art. 239 C. civ. permet au tribunal d'ordonner le huis-clos. Mais à la différence de l'art. 87 C. proc. civ., l'art. 239 n'exige pas que le tribunal, lorsqu'il ordonne le huis-clos, en rende compte au procureur général, ou à la cour, au ministre de la justice. — V. *Supplément au Code civil annoté*, nos 1969 et s.

1865. Sur la règle que les jugements doivent être prononcés en audience publique, V. *infrà*, art. 116, nos 1982 et s.

Art. 88. Ceux qui assisteront aux audiences se tiendront découverts, dans le respect et le silence : tout ce que le président ordonnera pour le maintien de l'ordre sera exécuté ponctuellement et à l'instant.

La même disposition sera observée dans les lieux où, soit les juges, soit les procureurs du Roi (*procureurs de la République*), exerceront des fonctions de leur état.

APPENDICE A L'ARTICLE 88
DU CODE DE PROCÉDURE CIVILE.

Décret du 30 mars 1808,

Contenant règlement pour la police et la discipline des cours et tribunaux. — Publié au *Bulletin des lois*, n° 3248. — (Extrait, J.G. Organ. judic., p. 1493.)

Art. 46 à 48. — (V. le texte, *Code de procédure civile*, p. 185.)

Code de procédure civile (Suite).

Art. 89. Si un ou plusieurs individus, quels qu'ils soient, interrompent le silence, donnent des signes d'approbation ou d'improbation, soit à la défense des parties, soit aux discours des juges ou du ministère public, soit aux interpellations, avertissements ou ordres du président, juge-commissaire ou procureur de la République, soit aux jugements ou ordonnances, causent ou excitent du tumulte de quelque manière que ce soit, et si, malgré l'avertissement des huissiers, ils ne rentrent pas dans l'ordre sur-le-champ, il leur sera enjoint de se retirer, et les résistants seront saisis et déposés à l'instant dans la maison d'arrêt pour vingt-quatre heures : ils y seront reçus sur l'exhibition de l'ordre du président, qui sera mentionné au procès-verbal de l'audience.

1866. Sur les dérogations apportées à cet article par l'art. 504 C. instr. crim., V. *Code d'instr. crim. annoté*, art. 504.

Art. 90. Si le trouble est causé par un individu remplissant une fonction près le tribunal, il pourra, outre la peine ci-dessus, être suspendu de ses fonctions; la suspension, pour la première fois, ne pourra excéder le terme de trois mois. Le jugement sera exécutoire par provision, ainsi que dans le cas de l'article précédent.

1867. Le pouvoir qui appartient aux tribunaux de réprimer les fautes disciplinaires commises ou simplement découvertes à l'audience découle du principe que toute juridiction a la police de son audience. — J.G.S. *Avocat*, 232.

1868. En principe, le pouvoir de répression appartient aux juridictions d'exception aussi bien qu'aux tribunaux ordinaires. — J.G.S. *Avocat*, 233.

1869. Ainsi une cour d'appel est incompétente pour connaître de l'appel dirigé contre une décision d'un conseil de préfecture qui a condamné un avocat pour outrages commis à l'audience envers les membres de ce conseil. — Cr. r. 18 avr. 1885, D.P. 85. 1. 377.

1870. Sur les délits d'audience commis par les avocats, V. *infrà*, Appendice ; Ordonn. 20 nov. 1822, art. 16 ; et par les officiers ministériels. V. aussi *infrà*, Appendice ; Décr. 30 mars 1808, art. 103.

1871. Les art. 504 et 505 C. instr. crim. n'ont pas abrogé l'art. 90 C. proc. civ. d'après lequel, lorsque l'audience a été troublée par une personne remplissant une fonction près le tribunal, cette personne peut être suspendue de ses fonctions, et le jugement de condamnation est exécutoire par provision. — Cr. r. 21 avr. 1875, D.P. 75. 1. 441. — V. *Code d'instr. crim. annoté*, art. 504 et 505.

1872. L'art. 90 C. proc. civ. s'applique aussi bien aux jugements disciplinaires rendus par les tribunaux correctionnels qu'à ceux qui émanent des tribunaux civils. — *Même arrêt.*

1873. Il est applicable aux avocats ; par suite, doit être cassé l'arrêt qui déclare suspensif l'appel interjeté par un avocat contre le jugement qui l'a condamné à la suspension pour trouble de l'audience du tribunal correctionnel. — *Même arrêt.*

1874. La décision qui prononce une peine disciplinaire à raison d'une faute commise ou découverte à l'audience doit, à peine de nullité, affirmer l'intention dans le chef de l'inculpé de commettre le manquement aux devoirs professionnels qui lui est reproché, et exprimer d'une manière appréciable en quoi consiste ce manquement. — Cr. r. 21 mai 1878, D.P. 79. 1. 17.

1875. L'art. 41 de la loi du 29 juill. 1881 sur la presse reconnaît aux tribunaux le droit de faire des injonctions aux avocats et officiers ministériels et même de les suspendre de leurs fonctions, lorsqu'ils se rendent coupables à l'audience de propos injurieux, outrageants ou diffamatoires. — D.P. 81. 4. 65. — V. aussi *Code pénal annoté*, L. 29 juill. 1881, art. 41, p. 230 et s.

Art. 91. Ceux qui outrageraient ou menaceraient les juges ou les officiers de justice dans l'exercice de leurs fonctions seront, de l'ordonnance du président, du juge-commissaire ou du procureur du Roi (*procureur de la République*), chacun dans le lieu dont la police lui appartient, saisis et déposés à l'instant dans la maison d'arrêt, interrogés dans les vingt-quatre heures et condamnés par le tribunal sur le vu du procès-verbal qui constatera le délit, à une détention qui ne pourra excéder le mois, et à une amende qui ne pourra être moindre de vingt-cinq francs, ni excéder trois cents francs.

Si le délinquant ne peut être saisi à l'instant, le tribunal prononcera contre lui, dans les vingt-quatre heures, les peines ci-dessus.

sauf l'opposition que le condamné pourra former dans les dix jours du jugement, en se mettant en état de détention.

1876. L'art. 91 C. proc. civ. qui punit d'amende et d'emprisonnement ceux qui outragent ou menacent les juges ou les officiers de justice dans l'exercice de leurs fonctions, n'est point applicable aux auxiliaires de la justice, et spécialement aux avocats soumis à une discipline et à des devoirs particuliers. — Cons. d'Ét. 5 mars 1886, D.P. 86. 3. 33.

Art. 92. Si les délits commis méritaient peine afflictive ou infamante, le prévenu sera envoyé en état de mandat de dépôt devant le tribunal compétent, pour être poursuivi et puni suivant les règles établies par le Code d'instruction criminelle.

1877. Sur les modifications apportées à cet article, V. *Code d'instr. crim. annoté*, art. 506, 507 et 508.

APPENDICE AU TITRE V.

Division.

I. — RÈGLEMENT DES AUDIENCES DU TRIBUNAL.
II. — ASSEMBLÉES GÉNÉRALES.
III. — CHAMBRE DES VACATIONS (nº 1878.)
IV. — CHAMBRE DU CONSEIL (nº 1880.)

I. RÈGLEMENT DES AUDIENCES DU TRIBUNAL.

Loi du 11 avril 1838,

Sur les tribunaux civils de première instance. — Publiée au Bulletin des lois, nº 7336.—(Extrait, J.G. Organ. judic., p. 1507.)

Art. 7. — (V. le texte, *Code de procédure civile*, p. 187.)

II. ASSEMBLÉES GÉNÉRALES.

Loi du 11 avril 1838,

Sur les tribunaux civils de première instance. — Publiée au Bulletin des lois, nº 7336. — (Extrait, J.G. Organ., judic. p. 1507.)

Art. 11. — (V. le texte, *Code de procédure civile*, p. 187.)

III. CHAMBRE DES VACATIONS.

Décret du 30 mars 1808,

Contenant règlement pour la police et la discipline des cours et tribunaux. — Publié au Bulletin des lois, nº 3245. — (Extrait, J.G. Organ. judic., p. 1493.)

Art. 75 à 77. — (V. le texte, *Code de procédure civile*, p. 188.)

Art. 78. Les art. 42, 43, 44 et 45 du pré-

sent règlement, concernant les chambres des vacations des cours d'appel, seront observés dans les tribunaux de première instance.

Néanmoins, la chambre des vacations de première instance, à Paris, tiendra au moins quatre audiences par semaine.

1878. En ce qui concerne les modifications apportées aux audiences de vacations par les décrets des 12 juin 1880, 4 juill 1885 et 15 juill. 1885, V. *infra*, *Appendice* à l'art. 462.

1879. L'art. 78 du décret de 1808 par la généralité de ses termes exclut toute distinction entre les tribunaux, quels que soient leur importance et le nombre des magistrats qui les composent. — Note de la Chancellerie, août-septembre 1877, Bull. min. just. 1877, p. 118.

IV. CHAMBRE DU CONSEIL.

1880. Le jugement qui, sur le refus du mari et après un débat contradictoire en la chambre du conseil, autorise la femme à accepter un pacte de famille lui attribuant, aux lieu et place de sa part en immeubles dans la succession de ses père et mère, des sommes à payer par ses cohéritiers, ne constitue pas un acte de juridiction gracieuse, mais une décision contentieuse, susceptible, comme telle, d'acquérir l'autorité de la chose jugée. — Paris, 1ᵉʳ mars 1877, D.P. 78. 2. 130.

1881. Le juge peut ordonner la comparution des parties en la chambre du conseil, si, d'après les circonstances de la cause, cette manière de procéder lui paraît devoir conduire plus sûrement que la comparution des parties en audience publique à la manifestation de la vérité. — Civ. c. 12 mars 1879, D.P. 79. 1. 272.

TITRE VI.

Des délibérés et instructions par écrit.

Art. 93. Le tribunal pourra ordonner que les pièces seront mises sur le bureau, pour en être délibéré au rapport d'un juge nommé par le jugement, avec indication du jour auquel le rapport sera fait.

1882. — I. DÉLIBÉRÉ SUR RAPPORT (C. proc. civ. nᵒˢ 1 à 10). — Le président n'étant que le premier des juges du tribunal peut, comme tout autre juge, présenter le rapport dans les affaires soumises à un délibéré sur rapport, et spécialement dans une affaire d'expropriation pour cause d'utilité publique. — Civ. r. 15 juill. 1885, D.P. 86. 1. 472.

1883. — II. QUAND LE DÉLIBÉRÉ SUR RAPPORT PEUT ÊTRE ORDONNÉ (C. proc. civ. nᵒˢ 11 à 15).

1884. — III. JUGEMENT ORDONNANT UN DÉLIBÉRÉ SUR RAPPORT (C. proc. civ. nᵒˢ 16 à 32).

1885. — IV. EFFETS DU JUGEMENT QUI ORDONNE LE DÉLIBÉRÉ SUR RAPPORT (C. proc. civ. nᵒˢ 33 à 40).

Art. 94. Les parties et leurs défenseurs seront tenus d'exécuter le jugement qui ordonnera le délibéré, sans qu'il soit besoin de le lever ni signifier, et sans sommation : si

l'une des parties ne remet point ses pièces la cause sera jugée sur les pièces de l'autre.

Art. 95. Si une affaire ne paraît pas susceptible d'être jugée sur plaidoirie ou délibéré, le tribunal ordonnera qu'elle sera instruite par écrit, pour en être fait rapport par l'un des juges, nommé par le jugement.

Aucune cause ne peut être mise en rapport qu'à l'audience et à la pluralité des voix.

Art. 96. Dans la quinzaine de la signification du jugement, le demandeur fera signifier une requête contenant ses moyens; elle sera terminée par un état des pièces produites au soutien.

Le demandeur sera tenu, dans les vingt-quatre heures qui suivront cette signification, de produire au greffe et de faire signifier l'acte de produit.

Art. 97. Dans la quinzaine de la production du demandeur au greffe, le défendeur en prendra communication et fera signifier sa réponse avec état au bas des pièces au soutien; signification, il rétablira au greffe la production par lui prise en communication, fera la sienne, et en signifiera l'acte.

Dans le cas où il y aurait plusieurs défendeurs, s'ils ont tout à la fois des avoués et des intérêts différents, ils auront chacun les délais ci-dessus fixés pour prendre communication, répondre et produire : la communication leur sera donnée successivement, à commencer par le plus diligent.

Art. 98. Si le demandeur n'avait pas produit le délai ci-dessus fixé, le défendeur mettra sa production au greffe, ainsi qu'il a été dit ci-dessus : le demandeur n'aura que huitaine pour en prendre communication et contredire; ce délai passé, il sera procédé au jugement, sur la production du défendeur.

Art. 99. Si c'est le défendeur qui ne produit pas dans le délai qui lui est accordé, il sera procédé au jugement, sur la production du demandeur.

Art. 100. Si l'un des délais fixés expire sans qu'aucun des défendeurs ait pris communication, il sera procédé au jugement sur ce qui aura été produit.

Art. 101. Faute pour le demandeur de produire, le défendeur le plus diligent mettra sa production au greffe; et l'instruction sera continuée ainsi qu'il est dit ci-dessus.

Art. 102. Si l'une des parties veut produire de nouvelles pièces, elle le fera au greffe, avec acte de produit contenant état desdites pièces, lequel sera signifié à avoué, sans requête de production nouvelle ni écritures, à peine de rejet de la taxe, lors même que l'état des pièces contiendrait de nouvelles conclusions.

Art. 103. L'autre partie aura huitaine pour prendre communication, et fournir sa réponse, qui ne pourra excéder six rôles.

Art. 104. Les avoués déclareront au bas des originaux et des copies de toutes leurs requêtes et écritures, le nombre des rôles, qui sera aussi énoncé dans l'acte de produit, à peine de rejet lors de la taxe.

Art. 105. Il ne sera passé en taxe que les écritures et significations énoncées au présent titre.

Art. 106. Les communications seront prises au greffe sur les récépissés des avoués, qui en contiendront la date.

Art. 107. Si les avoués ne rétablissent, dans

les délais ci-dessus fixés, les productions par eux prises en communication, il sera, sur le certificat du greffier, et sur un simple acte pour venir plaider, rendu jugement à l'audience, qui les condamnera personnellement, et sans appel, à ladite remise, aux frais du jugement, sans répétition, et en dix francs au moins de dommages-intérêts par chaque jour de retard.

Si les avoués ne rétablissent les productions dans la huitaine de la signification du dit jugement, le tribunal pourra prononcer, sans appel, de plus forts dommages-intérêts, même condamner l'avoué par corps, et l'interdire pour le temps qu'il estimera convenable.

Lesdites condamnations pourront être prononcées sur la demande des parties, sans qu'elles aient besoin d'avoués, et sur un simple mémoire qu'elles remettront au ou au président, ou au rapporteur, ou au procureur du Roi *(procureur de la République).*

Art. 108. Il sera tenu au greffe un registre sur lequel seront portées toutes les productions, suivant leur ordre de date : ce registre, divisé en colonnes, contiendra la date de la production, les noms des parties, de leurs avoués et du rapporteur ; il sera laissé une colonne en blanc.

Art. 109. Lorsque toutes les parties auront produit, ou après l'expiration des délais ci-dessus fixés, le greffier, à la réquisition de la partie la plus diligente, remettra les pièces au rapporteur qui s'en chargera, en signant sur la colonne laissée en blanc au registre de productions.

Art. 110. Si le rapporteur décède, se démet ou ne peut faire le rapport, il en sera commis un autre, sur requête, par ordonnance du président, signifiée à partie ou à son avoué trois jours au moins avant le rapport.

Art. 111. Tous rapports, même sur délibérés, seront faits à l'audience ; le rapporteur résumera le fait et les moyens sans ouvrir son avis : les défenseurs n'auront, sous aucun prétexte, la parole après le rapport : ils pourront seulement remettre sur-le-champ au président de simples notes énonciatives des faits sur lesquels ils prétendraient que le rapport a été incomplet ou inexact.

1886. La disposition de l'art. 111 C. proc. civ. d'après laquelle tous rapports, même ceux sur délibérés, doivent être faits à l'audience, tenant au droit de la défense, est d'ordre public, et sans fixer le rapport peut-être même par inobservation entraîne nullité. — Civ. c. 30 juill. 1884, D.P. 85. 1. 104. — V. *Code de procédure civile,* n° 4.

1887. Par suite, le jugement qui statue en chambre du conseil sur le rapport d'un juge-commissaire sans constater que les parties ont assisté à ce rapport ou en ont eu connaissance, doit être déclaré nul. — Même arrêt.

1888. Le tribunal qui, dans les qualités d'un jugement, énonce que « les pièces ont été mises sur le bureau pour en être délibéré au rapport d'un juge », sans nommer le juge et sans fixer le rapport auquel le rapport devra être fait, entend se référer uniquement au simple délibéré en chambre du conseil, prévu par l'art. 116 C. proc. civ., et non à la procédure spéciale du délibéré sur rapport réglé par les art. 93 et suiv., du même code, et, dès lors, ce jugement ne peut être annulé pour inobservation des règles prescrites par ces derniers articles. — Req. 7 févr. 1881, D.P. 82. 1. 87-88. — V. *Code de procédure civile,* n° 13.

1889. L'art. 111 proc. civ. qui veut que tous les rapports soient faits à l'audience se

réfère au cas prévu par l'art. 93 du même code, c'est-à-dire au cas où il est ordonné, par jugement préparatoire, que les pièces seront mises sur le bureau pour en être délibéré au rapport du juge nommé par ce jugement avec indication du jour où ce rapport sera fait. — D.P. 82. 1. 87-88, note 1.

Art. 112. Si la cause est susceptible de communication, le procureur du Roi *(procureur de la République)* sera entendu en ses conclusions à l'audience.

1890. En ce qui concerne les causes communicables au ministère public, V. *suprà,* art. 83, n° 1760 et s.

Art. 113. Les jugements rendus sur les pièces de l'une des parties, faute par l'autre d'avoir produit, ne seront point susceptibles d'opposition.

Art. 114. Après le jugement, le rapporteur remettra les pièces au greffe ; et il en sera déchargé par la seule radiation de sa signature sur le registre des productions.

Art. 115. Les avoués, en retirant leurs pièces, émargeront le registre ; cet émargement servira de décharge au greffier.

TITRE VII.

Des jugements.

Art. 116. Les jugements seront rendus à la pluralité des voix, et prononcés sur-le-champ : néanmoins, les juges pourront se retirer dans la chambre du conseil pour y recueillir les avis ; ils pourront aussi continuer la cause à une des prochaines audiences, pour prononcer le jugement.

Décret du 30 mars 1808,

Contenant règlement pour la police et la discipline des cours et tribunaux. — Publié au *Bulletin des lois,* n° 3243. — (Extrait, J.G. Organ. judic., p. 1494.)

Art. 35. Le président recueillera les opinions après que la discussion sera terminée. Les juges opineront à leur tour, en commençant par le dernier reçu. Dans les affaires jugées sur rapport, le rapporteur opinera le premier. Si différents avis sont ouverts, on ira une seconde fois aux voix.

Loi du 20 avr. 1810,

Sur l'organisation de l'ordre judiciaire et l'administration de la justice. — Publiée au *Moniteur* du 21 avr. 1810 et au *Bulletin des lois,* n° 4351. — (Extrait, J.G. Organ. judic., p. 1496.)

Art. 7. ... Les arrêts... qui n'ont pas été rendus publiquement sont déclarés nuls.

DIVISION.

§ 1. — *Caractères constitutifs des jugements* (n° 1891).
§ 2. — *Différentes espèces de jugements* (n° 1896).
§ 3. — *Sur quoi statue le jugement* (n° 1917).
§ 4. — *Délibéré et formation du jugement* (n° 1974).

§ 5. — *Moment où le jugement peut être prononcé* (n° 1978).
§ 6. — *Prononciation du jugement en audience publique* (n° 1982).

§ 1er. — *Caractères constitutifs des jugements* (C. proc. civ. n° 1 à 13).

1891. Le jugement qui, sur la requête de deux conjoints mariés sous le régime dotal, et, en l'absence de toute contestation, a déterminé la proportion pour laquelle un fonds appartenant à la femme devait être réputé dotal, ne constitue qu'un acte de juridiction volontaire. — Req. 7 janv. 1878, D.P. 79. 1. 13.

1892. Il en est de même du jugement sur requête qui autorise une femme mariée à emprunter sur hypothèque et à payer des dettes hypothécaires contrairement à son contrat de mariage. — Lyon, 19 mai 1883, D.P. 85. 2. 187.

1893. Les tribunaux n'ont le pouvoir de statuer par jugement sur requête que lorsque la mesure réclamée ne constitue pas une demande et n'appelle pas de contradiction ; en dehors de ce cas, leur compétence ne peut s'exercer que lorsque les parties ont été entendues ou appelées. — Lyon, 26 nov. 1881, D.P. 82. 2. 88.

1894. Spécialement, la demande tendant à substituer un séquestre au mandataire institué par plusieurs mandants (des cohéritiers) ne peut se produire que par voie d'action judiciaire dirigée contre tous les intéressés, et non par voie de simple requête au nom d'un seul des cointéressés. — Même arrêt.

1895. Sur les décisions, judiciaires qui doivent être regardées ou non comme des jugements, V. *Code civil annoté,* art. 1351, n° 1 et s. ; et son *Supplément,* n° 3971 et s.

§ 2. — *Différentes espèces de jugements* (C. proc. civ. n° 16 à 36).

1896. — I. JUGEMENTS DÉFINITIFS, PRÉPARATOIRES ET INTERLOCUTOIRES (C. proc. civ. n° 16). — V. *infrà,* art. 452.

1897. — II. JUGEMENTS CONTRADICTOIRES ET JUGEMENTS PAR DÉFAUT (C. proc. civ. n° 17). — V. *infrà,* art. 149 et s.

1898. — III. JUGEMENTS D'EXPÉDIENT (C. proc. civ. n° 18 à 27). — On désigne, dans la pratique, sous le nom de *jugement d'expédient* la décision par laquelle un tribunal donne la forme d'un jugement à un contrat intervenu entre les parties. — Dissertation de M. Glasson sous Toulouse, 21 janv. 1885, D.P. 86. 2. 73. — V. *Code de procédure civile,* n° 18.

1899. Pour obtenir un jugement de cette nature, on présente au tribunal un projet que tous les avoués à la cause ont signé ; il est communiqué au ministère public, et, si le tribunal accepte le projet, il se l'approprie sous forme de jugement. — Même dissertation.

1900. La nature et les effets du jugement d'expédient ont donné lieu à une controverse. D'après une première opinion, un jugement de cette nature est avant tout un contrat et par conséquent l'œuvre des parties ; le jugement n'est qu'une forme extérieure secondaire et, comme en définitive, loin de trancher un différend, il constate un accord, on doit le ranger parmi les actes de juridiction gracieuse. — Même dissertation. — J.G.S. *Chose jugée,* 29.

1901. Il en résulte, d'après cette opinion, que l'on doit, en cette matière, appliquer purement et simplement les règles du code civil. — Même dissertation.

1902. Il a été décidé en ce sens que la règle d'après laquelle un contrat passé par un individu en état de démence doit être réputé inexistant à raison d'un défaut de consentement est applicable aux jugements d'expédient qui constituent de véritables contrats judiciaires dans lesquels l'office du juge se borne à constater l'accord des parties. — Toulouse, 21 janv. 1885, D.P. 86. 2. 73. — Conf. Civ. c. 11 nov. 1873, D.P. 73. 1. 455.

1903. Spécialement si, au moment où le jugement d'expédient a été rendu, l'une des parties était atteinte d'aliénation mentale, et incapable, par suite, de donner un consentement, ce jugement est atteint de nullité pour défaut de consentement. — Mêmes arrêts.

1904. Suivant une autre opinion qui semble mieux fondée, il n'y a aucune distinction à faire entre les jugements proprement dits et les jugements rendus d'accord entre toutes les parties; quand le tribunal adopte le dispositif rédigé par les parties, il ne fait qu'en connaissance de cause et il s'approprie entièrement la rédaction de cet acte qui devient jugement pur et simple. — Dissertation précitée. — J.G.S. *Chose jugée,* 20.

1905. Il en résulte que, contrairement à l'arrêt précité, si une nullité a été commise, on ne peut pas la demander en justice. — Même dissertation.

1906. ... Que le jugement a force de chose jugée, et qu'il ne peut être attaqué qu'au moyen des voies de recours, par exemple, au moyen de l'appel. — Même dissertation. — V. *infrà,* art. 443. — V. *Code de procédure civile,* n° 24.

1907. En matière de faillite, les jugements d'expédient, comme tous les actes transactionnels présentant un caractère judiciaire, échappent à l'application de l'art. 447 C. com. relatif à l'annulation des paiements faits par le débiteur pour dettes échues pendant la période suspecte. — J.G.S. *Faillite,* 683.

1908. Sur les effets des jugements d'expédient en matière d'enregistrement, V. *Code annoté de l'Enregistrement,* n°ˢ 8091 et s.

1909. — IV. Jugement de donné acte (C. proc. civ. n°ˢ 28 à 34). — Les jugements par lesquels il est *donné acte* à une partie de la déclaration d'un engagement pris par l'autre partie ont force de chose jugée relativement au fait même qu'il s'agit dans l'intention des parties de constater. — Req. 21 juin 1877, D.P. 77. 5. 79-81.

1910. Mais l'autorité de la chose jugée ne s'applique qu'à la constatation seule de ce fait lui-même; elle ne s'étend pas au delà. — J.G.S. *Chose jugée,* 16.

1911. Quant aux jugements qui ne font que donner acte d'une offre, d'une acceptation, d'une réserve, ils n'acquièrent point de cet égard force de chose jugée, puisqu'ils n'ont rien décidé et qu'il n'y a pas eu, soit qu'il s'agisse plus tard de contester la validité ou les effets de l'engagement contracté en justice, ou d'user des bénéfices des réserves insérées dans le jugement. — J.G.S. *Chose jugée,* 16.

1912. Ainsi l'arrêt qui donne purement et simplement acte d'un désistement intervenu en appel, sans résoudre aucun litige ou aucune contestation relative à ce désistement, n'a pas le caractère d'une décision judiciaire susceptible d'acquérir l'autorité de la chose jugée et ne s'oppose pas à ce que la nullité soit du désistement, s'il est irrégulier, soit poursuivie devant le juge qui en a donné acte. — Civ. c. 11 août 1885, D.P. 86. 1. 166.

1913. De même, lorsqu'un jugement a donné acte de conclusions subsidiaires sans qu'elles aient été l'objet d'aucune discussion en première instance, l'arrêt qui, en l'absence de tout débat en appel sur ces conclusions, se borne à reprendre les parties dans leurs droits relatifs aux chefs compris dans lesdites conclusions, n'a pas l'autorité de la chose jugée quant à ces chefs. — Req. 31 déc. 1877, J.G.S. *Chose jugée,* 16.

1914. D'après un arrêt, le *donné acte* du juge n'est pas une formalité essentielle du contrat judiciaire qui devient irrévocable par le seul fait de l'accord des parties. —

Gand, 29 juill. 1876, *Pasicrisie belge,* 1876, 2. 336.

1915. Le jugement qui se borne à donner acte d'un accord intervenu devant le tribunal entre les parties n'est pas susceptible d'appel. — Bordeaux, 18 mars 1836, D.P. 87. 5. 24.

1916. — V. Jugements comminatoires (C. proc. civ. n°ˢ 35 et 36).

§ 3. — *Sur quoi statue le jugement* (C. proc. civ. n°ˢ 37 à 182).

1917. — I. Nécessité de statuer sur toutes les conclusions (C. proc. civ. n°ˢ 37 à 112). — 1° *Conclusions sur lesquelles le juge est tenu de statuer* (C. proc. civ. n°ˢ 37 à 59). — De simples réserves ne saisissent pas le juge. — Toulouse, 4 juin 1879, D.P. 80. 2. 113. — V. *Code de procédure civile,* n° 39.

1918. En conséquence, les juges n'ayant à statuer que sur des conclusions formellement prises devant eux, une cour d'appel peut, sans violer aucune loi, s'abstenir de donner acte au demandeur de simples réserves formulées par celui-ci. — Civ. r. 19 nov. 1889, D.P. 90. 1. 293.

1919. Mais lorsque, par des conclusions précises et formelles, une cour d'appel est mise en demeure de statuer sur la validité et les effets d'une subrogation dans son hypothèque légale consentie par une femme mariée à un créancier, elle ne peut écarter ces conclusions sous le prétexte qu'elles constituent des réserves sur lesquelles il n'y a pas lieu de statuer. — Civ. c. 26 janv. 1887, D.P. 87. 1. 208.

1920. De même, l'arrêt qui omet de s'expliquer sur des conclusions tendant à prouver que le vendeur (en Algérie) d'un immeuble à deux acquéreurs, l'un musulman par acte de cadi, l'autre européen par acte notarié et transcrit avant l'autre, était propriétaire en vertu d'un acte de vente passé par le Domaine à un auteur, manque de base légale. — Civ. c. 23 juill. 1890, D.P. 91. 1. 177.

1921. Si le juge a le devoir de statuer sur les conclusions posées à l'audience, il faut que les conclusions soient articulées d'une manière précise. — J.G.S. *Conclusions,* 34. — V. *Code de procédure civile,* n° 42.

1922. Ainsi il n'est pas tenu de statuer sur une exception d'illispendance, si, sans en faire un chef de conclusion, l'avocat l'énonce comme moyen dans le cours de sa plaidoirie. — Req. 17 août 1865, J.G.S. *Conclusions,* 34.

1923. De même, si les contestations relatives aux contrats passés avec une compagnie d'assurances, dans une de ses succursales, doivent également être portées devant le tribunal du siège social, lorsque cette attribution a été stipulée par une clause de la convention, il est du moins nécessaire, pour que le juge soit en demeure d'appliquer cette règle, que des conclusions formelles dans ce sens aient été posées à l'audience. — Req. 25 mai 1886, D.P. 87. 1. 376.

1924. La partie qui avait obtenu une enquête en première instance ne saurait se plaindre de ce que cette enquête n'ait point été ordonnée par la cour d'appel, lorsque, d'une part, elle n'y avait point conclu en appel, n'avait point invoqué ce commencement de preuve par écrit ni articulé de faits avec offre de preuve, et que, d'autre part, elle avait frappé d'un appel incident la partie du jugement qui ordonnait l'enquête, et qu'elle avait même protesté contre cette enquête, en demandant formellement que le litige fût jugé exclusivement sur les titres qu'elle produisait. — Req. 3 juill. 1889, D.P. 90. 1. 431.

1925. Si, dans certains cas, le juge peut statuer en l'absence de conclusions expresses, encore faut-il qu'à défaut de termes précis les parties se servent d'expressions qui ne soient ni trop vagues, ni trop générales. — J.G.S. *Conclusions,* 41.

1926. Au reste, il appartient aux tribunaux d'interpréter les conclusions prises devant eux, dans le cas où elles seraient obscures ou ambiguës. — J.G.S. *Conclusions,* 42.

1927. Jugé à cet égard qu'au cas du doute sur l'étendue des conclusions prises par une partie en appel, la Cour peut se reporter à une demande qui avait été formée devant les premiers juges, encore bien que cette demande ait été depuis lors abandonnée. — C. cass. Belgique, 23 janv. 1852, J.G.S. *Conclusions,* 42.

1928. — 2° *Conclusions implicites* (C. proc. civ. n°ˢ 60 à 79). — Toutefois, dans de nombreux cas, le juge doit statuer, bien que la demande n'ait pas fait l'objet de conclusions expresses. — V. *Code de procédure civile,* n° 60.

1929. Et il peut et doit statuer non seulement sur les moyens qui sont invoqués expressément dans les conclusions des parties, mais encore sur ceux qui y sont virtuellement compris. — V. *Code de procédure civile,* n° 62.

1930. Ainsi un jugement ne statue pas *ultra petita,* lorsqu'il se borne à examiner dans ses motifs d'un moyen non présenté par les parties, mais dont la discussion s'imposait. — Poitiers, 9 nov. 1885, D.P. 86. 2. 238-239.

1931. Il a été jugé, en vertu du principe que le juge est juge de l'exception, que le tribunal est dans la nécessité d'examiner la validité d'une cession de droits successoraux, alors même que la nullité n'en aurait pas été formulée d'une manière expresse, si, d'un côté, une partie requiert l'homologation d'un projet de liquidation de succession qui consacre une compensation dont elle doit bénéficier, et si, d'un autre côté, les parties adverses invoquent la cession dont il s'agit, comme argument décisif contre cette compensation. — Req. 22 mars 1882, D.P. 82. 1. 285. — J.G.S. *Conclusions,* 40.

1932. De même, le juge ne statue pas *ultra petita* lorsque, sur une demande de restitution du prix d'actions et de dommages-intérêts formée contre les administrateurs d'une société commerciale, il prononce la nullité de cette société pour infraction à la loi du 24 juillet 1867, s'il est établi que l'appui de son action, le demandeur a relevé des irrégularités et des omissions de nature à altérer la constitution et l'existence légale de la société, et s'il résulte, en outre, des motifs du jugement qu'à l'audience la question de nullité a été réellement posée. — Req. 2 août 1881, D.P. 82. 1. 336.

1933. Les juges ne statuent pas non plus *ultra petita* et ne commettent pas d'excès de pouvoir lorsque, saisis d'une demande en annulation d'un partage, en rapport à la succession entière, ils décident que les valeurs mobilières, omises dans ce partage, seront l'objet d'un partage supplémentaire. — Req. 13 mars 1882, D.P. 82. 1. 433.

1934. Mais un jugement statuant *ultra petita,* lorsqu'en reconnaissant à une partie la propriété de certaines eaux, il ajoute d'office que cette partie a le droit absolu de rejeter ces eaux à la rivière, après s'en être servi, si cela lui plaît. — Civ. c. 5 juin 1889, D.P. 90. 1. 114.

1935. Ce n'est pas présenter des réserves que de déclarer s'en rapporter à justice ou à la prudence des juges. — J.G.S. *Conclusions,* 46. — V. *Code de procédure civile,* n° 61.

1936. Jugé en ce sens que la partie qui déclare s'en rapporter à justice conclut au fond; en conséquence, celle qui, ainsi d'abord en cause sur une demande en nullité de testament, reçoit ensuite des conclusions tendant à faire déclarer bon et valable le testament litigieux par un jugement commun à toutes les parties, et y répond en demandant acte de ce qu'elle s'en rapporte à justice sur la validité dudit testament, ne peut prétendre devant la cour d'appel qu'elle a été jugée au tribunal sans avoir été partie ni entendue dans l'instance relative au testament. — Req. 17 août 1874, D.P. 75. 1. 315.

1937. Le juge d'appel, comme le juge du premier ressort, n'est tenu de statuer que sur les conclusions prises devant lui et il ne peut s'écarter des limites que lui disposit lui trace. — J.G.S. *Conclusions*, 30.

1938. Ainsi il n'est pas tenu de répondre à une exception tendant à la nullité d'une expertise que l'appelant avait présentée dans des conclusions prises avant un arrêt interlocutoire, mais qu'il n'a pas reproduite dans les dernières conclusions qui ont précédé l'arrêt définitif; et rien ne s'oppose à ce que, dans sa décision, il fasse état des constatations de cette expertise qui, dans le fait, n'était pas attaquée. — Civ. r. 24 mai 1882, D.P. 83. 1. 14. — Comp. Req. 6 déc. 1876, D.P. 77. 1. 391.

1939. Les juges d'appel ne sont point tenus de statuer sur les conclusions à fin de nullité du rapport d'experts qui a servi de base au jugement de première instance, lorsque ces conclusions, prises avant l'arrêt préparatoire ordonnant une nouvelle expertise, n'ont pas été à nouveau, à la suite de cette seconde expertise, et que d'ailleurs la composition de la cour avait changé depuis la pose des conclusions à fin de nullité d'expertise. — Req. 2 juill. 1889, D.P. 90. 1. 479.

1940. — 3º *Conclusions subsidiaires* (C. proc. civ. nos 80 à 87). — Les juges peuvent statuer de préférence sur les conclusions subsidiaires, en laissant de côté les conclusions principales, si leur adoption leur procure un moyen plus sûr de vider le litige. — J.G.S. *Conclusions*, 28. — V. *Code de procédure civile*, nº 88.

1941. Le juge de première instance qui a fait droit aux conclusions principales d'une partie n'a pas à statuer sur les conclusions subsidiaires qu'elle a prises. — Liège, 15 juin 1882, D.P. 83. 2. 138. — V. *Code de procédure civile*, nº 81 et s. — V. aussi J.G.S. *Jugement*, chap. 3, sect. 6.

1942. Et ces conclusions subsidiaires peuvent être reproduites dans une nouvelle instance, sans que l'on puisse opposer une exception de litispendance résultant de ce que la cause d'appel est saisie du premier litige, l'appel n'ayant pas saisi la cour de la connaissance de cette contestation. — Même arrêt.

1943. Mais cette solution paraît contestable: car, si l'on peut présumer, d'après les circonstances de la cause, que la partie a abandonné en appel ses conclusions subsidiaires, cette présomption ne saurait être érigée en règle générale, les renonciations devant s'interpréter dans le sens le moins défavorable à la partie dont elles émanent. — J.G.S. *Conclusions*, 28.

1944. — 4º *Conclusions modifiées ou augmentées* (C. proc. civ. nº 88). — V. *supra*, Décr. 30 mars 1808, art. 72, nos 1733 et s.

1945. — 5º *Conclusions abandonnées* (C. proc. civ. nos 89 à 105). — La partie qui conclut au fond, sans rappeler les exceptions de nullité de la procédure et d'incompétence d'abord invoquées par elle, est censée y renoncer. — Trib. com. Seine, 14 juin 1873, D.P. 77. 2. 71. — V. *Code de procédure civile*, nº 90. — J.G.S. *Jugement*, chap. 3, sect. 6.

1946. La situation des parties est exclusivement fixée par les conclusions prises au procès. — Paris, 25 févr. 1876, D.P. 76. 2. 233. — V. *Code de procédure civile*, nº 91.

1947. En conséquence, les juges ne sont pas dispensés de statuer sur des conclusions tendant à l'allocation de dommages-intérêts, alors même qu'aux termes des qualités du jugement, l'avocat de la partie qui a pris ces conclusions aurait demandé acte à la barre, assisté de l'avoué, de ce qu'il n'insistait pas

sur cette demande de dommages-intérêts. — Même arrêt.

1948. L'arrêt qui appuie sa décision sur une prétendue déclaration d'une partie, contredite par des conclusions en forme régulière présentées par cette même partie, commet un excès de pouvoir. — Civ. c. 21 févr. 1887, D.P. 87. 1. 476.

1949. Et notamment doit être cassé comme ne donnant pas de base légale à sa décision, l'arrêt qui, malgré les conclusions du transporteur tendant à établir que la mention sur le connaissement des marchandises manquantes est le résultat d'un faux imputable au chargeur, condamne néanmoins ce transporteur à payer la valeur desdites marchandises sous prétexte que, d'après une reconnaissance émanée de lui, le faux aurait été commis par un de ses agents dans l'exercice de ses fonctions, alors que cette prétendue reconnaissance du transporteur n'est pas établie par les conclusions versées aux débats. — Même arrêt.

1950. — 6º *Décision implicite sur les conclusions* (C. proc. civ. nos 106 à 112).

1951. — II. NÉCESSITÉ DE STATUER UNIQUEMENT SUR LES CONCLUSIONS DES PARTIES (C. proc. civ. nos 113-134). — Lorsque le préfet, agissant au nom et comme représentant de l'État, a déposé des conclusions devant le conseil de préfecture, tendant à l'allocation à un particulier d'une somme déterminée, à titre d'indemnité, le conseil ne peut, sans excès de pouvoirs, allouer une somme inférieure, et dès lors le ministre ne peut demander au conseil d'État l'annulation de l'arrêté qui a fixé l'indemnité conformément aux conclusions du préfet. — Cons. d'Ét. 25 févr. 1876, D.P. 77. 5. 118.

1952. Les juges peuvent, sans excéder leurs pouvoirs, appuyer leurs décisions sur des motifs qui n'ont pas été invoqués dans les conclusions des parties. — Req. 7 janv. 1879, D.P. 79. 1. 112. — Cons. d'Ét. 17 déc. 1886, D.P. 88. 3. 32.

1953. — III. QUESTIONS SUR LESQUELLES LE JUGE PEUT STATUER D'OFFICE (C. proc. civ. nos 135 à 169). — 1º *Mesures d'instruction* (C. proc. civ. nos 139 à 145). — Les juges peuvent d'office : ... ordonner des experts. — V. *infra*, art. 305.

1954. ... Ordonner la représentation des livres d'un commerçant. — V. *Code de commerce annoté*, art. 15.

1955. ... Ordonner ou rejeter la preuve testimoniale, selon les cas. — V. *infra*, art. 254.

1956. Mais ils ne peuvent ordonner d'office une descente sur lieux, si les parties n'y ont pas conclu. — V. *infra*, art. 295.

1957. Sur la question de savoir si la jonction du défaut peut être prononcée d'office : ... par le juge, V. *infra*, art. 153.

1958. — 2º *Questions d'ordre public* (C. proc. civ. nos 146 à 160). — Les juges peuvent suppléer d'office l'exception d'incompétence *ratione materiæ.* — V. *infra*, art. 170.

1959. Mais ils ne peuvent suppléer d'office : ... le moyen résultant de la prescription. — V. *Code civil annoté*, art. 2223 ; et sou *Supplément*, art. 17474 et s.

1960. ... Ni l'exception tirée du défaut de tentative de conciliation. — V. *supra*, art. 48, nos 304 et s.

1961. ... Ni l'exception de caution *judicatum solvi.* — V. *infra*, art. 174.

1962. ... Ni l'exception de litispendance et de connexité. — V. *infra*, art. 171.

1963. Sur la question de savoir si les juges peuvent suppléer d'office : ... prononcer les nullités d'exploit ou d'actes de procédure, V. *infra*, art. 169 et s.

1964. ... Suppléer une exception péremptoire du fond ou une fin de non-recevoir que les parties n'ont pas opposée, V. *infra*, *Appendice*, art. 169 et s.

1965. ... Suppléer l'exception tirée de la chose jugée. — V. *Code civil annoté*, art. 1351, nos 1129 et s.; et sou *Supplément*, nos 9328 et s.

1966. ... Suppléer l'exception tirée de la tardiveté de l'appel, V. *infra.* art. 444.

1967. — 3º *Moyens de droit* (C. proc. civ. nos 161 à 166). — Il appartient au juge de suppléer les moyens de droit omis par les parties. Ainsi le moyen tiré d'une violation de la loi, par exemple, de l'inobservation des prescriptions de l'art. 452 C. civ., peut être repris et apprécié par la cour d'appel, quand bien même il ne lui aurait pas été expressément soumis. — Civ. r. 5 fév. 1873, J.G.S. *Conclusions*, 50. — V. *Code de procédure civile*, nº 461.

1968. De même, le tribunal, saisi de la demande en nullité d'un contrat de vente pour cause d'incapacité du vendeur, ne commet pas d'excès de pouvoir en recherchant si le vendeur était Français ou étranger, si, d'après son statut personnel, il était majeur ou mineur au moment du contrat; ... alors surtout que cette question a été soulevée dans les conclusions de parties intervenantes qui avaient intérêt à faire repousser la demande. — Req. 7 janv. 1879, D.P. 79. 1. 111.

1969. Le juge, saisi de la question de savoir si des offres réelles sont valables, peut annuler ces offres comme n'ayant pas été faites au lieu convenu pour le payement, encore bien qu'aucune exception n'ait été spécialement proposée devant lui. — Req. 24 mars 1884, D.P. 84. 1. 274.

1970. Lorsque, dans un procès, le point de fait est bien déterminé, il appartient aux tribunaux de faire l'application des règles du droit pour trancher le litige dans le sens du droit juridique et, par exemple, de suppléer, en se fondant sur les faits et circonstances de la cause, le moyen résultant d'une novation dans les titres de l'une des parties. — Req. 19 juill. 1888, D.P. 89. 1. 345.

1971. Le juge saisi d'une contestation doit la trancher conformément aux lois sur la matière, alors même que l'application de ces lois n'aurait pas été formellement requise par les parties : il doit suppléer des considérations de pur droit, toutes les fois qu'elles sont implicitement comprises dans les conclusions qui lui sont soumises. — D.P. 89. 1. 345, note.

1972. — 4º *Condamnations accessoires* (C. proc. civ. nos 167 à 169).

1973. — IV. JUGEMENTS CONTENANT DES CHEFS DISTINCTS (C. proc. civ. nos 170 à 182). — J.G.S. *Jugement*, chap. 2.

§ 4. — *Délibéré et formation du jugement* (C. proc. civ. nos 183 à 197).

1974. La mise d'une cause en délibéré qui ne permet plus aux parties de présenter de nouvelles conclusions au tribunal ne saurait cependant les empêcher de mettre fin, d'un commun accord, par un compromis à une sentence arbitrale, à l'instance engagée. — Req. 23 nov. 1887, D.P. 88. 1. 208. — V. *supra*, nos 1882 et s. — J.G.S. *Jugement*, chap. 3, sect. 6.

1975. En conséquence, le jugement que rend le tribunal, en vidant son délibéré dans l'ignorance de l'accord nouveau des parties, doit être annulé par le juge du second degré saisi de la cause en vertu de l'effet dévolutif de l'appel, alors que devant ce juge il est excipé du compromis et de la sentence arbitrale intervenue. — Même arrêt.

1976. Sur le nombre des juges exigés pour la validité : d'un jugement, V. *infra*, *Appendice* à l'art. 116, nos 2001 et s.

1977. D'un arrêt, V. *infra*, *Appendice* à l'art. 467.

§ 5. — *Moment où le jugement peut être prononcé* (C. proc. civ. nos 198 à 219).

1978. Le prononcé du renvoi d'un jugement ou d'un arrêt et la mention de ce renvoi ne constituent qu'une simple mesure d'ordre et de service intérieur; en conséquence, la circonstance qu'un arrêt a été prononcé à une audience autre que celle où les débats ont été clos, sans que la cour ait indiqué le jour auquel était renvoyée la prononciation de cet arrêt, ne peut en entraîner la nullité. — Req 5 juill. 1881, D.P. 82. 1. 269. — V. *Code de procédure civile*, n° 206. — J.G.S. *Jugement*, chap. 3, § 2.

1979. Le jugement d'une affaire mise en délibéré simple par application de l'art. 116 C. proc. civ. et renvoyée à une prochaine audience, uniquement pour le prononcé du jugement, peut être valablement rendu à une audience plus rapprochée que celle indiquée lors de la mise en délibéré. — Req. 3 juill. 1877, D.P. 78. 1. 171. — V. *Code de procédure civile*, n° 213.

1980. ... Alors, d'ailleurs, qu'il est constant que toute latitude a été laissée à la défense des parties et qu'il ne leur a été fait aucune surprise. — Même arrêt

1981. Mais il en serait autrement si la cause avait été mise en délibéré sur le rapport d'un juge. — V. *suprà*, art. 111, n° 1886 et s. — D.P. 78. 1. 171, note.

§ 6. — *Prononciation du jugement en audience publique* (C. proc. civ. n°s 220 à 297).

1982. — I. PRONONCIATION PUBLIQUE DU JUGEMENT (C. proc. civ. n°s 220 à 232). — J.G S. *Jugement*, chap. 3, sect. 7.

1983. — II. QUELS JUGEMENTS DOIVENT ÊTRE PRONONCÉS EN AUDIENCE PUBLIQUE (C. proc. civ. n°s 233 à 243). — Même dans les causes discutées à huis clos, le jugement doit être prononcé en audience publique, à peine de nullité. — Civ. c. 5 mai 1881, D.P. 84. 5. 419. — V. *Code de procédure civile*, n° 236.

1984. Les jugements rendus par un tribunal civil en matière de contributions indirectes doivent et n prononcés publiquement ; mais il n'est pas nécessaire qu'ils soient prononcés en la chambre du conseil ; ils peuvent l'être dans la salle des audiences publiques. — Req. 18 mars 1873, D.P. 74. 1. 265. — V. *Code de procédure civile*, n° 241. — V. aussi *Code des lois adm. annotées*, t. 4, v° *Contributions indirectes*.

1985. Sur la publicité des jugements rendus en matière d'enregistrement, V. *Code annoté de l'Enregistrement*, n° 6212 et s.

1986. — III. JUGEMENTS DISPENSÉS DE LA PRONONCIATION EN AUDIENCE PUBLIQUE (C. proc. civ. n°s 244 à 257). — Le jugement qui autorise une femme dotale à hypothéquer ses immeubles doit être rendu en chambre du conseil sans publicité. — Paris, 20 juin 1874, D.P. 76. 2. 139. — V. *Code de procédure civile*, n° 250.

1987. — IV. MENTION DE LA PRONONCIATION EN AUDIENCE PUBLIQUE (C. proc. civ. n°s 258 à 297). — La preuve de la *prononciation* du jugement à l'audience n'est soumise à aucune forme sacramentelle. — Cr. r. 5 juin 1890, D.P. 90. 1. 494. — V. *Code de procédure civile*, n°s 269 et s. — J.G.S. *Jugement*, chap. 3, sect. 7.

1988. Ainsi la mention qu'un arrêt a été rendu contradictoirement à l'audience, après le rapport d'un conseiller et toutes parties entendues, et sa formule finale : « Ainsi fait et arrêté en audience publique au Palais de justice », établit suffisamment qu'il a été *prononcé* à l'audience. — Même arrêt.

1989. Il en est ainsi à plus forte raison quand un arrêt se termine par la mention générale qu'il a été prononcé en audience publique. — 10 mai 1882, D.P. 82. 1. 305. — Conf. Civ. c. 24 oct. 1888, D.P. 89. 1. 52.

1990. De même, la mention suivante : « Fait au greffe de la cour d'appel, à l'audience publique de la première chambre », suffit pour établir qu'un arrêt satisfait aux conditions de publicité exigées par la loi. — Civ. r. 30 mars 1881, D.P. 81. 1. 359.

1991. La mention relative à la publicité

de l'audience et au nom des magistrats, qui se trouve à la suite d'un arrêt statuant au fond, s'applique également à l'arrêt antérieur rendu sur le reproche d'un témoin, alors que cette décision préparatoire a précédé immédiatement la décision sur le fond, et est renfermée dans un seul et même contexte avec celle-ci. — Req. 14 déc. 1881, D.P. 82. 1. 184.

1992. En matière électorale, la publicité d'une décision du juge de paix résulte de la mention que le jugement a été rendu en audience publique. — Civ. r. 27 juill. 1887, D.P. 88. 1. 341.

APPENDICE À L'ARTICLE 116
DU CODE DE PROCÉDURE CIVILE.

Division.

I. — CAPACITÉ DES JUGES.
II. — INCOMPATIBILITÉ POUR PARENTÉ OU ALLIANCE (n° 1993).
III. — NOMBRE DES JUGES (n° 2001).
IV. — REMPLACEMENT DES JUGES EN CAS D'ABSENCE (n° 2007).

I. CAPACITÉ DES JUGES.

Loi du 20 avril 1810,

Sur l'organisation de l'ordre judiciaire et l'administration de la justice. — Publiée au Moniteur du 21 avr. 1810 et au *Bulletin des lois*, n° 5351. — (Extrait, J.G. Organ. judic., p. 1496.)

Art. 64. — (V. le texte, *Code de procédure civile*, n° 293.)

II. INCOMPATIBILITÉ POUR PARENTÉ OU ALLIANCE.

Loi du 20 avril 1810,

Sur l'organisation de l'ordre judiciaire et l'administration de la justice. — Publiée au Moniteur du 21 avr. 1810 et au *Bulletin des lois*, n° 5351. — (Extrait, J.G. Organ. judic., p. 1498.)

Art. 63. Les parents et alliés jusqu'au degré d'oncle et neveu inclusivement, ne pourront être simultanément membres d'un même tribunal ou d'une même cour, soit comme juges, soit comme officiers du ministère public, ou même comme greffiers, sans une dispense de l'Empereur.

En cas d'alliance survenue depuis la nomination, celui qui l'a contractée ne pourra continuer ses fonctions sans obtenir une dispense de Sa Majesté.

Loi du 30 août 1883,

Sur la réforme de l'organisation judiciaire. — Publiée au *Journal officiel* le 31 août 1883 et au *Bulletin des lois*, n° 13465. — (Extrait, D.P. 83.4.58.)

Art. 10. Ne pourra, à peine de nullité, être appelé à composer la cour ou le tribunal tout magistrat titulaire ou suppléant dont l'un des avocats ou avoués représentant l'une des parties intéressées au procès sera parent ou allié jusqu'au troisième degré inclusivement.

1993. — I. INCOMPATIBILITÉ POUR PARENTÉ OU ALLIANCE (C. proc. civ. n°s 1 à 15). — L'art. 63 de la loi du 20 avr. 1810 s'applique aux membres qui font partie accidentellement

du tribunal en remplacement du juge ou de l'officier du ministère public empêché, comme à ceux qui y siègent d'une façon permanente. — Décis. min. just. 3 févr. 1879, *Bull. min. just.*, 1879, p. 12.

1994. Les magistrats qui, à un moment donné, sont alliés à un degré prohibé, ne peuvent être simultanément membres de la même cour ou du même tribunal sans obtenir de dispenses, alors même que la personne qui a produit l'alliance serait décédée. — Note de la Chancellerie, *Bull. min. just.* 1881, p. 39.

1995. Aux termes d'un avis du conseil d'administration du ministère de la justice, le magistrat tenu, à raison de son alliance avec le président du tribunal, de discontinuer son service, n'a pas cessé d'appartenir à la magistrature au titre qu'un décret antérieur à son mariage lui avait octroyé. — Avis du 18 janv. 1882, *Bull. min. just.* 1882, p.5.

1996. Les expressions de l'art. 63 de la loi du 20 avr. 1810 portant que celui qui a contracté l'alliance survenue depuis la nomination *ne peut continuer ses fonctions* sans obtenir de dispense doivent s'entendre *de l'exercice* même des fonctions, et n'impliquent pas que celui qui a contracté l'alliance ait perdu *ipso facto*, du jour de son mariage, sous titre et sa qualité de magistrat. — Même avis.

1997. La même disposition permet au chef de l'État, dans les tribunaux composés de huit juges au moins, de relever le magistrat de l'incompatibilité résultant de l'alliance qu'il a contractée, d'où il résulte que la loi n'a attaché le caractère d'une suspension. — Même avis.

1998. La disposition de l'art. 10 de la loi du 30 août 1883 ne s'applique qu'aux magistrats du siège et ne doit pas être étendue aux officiers du ministère public. — Décis. min. just. 14 juill. 1884, *Bull. min. just.* 1884, p. 168.

1999. En conséquence, un procureur de la République peut, sans entraîner la nullité édictée par ledit article, donner des conclusions dans une affaire où l'avocat d'une des parties en cause est son frère utérin. — Même décision.

2000. — II. CONFUSION DES VOIX (C. proc. civ. n°s 16 à 26).

III. NOMBRE DES JUGES.

Loi du 20 avril 1810,

Sur l'organisation de l'ordre judiciaire et l'administration de la justice. — Publiée au Moniteur du 21 avr. 1810 et au *Bulletin des lois*, n° 5351. — (Extrait, J.G. Organ. judic., p. 1497.)

Art. 7... Les arrêts qui ne sont pas rendus par le nombre de juges prescrit... sont déclarés nuls...

Art. 40. Les juges ne pourront rendre aucun jugement si ce n'est au nombre de trois au moins...

Art. 41. Les suppléants pourront assister à toutes les audiences : ils auront voix consultative et, en cas de partage, le plus ancien dans l'ordre de réception aura voix délibérative.

Loi du 30 août 1883,

Sur la réforme de l'organisation judiciaire. — Publiée au *Journal officiel* le 31 août 1883 et au *Bulletin des lois*, n° 5351. — (Extrait, D.P. 83.4.58.)

Art. 4. Les jugements des tribunaux de première instance sont rendus par des magistrats délibérant en nombre impair. Ils sont rendus par trois juges au moins. Lorsque les membres d'un tribunal siégeant dans une affaire seront en nombre pair, le dernier des juges dans l'ordre du tableau devra s'abstenir. Le tout à peine de nullité.

2001. — I. NOMBRE DE JUGES NÉCESSAIRE POUR RENDRE JUGEMENT (C. proc. civ. nᵒˢ 1 à 10). — L'art. 4 de la loi du 30 août 1883 ne change rien à l'art. 16 de la loi du 27 vent. an 8 sur le nombre de juges nécessaire pour statuer légalement. Mais il y ajoute, pour éviter un nombre impair, ainsi que la sanction de la nullité qui n'était prononcée par l'art. 7 de la loi du 20 avr. 1810 que pour les arrêts d'appel. — D.P. 83. 4. 64, note 2. — J.G.S. *Organ. judic.*, chap. 2, sect. 1, art. 1ᵉʳ, § 1.
2002. La disposition de l'art. 4 de la loi du 30 août 1883, d'après laquelle les jugements doivent être, à peine de nullité, rendus par des magistrats en nombre impair, et qui prescrit au dernier des juges siégeant en nombre pair de s'abstenir sous la même peine, s'applique aux tribunaux de commerce comme aux tribunaux civils. — Douai, 31 janv. 1885, D.P. 86. 2. 69. — Dijon, 19 janv. 1886, D.P. 86. 2. 69. — V. en sens contraire Observ. de M. Glasson sous ces arrêts, D.P. 86. 2. 69, note 1.
2003. La feuille d'audience fait foi du nombre réglementaire des magistrats qui ont pris part au jugement d'une affaire, malgré l'erreur qui a pu se glisser à cet égard dans l'expédition du jugement. — Req. 12 déc. 1887, D.P. 88. 1. 429. — V. anal. Req. 20 mai 1885, D.P. 86. 1. 82. — Req. 2 août 1887, D.P. 88. 1. 156.
2004. — II. PRÉSENCE DES JUGES SUPPLÉANTS (C. proc. civ. nᵒˢ 11 à 29). — La loi du 30 août 1883, en prescrivant que les jugements soient rendus par des magistrats en nombre impair, a eu pour but unique d'éviter l'inconvénient des partages : cette loi, dès lors, n'a point abrogé l'art. 44 de la loi du 20 avr. 1810 aux termes duquel les juges suppléants, quand ils ne sont pas nécessaires pour constituer le tribunal, ont le droit d'assister au délibéré avec voix *consultative* : car aucun partage ne peut en ce cas résulter de leur participation à la délibération. — Cr. r. 11 juill. 1881, D.P. 84. 1. 377.
2005. La loi ne met pas non plus obstacle à ce qu'un suppléant chargé en vertu du décret du 19 mars 1852 d'un ordre ou d'une contribution vienne à l'audience du tribunal civil faire son rapport et participer avec voix délibérative au jugement : l'interdiction de juger en nombre pair doit alors être observée au moyen de l'abstention dans l'affaire du dernier des juges titulaires. — Même arrêt.
2006. Le jugement rendu en matière de contributions indirectes sur le rapport d'un juge suppléant qui n'a pas concouru à ce jugement, à cause de la présence d'un nombre de juges titulaires suffisant pour la validité de la décision, est nul. — Civ. c. 18 déc. 1878, D.P. 79. 1. 200. — V. Code des lois adm. annotées, t. 4, vᵒ *Contributions indirectes*.

IV. REMPLACEMENT DES JUGES EN CAS D'EMPÊCHEMENT.

Décret du 30 mars 1808,

Contenant règlement pour la police et la discipline des cours et tribunaux. — Publié au *Bulletin des lois*, nᵒ 3345. — (Extrait, J.G. Organ. judic., p. 1494.)

Art. 49. En cas d'empêchement d'un juge, il sera, pour compléter le nombre indispensable, remplacé ou par une autre chambre qui ne tiendrait pas audience dans le même temps, ou par des juges suppléants,

en observant, dans tous les cas, et autant que faire se pourra, l'ordre des nominations.
A défaut de suppléants, on appellera un avocat attaché au barreau, et, à son défaut, un avoué, en suivant aussi l'ordre du tableau.

Loi du 11 avril 1838,

Sur les tribunaux civils de première instance. — Publiée au *Bulletin des lois*, nᵒ 7336. — (Extrait, J.G. Organ. judic., p. 1507.)

Art. 9. Dans le cas où la peine de la suspension aura été prononcée contre un juge pour plus d'un mois, un des juges suppléants sera appelé à le remplacer, et il recevra le traitement de juge.

2007. — I. REMPLACEMENT D'UN JUGE PAR UN JUGE D'UNE AUTRE CHAMBRE (C. proc. civ. nᵒˢ 1 à 10).
2008. — II. REMPLACEMENT PAR UN JUGE SUPPLÉANT (C. proc. civ. nᵒˢ 11 à 34). — Le juge suppléant qui a assisté, avec voix consultative seulement, à la première audience d'une cause, peut, en cas d'empêchement d'un juge titulaire et pourvu qu'il ait assisté à toutes les audiences de cette cause, concourir au jugement avec voix délibérative, sans qu'il soit nécessaire de reprendre les conclusions et de recommencer les plaidoiries. — Civ. r. 18 juin 1877, D.P. 77. 1. 368. — V. *Code de procédure civile*, nᵒ 16.
2009. Quand un juge suppléant est appelé à compléter un tribunal, il est nécessaire que le jugement mentionne que ce juge a été appelé en raison de l'empêchement des titulaires. — Req. 19 juill. 1882, D.P. 83. 1. 463. — V. *Code de procédure civile*, nᵒ 21.
2010. — III. REMPLACEMENT PAR UN AVOCAT OU UN AVOUÉ (C. proc. civ. nᵒˢ 35 à 87). — 1ᵒ *Dans quels cas il y a lieu au remplacement* (C. proc. civ. nᵒˢ 35 à 37). — L'avocat appelé à suppléer un juge ne peut, à moins d'excuse légitime, s'y refuser, au risque d'encourir une peine disciplinaire. — Rennes, 17 mars 1884, D.P. 85. 2. 13. — V. *Code de procédure civile*, nᵒ 31. — J.G.S. *Avocat*, 133, et *Organ. judic.*, chap. 2, art. 1ᵉʳ § 1.
2011. — 2ᵒ *Capacité requise chez le remplaçant* (C. proc. civ. nᵒˢ 38 à 55). — Il y a nullité du jugement, dans le cas où les juges étaient en nombre insuffisant, si l'on constate pas que l'avocat appelé pour compléter le tribunal était le plus ancien, suivant l'ordre du tableau, des avocats présents à l'audience. — Civ. c. 4 juin 1878, D.P. 79. 1. 39. — Civ. c. 5 avr. 1881, D.P. 81. 1. 319. — Civ. c. 20 juin 1882, D.P. 84. 3. 367. — Nîmes, 15 juill. 1887, D.P. 88. 2. 279. — Civ. c. 6 juin 1888, D.P. 88. 1. 314. — Civ. c. 20 oct. 1890, D.P. 90. 5. 314. — V. *Code de procédure civile*, nᵒ 44.
2012. Et cette constatation ne résulte pas de la mention inscrite dans l'arrêt que l'avocat a été ap clé, *conformément à la loi*, pour compléter la cour (ou le tribunal) en l'absence et empêchement des magistrats du siège, cette formule ne permettant pas, dans la généralité de ses termes, de reconnaître si cet avocat était le plus ancien au tableau de ceux qui se trouvaient présents. — Civ. c. 6 juin 1888, D.P. 88. 1. 314.
2013. Jugé cependant que la mention qu'un avocat appelé pour compléter le tribunal à défaut de juges titulaires et de juges suppléants était le plus ancien des avocats présents à l'audience n'est pas nécessaire, lorsqu'il est établi qu'à raison du nombre des avocats près ce tribunal et des causes d'empêchement constatées, il ne pouvait y avoir d'autre avocat présent à l'audience. — Civ. c. 7 janv. 1885, D.P. 85. 1. 424.
2014. Un notaire, bien qu'il soit licencié en droit, ne peut être appelé à compléter le

nombre de juges requis par la loi, en cas d'empêchement des juges, juges suppléants, avocats et avoués. — Poitiers, 18 mai 1881, D.P. 82. 2. 103, et la note. — *Contra* : Code de procédure civile, nᵒ 55.
2015. — 3ᵒ *Constatation de l'empêchement* (C. proc. civ. nᵒˢ 56-71). — Le jugement rendu avec le concours d'un avocat est nul, s'il omet de constater que les juges titulaires et suppléants étaient légitimement empêchés. — Nîmes, 15 juill. 1887, D.P. 88. 2. 279. — V. *Code de procédure civile*, nᵒ 56.
2016. Le jugement rendu avec le concours d'un avocat, sans mention de l'empêchement des juges suppléants, mais seulement avec celle de l'empêchement des autres juges, est également nul. — Civ. c. 31 mars 1885, D.P. 85. 3. 282. — V. *Code de procédure civile*, nᵒ 57.
2017. Ainsi est nul le jugement rendu par un tribunal qui, pour se compléter, s'est adjoint un avocat en remplacement de l'un des juges titulaires, sans constater l'empêchement du juge suppléant. — Civ. c. 9 avr. 1878, D.P. 79. 1. 38-39.
2018. Il importe peu que le juge suppléant ait donné sa démission, s'il n'est pas justifié qu'elle ait été acceptée, et l'erreur qui se serait répandue à cet égard dans le ressort de la cour d'appel, portant sur un fait facile à vérifier, ne suffirait pas pour couvrir l'irrégularité du jugement. — Même arrêt.
2019. Un juge suppléant, bien qu'ayant donné sa démission, reste membre du tribunal tant que cette démission n'a pas été acceptée. Jusqu'à ce moment, il peut toujours la retirer sans avoir besoin d'aucune autorisation, et le tribunal doit, à peine de nullité du jugement, constater son empêchement avant de se compléter en appelant un avocat. — Décis. min. just. 24 avr. 1879, *Bull. min. just.* 1879, p. 79.
2020. Est nul le jugement rendu avec le concours d'un avocat, sans mentionner l'empêchement des juges titulaires ou suppléants et sans constater que cet avocat était le plus ancien, suivant l'ordre du tableau des avocats présents à l'audience. — Civ. c. 20 oct. 1890, D.P. 90. 5. 314.
2021. De même, le jugement rendu par un juge titulaire et un juge suppléant, avec le concours d'un avoué est nul, s'il se borne à mentionner l'absence du président et de l'autre juge titulaire, sans constater l'empêchement du second juge suppléant. — Civ. c. 13 déc. 1880, D.P. 81. 1. 120.
2022. Mais la mention dans un jugement qu'un avocat a été appelé en remplacement « de M..., juge suppléant, avocat plaidant », indique suffisamment l'empêchement de ce dernier de siéger comme juge. — Req. 8 nov. 1875, D.P. 77. 1. 56. — Civ. c. 25 nov. 1876, D.P. 77. 1. 62.
2023. Conformément à la jurisprudence précédente, il a été jugé qu'est entaché de nullité, comme ne contenant pas la preuve de la régularité de la composition du tribunal, le jugement qui porte qu'un avoué, à défaut de juges titulaires et de juges suppléants, sans faire connaître qu'il a été appelé à défaut d'avocats absents ou empêchés, alors d'ailleurs qu'il n'y a qu'un barreau existant près de ce tribunal, et qu'un seul de ses membres plaidait dans l'affaire. — Civ. c. 18 juin 1888, D.P. 88. 4. 454. — V. *Code de procédure civile*, nᵒ 59.
2024. Mais lorsqu'un jugement constate que le tribunal s'est complété par l'adjonction d'un avoué, « les avocats et avoués inscrits au tableau et plus anciens s'abstenant ou absents », il y a présomption que les causes d'abstention, comme celles d'absence, sont légitimes, et, dans tous les cas, en l'état desdites abstentions, le tribunal a dû forcément et légalement se compléter ainsi qu'il l'a fait. — Req. 9 juin 1885, D.P. 85. 1. 445. — V. *Code de procédure civile*, nᵒ 68.

2025. — 4° *Nombre des avocats ou avoués appelés comme remplaçants* (C. proc. civ. nᵒˢ 72 à 80).

2026. — 5° *Serment* (C. proc. civ. nᵒˢ 81-87). — L'avocat (ou l'avoué) appelé à compléter un tribunal n'est pas tenu de prêter le serment imposé aux magistrats; sa qualité même d'avocat (ou d'avoué) le rend apte à remplir tous les devoirs de sa profession, notamment celui de siéger au tribunal dans les cas prévus par la loi. — Civ. r. 26 déc. 1883, D.P. 84. 1. 169. — Conf. Observ. de M. Glasson sous cet arrêt, D.P. 84. 1. 169, note 1, et, en sens contraire, conclusions de M. l'avocat général Desjardins Req. 21 et 29 janv. 1884, D.P. 84. 1. 472. — V. *Code de Procédure civile*, nᵒ 82.

Code de procédure civile (Suite).

Art. 117. S'il se forme plus de deux opinions, les juges plus faibles en nombre seront tenus de se réunir à l'une des deux opinions qui auront été émises par le plus grand nombre; toutefois ils ne seront tenus de s'y réunir qu'après que les voix auront été recueillies une seconde fois.

Art. 118. En cas de partage, on appellera, pour le vider, un juge; à défaut du juge, un suppléant; à défaut un avocat attaché au barreau, et à son défaut, un avoué; tous appelés selon l'ordre du tableau : l'affaire sera de nouveau plaidée.

2027. — I. DANS QUELS CAS IL Y A PARTAGE (C. proc. civ. nᵒˢ 1 à 18). — Sur le partage des voix ... devant une cour d'appel, V. *infrà*, art. 468.

2028. — Devant la cour de cassation, V. *infrà. Appendice* au liv. 4.

2029. — II. COMMENT QUI PRONONCE LE PARTAGE (C. proc. civ. nᵒˢ 19 à 22).

2030. — III. EFFETS DU JUGEMENT DE PARTAGE (C. proc. civ. nᵒˢ 23 à 29).

2031. — IV. MODE DE VIDER LE PARTAGE (C. proc. civ. nᵒˢ 30 à 70). — Il y a nullité de l'arrêt rendu pour vider un partage, lorsque le conseiller départiteur appelé est inscrit sur le tableau de nomination après d'autres juges plus anciens que lui, et lorsqu'il n'est point constaté par l'arrêt même auquel il a concouru que ceux-ci étaient légalement empêchés. — Civ. c. 26 juin 1882, D.P. 84. 1. 17-18. — Req. 24 janv. 1883, D.P. 84. 1. 17. — Civ. c. 7 janv. 1885, D.P. 85. 1. 236. — V. *Code de procédure civile*, nᵒˢ 31 et 51, et *infrà*. art. 468. — J.G.S. *Jugement*, chap. 3, sect 5, § 1.

2032. La loi du 30 août 1883 (D.P. 83. 4. 58) a apporté à l'art. 118 C. proc. civ. certaines modifications. Les art. 1 et 4 de cette loi exigent que dans tous les cas les magistrats des cours d'appel et ceux des tribunaux d'arrondissement délibèrent en nombre impair. Il en résulte que l'on doit appeler en cas de partage non pas un juge, comme le dit l'art. 118 (ce qui donnerait un total de quatre magistrats), mais deux juges. De même, on devra appeler, non pas un ou trois conseillers, mais deux ou quatre. — Observ. de M. Glasson sous l'arrêt précité.

2033. Le magistrat qui a déjà connu d'une affaire en concourant à un jugement interlocutoire ne peut être appelé comme départiteur. — Civ. c. 16 janv. 1877, D.P. 77. 1. 482.

Art. 119. Si le jugement ordonne la comparution des parties, il indiquera le jour de la comparution.

2034. Les tribunaux peuvent, à leur gré,

admettre ou rejeter la demande à fin de comparution personnelle des parties. — Req. 10 nov. 1879, D.P. 80. 1. 390. — Comp. 12 mars 1879, D.P. 79. 1. 272. — V. *Code de procédure civile*, nᵒˢ 1 et 7.

2035. Et, par exemple, ils peuvent, sans violer aucun principe de droit, refuser d'ordonner cette comparution à raison de la situation personnelle des parties litigantes. — Même arrêt.

2036. Lorsqu'une comparution de parties a été ordonnée par le tribunal, les parties doivent comparaître en personne et non par mandataire. — Just. de paix de Forcalquier, 14 mai 1883, D.P. 84. 3. 8. — Comp. Civ. c. 22 avr. 1890, D.P. 90. 1. 465. — V. *Code de procédure civile*, nᵒˢ 14 et s.

2037. Et, par suite du défaut de comparution du défendeur, le juge peut tenir pour reconnus les faits allégués par le demandeur. — Même jugement. — V. *Code de procédure civile*, nᵒ 20, et *infrà*, art. 330.

Art. 120. Tout jugement qui ordonnera un serment énoncera les faits sur lesquels il sera reçu.

2038. Sur les règles générales du serment judiciaire : ... en matière civile, V. *Code civil annoté*, art. 1357 à 1369; et son *Supplément*, nᵒˢ 9529 et s.

2039. ... En matière commerciale, V. *Code de commerce annoté*, art. 17.

2040. En ce qui concerne le serment devant le bureau de conciliation, V. *suprà*, art. 55, nᵒˢ 1005 et 1006.

2041. — I. ÉNONCIATION DES FAITS SUR LESQUELS LE SERMENT DOIT ÊTRE PRÊTÉ (C. proc. civ. nᵒˢ 5 à 7). — Lorsque la partie à laquelle est déféré le serment décisoire se trouve présente à l'audience et consent à prêter serment à l'audience même, les juges du fond ne sont pas tenus de donner acte, par des décisions distinctes, des faits qui s'accomplissent devant eux, relativement à cette délation de serment. — Req. 1ᵉʳ juin 1875, D.P. 78. 1. 206. — V. *Code de procédure civile*, nᵒ 7.

2042. — II. CARACTÈRES DU JUGEMENT QUI ORDONNE UN SERMENT (C. proc. civ. nᵒ 8).

2043. — III. SIGNIFICATION DU JUGEMENT QUI ORDONNE UN SERMENT (C. proc. civ. nᵒ 9 à 14).

2044. — IV. FORMULE DU SERMENT (C. proc. civ. nᵒˢ 15 et 16).

Art. 121. Le serment sera fait par la partie, en personne, et à l'audience. Dans le cas d'un empêchement légitime et dûment constaté, le serment pourra être prêté devant le juge que le tribunal aura commis, et qui se transportera chez la partie, assisté du greffier.

Si la partie à laquelle le serment est déféré est trop éloignée, le tribunal pourra ordonner qu'elle prêtera le serment devant le tribunal du lieu de sa résidence.

Dans tous les cas, le serment sera fait en présence de l'autre partie, ou elle dûment appelée par acte d'avoué à avoué, et, s'il n'y a pas d'avoué constitué, par exploit contenant l'indication du jour de la prestation.

Art. 122. Dans les cas où les tribunaux peuvent accorder des délais pour l'exécution de leurs jugements, ils le feront par le jugement même qui statuera sur la contestation, et qui énoncera les motifs du délai.

Art. 123. Le délai courra du jour du jugement, s'il est contradictoire; et de celui de la signification, s'il est par défaut.

Art. 124. Le débiteur ne pourra obtenir un délai, ni jouir du délai qui lui aura été accordé, si ses biens sont vendus à la requête d'autres créanciers, s'il est en état de faillite,

de contumace, ou s'il est constitué prisonnier, ni enfin lorsque, par son fait, il aura diminué les sûretés qu'il avait données par le contrat à son créancier.

Art. 125. Les actes conservatoires seront valables, nonobstant le délai accordé.

Art. 126. La contrainte par corps ne sera prononcée que dans les cas prévus par la loi il est néanmoins laissé à la prudence des juges de la prononcer :

1° Pour dommages-intérêts en matière civile, au-dessus de la somme de 300 francs;

2° Pour reliquats de comptes de tutelle, curatelle, d'administration de corps et communauté, établissements publics ou de toute administration confiée par justice, et pour toutes restitutions à faire par suite desdits comptes.

2045. La contrainte par corps a été maintenue : 1° au profit de la partie lésée, pour réparation d'un crime, d'un délit ou d'une contravention reconnus par la juridiction criminelle (art. 5, L. 22 juill. 1867, D.P. 67. 4. 75); 2° pour recouvrement des frais dus à l'État en vertu des condamnations encourues en matière criminelle, correctionnelle et de simple police. — L. 19 déc. 1871, D.P. 71. 4. 167.

Art. 127. Pourront les juges, dans les cas énoncés dans l'article précédent, ordonner qu'il sera sursis à l'exécution de la contrainte par corps, pendant le temps qu'ils fixeront, après lequel elle sera exercée sans nouveau jugement. Ce sursis ne pourra être accordé que par le jugement qui statuera sur la contestation, et qui énoncera les motifs de délai.

Art. 128. Tous jugements qui condamneront en des dommages-intérêts, en contiendront la liquidation, ou ordonneront qu'ils seront donnés par état.

Art. 129. Les jugements qui condamneront à une restitution de fruits ordonneront qu'elle sera faite en nature pour la dernière année; et pour les années précédentes, suivant les mercuriales du marché le plus voisin, eu égard aux saisons et aux prix communs de l'année; sinon à dire d'experts, à défaut de mercuriales. Si la restitution en nature pour la dernière année est impossible, elle se fera comme pour les années précédentes.

Art. 130. Toute partie qui succombera sera condamnée aux dépens.

DIVISION.

§ 1. — *Caractères de la condamnation aux dépens* (nᵒ 2046).

§ 2. — *Contre qui peut être prononcée la condamnation aux dépens* (nᵒ 2047).

§ 3. — *Solidarité et division en matière de dépens* (nᵒ 2112).

§ 4. — *Étendue de la condamnation aux dépens* (nᵒ 2121).

§ 1ᵉʳ. — *Caractères de la condamnation aux dépens.*

2046. V. *Code de procédure civile*, nᵒˢ 1 et s. — J.G.S. *Frais et dépens*, chap. 2, sect. 1.

§ 2. — *Contre qui peut être prononcée la condamnation aux dépens* (C. proc. civ. nᵒˢ 11 à 134).

2047. Lorsque le mari n'est intervenu dans l'instance que pour autoriser sa femme, la condamnation aux dépens ne peut l'atteindre. — D.P. 78. 1. 264, note 2. — V. *Code de procédure civile,* n° 12.

2048. Toutefois cette solution suppose que le mari n'a aucun intérêt au procès soutenu par sa femme; d'où il suit qu'elle est généralement inapplicable dans les régimes autres que la séparation de biens. — V. *ibid.* — D.P. 85. 1. 159, note 1.

2049. Ainsi la condamnation aux dépens encourue par une femme séparée de biens est, à bon droit, étendue à son mari, alors que celui-ci ne s'est pas borné à lui donner l'autorisation d'ester en justice, mais a procédé et conclu avec elle, en s'associant à ses moyens d'attaque et de défense. — Civ. r. 21 mai 1878, D.P. 78. 1. 264. — V. *Code de procédure civile,* n° 14.

2050. ... Ou alors que celui-ci, après avoir conclu devant les premiers juges seulement pour assister et autoriser sa femme, a procédé et conclu en appel avec elle en s'associant à ses moyens de défense, et pris ainsi une part personnelle au fond du litige. — Civ. r. 17 févr. 1885, D.P. 85. 1. 159.

2051. — I. FRAIS A LA CHARGE DE LA PARTIE QUI SUCCOMBE (C. proc. civ. n°s 17 à 31). — La partie qui succombe sur le principal et sur l'incident peut être condamnée à tous les dépens du procès, sans qu'il soit nécessaire de motiver cette condamnation en ce qui concerne les dépens de l'incident. — Req. 15 mai 1877, D.P. 78. 1. 36. — J.C.S. *Frais et dépens,* chap. 2, sect. 1.

2052. Les juges sont investis d'un pouvoir discrétionnaire en matière de condamnation aux dépens. — Req. 19 févr. 1883, D.P. 84. 1. 125. — Civ. r. 17 mars 1884, D.P. 84. 1. 448. — V. *Code de procédure civile,* n° 24.

2053. Ainsi, la partie qui succombe sur tous les chefs de son appel principal peut être condamnée à tous les dépens d'appel, quoique l'appel incident soit partiellement rejeté. — Arrêt préc. 19 févr. 1883.

2054. De même, les juges du fond peuvent, en vertu de leur pouvoir discrétionnaire, condamner qui succombe en appel sur une partie des points contestés. — Req. 21 déc. 1875, D.P. 76. 1. 271. — Conf. Req. 30 mars 1874, D.P. 76. 5. 260. — V. *Code de procédure civile,* n° 14.

2055. La cour d'appel qui, dans une instance en partage, condamne personnellement à tous les dépens les appelants qui ont succombé sur l'ensemble des chefs de leurs conclusions, ne fait qu'user du pouvoir discrétionnaire que lui confère l'art. 130 C. proc. civ., et, comme elle n'est pas tenue de motiver cette partie de sa décision, il est sans intérêt de vérifier la valeur des motifs qu'elle a pu donner à cet égard. — Req. 21 nov. 1887, D.P. 88. 1. 165.

2056. Mais une compagnie de chemin de fer ne peut être condamnée aux dépens, lorsque cette condamnation est prononcée contre elle, non comme un accessoire de la condamnation principale et par application des art. 130 et 131 C. proc. civ., mais uniquement pour avoir contesté l'interprétation de l'arrêté ministériel dont l'intérêt à faire consacrer pour l'avenir, alors que l'interprétation donnée par le tribunal était erronée. — Civ. c. 31 déc. 1879, D.P. 80. 1. 168.

2057. Le pouvoir discrétionnaire des juges ne va pas, toutefois, jusqu'à leur permettre de mettre les dépens à la charge de la partie qui ne succombe pas, qui a offert la chose ou la somme même de l'autre, et à la livraison ou au payement de laquelle elle a été condamnée. — D.P. 80. 1. 168, note 2.

2058. Ainsi, lorsqu'un particulier qui a frappé d'opposition des titres au porteur perdus engage une instance au principal contre les tiers présentateurs des coupons, l'établissement débiteur, qui s'est déclaré

prêt à payer à qui serait par justice ordonné, ne doit pas être appelé en cause et, en tous cas, ne peut être condamné aux dépens. — Paris, 5 avr. 1887, D.P. 87. 2. 243.

2059. Le juge est investi d'un pouvoir d'appréciation absolu pour la répartition des frais entre plaideurs qui succombent respectivement sur une partie quelconque du litige. — Req. 14 mars 1876, D.P. 78. 1. 68. — Req. 22 janv. 1877, D.P. 77. 1. 166. — Civ. r. 4 juin 1877, D.P. 77. 1. 375. — Req 16 mai 1881, D.P. 82. 1. 14. — Req. 19 févr. 1883, D.P. 84. 1. 125. — Req. 17 avr. 1883, D.P. 84. 1. 301. — Civ. r. 17 mars 1884, D.P. 84. 1. 448. — Req. 16 juin 1884, D.P. 85. 1. 151. — Req. 1er juill. 1885, D.P. 86. 1. 363. — Req. 11 nov. 1885, D.P. 86. 1. 39. — V. *Code de procédure civile,* n° 31.

2060. Il peut, notamment : ... mettre tous les dépens à la charge d'une partie qui a obtenu gain de cause par quelques points, mais a succombé sur les autres. — Req. 14 mars 1876, D.P. 78. 1. 68-69. — Conf. Req. 21 déc. 1875, *supra,* n° 2054.

2061. ... Tenir compte, pour procéder à une répartition inégale des dépens, de ce que l'une des parties, qui succombait d'ailleurs sur un des chefs du litige, avait à dessein retenu pour le produire tardivement une pièce décisive. — Req. 22 janv. 1877, D.P. 77. 1. 166.

2062. De même, il a le droit sans motiver spécialement cette disposition, de mettre la totalité des dépens à la charge de l'une des parties, les motifs étant donnés en fait par ceux admis sur le fond et en droit par l'art. 130 et 131 C. proc. civ. — Civ. r. 17 mars 1884, D.P. 84. 1. 448.

2063. En cas de contestations entre des parties multiples, les tribunaux peuvent partager entre deux d'entre elles la charge des entiers dépens, soit de l'instance principale, soit des instances incidentes qui s'y sont rattachées, et cette condamnation est justifiée par les motifs mêmes qui se réfèrent à chacun des chefs de contestations. — Req. 11 nov. 1885, D.P. 86. 1. 39-40.

2064. Lorsque deux parties succombent dans un procès, les juges peuvent, en vertu du pouvoir discrétionnaire dont ils sont investis en ce qui concerne la répartition des dépens, mettre à la charge d'une seule des deux parties qui succombent la totalité des dépens. — Civ. r. 20 avr. 1887, D.P. 87. 1. 421.

2065. Dans tous les cas, leur décision sur ce chef est suffisamment motivée, lorsqu'ils constatent que « l'une des parties a succombé sur un point qui n'a pas soulevé aucune difficulté, mais qu'il n'en a pas été de même de l'autre ». — Même arrêt.

2066. — II. CAS OU LA DEMANDE N'EST PAS ACCUEILLIE DANS SON ENTIER (C. proc. civ. n°s 32 à 39). — La partie maintenue en possession peut être condamnée aux frais de rétablissement des lieux et aux dépens de l'instance envers un défendeur qui ne conteste pas sa possession et avait été autorisé à exécuter certains travaux par le représentant du possesseur. — Req. 8 nov. 1875, D.P. 77. 1. 56.

2067. — III. CAS OU UNE PARTIE SUCCOMBE SUR CERTAINS CHEFS SEULEMENT (C. proc. civ. n°s 40 à 47). — L'appelant peut être condamné à la totalité des dépens, bien qu'il ne succombe en appel que sur une partie seulement des points contestés. — Req. 9 janv. 1882, D.P. 82. 1. 117-118.

2068. Mais, lorsqu'il existe plusieurs chefs de demande, et que les dépens relatifs à l'un d'eux sont l'objet d'une décision distincte, le juge ne peut condamner une partie qui ne succombe pas sur ce chef à en supporter les dépens. — Civ. r. 3 juin 1885, D.P. 86. 1. 25.

2069. — IV. CAS OU LA CONDAMNATION EST SOUMISE A UNE VÉRIFICATION (C. proc. civ. n°s 48-49). — Lorsqu'une partie a pris l'engagement de payer des dettes dont elle

n'était pas personnellement tenue (par exemple, celles de son père décédé et dont elle avait répudié la succession), à la condition que les créanciers produiraient des justifications à l'appui de leurs demandes, le demandeur qui, n'ayant pu fournir directement ces justifications, a sollicité et obtenu une expertise, a pu, sans qu'il fût nécessaire d'en attendre le résultat, être définitivement condamné aux frais de l'expertise et aux dépens de l'instance. — Req. 27 nov. 1876, D.P. 77. 1. 261-262.

2070. En effet, les défendeurs n'ayant offert de désintéresser les créanciers de leur père que sous la condition que ceux-ci produiraient des justifications à l'appui de leurs créances, les juges du fond avaient pu voir dans l'acceptation de cette offre une convention dérogatoire à l'art. 130 C. proc. civ., et décider conséquemment, sans contrevenir à cet article, que les créanciers devaient, à tout événement, supporter les frais des justifications auxquelles ils s'étaient soumis. — Observ. sous cet arrêt, D.P. 77. 1. 261, note 2.

2071. Le jugement qui rejette l'action introduite par un héritier légitime contre plusieurs sociétés de secours mutuels à l'effet de faire déclarer nul, pour incertitude sur la personne du légataire, le legs universel fait par son auteur, doit, dès à présent, condamner le demandeur aux dépens de l'instance envers toutes les sociétés défenderesses, bien qu'il réserve à l'égard de quelques-unes d'entre elles la question de savoir si elles tenaient de leurs statuts un droit au bénéfice du legs. — Req. 25 mai. 1875, D.P. 77. 1. 75.

2072. — V. CAS OU UNE PARTIE S'EN EST RAPPORTÉE A JUSTICE (C. proc. civ. n°s 50 à 53). — La partie qui s'en est rapportée à justice doit être condamnée aux dépens, quand ses conclusions de son adversaire ont été admises et que, par conséquent, elle a succombé. — Civ. c. 2 févr. 1885, D.P. 86. 1. 37. — V. *Code de procédure civile,* n° 50.

2073. — VI. CAS OU UNE PARTIE EST EN FAUTE (C. proc. civ. n° 54 à 72). — La partie qui obtient gain de cause ne peut pas être condamnée aux dépens et à des dommages-intérêts comme ayant intempestivement formé son action. — Civ. c. 24 janv. 1881, D.P. 77. 1. 261-262, et la note. — *Contrà :* *Code de procédure civile,* n° 56.

2074. De même, l'arrêt qui donne acte à une partie de ce qu'elle reconnaît devoir les dépens et qui cependant condamne l'autre partie à les payer, sans relever de la charge de cette autre partie aucun fait constitutif d'une faute, ou sans lui imputer d'avoir, dans l'exercice de son droit de défense, agi méchamment et de mauvaise foi, manque de base légale. — Civ. c. 1er août 1888, D.P. 89. 1. 119.

2075. Lorsqu'il est donné acte à l'une des parties de ce qu'elle reconnaît devoir les dépens, c'est-à-dire avoir engagé ou soutenu à tort le procès, l'adversaire ne peut être condamné à les supporter qu'autant que des motifs spéciaux, indiqués dans le jugement, justifient cette condamnation; autrement, il y aurait contradiction entre le donné acte relativement aux dépens et le dispositif portant condamnation aux dépens. — Req. 9 déc. 1884, D.P. 89. 1. 119, note 3. — Comp. Civ. c. 28 mars 1888, D.P. 88. 1. 348, et les renvois en note.

2076. L'arrêt qui, donnant gain de cause à la partie appelante, demanderesse en première instance, la condamne cependant aux dépens sans relever aucune faute qui lui soit imputable, par cet unique motif que l'erreur du juge a été la charge du demandeur, encourt également la cassation. — Civ. c. 3 juin 1890, D.P. 90. 1. 367.

2077. Le pouvoir discrétionnaire du juge ne ce qui concerne les dépens n'existe, en effet, qu'autant que les parties succombent respectivement, et la partie qui obtient gain de cause sur tous les chefs ne peut être condamnée aux dépens qu'autant qu'une faute est relevée à sa charge. — D.P. 90. 1. 367, note.

2078. Jugé en ce sens que la partie qui obtient gain de cause sur tous les chefs dans une instance déclarée mal fondée contre elle et qui, par conséquent, ne succombe ni en totalité, ni en partie, ne peut être condamnée aux dépens de cette instance. — Civ. c. 17 juill. 1883, D.P. 84. 5. 288.

2079. En conséquence, lorsque le juge constate que le défendeur, actionné en dommages-intérêts, n'a causé au demandeur aucun préjudice, ni matériel, ni moral, il ne peut condamner ce défendeur aux dépens. — Même arrêt.

2080. De même, le débiteur qui, sans du reste qu'aucune faute soit relevée à sa charge, a uniquement contesté le montant de la dette dont il reconnaissait le principe, a offert de payer une somme déterminée, et n'a été condamné à payer qu'une somme inférieure à son offre, ne peut être réputé avoir succombé dans le sens de l'art. 130 C. proc. civ.; en conséquence, il ne saurait être condamné à supporter une partie des dépens. — Civ. c. 29 mars 1887, D.P. 87. 1. 444.

2081. Mais le juge peut condamner aux dépens la partie qui a obtenu gain de cause, en se fondant sur ce qu'elle aurait dû joindre sa demande à une instance précédente, et qu'en scindant la contestation, elle a occasionné des frais frustratoires. — Chambéry, 3 juill. 1878, D.P. 79. 2. 218. — V. Code de procédure civile, nº 63.

2082. De même, la partie qui a obtenu gain de cause peut, lorsqu'elle a rendu la procédure plus coûteuse par son retard à présenter une défense, être condamnée à supporter une part de dépens ou proportion avec les frais de la procédure excessive ou inutile. — Poitiers, 13 mars 1889, D.P. 90. 2. 109.

2083. La partie dont les conclusions ont été repoussées en première instance et qui a obtenu gain de cause en appel qu'à l'aide de moyens non présentés devant les premiers juges, doit supporter les dépens de première instance. — Dijon, 13 juill. 1875, D.P. 79. 5. 235.

2084. Le fait de n'avoir pas produit devant les premiers juges des conclusions subsidiaires qui, présentées pour la première fois en appel, ont été accueillies, constitue de la part de la partie qui obtient ainsi gain de cause en appel une faute qui justifie sa condamnation à la majeure partie des dépens. — Rennes, 6 juin 1879, D.P. 81. 2. 40.

2085. Le juge peut mettre à la charge du créancier condamné la totalité des frais faits dans deux instances distinctes, s'il constate que ces deux actions ont été la conséquence d'une faute commise par ce créancier. — Req. 17 avr. 1883, D.P. 84. 1. 301.

2086. L'associé cessionnaire qui a, sans droit, refusé d'exécuter les engagements résultant de la cession, est tenu de supporter seul les frais d'enregistrement de l'acte de cession occasionnés par sa faute. — Rouen, 30 déc. 1878, D.P. 80. 2. 22.

2087. — VII. Frais faits devant une juridiction incompétente (C. proc. civ. nos 73 à 78). — Lorsqu'un juge se déclare incompétent sur une action possessoire et réserve les dépens, sans que les parties élèvent de réclamation contre cette décision, la partie défenderesse au possessoire et qui succombe ensuite au pétitoire doit être condamnée tant aux dépens de l'instance au pétitoire qu'à ceux qui ont été réservés. — Civ. r. 14 juin 1882, D.P. 82. 5. 239. — V. Code de procédure civile, nº 74.

2088. Lorsqu'un tribunal d'arrondissement, statuant d'après renvoi de la cour de cassation, laquelle a cassé un jugement d'un autre tribunal d'arrondissement rendu sur appel d'une sentence du juge de paix, annule

cette sentence pour incompétence, accueillant ainsi le premier chef des conclusions de l'appelant, il peut cependant condamner celui-ci à la totalité des dépens, s'il repousse le second chef de ses conclusions touchant à l'évocation au fond et à une condamnation à des dommages-intérêts. — Civ. c. et r. 2 avr. 1890, D.P. 90. 1. 444.

2089. Mais, en pareil cas, la condamnation à tous les dépens faits soit devant le juge de paix, soit devant le tribunal de renvoi, et non des frais de l'arrêt de cassation ni de ceux du jugement rendu par le premier tribunal d'arrondissement. — Même arrêt.

2090. Les juges d'appel qui décident que le premier juge était incompétent pour connaître de la demande, peuvent mettre les dépens, tant de première instance que d'appel, à la charge du défendeur au procès, alors que celui-ci n'avait pas contesté la compétence du premier juge, et qu'il l'a même soutenue en appel. — Req. 23 juill. 1879, D.P. 80. 1. 448. — V. nos 2095 et s.

2091. Lorsque le défendeur, après avoir conclu à ce que le tribunal de paix se déclarât incompétent, en raison du caractère immobilier de l'action et des questions de propriété et de servitude qu'elle comportait, a été néanmoins condamné à des dommages-intérêts, et a pu faire réformer cette décision en triompher l'exception d'incompétence combattue jusqu'au bout en appel par le demandeur, ce dernier est également condamné aux dépens, comme étant la partie succombante au sens de l'art. 130 C. proc. civ. — Req. 23 oct. 1888, D.P. 89. 1. 449.

2092. Dans le cas où le conseil d'État se déclare d'office incompétent, les dépens doivent être supportés par la partie qui a saisi à tort la juridiction administrative. — Cons. d'Et. 28 mars 1888, D.P. 89. 3. 53. — Cons. d'Et. 12 juill. 1889, D.P. 91. 3. 18.

2093. — VIII. Frais au cas d'intervention (C. proc. civ. nos 79 à 94). — Sur la question de savoir à quels créanciers appartient le droit d'intervention. V. Code civil annoté, art. 882, nos 43 et s.; et son Supplément, nos 5487 et s. — V. aussi J.G.S. Frais et dépens, chap. 2, sect. 4, art. 2, § 5; Intervention, sect. 2, art. 5.

2094. La partie qui succombe sur la tierce opposition qu'elle a formée envers un jugement, peut être condamnée à la totalité des dépens de l'instance depuis son intervention dans la cause, lorsque ses prétentions ont eu pour effet de compliquer et de prolonger le litige. — Req. 31 juill. 1879, D.P. 80. 1. 273

2095. — IX. Frais devant les cours d'appel (C. proc. civ. nos 95 à 107). — La partie qui, bien que n'ayant formé appel que contre un seul de ses adversaires, a conclu cependant devant le juge du second degré contre tous les autres et a succombé sur tous les chefs de ses conclusions, peut être condamnée aux dépens de l'instance d'appel envers toutes ces parties. — Req. 23 mai 1881, D.P. 82. 1. 170-171. — J.G.S. Frais et dépens, chap. 2, sect. 4, art. 4.

2096. La partie intervenante, qui est restée étrangère au débat agité en première instance et à la question de compétence en appel, seule portée devant la cour, ne peut être condamnée à supporter une portion quelconque des frais auxquels le jugement et l'arrêt rendus sur cette question ont donné lieu. La totalité de ces frais doit être, au contraire, supportée par la partie dont les prétentions et les conclusions prises par elle pour soutenir la compétence de la juridiction civile ont seules provoqué les décisions intervenues. — D.P. 87. 1. 214-215, note 5.

2097. Le demandeur peut, en appel, être condamné aux dépens, même à l'égard de la partie qui, étant intervenue en première instance pour se joindre à lui, n'a pris

aucune conclusion pour combattre l'exception d'incompétence proposée par le défendeur et seule alors débattue, et qui, sur l'appel, a fait défaut. — Civ. r. 24 janv. 1887, D.P. 87. 1. 214-215.

2098. — X. Frais faits devant la cour de renvoi après cassation (C. proc. civ. nos 108 à 119). — La partie qui a obtenu la cassation d'un jugement ne peut être tenue ni des frais du jugement annulé sur son pourvoi, ni des frais de l'arrêt qui l'annule. — Civ. c. 26 janv. 1881, D.P. 81. 1. 150. — V. Code de procédure civile, nos 108 à 111. — J.G.S. Frais et dépens, chap. 2, sect. 7.

2099. La disposition relative aux dépens est un accessoire de la demande principale; son sort est lié non seulement à l'ensemble du procès, mais à chacun des chefs à examiner dont il y a lieu de fixer l'importance relative; il s'ensuit que la cassation d'un ou plusieurs chefs d'un arrêt entraîne nécessairement l'examen de la partie des frais qui peuvent être afférents à ces chefs. — Besançon, 9 janv. 1880. D.P. 90. 2. 19. — V. Code de procédure civile, nº 117.

2100. — XI. Dépens alloués à titre de dommages-intérêts (C. proc. civ. nos 120 à 122). — La partie qui succombe peut être condamnée à payer non seulement les frais de l'instance, mais aussi des dommages-intérêts, si, par ses agissements injustes, elle a occasionné à son adversaire des dépenses considérables et exceptionnelles. — Req. 31 janv. 1878, D.P. 77. 1. 230-231.

2101. En conséquence, le juge peut, sans faire double emploi, condamner la partie qui succombe à payer, outre les dépens de l'instance, une certaine somme à titre de dommages-intérêts pour les frais et faux frais occasionnés à l'autre partie par le procès. — Req. 6 mars 1878, D.P. 78. 1. 302-303.

2102. Spécialement, l'arrêt qui constate la faute d'une partie et le préjudice qu'elle a causé à son adversaire peut condamner cette partie, à titre de dommages-intérêts, au payement de tous les frais faits devant toutes les juridictions, même devant celle dont le jugement a été cassé. — Civ. r. 4 août 1880, D.P. 81. 1. 438.

2103. Le juge d'appel peut, même en l'absence d'un appel incident, ajouter à la condamnation prononcée contre l'appelant en première instance le coût de l'enregistrement de l'acte litigieux, à titre de dommages-intérêts et à raison de ce que l'appelant a rendu cet enregistrement nécessaire. — Req. 3 août 1875, D.P. 78. 1. 81.

2104. La cour peut également mettre, à titre de supplément de dommages-intérêts, à la charge de la partie condamnée aux dépens d'appel, le remboursement des frais de première instance auxquels la partie adverse a été assujettie envers des légataires non intimés en appel. — Req. 19 févr. 1883, D.P. 84. 1. 425.

2105. Et, ce faisant, elle ne viole pas le principe de la chose jugée, puisqu'elle ne réforme pas la condamnation aux dépens prononcée par le tribunal. — Même arrêt.

2106. Elle ne statue point non plus ultra petita, alors qu'il a été conclu à ce mode de réparation du préjudice souffert par le bénéficiaire de la condamnation. — Même arrêt.

2107. Mais le défendeur qui succombe ne peut être condamné aux dépens à l'encontre d'un autre défendeur mis hors de cause qu'à titre de dommages-intérêts en raison de son caractère vexatoire et fondé sur le caractère vexatoire de l'action de celui-ci. — Req. 23 juill. 1879, D.P. 80. 1. 423.

2108. Il n'appartient au juge qui se déclare incompétent pour connaître de l'action portée devant lui, de statuer sur une demande en dommages-intérêts formée par l'une partie contre le demandeur et fondée sur le caractère vexatoire de l'action de celui-ci. — Req. 23 juill. 1879, D.P. 80. 1. 423.

2109. En conséquence, est nul pour défaut de motifs le jugement qui condamne l'un des défendeurs aux dépens envers toutes les parties, même envers un autre défendeur mis hors de cause, sans justifier sa décision par aucun motif. — Même arrêt.

2110. — XII. Frais de tutelle, de partage, de délivrance de legs (C. proc. civ. nᵒˢ 123 à 126). — Si les juges peuvent, dans une instance en partage, décider que les dépens seront employés en frais de partage, ce n'est là qu'une faculté, qui ne porte pas atteinte à la règle générale en vertu de laquelle ils ont un pouvoir discrétionnaire pour mettre tous les dépens à la charge d'un appelant qui succombe en son appel. — D.P. 88. 1. 165, note 5. — V. *Code de procédure civile*, art. 130, nᵒ 124.

2111. — XIII. Dépens dans diverses instances (C. proc. civ. nᵒˢ 127 à 131).

§ 3. — *Solidarité et division en matière de dépens* (C. proc. civ. nᵒˢ 135 à 171).

2112. — I. Solidarité en matière de dépens (C. proc. civ. nᵒˢ 135 à 170). — 1ᵒ *Cas où il n'y a pas solidarité dans l'obligation principale* (C. proc. civ. nᵒˢ 135 à 139). — La solidarité des dépens en matière civile ou commerciale ne peut être prononcée à l'égard de plusieurs cointéressés, par l'unique motif que la même décision leur est applicable. — Civ. c. 18 déc. 1878, D.P. 79. 1. 245. — V. *Code de procédure civile*, nᵒ 135.

2113. Sur la présomption de solidarité entre les débiteurs, V. *Code civil annoté*, art. 1202; et son *Supplément*, nᵒˢ 7912 et s.

2114. En conséquence, en matière civile, quand la condamnation au principal n'a pas été prononcée solidairement, le juge n'a pas le droit de prononcer la solidarité des dépens contre plusieurs défendeurs conjoints, si ce n'est à titre de dommages-intérêts. — Civ. c. 3 nov. 1886, D.P. 87. 1. 157-158. — Civ. c. 22 oct. 1888, D.P. 88. 5. 267. — V. *Code de procédure civile*, nᵒ 136.

2115. De même, le juge ne peut, sans motiver spécialement sa décision, et alors que la condamnation principale n'est pas à la charge des parties condamnées. — Civ. c. 5 juin 1882, D.P. 83. 1. 173.

2116. Et lorsqu'un arrêt, en prononçant au principal une condamnation simplement conjointe, condamne les héritiers défendeurs aux dépens « solidairement », sans indiquer, d'ailleurs, que ce soit à titre de dommages-intérêts, cette dernière disposition doit être cassée comme manquant de base légale. — Civ. c. 25 oct. 1887, D.P. 88. 1. 72.

2117. 2ᵉ *Cas où l'obligation principale est indivisible* (C. proc. civ. nᵒˢ 140 à 148).

2118. — 3ᵒ *Allocation des dépens à titre de dommages-intérêts* (C. proc. civ. nᵒˢ 149 à 164). — Des appelants qui succombent dans leur action peuvent être condamnés solidairement aux frais de l'instance d'appel, quand ils ont participé à une fraude commune; et la disposition de l'arrêt qui prononce cette solidarité peut se trouver motivée par les considérations mêmes que le juge a pris soin d'exposer pour établir ladite fraude en vue du rejet de l'appel. — Req. 22 mars 1882, D.P. 82. 1. 283. — V. *Code de procédure civile*, nᵒ 149.

2119. — 4ᵒ *Condamnation expresse à la solidarité des dépens* (C. proc. civ. nᵒˢ 165-170).

2120. — II. Division en matière de dépens (C. proc. civ. nᵒˢ 171-175).

§ 4. — *Étendue de la condamnation aux dépens* (C. proc. civ. nᵒˢ 176 à 225).

2121. — I. Ce que comprend la condamnation aux dépens (C. proc. civ. nᵒˢ 176 à 199).

2122. — II. Frais d'actes et d'enregistrement (C. proc. civ. nᵒˢ 200 à 225). — Sur la controverse relative à la question de savoir si les frais d'enregistrement doivent être compris dans la condamnation aux dépens, V. *Code de procédure civile*, nᵒˢ 203 et s.

2123. La condamnation aux dépens comprend les droits d'enregistrement qui sont perçus sur les chefs de dispositions ou de condamnations que l'arrêt (ou le jugement) contient envers la partie qui succombe, cet arrêt (ou ce jugement) se trouvant ainsi la cause génératrice de la perception. — Civ. r. 14 févr. 1887, D.P. 88. 1. 31. — V. *Code de procédure civile*, nᵒ 201. — V. aussi *Code annoté de l'Enregistrement*, nᵒˢ 3929 et s.

2124. Les droits d'enregistrement des pièces produites en justice par un plaideur à l'appui de sa demande doivent être compris dans les dépens et mis à la charge de la partie qui succombe, s'il s'agit de droits que ne sont pas sujettes par elles-mêmes à la formalité de l'enregistrement; le débiteur peut d'autant moins fonder à se refuser au payement de ces droits, qu'aux termes de l'art. 31 de la loi du 22 frim. an 7, ce sont les débiteurs qui doivent supporter les droits des actes emportant obligation. — Paris, 17 mai 1889, D.P. 91. 2. 102, et la note.

2125. Dans les frais d'un jugement par défaut mis à la charge du défaillant par le jugement contradictoire intervenu sur l'opposition de celui-ci et qui a réparti d'une manière différente les autres dépens, le droit proportionnel d'enregistrement perçu sur le jugement par défaut ne doit pas être compris, le défaut ne donnant pas lieu à cette perception, qui aurait été, dans tous les cas, opérée par le jugement contradictoire. — Civ. c. 13 déc. 1880, D.P. 81. 1. 162.

2126. Décidé, d'une manière générale, que les droits d'enregistrement des actes produits au cours d'une instance ne font point partie des dépens. — Conf. Caen, 16 déc. 1872, D.P. 76. 2. 197. — Civ. c. 23 juill. 1879, D.P. 79. 1. 480. — V. *Code de procédure civile*, nᵒˢ 216 et s.

2127. En conséquence, la partie qui succombe ne peut y être condamnée qu'à titre de dommages-intérêts, en vertu de la convention ou de la loi, et par une disposition motivée. — Arrêt préc. 23 juill. 1879.

2128. Spécialement, la partie qui a payé un double droit pour production en justice des actes non enregistrés, et qui n'a pas formellement conclu à ce que ce double droit fût compris dans les dépens, ne peut l'y faire entrer, alors même qu'elle gagnerait son procès, et doit le supporter personnellement et définitivement. — Arrêt préc. 16 déc. 1872.

2129. Mais la condamnation aux dépens comprend non seulement les droits d'enregistrement exigibles sur les dispositions mêmes de l'arrêt, mais encore ceux auxquels peuvent donner ouverture les conventions mentionnées dans l'arrêt, si une clause spéciale de ces conventions met les droits d'enregistrement à la charge de la partie condamnée. — Paris, 17 mars 1883, D.P. 84. 2. 69.

2130. Les juges peuvent, en certains cas et à raison d'une faute imputable à l'une des parties, mettre à la charge de celle-ci, outre les dépens proprements dits, l'enregistrement d'actes produits dans la cause, quoiqu'elle n'en soit pas légalement débitrice d'après les termes de la loi fiscale, mais à la condition de constater une faute et un préjudice suffisamment spécifiés pour justifier, d'après le droit commun, une condamnation à des dommages-intérêts. — Civ. r. 31 mars 1875, D.P. 75. 1. 313. — Req. 16 juin 1875, D.P. 77. 1. 184. — Civ. c. 11 janv. 1882, D.P. 82. 1. 313. — Req. 27 janv. 1885, D.P. 85. 1. 363. — Civ. c. 8 févr. 1886, D.P. 87. 1. 22. — V. *Code de procédure civile*, nᵒ 217.

2131. En conséquence, il y a lieu d'annuler comme insuffisamment motivée l'arrêt qui, pour mettre à la charge d'une partie, à titre de dommages-intérêts, l'enregistrement d'actes produits au procès, se borne à déclarer mal fondées les prétentions de cette partie sans spécifier sa faute ni le préjudice causé. — Arrêt préc. 8 févr. 1886.

2132. Il n'est pas nécessaire que l'arrêt déclare en termes exprès que cette condamnation est prononcée à titre de dommages-intérêts; il suffit que cela résulte de l'ensemble des constatations qu'il contient. — Arrêt préc. 27 janv. 1885.

2133. Ainsi la cour d'appel qui, par dérogation à l'art. 31 de la loi du 22 frim. an 7, met les droits d'enregistrement des actes produits au procès à la charge d'un autre que le débiteur, justifie suffisamment cette décision en précisant dans des motifs spéciaux la faute de la partie condamnée; il n'est pas nécessaire qu'elle insère dans la rédaction de termes exprès au visa de l'art. 1382 C. civ. ou les mots « à titre de dommages-intérêts ». — Req. 12 nov. 1877, D.P. 78. 1. 293.

2134. Le droit proportionnel de donation auquel un don manuel, après avoir été dissimulé dans le contrat de mariage du donataire, a été assujetti au cours d'un procès intenté par un tiers et rendu inévitable par cette dissimulation même, ne peut être mis, soit à titre de dépens, soit à titre de dommages-intérêts, à la charge du demandeur, alors même que la réclamation de celui-ci serait rejetée. — Rouen, 17 janv. 1878, D.P. 78. 2. 259.

2135. Dans l'espèce, en effet, il y avait eu déclaration dans un acte des valeurs faisant l'objet du don manuel; et, dès lors, le droit proportionnel était exigible de ce chef. Il s'agissait donc d'un droit que le donataire aurait pu être contraint d'acquitter, alors même que le procès à l'occasion duquel il était devenu exigible n'aurait pas été soulevé. — Observ. sous cet arrêt.

Art. 131. Pourront néanmoins les dépens être compensés en tout ou en partie entre conjoints, ascendants, descendants, frères et sœurs ou alliés au même degré : les juges pourront aussi compenser les dépens en tout ou en partie, si les parties succombent respectivement sur quelques chefs.

2136. — I. Caractères et effets de la compensation des dépens (C. proc. civ. nᵒˢ 1 à 12).

2137. — II. Dans quels cas la compensation des dépens peut être prononcée (C. proc. civ. nᵒˢ 13 à 54). — La répartition que le juge fait des frais entre les parties dans un cas où la loi autorise la compensation des dépens, échappe à la censure de la cour de cassation. — Civ. r. 4 juin 1877, D.P. 77. 1. 378-376. — V. *Code de procédure civile*, nᵒ 24.

2138. Ainsi, le juge d'appel, tout en partageant entre les parties les frais faits devant lui, a pu laisser à la charge exclusive du demandeur originaire, les frais de première instance, bien que celui-ci n'y ait été condamné que par suite de l'admission d'une fin de non-recevoir en appel a été reconnue mal fondée. — Même arrêt.

2139. L'arrêt qui prononce le divorce à la requête des deux époux peut répartir entre eux les dépens dans une mesure inégale, lorsqu'ils succombent dans leurs prétentions différentes et leurs prétentions respectives, que l'un d'eux se trouve dans une situation précaire. — Paris, 20 oct. 1886, D.P. 88. 2. 101.

2140. Lorsque, sur une demande en règlement de juges, les parties succombent chacune dans une certaine mesure, il y a lieu de faire masse des dépens et de les partager. — Req. 4 déc. 1888, D.P. 89. 1. 384.

Art. 132. Les avoués et huissiers qui auront excédé les bornes de leur ministère, les tuteurs, curateurs, héritiers bénéficiaires ou autres administrateurs qui auront compromis les intérêts de leur administration, pourront être condamnés aux dépens, en leur nom et sans répétition, même aux dommages-intérêts s'il y a lieu ; sans préjudice de l'interdiction contre les avoués et huissiers, et de la destitution contre les tuteurs et autres, suivant la gravité des circonstances.

2141. — I. Avoués et huissiers (C. proc. civ. n° 1). — Sur les condamnations encourues par les officiers ministériels à raison d'actes irréguliers, nuls ou frustratoires, V. *suprà*, art. 71, n°ˢ 1674 et *s.*, et *infrà*, art. 1030 et 1031.

2142. L'avoué ne peut être condamné aux frais des actes ou procédures frustratoires par lui faites, sans avoir été appelé en cause. — Riom, 13 juin 1866, D.P. 80. 4. 219, note.

2143. Si une telle condamnation a été prononcée sur l'appel du jugement au fond interjeté par la partie, il est donc recevable à former tierce-opposition à l'arrêt le condamnant. — J.G.S. *Avoué*, 88.

2144. — II. Mandataires légaux (C. proc. civ. n°ˢ 2 à 11).

2145. — III. Tuteur (C. proc. civ. n° 12 à 18).

2146. — IV. Mari (C. proc. civ. n° 19). — En ce qui concerne la condamnation aux dépens prononcée contre le mari, V. *suprà*, art. 130, n° 2047 et s.

2147. — V. Usufruitier (C. proc. civ n° 20).

2148. — VI. Syndic de faillite (C. proc. civ. n°ˢ 21 à 24). — La responsabilité des syndics est engagée lorsqu'ils ont agi en dehors de leur mandat, ou qu'ils ont commis, dans l'exercice de ces mandats, une faute préjudiciable à la masse. — J.G.S. *Faillite*, 829.

2149. Décidé en ce sens que si le syndic, en saisissant la justice, semble avoir plutôt obéi à un ressentiment personnel que consulté les intérêts qu'il avait à défendre, il convient de mettre en grande partie à sa charge les conséquences d'un entraînement irréfléchi contre lequel il aurait dû, plus qu'un autre, se prémunir. — Nancy, 31 déc. 1878, J.G.S. *Faillite*, 829.

2150. — VII. Notaire (C. proc. civ. n°ˢ 25 et 26).

2151. — VIII. Expert (C. proc. civ. n° 27).

2152. — IX. Conservateur des hypothèques (C. proc. civ. n° 28).

2153. — X. Administrations publiques (C. proc. civ. n°ˢ 29 à 32). — Sur les frais mis à la charge de la partie qui succombe en matière d'enregistrement, V. *Code annoté de l'Enregistrement*, n°ˢ 6097 et s. — V. aussi *Code de procédure civile*, n° 30.

2154. Le président d'un bureau de bienfaisance ne peut être condamné personnellement aux dépens par un arrêt qui annule une saisie-exécution pratiquée à la requête du bureau de bienfaisance sur le mobilier d'un curé, à l'effet de contraindre celui-ci à verser à la caisse du bureau le produit d'une quête d'appel, d'une part, le contestant pas que le président a agi, en ce cas, comme délégué du bureau dont il exécutait les délibérations, en vertu d'autorisations régulièrement données, et de l'autre, ne relèvent contre lui aucune faute personnelle. — Civ. c. 24 mars 1883, D.P. 84. 1. 397. — *Contra* : Caen, 42 janv. 1881, D.P. 82. 2. 57-58. — V. *Code de procédure civile*, n° 32.

2155. — XI. Préfets (C. proc. civ. n°ˢ 33 à 40). — Il ne peut être prononcé de dépens contre un *préfet* à raison d'un acte fait par lui comme représentant de la puissance publique. — Cons. d'Et. 12 mai 1876, D.P. 76. 3. 86.

2156. Dans les instances judiciaires relatives à l'état et aux droits civils des appelés au service militaire, le préfet agit non comme partie, mais comme fonctionnaire

administratif chargé de veiller, dans l'intérêt général, à l'exécution de la loi sur le recrutement ; par suite, il ne peut être condamné aux dépens. — Req. 30 juill. 1883, D.P. 84. 1. 406. — Req. 19 mars 1888, D.P. 88. 5. 266. — V. *Code de procédure civile*, n° 33.

2157. Il en est ainsi à l'égard du préfet qui agit en justice pour faire constater la qualité de Français d'un individu, en vue de le soumettre à la loi du recrutement militaire. — Lyon, 19 mars 1875, D.P. 77. 2. 65-66. — Toulouse, 26 janv. 1876, D.P. 77. 2. 65.

2158. De même, le tribunal qui rejette un déclinatoire présenté par le préfet comme représentant de la puissance publique ne peut condamner ce préfet aux dépens. — Trib. confl. 18 mars 1882, D.P. 83. 3. 83. — Trib. confl. 23 nov. 1882, D.P. 84. 3. 50. — Trib. confl. 15 déc. 1883, D.P. 85. 3. 59.

2159. Et le tribunal des conflits, même quand il annule l'arrêté de conflit, doit déclarer non avenue la disposition du jugement condamnant le préfet aux dépens auxquels le déclinatoire a donné lieu. — Mêmes arrêts.

2160. Le *ministre*, en statuant sur la réclamation d'un propriétaire contre un arrêté portant refus d'alignement, agit comme représentant de la puissance publique, et, par suite, ne peut être condamné aux dépens. — Cons. d'Et. 23 févr. 1883, D.P. 84. 3. 77.

2161. — XII. Maires (C. proc. civ. n°ˢ 41 à 48). — Un maire peut être condamné personnellement aux dépens, lorsqu'il a compromis les intérêts du bureau de bienfaisance, en employant, sans décision préalable de l'autorité judiciaire et contrairement tant à la loi qu'à un usage ancien, des mesures excessives et vexatoires contre le curé de la commune, à l'occasion des quêtes faites pour les pauvres dans l'église communale. — Caen, 12 janv. 1881, D.P. 82. 2. 57-58. — V. *suprà*, n° 2154.

2162. — XIII. Ministère public (C. proc. civ. n° 49) — Dans aucun cas, le *ministère public*, agissant dans l'intérêt général de la société, ne peut être condamné aux dépens. — Cr. c. 12 nov. 1875, D.P. 78. 5. 288. — Cr. c. 20 nov. 1880, D.P. 81. 1. 141.

2163. L'*État* ne peut être condamné aux dépens dans une instance où le ministère public agit comme partie principale dans l'intérêt de la société ; alors même que le ministère public se serait trompé sur l'étendue de ses attributions. — Civ. c. 10 déc. 1878, D.P. 79. 1. 413. — *Contra* : Dijon, 8 févr. 1881, D.P. 78. 2. 219. — V. *Code de procédure civile*, n° 49, et *infrà*, Décr. 18 juin 1811, art. 124 à 125.

Art. 133. Les avoués pourront demander la distraction des dépens à leur profit, en affirmant, lors de la prononciation du jugement, qu'ils ont fait la plus grande partie des avances. La distraction des dépens ne pourra être prononcée que par le jugement qui en portera la condamnation : dans ce cas, la taxe sera poursuivie et l'exécution délivrée au nom de l'avoué, sans préjudice de l'action contre sa partie.

2164. — I. À qui la distraction peut être accordée (C. proc. civ. n° 4).

2165. — II. Instances dans lesquelles il y a lieu a distraction (C. proc. civ. n°ˢ 2 à 6).

2166. — III. Quand la distraction doit être demandée et prononcée (C. proc. civ. n°ˢ 7 à 21).

2167. — IV. Formes de l'affirmation (C. proc. civ. n°ˢ 22 à 26).

2168. — V. Ce que comprend la distraction (C. proc. civ. n°ˢ 27 à 34). — L'arrêt qui fait masse des dépens pour être supportés moitié par chacune des parties, et ordonne la distraction au profit de leurs

avoués, ne peut donner à un avoué plus de droits que n'en a sa partie contre l'autre, de telle sorte qu'un avoué n'a, en pareil cas, d'autre créance que celle résultant du reliquat dû à sa partie, lorsque celle-ci avait fait des avances supérieures à la moitié dont elle était tenue, le surplus s'étant opéré par la seule force de la loi. — Bordeaux, 19 mars 1852, D.P. 90. 2. 261, note 1. — Agen, 20 janv. 1890, D.P. 90. 2. 261. — V. *Code de procédure civile*, n° 33. — J.G.S. *Frais et dépens*, chap. 2, sect. 2.

2169. Et l'avoué qui a fait des avances inférieures à cette moitié n'a de recours que contre son client qui en est seul débiteur ; cet avoué prétendrait vainement qu'il a le droit de se faire rembourser par la partie adverse de la moitié de ses avances. — Mêmes arrêts.

2170. — VI. Recours contre la décision qui ordonne la distraction des dépens (C. proc. civ. n° 35).

2171. — VII. Effets de la distraction des dépens (C. proc. civ. n°ˢ 36 à 79).

Art. 134. S'il a été formé une demande provisoire, et que la cause soit en état sur le provisoire et sur le fond, les juges seront tenus de prononcer sur le tout par un seul jugement.

Art. 135. L'exécution provisoire sans caution sera ordonnée, s'il y a titre authentique, promesse reconnue, ou condamnation précédente par jugement dont il n'y ait point d'appel.

L'exécution provisoire pourra être ordonnée avec ou sans caution, lorsqu'il s'agira :

1° D'apposition et levée de scellés, ou confection d'inventaire ;

2° De réparations urgentes ;

3° D'expulsion des lieux, lorsqu'il n'y a pas de bail, ou que le bail est expiré ;

4° De séquestres, commissaires et gardiens ;

5° De réception de caution et certificateurs ;

6° De nomination de tuteurs, curateurs, et autres administrateurs, et de reddition de compte ;

7° De pensions ou provisions alimentaires

2172. Sur l'exécution provisoire des mesures relatives : ... à la police de l'audience, V. *suprà*, art. 89 et 90, n°ˢ 1866 et s.

2173. ... Aux ordonnances de référé, V. *infrà*, n° 809.

2174. ... A l'ordonnance qui rend exécutoire une taxe de frais en cas de désistement, V. *infrà*, art. 403.

2175. Sont exécutoires par provision : les jugements déclaratifs de faillite. — V. *Code de commerce annoté*, art. 440, n°ˢ 116 et s.

2176. ... Les décisions du juge-commissaire sur les réclamations élevées contre les opérations des syndics. — V. *Code de commerce annoté*, art. 466, n° 4.

Sect. 2. — Exécution provisoire ordonnée par LE JUGE (C. proc. civ. n°s 11 à 28).

2177. Sur les cas dans lesquels le juge peut ordonner l'exécution provisoire des jugements par défaut *nonobstant opposition*, V. *infrà*, art. 155.

2178. L'exécution provisoire peut être demandée pour la première fois en appel. — V. *infrà*, art. 464.

2179. Sur l'exécution provisoire en matière : ... d'ordre, V. *infrà*, art. 762.

2180. ... De contrainte par corps, V. *Code d'instruction criminelle annoté*, *Appendice.*

2181. ... D'arbitrage, V. *infrà*, art. 1024.

2182. Sur l'exécution provisoire : ... des arrêts de cour d'appel, V. *infrà*, art. 457 à 459.

2183. ... Des jugements des tribunaux de commerce, V. *infrà*, art. 417, 439 à 441.

§ 1er. — *Exécution provisoire obligatoire* (C. proc. civ. n°s 29 à 114).

2184. Il est généralement admis en doctrine et en jurisprudence que l'exécution provisoire qui n'a été demandée ni dans l'assignation, ni dans des conclusions contradictoires, peut être valablement ordonnée d'office par le jugement, spécialement lorsqu'il est rendu par défaut. — D.P. 77.1. 219, note 7. — V. *Code de procédure civile*, n° 29.

2185. Mais elle peut l'être dans tous les cas, si, sur l'opposition du défendeur, elle a été l'objet d'un débat contradictoire. — Req. 13 mars 1876, D.P. 77. 1. 219-220.

A. — *Titre authentique* (C. proc. civ. n°s 32 à 87).

2186. — I. CARACTÈRE DU TITRE EN VERTU DUQUEL EST ORDONNÉE L'EXÉCUTION PROVISOIRE (C. proc. civ. n°s 34 et 35).

2187. — II. PRODUCTION DE TITRES PAR LES DEUX PARTIES (C. proc. civ. n° 36).

2188. — III. QUELS SONT LES TITRES AUTHENTIQUES EMPORTANT EXÉCUTION PROVISOIRE (C. proc. civ. n°s 37 à 49). — Le mandat passé en Belgique devant un notaire est un titre authentique dans le sens de l'art. 135 C. proc. civ.; en conséquence, le juge qui prononce une condamnation en vertu de cet acte, peut ordonner l'exécution provisoire de son jugement. — Paris, 15 févr. 1875, D.P. 78. 5. 254.

2189. Lorsqu'une clause du cahier des charges stipule qu'à défaut par l'acquéreur de satisfaire aux conditions de ce cahier relatives au payement du prix, l'adjudication sera considérée comme n'ayant jamais existé, de telle sorte qu'elle aura été conditionnelle jusqu'à l'exécution des charges, cette clause n'implique pas de la part du vendeur renonciation aux autres droits qui lui appartiennent en cette qualité, et, dans ces circonstances, le vendeur a le droit de se servir de la grosse du procès-verbal d'adjudication dressé par le notaire pour demander l'exécution provisoire que le tribunal ne peut pas lui refuser. — Pau, 13 avr. 1886, D.P. 86. 2. 277.

2190. — IV. TITRE DONT LA RÉSOLUTION EST PRONONCÉE (C. proc. civ. n°s 50 à 59).

2191. — V. CONTESTATION SUR LE TITRE AUTHENTIQUE (C. proc. civ. n°s 60 à 79).

2192. — VI. EXÉCUTION PROVISOIRE CONTRE LES AYANTS-CAUSE OU LES TIERS (C. proc. civ. n°s 80 à 87).

B. — *Promesse reconnue* (C. proc. civ. n°s 88 à 105).

2193. — I. PROMESSE EMPORTANT EXÉCUTION PROVISOIRE (C. proc. civ. n°s 88 à 94). — Il y a, au sens de l'art. 135 C. proc. civ., *promesse reconnue* permettant d'accorder l'exécution provisoire du jugement, lorsque,

d'une part, l'obligation souscrite émane de celui à qui elle est opposée ou de son auteur, et que, d'autre part, la sincérité n'en est pas contestée, quel que soit d'ailleurs le débat qui s'engage sur sa valeur au fond. — Civ. r. 23 avr. 1888, D.P. 89. 1. 233. — V. *Code de procédure civile*, n° 92.

2194. — II. PAR QUI LA PROMESSE DOIT-ELLE ÊTRE RECONNUE (C. proc. civ. n°s 95 à 98).

2195. — III. CARACTÈRES QUE DOIT PRÉSENTER LA PROMESSE RECONNUE POUR EMPORTER EXÉCUTION PROVISOIRE (C. proc. civ. n°s 99 à 103). — Lorsque l'exécution provisoire n'a pas été demandée en première instance, bien qu'il y eût promesse reconnue, elle peut être réclamée pour la première fois devant les juges d'appel, surtout s'il apparaît que, depuis le jugement du tribunal, les circonstances de la cause rendent cette mesure nécessaire pour garantir les intérêts du créancier. — Pau, 24 mars 1888, D.P. 88. 2. 257.

2196. Toutefois, en pareil cas, les dépens de cet incident doivent rester à la charge du créancier qui obtient l'exécution provisoire. — Pau, 21 mars 1888, D.P. 88. 2. 257.

2197. — IV. À L'ÉGARD DE QUELLE PARTIE LA PROMESSE RECONNUE EMPORTE-T ELLE EXÉCUTION PROVISOIRE (C. proc. civ. n°s 104 et 105).

C. — *Condamnation précédente* (C. proc. civ. n°s 106 à 114).

2198. V. *Code de procédure civile*, n°s 106 et s.

§ 2. — *Exécution provisoire facultative* (C. proc. civ. n°s 115 à 133).

2199. — I. CAS SPÉCIALEMENT PRÉVUS PAR LA LOI OÙ L'EXÉCUTION PROVISOIRE PEUT ÊTRE ORDONNÉE (C. proc. civ. n°s 116 à 125).

2200. — II. CAS OÙ L'EXÉCUTION PROVISOIRE N'EST PAS EXPRESSÉMENT PERMISE PAR LA LOI (C. proc. civ. n°s 126 à 133). — Les dispositions de l'art. 135 C. proc. civ. sont limitatives; les tribunaux civils ne peuvent donc ordonner l'exécution provisoire de leurs jugements en dehors des cas prévus par cet article. — Lyon, 10 mai 1883, D.P. 84. 2. 67. — Riom, 29 avr. 1884, D.P. 85. 2. 133. — V. *Code de procédure civile*, n° 126.

2201. ... Et, par exemple, dans le cas où le juge de première instance a accordé une provision, qui représente une partie de la créance contestée et n'a rien d'alimentaire. — Mêmes arrêts.

2202. Les jugements provisoires ne sont pas tous, et par leur nature même, exécutoires par provision; ceux qui ne touchent pas au fond du litige peuvent seuls avoir ce caractère. — Riom, 29 avr. 1884, précité. — V. *Code de procédure civile*, n° 133.

2203. Mais l'opinion contraire est admise par la plupart des auteurs. — D.P. 84. 2. 67, note 3.

2204. Il n'y a pas lieu d'ordonner l'exécution provisoire de l'arrêt confirmatif qui prononce la mainlevée d'une opposition à mariage, surtout par défaut. — Besançon, 20 janv. 1874, D.P. 74. 2. 112.

Art. 136. Si les juges ont omis de prononcer l'exécution provisoire, ils ne pourront l'ordonner par un second jugement, sauf aux parties à la demander sur l'appel.

Art. 137. L'exécution provisoire ne pourra être ordonnée pour les dépens, quand même ils seraient adjugés pour tenir lieu de dommages et intérêts.

Art. 138. Le président et le greffier signeront la minute de chaque jugement aussitôt qu'il sera rendu; il sera fait mention, en marge de la feuille d'audience, des juges et du procureur du Roi (*procureur de la République*) qui y auront assisté; cette mention sera également signée par le président et le greffier.

Décret du 30 mars 1808,

Contenant règlement pour la police et la discipline des cours et tribunaux. — Publié au *Bulletin des lois*, n° 3245. —(Extrait, J.G. *Organ. judic.*, p. 1493.)

Art. 36. Le greffier portera sur la feuille d'audience du jour les minutes de chaque jugement, aussitôt qu'il sera rendu; il fera mention en marge des noms des juges et du procureur général ou de son substitut qui y auront assisté. Celui qui aura présidé vérifiera cette feuille à l'audience, ou dans les vingt-quatre heures, et signera, ainsi que le greffier, chaque minute du jugement et les mentions faites en marge.

Art. 37. Si par l'effet d'un accident extraordinaire, le président se trouvait dans l'impossibilité de signer la feuille d'audience, elle devra l'être, dans les vingt-quatre heures suivantes, par le plus ancien des juges ayant assisté à l'audience. Dans le cas où l'impossibilité de signer serait de la part du greffier, il suffira que le président en fasse mention en signant.

Art. 73. Si les feuilles d'une ou de plusieurs audiences n'avaient pas été signées dans les délais et ainsi qu'il est dit ci-dessus, il en sera référé à la chambre que tient le premier président, laquelle pourra, suivant les circonstances et sur les conclusions par écrit de notre procureur général, autoriser un des juges qui ont concouru à ces jugements, à les signer.

Art. 73. Si les feuilles d'une ou de plusieurs audiences n'avaient pas été signées dans les délais, et ainsi qu'il est réglé par les art. 36 et 37 du présent règlement, il en sera référé par le procureur impérial à la cour d'appel devant la chambre que tient le premier président. Cette chambre pourra, suivant les circonstances, et sur les conclusions par écrit de notre procureur général, autoriser un des juges qui ont concouru à ces jugements à les signer.

Loi du 20 avril 1810,

Sur l'organisation judiciaire. — Publiée au *Moniteur* du 21 avr. 1810 et au *Bulletin des lois*, n° 3351. — (Extrait, J.G. *Organ. judic.*, p. 1497.)

Art. 7. Les arrêts qui ont été rendus par des juges qui n'ont pas assisté à toutes les audiences de la cause, sont nuls.

DIVISION.

2205. La minute du jugement constitue

un acte authentique contre lequel ne pourraient prévaloir les énonciations du plumitif. — Civ. c. 18 déc. 1818, D.P. 79. 1. 200. — Civ. c. 12 mars 1879, D.P. 79. 1. 269. — V. *Code de procédure civile*, n° 9.

2206. Le moyen pris de ce qu'un arrêt n'aurait été rendu que par quatre magistrats manque en fait, nonobstant à cet égard la mention erronée de l'expédition, s'il résulte de la minute que la décision dont il s'agit a été l'œuvre d'un président et de quatre conseillers. — Req. 29 mai 1885 (2ᵉ arrêt), D.P. 86. 1. 82.

2207. Quand un jugement porte en lui-même la preuve qu'il a été rendu dans les formes légales, c'est uniquement par la voie de l'inscription de faux que le contraire peut être allégué et établi. — Civ. c. 18 déc. 1878, D.P. 79. 1. 200. — Civ. r. 1ᵉʳ mai 1882, D.P. 83. 5. 196-197.

2208. Sur la rédaction et la transcription des jugements rendus en matière électorale, V. *Code des lois adm. annotées*, t. 1ᵉʳ, X, vᵒ *Élections*, n°ˢ 4407 et s., 4446.

§ 2. — *Rédaction en langue française* (C. proc. civ. n°ˢ 16 à 21).

2209. V. *Code de procédure civile*, n° 16 et s.

§ 3. — *Perte de la minute* (C. proc. civ. n°ˢ 22 à 29).

2210. V. *Code de procédure civile*, n° 22 et s.

§ 4. — *Signature du président et du greffier* (C. proc. civ. n°ˢ 30 à 65).

2211. — I. Apposition de la signature (C. proc. civ. n°ˢ 30 à 51). — L'existence et la teneur d'un arrêt ordonnant que les débats relatifs à une instance en séparation de corps auront lieu à huis clos sont légalement constatées par les mentions de la feuille d'audience régulièrement signée par le président et le greffier, portant que le ministère public a requis cette mesure, en raison des dangers de la divulgation des faits de la cause pour la morale publique, et que la cour, adoptant les motifs exprimés par le ministère public, a fait droit à ses réquisitions. — Req. 30 déc. 1879, D.P. 80. 1. 196.

2212. Dans ces conditions, le huis clos ayant été régulièrement ordonné pour les débats de l'affaire, il n'est pas nécessaire qu'un nouvel arrêt maintienne cette mesure pour chacune des audiences où l'affaire est appelée. — Même arrêt.

2213. — II. Irrégularités ou omissions des signatures (C. proc. civ. n°ˢ 52 à 65).

Sect. 2. — Assistance des juges aux audiences et aux jugements (C. proc. civ. n°ˢ 66 à 190).

§ 1ᵉʳ. — *Assistance aux débats* (C. proc. civ. n°ˢ 66 à 124).

2214. — I. Juridictions devant lesquelles les juges sont tenus d'assister à toutes les audiences (C. proc. civ. n°ˢ 68 à 88). — Un arrêt auquel a concouru un magistrat qui n'a point assisté aux audiences où les conclusions des parties ont été prises et où les plaidoiries ont eu lieu, est nul. — Civ. c. 9 août 1881, D.P. 82. 1. 100. — V. *Code de procédure civile*, n° 71 et 72.

2215. Il en est de même du jugement rendu avec le concours d'un juge qui n'a pas assisté à toutes les audiences, et notamment à celles où le ministère public a donné ses conclusions. — Civ. c. 6 juill. 1875, D.P. 77. 5. 270.

2216. — Et de l'arrêt auquel a concouru un magistrat qui n'a point assisté à l'audience où le ministère public a donné ses conclusions et où l'affaire a été mise en délibéré. — Civ. c. 26 août 1884, D.P. 85. 5. 283.

2217. Un arrêt est encore nul, s'il a été rendu avec la participation d'un magistrat qui, ayant assisté à l'audience où l'avocat

d'une des parties a commencé sa plaidoirie et à l'audience où il l'a terminée, n'a pas été présent à l'audience intermédiaire où cette plaidoirie a été continuée. — Civ. c. 17 juin 1879, D.P. 79. 1. 432. — V. *Code de procédure civile*, n° 83.

2218. Le juge suppléant qui a assisté, avec voix consultative seulement, à la première audience d'une cause, peut, en cas d'empêchement d'un juge titulaire, et pourvu qu'il ait assisté à toutes les audiences de cette cause, concourir au jugement avec voix délibérative, sans qu'il soit nécessaire de reprendre une simple remise de cause, sans commencer la discussion, il peut être, à une audience ultérieure où l'affaire est instruite, composé d'une manière différente. — Civ. r. 18 juin 1877, D.P. 77. 1. 368.

2219. Mais lorsqu'un juge suppléant siège dans une affaire avec voix purement consultative, il n'est pas nécessaire, pour la validité du jugement, qu'il ait assisté à chacune des audiences consacrées à cette affaire. — Req. 4 juill. 1888, D.P. 89. 1. 477, et la note.

2220. — II. Pour quels jugements les juges sont-ils tenus d'assister à toutes les audiences (C. proc. civ. n°ˢ 89 à 119). — Lorsqu'à une première audience, le tribunal se borne à accorder une simple remise de cause, sans commencer la discussion, il peut être, à une audience ultérieure où l'affaire est instruite, composé d'une manière différente. — Req. 8 août 1878, D.P. 79. 1. 274. — Civ. r. 14 déc. 1887, D.P. 89. 1. 150-151. — V. *Code de procédure civile*, n° 112.

2221. Toutefois, l'identité de composition du tribunal à deux audiences successives pour le jugement d'une même affaire s'impose lorsque la cause n'est pas entrée dans une nouvelle phase, mais qu'il s'agit, dans la seconde audience, d'apprécier les conséquences d'une vérification que les juges avaient ordonnée d'office à la première, c'est-à-dire d'un complément des investigations sur lesquelles ils avaient déjà délibéré (dans l'espèce, d'examiner des procès-verbaux d'enquête dont l'apport au minute avait été ordonné à l'audience précédente). — Req. 18 janv. 1887, D.P. 89. 1. 73. — V. *Code de procédure civile*, n° 113.

2222. Spécialement, lorsqu'un officier ministériel a été appelé régulièrement à siéger à la première audience de la cause, c'est avec raison que le tribunal déclare son concours nécessaire, dans ces circonstances, à la seconde audience, malgré la présence d'un juge titulaire. — Même arrêt.

2223. Il n'est pas nécessaire qu'un arrêt incident soit rendu par les mêmes juges que l'arrêt principal, et ledit arrêt incident est régulier, au moment où les conclusions sur lesquelles il statue ont été prises et développées en présence de tous les magistrats qui l'ont rendu. — Req. 21 juill. 1885, D.P. 86. 1. 326. — V. *Code de procédure civile*, n° 118.

2224. Il n'est pas nécessaire non plus, pour que le second arrêt rendu par la cour d'appel en interprétation et exécution de son premier arrêt soit valable, qu'il émane des magistrats mêmes qui avaient participé à la première décision. — Req. 2 juill. 1885, D.P. 86. 1. 287.

2225. — III. Caractère de la nullité des jugements résultant de ce qu'un juge n'a pas assisté à toutes les plaidoiries (C. proc. civ. n°ˢ 120 à 123).

2226. — IV. Effets de la nullité résultant de la non-assistance d'un juge à toutes les audiences (C. proc. civ. n° 124).

§ 2. — *Reprise des conclusions et des plaidoiries devant les nouveaux juges* (C. proc. civ. n° 125 à 147).

2227. Un magistrat qui n'a pas assisté à l'audience où les parties ont respectivement conclu au fond ne peut connaître de l'affaire, si les conclusions n'ont été reprises devant lui que par l'une des parties. — Civ. c. 24 nov. 1879, D.P. 80. 1. 105. — V. *Code de procédure civile*, n° 80.

2228. En conséquence, l'arrêt rendu avec

le concours de ce magistrat est nul, bien que tous les juges qui avaient assisté aux débats y aient participé. — Même arrêt.

2229. Mais lorsque les conclusions posées à une précédente audience ont été reprises devant tous les magistrats qui ont concouru au jugement ou à l'arrêt, cette décision est valable. — Req. 18 juin 1873, D.P. 75. 1. 22.

§ 3. — *Assistance à la prononciation du jugement* (C. proc. civ. n°ˢ 148 à 160).

2230. V. *Code de procédure civile*, n°ˢ 148 et s.

§ 4. — *Preuve de l'assistance aux débats et au jugement* (C. proc. civ. n°ˢ 161 à 190).

2231. La relation finale d'un arrêt contenant les noms des magistrats qui ont concouru à sa prononciation entraîne la présomption que ces magistrats ont siégé à toutes les audiences où l'affaire a été plaidée. — Req. 21 avr. 1880, D.P. 80. 1. 436. — V. *Code de procédure civile*, n° 174.

2232. La mention finale par laquelle l'arrêt indique qu'il a été prononcé à l'audience du..., par les magistrats dont il donne les noms, s'applique également, en ce qui concerne le nom et le nombre de ces magistrats, à toutes les audiences antérieures qui ont été consacrées à l'affaire. — Req. 16 déc. 1881, D.P. 81. 1. 184. — Req. 10 mai 1882, D.P. 82. 1. 305-306. — Civ. r. 24 oct. 1888, D.P. 89. 1. 52. — V. *Code de procédure civile*, n°ˢ 176 et s.

Code de procédure civile (*Suite*).

Art. 139. Les greffiers qui délivreront expédition d'un jugement avant qu'il ait été signé seront poursuivis comme faussaires.

APPENDICE A L'ARTICLE 139
DU CODE DE PROCÉDURE CIVILE.

Décret du 30 mars 1808,

Contenant règlement pour la police et la discipline des cours et tribunaux. — Publié au *Bulletin des lois*, n° 3245. — (Extrait, J.G. *Organ. judic.*, p. 1493.)

Art. 90. — (V. le texte, *Code de procédure civile*, p. 239.)

Art. 91. Le greffier ou l'un des commis assermentés tiendra la plume aux audiences depuis leur ouverture jusqu'à ce qu'elles soient terminées. Le greffier en chef assistera aux audiences solennelles et aux assemblées générales.

2233. — I. Caractère des greffiers (C. proc. civ. n°ˢ 1 à 4). — Les greffiers sont membres des juridictions près desquelles ils exercent leurs fonctions et sont officiers ministériels. — Cr. c. 7 juill. 1881, D.P. 81. 1. 441. — V. *Code de procédure civile*, n° 2.

2234. Le greffier en chef de la cour d'appel et le greffier d'audience qui le seconde aux assises, étant membres de la cour d'appel et non officiers ministériels, ne peuvent être poursuivis disciplinairement devant la cour d'assises comme officiers ministériels, pour une faute prétendue découverte à l'audience de cette juridiction. — Cr. r. 7 mai 1880, D.P. 80. 1. 476.

2235. Bien qu'étant membres des corps judiciaires auxquels ils sont attachés, les greffiers ne doivent pas cependant comme les magistrats être considérés comme non disponibles au point de vue du service de l'armée territoriale; il en est de même des commis-greffiers. — Circ. min. just. 29 mars 1878, *Bull. min. just.* 1878, p. 16. — Comp. Circ. min. just. 26 oct. 1877 et 11 févr. 1878, *Bull. min. just.* 1877, p. 131, et 1878. p. 4.

2236. — II. FONCTIONS DES GREFFIERS (C. proc. civ. nᵒˢ 5 à 19). — V. J.G.S. *Greffe-Greffier,* art. 4.

2237. — III. ASSISTANCE DU GREFFIER A L'AUDIENCE ET AU JUGEMENT (C. proc. civ. nᵒˢ 20 à 25).

Art. 92 et 93. — (V. le texte, *Code de procédure civile,* p. 240.)

Décret du 18 août 1810,

Contenant règlement sur l'organisation des tribunaux de première instance. — Publié au *Bulletin des lois,* nᵒ 5876. — (Extrait, J.G. *Organ. judic.,* p. 1502.)

Art. 24. Les greffiers de nos tribunaux de première instance seront tenus de présenter au tribunal, et de faire admettre au serment le nombre de commis-greffiers nécessaire pour le service.

2238. Le greffier peut, soit de sa propre autorité, soit avec l'agrément de la cour ou du tribunal, révoquer son commis-greffier assermenté. — (Sol. implic.) Trib. civ. de Châlon-sur-Saône, 6 mai 1887, D.P. 87. 3. 96.

2239. Un tribunal, jugeant en audience civile, est incompétent pour statuer sur la demande, formée par un commis-greffier, en nullité de sa révocation prononcée par le greffier, et, par suite, sur la demande en dommages-intérêts intentée à raison de cette révocation. — Toulouse, 4 mai 1876, D.P. 77. 2. 80.

Art. 25. — (V. le texte, *Code de procédure civile,* p. 240.)

Code de procédure civile *(Suite).*

Art. 140. Les procureurs du Roi *(procureurs de la République)* et généraux se feront représenter tous les mois les minutes des jugements, et vérifieront s'il a été satisfait aux dispositions ci-dessus; en cas de contravention, ils en dresseront procès-verbal, pour être procédé ainsi qu'il appartiendra.

Art. 141. La rédaction des jugements contiendra les noms des juges, du procureur du Roi *(procureur de la République)* s'il a été entendu, ainsi que des avoués; les noms, profession et demeures des parties, leurs conclusions, l'exposition sommaire des points de fait et de droit, les motifs et le dispositif des jugements.

Loi du 20 avril 1810,

Sur l'organisation judiciaire et l'administration de la justice. — Publiée au *Moniteur* du 21 avr. 1810 et au *Bulletin des lois,* nᵒ 5351. —(Extrait, J.G. *Organ. judic.,* p. 1107.)

Art. 7....Les arrêts qui ne contiennent pas les motifs sont déclarés nuls.

DIVISION.

SECT. 1. — ENONCIATIONS CONSTITUTIVES DES JUGEMENTS (nᵒ 2240).

SECT. 2. — MENTION DE LA PRÉSENCE ET DES NOMS DES JUGES ET DU MINISTÈRE PUBLIC; DATE (nᵒ 2245).

SECT. 3. — QUALITÉS DES JUGEMENTS (nᵒ 2253).

§ 1. — *Noms, profession et demeure des parties* (nᵒ 2253).

§ 2. — *Noms des avoués* (nᵒ 2259).

§ 3. — *Conclusions des parties* (nᵒ 2260).

§ 4. — *Points de fait et de droit* (nᵒ 2270).

SECT. 4. — MOTIFS DES JUGEMENTS (nᵒ 2284).

§ 1. — *Rédaction, caractère, place des motifs; Motifs erronés* (nᵒ 2384).

§ 2. — *A quelles décisions s'applique l'obligation de donner des motifs* (nᵒ 2292).

§ 3. — *Nécessité de donner des motifs sur chaque chef de conclusions* (nᵒ 2298).

§ 4. — *Quand un jugement est ou n'est pas suffisamment motivé* (nᵒ 2386).

A. — Décisions suffisamment motivées (nᵒ 2386).

B. — Décisions annulées pour insuffisance ou défaut de motifs (nᵒ 2452).

§ 5. — *Adoption des motifs d'un jugement précédent; Conclusions nouvelles* (nᵒ 2494).

A. — Adoption de motifs lorsqu'il n'y a pas de nouvelles conclusions (nᵒ 2494).

B. — Adoption de motifs lorsqu'il y a des conclusions nouvelles (nᵒ 2513).

§ 6. — *Motifs implicites ou virtuels* (nᵒ 2580).

SECT. 5. — DISPOSITIF (nᵒ 2642).

SECT. 1ᵉʳ. — ENONCIATIONS CONSTITUTIVES DES JUGEMENTS (C. proc. civ. nᵒˢ 1 à 18).

2240. Tout jugement doit contenir les diverses mentions exigées par l'art. 141 C. proc. civ.; mais, dans le silence de la loi, l'ordre de ces mentions est indifférent et il suffit qu'elles résultent toutes de l'ensemble des diverses parties du jugement. — Req. 26 mars 1889, D.P. 90. 1. 135.

2241. En particulier, lorsqu'il s'agit d'un jugement rendu sur appel, les mentions de ce jugement peuvent être complétées par la décision frappée d'appel, alors surtout que cette sentence se trouve reproduite dans les qualités. — Même arrêt.

2242. Sur la controverse relative à la question de savoir si les formalités de l'art. 141 relatives à la rédaction des jugements sont prescrites à peine de nullité, V. *Code de procédure civile,* nᵒ 12 et s.

2243. Sur les mentions que les jugements doivent contenir : ... en matière électorale. V. *Code des lois adm. annotées,* t. 1ᵉʳ, X, vᵒ *Elections,* nᵒˢ 4397 et s., et *Code de procédure civile,* nᵒ 98.

2244. ... En matière d'enregistrement, V. *Code de l'Enregistrement annoté,* nᵒˢ 6129 et s.

SECT. 2. — MENTION DE LA PRÉSENCE ET DU MINISTÈRE PUBLIC; DATE (C. proc. civ. nᵒˢ 19 à 75).

2245. — I. MENTION DE LA PRÉSENCE DES JUGES (C. proc. civ. nᵒ 19). — Les mentions d'un jugement concernant la présence des magistrats qui l'ont rendu ne peuvent être combattues, sans inscription de faux, par les énonciations contraires du plumitif rédigé par le greffier. — Civ, c. 18 déc. 1878, D.P. 79. 4. 200.

2246. Le moyen pris de ce que, d'après la copie signifiée, l'un des magistrats qui ont participé au jugement de l'affaire n'aurait pas assisté à la première audience où elle a été discutée, manque en fait, du moment où sa présence est prouvée par les énonciations du plumitif. — Req. 17 oct. 1888, D.P. 89. 1. 133.

2247. L'arrêt qui, après avoir mentionné que la cour a entendu à l'audience du 22 les conclusions des avoués et la plaidoirie de l'une des parties, et le lendemain 23, la plaidoirie de la partie adverse, ainsi que les conclusions du ministère public, ajoute : étant présents MM..., constate la présence de tous ces magistrats à l'audience du 22 aussi bien qu'à celle du 23. — Civ. c. 3 déc. 1890, D.P. 91. 1. 151.

2248. — II. MENTION DU NOM DES JUGES (C. proc. civ. nᵒˢ 20 à 46). — L'arrêt dont la minute constate la publicité de l'audience où il a été rendu, et contient les noms des magistrats au nombre fixé par la loi, ainsi que le nom de l'avocat général qui assistait à cette audience, est régulier, bien que les mêmes mentions ne se trouvent pas dans la copie signifiée dudit arrêt. — Req. 1ᵉʳ déc. 1886, D. P. 81. 1. 53. — V. *Code de procédure civile,* nᵒ 36.

2249. Bien que l'expédition d'un arrêt omette le nom d'un des magistrats qui y ont concouru, cette erreur est sans portée du moment où elle est rectifiée par les mentions de la minute dudit arrêt. — Req. 2 août 1887, D.P. 88. 1. 156. — V. *Code de procédure civile,* nᵒ 40.

2250. — III. MENTION DE LA PRÉSENCE DU MINISTÈRE PUBLIC (C. proc. civ. nᵒˢ 47 à 63).

2251. — IV. MENTION DU NOM DU MINISTÈRE PUBLIC (C. proc. civ. nᵒˢ 64 à 69).

2252. — V. DATE (C. proc. civ. nᵒˢ 70 à 75). — L'arrêt dont la minute constate la date et la publicité, est régulier, bien que les mêmes mentions soient omises dans la copie signifiée. — Req. 23 mars 1886, D.P. 87. 1. 216. — V. *Code de procédure civile,* nᵒ 75.

SECT. 3. — QUALITÉS DES JUGEMENTS (C. proc. civ. nᵒˢ 76 à 178).

§ 1ᵉʳ. — *Noms, profession et demeure des parties* (C. proc. civ. nᵒˢ 78 à 94).

2253. L'énonciation erronée des qualités d'un jugement qui mentionnent, comme ayant été partie au jugement, une personne décédée depuis la demande, peut être rectifiée par d'autres énonciations contenues dans les mêmes qualités. — Req. 18 avr. 1877, D.P. 77. 1. 293-294. — V. *Code de procédure civile,* nᵒ 83.

2254. La question de savoir si la désignation, dans un arrêt où une commune a été partie, de la personne par laquelle cette commune a été représentée, est prescrite à peine de nullité est résolue par la négative. — Req. 13 août 1877, D.P. 78. 1. 159, note 4.

2255. On fait observer, dans le sens de la négative, que l'art. 141 C. proc. civ. suppose que les parties estent personnellement en justice et ne prévoit pas le cas où l'une d'elles ne pourrait plaider que par l'intermédiaire d'un tiers, ayant également qualité pour la représenter, et qu'aucune disposition n'exige que ce tiers soit expressément désigné comme ayant figuré dans l'instance; il paraît, dès lors, difficile d'admettre que le jugement soit nul, par cela seul qu'il ne contiendrait à cet égard aucune mention formelle. — Même observ.

2256. En tout cas, il suffit que la personne dont il s'agit puisse être connue à l'aide, soit des énonciations de l'arrêt, soit des mentions contenues dans les actes auxquels l'arrêt se réfère; et spécialement dans l'exploit introductif d'instance ou dans l'exploit d'appel. — Req. 13 août 1877, D.P. 78. 1. 159.

2257. L'erreur matérielle commise par le greffier sur la minute d'un jugement relativement au nom de l'une des parties peut être rectifiée, postérieurement à la signature de cette minute, par un renvoi dûment approuvé et signé du président et du greffier, lorsque, d'ailleurs, la rectification ainsi opérée est conforme au prononcé du jugement. — Req. 5 mai 1879, D.P. 79. 1. 468.

2258. La décision du juge de paix en matière électorale qui contient un exposé des faits de la cause où se trouvent énoncés les noms et prénoms des parties et les qualités dans lesquelles elles figurent au procès, satisfait aux prescriptions de l'art. 141 C. proc. civ. — Civ. r. 30 avr. 1877, D.P. 77. 1. 207. — V. *Code des lois adm. annotées*, t. Iᵉʳ, X, vᵒ *Elections*, nᵒ 4414.

§ 2. — *Noms des avoués* (C. proc. civ. nᵒˢ 92 à 94).

2259. V. *Code de procédure civile*, nᵒˢ 92 et s.

§ 3. — *Conclusion des parties* (C. proc. civ. nᵒˢ 95 à 118).

2260. En ce qui concerne l'insertion des conclusions des parties dans les jugements et arrêts rendus : ... en matière domaniale, V. *Code des lois adm. annotées*, t. 3, vᵒ *Domaine*.

2261. ... En matière de contributions indirectes, V. *Code des lois adm. annotées*, t. 4, vᵒ *Contributions indirectes*.

2262. ... En matière électorale, V. *Code des lois adm. annotées*, t. Iᵉʳ, vᵒ *Elections*, nᵒˢ 4397 et s., et *Code de procédure civile*, nᵒ 98.

2263. ... En matière d'enregistrement, V. *Code de l'Enregistrement annoté*, nᵒˢ 6189 et s.

2264. Sur la controverse relative à la question de savoir si les conclusions des parties doivent figurer dans les jugements à peine de nullité, V. *Code de procédure civile*, nᵒˢ 101 et s.

2265. Aucune règle ne détermine la place que doivent occuper ni la forme dans laquelle doivent se produire les mentions prescrites par l'art. 141 C. proc. civ. pour la rédaction des jugements. — Req. 19 juill. 1876, D.P. 77. 5. 269. — V. *supra*, nᵒ 2240.

2266. En conséquence, l'omission dans les conclusions des conclusions de quelques-unes des parties n'emporte pas nullité du jugement, si elles sont énoncées dans les motifs et le dispositif de ce jugement. — Même arrêt. — Grenoble, 13 mai 1882, D.P. 83. 2. 96. — V. *Code de procédure civile*, nᵒ 110 et s.

2267. La jurisprudence semble fixée en ce sens que le vœu de la loi est satisfait dès que les diverses mentions exigées par l'art. 141 C. proc. civ. pour la rédaction des jugements ressortent suffisamment de l'ensemble de ces jugements. — V. *Code de procédure civile*, nᵒˢ 28, 36, 83, 85, 89, 109 et s., 136 et s., 147 et s.

2268. ... Ou de décisions antérieures auxquelles ils se réfèrent. — V. *ibid.* nᵒˢ 161 et s. — D.P. 83. 2. 96, note.

2269. Il n'est pas nécessaire que le jugement sur l'appel mentionne les conclusions de l'intimé à la suite de celles de l'appelant, du moment qu'il reproduit la sentence de première instance contenant ces conclusions et dans lesquelles l'intimé a persisté en demandant la confirmation de la décision des premiers juges. — Req. 26 mars 1889, D.P. 90. 1. 135, et la note. — V. *Code de procédure civile*, nᵒ 116.

§ 4. — *Points de fait et de droit* (C. proc. civ. nᵒˢ 119 à 178).

2270. — I. QUELS JUGEMENTS DOIVENT CONTENIR L'EXPOSÉ DES POINTS DE FAIT ET DE DROIT (C. proc. civ. nᵒˢ 119 à 124). — Les jugements des tribunaux de commerce doivent, comme ceux des tribunaux civils, contenir l'exposé des points de fait et de droit. — Req. 13 mars 1876, D.P. 77. 1. 487. — V. *Code de procédure civile*, nᵒ 119.

2271. Cette règle s'applique aussi : ... en matière domaniale. — V. *Code des lois adm. annotées*, t. 3, vᵒ *Domaine*.

2272. ... En matière de contributions indirectes. — V. *ibid.*, t. 4, vᵒ *Contributions indirectes*.

2273. ... En matière d'enregistrement. — V. *Code de l'Enregistrement annoté*, nᵒˢ 6187 et s.

2274. — II. SANCTION DES DISPOSITIONS QUI PRESCRIVENT L'EXPOSÉ DES POINTS DE FAIT ET DE DROIT (C. proc. civ. nᵒˢ 125 à 133). — Aucune disposition de loi ne prescrivant, à peine de nullité, que l'expédition des jugements constate la procédure suivie pour le règlement des qualités, il importe peu que cette expédition ne mentionne ni l'avenir donné à l'avoué opposant, ni le défaut de comparution de celui-ci, s'il n'est établi ni même allégué que ledit avoué n'ait pas été cité en temps utile pour soutenir son opposition. — Civ. c. 27 oct. 1890, D.P. 91. 1.72. — Conf. Req. 18 oct. 1886, D.P. 87. 1. 433. — Req. 25 juin 1888, D.P. 89. 1. 59. — Req. 19 juill. 1888, D.P. 89. 1. 345. — Civ. r. 20 nov. 1888, D P. 90. 1. 157. — Civ. r. 30 oct. 1889, D.P. 90. 1. 81.

2275. Aucune loi n'impose un délai de trois jours entre la signification de l'avenir en règlement des qualités et la comparution de l'opposant; en conséquence, l'avoué opposant est régulièrement sommé le 16 juillet de se présenter le 18 du même mois devant le président. — Req. 4 juin 1890, D.P. 90. 5. 315.

2276. Le règlement des qualités d'un jugement ou arrêt par un magistrat qui n'a pas concouru à la décision attaquée est frappé d'une nullité absolue qui vicie le jugement ou l'arrêt lui-même, et le premier président est soumis à cette règle comme les autres magistrats de la cour. — Civ. c. 14 janv. 1890, D.P. 90. 5. 315. — Civ. r. 21 janv. 1890, D.P. 90. 5. 315. — Civ. c. 25 juin 1890, D.P. 90. 5. 315.

2277. Pendant les vacances, le règlement des qualités d'un arrêt se fait par un membre de la chambre des vacations qui n'y a point participé au cas où tous les magistrats qui ont concouru à la décision sont absents ou empêchés; en conséquence, à défaut de mention de cette absence ou de cet empêchement, le règlement est nul, ce qui entraîne la nullité de l'arrêt lui-même. — Civ. r. 20 nov. 1888, D.P. 90. 5. 315.

2278. — III. FORME DE L'ÉNONCIATION DES POINTS DE FAIT ET DE DROIT (C. proc. civ. nᵒˢ 134 à 155). — Il peut être suppléé à l'omission de l'énoncé distinct des points de droit dans les qualités par la transcription du libellé de l'exploit introductif d'instance, les conclusions détaillées des parties et les développements des motifs. — Req. 13 mars 1876, D.P. 77. 1. 487. — V. *Code de procédure civile*, nᵒˢ 134 et s.

2279. Le jugement qui contient un exposé des faits de la cause, et dont l'*ensemble* fait suffisamment connaître les conclusions des parties et les questions à juger, satisfait complètement au vœu de la loi. — Req. 27 juill. 1875, D.P. 77. 1. 440. — V. *Code de procédure civile*, nᵒ 137.

2280. En cas de contradiction entre les constatations des qualités et celles qui sont contenues dans les motifs du jugement, c'est à celles-ci que la préférence doit être accordée. — Req. 24 janv. 1877, D.P. 78. 1. 125.

2281. — IV. INSUFFISANCE DE L'EXPOSÉ DES POINTS DE FAIT ET DE DROIT (C. proc. civ. nᵒˢ 156 à 160). — L'arrêt dont les qualités ne mentionnent pas l'appel d'un des jugements sur lesquels la cour a statué après les avoir joints comme connexes, ne contrevient pas à l'art. 141 C. proc. civ. si rien ne prouve que cet appel ait été réellement interjeté. — Civ. r. 11 nov. 1873, D.P. 76. 1. 425-426.

2282. En tout cas, l'erreur ou omission, qui se serait ainsi produite dans les qualités de l'arrêt, ne donnerait pas lieu à un recours en cassation, mais simplement à une demande en rectification portée devant le président par voie d'opposition auxdites qualités. — Même arrêt. — V. *infra*, art. 145, nᵒˢ 2058 et s.

2283. — V. RÉDACTION A DES ACTES ANTÉRIEURS (C. proc. civ. nᵒˢ 161 à 178). — L'exposition du point de fait contenue dans les qualités du jugement frappé d'appel supplée au silence des qualités de l'arrêt, lorsque ces dernières s'y sont expressément référées. — Req. 18 janv. 1881, D.P. 81. 1. 244. — V. *Code de procédure civile*, nᵒ 166.

SECT. 4. — MOTIFS DES JUGEMENTS (C. proc. civ.).

§ 1ᵉʳ. — *Rédaction, caractères, place des motifs; Motifs erronés* (C. proc. civ. nᵒˢ 179 à 203).

2284. — I. RÉDACTION DES MOTIFS (C. proc. civ. nᵒˢ 179 à 189).

2285. — II. CARACTÈRES DES MOTIFS (C. proc. civ. nᵒˢ 190 à 193).

2286. — III. PLACE DES MOTIFS (C. proc. civ. nᵒˢ 194 et 195).

2287. — IV. MOTIFS ERRONÉS (C. proc. civ. nᵒˢ 196 à 203). — Un motif erroné et surabondant ne peut entraîner la nullité d'un jugement fondé, d'ailleurs, sur des motifs suffisants. — Req. 3 févr. 1880, D.P. 80. 1. 304. — V. *Code de procédure civile*, nᵒ 196.

2288. Ainsi, lorsqu'un jugement a constaté que le locataire d'une chasse a pris toutes les mesures nécessaires pour détruire les lapins et décidé qu'en l'absence de toute faute, aucune responsabilité ne peut lui incomber, il importe peu que le tribunal ait déclaré que la réparation du dommage ne serait due que si le locataire avait favorisé la multiplication des lapins dans un but voluptuaire et s'il avait été préalablement mis en demeure de les détruire. — Même arrêt.

2289. Bien que la nullité du jugement soit attachée par l'art. 7 de la loi du 20 avr. 1810 au défaut, et non pas au peu de solidité des motifs, et qu'il puisse être satisfait à ses prescriptions par des motifs inexacts ou erronés, il est cependant indispensable que les raisons données par le juge répondent, soit directement, soit indirectement, aux conclusions des parties. — Civ. c. 19 mars 1879, D.P. 79. 1. 495.

2290. Spécialement, est nul, pour défaut de motifs, le jugement portant rejet de conclusions subsidiaires par des considérations qui ne répondent d'aucune manière à ces conclusions et à un but complètement étrangères à l'objet du litige. — Même arrêt.

2291. La cour qui, appelée à statuer sur une demande en restitution de l'indû, se borne à ordonner cette restitution par le dispositif de sa sentence, peut valablement indiquer les motifs divers, coexistant sans contradiction, qui justifient sa décision, et, notamment, reconnaître que le payement contesté n'avait été fait qu'en suite d'actes à la fois sans cause et frauduleux : ou objecterait vainement qu'après avoir admis l'objection qu'après avoir admis pour défaut de cause l'acte entrepris, elle en aurait prononcé la révocation pour cause de dol. — Req. 29 nov. 1887, D.P. 89. 1. 159. — V. *Code de procédure civile*, nᵒ 202.

§ 2. — *A quelles décisions s'applique l'obligation de donner des motifs* (C. proc. civ. nᵒˢ 204 à 240).

2292. — I. JUGEMENTS CONSIDÉRÉS QUANT A LA JURIDICTION DONT ILS ÉMANENT (C. proc. civ. nᵒˢ 206 à 212).

2293. — II. JUGEMENTS CONSIDÉRÉS QUANT A LEUR OBJET (C. proc. civ. nᵒˢ 213 à 223). — En ce qui concerne les motifs des décisions rendues : ... par les juges de paix en matière électorale, V. *Code de procédure civile*, nᵒ 216. — V. aussi *Code des lois adm. annotées*, t. Iᵉʳ, X, vᵒ *Elections*, nᵒˢ 4415 et s.

2294. ... Par les tribunaux ordinaires en

matière d'enregistrement, V. *Code de l'Enregistrement annoté,* nos 6203 et s.

2295. Les jugements qui, sans trancher aucun litige ni rien préjuger, se bornent à donner acte de certaines déclarations des parties et à remettre à statuer, n'ont pas besoin d'être motivés. — Req. 13 févr. 1889, D.P. 89. 5. 315. — V. *Code de procédure civile,* no 220.

2296. — III. JUGEMENTS CONSIDÉRÉS QUANT A LEUR NATURE (C. proc. civ. nos 224 à 240). — Les tribunaux étant investis d'un pouvoir discrétionnaire à l'effet d'ordonner, dans les instances en licitation, que la vente aura lieu devant un de leurs membres, ou de commettre pour y procéder un notaire de leur choix, ne sont pas tenus d'exprimer les motifs de la décision qu'ils prennent à cet égard. — Civ. r. 20 janv. 1880, D.P. 80. 1. 161. — V. *Code de procédure civile,* no 236.

2297. Le jugement qui prononce un partage d'opinions est suffisamment motivé par la seule déclaration du partage. — Civ. c. 12 févr. 1878, D.P. 78. 1. 371.

§ 3. — *Nécessité de donner des motifs sur chaque chef de conclusions* (C. proc. civ. nos 241 à 453).

2298. — I. CONCLUSIONS FORMELLEMENT PROPOSÉES (C. proc. civ. nos 244 à 336). — 1o *Chefs distincts de demande* (C. proc. civ. nos 244 à 265). — Les jugements ou arrêts doivent contenir des motifs sur chacun des chefs distincts qui ont fait l'objet des conclusions des parties. — Civ. c. 4 août 1880, D.P. 81. 1. 13-14. — Conf. Civ. c. 17 mars 1879, D.P. 79. 1. 467. — Civ. c. 13 mai 1879, D.P. 79. 1. 417. — V. *Code de procédure civile,* no 244.

2299. Par suite, lorsqu'une partie a demandé non seulement le remboursement des arrérages d'une rente constituée, mais encore le payement d'une somme à raison de l'augmentation de valeur d'un terrain affermé par bail emphytéotique, il y a lieu d'annuler le jugement qui a rejeté implicitement le dernier chef de la demande sans donner aucun motif justifié ce rejet. — Arrêt préc. 4 août 1880.

2300. Il y a lieu d'annuler, pour défaut de motifs : ... l'arrêt qui, ayant à statuer sur les conclusions respectives des parties et tendant, les unes, à ce que le bail d'usage soit délivré aux usagers dans la semaine qui suit l'enlèvement de chaque coupe, les autres à ce qu'il leur soit délivré au mois de juin qui suit chaque exploitation, fixe à ce dernier mois l'époque de la délivrance, sans donner aucun motif à l'appui de sa décision. — Civ. c. 4 août 1885, D.P. 86. 1. 194-195.

2301. ... L'arrêt qui, sans donner aucun motif, rejette un chef distinct des conclusions du demandeur tendant à faire prononcer la nullité d'une société anonyme, à raison de ce que les listes de souscriptions annexées à la déclaration notariée n'indiqueraient ni les noms, prénoms, qualité et domicile des souscripteurs, ni la mention du nombre des actions souscrites par chacun d'eux. — Civ. c. 6 avr. 1887, D.P. 87. 5. 294.

2302. ... Le jugement qui, statuant sur l'application d'un droit d'enregistrement à la disposition d'un acte qui renferme deux articles distincts, sanctionne la perception de ce droit sur le tout, en ne visant et ne discutant que l'un des articles, sans s'occuper ni directement ni indirectement de l'autre, bien que la réclamation du droit sur cet article ait été l'objet de contestations spéciales, ainsi que de conclusions très explicites et distinctes. — Civ. c. 29 juill. 1879, D.P. 79. 1. 453. — V. *Code annoté de l'Enregistrement,* no 6203 et s.

2303. ... L'arrêt qui repousse la demande reconventionnelle du défendeur en son entier, sans motiver le rejet du chef des conclusions tendant à ce que certains termes employés par le demandeur principal dans sou assignation soient supprimés comme diffamatoires. — Civ. c. 5 nov. 1883, D.P. 84. 1. 461.

2304. ... L'arrêt qui, ayant à statuer sur deux moyens différents destinés à repousser une fin de non-recevoir dirigée contre la validité d'un appel, l'un tiré de la double date de l'exploit de signification du jugement frappé d'appel, l'autre de ce que cet exploit ne contenait pas la mention qu'il avait été signifié dans les bureaux d'un hospice, a rejeté le premier moyen et déclaré l'appel tardif et irrecevable, sans s'expliquer sur le second moyen. — Civ. c. 17 mars 1879, D.P. 79. 1. 467.

2305. Lorsque le demandeur, par un chef distinct, requiert expressément la condamnation du défendeur aux intérêts du capital réclamé, le jugement est nul si, rejetant cette demande, il ne donne pas les motifs qui ont déterminé ce rejet. — Civ. c. 31 juill. 1889, D.P. 90. 1. 108.

2306. Lorsqu'une partie, par des conclusions expresses formant un chef spécial, à raison d'une privation de jouissance d'un produit déterminé, réclame une indemnité distincte, les juges ne peuvent se borner à liquider un chiffre total de restitutions et de dommages-intérêts, en déboutant le demandeur de toutes ses autres fins, sans s'expliquer sur ce chef distinct de demande, une telle décision ne permettant pas à la cour de cassation de reconnaître quel caractère cet arrêt a entendu attribuer au produit, base de la demande, ni de constater s'il en a été fait état dans les allocations. — Civ. c. 2 avr. 1878, D.P. 82. 1. 353-354.

2307. Lorsqu'une partie a conclu à ce que les prix des ventes mobilières et immobilières réellement perçus par elle fussent seuls portés dans le compte qu'elle doit rendre à la partie adverse, l'arrêt qui, après avoir statué sur d'autres chefs, se borne, sans s'expliquer sur ce point de la demande, à débouter la partie de toutes autres fins et conclusions, doit être annulé pour défaut de motifs. — Civ. c. 13 mai 1879, D.P. 79. 1. 417. — V. *infrà,* nos 2884 et s.

2308. L'intimé, qui demande la confirmation du jugement par les motifs des premiers juges, reprend devant la cour les conclusions auxquelles le tribunal a fait droit ; par suite, lorsque, sur une demande tendant à ce que, d'une part, ces constructions nouvelles élevées par un voisin fussent supprimées, et, que, d'autre part, il lui soit fait défense d'étendre du linge au delà d'une certaine hauteur, le tribunal a fait droit au second moyen et rejeté en partie le premier, la cour qui déboute l'intimé de toutes les fins de sa demande ne peut se dispenser de donner des motifs spéciaux en ce qui touche le rejet des conclusions relatives à l'étendage du linge. — Civ. c. 16 avr. 1890, D.P. 90. 1. 394.

2309. Le juge, saisi par le demandeur de conclusions spéciales à l'effet d'obtenir, à partir d'une époque antérieure à la demande, les intérêts des sommes qu'il réclame, est tenu, même en l'absence de toute contradiction de la part du défendeur, de motiver la décision par laquelle il fait droit à ces conclusions. — Civ c. 19 nov. 1878, D.P. 78. 1. 456. — Civ. c. 29 janv. 1884, D.P. 84. 5. 344.

2310. Le juge, saisi d'un litige concernant la propriété d'un immeuble, est tenu de s'expliquer sur les conclusions par lesquelles le défendeur se prévaut de ce que son adversaire ne produit qu'un extrait de la transcription de l'acte sous seings privés d'où il prétend faire résulter son droit. — Civ. c. 26 nov. 1884, D.P. 86. 1. 79.

2311. Et la décision dans laquelle il se borne à déclarer que le demandeur prouve son droit de propriété sans indiquer si cette preuve résulte de la production du titre lui-même, ou seulement de l'extrait de trans-cription, est nulle pour défaut de motifs. — Même arrêt. — V. *infrà,* nos 2452 et s.

2312. En matière électorale, le juge de paix est tenu de donner des motifs sur chacun des chefs de conclusions qui lui sont soumis. — Civ. c. 1er et 17 avr. 1878, D.P. 78. 1. 247. — Civ. c. 3 et 5 mai 1880, D.P. 81. 1. 30. — Civ. c. 14 juin 1880, D.P. 81. 1. 79. — Civ. c. 7 mai 1883, D.P. 83. 5. 198. — V. aussi *Code des lois adm. annotées,* t. 1er, X, vo *Elections,* nos 4421 et s.

2313. — 2o *Conclusions subsidiaires* (C. proc. civ. no 266 à 277). — Il y a lieu d'annuler pour défaut de motifs : ... le jugement qui condamne une société au payement de droits d'enregistrement sans motiver le rejet de conclusions subsidiaires tendant à ce que ces droits fussent mis à la charge d'anciens administrateurs de cette société. — Civ. c. 25 juill. 1877, D.P. 77. 5. 299-300.

2314. ... Le jugement qui rejette implicitement une demande en statuant au fond, si aucun de ses motifs ne répond directement ou indirectement à cette demande. — Rouen, 13 mars 1880, D.P. 80. 2. 248.

2315. ... L'arrêt qui statue au fond sans s'expliquer sur des conclusions subsidiaires tendant à ce qu'il soit sursis à statuer jusqu'à ce qu'une partie qui ne figure pas dans la cause y ait été appelée. — Civ. c. 8 mars 1882, D.P. 84. 5. 343.

2316. ... L'arrêt qui statue au fond sans donner de motifs sur des conclusions subsidiaires présentées par l'appelant et tendant à ce que jusqu'à ce que l'autorité compétente ait interprété divers actes administratifs. — Civ. c. 19 févr. 1878, D.P.80. 5. 254.

2317. ... L'arrêt qui rejette, sans donner aucun motif, des conclusions subsidiaires fondées sur ce que des opérations de bourse, portant sur des valeurs susceptibles d'être cotées, n'avaient pas eu lieu par le ministère d'un agent de change. — Civ. c. 25 nov. 1884, D.P. 85. 1. 199.

2318. ... L'arrêt qui, en confirmant le jugement frappé d'appel et en déboutant l'appelant de la demande que celui-ci avait formée en première instance, écarte les conclusions subsidiaires qui avaient été prises devant la cour par l'appelant sans donner aucun motif qui justifie soit expressément, soit implicitement leur rejet. — Civ. c. 23 mars 1881, D.P. 81. 1. 417.

2319. ... Le jugement qui repousse des conclusions subsidiaires par des considérations qui ne répondent d'aucune manière à ces conclusions et sont complètement étrangères à l'objet du litige. — Civ. c. 19 mars 1879, D.P. 79. 1. 395.

2320. ... L'arrêt qui rejette des conclusions subsidiaires contenant une offre de preuve relative à certains faits de la cause sans motiver sa décision sur ce point. — Civ. c. 28 févr. 1880, D.P. 80. 1. 255.

2321. Ainsi, lorsqu'en première instance et en appel, le demandeur, contestant à son adversaire tout droit de propriété ou de servitude sur une cave, a conclu principalement à la suppression de travaux exécutés par le propriétaire voisin dans cette cave, et subsidiairement à la preuve de certains faits tendant à établir que ces travaux avaient été pratiqués clandestinement et à des époques récentes, la cour ne peut, sans s'expliquer sur l'époque et le caractère desdits travaux, se borner à déclarer leur existence et leur possession attributive d'un droit de servitude sur la cave litigieuse. — Même arrêt.

2322. Mais il y a lieu de considérer comme suffisamment motivé l'arrêt qui, sans motifs distincts, rejette une demande principale et des conclusions subsidiaires, si celles-ci ne sont que l'accessoire et le corollaire de la première. — Req. 10 févr. 1879, D.P. 79. 1. 265.

2323. De même, le jugement qui accueille une demande subsidiaire motivée suffisamment le rejet des conclusions prises par le défendeur pour la faire écarter comme nouvelle, s'il contient une disposition dans laquelle le juge déclare d'une manière générale rejeter toutes autres conclusions des parties, lesquelles sont explicitement repoussées par les motifs de sa décision. — Req. 3 juill. 1878, D.P. 80. 1. 77.

2324. — 3° *Exceptions et fins de non-recevoir* (C. proc. civ., n°s 278 à 320). — Il y a violation de l'art. 7 de la loi du 20 avr. 1810 dans l'arrêt qui, sans en donner aucun motif, rejette la fin de non-recevoir proposée en appel et tirée de la chose jugée et de qualité d'une des parties. — Civ. c. 8 nov. 1876, D.P. 77. 1. 80. — V. *Code de procédure civile*, n° 281.

2325. On doit également annuler pour défaut de motifs:... l'arrêt qui, statuant au fond sans donner aucun motif sur une exception péremptoire proposée par l'appelant, rejette implicitement cette exception. — Civ. c. 3 juill. 1889, D.P. 89. 5. 316.

2326. ... L'arrêt qui accueille une demande à laquelle le défendeur avait opposé une exception tirée de l'aveu judiciaire, sans s'expliquer sur la force et les conséquences juridiques de cet aveu. — Civ. r. 18 juill. 1888, D.P. 89. 1. 97.

2327. ... L'arrêt qui, sur la demande d'un créancier opposant d'une succession bénéficiaire, condamne un tiers à payer à cette succession une somme déterminée, sans répondre, par des motifs explicites, à une exception invoquée par ce tiers, et tirée de ce qu'antérieurement à l'opposition du créancier, la compensation légale s'était opérée à son profit pour une partie de cette somme. — Civ. c. 27 nov. 1878, D.P. 79. 5. 280

2328. ... Le jugement qui rejette, sans s'expliquer à cet égard, et en se bornant à la déclarer non applicable, l'exception tirée par le transporteur de ce que le destinataire des marchandises avariées n'a pas intenté son action ou dommages-intérêts dans le mois qui a suivi sa protestation. — Civ. c. 26 avr. 1887, D.P. 88. 1. 36.

2329. ... La décision dont les motifs ne répondent ni directement, ni indirectement à l'exception opposée à la demande, et qui condamne le défendeur sans avoir apprécié le mérite de cette exception. — Civ. c. 28 avr. 1885, D.P. 85. 1. 455.

2330. Il en est ainsi lorsqu'un jugement condamne un mandataire chargé de vendre une action non encore émise à en rembourser la valeur au mandant, par le double motif que le premier a été chargé d'acheter ce titre pour le second et qu'il n'en fait pas connaître le nouvel acquéreur, sans s'expliquer sur les conclusions par lesquelles le mandataire offre le prix de ladite action à la condition que la régularité de son émission soit judiciairement reconnue et que le mandant livre à l'acheteur le titre vendu.— Même arrêt.

2331. — 4° *Conclusions nouvelles en appel* (C. proc. civ. n°s 321 à 336). — On doit aussi annuler pour défaut de motifs:... l'arrêt qui rejette, comme vague et imprécis sur ce point, le moyen produit pour la première fois en appel et tiré de l'exception de jeu. — Civ. c. 7 nov. 1883, D.P. 84. 5. 340. — Comp. *Code de procédure civile*, n° 532.

2332. ... L'arrêt qui refuse, sans en faire connaître les motifs, d'allouer les intérêts d'une somme prêtée en compte courant et les accessoires de banque produits par cette somme, alors qu'il avait été expressément conclu en appel à cette allocation non admise par les premiers juges. — Civ. c. 10 avr. 1883, D.P. 84. 5. 340.

2333. ... L'arrêt qui, dans une instance en nullité de mariage, sur un moyen nouveau présenté en appel et pris de l'incompétence de l'officier public étranger en raison de la durée insuffisante de la résidence des parties dans sa circonscription, se borne à déclarer que ce moyen « n'est fondé ni en fait ni en droit ». — Civ. c. 15 juill. 1885, D.P. 87. 1. 205.

2334. ... L'arrêt qui rejette une demande en révision de compte fondée pour la première fois en appel sur la capitalisation illégale des intérêts, en se bornant à déclarer, pour confirmer la décision des premiers juges, que le compte était régulièrement établi et les intérêts y ont été ou non capitalisés. — Civ. c. 5 août 1885, D.P. 86. 1. 167.

2335. ... L'arrêt qui, sur des contestations élevées au sujet d'un compte et faisant l'objet de conclusions formelles, se borne à déclarer qu'elles ne sont pas fondées, et, sur d'autres contestations formulées seulement en appel, se contente de confirmer purement et simplement la sentence des premiers juges. — Civ. c. 18 juin 1877, D.P. 77. 1. 445-446.

2336. Les conclusions additionnelles qui, à la différence des conclusions primitives portant sur les effets et les stipulations d'un contrat, sont tirées des rapports légaux créés en opposition à ce contrat par le Code civil ou par une loi spéciale, constituent des exceptions et des moyens de défense nouveaux auxquels les juges doivent répondre, à peine de nullité. — Civ. c. 6 juin 1883, D.P. 83. 1. 447.

2337. Il en est ainsi spécialement des conclusions par lesquelles un entrepreneur de travaux publics, après avoir prétendu devant les premiers juges que le cessionnaire de la créance de son sous-traitant était sans droit ni qualité pour s'en prévaloir, parce qu'il n'avait point satisfait aux conditions substantielles de la cession en payant les ouvriers, soutient devant la cour qu'il pouvait lui-même être contraint par ces ouvriers, soit en vertu du privilège établi par le décret du 26 pluv. an 2, soit en vertu de l'art. 1798 C civ., de leur payer directement, jusqu'à concurrence de leur créance, la somme par lui due au sous-traitant. — Même arrêt.

2338. — II. Chefs de demande qui ne sont pas l'objet de conclusions formelles (C. proc. civ. n°s 337 à 388). — Les tribunaux ne sont tenus de motiver leurs décisions et de se prononcer que sur les conclusions des parties.— Req. 25 avr. 1877, D.P. 78. 1. 296.

2339. Et il n'est point nécessaire de justifier par des motifs spéciaux le rejet d'une prétention qui n'a point été formulée par un chef particulier des conclusions. — Civ. r. 18 mai 1881, D.P. 82. 1. 115. — V. *Code de procédure civile*, n° 337.

2340. Ainsi le juge n'est pas tenu de s'expliquer sur un moyen qu'il n'a été, en fait ni de droit, mis à même d'apprécier, notamment sur une fin de non-recevoir tirée d'un ancien arrêté du gouvernement, dont la partie n'a indiqué ni la disposition, ni la conséquence. — Req. 22 févr. 1881, D.P. 81. 1. 407.

2341. Pour que le juge soit obligé de statuer et de motiver sa décision, il faut, en effet, qu'il ait été saisi par des conclusions explicites et formelles. Or, ce n'est pas conclure de présenter une fin de non-recevoir appuyée sur un ancien arrêté législatif dont les conclusions n'indiquent ni la disposition, ni la portée, lorsque, d'ailleurs, la partie ne prend pas même la peine de déterminer son exception. — D.P. 81. 1. 407, note.

2342. Le juge n'est pas obligé non plus de s'expliquer sur des conclusions qui, visant uniquement une partie non appelée dans l'instance d'appel, ne renferment aucune demande formelle qui puisse être admise par la partie adverse. — Req. 8 nov. 1882, D.P. 83. 1. 304-306.

2343. Il n'est tenu de répondre qu'aux chefs compris dans le dispositif des conclusions. — Req. 16 avr. 1889, D.P. 90. 1. 181.

2344. Toutefois il n'est tenu : ... ni de s'expliquer sur un moyen indiqué dans les motifs des conclusions, mais non formulé dans leur dispositif. — Req. 8 janv. 1878,

D.P. 79. 1. 344. — Req. 10 févr. 1879. D.P. 79. 1. 265. — Req. 11 mai 1881, D.P. 81. 5. 267. — Req. 22 juin 1885, D.P. 86. 1. 59. — Req. 24 mai 1886, D.P. 87. 1. 222. — Req. 16 nov. 1889, D.P. 90. 1. 181. — V. *Code de procédure civile*, n° 355.

2345. ... Ni de répondre aux allégations formulées comme arguments dans les motifs seuls des conclusions des parties. — Civ. r. 4 janv. 1882, D.P. 84. 5. 342. — Civ. r. 24 janv. 1883, D.P. 84. 1. 456. — Req. 27 oct. 1885, D.P. 86. 1. 37.

2346. — III. Chefs de demande qui ne figurent pas dans les qualités du jugement (C. proc. civ. n°s 359 à 367). — Une cour d'appel n'est pas tenue de statuer en donnant acte sur un acte qualifié conclusions additionnelles, alors que rien n'établit que cet acte, signifié le jour même de l'arrêt et non mentionné aux qualités, lui ait été soumis, et que de plus le même acte se borne à relater des faits dont il ne formule pas la conséquence dans un chef de demande distincte. — V. *Code de procédure civile*, n° 359.

2347. Les tribunaux ne sont tenus de donner des motifs spéciaux dans leurs décisions que sur les points qui ont été l'objet de conclusions expresses, et non sur les moyens qui, sans être compris dans les conclusions, ont été insérés après coup, en forme de questions, dans les qualités. — Civ. c. 27 nov. 1883, D.P. 84. 1. 77. — V. *Code de procédure civile*, n° 362.

2348. En conséquence, un arrêt ne doit pas être annulé pour défaut de motifs par cela seul qu'il aurait ne répondu à une question qui figure dans les qualités au point de droit, lorsque d'ailleurs il ne résulte pas des conclusions, telles qu'elles sont relatées dans lesdites qualités, que les juges du fond aient été appelés à se prononcer sur cette question. — Civ. r. 18 juill 1888, D.P. 89. 1. 97. — Conf. Civ. c. 19 déc. 1888, D.P. 89. 1. 57.

2349. — IV. Conclusions signifiées, mais non répétées à l'audience (C. proc. civ. n°s 368 à 374). — Les tribunaux ne sont pas tenus de motiver le rejet de moyens invoqués dans les motifs des conclusions signifiées entre les parties, mais non formulés dans le dispositif de ces conclusions et non spécifiées à l'audience. — Req. 23 avr. 1877, D.P. 78. 1. 22. — V. *Code de procédure civile*, n° 368.

2350. Une cour n'est pas tenue de motiver le rejet d'un chef de conclusions qui, après avoir été formulé dans l'acte d'appel, n'a pas été reproduit à l'audience. — Civ. r. 8 juill. 1884, D.P. 85. 1. 86. — V. *Code de procédure civile*, n° 373.

2351. — V. Demandes formulées seulement dans des pièces ou requêtes (C. proc. civ. n°s 375 à 383). — Le juge n'est pas régulièrement saisi d'une demande, d'une exception ou d'une fin de non-recevoir par des conclusions écrites et prises à la barre, il n'est pas tenu de statuer sur une fin de non-recevoir proposée dans les plaidoiries, si elle n'a point fait l'objet de conclusions écrites. — Req. 14 févr. 1876, D.P. 77. 1. 327-328. — V. *Code de procédure civile*, n° 378.

2352. Décidé dans le même sens : ... 1° que le jugement qui a omis de s'expliquer sur une fin de non-recevoir opposée à la demande, ne peut être critiqué de ce chef pour défaut de motifs, alors que ladite fin de non-recevoir n'a été l'objet d'aucunes conclusions précises de la part du défendeur, qui s'est borné à la signaler en plaidant. — Civ. c. 18 août 1880, D.P. 80. 1. 444.

2353. ... 2° Que les juges d'appel ne sont pas tenus de motiver le rejet de moyens de plaidoirie qui ne se sont pas traduits en conclusions écrites, surtout si ces moyens sont contredits par les conclusions formulées en première instance par la partie adverse. — Req. 10 janv. 1877, D.P. 77. 1. 159-160.

2354. — VI. Conclusions non précisées (C. proc. civ. n°s 384 à 403). — Lorsque des conclusions subsidiaires manquent de précision, les juges du fond ne sont point tenus d'y répondre par des motifs spéciaux. — Civ. r. 25 févr. 1885, D.P. 85. 1. 281.

2355. Il n'est point nécessaire qu'à chaque chef de conclusions se rattache une série de motifs distincts, il suffit que les raisons qui ont déterminé le rejet des moyens invoqués par l'une des parties ressortent de l'ensemble de la sentence attaquée. — D.P. 85. 1. 281, note. — Conf. Req. 15 mai 1876, D.P. 76. 1. 436. — Req. 25 juill. 1882, D.P. 83. 1. 407.

2356. Le juge du fait n'est pas tenu de s'expliquer sur un chef de conclusions qu'il n'a été mis à même d'apprécier ni en fait ni en droit. — Civ. r. 27 mars 1889, D.P. 89. 1. 231. — Conf. Req. 22 févr. 1881, D.P. 81. 1. 407.

2357. Et il peut rejeter, sans en donner de motifs, une fin de non-recevoir à laquelle une partie a conclu sans la spécifier ou la motiver en aucune manière. — Req. 42 août 1884, D.P. 85. 1. 204. — V. *Code de procédure civile*, n° 385.

2358. Ainsi il ne saurait y avoir ni violation de la chose jugée ni défaut de motifs dans le jugement qui rejette sans donner aucun motif, une exception de chose jugée résultant de décisions dont les parties n'ont indiqué ni la date ni les dispositions. — Civ. r. 29 avr. 1884, D.P. 84. 5. 343.

2359. Un arrêt n'est pas tenu de répondre par un motif spécial à un chef de conclusions tendant au appel à une fin de non-recevoir non motivée et dont les éléments d'appréciation ne sont pas fournis aux juges d'appel. — Req. 19 nov. 1884, D.P. 85. 1. 437.

2360. L'arrêt qui statue par des raisons exclusivement tirées du fond ne peut être critiqué pour défaut de motifs sous le prétexte que le défendeur a conclu, toutes à fois, à ce que la demande fût déclarée non recevable et mal fondée, alors que ce n'était là qu'une formule banale, et qu'aucune fin de non-recevoir particulière n'a été soulevée. — Req. 20 févr. 1888, D.P. 89. 1. 262. — V. *Code de procédure civile*, n° 387.

2361. Les conclusions prises à fin de nullité d'un exploit d'appel, sans articulation d'aucune irrégularité déterminée, ne saisissent pas le juge de l'exception et ne le mettent pas dès lors, dans l'obligation d'un motiver le rejet. — Req. 4 juin 1877, D.P. 78. 1. 485. — V. *Code de procédure civile*, n° 390.

2362. L'arrêt qui déclare qu'une partie a joui depuis plus de trente ans d'une parcelle de terrain, par une possession exclusive réunissant les caractères pour prescrire, se réfère virtuellement à chacune des conditions énumérées par l'art. 2229 C. civ., et motive d'une façon suffisante l'existence de la prescription acquisitive, du moment où la partie adverse ne peut la déplier, à tout borné à soutenir, en termes généraux, que les titres de possession allégués n'étaient ni assez précis, ni assez possible. — Req. 24 janv. 1888, D.P. 88. 1. 246-247. — Conf. Req. 7 déc. 1885, D.P. 86. 1. 247, et la note.

2363. Le rejet de réserves tendant à intenter ultérieurement une action étrangère au débat actuel n'a pas besoin d'être motivé. — Req. 18 nov. 1885, D.P. 86. 1. 396. — V. *Code de procédure civile*, n° 403.

2364. En conséquence, le juge n'est pas tenu de statuer, ou un motivant sa décision, sur des réserves insérées sans motifs à l'appui, dans les conclusions d'une des parties, alors du moins que ces réserves relatives à un point étranger au procès, et formulées en vue d'une éventualité future et incertaine, n'ont ni pour objet ni pour effet d'accorder un droit à la partie qui en demande acte, et n'ont d'ailleurs donné lieu à aucun débat. — Req. 19 févr. 1877, D.P. 78. 1. 364.

2365. — VII. CONCLUSIONS ABANDONNÉES (C. proc. civ. n°s 404 à 411). — Le juge n'est pas

tenu de motiver le rejet d'un chef de conclusion produit lors d'une décision interlocutoire, mais non représenté avant le jugement définitif. — Req. 9 juill. 1885, D.P. 86. 1. 368.

2366. Les juges d'appel ne sont tenus de statuer que sur les conclusions prises en appel; en conséquence, ils n'ont pas à répondre à un moyen qui n'a pas été produit devant eux. — Civ. c. 14 juill. 1882, D.P. 83. 1. 224. — V. *Code de procédure civile*, n° 466.

2367. ... Ni à se prononcer sur une demande de réserve d'action en garantie présentée en première instance et non reproduite en appel. — Req. 14 août 1889, D.P. 81. 1. 205.

2368. Le moyen pris de ce qu'une partie aurait passé des aveux dans une lettre missive manque ce fait devant la cour de cassation, lorsque, formulé d'abord en première instance, il n'a point été repris ni renouvelé dans la procédure d'appel, et on ne saurait, dès lors, reprocher à l'arrêt attaqué de ne pas s'être expliqué à cet égard. — Req. 3 janv. 1888, D.P. 88. 1. 57.

2369. Lorsque l'intimé a conclu purement et simplement à la confirmation du jugement qui a admis sa demande, le juge d'appel qui infirme ce jugement n'a pas à statuer sur des conclusions subsidiaires que l'intimé avait proposées en première instance, mais qu'il n'a pas reproduites en appel. — Req. 9 janv. 1877, D.P. 78. 1. 256.

2370. — VIII. CONCLUSIONS TARDIVES (C. proc. civ. n°s 415 à 421).

2371. — IX. MOYENS ET ARGUMENTS (C. proc. civ. n°s 422 à 453). — Le juge, obligé de s'expliquer sur tous les chefs de conclusions, n'est pas tenu, pour admettre ou repousser une demande ou une exception, de répondre à chacun des arguments invoqués par les parties. — Req. 11 août 1874, D.P. 77. 5. 299. — Civ. r. 23 nov. 1875, D.P. 76. 1. 452. — Req. 27 mars 1876, D.P. 77. 1. 76. — Req. 12 avr. 1876, D.P. 78. 1. 80. — Req. 7 août 1876, D.P. 77. 1. 123. — Civ. 22 nov. 1876, D.P. 78. 1. 413. — Civ. r. 17 juill. 1877, D.P. 78. 1. 366. — Req. 21 janv. 1878, D.P. 78. 1. 197. — Civ. r. 16 avr. 1878, D.P. 79. 1. 169. — Civ r. 22 mai 1878, D.P. 78. 1. 484. — Req. 27 oct. 1885, D.P. 86. 1. 37. — Civ. r. 12 mai 1886, D.P. 86. 1. 452. — Civ. r. 9 févr. 1887, D.P. 87. 1. 269. — V. *Code de procédure civile*, n° 422.

2372. Ainsi, lorsqu'une partie ne se prévaut d'un plan qu'à l'effet d'établir que la possession de son adversaire n'était point paisible, il n'y a pas d'obligation pour le juge de faire une réponse particulière à cet argument. — Req. 7 août 1876, D.P. 77. 1. 123-124.

2373. De même, lorsque l'ayant-cause de l'inventeur d'un produit pharmaceutique allègue à titre de simple considération que le produit mis en vente par un pharmacien n'était pas fabriqué conformément à la formule de l'inventeur, sans prendre de conclusions tendant à faire décider si ce produit était ou non conforme à la formule, le tribunal n'est pas obligé de s'expliquer sur ce point. — Civ. r. 16 avr. 1878, D.P. 79. 1. 169-170.

2374. L'arrêt qui, pour repousser une demande fondée sur un ensemble de documents et de présomptions au nombre desquelles figure une lettre missive, apprécie en termes généraux ces documents et présomptions sans s'expliquer d'une manière spéciale sur la lettre, ne peut faire pas davantage être annulé pour défaut de motifs. — Civ. r. 20 nov. 1876, D.P. 78. 1. 413.

2375. Le rejet de conclusions tendant à faire déclarer la mitoyenneté d'un mur est aussi suffisamment justifié par ce motif qu'il ne s'agit pas, d'une part, d'un mur séparatif de deux propriétés bâties, construit dans l'intérêt des deux propriétaires et que l'autre, que la mitoyenneté n'a pas été acquise. — Civ. r. 12 mai 1886, D.P. 86. 1. 452.

2376. Il n'y a pas lieu de s'expliquer sur

d'autres circonstances spéciales invoquées à titre d'argument. — Même arrêt.

2377. Le jugement qui statue sur les causes de reproche formulées contre un témoin n'est pas tenu de répondre à chacun des arguments invoqués par la partie qui élève le reproche, et notamment à celui qu'elle prétend tirer de la présence de ce témoin à l'audience avant que l'enquête fût ordonnée. — Req. 25 juin 1877, D.P. 78. 1. 27.

2378. La décision qui nie la coexistence de deux créances corrélatives n'est pas tenue de s'expliquer, d'une manière spéciale, sur l'objection tirée de l'impossibilité d'une compensation légale entre ces deux créances, et elle n'a point à répondre à de simples arguments, alors surtout que, produits en première instance, il n'ont été ni retenus par le jugement, ni repris et formulés en appel. — Req. 8 févr. 1881, D.P. 82. 1. 39.

2379. L'arrêt qui confirme un jugement dont il adopte les motifs est suffisamment motivé, bien qu'il ne s'explique pas sur des arguments produits pour la première fois en appel, si aucun moyen nouveau n'a été présenté. — Civ. r. 31 août 1881, D.P. 84. 1. 338-339. — V. *Code de procédure civile*, n° 431.

2380. L'arrêt qui affirme, par l'adoption des motifs du jugement, que les héritiers de la femme ne peuvent, vis-à-vis des tiers, revenir sur leur renonciation, n'est pas obligé de répondre, par un motif spécial, à un nouvel argument des héritiers présenté en appel, et pris de ce qu'ils ont, postérieurement à la renonciation, fait inscrire l'hypothèque légale de ladite femme. — Civ. r. 17 déc. 1888, D.P. 89. 1. 463.

2381. Le jugement qui admet ou rejette une offre de preuve peuvent ne pas contenir une appréciation détaillée de chacun des faits articulés. — Req. 26 mars 1877, D.P. 78. 1. 473. — V. *Code de procédure civile*, n° 434.

2382. Par suite, on doit considérer comme suffisamment motivé le jugement qui, pour repousser une demande de preuve, déclare qu'elle porte sur des faits manquant de pertinence et contredits par les actes et les éléments de la cause. — Même arrêt.

2383. L'arrêt qui répond, avec un motif à l'appui, à chaque chef de la demande, n'est pas tenu de réfuter spécialement et isolément chacun des titres sur lesquels cette demande s'appuie. — Req. 17 juin 1885, D.P. 86. 1. 300. — V. *Code de procédure civile*, n° 436.

2384. Le juge n'est pas tenu de répondre spécialement au chef de conclusions par lequel une partie demande qu'il lui soit donné acte de déclarations écrites par son adversaire, lorsque ces déclarations, subsistant d'ailleurs avec tous leurs effets en dehors du donné acte, sont étrangères à la contestation engagée. — Civ. r. 27 janv. 1886, D.P. 86. 1. 396. — V. *Code de procédure civile*, n° 449.

2385. Lorsqu'un prodigue et son conseil judiciaire ont uniquement demandé par leurs conclusions la nullité d'un prêt consenti au premier, l'arrêt, d'ailleurs motivé, qui constate que cet acte n'a été ni simulé, ni entaché de fraude ou de prodigalité, n'est pas tenu d'examiner les circonstances plus ou moins suspectes dans lesquelles est intervenu un acte antérieur, dont les demandeurs ne poursuivent pas l'annulation et auquel le prêteur est demeuré étranger. — Req. 26 juin 1888, D.P. 89. 1. 300.

§ 4. — *Quand un jugement est ou n'est pas suffisamment motivé* (C. proc. civ. n°s 454 à 715).

A. — *Décisions suffisamment motivées* (C. proc. civ. n°s 454 à 659).

2386. Un arrêt appuyé sur des motifs valables ne peut être annulé à raison d'autres motifs erronés ou insuffisants. — Civ. r. 7 dé. 1887, D.P. 89. 1. 147.

2387. — 1. Divers exemples de motifs déclarés suffisants (C. proc. civ. nos 462 à 540). — Est suffisamment motivé : ... l'arrêt qui rejette la demande en nullité d'un testament en se fondant sur ce que l'exécution donnée à ce testament l'avait tacitement ratifié. — Civ. c. 9 janv. 1884, D.P. 84. 1. 231.

2388. ... L'arrêt qui écarte une demande en livraison de titres, en se fondant sur ce que l'achat de ces titres constituait une opération de jeu pour laquelle la loi n'accorde aucune action. — Req. 5 juill. 1876, D.P. 77. 1. 264.

2389. ... L'arrêt qui, pour condamner le cessionnaire de l'acquéreur d'un fonds de commerce à en payer le prix solidairement avec le cédant, se borne à relever sa qualité de cessionnaire des droits de celui-ci. — Civ. c. 26 févr. 1884, D.P. 84. 1. 395.

2390. ... L'arrêt qui, pour répondre à des conclusions tendant à l'application de l'art. 696 C. civ. à un droit d'usage dans une forêt, affirme que le droit dont il s'agit se trouvait soumis à des règles forestières spéciales. — Civ. r. 9 juill. 1888, D.P. 89. 1. 156.

2391. ... L'arrêt qui refuse de statuer sur le caractère d'une créance réclamée comme étant privilégiée, en se fondant sur ce que la question demeure intacte et qu'il sera temps de l'examiner lorsque le créancier poursuivra l'exécution de la condamnation prononcée à son profit vis-à-vis des autres créanciers du débiteur. — Civ.r. 30 janv. 1889, D.P. 89. 1. 310.

2392. ... L'arrêt qui, pour repousser une demande en payement de somme, déclare que le commandement notifié à la requête du demandeur a pour objet des sommes qui ne sont pas dues. — Req. 7 mars 1882, D.P. 82. 1. 154-155. — V. toutefois Observ. sous cet arrêt, D.P. 82. 1. 154, note 1.

2393. ... Le jugement qui, pour refuser à un créancier le droit de poursuivre sur les biens dotaux, déclare que l'exécution porterait évidemment atteinte aux principes du Code civil sur l'inaliénabilité de la dot, alors qu'il est constant en fait et non contesté que le créancier n'était pas dans les conditions exceptionnelles qui permettent la saisie de biens dotaux. — Req. 23 oct. 1888, D.P. 89. 1. 188.

2394. ... L'arrêt qui, après avoir déclaré, dans ses motifs, qu'il n'y a point lieu de statuer sur une compensation demandée comme étant sans intérêt, statue néanmoins, dans son dispositif, en augmentant, conformément aux conclusions prises par le créancier en appel, le chiffre de la condamnation qu'il avait réclamée en première instance. — Cv. c. 2 févr. 1887, D.P. 91. 1. 198.

2395. On doit considérer comme répondant explicitement aux conclusions de l'assureur, et comme satisfaisant, dès lors, aux prescriptions de l'art. 7 de la loi du 20 avr. 1810, l'arrêt de la cour d'appel qui, ayant à statuer sur le point de savoir si la valeur des marchandises assurées ou leur quantité a été frauduleusement exagérée par le chargeur, et si l'assurance, par suite, doit être annulée, soit en vertu de l'art. 357 et 358 C. com., soit en vertu de l'art. 1116 C. civ., soit au titre de la simulation alléguées, déclare que la simulation frauduleuse, la réticence volontaire ou le dol reproché au chargeur n'était pas établi et que l'assuré fournissait la preuve régulière et complète de la réalité du chargement. — Civ. r. 4 avr. 1887, D.P. 87. 1. 241.

2396. Lorsqu'une demande principale et une demande reconventionnelle soulèvent une seule et même question, les motifs d'un arrêt qui tranchent explicitement cette question justifient à la fois l'admission de la demande reconventionnelle et le rejet de la demande principale. — Req. 13 mars 1889, D.P. 90. 1. 472. — Comp. Req. 11 mai 1877,

D.P. 78. 1. 39. — V. Code de procédure civile, nos 470 et 471.

2397. Un arrêt motive suffisamment : ... le rejet de conclusions qui dénient à des usagers tout droit à une indemnité pour privation de jouissance d'un droit de pâturage, lorsqu'il se fonde sur l'autorité de la chose jugée par un arrêt précédent qui a irrévocablement admis le principe de cette indemnité. — Civ. r. 18 mai 1886, D.P. 86. 1. 461.

2398. ... Le rejet de la demande en garantie formée par un notaire contre un de ses collègues, et fondée sur ce que ce dernier ayant rédigé le modèle d'une procuration entachée de faux, le premier a eu confiance en lui pour les énonciations de cet acte, lorsqu'il déclare que le modèle n'a pas été directement envoyé au notaire rédacteur par son collègue, mais lui a été présenté par l'auteur même du faux. — Req. 18 nov. 1885, D.P. 86. 1. 398.

2399. Le jugement qui accueille une complainte relative à la jouissance des eaux d'un bief répond suffisamment au moyen tiré de ce que l'entreprise critiquée ne serait de la part du défendeur que l'exercice habituel et normal d'une servitude, lorsqu'il constate, d'une part, que le défendeur a arrêté et détourné la totalité des eaux du bief, et, d'autre part, que le complaignant a, par cet acte, été troublé dans sa possession. — Req. 26 nov. 1877, D.P. 80. 1. 76.

2400. Un tribunal saisi de la question de savoir si une partie a été actionnée en son nom personnel ou en qualité d'héritière bénéficiaire motive suffisamment le rejet de conclusions tendant à faire déclarer que l'aveu même de cette partie avait établi qu'elle n'agissait que comme héritière bénéficiaire, en constatant qu'elle a été appelée personnellement et en déclarant que, dans les débats, aucune contradiction n'a été apportée à cette constatation. — Req. 19 févr. 1879, D.P. 80. 1. 373.

2401. L'arrêt qui se fonde, pour condamner à des dommages-intérêts le vendeur de marchandises frauduleusement mélangées, sur des documents judiciaires dont il n'indique pas la nature, des reconnaissances implicites des parties et une expertise irrégulière, n'est pas nul, lorsqu'il est motivé par d'autres preuves suffisantes par elles-mêmes, comme une enquête faite à la requête du vendeur lui-même et un ensemble de présomptions graves et concordantes établissant que le mélange des eaux, pures au moment de la vente, avait été opéré, après coup, dans les magasins du vendeur. — Req. 13 mars 1876, D.P. 76. 1. 342.

2402. Lorsqu'un arrêt décide que la prise de possession accomplie en temps de guerre, par ordre de l'autorité ennemie, de fournitures appartenant à un particulier, pour une partie desquelles cette autorité a délivré un reçu, constitue une réquisition de guerre ouvrant à ce particulier un recours contre la commune, une telle décision doivent être réputés s'appliquer, non pas seulement aux fournitures mentionnées dans le reçu délivré par l'autorité ennemie, mais à l'ensemble des fournitures réquisitionnées dans les mêmes circonstances, et dont la valeur totale compose la somme réclamée par la commune. — Civ. r. 17 nov. 1880, D.P. 81. 1. 127.

2403. Il ne saurait y avoir contradiction entre les motifs d'un jugement, et par suite défaut de motifs, dans la décision qui, après avoir énoncé le texte d'un bon de réquisition délivré à un fournisseur en temps de guerre, refuse d'y avoir égard par le motif qu'il a été produit trop tardivement pour être l'objet d'un contrôle suffisant. — Civ. c. 15 mars 1882, D.P. 83. 1. 374-375. — V. supra, nos 3 et s.

2404. L'arrêt qui décide qu'il y a lieu de maintenir la donation faite par un mari à sa femme, sous la condition expresse et à

peine de nullité que la libéralité serait prise sur la réserve, la condition seule étant réputée non écrite, alors qu'il est reconnu que la disposition n'a eu d'autre cause qu'un sentiment de bienfaisance, est suffisamment motivé, lorsqu'il se fonde sur ce que l'art. 900 C. civ. ne comporte aucune distinction, quelle que soit la manière dont la condition illicite, apposée à une disposition entre vifs ou testamentaire, est formulée. — Civ. r. 17 juill. 1883, D.P. 84. 1. 156.

2405. L'arrêt qui déclare qu'un incendie a détruit l'usine des assurés et explique, en outre, pour quelle raison l'indemnité doit être calculée conformément aux bases d'un règlement préalable intervenu entre les parties, motive suffisamment le rejet de conclusions tendant à faire décider que le chômage de l'usine n'a été que partiel, et à faire calculer l'indemnité d'après les bénéfices réalisés dans les trois dernières années. — Req. 3 mars 1879, D.P. 80. 1. 23.

2406. Un arrêt, en déclarant qu'il n'accorde les intérêts d'une créance que pour trois ans, parce que ces seuls intérêts étaient conservés par l'inscription d'une hypothèque légale et la mention de subrogation à cette hypothèque, motive suffisamment le rejet de conclusions présentées par le créancier subrogé et tendant à obtenir la collocation de la totalité des intérêts sous le prétexte que le créancier était dispensé d'inscription comme subrogé à l'hypothèque légale d'une femme mariée. — Req. 17 nov. 1879, D.P. 80. 1. 380.

2407. L'arrêt par lequel il est déclaré que le défendeur à la revendication excipe à tort des termes du son contrat d'acquisition pour résister aux justes réclamations du demandeur, motive suffisamment l'admission de la demande en revendication du terrain litigieux et le rejet de la prétention contraire. — Civ. r. 20 janv. 1885, D.P. 85. 1. 361.

2408. Le rejet de conclusions tendant à faire déclarer un endossement nul pour défaut de date est suffisamment motivé par la déclaration que la lettre de change et l'endossement dont elle est revêtue ont été faits suivant le vœu de la loi commerciale. — Req. 1er mai 1876, D.P. 76. 1. 481-482.

2409. L'arrêt qui constate qu'une personne a obtenu sciemment un indu payement indique par là que cette personne a agi de mauvaise foi, et, dès lors, sa condamnation au payement des intérêts des sommes dont la restitution est ordonnée, est suffisamment motivée. — Req. 5 avr. 1880, D.P. 81. 1. 43.

2410. De même, l'arrêt qui déclare que des dividendes ont été indûment perçus par les membres d'une société, constate par cela même que ce n'était pas fait de bénéfices, et, dès lors, motive suffisamment la condamnation à la restitution de ces dividendes. — Req. 22 juin 1880, D.P. 81. 1. 18.

2411. Lorsque la demande en payement d'une somme d'argent est rejetée pour défaut de preuve de l'obligation sur laquelle elle est fondée, ce motif s'applique aussi bien à l'intérêt comme au capital, et il suffit pour justifier le rejet de la demande quant aux intérêts. — Req. 10 nov. 1879, D.P. 80. 1. 390.

2412. Le jugement d'un tribunal de commerce, qui déclare régulier ce qu'il a homologue le rapport de l'arbitre auquel le tribunal avait confié la mission de régler dans le mémoire du demandeur et de fixer le prix des articles contestés, motive suffisamment la condamnation du défendeur au payement de ce même rapport. — Civ. c. 30 mai 1877, D.P. 78. 1. 474.

2413. Lorsque, en instance d'appel, une partie conclut à la réformation d'une liquidation qu'elle avait déclaré accepter en première instance, et que les premiers juges avaient homologuée en lui donnant acte de son acceptation, la cour, en adoptant les motifs des premiers juges et en constatant, eu outre, expressément le donné acte par le tribunal de ladite acceptation, répond par cela même aux conclusions nouvelles prises en cause d'appel, et, par suite, son arrêt est juridiquement motivé. — Req. 6 août 1839, D.P. 90. 5. 343.

2414. Un arrêt, en adoptant les motifs des premiers juges qui constatent qu'un jugement rendu contre un sujet suisse n'ayant pas comparu ni personne pour lui, doit être considéré comme un jugement par défaut susceptible d'opposition, répond implicitement aux conclusions par lesquelles la partie adverse prétend devant la cour d'appel que ce sujet suisse, ayant envoyé au tribunal des notes et conclusions pour déclarer la compétence de l'autorité judiciaire française, n'avait pu être déclaré défaillant. — Req. 11 juin 1879, D.P. 80. 1. 21.

2415. Le juge qui apprécie, en droit, les effets légaux du changement de domicile opéré au cours d'une instance commencée, quant aux notifications intéressant cette instance, n'est pas tenu de s'expliquer sur les circonstances de fait qui caractérisent le commencement de l'instance. — Req. 31 mai 1881, D.P. 82. 1. 18.

2416. — II. DÉCISIONS FONDÉES SUR LES FAITS ET DOCUMENTS DE LA CAUSE (C. proc. civ. nos 541 à 565). — Un arrêt est suffisamment motivé, lorsqu'il déclare appuyer sa décision sur l'intention commune des parties et la nature de leurs engagements réciproques. — Req. 23 mars 1887, D.P. 88. 1. 264.

2417. On ne peut annuler pour défaut de motifs l'arrêt qui, sur les conclusions tendant à faire constater, d'après une lettre produite, l'existence d'une convention contestée, déclare que cette convention ne résulte ni des documents de la cause, ni de la correspondance échangée entre les parties. — Civ. r. 1er août 1883, D.P. 84. 1. 357.

2418. L'arrêt qui rejette une demande tendant au payement du prix de valeurs mobilières motive suffisamment son rejet lorsqu'il déclare, par une appréciation souveraine des faits et documents de la cause, qu'il n'y a eu, dans l'intention des parties, vente directe de ces effets, et qu'au lieu de les avoir achetés, le défendeur avait reçu seulement le mandat de trouver pour eux un acheteur, moyennant un droit de courtage. — Civ. r. 27 juill. 1885, D.P. 85. 5. 322.

2419. Est suffisamment motivé l'arrêt qui, pour repousser l'offre faite par les parties de prouver l'existence d'opérations destinées à frauder le fisc et à violer les lois sur les contributions indirectes, indique les circonstances de fait qui rendent l'action irrecevable. — Req. 8 nov. 1880, D.P. 81. 1. 115.

2420. L'arrêt qui constate les faits desquels il résulte qu'une judiciaire a eu pour base une erreur matérielle motive par là d'une manière suffisante la décision par laquelle il admet la révocation de cet aveu. — Req. 20 mars 1877, D.P. 77. 1. 328.

2421. L'arrêt qui, pour repousser une demande de dommages-intérêts, déclare expressément, par une appréciation souveraine des circonstances de la cause, qu'aucun des actes dommageables reprochés au défendeur n'est établi en fait, et que le préjudice souffert par le demandeur doit être attribué à des causes étrangères à son adversaire, est suffisamment motivé et échappe à la censure de la cour de cassation, alors même que cet arrêt aurait, dans les motifs surabondants, abusivement interprété les titres respectifs des parties. — Civ. r. 30 oct. 1889, D.P. 90. 5. 343.

2422. Est suffisamment motivée la disposition de l'arrêt qui décide, en déclarant s'appuyer sur les circonstances de la cause, que la responsabilité pécuniaire encourue pour une faute par deux défendeurs non solidaires se partagera entre eux sans une mesure que le juge détermine. — Civ. r. 25 févr. 1891, D.P. 91. 1. 173.

2423. — III. JUGEMENTS PAR DÉFAUT (C. proc.

civ. nos 566 à 575). — L'arrêt qui déclare non recevable, comme tardive, l'opposition faite à un jugement de défaut, n'a pas à statuer, et par suite à donner de motifs, sur le grief au fond que l'opposant invoquait contre la validité dudit jugement. — Req. 1er févr. 1886, D.P. 87. 1. 130-131.

2424. — IV. JUGEMENTS D'AVANT DIRE DROIT (C. proc. civ. nos 576 à 597). — L'arrêt qui rejette une offre de preuve est suffisamment motivé, lorsqu'il décla. e : ... que cette offre est inadmissible en pré.ence des documents de la cause, des usages suivis dans les localités voisines et des véritables intérêts du demandeur. — Civ. r. 5 nov. 1877, D.P. 80. 1. 79.

2425. ... Que les faits articulés ne sont ni pertinents, ni admissibles. — Req. 12 avr. 1880, D.P. 80. 1. 419. — Req. 19 mai 1885, D.P., 86. 1. 151. — V. *Code de procédure civile*, nº 584.

2426. ... Qu'un certain nombre d'entre ces faits, qui sont dès à présent établis, sont sans influence au procès ; et que les autres, fussent-ils démontrés, ne seraient pas de nature à en modifier la solution. — Req. 19 mai 1885, D.P. 86. 1. 151.

2427. ... On doit considérer également comme suffisamment motivé : ... l'arrêt qui rejette l'offre d'une preuve en énonçant que la cour a des éléments suffisants pour décider que la date d'un acte n'est pas sincère et que ce défaut de sincérité résulte de l'acte lui-même. — Req. 9 août 1880, D.P. 81. 1. 214.

2428. ... Et celui qui rejette une demande d'expertise en déclarant que cette expertise serait, en l'état de la cause, inutile et frustratoire. — Req. 15 juin 1880, D.P. 81. 1. 62. — Req. 19 juill. 1880, D.P. 81. 1. 224. — V. *Code de procédure civile*, nº 587.

2429. — V. DÉCISIONS RENDUES APRÈS UNE EXPERTISE OU UNE ENQUÊTE (C. proc. civ. nos 598 à 615). — Les juges motivent suffisamment le rejet de conclusions incidentes tendant à la nullité d'une expertise pour défaut de mise en demeure de l'une des parties en cause, lorsqu'ils déclarent que le rapport des experts est régulier et a été dressé dans les délais légaux. — Req. 9 mai 1876, D.P. 77. 1. 491.

2430. L'arrêt qui déclare que des experts, parlant dou vice propre de la marchandise, ont entendu désigner tous les vices qui ne résultent pas d'une force de mer, répond suffisamment aux conclusions d'une partie, qui, s'emparant des mots « vice propre », prétendait que la détérioration était due à un défaut résultant de la nature de la marchandise et ne présentait pas les caractères de vice caché. — Req. nº 30 déc. 1879, D.P. 80. 1. 108.

2431. Le refus du juge d'ordonner l'expertise à laquelle une partie a conclu subsidiairement, est suffisamment justifié par les motifs donnés sur les conclusions principales et qui affirment l'existence du fait que l'expertise aurait eu pour but de vérifier. — Req. 15 juin 1880, D.P. 81. 1. 62.

2432. De même, un arrêt motive suffisamment le calcul et la fixation du chiffre d'une indemnité, lorsqu'il adopte formellement à cet égard les motifs du rapport des experts chargés de l'évaluer. — Civ. r. 18 mai 1886, D. P. 86. 1. 461.

2433. Est suffisamment motivé : ... l'arrêt qui, après avoir déclaré l'exactitude des déclarations faites par l'assuré relativement à l'état des biens, dans une police d'assurance contre l'incendie, écarte la déchéance invoquée par la compagnie pour fausse déclaration ou réticence coupable, et rejette sa demande d'une enquête. — Req. 21 avr. 1880, D.P. 80. 1. 410.

2434. ... L'arrêt qui rejette la demande d'une enquête, en se fondant sur son inutilité. — Req. 21 juill. 1880, D.P. 81. 1. 201.

2435. — VI. JUGEMENTS EN MATIÈRE DE COMPTE (C. proc. civ. nos 616 à 621). — L'ar-

rêt qui constate que des comptes n'ont pas été définitivement arrêtés motive d'une manière suffisante le rejet des conclusions tendant à ce qu'ils ne soient point revisés. — Req. 30 mai 1877, D.P. 79. 1. 112.

2436. De même est suffisamment motivé le jugement qui, pour repousser les conclusions du défendeur tendant à faire déclarer que la partie adverse, à défaut d'avoir rendu le compte ordonné, se borne à constater l'existence de la condamnation, se borne à constater à la reddition du compte et à la reconnaissance faite par le défendeur des éléments principaux de sa dette. — Req. 13 janv. 1880, D.P. 80. 1. 340.

2437. Le chef d'un arrêt, qui autorise la perception d'intérêts des intérêts et droits de commission au profit d'une maison de banque, est suffisamment motivé par le fait seul de la constatation de l'existence d'un compte courant entre les parties. — Req. 12 juin 1876, D.P. 78. 1. 151. — V. toutefois Observ. sous cet arrêt, D.P. 78. 1. 151, note 5.

2438. — VII. JUGEMENTS EN MATIÈRE DE DOMMAGES-INTÉRÊTS ET FRAIS (C. proc. civ. nos 622 à 633). — Un jugement qui adjuge des dommages-intérêts est suffisamment motivé par cela même qu'il constate l'existence d'une faute et d'un préjudice. — Req. 22 juin 1885, D.P. 86. 1. 59.

2439. Spécialement, un arrêt justifie suffisamment une allocation de dommages-intérêts, en constatant que le demandeur a causé à la défenderesse un préjudice dont il doit réparation. — C. cass. de Belgique, 19 janv. 1882, D.P. 82. 2. 81. — V. *Code de procédure civile*, nº 622.

2440. La condamnation à des dommages-intérêts constatant que le préjudice subi par le mandant provient d'une faute du mandataire est suffisamment motivée. — Req. 31 oct. 1888, D.P. 90. 1. 68.

2441. La décision par laquelle le juge du fait, appréciant les conventions des parties et les faits invoqués par elles à l'appui de leurs prétentions respectives, a décidé qu'il y avait lieu de condamner l'une d'elles à des dommages-intérêts envers l'autre, et a fixé le *quantum* de ces dommages-intérêts d'après les documents de la cause, est suffisamment motivée et ne donne pas ouverture à cassation de ce chef. — Civ. r. 23 janv. 1882, D.P. 82. 1. 319.

2442. Est suffisamment motivé : ... l'arrêt qui condamne l'appelant à des dommages-intérêts envers l'intimé pour les faux frais, pertes de temps, peines et démarches que lui a occasionnés à celui-ci. — Req. 3 mars 1879, D.P. 81. 1. 212. — V. *Code de procédure civile*, nº 635.

2443. ... L'arrêt qui, sur une demande en dommages-intérêts formée par un maire à raison d'imputations diffamatoires contenues dans la délibération d'un conseil municipal, déclare, par une appréciation souveraine des faits de la cause, que ce maire a souffert un préjudice moral et matériel par suite de ces imputations mensongères et diffamatoires, insérées dans la délibération méchamment et de mauvaise foi. — Req. 7 juill. 1880, D.P. 82. 1. 71-72.

2444. ... L'arrêt qui rejette une demande en dommages-intérêts, par ce motif que le fait imputé au défendeur n'a causé aucun préjudice au demandeur. — Req. 2 mai 1882, D.P. 83. 1. 253.

2445. ... Le jugement qui condamne une partie, dont l'appel est rejeté, à des dommages et intérêts sous prétexte qu'elle a causé au condamné à son adversaire en soulevant des incidents de procédure frustratoires. — Civ. r. 22 avr. 1890, D.P. 90. 1. 465-466.

2446. Le juge motive suffisamment le rejet de la demande formée par un ouvrier et tendant au payement d'une indemnité et de prestations sur la caisse de secours en déclarant que la compagnie au service de laquelle était cet ouvrier n'a commis ni imprudence ni négligence, lors même que l'ouvrier fonderait sa demande sur une convention qui serait intervenue entre lui et la compagnie, si cette prétendue convention n'a pas été invoquée devant les juges du fait. — Civ. r. 9 mars 1880, D.P. 80. 1. 296.

2447. L'arrêt qui rejette la demande de dommages-intérêts formée contre une compagnie minière par l'acquéreur de terrains situés dans le périmètre d'exploitation de cette compagnie, est suffisamment motivé s'il se fonde sur une stipulation du contrat, de laquelle il résulterait que l'acquéreur n'aura droit à aucune garantie à raison du préjudice pouvant résulter des travaux souterrains de l'exploitation régulière de la mine. — Req. 8 déc. 1880, D.P. 81. 1. 351. — V. *Code des lois adm. annotées*, t. 3, vᵒ *Mines*.

2448. — VIII. Jugements statuant sur une exception ou une fin de non-recevoir (C. proc. civ. nᵒˢ 634 à 659). — L'arrêt qui, pour rejeter une exception mal formulée, se borne à dire qu'elle ne résulte ni de la doctrine, ni de la jurisprudence, ni surtout de la loi, est suffisamment motivé. — Civ. r. 20 mars 1889, D.P. 89. 1. 382.

2449. De même, un arrêt qui repousse une exception tirée de la compétence prétendue du juge de paix, est explicitement motivé, quand il fait connaître que la somme réclamée en payement par le demandeur était supérieure à 200 fr., et que, dans l'intention des parties, le recouvrement n'en devait pas être fractionné. — Req. 27 janv. 1890, D.P. 90. 1. 148.

2450. Le jugement qui, statuant sur une action en revendication relative à un immeuble, repousse le moyen tiré de ce que le défendeur aurait acquis la propriété de cet immeuble par prescription trentenaire, motive suffisamment le rejet de ce moyen, s'il contient une déclaration de laquelle il ré sulte implicitement que les auteurs du défendeur ont détenu l'immeuble revendiqué à titre simplement précaire, et que ce défendeur n'a commencé à le posséder lui-même que depuis moins de trente ans. — Req. 17 janv. 1877, D.P. 78. 1. 263-264.

2451. Est suffisamment motivé l'arrêt qui, pour rejeter une fin de non-recevoir tirée de ce que le demandeur n'avait pas une possession paisible et publique de terrain usurpé, constate des faits de dépaissance et des plantations d'arbres accomplis publiquement et sans contradiction par cette partie. — Req. 20 juill. 1880, D.P. 81. 1. 476. — V. *supra*, nᵒˢ 703 et s.

B. – *Décisions annulées pour insuffisance ou défaut de motifs* (C. proc. civ. nᵒˢ 660 à 715).

2452. Les motifs d'un jugement sont insuffisants, lorsque leur généralité banale ne permet pas à la cour de cassation d'exercer le contrôle qui lui appartient sur les décisions du juge du fond, comme lorsqu'il se borne à déclarer que les conclusions de la demande ont été vérifiées et qu'elles paraissent justes. — Civ. r. 6 nov. 1889, D.P. 90. 5. 343.

2453. L'arrêt qui, sur une demande en nullité d'un testament fondée sur l'état mental de la testatrice, se borne à répondre que le testament était l'œuvre de cette dernière et qu'il ne lui avait été surpris ni par captation ni par suggestion, est-nul pour défaut de motifs. — Civ. c. 21 avr. 1890, D.P. 90. 5. 348.

2454. Il y a nullité, pour défaut de motifs, de l'arrêt qui condamne solidairement des cohéritiers au payement d'une dette de la succession, sans donner du chef de la solidarité aucun motif à l'appui de cette condamnation. — Civ. c. 11 févr. 1889, D.P. 89. 1. 316.

2455. La solidarité ne se présumant pas et n'étant pas applicable aux sociétés civiles, à moins d'une convention expresse, il y a

lieu d'annuler la disposition d'un arrêt qui la prononce contre les fondateurs d'une société, sans s'expliquer sur le caractère commercial de celle-ci, ni constater l'existence d'une faute commune ou d'un engagement solidaire à la charge de ses fondateurs. — Civ. c. 7 avr. 1886, D.P. 86. 1. 426.

2456. Est nul pour défaut de motifs : ... l'arrêt qui condamne des héritiers à délivrer les objets légués à un légataire, et à lui tenir compte des fruits et intérêts à partir du jour du décès du testateur, sans indiquer les motifs pour lesquels cette restitution n'a pas lieu seulement à compter du jour de la demande. — Civ. c. 10 août 1885, D.P. 86. 1. 212-213.

2457. ... L'arrêt qui, pour repousser une demande en nullité de commandement et de saisie, se borne à dire que le commandement a été légalement signifié et que la vente a été faite avec toutes les formalités prescrites. — Civ. c. 28 oct. 1889, D.P. 89. 5. 318.

2458. ... L'arrêt qui condamne une partie à payer les intérêts légaux de la somme litigieuse, à partir de la naissance de l'obligation et non à partir de la demande judiciaire, sans justifier par un motif spécial cette dérogation à la règle de l'art. 1153 C. civ. — Civ. c. 22 févr. 1882, D.P. 82. 1. 396-397.

2459. ... L'arrêt qui condamne le débiteur d'une somme d'argent au payement des intérêts antérieurs au jour de la demande sans justifier cette condamnation, soit sur une disposition exceptionnelle de la loi, soit sur une convention des parties. — Civ. c. 25 août 1880, D.P. 81. 1. 435-436.

2460. ... L'arrêt qui, sur une demande en payement d'une somme déterminée, avec les intérêts de droit, c'est-à-dire à partir de la demande, n'alloue les intérêts qu'à partir du jour du jugement de première instance, sans donner aucun motif de ce rejet partiel de la demande. — Civ. c. 19 déc. 1877, D.P. 78. 1. 295.

2461. ... L'arrêt qui fixe la date de la dissolution d'une société, sur laquelle, aux termes de leurs conclusions, les parties étaient en désaccord, sans donner aucun motif, soit explicite, soit implicite, à l'appui de sa décision. — Civ. c. 19 déc. 1877, D.P. 78. 1. 295.

2462. ... L'arrêt qui, dans une instance en partage, rejette les conclusions tendant à faire modifier le projet d'état dressé par le notaire liquidateur à la jouissance des copartageants, en se fondant sur ce que les concluants ne produisaient aucun moyen sérieux à l'appui de leur prétention, mais sans énoncer les moyens invoqués n'étaient pas sérieux. — Civ. c. 8 déc. 1884, D.P. 86. 1. 74-75. — V. *Code de procédure civile*, nᵒ 670.

2463. Il y a lieu d'annuler également pour défaut de motifs : ... le jugement qui se borne à déclarer qu'il y a eu retard dans la livraison des marchandises transportées, sans indiquer les époques auxquelles elles avaient été livrées et en quoi consistait le retard. — Civ. c. 27 mai 1888, D.P. 78. 1. 372.

2464. ... Le jugement qui déclare qu'une compagnie de chemin de fer ne peut opposer à une réclamation pour perte de marchandises transportées la prescription de six mois édictée par l'art. 108 C. com., en se fondant exclusivement sur ce qu'une précédente citation donnée pour le même objet devant un autre tribunal par le requérant, n'avait pas été abandonnée et avait interrompu la prescription, alors que ledit jugement ne relève pas la date à laquelle la prescription aurait pris cours ni celle à laquelle l'interruption aurait eu lieu. — Civ. c. 21 juill. 1880, D.P. 81. 1. 16.

2465. Un jugement ne motive pas suffisamment le rejet d'un chef de conclusions tendant à la nullité d'une expertise, lorsqu'il

se borne à répondre que les objections soulevées contre l'expertise « ne sont justifiées ni en fait, ni en droit, et qu'il résulte des documents de la cause que le rapport critiqué est juste au fond et régulier en la forme », une telle réponse ne permettant pas à la cour de cassation d'apprécier pour quelles raisons de fait et de droit la critique dirigée contre l'expertise a été reconnue mal fondée. — Civ. c. 22 avr. 1890, D.P. 90. 1. 465.

2466. On doit déclarer également nul pour contravention à l'art. 7 de la loi du 20 avr. 1810 : ... le jugement qui rejette sans donner de motifs une demande en nullité d'expertise et admet la responsabilité d'une partie sans constater aucune faute qui lui soit imputable. — Civ. c. 18 juin 1878, D.P. 79. 1. 39. — Comp. *Code de procédure civile*, nᵒ 672.

2467. ... L'arrêt qui, pour répondre à la demande en responsabilité formée contre les fondateurs et les administrateurs d'une société anonyme et basée sur le fait que les demandeurs auraient été induits à acheter au-dessus du pair des actions d'une société nulle, par le fait des défendeurs, à raison de l'ignorance où ces derniers les auraient tenus sur les vices de la constitution de la société ainsi que sur les manœuvres dolosives qui s'y rattachaient, lesquelles leur avaient permis d'émettre les actions avec une majoration de 125 fr. sur la valeur nominale, se borne à affirmer que la nullité de la société n'a point été la cause de sa ruine, ni par conséquent la cause du dommage éprouvé par les demandeurs à l'action sa responsabilité. — Civ. r. 19 févr. 1889, D.P. 90. 1. 169. — Civ. c. 23 déc. 1889, D.P. 90. 1. 169.

2468. Le jugement qui, après avoir débouté une partie de l'action récursoire intentée par celle contre un tiers et l'avoir condamnée aux dépens, prononce, en outre, contre elle une condamnation à des dommages-intérêts envers ce tiers sans constater que la procédure suivie contre le défendeur en garantie ait été abusive ou vexatoire. — Civ. c. 16 mars 1880, D.P. 80. 1. 301.

2469. Décidé dans le même sens que, la défense en justice étant un droit, dont l'exercice ne dégénère en faute pouvant donner ouverture à dommages-intérêts que s'il constitue de sa part une malice ou de mauvaise foi ou au moins un acte d'erreur grossière équipollente au dol, l'arrêt qui, sans exprimer aucun motif d'où résulte que la résistance judiciaire du défendeur ait présenté un caractère vexatoire, le condamne cependant à des dommages-intérêts, est insuffisamment motivé, et doit être annulé. — Civ. c. 30 oct. 1889, D.P. 90. 1. 184.

2470. Il y a lieu aussi de réformer pour défaut de motifs, ... l'arrêt qui prononce une interdiction sans que les seules causes elle est fondée, et sans s'expliquer sur les conclusions du défendeur, tendant au principal au rejet de la demande, et subsidiairement à une enquête. — Civ. c. 21 févr. 1888, D.P. 88. 1. 299.

2471. ... La décision qui, statuant sur une action en nullité d'une enquête visée aux art. 262, 269, 275 C. proc. civ., se borne à énoncer que les prétentions du demandeur en nullité de l'enquête ne sont nullement fondées, sans s'expliquer ni même indiquer pour quelles raisons de fait ou de droit. — Civ. c. 23 déc. 1886, D.P. 87. 1. 430. V. *infra*, tit. XII, *Enquêtes*, nᵒˢ 3504 et s.

2472. ... L'arrêt qui se borne à décider « qu'un litige est de ceux qui par leur nature requièrent célérité », mais n'indique aucune raison de droit ou circonstance de fait qui justifie cette qualification. — Civ. c. 14 févr. 1888, D.P. 90. 1. 368. — Civ. c. 3 juin 1890, D.P. 90. 1. 368.

2473. ... Le jugement par lequel un tribunal de commerce confirme au fond une condamnation prononcée par le conseil des prud'hommes contre un défendeur, sans s'expliquer sur une exception d'incompétence, qui, après avoir fait l'unique objet de la défense de celui-ci, en première instance, a été par lui reproduite au second degré de juridiction, non seulement dans son exploit d'appel, mais aussi dans ses conclusions d'audience se référant expressément à cet exploit. — Civ. c. 21 févr. 1888, D.P. 88. 1. 299.

2474. ... Le jugement qui, en matière de distribution par contribution, rejette une demande de collocation par privilège basée sur les stipulations d'un contrat, en se fondant uniquement sur ce que le contrat est entaché d'irrégularité, sans spécifier quelles sont ces irrégularités. — Civ. c. 3 avr. 1878, D.P. 78. 1. 253.

2475. ... Le jugement qui, statuant sur l'appel d'une sentence de juge de paix, a rejeté, sans donner de motifs, les conclusions de l'appelant tendant à ce que ladite sentence fût déclarée nulle, parce qu'il avait été procédé à une enquête, alors qu'il s'agissait d'une demande excédant 150 fr. — Civ. c. 17 juill. 1877, D.P. 78. 1. 483.

2476. ... L'arrêt qui, pour mettre à la charge d'une partie, à titre de dommages-intérêts, l'enregistrement d'actes produits au procès, se borne à déclarer mal fondée les prétentions de cette partie sans spécifier sa faute ni le préjudice causé. — Civ. c. 8 févr. 1886, D.P. 87. 1. 22.

2477. Lorsqu'il est intervenu entre deux compagnies d'assurances un traité par lequel l'une de ces compagnies cède son portefeuille à l'autre, le moyen pris de ce que le juge du fond aurait, sans donner de motifs, repoussé certaines demandes en dommages-intérêts de la compagnie cédante contre la compagnie cessionnaire, formées à l'occasion de la gestion de celle-ci, et décidé que tous les actes de cette gestion devraient nécessairement lier la compagnie cédante, manque absolument en fait, quand ce juge s'est borné, au contraire, à prescrire que les parties, tous droits réservés, se retireraient devant un arbitre rapporteur, chargé d'établir, dans son intégralité, le compte que nécessitait, l'enregistrement d'actes produits réclamations réciproques, le compte que nécessiterait, soit l'exécution partielle, soit la rupture ultérieure de leur traité. — Req. 6 juill. 1887, D.P. 87. 1. 317.

2478. Les conclusions par lesquelles le vendeur d'un immeuble, agissant en résolution de la vente, déclare accepter l'estimation faite par les experts de la plus-value résultant pour cet immeuble des travaux qu'un tiers y a exécutés, mais invoque, en même temps, la compensation à raison des différentes sommes qui lui seraient dues par l'acheteur, contredisent virtuellement la prétention émise par l'auteur des travaux intervenu dans l'instance, d'obtenir jusqu'à due concurrence une condamnation directe contre le demandeur en compensation, et le jugement qui, sur ces conclusions, se borne à constater l'existence et l'importance de la plus-value, et sans s'expliquer davantage, condamne le vendeur à en payer le montant à l'auteur des travaux, est nul pour défaut de motifs. — Civ. c. 23 mars 1878, D.P. 78. 1. 132.

2479. Le rejet d'une demande d'expertise tendant à vérifier si une source a été captée, sur ce double motif qu'il n'est justifié d'aucune diminution dans les eaux de cette source et que le fait allégué n'est pas vraisemblable, constitue une appréciation souveraine de la pertinence du fait argué en preuve. — Civ. r. 4 févr. 1890, D.P. 90. 1. 299.

2480. Mais l'arrêt qui, sans nier la possibilité d'une expertise demandée à l'effet de rechercher si un sondage oblique a été pratiqué sous le terrain du demandeur, refuse de l'ordonner par le motif que celui-ci n'a éprouvé aucun préjudice, est insuffisamment motivé, en ce qu'il ne répond pas au chef de conclusions qui considérait le sondage incriminé comme portant atteinte à un droit de propriété. — Même arrêt.

2481. Les juges du fond, auxquels il appartient de déterminer, d'après les circonstances de la cause, si le mandat a été donné seulement dans l'intérêt du mandant, ou dans l'intérêt du mandant et du mandataire, ont le devoir d'user de ce pouvoir souverain d'appréciation, lorsque cette question leur est déférée par les conclusions de l'une des parties (dans l'espèce, par des conclusions prises pour la première fois en appel); par suite, l'arrêt qui omet de faire cet examen et de répondre, dans ses motifs, auxdites conclusions, tout en les rejetant dans son dispositif, doit être cassé comme n'étant point suffisamment motivé. — Civ. c. 11 févr. 1891, D.P. 91. 1. 197.

2482. Lorsque des conclusions ont été prises pour la première fois en appel, l'arrêt qui se contente d'adopter les motifs du jugement de première instance est nul, si les motifs adoptés ne peuvent être considérés comme ayant répondu par avance aux conclusions nouvelles. — Civ. c. 25 nov. 1889, D.P. 90. 5. 343.

2483. Spécialement, lorsque, pour repousser une demande de dommages-intérêts, les premiers juges se sont fondés sur un accord de volontés, l'arrêt qui se borne à adopter les motifs du jugement est nul, si l'appelant avait pris devant la cour des conclusions précises, tendant à établir que l'accord de volontés invoqué par le jugement n'existait pas, et que d'ailleurs une faute positive avait engagé la responsabilité du défendeur. — Même arrêt.

2484. De même encore, l'arrêt qui confirme un jugement par adoption de motifs est insuffisamment motivé et doit, par suite, être annulé, si l'un des motifs adoptés était déjà insuffisant en première instance, et si l'autre a cessé d'être exact devant le second degré de juridiction; surtout en présence de conclusions détaillées prises pour la première fois en cause d'appel et par lesquelles l'appelant précisait les considérations de fait et les motifs de droit qui devaient, suivant lui, déterminer l'infirmation du jugement. — Civ. c. 6 nov. 1889, D.P. 90. 5. 343.

2485. Doit également être cassé, comme n'étant pas suffisamment motivé, l'arrêt qui s'est borné à adopter les motifs de la décision des premiers juges pour rejeter les conclusions prises pour la première fois en appel et tendant soit à l'application de conventions qui n'avaient pas été invoquées devant le tribunal de première instance, soit à une nouvelle expertise. — Civ. c. 12 mai 1890, D.P. 91. 1. 303.

2486. Il en est de même : ... de l'arrêt qui rejette implicitement sans y répondre, des conclusions prises pour la première fois en appel, en confirmant purement et simplement par adoption de motifs, la décision des premiers juges, laquelle ne contenait aucune énonciation pouvant être considérée comme répondant par avance au nouveau système de défense. — Civ. c. 11 juin 1890, D.P. 91. 1. 35.

2487. ... De l'arrêt qui, sur des conclusions tendant à l'interprétation par l'autorité administrative d'un acte invoqué aux débats, statue au fond sans motiver le rejet implicite de ces conclusions. — Civ. c. 6 mars 1889, D.P. 89. 5. 317.

2488. ... De l'arrêt qui fait entrer dans le calcul de la lésion qu'un des époux se plaint d'avoir éprouvée à l'égard des reprises auxquelles aurait droit cet époux et tient il ne lui a pas été tenu compte dans la liquidation de la communauté, sans répondre aux conclusions prises en sens contraire par le défendeur à l'action en rescision. — Civ. c. 21 juill. 1880, D.P. 80. 1. 451. — V. *Code de procédure civile*, n° 667.

2489. ... De l'arrêt qui confirme par adoption de motifs des premiers juges un jugement ne contenant pas de motifs même implicitement applicables aux conclusions nouvelles prises devant la cour. — Civ. c. 19 mars 1890, D.P. 90. 5. 343. — Civ. c. 23 juin 1890, D.P. 90. 5. 343.

2490. ... Du jugement qui rejette, sans donner aucun motif, le moyen tiré par un actionnaire d'une clause des statuts d'une société et tendant à faire décider, par interprétation de cette clause, que le payement des intérêts de ses actions pouvait être effectué par un prélèvement sur le capital social. — Civ. c. 5 août 1885, D.P. 85. 5. 321.

2491. Un arrêt qui a eu à statuer sur deux chefs de contestation doit être cassé comme n'étant pas motivé, lorsque ses motifs se détruisent mutuellement, en ce sens que ceux donnés sur le premier chef sont en contradiction complète avec ceux donnés sur le second. — Civ. c. 7 janv. 1891, D.P. 91. 1. 51.

2492. Il en est spécialement ainsi, quand, d'une part, dans un premier ordre de motifs emprunté au jugement de première instance, l'arrêt qui annule pour dol une vente de fonds de commerce, affirme que la bonne foi de l'acheteur a été surprise, qu'il ignorait que le fonds cédé eût pour unique source de bénéfices la vente d'une substance frauduleusement fabriquée, et quand, d'autre part, le même arrêt, pour repousser, contrairement à l'opinion des premiers juges, une demande en dommages-intérêts formée par l'acheteur contre le vendeur, se fonde expressément sur ce qu'il résulte de tous les documents de la cause, « que l'acheteur connaissait parfaitement la nature du commerce qui lui était cédé, les fraudes qui en assuraient seules le succès ». — Même arrêt.

2493. Dans ces conditions, l'arrêt doit être cassé pour le tout, alors même qu'il n'est attaqué que par le vendeur relativement à l'annulation de la vente, un lien de connexité existant nécessairement entre ce chef principal de la décision et le chef accessoire concernant les dommages-intérêts refusés à l'acheteur. — Même arrêt.

§ 5. — *Adoption des motifs d'un jugement précédent; Conclusions nouvelles* [C. proc. civ. n°° 716 à 913].

A. — Adoption des motifs lorsqu'il n'y a pas de nouvelles conclusions (C. proc. civ. n°° 716 à 781).

2494. — I. **Décision sur appel** (C. proc. civ. n°° 717 à 755). — 1° *Confirmation avec adoption de motifs* (C. proc. civ. n°° 717 à 748). — Un arrêt est suffisamment motivé quand il emprunte, en les adoptant, les motifs, eux-mêmes suffisants, donnés par les premiers juges. — Req. 23 mai 1884, D.P. 82. 1. 170. — Req. 27 juill. 1882, D.P. 83. 1. 462-463. — V. *Code de procédure civile*, n° 718.

2495. L'arrêt qui, tout en réformant un jugement sur certains points, déclare s'en référer, sur le chef d'une demande reconventionnelle, aux motifs non contraires à sa décision, s'approprie ces motifs, et satisfait ainsi à l'obligation de motiver les décisions judiciaires. — C. cass. de Belgique, 19 janv. 1882, D.P. 82. 2. 81 et s.

2496. Lorsqu'un motif donné par le juge d'appel suffit à justifier sa décision, il importe peu qu'il se soit approprié en outre, à tort ou à raison, par une formule générale et surabondante, les motifs des premiers juges. — Civ. r. 7 déc. 1887, D.P. 89. 1. 147. — V. *supra*, n° 2386. — V. aussi *Code de procédure civile*, n° 783.

2497. La cour d'appel qui, tout en adoptant les motifs des premiers juges sur un chef de demande, donne elle-même des motifs sur un autre chef, ne peut être supposée avoir adopté ceux des motifs qui seraient inconciliables avec ceux qu'elle a donnés elle-même. — Req. 15 déc. 1884,

D.P. 86. 1. 120. — V. *Code de procédure civile*, nº 734.

2498. Bien qu'en général l'adoption de motifs doive être exprimée, et que l'omission de cette énonciation doive faire prononcer la nullité de l'arrêt qui confirme sans exprimer de nouveaux motifs, l'adoption de motifs ne se présument pas; cependant, comme la formule : *adoptant les motifs* n'est pas sacramentelle et peut être remplacée par une formule équivalente, il peut y avoir adoption virtuelle dans certains cas. — D.P. 86. 1. 376, note.

2499. Ainsi le juge du second degré adopte nécessairement, quoique sans le dire en termes exprès, les motifs du jugement de première instance, lorsqu'il déclare que le premier juge s'est fondé, pour repousser la demande, sur le droit qu'il a reconnu aux défendeurs d'agir comme ils l'ont fait. — Req. 5 juill. 1887, D.P. 87. 1. 325. — V. *Code de procédure civile*, nº 735.

2500. Il en est de même s'il ajoute qu'en cause d'appel, le demandeur n'allègue aucune raison de nature à infirmer le droit admis. — Req. 5 juill. 1887, D.P. 87. 1. 325. — V. *Code de procédure civile*, nº 735.

2501. De même, le tribunal d'appel qui déclare que le juge de paix, après s'être transporté sur les lieux, où il s'est livré aux constatations matérielles les plus complètes, a fait une saine appréciation des droits des parties, doit être réputé avoir adopté les motifs du jugement rendu en premier ressort. — Req. 3 nov. 1885, D.P. 86. 1. 376.

2502. La décision d'appel déclarant que « c'est à bon droit que la sentence du premier juge a maintenu le demandeur en possession de l'objet litigieux », doit également être réputée avoir implicitement adopté les motifs de cette sentence. — Civ. r. 24 janv. 1883, D.P. 84. 1. 456.

2503. Il n'est pas non plus nécessaire que l'arrêt qui se réfère aux motifs des premiers juges, en les adoptant, reproduise textuellement ces motifs. — Req. 5 avr. 1876, D.P. 78. 1. 11. — V. *Code de procédure civile*, nº 741.

2504. — 2º *Confirmation sans adoption de motifs* (C. proc. civ. nᵒˢ 749 à 755). — L'arrêt qui confirme un jugement sans en adopter les motifs et sans en donner de particuliers, est nul pour défaut de motifs. — Civ. c. 5 nov. 1883, D.P. 84. 5. 342. — V. *Code de procédure civile*, nº 750.

2505. Le jugement par lequel le tribunal d'appel, sans adopter les motifs du premier juge, confirme la décision attaquée par la raison qu'il n'a pas les éléments nécessaires pour statuer, n'est pas sérieusement motivé et manque de base légale. — Civ. c. 24 juill. 1884, D.P. 85. 1. 54.

2506. De même, l'arrêt qui, après avoir réformé un jugement sur certains chefs, démet les appelants de leurs appels relatifs aux autres chefs du jugement et confirme celui-ci, pour le surplus, sans en adopter expressément les motifs, est nul pour violation de l'art. 7 de la loi du 20 avr. 1810. — Civ. c. 23 mai 1882, D.P. 83. 1. 409.

2507. L'arrêt qui, après avoir motivé le rejet d'une demande en garantie, se borne à confirmer, dans son dispositif, le jugement rendu sur la demande principale, sans donner aucun motif ou sans énoncer qu'il adopte ceux des premiers juges, est également nul pour défaut de motifs relativement à cette dernière décision. — Civ. c. 11 juill. 1882, D.P. 83. 1. 224.

2508. Les juges d'appel ne peuvent maintenir la condamnation à des dommages-intérêts, par chaque jour de retard, à partir du jugement, alors que leur décision réduit essentiellement les condamnations principales prononcées par les premiers juges, et dont cette pénalité sanctionnait l'inexécution; et l'arrêt qui confirme purement et simplement, sur ce point, le jugement de première instance, sans rapporter aucun motif de sa décision, encourt la cassation. — Civ. c. 12 déc. 1876, D.P. 77. 1. 306-307.

2509. — II. Jugements se référant a des pièces de la cause ou a d'autres jugements (C. proc. civ. nᵒˢ 756 à 770). — Un arrêt est suffisamment motivé, lorsque, pour repousser les griefs élevés par une partie contre le travail d'un notaire liquidateur, il se réfère aux motifs donnés par le procès-verbal de liquidation sur les points contestés, afin de compléter les motifs propres aux juges d'appel. — Civ. c. 17 févr. 1886, D.P. 86. 1. 443.

2510. Quand la requête présentée au juge du référé expose qu'il y a nécessité de faire procéder, sans aucun retard, à l'expertise sollicitée, parce que les débris des objets incendiés, dont l'examen peut être utile, vont disparaître, l'ordonnance par laquelle il est déclaré, au vu de cette requête, « qu'il y a que célérité, mais urgence » contient, par référence, des motifs précis et explicites sur l'urgence en question. — Req. 30 nov. 1889, D.P. 90. 1. 163.

2511. Ces motifs répondent directement, et d'une façon suffisante, aux conclusions de la compagnie d'assurances qui niaient l'urgence; et il en est surtout ainsi, quand ces conclusions n'indiquaient pas les circonstances sur lesquelles se fondait cette dénégation. — Même arrêt.

2512. — III. Jugement par défaut ; Jugement sur opposition a un jugement par défaut (C. proc. civ. nᵒˢ 771 à 781). — L'arrêt qui déboute une partie de son opposition à un jugement par défaut, alors que cette partie n'a produit aucun moyen à l'appui de l'opposition, et qui ordonne l'exécution du premier arrêt selon sa forme et teneur, s'en approprie implicitement les motifs, et, dès lors, ne peut être annulé pour défaut de motifs. — Civ. r. 8 mars 1886, D.P. 86. 1. 415-416. — V. *Code de procédure civile*, nº 777.

B. — Adoption de motifs lorsqu'il y a des conclusions nouvelles (C. proc. civ. nᵒˢ 782 à 915).

2513. — I. Adoption de motifs ne s'appliquant pas aux conclusions nouvelles (C. proc. civ. nᵒˢ 782 à 834). — Lorsque des conclusions ont été prises pour la première fois en appel, l'arrêt qui, en statuant sur ces conclusions, se borne à adopter les motifs du jugement, est nul, si les motifs adoptés ne s'appliquent ni directement, ni implicitement aux conclusions nouvelles. — Civ. c. 7 avr. 1875, D.P. 77. 1. 371. — Civ. c. 23 déc. 1879, D.P. 80. 1. 136. — Civ. c. 13 juill. 1880, D.P. 81. 1. 74. — Civ. c. 11 août 1880, D.P. 80. 1. 365. — Civ. c. 21 mars 1882, D.P. 83. 1. 61. — Civ. c. 6 juin 1883, D.P. 83. 1. 447. — Civ. 4 juill. 1883, D.P. 84. 5. 340. — Civ. c. 26 août 1884, D.P. 84. 5. 338. — Civ. c. 31 déc. 1884, D.P. 85. 1. 364. — Civ. c. 3 août 1887, D.P. 87. 5. 288. — Civ. c. 16 et 17 avr. et 3 juill. 1889, D.P. 89. 5. 313-314. — Civ. c. 23 déc. 1889, D.P. 90. 1. 169. — V. *Code de procédure civile*, nº 783.

2514. Il en est ainsi, spécialement : ... de l'arrêt qui, sur l'appel d'un jugement ordonnant que le notaire chargé des opérations d'un partage recherchera si le prix d'une vente consentie par défaut à l'un des cohéritiers a été payé par celui-ci, maintient cette disposition et déboute, de plus, l'appelant des conclusions par lui prises pour la première fois devant la cour et tendant à faire déclarer principalement que la justification du payement dont il s'agit est faite dès à présent, et subsidiairement que la créance est éteinte, en se bornant à adopter les motifs des premiers juges, alors que le jugement confirmé ne renferme nuls motifs de la disposition relative à la vérification confiée au notaire, ni aucun motif pouvant s'appliquer directement ou indirectement aux conclusions nouvelles de l'appelant. — Civ. c. 11 août 1880, D.P. 80. 1. 365.

2515. ... De l'arrêt qui confirme par adoption de motifs un jugement condamnant le défendeur au payement d'une dette, sans s'expliquer sur les conclusions nouvelles par lesquelles la partie condamnée opposait en appel la prescription. — Civ. c. 24 août 1881, D.P. 81. 5. 256.

2516. ... De l'arrêt qui statue au fond en adoptant les motifs des premiers juges et rejette dès lors implicitement, sans s'expliquer sur ce point, une demande de sursis basée sur un fait postérieur au jugement. — Civ. c. 12 juill. 1882, D.P. 84. 5. 341.

2517. ... De l'arrêt qui, par adoption pure et simple des motifs du jugement et sans en donner de nouveaux, rejette les conclusions prises pour la première fois en appel et tirées soit de ce que le demandeur n'était, au payement du billet litigieux n'en est devenu tiers porteur qu'en vertu d'un endossement valant seulement comme mandat; soit de ce que l'engagement souscrit était nul pour défaut absolu de cause. — Civ. c. 3 juill. 1883, D.P. 84. 5. 339.

2518. ... De l'arrêt qui, dans une instance en résolution d'un bail et en restitution d'un matériel industriel, confirme, par adoption de motifs exclusivement applicables au caractère juridique du contrat, un jugement rejetant le moyen tiré par l'une des parties de la nature immobilière de l'objet revendiqué, sans s'expliquer sur les conclusions nouvelles par lesquelles la même partie opposait en appel l'absence de date certaine du bail sous signature privée relatif à cet objet. — Civ. c. 31 déc. 1884, D.P. 85. 1. 364.

2519. ... De l'arrêt qui refuse d'annuler une vente de marchandises faite par un dépositaire, par la raison unique énoncée dans le jugement que les marchandises avaient été l'objet de warrants régulièrement endossés, alors qu'en appel, pour la première fois, la partie qui poursuivait la nullité, concluait à ce qu'il fût reconnu, d'une part, que les formalités exigées pour la vente, par l'art. 93 C. com., n'avaient pas été accomplies, et, d'autre part, que des warrants n'avaient pu être valablement créés, lesdites marchandises ayant été déposées dans des locaux autres que ceux autorisés pour servir de magasins généraux. — Civ. c. 8 juill. 1885, D.P. 87. 1. 295.

2520. ... De l'arrêt qui rejette un moyen nouveau tiré de la déchéance d'un brevet d'invention et présenté pour la première fois en appel, en se bornant à énoncer qu'il est mal fondé, sans indication d'aucune raison de fait ou de droit, et sans, d'ailleurs, qu'aucun des motifs du jugement confirmé avec adoption de motifs réponde explicitement ou implicitement à ce moyen. — Civ. c. 14 nov. 1887, D.P. 87. 5. 293.

2521. Il en est ainsi également : ... dans le cas où des mineurs devenus majeurs, après avoir soutenu en première instance la nullité de la renonciation faite en leur nom par leur père, concluent, en appel, à être, si cette renonciation était reconnue valable, admis à reprendre la communauté et à l'accepter en l'état où elle se trouvait au moment de cette reprise. — Civ. c. 21 mars 1882, D.P. 83. 1. 61.

2522. ... Lorsque le jugement dont la cour s'est approprié les motifs a rejeté la demande de l'appelant, faute par lui d'avoir fait une offre qu'il a depuis produite dans ses conclusions prises devant le juge d'appel. — Civ. c. 4 juill. 1883, D.P. 84. 5. 340.

2523. De même, lorsqu'un ouvrier, victime d'un accident professionnel contre lequel il a été assuré par son patron, a conclu pour la première fois en appel à ce que celui-ci fût déclaré responsable à son égard pour avoir omis de remplir les conditions dont la police d'assurance lui faisait une obligation personnelle, l'arrêt qui rejette la demande sans s'expliquer sur le chef nouveau des conclusions, et en se référant exclusivement à l'état du litige en première instance, doit être annulé pour défaut de motifs. — Civ. c. 6 avr. 1887, D.P. 87. 5. 289.

2524. Mais l'arrêt qui confirme, par adoption de motifs, le jugement par lequel un seul groupe d'experts est commis à l'évaluation de biens situés les uns en France et les autres à l'étranger, motive suffisamment le rejet de conclusions prises pour la première fois en appel et tendant à faire nommer deux groupes distincts d'experts, l'un pour l'évaluation des biens sis en France et l'autre pour la même opération à l'étranger. — Civ. r. 3 févr. 1886, D.P. 87. 5. 292.

2525. Lorsque, sur l'appel d'un jugement qui a accueilli la demande d'un entrepreneur de travaux tendant à obtenir le prix d'ouvrages supplémentaires, par ce motif que l'état de ces travaux n'était pas contesté, l'appelant soutient, pour la première fois, que le contrat constituait un marché à forfait, et que, par suite, l'entrepreneur n'est pas recevable à réclamer le prix de ces ouvrages sans justifier de l'autorisation écrite du propriétaire, l'arrêt confirmatif qui adopte simplement les motifs des premiers juges, sans s'expliquer sur ce moyen nouveau, est nul pour défaut de motifs. — Civ. c. 1er mars 1887, D.P. 87. 5. 290-291.

2526. Lorsque le demandeur a conclu, en première instance, à ce qu'il fût dit, d'une part, qu'il n'avait jamais détenu certains effets de succession, objet des réserves d'un copartageant, d'autre part, que lesdites réserves devaient être rejetées comme calomnieuses, et lorsque le jugement s'est borné à suivre l'instance tant qu'il était cantonnée, il y a défaut de motifs dans l'arrêt qui adopte simplement ceux donnés par le tribunal, si en appel le demandeur a invoqué l'action de jactance et, a, en conséquence, demandé que l'auteur des réserves fût contraint de les produire en justice dans un certain délai, passé lequel il ne pourrait plus les faire valoir. — Civ. c. 14 mars 1888, D.P. 88. 1. 417, et la note.

2527. La cour d'appel, qui a déclaré par un premier arrêt surseoir à sa décision durant un délai déterminé pendant lequel l'intimé ou, à son défaut, la partie la plus diligente ferait juger par l'autorité compétente une exception préjudicielle proposée par l'appelant, ne peut, lorsqu'elle est saisie de nouveau du litige, rejeter sans donner de motifs les conclusions de l'appelant tendant à ce que l'intimé soit déclaré non recevable à suivre l'instance tant qu'il n'aura pas exécuté l'arrêt de sursis, d'ailleurs que l'appelant n'a conclu au fond que subsidiairement, et qu'il n'est pas justifié qu'il ait abandonné la fin de non-recevoir par lui proposée. — Civ. c. 12 févr. 1878, D.P. 78. 1. 371.

2528. Un arrêt ne peut rejeter sans motifs des conclusions subsidiaires prises pour la première fois devant la cour et auxquelles les motifs du jugement, qui sont adoptés, ne répondent pas implicitement. — Civ. c. 23 mars 1881, D.P. 81. 1. 417. — Civ. c. 24 juill. 1882, D.P. 84. 5. 344. — Civ. c. 29 juill. 1884, D.P. 87. 5. 292. — V. *Code de procédure civile*, n° 785.

2529. Il en est ainsi notamment : ... de l'arrêt qui rejette les conclusions subsidiaires tendant à ce qu'une créance soit renvoyée à un partage successif entre les ayant droit, en rejetant implicitement les motifs du jugement qui attribue cette créance à l'un des héritiers. — Civ. c. 24 juill. 1882, D.P. 84. 5. 344.

2530. ... De l'arrêt qui se borne à confirmer avec adoption de motifs le jugement repoussant les conclusions du demandeur tendant à la condamnation commune et solidaire de plusieurs débiteurs, alors que la cour était saisie de conclusions subsidiaires par lesquelles cette partie offrait de prouver que certains des débiteurs avaient reconnu la dette. — Civ. c. 29 juill. 1885, D.P. 87. 5. 292.

2531. ... De l'arrêt confirmatif, qui se borne à adopter les motifs des premiers juges, alors que l'appelant avait, par des conclusions subsidiaires, demandé une vérification dont il n'avait pas été question devant les premiers juges, et à laquelle les motifs adoptés ne pouvaient, dès lors, avoir aucune application. — Civ. c. 19 août 1879, D.P. 82. 1. 470.

2532. ... De l'arrêt qui décide, en adoptant simplement les motifs des premiers juges, que la cession des droits et bénéfices résultant d'une assurance sur la vie contractée par l'un des membres d'une société est nulle, lorsqu'elle a été consentie à titre gratuit par le stipulant à un tiers, postérieurement à la cessation des paiements de la société, alors que le répondent pas à ces conclusions tendant à être déchargé de toute condamnation en raison de ce qu'il n'avait fait aucun bénéfice, les motifs du jugement ne répondant pas à ces conclusions. — Civ. c. 17 août 1880, D.P. 81. 1. 403.

2533. Un arrêt qui rejette des conclusions additionnelles et des conclusions subsidiaires prises pour la première fois en appel, est nul pour violation de l'art. 7 de la loi du 20 avr. 1810, lorsque les motifs des premiers juges, adoptés purement et simplement par la cour, ne répondent pas à ces conclusions. — Civ. c. 12 mars 1879, D.P. 80. 5. 250. — Civ. c. 11 août 1880, D.P. 80. 1. 365.

2534. Le juge d'appel est tenu de motiver spécialement le rejet d'une fin de non-recevoir expressément formulée dans les conclusions prises pour la première fois devant lui, lorsque ce rejet n'est justifié par aucun des motifs donnés sur le fond par le jugement que la cour s'est approprié. — Civ. c. 25 juill. 1881, D.P. 82. 1. 182.

2535. En conséquence, l'arrêt qui rejette par l'adoption pure et simple des motifs du jugement une fin de non-recevoir proposée pour la première fois en appel, doit être annulé, si les motifs adoptés ne répondent ni explicitement ni implicitement à cette fin de non-recevoir tirée d'un fait constaté seulement des énonciations de l'acte d'appel. — Civ. c. 20 juill. 1885, D.P. 87. 5. 290.

2536. Lorsque, par des conclusions formelles prises pour la première fois devant la cour d'appel, une partie a élevé, contre l'action en résiliation d'une convention, une fin de non-recevoir tirée des termes mêmes de cette convention, l'arrêt qui, confirmant le jugement de résiliation, se borne à adopter les motifs, fondés exclusivement sur ce que, dans la situation des parties, toutes relations entre elles étaient désormais impossibles, doit être annulé comme rejetant implicitement une exception proposée, sans motiver sa décision sur ce point. — Civ. c. 17 mai 1886, D.P. 87. 1. 54.

2537. Est nul pour défaut de motifs l'arrêt qui, en rejetant implicitement une exception proposée pour la première fois en appel, se borne à adopter les motifs du jugement dans lesquels cette exception n'a pu être appréciée. — Civ. c. 1er juill. 1878, D.P. 78. 1. 344. — V. *Code de procédure civile*, n° 824.

2538. Il en est ainsi de l'arrêt qui confirme purement et simplement, avec adoption de motifs, un jugement de jou, alors que l'appelant a proposé devant la cour une exception d'incompétence et une fin de non-recevoir tirée du défaut de qualité du demandeur. — Civ. c. 26 août 1884, D.P. 84. 5. 339.

2539. De même, lorsque, sur l'exception d'incompétence proposée dans l'acte d'appel d'une sentence du juge de paix, le tribunal d'appel se borne à confirmer purement et simplement la décision au fond, le rejet implicite de l'exception d'incompétence est dépourvu de motifs. — Civ. c. 14 juin 1882, D.P. 84. 5. 339. — Civ. c. 16 janvier 1883, D.P.

84. 5. 339. — V. *Code de procédure civile*, n° 825.

2540. Lorsqu'un défendeur a été condamné au fond par défaut, tant en première instance qu'en appel, par le motif que la demande semblait juste et fondée, l'exception d'incompétence qu'il invoque, en faisant opposition à l'arrêt de défaut, soulève une question nouvelle, sur laquelle il est indispensable que la cour s'explique. — Civ. c. 18 déc. 1888, D.P. 89. 1. 395.

2541. En conséquence, l'arrêt qui rejette l'opposition et ordonne au fond que le jugement entrepris ainsi que l'arrêt de défaut sortiront à effet, se borne à se référer aux motifs de ces décisions, n'est pas motivé en ce qui concerne la question d'incompétence soulevée, et peut encourir la cassation. — Même arrêt.

2542. L'arrêt qui, sur l'appel d'un jugement par lequel le tribunal statuait au fond sans s'arrêter à une exception d'incompétence proposée devant lui, confirme le jugement attaqué avec adoption de motifs, est nul pour défaut de motifs, s'il résulte de l'expédition de ce jugement qu'aucun motif concernant l'exception d'incompétence n'y était contenu. — Civ. c. 14 août 1888, D.P. 88. 5. 321. — V. *Code de procédure civile*, n° 826.

2543. — II. Adoption de motifs applicables aux conclusions nouvelles (C. proc. civ. n°s 832 à 915). — 1° *Conclusions d'appel rentrant dans les conclusions de première instance* (C. proc. civ. n°s 832 à 851). — Un arrêt qui adopte les motifs des premiers juges est suffisamment motivé, si les conclusions prises en appel ne font que reproduire sous une forme nouvelle les conclusions présentées en première instance. — Req. 28 mars 1876, D.P. 77. 1. 492. — Req. 19 janv. 1887, D.P. 87. 1. 484. — V. *Code de procédure civile*, n° 832.

2544. Spécialement, si une articulation de faits a été écartée par les juges de première instance comme non pertinente, et si la partie qui l'a présentée la développe en appel sous une forme nouvelle en la confondant avec des faits déjà produits avec d'autres nouvellement articulés, la cour, en adoptant d'une manière générale les motifs des premiers juges, déclare suffisamment la non-pertinence et la non-admissibilité de l'articulation. — Arrêt préc. 28 mars 1876.

2545. L'arrêt qui, tout en donnant de nouveaux motifs, adopte pour le surplus ceux des premiers juges, répond suffisamment à des conclusions subsidiaires présentées pour la première fois en appel qui ne sont que la reproduction, sauf une simple différence de chiffres, de celles prises en première instance, et sur lesquelles a statué le jugement confirmé. — Req. 21 janv. 1879, D.P. 80. 1. 298.

2546. L'arrêt qui confirme le jugement de première instance avec adoption de motifs, n'est pas tenu de motiver spécialement sa décision sur un chef inséré pour la première fois dans le dispositif des conclusions d'appel, si ce chef n'est un moyen qui ne soit que la reproduction d'un moyen déjà présenté dans les conclusions prises devant les premiers juges, auquel il a été répondu, et qui a été reproduit dans les qualités de l'arrêt. — Req. 23 mai 1881, D.P. 82. 1. 176.

2547. L'arrêt confirmatif, qui adopte les motifs des premiers juges comme répondant à tout ce qui a trait à l'objet du litige, motive suffisamment le rejet d'une fin de non-recevoir, présentée seulement en appel, d'ailleurs que ce moyen a été signalé à l'attention des premiers juges lors de l'exception. — Req. 3 août 1880, D.P. 81. 1. 429.

2548. Spécialement, lorsqu'un jugement constate qu'une demande en réparation de l'usurpation d'une marque de fabrique a été précédée du dépôt régulier de cette marque, et que cette demande est, par suite, recevable, l'arrêt qui s'approprie ce motif reposaut sur un fait précis et indivisible, répond à la fin de non-recevoir tirée de l'omission de ce dépôt et proposée seulement en appel. — Même arrêt.

2549. Quand le premier juge repousse la demande d'une nouvelle expertise sur les comptes des parties, en arguant de la régularité de la comptabilité et du caractère peu sérieux des critiques formulées, les motifs de sa décision, s'ils sont adoptés par le juge du second degré, deviennent applicables aux conclusions d'appel, par lesquelles la même demande de supplément d'expertise était reproduite, avec de nouveaux griefs. — Civ. r. 27 juin 1888, D.P. 89. 1. 96.

2550. — 2º *Motifs du jugement répondant implicitement aux conclusions nouvelles* (C. proc. civ. nos 858 à 895). — Bien qu'un arrêt n'ait pas motivé d'une façon spéciale le rejet des conclusions prises pour la première fois en appel, cet arrêt n'est pas nul pour défaut de motifs si le rejet des conclusions d'appel se trouve justifié par les motifs du jugement de première instance confirmé avec adoption de motifs. — Req. 30 avr. 1878, D.P. 78. 1. 349. — Req. 24 mai 1879, D.P. 80. 4. 71. — Req. 23 déc. 1879, D.P. 80. 1. 453. — Req. 27 juill. 1880, D.P. 81. 1. 117. — Civ. r. 27 juill. 1881, D.P. 83. 1. 25. — Req. 2 déc. 1885, D.P. 86. 1. 422. — V. *Code de procédure civile*, nº 858.

2551. Il est ainsi spécialement, lorsque, sur des conclusions prises en appel par un agent de remplacement et tendant à faire peser sur le remplacé la responsabilité d'un service militaire de quelques jours que celui-ci avait dû faire à la suite de la désertion du remplaçant, la cour d'appel a purement et simplement adopté les motifs des premiers juges portant que la responsabilité des conséquences de la désertion du remplaçant incombait à l'agent de recouvrement. — Req. 30 avr. 1878, D.P. 78. 1. 349.

2552. De même, lorsqu'une partie allègue pour la première fois devant le juge d'appel que son consentement a été vicié par la violence et le dol, il suffit, pour repousser implicitement ces conclusions, que la cour adopte les motifs du jugement, par lesquels il est déclaré que ce consentement a été l'expression de la libre volonté de la partie. — Req. 14 mai 1879, D.P. 80. 1. 71.

2553. De même encore, l'arrêt qui adopte les motifs d'un jugement d'où il résultait, en fait, que l'approbation avait eu lieu pour les comptes de premier établissement d'une société comme pour les autres comptes, motive suffisamment le rejet de la prétention élevée en appel que les comptes de premier établissement n'avaient jamais été rendus. — Civ. r. 27 juill. 1881, D.P. 83. 1. 25.

2554. L'arrêt qui, dans une instance en nullité d'un testament authentique pour insanité d'esprit du testateur, se borne à adopter les motifs des premiers juges, est suffisamment motivé, bien que devant la cour d'appel de nouvelles articulations aient été ajoutées à celles qui avaient été produites devant les premiers juges, alors que ces motifs, par leur généralité, peuvent répondre aux unes et aux autres. — Req. 6 juin 1877, D.P. 78. 1. 40.

2555. Lorsque le tribunal, saisi d'une demande en réduction de donation, a ordonné qu'il serait procédé à l'appréciation de cette libéralité d'après la valeur des immeubles héréditaires au jour du décès du donateur, et que la liquidation de la succession, faite sur cette base, a été homologuée par un jugement qui déclare qu' « elle est exacte de tous points », l'arrêt qui confirme ce jugement par adoption des motifs des premiers juges, motive suffisamment par là le rejet des conclusions prises pour la première fois en appel par le donataire et tendant à faire estimer la valeur des immeubles à une date postérieure au décès. — Req. 16 juill. 1879, D.P. 80. 1. 217.

2556. Un arrêt qui, en adoptant les motifs des premiers juges qui constatent qu'un juge-

ment, rendu contre un sujet suisse n'ayant pas comparu, ni personne pour lui, doit être considéré comme un jugement par défaut susceptible d'opposition, répond implicitement aux conclusions par lesquelles la partie adverse prétend devant la cour d'appel que ce sujet suisse, ayant envoyé au tribunal des notes et documents pour décliner la compétence de l'autorité judiciaire française, n'avait pu être déclaré défaillant. — Req. 11 juin 1879, D.P. 80. 1. 21.

2557. Mais un arrêt répond explicitement à l'allégation d'une partie, devant la cour, qu'une certaine clause n'existe pas dans un cahier des charges d'adjudication de travaux, alors que cet arrêt adopte les motifs du jugement qui a déclaré que ladite clause est insérée dans le cahier des charges en question. — Civ. c. 4 mars 1889, D.P. 89. 1. 426.

2558. L'arrêt qui adopte les motifs du jugement d'un tribunal de commerce qui ne porte aucune condamnation et se borne à interpréter une décision précédente sans régler aucune difficulté d'exécution, alors que ces motifs écartent l'application de l'art. 442 C. proc. civ., motive suffisamment le rejet des conclusions d'appel tendant à faire déclarer que cet article avait été violé. — Civ. r. 15 nov. 1887, D.P. 89. 1. 153.

2559. Il n'y a point lieu de rechercher si c'est à tort qu'un arrêt a déclaré rejeter, comme nouvelle, une demande qui ne serait que l'accessoire et le développement d'une demande formulée en première instance, lorsque ce rejet est motivé, en outre, par l'adoption des motifs des premiers juges, et que quelques-uns de ces motifs justifient le rejet implicite des conclusions prises pour la première fois devant la cour. — Civ. r. 23 nov. 1881, D.P. 82. 1. 417.

2560. L'arrêt qui, sur les conclusions tendant, dans une instance en liquidation, à la substitution d'une date à une autre et à la restitution de certaines valeurs motivée par ce changement, ne donne de motifs que sur le premier point en adoptant pour le surplus ceux du jugement, motive suffisamment sa décision, lorsque la date, ainsi rectifiée, sert de point de départ au compte à établir du chef des restitutions ordonnées avec motifs par le tribunal. — Civ. r. 23 mai 1882, D.P. 83. 1. 409.

2561. L'arrêt qui confirme, par adoption de motifs, la décision par laquelle les premiers juges ont reconnu à une partie le droit d'appuyer une construction sur un mur contigu à son immeuble, motive suffisamment le rejet des conclusions prises pour la première fois en appel par le propriétaire de ce mur, et tendant à faire ordonner que ladite construction serait reculée à la distance légale. — Req. 24 mars 1884, D.P. 84. 1. 387.

2562. L'arrêt qui refuse d'ordonner une enquête sur les faits déjà constatés par le jugement dont il adopte les motifs, est suffisamment motivé, sans qu'il ait besoin de réfuter spécialement chacune des allégations dont il affirme d'ailleurs de nouveau le mal fondé. — Req. 20 juin 1888, D.P. 89. 1. 282.

2563. Lorsqu'après avoir pris en première instance des conclusions spéciales et personnelles sur un point du litige, l'une des parties se borne à en déclarer, en appel, se borner à adhérer aux conclusions prises par les autres parties coïntéressées en première instance, l'arrêt qui adopte les motifs donnés par les premiers juges sur ces dernières conclusions est suffisamment motivé. — Civ. r. 26 janv. 1887, D.P. 87. 1. 275.

2564. L'arrêt qui s'approprie les motifs des premiers juges pour écarter comme dénuée de précision des faits articulés pour la première fois en appel, déclare implicitement qu'une nouvelle articulation n'est pas précisée, et il est suffisamment motivé sur ce point. — Même arrêt.

2565. Lorsqu'un arrêt confirme avec adoption de motifs le jugement de première instance, qui attribue à l'un des époux la garde

de tous les enfants issus de l'union conjugale, il n'est pas tenu de motiver spécialement le rejet des conclusions prises en appel par l'autre époux pour obtenir la garde de deux d'entre eux. — Req. 23 févr. 1881, D.P. 81. 1. 344.

2566. Est suffisamment motivé l'arrêt qui, statuant sur des conclusions tendant à établir une nouvelle déchéance encourue par l'assuré, en outre de celles rejetées par le tribunal, déclare, en adoptant les motifs des premiers juges, qu'après les constatations faites contre eux, la preuve offerte serait inutile et frustratoire. — Req. 15 mars 1880, D.P. 80. 1. 405.

2567. L'arrêt qui porte « adoptant les motifs du jugement, qui s'appliquent à toutes les questions soulevées par les conclusions des parties tant en première instance qu'en appel », ne peut, en adduisant qu'il soit incomplètement motivé, être annulé pour défaut de motifs. — Req. 12 juin 1876, D.P. 78. 1. 151.

2568. — 3º *Rejet de conclusions subsidiaires* (C. proc. civ. nos 896 à 915). — Les motifs par lesquels les premiers juges ont repoussé une demande principale peuvent s'appliquer virtuellement à des conclusions subsidiaires prises devant les juges d'appel et en justifier le rejet. — Req. 5 août 1878, D.P. 79. 1. 71. — Req. 13 févr. 1882, D.P. 82. 1. 129. — Civ. r. 18 juill. 1888, D.P. 89. 1. 97. — V. *Code de procédure civile*, nº 896.

2569. Et des conclusions subsidiaires prises seulement en appel trouvent une réponse suffisante dans les motifs du jugement adoptés par l'arrêt, quand l'ensemble de ces motifs se réfère implicitement à la prétention formulée dans lesdites conclusions subsidiaires. — Req. 25 juill. 1882, D.P. 83. 1. 106-107.

2570. Un arrêt n'est pas nul pour n'avoir pas motivé spécialement le rejet de conclusions subsidiaires à fin d'enquête, lorsqu'il a, dans ses motifs généraux sur le chef principal, admis comme base de sa décision des faits contredisant ceux que la partie demandait à prouver. — Civ. r. 26 juill. 1881, D.P. 82. 1. 101-102.

2571. Il en est ainsi notamment lorsque, les conclusions subsidiaires tendant à prouver que la marchandise litigieuse s'était détériorée après la livraison à l'acheteur, l'arrêt déclare que cette marchandise n'avait pas, le jour même de la vente, les qualités requises par le destinataire et prévues par le contrat. — Même arrêt.

2572. L'arrêt qui repousse à la fois les conclusions principales et les conclusions subsidiaires prises pour la première fois en appel, en appliquant expressément aux unes et aux autres les motifs donnés par le juge de première instance et l'avis des experts nommés par cour, est suffisamment motivé. — Req. 11 juin 1877, D.P. 78. 1. 409.

2573. Les motifs donnés par un jugement à l'appui du rejet des conclusions prises par le défendeur pour faire déclarer non recevable une action possessoire, justifient suffisamment le rejet de conclusions subsidiaires tendant à faire ordonner une descente sur les lieux. — Civ. c. 18 juill. 1877, D.P. 78. 1. 365.

2574. Les conclusions subsidiaires posées en appel pour la première fois, mais qui ne sont que les déductions d'un système proposé en première instance et repoussé catégoriquement par les premiers juges, peuvent être rejetées par leur adoption pure et simple des motifs des premiers juges, et sans qu'il soit besoin de donner pour ce rejet d'autres motifs subsidiaires à l'appui de ce rejet. — Req. 14 juin 1876, D.P. 76. 1. 484.

2575. Ainsi l'arrêt, qui adopte purement et simplement les motifs des premiers juges, fondés sur ce que le vendeur ne justifiait pas avoir payé de droits supplémentaires sur les marchandises par lui expédiées, répond suffisamment à des conclusions subsidiaires prises en appel et tirées de la production de quittances dont l'application auxdites marchandises n'est pas établie. — Civ. r. 16 juill. 1877, D.P. 77. 1. 393.

2576. De même, un arrêt répond suffisamment à des conclusions subsidiaires prises pour la première fois en appel et tendant à faire déclarer qu'aucun préjudice n'est résulté du retard apporté au transport de marchandises, lorsque, par ses motifs propres et le dispositif du jugement qu'il s'approprie en le confirmant, il constate l'existence d'un préjudice causé au destinataire de ces marchandises. — Civ. r. 28 janv. 1884, D.P. 84. 1. 338.

2577. Lorsque dans une action ayant pour objet la suppression d'un dépôt de matériaux établi près d'une maison, le demandeur a, sans exciper d'aucun règlement ni usage particulier, réclamé subsidiairement le reculement du dépôt à deux mètres de son immeuble, en se fondant sur ce qu'entretenait une humidité nuisible aux murs et constituait un danger permanent d'incendie, le jugement qui rejette les conclusions prises à cet effet est régulièrement motivé, s'il constate que le dommage allégué n'existe pas, et que le dépôt ne peut causer aucun préjudice aux droits du demandeur. — Req. 3 févr. 1875, D.P. 76. 1. 499.

2578. L'arrêt qui se fonde, pour ordonner la suppression d'une fosse à fumier, sur la défense faite par un arrêté municipal de former aucun dépôt de fumier dans l'intérieur d'une ville, où se trouve la fosse litigieuse, motive implicitement, mais suffisamment, le rejet de conclusions subsidiaires offrant de prouver qu'il existe dans ladite ville un dépôt de fumier et qu'aucune poursuite n'a été jamais dirigée contre le propriétaire de la fosse. — Req. 28 nov. 1883, D.P. 85. 1. 29.

2579. Lorsque le défendeur à une complainte tendant pour objet la jouissance des eaux courantes a demandé par des conclusions subsidiaires à être maintenu dans le droit de faire de ces eaux un usage incompatible avec la jouissance invoquée par le demandeur, le rejet de ces conclusions est suffisamment motivé par le jugement qui déclare que le demandeur a rempli toutes les conditions prescrites par l'art. 23 C. proc. civ. — Req. 8 déc. 1874, D.P. 76. 1. 432. — V. *supra*, n° 546 et s.

§ 6. — *Motifs implicites ou virtuels (C. proc. civ. n° 916 à 1057).*

2580. — I. Motifs résultant du dispositif (C. proc. civ. n° 915 et 917). — Un arrêt répond suffisamment à l'égard de la demande d'une mesure d'instruction formée par une partie, lorsque son dispositif applique formellement les motifs du fond au rejet de toutes les conclusions tant principales qu'incidentes de cette partie. — Req. 17 févr. 1879, D.P. 80. 1. 340.

2581. — II. Motifs spéciaux résultant de motifs généraux (C. proc. civ. n° 918 à 922). — Il n'est pas nul pour n'avoir pas motivé spécialement le rejet d'un chef de conclusions si les motifs énoncés pour repousser la demande en général s'étendent implicitement à ce chef. — Req. 27 déc. 1880, D.P. 81. 1. 421. — V. *Code de procédure civile*, n° 879.

2582. Ainsi, en décidant que l'acquéreur d'un immeuble ne peut à aucun titre être tenu de le délaisser ou d'en payer la valeur, l'arrêt repousse d'une manière implicite, sans qu'il soit besoin de plus amples motifs, les conclusions tendant à ce que l'acquéreur soit tenu de subir l'estimation de l'immeuble. — Req. 18 déc. 1889, D.P. 90. 1. 373.

2583. L'arrêt qui déclare qu'un mandat, en vertu duquel une partie a été représentée dans un acte, n'est pas contesté, répond implicitement à des conclusions tendant à faire prononcer la nullité de cet acte pour

défaut de consentement de la partie représentée en l'acte par un mandataire. — Req. 25 juill. 1876, D.P. 78. 1. 123.

2584. Est aussi suffisamment motivé l'arrêt qui applique formellement la série de ses considérants à toutes les conclusions des parties, et qui, notamment ce qui concerne le jugement interlocutoire, affirme l'inutilité de l'enquête ordonnée. — Req. 30 déc. 1878, D.P. 79. 1. 231.

2585. Le juge n'est pas tenu de répondre d'une manière spéciale aux conclusions par lesquelles le directeur d'une compagnie de transports demande l'application de la police qui charge l'assureur de la responsabilité de la baraterie du patron d'un navire assuré, lorsque son jugement, expliquant les motifs pour lesquels ce directeur est seul responsable de la perte dudit navire, exclut par là même la baraterie du patron. — Req. 27 nov. 1883, D.P. 85. 1. 38.

2586. L'arrêt qui rejette des conclusions tendant à prouver des faits engageant la responsabilité d'un receveur particulier, par ce motif implicite que ces faits seraient postérieurs aux détournements du percepteur et à son insolvabilité, est suffisamment motivé. — Req. 9 août 1882, D.P. 83. 1. 329.

2587. L'arrêt qui décide que la vente d'actions à l'émission constitue une vente conditionnelle de titres, subordonnée à leur émission et délivrance par la société, répond par cela même implicitement à la prétention du vendeur d'avoir vendu le droit tel quel aux actions, et non les actions elles-mêmes. — Req. 6 juill. 1887, D.P. 87. 1. 452.

2588. En mentionnant le titre authentique en vertu duquel un créancier poursuit son débiteur, et en relevant les circonstances et la qualité dans lesquelles celui-ci aurait fait entre les mains du tiers, un versement dont il prétend induire sa libération, le juge a pu déclarer implicitement que ce débiteur ne s'est pas valablement libéré, et motive, dès lors, suffisamment la condamnation en capital et intérêts prononcée contre lui. — Civ. r. 7 mars 1887, D.P. 87. 1. 463.

2589. De même, est suffisamment motivé l'arrêt qui rejette, en se fondant sur l'acquiescement général donné par la partie saisie au jugement d'adjudication, les conclusions nouvelles de cette partie tendant à établir une distinction entre le droit de l'un des adjudicataires et celui des autres adjudicataires et celui du poursuivant. — Req. 14 mai 1879, D.P. 80. 1. 71.

2590. L'arrêt qui déclare qu'un acte ne contient pas une donation, mais la reconnaissance d'une dette effective, motive implicitement le rejet de conclusions tendant à l'annulation de cet acte comme renfermant une libéralité déguisée. — Req. 25 juill. 1876, D.P. 78. 1. 123.

2591. L'arrêt qui, appelé à statuer sur l'appel interjeté au nom des héritiers mineurs d'une femme dotale, ne se borne pas à donner défaut-congé contre leur tuteur, mais qui, en adoptant les motifs des premiers juges, déclare que l'obligation résultant du dol personnel de l'auteur des mineurs doit être exécutée même sur ses biens dotaux, motive suffisamment la confirmation qu'il prononce à l'égard desdits mineurs. — Req. 17 févr. 1880, D.P. 78. 1. 55-56.

2592. Mais il y a lieu d'annuler pour défaut de motifs la disposition de l'arrêt qui rejette les conclusions d'une partie tendant à la suppression d'un mémoire diffamatoire et calomnieux, en s'abstenant de se motiver et en se bornant à déclarer ce rejet et en se bornant à déclarer à cet égard qu'il ne s'arrête pas aux autres conclusions tant principales que subsidiaires de l'appelant. — Civ. r. 17 févr. 1880, D.P. 86. 1. 443-444.

2593. L'arrêt qui, pour déclarer fausse la cause exprimée dans le titre de la créance, se fonde sur ce que les énumérations mêmes de ce titre démontrent que ladite cause n'est pas réelle, répond suffisamment aux conclu-

sions par lesquelles le créancier soutient qu'il n'existe aucun commencement de preuve par écrit de la simulation alléguée. — Req. 14 juin 1880, D.P. 81. 1. 317.

2594. — III. Motifs résultant des motifs donnés sur un autre chef de demande (C. proc. civ. n° 923 à 972). — Une décision est suffisamment motivée sur tous les chefs de conclusions, si les motifs donnés sur l'un ou plusieurs chefs s'étendent à tous les autres. — Req. 5 août 1875, D.P. 76. 1. 389. — Civ. r. 11 janv. 1882, D.P. 84. 5. 344.

2595. Spécialement, un arrêt motive suffisamment le rejet de conclusions tendant à faire déclarer qu'un locataire principal n'avait pris aucun engagement à l'égard du sous-locataire quant au mode de jouissance des lieux loués, lorsqu'il déclare que le contrat de sous-location ne peut plus recevoir l'exécution originairement prévue par les parties. — Arrêt préc. 11 janv. 1882.

2596. Le juge d'appel, en déclarant un appel non recevable, motive virtuellement le rejet des conclusions en sursis prises par l'appelant, et qui, à raison de cette déclaration, sont devenues sans objet. — Req. 29 janv. 1877, D.P. 78. 1. 126.

2597. Les motifs donnés par un arrêt pour refuser d'ordonner une enquête et un rapport de médecins aliénistes sollicitée à l'effet de constater l'insanité d'esprit d'un testateur, suffisent pour repousser la demande d'un compulsoire faite, en première instance et en appel, dans les mêmes termes que la demande de rapport et d'enquête, et n'ayant pas, en apparence, d'autre but. — Req. 6 juin 1877, D.P. 78. 1. 40.

2598. Un arrêt est suffisamment motivé, bien qu'il ne contienne pas d'explications spéciales sur le rejet du chef de conclusions présentées par l'une des parties et tendant à faire déclarer que le titre invoqué par son adversaire était trop vague pour servir de base à une servitude, s'il précise l'objet de cet acte et détermine les droits qu'il confère. — Req. 29 mai 1877, D.P. 77. 1. 425.

2599. L'arrêt qui déclare qu'un marché intervenu entre des parties ne constituait pas un contrat unique, mais qu'il se subdivisait en un contrat de vente de peaux en poils et en un contrat de louage d'industrie pour le mégissage de ces peaux, répond par là même au chef de conclusions pris par l'appelant pour faire déclarer que le marché consistuait un marché à livrer de peaux mégies. — Req. 1er juill. 1874, D.P. 76. 1. 473-474.

2600. Les conclusions par lesquelles le propriétaire du fonds servant demandait l'enlèvement de remblais déposés sur son héritage pour faciliter le passage et le rétablissement des lieux dans leur état primitif, n'étant que la conséquence du refus du droit de passage, l'arrêt qui, sans s'expliquer à cet égard, déclare maintenir ce droit, maintient forcément les dépôts de déblais destinés à en assurer l'exercice, et dès lors cet arrêt est suffisamment motivé. — Req. 7 mai 1879, D.P. 79. 1. 460.

2601. Lorsque le preneur qui a formé contre son bailleur une action en résiliation de bail pour défaut de jouissance, se fondant uniquement sur le trouble que lui cause la reconstruction d'un mur mitoyen, demande au cours du procès par des conclusions subsidiaires que la résiliation soit prononcée à raison d'autres causes dont il ne s'est répété depuis l'exploit introductif d'instance, le jugement qui accueille cette demande subsidiaire motive suffisamment le rejet de ces conclusions prises par le défendeur pour la faire écarter comme nouvelle, s'il contient une disposition dans laquelle le juge déclare d'une manière générale rejeter toutes autres conclusions des parties, lesquelles sont explicitement ou implicitement repoussées par les motifs de sa décision. — Req. 3 juill. 1878, D.P. 80. 1. 77.

2602. — IV. Motifs relatifs aux conclusions principales et aux conclusions subsidiaires (C. proc. civ. nᵒˢ 973 à 997). — Est suffisamment motivé l'arrêt qui, sans motifs distincts, rejette une demande principale et des conclusions subsidiaires, si celles-ci ne sont que l'accessoire et le corollaire de la première. — Req. 10 févr. 1879, D.P. 79. 1. 265. — V. *Code de procédure civile*, nᵒ 973.

2603. De même, l'arrêt qui contient des motifs de fait et de droit justifiant la solution de la question principale qu'il résout, motive suffisamment par là même le rejet des conclusions accessoires et subsidiaires, quand la solution donnée sur la question principale exclut virtuellement l'examen de ces conclusions. — Req. 15 mai 1876, D.P. 76. 1. 436-437.

2604. L'arrêt qui rejette une demande en nullité de la cession de marchandises destinées à former un produit illicite, par le motif qu'en dehors de cet emploi, elles étaient susceptibles d'un usage licite et commercial, répond implicitement et avec une précision suffisante à des conclusions subsidiaires tendant à ce que la valeur des marchandises prétendues illicites soit défalquée des traites acceptées en payement de la cession. — Req. 12 févr. 1883, D.P. 83. 1. 450.

2605. Un arrêt est suffisamment motivé, lorsque, sur des conclusions subsidiaires prises devant la cour et tendant à ce qu'un avancement d'hoirie figure dans la masse active de la succession et soit soumis à la réunion fictive prévue par l'art. 922 C. civ., il se borne à constater que les premiers juges ont reconnu le caractère gratuit de cette avance, qu'ils en ont ordonné le retranchement de l'actif de la succession, et qu'il n'est préjudicié en rien à l'art. 922 dont l'application demeure entièrement réservée. — Req. 19 juill. 1881, D.P. 82. 1. 220.

2606. — V. Motifs implicites du rejet d'une exception d'une fin de non-recevoir (C. proc. civ. nᵒˢ 998 à 1018). — Les motifs à l'aide desquels un arrêt a déclaré une partie bien fondée dans sa demande justifient suffisamment le rejet d'une fin de non-recevoir opposée à l'intervention de cette partie. — Req. 27 juill. 1886, D.P. 87. 1. 107-108. — Civ. r. 26 avr. 1887, D.P. 88. 1. 35.

2607. Spécialement, lorsqu'un transporteur maritime, actionné en payement de dommages-intérêts pour avaries causées à des marchandises qu'il a transportées par mer, oppose à cette action que ces avaries ont été occasionnées par le gros temps et que s'agissant en est seul responsable, le rejet de cette fin de non-recevoir est suffisamment motivé, par l'ensemble des motifs du jugement desquels il résulte que lesdites avaries ont été produites par le mauvais arrimage des marchandises. — Civ. r. 26 avr. 1887, D.P. 88. 1. 35.

2608. Le rejet d'une fin de non-recevoir opposée à une action possessoire et tirée de ce que le demandeur aurait perdu la possession d'une servitude de passage par suite de changements apportés dans la situation des héritages est suffisamment motivé, lorsqu'il résulte implicitement du jugement que ces changements ont été opérés dans des lieux autres que ceux où devait s'exercer la servitude. — Civ. r. 13 juill. 1886, D.P. 87. 1. 74.

2609. L'arrêt qui constate qu'un négociant français s'est approprié et a régulièrement conservé une marque de fabrique avant l'époque où un étranger l'aurait employée lui-même hors de France et a préalablement à une décision étrangère invoquée par lui l'étranger avait à l'appui de la marque de fabrique hors de France répond suffisamment au moyen tiré de l'autorité de la chose jugée à l'étranger. — Req. 3 août 1880, D.P. 81. 1. 429. — J.G.S. *Chose jugée*, 184.

2610. Le rejet de l'exception de chose jugée tirée d'un précédent jugement est suffisamment, quoiqu'implicitement motivé par les constatations de la décision, desquelles il résulte que celle-ci a statué sur un objet autre que celui du premier jugement. —

Req. 27 juin 1881, D.P. 82. 1. 163. — V. *Code de procédure civile*, nᵒ 1015.

2611. — VI. Motifs implicites du rejet ou de l'admission d'une offre de preuve ou d'une expertise (C. proc. civ. nᵒˢ 1019 à 1033). — 1ᵒ *Offre de preuves* (C. proc. civ. nᵒˢ 1019 à 1025). — Le rejet de conclusions subsidiaires à fin de preuve est suffisamment motivé par les motifs donnés pour le rejet des conclusions principales, alors que ces conclusions subsidiaires sont sans objet. — Req. 4 avr. 1887, D.P. 88. 1. 414. — V. *Code de procédure civile*, nᵒ 1020.

2612. L'arrêt qui, en confirmant le jugement attaqué, sans déclarer expressément qu'il en adopte les motifs, rejette comme inadmissible une preuve offerte pour la première fois en appel par des conclusions subsidiaires, affirme implicitement par là que l'enquête réclamée tendait à établir, et qui n'étaient autres que ceux énoncés dans les conclusions principales, n'étaient pas actuellement prouvés, puisqu'ils n'étaient même pas susceptibles de l'être à l'aide des articulations produites. Par suite, cet arrêt contient, sur tous les points, des motifs à l'appui de sa décision. — Civ. r. 19 oct. 1885, D.P. 86. 1. 252.

2613. De même, l'arrêt qui rejette des conclusions en articulation de preuves tendant à établir qu'une partie a exécuté des obligations qui lui étaient imposées, par le motif qu'il est établi que cette partie n'a jamais été en mesure de remplir son engagement, répond suffisamment à ces conclusions. — Req. 14 nov. 1876, D.P. 77. 1. 345-346.

2614. La déclaration contenue dans un arrêt que les faits dont l'appelant demandait à faire la preuve sont en contradiction avec ceux constatés dans la cause, motive suffisamment le rejet de la demande de preuve, alors surtout que l'arrêt attaqué, en adoptant au fond les motifs des juges de première instance, s'est approprié de nombreux moyens qui justifient et complètent au besoin l'indication sommaire de son appréciation. — Req. 20 janv. 1880, D.P. 80. 1. 304.

2615. L'arrêt qui décide, par application des actes administratifs produits au procès, que l'assiette d'un chemin vicinal est établie sur le terrain litigieux, motive implicitement, mais suffisamment, le rejet des conclusions subsidiaires par lesquelles une des parties offre de prouver qu'il y a jamais existé de chemin public sur ce terrain. — Civ. r. 19 avr. 1887 D.P. 87. 1. 420.

2616. L'arrêt qui juge le procès au fond rejette que ceux-là même les conclusions subsidiaires aux termes desquelles le défendeur demandait la comparution des parties en chambre du conseil, avant qu'il ne fût statué sur le litige. — Req. 4 janv. 1886, D.P. 86. 1. 12.

2617. Ce rejet est implicitement motivé, et la mesure sollicitée est écartée comme inutile, du moment où la cour d'appel affirme expressément qu'elle tient pour constant et prouvé le fait que la demande de comparution avait pour but de contester. — Même arrêt.

2618. Spécialement, l'arrêt qui affirme, d'après l'appréciation souveraine des circonstances et documents de la cause, qu'une opération de report, demandée par celui-ci, était effectuée par l'agent de change de celui-ci, rejette, comme étant inutile, et par des motifs implicites, une demande dudit client tendant à la comparution des parties en chambre du conseil, dans le but d'établir que l'opération de report dont il s'agit n'a pas eu lieu. — Même arrêt.

2619. Le rejet d'une offre de preuve par témoins faite subsidiairement en appel, sans que l'objet du litige excédât 150 fr., est suffisamment motivé par cette déclaration de l'arrêt que la prétention de l'appelant s'appuie exclusivement sur les aveux de son adversaire, et que ces aveux ne peuvent être di-

visés. — Req. 11 août 1880, D.P. 81. 1. 124.

2620. On doit considérer comme suffisamment motivé le jugement qui, pour repousser une demande de preuve, déclare : ... qu'elle porte sur des faits manquant de pertinence et contredits par les éléments de la cause. — Req. 7 nov. 1881, D.P. 83. 1. 84.

2621. ... que les faits articulés, quelle qu'en fût la durée, seraient inopérants pour justifier la demande (dans l'espèce, pour créer une servitude invoquée). — Civ. r. 19 oct. 1886, D.P. 87. 1. 116.

2622. La constatation d'un fait contraire à celui dont la preuve a été offerte, motive implicitement le rejet des conclusions où l'offre de preuve est contenue. — Req. 26 févr. 1878, D.P. 78. 1. 113.

2623. Spécialement, le rejet de conclusions tendant à prouver que le concluant, au moment de son mariage, était relevé de ses vœux de prêtrise, est implicitement motivé par la déclaration de l'arrêt que ledit concluant était prêtre, lorsqu'il a contracté mariage et qu'il a dissimulé cette qualité à l'officier de l'état civil. — Même arrêt.

2624. — 2ᵒ *Expertise* (C. proc. civ. nᵒˢ 1026 à 1033). — Un jugement motive le rejet de conclusions subsidiaires, tendant à une expertise pour déterminer la nature et la destination des matériaux en litige, s'il détermine d'ores et déjà lui-même leur nature et cette destination. — Req. 4 déc. 1888, D.P. 90. 1. 14.

2625. L'arrêt qui déclare qu'une partie *ne prouve pas le bien fondé* des réclamations élevées par elle lors d'une expertise précédemment ordonnée, donne des motifs suffisants pour justifier tout à la fois et le rejet des conclusions principales de cette partie tendant à obtenir une collocation privilégiée dans la distribution de l'actif du débiteur, à raison des sommes par elle réclamées, et le rejet de ses conclusions subsidiaires tendant à être renvoyée devant de nouveaux experts pour établir le montant de ses prétendues créances. — Civ. r. 25 févr. 1885, D.P. 85. 1. 222.

2626. Le tribunal saisi de l'appel d'un jugement ayant accueilli une action possessoire par des motifs tirés des constatations d'une expertise et d'une enquête illégales, ne commet pas d'excès de pouvoir en statuant au fond sans prescrire aucune mesure nouvelle d'instruction, s'il trouve les circonstances de la cause, en dehors des vérifications faites en première instance, des éléments complets de décision. — Req. 5 nov. 1875, D.P. 77. 1. 74.

2627. Le juge d'appel, en déclarant qu'il existe dans la cause des éléments suffisants pour prononcer sur les griefs relevés contre l'expertise et l'enquête ordonnées par le premier juge, sa déclaration indiquant clairement qu'il fait abstraction du résultat de ces opérations. — Même arrêt.

2628. L'arrêt qui confirme un jugement par lequel un rapport d'experts avait été homologué après vérification des divers points contestés entre les parties, motive ainsi suffisamment le rejet de conclusions subsidiaires tendant à l'annulation de l'expertise et à la nomination d'un nouvel expert. — Civ. c. 10 avr. 1878, D.P. 79. 1. 36. — V. *Code de procédure civile*, nᵒ 1031.

2629. — VII. Motifs relatifs aux demandes et condamnations accessoires (C. proc. civ. nᵒˢ 1034 à 1057). — Il n'y a pas lieu de motiver spécialement une condamnation à une somme déterminée par chaque jour de retard apporté à l'exécution d'un jugement, lorsqu'elle est la conséquence de l'admission de la demande principale et se trouve implicitement, mais nécessairement, justifiée par les motifs donnés sur celle-ci. — C. cass. de Belgique, 23 juin 1887, D.P. 88. 2. 311. — V. *Code de procédure civile*, nᵒ 1034.

2630. Lorsqu'en appel une partie, après avoir conclu à être complètement déchargée de la condamnation au payement d'une somme, a demandé, par des conclusions subsidiaires, que, tout au moins, une réduction fût apportée à la somme et aux intérêts à payer, les motifs par lesquels ces conclusions subsidiaires sont repoussées, quant au principal de la somme, répondent également à la demande de réduction relative aux intérêts. — Req. 20 mai 1885, D.P. 86. 1. 82.

2631. Lorsque l'admission de la demande principale implique le rejet de la demande reconventionnelle, il suffit d'exprimer une seule fois le motif unique qui justifie également l'une et l'autre décision. — Req. 14 mai 1877, D.P. 78. 1. 39.

2632. Ainsi le jugement qui accueille une complainte relative à la possession d'eaux pluviales, motive suffisamment le rejet implicite d'une action reconventionnelle fondée sur ce que les eaux litigieuses proviendraient exclusivement d'un chemin public, si l'ensemble de ses considérants prouve que ces eaux sont celles qui ont donné lieu à la complainte. — Req. 21 mars 1876, D.P. 78. 1. 121. — V. *supra,* nos 546 et s.

2633. Les motifs d'un arrêt qui servent à repousser une demande principale s'appliquent virtuellement au rejet d'une demande accessoire ou en dommages-intérêts fondée sur la même cause. — Civ. r. 21 mai 1883, D.P. 84. 1. 85-86.

2634. Le rejet de conclusions d'appel, qui tendent au maintien des dommages-intérêts alloués par le tribunal en raison d'une saisie-arrêt tenue en première instance pour faite sans droit, est virtuellement et nécessairement motivé par l'arrêt qui, reformant le jugement, décide, au contraire, que la saisie-arrêt était légitime et bien fondée. — Req. 4 juill. 1887, D.P. 87. 1. 321.

2635. Le juge saisi d'une demande en dommages-intérêts, fondée sur le préjudice causé au demandeur par les poursuites vexatoires qui auraient été dirigées contre lui, motive suffisamment, quoique d'une manière implicite, le rejet de cette demande, en déclarant que les poursuites dont il s'agit constituent l'une cause légitime. — Req. 17 avr. 1877, D.P. 78. 1. 133.

2636. On doit considérer comme suffisamment motivé l'arrêt qui refuse toute réparation pour le prétendus dégâts causés aux francs-bords d'un bief par les arbres plantés sur ces francs-bords ou par leur abatage, alors que cet arrêt déclare que les francs-bords ne sont point la propriété du réclamant. — Req. 1er juill. 1886, D.P. 87. 1. 217.

2637. ...Et qui, relativement à la réparation des dégâts qui auraient été causés aux talus du même bief, sursecit à statuer jusqu'après le dépôt du rapport de l'expert commis pour procéder à des vérifications à ce sujet. — Même arrêt.

2638. La condamnation aux dépens, n'étant qu'un accessoire de la condamnation au fond, il n'est pas nécessaire qu'elle soit particulièrement motivée. — Civ. c. 19 déc. 1877, D.P. 78. 1. 295. — V. *Code de procédure civile,* no 1046.

2639. En conséquence, lorsque, en première instance de même qu'en appel, les parties sont respectivement succombé sur divers points du litige, l'arrêt peut se borner à confirmer purement et simplement, sans donner aucune raison spéciale de sa décision, le chef du jugement ordonnant que les dépens de première instance seront partagés entre les parties. — Même arrêt.

2640. Mais lorsqu'un arrêt qui, au principal, se borne à déclarer non recevable l'appel interjeté par plusieurs parties, condamne ces dernières solidairement aux dépens, il doit donner des motifs spéciaux pour justifier cette solidarité. — Civ. c. 5 janv. 1881, D.P. 81. 1. 129-133.

2641. L'arrêt qui met à la charge de la masse d'une succession tous les frais et dépens tant de première instance que d'appel, y compris ceux faits devant une cour

dont l'arrêt avait été cassé, motive suffisamment sa décision en constatant que tous ces frais ont eu lieu dans l'intérêt commun des parties, et que même l'appel sur lequel a été rendu l'arrêt cassé n'avait été ni inutile ni entièrement mal fondé. — Req. 10 févr. 1885, D.P. 88. 5. 323.

SECT. 5. — DISPOSITIF (C. proc. civ. nos 1058 à 1087).

2642. Le dispositif d'un arrêt peut être interprété par ses motifs. — (Sol. implic.) Req. 10 mars 1879, D.P. 79. 1. 216. — Req. 13 mars 1876, D.P. 77. 1. 487. — V. *Code de procédure civile,* no 1076.

2643. ...Alors surtout que ce dispositif, s'il était pris isolément, contiendrait une violation de la loi, qui disparaît si l'on rapproche le dispositif des autres parties du jugement. — Arrêt préc. 13 mars 1876.

2644. Bien que les cours d'appel ne puissent, sous prétexte d'interpréter leurs décisions, dont le sens et la portée sont contestés entre les parties, amplifier ces décisions, les restreindre ou en rien retrancher, elles ont cependant le droit, lorsqu'un arrêt présente quelque ambiguïté, d'apprécier, en consultant les conclusions et les motifs, la signification exacte du dispositif. — Req. 16 déc. 1879, D.P. 80. 1. 374. — Conf. Req. 25 mai 1880, D.P. 81. 1. 9.

Art. 142. La rédaction sera faite sur les qualités signifiées entre les parties : en conséquence, celle qui voudra lever un jugement contradictoire sera tenue de signifier à l'avoué de son adversaire les qualités contenant les noms, professions et demeures des parties, les conclusions et les points de fait et de droit.

2645. — I. CE QUE DOIVENT CONTENIR LES QUALITÉS (C. proc. civ. no 3). — V. *supra,* nos 2235 et s.

2646. — II. RÉDACTION DES QUALITÉS (C. proc. civ. nos 4 à 9). — L'avoué de la partie qui a obtenu gain de cause, bien qu'il n'ait pas satisfait à la sommation de lever le jugement à lui faite par l'avoué de l'autre partie, et que celui-ci, dès lors, soit autorisé à faire lui-même expédier le jugement, n'est pas déchu néanmoins du droit de rédiger les qualités, et l'avoué de la partie gagnante qui les a, de son côté, rédigées le premier, ne jouit pas d'un droit de priorité à cet égard. — Req. 26 avr. 1880, D.P. 80. 1. 425.

2647. En conséquence, lorsque l'avoué de la partie perdante a rédigé les qualités à la suite de la sommation de lever le jugement par lui faite à l'avoué de la partie adverse et restée sans effet, et que celui-ci, après avoir formé opposition à ces qualités, en a dressé d'autres que le premier a frappées sur cette double opposition, le président, statuant sur cette double opposition, peut ordonner que les qualités rédigées par l'avoué de la partie gagnante seront expédiées, sous les rectifications par lui prescrites, sans que l'avoué de la partie perdante soit fondé à prétendre que la préférence devait être accordée aux qualités qu'il avait lui-même dressées le premier. — Même arrêt. — Comp. *Code de procédure civile,* no 9.

2648. Ce n'est point seulement quand il a été formé opposition aux qualités que le président peut être appelé à trancher la question de priorité. Dans la pratique, les avoués entre lesquels il y a concurrence pour la rédaction des qualités évitent de recourir à la voie de l'opposition en soumettant leur différend soit à la chambre des avoués, soit au président qui le vide alors par la voie gracieuse. — Observ. sous l'arrêt précité, D.P. 80. 1. 425, note 1.

2649. Les art. 141 et 142 C. proc. civ. concernant la rédaction des jugements ne

s'opposent pas, quand d'ailleurs les qualités renferment toutes les énonciations prescrites par ces articles, à ce que le juge ordonne, au cours d'une instance et sur la demande incidente d'une partie, la rectification de faits abusivement allégués par l'adversaire dans son assignation ; le tribunal peut notamment refuser d'admettre dans les qualités des réserves insérées dans l'exploit introductif et dont il constate souverainement le caractère erroné. — Req. 1er déc. 1880, D.P. 81. 1. 321.

2650. — III. SIGNIFICATIONS DES QUALITÉS (C. proc. civ. nos 10 à 32). — Sur la signification des qualités dans les jugements rendus : ... en matière de saisie immobilière, V. *infrà,* art. 731 et 732.

2651. ... En matière d'enregistrement, V. *Code annoté de l'Enregistrement,* nos 6174 et s.

Art. 143. L'original de cette signification restera pendant vingt-quatre heures entre les mains des huissiers audienciers.

2652. Aucune disposition légale ne prescrit, indépendamment du délai de vingt-quatre heures imparti par l'art. 143 C. proc. civ. pour l'opposition aux qualités signifiées, un délai complémentaire entre l'opposition et le règlement des qualités. — Civ. r. 5 mai 1885, D.P. 85. 1. 341. — V. *Code de procédure civile,* no 1.

Art. 144. L'avoué qui voudra s'opposer aux qualités, soit à l'exposé de points de fait et de droit, le déclarera à l'huissier, qui sera tenu d'en faire mention.

2653. — I. FORMES DE L'OPPOSITION AUX QUALITÉS (C. proc. civ. nos 2 à 4).

2654. — II. EFFETS DE L'OPPOSITION AUX QUALITÉS (C. proc. civ. no 5 à 11). — Le défaut de règlement des qualités, auxquelles il a été formé opposition, entraîne la nullité du jugement qui a été expédié et signifié avec ces qualités. — Civ. c. 11 août 1880, D.P. 81. 5. 232. — Toulouse, 15 mars 1881, D.P. 82. 2. 141. — Poitiers, 18 mai 1881, D.P. 82. 2. 103. — Civ. c. 5 nov. 1889, D.P. 89. 5. 287. — V. *Code de procédure civile,* no 6 et 7.

2655. Et cette nullité ne saurait être couverte par le *vu bon à expédier* obtenu d'un juge au défaut de l'avoué de la partie opposante et postérieurement à la signification du jugement. — Arrêt préc. 11 août 1881.

2656. ... Ni même par la délivrance d'une seconde expédition exécutoire du jugement autorisée sur requête par une ordonnance du juge, alors même que la partie opposante aurait été sommée d'assister à cette délivrance. — Même arrêt.

2657. La nullité de cette ordonnance ne peut être proposée que par la voie de l'appel, alors qu'il n'y a été fait opposition qu'après la délivrance de la grosse. — Même arrêt. — V. *Code de procédure civile,* no 10.

Art. 145. Sur un simple acte d'avoué à avoué, les parties seront réglées sur leur opposition par le juge qui aura présidé ; en cas d'empêchement, par le plus ancien, suivant l'ordre du tableau.

DIVISION.

§ 1. — *Magistrat compétent pour régler les qualités* (no 2658).

§ 2. — *Comment il est procédé au règlement des qualités* (no 2693).

§ 3. — *Recours contre l'ordonnance portant règlement des qualités* (no 2737).

§ 4. — *Effets du défaut d'opposition aux qualités* (nᵒ 2742).

§ 1ᵉʳ. — *Magistrat compétent pour régler les qualités* (C. proc. civ. nᵒˢ 1 à 28).

2658. — I. Président ou juge le plus ancien (C. proc. civ. nᵒˢ 1 à 10). — Est seul compétent pour régler les qualités d'un jugement ou d'un arrêt le magistrat qui a présidé les débats, et, en cas d'empêchement, le plus ancien de ses assesseurs; en conséquence, est nulle la sommation par laquelle un avoué appelle soit en conférer en règlement de qualités devant « les présidents et conseillers composant la première chambre de la cour », cette formule désignant la collectivité des magistrats au lieu d'indiquer le président ou celui qui le remplace. — Civ. c. 16 avr. 1890, D.P. 90. 1.445. — Comp. Civ. c. 23 juill. 1889, D.P. 90. 1. 280. — V. *Code de procédure civile*, nᵒ 1.

2659. Dans ces circonstances, la sommation étant nulle, le président ou le plus ancien de ses assesseurs ne peut donner défaut contre l'avoué défendeur non comparant, et en outre la nullité de la sommation entraîne celle du règlement de qualités et de l'arrêt lui-même. — Arrêt préc. 16 avr. 1890.

2660. Lorsque, dans un arrêt rendu sous la présidence du premier président, les qualités portent qu'elles ont été réglées « par le président de la première chambre civile », et que cette mention d'ailleurs suivie de la signature du premier président, il est constant que le magistrat désigné comme ayant procédé au règlement est le premier président lui-même. — Req. 20 juill. 1885, D.P. 86. 1. 264.

2661. Et il suit de là que lesdites qualités ont été réglées, conformément à la loi, « par le juge qui avait présidé » l'audience. — Même arrêt.

2662. — II. Assistance du juge a toutes les audiences de la cause (C. proc. civ. nᵒ 11 à 23). — Le règlement des qualités d'un jugement par un magistrat qui n'a pas concouru à la décision attaquée est frappé d'une nullité absolue qui entraîne celle du jugement lui-même. — Civ. c. 4 déc. 1876, D.P. 77. 1. 219. — Civ. c. 21 févr. 1877, D.P. 77. 1. 349. — Civ. c. 6 août 1879, D.P. 79. 5. 255. — Civ. c. 11 août 1880, D.P. 81. 5. 232. — Civ. c. 26 août 1884, D.P. 85. 1. 64. — Civ. c. 31 mars 1885, D.P. 85. 5. 285. — Civ. c. 10 mars et 6 avr. 1886, D.P. 86. 5. 264. — Civ. c. 26 avr. 1885 et 24 nov. 1886, D.P. 87. 5. 266. — Bordeaux, 20 mai 1887, D.P. 88. 2. 274. — Civ. c. 30 mai 1888, D.P. 88. 5. 293. — Civ. c. 13 juill. 1889, D.P. 89. 5. 288. — V. *Code de procédure civile*, nᵒ 15.

2663. Le premier président est soumis à cette règle comme les autres magistrats de la cour. — Civ. c. 7 nov. 1876, D.P. 77. 1. 124. — Civ. c. 26 août 1884, D.P. 85. 1. 64. — Civ. c. 30 juill. 1888, D.P. 5. 293. — V. *Code de procédure civile*, nᵒ 16.

2664. L'arrêt dont les qualités ont été réglées par un magistrat qui n'a pas concouru à la décision même rendue, alors même que l'opposition serait irrégulière, en ce que, par exemple, elle n'aurait pas été faite par l'avoué (ou le défenseur, en Algérie) mais seulement par son clerc. — Civ. c. 19 nov. 1877, D.P. 78. 1. 478.

2665. Mais, après avoir prononcé la nullité d'un jugement à raison du règlement des qualités de ce jugement par un magistrat qui n'a pas concouru à la décision attaquée, le juge d'appel peut évoquer le fond. — Bordeaux, 20 mai 1887, D.P. 88. 2. 274.

2366. Le règlement des qualités d'un jugement ou d'un arrêt fait par un magistrat incompétent constitue un acte de juridiction souverainement et définitivement exercé, qui ne peut, sous aucun prétexte, être réformé par un autre magistrat, à moins que les par-

ties intéressées ne soient unanimes pour y consentir. — Civ. c. 21 févr. 1877, D.P. 77. 1. 349.

2667. Le magistrat compétent ne peut donc, sans le consentement de toutes les parties, réparer cette irrégularité en substituant au bas de l'ordonnance sa signature à celle du magistrat qui avait à tort réglé les qualités. — Civ. c. 4 déc. 1876, D.P. 77. 1. 219. — V. *Code de procédure civile*, nᵒ 21.

2668. L'une des parties peut encore moins couvrir la nullité dont il s'agit en signifiant à l'autre de nouvelles qualités et en les faisant insérer, malgré la protestation de celle-ci, dans l'expédition de l'arrêt. — Même arrêt.

2669. Il ne suffit pas, pour la validité des qualités auxquelles il a été formé opposition, qu'elles aient été réglées par le juge compétent, il faut encore que les avoués des parties intéressées, s'il ne comparaissent pas, aient été régulièrement appelés devant le magistrat compétent pour procéder au règlement. — Civ. c. 29 juin 1887, D.P. 88. 1. 84. — Civ. c. 23 juill. 1889, D.P. 90. 1. 280. — Civ. c. 13 nov. 1889, D.P. 89. 5. 288.

2670. En conséquence, est nul le règlement de qualités opéré par le magistrat compétent si sommation a été donnée à l'avoué de comparaître devant un autre magistrat. — Mêmes arrêts.

2671. Spécialement, est entaché d'une nullité absolue le jugement dont les qualités ont d'ailleurs été réglées par le juge le plus ancien de l'affaire, si ce n'est pas devant ce juge, mais devant le président du tribunal qui n'avait pas concouru à la décision, que l'avoué de l'un des plaideurs, contre lequel il a été donné défaut, a été sommé de comparaître. — Civ. c. 23 juill. 1889, D.P. 90. 1. 280, et la note.

2672. De même, lorsque les qualités de l'arrêt dénoncé ayant été réglées par le président de chambre qui avait présidé l'audience, ce n'est pas devant lui, mais devant le premier président, qui n'avait pas concouru à la décision, que l'avoué du demandeur en cassation a été sommé de comparaître, il y a lieu d'annuler comme entaché d'un vice radical l'arrêt dont lesdites qualités font essentiellement partie. — Civ. c. 13 nov. 1889, D.P. 89. 5. 288.

2673. Mais la procédure relative aux qualités est régulière si l'avenir en règlement est adressé au président devant le premier président qui n'avait pas connu de l'affaire, si le jour indiqué tombe pendant les vacations, le premier président ayant en lui-même, dans cette période, un principe de compétence pour statuer sur ledit règlement. — Req. 19 juill. 1887, D.P. 88. 1. 29. — V. *infra*, nᵒ 2682.

2674. L'avenir en règlement de qualités, qui porte sommation à l'avoué opposant de comparaître devant « le président de la première chambre de la cour, ou tout autre magistrat ayant connu de l'affaire », désigne suffisamment le premier président, alors que c'est ce magistrat qui, dans le procès dont il s'agit, a effectivement présidé la première chambre. — Req. 9 juill. 1888, D.P. 88. 1. 321. — Comp. *Code de procédure civile*, nᵒ 21.

2675. Le règlement des qualités par le premier président, intervenu par défaut dans ces conditions, ne porte aucune atteinte aux droits de la défense, l'avoué opposant ayant été mis à même, sans aucune équivoque, d'élever opposition et de venir, s'il le veut, devant le magistrat compétent et saisi toutes contestations utiles. — Même arrêt.

2676. Cette procédure est également, et *à fortiori*, à l'abri de toute critique, si, au jour indiqué par le premier président, c'est le président de chambre ayant connu de la cause, qui procède au règlement des qualités contestées. — Même arrêt.

2677. Le règlement des qualités n'est point entaché de nullité, alors même qu'il

énonce incorrectement que le magistrat qui y a procédé a *statué en référé*, si, d'ailleurs, ce règlement était compétent pour régler lesdites qualités, et si l'avoué opposant a été l'objet d'une citation régulière, sans qu'il ait été porté aucune atteinte aux droits des parties. — Req. 6 févr. 1888, D.P. 88. 1. 79.

2678. En conséquence, le règlement des qualités d'une décision judiciaire, étant de sa nature une matière urgente, peut être fait en dehors des termes de l'art. 145 C. proc. civ., lorsque l'application de cet article devient matériellement ou légalement impossible. — Civ. c. 24 août 1881, D.P. 82. 1. 219. — Civ. c. 28 déc. 1885, D.P. 86. 1. 433.

2679. En conséquence, pendant les vacances des tribunaux, les membres de la chambre des vacations, investis, pour toutes les matières urgentes, des pouvoirs de juridiction qui, pendant l'année judiciaire, appartiennent à tous les membres de leur compagnie, ont le pouvoir de régler les qualités d'un jugement ou d'un arrêt, alors même qu'ils n'y ont pas concouru. — Mêmes arrêts. — D.P. 85. 1. 64, note. — V. *Code de procédure civile*, nᵒ 14.

2680. De même, pendant la période des vacances des tribunaux, en l'absence dûment constatée de tous les magistrats qui ont participé à un jugement, le président de la chambre des vacations peut valablement régler les qualités dudit jugement. — Civ. c. 26 juin 1884, D.P. 88. 1. 480.

2681. Le premier président d'une cour d'appel, ayant le droit de présider la chambre des vacations, comme toutes les autres chambres, est également compétent pour régler, pendant les vacances judiciaires, les qualités d'un arrêt rendu après ces vacances. — Civ. r. 24 août 1881, D.P. 82. 1. 219.

2682. Le règlement des qualités par le conseiller le plus ancien de la chambre des vacations est valable, bien que la cause de l'empêchement du premier président ne soit pas mentionnée, cet empêchement ne devant être présumé. — Civ. 28 déc. 1885, D.P. 86. 1. 433.

2683. Mais le règlement des qualités d'un jugement rendu pendant les vacances ne peut être fait par le président de la chambre des vacations qui ne figurait pas parmi les magistrats qui l'ont rendu, alors que le jugement ne constate pas l'absence ou l'empêchement de ceux qui y ont pris part. — Civ. c. 13 nov. 1889, D.P. 89. 5. 289.

2684. Bien que, pendant les vacances, le règlement des qualités d'un jugement ou arrêt puisse être fait, à raison de l'urgence, de l'absence ou de l'empêchement des magistrats ayant concouru à la décision, par un juge de la chambre des vacations qui n'y a point participé, il ne s'ensuit pas que, pendant les vacances, il soit interdit à un magistrat ayant concouru au jugement d'en régler les qualités, quoiqu'il ne fasse point partie de la chambre des vacations. — Req. 31 mars 1884, D.P. 85. 1. 210.

2685. Les qualités étant une partie essentielle du jugement, leur règlement est nul s'il a été fait par un magistrat qui, ayant participé à la décision, avait cessé d'exercer les fonctions au jour où le règlement a eu lieu, lorsqu'il a procédé audit règlement. — Civ. c. 9 juill. 1890, D.P. 90. 1. 367.

2686. Spécialement, un conseiller à la cour d'appel de la Guyane française qui est devenu président du tribunal de première instance de Cayenne, est incompétent pour régler les qualités d'un arrêt de la cour auquel, il avait participé, et le règlement auquel il procède est nul et entraîne la nullité de l'arrêt. — Même arrêt.

2687. Suivant une opinion, lorsque tous les magistrats qui ont concouru à un arrêt ont cessé leurs fonctions, et qu'il est formé opposition au règlement des qualités, c'est à la chambre tout entière de la cour qui a rendu l'arrêt qu'appartient le règlement de ces qualités, la cour devant agir par une sorte du plénitude de juridiction à défaut de délégation individuelle indiquée pour ce cas par la loi. — Paris, 22 juill. 1870, D.P. 80. 5. 226. — Poitiers, 9 mai 1887, D.P. 88. 2. 110. — V. Observ. conf. de M. Glasson, D.P. 90. 1. 445, note.

2688. Jugé en sens contraire que, si un pareil cas se présente devant un tribunal de première instance, les qualités sont valablement réglées par le président, ou, en cas d'empêchement de ce dernier, par le juge le plus ancien du tribunal. — Grenoble, 16 mars 1887, D.P. 88. 2. 110.

2689. Cette dernière doctrine paraît plus conforme aux arrêts précités de la cour de cassation qui décident que, pendant la période des vacances, quand tous les juges d'un procès évacué sont absents, c'est au président de la compagnie ou, à la premier président dans une cour, ou au magistrat qui supplée le président de la chambre des vacances, qu'il convient de s'adresser pour le règlement des qualités. — V. *suprà,* n° 2688 et s. — Observ. sous Civ. 9 juill. 1890, D.P. 90. 1. 367, note 2.

2690. Ce système, pour l'opération dont il s'agit, une délégation *individuelle* subsiste toujours ; seulement elle change de titulaire et, en raison de la force majeure ; et elle passe, du président ou de l'un des juges de la cause par rang d'ancienneté, au président de la compagnie ou à celui qui peut en tenir lieu en temps de vacation. — Mêmes observ.

2691. Les officiers du ministère public, n'ayant aucune juridiction, ne peuvent régler les qualités d'un jugement, alors même que tous les juges qui l'ont rendu se trouveraient régulièrement empêchés. — Civ. c. 16 nov. 1881, D.P. 82. 1. 219.

2692. — III. Pouvoirs du juge (C. proc. civ. n° 24 à 28).

§ 2. — *Comment il est procédé au règlement des qualités* (C. proc. civ. n° 29 à 43).

2693. L'art. 70 du décret du 30 mars 1808, aux termes duquel les avoués sont tenus de signifier leurs conclusions trois jours au moins avant les plaidoiries, ne s'applique pas à l'avenir en règlement de qualités ; et l'art. 145 C. proc. civ., qui décide que, en cas d'opposition, le règlement des qualités aura lieu sur un simple acte d'avoué, ni aucun autre texte ne l'imposent un délai de trois jours entre la signification de l'avenir et le règlement. — Req. 24 déc. 1879, D.P. 80. 1. 304. — V. *suprà,* n° 1722 et s.

2694. La loi n'impartissant, en cas d'opposition au règlement des qualités d'un jugement, aucun délai pour la comparution devant le juge, l'avenir à comparaître peut être donné pour le jour même où l'opposition a été formée, et même à heure déterminée et il importe peu que le règlement émané du juge n'indique pas qu'il y a été procédé en l'absence de l'avoué opposant, s'il constate que celui-ci a été régulièrement averti. — Civ. c. 3 févr. 1886, D.P. 86. 1. 469.

2695. Il n'est pas exigé, à peine de nullité, que la comparution pour le règlement des qualités soit donnée à jour absolument fixe. — Req. 18 nov. 1878, D.P. 79. 1. 232. — Même arrêt. 14 juill. 1879, D.P. 80. 1. 343. — Req. 11 févr. 1880, D.P. 80. 5. 226. — Req. 25 avr. 1881, D.P. 82. 1. 156.

2696. Ainsi, dans le cas où la sommation a été donnée pour un jour déterminé et les *jours suivants,* les qualités ont pu être valablement réglées le lendemain de ce jour, quatre jours, par exemple, ou même, dans l'une des espèces, seize jours après la date indiquée : ici doivent être appliquées par analogie les règles prescrites pour l'obtention des jugements civils. — Mêmes arrêts.

2697. De même, l'avenir en règlement de qualités donné pour une date précise et jours

suivants permet de régler valablement lesdites qualités le lendemain du jour expressément indiqué. — Req. 25 avr. 1881, D.P. 82. 1. 155-156.

2698. Il a même été décidé que l'indication d'une date fixe dans l'avenir en règlement de qualités comprend implicitement les jours suivants. — Req. 3 mai 1830, D.P. 81. 1. 76.

2699. ... Et qu'en conséquence, le règlement des qualités est fait valablement à une date postérieure au jour fixé par l'avenir en règlement, lorsque l'avoué opposant à cette date n'est pas présenté devant le magistrat soit pour le règlement immédiat, soit la fixation d'un autre jour. — Même arrêt. — Req. 21 déc. 1886, D.P. 87. 1. 230.

2700. Il est en effet rationnel, dans le silence de la loi, de se conformer, par analogie, aux règles tracées pour l'obtention des jugements en matière civile par l'art. 150 C. proc. civ. qui dispose que le défaut sera prononcé à l'audience sur l'appel de la cause, mais qui autorise néanmoins les juges à faire mettre les pièces sur le bureau pour prononcer le jugement à une audience suivante. — D.P. 87. 1. 230, note. — V. *infrà,* n° 2840 et s.

2701. Mais il y a nullité de l'ordonnance par défaut portant maintien des qualités, et du jugement lui-même, lorsque cette ordonnance a été rendue avant le jour auquel l'avoué adverse avait été sommé de comparaître pour se régler sur son opposition à ces qualités. — Civ. c. 12 avr. 1876, D.P. 77. 1. 16. — Civ. c. 27 août 1878, D.P. 79. 1. 87. — Civ. c. 11 mai 1887, D.P. 88. 1. 20.

2702. Les présomptions de fait invoquées pour démontrer que la date portée à l'ordonnance est le résultat d'une erreur matérielle ne peuvent prévaloir contre la foi due aux actes authentiques jusqu'à inscription de faux. — Arrêt préc. 27 août 1878.

2703. Le règlement des qualités d'un arrêt opéré par défaut sur une citation dont la copie n'est pas datée est nul, et cette nullité entraîne celle de l'arrêt. — Civ. c. 21 juin 1886, D.P. 86. 1. 456.

2704. Mais l'indication erronée, dans la sommation à comparaître à un règlement de qualités, d'un jour antérieur à la date de la sommation elle-même, n'entraîne pas la nullité de l'acte, si les autres énonciations qu'il contient fournissent le moyen de rectifier l'erreur. — Civ. c. 13 mars 1882, D.P. 83. 1. 374-375.

2705. En effet, quoique la mention de la date, formalité essentielle, soit prescrite à peine de nullité, il est constant que l'indication incomplète ou erronée, mais non l'omission de la date, peut être suppléée par les indications contenues dans l'acte lui-même. — J.G.S. *Exploit,* 31. — D.P. 83. 1. 374-375, note.

2706. Le règlement des qualités est un litige qui ne peut être vidé en l'absence de l'avoué auquel il est fait, et qu'à la condition que celui-ci ait été averti exactement, par l'avenir, du jour où il doit statuer. — Civ. c. 29 avr. 1891, D.P. 91. 1. 360.

2707. Si donc l'exploit contient une fausse indication au sujet du jour, elle ne peut être rectifiée que dans ce qu'on trouve dans cet exploit lui-même les éléments de la rectification. — Même arrêt.

2708. En conséquence, lorsque l'avenir en règlement donné à l'avoué fixe à comparaître « mercredi prochain 23 du courant », que le mercredi suivant est, non le 23, mais le 22 mois, et que les qualités sont réglées par défaut le 22, ce règlement est nul et entraîne la nullité de l'arrêt, nul n'ayant pu, dans l'exploit, indiquer à l'avoué cité, quelle était, quant au jour où il avait à se présenter, celle des deux mentions contradictoires qui devait être rectifiée par l'autre. — Même arrêt.

2709. L'avenir en règlement de qualités rédigé par l'avoué et la signification de cet avenir rédigée par l'huissier constituent en quelque sorte un acte unique, divisé en deux parties dressées sur la même feuille de timbre. — Req. 16 janv. 1888, D.P. 88.1.69.

2710. En conséquence, l'omission de l'indication de l'année dans l'avenir en règlement, se trouve réparée au moyen de l'énonciation textuelle de cette année dans la signification de cet avenir ; et, réciproquement, l'omission de l'indication du mois dans l'acte de signification se répare au moyen de l'énonciation de ce mois dans le texte de l'avenir. — Même arrêt.

2711. Dans ces conditions, on ne saurait arguer de nullité, ni l'avenir en règlement, ni l'acte de signification de cet avenir. — Même arrêt.

2712. L'ordonnance contenant règlement des qualités d'un jugement ou arrêt, lorsqu'elle est sans date, est entachée d'une nullité radicale qui vicie le jugement lui-même. — Civ. c. 12 avr. 1876, D.P. 77. 1. 16. — Civ. c. 26 févr. 1878, D.P. 78. 1. 152. — Poitiers, 18 mai 1881, D.P. 82. 2. 103. — Civ. c. 16 janv. 1882, D.P. 84. 5. 309. — Civ. c. 6 janv. 1886, D.P. 86. 1. 335. — Civ. c. 23 mars 1886, D.P. 86. 1. 335. — Civ. c. 7 juill. 1886, D.P. 86. 5. 262.

2713. Il en est ainsi spécialement d'une ordonnance non datée et qui se borne à cette formule : *Bon à expédier,* rien ne prouvant en pareil cas que les qualités aient été réglées au jour où elles devaient l'être et que l'avoué de la partie adverse ait eu la faculté de les contredire. — Civ. c. 26 févr. 1878, D.P. 78. 1. 152.

2714. Toutefois, l'omission de la date à laquelle a eu lieu le règlement des qualités d'un arrêt n'est point un cause de nullité, lorsqu'il est constaté que les droits de la défense ont été pleinement exercés par la contradiction. — Civ. r. 18 mai 1881, D.P. 82. 1. 115.

2715. ... Et spécialement, lorsqu'à la suite d'une opposition aux qualités ont été modifiées suivant le concours et suivant les réclamations des avoués opposants, et que le magistrat qui avait présidé aux débats de l'affaire, ont apposé leurs qualités ainsi rectifié. — Même arrêt.

2716. Décidé également que la mention : « *Bon à expédier après rectification convenue* », mise après celle de *opposition,* sur l'original des qualités d'un arrêt par le magistrat qui les a réglées, implique qu'il y a eu accord avec l'avoué de la cause et rectification opérée conformément à cet accord, et que, dès lors, les droits de la défense ayant été exercés, l'omission de la date à la suite de cette mention n'entraîne pas la nullité des qualités. — Req. 16 juill. 1884, D.P. 85. 1. 232.

2717. Lorsqu'il n'a pas été formé d'opposition aux qualités d'un arrêt, la mention « *bon à expédier* » mise sur l'original avec la signature du président, ne constitue pas une ordonnance de règlement des qualités qui serait sans objet, mais un simple visa impliquant l'obligation d'être daté. — Req. 6 juin 1887, D.P. 87. 5. 266.

2718. Les mentions des minutes prévalent sur celles des copies signifiées ; en conséquence, si l'ordonnance des qualités, sans date dans l'expédition d'un jugement, est datée dans l'original desdites qualités annexé à la minute du jugement, ne pas pris du défaut de date de cette ordonnance manque en fait. — Req. 26 mai 1886, D.P. 87. 1. 431.

2719. Le règlement des qualités d'un arrêt opéré par un magistrat compétent est valable, bien que l'ordonnance porte une date manifestement erronée, s'il résulte des énonciations de cette ordonnance que le règlement a eu lieu le jour fixé par la sommation de comparaître devant le juge, et, qu'en conséquence, l'avoué adverse a pu faire valoir utilement les moyens d'opposition au jour qui lui a été indiqué. — Civ. c. 2 févr. 1886, D.P. 85. 1. 126.

2720. Le président qui maintient les qualités auxquelles il est fait opposition n'est point obligé de motiver sa décision. — Req. 17 déc. 1879, D.P. 80. 1. 375. — V. *Code de procédure civile,* n° 35.

2721. La signature du greffier apposée à la fin d'un arrêt fait présumer qu'il a assisté à toutes les parties dont l'arrêt se compose, et, par conséquent, à toutes les audiences consacrées à l'examen de l'affaire. — Req. 23 avr. 1883, D.P. 84. 1. 251. — V. *Code de procédure civile,* n° 36.

2722. Aucun texte de loi n'exige, à peine de nullité, qu'il soit fait mention dans un jugement ou un arrêt des formalités relatives au règlement des qualités contre lesquelles opposition avait été formée. — Req. 21 déc. 1875, D.P. 78. 1. 80. — Req. 8 févr. 1876, D.P. 76. 1. 300. — Req. 14 juin 1877, D.P. 78. 1. 120. — Req. 19 juill. 1887, D.P. 88. 1. 29. — Civ. r. 30 oct. 1889, D.P. 90. 1. 81. — V. *Code de procédure civile,* n°s 41 et s.

2723. Il suffit que le jugement indique que les qualités ont été, sur opposition, maintenues par défaut, alors qu'il n'est ni établi, ni même allégué que l'avoué opposant n'ait pas été, en temps utile, cité devant le magistrat compétent. — Req. 19 juin 1889, D.P. 89. 1. 337.

2724. Ainsi, un jugement n'est point nul, bien qu'il ne constate pas qu'il ait été signifié avenir à fin de règlement des qualités, et qu'il se borne à énoncer que mainlevée a été donnée de l'opposition formée à ces qualités, « personne ne s'étant présenté pour soutenir l'opposition », si d'ailleurs rien n'établit que les avoués des parties n'aient pas suivi le mode de procéder indiqué par l'art. 145 C. proc. civ. — Req. 12 avr. 1880, D.P. 80. 1. 417.

2725. Aucune disposition de loi ne prescrit à peine de nullité, la mention dans une ordonnance de mainlevée d'opposition aux qualités qu'une sommation de comparaître a été signifiée à l'avoué opposant. — Civ. r. 24 déc. 1888, D.P. 89. 1. 165.

2726. De même, un jugement ou arrêt est régulièrement rendu lorsqu'il se borne à constater que l'opposition a été formée aux qualités et que, par ordonnance, mainlevée de cette opposition a été donnée, l'avoué ne s'étant pas présenté pour soutenir cette opposition. — Req. 4 juill. et 20 oct. 1888, D.P. 89. 1. 477.

2727. Dans tous les cas, le moyen pris du défaut de signification d'un avenir en règlement manque en fait, quand il est justifié devant la cour de cassation de l'existence de cet avenir. — Civ. r. 30 oct. 1889, D.P. 90. 1. 81.

2728. Aucune disposition de loi ne prescrit, à peine de nullité, que l'expédition des jugements et arrêts constate que les actes de la procédure suivie pour le règlement des qualités auxquelles opposition a été formée, ni que l'ordonnance de règlement en fasse mention. — Req. 6 août 1877, D.P. 78. 1. 163. — Req. 6 févr. 1878, D.P. 79. 1. 125. — Req. 11 nov. 1879, D.P. 80. 1. 421. — Req. 12 avr. 1880, D.P. 80. 1. 417. — Req. 22 févr. 1886, D.P. 86. 1. 156. — Req. 18 oct. 1886, D.P. 87. 1. 433. — Req. 25 juin 1888, D.P. 89. 1. 59. — Req. 19 juill. 1888, D.P. 89. 1. 345. — Civ. r. 16 avr. 1889, D.P. 90. 1. 157. — Req. 21 nov. 1888, D.P. 89. 1. 181. — Civ. r. 24 déc. 1888, D.P. 89. 1. 165. — Civ. r. 16 avr. 1889, D.P. 89. 286. — Req. 19 juin 1889, D.P. 89. 1. 337. — V. *Code de procédure civile,* n° 42.

2729. Il suffit que cette expédition constate le règlement des qualités par le magistrat compétent. — Req. 6 févr. 1878, D.P. 79. 1. 125.

2730. Et la procédure suivie doit être tenue pour régulière, du moment où l'expédition constate que la mainlevée de l'opposition aux qualités a été donnée par une ordonnance signée du magistrat compétent et régulièrement datée, et où il n'est ni établi, ni même allégué que ces droits de la défense aient été méconnus. — Req. 22 févr. 1886, D.P. 86. 1. 156. — Req. 25 juin 1886, D.P. 89. 1. 59.

2731. Spécialement, il importe peu que l'acte de signification des qualités à l'avoué de l'opposant ne fasse pas mention expresse du nom de l'avoué à la requête duquel cette signification a eu lieu, lorsque cet acte, complété et expliqué par la copie des qualités, donnée en tête de l'exploit et faisant ainsi corps avec lui, ne laisse aucun doute possible sur le nom et la qualité du requérant qui les a rédigées et signées. — Civ. r. 20 nov. 1888, D.P. 90. 1. 157.

2732. Aucune loi n'a prescrit la mention sur la minute du jugement, ou la copie dans son expédition, de l'ordonnance de règlement des qualités; il suffit qu'elle soit portée sur l'original de la signification des qualités. — Req. 19 juin 1883, D.P. 84. 1. 228.

2733. Aucune disposition de loi n'exige que l'expédition des jugements contienne la constatation du règlement des qualités, et l'absence de cette mention ne saurait entraîner la nullité de la sentence, lorsque la partie qui attaque cette expédition ne méconnaît point que les qualités lui aient été signifiées, et ne prétend pas y avoir formé opposition. — Req. 12 mars 1888, D.P. 88. 1. 408.

2734. Mais dans le cas où un arrêt porte la preuve, d'une part, que la signification des qualités a été accompagnée d'un avenir éventuel en règlement, d'autre part, qu'une opposition a été déclarée à l'huissier par le *clerc de l'avoué* auquel la notification était faite, ledit arrêt doit être annulé, s'il n'est pas établi que le magistrat compétent ait statué sur le règlement des qualités, quelle que pût d'ailleurs être la valeur de l'opposition. — Civ. c. 25 juill. 1887, D.P. 87. 1. 377.

2735. La mention dans un arrêt que les qualités ont été réglées par défaut, à la suite d'un avenir en règlement signifié à la partie perdante, ne prouve pas d'une manière certaine que la remise de la pièce dont il s'agit ait été faite à sa personne, et non à son avoué comme son représentant légal. — Req. 28 oct. 1889, D.P. 90. 1. 12.

2736. En conséquence, si la partie dont il s'agit, demanderesse en nullité, bien qu'interpellée de produire l'acte qui, suivant elle, contient l'irrégularité, n'effectue pas cette production, le moyen soulevé par elle, et pris de ce que l'avenir n'aurait pas été signifié à son avoué, ne se trouve pas suffisamment justifié en fait, et doit être rejeté. — Même arrêt.

§ 3. — *Recours contre l'ordonnance portant règlement des qualités* (C, proc. civ. n°s 44 à 51).

2737. — I. Opposition (C. proc. civ. n°s 44 à 46). — L'ordonnance du président portant règlement des qualités ne peut être attaquée par voie d'opposition devant le tribunal ou la cour qui a statué sur la contestation. — Req. 16. août 1876, D.P. 77. 1. 316.

2738. — II. Appel (C. proc. civ. n°s 47 à 50). — Le président du tribunal qui a rendu le jugement est investi d'un pouvoir souverain pour le règlement des qualités. — Req. 2 févr. 1881, D.P. 82. 1. 179; et la note. — V. *Code de procédure civile,* n° 47.

2739. Il peut en supprimer les passages renfermant des développements inutiles, alors, d'ailleurs, que la rédaction maintenue résume avec précision et clarté les points de fait et de droit dont le tribunal était réellement saisi. — Même arrêt.

2740. ... Sauf à la partie qui aurait à se plaindre de ces suppressions à soumettre au juge saisi de l'appel du jugement rendu sur le fond, les chefs dont elle se croirait en droit de réclamer la solution. — Même arrêt.

2741. — III. Pourvoi en cassation (C. proc. civ. n° 51). — La partie qui n'a pas excipé du défaut d'insertion des conclusions rectificatives de son adversaire dans les qualités de l'arrêt, en formant une opposition au règlement d'après le D.P. 76. 2. 233, n'est pas recevable à se prévaloir de ce défaut devant la cour de cassation. — Civ. c. 12 déc. 1882, D.P. 83. 1. 468.

§ 4. — *Effets du défaut d'opposition aux qualités* (C. proc. civ. n°s 52 à 76).

2742. Lorsque les qualités d'un jugement renferment des erreurs ou des omissions, la rectification ne peut pas en être poursuivie par une instance principale, distincte et postérieure à l'instance primitive; elle doit l'être par la voie de l'opposition. — Req. 2 déc. 1880, D.P. 81. 1. 321-322.

2743. En cas de divergence entre les faits constatés par les motifs du jugement et le point de droit, même maintenu sans opposition aux qualités de ce jugement, cette contradiction ne peut faire prévaloir les énonciations des qualités sur celles des motifs. — Paris, 28 févr. 1876, D.P. 76. 2. 233. — V. *Code de procédure civile,* n° 67.

Art. 146. Les expéditions des jugements seront intitulées et terminées ainsi qu'il a été prescrit par l'acte des Constitutions de l'Empire du 28 floréal an 12.

Art. 147. S'il y a avoué en cause, le jugement ne pourra être exécuté qu'après avoir été signifié à avoué, à peine de nullité; les jugements provisoires et définitifs qui prononceront des condamnations seront en outre signifiés à la partie, à personne ou domicile, et il sera fait mention de la signification à l'avoué.

DIVISION

§ 1er. — *Nécessité de signifier les jugements préalablement à leur exécution* (C. proc. civ. n°s 1 à 17).

2744. Tout jugement préparatoire, interlocutoire ou autre, doit être signifié à peine de nullité. — Civ. c. 24 nov. 1886, D.P. 87. 1. 159. — V. *Code de procédure civile,* n° 3.

2745. Mais il n'y a lieu ni de lever ni de signifier les jugements ou arrêts qui déclarent un partage d'opinions. — Pau, 30 mai 1877, D.P. 78. 2. 40.

2746. Par suite, les frais avancés pour la levée, l'expédition et la signification de ces actes doivent être rejetés de la taxe comme frustratoires. — Même arrêt.

2747. L'action en partage que le créancier d'un cohéritier exerce du chef de son débiteur a le caractère, non d'un acte d'exécution, mais d'une simple mesure conservatoire; en conséquence, elle peut être valablement intentée avant la signification du jugement de condamnation constituant le titre du créancier. — Nîmes, 31 déc. 1879, D.P. 80. 2. 246. — V. *Code de procédure civile,* n° 7.

2748. Sur la question de savoir si l'acquiescement à un jugement en rend frustratoires la levée et la signification, V. *infrà, Appendice* à l'art. 403.

2749. Sur la signification : ... des jugements en matière d'incidents de *saisie immobilière*, V. *infrà*, art. 731.

2750. ... Des jugements par défaut en matière civile, V. *infrà*, art. 155 et s., nos 2879 et s.

§ 2. — *Signification à avoué* (C. proc. civ. nos 18 à 50).

2751. — I. JUGEMENTS QUI DOIVENT ÊTRE SIGNIFIÉS A AVOUÉ (C. proc. civ. nos 23 à 44). — L'art. 147 C. proc. civ., d'après lequel un jugement, quand il y a avoué en cause, ne peut être exécuté qu'après avoir été signifié à avoué, s'applique à tout jugement ou arrêt susceptible d'exécution. — Pau, 21 déc. 1885, D.P. 87. 2. 16. — V. *Code de procédure civile*, no 23.

2752. ... Notamment à l'arrêt qui réduit le montant de la créance d'une partie et condamne cette dernière à supporter la moitié des dépens. — Même arrêt.

2753. Et les offres réelles faites par cette partie en exécution dudit arrêt ne peuvent être validées, si elles n'ont pas été précédées de la signification à avoué de l'arrêt. — Même arrêt.

2754. Cette disposition s'applique aux jugements préparatoires et interlocutoires comme aux jugements définitifs. — Orléans, 20 mai 1882, D.P. 83. 2. 93.

2755. Elle s'entend de la signification de la grosse du jugement revêtue de la formule exécutoire. — Même arrêt.

2756. Et il ne peut être suppléé à cette signification par des équivalents, alors surtout que ces équivalents ne comprennent pas les motifs du jugement. — Même arrêt.

2757. Sur la signification des jugements qui ordonnent une enquête, V. *infrà*, art. 257.

2758. La disposition de l'art. 147 C. proc. civ. ne concerne que les jugements qui, imposant une obligation, autorisent des poursuites contre la partie condamnée. — Req. 22 juill. 1884, D.P. 85. 1. 253. — V. *Code de procédure civile*, no 39.

2759. En conséquence, le jugement sur le fond est valable, malgré le défaut de signification d'un jugement qui avait rejeté une demande en communication de pièces. — Même arrêt. — V. *Code de procédure civile*, no 40.

2760. — II. SIGNIFICATION FAITE DANS UN BUT AUTRE QUE L'EXÉCUTION (C. proc. civ. nos 45 à 47). — Sur la signification destinée à faire courir le délai : ... d'appel, V. *infrà*, art. 443.

2761. ... Du pourvoi en cassation, V. *infrà, Appendice* au liv. 4, *Pourvoi en cassation.*

2762. — III. DISPENSE DE LA SIGNIFICATION PAR LE JUGE (C. proc. civ. nos 48 et 49).

2763. — IV. FORMES DE LA SIGNIFICATION A AVOUÉ (C. proc. civ. no 50). — Il n'est pas nécessaire que l'exploit de signification à avoué d'un jugement mentionne la réquisition, et les noms d'avoué requérant ainsi que ceux de sa partie, si ces noms sont indiqués suffisamment dans le texte du jugement signifié. — Bourges, 23 janv. 1878, D.P. 80. 1. 71. — V. *supra*, art. 82, nos 1701 et s.

§ 3. — *Signification à partie* (C. proc. civ. nos 51 à 86).

2764. — I. JUGEMENTS QUI DOIVENT ÊTRE SIGNIFIÉS A PARTIE (C. proc. civ. nos 51 à 66).

2765. — II. DANS QUELS CAS LA NULLITÉ RÉSULTANT DU DÉFAUT DE SIGNIFICATION A PARTIE EST-ELLE COUVERTE (C. proc. civ. nos 67 à 69).

2766. — III. FORME DE LA SIGNIFICATION A PARTIE (C. proc. civ. nos 70 à 80). — Sur les règles relatives à l'exécution forcée des jugements, V. *infrà*, art. 545.

2767. Le défaut de mention, dans la signification à partie, que le jugement a été préalablement signifié à l'avoué, n'entraîne pas, quand d'ailleurs cette même significa-

cation a eu lieu, la nullité de celle faite à la partie. — Bourges, 23 janv. 1878, D.P. 80. 1. 71. — V. *Code de procédure civile*, no 73.

2768. Sur le nombre de copies nécessaires dans les significations à partie, V. *supra* art. 68, nos 1569 et s.

2769. En ce qui concerne la signification à partie au cas de transport des créances. V. *Supplément* au *Code civil annoté*, nos 13683 et s.

2770. — IV. EXÉCUTION CONTRE LES AYANTS CAUSE DU DÉBITEUR (C. proc. civ. nos 81 à 85).

2771. — V. EXÉCUTION CONTRE LES TIERS (C. proc. civ. no 86).

§ 4. — *Signification à domicile élu* (C. proc. civ., nos 87 à 105).

2772. — I. ELECTION DE DOMICILE FORCÉE (C. proc. civ. no 87).

2773. — II. ELECTION DE DOMICILE VOLONTAIRE (C. proc. civ. nos 88 à 105). — Lorsque plusieurs parties ayant des intérêts semblables, quoique non indivisibles, élisent un domicile commun pour les significations, cette élection n'est pas un pouvoir spécial nécessaire pour que l'avoué qui a occupé pour plusieurs parties dans une instance, puisse dispenser la partie adverse de signifier le jugement intervenu à chacune des parties par copies séparées. — J.G.S. *Domicile élu*, 39. — V. *Code de procédure civile*, no 98.

2774. Une simple déclaration de l'avoué ne suffirait pas en pareil cas pour rendre frustratoires des significations à tous les intéressés conformément au droit commun. — J.G.S. *Domicile élu*, 30.

2775. C'est à l'adversaire lui-même et non à son avoué que doit être notifiée la dépense de signification. — Bourges, 14 mai 1861, J.G.S. *Domicile élu*, 30. — Rouen, 22 août 1877, J.G.S. *Domicile élu*, 30.

2776. Sur la question de savoir si la signification au domicile élu fait courir : ... le délai de l'appel, V. *infrà*, art. 443.

2777. ...Le délai du pourvoi en cassation, V. *infrà, Appendice* au livre 4, *Pourvoi en cassation.*

Art. 148. Si l'avoué est décédé, ou a cessé de postuler, la signification à partie suffira; mais il y sera fait mention du décès ou de la cessation des fonctions de l'avoué.

APPENDICE AU TITRE VII.

Des Jugements.

Division.

I. — EFFETS LÉGAUX DES JUGEMENTS (no 2778).
II. — RÉTRACTATION DES JUGEMENTS (no 2779).
III. — RECTIFICATION DES JUGEMENTS POUR OMISSIONS OU ERREURS MATÉRIELLES (no 2783).
IV. — INTERPRÉTATION DES JUGEMENTS (no 2789).

I. EFFETS LÉGAUX DES JUGEMENTS.

2778. En ce qui concerne les effets des jugements qui rejettent une demande relativement à la prescription, V. *Supplément au Code civil annoté*, nos 17614 et s.

II. RÉTRACTATION DES JUGEMENTS.

2779. Les tribunaux compétents pour statuer sur les contestations relatives à l'exécution des jugements et arrêts, ne peuvent, dans l'exercice de cette attribution, enlever à une partie le bénéfice d'une décision passée en force de chose jugée. — Civ. c. 3 juill. 1883, D.P. 84. 1. 133.

2780. Spécialement, lorsqu'un jugement condamnant le défendeur à rembourser au demandeur la valeur d'un certain nombre d'actions, calculée *au cours de ce jour*, a été confirmé purement et simplement en appel, le juge, saisi postérieurement d'une difficulté concernant l'exécution de cette condamnation, ne peut décider que ladite valeur sera fixée d'après le cours des actions *au jour de l'arrêt confirmatif.* — Même arrêt.

2781. ... Alors surtout qu'il résulte d'une précédente décision de la cour d'appel, rendue sur une demande d'interprétation de cet arrêt, que c'est bien à la date du jugement qu'il fallait se reporter pour faire l'évaluation. — Même arrêt.

2782. Sur l'autorité de la chose jugée en matière de jugements préparatoires et interlocutoires, V. *Supplément au Code civil annoté*, nos 8995 et s. — V. aussi *Code de procédure civile*, no 18.

III. RECTIFICATION DES JUGEMENTS POUR OMISSIONS OU ERREURS MATÉRIELLES.

2783. — I. DANS QUELS CAS IL Y A LIEU A RECTIFICATION DU JUGEMENT (C. proc. civ. nos 1 à 23). — Lorsqu'une décision judiciaire en dernier ressort contient une erreur matérielle, il appartient aux juges qui l'ont rendue de réparer l'erreur. — Req. 21 nov. 1876, D.P. 77. 1. 250. — Req. 9 juill. 1884, D.P. 85. 1. 392. — Pau, 13 déc. 1886, D.P. 87. 2. 172.

2784. Et l'existence d'un pourvoi en cassation contre cette décision n'a pas pour effet de rendre non recevable la demande en rectification. — Arrêt préc. 13 déc. 1886.

2785. Mais toute modification apportée à un jugement après que le juge a prononcé sa décision est contraire au principe de la chose jugée. — Civ. c. 3 août 1881, D.P. 82. 1. 424.

2786. Spécialement, il y a lieu d'annuler, comme portant atteinte à ce principe, l'arrêt qui, sous prétexte d'interpréter un arrêt antérieur, lequel ne présentait aucune obscurité ni ambiguïté, et le rectifier sous une erreur matérielle, a modifié le dispositif dudit arrêt et aggravé la condamnation prononcée, en changeant, par exemple, le point de départ des intérêts. — Même arrêt. — V. *Code de procédure civile* no 21.

2787. — II. QUI PEUT OPÉRER LA RECTIFICATION DU JUGEMENT (C. proc. civ. nos 24 à 32).

2788. — III. FORME DE LA DEMANDE EN RECTIFICATION (C. proc. civ. nos 33 et 34).

IV. INTERPRÉTATION DES JUGEMENTS.

2789. — I. DROIT D'INTERPRÉTER LES JUGEMENTS (C. proc. civ. nos 1 à 26). — Bien qu'il soit interdit aux tribunaux de modifier leurs décisions, il leur appartient cependant de déterminer d'une manière précise, pour ceux d'interprétation, le sens des dispositions des jugements qu'ils ont rendus et dont la portée est contestée par les parties. — Req. 19 juill. 1880, D.P. 81. 1. 224. — V. *Code de procédure civile*, no 1.

2790. Il leur appartient donc de fixer,

sur la demande des parties, le sens de leurs décisions et d'en expliquer les dispositions dont les termes ont donné lieu à quelque doute, à la condition de ne point modifier ces décisions, y ajouter ou les restreindre. — Civ. c. 15 mars 1882, D.P. 83. 1. 59. — Paris, 1ᵉʳ avr. 1882, D.P. 82. 2. 229. — Civ. r. 18 avr. 1882, D.P. 83. 1. 411. — Req. 21 mars 1883, D.P. 84. 1. 86. — Civ. r. 15 nov. 1887, D.P. 89. 1. 153. — V. Code de procédure civile, nᵒ 2.

2791... Pourvu que les droits consacrés par ces décisions ne soient ni restreints, ni étendus, ni modifiés. — Arrêt préc. 15 mars 1882.

2792. Spécialement, lorsqu'un jugement a condamné un locataire à rembourser le prix de travaux mis à sa charge par le bail et payés pour son compte par le bailleur, et a résolu le contrat dans le cas où ce remboursement ne serait pas effectué dans un délai déterminé, un second jugement peut décider, par interprétation du premier, que la condamnation est alternative et que le bailleur ayant expulsé le locataire faute de payement, la condamnation de celui-ci au remboursement du prix des travaux devait être considérée comme non avenue. — Même arrêt.

2793. De même, une cour d'appel peut décider que la partie du dispositif d'un arrêt relative aux intérêts mis à la charge d'un débiteur ne s'applique qu'à la condamnation principale qui la précède immédiatement. — Req. 19 juill. 1880, D.P. 81. 1. 224.

2794. De même encore, lorsqu'en réparation d'un dommage causé à une mère et à sa fille mineure, un jugement a ordonné qu'une inscription de rente serait immatriculée pour l'usufruit indistinctement en leur nom, ladite rente devant être réduite à une certaine somme à la majorité ou au mariage de la fille, le juge peut, par interprétation de cette décision, décider que le décès de la mère a eu pour effet d'éteindre purement et simplement la rente ainsi réduite sans réversibilité sur la tête de la fille. — Civ. r. 18 avr. 1882, D.P. 83. 1. 411.

2795. Et le fait d'avoir exécuté le jugement en faisant immatriculer le titre de rente conjointement au nom de la mère et de la fille ne rend pas la partie condamnée aux dommages-intérêts non recevable à se prévaloir de la véritable portée du jugement. — Même arrêt.

2796. Les tribunaux peuvent également, par interprétation d'un arrêt qui condamne le créancier d'un failli à rapporter toutes les sommes reçues par lui en contravention à l'art. 447 C. com., décider que ce créancier rapportera non seulement le capital, mais les intérêts de droit qui en sont l'accessoire légal. — Req. 21 mars 1883, D.P. 84. 1. 86.

2797. L'interprétation donnée par un arrêt à un jugement est souveraine, lorsqu'elle n'est point en contradiction avec le texte de ce jugement, et ne substitue pas à sa sentence une décision nouvelle. — Civ. c. 25 févr. 1891, D.P. 91. 1. 201.

2798. Il en est notamment ainsi, lorsque l'arrêt constate qu'une provision accordée par ce jugement à deux époux sur une créance dotale de la femme, est établi évidemment, les conditions où elle a été allouée et eu égard à la situation gênée des bénéficiaires, une chose fongible, destinée aux besoins de la vie et aux frais du procès pendant entre eux et le débiteur, et que, devant être ainsi consommée, cette provision a dû nécessairement être imputée sur les intérêts de la créance. — Même arrêt.

2799. En conséquence, c'est à bon droit que cet arrêt rejette la prétention de la femme à être colloquée, pour cette provision, au rang de son hypothèque légale de femme mariée. — Même arrêt.

2800. Lorsque le juge a donné mandat spécial et exclusif à un séquestre de recevoir des billets souscrits à l'ordre d'une partie et de toucher le montant de ces billets, il peut, par voie d'interprétation de son jugement, décider que ces billets seront libellés de manière à ce que le séquestre en ait seul la disposition. — Rouen, 28 janv. 1879, DP. 80. 2. 23.

2801. Spécialement, il peut ordonner que le dispositif de son précédent jugement sera transcrit sur lesdits billets afin de les soustraire à la circulation, encore bien que, dans ses conclusions originaires, le demandeur en interprétation n'ait pas déterminé la forme dans laquelle, selon lui, les billets devaient être rédigés sous ce but. — Même arrêt.

2802. Une telle décision n'ajoute rien au premier jugement et ne saurait être considérée comme une solution anticipée des difficultés auxquelles pourrait ultérieurement donner lieu l'exécution de ce premier jugement, et le juge qui a statué sur le fond est seul compétent pour ordonner une mesure de ce genre. — Même arrêt.

2803. L'interprétation donnée par une cour d'appel à un arrêt qu'elle a antérieurement rendu ne saurait être critiquée par la partie qui, dans ses conclusions, a précisément attribué au premier arrêt le sens et la portée qui lui ont été reconnus par le second arrêt. — Req. 3 juill. 1889, D.P. 90. 1. 229.

2804. Une cour d'appel ne viole pas le principe de la chose jugée lorsque, saisie d'une demande d'interprétation d'un de ses arrêts, elle en rapproche les motifs et le dispositif des conclusions des parties, et conclut de cet examen qu'un appel dirigé contre plusieurs parties n'a été déclaré recevable qu'à l'égard de l'une d'elles. — Req. 25 mai 1889, D.P. 81. 1. 9.

2805. Il en est ainsi lorsque, sans statuer nominativement sur la recevabilité de l'appel à l'égard de tous les intimés, l'arrêt interprété déclare dans ses motifs l'exception opposée par l'une des parties bien fondée, et ne prononce dans son dispositif aucune condamnation aux dépens contre elle. — Même arrêt.

2806. Lorsqu'une partie a été condamnée à démolir une construction ou à acheter le terrain sur lequel elle était élevée, et ce, dans un délai déterminé à l'expiration duquel son adversaire était autorisé à opérer la démolition, il n'y a pas violation de la chose jugée dans l'arrêt qui, interprétant cette décision, déclare qu'il en résulte une obligation alternative, à laquelle la partie peut satisfaire en achetant le sol, même après l'expiration du délai stipulé et tant que la démolition n'a pas été opérée par l'adversaire. — Req. 7 nov. 1881, D.P. 82. 1. 214.

2807. — II. INTERPRÉTATION PORTANT ATTEINTE A LA CHOSE JUGÉE (C. proc. civ. nᵒˢ 27 à 44). — La faculté que les juges d'interpréter leurs décisions, quand elles présentent un doute ou une obscurité sur leur portée ou sur leurs conséquences, est limitée par l'interdiction absolue de restreindre, d'étendre ou de modifier les droits que ces décisions consacrent ; et l'autorité de la chose jugée fait obstacle à ce que les tribunaux, sous prétexte d'interprétation ou autrement, enlèvent aux parties le bénéfice des jugements ou arrêts clairs et précis qu'elles ont obtenus. — Civ. c. 27 mars 1889, D.P. 89. 1. 430. — V. Code de procédure civile, nᵒ 27.

2808. Spécialement, lorsque les prescriptions d'un arrêt, impérativement exprimées dans son dispositif, avaient pour objet et pour conséquence de déterminer les conditions de la vente en gros et de la vente en détail d'un produit et de fixer, par suite, les droits respectifs des parties à cet égard, en réglant le mode d'exécution d'une convention intervenue entre elles, un arrêt postérieur ne saurait, sans méconnaître l'autorité de la chose jugée, décider le contraire par une interprétation abusive du premier arrêt. — Même arrêt.

2809. Il n'y a lieu à interprétation d'un jugement que lorsque les termes en sont obscurs, ambigus ou contradictoires ; et le juge ne peut, sous prétexte d'interprétation, modifier ou altérer les dispositions de la décision rendue. — Grenoble, 19 août 1882, D.P. 83. 2. 100-101.

2810. Le droit appartient aux cours d'appel d'interpréter leurs arrêts lorsque le pouvoir d'enlever à une partie le bénéfice d'une disposition claire et précise contenu dans l'arrêt dont l'interprétation leur est demandée. — Lyon, 7 mars 1883, D.P. 84. 2. 119.

2811. Jugé dans le même sens que les tribunaux ne peuvent, sous prétexte d'interprétation, substituer des dispositions nouvelles à des dispositions claires, précises, formulées dans des décisions qui ont acquis l'autorité de la chose jugée. — Civ. c. 18 mars 1889, D.P. 90. 1. 278.

2812. Et spécialement, un jugement ne peut déclarer que certaines parcelles de terrain ne sont pas comprises dans une expropriation, au mépris des arrêtés de cessibilité et des plans parcellaires annexés à un jugement d'expropriation non frappé de pourvoi. — Même arrêt.

2813. — III. A QUI APPARTIENT LE POUVOIR D'INTERPRÉTATION (C. proc. civ. nᵒˢ 45 à 61). — La connaissance du litige qui s'élève sur le sens et la portée d'une décision de justice appartient à la juridiction de laquelle émane cette décision ; par suite, dans le cas où un jugement a été confirmé avec adoption de motifs, par la cour d'appel, c'est cette cour et non le tribunal de première instance qui est compétent pour interpréter ce jugement. — Civ. r. 15 nov. 1887, D.P. 89. 1. 153.

2814. Mais lorsque le tribunal, bien qu'incompétent à cet égard, a donné l'interprétation qui lui était demandée par les parties, la cour, saisie de l'appel contre ce jugement au lieu de l'être directement, en statuant au fond sur les conclusions des parties relatives à l'interprétation, donne elle-même cette interprétation ; et, dès lors, l'irrégularité de procédure ainsi commise n'est pas de nature à entraîner l'annulation de cet arrêt. — Même arrêt.

2815. Si la demande en interprétation d'une décision doit être portée devant la juridiction qui l'a rendue, il n'est pas nécessaire, pour que le second arrêt rendu par la cour d'appel en interprétation et exécution de son premier arrêt soit valable, qu'il émane des magistrats mêmes qui avaient participé à la première décision. — Req. 2 juill. 1885, D.P. 86. 1. 287. — V. Code de procédure civile, nᵒ 51.

2816. Le jugement d'un tribunal de commerce qui ne porte aucune condamnation, et se borne à interpréter une décision précédente, sans régler aucune difficulté d'exécution, ne viole point les dispositions de l'art. 442 C. proc. civ., qui interdit aux tribunaux de cet ordre de connaître de l'exécution de leurs décisions. — Civ. r. 15 nov. 1887, D.P. 89. 1. 153. — Comp. Code de procédure civile, nᵒ 52.

2817. Une cour est compétente pour statuer sur une demande en interprétation de l'arrêt qu'elle a rendu, bien que cette décision ait été l'objet d'un recours en cassation, si la cour suprême n'a pas été appelée à statuer par le pourvoi sur la partie de l'arrêt qui donne lieu à interprétation. — Civ. r. 20 mars 1889, D.P. 89. 1. 382.

2818. — IV. QUAND L'INTERPRÉTATION PEUT ÊTRE DEMANDÉE (C. proc. civ. nᵒˢ 62 à 66).

2819. — V. RÈGLES D'INTERPRÉTATION (C. proc. civ. nᵒˢ 67 à 73).

2820. — VI. EFFET DU JUGEMENT INTERPRÉTATIF (C. proc. civ. nᵒ 74).

TITRE VIII.

Des Jugements par défaut et Oppositions.

Art. 149. Si le défendeur ne constitue pas avoué, ou si l'avoué constitué ne se présente pas au jour indiqué pour l'audience, il sera donné défaut.

2821. — I. DISTINCTION ENTRE LES JUGEMENTS CONTRADICTOIRES ET LES JUGEMENTS PAR DÉFAUT (C. proc. civ. n°s 1 à 7). — Pour reconnaître les caractères d'une décision judiciaire, il faut l'envisager en elle-même, et apprécier les circonstances dans lesquelles elle a été rendue, abstraction faite de la qualification qui a pu lui être donnée par les juges. — Trib. com. Laval, 25 janv. 1882, D.P. 83. 3. 31-32. — V. *Code de procédure civile*, n° 6.

2822. Ainsi la fausse qualification de jugement par défaut donnée par les juges à leur décision n'empêche pas ce jugement d'être contradictoire. — Req. 4 juill. 1888, D.P. 89. 1. 477.

2823. De même, le jugement rendu par un tribunal de commerce, qui constate que les défendeurs ont constitué en l'instance un mandataire qui a conclu en cette qualité, établit suffisamment l'existence du pouvoir et sa spécialité; en conséquence, un tel jugement doit être réputé contradictoire et ne peut faire l'objet d'une opposition valable. — Chambéry, 7 mai 1888, D.P. 91. 2. 28.

2824. — II. DIVERSES ESPÈCES DE JUGEMENTS PAR DÉFAUT (C. proc. civ. n°s 8 à 14). — Les divers chefs d'un jugement, considérés isolément, forment autant de jugements distincts, et chacun de ces chefs peut être soumis à des règles différentes touchant les voies de recours à employer contre eux. — Trib. com. Laval, 25 janv. 1882, D.P. 83. 3. 31. — V. *Code de procédure civile*, n° 11.

2825. Spécialement, un même jugement peut être sur un chef, par défaut faute de comparaître, sur un autre, par défaut faute de conclure, et sur un troisième, de défaut congé. — Même jugement.

2826. De même, un jugement doit être réputé par défaut, lorsqu'il présente les caractères propres aux décisions de cette espèce, bien qu'il ne mentionne pas qu'il a été rendu par défaut. — Reunes, 24 mars 1879, D.P. 81. 2. 175, et la note.

2827. Il y a lieu de considérer comme un jugement par défaut faute de plaider le jugement rendu contre une partie qui, assignée en nomination d'arbitres rapporteurs, a comparu pour désigner un arbitre et n'a fait défaut que sur la nouvelle assignation qui lui a été donnée pour plaider sur le rapport des arbitres. — Civ. 14 janv. 1880, D.P. 80. 1. 160.

2828. — III. CAS DANS LESQUELS UN JUGEMENT DOIT ÊTRE RÉPUTÉ PAR DÉFAUT (C. proc. civ. n°s 15 à 66). — 1° Absence de conclusions (C. proc. civ. n°s 15 à 21). — Tout jugement à raison duquel l'une des deux parties n'a pas conclu est nécessairement rendu par défaut. — Reims, 21 mars 1879, D.P. 81. 2. 175. — V. *Code de procédure civile*, n° 15.

2829. Par suite, lorsque, devant un tribunal de commerce, après avoir opposé à la demande une exception d'incompétence, le défendeur s'est abstenu de conclure sur le fond, le jugement qui, par deux dispositions distinctes, statue tout ensemble sur cette exception et sur le fond, est contradictoire quant à l'une et par défaut quant à l'autre, quoiqu'il ait omis d'énoncer ce dernier point. — Même arrêt.

2830. — 2° Conclusions prises sur les exceptions, mais non sur le fond (C. proc. civ. n°s 22 à 35). — Le jugement condamnant

sur le fond une partie qui a seulement conclu à un sursis est un jugement par défaut, et il ne peut, à peine de nullité, être rendu en la forme contradictoire. — Rouen, 13 mars 1880, D.P. 80. 2. 245. — Conf. Cons. d'Et. 4 août 1876, D.P. 76. 3. 97. — V. *Code de procédure civile*, n° 29.

2831. Il en est ainsi, spécialement, du jugement qui, sur les conclusions reconventionnelles du défendeur à une demande en validité d'une saisie-arrêt, tendant à la mainlevée de cette saisie, et sur celles du demandeur, tendant à ce qu'il soit sursis à statuer sur cette demande reconventionnelle jusqu'après la décision de la juridiction compétente touchant l'existence de la créance du saisissant, ordonne la mainlevée, sans tenir compte de la demande de sursis. — Arrêt préc. 13 mars 1880.

2832. — 3° Conclusions contradictoirement prises au fond (C. proc. civ. n°s 36 à 53). — L'arrêt rendu entre parties qui avaient conclu contradictoirement à l'audience sur un arrêt contradictoire, bien que l'une des parties ait refusé ou négligé de plaider sur ses conclusions à l'audience indiquée pour le débat oral. — Req. 4 juin 1877, D.P. 78. 1. 483. — V. *Code de procédure civile*, n° 43.

2833. De même, un jugement est contradictoire, alors même qu'à l'audience fixée pour les plaidoiries un des avoués refuse de conclure, si, à une audience antérieure où la cause a été appelée, les avoués des deux parties ont posé qualités. — Req. 27 avr. 1881, D.P. 82. 1. 455-456.

2834 Mais la qualification d'arrêt par défaut inexactement donnée à cette décision ne peut en entraîner l'annulation, alors que le demandeur en cassation avait été condamné, non parce qu'il avait fait défaut, mais parce que la demande formée contre lui était fondée. — Arrêt préc. 4 juin 1877.

2835. — 4° Défaut de renouvellement des conclusions dans le cas où ce renouvellement est exigé (C. proc. civ. n°s 54 à 66). — Les conclusions prises par les parties devant une chambre de cour d'appel cessent de lier contradictoirement la cause entre elles, lorsque cette cause est ensuite portée devant une autre chambre de la même cour, composée d'autres magistrats. — Civ. 11 déc. 1878, D.P. 79. 1. 262. — V. *Code de procédure civile*, n°s 55 et s. — V. aussi *supra*, n°s 2227 et s.

2836. En conséquence, l'arrêt rendu par la chambre saisie en dernier lieu ne peut statuer que par défaut à l'égard de la partie qui n'a pas repris ses conclusions devant elle, et, par suite, cet arrêt est susceptible d'opposition. — Même arrêt.

2837. La présence d'une partie à un jugement préparatoire (dans l'espèce, un jugement d'un tribunal de commerce, nommant un expert chargé de vérifier des comptes) ne saurait la priver du droit de faire défaut sur le fond, lorsqu'elle n'a pas présenté ses moyens de forme ou de fond. — Poitiers, 27 mars 1884, D.P. 86. 2. 17. — V. *Code de procédure civile*, n° 65.

2838. Sur les faits qui rendent contradictoires ou par défaut les jugements rendus en matière d'enregistrement, V. *Code annoté de l'Enregistrement*, n° 6219 et s.

Art. 150. Le défaut sera prononcé à l'audience, sur l'appel de la cause; et les conclusions de la partie qui le requiert seront adjugées, si elles se trouvent justes et bien vérifiées : pourront néanmoins les juges faire mettre les pièces sur le bureau, pour prononcer le jugement à l'audience suivante.

2839. — I. PRONONCIATION DU DÉFAUT (C. proc. civ. n°s 1 à 3). — Le défaut du défendeur doit être prononcé à l'audience à laquelle celui-ci a été assigné, à moins que la prononciation de la sentence n'ait été

renvoyée à l'audience suivante, le jugement doit porter en lui-même la preuve de l'accomplissement de ces formalités; et cette preuve ne saurait résulter d'une annotation du greffier sur le placet du demandeur. — Bourges, 13 août 1884, D.P. 86. 2. 48. — V. *Code de procédure civile*, n° 2.

2840. — II. ADJUDICATION DE LA DEMANDE (C. proc. civ. n°s 4 à 13). — Lorsqu'il y a appel incident régulièrement signifié, la cour doit donner contre l'appelant non comparant défaut faute de conclure, et ne peut accorder les conclusions de cet appel incident que si elles sont justifiées. — Limoges, 23 juill. 1887, D.P. 88. 2. 103. — V. *Code de procédure civile*, n° 4.

2841. L'appel incident ne remet pas en question, même indirectement, les points résolus par le jugement en faveur de l'intimé au principal; l'arrêt de défaut-congé ayant, au contraire, pour effet de faire recouvrer à ce jugement toute son autorité quant à ces points, le juge, pour trancher l'appel incident, doit appliquer les décisions de première instance ainsi devenues définitives. — Même arrêt.

2842. Un tribunal statuant par défaut (dans l'espèce, en matière commerciale) ne peut adjuger au demandeur des conclusions omises dans l'exploit d'ajournement, et prises pour la première fois à l'audience en l'absence du défendeur aux jour et heure préalablement notifiées à ce dernier par un ajournement nouveau; alors même que l'exploit introductif d'instance contiendrait à ce sujet des réserves, et que le défendeur eût été, par correspondance, prévenu des conclusions nouvelles posées contre lui. — Civ. 21 févr. 1877, D.P. 77. 1. 349. — V. *Code de procédure civile*, n° 10.

2843. — III. RENVOI À L'AUDIENCE SUIVANTE (C. proc. civ. n°s 14 à 16). — Dans le cas de non-comparution de l'une des parties au jour fixé par l'assignation, il n'est pas nécessaire que le demandeur présente ses conclusions et que le jugement de défaut soit prononcé à l'audience indiquée par la citation, lorsque la prononciation de ce jugement n'a pas été remise à l'audience suivante; le tribunal peut rendre ultérieurement un jugement de défaut profit-joint, qui ordonne la réassignation des parties, et se réservant à statuer sur le tout par une seconde décision. — Req. 27 déc. 1880, D.P. 81. 1. 421. — V. *Code de procédure civile*, n° 14.

2844. En matière commerciale comme en matière civile, le demandeur n'est pas tenu, sous peine de nullité du jugement à intervenir, de requérir défaut contre le défendeur qui ne comparaît pas au jour fixé par l'assignation; ce défaut peut être requis à une audience ultérieure. — Pau, 17 juin 1883, D.P. 86. 2. 253-254. — V. *Code de procédure civile*, n°s 13 et 14.

Art. 151. Lorsque plusieurs parties auront été citées pour le même objet à différents délais, il ne sera pris défaut contre aucune d'elles qu'après l'échéance du plus long délai.

Art. 152. Toutes les parties appelées et défaillantes seront comprises dans le même défaut; et s'il en est pris contre chacune d'elles séparément, les frais desdits défauts n'entreront point en taxe, et resteront à la charge de l'avoué, sans qu'il puisse les répéter contre la partie.

Art. 153. Si de deux ou plusieurs parties assignées l'une fait défaut et l'autre comparaît, le profit du défaut sera joint, et le jugement de jonction sera signifié à la partie défaillante par un huissier commis : la signification contiendra assignation au jour auquel la cause sera appelée; il sera statué par un seul jugement, qui ne sera pas susceptible d'opposition.

2845. — I. Jugement de défaut profit-joint (C. proc. civ. nos 1 à 85). — 1o *Devant quelles juridictions y a-t-il lieu de joindre le profit de défaut?* (C. proc. civ. nos 1 à 8). — L'art. 153 C. proc. civ., qui exige, en cas de pluralité de défendeurs parmi lesquels les uns comparaissent et les autres font défaut, que le tribunal rende un jugement par défaut profit-joint, ne s'applique pas aux affaires portées devant les juges de paix; aucune disposition légale n'impose aux tribunaux de paix l'obligation ne s'est exposé à aucune condamnation, l'obligation de se conformer aux règles édictées par cet article. — Civ. r. 22 avr. 1890, D.P. 90. 1. 465. — V. *Code de procédure civile*, no 4.

2846. Cet article est-il applicable devant les tribunaux de commerce? — V. *infrà*, art. 434.

2847. — 2o *Cas dans lesquels il y a lieu au défaut profit-joint* (C. proc. civ. nos 9 à 42). — L'art. 153 C. proc. civ., qui prescrit la jonction du défaut au fond lorsque, de deux parties assignées, l'une comparaît et l'autre fait défaut, ne s'applique pas au cas où le défaillant n'est exposé à aucune condamnation, et spécialement lorsqu'un mari a été appelé en cause uniquement pour autoriser sa femme; en pareille circonstance, le juge peut et doit suppléer la femme à ester en justice. — Nancy, 16 avr. 1877, D.P. 79. 2. 205. — V. *Code de procédure civile*, no 21.

2848. Lorsque le demandeur intente contre chacun des deux défendeurs des actions distinctes, bien qu'il les réunisse dans la même instance et conclue à une condamnation solidaire des deux défendeurs, cependant il n'y a pas lieu de rendre un jugement par défaut profit-joint, si l'un des deux défendeurs fait défaut faute de comparaître. — Req. 4 mars 1889, D.P. 90. 1. 434.

2849. Sur la question de savoir si l'art. 153 est applicable en matière : ... d'ordre entre créanciers, V. *infrà*, art. 762 et 764.

2850 ... De saisie-arrêt, V. *infrà*, art. 570.

2851. ... De saisie immobilière, V. *infrà*, art. 731.

2852. ... De folle enchère, V. *infrà*, art. 739.

2853. — De surenchère sur aliénation volontaire, V. *infrà*, art. 838.

2854. — 3o *Effets de l'absence de jonction du profit de défaut* (C. proc. civ. nos 43 à 58). — La disposition de l'art. 153 C. proc. civ., qui prescrit au juge de joindre le profit du défaut et d'ordonner la réassignation des défaillants, doit être observée à peine de nullité. — Civ. c. 19 juill. 1876, D.P. 77. 1. 100. — Civ. c. 19 avr. 1886, D.P. 86. 1. 334. — V. *Code de procédure civile*, no 43.

2855. Et la règle générale d'après laquelle le recours en cassation n'est pas recevable contre un arrêt par défaut, tant que la voie de l'opposition est encore ouverte, est sans application au cas prévu par l'art. 153 C. proc. civ. — Arrêt préc. 19 juill. 1876.

2856. Il y a donc lieu à cassation de l'arrêt qui a statué sur le fond contradictoirement à l'égard de l'intimé qui comparaît, et par défaut à l'égard de l'autre, en déclarant sa décision commune aux deux intimés. — Même arrêt.

2857. Suivant une opinion, lorsque des défendeurs a comparu et que l'autre a fait défaut, le demandeur ne peut arguer de nullité le jugement qui a omis de prononcer le défaut profit-joint contre la partie défaillante, s'il n'a pas averti le tribunal en requérant la jonction. — Req. 17 janv. 1881, D.P. 81. 1. 145. — V. *Code de procédure civile*, no 56.

2858. De même, l'inobservation de l'art. 153 C. proc. civ., ne peut être invoquée, comme moyen de cassation, par le demandeur, lorsqu'il a négligé de requérir cette décision de jonction. — Req. 19 juill. 1881, D.P. 82. 1. 220.

2859. Il a été décidé au contraire : ... 1o que la nullité qui résulte de l'inaccomplissement des formalités prescrites par l'art. 153

C. proc. civ. peut être invoquée en tout état de cause, et même pour la première fois en appel. — Angers, 21 août 1877, D.P. 78. 2. 140-141.

2860. ... 2o Que, lorsqu'il existe plusieurs défendeurs parmi lesquels les uns comparaissent, les autres font défaut, le tribunal ou la cour doit rendre, même d'office, un jugement par défaut profit-joint, dès qu'il a connaissance de la non-comparution de quelques-uns des défendeurs; et que la nullité qui résulte de l'inobservation de l'art. 153 doit s'appliquer même au cas où celui des défendeurs qui ne comparaît pas s'est assigné par le demandeur qu'en assistance de cause ou en intervention. — Civ. c. 19 avr. 1883, D.P. 86. 1. 334. — V. *Code de procédure civile*, no 57.

2861. — 3o Que l'exécution de l'art. 153 C. proc. civ. n'est pas subordonnée à la réquisition des parties: qu'en conséquence, lorsque l'appelant a conclu à ce qu'il fût donné défaut contre un des intimés non comparant, l'autre intimé peut proposer devant la cour de cassation le moyen tiré de ce que le profit du défaut n'a pas été joint, bien qu'il n'ait pas requis cette jonction devant la cour d'appel. — Civ. c. 19 juill. 1876, D.P. 77. 1. 100.

2862. — 4o *Caractère et effet du jugement qui prononce la jonction du défaut* (C. proc. civ. nos 59 à 62).

2863. — 5o *Signification du jugement de défaut profit-joint* (C. proc. civ. nos 63 à 72). — Le jugement de défaut profit-joint, ne faisant qu'ordonner la réassignation des parties défaillantes, doit être signifié, avec assignation, à ces parties seulement; et n'est pas nécessaire de donner une nouvelle assignation aux parties ayant constitué avoué, ni même un simple avenir. — Lyon, 30 juin 1887, D.P. 88. 2. 59. — V. *Code de procédure civile*, no 63.

2864. Un arrêt de défaut profit-joint n'est pas nul, parce qu'il omet de commettre un huissier pour la signification. — Observ. sous Civ. c. 11 févr. 1884, D.P. 85. 1. 99, note 1. — V. *Code de procédure civile*, no 65.

2865. En tous cas, la partie qui a fait signifier cet arrêt par un huissier non commis n'est pas recevable à se prévaloir de cette prétendue nullité, la nullité étant de son fait. — Civ. r. 11 févr. 1884, D.P. 85. 1. 99-100.

2866. Lorsque dans une affaire où plusieurs défendeurs avaient été assignés et où les uns avaient comparu et les autres fait défaut, le tribunal de commerce a rendu un jugement par défaut profit-joint et fait réassigner les défaillants, l'assignation délivrée en vertu de ce jugement, après changement d'état d'un défaillant, à celui qui le représente, n'est pas nulle, quoiqu'elle ait été remise non par l'huissier commis, mais par un huissier audiencier, l'identité de l'huissier n'étant pas prescrite à peine de nullité. — Paris, 13 janv. 1883, D.P. 83. 2. 98-99. — *Contrà :* Code de procédure civile, no 69.

2867. — 6o *Délai de la réassignation* (C. proc. civ. nos 73 à 80).

2868. — 7o *Voies de recours contre le jugement de défaut profit-joint* (C. proc. civ. nos 81 à 85).

2869. — II. Jugement adjugeant le profit du défaut joint (C. proc. civ. nos 86 à 117). Dans une instance où il y a deux défendeurs et où l'un, faute de comparaître, a été l'objet d'un jugement de défaut profit-joint, le nouveau jugement qui intervient, après réassignation, par suite de l'opposition de la part de l'autre défendeur, qui, après avoir comparu la première fois, a fait défaut à son tour lors de la seconde décision. — Civ. c. 23 oct. 1887, D.P. 88. 1. 76.

2870. Mais si c'est le demandeur qui a fait défaut, lors de cette seconde décision, il peut, au contraire, la frapper valablement d'opposition en agissant dans les délais légaux. — Même arrêt.

2871. Lorsqu'un tribunal de commerce,

après un premier jugement de défaut profit-joint, a, par un second jugement, statué contradictoirement sur la compétence et par défaut sur le fond, et que, sur l'opposition formée par la partie condamnée tant sur la compétence que sur le fond, il a, par une troisième décision, admis l'exception d'incompétence qu'il avait d'abord repoussée, le demandeur, appelant de cette dernière décision, qui, au lieu de limiter son appel à la question de compétence, a, en outre, conclu au fond, ne peut pas se faire un grief de ce que la cour a évoqué le fond et l'a débouté de sa demande. — Civ. r. 11 nov. 1873, D.P. 76. 1. 425-426.

2872. La raison en est que ni la disposition finale de l'art. 153 C. proc. civ. qui déclare non susceptible d'appel le jugement de défaut profit-joint, ni celles des art. 1350, no 3, et 1351 C. civ., qui attribuent à la chose jugée le caractère d'une présomption légale, ne sont d'ordre public, d'où la conséquence que les parties peuvent renoncer à s'en prévaloir et sont censées même y avoir renoncé, lorsqu'elles ont négligé de les invoquer en temps utile. — Observ. sous l'arrêt précité, D.P. 76. 1. 425, note 1.

Art. 154. Le défendeur qui aura constitué avoué pourra, sans avoir fourni de défenses, suivre l'audience sur le seul acte, et prendre défaut contre le demandeur qui ne comparaîtrait pas.

2873. — I. Défaut-congé (C. proc. civ. nos 1 à 21). — 1o *Cas dans lesquels le défaut-congé peut être demandé* (C. proc. civ. nos 1 à 7).

2874. — 2o *Pouvoirs du juge dans les jugements de défaut-congé* (C. proc. civ. nos 8 à 21). — Le défaut-congé n'ayant pour conséquence que le renvoi de l'intimé des fins de l'appel, sans qu'il y ait lieu de vérifier les conclusions de l'intimé ni les griefs d'appel. — Limoges, 25 juill. 1887, D.P. 88. 2. 103. — V. *Code de procédure civile*, no 9.

2875. — II. Effets du défaut-congé sur le fond du droit (C. proc. civ. nos 22 à 29). — Sur l'autorité de la chose jugée produite par les jugements par défaut, V. *Supplément au Code civil annoté*, no 8975 et s.

2876. — III. Voies de recours contre le jugement de défaut-congé (C. proc. civ. nos 30 à 34). — Le pourvoi en cassation dirigé contre un arrêt par lequel une cour d'appel a borné à donner aux intimés défaut-congé contre la partie appelante est recevable, quoique cet arrêt n'ait statué sur le fond du litige, dans le cas où la cour était tenue, à raison de la matière, de se déclarer incompétente, même d'office. — Civ. r. 5 mai 1885, D.P. 85. 1. 339.

2877. Dans le cas où un intimé demande à la cour de donner défaut-congé contre l'appelant qui ne conclut pas et de maintenir le jugement de première instance, l'arrêt procède régulièrement en accueillant ces conclusions, alors même qu'il serait par second intimé, dont la non-comparution devrait donner lieu à un arrêt de défaut profit-joint, au moment où le premier intimé a saisi et a laissé la cour dans l'ignorance de l'existence, en cause d'appel, du second intimé non comparant. — Civ. c. 30 oct. 1889, D.P. 90. 1. 81.

2878. Mais si l'appelant fait ensuite opposition à l'arrêt de défaut qui a confirmé le jugement au fond, en révélant l'existence d'un second intimé, conclut à l'annulation de cet arrêt, à l'adjudication d'un arrêt de défaut profit-joint, et sa signification à l'intimé comparant, la cour ne peut, méconnaissant la situation juridique nouvelle résultant de cette opposition et de ces conclusions, rejeter ladite opposition et maintenir sa décision première. — Même arrêt.

Art. 155. Les jugements par défaut ne seront pas exécutés avant l'échéance de la huitaine de la signification à avoué, s'il y a eu constitution d'avoué, et de la signification à personne ou domicile, s'il n'y a pas eu constitution d'avoué; à moins qu'en cas d'urgence l'exécution n'en ait été ordonnée avant l'expiration d'un délai, dans les cas prévus par l'art. 135.

Pourront aussi les juges, dans le cas seulement où il y aurait péril en la demeure, ordonner l'exécution nonobstant l'opposition, avec ou sans caution; ce qui ne pourra se faire que par le même jugement.

2879. — I. Exécution des jugements par défaut (C. proc. civ. n°° 1 à 11). — Un jugement de défaut rendu contre un demandeur en payement du montant d'un fret pour résultat d'annihiler l'interpellation judiciaire pour règlement du fret, qu'avait réalisée d'abord l'assignation introductive d'instance, et de permettre, par voie de suite, à la courte prescription de cette matière de s'accomplir, si avant l'ouverture d'une nouvelle action en payement, plus d'une année s'est écoulée depuis l'achèvement du voyage; et cet effet eut produit, bien que le jugement n'ait pas été signifié, ledit effet étant une simple conséquence juridique, et non à proprement parler une exécution, laquelle aurait eu besoin d'être précédée d'une notification dudit jugement. — Req. 2 août 1887, D.P. 88. 1. 47, et la note.

2880. L'existence et la régularité de la signification d'un jugement par défaut peuvent être établies, à défaut de représentation de l'exploit et en l'absence de preuve contraire, par un extrait du receveur de l'enregistrement, alors même que cet extrait ne mentionnerait que l'enregistrement d'un commandement, fait en conséquence de la signification, si le jugement ordonnait que la signification et le commandement seraient faits par un seul et même acte. — Poitiers, 1er déc. 1875, D.P. 77. 2. 226.

2881. — II. Exécution provisoire (C. proc. civ. n°° 12 à 22).

Art. 156. Tous jugements par défaut contre une partie qui n'a pas constitué d'avoué seront signifiés par un huissier commis, soit par le tribunal, soit par le juge du domicile du défaillant que le tribunal aura désigné; ils seront exécutés dans les six mois de leur obtention, sinon seront réputés non avenus.

DIVISION.

Sect. 1. — Signification du jugement par défaut
    contre partie (n° 2882).

Sect. 2. — Péremption du jugement par défaut
    (n° 2888).

§ 1. — *Jugements susceptibles de péremption* (n° 2888).

§ 2. — *Délai de la péremption* (n° 2894).

§ 3. — *Actes qui empêchent la péremption* (n° 2898).

A. — *Acquiescement* (n° 2895).
B. — *Actes d'exécution* (n° 2898).

§ 4. — *Effets de la péremption* (n° 2917).

Sect. 1re. — Signification du jugement par défaut contre partie (C. proc. civ. n°° 1 à 22).

2882. Tout jugement par défaut faute de comparaître doit être, à peine de péremption, signifié dans le délai de six mois, alors

même qu'il ne contient aucune condamnation contre le défaillant. — Paris, 26 juill. 1877, D.P. 78. 2. 207-208.

2883. Un jugement par défaut faute de comparaître ne peut être exécuté qu'après avoir été signifié par un huissier commis; et la commission de l'huissier par la loi ou le juge est une *formalité substantielle*, ayant pour but de garantir la remise fidèle de la copie de l'exploit de signification, laquelle doit servir de point de départ au délai accordé pour l'opposition. — Civ. c. 8 févr. 1888, D.P. 88. 1. 158. — V. *Code de procédure civile,* n° 3.

2884. Cette formalité ne pouvant être remplacée par aucun équivalent, la signification d'un jugement de cette nature, opérée par un huissier non commis, est impuissante à faire courir le délai de l'opposition, d'où il suit que tous les actes d'exécution accomplis à la suite d'une telle signification doivent être considérés comme non avenus. — Même arrêt.

2885. En conséquence, une cour d'appel qui envisage un jugement comme rendu par défaut faute de comparaître ne saurait déclarer qu'il n'est plus susceptible d'opposition, en raison de ce qu'il a été signifié à la personne du défaillant et a été ensuite l'objet de divers actes d'exécution non contredits, tels que l'inscription d'hypothèque et saisie immobilière, si, en même temps, ladite cour constate que la signification de ce jugement avait été faite par un huissier non commis. — Même arrêt.

2886. Sur la signification des jugements par défaut rendus : ... en justice de paix, V. *supra,* n°° 297 et s., 347 et s.

2887. ... En matière de divorce, V. *Supplément au Code civil annoté,* n°° 2313 et s.

Sect. 2. — Péremption du jugement par défaut (C. proc. civ. n°° 23 à 200).

§ 1er. — *Jugements susceptibles de péremption* (C. proc. civ. n°° 23 à 44).

2888. — I. Juridictions auxquelles s'applique l'art. 156 (C. proc. civ. n°° 23 à 26).

2889. — II. Décisions auxquelles s'applique la péremption (C. proc. civ. n°° 27 à 38). — La règle suivant laquelle les jugements par défaut sont périmés s'ils n'ont pas été exécutés dans les six mois, n'est pas plus applicable aux jugements de défaut-congé, rendus en matière commerciale, qu'elle ne l'est aux jugements du même ordre rendus en matière civile. — Req. 2 août 1887, D.P. 88. 1. 47.

2890. Par suite, un jugement de défaut-congé, rendu contre un demandeur en payement du montant d'un fret, subsiste avec ses effets de droit, bien qu'il n'ait pas été exécuté dans les six mois, s'il n'est point attaqué par opposition. — Même arrêt.

2891. En ce qui concerne d'une manière générale la péremption des jugements par défaut rendus en matière commerciale, V. *Code de commerce annoté,* art. 643, n°° 1, 3, 5, 7, 9, 11, 13, 24 et s., 36; et son *Supplément,* même article.

2892. Sur la péremption des jugements par défaut rendus en matière de divorce, V. *Supplément au Code civil annoté,* n° 2206 et s.

2893. — III. Jugement par défaut rendu en pays étranger (C. proc. civ. n°° 39 à 44).

§ 2. — *Délai de la péremption* (C. proc. civ. n°° 45 à 52).

2894. V. *Code de procédure civile,* n°° 45 et s.

§ 3. — *Actes qui empêchent la péremption* (C. proc. civ. n°° 53 à 148).

A. — *Acquiescement* (C. proc. civ. n°° 54 à 66).

2895. En ce qui concerne l'acquiescement donné par erreur, V. *infrà,* art. 403.

2896. L'acquiescement donné à un jugement par défaut plus de six mois après qu'il a été rendu ne peut couvrir la péremption édictée par l'art. 156 C. proc. civ., lorsque ce jugement n'a reçu aucune exécution dans les six mois de sa date. — Besançon, 7 mars 1890, D.P. 91. 2. 168. — V. *Code de procédure civile,* n° 59.

2897. L'acquiescement à un jugement par défaut de la part du débiteur condamné ne peut être opposé aux tiers, et notamment aux créanciers de ce dernier, et empêcher à leur égard la péremption, que si l'acte sous seing privé qui le constate a date certaine avant l'expiration des six mois. — Nancy, 19 févr. 1890, D.P. 91. 2. 283.

B. — *Actes d'exécution* (C. proc. civ. n°° 67 à 148).

2898. — I. Quels sont les actes qui empêchent la péremption (C. proc. civ. n°° 67 à 90). — 1° *Caractères des actes qui peuvent empêcher la péremption* (C. proc. civ. n°° 67 à 76). — Les actes d'exécution qui, aux termes de l'art. 156 C. proc. civ., sont nécessaires pour mettre obstacle à la péremption des jugements de défaut, ne peuvent pas être entendus dans le sens restreint attribué par l'art. 159 du même code aux actes d'exécution qui rendent l'opposition non recevable. — Civ. c. 5 mars 1889, D.P. 89. 1. 411. — V. *Code de procédure civile,* n° 67.

2899. Spécialement, un jugement par défaut qui prononce la validation d'une saisie-arrêt, reçoit une exécution empêchant la péremption, lorsqu'il est suivi, dans les six mois de sa date, d'une assignation en déclaration affirmative, donnée par le saisissant au tiers saisi, et dénoncée par le même au saisi. — Même arrêt.

2900. Un simple commencement d'exécution suffit pour empêcher la péremption de six mois, édictée par l'art. 156 C. proc. civ. contre un jugement par défaut faute de comparaître, mais on ne saurait assimiler à un commencement d'exécution une simple manifestation de volonté. — Arrêt préc. 19 févr. 1890.

2901. — 2° *Exécution rendue impossible par le fait du débiteur* (C. proc. civ. n°° 77 à 83). — Lorsque la partie contre laquelle a été rendu un jugement par défaut tombe en faillite pendant le délai de six mois, la faillite n'élève aucun obstacle contre l'application de l'art. 156 dans les cas exceptionnels où le droit individuel de poursuite est réservé aux créanciers, cas auxquels se réfère l'art. 443 C. com. — Observ. sous Req. 4 déc. 1883, D.P. 84. 1. 129. — V. *Code de procédure civile,* n° 81.

2902. Il a été décidé d'une manière plus générale que les jugements par défaut rendus par les tribunaux de commerce contre partie doivent, sous peine de péremption, être exécutés dans les six mois, nonobstant la faillite du défaillant, la faillite ne rendant impossible que l'exécution complète du jugement, et non certains actes caractérisant soit l'exécution, soit une tentative d'exécution, tels qu'un commandement et une production à faillite. — Aix, 25 mars 1877, D.P. 78. 2. 411. — Req. 4 déc. 1883, D.P. 84. 1. 129. — J.G.S. Faillite, 397.

2903. Une opposition à la vente du matériel compris dans une saisie-gagerie ne saurait être considérée comme acte direct d'exécution, alors même que le jugement par défaut serait invoqué à l'appui de cette opposition; et il en est ainsi surtout lorsque le jugement par défaut n'a pas été signifié au préalable. — Même arrêt.

2904. Peu importe que ce jugement ait été invoqué dans l'instance sur l'opposition avant l'expiration du délai de six mois; un jugement par défaut contre partie n'ayant qu'une valeur conditionnelle et devant être considéré comme non avenu par le fait de la péremption, ne peut servir de titre valable. — Même arrêt.

2905. — 3° *Obstacle à l'exécution du jugement* (C. proc. civ. n° 84 à 90).

2906. — II. ACTES QU'ON DOIT CONSIDÉRER COMME ACTES D'EXÉCUTION (C. proc. civ. n°ˢ 91 à 148). — 1° *Signification du jugement* (C. proc. civ. n° 91).

2907. — 2° *Inscription ou radiation hypothécaire* (C. proc. civ. n°ˢ 92 à 99). — Un jugement par défaut ordonnant la radiation d'une inscription d'office est valablement exécuté et échappe, par suite, à la péremption, lorsque cette radiation a été effectuée dans les six mois de son obtention. — Bourges, 1ᵉʳ févr. 1886, D.P. 87. 2. 90. — V. *Code de procédure civile*, n° 94.

2908. Mais la voie de l'opposition reste ouverte à la partie condamnée, lorsqu'elle n'a pas été mise en demeure d'assister à cette radiation et, par conséquent, ne l'a pas connue. — Même arrêt.

2909. L'inscription hypothécaire prise en vertu du jugement par défaut sur les immeubles du défaillant n'est pas un acte d'exécution et n'empêche pas la péremption. — Nancy, 19 févr. 1890, D.P. 91. 2. 283.

2910. — 3° *Commandement* (C. proc. civ. n°ˢ 100 à 103).

2911. — 4° *Saisie et vente des meubles* (C. proc. civ. n°ˢ 104 à 114). — La saisie-exécution pratiquée en vertu du jugement par défaut n'empêche pas la péremption, si, sur la revendication d'un tiers, le saisissant laisse enlever les objets saisis et reconnaît ainsi tacitement la nullité de la saisie. — Arrêt préc. 19 févr. 1890.

2912. — 5° *Saisie-arrêt* (C. proc. civ. n°ˢ 112 à 115).

2913. — 6° *Saisie immobilière* (C. proc. civ. n° 116).

2914. — 7° *Emprisonnement* (C. proc. civ. n°ˢ 117 et 118).

2915. — 8° *Payement des frais* (C. proc. civ. n°ˢ 119 à 121).

2916. — 9° *Procès-verbal de carence* (C. proc. civ. n°ˢ 122 à 148). — Le jugement rendu par défaut contre la partie saisie et en vertu duquel le saisissant a poursuivi la tiers saisi, n'est pas réputé périmé comme n'ayant pas été exécuté dans les six mois, si des actes d'exécution (un procès-verbal de carence et la suite donnée à la saisie-arrêt) ont été accomplis dans la limite du possible, bien que le véritable domicile était inconnu, n'en ait pas été touché. — Poitiers, 20 avr. 1880, D.P. 80. 2. 229. — V. *Code de procédure civile*, n° 134.

§ 4. — *Effets de la péremption* (C. proc. civ. n°ˢ 149 à 200).

2917. — I. EFFETS DE LA PÉREMPTION A L'ÉGARD DU DÉFAILLANT (C. proc. civ. n°ˢ 149 à 162). — La péremption spéciale édictée par l'art. 156 C. proc. civ., à l'égard des décisions rendues par défaut faute de comparaître, ne s'applique qu'au jugement lui-même, et non aux autres actes de procédure qui l'ont précédé ou suivi : ces actes ne peuvent être atteints que par la péremption d'instance accomplie conformément aux art. 397 et 399 C. proc. civ. — Rennes, 28 févr. 1879, D.P. 80. 2. 14. — V. *Code de procédure civile*, n° 156.

2918. Spécialement, la péremption du jugement par défaut qui a validé une saisie-arrêt ne s'étend pas à la saisie elle-même, qui subsiste avec toutes ses conséquences légales. — Même arrêt.

2919. — II. EFFETS DE LA PÉREMPTION A L'ÉGARD DES CODÉBITEURS SOLIDAIRES (C. proc. civ. n°ˢ 163 à 176). — L'exécution du jugement par défaut, faite par l'un des débiteurs solidaires, s'oppose à ce que ses codébiteurs puissent invoquer la péremption de ce jugement, faute d'exécution dans les six mois. — Paris, 18 avr. 1889, D.P. 91. 1. 23. — V. *Code de procédure civile*, n° 163.

2920. — III. EFFETS DE LA PÉREMPTION A L'ÉGARD DES TIERS (C. proc. civ. n°ˢ 177 à 180).

2921. — IV. RENONCIATION A LA PÉREMPTION ACQUISE (C. proc. civ. n°ˢ 181 à 200).

Art. 157. Si le jugement est rendu contre une partie ayant un avoué, l'opposition ne sera recevable que pendant huitaine, à compter du jour de la signification à avoué.

DIVISION.

SECT. 1. — DE L'OPPOSITION AUX JUGEMENTS PAR DÉFAUT EN GÉNÉRAL (n° 2922).

§ 1. — *Caractère de l'opposition; devant quel juge elle doit être portée* (n° 2922).

§ 2. — *Décisions susceptibles d'opposition* (n° 2923).

§ 3. — *Qui peut former opposition et à qui l'opposition peut profiter* (n° 2935).

§ 4. — *Effets de l'opposition* (n° 2937).

SECT. 2. — OPPOSITION AUX JUGEMENTS PAR DÉFAUT CONTRE AVOUÉ (n° 2948).

SECT. 1ʳᵉ. — DE L'OPPOSITION AUX JUGEMENTS PAR DÉFAUT EN GÉNÉRAL (C. proc. civ. n° 1 à 127).

§ 1ᵉʳ. — *Caractère de l'opposition; devant quel juge elle doit être portée* (C. proc. civ. n°ˢ 1 à 7).

2922. Aucune disposition légale ne fait obstacle à ce que l'instance relative à l'opposition à un jugement par défaut soit jugée par une chambre du tribunal autre que celle qui avait rendu le jugement par défaut. — Req. 27 avr. 1874, D.P. 76. 1. 393. — V. *Code de procédure civile*, n°ˢ 2 et 3.

§ 2. — *Décisions susceptibles d'opposition* (C. proc. civ. n°ˢ 8 à 49).

2923. La règle que toute décision de justice rendue par défaut peut être attaquée par la voie de l'opposition, ne reçoit d'exception que dans les cas expressément déterminés par la loi. — Civ. 26 août 1879, D.P. 80. 1. 128. — V. *Code de procédure civile*, n° 8.

2924. Sur la question de savoir si l'on peut attaquer par la voie de l'opposition ; ... le jugement statuant sur l'homologation d'un partage, V. *infrà*, art. 966 et s.

2925. ... Les arrêts par défaut sur les incidents en matière de saisie immobilière, V. *infrà*, art. 731.

2926. ... Les jugements par défaut en matière de folle enchère, V. *infrà*, art. 739.

2927. ... Les jugements et arrêts rendus en matière d'ordre tant sur les incidents que sur le fond, V. *infrà*, art. 762 et 764.

2928. ... Les jugements ou arrêts par défaut en matière de surenchère sur aliénation volontaire, V. *infrà*, art. 838.

2929. ... Les ordonnances de référé, V. *infrà*, art. 809.

2930. L'art. 809 C. proc. civ. se bornant à disposer, dans son second paragraphe, que l'appel des ordonnances sur référé sera jugé sommairement sans reproduire l'interdiction de former opposition aux ordonnances contenue au premier paragraphe, il en résulte que la voie de l'opposition reste ouverte à l'égard des arrêts de défaut rendus en matière de référé. — Civ. 26 août 1879, D.P. 80. 1. 128. — V. *Code de procédure civile*, n° 44, et *infrà*, art. 809.

2931. En ce qui concerne la question de savoir si l'opposition est recevable : ... contre les ordonnances sur requête, V. *infrà*, *Appendice au titre des Référés*.

2932. ... Contre l'ordonnance du juge autorisant une saisie-arrêt, V. *infrà*, art. 558.

2933. ...Contre l'ordonnance du juge qui envoie un légataire en possession, V. *Supplément au Code civil annoté*, n°ˢ 6790 et s.

2934. ...Contre les jugements rendus en matière d'enregistrement sur la production des mémoires et pièces d'une seule des parties, V. *Code de l'Enregistrement annoté*, n°ˢ 6219 et s.

§ 3. — *Qui peut former opposition et à qui l'opposition peut profiter* (C. proc. civ. n°ˢ 50 à 74).

2935. — I. QUI PEUT FORMER OPPOSITION (C. proc. civ. n°ˢ 50 à 60).

2936. — II. A QUI L'OPPOSITION PEUT PROFITER (C. proc. civ. n°ˢ 61 à 74).

§ 4. — *Effets de l'opposition* (C. proc. civ. n°ˢ 75 à 127).

2937. — I. EFFETS DE L'OPPOSITION A L'ÉGARD DE L'OPPOSANT (C. proc. civ. n°ˢ 79 à 115). — 1° *Effets de l'opposition régulière* (C. proc. civ. n° 79 à 91). — L'opposition à un jugement par défaut, par cela seul qu'elle est régulière en la forme, a pour effet de remettre les parties au même état où elles se trouvaient avant ce jugement. — Nancy, 16 avr. 1877, D.P. 79. 2. 205. — Paris, 19 déc. 1878, D.P. 80. 2. 62. — Poitiers, 16 nov. 1880 (motifs), D.P. 82. 2. 6. — Amiens, 20 nov. 1884, D.P. 86. 2. 63. — Orléans, 7 nov. 1884 et 14 févr. 1885, D.P. 86. 2. 76. — Civ. c. 6 mars 1889, D.P. 91. 1. 70. — V. *Code de procédure civile*, n°ˢ 79 et 122.

2938. Dès lors, il est superflu de statuer sur les irrégularités et moyens de nullité dont ce jugement peut être entaché. — Arrêt préc. 16 avr. 1877.

2939. L'opposition ayant pour effet d'anéantir la décision attaquée, les parties ont le droit, à la suite de cette opposition, de prendre toutes conclusions devant le tribunal, et notamment de régulariser la procédure. — Arrêt préc. 20 nov. 1884.

2940. Et on ne saurait à cet égard faire aucune distinction entre le demandeur et le défendeur, de sorte que le demandeur a le droit de modifier ses premières conclusions soit pour augmenter, soit pour restreindre sa prétention. — Arrêt préc. 6 mars 1889.

2941. L'opposition à un jugement par défaut permet au demandeur qui avait obtenu par le jugement de reprendre même la partie de ces conclusions premières rejetée par le tribunal, alors que les divers chefs de la demande procèdent de la même cause et ne peuvent être appréciés séparément. — Paris, 28 juill. 1877, D.P. 78. 2. 119-120.

2942. Spécialement, dans le cas où les conclusions de la demande tendaient à la fois à la modification d'annonces commerciales et à l'insertion dans les journaux du jugement à intervenir, le rejet par le tribunal de la seconde partie de ces conclusions n'empêche pas le demandeur de reproduire, sur l'opposition, tous les chefs de sa demande. — Même arrêt.

2943. De même, lorsqu'un jugement par défaut a statué sur une demande principale et réservé des conclusions subsidiaires en dommages-intérêts, le demandeur, sur l'opposition du défendeur à ce jugement, est recevable à renouveler sa demande de dommages-intérêts dans ses conclusions reconventionnelles ou en la posant par voie d'action principale. — Paris, 19 déc. 1878, D.P. 80. 2. 62. — V. *Code de procédure civile*, n° 91.

2944. — 2° *Effets d'une opposition irrégulière* (C. proc. civ. n°ˢ 92 à 104).

2945. — 3° *Effets du jugement qui rejette l'opposition* (C. proc. civ. n°ˢ 102 à 115). — Du principe que l'opposition à un jugement par défaut a pour effet de remettre les parties au même état où elles se trouvaient avant ce jugement, il résulte que l'inscription hypothécaire prise en vertu du jugement par défaut frappé d'opposition est nécessairement annulée, même pour le cas où il surviendrait un jugement de débouté d'opposition, sauf au demandeur à prendre une nouvelle inscription hypothécaire, mais peut-être avec un rang plus éloigné que celui de la précédente. — Observ. de M. Glasson sous l'arrêt précité du 6 mars 1889. — V. *Code de procédure civile,* n° 105.

2946. Quand un jugement contradictoire a été à tort l'objet d'une opposition, a été suivi d'un second jugement prononçant le débouté de cette opposition, pour que l'appel formé contre la première décision soit recevable, qu'il ait été également appelé de la seconde. — Req. 23 avr. 1881, D.P. 82. 1. 155-156.

2947. — II. EFFETS DE L'OPPOSITION A L'ÉGARD DE CELUI QUI A OBTENU LE JUGEMENT (C. proc. civ. n°s 116 à 127).

SECT. 2. — OPPOSITION AUX JUGEMENTS PAR DÉFAUT RENDU CONTRE AVOUÉ (C. proc. civ. n°s 128 à 164).

2948. — I. JUGEMENT PAR DÉFAUT CONTRE AVOUÉ (C. proc. civ. n°s 128 à 150).

2949. — II. SIGNIFICATION A AVOUÉ (C. proc. civ. n°s 151 à 155).

2950. — III. DÉLAI DE L'OPPOSITION (C. proc. civ. n°s 156 à 164). — Le jour de la signification ne fait point partie du délai dans lequel doit être formée l'opposition à la décision rendue par défaut contre avoué. — Chambéry, 5 mai 1879, D.P. 77. 2. 239. — V. *Code de procédure civile,* n° 159.

2951. — Mais cette opposition doit avoir lieu au plus tard le huitième jour, l'art. 1033 C. proc. civ., qui exclut le jour de l'échéance du délai fixé pour les actes faits à personne ou à domicile, n'étant pas applicable au cas prévu par l'art. 157 C. civ. — Même arrêt. — V. *Code de procédure civile,* n° 160.

2952. Sur l'opposition aux jugements par défaut rendus en matière de divorce, V. *Supplément au Code civil annoté,* n°s 2319 et s.

Art. 158. S'il est rendu contre une partie qui n'a pas d'avoué, l'opposition sera recevable jusqu'à l'exécution du jugement.

2953. — I. DÉCISIONS AUXQUELLES S'APPLIQUENT LES RÈGLES SUR L'OPPOSITION AUX JUGEMENTS PAR DÉFAUT CONTRE PARTIE (C. proc. civ. n°s 1 et 2). — Sur l'application de l'art. 158 aux jugements par défaut rendus par les tribunaux de commerce, V. *infrà,* art. 436.

2954. — II. SIGNIFICATION DU JUGEMENT PAR DÉFAUT CONTRE PARTIE (C. proc. civ. n°s 3 et 4). — Sur les règles générales de la signification des jugements par défaut, V. *suprà,* art. 156, n° 2882 et s.

2955. — III. DÉLAI DE L'OPPOSITION AUX JUGEMENTS PAR DÉFAUT CONTRE PARTIE (C. proc. civ. n°s 5 à 20). — L'opposition à un jugement rendu contre une partie qui n'a pas d'avoué n'est recevable jusqu'à l'exécution dudit jugement, notamment jusqu'à la dénonciation au défaillant du procès-verbal de saisie immobilière, qu'à la condition que ce défaillant forme ladite opposition au moment même où le procès-verbal lui est dénoncé, et la réitère par requête, avec constitution d'avoué, dans la huitaine. — Req. 1er févr. 1886, D.P. 87. 1. 430. — V. *infrà,* art. 162, n°s 2983 et s.

2956. En conséquence, lorsque la dénonciation du procès-verbal de saisie immobilière a lieu, sans qu'à ce moment il soit fait opposition, c'est en vain que le défaillant, dans la huitaine qui suit, constitue avoué, et se porte, par requête d'avoué à avoué, opposant au jugement de défaut : son opposition est en ce cas irrecevable comme tardivement formée. — Même arrêt.

2957. Sur le délai pendant lequel le jugement déclaratif de faillite est susceptible d'opposition, V. *Supplément au Code de commerce annoté,* art. 580.

Art. 159. Le jugement est réputé exécuté, lorsque les meubles saisis ont été vendus, ou que le condamné a été emprisonné ou recommandé, ou que la saisie d'un ou de plusieurs de ses immeubles lui a été notifiée, ou que les frais ont été payés, ou enfin lorsqu'il y a quelque acte duquel il résulte nécessairement que l'exécution du jugement a été connue de la partie défaillante : l'opposition formée dans les délais ci-dessus et dans les formes ci-après prescrites suspend l'exécution, si elle n'a pas été ordonnée nonobstant opposition.

2958. — I. ACTES AUXQUELS EST ATTACHÉE UNE PRÉSOMPTION LÉGALE D'EXÉCUTION DU JUGEMENT (C. proc. civ. n°s 5 à 74). — 1° *Saisie et vente des meubles* (C. proc. civ. n°s 5 à 26). — Bien que la saisie des meubles soit qu'un commencement d'exécution du jugement, il suffit que cette première mesure d'exécution ait eu lieu et ait été connue de la partie qui a fait défaut, faute de comparaître, pour que l'opposition au jugement ne soit plus recevable. — Lyon, 30 juill. 1884, D.P. 85. 2. 198. — V. *Code de procédure civile,* n° 9.

2959. Mais si le fait, par un saisi, de se laisser constituer gardien, le prive de l'opposition, il n'implique cependant pas de sa part acquiescement au jugement, et ne lui retire, dès lors, pas le droit d'interjeter appel. — Même arrêt.

2960. — 2° *Emprisonnement* (C. proc. civ. n°s 27 et 28).

2961. — 3° *Saisie des immeubles* (C. proc. civ. n°s 29 à 32).

2962. — 4° *Payement des frais* (C. proc. civ. n°s 33 à 42). — V. J.G.S. *Acquiescement,* n°s 60 et s.

2963. — 5° *Saisie-arrêt* (C. proc. civ. n°s 43 à 47).

2964. — 6° *Procès-verbal de carence* (C. proc. civ. n°s 48 à 74). — Suivant une opinion, un procès-verbal de carence constitue un acte d'exécution susceptible de rendre non recevable l'opposition contre un jugement par défaut, lorsqu'il a été dressé au dernier domicile connu du débiteur défaillant, qui cherchait à échapper au poursuites de son créancier. — Poitiers, 1er déc. 1875, D.P. 77. 2. 226. — V. *Code de procédure civile,* n° 48.

2965. D'après une autre opinion qui a prévalu dans la jurisprudence, un procès-verbal de carence ne peut être considéré comme un acte d'exécution rendant irrecevable l'opposition à un jugement par défaut contre partie, lorsqu'il est constant qu'il n'avait eu pour but, dans ce cas du saisissant, que d'interrompre la péremption et que l'exploit de ce procès-verbal a été signifié en ces termes : « parlant à une femme à son service », dont il ne fait pas connaître le nom et qu'il est impossible de rechercher. — Req. 23 oct. 1888, D.P. 89. 1. 188. — V. *Code de procédure civile,* n°s 55 et 58.

2966. Mais l'exécution d'un jugement de défaut contre partie est réputée connue, lorsqu'elle a été faite au moyen d'un procès-verbal de carence, porté ensuite à la connaissance de ladite partie. — Req. 22 juill. 1885, D.P. 86. 1. 326. — V. *Code de procédure civile,* n°s 63 et s.

2967. Il en est spécialement ainsi à l'égard de la partie défaillante habitant à l'étranger, le procès-verbal de carence dressé contre elle en France, et notifié au parquet, lui a été transmis; l'opposition au jugement de défaut devient alors irrecevable. — Même arrêt.

2968. D'une manière générale, un jugement par défaut doit être exécuté, et par conséquent, l'opposition contre ce jugement est irrecevable, lorsque la signification qui en a été faite a été suivie d'un procès-verbal de carence, dressé en présence de la partie défaillante qui l'a signé et a acquiescé audit jugement. — Chambéry, 7 mai 1888, D.P. 91. 2. 28.

2969. — II. ACTES D'EXÉCUTION CONNUS DE LA PARTIE DÉFAILLANTE (C. proc. civ. n°s 75 à 132). — 1° *Signification du jugement* (C. proc. civ. n°s 75 à 88).

2970. — 2° *Commandement* (C. proc. civ. n°s 89 à 96).

2971. — 3° *Appel du jugement* (C. proc. civ. n° 97).

2972. — 4° *Inscription ou radiation d'hypothèque* (C. proc. civ. n° 98).

2973. — 5° *Actes divers d'exécution* (C. proc. civ. n°s 99 à 130). — Le report de la cause à l'audience constitue le seul mode d'exécution dont soit susceptible un arrêt de reprise d'instance; jugement signifié, acquiert l'autorité de la chose jugée, s'il n'a pas été frappé d'opposition avant que la cause ait été reportée à l'audience. — Paris, 9 nov. 1883, D.P. 85. 2. 56.

2974. Sur l'application de l'art. 159 aux jugements par défaut rendus par les tribunaux de commerce, V. *infrà,* art. 436.

2975. — 6° *Pouvoir des juges* (C. proc. civ. n°s 131 et 132). — Il appartient aux tribunaux, saisis de la question de savoir si l'opposition à un jugement par défaut est encore recevable, en présence d'un acte ne rentrant point dans l'énumération de ceux auxquels l'art. 159 C. proc. civ. attribue les caractères légaux d'une exécution, d'apprécier s'il résulte nécessairement de l'acte invoqué que l'exécution du jugement a été connue du défaillant condamné. — Req. 16 juill. 1888, D.P. 89. 1. 255.

2976. Et le juge du fait apprécie souverainement les actes desquels il résulte que l'exécution d'un jugement par défaut contre partie a été nécessairement connue de la partie défaillante. — Req. 23 oct. 1888, D.P. 89. 1. 188. — V. *Code de procédure civile,* n° 132.

2977. C'est aux tribunaux de décider spécialement si l'inscription hypothécaire prise en vertu du jugement par défaut sur les biens de la partie défaillante a été nécessairement connue d'elle. — Req. 16 juill. 1888, D.P. 89. 1. 257. — Comp. *Code de procédure civile,* n° 98.

2978. En conséquence, les juges du fond peuvent valablement décider que le défaillant n'était point déchu du droit de former opposition, lorsque la partie qui a obtenu le jugement par défaut n'a point notifié à ce défaillant l'inscription hypothécaire qu'elle avait prise, et que le cessionnaire de la créance litigieuse s'est borné à lui faire signifier l'acte de cession, lequel relatait le jugement par défaut et l'inscription prise en vertu de ce jugement, cette signification n'ayant d'autre effet juridique que de faire connaître au débiteur le nouveau créancier, ne pouvant créer, quant à la connaissance de l'exécution, aucune présomption *juris et de jure.* — Même arrêt.

Art. 160. Lorsque le jugement aura été rendu contre une partie ayant un avoué, l'opposition ne sera recevable qu'autant qu'elle aura été formée par requête d'avoué à avoué.

Art. 161. La requête contiendra les moyens d'opposition, à moins que des moyens de défense n'aient été signifiés avant le jugement, auquel cas il suffira de déclarer qu'on les emploie comme moyens d'opposition; l'opposition qui ne sera pas signifiée dans cette forme n'arrêtera pas l'exécution; elle sera réitérée sur la simple acte, et sans qu'il soit besoin d'aucune autre instruction.

2979. Tout opposant à un jugement par

défaut doit être prêt à soutenir ses moyens d'opposition pour l'audience : par suite, son opposition doit être déclarée mal fondée, s'il n'allègue aucun moyen et se borne à demander qu'il lui soit fait réserve de s'inscrire en faux contre une pièce produite dans le débat, alors surtout qu'il n'a fait, au cours de l'instance, aucun acte de procédure d'où l'on puisse inférer sa non intention de recourir à la voie de l'inscription de faux soit sérieuse. — Bourges, 1ᵉʳ févr. 1886, D.P. 87. 2. 20. — V. *Code de procédure civile*, nº 4.

2980. L'opposition à un jugement par défaut rendu par un juge de paix n'est pas nulle par cela seul qu'elle n'énonce pas les moyens de l'opposant; les nullités édictées au livre 2 C. proc. civ. ne sauraient être étendues aux formalités prescrites par le livre 1ᵉʳ. — Req. 27 juill. 1887, D.P. 89. 1. 37. — *Contrà* : *Code de procédure civile*, nº 5 et s.

2981. Par suite, le jugement par défaut, frappé d'une opposition même non motivée, n'acquiert pas force de chose jugée faute d'appel dans le mois qui a suivi le délai d'opposition. — Même arrêt.

2982. En cet état, l'appel interjeté par le défendeur défaillant contre la sentence qui a déclaré antérieurement irrecevable l'opposition non motivée remet au juge du second degré le jugement de la cause entière. — Même arrêt.

Art. 162. Lorsque le jugement aura été rendu contre une partie n'ayant pas d'avoué, l'opposition pourra être formée, soit par acte extrajudiciaire, soit par déclaration sur les commandements, procès-verbaux de saisie ou d'emprisonnement, ou tout autre acte d'exécution, à la charge par l'opposant de la réitérer avec constitution d'avoué, par requête, dans la huitaine, passé lequel temps elle ne sera plus recevable, et l'exécution sera continuée, sans qu'il soit besoin de le faire ordonner.

Si l'avoué de la partie qui a obtenu le jugement est décédé ou ne peut plus postuler, elle fera notifier une nouvelle constitution d'avoué du défaillant, lequel sera tenu, dans les délais ci-dessus, à compter de la signification, de réitérer son opposition par requête, avec constitution d'avoué.

Dans aucun cas, les moyens d'opposition fournis postérieurement à la requête n'entreront en taxe.

2983. — I. FORME DE L'OPPOSITION AU JUGEMENT PAR DÉFAUT CONTRE PARTIE (C. proc. civ. nᵒˢ 1 à 6). — L'opposition à un jugement par défaut faute de comparaître ne doit pas nécessairement être faite par acte extrajudiciaire ou par déclaration sur les actes d'exécution; elle peut être régulièrement formée par une simple requête à avoué. — Req. 11 juin 1879, D.P. 80. 1. 21. — V. *Code de procédure civile*, nº 3.

2984. — II. PAR QUI LA DÉCLARATION D'OPPOSITION PEUT ÊTRE FAITE (C. proc. civ. nº 7).

2985. — III. RÉITÉRATION DE L'OPPOSITION (C. proc. civ. nᵒˢ 8 à 17).

2986. — IV. DÉLAI POUR RÉITÉRER L'OPPOSITION (C. proc. civ. nᵒˢ 18 à 35). — L'opposition à un jugement rendu par défaut contre une partie n'ayant pas constitué d'avoué, nulle pour n'avoir pas été réitérée avec constitution d'avoué, par requête, dans la huitaine, lorsqu'elle a été faite par une déclaration sur un procès-verbal de récolement dressé par ministère d'huissier après saisie des immeubles. — Req. 27 avr. 1887, D.P. 88. 1. 271.

2987. Et le défaillant ne peut former une nouvelle opposition, par la déclaration, insérée et signée par lui au pied procès-verbal, attestant qu'il a eu nécessairement connaissance non seulement du jugement, mais

encore de son exécution. — Même arrêt. — V. *suprà*, art. 159, nº 2958 et s.

2988. L'opposition à un jugement par défaut, faute de constitution d'avoué, signifiée par acte extrajudiciaire, peut être valablement réitérée dans la huitaine par une *assignation*, l'assignation liant l'instance et contenant toutes les manifestations de volonté exigées par la loi. — Paris, 30 déc. 1887, D.P. 88. 2. 179.

2989. On peut ne pas considérer comme une opposition à un jugement par défaut contre partie, et, en conséquence, ne pas faire courir de cet acte le délai de huitaine dans lequel l'opposition doit être réitérée, des conclusions par lesquelles la partie condamnée par défaut demande le maintien d'une collocation provisoire dans laquelle le prétendu créancier, invoquant un titre le jugement par défaut, n'avait pas été colloqué. — Req. 23 oct. 1888, D.P. 89. 1. 188.

2990. — V. COMPUTATION DU DÉLAI (C. proc. civ. nᵒˢ 36 à 43).

2991. — VI. CONSTITUTION DE NOUVEL AVOUÉ (C. proc. civ. nᵒˢ 44 et 45).

2992. — VII. MOYENS D'OPPOSITION (C. proc. civ. nᵒˢ 46 à 49).

Art. 163. Il sera tenu au greffe un registre sur lequel l'avoué de l'opposant fera mention sommaire de l'opposition, en énonçant les noms des parties et de la date, les dates du jugement et de l'opposition : il ne sera dû de droit d'enregistrement que dans le cas où il en serait délivré expédition.

Art. 164. Aucun jugement par défaut ne sera exécuté à l'égard d'un tiers que sur un certificat du greffier, constatant qu'il n'y a aucune opposition portée sur le registre.

2993. V. *infrà*, art. 548.

Art. 165. L'opposition ne pourra jamais être reçue contre un jugement qui aurait débouté d'une première opposition.

2994. — I. DÉFENSE DE FAIRE OPPOSITION SUR OPPOSITION (C. proc. civ. nᵒˢ 1 à 11).

2995. — II. CAS DANS LESQUELS UNE SECONDE OPPOSITION EST RECEVABLE (C. proc. civ. nᵒˢ 12 à 31). — L'opposition formée par le garant contre un jugement qui l'a condamné par défaut et qui a condamné contradictoirement le garanti, remet en question l'action principale en même temps que l'action en garantie, lorsqu'il existe entre elles un lien nécessaire de dépendance et de subordination. — Civ. 5 avr. 1876, D.P. 79. 1. 31.

TITRE IX.

Des Exceptions.

§ 1ᵉʳ. — De la caution à fournir par les étrangers.

Art. 166. Tous étrangers, demandeurs principaux ou intervenants, seront tenus, si le défendeur le requiert, avant toute exception, de fournir caution de payer les frais et dommages-intérêts auxquels ils pourraient être condamnés.

Code civil.

Art. 16. En toutes matières, autres que celles de commerce, l'étranger qui sera demandeur sera tenu de donner caution pour le payement des frais et dommages-intérêts résultant du procès, à moins qu'il ne possède en France des immeubles d'une valeur suffisante pour assurer ce payement.

2996. — I. PERSONNES ASSUJETTIES À L'OBLIGATION DE DONNER CAUTION (C. proc. civ. nᵒˢ 2 à 9). — Les sujets allemands de l'Alsace-Lorraine sont, comme tous les étrangers, tenus de fournir la caution *judicatum solvi*. — Nancy, 16 juin 1877, D.P. 78. 2. 109. — V. *Code de procédure civile*, nᵒˢ 7 et 21.

2997. — II. PERSONNES QUI ONT LA QUALITÉ D'ÉTRANGER, ET COMME TELS SONT SOUMIS À LA CAUTION (C. proc. civ. nᵒˢ 10 à 17). — En principe, tout étranger demandeur est soumis à la *caution judicatum solvi*, et il importe peu que le demandeur ait été Français à l'époque où la créance est née; c'est au moment de l'introduction de l'action qu'il faut se placer pour savoir si la caution est due. — J.G.S. *Exceptions et fins de non-recevoir*, 8. — V. *Code de procédure civile*, nº 12 et s.

2998. De même, l'étranger cessionnaire d'un Français est tenu de fournir caution. — Trib. Seine, 13 avr. 1877, J.G.S. *Exceptions et fins de non-recevoir*, 8. — *Code de procédure civile*, nº 17. — *Supplément au Code civil annoté*, nᵒˢ 444 et s.

2999. Cette règle reçoit exception au cas de traité diplomatique, pourvu toutefois qu'elle soit formellement exception dans le traité. — J.G.S. *Exceptions et fins de non-recevoir*, 9.

3000. Décidé cet égard que la disposition d'un traité international dans laquelle le gouvernement français convient à ce que les jugements rendus par les tribunaux des deux États contractants soient exécutoires dans l'un et l'autre, n'implique pas de sa part, renonciation au profit des sujets de l'autre État à l'obligation de fournir la caution *judicatum solvi*, lorsqu'ils plaident en France contre un Français. — Colmar, 12 avr. 1859, D.P. 59. 2. 186.

3001. Spécialement, les sujets badois continuent à être soumis en France à l'obligation de fournir la caution *judicatum solvi*, le traité contracté le 3 juin 1846 avec leur gouvernement ne s'expliquant que sur l'exécution des jugements rendus dans les deux États. — Même arrêt.

3002. Jugé aussi que la convention internationale du 30 nov. 1862, passée entre la France et l'Angleterre (qui accorde aux sociétés de chacun des deux pays contractants la faculté d'exercer tous leurs droits et d'ester en justice soit en demandant, soit en défendant devant les tribunaux de l'autre), n'a pas dérogé aux dispositions du Code civil et du Code de procédure relatives à la caution *judicatum solvi* et n'a pas eu plus pour effet d'assimiler la situation des compagnies anglaises à celle de l'étranger autorisé à résider en France. — Paris, 27 juill. 1875, D.P. 77. 2. 117. — Comp. *Code de procédure civile*, nº 19.

3003. — III. ÉTRANGERS DISPENSÉS DE FOURNIR CAUTION (C. proc. civ. nᵒˢ 18 à 34). — 1º Dispenses en vertu de traités diplomatiques (C. proc. civ. nᵒˢ 18 à 28). — Bien qu'un traité conclu avec la France contienne la clause de la nation la plus favorisée, les nationaux de ce pays n'en sont pas moins tenus de fournir la caution *judicatum solvi*. — J.G.S. *Exceptions et fins de non-recevoir*, 12. — V. *Code de procédure civile*, nº 18.

3004. La disposition d'un traité international par laquelle la France admet les sujets de l'État contractant à un libre et facile accès auprès des tribunaux français, sous le bénéfice de la réciprocité, est réputée avoir entendu, notamment, affranchir les sujets de cet État de l'obligation de fournir la caution *judicatum solvi*. — J.G.S. *Exceptions et fins de non-recevoir*, 10. — V. *Code de procédure civile*, n° 23.

3005. Le traité du 24 mars 1860, conclu avec la Sardaigne seule avant la formation du royaume d'Italie, est applicable à ce dernier. — Trib. Seine, 21 févr. 1879, J.G.S. *Exceptions et fins de non-recevoir*, 13.

3006. — 2° *Dispense résultant de l'autorisation d'établir domicile en France* (C. proc. civ. n°s 29 à 33). — Décidé, en Belgique, que cette autorisation peut n'être que tacite et s'induire d'actes qui ne laissent pas de doute sur la volonté du gouvernement d'autoriser l'étranger à fixer son domicile dans le royaume. — Trib. Verviers, 13 avr. 1875, J.G.S. *Exceptions et fins de non-recevoir*, 15.

3007. Jugé également que l'étranger, directeur d'un théâtre qu'il exploite avec l'autorisation du gouvernement, et qui en cette qualité a déposé un cautionnement, est dispensé de la caution *judicatum solvi*. — Trib. Seine, 1er avr. 1856, J.G.S. *Exceptions et fins de non-recevoir*, 16.

3008. — 3° *Dispense résultant de la possession de propriétés immobilières* (C. proc. civ. n° 34). — V. *infra*, art. 167, n° 3053.

3009. — IV. QUALITÉ QUE L'ÉTRANGER DOIT AVOIR DANS LE PROCÈS POUR ÊTRE SOUMIS A LA CAUTION (C. proc. civ. n°s 35 à 51). — 1° *Demandeur principal* (C. proc. civ. n°s 35 à 49). — L'étranger qui réclame, en qualité de propriétaire, la distraction d'objets saisis a la qualité de demandeur principal et, par suite, doit fournir la caution *judicatum solvi*. — Nancy, 22 janv. 1889, D.P. 89. 2. 241. — V. *Code de procédure civile*, n° 36.

3010. La demande formée par un tiers en revendication d'objets saisis constitue une demande principale et soumet le tiers, s'il est étranger, à la caution *judicatum solvi*. — Trib. Seine, 27 juill. 1879, J.G.S. *Exceptions et fins de non-recevoir*, 28. — Trib. Seine, 16 juin 1880, *ibid*. — Nancy, 22 janv. 1889, *ibid*. — V. *Code de procédure civile*, n° 36.

3011. Toutes les fois que l'étranger est défendeur en justice, il doit être dispensé de fournir la caution *judicatum solvi*, et le mot *défendeur* doit s'entendre *latissimo sensu*. — J.G.S. *Exceptions et fins de non-recevoir*, 22.

3012. Ainsi il a été décidé que l'étranger défendeur en première instance n'est pas assujetti à l'obligation de fournir caution quand il interjette appel; l'appel ne constitue en pareil cas qu'une suite de la défense originaire. — Nancy, 18 août 1875, J.G.S. *Exceptions et fins de non-recevoir*, 2. — Paris, 20 avr. 1877, *ibid*. — Rennes, 8 janv. 1889, *ibid*.

3013. De même, il a été jugé que l'étranger défendeur originaire, qui défend contre lui, n'est pas tenu de fournir la caution *judicatum solvi*. — Trib. Anvers, 2 mars 1882, J.G.S. *Exceptions et fins de non-recevoir*, 22.

3014. Ne doivent pas non plus être soumis à la caution *judicatum solvi* :... l'étranger, demandeur en garantie incidente, mais défendeur à l'action principale. — *Contra* : Trib. Seine, 29 déc. 1882, J.G.S. *Exceptions et fins de non-recevoir*, 21.

3015. ... L'étranger, défendeur à l'action principale, qui se porte reconventionnellement demandeur, à moins que sa reconvention ne soit une défense à l'action principale. — J.G.S. *Exceptions et fins de non-recevoir*, 21.

3016. ... L'étranger qui demande la mainlevée ou la nullité d'une saisie-arrêt. — Bordeaux, 3 mars 1880, J.G.S. *Exceptions et fins de non-recevoir*, 27. — Rennes, 8 janv. 1889, *ibid*.

3017. ... L'étranger qui demande la mainlevée d'une saisie foraine. — Trib. Seine, 30 oct. 1863, J.G.S. *Exceptions et fins de non-recevoir*, 27.

3018. Mais l'étranger demandeur en première instance et intimé en appel doit la

caution *judicatum solvi*. — Bruxelles, 20 janv. 1870, D.P. 70. 2. 136. — V. toutefois *contra* : Aix, 9 juill. 1874, D.P. 76. 2. 136. — Paris, 9 janv. 1883, J.G.S. *Exceptions et fins de non-recevoir*, 23.

3019. De même, en cas d'opposition à un jugement par défaut rendu au profit d'un étranger, l'opposant a le droit d'exiger la caution *judicatum solvi*, l'opposition ayant pour conséquence d'anéantir le jugement par défaut et de remettre les parties dans la même situation qu'au début de l'instance. — Trib. civ. Seine, 16 févr. 1889, J.G.S. *Exceptions et fins de non-recevoir*, 23.

3020. Jugé également que l'étranger locataire qui demande contre son propriétaire la restitution de meubles que celui-ci détient à tort, ne joue pas dans la procédure le rôle de défendeur et doit la caution *judicatum solvi*. — Trib. Versailles, 31 déc. 1875, J.G.S. *Exceptions et fins de non-recevoir*, 28.

3021. Le locataire qui a été expulsé d'un établissement industriel à lui loué, en vertu d'une ordonnance de référé, joue le rôle de demandeur lorsque, sans contester les mesures d'expulsion prises à son égard, il se borne à réclamer une indemnité pour les travaux d'amélioration par lui faits sur l'immeuble; en conséquence, s'il est étranger, il est tenu de fournir la caution *judicatum solvi*. — Paris, 27 juill. 1875, D.P. 77. 2. 117.

3022. — 2° *Demandeur intervenant* (C. proc. civ. n°s 50 et 51).

3023. — V. PAR QUI LA CAUTION PEUT ÊTRE DEMANDÉE (C. proc. civ. n°s 52 à 53). — Le bénéfice de la caution *judicatum solvi* ne peut être réclamé que par un Français, et non par un étranger défendeur contre l'étranger demandeur. — Douai, 28 juin 1877, D.P. 77. 5. 217. — V. *Code de procédure civile*, n° 52.

3024. L'étranger défendeur ne peut exiger du demandeur étranger la caution *judicatum solvi*, à moins qu'il ne soit admis à jouir des droits civils français. — Nancy, 14 juin 1876, D.P. 76. 2. 136. — V. *Code de procédure civile*, n° 53.

3025. — VI. EN QUELLE MATIÈRE LA CAUTION EST DUE (C. proc. civ. n°s 56 à 63). — Elle est due... devant la justice de paix. — Trib. de paix Liège, 23 sept. 1881, J.G.S. *Exceptions et fins de non-recevoir*, 31. — *Contra* : Trib. Seine, 20 nov. 1813, *ibid*. — V. *Code de procédure civile*, n° 58.

3026. ... En matière criminelle ou correctionnelle. — Aix, 4 juin 1877, J.G.S. *Exceptions et fins de non-recevoir*, 33. — *Contra* : *Code de procédure civile*, n° 61.

3027. Mais l'étranger qui se porte partie civile devant un tribunal de répression n'est pas obligé de fournir la caution *judicatum solvi*. — Dijon, 13 juill. 1881, J.G.S. *Exceptions et fins de non-recevoir*, 33. — V. *Code de procédure civile*, n° 60.

3028. L'étranger qui agit par voie de référé doit aussi la caution *judicatum solvi*. — Trib. Seine, 30 avr. 1863, J.G.S. *Exceptions et fins de non-recevoir*, 34.

3029. Il a été également jugé que les demandes de pension alimentaire sont soumises à l'application de l'art. 16 C. civ. — Trib. Seine, 16 févr. 1889, J.G.S. *Exceptions et fins de non-recevoir*, 34.

3030. En matière commerciale, la caution n'est jamais due, quoique l'action soit portée devant le tribunal civil, soit parce qu'au cours de l'instance commerciale survient un incident qui doit être renvoyé devant le tribunal civil, soit parce qu'il s'agit de l'*exequatur* d'une décision rendue en pays étranger. — J.G.S. *Exceptions et fins de non-recevoir*, 34.

3031. — VII. POUR QUELLES DEMANDES LA CAUTION EST DUE (C. proc. civ. n°s 64 à 69). — Les dispositions légales qui astreignent le demandeur étranger à fournir la caution *judicatum solvi* sont générales et s'appliquent au cas où la demande a pour objet l'exécu-

tion d'un jugement rendu par un tribunal étranger, et il importe peu que ce jugement qui forme cette demande ait joué devant le tribunal étranger le rôle de défendeur. — Nancy, 16 juin 1877, D.P. 78. 2. 109.

3032. Bien que l'étranger qui poursuit en France l'exécution d'un titre paré par voie de saisie immobilière, ne doive pas de même la caution *judicatum solvi*, il n'en est pas de même pour l'étranger qui s'adresse aux tribunaux français pour obtenir l'*exequatur* d'une décision rendue en pays étranger; dans ce cas, la caution *judicatum solvi* est due. — J.G.S. *Exceptions et fins de non-recevoir*, 24. — V. *Code de procédure civile*, n° 61.

3033. Mais la caution n'est pas due s'il s'agit de l'*exequatur* d'une décision rendue en matière commerciale. — Arrêt préc. 16 juin 1877.

3034. ... Alors même que la demande d'*exequatur* de cette décision serait portée devant le tribunal civil. — Trib. Bruxelles, 2 juill. 1882, J.G.S. *Exceptions et fins de non-recevoir*, 25.

3035. L'étranger intente une action judiciaire, sans pour cela être tenu de fournir la caution *judicatum solvi*, lorsque son action a pour but de se défendre contre un trouble apporté à ses droits en général. — J.G.S. *Exceptions et fins de non-recevoir*, 26.

3036. Quand un conjoint étranger forme une demande en divorce ou en séparation de corps contre un conjoint français, il peut être contraint de fournir la caution *judicatum solvi*, à moins qu'il n'en soit dispensé soit par un traité diplomatique, soit par le bénéfice du domicile, où à moins que la demande émane d'une femme mariée sous un régime tel que la communauté légale ou le régime dotal, qui attribuerait l'administration de ses biens au mari. — J.G.S. *Divorce*, 146.

3037. — VIII. A QUELLE ÉPOQUE LA CAUTION DOIT-ELLE ÊTRE DEMANDÉE (C. proc. civ. n°s 70 à 88). — L'exception de la caution *judicatum solvi* doit être proposée avant toute autre. — Trib. Seine, 23 août 1881, J.G.S. *Exceptions et fins de non-recevoir*. — Trib. Seine, 7 nov. 1885, *ibid*.

3038. Jugé, au contraire, que l'exception d'incompétence peut être proposée la première. — Trib. Seine, 22 déc. 1863, J.G.S. *Exceptions et fins de non-recevoir*, 35.

3039. En tous cas, et en dehors des exceptions de renvoi et de nullité, toute autre exception a pour effet de couvrir celle de la caution *judicatum solvi*. — J.G.S. *Exceptions et fins de non-recevoir*, 36.

3040. Mais une simple sommation à fin de communication de pièces ne s'oppose pas à ce que la caution *judicatum solvi* puisse être postérieurement soulevée. — Trib. Seine, 7 nov. 1885, J.G.S. *Exceptions et fins de non-recevoir*, 37.

3041. Jugé aussi que l'ordonnance de référé renvoyant les parties à se pourvoir au principal ne préjuge rien quant aux conditions de l'exercice de l'action principale; spécialement, elle ne fait pas obstacle à ce que la caution *judicatum solvi* soit demandée devant le tribunal. — Paris, 27 juill. 1875, D.P. 77. 2. 117.

3042. Le Français peut demander pour la première fois en cause d'appel la caution *judicatum solvi* lorsque c'est la condition qu'il ait été défendeur en première instance et en appel intimé et non appelant. — Paris, 9 janv. 1883, J.G.S. *Exceptions et fins de non-recevoir*, 20. — Paris, 9 janv. 1884, D.P. 85. 2. 231. — V. *Code de procédure civile*, n° 36.

3043. En conséquence, le Français assigné par un étranger, et qui a omis, en première instance, de demander la caution *judicatum solvi*, ne peut la réclamer sur l'appel formé par lui contre le jugement qui l'a condamné. — Même arrêt.

3044. Jugé dans le même sens que le

défendeur qui n'a pas réclamé la caution *judicatum solvi* en première instance peut la demander pour la première fois en appel s'il est intimé, sauf dans ce cas à la cour à ne l'accorder qu'en garantie du paiement des frais et des dommages-intérêts pouvant résulter de cette seconde instance. — Nancy, 22 janv. 1889, D.P. 89. 2. 241. — Arrêt préc. 9 janv 1884. — V. *Code de procédure civile*, n° 82.

3045. Décidé, au contraire, que l'étranger demandeur originaire qui, après avoir gagné son procès en première instance, est amené par un appel devant une juridiction supérieure, ne peut être tenu de fournir à l'appelant la caution *judicatum solvi*. — Aix, 9 juill. 1874, D.P. 76. 2. 136.

3046. Le liquidateur continue la personne d'une société, et dès lors, il ne peut, quand il reprend l'instance engagée par un étranger contre cette société, exiger la caution *judicatum solvi* que la société n'avait pas réclamée au début du procès ; à moins qu'il ne soit assigné en son nom personnel, en dehors des cas donnant lieu à reprise d'instance. — Paris, 21 avril. 1875, D.P. 77. 2. 56.

3047. — X. Forme de la demande de caution (C. proc. civ. n° 89).

3048. — X. Étendue de la caution (C. proc. civ. n°s 89 à 92). — La caution *judicatum solvi* est destinée à couvrir seulement les dépens et dommages-intérêts auxquels le demandeur étranger peut être condamné, s'il perd son procès ; aussi n'y a-t-il pas lieu de comprendre dans le montant de cette caution les droits d'enregistrement qui pourraient être perçus sur les conventions antérieures intervenues entre les parties. — Paris, 27 juill. 1875, D.P. 77. 2. 117-118. — V. *Code de procédure civile*, n° 90.

3049. ....À moins que le payement des droits d'enregistrement ne soit ordonné à titre de dommages-intérêts. — J.G.S. *Exceptions et fins de non-recevoir*, 40.

3050. Le tribunal détermine le montant de la somme à cautionner et le délai dans lequel la caution doit être fournie. — J.G.S. *Exceptions et fins de non-recevoir*, 41.

Code de procédure civile (*Suite*).

Art. 167. Le jugement qui ordonnera la caution fixera la somme jusqu'à concurrence de laquelle elle sera fournie : le demandeur qui consignera cette somme ou qui justifiera que ses immeubles situés en France sont suffisants pour en répondre sera dispensé de fournir caution.

3051. — I. Jugement statuant sur la demande de caution (C. proc. civ. n°s 1 à 14).

3052. — II. Comment la caution est fournie (C. proc. civ. n°s 15 à 32).

3053. — III. Dispense de caution en faveur du propriétaire d'immeubles (C. proc. civ. n°s 33 à 45). — L'étranger demandeur prétend, en vain, pour échapper à la caution, posséder des immeubles suffisants, lorsque ces immeubles sont ceux qui font l'objet même du litige ; car alors la garantie prévue par le législateur disparaît complètement. — Trib. Bruxelles, 26 nov. 1887, J.G.S. *Exceptions et fins de non-recevoir*, 20. — V. *Code de procédure civile*, n° 45.

§ 2. — Des Renvois.

Art. 168. La partie qui aura été appelée devant un tribunal autre que celui qui doit connaître de la contestation pourra demander son renvoi devant les juges compétents.

Art. 169. Elle sera tenue de former cette demande préalablement à toutes autres exceptions et défenses.

DIVISION.

§ 1. — *Incompétence personnelle ou relative* (n° 3054).

§ 2. — *Quand doit être proposée l'exception d'incompétence relative* (n° 3058).

§ 3. — *Par qui peut être proposée l'exception d'incompétence relative* (n° 3087).

§ 1er. — *Incompétence personnelle ou relative* (C. proc. civ. n°s 1 à 24).

3054. — I. Caractères généraux de l'incompétence personnelle (C. proc. civ. n°s 2 à 13). — Sur la question de savoir si l'incompétence des tribunaux civils dans les matières commerciales ou dans celles qui relèvent des juges de paix est relative ou absolue, V. *infrà*, art. 170, n°s 3088 et s.

3055. — II. Compétence du tribunal de l'ouverture d'une succession (C. proc. civ. n°s 14 à 21).

3056. — III. Compétence en matière de contestations entre étrangers (C. proc. civ. n°s 22 à 24). — L'exception d'incompétence opposée par un étranger à un autre étranger et tirée de ce que, n'ayant pas en France son domicile ni droits, il ne serait pas justiciable des tribunaux français, est une exception toute personnelle qui, aux termes des art. 168 et 169 C. proc. civ., doit, à peine de déchéance, être proposée avant toutes défenses au fond. — Caen, 29 janv. 1873, D.P. 76. 2. 24. — Paris, 21 mai 1875, D.P. 86. 2. 14. — V. *Code de procédure civile*, n° 22.

3057. L'exception d'incompétence des tribunaux français, basée sur ce que l'action serait de la compétence d'un tribunal étranger, est relative et, par suite, couverte par les défenses au fond. — Pau, 14 févr. 1882, J.G.S. *Exceptions et fins de non-recevoir*, 46.

§ 2. — *Quand doit être proposée l'exception d'incompétence relative* (C. proc. civ. n°s 25 à 124).

3058. — I. Exception d'incompétence devant les tribunaux de première instance (C. proc. civ. n°s 25 à 84). — 1° Nécessité de proposer l'exception d'incompétence avant toute autre exception (C. proc. civ. n°s 25 à 42). — L'exception d'incompétence *ratione loci* n'est pas recevable si elle n'a pas été proposée *in limine litis*. — Grenoble, 6 avr. 1881, D.P. 82. 2. 17. — V. *Code de procédure civile*, n° 25.

3059. Et cette incompétence est couverte par la présentation d'un déclinatoire pour incompétence *ratione materiæ*. — Même arrêt. — *Contra* : *Code de procédure civile*, n° 30.

3060. Lorsque le défendeur n'a pas excipé de l'incompétence du tribunal résultant d'une élection de domicile, cette incompétence est couverte. — Req. 22 nov. 1886, D.P. 88. 1. 63, et la note.

3061. Mais le demandeur n'en garde pas moins le droit de se prévaloir de cette même élection de domicile pour repousser une demande formée par le défendeur et qui, ne neutralisant pas même partiellement la demande principale et n'ayant aucun lien de connexité avec cette demande, ne peut être considérée comme une demande reconventionnelle. — Même arrêt.

3062. La sommation de communiquer des pièces rend non recevable l'exception d'incompétence relative, si cette sommation porte sur des pièces concernant le fond du droit. — Pau, 9 mai 1888, D.P. 87. 2. 160.

3063. Mais lorsque la sommation de communication de pièces ne se rattache pas directement à la question de la compétence du tribunal et est faite sans réserve aucune, elle implique l'acceptation de la juridiction du tribunal, et il n'est plus ensuite possible à son auteur de recourir à l'exception d'incompétence relative ; celle-ci doit, en effet, aux termes de l'art. 169 C. proc. civ., être proposée avant toutes exceptions ou défenses. — Lyon, 7 avr. 1876, D.P. 79. 2. 204.

3064. Le défendeur au principal qui, avant de comparaître, appelle un tiers en garantie, ne perd pas, par le seul fait de cette assignation, le droit de proposer l'incompétence à raison du domicile. — Civ. c. 21 avr. 1884, D.P. 85. 1. 103. — V. toutefois *Code de procédure civile*, n°s 36 et 37.

3065. On ne saurait davantage considérer comme impliquant renonciation à l'exception d'incompétence le consentement donné aux mesures conservatoires prescrites par le tribunal, lorsque cette exception est expressément réservée. — Même arrêt.

3066. ...Alors surtout que l'assignation en garantie commence par les plus expresses réserves d'opposer à la demande principale toutes exceptions et fins de non-recevoir, et notamment l'exception d'incompétence. — Même arrêt.

3067. Cette décision très juridique n'a rien de contraire au principe posé dans l'art. 169 C. proc. civ. ; car de ce que le défendeur principal aurait invoqué la garantie, il ne s'en suit pas forcément qu'il ait voulu s'opposer à l'incompétence, et il peut avoir intérêt à faire trancher la question de compétence en présence du garant. — J.G.S. *Exceptions et fins de non-recevoir*, 53.

3068. L'exception d'incompétence *ratione personæ* ou *loci* ne peut plus être proposée par la partie qui a déjà conclu au fond sans aucune réserve, alors même qu'elle aurait fondé sur l'art. 169 C. proc. civ. n'a pas été explicitement indiqué dans les conclusions de la partie adverse, qui a conclu d'une manière générale au rejet de la demande en renvoi. — Req. 15 juill. 1875, D.P. 76, 5. 226.

3069. L'exception d'incompétence *ratione loci* formulée subsidiairement à la demande en nullité de l'exploit introductif d'instance doit être déclarée non recevable comme n'ayant point été proposée préalablement à toute exception et défense. — Civ. c. 22 janv. 1877, D.P. 77. 1. 316.

3070. D'après un arrêt, l'exception d'incompétence *ratione personæ* et celle de nullité d'exploit peuvent être proposées en même temps, mais dans tous les cas, elles doivent l'être avant tout autre moyen de défense. — Lyon, 11 déc. 1883, D.P. 85. 2. 193.

3071. Mais cette interprétation, qui se fonde sur l'art. 173 C. proc. civ., paraît très contestable. En effet, cet article (V. *infrà*, n°s 3466 et s.) a pour objet de toutes exceptions doit être proposée avant qu'il soit statué sur la question de savoir dans quel ordre se proposent l'incompétence relative et la nullité d'exploit. — Observ. sous l'arrêt précité, D P. 85. 2. 193, note 1.

3072. — 2° *Nécessité de proposer l'incompétence avant toute défense au fond* (C. proc. civ. n°s 43 à 80). — L'exception d'incompétence *ratione personæ vel loci* ne peut plus être proposée par la partie qui a déjà conclu au fond sans aucune réserve, alors même que l'argument tiré du texte de l'art. 169 proc. civ. n'a pas été explicitement indiqué dans les conclusions de la partie adverse, qui a conclu d'une manière générale au rejet de la demande en renvoi. — Req. 15 juill. 1875, D.P. 76. 5. 226. — V. *Code de procédure civile*, n° 43.

3073. Le défendeur, assigné devant un tribunal de commerce, n'est pas réputé avoir conclu au fond ... lorsque, condamné par défaut, il a formé opposition contre le jugement en proposant, avant tous autres moyens d'opposition, l'exception d'incompétence. — Lyon, 1er mars 1877, D.P. 79. 2. 204.

3074. ... Ou quand il demande le renvoi devant un juge pour y être discuté sur les motifs d'opposition. — Même arrêt.

3075. ... Ou quand il forme une demande reconventionnelle en dommages-intérêts fondée sur le préjudice que le demandeur lui a causé en exécutant, nonobstant l'opposition, un jugement par défaut nul comme ayant été rendu par un tribunal incompétent. — *Même arrêt.*

3076. Mais le défendeur qui, à l'audience publique, a repoussé la demande par le motif qu'il ne devait pas la somme réclamée et a demandé son renvoi devant un juge pour en justifier par la production des pièces, sans faire aucune réserve, n'est plus recevable à soulever devant ce juge l'exception d'incompétence *ratione personæ.* — Lyon, 7 avr. et 24 mars 1876, D.P. 79. 2. 264-265.

3077. L'exception tirée du défaut de qualité de la partie qui a pris le fait et cause de son codéfendeur originaire doit être proposée *in limine litis,* à peine de déchéance, lorsque la mise hors d'instance du défendeur dont il prend fait et cause, a pour résultat d'éteindre toute action régulièrement et utilement intentée par le demandeur et à la priver de son droit. — Req. 21 nov. 1882, D.P. 83. 1. 380.

3078. Par suite, le défendeur actionné en une qualité dont il s'est prévalu devant le tribunal de première instance, pour prendre le fait et cause d'un autre défendeur assigné en même temps que lui, ne peut, après avoir fait prononcer la mise hors de cause de celui-ci, exciper de son propre défaut de qualité pour décliner toute responsabilité vis-à-vis du demandeur dont l'action avait été régulièrement et utilement intentée contre la partie à laquelle le prenant cause s'était substitué. — *Même arrêt.*

3079. — 3° *Exception d'incompétence suppléée d'office par le juge* (C. proc. civ. n° 81). — L'exception d'incompétence personnelle proposée dans une requête d'opposition au jugement par défaut d'un tribunal de commerce n'est pas couverte par les conclusions au fond qui l'accompagnent, si ces conclusions ne sont que subsidiaires; et elle peut être reproduite en appel, en l'absence de réserve du droit d'appeler, au cas où elle serait repoussée par les premiers juges. — Civ. c. 5 mars 1884, D.P. 85. 1. 156. — V. *Code de procédure civile,* n° 73.

3080. — II. EXCEPTION D'INCOMPÉTENCE DEVANT LES COURS D'APPEL (C. proc. civ. n°s 82 à 107). — 1° *Acquiescement au jugement qui a rejeté le déclinatoire* (C. proc. civ. n°s 82 à 95). — L'incompétence *ratione loci* peut être couverte par l'acquiescement des parties. — Bruxelles, 11 août 1884, J.G.S. *Acquiescement,* 32.

3081. Le fait, par le défendeur, de plaider au fond devant le juge de paix, sans protestations ni réserves, immédiatement après le rejet d'une exception d'incompétence *ratione personæ* proposée par lui, peut être considéré comme un acquiescement au jugement qui a rejeté le déclinatoire, bien que, au moment où cet acquiescement est donné, le droit d'appel ne soit pas encore ouvert à la partie. — Req. 1er juin 1881, D.P. 82 1. 272. — V. *Code de procédure civile,* n° 88.

3082. L'absence du droit d'appel du jugement sur l'exception semble prouver, en effet, d'une manière suffisante que la partie n'entend point accepter le rejet de l'exception; elle peut fort bien ne plaider au fond qu'à toutes fins, et dans le but de sauvegarder ses droits dans toute éventualité, notamment pour le cas où le jugement sur l'exception serait confirmé, et n'avoir nullement, pour cela, l'intention d'accéder à cette décision : en formulant des réserves d'appel, elle l'indique d'une manière suffisante pour qu'on ne puisse voir, dans le fait de plaider au fond, un consentement permettant au contrat d'acquiescement de se former. — J.G.S. *Acquiescement,* 85.

3083. — 2° *Exception proposée pour la première fois en appel* (C. proc. civ. n° 96 à 105). — En concluant au fond devant les juges du premier degré, le défendeur à l'action en garantie formée à l'occasion de la demande d'*exequatur* d'un jugement rendu entre étrangers s'est rendu non recevable à décliner en appel la compétence des tribunaux français. — Req. 21 août 1882, D.P. 83. 1. 288. — V. *Code de procédure civile,* n°s 101 et s.; et *Supplément au Code civil annoté,* n°s 506 et s.

3084. — 3° *Nécessité de proposer l'exception avant toute autre exception ou défaut du fond* (C. proc. civ. n°s 106 et 107).

3085. — III. EXCEPTION D'INCOMPÉTENCE DEVANT LA COUR DE CASSATION (C. proc. civ. n°s 108 à 121). — L'incompétence à raison de la matière étant un moyen d'ordre public, oblige le juge à se dessaisir d'office, alors même qu'aucun déclinatoire n'a été proposé; par suite, le pourvoi en cassation formé contre un arrêt rendu sur une pareille question de compétence est recevable malgré l'acquiescement exprès ou tacite dont cet arrêt aurait été l'objet de la part du demandeur. — Civ. c. 15 nov. 1881, D.P. 82. 1. 467.

3086. Sur la règle que les jugements rendus par un tribunal incompétent peuvent acquérir force de chose jugée, V. *Supplément au Code civil annoté,* n°s 9062 et s.

§ 3. — *Par qui peut être proposée l'exception d'incompétence relative* (C. proc. civ. n°s 122 à 130).

3087. V. *Code de procédure civile,* n° 122 et s.

Art. 170. Si néanmoins le tribunal était incompétent à raison de la matière, le renvoi pourra être demandé en tout état de cause; mais si le renvoi n'était ni demandé, ni le tribunal sera tenu de renvoyer d'office devant qui de droit.

DIVISION.

§ 1er. — *Incompétence matérielle ou absolue* (n° 3088).

§ 2. — *Quand doit être proposée l'exception d'incompétence matérielle* (n° 3101).

§ 3. — *Par qui peut être proposée l'exception d'incompétence matérielle* (n° 3115).

§ 1er. — *Incompétence matérielle ou absolue* (C. proc. civ. n°s 1 à 34).

3088. — I. INCOMPÉTENCE DES TRIBUNAUX CIVILS A L'ÉGARD DES MATIÈRES ATTRIBUÉES A UNE JURIDICTION D'EXCEPTION (C. proc. civ. n°s 3 à 26). — L'incompétence des tribunaux civils pour connaître des affaires commerciales n'est point *ratione materiæ,* et le commerçant est présumé avoir renoncé à l'exception d'incompétence par cela seul qu'il ne l'a pas invoquée. — Bordeaux, 20 mai 1863, J.G.S. *Compétence des trib. civ. d'arrond.,* 139. — Trib. civ. Marseille, 7 déc. 1864, *ibid.* — Paris, 14 juill. 1869, *ibid.* — Rennes, 4 juin 1870, *ibid.* — Trib. civ. Nancy, 1er mai 1877, *ibid.* — Req. 17 juin 1884, D.P. 84. 1. 416. — *Contra* : *Code de procédure civile,* n°s 9 et s.

3089. Les tribunaux belges semblent, au contraire, avant la loi du 25 mars 1876, comme depuis cette loi, considérer l'incompétence des tribunaux civils pour connaître en matière commerciale comme une incompétence *ratione materiæ.* — J.G.S. *Compétence des tribunaux civils d'arrondissement,* 140.

3090. Jugé cependant qu'à supposer qu'à raison de la qualité des parties, l'action en réparation du dommage causé aux héritages voisins par les émanations d'une usine doive être réputée commerciale, l'incompétence du tribunal civil pour en connaître est purement personnelle et doit être proposée *in limine litis.* — Bruxelles, 7 févr. 1883, D.P. 84. 2. 25.

3091. L'incompétence des tribunaux de commerce à raison des affaires civiles est *ratione materiæ,* et peut, dès lors, en principe, être proposée en tout état de cause, même pour la première fois devant la Cour de cassation lorsque le jugement a été rendu en dernier ressort. — Civ. cass. 15 nov. 1881, D.P. 82. 1. 467. — Rennes, 12 déc. 1881, D.P. 82. 2. 197.

3092. Mais si le jugement était en premier ressort, et si l'exception d'incompétence n'avait pas été soulevée en appel, le moyen ne serait pas recevable en Cour de cassation, par le motif que le pourvoi est dirigé non contre le jugement, mais contre l'arrêt, et touche la cour d'appel à plénitude de juridiction. — Req. 19 juin 1876, D.P. 77. 5. 49. — Civ. r. 15 avr. 1878, D.P. 79. 1. 169.

3093. Sur la controverse relative à la question de savoir si l'incompétence des tribunaux de première instance en ce qui touche les matières déférées par la loi aux juges de paix est relative ou absolue, V. *Code de procédure civile,* n° 14 et s.

3094. L'incompétence des tribunaux civils à l'égard des actions relatives aux constructions et travaux énoncés dans l'art. 674 C. civ. lorsque la propriété ou la mitoyenneté du mur ne sont pas contestées, actions qui doivent être, dans ce cas, portées devant le juge de paix, est couverte par le silence des parties et ne peut être soulevée d'office. — Bordeaux, 17 juill. 1889, D.P. 90. 2. 142.

3095. L'attribution faite aux juges de paix de la connaissance des demandes d'indemnité en réparation de violences légères n'a pas le caractère d'attribution exceptionnelle et n'oblige, dès lors, le tribunal civil à se dessaisir de telles demandes portées directement devant lui que lorsque son incompétence a été proposée *in limine litis.* — Lyon, 5 juill. 1877, D.P. 78. 5. 252. — V. *Code de procédure civile,* n° 14.

3096. Sur la compétence du juge de paix en matière d'actions possessoires, V. *supra,* n°s 729 et s.

3097. En ce qui touche l'incompétence de la juridiction ordinaire en cas de connexité, V. *infrà,* art. 171, n° 3137 et s.

3098. Sur la question de savoir si l'incompétence des chambres ordinaires pour connaître des contestations qui doivent être jugées en *audience solennelle,* et celle des chambres jugeant en audience solennelle pour connaître des contestations qui doivent être en audience ordinaire, sont absolues, V. *infrà, Appendice à l'art.* 462.

3099. — II. INCOMPÉTENCE DES JURIDICTIONS D'EXCEPTION (C. proc. civ. n°s 27 à 34). — Sur l'incompétence des juges de paix relativement aux actions en bornage lorsqu'il y a contestation sur le fond du droit, V. *supra,* n°s 204 et s.

3100. L'incompétence du juge de paix pour statuer sur une demande dont la valeur est indéterminée n'intéresse pas l'ordre public et n'est point d'une telle nature qu'elle puisse être invoquée en tout état de cause, et devant tous les degrés de juridiction : les parties qui ne la proposent sont réputées y renoncer : ainsi elles ne seraient pas recevables à l'invoquer pour la première fois devant la Cour de cassation. — Req. 6 mars 1872, D.P. 72. 1. 326. — V. *Code de procédure civile,* n° 33, et *supra,* n°s 260 et s.

§ 2. — *Quand doit être proposée l'exception d'incompétence matérielle* (C. proc. civ. n°s 35 à 89).

3101. — I. EXCEPTION D'INCOMPÉTENCE DEVANT LES TRIBUNAUX DE PREMIÈRE INSTANCE (C. proc. civ. n°s 35 à 43). — L'exception d'incompétence *ratione materiæ* peut être proposée en tout état de cause, et ne peut être couverte ni par l'acquiescement donné à la décision des premiers juges, ni par l'exécution volontaire de leur sentence. — Rennes, 13 déc. 1881, D.P. 82. 2. 197. — V. *Code de procédure civile,* n° 35.

3102. ...Ni par des conclusions prises sur le fond. — Civ. c. 9 févr. 1880, D.P. 81. 1. 296.

3103. L'incompétence à raison de la matière est un moyen d'ordre public qui oblige le juge saisi à se dessaisir d'office et alors même qu'aucun déclinatoire n'a été proposé. — Civ. c. 15 nov. 1881, D.P. 82. 1. 467-468. — V. Code de procédure civile, n° 36.

3104. Par suite, le pourvoi en cassation formé contre un arrêt rendu sur une pareille question de compétence est recevable, malgré l'acquiescement exprès ou tacite dont cet arrêt aurait été l'objet de la part du demandeur. — Même arrêt.

3105. — II. Exception d'incompétence devant les cours d'appel (C. proc. civ. nᵒˢ 44 à 65). — 1° Acquiescement au jugement de première instance (C. proc. civ. nᵒˢ 44 à 58). — L'appel interjeté contre la décision d'un tribunal incompétent ratione materiæ est recevable, malgré l'acquiescement dont le jugement aurait été l'objet de la part de l'appelant. — Bruxelles, 13 mai 1879, J.G.S. Acquiescement, 31. — V. Code de procédure civile, n° 47.

3106. Les faits d'exécution volontaire ment accomplis à la suite d'une ordonnance de référé ne rendent point la partie qui a interjeté appel de cette ordonnance non recevable à décliner devant la cour la compétence des tribunaux de l'ordre judiciaire. — Rennes, 12 déc. 1881, D.P. 82. 2. 197. — V. Code de procédure civile, nᵒˢ 49 et s.

3107. — 2° Exception proposée pour la première fois en appel (C. proc. civ. n° 59 à 65). — Une exception d'incompétence fondée sur le principe de la séparation des pouvoirs, c'est-à-dire sur un principe d'ordre public, peut être valablement présentée pour la première fois en appel et même suppléée d'office par la Cour. — Rennes, 7 févr. 1881, D.P. 81. 2. 194.

3108. L'exception d'incompétence ratione materiæ, prise du principe de la séparation des pouvoirs, quoique intéressant l'ordre public, ne peut être reproduite en appel par une partie qui, alors que ladite exception avait été rejetée en première instance par jugement d'avant dire droit, a acquiescé à cette décision en concluant ensuite sur le fond du litige devant les premiers juges. — Aix, 27 déc. 1880, D.P. 84. 1. 220-221. — V. Code des lois adm. annotées, t. 1ᵉʳ, vᵒ Séparation des pouvoirs, nᵒˢ 35 et s.

3109. L'incompétence du tribunal de commerce peut être opposée en appel par celui qui prétend n'être pas commerçant, alors même qu'en première instance, après le jugement qui avait rejeté son exception d'incompétence, il aurait plaidé au fond. — Douai, 28 déc. 1876, D.P. 78. 2. 46. — Comp. Code de procédure civile, n° 80.

3110. — III. Exception d'incompétence devant la Cour de cassation (C. proc. civ. nᵒˢ 66 à 89). — L'incompétence du juge de paix en matière commerciale, comme dans toutes les matières que ne lui sont pas spécialement attribuées par la loi, est d'ordre public, et peut être proposée en tout état de cause. — Civ. r. 30 nov. 1881, J.G.S. Compét. civ. des trib. de paix, n° 73.

3111. De même, l'incompétence du juge de paix pour connaître d'une demande en réparation de dommages aux champs, fondée sur une convention, peut être proposée pour la première fois devant la Cour de cassation. — Civ. c. 18 août 1880, J.G.S. Compét. civ. des trib. de paix, 59. — Civ. 11 juill. 1882, D.P. 83. 1. 350. — V. Code de procédure civile, n° 76 et s.

3112. La règle, d'après laquelle l'exception d'incompétence ratione materiæ peut être proposée en tout état de cause et même invoquée pour la première fois devant la Cour de cassation, cesse d'être applicable lorsqu'il est intervenu sur cette exception

une décision qui a acquis l'autorité de la chose jugée. — Req. 11 juin 1883, D.P. 84. 5. 243. — Req. 8 déc. 1883, D.P. 86. 1. 457. — Req. 28 janv. 1889, D.P. 89. 5. 242. — V. Code de procédure civile, n° 79.

3113. Spécialement, s'il est vrai qu'un tribunal ne puisse prononcer une condamnation à des dommages-intérêts pour dénonciation calomnieuse, sans que la vérité ou la fausseté des faits ait été déclarée par l'autorité compétente, cette incompétence, bien qu'elle soit d'ordre public, ne peut plus être soulevée devant la Cour de cassation, lorsque l'exception présentée devant les premiers juges a été rejetée par un jugement contre lequel aucun appel n'a été formé. — Req. 28 janv. 1889, D.P. 89. 5. 242.

3114. De même, l'exception prise de ce que les tribunaux ordinaires seraient incompétents pour fixer les limites d'une section de commune est irrecevable en raison de l'autorité qui s'attache à la chose jugée, si ladite exception, proposée en première instance, lors d'un jugement d'avant dire droit, a été repoussée par ledit jugement, qui n'a pas été frappé d'appel a été exécuté et suivi de débats portant exclusivement sur le fond devant les deux degrés de juridiction. — Req. 8 déc. 1885, D.P. 86. 1. 457.

§ 3. — Par qui peut être proposée l'exception d'incompétence matérielle (C. proc. civ. nᵒˢ 90 à 93).

3115. Le ministère public peut proposer l'exception d'incompétence en tout état de cause; il en est de même du tribunal quand il agit d'office. — J.G.S. Exceptions et fins de non-recevoir, 72. — V. Code de procédure civile, n° 91.

Art. 171. S'il a été formé précédemment, en un autre tribunal, une demande pour le même objet, ou si la contestation est connexe à une cause déjà pendante en un autre tribunal, le renvoi pourra être demandé et ordonné.

DIVISION.

3116. — I. Existence d'une même demande

(C. proc. civ. nᵒˢ 2 à 18). — Le renvoi pour cause de litispendance ne peut être prononcé, alors que les deux instances n'ont pas pour objet la même convention, qu'elles ne se trouvent pas engagées entre les mêmes parties, et ne sont pas au même degré de juridiction. — Civ. c. 9 janv. 1878, D.P. 78. 1. 136. — V. Code de procédure civile, n° 3.

3117. En conséquence, la cour d'appel saisie à la fois d'une demande principale et de l'action en garantie à laquelle cette demande a donné lieu, ne peut s'abstenir de statuer sur le litige, à raison de la prétendue litispendance qui résulterait de l'action intentée par le garant à fin de résiliation du contrat d'où est né le recours en garantie, et actuellement pendante devant un tribunal de première instance. — Même arrêt.

3118. Décidé dans le même sens que lorsqu'un tireur de lettres de change, actionné par les porteurs devant le tribunal de son domicile, a appelé en garantie le donneur d'ordre et le tiré accepteur, et qu'ensuite le donneur d'ordre a, de son côté, formé devant un autre tribunal contre le tireur et le tiré une demande en règlement de leurs comptes à raison des traites dont il s'agit, l'exception de litispendance ne peut être élevée si le premier des deux litiges a été réduit par les conclusions définitives du demandeur en garantie à la réclamation d'une somme qu'il prétend lui être due par l'un des défendeurs pour cause étrangère à la négociation des traites; les deux instances, en pareil cas, n'offrent d'identité ni quant à l'objet de la demande, ni quant à la personnalité des parties. — Req. 2 déc. 1879, D.P. 80. 1. 363.

3119. — II. Identité des parties (C. proc. civ. nᵒˢ 19 à 25). — L'exception de litispendance tirée de l'action déjà engagée devant le tribunal civil (en validité d'une saisie-arrêt pour cause de créance commerciale) ne peut être opposée à l'instance portée devant le tribunal de commerce à l'effet de faire déterminer le quantum de la créance. — Montpellier, 31 janv. 1874, D.P. 76. 2. 94.

3120. L'introduction d'une instance en validité de la saisie-arrêt formée par une commune à fin de payement du montant d'une offre de concours à des travaux publics, ne fait pas obstacle à ce que cette commune se pourvoie devant le conseil de préfecture à l'effet d'obtenir une condamnation au payement des sommes faisant l'objet de cette offre de concours. — Cons. d'Ét. 20 févr. 1874, D.P. 74. 3. 17.

3121. — III. Pluralité des tribunaux saisis (C. proc. civ. n° 26 à 43). — Lorsque deux demandes sont pendantes devant deux chambres d'un même tribunal, il y a alors lieu à l'application de l'art. 63 du décret du 30 mars 1808, contenant règlement pour la police et la discipline des cours et tribunaux, article qui porte que, s'il s'élève des difficultés (lors de la distribution des affaires par le président du tribunal) soit sur la distribution, soit sur la litispendance ou la connexité, les avoués seront tenus de se retirer, et le président, qui statuera sans forme de procès et sans frais. — J.G.S. Exceptions et fins de non-recevoir, 80. — V. Code de procédure civile, n° 27.

3122. L'exception de litispendance n'a lieu qu'à l'égard des instances liées devant des tribunaux français; par suite, on ne peut proposer devant ces tribunaux l'exception de litispendance pour un tribunal étranger. — Trib. civ. de Dreux, 20 juin 1877, D.P. 80. 2. 193.

3123. Toutefois, on peut se prévaloir devant le tribunal français d'une instance engagée en pays étranger, s'il est établi qu'en portant son action devant les juges étrangers, le Français a spontanément et librement renoncé à la règle de compétence écrite dans l'art. 14 C. civ.; car cette renonciation met obstacle à la réitération de la demande en France, tout aussi bien pendant l'instance dont le litispendance est saisi qu'après le jugement. — J.G.S. *Exceptions et fins de non-recevoir*, 81. — V. *Code de procédure civile*, n°* 29 et s.

3124. Le renvoi d'un tribunal à un autre pour cause de litispendance ne peut être prononcé lorsque les deux causes ne sont plus au même degré de juridiction. — Req. 4 août 1875, D.P. 76. 1. 264.

3125. Lorsque les parties ne s'étant pas présentées, le tribunal, sans prononcer de défaut, a simplement ordonné qu'elles seront réassignées pour une audience ultérieure, il n'y a pas litispendance, et l'affaire peut être valablement portée ailleurs. — Cr. r. 24 mai 1890, D.P. 90. 1. 450.

3126. Le bulletin d'avertissement, obligatoire pour toute instance devant le juge de paix en vertu de la loi du 2 mai 1855, ne peut donner lieu à litispendance. — Justice de paix du 9° art. de Paris, 20 févr. 1889, J.G.S. *Exceptions et fins de non-recevoir*, 86.

3127. De même, un simple avertissement de comparaître devant le tribunal de police ne peut faire naître la litispendance, si les parties n'ont pas comparu. — Nîmes, 20 août 1875, J.G.S. *Exceptions et fins de non-recevoir*, 86.

3128. Le renvoi d'un tribunal à un autre pour cause de litispendance ne peut être prononcé lorsque les deux causes ne sont plus au même degré de juridiction. — Req. 4 août 1875, D.P. 76. 1. 264. — Civ. c. 9 janv. 1878, D.P. 78. 1. 136.

§ 2. — *Devant quelles juridictions peut-il y avoir litispendance* (C. proc. civ. n°* 44 à 47).

3129. En matière administrative, dans le cas où l'auteur d'une contravention de grande voirie assigné d'abord devant le tribunal de simple police, fait ensuite devant le conseil de préfecture, l'exception de litispendance ne peut être soulevée devant cette dernière juridiction compétemment saisie. — Cons. d'Et. 31 janv. 1890, D P. 91. 3. 67.

3130. En matière criminelle, le juge reste libre d'accorder ou de refuser le renvoi demandé pour litispendance. — Cr. r. 15 juin 1860, J.G.S. *Exceptions et fins de non-recevoir*, 74. — Comp. Cr. r. 27 mars 1884, D.P. 85. 1. 89.

§ 3. — *Jugement statuant sur l'exception de litispendance* (C. proc. civ. n°* 48 à 62).

3131. Suivant une opinion, l'art. 171 C. proc. civ. laisse aux juges la faculté de décider, par l'appréciation de circonstances qui les mettent en mesure de rendre meilleure justice, s'ils doivent admettre ou rejeter l'exception de litispendance ; ils peuvent, notamment, la rejeter, s'ils trouvent dans le caractère propre de leur institution le moyen de rendre aux parties une justice plus facile, plus prompte et plus économique. — D.P. 80. 1. 363, note 1. — Conf. Grenoble, 3 août 1872, *ibid.*, note 4. — Montpellier, 31 janv. 1874, D.P. 76. 2. 94-95.

3132. Il est du moins certain que dans le cas prévu par l'art. 171 C. proc. civ., c'est-à-dire en cas de litispendance ou de connexité, les juges devant lesquels la seconde demande est portée ne sont tenus de la renvoyer devant le tribunal saisi de la première, que lorsque ce tribunal est seul compétent pour en juger. — Req. 8 févr. 1881, D.P. 82. 1. 32. — V. *Code de procédure civile*, n° 57.

3133. Par suite, s'il résulte d'une décision passée en force de chose jugée que le tribunal saisi en second lieu était seul compétent pour connaître du litige, cette décision suffit à motiver et à justifier le rejet de l'exception de litispendance, ainsi que la sentence sur le fond. — Même arrêt.

3134. Il appartient au juge de l'action de

statuer sur l'exception dans les limites de sa compétence ; et, par suite, ce magistrat a pu écarter l'exception de litispendance en se basant sur ce que la demande de validité de saisie-arrêt sur laquelle était fondée cette exception ne constituait évidemment qu'une manœuvre pour éviter une décision imminente. — Req. 4 août 1875, D.P. 76. 1. 264. — V. *Code de procédure civile*, n° 59.

3135. Sur la question de savoir si le jugement statuant sur la litispendance :... est susceptible d'appel, V. *infrà*, art. 453.

3136. ... Peut donner lieu à règlement de juges quand l'exception a été rejetée, V. *infrà*, art. 363 et s.

SECT. 2. — CONNEXITÉ (C. proc. civ. n°* 63 à 167).

§ 1er. — *Dans quels cas il y a connexité* (C. proc. civ. n°* 63 à 113).

3137. — I. CONDITIONS REQUISES POUR QU'IL Y AIT CONNEXITÉ (C. proc. civ. n°* 63 à 97). — Le tribunal saisi de deux actions distinctes, l'une en nullité du rétablissement de la communauté entre deux époux séparés de corps, l'autre en contestation d'état de leur enfant, mais ayant pour but commun d'écarter cet enfant de la succession de son aïeule maternelle, peut joindre ces actions à raison de leur connexité. — Rouen, 14 mars 1877, D.P. 77. 2. 193-194.

3138. — II. DIFFÉRENCE ENTRE LA LITISPENDANCE ET LA CONNEXITÉ (C. proc. civ. n°* 98 à 113). — D'après un arrêt qui établit une distinction bien tranchée entre le renvoi pour connexité et le renvoi pour litispendance, si, dans le premier cas, le renvoi ne peut être ordonné que lorsque les deux instances connexes se trouvent pendantes devant des juridictions du même degré, il n'en est pas de même en ce qui concerne le renvoi pour cause de litispendance, l'exception de litispendance ne pouvant être proposée que lorsque les faits identiques se trouvent soumis à deux juridictions différentes. — Cr. r. 27 mars 1884, D.P. 85. 1. 89.

§ 2. — *Juridictions devant lesquelles la connexité peut donner lieu à un renvoi* (C. proc. civ. n°* 114 à 119).

3139. Sur la connexité dans les matières criminelles, V. *Code d'instruction criminelle annoté*, art. 226, 227 et 367.

§ 3. — *Jugement statuant sur l'exception de connexité* (C. proc. civ. n°* 120 à 143).

3140. — I. RENVOI DEVANT LE TRIBUNAL PREMIER SAISI (C. proc. civ. n°* 120 à 134). — Aucune loi n'attribue au tribunal premier saisi, en matière de connexité, une préférence absolue, et les circonstances de la cause peuvent autoriser à attribuer compétence au tribunal saisi en second lieu, si, par exemple, il est également saisi d'une troisième action connexe aux deux premières. — Req. 6 déc. 1875, D.P. 77. 1. 178-179. — V. *Code de procédure civile*, n° 127.

3141. D'après un auteur, au contraire, le tribunal saisi le second devra dans tous les cas se dessaisir, et renvoyer la cause devant les juges saisis en premier lieu, sans que l'on ait, d'ailleurs, à examiner quelle est celle des deux demandes qui est la principale. — J.G.S. *Exceptions et fins de non-recevoir*, 104.

3142. — II. JONCTION DE DEUX CAUSES PENDANTES DEVANT UN MÊME TRIBUNAL (C. proc. civ. n°* 135 à 139). — La jonction, prononcée par jugement, de deux instances dont chacune est principale, n'a pas pour effet d'en changer la condition sous ce rapport, et laisse chacune de ces instances sous l'empire des règles qui lui sont propres. — J.G.S. *Exceptions et fins de non-recevoir*, 105.

3143. — III. DÉPENS DU RENVOI (C. proc. civ. n°* 140 et 141).

3144. — IV. RECOURS CONTRE LE JUGEMENT QUI STATUE SUR L'EXCEPTION (C. proc. civ. n°* 142 et 143). — Sur la question de savoir si le jugement statuant sur la connexité :... est susceptible d'appel, V. *infrà*, art. 453.

3145. ... Peut donner lieu à règlement de juges quand l'exception a été rejetée, V *infrà*, art. 363 et s.

§ 4. — *Effets de la connexité sur la compétence* (C. proc. civ. n°* 144 à 167).

3146. Lorsque deux demandes connexes sont formées en même temps, l'une de la compétence d'un tribunal exceptionnel, comme un tribunal de commerce, l'autre ressortissant à la juridiction ordinaire, c'est celle-ci qui doit seule être appelée à statuer. — Pau, 4 mars 1873, D.P. 75. 2. 221-222. — V. *Code de procédure civile*, n° 151.

3147. Et notamment le tribunal civil, ayant plénitude de juridiction, doit connaître d'une action intentée tout à la fois contre un commerçant et un non-commerçant, lorsque cette action tend à obtenir des condamnations solidaires contre les deux défendeurs à raison d'un engagement solidaire de leur part. — Chambéry, 11 mars 1873, D.P. 77. 2. 62. — Poitiers, 20 juin 1883, D.P. 84. 2. 128. — V. toutefois, en sens contraire : Metz, 4 déc. 1855, D.P. 56. 2. 223, et pour la Belgique, 21 avr. 1874, J.G.S. *Compétence des tribunaux civils d'arrondissement*, 150.

3148. Depuis cette loi de 1876 qui, suivant un système, a enlevé aux tribunaux civils de Belgique la plénitude de juridiction, mais leur a conservé le caractère de tribunaux ordinaires, et a laissé à la juridiction commerciale celui de juridiction d'exception, la jurisprudence et la doctrine ont persisté à admettre que, s'il y a plusieurs débiteurs solidaires dont les uns sont obligés commercialement et les autres civilement, ces derniers ne peuvent être poursuivis devant la juridiction commerciale, à moins que la loi ne contienne une disposition expresse en sens contraire. — V. Gand, 11 mars 1880, J.G.S. *Compét. des trib. civ. d'arr.*, 150. — Liège, 21 juill. 1881, *ibid.* — Bruxelles, 9 nov. 1882, D.P. 84. 2. 141.

3149. D'après un auteur, au contraire, le tribunal saisi le second n'a pas, d'une manière générale, le droit d'apprécier si le premier tribunal est compétent ; l'affaire appartenant, par droit de prévention, aux juges qui ont été les premiers saisis et l'incompétence du juge auquel l'une des parties a d'abord adressée fût-elle manifeste, il n'en faudrait pas moins retourner devant lui, ne fût-ce que pour faire décider *in sua sit juridictio*. — J.G.S. *Exceptions et fins de non-recevoir*, 92.

SECT. 3. — RÈGLES COMMUNES À LA LITISPENDANCE ET À LA CONNEXITÉ (C. proc. civ. n°* 168 à 184).

§ 1er. — *Pouvoirs du président* (C. proc. civ. n°* 168 à 170).

3150. V. *Code de procédure civile*, n°* 168 et s.

§ 2. — *Quand l'exception doit être proposée* (C. proc. civ. n°* 171 à 183).

3151. V. *Code de procédure civile*, n°* 171 et s.

§ 3. — *Demandes de sursis.*

3152. V. *Code de procédure civile*, n° 184.

Art. 172. Toute demande en renvoi sera jugée sommairement, sans qu'elle puisse être réservée ni jointe au principal.

3153. — I. Procédure des exceptions de renvoi (C. proc. civ. nos 1 à 11).

3154. — II. Jugement de la demande en renvoi (C. proc. civ. nos 12 à 36). — 1o *Jugements distincts sur le déclinatoire et sur le fond* (C. proc. civ. nos 12 à 32). — La demande en renvoi ne peut être ni réservée, ni jointe au principal. Cette règle est applicable en matière criminelle. — Cr. c. 24 nov. 1887, D.P. 88. 1. 331. — Cr. c. 22 nov. 1889, D.P. 90. 1. 404.

3155. Cette disposition a été introduite dans l'intérêt des parties qu'on n'a pas voulu contraindre à examiner simultanément la question de compétence et la question de fond, ce qui serait, en quelque sorte, une entrave à la défense. De plus, on a voulu permettre ainsi aux plaideurs de frapper d'appel la décision sur la compétence. — J.G.S. *Exceptions et fins de non-recevoir*, 108.

3156. Le tribunal devant lequel un déclinatoire est soulevé ne peut, à peine de nullité, en se déclarant compétent, ordonner au défendeur de plaider au fond immédiatement ou avant l'expiration du délai de huitaine; ce serait contrevenir, soit à l'art. 172, soit aux art. 449 et 450, soit à l'art. 147 C. proc. civ. — Nancy, 17 mai 1873, D.P. 76. 5. 226. — V. *Code de procédure civile*, no 16. — V. aussi *suprà*, art. 147, nos 2744 et s.

3157. Il en est ainsi quand même le défendeur aurait originairement conclu au fond, et pris de nouvelles conclusions, prises avant que son adversaire ait accédé aux premières, ou en ait demandé acte, il a déclaré n'entendre discuter en définitive que la question de compétence. — Même arrêt.

3158. Lorsque la partie, tout en demandant le renvoi devant le tribunal d'arrondissement, conclut subsidiairement sur le fond pour le cas où le renvoi ne serait pas prononcé, le tribunal peut valablement statuer sur l'exception de renvoi et sur le fond par un seul jugement. — Caen, 12 janv. 1881, D.P. 82. 2. 57. — Req. 19 juin 1888, D.P. 88. 1. 449, et la note. — V. *Code de procédure civile*, no 23.

3159. Mais il doit, à peine de nullité, statuer dans sa dispositif sur le déclinatoire qui lui est soumis. — Arrêt. préc. 12 janv. 1881.

3160. La règle, d'après laquelle l'exception d'incompétence ne peut être réservée et jointe au principal, n'interdit pas au juge d'examiner le fond, et cet examen est nécessaire à la solution de la question de compétence. — Req. 9 mai 1883, D.P. 84. 1. 358. — V. *Code de procédure civile*, no 25.

3161. — 2o *Mesures provisoires ou d'instruction* (C. proc. civ. nos 33 à 36).

3162. — III. Devant quelle juridiction s'applique l'art. 173 (C. proc. civ. nos 37 à 41). — Lorsque l'appelant se borne à attaquer un jugement du juge de paix pour cause d'incompétence, le tribunal d'appel n'a pas le droit de statuer sur la compétence et sur le fond sans mettre au préalable l'appelant en demeure de conclure au fond. — Civ. c. 7 avr. 1886. D.P. 86. 1. 340.

3163. Sur la question de savoir si l'art. 172 est applicable : ... devant les tribunaux de commerce, v. *infrà*, art. 425.

3164. ... Aux instances d'appel, V. *infrà*, art. 473.

3165. — IV. Recours contre les jugements de renvoi (C. proc. civ. no 42). — V. *infrà*, art. 453.

§ 3. — Des nullités.

Art. 173. Toute nullité d'exploit ou d'acte de procédure est couverte, si elle n'est pas proposée avant toute défense ou exception autre que les exceptions d'incompétence.

DIVISION.

§ 1. — *A quels exploits et à quels actes de*

Procédure s'applique l'exception de nullité (no 3166).

§ 2. — *Devant quelles juridictions doivent être appliquées les dispositions relatives à l'exception de nullité* (no 3172).

§ 3. — *Tribunal compétent pour juger l'exception de nullité* (no 3173).

§ 4. — *Par qui et contre qui peut être proposée l'exception de nullité* (no 3174).

§ 5. — *Quand doit être présentée l'exception de nullité* (no 3177).

   A. — Nullité de l'exploit introductif d'instance (no 3177).

   B. — Nullité de l'acte d'appel (no 3191).

   C. — Nullité des actes de procédure (no 3197).

§ 6. — *Renonciation à l'exception de nullité* (no 3215).

§ 7. — *Comment doit être proposée l'exception de nullité* (no 3216).

§ 8. — *Jugement de l'exception de nullité* (no 3218).

§ 1er. — *A quels exploits et à quels actes de procédure s'applique l'exception de nullité* (C. proc. civ. nos 1 à 10).

3166. La fin de non-recevoir édictée par l'art. 173 C. proc. civ. repose sur cette idée que le défendeur, en concluant au fond, manifeste l'intention de suivre sur l'assignation qui a engagé l'instance, et renonce par cela même à en contester la validité. — D.P. 82. 1. 351-352, note.

3167. La règle d'après laquelle toute nullité d'exploit ou d'acte de procédure est couverte si elle n'a pas été proposée avant toute défense ou exception autre que les exceptions d'incompétence, n'est applicable qu'aux actes de l'instance actuellement engagée entre les parties. — Civ. c. 23 mars 1881, D.P. 82. 1. 351-352. — V. *Code de procédure civile*, no 2.

3168. Par suite, le défendeur qui argue de nullité un exploit d'ajournement précédemment signifié, mais resté sans suite, et invoqué par le demandeur comme interruptif de la prescription qui lui est opposée, n'est pas tenu de formuler cette exception *in limine litis*. — Même arrêt.

3169. D'après un arrêt, la critique dirigée contre un contredit, et prise de l'insuffisance de ses motifs, doit, à peine de nullité, être proposée *in limine litis*. — Montpellier, 28 déc. 1880, D.P. 82. 1. 367-368.

3170. Mais cette solution ne peut être approuvée. L'art. 173 C. proc. civ. ne parlant que des *nullités des exploits ou des actes de procédure*, il suit de là qu'il ne pourrait être étendu aux nullités qui seraient le résultat, non de l'irrégularité de l'acte dans sa forme extérieure, mais d'un vice intérieur dont l'effet serait d'anéantir l'action; comme, par exemple, quand un appel est interjeté après le délai, quand une assignation est signifiée à la requête d'un incapable. — Observ. sous l'arrêt précité, D.P. 82. 1. 367.

3171. L'exception résultant de ce qu'une demande n'a pas été formée par un contredit en temps utile est bien précisément une de ces fins de non-recevoir péremptoires qui ne tiennent pas à la forme de l'acte, et doivent, par conséquent, pouvoir être proposées en tout état de cause. — Mêmes observations.

§ 2. — *Devant quelles juridictions doivent être appliquées les dispositions relatives à l'exception de nullité* (C. proc. civ. nos 11 à 13).

3172. V. *Code de procédure civile*, nos 11 et s.

§ 3. — *Tribunal compétent pour juger l'exception de nullité* (C. proc. civ. nos 14 à 16).

3173. V. *Code de procédure civile*, nos 14 et s.

§ 4. — *Par qui et contre qui peut être proposée l'exception de nullité* (C. proc. civ. nos 17 à 30).

3174. — I. Par qui peut être proposée la nullité (C. proc. civ. nos 17 à 27). — La partie qui a fait assigner son adversaire à jour fixe devant le juge de paix et qui, au jour fixé, a comparu par un mandataire, lequel a conclu et plaidé dans son intérêt, ne peut pas se faire un grief de ce qu'elle n'a pas reçu d'avertissement. — Civ. r. 8 août 1877, D.P. 78. 1. 248. — V. aussi *Code des lois adm. annotées*, t. 1er, X, vo *Elections*, nos 4220 et 4221.

3175. Sur la question de savoir si, en matière indivisible ou en cas de solidarité, la nullité de l'acte d'appel à l'égard de l'une des parties le rend nul à l'égard des autres, V. *infrà*, no 456.

3176. — II. Contre qui l'exception peut être proposée (C. proc. civ. nos 28 à 30).

§ 5. — *Quand doit être présentée l'exception de nullité* (C. proc. civ. no 31 à 286).

   A. — Nullité de l'exploit introductif d'instance (C. proc. civ. nos 31 à 99).

3177. — I. Nécessité de proposer l'exception avant toute exception autre que celle d'incompétence (C. proc. civ. nos 31 à 49). — L'exception de nullité de l'exploit introductif d'instance ne pourrait être proposée qu'après celle d'incompétence *ratione personæ*, le juge d'appel, saisi de la nullité, doit surseoir à y statuer jusqu'au jugement sur l'incompétence. — Req. 9 mai 1883, D.P. 84. 1. 358. — V. *Code de procédure civile*, no 31.

3178. Jugé cependant en sens contraire que l'exception tirée de la nullité de l'assignation donnée à un incompétent autre que le domicile élu par la partie assignée n'est pas recevable si elle n'a été présentée *in limine litis*, et que cette nullité est couverte par la présentation d'un déclinatoire pour incompétence *ratione materiæ*. — Grenoble, 6 avr. 1881, D.P. 82. 2. 17.

3179. La demande de communication de pièces doit avoir pour effet de couvrir la nullité d'une assignation, à moins toutefois que cette communication ne tende à vérifier si l'exploit introductif d'instance ne renferme pas la nullité, et que la demande de communication ne contienne des réserves expresses. — J.G.S. *Exceptions et fins de non-recevoir*, 128. — V. *Code de procédure civile*, nos 35 et s.

3180. Jugé à cet égard : 1o que la nullité d'un acte d'appel qui ne mentionne pas le véritable domicile de l'intimé et a été délivré, en dehors de ce domicile, à une personne autre que l'intimé n'est pas couverte par la sommation en communication de pièces que ce dernier a signifiée à l'appelant, alors qu'il résulte des termes mêmes de cette sommation qu'elle n'a eu en vue que les pièces relatives à la nullité ou à la non-recevabilité de l'appel en la forme. — Paris, 11 août 1877, D.P. 78. 2. 152, et son pourvoi, Req. 28 janv. 1878, J.G.S. *Exceptions et fins de non-recevoir*, 128.

3181. ...2o Que la demande de communication de pièces ne couvre pas la nullité de l'exploit, lorsqu'il est justifié que cette nullité a été expressément proposée avant ladite demande. — Req. 24 nov. 1885, D.P. 86. 1. 256.

3182. — II. Nécessité de proposer l'exception avant toute défense au fond (C. proc. civ. nos 50 à 92). — La nullité introductive de l'instance, entachée d'irrégularité, ne peut plus être annulée, lorsque le défendeur a comparu et défendu au fond, sans élever préalablement aucune exception tirée d'un vice de forme de l'assignation à lui donnée. — Civ. c. 21 juill. 1884, D.P. 85. 1. 167. — V. *Code de procédure civile*, n° 50.

3183. Et la loi du 29 juill. 1881 n'ayant apporté aucune dérogation à ce principe en matière de presse, le moyen de nullité tiré de ce que la citation n'aurait pas précisé et qualifié suffisamment le fait incriminé, ni indiqué le texte de loi applicable, ne peut être proposé pour la première fois en appel. — Même arrêt.

3184. La nullité d'une contrainte décernée par l'administration des contributions indirectes (dans l'espèce, pour surcharge dans le millésime) est couverte par le silence gardé sur ce moyen dans l'opposition à la contrainte avec assignation devant le tribunal civil. — Req. 15 févr. 1881, D.P. 82. 1. 75. — V. aussi *Code des lois adm. annotées*, t. 1, v° *Contributions indirectes.*

3185. La nullité de l'exploit d'appel qui ne contient pas de constitution d'avoué n'est pas couverte par la signification à l'avoué de l'appelant de la constitution d'avoué faite par l'intimé, si cette signification contient réserve expresse des moyens de nullité tant réservés à l'avoué. Nmes, 3 janv. 1877, D.P. 77. 2. 152. — *Contrà* : Civ. c. 1ᵉʳ juill. 1878, D.P. 78. 1. 337-339.

3186. La nullité d'un ajournement ou d'un acte d'appel signifié dans un lieu où il ne devait pas l'être ne peut être couverte que par des défenses au fond; il ne suffit pas que le défendeur ait eu connaissance de l'ajournement, soit par l'envoi qui lui en a été fait, soit par sa présence à l'audience où il a été donné défaut contre lui. — Aix, 25 mars 1877, D.P. 78. 2. 111.

3187. La nullité résultant de ce que l'acte d'appel d'un jugement rendu au profit d'une personne établie au pays étranger n'a pas été signifié au domicile du procureur général près la cour devant laquelle l'appel est porté n'est pas couverte par des conclusions au fond, qui ne sont présentées que subsidiairement. — Lyon, 5 mai 1882, D.P. 83. 2. 88. — V. *Code de procédure civile*, n° 88.

3188. — III. EXCEPTION PROPOSÉE POUR LA PREMIÈRE FOIS EN APPEL OU EN CASSATION (C. proc. civ. nᵒˢ 93 à 99). — La nullité doit une expertise est entachée ne peut pas être proposée pour la première fois en cause d'appel. — Riom, 3 déc. 1885, D.P. 86. 2. 219.

3189. Mais il résulte des qualités du jugement attaqué que les opérations des experts ont été arguées de nullité en temps utile devant les premiers juges qui ont omis de statuer sur cette exception, alors rien ne s'oppose à ce qu'elle soit renouvelée en cause d'appel. — Même arrêt.

3190. Une demande en dommages-intérêts pour contrefaçon peut être couverte, en appel, en demande de dommages-intérêts pour concurrence déloyale. — Lyon, 8 juill. 1887, D.P. 88. 2. 180.

B. — *Nullité de l'acte d'appel (C. proc. civ. nᵒˢ 100 à 145).*

3191. La nullité d'un acte d'appel, résultant de ce qu'il a été irrégulièrement signifié, n'est pas couverte par la comparution de l'intimé et la constitution d'avoué faite en son nom. — Besançon, 23 févr. 1880, D.P. 80. 2. 225. — Bruxelles, 28 juill. 1888, D.P. 89. 2. 111.

3192. Toute nullité d'exploit est couverte si elle n'est proposée avant tout défense ou exception autre que les exceptions d'incompétence; par suite, la nullité de l'exploit d'appel, résultant de ce que la copie en a été remise au parquet du tribunal du dernier domicile connu de l'intimé, au lieu d'être remise au parquet de la cour saisie de l'appel, est couverte, si elle n'est proposée tardivement. — Toulouse, 4 août 1881, D.P. 82. 2. 94.

3193. Et il importe peu des réserves

générales et sans objet précis aient été formulées, tant en la forme qu'au fond, dans la constitution d'avoué, notamment pour demander la nullité de l'acte d'appel. — Même arrêt. — V. *Code de procédure civile*, n° 108.

3194. Il en est ainsi surtout lorsque, en posant les qualités, l'avoué de l'intimé s'est borné à conclure au rejet de l'appel, et que, lors du débat au fond, l'avocat de l'intimé a discuté les faits dans le sens de la confirmation du jugement, bien qu'il ait ensuite conclu à la nullité de l'exploit. — Même arrêt.

3195. La nullité d'un exploit d'appel est couverte, faute d'avoir été proposée *in limine litis*, lorsqu'il est constaté, d'après les énonciations du plumitif d'audience, que l'intimé a d'abord conclu au fond, et qu'il a ensuite, dans une audience ultérieure, conclu à la nullité de l'acte d'appel. — Civ. r. 21 janv. 1884, D.P. 84. 5. 242. — V. *Code de procédure civile*, n° 120.

3196. Sur la nullité de l'appel interjeté après les délais légaux, V. *infrà*, art. 444.

C. — *Nullité des actes de procédure (C. proc. civ. nᵒˢ 146 à 285).*

3197. — I. PRÉLIMINAIRE DE CONCILIATION (C. proc. civ. n° 146). — V. *supra*, n° 901 et s.

3198. — II. ACTES D'AVOUÉ À AVOUÉ (C. proc. civ. nᵒˢ 147 à 150).

3199. — III. REQUÊTES (C. proc. civ. n° 151).

3200. — IV. ENQUÊTES (C. proc. civ. n° 152 à 224). — V. *infrà*, tit. XII.

3201. — V. EXPERTISES (C. proc. civ. nᵒˢ 225 à 237). — La nullité d'une expertise, résultant du défaut de sommation aux parties d'y assister, est couverte par les défenses au fond présentées par les parties devant le tribunal contre les conclusions ayant pour base unique le résultat de l'expertise, sans que le défaut de sommation ait été articulé. — Req. 13 janv. 1879, J.G.S. *Exceptions et fins de non-recevoir*, 138. — V. *infrà*, tit. XIV.

3202. — VI. DESCENTE SUR LIEUX (C. proc. civ. nᵒˢ 238 et 239).

3203. — VII. PÉREMPTION D'INSTANCE (C. proc. civ. nᵒˢ 240 et 241).

3204. — VIII. JUGEMENTS (C. proc. civ. nᵒˢ 242 à 258). — La nullité résultant de ce qu'un jugement par défaut a été prononcé comme contradictoire n'est pas couverte par l'appel qu'on interjette la partie contre laquelle il a été rendu : cette nullité peut être proposée en tout état de cause. — Rouen, 13 mars 1880, D.P. 80. 2. 245.

3205. — IX. SIGNIFICATION DE JUGEMENTS (C. proc. civ. nᵒˢ 259 à 265). — La nullité résultant du défaut de signification à avoué d'un jugement n'est pas couverte par des conclusions au fond, dans lesquelles le moyen de nullité est formellement réservé. — Orléans, 20 mai 1882, D.P. 83. 2. 92.

3206. — X. COMMANDEMENTS ET SOMMATIONS (C. proc. civ. nᵒˢ 266 à 270).

3207. — XI. SAISIES. (C. proc. civ. n° 271 à 273). — Sur le point de savoir quand les nullités sont couvertes en matière de saisie immobilière et si l'art. 173 y est applicable, V. *infrà*, art. 728 et 729.

3208. — XII. ORDRES ET DISTRIBUTIONS PAR CONTRIBUTION (C. proc. civ. n° 274). — Sur l'application de l'art. 173 en ces matières, V. *infrà*, art. 749 et s.

3209. — XIII. SURENCHÈRE (C. proc. civ. n° 275). — V. *infrà*, art. 832 et s.

3210. — XIV. SÉPARATION DE BIENS (C. proc. civ. nᵒˢ 276 et 277).

3211. — XV. DIVORCE ET SÉPARATION DE CORPS (C. proc. civ. n° 278). — V. *infrà*, art. 875 et s.

3212. — XVI. ARBITRAGES (C. proc. civ. n° 279). — V. *infrà*, art. 1003 et s.

3213. — XVII. EXPROPRIATION POUR CAUSE D'UTILITÉ PUBLIQUE. — L'art. 173 s'applique à

la procédure d'expropriation *pour cause d'utilité publique* ; en effet, la nullité des citations qui sont faites au cours de cette procédure est couverte à l'égard de la partie qui a discuté le fond sans formuler de réserves. — J.G.S. *Exceptions et fins de non-recevoir*, 150.

3214. — XVIII. ACTES EXTRAJUDICIAIRES (C. proc. civ. nᵒˢ 280 à 285). — La nullité des actes respectueux étant une nullité d'ordre public peut être opposée en tout état de cause. — Paris, 27 (et non 29) nov. 1876, D.P. 77. 2. 156-157. — V. *Code de procédure civile*, n° 283.

§ 6. — *Renonciation à l'exception de nullité* (C. proc. civ. nᵒˢ 286 à 298).

3215. V. *Code de procédure civile*, nᵒˢ 286 et s.

§ 7. — *Comment doit être proposée l'exception de nullité* (C. proc. civ. nᵒˢ 299 à 308).

3216. Il n'est point nécessaire, pour la validité d'une procédure, que l'assignation régulière soit représentée, lorsque les documents de la cause ne permettent pas de douter qu'elle a existé. — Civ. r. 14 avr. 1885, D.P. 85. 1. 401.

3217. Bien qu'un chef de demande ait été formulé par simples conclusions, la procédure doit être tenue pour régulière lorsque le défendeur n'a soulevé aucune fin de non-recevoir en première instance et a même, en appel, conclu au rejet de cette demande au fond. — Civ. r. 4 févr. 1889, D.P. 89. 1. 259.

§ 8. — *Jugement de l'exception de nullité* (C. proc. civ. nᵒˢ 309 à 326).

3218. Le jugement sur l'exception est susceptible d'appel comme le jugement sur le fond. — V. *infrà*, art. 453.

3219. Sur l'appel des jugements de saisie immobilière qui statuent sur les nullités postérieures à la publication du cahier des charges, V. *infrà*, art. 730.

§ 4. — *Des exceptions dilatoires.*

Art. 174. L'héritier, la veuve, la femme divorcée ou séparée de biens, assignée comme commune, auront trois mois du jour de l'ouverture de la succession ou dissolution de la communauté, pour faire inventaire, et quarante jours pour délibérer : si l'inventaire a été fait avant les trois mois, le délai de quarante jours commencera du jour qu'il aura été parachevé.

S'ils justifient que l'inventaire n'a pu être fait dans les trois mois, il leur sera accordé un délai convenable pour le faire, et quarante jours pour délibérer ; ce qui sera réglé sommairement.

L'héritier conserve, néanmoins, après l'expiration des délais ci-dessus accordés, la faculté de faire encore inventaire et de se porter héritier bénéficiaire, s'il n'a pas fait d'ailleurs acte d'héritier, ou s'il n'existe pas contre lui de jugement passé en force de chose jugée qui le condamne en qualité d'héritier pur et simple.

3220. — I. EXCEPTIONS DILATOIRES (C. proc. civ. nᵒˢ 1 à 16).

3221. — I. EXCEPTION DU DÉLAI POUR FAIRE INVENTAIRE ET DÉLIBÉRER (C. proc. civ. nᵒˢ 17 à 31). — Sur l'obligation de faire inventaire, V. *Supplément au Code civil annoté*, nᵒˢ 11298 et s.

Art. 175. Celui qui prétendra avoir droit d'appeler en garantie sera tenu de le faire dans la huitaine du jour de la demande originaire, outre un jour pour trois myriamètres. S'il y a plusieurs garants intéressés en la même garantie, il n'y aura qu'un seul délai pour tous, qui sera réglé selon la distance du lieu de la demeure du garant le plus éloigné.

3222. — I. Différentes espèces de garantie (C. proc. civ. nᵒˢ 1 à 3). — V. *Supplément au Code civil annoté*, nᵒˢ 5575 et s., 12674 et s., 13136 et s.

3223. — II. Nature de l'action en garantie (C. proc. civ. nᵒˢ 4 et 5). — On doit considérer comme demande en garantie celle qui tend à ce que le défendeur soit relevé en la condamnation à intervenir contre lui et qui est fondée sur une faute imputée au garant prétendu, d'où est née l'action principale. — Civ. c. 27 déc. 1882, D.P. 83. 1. 343.

3224. — III. Par qui l'action en garantie peut être formée (C. proc. civ. nᵒ 6).

3225. — IV. Délai dans lequel la demande en garantie doit être formée (C. proc. civ. nᵒˢ 7 à 18).

3226. — V. Procédure et jugement de la demande en garantie (C. proc. civ. nᵒˢ 19 à 27). — Les tribunaux, saisis d'une demande de mise en cause d'un tiers comme garant, ont le droit et le devoir d'apprécier si cette mise en cause est justifiée et peuvent, sans excès de pouvoir, refuser de l'ordonner, même dans le cas où toutes les parties y consentiraient, si elle leur paraît inutile ou purement dilatoire. — Req. 22 avr. 1879, D.P. 80. 1. 40.

3227. Lorsque sur la demande par laquelle des particuliers ont été appelés en garantie, soit en qualité, soit en nom personnel, il est constaté que d'un côté la qualité qu'on leur attribue ne peut justifier leur mise en cause, et que, d'un autre côté, aucun fait personnel de nature à engager leur responsabilité directe et à justifier une action personnelle n'a été même articulé, c'est à bon droit que les frais auxquels a donné lieu cette procédure irrégulière doivent rester à la charge de celui qui l'a abusivement suivie. — Req. 19 juin 1888, D.P. 90. 1. 268.

3228. En ce qui concerne les conséquences du recours exercé par le garant contre le jugement de condamnation, il faut, pour que l'opposition de l'action principale, la réunion des deux conditions suivantes : 1ᵒ unité de cause ou d'objet; 2ᵒ unité d'instance. — Civ. ou sous : Trib. com. Seine, 29 mai 1890, J.G.S. *Exceptions et fins de non-recevoir*, 174.

3229. L'appel interjeté par le garant relève le garanti de la déchéance que celui-ci a encourue vis-à-vis du demandeur principal par l'expiration des délais, et résultat se produit lors même que l'appel n'a été formé que contre le garanti, s'il existe entre la demande principale et la demande en garantie un lien de subordination et de dépendance qui ne permette pas de les apprécier d'une manière différente. — Civ. r. 7 mai 1889, J.G.S. *Exceptions et fins de non-recevoir*, 174.

3230. Sur la question de savoir si la demande en garantie peut être formée pour la première fois en appel, V. *infrà*, art. 464.

3231. — VI. Garantie devant les juridictions exceptionnelles (C. proc. civ. nᵒˢ 28 à 30).

Art. 176. Si le garant prétend avoir droit d'en appeler un autre en sous-garantie, il sera tenu de le faire dans le délai ci-dessus, à compter du jour de la demande en garantie formée contre lui; ce qui sera successivement observé à l'égard du sous-garant ultérieur.

Art. 177. Si néanmoins le défendeur originaire est assigné dans les délais pour faire inventaire et délibérer, le délai pour appeler garant ne commencera que du jour où ceux pour faire inventaire et délibérer seront expirés.

Art. 178. Il n'y aura pas d'autre délai pour appeler garant, en quelque matière que ce soit, sous prétexte de minorité ou autre cause privilégiée; sauf à poursuivre les garants, mais sans que le jugement de la demande principale en soit retardé.

Art. 179. Si les délais des assignations en garantie ne sont échus en même temps que celui de la demande originaire, il ne sera pris aucun défaut contre le défendeur originaire, lorsque avant l'expiration du délai, il aura déclaré, par acte d'avoué à avoué, qu'il a formé sa demande en garantie; sauf, si le défendeur, après l'échéance du délai pour appeler le garant, ne justifie pas de la demande en garantie, à faire droit sur la demande originaire, même à le condamner à des dommages-intérêts, si la demande en garantie par lui alléguée se trouve n'avoir pas été formée.

Art. 180. Si le demandeur originaire soutient qu'il n'y a lieu au délai pour appeler garant, l'incident sera jugé sommairement.

Art. 181. Ceux qui seront assignés en garantie seront tenus de procéder devant le tribunal où la demande originaire sera pendante, encore qu'ils dénient être garants; mais s'il paraît par écrit ou par l'évidence du fait, que la demande originaire n'a été formée que pour les traduire hors de leur tribunal, ils y seront renvoyés.

DIVISION.

§ 1ᵉʳ. — *Compétence du tribunal saisi de la demande originaire* (nᵒ 3232).

§ 2. — *Compétence des tribunaux autres que les tribunaux civils pour connaître de la demande en garantie* (nᵒ 3249).

§ 3. — *Limites et conditions de la compétence du tribunal saisi de la demande originaire* (nᵒ 3256).

§ 4. — *Demande formée pour traduire les appelés en garantie hors de leur tribunal* (nᵒ 3274).

§ 1ᵉʳ. — *Compétence du tribunal saisi de la demande originaire* (C. proc. civ. nᵒˢ 1 à 25).

3232. L'appelé en garantie doit être tenu de procéder devant le tribunal où la demande originaire est pendante. — Req. 4 juill. 1889, D.P. 90. 1. 376. — V. *Code de procédure civile*, nᵒ 1.

3233. Spécialement, le vendeur qui n'a pas effectué aux époques convenues la livraison des marchandises qu'il a vendues, est valablement actionné en garantie par son acheteur devant le tribunal saisi d'une demande formée contre ce dernier par un sous-acquéreur pour retard dans la livraison de tout ou partie des mêmes marchandises. — Même arrêt.

3234. Il importe peu que la compétence d'un autre tribunal ait été réservée et acceptée par les parties contractantes pour les contestations qui pourraient survenir à l'occasion dudit marché; cette clause n'étant relative qu'au fond du litige, le tribunal saisi de la demande originaire et de l'action récursoire, se trouvant déjà, dans la mesure de cette action, exclusivement investi de la connaissance des difficultés que soulève la demande, a le pouvoir de statuer, pour cause de connexité, sur la demande en résiliation du surplus de ce marché. — Même arrêt.

3235. Le défendeur à la demande de garantie incidente ne peut être dispensé de plaider devant le tribunal où est pendante la demande originaire, que s'il apparaît par écrit que la demande originaire a été formée dans le seul but de distraire ce défendeur de ses juges naturels. — Poitiers, 15 janv. 1877, D.P. 77. 2. 99.

3236. En conséquence, un expéditeur de marchandises, appelé en garantie par le vendeur sur l'action en résolution de la vente exercée contre ce dernier par l'acheteur, ne peut se soustraire à l'application de l'art. 181, sous prétexte que le vendeur est le mandataire habituel de ce vendeur, et que la vente dont il s'agit aurait été simulée dans le but de donner à la demande formée contre l'expéditeur les apparences d'une action en garantie, si la simulation alléguée ne résulte pas des circonstances de la cause. — Même arrêt.

3237. ... Alors surtout que le tribunal saisi de l'action en garantie aurait été compétent pour connaître de cette demande formée comme demande principale, notamment par application de l'art. 14 C. civ. — Même arrêt.

3238. En matière d'assurances, lorsque la police interdit au patron de transiger, de plaider, même en défendant, sans l'autorisation de la Compagnie, et que celle-ci en cause ou de l'appeler en garantie, la Compagnie se réservant de poursuivre le procès seule et sous contrôle sous le nom de l'assuré, le fait et cause que la compagnie s'oblige ainsi à assumer doit être pris devant le tribunal saisi de la demande dirigée par l'ouvrier contre le patron. — Douai, 5 mars 1888, D.P. 89. 2. 295. — Toulouse, 3 mai 1888, D.P. 89. 2. 295. — V. *Code de procédure civile*, nᵒˢ 9 et s.

3239. Et dans le cas où la Compagnie a, conformément à cette convention, dirigé le procès intenté par l'ouvrier en première instance. L'assuré qui a dû interjeter appel pour éviter l'exécution du jugement contre lui-même, a le droit de mettre la Compagnie en cause pour voir déclarer commun avec elle l'arrêt à intervenir. — Mêmes arrêts.

3240. Jugé également qu'en matière d'assurances, l'assuré assigné par le cessionnaire régulier de la police, à qui le payement du capital a été refusé, a le droit d'appeler la compagnie d'assurances en garantie devant le tribunal saisi de la demande originaire, nonobstant la clause de la police qui, pour toutes les actions susceptibles d'être exercées contre la compagnie attribue, juridiction aux tribunaux du siège social. — Rouen, 24 nov. 1875, D.P. 78. 2. 414-415.

3241. L'action dérivant d'un contrat d'assurance contre les accidents n'a pas le caractère d'une demande en garantie de l'indemnité à payer à la victime de l'accident; elle constitue une action principale et directe, soumise aux règles de compétence qui lui sont propres. — Dijon, 2 juill. 1885, D.P. 86. 2. 256. — Dijon, 12 juin 1890, D.P. 91. 1. 132. — V. en matière d'abordage : Rouen, 17 mars 1883, D.P. 82. 2. 121.

3242. En conséquence, l'assuré ne peut appeler l'assureur en garantie, pour se défendre contre l'action qui lui est intentée par la victime d'un accident, et il n'en est autrement que s'il résulte des clauses de la police que l'assureur a, par avance, accepté la compétence du tribunal devant lequel son assuré pourrait être appelé. — Arrêt préc. 12 juin 1890.

3243. Le garant n'est pas fondé à demander son renvoi quand le tribunal saisi de la demande originaire est seulement incompétent *ratione materiæ*, si le défendeur en a accepté la compétence. — Req. 15 nov. 1881, D.P. 82. 1. 121. — encore mal. Req. 15 févr. 1882, D.P. 82. 1. 401. — V. *Code de procédure civile*, nᵒ 12.

3244. La demande en garantie formée

contre un huissier à raison de la nullité d'un exploit d'appel signifié par lui, est compétemment portée devant la cour saisie de l'appel. — Bourges, 16 févr. 1874, D.P. 77. 2. 53. — Bordeaux, 18 juin 1886, D.P. 88. 2. 189. — V. *Code de procédure civile*, n° 16.

3245. La clause d'un tarif international, par laquelle il est stipulé qu'en cas d'accident, de retard ou de perte de marchandises transportées, le dommage sera réglé par les tribunaux du lieu de destination, ne s'applique pas à la demande fondée sur ce que la Compagnie aurait livré la marchandise au destinataire, sans se conformer à un ordre contrairement transmis; et cette clause ne fait pas du moins obstacle à ce que la Compagnie soit appelée en garantie devant le tribunal français saisi de la demande principale formée par l'expéditeur contre le commissionnaire qui avait d'abord reçu le mandat dont l'inexécution a occasionné le litige. — Rouen, 21 févr. 1878, D.P. 78. 2. 210.

3246. Dans le cas où la partie qui a souffert d'un quasi-délit, au lieu d'agir directement contre l'auteur du dommage, assigne un tiers à l'effet de réparer ce dommage en vertu d'un contrat qui l'y oblige, ce tiers ne peut, en l'absence de tout engagement ou de tout consentement, appeler, par voie d'action récursoire, devant le tribunal où il a été cité, l'auteur du quasi-délit à l'effet de venir en vertu d'une action en garantie. — J.G.S. *Compét. des trib. civ. d'arr.*, 93. — V. *Code de procédure civile*, n° 23.

3247. Spécialement, lorsque le cessionnaire du droit d'exploiter un brevet fait assigner son cédant à l'effet de lui procurer le libre exercice du brevet qu'il lui a cédé, ce dernier ne peut appeler en garantie dans les conditions de l'art. 181 C. proc. civ. les auteurs de l'entrave au libre exercice du brevet, devant le tribunal saisi de l'action principale. — Req. 15 mars 1875, J.G.S. *Compét. des trib. civ. d'arr.*, 93.

3248. Lorsque l'appelé en garantie a, en première instance, signifié à l'avoué de la demande principal des conclusions tendant au rejet de la demande de celui-ci, le demandeur principal peut interjeter appel et prendre devant la cour des conclusions directes contre lui. — Civ. 22 mars 1875, D.P. 75. 1. 204. — Req. 20 mai 1878, D.P. 78. 1. 469.

§ 2. — *Compétence des tribunaux autres que les tribunaux civils pour connaître de la demande en garantie* (C. proc. civ. nᵒˢ 26 à 55).

3249. La disposition de l'art. 181 C. proc. civ., d'après laquelle l'appelé en garantie doit procéder devant le tribunal où la demande originaire est pendante, est applicable devant toutes les juridictions, sous la seule condition qu'elles soient compétentes *ratione materiæ* pour connaître de l'action en garantie. — Poitiers, 18 avr. 1883, D.P. 84. 2. 30. — V. *Code de procédure civile*, n° 26.

3250. — I. Justice de paix (C. proc. civ. n° 27).

3251. — II. Tribunal de commerce (C. proc. civ. n° 28 à 53). — La disposition en vertu de laquelle le garant est tenu de procéder devant le tribunal où la demande originaire est pendante ne reçoit son application que dans les limites de la compétence de ce tribunal, et ne peut dès lors, avoir pour effet d'attribuer à la juridiction commerciale la connaissance d'une question purement civile. — Paris, 28 mai 1877, D.P. 78. 2. 211.

3252. Ainsi le commissionnaire de transport poursuivi par l'expéditeur en payement du prix de marchandises refusées par le destinataire ne peut appeler ce dernier en garantie, s'il est non-commerçant, devant le tribunal de commerce du lieu où la demande originaire est pendante. — Même arrêt.

3253. — III. Tribunal correctionnel (C. proc. civ. nᵒˢ 53 et 54). — Le recours en ga-

rantie ne peut s'exercer que dans les affaires où le tribunal de répression n'a à prononcer que des amendes, notamment en matière de contributions indirectes; car, dans ces sortes d'affaires, les amendes ont moins le caractère d'une peine que celui d'une réparation civile envers le Trésor. — J.G.S. *Exceptions et fins de non-recevoir*, 156.

3254. Jugé à cet égard que, lorsqu'une compagnie de chemin de fer est poursuivie correctionnellement par l'administration des contributions indirectes, il y a lieu de sa part à un recours en garantie contre l'expéditeur, et que l'action en garantie peut être portée devant la juridiction correctionnelle saisie de la contravention, et s'applique même à l'amende encourue. — Nîmes, 19 mai 1859, J.G.S. *Exceptions et fins de non-recevoir*, 156. — Lyon, 12 nov. 1866, *ibid.* — Grenoble, 30 nov. 1867, *ibid.* — Dijon, 5 juin 1867, *ibid.*

3255. — IV. Tribunaux administratifs (C. proc. civ. n° 55). — Le traité relatif à la régie du service des pompes funèbres à Paris stipulant qu'il sera statué par la juridiction administrative sur les contestations entre les fabriques et consistoires, d'une part, et le régisseur, d'autre part, ce dernier ne peut intenter contre les fabriques, devant la juridiction commerciale, une action en garantie fondée sur le traité de régie. — Paris, 3 mai 1881, D.P. 81. 2. 193. — V. aussi *Code des lois adm. annotées*, t. 2, II, vᵒ *Sépultures*, nᵒˢ 1305 et s.

§ 3. — *Limites et conditions de la compétence du tribunal saisi de la demande originaire* (C. proc. civ. nᵒˢ 56 à 85).

3256. Le tribunal compétent pour statuer sur l'action principale est valablement saisi de l'action en garantie lorsqu'il existe entre elles un lien de connexité, pourvu que l'action primitive n'ait pas été l'effet d'une collusion tendant à distraire les juges de ses juges naturels. — Dijon, 18 févr. 1874, D.P. 76. 2. 207. — V. *Code de procédure civile*, n° 60.

3257. Spécialement, le tribunal civil saisi d'une demande en livraison d'une voiture commandée à un forgeron est compétent pour statuer sur le recours en garantie formé par celui-ci contre le fabricant qui aurait dû lui livrer en temps utile les ferrures nécessaires. — Même arrêt.

3258. Il en est ainsi lors même que le garant est tenu commercialement, et que l'action principale est intentée devant un tribunal civil. — Même arrêt.

3259. La partie assignée en payement de frais d'appel par son avoué peut appeler *de plano* un tiers en garantie devant la cour saisie de la demande principale, alors d'ailleurs que cette demande et le recours en garantie sont connexes; ici, en effet, il n'y a pas dérogation à une règle de compétence *ratione materiæ*. — Poitiers, 18 avr. 1883, D.P. 84. 2. 30.

3260. L'action dirigée par un ouvrier contre son patron à raison d'un accident dont il a été victime, et l'action en garantie formée par le patron contre la compagnie d'assurance à raison des risques d'accidents dont il pourrait être civilement responsable, dérivant, quoiqu'elles soient exercées en fait à l'occasion d'un accident, de leur cause commune, de deux obligations sans connexité entre elles et constituent deux actions principales et directes. — Req. 3 janv. 1882, D.P. 83. 1. 120.

3261. Par suite, la règle de compétence établie en matière de garantie par l'art. 181 C. proc. civ. est inapplicable au cas où le défendeur originaire intente une action principale en vertu de l'assurance. — Même arrêt.

3262. Le recours formé par un entrepreneur de transport, responsable d'un accident de voiture, contre la compagnie qui

l'a assuré contre ces accidents, ne saurait être porté devant le tribunal saisi de la demande originaire; et la compagnie ne peut être maintenue dans l'instance en responsabilité, lors même que la police trouverait à prendre le fait et cause de l'assuré, si elle oppose à la demande formée contre elle une fin de non-recevoir tirée de ce que l'assuré a encouru la déchéance, faute d'avoir accompli les conditions du contrat. — Nîmes, 11 févr. 1880, D.P. 80. 2. 148. — Aix, 6 août 1883, D.P. 85. 2. 63.

3263. Mais il en est autrement lorsque la compagnie d'assurances s'est obligée vis-à-vis de l'assuré à suivre et à diriger, au nom de celui-ci, les procès qui lui seraient faits à raison des risques couverts par l'assurance; elle est alors justiciable des tribunaux devant lesquels l'assuré peut être appelé à raison de l'accident. — Dijon, 2 juill. 1885, D.P. 86. 2. 256.

3264. De même, la compétence spéciale en matière de garantie par l'art. 181 C. proc. civ. ne s'applique pas lorsque la personne responsable, poursuivie par l'action en indemnité pour cause d'accident, agit de son côté contre l'assureur. — Arrêt prée. 6 août 1883.

3265. L'action récursoire, quand elle ne peut être considérée comme un accessoire ou une dépendance de l'action originaire, ces deux actions n'ayant pas la même origine et reposant sur des causes juridiques différentes, n'a pas le caractère d'une véritable action en garantie et, dès lors, le défendeur à cette action doit être assigné devant le tribunal de son domicile. — Req. 24 mai 1887, D.P. 88. 1. 80. — Comp. Arrêt prée. 11 févr. 1880. — V. *Code de procédure civile*, n° 62.

3266. Et, notamment, on ne peut qualifier d'action en garantie le recours exercé par le défendeur à une demande en payement des frais de fourriere contre le vendeur de chevaux mis en fourriere, lorsque ce recours est basé sur ce motif que la vente n'aurait été consentie qu'à l'essai et que les chevaux ayant été reconnus impropres au service. Il y avait en lieu, à la suite d'une ordonnance de référé, à une mise en fourriere qui aurait occasionné les frais litigieux. — Même arrêt.

3267. La demande en garantie incidente ne saurait être valablement formée lorsque l'instance à laquelle on prétend la rattacher à l'occasion d'un acte d'exécution est déjà éteinte par un arrêt passé en force de chose jugée. — Req. 18 mars 1890, D.P. 90. 1. 443.

3268. Ainsi on ne peut appeler en garantie à l'effet de joindre cette demande à une action en nullité du commandement fait en exécution d'un jugement précédemment rendu, alors surtout que l'obligation contractuelle sur laquelle se fonde la demande en garantie est sans connexité avec la cause de la condamnation qui a donné lieu au commandement et qui repose sur le principe de responsabilité édicté par l'art. 1382 C. civ. — Même arrêt.

3269. Le tiré, qui n'a pas accepté la lettre de change, ni autorisé le tireur à faire traite sur lui, ne peut être assigné en garantie devant le tribunal d'un autre domicile que le sien. — (Motifs) Req. 10 mars 1879, D.P. 79. 1. 216.

3270. Le juge d'appel ne peut en même temps prononcer sur la demande principale, et refuser de statuer sur une demande en garantie régulièrement formée et complètement instruite en première instance. — Civ. c. 27 déc. 1882, D.P. 83. 1. 313-344.

3271. — *Incompétence ratione materiæ* (C. proc. civ. nᵒˢ 71 à 85). — Il ne peut être porté en garantie par voie d'action en garantie aux principes de la compétence *ratione materiæ*, l'art. 181 C. proc. civ. dérogeant seulement à cette règle qu'en matière personcelle le défendeur doit être appelé devant le tribunal de son domicile. — Paris, 28 févr. 1885, D.P. 86. 2. 118. — V. *Code de procédure civile*, n° 71.

3272. En conséquence, le tribunal saisi d'une demande principale ne peut pas connaître de la demande en garantie incidente qui s'y rattache, dans le cas où il serait incompétent *ratione materiæ* pour statuer sur cette demande si elle était principale et introductive d'instance. — Paris, 3 mai 1881, D.P. 81. 2. 193. — Poitiers, 18 avr. 1883, D.P. 84. 2. 30. — Paris, 20 déc. 1884, D.P. 86, 2. 248-249.

3273. Spécialement, lorsqu'une société de commerce, appelée en garantie sur une action en libération de titres nominatifs qu'elle a achetés pour le compte de son client, appelle à son tour le client en garantie de la libération due, celui-ci peut opposer l'incompétence absolue du tribunal de commerce du moment qu'il n'a pas fait une opération commerciale. — Arrêt préc. 20 déc. 1884.

§ 4. — *Demande formée pour traduire les appelés en garantie hors de leur tribunal* (C. proc. civ. nᵒˢ 86 à 94).

3274. Pour qu'un tiers puisse être appelé en garantie devant le tribunal où une instance est pendante, il faut que la demande principale et la demande en garantie se rattachent l'une à l'autre par une relation nécessaire de dépendance et de subordination. — Orléans, 1ᵉʳ févr. 1889, D.P. 90. 2. 222.

3275. Cette relation n'existe pas entre, d'une part, la demande au payement dirigée par un créancier contre un notaire qui s'est porté garant du remboursement du montant d'une obligation reçue par lui et, d'autre part, l'action intentée au même notaire contre un avoué considéré, soit comme mandataire du contrat d'assurance, soit comme mandataire du notaire, à raison de la mauvaise exécution de son mandat qui a causé la perte de la créance. — Même arrêt.

3276. Lorsqu'il ressort des circonstances que la demande originaire n'a été formée qu'en vue de distraire de leurs juges naturels les prétendus garants, et que les deux actions, envisagées en elles-mêmes, sont l'une et l'autre principales, les défendeurs en garantie doivent être renvoyés devant le tribunal de leur domicile conformément aux dispositions de l'art. 181 C. proc. civ. — Req. 10 nov. 1884, D.P. 85. 1. 460-461. — V. *Code de procédure civile*, n° 87.

3277. Spécialement, quand après le mort d'un assuré sur la vie, ses héritiers ont fait à un tiers cession du capital à toucher, et que, sur le refus de payement de la compagnie, le cessionnaire a cité en justice lesdits cédants, ceux-ci ne sauraient valablement, sous prétexte d'être garantis par la compagnie, actionner cette dernière, en vertu du contrat d'assurance, devant le tribunal saisi, alors que ce tribunal est autre que celui qui est déterminé par le siège social de la défenderesse et par une stipulation expresse de la police. — Même arrêt.

3278. Ces deux actions, considérées en elles-mêmes, dérivent de deux obligations distinctes, et sont l'une et l'autre directes et principales, sans que l'une puisse être regardée comme l'accessoire de l'autre. — Même arrêt.

3279. La combinaison de ces deux actions, entre le cessionnaire et les cédants, a eu pour but unique de contraindre au payement la compagnie d'assurances, qui, dans la réalité des choses, est la seule défenderesse ; en conséquence, les deux demandes doivent être renvoyées, par l'arrêt réglant les juges, devant le tribunal du siège social de la compagnie, conformément au paragraphe 5 de l'art. 59 C. proc. civ. et au texte de la police. — Même arrêt.

3280. D'après un arrêt, le garant, mis en cause devant le tribunal saisi de l'action

principale, peut opposer une exception de litispendance, fondée sur ce que, antérieurement à la demande en garantie, il a lui-même introduit contre le garanti une action qui exclut cette demande, et qui est actuellement pendante devant un autre tribunal. — Douai, 26 déc. 1876, D.P. 78. 2. 46.

3281. Mais on a critiqué cette solution en faisant observer qu'elle aurait pour conséquence de mettre à néant l'article 181. Il serait, en effet, toujours loisible au garant d'éluder l'application de cet article à son égard, en prévenant par une demande formée de son chef la demande en garantie qui le menacerait. — D.P. 78. 2. 46, note.

Art. 182. En garantie formelle, pour les matières réelles ou hypothécaires, le garant pourra toujours prendre le fait et cause du garanti, qui sera mis hors de cause, s'il le requiert avant le premier jugement.

Cependant le garanti, quoique mis hors de cause, pourra y assister pour la conservation de ses droits, et le demandeur originaire pourra demander qu'il y reste pour la conservation des siens.

3282. — I. PRISE DE FAIT ET CAUSE DU GARANTI (C. proc. civ. nᵒˢ 1 à 5).

3283. — II. MISE HORS DE CAUSE DU GARANT (C. proc. civ. nᵒˢ 6 à 26).

Art. 183. En garantie simple, le garant pourra seulement intervenir, sans prendre le fait et cause du garanti.

Art. 184. Si les demandes originaires et en garantie sont en état d'être jugées en même temps, il y sera fait droit conjointement ; sinon le demandeur originaire pourra faire juger sa demande séparément : le même jugement prononcera sur la disjonction, et les deux instances ont été jointes ; sauf, après le jugement du principal, à faire droit sur la garantie, s'il y échet.

3284. Sur la question de savoir si le garant non appelé dans l'instance peut être admis à le droit de former tierce-opposition au jugement rendu contre le garanti, V. *infra*, art. 474.

Art. 185. Les jugements rendus contre les garants formels seront exécutoires contre les garantis.

Il suffira de signifier le jugement aux garantis, soit qu'ils aient été mis hors de cause, ou qu'ils y aient assisté, sans qu'il soit besoin d'autre demande ni procédure. A l'égard des dépens, dommages et intérêts, la liquidation et l'exécution ne pourront en être faites que contre les garants.

Néanmoins, en cas d'insolvabilité du garant, le garanti sera passible des dépens, à moins qu'il n'ait été mis hors de cause ; il le sera aussi des dommages et intérêts, si le tribunal juge qu'il y a lieu.

3285. En cas de condamnation contre le défendeur principal et contre la partie garante, c'est cette dernière partie qui encourt les dépens, c'est-à-dire qu'en cas d'insolvabilité du garant. — Req. 9 déc. 1889, D.P. 90. 1. 410.

3286. Il suit de là que le garant ne peut se plaindre de la disposition du jugement qui l'a condamné aux dépens « conjointement et solidairement avec le garanti », cette disposition ne lui faisant pas personnellement grief. — Même arrêt.

Art. 186. Les exceptions dilatoires seront

proposées conjointement et avant toutes défenses au fond.

3287. Les exceptions dilatoires sont proposées dans la même forme que celles de nullité des exploits ou actes de procédure. — V. *supra*, art. 173, nᵒˢ 3166 et s.

Art. 187. L'héritier, la veuve et la femme divorcée ou séparée, pourront ne proposer leurs exceptions dilatoires qu'après l'échéance des délais pour faire inventaire et délibérer.

§ 5. — *De la Communication des pièces*

Art. 188. Les parties pourront respectivement demander, par un simple acte, communication des pièces employées contre elles, dans les trois jours où lesdites pièces auront été signifiées ou employées.

3288. — I. NATURE DE L'EXCEPTION DE COMMUNICATION DE PIÈCES (C. proc. civ. nᵒˢ 1 à 3). — La demande en communication de pièces ne saurait être rangée au nombre des exceptions dilatoires qui doivent être proposées avant toutes défenses au fond : l'art. 186 C. proc. civ. est sans application dans l'espèce. — Paris, 31 mars 1879, J.G.S. *Exceptions et fins de non-recevoir*, 176.

3289. — II. EN QUELLES MATIÈRES LA COMMUNICATION PEUT-ELLE ÊTRE DEMANDÉE (C. proc. civ. nᵒˢ 4 à 6). — Sur la communication de pièces en matière commerciale, V. *Supplément au Code de procédure commerciale annoté*, art. 14 et s.

3290. — III. DE QUELLES PIÈCES LA COMMUNICATION PEUT ÊTRE DEMANDÉE (C. proc. civ. nᵒˢ 7 à 19). — Une partie peut être condamnée à communiquer des pièces qui ne sont pas employées par elle. — Trib. civ. de Châlon, 26 mai 1875, D.P. 77. 2. 94. — V. *Code de procédure civile*, n° 7.

3291. — IV. QUAND L'EXCEPTION DOIT ÊTRE PRÉSENTÉE (C. proc. civ. nᵒˢ 20 à 24).

3292. — V. DÉLAI DE LA DEMANDE DE COMMUNICATION DE PIÈCES (C. proc. civ. nᵒˢ 25 à 29).

3293. — VI. FORME DE LA DEMANDE DE COMMUNICATION DE PIÈCES (C. proc. civ. nᵒˢ 30 à 34).

3294. — VII. FIN DE NON-RECEVOIR CONTRE LA DEMANDE EN COMMUNICATION (C. proc. civ. nᵒˢ 35 à 40). — Le juge du fond peut refuser la communication de certaines pièces et se servir de ces pièces pour former sa conviction, alors que ces documents ne sont ni contestés ni contestables, qu'ils ont été antérieurement communiqués à la partie qui en réclame la communication, et que cette partie les a elle-même expliqués au cours des débats. — Req. 28 mars 1876, D.P. 77. 1. 492. — Req. 17 juin 1879, D.P. 80. 1. 427. — V. *Code de procédure civile*, n° 37.

3295. Inversement, les tribunaux peuvent ordonner la production de pièces qui n'ont été ni signifiées ni employées au cours des débats. — Arrêt préc. 17 juin 1879. — Paris, 29 juill. 1882, J.G.S. *Exceptions et fins de non-recevoir*, 177.

3296. Mais ils ne doivent user de ce pouvoir qu'avec une grande réserve et qu'autant que la partie qui réclame l'apport une suffisante précision, établit leur existence dans les mains de son adversaire, et justifie, en outre, de motifs sérieux pour qu'elles soient versées au procès. — Arrêt préc. 29 juill. 1882.

3297. — VIII. JUGEMENT SUR LA DEMANDE DE COMMUNICATION DES PIÈCES (C. proc. civ. nᵒˢ 41 à 50). — Le jugement qui statue sur une demande de communication de pièces ne présente pas les caractères d'un simple jugement préparatoire : c'est bien un jugement interlocutoire, dont l'appel peut être interjeté séparément d'avec le jugement sur le fond. — Paris, 31 mars 1879, J.G.S. *Exceptions et fins de non-recevoir*, 179.

Art. 189. La communication sera faite entre avoués, sur récépissé, ou par dépôt au greffe : les pièces ne pourront être déplacées, si ce n'est qu'il y en ait minute, ou que la partie y consente.

3298. La communication d'une pièce faite par la voie du greffe la rend commune entre toutes les parties. — Trib. civ. de la Seine, 5 mai 1885, D.P. 86. 3. 48. — V. *Code de procédure civile*, n° 11.

3299. Et la partie à laquelle cette communication est faite a le droit d'en relever copie aussi bien par un moyen mécanique, tel que la photographie, que par l'écriture. — Même jugement.

Art. 190. Le délai de la communication sera fixé, ou par le récépissé de l'avoué, ou par le jugement qui l'aura ordonnée : s'il n'était pas fixé, il sera de trois jours.

Art. 191. Si, après l'expiration du délai, l'avoué n'a pas rétabli les pièces, il sera, sur simple requête, et même sur simple mémoire de la partie, rendu ordonnance portant qu'il sera contraint à ladite remise, incontinent et par corps ; même à payer trois francs de dommages-intérêts par chaque jour de retard, du jour de la signification de ladite ordonnance, outre les frais desdites requêtes et ordonnances, qu'il ne pourra répéter contre son constituant.

3300. L'avoué qui a reçu des pièces en communication est personnellement tenu d'en faire la restitution dans le délai de droit, et l'exécution de cette obligation ne peut être arrêtée par une opposition de sa partie. — Bordeaux, 28 avr. 1868, J.G.S. *Exceptions et fins de non-recevoir*, 180.

Art. 192. En cas d'opposition, l'incident sera réglé sommairement : si l'avoué succombe, il sera condamné personnellement aux dépens de l'incident, même en tels autres dommages-intérêts et peine qu'il appartiendra, suivant la nature des circonstances.

APPENDICE AU TITRE IX.

Des exceptions.

FINS DE NON-RECEVOIR.

3301. — I. CARACTÈRES DES FINS DE NON-RECEVOIR (C. proc. civ. n°s 1 à 3).

3302. — II. QUAND PEUVENT ÊTRE PROPOSÉES LES FINS DE NON-RECEVOIR (C. proc. civ. n°s 4 à 36). — La nullité tirée du caractère illicite d'une convention est un moyen d'ordre public qui peut être invoqué en tout état de la cause et pour la première fois, en appel. — Rennes, 19 janv. 1881, D.P. 81. 2. 104.

3303. De même, l'exception de jeu constitue une fin de non-recevoir d'ordre public et peut être proposée pour la première fois en appel. — Paris, 16 mars 1882, D.P. 82. 2. 97.

3304. L'intimé peut opposer la fin de non-recevoir tirée de l'expiration du délai d'opposition à la taxe d'experts faite par le tribunal

de commerce en tout état de la cause d'appel. — Nancy, 26 janv. 1889, D.P. 89. 2. 239. — V. *Code de procédure civile*, n° 31.

3305. Sur la question de savoir si l'on peut proposer en tout état de cause la fin de non-recevoir résultant de la tardiveté de l'appel, V. *infrà*, art. 444.

3306. La fin de non-recevoir résultant de l'appel de ce que le jugement attaqué est en dernier ressort est d'ordre public et peut être proposée en tout état de cause. — Civ. c. 25 mars 1879, D.P. 79. 1. 270. — Rennes, 13 juin 1882, D.P. 84. 1. 173. — Riom, 23 avr. 1884, D.P. 85. 2. 51. — V. *Code de procédure civile*, n° 31.

3307. Sur les demandes et moyens pouvant être proposés pour la première fois en appel, V. *infrà*, art. 464.

3308. — III. JUGEMENT DES FINS DE NON-RECEVOIR (C. proc. civ. n°s 37 à 51). — L'exception tirée du défaut d'intérêt et de qualité peut être proposée pour la première fois en appel. — Limoges, 30 juin 1886, D.P. 87. 2. 28. — V. *Code de procédure civile*, n° 44.

3309. Ainsi, lorsqu'une demande en indemnité à raison de l'incorporation d'un terrain au sol d'un chemin vicinal de grande communication, au lieu d'être formée contre le préfet, a été dirigée contre le maire de la commune sur le territoire de laquelle se trouve le terrain incorporé, cette demande est non-recevable, et la fin de non-recevoir tirée du défaut de qualité du maire pour ester en justice dans une pareille instance est une exception péremptoire qui peut être opposée en tout état de cause et pour la première fois en appel. — Trib. de Péronne, 20 févr. 1880, D.P. 83. 1. 457.

3310. De même, la fin de non-recevoir opposée à une action en désaveu de paternité et tirée par le défendeur de ce que sa nomination en qualité de tuteur *ad hoc* du mineur désavoué serait irrégulière, constitue une exception d'ordre public, qui peut, dès lors, être invoquée en tout état de cause et même suppléée d'office par le juge. — Civ. c. 18 août 1879, D.P. 80. 1. 271.

3311. En conséquence, elle ne saurait être rejetée par le motif que le défendeur, au lieu de demander immédiatement sa mise hors de cause, aurait d'abord conclu au rejet de la demande. — Même arrêt.

3312. — IV. FINS DE NON-RECEVOIR DEVANT LA COUR DE CASSATION (C. proc. civ. n°s 52 à 62). — V. *infrà*, *Appendice* au tit. III, liv. 4, part. 1re.

TITRE X.

De la Vérification des écritures.

Art. 193. Lorsqu'il s'agira de reconnaissance et vérification d'écritures privées, le demandeur pourra, sans permission du juge, faire assigner à trois jours pour avoir acte de la reconnaissance, ou pour faire nier l'écrit pour reconnu.

Si le défendeur ne dénie pas la signature, tous les frais relatifs à la reconnaissance ou à la vérification, même ceux de l'enregistrement de l'écrit, seront à la charge du mandeur.

3313. Les règles établies par les art. 193 et suiv. C. proc. civ. pour la vérification des écritures s'appliquent uniquement aux écrits générateurs d'un droit, et non aux documents invoqués comme pièces à l'appui. — Req. 9 janv. 1878, D.P. 78. 1. 301.

3314. Spécialement, dans une instance ayant pour objet la vérification de l'écriture

d'un testament olographe, il n'y a pas lieu d'ordonner la vérification des pièces invoquées comme étant de nature à prouver la sincérité du testament litigieux. — Même arrêt.

3315. — I. QUAND LA DEMANDE EN VÉRIFICATION D'ÉCRITURES PEUT-ELLE ÊTRE FORMÉE (C. proc. civ. n°s 5 à 8).

3316. — II. PROCÉDURE (C. proc. civ. n°s 9 à 14).

3317. — III. FRAIS (C. proc. civ. n°s 15 à 19).

Art. 194. Si le défendeur ne comparaît pas, il sera donné défaut, et l'écrit sera tenu pour reconnu : si le défendeur reconnaît l'écrit, le jugement en donnera acte au demandeur.

3318. — I. NON-COMPARUTION DU DÉFENDEUR A LA DEMANDE EN VÉRIFICATION D'ÉCRITURES (C. proc. civ. n°s 2 à 6). — Lorsque le demandeur en vérification d'écriture, sur le défaut de l'un ou de plusieurs des défendeurs, se borne à conclure à ce qu'il soit rendu au jugement par défaut profit-joint et à ce que l'affaire se termine par un seul jugement contre tous, il ne peut pas ensuite prétendre que l'écriture doit être tenue pour reconnue vis-à-vis de ceux qui ont fait défaut au premier appel de la cause. — Pau, 28 mai 1888, D.P. 89. 2. 264, et la note.

3319. — II. COMPARUTION DU DÉFENDEUR ET RECONNAISSANCE D'ÉCRITURE (C. proc. civ. n°s 7 et 8).

Art. 195. Si le défendeur dénie la signature à lui attribuée, ou déclare ne pas reconnaître celle attribuée à un tiers, la vérification en pourra être ordonnée tant par titres que par experts et par témoins.

3320. — I. POUVOIR DU JUGE (C. proc. civ. n°s 1 à 15). — Les juges du fond ne font qu'user de leur pouvoir souverain d'appréciation, en ordonnant la vérification d'une signature déniée, après avoir constaté qu'il y a un fait pertinent à établir. — Req. 21 juin 1876, D.P. 77. 1. 263.

3321. Les juges peuvent statuer immédiatement sur la sincérité d'une écriture si leur conviction est faite, et sans qu'ils soient tenus de s'engager dans la procédure en vérification. — Pau, 28 mai 1888, D.P. 89. 2. 264. — V. *Code de procédure civile*, n° 4.

3322. Mais il n'en saurait être de même lorsqu'il n'existe pas de pièces de comparaison reconnues et qu'il n'a pas été fourni d'explications suffisantes pour former la conviction des juges ; dans ces circonstances, on ne saurait leur demander d'ordonner la communication de pièces qu'on ne peut même pas préciser et qu'on se borne à indiquer vaguement comme devant se trouver dans l'étude d'un notaire. — Même arrêt.

3323. En cas de dénégation d'écriture, les juges ont le droit de faire eux-mêmes la vérification de l'écriture déniée, à l'aide des documents du procès, ou d'avoir recours, soit à une expertise, soit à toute voie d'instruction. — Req. 28 mars 1876, D.P. 77. 1. 492. — Req. 7 févr. 1882, D.P. 82. 1. 367. — Civ. c. 4 août 1884, D.P. 85. 1. 209. — V. *Code de procédure civile*, n° 8.

3324. Et ils peuvent puiser les éléments de leur conviction dans tous les faits, actes et documents de la cause, sans être astreints, pour le choix des pièces de comparaison et la manière de procéder, aux règles édictées par la loi, qui ne concernent que la vérification que par experts. — Req. 7 févr. 1882, D.P. 82. 1. 367.

3325. Spécialement, ils ont le droit de vérifier eux-mêmes, à l'aide des pièces et documents du procès, la sincérité d'un testament olographe. — Rennes, 21 juin 1876, D.P. 78. 1. 301-302.

3326. Il appartient aux tribunaux, en cette matière, d'apprécier souverainement la valeur respective des différents moyens de preuve employés par les parties et de faire prévaloir, notamment, les présomptions fournies par les documents de la cause sur les résultats de l'expertise. Par suite, ils peuvent fonder leur conviction sur des pièces de comparaison qui n'avaient pas été soumises à l'examen des experts, et que les parties ont produites pour la première fois à l'audience. — Req. 17 juin 1879, D.P. 80. 1. 159.

3327. Décidé dans le même sens que l'expertise n'est qu'un moyen de reconnaître la fausseté d'un écrit à certains signes graphiques où se trahit la main du faussaire, et qu'en conséquence, lorsque même les experts concluent sans hésitation à la sincérité matérielle d'un testament, il est permis aux tribunaux de faire prévaloir les résultats de l'expertise les présomptions résultant des circonstances de la cause qui rendent impossible l'attribution du testament à son prétendu auteur. — Aix, 27 mars 1890, D.P. 90. 2. 295.

3328. De même, un testament olographe peut être déclaré nul, pour non-sincérité de sa date, et il n'y a pas lieu d'ordonner à cet égard une expertise inutile et frustratoire, si les juges du fond ont reconnu qu'il n'était pas l'œuvre du *de cujus*, par la vérification d'écritures à laquelle ils se sont livrés eux-mêmes, à la suite d'une enquête volontairement exécutée par les parties. — Req. 23 mars 1885, D.P. 86. 1. 108.

3329. Jugé également dans le même ordre d'idées que, lorsqu'il est constaté par un arrêt que la cour, saisie d'une demande en vérification d'écriture d'un testament olographe, après avoir procédé elle-même à l'examen de la correspondance, des papiers intimes et des registres domestiques du testateur, *reconnus admis tels comme pièces de comparaison*, a déclaré que le testament litigieux est entièrement de l'écriture du testateur, on ne peut prétendre devant la cour de cassation que des livres de compte sur lesquels la cour s'est fondée n'ont été ni communiqués aux parties, ni à elles comme pièces de comparaison, une telle allégation ne pouvant prévaloir sur l'affirmation contraire des motifs de l'arrêt. — Req. 15 juin 1891, D.P. 91. 1. 363.

3330. Si le jugement ordonnant une vérification d'écritures n'a fixé aucun délai dans lequel il y sera procédé, le demandeur ne peut pas être déclaré déchu du bénéfice du jugement sous prétexte qu'il aurait négligé d'en poursuivre l'exécution, à moins qu'il n'ait mis en demeure à cet égard par son adversaire ; dans ce dernier cas, le tribunal doit fixer lui-même un délai, et le demandeur le laisse passer sans faire procéder à la vérification d'écriture, alors seulement il est déchu du bénéfice du premier jugement. — J.G.S. *Faux incident*, 69.

3331. En matière de vérification d'écritures, le refus d'ordonner l'expertise réglée par les art. 196 et s. C. proc. civ. est suffisamment justifié par la déclaration de l'arrêt que cette mesure d'instruction « serait inutile et frustratoire ». — Req. 9 janv. 1878, D.P. 81. 1. 301. — V. *Code de procédure civile*, n° 12.

3332. — II. MODE DE VÉRIFICATION D'ÉCRITURES (C. proc. civ. n°s 10 à 53).

Art. 196. Le jugement qui autorisera la vérification ordonnera qu'elle sera faite par trois experts, et les nommera d'office, à moins que les parties ne se soient accordées

pour les nommer. Le même jugement commettra le juge devant qui la vérification se fera ; il portera aussi que la pièce à vérifier sera déposée au greffe, après que son état aura été constaté et qu'elle aura été signée et paraphée par le demandeur ou son avoué, et par le greffier, lequel dressera du tout un procès-verbal.

3333. — I. NOMINATION DES EXPERTS (C. proc. civ. n°s 1 à 5). — En cas de vérification d'écritures, l'expertise doit toujours être faite par trois experts, sans que le consentement des parties puisse autoriser le tribunal à n'en nommer qu'un, et même s'il s'agit, dans l'expertise, de procéder à un simple supplément d'information. — Civ. c. 13 déc. 1887, D.P. 88. 1. 229, et la note. — V. *Code de procédure civile*, n° 4.

3334. — II. DÉPÔT AU GREFFE DE LA PIÈCE A VÉRIFIER (C. proc. civ. n°s 6 à 8).

Art. 197. En cas de récusation contre le juge-commissaire, il sera procédé ainsi qu'il est prescrit aux titres XIV et XXI du présent livre.

3335. En ce qui concerne la récusation : ... des experts, V. *infrà*, art. 308 et s. ... Du juge-commissaire, V. *infrà*, art. 378 et s.

Art. 198. Dans les trois jours du dépôt de la pièce, le défendeur pourra en prendre communication au greffe sans déplacement ; lors de ladite communication, la pièce sera paraphée par lui ou par son avoué, ou par son fondé de pouvoir spécial ; et le greffier en dressera procès-verbal.

3337. L'art. 198 C. proc. civ., aux termes duquel la pièce qui fait l'objet d'une vérification d'écritures ne peut être communiquée aux parties que dans les trois jours qui en suivent le dépôt, ne s'applique qu'à la procédure antérieure à l'expertise ; les parties ont donc le droit, après l'expertise, de se faire communiquer au greffe et sans déplacement la pièce à vérifier et les pièces de comparaison. — Bordeaux, 2 janv. 1877, D.P. 78. 2. 90.

3338. Lorsqu'une vérification d'écriture est ordonnée (par exemple, au sujet d'un testament olographe), les règles tracées par le Code de procédure doivent être suivies strictement, et le juge ne peut y substituer ou y ajouter aucune autre manière de procéder. — Gand, 29 juin 1889, D.P. 91. 2. 61.

3339. En conséquence, les parties ne peuvent prendre communication des pièces qu'au greffe et sans déplacement. Il n'y a pas lieu de les autoriser, pour la facilité de leur examen, à faire photographier au greffe le testament litigieux et les documents reçus comme pièces de comparaison. — Même arrêt.

Art. 199. Au jour indiqué par l'ordonnance du juge-commissaire, et sur la sommation de la partie la plus diligente, signifiée à avoué s'il en a été constitué, sinon à domicile, par un huissier commis par ladite ordonnance, les experts seront tenus de comparaître devant ledit commissaire, pour convenir de pièces de comparaison : si le demandeur en vérification ne comparaît pas, la pièce sera tenue pour reconnue ; si c'est le défendeur, le juge pourra tenir la pièce pour reconnue. Dans les deux cas, le jugement sera rendu à la prochaine audience, sur le rapport du juge-commissaire, sans acte à venir plaider : il sera susceptible d'opposition.

Art. 200. Si les parties ne s'accordent pas sur les pièces de comparaison, le juge ne pourra recevoir comme telles :

1° Que les signatures apposées aux actes par devant notaires, ou celles apposées aux actes judiciaires, en présence du juge et du greffier, ou enfin les pièces écrites et signées par celui dont il s'agit de comparer l'écriture, en qualité de juge, greffier, notaire, avoué, huissier, ou comme faisant, à tout autre titre, fonction de personne publique ;

2° Les écritures et signatures privées, reconnues par celui à qui est attribuée la pièce à vérifier, mais non celles déniées ou non reconnues par lui, encore qu'elles eussent été précédemment vérifiées et reconnues être de lui.

Si la dénégation ou méconnaissance ne porte que sur partie de la pièce à vérifier, le juge pourra ordonner que le surplus de ladite pièce servira de pièce de comparaison.

3340. — I. ACCORD DES PARTIES SUR LES PIÈCES DE COMPARAISON (C. proc. civ. n° 1).

3341. — II. DÉSACCORD DES PARTIES SUR LES PIÈCES DE COMPARAISON (C. proc. civ. n°s 2 à 5).

3342. — III. ACTES QUI PEUVENT ÊTRE PRIS PAR LE JUGE COMME PIÈCES DE COMPARAISON (C. proc. civ. n°s 6 à 26). — La loi ayant tracé les formes à suivre en matière de vérification d'écriture et indiqué les pièces qui, à défaut d'accord des parties, doivent servir de pièces de comparaison, le juge n'a pas le droit de faire porter leurs investigations sur l'écriture d'un tiers qui n'est pas la partie au procès et ne peut pas être appelé à se défendre. — Besançon, 12 déc. 1888, D.P. 89 2. 212. — Comp. Req. 7 févr. 1882, D.P. 82 1. 467.

3343. Le desservant d'une paroisse agit comme personne publique au sens de l'art. 200 C. proc. civ., lorsqu'il signe les registres du conseil de fabrique ou qu'il rédige les actes de baptême, mariage ou décès ; en conséquence, ces diverses pièces peuvent, d'après l'article précité, servir à vérifier l'écriture d'un testament olographe attribué au desservant et être admises comme pièces de comparaison. — Toulouse, 20 févr. 1890, D.P. 91. 2. 53.

Art. 201. Si les pièces de comparaison sont entre les mains de dépositaires publics, le juge-commissaire ordonnera qu'aux jour et heure par lui indiqués les détenteurs desdites pièces les apporteront au lieu où se fera la vérification ; à peine, contre les dépositaires publics, d'être contraints par corps, et les autres par les voies ordinaires, sauf même à prononcer contre ces derniers la contrainte par corps, s'il y échet.

Art. 202. Si les pièces de comparaison ne peuvent être déplacées, ou si les détenteurs sont trop éloignés, il est laissé à la prudence du tribunal d'ordonner, que le juge-commissaire, et après avoir entendu le procureur de la République, que la vérification se fera dans le lieu où sont les dépositaires, ou dans le lieu le plus proche, ou que, dans un délai déterminé et par les voies que le tribunal indiquera, elles seront envoyées au greffe pour son jugement.

Art. 203. Dans ce dernier cas, si le dépositaire est personne publique, il fera préalablement expédition ou une copie collationnée des pièces, laquelle sera vérifiée sur la minute ou original par le président du tribunal de son arrondissement, qui en dressera procès-verbal ; ladite expédition ou copie mise par le dépositaire au rang de ses minutes, pour en tenir lieu jusqu'au renvoi des pièces ; et il pourra en délivrer des grosses ou expéditions, en faisant mention du procès-verbal qui aura été dressé.

Le dépositaire sera remboursé de ses frais par le demandeur en vérification, sur la taxe qui en sera faite par le juge qui aura dressé le procès-verbal, d'après lequel sera délivré exécutoire.

Art. 204. La partie la plus diligente fera sommer par exploit les experts et les dépositaires de se trouver aux lieu, jour et heure indiqués par l'ordonnance du juge-commissaire; les experts, à l'effet de prêter serment et de procéder à la vérification, et les dépositaires, à l'effet de représenter les pièces de comparaison; il sera fait sommation à la partie d'être présente, par acte d'avoué à avoué. Il sera dressé du tout procès-verbal : il en sera donné aux dépositaires copie par extrait, en ce qui les concerne, ainsi que du jugement.

Art. 205. Lorsque les pièces seront représentées par les dépositaires, il est laissé à la prudence du juge-commissaire d'ordonner qu'ils resteront présents à la vérification, pour la garde desdites pièces, et qu'ils les retireront et représenteront à chaque vacation, ou d'ordonner qu'elles resteront déposées ès mains du greffier, qui s'en chargera par procès-verbal : dans ce dernier cas, le dépositaire, s'il est personne publique, pourra en faire expédition, ainsi qu'il est dit par l'art. 203; et ce, encore que le lieu où se fait la vérification soit hors de l'arrondissement dans lequel le dépositaire a le droit d'instrumenter.

Art. 206. A défaut ou en cas d'insuffisance des pièces de comparaison, le juge-commissaire pourra ordonner qu'il sera fait un corps d'écritures, lequel sera dicté par les experts, le demandeur présent ou appelé.

Art. 207. Les experts ayant prêté serment, les pièces leur étant communiquées, ou le corps d'écritures fait, les parties se retireront après avoir fait, sur le procès-verbal du juge-commissaire, telles réquisitions et observations qu'elles aviseront.

Art. 208. Les experts procéderont conjointement à la vérification, au greffe, devant le greffier ou devant le juge, s'il l'a ainsi ordonné; et s'ils ne peuvent terminer le même jour, ils remettront à jour et heure certains indiqués par le juge ou par le greffier.

Art. 209. Leur rapport sera annexé à la minute du procès-verbal du juge-commissaire, sans qu'il soit besoin de l'affirmer; les pièces seront remises aux dépositaires, qui en déchargeront le greffier sur le procès-verbal.

La taxe des journées et vacations des experts sera faite sur le procès-verbal, et il en sera délivré exécutoire contre le demandeur en vérification.

Art. 210. Les trois experts seront tenus de dresser un rapport commun et motivé, et de ne former qu'un seul avis à la pluralité des voix.

S'il y a des avis différents, le rapport en contiendra les motifs, sans exprimer l'avis de chacun des experts, mais il sera permis de faire connaître l'avis particulier des experts.

Art. 211. Pourront être entendus comme témoins, ceux qui auront vu écrire ou signer l'écrit en question, ou qui auront connaissance de faits pouvant servir à découvrir la vérité.

3344. La preuve testimoniale, offerte à l'appui d'une demande en vérification d'écriture, n'est admissible que si elle porte sur

des faits ayant exclusivement trait à la confection matérielle de l'écrit dénié. — Montpellier, 26 août 1878, D.P. 80. 4. 159. — V. *Code de procédure civile,* n° 4.

3345. Quant à la preuve résultant de présomptions non établies par la loi, elle est admissible au même titre que la preuve testimoniale. — Req. 17 juin 1879, D.P. 80. 1. 159.

Art. 212. En procédant à l'audition des témoins, les pièces déniées ou méconnues leur seront représentées, et seront par eux paraphées; il en sera fait mention, ainsi que de leur refus : seront, au surplus, observées les règles ci-après prescrites pour les enquêtes.

Art. 213. S'il est prouvé que la pièce est écrite ou signée par celui qui l'a déniée, il sera condamné à 150 francs d'amende envers le Domaine, outre les dépens, dommages et intérêts de la partie, et pourra être condamné par corps même pour le principal.

3346. — I. JUGEMENT QUI STATUE SUR LA VÉRITÉ DE L'ÉCRITURE (C. proc. civ. n°s 1 à 11).
3347. — II. CONDAMNATION A L'AMENDE, AUX DÉPENS ET DOMMAGES-INTÉRÊTS (C. proc. civ. n°s 12 à 28).

TITRE XI.

Du Faux incident civil.

Art. 214. Celui qui prétend qu'une pièce signifiée, communiquée ou produite dans le cours de la procédure, est fausse ou falsifiée, peut, s'il y échet, être requ à s'inscrire en faux, encore que ladite pièce ait été vérifiée, soit avec le demandeur, soit avec le défendeur en faux, et d'autres fins que celles d'une poursuite de faux principal ou incident, et qu'en conséquence, il soit intervenu un jugement sur le fondement de ladite pièce comme véritable.

§ 1er. — *Caractères de l'inscription de faux incident* (C. proc. civ. n°s 1 à 5).

3348. V. *Code de procédure civile,* n°s 1 et s.

§ 2. — *Pièces contre lesquelles l'inscription de faux peut être formée* (C. proc. civ. n°s 6 à 18).

3349. On peut s'inscrire en faux contre les actes en forme authentique. — J.G.S. *Faux incident,* 16.
3350. La voie de l'inscription de faux incident est ouverte devant la Cour de cassation contre la minute d'un arrêt de cour d'appel et contre l'expédition conforme de cette minute, mentionnant la présence d'un magistrat qui, suivant le demandeur en faux incident, n'aurait pas concouru à l'arrêt. — Civ. c. 17 août 1881, D.P. 82. 1. 179. — V. dans le même sens : Req. 9 mars 1881, D.P. 82. 1. 125.
3351. Le défendeur au pourvoi en cassation peut se pourvoir en faux incident contre l'arrêt attaqué. — Civ. c. 17 août 1881, D.P. 82. 1. 179.
3352 La demande en inscription de faux doit être rejetée lorsqu'elle tend à constater, par la rectification de l'arrêt, l'accomplissement des formalités prescrites par la loi, cette constatation ne pouvant être faite que par les modes qui sont prescrits par la loi elle-même et qui doivent nécessairement résulter des jugements et arrêts eux-mêmes. — J.G.S. *Faux incident,* 18.
3353. Jugé qu'une inscription de faux contre une mention d'arrêt conforme à la feuille d'audience ne doit être autorisée qu'avec une extrême réserve; qu'il est de principe que les jugements et arrêts doivent contenir eux-mêmes les éléments de leur régularité et constater par leurs énonciations les formes prescrites par la loi; que, notamment, lorsque, sur un pourvoi formé par une partie contre un arrêt de cour d'appel et fondé sur ce motif que le conseiller a concouru audit arrêt, bien qu'il n'ait pas assisté à l'une des audiences consacrées à l'affaire, le défendeur au pourvoi sollicite l'autorisation de s'inscrire en faux contre la mention de l'arrêt qui a omis de constater la présence du conseiller à l'audience indiquée, cette demande doit être rejetée lorsque les documents produits à l'appui ne sont pas suffisants pour ébranler la foi due à l'acte authentique. — Civ. c. 8 mars 1882, J.G.S. *Faux incident,* 18.
3354. Sur la foi due à la date du testament olographe. V. *Code civil annoté,* art. 970, n°s 214 et s.; et son *Supplément,* n°s 6472 et s.
3355. Une sentence arbitrale prononcée dans le délai fixé par le compromis ou par la loi fait foi jusqu'à inscription de faux. — Bordeaux, 23 févr. 1886, D.P. 86. 2. 285. — V. *infra,* art. 1003 et s.

§ 3. — *Cas où l'inscription de faux peut être formée* (C. proc. civ. n°s 19 à 48).

3356. — I. ACTE SOUS SEING PRIVÉ (C. proc. civ. n°s 19 à 26).
3357. — II. ACTE AUTHENTIQUE (C. proc. civ. n°s 27 à 48). — En ce qui concerne la foi due aux actes authentiques, V. *Code civil annoté,* n°s 8375 et s.
3358. Les actes sous seing privé vérifiés en justice sont tenus pour authentiques, et ne peuvent plus être attaqués désormais que par l'inscription de faux, mais ils ne peuvent l'être ainsi, aux termes de l'art. 214, soit pour qui le jugement est *res inter alios judicata,* soit même par le défendeur en vérification contre qui le jugement a été rendu. — J.G.S. *Faux incident,* 37.
3359. Suivant un auteur, l'acte sous seing privé volontairement reconnu tenu pour authentique, mais est attaquable par l'inscription de faux et cela pour deux motifs : 1° l'art. 214 n'admet d'autre fin de non-recevoir contre une inscription de faux, qu'un jugement antérieur qui aura

rejeté une demande de même nature ; 2° il serait également dangereux pour l'ordre public et pour l'intérêt privé qu'une reconnaissance précipitée et peut-être irréfléchie empêchât à jamais celui qui l'a faite de s'inscrire en faux, s'il lui vient plus tard des soupçons ou qu'il recueille des preuves qui lui ont manqué jusque-là. — J.G.S. *Faux incident*, 38.

3360. D'après un autre jurisconsulte, au contraire, l'inscription de faux n'est pas admissible contre une écriture déjà volontairement et explicitement reconnue, à moins que l'on n'ait été la dupe de quelque erreur ou de quelque surprise. — J.G.S. *Faux incident*, 38.

3361. Lorsqu'une partie ne conteste pas la sincérité de l'officier public qui a reçu un acte, mais veut simplement faire établir qu'il a reçu de bonne foi des déclarations mensongères, les faits qui dénaturent l'acte peuvent être prouvés par les moyens ordinaires. — J.G.S. *Faux incident*, 26. — V. *Code de procédure civile*, n° 34. — V. aussi *Code civil annoté*, art. 1319, n°ˢ 16 et s. ; et son *Supplément*, n°ˢ 8580 et s.

3362. Il n'est point non plus nécessaire de recourir à la voie de l'inscription de faux, pour être admis à prouver qu'un testateur n'était pas sain d'esprit, malgré l'énonciation contraire du testament authentique, cette énonciation n'exprimant que l'opinion du notaire sur un état mental que la loi ne l'a pas chargé de constater. — Req. 5 juill. 1888, D.P. 89. 1. 151.

3363. Mais l'exécution même d'un testament authentique ne peut pas être arrêtée par des allégations de faux qui ne se produisent pas sous la forme d'une inscription régulière. — Caen, 7 mars 1873, D.P. 75. 2. 137.

3364. Sur l'interprétation des énonciations contenues dans l'acte authentique lui-même, V. *Code civil annoté*, art. 1319, n°ˢ 77 et s. ; et son *Supplément*, n°ˢ 8600 et s.

3365. Sur la sincérité des déclarations que renferme l'acte authentique, V *Code civil annoté*, art. 1319, n°ˢ 44 et s.; et son *Supplément*, n°ˢ 8588 et s.

3366. La doctrine et la jurisprudence reconnaissent même aujourd'hui aux juges le droit de rejeter, dès l'abord, avant toute inscription de faux, l'acte produit, si sa fausseté leur est révélée par les documents du procès. — J.G.S. *Faux incident*, 26.

§ 4. — *Qui peut s'inscrire en faux incident* (C. proc. civ. n°ˢ 49 à 60).

3367. Les parties à l'égard desquelles un arrêt a acquis force de chose jugée, faute par elles d'avoir adhéré ou pourvu formé par une autre partie, ne sont pas recevables à intenter devant la cour de renvoi une demande en inscription de faux, soit comme défendeurs, soit comme intervenants. — Req. 30 mai 1876, D.P. 76, 1. 383. — V. *Code de procédure civile*, n° 49.

§ 5. — *Quand l'inscription de faux peut être formée* (C. proc. civ. n°ˢ 61 à 70).

3368. L'inscription de faux constituant une défense à l'action principale est ouverte, en tout état de cause, en première instance comme en appel, encore bien que l'on ait plaidé au fond et demandé la nullité pour d'autres motifs. — J.G.S. *Faux incident*, 14.

3369. Elle peut être formée pour la première fois en appel contre une pièce qui a été attaquée en première instance par d'autres moyens. — Orléans, 8 mars 1883, D.P. 84. 2. 227. — Toulouse, 16 juin 1887, D.P. 88. 2. 61. — V. *Code de procédure civile*, n° 66.

3370. L'inscription de faux incident n'est pas susceptible de prescription : elle est admissible, quoique l'action publique pour la punition du faux soit prescrite. — J.G.S. *Faux incident*, 15.

3371. Mais elle est sujette aux causes or-

dinaires d'extinction des actions civiles, désistement, acquiescement, transaction, etc. ; et l'autorité de la chose jugée s'oppose à ce qu'une nouvelle inscription de faux soit dirigée contre un acte déjà reconnu véritable dans une instance de même nature. — J.G.S. *Faux incident*, 15.

§ 6. — *Tribunal compétent pour statuer sur le faux incident et mode d'instruction à suivre* (C. proc. civ. n°ˢ 71 à 84).

3372. — I. COMPÉTENCE (C. proc. civ. n°ˢ 71 à 74). — Les tribunaux de commerce sont incompétents pour connaître du faux incident civil. — J.G.S. *Faux incident*, 21.

3373. Il en est de même des prud'hommes et des arbitres. — J.G.S. *Faux incident*, 21.

3374. L'inscription de faux est admissible devant les conseils de préfecture et le conseil d'État. Lorsqu'il s'agit d'actes passés en la forme administrative, c'est à la juridiction administrative seule qu'il appartient de statuer sur l'inscription de faux dont ces actes peuvent être l'objet. — J.G.S. *Faux incident*, 22.

3375. Il a été jugé que le bail d'un droit de chasse dans une forêt domaniale, régulièrement passé par un sous-préfet, assisté de l'inspecteur des forêts et en recevoir des dommages, est un acte administratif dont la validité ou la régularité en la forme ne peut être appréciée que par l'autorité administrative ; qu'en conséquence, l'autorité judiciaire, saisie par voie d'incident d'une demande en inscription de faux contre une mention inscrite audit acte, ne peut statuer sur cette demande sans violer le principe de la séparation des pouvoirs. — Besançon, 15 mars 1882, D.P. 82. 2. 233.

3376. Les tribunaux civils sont compétents pour connaître des contestations civiles soulevées à l'occasion des actes reçus en la forme administrative ; mais la règle de la séparation des pouvoirs s'oppose à ce qu'ils connaissent des actes passés leur validité ou leur régularité en la forme est contestée. — J.G.S. *Faux incident*, 22.

3377. — II. INSTRUCTION (C. proc. civ. n°ˢ 75 à 84). — Sur la procédure en inscription de faux principal : ... en matière criminelle, V. *Code d'instruction criminelle annoté*, art. 448 et s.

3378. En ce qui touche le faux incident criminel : ... en matière d'octroi, V. *Code des lois adm. annotées*, t. 4, v° *Octroi*.

3379. ... En matière de contributions indirectes, V. *ibid.*, t. 4, v° *Contributions indirectes*.

3380. ... En matière de douanes, V. *ibid.*, t. 4, v° *Douanes*.

3381. ... En matière administrative, d'une manière générale, V. *ibid.*, t. 1ᵉʳ, IV, v° *Conseil d'État*, n°ˢ 2069 et s., et V, v° *Département*, n°ˢ 1058 et 1485. — V. aussi L. 22 juill. 1889, art. 38, D.P. 90. 4.4.

3382. ... En matière forestière, V. *Code forestier annoté*, art. 179 à 181.

§ 7. — *Conditions auxquelles est soumise la demande de faux incident* (C. proc. civ. n°ˢ 85 à 118).

3383. — I. EXISTENCE D'UN FAUX (C. proc. civ. n°ˢ 86 à 90).

3384. — II. EXISTENCE D'UNE INSTANCE ANTÉRIEURE (C. proc. civ. n°ˢ 91 à 106). — L'inscription de faux n'est permise qu'autant qu'une forme au incident d'une instance déjà engagée. — Toulouse, 16 juin 1887, D.P. 88. 2. 61. — Comp. Req. 30 mai 1876, D.P. 76. 1. 383. — V. *Code de procédure civile*, n° 91.

3385. Toutefois, cette doctrine consacrée par la jurisprudence est contestée ; et certains auteurs se prononcent en faveur de l'admission de l'action en faux incident principal, quoique, dans l'art. 214 C. proc. civ., le législateur n'ait parlé que du faux incident,

— Observ. sur l'arrêt préc. 16 juin 1887, D.P. 88. 2. 61, note 1.

3386. Si l'instance est terminée par une décision passée en force de chose jugée, la partie qui a succombé n'est plus recevable à attaquer par la voie du faux incident civil la pièce sur laquelle cette décision est fondée, puisqu'il n'y a plus d'instance, et c'est vainement que, pour rendre son inscription de faux admissible, cette partie engagerait de nouveau la même action. — J.G.S. *Faux incident*, 29.

3387. L'autorité de la chose jugée attachée à la décision déjà intervenue ne permet pas de recommencer l'instance, même en vue d'une inscription de faux négligée dans la première, les deux demandes, quoique soutenues à l'aide de moyens différents, n'en ayant pas moins la même cause et le même objet, dans le sens de l'art. 1351 C. civ. — J.G.S. *Faux incident*, 29.

3388. L'inscription de faux n'intervient utilement que si elle est formée incidemment à une demande distincte de celle terminée par décision passée en force de chose jugée, soit à raison de sa cause, soit à raison de son objet, soit à raison des parties. — J.G.S. *Faux incident*, 29.

3389. Cette règle est indispensable pour maintenir la stabilité des jugements et conserver à la requête civile son caractère de recours extraordinaire, en l'empêchant de devenir un moyen banal d'attaquer de nouveau, sous prétexte de faux, des actes déclarés valables par des décisions souveraines. — J.G.S. *Faux incident*, 29.

3390. Lorsque l'appel dirigé contre un jugement qui valide une surenchère faite à la suite d'une adjudication sur saisie immobilière a été déclaré nul et non recevable, ce jugement, passé en force de chose jugée, termine la procédure en expropriation et ne permet plus de présenter sous la forme incidente une demande d'inscription de faux contre la déclaration de surenchère. — Req. 22 juin 1880, D.P. 82. 1. 27. — V. *Code de procédure civile*, n° 93.

3391. Lorsque des pièces (dans l'espèce, un procès-verbal de saisie et un cahier des charges) ont été le fondement d'un jugement, la partie contre laquelle ce jugement a été rendu ne saurait être admise à assigner son adversaire pour voir déclarer la fausseté de ces pièces. — Req. 4 mai 1875, J.G.S. *Faux incident*, 29.

3392. Si, dans l'instance où l'acte a été produit, la partie qui ne l'est vu opposer a réservé par des conclusions formelles son droit de s'inscrire en faux ultérieurement, elle conserve la voie de l'inscription de faux. — J.G.S. *Faux incident*, 30.

3393. Sur la controverse relative à la question de savoir si le principe que l'action civile en faux ne peut être principale est absolu et impérieux et si l'action principale en faux est également non recevable au civil, lorsqu'aucune condamnation n'a encore eu lieu sur la pièce qu'une partie intéressée prétend être fausse ou avoir été falsifiée, alors que cette partie est sous le coup d'un acte entaché de faux et n'a point, pour attaquer cet acte, la ressource de l'action criminelle, V. *Code de procédure civile*, n°ˢ 103 et s.

3394. Jugé à cet égard que l'instance en faux principal n'est admise que devant la juridiction criminelle, et qu'en matière civile, l'inscription de faux n'est autorisée que par voie d'incident au profit de celui qui prétend qu'une pièce produite au cours d'un procès est fausse ou falsifiée. — Arrêt préc. 4 mai 1875. — Toulouse, 16 juin 1887, D.P. 88. 2. 61.

3395. Pour que les parties en cause soient admises à s'inscrire en faux incident, il faut qu'on leur oppose l'acte qu'elles ont le dessein de suspecter ; si l'acte ne leur était pas opposé, elles n'auraient pas intérêt à l'attaquer et n'y seraient pas recevables. — Req. 4 juill. 1876, D.P. 77. 1. 59.

3396. — III. Influence sur l'instance principale (C. proc. civ. n°s 107 à 118). — Les tribunaux peuvent, en tout état de cause, selon les circonstances souverainement appréciées par eux, déclarer inadmissible une inscription de faux incident ;... par exemple, lorsque le tribunal déclare que le rapport d'experts argué de faux n'est pas indispensable pour la décision du procès, et que, d'autre part, les experts paraissent avoir procédé régulièrement. — Req. 16 déc. 1874, D.P. 75. 1. 415.

3397. L'inscription de faux formée contre l'énonciation d'un procès-verbal, dressé en matière d'octroi, n'est pas admissible si les faits articulés, en les supposant établis, n'ont pas pour conséquence de démontrer la fausseté des mentions du procès-verbal relatives à un refus d'exercice. — Cr. r. 10 août 1877, D.P. 77. 1. 404. — V. aussi *Code des lois administratives,* t. 4, v° *Octroi.*

3398. L'inscription de faux contre la mention d'un acte authentique de vente qui énonce un payement comptant en espèces à la vue des notaires, doit être écartée, lorsqu'il est établi que l'acquéreur a valablement soldé son prix d'acquisition quelques jours après la vente, et que, par conséquent, le vendeur reste sans action contre lui. — Bruxelles, 28 mai 1883, D.P. 85. 2. 45.

3399. Spécialement, il doit en être ainsi, lorsqu'il est établi que le payement en espèces a été remplacé au moment de la passation de l'acte, par une promesse ou un bon du montant du prix de vente, souscrit par l'acquéreur au profit du vendeur, laissé par celui-ci au notaire, et restitué quelques jours après à l'acquéreur contre versement des fonds. — Même arrêt.

3400. Il n'y a pas lieu d'autoriser le demandeur en cassation à suivre sur une demande en inscription de faux contre un arrêt, fondée sur ce qu'une partie des motifs et du dispositif n'auraient pas été lus à l'audience, mais ajoutés après coup, alors que les éléments invoqués pour contredire la mention de l'arrêt qu' « il a été ainsi jugé et prononcé à l'audience publique », consistent dans des documents émanés du demandeur lui-même et ne rendent même pas vraisemblable son allégation. — Req. 4 juill. 1876, D.P. 77. 1. 59.

3401. Décidé encore, par application des mêmes principes, que, lorsque le jugement et le procès-verbal des opérations du jury en matière d'expropriation constatent que les jurés appelés à fixer l'indemnité ont été pris sur la liste dressée par le conseil général, l'autorité de ces constatations ne peut être infirmée par cette circonstance que ladite liste n'a été publiée dans le recueil imprimé des délibérations du conseil général sous ce titre : « Liste des jurés désignés par chaque conseiller général » ; et qu'il n'y a pas lieu d'accueillir dans ces conditions la demande en inscription de faux formée à raison de ce fait contre le jugement et le procès-verbal de ces opérations du jury. — Civ. r. 12 juin 1883, D.P. 84. 4. 279.

3402. Jugé au contraire, que la Cour de cassation saisie d'une demande en inscription de faux contre un procès-verbal de débats criminels constatant leur publicité constante, peut donner et autoriser l'inscription de faux lorsque les faux sont pertinents et admissibles. — Cr. c. 28 mars 1873, J.G.S. *Faux incident,* 43.

3403. L'indication erronée du nom d'une partie civile, portée au procès-verbal des débats devant une cour d'assises, pouvant entraîner une nullité de nature à faire prononcer la cassation d'une condamnation prouver ce fait n'est pas admissible. — Cr. r. 14 juill. 1881, J.G.S. *Faux incident,* 40.

3404. On ne peut attaquer par la voie de l'inscription de faux le procès-verbal des débats devant la cour d'assises, parce qu'il aurait omis de mentionner qu'un témoin a fait défaut, lorsque ce témoin n'a pas été atteint par la citation. — Cr. r. 17 juin 1876, D.P. 77. 1. 461.

§ 8. — *Fins de non-recevoir contre l'inscription de faux* (C. proc. civ. n°s 119 à 134).

3405. L'inscription de faux est non recevable lorsque l'instance dont elle est un incident est reproduite après avoir été terminée par un jugement passé en force de chose jugée, cette inscription de faux devant alors être considérée comme formée au civil par voie d'action principale. — J.G.S. *Faux incident,* 33.

3406. Mais il n'y a autorité de la chose jugée rendant non recevable une inscription en faux incident civil, qu'autant que la pièce contre laquelle on s'inscrit en faux a déjà été vérifiée dans une poursuite en faux principal ou incident, et qu'il est intervenu un jugement sur le fondement de ladite pièce comme véritable. — J.G.S. *Faux incident,* 33.

3407. Jugé à cet égard : 1° que si la vérification d'une pièce ne met pas obstacle à une inscription de faux, lorsqu'elle a été faite à d'autres fins que celle d'une poursuite en faux, lorsqu'elle a été faite à d'autres fins que celle d'une poursuite en faux, il n'en est pas moins soumise à la double condition qu'elle soit formée avant la fin de l'instance à laquelle elle se rattache, et qu'il y ait eu un jugement qui ait servi de fondement de la pièce produite au arrêt ayant acquis force de chose jugée. — Req. 30 mai 1876, D.P. 76. 1. 381.

3408. ... 2° Que, bien qu'il soit permis en principe de s'inscrire en faux en tout état de cause, on ne peut cependant plus le faire lorsque la contestation à laquelle se rapporte l'acte argué de faux a déjà fait l'objet d'un jugement passé en force de chose jugée. — Riom, 22 déc. 1886, D.P. 88. 2. 210.

3409. D'après un arrêt, l'ordonnance de non-lieu intervenue à la suite d'une inscription de faux principal met obstacle à ce que la partie lésée puisse prendre ensuite au civil la voie du faux incident. — Toulouse, 18 juin 1875, D.P. 78. 2. 214.

3410. Mais la solution contraire doit être préférée comme étant seule conforme au principe d'après lequel les ordonnances et les arrêts de non-lieu ne font pas obstacle à ce que la personne lésée porte son action en dommages-intérêts devant les tribunaux civils, encore qu'elle se soit constituée partie civile dans l'instruction. — J.G.S. *Faux incident,* 34.

3411. Il a été décidé que, la fausseté d'une pièce pouvant être le résultat d'une erreur aussi bien que d'un crime, il en résulte que l'ordonnance de non-lieu dans laquelle un juge d'instruction, saisi de l'inculpation de faux, s'est borné à nier l'existence du crime, ne met pas obstacle à ce qu'il soit ensuite démontré qu'une erreur a été la cause de la fausseté de la pièce incriminée. — Cr. c. 25 juin 1881, D.P. 81. 1. 444.

3412. Spécialement, le prévenu qui s'est inscrit en faux incident au procès-verbal et dans les moyens de faux ont été déclarés pertinents et admissibles par la juridiction répressive saisie de l'action principale, doit être admis à suivre devant cette juridiction la procédure de faux incident, lorsque l'information criminelle a été close sans que le magistrat ait procédé au jugement explicité sur la vérité ou la fausseté du document argué de faux. — Même arrêt.

3413. Mais la partie à qui il a été donné acte, conformément à ses conclusions, de la déclaration faite par son adversaire qu'il renonçait à se prévaloir du bénéfice d'un testament, ne peut demander ultérieurement que ce testament soit tenu pour faux par rapport à elle. Il importe peu que cette partie ait, en demandant acte de la déclaration dont il s'agit, réservé tous ses droits à raison des réserves, relatives au seul cas où la fausseté dudit testament serait démontrée par l'instruction criminelle alors suivie contre le légataire, sont devenues sans objet par suite d'une ordonnance de non-lieu rendue en faveur de ce dernier. — Req. 4 juill. 1876, D.P. 77. 1. 59.

3414. Enfin la voie de l'inscription de faux doit être repoussée dans le cas où la nullité de l'acte attaqué peut obtenir par les voies ordinaires de la procédure, et dans celui particulièrement où il s'agit de déjouer une fraude plutôt que de constater un faux. — J.G.S. *Faux incident,* 36.

§ 9. — *Pouvoir du juge* (C. proc. civ. n°s 135 à 159).

3415. Les tribunaux ont un pouvoir discrétionnaire pour rejeter la demande en inscription de faux en tout état de cause, même en dehors de toute mesure d'instruction, dès que la sincérité de la pièce contestée leur est démontrée par les circonstances. — Req. 28 nov. 1881, D.P. 82. 1. 69. — Orléans, 8 mars 1883, D.P. 84. 2. 227. — Riom, 13 déc. 1886, D.P. 86. 2. 67. — V. *Code de procédure civile,* n° 135.

3416. Et il leur appartient d'apprécier si une inscription de faux doit être admise ou rejetée de plano. — Pau, 16 juin 1886, D.P. 87. 2. 153. — V. *Code de procédure civile,* n° 136.

3417. Les juges qui repoussent de plano une demande en inscription de faux, parce qu'ils sont d'ores et déjà convaincus de la sincérité de la pièce arguée, peuvent même se borner à affirmer leur conviction, sans déduire les raisons sur lesquelles elle se base. — J.G.S. *Faux incident,* 42.

3418. Le tribunal saisi de l'incident (par la déclaration au greffe de l'inscription de faux) est entièrement maître de sa décision ; la seule chose qu'il ne puisse pas faire sans déni de justice, c'est de passer outre à l'inscription de faux sans la rejeter ni l'admettre. — J.G.S. *Faux incident,* 38.

3419. Ainsi est jugé, après avoir constaté en fait que les circonstances qui ont entouré la confection d'un testament authentique ne permettent pas de suspecter la sincérité des énonciations de cet acte, peut rejeter de plano l'inscription de faux dirigée contre lesdites énonciations. — Req. 28 nov. 1881, D.P. 82. 1. 69.

3420. De même, il n'est pas tenu d'ordonner la preuve des faits articulés pour prouver l'antidate d'un testament, ou l'insanité d'esprit et la captation du testateur, si ces faits malgré leur précision, sont d'ores et déjà démentis à ses yeux par les circonstances du procès, et il peut rejeter de plano la demande en inscription de faux. — Orléans, 8 mars 1883, D.P. 84. 2. 227.

3421. Il résulte des termes de l'art. 214 C. proc. civ. que le législateur a attribué aux tribunaux un pouvoir discrétionnaire pour admettre ou rejeter l'inscription de faux ; pour la rendre admissible, il ne suffit pas d'articuler des faits pertinents en eux-mêmes ; il faut encore que ces faits se présentent avec un certain caractère de vraisemblance qui porte à présumer que la preuve en pourra être rapportée ; notamment un tribunal peut rejeter comme inadmissible l'articulation de faits constatant de la part d'un notaire et de témoins honorables le plus complet oubli de leurs devoirs. — Bordeaux, 25 janv. 1859, J.G.S. *Faux incident,* 40.

3422. Les tribunaux ont un pouvoir discrétionnaire pour rejeter les demandes en inscription de faux en tout état de cause et sans recourir à aucune mesure d'instruction, lorsque l'impossibilité d'en rapporter la preuve résulte des faits déjà acquis. — Lyon, 16 juill. 1889 D.P. 90. 2. 287.

3423. Il appartient au juge d'apprécier si la pièce qui est l'objet d'une inscription de faux est de nature à exercer une influence sur la solution du procès, et au cas où elle lui parait indifférente pour cette solution, il peut l'écarter immédiatement sans la soumettre aux moyens particuliers de vérification que la loi a établis dans les art. 215 et suiv. C. proc. civ. — Paris, 30 mai 1879, D.P. 79. 2. 137.

3424. La Cour de cassation exerce. en matière de faux incident, le même pouvoir discrétionnaire que les autres tribunaux. — J.G.S. *Faux incident*, 43.

3425. La demande en inscription de faux, formée devant la Cour de cassation par une partie contre les qualités d'un arrêt de cour d'appel qui mentionneraient à tort qu'un avoué l'a représentée devant les juges du second degré, doit être rejetée quand, en fait, ledit avoué a pris des conclusions pour cette partie en même temps que pour plusieurs autres inscriptions. — Req. 9 mars 1881, D.P. 82. 1. 425.

3426. Et il importe peu, au point de vue de ce rejet, que l'avoué n'ait pas reçu mandat de représenter la partie dont il s'agit, et ait eu le tort, après avoir reconnu en temps utile l'erreur commise dans ses conclusions notifiées, de ne pas rectifier lesdites conclusions afin d'effectuer le retranchement du nom qui ne devait point y figurer. — Même arrêt.

§ 10. — *Sursis au jugement de la demande principale* (C. proc. civ. nᵒˢ 151 à 162).

3427. Lorsqu'une partie, après avoir fait opposition à une ordonnance d'*exequatur* d'une sentence arbitrale et demandé à être admis à s'inscrire en faux contre elle, ne poursuit pas le jugement de cette opposition, fait défaut, et devant la cour demande un nouveau sursis pour s'inscrire en faux, cette demande doit être rejetée, comme équivalant à l'aveu de l'impossibilité où elle est de soutenir son appel. — Pau, 30 mai 1877, J.G.S. *Faux incident*, 44.

3428. De même, la demande d'un sursis à l'effet de pouvoir s'inscrire en faux est non recevable lorsqu'il résulte des circonstances que la partie a eu tout le temps nécessaire pour engager cette procédure depuis le début de l'instance. — Caen, 31 janv. 1887, D.P. 88. 2. 60. — Comp. *Code de procédure civile*, nᵒ 62.

Art. 215. Celui qui voudra s'inscrire en faux sera tenu préalablement de sommer l'autre partie, par acte d'avoué à avoué, de déclarer si elle veut ou non se servir de la pièce, avec déclaration que, dans le cas où elle s'en servirait, il s'inscrira en faux.

Art. 216. Dans les huit jours, la partie sommée doit faire signifier, par acte d'avoué, sa déclaration, signée d'elle ou du porteur de sa procuration spéciale ou authentique, dont copie sera donnée, si elle entend ou non se servir de pièce arguée de faux.

3429. — I. Déclaration de la partie sommée (C. proc. civ. nᵒˢ 1 à 12). — La loi n'ayant pas prononcé de déchéance contre celui qui laisse expirer le délai de huit jours, sans faire sa déclaration, le tribunal, appréciant les motifs du retard, peut admettre une déclaration postérieure au terme fixé par l'art. 216. — J.G.S. *Faux incident*, 55.

3430. Le retard dans la déclaration peut, en effet, être motivé par des circonstances indépendantes de la volonté de celui qui a été sommé de déclarer s'il entend se servir de la pièce. — J.G.S. *Faux incident*, 55.

3431. La partie, si c'est pendant un délibéré avec rapport que la sommation lui est adressée, est tenue de faire la déclaration prescrite par l'art. 216 ; mais si c'est pendant un délibéré sans rapport, elle est fondée à déclarer qu'elle refuse de répondre à la sommation, parce qu'elle est tardive. — J.G.S. *Faux incident*, 62.

3432. — II. Formes de la déclaration (C. proc. civ. nᵒˢ 13 à 20). — La déclaration doit ici, comme au cas de désistement, être signée

tout à la fois sur la copie et sur l'original, la copie qui tient lieu d'original à la partie adverse devant être revêtue de toutes les formalités exigées pour la validité de la déclaration ; s'il en était autrement, cette partie serait dans l'impossibilité d'établir, en cas de contestation, la régularité de l'acte. — J.G.S. *Faux incident*, 56.

3433. D'après un auteur, la signature de la partie ne saurait être suppléée par la mention de cette signature dans la copie, l'officier ministériel n'ayant pas qualité pour certifier le fait de la sincérité de la signature. — J.G.S. *Faux incident*, 56.

3434. On soutient, au contraire, dans une autre opinion que, lorsque la loi a voulu que les actes signifiés portassent nécessairement la signature de la partie tant sur la copie que sur l'original, elle a pris soin de le prescrire en termes formels. — J.G.S. *Faux incident*, 56.

Art. 217. Si le défendeur à cette sommation ne fait cette déclaration, ou s'il déclare qu'il ne veut pas se servir de la pièce, le demandeur pourra se pourvoir à l'audience sur un simple acte, pour faire ordonner que la pièce maintenue fausse sera rejetée par rapport au défendeur ; sauf au demandeur à en tirer telles inductions ou conséquences qu'il jugera à propos, ou à former telles demandes qu'il avisera, pour ses dommages et intérêts.

3435. La partie à qui il a été donné acte, conformément à ses conclusions, de la déclaration faite par son adversaire qu'il renonce à se prévaloir du bénéfice d'un testament, ne peut demander ultérieurement que ce testament soit tenu pour faux par rapport à elle. — Req. 4 juill. 1876, D.P. 77. 1. 59.

3436. Il importe peu que cette partie ait, ne demandant acte de la déclaration dont il s'agit, réservé tous ses droits à raison de la production du testament, alors que ces réserves, relatives au seul cas où la fausseté dudit testament serait démontrée par l'instruction criminelle alors suivie contre le légataire, sont devenues sans objet par suite d'une ordonnance de non-lieu rendue en faveur de ce dernier. — Même arrêt.

3437. Le tribunal n'est pas forcé de prononcer le rejet de la pièce arguée de faux lorsque le défendeur a renoncé à s'en servir ou n'a pas répondu à la sommation, et il serait déraisonnable de l'y contraindre quand il constate que la partie qui l'en sollicite ne présente à l'appui aucune raison sérieuse. — J.G.S. *Faux incident*, 58.

3438. Il y a même un cas, celui où il s'agit d'un acte de mariage, où le tribunal est tenu de procéder au même examen que si la partie qui a produit l'acte persistait à s'en servir. — J.G.S. *Faux incident*, 58.

3439. Le ministère public doit être entendu sur les conclusions tendant au rejet de la pièce. — J.G.S. *Faux incident*, 59.

3440. Le défendeur, après avoir déclaré ne vouloir pas se servir de la pièce, ne peut plus se rétracter, demander avant qu'elle ait été rejetée par jugement, à moins qu'il ne prouve que la déclaration a eu pour cause l'erreur ou la fraude ; mais il peut, en tout état de cause, abandonner la pièce arguée de faux, bien qu'il ait primitivement déclaré persister à s'en servir. — J.G.S. *Faux incident*, 60.

Art. 218. Si le défendeur déclare qu'il veut se servir de la pièce, le demandeur déclarera par acte au greffe, signé de lui ou de son fondé de pouvoir spécial et authentique, qu'il entend s'inscrire en faux ; il poursuivra l'audience sur un simple acte, à l'effet de faire admettre l'inscription, et de faire nommer le

commissaire devant lequel elle sera poursuivie.

3441. — I. Déclaration de l'inscription de faux (C. proc. civ. nᵒˢ 1 à 4).

3442. — II. Par qui est faite la déclaration (C. proc. civ. nᵒˢ 5 à 13).

3443. — III. Instruction de la demande (C. proc. civ. nᵒˢ 14 à 20).

3444. — IV. Jugement sur la demande d'inscription de faux (C. proc. civ. nᵒˢ 21 à 30). — En matière d'inscription de faux, le juge n'est pas tenu de statuer par deux décisions distinctes, d'une part, sur la recevabilité de la demande, et d'autre part, sur la pertinence des faits articulés en preuve. — Civ. r. 28 déc. 1881, D.P. 82. 1. 345.

3445. Par suite, l'arrêt qui rejette l'inscription de faux, en se fondant sur le défaut de pertinence des moyens invoqués par le demandeur, est régulier, bien qu'il n'ait pas statué préalablement sur la recevabilité de la demande. — Même arrêt.

3446. Tout jugement d'instruction ou définitif, en matière de faux, doit, sous peine de nullité, mentionner l'audition du ministère public, cette nullité est d'ordre public, et peut être proposée en appel, quoiqu'elle ne l'ait pas été en première instance. — J.G.S. *Faux incident*, 67.

3447. En ce qui concerne l'inscription de faux devant la Cour de cassation, V. *infrà*, partie 1ʳᵉ, *Appendice* au liv. 4.

Art. 219. Le défendeur sera tenu de remettre la pièce arguée de faux au greffe, dans les trois jours de la signification du jugement qui aura admis l'inscription et nommé le commissaire, et de signifier l'acte de mise au greffe dans les trois jours suivants.

Art. 220. Faute par le défendeur de satisfaire, dans ledit délai, à ce qui est prescrit par l'article précédent, le demandeur pourra se pourvoir à l'audience, pour faire statuer sur le rejet de ladite pièce, suivant ce qui est porté en l'art. 217 ci-dessus ; si mieux il n'aime demander qu'il lui soit permis de faire remettre ladite pièce au greffe, à ses frais, dont il sera remboursé par le défendeur comme de frais préjudiciaux ; à l'effet de quoi il lui en sera délivré exécutoire.

3448. Bien qu'aucun délai fatal n'ait été fixé par la loi pour la signification du jugement qui admet l'inscription de faux, les juges peuvent cependant, en usant de leur pouvoir discrétionnaire, déclarer le demandeur en faux déchu de sa poursuite, s'il est établi qu'il existe de sa part une négligence coupable. — Riom, 27 déc. 1886, D.P. 88. 2. 282.

3449. Mais, si cette négligence paraît excusable en raison des circonstances de la cause, les juges peuvent leur fixer un délai passé lequel la déchéance sera prononcée. — Même arrêt.

Art. 221. En cas qu'il y ait minute de la pièce arguée de faux, il sera ordonné, s'il y a lieu, par le juge-commissaire et sur la requête du demandeur, que le défendeur sera tenu dans le temps qui lui sera prescrit, de faire apporter ladite minute au greffe, et que les dépositaires d'icelle y seront contraints, les fonctionnaires par corps, et ceux qui ne le sont pas, par voie de saisie, amende, et même par corps, s'il y échet.

Art. 222. Il est laissé à la prudence du tribunal d'ordonner, sur le rapport du juge-commissaire, la continuation de la poursuite du faux, sans attendre l'apport de la minute ; comme aussi de statuer ce qu'il appartiendra, en cas que ladite minute ne pût être rapportée, ou qu'il fût suffisamment justifié qu'elle a été soustraite ou qu'elle est perdue.

Art. 223. Le délai pour l'apport de la minute court du jour de la signification de l'ordonnance ou du jugement au domicile de ceux qui l'ont en leur possession.

Art. 224. Le délai qui aura été prescrit au défendeur pour faire apporter la minute courra du jour de la signification de l'ordonnance ou du jugement à son avoué; et, faute par le défendeur d'avoir fait les diligences nécessaires pour l'apport de ladite minute dans ce délai, le demandeur pourra se pourvoir à l'audience, ainsi qu'il est dit art. 217.

Les diligences ci-dessus prescrites au défendeur seront remplies en signifiant par lui aux dépositaires, dans le délai qui aura été prescrit, copie de la signification qui lui aura été faite de l'ordonnance ou du jugement ordonnant l'apport de ladite minute; sans qu'il soit besoin, par lui, de lever expédition de ladite ordonnance ou dudit jugement.

Art. 225. La remise de ladite pièce prétendue fausse étant faite au greffe, l'acte en sera signifié à l'avoué du demandeur, avec sommation d'être présent au procès-verbal, et trois jours après cette signification, il sera dressé procès-verbal de l'état de la pièce.

Si c'est le demandeur qui a fait faire la remise, ledit procès-verbal sera fait dans les trois jours de ladite remise, sommation préalablement faite au défendeur d'y être présent.

Art. 226. S'il a été ordonné que les minutes seraient apportées, le procès-verbal sera dressé conjointement, tant desdites minutes que des expéditions arguées de faux, dans les délais ci-dessus: pourra néanmoins le tribunal ordonner, suivant l'exigence des cas, qu'il sera d'abord dressé procès-verbal de l'état desdites expéditions, sans attendre l'apport desdites minutes, de l'état desquelles il sera, en ce cas, dressé procès-verbal séparément.

3450. Lorsque, conformément à l'art. 226, il a été dressé séparément deux procès-verbaux, le premier pour constater l'état de l'expédition arguée de faux, le second pour constater l'état de la minute, le délai de huit jours ne court que du jour du second procès-verbal. — J.G.S. *Faux incident,* 87.

Art. 227. Le procès-verbal contiendra mention et description des ratures, surcharges, interlignes et autres circonstances du même genre; il sera dressé par le juge-commissaire, en présence du procureur de la République, du demandeur et du défendeur, ou de leurs fondés de procurations authentiques et spéciales: lesdites pièces et minutes seront parafées par le juge-commissaire et le procureur de la République, par le défendeur et le demandeur, s'ils peuvent ou veulent les parafer; sinon il en sera fait mention. Dans le cas de non-comparution de l'une ou de l'autre des parties, il sera donné défaut et passé outre au procès-verbal.

Art. 228. Le demandeur en faux, ou son avoué, pourra prendre communication, en tout état de cause, des pièces arguées de faux, par les mains du greffier, sans déplacement et sans retard.

Art. 229. Dans les huit jours qui suivront ledit procès-verbal, le demandeur sera tenu de signifier au défendeur ses moyens de faux, lesquels contiendront les faits, circonstances et preuves par lesquels il prétend établir le faux ou la falsification; sinon le défendeur pourra se pourvoir à l'audience pour faire

ordonner, s'il y échet, que ledit demandeur demeurera déchu de son inscription en faux.

3451. — I. ARTICULATION DES MOYENS DE FAUX (C. proc. civ. nos 4 à 27). — L'articulation consistant à dire que le testament n'a pas été dicté au notaire par le testateur est une simple dénégation qui ne précise aucun fait circonstancié tendant à établir le faux et dont par suite la preuve ne doit pas être admise. — Lyon, 16 juill. 1889, D.P. 90. 2. 287. — V. *Code de procédure civile,* no 3.

3452. Les tribunaux ont un pouvoir discrétionnaire pour rejeter les demandes en inscription de faux en tout état de cause et sans recourir à aucune mesure d'instruction, lorsque l'impossibilité ou rapporter la preuve résulte des faits déjà acquis. — Même arrêt.

3453. L'inscription de faux formée contre l'énonciation d'un procès-verbal, dressé en matière d'octroi, n'est pas admissible si les faits articulés, en les supposant établis, n'ont pour conséquence de démontrer la fausseté des mentions du procès-verbal relatives à un refus d'exercice. — Cr. r. 10 août 1877, D.P. 77. 1. 404-405. — V. *supra,* no 3378.

3454. — II. FORME DE LA SIGNIFICATION DES MOYENS DE FAUX (C. proc. civ. no 28).

3455. — III. DÉLAI DE LA SIGNIFICATION DES MOYENS DE FAUX (C. proc. civ. nos 29 à 36). — Dans les huit jours qui suivent le procès-verbal, le demandeur doit signifier ses moyens de faux au défendeur: cette formalité est de rigueur, et la discussion ne peut porter à l'audience que sur les moyens préalablement signifiés. — J.G.S. *Faux incident,* 86.

3456. Le délai de huit jours est purement comminatoire; la déchéance n'est prononcée que s'il y échet, dit l'art. 229, et le demandeur peut non seulement éviter en signifiant ses moyens de faux avant que le tribunal ait statué, mais encore demander une nouvelle signification, faite après le délai réglementaire, les moyens de faux qu'il a produits en premier lieu. — J.G.S. *Faux incident,* 86.

Art. 230. Sera tenu le défendeur, dans le huit jours de la signification des moyens de faux, d'y répondre par écrit; sinon le demandeur pourra se pourvoir à l'audience pour faire statuer sur le rejet de la pièce, suivant ce qui est prescrit art. 217 ci-dessus.

3457. La nullité d'une procédure d'inscription de faux résultant, soit de ce que la pièce arguée de faux n'a pas fait l'objet du procès-verbal exigé par les art. 224 et 225 C. proc. civ., soit de ce que le défendeur n'a pas eu pour répondre aux moyens de faux le délai de huitaine fixé par l'art. 230 du même Code, ne peut être proposée pour la première fois devant la Cour de cassation. — Req. 22 mars 1869, D.P. 69. 1. 448.

Art. 231. Trois jours après lesdites réponses, la partie la plus diligente pour poursuivre ou rejeter les moyens de faux seront admis ou rejetés, s'il y échet, en tout ou en partie: il sera ordonné, s'il y échet, que lesdits moyens ou aucuns d'eux demeureront joints, soit à l'incident en faux, si quelques-uns desdits moyens ont été admis, soit à la cause ou au procès principal; le tout suivant la qualité desdits moyens et l'exigence des cas.

3458. — I. EFFETS DE L'ADMISSION DE L'INSCRIPTION SUR L'ADMISSION DES MOYENS (C. proc. civ. nos 1 à 5).

3459. — II. ADMISSION ET JONCTION DES MOYENS DE FAUX (C. proc. civ. nos 6 à 10). — La

disposition aussi obscure que mal rédigée de l'art. 231 portant que «lesdits moyens ou aucuns d'eux demeureront joints, soit à l'incident en faux, si quelques-uns desdits moyens ont été admis, soit à la cause ou au procès principal; le tout suivant la qualité desdits moyens et l'exigence des cas », prévoit deux hypothèses: 1o quelques moyens sont admis dès maintenant, et l'admission de quelques autres exige un examen plus approfondi: le tribunal peut joindre ces derniers à l'incident, c'est-à-dire ordonner que le débat sur leur admissibilité sera renvoyé à la troisième et dernière partie de la procédure; 2o aucun des moyens proposés n'est admis présentement, mais il y a doute sur la valeur de quelques-uns d'entre eux, il n'y a pas lieu de poursuivre l'inscription de faux, mais l'examen de ces moyens peut être joint au fond du procès. — J.G.S. *Faux incident,* 91.

3460. Quant à ces expressions « à la cause ou au procès principal », qui n'ont aucun sens utile, elles viennent de ce qu'autrefois certains auteurs prenaient le mot *cause* et — J.G.S. *Faux incident,* 91.

3461. Pouvoir DU JUGE (C. proc. civ nos 11 à 18). — La jurisprudence et la doctrine proclament le pouvoir discrétionnaire des tribunaux en cette matière et leur reconnaissent le droit d'apprécier souverainement la pertinence et l'admissibilité des faits dont la preuve est offerte à l'appui d'une demande; de rejeter cette preuve, si les faits articulés ne leur paraissent pas avoir un degré suffisant de vraisemblance et de probabilité et de déclarer immédiatement la fausseté de la pièce, sans que leur décision soit susceptible d'être contrôlée par la Cour de cassation. — J.G.S. *Faux incident,* 90.

3462. Conformément à cette théorie, il a été jugé: 1o que les tribunaux ont la faculté souveraine de rejeter la demande d'inscription de faux en tout état de cause, même en dehors de toute procédure, enquête ou expertise, dès que la sincérité de la pièce leur est démontrée par toute circonstance. — Req. 30 mai 1876, D.P. 76. 1. 383.

3463. ... 2o Qu'en matière d'inscription de faux, les voies d'instruction tracées par la loi ne sont pas obligatoires; que, par suite, les juges peuvent déclarer la fausseté de ces moyens d'instruction, s'ils trouvent dans les documents produits et les faits de la cause des éléments suffisants pour former leur conviction. — Riom, 13 déc. 1886, D.P. 88. 2. 67.

3464. ... 3o Que les tribunaux ont un pouvoir discrétionnaire pour rejeter la demande en inscription de faux en tout état de cause, même en appel et en dehors de toute mesure d'instruction, dès qu'ils constatent que cette demande se présente pas les caractères d'utilité de sincérité propres à la faire accueillir; que, spécialement, le juge n'est pas tenu d'ordonner la preuve des faits articulés pour prouver l'antidate d'un testament, ou l'insanité d'esprit et la captation du testateur, si ces faits, malgré leur précision, sont d'ores et déjà démentis à ses yeux par les circonstances du procès, et qu'il peut rejeter *de plano* la demande en inscription de faux. — Orléans, 8 mars 1883, D.P. 84. 2. 227. — V. aussi Lyon, 16 juill. 1889, D.P. 90. 2. 287.

3465. La décision qui écarte la demande en inscription de faux dirigé contre un testament authentique, pour déclarer les faits d'où l'on prétendait induire que l'acte n'avait pas été réellement dicté par le testateur, sur ce que ces faits étaient dénués de vraisemblance, repose sur une appréciation souveraine échappant à la Cour de cassation. — Civ. r. 28 déc. 1881. D.P. 82. 1. 315. — V. *Code de procédure,* no 17.

3466. Et cette décision ne saurait être critiquée, sous le prétexte que les constata-

16

tions qui lui servent de base ne contredisent pas directement les articulations du demandeur en faux. — Même arrêt.

3467. — IV. Caractères du jugement (C. proc. civ. n° 19). — Il a été jugé que l'arrêt qui autorise ou ordonne une inscription de faux à prouver les faits par lui articulés et énonce expressément les moyens de faux admis, reconnaît implicitement, mais nécessairement, que ces moyens sont reconnus pertinents et admissibles. — Civ. r. 11 janv. 1888, J.G.S. *Faux incident*, 92.

Art. 232. Le jugement ordonnera que les moyens admis seront prouvés, tant par titres que par témoins, devant le juge commis, sauf au défendeur la preuve contraire, et qu'il sera procédé à la vérification des pièces arguées de faux par trois experts écrivains, qui seront nommés d'office par le même jugement.

3468. — I. Comment le faux est prouvé (C. proc. civ. n° 1 à 9). — En matière de contributions indirectes, lorsqu'une inscription de faux a été admise contre le procès-verbal et que les faits articulés ont été déclarés pertinents, l'ordonnance de non-lieu intervenue sur la poursuite de faux dirigée contre les agents rédacteurs du procès-verbal argué de faux, rend au juge correctionnel sa plénitude de juridiction pour apprécier la vérité ou la fausseté des faits articulés. — Cr. r. 14 déc. 1888, D.P. 88. I. 399. — V. *supra* n° 3379.

3469. En conséquence, même dans le silence de l'ordonnance de non-lieu sur la matérialité des faits, le juge n'est pas tenu d'admettre tous les modes de preuve que le demandeur en inscription de faux lui propose, ni de recourir aux trois modes de preuve indiqués dans l'art. 232 C. proc. civ., et spécialement à l'enquête prescrite par l'art 234, si sa religion est suffisamment éclairée par de nouveaux documents régulièrement versés aux débats; il peut, par exemple, faire état de l'information criminelle qui a précédé l'ordonnance de non-lieu. — Même arrêt. — V. *Code de procédure civile*, n° 5.

3470. La chose jugée sur la pertinence des moyens de faux n'oblige le juge qu'à l'examen des moyens et des faits articulés. — Même arrêt.

3471. — II. Admission de la preuve testimoniale en matière de faux (C. proc. civ. n° 10 et 11). — L'opinion qui, pour admettre : preuve testimoniale en matière de faux, même lorsqu'il s'agit d'un acte authentique, un commencement de preuve par écrit ne peut pas être exigé à l'appui de l'articulation du faux, est adoptée par plusieurs auteurs. — J.G.S. *Faux incident*, 10. — V. *Code de procédure civile*, n° 10.

3472. D'autres pensent, au contraire, que quand l'acte attaqué est un acte authentique, la preuve testimoniale ne doit pas être ordonnée s'il n'existe ni altération matérielle de l'acte, ni commencement de preuve par écrit, ni enfin un concours de circonstances graves rendant vraisemblable le faux allégué. — J.G.S. *Faux incident*, 9.

3473. Il est un cas cependant où cette preuve ne sera pas recevable à l'appui d'une inscription de faux ; c'est celui où l'inscription de faux tendrait à établir la filiation d'un enfant par la preuve du faux commis dans son acte de naissance. La preuve testimoniale n'est admise alors qu'avec un commencement de preuve par écrit, et le demandeur en faux ne sera reçu à la faire qu'avec cet adminicule ; et s'il ne peut prouver le faux que par témoins et s'il n'a pas de commencement de preuve par écrit, la demande devra être rejetée. — J.G.S. *Faux incident*, 94.

3474. — III. Nomination des experts (C. proc. civ. n° 12 à 14).

Art. 233. Les moyens de faux qui seront déclarés pertinents et admissibles seront énoncés expressément dans le dispositif du jugement qui permettra d'en faire preuve; et il ne sera fait preuve d'aucun autre moyen. Pourront néanmoins les experts faire telles observations dépendantes de leur art qu'ils jugeront à propos, sur les pièces prétendues fausses, sauf aux juges à y avoir tel égard que de raison.

Art. 234. En procédant à l'audition des témoins, seront observées les formalités ci-après prescrites pour les enquêtes : les pièces prétendues fausses leur seront représentées, et parafées d'eux, s'ils peuvent ou veulent les parafer; sinon il en sera fait mention.

À l'égard des pièces de comparaison et autres qui doivent être représentées aux experts, elles pourront l'être aussi aux témoins, en tout ou en partie, si le juge-commissaire l'estime convenable ; auquel cas elles seront par eux parafées, ainsi qu'il est ci-dessus prescrit.

3475. — I. Formalités de l'enquête (C. proc. civ. n° 1 à 3).

3476. — II. Audition des témoins instrumentaires et de l'officier public rédacteur de l'acte (C. proc. civ. n° 4 à 21). — 1° Témoins instrumentaires (C. proc. civ. n° 4 à 15). — On ne peut écarter un témoin que s'il tombe sous l'application du texte littéral de l'art. 283 C. proc. civ., qui détermine les causes de reproches; or, la loi n'a pas déclaré reprochables les témoins instrumentaires.—J.G.S. *Faux incident*, 97.

3477. Seulement le tribunal, toujours maître d'apprécier la valeur des témoignages, accordera, suivant les circonstances, plus ou moins de confiance à la déposition des témoins instrumentaires. — J.G.S. *Faux incident*, 97. — V. *Code de procédure civile*, n° 7 et 13.

3478. — 2° Officiers publics (C. proc. civ. n° 16 à 21).

Art. 235. Si les témoins représentent quelques pièces lors de leur déposition, elles y demeureront jointes, après avoir été paraffées, tant par le juge-commissaire, que par lesdits témoins, s'ils peuvent ou veulent les parafer ; sinon il en sera fait mention ; et, lesdites pièces font preuve du faux ou de la vérité des pièces arguées, elles seront représentées aux autres témoins qui en auraient connaissance ; et elles seront par eux paraffées, suivant ce qui est ci-dessus prescrit.

Art. 236. La preuve par experts se fera en la forme suivante :

1° Les pièces de comparaison seront convenues entre les parties, ou indiquées par le juge, ainsi qu'il est dit à l'art. 200, titre de la *Vérification des écritures*.

2° Seront remis aux experts, le jugement qui aura admis l'inscription de faux; les pièces prétendues fausses; le procès-verbal de l'état d'icelles; le jugement qui aura admis les moyens de faux et ordonné le rapport d'experts; les pièces de comparaison, lorsqu'il en aura été reçu; le procès-verbal de présentation d'icelles, et le jugement par lequel elles auront été reçues : les experts mentionneront dans leur rapport la remise de toutes les pièces susdites, qui'l'examen auquel ils ont procédé, sans pouvoir en dresser aucun procès-verbal, ni les paraferont les faits des pièces prétendues fausses.

Dans le cas où les témoins auraient joint des pièces à leur déposition, la partie pourra requérir, et le juge-commissaire ordonner qu'elles seront représentées aux experts.

3° Seront, au surplus, observées audit rapport les règles prescrites au titre de la *Vérification des écritures*.

Art. 237. En cas de récusation, soit contre le juge-commissaire, soit contre les experts, il y sera procédé ainsi qu'il est prescrit aux titres XIV et XXI du présent livre.

3479. Sur la récusation : ... du juge-commissaire, V. *infrà*, art. 378 et s.

3480 ... Des experts, V. *infrà*, art. 308 et s.

Art. 238. Lorsque l'instruction sera achevée, le jugement sera poursuivi sur un simple acte.

Art. 239. S'il résulte de la procédure des indices de faux ou de falsification, et que les auteurs ou complices soient vivants, et la poursuite du crime non éteinte par la prescription, d'après les dispositions du Code pénal, le président délivrera mandat d'amener contre les prévenus, et remplira, à cet égard, les fonctions d'officier de police judiciaire.

3481. Sur les modifications apportées à l'art. 239 en matière d'inscription de faux incident criminel par l'art. 462 C. instr. crim., V. *Code d'instruction criminelle annoté*, art 462.

3482. En ce qui touche la prescription de l'action publique à raison du crime de faux, V. *Code d'instruction criminelle annoté*, art. 637.

Art. 240. Dans le cas de l'article précédent, il sera sursis à statuer sur le civil jusqu'après le jugement sur le faux.

Art. 241. Lorsqu'en statuant sur l'inscription de faux, le tribunal aura ordonné la suppression, la lacération ou la radiation en tout ou partie, même le rétablissement des pièces déclarées fausses, il sera sursis à l'exécution de ce chef du jugement, tant que le condamné sera dans le délai de se pourvoir par appel, requête civile ou cassation, ou qu'il n'aura pas formellement et valablement acquiescé au jugement.

3483. On ne saurait prétendre qu'un acte reconnu faux dans l'une de ses parties doit être annulé pour le tout : il peut être déclaré faux partiellement. — Riom, 13 déc. 1886, D.P. 88. 2. 67.

3484. Spécialement, l'admission de l'inscription de faux contre une procuration en forme authentique donnée conjointement par un mari et sa femme, contre laquelle le mari a faussement fait intervenir cette dernière, et l'annulation de cette procuration, relativement à cette femme, n'altèrent pas la validité de l'acte en ce qui concerne le mari. — Même arrêt.

3485. La disposition de l'art. 241 étant une dérogation au droit commun, on ne peut l'étendre à des cas qui n'ont pas été prévus par la loi. Ainsi la tierce opposition et le désaveu qui constituent des voies de recours accordées à un tiers, ou à une partie contre un tiers, ne sauraient suspendre l'exécution du jugement. — J.G.S. *Faux incident*, 116.

Art. 242. Par le jugement qui interviendra

sur le faux, il sera statué, ainsi qu'il appartiendra, sur la remise des pièces, soit aux parties, soit aux témoins qui les auront fournies ou reprochées; ce qui aura lieu même à l'égard des pièces prétendues fausses, lorsqu'elles ne seront pas jugées telles : à l'égard des pièces qui auront été tirées d'un dépôt public, il sera ordonné qu'elles seront remises de la manière prescrite par le tribunal; le tout sans qu'il soit rendu séparément un autre jugement sur la remise des pièces, laquelle, néanmoins, ne pourra être faite qu'après le délai prescrit par l'article précédent.

Art. 243. Il sera sursis, pendant ledit délai, à la remise des pièces de comparution ou autres, si ce n'est qu'il en soit autrement ordonné par le tribunal, sur la requête des dépositaires desdites pièces, ou des parties qui auraient intérêt de la demander.

Art. 244. Il est enjoint aux greffiers de se conformer exactement aux articles précédents, en ce qui les regarde, à peine d'interdiction, d'amende qui ne pourra être moindre de cent francs, et des dommages-intérêts des parties, même d'être procédé extraordinairement s'il y échet.

Art. 245. Pendant lesdits pièces demeureront au greffe, les greffiers ne pourront délivrer aucune copie ni expédition des pièces prétendues fausses, si ce n'est en vertu d'un jugement; à l'égard des actes dont les originaux ou minutes auront été remis au greffe, et notamment des registres sur lesquels il y aurait des actes non argués des expéditions aux parties qui auront droit d'en demander, sans qu'ils puissent prendre des dépositaires desdits originaux ou minutes : et sera le présent article exécuté sous les peines portées par l'article précédent.

S'il a été fait par les dépositaires des minutes desdites pièces des expéditions pour tenir lieu desdites minutes, en exécution de l'art. 203 du titre *de la Vérification des écritures,* lesdits actes ne pourront être expédiés que par lesdits dépositaires.

Art. 246. Le demandeur en faux qui succombera sera condamné à une amende qui ne pourra être moindre de trois cents francs, et à tels dommages et intérêts qu'il appartiendra.

3486. L'amende prononcée par l'art. 246 C. proc. civ. contre le demandeur en faux qui succombe dans son action, est encourue, alors même que la pièce arguée de faux est annulée pour défaut de forme, postérieurement.— Riom, 23 mars 1888, D.P. 89. 2. 237.

3487. Il en est de même lorsque le jugement de première instance, rejetant une inscription de faux incident civil, a prononcé, contre le demandeur, une amende inférieure à 300 fr., la cour d'appel peut d'office, alors qu'aucun appel incident n'a été formé sur ce point, ni par le défendeur, ni par le ministère public, appliquer l'amende de 300 fr. édictée par l'art. 246 C. proc. civ. — Req. 30 juill. 1868, J.G.S. *Faux incident,* 103.

3488. L'amende est encourue de plein droit et la Régie est autorisée à en poursuivre le recouvrement par voie de contrainte, quoique la condamnation ne soit pas exprimée dans le jugement. — J.G.S. *Faux incident,* 105.

Art. 247. L'amende sera encourue toutes les fois que l'inscription de faux ayant été faite au greffe, et la demande à fin de s'inscrire en faux, le demandeur s'en sera désisté volontairement ou aura succombé, ou que les parties auront été mises hors de procès, soit par le défaut de moyens ou de preuves suffisantes, soit faute d'avoir satisfait, de la part du demandeur, aux diligences et formalités ci-dessus prescrites; ce qui aura lieu, en quelques termes que la prononciation soit conçue, et encore que le jugement ne portât point condamnation d'amende; le tout, quand même le demandeur offrirait de poursuivre le faux par la voie extraordinaire.

3489. Le désistement n'entraîne l'amende que lorsqu'il a été accepté, car jusque-là il peut être rétracté; à moins que le désistement, il ne soit intervenu un jugement qui ait déclaré la pièce vraie. — J.G.S. *Faux incident,* 106.

3490. Lorsqu'il s'agit de poursuites intentées par l'administration des contributions indirectes, il a été jugé que l'amende portée par l'art. 216 C. proc. civ. n'est pas encourue contre le prévenu qui, après s'être inscrit en faux contre un procès-verbal des employés de la régie, s'est désisté de l'appel par lui interjeté contre le jugement qui a rejeté les moyens de faux. — Caen, 29 nov. 1872, D.P. 74. 5. 267.

3491. L'expression « hors de procès » empruntée à l'ordonnance de 1737 n'a plus la portée qu'elle avait autrefois; elle signifie simplement « lorsque le demandeur aura été débouté de sa demande ». — J.G.S. *Faux incident,* 106.

3492. L'art. 247 C. proc. civ. doit être entendu dans son sens le plus large, l'esprit de la loi étant d'infliger l'amende au demandeur toutes les fois qu'il succombe pour quelque cause que ce soit. — J.G.S. *Faux incident,* 107.

3493 Il a été jugé qu'il ne doit être prononcé qu'une seule amende contre toutes les parties qui ont formé conjointement une inscription de faux incident civil et qui ont succombé dans leur demande. — Toulouse, 18 juin 1875, D.P. 78. 2. 214.

3494. Il en serait autrement si plusieurs parties avaient formé séparément, dans le même procès, plusieurs demandes en faux contre des pièces qui ne seraient opposées qu'à chacune d'elles : chacune d'elles encourrait alors individuellement l'amende et les dommages-intérêts. — J.G.S. *Faux incident,* 108.

Art. 248. L'amende ne sera pas encourue lorsque la pièce, ou une des pièces arguées de faux, aura été déclarée fausse en tout ou en partie, ou lorsqu'elle aura été rejetée de la cause ou du procès, comme aussi lorsque la demande à fin de s'inscrire en faux n'aura pas été admise; et ce, de quelques termes que les juges se soient servis pour rejeter ladite demande, ou pour n'y avoir pas d'égard.

3495. La disposition d'après laquelle l'amende n'est pas encourue, lorsque la demande à fin d'inscription de faux n'a pas été admise, peut se justifier en faisant remarquer que la déclaration au greffe, l'inscription de faux n'est qu'un projet tant que la demande n'a pas été admise par un jugement. — J.G.S. *Faux incident,* 111. — V. *Code de procédure civile,* n° 4.

3496. Jugé à cet égard que l'amende n'étant encourue aux termes de l'art. 247 C. proc. civ., que si la demande à fin de s'inscrire en faux a été admise, elle n'est pas due dans le cas où la déclaration d'inscription de faux faite par le prévenu n'a pas été jugée admissible; qu'il importe peu que, pour éviter la déchéance, le prévenu ait effectué le dépôt des moyens de faux, la loi n'ayant pas attaché à ce fait la sanction de l'amende. — Trib. corr. de Bordeaux, 7 nov. 1890, J.G.S. *Faux incident,* 145.

3497. Lorsqu'un procès-verbal a été reconnu faux dans l'une des énonciations qui avaient fait l'objet de l'articulation admise, l'amende ne peut être appliquée, bien que cette énonciation fût sans portée au point de vue de la contravention imputée au prévenu. — Cr. c. 5 févr. 1886, J.G.S. *Faux incident,* 142.

3498. L'ordonnance de juillet 1737, qui est toujours en vigueur devant la Cour de cassation, porte dans son art. 54 : « La condamnation à l'amende ne pourra avoir lieu lorsque la demande de s'inscrire en faux aura été rejetée..., etc., de quelque terme que les juges se soient servis pour rejeter ladite demande ou pour n'y avoir point d'égard; dans tous lesquels cas, la somme consignée par le demandeur pour raison de ladite amende lui sera rendue ». — J.G.S. *Faux incident,* 111.

3499. En conséquence, il a été jugé : 1° que la Cour de cassation doit repousser une demande tendant à inscription de faux, parce que les allégations formulées ne sont pas rendues vraisemblables par les pièces produites, doit ordonner la restitution de l'amende consignée. — Civ. r. 24 nov. 1886, J.G.S. *Faux incident,* 111.

3500. ... 2° Que l'amende consignée par le demandeur en inscription de faux doit lui être restituée lorsque sa requête est repoussée *de plano* comme inadmissible, la condamnation à l'amende ne devant être prononcée que contre le demandeur qui succombe après avoir obtenu l'autorisation de s'inscrire en faux. — Civ. r. 12 juin 1883, D.P. 84. 1. 279.

Art. 249. Aucune transaction sur la poursuite du faux incident ne pourra être exécutée, si elle n'a été homologuée en justice, après avoir été communiquée au ministère public, lequel pourra faire, à ce sujet, telles réquisitions qu'il jugera à propos.

3501. Le tribunal n'intervient ici que pour réserver les droits de la partie publique, et le refus d'homologation de sa part empêche la suppression, la radiation et la réformation de l'acte; mais la transaction demeure valable et exécutoire entre les parties. — J.G.S. *Faux incident,* 45.

3502. Le tribunal, compétent pour homologuer une transaction intervenue à la suite d'une inscription de faux, l'est en même temps pour statuer sur les questions que soulève l'exécution de cet acte au point de vue de l'intérêt privé. — Req. 16 août 1876, D.P. 77. 1. 316.

3503. Il peut décider notamment que la transaction produira son effet, nonobstant l'instance en résolution contre cette même transaction portée devant un autre tribunal. — Même arrêt.

3504. Le tribunal devant lequel a été formée une demande en inscription de faux est seul compétent pour connaître de toutes les difficultés que peut soulever la demande en homologation de la transaction intervenue à la suite de cette inscription. — Req. 16 août 1876, D.P. 77. 1. 348. — V. *Code de procédure civile,* n° 11.

3505. Tout autre tribunal est incompétent, *ratione materiæ,* pour statuer sur de pareilles contestations, et notamment sur une action en résolution de la transaction. — Même arrêt.

3506. Par suite, cette incompétence peut être proposée en tout état de cause, et le renvoi devant la juridiction compétente peut être ordonné même après que l'autre partie aurait accepté le débat sur le fond. — Même arrêt.

3507. Jugé aussi que le demandeur en homologation d'une transaction sur faux incident civil peut réclamer, pour la première fois en appel, l'exécution de cette transaction; ce n'est point là une demande nouvelle prohibée par l'art. 464 C. proc. civ. — Même arrêt. — V. infrà, art. 464.

Art. 250. Le demandeur en faux pourra toujours se pourvoir, par la voie criminelle, en faux principal; et, dans ce cas, il sera sursis au jugement de la cause, à moins que les juges n'estiment que le procès puisse être jugé indépendamment de la pièce arguée de faux.

3508. — I. SURSIS EN CAS DE FAUX PRINCIPAL. (C. proc. civ. nos 1 à 11).

3509. — II. CAS OÙ IL N'Y A PAS LIEU A SURSIS (C. proc. civ. nos 12 à 17). — Lorsque le président du tribunal ou le procureur de la République ont, d'après les prescriptions de l'art. 239 C. proc. civ., délivré un mandat d'amener ou transmis les pièces du procès au procureur général, le tribunal peut, conformément à l'art. 250, ne pas surseoir à la pièce arguée de faux n'est pas indispensable au jugement. — J.G.S. Faux incident, 8.

3510. La faculté de passer outre au jugement de la cause civile, sans attendre le jugement de la cause criminelle, disent certains auteurs, ne doit pas être restreinte au cas où l'action criminelle s'exerce sur l'initiative du demandeur au faux incident: cette faculté existe aussi lorsque le ministère public a spontanément poursuivi. — J.G.S. Faux incident, 8.

3511. Ces règles souffrent toutefois exception, en vertu de l'art. 327 C. civ., dans tous les cas où l'état de filiation pourrait être préjugé par une poursuite en faux criminel. — J.G.S. Faux incident, 8. — V. Supplément au Code civil annoté, nos 2735 et s.

3512. Suivant un auteur, le faux qui prive un enfant de son état, par exemple, l'inscription de cet enfant sous les noms de père et mère supposés, ne peut être poursuivi au criminel qu'après le jugement définitif de la question d'état par les tribunaux civils exclusivement compétents à cet effet. — J.G.S. Faux incident, 8.

3513. Dans cette hypothèse, le civil tient le criminel en état, et non seulement il est sursis à l'action publique intentée alors qu'une instance civile est déjà pendante, mais encore il est toujours interdit de l'exercer si l'enfant, acceptant l'état que son acte de naissance lui impose, n'intente jamais l'action en réclamation d'état qui, d'ailleurs, est imprescriptible à son égard. — J.G.S. Faux incident, 8.

3514. En ce qui concerne la question de savoir si, lorsqu'il a été sursis au jugement relatif à la contestation, la décision qui intervient sur le faux principal en l'absence du demandeur en faux incident, préjuge toujours le faux incident, V. Supplément au Code civil annoté, nos 9357 et s.

Art. 251. Tout jugement d'instruction ou définitif, en matière de faux, ne pourra être rendu que sur les conclusions du ministère public.

TITRE XII.

Des Enquêtes.

Art. 252. Les faits dont une partie deman- dera à faire preuve seront articulés succinctement par un simple acte de conclusion sans écriture ni requête.

Ils seront, également par un simple acte, déniés ou reconnus dans les trois jours; sinon ils pourront être tenus pour confessés ou avérés.

DIVISION.

§ 1. — Preuve testimoniale et enquête (no 3515).
§ 2. — Articulation et dénégation ou reconnaissance des faits (no 3525).

§ 1er. — Preuve testimoniale et enquête (C. proc. civ. nos 1 à 17).

3515. — I. ADMISSIBILITÉ DE LA PREUVE TESTIMONIALE (C. proc. civ. no 1). — Sur les cas où la preuve testimoniale est admissible, V. Supplément au Code civil annoté, nos 8826 et s.

3516. — II. AUDITION D'UN TÉMOIN A L'AUDIENCE (C. proc. civ. nos 2 à 8).

3517. — III. ENQUÊTE D'EXAMEN A FUTUR (C. proc. civ. nos 9 à 11).

3518. — IV. ENQUÊTE DANS DES MATIÈRES SPÉCIALES (C. proc. civ. nos 12 à 15). — En ce qui concerne les enquêtes : ... dans les matières sommaires, V. infrà, art. 407 à 413.

3519. ... En matière de séparation de corps et de divorce, V. infrà, art. 879, et Supplément au Code civil annoté, nos 2242 et s.

3520. ... En matière de faillite, V. infrà, art. 893.

3521. ... Devant le juge-commissaire en matière de faillite, V. Code de commerce annoté, art. 498; et son Supplément.

3522. — V. ENQUÊTES DEVANT CERTAINES JURIDICTIONS (C. proc. civ. nos 16 et 17). — Sur les enquêtes : . . . devant la justice de paix, V. suprà, art. 34 à 40, nos 868 et s.

3523. ... Devant les tribunaux de commerce, V. infrà, art. 432.

3524. ... Devant les juridictions administratives, V. Code des lois annotées, t. 1er, IV, vo Conseil d'État, nos 2642 et s., et V, vo Département, nos 1018 et s.

§ 2. — Articulation et dénégation ou reconnaissance des faits (C. proc. civ. nos 18 à 43).

3525. — I. ARTICULATION DES FAITS (C. proc. civ. nos 18 à 29). — Bien qu'une nouvelle articulation de faits soit possible après l'admission de la preuve et l'audition des témoins, si les faits articulés sont postérieurs au jugement, la solution contraire paraît résulter des motifs de l'art. 253 C. proc. civ., la loi ayant voulu ôter aux parties tout prétexte de prolonger la procédure et de multiplier les enquêtes. — J.G.S. Enquête, 10.

3526. Une partie est recevable à demander en appel à faire la preuve de faits qu'elle n'a pas articulés en première instance : la jurisprudence et la plupart des auteurs se font, à cet égard, aucune distinction entre les faits antérieurs ou postérieurs au jugement qui a statué sur la demande. — J.G.S. Enquête, 11. — Contrà : Code de procédure civile, no 28.

3527. La loi, suivant un auteur, accordant aux juges le libre pouvoir d'ordonner eux-mêmes d'office la preuve des faits qui leur paraîtraient concluants, c'est à leur prudence qu'il appartient : ... d'apprécier si la preuve des faits nouveaux est ou n'est pas recevable soit après les enquêtes, soit même en appel. — J.G.S. Enquête, 11.

3528. ... De prendre en considération les circonstances, la gravité des faits nouvellement produits, leur vraisemblance plus ou moins grande, et les motifs qui ont pu empêcher la partie de les produire plus tôt. — J.G.S. Enquête, 11.

3529. — II. DÉNÉGATION OU RECONNAISSANCE DES FAITS (C. proc. civ. nos 30 à 43). — D'après un auteur, les mots « dans les trois jours » signifient que la partie qui demande à être admise à la preuve ne peut poursuivre l'audience avant l'expiration du quatrième jour. — J.G.S. Enquête, 13.

3530. Lorsque les trois jours se passent sans que le défendeur réponde, c'est au tribunal d'apprécier l'opportunité de l'enquête, et il s'abstient généralement de l'ordonner, le silence du défendeur sur les faits allégués contre lui pouvant être considéré à bon droit comme un aveu. — J.G.S. Enquête, 14.

3531. Mais il en est autrement si l'avoué n'a gardé le silence qu'en attendant les instructions de son client, ou si le défendeur représente l'État, un département, une commune, un établissement public, un mineur ou un interdit. — J.G.S. Enquête, 11.

Art. 253. Si les faits sont admissibles, qu'ils soient déniés, et que la loi n'en défende pas la preuve, elle pourra être ordonnée.

3532. — I. POUVOIRS DU JUGE QUANT A LA PERTINENCE DES FAITS (C. proc. civ. nos 3 à 17). — Sur les pouvoirs du juge en ce qui touche l'admission de la preuve testimoniale, V. Supplément au Code civil annoté, nos 8965 et s.

3533. Les juges du fond apprécient souverainement la pertinence et l'admissibilité des faits dont les parties demandent à faire preuve en justice, et leur décision qui rejette, en fait, une demande d'enquête n'est pas soumise au contrôle de la Cour de cassation. — Civ. c. 15 mars 1882, D.P. 83. 1.374.

3534. En décidant qu'une enquête demandée en appel par l'une des parties est inutile, le juge se livre à une appréciation souveraine des faits. — Req. 21 juill. 1880, D.P. 81. 1. 201.

3535. D'après un arrêt, le juge ne doit pas refuser d'ordonner la preuve des faits dont la pertinence est niée, lorsqu'il est fondamentalement exact qu'il n'est pas vraisemblable qu'ils puissent être prouvés par les dépositions de témoins dignes de foi; quand même il y aurait lieu de contrôler plus tard sévèrement les dispositions de certains témoins, une critique de ce genre est, quant à présent, prématurée. — Rouen, 29 déc. 1875, D.P. 77. 2. 1. — Contrà : Code de procédure civile, no 10.

3536. Le propriétaire du fonds auquel un titre a concédé un droit de passage sur un autre fonds est admissible à prouver par témoins que ni lui ni ses auteurs n'ont perdu ce droit par le non-usage pendant plus de trente ans, et il peut prouver en même temps les circonstances propres à lui pour établir la réalité du fait de l'exercice du droit de passage, l'appréciation de la pertinence des faits dont la preuve est offerte rentrant dans les attributions exclusives du juge du fond. — Req. 2 déc. 1885, D.P. 86. 1. 422.

3537. Une enquête est surtout pour but et pour effet de dévoiler les secrets de la vie privée du sous-locataire qui est un tiers dans les rapports du locataire et du bailleur ne peut être ordonnée par les tribunaux. — Rouen, 24 janv. 1881, D.P. 83. 2. 71.

3538. Lorsque la loi écarte la preuve testimoniale, et particulièrement lorsqu'il s'agit de prouver un acte juridique dont l'importance pécuniaire excède 150 fr., le juge doit rejeter d'office la preuve, en cas de silence du défendeur. — J.G.S. Enquête, 21.

3539. La question de savoir si le consentement des parties peut lever la prohibition légale est controversée : on invoque principalement, pour la négative, l'origine historique de la règle introduite, en 1566, non seulement contre les subornations de témoins, mais contre la multiplicité des procès, et les termes impératifs des art. 1341 et suiv. C. civ. et 253 et 254 C. proc. civ. — J.G.S. Enquête, 21.

3540. L'opinion contraire se fonde sur ce que la preuve testimoniale a été limitée surtout dans l'intérêt des parties, et que, dès lors, il doit être permis à une partie de se soustraire au soupçon de mauvaise foi en courant les risques d'une enquête. — Rouen, 8 juill. 1874, D.P. 75. 2. 187.

3541. — II. Pouvoirs du juge quant à l'appréciation des faits admis en preuve (C. proc. civ. n°° 18 à 21). — Les juges du fond qui rejettent des conclusions en preuve, en les déclarant, non point irrecevables, mais bien inconciliables avec l'état des faits établis contre le demandeur et reconnus constants en vertu de leur pouvoir d'appréciation souveraine, ne font qu'une application exacte des règles en matière de preuve. — Req. 27 mars 1889, D.P. 90, 1. 413-414.

3542. Les juges du fond sont investis d'un pouvoir discrétionnaire pour admettre ou repousser la preuve testimoniale, et peuvent refuser de l'ordonner, lorsqu'ils trouvent dans l'instruction du procès des documents suffisants pour fixer leur opinion. — Req. 20 janv. 1885, D.P. 85. 5. 386. — V. *Code de procédure civile*, n° 19. — V. aussi *Code de commerce annoté*, art. 109, n°° 407 et s.; et son *Supplément*.

3543. Les renseignements fournis, sur lesquels les juges déclarent fonder leur décision, se réfèrent naturellement soit aux explications des parties dans leurs écritures et à la barre, soit aux documents produits aux débats, et l'on ne saurait soutenir à titre de moyen de cassation, sans donner aucune preuve à l'appui, que la cour a recueilli elle-même ces renseignements au moyen d'investigations personnelles en dehors de l'audience et du contrôle des parties. — Req. 3 janv. 1890, D.P. 90. 1. 395. — V. *Code de procédure civile*, n° 21.

3544. Des faits dont il résulterait qu'un agent d'affaires a porté préjudice à un commerçant en fournissant par écrit sur son compte à des tiers des renseignements défavorables, peuvent être prouvés par témoins, lorsque le juge constate et déclare souverainement que cette preuve n'implique pas la violation du secret de lettres ayant un caractère confidentiel. — Req. 5 déc. 1881, D.P. 83. 1. 224.

3545. Sur la propriété des lettres missives, V. *Supplément au Code civil annoté*, n°° 3384 et s.

Art. 254. Le tribunal pourra aussi ordonner d'office la preuve des faits qui lui paraîtront concluants, si la loi ne le défend pas.

3546. Les juges peuvent ordonner d'office la preuve des faits qui leur paraissent concluants, dans le cas où l'une des parties qui avait été admise à prouver ces faits a encouru la déchéance. — Req. 1er août 1878, D.P. 79. 5. 183. — V. *Code de procédure civile*, n° 6.

3547. Le tribunal, aux termes de l'art. 254 C. proc. civ., peut ordonner d'office la preuve des faits qui lui paraissent concluants, s'il ne juge pas sa religion suffisamment éclairée et si la loi ne défend pas cette preuve. — Angers, 29 mai 1879, J.G.S. *Enquête*, 22. — V. *Code de procédure civile*, n° 4.

3548. D'après un auteur, la disposition de l'art. 254, conçue dans les termes les plus généraux, permet au tribunal d'ordonner d'office une seconde enquête : 1° quand la première ne lui a pas paru suffisante pour éclairer sa religion; 2° quand la partie admise à la faire expirer les délais fixés par la loi ou par le tribunal; 3° quand la première enquête est nulle par la faute du juge-commissaire, ou même par celle des officiers ministériels qui représentent les parties. — J.G.S. *Enquête*, 24. — V. *infrà*, art. 293, n°° 3781 et s.

Art. 255. Le jugement qui ordonnera la preuve contiendra :
1° Les faits à prouver;
2° La nomination du juge devant qui l'enquête sera faite.

Si les témoins sont trop éloignés, il pourra être ordonné que l'enquête sera faite devant un juge commis par un tribunal désigné à cet effet.

3549. — I. Caractère du jugement qui donne la preuve (C. proc. civ. n°° 1 et 2). — Sur la question de savoir si le jugement qui ordonne la preuve est préparatoire ou interlocutoire. V. *infrà*, art. 452.

3550. Bien que les témoins cités dans une enquête ne soient appelés à déposer que sur les faits admis en preuve par le jugement qui a ordonné cette enquête, on ne saurait leur refuser le droit de s'expliquer sur les circonstances caractéristiques de ces faits et susceptibles de mettre le juge à même d'en déduire les conséquences juridiques, et l'on ne peut non plus refuser au juge le droit de prendre en considération ces circonstances et d'apprécier les dépositions dans leur ensemble. — Req. 5 août 1890, D.P. 91. 1. 365.

3551. Ainsi, lorsque les faits d'excès, sévices ou injures graves, articulés par un époux à l'appui de sa demande en divorce, sont prouvés dans leur matérialité, mais qu'il est en même temps révélé par les témoins que l'autre époux était atteint d'une maladie mentale qui le rendait irresponsable, les juges peuvent, à raison de cette irresponsabilité, rejeter la demande de divorce, bien que l'excuse tirée de la maladie mentale n'ait pas été proposée par le défendeur ni en son nom avant les enquêtes. — Même arrêt.

3552. Il en est surtout ainsi lorsque la constatation de l'irresponsabilité de l'époux défendeur n'est pas fondée seulement sur les enquêtes, mais résulte encore d'autres éléments de la cause et notamment de ce que cet époux a été interné dans une maison d'aliénés. — Même arrêt.

3553. — II. Énonciation des faits (C. proc. civ. n°° 3 à 23). — En matière commerciale comme en matière civile, les jugements qui ordonnent une enquête doivent, à peine de nullité, contenir l'énonciation des faits à prouver. — Orléans, 23 nov. 1884, D.P. 82. 2. 251.

3554. En conséquence, est nul le jugement d'un tribunal de commerce qui, dans une contestation soulevée sur une créance entre le syndic d'une faillite et un créancier, ordonne une enquête en se contentant de se référer, sur les faits à vérifier, à un compte-rendu formulé par le syndic lors de la production par le créancier. — Même arrêt.

3555. Lorsque quelques-uns des faits à prouver ont été omis même non intentionnellement, cette omission emporte néanmoins de la part du tribunal le rejet de la preuve de ces faits, et le mal-jugé à cet égard ne peut être réparé que par le moyen de l'appel. — J.G.S. *Enquête*, 39. — Contra : *Code de procédure civile*, n° 20.

3556. — III. Nomination du juge-commissaire (C. proc. civ. n°° 24 à 39). — En cas d'empêchement du juge ordonné pour procéder à une enquête, il ne peut être pourvu à son remplacement que par jugement du tribunal, et non par ordonnance du président, si le jugement ordonnant l'enquête n'a pas conféré à ce magistrat par une disposition expresse le pouvoir de procéder à ce remplacement. — Caen, 5 janv. 1856, D.P. 81. 4. 123, note 1. — V. 4 janv. 1881, D.P. 81. 4. 123. — V. *Code de procédure civile*, n°° 34 et 8.

3557. Mais le remplacement du juge-commissaire serait valablement fait par le président, si le pouvoir d'y procéder avait été délégué à ce magistrat par le jugement qui a ordonné l'enquête et nommé le juge-commissaire. — Civ. r. 12 févr. 1850, D.P. 81. 4. 123, note 1.

3558. En tout cas, la nullité résultant de la nomination faite par le président serait couverte si la partie comparaissait devant le magistrat ainsi commis en remplacement de son collègue empêché, déclarait ne pas s'opposer à l'enquête, et, en outre, l'empêchement du juge commis continuant, procédait de la même manière pour sa contre-enquête. — Paris, 8 févr. 1890, D.P. 90. 2. 317.

3559. Le juge-commissaire chargé de procéder à une enquête, a, sous le contrôle du tribunal, les pouvoirs nécessaires pour statuer *provisoirement* sur les incidents qui se présentent; mais il ne peut statuer *définitivement* sur ces incidents. Les ordonnances qu'il rendrait au lieu et place du tribunal constitueraient un excès de pouvoir et seraient, comme telles, susceptibles d'appel. — Civ. c. 13 mai 1884, D.P. 84. 1. 401.

3560. — IV. Commission rogatoire (C. proc. civ. n°° 40 à 68). — La disposition de l'art. 255 C. proc. civ. n'est pas impérative. C'est au tribunal saisi des dispositions pour apprécier s'il y a lieu de procéder au renvoi devant un autre juge. Il peut l'ordonner, quoique les parties ne le demandent pas; il peut même le refuser quand les parties le demandent. — J.G.S. *Enquête*, 38.

3561. — 1° *A qui est adressée la commission rogatoire* (C. proc. civ. n°° 45 à 36). — Le principe qu'une commission rogatoire peut être donnée à un juge étranger est surtout applicable à l'enquête à faire dans un pays avec lequel existent des traités diplomatiques qui donnent force exécutoire à aux décisions respectives de ce pays et de la France, sans autre condition que celle d'une simple légalisation. — J.G.S. *Enquête*, 38.

3562. Bien que la commission rogatoire donnée à un juge étranger doive être exécutée selon les formes du pays dans lequel il y est procédé, il y a cependant une distinction à faire entre les dispositions *decisoria litis*, c'est-à-dire celles qui tiennent au fond de la cause, pour lesquelles le juge étranger doit se conformer aux lois françaises, à moins d'une protestation expresse contenue dans les lois de son propre pays, et les dispositions *ordinatoriæ litis*, c'est-à-dire les règles de procédure, telles que celles concernant la manière d'appeler les témoins à l'enquête, les formes et la rédaction du procès-verbal, etc., pour lesquelles il doit toujours suivre la législation de son propre territoire. — J.G.S. *Enquête*, 39.

3563. — 2° *Remplacement du magistrat commis* (C. proc. civ. n°° 57 à 61). — Si le juge de paix doit être nécessairement remplacé par les suppléants dans l'exercice des fonctions qui leur sont attribuées par la loi, il ne doit pas en être de même de celles pour lesquelles les tribunaux l'ont spécialement délégué, comme en cas d'enquête. Le juge délégué ne peut en déléguer un autre, car il rendrait illusoire le droit de récusation soumis aux délais de l'art. 283 C. proc. civ. — J.G.S. *Enquête*, 59. — Contra : *Code de procédure civile*, n°° 59 et s.

3564. — 3° *Procédure devant le juge de paix commis* (C. proc. civ. n°° 62 à 68).

Art. 256. La preuve contraire sera de droit : la preuve du demandeur et la preuve contraire seront commencées et terminées dans les délais fixés par les articles suivants.

3565. La preuve contraire étant de droit, le défendeur n'a besoin ni d'articuler des faits contraires à son adversaire, ni de demander un jugement. — J.G.S. *Enquête*, 44.

3566. La contre-enquête peut non seulement porter sur les faits qui sont la négation de ceux que l'enquête a pour objet d'établir; le défendeur peut même prouver dans cette contre-enquête les faits qui sont seulement en rapport avec ceux à raison desquels l'enquête a été ordonnée. — J.G.S. *Enquête*, 44.

3567. Il faut interpréter l'art. 256 en ce sens qu'il autorise le défendeur à faire preuve de tous les faits qui prouveraient indirectement la fausseté de ceux allégués par le demandeur, soit par la preuve d'un fait affirmatif opposé, soit par une réunion de circonstances qui conduiraient à ce résultat. — J.G.S. *Enquête*, 44.

3568. Jugé que, lorsqu'une femme demanderesse en séparation de corps a été admise à prouver par témoins qu'elle a subi de mauvais traitements de la part de son mari, celui-ci peut faire établir également par témoins que les faits articulés par sa femme sont faux; mais il ne serait pas admis à établir dans la contre-enquête que sa femme s'est rendue coupable d'adultère. — Trib. civ. Corbeil, 21 déc. 1882, J.G.S. *Enquête*, 44.

3569. Les faits sur lesquels peut porter la contre-enquête doivent présenter les mêmes caractères que ceux admis en preuve; le juge-commissaire a le droit, sauf aux parties à saisir le tribunal par voie d'incident, de rejeter de la contre-enquête les faits dont la preuve testimoniale lui paraît impossible inutile, ou illicite. — J.G.S. *Enquête*, 45.

Art. 257. Si l'enquête est faite au même lieu où le jugement a été rendu, ou dans la distance de trois myriamètres, elle sera commencée dans la huitaine du jour de la signification à avoué; si le jugement est rendu contre une partie qui n'avait point d'avoué, le délai courra du jour de la signification à personne ou domicile; ces délais courent également contre celui qui a signifié le jugement : le tout à peine de nullité.

Si le jugement est susceptible d'opposition, le délai courra du jour de l'expiration des délais de l'opposition.

DIVISION.

§ 1. — *Délais de l'enquête ordonnée par jugement contradictoire* (nᵒ 3570).

§ 2. — *Délai de l'enquête ordonnée par un jugement par défaut* (nᵒ 3586).

§ 1ᵉʳ. — *Délais de l'enquête ordonnée par jugement contradictoire* (C. proc. civ. nᵒˢ 1 à 87).

3570. — I. ENQUÊTES DANS LESQUELLES LE DÉLAI DE HUITAINE DOIT ÊTRE OBSERVÉ (C. proc. civ. nᵒˢ 1 à 3).

3571. — II. NÉCESSITÉ DE SIGNIFIER LE JUGEMENT QUI ORDONNE UNE ENQUÊTE (C. proc. civ. nᵒˢ 4 à 19).

3572. — III. SIGNIFICATION DU JUGEMENT QUI ORDONNE L'ENQUÊTE (C. proc. civ. nᵒˢ 20 à 49). — 1º *Formes de la signification* (C. proc. civ. nᵒˢ 20 à 27). — La signification du jugement qui ordonne l'enquête n'est pas un exploit soumis à toutes les exigences de l'art. 61 C. proc. civ.; un acte d'avoué à avoué et la nullité n'en doit être prononcée que pour omission d'énonciations de formalités substantielles. — J.G.S. *Enquête*, 55. — V. *Code de procédure civile*, nᵒˢ 32 et s. — V. *supra*, nᵒˢ 1430 et s., 1701 et s.

3573. — 2º *Quand peut être faite la signification* (C. proc. civ. nº 28). — L'avoué qui attend le dernier jour du délai de huitaine imparti par l'art. 257 C. proc. civ. afin de présenter enquête qui a juge commis pour procéder à son enquête ne commet aucune faute pouvant engager sa responsabilité. — Besançon, 26 déc. 1882, D.P. 83. 2. 59.

3574. — 3º *Par qui doit être faite la signification* (C. proc. civ. nᵒˢ 29 et 30).

3575. — 4º *À qui la signification doit être faite* (C. proc. civ. nᵒˢ 31 à 36).

3576. — 5º *Effets de la signification du jugement* (C. proc. civ. nᵒˢ 37 à 43). —

L'art. 257 C. proc. civ. doit être entendu en ce sens que la signification du jugement ordonnant l'enquête peut seule faire courir le délai imparti par cet acte, même contre celui qui l'a fait, contrairement à la règle que nul ne se forclôt soi-même. — J.G.S. *Enquête*, 52.

3577. Et cette signification fait courir le délai contre toutes les parties en cause, c'est-à-dire non seulement contre la partie qui signifie le jugement en vue de faire l'enquête, mais encore contre celle à qui la signification est faite au point de vue de la contre-enquête qui lui a été réservée. — J.G.S. *Enquête*, 52.

3578. — 6º *Effets de la signification d'un jugement irrégulier* (C. proc. civ. nᵒˢ 46 à 49).

3579. — IV. COMPUTATION DU DÉLAI DE HUITAINE (C. proc. civ. nᵒˢ 50 à 54).

3580. — V. NULLITÉ DE L'ENQUÊTE QUI N'A PAS ÉTÉ COMMENCÉE DANS LE DÉLAI LÉGAL (C. proc. civ. nᵒˢ 55 à 64). — La partie qui a obtenu un jugement ordonnant une enquête doit être déclarée déchue du bénéfice de ce jugement, si elle a laissé passer les délais impartis par l'art. 257 C. proc. civ. sans faire procéder pendant ce temps à une autre enquête que celle qui a eu lieu devant un juge non régulièrement commis. — Dijon, 20 mai 1881, D.P. 83, 2. 58.

3581. Peut être recommencée d'office, sur l'ordre du tribunal, l'enquête déclarée nulle par la faute de la partie, pour n'avoir pu être commencée dans le délai de huitaine imparti par l'art. 257 C. proc. civ. — Req. 5 nov. 1878, D.P. 82. 5. 190.

3582. — VI. DÉLAI EN CAS D'APPEL (C. proc. civ. nᵒˢ 65 à 87). — Bien que le délai de huitaine à partir de la signification à avoué du jugement dans lequel, aux termes de l'art. 257 C. proc. civ., doit être commencée l'enquête, ne soit pas suspendu pendant les délais de l'appel, l'appel formé avant l'expiration de huitaine est suspensif, et par suite l'enquête à laquelle il a été procédé malgré cet appel est nulle. Il n'en serait autrement que s'il intervenait avant, dans l'une des hypothèses prévues par l'art. 135 C. proc. civ. (V. *supra*, nᵒˢ 2173 et s.), l'enquête à avoué du jugement dans lequel, aux termes de l'art. 257 C. proc. civ., doit être commencée l'enquête, n'est pas suspendu pendant les délais de l'appel, l'appel formé avant l'expiration appel. — Bruxelles, 13 janv. 1870, et 18 janv. 1896, J.G.S. *Enquête*, 58. — V. *Code de procédure civile*, nº 74.

3583. D'après certains auteurs, il est permis, malgré l'appel du jugement ordonnant l'enquête, de procéder à l'audition des témoins qu'il y aurait urgence à faire entendre avant l'arrêt, à raison, par exemple, de la crainte d'un décès imminent ou de tout autre événement de nature à mettre obstacle à cette audition. — J.G.S. *Enquête*, 59. — V. *Code de procédure civile*, nº 75.

3584. L'enquête faite postérieurement à l'appel signifié, mais antérieurement à la connaissance qui en a été donnée au juge-commissaire et à l'avoué de la partie, est valable. — J.G.S. *Enquête*, 60

3585. Il a été jugé que le délai pour commencer l'enquête, lorsqu'il a été suspendu par l'appel du jugement qui ordonnait cette mesure d'instruction, ne reprend son cours qu'à partir de la signification de l'arrêt confirmatif à l'avoué de première instance. — Bruxelles, 18 janv. 1886, J.G.S. *Enquête*, 61. — V. *Code de procédure civile*, nº 76.

§ 2. — *Délai de l'enquête ordonnée par un jugement par défaut* (C. proc. civ. nᵒˢ 88 à 101).

3586. Sur la controverse relative à la question de savoir quand commence ici le délai de l'enquête, V. *Code de procédure civile*, nᵒˢ 89 et s.

3587. Les auteurs sont généralement d'accord pour admettre qu'en cas de défaut contre partie, le délai pour ouvrir l'enquête court à partir de l'expiration de la huitaine pendant laquelle l'exécution est paralysée. — J.G.S. *Enquête*, 69.

Art. 258. Si l'enquête doit être faite à une plus grande distance, le jugement fixera le délai dans lequel elle sera commencée.

3588. — I. AUGMENTATION DU DÉLAI À RAISON DES DISTANCES (C. proc. civ. nᵒˢ 1 à 12). — L'art. 258 C. proc. civ. ne déclare pas nulle, lorsqu'elle a été commencée tardivement, l'enquête faite à plus de cinq myriamètres du siège du tribunal, mais cette nullité résulte implicitement de la relation intime qui existe entre les art. 257 et 258. — J.G.S. *Enquête*, 67.

3589. Le délai fixé par le tribunal s'applique à l'enquête et à la contre-enquête; mais le tribunal peut indiquer un délai spécial pour la contre-enquête, à raison de l'éloignement des témoins qui doivent y être entendus. — J.G.S. *Enquête*, 68.

3590. — II. POINT DE DÉPART DU DÉLAI (C. proc. civ. nᵒˢ 13 à 15).

3591. — III. DÉFENSE DE COMMENCER L'ENQUÊTE AVANT UN CERTAIN DÉLAI (C. proc. civ. nᵒˢ 16 à 18). — D'après un auteur, l'art. 258 étant muet sur la question de savoir si les juges ont la faculté de défendre que l'enquête soit commencée avant un certain délai et les délais étant rigoureusement tracés par la loi, il importe d'observer le texte de ses prescriptions sans les étendre arbitrairement. Mais, si l'on accorde cette faculté au tribunal, l'enquête commencée avant l'expiration du terme fixé doit être annulée. — J.G.S. *Enquête*, 65. — *Contrà* : *Code de procédure civile*, nº 16.

3592. — IV. DÉCHÉANCE RÉSULTANT DE L'EXPIRATION DU DÉLAI (C. proc. civ. nᵒˢ 19 et 20).

Art. 259. L'enquête est censée commencée, pour chacune des parties respectivement, par l'ordonnance qu'elle obtient du juge-commissaire, à l'effet d'assigner les témoins aux jour et heure par elle désignés.

En conséquence, le juge-commissaire ouvrira les procès-verbaux respectifs par la mention de la réquisition et de la délivrance de son ordonnance.

3593. L'art. 259 n'oblige pas le juge-commissaire à ouvrir le procès-verbal de l'enquête au moment même où l'ordonnance est délivrée, et il a le droit d'attendre pour le faire que les premiers témoins puissent être entendus; cela est, d'ailleurs, sans importance, puisque le commencement de l'enquête ne dépend pas de l'ouverture du procès-verbal. — J.G.S. *Enquête*, 70. — V. *Code de procédure civile*, nº 16.

3594. Lorsque le délai fixé par l'art. 257 C. proc. civ. est expiré, la partie qui n'a pas fait assigner ses témoins au jour fixé par l'ordonnance ne peut, si elle ne justifie qu'elle en a été empêchée par un cas de force majeure, obtenir une nouvelle ordonnance et faire proroger ainsi l'ouverture de l'enquête. — Bourges, 3 avr. 1876, J.G.S. *Enquête*, 72. — V. *Code de procédure civile*, nº 22.

Art. 260. Les témoins seront assignés à personne ou domicile; ceux domiciliés dans l'étendue de trois myriamètres du lieu où se fait l'enquête, le seront au moins un jour avant l'audition; il sera ajouté un jour par trois myriamètres pour ceux domiciliés à une plus grande distance. Il sera donné copie à chaque témoin, du dispositif du jugement, seulement en ce qui concerne les faits admis, et de l'ordonnance du juge-commissaire : le tout à peine de nullité des dépositions des témoins envers lesquelles les formalités ci-dessus n'auraient pas été observées.

3595. — I. ASSIGNATION DES TÉMOINS (C. proc.

civ. nᵒˢ 1 à 4). — Si la partie adverse consent à l'audition du témoin non assigné, le témoin est entendu ; le juge consigne alors le consentement sur son procès-verbal, et le fait signer par la partie. — J G.S. *Enquête,* 98. — V. *Code de procédure civile,* nᵒ 3.

3596. Jugé aussi que, si la citation est parvenue au témoin, bien qu'il n'ait pas été assigné à son domicile véritable, et s'il comparaît, la nullité est couverte à son égard et « à l'égard de la partie à laquelle il est dénoncé ». — Bruxelles, 28 nov. 1881, J.G.S. *Enquête,* 98.

3597. — II. DÉLAI DE L'ASSIGNATION (C. proc. civ. nᵒˢ 5 à 8).

3598. — III. COPIE DU JUGEMENT ET DE L'ORDONNANCE (C. proc. civ. nᵒˢ 9 à 18). — Il doit être donné copie à chaque témoin du dispositif du jugement, seulement en ce qui concerne les faits admis dans l'ordonnance du juge-commissaire ; le tout, à peine de nullité des dépositions des témoins envers lesquels les formalités ci-dessus n'auraient pas été observées. — Conf. Bruxelles, 8 août 1881, J.G.S. *Enquête,* 100.

3599. D'après un auteur, c'est à tort qu'il a été jugé qu'il suffit que les faits aient été détaillés dans la requête présentée au juge et signifiée aux témoins ; car, s'il en était ainsi, il dépendrait de la partie de changer ou modifier dans une requête les dispositions du jugement. — J.G.S. *Enquête,* 100.

3600. Contrairement à cette opinion et conformément à la jurisprudence antérieure de la Cour de cassation, il a été jugé que les citations à témoins dans lesquelles il n'a été donné copie que de la partie du dispositif du jugement relative aux faits admis pour l'enquête et non de celle relative aux faits admis pour la contre-enquête, ne sont pas nulles si ces derniers faits rentrent exclusivement dans le cercle de la preuve contraire, qui n'exige aucune articulation préalable. — Bordeaux, 29 juill. 1876, J.G.S. *Enquête,* 100. — Comp. *Code de procédure civile,* nᵒ 16.

Art. 261. La partie sera assignée pour être présente à l'enquête, au domicile de son avoué, si elle en a constitué, sinon à son domicile : le tout trois jours avant l'audition. Les noms, professions et demeures des témoins à produire contre elle lui seront notifiés : le tout à peine de nullité, comme ci-dessus.

3601. — I. ASSIGNATION A LA PARTIE QUI N'A POINT D'AVOUÉ CONSTITUÉ (C. proc. civ. nᵒ 2). — Jugé que l'assignation donnée non pas à l'avoué, mais à la partie qui l'a institué, à son domicile, est nulle. — Trib. civ. Saint-Flour, 8 mars 1883, J.G.S. *Enquête,* 74. — Contrà : *Code de procédure civile,* nᵒ 2.

3602. — II. ASSIGNATION A LA PARTIE AVANT UN AVOUÉ CONSTITUÉ (C. proc. civ. nᵒˢ 3 à 43).

3603. — III. DÉLAI DE L'ASSIGNATION (C. proc. civ. nᵒˢ 46 à 65). — Sur la question controversée de savoir si le délai est susceptible d'augmentation à raison des distances, lorsque la partie a son avoué constitué, V. *Code de procédure civile,* nᵒˢ 50 et 15.

3604. Dans un système assez généralement admis, le délai doit toujours être augmenté d'un jour par cinq (anciennement trois) myriamètres de distance, conformément aux règles ordinaires des assignations. — J.G.S. *Enquête,* 83.

3605. D'après une autre opinion, le délai de trois jours prescrit par l'art. 261 C. proc. civ., relativement à l'assignation pour paraître à l'enquête, n'est pas susceptible d'augmentation au profit de la partie représentée par un avoué, et ce n'est à raison de la distance qui peut exister entre le domicile de cet avoué et le lieu de l'enquête, ni du lieu qu'à titre précaire et de pure tolérance, ce dernier motif suffit pour justifier le rejet de l'action possessoire et pour faire maintenir le jugement, nonobstant la nullité de l'enquête. — Même arrêt.

3606. Enfin, d'après un troisième système, le délai doit être augmenté à la fois à raison de la distance entre le domicile de l'avoué du défendeur et le lieu où doit se faire l'enquête, et à raison de la distance entre ce même domicile et celui du défendeur. — J.G.S. *Enquête,* 83.

3607. L'inobservation des délais prescrits par l'art. 261 C. proc. civ. n'est pas une nullité d'ordre public ; par suite, une partie peut renoncer à s'en prévaloir, notamment en discutant au fond l'enquête, et ne peut la proposer pour la première fois devant la Cour de cassation. — Req. 29 janv. 1883, J.G.S. *Enquête,* 158.

3608. — IV. NOTIFICATION DES NOMS DES TÉMOINS (C. proc. civ. nᵒˢ 66 à 88). — 1ᵒ *Indication des noms, professions et demeures des témoins* (C. proc. civ. nᵒˢ 66 à 75). — L'indication des noms, professions et demeures des témoins, prescrite à peine de nullité, dans la notification qui doit être faite à la partie adverse, trois jours au moins avant l'audition, peut être remplacée par des énonciations équivalentes, pourvu qu'il n'y ait pas de doute sur l'identité ; par exemple, on a pu substituer au nom patronymique d'un témoin, dans la notification, celui sous lequel il est connu dans sa commune, s'il est certain qu'en fait, la partie ne s'y est pas trompée. — Nancy, 21 févr. 1874, D.P. 75. 2. 156.

3609. — 2ᵒ *Où doit être notifiée la liste des témoins* (C. proc. civ. nᵒˢ 76 et 77).

3610. — 3ᵒ *Forme de l'acte de notification* (C. proc. civ. nᵒˢ 78 à 83).

3611. — 4ᵒ *Délai de la notification* (C. proc. civ. nᵒˢ 84 à 88). — Les noms, prénoms et demeures des témoins produits dans une enquête ne doivent pas, à peine de nullité, être notifiés trois jours avant la date fixée pour leur audition ; il suffit que la notification ait lieu trois jours avant celui où ils ont pu être entendus. — Bruxelles, 18 janv. 1879, J.G.S. *Enquête,* 89. — V. *Code de procédure civile,* nᵒ 84.

3612. — I. AUDITION DES TÉMOINS (C. proc. civ. nᵒˢ 1 à 7). — Le jugement qui, ordonnant une enquête en matière ordinaire, décide que les témoins seront entendus à l'audience, est nul ; mais cette nullité est couverte par l'exécution complète et volontaire du jugement par les parties. — Req. 14 déc. 1881, D.P. 84. 5. 212.

3613. La nullité de l'enquête n'entraîne pas la nullité du jugement qui l'a suivie, lorsque le juge ne s'est pas exclusivement fondé sur les témoignages entendus, et que sa décision trouve une base légale en dehors des résultats de ladite enquête. — Req. 11 juin 1884, D.P. 84. 1. 320.

3614. Il en est notamment ainsi quand le jugement, après avoir déclaré qu'il résulte de l'enquête qu'une partie n'a pas possédé *animo domini* le terrain litigieux, ajoute qu'il est d'ailleurs démontré par l'ensemble des faits, circonstances et documents de la cause, que tous les actes de possession de cette partie n'ont eu lieu qu'à titre précaire et de pure tolérance, ce dernier motif suffit pour justifier le rejet de l'action possessoire et pour faire maintenir le jugement, nonobstant la nullité de l'enquête. — Même arrêt.

3615. — II. ASSISTANCE DES PARTIES, DES AVOUÉS OU DES AVOCATS A L'AUDITION DES TÉMOINS (C. proc. civ. nᵒˢ 8 à 22).

3616. — III. LIEU DE L'ENQUÊTE (C. proc. civ. nᵒˢ 23 à 26).

3617. — IV. ASSISTANCE DU GREFFIER (C. proc. civ. nᵒ 27).

3618. — V. DÉCLARATION DES TÉMOINS (C. proc. civ. nᵒˢ 28 à 36).

3619. — VI. SERMENT DES TÉMOINS. — Le serment que les témoins sont tenus de prêter de faire leur déposition est une formalité essentielle à la validité de l'enquête, en matière sommaire comme en matière ordinaire. — Civ. c. 25 avr. 1876, D.P. 77. 1. 30. — Civ. c. 14 juin 1876, D.P. 76. 1. 325. — Civ. c. 26 juill. 1876, D.P. 76. 1. 358. — Civ. c. 14 janv. 1879, D.P. 80. 5. 340. — Civ. c. 1ᵉʳ avr. 1879, D.P. 79. 1. 183. — Civ. c. 24 déc. 1879, D.P. 79. 5. 379-380. — Civ. c. 2 mai 1883, D.P. 84. 5. 444. — Civ. c. 11 juin 1884, D.P. 84. 1. 320. — Civ. c. 28 janv. 1885, D.P. 85. 5. 247. — Civ. c. 20 juill. 1885, D.P. 85. 5. 247. — Civ. c. 10 mars 1886. D.P. 86. 5. 382. — Civ. c. 23 juin 1885, *ibid.* — Civ. c. 29 déc. 1886, D.P. 87. 5. 400. — Civ. c. 3 mai 1887, D.P. 87. 1. 491. — Civ. c. 10 mai 1887, D.P. 87. 1. 402. — Bourges, 8 juin 1887, D.P. 88. 2. 195. — Civ. c. 11 juill. 1887, D.P. 83. 1. 461. — Civ. c. 13 mars 1889, D.P. 89. 5. 417. — Civ. c. 16 avr. 1889, D.P. 89. 5. 446. — Civ. c. 26 juin 1889, D.P. 90. 1. 435. — Civ. c. 18 juill. 1889, *ibid.* — Civ. c. 6 août 1889, *ibid.* — Civ. c. 2 avr. 1890, D.P. 90. 5. 446. — Civ. c. 9 juill. 1890, *ibid.*

3620. Et l'accomplissement de cette formalité doit être constaté à peine de nullité, soit dans le procès-verbal d'enquête, soit dans le jugement, selon que le litige comporte ou non la rédaction d'un procès-verbal. — Mêmes arrêts.

3621. Le serment qui doit être prêté par tout témoin avant de faire sa déposition est une formalité substantielle dont l'omission entraîne la nullité de la déposition et du jugement qui en a fait état, sans indiquer si la déclaration du témoin a eu ou non pour le juge l'autorité d'une déposition régulièrement faite en justice. — Arrêt préc. 1ᵉʳ mars 1889.

3622. La mention que les témoins ont été entendus « en la manière et forme accoutumée » est insuffisante pour constater la prestation du serment. — Civ. c. 16 avr. 1889, D.P. 89. 5. 446. — Civ. c. 15 juill. 1889, *ibid.* — Civ. c. 6 août 1889, *ibid.*

3623. Il en est de même de la mention que « les formalités prescrites pour l'audition des témoins ont été observées », car il n'en résulte pas la preuve que le serment a été prêté. — Arrêt préc. 10 mai 1887.

3624. Jugé néanmoins, dans un procès-verbal de contre-enquête, aucune mention n'est faite de la prestation de serment des témoins, l'omission de cette formalité substantielle vicie nécessairement la contre-enquête, qui doit être considérée comme nulle ; que le tribunal ne saurait, pour réparer cette omission, admettre que se fait une preuve testimoniale ; que le procès-verbal dressé par le greffier doit contenir en lui-même cette preuve, et mentionner l'accomplissement de toutes les formalités prescrites par la loi. — Trib. Cosne, 30 juin 1886, D.P. 89. 1. 73.

3625. La nullité résultant du défaut de prestation de serment peut être proposée pour la première fois en cause d'appel ; elle est pas couverte même par une défense à l'enquête. — Bourges, 8 juin 1887, D.P. 88. 2. 195-196.

3626. Suivant un arrêt, l'omission, dans une enquête, des formes et mentions prescrites par les art. 254 et 255 C. proc. civ., et le défaut de prestation de serment d'un expert ou d'un témoin, en matière civile ou commerciale, ne constituent pas des nullités d'ordre public ; par suite, elles sont susceptibles d'être couvertes par le consentement des parties ou l'exécution sans réserve. — Req. 21 avr. 1875, D.P. 75. 1. 488.

3627. Il est, en effet, de principe, d'une

part, que les tribunaux apprécient souverainement s'il y a lieu pour eux de recourir à telle mesure d'instruction ; et, de l'autre, que les parties ont le droit de dispenser les experts de la prestation du serment. — D.P. 75. 1. 488, note.

3828. Décidé en sens contraire que le demandeur peut relever l'irrégularité du jugement consistant dans le défaut de mention de serment des témoins sans qu'on ait le droit de lui opposer qu'il a précédemment couvert les nullités de l'enquête par son silence. — Même arrêt.

Art. 263. Les témoins défaillants seront condamnés, par ordonnance du juge-commissaire qui seront exécutoires nonobstant opposition ou appel, à la somme qui ne pourra être moindre de dix francs, au profit de la partie, à titre de dommages-intérêts ; ils pourront de plus être condamnés par la même ordonnance, à une amende qui ne pourra excéder la somme de cent francs.

Les témoins défaillants seront réassignés à leurs frais.

3629. — I. Condamnation des témoins a l'amende et aux dommages-intérêts (C. proc. civ, nᵒˢ 2 à 10).

3630. — II. Recours contre la condamnation (C. proc. civ, nᵒˢ 11 à 15).

3631. — III. Réassignation (C. proc. civ. nᵒˢ 16 à 21).

Art. 264. Si les témoins réassignés sont encore défaillants, ils seront condamnés, et par corps, à une amende de cent francs ; le juge-commissaire pourra même décerner contre eux un mandat d'amener.

Art. 265. Si le témoin justifie qu'il n'a pu se présenter au jour indiqué, le juge-commissaire le déchargera, après sa déposition, de l'amende et des frais de réassignation.

Art. 266. Si le témoin justifie qu'il est dans l'impossibilité de se présenter au jour indiqué, le juge-commissaire lui accordera un délai suffisant, qui néanmoins ne pourra excéder celui fixé pour l'enquête, ou se transportera pour recevoir la déposition. Si le témoin est éloigné, le juge-commissaire renverra devant le président du tribunal du lieu, qui entendra le témoin ou commettra un juge ; le greffier de ce tribunal fera parvenir de suite la minute du procès-verbal au greffe du tribunal où le procès est pendant, sauf à lui à prendre préalablement pour les frais contre la partie à la requête de qui le témoin aura été entendu.

3632. Aux termes de l'art. 255 C. proc civ., le nouveau juge-commissaire ne pourra être nommé que par le tribunal du lieu où les témoins doivent être entendus, tribunal désigné à cet effet par celui saisi de la contestation. — J.G.S. Enquête, 124.

Art. 267. Si les témoins ne peuvent être entendus le même jour, le juge-commissaire remettra à jour et heure certaines, et il ne sera donné nouvelle assignation ni aux témoins, ni à la partie, encore qu'elle n'ait pas comparu.

Art. 268. Nul ne pourra être assigné comme témoin, s'il est parent ou allié en ligne directe de l'une des parties, ou son conjoint, même divorcé.

3633. La disposition de l'art. 268 est l'application pure et simple de la règle qu'une partie ne peut être témoin dans sa propre cause. — J.G.S. Enquête, 234.

3634. Le juge-commissaire qui a des doutes sérieux sur l'incapacité d'un témoin dont la qualité est contestée peut recevoir sous toute réserve sa déposition. — Req. 13 déc. 1871, D.P. 72. 1. 186.

Art. 269. Les procès-verbaux d'enquête contiendront la date des jour et heure, les comparutions ou défauts des parties et témoins, la représentation des assignations, les remises à autres jour et heure, si elles sont ordonnées ; à peine de nullité.

Art. 270. Les reproches seront proposés par la partie ou par son avoué avant la déposition du témoin, qui sera tenu de s'expliquer sur iceux : ils seront circonstanciés et pertinents, et non en termes vagues et généraux. Les reproches et les explications du témoin seront consignés dans le procès-verbal.

Art. 271. Le témoin déposera sans qu'il soit permis de lire aucun projet écrit. Sa déposition sera consignée sur le procès-verbal ; elle lui sera lue, et il lui sera demandé s'il y persiste : le tout à peine de nullité. Il lui sera demandé aussi s'il requiert taxe.

3635. La lecture faite au témoin de la déposition écrite sous la dictée du juge est une garantie suffisante de la fidélité de la rédaction, et s'en remettre pour cette dictée au témoin lui-même, ce serait s'exposer à un très regrettable défaut de précision et de clarté. — J.G.S. Enquête, 113.

Art. 272. Lors de la lecture de sa déposition, le témoin pourra faire tels changements et additions que bon lui semblera : ils seront écrits à la suite ou à la marge de sa déposition : il lui en sera donné lecture, et quand de la déposition, et mention en sera faite : le tout à peine de nullité.

Art. 273. Le juge-commissaire pourra, soit d'office, soit sur la réquisition des parties ou de l'une d'elles, faire au témoin les interpellations qu'il croira convenables pour éclaircir sa déposition : les réponses du témoin seront signées de lui, après lui avoir été lues, on mention sera faite s'il ne veut ou ne peut signer ; elles seront également signées du juge et du greffier : le tout à peine de nullité.

3636. Le refus du juge-commissaire de poser les questions requises par une partie et de consigner dans le procès-verbal les dires de son avoué n'entraîne pas la nullité de l'enquête, s'il n'a pas pour effet de supprimer au moins partiellement le droit de défense. — Bordeaux, 3 janv. 1855, J.G.S. Enquête, 112. — V. Code de procédure civile, nᵒ 12.

Art. 274. La déposition du témoin, ainsi que les changements et additions qu'il pourra y faire, seront signés par lui, le juge et le greffier ; et si le témoin ne veut ou ne peut signer, il en sera fait mention : le tout à peine de nullité. Il sera fait mention de la taxe, s'il la requiert, ou de son refus.

Art. 275. Les procès-verbaux feront mention de l'observation des formalités prescrites par les art. 261, 262, 269, 270, 271, 272, 273 et 274 ci-dessus : ils seront signés

à la fin, par le juge et le greffier, et par les parties si elles le veulent ou le peuvent ; en cas de refus, il en sera fait mention : le tout à peine de nullité.

3637. — I. Mention de l'accomplissement des formalités (C. proc. civ. nᵒˢ 1 à 11). — D'après un auteur, le procès-verbal mentionne l'observation de chacune des formalités légales, il est inutile de le clore par une mention générale qui rappelle l'accomplissement de toutes ces prescriptions. — J.G.S. Enquête, 143.

3638. D'après un autre auteur, au contraire, chaque mention doit rappeler la nature et l'objet des dispositions de chacun des articles indiqués par l'art. 275 (sans exprimer toutefois que telle formalité a eu lieu d'après tel article), et la seule mention : déclarons que l'enquête a été confectionnée en conformité du Code de procédure civile et surtout de l'art. 278, serait insuffisante. — J.G.S. Enquête, 145.

3639. Ce dernier auteur ajoute que la mention doit être faite au fur et à mesure de l'accomplissement de chaque formalité, et pour chaque déposition, ce qui est le seul moyen d'assurer la stricte observation de la loi. Autrement, il serait inutile que le juge fit constater, après un long intervalle peut-être, l'observation d'une formalité dont il a probablement perdu le souvenir ; car l'on ne manquerait jamais de mettre à la fin du procès-verbal une clause conforme au texte de l'art. 275 C. proc. civ., clause qui deviendrait de style. — J.G.S. Enquête, 145.

3640. — II. Signature du procès-verbal (C. proc. civ. nᵒˢ 12 à 15).

Art. 276. La partie ne pourra, ni interrompre le témoin dans sa déposition, ni lui faire aucune interpellation directe, mais sera tenue de s'adresser au juge-commissaire, à peine de dix francs d'amende, et en cas de plus forte amende, même d'exclusion, en cas de récidive ; ce qui sera prononcé par le juge-commissaire. Ses ordonnances seront exécutoires nonobstant appel ou opposition.

Art. 277. Si le témoin requiert taxe, elle sera faite par le juge-commissaire sur la copie de l'assignation, et elle vaudra exécutoire : le juge fera mention de la taxe sur son procès-verbal.

Art. 278. L'enquête sera respectivement parachevée dans la huitaine de l'audition des premiers témoins, à peine de nullité, si le jugement qui l'a ordonnée n'a fixé un plus long délai.

3641. — I. Audition des témoins dans le délai (C. proc. civ. nᵒˢ 2 à 6). — La partie qui a produit des témoins dans une enquête peut demander que l'enquête soit continuée pour en faire entendre de nouveaux dans la huitaine de l'audition des premiers. — Trib. civ. d'Angoulême, 14 janv. 1884, D.P. 84. 3. 111. — V. Code de procédure civile, nᵒ 2.

3642. Il ne peut pas dépendre de la partie que celui qui a commissaire avait déterminé de se donner quatre, cinq ou six jours de plus, délai dans lequel la loi verrait un calcul fait par la partie pour se ménager la facilité de trouver ou de suborner des témoins. — J.G.S. Enquête, 126.

3643. Les commissions rogatoires décernées par le juge-commissaire pour recevoir les dépositions des témoins éloignés faisant qu'une partie de l'enquête principale, il en résulte que l'audition des témoins ainsi entendus doit être parachevée dans la huitaine du jour où les premiers témoins ont été entendus par le juge-commissaire. — J.G.S. *Enquête,* 128.

3644. — II. Computation du délai (C. proc. civ. nos 7 à 9).

3645. — III. Point de départ du délai (C. proc. civ. nos 10 à 14).

3646. — IV. Nullité des dépositions tardives (C. proc. civ. nos 15 et 16) — Si l'audition de témoins cités en vertu d'une commission rogatoire ne peut, par suite d'un cas de force majeure, avoir lieu dans la huitaine, les dépositions reçues après l'expiration de ce délai sont nulles; mais l'enquête principale n'est point viciée par cette nullité, et une enquête nouvelle peut être autorisée, étant surtout donné qu'une demande de prorogation a été faite en temps utile. — V. en ce sens Trib. civ. Toulouse, 23 janv. 1883, J.G.S. *Enquête,* 128 .

3647. — V. Incidents qui s'élèvent pendant l'audition des témoins (C. proc. civ. nos 17 à 24).

Art. 279. Si néanmoins l'une des parties demande prorogation dans le délai fixé pour la confection de l'enquête, le tribunal pourra l'accorder.

3648. — I. Dans quels cas il y a lieu a prorogation d'enquête (C. proc. civ. nos 1 à 2). — L'art. 279 suppose expressément qu'une partie demande la prorogation, si elle ne peut indiquer à d'office *a priori* un délai plus long que le délai légal, pour proroger d'office celui qu'il a primitivement fixé. — J.G.S. *Enquête,* 129. — V. *Code de procédure civile,* no 1.

3649. Une prorogation d'enquête peut être accordée même pour éviter une nullité de procédure, telle que celle qui devrait se produire, dans le cas où les témoins seraient entendus, au jour fixé pour leur audition, sans que leurs noms eussent été préalablement notifiés. ; alors du moins que cette notification a été omise par la faute, non de la partie elle-même, mais de l'huissier qui en était chargé. — Douai, 16 févr. 1875, D.P. 77. 2. 159-160. — V. *Code de procédure civile,* nos 10 et s.

3650. La prorogation ne doit pas, en effet, être accordée lorsque la demande en est motivée par la faute de la partie poursuivante elle-même. — Trib. Amiens, 17 mars 1882, J.G.S. *Enquête,* 130.

3651. — II. Quand doit être demandée la prorogation d'enquête (C. proc. civ. nos 23 à 34).

3652. — III. Audition des témoins dans la prorogation d'enquête (C. proc. civ. nos 35 à 45). — Aucune disposition de loi ne limite le nombre des témoins nouveaux qui pourront être entendus; mais le tribunal, qui est libre de refuser la prorogation, a le droit de fixer le nombre de ces témoins. — J.G.S. *Enquête,* 137.

3653. Jugé que l'art. 279 C. proc. civ., d'après lequel l'une des parties peut demander prorogation pour la confection de l'enquête, est absolu et ne limite pas le nombre des témoins qui pourront être entendus. En pareil cas, il est laissé à la sagesse du juge d'user dans la mesure qu'il croit convenable de la faculté que lui donne la loi. — Pau, 10 avr. 1878, D.P. 79. 2. 91.

3654. Toutefois, lorsque la prorogation est reconnue nécessaire, le juge doit laisser toute latitude au demandeur, « qui peut seul bien apprécier le plus ou moins d'utilité qu'il y a dans l'audition de tel ou tel nombre de témoins ». — Agen, 14 févr. 1853, J.G.S. *Enquête,* 137.

3655. Une prorogation d'enquête obtenue par une partie profite à la partie adverse qui peut aussi faire entendre de nouveaux témoins pendant la durée de la prorogation. — Arrêt préc. 10 avr. 1878. — Conf. Bourges, 27 déc. 1878, J.G.S. *Enquête,* 138.

Suppl. au C. proc. civ.

Art. 280. La prorogation sera demandée sur le procès-verbal du juge-commissaire, et ordonnée sur le référé qu'il en fera à l'audience, au jour indiqué par son procès-verbal, sans sommation ni avenir, si les parties ou leurs avoués ont été présents : il ne sera accordé qu'une seule prorogation, à peine de nullité.

3656. — I. Forme et instruction de la demande en prorogation (C. proc. civ. nos 1 à 12). — Lorsqu'un juge d'un autre tribunal ou un juge de paix a été commis pour procéder à l'enquête, il doit se borner à mentionner dans son procès-verbal la demande de prorogation formée par l'une des parties, et sur cette demande, renvoyer la partie à se pourvoir et appeler son adversaire, par un simple acte devant le tribunal qui a ordonné l'enquête, et non pas devant celui auquel il appartient, lui, juge-commissaire de l'enquête. — J.G.S. *Enquête,* 140. — V. *Code de procédure civile,* no 10.

3657. — II. Jugement sur la demande de prorogation (C. proc. civ. nos 13 à 22).

3658. — III. Défense d'accorder une seconde prorogation (C. proc. civ. nos 23 à 25). — Une seconde prorogation peut être accordée si un témoin n'a pas été touché par l'assignation ou n'a pu se présenter à temps pour cause de maladie. — J.G.S. *Enquête,* 136. — V. *Code de procédure civile,* no 23.

Art. 281. La partie qui aura fait entendre plus de cinq témoins sur un même fait ne pourra répéter les frais des autres dépositions.

3659. — I. Nombre des témoins (C. proc. civ. nos 1 à 4).

3660. — II. Répétition des frais (C. proc. civ. nos 5 à 9).

Art. 282. Aucun reproche ne sera proposé après la déposition, s'il n'est justifié par écrit.

Art. 283. Pourront être reprochés, les parents ou alliés de l'une ou l'autre des parties jusqu'au degré de cousin issu de germain inclusivement; les parents et alliés des conjoints au degré ci-dessus, si le conjoint est vivant, ou si la partie ou le témoin en a des enfants vivants ; si ce conjoint soit décédé, et qu'il n'ait pas laissé de descendants, pourront être reprochés les parents et alliés en ligne directe, les frères, beaux-frères, tantes et belles-sœurs.

Pourront aussi être reprochés, le témoin héritier présomptif ou donataire; celui qui aura bu ou mangé avec la partie, et à ses frais, depuis le prononciation du jugement qui a ordonné l'enquête; celui qui aura donné des certificats sur les faits relatifs au procès, les serviteurs et domestiques; le témoin en état d'accusation; celui qui aura été condamné à une peine afflictive ou infamante, ou même à une peine correctionnelle pour cause de vol.

DIVISION.

§ 1. — *Causes de reproche prévues par la loi* (no 3661).

§ 2. — *Causes de reproche non prévues par la loi* (no 3731).

§ 1er. — *Causes de reproche prévues par la loi* (C. proc. civ. nos 1 à 190)

3661. — I. Parenté et alliance (C. proc. civ. nos 1 à 37). — En admettant que l'art. 283 C. proc. civ. ne soit pas applicable

au cas où les témoins reprochés sont parents ou alliés des deux parties au lieu de l'être de l'une d'elles seulement, encore faudrait-il qu'il fussent parents ou alliés des deux parties au même degré ; sans quoi, la présomption de partialité, sur laquelle paraissent fondées les prescriptions de cet article, subsisterait au moins en partie. — En ce sens, C. cass. de Belgique, 17 mai 1883, D.P. 84. 2. 118. — V. *Code de procédure civile,* no 16.

3662. Les parents et alliés des créanciers d'une faillite ne sont pas reprochables comme témoins dans les procès intentés par le syndic, à moins qu'il n'aient un intérêt direct à la cause. — C. cass. de Belgique, 17 mai 1883, D.P. 84. 2. 118. — V. *Code de procédure civile,* no 16.

3663. Le défendeur peut, lorsqu'il est poursuivi par une caution en déclaration d'extinction de la dette, reprocher les parents ou alliés du débiteur principal. — Metz, 22 avr. 1858, J.G.S. *Enquête,* 182.

3664. Le reproche d'un témoin, fondé sur la parenté ou l'alliance de ce témoin avec l'une des parties, peut être proposé même par la partie dont il est parent ou allié. — Bordeaux, 26 déc. 1862, J.G.S. *Enquête,* 264. — V. *Code de procédure civile,* no 31.

3665. Sur l'exception apportée à l'art. 283 en matière de divorce et de séparation de corps, V. *Supplément au Code civil annoté,* art. 245, nos 2249 et s.

3666. — II. Héritier présomptif ou donataire (C. proc. civ. nos 38 et 39). — Dans une enquête ouverte au cours d'une instance en nullité d'un legs, un témoin ne peut être reproché, soit parce qu'il est l'exécuteur du testament contenant le legs attaqué, s'il n'a pas d'intérêt personnel et direct dans la contestation, soit parce qu'il est lui-même légataire particulier, la nullité demandée, en la supposant obtenue, ne peut avoir aucun effet à l'égard du legs qui lui a été fait, soit enfin comme subrogé-tuteur des enfants du défendeur, si ce dernier, loin d'avoir un intérêt opposé à celui attaqué, à, au contraire, un intérêt personnel à faire prévaloir leur cause. — J.G.S. *Enquête,* 187.

3667. — III. Personne ayant bu ou mangé avec la partie. (C. proc. civ. nos 40 à 49). Un témoin est reprochable, lorsqu'il a bu ou mangé aux frais de la partie, bien que celui-ci n'ait ni bu ni mangé en même temps que lui. — Bordeaux, 5 août 1853, p.S. *Enquête,* 188.

3668. Jugé, toutefois, qu'il n'y a pas lieu de reprocher le témoin qui a bu ou mangé chez la partie et à ses frais, mais non avec elle. — Bruxelles, 19 nov. 1860, J.G.S. *Enquête,* 188.

3669. On peut reprocher les témoins qui ont bu ou mangé avec la partie et à ses frais depuis le jugement ordonnant l'enquête, alors même que la condition et l'honorabilité de ces témoins et les circonstances éloignent toute idée de subornation. — J.G.S. *Enquête,* 188.

3670. Il en est ainsi, encore bien, que l'on sait, que, lors de l'introduction de l'instance et de l'ouverture de l'enquête la requête de plusieurs parties, les témoins n'aient bu ou mangé qu'avec l'une d'elles et à ses frais; et, d'autre part, que le fait se soit passé depuis le jugement qui a ordonné l'enquête et avant l'arrêt confirmatif de ce jugement. — J.G.S. *Enquête,* 188.

3671. — IV. Personne ayant donné un certificat relatif au procès (C. proc. civ. nos 50 à 120). — 1o *Caractère du certificat* (C. proc. civ. nos 50 à 55). — Lorsqu'un reproche est fondé sur ce qu'un témoin aurait donné des certificats relatifs au procès, il appartient au juge du fait de décider si ledit témoin n'a pas fourni de certificats dans le sens de la loi. — Req. 14 déc. 1881, D.P. 82. 1. 484.

17

3672. Spécialement, il peut repousser un reproche fondé sur ce que des témoins auraient donné des certificats sur les faits litigieux, alors qu'il n'est pas établi que ces déclarations signées des témoins et d'ailleurs non représentées constituent de véritables certificats sur les faits du procès. — Req. 16 nov. 1885, D.P. 87. 1. 12.

3673. Le droit du plaideur de faire écarter le témoignage de celui qui a donné un certificat sur des faits relatifs au procès est absolu ; l'admission de ce reproche n'est pas subordonnée à l'appréciation du juge. — Bruxelles, 31 mai 1869, D.P. 70. 2. 293.

3674. Le témoignage de celui qui a donné un certificat sur les faits relatifs au procès doit être écarté, non seulement dans la cause en vue de laquelle ce certificat a été donné, mais dans toute autre contestation à laquelle se rapportent les faits dont il s'agit. — C. cass. de Belgique, 7 mai 1880, J.G.S. Enquête, 192.

3675. Bien que des lettres écrites depuis l'instance par des témoins sur les faits du procès puissent être regardées comme des certificats dans le sens de l'art. 283, et, par suite, faire reprocher le témoin qui les a écrites, cependant il a été jugé qu'on ne doit pas regarder comme un certificat la lettre missive écrite spontanément par un témoin à une partie, pour lui faire connaître certaines circonstances dont il a gardé le souvenir. — Bordeaux, 21 juill 1851, J.G.S. Enquête, 196. — V. Code de procédure civile, n° 52.

3676. Il y a lieu d'écarter d'une enquête la déposition d'un témoin qui, dans le cours de l'instance, avait écrit une lettre contenant ses appréciations personnelles sur l'objet du litige. — Req. 1er juill. 1889, D.P. 90. 1. 375.

3677. Mais ne peut être reproché, comme ayant donné un certificat sur les faits du procès, l'ami commun qui a fourni par écrit des renseignements sous la condition expresse qu'ils seraient communiqués à toutes les parties. — Bordeaux, 7 juin 1871, D.P. 74. 5. 376.

3678. — 2° Personnes qui ont fait une déclaration en qualité d'experts, de témoins, etc. (C. proc. civ. nos 56 à 67). — Les experts chargés par la justice de donner leur avis sur les faits du procès ne sont pas reprochables comme témoins. — Douai, 16 juin 1857, J.G.S. Enquête, 224.

3679. Les personnes qui, pour se conformer à un ordre de justice, ont levé un plan des terrains litigieux, ou placé des bornes provisoires, et qui ont constaté par écrit l'opération à laquelle elles ont procédé, ne peuvent être considérées comme ayant délivré des certificats relatifs au procès, et leur témoignage, dès lors, ne peut être écarté. — Req. 23 janv. 1877, D.P. 78. 1. 70. — V. Code de procédure civile, n° 56.

3680. On ne saurait reprocher, comme ayant donné un certificat sur les faits du procès, une personne appelée à donner des renseignements aux employés d'une compagnie de chemins de fer relativement à un accident dont ils dressaient procès-verbal. — Dijon, 8 mars 1880, J.G.S. Enquête, 198. — Contra : Besançon, 17 févr. 1883, ibid.

3681. Il en est de même de l'employé d'une compagnie de chemins de fer qui a adressé à cette compagnie un rapport sur un accident dont un particulier a été victime : il ne peut être assimilé à un témoin ayant donné un certificat sur les faits du procès, et, par suite, ne peut être reproché. — Chambéry, 5 mai 1876, D.P. 79. 5. 403.

3682. Jugé également que des témoins entendus dans le rapport peuvent être appelés comme témoins dans la contre-enquête. — Douai, 15 févr. 1882, J.G.S. Enquête, 209.

3683. — 3° Fonctionnaires et membres d'un corps constitué (C. proc. civ. nos 68 à 75). — La question de savoir si les conseillers municipaux qui ont pris part à la délibération par laquelle une commune sollicite l'autorisation de soutenir un procès peuvent ensuite être entendus comme témoins dans ce procès, est une question de fait dont les juges sont souverains appréciateurs. — Bourges, 4 déc. 1877, D.P. 79. 2. 104. — V. Code de procédure civile, n° 73.

3684. Ces conseillers municipaux ne peuvent être assimilés d'une manière absolue au témoin qui donne un certificat sur les faits relatifs à la contestation. Ils peuvent donc être entendus comme témoins dans l'enquête à laquelle le procès intenté par la commune a donné lieu, alors qu'il n'apparaît pas qu'ils aient un intérêt direct et personnel à l'issue du procès. — Même arrêt.

3685. Les juges du fond ont pu, sans violer l'art. 283 C. proc. civ., écarter, par une appréciation souveraine des circonstances, les dépositions de certains témoins qui, avant de déposer dans un procès relatif à un droit d'affouage, auraient exprimé leur avis, comme conseillers municipaux, dans la délibération du conseil municipal refusant l'affouage à l'adversaire de la commune, bien que cet avis ne puisse être regardé comme un certificat donné sur les faits du procès. — Req. 8 mai 1883, D.P. 83. 1. 393.

3686. On ne saurait considérer comme un motif suffisant de reproche, dans une instance intéressant une commune, lorsque le témoin n'a qu'un intérêt général, indirect et éloigné à la solution du procès, la qualité d'adjoint au maire, ni celle de conseiller municipal ayant pris part à la délibération qui a autorisé la commune à intervenir au litige. — Orléans, 1er juill. 1886, D.P. 88. 2. 128. — V. Code de procédure civile, nos 71 et 75.

3687. ... Ni celle d'instituteur, ni celle de secrétaire de la mairie rétribué sur les fonds municipaux. — Même arrêt.

3688. Le maire et les conseillers municipaux ne peuvent être reprochés comme témoins dans un procès intéressant une fabrique, à raison de leur qualité de membres du conseil de fabrique. — Req. 23 janv. 1877, D.P. 78. 1. 70.

3689. Il a été jugé, en Belgique, que l'on ne peut reprocher, en les assimilant à des serviteurs ou domestiques ou fonctionnaires ou employés de l'État dont la position est fixée par des lois ou des règlements d'administration publique. — Bruxelles, 18 nov. 1886, J.G.S. Enquête, 224.

3690. — 4° Magistrats (C. proc. civ. nos 76 à 84). —

3691. — 5° Avocat et conseil (C. proc. civ. nos 85 à 88). — Les conseils de l'avocat, pas plus que l'assistance de l'avoué, ne peuvent être assimilés en droit au certificat. — J.G.S. Enquête, 204.

3692. Jugé que le témoin qui a été l'avocat de l'une des parties en cause dans le jugement qui avait ordonné l'enquête peut être reproché en appel. — V. en ce sens : Gand, 20 mars 1857, J.G.S. Enquête, 204. — Bruxelles, 14 nov. 1859, ibid. — V. Code de procédure civile, n° 86.

3693. — 6° Avoué (C. proc. civ. nos 89 à 91). — Certains auteurs admettent que l'avoué qui a occupé pour une partie en première instance et est appelé en témoignage par cette partie dans une enquête ordonnée par la cour sur l'appel du jugement peut être reproché par la partie adverse. — J.G.S.

3694. — 7° Huissier (C. proc. civ. nos 92 à 94).

3695. — 8° Notaire (C. proc. civ. nos 95 à 103). — Le notaire et les témoins instrumentaires devant lesquels un acte authentique a été passé peuvent être entendus comme témoins dans l'enquête portant sur le dol, la fraude ou la simulation dont cet acte serait entaché, à la charge par le juge d'accueillir leur déposition qu'avec prudence et circonspection. — Gand, 19 juill. 1882, D.P. 84. 2. 200. — V. en ce sens : Gand, 11 août 1854, J.G.S. Enquête, 205 ; Gand, 4 mai

1876, ibid ; Trib. Malines, 23 mai 1879, ibid.

3696. — 9° Témoins instrumentaires (C. proc. civ. nos 104 à 107). — Les témoins instrumentaires d'un acte authentique peuvent être entendus comme témoins dans l'enquête. — Paris, 31 janv. 1874, D.P. 76. 2. 124.

3697. — 10° Membre d'un conseil de famille (C. proc. civ. nos 108 et 109). — Ne sont pas reprochables comme ayant donné un certificat, les membres d'un conseil de famille ayant concouru à une délibération portant autorisation d'intenter un procès, à moins qu'ils n'aient attesté, dans la délibération ou dans un autre acte, l'existence des faits articulés. — V. en ce sens : Trib. Bruxelles, 3 nov. 1879, J.G.S. Enquête, 201.

3698. Cependant il a été jugé que les membres du conseil de famille appelés, conformément à l'art. 892 C. proc. civ., à émettre leur avis sur l'état mental de la personne à interdire, doivent être considérés comme ayant donné, par l'expression de cet avis, un véritable certificat sur les faits de la cause. — Nancy, 17 déc. 1885, D.P. 86. 2. 280.

3699. — 11° Sur quels faits doit porter le certificat (C. proc. civ. nos 110 à 113). — Les termes de l'art. 283 étant généraux et ne faisant aucune distinction, il faut s'attacher à son esprit plutôt qu'à son texte et reconnaître qu'il n'y a d'application qu'au cas où le certificat a été délivré sur les faits mêmes du procès. — J.G.S. Enquête, 193.

3700. Le témoin reproché pour avoir donné un certificat sur l'un des faits relatifs à un procès peut être admis à déposer, même sur les faits qui n'ont pas fait l'objet de ce certificat. — Req. 10 avril 1869, D.P. 70. 2. 203. — Contrà : Code de procédure civile, n° 113.

3701. — 12° Forme du certificat (C. proc. civ. nos 114 à 118). — L'écriture est la présence de tout certificat ; en conséquence, ne peut être reproché le témoin dont les déclarations orales, faites en dehors de l'enquête, n'ont pas été recueillies par écrit. — Req. 24 juill. 1871, D.P. 71. 1. 147.

3702. — 13° Par quelle partie peut être proposé le reproche (C. proc. civ. nos 119 et 120). — Le reproche contre un témoin, fondé sur ce qu'il aurait souscrit un certificat pour l'une des parties, ne peut être proposé par la partie dans l'intérêt de laquelle le certificat a été donné. — J.G.S. Enquête, n° 421.

3703. — V. SERVITEURS ET DOMESTIQUES (C. proc. civ. nos 121 à 164). — Par domestique, dit un auteur, on entend non seulement les serviteurs à gages, mais encore ceux qui vivent à la même table soit gratuitement, soit à raison des services qu'ils rendent au maître de la maison, pourvu qu'il y ait supériorité de position de l'un envers l'autre. — J.G.S. Enquête, 211. — V. Code de procédure civile, n° 421.

3704. Suivant un autre, on doit entendre sous le nom de domestiques, ceux qui, attachés à la personne ou à la maison d'une partie, logés et nourris sous son toit, trouvent celle-ci pendant leur moyen d'existence et sont, par suite, dans un lien de dépendance envers la partie. — J.G.S. Enquête, 211.

3705. On ne saurait reprocher le témoin qui était encore au service de la partie au moment où l'enquête a été ordonnée, s'il n'y est plus au moment de la déposition, à moins qu'il n'apparaisse que le témoin n'est sorti de la maison de son maître que par suite d'un concert frauduleux. — V. en ce sens : Bruxelles, 19 nov. 1860, J.G.S. Enquête, 211. — V. Code de procédure civile, 213.

3706. — 1° Domestiques au service de la personne (C. proc. civ. nos 128 à 133). — La femme qui fait chaque jour, moyennant un salaire mensuel, le ménage d'une des parties, est reprochable, quoiqu'elle ne mange pas et ne loge pas avec elle. — Trib. civ. d'Agen, 31 déc. 1853, J.G.S. Enquête, 214.

3707. De même, le gardien attaché à la

personne d'un interdit peut être assimilé à un serviteur dans le sens de l'art. 283 C. proc. civ. — Rouen, 17 déc. 1866, J.G.S. *Enquête,* 216.

3708. Mais le surveillant général d'une exploitation minière et le chef mineur surveillant à la mine, qui ne sont ni logés ni nourris chez l'exploitant, n'ont pas le caractère de serviteurs ou domestiques dans le sens de l'art. 283 C. proc. civ., et ne peuvent pas, dès lors, être reprochés comme témoins dans une enquête relative à un accident survenu dans la mine. — Nancy, 29 juill. 1877, D.P. 78. 2. 175.

3709. — 2° *Ouvriers* (C. proc. civ. n°s 434 à 137). — On ne doit pas considérer comme reprochable l'ouvrier d'une fabrique, ni même le chef ouvrier, payés à la journée ou au mois, alors qu'ils sont indépendants et libres d'exercer leur profession chez un autre patron. — Trib. civ. Bar-le-Duc, 28 mai 1868, D.P. 71. 1. 102.

3710. L'ouvrier qui n'habite ni ne mange chez le patron pour lequel il travaille ne peut être assimilé aux serviteurs ou domestiques dont parle l'art. 283 C. proc. civ.; dès lors, il ne peut être reproché comme témoin dans une enquête où son patron est partie. — Bruxelles, 20 déc. 1856, J.G.S. *Enquête,* 228. — Douai, 16 juin 1857, *ibid.*

3711. — 3° *Fermiers et colons* (C. proc. civ. n°s 134 à 140). — Le fermier de l'une des parties entre lesquelles une enquête a été ordonnée ne peut être reproché comme témoin par l'autre partie, alors d'ailleurs qu'il n'a dans le litige aucun intérêt appréciable. — Gand, 22 avr. 1868, J.G.S. *Enquête,* 227.

3712. Un colon partiaire ne peut être assimilé à un domestique, et, par suite, n'est pas reprochable en vertu de l'art. 283 C. proc. civ. — Bordeaux, 18 févr. 1857, J.G.S. *Enquête,* 227.

3713. — 4° *Commis et employés* (C. proc. civ. n°s 141 à 156). — Le commis salarié qui n'est pas attaché par la nature de ses fonctions à la personne ou à la maison du patron, n'est pas placé par la loi au nombre des témoins reprochables. — Req. 14 déc. 1881, D.P. 82. 1. 181. — V. *Code de procédure civile,* n° 147.

3714. Au contraire, le teneur de livres d'un commerçant, initié à ce titre au détail et au secret des affaires de son patron, et placé à son égard dans un état de subordination qui le rend assimilable au serviteur, peut, à raison de cette situation, être reproché comme témoin, surtout dans les litiges concernant les affaires commerciales du patron, ... et notamment dans un procès en règlement de l'indemnité réclamée par celui-ci à une compagnie d'assurances à la suite d'un incendie qui a amené la perte d'une partie de son établissement. — Req. 14 déc. 1869, D.P. 71. 1. 102.

3715. Le directeur d'une compagnie d'assurances, qui a quitté son emploi au moment où il est appelé à témoigner dans un procès concernant la compagnie, ne peut être reproché comme témoin, s'il n'a pas un intérêt personnel à la solution de l'affaire. — Caen, 7 avril 1866, J.G.S. *Enquête,* 212.

3716. L'agent salarié d'une compagnie d'assurances, chargé de solliciter les assurances et de recevoir les primes ne peut être reproché comme témoin par l'assuré dans une instance pendante entre celui-ci et la compagnie, alors qu'il n'est pas établi que cet employé ait un intérêt personnel dans la cause. — Nîmes, 24 mai 1885, J.G.S. *Enquête,* 217.

3717. Les employés d'une compagnie de chemin de fer ne sont point des serviteurs ou domestiques de cette compagnie dans le sens de l'art. 283 C. proc. civ., ils ne peuvent donc être reprochés comme témoins dans une instance relative à une action en responsabilité dirigée contre la compagnie. — Chambéry, 5 mai 1876, D.P. 79. 5. 403. — Nîmes,

20 août 1877, D.P. 81. 2. 100. — Besançon, 28 déc. 1880, D.P. 81. 2. 400. — Civ. 29 déc. 1880, D.P. 81. 1. 260. — V. *suprà,* n° 3681.

3718. ... Sauf aux juges, en examinant leurs dépositions, à apprécier la sincérité de leur témoignage et la confiance qui peut leur être accordée. — Arrêts préc. 5 mai 1876; 20 août 1877; 28 déc. 1880.

3719. Jugé, au contraire, que, si l'employé est cité comme témoin par la compagnie elle-même, et si, à raison de ses fonctions, son témoignage ne présente aucun caractère sérieux d'impartialité, le tribunal peut admettre le reproche : ... sauf à entendre le témoin à titre de renseignement et sans prestation de serment. — Aix, 25 févr. 1878, D.P. 79. 5. 404.

3720. — 5° *Gardes* (C. proc. civ. n° 157 à 160). — Un garde particulier peut être reproché dans une enquête, lorsqu'il est l'homme de confiance ou le piqueur d'une partie. — Req. 31 juill. 1876, D.P. 77. 1. 24. — *Contra* : *Code de procédure civile,* n° 159.

3721. — 6° *Clercs et secrétaires* (C. proc. civ. n°s 151 à 162).

3722. — 7° *Précepteurs et instituteurs* (C. proc. civ. n°s 163 et 164). — On ne saurait considérer comme reprochable ni l'instituteur de la commune, ni le secrétaire de la mairie rétribué sur les fonds municipaux. — Orléans, 1er juill. 1866, D.P. 88. 2. 128. — V. *Code de procédure civile,* n° 164. — V. *suprà,* n° 3687.

3723. — VI. TÉMOIN EN ÉTAT D'ACCUSATION (C. proc. civ. n°s 165 à 167).

3724. — VII. TÉMOIN FRAPPÉ D'UNE CONDAMNATION AFFLICTIVE OU INFAMANTE (C. proc. civ. n°s 168 à 177). — Le juge ne peut entendre les condamnés dont parle l'art. 283 C. proc. civ. à titre de simples renseignements et sans prestation de serment, car ces simples déclarations ou renseignements pourraient influer sur sa décision. — J.G.S. *Enquête,* 232.

3725. — VIII. TÉMOIN FRAPPÉ D'UNE PEINE CORRECTIONNELLE POUR VOL (C. proc. civ. n° 178). — Pour qu'un témoin puisse être reproché, il ne suffit pas seulement qu'il soit poursuivi pour vol, il faut aussi qu'il ait été condamné. — Bordeaux, 29 juill. 1856, J.G.S. *Enquête,* 231.

3726. — IX. CARACTÈRE OBLIGATOIRE DES REPROCHES PRÉVUS PAR LA LOI (C. proc. civ. n°s 179 à 190). — Les causes de reproche énumérées par l'art. 283 C. proc. civ. sont obligatoires pour le juge dès que les parties les invoquent. — Trib. civ. de Châteauroux, 11 mai 1884, D.P. 85. 2. 195, et la note. — V. *Code de procédure civile,* n° 179.

3727. Tel est, en particulier, le reproche d'un témoin à raison de condamnations correctionnelles prononcées contre lui pour vol; et cette cause de reproche étant établie, non seulement par un écrit, mais même par un acte authentique, peut être reproché après la déposition du témoin. — Même jugement.

3728. Lorsqu'un témoin est reproché pour l'une des causes énoncées en l'art. 283 C. proc. civ., le pouvoir du tribunal consiste uniquement dans la vérification du fait qui a motivé le reproche; s'il reconnaît le motif du reproche, il est obligé d'accepter la déposition du témoin; il ne peut ordonner la lecture de cette déposition, sauf à y avoir tel égard que de raison. — Bordeaux, 26 déc. 1862, J.G.S. *Enquête,* 264. — Bruxelles, 28 oct. 1865, *ibid.*

3729. Lorsqu'un témoin entendu en matière civile est reproché pour l'une des causes énoncées en l'art. 283 C. proc. civ., le tribunal ne peut repousser arbitrairement le reproche; mais il lui appartient de vérifier, en fait, si la cause du reproche existe et se présente dans les conditions prévues par la loi. — Req. 16 nov. 1885, D.P. 87. 1. 12. — V. *Code de procédure civile,* n° 182.

3730. Si les témoins reprochés ne se

trouvent dans aucune des hypothèses prévues par l'art. 283 C. proc. civ., il appartient souverainement au juge du fait d'admettre ou de rejeter le reproche. — Req. 31 juill. 1876, D.P. 77. 1. 24. — V. *Code de procédure civile,* n°s 187 et s.

§ 2. — *Causes de reproche non prévues par la loi* (C. proc. civ. n°s 191 à 294).

3731. Les dispositions de l'art. 283 C. proc. civ. ne sont pas limitatives et laissent au juge la faculté d'apprécier s'il y a lieu d'admettre ou de repousser des reproches fondés sur des causes non énumérées dans ledit article. — Req. 8 mai 1883, D.P. 83. 1. 393. — Nancy, 17 déc. 1885, D.P. 86. 2. 280. — Pau, 31 mai 1886, D.P. 87. 2. 229, et la note. — V. *Code de procédure civile,* n° 194.

3732. Décidé dans le même sens : 1° que les juges du fond peuvent, en dehors des cas spécifiés par cet article, apprécier la valeur des reproches dirigés contre les témoins et écarter leurs dépositions, s'ils les trouvent suspectes, sans que leur décision sur ce point puisse être revisée par la cour de cassation. — Req. 8 mai 1883, D.P. 83. 1. 393.

3733. ... 2° Qu'en admettant que l'art. 283 ne soit pas limitatif, et qu'on puisse reprocher des témoins, à raison de l'intérêt qu'ils peuvent avoir à la décision du litige, il appartient aux juges, après avoir apprécié la nature de cet intérêt, d'accueillir ou d'écarter les reproches, sauf à avoir, dans ce dernier cas, à avoir à la déposition tel égard que de raison. — Nancy, 20 juill. 1877, D.P. 78. 2. 175.

3734. D'après un auteur, au contraire, l'énumération de l'art. 283 est limitative en matière civile comme celle de l'art. 480 en matière de requête civile. Le droit qu'a tout citoyen de déposer en justice ne peut lui être enlevé qu'en vertu d'une disposition expresse de la loi : les juges doivent seulement avoir tel égard que de raison aux moyens propres à faire considérer du témoin comme plus ou moins digne de foi. — J.G.S. *Enquête,* 176.

3735. En tous cas, l'art. 283 C. proc. civ. n'est pas applicable aux personnes soumises au secret professionnel ; celles-ci sont seules juges, sous le contrôle du tribunal, du point de savoir si elles peuvent parler, en cas de doute, l'intérêt de la partie qui s'oppose à leur audition est suffisamment sauvegardé par l'intervention du juge chargé de statuer sur la contestation ; en conséquence, la partie contre laquelle on veut les faire déposer ne peut pas les reprocher. — Cass. de Belgique, 22 mars 1888, D.P. 89. 2. 196.

3736. — I. PARTIE EN CAUSE (C. proc. civ. n°s 199 à 202). — Les parties en cause, bien qu'elles ne soient pas comprises parmi les personnes dont, aux termes de l'art. 283 C. proc. civ., le témoignage est sujet à reproche, ne peuvent être entendues comme témoins dans le procès. — Req. 21 juill. 1880, D.P. 81. 1. 201. — V. *Code de procédure civile,* n° 199.

3737. Spécialement, les membres de la commission d'une société de secours mutuels, assignés par un ancien associé qui demande sa réintégration dans la société, ne peuvent déposer comme témoins dans l'enquête qu'ils ont provoquée sur le litige. — Même arrêt.

3738. — II. TÉMOIN AYANT UN INTÉRÊT DIRECT ET PERSONNEL DANS LA CAUSE (C. proc. civ. n°s 203 à 259). — 1° *Intérêt né et actuel* (C. proc. civ. n°s 203 à 210). — Encore que les déclarations de témoins entendus dans une enquête reproduisent diverses assertions d'une partie intéressée dont le témoignage est écarté par l'arrêt, on n'en doit pas moins tenir compte de ces déclarations, lorsque les témoins ont déposé de faits qu'ils ont personnellement affirmés. — Cr. 5 janv. 1883, D.P. 83. 1. 366-367.

3739. Le courtier de commerce, par l'intermédiaire duquel une vente est intervenue et qui a attiré à l'une des parties l'existence de ladite vente, a un intérêt direct et personnel à ce qu'elle soit reconnue; dès lors, il est reprochable comme témoin. — Douai, 21 avr. 1879, J.G.S. *Enquête*, 236.

3740. — 2° *Intérêt éventuel* (C. proc. civ. n°s 211 à 215).

3741. — 3° *Associés* (C proc. civ. n°s 216 à 221).

3742. — 4° *Créanciers* (C. proc. civ. n°s 222 à 227). — Les créanciers ne sont pas reprochables comme témoins dans une enquête intéressant leur débiteur, sauf aux juges à avoir tel égard que de raison à leurs dépositions. — Chambéry, 29 avr. 1868, D.P. 68. 2. 181. — V. *Code de procédure civile*, n° 224.

3743. Ainsi les créanciers d'une faillite ne sont pas reprochables comme témoins dans les procès intentés par le syndic de la faillite, à moins qu'ils n'aient un intérêt direct à la cause. — C. cass. de Belgique, 17 mai 1883, D.P. 84. 2. 118. — V. *Code de procédure civile*, n° 225.

3744. Mais on ne devrait reprocher dans une distribution par contribution des créanciers intéressés à ce qu'un contredit fût validé. — J.G.S *Enquête*, 240.

3745. — 5° *Débiteurs* (C. proc. civ. n°s 228 à 231).

3746. — 6° *Habitants d'une commune en procès* (C. proc. civ. n°s 232 à 259). — On ne saurait considérer comme un motif suffisant de reproche, dans une instance intéressant une commune : ... la qualité d'habitant de cette commune, lorsque le témoin n'a qu'un intérêt général, indirect et éloigné à la solution du procès. — Orléans, 13 févr. 1885, D.P. 8°. 2. 128.

3747. ... Et, notamment, lorsque le procès porte sur le caractère public d'une fontaine dont le témoin est éloigné et que celui-ci habite un village pourvu de puits et de cours d'eau. — Même arrêt.

3748. Spécialement, les habitants d'une commune ne peuvent pas être reprochés à raison de cette seule qualité dans une instance pendante entre la commune et un particulier sur la propriété d'un chemin. — Orléans, 26 mars 1889, D.P. 90. 2. 222.

3749. Mais il en est autrement de ceux des habitants qui ont un intérêt personnel à la cause, soit comme propriétaires de maisons composant un hameau que le chemin litigieux fait communiquer avec le chef-lieu de la commune, soit qu'ils résident près du chemin, soit encore qu'ils possèdent des immeubles très rapprochés de ce chemin. — Même arrêt.

3750. Les habitants d'une commune n'étant pas, en cette seule qualité, légalement reprochables comme témoins dans une instance en maintenue possessoire de la commune à l'usage des eaux d'une fontaine et d'un bassin situés sur une propriété particulière, il appartient au juge du fond d'apprécier souverainement si l'intérêt plus ou moins grand de ces habitants est ou non de nature à faire écarter leurs témoignages comme suspects. — Civ. c. 1890, D.P. 90. 1. 335.

3751. — III. *Mandataires* (C. proc. civ. n°s 260 à 268).

3752. — IV. *Intérêt moral* (C. proc. civ. n°s 269 à 281). — Il a été jugé : 1° qu'il n'y a pas lieu d'écarter le témoin qu'on prétend être en état d'animosité contre une des parties, notamment lorsqu'un procès ayant existé contre cette partie et le témoin. — Riom, 19 mars 1855, J.G.S. *Enquête*, 245. — V. *Code de procédure civile*, n° 270.

3753. ... Que s'il ne suffit pas qu'un huissier, actionné en sa qualité comme responsable d'une dette, ait un intérêt moral à produire le témoignage du débiteur, qui peut seul donner des explications sur le payement dont cette dette aurait été l'objet, pour que ce débiteur puisse être reproché

comme témoin. — Dijon, 22 août 1866, J.G.S. *Enquête*, 245.

3754. — V. *Pouvoir du juge* (C. proc. civ. n°s 282 à 294). — Les juges du fait ne font qu'user de leur droit d'appréciation, en rejetant le reproche dirigé contre un témoin que l'on a assigné comme témoin dans une portion d'une des parcelles de terre en litige, lorsqu'ils constatent qu'il ne pouvait en résulter contre ce témoin aucune action en garantie et que son indépendance dans l'enquête ne pouvait être affectée. — Req. 1er juill. 1889, D.P. 90. 1. 375.

Art. 284. Le témoin reproché sera entendu dans sa déposition.

Art. 285. Pourront, les individus âgés de moins de quinze ans révolus être entendus, sauf à avoir à leurs dépositions tel égard que de raison.

3755. — I. Capacité requise pour témoigner (C. proc. civ. n°s 1 à 7).

3756. — II. Dispense de témoigner (C. proc. civ. n°s 8 à 23). — 1° *Intérêt personnel* (C. proc. civ. n°s 8 et 9).

3757. — 2° *Secret professionnel* (C. proc. civ. n°s 10 à 23). — Lorsqu'un des témoins dispensés de témoigner refuse de répondre en invoquant le secret professionnel, le juge-commissaire n'a pas qualité pour le dispenser de déposer : il constate dans son procès-verbal les motifs donnés à l'appui du refus. Si le fait s'aggrave par le témoin et, si la partie qui a assigné ce témoin persiste à vouloir le faire entendre, il renvoie les parties devant le tribunal, qui statue sur le mérite de la dispense alléguée. — J.G.S. *Enquête*, 94. — V. *supra*, n° 3745.

3758 Jugé que les membres du bureau d'assistance judiciaire ne peuvent être tenus de révéler dans une enquête civile les faits dont ils n'ont eu connaissance qu'en cette qualité. — Caen, 18 avr. 1877, D.P. 77. 5. 194.

3759. — III. *Pouvoir du juge dans l'appréciation du témoignage* (C. proc. civ. n°s 24 à 34).

Art. 286. Le délai pour faire enquête étant expiré, la partie la plus diligente fera signifier à avoué copie des procès-verbaux, et poursuivra l'audience par un simple acte.

3760. Aucun article de loi n'exige, à peine de nullité de la sentence, que le procès-verbal d'enquête soit mis sous les yeux des juges ou qu'ils en entendent la lecture; il suffit que ce procès-verbal soit expédié et signifié. — Req. 5 juill. 1888, D.P. 89. 1. 151.

Art. 287. Il sera statué sommairement sur les reproches.

3761. — I. Conclusions devant le tribunal (C. proc. civ. n° 1 à 12). — La partie qui, à l'audience, se plaint du reproche pour elle produit contre un témoin devant le juge commis à l'enquête, doit être considérée comme ayant abandonné ce moyen; et, dès lors, le tribunal n'est pas tenu de s'expliquer et de statuer à cet égard. — Civ. r. 24 nov. 1880, D.P. 82. 1. 120, note 1. — V. *Code de procédure civile*, n°s 2 à 4.

3762. Lorsqu'une partie a reproché certains témoins et a demandé, par des conclusions formelles, que leurs dépositions ne fussent pas prises en considération, on ne doit pas présumer qu'elle a abandonné les reproches qu'elle a ainsi proposés, parce qu'elle ne s'est pas ensuite opposée à la

lecture des dépositions des témoins reprochés. — Civ. c. 16 nov. 1868, D.P. 68. 1. 478.
— V. *Code de procédure civile*, n° 11.

3763. Dans ces circonstances, le juge ne peut pas prendre en considération les dépositions des témoins reprochés, sans statuer sur le mérite légal des reproches. — Même arrêt.

3764. — II. Jugement sur les reproches (C. proc. civ. n°s 13 à 18). — Un tribunal n'est pas obligé de s'expliquer et de statuer sur des reproches qui, dans une enquête qu'il a ordonnée, ont été élevées devant le magistrat commis, contre certains témoins, par une des parties, si cette partie, à l'audience, ne reproduit pas ses reproches et se borne à conclure au fond. — Req. 22 févr. 1882, D.P. 82. 1. 120.

3765. ... Alors, d'ailleurs, que rien ne prouve que le jugement ait interdit la lecture des dépositions des témoins, comme si le reproche avait été admis. — Même arrêt.

3766. Il importe peu, dans ce cas, que la partie adverse, appelée à l'audience à conclure la première, ait, dans la prévision non réalisée ensuite que les reproches seraient soutenus, conclu elle-même, sans contradiction, à leur irrecevabilité. — Même arrêt.

3767. — III. Appel du jugement qui a statué sur les reproches (C. proc. civ. n°s 19 à 24).

Art. 288. Si néanmoins le fond de la cause était en état, il pourra être prononcé sur le tout par un seul jugement.

3768. L'art. 288, dit un auteur, doit s'entendre en ce sens que la demande principale et l'incident qui s'y joint seront jugés ensemble quand ils seront l'un et l'autre complètement instruits et prêts à recevoir une décision définitive; qu'il appartient au juge, dans le cas contraire, d'apprécier s'il vaut mieux les disjoindre, ou retarder le jugement du fond jusqu'à ce que l'incident puisse être jugé avec lui. — J.G.S. *Enquête*, 259.

3769. Le juge peut statuer par un même jugement sur les reproches des témoins et sur le fond, lorsque les parties ont conclu sur les reproches des témoins et sur le fond. — (Sol. implic.) Civ. c. 16 nov. 1868, D.P. 68. 1. 478.

3770. La cour, saisie de l'appel *d'un jugement* sur les reproches, peut statuer sur les reproches et sur le fond par un seul et même arrêt; et il ne saurait y avoir lieu, en pareille circonstance, à évocation, l'affaire ne pouvant être en état qu'après l'examen de l'enquête. — Nancy, 31 janv. 1874, D.P. 75. 2. 186. — Nancy, 24 févr. 1874, *ibid.*

Art. 289. Si les reproches proposés avant la déposition ne sont justifiés par écrit, la partie sera tenue d'en offrir la preuve, et de désigner les témoins : autrement, elle n'y sera plus reçue : le tout sans préjudice des réparations, dommages et intérêts qui pourraient être dus au témoin reproché.

Art. 290. La preuve, s'il y échet, sera ordonnée par le tribunal, sauf la preuve contraire, et sera faite dans la forme ci-après réglée pour les enquêtes sommaires. Aucun reproche ne pourra y être proposé, s'il n'est justifié par écrit.

Art. 291. Si les reproches sont admis, la déposition du témoin reproché ne sera point lue.

3771. Cette déposition est sans force; on ne peut y ajouter foi; la loi, pour qu'elle ne puisse produire aucune impression sur les juges, leur interdit de s'en faire donner lecture, même sous la restriction de n'y avoir que tel égard que de raison. — J.G.S. *Enquête*, 261.

3772. Jugé cependant que la défense faite par l'art. 291 C. proc. civ. de lire la déposition du témoin écarté reprochable, ne fait pas obstacle à ce que la partie qui a reproché ce témoin en première instance, obtienne, devant le juge d'appel, la lecture du reproche qui a été admis, sauf lecture également de la réponse qui y a été faite. — Pau, 16 févr. 1870, D.P. 70. 2. 174.

3773. Il en est ainsi, notamment, lorsque cette partie prétend trouver dans le reproche qu'elle a fait accueillir la preuve de manœuvres organisées par son adversaire pour suborner ou influencer les témoins. — Même arrêt.

Art. 292. L'enquête ou la déposition déclarée nulle par la faute du juge-commissaire sera recommencée à ses frais; les délais de la nouvelle enquête ou de la nouvelle audition de témoins courront du jour de la signification du jugement qui l'aura ordonnée : la partie pourra faire entendre les mêmes témoins; et quelques-uns ne peuvent être entendus, les juges auront tel égard que de raison aux dépositions par eux faites dans la première enquête.

3774. — I. NULLITÉS DONT LE JUGE EST RESPONSABLE (C. proc. civ. nᵒˢ 2 à 15). — Le juge commis pour procéder à une enquête est en faute, s'il se met, par une absence sans congé, dans l'impossibilité de rendre en temps utile l'ordonnance de citation de témoins qui est réputée constituer le commencement de l'enquête. — Req. 5 mai 1884, D.P. 84. 1. 223.

3775. Et l'arrêt qui constate que cette absence fautive a amené la désignation irrégulière par le président d'un autre juge-commissaire dont le commencement d'enquête a été plus tard annulé pour incompétence, en conclut légitimement que ladite faute est la cause première de l'annulation de l'enquête commencée; aussi ordonne-t-il, à juste titre, que l'enquête sera recommencée aux frais du juge originairement commis. — Même arrêt.

3776. De même, le juge qui, sans être muni d'un congé régulier, est absent de son domicile le dernier jour du délai de huitaine, et ne peut, en conséquence, répondre en temps utile à la requête à lui présentée, est en faute, et, dès lors, si l'enquête a été annulée par suite de cette faute, pour n'avoir pas été commencée dans les délais fixés, elle doit être recommencée à ses frais. — Besançon, 26 déc. 1882, D.P. 83. 2. 59.

3777. — II. CONDAMNATION DU JUGE-COMMISSAIRE AUX FRAIS C. proc. civ. nᵒ 16).

3778. — III. NULLITÉ RÉSULTANT DU FAIT DU TRIBUNAL (C. proc. civ. nᵒˢ 17 et 18).

3779. — IV. POUVOIRS DES JUGES POUR ORDONNER UNE NOUVELLE ENQUÊTE (C. proc. civ. nᵒˢ 19 et 20).

3780. — V. FORMALITÉS DE LA NOUVELLE ENQUÊTE (C. proc. civ. nᵒˢ 21 à 25). — Au cas de nouvelle enquête, elle ne peut porter que sur les faits déjà admis en la preuve, et non sur des faits nouveaux que la partie voudrait y ajouter. — Arrêt préc. 26 déc. 1882.

Art. 293. L'enquête déclarée nulle par la faute de l'avoué, ou par celle de l'huissier, ne sera pas recommencée; mais la partie pourra en répéter les frais contre eux, même des dommages et intérêts, en cas de manifeste négligence; ce qui est laissé à l'arbitrage du juge.

3781. — I. DISPENSE DE RECOMMENCER L'ENQUÊTE NULLE PAR LA FAUTE DES OFFICIERS MINIS-

TÉRIELS (C. proc. civ. nᵒˢ 1 à 19). — L'art. 293 C. proc. civ., en interdisant de recommencer l'enquête nulle par la faute de l'avoué ou par celle de l'huissier, règle uniquement les droits des parties et leurs rapports avec leurs mandataires, mais il n'entend pas retirer au tribunal le droit qu'il tient de l'art. 254 d'ordonner une enquête d'office. — Trib. civ. Dôle, 3 mai 1882, D.P. 83. 2. 59. — Civ. c. 18 févr. 1885, D.P. 85. 1. 249. — *Contrà* : Paris, 19 févr. 1883, D.P. 84. 2. 26. — V. *Code de procédure civile*, nᵒ 15.

3782. Ce même article s'applique en matière de séparation de corps comme en toute autre matière. — Douai, 5 nov. 1866, J.G.S. *Enquête*, 169. — *Contrà* : *Code de procédure civile*, nᵒ 11.

3783. La prohibition faite par l'art. 293 de recommencer une enquête nulle pour vice de forme ne met pas obstacle à la faculté que l'art. 254 accorde au juge d'ordonner d'office la preuve des faits jugés par lui nécessaires pour éclairer sa religion. — J.G.S. *Enquête*, 170. — V. *supra*, nᵒˢ 3546 et s.

3784. La disposition de l'art. 293 est applicable lorsque l'enquête, après avoir été requise prématurément, a ensuite été reprise, et que les témoins ont été entendus de nouveau sur nouvelle ordonnance du juge rendue au temps où elle aurait dû être commencée. — J.G.S. *Enquête*, 171. — V. *Code de procédure civile*, nᵒ 5.

3785. La seconde enquête ainsi faite est nulle, parce qu'elle n'est pas la continuation, mais le renouvellement et la répétition de la première : il importe peu que le délai accordé par la loi pour faire renaître ne soit pas expiré, l'interdiction de recommencer une enquête déclarée nulle par la faute de l'avoué étant générale et absolue. — J.G.S. *Enquête*, 171.

3786. L'interdiction de recommencer l'enquête ne s'applique qu'à la partie qui, par sa faute ou celle de ses mandataires, eut a occasionné la nullité : cette déchéance, notamment, n'atteint pas le garant, resté étranger à l'enquête à laquelle a procédé le garanti, celui-ci ne représentant ou ne sou n'ayant-cause qu'au point de vue des droits découlant du contrat d'où est née la garantie. — J.G.S. *Enquête*, 173.

3787. Jugé en ce sens que le garant (un vendeur, dans l'espèce), appelé en garantie après l'annulation, par la faute de l'avoué, d'une enquête faite à la demande du garanti, est recevable à provoquer une nouvelle enquête sur les mêmes faits. — Douai, 16 févr. 1878, D.P. 78. 2. 460.

3788. — II. RESPONSABILITÉ DES OFFICIERS MINISTÉRIELS (C. proc. civ. nᵒˢ 20 à 23). — L'interdiction de recommencer une enquête annulée par la faute de l'avoué ou de l'huissier mandataire des parties ne s'étend pas au cas de faute du greffier. — Req. 18 janv. 1887, D.P. 89. 1. 73.

Art. 294. La nullité d'une ou plusieurs dépositions n'entraine pas celle de l'enquête.

3789. — I. NULLITÉ DE L'ENQUÊTE (C. proc. civ. nᵒˢ 1 à 12). — En ce qui concerne la nullité résultant de ce que l'enquête n'a pas été terminée en temps utile frappe l'enquête tout entière, il est de principe, suivant certains auteurs qui s'appuient sur le texte de l'art. 294, que la nullité d'une ou plusieurs dépositions n'entraine pas celle de l'enquête, et il paraît raisonnable de décider ici que les dépositions reçues après l'expiration du délai ne frappent pas d'invalidité celles reçues en due forme et dans le cours du délai. — J.G.S. *Enquête*, 151.

3790. La doctrine contraire s'appuie sur la disposition de l'art. 278 (V. *supra*, nᵒˢ 3641 et s.) qui prononce, sans restriction, la nullité de l'enquête non achevée dans la huitaine, et rejette l'argument puisé dans

l'art. 294, en faisant remarquer que cet article concerne les cas où la loi prononce la nullité d'une ou plusieurs dépositions, pour des causes qui leur sont particulières, et reste étranger à l'hypothèse, prévue par l'art. 278, d'une enquête non terminée dans les délais. — J.G.S. *Enquête*, 151.

3791. — II. QUI PEUT OPPOSER LA NULLITÉ DE L'ENQUÊTE (C. proc. civ. nᵒˢ 13 à 28).

3792. — III. A QUEL MOMENT DOIVENT ÊTRE PROPOSÉES LES NULLITÉS (C. proc. civ. nᵒ 29).

3793. — IV. EFFETS DE LA NULLITÉ DE L'ENQUÊTE (C. proc. civ. nᵒˢ 30 à 32). — La loi permettant aux juges de recourir aux simples présomptions de l'homme dans tous les cas où la preuve testimoniale est admise, rien ne s'oppose à ce que les témoignages recueillis dans une enquête nulle en la forme soient acceptés comme de simples indices. — Civ. c. 26 juin 1889, D.P. 90. 1 133. — *Contrà* : *Code de procédure civile*, nᵒˢ 30 et 31.

3794. Mais les juges ne sauraient leur attribuer l'autorité d'une preuve testimoniale régulièrement faite, et, en conséquence, ils doivent avoir le soin d'indiquer à quel titre ils ont fait état de ces témoignages entachés de nullité pour vice de forme. — Même arrêt.

TITRE XIII.

Des Descentes sur les lieux.

Art. 295. Le tribunal pourra, dans les cas où il le croira nécessaire, ordonner que l'un des juges se transportera sur les lieux; mais il ne peut ordonner dans les matières où il n'échoit qu'un simple rapport d'experts, s'il n'en est requis par l'une ou par l'autre des parties.

3795. — I. CAS DANS LESQUELS LA DESCENTE SUR LES LIEUX DOIT ÊTRE ORDONNÉE (C. proc. civ. nᵒˢ 1 à 10).

3796. — II. POUVOIRS DU TRIBUNAL POUR ORDONNER LA VISITE (C. proc. civ. nᵒˢ 11 à 18)

3797. — III. CARACTÈRE ET SIGNIFICATION DU JUGEMENT (C. proc. civ. nᵒˢ 19 à 21).

3798. — IV. VISITE DES LIEUX PAR LE TRIBUNAL ENTIER (C. proc. civ. nᵒˢ 22 à 25).

3799. — V. VISITE OFFICIEUSE (C. proc. civ. nᵒˢ 26 à 31). — La visite purement officieuse des lieux contentieux faite par le tribunal ne peut devenir un élément légal du jugement, si jugement ne constate pas et s'il ne résulte d'aucun des éléments de la procédure qu'une descente ait été faite en vertu d'un jugement antérieur ordonnant une descente sur les lieux où les parties ou leurs avoués y aient été appelés. — Civ. c. 28 févr. 1876, J.G.S. *Descente sur les lieux*, 7. — Civ. c. 2 mars 1886, D.P. 86. 1. 353. — Civ. c. 24 nov. 1886. D.P. 87. 1. 139. — Limoges, 5 janv. 1887. D.P. 88. 2. 167. — V. *Code de procédure civile*, nᵒˢ 26 et 30.

3800. Les juges ne peuvent, même en matière commerciale, former leur conviction ni motiver leur décision sur le résultat de leurs investigations personnelles, poursuivies en dehors de l'audience et en l'absence des parties. — Civ. c. 8 juill. 1885, D.P. 86. 1. 204.

3801. En conséquence, le tribunal de commerce ne donne point une base légale à sa décision, lorsque, pour rejeter une demande de dommages-intérêts formée contre une compagnie de chemins de fer à raison d'une surtaxe imposée aux marchandises transportées, il se fonde sur la vérification qu'il a faite de la nature des marchandises en se transportant chez le consignataire de celles-ci, sans qu'il résulte d'aucune mention, soit du jugement, soit de ses qualités, que la visite et l'opération dont il s'agit aient eu lieu avec l'accomplissement des formes auxquelles la loi les soumet. — Civ. c. 25 janv. 1884, D.P. 81. 1. 111.

3802. Toutefois, le principe que le juge ne doit pas se fonder sur des renseignements personnels n'est pas violé par le jugement qui, tout en faisant acception, dans un motif défectueux et surabondant, de la connaissance des lieux que pouvaient avoir les magistrats, s'appuie, en outre, sur d'autres preuves légalement acquises, notamment sur les données d'une expertise régulière, qui suffisent à justifier la décision rendue. — Req. 4 août 1884, D.P. 84. 1. 454.

3803. Lorsque le tribunal se rend sur les lieux contentieux pour contrôler un rapport déjà dressé par les experts, il ne procède pas à une descente sur les lieux dans le sens des art. 295 et suiv. C. proc. civ. — Toulouse, 9 juin 1884, D.P. 85. 2. 113. — V. toutefois, au sens contraire, Dissertation de M. Glasson sous cet arrêt. — V. Code de procédure civile, n° 33.

3804. En conséquence, cette opération n'est pas soumise aux formalités prescrites par ces articles, et les juges peuvent motiver leur décision sur les constatations qu'ils ont faites eux-mêmes, bien qu'aucun jugement d'avant dire droit n'ait ordonné cette visite des lieux contentieux. — Même arrêt.

3805. Dans tous les cas, la nullité serait couverte si les parties s'étaient rendues avec le tribunal sur le terrain et lui avaient fourni des explications. — Même arrêt. — V. Code de procédure civile, n° 37.

3806. Une cour d'appel ne commet aucun excès de pouvoir, lorsqu'elle se livre à l'examen des lieux par l'étude, tant des plans et autres documents produits, que des procès-verbaux dressés lors de la visite des lieux faite par le tribunal; elle peut, en se basant sur ces mêmes documents, réformer le jugement qui lui est déféré, et elle n'est nullement tenue, dans ce cas, d'ordonner des vérifications nouvelles. — Civ. r. 28 déc. 1885, D.P. 86. 1. 413.

Art. 296. Le jugement commettra l'un des juges qui y auront assisté.

Art. 297. Sur la requête de la partie la plus diligente, le juge-commissaire rendra une ordonnance qui fixera le lieu, jour et heure de la descente; la signification en sera faite d'avoué à avoué, et vaudra sommation.

Art. 298. Le juge-commissaire fera mention, sur la minute de son procès-verbal, des jours employés au transport, séjour et retour.

3807. — I. OPÉRATIONS DU JUGE-COMMISSAIRE (C. proc. civ. nᵒˢ 1 à 11).

3808. — II. PROCÈS-VERBAL DES OPÉRATIONS C. proc. civ. nᵒˢ 12 à 14).

Art. 299. L'expédition du procès-verbal sera signifiée par la partie la plus diligente aux avoués des autres parties; et, trois jours après, elle pourra poursuivre l'audience sur un simple acte.

Art. 300. La présence du ministère public ne sera nécessaire que dans le cas où il sera lui-même partie.

3809. On ne saurait imposer au ministère public l'obligation d'assister aux enquêtes qui ne se font pas à l'audience. — Req. 30 mars 1885, D.P. 86. 1. 211, et la note.

Art. 301. Les frais de transport seront avancés par la partie requérante, et par elle consignés au greffe.

TITRE XIV.

Des Rapports d'experts.

Art. 302. Lorsqu'il y aura lieu à un rapport d'experts, il sera ordonné par un jugement, lequel énoncera clairement les objets de l'expertise.

3810. — I. EN QUOI CONSISTE L'EXPERTISE (C. proc. civ. nᵒˢ 1 à 12). — Les art. 302 à 304 C. proc. civ. ne régissent que l'expertise formellement demandée par les parties ou impérativement prescrite par la loi; ils ne s'appliquent pas à l'expertise ordonnée d'office et purement facultative. — Req. 15 nov. 1887, D.P. 89. 1. 74-75.

3811. Spécialement, lorsqu'une expertise est annulée pour vice de forme, aussi bien que lorsqu'elle est insuffisante, il appartient aux juges d'en ordonner d'office une nouvelle et de nommer d'office un ou plusieurs experts, lesquels peuvent demander aux précédents experts les renseignements qu'ils trouvent convenables; et ce droit appartient aussi aux juges d'appel qui ont annulé pour vice de forme l'expertise faite précédemment. — Même arrêt.

3812. L'homme de l'art chargé de la surveillance de travaux ordonnés par un arrêt entérinant une expertise, ne peut être assimilé à un expert appelé à formuler un avis préalable à une décision judiciaire; par suite, il n'est pas tenu de prêter, avant le commencement des travaux, le serment prescrit par l'art. 305 C. proc. civ. — Req. 8 avr. 1879, D.P. 79. 1. 480. — V. Code de procédure civile, n° 3. — V. infrà, art. 305 et 307, nᵒˢ 3859 et s.

3813. Une preuve n'étant réputée légalement faite que si elle est administrée suivant les formes déterminées par la loi, les juges ne peuvent prendre en considération la déclaration d'un tiers, même provoquée par eux officiellement, mais sans que les formes prescrites par l'art. 302 et suiv. C. proc. civ. aient été observées, et, notamment, sans que les parties aient été mises en mesure de connaître cette déclaration, de la discuter et d'y contredire. — Civ. c. 31 déc. 1878, D.P. 79. 1. 375.

3814. — II. EXPERTISE AMIABLE (C. proc. civ. nᵒˢ 13 à 20). — L'expertise amiable est une convention dont les effets sont régis par l'intention commune des parties; c'est une transaction qui constitue les experts mandataires de ceux qui les choisissent. — J.G.S. Expert-expertise, 5.

3815. Lorsqu'un arrêt nomme, par application d'une clause de la police d'assurance souscrite entre les parties, l'expert que l'une d'elles se refusait à désigner, l'expertise ne prend pas pour cela le caractère d'une expertise judiciaire. — Civ. r. 21 févr. 1887, D.P. 87. 1. 297. — Contrà : Rennes, 31 déc. 1877, D.P. 87. 1. 297, note 1.

3816. — III. CARACTÈRE FACULTATIF DE L'EXPERTISE (C. proc. civ. nᵒˢ 21 à 46). — L'expertise est une mesure purement facultative pour le juge, à moins que la loi ne l'ait expressément déclarée obligatoire en certains cas. — Req. 2 mars 1886, D.P. 87. 1. 75 — V Code de procédure civile, n° 21.

3817. Les juges ne font donc que user de leur pouvoir d'appréciation, en décidant que, dans les circonstances de la cause, il est inutile

de recourir à une expertise. — Req. 29 févr. 1888, D.P. 88. 1. 333. — Comp. Civ. r. 5 févr. 1890, D.P. 90. 1. 399.

3818. Et l'arrêt qui rejette une demande d'expertise en déclarant que cette expertise serait, en l'état de la cause, inutile et frustratoire est suffisamment motivé. — Req. 15 juin 1880, D.P. 81. 1. 62.

3819. De même, le refus du juge d'ordonner l'expertise à laquelle une partie a conclu subsidiairement est suffisamment justifié par les motifs donnés sur les conclusions principales et qui affirment l'existence du fait que l'expertise aurait eu pour objet de vérifier. — Même arrêt.

3820. — IV. CARACTÈRE DE LA PROCÉDURE D'EXPERTISE (C. proc. civ. nᵒˢ 47 à 53). — L'expertise est un moyen d'instruction destiné à éclairer le juge sur le mérite d'une demande principale qu'elle suppose nécessairement. — Req. 25 oct. 1886, D.P. 87. 1. 464. — Comp. Trib. Lyon, 10 juill. 1883, J.G.S. Expert-expertise, 8. — Liège, 4 mai 1881, ibid.

3821. D'autre part, il importe au défendeur de connaître, dès le début d'un procès, ce que son adversaire entend lui demander, afin de pouvoir décider tout de suite et sans procédure s'il doit acquiescer ou contester. — Même arrêt.

3822. Par suite, une demande de nomination d'experts ne saurait faire l'objet unique d'une demande principale et doit, dès lors, être déclarée irrecevable. — Arrêt prée. 25 oct. 1886. — V. Code de procédure civile, n° 47.

3823. Toutefois, il suffirait de préciser dans l'assignation les dommages prétendus sans en évaluer le montant, pour qu'une demande tendant à cette évaluation par des experts chargée de faire connaître l'auteur responsable du dommage puisse être déclarée recevable. — Lyon, 5 juill. 1887, J.G.S. Expert-expertise, 8.

3824. L'expertise in futurum est interdite par la loi. — Trib. de Saint-Calais, 25 mars 1887, D.P. 87. 3. 114, et Observ. de M. Glasson sous cet arrêt.

3825. — V. JUGEMENT QUI ORDONNE L'EXPERTISE. (C. proc. civ. nᵒˢ 56 à 64). — Le jugement qui ordonne une expertise peut autoriser les experts à entendre des témoins et à recueillir leurs informations à titre de renseignements. — Req. 6 nov. 1888, D.P. 89. 1. 230.

3826. Ainsi le jugement qui prescrit une expertise pour rechercher le dommage causé par le gibier à une récolte enlevée depuis, peut autoriser les experts à procéder par voie de commune renommée et à entendre des témoins à titre de renseignements. — Req. 8 mai 1884, D.P. 84. 1. 295.

3827. En statuant ainsi, ledit jugement ne contrevient pas aux dispositions de la loi qui veulent que les enquêtes par voie de commune renommée ne soient confiées qu'à des juges, et n'aient lieu que dans des cas limitativement déterminés. — Même arrêt. — V. suprà, art. 255, nᵒˢ 3549 et s.

3828. Le jugement qui ordonne une expertise ne déplace pas le terrain du litige quand, en posant aux experts la question principale du procès, il les invite à donner leur opinion sur des questions accessoires relatives aux progrès de l'industrie, pouvant influer sur l'appréciation de l'infraction et sur l'évaluation des dommages-intérêts. — Req. 19 janv. 1876, D.P. 76. 1. 266.

3829. Sur les motifs des jugements rendus en matière d'expertise, V. suprà, art. 141, nᵒˢ 2428 et s. — V. aussi Code de procédure civile, nᵒˢ 59 et s.

3830. En ce qui concerne la question de savoir si le jugement qui ordonne une expertise est préparatoire ou interlocutoire, V. infrà, art. 452.

3831. — VI. DÉLAI DE L'EXPERTISE (C. proc. civ. nᵒˢ 65 à 73).

3832. — VII. EXPERTISE ORDONNÉE PAR DES LOIS SPÉCIALES (C. proc. civ. nᵒˢ 74 à 84). —

Sur les expertises : ... en matière civile, V. *Code de procédure civile*, n° 74.

3833. .. Destinées à constater les vices rédhibitoires dans les ventes d'animaux domestiques, V. L. 2 août 1884, art. 7, *Supplément au Code civil annoté*, n°s 12897 et s.

3834. ... Devant la justice de paix, V. *suprà*, art. 42, n°s 885 et s.

3835. ... Ordonnées par le président statuant en référé, V. *infrà*, art. 806.

3836. ... Tendant à la visite ou à l'estimation d'ouvrages ou marchandises en matière commerciale, V. *infrà*, art. 429.

3837. ... Dans le cas de contestation en matière de transports, V. *Code de commerce annoté*, art. 106, n°s 5 et s. et 32; et son *Supplément*, même article.

3838. ...Dans les matières touchant au droit maritime, V. *Code de commerce annoté*, art. 295, n° 44 et s.; art. 407, n°s 52 et 62; art. 414, n°s 17 et s.; art. 416, n° 4 et 2, et son *Supplément*, mêmes articles.

3839. ... En matière criminelle, V. *Code d'instruction criminelle annoté*, art. 43, 44 et 448, J.G.S. *Expert-expertise*, 184 et s.

3840. ... En matière d'enregistrement, V. *Code de l'Enregistrement annoté*, n°s 3045 et s., 5507 et s., 7549, 19604 et s.

3841. ... En matière administrative, V. *Code des lois adm. annotées*, t. 1er, V. v° *Département*, n°s 870 et s.; J.G.S. *Experi-expertise*, 127 et s.

3842. ... En matière de dégrèvement d'impôts directs, V. *Code des lois adm. annotées*, t.4. v° *Contributions directes*.

3843. ... En matière d'expropriation pour cause d'utilité publique, V. *Code des lois adm. annotées*, t. 3, v° *Expropriation publique*.

Art. 303. L'expertise ne pourra se faire que par trois experts, à moins que les parties ne consentent qu'il soit procédé par un seul.

3844. — I. NOMBRE DES EXPERTS (C. proc. civ. n°s 4 à 44). — L'art. 303 C. proc. civ., aux termes duquel l'expertise ne peut se faire que par trois experts, à moins que les parties ne consentent qu'il soit procédé par un seul, est sans application en matière commerciale; et le juge peut confier l'expertise à un seul expert, nommé par lui. — Civ. r. 16 févr. 4894, D.P. 94. 4. 207.

3845. Est nulle l'expertise dans laquelle, parmi les experts nommés, deux se sont placés isolément à leur mission, tandis que le troisième s'est abstenu de prendre part aux opérations pour s'en rapporter aux constatations des deux autres. — Riom, 3 déc. 1885, D.P. 86. 2. 249.

3846. — II. EXPERT UNIQUE (C. proc. civ. n°s 12 à 39). — L'art. 303 C. proc. civ., aux termes duquel une expertise ne peut se faire que par trois experts, à moins que les parties ne consentent qu'il soit procédé par un seul, ne s'applique que dans le cas où cette mesure est formellement demandée par les parties ou impérativement ordonnée par la loi: lorsqu'il s'agit d'une vérification prescrite d'office et purement facultative, un seul expert peut être désigné. — Req. 30 juin 1886, D.P. 86. 5. 218. — Besançon, 1er août 1888, D.P. 89. 2. 293. — Req. 41 août 1868, J.G.S. *Expert-expertise*, 45. — Lyon, 24 mars 1876, J.G.S. *Dispositions entre vifs et testamentaires*, 528. — V. *Code de procédure civile*, n° 43.

3847. La règle d'après laquelle les tribunaux sont tenus de désigner trois experts ne fait pas obstacle à ce qu'ils puissent les motifs de leur jugement au principal dans une expertise antérieurement faite par un seul expert. — Req. 45 juin 1874, D.P. 76. 4. 167.

3848. ... Et spécialement par un seul expert nommé en référé et dispensé d'office du serment. — Req. 24 juill. 1888, D.P. 89. 4. 207. — V. *Code de procédure civile*, n°s 44 et 45.

3849. D'après une pratique constante suivie à Paris et dans plusieurs ressorts, le juge des référés peut, quand il ordonne une expertise, décider qu'il sera procédé aux opérations par un seul expert: il puise ce pouvoir dans l'urgence et les nécessités de la cause. — Conf. Grenoble, 43 juill. 4872, D.P. 76. 2. 164. — Arrêt préc. 45 juin 1874. — Civ. r. 28 août 1877, D.P. 78. 4. 243.

3850. Il y a lieu d'annuler la décision qui, lorsqu'une expertise est demandée par l'une des parties, nomme un seul expert, dès que le consentement des parties à cette nomination unique n'est pas constaté. — Civ. c. 15 mars 1881, D.P. 84. 4. 355. — Civ. c. 47 juin 1883, D.P. 86. 4. 245. — V. *Code de procédure civile*, n° 21.

3851. On doit considérer comme contenant une constatation suffisante que les parties ont consenti à la désignation d'un seul expert, la disposition d'un jugement qui porte que l'expert a été dispensé de serment du consentement des parties. — Req. 7 nov. 1888, D.P. 89. 4. 407.

3852. Est entachée de nullité la nomination d'un médecin comme expert unique, afin d'examiner l'état d'un demandeur en indemnité pour accident, alors même que le juge déclare faire cette désignation d'office, s'il est, au contraire, démontré que le demandeur avait pris des conclusions tendant à une expertise médicale dans les conditions ordinaires, sans qu'il apparaisse qu'à aucun moment de la procédure, les parties aient consenti à ce que l'expert soit nommé. — Civ. c. 46 juill. 1890, D.P. 94. 4. 30.

3853. — III. QUALITÉS REQUISES POUR REMPLIR LES FONCTIONS D'EXPERT (C. proc. civ. n°s 40 à 54). — Une expertise n'était qu'un mandat ordinaire peut être confiée à toute personne capable d'être mandataire, notamment à un *étranger.* — Nancy, 9 févr. 1886, D.P. 87. 2. 25. — Conf. Civ. 16 déc. 1847, J.G.S. *Expert-expertise*, 12. — V. *Code de procédure civile*, n° 40.

3854. L'expertise ne rentre pas dans la catégorie des droits civils dont, aux termes de l'art. 11 C. civ., l'étranger ne jouit en France qu'autant qu'ils sont accordés à nos nationaux par les traités passés avec la nation à laquelle appartient cet étranger. — Arrêt préc. 9 févr. 1886.

3855. Toutefois, cette interprétation a été critiquée par le motif que les experts ne sont pas des mandataires ordinaires, mais qu'ils remplissent, au contraire, une véritable fonction publique. — Dissertation de M. Glasson sous l'arrêt précité.

3856. Les fonctions de juge et d'expert étant incompatibles, le juge de police ne peut procéder lui-même à un supplément d'expertise en qualité de tiers expert; il en est ainsi à fortiori lorsque cette tierce expertise n'a pas même été ordonnée par un expert avant leur droit. — Cr. c. 17 févr. 1888, D.P.88. 4. 141. — V. *Code de procédure civile*, n° 46.

3857. Le caractère de fonctionnaire public dont l'expert peut se trouver momentanément revêtu, a permis à un arrêt de décider que les outrages qui lui sont adressés à l'occasion ou dans l'exercice de ses fonctions donnent lieu à l'application de l'art. 222 C. pén. — Caen, 21 juill. 1873, J.G.S. *Expert-expertise*, 44. — V. à cet égard *Code pénal annoté*, art. 222-223, n°s 321, 338, 413 et 416; et son *Supplément*, mêmes articles.

Art. 304. Si, lors du jugement qui ordonne l'expertise, les parties se sont accordées pour nommer les experts, le même jugement leur donnera acte de la nomination.

3858. — I. NOMINATION DES EXPERTS PAR LES PARTIES (C. proc. civ. n°s 1 à 3).

3859. — II. CHOIX DES EXPERTS (C. proc. civ. n°s 4 à 7).

Art. 305. Si les experts ne sont pas convenus par les parties, le jugement ordonnera qu'elles seront tenues d'en nommer dans les trois jours de la signification; sinon qu'il sera procédé à l'opération par trois experts qui seront nommés d'office par le même jugement.

Ce même jugement nommera le juge-commissaire, qui recevra le serment des experts convenus ou nommés d'office; pourra néanmoins le tribunal ordonner que les experts prêteront leur serment devant le juge de paix du canton où ils procéderont.

3860. — I. NOMINATION DES EXPERTS PAR LES PARTIES (C. proc. civ. n°s 4 à 43). — 1° *Délai pour cette nomination* (C. proc. civ. n°s 4 à 17). — Est nulle la décision qui nomme des experts sans réserver aux parties la faculté de s'accorder pour en choisir d'autres. — Civ. c. 15 mars 1881, D.P. 84. 4. 355-356. — Civ. c. 20 mai 1890, D.P. 90. 5. 248. — V. *Code de procédure civile*, n° 2.

3861 Mais s'il est constant qu'aucun accord ne peut intervenir entre les parties, la faculté de choisir des experts n'est pas entaché de nullité. — Bruxelles, 25 nov. 1880, J.G.S. *Expert-expertise*, 24.

3862. — 2° *Point de départ du délai* (C. proc. civ. n°s 18 à 23).

3863. — II. NOMINATION DES EXPERTS PAR LE TRIBUNAL (C. proc. civ. n°s 24 à 37).

3864. — III. JUGEMENT NOMMANT LES EXPERTS ET LE JUGE-COMMISSAIRE (C. proc. civ. n°s 38 à 43). — Sur la prestation de serment par les experts, V. *infrà*, art. 307, n°s 3864 et s.

Art. 306. Dans le délai ci-dessus, les parties qui se seront accordées pour la nomination des experts en feront leur déclaration au greffe.

Art. 307. Après l'expiration du délai ci-dessus, la partie la plus diligente prendra l'ordonnance du juge, par laquelle sommation sera faite aux experts nommés par les parties ou d'office, pour faire leur serment, sans qu'il soit nécessaire que les parties y soient présentes.

3865. — I. SERMENT DES EXPERTS (C. proc. civ. n°s 4 à 45). — Les parties, maîtresses de leurs droits, peuvent dispenser les experts de prêter serment. — Alger, 29 mai 1888, J.G.S. *Appel civil*, 72. — Paris, 28 nov. 1868, J.G.S. *Expert-expertise*, 36. — V. *Code de procédure civile*, n° 6.

3866. En ce qui concerne le serment des experts, V ... devant les conseils de préfecture, V *Code des lois adm. annotés*, t. 1er, v° *Département*, n° 962 et s.

3867. ...En matière d'enregistrement, V. *Code annoté de l'Enregistrement*, n° 3162 et s.

3868. — II. A QUEL MOMENT DOIT AVOIR LIEU LA PRESTATION DE SERMENT (C. proc. civ. n°s 46 à 21). — Lorsqu'une expertise a été ordonnée dans l'intérêt commun des deux parties au procès, chacune d'elles ayant également le droit et le devoir de faire les diligences nécessaires pour qu'il soit procédé à l'expertise, le juge refuse avec raison d'imposer à l'une de ces parties de faire seule, à peine de déchéance, lesdites diligences dans un délai déterminé. — Req. 11 déc. 1883, D.P.85. 1. 30.

3869. — III. QUI DOIT RECEVOIR LE SERMENT (C. proc. civ. n°s 22 et 23).

3870. — IV. FORMALITÉS DE LA PRESTATION DE SERMENT (C. proc. civ. n°s 24 à 32).

Art. 308. Les récusations ne pourront être

proposées que contre les experts nommés d'office, à moins que les causes n'en soient survenues depuis la nomination et avant le serment.

3871. On ne peut récuser comme expert le médecin qui a délivré un certificat avant toute contestation, alors qu'il est constant que le certificat n'a point été donné en vue d'un procès qui n'existait pas et dont il n'était pas encore question. — Lyon, 24 mars 1876, J.G.S. *Dispositions entre vifs et testamentaires*, 528. — V. *Code de procédure civile*, nº 1.

3872. Sur la récusation des experts en matière d'enregistrement, V. *Code annoté de l'Enregistrement*, nºˢ 3155 et s.

Art. 309. La partie qui aura des moyens de récusation à proposer sera tenue de les faire dans les trois jours de la nomination, par un simple acte signé d'elle ou de son mandataire spécial, contenant les causes de récusation, et les preuves, si elle en a, ou l'offre de les vérifier par témoins; le délai ci-dessus expiré, la récusation ne pourra être proposée, et l'expert prêtera serment au jour indiqué par la sommation.

3873. — I. Délai de la récusation (C. proc. civ. nºˢ 1 à 13). — Sur la controverse relative à la question de savoir quel est le point de départ de ce délai, V. *Code de procédure civile*, nº 1 et s.

3874. Jugé à cet égard que le délai de trois jours pour la récusation des experts ne court pas à partir du jugement qui les a nommés, mais seulement à partir du jour de la signification de ce jugement. — Paris, 5 mai 1875, D.P. 76. 2. 120. — V. *Code de procédure civile*, nº 4.

3875. Suivant un auteur, l'opinion d'après laquelle le délai ne commence à courir qu'après l'expiration des trois jours accordés pour désigner les experts est celle qui ne s'écarte du texte que le moins possible : elle a le double avantage d'éviter une forclusion tout à fait injuste et d'être conforme au principe que les parties sont censées ignorer les jugements qui ne leur ont pas été signifiés. — J.G.S. *Expert-expertise*, 33.

3876. — I. Forme de la récusation (C. proc. civ. nºˢ 14 à 21). — Le choix d'un expert fait par le premier juge ne peut être critiqué par voie d'appel et ne peut l'être qu'au moyen de la récusation. — Gand, 29 juin 1874, J.G.S. *Expert-expertise*, 28. — Contrà : *Code de procédure civile*, nº 20.

Art. 310. Les experts pourront être récusés par les motifs pour lesquels les témoins peuvent être reprochés.

3877. — I. Causes de récusation des experts judiciaires (C. proc. civ. nºˢ 1 à 13). — D'après un auteur, il y a lieu d'appliquer les règles de l'art. 283 avec plus de sévérité à l'expert qu'au témoin, parce que le premier a un rôle plus prépondérant, qu'il apporte un concours plus direct à la décision du juge, et que, par conséquent, il doit être tenu plus éloigné de tout soupçon de dépendance et de partialité. — J.G.S. *Expert-expertise*, 29. — V. *Code de procédure civile*, nº 1.

3878. Des experts ne peuvent être récusés par le seul motif qu'ils ont accompli la même mission dans d'autres litiges, soulevant des questions analogues à celles qu'ils sont de nouveau appelés à résoudre; l'expert qui a rempli, sous la foi du serment, une mission légale ne pouvant être assimilé au témoin qui, postérieurement ou à la sollicitation d'une des parties, a donné un certificat sur l'objet du procès. — Bordeaux, 20 juill. 1874, J.G.S. *Expert-expertise*, 31.

3879. — II. Cause de récusation des experts amiables (C. proc. civ. nºˢ 14 à 17).

Art. 311. La récusation contestée sera jugée sommairement à l'audience, sur un simple acte, et sur les conclusions du ministère public; les juges pourront ordonner la preuve par témoins, laquelle sera faite dans la forme ci-après prescrite pour les enquêtes sommaires.

Art. 312. Le jugement sur la récusation sera exécutoire, nonobstant l'appel.

Art. 313. Si la récusation est admise, il sera d'office, par le même jugement, nommé un nouvel expert ou de nouveaux experts à la place de celui ou de ceux récusés.

Art. 314. Si la récusation est rejetée, la partie qui l'aura faite sera condamnée en tels dommages-intérêts qu'il appartiendra, même envers l'expert, s'il le requiert; mais, dans ce dernier cas, il ne pourra demeurer expert.

Art. 315. Le procès-verbal de prestation de serment contiendra indication, par les experts, du lieu et des jour et heure de leur opération.

En cas de présence des parties ou de leurs avoués, cette indication vaudra sommation.

En cas d'absence, il sera fait sommation aux parties, par acte d'avoué, de se trouver aux jour et heure que les experts auront indiqués.

3830. — I. Convocation des parties à l'expertise (C. proc. civ. nºˢ 1 à 19). — Les parties sont légalement averties du jour et de l'heure où les experts, après avoir suspendu leurs opérations, doivent les reprendre, lorsque le procès-verbal d'expertise constate que les experts ont fixé le jour de la continuation de leurs opérations et en ont averti les parties. — Req. 21 déc. 1886, D.P. 87. 1. 409. — V. *Code de procédure civile*, nºˢ 9,10 et 13.

3881. La partie qui a comparu à une visite de lieux, lors de la première vacation des experts, et qui a été régulièrement avertie de la date à laquelle la seconde devait avoir lieu, ne peut se prévaloir de son absence à cette opération pour demander la nullité de l'expertise. — Req. 6 juin 1887, D.P. 87. 5. 217.

3882. — II. Inobservation des formalités prescrites par l'art. 315 (C. proc. civ. nºˢ 20 à 35). — L'omission des formes prescrites pour les expertises n'est une cause de nullité que lorsqu'elle est de nature à vicier l'expertise dans sa substance, ou que, portant sur les formalités essentielles, elle peut atteindre le droit de défense. — Req. 2 déc. 1868, D.P. 81. 1. 129, note 1. — Civ. r. 5 janv. 1881, D.P. 81. 1. 129, et Dissertation de M. Dutruc sous cet arrêt, D.P. 81. 1. 129, note 1.

3883. Ainsi une expertise a pu être déclarée valable, bien que la visite corporelle de l'une des parties, qui était l'objet même de cette expertise (il s'agissait, dans l'espèce, de constater l'état d'une personne blessée), ait été opérée en l'absence des autres parties, alors que ces dernières, en comparaissant à une première vacation des experts, n'avaient pas demandé que cette visite eût lieu en leur présence — Arrêt préc. 2 déc. 1868.

3884. De même, une expertise n'est pas nulle, bien que l'analyse chimique qui était l'un des objets ait été faite en l'absence lorsque celles des parties qui contestent ont demandé à y être admises, et si d'ailleurs ces parties ont assisté à toutes les opérations essentielles de l'expertise et ont été mises à même, par les détails contenus dans le rap-

port des experts sur la marche et la méthode suivies dans l'analyse chimique et sur ses résultats, d'exercer utilement leur droit de contrôle et de critique. — Arrêt préc. 5 janv. 1881.

3885. Jugé également qu'en l'absence de dispositions formelles de la loi, l'inobservation des formalités prescrites par les art. 315 et suiv. C. proc. civ. n'entraîne pas nécessairement, dans tous les cas la nullité de l'expertise, cette nullité ne devant, au contraire, être prononcée que si l'irrégularité commise a été de nature à porter atteinte à la libre défense des parties. — Civ. r. 20 janv. 1891, D.P. 91. 1. 153.

3886. En conséquence, le juge du fond peut valablement refuser d'annuler une expertise relative aux bruits et trépidations causées par des machines d'imprimerie, et en faire état pour la solution du procès, quand il constate une série de faits propres à démontrer qu'il n'a pas été arbitrairement porté atteinte aux droits de la défense. — Même arrêt.

3887. Notamment, sa décision est justifiée, quand il est constaté, d'une part, que la partie qui se plaint de ne pas avoir été constamment convoquée, a assisté à plusieurs vacations, et n'a été laissée dans l'ignorance du moment où auraient lieu certaines autres opérations, dont le résultat d'ailleurs lui a été ultérieurement soumis, que par la raison qu'il avait paru indispensable aux experts de vérifier l'étendue du trouble causé par les machines, sans que celui qui les employait fût à même de renouveler, pour amoindrir les constatations, des « précautions artificieuses », dont il avait usé dans une expertise antérieure. — Même arrêt.

3888. ... Et quand il est constaté, d'autre part, que les experts avaient été autorisés, par la décision d'avant faire droit traçant leur mission, à s'entourer de tous les renseignements propres à la manifestation de la vérité, de telle façon que ces renseignements nouvelaient de tirer aussi bien des faits matériels, que de tout autre acte d'investigation. — Même arrêt.

3889. La sommation d'assister aux opérations des experts adressée aux parties dans le cas où elles n'étaient pas présentes à la prestation de serment de ces experts, est une formalité substantielle dont l'omission entraîne nullité de l'expertise. — Riom, 3 déc. 1885, D.P. 86. 2. 219. — Paris, 27 févr. 1886, D.P. 88. 2. 191. — V. *Code de procédure civile*, nº 24.

3890. Il en est ainsi, bien que les parties aient reçu sommation un jour antérieur. — Arrêt préc. 3 déc. 1885.

3891. ... Et même dans le cas où les experts se sont présentés chez les parties non sommées et ne les ont averties qu'ils allaient procéder à leurs opérations, si, d'ailleurs, les parties n'y ont pas assisté. — Arrêt préc. 27 févr. 1886.

3892. L'assistance des parties à une expertise est de droit commun, et elles doivent toujours être mises en mesure de s'y présenter et de contrôler le travail de l'expert : c'est là une application du droit de défense. — Caen, 22 avr. 1874, D.P. 76. 5. 229.

3893. Et une expertise, même amiable, n'est pas valable, si elle a eu lieu en l'absence de l'une des parties, sans sommation ni avertissement. — Trib. de Saint-Calais, 25 mars 1887, D.P. 87. 3. 111.

3894. Décidé de même que l'inobservation de la règle d'après laquelle les parties doivent être convoquées à toutes les opérations faites par les experts entraîne la nullité de l'expertise, s'il en est résulté une atteinte aux droits de la défense. — Civ. c. 5 févr. 1879, D.P. 79. 1. 126, et la note.

3895. Il en est ainsi spécialement lorsque, après une première visite faite en présence des parties, et à la suite de laquelle la mission des experts a été momentanément convertie en arbitrage, ceux-ci, reprenant leurs fonctions primitives, ont procédé à de nouvelles vérifications auxquelles l'une des parties n'a pas été mise en demeure d'assister ; et le juge, en pareil cas, ne peut valider l'expertise en se fondant sur ce que les parties avaient assisté aux premières et aux plus importantes opérations des experts. — Même arrêt.

3896. L'expertise ayant pour objet de vérifier si un établissement industriel donné à bail remplissait certaines conditions d'aménagement exigées par le contrat est nulle, alors que l'expert, après avoir annoncé qu'il visiterait, à titre de comparaison, un autre établissement de même nature, a procédé à cette opération décisive sans aucune indication préalable du lieu et du jour où elle s'accomplirait, et en présence d'une seule des parties intéressées. — Civ. c. 23 août 1881, D.P. 81. 1. 470.

3897. En admettant que la loi du 20 mai 1838 sur les vices rédhibitoires dans les ventes et échanges d'animaux domestiques n'ait pas dérogé aux règles générales en ce qui concerne la nécessité de sommer les parties absentes d'assister à l'expertise, le vendeur auquel ladite sommation n'a pas été faite ne peut se prévaloir de cette irrégularité, si, lors de sa comparution personnelle devant le tribunal, il a renoncé aux conclusions par lesquelles il déniait l'identité de l'animal et se faisait un grief de ce qu'il n'avait pas été appelé à le constater. — Req. 9 mai 1876, D.P. 77. 1. 491. — V. *Code de procédure civile*, n° 32.

3898. La loi du 2 août 1884 qui, par son art. 12, a abrogé la loi du 20 mai 1838, a décidé dans son art. 8 que le vendeur doit être appelé à l'expertise, a moins que le juge ne l'ait ordonné autrement à raison de l'urgence ou de l'éloignement. D.P. 84. 4. 421. — V *Supplément au Code civil annoté*, L. 2 août 1884, art. 8, n°s 42907 et s.

Art. 316. Si quelque expert n'accepte point la nomination, ou ne se présente point, soit pour le serment, soit pour l'expertise, aux jour et heure indiqués, les parties s'accorderont sur-le-champ pour le nommer un autre à sa place ; sinon, la nomination pourra être faite d'office par le tribunal.

L'expert qui, après avoir prêté serment, ne remplira pas sa mission, pourra être condamné par le tribunal qui l'avait commis, à tous les frais frustratoires, et même aux dommages-intérêts, s'il y échet.

3899. — I. ACCEPTATION DE LA MISSION D'EXPERT (C. proc. civ. n°s 1 à 3). — Une expertise, même convenue entre les parties, est essentiellement irrégulière et entachée de nullité lorsque l'expert de l'une d'elles n'a pas assisté aux opérations, bien qu'il y eût été convoqué. — Civ. c. 20 fév. 1889, D.P. 89. 1. 419.

3900. On objecterait vainement que la présence de la partie à l'expertise a couvert la nullité, lorsque cette présence ne s'induit que d'un passage équivoque du jugement définitif, sans rapport avec la nullité proposée, et qu'aucun acquiescement exprès ou tacite de la forme dans laquelle il a été procédé ne peut être établi. — Même arrêt.

3901. — II. REMPLACEMENT DES EXPERTS NON ACCEPTANTS OU EMPÊCHÉS (C. proc. civ. n°s 4 à 14).

3902. — III. AVANCE DES FRAIS D'EXPERTISE (C. proc. civ. n°s 12 à 17).

3903. — IV. REMPLACEMENT ET CONDAMNATION DE L'EXPERT QUI NE SE PRÉSENTE PAS (C. proc. civ. n°s 18 à 22). — L'expert ne peut être condamné à des dommages-intérêts, d'après l'art 316 C. proc. civ., qu'autant

qu'après avoir prêté serment il ne remplit pas sa mission, mais non lorsqu'après avoir déposé son rapport, il est déclaré par le jugement au vu du travail de l'expert est mal fait et que le mandat a été mal rempli. — Montpellier, 10 févr. 1890, D.P. 91. 2. 50. — V. Observ. en sens contraire de M. Glasson sous cet arrêt.

Art. 317. Le jugement qui aura ordonné le rapport, et les pièces nécessaires, seront remis aux experts ; les parties pourront faire tels dires et réquisitions qu'elles jugeront convenables : il en sera fait mention dans le rapport ; il sera rédigé sur les lieux contentieux, ou dans le lieu et aux jour et heure qui seront indiqués par les experts.

La rédaction sera écrite per un des experts et signée par tous : s'ils ne savent pas tous écrire, elle sera écrite et signée par le greffier de la justice de paix du lieu où ils auront procédé.

3904. — I. REMISE DES PIÈCES AUX EXPERTS (C. proc. civ. n°s 1 à 3).

3905. — II. PRÉSENCE DES PARTIES A L'EXPERTISE (C. proc. civ. n°s 4 à 13). — Une expertise n'est opposable à une partie qu'autant qu'elle y a été appelée ou présente. — Civ. c. 14 déc. 1888, D.P. 89. 1. 423. — V. *Code de procédure civile*, n° 4.

3906. En conséquence, lorsque le jugement qui ordonne une expertise a été rendu entre le demandeur et le défendeur principal seulement, sans que le tiers ultérieurement cité en garantie y fût présent, et lorsque l'expertise s'est poursuivie en dehors de ce tiers, le rapport de l'expert ne saurait être valablement invoqué contre lui. — Même arrêt.

3907. Si le juge, bien que la décision d'avant faire droit n'ait pas été communiquée au garant, se base sur l'expertise pour condamner au fond celui-ci à garantir et indemniser le défendeur principal, ce jugement méconnaît par là les droits de la défense et manque par l'expertise. — Même arrêt.

3908. La règle d'après laquelle les experts ne doivent convier aux opérations d'expertise qu'en présence des parties ou celles-ci dûment appelées, ne s'applique pas à des mesures d'instruction accessoires, pour lesquelles aucune forme spéciale n'est prescrite, telles que l'examen des titres remis. — Req. 9 août 1876, D.P. 78. 1. 18-19. — V. *Code de procédure civile*, n° 10.

3909. — III. DIRES ET RÉQUISITIONS DES PARTIES (C. proc. civ. n°s 14 à 21).

3910. — IV. ENQUÊTE OFFICIEUSE PAR LES EXPERTS (C. proc. civ. n°s 22 à 29). — Les experts commis par justice peuvent être autorisés par le tribunal à faire une enquête officieuse destinée à leur procurer de simples renseignements. — Req. 6 nov. 1888, D.P. 89. 1. 230.

3911. Jugé également en ce sens que la décision qui prescrit une expertise pour rechercher le dommage causé à une récolte enlevée depuis, peut autoriser les experts à procéder par voie de commune renommée et à entendre des témoins n'ayant été l'objet de renseignements. — Req. 5 mai 1884, D. P. 84. 1. 295.

3912. De même, le jugement ne contrevient pas aux dispositions de la loi qui veulent que les enquêtes par voie de commune renommée ne soient confiées qu'à des juges et n'aient lieu que dans des limitativement déterminés, l'audition officieuse des témoins n'ayant lieu pour but que de compléter les recherches des experts. — Même arrêt.

3913. De même, lorsque les experts ont procédé à leurs opérations, et notamment à l'évaluation du dommage qu'ils étaient chargés d'apprécier, en présence de toutes les par-

ties, celles-ci ne sont pas fondées à se plaindre de ce que, d'une vacation à une autre, les experts ont recueilli des renseignements sur l'importance de ce dommage, alors surtout que leur rapport contient sur les éléments d'information ainsi recueillis des détails suffisants pour permettre aux intéressés de les contrôler. — Req. 15 nov. 1886, D. P. 87. 1. 495.

3914. D'après un auteur, quand la nécessité d'établir un fait par une enquête est telle que les experts ne peuvent continuer leur travail sans que le fait soit établi, ils doivent, par une déclaration, porter cette circonstance à la connaissance du juge et surseoir aux opérations jusqu'à ce que les éclaircissements nécessaires soient rapportés. — J.G.S. *Expert-expertise*, 48.

3915. — V. RÉDACTION DU RAPPORT DES EXPERTS (C. proc. civ. n°s 30 à 77).

3916. — VI. FORCE PROBANTE DU RAPPORT (C. proc. civ. n°s 78 à 84).

Art. 318. Les experts dresseront un seul rapport ; ils ne formeront qu'un seul avis à la pluralité des voix.

Ils indiqueront néanmoins, en cas d'avis différents, les motifs des divers avis, sans faire connaître quel a été l'avis personnel de chacun d'eux.

3917. — I. RAPPORT COLLECTIF DES EXPERTS (C. proc. civ. n°s 1 à 8). — Une expertise est nulle, lorsque, ayant été confiée à trois experts, deux seulement ont procédé aux constatations essentielles. — Paris, 27 févr. 1886, D.P. 88. 2. 191. — Riom, 3 déc. 1885, D.P. 86. 2. 219. — V. *Code de procédure civile*, n° 1.

3918. Cette nullité de l'expertise est un moyen de défense au fond qui peut être invoqué en tout état de cause et pour la première fois devant la cour d'appel, alors du moins que l'expertise n'a été acceptée ni ratifiée à aucun moment de la procédure par les défendeurs. — Arrêt préc. 27 févr. 1886.

3919. Mais une expertise n'est pas nulle à raison de ce que, après avoir visité ensemble la fosse et les mines dont ils devaient apprécier les produits, les experts ont chargé l'un d'eux de recueillir des échantillons d'essais, s'il s'agissait d'une opération purement matérielle, s'ils n'en ont pas moins concouru conjointement à l'œuvre commune, et si l'opération accomplie sous les yeux des agents des parties n'a provoqué aucune réclamation. — Req. 15 mai 1876, D.P. 76. 1. 376.

3920. Lorsqu'un expert décède au moment où, ayant terminé ses constatations, il va procéder à la rédaction du rapport, le second expert, nommé à sa place, peut faire son procès-verbal uniquement sur les notes et documents laissés par l'expert décédé, et sans procéder à de nouvelles constatations, les juges étant toujours maîtres de s'accorder au travail le second expert que la part d'autorité qui lui appartient. — Paris, 15 déc. 1875, J.G.S. *Expert-expertise*, 71.

3921. — II. AVIS DIFFÉRENTS DES EXPERTS (C. proc. civ. n°s 9 à 19). — 1° *Motifs de l'avis des experts* (C. proc. civ. n°s 11 à 18). — En admettant que le rapport d'experts, dans lequel un des experts a exprimé un avis opposé à celui des deux autres en refusant d'en donner les raisons, doive être considéré comme vicié dans sa substance, on n'y saurait voir en tous cas qu'une nullité de forme qui n'est que d'ordre public et à laquelle la partie qui pouvait s'en prévaloir est réputée avoir renoncé, si elle ne l'a pas invoquée avant toute autre défense devant les premiers juges. — Req. 2 juill. 1889, D.P. 90. 1. 479.

3922. Il y aurait lieu cependant de se demander si le surcroît de frais qui pourrait résulter d'une rédaction multiple ne devrait pas être laissé à la charge des experts. — J.G.S. *Expert-expertise*, 69.

3923. D'autre part, il a été décidé que si l'un des trois experts s'obstine à consigner son avis dans un rapport distinct, il y a lieu d'en commettre un autre à sa place. — Orléans, 17 janv. 1863, J.G.S. *Expert-expertise*, 69.

3924. — 2° *Mention des noms des experts* (C. proc. civ. n° 19). — Un rapport d'experts n'est pas nul, par cela seul qu'il fait connaître le nom de l'expert dont l'opinion n'a pas été conforme à celui de la majorité. — Aix. 7 févr. 1878, D.P. 80. 5. 188.

3925. — III. Superfluités dans un rapport d'experts (C. proc. civ. n° 20 et 21).

3926. — IV. Pouvoir des experts C. proc. civ. n° 22 à 26). — L'expert nommé par jugement n'a pas le droit de porter ses recherches sur des faits placés en dehors de l'objet de l'expertise tel qu'il a été déterminé par le jugement qui le nomme, à moins d'y être autorisé par le consentement de toutes les parties. — Civ. c. 22 oct. 1889, D. P. 90, 1. 62. — V. *Code de procédure civile*. n° 22.

3927. Les experts ne peuvent recueillir les renseignements susceptibles de servir à la manifestation de la vérité que dans la limite des attributions à eux conférées par le juge; sans le consentement de toutes les parties en cause, ils n'ont pas le droit de modifier l'objet de l'expertise en l'étendant à d'autres faits qu'à ceux qui ont été soumis à leurs investigations. — Civ. c. 28 févr. 1881, D.P. 81. 1. 300. — Civ. c. 24 déc. 1883, D.P. 84. 1. 203. — Comp. Riom, 31 oct. 1889, D.P. 91. 2. 250.

3928. Spécialement, lorsqu'un expert. dont le mandat était limité aux ouvrages à effectuer sur une maison déterminée, a fait exécuter des travaux à la fois dans cette maison et dans un immeuble contigu, et en a évalué le prix, sans indiquer la part de dépenses afférente à chacun des deux immeubles, l'arrêt dont la décision repose sur le rapport de cet expert, alors que l'une des parties s'opposait à ce qu'il en fût fait état, doit être annulé conformément au principe de base légale. — Arrêt préc. 24 déc. 1883.

3929. Par suite, il y a lieu d'annuler le jugement fondé sur un rapport dans lequel les experts ont constaté des faits au sujet desquels ils n'étaient pas appelés à s'expliquer, et sur lesquels les parties n'avaient point présenté d'observations contradictoires. — Arrêt préc. 28 févr. 1881.

3930. Mais les experts n'excèdent pas leur mission, en ajoutant à leur rapport divers renseignements sur des faits non expressément compris dans l'objet de l'expertise, lorsque ces renseignements n'ont pu être fournis que par les parties en cause, et qu'ils ont été, du consentement de celles-ci, examinés par les experts. — Civ. r. 1er mars 1881, D P. 81. 1. 300.

3931. Et un expert peut, sans encourir le reproche d'avoir excédé sa mission, examiner et résoudre des points accessoires qui n'y sont pas compris, du moment qu'il ne le fait que sur la demande formelle des parties et après avoir reçu leurs observations respectives. — Civ. c. 19 nov. 1878, D.P. 78. 1. 456.

Art. 319. La minute du rapport sera déposée au greffe du tribunal qui aura ordonné l'expertise, sans nouveau serment de la part des experts; leurs vacations seront taxées par le président au bas de la minute, et il en sera délivré exécutoire contre la partie qui aura requis l'expertise, ou qui l'aura poursuivie si elle a été ordonnée d'office.

3932. — I. Dépôt du rapport (C. proc. civ. n° 1 à 13). — L'expertise faite par suite d'un accord amiable entre les parties et en dehors de tout mandat de justice est valable, alors même que le rapport des experts n'a pas

été déposé au greffe; les experts sont dispensés de cette formalité par l'origine même de leurs pouvoirs. — Riom, 3 déc. 1885, D.P. 86. 2. 219.

3934. — II. Taxe des frais d'expertise (C. proc. civ. n° 14 à 16). — Les frais d'une expertise annulée pour défaut de prestation de serment, alors que les dépens ont été réservés pour être supportés par la partie qui succombera en fin de cause, ne peuvent être mis à la charge de la partie qui avait demandé l'annulation de ladite expertise. — Cons. d'Et. 16 juin 1876, D.P. 76. 3. 104. — V. *Code de procédure civile*, n° 14.

3935. — III. Recours contre l'ordonnance (C. proc. civ. n° 17 à 24). — L'opposition à l'exécutoire doit être portée devant la chambre du conseil. — Bordeaux, 1er févr. 1867, J.G.S. *Expert-expertise*, 79. — Douai, 29 avr. 1868, *ibid*. — Paris, 17 avr. 1877, *ibid*. — *Contrà* : *Code de procédure civile*, n° 17 et 22.

3935. Et cette attribution de compétence est d'ordre public; dès lors, si le recours a été porté à l'audience publique, l'exception d'incompétence peut être proposée même après qu'il a été conclu au fond. et le juge doit se déclarer d'office incompétent. — Arrêt préc. 29 avr. 1868, J.G.S. *Expert-expertise*. 79.

3936. Toutefois, si l'opposition était fondée principalement sur un motif autre qu'une contestation de la taxe, comme, par exemple, sur la nullité prétendue de la signification de l'exécutoire, ce dernier point devrait être jugé en audience publique. — Bordeaux, 1er févr. 1867, J.G.S. *Expert-expertise*, 80. — V. *Code de procédure civile*, n° 22.

3937. Le jugement qui statue sur l'opposition à l'exécutoire est susceptible d'appel, si l'importance de l'intérêt litigieux autorise cette voie de recours : l'art. 6 du second décret du 16 février 1807 est inapplicable en la matière. — Bordeaux, 18 mars 1864, J.G.S. *Expert-expertise*. 81. — Caen, 28 déc. 1866, *ibid*. — Nancy, 4 déc. 1879, *ibid*. — V. *infra*, *Appendice*, IV, *Tarif des frais et dépens*. — V. aussi *Code de procédure civile*, n° 23.

3938. — IV. Action des experts (C. proc. civ. n° 25 à 49). — Les experts ne peuvent réclamer le remboursement de leurs frais, en vertu de l'exécutoire qui leur est délivré, conformément à l'art. 319 C. proc. civ., que des parties qui ont requis l'expertise ou qui l'ont poursuivie si elle a été ordonnée d'office. — Besançon, 22 déc. 1874, D.P. 77. 2. 103. — V. *Code de procédure civile*, n° 42.

3939. Ils ne sont recevables à actionner solidairement les autres parties, qui se seraient approprié leur rapport, en concluant notamment à son homologation, ou qui en auraient tiré profit, qu'après la décision à intervenir sur le fond et accessoirement sur les dépens. — Même arrêt.

3940. Dans une expertise ordonnée d'office, l'expert est le mandataire commun des parties et il a, par suite, une action solidaire contre elles. — Montpellier, 10 févr. 1890, D.P. 91. 2. 50. — V. *Code de procédure civile*, n° 43.

3941. Décidé de même que, dans le cas où l'expertise n'a été requise que par l'une des parties, les experts ne peuvent actionner solidairement les autres parties que si elles se sont approprié le rapport ou en ont tiré profit — Bordeaux. 18 mars 1864, J.G.S. *Expert-expertise*, 81 et 84.

3942. La Cour de cassation a même décidé que, si une partie avait demandé l'homologation du rapport, sans modifier ses premières conclusions qui tendaient au rejet de la demande, elle ne pouvait être actionnée solidairement, l'expertise ayant été uniquement requise et accomplie par l'adversaire. — Civ. c. 28 août 1876, J.G.S. *Expert-expertise*. 78 et 84.

3943. Des experts nommés en exécution d'une décision du conseil d'Etat sont recevables à intervenir dans l'instance, à l'effet de faire condamner les parties à leur payer

les sommes nécessaires à la marche de l'expertise. — Cons. d'Et. 7 août 1875, D.P. 76. 3. 37.

3944. Mais une partie ne peut être condamnée aux frais d'une expertise à laquelle il a été procédé avant qu'elle ait été mise en cause. — Cons. d'Et. 16 juin 1876, D.P. 76. 3. 104.

3945. L'art. 319 C. proc. civ. autorise les experts à se faire délivrer, au cours de l'instance, et pour le payement immédiat de leurs vacations taxées, un exécutoire contre la partie qui a requis l'expertise, ou l'a poursuivie si elle a été ordonnée d'office, permet, à plus forte raison, aux experts d'attendre la solution du litige pour réclamer leurs frais et honoraires à la partie qui a été définitivement condamnée aux dépens. — Req. 3 nov. 1886, D.P. 87. 1. 151. — V. *Code de procédure civile*, n° 48 et 49.

3946. Et l'exécution provisoire ne peut être ordonnée pour le payement des honoraires ainsi réclamés. — Bordeaux. 18 mars 1864, J.G.S. *Expert-expertise*, 81 et 86.

3947. L'art. 319 C. proc. civ. n'a pas limité le temps pendant lequel l'expert peut agir contre la partie qui a poursuivi l'expertise et n'a pas distingué le cas où il agit au cours de l'instance de celui où il s'agit d'une expertise terminée; en conséquence, l'expert a le droit de demander le payement de sa taxe à la partie qui a poursuivi l'expertise, même après que le procès a été terminé et que l'autre partie a été condamnée aux dépens. — Montpellier, 10 févr. 1890, D.P. 91. 2. 50.

Art. 320. En cas de retard ou de refus de la part des experts de déposer leur rapport, ils pourront être assignés à trois jours, sans préliminaire de conciliation, par-devant le tribunal qui les aura commis, pour se voir condamner même par corps s'il y échet à faire ledit dépôt; il y sera statué sommairement et sans instruction.

3948. La loi n'a fixé aucun délai pour le dépôt du rapport : s'il en est imparti un par le dispositif du jugement qui ordonne l'expertise, ce délai n'est que comminatoire. — Nîmes, 27 janv. 1886, J.G.S. *Expert-expertise*. 76.

3949. Et les juges motivent suffisamment le rejet de conclusions incidentes tendant à la nullité d'une expertise pour défaut de mise en demeure de l'une des parties en cause, lorsqu'ils déclarent que le rapport est régulier et a été dressé dans les délais légaux. — Req. 9 mai 1876, D.P. 77. 1. 491.

3950. Le tiers expert, régulièrement commis, ne peut être pris à partie et remplacé, alors qu'il n'a pas refusé de remplir sa mission après l'avoir acceptée, et qu'il ne s'est pas constitué en retard sans motifs pour le dépôt de son rapport, mais qu'il a seulement réclamé une pièce qu'il croyait indispensable à l'accomplissement de son mandat. — Angers, 5 déc. 1877, D. P. 78. 2. 120.

3951. Le droit de la partie intéressée se borne à faire statuer par justice, contradictoirement avec la partie adverse, sur le mérite de cette exigence. — Même arrêt.

3952. Sur la responsabilité des experts, V. *Supplément au Code civil annoté*, art. 1383, n° 10073 et s.

Art. 321. Le rapport sera levé et signifié à avoué par la partie la plus diligente; l'audience sera poursuivie par un simple acte.

3953. Les parties qui discutent, après en avoir pris connaissance, un rapport non signifié ne peuvent ensuite se plaindre de ce que les juges ont fait état de ce rapport.

— Req. 12 févr. 1877, J. G. S. *Expert-expertise*, 89.

Art. 322. Si les juges ne trouvent point dans le rapport les éclaircissements suffisants, ils pourront ordonner d'office une nouvelle expertise, par un ou plusieurs experts qu'ils nommeront également d'office, et qui pourront demander aux précédents experts les renseignements qu'ils trouveront convenables.

3954. — I. CAS OU IL Y A LIEU A UNE EXPERTISE NOUVELLE (C. proc. civ. n°s 1 à 9).

3955. — II. POUVOIR DES JUGES (C. proc. civ. n°s 10 à 23). — Le juge, en annulant un rapport d'expert irrégulier, peut statuer au fond sans ordonner une nouvelle expertise, s'il reconnaît qu'il existe dans la cause des documents suffisants pour le rendre inutile, et il ne porte par là aucune atteinte aux principes de la chose jugée. — Req. 22 juill. 1885, D. P. 86. 1. 318. — V. *Code de procédure civile*, n°s 12 et 14.

3956. De même, au cas où une expertise ordonnée par un premier jugement a été exécutée qu'en partie, les juges peuvent, sans violer le fond du débat sans ordonner une nouvelle expertise ou même un complément d'expertise. — Req. 1er mars 1876, D.P. 77. 1. 455.

3957. Décidé dans le même sens que, lorsqu'un tribunal a homologué une expertise à laquelle était annexé un plan inexact, ce tribunal peut rectifier cette erreur sans violer l'autorité de la chose jugée. — Req. 6 juin 1877, J.G.S. *Expert-expertise*, 106. — V. *Code de procédure civile*, n°s 35 et s.

3958. — III. EFFETS DU JUGEMENT ORDONNANT L'EXPERTISE NOUVELLE (C. proc. civ. n°s 24 à 29).

3959. — IV. NOMINATION DES NOUVEAUX EXPERTS (C. proc. civ. n°s 30 à 47). — Le tribunal, maître absolu du choix des experts, peut confier la seconde expertise aux personnes qui avaient été chargées de la première. — Req. 8 nov. 1876, J.G.S. *Expert-expertise*, n°s 35 et s.

3960. — V. PROCÉDURE ET SERMENT DES EXPERTS (C. proc. civ. n°s 48 à 54). — Si les experts en faveur de qui une dispense de prestation de serment a été consentie viennent à être remplacés, les nouveaux experts sont tenus de prêter serment, sinon, le rapport qu'ils dresseraient serait nul : il doit surtout en être ainsi lorsque ces experts ont été commis d'office et en l'absence de l'une des parties. — Alger, 29 mai 1868, J.G.S. *Appel civil*, 72.

3961. — VI. OPÉRATIONS DES NOUVEAUX EXPERTS (C. proc. civ. n°s 55 à 59).

Art. 323. Les juges ne sont point astreints à suivre l'avis des experts, si leur conviction s'y oppose.

3962. — I. DROIT DES JUGES DE STATUER CONTRAIREMENT AU RAPPORT (C. proc. civ. n°s 1 à 21).

3963. — II. OBLIGATION DE MOTIVER LE JUGEMENT CONTRAIRE AU RAPPORT (C. proc. civ. n°s 22 à 28). — Lorsqu'un tribunal ne retient les constatations faites par l'expert qu'à titre de simples renseignements, il ne peut en faire la base de sa décision que s'ils sont corroborés par d'autres documents de la cause dont il doit faire connaître la nature et la valeur. — Civ. 27 janv. 1890, D.P. 90. 1. 391.

3964. — III. DROIT DES JUGES DE CONSULTER UNE EXPERTISE IRRÉGULIÈRE (C. proc. civ. n°s 29 à 32). — Le jugement fondé exclusivement sur les résultats d'une expertise et d'une expertise illégalement ordonnée ou irrégulièrement exécutée n'est pas entaché de nullité, mais il est seulement sujet, suivant les cas, à réformation en appel ou à cassation. — Req. 5 avr. 1875, D.P. 77. 1. 74.

3965. Décidé, au contraire, que le jugement qui, pour établir l'existence et l'importance d'un dommage, accorde force probante aux constatations d'une expertise sans valeur légale, est entaché de nullité. — Civ. c. 20 févr. 1889, D.P. 89. 1. 449.

3966. Mais, bien que le juge qui reconnaît l'irrégularité d'une expertise ne puisse la prendre pour base légale de sa décision, il a le droit, cependant, de la retenir aux débats à titre de simple renseignement, et d'en combiner les constatations matérielles avec les éléments de preuve fournis par les autres documents du procès. — Req. 6 déc. 1876, D.P. 77. 1. 351. — Req. 9 janv 1877, D.P. 77. 1. 351. — Req. 22 juill. 1885, D.P. 86. 1. 318. — V. *Code de procédure civile*, n° 39.

3967. Décidé, dans le même sens, que, bien que le juge ne puisse fonder exclusivement sa décision sur une expertise irrégulière, il peut cependant en faire usage à titre de renseignement. — Augers, 19 févr. 1879, D.P. 80. 2. 428.

3968. Toutefois le juge ne peut fonder sa décision sur les résultats d'une expertise à laquelle il a été procédé dans une autre instance, engagée entre les mêmes parties. — Observ. sous Civ. c. 24 déc. 1883, D.P. 84. 1. 203-204, note 2.

3969. Cependant il a été jugé en sens contraire que les tribunaux peuvent faire usage, à titre de renseignement, dans l'indication sont contenus dans une expertise étrangère à la cause, alors surtout que cette expertise a eu lieu contradictoirement entre les parties en cause. — Alger, 24 mai 1836, D.P. 91. 1. 413.

3970. Une expertise à laquelle il a été procédé ensuite d'un arrêt cassé par la cour suprême peut être consultée à titre de renseignement par la cour de renvoi ; et les évaluations faites par les experts peuvent être prises en considération, alors surtout qu'elles ne sont critiquées par aucune des parties et qu'elles se trouvent confirmées par les autres documents de la cause. — Dijon, 11 févr. 1884, D.P. 81. 2. 196.

3971. Dans le cas où une expertise, portant sur l'évaluation de dommages-intérêts en matière de résolution de marché commercial, a été arguée de nullité par suite de ce que l'expert n'a pas entendu oralement les parties, les juges qui, sans prononcer la nullité, mais sans faire état du rapport, déclarent qu'ils possèdent « aujourd'hui » tous les renseignements nécessaires, peuvent arbitrer eux-mêmes le montant des dommages-intérêts, sans être tenus de spécifier et d'énumérer les documents sur lesquels ils s'appuient en dehors de l'expertise. — Req. 14 févr. 1887, D.P. 87. 1. 205.

3972. Un rapport fait à la suite d'une expertise où les parties n'ont été ni appelées ni représentées peut servir de base au jugement définitif du moment que les juges, sans le reconnaître aucune autorité légale, se bornent à y puiser de simples renseignements. — Req. 30 avr. 1877, D.P. 77. 1. 391.

3973. Décidé, en sens contraire, qu'une expertise ne peut servir de base à un jugement, alors même que le tribunal retiendrait les constatations faites par l'expert, non comme expertise, mais simplement comme renseignements suffisants pour pouvoir prononcer en toute connaissance de cause. — Civ. 27 janv. 1890, D.P. 90. 1. 391.

3974. La décision d'avant dire droit qui autorise le juge chargé de l'enquête à se faire assister par un homme de l'art laisse à ce magistrat une entière latitude pour charger l'expert qu'il désigne de toute opération ou constatation qu'il juge utile, et l'expertise faite dans ces conditions est régulière, alors surtout qu'elle a été faite du consentement de toutes les parties. — Riom, 31 oct. 1889, D.P. 91. 2. 250.

3975. En matière d'assurances maritimes, les ventes réalisées par les assurés de la partie saine des marchandises assurées peuvent fournir une base à l'estimation de la dépréciation subie par la partie avariée, alors même que des experts nommés auraient donné à cette partie saine une valeur différente, surtout s'il s'agit d'une espèce de marchandise qui n'est pas spécialement cotée à la bourse du lieu d'arrivée. — Paris, 13 avr. 1874, D.P. 76. 2. 215-216.

3976. Et le droit de faire adopter cette base appartient aux assureurs, lors même que leur agent avait accepté l'expertise, s'il ne l'a fait que sous la réserve des droits résultant pour les assureurs des conditions de la police. — Même arrêt.

TITRE XV.

De l'interrogatoire sur faits et articles.

Art. 324. Les parties peuvent, en toutes matières et en tout état de cause, demander de se faire interroger respectivement sur faits et articles concernant leur cause, même la matière dont il est question, sans retard de l'instruction ni du jugement.

3977. — I. QUI PEUT REQUÉRIR L'INTERROGATOIRE SUR FAITS ET ARTICLES (C. proc. civ. n°s 4 à 8).

3978. — II. QUI PEUT ÊTRE INTERROGÉ SUR FAITS ET ARTICLES (C. proc. civ. n°s 9 à 35).

3979. — III. DANS QUELS CAS L'INTERROGATOIRE PEUT ÊTRE ORDONNÉ (C. proc. civ. n°s 36 à 54). — On peut interroger une partie dans une affaire où ne s'applique pas la règle *confessus pro judicato habetur*, comme une question d'état : un époux dans une demande en séparation de corps, une femme dans une recherche de maternité naturelle. — J.G.S. *Interrog. sur faits et art.*, 14.

3980. — IV. SUR QUELS FAITS PEUT PORTER L'INTERROGATOIRE (C. proc. civ. n°s 55 à 74).

3981. — V. QUAND L'INTERROGATOIRE DOIT-IL ÊTRE DEMANDÉ (C. proc. civ. n°s 75 à 91). — L'interrogatoire sur faits et articles ne saurait, en principe, être ordonné après la mise en délibéré. — Paris, 11 mars 1884, J.G.S. *Interrog. sur faits et art.*, 20.

3982. Toutefois, le tribunal aurait le droit de rouvrir les débats pour interroger une partie s'il jugeait l'instruction insuffisante et cette mesure propre à la compléter utilement. — J.G.S. *Interrog. sur faits et art.*, 20.

3983. Jugé à cet égard que la cour d'appel nul, pendant son délibéré sur une demande en séparation de corps, ordonne, à titre officieux, la comparution personnelle des époux dans la chambre du conseil, a recours à une mesure d'instruction irrégulière ; toutefois, cette irrégularité n'est pas de nature à entraîner la cassation de l'arrêt, lorsque cet arrêt a été rendu par adoption pure et simple des motifs des premiers juges, et que, par suite, rien n'indique que la comparution des parties ait amené au procès quelque élément nouveau dont la cour ait fait état. — Req. 30 juin 1875, D.P. 76. 1. 442.

3984. — VI. SECOND INTERROGATOIRE (C. proc. civ. n° 92).

Art. 325. L'interrogatoire ne pourra être ordonné que sur requête contenant les faits et par jugement rendu à l'audience : il y sera procédé, soit devant le président, soit devant un juge par lui commis.

3985. — I. Comment l'interrogatoire est demandé (C. proc. civ. n°s 1 à 10).
3986. — II. Jugement ordonnant l'interrogatoire (C. proc. civ. n°s 11 à 15).
3987. — III. Voies de recours contre le jugement qui statue sur une requête a fin d'interrogatoire (C. proc. civ. n°s 16 à 41).
— 1° *Opposition* (C. proc. civ. n°s 16 à 27).
3988. — 2° *Appel* (C. proc. civ. n°s 28 à 40.) — Le jugement sur requête qui ordonne un interrogatoire sur faits et articles n'est pas susceptible d'appel de la part de la personne à interroger. — Caen, 23 juin 1879, J.G.S. *Interrog. sur faits et art.*, 26. — V. *Code de procédure civile*, n° 33.
3989. Il n'y a qu'un moyen de protester contre le jugement qui ordonne l'interrogatoire : ou refuse d'y répondre en alléguant qu'un obstacle de droit s'y oppose ou en contestant la pertinence des faits articulés ; le juge en dresse procès-verbal et renvoie l'affaire à l'audience, et là, puis en appel, s'il y a lieu, on fait valoir les raisons qu'on a cru avoir de ne pas répondre à ces questions. — J.G.S. *Interrog. sur faits et art.*, 26.
3990. — 3° *Tierce-opposition* (C. proc. civ. n° 41).
3991. — IV. Par qui il est procédé a l'interrogatoire (C. proc. civ. n°s 42 à 46).
— Un procès-verbal, nécessaire pour les interrogatoires sur faits et articles auxquels il est procédé par un juge commis, n'est prescrit par aucun texte de loi pour le cas où les parties sont entendues par le tribunal lui-même ; il suffit alors que leurs déclarations soient consignées dans le jugement, sous la foi des magistrats qui l'ont prononcé. — Req. 28 janv. 1890, D.P. 90. 5. 312.

Art. 326. En cas d'éloignement, le président pourra commettre le président du tribunal dans le ressort duquel la partie réside, ou le juge de paix du canton de cette résidence.

3992. C'est le magistrat sous la présidence duquel a été rendu le jugement ordonnant un interrogatoire sur faits et articles et non le président du tribunal qui est compétent pour commettre, en cas d'éloignement de la partie, le magistrat qui devra l'interroger au lieu de sa résidence. — Lyon, 16 févr. 1872, J.G.S. *Interrog. sur faits et art.*, 30.

Art. 327. Le juge commis indiquera, au bas de l'ordonnance qui l'aura nommé, les jour et heure de l'interrogatoire ; le tout, sans qu'il soit besoin de procès-verbal contenant réquisition ou délivrance de son ordonnance.

Art. 328. En cas d'empêchement légitime de la partie, le juge se transportera au lieu où elle est retenue.

Art. 329. Vingt-quatre heures au moins avant l'interrogatoire, seront signifiées par le même exploit, à personne ou domicile, la requête et les ordonnances du tribunal, du président ou du juge qui devra procéder à l'interrogatoire, avec assignation donnée par un huissier qu'il aura commis à cet effet.

Art. 330. Si l'assigné ne comparaît pas ou refuse de répondre après avoir comparu, il en sera dressé procès-verbal sommaire, et les faits pourront être tenus pour avérés.

3993. Toutefois, le défaut de comparution ne peut autoriser le juge à considérer les faits comme avérés que si la non-comparu-

tion a été volontaire. — Bordeaux, 29 juill. 1857, J.G.S. *Instruction civile*, 36.
3994. Ainsi le juge ne pourrait pas, en s'appuyant sur le défaut de comparution d'une des parties, tenir pour reconnus des faits qui iraient à l'encontre d'un acte authentique produit par la partie non comparante et en détruiraient la constatation ; ce serait, en effet, une manière détournée de prouver contre et outre le contenu aux actes. — J.G.S. *Instruction civile*, 39.
3995. Le défaut de comparution d'une partie pour subir l'interrogatoire sur faits et articles ordonné par jugement ne suffit pas pour que les faits soient nécessairement tenus pour avérés par le tribunal ; le tribunal notamment peut ne tenir aucun compte de ce refus, lorsqu'il s'explique par les irrégularités commises par le juge commis au cours de l'interrogatoire. — Chambéry, 31 janv. 1881, J.G.S. *Interrog. sur faits et art.*, 44.
3996. Jugé, d'autre part, que la loi n'exclut en aucun cas l'aveu en matière de bail, et que, dès lors, il y a lieu d'appliquer l'art. 330 C. proc. civ., qui permet au juge de tenir le fait pour avéré, si la partie interrogée sur faits et articles ne comparaît pas ou refuse de répondre. — Req. 26 janv. 1885, D.P. 85. 1. 234.

Art. 331. Si, ayant fait défaut sur l'assignation, il se présente avant le jugement, il sera interrogé, en payant les frais du premier procès-verbal et de la signification, sans répétition.

3997. La partie qui n'a pas comparu devant le juge commis pour un interrogatoire sur faits et articles, peut, même après le jugement qui a tenu les faits pour avérés, demander utilement en appel à subir l'interrogatoire prescrit. — Douai, 30 juill. 1832, D.P. 79. 2. 88, note 5. — Douai, 11 juill. 1858, D.P. 79. 2. 88. — *Contrà* : Bordeaux, 7 déc. 1858, D.P. 79. 2. 88, note 5. — V. *Code de procédure civile*, n° 4.

Art. 332. Si, au jour de l'interrogatoire, la partie assignée justifie d'empêchement légitime, le juge indiquera un autre jour pour l'interrogatoire, sans nouvelle assignation.

Art. 333. La partie répondra en personne sans pouvoir lire aucun projet de réponse par écrit, et sans assistance de conseil, aux faits contenus en la requête, même sur ceux sur lesquels le juge l'interrogera d'office ; les réponses seront précises et pertinentes sur chaque fait, et sans aucun terme calomnieux ni injurieux : celui qui aura requis l'interrogatoire ne pourra y assister.

Art. 334. L'interrogatoire achevé sera lu à la partie, avec interpellation de déclarer si elle a dit vérité et persiste : si elle ajoute, l'addition sera rédigée en marge ou à la suite de l'interrogatoire ; elle lui sera lue, et il lui sera fait la même interpellation : elle signera l'interrogatoire et les additions ; et si elle ne sait ou ne veut signer, il en sera fait mention.

Art. 335. La partie qui voudra faire usage de l'interrogatoire le fera signifier, afin qu'il puisse être un sujet d'écritures de part ni d'autre.

3998. — I. Signification de l'interrogatoire (C. proc. civ. n°s 1 à 4).
3999. — II. Preuve résultant de l'interrogatoire (C. proc. civ. n°s 5 à 9). — Si la partie nie, la preuve n'est pas faite et les choses sont entières ; si elle avoue, la preuve est acquise, à moins que l'affaire ne soit de

celles où l'aveu n'entraîne pas forcément la condamnation et ne fournit que des renseignements livrés à l'appréciation du juge. — J.G.S *Interrog. sur faits et art.*, 42.
4000. Sur la question de savoir si les réponses faites dans un interrogatoire sur faits et articles peuvent constituer un commencement de preuve par écrit, V. art. 1347, *Supplément au Code civil annoté*, n°s 8891 et s.

Art. 336. Seront tenues les administrations d'établissements publics de nommer un administrateur ou agent pour répondre sur les faits et articles qui leur auront été communiqués : elles donneront, à cet effet, un pouvoir spécial dans lequel les réponses seront expliquées et affirmées véritables, sinon les faits pourront être tenus pour avérés ; sans préjudice de faire interroger les administrateurs et agents sur les faits qui leur seront personnels, pour y avoir, par le tribunal, tel égard que de raison.

TITRE XVI.

Des Incidents.

§ 1er. — Des Demandes incidentes.

Art. 337. Les demandes incidentes seront formées par un simple acte contenant les moyens et les conclusions, avec offre de communiquer les pièces justificatives sur récépissé, ou par dépôt au greffe.
Le défendeur à l'incident donnera sa réponse par un simple acte.

4001. — I. Demandes incidentes (C. proc. civ. n°s 1 à 8). — Le caractère d'une demande incidente est d'être formée à l'occasion et dans le cours d'une demande principale pour s'y joindre, en suspendre la marche, en modifier la solution ou même l'écarter entièrement. — Req. 22 avr. 1890, D.P. 91. 1. 208.
4002. En conséquence, lorsque, dans le cours d'une demande en indemnité formée de duu, d'un prêt contracté par intermédiaire, le demandeur, par simples conclusions signifiées, demande que l'intermédiaire soit condamné à rendre compte de sa gestion, cette seconde demande qui invoque l'existence d'un mandat jusqu'alors contesté, à une cause différente de la première, et n'en doit pas modifier la solution ; par suite, elle ne constitue pas une demande incidente pouvant être formée d'après l'art. 337 C. proc. civ., par un simple acte d'avoué ; c'est donc à bon droit qu'elle est déclarée non recevable. — Même arrêt.
4003. La demande à fin d'interprétation d'un arrêt constitue un incident dans le sens de l'art. 337 C. proc. civ., alors surtout qu'elle se rattache à l'exécution de cet arrêt, et elle peut, en conséquence, être formée par un simple acte signifié à l'avoué de la partie adverse, même si l'incident se produit plus d'un an après la prononciation de l'arrêt. — Civ. r. 20 mars 1889, D.P. 89. 1. 382.
4004. Sur l'appel incident, V. *infrà*, art. 443.
4005. Sur la tierce opposition incidente, V. *infrà*, art. 475 et 476.
4006. Sur les demandes incidentes à une poursuite de saisie immobilière, V. *infrà*, art. 718 et s.
4007. — II. Demandes incidentes formées par le demandeur ou demandes additionnelles

(C. proc. civ. n°⁸ 9 à 21). — Des conclusions prises au cours d'une instance et se rattachant à la demande originaire par l'identité du fait sur lequel elles se fondent ne peuvent être considérées comme une demande nouvelle devant donner lieu à une citation particulière et former l'objet d'une instance spéciale, alors surtout qu'elles ne sont que la conséquence du développement donné au litige par les débats contradictoires des parties. — Civ. c. 19 nov. 1879, D.P. 80. 1. 78. — V. *Code de procédure civile*, n° 9.

4008. Spécialement, le demandeur qui a conclu primitivement à la restitution d'une somme déterminée qu'il prétend avoir remise à titre de prêt, et que le défendeur, interrogé sur faits et articles, soutient n'avoir reçue qu'à titre de mandat, peut, par des conclusions nouvelles et sans recourir à un ajournement distinct, demander la reddition de compte du mandat dont cette somme aurait fait l'objet. — Même arrêt.

4009. De même, le preneur qui a formé contre son bailleur une action en résiliation de bail pour défaut de jouissance, eu se fondant uniquement sur le trouble que lui cause le défendeur, n'est recevable à demander au cours du procès, par des conclusions subsidiaires, la résiliation soit prononcée à raison d'autres vices qui se sont révélés depuis l'exploit introductif d'instance. — Req. 3 juill. 1878, D.P. 80. 1. 77.

4010. — III. DEMANDES INCIDENTES FORMÉES PAR LE DÉFENDEUR OU DEMANDES RECONVENTIONNELLES (C. proc. civ. n°⁸ 22 à 41). — Une demande reconventionnelle n'est admissible qu'autant qu'elle se rattache à la demande principale. — Rennes, 21 juill. 1880, D.P. 83. 1. 330. — V. *Code de procédure civile*, n° 23.

4011. Ainsi une demande incidente formée par le défendeur ne présente pas le caractère d'une demande reconventionnelle et n'est point, par suite, recevable, lorsque, d'une part, elle se fonde sur des faits qui se seraient produits à une époque éloignée de ceux qui motivaient l'action principale et qui étaient constitutifs de cette action, et, d'autre part, qu'il n'existe aucune connexité entre les deux demandes et que la seconde ne constitue pas une défense à la première. — Req. 3 mars 1879, D.P. 81. 1. 212.

4012. Mais une demande incidente et reconventionnelle servant de défense à l'action principale peut être formée par de simples conclusions motivées. — Civ. c. 9 févr. 1881, D.P. 83. 1. 286-287.

4013. Spécialement, il en est ainsi de la demande tendant à la nullité d'une liquidation de reprises et d'une cession qui en a été la suite, si cette demande sert de défense à l'action principale ou nullité de la saisie pratiquée sur les immeubles cédés. — Même arrêt.

4014. Les demandes incidentes, et notamment les actions en garantie que les défendeurs exercent les uns contre les autres, peuvent être formées en appel par simples conclusions d'avoué à avoué, lorsque ces actions sont la conséquence de la demande principale et ne constituent ni un appel principal, ni un appel incident. — Req. 26 mai 1878, D.P. 78. 1. 469.

4015. Sur les demandes reconventionnelles : ... en cause d'appel, V. *infrà*, art. 464.

4016. ...En matière de divorce et de séparation de corps, V. *infrà*, art. 879.

4017. — IV. TRIBUNAL COMPÉTENT EN MATIÈRE DE DEMANDES INCIDENTES (C. proc. civ. n°⁸ 42 à 59). — Bien qu'une partie soit fondée à opposer, comme défense à la demande principale, une demande reconventionnelle ou en compensation judiciaire, il appartient aux tribunaux de décider, d'après les circonstances, s'il y a lieu de statuer sur le tout par un seul et même jugement ou de ne statuer que sur la demande principale. — Req. 15 juill. 1885, D.P. 86. 1. 248.

4018. Sur la compétence : ... des tribunaux de commerce en matière de compensation, V. *Cod. de commerce annoté*, art. 639, n°⁸ 93 et s.; et son *Supplément*.

4019. ...Des juges de paix en matière de demandes reconventionnelles ou en compensation, V. *suprà*, L. 25 mai 1838, art. 7 et 8, n°⁸ 260 et s.

4020. Sur le droit du tribunal civil de statuer en premier ou en dernier ressort dans le cas de demande reconventionnelle ou en compensation, V. *infrà*, L. 11 avr. 1838, art. 2, *Appendice* à l'art. 453.

4021. — V. FORMES DES DEMANDES INCIDENTES. (C. proc. civ. n°⁸ 60 à 74).

Art. 338. Toutes demandes incidentes seront formées en même temps; les frais de celles qui seraient proposées postérieurement et dont les causes auraient existé à l'époque des premières, ne pourront être répétés.

Les demandes incidentes seront jugées par les premières, s'il y a lieu; et, dans les affaires sur lesquelles il aura été ordonné une instruction par écrit, l'incident sera porté à l'audience, pour être statué ce qu'il appartiendra.

4022. Relativement à la juridiction des chambres réunies des cours d'appel en matière de questions d'état incidentes, V. *infrà*, *Appendice*, art. 462.

§ 2. — De l'Intervention.

Art. 339. L'intervention sera formée par requête qui contiendra les moyens et conclusions, dont il sera donné copie, ainsi que des pièces justificatives.

DIVISION

§ 1. — *Caractères de l'intervention* (n° 4023).
§ 2. — *Qui peut intervenir* (n° 4033).
§ 3. — *Formes de l'intervention* (n° 4080).

§ 1er. — *Caractères de l'intervention* (C. proc. civ. n°⁸ 1 à 13).

4023. L'intervention n'est qu'une annexe, pour ainsi dire, de l'instance principale; son sort est lié au sort de celle-ci, et si la demande principale a été irrégulièrement formée, l'intervention s'écroulera en même temps que la demande principale, quel que soit, d'ailleurs, le but que se soit proposé l'intervenant. — D.P. 90. 1. 457, note.

4024. — I. INTERVENTION VOLONTAIRE (C. proc. civ. n°⁸ 3 à 12). — Une intervention, même régulière en droit, ne saurait avoir pour effet de rendre valable et efficace une demande principale nulle en elle-même et sans son principe, encore bien que l'intervenant se borne à s'approprier les conclusions des demandeurs. — Civ. r. 12 août 1889, D.P. 90. 1. 457.

4025. Ainsi un tiers qui n'a, de son côté, pratiqué une saisie, valider, au moyen d'une intervention, la procédure incidemment intentée par le saisissant. — Rennes, 9 févr. 1891, D.P. 91. 2. 174.

4026. L'intervention est commerciale, lorsque l'intervenant, en se joignant à l'appelant, ne fait que combattre une demande reconventionnelle, bien que ce soit en vue d'éviter l'action civile qui pourrait être ultérieurement intentée contre lui. — Bruxelles, 12 janv. 1888, D.P. 89. 2. 203.

4027. Dans une instance où le demandeur demande la réparation d'un préjudice qui lui a été causé personnellement, les intervenants, qui auraient intérêt et qualité

pour se joindre à lui à l'effet de faire condamner le défendeur envers eux, ne sont pas recevables à demander qu'au cas où une condamnation interviendrait contre le défendeur, le montant en soit réparti entre les divers créanciers suivant leurs droits respectifs. — Amiens, 9 janv. 1890, D.P. 91. 2. 7.

4028. Sur l'intervention : ... en appel, V. *infrà*, art. 466.

4029. ... Devant la cour de cassation, V. *infrà*, *Appendice*, liv. 4, titre III.

4030. .. En matière administrative, V. *Code des lois adm. annotés*, t. 1er, IV, v° *Conseil d'État*, n°⁸ 2079 et s.

4031. .. En matière criminelle, V. *Code d'instruction criminelle annoté*.

4032. — II. INTERVENTION FORCÉE (C. proc. civ. n° 13). — V. *infrà*, *Appendice* au présent titre, n°⁸ 4102 et s.

§ 2. — *Qui peut intervenir* (C. proc. civ. n°⁸ 14 à 119).

4033. — I. CONDITIONS REQUISES POUR L'INTERVENTION (C. proc. civ. n°⁸ 25 à 63). — 1° *Intérêt* (C. proc. civ. n°⁸ 25 à 53). — Les tribunaux peuvent repousser toute intervention qui n'est pas justifiée par un intérêt sérieux. — Req. 2 mars 1875, D.P. 75. 1. 147.

4034. Spécialement, les souscripteurs et porteurs d'obligations non encore remboursables émises par une ville dont la solvabilité n'est pas suspectée, ne peuvent, faute d'intérêt suffisant, exercer ses droits et actions ni intervenir dans les instances où elle est engagée. — Même arrêt.

4035. Toute intervention fondée sur un intérêt sérieux est recevable : spécialement, les créanciers du mari peuvent intervenir dans l'action révocatoire formée par la femme dont le bien dotal a été aliéné sans remploi. — Rouen, 7 avr. 1886, D.P. 88. 2. 45.

4036. Mais, en l'absence de tout lien de droit entre les intervenants et l'adversaire de la femme, les frais de leur intervention, faite dans leur intérêt exclusif, doivent demeurer à leur charge. — Même arrêt.

4037. L'État, qui concède la propriété emphytéotique d'une salle de spectacle à une personne ou société, et qui subventionne le directeur, à ce que le loyer payé par celui-ci à l'emphytéote ne s'élève pas au chiffre annoncé pour rendre l'augmentation de la subvention nécessaire ou sa diminution impossible; en conséquence, il peut intervenir dans les instances engagées sur ce point entre l'emphytéote et le directeur; et les conventions passées entre eux à cet effet lui sont opposables. — Civ. r. 9 mars 1875, D.P. 76. 1. 401-402.

4038. La question de savoir si un intérêt d'honneur est suffisant pour motiver l'intervention est résolue affirmativement par la jurisprudence et la majorité des auteurs. — J.G.S. *Intervention*, 9.

4039. Jugé en ce sens que lorsqu'un testament est attaqué par voie d'inscription de faux incident, le notaire qui a rédigé le testament en question a qualité pour intervenir dans l'instance afin d'y réclamer les dommages-intérêts à raison du préjudice matériel et moral qu'il éprouve par suite de cette inscription de faux. — Grenoble, 17 janv. 1867, J.G.S. *Intervention*, 9.

4040. Décidé de même que la personne (dans l'espèce, l'institutrice des enfants) qui se trouve désignée, dans un procès intenté entre un mari contre son mari comme complice d'un adultère reproché à celui-ci, est recevable, alors même qu'il s'agirait d'une instance en séparation de corps, à intervenir pour poursuivre le redressement des imputations diffamatoires dirigées contre elle et la suppression des écrits les contenant. — Rennes, 30 mai 1876, D.P. 77. 2. 51, et la note.

4041. C'est à tort qu'en pareil cas la demanderesse prétendrait limiter le droit de l'intervenant à une simple assistance à l'enquête pour la surveiller, et lui dénierait la faculté d'y participer pour provoquer au besoin une contre-enquête. — Même arrêt.

4042. Il a été décidé par un arrêt que du moment où le juge adroit un tiers à intervenir dans une instance en séparation de corps, dans le but d'y sauvegarder sa réputation qui peut être mise en question, notamment dans les enquêtes, il ne saurait en même temps lui interdire de prendre part à ces enquêtes pour y fournir la preuve contraire des faits susceptibles de l'atteindre. —Caen, 15 juill. 1885, D.P. 88. 1. 465.

4043. — 2° *Qualité* (C. proc. civ. nᵒˢ 54 à 62).

4044. — II. Créanciers (C. proc. civ. nᵒˢ 63 à 87). — Les créanciers peuvent intervenir en première instance, soit en vertu de l'art. 1166, comme exerçant les droits de leur débiteur, soit conformément à l'art. 1167, en leur nom personnel, pour attaquer les actes faits par le débiteur en fraude de leurs droits. — J.G.S. *Intervention*, 14.

4045. Décidé en ce sens : 1° que le créancier d'un débiteur saisi, lorsque cette qualité de créancier est reconnue par le débiteur, a le droit d'user de l'intervention dans le but de demander, concurremment avec ledit débiteur, la nullité des saisies-arrêts pratiquées au préjudice de ce dernier. — Trib. civ. Lyon, 24 mars 1888, J.G.S. *Intervention*, 14.

4046. — 2° Que les créanciers chirographaires sont recevables à intervenir dans une instance pendante entre leur débiteur et un créancier gagiste, bien que ce débiteur ait reconnu la validité du gage invoqué et que, pour le surplus, il se soit référé à justice, à l'effet de contester la validité extrinsèque du gage. — Trib. Bruges, 10 août 1868, J.G.S. *Intervention*, 14.

4047. ... 3° Que le droit d'intervenir dans l'instance où le droit du donataire demande, à l'encontre du donataire saisi, la résolution d'une donation pour inexécution des charges. — Aix, 24 déc. 1885, J.G.S. *Intervention*, 14. — V. aussi Poitiers, 10 nov. 1875, D.P. 76. 2. 179.

4048. ... 4° Que les créanciers du mari peuvent intervenir dans l'action révocatoire formée par la femme dont le bien dotal a été aliéné sans remploi. — Rouen, 7 avr. 1836, D.P. 88. 2. 45.

4049. Mais si un créancier, par cela seul qu'il est intéressé à l'issue d'un procès, est recevable à intervenir dans une instance où figure son débiteur, cependant il doit supporter les frais de son intervention, si celle-ci n'est provoquée ni par des faits de collusion entre les parties principales, ni par l'impéritie du débiteur. — Trib. Bruxelles, 30 avr. 1883, J.G.S. *Intervention*, 14.

4050. L'assureur peut intervenir dans l'instance introduite par l'assuré contre le capitaine du navire abordeur pour se faire attribuer, à concurrence des créances, les indemnités auxquelles ledit capitaine pourrait être condamné. — Aix, 9 févr. 1888, D.P. 89. 2. 281.

4051. Bien que le syndic d'une faillite soit le représentant de la masse, il ne s'ensuit pas que quelques-uns des créanciers, dont l'intérêt se confond avec celui de la masse, ne puissent intervenir pour veiller à la conservation de leurs droits, lorsque, d'ailleurs, tous les frais de l'intervention étant laissés à leur charge, il n'en peut résulter aucun préjudice pour autrui. — Poitiers, 26 juill. 1886, D.P. 89. 1. 245.

4052. Jugé cependant que les intervenants, créanciers sociaux, étant représentés par les syndics de la faillite, sont non recevables à intervenir *devant la cour de cassation*, pour demander la cassation d'un arrêt rendu conformément aux conclusions des syndics, qui les représentent. — Civ. r. 14 juill. 1873, D.P. 76. 1. 160.

4053. Mais la faculté d'intervenir cessant pour les créanciers lorsqu'il s'agit d'un droit attaché à la personne de leur débiteur, il a été jugé : 1° que les créanciers d'un individu, contre qui une demande en nomination de conseil judiciaire a été formée, ne sont pas recevables, sauf l'hypothèse de dol ou de fraude dont la preuve leur incombe, à intervenir en cette qualité dans le procès engagé contre leur débiteur. — Trib. civ. Seine, 24 févr. 1886, J.G.S. *Intervention*, 15.

4054. ... 2° Que, de même, les créanciers d'un individu, contre qui une demande en nomination de conseil judiciaire a été formée, ne sont pas recevables, sauf l'hypothèse de dol ou de fraude dont la preuve leur incombe, à intervenir en cette qualité dans le procès engagé contre leur débiteur. — Trib. civ. Seine, 24 févr. 1886, J.G.S. *Intervention*, 15.

4055. ... 3° Que les créanciers du mari ne peuvent intervenir dans l'instance en séparation de biens intentée par sa femme qu'à charge de prouver la mauvaise foi de la demanderesse. — Trib. de Nogent-le-Rotrou, 7 févr. 1890, J.G.S. *Intervention*, 15.

4056. Mais le mari peut valablement user de l'intervention après le divorce, dans un procès intenté contre sa femme divorcée, lorsqu'il se présente comme créancier de sa femme à divers titres, et prétend qu'il peut être utilement recherché du chef de la dette qui fait l'objet de l'instance dirigée contre elle. — Paris, 26 mars 1890, J.G.S. *Intervention*, 15.

4057. Sur la question de savoir quels sont, en cas de partage d'une succession, les créanciers à qui appartient le droit d'intervention, V. *Supplément au Code civil annoté*, art. 882, nᵒˢ 5487 et s.

4058. Sur l'intervention : ... des créanciers inscrits dans la poursuite ou les incidents de saisie immobilière, V. *infrà*, art. 718.

4059. ... Des créanciers forclos en matière d'ordre, faute d'avoir constitué dans le délai légal, V. *infrà*, art. 756.

4060. ... Du failli et des créanciers en matière de faillite, V. *Code de commerce annoté*, art. 443, nᵒˢ 539 et s.; et son *Supplément*.

4061. — III. Acquéreur (C. proc. civ. nᵒˢ 88 et 89). — Sur la question de l'intervention de l'acquéreur, il a été jugé : 1° que l'acquéreur a le droit d'intervenir dans le procès existant entre un vendeur et un tiers au sujet de l'immeuble vendu ou des droits réels qui dérivent de sa possession, si le vendeur lui-même a conservé un intérêt au litige. — Liège, 16 nov. 1872, J.G.S. *Intervention*, 18.

4062. ... 2° Que le sous-acquéreur d'un immeuble, acquis par un adjudicataire poursuivi en folle enchère, a intérêt et est recevable à intervenir comme tiers dans la poursuite en folle enchère, dirigée contre son vendeur et qui pourrait entraîner sa propre éviction. — Toulouse, 1ᵉʳ mai 1890, J.G.S. *Intervention*, 18.

4063. Et l'on peut d'autant moins s'opposer à cette intervention que la revente sur folle enchère aurait pu éventuellement être poursuivie sur sa propre tête. — Même arrêt, J.G.S. *Intervention*, 18.

4064. ... 3° Qu'une fabrique, à laquelle on a donné un terrain pour y construire une église, justifie d'un intérêt suffisant pour intervenir dans une action en revendication de cette église et de son emplacement, alors même qu'elle n'a pas été autorisée par le Gouvernement à accepter la donation qui lui a été faite. — Trib. civ. Lyon, 19 déc. 1888, J.S.S. *Intervention*, 18.

4065. ... 4° Que l'acheteur d'un immeuble est recevable à intervenir, même en appel, dans la contestation engagée entre le vendeur et un tiers, relativement à un droit de passage réclamé par ce dernier sur l'immeuble vendu. — Poitiers, 7 janv. 1885, D.P. 86. 2. 72.

4066. — IV. Cessionnaire (C. proc. civ. nᵒˢ 90 à 92).

4067. — V. Locataire (C. proc. civ. nᵒˢ 93 et 94).

4068. — VI. Garant (C. proc. civ. nᵒˢ 95 à 97).

4069. — VII. Caution (C. proc. civ. nᵒ 98).

4070. — VIII. Débiteur solidaire (C. proc. civ. nᵒ 99).

4071. — IX. Héritier bénéficiaire (C. proc. civ. nᵒˢ 100 et 101). — La présence d'un héritier bénéficiaire n'empêche pas les autres héritiers et les légataires à titre universel ou particulier d'intervenir dans les litiges qui intéressent toute l'hérédité, alors surtout que l'action dirigée contre l'héritier bénéficiaire, qui n'est lui-même qu'un donataire ou légataire, peut avoir pour effet la réduction des legs à titre universel ou particulier. — Bruxelles, 22 nov. 1848, J.G.S. *Intervention*, 19.

4072. — X. Exécuteur testamentaire (C. proc. civ. nᵒ 102). — L'intervention des exécuteurs testamentaires étant recevable dans toute contestation relative à l'exécution des volontés du défunt, en cas de contestation sur la validité du testament qui les a institués, les exécuteurs testamentaires peuvent toujours intervenir. — Poitiers, 25 mars 1889, J.G.S. *Intervention*, 20.

4073. — XI. Corporation (C. proc. civ. nᵒˢ 103 à 114). — Une corporation n'a le droit d'intervenir dans une instance engagée entre un de ses membres et un tiers qu'autant qu'elle peut invoquer un intérêt direct et actuel. — Trib. civ. du Puy, 2 déc. 1884, D.P. 86. 3. 47. — V. *Code de procédure civile*, nᵒ 111.

4074. Ainsi, l'on ne saurait refuser à la chambre ou corporation des notaires le droit d'intervenir dans une instance où l'on conteste à un notaire de l'arrondissement le droit de procéder, en sa qualité, à des ventes d'une certaine nature. — Besançon, 28 juill. 1877, D.P. 78. 2. 50.

4075. Mais la compagnie des notaires d'un arrondissement n'est pas recevable à intervenir dans une instance engagée entre un de ces notaires et le conservateur des hypothèques au sujet de l'exigibilité de salaires perçus pour formalités hypothécaires. — Trib. de Cherbourg, 20 nov. 1883, D.P. 85. 2. 57.

4076. Toutefois, le notaire rédacteur d'un acte a qualité, tant en son nom et dans son intérêt personnel que comme mandataire des parties, pour contester l'exigibilité de salaires perçus au sujet d'un état délivré sur la transcription du contrat au bureau des hypothèques. — Même jugement.

4077. Jugé en sens contraire que le notaire rédacteur d'un contrat de vente au sujet duquel il a requis un état sur transcription, n'a pas qualité pour demander la suppression de réserves insérées dans cet état, que c'est à l'acquéreur, s'il se croit lésé par ces réserves, à adresser à ses risques et périls le conservateur des hypothèques, attendu que le changement n'intéresse pas personnellement le notaire, et qu'en France *nul ne plaide par procureur.* — Trib. de Pithiviers, 10 août 1883, D.P. 85. 3. 59, note 2.

4078. — XII. Communes et établissements publics (C. proc. civ. nᵒˢ 115 à 119). — Sur l'intervention : ... des communes dans les instances où les intérêts communaux sont engagés, V. *Code des lois adm. annotées*, t. Iᵉʳ, VIII, vᵒ *Commune*, nᵒˢ 8059 et s., 8260, 8380 et s., et 8407.

4079. ... Des hospices et hôpitaux dans les contestations où ils sont intéressés, V. *Code des lois adm. annotées*, t. 2, vᵒ Établissements de bienfaisance et de prévoyance.

§ 3. — *Formes de l'intervention* (C. proc. civ. nᵒˢ 120 à 143).

4080. — I. Conciliation (C. proc. civ. nᵒ 120).

4081.—II. Requête (C. proc. civ. nᵒˢ 121 à 131). — Au cas où une partie, assignée dans des conditions irrégulières, est intervenue volontairement dans l'instance, et n'a conclu à la nullité de la procédure qu'en tant qu'elle avait précédé son intervention, il y a lieu de la considérer comme étant régulièrement en cause à compter de cette intervention. — Civ. r. 14 avr. 1885, D.P. 88. 1. 461.

4082. En effet, on doit considérer l'intervention comme une demande principale à l'égard de l'intervenant; il importe donc peu qu'antérieurement une procédure irrégulière ait été suivie directement contre les intérêts de l'intervenant; l'annulation de cette procédure primitive, même prononcée sur ses propres conclusions, n'affecte en rien la régularité de son intervention, si elle s'est produite conformément à l'art. 339 C. proc. civ., ni la régularité des actes qui ont suivi. — J.G.S. *Intervention,* 58.

4083. On ne peut pas demander pour la première fois en cause d'appel la nullité d'une intervention qui a eu lieu autrement que sous forme de requête, si les parties n'ont pas combattu cette forme de l'intervention. — Lyon, 22 mars 1884, D.P. 85. 2. 199.

4085. En matière électorale, l'*intervention* devant le juge d'appel n'est pas assujettie aux règles ordinaires sur la forme des demandes en intervention. — D.P. 77. 1. 299, note 3. — V. sur cette question *Code des lois élim. annotées,* t. 1ᵉʳ, X, vᵒ *Élections,* art. 4250 et 4.

4086. — III. Ce que doit contenir la requête (C. proc. civ. nᵒˢ 132 à 140). — L'étendue de la requête varie à l'infini, suivant le plus ou le moins d'importance de l'objet de la demande et des moyens à développer; c'est une affaire de tarif bien plus qu'une affaire de droit et de procédure. — J.G.S. *Intervention,* 53.

4087. L'intervention doit être admise, quoique la requête ne contienne pas les moyens et conclusions de l'intervenant, si l'évidence de son intention de se joindre à l'une des parties, ou l'ensemble de la même requête, annonce suffisamment les motifs de l'intervention. — Bruxelles, 14 févr. 1855, J.G.S. *Intervention,* 57.

4088. — IV. Droit de réponse (C. proc. civ. nᵒˢ 141 et 142).

4089. — V. Matières sommaires (C. proc. civ. nᵒ 143).

Art. 340. L'intervention ne pourra retarder le jugement de la cause principale, quand elle sera en état.

4090. — I. Recevabilité de l'intervention (C. proc. civ. nᵒˢ 1 à 17). — L'intervention peut se produire en tout état de cause et tant que l'instruction n'a pas entièrement achevée. — Bruxelles, 12 janv. 1888, D.P. 89. 2. 359. — V. *Code de procédure civile,* nᵒ 1.

4091. Toutefois, d'après la plupart des auteurs, l'art. 340 n'est au fond qu'un conseil, qu'un avis, et non point une règle impérative; il laisse une très grande latitude à la sagesse des tribunaux, et tend uniquement à empêcher que la partie qui prévoit sa prochaine condamnation ne fasse survenir, pour la reculer, une intervention de complaisance. — J.G.S. *Intervention,* 50.

4092. C'est ainsi qu'il a été jugé : le

qu'une intervention ne doit pas être rejetée comme tardive par cela seul qu'elle n'a été signifiée qu'après le commencement des plaidoiries, si d'ailleurs elle ne retarde pas le jugement de la cause principale, et si le tribunal peut statuer sur la demande principale et sur les conclusions de l'intervention. — Lyon, 18 janv. 1868, J.G.S. *Intervention,* 50.

4093. ... 2ᵒ Que les mots *en état,* dans l'article 340 C. proc. civ., n'ont pas le même sens que dans l'art. 343 du même code; qu'ils se réfèrent, au point de vue de la solution du litige, au moment où l'instruction de la cause est terminée, et non à celui où les conclusions ont été respectivement prises; qu'ainsi l'intervention, alors même qu'elle se produit après ce moment, est recevable dès lors qu'elle ne retarde pas le jugement de l'instance principale. — Orléans, 24 mai 1883, D.P. 84. 2. 149.

4094. ... 3ᵒ Que doit être déclarée recevable dans la forme l'intervention introduite par conclusions signifiées et posées à l'audience au moment où vont avoir lieu les plaidoiries de l'affaire principale : l'art. 70 du décret du 30 mars 1808, qui prescrit la signification des conclusions trois jours au moins avant l'audience, ne constituant qu'une pure et simple mesure d'ordre intérieur et permettant uniquement à la partie adverse de demander le renvoi du débat à une audience ultérieure, il importe peu que les conclusions aient été signifiées au cours de l'instance. — Trib. civ. Seine, 18 juin 1885, J.G.S. *Intervention,* 50.

4095. Mais l'intervention n'est pas recevable si la demande principale et celle de l'intervenant sont distinctes, tendent à des fins différentes, et n'ont entre elles qu'un rapport indirect: si, loin que la première puisse attirer à elle la seconde et lui servir de base, c'est celle-ci qui, plus grave, plus ample, comportant des effets plus étendus, se trouverait embrasser dans les conséquences qu'elle aurait à produire. — Paris, 10 févr. 1882, J.G.S. *Intervention,* 58.

4096. Sur la question de savoir si le jugement qui admet une intervention est préparatoire ou interlocutoire, V. *infrà*, art. 452.

4097. — II. Effets de l'intervention (C. proc. civ. nᵒˢ 18 à 42). — L'intervention du curateur devant la cour saisie de l'appel d'un jugement rendu au profit du mineur émancipé par cet appel non irrégulièrement introduite par celui-ci sans l'assistance du curateur, n'a pas pour effet de régulariser la procédure et de laisser subsister la décision intervenue, mais seulement de maintenir l'assignation aux fins de comparution et de débat devant les premiers juges. — Poitiers, 27 mai 1880, D.P. 81. 2. 18-19.

4098. Une intervention, même régulière et fondée en droit, ne saurait avoir pour effet de rendre valable et efficace une demande principale nulle en elle-même et dans son principe, encore bien que l'intervenant se borne à s'approprier les conclusions des demandeurs. — Civ. c. 12 août 1889, D.P. 90. 1. 457.

4099. Dans le cas où la procédure intentée par un créancier saisissant est frappée de nullité, cette procédure ne peut être validée par l'intervention d'un tiers qui n'a, de son côté, pratiqué aucune saisie. — Rennes, 9 févr. 1891, D.P. 91. 2. 174.

4100. — III. Jugement sur le fond (C. proc. civ. nᵒˢ 43 à 45).

4101. — IV. Appel (C. proc. civ. nᵒˢ 46 et 47).

Art. 341. Dans les affaires sur lesquelles il aura été ordonné une instruction par écrit, si l'intervention est contestée par l'une des parties, l'incident sera porté à l'audience.

INTERVENTION FORCÉE OU ASSIGNATION EN DÉCLARATION DE JUGEMENT COMMUN.

4102. Il y a mise en cause quand on prend des conclusions contre le défendeur en vue de le faire condamner personnellement, *assignation en déclaration de jugement commun,* quand on ne le cite que pour voir dire qu'il y a chose jugée à la fois contre lui et contre le défendeur principal. — J.G.S. *Intervention,* 63.

4103. Les mots *intervenir forcément* employés dans un exploit ne donnent pas à l'action le caractère d'une intervention forcée, si tous les éléments de la cause démontrent qu'il s'agit d'une action principale. — Trib. Bruxelles, 30 mars 1872, J.G.S. *Intervention,* 65.

4104. — I. Qui peut être appelé en cause (C. proc. civ. nᵒˢ 1 à 13). — Lorsqu'une partie a le droit d'intervenir dans une instance, il existe pour les intéressés un droit corrélatif de l'appeler dans cette instance même contre sa volonté. — Comp. J.G.S. *Intervention,* 66. — Pau, 16 nov. 1885, D.P. 86.2. 278. — V. *Code de procédure civile,* nᵒ 1.

4105. Mais, à la différence de la partie qui intervient volontairement, la partie appelée contre son gré au procès ne saurait être contrainte d'accepter les effets de la procédure antérieure à son intervention, qui sont de nature à lui préjudicier; aussi, dans ces circonstances, et afin de conserver tous ses droits, a-t-elle la faculté de refuser d'intervenir. — Même arrêt.

4106. Tout individu qui aurait qualité pour former tierce-opposition à un jugement peut être forcé d'intervenir au procès. — Req. 24 janv. 1887, D.P. 88. 2. 278. — V. *Code de procédure civile,* nᵒ 5.

4107. Mais cette qualité est indispensable pour qu'un tiers étranger au procès soit obligé d'y prendre part. — Même arrêt.

4108. Le propriétaire du fonds intermédiaire, qui aurait le droit d'intervenir dans la contestation pendante au sujet de l'existence d'une servitude entre le propriétaire du fonds dominant et le propriétaire du fonds servant peut être appelé en cause par ceux-ci. — Pau, 9 févr. 1885, D.P. 86. 2. 173.

4109. L'auteur d'un dommage causé à un immeuble ne peut se refuser à discuter avec le possesseur fondé en titre de cet immeuble l'indemnité qu'il peut devoir, sous prétexte qu'un tiers serait le véritable redevable, alors que ce tiers n'a pas été mis en cause par l'auteur du dommage. — Alger, 25 janv. 1875, D.P. 76. 2. 59.

4110. Le défendeur qui a formé une demande reconventionnelle peut appeler en cause des tiers en déclaration de jugement commun. — Req. 18 déc. 1883, D.P. 84. 1. 402-403.

4111. — II. Devant quelle juridiction peut avoir lieu l'intervention forcée (C. proc. civ. nᵒˢ 14 et 15). — Une intervention forcée peut se produire pour la première fois en appel. — Civ. r. 3 nov. 1877, D.P. 80. 1. 79 — Nancy, 3 janv. 1880, D.P. 82. 2. 138 — Rouen, 13 juin 1881, D.P. 83. 2. 110. — Arrêt préc. 9 févr. 1885. — V. *infrà,* art. 466.

4112. Lorsque l'action en nullité d'un bail et l'action en rapport à une succession de sommes d'argent versées dans la communauté du locataire n'ont été dirigées que contre sa veuve commune en biens, le demandeur peut, sur l'appel du jugement qui l'a débouté de son action, assigner devant la cour les enfants comme héritiers de leur père en déclaration de jugement commun, d'autant plus que ces héritiers, s'ils n'étaient pas mis en cause, auraient le droit de faire tierce opposition à l'arrêt et que l'action en nullité d'un bail est une matière indivisible. — Gand, 24 déc. 1889, D.P. 88. 2. 88.

4113. — III. Compétence (C. proc. civ. nᵒˢ 16 et 17).

4114. — IV. Procédure (C. proc. civ. nᵒˢ 18 à 23. — Le tribunal, saisi d'une contestation entre un propriétaire incendié et son assureur peut, sans excéder ses pouvoirs, ordonner, à titre de mesure d'instruction, la mise en cause d'une commune, alors que l'assureur prétend que certains frais accessoires dont l'assuré réclame le remboursement doivent être à la charge de cette commune. — Req. 2 août 1876, D.P. 77. 1. 224.

4115. — V. Jugement (C. proc. civ. nᵒ 24).

4116. — VI. Appel (C. proc. civ. nᵒ 25).

4117. — VII. Mise hors de cause (C. proc. civ. nᵒˢ 26 à 28).

TITRE XVII.

Des Reprises d'instance et Constitutions de nouvel avoué.

Art. 342. Le jugement de l'affaire qui sera en état ne sera différé, ni par le changement d'état des parties, ni par la cessation des fonctions dans lesquelles elles procédaient, ni par leur mort, ni par le décès, démissions, interdictions ou destitutions de leurs avoués.

4118. L'instance introduite par l'exploit de demande subsiste devant le juge saisi de la contestation jusqu'à ce qu'elle ait été terminée par un jugement, et le simple changement de domicile d'un ou plusieurs défendeurs au cours de la procédure ne peut modifier la compétence du tribunal saisi de la même action par voie de reprise d'instance. — Req. 30 déc. 1884, D.P. 85. 1. 421.

4119. L'instance à fin d'interdiction n'est pas susceptible d'être reprise, après la mort du défendeur, par ses légataires universels. — Douai, 2 juin 1875, D.P. 76. 2. 231. — Comp. J.G S. *Interdiction-conseil judiciaire*, 149.

4120. Et ils ne peuvent justifier cette reprise d'instance par la nécessité de faire statuer sur les dépens d'appel, la cour n'ayant plus le pouvoir de statuer sur ces dépens, s'ils ne sont qu'un accessoire de l'instance principale éteinte par le décès de l'interné. — Même arrêt.

4121. Sur la question de savoir s'il y a lieu à l'application des règles tracées par les art. 342 et s., relatifs à la reprise d'instance en matière de saisie immobilière, V. *infrà*, art. 703.

4122. ... En matière d'ordre, V. *infrà*, art. 761.

Art. 343. L'affaire sera en état, lorsque la plaidoirie sera commencée; la plaidoirie sera réputée commencée, quand les conclusions auront été contradictoirement prises à l'audience.

Dans les affaires qui s'instruisent par écrit, la cause sera en état quand l'instruction sera complète, ou quand les délais pour les productions et réponses seront expirés.

Art. 344. Dans les affaires qui ne seront pas en état, toutes procédures faites postérieurement à la notification de la mort de l'une des parties seront nulles : il ne sera pas besoin de signifier les décès, démissions, interdictions ni destitutions des avoués; les poursuites faites et les jugements obtenus depuis seront nuls, s'il n'y a constitution de nouvel avoué.

4123. — I. Décès de l'une des parties (C. proc. civ. nᵒˢ 2 à 15). — Le décès d'une des parties, survenu avant que la cause soit en état, n'interrompt légalement l'instance qu'à condition d'être notifié à l'adversaire de cette partie. — Req. 18 avr. 1877, D.P. 77. 1. 293-249. — V. *Code de procédure civile*, nᵒ 2.

4124. Suivant un arrêt, le décès d'une personne appelée en garantie n'interrompt pas l'instance entre les autres parties au procès, alors que ce décès ne peut leur porter aucun préjudice. — Liège, 16 nov. 1883, D.P. 85. 2. 53. — V. toutefois Observ. en sens contraire sous cet arrêt, note 2.

4125. — II. Décès, cessation de fonctions des avoués (C. proc. civ. nᵒˢ 16 à 21).

4126. — III. Nullité des procédures postérieures au fait qui donne lieu a reprise d'instance (C. proc. civ. nᵒˢ 22 à 27). — La nullité prononcée par l'art. 344 C. proc. civ. à l'égard des actes de procédure postérieurs à la notification du décès de l'une des parties n'est pas absolue et ne peut être invoquée que par les représentants de la partie décédée. — Observ. sous Req. 18 avr. 1877, D.P. 77. 1. 293-294. — Liège, 16 nov. 1883, D.P. 85. 2. 53. — V. *Code de procédure civile*, nᵒ 3.

4127. La nullité des procédures faites et des jugements obtenus, sans qu'il y ait eu assignation en reprise d'instance contre les héritiers d'une partie décédée depuis la demande, et dont le décès a été notifié à son adversaire, est couverte du moment que ces héritiers intimés ont pris en cette qualité des conclusions devant la cour, et n'ont pas excipé de l'inaccomplissement des formalités prescrites pour la reprise de l'instance engagée contre leur auteur. — Req. 18 avr. 1877, D.P. 77. 1. 293-394.

Art. 345. Ni le changement d'état des parties, ni la cessation des fonctions dans lesquelles elles procédaient, n'empêcheront la continuation des procédures.

Néanmoins, le défendeur qui n'aura pas constitué avoué avant le changement d'état ou le décès du demandeur, sera assigné de nouveau à un délai de huitaine, pour voir adjuger les conclusions, et sans qu'il soit besoin de conciliation préalable.

4128. — I. Changement d'état (C. proc. civ. nᵒˢ 4 à 16). — Le changement d'état des parties et la cessation des fonctions dans lesquelles elles procédaient n'empêchent pas la continuation des procédures; il est donc valablement rendu contre le tuteur d'un mineur qui avait introduit l'instance, bien que ce mineur soit devenu majeur avant que la cause se soit trouvée en état. — Req. 1ᵉʳ févr. 1876, D.P. 76. 1. 323. — V. *Code de procédure civile*, nᵒ 5.

4129. Lorsqu'au cours d'une instance dans laquelle une fille est engagée, celle-ci contracte mariage et ne notifie pas son changement d'état à l'adversaire, celui-ci n'est pas tenu d'appeler le mari en cause ni plus tard de lui signifier le jugement. — Paris, 31 janv. 1888, D.P. 89. 2. 200.

4130. L'instance engagée par un commerçant appelant d'un jugement de première instance, et tombé en faillite avant que la cause soit en état devant la cour, ne peut être vidée que par un désistement pur et simple du syndic, régulièrement signifié et accepté, avec soumission de payer les frais, ou par décision judiciaire statuant sur la contestation; par suite, l'intimé a le droit d'assigner le syndic en reprise d'instance. — Paris, 18 mars 1875, D.P. 78. 2. 49. — V.

Observ. en sens contraire sous cet arrêt, note 1. — V. *Code de procédure civile*, nᵒˢ 13 et 14.

4131. Lorsque, dans une action dirigée contre le débiteur principal et les cautions, celles-ci ont été exonérées en prêtant le serment décisoire et que l'instance non menée à fin contre le débiteur principal a été reprise après sa mort contre l'une des cautions en qualité d'héritier de ce débiteur et contre le curateur à sa succession, les intérêts de la créance sont dus à partir du jour de la demande originaire, et non pas seulement à dater de la reprise d'instance. — Civ. c. 11 juill. 1876, D.P. 76. 1. 372-373.

4132. La nomination d'un curateur au ventre n'interrompt pas la procédure de folle enchère, alors surtout qu'elle n'a pas été notifiée au créancier poursuivant. — Civ. r. 19 avr. 1887, D.P. 87. 1. 490-491.

4133. — II. Cessation de fonctions (C. proc. civ. nᵒˢ 17 à 22).

4134. — III. Effets de la notification du changement d'état ou de la cessation des fonctions (C. proc. civ. nᵒˢ 23 et 24).

4135. — IV. Significations postérieures au jugement (C. proc. civ. nᵒˢ 25 à 29).

4136. — V. Assignation nouvelle (C. proc. civ. nᵒˢ 30 à 34). — Dans le cas de reprise d'instance, les intérêts de la créance courent à partir de la demande originaire, et non à dater de la reprise d'instance. — V. *Supplément au Code civil annoté*, art. 1153, nᵒ 7744.

Art. 346. L'assignation en reprise ou en constitution sera donnée aux délais fixés au titre *Des ajournements*, avec indication des noms des avoués qui occupaient et du rapporteur, s'il y en a.

4137. — I. Par qui l'instance doit être reprise (C. proc. civ. nᵒˢ 1 à 8).

4138. — II. Contre qui l'instance doit être reprise (C. proc. civ. nᵒˢ 9 à 15).

4139. — III. Assignation en reprise d'instance (C. proc. civ. nᵒˢ 16 à 29). — L'exploit d'assignation en reprise d'instance après changement d'état d'une partie originairement défaillante, n'a pas besoin d'être motivé, et il n'est pas nécessaire de signifier à nouveau le jugement par défaut profit-joint; l'énonciation seule du jugement suffit à faire connaître à cette partie assignée en reprise d'instance le litige à l'occasion duquel il est procédé contre elle. — Paris, 13 janv. 1883, D.P. 83. 2. 98-99. — V. *Code de procédure civile*, nᵒ 25.

4140. — IV. Constitution d'avoué par la partie assignée (C. proc. civ. nᵒˢ 30 et 31).

4141. — V. Tribunal compétent pour statuer sur la demande en reprise d'instance (C. proc. civ. nᵒˢ 32 à 35).

Art. 347. L'instance sera reprise par acte d'avoué à avoué.

4142. La reprise d'une instance interrompue par le décès de l'une des parties résulte suffisamment de ce que l'héritier de cette partie a constitué avoué et procédé d'après les derniers errements, sans qu'il soit besoin d'une déclaration formelle de reprise d'instance. — Req. 18 févr. 1880, D.P. 89. 1. 351. — V. *Code de procédure civile*, nᵒˢ 3 et 4.

4143. ... Alors, d'ailleurs, que postérieurement la partie adverse a elle-même continué de participer à la procédure. — Même arrêt.

4144. En conséquence, l'arrêt rendu sur une instance ainsi poursuivie ne peut être attaqué par la voie de la requête civile pour défaut de reprise d'instance. — Même arrêt.

Art. 348. Si la partie assignée en reprise conteste, l'incident sera jugé sommairement.

Art. 349. Si, à l'expiration du délai, la partie assignée en reprise ou en constitution ne comparaît pas, il sera rendu jugement qui tiendra la cause pour reprise et ordonnera qu'il sera procédé suivant les derniers errements, et sans qu'il puisse y avoir d'autres délais que ceux qui restaient à courir.

Art. 350. Le jugement rendu par défaut contre une partie, sur une demande en reprise d'instance ou en constitution de nouvel avoué, sera signifié par un huissier commis : si l'affaire est en rapport, la signification énoncera le nom du rapporteur.

4145. L'arrêt rendu par défaut, qui déclare une instance reprise, et qui a été valablement signifié, a l'autorité de la chose jugée, et ne peut, dès lors, être contesté s'il n'a été attaqué par voie d'opposition dans les délais fixés par la loi. — *Paris, 18 mars 1875, D.P. 78. 2. 49.*

Art. 351. L'opposition à ce jugement sera portée à l'audience, même dans les affaires en rapport.

TITRE XVIII.

Du Désaveu.

Art. 352. Aucunes offres, aucun aveu ou consentement, ne pourront être faits, donnés ou acceptés sans un pouvoir spécial, à peine de désaveu.

DIVISION.

SECT. 1re. — DU DÉSAVEU EN GÉNÉRAL (C. proc. civ. n°s 1 à 44).

1er. — *Personnes contre lesquelles le désaveu peut être formé* (C. proc. civ. n°s 2 à 24).

4146. — I. AVOUÉS ET HUISSIERS (C. proc. civ. n°s 2 à 5). — L'acte fait par un officier ministériel (huissier ou avoué) dans le cercle de ses attributions légales lie la partie au nom de laquelle il a été signifié ; et celle-ci ne peut ni l'infirmer par de simples dénégations ou protestations, ni en méconnaître le contenu, sans recourir à la procédure spéciale du désaveu. — *Civ. c. 12 déc. 1876, D.P. 77. 1. 228-229.*

4147. — II. AGRÉÉ OU MANDATAIRE DEVANT LE TRIBUNAL DE COMMERCE (C. proc. civ. n°s 6 à 14). — L'art. 352 C. proc. civ. n'est point applicable aux agréés : en conséquence, leurs aveux sont réputés non avenus, aux termes de l'art. 1356 C. civ., lorsqu'ils n'ont pas été faits en vertu d'un pouvoir spécial donné à cet effet. — *Paris, 26 déc. 1884, J. G. S. Agréé, 15, note 2.* — V. *Code de procédure civile,* n° 6.

4148. Dans une autre opinion, on soutient que la doctrine de l'arrêt précité du 26 déc. 1884 a pour conséquence d'obliger l'agréé à représenter à chaque acte qu'il fait le pouvoir qui lui a été donné, afin que l'on puisse vérifier s'il n'en dépasse pas les limites ; c'est là un résultat inadmissible dans la pratique. — J.G.S. *Agréé,* 15.

4149. En admettant que la procédure de désaveu doive être employée contre l'agréé, c'est, en tous cas, devant le tribunal civil, et non devant le tribunal de commerce, que devra être portée la demande. — *Trib. com. Marseille, 26 mai 1886, J.G.S. Agréé,* 16.

4150. — III. AVOCAT (C. proc. civ. n°s 12 à 19).

4151. — IV. AVOCAT A LA COUR DE CASSATION (C. proc. civ. n° 20).

4152. — V. NOTAIRE (C. proc. civ. n° 21). — D'après la plus généralement suivie en doctrine, les notaires peuvent être soumis au désaveu lorsqu'ils agissent, dans leurs rapports avec les particuliers, en qualité de mandataires, c'est-à-dire lorsqu'il s'agit d'actes respectueux, de protêts ou d'offres de payement. — J.G.S. *Désaveu,* 21. — *Contrà : Code de procédure civile,* n° 21.

4153. En effet, lorsque le notaire intervient dans les cas qui viennent d'être énumérés, il procède à la fois comme officier ministériel, puisque cette qualité lui appartient d'une manière générale, et comme mandataire légal de la partie au nom de laquelle il agit, puisque la loi lui donne qualité à cet effet, soit exclusivement, soit concurremment avec l'huissier : il y a donc présomption légale que le notaire a reçu mandat de la partie et que, lorsqu'il notifie un acte respectueux ou dresse un protêt, c'est qu'il en a reçu mission. — J.G.S. *Désaveu,* 5.

4154. Mais on peut se demander si les actes pour lesquels les notaires pourraient être désavoués rentrent dans ceux qui donnent ouverture à l'action en désaveu. — J.G.S. *Désaveu,* 5.

4155. Si l'on peut ranger au nombre de ces actes les offres réelles, à l'égard desquelles on reconnaît assez généralement aux notaires un droit concurrent à celui des huissiers, bien que ce droit soit contesté, il n'en est pas de même des protêts ou des actes respectueux : ces actes ne paraissent nullement rentrer dans l'énumération de l'art. 352, qui est généralement considéré comme limitative. — J.G.S. *Désaveu,* 5.

4156. — VI. GREFFIER (C. proc. civ. n° 22).

4157. — VII. MANDATAIRE PRIVÉ (C. proc. civ. n°s 23 et 24).

§ 2. — *Conditions auxquelles le désaveu est subordonné* (C. proc. civ. n°s 25 à 44).

4158. — I. FAIT POSITIF (C. proc. civ. n°s 25 et 26).

4159. — II. FAUTE (C. proc. civ. n°s 27 et 28).

4160. — III. PRÉJUDICE (C. proc. civ. n°s 29 à 44). — Le désaveu ne saurait être autorisé, alors que le client qui veut l'exercer n'aurait pas un intérêt réel et sérieux à y recourir, s'il s'agissait, par exemple, pour lui d'une simple question d'amour-propre, et non pas d'un préjudice à éviter. Cette dernière considération seule peut autoriser une mesure aussi grave contre l'officier ministériel, et la maxime « pas d'intérêt, pas d'action » doit recevoir en cette matière une application plus rigoureuse qu'en toute autre. — J.G.S. *Désaveu,* 14. — V. *Code de procédure civile,* n° 29.

SECT. 2. — DÉSAVEU DES AVOUÉS (C. proc. civ. n°s 45 à 189).

§ 1er. — *Formation et preuve du mandat* ad litem (C. proc. civ. n°s 45 à 71).

4161. Le mandat confié aux avoués résulte de la remise des pièces, laquelle, étant un fait matériel, peut s'établir par tous les moyens de preuve, et même par de simples présomptions. — *Toulouse, 24 déc. 1881, D.P. 85. 1. 236-237.* — V. *Code de procédure civile,* n° 45.

4162. L'avoué d'appel qui a reçu de l'avoué de première instance l'acte d'appel, les pièces du procès et l'indication du nom de toutes les parties, avec l'invitation de se constituer pour l'intimé, est réputé avoir un pouvoir suffisant pour suivre l'appel, et ne peut, dès lors, être désavoué. — *Poitiers, 26 févr. 1879, D.P. 79. 2. 115.* — V. *Code de procédure civile,* n° 46.

4163. D'ailleurs, en tous cas, la partie ne serait admise à désavouer que si elle n'avait pas tacitement confirmé les pouvoirs transmis à l'avoué de première instance par l'avoué d'appel, en négligeant de protester contre les actes de procédure accomplis par ce dernier dès qu'elle en a eu connaissance. — J.G.S. *Désaveu,* 8.

4164. En effet, la jurisprudence applique à la matière du désaveu la maxime *ratihabitio mandato æquiparatur* et les principes de la ratification en matière de gestion d'affaires, en dehors de tout mandat précédemment donné. — *Req. 11 nov. 1879, D.P. 80. 1. 421.*

§ 2. — *Actes qui peuvent être l'objet d'un désaveu* (C. proc. civ. n°s 72 à 171).

A. — Actes qui sont la conséquence nécessaire du mandat *ad litem* (C. proc. civ. n°s 72 à 94).

4165. Le client ne saurait sous aucun prétexte faire tomber les actes que l'avoué peut faire par cela même qu'il a été constitué ; car l'avoué les a accomplis dans la limite de son mandat, sauf au plaideur à demander des dommages-intérêts si l'avoué a commis une faute. — J.G.S. *Désaveu,* 15.

B. — Actes pour lesquels la loi exige un pouvoir spécial : offres, aveux, consentements, etc. (C. proc. civ. n°s 95 à 116).

4166. Les actes tels qu'offres, aveux, consentements, accomplis par un avoué, même sans pouvoir spécial, mais dans l'exercice de ses fonctions, ne lient pas moins la partie que s'ils émanaient d'elle-même, tant que, pour en repousser les conséquences, elle n'a pas recours à la voie du désaveu. — *Civ. r. 29 déc. 1886, D.P. 87. 1. 229-230.* — V. *Code de procédure civile,* n° 107.

4167. Pour d'autres actes d'une gravité particulière, comme l'inscription de faux, la récusation, l'avoué a besoin d'un pouvoir spécial et même authentique ; s'il fait un de ces actes sans avoir reçu ce pouvoir, il suffit au client de déclarer qu'il ne le reconnaît pas pour le faire tomber. — J.G.S. *Désaveu,* 15.

C. — Actes et faits non spécialement prévus par la loi (C. proc. civ. n°s 117 à 141).

4168. La voie extraordinaire du désaveu doit être restreinte aux cas limitativement déterminés par l'art. 352 C. proc. civ. — *Trib. civ. Tarascon, 22 févr. 1861, J.G.S. Désaveu,* 7. — V. *Code de procédure civile,* n° 117.

4169. Mais en doctrine la question est toujours discutée, et certains auteurs admettent encore l'action en désaveu au cas où un avoué aurait attribué à son client une qualité de nature à lui porter préjudice. — J.G.S. *Désaveu*, 5.

4170. L'action en désaveu serait également recevable s'il s'agissait de répudier des actes faits par un officier ministériel qui n'aurait pas reçu mission d'occuper pour la partie et si celle-ci a protesté contre les actes incriminés dès qu'elle les a connus. — J.G.S. *Désaveu*, 7.

D. — Actes d'acquiescement (C. proc. civ. nᵒˢ 142 à 171).

4171. — I. Acquiescement a un jugement (C. proc. civ. nᵒˢ 142 à 157). — Parmi les actes que l'avoué ne peut faire sans un pouvoir spécial et qui sont nuls à l'égard de la partie, sans que celle-ci soit obligée de recourir à la procédure de désaveu, il faut ranger l'acquiescement à un jugement rendu contre la partie, lorsque cet acquiescement constitue la renonciation à un droit. — J.G.S. *Désaveu*, 17.

4172. Le fait par l'avoué d'une partie de solliciter du juge commis pour procéder à une enquête l'autorisation des témoins qu'il se propose de faire entendre, constitue un acte d'exécution ou d'acquiescement qui, opposable à la partie elle-même, alors qu'elle n'a pas de recours au désaveu, la rend non recevable à appeler du jugement qui a ordonné l'enquête : et il importe peu que, sur l'appel interjeté par cette partie, l'intéressé ait fait surseoir à l'enquête commencée. Liége, 3 juill. 1883, J.G.S. *Acquiescement*, 18. — V. *Code de procédure civile*, nᵒ 153.

4173. — I. Actes d'acquiescement (C. proc. civ. nᵒˢ 158 à 171). — 1ᵒ *Taxe en payement des dépens* (C. proc. civ. nᵒˢ 158 à 163).

4174. — 2ᵒ *Actes qui sont la suite d'actes antérieurs* (C. proc. civ. nᵒˢ 164 à 166).

4175. — 3ᵒ *Signification à avoué* (C. proc. civ. nᵒˢ 167 à 169).

4176. — 4ᵒ *Ordre* (C. proc. civ. nᵒˢ 170 et 171). — Sur la question de savoir si l'avoué a qualité pour acquiescer en matière d'ordre, V. *infra*, art. 762.

4177. En ce qui concerne la question de savoir si l'avoué a besoin d'un pouvoir spécial pour se désister d'un contredit, V. *infra*, art. 758.

§ 3. — *Formes du pouvoir spécial, ratification, présence de la partie à l'audience* (C. proc. civ. nᵒˢ 172 à 189).

4178. — I. Formes du pouvoir spécial (C. proc. civ. nᵒˢ 172 et 173).

4179. — II. Ratification (C. proc. civ. nᵒˢ 174 à 189). — Un avoué, qui a représenté des parties dans une instance en liquidation et partage de succession, ne peut être l'objet d'un désaveu en ce sens, alors même qu'à l'origine il n'aurait pas reçu un mandat régulier pour occuper, s'il résulte des circonstances de la cause souverainement appréciées par le juge du fait que les parties ont connu sans protestation la procédure suivie, dont les opérations s'accomplissaient sous leurs yeux, et qu'elles l'ont ainsi implicitement ratifiée. — Req. 8 mars 1886, D.P. 87. 1. 278.

Sect. 3. — Désaveu des huissiers (C. proc. civ. nᵒˢ 190 à 210).

4180. — I. Mandat de l'huissier (C. proc. civ. nᵒˢ 190 à 196).

4181. — II. Pouvoirs de l'huissier (C. proc. civ. nᵒˢ 197 à 210).

Art. 353. Le désaveu sera fait au greffe du tribunal qui devra en connaître, par un acte signé de la partie, ou du porteur de sa procuration spéciale et authentique : l'acte con-

tiendra les moyens, conclusions, et constitution d'avoué.

4182. Lorsque le désavouant ne peut ou ne sait signer, il doit nécessairement conférer le pouvoir spécial et authentique que l'art. 353 exige à une personne en état de le faire, et la participation du fondé de pouvoir ne paraît à aucun prix suppléer au défaut de signature. — J.G.S. *Désaveu*, 19. — V. *Code de procédure civile*, nᵒ 2.

4183. On doit même décider que, dans le cas où le fondé de pouvoir spécial ne saurait pas lui-même signer, l'attestation du greffier, à laquelle se trouverait annexée la procuration, ne saurait être réputée suffisante. — J.G.S. *Désaveu*, 19.

Art. 354. Si le désaveu est formé dans le cours d'une instance encore pendante, il sera signifié, sans autre demande, par acte d'avoué, tant à l'avoué contre lequel le désaveu est dirigé, qu'aux autres avoués de la cause ; et ladite signification vaudra sommation de défendre au désaveu.

4184. — I. Désaveu formé au cours d'une instance (C. proc. civ. nᵒˢ 1 à 3).

4185. — II. Désaveu formé après l'instance terminée (C. proc. civ. nᵒˢ 4 à 6).

4186. — III. Désaveu formé dans une instance différente (C. proc. civ. nᵒ 7).

4187. — IV. Désaveu dans le cas ou il n'y a pas d'instance (C. proc. civ. nᵒ 8).

Art. 355. Si l'avoué n'exerce plus ses fonctions, le désaveu sera signifié par exploit à son domicile : s'il est mort, le désaveu sera signifié à ses héritiers, avec assignation au tribunal où l'instance est pendante, et notifié aux parties de l'instance, par acte d'avoué à avoué.

Art. 356. Le désaveu sera toujours porté au tribunal devant lequel la procédure désavouée aura été instruite, encore que l'instance dans le cours de laquelle il est formé soit pendante en un autre tribunal ; le désaveu sera dénoncé aux parties de l'instance principale, qui seront appelées dans celle du désaveu.

4188. — I. Compétence (C. proc. civ. nᵒˢ 1 à 14). — Lorsqu'il s'agit d'un acte fait en dehors d'une instance judiciaire, le désaveu constitue une action principale qui doit être portée devant le tribunal du domicile de l'officier ministériel défendeur. — J.G.S. *Désaveu*, 22.

4189. Il en est ainsi, notamment, lorsque le désaveu porte sur l'acte de signification d'une décision judiciaire : l'instance se trouvant terminée par le jugement, l'acte de signification est étranger à cette instance, et la compétence doit être déterminée par la règle : *Actor sequitur forum rei*. — J.G.S. *Désaveu*, 23.

4190. Ainsi une cour d'appel est incompétente pour statuer de *plano*, incidemment à une contestation dont elle est saisie, sur l'action en désaveu dirigée contre un huissier, relativement à l'exploit de signification du jugement contre lequel appel a été interjeté : en pareil cas, l'action en désaveu doit être portée devant le tribunal du domicile du défendeur. — Caen, 24 févr. 1873, D.P. 75. 2. 111.

4191. Le désaveu contre un officier ministériel qui a représenté une partie ou instrumenté pour elle devant un tribunal de commerce doit être porté devant le tribunal civil et non devant le tribunal de commerce qui a connu de l'affaire. — Rennes,

28 juill. 1884, J.G.S. *Désaveu*, 23. — V. *Code de procédure civile*, nᵒ 13.

4192. — II. Procédure (C. proc. civ. nᵒˢ 15 et 16).

Art. 357. Il sera sursis à toute procédure et au jugement de l'instance principale, jusqu'à celui du désaveu, à peine de nullité ; sauf, cependant, à ordonner que le désavouant fera juger le désaveu dans un délai fixe sinon qu'il sera fait droit.

4193. — I. Effets du désaveu ; Sursis (C. proc. civ. nᵒˢ 1 à 19). — 1ᵒ *Désaveu formé au cours d'une instance* (C. proc. civ. nᵒˢ 1 à 15). — Les juges saisis d'un procès dans lequel est formé une action en désaveu contre un officier ministériel ne sont pas tenus de surseoir lorsque le désaveu ne leur paraît ni sérieux, ni susceptible d'exercer une influence sur la décision à intervenir au fond. — Montpellier, 18 août 1865, J.G.S. *Désaveu*, 31. — V. *Code de procédure civile*, nᵒ 6.

4194. — 2ᵒ *Désaveu formé après le jugement* (C. proc. civ. nᵒˢ 16 à 19).

4195. — II. Renonciation aux actes désavoués (C. proc. civ. nᵒˢ 20 et 21).

4196. — III. Rétractation du désaveu (C. proc. civ. nᵒ 22).

4197. — IV. Jugement sur l'action en désaveu (C. proc. civ. nᵒˢ 23 et 24).

4198. — V. Appel du jugement statuant sur l'action en désaveu (C. proc. civ. nᵒˢ 25 à 29).

Art. 358. Lorsque le désaveu concernera un acte sur lequel il n'y a point instance, la demande sera portée au tribunal du défendeur.

Art. 359. Toute demande en désaveu sera communiquée au ministère public.

Art. 360. Si le désaveu est déclaré valable, le jugement, ou les dispositions du jugement relatives aux chefs qui ont donné lieu au désaveu, demeureront annulés et comme non avenus : le désavoué sera condamné, envers le demandeur et les autres parties, en tous dommages-intérêts, même point d'interdiction, ou poursuivi extraordinairement, suivant la gravité du cas et la nature des circonstances.

4199. — I. Effets du jugement qui admet le désaveu (C. proc. civ. nᵒˢ 1 à 4).

4200. — II. Dommages-intérêts (C. proc. civ. nᵒˢ 5 à 10).

Art. 361. Si le désaveu est rejeté, il sera fait mention du jugement de rejet en marge de l'acte de désaveu, et le demandeur pourra être condamné, envers le désavoué et les autres parties, en tous dommages et réparations qu'il appartiendra.

Art. 362. Si le désaveu est formé à l'occasion d'un jugement qui aura acquis force de chose jugée, il ne pourra être reçu après la huitaine, à dater du jour où le jugement devra être réputé exécuté, aux termes de l'art. 159 ci-dessus.

4201. D'après un auteur, les expressions de l'art. 362 doivent s'entendre du jugement en dernier ressort ou du jugement passé en force de chose jugée par suite de l'expiration des délais d'appel : on ne saurait attendre pour faire courir le délai de huitaine l'expiration des délais du pourvoi en cassation ou de la requête civile, et il n'y aurait aucun compte à tenir des voies de recours extraordinaires. — J.G.S. *Désaveu.* 28.

4202. Mais il semble plus conforme à la nature de l'action en désaveu, action particulièrement grave, et qui, dans la pensée du législateur, est éminemment exceptionnelle, d'admettre que la loi a voulu laisser à la partie, avant de reconnaître au désaveu, la possibilité d'épuiser toutes les voies de recours qui lui sont légalement ouvertes. — J.G.S. *Désaveu*, 28.

4203. Les actes d'exécution qui font courir le délai de huitaine de l'art. 362 sont ceux qui sont énumérés dans l'art. 159, et, dans tous les cas, comme l'exprime cet article, ceux desquels il résulte nécessairement que l'exécution a été connue de la partie. — J.G.S. *Désaveu*, 29. — V. *Code de procédure civile*, n° 10.

4204. Spécialement, lorsque le jugement passé en force de chose jugée porte nomination d'un séquestre, le désaveu n'est plus recevable après la huitaine de prise de possession du séquestre, que le désaveu soit formé par action principale ou par exception à la demande de l'officier ministériel désavoué au payement de ses frais. — Bordeaux, 10 avr. 1866, J.G.S. *Désaveu*, 29.

TITRE XIX.

Des règlements de juges.

Art. 363. Si un différend est porté à deux ou à plusieurs tribunaux de paix ressortissant au même tribunal, le règlement de juges sera porté à ce tribunal.

Si les tribunaux de paix relèvent de tribunaux différents, le règlement de juges sera porté à la cour royale (cour d'appel).

Si ces tribunaux ne ressortissent pas à la même cour royale (cour d'appel), le règlement sera porté à la Cour de cassation.

Si un différend est porté à deux ou plusieurs tribunaux de première instance ressortissant à la même cour royale (cour d'appel), le règlement de juges sera porté à cette cour; s'il sera porté à la Cour de cassation, les tribunaux ne ressortissent pas tous à la même cour d'appel, ou si le conflit existe entre une ou plusieurs cours.

DIVISION.

§ 1er. — *Du règlement de juges et des cas dans lesquels il a lieu* (C. proc. civ. n°s 1 et 2).

4205. Sur le règlement de juges : ... en matière administrative, V. *Code des lois adm. annotées*, t. 1er, IV, v° *Conseil d'État*, n°s 426 et s.

4206. ... En matière criminelle, V. *Code d'instruction criminelle annoté*, art. 525 et s.

§ 2. — *Conflit positif* (C. proc. civ. n°s 3 à 92).

4207. — I. DANS QUEL CAS IL Y A CONFLIT PO-

SITIF (C. proc. civ. n°s 3 à 33). — 1° *Litispendance* (C. proc. civ. n°s 3 à 14). — Il y a lieu à règlement de juges par la cour de cassation en vertu de l'art. 363 C. proc. civ. : ... lorsqu'une demande en liquidation et partage de succession est portée simultanément devant deux tribunaux civils, qui ne ressortissent pas de la même cour d'appel. — Req. 19 déc. 1887, D.P. 88. 1. 459. — V. *Code de procédure civile*, n° 3.

4208. ... Lorsque deux tribunaux de commerce, ne ressortissant pas à la même cour d'appel, sont saisis de la question de l'apurement d'un même compte courant, le premier par voie de demande directe et principale, le second par voie reconventionnelle et du chef d'un défendeur qui, poursuivi en remboursement d'une somme même non comprise audit compte, prétend trouver dans l'apurement immédiat de ce compte une source de compensation. — Req. 1er mars 1887, D.P. 87. 1. 161.

4209. Il en est ainsi, alors même que, dans la deuxième instance, qui tend à un remboursement de somme, figure, outre du premier défendeur, un autre obligé solidaire, étranger à la première instance, et la demande reconventionnelle formée par le premier défendeur engage la question d'apurement de compte qu'entre celui-ci et le demandeur, lesquels sont déjà parties adverses sur ce même apurement, dans la première instance. — Même arrêt.

4210. Dans le cas où la faillite d'un commerçant a été déclarée par deux tribunaux différents, il y a lieu à règlement de juges, pour faire déterminer celui des deux tribunaux qui restera saisi de la connaissance des opérations de la faillite. — Req. 28 avr. 1880, D.P. 80. 1. 327.

4211. Lorsque la faillite d'une société anonyme formée pour l'exploitation d'un chemin de fer a été déclarée par deux tribunaux ressortissant à des cours d'appel différentes, les opérations de cette faillite doivent être renvoyées, par voie de règlement de juges, devant le tribunal du lieu désigné par l'acte constitutif de la société et le cahier des charges comme le siège et le domicile social, où fonctionnent le conseil d'administration, où étaient centralisés les comptes et les fonds de l'exploitation et où se réunissait l'assemblée générale des actionnaires. — Req. 1er févr. 1881, D.P. 81. 1. 314.

4212. Il importe peu, en cette exploitation du chemin de fer ait eu lieu hors du siège de la société, et cette exploitation qui pouvait s'étendre à divers arrondissements ait pu donner naissance à des actions judiciaires portées devant des tribunaux différents, le tribunal du siège social demeurant compétent pour statuer sur les contestations relatives à l'existence de la société, et notamment à sa mise en faillite. — Même arrêt.

4213. Lorsque la faillite personnelle de l'associé-gérant d'une société en nom collectif a été déclarée à la fois par le tribunal de son domicile et par celui du siège social, il y a lieu à régler le conflit, en désignant celui des deux tribunaux saisis qui peut le mieux assurer la gestion des intérêts engagés. — Req. 5 juin 1882, D.P. 83. 1. 459.

4214. Il n'y a pas litispendance entre une instance de saisie immobilière et une instance de saisie-arrêt, ces deux instances, fussent-elles fondées sur la même cause, différant essentiellement d'objet et ayant chacune ses règles propres de compétence. — Req. 27 févr. 1877, D.P. 79. 1. 109.

4215. La partie contre laquelle ces deux saisies sont poursuivies et qui argue de nullité les actes invoqués par le saisissant dans les deux instances, ne peut demander, par voie de règlement de juges, le renvoi de la question de nullité devant un seul des tribunaux saisis, si le saisissant renonce à exciper des actes contestés pour faire valider

la saisie-arrêt, la cause qui pouvait produire la litispendance ayant alors disparu. — Même arrêt.

4216. — 2° *Connexité* (C. proc. civ. n°s 15 à 33). — La demande en règlement de juges, prévue par l'art. 363 C. proc. civ., est recevable, lorsqu'il y a connexité entre les deux instances qui sont pendantes devant deux tribunaux différents; et la connexité existe, alors même qu'il n'y a pas identité de demandeurs, si les deux actions dont il s'agit, dirigées contre les mêmes défendeurs, ont le même objet et la même cause. — Req. 19 juill. 1887, D.P. 88. 1. 147. — Req. 13 févr. 1888, D.P. 88. 1. 150. — V. *Code de procédure civile*, n° 15.

4217. Il en est spécialement ainsi, quand lesdites instances, lieu qu'intentées par des demandeurs différents, tendent, contre deux défendeurs conjoints, à l'annulation d'une constitution d'hypothèque, sous le prétexte qu'elle aurait été consentie, par l'un des défendeurs à l'autre, en fraude des droits des créanciers du premier. — Arrêt préc. 19 juill. 1887.

4218. Lorsque deux tribunaux ont été saisis, c'est l'art. 363 C. proc. civ. qui est applicable; mais la demande en règlement de juges, en vertu de cet article, n'est recevable qu'autant qu'il y a litispendance ou connexité, et ne se présente pas lorsque ni l'objet des demandes ni les parties ne sont les mêmes. — Req. 17 juill. 1882, D.P. 83. 1. 473. — V. *Code de procédure civile*, n°s 27 et s.

4219. Il n'est pas nécessaire, pour que deux actions soient renvoyées à un même tribunal, par voie de règlement de juges, qu'il y ait identité absolue de but et de moyen entre ces deux actions; il suffit que le lien qui les rattache rende opportun leur renvoi devant une même juridiction. — Req. 6 déc. 1875, D.P. 77. 1. 178-179.

4220. En conséquence, la demande en règlement de juges est admissible, et il y a lieu au renvoi des deux instances devant le même tribunal, si le vendeur agit au payement du reliquat du prix de vente, et l'acheteur en dommages-intérêts à raison du retard apporté à la livraison de la chose vendue. — Même arrêt.

4221. Il y a connexité donnant lieu à règlement de juges, lorsque deux instances sont dirigées contre les mêmes défendeurs et à l'occasion de la même créance. — Req. 4 déc. 1888, D.P. 89. 1. 384.

4222. Il y a également connexité entre deux demandes portées devant deux tribunaux différents, et, par suite, il y a lieu à règlement de juges, lorsque, devant l'un de ces tribunaux, l'assuré demande le payement de l'indemnité stipulée par le contrat d'assurance et la résiliation du contrat pour l'avenir, et que, devant l'autre, l'assureur demande la résiliation du même contrat à raison d'une réticence imputable à l'assuré. — Req. 25 févr. 1884, D.P. 85. 1. 144.

4223. Lorsque l'instance en séparation de corps, tenue provisoirement en suspens du consentement des deux époux, est reprise par le demandeur et portée devant un tribunal autre que celui qui avait été primitivement saisi, il y a lieu, par voie de règlement de juges ou à raison de la connexité, de renvoyer l'affaire devant le premier tribunal. — Req. 8 déc. 1880, D.P. 81. 1. 260.

4224. Il y a règlement de juges en matière commerciale à raison de la connexité ou de la litispendance ... soit lorsqu'un tribunal de commerce est saisi de la demande en exécution d'un contrat et qu'un autre tribunal également compétent est saisi par exploit, en date du même jour, de la demande en résolution de ce même contrat. — Req. 27 févr. 1888, D.P. 89. 1. 24.

4225. ... Soit lorsqu'une affaire est portée à la fois devant le tribunal du lieu où la promesse a été faite et la marchandise livrée et devant le tribunal du lieu où le payement devait être effectué. — Même arrêt.

4226. Si la contestation porte sur les stipulations du contrat, la qualité de la marchandise ou les conditions de publicité locale, le tribunal du lieu où la promesse a été faite doit être préféré, même en supposant qu'il ait été saisi le second. — Même arrêt.

4227. Pour déterminer quel est des deux tribunaux celui qui a été saisi le premier, il faut uniquement s'attacher à la date des exploits introductifs d'instance. — Req. 4 déc. 1888, D.P. 89. 1. 384.

4228. Mais la loi n'attache pas une préférence absolue au siège où l'une des deux instances connexes a été introduite la première en date, et il y a lieu, pour le choix du tribunal de renvoi, de consulter surtout l'intérêt de la bonne administration de la justice. — Req. 13 févr. 1888, D. P. 88. 1. 150.

4229. Lorsque la question soulevée dans les deux instances est celle de savoir si, relativement à une somme à percevoir par le débiteur d'une société, deux séries d'obligataires de ladite société ont des droits égaux, il peut convenir de désigner comme tribunal de renvoi celui qui a été saisi de la prétention d'attribution privilégiée à l'une des séries d'obligataires, ce point étant comme préjudiciel à la répartition des deniers. — Même arrêt.

4230. Il y a un motif de plus pour renvoyer les deux litiges à ce tribunal, quand toutes les parties y sont présentes, alors que, devant l'autre tribunal, l'un des demandeurs ne se trouve pas en cause. — Même arrêt.

4231. Il n'y a lieu à règlement de juges dans le cas où deux juridictions, saisies d'instances susceptibles de soulever des questions connexes, peuvent avoir à statuer sur des questions distinctes, alors surtout que l'une des parties n'est en cause que devant l'une des juridictions. — Req. 22 juill. 1875, D. P. 76. 5. 380.

4232. En admettant que deux instances, procédant de litiges semblables, soient connexes au principal, la demande en règlement de juges n'en doit pas moins être repoussée, si l'une d'elles est encore pendante au tribunal de première instance et l'autre portée devant le juge d'appel. — Req. 27 févr. 1877, D. P. 79. 1. 109.

4233. Le tribunal saisi de la poursuite en expropriation forcée, devant lequel la partie saisie demande la nullité de la poursuite et subsidiairement un sursis jusqu'après le jugement du fond sur les contestations relatives à la saisie-arrêt, est seul compétent, comme juge d'attribution, pour statuer sur cet incident, et, par suite, il ne peut être dessaisi pour cause de connexité, pas plus qu'il ne pourrait l'être du principal. — Même arrêt.

4234. — II. Entre quelles juridictions peut s'élever un conflit positif (C. proc. civ. nᵒˢ 34 à 48).

4235. — III. Quand peut être demandé le règlement de juges en cas de conflit positif (C. proc. civ. nᵒˢ 49 à 83). — Dans le cas où un même différend est pendant devant deux tribunaux relevant de la même cour d'appel sans que ni l'un ni l'autre ait statué sur sa compétence, les parties, qui pourraient employer la voie du déclinatoire auprès des juges saisis, peuvent, si elles le préfèrent, recourir à la voie du règlement de juges auprès de la cour d'appel. — Req. 23 janv. 1888, D.P. 88. 1. 405. — V. *Code de procédure civile*, nᵒ 51.

4236. La demande en règlement de juges prévue par l'art. 363 C. proc. civ. est recevable quand aucun des deux tribunaux saisis a statué sur le fond. — Req. 19 juill. 1887, D.P. 88. 1. 147.

4237. Spécialement, la demande en règlement de juges pour incompétence est recevable tant qu'il n'a pas été conclu au fond par le demandeur et statué définitivement par la juridiction qui a repoussé son déclinatoire. — Req. 13 juill. 1881, D.P. 82.

1. 447. — V. *Code de procédure civile*, nᵒˢ 66 et s.

4238. La demande en règlement de juges, portée devant la cour de cassation en vertu de l'art. 363 C. proc. civ., est recevable quand deux tribunaux ressortissant de deux cours différentes se sont déclarés compétents, et qu'aucun d'eux n'a encore statué sur le fond du litige. — Req. 9 juin 1885, D.P. 87. 1. 384.

4239. Mais il n'y a lieu, pour la cour de cassation, de procéder au règlement de juge prévu par l'art. 362 C. proc. civ. que dans le cas où un même différend se trouve *actuellement* pendant devant deux juridictions. — Req. 8 mai 1889, D.P. 89. 1. 376.

4240. En conséquence, lorsqu'une des deux juridictions devant lesquelles procédaient les parties a statué définitivement, par une décision contradictoire et en dernier ressort, *sur le fond du litige*, la cour de cassation saisie de la demande à fin de règlement de juges, doit la déclarer irrecevable, nonobstant l'existence du pourvoi subsidiaire formé contre la décision rendue au fond. — Même arrêt.

4241. ... Sauf à statuer sur ce pourvoi ainsi qu'il appartiendra, notamment, s'il y a lieu, par voie d'admission. — Même arrêt. — V. *Code de procédure civile*, nᵒ 75.

4242. Le débat n'est pas engagé au fond, et dès lors le droit de se pourvoir au règlement de juges est conservé par la partie défenderesse qui a conclu devant le tribunal, soit à un sursis, alors que ce sursis était fondé sur l'art. 3 C. instr. cr. sur l'ouverture d'une poursuite correctionnelle, soit à une communication de pièces, alors que cette communication devait servir à justifier les conclusions ultérieures à fin d'incompétence, soit à la non-recevabilité de la demande, soit à raison de cette irrecevabilité n'ont pas été autrement précisées. — Req. 1ᵉʳ mars 1887, D.P. 87. 1. 161.

4243. Il n'y a pas lieu à règlement de juges par la cour de cassation, lorsque l'arrêt de *soit communiqué*, l'un des deux tribunaux saisis a définitivement statué sur le fond du litige. — Req. 7 juin 1880, D.P. 81. 1. 221. — Req. 10. déc.] 1884, D.P. 85. 1. 117.

4244. — IV. Qui peut demander le règlement de juges en cas de conflit positif (C. proc. civ. nᵒˢ 84 à 92).

§ 3. — *Conflit négatif* (C. proc. civ. nᵒˢ 93 à 104).

4245. Lorsqu'une cour d'appel statue par voie de règlement de juges, en cas de conflit négatif, elle ne peut pas ordonner qu'il soit sursis aux poursuites pratiquées en vertu de jugements passés en force de chose jugée. — Nancy, 7 déc. 1887, D.P. 89. 2. 133.

§ 4. — *Rejet d'un déclinatoire* (C. proc. civ. nᵒ 105).

4246. V. *infrà*, *Appendice*, nᵒˢ 4265 et s.

§ 5. — *Tribunal supprimé, ou ne faisant plus partie du territoire, ou empêché* (C. proc. civ. nᵒˢ 106 à 125).

4247. — I. Suppression d'un tribunal ou séparation de territoire (C. proc. civ. nᵒˢ 106 à 113). — Lorsqu'un tribunal saisi d'une contestation a été séparé du territoire français, il appartient à la cour de cassation de désigner, par voie de règlement de juges, le tribunal devant lequel les parties porteront leurs actions. — Req. 14 avr. 1880, D.P. 80. 1. 331. — V. *Code de procédure civile*, nᵒ 106.

4248. Dans ce cas, le renvoi doit être de préférence ordonné devant le tribunal indiqué d'un commun accord par les parties et dans le ressort duquel celles-ci,

sauf une, sont domiciliées. — Même arrêt

4249. — II. Empêchement d'un tribunal (C. proc. civ. nᵒˢ 116 à 125).

§ 5. — *Juridiction compétente pour connaître du règlement de juges* (C. proc. civ. nᵒˢ 126 à 150).

4250. — I. Compétence en cas de conflit (C.proc. civ. nᵒˢ 126 à 140). — Lorsque deux tribunaux de commerce différents, mais du ressort de la même cour d'appel, ont déclaré la faillite d'un commerçant, il y a lieu à règlement de juges pour déterminer quel est celui des deux tribunaux qui doit rester saisi de la connaissance des opérations de la faillite. — Orléans, 17 mai 1889, D.P. 90. 2. 294.

4251. Ce règlement de juges doit être porté, non pas à la cour de cassation, mais à la cour d'appel à laquelle ressortissent les deux tribunaux de commerce en conflit. — Même arrêt. — V. *Code de procédure civile*, nᵒ 128.

4252. Lorsqu'une faillite a été déclarée par deux tribunaux de commerce ressortissant à des cours d'appel différentes, il y a lieu à règlement de juges par la cour de cassation. — Req. 17 août 1881, D.P. 83. 1. 336. — Req. 13 juin 1887, D.P. 88. 1. 272. — V. *Code de procédure civile*, nᵒ 134.

4253. La cour de cassation statuant, en matière de faillite, sur une demande en règlement de juges, au point de vue exclusif de la compétence, doit renvoyer les parties devant le tribunal du domicile du défendeur, s'il résulte de la production jointe à la demande que l'action dirigée par le syndic contre ce défendeur en matière personnelle est relative à des faits antérieurs à l'ouverture de la faillite. — Req. 2 août 1882, D.P. 83. 1. 470.

4254. En matière de règlement de juges, la cour de cassation doit, pour résoudre la question de compétence, apprécier les faits de la cause, tels qu'ils résultent, non plus des déclarations de la juridiction incompétente, mais des documents produits par les parties. — Req. 2 août 1882, D.P. 83. 1. 470.

4255. Décidé également qu'en matière de règlement de juges, la cour de cassation a le droit d'apprécier les faits et d'interpréter les contrats produits devant elle pour résoudre la question de compétence, sans préjudice de l'examen que le tribunal compétent pourra postérieurement faire de ces documents pour statuer au fond sur le litige. — Req. 25 févr. 1884, D.P. 85. 1. 144.

4256. — II. Compétence en cas de suppression ou séparation d'un tribunal (C. proc. civ. nᵒˢ 141 à 150).

Art. 364. Sur le vu des demandes formées dans différents tribunaux, il sera rendu, sur requête, jugement portant permission d'assigner en règlement, et les juges pourront ordonner qu'il sera sursis à toutes procédures dans lesdits tribunaux.

Art. 365. Le demandeur signifiera le jugement et assignera les parties au domicile de leurs avoués.

Le délai pour signifier le jugement et pour assigner sera de quinzaine, à compter du jour du jugement.

Le délai pour comparaître sera celui des ajournements, en comptant les distances d'après le domicile respectif des avoués.

4257. — I. Assignation (C. proc. civ. nᵒˢ 1 à 3).

4258. — II. Délai de l'assignation (C. proc. civ. nᵒ 4).

4259. — III. Audition du ministère public (C. proc. civ. nᵒ 5).

4260. — IV. Caractères de la décision rendue sur le règlement de juges (C. proc. civ. n° 6).

4261. — V. A quels juges la cause est renvoyée (C. proc. civ. n°s 7 à 27).

4262. — VI. Effets du renvoi (C. proc. civ. n°s 28 à 32).

Art. 366. Si le demandeur n'a pas assigné dans les délais ci-dessus, il demeurera déchu du règlement de juges, sans qu'il soit besoin de le faire ordonner ; et les poursuites pourront être continuées dans le tribunal saisi par le défendeur en règlement.

Art. 367. Le demandeur qui succombera pourra être condamné aux dommages-intérêts envers les autres parties.

4263. Les dépens de la procédure en règlement de juges doivent être mis à la charge de la partie qui, par son fait, a rendu cette procédure nécessaire et qui, par exemple, a saisi de l'affaire un autre tribunal, au lieu d'interjeter appel du jugement rendu par le tribunal qui s'était à tort déclaré incompétent. — Nancy, 31 déc. 1887, D.P. 89. 2. 133.

APPENDICE AU TITRE XIX.

RÈGLEMENTS DE JUGES DEVANT LA COUR DE CASSATION.

DIVISION.

§ 1. — *Règlement de juges en cas de rejet d'un déclinatoire* (n° 4264).
§ 2. — *Procédure du règlement de juges devant la Cour de cassation* (n° 4289).

§ 1er. — *Règlement de juges en cas de rejet d'un déclinatoire* (C. proc. civ. n°s 1 à 25).

4264. — I. Demande en règlement de juges formée par le demandeur en déclinatoire (C. proc. civ. n°s 1 à 24). — La partie déboutée de son déclinatoire d'incompétence par un tribunal d'arrondissement est recevable à se pourvoir directement en règlement de juges, devant la cour de cassation en vertu de l'ordonnance d'août 1737, quand elle n'a pas conclu au fond et se trouve dans le délai de l'appel. — Req. 15 déc. 1874, D.P. 75. 1. 384. — Req. 10 nov. 1884, D.P. 85. 1. 460-461. — Req. 17 févr. 1885, D.P. 86. 1. 14. — Req. 22 nov. 1886, D.P. 88. 1. 53. — Req. 11 juin 1888, D.P. 89. 1. 293. — Req. 18 mars 1890, D.P. 90. 1. 443. — V. *Code de procédure civile*, n° 1.

4265. La demande en règlement de juges est également recevable, alors même que le déclinatoire a été rejeté en première instance et en appel, si d'ailleurs le demandeur en règlement de juges n'a conclu au fond ni devant la première ni devant la seconde juridiction. — Req. 29 juin 1881, D.P. 82. 1. 61. — Req. 20 déc. 1883, D.P. 86. 1. 418. — Req. 11 mai 1887, D.P. 88. 1. 180. — V. *Code de procédure civile*, n° 5.

4266. L'ordonnance de 1737, tit. 2, art. 19, encore en vigueur, qui autorise la partie dont le déclinatoire a été rejeté à former une demande en règlement de juges, n'est applicable qu'au cas où une seule instance a été engagée et un seul tribunal saisi : quant aux dispositions de cette ordonnance relatives au conflit de juridiction, elles sont aujourd'hui abrogées. — Req. 27 févr. 1877, D.P. 79. 1. 109.

4267. Décidé également qu'il n'y a lieu à règlement de juges en vertu de l'art. 19 du tit. 2 de l'ordonnance de 1737, d'après lequel la partie déboutée du déclinatoire par elle proposé devant la juridiction qu'elle prétendait être incompétente a le droit de se pourvoir en règlement de juges, que dans le cas où une seule instance a été suivie devant un seul tribunal. — Req. 17 juill. 1882, D.P. 83. 1. 475.

4268. Lorsque deux tribunaux sont simultanément saisis de causes identiques ou connexes, la demande en règlement de juges, formée par une partie déboutée de l'exception de litispendance ou de connexité, est régie par les principes de la législation actuelle et non par l'art. 19 de l'ordonnance de 1737. — Arrêt préc. 27 févr. 1877.

4269. En conséquence, les causes pendantes devant deux tribunaux différents ne peuvent être réunies par voie de règlement de juges, à raison de leur connexité, qu'autant qu'elles sont devant ces deux tribunaux au même degré de juridiction, et que le tribunal de renvoi peut connaître de tout le litige porté au tribunal qu'on veut dessaisir. — Même arrêt.

4270. Le rejet d'un déclinatoire fondé sur une incompétence *ratione personæ* ne peut donner lieu à un règlement de juges lorsque ce rejet est motivé sur l'interprétation des conventions des parties et des faits de la cause. — Req. 6 mars 1877, D.P. 77. 1. 103-104. — Req. 27 nov. 1882, D.P. 83. 1. 384. — Req. 9 nov. 1885, D.P. 86. 1. 8. — Req. 13 avr. 1886, D.P. 87. 5. 379. — V. *Code de procédure civile*, n° 7.

4271. Il importe peu que cet examen des faits ait été provoqué par le demandeur ou le défendeur à l'exception d'incompétence, s'il a été la base réelle de la décision. — Arrêt préc. 6 mars 1877.

4272. Spécialement, il en est ainsi, lorsque le jugement a rejeté une exception d'incompétence *ratione personæ* par interprétation d'une clause d'élection de domicile. — Arrêt préc. 13 avr. 1886.

4273. De même, une demande en règlement de juges n'est pas recevable : ... lorsque le tribunal de commerce du lieu du payement, saisi d'une action en résolution de la vente de marchandises et de l'art. 420, § 3, C. proc. civ., a rejeté l'exception d'incompétence en se fondant exclusivement, en fait, sur l'interprétation des clauses de la vente relatives au lieu du payement et dont la conséquence pouvait être contestée en droit. — Arrêt préc. 27 nov. 1882.

4274. ... Ni lorsque le tribunal de commerce et la cour saisis ont eu exclusivement à rechercher, d'après les clauses du marché dont l'existence n'était pas méconnue, à quel domicile le payement de la marchandise devait avoir lieu, et à apprécier également les circonstances dans lesquelles une lettre, portant certaines mentions à cet égard, avait été envoyée et reçue sans protestation. — Arrêt préc. 9 nov. 1885.

4275. Le rejet d'un déclinatoire de compétence peut, au contraire, donner lieu à un règlement de juges, lorsqu'il est motivé non sur une interprétation souveraine des conventions des parties, mais sur les règles de compétence tracées par le législateur. — Req. 21 févr. 1887, D.P. 88. 1. 38-39.

4276. Spécialement, une demande en règlement de juges est recevable, lorsque le tribunal de commerce du lieu du payement, saisi d'une action en payement d'un prix stipulé, a rejeté l'exception d'incompétence en se fondant exclusivement sur le texte de l'art. 420 C. proc. civ. — Même arrêt. — V. *infrà*, art. 420.

4277. L'arrêt qui décide que le juge du lieu où les primes d'assurance ont été stipulées payables est par cela même compétent, aux termes du paragraphe 3 de l'art. 420 C. proc. civ., pour connaître de toutes les difficultés relatives à l'exécution du contrat d'assurance, statue en droit sur la question de compétence et ne se livre à aucune interprétation de l'intention des parties ; en conséquence, ledit arrêt peut être attaqué par la voie du recours en règlement de juges de l'ordonnance d'août 1737. — Req. 1er déc. 1884, D.P. 85. 1. 195.

4278. La demande en règlement de juges devant la cour de cassation est recevable, si d'ailleurs la juridiction dont le demandeur soutient la compétence et celle qui a repoussé son déclinatoire sont situées dans des ressorts différents, lorsqu'il n'y a pas de chose jugée sur le rejet de ce déclinatoire et que le tribunal saisi n'a pas statué au fond. — Req. 3 janv. 1882, D.P. 83. 1. 384. — V. *Code de procédure civile*, n° 9.

4279. La demande en règlement de juges formée en vertu de l'art. 19 du titre 2 de l'ordonnance d'août 1737 est recevable devant la cour de cassation, alors même que la partie qui a décliné la compétence du juge saisi n'a pas expressément demandé *son renvoi* devant le tribunal du lieu où elle soutenait avoir son domicile, si ladite partie a cependant basé *son déclinatoire* sur la prétention nettement exprimée *qu'elle était domiciliée* en ce lieu. — Req. 31 janv. 1888, D.P. 88. 1. 344.

4280. Le recours en règlement de juges ouvert par l'ordonnance du mois d'août 1737 peut être exercé par la partie qui a été déboutée de son déclinatoire, alors même que la juridiction saisie a statué tout à la fois sur la compétence et sur le fond, si une voie légale de réformation subsiste contre la décision rendue. — Arrêt préc. 1er déc. 1884.

4281. Spécialement, la partie qui s'est bornée, sans conclure au fond, à soulever en première instance et en appel une exception d'incompétence *ratione loci*, peut exercer le recours en règlement de juges contre l'arrêt qui a repoussé son déclinatoire, si elle est encore dans les délais pour se pourvoir en cassation. — Même arrêt.

4282. Et ce recours en règlement de juges est recevable, alors même que le litige ne dépasse pas 1500 fr., car le jugement en dernier ressort *sur le fond*, rendue par le tribunal de première instance, n'a pas la force de la chose jugée du moment où la question *de compétence*, tranchée par les deux degrés de juridiction, demeure encore soumise à la cour de cassation. — Même arrêt.

4283. La partie dont le déclinatoire, fondé sur l'incompétence, tant *ratione loci* que *ratione materiæ*, du tribunal saisi, a été rejeté par un jugement de première instance, est recevable à se pourvoir en règlement de juges devant la cour de cassation, nonobstant l'opposition qu'elle a formée contre le chef du même jugement qui la condamné par défaut sur le fond. — Req. 15 juill. 1884, D.P. 85. 1. 473.

4284. ... Alors surtout qu'elle a eu même temps interjeté appel sur le chef relatif au déclinatoire, et que, dans ses conclusions à l'audience, elle a refusé de plaider au fond, se bornant à solliciter un sursis. — Même arrêt.

4285. Le recours en règlement de juges devant la cour de cassation n'est ouvert, sous l'empire de l'ordonnance de 1737, qu'autant que les conclusions du défendeur devant le tribunal n'ont pas engagé le fond de l'affaire. — Req. 30 janv. 1882, D.P. 83. 1. 200. — V. *Code de procédure civile*, n° 22.

4286. Ce recours peut être exercé par la partie qui a été déboutée de son déclinatoire et de sa demande en renvoi devant une autre cour d'appel ou un tribunal d'un autre ressort, tant que la juridiction saisie n'a pas statué tout à la fois sur la compétence et sur le fond par une décision définitive et contre laquelle il n'existerait aucune voie légale de réformation. — Req. 17 déc. 1879, D.P. 80. 1. 262.

4287. Spécialement, la partie qui, après un premier jugement rejetant le déclinatoire qu'elle avait proposé sans conclure au fond, a été condamnée au fond par un second jugement du même tribunal rendu par défaut, est recevable à se pourvoir en règlement de juges devant la cour de cassation, alors qu'elle a formé opposition au jugement par défaut, et qu'il existe ainsi un litige encore pendant. — Même arrêt.

4288. — II. DÉFENDEUR AU DÉCLINATOIRE (C. proc. civ. nᵒ 25).

§ 2. — *Procédure du règlement de juges devant la Cour de cassation* (C. proc. civ. nᵒˢ 26 à 56).

4289. Les dispositions de l'ordonnance du 28 juin 1738 sur la procédure à suivre devant le Conseil, notamment celles qui concernaient la forclusion, s'appliquaient non seulement aux pourvois en cassation, mais encore aux demandes en règlement de juges introduites en vertu de l'ordonnance d'août 1737.— Req. 20 juill. 1886, D.P. 87. 1. 100.

4290. Les art. 1 et 2, tit. 5, 2ᵒ part., de cette ordonnance n'ont pas été abrogés par la loi du 2 juin 1862, et sont encore en vigueur, non seulement devant la chambre civile pour les pourvois en cassation, mais aussi devant la chambre des requêtes pour les règlements de juges. — Même arrêt.

4291. Par suite, le demandeur en règlement de juges, sommé de produire la grosse de l'arrêt de *soit communiqué*, n'encourt la forclusion, faute de produire, qu'à l'expiration du délai de deux mois après cette sommation. — Même arrêt.

4292. — I. REQUÊTE (C. proc. civ. nᵒˢ 29 à 35).

4293. — II. ARRÊT DE SOIT COMMUNIQUÉ: DÉLAI DE LA SIGNIFICATION (C. proc. civ. nᵒˢ 36 à 44).— La règle générale de l'art. 1033 C. proc. civ., d'après laquelle le jour de l'échéance n'est pas compté dans le délai, ne s'applique point aux délais fixés par des lois spéciales contenant une formule *inclusive* indiquant que l'acte ne peut être fait le lendemain de l'échéance elle-même. — Req. 4 août 1886, D.P. 87. 1. 100. — V. *infra*, art. 1033.

4294. En conséquence, lorsque la sommation de produire signifiée par le défendeur au demandeur en règlement de juges porte la date du 27 mai, la forclusion est de plein droit acquise le 27 juillet, à quatre heures du soir, heure réglementaire de la fermeture du greffe. — Même arrêt.

4295. La partie au profit de laquelle est acquise la forclusion, pouvant obtenir arrêt « huitaine après l'expiration de ce délai de deux mois », et le délai franc de huitaine qui a couru du 27 juillet à quatre heures du soir étant, dès lors, expiré le 4 août à la même heure, la chambre des requêtes peut ce dernier jour, après ce moment, rendre un arrêt de forclusion. — Même arrêt.

4296. Si, postérieurement à l'arrêt de *soit communiqué* de la requête en règlement de juges, le tribunal qui était incompétent, comme le tribunal de son domicile, pour connaître de la demande de liquidation et partage, en a détaché un chef accessoire, à homologué la délibération du conseil de famille nommant un subrogé-tuteur aux enfants mineurs du *de cujus*, la cour de cassation, réglant de juges, doit annuler cette décision. — Req. 19 déc. 1887, D.P. 88. 1. 459.

4297. — III. SURSIS AUX POURSUITES (C. proc. civ. nᵒˢ 45 à 51). — En cas de règlement de juges devant la cour de cassation, cette procédure ne suspend pas les saisies opérées en vertu de titres exécutoires à la condition que ces saisies aient été régulièrement faites

et en particulier qu'elles reposent sur un commandement régulier. — Pau, 6 févr. 1881, D.P. 85. 2. 133.

4298. — IV. ARRÊT STATUANT SUR LA DEMANDE EN RÈGLEMENT DE JUGES (C. proc. civ. nᵒˢ 52 à 56). — Il n'appartient pas à la cour de cassation, saisie par voie de règlement de juges, d'annuler pour vice de forme un jugement susceptible d'être attaqué par la voie ordinaire et qui d'ailleurs ne lui est pas déféré. — Req. 12 juin 1883, D.P. 83. 1. 281-282.

TITRE XX.

Du renvoi à un autre tribunal pour parenté ou alliance.

Art. 368. Lorsqu'une partie aura deux parents ou alliés jusqu'au degré de cousin issu de germain inclusivement, parmi les juges d'un tribunal de première instance, ou trois parents ou alliés au même degré dans une cour royale (cour d'appel); ou lorsqu'elle aura un parent audit degré parmi les juges du tribunal de première instance, ou deux parents dans la cour royale (cour d'appel) et qu'elle-même sera membre du tribunal ou de cette cour, l'autre partie pourra demander le renvoi.

4299. — I. CAUSES DE RENVOI (C. proc. civ. nᵒˢ 1 à 14). — Il n'y a pas lieu à renvoi, dans le cas de parenté ou d'alliance d'un juge avec l'associé d'une des parties en cause ou avec une personne qui a figuré dans l'instance en qualité de syndic de la faillite d'une des parties. — Civ. r. 1ᵉʳ août 1877, D.P. 77. 1. 428.

4300. — II. PARENTÉ OU ALLIANCE MOTIVANT LE RENVOI (C. proc. civ. nᵒˢ 15 à 22).

4301. — III. TRIBUNAUX DEVANT LESQUELS PEUT ÊTRE DEMANDÉ LE RENVOI (C. proc. civ. nᵒˢ 23 à 34).

Art. 369. Le renvoi sera demandé avant le commencement de la plaidoirie; et, si l'affaire en rapport, avant que l'instruction soit achevée, ou que les délais soient expirés; sinon il ne sera plus reçu.

4302. — I. TRIBUNAL COMPÉTENT POUR STATUER SUR LA DEMANDE EN RENVOI (C. proc. civ. nᵒˢ 1 et 2).

4303. — II. QUAND LE RENVOI PEUT ÊTRE DEMANDÉ (C. proc. civ. nᵒˢ 3 à 8).

Art. 370. Le renvoi sera proposé par acte au greffe, lequel contiendra les moyens, et sera signé de la partie ou de son fondé de procuration spéciale et authentique.

Art. 371. Sur l'expédition dudit acte, présentée avec les pièces justificatives, il sera rendu jugement qui ordonnera: 1ᵒ la communication aux juges à raison desquels le renvoi est demandé, pour faire, dans un délai fixe, leur déclaration au bas de l'expédition du jugement; 2ᵒ la communication au ministère public; 3ᵒ le rapport, à jour indiqué, par l'un des juges nommés par ledit jugement.

4304. La partie qui, après avoir formé une demande en renvoi ne s'est présentée à l'audience ni en personne, ni par mandataire, ne peut se plaindre de n'avoir pas été

admise à produire oralement les moyens à l'appui de sa demande. — Civ. r. 1ᵉʳ août 1877, D.P. 77. 1. 428.

4305. Bien que l'art. 371 C. proc. civ., qui trace les règles de la procédure à suivre sur la demande en renvoi, ne dise rien de la plaidoirie des parties, on admet généralement que des observations orales peuvent être présentées à l'appui de pareilles demandes. — D.P. 77. 1. 428, note 1.

Art. 372. L'expédition de l'acte à fin de renvoi, les pièces y annexées, et le jugement mentionné en l'article précédent, seront signifiés aux autres parties.

Art. 373. Si les causes de la demande en renvoi sont avouées ou justifiées dans un tribunal de première instance, le renvoi sera fait à l'un des autres tribunaux ressortissant en la même cour d'appel; si le renvoi vise une cour royale (cour d'appel), le renvoi sera fait à l'une des trois cours les plus voisines.

Art. 374. Celui qui succombera sur sa demande en renvoi sera condamné à une amende qui ne pourra être moindre de cinquante francs, sans préjudice des dommages-intérêts de la partie, s'il y a lieu.

Art. 375. Si le renvoi est prononcé, qu'il n'y ait pas d'appel, ou que l'appelant ait succombé, la contestation sera portée devant le tribunal qui devra en connaître, par simple assignation; et la procédure y sera continuée suivant ses derniers errements.

Art. 376. Dans tous les cas, l'appel du jugement de renvoi sera suspensif.

Art. 377. Sont applicables audit appel les dispositions des art. 392, 393, 394, 395, titre de la *Récusation*, ci-après.

APPENDICE AU TITRE XX.

Division.

I. RENVOI POUR CAUSE DE SUSPICION LÉGITIME

Loi du 22 frimaire an 8
(13 déc. 1799).

Constitution de la République française. — Publiée au *Bulletin des lois*, nᵒ 3448 bis. — (Extrait, J.G. Droit constit., p. 313).

Art. 65. Il y a pour toute la République un tribunal de cassation qui prononce ... sur les demandes en renvoi d'un tribunal à un autre pour cause de suspicion légitime ou de sûreté publique.

4306. — I. CAUSES DE RENVOI (C. proc. civ. nᵒˢ 2 à 50). — 1ᵒ *Partialité* (C. proc. civ. nᵒˢ 2 à 15). — Les juges du fait apprécient souverainement s'il y a lieu à renvoi pour cause de suspicion légitime, et leur décision sur ce point échappe au contrôle de la cour de cassation. — Civ. r. 1er août 1877, D.P. 77. 1. 428. — V. *Code de procédure civile*, nº 2.

4307. — 2º *Intérêt personnel* (C. proc. civ. nºs 17 à 27).

4308. — 3º *Récusation d'un tribunal entier* (C. proc. civ. nºs 28 à 50). — Lorsque l'acte de récusation contre tous les membres d'un tribunal (dans l'espèce, un tribunal de commerce) ne contient aucun moyen à l'encontre de ces membres, considérés individuellement ou collectivement, sauf en ce qui concerne le président, la récusation proposée doit être écartée, comme inadmissible, en tant que récusation collective. — Req. 29 juill. 1885, D.P. 86. 1. 311. — V. *Code de procédure civile*, nº 47.

4309. La récusation collective dirigée contre tous les membres d'un tribunal de première instance (dans l'espèce, d'un conseil de l'ordre des avocats), qui n'est point prévue par les art. 378 et 396 C. proc. civ. lesquels n'ont en vue que la récusation individuelle d'un ou de quelques-uns des juges, est en réalité assimilable à une demande en renvoi pour cause de suspicion légitime et, par suite, dans le cas où il s'agit d'une action disciplinaire contre un avocat, cette demande en récusation est de la compétence de la cour d'appel, juridiction immédiatement supérieure au conseil de l'ordre. — Civ. c. 28 avr. 1891, D.P. 91. 1. 409.

4310. Le conseil de l'ordre, saisi d'une action disciplinaire n'est pas tenu, quand il est l'objet d'une récusation de la part de l'avocat inculpé, de surseoir au jugement du fond, si l'avocat récusant ne justifie pas qu'il a soumis à la cour d'appel une requête à fin de renvoi, ou s'il ne rapporte pas une décision ordonnant la communication de cette requête au conseil récusé et le sursis. — Même arrêt.

4311. Doit être annulé l'arrêt qui infirme la décision du conseil de l'ordre, parce qu'il n'a pas sursis au sujet de la plainte disciplinaire en présence d'une récusation collective, et qui néanmoins statue sur le fond sans s'occuper de la récusation en déclarant évoquer au besoin l'action disciplinaire. — Même arrêt.

4312. — II. JURIDICTION COMPÉTENTE POUR STATUER SUR LES DEMANDES EN RENVOI POUR CAUSE DE SUSPICION LÉGITIME (C. proc. civ. nºs 51 à 63). — Depuis la promulgation du Code de procédure civile, c'est à la cour d'appel et non plus à la cour de cassation qu'il appartient de statuer sur les demandes en renvoi formées contre un tribunal, en matière civile, pour cause de suspicion légitime. — Req. 29 juill. 1885, D.P. 86. 1. 311. — V. *Code de procédure civile*, nº 51.

4313. Lorsqu'un tribunal est récusé en masse, et que les récusations partielles atteignent un assez grand nombre de juges pour qu'il ne puisse plus se constituer, il faut suivre les règles appliquées en matière de renvoi pour suspicion légitime, c'est-à-dire se pourvoir devant la cour d'appel à laquelle ressortit ce tribunal. — Req. 16 avr. 1877, D.P. 77. 1. 452. — Pau, 1er août 1877, D.P. 79. 2. 168. — Req. 29 nov. 1887, D.P. 88. 1. 260. — V. *Code de procédure civile*, nº 52.

4314. Et la cour d'appel, dans le ressort de laquelle se trouve ce tribunal, peut statuer sur ces récusations sans en renvoyer l'instruction devant un autre tribunal. — Bourges, 18 févr. 1879, D.P. 79. 2. 96.

4315. En ce cas, il n'est pas nécessaire que la procédure soit précédée d'une permission d'assigner ; il suffit que l'une des parties, si elles sont d'accord, présente directement requête à la cour pour obtenir la désignation d'un autre tribunal. — Pau, 1er août 1877, D.P. 79. 2. 168.

4316. Lorsqu'à l'occasion d'un procès intenté contre un industriel en raison du tort

que causerait son usine à un fonds voisin, cet industriel a récusé tout le tribunal sous le prétexte d'une protestation faite quelques années auparavant par le président, dans l'intérêt du palais de justice, contre l'établissement de cette usine, la cour d'appel, saisie de la récusation en masse, la déclare à juste titre inadmissible, au regard des magistrats qui, lors de la protestation susindiquée, ne faisaient pas partie du tribunal. — Arrêt préc. 29 nov. 1887.

4317. C'est également avec raison que ladite cour renvoie devant ces magistrats le jugement de la récusation, en tant qu'elle s'applique au président et à un juge, qui étaient membres du tribunal à l'époque de la protestation. — Même arrêt.

4318. La cour d'appel qui est saisie de la demande en renvoi d'une affaire, d'un tribunal à un autre, pour cause de suspicion légitime, apprécie souverainement les faits invoqués devant elle à l'appui de la requête, et le rejet qu'elle prononce, par suite de cette appréciation, ne tombe pas sous le contrôle de la cour de cassation. — Même arrêt.

4319. Lorsqu'une demande en renvoi pour cause de suspicion légitime, portée devant une cour d'appel, à la requête du procureur général, se rattache à une poursuite disciplinaire dirigée par le ministère public contre un avoué, l'instance a un caractère civil, et les arrêts intervenus sont rendus civilement. — Req. 11 juill. 1883, D.P. 85. 1. 121-122. — V. *Code de procédure civile*, nº 61.

4320. Par suite, le pourvoi formé contre ces arrêts doit être fait dans la forme prescrite pour les affaires civiles, c'est-à-dire présenté par un avocat à la cour de cassation, déposé au greffe civil de cette même cour et accompagné d'une quittance de consignation d'amende. — Même arrêt.

4321. En admettant même que la déclaration du pourvoi ait pu être faite dans la forme prescrite par l'art. 417 C. instr. cr., cette déclaration ne serait valable que si elle était accompagnée de la quittance d'amende. — Même arrêt.

4322. Les mesures disciplinaires prises en vertu de l'art. 103 du décret du 30 mars 1808 n'étant sujettes ni à l'appel, ni au recours en cassation, une cour d'appel est incompétente pour statuer sur une demande de dessaisissement d'un tribunal, à raison de suspicion légitime, lorsque cette demande est un incident à une poursuite disciplinaire intentée en vertu de cet article, et dont l'appréciation souveraine appartient exclusivement aux gardes des sceaux. — Civ. c. 24 nov. 1884, D.P. 85. 1. 121-122. — V. *Code de procédure civile*, nº 63.

4323. — III. QUI PEUT DEMANDER LE RENVOI (C. proc. civ. nº 64).

4324. — IV. PROCÉDURE (C. proc. civ. nºs 65 à 95). — 1º *Quand doit être formée la demande de renvoi* (C. proc. civ. nºs 65 à 69). — Une demande en renvoi d'un tribunal à un autre, pour cause de suspicion légitime, doit être formée avant que les conclusions aient été contradictoirement prises à l'audience, à moins que les causes sur lesquelles s'appuie cette demande ne soient survenues postérieurement. — Req. 12 janv. 1881, D.P. 81. 1. 424. — V. *Code de procédure civile*, nº 67.

4325. — 2º *Effets de la demande de renvoi; Sursis* (C. proc. civ. nºs 70 à 74).

4326. — 3º *Procédure devant la cour d'appel* (C. proc. civ. nºs 75 à 84). — La demande en renvoi pour suspicion légitime formée à l'occasion d'une poursuite disciplinaire contre un officier ministériel en est un incident : elle doit être présentée et débattue en chambre du conseil sans publicité. — Civ. c. 24 nov. 1884, D.P. 85. 1. 121-122. — V. Observ. sous cet arrêt, note 4.

4327. Et celle qui est formée dans ces conditions par le ministère public peut être introduite par simple requête, sans assignation à la partie poursuivie. — Même arrêt.

4328. ... Les droits de la défense étant d'ailleurs sauvegardés par la notification de la décision par défaut et le droit d'opposition réservé à la partie. — Même arrêt.

4329. Mais aucune demande de renvoi d'un tribunal à un autre, pour cause de suspicion légitime, ne peut être introduite avant que le tribunal dont le dessaisissement est sollicité n'ait été saisi. — Même arrêt.

4330. Et l'on ne saurait attribuer le caractère d'acte saisissant le juge à l'ordre donné par le garde des sceaux au procureur général de déférer disciplinairement un officier ministériel (un avoué) à un tribunal civil, tant que cet ordre n'a pas été exécuté. — Même arrêt.

4331. — 4º *Procédure devant la cour de cassation* (C. proc. civ. nºs 85 à 89). — L'art. 35, tit. 4, du règlement du 28 juin 1738, d'après lequel le demandeur en cassation qui succombe sur sa demande doit être condamné à une indemnité envers l'autre partie, n'est pas applicable au cas d'une demande en renvoi pour cause de suspicion légitime. — Req. 26 janv. 1881, D.P. 81. 1. 424.

II. RENVOI POUR CAUSE DE SÛRETÉ PUBLIQUE

Loi du 27 ventôse an 8
(18 mars 1800),

Sur l'organisation des tribunaux. — Publiée au *Bulletin des lois*, nº 103. — (Extrait, J.C. *Cassation*, p. 34).

Art. 79. — (V. le texte, *Code de procédure civile*, p. 481).

4332. V. *Code de procédure civile*, nºs 1 et s.

III. RENVOI POUR INSUFFISANCE DE JUGES OU D'AVOUÉS

4333. V. *Code de procédure civile*, nºs 1 et s.

IV. RENVOI APRÈS CASSATION.

4334. Sur le renvoi après cassation en matière civile, V. *infrà*, *Appendice* au tit. III, liv. 4, part. 1re.

TITRE XXI.
De la récusation.

Art. 378. Tout juge peut être récusé pour les causes ci-après :

1º S'il est parent ou allié des parties, ou de l'une d'elles, jusqu'au degré de cousin issu de germain inclusivement;

2º Si la femme est parente ou alliée de l'une des parties, ou si le juge est parent ou allié de la femme de l'une des parties, au degré ci-dessus, lorsque la femme est vivante, ou qu'étant décédée, il en existe des enfants : si elle est décédée et qu'il n'y ait point d'enfants, le beau-père, le gendre ni les beaux-frères ne pourront être juges;

La disposition relative à la femme décédée

s'appliquera à la femme divorcée, s'il existe des enfants du mariage dissous;

3° Si le juge, sa femme, leurs ascendants et descendants, ou alliés dans la même ligne, ont un différend sur pareille question que celle dont il s'agit entre les parties;

4° S'ils ont un procès en leur nom dans un tribunal où l'une des parties sera juge; s'ils sont créanciers ou débiteurs d'une des parties;

5° Si dans les cinq ans qui ont précédé la récusation, il y a eu procès criminel entre eux et l'une des parties, ou son conjoint, ou ses parents ou alliés en ligne directe;

6° S'il y a procès civil entre le juge, sa femme, leurs ascendants et descendants, ou alliés dans la même ligne, et l'une des parties, et que ce procès, s'il a été intenté par la partie, l'ait été avant l'instance dans laquelle la récusation est proposée; si, ce procès étant terminé, il ne l'a été que dans les six mois précédant la récusation;

7° Si le juge est tuteur, subrogé tuteur ou curateur, héritier présomptif, ou donataire, maître ou commensal de l'une des parties; s'il est administrateur de quelque établissement, société ou direction, partie dans la cause; dont il s'agit; s'il est présomptive héritière;

8° Si le juge a donné conseil, plaidé ou écrit sur le différend; s'il en a précédemment connu comme juge ou comme arbitre; s'il a sollicité, recommandé ou fourni aux frais du procès; s'il a déposé comme témoin; si, depuis le commencement du procès, il a bu ou mangé avec l'une ou l'autre des parties dans leur maison, ou reçu d'elle des présents;

9° S'il y a inimitié capitale entre lui et l'une des parties; s'il y a eu, de sa part, agressions, injures ou menaces, verbalement ou par écrit, depuis l'instance ou dans les six mois précédant la récusation proposée.

4335. — I. Devant quelles juridictions s'appliquent les règles de la récusation (C. proc. civ. nᵒˢ 2 à 6). — Sur la récusation : ... des juges de paix, V. suprà, art. 44 et s., nᵒ 896, et V. aussi Code des lois adm. annotées, t. 1ᵉʳ, X, vᵒ, Élection des députés, nᵒˢ 4248 et s.

4336. ... Des membres de la cour de cassation, V. infrà, Appendice au tit. III, liv. 4, part. 4ᵉʳ.

4337. ... Des membres du conseil d'État, V. Code des lois adm. annotés, t. 1ᵉʳ, IV, vᵒ Conseil d'État, nᵒˢ 1097 et s.

4338. ... Des membres des conseils de préfecture, V. ibid., t. 1ᵉʳ, V, vᵒ Département, nᵒˢ 4042 et s.

4339. — II. Qui peut être récusé (C. proc. civ. nᵒˢ 7 à 18). — Sur la récusation : ... des arbitres, V. suprà, art. 1014 C. proc. civ.

4340. ... Des experts, V. suprà, art. 308 et s., nᵒ 3871 et s.

4341. Sur l'application des dispositions du Code de procédure civile sur la récusation aux matières criminelle et correctionnelle, V. Code d'instruction criminelle annoté, liv. 2, tit. V, Appendice.

4342. Jugé à cet égard que les règles du Code de procédure civile sur la récusation des juges sont applicables en matière criminelle ou correctionnelle. — Nîmes, 8 janv. 1880, D.P. 82. 2. 96. — V. Code de procédure civile, nᵒ 16.

4343. En ce qui touche la question de savoir si la récusation d'un tribunal entier est valable et peut être assimilée à une demande en renvoi pour cause de suspicion légitime, V. suprà, tit. XX, Appendice, nᵒ 4308 et s.

4344. — III. Causes de récusation (C. proc. civ. nᵒˢ 19 à 111). — Les causes de récusation contre les magistrats sont limitativement indiquées par la loi; en conséquence, lorsqu'un des membres du ministère public, le procureur général, par exemple, a interjeté appel d'un jugement rendu sur une action en diffamation qu'il avait précédemment intentée en son nom personnel devant le tri-

bunal correctionnel, on ne saurait admettre, dans le silence de la loi, la récusation contre tous les membres du parquet de la cour, sous prétexte d'indivisibilité du ministère public. — Paris, 1ᵉʳ juin 1889, D.P. 90. 2. 164. — V. Code de procédure civile, nᵒ 19.

4345. — 1° Parenté ou alliance (C. proc. civ. nᵒˢ 23 à 29).

4346. — 2° Procès ou différend semblable (C. proc. civ. nᵒˢ 30 à 34).

4347. — 3° Juge créancier ou débiteur (C. proc. civ. nᵒˢ 35 à 45).

4348. — 4° Procès civil ou criminel (C. proc. civ. nᵒˢ 46 à 50).

4349. — 5° Juge, tuteur, héritier présomptif, donataire, maître ou commensal, administrateur (C. proc. civ. nᵒˢ 51 à 65).

4350. — 6° Juge ayant donné conseil ou connu du différend (C. proc. civ. nᵒˢ 66 à 92). — Les juges ne sont pas seulement récusables dans le cas où ils ont un intérêt personnel et direct, né et actuel, au procès dans lequel la récusation est exercée ; la récusation est également recevable à l'égard du juge qui a été partie, ou a seulement plaidé et écrit dans une instance antérieure, lorsque cette instance se continue, sous une autre forme, par le nouveau litige introduit devant le tribunal dont ce juge fait partie, et lorsque les faits du débat antérieur sont un élément décisif et constitutif du second. — Civ., 24 janv. 1881, D.P. 81. 1. 218-220.

4351. Spécialement, lorsqu'une chambre de discipline de notaires a été saisie d'un différend entre un notaire de l'arrondissement et les notaires du chef-lieu, par une plainte écrite et signée par ces derniers, un nombre quelconque se trouve un membre de la chambre, ce membre peut être récusé dans la poursuite disciplinaire intentée ultérieurement contre le notaire avec lequel existait le différend dont il s'agit. — Civ., 24 janv. 1881, D.P. 81. 1. 218-220.

4352. Peu importe que, dans sa délibération sur ce différend, la chambre de discipline ait émis l'avis que les notaires plaignants ne devaient pas, quant à présent du moins, être autorisés à exercer une action en dommages-intérêts contre le notaire inculpé, à raison des faits consignés dans leur demande ; ... alors qu'elle a, dans la même délibération, déclaré retenir tous ces faits pour y être statué par elle ultérieurement. — Civ., 24 janv. 1881, D.P. 81. 1. 218-220.

4353. Suivant un arrêt, l'art. 378, § 8, C. proc. civ., qui autorise la récusation du magistrat ayant précédemment connu du différend comme juge ou arbitre, serait applicable qu'au juge d'appel appelé à statuer entre les mêmes parties de l'affaire dont il a déjà connu en première instance. — Poitiers, 12 févr. 1881, D.P. 81. 2. 129.

4354. Mais cette proposition a été critiquée comme conçue en termes trop généraux pour être exacts ; et il semble au contraire difficile d'admettre que, dans le cas où un tribunal auquel un procès est renvoyé après cassation, comprendrait un des juges qui ont concouru à la décision cassée, ce magistrat ne puisse être récusé. — Observ. sous l'arrêt précité, D.P. 81. 2. 129, note.

4355. Le fait par le président du tribunal près lequel un avoué postule de s'engager cet officier ministériel à ne point courir la chance d'un procès personnel ne constitue pas une manifestation d'opinion dans le sens de l'art. 378, § 8, C. proc. civ. — Bourges, 18 févr. 1879, D.P. 79. 2. 96.

4356. Le fait par l'un des magistrats saisis d'un différend, et notamment par le président, d'inviter une partie à rectifier ses conclusions, non dans un sens déterminé, mais en prenant les conseils de son avocat, n'est pas une cause de récusation, une telle invitation, ainsi limitée, pouvant être considérée comme inspirée au magistrat récusé par le juste sentiment de son devoir. — Req. 29 déc. 1875, D.P. 76. 1. 448.

4357. Les magistrats qui, après avoir

statué sur l'action publique intentée par le ministère public pour la répression d'un délit, sont appelés à se prononcer sur l'action civile exercée par la partie lésée pour la réparation du dommage causé par le délit, ne peuvent être récusés comme ayant connu du différend. — Req. 16 avr. 1877, D.P. 77. 1. 452. — Contrà: Code de procédure civile, nᵒ 75.

4358. Il en est de même du magistrat qui, après avoir pris part au jugement d'une instance civile, est appelé à connaître de l'action publique dirigée à l'occasion du même fait contre l'une des parties de la première affaire. — Poitiers, 12 févr. 1881, D.P. 81. 2. 129.

4359. ...Et de celui qui, après avoir statué sur une poursuite disciplinaire dirigée contre un officier ministériel, est ensuite saisi d'une poursuite correctionnelle contre ce dernier à raison du même fait. — Même arrêt.

4360. Les magistrats, qui ont connu d'une action exercée par des héritiers contre l'adjudicataire d'un immeuble de la succession et relative à la validité de la consignation du prix d'adjudication effectuée par celui-ci, ne peuvent être récusés dans le procès intenté par un autre héritier contre le même adjudicataire et pour la même cause, les parties n'étant pas les mêmes et les moyens qui peuvent être identiques à ceux sur lesquels il a été statué dans le premier procès. — Bourges, 18 févr. 1879, D.P. 79. 2. 96. — V. Code de procédure civile, nᵒ 81.

4361. — 7° Juge-témoin (C. proc. civ. nᵒˢ 93 à 96). — La disposition de l'art. 378 C. proc. civ. déclarant récusable le juge qui a déposé comme témoin dans l'affaire portée devant lui, ne peut être étendue au juge que l'une des parties a cité comme témoin. — Nîmes, 8 janv. 1880, D.P. 82. 2. 96. — V. Code de procédure civile, nᵒ 94.

4362. Et le tribunal a le droit d'annuler la citation comme ayant pour seul objet d'éliminer l'un des magistrats devant connaître de l'affaire. — Même arrêt.

4363. — 8° Repas et présents (C. proc. civ. nᵒˢ 97 à 101).

4364. — 9° Inimitié capitale (C. proc. civ. nᵒˢ 102 à 106).

4365. — 10° Agression, injures ou menaces (C. proc. civ. nᵒˢ 107 à 111).

4366. — IV. Caractère facultatif de la récusation (C. proc. civ. nᵒˢ 112 à 126).

4367. — V. Effets de la récusation (C. proc. civ. nᵒˢ 127 et 128).

Art. 379. Il n'y aura pas lieu à récusation, dans les cas où le juge serait parent du tuteur ou du curateur de l'une des deux parties, ou des membres ou administrateurs d'un établissement, société, direction ou union, partie dans la cause, à moins que lesdits tuteurs, administrateurs ou intéressés n'aient un intérêt distinct ou personnel.

Art. 380. Tout juge qui saura cause de récusation en sa personne sera tenu de le déclarer à la chambre, qui décidera s'il doit s'abstenir.

4368. Les causes d'abstention ne sont pas, comme les causes de récusation, déterminées par la loi; elles sont laissées, pour leur appréciation, à la conscience de la chambre à laquelle appartient le magistrat qui déclare s'abstenir. — Civ. le 9 déc. 1889, D.P. 90. 1. 65, et la note. — V. Code de procédure civile, nᵒ 4.

4369. Et la cour d'appel, à laquelle est soumise la délibération par laquelle le tribunal approuve les causes d'abstention invoquées par plusieurs des juges, commet un excès de pouvoir, si elle se livre à l'examen des causes d'abstention admises par le tribunal, et refuse, à la suite de cet examen, de faire la désignation d'un autre tribunal, requise par le procureur général. — Même arrêt. — V. en sens contraire, Réquisitoire du procureur général près la cour de cassation, D.P. 79. 1. 433.

4370. Aucune disposition légale n'a imposé au juge qui déclare vouloir s'abstenir, ou à la chambre du tribunal appelée à se prononcer sur cette récusation spontanée des formalités spéciales ; cependant, il est nécessaire de constater officiellement, par une mention précise, que la chambre a apprécié les motifs d'abstention, les a reconnus valables et les a agréés. — Cr. r. 26 nov. 1875, D.P. 76. 1. 143.

4371. Lorsque, par suite de l'abstention de plusieurs magistrats, le tribunal ne peut se constituer, en matière disciplinaire, c'est à la cour d'appel que le procureur général doit demander l'indication d'un autre tribunal pour statuer sur la poursuite. — Arrêt préc. 9 déc. 1880.

4372. D'après un arrêt, lorsque, par suite de l'abstention de tous les juges, titulaires et suppléants, il n'est plus possible de constituer régulièrement le tribunal, il est nécessaire de dresser un procès-verbal dans lequel doivent être exposés les motifs invoqués par chaque juge pour légitimer son abstention. — Besançon, 19 juill. 1875, D.P. 76. 2. 221. — Contrà : Code de procédure civile, n° 11.

4373 ... Et la cour d'appel, saisie d'une demande en renvoi devant un autre tribunal peut examiner les motifs allégués par chaque juge à l'appui de son abstention. — Même arrêt.

Art. 381. Les causes de récusation relatives aux juges sont applicables au ministère public lorsqu'il est partie jointe ; mais il n'est pas récusable lorsqu'il est partie principale.

Art. 382. Celui qui voudra récuser devra le faire avant le commencement de la plaidoirie ; et, si l'affaire est en rapport, avant que l'instruction soit achevée, ou que les délais soient expirés, à moins que les causes de la récusation ne soient survenues postérieurement.

4374. — I. COMPÉTENCE (C. proc. civ. nᵒˢ 1 à 7).

4375. — II. DÉLAI POUR EXERCER LA RÉCUSATION (C. proc. civ. nᵒˢ 8 à 17). — La récusation d'un juge ne peut plus avoir lieu après que les conclusions ont été prises à l'audience, alors même que le tribunal a renvoyé à un autre jour à la continuation des débats. — Nîmes, 8 janv. 1880, D.P. 82. 2. 96. — V. Code de procédure civile, n° 8.

Art. 383. La récusation contre les juges commis aux descentes, enquêtes et autres opérations, ne pourra être proposée que dans les trois jours qui courront : 1° si le jugement est contradictoire, du jour du jugement ; 2° si le jugement est par défaut et qu'il n'y ait pas d'opposition, du jour de l'expiration de la huitaine de l'opposition ; 3° si le jugement est rendu par défaut et qu'il y ait opposition, du jour du débouté d'opposition, même par défaut.

Art. 384. La récusation sera proposée par un acte au greffe, qui en contiendra les moyens, et sera signé de la partie, ou du fondé de sa procuration authentique et spéciale, laquelle sera annexée à l'acte.

4376. En matière de récusation, la procé-

dure spéciale établie par les art. 384 et s. C. proc. civ. exclut les plaidoiries. — Req. 16 avr. 1877, D.P. 77. 1. 452. — V. Code de procédure civile, n° 1.

4377. La récusation intéressant l'ordre public, les magistrats doivent rechercher et relever, même d'office, toutes les infractions aux lois relatives à l'exercice du droit de récusation ; en particulier, ils doivent déclarer nulle la récusation opposée par un mandataire qui n'est pas porteur d'une procuration spéciale et authentique. — Bourges, 12 mai 1886, D.P. 87. 2. 26. — V. Code de procédure civile, n° 8.

Art. 385. Sur l'expédition de l'acte de récusation, remise dans les vingt-quatre heures par le greffier au président du tribunal, il sera, sur le rapport du président et les conclusions du ministère public, rendu jugement qui, si la récusation est inadmissible, la rejettera ; et, si elle est admissible, ordonnera : 1° la communication au juge récusé, pour s'expliquer en termes précis sur les faits, dans le délai qui sera fixé par le jugement ; 2° la communication au ministère public, et indiquera le jour où le rapport sera fait par l'un des juges nommé par ledit jugement.

Art. 386. Le juge récusé fera sa déclaration au greffe, à la suite de la minute de l'acte de récusation.

Art. 387. A compter du jour du jugement qui ordonnera la communication, tous jugements et opérations seront suspendus ; si cependant l'une des parties prétend que l'opération est urgente et qu'il y a péril dans le retard, l'incident sera porté à l'audience sur un simple acte, et le tribunal pourra ordonner qu'il sera procédé par un autre juge.

Art. 388. Si le juge récusé convient des faits qui ont motivé sa récusation, ou si ces faits sont prouvés, il sera ordonné qu'il s'abstiendra.

Art. 389. Si le récusant n'apporte preuve par écrit ou commencement de preuve des causes de la récusation, il sera laissé à la prudence du tribunal de rejeter la récusation sur la simple déclaration du juge, ou d'ordonner la preuve testimoniale.

Art. 390. Celui dont la récusation aura été déclarée non admissible, ou non recevable, sera condamné à telle amende qu'il plaira au tribunal, laquelle ne pourra être moindre de cent francs, et sans préjudice, s'il y a lieu, de l'action du juge en réparation et dommages-intérêts, auquel cas il ne pourra demeurer juge.

4378. La partie qui succombe dans son action en récusation de juges est passible d'autant d'amendes qu'il y a de juges distinctement récusés. — Poitiers, 12 févr. 1881, D.P. 81. 2. 129. — V. Code de procédure civile, n° 4.

4379. Jugé, au contraire, qu'une seule amende doit être prononcée contre la partie qui succombe dans la récusation qu'elle a formée, quel que soit le nombre des magistrats récusés. — Dijon, 7 févr. 1877, D.P. 77. 1. 452.

Art. 391. Tout jugement sur récusation, même dans les matières où le tribunal de première instance juge en dernier ressort, sera susceptible d'appel ; si néanmoins la partie soutient qu'attendu l'urgence il est nécessaire de procéder à une opération sans attendre que l'appel soit jugé, l'incident sera

porté à l'audience sur un simple acte ; et le tribunal qui aura rejeté la récusation pourra ordonner qu'il sera procédé à l'opération par un autre juge.

4380. En matière de récusation de juge ou d'arbitre, l'adversaire du récusant peut appeler tant du jugement qui a déclaré la récusation admissible que de celui qui l'a admise, alors surtout que son intervention a été accueillie dans l'instance même de récusation. — Poitiers, 31 janv. 1877, D.P. 77. 2. 98. — V. Code de procédure civile, n° 4.

4381. L'arrêt qui statue sur une récusation de juge peut être attaqué au moyen du pourvoi en cassation par l'adversaire du récusant ; dès lors, cette partie ayant à sa disposition la cassation ne saurait agir par la voie de la tierce opposition. — Dijon, 19 févr. 1886, D.P. 86. 2. 277. — V. Code de procédure civile, nᵒˢ 12 et 13.

Art. 392. Celui qui voudra appeler sera tenu de le faire dans les cinq jours du jugement, par un acte au greffe, lequel sera motivé et contiendra énonciation du dépôt au greffe des pièces au soutien.

4382. Le jugement qui déclare la récusation admissible a un caractère définitif ; il n'est, par suite, susceptible d'appel que dans le délai de cinq jours à compter de sa date. — Arrêt préc. 31 janv. 1877. — V. Code de procédure civile, n° 2.

Art. 393. L'expédition de l'acte de récusation, de la déclaration du juge, du jugement, de l'appel, et les pièces jointes seront envoyées sous trois jours par le greffier, à la requête de l'appelant, au greffier du tribunal d'appel.

Art. 394. Dans les trois jours de la remise au greffier du tribunal d'appel, celui-ci présentera lesdites pièces au tribunal, lequel indiquera le jour du jugement, et commettra l'un des juges ; sur son rapport et les conclusions du ministère public, il sera rendu à l'audience jugement, sans qu'il soit nécessaire d'appeler les parties.

Art. 395. Dans les vingt-quatre heures de l'expédition du jugement, le greffier du tribunal d'appel renverra les pièces à lui adressées au greffier du tribunal de première instance.

Art. 396. L'appelant sera tenu, dans le mois du jour du jugement de première instance qui aura rejeté la récusation, de signifier aux parties le jugement sur l'appel, ou certificat du greffier du tribunal d'appel, contenant que l'appel n'est pas jugé, et indication du jour déterminé pour le jugement ; sinon le jugement qui aura rejeté la récusation sera exécuté par provision ; et ce qui aura été fait en conséquence sera valable, encore que la récusation fût admise sur l'appel.

TITRE XXII.

De la Péremption.

Art. 397. Toute instance, encore qu'il n'y ait pas eu constitution d'avoué, sera éteinte par discontinuation de poursuites pendant trois ans.

Ce délai sera augmenté de six mois, dans

tous les cas où il y aura lieu à demande en reprise d'instance. ou constitution de nouvel avoué.

DIVISION.

§ 1. — *Caractères de la péremption* (nᵒ 4383).

§ 2. — *Instances susceptibles de péremption* (nᵒ 4384).

§ 3. — *Qui peut demander la péremption* (nᵒ 4390).

§ 4. — *Délai de la péremption* (nᵒ 4392).

§ 5. — *Prescription de l'instance* (nᵒ 4401).

§ 1ᵉʳ — Caractères de la péremption (C. proc civ. nᵒˢ 1 à 21).

4383. V. *Code de procédure civile*, nᵒˢ 1 et s.

§ 2. — Instances susceptibles de péremption (C. proc. civ. nᵒˢ 22 à 78).

4384. — I. QUELLES INSTANCES PEUVENT SE PÉRIMER (C. proc. civ. nᵒˢ 22 à 30). — Les demandes en divorce et en séparation de corps devant être instruites et jugées d'après les règles de la procédure ordinaire (C. civ. art. 239 et 307) sont soumises à la péremption d'instance. — J.G.S. *Divorce et séparation de corps,* 391. — V. *Code de procédure civile,* nᵒ 24.

4385. Mais la péremption fait seulement tomber la procédure sans éteindre l'action ; le demandeur auquel on l'oppose conserve la faculté de former une nouvelle demande. — J.G.S. *Divorce et séparation de corps,* 391.

4386. — II. DEVANT QUELLES JURIDICTIONS IL Y A LIEU A PÉREMPTION (C. proc. civ. nᵒˢ 31 à 43). — Sur la péremption d'instance : ... devant les justices de paix, V. *suprà,* art. 15, nᵒˢ 330 et s.

4387. — Devant la cour de cassation, V. *infra, Appendice,* liv. 4, tit. III.

4388. La péremption d'instance peut être prononcée contre la partie qui, après avoir obtenu l'arrêt de cassation, a laissé passer plus de trois ans sans faire aucun acte de procédure. — Req. 28 juin 1875, D.P. 76. 1. 30. — Bordeaux, 7 août 1877, D.P. 78. 2. 8. — V. *Code de procédure civile,* nᵒ 39.

4389. — III. ACTES ATTEINTS PAR LA PÉREMPTION (C. proc. civ. nᵒˢ 44 à 78). — Sur la péremption des jugements par défaut, V. *suprà,* art. 156, nᵒˢ 2888 et s.

§ 3. — Qui peut demander la péremption (C. proc. civ. nᵒˢ 79 à 116).

4390. — I. CONDITIONS GÉNÉRALES REQUISES CHEZ CELUI QUI DEMANDE LA PÉREMPTION (C. proc. civ. nᵒˢ 79 à 95).

4391. — II. CONDITIONS REQUISES CHEZ LES PARTIES EN INSTANCE (C. proc. civ. nᵒˢ 96 à 116).

§ 4. — Délai de la péremption (C. proc. civ. nᵒˢ 117 à 164).

4392. — I. DURÉE DU DÉLAI (C. proc. civ. nᵒˢ 117 à 122). — La péremption d'une instance au cours de laquelle une des parties est décédée ne peut s'accomplir que par trois ans et six mois, alors même que ce décès serait antérieur au dernier acte de la procédure. — (Sol. implic.) Civ. c. 21 mai 1879, D.P. 80. 1. 57. — V. toutefois Observ. sous cet arrêt, D.P. 80. 1. 57, note 8.

4393. — II. POINT DE DÉPART DU DÉLAI (C. proc. civ. nᵒˢ 123 à 432).

4394. — III. AUGMENTATION DU DÉLAI DANS LE CAS OÙ IL Y A LIEU A REPRISE D'INSTANCE (C. proc. civ. nᵒˢ 133 à 148). — La disposition de l'art. 397, 2ᵉ al., C. proc. civ., aux termes duquel le délai de la péremption est augmenté de six mois, lorsqu'il y a lieu à constitution de nouvel avoué, ne s'applique pas au cas où la connaissance du litige est dé-

férée, après cassation, à une cour de renvoi. — Bordeaux, 7 août 1877. D.P. 78. 2. 8.

4395. Il ne peut y avoir lieu à une constitution de nouvel avoué ayant pour effet de proroger le délai de la péremption d'instance, que lorsque la partie se trouve obligée, par suite d'un événement indépendant de sa volonté, de remplacer, devant le tribunal actuellement saisi, l'avoué qu'elle avait choisi et qui occupait déjà pour elle dans l'instance devant le même tribunal. — Req. 13 mai 1878, D.P. 79. 1. 64. — Req. 3 janv. 1887, D.P. 87. 1. 5.

4396. En conséquence, on ne peut considérer comme une constitution de nouvel avoué la constitution d'avoué faite devant une cour à laquelle une affaire a été renvoyée après un arrêt de cassation. — Mêmes arrêts. — Arrêt préc. 7 août 1877. — *Contrà :* Orléans, 7 déc. 1883, D.P. 87. 1. 5, note 1.

4397. La démission ou le remplacement du syndic, représentant dans une poursuite la masse des créanciers d'une faillite, n'est pas une cause d'interruption nécessitant une reprise d'instance, et n'a point, dès lors, pour effet d'augmenter, au profit de l'autre partie, le délai de la péremption. — Arrêt préc. 7 août 1877.

4398. La prorogation du délai de la péremption d'instance, résultant du décès d'une des parties (de l'un des demandeurs, dans l'espèce), a lieu de plein droit, et sans qu'il soit besoin d'une notification faite par les héritiers à la partie adverse. — Civ. c. 21 mai 1879, D.P. 80. 1. 57. — V. *Code de procédure civile,* nᵒ 141.

4399. — IV. POINT DE DÉPART DU DÉLAI DE SIX MOIS (C. proc. civ. nᵒˢ 149 à 163).

4400. — V. AUGMENTATION DU DÉLAI A RAISON DES DISTANCES (C. proc. civ. nᵒ 164).

§ 5. — Prescription de l'instance (C. proc. civ. nᵒˢ 165 à 169).

4401. Lorsqu'une instance a été suspendue pendant plus de trente ans, l'action et l'instance elle-même se trouvent éteintes en même temps par la prescription ; en ce cas, la reprise d'instance faite postérieurement est sans effet et doit être rejetée comme non recevable. — Limoges, 8 mars 1886, D.P. 88. 2. 313. — V. *Code de procédure civile,* nᵒˢ 166 et 167.

Art. 398. La péremption courra contre l'État, les établissements publics, et toutes personnes, même mineures, sauf leur recours contre les administrateurs et tuteurs.

4402. — I. CONTRE QUI LA PÉREMPTION PEUT ÊTRE DEMANDÉE (C. proc. civ. nᵒˢ 1 à 7).

4403. — II. ÉTAT, COMMUNES, ÉTABLISSEMENTS PUBLICS (C. proc. civ. nᵒˢ 8 à 15).

4404. — III. MINEURS (C. proc. civ. nᵒˢ 16 à 19).

4405. — IV. INTERDITS, PRODIGUES, ALIÉNÉS (C. proc. civ. nᵒˢ 20 et 21).

4406. — V. MILITAIRES (C. proc. civ. nᵒ 22).

4407. — VI. ÉTRANGER (C. proc. civ. nᵒ 23).

4408. — VII. ÉPOUX (C. proc. civ. nᵒ 24).

4409. — VIII. SUCCESSION (C. proc. civ. nᵒˢ 25 à 32).

4410. — IX. CHANGEMENT D'ÉTAT (C. proc. civ. nᵒ 33).

Art. 399. La péremption n'aura pas lieu de droit ; elle se couvrira par les actes valables faits par l'une ou l'autre des parties avant la demande en péremption.

DIVISION.

SECT. 1. — NÉCESSITÉ DE DEMANDER LA PÉREMPTION (nᵒ 4411).

SECT. 2. — ACTES METTANT OBSTACLE A LA PÉREMPTION (nᵒ 4414).

§ 1. — *Actes arrêtant complètement le cours de la péremption* (nᵒ 4414).

§ 2. — *Actes qui interrompent ou couvrent la péremption* (nᵒ 4421).

§ 3. — *Actes suspensifs de la péremption* (nᵒ 4440).

SECT. 1ʳᵉ. — NÉCESSITÉ DE DEMANDER LA PÉREMPTION.

4411. La péremption d'instance n'a pas d'effet tant qu'elle n'a pas été prononcée judiciairement. — (Sol. implic.) Paris, 8 mars 1877, D.P. 78. 2. 119.

4412. Toutefois, cette décision ne doit pas être prise à la lettre : car, si la péremption ne produit pas son effet de plein droit, elle produit son effet du jour de la demande et avant le jugement qui déclare l'instance périmée, à partir de ce moment, elle ne peut plus être couverte. — D.P. 78. 2. 119, note 3.

4413. La péremption d'instance n'ayant pas lieu de plein droit. le retrait d'une créance litigieuse peut être exercé valablement au cours d'une instance interrompue depuis plus de trois ans, mais dont la péremption n'a pas encore été déclarée. — Paris, 26 juill. 1877, D.P. 78. 2. 207-208.

SECT. 2. — ACTES METTANT OBSTACLE A LA PÉREMPTION (C. proc. civ. nᵒˢ 10 à 281).

§ 1ᵉʳ. — Actes arrêtant complètement le cours de la péremption (C. proc. civ. nᵒˢ 14 à 68).

4414. — I. MISE AU RÔLE (C. proc. civ. nᵒˢ 14 à 17).

4415. — II. CAUSE EN ÉTAT (C. proc. civ. nᵒˢ 18 à 22).

4416. — III. JUGEMENTS (C. proc. civ. nᵒˢ 23 à 68). — 1ᵒ Jugements d'avant dire droit (C. proc. civ. nᵒˢ 23 à 32).

4417. — 2ᵒ Jugements définitifs (C. proc. civ. nᵒˢ 33 à 40).

4418. — 3ᵒ Jugement interlocutoire contenant des dispositions définitives (C. proc. civ. nᵒˢ 41 à 57). — Le jugement qui contient une disposition interlocutoire et, en outre, un chef définitif auquel cette disposition se rattache d'une manière indivisible, ne peut être atteint par la péremption d'instance, même quant au chef interlocutoire. — Req. 20 nov. 1878, D.P. 79. 1. 283. — V. *Code de procédure civile,* nᵒ 48.

4419. Il en est ainsi, notamment, de la disposition par laquelle le juge, après avoir reconnu en principe que des dommages-intérêts sont dus par l'une des parties en cause, a prescrit une mesure destinée à rendre possible la fixation du montant de ces dommages-intérêts. — Même arrêt.

4420. — 4ᵒ Jugements par défaut (C. proc. civ. nᵒˢ 58 à 68).

§ 2. — Actes qui interrompent ou couvrent la péremption (C. proc. civ. nᵒˢ 69 à 211).

4421. — I. PAR QUI LA PÉREMPTION PEUT ÊTRE INTERROMPUE OU COUVERTE (C. proc. civ. nᵒˢ 69 à 73).

4422. — II. CONDITIONS REQUISES POUR QU'UN ACTE INTERROMPE OU COUVRE LA PÉREMPTION (C. proc. civ. nᵒˢ 74 à 89). — L'introduction, par la partie contre laquelle la péremption est demandée, d'une instance portée par elle devant une autre juridiction, a pour effet de couvrir la péremption, lorsque cette seconde instance se rattache à la première par un lien de dépendance directe et nécessaire. — Civ. c. 13 juin 1887, D.P. 89. 1. 69.

4423. Spécialement, lorsqu'après avoir assigné devant le tribunal civil des tiers saisis en nullité de leurs déclarations affirmatives, le créancier saisissant introduit devant le tribunal de commerce une instance tendant à faire déclarer la faillite du débiteur saisi et à faire annuler, par voie de conséquence, la constitution de rente qui servait de base à ces déclarations, l'identité du but poursuivi dans les deux instances et l'influence que le résultat de l'instance commerciale peut exercer sur le jugement à rendre par le tribunal civil, constituent un lien de dépendance manifeste qui doit protéger la première demande contre la péremption. — Même arrêt.

4424. — III. Actes de la procédure qui ont pour effet d'interrompre ou de couvrir la péremption (C. proc. civ. nos 90 à 200). — 1° *Mise au rôle* (C. proc. civ. nos 97 à 104).

4425. — 2° *Appels et remises de causes* (C. proc. civ. nos 105 à 114). — Les remises de causes prononcées d'office par le président du tribunal civil et portées à la connaissance des avoués par les bulletins du greffe sont de simples mesures d'ordre, qui ne peuvent avoir pour effet d'interrompre la péremption de l'instance. — Paris, 27 mars 1885, D.P. 89 1. 69.

4426. — 3° *Conclusions et requêtes* (C. proc. civ. nos 115 à 121).

4427. — 4° *Actes tendant à la poursuite de l'instance* (C. proc. civ. nos 122 à 136).

4428. — 5° *Changement d'état; Décès* (C. proc. civ. nos 164).

4429. — 6° *Reprise d'instance* (C. proc. civ. nos 146 à 150).

4430. — 7° *Faits interruptifs de la péremption* (C. proc. civ. nos 151 à 156). — La péremption n'est point interrompue par les actes de protestation n'ayant pour but que le maintien des prétentions de l'une des parties, ou par des faits matériels de l'autre, pouvant témoigner de prétentions contraires, lorsqu'il n'y a aucun rapport juridique à établir entre ces actes et la procédure. — Req. 3 janv. 1887, D.P. 87. 1. 5.

4431. Il ne serait pas exact, toutefois, de restreindre les actes directs de poursuites tendant à l'instruction et au jugement de l'affaire les actes interruptifs de la péremption. — Observ. sous l'arrêt préc. 3 janv. 1887, D.P. 87. 1. 5, note 1.

4432. La péremption n'ayant d'autre base que la présomption de l'abandon d'un droit que la loi fait résulter d'un silence prolongé pendant plus de trois ans, il s'ensuit que si les faits de la cause sont exclusifs de cette présomption, la péremption ne peut avoir lieu. — Mêmes observations.

4433. — 8° *Jugements* (C. proc. civ. nos 157 à 164). — La signification d'un jugement par défaut faute de comparaître faite après le délai de six mois, étant nulle de plein droit, n'a pas pour résultat d'empêcher la péremption de l'instance. — Paris, 26 juill. 1877, D.P. 78. 2. 207-208. — V. *Code de procédure civile*, n° 164.

4434. — 9° *Demande de péremption* (C. proc. civ. nos 165 à 169).

4435. — 10° *Actes de procédure postérieurs à la demande de péremption* (C. proc. civ. nos 170 à 181).

4436. — 11° *Désistement* (C. proc. civ. n° 182).

4437. — 12° *Actes étrangers à l'instance* (C. proc. civ. nos 183 à 196).

4438. — 13° *Renonciation à la péremption* (C. proc. civ. nos 197 à 200).

4439. — IV. Concours d'une demande de péremption et d'un acte interruptif (C. proc. civ. nos 201 à 211).

§ 3. — *Actes suspensifs de la péremption* (C. proc. civ. nos 212 à 281).

4440. — I. Sursis (C. proc. civ. nos 212 à 215).

4441. — II. Incident (C. proc. civ. nos 216 à 222). — La péremption d'instance ne peut être utilement invoquée, lorsque les parties ont accepté la suspension des poursuites qui leur était d'ailleurs imposée par les incidents de la procédure à suivre. — Req. 1er févr. 1882, D.P. 83. 1. 197. — V. *Code de procédure civile*, n° 216.

4442. — III. Expertise (C. proc. civ. nos 223 et 224).

4443. — IV. Convention (C. proc. civ. nos 225 à 227).

4444. — V. Compromis (C. proc. civ. nos 228 à 234).

4445. — VI. Transaction (C. proc. civ. nos 235 à 241).

4446. — VII. Propositions d'arrangement (C. proc. civ. nos 242 à 259).

4447. — VIII. Radiation de la cause du rôle (C. proc. civ. nos 260 à 268).

4448. — IX. Fraude (C. proc. civ. nos 269 et 270).

4449. — X. Force majeure (C. proc. civ. nos 271 à 281). — Le délai légal des prescriptions et péremptions en matière civile qui font l'objet des décrets des 9 sept. et 3 oct. 1870 (D.P. 70. 4. 87 et 93), ainsi que de la loi du 26 mai 1871 (D.P. 71. 4. 144) n'est plus augmenté du temps de suspension prévu par lesdits décrets. — L. 26 déc. 1879, D.P. 80. 4. 72. — V. *Code de procédure civile*, n° 278 ; et *Supplément au Code civil annoté*, nos 17666 et s.

4450. Sur la controverse relative à la question de savoir si la suspension résultant du décret du 9 sept. 1870 (D.P. 70. 4. 87) doit s'appliquer indistinctement à toutes les péremptions en cours au jour de la déclaration de guerre, V. *Code de procédure civile*, nos 279 et s. ; et *Supplément au Code civil annoté*, nos 17667 et s.

Art. 400. Elle sera demandée par requête, d'avoué à avoué, à moins que l'avoué ne soit décédé ou interdit, ou suspendu depuis le moment où elle a été acquise.

4451. — I. Forme de la demande en péremption (C. proc. civ. nos 1 à 38).

4452. — II. Formes de la demande en péremption en cas de décès ou de démission de l'avoué (C. proc. civ. nos 39 à 49).

4453. — III. Formes de la demande en péremption dans le cas de décès de l'une des parties (C. proc. civ. nos 50 à 67).

4454. — IV. Compétence (C. proc. civ. nos 68 à 71).

Art. 401. La péremption n'éteint pas l'action; elle emporte seulement extinction de la procédure, sans qu'on puisse, dans aucun cas, opposer aucun des actes de la procédure éteinte, ni s'en prévaloir.

En cas de péremption, le demandeur principal est condamné à tous les frais de la procédure périmée.

4455. — I. Effets de la péremption (C. proc. civ. nos 1 à 31). — L'arrêt rendu au pétitoire ne fait état d'une enquête intervenue au possessoire et périmée, bien qu'il s'appuie sur le dire de certains témoins, si ces témoins ont été également entendus, dans l'instance pétitoire, par des experts investis du mandat de recueillir tous renseignements oraux, utiles à la manifestation de la vérité. — Req. 4 mars 1885, D.P. 86. 1. 34.

4456. Sur les effets de la péremption : ... relativement à l'interruption de prescription, V. *Supplément au Code civil annoté*, art. 2247, nos 17644 et s.

4457. ... En cause d'appel, V. *infrà*, art. 469.

4458. — II. Indivisibilité de la péremption (C. proc. civ. nos 32 à 93). — 1° Solidarité (C. proc. civ. nos 32 à 33).

4459. — 2° *Indivisibilité conventionnelle* (C. proc. civ. n° 34).

4460. — 3° *Jonction d'instances* (C. proc. civ. nos 35 à 41).

4461. — 4° *Indivisibilité de la péremption dans le cas où il n'y a ni solidarité, ni indivisibilité dans l'objet de l'instance* (C. proc. civ. nos 42 à 93). — A. *Indivisibilité à l'égard des défendeurs* (C. proc. civ. nos 56 à 68). — L'instance étant indivisible, il suffit à l'un des défendeurs d'opposer la péremption pour que le bénéfice en soit aussi acquis à tous les autres défendeurs. — Liège, 7 mai 1885, D.P. 86. 2. 105. et note de M. Glasson sous cet arrêt. — V. *Code de procédure civile*, n° 56.

4462. — B. *Indivisibilité à l'égard des demandeurs* (C. proc. civ. nos 69 à 88). — L'instance est indivisible au point de vue de la péremption ; dès lors, tout acte qui proroge ou interrompt celle-ci pour un ou plusieurs des demandeurs, profite nécessairement à tous les autres. — Civ. 21 mai 1879, D.P. 80. 1. 57. — V. *Code de procédure civile*, n° 71.

4463. Spécialement, tous les demandeurs peuvent exciper de la prorogation de délai à laquelle donne lieu le décès de l'un d'eux. — Même arrêt.

4464. De même, l'effet interruptif résultant d'un acte de procédure (dans l'espèce, du dépôt d'un rapport d'expert) peut être invoqué même par ceux des demandeurs qui n'auraient pas été parties au jugement en exécution duquel cet acte a été fait. — Même arrêt.

4465. Décidé dans le même sens que l'acte par lequel l'une des parties condamnées solidairement en première instance a interrompu la péremption de l'appel peut être invoqué par les autres appelants. — Paris, 28 déc. 1874, D.P. 77. 2. 71. — V. *Code de procédure civile*, n° 74.

4466. Il en est ainsi dans le cas même où les appels auraient été formés par des actes séparés, pourvu qu'ils aient eu pour effet de saisir la cour d'une seule et même instance. — Même arrêt.

4467. La demande en péremption étant indivisible doit, à peine de nullité, être dirigée contre toutes les parties en cause. — Limoges, 15 mars 1878, D.P. 82. 1. 195-196. — Comp. *Code de procédure civile*, n° 74.

4468. Mais il appartient aux défendeurs à la demande en péremption, qui invoquent une pareille cause de nullité, d'établir, par la production d'un exploit introductif d'instance, que cette demande n'a pas été formée contre tous ceux qui, à l'origine, ont figuré dans le procès. — Civ. 3 août 1881, D.P. 82. 1. 195-196.

4469. Et il ne saurait être suppléé à cette production par de simples présomptions, notamment par celles que peuvent fournir les énonciations d'un projet ayant servi à la rédaction de l'exploit, sauf le cas où ledit exploit aurait été perdu par suite d'un événement de force majeure. — Même arrêt.

4470. — C. *Effets de l'indivisibilité à l'égard des actes de la procédure* (C. proc. civ. nos 89 à 93). — Lorsqu'un garant, appelé en garantie, a lui-même assigné un sous-garant, celui-ci peut demander la péremption d'instance en ce qui le concerne, s'il n'a été fait à son égard aucun acte de procédure pendant trois ans. — Civ. 26 nov. 1888, D.P. 89. 1. 263. — Comp. *Code de procédure civile*, n° 46.

4471. La péremption, étant indivisible, a pour effet l'extinction de la procédure et l'impossibilité de faire usage des actes qui la constituent. — Req. 28 juin 1875, D.P. 76. 1. 30. — Contrairement à cette doctrine adoptée par la jurisprudence, V. Dissertation de M. Glasson, D.P. 86. 2. 105, note 1. — V. *Code de procédure civile*, n° 90.

4472. — III. Frais (C. proc. civ. nos 94 à 98).

TITRE XXIII.

Du Désistement.

Art. 402. Le désistement peut être fait et accepté par de simples actes signés des parties ou de leurs mandataires, et signifiés d'avoué à avoué.

DIVISION.

1. — *Caractères du désistement* (n° 4473).
§ 2. — *Matières susceptibles de désistement* (n° 4474).
§ 3. — *Personnes qui peuvent se désister* (n° 4480).
§ 4. — *Conditions et réserves du désistement* (n° 4492).
§ 5. — *Formes du désistement* (n° 4493).
§ 6. — *Acceptation du désistement* (n° 4506).
§ 7. — *Révocation du désistement* (n° 4517).
§ 8. — *Cas où le désistement est admissible et où il peut être refusé* (n° 4519).

§ 1er. — *Caractères du désistement* (C. proc. civ. n°s 1 à 15).

4473. V. *Code de procédure civile*, n°s 1 et s.

§ 2. — *Matières susceptibles de désistement* (C. proc. civ. n°s 16 à 26).

4474. Les instances en dation de conseil judiciaire intéressent l'ordre public, il est interdit aux parties de se désister ou de l'instance introduite ou de l'appel interjeté du jugement rendu, même incidemment. — Paris, 19 juin 1884, J.G.S. *Désistement*, 6. — V. *Code de procédure civile*, n° 19.

4475. La transaction par laquelle une partie se désiste de la demande en interdiction introduite par elle contre un de ses parents doit être annulée. — Req. 13 nov. 1883, D.P. 84. 1. 103.

4476. V. le désistement d'un contredit en matière d'ordre entre créanciers, V. *infrà*, art. 756.

4477. Sur le désistement :... en matière de divorce, V. *Supplément au Code civil annoté*, art. 244, n°s 2215 et s.

4478. ... En matière administrative, V. *Code des lois adm. annotées*, t. 1er, IV, v° *Conseil d'État*, n°s 1803 et s. ; V, v° *Département*, n°s 1089 et s. ; VIII, v° *Commune*, n°s 8088 et s.

4479. ... En matière criminelle, V. *Code d'instruction criminelle annoté*, art. 66 et 67.

§ 3. — *Personnes qui peuvent se désister* (C. proc. civ. n°s 27 à 62).

4480. — I. INCAPABLES (C. proc. civ. n°s 29 à 38). — 1° *Mineur* (C. proc. civ. n°s 29 et 30). — Le tuteur ne peut faire un désistement de nature à compromettre l'exercice ultérieur de l'action appartenant au mineur. — J.G.S. *Désistement*, 9.

4481. — 2° *Prodigue* (C. proc. civ. n°s 31 et 32). — Le prodigue ne pouvant ester en justice ne peut, par cela même, faire aucun acte concernant un procès intenté sans l'assistance de son conseil, ni, par conséquent, se désister seul d'une instance engagée. — J.G.S. *Interdiction-conseil judiciaire*, 235.

4482. — 3° *Interdit*. — D'après un arrêt, l'interdit peut se désister d'une opposition qu'il a formée au jugement d'interdiction rendu par défaut contre lui. — Req. 12 janv. 1875, D.P. 76. 1. 217.

4483. Malgré ce désistement l'interdit peut toujours renouveler son opposition

tant que le délai imparti par la loi à cet effet n'est pas expiré ; et le désistement intervenu seulement après l'expiration du délai ne dispense pas le tribunal de statuer sur l'opposition. — J.G.S. *Interdiction-conseil judiciaire*, 112.

4484. — 4° *Femme mariée* (C. proc. civ. n°s 33 à 35).

4485. — 5° *Faillite* (C. proc. civ. n°s 36 à 38). — Si le syndic d'une faillite est maître de renoncer à une instance, il ne peut se désister d'un appel sans remplir les formalités des art. 487 et 535 C. com., et, en cas d'inaccomplissement de ces formalités, le failli a le droit de poursuivre en son nom personnel l'instance engagée. — Civ. c. 23 févr. 1885, D.P. 85. 1. 284. — V. *Code de procédure civile*, n° 37.

4486. Cette théorie n'est point directement contredite par un arrêt qui a jugé que le syndic d'une faillite a le droit de déclarer qu'il n'entend pas suivre sur un appel interjeté par le failli avant le jugement déclaratif de faillite, car il ne pouvait être question dans cette espèce de désistement assimilable à une transaction, le syndic n'étant point, à proprement parler, en cause. — Paris, 29 juin 1879, J.G.S. *Désistement*, 11.

4487. — II. DOMAINE DE L'ÉTAT (C. proc. civ. n°s 39 et 40).

4488. — III. COMMUNE (C. proc. civ. n°s 41 à 45). — V. *suprà*, n° 4478.

4489. — IV. BUREAUX DE BIENFAISANCE (C. proc. civ. n° 46).

4490. — V. MANDATAIRES (C. proc. civ. n°s 47 à 53).

4491. — VI. COÏNTÉRESSÉS (C. proc. civ. n°s 54 à 62).

§ 4. — *Conditions et réserves du désistement* (C. proc. civ. n°s 63 à 83).

4492. V. *Code de procédure civile*, n°s 63 et s.

§ 5. — *Formes du désistement* (C. proc. civ. n°s 84 à 167).

4493. — I. DÉSISTEMENT EXPRÈS (C. proc. civ. n°s 84 à 139). — 1° *Acte judiciaire ou extrajudiciaire* (C. proc. civ. n°s 85 à 104). — Le désistement n'est assujetti à aucune forme sacramentelle ; pourvu qu'il soit précis et formel, et qu'il soit accepté de l'autre plaideur, les formes en sont laissées au choix des parties. — Lyon, 7 août 1873, J.G.S. *Désistement*, 24. — Bastia, 17 janv. 1876, D.P. 78. 5. 490. — V. *Code de procédure civile*, n° 85.

4494. Ainsi le désistement peut avoir lieu par un simple acte extrajudiciaire signifié par exploit d'huissier. — Paris, 11 juin 1885, J.G.S. *Désistement*, 36.

4495. Il peut résulter aussi d'une simple lettre missive signifiée à l'adversaire. — Arrêt préc. 7 août 1873. — V. *Code de procédure civile*, n°s 85 et 87.

4496. Mais la simple radiation d'une cause du rôle de l'audience ne peut équivaloir à un désistement, surtout quand elle a été prononcée sans le consentement du demandeur qui a eu soin, au moment, de réserver ses droits pour suivre l'audience ultérieurement. — Paris, 19 juin 1884, J.G.S. *Désistement*, 36.

4497. — 2° *Signature de la partie* (C. proc. civ. n°s 105 à 126). — Le désistement donné, soit par un acte d'avoué à avoué, soit par un acte sous seing privé signé de la partie et dont copie est signifiée par son avoué, est nul si la signature de la partie n'a pas été apposée sur la copie signifiée à la partie adverse dont elle constitue le seul titre. — Civ. r. 7 avril 1877, D.P. 78. 1. 55. — V. *Code de procédure civile*, n° 107.

4498. Jugé également que le désistement doit être signé de la partie à peine de nullité, aussi bien quand il est signifié à partie

que lorsqu'il est signifié par acte d'avoué à avoué. — Caen, 3 mai 1864, J.G.S. *Exploit*, 28.

4499. La règle d'après laquelle le désistement doit, à peine de nullité, être signé par la partie qui se désiste, ne reçoit qu'une exception ; c'est le cas où l'avoué se désiste d'un acte entaché de nullité. — C. de la Martinique, 29 févr. 1884, J.G.S. *Désistement*, 37. — V. *Code de procédure civile*, n° 114.

4500. La règle qui exige que le désistement soit revêtu de la signature de la partie est applicable au cas où le désistement se produit par exploit d'huissier. — Agen, 25 juill. 1866, J.G.S. *Désistement*, 38. — V. *Code de procédure civile*, n° 124.

4501. Il en est ainsi, même en matière commerciale. — Toulouse, 28 mars 1884, J.G.S. *Désistement*, 38.

4502. Il a été jugé en sens contraire, en Belgique, que le désistement signifié par exploit d'huissier est valable, quoique non signé. Il en est surtout ainsi lorsque le désistant l'a confirmé par une signification ultérieure. — Trib. Charleroi, 13 avr. 1878, J.G.S. *Désistement*, 38.

4503. — 3° *Justification du pouvoir du mandataire* (C. proc. civ. n°s 127 à 139).

4504. — II. DÉSISTEMENT TACITE (C. proc. civ. n°s 140 à 167). — Le désistement d'un acte d'appel est implicitement formulé par la notification d'un second appel, se substituant au premier dans le même litige et entre les mêmes parties. — Besançon, 2 mars 1876, D.P. 78. 5. 490.

4505. Le fait de la part d'un créancier hypothécaire d'avoir répondu par acte d'avoué à la sommation de payer ou de délaisser, adressée à l'acquéreur de l'immeuble grevé d'hypothèque, en dépit des formalités de purge déjà remplies par ce tiers acquéreur, et la circonstance d'avoir fait ensuite requérir par son avoué l'ouverture d'un ordre amiable entre les créanciers inscrits, peuvent être considérés comme emportant de son action ou payement ou en délaissement, surtout si, de son côté, l'acquéreur a renoncé à l'opposition qu'il avait faite à la susdite sommation. — Pau, 25 mai 1887, D.P. 89. 2. 22.

§ 6. — *Acceptation du désistement* (C. proc. civ. n°s 168 à 234).

4506. — I. CAS DANS LESQUELS L'ACCEPTATION EST NÉCESSAIRE (C. proc. civ. n°s 168 à 194). — Le désistement d'une demande en justice intervenu après que l'instance est liée entre les parties, n'est valable qu'à la condition d'être accepté par l'adversaire. — Pau, 17 juin 1885, D.P. 86. 2. 253-254. — V. *Code de procédure civile*, n° 171.

4507. De même, la renonciation par une partie au bénéfice du jugement qu'elle a obtenu ne peut produire aucun effet, lorsqu'elle n'a pas été acceptée par la partie adverse. — Civ. c. 11 mars 1885, D.P. 85. 1. 240.

4508. L'offre faite par un syndic d'admettre l'intimé comme créancier chirographaire au passif de la faillite peut être considérée comme un désistement, dont les effets sont subordonnés à l'acceptation de ce créancier. — Paris, 18 mars 1875, D.P. 78. 2. 49.

4509. La validité du désistement d'une demande en justice n'est pas subordonnée au consentement du défendeur tant que celui-ci n'a pas accepté le débat sur le terrain où il a été engagé par l'adversaire, soit par la signification de défenses au fond, soit par l'introduction d'une demande reconventionnelle. — Trib. civ. de la Seine, 16 déc. 1886, D.P. 91. 3. 8.

4510. Ainsi le désistement pur et simple d'une demande en séparation de corps, signifié à l'époux défendeur après que celui-ci a constitué avoué, mais avant qu'il n'ait conclu au fond, n'a pas besoin d'être accepté par le défendeur. — Même jugement.

4511. — II. Par qui peut être accepté le désistement (C. proc. civ. nᵒˢ 195 à 202).
4512. — III. Acceptation conditionnelle (C. proc. civ. nᵒˢ 203 et 204).
4513. — IV. Mode d'acceptation du désistement (C. proc. civ. nᵒˢ 205 à 216).
4514. — V. Donné acte de l'acceptation (C. proc. civ. nᵒˢ 217 à 234). — Le défendeur a le droit, du moment qu'il y a intérêt, d'exiger qu'il lui soit donné acte en justice du désistement du demandeur, et de continuer l'instance tant qu'il n'a pas été fait droit à cette réclamation. — Paris, 18 mars 1875, D.P. 78. 2. 40. — V. *Code de procédure civile,* nᵒ 218.
4515. Spécialement, le créancier d'une faillite intimé sur l'appel du jugement de première instance, qui a reconnu l'existence de sa créance, a le droit de n'accepter que par voie de décision judiciaire lui donnant acte du désistement de l'instance d'appel qui lui est notifié par le syndic. — Même arrêt.
4516. Il y a, de même, lieu à donner acte du désistement toutes les fois que la partie à qui il est offert a quelques motifs de suspecter la sincérité de la signature apposée sur le désistement, ou a intérêt à en obtenir une preuve authentique. — Caen, 30 nov. 1867, J.G.S. *Désistement,* 42.

§ 7. — *Révocation du désistement* (C. proc. civ. nᵒˢ 235 à 241).

4517. L'offre de désistement peut être, comme toute pollicitation, retirée tant qu'elle n'a pas été acceptée, et l'acceptation ne pourrait suppléer au droit de n'accepter que sa créance, à le droit de n'accepter par un donné acte de l'offre. — Douai, 16 janv. 1884, J.G.S. *Désistement,* 30. — V. *Code de procédure civile,* nᵒ 236.
4518. Mais on ne saurait exiger que l'acceptation du désistement ait été notifiée au désistant ; il suffit que celui-ci en ait été informé, et il en serait ainsi, notamment, dans le cas où la partie adverse aurait déclaré son acceptation sur l'acte même portant notification du désistement. — J.G.S. *Désistement,* 31.

§ 8. — *Cas où le désistement est admissible et où il peut être refusé* (C. proc. civ. nᵒˢ 242 à 287).

4519. — I. Désistement d'instance (C. proc. civ. nᵒ 247 à 271). — 1ᵒ *Instance contradictoire* (C. proc. civ. nᵒˢ 247 à 266). — Tant que l'instance n'est pas liée, le demandeur a le droit absolu de l'éteindre par un désistement. — J.G.S. *Désistement,* 21.
4520. Devant les tribunaux de commerce, l'instance est liée par la comparution des parties en personne ou par leur mandataire. — Trib. com. Nantes, 20 mai 1885, J.G.S. *Désistement,* 22.
4521. Lorsque le défendeur a formé une demande reconventionnelle, l'instance est liée et, par suite, le désistement n'est valable qu'à la condition d'être accepté par l'adversaire. — J.G.S. *Désistement,* 24. — V. *Code de procédure civile,* nᵒ 236.
4522. décidé en ce sens: 1ᵒ que, dans l'hypothèse où un tribunal de commerce, saisi, par le renvoi d'un juge-commissaire, d'une contestation sur l'admission d'une créance au passif d'une faillite, est saisi par là même de la demande reconventionnelle formée par le syndic contre le créancier produisant contesté, le désistement du créancier produisant n'est valable qu'à la condition d'être accepté par le syndic. — Pau, 17 juin 1885, D.P. 86. 2. 253.
4523. ... 2ᵒ Que le défendeur est en droit de refuser d'accepter un désistement, s'il a formé une demande reconventionnelle que ce désistement ne lui permettrait plus de débattre dans l'état où s'est produite et où l'a placée la procédure. — Lyon, 7 août 1873, J.G.S. *Désistement,* 24. — Orléans, 8 juill. 1875, ibid.

4524. Mais il est bien évident qu'il n'y aurait pas de droit acquis, si le défendeur avait simplement formé une demande reconventionnelle indépendante par sa nature de la demande principale. — Trib. Anvers, 21 sept. 1871, J.G.S. *Désistement,* 24.
4525. Alors même que l'instance est liée, le tribunal peut valider le désistement si le refus du défendeur n'est fondé sur aucune raison légitime; le demandeur n'est pas recevable à exciper, en pareil cas, d'un vice de procédure, si l'irrégularité a été ultérieurement rectifiée et si toutes les parties ont conclu au fond, sans que le défendeur opposât aucune fin de non-recevoir tirée de l'irrégularité primitive. — Req. 19 mai 1879, J.G.S. *Désistement,* 25. — V. *Code de procédure civile,* nᵒ 263.
4526. — 2ᵒ *Défendeur défaillant* (C. proc. civ. nᵒˢ 267 à 271).
4527. — II. Désistement d'action (C. proc. civ. nᵒˢ 272 à 287). — Le désistement du bénéfice d'un jugement frappé d'appel, donné par l'une des parties, mais non accepté par son adversaire, ne peut mettre fin à l'instance d'appel ni permettre de produire à nouveau la demande devant le juge du premier degré. — Civ. r. 2 févr. 1882, D.P. 83. 1. 149-150.

Art. 403. Le désistement, lorsqu'il aura été accepté, emportera de plein droit consentement que les choses soient remises de part et d'autre au même état qu'elles étaient avant la demande.
Il emportera également soumission de payer les frais, au payement desquels la partie qui se sera désistée sera contrainte, sur simple ordonnance du président mise au bas de la taxe, parties présentes, ou appelées par avoué à avoué.
Cette ordonnance, si elle émane d'un tribunal de première instance, sera exécutée nonobstant opposition ou appel; elle sera exécutée nonobstant opposition, si elle émane d'une cour royale (cour d'appel).

DIVISION.

§ 1. — *Effets du désistement* (nᵒ 4528).
§ 2. — *Interprétation en matière de désistement* (nᵒ 4538).
§ 3. — *Tribunal compétent pour connaître du désistement* (nᵒ 4539).

§ 1ᵉʳ. — *Effets du désistement* (C. proc. civ. nᵒˢ 1 à 80).

4528. — I. Effets du désistement entre les parties (C. proc. civ. nᵒˢ 3 à 41). — 1ᵒ *Désistement d'action* (C. proc. civ. nᵒˢ 3 à 6).
4529. — 2ᵒ *Désistement d'un acte de procédure* (C. proc. civ. nᵒ 7).
4530. — 3ᵒ *Désistement d'instance* (C. proc. civ. nᵒˢ 8 à 45). — Lorsqu'une demande de conversion de séparation de corps en divorce a été formée au cours d'un procès en séparation de corps, le désistement de la demande en conversion ne fait pas obstacle à la continuation de l'instance en séparation. — Paris, 20 janv. 1886, J.G.S. *Désistement,* 47.
4531. Le simple désistement de la procédure ne produit d'autre effet que de remettre les parties au même état où elles étaient avant la demande. — V. *Supplément au Code civil annoté,* art. 244, nᵒ 2246.
4532. — 4ᵒ *Désistement d'une opposition à un jugement par défaut* (C. proc. civ. nᵒˢ 16 à 18).
4533. — 5ᵒ *Désistement de l'appel* (C. proc. civ. nᵒˢ 19 à 41). — L'appel incident formé le jour même où a eu lieu le désistement de l'appel principal, mais sans indication d'heure, est recevable, à moins qu'il ne soit établi que la signification du désistement a précédé celle de l'appel incident. — Req.

23 mars 1887, D.P. 88. 1. 264. — V. *Code de procédure civile,* nᵒ 31.
4534. L'appel incident conserve son effet malgré le désistement de l'appel principal, si ce désistement n'est pas accepté par l'intimé. — Paris, 21 févr. 1874, D.P. 76. 2. 215. — V. *Code de procédure civile,* nᵒ 33.
4535. — II. Effets du désistement a l'égard des ayants-cause ou des tiers (C. proc. civ. nᵒˢ 42 à 49).
4536. — III. Matières divisibles ou indivisibles (C. proc. civ. nᵒˢ 50 et 51). — Lorsque la demande est divisible et qu'il y a plusieurs demandeurs le désistement de l'un d'eux est valable, alors même que les autres continuent l'instance. — Lyon, 7 août 1873, J.G.S. *Désistement,* 24.
4537. — IV. Payement des frais (C. proc. civ. nᵒˢ 52 à 80). — Lorsque le demandeur, en matière d'expropriation publique, déclare se désister de son pourvoi, et que le désistement est accepté par le défendeur, la cour de cassation doit, en donnant acte tant du désistement que de l'acceptation, condamner le demandeur à l'amende envers le défendeur. — Civ. c. 4 avr. 1863, D.P. 83. 1. 478.

§ 2. — *Interprétation en matière de désistement* (C. proc. civ. nᵒˢ 81 à 99).

4538. V. *Code de procédure civile,* nᵒˢ 81 et s.

§ 3. — *Tribunal compétent pour connaître du désistement* (C. proc. civ. nᵒˢ 100 à 102).

4539. V. *Code de procédure civile,* nᵒˢ 100 et s.

APPENDICE AU TITRE XXIII.

DE L'ACQUIESCEMENT.

DIVISION.

A. — Signification des jugements (n° 4620).

B. — Poursuites tendant à l'exécution; Réception du montant des condamnations et des frais (n° 4631).

C. — Exécution du jugement par la partie contre laquelle il est rendu (n° 4634).

D. — Le payement des frais (n° 4658).

E. — Demande de sursis, de remise, de délai (n° 4676).

F. — Consentement ou concours à l'exécution; déclaration de ne pouvoir payer (n° 4680).

G. — Acquiescement aux jugements qui contiennent des chefs distincts, connexes ou indivisibles (n° 4686).

H. — Acquiescement aux jugements préjudiciels (n° 4693).

I. — Acquiescement aux jugements qui ordonnent un serment supplétoire (n° 4696).

J. — Acquiescement aux jugements préparatoires (n° 4699).

K. — Acquiescement aux jugements interlocutoires (n° 4700).

L. — Acquiescement aux jugements en matière de saisie, d'adjudication et d'ordre (n° 4712).

SECT. 7. — EFFETS DE L'ACQUIESCEMENT (n° 4716).

SECT. 8. — ACQUIESCEMENT EN MATIÈRE ADMINISTRATIVE ET CRIMINELLE (n° 4730).

SECT. 1re. — NATURE ET CARACTÈRES DE L'ACQUIESCEMENT (C. proc. civ. n°s 1 à 50).

§ 1er. — Nature de l'acquiescement (C. proc. civ. n°s 1 à 5).

4540. V. Code de procédure civile, n°s 1 et 5.

§ 2. — Conditions et réserves en matière d'acquiescement (C. proc. civ. n°s 6 à 45).

4541. — I. CONDITIONS (C. proc. civ. n°s 6 à 10).

4542. — II. RÉSERVES (C. proc. civ. n°s 11 à 45). — Une phrase incidente, insérée dans les motifs d'un acte de conclusions, et où l'annulabilité d'une sentence arbitrale est mentionnée en passant, ne saurait être considérée comme une réserve suffisante du droit de demander la nullité de cette sentence, ... alors surtout que le dispositif des mêmes conclusions fait état de cette sentence, pour en tirer, par exemple, une exception de chose jugée. — Civ. r. 24 juin 1899, D.P. 90. 1. 29. — Comp. Code de procédure civile, n° 17.

§ 3. — Interprétation en matière d'acquiescement (C. proc. civ. n°s 46 à 56).

4543. L'acquiescement ne peut s'induire de simples présomptions; spécialement, le failli qui a prêté un concours obligatoire à l'exécution forcée du jugement par lequel il a été déclaré en faillite, en fournissant au syndic des notes sur l'état de ses affaires, et en adressant à ses créanciers une demande de concordat, ne peut être réputé avoir acquiescé au jugement déclaratif de faillite contre lequel il avait formé un recours en cassation avant d'accomplir ces actes, et ne saurait être déclaré non recevable à suivre son pourvoi. — Civ. r. 20 août 1883, D.P. 84. 1. 361.

SECT. 2. — CONSENTEMENT ET CAPACITÉ EN MATIÈRE D'ACQUIESCEMENT (C. proc. civ. n°s 57 à 140).

§ 1er. — Consentement à l'acquiescement (C. proc. civ. n°s 57 à 84).

4544. — I. CONSENTEMENT DE L'ACQUIESÇANT (C. proc. civ. n°s 57 à 76). — 1° Contrainte (C. proc. civ. n°s 60 à 65).

4545. — 2° Erreur (C. proc. civ. n°s 66 à 78). — L'acquiescement à un jugement est soumis, comme toutes les autres conventions, à la condition d'un consentement libre et exempt d'erreur; en conséquence, l'acquiescement donné à un jugement de défaut ne peut communiquer à cette décision l'autorité de la chose jugée, s'il est ultérieurement reconnu par les tribunaux que cet acquiescement a été le résultat d'une erreur manifeste qui en entraîne la nullité. — Req. 14 nov. 1881, D.P. 82. 1. 456. — V. Code de procédure civile, n° 17.

4546. — II. ACCEPTATION DE L'ACQUIESCEMENT PAR LA PARTIE ADVERSE (C. proc. civ. n°s 77 à 84). — L'acquiescement à un ou plusieurs chefs de la demande, ou à la demande tout entière, devient irrévocable, du moment qu'il a été accepté sans restriction ni réserve. — Req. 29 juill. 1879, D.P. 80. 1. 181.

4547. Mais s'il a été accepté seulement en partie, ou sans les conditions qu'il exprime ou qu'il implique virtuellement, il ne forme pas un contrat parfait et permet, dès lors, à la partie dont il émane de le rétracter et de reprendre ainsi sa pleine liberté d'action. — Même arrêt.

4548. Spécialement, le défendeur à une complainte possessoire, qui n'a acquiescé à la demande que sous la condition sous-entendue d'étendre absolument l'instance et de ne payer que les dépens, peut valablement retirer son offre, malgré l'acceptation qui en a été faite par le demandeur, alors que celui-ci, au lieu de souscrire purement et simplement à sa proposition, lui a réclamé des frais qu'il n'avait pas consenti à supporter et des dommages-intérêts pour le trouble apporté à sa jouissance. — Même arrêt.

4549. L'acquiescement donné par l'intimé à l'appel d'un jugement dont partie a été rendue à son profit, et sa renonciation au bénéfice de cette partie du jugement, sont d'ailleurs irrévocables et ne peuvent être rétractés, alors même qu'ils n'ont pas été l'objet d'une acceptation expresse de la part de l'appelant. — Riom, 23 avr. 1879, D.P. 80. 2. 61.

4550. En conséquence, l'appel incident formé par l'intimé, même après rétractation de cet acquiescement, n'est pas recevable. — Même arrêt.

4551. ... Et l'appelant peut poursuivre l'audience pour demander acte de l'acquiescement et obtenir la condamnation de l'intimé aux frais qui en résultent. — Même arrêt.

4552. Si la signification d'un jugement sans réserves peut avoir le caractère d'un acquiescement, cet acquiescement est toujours soumis à la condition que le jugement signifié sans réserves recevra son exécution des parties auxquelles la signification a été faite; en conséquence, si le jugement vient à être frappé d'appel par l'une de ces parties, l'acquiescement doit être réputé non avenu, et celui qui a fait cette signification est recevable à interjeter lui-même appel des parties qui lui sont appelantes. — Civ. r. 2 juill. 1873, J.G.S. Acquiescement, 9.

§ 2. — Capacité requise pour l'acquiescement (C. proc. civ. n°s 85 à 140).

4553. — I. MINEUR (C. proc. civ. n°s 87 à 94). — 1° Mineur non émancipé (C. proc. civ. n°s 87 à 93). — Suivant un système, le tuteur ne pourrait acquiescer au jugement rendu contre son pupille qu'à la condition d'agir avec le concours du subrogé-tuteur. — Bruxelles, 12 juin 1882, J.G.S. Acquiescement, 21.

4554. Mais ce système a été critiqué comme entaché d'inconséquence, en ce que le tuteur, autorisé à acquiescer de plano, et avant jugement, à une demande mobilière dirigée contre le mineur, ne pourrait plus le faire après un jugement qui formerait cependant une puissante présomption ou faveur de la légitimité de la demande. — J.G.S. Acquiescement, 21.

4555. D'après l'opinion qui paraît avoir prévalu, le tuteur peut, en matière mobilière, acquiescer seul et sans autorisation au nom de son pupille. — Caen, 31 juill. 1876, D.P. 77. 2. 152. — Gand, 21 nov. 1878, J.G.S. Acquiescement, 21.

4556. Mais, suivant certains auteurs, cette solution doit être restreinte au cas où le mineur joue dans l'instance le rôle de défendeur; il ne faut pas confondre avec l'acquiescement à une demande dirigée contre le mineur, l'acquiescement à un jugement rendu contre ce dernier dans une instance où il figurait comme demandeur; un pareil acquiescement, constituant une renonciation aux droits du mineur, ne pourrait être donné pour le tuteur, même avec l'autorisation du conseil de famille. — J.G.S. Acquiescement, 21.

4557. Le père administrateur légal des biens de son enfant mineur peut aussi valablement acquiescer à un jugement rendu contre le mineur en matière mobilière. — Req. 17 févr. 1875, J.G.S. Acquiescement, 22.

4558. — 2° Mineur émancipé (C. proc. civ. n° 94).

4559. — II. INTERDIT (C. proc. civ. n° 95). — L'interdit ne peut valablement acquiescer au jugement qui a prononcé son interdiction. — Req. 12 janv. 1875, D.P. 75. 1. 217.

4560. — III. PRODIGUE (C. proc. civ. n° 96. — Le prodigue ne pouvant ester en justice ne peut, par cela même, faire aucun acte concernant un procès intenté sans l'assistance de son conseil, ni, par conséquent, consentir un acquiescement. — J.G.S. Interdiction-conseil judiciaire, 235.

4561. — IV. FEMME MARIÉE (C. proc. civ. n°s 97 et 98).

4562. — V. MANDATAIRES CONVENTIONNELS (C. proc. civ. n°s 99 à 103).

4563. — VI. MANDATAIRES ad lites (C. proc. civ. n°s 104 à 110).

4564. — VII. CURATEURS (C. proc. civ. n° 111).

4565. — VIII. ENVOYÉS EN POSSESSION PROVISOIRE DES BIENS D'ABSENT (C. proc. civ. n° 112).

4566. — IX. FAILLI (C. proc. civ. n°s 113 à 115).

4567. — X. COMMUNES (C. proc. civ. n°s 116 à 123). — Une commune n'est pas recevable à critiquer, comme irrégulière, la nomination d'experts, faite dans une instance où elle s'est engagée, alors que le conseil municipal, sans protester contre la désignation des experts, s'est borné à discuter les conclusions de l'expertise, à laquelle plusieurs conseillers municipaux avaient assisté. — Cons. d'Ét. 30 avr. 1867, J.G.S. Acquiescement, 23.

4568. La commune peut, après avoir été autorisée à poursuivre l'expropriation des terrains nécessaires à l'exécution de travaux publics, a exécuté spontanément et sans réserves la décision par laquelle des indemnités ont été réglées, en payant lesdites indemnités allouées et les frais, n'est pas recevable à interjeter appel de cette décision. — Bruxelles, 25 juin 1886, J.G.S. Acquiescement, 23.

4569. L'acquiescement donné par un maire non autorisé à un décompte présenté par les experts n'engage pas la commune; dès lors, le conseil de préfecture ne peut se fonder sur cet acquiescement pour rejeter les conclusions présentées par la commune à l'effet de faire procéder à un supplément d'expertise sur certaines questions soumises aux experts par l'arrêté et qui auraient détermine leur mission et sur lesquelles ces experts n'avaient pas donné leur avis. — V. supra, art. 322 C. proc. civ, n°s 3954 et s.

4570. — XI. ÉTABLISSEMENTS PUBLICS (C. proc. civ. n° 124).

4571. — XII. DOMAINE DE L'ÉTAT; ADMINISTRATIONS PUBLIQUES (C. proc. civ. n°s 125 à 136).

4572. — XIII. Ministère public (C. proc. civ. nos 137 à 140).

Sect. 3. — Matières dans lesquelles l'Acquiescement n'est pas permis (C. proc. civ. nos 141 à 169).

4573. En ce qui concerne l'acquiescement à un jugement rendu par un tribunal incompétent *ratione personæ*, V. *Code de procédure civile*, no 144, et *supra*, art. 169, nos 3080 et s.

4574. L'incompétence *ratione materiæ* touchant à l'ordre public, il n'y a jamais acquiescement valable aux décisions rendues par un tribunal incompétent *ratione materiæ*. — D.P. 90. 1. 296, note. — V. *Code de procédure civile*, no 145, et *supra*, art. 170, nos 3105 et s.

4575. Jugé à cet égard : 1o Que l'appel interjeté contre la décision d'un tribunal incompétent *ratione materiæ* est recevable, malgré l'acquiescement dont ce jugement a été l'objet de la part de l'appelant. — Bruxelles, 13 mai 1879, J.G.S. *Acquiescement*, 31.

4576. ... 2o Que le pourvoi en cassation formé contre un arrêt rendu sur une question d'incompétence *ratione materiæ* est recevable, malgré l'acquiescement exprès ou tacite dont cet arrêt a été l'objet de la part du demandeur. — Civ. c. 15 nov. 1881, D.P. 82. 1. 367.

4577. La récusation, ayant pour objet de modifier la composition d'une juridiction, touche à l'ordre public ; en conséquence, la décision qui a rejeté la récusation peut être déférée à la cour de cassation même par la partie qui, après le rejet de la demande en récusation, a conclu et plaidé au fond. — Civ. 19 déc. 1888, D.P. 89. 1. 464.

4578. — I. Droits politiques ; Nationalité (C. proc. civ. nos 147 et 148).

4579. — II. Question d'état (C. proc. civ. nos 149 à 158). — 1o *Mariage* (C. proc. civ. nos 159 et 161).

4580. — 2o *Divorce et séparation de corps* (C. proc. civ. no 152). — En ce qui touche l'acquiescement aux jugements rendus en matière de divorce, V. *Supplément au Code civil annoté*, art. 249, nos 2368 et s.

4581. Décidé à cet égard que si, en principe, le fait par une partie de signifier à son adversaire un jugement sans protestation ni réserve entraîne acquiescement virtuel de la part de cette partie et la rend irrecevable à interjeter appel, il en est autrement lorsqu'il s'agit d'un jugement qui prononce le divorce, cette décision, aux termes de l'art. 249 C. civ., n'étant pas susceptible d'acquiescement. — Caen, 19 févr. 1889, D.P. 91. 2. 104.

4582. Suivant un arrêt, un jugement de séparation de corps est susceptible d'acquiescement quand il s'agit de l'intérêt privé des parties ; ainsi le mari qui a exécuté le jugement, prononçant contre lui la séparation de corps, ne serait recevable à en interjeter appel, lorsque ce jugement a été rendu en plein connaissance de cause, et que l'ordre public était dès lors désintéressé. — Nancy, 22 juill. 1876, D.P. 78. 2. 179. — *Contrà* : *Code de procédure civile*, no 152.

4583. Mais cette solution a été critiquée comme inconciliable avec le principe d'après lequel les matières d'ordre public ne peuvent être l'objet d'aucune souscription ; et il semble que ce principe doit être particulièrement respecté en matière de séparation de corps, matière dans laquelle le législateur a entendu proscrire l'intervention de tout consentement mutuel des parties. — J.G.S. *Acquiescement*, 28.

4584. — 3o *Paternité et filiation* (C. proc. civ. no 153). — Le jugement qui rejette une exception de déchéance ou de prescription opposée à une action de désaveu de paternité intéresse l'ordre public, et ne peut, dès lors, être l'objet d'un acquiescement. — Bruxelles, 12 juin 1882, J.G.S. *Acquiescement*, 21.

4585. Il en est de même de la décision qui rejette une exception d'incompétence *ratione personæ*, en se fondant sur des moyens touchant à la validité des pouvoirs conférés à un tuteur. — Même arrêt.

4586. — 4o *Interdiction* (C. proc. civ. nos 154 à 157).

4587. — 5o *Conseil judiciaire* (C. proc. civ. no 158). — Le jugement qui nomme un conseil judiciaire n'est pas susceptible d'acquiescement. — Nîmes, 25 janv. 1876, D.P. 77. 2. 187.

4588. On ne peut de même acquiescer à un jugement statuant sur la question de savoir à quel régime est soumis le prodigue qui s'est marié sans contrat. — Caen, 20 mars 1878, D.P. 78. 2. 217.

4589. La partie qui a poursuivi la nomination d'un conseil judiciaire ne peut également acquiescer à l'appel interjeté par le prodigue, et la cour n'en doit pas moins statuer comme si l'appel n'avait pas eu lieu. — Toulouse, 22 mai 1880, D.P. 80. 2. 195.

4590. — III. Régime dotal (C. proc. civ. nos 159 et 160).

4591. — IV. Discipline (C. proc. civ. nos 161 et 162). — V. *infrà, Appendice au Code de procédure civile.*

4592. — V. Contrainte par corps (C. proc. civ. no 163).

4593. — VI. Faillite (C. proc. civ. nos 164 et 165). — L'acquiescement du failli ou d'un créancier au jugement déclaratif le rend irrecevable à se pourvoir contre ce jugement par la voie de l'appel comme par la voie de l'opposition. — J.G.S. *Faillite*, 1353.

4594. Spécialement, doit être considéré comme ayant acquiescé au jugement déclaratif et, par suite est non recevable à en interjeter appel le commerçant failli qui demande sa réhabilitation, ou le créancier qui, admis au passif d'une faillite en exécution d'un jugement, a touché le dividende assigné à sa créance, et ce, nonobstant les réserves d'appel par lui formulées. — J.G.S. *Faillite*, 1353.

4595. Mais le failli qui a prêté un concours obligatoire à l'exécution forcée du jugement par lequel il a été déclaré en faillite, en fournissant au syndic des notes sur l'état de ses affaires et en adressant à ses créanciers une demande de concordat, ne peut être réputé avoir acquiescé au jugement de déclaration de faillite contre lequel il a formé un recours en cassation avant d'accomplir ces actes, et ne saurait être déclaré non recevable à se pourvoir sur ce pourvoi. — Civ. r. 20 août 1883, D.P. 84. 1. 361.

4596. Jugé, d'autre part, que, lorsqu'un jugement a ordonné la réouverture de la faillite et nommé un syndic, la demande formée par le failli, à fin de désignation d'un autre syndic, implique acquiescement à la disposition de ce jugement ordonnant la réouverture de la faillite, et rend le failli non recevable à en interjeter appel. — C. just. de Genève, 9 avr. 1883, J.G.S. *Faillite*, 1353.

4597. — VII. Offices (C. proc. civ. nos 166 et 167). — L'acquiescement donné à un jugement qui a statué sur des conclusions tendant à la reconnaissance d'une contre-lettre modifiant le prix d'un office d'avoué, et à l'imputation sur le prix ostensible de sommes payées en exécution d'un traité secret, est nul comme s'appliquant à une matière intéressant l'ordre public. — Civ. r. 24 nov. 1874, D.P. 75. 1. 63.

4598. — VIII. Jugement admettant une preuve (C. proc. civ. nos 168 et 169).

4599. — IX. Élections consulaires. — La légalité d'une élection consulaire, touchant à l'organisation d'une juridiction, constitue une question d'ordre public ; l'acquiescement n'est donc pas possible en cette matière, et aucune fin de non-recevoir ne peut être tirée contre le procureur général, demandeur en cassation d'un arrêt qui a validé une élection consulaire, d'un prétendu

acquiescement qu'il aurait donné à l'arrêt, en le laissant ou le faisant exécuter : cet acquiescement, fût-il établi, ne rendrait pas le pourvoi irrecevable. — Civ. r. 24 nov. 1874, D.P. 75. 1. 63. — Civ. c. 8 mars 1881, D.P. 81. 1. 195.

4600. Peu importerait, notamment, que le ministère public eût participé à l'arrêt qui délègue le tribunal civil pour recevoir le serment d'un juge consulaire nommé président du tribunal ; il n'en conserverait pas moins le droit de contester la validité de l'élection. — Dijon, 29 mai 1881, D.P. 81. 2. 183.

Sect. 4. — Formes et preuves de l'Acquiescement (C. proc. civ. nos 170 à 205).

4601. — I. Formes de l'Acquiescement (C. proc. civ. nos 170 à 197). — Un acquiescement tacite peut résulter d'actes démontrant avec évidence l'intention de la partie à laquelle on les oppose de se soumettre à la décision intervenue, alors surtout que la partie s'est pourvue en cassation contre cette décision antérieurement aux actes desquels on veut faire résulter l'acquiescement. — Civ. r. 20 août 1883, D.P. 84. 1. 361. — Comp. *Code de procédure civile*, no 171.

4602. D'après un arrêt, l'acquiescement exprès à une décision judiciaire, pour être valable, doit, comme le désistement, être signé des parties ou de leurs mandataires. — Pau, 4 juin 1884, D.P. 85. 2. 143. — V. *Code de procédure civile*, no 188.

4603. Mais cette décision, en tant qu'elle assimile la signature du mandataire à celle de la partie elle-même, s'exprime en termes trop absolus et elle doit être restreinte au cas où le représentant de la partie a reçu spécialement le pouvoir d'acquiescer. — J.G.S. *Acquiescement*, 104.

4604. — II. Preuves de l'Acquiescement (C. proc. civ. nos 198 à 205).

Sect. 5. — Compétence en matière d'Acquiescement ; Pouvoir du juge (C. proc. civ. nos 206 à 225).

4605. — I. Compétence en matière d'acquiescement (C. proc. civ. nos 206 à 212).

4606. — II. Pouvoir du juge (C. proc. civ. nos 213 à 225). — Les juges du fond ont un pouvoir souverain d'appréciation à l'effet de décider si un acte emporte ou non acquiescement à un jugement. — Req. 13 mars 1876, D.P. 77. 1. 219. — V. *Code de procédure civile*, no 213.

4607. Ils apprécient souverainement si les faits d'où l'on prétend induire l'acquiescement d'une partie au jugement rendu contre elle (spécialement son concours à l'expertise ordonnée sur la demande de l'autre partie) ont été accomplis avec l'intention d'exécuter ledit jugement. — Civ. r. 6 avr. 1881, D.P. 81. 1. 298. — Comp. *Code de procédure civile*, no 216.

4608. Il leur appartient également d'apprécier souverainement si le payement d'un dividende par le syndic d'une faillite à un créancier admis par jugement à la faillite implique l'intention d'exécuter ledit jugement. — Civ. r. 24 juill. 1883, D.P. 84. 5. 3.

4609. Et ils ne sont pas tenus d'indiquer dans les motifs de leur décision les circonstances d'où ils concluent que cette intention a existé. — Même arrêt.

4610. ... Ou qu'elle a fait défaut. — Arrêt préc. 5 avr. 1881.

Sect. 6. — Faits et actes constitutifs de l'Acquiescement (C. proc. civ. nos 226 à 253).

§ 1er. — *Actes d'acquiescement antérieurs au jugement* (C. proc. civ. nos 226 à 253).

4611. — I. Conclusions adoptées par le juge (C. proc. civ. nos 228 à 237). — Une partie n'est pas censée acquiescer d'avance à un jugement rendu sur ses conclusions, mais qui n'en a accueilli qu'une partie, alors d'ailleurs que les chefs dont elles se composaient formaient un ensemble et dépendaient les uns des autres. — Civ. r. 1ᵉʳ août 1883, D.P. 84. 1. 357. — V. *Code de procédure civile*, nᵒ 232.

4612. — II. Prorogation de juridiction (C. proc. civ. nᵒ 238).

4613. — III. Jugements d'expédient (C. proc. civ. nᵒ 239).

4614. — IV. Soumission a justice (C. proc. civ. nᵒˢ 240 à 255). — Le fait de s'en rapporter à justice n'emporte pas acquiescement par anticipation à la décision à intervenir. — Douai, 7 avr. 1873, J.G.S. *Acquiescement*, 30. — Req. 30 juin 1885, D.P. 86. 1. 235. — Orléans, 19 mars 1887, D.P. 89. 2. 113. — V. *Code de procédure civile*, nᵒ 241.

4615. En conséquence la partie qui, en première instance, s'en est rapportée à justice, sans toutefois s'approprier la demande formée contre elle, n'est pas déchue du droit d'interjeter appel. — Caen, 24 mars 1878, D.P. 78. 2. 217.

4616. Spécialement, l'héritier qui, sur une demande en licitation des immeubles de la succession, a déclaré s'en rapporter à justice, conserve le droit d'appeler du jugement qui a ordonné la licitation et de conclure devant la cour au partage en nature. — Orléans, 19 mars 1887, D.P. 89. 2. 113.

4617. De même, l'héritier qui a déclaré s'en rapporter à justice sur la demande en délivrance, avec restriction en ce qui concerne les dépens, ne saurait être considéré comme ayant acquiescé purement et simplement à cette demande. — Civ. c. 6 mai 1890, D.P. 91. 1. 83.

4618. Les conclusions prises devant le second degré de juridiction, et par lesquelles un des intimés, représentant comme tuteur un mineur pour des droits à la fois mobiliers et immobiliers, a déclaré s'en rapporter à justice sur le mérite de l'appel, ne constituent pas un acquiescement aux fins de cet appel, et ne font pas, en conséquence, obstacle à ce que ledit tuteur forme un pourvoi en cassation, contre l'arrêt qui est intervenu. — Civ. 24 juill. 1888, D.P. 89. 1. 417.

4619. Il importe peu, d'ailleurs, que ce soit sur la réquisition du ministère public que le demandeur ait déclaré s'en rapporter à justice, cette déclaration n'impliquant pas de sa part un acquiescement auxdites réquisitions. — Civ. c. 15 mai 1878, D.P. 78. 1. 270.

§ 2. — *Actes d'exécution matérielle* (C. proc. civ. nᵒˢ 256 à 853).

A. — Signification des jugements (C. proc. civ. nᵒˢ 256 à 307).

4620. — I. Signification a avoué (C. proc. civ. nᵒˢ 258 à 263).

4621. — II. Signification a partie (C. proc. civ. nᵒˢ 264 à 292). — 1ᵒ *Signification par la partie qui a obtenu gain de cause* (C. proc. civ. nᵒˢ 264 à 280). — La signification d'un jugement en dernier ressort, faite sans protestation ni réserve, vaut acquiescement et rend la partie de qui elle émane non recevable à se pourvoir en cassation contre la décision signifiée. — Civ. r. 5 mai 1874, D.P. 76. 1. 304. — Civ. r. 20 mars 1889, D.P. 89. 5. 9.

4622. ... Ou à interjeter appel de la décision signifiée. — Paris, 21 févr. 1876, D.P. 77. 2. 40.

4623. ... Alors, d'ailleurs, que cette décision n'est pas attaquée par l'autre partie. — Arrêts préc. 5 mai 1874, 21 févr. 1876 et 20 mars 1889.

4624. La partie qui a fait signifier un jugement à son adversaire sans protestations ni réserves est non recevable à en interjeter ensuite appel principal; elle aurait seu-

lement le droit de former un appel incident dans le cas où la partie adverse aurait interjeté appel. — Pau, 26 mai 1879, D.P. 80. 2. 131. — V. *Code de procédure civile*, nᵒ 269.

4625. En matière de jugement par défaut, le défendeur, qui a formé opposition, n'est pas fondé à se prévaloir de ce que le demandeur aurait acquiescé au chef qui lui fait grief en signifiant le jugement sans aucune réserve. — Paris, 28 juill. 1877, D.P. 78. 2. 119-120.

4626. — 2ᵒ *Signification par la partie contre laquelle a été rendu le jugement* (C. proc. civ. nᵒˢ 291 et 292).

4627. — III. Signification accompagnée de réserves (C. proc. civ. nᵒˢ 293 à 307). — La signification d'un jugement ne peut impliquer acquiescement à cette décision qu'autant qu'elle est faite sans protestation ni réserve. — Civ. r. 6 mai 1884, D.P. 84. 1. 444.

4628. En conséquence, la partie qui a signifié à son adversaire, sous toutes réserves, une décision de justice, conserve le droit de former un pourvoi en cassation contre cette décision. — Même arrêt.

4629. La mention « sous toutes réserves » ointe à la signification d'un jugement, comprend, notamment la réserve du droit de former appel, et exclut toute idée d'acquiescement de la part de celui dont émane cette signification. — Paris, 23 janv. 1877, D.P. 77. 2. 447.

4630. Il importe peu que des réserves d'appel aient été insérées dans l'exploit original de la signification, si elles ne se trouvent pas reproduites dans la copie. — Paris, 21 févr. 1876, D.P. 77. 2. 40. — Civ. r. 20 mars 1889, D.P. 89. 5. 8. — *Contrà* : *Code de procédure civile*, nᵒ 304.

B. — Poursuites tendant à l'exécution; Réception du montant des condamnations et des frais (C. proc. civ. nᵒˢ 308 à 329).

4631. — I. Poursuites d'exécution (C. proc. civ. nᵒˢ 308 à 317).

4632. — II. Réception du montant des condamnations (C. proc. civ. nᵒˢ 318 à 322).

4633. — III. Réception des frais (C. proc. civ. nᵒˢ 323 à 329). — La partie qui a poursuivi le payement des dépens à elle adjugés par un arrêt, et qui a reçu ce payement sans aucune réserve, a, par là même, acquiescé à toutes les dispositions de cet arrêt ayant entre elles un lien nécessaire; elle est, dès lors, non recevable à se pourvoir en cassation contre ledit arrêt, et conséquemment contre ceux intervenus à la suite, sur les chefs qu'ils ont donné effet aux décisions précédemment acquises. — Civ. r. 7 févr. 1876, D.P. 76. 1. 273. — *Contrà* : *Code de procédure civile*, nᵒ 325.

C. — Exécution du jugement par la partie contre laquelle il est rendu (C. proc. civ. nᵒˢ 330 à 406).

4634. — I. Actes d'exécution des jugements en premier ressort (C. proc. civ. nᵒˢ 336 à 406). — 1ᵒ *Payement du montant de la condamnation* (C. proc. civ. nᵒˢ 339 à 343). — Un payement que le débiteur déclare n'opérer que comme contraint et forcé, ne saurait être assimilé à un acquiescement qui rendrait l'appel du débiteur non recevable. — Paris, 12 janv. 1887, D.P. 89. 2. 44.

4635. — 2ᵒ *Payement des frais* (C. proc. civ. nᵒ 344).

4636. — 3ᵒ *Offres* (C. proc. civ. nᵒˢ 345 à 348). — L'offre faite par une partie de payer le montant des condamnations prononcées contre elle pour obtenir un sursis à la vente forcée de ses biens après saisie, ne peut être considérée comme un fait d'exécution volontaire emportant renonciation au pourvoi en cassation. — Civ. r. 28 oct. 1889, D.P. 89. 5. 7.

4637. — 4ᵒ *Faits de dépossession* (C. proc. civ. nᵒˢ 349 à 352).

4638. — 5ᵒ *Accomplissement de certaines mesures ordonnées par le jugement* (C. proc.

civ. nᵒˢ 353 à 372). — La partie contre laquelle a été rendu un jugement ordonnant un partage à ce jugement en l'exécutant, si elle a fait défaut lors de toutes les opérations du partage auxquelles il a été procédé. — Nîmes, 31 déc. 1879, D.P. 80. 2. 216.

4639. — 6ᵒ *Actes divers susceptibles d'entraîner acquiescement* (C. proc. civ. nᵒˢ 373 à 403). — La production par une partie ou son mandataire de requêtes où, après avoir exposé qu'un jugement la condamne à prendre livraison de marchandises à elles vendues, elle sollicite des mesures destinées à lui faciliter l'exécution de ce jugement, emporte de sa part acquiescement audit jugement. — Req. 13 mars 1876, D.P. 77. 1. 219-220.

4640. Lorsqu'au cours d'une instance en partage engagée entre deux époux, un jugement a admis en créancier du mari à intervenir dans l'instance et à exercer contre la femme le retrait successoral du chef de son débiteur, le fait que, dans la liquidation des reprises de la femme, le montant des cessions de droits successifs a été porté comme valeurs dotales, implique acquiescement audit jugement, tant de la part du mari que de la part de la femme, et rend non recevable l'appel par eux interjeté. — Req. 13 juin 1877, J.G.S. *Acquiescement*, 14.

4641. Mais les actes d'exécution, si spontanés qu'ils soient, n'impliquent acquiescement à un jugement qu'autant qu'ils constituent l'accomplissement définitif et complet de ses dispositions; au contraire, si l'exécution n'est ni définitive ni complète, si elle comporte acquiescement; dans ce cas, on ne saurait dire d'une manière absolue qu'elle comporte acquiescement; d'après les circonstances. — J.G.S. *Acquiescement*, 43.

4642. Le fait par l'administration des Douanes de remettre à leurs destinataires, malgré le jugement de première instance et l'appel, les marchandises saisies par elle et dont elle a été condamnée à opérer la restitution, sans exécuter, d'ailleurs, les autres condamnations prononcées par le jugement, n'implique pas de sa part acquiescement, s'il est établi, en fait, qu'en opérant cette remise, elle a agi par pure bienveillance pour les commerçants et conformément à un usage local. — Req. 27 juin 1881, D.P. 82. 1. 212.

4643. L'ordonnance de référé étant exécutoire par provision et même sur minute, on ne peut tirer de son exécution une fin de non-recevoir contre l'appel qui en a été interjeté. — Poitiers, 4 août 1887, D.P. 88. 2. 239. — V. *Code de procédure civile*, nᵒ 402.

4644. — 7ᵒ *Réserves* (C. proc. civ. nᵒˢ 404 à 406). — Une demande en redressement de compte formée contre une sentence arbitrale n'est point recevable, lorsque le demandeur a librement, sciemment et sans réserves exécuté la sentence signifiée, en payant, avant toutes poursuites, un acompte sur le montant de la condamnation, et que, par une appréciation souveraine des faits et de son intention, les juges du fond ont reconnu qu'il avait admis l'exactitude du compte et acquiescé à la sentence. — Req. 22 nov. 1881, D.P. 82. 1. 139.

4645. — II. Actes d'exécution des jugements en dernier ressort (C. proc. civ. nᵒˢ 407 à 442). — 1ᵒ *Exécution volontaire* (C. proc. civ. nᵒˢ 407 à 423). — N'est pas susceptible d'appel le jugement ordonnant une expertise d'appel ordonnant l'établissement d'un compte général, alors que ce jugement sollicité par toutes les parties, a été accepté et exécuté par elles, sans aucune réserve ni sur le chef de l'expertise, ni sur les bases d'après lesquelles elle devait être opérée. — Req. 20 mars 1876, D.P. 76. 1. 328.

4646. L'exécution d'un jugement par la partie condamnée ne rend l'appel non recevable qu'autant qu'elle est volontaire et libre de toute contrainte, et que les actes desquels elle résulte sont absolument incompatibles avec la volonté d'interjeter appel. — Civ. c. 5 juin 1889, D.P. 89. 1. 382.

4647. Le pourvoi en cassation formé contre un arrêt décidant qu'il sera passé outre aux débats du fond, nonobstant une inscription de faux, n'est pas recevable, si la partie qui s'était inscrite en faux a conclu au fond et a accepté le débat sans réserve. — Civ. r. 25 nov. 1884, D.P. 85. 1. 399. — V. *Code de procédure civile*, n° 423.

4648. Lorsqu'après la signification d'un jugement annulant une contrainte décernée contre un contribuable, l'administration des Contributions indirectes a fait signifier sans réserves à ce dernier, avant tout pourvoi, une nouvelle contrainte pour les mêmes droits, elle est réputée acquiescer audit jugement et se rend par suite non recevable à l'attaquer par un pourvoi en cassation. — Civ. r. 20 mai 1885, D.P. 85. 5. 4.

4649. De même ne peut être considéré comme emportant exécution volontaire le payement des frais et le fait d'avoir porté devant le conseil de préfecture la demande dont une partie avait été déboutée. — Civ. r. 28 oct. 1889, D.P. 89. 5. 7.

4650. — 2° *Exécution forcée* (C. proc. civ. n°s 424 à 432). — Le pourvoi en cassation n'étant pas suspensif, l'exécution par la partie condamnée de l'arrêt attaqué ne pourrait être considérée comme un acquiescement qu'autant qu'elle serait volontaire et sans réserve. — Civ. r. 8 janv. 1890, D.P. 91. 1. 245.

4651. Spécialement, on ne peut voir un acquiescement : ni dans l'assistance de l'avoué de la partie condamnée à la prestation de serment de l'expert nommé par l'arrêt attaqué, quand l'avoué ne s'est présenté que sur sommation et sous toutes réserves. — Même arrêt.

4652. ... Ni dans le fait que la partie condamnée a ultérieurement provoqué une nomination d'un nouvel expert, alors que cette demande n'avait pour but que d'éviter la prolongation préjudiciable d'un état de choses créé par l'adversaire, c'était qu'un incident des poursuites d'exécution de celui-ci ; d'où suit que la réserve exprimée du pourvoi déjà formé suffisait pour conserver le droit de suivre sur le recours. — Même arrêt.

4653. Le pourvoi dirigé contre un arrêt est recevable, alors même que ledit arrêt a été exécuté par le payement des condamnations prononcées, alors qu'il est constant qu'en raison de ce qu'il était forcé, ce payement a eu lieu sous toutes réserves et en raison de ce qu'il était forcé. — Civ. r. 26 juill. 1887, D.P. 87. 1. 377.

4654. Le payement des condamnations, opéré sans réserve, mais après un commandement tendant à l'exécution du jugement, n'emporte pas acquiescement, et ne rend pas non recevable le pourvoi en cassation. — Civ. c. 9 déc. 1874, D.P. 75. 1. 303-304. — V. *Code de procédure civile*, n° 425.

4655. De même encore, l'action exercée par le demandeur en cassation devant un tribunal civil, à l'effet de faire ordonner contre les défendeurs une expertise et prononcer diverses condamnations qui supposent l'exécution de l'arrêt dénoncé à la cour suprême, ne doit point être considéré comme impliquant, de sa part, un acquiescement à cet arrêt et une renonciation à son pourvoi, s'il est constant que des poursuites à fin d'exécution dudit arrêt avaient été commencées contre lui, et s'il a pris soin d'invoquer ses poursuites pour motiver son action ; spécialement, si cette action tendait surtout à obtenir certaines constatations urgentes et autres mesures conservatoires. — Civ. c. 14 juin 1881, D.P. 82. 1. 105-106.

4656. Un payement que le débiteur déclare n'opérer que comme contraint et forcé ne saurait être assimilé à un acquiescement qui rendrait l'appel du débiteur non recevable. — Paris, 12 janv. 1887, D.P. 89. 2. 44.

4657. — 3° *Réserves* (C. proc. civ. n°s 433 à 442). — Le créancier qui a fait consigner, dans un procès-verbal de distribution, les plus expresses réserves à l'effet de déférer à la cour de cassation l'arrêt en vertu duquel le règlement définitif a eu lieu, et qui a, d'ailleurs, renouvelé ces réserves lors du payement des frais auxquels il a été contraint, ne saurait voir rejeter son pourvoi par une fin de non-recevoir tirée de ce qu'il aurait exécuté l'arrêt attaqué, en recevant, postérieurement à ce pourvoi, des bordereaux de collocation et en touchant le montant. — Civ. r. 19 mai 1886, D.P. 87. 1. 13.

4658. Il n'y a pas acquiescement de la part des syndics d'une faillite qui, poursuivis en exécution d'un arrêt, se sont d'abord laissé condamner par défaut et n'ont ensuite fait opposition que sous le pourvoi en cassation formé expresse de se pourvoir en cassation contre ledit arrêt. — Civ. r. 28 janv. 1878, D.P. 78. 1. 230.

4659. Les réserves ainsi exprimées couvrent toute la procédure ultérieure et spécialement le procès-verbal de vérification de la créance admise avec le caractère hypothécaire que lui avait reconnu l'arrêt dont l'exécution était poursuivie. — Même arrêt.

4660. Le payement effectué en vertu d'une condamnation judiciaire n'emporte pas acquiescement au jugement qui a prononcé cette condamnation, et, par suite, ne fait pas obstacle au pourvoi en cassation dirigé contre ce jugement, alors que la partie condamnée n'a pas qu'au moment où une saisie allait être opérée contre elle, et sous la réserve expresse de tous ses droits. — Civ. c. 20 juin 1881, D.P. 81. 1. 254.

4661. Lorsqu'un arrêt a sursis à statuer au fond, en fixant le délai dans lequel une décision préjudicielle devait être obtenue, et que l'affaire a été réappelée à l'expiration de ce délai, la partie qui est restée étrangère à la réinscription de la cause et qui n'a comparu de nouveau, conclu et plaidé qu'en réservant tous ses droits et moyens, notamment ceux résultant en sa faveur du pourvoi qu'elle avait formé contre cet arrêt, ne saurait être réputée avoir voluntairement exécuté, ne peut être déclarée, de ce chef, non recevable en son pourvoi. — Civ. r. 14 avr. 1885, D.P. 85. 1. 401.

4662. La partie qui a présenté et affirmé le compte dont la reddition avait été ordonnée par un arrêt est recevable, nonobstant cette exécution, à se pourvoir en cassation contre ledit arrêt, alors que la réserve formelle du pourvoi avait été exprimée dans la requête à fin d'indication de jour remise au magistrat commissaire, et avait été reproduite dans la sommation faite à l'avoué de la partie adverse d'assister à la présentation du compte. — Civ. c. 9 janv. 1878, D.P. 78. 1. 159.

4663. Il en est pas nécessaire que les réserves ainsi faites aient été renouvelées lors de l'affirmation du compte. — Même arrêt.

4664. Le recours en cassation dirigé contre un arrêt relatif sur la compétence ne devient pas irrecevable par cela seul que la partie qui a formé ce recours comparaît comme défenderesse et conclut sur le fond devant le tribunal de première instance, du moment où elle a déclaré en même temps réserver expressément ses droits quant à son pourvoi. — Civ. c. 29 févr. 1888, D.P. 88. 1. 483. — V. *Code de procédure civile*, n° 440.

4665. — III. Exécution de jugements illégalement qualifiés en dernier ressort (C. proc. civ. n°s 443 à 447).

4666. — IV. Exécution des jugements exécutoires par provision (C. proc. civ. n°s 448 à 466). — La promesse de payer le montant de la condamnation faite après saisie-exécu-

tion et pour éviter la vente des meubles, le jugement étant exécutoire par provision, ne peut être considérée comme un fait d'exécution volontaire emportant acquiescement à ce jugement. — Arrêt préc. 5 juin 1889.

4667. L'ordonnance de référé étant exécutoire par provision et même sur minute, on ne peut tirer de son exécution une fin de non-recevoir contre l'appel qui en a été interjeté. — Poitiers, 4 août 1887, D.P. 88. 2. 239.

D. — *Payement des frais* (C. proc. civ. n°s 467 à 525).

4668. — I. Payement volontaire (C. proc. civ. n°s 467 à 506). — 1° *Jugement en premier ressort* (C. proc. civ. n°s 467 à 490). — Le payement des frais et dommages-intérêts auxquels une partie a été condamnée n'emporte pas acquiescement, lorsque ce payement a été fait par la personne qui n'avait pas reçu pouvoir spécial à cet effet. — Civ. c. 23 mars 1886, D.P. 86. 1. 335. — V. *Code de procédure civile*, n° 484.

4669. Ainsi le payement des frais fait par l'avoué du demandeur en cassation ne rend pas le pourvoi non recevable, s'il n'est pas établi que cet avoué avait reçu de son client un mandat exprès et spécial à cet effet. — Civ. r. 23 mai 1887, D.P. 88. 1. 31.

4670. Mais le fait d'une partie de payer les frais d'arbitrage et les droits d'enregistrement mis à sa charge par la sentence entraîne acquiescement. — Civ. r. 20 juin 1888, D.P. 89. 1. 281. — V. *Code de procédure civile*, n° 487.

4671. Un pourvoi en cassation ne saurait être déclaré non recevable à raison d'un prétendu acquiescement du demandeur à l'arrêt attaqué (dans l'espèce, au moyen du payement d'une partie des dépens auxquels il avait été condamné), lorsque la matière du procès intéresse l'ordre public, et que, par suite, l'acquiescement à la décision rendue n'aurait pas été valable. — Civ. c. 20 juin 1888, D.P. 87. 1. 281. — V. *Code de procédure civile*, n° 483.

4672. — 2° *Décisions en dernier ressort* (C. proc. civ. n°s 491 à 496). — Le payement avant toute poursuite, mais sous réserve de pourvoi en cassation, des frais de l'instance auxquels une partie a été condamnée, ne constitue pas un acquiescement au jugement contre lequel cette partie a formé ensuite un pourvoi. — Civ. r. 19 oct. 1887, D.P. 89. 1. 38. — V. *Code de procédure civile*, n° 492.

4673. — 3° *Jugement exécutoire par provision* (C. proc. civ. n°s 497 à 506). — L'appel relevé contre un jugement exécutoire par provision devient irrecevable si, postérieurement, la partie condamnée a payé, sans faire de réserves, les frais dudit jugement, alors même que ce payement aurait eu lieu à la suite d'un commandement. — Req. 31 janv. 1887, D.P. 87. 1. 131. — V. *Code de procédure civile*, n° 499.

4674. — I. Payement volontaire avec réserves (C. proc. civ. n°s 502 à 506).

4675. — III. Payement forcé (C. proc. civ. n°s 507 à 525). — Le payement fait à l'administration de l'Enregistrement des frais résultant à sa charge d'un jugement qui l'a déboutée de la demande d'un supplément de droit n'emporte pas acquiescement au jugement, alors qu'il a été effectué à la suite de la signification de cette décision, et après formation d'un pourvoi en cassation. — Civ. r. 30 nov. 1885, D.P. 1. 86. — V. *Code de procédure civile*, n° 514.

E. — *Demande de sursis, de remise, de délai* (C. proc. civ. n°s 526 à 553).

4676. — I. Demande d'un sursis pour plaider ou produire une pièce (C. proc. civ. n°s 526 à 538). — La demande de sursis formée devant le juge des référés au cours de poursuites exercées en vertu d'un jugement exécutoire par provision ne saurait être considérée comme un acquiescement à ce jugement et, par suite, comme une renonciation à l'appel. — Paris, 14 déc. 1888, D.P. 90. 2. 60. — Civ. c. 5 juin 1889, cité suprà, nᵒ 4646. — V. Code de procédure civile, nᵒ 526.

4677. ... Alors, d'ailleurs, que cette demande était accompagnée de réserves. — Arrêt préc. 5 juin 1889.

4678. — II. Demande d'un délai pour payer (C. proc. civ. nᵒˢ 539 à 550).

4679. — III. Demande d'une remise de tout ou partie de la condamnation (C. proc. civ. nᵒˢ 551 à 553).

F. — Consentement ou concours à l'exécution ; déclaration de ne pouvoir payer (C. proc. civ. nᵒˢ 554 à 592).

4680. — I. Consentement a l'exécution (Cᵗ proc. civ. nᵒ 554).

4681. — II. Silence de la partie (C. proc. civ. nᵒˢ 555 à 572).

4682. — III. Absence de la partie (C. proc. civ. nᵒˢ 573 à 575).

4683. — IV. Comparution de la partie (C. proc. civ. nᵒˢ 576 à 580).

4684. — V. Concours a l'exécution (C. proc. civ. nᵒˢ 581 à 586). — La partie qui présente requête au juge-commissaire pour faire fixer le jour de l'ouverture d'une enquête ordonnée par un jugement interlocutoire, acquiesce par cela même à ce jugement, et est, dès lors, non recevable à en interjeter appel. — Toulouse, 23 août 1878, D.P. 79. 2. 18. — V. Code de procédure civile, nᵒ 581.

4685. — VI. Déclaration de ne pouvoir payer (C. proc. civ. nᵒˢ 587 à 592).

G. — Acquiescement aux jugements qui contiennent des chefs distincts, connexes ou indivisibles (C. proc. civ. nᵒˢ 593 à 664).

4686. — I. Chefs distincts (C. proc. civ. nᵒˢ 593 à 626). — L'exécution volontaire de l'un des chefs d'un jugement n'entraîne, même en l'absence de toutes réserves, ni acquiescement, ni renonciation au droit d'appel, relativement aux autres dispositions de ce jugement qui sont distinctes et indépendantes du chef volontairement exécuté. — V. Code de procédure civile, nᵒ 593.

4687. Nul n'est censé se forclore soi-même et, dès lors, on doit admettre dans le doute qu'une partie n'a pas l'intention de renoncer au droit d'appel. — Aix, 4 mai 1885, D.P. 86. 2. 129.

4688. Spécialement, lorsqu'un même jugement statue sur l'exception d'incompétence et sur des mesures provisoires, la signification du jugement tendant à l'exécution de ces dernières dispositions ne saurait impliquer renonciation au droit d'appel du chef de l'exception. — Même arrêt.

4689. — II. Décisions distinctes (C. proc. civ. nᵒˢ 627 à 637). — Lorsque les instances dans lesquelles sont intervenus deux arrêts, bien que liées entre les mêmes parties, étaient distinctes, ayant chacune un objet différent, la partie qui n'a pas attaqué l'un de ces arrêts et n'a laissé acquérir l'autorité de la chose jugée, ne peut être réputée avoir par là acquiescé à l'autre arrêt, et, dès lors, recevable à se pourvoir en cassation contre celui-ci. — Civ. r. 15 nov. 1880, D.P. 81. 1. 401. — V. Code de procédure civile, nᵒˢ 627 et s.

4690. — III. Chefs indivisibles ou connexes (C. proc. civ. nᵒˢ 638 à 651).

4691. — IV. Dispositions statuant sur des conclusions subsidiaires (C. proc. civ. nᵒˢ 652 à 658).

4692. — V. Accessoires (C. proc. civ. nᵒˢ 659 à 664).

II. — Acquiescement aux jugements préjudiciels (C. proc. civ. nᵒˢ 665 à 685).

4693. Le fait par le défendeur de plaider au fond devant le juge de paix, sans protes-

tations ni réserves, immédiatement après le rejet d'une exception d'incompétence ratione personæ présentée par lui, peut être considéré comme un acquiescement au jugement qui a rejeté le déclinatoire, bien que, au moment où cet acquiescement est donné, le droit d'appel ne soit pas encore ouvert à la partie. — Req. 1ᵉʳ juin 1881, D.P. 82. 1. 272.

4694. Sur l'acquiescement au jugement qui a repoussé le déclinatoire : ... au cas d'incompétence ratione personæ, V. suprà. art. 169, nᵒˢ 3080 et s.

4695. ... Au cas d'incompétence ratione materiæ, V. suprà, art. 170, nᵒˢ 3105 et s.

I. — Acquiescement aux jugements qui ordonnent un serment supplétoire (C. proc. civ. nᵒˢ 686 à 708).

4696. — I. Présence de la partie (C. proc. civ. nᵒˢ 686 à 699).

4697. — II. Absence de la partie (C. proc. civ. nᵒˢ 700 à 703).

4698. — III. Présence de l'avoué (C. proc. civ. nᵒˢ 704 à 708).

J. — Acquiescement aux jugements préparatoires (C. proc. civ. nᵒˢ 709 à 711).

4699. V. Code de procédure civile, nᵒˢ 709 et s.

K. — Acquiescement aux jugements interlocutoires (C. proc. civ. nᵒˢ 712 à 797).

4700. Les majeurs libres de leurs droits qui ont provoqué l'exécution d'un arrêt interlocutoire sont réputés par là avoir acquiescé à cet arrêt et ne sont pas recevables à se pourvoir en cassation, bien qu'ils aient antérieurement fait dans les qualités des réserves à fin de pourvoi ; mais la seule exécution de cet arrêt par le tuteur d'un mineur n'équivaut pas à un acquiescement, et ne constitue pas une fin de non-recevoir contre le pourvoi. — Civ. r. 23 mai 1882, D.P. 83. 1. 499.

4701. Dans une instance où le jugement définitif n'est que la suite et la conséquence d'un jugement interlocutoire rendu après discussion, la partie qui a formellement acquiescé à ce dernier jugement est non recevable à se pourvoir en cassation contre la décision définitive, à raison d'une nullité de procédure antérieure au jugement interlocutoire. — Req. 30 janv. 1877, D.P. 78. 1. 363. — V. Code de procédure civile, nᵒ 714.

4702. — I. Décisions en premier ressort (C. proc. civ. nᵒˢ 720 à 784). — 1ᵒ Jugement ordonnant une enquête (C. proc. civ. nᵒˢ 725 à 755). — L'exécution volontaire, sans protestation ni réserve, d'un jugement interlocutoire ordonnant une enquête, rend la partie non recevable à en demander la cassation. — Civ r. 3 mai 1887, D.P. 87. 1. 491.

4703. La présentation d'une requête tendant à obtenir une ordonnance qui fixe le jour et l'heure d'une enquête ordonnée par un arrêt ne saurait être considérée comme une exécution de cet arrêt, entraînant déchéance du pourvoi en cassation dont il a été l'objet, lorsque, d'une part, la partie était tenue de présenter cette requête dans le délai légal, sous peine de la nullité prononcée par l'art. 257 C. proc. civ., et que, d'autre part, elle a déclaré, dans cette requête, persister dans son pourvoi, et qu'elle a reproduit ces réserves dans tous les actes de procédure postérieurs, ainsi que dans ses conclusions au fond devant la cour d'appel. — Civ. r. 20 mars 1889, D.P. 89. 1. 429. — V. Code de procédure civile, nᵒ 730.

4704. L'effet légal de ces réserves n'a pu être compromis, ni par cette circonstance qu'elles n'ont pas été renouvelées lors de l'audition même des témoins, ni par la présence des parties aux enquêtes, ni par les interpellations faites par elle ou par son avoué à ces témoins. — Même arrêt.

4705. Jugé également que l'on ne saurait voir un acquiescement au jugement interlocutoire ayant ordonné une enquête, dans

le simple fait de présenter une requête afin d'assigner les témoins de la contre-enquête, en dehors de toute notification à la partie adverse de la liste des témoins ; et ce fait ne saurait constituer une fin de non-recevoir contre l'appel du jugement interlocutoire. — Bastia, 18 févr. 1891, D.P. 92. 2. 53.

4706. La partie qui, sans protestation ni réserves, requiert l'ouverture d'une enquête et y assiste, acquiesce à la décision qui l'a ordonnée, et se rend non recevable à se pourvoir en cassation contre cette décision. — Civ. r. 21 avr. 1886, D.P. 86. 1. 393. — V. Code de procédure civile, nᵒ 735.

4707. — 2ᵒ Jugement ordonnant une expertise (C. proc. civ. nᵒˢ 759 à 782). — La comparution d'une partie devant un expert chargé par jugement de procéder à un règlement de comptes et la discussion par cette partie de ses intérêts devant l'expert constituent une fin de non-recevoir de l'acquiescement. — Civ. r. 8 mai 1889, D.P. 90. 1. 296. — V. Code de procédure civile, nᵒ 762.

4708. La partie qui, en assistant, dans la personne de son avoué, à la prestation de serment de l'expert, et en fournissant audit expert, en conformité du jugement qui l'a nommé, les pièces et documents nécessaires à l'accomplissement de sa mission, n'est pas recevable à interjeter appel de ce jugement. — Dijon, 4 mars 1874, J.G.S. Acquiescement, 95. — V. Code de procédure civile, nᵒ 769.

4709. Mais la partie qui, lors de la prononciation du jugement ordonnant l'expertise, a consenti à ce que l'expert fût dispensé de prêter serment, n'a point acquiescé par là même à ce jugement, ni renoncé, par suite, à en interjeter appel. — Dijon, 23 janv. 1874, J.G.S. Acquiescement, 96. — V. Code de procédure civile, nᵒ 774.

4710. Les renonciations ne se présument pas, l'acquiescement à un jugement doit toujours être formel, c'est-à-dire résulter d'actes incompatibles avec la volonté d'interjeter appel, en conséquence, lorsque la partie, à l'instant même de la prononciation du jugement ordonnant une expertise et déclaré exécutoire par provision, accepte la nomination d'un seul expert et le dispense du serment, ce consentement ne saurait impliquer de sa part renonciation au droit d'interjeter appel de ce jugement. — Civ. c. 29 déc. 1886, D.P. 87. 1. 229-230. — V. Code de procédure civile, nᵒ 774.

4711. — II. Décision en dernier ressort (C. proc. civ. nᵒˢ 785 à 797).

L. — Acquiescement aux jugements en matière de saisie, d'adjudication et d'ordre (C. proc. civ. nᵒˢ 798 à 853).

4712. — I. Jugements en matière de saisie (C. proc. civ. nᵒˢ 798 à 822). — Le fait seul d'accepter les fonctions de gardien, s'il prive le saisi du droit de faire opposition à la saisie, n'implique cependant pas de sa part acquiescement au jugement, et ne lui retire pas le droit d'en interjeter appel. — Lyon, 30 juill. 1884, D.P. 85. 2. 198.

4713. — II. Jugements sur adjudication (C. proc. civ. nᵒˢ 823 à 841). — La partie saisie peut être réputée avoir acquiescé au jugement d'adjudication et couvert ainsi les nullités dont ce jugement serait vicié, lorsqu'à la suite d'un commandement, elle a visé les lieux et laissé les adjudicataires en prendre possession sans obstacle, et qu'en outre, elle a laissé ouvrir et clore, sans protestation, l'ordre sur le prix des immeubles entre les créanciers inscrits. — Req. 14 mai 1879, D.P. 80. 1. 71.

4714. ... Alors surtout qu'elle a reçu personnellement, soit avant, soit depuis la clôture de l'ordre, une partie du prix d'adjudication restant libre après le payement des créanciers inscrits. — Même arrêt.

4715. — III. Jugements en matière d'ordre (C. proc. civ. nᵒˢ 842 à 853). — Sur la question de savoir si la signification en matière d'ordre emporte acquiescement, V. *infrà*, art. 762.

SECT. 7. — EFFETS DE L'ACQUIESCEMENT (C. proc. civ. nos 854 à 935).

4716. — I. CHOSE JUGÉE (C. proc. civ. nos 854 à 867). — La partie qui, condamnée à payer une somme d'argent à un créancier, a donné son acquiescement à l'arrêt de condamnation, ainsi qu'à la collocation dont ledit créancier a été ensuite l'objet, est irrecevable à se pourvoir en cassation contre la décision dont il s'agit. — Civ. r. 18 déc. 1888, D.P. 89. 1. 396. — V. *Code de procédure civile*, no 855.

4717. L'acquiescement d'une partie au jugement en premier ressort qui la condamne la rend non recevable, soit à interjeter appel de ce jugement soit à se plaindre de ce que l'exécution qui en a été pratiquée contre elle n'a pas été précédée d'une signification. — (Sol. implic.) Req. 13 mars 1876, D.P. 77. 1. 219-220. — V. *Code de procédure civile*, no 864.

4718. Sur les effets de l'acquiescement aux jugements par défaut en ce qui touche la péremption, V. *suprà*, art. 156, nos 2896 et s.

4719. En ce qui concerne les effets de l'acquiescement relativement au taux du premier et du dernier ressort, V. *infrà*, *Appendice* à l'art. 453, L. 11 avr. 1838, art. 1er.

4720. — II. LEVÉE DU JUGEMENT (C. proc. civ. nos 868 à 878). — Lorsqu'une partie a obtenu un jugement ou un arrêt définitif, elle a toujours le droit de le faire lever et signifier aux frais de la partie condamnée, nonobstant l'acquiescement de celle-ci même suivi d'offres réelles. — Pau, 4 juin 1884, D.P. 85. 2. 143. — V. *Code de procédure civile*, no 872.

4721. — III. OBLIGATION DE SATISFAIRE A L'OBJET DE LA DEMANDE (C. proc. civ. no 879.)

4722. — IV. EFFETS DE L'ACQUIESCEMENT SUR UN JUGEMENT CONTENANT DES CHEFS DISTINCTS (C. proc. civ. nos 880 à 886).

4723. — V. IRRÉVOCABILITÉ DE L'ACQUIESCEMENT (C. proc. civ. nos 887 à 898).

4724. — VI. INDIVISIBILITÉ DE L'ACQUIESCEMENT (C. proc. civ. nos 899 à 930). — L'exécution volontaire donnée par l'une des parties condamnées au jugement qui a prononcé contre plusieurs cofendeurs une condamnation civile en réparation du dommage causé, ne constitue pas une fin de non-recevoir contre l'appel des autres défendeurs qui n'ont pas acquiescé audit jugement, et ne s'oppose point à ce que ceux-ci interjettent appel. — Chambéry, 13 juin 1885, D.P. 87. 2. 14. — V. *Code de procédure civile*, no 899.

4725. — 1o *Époux* (C. proc. civ. no 909 à 914).

4726. — 2o *Intervenant* (C. proc. civ. no 914).

4727. — 3o *Garantie* (C. proc. civ. nos 915 à 919). — L'acquiescement du défendeur principal au jugement qui accueille la demande principale et celle en garantie, ne prive pas le garant du droit de se pourvoir en cassation tant contre le demandeur principal que contre le demandeur en garantie, encore bien que l'instance n'ait pas été liée entre le demandeur principal et le garant, si ce dernier a conclu au rejet de la demande principale et n'a lui-même point qui a été signifié. — Civ. c. 11 août 1874, D.P. 76. 1. 309. — V. *Code de procédure civile*, no 918.

4728. — 4o *Héritiers et ayants cause* (C. proc. civ. nos 920 à 930).

4729. — VII. EFFETS DE L'ACQUIESCEMENT A L'ÉGARD DES TIERS (C. proc. civ. nos 931 à 935). — L'acquiescement aux qualités de la part de l'avoué et résultant de ce qu'il a fait signifier un exécutoire des dépens dont il avait obtenu la distraction ne saurait produire effet vis-à-vis de son client. — Civ. c. 11 mai

1887, D.P. 88. 1. 20-21. — V. *Code de procédure civile*, no 931.

SECT. 8. — ACQUIESCEMENT EN MATIÈRE ADMINISTRATIVE ET CRIMINELLE.

4730. En ce qui concerne l'acquiescement : ... en matière administrative, V. *Code des lois adm. annotées*, t. 1er, IV, vo *Conseil d'État*, nos 1734 et s., et VIII, vo *Commune*, nos 7925 et s., 8098 et s., 8220 et s.

4731. ... En matière criminelle, V. *Code d'instruction criminelle annoté*, art. 202 et s.

TITRE XXIV.
Des Matières sommaires.

Art. 404. Seront réputés matières sommaires, et instruits comme tels :

Les appels des juges de paix;

Les demandes pures personnelles, à quelque somme qu'elles puissent monter, quand il y a titre, pourvu qu'il ne soit pas contesté;

Les demandes formées sans titres, lorsqu'elles n'excèdent pas 1.000 francs;

Les demandes provisoires, ou qui requièrent célérité;

Les demandes en payement de loyers et fermages et arrérages de rentes (1)

DIVISION.

§ 1. — *Matières sommaires énumérées dans l'art. 404* (no 4732).

§ 2. — *Matières sommaires non énumérées dans l'art. 404 ; Affaires jugées sommairement* (no 4742).

§ 1er. — *Matières sommaires énumérées dans l'art. 404* (C. proc. civ. nos 1 à 128).

4732. — I. APPELS DE JUSTICE DE PAIX (C. proc. civ. nos 1 et 2).

4733. — II. AFFAIRES SUSCEPTIBLES D'ÊTRE JUGÉES EN DERNIER RESSORT (C. proc. civ. nos 3 à 13).

4734. — III. DEMANDES PURES PERSONNELLES EXCÉDANT LE TAUX DU DERNIER RESSORT (C. proc. civ. nos 14 à 39).

4735. — IV. DEMANDES PROVISOIRES OU REQUÉRANT CÉLÉRITÉ (C. proc. civ. nos 40 à 128). — 1o *Demandes urgentes par elles-mêmes.* (C. proc. civ. nos 48 à 76). — L'action en nullité d'une vente de une propriété d'immeubles est une matière ordinaire qui ne peut rentrer dans la classe des affaires sommaires qu'à la condition de requérir célérité. — Pau, 19 mai 1890, D.P. 91. 2. 100. — V. *Code de procédure civile*, no 63.

4736. En pareil cas, l'ordonnance du président qui permet d'assigner à bref délai, émanant de sa juridiction gracieuse, ne saurait constituer une présomption légale ; il appartient au tribunal tout entier de statuer sur la question de célérité, la solution devant avoir une influence décisive sur la nature de la procédure et sur les formes de l'enquête. — Même arrêt.

4737. — 2o *Incidents* (C. proc. civ. nos 77 à 94).

(1) L'art. 404 a été modifié et complété par l'art. 1er de la loi du 11 avr. 1838 portant que les actions personnelles et mobilières jusqu'à la valeur de 1,500 fr. de principal, et les actions immobilières jusqu'à 60 fr. de revenu déterminé sont instruites et jugées comme matières sommaires. (V. *infrà*, p. 181 et s.)

4738. — 3o *Matières commerciales* (C. proc. civ. nos 95 à 97).

4739. — 4o *Saisies* (C. proc. civ. nos 98 à 117).

4740. — 5o *Ordres et contributions* (C. proc. civ. nos 118 à 120).

4741. — V. DEMANDES EN PAYEMENT DE LOYERS, FERMAGES ET ARRÉRAGES (C. proc. civ. nos 121 à 128).

§ 2. — *Matières sommaires non énumérées dans l'art. 404 ; Affaires jugées sommairement* (C. proc. civ. nos 129 à 174).

4742. — I. DEMANDES EN PARTAGE (C. proc. civ. nos 142 à 155). — La disposition de l'art. 823 C. civ., aux termes duquel « si l'un des cohéritiers refuse de consentir au partage, ou s'il s'élève des contestations soit sur le mode d'y procéder, soit sur la manière de le terminer, le tribunal prononce comme en *matière sommaire* » ne s'applique qu'à certains incidents survenus dans le cours d'une instance en partage, et non à cette instance elle-même qui doit être considérée, soit au point de vue des formes de la procédure, soit pour l'application des règles du tarif, comme une affaire essentiellement ordinaire. — Trib. civ. de Lyon, 4 juin 1887, D.P. 89. 3. 7-8. — V. toutefois la note de M. Glasson sous cet arrêt. — V. *Code de procédure civile*, no 144.

4743. — II. TIERCE-OPPOSITION (C. proc. civ. no 156).

4744. — III. REQUÊTE CIVILE (C. proc. civ. no 157).

4745. — IV. DEMANDES EN DÉSAVEU (C. proc. civ. no 158).

4746. — V. DEMANDES EN CESSION DE BIENS (C. proc. civ. no 159).

4747. — VI. LIQUIDATION DE DOMMAGES-INTÉRÊTS (C. proc. civ. nos 160 à 162).

4748. — VII. EXPROPRIATION PUBLIQUE ET AFFAIRES CONCERNANT L'ÉTAT ET LES COMMUNES (C. proc. civ. nos 163 à 169).

4749. — VIII. AFFAIRES DIVERSES (C. proc. civ. nos 170 à 174). — Sur la taxe des frais en matière sommaire, V. *infrà*, *Appendice au Code de procédure civile.*

Art. 405. Les matières sommaires seront jugées à l'audience, après les délais de la citation échus, sur un simple acte, sans autres procédures ni formalités.

Art. 406. Les demandes incidentes et les interventions seront formées par requête d'avoué, qui ne pourra contenir que des conclusions motivées.

Art. 407. S'il y a lieu à enquête, le jugement qui l'ordonnera contiendra les faits sans qu'il soit besoin de les articuler préalablement, et fixera les jour et heure où les témoins seront entendus à l'audience.

4750. La disposition de l'art. 407 qui a pour objet d'assurer la prompte expédition des affaires et de réduire les frais n'est, à titre, que d'ordre des juridictions et, à ce titre, comporte, quoique la peine de nullité n'y soit pas énoncée, la nullité du jugement qui y a contrevenu, ainsi que de l'enquête qui a été faite en exécution de ce jugement, et des décisions qui peuvent avoir été la suite de ce jugement et de cette enquête. — J.G.S. *Enquête,* 271.

4751. — I. ARTICULATION DES FAITS (C. proc. civ. nos 7 à 11). — En matière sommaire, la loi n'exige pas que les faits soient formellement articulés : il est d'usage de signifier un simple acte de conclusions, afin de mettre l'adversaire à même d'avouer ou de dénier les faits ou de les discuter. — J.G.S. *Enquête,* 261.

4752. Décidé en ce sens que le jugement ordonnant une enquête en matière sommaire, et, notamment, sur l'appel d'une sentence du juge de paix, doit, à peine de nullité, contenir les faits sans les articuler, et fixer le jour et l'heure où les témoins seront entendus à l'audience. — Civ. c. 25 avr. 1876, D.P. 76. 1. 256.

4753. — II. DÉLAIS DE L'ENQUÊTE (C. proc. civ. n°s 12 à 20).

4754. — III. AUDITION DES TÉMOINS A L'AUDIENCE (C. proc. civ. n°s 21 à 30). — En matière sommaire, le jugement autorisant une enquête est nul, s'il ordonne qu'elle soit faite devant un juge-commissaire, au lieu de prescrire qu'il y soit procédé devant le tribunal et à l'audience. — Civ. c. 1er déc. 1880, D.P. 81. 1. 121. — Civ. c. 16 janv. 1884, D P. 84. 5. 213. — Civ. r. 2 févr. 1885, D.P. 85. 1. 439. — Civ. c. 13 avr. 1886, D.P. 86. 5. 192. — V. *Code de procédure civile*, n° 22.

4755. Il en est ainsi, spécialement, lorsqu'une enquête est ordonnée pour une vérification d'écriture dans une procédure sommaire, née d'une action personnelle et mobilière d'un intérêt inférieur à 1,500 fr. — Civ. c. 13 avr. 1886, D.P. 86. 5. 192.

4756. Mais cette nullité est couverte par l'assistance du défendeur à l'enquête et à la contre-enquête, c'est-à-dire par l'exécution volontaire et complète de la décision entachée de nullité. — Req. 29 déc. 1851, D.P. 81. 1. 121, note 1. — Civ. r. 2 févr. 1885, D.P. 85. 1. 439. — V. *Code de procédure civile*, n° 23.

4757. L'intérêt du litige étant inférieur à 1.500 fr., il n'importe que des réserves d'appel, sans précision d'aucun grief, aient été formulées, au cours de l'enquête, par le défendeur qui a produit ses témoins et reproché ceux de son adversaire. — Arrêt préc. 2 févr. 1885.

4758. Le jugement ordonnant une enquête sommaire est nul s'il prescrit que les témoins seront entendus, non pas à l'audience, mais sur le terrain litigieux. Toutefois cette nullité est couverte si le jugement ordonnant l'enquête est volontairement exécuté par les parties. — Req. 30 mars 1885, D.P. 86. 1. 211.

4759. Jugé, dans le même sens, que l'exécution volontaire, *sans protestation ni réserve*, d'un jugement interlocutoire ordonnant une enquête sommaire rend la partie non recevable à en demander la cassation. — Civ. c. 3 mai 1887, D.P. 87. 1. 491.

Art. 408. Les témoins seront assignés au moins un jour avant celui de l'audition.

Art. 409. Si l'une des parties demande prorogation, l'incident sera jugé sur-le-champ.

4760. Le tribunal a, sans réserve, le droit d'accorder la prorogation, à une époque quelconque et bien que le délai pour faire l'enquête soit expiré. Les parties peuvent demander la prorogation de l'enquête après le jour indiqué pour y procéder ; car, si le tribunal peut rouvrir l'enquête d'office, il le peut aussi à la demande des parties. — J.G.S. *Enquête*, 293.

4761. Jugé à cet égard que l'art. 280 C. proc. civ. qui, en matière d'enquête ordinaire, n'autorise qu'une seule prorogation, n'est pas applicable en matière sommaire et surtout en matière commerciale. En pareil cas, le juge a pleine liberté pour proroger le délai, pourvu que la prorogation soit demandée dans le délai accordé pour l'enquête. — Gand, 9 avr. 1887, D.P. 89. 2. 86.

4762. Le jugement ordonnant, en matière sommaire, une prorogation d'enquête est préparatoire, et l'appel peut être interjeté contre ce jugement en même temps que l'appel du jugement définitif. — Bourges, 8 juin 1887, D.P. 88. 2. 195.

Art. 410. Lorsque le jugement ne sera pas susceptible d'appel, il ne sera point dressé procès-verbal de l'enquête ; il sera seulement fait mention, dans le jugement, des noms des témoins, et du résultat de leurs dépositions.

4763. L'insertion détaillée, dans un arrêt, des résultats d'une enquête sommaire n'est pas prescrite à peine de nullité. — Req. 14 déc. 1881, D.P. 82. 1. 484.

4764. D'après un auteur, tout ce qu'il faut, en somme, c'est que le jugement soit motivé ; et, s'il l'est suffisamment par ailleurs, le silence qu'il garde sur l'enquête ne saurait l'empêcher d'être valable. — J.G.S. *Enquête*, 285.

Art. 411. Si le jugement est susceptible d'appel, il sera dressé procès-verbal, qui contiendra les serments des témoins, leur déclaration s'ils sont parents, alliés, serviteurs ou domestiques des parties, les reproches qui auraient été formés contre eux, et le résultat de leurs dépositions.

4765. — I. NÉCESSITÉ DE DRESSER UN PROCÈS-VERBAL (C. proc. civ. n°s 1 à 14).

4766. — II. CONTENU DU PROCÈS-VERBAL (C. proc. civ. n°s 15 à 19). — 1° *Mention du serment* (C. proc. civ. n°s 15 et 16). — Dans les enquêtes sommaires, comme dans les enquêtes ordinaires, les témoins ne peuvent être admis à faire leurs dépositions, s'ils n'ont, au préalable, prêté serment de dire la vérité et cette formalité est prescrite à peine de nullité. — Civ. c. 25 avr. 1876, D.P. 77. 1. 30. — Civ. c. 1er avr. 1879, D.P. 79. 1. 183. — Req. 11 juin 1884, D.P. 84. 1. 320. — Civ. c. 5 mai 1887, D.P. 87. 1. 491. — Civ. c. 10 mai 1887, D.P. 87. 1. 492. — Civ. c. 26 juin 1889, D.P. 90. 1. 135.

4767. — 2° *Déclaration de parenté ou d'alliance* (C. proc. civ. n° 17). — La loi n'exige pas à peine de nullité que le procès-verbal constate que les témoins ont été interpellés sur leur qualité de parent, allié, ou domestique des parties. — Req. 14 déc. 1881, D.P. 82. 1. 484.

4768. — 3° *Reproches aux témoins* (C. proc. civ. n° 18).

4769. — 4° *Résultat des dépositions* (C. proc. civ. n° 19).

4770. — III. FORMES DU PROCÈS-VERBAL (C. proc. civ. n°s 20 et 21).

4771. — IV. SUITES DE L'ENQUÊTE (C. proc. civ. n°s 22 et 23).

Art. 412. Si les témoins sont éloignés ou empêchés, le tribunal pourra commettre le tribunal ou le juge de paix de leur résidence : dans ce cas, l'enquête sera rédigée par écrit ; il en sera dressé procès-verbal.

Art. 413. Seront observées en la confection des enquêtes sommaires, les dispositions du titre XII, *des Enquêtes*, relatives aux formalités ci-après :

La copie aux témoins, du dispositif du jugement par lequel ils sont appelés ;

Copie à la partie, des noms des témoins ;

L'amende et les peines contre les témoins défaillants ;

La prohibition d'entendre les conjoints des parties, les parents et alliés en ligne directe ;

Les reproches par la partie présente, la manière de les juger, les interpellations aux témoins, la taxe ;

Le nombre de témoins dont les voyages passent en taxe ;

La faculté d'entendre les individus âgés de moins de quinze ans révolus.

4772. — I. FORMALITÉS DE L'ENQUÊTE SOM-

MAIRE (C. proc. civ. n°s 1 à 11). — En matière sommaire, la signification du jugement qui ordonne l'enquête n'est pas exigée par la loi. — Bordeaux, 11 févr. 1859, J.G.S. *Enquête*, 276. — V. *Code de procédure civile*, n° 4.

4773. La signification à partie du nom des témoins doit être faite conformément à l'art. 261 C. proc. civ. — V. *supra*, n°s 3601 et s.

4774. — II. NOMBRE DES TÉMOINS ; REPROCHES (C. proc. civ. n°s 12 à 26).

TITRE XXV.

Procédure devant les tribunaux de commerce.

Art. 414. La procédure devant les tribunaux de commerce se fait sans le ministère d'avoués.

4775. En ce qui concerne : ... l'interdiction du ministère des avoués devant les tribunaux de commerce, V. *Code de commerce annoté*, art. 627, n°s 17 et s. ; et son *Supplément*.

4776. ... Le droit des parties de se faire représenter devant le tribunal de commerce par un mandataire ou un agréé, V. *Code de commerce annoté*, art. 637, n°s 1 et s., 26 et s., et son *Supplément*.

Art. 415. Toute demande doit y être formée par exploit d'ajournement, suivant les formalités ci-dessus prescrites au titre *des Ajournements*.

4777. En matière commerciale, l'intervention doit être formée par exploit d'ajournement ; il en est notamment ainsi en cas d'intervention d'un créancier dans une faillite. — Bruxelles, 18 janv. 1888, D. P. 89. 2. 173.

Art. 416. Le délai sera au moins d'un jour.

Art. 417. Dans les cas qui requerront célérité, le président du tribunal pourra permettre d'assigner, même de jour à jour et d'heure à heure, et de saisir les effets mobiliers : il pourra, suivant l'exigence des cas, assujettir le demandeur à donner caution, ou à justifier de solvabilité suffisante. Ses ordonnances seront exécutoires nonobstant opposition ou appel.

DIVISION.

§ 1. — *Saisie conservatoire* (n° 4778).

§ 2. — *Ordonnances du président du tribunal de commerce ; Recours dont ces ordonnances sont susceptibles* (n° 4782).

§ 1er. — *Saisie conservatoire* (C. proc. civ. n°s 1 à 37).

4778. — I. DANS QUELS CAS IL Y A LIEU A SAISIE CONSERVATOIRE (C. proc. civ. n°s 3 à 15). — La saisie conservatoire autorisée par l'art. 417 C. proc. civ. peut, à la différence de la saisie-exécution, être pratiquée sans titre et sur la simple autorisation du président. — Civ. c. 9 mars 1880, D.P. 80. 1. 203. — V. *Code de procédure civile*, n° 11.

4779. En ce qui concerne la saisie conservatoire pratiquée par le porteur d'une lettre de change protestée faute de payement, V. *Code de commerce annoté*, art. 173, n°° 1 et s.; et son *Supplément*, même article.

4780. — II. Qui a qualité pour autoriser la saisie conservatoire (C. proc. civ. n°° 61 à 29).

4781. — III. Formalités de la saisie conservatoire (C. proc. civ. n°° 30 à 37).

§ 2. — *Ordonnances du président du tribunal de commerce; Recours dont ces ordonnances sont susceptibles* (C. proc. civ. n°° 38 à 58).

4782. L'ordonnance du président du tribunal de commerce qui autorise une saisie conservatoire en vertu de l'art. 417 C. proc. civ. est une ordonnance par défaut, et comme telle, est susceptible d'être attaquée par la voie de l'opposition devant le président qui l'a rendue. — Douai, 21 janv. 1884, D.P. 87. 2. 17. — V. toutefois Dissertation de M. Glasson sous cet arrêt, D.P. 87. 2. 17, note 1. — V. aussi *Code de procédure civile*, n° 40.

4783. Elle peut être également attaquée par la voie de l'appel. — Paris, 17 août 1875, D.P. 76. 2. 40. — Arrêt préc. 21 janv. 1884.

4784. Mais l'appel est irrecevable pendant la durée des délais d'opposition. — Arrêt préc. 21 janv. 1884, et *infrà*, art. 455.

4785. L'opposition à l'ordonnance du président du tribunal de commerce autorisant la saisie conservatoire au Code de procédure doit être portée devant le tribunal de commerce dont fait partie le magistrat qui a rendu cette ordonnance; le tribunal civil serait incompétent pour statuer sur cette demande. — Bruxelles, 16 avr. 1887, D.P. 88. 2. 90. — V. *Code de procédure civile*, n° 42.

Art. 418. Dans les affaires maritimes où il existe des parties non domiciliées, et dans celles où il s'agit d'agrès, victuailles, équipages et radoubs de vaisseaux prêts à mettre à la voile, et autres matières urgentes et provisoires, l'assignation de jour à jour, ou d'heure à heure, pourra être donnée sans ordonnance, et le défaut pourra être jugé sur-le-champ.

Art. 419. Toutes assignations données à bord à la personne assignée seront valables.

Art. 420. Le demandeur pourra assigner à son choix,

Devant le tribunal du domicile du défendeur ;

Devant celui dans l'arrondissement duquel la promesse a été faite et la marchandise livrée ;

Devant celui dans l'arrondissement duquel le payement devait être effectué.

DIVISION.

4786. Sur le tribunal compétent : ... en matière de *société commerciale*, V. *suprà*, art. 59, n°° 1250 et s.

4787. ... En matière de *faillite*, V. *suprà*, art. 59, n°° 1365 et s.

4788. Sur la compétence d'attribution des tribunaux de commerce, V. *Code de commerce annoté*, art. 631 et s. ; et sous *Supplément*, *ibid*.

4789. — I. Quels marchés tombent sous l'application de l'art. 420 (C. proc. civ. n°° 19 à 74). — L'art. 420 ne s'applique pas aux contestations relatives à l'exécution d'un quasi-contrat de gestion d'affaires. — Req. 5 mai 1880, J.G.S. *Compét. comm.*, 126.

4790. Ni à l'action en responsabilité intentée contre une agence qui a fourni des renseignements commerciaux erronés. — Bordeaux, 19 août 1879, J.G.S. *Compét. comm.*, 127 ; Bordeaux, 31 janv. 1882, *ibid.* — V. *Code de procédure civile*, n° 23.

4791. Suivant une opinion, l'art. 420 cesse d'être applicable toutes les fois qu'il ne s'agit pas de vente, de livraison et de payement de marchandises. — Lyon, 10 août 1883, D.P. 84. 2. 204. — V. *Code de procédure civile*, n° 23.

4792. D'après un autre système plus généralement admis dans la doctrine et la jurisprudence, l'art. 420 n'est pas limitatif : il s'applique à toute contestation commerciale ayant pour objet un payement ou une livraison à effectuer. — Req. 21 févr. 1887, D.P. 88. 1. 39. — V. *Code de procédure civile*, n° 24.

4793. Dans ce système, l'expression *marchandises* employée par l'art. 420 doit s'entendre non pas seulement de tout ce qui se vend et s'achète, mais de tout ce qui peut faire l'objet d'une spéculation commerciale. — Req. 29 janv. 1883, D.P. 83. 1. 314. — Req. 1er déc. 1884, D.P. 85. 1. 195. — V. *Code de procédure civile*, n° 25.

4794. Ainsi cet article a été déclaré applicable aux contestations relatives à la cession d'une industrie d'hôtelier restaurateur. — Req. 29 janv. 1883, D.P. 83. 1. 314.

4795. — 1° *Contrat de mandat* (C. proc. civ. n°° 27 à 33). — Dans le sens du premier système, l'art. 420 n'est pas applicable à l'action tendant à l'exécution d'un mandat salarié. — Req. 5 mai 1880, J.G.S. *Compét. comm.* — V. *Code de procédure civile*, n° 27.

4796. Décidé, au contraire, dans le sens du second système, que l'art. 420 s'applique aux actions résultant du contrat de mandat. — Req. 11 déc. 1883, D.P. 84. 2. 228. — Req. 21 févr. 1887, D.P. 88. 1. 39. — V. *Code de procédure civile*, n° 31.

4797. Suivant ce dernier système, l'art. 420 C. proc. civ. s'applique non seulement aux livraisons de marchandises, mais à tous les contrats commerciaux, et notamment au mandat donné à un agréé par un commerçant pour les faits de son commerce. — Bordeaux, 9 août 1888, D.P. 90. 2. 150.

4798. Par suite, le tribunal de commerce devant lequel l'agréé a occupé en vertu d'un tel mandat est compétent pour connaître de l'action en payement de frais et honoraires dirigée par l'agréé contre son mandant, bien que celui-ci soit domicilié dans un autre arrondissement. — Même arrêt.

4799. Décidé dans le même sens, que l'art. 420 C. proc. civ. s'applique à tout contrat commercial et spécialement au mandat et au louage de services. — Orléans, 21 févr. 1889, D.P. 90. 2. 164. — Comp. Dijon, 11 déc. 1883, D.P. 84. 2. 228.

4800. Aussi le tribunal de commerce, dans le ressort duquel le préposé d'un entrepreneur de travaux publics a dirigé des travaux importants moyennant des appointements stipulés payables dans le lieu de l'exécution des travaux, est-il compétent pour connaître de l'action en payement d'appointements et en délivrance d'un certificat pour les travaux exécutés, intentée par ce préposé contre son commettant. — Arrêt préc. 21 févr. 1889.

4801. Mais il ne saurait connaître de réclamations relatives à des travaux effectués sur d'autres chantiers par le même préposé pour le compte du même entrepreneur. — Même arrêt.

4802. — 2° *Actions entre patrons et commis ou préposé* (C. proc. civ. n°° 34 à 39). — Décidé... dans le sens du second système, que les dispositions de l'art. 420 se référant à un marché intervenu entre commerçants, ne sauraient s'appliquer au cas où il s'agit du règlement d'intérêts entre un commerçant et son mandataire, commis ou employé. — Orléans, 27 mars 1885, D.P. 87. 2. 27. — V. *Code de procédure civile*, n° 34.

4803. — En sens contraire que l'art. 420 est applicable d'une façon générale au contrat de louage de services. — Req. 21 févr. 1887, D.P. 88. 1. 39.

4804. ... Et spécialement aux contestations entre un commerçant et ses employés relatives aux appointements de ceux-ci. — Paris, 1er avr. 1875, D.P. 77. 5. 110. — Civ. c. 8 janv. 1884, D.P. 84. 1. 110. — V. *Code de procédure civile*, n° 38.

4805. — 3° *Contrat de commission* (C. proc. civ. n°° 40 à 50). — Dans le sens du second système, il a été jugé l'art. 420 est applicable aux actions nées du contrat de commission. — Pau, 24 mai 1869, J.G.S. *Compét. comm.*, 149. — Req. 3 juin 1885, D.P. 86. 1. 212. — V. *Code de procédure civile*, n° 44.

4806. — 4° *Obligation de faire* (C. proc. civ. n°° 51 à 54).

4807. — 5° *Contrat de transport* (C. proc. civ. n°° 55 à 60).

4808. — 6° *Contrat d'assurances* (C. proc. civ. n° 61). — La compagnie d'assurances qui a établi dans une ville un agent chargé de remettre aux assurés les polices et quittances de primes signées par les administrateurs et le directeur de la société à Paris, ne peut être assignée devant le tribunal du lieu où l'agent est établi sous prétexte que ce tribunal est celui du lieu où la promesse a été faite et la marchandise livrée ; car les primes ne sauraient être considérées comme une marchandise vendue par l'assuré. — Req. 25 juin 1878, D.P. 79. 1. 212.

4809. — 7° *Espèces monnayées; Lettres de change* (C. proc. civ. n°° 62 à 69).

4810. — 8° *Comptes courants* (C. proc. civ. n°° 70 à 74). — C'est le tribunal du domicile du défendeur qui est compétent en principe, et en vertu de la règle générale de l'art. 59 C. proc. civ., pour connaître de la demande tendant à l'apurement d'un compte courant et au payement du solde provenant de la balance, lorsqu'il y a eu à faire acception, pour la compétence, du lieu où ont été réalisées les opérations commerciales comprises dans ledit compte courant. — Req. 1er mars 1887, D.P. 87. 1. 161. — V. *Code de procédure civile*, n° 71.

4811. En conséquence, quand une demande de cette nature se trouve portée tout à la fois devant le tribunal du domicile du défendeur et devant celui du demandeur pris comme lieu de la réalisation des opérations commerciales comprises dans le compte courant, la Cour de cassation, statuant par voie de règlement de juges, doit dessaisir le second tribunal, et renvoyer la cause et les parties devant le premier. — Même arrêt.

4812. — II. Contestations sur l'exécution du marché (C. proc. civ. n°° 75 à 82). — En matière commerciale, le tribunal du lieu où le marché proposé a été accepté par correspondance, où la marchandise doit être livrée et où la promesse doit être effectué comptant, est compétent pour connaître des contestations qui s'élèvent soit sur l'existence de la vente, mais sur son exécution. — Rennes, 21 mars 1879, D.P. 81. 2. 175. — V. Code de procédure civile, n° 75.

4813. — III. Contestation sur l'existence ou la validité du marché (C. proc. civ. nᵒˢ 83 à 193). — Le tribunal du lieu du payement est incompétent pour connaître d'une demande en livraison de marchandises si la validité de la vente ou de la promesse de vente de ces marchandises est déniée, en ce que, par exemple, elle ne rentrait pas dans les pouvoirs des commis-voyageurs par qui elle a été faite. — Req. 24 juin 1868, J.G.S. Compét. comm., 129. — Bourges, 8 août 1877, D.P. 78, 2. 212. — V. Code de procédure civile, n° 83.

4814. L'art. 420 est également inapplicable lorsque le marché n'est établi que par une prétendue commission inscrite sur feuille volante, ne portant ni date, ni signature et ne résulte pas de la correspondance des parties. — Toulouse, 11 juin 1881, D.P. 82. 2. 206.

4815. Il en est de même quand les pouvoirs du commissionnaire qui a fait la promesse de vente sont, de la part du commettant, l'objet d'un débat ayant pour effet de mettre en question l'existence de cette vente elle-même. — Req. 13 juill. 1881, D.P. 82, 4. 447. — V. dans le même sens : Limoges, 10 mars 1877, D.P. 78. 2. 161. — Arrêt préc. Bourges, 8 août 1877. — (Sol. implic.) Req. 27 déc. 1880, D.P. 82. 4. 421.

4816. Toutefois, l'attribution de compétence établie en matière commerciale par l'art. 420 C. proc. civ. en faveur du tribunal du lieu où la promesse a été faite et la marchandise livrée, ne cesse pas cela seul que le défendeur conteste l'existence du contrat; il appartient aux juges d'examiner si la contestation est sérieuse et si les circonstances de la cause font présumer que le défendeur n'a bien été partie ou représenté au marché que suppose la demande. — Agen, 4 janv. 1873, D.P. 78. 2. 212. — V. Code de procédure civile, n° 98.

4817. Jugé, dans le même sens, que l'attribution de compétence faite en matière commerciale au tribunal du lieu où la promesse a été faite et la marchandise livrée a celui du lieu du payement doit recevoir son application, quoique le marché soit contesté, si cette contestation n'est pas sérieuse. — Req. 17 déc. 1889, D.P. 90. 5. 113.

4818. En appréciant si la contestation est sérieuse, le tribunal ne juge pas le fond, mais motive sa compétence. — Même arrêt.

4819. En présence de la contestation élevée par le défendeur sur l'existence du marché qui fait l'objet de la demande, le tribunal de commerce doit admettre le demandeur à prouver les faits articulés par lui, afin d'apprécier le mérite de la contestation. — Civ. r. 6 nov. 1871, J.G.S. Compét. comm., 130.

4820. — IV. Cas où il y a plusieurs défendeurs (C. proc. civ. n° 110). — En cas de pluralité de défendeurs, le tribunal dans le ressort duquel la promesse a été faite et exécutée par l'un des codéfendeurs n'est compétent à l'égard des autres qu'autant qu'ils ne contestent pas sérieusement leur participation à l'engagement et à son exécution. — Civ. r. 11 mars 1884, D.P. 84. 1. 313.

4821. — V. Contestations entre étrangers (C. proc. civ. n° 111). — V. sur cette question, Supplément au Code civil annoté, art. 14, nᵒˢ 550 et s.

§ 2. — Tribunal du lieu de la promesse et de la livraison (C. proc. civ. nᵒˢ 112 à 188).

4822. — I. Conditions de l'attribution de la compétence (C. proc. civ. nᵒˢ 112 à 115). — L'art. 420 qui permet au demandeur de porter, en matière commerciale, son action devant le tribunal dans l'arrondissement duquel la promesse a été faite et la marchandise livrée, doit être entendu en ce sens que le concours de ces deux conditions est nécessaire pour qu'elles soient attributives de compétence. — Req. 18 juin 1879, D.P. 81. 1. 33. — Req. 21 juin 1882, D.P. 83. 1. 472. — V. Code de procédure civile, n° 112.

4823. Mais lorsque la promesse a été faite en un lieu et la marchandise livrée en un autre, il ne peut être question pour le demandeur d'invoquer le bénéfice de la seconde disposition de l'art. 420 C. proc. civ. — Req. 1ᵉʳ août 1888, D.P. 89. 1. 232.

4824. Lorsqu'en vertu de l'art. 14 C. civ., un Français assigne un étranger devant la juridiction française, c'est la nature de la contestation qui détermine le tribunal compétent; en conséquence, la compétence établie en matière commerciale par l'art. 420-2° C. proc. civ. est applicable, comme elle le serait entre plaideurs tous les deux Français, et le demandeur français assigne valablement dans l'arrondissement duquel la promesse a été faite et la marchandise livrée. — Bordeaux, 20 janv. 1891, D.P. 91. 2. 265.

4825. — II. Détermination du lieu de la promesse (C. proc. civ. nᵒˢ 116 à 166). — 1° Marché consenti par les parties elles-mêmes (C. proc. civ. n° 116 à 118).

4826. — 2° Marché par correspondance (C. proc. civ. nᵒˢ 119 à 135). — Lorsqu'il s'agit d'un marché conclu par correspondance, la promesse doit être réputée faite : 1° au lieu où le marché a été accepté et non à celui où il a été proposé. — Douai, 15 mars 1886, D.P. 88. 2. 37. — V. Code de procédure civile, n° 119.

4827. .. 2° Au lieu d'où a été expédiée la lettre d'acceptation. — Rouen, 28 févr. 1874, D.P. 77. 2. 222. — Chambéry, 8 juin 1877, D.P. 78. 2. 113. — V. Code de procédure civile, n° 130.

4828. — 3° Au lieu où, sur la demande de l'acheteur, le vendeur a effectué l'envoi de la marchandise commandée. — Req. 13 mars 1878, D.P. 78. 1. 311. — V. Code de procédure civile, n° 123.

4829. Lorsque, dans un marché par correspondance, le vendeur l'accepte en l'exécutant, son domicile doit être regardé à la fois comme le lieu de la promesse et de la livraison, et c'est le tribunal de ce domicile qui doit être saisi. — Nancy, 9 févr. 1874, J.G.S. Compét. comm., 133.

4830. Il a été décidé toutefois que le lieu de la promesse peut être considéré comme étant celui où le vendeur, après avoir adressé à l'acheteur le tarif de ses prix, a reçu de celui-ci l'ordre de lui expédier une certaine quantité de marchandises aux conditions de ce tarif. — Civ. r. 30 mars 1881, D.P. 81. 1 359.

4831. Dans les marchés qui se lient par correspondance entre négociants habitant des villes différentes, la fixation du lieu où la promesse a été faite est une question de fait abandonnée à l'appréciation souveraine des juges du fond. — Req. 1ᵉʳ déc. 1875, D.P. 77. 1. 450-451. — V. Code de procédure civile, n° 134.

4832. — 3° Marchés par intermédiaires (C. proc. civ. nᵒˢ 136 à 150). — Lorsque des achats et ventes ont été faits par l'intermédiaire d'un commis-voyageur agissant en vertu d'une procuration expresse, le vendeur actionné par l'acheteur en exécution du marché ne peut décliner la compétence du tribunal du lieu où il a été conclu par le commis-voyageur sous le prétexte que ce dernier aurait excédé ses pouvoirs. — Grenoble, 24 juin 1880, J.G.S. Compét. comm., 135. — V. Code de procédure civile, n° 139.

4833. Suivant un arrêt, dans le cas où le commis-voyageur n'a reçu aucun pouvoir exprès, le tribunal compétent est celui du lieu de la ratification. — Aix, 27 juill. 1878, J.G.S. Compét. comm., 136. — V. Code de procédure civile, n° 141.

4834. Mais il a été décidé en sens contraire: .. que la ratification du commettant, lorsqu'elle est nécessaire pour rendre définitif le marché conclu par le représentant d'une maison de commerce, rétroagit au jour de la convention qui en est l'objet et dont la date ainsi fixée détermine le lieu où cette convention a été passée; que, dès lors, le lieu où la ratification est intervenue ne peut servir à déterminer, comme lieu de la promesse et de la livraison, le tribunal compétent pour connaître des contestations relatives audit marché. — Civ. r. 25 févr. 1879, D.P. 79. 1. 102.

4835. ... Que la vente par un commis-voyageur, sous la condition de la ratification de son patron, se forme dans le lieu où le contrat est passé par le commis, et non dans le lieu où le patron donne sa ratification; qu'en conséquence, l'acheteur ne peut être assigné devant le tribunal de ce dernier lieu, quoique la marchandise y ait été livrée. — Toulouse, 27 mars 1884, D.P.85.2.52.

4836. — 4° Contrat de commission (C. proc. civ. n° 151 à 154). — Le courtier peut poursuivre le payement de ses honoraires devant le tribunal du lieu où le contrat a été formé et doit être exécuté. — Aix, 18 janv. 1873, J.G.S. Compét. comm., 137. — V. Code de procédure civile, n° 151.

4837. — 5° Contrat de transport (C. proc. civ. nᵒˢ 155 à 159).

4838. — 6° Actions intentées par les commis contre leurs patrons (C. proc. civ. nᵒˢ 160 à 163).

4839. — 7° Actions formées par les patrons contre leurs commis (C. proc. civ. nᵒˢ 164 à 166).

4840. — III. Détermination du lieu de la livraison (C. proc. civ. nᵒˢ 167 à 188). — La livraison d'une marchandise vendue est réputée faite au domicile du vendeur, quand la marchandise est expédiée de ce lieu aux risques et périls de l'acheteur. — Douai, 15 mars 1886, D.P. 88. 2. 37.

4841. Toutefois, le lieu de la livraison est celui du domicile de l'acheteur, lorsque, d'après les conventions intervenues, la marchandise devait être livrée franco de port en gare de ce domicile. — Req. 7 déc. 1881, D.P. 82. 4. 400.

4842. ... Encore bien que la facture porte dans sa partie imprimée la mention que la marchandise voyage aux risques de l'acheteur. — Même arrêt.

4843. Il en est de même encore lorsque les marchandises n'ont été remises au chemin de fer à destination de l'acheteur que pour être livrées contre remboursement. — Amiens, 4 déc. 1875, D.P. 77. 5. 113.

4844. ... Et cela quand bien même la facture contiendrait, dans sa partie imprimée, la stipulation d'un payement au lieu du domicile du vendeur, ladite stipulation se trouvant annulée par la mention manuscrite portant que le payement sera fait aux agents de la compagnie dans le lieu de destination. — Contrà : Paris, 12 juill. 1873, D.P. 74. 5. 123.

4845. Il a été jugé encore : 1° qu'en cas de vente par correspondance, on doit considérer comme lieu de la livraison celui où la marchandise a été remise au chemin de fer par le vendeur. — Req. 14 mars 1878, D.P. 78. 1. 311.

4846. ... 2° Que, dans une contestation entre une société concessionnaire d'abattoirs, halles et marchés et l'adjudicataire des constructions nécessaires à l'installation de ces établissements, on doit considérer comme lieu de la promesse et de la délivrance celui où l'adjudication des travaux a été faite et où il a été procédé à la livraison des constructions. — Poitiers, 14 févr. 1884, D.P.85. 2. 257.

4847. ... 3e Que, dans le cas d'un emprunt fait par un banquier, pour les besoins de son commerce, le lieu de la livraison est celui où les espèces ont été remises à ce banquier; qu'en conséquence, le tribunal de ce lieu est compétent pour statuer sur les contestations relatives audit emprunt, si, en outre, c'est dans le même lieu que le contrat est intervenu. — Douai, 28 mars 1877, J.G.S. *Compét. comm.* 441.

§ 3. — *Tribunal du lieu du payement.* (C. proc. civ. nos 189 à 304).

4848. L'expression *payement* doit être prise dans un sens large et comprend toute prestation quelconque faite en vue d'une obligation. — Chambéry, 11 févr. 1889, J.G.S. *Compét. comm.* 142.

4849. La détermination du lieu du payement résulte du contrat lui-même, s'il contient une clause à cet égard ; et il appartient aux juges du fond d'interpréter souverainement à ce point de vue les conventions des parties. — J.G.S. *Compét. comm.* 143.

4850. Ainsi la décision par laquelle un tribunal de commerce se déclare compétent par application de l'art. 420, 3e alin., par le motif qu'il résulte du contrat litigieux que le payement devait avoir lieu dans son ressort, échappe au contrôle de la Cour de cassation. — Req. 27 nov. 1883, D.P. 83. 1. 384.

4851. De même, est souveraine la décision par laquelle le juge du domicile du vendeur reconnaît sa compétence en se fondant sur ce que le marché n'avait rien déterminé quant au lieu du payement, et sur ce qu'une facture indiquant que ce payement serait effectué au domicile du vendeur avait été reçue ultérieurement par l'acheteur sans protestation. — Req. 9 nov. 1885, D.P. 86. 1. 38.

4852. — I. Marché au comptant (C. proc. civ. nos 194 à 202). — Lorsque le marché est fait au comptant, le lieu du payement et celui de la livraison se confondent s'il n'y a stipulation contraire. — J.G.S. *Compét. comm.*, 145.

4853. Ainsi, lorsque, dans une vente de marchandises, le lieu et le temps du payement n'ont pas été spécialement désignés, ce payement devant être effectué au lieu et à l'époque de la délivrance, le tribunal de commerce du domicile de l'acheteur est incompétent pour connaître de la demande de livraison, et il y a lieu de renvoyer l'acheteur, par voie de règlement de juges, à se pourvoir devant le tribunal du domicile du vendeur. — Req. 30 nov. 1880, D.P. 81. 1. 430.

4854. — II. Marché a terme (C. proc. civ. nos 203 à 209). — Si le prix de vente a été stipulé payable à terme sans indication du lieu de payement, le payement doit être effectué au domicile de l'acheteur : en conséquence, ce dernier peut valablement assigner le vendeur au tribunal de commerce de son propre domicile à fin d'exécution de son marché. — Req. 19 févr. 1884, D.P. 85. 1. 238. — V. *Code de procédure civile*, nº 204.

4855. Une vente est à terme lorsque le prix est payable trente jours après la livraison, lors même qu'un escompte aurait été consenti par le vendeur au profit de l'acheteur, et, dès lors, le vendeur est valablement assigné en délivrance devant le tribunal du domicile de l'acheteur où se trouve, en effet, le lieu du payement. — Besançon, 21 févr. 1890, D.P. 91. 2. 140.

4856. — III. Marché par intermédiaire (C. proc. civ. nos 210 à 215).

4857. — IV. Contrat de commission (C. proc. civ. nos 216 à 220). — Le commettant peut assigner devant le tribunal du lieu où le payement doit se faire le commissionnaire qui achète des marchandises en son nom, lors même que la demande a trait à la restitution de sommes que le commettant

soutient avoir été touchées indûment par le commissionnaire. — Pau, 24 mai 1869, J.G.S. *Compét. comm.*, 149. — V. *Code de procédure civile*, nº 216.

4858. La demande formée contre une société commerciale par un de ses employés en payement de ses appointements et de dommages-intérêts à raison de sa brusque destitution, est compétemment portée par cet employé devant le tribunal du lieu où, d'après la convention des parties, le payement du prix du louage de services devait s'effectuer. — Req. 21 févr. 1887, D.P. 88. 1. 38.

4859. La compagnie de chemin de fer qui possède dans une ville un établissement considérable peut être assignée devant le tribunal de commerce de cette ville par un de ses employés dans une contestation relative aux appointements que cet employé y recevait. — Paris, 1er avr. 1875, D.P. 77. 5. 110. — V. *supra*, nº 1306.

4860. — V. Contrat de transport (C. proc. civ. nos 221 à 233). — L'action en dommages-intérêts dirigée par le consignataire de la cargaison d'un navire contre l'armateur ou le fréteur de ce bâtiment, à raison du retard subi dans le payement, peut être portée devant le tribunal de commerce du lieu où, d'après la charte-partie, le payement du fret devait s'effectuer. — Req. 24 oct. 1888, D.P. 89. 1. 312.

4861. — VI. Contrat a la grosse (C. proc. civ. nos 234 à 236).

4862. — VII. Cas ou la facture seule indique le lieu du payement (C. proc. civ. nos 237 à 278). — L'indication dans une facture acceptée sans protestation d'un lieu de payement, est attributive de juridiction au tribunal du lieu désigné. — Req. 1er déc. 1875, D.P. 77. 1. 450-451. — Req. 18 juin 1879, D.P. 81. 1. 33. — Req. 24 juin 1882, D.P. 83. 1. 472. — Toulouse, 27 mars 1884, D.P. 85. 2. 52. — Req. 10 déc. 1884, D.P. 85. 1. 117. — V. *Code de procédure civile*, nº 237.

4863. Il en est ainsi, même dans le cas de réclamation de l'acheteur, si cette réclamation n'a porté que sur la qualité de la marchandise livrée. — Req. 4 juill. 1883, D.P. 84. 5. 107. — Req. 9 juin 1885, D.P. 87. 1. 384. — Toulouse, 27 mars 1884, D.P. 85. 2. 52. — V. *Code de procédure civile*, nº 239.

4864. Il importe peu que le vendeur ait en même temps tiré sur l'acheteur et à son domicile une traite dont l'usage facultatif était prévu par la facture elle-même. — Arrêt préc. 1er déc. 1875. — V. *Code de procédure civile*, nº 246.

4865. En matière commerciale, l'énonciation d'une facture imprimée, portant que le montant en sera payable au domicile de l'acheteur, ne peut être invoquée qu'à défaut de convention contraire ; en conséquence, le tribunal du domicile de l'acheteur devient compétent s'il a été convenu que le payement serait effectué au moyen de traites tirées sur l'acheteur. — Besançon, 31 oct. 1888, D.P. 89. 2. 241.

4866. Le lieu du payement peut être tacitement fixé par la commune intention des parties, telle qu'elle résulte de leur correspondance, et, en pareil cas, le tribunal de ce lieu reste compétent, même si le payement se fait dans une autre localité, lorsque ce changement n'est intervenu que par suite d'un refus de garantie réclamée par le vendeur dans son intérêt exclusif et non pour apporter aux conditions du marché un changement qui lui serait défavorable. — Req. 1er août 1888, D.P. 89. 1. 252.

4867. L'indication d'un lieu pour le payement dans la facture est obligatoire pour le débiteur, à moins qu'il ne proteste, et in création de traites ne change rien à cette situation. — Même arrêt.

4868. Suivant un arrêt, la question de savoir si la traite fournie par le vendeur sur l'acheteur a eu pour effet d'annuler la stipulation de la facture aux termes de laquelle

le payement devait être fait au domicile du vendeur est laissée à l'appréciation souveraine des juges du fond. — Req. 13 mars 1878, D.P. 78. 1. 312.

4869. Il a été décidé, contrairement aux arrêts qui précèdent, que la clause imprimée sur la facture, attribuant compétence au tribunal du domicile du vendeur, doit être considérée comme non avenue, bien que l'acheteur n'ait pas protesté contre elle, s'il ne l'a pas acceptée d'une manière formelle, alors que le contraire avait été convenu entre les parties et que le vendeur avait fait traite sur l'acheteur. — Metz, 8 mai 1861, J.G.S. *Compét. comm.*, 153. — V. *Code de procédure civile*, nº 256.

4870. La clause d'une facture portant que le payement aura lieu au domicile du vendeur n'a pas pour effet d'attribuer compétence au tribunal de ce domicile, lorsque l'acheteur a refusé les marchandises, retourné la facture et protesté contre ses stipulations. — Angers, 2 déc. 1878, D.P. 79. 2. 214. — Req. 18 juin 1879, D.P. 81. 1. 33. — Req. 29 déc. 1885, D.P. 86. 1. 448. — V. *Code de procédure civile*, nº 272.

4871. Toutefois, il a été décidé : ... que cette clause est obligatoire, lorsque l'acheteur reçoit la facture sans protestation et que, tout en reprenant la marchandise, retourne le maintien et l'exécution du marché. — Req. 5 avr. 1880, J.G.S. *Compét. comm.*, 155.

4872. ...Que l'acheteur est lié par cette clause, lorsqu'il a reçu la facture sans protestation ni réclamation et n'a fait aucune observation au sujet des mentions de cette facture, bien qu'il ait refusé la marchandise à son arrivée. — Req. 18 juin 1879, D.P. 81. 1. 313. — Req. 14 janv. 1880, *ibid.* — Req. 13 avr. 1880, *ibid.*

4873. ... Que, dans une vente de marchandises entre négociants, lorsque le lieu de payement n'a pas été fixé, celui qui reçoit une facture portant que le montant sera payable au domicile du vendeur sans que la création de traites puisse changer en rien cette condition, et qui ne proteste pas contre ces indications, ne peut ultérieurement, même au cas de refus de la marchandise, soutenir utilement que le payement devait avoir lieu au domicile du débiteur, à défaut de stipulation expresse. — Req. 12 févr. 1883, D.P. 83. 1. 257.

4874. Jugé également que la mention de la facture du vendeur, relative au lieu du payement, est obligatoire pour l'acheteur, s'il n'est de sa part l'objet d'aucune réclamation n'il réserve ; peu importe qu'il demande ensuite la résiliation du marché à raison de la qualité de la marchandise. — Req. 30 juill. 1888, D.P. 89. 1. 191.

4875. — VIII. Cas ou le payement a été réglé en effets de commerce (C. proc. civ. nos 279 à 290).

4876. — IX. Payement d'effets de commerce (C. proc. civ. nos 291 à 304).

Art. 421. Les parties seront tenues de comparaître en personne, ou par le ministère d'un fondé de procuration spéciale.

4877. Sur l'obligation, pour le représentant d'une partie devant le tribunal de commerce, d'être assisté de cette partie ou muni d'une procuration spéciale, et sur la défense faite aux avoués et huissiers de représenter les parties devant cette juridiction, V. *Code de commerce annoté*, art. 627, nos 1 et s. ; et son *Supplément*, même article.

Art. 422. Si les parties comparaissent, et qu'à la première audience il n'intervienne pas jugement définitif, les parties non-domiciliées dans le lieu où siège le tribunal seront tenues d'y faire élection d'un domicile.

L'élection de domicile doit être mentionnée sur le plumitif de l'audience ; à défaut de cette élection, toute signification, même celle du jugement définitif, sera faite valablement au greffe du tribunal.

4878. La partie plaidant devant un tribunal de commerce, et non domiciliée dans le lieu où il siège, est tenue, si le jugement contradictoire n'intervient pas à la première audience, d'élire un domicile et de le faire mentionner sur le plumitif même de l'audience. — Req. 17 mai 1887, D.P. 87. 1. 247.

4879. L'élection de domicile est exigée dans l'intérêt de la rapide expédition des affaires, et la mention sur le plumitif permet au greffier de retenir la déclaration du plaideur, de manière à pouvoir, à toute réquisition, renseigner la partie adverse. — J.G.S. *Domicile élu.* 11.

4880. Certains auteurs distinguent entre le *plumitif* proprement dit, ou feuille sur laquelle le prononcé du jugement est écrit à l'audience par le greffier, et la *feuille d'audience,* sur laquelle cet officier ministériel transcrit la première rédaction rectifiée, s'il y a-lieu, par le président. — J.G.S. *Domicile élu,* 11.

4881. Mais il est peu probable que le législateur ait voulu consacrer dans l'art. 422 C. proc. civ. une pareille distinction; car l'art. 72 du décret du 30 mars 1808 prévoyant, d'une manière générale, le cas où des conclusions seraient prises à l'audience, en dehors des actes de la procédure, enjoint au greffier de les porter sur la *feuille d'audience.* — J.G.S. *Domicile élu,* 11. — V. *suprà,* n° 72, Décr. 30 mars 1808, n°ˢ 1733 et s.

4882. Lorsque, dans l'hypothèse de l'art. 422 C. proc. civ., le législateur a ordonné d'en faire mention sur le plumitif, il n'a guère admissible qu'il ait eu en vue un mode de constatation différent; l'idée étant identique, la prescription doit être la même, et les mots *plumitif* et *feuille d'audience,* dans la pensée des rédacteurs des art. 72 du décret de 1808 et 422 C. proc civ., ne peuvent désigner qu'une seule et même chose. — J.G.S. *Domicile élu,* 11.

4883. Jugé sur cette question que le plumitif de l'audience, sur lequel doit être mentionnée l'élection de domicile prescrite en matière de procédure devant les tribunaux de commerce, ne saurait désigner autre chose que la feuille signée par le président et le greffier, contenant la mention authentique des faits qui se sont passés à l'audience, des conclusions qui y ont été prises et des jugements de toute nature qui y ont été rendus. — Civ. r. 4 nov. 1885, D.P. 86. 1. 295. — Comp. Paris, 21 août 1878, J.G.S. *Compét. comm.,* 11, et Civ. 24 févr. 1879, D.P. 79. 1. 207.

4884. En conséquence, l'élection de domicile mentionnée dans des conclusions prises à l'audience en présence de la partie adverse, et mentionnée à cette feuille d'audience, remplit suffisamment le vœu de la loi ; et, dans ce cas, la signification d'un acte de procédure faite au greffe n'est pas valable. — Arrêt préc. 4 nov. 1885.

4885. Les dispositions de l'art. 422 C. proc. civ. ne peuvent être étendues au cas où l'élection de domicile ne résulte que d'un acte antérieur à l'instance, et n'a pas été faite et constatée dans les formes spéciales prescrites par ledit article. — Arrêt préc. 24 févr. 1879.

4886. Dans la colonie de Saint-Pierre et Miquelon, les dispositions de l'art. 422 C. proc. civ. sont applicables aux instances civiles comme aux instances commerciales. — Même arrêt.

4887. Sur la question de savoir si la signification du jugement rendu par le tribunal de commerce, au domicile élu en conformité de l'art. 422 C. proc. civ., fait courir les délais d'appel, V. *infrà,* art. 443 C. proc. civ., n°ˢ 4995 et s.

Art. 423. Les étrangers demandeurs ne peuvent être obligés, en matière de commerce, à fournir une caution de payer les frais et dommages-intérêts auxquels ils pourront être condamnés, même lorsque la demande est portée devant un tribunal civil dans les lieux où il n'y a pas de tribunal de commerce.

Art. 424. Si le tribunal est incompétent à raison de la matière, il renverra les parties, encore que le déclinatoire n'ait pas été proposé.

Le déclinatoire pour toute autre cause ne pourra être proposé que préalablement à toute autre défense.

4888. — I. Incompétence matérielle ou absolue (C. proc. civ. n°ˢ 2 à 14). — En matière commerciale, le défendeur qui après avoir opposé une exception d'incompétence, a conclu sur le fond, n'en est pas moins recevable à interjeter appel de la décision sur la compétence, alors surtout qu'il a fait à cet égard des réserves expresses. — Douai, 26 déc. 1876, D.P. 78. 2. 46. — V. *Code de procédure civile,* n° 2.

4889. Les tribunaux de commerce étant incompétents *ratione materiæ* pour connaître d'une affaire dont la connaissance est réservée au juge de paix, cette incompétence peut être invoquée en tout état de cause par le ministère public, et le moyen qui en résulte doit être suppléé d'office. — C. sup. just. Luxembourg, 1ᵉʳ juin 1882, J.G.S. *Compét. civ. des trib. de paix,* 70. — V. *Code de procédure civile,* n° 3.

4890. Les juges de commerce étant incompétents *ratione materiæ* pour apprécier si l'acte invoqué par une partie, afin de faire décider, après la mort de celui qui l'a rédigé, que le défaut lui a transmis ses droits d'associé dans une société commerciale, constitue ou non un testament dont l'effet a pu être détruit par une révocation postérieure, le tribunal de commerce devant lequel s'élève une pareille contestation doit se dessaisir, même d'office, de l'action tendant à faire exécuter l'acte litigieux, alors du moins que cet acte présente, dans sa forme extérieure, les caractères d'un testament olographe. — Rouen, 6 déc. 1877, D.P. 78. 2. 146.

4891. Bien qu'un tribunal de commerce puisse ordonner la suppression de discours ou écrits injurieux ou diffamatoires produits devant lui, il est incompétent pour statuer sur l'action civile d'un tiers qui demanderait réparation du préjudice à lui causé par le discours ou l'écrit dont s'agit. — Paris, 4 mars 1882, J.G.S. *Compét. comm.,* 6.

4892. Il n'appartient pas au juge de modifier les limites de sa compétence sous le prétexte que la demande exclusive de cette compétence ne serait pas *sérieuse* et n'apparaîtrait que comme un moyen moratoire. — Civ. c. 1ᵉʳ avr. 1889, D.P. 89. 1. 462.

4893. Spécialement, un tribunal de commerce, saisi d'une instance engagée contre la veuve d'un commerçant, ne peut rejeter les conclusions d'incompétence *ratione materiæ* prises par la défenderesse qui dénie sa qualité d'héritière, sous le prétexte que la renonciation à la succession servant de base à l'exception de *qualité* ne serait pas *sérieuse* et ne peut être considérée que comme un simple moyen moratoire. — Même arrêt.

4894. — II. Incompétence personnelle ou relative (C. proc. civ. n°ˢ 15 à 22).

4895. — III. Exception d'incompétence devant la Cour de cassation (C. proc. civ. n°ˢ 23 à 32).

Art. 425. Le même jugement pourra, en rejetant le déclinatoire, statuer sur le fond, mais par deux dispositions distinctes: l'une sur la compétence, l'autre sur le fond; les dispositions sur la compétence pourront toujours être attaquées par la voie de l'appel.

4896. — I. Jugement sur la compétence et sur le fond (C. proc. civ. n°ˢ 1 à 11).

4897. — II. Appel du jugement sur la compétence (C. proc. civ. n°ˢ 12 à 21). — Le juge devant qui la demande sur la compétence seulement, de l'appel d'un jugement rendu en dernier ressort le fond par le tribunal de commerce, ne statue pas sur le fond, alors même qu'en rejetant le recours porté devant lui, il déclare « ce dont est appel sortira son plein et entier effet », cette déclaration n'ayant autre portée que d'exprimer la conséquence nécessaire du rejet de l'exception d'incompétence; par suite, on ne saurait reprocher audit juge du second degré, soit d'avoir ou le tort de statuer à la fois et sans distinction, sur la compétence et sur le fond, soit d'avoir omis de motiver sa décision sur le fond. — Req. 23 mars 1886, D.P. 87. 1. 216.

4898. Lorsqu'un tribunal de commerce statue par un jugement spécial sur l'exception d'incompétence qu'il rejette, l'appel relevé contre ce jugement est suspensif, et le jugement que le tribunal rend plus tard sur le fond est lui-même atteint par cet effet suspensif, sans qu'il soit nécessaire d'interjeter un second appel. — Toulouse, 26 janv. 1891, D.P. 92. 2. 71.

4899. L'arrêt de la cour qui infirme ensuite le jugement de compétence fait tomber par cela même aussi le jugement sur le fond et replace les parties dans l'état où elles se trouvaient avant la demande. — Même arrêt.

Art. 426. Les veuves et héritiers des justiciables du tribunal de commerce y seront assignés en reprise ou par action nouvelle ; sauf, si les tribunaux ordinaires les ont renvoyer aux tribunaux ordinaires pour y être réglés, et ensuite être jugés sur le fond au tribunal de commerce.

4900. — I. Actions dans lesquelles figurent des veuves et des héritiers de commerçants (C. proc. civ. n°ˢ 1 à 17).
4901. — II. Forme de la reprise d'instance (C. proc. civ. n° 18).

Art. 427. Si une pièce produite est méconnue, déniée ou arguée de faux, et que la partie persiste à s'en servir, le tribunal renverra devant les juges qui doivent en connaître, et il sera sursis au jugement de la demande principale.

Néanmoins, si la pièce n'est relative qu'à un des chefs de la demande, il pourra être passé outre au jugement des autres chefs.

4902. — I. Vérification d'écriture (C. proc. civ. n°ˢ 1 à 9). — V. *suprà,* n°ˢ 3313 et s.
4903. — II. Inscription de faux (C. proc. civ. n°ˢ 10 à 22). — V. *suprà,* n°ˢ 3348 et s.
4904. — III. Incidents de procédure (C. proc. civ. n° 23).
4905. — IV. Intervention devant les tribunaux de commerce (C. proc. civ. n°ˢ 33 à 36).

Art. 428. Le tribunal pourra, dans tous les cas, ordonner, même d'office, que les parties seront entendues en personne, à l'audience ou dans la chambre, et, s'il y a empêchement légitime, commettre un des juges, ou même un juge de paix pour les entendre, lequel dressera procès-verbal de leurs déclarations.

4906. — I. Comparution des parties (C. proc. civ. n°ˢ 1 et 2).
4907. — II. Interrogatoire sur faits et articles (C. proc. civ. n°ˢ 3 et 4).

Art. 429. S'il y a lieu à renvoyer les parties devant des arbitres, pour examen de comptes, pièces et registres, il sera nommé un ou trois arbitres pour entendre les parties, et les concilier, si faire se peut, sinon donner leur avis.

S'il y a lieu à visite ou estimation d'ouvrages ou marchandises, il sera nommé un ou trois experts.

Les arbitres et les experts seront nommés d'office par le tribunal, à moins que les parties n'en conviennent à l'audience.

4908. — I. Arbitres-rapporteurs (C. proc. civ. nᵒˢ 1 à 17). — D'après un auteur, les tribunaux de commerce ne peuvent renvoyer les parties devant des arbitres rapporteurs que pour examen de comptes, pièces ou registres, ou tout au plus dans quelques autres cas offrant avec ceux-ci la plus grande analogie. De plus, l'arbitre désigné ne peut être investi du droit de concilier les parties pour des questions étrangères à l'appréciation de comptes, pièces ou registres. — J.G.S. *Expert-expertise,* 116.

4909. En outre, il ne doit jamais cumuler avec ses fonctions celles d'expert, de jurisconsulte ou de magistrat : en d'autres termes, le tribunal de commerce n'a pas le droit de confier aux arbitres le soin de faire des visites de lieux, des examens de travaux, de donner un avis sur une question de droit pur, d'interroger les parties, d'entendre des témoins. — J.G.S. *Expert-expertise,* 116.

4910. — 1ᵒ *Nomination* (C. proc. civ. nᵒˢ 2 à 4).

4911. — 2ᵒ *Serment* (C. proc. civ. nᵒ 5).

4912. — 3ᵒ *Attributions* (C. proc. civ. nᵒˢ 6 à 13). — Les règles de l'expertise judiciaire, non plus que celles du renvoi devant arbitres ne sont nécessairement par le jugement qui nomme un arbitre-rapporteur à l'effet de donner son avis sur certains points du litige , sans le charger de faire aucune constatation pouvant rentrer dans la mission d'un expert. — Req. 10 juill. 1876, D.P. 77. 1. 217.

4913. Si l'art. 429 C. proc. donne aux arbitres le droit d'entendre les parties, il ne contient aucune dérogation aux règles relatives aux enquêtes. — Observ. sous l'arrêt préc., D.P. 77. 1. 217, note 2.

4914. Pour les expertises, l'ensemble de cette disposition et le rapprochement des deux premiers alinéas établissent une distinction formelle entre l'arbitre et l'expert : le premier prévoit la nomination d'arbitre dans le cas où il faut examiner des comptes, pièces et registres; le second décide qu'il sera nommé des experts, s'il y a lieu à visite ou estimation d'ouvrages ou de marchandises. — Mêmes observ.

4915. — 4ᵒ *Honoraires* (C. proc. civ. nᵒˢ 14 à 17).

4916. — II. Expertise (C. proc. civ. nᵒˢ 18 à 53). — L'arrêt qui ordonne une expertise peut la faire porter sur tous les éléments d'appréciation que les juges du fond considèrent comme nécessaires pour éclairer leur décision définitive; spécialement, l'arrêt qui prononce, en faveur de l'acheteur, la résolution d'une vente de marchandises, peut prescrire aux experts qu'il nomme de faire porter leurs recherches même sur la valeur actuelle du stock restant dans les magasins de cet acheteur. — Req. 29 févr. 1888, D.P. 88. 1. 360.

4917. En ce qui concerne l'expertise ordonnée... par l'art. 106 C. com., d'après lequel, en cas de refus ou contestation par la réception des objets transportés, leur état est vérifié et constaté par des experts, V. *Code de commerce annoté,* art. 106, nᵒˢ 5 et s., 32 et s., et son *Supplément,* même article.

4918. ... Par l'art. 295 C. com., portant que les dommages-intérêts dus par le capitaine, pour le retard qui provient de son fait, doivent être réglés par experts, V. *ibid.,*

art. 295, nᵒˢ 14 et s.; et son *Supplément,* même article.

4919. ... Par l'art. 407 C. com., suivant lequel il y a également lieu à expertise en cas d'abordage de deux navires, soit pour estimer les avaries ou le préjudice, lorsque le sinistre est imputable à l'un des capitaines, soit pour reconnaître qu'il est l'auteur du sinistre, V. *ibid.,* art. 407, nᵒˢ 52, 61 et s.; et son *Supplément,* même article.

4920. ... Enfin par l'art. 414 C. com., qui veut que, si le capitaine a jeté à la mer une partie de son chargement, l'état des pertes et dommages soit fait par experts, V. *ibid.,* art. 414, nᵒˢ 17 et s.; et son *Supplément,* même article.

4921. — 1ᵒ *Nomination* (C. proc. civ. nᵒˢ 26 à 34). — V. *supra,* art. 305, nᵒˢ 3860 et s.

4922. Sur la question de savoir si cette nomination doit être faite par le tribunal de commerce tout entier ou par le président seul, V. *Code de commerce annoté.* art. 106, nᵒˢ 12 et s.; art. 414, nᵒˢ 19 et s.; et son *Supplément,* mêmes articles.

4923. — 2ᵒ *Nombre des experts* (C. proc. civ. nᵒˢ 35 à 39). — V. *Code de commerce annoté,* art. 106, nᵒ 13; et son *Supplément,* même article.

4924. — 3ᵒ *Serment des experts* (C. proc. civ. nᵒˢ 40 à 43). — V. *supra,* art. 307, nᵒˢ 3885 et s.

4925. — 4ᵒ *Formalités de l'expertise* (C. proc. civ, nᵒˢ 44 à 53). — V. *supra,* art. 315, nᵒˢ 3880 et s.

4926. Sur la question de savoir si les formalités et délais prescrits en matière d'expertise ne sont pas applicables à l'expertise ordonnée en matière de transport de marchandises, V. *Code de commerce annoté,* art. 106, nᵒ 32 et s.; et son *Supplément,* même article.

4927. — 5ᵒ *Honoraires.* — En ce qui concerne le payement des honoraires, le président du tribunal de commerce ne pouvant délivrer un exécutoire, la réclamation des experts ou les contestations qui peuvent être soulevées à ce sujet sont de la compétence de la juridiction civile. — Bordeaux, 3 juin 1867, J.G.S. *Expert-expertise,* 114.

4928. Si un exécutoire est délivré par le président du tribunal de commerce, il ne peut être attaqué par voie d'opposition ni devant le tribunal de commerce, ni devant le tribunal civil : la cour d'appel est alors seule compétente pour connaître de la contestation. Même arrêt. — J.G.S. *Expert-expertise,* 115.

4929. — III. Descente sur lieux (C. proc. civ. nᵒˢ 54 à 56). — V. *supra,* tit. XIII, nᵒˢ 3795 et s.

Art. 430. La récusation ne pourra être proposée que dans les trois jours de la nomination.

4930. En ce qui concerne la récusation des experts, V. *supra,* nᵒˢ 3874 et s.

Art. 431. Le rapport des arbitres et experts sera déposé au greffe du tribunal.

4931. En ce qui concerne les formalités relatives au dépôt de ce rapport, V. *supra,* art. 319 et s., nᵒˢ 3932 et s.

Art. 432. Si le tribunal ordonne la preuve par témoins, il y sera procédé dans les formes ci-dessus prescrites pour les enquêtes sommaires. Néanmoins, dans les causes sujettes à appel, les dépositions seront rédigées par écrit par le greffier, et signées par le témoin ; en cas de refus, mention en sera faite.

4932. — I. Enquête a l'audience (C. proc.

civ. nᵒˢ 4 à 8). — Les tribunaux de commerce ne peuvent, sans excès de pouvoir, ordonner que l'interrogatoire d'un tiers sur faits articulés aura lieu par un juge-commis et en chambre du conseil. — Douai, 8 mai 1877, D.P. 79. 2. 213. — V. *Code de procédure civile,* nᵒ 4.

4933. Les explications orales fournies à l'audience d'une cour d'appel, sur l'objet de leur mission, par des experts commis conformément à l'art. 303 C. proc. civ. par le tribunal de première instance et assermentés, ne constituent pas une enquête au sens de l'art. 432 du même code. — Req. 3 janv. 1887, D.P. 88. 1. 39.

4934. En tout cas, lorsque cette mesure d'instruction a eu lieu en présence et du consentement d'une partie, celle-ci n'est pas recevable à se plaindre de ce que le supplément de rapport des experts n'a pas été fait dans les formes de l'art. 318 C. proc. civ. — Même arrêt. — V. *supra,* art. 318, nᵒˢ 3917 et s.

4935. — II. Articulation des faits (C. proc. civ. nᵒ 9).

4936. — III. Audition des témoins (C. proc. civ. nᵒˢ 10 à 14).

4937. — IV. Serment des témoins (C. proc. civ. nᵒ 15).

4938. — V. Procès-verbal des dépositions (C. proc. civ. nᵒˢ 16 à 21). — La question de savoir si l'inobservation des dispositions de l'art. 432 C. proc. civ., qui exige que les dépositions des témoins soient rédigées par écrit par le greffier et signées par les témoins est une cause de nullité, est très controversé. — J.G.S. *Enquête,* 290.

4939. L'art. 432 ne disant pas que les formalités précitées sont prescrites à *peine de nullité,* on soutient, dans un premier système, que le défaut de rédaction du procès-verbal de l'enquête n'entraîne pas la nullité de l'enquête, n'autorise seulement la cour, s'il y a lieu, à ordonner une enquête nouvelle, dont les frais peuvent être mis à la charge du greffier qui a omis de rédiger les dépositions des témoins. — J.G.S. *Enquête,* 290. — V. *Code de procédure civile,* nᵒ 17.

4940. Aucun acte de procédure ne peut, en effet, être déclaré nul, quand la nullité n'en est pas formellement prononcée par la loi, à moins que cette nullité ne résulte de l'omission d'une formalité substantielle. — J.G.S. *Enquête,* 290.

4941. Dans le système contraire, on argumente du texte et de l'esprit de la loi pour soutenir que le procès-verbal de l'enquête est une formalité substantielle, que son absence constitue une violation des art. 411 et 432 C. proc. civ., et doit faire prononcer l'annulation du jugement. Le demandeur en preuve peut alors exciper de l'irrégularité de l'enquête, s'il n'a pas procédé par son fait, mais du fait du juge ou du greffier. — J.G.S. *Enquête,* 290.

4942. Jugé de ce sens que dans les affaires commerciales sujettes à appel, lorsqu'une enquête est ordonnée par le tribunal, le défaut de rédaction d'un procès-verbal constatant la forme et la teneur des dépositions des témoins est cause de nullité du jugement. — Toulouse, 17 janv. 1882, D.P. 84. 2. 160.

4943. En tous cas, la rédaction par écrit des dépositions des témoins devant un tribunal de commerce, dans une cause sujette à appel, n'est pas prescrite à peine de nullité, lorsque ces témoins ont été entendus sur la demande des deux parties et seulement pour fournir des explications complémentaires : ce n'est pas là une enquête sommaire. — Civ. r. 31 mars 1884, D.P. 85. 1. 160.

4944. De même, dans les affaires commerciales sujettes à appel, il n'est pas exigé, à peine de nullité, que le procès-verbal d'enquête fasse mention de l'âge des témoins. — Chambéry, 5 mars 1880, D.P. 80. 2. 218.

4945. — VI. SIGNATURE DES TÉMOINS (C. proc. civ. nᵒˢ 22 à 25).

Art. 433. Seront observées, dans la rédaction et l'expédition des jugements, les formes prescrites dans les art. 141 et 146 pour les tribunaux de première instance.

4946. En ce qui concerne les formalités prescrites par l'art. 141 C. proc. civ., V. *suprà*, nᵒˢ 2240 et s.

Art. 434. Si le demandeur ne se présente pas, le tribunal donnera défaut, et renverra le défendeur de la demande.

Si le défendeur ne comparaît pas, il sera donné défaut, et les conclusions du demandeur seront adjugées si elles se trouvent justes et bien vérifiées.

4947. — I. JUGEMENT PAR DÉFAUT (C. proc. civ. nᵒˢ 1 à 8.). — Lorsque l'assignation a été donnée à un jour où le tribunal de commerce ne tient pas d'audience, il ne peut être pris défaut contre le défendeur à une audience ultérieure qu'autant qu'il y a été assigné à nouveau. — Civ. c. 6 déc. 1875, D.P. 77. 1. 55-56.

4948. — II. DÉFAUT PROFIT-JOINT (C. proc. civ. nᵒˢ 9 à 19). — En matière commerciale, lorsque la partie mise en cause pour la première fois en appel fait défaut, la cour n'est pas tenue de rendre un arrêt de défaut profit-joint contre elle; elle peut statuer immédiatement au fond. — Rouen, 13 juin 1881, D.P. 83. 2. 110. — V. *infrà*, art. 470.

4949. L'application de l'art 153 C. proc. civ., relatif aux jonctions de profit et aux réassignations, est facultative pour les tribunaux de commerce. — Req. 27 déc. 1880, D.P. 81. 1. 421. — Rouen, 13 juin 1881, D.P. 83. 2. 110. — V. *Code de procédure civile*, nᵒ 11. et *suprà*, nᵒˢ 2845 et s.

4950. En conséquence, un tribunal de commerce peut prononcer la jonction du défaut au fond contre une partie défaillante assignée avec d'autres codéfendeurs. — Mêmes arrêts.

4951. Décidé dans le même sens que lorsque plusieurs défendeurs ont été assignés et que, parmi eux, les uns comparaissent et les autres font défaut, le tribunal de commerce peut rendre un jugement de défaut profit-joint et faire réassigner les défaillants; mais qu'à la différence d'un tribunal civil, il n'y est pas obligé. — Paris, 13 janv. 1883, D.P. 83. 2. 98-99.

4952. — III. DÉFAUT-CONGÉ (C. proc. civ. nᵒ 20). — Les décisions rendues en matière de divorce n'étant pas susceptibles d'acquiescement, le juge, saisi d'un appel régulièrement formé contre un jugement de divorce, a le droit et le devoir d'examiner le mérite de cette décision, alors même que l'appelant ne se présente pas pour soutenir sa demande; cette règle en cette matière spéciale faisant exception au principe posé par l'art. 434 C. proc. civ. relativement au défaut congé, et les juges du second degré, tout en donnant défaut contre l'appelant, ont le droit de prononcer la réformation du jugement de première instance. — Req. 23 oct. 1889, D.P. 90. 1. 397.

Art. 435. Aucun jugement par défaut ne pourra être signifié que par un huissier commis à cet effet par le tribunal; la signification contiendra, à peine de nullité, élection de domicile dans la commune où elle se fait, si le demandeur n'y est domicilié.

Le jugement sera exécutoire un jour après la signification et jusqu'à l'opposition.

4953. La règle de l'art. 435 C. proc. civ., suivant laquelle les jugements par défaut en matière commerciale doivent être signifiés par huissier commis, s'applique seulement, comme en matière civile, au jugement par défaut faute de comparaître. — Lyon, 28 déc. 1872, J.G.S. *Jugement par défaut*, 30. — Civ. c. 14 janv. 1884, D.P. 84. 1. 245. — Paris, 31 janv. 1888, D.P. 89. 2. 200.

Art. 436. L'opposition ne sera plus recevable après la huitaine du jour de la signification (1).

4954. — I. OPPOSITION AUX JUGEMENTS PAR DÉFAUT (C. proc. civ. nᵒˢ 1 à 31). — En matière commerciale comme en matière civile, il existe deux sortes de jugements par défaut, le défaut faute de conclure, et les autres faute de comparaître. — Civ. c. 14 janv. 1884, D.P. 84. 1. 249. — Conf. Poitiers, 1ᵉʳ déc. 1875, D.P. 77. 2. 226. — V. *Code de procédure civile*, nᵒ 3. — V. aussi *Code de commerce annoté*, art. 643, nᵒˢ 14 et s.; et son *Supplément*, même article.

4955. — 1ᵒ *Jugement par défaut faute de conclure* (C. proc. civ. nᵒˢ 4 à 25). — Est par défaut faute de conclure, et n'est, en conséquence, susceptible d'opposition que pendant le délai de huit jours, le jugement rendu par un tribunal de commerce contre le représentant d'une société commerciale qui, après avoir proposé une fin de non-recevoir rejetée par le tribunal, ne s'est plus ensuite présenté pour plaider sur le fond. — Civ. c. 11 déc. 1889, D.P. 90. 1. 265.

4956. En vain objecterait-on, pour la première fois devant la cour de cassation, que les faits qui motivaient l'action du mandeur ne s'étant pas passés dans la circonscription pour laquelle cet agent était constitué représentant de cette société, celui-ci aurait dû être muni d'un mandat spécial dont le jugement n'a pas fait mention, et qu'en conséquence, le jugement doit être considéré comme rendu par défaut faute de comparaître; ces allégations auraient dû être soumises aux juges du fond et, dès lors, il n'y a pas lieu, de la part de la cour de cassation, d'en tenir compte. — Même arrêt.

4957. L'opposition formée au jugement rendu par un tribunal de commerce contre une partie défaillante faute de plaider sur le fond n'est plus recevable après la huitaine du jour de la signification. — Civ. c. 14 janv. 1880, D.P. 80. 1. 160. — Comp. *Code de procédure civile*, nᵒ 14.

4958. Lorsque la partie qui a fait défaut faute de conclure devant un tribunal de commerce attaque ce jugement par une opposition tardive à laquelle elle ne donne aucune suite et que son adversaire l'assigne en débouté d'opposition, elle ne peut pas, sur cette assignation, soulever pour la première fois l'incompétence *ratione materiæ* du tribunal. — Req. 6 août 1888, D.P. 89. 1. 202.

4959. — 2ᵒ *Jugement par défaut faute de comparaître* (C. proc. civ. nᵒˢ 26 à 30). — Le défendeur qui, après avoir été comparu devant un tribunal de commerce et avoir accepté devant les arbitres la désignation du tribunal, a fait défaut sur les citations ultérieures auxquelles le demandeur a dû recourir, aucune indication de nouvelle audience n'ayant été donnée par le jugement qui avait nommé les arbitres, doit être considéré comme défaillant faute de compa-

paraître et non pas faute de plaider. — Arrêt préc. 1ᵉʳ déc. 1875.

4960. La règle de l'art. 435 C. proc. civ. suivant laquelle les jugements par défaut en matière commerciale doivent être signifiés par huissier commis s'applique seulement, comme en matière civile, au jugement par défaut faute de comparaître. — Civ. c. 14 janv. 1884, D.P. 84. 1. 249. — Paris, 31 janv. 1888, D.P. 89. 2. 200.

4961. En conséquence, si le tribunal de commerce a commis un huissier pour la signification d'un jugement par défaut faute de conclure, celui qui a obtenu ce jugement peut ne tenir aucun compte de cette commission et faire signifier le jugement par tout autre huissier compétent de son choix. — Arrêt préc. 31 janv. 1888.

4962. Toutefois, cette solution a été contestée, et l'on a soutenu que, tout en admettant, pour les affaires commerciales comme pour les affaires civiles, deux sortes de jugements par défaut, on pouvait décider, sans commettre aucune contradiction, que tout jugement par défaut en matière commerciale, même le jugement par défaut faute de conclure, d'abord à cause des termes absolus de l'art. 435, ensuite parce que l'huissier commis est considéré par là tel comme donnant au défendeur une garantie qui remplace celle de l'avoué en matière civile. — Observ. sous les arrêts préc. 14 janv. 1884, D.P. 84. 1. 249, note 1; 31 janv. 1888, D.P. 89. 2. 200, note 2.

4963. — 3ᵒ *Jugement de défaut-congé* (C. proc. civ. nᵒ 31).

4964. — II. PÉREMPTION DES JUGEMENTS PAR DÉFAUT (C. proc. civ. nᵒˢ 32 à 41).

Art. 437. L'opposition contiendra les moyens de l'opposant, et assignation dans le délai de la loi; elle sera signifiée au domicile élu.

4965. En présence des termes de l'art. 437 C. proc. civ. qui se bornent à prescrire que l'opposition contiendra assignation dans le délai de la loi, sans dire « pour la plus prochaine audience », l'opposant est libre, d'une part, d'assigner à une date éloignée, et, d'autre part, d'assigner pour une date rapprochée, afin de ne pas permettre au défendeur de jouir des délais qu'il se procurerait ainsi trop facilement. — J.G.S. *Jugement par défaut*, 132.

4966. Mais lorsque la partie qui a fait défaut faute de conclure devant un tribunal de commerce attaque ce jugement par une opposition tardive à laquelle elle ne donne aucune suite, si son adversaire l'assigne en débouté d'opposition, elle ne peut pas, sur cette assignation, soulever pour la première fois l'incompétence *ratione materiæ* du tribunal. — Req. 6 août 1888, D.P. 89. 1. 202.

4967. Cette décision est très logique, car si le débat était ouvert tout entier sur le débouté d'opposition, l'assignation se retournerait contre celui qui l'a lancée, et produirait des effets qu'il n'a voulu ni pu lui attribuer. — J.G.S. *Jugement par défaut*, 132.

Art. 438. L'opposition faite à l'instant de l'exécution, par déclaration sur le procès-verbal de l'huissier, arrêtera l'exécution; à la charge, par l'opposant, de la réitérer dans les trois jours; par exploit contenant assignation; passé lequel délai, elle sera censée non avenue.

Art. 439. Les tribunaux de commerce pourront ordonner l'exécution provisoire de leurs jugements, nonobstant l'appel, et sans

---

(1) *Code de commerce.* — (Extrait.)

Art. 643. — Néanmoins, les art. 156, 158 et 159 du même code (Code de procédure civile), relatifs aux jugements par défaut rendus par les tribunaux inférieurs, seront applicables aux jugements par défaut rendus par les tribunaux de commerce.

caution, lorsqu'il y aura titre non attaqué, ou condamnation précédente dont il n'y aura pas d'appel : dans les autres cas, l'exécution provisoire n'aura lieu qu'à la charge de donner caution, ou de justifier de solvabilité suffisante.

4968. — I. Exécution provisoire (C. proc. civ. nᵒˢ 1 à 20). — 1ᵒ Jugement contradictoire (C. proc. civ. nᵒˢ 1 à 15). — L'exécution provisoire n'est pas obligatoire pour le juge consulaire, alors même qu'il existerait un titre non attaqué. — Nancy, 11 juill. 1877, D.P. 78, 2. 104. — V. *Code de procédure civile,* nᵒ 4.

4969. On ne saurait, en tout cas, considérer comme un titre non attaqué que police dont l'assureur a opposé la nullité pour cause de réticence, alors même qu'il aurait conclu subsidiairement et à titre de transaction à la réduction de l'indemnité, si cette offre n'a pas été acceptée. — Même arrêt.

4970. L'exécution provisoire des jugements des tribunaux de commerce a lieu de plein droit sans caution, même dans le cas où la dispense de caution n'est pas exprimée, lorsque ces jugements, ne prononçant pas de condamnation pécuniaire, peuvent être exécutés sans que l'intérêt matériel des parties en soit compromis; il en est ainsi, spécialement, du jugement qui, après avoir repoussé une exception de déchéance, ordonne de plaider au fond. — Req. 20 mai 1879, D.P. 80, 1. 35. — V. *Code de procédure civile,* nᵒ 7.

4971. Lorsqu'un jugement a ordonné à une partie, sous une sanction pénale, de faire une déclaration dans un certain délai à dater de la signification du jugement et que, sur appel, celui-ci a été confirmé, le délai ne court qu'à partir de la signification de l'arrêt, alors même que le jugement, émanant d'un tribunal de commerce, est exécutoire par provision, l'exécution provisoire ne pouvant avoir pour objet qu'une condamnation pécuniaire, et non une condamnation comminatoire, éventuelle et incertaine. — Paris, 1ᵉʳ avr. 1882, D.P. 82. 2. 229.

4972. Les cours d'appel ne peuvent accorder de défenses ni prononcer de sursis à l'exécution des jugements des tribunaux de commerce qui ont été déclarés exécutoires par provision sans hors des cas prévus par la loi. — (Motifs) Req. 27 janv. 1880, D.P. 80. 1. 364. — V. *Code de procédure civile,* nᵒ 15. — V. aussi *Code de commerce annoté,* art. 647; et son *Supplément,* même article.

4973. Mais les juges d'appel ont le droit de vérifier si l'exécution provisoire d'un jugement commercial a été également ordonnée et, lorsque ce jugement a été déclaré exécutoire par provision sans caution hors des cas prévus par l'art. 439 C. proc. civ., de réparer cette irrégularité en décidant que l'exécution n'en aura lieu que moyennant caution. — Aix, 5 juill. 1862, J.G.S. *Jugement,* 556. — Req. 27 janv. 1880, D.P. 80. 1.364. — Lyon, 8 août 1882, D.P. 83. 2.76.

4974. L'exécution provisoire d'un jugement du tribunal de commerce, accomplie sous caution, ne peut produire d'effet rétroactif relativement à la période qui s'est écoulée entre le jugement et le jour où la caution a été fournie. — Req. 3 déc. 1884, D.P. 85. 1. 189.

4975. Spécialement, la partie à laquelle, en matière de concurrence déloyale, il a été fait défense par le tribunal de commerce d'insérer certaines mentions dans ses annonces, à peine de payer un quantum fixe de dommages-intérêts par chaque contravention nouvelle, ne peut être contrainte, au moyen de l'exécution provisoire du jugement, à acquitter les sommes afférentes aux infractions qu'elle aurait commises depuis le jugement jusqu'au jour où la caution a été fournie. — Même arrêt.

4976. — 2ᵒ *Jugement par défaut* (C. proc. civ. nᵒˢ 16 à 19).

4977. — 3ᵒ *Dépens* (C. proc. civ. nᵒ 20).

4978. — II. Comment il est donné caution et justifié de la solvabilité (C. proc. civ. nᵒˢ 21 à 24). — L'exécution provisoire d'un jugement commercial peut être ordonnée à la charge, par la partie qui la poursuit, de déposer à la Caisse des dépôts et consignations une somme égale au montant des condamnations prononcées avec frais et accessoires, ce dépôt équivalant soit à une caution, soit à la justification d'une solvabilité suffisante. — Arrêt préc. 8 août 1882.

4979. Et il importe peu que la partie poursuivante soit en état de cessation de payements, si la faillite n'est pas déclarée; le dessaisissement du failli n'ayant lieu qu'à partir du jugement déclaratif, et le gage ainsi constitué se garantissant qu'une dette éventuelle, non encore née au moment du dépôt. — Même arrêt.

4980. — III. Qui peut demander l'autorisation de poursuivre l'exécution provisoire (C. proc. civ. nᵒ 25).

4981. — IV. Dispense de donner caution (C. proc. civ. nᵒˢ 26 à 36). — Sur la question de savoir si, dans le cas de délaissement des objets assurés, l'admission de l'assureur à la preuve des faits contraires à ceux qui sont consignés dans les attestations suspend les condamnations prononcées contre l'assureur au payement provisoire de la somme assurée, à la charge de donner caution, V. *Code de commerce annoté,* art. 384; et son *Supplément,* même article.

Art. 440. La caution sera présentée par acte signifié au domicile de l'appelant, s'il demeure dans le lieu où siège le tribunal, sinon au domicile élu par lui en exécution de l'art. 422, avec sommation à jour et heure fixes de se présenter au greffe pour prendre communication, sans déplacement, des titres de la caution, s'il est ordonné qu'elle en fournira, et à l'audience, pour voir prononcer sur l'admission, en cas de contestation.

4982. Sur l'estimation de la solvabilité de la caution, V. *Supplément au Code civil annoté,* art. 2019, nᵒˢ 15882 et s.

Art. 441. Si l'appelant ne comparaît pas ou ne conteste point la caution, elle fera sa soumission au greffe ; s'il conteste, il sera statué au jour indiqué par la sommation : dans tous les cas, le jugement sera exécutoire nonobstant opposition ou appel.

Art. 442. Les tribunaux de commerce ne connaîtront point de l'exécution de leurs jugements.

4983. — I. Actes se référant à l'exécution d'un jugement commercial (C. proc. civ. nᵒˢ 1 à 8). — L'art. 442 C. proc. civ. ne doit pas être étendu aux décisions qui ne sont que le complément indispensable du jugement rendu par un tribunal de commerce. — J.G.S. *Compét. comm.,* 116.

4984. Ainsi doivent être considérées comme rentrant par leur nature dans les attributions du tribunal de commerce les demandes en validité ou en nullité d'offres réelles faites en exécution d'une condamnation qui y est prononcée et d'un désaisi ce tribunal. — Trib. civ. Seine, 25 juin 1877, J. G. S. *Compét. comm.,* 118.

4985. Il en serait autrement du cas où un débiteur ferait les offres réelles avant tout jugement pour se libérer d'une dette commerciale par lui contractée. — Même arrêt.

4986. — II. Saisies (C. proc. civ. nᵒˢ 9 à 27). — Les difficultés que soulèvent les saisies pratiquées en vertu de jugements des tribunaux de commerce appartiennent à la classe des contestations que l'art. 442 C. proc. civ. exclut des attributions de ces tribunaux, sans qu'il y ait à distinguer entre la saisie-exécution et la saisie immobilière. — J.G.S. *Compét. comm.,* 119.

4987. Quant aux saisies - arrêts, elles sortent également du domaine du juge commercial dont les pouvoirs sont limités à la condamnation en exécution de laquelle la saisie-arrêt a été opérée : à plus forte raison, en est-il ainsi quand il s'agit de saisies-arrêts non précédées d'une condamnation commerciale. — J.G.S. *Compét. comm.,* 119.

4988. Jugé à cet égard qu'un tribunal de commerce valablement saisi d'une demande en payement d'honoraires fondée sur l'exécution d'un mandat ne peut, lorsque le demandeur a réservé les effets d'une demande précédemment introduite en validité de saisie-arrêt, déclarer cette saisie non justifiée et condamner le demandeur à en payer les frais. — Civ. c. 13 mai 1884, D.P. 85. 1. 21.

4989. Cette condamnation aux frais ne pourrait même être prononcée par le tribunal de commerce à titre de dommages-intérêts au profit du défendeur, puisqu'elle ne serait que la conséquence nécessaire de l'appréciation faite par le tribunal en dehors des règles de sa compétence, sur la question de validité de la saisie-arrêt. — Même arrêt. — V. *Code de procédure civile,* nᵒ 10.

4990. De même, il appartient exclusivement aux tribunaux civils de statuer sur les oppositions justifiées par la loi du 15 juin 1872 (D.P. 73. 4. 112) relativement aux titres au porteur volés ou perdus, lesquelles ne sont qu'une spécialité de la saisie-arrêt, comme toutes les contestations auxquelles ces oppositions peuvent donner lieu. — Paris, 28 févr. 1885, D.P. 86. 2. 118.

4991. Il n'appartient point aux tribunaux de commerce de connaître des demandes en validité ou en mainlevée des saisies-conservatoires pratiquées en vertu d'ordonnances rendues par leur président. — Civ. c. 22 août 1882, D.P. 83. 1. 215. — Civ. c. 11 nov. 1885, D.P. 86. 1. 68. — V. *Code de procédure civile,* nᵒ 25.

4992. Cette incompétence ne saurait être couverte par le consentement des parties et peut être proposée pour la première fois en appel. — Arrêt préc. 22 août 1882.

4993. Jugé également que les tribunaux civils sont compétents, à l'exclusion des tribunaux de commerce, pour connaître des demandes en validité ou en mainlevée des saisies-exécutions, alors même que ces saisies ont pour cause une créance commerciale et qu'elles portent sur des bâtiments de mer. — Arrêt. préc. 11 nov. 1885.

4994. — III. Mesures d'instruction (C. proc. civ. nᵒˢ 28 à 30.

4995. — IV. Décisions interprétatives ou complémentaires d'un premier jugement (C. proc. civ. nᵒˢ 31 à 44).

4996. — V. Opposition et tierce-opposition (C. proc. civ. nᵒˢ 42 à 45).

4997. — VI. Péremption des jugements par défaut; Péremption d'instance (C. proc. civ. nᵒˢ 46 à 51). — En interdisant aux tribunaux de commerce de connaître des contestations élevées sur l'exécution de leurs jugements, les art. 442 et 553 C. proc. civ. ont seulement voulu défendre à ces tribunaux de juger les difficultés naissant des actes de poursuite exercés en vertu de leurs jugements ; en conséquence, les tribunaux de commerce sont compétents pour décider si leurs jugements par défaut sont frappés d'opposition sont périmés, faute d'exécution dans les six mois, et, à plus forte raison, les cours saisies sur l'appel de ces jugements sont-elles in même compétence, puisqu'elles jouissent de la plénitude de juridiction. — Req. 12 févr. 1890, D.P. 91. 1. 23.

LIVRE TROISIÈME

DES TRIBUNAUX D'APPEL

TITRE UNIQUE

De l'Appel et de l'Instruction sur l'appel.

Art. 443. Le délai pour interjeter appel sera de deux mois ; il courra, pour les jugements contradictoires, du jour de la signification à personne ou domicile ;

Pour les jugements par défaut, du jour où l'opposition ne sera plus recevable.

L'intimé pourra, néanmoins, interjeter incidemment appel en tout état de cause, quand même il aurait signifié le jugement sans protestations (L. 3 mai 1862; (1).

---

(1) *Ancien art. 443.* — Le délai pour interjeter appel sera de trois mois ; il courra, pour les jugements contradictoires, du jour de la signification à personne ou domicile ;

Pour les jugements par défaut, du jour où l'opposition ne sera plus recevable.

L'intimé pourra, néanmoins, interjeter incidemment appel en tout état de cause, quand même il aurait signifié le jugement sans protestations.

Sect. 1ʳᵉ. — Décisions susceptibles d'appel (C. proc. civ. nᵒˢ 1 à 81).

4998. — I. Décisions ayant le caractère de jugement (C. proc. civ. nᵒˢ 2 à 78). — 1ᵒ *Actes judiciaires* (C. proc. civ. nᵒˢ 1 à 8). — Le jugement par lequel un tribunal surseoit à statuer sur la demande qui lui est soumise n'est pas susceptible d'appel. — Grenoble, 3 déc. 1859, J.G.S. *Appel civil*, 11. — V. *Code de procédure civile*, nᵒ 7.

4999. Le jugement qui refuse d'accorder un sursis peut également être considéré comme une de ces mesures d'ordre qui tiennent à l'administration intérieure de la justice et ne sont pas susceptibles d'appel, ou en tout cas comme participant du caractère des jugements préparatoires dont l'appel ne peut être relevé qu'avec celui du fond. — Rennes, 3 mai 1871, J.G.S. *Appel civil*, 11.

5000. — 2ᵒ *Actes de juridiction gracieuse* (C. proc. civ. nᵒˢ 9 à 13). — L'appel n'est pas recevable contre les actes de la juridiction gracieuse accordant ou refusant sans contestation aucune, à une partie qui se présente seule, l'objet de sa demande. — J.G.S. *Appel civil*, 8. — V. *Code de procédure civile*, nᵒ 9.

5001. D'après un arrêt, on doit considérer non comme un simple acte de police d'audience laissant intacts les droits de chacun, mais comme un véritable jugement faisant grief à l'une des parties et conséquemment susceptible d'appel, la décision d'un tribunal de commerce qui, après délibéré, avait mis la cause à néant en se fondant sur l'absence du demandeur et sur l'irrégularité des pouvoirs de son mandataire, quoique la régularité de ces pouvoirs n'eût point été contestée par le défendeur. — Paris, 11 juin 1886, D.P. 84. 2. 99.

5003. — 3ᵒ *Jugements sur requête* (C. proc. civ. nᵒˢ 14 à 17).

5004. — 4ᵒ *Jugements d'expédient* (C. proc. civ. nᵒˢ 18 à 24). — Les jugements d'expédient ne sont pas, en principe, susceptibles d'appel. — Lyon, 22 juin 1855, J.G.S. *Appel civil*, 32. — V. *Code de procédure civile*, nᵒ 19.

5005. Ainsi le jugement qui se borne à donner acte d'un accord intervenu devant le tribunal entre les parties n'est pas susceptible d'appel. — Bordeaux, 18 mars 1886, D.P. 87. 5. 24.

5006. La signature des avoués des parties, apposée au pied de la feuille contenant le projet du jugement tel qu'il devait être recopié sur la minute, sans mention approbative ou autre au-dessus des signatures, ne suffit pas pour prouver que le jugement n'a été qu'un expédient préparé et accepté par les parties ou leurs mandataires, alors surtout qu'il a été précédé de conclusions contraires. — Lyon, 3 juin 1876, D.P. 78. 2. 215.

5007. Un tel jugement est, en conséquence, susceptible d'appel ; et il n'importe que l'appelant ait, dans ses conclusions de première instance, déclaré s'en rapporter à justice. — Même arrêt.

5008. — 5ᵒ *Décisions ayant le caractère de*

jugements (C. proc. civ. nᵒˢ 25 à 45). — On peut attaquer par la voie de l'appel : 1ᵒ un jugement qui statue sur la régularité d'une reprise d'instance. — Nîmes, 13 févr. 1848, J.G.S. *Appel civil*, 12.

5009. ... 2ᵒ Celui qui prononce la disjonction, pour cause de connexité, de divers chefs d'une demande. — Douai, 9 juill. 1857, J.G.S. *Appel civil*, 12.

5010. ... 3ᵒ Celui qui refuse de prononcer la disjonction demandée. — Bruxelles, 1ᵉʳ févr. 1858, J.G.S. *Appel civil*, 12.

5011. Le jugement de défaut-congé, bien qu'il puisse se borner à donner acte du défaut de comparution du demandeur et n'ait pas besoin d'être autrement motivé, n'en constitue pas moins une décision judiciaire contre laquelle le demandeur défaillant a le droit de se pourvoir par voie d'appel, si le litige excède le taux du dernier ressort. — Civ., 21 mai 1879, D.P. 80. 1. 57.

5012. Sur l'appel : ... des jugements par *défaut*, V. *infrà*, art. 455.

5013. ... Des jugements *préparatoires*, *interlocutoires ou provisoires*, V. *infrà*, art. 451 et 452.

5014. — 6ᵒ *Jugements nuls en la forme* (C. proc. civ. nᵒˢ 46 à 52).

5015. ... 7ᵒ *Ordonnances du juge* (C. proc. civ. nᵒˢ 53 à 56). — En ce qui concerne l'appel : ... des ordonnances du juge des référés, V. *infrà*, art. 809.

5016. ... Des ordonnances rendues sur requête, V. *infrà*, *Appendice* au titre XVI des *Référés*.

5017. ... De l'ordonnance du président portant règlement de qualités, V. *supra*, art. 145, nᵒ 2738 et s.

5018. — 8ᵒ *Jugements rendus dans des matières spéciales* (C. proc. civ. nᵒˢ 57 à 73). — Sur l'appel des jugements : ... en matière de *distribution par contribution*, V. *infrà*, art. 669.

5019. ... Prononçant la remise de l'adjudication sur *saisie immobilière*, V. *infrà*, art. 703.

5020. . . Relatifs aux demandes en subrogation et autres incidents de la *saisie immobilière*, V. *infrà*, art. 730 et s.

5021. ... En matière de *folie enchère*, V. *infrà*, art. 739.

5022. ... En matière de *conversion de saisie en vente sur publications volontaires*, V. *infrà*, art. 746.

5023. ... En matière d'*ordre*, V. *infrà*, art. 761, 762 et 773.

5024. ... En matière de *surenchère sur aliénation volontaire*, V. *infrà*, art. 838.

5025. ... Et ordonnances en matière de partages et licitations, V. *infrà*, art. 969, 970 et 973.

5026. ... En matière d'*arbitrage*, V. *infrà*, art. 1023 et 1028.

5027. ... Statuant sur la liquidation des dépens dans le cas où il y a appel de quelques dispositions sur le fond, V. *infrà*, *Appendice au Code de procédure civile*, art. 6 du tarif du 16 févr. 1807.

5028. ... En matière de *faillite*, V. *Code de commerce annoté*, art. 582 et 583 ; et son *Supplément*, mêmes articles.

5029. ... En matière de *timbre* et d'*enregistrement*, V. *Code de l'enregistrement annoté*, nᵒˢ 1705, 1711, 4613, 7017, 7026, 7047 et s., 7071, 7141, 8191 et s., 11950 et s.

5030. — 9° *Sur quelle partie du jugement porte l'appel* (C. proc. civ. n°° 74 à 78).

5031. — II. JUGEMENTS EN PREMIER RESSORT (C. proc. civ. n°° 79 et 80). — L'appel est la seule voie ordinaire ouverte contre les jugements en premier ressort qui omettent de statuer sur un chef de demande, comme la requête civile est la seule voie ouverte extraordinairement contre les jugements en dernier ressort dans le même cas; et lorsqu'une partie a négligé de se pourvoir, soit par appel, soit par requête civile, cette négligence équivaut à une véritable renonciation à la demande primitive, et rend irrecevable une instance nouvelle. — Paris, 29 juin 1880, J.G.S. *Appel civil,* 79.

5032. Sur la question de savoir si un jugement est susceptible d'appel, soit à raison de l'importance pécuniaire du litige, soit dans les cas où le litige n'est pas susceptible d'une évaluation en argent, V. *infra,* Appendice à l'art. 453, art. 1 et 2 de la loi du 11 avr. 1838.

5033. — III. ACQUIESCEMENT (C. proc. civ. n° 81). — Sur la fin de non-recevoir contre l'appel résultant de l'acquiescement, V. *supra,* Appendice à l'art. 403, n°° 4349 et s.

SECT. 2. — QUI PEUT INTERJETER APPEL ET A QUI PROFITE L'APPEL (C. proc. civ. n°° 82 à 326).

§ 1er. — *Qui peut interjeter appel* (C. proc. civ. n°° 82 à 249).

5034. Il n'y a pas lieu, au point de vue du droit d'appel, de distinguer entre les parties principales et les parties intervenantes. — J.G.S. *Appel civil,* 72

5035. Les parties qui n'ont pas figuré en première instance ne peuvent se pourvoir contre le jugement que par la voie de la tierce opposition. — Agen, 24 janv. 1859, J.G.S. *Appel civil,* 72.

5036. Mais l'appel interjeté par une partie qui n'a pas figuré au jugement, bien que nul comme tel, vaut néanmoins comme intervention devant la cour, si cette partie est recevable à former tierce opposition au jugement. — Alger, 29 mai 1868, J.G.S. *Appel civil,* 72.

5037. L'appel étant la seule voie de recours ouverte contre un jugement rendu en premier ressort ne peut être déclaré non recevable sous prétexte que la condamnation prononcée contre l'appelant, à l'égard d'une personne qui, par suite de son désistement, avait cessé d'être partie dans l'instance, était le résultat d'une erreur. — Civ. c. 20 janv. 1880, D.P. 80. 1. 382.

5038. — I. PARTIES AGISSANT ELLES-MÊMES (C. proc. civ. n°° 86 à 122). — 1° *Qualité* (C. proc. civ. n°° 86 à 95). — Une partie est recevable à interjeter appel du jugement rendu contre elle, quoique, depuis ce jugement, elle ait cessé d'avoir la qualité à raison de laquelle il a été prononcé,... ne fût-ce que pour faire tomber la condamnation aux dépens. — Poitiers, 7 janv. 1885, D.P. 86. 2. 72. — V. *Code de procédure civile,* n° 88.

5039. Spécialement, le défendeur à une action négative de servitude de passage est recevable à interjeter appel du jugement qui lui a refusé ce droit de passage, quoiqu'il ait, depuis la décision, vendu l'immeuble au profit duquel il prétendait ce droit et ait ainsi cessé d'en être propriétaire. — Même arrêt.

5040. De même, un appel ne peut être déclaré irrecevable pour changement de qualité de la part de l'appelant, défendeur primitif, alors même que celui-ci a pris dans son acte d'appel une qualité autre que celle qui lui avait été attribuée par le tribunal, et contre laquelle il avait protesté devant le premier juge. — Req. 5 mai 1885, D.P. 85. 1. 256.

5041. — 2° *Intérêt* (C. proc. civ. n°° 96 à

117). — L'appel n'est pas recevable, lorsque le jugement rendu conformément aux conclusions de l'appelant ne lui fait aucun grief. — Req. 1er août 1883, D.P. 84. 1. 400. — V. *Code de procédure civile,* n° 96.

5042. Spécialement, l'héritier qui a formé contre ses cohéritiers une demande en partage de succession par *portions égales,* ne peut interjeter appel du jugement ordonnant ce partage, en se fondant sur ce qu'il a droit à un *préciput* en vertu soit d'un testament, soit de son contrat de mariage. — Même arrêt.

5043. La simple condamnation d'une partie aux dépens suffit pour lui donner le droit d'interjeter appel du jugement, alors même que ce jugement ne contiendrait contre elle aucune autre condamnation. — Lyon, 11 janv. 1883, D.P. 84. 2. 147. — Poitiers, 7 janv. 1885, D.P. 86. 2. 72. — V. *Code de procédure civile,* n° 110.

5044. Pour faire tomber la condamnation aux dépens, il faut, en effet, de toute nécessité examiner le fond du débat, et il n'est pas possible de statuer sur les dépens sans trancher la question de savoir si la demande soumise au tribunal est bien ou mal fondée. — J.G.S. *Appel civil,* 80.

5045. Le débiteur qui, devant les premiers juges, s'est borné à demander terme et délai pour se libérer, a intérêt à interjeter appel du jugement qui a accueilli sa demande, ce jugement prononçant contre lui une condamnation à payer une certaine somme dans certains délais. — Paris, 2 juill. 1885, D.P. 85. 5. 23.

5046. Sur la question de savoir si la partie dont l'avoué a acquiescé à un jugement sans un pouvoir spécial peut néanmoins appeler de ce jugement, V. *supra,* art. 352, n°° 4171 et s.

5047. — 3° *Capacité* (C. proc. civ. n°° 118 à 122).

5048. — II. REPRÉSENTANTS LÉGAUX (C. proc. civ. n°° 123 à 173). — 1° *Tuteur* (C. proc. civ. n°° 127 à 130). — L'appel peut être interjeté par un tuteur *ad hoc* lorsque le mineur a des intérêts opposés à ceux du tuteur. Le tuteur *ad hoc,* nommé spécialement pour recevoir la signification du jugement rendu contre le mineur, peut appeler de ce jugement, et à en poursuivre la réformation malgré l'acquiescement du subrogé tuteur. — Bordeaux, 18 déc. 1885, J.G.S. *Appel civil,* 93.

5049. — 2° *Tuteur de l'interdit* (C. proc. civ. n° 131).

5050. — 3° *Subrogé tuteur* (C. proc. civ. n°° 132 à 134). — D'après un arrêt, le subrogé tuteur n'a pas qualité pour interjeter appel, à défaut du tuteur, des jugements rendus contre le mineur, à moins d'être autorisé à cet effet par le conseil de famille; et, en admettant qu'il puisse, à titre conservatoire, former cet appel, à défaut du tuteur, il ne saurait le poursuivre sans une autorisation régulière et préalable dudit conseil. — Nancy, 17 juill. 1884, D.P. 87. 2. 39.

5051. Mais cette dernière solution paraît contestable, en effet, le conseil de famille ne jouissant pas lui-même du droit d'appel peut-il investir le subrogé tuteur d'un droit qu'il n'a pas ; il semble, dès lors, difficile d'admettre qu'il puisse déléguer ce droit au subrogé tuteur ou ratifier l'usage qu'il en a fait par ce dernier. — J.G.S. *Appel civil,* 92.

5052. — 4° *Curateur* (C. proc. civ. n° 135).

5053. — 5° *Conseil judiciaire* (C. proc. civ. n° 136).

5054. — 6° *Mari* (C. proc. civ. n°° 137 à 150). — De ce qu'une femme mariée ne peut ester en justice sans l'autorisation de son mari, il ne s'ensuit pas que celle-ci, autorisée à plaider en première instance, puisse se substituer à elle pour appeler du jugement en son propre nom. — Rouen, 15 mai 1847, J.G.S. *Appel civil,* 98.

5055. — 7° *Envoyé en possession des biens*

d'un absent (C. proc. civ. n°° 151 et 152).

5056. — 8° *Syndic de faillite* (C. proc. civ. n° 153). — Le syndic n'est pas recevable à interjeter appel, au nom du failli, d'un jugement qui a condamné ce dernier à une amende pour contravention en matière de contributions indirectes, cette amende ayant le caractère de réparations civiles. — Bordeaux, 7 déc. 1877, D.P. 78. 1. 389.

5057. L'appel fait par un syndic d'un jugement d'incompétence est recevable, alors même que, par suite du décès du failli, l'instance en séparation de biens, qui avait fait naître la question de compétence, se trouve éteinte. — Poitiers, 17 nov. 1875, D.P. 76. 5. 30.

5058. — 9° *Maire* (C. proc. civ. n°° 154 à 158). — Sous l'empire de la loi du 18 juill. 1837, il a été jugé que le maire d'une commune peut, à titre conservatoire et sans autorisation préalable, interjeter appel d'un jugement, mais que la cour n'est saisie valablement et n'est mise en demeure de statuer qu'autant que l'appel est régularisé par une autorisation du conseil de préfecture. — Dijon, 27 févr. 1879, D.P. 79. 2. 272. — Nancy, 25 févr. 1881, D.P. 81. 2. 234.

5059. L'art. 122, § 2, de la loi du 5 avr. 1884 consacre cette jurisprudence, en décidant que le maire peut sans autre autorisation interjeter appel de tout jugement et se pourvoir en cassation, mais qu'il ne peut suivre ni sur son appel, ni sur le pourvoi qu'en vertu d'une nouvelle autorisation. — D.P. 84. 4. 59. — V. aussi *Code des lois adm. annotées,* t. 1er, VIII, v° *Commune,* n°° 8307 et s.

5060. — 10° *Préfet* (C. proc. civ. n°° 159 à 166).

5061. — 11° *Ministère public* (C. proc. civ. n°° 167 à 173). — La jurisprudence reconnaît aujourd'hui au ministère public le droit d'appeler d'un jugement, alors qu'il n'a été que partie jointe, mais seulement dans les cas où il aurait pu agir comme partie principale. Le droit d'appel est, en effet, la conséquence nécessaire du droit d'agir d'office que l'art. 46 de la loi du 20 avr. 1810 accorde au ministère public pour assurer l'exécution des lois qui intéressent l'ordre public. — C. cass. de Belgique, 5 mai 1881, D.P. 81. 2. 241. — Chambéry, 7 févr. 1885, D.P. 85. 2. 241.

5062. Par application de la règle qui vient d'être énoncée, l'appel du ministère public a été déclaré recevable lorsque, bien qu'il n'ait été que partie jointe en première instance : 1° contre les jugements rendus en matière de rectification d'actes de l'état civil. — Arrêt préc. 5 mai 1881.

5063. ...2° Contre les jugements rendus en matière de nullité de mariage. — Arrêts préc. 28 nov. 1877 et 7 févr. 1885.

5064. Il résulte du principe de l'indivisibilité du ministère public que l'appel peut être interjeté aussi bien par le procureur général du ressort que par le procureur de la République du tribunal qui a rendu le jugement. — Arrêt préc. 7 févr. 1885.

5065. — III. REPRÉSENTANTS CONVENTIONNELS (C. proc. civ. n°° 174 à 191).

5066. — IV. HÉRITIERS (C. proc. civ. n°° 192 à 199).

5067. — V. AYANT CAUSE (C. proc. civ. n°° 200 à 249). — 1° *Acquéreur et cessionnaire* (C. proc. civ. n°° 201 à 208). — Le créancier qui, après avoir relevé appel du jugement statuant sur l'action par lui intentée contre son débiteur, a cédé sa créance à un tiers, perd, par l'effet de cette cession, les droits résultant de la créance ; le cessionnaire, dans ce cas, a seul qualité pour exercer la poursuite et suivre l'appel. — Nîmes, 27 mai 1890, D.P. 91. 2. 38.

5068. Lorsque, au cours d'une instance suivie au nom du créancier contre le débiteur, l'existence d'une cession de la créance est révélée devant le tribunal, le débiteur a le droit de relever appel du jugement contre le cessionnaire; ... alors même que ce dernier ne lui a pas fait notifier la cession. — Nimes, 30 juin 1890, D.P. 91. 2. 35.

5069. — 2° *Vendeur et cédant* (C. proc. civ. n°s 209 à 211).

5070. — 3° *Donataire et donateur* (C. proc. civ. n°s 212 à 214).

5071. — 4° *Usufruitier* (C. proc. civ. n° 215).

5072. — 5° *Créanciers* (C. proc. civ. n° 216 à 221).

5073. — 6° *Associés* (C. proc. civ. n°s 222 à 226).

5074. — 7° *Copropriétaire* (C. proc. civ. n° 227).

5075. — 8° *Garants; Garant* C. proc. civ n°s 228 à 249). — En matière de garantie simple, le garant, qui ne s'est pas borné devant les premiers juges à défendre à l'action en garantie, mais s'est constitué l'adversaire du demandeur principal en concluant contre lui, peut appeler directement des condamnations prononcées au profit de ce dernier, sans être tenu d'intimer le garanti. — Civ. c. 12 déc. 1876, D.P. 77. 1. 228-229.

§ 2. — *A qui profite l'appel* (C. proc. civ. n°s 250 à 326).

5076. — I. DIVISIBILITÉ (C. proc. civ. n°s 250 à 257). — Un jugement dont il a été interjeté appel par quelques-unes seulement des parties condamnées, ne saurait être annulé à l'égard d'autres parties qui n'ont pas appelé et n'ont figuré dans l'instance d'appel qu'à titre d'intimés. — Civ. c. 24 mars 1880, D.P. 81. 1. 374. — V. *Code de procédure civile*, n° 251.

5077. Lorsque le tribunal, saisi par des demandeurs différents de deux actions distinctes tendant l'une et l'autre à obtenir l'attribution exclusive d'une créance appartenant au défendeur, a, par un même jugement, fait droit à l'une de ces actions et rejeté l'autre, l'arrêt qui confirme ce dernier chef de décision ne peut en même temps infirmer le premier chef, alors que le défendeur principal, loin de le critiquer, a conclu en appel à la confirmation totale du jugement. — Civ. c. 23 janv. 1882, D.P. 83. 1. 104.

5078. L'appel du jugement qui a repoussé la demande formée par un des cohéritiers contre plusieurs autres en rapport de sommes reçues de l'auteur commun, ne profite pas à ses cointéressés qui n'ont pas eux-mêmes interjeté appel dudit jugement; et il importe peu que cette demande en rapport ait été formée incidemment à une demande en partage. — Civ. c. 27 févr. 1877, D.P. 77. 1. 292.

5079. La partie qui a laissé écouler le délai de deux mois fixé par l'art. 443 C. proc. civ. pour interjeter appel, ne saurait être relevée de la déchéance qu'elle encourue, alors, d'ailleurs, que la contestation divisée de chaque essentiellement divisible, comme, par exemple, l'obligation de délivrer un legs de somme d'argent. — Civ. c. 16 déc. 1879, D.P. 80. t. 378.

5080. Spécialement, lorsque des difficultés s'élèvent sur le point de savoir si plusieurs legs de sommes d'argent doivent être mis à la charge du légataire universel, ou si le prélèvement doit en être opéré sur les biens légués à d'autres personnes, l'appel, interjeté par l'un des légataires de sommes d'argent, contre le jugement qui a décidé que les legs devaient être payés exclusivement par les légataires d'immeubles, ne peut profiter aux autres légataires de sommes d'argent. — Même arrêt.

5081. — II. INDIVISIBILITÉ (C. proc. civ. n°s 258 à 283). — Dans les matières indivisibles, l'appel d'une des parties profite à ses consorts. — Paris, 8 mars 1867, J.G.S. *Appel civil*, 116. — Req. 29 juin 1868, *ibid.* — Alger,

23 oct. 1868, *ibid.* — Angers, 11 mai 1876, D.P. 76. 2. 232. — Pau, 24 juill. 1878, J.G.S. *Appel civil*, 116. — Riom, 17 juin 1880, D.P. 81. 2. 37. — Riom, 21 nov. 1887, D.P. 90. 2. 38. — V. *Code de procédure civile*. n° 259.

5082. De même, en matière indivisible, la signification du jugement faite au plaideur qui a succombé, par l'une des parties qui a obtenu gain de cause, profite à toutes ces parties, et, par suite, après l'expiration du délai légal à partir de cette signification, le perdant ne peut plus interjeter appel contre aucun de ses adversaires. — Req. 13 janv. 1886, D.P. 86. 1. 359.

5083. Il a été décidé en conséquence: 1° que la nullité d'une cession de droits litigieux faite à un notaire chargé d'ordre public, l'action des cointéressés est indivisible, et que, par suite l'appel utilement interjeté par l'un d'eux profite aux autres et les autorise à intervenir devant le juge d'appel. — Riom, 17 juin 1880, D.P. 84. 2. 37.

5084. — 2° Que, dans une instance en nullité de legs pour interposition de personnes contrairement à la loi, l'appel interjeté par l'un des héritiers demandeurs en nullité profite aux autres héritiers. — Arrêt préc. 24 juill. 1878.

5085. ... 3° Que l'obligation de délivrer la chose léguée est indivisible, tant à raison de sa nature et de son objet que de l'intention du testateur; qu'elle n'est pas susceptible d'exécution partielle, et qu'en conséquence, l'appel interjeté par quelques-uns des légataires contre le jugement qui a rejeté la demande en délivrance profite aux autres légataires. — Liège, 16 mai 1884, J.G.S. *Appel civil*, 116.

5086. L'inobservation des formalités édictées par les art. 68 et 69 C. proc.civ. entraîne la nullité de l'appel, envers tous les intimés, lorsque la procédure est indivisible. — Limoges, 3 mai 1887, D.P. 90. 2. 129. — V. Dissertation de M. Brasard sous cet arrêt. D.P. 90. 2. 129, note 3.

5087. Mais l'appel interjeté par quelques-uns des donataires contestant le jugement qui a annulé une donation, appel dirigé d'une part contre le créancier qui a obtenu cette annulation et d'autre part contre le donateur et un autre donataire vis-à-vis duquel le jugement a passé en force de chose jugée, ne saurait profiter à ce dernier, lors que la donation annulée n'est indivisible ni au point de vue des droits et obligations qui en résultent, ni au point de vue des biens qui en font l'objet, et qu'il n'y a aucune impossibilité juridique à ce qu'elle subsiste à l'égard des uns et soit anéantie à l'égard des autres. — Dijon, 18 janv. 1882, J.G.S. *Appel civil*, 117.

5088. On ne doit pas davantage considérer comme indivisible, bien qu'elle ait été formée collectivement et avant tout partage, la demande de plusieurs héritiers à fin d'admission d'une créance héréditaire à la faillite d'un débiteur de la succession; et cette créance étant, au contraire, divisée de plein droit entre les héritiers, en vertu de l'art. 1220 C. civ., l'appel, régulièrement interjeté par l'un des cohéritiers, du jugement qui rejette la demande ne peut profiter aux autres. — Paris, 22 juin 1866, J.G.S. *Appel civil*, 117.

5089. En matière de partage, l'indivisibilité s'applique à l'action qui a pour but de faire cesser l'indivision entre les parties, mais à celle qui a pour objet de faire déterminer les droits personnels de l'un ou de l'autre des intéressés. — Pau, 9 févr. 1885, D.P. 85. 2. 252.

5090. Ainsi, lorsqu'il s'agit d'une demande en partage entre cohéritiers, l'action étant indivisible, l'appel interjeté dans les délais légaux par l'une des parties relève les autres de la déchéance qu'elles ont encourue et, en pareille matière, la nullité de l'appel signifié à l'une des parties est couverte par l'appel valablement formé contre les autres parties.

— Paris, 8 mars 1867, J.G.S. *Appel civil*, 116. — V. *Code de procédure civile*, n° 269.

5091. L'appel formé par un seul cohéritier contre le jugement qui a fixé le mode de partage des biens de la succession profite aux autres cohéritiers. — Civ. c. 12 nov. 1878, D.P. 78. 1. 459. — V. *Code de procédure civile*, n° 272.

5092. Au contraire, l'appel, interjeté par un des cohéritiers, du jugement qui a repoussé la demande par lui intentée contre certains de ses cohéritiers en rapport de sommes reçues de l'auteur commun, ne profite pas à ses cointéressés, qui n'ont pas eux-mêmes interjeté appel en rapport; il importe peu que la demande en rapport ait été formée incidemment à une demande en partage. — Civ. c. 27 févr. 1877, D.P. 77. 1. 292. — V. *Code de procédure civile*, n° 273.

5093. Sur la question de savoir si l'action en partage est divisible ou indivisible, V. *Supplément au Code civil annoté*, art. 816, n°s 5351 et s.

5094. — III. INDIVISION (C. proc. civ. n°s 284 à 287).

5095. — IV. INTÉRÊT IDENTIQUE (C. proc. civ. n°s 288 à 295). — L'identité d'intérêt ne suffit pas pour motiver une dérogation au principe que les effets de l'appel sont essentiellement personnels. — J.G.S. *Appel civil*, 113.

5096. Aussi la partie qui a laissé écouler le délai légal pour interjeter appel ne peut-elle être relevée de la déchéance par elle encourue, sous prétexte qu'un autre appel a été formé en temps utile par une autre partie ayant un intérêt identique, et, d'ailleurs, que la contestation porte sur une chose essentiellement divisible comme l'obligation de délivrer un legs de somme d'argent. — Civ. c. 16 déc. 1879, D.P. 80. 1. 378.

5097. — V. SOLIDARITÉ (C. proc. civ. n°s 296 à 308). — 1° *Contrat* (C. proc. civ. n°s 296 à 307). — En matière d'obligation solidaire, l'appel formé en temps utile par l'un des débiteurs contre le jugement qui a condamné ainsi que ses consorts, relève ces derniers de la déchéance résultant à leur égard de l'expiration des délais de l'appel; et l'arrêt infirmatif, qui a réglé le sort de la créance vis-à-vis de l'un des débiteurs solidaires, peut être invoqué par les codébiteurs solidaires qui n'avaient pas relevé appel. — Lyon, 19 mai 1881, D.P. 82. 2. 193. — Req. 10 nov. 1890, D.P. 92. 1. 8. — V. *Code de procédure civile*, n° 298.

5098. Toutefois, l'appel interjeté utilement par l'un des débiteurs solidaires ne profite aux autres, malgré la déchéance qu'ils auraient personnellement encourue du droit d'appeler, que dans le cas où leurs exceptions et défenses leur sont communes avec l'appelant et résultent de la nature même de l'obligation. — Paris, 10 juin 1882, D.P. 83. 2. 24.

5099. Spécialement, il ne saurait leur profiter quand la condamnation pour réparation du dommage causé par un délit ou un quasi-délit dont ils sont responsables civilement se fonde sur des faits distinctement imputables à chacun d'eux et auxquels se rattachent des moyens de défense exclusivement personnels. — Même arrêt.

5100. Dans ce cas, la solidarité ne résultant que du concours des condamnations prononcées contre l'appelant et ses codébiteurs, chacune d'elles, ayant sa cause spéciale, peut acquérir distinctement force de chose jugée à l'égard de chacun d'eux. — Même arrêt.

5101. Lorsque deux parties ont été condamnées solidairement aux dépens de première instance, l'appel de l'une d'elles pouvant avoir pour conséquence de relever celle-ci d'une de cette condamnation, elle ne peut être relevée sans que son codébiteur solidaire ne soit également; par suite, l'appel a conservé le droit de ce dernier. — Limoges, 6 août 1888, D.P. 89. 2. 213.

5102. — 2° *Délit ou quasi-délit* (C. proc. civ. n° 308).

5103. — VI. GARANTIE. (C. proc. civ n°s 309 à 326). — L'appel du garant, lorsqu'il a pour effet, d'après la nature du litige et les conclusions prises devant le tribunal, de remettre en question le principe même qui a servi de base aux condamnations tant principales que récursoires prononcées par le jugement, rouvre le débat en entier entre toutes les parties. — Civ. c. 11 juin 1877, D.P. 77. 1. 394.

5104. Dès lors, cet appel interjeté en temps utile profite au garanti qui était recevable à y adhérer, encore bien que celui-ci n'ait signifié son propre appel ni au demandeur principal qu'après l'expiration du délai légal. Même arrêt. — Chambéry, 27 avr. 1875, D.P. 78. 2. 11. — V. *Code de procédure civile,* n° 309.

5105. Et il en est ainsi, alors même que le garanti aurait exécuté spontanément le jugement de première instance. — Paris, 28 mai 1877, D.P. 78. 2. 211.

5106. ... Ou qu'il aurait acquiescé à la décision des premiers juges. — Trib. civ. de Perpignan, 17 févr. 1879, D.P. 82. 1. 351. — V. *Code de procédure civile,* n° 423.

5107. Mais, pour que l'appel du garant profite au garanti et relève celui-ci de toutes les déchéances qu'il a pu encourir, notamment par l'expiration des délais d'appel, il faut que la demande principale et la demande en garantie, se rattachant à une même opération, se trouvent unies d'une manière indivisible par un lien de dépendance et de subordination. — Req. 7 avr. 1879, D.P. 80. 1. 26. — Civ. r. 7 mai 1889, D.P. 89. 1. 381. — V. *Code de procédure civile,* n° 321.

5108. ... Et ce n'est ainsi, spécialement, lorsque le garanti ne se borne pas à contester le principe de la garantie et qu'il demande, en outre, l'annulation du jugement qui a prononcé la résiliation de la vente; dans ces circonstances, le garant prend réellement, devant la cour d'appel, fait et cause pour le garanti et conteste le principe même de la demande originaire dont l'examen domine le procès. — Arrêt préc. 7 mai 1889.

SECT. 3. — CONTRE QUI L'APPEL DOIT ÊTRE INTER-JETÉ ET A QUI L'APPEL PEUT ÊTRE OPPOSÉ (C. proc. civ. n°s 327 à 360).

5109. — I. CONTRE QUI L'APPEL DOIT ÊTRE INTERJETÉ (C. proc. civ. n°s 327 à 351). — Sur la question de savoir si le failli peut être intimé personnellement sur appel, V. *Code de commerce annoté,* art. 443, n° 308 et s., et son *Supplément,* même article.

5110. — II. A QUI L'APPEL PEUT ÊTRE OPPOSÉ (C. proc. civ. n°s 352 à 403). — 1° *Divisibilité* (C. proc. civ. n°s 356 à 360).

5111. — 2° *Indivisibilité* (C. proc. civ. n°s 361 à 377). — Dans les matières indivisibles, l'appel interjeté en temps utile contre l'une des parties conserve le droit d'appel à l'égard des autres, de même que l'appel interjeté dans le délai légal par l'un des intéressés profite aux cointéressés. — Paris, 24 avr. 1874, D.P. 75. 2. 14. — Sur pourvoi, Req. 8 mars 1875, D.P. 75. 1. 489. — Nîmes, 7 mai 1879, D.P. 79. 2. 134. — V. *Code de procédure civile,* n° 362.

5112. Ainsi la nullité de la reconnaissance d'un enfant naturel, demandée par conjointement par l'auteur de cette reconnaissance et par des parents de celui-ci, constitue entre les demandeurs un litige indivisible par son objet, et l'appel interjeté en temps utile contre l'un des demandeurs par la mère, défenderesse à l'action, lui conserve son droit d'appel à l'encontre des autres parties. — Arrêt préc. 7 mai 1879.

5113. De même, la demande formée par l'un des époux en nullité du mariage et l'intervention dans l'instance du père de l'époux demandeur, se joignant à celui-ci pour conclure aux mêmes fins par les mêmes

motifs, soulèvent une question d'état indivisible. — Arrêt préc. 24 avr. 1874 et 8 mars 1875.

5114. En conséquence, l'appel signifié en temps utile à son conjoint par l'époux qui a succombé en première instance a pour effet de conserver ses droits vis-à-vis du père, et de le relever de la déchéance qu'il avait pu encourir à l'égard de celui-ci. — Mêmes arrêts.

5115. En matière de partage, l'indivisibilité s'applique à l'action qui a pour but de faire cesser l'indivision entre les parties, mais non à celle qui a pour objet de déterminer les droits personnels de l'un ou de l'autre des intéressés. Par suite, si quelques-uns des cohéritiers n'ont pas été intimés sur l'appel interjeté en pareille matière, le jugement demeure définitif à leur égard. — Pau, 9 févr. 1885, D.P. 85. 2. 252.

5116. Quoique, en matière indivisible, l'appel interjeté en temps utile par l'une des parties conserve à l'égard des autres le droit d'appel, tous les cointéressés doivent néanmoins être mis en cause par l'appelant, et l'appel qui n'est pas contradictoire avec tous est irrégulier et nul. — Chambéry, 16 juill. 1869, J.G.S. *Appel civil,* 122.

5117. Suivant un arrêt, il est inutile à l'appelant, en cas d'indivisibilité, d'intimer devant la cour ses cointéressés qui ont acquiescé au jugement dont est appel. — Riom, 22 juin 1883, D.P. 84. 2. 27.

5118. Mais la proposition ainsi formulée ne paraît pas exacte: et si, dans l'espèce de l'arrêt précité, l'appelant n'était pas tenu d'interjeter appel contre les parties qui avaient figuré avec lui dans la première instance, ce n'était pas parce qu'elles avaient acquiescé, mais uniquement parce que l'appelant ne devait pas intimer sur l'appel les parties qui ont le même intérêt que lui. — Observ. sous l'arrêt précité, D.P. 84. 2. 27, note 2.

5119. En matière de partage, l'appelant n'est pas tenu de mettre en cause devant la cour toutes les parties qui ont figuré en première instance, alors, du moins, que les intimés ne démontrent pas qu'ils ont intérêt à cette mise en cause. — Civ. c. 7 juin 1887, D.P. 87. 1. 479 — *Contra*: *Code de procédure civile,* n° 375.

5120. — 3° *Indivision* (C. proc. civ. n° 378 à 381).

5121. — 4° *Solidarité* (C. proc. civ. n° 382 à 390).

5122. — 5° *Garantie* (C. proc. civ. n°s 391 à 403). — Le demandeur en garantie, intimé sur l'appel du demandeur principal au même temps que le garant peut reprendre devant la cour sa demande contre le garant par voie de conclusions signifiées par simple acte d'avoué à avoué. — Lyon, 11 janv. 1883, D.P. 84. 2. 147.

SECT. 4. — DÉLAIS DE L'APPEL (C. proc. civ. n°s 404 à 563).

§ 1. — *Délais ordinaires; Délais spéciaux; Computation des délais* (C. proc. civ n°s 404 à 439).

5123. — I. DÉLAI ORDINAIRE (C. proc. civ. n°s 404 à 412). — Sur le délai d'appel: ... en matière commerciale, V. *Code de commerce annoté,* art. 645, n°s 1 et 2; et son *Supplément,* même article.

5124. ... En matière arbitrale, V. *infrà,* art. 1023.

5125. ... En matière de contrainte par corps dans les cas où elle est encore autorisée, V. *Code d'instruction criminelle annoté, Appendice relatif à la contrainte par corps.*

5126. — II. DÉLAIS SPÉCIAUX (C. proc. civ. n°s 413 à 426). — Sur les délais d'appel des jugements rendus ... en matière de récusation, V. *suprà,* art. 392, n° 4382.

5127. ... En matière de distribution par contribution, V. *infrà,* art. 669.

5128. ... En matière d'ordre, V. *infrà,* art. 762.

5129. ... En matière de saisie immobilière, V. *infrà,* art. 731.

5130. ... En matière de surenchère sur aliénation volontaire, V. *infrà,* art. 838.

5131. ... En matière de faillite, V. *Code de commerce annoté,* art. 582, et son *Supplément,* même article.

5132. ... En matière d'adoption, V. *Supplément au Code civil annoté,* art. 357, n°s 2944 et s.

5133. ... En matière de divorce, V. *Supplément au Code civil annoté,* n°s 2334 et s.

5134. En ce qui concerne les délais d'appel relatifs: ... aux ordonnances de référé, V. *infrà,* art. 809.

5135. ... Aux jugements de justice de paix, V. *suprà,* L. 25 mai 1838, art. 13, n°s 280 et s.

5136. En matière de recrutement militaire, aux termes de l'art. 31 de la loi du 15 juillet 1889 (D.P. 89. 4. 73), l'appel contre un jugement statuant sur une question préjudicielle de nationalité n'est recevable qu'autant qu'il est formé dans les quinze jours qui suivent la signification de la décision attaquée. — Douai, 9 juill. 1890, D.P. 91. 2. 173.

5137. — III. COMPUTATION DES DÉLAIS (C. proc. civ. n°s 427 à 439) — Le délai de deux mois pour appeler doit être réglé par les mois du calendrier grégorien, date pour date, sans égard au nombre de jours dont chaque mois se compose. — Req. 1er mars 1876, D.P. 78. 5. 185.

5138. Ni le jour de la signification du jugement de première instance, ni celui de l'échéance n'entrent en compte pour le calcul du délai d'appel. — Civ. c. 14 août 1877, D.P. 77. 1. 475. — Paris, 14 août 1877, D.P. 78. 2. 184. — Riom, 21 nov. 1887, D.P. 90. 2. 38-39.

5139. Par suite, ce délai ne court qu'à compter du lendemain de la signification du jugement, et l'appel peut être formé le lendemain de son échéance. — Arrêt préc. 14 août 1877.

§ 2. — *Point de départ du délai* (C. pr. civ. n°s 440 à 563).

A. — *Jugements contradictoires* (C. proc. civ. n°s 440 à 527).

5140. — I. SIGNIFICATION DU JUGEMENT (C. proc. civ. n°s 440 à 458). — La règle qui exige une signification pour faire courir les délais d'appel reçoit exception dans le cas où le ministère public appelle d'un jugement dans lequel il n'a été ou cette partie jointe, mais où l'ordre public est intéressé: le délai d'appel court alors contre lui à partir du jour du jugement. — (Sol. implic.) C. cass. de Belgique, 5 mai 1884, D.P. 81. 2. 241.

5141. La signification d'un jugement par l'État, envoyé en possession d'une succession, à deux parties prétendant à l'hérédité, ayant des intérêts distincts entre elles et opposés à ceux de l'État, fait courir le délai d'appel qu'à son profit contre elles, et est valable l'appel formé par l'une de ces parties dans les deux mois de la signification du jugement contre l'autre partie, et plus de deux mois après la signification faite par l'État. — Req. 28 déc. 1875, D.P. 76. 1. 63-64.

5142. Jugé, de même, que, lorsque deux époux se sont obligés solidairement envers un tiers après la cessation des payements du mari, déclaré depuis en faillite, il n'existe aucune indivisibilité entre l'action, par laquelle le syndic poursuit la nullité de l'obligation relativement au mari, et la demande de la femme tendant à faire annuler l'acte à son profit; qu'en conséquence, l'appel du jugement qui a accueilli ces deux demandes est recevable de la part du créancier contre la femme tant que celle-ci n'a pas signifié ce jugement et encore bien qu'il soit passé en force de chose jugée à l'égard du syndic. — Civ. c. 21 déc. 1881, J.G.S. *Appel civil*, 173.

5143. Mais il en est autrement en matière indivisible, et il a été jugé qu'en pareille matière, la signification du jugement faite au plaideur qui a succombé par l'une des parties qui a obtenu gain de cause profite à toutes ces parties; et que, par suite, à l'expiration du délai légal à partir de cette signification, le perdant ne peut plus interjeter appel contre aucun de ses adversaires. — Alger, 29 déc. 1882, J.G.S. *Appel civil*, 181. — Req. 13 janv. 1886, D.P. 86. 1. 359.

5144. Si la signification est nécessaire pour faire courir le délai de l'appel, elle n'est pas constitutive du droit d'appel, et la faculté de se pourvoir devant une juridiction supérieure n'est pas subordonnée à l'accomplissement de cette formalité. — Civ. c. 8 août 1876, D.P. 76. 1. 432. — V. *Code de procédure civile*, nᵒ 453.

5145. En conséquence, l'appel ne peut être déclaré non recevable par le motif que la signification faite à l'appelant de la décision rendue contre lui était incomplète, et qu'il en connaissait l'irrégularité. — Même arrêt.

5146. Dans la question controversée de savoir quel est le point de départ du délai dans lequel peut être interjeté l'appel du ministère public, lorsqu'en première instance il n'a été que partie jointe, la jurisprudence applique par analogie les dispositions de l'art. 858 C. proc. civ. d'après lequel, dans les cas où il n'y a pas lieu de signifier le jugement, les délais d'appel courent du jour où la décision a été rendue. — C. cass. de Belgique, 5 mai 1881, D.P. 81. 2. 241. — V. *Code de procédure civile*, nᵒ 458.

5147. — II. FORMES DE LA SIGNIFICATION (C. proc.civ. nᵒˢ459 à 480). — La signification d'un jugement est valable, et fait courir le délai d'appel, bien qu'elle ne mentionne pas la qualité du défendeur, pourvu que de cette omission il n'ait pu résulter pour lui aucune méprise sur la qualité en laquelle il a reçu la signification.— Amiens, 23 févr.1877, J.G.S. *Appel civil*, 176.

5148. Les huissiers ayant qualité pour donner le caractère d'authenticité aux copies des jugements des tribunaux de commerce devant lesquels le ministère des avoués n'est pas admis, il suffit, pour que la signification d'un jugement du tribunal de commerce soit valable et fasse courir les délais d'appel, que l'exploit contenant copie dudit jugement porte la signature de l'huissier qui l'a délivré et le rend authentique dans toutes ses parties. — Même arrêt. — V. aussi *supra*, art. 61, nᵒˢ 1472 et s.

5149. Il n'importe que la partie à la requête de laquelle est faite la signification ait apposé sa signature sous cette copie pour la certifier, cette signature, inutile à la validité de l'acte, étant considérée comme inexistante. — Même arrêt.

5150. La mention de la date du jugement signifié n'est point exigée à peine de nullité dans l'exploit de signification; par suite, l'erreur commise sur cette date dans l'exploit ne peut être une cause de nullité, alors surtout que la copie du jugement énonce le jour exact où il a été rendu. — Paris, 10 févr. 1879, D.P. 79. 2. 114. — V. aussi *supra*, art. 61, nᵒ 1449 et s.

5151. Sur les mentions relatives aux noms et prénoms et au domicile de l'appelant, V. *supra*, art. 61, nᵒˢ 1461 et s.

5152. — III. QUI PEUT FAIRE LA SIGNIFICATION (C. proc. civ. nᵒˢ 481 à 492). — En matière indivisible, la signification du jugement par l'un des cointéressés fait courir le délai d'appel au profit de tous. Par suite, si les divers cointéressés signifient le jugement à des dates différentes, le délai d'appel court de la première de ces significations. — Arrêt, préc. 29 déc. 1882. — V. *Code de procédure civile*, nᵒ 492.

5153. — IV. A QUI LA SIGNIFICATION DOIT ÊTRE FAITE. (C. proc. civ. nᵒˢ 493 à 507). — Les délais de l'appel courent contre toutes personnes sans distinction : aussi, lorsqu'un commerçant est tombé en faillite, les délais d'appel qui avaient commencé à courir contre lui avant sa faillite, continuent-ils à courir après la faillite tant contre le failli que contre son syndic. — Paris, 24 févr. 1864, J.G.S. *Appel civil*, 182.

5154. — V. A QUEL DOMICILE DOIT ÊTRE FAITE LA SIGNIFICATION. (C. proc. civ. nᵒˢ 508 à 527). — La signification d'un jugement à personne ou domicile fait courir le délai d'appel sans qu'il soit nécessaire de la faire précéder d'une signification à avoué. — Paris, 10 févr. 1879, D.P. 79. 2. 114.—V. *Code de procédure civile*, nᵒ 512.

5155. En conséquence, dans le cas où cette double signification a eu lieu, l'absence de date dans la copie de l'exploit de signification à avoué ne peut vicier l'exploit de signification à personne ou domicile. — Même arrêt.

5156. Il a, d'ailleurs, été reconnu, même dans le système contraire, que la mention de la signification à avoué dans la signification à domicile n'est pas prescrite à peine de nullité. — Conf. Paris, 18 juill. 1866, J.G.S. *Appel civil*, 189. — Comp. *Code de procédure civile*, nᵒ 510.

5157. La signification de nature à faire courir le délai d'appel doit être faite au domicile réel, et non à la résidence temporairement occupée par la partie. — Riom, 21 nov. 1887, D.P. 90. 2. 38-39. — V. *Code de procédure civile*, nᵒ 516.

5158. De même, l'appel qui a été signifié au domicile de l'avoué de la partie, et non au domicile réel de celle-ci, est nul. — Paris, 26 août 1864, J.G.S *Appel civil*, 190.

5159. L'appel du jugement rendu par un tribunal de commerce ne peut être notifié au greffe du tribunal, par application de l'art. 422 C. com.; il doit, à peine de nullité, être signifié à personne ou domicile. — Rennes, 19 mai 1879, D.P. 84. 2. 8. — V. *Code de procédure civile*, nᵒ 523.

5160. Mais, faute par la partie qui plaide devant un tribunal de commerce et n'est pas domiciliée au lieu où il siège, d'élire un domicile et de le faire mentionner sur le plumitif même de l'audience, lorsque le jugement contradictoire n'intervient pas à la première audience, le jugement du tribunal est valablement signifié à ladite partie, au greffe, et le délai d'appel court à partir de la date de cette signification. — Req. 17 mai 1887, D.P. 87. 1. 247.

5161. Et il en est ainsi, alors même que la partie dont il s'agit aurait élu un domicile par la signification du jugement, cette élection ne pouvant tenir lieu de celle qui, en vue de la signification du jugement, doit être faite et mentionnée sur le plumitif, aux termes impératifs de la loi. — Même arrêt.

5162. En conséquence et dans ces conditions, est irrecevable comme tardif, l'appel relevé plus de deux mois après la signification faite au greffe. — Même arrêt.

5163. Sur le point de départ du délai en matière d'ordre, V. *infra*, art. 762.

B. — Jugements par défaut (C. proc. civ. nᵒˢ 528 à 556).

5164. — I. JUGEMENT PAR DÉFAUT CONTRE AVOUÉ (C. proc. civ. nᵒˢ 533 à 544). — La signification à avoué d'un jugement par défaut faute de conclure, suffisante pour faire courir le délai d'opposition, ne fait pas courir le délai d'appel; ce délai ne commence à courir que du jour de la signification à partie. — Bordeaux, 4 juin 1888, D.P. 89. 2. 289. — V. *Code de procédure civile*, nᵒ 536. — En sens contraire V. Observ. de M. Glasson sous cet arrêt, D.P. 89. 2. 289, note 1.

5165. — II. JUGEMENT PAR DÉFAUT CONTRE

PARTIE (C. proc. civ. nᵒˢ 545 à 556). — Le délai d'appel contre un jugement par défaut ne court qu'à partir du jour de l'exécution de ce jugement. — Riom, 22 juin 1883, D.P. 84. 2. 27. — V. *Code de procédure civile*, nᵒ 545.

§ 3. — *Prescription du droit d'appel dans le cas où le jugement n'a pas été signifié* (C. proc. civ. nᵒˢ 557 à 563).

5166. Les conclusions présentées par un avoué en appel pour une partie considérée comme intimée suffisent pour attribuer à la cour d'appel le pouvoir de statuer à l'égard de cette partie, lors même qu'elle n'aurait reçu aucune notification régulière d'appel et qu'il n'existerait pas de constitution d'avoué pour elle. — Req. 9 mars 1881, D.P. 82. 1. 125.

5167. Il ne cesserait d'en être ainsi, et la cour de cassation ne devrait annuler l'arrêt intervenu, comme incompétemment rendu, que s'il était démontré que les délais d'appel contre le jugement de première instance avaient entièrement couru au profit de la partie dont il s'agit avant les conclusions au fond prises en son nom devant la cour d'appel. — Même arrêt.

SECT. 5. — APPEL INCIDENT (C. proc. civ. nᵒˢ 564 à 759).

§ 1ᵉʳ. — *Nature et conditions de l'appel incident* (C. proc. civ. nᵒˢ 564 à 625).

5168. — I. NATURE DE L'APPEL INCIDENT (C. proc. civ. nᵒˢ 564 à 571). — La partie qui forme un appel incident a le droit de faire subir à ses conclusions, devant les juges d'appel, toutes les modifications qui n'introduisent pas dans la cause des éléments non soumis aux deux degrés de juridiction. — Req. 17 févr. 1879, D.P. 80. 1. 346.

5169. Cette partie peut, par exemple, réclamer devant les juges d'appel, soit les coupons, ou les intérêts échus ou courus jusqu'à l'arrêt à intervenir, de titres dont elle a demandé en première instance en nature tant en première instance qu'en appel contre les dépositaires de ces valeurs, soit une évaluation nouvelle, au cours de la Bourse à la même date, des titres dont il s'agit : ce n'est pas là une demande nouvelle. — Même arrêt.

5170. Sur l'appel incident : ... en matière administrative, V. *Code des lois adm. annotées*, t. 1ᵉʳ, IV, vᵒ *Conseil d'Etat*, nᵒˢ 1887 et s.

5171. ... En matière criminelle, V. *Code d'instruction criminelle annoté*, art. 203 et s.

5172. — II. CAS DANS LESQUELS IL Y A LIEU A L'APPEL INCIDENT (C. proc. civ. nᵒˢ 572 à 594). — L'appel incident tend à l'infirmation du chef du jugement contre lequel il est formé; ce n'est donc pas besoin d'y recourir lorsque l'intimé se borne à demander la confirmation de ce jugement, encore bien qu'il invoque des moyens repoussés par le tribunal, ou sur lesquels le tribunal n'a pas statué. — J.G.S. *Appel incident*, 3.

5173. Jugé à cet égard qu'en l'absence de tout appel incident, la cour d'appel ne peut ni interpréter les termes du jugement, ni en modifier dans un sens favorable à l'intimé. — Nancy, 31 janv. 1891, D.P. 92. 2. 34.

5174. Mais, d'après l'opinion généralement adoptée, l'appel incident n'est pas soumis à une forme sacramentelle, et des conclusions prises à l'audience suffisent pour sa validité, sans qu'il soit nécessaire de les signifier. — D.P. 92. 2. 31, note 7.

5175. Un jugement de première instance ne peut être réformé sur les chefs préjudiciables à l'intimé, si celui-ci n'a lui-même interjeté appel. — Dijon, 12 mai 1876, D.P. 77. 2. 129. — V. *Code de procédure civile*, nᵒ 573.

5176. En conséquence, est nul comme contrevenant au quasi-contrat judiciaire et à l'autorité de la chose jugée, le jugement qui, sur l'appel d'une sentence du juge de paix, réforme au préjudice de l'appelant un des chefs de cette sentence, alors que l'intimé, non seulement n'avait pas formé appel incident, mais avait même conclu expressément au maintien pur et simple de la sentence entière. — Civ. c. 18 juill. 1877, D.P. 78. 1. 365.

5177. Dans une instance ayant pour objet la participation d'un particulier à l'utilité d'un terrain vague dépendant d'une section de commune, le jugement qui décide que le demandeur a acquis, par voie de prescription, une propriété promiscue de ce terrain, et l'arrêt qui reconnaît que ledit demandeur, intimé en appel, a droit à la jouissance et au partage de ce communal, comme habitant de la section et avec les autres sectionnaires, consacrent, au fond, par des motifs différents, la même solution juridique. — Req. 8 déc. 1885, D.P. 86. 1. 157-158.

5178. En conséquence, le juge du second degré, alors même qu'il a déclaré procéder par infirmation, n'a fait, en réalité, que confirmer la décision de première instance, et par suite, son arrêt échappe au reproche d'avoir réformé, dans l'intérêt de l'intimé, un jugement non frappé d'appel incident par celui-ci. — Même arrêt.

5179. Le juge du second degré, saisi de la cause par l'effet dévolutif de l'appel principal, a pu baser sa décision, confirmative des droits de l'intimé, sur des motifs juridiques nouveaux, lors même qu'il n'y eût pas d'appel incident, alors surtout qu'il était provoqué, par l'intimé, à se livrer à l'examen des principes qu'il a consacrés dans son arrêt. — Même arrêt.

5180. L'intimé qui avait dénié en première instance un fait que les premiers juges ont reconnu constant peut, sans avoir besoin de faire appel incident, remettre en question le jugement sur un chef où il avait succombé, et renouveler ses dénégations devant les juges d'appel. — Req. 2 juin 1885, D.P. 86. 1. 293.

5181. Mais s'il ne lie fait pas, et conclut, au contraire, à la confirmation du jugement, la cour d'appel n'a point à se prononcer sur le moyen qu'il a ainsi abandonné. — Même arrêt.

5182. L'intimé peut reproduire, sans interjeter d'appel incident, les conclusions subsidiaires qu'il avait prises devant les premiers juges et sur lesquelles ceux-ci n'avaient pas statué, ces conclusions n'étant, en pareil cas, qu'un moyen de défense à l'action principale. — Montpellier, 16 août 1851, J.G.S. *Appel incident*, 3. — V. *Code de procédure civile*, n° 586.

5183. L'arrêt qui, sur l'appel du ministère public, réforme dans sa disposition principale la décision des premiers juges, peut, en même temps, décharger l'officier de l'état civil d'une condamnation aux dépens prononcée contre ce dernier par le tribunal, bien qu'il n'ait pas appelé lui-même de cette décision. — Req. 28 nov. 1877, D.P. 78. 1. 209.

5184. — III. SUR QUOI PORTE L'APPEL INCIDENT (C. proc. civ. n°s 595 à 612) — Lorsqu'un jugement contient plusieurs chefs distincts, et que l'une des parties interjette appel de l'un d'eux, l'intimé peut appeler incidemment et en tout état de cause non seulement de ce chef, mais encore de tous les autres. — Rouen, 29 mai 1843, J.G.S. *Appel incident*, 29. — Lyon, 5 déc. 1884, D.P. 86. 2. 225. — V. *Code de procédure civile*, n° 605.

5185. L'appel incident d'un jugement par défaut s'étend au jugement qui a postérieurement débouté de l'opposition, en tant que ce dernier jugement confirme le premier. — Paris, 21 févr. 1874, D.P. 76. 2. 215.

5186. — IV. INFLUENCE DE L'APPEL PRINCIPAL SUR L'APPEL INCIDENT. (C. proc. civ. n°s 613 à 625). — D'après l'opinion qui a prévalu dans la jurisprudence, l'appel incident, ne pou-

SUPPL. AU C. PROC. CIV.

vant en aucune façon être considéré comme l'accessoire de l'appel principal, est recevable nonobstant la non-recevabilité ou la nullité de ce dernier. — J.G.S. *Appel incident*, 4. — V. *Code de procédure civile*, n° 620.

5187. La jurisprudence belge décide, au contraire, que l'appel incident, ne pouvant avoir lieu qu'autant que le juge d'appel est saisi de la cause, est non recevable, lorsque l'appel principal a été déclaré nul. — Bruxelles, 16 févr. 1861, J.G.S. *Appel incident*, 4. — Bruxelles, 16 janv. 1885, D.P. 89. 2. 111, note 2. — Bruxelles, 23 juin 1888, D.P. 89. 12 111.

5188. Sur le désistement de l'appel principal par rapport à l'appel incident, V. *suprà*, art. 403, n°s 4533 et s.

§ 2. — *Par qui est interjeté l'appel incident* (C. proc. civ. n°s 626 à 651).

5189. — I. NÉCESSITÉ D'AVOIR ÉTÉ PARTIE EN PREMIÈRE INSTANCE (C. proc. civ. n°s 628 à 649). — L'appelant, bien qu'il ait restreint son appel à quelques-uns seulement des chefs du jugement attaqué, peut, après un appel incident formé par l'intimé, interjeter un nouvel appel qui doit être considéré comme un véritable appel principal rendant au débat toute l'étendue qu'il avait en première instance. — Poitiers, 3 déc. 1879, D.P. 80. 2. 154. — V. *Code de procédure civile*, n° 636.

5190. Il en est ainsi, à plus forte raison, lorsque le premier appel, quoique réduit, a été interjeté dans des termes généraux, et que la restriction n'a eu lieu que sous la forme d'une indication provisoire caractérisée par les mots « et notamment ». — Même arrêt.

5191. Le défendeur en garantie, qui, en première instance, a été condamné à indemniser le défendeur principal d'une condamnation consacrant intégralement les prétentions du demandeur, et qui a été condamné d'intervenir devant la cour, par ledit défendeur principal devenu appelant contre le demandeur, n'a pas la qualité d'intimé, et ne peut, dès lors, appeler incidemment en tout état de cause. — Req. 8 févr. 1888, D.P. 88. 1. 245. — Comp. *Code de procédure civile*, n° 638.

5192. En conséquence, si, avant de se porter lui-même appelant en raison de sa condamnation comme garant, il a laissé passer les délais légaux de l'appel, depuis l'exploit qui le sommait d'intervenir et contenait signification du jugement, il est irrecevable à critiquer la décision de première instance. — Même arrêt.

5193. L'intervenant en cause d'appel n'a pas qualité pour appeler incidemment d'un jugement dans lequel il n'a été ni partie ni représenté, la seule voie qui lui soit ouverte étant celle de la tierce opposition. — Orléans, 15 déc. 1846, J.G.S. *Appel incident*, 15. — V. *Code de procédure civile*, n° 652.

5194. — II. INTÉRÊT (C. proc. civ. n°s 650 et 651).

§ 3. — *Contre qui est formé l'appel incident* (C. proc. civ. n°s 652 à 681).

5195. La faculté d'interjeter appel incident n'existe que de l'intimé à l'appelant principal. — Bordeaux, 1er août 1873, J.G.S. *Appel incident*, 18. — Lyon, 16 mai 1877, D.P. 78. 2. 19. — Liège, 20 juill. 1880, D.P. 81. 2. 41. — Civ. c. 9 déc. 1884, D.P. 85. 1. 87. — Chambéry, 7 fév. 1885, D.P. 85. 2. 241. — V. *Code de procédure civile*, n° 652.

5196. Il a été décidé également que l'intimé n'est pas recevable à attaquer devant le conseil d'État par voie d'appel incident la disposition d'une décision ministérielle rendue au profit d'une partie autre que celle qui s'est pourvue contre cette décision. — Cons. d'Ét. 27 juin 1879, D.P. 79. 3. 108.

5197. Le garanti qui, après en avoir gain

de cause en première instance, vient à être condamné en appel, ne peut obtenir condamnation contre son garant, s'il ne l'a pas intimé en appel, alors même que celui-ci aurait été mis en cause devant la cour par la partie adverse. — Bordeaux, 19 août 1874, D.P. 77. 2. 230. — V. *Code de procédure civile*, n° 653.

5198. Si, en principe, les demandes d'intimé à intimé, de nature à aggraver la situation de l'un d'eux, ne sont pas, faute d'appel incident. recevables en deuxième degré de juridiction, il en est autrement lorsque l'appelant principal, n'a point modifié la situation faite à l'adversaire par l'appel. — Poitiers, 16, févr. 1885, D P. 86. 2. 38.

5199. L'appel incident peut être formé par l'intimé contre un autre intimé, lorsque l'instance est liée entre toutes les parties par l'appel principal d'une seule et que l'objet du litige est indivisible. — Bruxelles, 12 août 1861, J.G.S. *Appel incident*, 22. — V. *Code de procédure civile*, n° 680.

5200. Mais l'appel d'un intimé contre un autre intimé, après l'expiration des délais de l'appel principal, ne saurait être déclaré recevable sous le prétexte que l'objet de la contestation était indivisible, alors qu'il consistait uniquement dans la revendication par plusieurs personnes, agissant chacune pour son propre compte, d'un immeuble détenu par un tiers. — Civ. c. 9 déc. 1884, D.P. 85. 1. 87.

5201. Et il importerait peu que la preuve de la propriété dépendît d'une difficulté relative à l'identité de celui dont l'un des défendeurs tenait l'immeuble revendiqué. — Même arrêt.

5202. Bien que, en première instance, aucun débat n'ait été lié entre deux défendeurs, si l'un d'eux devenu appelant conclut contre l'autre, des conclusions sont recevables, alors qu'elles ont le même objet que les conclusions du demandeur qui a également formé appel. — Lyon, 6 juill. 1889, D.P. 90. 2. 113.

§ 4. — *Formes de l'appel incident* (C. proc. civ. n°s 682 à 699).

5203. L'appel incident n'est pas soumis à une forme sacramentelle et ne comporte pas les délais d'assignation ; il peut résulter de conclusions demandant la réformation de la décision des premiers juges et précisant les chefs sur lesquels porte cette demande. — Caen, 23 mars 1881, J.G.S. *Appel incident*, 23. — Civ. c. 18 janv. 1887, D.P. 87, 1. 278-279. — V. *Code de procédure civile*. n° 682.

5204. Sur la question de savoir s'il est assujetti à la consignation préalable de l'amende, V. *infrà*, art. 471.

§ 5. — *Délais de l'appel incident* (C. proc. civ. n°s 700 à 706).

5205. L'appel incident peut être interjeté en tout état de cause, même après le renvoi à huitaine pour entendre les conclusions du ministère public. — Paris, 16 nov. 1886, D.P. 87. 2. 471. — V. *Code de procédure civile*, n° 703.

5206. Toutefois, l'appel incident qui s'est produit, alors que le ministère public avait pris la parole et développait ses conclusions, doit être rejeté comme tardif. — Caen, 8 août 1848, J.G.S. *Appel incident*, 26. — Angers, 18 mai 1877, D.P. 78. 2. 24. — V. *Code de procédure civile*, n° 704.

5207. Après un arrêt de partage, les débats étant ouverts, l'appel incident est recevable. — Civ. c. 28 déc. 1857, J.G.S. *Appel incident*, 27.

5208. Cet appel peut également être interjeté devant la cour saisie par renvoi après cassation de la connaissance du litige. — Dijon, 18 janvier 1882, J.G.S. *Appel civil*,

23

nº 117. — V. *Code de procédure civile*, nº 795.

§ 6. — *Fins de non-recevoir contre l'appel incident* (C. proc. civ. nᵒˢ 707 à 759).

5209. — I. Acquiescement donné par l'intimé avant l'appel principal (C. proc. civ. nᵒˢ 707 à 720). — L'acquiescement donné à la décision des premiers juges, antérieurement à l'appel principal, par la partie condamnée, n'étant que conditionnel, en ce qu'il suppose que l'adversaire acceptera lui-même cette décision, la partie qui a acquiescé est, si ce dernier interjette appel, relevée par là même de son acquiescement et est recevable à former appel incident. — J.G.S. *Appel incident*, 8.

5210. On ne peut opposer à l'intimé comme une fin de non-recevoir contre son appel incident l'acquiescement résultant du fait de sa comparution volontaire devant un notaire liquidateur pour y procéder selon les bases arrêtées par le jugement attaqué. — Paris, 7 janv. 1870, J.G.S. *Appel incident*, 8.

5211. L'intimé qui, en première instance, s'était borné à conclure au rejet de l'opposition contre un jugement antérieur de défaut, par lequel le tribunal avait ordonné une mesure d'instruction préalable, n'en est pas moins recevable à attaquer, par voie d'appel incident, la décision des premiers juges, en tant qu'elle n'avait pas statué *de plano* sur le fond. — Req. 16 août 1875, D.P. 77. 1. 132.

5212. — II. Acquiescement donné par l'intimé après l'appel principal (C. proc. civ. nᵒˢ 721 à 736).

5213. — III. Condamnations poursuivies par l'intimé après l'appel principal (C. proc. civ. nᵒˢ 737 à 745).

5214. — IV. Réserves émises par l'intimé a son acquiescement (C. proc. civ. nᵒˢ 746 à 759). — L'intimé qui, après s'être réservé d'interjeter un appel incident, se borne à conclure à la confirmation pure et simple du jugement, n'est pas réputé avoir renoncé à ses réserves par ses dernières conclusions, et, en conséquence, il conserve le droit de former ultérieurement son appel incident. — Pau, 7 janv. 1867, J.G.S. *Appel incident*, 12. — V. *Code de procédure civile*, nº 746.

Art. 444. Ces délais emporteront déchéance: ils courront contre toutes parties; le recours contre qui de droit; mais ils ne courront contre le mineur non émancipé que du jour où le jugement aura été signifié tant au tuteur qu'au subrogé tuteur, encore que ce dernier n'ait pas été en cause.

DIVISION.

§ 1 — *Déchéance résultant de la tardiveté de l'appel* (nº 5215).

§ 2. — *Délais de l'appel à l'égard des personnes incapables* (nº 5221).

§ 1ᵉʳ. — *Déchéance résultant de la tardiveté de l'appel* (C. proc. civ. nᵒˢ 1 à 24).

5215. L'interprétation la plus communément adoptée sur le sens de l'art. 444 est que cette disposition ne concerne que les jugements rendus contre le mineur, mais qu'elle n'est pas nécessaire lorsque les jugements ont été obtenus par les mineurs, ou qu'ils leur profitent, ou qu'ils ne prononcent contre eux aucune condamnation. — J.G.S. *Appel civil*, 186.

5216. — I. Nécessité d'interjeter appel dans le délai (C. proc. civ. nᵒˢ 1 à 8).

5217. — II. Caractères de la nullité résultant de la tardiveté de l'appel (C. proc. civ. nᵒˢ 9 à 24). — La fin de non-recevoir tirée de la tardiveté d'un appel est d'ordre public, et par conséquent peut être invo-

quée par les parties en tout état de cause et même suppléée d'office par le juge. — C. cass. de Belgique, 4 mars 1886, J.G.S. *Appel civil*, 203. — V. *Code de procédure civile*, nº 9.

5218. En conséquence, le consentement d'une partie à défendre comme intimée devant le second degré de juridiction ne peut couvrir la nullité résultant de ce qu'au moment où elle a conclu au fond les délais légaux étaient expirés sans qu'aucun appel eût été relevé contre elle. — J.G.S. *Appel civil*, 203.

5219. Mais cette règle ne s'applique pas lorsqu'il n'est pas établi que les délais pour appeler fussent expirés au moment où le plaideur qui avait eu gain de cause en première instance a accepté spontanément le débat en appel en concluant et défendant au fond en même temps que des consorts régulièrement intimés. — V. Req. 9 mars 1881, D.P. 82. 1. 425.

5220. Et les conclusions présentées par un avoué en appel pour une partie considérée comme intimée suffisent pour attribuer à la cour le pouvoir de statuer à l'égard de cette partie, lors même qu'elle n'aurait reçu aucune notification régulière d'appel et qu'il n'existerait pas de constitution d'avoué pour elle. — Même arrêt.

§ 2. — *Délais de l'appel à l'égard des personnes incapables* (C. proc. civ. nᵒˢ 25 à 67).

5221. — I. Mineur pourvu d'un tuteur (C. proc. civ. nᵒˢ 25 à 56). — 1º *Procès entre le mineur et des tiers* (C. proc. civ. nᵒˢ 25 à 51). — Sur la question controversée de savoir si le subrogé tuteur a qualité pour interjeter appel, à défaut du tuteur, des jugements rendus contre le mineur, V. *Supplément au Code civil annoté*, art. 463, nᵒˢ 3211 et s.

5222. La disposition de l'art. 444 C. proc. civ. aux termes de laquelle le délai d'appel ne court contre un mineur en tutelle qu'autant que le jugement a été signifié à la fois au tuteur et au subrogé tuteur, à raison de sa généralité même, au cas de demande en réduction de l'hypothèque légale formée par le tuteur. — Req. 3 déc. 1889, D.P. 90. 1. 21. — Observ. conf. de M. Glasson sous cet arrêt, note 1.

5223. Seulement cette demande étant dirigée contre le subrogé tuteur, qui représente les intérêts du mineur à place du tuteur, il y a lieu, pour que la double signification prescrite par l'art. 444 soit possible, de procéder à la nomination d'un subrogé tuteur *ad hoc*. — Même arrêt.

5224. Les enfants assistés placés dans les hospices n'ayant pas de subrogé tuteur, les dispositions de l'art. 444 ne leur sont pas applicables, et la signification faite à l'administration de l'hospice, chargée de la tutelle de l'enfant, fait courir les délais d'appel. — Poitiers, 3 déc. 1884, J.G.S. *Appel civil*, 187.

5225. — 2º *Procès entre le mineur et le tuteur ou le subrogé tuteur* (C. proc. civ. nᵒˢ 52 à 56).

5226. — II. Mineur sous la puissance de ses père et mère (C. proc. civ. nᵒˢ 57 à 69). — Lorsqu'un jugement est intervenu entre un mineur et son père administrateur légal, le délai d'appel ne court contre le mineur qu'à dater d'une double signification faite à son tuteur *ad hoc* et à son subrogé tuteur *ad hoc*. — Bordeaux, 19 mars 1875, D.P. 77. 2. 25.

5227. La signification à l'administrateur *ad hoc* d'un mineur du jugement rendu au profit du mineur fait courir le délai d'appel, sans qu'il y ait lieu à nomination d'un autre représentant du mineur en vertu de l'art. 444 C. proc. civ., lequel est inapplicable au cas d'un jugement obtenu dans l'intérêt du mineur. — Paris, 5 avr. 1876, D.P. 77. 2. 34.

5228. — III. Interdits (C. proc. civ. nº 61).

5229. — IV. Mineurs émancipés et personnes pourvues d'un conseil judiciaire (C. proc. civ. nᵒˢ 62 à 67). — Le conseil judiciaire est *partie nécessaire* dans les instances qui intéressent et le prodigue; en conséquence, pour faire courir les délais d'appel contre le prodigue, la signification du jugement qui le condamne doit être faite tant au prodigue qu'à son conseil judiciaire. — Req. 20 juin 1883, D.P. 84. 1. 248. — V. *Code de procédure civile*, nº 62.

Art. 445. Ceux qui demeurent hors de la France continentale auront, pour interjeter appel, outre le délai de deux mois depuis la signification du jugement, le délai des ajournements réglé par l'art. 73 ci-dessus (L. 3 mai 1862) (1).

5230. La disposition de l'art. 445 C. proc. civ., qui fixe le délai de l'appel à l'égard des parties qui sont domiciliées hors de la France continentale, étant générale, doit s'appliquer en matière de référé. — Paris, 13 janv. 1887, D.P. 87. 2. 188.

5231. Le délai d'appel, pour les habitants des pays limitrophes de la France, notamment de l'Alsace-Lorraine, est de trois mois, à partir de la signification du jugement faite au parquet du procureur de la République près le tribunal qui a rendu ce jugement. — Paris, 21 févr. 1885, D.P. 86. 2. 93, et note de M. Glasson sous cet arrêt.

5232. En conséquence, l'appel interjeté après l'expiration de ce délai est non recevable, même dans le cas où l'appelant soutiendrait qu'il ne lui a pas été possible d'interjeter appel plus tôt, la copie de l'exploit de signification du jugement ne lui ayant pas été transmise en temps utile par la voie diplomatique. — Même arrêt.

Art. 446. Ceux qui sont absents du territoire européen de l'Empire ou du territoire de l'Algérie pour cause de service public, auront, pour interjeter appel, outre le délai de deux mois, depuis la signification du jugement, le délai de huit mois. Il en sera de même en faveur des gens de mer absents pour cause de navigation (L. 3 mai 1862) (2).

Art. 447. Les délais de l'appel seront suspendus par la mort de la partie condamnée.

Ils ne reprendront leur cours qu'après la signification du jugement faite au domicile du défunt, avec les formalités prescrites en l'art. 61, et à compter de l'expiration des délais pour faire inventaire et délibérer, si le jugement a été signifié avant que ces derniers délais fussent expirés.

Cette signification pourra être faite aux héritiers collectivement, et sans désignation des noms et qualités.

5233. — I. Dans quels cas y a-t-il suspension du délai d'appel (C. proc. civ. nᵒˢ 1 à 6). — Les dispositions de l'art. 447 s'appli-

(1) Ancien art. 445. Ceux qui demeurent hors de la France continentale auront pour interjeter appel, outre le délai de trois mois depuis la signification du jugement, le délai des ajournements réglé par l'art. 73 ci-dessus.

(2) Ancien art. 446. Ceux qui sont absents du territoire européen du royaume pour services de terre ou de mer, ou employés dans les négociations extérieures pour le service de l'État, auront, pour interjeter appel, outre le délai de trois mois depuis la signification du jugement, le délai d'une seule année.

quent en matière de référé. — Paris, 3 déc. 1886, D.P. 87. 2. 488, note 2.

5234. Sur la question de savoir si l'art. 447 est applicable en matière d'ordre entre créanciers, V. *infrà*, art. 762.

5235. — II. Décès de la partie condamnée (C. proc. civ. nᵒˢ 7 à 15).

5236. — III. Causes diverses de suspension ou de prorogation du délai d'appel (C. proc. civ. nᵒˢ 16 à 20).

Art. 448. Dans le cas où le jugement aurait été rendu sur une pièce fausse, ou si la partie avait été condamnée faute de représenter une pièce décisive qui était retenue par son adversaire, les délais de l'appel ne courront que du jour où le faux aura été reconnu ou juridiquement constaté, ou que la pièce aura été recouvrée, pourvu que, dans ce dernier cas, il y ait preuve par écrit du jour où la pièce a été recouvrée, et non autrement.

5237. — I. Jugement rendu sur pièces fausses (C. proc. civ. nᵒˢ 1 à 5). — La prorogation du délai d'appel, édictée par l'art. 448 C. proc. civ. pour le cas où un jugement aurait été rendu sur pièces fausses, ne peut être invoquée que dans le cas où ces pièces ont servi de base à la décision. — Req. 22 juin 1881, D.P. 82. 1. 255-256.

5238. Et il appartient au juge d'appel de déclarer souverainement si les pièces fausses n'étaient pas fausses, dans l'espèce, ou si le jugement attaqué reposait sur d'autres actes ou d'autres éléments de la cause. — Même arrêt.

5239. — II. Pièces décisives retenues par un adversaire (C. proc. civ. nᵒˢ 6 à 9).

Art. 449. Aucun appel d'un jugement non exécutoire par provision ne pourra être interjeté dans la huitaine, à dater du jour du jugement; les appels interjetés dans ce délai seront déclarés non recevables, sauf à l'appelant à les réitérer, s'il est encore dans le délai.

5240. — I. Jugements dont il ne peut être interjeté appel dans la huitaine (C. proc. civ. nᵒˢ 1 à 22). — La défense édictée par l'art. 449 C. proc. civ. d'interjeter appel d'un jugement dans la huitaine de sa prononciation reçoit exception dans le cas où ce jugement ordonne l'exécution provisoire des dispositions par lesquelles il admet la demande, et que les divers chefs dont il se compose forment un tout indivisible. — Req. 3 juin 1885, D.P. 85. 1. 409.

5241. Sur les délais d'appel: en matière de référé, V. *infrà*, art. 809.

5242. ... En matière d'incidents de saisie immobilière, V. *infrà*, art. 731.

5243. ... En matière d'ordre entre créanciers. V. *infrà*, art. 762.

5244. — ... Des jugements des juges de paix, V. *suprà*, L. 25 mai 1838, art. 13, nᵒˢ 280 et s.

5245. L'appel d'un jugement rendu en matière commerciale peut être interjeté le jour même du jugement. — V. *Code de commerce annoté*, art. 645, nᵒˢ 11 et s., et son *Supplément*, même article.

5246. Il en est de même des sentences des prud'hommes. — J.G.S. *Appel civil*, 165.

5247. — II. Autorisation du président (C. proc. civ. nᵒˢ 23 à 26).

5248. — III. Computation du délai de huitaine (C. proc. civ. nᵒˢ 27 à 30). — Le jour de la prononciation d'un jugement non exécutoire par provision n'est pas compris dans le délai de huitaine pendant lequel la partie condamnée ne peut appeler. — Lyon, 8 mars 1882, D.P. 82. 2. 290. — V. *Code de procédure civile*, nᵒ 7.

5249. — IV. Effets de l'appel prématuré C. proc. civ. nᵒˢ 31 à 38).

Art. 450. L'exécution des jugements non exécutoires par provision sera suspendue pendant ladite huitaine.

Art. 451. L'appel d'un jugement préparatoire ne pourra être interjeté qu'après le jugement définitif et conjointement avec l'appel de ce jugement, et le délai de l'appel ne courra que du jour de la signification du jugement définitif : cet appel sera recevable, encore que le jugement préparatoire ait été exécuté sans réserves.

L'appel d'un jugement interlocutoire pourra être interjeté avant le jugement définitif : il en sera de même des jugements qui auraient accordé une provision.

5250. — I. Appel des jugements préparatoires (C. proc. civ. nᵒˢ 5 à 13). — La nullité résultant de ce que l'appel d'un jugement préparatoire aurait été interjeté avant le jugement définitif n'est pas d'ordre public, et, par suite, ne peut être invoquée pour la première fois devant la cour de cassation. — Chambéry, 30 mars 1870, J.G.S. *Appel civil*, 201. — V. *Code de procédure civile*, nᵒ 15.

5251. En tous cas, lorsqu'un jugement renferme quelques chefs qui ne sont que préparatoires et d'autres qui sont définitifs, mais que ces divers chefs sont étroitement liés les uns aux autres, l'appel est recevable pour le tout. — Req. 20 juill. 1868, J.G.S. *Appel civil*, 201. — Bruxelles, 6 mai 1882, *ibid.*

5252. Sur la question de savoir quels jugements doivent être considérés comme préparatoires, V. *infrà*, art. 452, nᵒˢ 5260 et s.

5253. — II. Appel des jugements interlocutoires (C. proc. civ. nᵒˢ 16 à 39). — Sur le point de savoir quels jugements doivent être considérés comme interlocutoires, V. *infrà*, art. 452, nᵒˢ 5263 et s.

5254. En ce qui concerne l'appel des jugements interlocutoires auxquels on a acquiescé, V. *suprà, Appendice* au titre XXIII, liv. 2, nᵒˢ 4700 et s.

5255. Sur la controverse relative au délai d'appel pour les jugements interlocutoires, V. *Code de procédure civile*, nᵒˢ 32 et s.

5256. — III. Appel des jugements provisoires (C. proc. civ. nᵒˢ 40 à 48).

Art. 452. Sont réputés préparatoires les jugements rendus pour l'instruction de la cause et qui tendent à mettre le procès en état de recevoir jugement définitif.

Sont réputés interlocutoires les jugements rendus lorsque le tribunal ordonne avant dire droit, une preuve, une vérification, ou une instruction qui préjuge le fond.

DIVISION.

§ 1. — *Jugements définitifs* (nᵒ 5257).
§ 2. — *Jugements d'avant dire droit* (nᵒ 5260).
§ 3. — *Caractères des jugements ordonnant certaines mesures d'instruction* (nᵒ 5271).

§ 1ᵉʳ. — *Jugements définitifs* (C. proc. civ. nᵒˢ 1 à 47).

5257. On doit considérer comme définitif le jugement qui rejette les conclusions tendant à la nullité en la forme de l'exploit d'ajournement, qui déclare que la force majeure a pour effet de libérer le débiteur, et qui admet ce débiteur à prouver par témoins l'existence de cette force majeure; par suite, le pourvoi formé contre ce jugement plus de deux mois après la signification n'est pas recevable. — Civ. c. 17 juill. 1883, D.P. 85. 1. 14. — V. *Code de procédure civile*, nᵒ 14.

5258. Le jugement qui statue sur les reproches des témoins n'étant ni préparatoire ni interlocutoire, l'appel doit en être interjeté immédiatement, et n'est plus recevable si la partie a exécuté ledit jugement sans réserves en plaidant au fond. — Civ. r. 8 juin 1869, D.P. 69. 1. 303. — V. *Code de procédure civile*, nᵒ 16.

5259. Le jugement qui accorde à une partie des dommages-intérêts à établir par état n'est ni une décision interlocutoire, ni une décision définitive sur un incident, mais un jugement rendu au fond et contenant une condamnation définitive qu'il ne reste plus qu'à liquider. — Req. 20 août 1877, D.P. 78. 1. 299.

§ 2. — *Jugements d'avant dire droit* (C. proc. civ. nᵒˢ 48 à 93).

5260. — I. Jugements préparatoires (C. proc. civ. nᵒˢ 49 à 62). — Le jugement qui, ayant été provoqué par des conclusions contradictoires, n'a pour objet de mettre la cause en état et ne préjuge pas le fond, est préparatoire; en conséquence, l'appel formé contre ce jugement avant le jugement définitif n'est pas recevable. — Req. 5 mars 1883, D.P. 84. 1. 19.

5261. Est purement préparatoire et ne préjuge pas le fond du procès, le jugement qui ordonne la comparution personnelle des parties, sur la demande de l'une d'elles, lorsque ses adversaires ne se sont pas opposés au principe de la mesure, mais ont seulement insisté pour qu'elle ne fût ordonnée qu'après les plaidoiries : en conséquence, l'appel ne peut en être interjeté qu'après le jugement définitif et conjointement avec l'appel de ce jugement. — Req. 21 mai 1891, D.P. 91. 1. 390.

5262. Le jugement qui rejette comme tardives la constitution d'avoué et les conclusions du défendeur, et dit, en conséquence, qu'il sera passé outre en l'état à l'audition du ministère public et au jugement de la cause, n'est pas un jugement préparatoire, mais un jugement définitif sur l'incident, pouvant, dès lors, être frappé d'appel avant le jugement définitif sur le fond. — Paris, 4 janv. 1876, D.P. 78. 2. 68.

5263. — II. Jugements interlocutoires (C. proc. civ. nᵒˢ 63 à 90). — Lorsqu'un jugement qui ordonne une mesure d'instruction soit interlocutoire, par cela seul susceptible d'appel, il n'est pas nécessaire qu'il touche au fond du droit; il suffit qu'il le préjuge en laissant pressentir l'influence qu'exercera, sur le fond du procès, la mesure prescrite. — Civ. c. 31 oct. 1881, D.P. 89. 1. 56. — V. *Code de procédure civile*, nᵒ 63.

5264. Spécialement, dans une instance où un créancier demande son admission à une faillite, en soutenant que sa créance est justifiée par des titres contre lesquels aucune preuve ne peut être autorisée, et, au contraire, le syndic sollicite du juge une expertise, afin de rechercher dans les livres respectifs des parties des éclaircissements sur leur situation réciproque, le jugement par lequel cette expertise est ordonnée, a le caractère interlocutoire, puisqu'il fait pressentir l'autorité et les effets à attribuer aux titres produits par le créancier. — Même arrêt.

5265. Le jugement par lequel un ouvrier qui réclame une pension de retraite est admis à prouver, tant par titres que par témoins, qu'il a travaillé dans les ateliers d'une compagnie industrielle pendant le temps exigé par les statuts de la caisse de retraites de cette compagnie pour obtenir une pension, est interlocutoire, comme préjugeant le fond du droit, et, comme tel, susceptible d'appel avant le jugement définitif. — Lyon, 27 avr. 1883, D.P. 84. 2. 71.

5266. Le jugement qui, malgré les conclusions contraires du défendeur, autorise le demandeur à invoquer une procédure correctionnelle suivie contre son adversaire pour y puiser des présomptions graves, précises et concordantes, est un jugement interlocutoire et peut, en conséquence, être attaqué par la voie de l'appel avant le jugement définitif. — Req. 5 août 1880, D.P. 81. 1. 211.

5267. La sentence par laquelle un juge de paix a admis le demandeur à prouver l'existence à son profit de la possession annale d'un droit de passage dans l'exercice duquel il prétendait avoir été troublé, mais sans énoncer que cette possession reposât sur un titre quelconque, est une décision purement interlocutoire qui n'implique aucun préjugé sur le fond du litige. — Civ. r. 15 juill. 1878, D.P. 79. 1. 131.

5268. Est considérée comme interlocutoire la sentence du juge de paix qui, alors que le défendeur prétend n'être pas responsable du dommage aux champs invoqué par le demandeur, ordonne une expertise pour constater les causes et l'importance du dégât. — Civ. c. 18 août 1880, J.G.S. *Jugement d'avant dire droit*, 30.

5269. Sur la règle que l'interlocutoire ne lie pas le juge, V. *Supplément au Code civil annoté*, art. 1351, nᵒˢ 8996 et s.

5270. — III. JUGEMENTS PROVISOIRES (C. proc. civ. nᵒˢ 91 à 93).

§ 3. — *Caractères des jugements ordonnant certaines mesures d'instruction* (C. proc. civ. nᵒˢ 94 à 343).

5271. — I. ENQUÈTE (C. proc. civ. nᵒˢ 95 à 131). — Le jugement qui ordonne l'audition d'un tiers, par un juge commis, sur des faits articulés, est un jugement interlocutoire; par suite, l'appel peut en être interjeté avant le jugement définitif. — Douai, 8 mai 1877, D.P. 79. 2. 213. — V. *Code de procédure civile*, nᵒ 102.

5272. Le jugement qui, dans un procès intenté par le preneur contre le bailleur, à raison d'un défaut de contenance des terrains donnés en location, et alors que le bailleur soutient qu'il existait en sa faveur une stipulation de non-garantie quant à la contenance, autorise le preneur à prouver par témoins que l'engagement de lui assurer une superficie déterminée a été une condition essentielle de son consentement, préjuge nécessairement le fond et a les caractères d'un jugement interlocutoire. — Req. 13 juill. 1885, D.P. 86. 1. 293.

5273. Par suite, l'appel d'un semblable jugement interjeté conjointement avec celui du jugement définitif n'est point recevable, s'il a été exécuté sans réserves. — Même arrêt.

5274. Le jugement ordonnant, en matière sommaire, une prorogation d'enquête, est préparatoire, et, dès lors, l'appel peut être interjeté contre ce jugement en même temps que l'appel du jugement définitif. — Bourges, 8 juin 1887, D.P. 88. 2. 195. — Contrà : *Code de procédure civile*, nᵒ 120.

5275. — II. EXPERTISE (C. proc. civ. nᵒˢ 132 à 207). — Un jugement qui ordonne une expertise n'est interlocutoire que s'il préjuge le fond : il est simplement préparatoire, s'il ne le préjuge pas. — Req. 23 oct. 1888, D. P. 89. 1. 449. — V. *Code de procédure civile*, nᵒ 137.

5276. Spécialement, est préparatoire, et non interlocutoire, le jugement qui nomme des experts en vue de l'évaluation de dommages-intérêts réclamés, alors que le demandeur alléguant un préjudice résultant pour sa propriété de la dépaissance du troupeau ainsi que du reflux des eaux du défendeur, et que ce dernier, en reconnaissant, d'une part, qu'il pouvait devoir une minime indemnité pour les faits de pacage, et en prétendant, d'autre part, que ce sont les travaux personnels du demandeur qui ont seuls modifié le cours de l'eau, a confessé devant le juge la nécessité d'une expertise, dans le but

d'apprécier l'indemnité d'ensemble demandée par son adversaire. — Même arrêt.

5277. Le jugement qui ordonne en ce cas l'expertise ne préjuge pas la question du fond, celle de savoir si le défendeur doit des dommages-intérêts, puisque le principe même d'une indemnité n'était pas dénié; il a pour but unique d'établir, en éclairant la conscience du juge, la situation réciproque des parties, et de mettre le procès en état de recevoir une solution définitive. — Même arrêt.

5278. Il suit de là que l'appel dudit jugement d'avant faire droit peut et doit être interjeté avec l'appel du jugement sur le fond, qui a été ultérieurement rendu. — Même arrêt.

5279. Un jugement qui ordonne une expertise est interlocutoire et par suite susceptible d'appel lorsqu'il préjuge le fond du droit; il en est ainsi spécialement du jugement qui nomme des experts à l'effet de rechercher si des alcools saisis par la régie ont été dénaturés de façon à ne payer que le droit de dénaturation. — Lyon, 7 janv. 1891, D.P. 92. 2. 9.

5280. Le jugement qui, en nommant des experts à l'effet de partager deux successions indivises entre les mêmes héritiers, a décidé qu'il y avait lieu de procéder à deux partages distincts, a sur ce point les caractères d'un jugement définitif, et non d'un jugement interlocutoire. — Civ. c. 12 nov. 1878, D.P. 78. 1. 459.

5281. Par suite, le juge ne peut ensuite, sans violer l'autorité de la chose jugée, homologuer le rapport des experts, alors que ceux-ci, contrairement audit jugement, n'ont formé qu'une masse unique des biens compris dans les deux successions. — Même arrêt.

5282. Le jugement d'un juge de paix qui ordonne une expertise pour la vérification de faits contestés est interlocutoire, bien que ce jugement ait réservé les droits et moyens des parties, cette réserve étant inhérente à tout jugement interlocutoire lequel laisse intacts les droits des parties et ne les pas juges. — Civ. c. 7 déc. 1885, D.P. 86. 1. 421.

5283. Le jugement ordonnant une expertise pour constater si un immeuble dont le possesseur est poursuivi hypothécairement, est compris dans une adjudication qui aurait eu pour effet de purger les hypothèques inscrites, a le caractère d'un jugement interlocutoire, alors que le possesseur soutient qu'il n'y a pas lieu à expertise, et qu'en aucun cas les poursuites du créancier ne sont fondées. — Poitiers, 20 déc. 1876, D.P. 77. 2. 228.

5284. La décision qui ordonne que, sans préjudicier aux droits des parties, les documents et pièces invoqués par l'une d'elles à l'appui d'une demande en dommages-intérêts, mais dont le tribunal, en l'état, ne peut utilement apprécier la valeur, seront soumis à l'examen et au contrôle d'un expert, constitue un jugement simplement préparatoire et non un jugement interlocutoire. — Req. 20 févr. 1877, D. P. 78. 1. 26.

5285. L'arrêt qui déclare deux compagnies houillères tenues *in solidum* de réparer jusqu'à concurrence des trois quarts le dommage causé à une autre compagnie par les eaux provenant d'une mine exploitée par les deux premières compagnies, et qui ordonne une expertise pour fixer l'indemnité due, ne met pas obstacle à ce que ces compagnies condamnées optent pour l'épuisement des eaux, ainsi qu'elles s'en étaient d'ailleurs formellement réservé la faculté. — Lyon, 27 déc. 1888, D.P. 90. 2. 103.

5286. Et l'arrêt qui nomme des experts pour fixer ici l'indemnité due n'est qu'une décision interlocutoire par laquelle la cour qui a rendu cet arrêt ne saurait être liée, et ne règle définitivement aucune des solutions relatives aux moyens de faire cesser le dommage. — Même arrêt.

5287. Le jugement par défaut, rendu dans une instance en partage, qui nomme des experts à l'effet de rechercher si des immeubles sont commodément partageables en nature, est un jugement essentiellement préparatoire, dont le caractère ne saurait être modifié par la circonstance qu'une contestation sur le choix des experts s'est élevée à la suite de l'opposition formée contre ce jugement, lequel, d'ailleurs, a été maintenu; en conséquence, l'appel n'en peut être interjeté que conjointement avec l'appel du jugement définitif. — Req. 19 mars 1879, D.P. 80. 1. 392.

5288. — III. DESCENTE SUR LIEUX (C. proc. civ. nᵒˢ 208 à 211). — Dans une instance, devant le juge de paix, en dommages-intérêts pour préjudice causé aux récoltes par des lapins sortis d'un bois, un jugement est interlocutoire, bien que rendu par défaut et n'ayant par conséquent été précédé d'aucune contestation de la part du défendeur, lorsqu'il ordonne un transport sur les lieux à une date déterminée avec enquête et expertise concomitantes, afin de vérifier les allégués, s'il le fait en des termes qui préjugent le fond. — Civ. r. 3 déc. 1890, D.P. 91. 1. 105.

5289. ... Notamment s'il énonce, pour accueillir l'offre en preuve du demandeur et les moyens d'instruction proposés, « que la demande paraît juste sans être suffisamment justifiée ». — Même arrêt.

5290. Est également interlocutoire le nouveau jugement rendu par le juge de paix sur les lieux, et qui, vu l'absence des témoins à entendre et le refus d'un des experts d'accepter la mission à lui confiée, renvoie à une date ultérieure l'exécution des mesures d'instruction prescrites par le premier jugement. — Même arrêt.

5291. La seconde décision, bien qu'intervenue également par défaut, et non signifiée au défendeur, est susceptible de produire effet contre lui à de certains égards, dès lors que ledit défendeur avait été mis utilement à même d'être présent au moment où elle a été rendue, cette date déterminée ayant été faite du premier jugement, avec sommation de comparaître sur les lieux au jour indiqué d'abord pour les opérations. — Même arrêt.

5292. — IV. COMPARUTION DES PARTIES (C. proc. civ. nᵒˢ 212 à 222). — Le jugement qui ordonne une comparution de parties doit être réputé préparatoire; dès lors, on ne peut relever appel qu'après le jugement définitif et conjointement avec l'appel de ce jugement. — Nîmes, 29 août 1855, J.G.S. *Instruction civile*, 30. — Paris, 18 févr. 1887, D.P. 87. 2. 189. — V. *Code de procédure civile*, nᵒ 212.

5293. — V. INTERROGATOIRE SUR FAITS ET ARTICLES (C. proc. civ. nᵒˢ 223 à 236). — V. *supra*, nᵒˢ 3977 et s.

5294. — VI. SERMENT (C. proc. civ. nᵒˢ 237 à 240).

5295. — VII. COMMUNICATION OU DÉPÔT DE PIÈCES (C. proc. civ. nᵒˢ 241 à 274).

5296. — VIII. REMISE DE CAUSE (C. proc. civ. nᵒˢ 275 à 280).

5297. — IX. SURSIS (C. proc. civ. nᵒˢ 281 à 289). — Est interlocutoire le jugement qui prononce un sursis, par le motif qu'en cas de confirmation par la cour du jugement qui donnait gain de cause aux courtiers de commerce, l'action en dommages-intérêts formée contre les commissaires priseurs et dont ceux-ci demanderaient le rejet immédiat, pourrait être légalement introduite. — Rouen, 10 juill. 1882, D.P. 83. 2. 179-180.

5298. — X. JONCTION D'INSTANCES (C. proc. civ. nᵒˢ 290 à 302).

5299. — XI. REDDITION DE COMPTE (C. proc. civ. nᵒˢ 303 à 322).

5300. — XII. RENVOI DEVANT ARBITRES (C. proc. civ. nᵒˢ 323 à 325). — Le jugement du tribunal de commerce, qui, sur les conclusions constituant, non une exception préjudicielle, mais un moyen du fond, se borne à nommer un arbitre-rapporteur, sans rien préjuger sur le moyen du fond, dont il réserve au contraire formellement l'examen à l'arbitre désigné, est un jugement préparatoire contre lequel l'appel ne peut être interjeté qu'après le jugement définitif et conjointement avec l'appel de ce jugement. — Req. 10 juill. 1876, D.P. 77. 1. 217. — V. *Code de procédure civile*, n° 323.

5301. — XIII. Intervention, mise en cause (C. proc. civ. n°s 326 à 343).

Art. 453. Seront sujets à l'appel les jugements qualifiés en dernier ressort, lorsqu'ils auront été rendus par des juges qui ne pouvaient prononcer qu'en première instance.

Ne seront recevables les appels des jugements rendus sur des matières dont la connaissance en dernier ressort appartient aux premiers juges, mais qu'ils auraient omis de qualifier, ou qu'ils auraient qualifiés en premier ressort.

5302. — I. Jugements qualifiés en dernier ressort (C. proc. civ. n°s 1 à 8). — Le jugement d'un tribunal de commerce qui annule la sentence d'un conseil de prud'hommes pour cause d'incompétence et statue en même temps sur le fond par voie d'évocation est en dernier ressort; il ne saurait, en conséquence, être attaqué par la voie de l'appel. — Dijon, 27 janv. 1882, D.P. 83. 2. 187.

5303. — II. Jugements qualifiés en premier ressort (C. proc. civ. n° 9). — Il en est de même si les juges ont qualifié leur décision de jugement en premier ressort. — Arrêt préc. 27 janv. 1882.

5304. — III. Jugements non qualifiés (C. proc. civ. n° 10).

APPENDICE A L'ARTICLE 453

Division.

I. — COMPÉTENCE CIVILE DES COURS D'APPEL (n° 5305).

II. — JUGEMENTS RENDUS EN PREMIER OU EN DERNIER RESSORT (n° 5321).

I. COMPÉTENCE CIVILE DES COURS D'APPEL

Loi du 27 ventôse an 8

(18 mars 1800),

Relative à l'organisation des tribunaux. — Publiée au *Bulletin des lois*, n° 103. — (Extrait, J.G. Organ. judic., p. 1485.)

Art. 22. Les tribunaux d'appel statueront sur les appels des jugements de première instance rendus en matière civile par les tribunaux d'arrondissement et sur les appels des jugements de première instance rendus par les tribunaux de commerce.

Loi du 20 avril 1810,

Sur l'organisation de l'ordre judiciaire et l'administration de la justice. — Publiée au *Moniteur* du 21 avril 1810, et au *Bulletin des lois*, n° 5351. — (Extrait, J.G. Organ. judic., p. 1490.)

Art. 2. Les cours impériales connaîtront des matières civiles... conformément aux codes et aux lois de l'empire.

Art. 7. La justice est rendue souverainement par les cours impériales; leurs arrêts, quand ils sont revêtus des formes prescrites à peine de nullité, ne peuvent être cassés que pour une contravention expresse à la loi.

5305. — I. Compétence d'attribution des cours d'appel en matière civile (C. proc. civ. n°s 1 à 18). — 1° *Compétence d'appel* (C. proc. civ. n°s 1 à 7). — Sur l'appel: ... des jugements des tribunaux civils de première instance, V. *infrà*, art. 473.

5306. ... Des ordonnances de référé, V. *infrà*, art. 809.

5307. ... Des ordonnances sur requête, V. *infrà*, Appendice au tit. XVI, 1re partie, liv. 5.

5308. ... Des sentences arbitrales, V. *infrà*, art. 1023.

5309. ... Des jugements des tribunaux de commerce, V. *Code de commerce annoté*, art. 644, et son *Supplément*, même article.

5310. ... Des jugements rendus par les consuls français à l'étranger, V. *Appendice au Code de commerce annoté*, v° *Consuls*, n°s 170 et s., et *Echelles du Levant*, n°s 58 et s.; et son *Supplément, Appendice, eisd.* v°s.

5311. — 2° *Compétence en premier et dernier ressort* (C. proc. civ. n°s 8 à 18). — Sur les cas dans lesquels les cours d'appel connaissent en premier et dernier ressort: ... de l'exécution des jugements, V. *infrà*, art. 472.

5312. ... Des demandes des officiers ministériels pour frais faits devant la cour d'appel, V. *suprà*, art. 60, n°s 1404 et s.

5313. ... De l'intervention formée devant la cour d'appel, V. *infrà*, art. 466.

5314. ... De la tierce opposition portée devant la cour d'appel, V. *infrà*, art. 475.

5315. ... Des prises à partie, V. *infrà*, art. 509.

5316. ... De la réhabilitation des faillis, V. *Code de commerce annoté*, n°s 605, n°s 1 et s ; et son *Supplément*, même article.

5317. ... De certaines fautes de discipline commises par des officiers publics et ministériels, V. *infrà*, Appendice au Code de procédure civile sur la Discipline judiciaire.

5318. Sur la compétence qu'ont, dans certains cas, les juges d'appel : .. pour prononcer sur les demandes qui n'ont pas été soumises au premier juge, V. *infrà*, art. 464.

5319. ... Pour évoquer et juger le fond du procès, V. *infrà*, art. 473.

5320. — II. Compétence territoriale des cours d'appel (C. proc. civ. n°s 19 à 24).

II. JUGEMENTS RENDUS EN PREMIER OU EN DERNIER RESSORT

Loi du 11 avril 1838,

Sur les tribunaux civils de première instance. — Publiée au *Bulletin des lois*, n° 7335. — (J.G. Organ. judic., p. 1507.)

Art. 1er. Les tribunaux civils de première instance connaîtront, en dernier ressort, des actions personnelles et mobilières, jusqu'à la valeur de 1.500 fr. de principal, et des actions immobilières jusqu'à 60 fr. de revenu, déterminé, soit en rentes, soit par prix de bail.

Ces actions seront instruites et jugées comme matières sommaires.

5321. Sur le second paragraphe de cet article, V. *suprà*, art. 404, n°s 4732 et s.

DIVISION.

Sect. 1. — Jugements soumis a la règle des deux degrés de juridiction (n° 5322).

Sect. 2. — Degrés de juridiction dans les affaires d'une valeur déterminée (n° 5327).

§ 1. — *Mode de détermination du ressort; Demande ou conclusions* (n° 5327).

§ 2. — *Effets du changement ou de la réduction de la demande; Acquiescement; Offres réelles* (n° 5345).

§ 3. — *Cas où la demande inférieure au taux de l'appel se rattache à un intérêt supérieur à ce taux* (n° 5345).

§ 4. — *Effets de la réunion de plusieurs demandes en une seule; Demandes formées par un contre plusieurs personnes* (n° 5375).

§ 5. — *Demandes en garantie, en intervention et en jonction d'instances* (n° 5435).

§ 6. — *Demandes accessoires; Intérêts; Fruits; Droits d'enregistrement; Frais et dépens; Dommages-intérêts* (n° 5445).

§ 7. — *Effets des exceptions et incidents quant au degré de juridiction; Qualités des parties* (n° 5466).

§ 8. — *Demandes relatives aux rentes, baux et fermages* (n° 5481).

§ 9. — *Saisies: Saisie-arrêt; Saisie-exécution; Saisie foraine; Saisie-brandon; Saisie-gagerie; Saisie immobilière* (n° 5489).

§ 10. — *Distribution par contribution et ordre* (n° 5511).

Sect. 3. — Degrés de juridiction dans les demandes indéterminées (n° 5513).

§ 1. — *Demandes indéterminées par leur nature* (n° 5513).

§ 2. — *Demandes personnelles ou mobilières non déterminées par les parties* (n° 5539).

§ 3. — *Demandes immobilières ou mixtes non déterminées par les parties* (n° 5543).

A. — Demandes immobilières (n° 5543).
B. — Actions hypothécaires (n° 5548).
C. — Actions mixtes (n° 5551).

§ 4. — *Demandes alternatives; Obligations avec clause pénale* (n° 5552).

§ 5 — *Demandes déterminées contenant des chefs indéterminés* (n° 5562).

Sect. 4. — Effets des conventions des parties quant au premier et au dernier ressort; Prorogation de juridiction (n° 5571).

§ 1. — *Cas où les parties confèrent à un tribunal de première instance le droit de juger en dernier ressort* (n° 5571).

§ 2. — *Cas où les parties portent directement une contestation non encore jugée devant un tribunal d'appel* (n° 5576).

§ 3. — *Cas où les parties défèrent à un tribunal d'appel une contestation jugée en dernier ressort* (n° 5602).

Sect. 1re. — Jugements soumis a la règle des deux degrés de juridiction (C. proc. civ. n°s 1 à 38).

5322. — I. Jugements auxquels la loi de

1838 EST APPLICABLE (C. proc. civ. nos 1 à 24). — L'appel étant une voie de recours ordinaire doit être admis contre tous les jugements, même contre ceux qui portent sur l'interprétation d'une précédente décision judiciaire. — Req. 7 nov. 1888, D.P. 89. 1. 259. — V. *Code de procédure civile*, n° 4.

5323. Il est de règle que les jugements interprétatifs suivent, quant aux voies de recours, la condition des jugements qu'ils interprètent, de telle sorte que si le premier jugement a été rendu en premier ressort, celui qui intervient pour en donner l'interprétation est également susceptible d'appel, alors même qu'il ne porte que sur des difficultés d'une valeur inférieure à 1,500 fr. — Poitiers, 27 juin 1889, D.P. 90. 2. 167. — Comp. Req. 12 févr. 1878, D.P. 90. 2. 167, note *a*.

5324. Les jugements rendus par les consuls dans les Echelles du Levant sont soumis aux règles générales de compétence, édictées par la loi française; en conséquence, ils sont rendus en dernier ressort sur les demandes qui n'excèdent pas 1,500 fr. — Aix, 26 juin 1883, J.G.S. *Echelles du Levant*, 47. — V. *Code de procédure civile*, n° 24.

5325. — II. DÉROGATION A LA RÈGLE GÉNÉRALE (C. proc. civ. nos 25 à 38). — Le jugement qui statue sur une demande au payement d'honoraires d'une somme inférieure à 1,500 fr. formée par un notaire contre son client est un jugement en dernier ressort : la loi du 5 août 1881 (D.P. 82. 4. 39), qui fixe la prescription pour la taxe des actes notariés, n'a pas, à cet égard, dérogé au droit commun. — Alger, 9 avr. 1888, D.P. 90. 2. 81.

5326. L'art. 6 du décret du 16 févr. 1807 ne permet d'appeler de la taxe des dépens que lorsqu'il y a appel sur le fond. — V. *infra*, *Appendice au Code de procédure civile, Tarif des frais et dépens en matière civile*.

SECT. 2. — DEGRÉS DE JURIDICTION DANS LES AFFAIRES D'UNE VALEUR DÉTERMINÉE (C. proc. civ. nos 39 à 750).

§ 1er, — *Mode de détermination du ressort; Demande ou conclusions* (C. proc. civ. nos 42 à 84).

5327. Le caractère des jugements, au point de vue du premier ou du dernier ressort, est déterminé par les conclusions prises au dernier état de la procédure devant les premiers juges. — Nancy, 9 janv. 1878, D.P. 77. 5. 144. — Toulouse, 27 janv. 1877, D.P. 77. 5. 145. — Caen, 10 mars 1877, D.P. 79. 2. 215. — Besançon, 27 avr. 1877, D.P. 78. 2. 216. — Lyon, 24 juill. 1883, D.P. 85. 2. 134. — Orléans, 25 mars 1885, D.P. 87. 2. 48. — Civ. c. 6 mars 1889, D.P. 90. 1. 70. — V. *Code de procédure civile*, n° 42.

5328. Le taux du dernier ressort, en matière personnelle et mobilière, doit être fixé d'après la valeur de la chose réclamée par le demandeur et non de la chose contestée par le défendeur. — Civ. c. 24 mars 1890, D.P. 91. 1. 279. — V. *Code de procédure civile*, n° 50.

5329. En conséquence, c'est à tort que l'appel d'un jugement rendu sur une demande supérieure à 1,500 fr. est déclaré non recevable, par le motif que l'action du demandeur, admise en principe dans l'origine, sous déduction d'avances dont l'adversaire aurait à justifier par l'examen de la demande reconventionnelle que le demandeur, n'aurait été en définitive contesté que dans la mesure où le tribunal serait appelé à faire droit à cette demande reconventionnelle, et que par suite l'objet du litige ne dépasserait pas le taux du dernier ressort. — Même arrêt.

5330. Jugé dans le même sens que toute demande reconventionnelle uniquement fondée sur la demande principale n'en étant que la suite et l'accessoire, doit être sans influence sur la fixation du taux de la com-

pétence qui se détermine alors par la quotité de la demande originaire. — Civ. c. 12 août 1889, D.P. 91. 1. 119.

5331. Cette règle qui se retrouve dans les lois qui ont réglé le taux de la compétence en dernier ressort des diverses juridictions est applicable aux conseils de prud'hommes. — *Même arrêt*.

5332. Décidé à cet égard que les conseils des prud'hommes statuent en dernier ressort lorsque le chiffre de la demande qui leur est soumise n'excède pas 200 fr.; mais que l'appel est toujours recevable lorsqu'il porte sur une question de compétence. — Civ. r. 6 août 1889, D.P. 91. 1. 120.

5333. La valeur du litige est déterminée, non par le bien fondé, mais par le montant de la demande. — Lyon, 24 juin 1875, D.P. 77. 2. 49. — V. *Code de procédure civile*, n° 53.

5334. Mais il ne faudrait pas qu'une demande notoirement exagérée fût un prétexte pour échapper au dernier ressort et frauder ainsi la loi. — D.P. 77. 2. 49, note 1.

5335. Le taux du premier ou du dernier ressort est déterminé par le chiffre de la demande et non par le chiffre de la condamnation. — Civ. c. 26 juill. 1882, D P. 83. 1. 342. — Limoges, 5 juin 1886, D.P. 87. 2. 113. — V. *Code de procédure civile*, n° 54.

5336. En conséquence, est en dernier ressort le jugement qui condamne le défendeur au payement d'une somme au-dessous de 1,500 fr., et au montant d'une dépense accessoire dont la valeur est indéterminée, s'il ne résulte pas des qualités que le demandeur ait conclu à l'allocation de cette dépense. — Arrêt préc. 26 juill. 1882.

5337. La règle que le taux du ressort est fixé par le dispositif des conclusions et non par celui de la condamnation est spécialement applicable lorsque, sur une sommation de payer ou de délaisser, le tiers détenteur, en formant opposition aux conclusions, se présente sous une forme de défense et de simple exception à la demande principale, et non à titre de demande reconventionnelle. — Arrêt préc. 5 juin 1886.

5338. Une telle exception ne peut être appréciée par le juge que dans la mesure nécessaire au jugement de la demande principale contre laquelle elle a servi de moyen de défense. — Même arrêt.

5339. Le taux du dernier ressort doit être fixé d'après la valeur de la demande déterminée dans les dernières conclusions des parties et ne peut être modifié par l'erreur du juge qui a statué *ultra petita*, cette erreur ne pouvant ouvrir aux parties la voie de l'appel. — Lyon, 23 févr. 1882, D.P. 82. 2. 210. — V. *Code de procédure civile*, n° 855.

5340. Le taux du litige est déterminé par la demande, et il n'y a pas à rechercher, à cet égard, si cette demande présente de l'exagération. — Civ. r. 29 mai 1876, D.P. 76. 1. 377. — V. *Code de procédure civile*, n° 74. — *Contra* : D.P. 77. 2. 49, note 7. — V. *supra*, n° 5328.

5341. Est, susceptible d'appel le jugement qui statue sur une demande principale à laquelle s'est jointe ultérieurement une demande de dommages-intérêts, alors même que ces deux demandes, dépassant ensemble la somme de 1,500 fr., sont respectivement inférieures à ce taux et reposent sur la même cause. — Arrêt préc. 29 mai 1876.

5342. A plus forte raison, la compétence du premier ou du dernier ressort ne saurait elle être déterminée par le résultat éventuel de l'action. — Civ. r. 27 nov. 1878, D.P. 79. 1. 124.

5343. En conséquence, est en premier ressort le jugement qui statue sur une demande formée par un créancier opposant d'une succession bénéficiaire à fin de faire condamner un tiers à payer à cette succession une somme supérieure à 1,500 fr., quels

que puissent être les droits ultérieurs de ce créancier sur cette somme. — Même arrêt.

5344. En matière d'opposition à commandement, le taux du ressort se détermine par le chiffre de la créance pour laquelle procède le commandement; le demandeur en opposition doit d'ailleurs être considéré comme un véritable défendeur, et, en conséquence, les moyens par lui opposés et basés exclusivement sur la demande (comme un prétendu défaut de qualité) ne sauraient influer sur le degré de juridiction. — Nancy, 17 janv. 1891, D.P. 92. 2. 54.

§ 2. — *Effets du changement ou de la réduction de la demande; Acquiescement; Offres réelles* (C. proc. civ. nos 85 à 187).

5345. Le taux du premier ou du dernier ressort est déterminé par les conclusions prises au dernier état de la procédure, et non par le chiffre des conclusions de l'exploit introductif d'instance. — Caen, 10 mars 1877, D.P. 79. 2. 215-216. — Civ. r. 28 janv. 1891, D.P. 92. 1. 53. — V. *Code de procédure civile*, n° 85.

5346. Ce principe ne souffre pas exception en matière de saisie-arrêt, et nul texte de loi ne permet de dire que, dans ce cas, c'est la somme que le saisissant est tenu d'énoncer dans l'acte de saisie qui, eu égard à sa quotité, fixe invariablement l'attribution du degré de juridiction. — Arrêt préc. 28 janv. 1891.

5347. Par suite, lorsque le saisissant a, par conclusions prises en cours d'instance, augmenté le chiffre primitif de sa demande en validité, et à supposer même que cette augmentation puisse être critiquée et contestée par la partie saisie, il n'en est pas moins vrai que le juge, saisi par les conclusions des parties d'un pareil débat, est tenu d'y répondre, et que, sur ce litige ainsi élevé, à tort ou à raison, au chiffre supérieur au taux du dernier ressort, le juge du premier degré ne peut statuer qu'en premier ressort. — Même arrêt.

5348. Sur le délai dans lequel les conclusions peuvent être modifiées, V. *supra*, nos 1744 et s.

5349. C'est par les conclusions finales des parties que se détermine le degré de juridiction; en conséquence, bien que, lors du jugement qui a ordonné une expertise, la demande se trouvât indéterminée, le jugement statuant sur la régularité de cette expertise n'en est pas moins en dernier ressort, s'il a été rendu sur des conclusions finales qui ont réduit l'intérêt du litige à moins de 1,500 fr. — Civ. r. 5 janv. 1881, D.P. 81. 1. 129-133. — V. *Code de procédure civile*, n° 86.

5350. De simples réserves énoncées dans des conclusions ou dans un jugement qui les suit ne jouent aucun rôle pour la détermination du ressort, cette détermination dépendant exclusivement de ce qui fait l'objet même de la contestation et de la solution décisoire. — Civ. r. 17 févr. 1874, D.P. 74. 1. 411. — Civ. r. 28 août 1882, D.P. 83. 1. 239. — V. *Code de procédure civile*, n° 99.

5351. Ainsi le jugement qui statue sur une demande inférieure au taux de l'appel est en dernier ressort, bien que cette demande soit accompagnée d'une réserve éventuelle, relative à la fixation de la somme réclamée par voie d'expertise. — Civ. c. 28 août 1882, D.P. 83. 1. 239.

5352. — I. DEMANDE AUGMENTÉE (C. proc. civ. nos 92 à 96). — Pour fixer le taux du ressort, on doit tenir compte des conclusions additionnelles par lesquelles le demandeur a ajouté à ses conclusions primitives une demande de dommages-intérêts. — Caen, 10 mars 1877, D.P. 79. 2. 215. — V. *Code de procédure civile*, n° 92.

5353. Lorsque dans une instance d'abord suivie par défaut et sur l'opposition du défendeur, le demandeur ajoute à sa réclamation primitive une demande en dommages et intérêts qui rend la cause susceptible d'appel, on doit, pour déterminer si le jugement est rendu en premier ou en dernier ressort, s'attacher au dernier état des conclusions. — Civ. c. 6 mars 1889, D.P. 90. 1. 70.

5354. — II. DEMANDE RÉDUITE (C. proc. civ. nos 97 à 133). — 1o *Réduction des conclusions* (C. proc. civ. nos 97 à 133). — Le demandeur peut réduire ses conclusions jusqu'au moment du jugement, et rendre ainsi compétent en dernier ressort le juge qui aurait statué en premier ressort seulement sur les conclusions primitives. — Lyon, 24 juin 1875, D.P. 77. 2. 49. — V. *Code de procédure civile*, no 97.

5355. Il a été décidé, par application de ce principe, que, lorsque sur une demande de plus de 1.500 fr., un jugement par défaut a condamné le défendeur au payement d'une somme de 1.000 fr. seulement, le jugement définitif rendu sur opposition est en dernier ressort, si le demandeur s'est borné, en réponse à l'opposition, à conclure au maintien du premier jugement. — Montpellier, 7 mai 1864, J.G.S. *Degrés de juridiction*, 23.

5356. Mais pour que la réduction, en cours d'instance, d'une demande qui s'élevait originairement au delà du taux du dernier ressort, puisse déterminer une modification dans la compétence, il faut que cette réduction soit constatée par des conclusions écrites. — Nancy, 9 janv. 1875, D.P. 77. 5. 144. — V. *Code de procédure civile*, no 145.

5357. Il ne suffit pas que le tribunal l'ait énoncée dans un de ses motifs, sans que le dispositif s'y attache. — Même arrêt.

5358. — 2o *Payement partiel* (C. proc. civ. nos 134 à 146). — Le payement d'une partie de la dette, opéré avant le jugement de première instance, du moment où il ne donne lieu à aucune contestation de la part du demandeur qui le reçoit, diminue nécessairement le chiffre de la demande et du débat, puisque le débat ne porte plus que sur le reliquat non soldé de la demande; d'où il suit que ce reliquat est inférieur à 1.500 fr., la cause cesse d'être appelable. — J.G.S. *Degrés de juridiction*, 29. — V. *Code de procédure civile*, no 134.

5359. Mais le payement partiel, pour opérer ce résultat, doit avoir eu lieu avant le jugement de première instance, car les faits postérieurs au jugement sont sans aucune influence quant à la détermination du ressort : le payement partiel qui suivrait entre le jugement et l'arrêt ne rendrait donc pas l'appel irrecevable, alors même que la somme demeurée non payée serait bien inférieure à 1.500 fr. — J.G.S. *Degrés de juridiction*, 29.

5360. — 3o *Acquiescement* (C. proc. civ. nos 147 à 164). — Le taux du dernier ressort, en matière personnelle et mobilière, doit être fixé d'après la valeur de la chose réclamée par le demandeur, et non de celle qui est contestée par le défendeur. — Civ. c. 14 juill. 1879, D.P. 79. 1. 408.

5361. Mais en général un acquiescement n'ait pas besoin d'être accepté, car il constitue ou quelque sorte lui-même une acceptation, une réponse à une interpellation, il en doit être autrement quand il s'agit de fixer le degré de juridiction. — J.G.S. *Degrés de juridiction*, 30. — V. *Code de procédure civile*, no 162.

5362. Une reconnaissance, ou même des offres réelles, ne doivent pas, si elles n'ont pas été acceptées par le demandeur, être défalquées du chiffre de la demande, pour la détermination de ce taux. — Arrêt préc. 14 juill. 1879. — V. *infra*, nos 5364 et s.

5363. Le défendeur peut influer sur la détermination du ressort par un acquiescement à une partie de la demande. S'il l'acquiescement dont il a parlé a été accepté par le demandeur, la fraction de la demande sur laquelle il n'y a plus contestation doit être retranchée pour la détermination du ressort. — J.G.S. *Degrés de juridiction*, 30.

5364. — 4o *Offres réelles* (C. proc. civ. nos 165 à 185). — Le taux du premier ou du dernier ressort, à l'égard des demandes en validité d'offres réelles, est déterminé par le chiffre et la nature de la créance dont le payement est réclamé. — Civ. c. 19 août 1881, D.P. 85. 1. 203.

5365. Les sommes offertes et acceptées avant le prononcé du jugement doivent être défalquées du chiffre de la demande pour la fixation du taux du ressort. — Grenoble, 27 janv. 1882, D.P. 82. 2. 196. — V. *Code de procédure civile*, no 471.

5366. Mais les offres non acceptées par le créancier ne réduisent pas le chiffre de la demande. — Civ. c. 14 juill. 1879, D.P. 79. 1. 408. — Douai, 2 févr. 1888, D.P. 89. 2. 174. — V. *Code de procédure civile*, no 173.

5367. Le montant des offres faites par le défendeur ne saurait être défalqué du chiffre de la demande pour la détermination du taux du ressort, si ces offres sont purement verbales et ne revêtent pas le caractère d'offres réelles conformément aux prescriptions de l'art. 1258 C. civ., alors, d'ailleurs, qu'elles ne sont pas acceptées par le demandeur. — Nancy, 4 janv. 1875, D.P. 77. 5. 146.

5368. Le jugement qui intervient sur une demande supérieure au taux du dernier ressort est susceptible d'appel, quand il aura été fait des offres en nature réduisant le litige au-dessous de ce taux, si ces offres, même acceptées, mais à la réalisation desquelles était formellement subordonnée la réduction de la demande, n'ont pas été réalisées. — Riom, 22 févr. 1886, D.P. 87. 2. 11.

5369. De même, dans une instance qui comprend deux chefs de demande dont les chiffres réunis dépassent le taux du premier ressort, si, en réponse à l'offre faite par le défendeur de satisfaire à l'un des chefs, le demandeur conclut à ce qu'il soit donné acte de l'offre à lui faite, et à ce que, sous le bénéfice de la réalisation, son adversaire soit condamné seulement pour l'autre chef, la cause demeure susceptible d'appel, alors qu'au moment où le jugement de première instance est rendu dans ce sens, ladite offre n'a pas été réalisée. — Req. 28 févr. 1887, D.P. 87. 1. 219.

5370. — III. DÉCLARATION DE S'EN RAPPORTER A JUSTICE (C. proc. civ. nos 186 et 187).

§ 3. — *Cas où la demande inférieure au taux de l'appel se rattache à un intérêt supérieur à ce taux* (C. proc. civ. nos 189 à 223).

5371. Le jugement qui statue sur une demande ayant pour objet l'exécution d'un bail dont le prix est inférieur à 1.500 fr. est en dernier ressort, bien que cette demande, dirigée contre deux défendeurs, exige la recherche et l'examen d'un mandat donné par l'un des défendeurs à l'autre. — Civ. c. 25 mars 1879, D.P. 79. 1. 270.

5372. De même, le jugement statuant sur une demande en libération d'actions inférieure à 1.500 fr. est en dernier ressort, quand même la validité des titres et des délibérations servant de base à la demande serait contestée par les actionnaires, la valeur de l'objet du litige ne pouvant être ainsi modifiée. — Civ. r. 10 avr. 1889, D.P. 90. 1. 305, et la note.

5373. De même ayant pour objet le payement de deux billets de la somme de 800 fr. chacun est en premier et dernier ressort, et comme telle non susceptible d'appel, bien que la prétention du demandeur soit fondée sur un titre dont la valeur totale s'élève au-dessus de 1.500 fr. et bien que invoqué par le demandeur et contesté par le défendeur que comme un des moyens de la demande, et s'il n'en constitue pas l'objet, lequel est limité par les conclusions des parties au payement des deux billets, portant sur une somme totale de 1.200 fr. — Civ. c. 30 déc. 1885, D.P. 86. 1. 296.

5374. Mais lorsqu'une demande (dans l'espèce, la demande en payement de prime d'assurance) inférieure au taux du dernier ressort, le défendeur oppose la résolution du contrat en vertu duquel la demande est formée, contrat dont l'objet est lui-même supérieur à ce taux, le jugement qui intervient doit être considéré comme rendu en premier ressort seulement et, par suite, susceptible d'appel. — Paris, 12 janv. 1887, D.P. 89. 2. 44.

§ 4. — *Effets de la réunion de plusieurs demandes en une seule ; Demandes formées par ou contre plusieurs personnes* (C. proc. civ. nos 224 à 346).

5375. — I. RÉUNION DE PLUSIEURS DEMANDES PAR UNE PARTIE CONTRE UN SEUL DÉFENDEUR (C. proc. civ. nos 224 à 235). — La cause est susceptible d'appel lorsque le demandeur, agissant contre un seul défendeur, réunit dans une même action plusieurs demandes, dont chacune est inférieure à 1.500 fr., mais dont l'ensemble est supérieur à cette somme ; c'est en ce cas, l'ensemble qu'il faut prendre en considération pour la fixation du ressort. — Civ. c. 7 avr. 1886, D.P. 87. 1. 309. — V. *Code de procédure civile*, no 224.

5376. Le jugement rendu sur le contredit formé au sujet de plusieurs créances dont le montant total dépasse 1.500 fr., mais qui ont été l'objet de productions et de collocations séparées, et dont aucune n'atteint ce taux en dernier ressort, même à l'égard du créancier, partie à l'ordre, qui se trouvait légalement subrogé aux droits des titulaires des créances dont il s'agit, s'il n'est pas établi que ce créancier se soit prévalu de la subrogation pour demander lui-même à titre colloqué et son propre nom pour la totalité des sommes créancées. — Civ. c. 7 avr. 1886, D.P. 86. 1. 309.

5377. — II. DEMANDES FORMÉES PAR PLUSIEURS PARTIES (C. proc. civ. nos 236 à 248). — Dans le cas où plusieurs parties agissent en justice contre un défendeur unique, en raison d'une somme supérieure au taux du dernier ressort, l'appel n'est pas recevable si, dans l'assignation, ou ultérieurement dans la procédure de première instance, il apparaît que chacun des demandeurs, d'un intérêt inférieur à 1.500 fr., individuel et distinct, soit parce qu'il existe de la cause des titres personnels à chacun d'eux, soit parce qu'il y a une division d'un droit collectif. — J.G.S. *Degrés de juridiction*, 56.

5378. Il l'est, au contraire, s'il y a indivisibilité entre les demandeurs, ou solidarité alléguée, ou encore incertitude actuelle sur le montant de la quotité attribuée à chaque créancier, par le fractionnement d'une créance. — J.G.S. *Degrés de juridiction*, 56.

5379. Jugé à cet égard que lorsque plusieurs personnes, ayant chacune un intérêt inférieur à 1.500 fr., forment ensemble, contre un débiteur commun, une demande dont le montant total est supérieur à cette somme, le jugement n'est qu'en premier ressort, si l'obligation du débiteur est indivisible ;... alors surtout que les demandeurs concluent, non à la répartition de la somme demandée entre les intéressés, mais simplement à l'adjudication de la demande totale. — Civ. r. 28 janv. 1891, D.P. 92. 1. 53. — V. *Code de procédure civile*, no 273.

5380. Lorsque la demande de l'indemnité afférente à des constructions, faite en justice au moyen d'une seule assignation par tous les héritiers du preneur, est telle néanmoins, dans cette assignation et les conclusions qui l'ont suivie, l'objet d'une division marque pour la somme réclamée spécialement par chacun, la cause est en dernier ressort relativement à celui desdits héritiers qui a revendiqué pour sa part moins de 1.500 fr. — Req. 22 juin 1885, D.P. 86. 1. 263.

5381. Lorsque plusieurs demandes, bien que formulées dans un seul et même exploit, reposent sur des titres différents et des intérêts distincts, chacune d'elles doit être considérée isolément pour déterminer le taux du ressort: et celle qui n'excède point, en capital et intérêts, la somme de 1,500 fr. doit être déclarée non susceptible d'appel. — Poitiers, 31 mai 1886, D.P. 87. 2. 182.

5382. Ainsi dans une espèce où des créanciers, *à titres divers*, d'un comptoir d'escompte, qui n'avaient pu être complètement payés dans la faillite de ce comptoir avaient actionné le conseil de surveillance en garantie de ce qui leur restait dû, en alléguant à la charge de ce conseil une série d'actes de négligence et d'incurie, il a été décidé que la cause n'était pas susceptible d'appel, chacun des demandeurs ne prétendant qu'à une somme inférieure au taux du dernier ressort, par la raison qu'il importait peu que ces créanciers eussent réuni leurs demandes dans un même exploit; qu'*il y avait autant de contestations que de demandes*; que *la réunion des demandes ne pouvait modifier la compétence*, et le taux du litige pour chacun des demandeurs demeurait inférieur à 1,500 fr. — Req. 18 août 1888, J.G.S. *Degrés de juridiction*, 50.

5383. La demande d'une valeur excédant 1,500 fr., bien que formée collectivement par plusieurs demandeurs en vertu d'un titre unique, est également jugée en dernier ressort, quand elle ne présente pour chacun des demandeurs qu'un intérêt inférieur à 1,500 fr., et qu'il n'existe ni solidarité, ni indivisibilité entre eux. — Chambéry, 27 avr. 1875, D.P. 78. 2. 11. — Req. 23 mai 1880, D.P. 81. 1. 9. — V. *Code de procédure civile*, n° 273.

5384. Il importe peu que le débiteur oppose aux créanciers demandeurs (dans l'espèce, aux covendeurs qui ont vendu un immeuble) un moyen de défense tiré de l'état de inscriptions hypothécaires existant de leur chef, ce moyen de défense ne modifiant pas la nature de la demande et le caractère qui lui appartient au point de vue de la détermination du ressort. — Arrêt préc. 27 av. 1875.

5385. Il importe peu également que l'acte de vente contienne la mention que « l'immeuble appartient indivisément aux vendeurs »; cette stipulation, faite dans l'intérêt de l'acheteur et pour le mettre à l'abri des éventualités d'un partage à intervenir entre ces vendeurs, est sans influence sur la créance du prix qui conserve sa nature de créance divisible. — Même arrêt.

5386. Lorsque plusieurs défendeurs, pour repousser des actions indépendantes en elles-mêmes, quoique réunies dans le même procédure et procédant du même titre, contestent l'existence ou la validité de ce titre, cette contestation produite sous forme d'exception ne change pas l'importance de chaque demande. — Arrêt préc. 23 mai 1880.

5387. Spécialement, en cas d'assurance d'un navire par plusieurs assureurs, sans solidarité, la prime due par chacun d'eux à payer la somme assurée tant à l'assuré qu'à ses cessionnaires, est en dernier ressort à l'égard des assureurs pour lesquels cette somme est inférieure à 1,500 fr., encore bien que l'action dirigée collectivement contre eux ait été accompagnée d'une demande en validité de délaissement, ou qu'ils aient excipé de la nullité de l'assurance. — Même arrêt.

5388. Il en est de même si l'assuré a compris dans sa demande les sommes qu'il avait cédées à des tiers sur le montant de l'assurance, alors que ces cessionnaires ont conclu personnellement et séparément à la condamnation des assureurs au payement de la part qui leur revenait, et que d'ailleurs l'assuré dans ses dernières conclusions a restreint son action à sa propre part. — Même arrêt.

5389. Décidé dans le même sens qu'au cas de demande collective, le taux du ressort doit être calculé sur la part d'intérêt de chacun des demandeurs dans l'action commune, comme si les demandeurs avaient procédé par actions individuelles quoiqu'en vertu d'un titre unique, toutes les fois que le droit de chacun d'eux a été distinct dès l'origine ou qu'il l'est devenu par une cause légale de division. — Pau, 3 mai 1888, D.P. 89. 2. 285. — Req 30 juill. 1888, D.P. 89. 1. 208. — Civ. r. 21 mai 1889, D.P. 90. 1. 132.

5390. Peu importe, d'ailleurs, qu'ils aient tous agi par le même exploit, alors surtout qu'ils se prétendent tous créanciers pour des causes différentes et en vertu d'engagements distincts et indépendants, de sorte que l'appel est non recevable à l'égard de ceux dont les créances sont inférieures à 1,500 fr. — Arrêt préc. 30 juill. 1888.

5391. Mais il en est autrement lorsque l'objet de l'obligation, quoique divisible entre les créanciers, a été, par la convention des parties, considéré comme étant indivisible dans les rapports du débiteur avec les créanciers; dans ce dernier cas, les créanciers ne pouvant demander de payements séparés, leur action est indivisible, comme le droit dont elle dérive, et le taux du ressort est déterminé par le chiffre total de la demande collective, lors même que les créanciers auraient conclu devant le tribunal à ce que l'objet de l'obligation leur fût réparti divisément à chacun pour sa part et portion virile. — Arrêt préc. 21 mai 1889.

5392. Le jugement doit également être considéré comme rendu en premier ressort lorsque le tribunal a alloué aux demandeurs une somme supérieure à 1,500 fr. et lorsque les éléments font absolument défaut pour l'évaluation de la part de chacun des demandeurs dans cette somme. — Arrêt préc. 3 mai 1888.

5393. La demande intentée collectivement par plusieurs personnes contre un défendeur est jugée en premier ressort, lorsqu'il est d'une impossibilité absolue de déterminer à l'avance dans quelles proportions, dans quelles limites, et, dès lors, pour quelles sommes et jusqu'à concurrence de quels chiffres, chacun des demandeurs est intéressé au procès. — Nancy, 8 déc. 1888, D.P. 89. 2. 294. — V. *Code de procédure civile*, n° 280.

5394. Lorsque, indépendamment du montant de sa prétendue créance, une partie demande, à titre de dommages-intérêts, une somme conjointement avec d'autres parties sans préciser la part et à chacune d'elles, le juge du fait peut considérer que les dommages-intérêts doivent être répartis, non proportionnellement à l'importance de la créance, mais par portions égales, et déterminer ainsi le taux du premier ou du dernier ressort. — [Req. 18 janv. 1888,][D.P. 90. 1. 83.

5395. Une société commerciale, bien que dissoute, continuant de subsister comme être moral, dans la mesure nécessaire à l'accomplissement des actes de la liquidation, le jugement rendu sur la demande formée par les liquidateurs en payement d'une somme supérieure à 1,500 fr., est rendu en premier ressort, encore bien que chacun des associés dans cette créance soit inférieure à 1,500 fr. — Nancy, 17 août 1875, D.P. 79. 5. 125-126.

5396. — III. Demandes formées contre plusieurs parties (C. proc. civ., nos 289 à 318). — Le jugement statuant sur plusieurs demandes distinctes et indépendantes formées par le même exploit, à la requête de diverses parties, contre plusieurs défendeurs et tendant au payement à chacun des demandeurs d'une somme inférieure à 1,500 fr., notamment, à titre de dommages-intérêts pour réparation d'un préjudice est, en dernier ressort, bien que les demandeurs aient conclu à la condamnation solidaire des défendeurs. — Civ. r. 5 janv. 1831, D.P. 81.

1. 129-133. — V. *Code de procédure civile*, n° 289.

5397. Le jugement rendu sur une demande dont le chiffre est supérieur à 1,500 fr., mais qui est formée contre plusieurs défendeurs ayant chacun un intérêt n'excédant pas ce chiffre, est en dernier ressort, alors qu'il n'y a entre les défendeurs ni indivisibilité, ni solidarité.— Rouen, 22 mars 1881, D.P. 82. 2. 209-210.

5398. Et spécialement, les assureurs qui signent une même police n'étant pas, à défaut de stipulation expresse, solidaires pour les engagements qu'ils souscrivent, le jugement qui les condamne au payement de la somme assurée, quelle que soit celle qui est réclamée par chacun d'eux est en dernier ressort, si la part proportionnelle de chacun des assureurs dans les avaries est inférieure à 1,500 fr. — Même arrêt. — V. *Code de procédure civile*, n° 300.

5399. Peu importe qu'à la demande principale ait été jointe une demande accessoire d'une valeur indéterminée, et, par exemple, une demande en validité de délaissement, cette dernière n'étant qu'un moyen à l'appui de la première. — Même arrêt.

5400. Mais, et les assureurs opposent à l'action formée contre eux une demande reconventionnelle d'une valeur indéterminée, et notamment une demande en remboursement de frais de séquestre, de sauvetage, de magasinage, etc., dont le chiffre n'est pas encore fixé, le jugement est susceptible d'appel, même à l'égard de la demande principale. — Même arrêt.

5401. Une association d'assurances formée entre diverses personnes (des capitaines de navire) pour se garantir *mutuellement* contre les éventualités maritimes, mais sans solidarité, et chacun n'étant tenu qu'au prorata de son intérêt, ne confère au payement des intérêts séparés. — Req. 16 août 1870, J.G.S. *Degrés de juridiction*, 39.

5402. Par suite, le jugement qui statue sur la demande formée contre l'un des membres de cette association par l'un d'eux en payement du sinistre qu'il a éprouvé, est en dernier ressort, quoique la somme réclamée soit de plus de 1,500 fr., si la part de chacun d'eux est inférieure à ce taux, sans que, d'ailleurs, le délaissement opéré par l'assuré pour être au droit d'exiger l'indemnité totale, modifie le ressort, si ce délaissement n'a donné lieu à aucune difficulté particulière. — Même arrêt.

5403. La décision rendue sur la demande en nullité d'une obligation que le demandeur avait contractée envers plusieurs personnes n'est pas susceptible d'appel à l'égard de ceux des défendeurs dont la part dans la créance demeure est inférieure à 1,500 fr., encore bien que le demandeur ait conclu à ce qu'un compte fût ordonné entre les parties, ce compte ne pouvant avoir pour effet que de réduire la créance, et non de réunir des intérêts séparés. — Civ. r. 25 févr. 1879, D.P. 79. 1. 458. — J.G.S. *Degrés de juridiction*, 41.

5404. — IV. Demandes formées par plusieurs héritiers (C. proc. civ., nos 319 à 334). — Bien que la demande formée par plusieurs héritiers collectivement excède 1,500 fr., le jugement est en dernier ressort si la part de chacun des demandeurs dans la créance est au-dessous de ce chiffre, et s'il n'existe d'ailleurs à leur profit ni solidarité ni indivisibilité dans l'obligation. — Civ. r. 19 août 1884, D.P. 85. 1. 205. — V. *Code de procédure civile*, n° 321.

5405. Par suite, la fin de non-recevoir tirée contre le pourvoi en cassation de ce que le jugement rendu sur cette demande était en premier ressort, doit être repoussée. — Même arrêt.

5406. Le jugement qui statue à l'occasion d'une créance relative à 1,500 fr., est en premier et dernier ressort, si la demande a été formée par plusieurs cohéritiers du créancier, et si la portion de la créance

5407. Il en est ainsi si les défendeurs ont opposé à la demande un moyen tiré de ce que les immeubles licités dont on leur réclamait le prix étaient encore grevés de l'inscription privilégiée du vendeur originaire. — Même arrêt.

5408. Lorsque des cohéritiers vendent un immeuble indivis entre eux, le prix forme une créance divisible qui se répartit en proportion de leurs parts héréditaires, et en conséquence, dans le cas où ces héritiers actionnent l'acquéreur en payement de ce prix, c'est la somme réclamée dans le commandement par chacun d'eux séparément, qui fixe l'importance du litige au point de vue du degré de juridiction. — Douai, 2 févr. 1888, D.P. 89. 2. 174.

5409. Le rapport constituant une créance de la succession, dont le payement ne peut être demandé par chaque héritier que pour la part dont il est saisi, on doit considérer comme rendu en premier ou dernier ressort le jugement qui statue sur l'action en rapport d'une somme dépassant le taux du premier ressort, formée collectivement par plusieurs héritiers, si chacun d'eux n'est intéressé dans cette somme que pour une chiffre inférieur à 1,500 fr. — Orléans, 25 mars 1883, D.P. 87. 2. 18.

5410. Quoique la demande en garantie originairement formée par un demandeur unique excède en principal 1,500 fr., le jugement est en dernier ressort, si la valeur du droit prétendu est réduite à ce chiffre en se divisant entre les représentants du demandeur décédé au cours de l'instance que ceux-ci ont reprise en s'appropriant les conclusions de leur auteur. — Req. 18 juill. 1883, D.P. 84. 5. 143.

5411. En vertu du principe que le ressort est déterminé par la situation de la demande dans le dernier état de la procédure de première instance, le jugement rendu sur une demande de plus de 1,500 fr. est en premier ressort, quand même le décès du créancier survenu avant le prononcé du jugement, mais après les plaidoiries et l'audition du ministère public, aurait produit de plein droit, entre ses héritiers, la division de la créance en parts inférieures à 1,500 fr. — Besançon, 27 avril. 1877, D.P. 78. 2. 216.

5412. Par la même raison, et *a fortiori*, la cause demeurerait susceptible d'appel si le décès du créancier et la division de créance qui en est la conséquence s'étaient survenus que postérieurement au jugement de première instance. — Rennes, 7 avr. 1883, D.P. 84. 2. 28.

5413. En conséquence, la veuve commune en biens et les héritiers du créancier décédé avant d'avoir exercé son droit d'appel, dans une instance susceptible des deux degrés de juridiction, conservent la faculté d'interjeter eux-mêmes appel du jugement rendu et d'eux, par suite de la divisibilité des droits successifs, ne dépasse qu'une quotité inférieure à 1,500 fr. dans l'intérêt litigieux. — Même arrêt.

5414. En vertu du même principe, et à l'inverse, la cause cesse d'être susceptible d'appel, à l'égard des héritiers du demandeur originaire, par suite de la division, qu'un intérêt inférieur au taux du dernier ressort, quand c'est au cours de la procédure de première instance qu'a dû le demandeur originaire est venu à décéder. — Req. 21 févr. 1876, J.G.S. *Degrés de juridiction*, 53.

5415. Il en est ainsi, alors même que l'instance aurait été engagée par leur auteur, dont la créance totale était supérieure au taux du dernier ressort, et qui ne serait décidé après l'échange de la demande et des conclusions en défense. — Req. 30 nov. 1875, D.P. 76. 1. 454-455.

5416. Et quand même encore un jugement commettant des experts pour vérifier la sincérité des écritures, mais ayant le caractère d'un jugement simplement préparatoire, aurait été rendu avant le décès du créancier primitif. — Même arrêt.

5417. Les créances et les dettes d'une communauté ayant existé entre époux ne se divisant pas de plein droit, mais exigeant une liquidation dont les conditions sont variables, le jugement relatif à la demande en validité d'une saisie-arrêt formée par la communauté, pour une somme qui dépasse 1,500 fr., statue en premier ressort. — Bourges, 22 févr. 1876, D.P. 78. 2. 77.

5418. — V. **Demande formée contre plusieurs héritiers** (C. proc. civ. nos 345 à 346). — Le jugement rendu sur une demande formée par les héritiers du créancier contre les héritiers du débiteur est en dernier ressort, bien que la créance excède 1,500 fr., si la part contributoire de chacun des héritiers soit du demandeur, soit du défendeur, est inférieure à ce chiffre. — (Sol implic.) Req. 7 juin 1882, D.P. 82. 1. 441. — V. *Code de procédure civile,* nº 339.

5419. Et il en est ainsi, alors même que l'action aurait été primitivement intentée par un seul créancier contre un seul débiteur, si, l'un et l'autre étant décédés pendant le procès, leurs héritiers ont repris l'instance. — Même arrêt.

5420. Jugé également que les dettes se divisant de plein droit entre les héritiers du débiteur, il en résulte que, si chacun d'eux est tenu d'une somme inférieure à 1,500 fr., le tribunal statue en premier et en dernier ressort, bien que la dette contractée par le défunt ait été supérieure à cette somme. — Civ. c. 19 mars 1890, D.P. 91. 1. 157.

5421. Décidé dans le même sens qu'en vertu du principe de la division des dettes entre les héritiers du débiteur, l'appel n'est recevable que contre les héritiers tenus chacun pour une somme qui dépasse le taux de la compétence en dernier ressort du tribunal, mais qu'il est non recevable contre les héritiers dont la part dans la même dette ne dépasse pas le taux de la compétence en dernier ressort. — Req. 12 déc. 1882, D.P. 83. 1. 188. — Req. 15 mars 1886, D.P. 87. 1. 424.

5422. ... Alors même que, du vivant du défunt, la dette aurait été supérieure à cette somme. — Riom, 2 janv. 1888, D.P. 89. 2. 23.

5423. La même solution doit être étendue à des héritiers renonçants qui se sont engagés à payer la dette du défunt sans solidarité, alors que la part afférente à chaque héritier est inférieure à ce chiffre. — Req. 18 janv. 1876, D.P. 76. 1. 165.

5424. La créance pour fermages dus à des cohéritiers n'est pas solidaire ; elle se divise de plein droit entre eux, de telle sorte que l'intérêt du litige pour chacun est inférieur à 1,500 fr., alors que la créance est supérieure à ce chiffre. — Civ. r. 19 août 1884, D.P. 85. 1. 205.

5425. Le jugement rendu sur une demande en validité de consignation de prix n'est pas susceptible d'appel, lorsque la part afférente à chacun des cohéritiers dans la somme consignée a été antérieurement fixée par le jugement qui a homologué la liquidation de la succession à un chiffre inférieur à 1,500 fr. — Req. 1er avr. 1879, D.P. 81. 1. 305, note 3. — Req. 21 mars 1881, D.P. 81. 1. 305.

5426. La demande de dommages-intérêts excédant 1,500 fr., formée contre plusieurs héritiers, si mieux ils n'aiment faire estimer l'indemnité par experts, est jugée en dernier ressort à l'égard de celui de ces héritiers qui, par l'effet de la division qui s'opérant entre lui et ses cohéritiers, n'est tenu de la dette que pour une somme inférieure à 1,500 fr. — Rennes, 5 déc. 1879, D.P. 81. 2. 218.

5427. Et il importe peu que, par l'ajournement introductif d'instance (d'ailleurs suivi de conclusions tendant à une condamnation pure et simple), les héritiers aient été poursuivis solidairement, alors que leur dette n'offre aucun caractère de solidarité ou d'indivisibilité. — Même arrêt.

5428. Mais alors même que par suite de la division d'une dette supérieure à 1,500 fr. entre les héritiers du débiteur, chacun d'eux ne se trouve tenu que pour une somme inférieure à ce chiffre, le jugement rendu contre l'un et l'autre eux est susceptible d'appel, s'il résulte du contrat que l'intention des parties a été que la dette ne pût s'acquitter partiellement ; en pareil cas, la dette devient indivisible par la volonté des contractants, même si elle porte sur une somme d'argent. — Req. 15 mars 1886, D.P. 87. 1. 424.

5429. C'est également la pensée d'une indivisibilité intellectuelle plutôt que d'une indivisibilité matérielle qui a fait décider que le jugement qui statue par un reprises à exercer dans la communauté par un époux survivant est une créance est en premier ressort, si la valeur de la demande dépasse 1,500 fr., bien que l'intérêt de chacun des héritiers du prédécédé dans la succession soit inférieur à ce chiffre. — Orléans, 27 janv. 1882, D.P. 83. 2. 36.

5430. Il peut y avoir indivisibilité de la demande quand les défendeurs, au lieu d'être tenus à un payement comme débiteurs, n'y sont tenus que parce qu'ils détiennent les biens qui répondent de ce payement. Par exemple, les légataires particuliers, à la différence des héritiers à titre universel, ne sont pas tenus des dettes et charges de la succession, « sauf toutefois, ajoute l'art. 871 C. civ., l'action hypothécaire de l'époux légué ». — J.G.S. *Degrés de juridiction*, 44.

5431. Il suit de là que, si « l'immeuble légué » l'a été conjointement à plusieurs légataires particuliers, et si ces légataires, à défaut d'héritiers, sont actionnés par un créancier de la succession pour en obtenir payement d'une somme à lui due de *la dette* entre ceux qui ne sont pas débiteurs, et il ne peut s'agir pour eux que de subir, sur les biens dont ils sont détenteurs, l'action du créancier en payement de la totalité de sa créance. — J.G.S. *Degrés de juridiction*, 44.

5432. Dans ces conditions, si le chiffre de la demande est supérieur au taux du dernier ressort, la cause sera susceptible d'appel, nonobstant la pluralité des défendeurs et la circonstance qu'en fin de compte, la charge que le payement de la créance fera peser sur les légataires particuliers ne diminuera l'émolument de chacun que d'une somme inférieure à 1,500 fr. — Civ. r. 26 juill. 1875, J.G.S. *Degrés de juridiction*, 44.

5433. La demande doit également être considérée comme indivisible quand, tout en revêtant la forme d'une action hypothécaire, elle est dirigée par le créancier, non plus contre les légataires particuliers, mais contre les héritiers du *de cujus*, tenus personnellement de la dette de ce dernier, chacun pour une somme inférieure à 1,500 fr. — Pau, 4 janv. 1862, J.G.S. *Degrés de juridiction*, 45. — Nancy, 26 févr. 1864, *ibid.*

5434. Il faut à cet égard bien distinguer. Si le débat ne portait que sur l'existence ou la légitimité de la créance elle-même, qui est divisible par sa nature, l'affaire ne serait pas susceptible d'appel, chaque part de dette due par chacun des héritiers étant au-dessous du taux du dernier ressort. Mais quand c'est la dépossession de l'immeuble qui est poursuivie contre le détenteur, le ressort ne peut se déterminer seulement par le chiffre de la créance, car c'est par l'expropriation réelle et effective de la chose hypothéqué qui est l'objet de la demande. — J.G.S. *Degrés de juridiction*, 43.

§ 5 — *Demandes en garantie, ex intervention et en jonction d'instances* (C. proc. civ. nos 347 à 394).

5435. — I. Action en garantie (C. proc. civ. nos 347 à 374). — L'action en garantie, dont l'objet a une valeur indéterminée, est susceptible des deux degrés de juridiction, quoique la demande principale n'excède pas le taux du dernier ressort, alors qu'elle est complètement distincte de cette demande par sa cause et son objet. — Civ. r. 10 août 1881, D.P. 81. 1. 476.

5436. Ainsi, si la demande principale en payement de termes de pension inférieurs à 1.500 fr., formée par l'économe d'un petit séminaire contre un père de famille, est jugée en dernier ressort, appel peut, au contraire, être relevé de la demande en garantie que le défendeur a dirigée contre l'évêque du diocèse, en raison de l'existence de bourses fondées par testament pour la famille dudit défendeur, du moment où les conclusions de l'action en garantie tendaient à faire juger non seulement que les revenus échus des fondations seraient employés au payement de la somme réclamée actuellement, mais encore et de plus que les termes desdites fondations, *dans l'avenir*, seraient affectés aux frais d'éducation des membres de la famille en cause, ce qui donnait à la prétention une valeur indéterminée. — Même arrêt.

5437. Décidé dans le même sens que les demandes en garantie qui sont, par leur objet ou par leur cause, indépendantes de la demande principale, peuvent motiver un appel si, en fait, elles portent sur une valeur indéterminée ou supérieure au taux du dernier ressort, quoique l'appel ne soit pas recevable sur la demande principale. — Chambéry, 27 avr. 1875, D.P. 78. 2. 149. — Lyon, 24 juin 1875, D.P. 77. 2. 49. — Poitiers, 24 mars 1885, D.P. 87. 2. 18. — V. *Code de procédure civile*, no 351.

5438. En conséquence, si le défendeur à une demande principale collective de plus de 1.500 fr., qui doit être jugée en dernier ressort, parce qu'elle est divisible et que l'intérêt de chacun des demandeurs ne dépasse pas 1.500 fr., a mis en cause son garant et conclu à ce que ce dernier soit condamné à le garantir des condamnations qu'il pourrait encourir, cette demande en garantie n'est pas susceptible de division, et, dépassant le taux du dernier ressort, elle ne peut être jugée qu'à charge d'appel. — Arrêt préc. 27 avr. 1875.

5439. Il importe peu que, les deux demandes étant originairement en dernier ressort, la demande principale soit devenue en dernier ressort par suite de la réduction des conclusions primitives du demandeur principal, si le demandeur en garantie n'a pas modifié les siennes. — Lyon, 24 juin 1875, D.P. 77. 2. 49.

5440. Le jugement (dans l'espèce, la sentence d'un juge de paix) rendu sur l'opposition d'un garant à deux décisions distinctes qui, après avoir condamné le défendeur principal envers de ux demandeurs différents, ont prononcé au profit de ce défendeur autant de condamnations récursoires, est susceptible d'appel, bien que chacune des décisions attaquées ait été rendue en dernier ressort. — Civ. r. 5 avr. 1881, D.P. 81. 1. 384.

5441. ... Alors, d'une part, que le débat n'a été rouvert quant au garant et à la garantie, à l'exclusion des demandeurs originaires laissés en dehors du procès,... et d'autre part que ladite opposition contenait une demande reconventionnelle en dommages-intérêts, excédant le taux du dernier ressort. — Même arrêt.

5442. Mais l'action en garantie suit le sort de l'action principale en ce qui concerne la fixation des degrés de juridiction, lorsqu'elle se lie entièrement à la demande originaire, qu'elle en forme un des éléments et est de nature à exercer de l'influence sur le montant de la condamnation au principal. — Rouen, 17 avr. 1861, J.G.S. *Degrés de juridiction*, 63.

5443. En cas de *ventes par filières* les actions récursoires exercées, à défaut de livraison de la marchandise, constituent autant de demandes distinctes, quand, formées par plusieurs parties auxquelles divers ordres de livraison avaient été transmis simultanément, elles procèdent de plusieurs marchés intervenus parallèlement, mais différents les uns des autres. — Paris, 22 févr. 1884, D.P.83. 2. 173.

5444. Peu importe qu'elles se trouvent dirigées en fin de compte contre une même personne, qu'elles aient été réunies dans une même instance de façon à ce qu'une condamnation totale puisse être prononcée contre le défendeur, et qu'elles aient été suscitées par une poursuite unique du fractionnaire contre son vendeur, endosseur en dernier lieu de tous les ordres de livraison. — Même arrêt.

5445. En conséquence, bien que l'action originaire excède le taux du dernier ressort et que la quotité totale des actions récursoires dirigées conjointement contre le livreur par des divers acheteurs le dépasse également, ces dernières seront jugées en dernier ressort, si chacune, considérée isolément, ne porte pas sur une somme supérieure à 1500 fr. — Même arrêt.

5446. — II. Intervention (C. proc. civ. nos 375 à 382). — En cas d'intervention, la valeur du litige se détermine d'après l'importance de la demande principale à laquelle l'intervenant défend, et non pas d'après le montant de la somme due par le défendeur à l'intervenant. — Poitiers, 10 nov. 1875, D.P. 76. 2. 179.

5447. L'appel de l'intervenant est irrecevable quand il a conclu au payement d'une somme inférieure à 1500 fr., alors même que la demande principale a pour objet une somme supérieure, et que celle de l'intervenant est subordonnée à la validité du titre sur lequel repose la demande principale elle-même. — Nancy, 17 déc. 1888, J.G.S. *Degrés de juridiction*, 65.

5448. — III. Jonction d'instances (C. proc. civ. nos 383 à 394). — La jonction des instances, simple mesure de procédure destinée à réduire les frais, n'altérant ni la nature ni les effets de chaque demande, celles-ci doivent être évaluées séparément pour la fixation du taux du dernier ressort. — Grenoble, 27 janv. 1882, D.P. 82. 2. 190.

5449. Ainsi, si deux actions distinctes, introduites par exploits séparés, l'une inférieure, l'autre supérieure au taux du dernier ressort, ont été, après un jugement de jonction, l'objet de conclusions prises par toutes les parties, de manière à ne former qu'un seul tout, le jugement doit être considéré comme n'ayant statué qu'en premier ressort à l'ensemble du litige. — Grenoble, 8 mars 1872, J.G.S. *Degrés de juridiction*, 67. — V. *Code de procédure civile*, no 392.

§ 6. — *Demandes accessoires; Intérêts; Fruits; Droits d'enregistrement; Frais et dépens; Dommages-intérêts* (C. proc. civ. nos 395 à 476).

5450. — I. Demandes accessoires (C. proc. civ. nos 395 à 404). — C'est le principal et non l'accessoire qui sert à fixer la limite du premier et du dernier ressort. — Caen, 15 janv. 1877, D.P. 82. 5. 151. — V. *Code de procédure civile*, no 395.

5451. Les dommages-intérêts ne peuvent donc être pris en considération pour déterminer le taux du ressort, lorsqu'ils sont exclusivement fondés sur la demande princi-

pale; et le juge a le droit de rechercher la cause de cette demande de dommages-intérêts, afin de savoir si elle forme réellement un litige distinct, ou si, au contraire, ils ne sont que l'accessoire de la demande principale. — Même arrêt. — Comp. *Code de procédure civile*, no 475.

5452. Des conclusions accessoires à la demande principale, dont la valeur est inférieure au taux de l'appel, et tendant, au cas où cette demande serait accueillie, au déguerpissement du détenteur de l'immeuble, ne doivent pas être considérées comme un chef distinct de demande entrant dans la computation du ressort et dont l'indétermination rendrait l'appel recevable. — Req. 29 avr. 1878, D.P. 79. 1. 72. — V. *Code de procédure civile*, no 404.

5453. — II. Intérêts (C. proc. civ. nos 405 à 436). — 1o *Intérêts échus avant la demande* (C. proc. civ. nos 405 à 426). — Les intérêts échus d'une somme allouée par un jugement, et les dépens adjugés par ce même jugement dont la partie gagnante poursuit l'exécution, constituent, non point un accessoire, mais un chef principal de la demande : ces intérêts et ces dépens doivent dès lors entrer en compte dans la détermination du degré de juridiction. — Req. 7 mars 1882, D.P. 82. 1. 154-155.

5454. Décidé que, au contraire, les frais de protêt et de compte de retour, ceux de l'enregistrement des billets protestés, et les intérêts courus depuis les protêts, ne sont que des accessoires de la demande, impuissants à affecter le ressort. — Req. 7 nov. 1876, J.G.S. *Degrés de juridiction*, 11. — V. *Code de procédure civile*, no 413.

5455. — 2o *Intérêts courus depuis la demande* (C. proc. civ. nos 427 à 436). — Les intérêts du principal courus depuis la demande sont des accessoires qui ne comptent pour la fixation du taux du ressort. — Req. 18 juill. 1883, D.P. 84. 5. 144. — V. *Code de procédure civile*, no 427.

5456. Il n'y a pas lieu, pour fixer la compétence à charge d'appel ou sans appel, de prendre en considération l'indétermination résultant des intérêts à courir à partir du règlement de l'ordre, des frais engagés dans cette procédure et du coût du bordereau à délivrer. — Poitiers, 13 avr. 1885, D.P. 87. 2. 217.

5457. — III. Fruits (C. proc. civ. nos 437 et 438).

5458. — IV. Droits d'acte et d'enregistrement et frais antérieurs a la demande (C. proc. civ. nos 439 à 454). — Les dépens adjugés par un jugement dont on poursuit l'exécution constituent, non point un accessoire, mais un chef principal de la demande ayant pour objet le payement des condamnations prononcées par le jugement et ils doivent, dès lors, entrer en compte dans la détermination du degré de juridiction. — Civ. c. 1er juin 1880, D.P. 80. 1. 261.

5459. En conséquence, le jugement qui statue sur une demande en validité de saisie-arrêt est en premier ressort, bien que le capital de la créance du saisissant, résultant d'un jugement de condamnation obtenu par lui, soit inférieur à 1.500 fr., si la saisie a été pratiquée, non seulement pour ce capital et les intérêts, mais en outre pour les dépens non liquidés qui ont été adjugés au saisissant par le même jugement, et qui, n'ayant été fixés ni dans l'assignation ni dans les conclusions, sont restés indéterminés. — Même arrêt.

5460. La demande en payement de frais de fourriure ne saurait être considérée comme un simple accessoire de la demande principale en résiliation de vente de chevaux, lorsque la mise en fourrière n'était ni prononcée, ni autorisée par la loi, et qu'elle a été là faite purement personnelle du demandeur. — Civ. r. 12 nov. 1889, D.P. 90. 1. 35. — Comp. *Code de procédure civile*, no 451.

5461. Ladite demande forme, en ce cas, un chef distinct, dont il doit être tenu compte, pour déterminer le point de savoir si la cause est susceptible d'appel. — Même arrêt.

5462. Quand le litige relatif à une résiliation de vente, après avoir porté d'abord sur deux chevaux, s'est restreint en raison de ce que le vendeur a consenti à reprendre celui des deux qui était atteint d'un vice rédhibitoire, le juge du fond peut valablement décider que la mise en fourrière de l'autre a été, de la part de l'acheteur, une mesure purement volontaire, et, en conséquence, que la réclamation pour celui-ci des frais auxquels elle a donné lieu, n'a pas le caractère d'accessoire au procès, mais y constitue un chef de demande qui doit être pris en considération pour la fixation du ressort. — Même arrêt.

5463. — V. Frais et dépens (C. proc. civ. nos 455 à 473). — Les dépens postérieurs à l'introduction de l'instance ne doivent pas être ajoutés au montant de la demande pour déterminer le taux du ressort. — Lyon, 24 juin 1875, D.P. 77. 2. 49. — V. *Code de procédure civile,* no 455.

5464. En principe que les frais de l'instance ne sont que l'accessoire de la demande, il résulte que la non-recevabilité de l'appel relativement à l'objet principal du litige entraîne la non-recevabilité de l'appel à l'égard de la condamnation aux dépens. — Req. 18 janv. 1876, D.P. 76. 1. 465.

5465. — VI. Dommages-intérêts (C. proc. civ. nos 474 à 465). — Sur les demandes en dommages-intérêts formées soit par le demandeur, soit par le défendeur. V., *infrà,* art. 2, L. 11 avr. 1838, nos 5643 et s.

§ 7. — *Effets des exceptions et incidents quant au degré de juridiction; Qualités des parties* (C. proc. civ. nos 477 à 558).

5466. — I. Exceptions (C. proc. civ. nos 477 à 512). — Les questions qui sont soulevées soit comme moyen de défense, soit accessoirement et incidemment à la demande, suivent pour la détermination du degré de juridiction, le sort de cette demande, et sont jugées comme elle en premier et en dernier ressort, sans qu'on ait égard à leur importance. — Besançon, 11 janv. 1879, D.P. 79. 2. 139. — V. *Code de procédure civile,* no 477.

5467. Spécialement, lorsqu'une femme assignée comme commune en biens est défendeur à un litige dont l'intérêt est inférieur à 1,500 fr., est en dernier ressort. — Riom, 7 déc. 1881, D.P. 82. 2. 162. — V. *Code de procédure civile,* no 529.

5468. Et le jugement intervenu au cours de l'instance, sur la nullité formée par la défenderesse contre une enquête relative à la renonciation par elle invoquée, est en dernier ressort, une demande en nullité n'étant qu'un incident du moyen de défense. — Même arrêt.

5469. Le juge de l'action étant le juge de l'exception, il en résulte que, s'il statue en dernier ressort sur la demande principale, il statue également sous un appel sur l'exception, même de valeur indéterminée, qui lui est soumise par le défendeur comme une simple défense à l'action principale et non à titre de demande reconventionnelle. — Civ. c. 5 juill. 1882, D.P. 83. 1. 351.

5470. Ainsi le tribunal civil est compétent pour connaître en dernier ressort de la demande en remboursement d'une somme inférieure à 1,500 fr., alors même que le défendeur, pour se refuser à ce payement, soulève une question de validité légale d'une valeur indéterminée, si sa prétention ne constitue qu'un simple moyen de défense à l'action principale, et non une demande reconventionnelle. — Req. 20 avr. 1886, D.P. 87. 1. 253.

5471. Au contraire, le jugement rendu sur une demande inférieure à 1,500 fr. est susceptible d'appel, si le défendeur a opposé un moyen de défense modifiant l'objet du litige et soulevant entre les parties une contestation d'une valeur indéterminée ou supérieure au taux du dernier ressort. — Req. 11 juin 1884, D.P. 84. 1. 359.

5472. Spécialement, dans une instance où un propriétaire, invoquant un bail verbal, réclame à son locataire pour termes échus de loyer une somme inférieure à 1,500 fr., le litige change de face et s'élargit, quand le locataire produit un bail écrit lui donnant droit d'occuper les lieux loués pendant cinq ans au prix de 500 fr. par année et excipe de ce que, selon ce bail, aucun terme de loyer n'était dû au moment de la demande. — Même arrêt.

5473. Dans ces circonstances, le sort de la demande primitive au payement de loyers se trouve subordonné au point de savoir si le bail écrit invoqué en défense sera considéré par le juge comme étant valable et comme devant constituer la loi des parties. — Même arrêt.

5474. La validité d'un bail supérieur dans son chiffre à 1,500 fr. devenant l'objet réel du litige, il en résulte que la cause est susceptible d'appel sous deux degrés de juridiction. — Même arrêt.

5475. — II. Incidents (C. proc. civ. nos 513 à 532). — Les jugements d'incident, par exemple, ceux qui statuent sur les demandes d'enquête ou d'expertise, d'inscription de faux, de vérification d'écriture, ne sont en quelque sorte que des accessoires du jugement à rendre sur le fond: il suit de là que, si le fond est d'une valeur inférieure à 1,500 fr., la décision sur l'incident ne sera pas susceptible d'être déférée à la cour d'appel. — J.G.S. *Degrés de juridiction,* 89.

5476. Ainsi, lorsque, sur l'appel d'une sentence de juge de paix, une inscription de faux a été introduite comme défense à la demande principale, le jugement rendu sur le faux principal n'est pas susceptible d'appel. — Req. 13 janv. 1879, D.P. 79. 1. 307. — Civ. c. 23 déc. 1880, D.P. 82. 1. 174-175. — Riom, 23 avr. 1884, D.P. 85. 2. 51. — V. *Code de procédure civile,* no 526.

5477. ... Encore bien que la partie contre laquelle a été introduite la procédure en inscription de faux ait conclu à des dommages-intérêts dont le chiffre excède 1,500 fr. — Arrêt préc. 22 déc. 1880.

5478. Le jugement qui statue sur une demande en vérification d'écriture, formée incidemment à un litige dont l'intérêt est inférieur à 1,500 fr., est en dernier ressort. — Riom, 7 déc. 1881, D.P. 82. 2. 162. — V. *Code de procédure civile,* no 529.

5479. Il en est de même du jugement du tribunal de commerce qui repousse, sans ordonner de sursis, une dénégation de signature produite dans des conditions semblables, lorsqu'il se base sur la dette, objet du litige principal, a été formellement reconnue. — Limoges, 19 déc. 1879, D.P. 82. 2. 162.

5480. — III. Qualités des parties (C. proc. civ. nos 533 à 558). — Lorsqu'une femme assignée comme commune en biens au payement d'une somme inférieure à 1,500 fr. conteste cette qualité en se prévalant de la renonciation par elle faite à la communauté, cette contestation, qui constitue un simple moyen de défense, ne rend pas le litige susceptible d'appel. — Besançon, 11 janv. 1879, D.P. 79. 2. 139.

§ 8. — *Demandes relatives aux rentes, baux et fermages* (C. proc. civ. nos 559 à 637).

5481. — I. Rentes et arrérages (C. proc. civ. nos 559 à 604).

5482. — II. Baux et fermages (C. proc. civ. nos 605 à 637). — Si la demande ne tend qu'au payement de loyers arriérés, et si la défense ne soulève pas reconvention-

nellement de question sur l'existence même du bail, c'est le chiffre de la somme réclamée qui détermine le ressort. — J.G.S. *Degrés de juridiction,* 93. — V. *Code de procédure civile,* no 605.

5483. Jugé en ce sens que, lorsque le débat porte sur un bail dont l'existence est reconnue par les parties, l'existence du bail se trouve hors de cause; par suite, c'est le prix du bail qui détermine la valeur du litige et le taux du ressort; si donc le bail est pour une année et d'un prix inférieur à 1.500 fr., l'action est en dernier ressort. — Limoges, 6 mai 1890, D.P. 91. 2. 67, et la note. — Conf. Req. 11 juin 1884, D.P. 84. 1. 359.

5484. Si, au contraire, la contestation, par suite des conclusions de la demande ou de la défense, porte sur l'existence du bail, sa nullité ou sa résiliation, le maintien du locataire ou son expulsion des lieux, il faut considérer la cause comme ayant une valeur indéterminée. — J.G.S. *Degrés de juridiction,* 93. — V. *Code de procédure civile,* no 615.

5485. — III. Contestations relatives aux primes annuelles des assurances. — Dans un contrat d'assurance, par exemple, d'assurance contre l'incendie, il y a deux éléments déterminés: la prime annuelle, d'une part; de l'autre, le chiffre pour lequel l'assurance a été faite. Si la contestation a exclusivement pour objet la prime annuelle réclamée par la compagnie à l'assuré de primes échues, il n'y a aucune difficulté, et c'est comme d'ordinaire le montant de la somme réclamée qui fixe le degré de juridiction. — J.G.S. *Degrés de juridiction,* 94.

5486. Il a été décidé, au contraire, que la demande en payement d'une annuité d'assurance est indéterminée et, par suite, susceptible d'appel, quel que soit le chiffre de cette demande, lorsqu'elle soulève la question de savoir si le contrat d'assurance a pris fin ou doit continuer pendant une certaine période d'années. — Paris, 16 mars 1882, D.P. 84. 2. 163. — Paris, 12 janv. 1887, D.P. 89. 2. 44.

5487. Mais il a été jugé par d'autres arrêts dont la doctrine paraît devoir être préférée qu'il n'y a pas lieu de prendre en considération le capital assuré, que les primes restant à courir doivent seules, dans leur montant total, servir à déterminer le ressort, et que, par suite, si ce montant total est inférieur à 1,500 fr., le tribunal de première instance statue sans appel sur l'existence du contrat. — Paris, 8 janv. 1878, D.P. 79. 5. 122.

5488. Lorsque, sur la demande en payement de l'une des primes annuelles stipulées dans un contrat d'assurance, le défendeur oppose la résiliation de la police, la contestation n'est jugée qu'en premier ressort par le tribunal de première instance, s'il est impossible de déterminer par avance le montant des cotisations restant à courir, parce que, la compagnie demanderesse étant une compagnie d'assurances mutuelles, le chiffre des cotisations annuelles est variable. — Req. 27 nov. 1888, D.P. 91. 4. 447.

§ 9. — *Saisies: Saisie-arrêt; Saisie-exécution; Saisie foraine; Saisie-brandon; Saisie-gagerie; Saisie immobilière* (C. proc. civ. nos 638 à 748).

5489. — I. Saisie-arrêt (C. proc. civ. nos 638 à 682). — En matière de saisie-arrêt, le taux du dernier ressort est déterminé par le chiffre de la somme pour laquelle la saisie est pratiquée. — Req. 29 janv. 1877, D.P. 78. 1. 126. — Besançon, 15 févr. 1888, D.P. 88. 2. 236. — V. *Code de procédure civile,* no 638.

5490. Les frais de la saisie-arrêt et de l'instance en validité ne doivent pas entrer dans la fixation de ce chiffre, alors même que l'évaluation en serait faite dans l'ordonnance portant permission de saisir-arrêter. — Arrêt préc. 29 janv. 1877.

5491. Mais il en est autrement des frais faits dans le procès antérieur, qui a fixé les droits du créancier et prononcé condamnation en payement contre le débiteur: ces frais, alloués au créancier qui a eu gain de cause, font désormais partie de la créance qu'il cherche à ramener à exécution; ils se sont additionnés au principal primitif de cette créance et contribuent par là à former le chiffre duquel dépend la question de l'appel. — Civ. c. 1er juin 1880, D.P. 80. 1. 201.

5492. Le jugement rendu dans une instance en validité de saisie-arrêt sur la demande en mainlevée de la saisie, formée par un tiers qui se prétend propriétaire de la somme saisie-arrêtée dont le chiffre, d'après la déclaration non contestée du tiers saisi, est inférieur à 1,500 fr., est en dernier ressort, bien que la créance du saisissant soit supérieure au taux de l'appel, tout le débat s'étant trouvé ramené par les conclusions des parties à la question de propriété de la somme due par le tiers saisi. — Civ. c. 16 avr. 1877, D.P. 77. 1. 208. et Observ. sous cet arrêt.

5493. Mais cette solution, qui s'explique peut-être par l'état particulier des conclusions des parties, ne saurait ouvrir à la règle qu'en thèse générale lorsque la saisie-arrêt a été faite pour une créance supérieure à 1,500 fr., l'action en main levée doit être considérée comme étant susceptible des deux degrés de juridiction. — J.G.S. *Degrés de juridiction*, 99.

5494. — II. Saisie-exécution (C. proc. civ. nᵒˢ 683 à 706). — Le créancier fondé au titre, qui procède par voie de saisie-exécution pour obtenir payement, prend l'initiative des hostilités contre son débiteur. Il doit donc être considéré comme jouant le rôle de demandeur, le débiteur ne remplissant que celui du défendeur, alors même que ce débiteur est le premier à saisir les juges pour combattre les poursuites dont il est l'objet. — Civ. c. 16 avr.1877, D.P. 77. 1. 208. — Req. 9 janv. 1882, D.P. 82. 1. 59.

5495. Jugé en ce sens qu'en cas de contestation sur une saisie-exécution, la compétence, au point de vue du premier ou du dernier ressort, est déterminée par le chiffre du principal de la créance à recouvrer. — Besançon, 7 mars 1890, D.P. 91. 2. 168.

5496. D'après un arrêt, ce principe reçoit exception dans le cas où le débiteur fonde sa demande en nullité de saisie, sur ce que les objets saisis seraient dotaux, et l'on doit considérer comme susceptible d'appel un jugement qui a statué sur une difficulté de ce genre, dans une affaire où la créance du saisissant est inférieure à 1,500 fr. — Grenoble, 26 déc. 1868, J.G.S. *Contrat de mariage*, 1268.

5497. Mais cette opinion ne paraît pas fondée, l'exception tirée par une débitrice de la dotalité des objets saisis ne pouvant être assimilée à une demande en distraction formée par un tiers; c'est une véritable demande en nullité de saisie, et, dès, elors ce n'est pas la valeur indéterminée des objets revendiqués qu'il faut considérer pour déterminer la limite du ressort, mais bien la valeur de la créance qui a occasionné la saisie-exécution. — J.G.S. *Degrés de juridiction*, 103. — V. *Code de procédure civile*, nᵒ 689.

5498. — III. Saisie foraine et saisie-brandon (C. proc. civ. nᵒˢ 707 à 719).

5499. — IV. Saisie de rentes (C. proc. civ. nᵒˢ 720 et 721).

5500. — V. Saisie-gagerie (C. proc. civ. nᵒˢ 722 à 724).

5501. — VI. Saisie-revendication (C. proc. civ. nᵒˢ 725 à 727). — On doit considérer comme susceptible d'appel le jugement relatif à la saisie-revendication formée par le bailleur contre le détenteur d'animaux déplacés de la ferme, la demande du bailleur, qui tend à faire réintégrer les animaux en question comme gage, ayant un objet d'une valeur indéterminée, et le taux du litige ne devant être fixé, ni par le chiffre de la créance du bailleur... dont certains éléments sont d'ailleurs indéterminés, ni par l'estimation donnée par le détenteur aux animaux. — Caen, 16 déc. 1885, J.G.S. *Degrés de juridiction*, 107.

5502. — VII. Saisie immobilière (C. proc. civ. nᵒˢ 728 à 748). — D'après un certain système, l'opposition faite à un commandement ou la demande en nullité d'une saisie n'a pas pour effet de déplacer les rôles des parties; en conséquence, le poursuivant conserve sa qualité de demandeur, les incidents soulevés n'étant en fait qu'une défense à l'action principale; par suite, c'est à la somme réclamée par le demandeur qu'il faut s'attacher et non à la valeur de l'immeuble pour savoir si l'affaire est de la compétence en premier ou en dernier ressort du tribunal. — Pau, 22 mai 1888 et 14 janv. 1889, D.P. 90. 2. 71. — V. *Code de procédure civile*, nᵒ 728.

5503. Suivant une autre opinion, le jugement qui prononce sur une demande en nullité de saisie immobilière, pour vice de forme, est en premier ressort, lors même que les causes de la saisie sont inférieures à 1,500 fr.; il s'agit ici d'une action réelle intéressant la propriété des immeubles saisis. — Limoges, 28 janv. 1889, D.P. 90. 2. 158. — V. *Code de procédure civile*, nᵒ 733.

5504. Il en serait ainsi spécialement si la demande en nullité de la saisie était fondée sur la nature et le caractère légal de l'immeuble, par exemple, si la saisi prétendait que l'immeuble étant dotal, il doit échapper à la saisie, auquel cas en même temps l'immeuble deviendrait l'objet principal du procès. — Pau, 14 mars 1888 et 14 janv. 1889, D.P. 90. 2. 71. — V. *Code de procédure civile*, nᵒ 734.

5505. De même, la demande en nullité d'une saisie, pour inobservation de l'art. 2206 C. civ., qui veut que les immeubles d'un mineur ne puissent être mis en vente avant la discussion de son mobilier, est susceptible d'appel, lorsque le fonds saisi est d'une valeur indéterminée, bien que le chiffre de la créance du saisissant soit inférieur à 1,500 fr., la propriété de l'immeuble étant, en pareil cas, le véritable objet du litige. — Civ. c. 13 juill. 1886, D.P. 87. 1. 106.

5506. En matière de saisie immobilière, quand l'opposition à la poursuite est fondée, non sur l'existence ou la quotité de la créance dont le payement est poursuivi, mais sur la nullité même de la procédure de saisie, l'action est réelle; c'est alors la valeur des immeubles saisis qui détermine le taux du ressort et la recevabilité de l'appel. — Limoges, 28 avr. 1890, D.P. 91. 2. 108.

5507. Le jugement qui statue sur une demande en nullité de saisie immobilière est également en premier ressort, lors même que les causes de la saisie sont inférieures à 1,500 fr. si la demande porte, non sur la réalité ou la légitimité de la créance, mais uniquement sur la régularité de la procédure tendant à saisir un immeuble d'une valeur indéterminée. — Nancy, 26 juill. 1884, D.P. 86. 2. 13. — V. *Code de procédure civile*, nᵒ 736.

5508. De même, la demande en nullité d'une saisie immobilière pratiquée pour une créance inférieure à 1,500 fr., mais portant sur des immeubles d'une valeur indéterminée, n'est jugée par le premier ressort et à charge d'appel, lorsque la contestation a pour objet, non le titre de la créance en vertu duquel a été opérée la saisie, mais les formalités suivies dans la procédure. — Caen, 9 avr. 1875, D.P. 77. 2. 135-136.

5509. Le jugement qui statue sur l'opposition à un commandement de payer un prix de vente d'immeubles, sous peine de poursuites par voie de folle enchère conformément à un article exprès du cahier des charges, est également susceptible d'appel, alors même que les sommes dues divisément à chacun des poursuivants à la requête desquels le commandement a été fait, sont inférieures au taux du dernier ressort. — Douai, 26 juill. 1878, D.P. 80. 2. 7.

5510. Sur certains jugements qui, en matière de saisie immobilière, sont en dernier ressort, V. *infrà*, art. 730.

§ 10. — *Distribution par contribution et ordre* (C. proc. civ. nᵒˢ 749 et 750).

5511. Sur la question de savoir comment se détermine le premier ou le dernier ressort : ... en matière de distribution par contribution, V. *infrà*, art. 699.

5512. ... En matière d'ordre entre créanciers, V. *infrà*, art. 762.

Sect. 3. — Degrés de juridiction dans les demandes indéterminées (C. proc. civ. nᵒˢ 751 à 801).

§ 1er. — *Demandes indéterminées par leur nature* (C. proc. civ. nᵒˢ 751 à 801).

5513. En thèse générale, la nature d'une demande met obstacle à ce qu'elle soit déterminée, lorsqu'elle a pour objet une contestation d'un intérêt purement moral qui ne peut se chiffrer en argent, telle que celle portant sur l'état des personnes. — J.G.S. *Degrés de juridiction*, 133.

5514. ... Ou encore lorsque son objet, bien que présentant un intérêt matériel, ne peut recevoir une évaluation précise et fixe, parce qu'il comporte une généralité de droits et d'obligations, telle, par exemple, que la reconnaissance de la qualité d'héritier. — J.G.S. *Degrés de juridiction*, 133.

5515. ... Ou aussi, en matière immobilière, lorsque cet objet, tel notamment qu'un droit de servitude ou une concession dans un cimetière, ne peut être évalué d'après le seul mode reçu en cette matière, c'est-à-dire en rente du par prix de bail. — J.G.S. *Degrés de juridiction*, 133.

5516. C'est le but direct de l'action qui détermine le taux du premier ou du dernier ressort; par suite, lorsque cette action a pour objet une question dont la valeur est indéterminée (dans l'espèce, la déchéance du bénéfice d'inventaire), le jugement qui intervient est susceptible d'appel, bien qu'il ait pour conséquence une condamnation au payement d'une somme inférieure à 1,500 fr. — Pau, 23 janv. 1888, D.P. 89. 2. 150.

5517. Mais, quoique la revendication d'une pièce de procédure soit susceptible par sa nature de constituer une demande indéterminée, on ne peut faire état, pour la détermination du ressort, de la demande en restitution d'une pièce produite dans l'instruction même de l'affaire. — Civ. r. 9 jan. v. 1889, D.P. 89. 1. 15. — V. *Code de procédure civile*, nᵒ 763.

5518. En matière de distribution par contribution, la demande qui conteste une créance inférieure à 1,500 fr., forme une demande d'une valeur indéterminée s'il s'attaque au principe de la répartition par contribution et poursuit la nullité de la vente d'un immeuble hypothéqué au créancier contesté; en conséquence, le jugement qui repousse sa contestation est susceptible d'appel. — Bordeaux, 30 janv. 1890, D.P. 91. 2. 245.

5519. Lorsqu'à une réclamation en délivrance d'un legs de 1,000 fr., les héritiers du *de cujus* répondent en demandant reconventionnellement la nullité du testament, lequel met à leur charge, en sus de la somme léguée, les droits de mutation et les frais afférents audit legs, la cause a nécessairement une valeur indéterminée, et par suite l'arrêt qui la déclare non susceptible d'appel doit être cassé. — Civ. c. 5 août 1890, D.P. 91. 1. 304.

5520. La cause prend une valeur indéterminée,et, par suite, est susceptible d'appel quand une compagnie de chemin de fer, outre le prix du transport et du magasinage, réclame l'autorisation de faire vendre les marchandises d'un expéditeur, pour en appliquer le prix au remboursement des sommes qui seront mises à la charge de ce dernier. — Civ. r. 26 nov. 1873, D.P. 76. 1. 45.

5521. La demande d'une compagnie de chemin de fer tendant à faire ordonner l'enlèvement par l'expéditeur de marchandises refusées par le destinataire, à obtenir, à défaut du payement du prix de transport et de magasinage desdites marchandises, l'autorisation de les vendre pour en appliquer le prix au remboursement de ce qui lui est dû, enfin à faire condamner l'expéditeur au payement de tous frais de magasinage ou autres postérieurs à son assignation jusqu'au jour de l'enlèvement, a le caractère de demande indéterminée, et par suite le jugement qui intervient sur cette demande est susceptible de l'appel. — Paris, 13 févr. 1887, D.P. 87. 2. 474.

5522. La demande d'exécution en France d'une sentence étrangère ne constitue point, par sa nature même, une demande indéterminée; par suite, l'appel du jugement qui a fait droit à cette demande n'est pas recevable, si la condamnation prononcée par le juge étranger ne dépasse pas 1,500 fr., et si aucune question d'incompétence n'a été soulevée. — Req. 21 août 1882, D.P. 83. 1. 159.

5523. Et l'arrêt qui déclare cet appel non recevable, en constatant que la valeur du litige est inférieure au taux du dernier ressort, est suffisamment motivé. — Même arrêt.

5524. La demande qui a une servitude pour objet est nécessairement susceptible d'appel. — Civ. c. 10 mars 1884, D. P. 84. 1. 113. — V. *Code de procédure civile,* n° 785.

5525. Mais celle qui a pour objet le payement d'une somme inférieure au taux du dernier ressort, pour prix de la mitoyenneté du mur séparatif de deux propriétés, n'est pas susceptible d'appel, bien que le défendeur ait, dans les motifs de ses conclusions, émis des prétentions à la mitoyenneté dudit mur; ce n'est là, en effet, qu'un simple moyen de défense qui, n'ayant fait l'objet d'aucune demande reconventionnelle, ne pouvait changer le caractère du débat. — Civ. r. 12 janv. 1886, J.G.S. *Degrés de juridiction,* 166. — V. *Code de procédure civile,* n° 790.

5526. Le terrain concédé dans un cimetière pour la sépulture d'une famille est d'une valeur indéterminée,commepouvant être assimilé à un immeuble productif de revenus; en conséquence, le jugement qui statue sur les difficultés auxquelles la concession de ce terrain donne lieu est susceptible d'appel. — Lyon, 17 août 1880, D.P. 81. 2. 46.

5527. La valeur que peut avoir, pour les parties, une sentence arbitrale, qui règle les contestations diverses précédemment agitées entre elles, n'est pas susceptible d'une évaluation précise. — Civ. r. 15 déc. 1885, D.P. 86. 1. 468.

5528. Aussi, lorsqu'une partie, dans une instance introduite contre elle relativement au chef d'une sentence arbitrale contenant condamnation à des dommages-intérêts, conteste, non seulement ce chef, mais de la sentence tout entière, sa prétention, qui ne se borne pas à une simple résistance, constitue-t-elle une demande principale dont la valeur est indéterminée, et sur laquelle, par conséquent, le tribunal ne statue qu'à charge d'appel? — Même arrêt. — V. *Code de procédure civile,* n° 809.

§ 2. — *Demandes personnelles ou mobilières non déterminées par les parties* (C. proc. civ. n°s 802 à 869).

5529. Est rendu en premier ressort, et,

par suite, est susceptible d'appel et non de pourvoi en cassation, le jugement rendu sur une demande tendant à la revendication de valeurs mobilières, lorsque ni le demandeur, ni aucune des pièces de la procédure ne leur ont assigné un prix déterminé, et qu'en outre elles sont susceptibles d'une augmentation aléatoire. — Civ. r. 13 déc. 1875. D.P. 76. 1. 450.

5530. Décidé, dans le même sens, que la demande en remise d'objets mobiliers dont la valeur n'est pas déterminée par la citation et les conclusions du demandeur ne peut être jugée qu'à charge d'appel, alors même qu'elle serait faite sous une contrainte de 1,000 fr. — Req. 11 janv. 1881, D.P. 81. 1. 247.

5531. Et il en est de même de celle qui, comprenant un objet inférieur à 1,500 fr. et des dommages-intérêts nés de la cause sur laquelle la demande principale est fondée, dépasse dans l'ensemble la limite du premier ressort. — Même arrêt.

5532. Lorsqu'un héritier prétend que les frais de la demande en délivrance d'un legs doivent rester à la charge du légataire, parce que, le legs comprenant la totalité de la quotité disponible, les frais, s'ils étaient pris sur la succession, porteraient atteinte à la réserve, la contestation qu'il soulève ainsi sur le nécessairement à la demande en délivrance elle-même et présente un caractère indéterminé quant à sa nature même. — Civ. c. 6 mai 1890, D.P. 91. 1. 85.

5533. En conséquence, l'arrêt qui ordonne la délivrance du legs en mettant les frais de délivrance à la charge de la succession est susceptible d'appel, quand même ces frais, non évalués par les parties, ne devraient pas, d'après les parties, excéder le taux du dernier ressort. — Même arrêt.

5534. La demande dont le chef principal est d'une valeur indéterminée est susceptible d'appel, même à l'égard du chef accessoire dont la valeur serait inférieure au taux du dernier ressort. — Req. 27 févr. 1878, D.P. 78. 1. 304. — V. *Code de procédure civile,* n° 806.

5535. Lorsqu'il est fait une opposition à la vente d'objets saisis, sans que l'opposant se prétende propriétaire de ces objets, cette opposition, dans le cas où les demandes principales ne dépassent pas ensemble le taux du dernier ressort, ne saurait être considérée comme étant d'une nature indéterminée, alors surtout qu'elle n'a été notifiée ni au saisissant, ni au saisi. — Bourges,11 mai 1887, D.P. 89. 2. 436.

5536. L'appel, bien qu'il n'ait pour objet que des frais, n'en est pas moins recevable, lorsque le chiffre en est inconnu, par suite du caractère indéterminé de la demande. — Limoges, 13 mai 1889, D.P. 90. 2. 307.

5537. Une demande en payement de frais est jugée en premier ressort, lorsque le demandeur n'a fait aucune détermination desdits frais, qu'il ne produit au tribunal aucun document pour faire cette fixation, et que le tribunal ne peut y procéder d'office, l'ordonnance qui a rendu la taxe des dépens exécutoires n'ayant pas encore été prise. — Req. 2 févr. 1881, D.P. 82. 1. 84.

5538. Dans le cas où la demande ne fournit au juge aucun élément d'évaluation, alors que l'objet de la contestation consiste en titres cotés à la bourse, ou en denrées dont les prix figurent sur les mercuriales des marchés, on ne saurait prendre pour base de détermination de la valeur du litige les cours des marchés ou les cours de bourse.—J.G.S. *Degrés de juridiction,* 151. — Comp. Civ. r. 13 déc. 1875, D.P. 76. 1. 450. — *Contra :* Code de procédure civile, n° 828.

5539. Dans l'évaluation d'une demande, afin de savoir si elle dépasse ou non le taux du dernier ressort, il faut tenir compte, non seulement de la demande principale, mais encore des dommages-intérêts addi-

tionnellement réclamés, sans qu'il y ait lieu de distinguer entre les dommages-intérêts actuels et les dommages-intérêts purement éventuels. — Civ. r. 15 avr. 1889, D.P. 90. 1. 445.

5540. Spécialement, la demande en dommages-intérêts de 10 fr. par chaque jour de retard pour le cas où le défendeur n'exécuterait pas son obligation principale dans un certain délai, est une demande d'une valeur indéterminée et dès lors le jugement est susceptible d'appel. — Même arrêt. — V. *Code de procédure civile,* n° 860.

5541. Il en est de même de la demande dirigée par un voyageur contre une compagnie du chemin de fer, du moment où l'exploit introductif d'instance avait pour objet principal, sous une contrainte de 10 fr. par jour de retard pendant un mois, de faire condamner la compagnie à expédier à destination les colis refusés aux conditions des bagages accompagnant les voyageurs, avec l'allocation d'une somme de 200 fr. de dommages-intérêts pour le préjudice causé par le refus de transporter lesdits colis comme bagages. — Civ. r. 24 oct. 1888, D.P. 89. 1. 117.

5542. L'action par laquelle un commissaire-priseur réclame 500 fr. à titre de dommages-intérêts pour le passé, et demande, en outre, qu'il soit fait défense à son adversaire de procéder à des ventes qui porteraient atteinte à son privilège, est de nature indéterminée et, par suite, soumise aux deux degrés de juridiction. — Paris, 13 juill. 1875, D.P. 76. 2. 189-190.

§ 3. — *Demandes immobilières ou mixtes non déterminées par les parties* (C. proc. civ. n°s 870 à 932).

A. — *Demandes immobilières* (C. proc. civ. n°s 870 à 931).

5543. Lorsque le revenu d'un immeuble revendiqué en justice n'a pu être déterminé ni en rente, ni par le prix du bail, l'objet de l'action est indéterminé, et le jugement qui intervient est rendu en premier ressort. — Rouen, 17 juill. 1869, J.G.S. *Commune,* 843. — Req. 30 juill. 1889, D.P. 89. 1. 213.

5544. Et il ne saurait dépendre d'une des parties en cause, en évaluant arbitrairement l'immeuble objet de la contestation (dans l'espèce, en limitant à une somme déterminée le montant des dommages-intérêts réclamés pour éviction) d'en appeler en garantie), de déterminer la compétence et le dernier ressort. — Arrêt préc. 30 juill. 1888.

5545. Il a été décidé toutefois qu'en l'absence de toute fixation, en rente ou par prix de bail, des revenus d'un immeuble, l'évaluation de cet immeuble, faite d'un commun accord par les parties et confirmée par la matrice cadastrale, doit servir à déterminer le taux de la juridiction compétente. — Nancy, 16 nov. 1888, D.P. 89. 2. 289.

5546. Mais cette solution paraît en contradiction avec le texte et l'esprit de l'art. 1er de la loi du 11 avr. 1838 qui n'admet comme mode d'évaluation de l'immeuble qu'un contrat de bail ou un contrat de rente perpétuelle. — V. Dissertation de M. Glasson sous l'arrêt précité, D.P. 89. 2. 289, note 2.

5547. L'action dirigée contre un tiers détenteur n'est pas une action réelle; elle ne tend qu'au payement d'une somme d'argent, et, par suite, le taux du dernier ressort est déterminé par l'importance de la somme réclamée. — Limoges, 5 juin 1886, D.P. 87. 2. 113.

B. — *Actions hypothécaires* (C. proc. civ. n°s 932 à 950).

5548. L'action en mainlevée d'une inscription hypothécaire, fondée sur la nullité de la créance que l'hypothèque a pour objet de garantir, et dont elle n'est que l'accessoire, est personnelle mobilière comme la créance mobilière elle-même, et la valeur en est déterminée, au point de vue du premier et du dernier ressort, par le montant en principal de cette créance. — Angers, 15 mai 1879, J.G.S. *Degrés de juridiction*, 160.

5549. Mais si une demande en radiation d'inscription n'était fondée, ni sur l'inexistence de la créance, ni sur celle de la constitution d'hypothèque, ni sur aucune irrégularité de forme, mais uniquement sur ce que l'immeuble frappé par l'inscription était dotal et, en conséquence, n'avait pu être valablement hypothéqué par les époux qui le possédaient, on devrait décider que la cause était susceptible d'appel, alors même que la créance inscrite serait inférieure à 1,500 fr. — Aix, 17 mars 1857, D.P. 58. 2. 14.

5550. Dans ce cas, en effet, le débat portant exclusivement *sur le caractère de dotalité* prétendu pour l'immeuble. — J.G.S. *Degrés de juridiction*, 161.

C. — Actions mixtes (C. proc. civ. nos 951 à 952).

5551. Au point de vue des degrés de juridiction, la jurisprudence semble considérer comme une action mixte l'action en nullité ou en rescision d'une vente d'immeuble; il faut donc appliquer aux actions de cette catégorie la règle de l'art. 1er de la loi du 11 avr. 1838 et apprécier la valeur de l'immeuble uniquement d'après le prix du bail, ou au moyen d'une rente; sinon, l'action resterait indéterminée. — J.G.S. *Degrés de juridiction*, 168. — V. *Code de procédure civile*, n° 958.

§ 4. — Demandes alternatives; Obligations avec clause pénale (C. proc. civ. nos 983 à 1022).

5552. — I. ACTIONS PERSONNELLES OU MOBILIÈRES (C. proc. civ. nos 983 à 1011). — La faculté laissée au défendeur de se libérer par le payement d'une somme inférieure au taux du dernier ressort laisse subsister et ne modifie pas la demande principale tendant à un objet de valeur déterminée; en conséquence, le jugement intervenu sur cette demande est en premier ressort. — Civ. c 10 mars 1884, D.P. 84. 1. 173. — V. *Code de procédure civile*, n° 996.

5553. Spécialement, il peut être relevé appel d'un jugement statuant sur les conclusions tendant à ce que le défendeur soit condamné à exécuter certains travaux, d'une valeur non déterminée, si, mieux il n'aime payer une somme déterminée inférieure à 1,500 fr. — Même arrêt.

5554. De même, la demande en restitution d'une lettre missive d'une valeur indéterminée, et ne peut dès lors être portée devant le juge de paix, même lorsque le demandeur conclut à ce que le défendeur, à défaut de cette restitution, soit condamné à 200 fr. de dommages-intérêts. — Civ. c. 23 mai 1881, D.P. 84. 1. 31.

5555. La demande tendant à obtenir du défendeur l'exécution de certains travaux ou, à défaut, le payement d'une somme d'argent, bien qu'elle soit indéterminée quant à l'importance des travaux à accomplir, rentre dans les limites de la compétence du juge de paix, si la somme d'argent stipulée ne dépasse pas le taux de cette compétence. — Civ. c. 27 mai 1878, D.P. 79. 1. 122.

5556. ... Alors du moins qu'il était constaté que la valeur des travaux à exécuter était susceptible *d'une exacte détermination* et se trouvait, de fait, *déterminée* par le fait, l'option laissée au défendeur de se décharger de l'exécution des travaux moyennant une somme de 150 fr., réduite par les juges du fond à 80 fr. — Même arrêt.

5557. Toutefois lorsque la somme d'argent est demandée, non sous forme de dommages-intérêts, mais sous forme d'acquittement alternatif et facultatif de l'obligation, on peut en conclure que l'intention du deman-

deur a été d'évaluer en argent *la chose elle-même*, et non pas seulement *le tort* qui pourrait résulter pour lui de la privation de cette chose, conséquence de la non-exécution de l'obligation. — J.G.S. *Degrés de juridiction*, 157.

5558. — II. ACTIONS IMMOBILIÈRES (C. proc. civ. nos 1012 à 1022). — La question de savoir si l'on doit appliquer aux demandes immobilières alternatives la règle d'après laquelle on doit prendre seulement en considération, pour décider si la demande peut ou non être soumise successivement à deux degrés de juridiction, les conclusions indéterminées lorsque la demande présente à la fois des chefs déterminés et des chefs indéterminés est controversée. — J.G.S. *Degrés de juridiction*, 167.

5559. Dans un système, on admet que si le demandeur qui revendique un immeuble d'une valeur indéterminée laisse au défendeur la faculté de s'affranchir de l'action en payant une somme moindre de 1,500 fr., le jugement est en dernier ressort. — J.G.S. *Degrés de juridiction*, 167.

5560. Le système contraire qui considère le jugement comme étant en premier ressort paraît devoir être préféré comme plus conforme à la doctrine adoptée par la jurisprudence, lorsque la demande contient à la fois des chefs déterminés et des chefs indéterminés. — J.G.S. *Degrés de juridiction*, 167.

5561. Dans tous les cas, cette controverse est sans objet lorsque le jugement qui accueille la demande que dans l'un de ses termes sans laisser subsister l'option qui y est renfermée. — J.G.S. *Degrés de juridiction*, 167. — V. *Code de procédure civile*, n° 122.

5. — Demandes déterminées contenant des chefs indéterminés (C. proc. civ. nos 1023 à 1061).

5562. La demande étant le principe du ressort, et toute demande devant être évaluée d'après l'ensemble des parties qui la composent, il en résulte, au cas où des chefs déterminés et des chefs indéterminés se trouvent réunis dans la même action, que les chefs indéterminés rendent le litige tout entier susceptible du double degré de juridiction. — J.G.S. *Degrés de juridiction*, 80.

5563. Ainsi un jugement est susceptible d'appel lorsqu'il a été rendu sur une demande d'une valeur indéterminée en ce qu'elle tendait à la fois au payement d'une somme inférieure à 1,500 fr. et à l'établissement d'un passage à niveau sur la propriété du demandeur, demande à laquelle, sur le second chef, le défendeur opposait l'incompétence du tribunal. — Req. 13 mars 1883. D.P. 84. 1. 208.

5564. Il a été décidé, au contraire, que la demande en résiliation d'un marché à livrer d'une valeur indéterminée, lorsqu'elle est accompagnée d'une demande en dommages-intérêts n'excédant pas 1,500 fr., rentre dans la compétence en dernier ressort du tribunal de première instance. — Paris, 7 avr. 1877, D.P. 78. 2. 144.

5565. Cette solution n'est pas conforme à la jurisprudence qui décide généralement que la demande d'une somme n'excédant pas 1,500 fr. est accompagnée de chefs d'une valeur indéterminée non évaluée ni susceptible de l'être, le tribunal de première instance ne peut statuer qu'en premier ressort. — Observ. sur l'arrêt précité, D.P. 78. 2. 144, note 3.

5566. Mais il ne faut pas confondre avec ce cas celui où un chef de demande indéterminé qui se rencontre dans la cause, au lieu d'être contesté en lui-même entre les parties, n'est débattu par celles-ci qu'en raison et comme conséquence du débat existant sur l'autre chef qui est inférieur au taux du dernier ressort. — J.G.S. *Degrés de juridiction*, 81.

5567. Dans cette hypothèse, le chef indéterminé, qui n'a qu'un rôle d'accessoire, ne

rend pas le procès susceptible d'appel, car il n'y a pas deux objets distinctement contestés, la contestation réelle ne portant, à proprement parler, que sur celui des deux qui est de nature à être jugé en dernier ressort. — J.G.S. *Degrés de juridiction*, 81.

5568. Décidé en ce sens que la cause est en dernier ressort, alors même qu'à un premier chef de demande inférieur à 1,500 fr., le demandeur en a ajouté un second d'une valeur indéterminée, si ce second chef ne constitue en réalité qu'un moyen à l'appui par eux saisie-arrêtée, cette dernière demande véritable de l'action. — Civ. r. 9 janv. 1889, D.P. 89. 1. 15.

5569. Spécialement, l'action en validité de saisie-arrêt avec dommages-intérêts, inférieure à 1,500 fr. pour chacun des demandeurs agissant conjointement, n'est pas susceptible d'appel, alors même que les saisissants ont aussi conclu à l'annulation d'un acte portant cession à un tiers de la somme par eux saisie-arrêtée, cette dernière demande n'ayant pour but que de répondre à la prétention du défendeur, de faire état de ladite cession pour paralyser les effets de la saisie-arrêt, dont la validité demeure le véritable objet du procès. — Même arrêt.

5570. Il en est de même quand la demande en validité de saisie-arrêt dont il s'agit, se trouve accompagnée d'une demande en nullité de vente mobilière, du moment où cette seconde demande n'est également, et dans les conditions susindiquées, qu'un simple accessoire de la première. — Même arrêt.

SECT. 4. — EFFETS DES CONVENTIONS DES PARTIES QUANT AU PREMIER ET AU DERNIER RESSORT; PROROGATION DE JURIDICTION (C. proc. civ. nos 1062 à 1136).

§ 1er. — Cas où les parties confèrent à un tribunal de première instance le droit de juger en dernier ressort (C. proc. civ. nos 1062 à 1081).

5571. Les parties peuvent renoncer à la règle des deux degrés de juridiction soit expressément, soit en procédant au fond sans protestation; et la cour d'appel, saisie d'une instance non soumise au premier degré de juridiction, n'est pas tenue de relever d'office cette irrégularité. — Req. 12 août 1874, D.P. 76. 1. 501. — Req. 13 juill. 1875, D.P. 76. 1. 118-119.

5572. La renonciation au droit d'appel, lorsqu'elle a lieu au cours de l'instance, doit être l'œuvre de toutes les parties; le défaut de consentement de l'une d'elles suffirait à rendre l'appel recevable. — J.G.S. *Degrés de juridiction*, 173. — V. *Code de procédure civile*, n° 1073.

5573. La renonciation doit, en outre, être expresse et formellement constatée. — J.G.S. *Degrés de juridiction*, 173.

5574. Devant le juge d'appel, la partie qui conclut au fond et ne se prévaut pas de ce que la demande est nouvelle, peut être réputée renoncer au bénéfice du double degré de juridiction, car ses conclusions indiquent, par le fait même qu'elles ont été formulées sans réserves, la renonciation à se prévaloir de ce que le juge de paix était saisi. — Req. 13 mars 1876, D.P. 76. 1. 342.

5575. En ce qui concerne la prorogation de la juridiction des juges de paix, V. *supra*, art. 7, n° 50 et suiv.

§ 2. — Cas où les parties portent directement une contestation non encore jugée devant un tribunal d'appel (C. proc. civ. nos 1082 à 1117).

5576. L'importante question de savoir si les tribunaux d'appel ne peuvent connaître que des affaires qui ont déjà subi un premier degré de juridiction ou si, au contraire, les parties sont, d'un commun accord, maîtresses de faire franchir à l'instance le premier degré de juridiction et de porter *de plano* leur contestation devant le juge d'appel, est toujours controversée dans la doctrine. — J.G.S. *Degrés de juridiction*, 175.

5577. Un premier système qui considère l'incompétence des juges d'appel pour statuer sur des contestations qui n'ont point été l'objet du premier jugement comme absolue et ne pouvant être couverte par le consentement ou le silence des parties, s'appuie sur ce que le principe des deux degrés de juridiction est d'ordre public et rentre dans les lois de la compétence absolue, qui ont pour objet de déterminer les ordres de juridiction et leurs degrés, et de faire connaître quels sont les tribunaux de droit commun et les tribunaux d'exception. — J.G.S. *Degrés de juridiction*, 175. — V. *Code de procédure civile*, nᵒ 1083.

5578. La jurisprudence paraît avoir définitivement adopté le système qui reconnaît aux parties le droit de franchir du commun accord, exprès ou tacite, le premier degré de juridiction, et de porter *de plano* leur différend devant le tribunal d'appel. — Req. 13 juill. 1875, D.P. 76. 1. 118-119. — Civ. c. 29 avr. 1885, D.P. 85. 1. 375. — V. *Code de procédure civile*, nᵒ 1089.

5579. Dans ce système, les parties peuvent valablement renoncer à la règle qu'aucune demande nouvelle ne doit être formée en cause d'appel ; cette règle n'est pas d'ordre public et les juges ne sont pas tenus de l'appliquer d'office. — Req. 11 mars 1876, D.P. 76. 1. 342.

5580. S'il est loisible aux parties de déférer, d'un commun accord, au juge du second degré saisi d'un procès par voie d'appel, des questions non débattues en première instance, leur droit ne va pas jusqu'à supprimer absolument le premier degré de juridiction, en saisissant, directement et *de plano*, d'un litige, le juge qui, d'après la loi, ne devait en connaître qu'à la suite d'un appel. — Civ. c. 12 mars 1889, D.P. 89. 1. 177.

5581. Il y a, en ce cas, incompétence absolue, de la part du juge du second degré saisi directement ; et il est dans l'obligation, en vertu de l'art. 170 C. proc. civ., de renvoyer d'office les parties à se pourvoir devant la juridiction compétente. — Même arrêt. — V. *suprà*, art. 170, nᵒˢ 3088 et s.

5582. Spécialement, si une demande en dommages-intérêts pour diffamation et injures verbales, au lieu d'être portée chez le juge de paix, compétent pour y statuer au premier degré, est déférée directement au tribunal civil, que la loi n'appelait à en connaître qu'au second degré, l'assentiment tacite donné à cette procédure par le défendeur qui, sans décliner la compétence, se borne à se défendre au fond, ne dispense pas le tribunal civil de l'obligation de proclamer d'office son incompétence. — Même arrêt.

5583. En conséquence, ledit tribunal ne peut valablement déclarer que, vu la renonciation tacite des parties au premier degré de juridiction, il statue sur la cause tout à la fois en premier et en dernier ressort. — Même arrêt. — V. en sens contraire Dissertation sous arrêt, D.P. 89. 1. 177, note. — Req. 25 avr. 1881, D.P. 82. 1. 153-156.

5584. Quand le tribunal a cependant ainsi procédé, la cour saisie par voie d'appel du jugement doit l'annuler pour excès de pouvoir ; d'où il suit que, si elle déclare au contraire l'appel irrecevable et renvoie l'appelant à se pourvoir comme il avisera, son arrêt tombe sous la censure de la cour de cassation. — Même arrêt.

5585. Lorsque la cour de cassation casse l'arrêt qui a déclaré ledit appel irrecevable, elle doit, comme conséquence, rejeter par fin de non-recevoir le pourvoi subsidiaire dirigé contre le jugement dont était appel,

ce jugement étant par là même reconnu n'avoir été rendu qu'en premier ressort. — Même arrêt.

5586. La disposition de l'art. 7 C. proc civ., qui exige un écrit pour la preuve de la prorogation, par les parties, de la juridiction du juge de paix, n'est pas applicable à la prorogation de la juridiction du tribunal civil ; et la preuve de cette dernière prorogation peut s'induire de ce que les parties ont procédé *de plano*, et conclu au fond, devant le tribunal civil, sur une demande qui n'avait pas été d'abord soumise au juge de paix compétent pour en connaître au premier degré. — Dissertation sous Civ. c. 12 mars 1889, D.P. 89. 1. 177, note. — V. *suprà*, art. 7, nᵒˢ 59 et s.

5587. En l'état des conclusions et de cette procédure, les parties doivent être présumées avoir renoncé au premier degré de juridiction et saisi le tribunal, d'un commun accord, comme juge d'appel, et non comme juge du premier degré, en vertu d'une prétendue plénitude de juridiction. — Même dissertation.

5588. Si, d'après les circonstances de la cause et les explications des parties, le tribunal estime que c'est en qualité de juge du premier degré qu'il a été saisi par les deux parties, au lieu et place du juge de paix, il doit se déclarer d'office incompétent. — Même dissertation.

5589. La partie qui a pris en appel des conclusions tendant à faire admettre une demande sur laquelle le premier juge a omis de statuer, est censée avoir renoncé au premier degré de juridiction. — Req. 12 août 1874, D.P. 76. 1. 501. — V. *Code de procédure civile*, nᵒ 1094.

5590. Lorsque les premiers juges, saisis d'une demande en dation d'un conseil judiciaire, ont refusé d'ordonner l'interrogatoire prescrit par la loi, et que la *cour d'appel*, par un arrêt infirmatif, a décidé qu'il y serait procédé devant elle, le défendeur qui a été interrogé et a pris ensuite des conclusions sur le fond, sans faire aucunes protestations ni réserves, ne peut se faire un grief soit de ce qu'il a été privé du premier degré de juridiction, soit de ce que la formalité de l'interrogatoire, omise par le tribunal, a été remplie qu'en cause d'appel. — Civ. c. 29 avr. 1885, D.P. 85. 1. 375. — V. *Code de procédure civile*, nᵒ 1098.

5591. Le tribunal qui, au lieu de statuer sur les reproches dirigés contre un témoin, en matière sommaire, avant de recevoir la déposition de celui-ci, déclare les réserver pour y être statué en même temps que sur le fond, établit ainsi suffisamment qu'il a été saisi, et la cour, en appel, peut admettre les reproches sans violer le principe du double degré de juridiction. — Req. 5 nov. 1878, J.G.S. *Degrés de juridiction*, 177.

5592. Lorsqu'un tribunal civil est saisi de l'appel d'une sentence de juge de paix incompétemment rendue et qu'il annule cette sentence, il peut néanmoins statuer sur le litige comme juge du premier degré si, à l'audience, les parties sont tombées d'accord pour considérer comme non avenu tout ce qui s'était fait incompétemment en justice de paix, et pour saisir directement de leur litige, par voie de conclusions, le tribunal civil, avec le consentement de celui-ci. — Req. 23 avr. 1881, D.P. 82. 1. 453-456.

5593. Le tribunal civil qui a accepté cette convention et consenti à être aussitôt saisi du litige par l'échange de conclusions immédiates, sans autres formalités préalables, connaît en premier ressort seulement de la cause ainsi reprise et renouvelée devant lui, et sans qu'aucune atteinte soit portée à la règle qui limite à deux les degrés de juridiction. — J.G.S. *Degrés de juridiction*, 178.

5594. Bien qu'en principe les tribunaux de première instance, quand ils statuent sur l'appel d'une sentence de justice de paix,

ne puissent connaître que de la contestation même qui a été soumise au magistrat du premier degré, ces tribunaux peuvent, néanmoins, au cas où le litige soulève une question de propriété, en être saisis à la suite de l'acte d'appel et sans assignation, par l'accord des parties, pourvu que cet accord soit certain. — Civ. c. 20 juill. 1886, D.P. 87. 1. 381.

5595. Dans une contestation relative à un élagage d'arbres, et où le défendeur, quoiqu'ayant excipé d'un droit de propriété sur le terrain recouvert par les branches, a vainement requis le juge de paix de se déclarer incompétent, ledit défendeur appelant manifeste clairement son intention de saisir, directement et sans assignation, le tribunal civil de la question de propriété, alors que, par ses conclusions d'appel, tout en demandant l'annulation de la sentence qui a ordonné l'élagage, comme incompétemment rendue, il prend soin de déclarer qu'il porte devant le tribunal sa demande en délimitation de son fonds et de celui du demandeur, selon leurs titres respectifs à appliquer sur les lieux. — Civ. c. 20 juill. 1886, D.P. 87. 1. 381.

5596. Le demandeur, d'autre part, manifeste sa propre intention d'être jugé par le tribunal, abstraction faite des formalités introductives d'instance, sur la question ainsi posée par son adversaire, alors que, nonobstant ses premières conclusions par lesquelles il a demandé la confirmation de la sentence du juge de paix, il consent ensuite, sur un jugement du tribunal ordonnant une expertise pour la délimitation et l'application des titres, à prendre part au choix de l'expert, et continue à participer à la procédure, en concourant à une enquête relative à la prescription prétendue du terrain, et en prenant des conclusions sur la question même de propriété. — Même arrêt.

5597. Dans ces conditions, le tribunal de première instance, qui constate qu'on l'a saisi tout à la fois, comme juge d'appel de la contestation relative à l'élagage, et comme juge du premier degré de la question de propriété soulevée aux débats, peut valablement, en même temps qu'il annule la sentence du juge de paix sur l'élagage, comme incompétemment rendue, statuer sur la question de propriété qui lui est directement soumise par l'accord des parties ; et, de ce dernier chef, sa décision est susceptible d'appel devant la cour, dans les termes du droit commun. — Même arrêt.

5598. Peuvent être portées *de plano* devant les juges d'appel sans avoir subi le premier degré de juridiction : ... les interventions. — V. *infrà*, art. 464.

5599. ... Les tierces-oppositions. — V. *infrà*, art. 475.

5600. ... Les moyens nouveaux ou défenses à l'action principale. — V. *infrà*, art. 464.

5601. ... Les demandes des officiers ministériels pour frais faits devant la cour d'appel. — V. *suprà*, art. 60, nᵒˢ 1404 et s.

§ 3. — *Cas où les parties défèrent à un tribunal d'appel une contestation jugée en dernier ressort (C. proc. civ. nᵒˢ 1118 à 1136).*

5602. Une cour ne peut être saisie de l'appel d'un jugement en dernier ressort, bien que les parties y consentent ; elle serait incompétente d'une manière absolue pour se prononcer sur cet appel, car les règles de compétence, quant au premier et au dernier ressort, sont d'ordre public. — J.G.S. *Compét. civ. des trib., d'arr. et des cours d'appel*, 155. — V. *Code de procédure civile*, nᵒ 1118.

5603. La fin de non-recevoir contre un appel, tirée de ce que le jugement est en dernier ressort, peut donc être proposée en tout état de cause, et ne serait pas couverte par la défense au fond. — J.G.S. Compét. civ. des trib. d'avr. et des cours d'appel, 155. — V. Code de procédure civile, nᵒ 1126.

5604. La nou-recevabilité de l'appel formé contre un jugement en dernier ressort peut être proposée en tout état de cause et doit être suppléée d'office par le juge. — Civ. c. 25 mars 1879, D.P. 79. 1. 270. — Rennes, 13 juin 1882, D.P. 84. 1. 173. — Riom, 23 avr. 1884, D.P. 85. 2. 51. — V. Code de procédure civile, nᵒ 1131.

5605. Mais une cour d'appel n'excède pas ses pouvoirs, si elle se borne à statuer sur la question de compétence dont elle est saisie et ne statue pas sur la question du fond jugée en dernier ressort. — Req. 24 déc. 1879, J.G.S. Compét. civ. des trib. d'avr. et des cours d'appel, 155.

Art. 2. Lorsqu'une demande reconventionnelle ou en compensation aura été formée dans les limites de la compétence des tribunaux civils de première instance en dernier ressort, il sera statué sur le tout sans qu'il y ait lieu à appel. Si l'une des demandes s'élève au-dessus des limites ci-dessus indiquées, le tribunal ne prononcera sur toutes les demandes qu'en premier ressort. Néanmoins il sera statué en dernier ressort sur les demandes en dommages-intérêts lorsqu'elles seront fondées exclusivement sur la demande principale elle-même.

DIVISION.

§ 1. — Demandes reconventionnelles distinctes et indépendantes de la demande principale (nᵒ 5606).

§ 2. — Demandes reconventionnelles en dommages-intérêts (nᵒ 5620).

§ 3. — Demandes en dommages-intérêts formées par le demandeur (nᵒ 5643).

§ 4. — Compensation opposée reconventionnellement (nᵒ 5650).

§ 1ᵉʳ. — Demandes reconventionnelles distinctes et indépendantes de la demande principale (C. proc. civ.).

5606. Si le défendeur, en soulevant des questions ou en invoquant des titres, dont la valeur dépasse la demande et le taux du dernier ressort, n'y cherche que des moyens pour faire écarter l'action, et n'appelle le juge à y puiser que des motifs pour sa décision, qu'un simple accessoire de l'instance telle qu'elle a été introduite par le demandeur, et, poursuite la cause en son ensemble reste ce qu'elle était, c'est-à-dire un litige susceptible d'un seul degré de juridiction. — J.G.S. Degrés de juridiction, 117.

5607. Si, au contraire, le juge se trouve convié par le défendeur, non seulement à puiser des raisons de décider dans les éléments qui sont venus élargir le débat, mais à statuer par voie décisoire sur les questions plus amples qui ont fait l'objet, il y a, au sens de la loi, demande reconventionnelle et, par conséquent, transformation du procès originaire en un litige dont l'intérêt plus élevé et l'objectif plus étendu entraînent le droit d'appel. — J.G.S. Degrés de juridiction, 117.

5608. Les conclusions prises accessoirement à une demande reconventionnelle en payement des journées de location d'une chose mobilière (un cheval, dans l'espèce), et tendant à faire condamner le demandeur principal au même prix pour le temps qui s'écoulera depuis le jugement jusqu'au jour où la chose louée sera restituée au concluant, constituent non un simple accessoire du litige, mais un objet direct

et spécial de la demande reconventionnelle. — Civ. c. 24 févr. 1879, D.P. 79. 1. 102-103.

5609. Et cet objet étant indéterminé, à raison de l'incertitude existant sur l'époque où la restitution réclamée aura lieu, la cause, dans son ensemble, est susceptible d'appel. — Même arrêt.

5610. De même, lorsque des assureurs maritimes, actionnés en payement du montant de l'assurance, inférieure pour chacun d'eux à 1,500 fr., opposent à cette action une demande indéterminée en remboursement des frais de sauvetage, magasinage, etc., cette demande qui n'a pas seulement pour objet de contraindre la réclamation principale, mais qui éventuellement tend à obtenir une condamnation, a le caractère reconventionnel, rend la cause dans son ensemble susceptible d'appel. — Rouen, 22 mars 1881, D.P. 82. 2. 209.

5611. Si le débiteur, en réponse à un commandement, assigne le créancier à la fois en discontinuation de poursuites, en validité d'offres et en mainlevée des inscriptions quelconques grevant l'immeuble vendu, cette demande reconventionnelle étant d'un chiffre indéterminé, rend le jugement susceptible d'appel, même sur le chef de la demande principale. — Douai, 2 févr. 1888, D.P. 89. 2. 174.

5612. La compétence étant déterminée par l'objet de la demande, le juge ne peut, pour la détermination du ressort, refuser de faire état d'une demande reconventionnelle sous le prétexte qu'elle ne paraît pas sérieuse et n'aurait été formée qu'en vue de rendre l'appel possible. — Civ. c. 30 avr. 1889, D.P. 89. 1. 462.

5613. Mais, pour qu'une demande formée par le défendeur soit recevable comme constituant réellement une reconvention, il est indispensable que, se rattachant à l'action principale par un lien précis, elle ait une influence sur le sort de cette action et puisse avoir pour résultat de la restreindre ou de l'anéantir, sans préjudice de la condamnation plus ample qui doit en ressortir contre le demandeur. — J.G.S. Degrés de juridiction, 121.

5614. Décidé en ce sens : 1ᵒ qu'une demande reconventionnelle n'est recevable que si elle est une réponse à la demande principale. — Rennes, 21 juill. 1880, D.P. 83. 1. 336.

5615. ... 2ᵒ Qu'une demande reconventionnelle excédant le taux du dernier ressort, ne rend susceptible d'appel le jugement rendu sur la demande principale, que lorsqu'elle est restée liée avec celle-ci et n'a pas fait, après disjonction, l'objet de décisions séparées. — Nancy, 1ᵉʳ avr. 1876, D.P. 78. 2. 171.

5616. Ainsi, une demande incidente formée par le défendeur ne présente pas le caractère d'une demande reconventionnelle, et n'est point par suite recevable, lorsque, d'une part, elle se base sur des faits qui se seraient produits à une époque éloignée de ceux qui motivaient l'action principale, et d'autre part, qu'il n'existe aucune connexité entre les deux demandes, la seconde ne constituant pas une défense à la première. — Req. 3 mars 1879, D.P. 81. 1. 212.

5617. À l'inverse, une demande peut être formée par de simples conclusions, comme étant incidente et reconventionnelle, quand elle tend à la nullité d'une liquidation de reprises et d'une cession qui en a été la suite, et sert, par conséquent, de défense à l'action principale en nullité de la saisie pratiquée sur les immeubles cédés. — Civ. c. 9 févr. 1882, D.P. 83. 1. 286.

5618. Le jugement qui statue sur une demande d'une somme inférieure au taux de l'appel, pour prix de marchandises vendues, ainsi que sur des conclusions reconventionnelles opposées à la demande par le défendeur et tendant à la résiliation du marché intervenu entre les parties, est en

dernier ressort. — Req. 14 févr. 1881, D.P. 81. 1. 440.

5619. Lorsque le défendeur a formé une demande reconventionnelle et qu'il lui est donné acte qu'il n'a jamais contesté la demande principale, celle-ci n'a pas à proprement parler un caractère contentieux et le procès ne porte en réalité que sur la demande reconventionnelle; en conséquence, il n'y a pas lieu à appel du chef de cette demande si elle ne dépasse pas 1,500 fr., bien que la demande principale soit supérieure à ce chiffre. — Poitiers, 24 févr. 1890, D.P. 90. 2. 319.

§ 2. — Demandes reconventionnelles en dommages-intérêts.

5620. Si la demande en dommages-intérêts formée par le défendeur est fondée sur la demande principale elle-même, c'est-à-dire a uniquement pour objet la réparation du préjudice matériel ou moral inféré par l'action du demandeur, il est statué en dernier ressort, sans tenir aucun compte pour la détermination du ressort. — J.G.S. Degrés de juridiction, 122. — V. Code de procédure civile, nᵒ 49.

5621. Si, au contraire, la réclamation en dommages-intérêts se fonde sur une cause autre que le tort fait au défendeur par l'introduction de la demande principale, cette réclamation est susceptible, comme toute prétention reconventionnelle, d'exercer de l'influence sur le degré de juridiction. — J.G.S. Degrés de juridiction, 122.

5622. — I. Demande de dommages-intérêts fondée sur un fait antérieur à la demande principale (C. proc. civ. nᵒˢ 50 à 60). — Le tribunal saisi à la fois d'une demande principale inférieure au taux de l'appel et d'une demande reconventionnelle excédant le même taux, ne statue qu'en premier ressort, alors que cette dernière réclamation n'est pas fondée exclusivement sur l'action principale, mais a pour cause un ensemble de faits vexatoires, antérieurs pour la plupart à l'instance actuelle. — Civ. r. 6 juin 1882, D.P. 83. 1. 333. — V. Code de procédure civile, nᵒ 50.

5623. Le montant d'une demande reconventionnelle en dommages-intérêts, tel qu'il est établi par les dernières conclusions de la partie qui l'a formée, doit servir pour déterminer si le jugement intervenu est susceptible d'appel, lorsque le préjudice subi est quel celle est fondée a pour cause un fait antérieur à la demande principale est distinct de cette demande, et, spécialement, lorsque ce préjudice a été causé par l'inexécution ou la mauvaise exécution du marché dont la réalisation est poursuivie par la demande principale. — Civ. c. 10 févr. 1886, D.P. 86. 1. 366.

5624. On objecterait vainement que le chiffre de la demande reconventionnelle devait être réduit aux limites du dernier ressort dans lesquelles la demande principale était renfermée, le dommage résultant de l'inexécution ou de la mauvaise exécution d'un marché n'étant point nécessairement correspondant au prix de vente stipulé et pouvant en différer notablement. — Même arrêt.

5625. Lorsque la demande reconventionnelle du défendeur a pour objet non seulement la réparation du préjudice résultant du procès, mais aussi celle du dommage produit par certaines menées frauduleuses à l'instance, cette demande rend l'affaire susceptible d'appel, si elle dépasse 1,500 fr., une telle demande n'étant pas exclusivement fondée sur la demande principale. — Civ. c. 4 janv. 1887, D.P. 87. 1. 227.

5626. Mais la demande reconventionnelle en dommages-intérêts, opposée à l'action en payement d'un billet à ordre et fondée sur ce que le demandeur en a été saisi frauduleusement ledit billet à son ordre, alors qu'il était annulé par le payement, et en le garnissant d'une échéance fictive, aurait porté atteinte au crédit du défendeur, ne constitue qu'un moyen de défense à la demande principale, les agissements ainsi imputés au demandeur n'étant que des actes préparatoires à l'exercice de son action et se confondant nécessairement avec elle. — Toulouse, 19 janv. 1878, D.P. 78..2. 48.

5627. Par suite, cette demande ne saurait être prise en considération pour la fixation du premier ou du dernier ressort. — Même arrêt.

5628. Dans le cas d'une demande principale inférieure à 1,500 fr. pour réparation du dommage résultant de la mort d'une jument, imputée au propriétaire qui aurait mal dirigé son étalon reproducteur, la demande reconventionnelle du défendeur en dommages-intérêts supérieurs à 1,500 fr., basée sur le préjudice à lui causé par le fait du propriétaire de la jument d'avoir propagé relativement à son étalon des allégations erronées, n'est pas fondée exclusivement sur la demande principale. — Civ. c. 25 avr. 1876, D.P. 76. 1. 327.

5629. Par suite, doit être cassé l'arrêt qui décide que cette demande reconventionnelle a été jugée en dernier ressort par le tribunal de première instance. — Même arrêt.

5630. De même, ne saurait être envisagée comme fondée exclusivement sur la demande principale, et doit être, par suite, prise en considération pour la fixation du taux du ressort, une demande reconventionnelle en dommages-intérêts, présentant d'ailleurs un caractère sérieux, motivée non seulement sur ce que l'action principale serait injustifiée, mais sur des allégations de toute sorte imputées au demandeur et tendant à discréditer le défendeur et sur la notoriété donnée à ces allégations. — Orléans, 29 nov. 1886, D.P. 88. 5. 452.

5631. De même encore, une demande reconventionnelle en dommages-intérêts ne doit pas être considérée comme basée exclusivement sur la demande principale, quand elle a spécialement pour objet la réparation d'un dommage résultant d'agissements auxquels le demandeur se serait livré en dehors du procès. — Civ. c. 30 avr. 1889, D.P. 89. 1. 462.

5632. On doit également considérer comme rendu en premier ressort le jugement qui statue sur une demande principale inférieure à 1,500 fr., en même temps que sur une demande reconventionnelle supérieure à ce chiffre et motivée sur le dommage causé au défendeur par les propos malveillants tenus par le demandeur en dehors de l'instruction de l'affaire. — Caen, 17 déc. 1875, D.P. 76. 2. 190-191.

5633. Le jugement qui a statué à la fois sur une demande principale inférieure au taux du dernier ressort, et sur une demande reconventionnelle excédant le même taux, est susceptible d'appel, alors que cette dernière réclamation n'était pas fondée exclusivement sur la demande principale, laquelle tendait au payement de billets souscrits par le défendeur, mais avait pour cause le préjudice que celui-ci avait causé au demandeur par des opérations de change accomplies dans l'exercice de son commerce. — Civ. r. 26 nov. 1884, D.P. 85. 1. 88.

5634. La règle suivant laquelle la demande en dommages-intérêts suit le sort de l'action principale, alors qu'elle est exclusivement basée sur celle-ci, s'applique qu'aux demandes formées reconventionnellement à l'encontre du demandeur. — J.G.S. *Degrés de juridiction*, 136.

5635. Ainsi, lorsque sur l'action en payement d'une somme inférieure à 1,500 fr. intentée contre deux défendeurs, l'un d'eux a formé contre l'autre une demande reconventionnelle en dommages-intérêts dont le chiffre excède le taux du dernier ressort, le jugement qui rejette cette demande est sus-

ceptible d'appel, même en ce qui concerne l'action principale, s'il existe entre les deux demandes principale et reconventionnelle un lien de dépendance et de subordination. — Dijon, 16 juill. 1877, D.P. 79. 2. 19-20.

5636. — II. DEMANDE DE DOMMAGES-INTÉRÊTS FONDÉE SUR LA DEMANDE PRINCIPALE (C. proc. civ. n°s 61 à 88) — Une demande en dommages-intérêts à laquelle aucune cause n'est assignée doit être considérée comme fondée sur la demande principale; et, lorsque la demande principale tend au payement d'une somme inférieure à 1,500 fr., il est statué en dernier ressort sur cette demande et la demande reconventionnelle. — Civ. r. 6 déc. 1881, D.P. 82. 5. 452.

5637. — III. DEMANDE DE DOMMAGES-INTÉRÊTS A RAISON D'UNE SAISIE (C. proc. civ. n°s 89 à 110). — La demande en payement d'une somme déterminée et la demande en validité d'une saisie-arrêt faite pour assurer ce payement, ne forment, en réalité, qu'une seule et même demande, et la demande reconventionnelle en dommages-intérêts, motivée sur le prétendu préjudice causé par cette saisie-arrêt, doit être considérée comme exclusivement fondée sur la demande principale. — Civ. c. 6 juin 1883, D.P. 83. 1. 451. — V. *Code de procédure civile*, n° 98.

5638. En conséquence, le jugement qui statue sur ces diverses demandes est en dernier ressort, lorsque la somme dont le payement est réclamé est inférieure à 1,500 fr., alors même que la demande reconventionnelle est indéterminée quant à son chiffre. — Même arrêt.

5639. Le créancier qui poursuit contre un débiteur le payement de sa créance, soit en demandant au tribunal le jugement de condamnation, soit en agissant par voie d'exécution parée, est toujours demandeur principal dans l'instance engagée à l'occasion de ces poursuites, lors même que le tribunal se trouve saisi par l'opposition du débiteur au commandement qui lui a été notifié. — Pau, 25 oct. 1887, D.P. 87. 2. 104. — Comp. Bordeaux, 22 mars 1887, D.P. 90. 1. 83.

5640. En conséquence, lorsque le débiteur forme une action en dommages-intérêts en même temps que son opposition, cette demande est reconventionnelle et, comme telle, en dernier ressort, si la demande principale est inférieure à 1,500 fr., et si la demande reconventionnelle est fondée sur le préjudice résultant du procès. — Arrêt préc. 25 oct. 1887.

5641. Il en résulte, d'une part, que les dommages-intérêts que réclame le créancier doivent être ajoutés au montant de la créance pour la fixation du chiffre de la demande, et, par suite, pour la détermination du ressort. — Arrêt préc. 22 mars 1887.

5642. Et, d'autre part, que les dommages-intérêts réclamés par le débiteur pour le préjudice causé par le commandement doivent être considérés comme fondés exclusivement sur la demande principale, et ne peut, dès lors, être pris en considération pour le calcul du taux du dernier ressort. — Civ. c. 16 avr. 1877, D.P. 77. 1. 268.

5644. Il en est de même de la demande en dommages-intérêts intentée par le débiteur qui, avant d'avoir reçu dénonciation d'une saisie-arrêt formée à son préjudice par son créancier, entre les mains d'un tiers, poursuivait la nullité de cette saisie. — Req. 9 janv. 1882, D.P. 82. 1. 59.

§ 3. — *Demandes en dommages-intérêts formées par le demandeur* (C. proc. civ. n°s 111 à 136).

5645. — I. DEMANDE DE DOMMAGES-INTÉRÊTS FONDÉE SUR LA DEMANDE PRINCIPALE OU SUR UN FAIT ANTÉRIEUR (C. proc. civ. n°s 111 à 136). — La disposition de l'art. 2 de la loi du 11 avr. 1838. aux termes de laquelle les demandes en dommages-intérêts exclusivement fondées sur la demande principale doivent, quelle que soit leur importance, être jugées en dernier ressort, n'est applicable qu'aux demandes formées reconventionnellement par le défendeur. — Caen, 10 mars 1877, D.P. 79. 2. 216. — Civ. c. 7 juill. 1880. D.P. 80. 1. 374. — V. *Code de procédure civile*, n° 115.

5646. Par suite, cette disposition exceptionnelle ne saurait être étendue aux demandes qui ont pour objet des dommages-intérêts réclamés par le demandeur, en cours d'instance, pour réparation du préjudice qu'il prétend lui avoir été causé par les moyens de défense opposés à son action. — Même arrêt.

5647. Ainsi le jugement rendu sur une demande en payement de 683 fr. est en premier ressort, lorsqu'au cours du litige le demandeur a conclu, en outre, au payement de 1,550 fr. pour dommages-intérêts fondés tant sur les moyens de défense du défendeur que sur les torts et griefs résultant du procès. — Besançon, 24 mai 1874, D.P. 75. 5. 137.

5648. — II. DEMANDE DE DOMMAGES-INTÉRÊTS FONDÉE SUR UNE CAUSE POSTÉRIEURE A LA DEMANDE PRINCIPALE (C. proc. civ. n°s 137 à 145). — Les dommages-intérêts réclamés par le demandeur, alors même qu'ils ont une cause postérieure à la demande originaire, entrent en ligne de compte pour la fixation du taux du degré de juridiction. — Civ. c. 7 juill. 1890, D.P. 90. 1. 362. — V. *Code de procédure civile*, n°s 446 et s.

5649. Spécialement, la cause est susceptible d'appel quand le demandeur a ajouté à sa demande primitive, inférieure à 1,500 fr. la réclamation de dommages-intérêts qui donnent au procès une valeur supérieure à ce chiffre, en se fondant sur le préjudice que lui causait le mode de défense employé par son adversaire. — Même arrêt.

§ 4. — *Compensation opposée reconventionnellement* (C. proc. civ. n°s 451 à 163).

5650. Le taux du premier ou du dernier ressort se détermine par le chiffre de la demande, et, si une demande en compensation est formée dans les limites de la compétence du tribunal en dernier ressort, il est statué sur le tout, sans qu'il y ait lieu à appel. — Civ. r. 8 août 1881, D.P. 89. 1. 283.

Code de procédure civile (*suite*).

Art. 454. Lorsqu'il s'agira d'incompétence. L'appel sera recevable encore que le jugement ait été qualifié en dernier ressort.

5651. Les jugements, même en dernier ressort, sont susceptibles d'appel pour incompétence. — Nancy, 22 mars 1876, D.P. 77. 2. 172-173. — Req. 19 févr. 1878, D.P. 78. 1. 304.

5652. Par suite, lorsqu'une partie prétend le jugement d'un juge de paix est entaché d'incompétence, elle est non recevable à se pourvoir en cassation de ce chef, même si le jugement sur le fond a été rendu en dernier ressort, ce même jugement étant susceptible d'appel en tant qu'il s'agit de la compétence. — Civ. r. 13 déc. 1887, D.P. 88. 1. 229.

5653. Le jugement rendu par un tribunal de commerce ne peut non plus être attaqué, pour cause d'incompétence *ratione materiæ*, par la voie du recours en cassation, alors même que la demande n'excédait pas le taux du dernier ressort, et que le déclinatoire n'a pas été élevé devant le juge du fond. — **Arrêt préc.** 19 févr. 1878.

5654. Mais il est toujours permis d'interjeter appel d'une ordonnance de référé pour cause d'incompétence ou d'excès de pouvoir, quelle que soit la valeur du litige. — Poitiers, 4 août 1887, D.P. 88. 2. 239.

Art. 455. Les appels des jugements susceptibles d'opposition ne seront point recevables pendant la durée du délai pour l'opposition.

5655. — I. Appel des jugements par défaut contre le défendeur (C. proc. civ. n°s 1 à 24). — L'appel d'un jugement par défaut est non recevable, aux termes de l'art. 455 C. proc. civ., pendant la durée du délai accordé pour faire opposition; et cette fin de non-recevoir, étant d'ordre public, peut être relevée d'office. — Riom, 22 juin 1883, D.P. 84. 2. 27. — V. *Code de procédure civile*, n° 5.

5656. L'appel du jugement par lequel un juge de paix s'est déclaré compétent ne peut, si la décision du fond est par défaut, être interjeté qu'après l'expiration du délai de l'opposition. — Req. 22 juill. 1875, D.P. 78. 1. 71.

5657. L'art. 14 de la loi du 25 mai 1838 (V. *supra*, n°s 284 et s.) doit être combiné avec l'art. 455 C. proc. civ., dont la disposition est commune aux jugements par défaut des tribunaux de première instance et des justices de paix. — D.P. 78. 1. 71, note 2.

5658. La règle d'après laquelle les appels des jugements susceptibles d'opposition ne sont pas recevables pendant la durée du délai de l'opposition n'est applicable non-seulement à l'appel de la partie défaillante, mais encore à celui de la partie qui a obtenu le jugement. — Poitiers, 16 nov. 1880, D.P. 82. 2. 6.

5659. L'appel du jugement définitif par défaut frappé d'opposition est recevable, bien que le tribunal n'ait pas encore statué sur cette opposition, s'il y a en même temps appel d'un jugement interlocutoire. — Chambéry, 7 déc. 1874, D.P. 78. 5. 36.

5660. Il en est ainsi surtout lorsque l'opposition est irrégulière, en ce qu'elle a été formée, contrairement aux prescriptions de l'art. 160 C. proc. civ., par acte extrajudiciaire, bien qu'il s'agisse d'un jugement par défaut contre avoué, et que les délais pour la réitérer soient expirés, l'opposition, dans ces circonstances, devant être considérée comme inexistante. — Même arrêt.

5661. — II. Appel des jugements déboutant le défendeur de l'opposition (C. proc. civ. n°s 25 à 37). — Une distinction doit être établie entre le cas où le jugement contradictoire qui déboute de l'opposition se borne à confirmer le jugement par défaut sur le fond en déclarant l'opposition non recevable comme tardive ou irrégulière, et le cas où ce jugement contradictoire, statuant sur le fond même du litige, écarte l'opposition comme mal fondée. Dans le premier cas, l'appel ne peut être formé contre le jugement par défaut. — Bruxelles, 12 août 1878, J.G.S. *Appel civil*, 29.

5662. Jugé, dans le second cas, que l'appel interjeté contre un jugement par défaut est inopérant, s'il n'y a eu également appel contre le jugement postérieur, qui, statuant sur opposition, a déclaré que le premier jugement sortirait ses effets. — Bruxelles, 9 févr. 1857, J.G.S. *Appel civil*, 29.

5663. Cette solution devrait, à plus forte raison, être appliquée lorsque l'opposition a été formée contre un jugement mal à propos qualifié de jugement par défaut, et que le second jugement s'est précisément fondé pour rejeter cette opposition sur le caractère contradictoire de la première décision. Dans ce cas, il suffit, pour saisir valablement du litige le juge du second degré, d'appeler du premier jugement, le seul qui, en fait comme en droit, ait eu à statuer sur les prétentions réciproques des parties. — Req. 25 avr. 1881, D.P. 82. 1. 155.

5664. — III. Appel des jugements de défaut-congé (C. proc. civ. n°s 38 à 46). — Le demandeur qui a laissé rendre contre lui un jugement de défaut-congé est, dans tous les cas, recevable à interjeter appel de ce jugement lorsqu'il le fait après le délai de l'opposition. — Civ. r. 21 mai 1879, D.P. 80. 1. 57. — V. *Code de procédure civile*, n° 40.

5665. Qu'il s'agisse d'un défaut-congé ou d'un jugement de défaut prononcé contre le défendeur, l'appel ne peut, à peine de nullité, être interjeté avant l'expiration des délais d'opposition; car, tant que l'opposition est recevable, le premier degré de juridiction n'est pas épuisé et, dès lors, le tribunal du second degré est incompétent *ratione materiæ* pour connaître de l'affaire. — J.G.S. *Appel civil*, 26. — V. *Code de procédure civile*, n° 45.

5666. Sur l'appel des jugements par défaut rendus par les tribunaux de commerce, V. *Code de commerce annoté*, art. 645, et son *Supplément*, même article.

Art. 456. L'acte d'appel contiendra assignation dans les délais de la loi, et sera signifié à personne ou domicile, à peine de nullité.

DIVISION.

Sect. 1. — Formes de l'acte d'appel (n° 5667).

Sect. 2. — Énonciations de l'acte d'appel (n° 5673).

§ 1. — *Date de l'acte d'appel* (n° 5675).

§ 2. — *Mentions relatives à l'appelant* (n° 5679).

§ 3. — *Mentions relatives à l'huissier* (n° 5687).

§ 4. — *Mentions relatives à l'intimé* (n° 5689).

§ 5. — *Constitution d'avoué et élection de domicile* (n° 5693).

§ 6. — *Indication de la décision attaquée* (n° 5704).

§ 7. — *Exposé des moyens* (n° 5713).

§ 8. — *Indication du tribunal d'appel et du délai pour comparaître* (n° 5718).

Sect. 3. — Signification de l'acte d'appel (n° 5724).

§ 1. — *Signification à personne ou domicile* (n° 5724).

§ 2. — *Signification au domicile élu* (n° 5733).

§ 3. — *Nombre de copies* (n° 5742).

§ 4. — *Remise de la copie* (n° 5748).

§ 5. — *Mention de la remise de copie ou « parlant à »* (n° 5759).

Sect. 1re. — Formes de l'acte d'appel (C. proc. civ. n°s 1 à 40).

5667. I. Nécessité d'un acte exprès pour l'introduction de l'appel (C. proc. civ. n°s 1 à 19). — On peut appeler par un même acte de deux jugements rendus entre les mêmes parties dans deux instances différentes... sauf à la cour à prononcer la disjonction des instances, s'il n'y a pas connexité entre les affaires jugées par les deux jugements frappés d'appel. — V. *Code de procédure civile*, n° 43. — Liège, 16 nov. 1878, J.G.S. *Appel civil*, 149.

5668. — II. Formes de l'acte d'appel (C. proc. civ. n°s 20 à 32). — La règle d'après laquelle l'acte d'appel doit en principe être un exploit d'huissier reçoit exception dans le cas où il n'existe pas de contradiction, et où, par suite, la forme de la signification à personne ou à domicile n'est pas praticable. — J.G.S. *Appel civil*, 134. — V. *Code de procédure civile*, n° 29.

5669. En conséquence, l'appel d'un jugement rendu sur requête et sur la seule demande de la partie condamnée doit être relevé par celle-ci au moyen d'une requête présentée à la cour d'appel. — Pau, 26 janv. 1881, J.G.S. *Appel civil*, 134.

5670. Cependant, lorsque le jugement doit nécessairement s'exécuter contre certaines personnes, par exemple, contre des syndics de faillite, et que ces syndics ont fait signifier cet appel à telles fins que de droit, ils se sont les seuls recevables à se plaindre de ce que l'appel leur a été signifié par exploit avec assignation pour y venir contredire devant la cour. — Même arrêt.

5671. L'appel contre un jugement dont l'appelant ne représente ni expédition ni copie régulière est non recevable. — Paris, 25 juill. 1878, D.P. 78. 5. 36.

5672. — III. Irrégularités de l'acte d'appel (C. proc. civ. n°s 33 à 40). — La nullité de l'appel signifié au débiteur d'une pension alimentaire n'est pas couverte par la validité de l'appel notifié à un autre débiteur de la même pension. — Civ. r. 11 févr. 1889; D.P. 89. 1. 316.

Sect. 2. — Énonciations de l'acte d'appel (C. proc. civ. n°s 41 à 341).

5673. Les actes d'appel, dans les Échelles du Levant, sont soumis aux formes substantielles édictées par le Code de procédure en tant qu'il n'y est pas dérogé par les dispositions de l'édit de juin 1778. — J.G.S. *Échelles du Levant*, 49. — V. *Code de procédure civile*, n° 44.

5674. Par suite, la déclaration faite par l'une des parties au consulat étranger dont elle dépend, qu'il est dans l'intention d'appeler d'une sentence rendue par le tribunal consulaire français, alors que cette voie, a été voulue, est insuffisante pour constituer une déclaration valable. — Aix, 29 avr. 1863, J.G.S. *Échelles du Levant*, 50.

§ 1er. — *Date de l'acte d'appel* (C. proc. civ. n°s 45 à 75).

5675. — I. Mention de la date (C. proc. civ. n°s 45 à 49). — Un acte d'appel est valable, bien que la copie puisse le dater, s'il résulte de tous les documents et éléments de la cause que le seul et unique original d'appel dont la copie a été signifiée à une date certaine et notamment à la date de l'enregistrement de cet exploit vient affirmer, concurremment avec les énonciations de la copie, la date véritable de sa signification. — Riom, 13 mai 1880, D.P. 90. 1. 107. — V. *Code de procédure civile*, n° 49, et *supra*, art. 61, n°s 1449 et s.

5676. — II. Indication du jour (C. proc. civ. n°s 50 à 54). — L'acte d'appel dont la copie ne mentionne pas le jour de la signification est nul, si cette copie ne renferme, d'ailleurs, aucune énonciation de nature à équivaloir à la mention de cette date. — Paris, 11 août 1877, J.G.S. *Appel civil*, 136. — V. *Code de procédure civile*, n° 45.

5677. — III. Indication du mois (C. proc. civ. n°s 55 à 67).

5678. — IV. Indication de l'année (C. proc. civ. n°s 68 à 75).

§ 2. — *Mentions relatives à l'appelant* (C. proc. civ. nos 76 à 156).

5679. — I. Noms et prénoms (C. proc. civ. nos 82 à 100). — Bien que l'acte d'appel doive, comme tout autre exploit, contenir les noms, profession et domicile de l'appelant, un acte d'appel dans lequel l'appelant est désigné sous un nom autre que celui qui lui appartient, n'est pas nul, si les diverses énonciations de l'appelant n'ont pu permettre à l'intimé de se méprendre sur l'identité de l'appelant. — Nîmes, 16 mai 1881, J.G.S. *Appel civil*, 138. — V. *Code de procédure civile*, nos 78 et 82, et *supra*, art. 61, nos 1461 et s.

5680. Et l'omission dans l'acte d'appel du nom patronymique de l'appelant qui n'y est désigné que par son prénom, peut être suppléée notamment par la mention du jugement attaqué, de l'exploit de signification de ce jugement et de l'objet de la contestation, si cette mention rend toute incertitude impossible. — Bordeaux, 2 août 1866, J.G.S. *Appel civil*, 138.

5681. Un acte d'appel est régulier lorsqu'il est fait au nom de deux personnes formant une société de fait, alors surtout que, dans les qualités et dans la signification du jugement dont appel, ces personnes sont considérées individuellement. — Douai, 24 avr. 1890, D.P. 91. 2. 244.

5682. — II. Profession (C. proc. civ. nos 101 à 107).

5683. — III. Domicile (C. proc. civ. nos 108 à 156). — L'exploit d'appel doit, à peine de nullité, contenir l'indication claire et précise du domicile réel et actuel de l'appelant. — Limoges, 20 août 1872, D.P. 73. 2. 118, et sur pourvoi, Req. 12 nov. 1873, D.P. 74. 1. 296. — V. *Code de procédure civile*, nos 108, et *supra*, art. 61, nos 1466 et s.

5684. La nullité doit être prononcée, alors surtout qu'aucune preuve soit de ce domicile, soit de l'existence même de l'appelant, n'est produite devant la cour. — Arrêts préc. 20 août 1872 et 12 nov. 1873.

5685. Mais l'acte d'appel dans lequel a été omise l'indication de la profession et du domicile de l'appelant n'est pas nul, lorsque cette indication se trouve contenue dans le jugement auquel il se réfère. — Caen, 16 mars 1864, J.G.S. *Appel civil*, 140. — V. *Code de procédure civile*, nº 144.

5686. L'omission, dans l'acte d'appel, d'une indication suffisante du domicile n'entraîne pas nullité, quand la personne dont le domicile n'a pas été suffisamment indiqué n'en fait aucune difficulté au procès, celle qui interjette appel, ni contre laquelle l'appel est interjeté. — Lyon, 24 juin 1875, D.P. 77. 2. 49.

§ 3. — *Mentions relatives à l'huissier* (C. proc. civ. nos 157 à 164).

5687. La signature d'un exploit par l'huissier instrumentaire est une formalité essentielle dont l'inobservation vicie l'acte dans sa substance. — Paris, 10 févr. 1879, D.P. 79. 2. 114. — V. *supra*, art. 61, nos 1472 et s.

5688. La copie de l'exploit d'appel valant original à l'égard de la partie à qui elle est remise, la nullité de cette copie pour défaut de signature entraîne la nullité de l'appel lui-même. — Même arrêt. — V. *Code de procédure civile*, nº 164.

§ 4. — *Mentions relatives à l'intimé* (C. proc. civ. nos 165 à 184).

5689. — I. Noms et prénoms (C. proc. civ. nos 165 à 172). — La participation d'une partie à une procédure d'appel est légalement établie lorsque les qualités de l'arrêt portent qu'un avoué, qui n'a été ultérieurement l'objet d'aucun désaveu, a représenté tous les intimés désignés en tête de ce même arrêt, alors que parmi lesdits intimés figure

nommément la partie en question. — Req. 9 mars 1881, D.P. 82. 1. 125-126. — V. *supra*, art. 61, nos 1476 et s.

5690. Est nul l'exploit d'appel dont la copie ne désigne la personne à laquelle elle a été remise qu'en se référant à cet égard aux mentions contenues dans l'original. — Bourges, 16 févr. 1874, D.P. 77. 2. 53.

5691. — II. Profession (C. proc. civ. nº 173).

5692. — III. Demeure (C. proc. civ. nos 174 à 184). — La nullité d'un acte d'appel, qui ne mentionne pas le véritable domicile de l'intimé et a été délivré en dehors de ce domicile à une personne autre que l'intimé, n'est pas couverte par la sommation en communication de pièces que ce dernier a signifiée à l'appelant, alors qu'il résulte des termes mêmes de cette sommation qu'elle n'a eu en vue que les pièces relatives à la nullité ou à la non-recevabilité de l'appel en la forme. — Paris, 11 août 1877, D.P. 78. 2. 152.

§ 5. — *Constitution d'avoué et élection de domicile* (C. proc. civ. nos 185 à 248).

5693. — I. Constitution d'avoué (C. proc. civ. nos 185 à 215). — 1º *Nécessité de cette constitution* (C. proc. civ. nos 185 à 200). — L'exploit d'appel qui ne contient pas de constitution d'avoué est nul, alors même qu'il y serait fait par l'appelant élection de domicile en l'étude d'un avoué près la cour d'appel. — Nîmes, 3 janv. 1877, D.P. 2. 152. — Civ. r. 1er juill. 1878, D.P. 78. 1. 337. — V. *Code de procédure civile*, nos 185 et 206, et *supra*, art. 61, nos 1488 et s.

5694. Il en est de même de la constitution d'une personne n'ayant pas la qualité d'avoué. — Nîmes, 7 janv. 1870, J.G.S. *Appel civil*, 143. — V. *Code de procédure civile*, nº 492.

5695. Toutefois cette nullité est couverte par la signification que l'avoué de l'intimé a faite de sa propre constitution à l'avoué chez lequel l'appelant s'était borné à élire domicile, en le qualifiant d'avoué constitué pour l'appelant, et il importe peu que l'acte de constitution ainsi notifié par l'avoué de l'intimé contienne des réserves tant en la forme qu'au fond. — Civ. r. 1er juill. 1878, D.P. 78. 1. 337-339.

5696. Décidé toutefois que cette nullité n'est pas couverte par la signification de la constitution d'avoué faite par l'intimé, si cette signification contient réserve expresse des moyens de nullité tant en la forme qu'au fond. — Nîmes, 3 janv. 1877, D.P. 2. 152.

5697. Cette nullité ne saurait être couverte davantage par la signification faite, après les délais d'appel, de la constitution d'un avoué en cause au lieu et place du premier. — Poitiers, 4 mars 1878, D.P. 79. 2. 67.

5698. La constitution d'avoué ayant lieu de la part de l'appelant dans l'exploit d'appel, si plus tard cet appelant fait défaut, il y a de sa part défaut faute de conclure, même si l'avoué a déclaré à l'audience qu'il n'avait reçu ni pièces, ni renseignements, sans d'ailleurs décliner le mandat dont il a été chargé. — Civ. c. 13 mai 1887, D.P. 87. 1. 486.

5699. — 2º *Mentions équivalentes à la constitution d'avoué* (C. proc. civ. nos 201 à 215). — La constitution d'avoué, dans les exploits d'ajournement, n'est assujettie à aucune forme sacramentelle et peut résulter de termes équipollents ou de l'ensemble des énonciations de l'exploit. — Montpellier, 16 janv. 1890, D.P. 90. 2. 278. — V. *Code de procédure civile*, nº 201.

5700. Spécialement, l'omission du nom de l'avoué dans la copie remise à l'intimé d'un exploit d'ajournement devant la cour d'appel, n'entraîne pas la nullité de l'exploit lorsque la copie indique d'une manière précise la rue et le numéro de la demeure de l'avoué et qu'aucun autre avoué n'habite la même rue. — Même arrêt.

5701. — 3º *Constitution d'un avoué décédé ou démissionnaire* (C. proc. civ. nos 217 à 233). — L'exploit d'appel dans lequel on constitue un avoué qui a cessé de postuler devant la cour est nul. — Poitiers, 4 mars 1878, D.P. 79. 2. 67. — V. *Code de procédure civile*, nº 226.

5702. — 4º *Indication des noms et demeure de l'avoué* (C. proc. civ. nos 234 à 245).

5703. — II. Dispense de constitution d'avoué (C. proc. civ. nos 246 à 248).

§ 6. — *Indication de la décision attaquée* (C. proc. civ. nos 249 à 276).

5704. L'acte d'appel doit mentionner la décision attaquée d'une manière claire et non équivoque ; mais cette mention n'étant pas soumise à un mode de désignation déterminé, il suffit, pour remplir le vœu de la loi, que les énonciations de l'exploit soient assez précises pour que l'intimé n'éprouve aucune incertitude sur ce qui fait l'objet de l'appel. — Poitiers, 15 déc. 1884, J.G.S. *Appel civil*, 147. — V. *Code de procédure civile*, nº 249.

5705. Ainsi l'acte d'appel portant que ce recours est dirigé contre certains jugements intervenus dans une instance déterminée et dont il indique la date, ainsi que contre les jugements antérieurs *rendus entre les mêmes parties, pour les mêmes causes et aux mêmes fins*, sans autre désignation, est valable, si les motifs qu'il renferme ne permettent pas à l'intimé de se méprendre sur les décisions auxquelles s'applique l'appel, et doivent, par exemple, lui faire reconnaître que ces décisions sont toutes celles qui ont été rendues dans l'instance dont il s'agit. — Nîmes, 31 déc. 1879, D.P. 80. 2. 246.

5706. — I. Mention de la date du jugement (C. proc. civ. nos 250 à 267). — La fausse date attribuée par l'exploit d'appel au jugement attaqué ne vicie pas cet acte, si celle-ci est indiquée à l'avoué chez lequel l'intimé a établi son domicile et que l'intimé a pu se méprendre sur l'identité de la décision dudit jugement. — Colmar, 8 déc. 1868, J.G.S. *Appel civil*, 148. — Limoges, 6 janv. 1869, *ibid.* — V. *Code de procédure civile*, nº 253.

5707. Mais est nul l'acte d'appel lorsque la copie signifiée à l'intimé attribue au jugement une date erronée et que cette irrégularité est de nature à induire l'intimé en erreur, notamment si un autre jugement a été rendu dans le même mois entre les mêmes parties et par le même tribunal. — Req. 25 févr. 1890, D.P. 91. 1. 24.

5708. — II. Mention de la date en cas de pluralité de jugements (C. proc. civ. nos 268 à 273). — L'acte d'appel doit indiquer d'une manière précise le jugement attaqué ; en conséquence, cet acte est nul si, deux jugements ayant été rendus le même jour, par le même tribunal, entre les mêmes parties, il se borne à indiquer la date du jugement, frappé d'appel, de sorte qu'il est impossible de savoir quel est celui des deux jugements que l'appelant a voulu attaquer. — Orléans, 9 janv. 1889, D.P. 91. 2. 68. — Bordeaux, 25 avr. 1890, D.P. 90. 2. 262.

5709. Peu importe que, de ces deux jugements, l'un soit interlocutoire et l'autre définitif, le premier étant susceptible d'appel aussi bien que le second, et l'appelant ayant intérêt à attaquer l'un et l'autre. — Mêmes arrêts.

5710. Cette nullité ne saurait être réparée par des conclusions indiquant nettement la décision attaquée, si ces conclusions ont d'ailleurs été signifiées à avoué, et après l'expiration des délais d'appel. — Arrêt préc. 9 janv. 1889.

5711. L'appelant ne serait pas davantage admis à prouver par témoins des faits établissant que son intention d'acquiescer à l'un des deux jugements était certainement comme des autres parties. — Même arrêt.

5712. — III. Mention du tribunal qui a rendu le jugement (C. proc. civ. nos 274 à 276).

§ 7. — *Exposé des moyens* (C. proc. civ. nᵒˢ 277 à 287).

5713. Bien que l'acte d'appel soit en principe soumis aux mentions prescrites par l'art. 61 C. proc. civ. pour l'exploit d'ajournement, cependant il n'est pas nécessaire qu'il contienne l'indication des moyens de la demande, ceux-ci étant déjà connus de l'intimé par les conclusions de première instance ; en conséquence, est valable l'acte d'appel contenant la simple formule « par les griefs qui seront déduits devant les juges d'appel ». — Bourges, 11 mai 1887, D.P. 89. 2. 136. — V. *Code de procédure civile*, nᵒ 377. et *supra*, art. 61, nᵒˢ 1501 et s.

5714. De même, un acte d'appel est régulier, comme indiquant suffisamment l'objet et la portée du recours formé par l'appelant, lorsque, d'une part, il énonce que le jugement de première instance fait grief à ce dernier en ce que, sans tenir aucun compte des conventions intervenues entre les parties, ce jugement s'est arrêté aux dénégations de l'intimé, et que, d'autre part, il conclut à ce que ce jugement soit déclaré avoir mal jugé et à ce qu'il soit annulé ou en tout cas infirmé. — Req. 3 mars 1880, D.P. 80. 1. 455.

5715. Sur les moyens que doit contenir l'acte d'appel : ... en matière de *distribution par contribution*, V. *infrà*, art. 669.

5716. ... En matière d'*incidents de saisie immobilière*, V. *infrà*, art. 732.

5717. ... En matière d'*ordre*, V. *infrà*, art. 762.

8. — *Indication du tribunal d'appel et du délai pour comparaître* (C. proc. civ. nᵒˢ 288 à 344).

5718. — I. INDICATION DU TRIBUNAL D'APPEL (C. proc. civ. nᵒˢ 288 à 300). — V. *supra*, art. 61, nᵒˢ 1506 et s.

5719. — II. INDICATION DU DÉLAI (C. proc. civ. nᵒˢ 301 à 344). — 1ᵉ *Délai de l'assignation* (C. proc. civ. nᵒˢ 303 à 313).

5720. — 2ᵉ *Augmentation du délai à raison des distances* (C. proc. civ. nᵒˢ 314 à 335). — Bien que l'assignation renfermée dans un acte d'appel, notamment en matière d'ordre, ait été donnée à huitaine franche, sans qu'il y ait été fait mention de l'augmentation du délai à raison des distances, cet acte n'est pas nul si l'appelant n'a saisi l'audience qu'après l'expiration du délai ordinaire augmenté de celui des distances. — Paris, 30 août 1866, J.G.S. *Appel civil*, 152. — V. *Code de procédure civile*, nᵒ 324, et *supra*, art. 61, nᵒˢ 1513 et s.

5721. — 3ᵉ *Erreur dans l'indication du délai* (C. proc. civ. nᵒˢ 336 à 344). — Suivant un arrêt, l'acte d'appel qui indique à l'intimé pour comparution un délai différent de celui de la loi et d'une durée inférieure est nul. — Chambéry, 19 juill. 1887, D.P. 88. 2. 89. — V. *Code de procédure civile*, nᵒ 336.

5722. Mais cette solution présente deux inconvénients : d'abord, il est très rigoureuse, ensuite ; elle conduit à dire que si l'acte d'appel contient un délai plus long que celui de la loi, il est encore entaché de nullité. Cette dernière conséquence est difficile à admettre et paraît par cela même condamner la doctrine qui y conduit. — Observ. sous l'arrêt précité, D.P. 88. 2. 89, note 2.

5723. L'acte d'appel adressé à une partie demeurant dans un état limitrophe de la France n'est pas nul à raison de ce qu'il assigne à comparaître, non pas au délai fixe d'un mois, mais à un délai de huitaine franche, augmenté de celui des distances », si ces dernières expressions, en quelque sens qu'on les entende, entraînent un délai plus long que celui auquel avait droit l'intimé. — Req. 28 déc. 1875, D.P. 76. 1. 63-64. — Liége, 17 mars 1883, J.G.S. *Appel civil*, 152. — V. *Code de procédure civile*, nᵒ 339.

SECT. 3. — SIGNIFICATION DE L'ACTE D'APPEL (C. proc. civ. nᵒˢ 342 à 595).

§ 1ᵉʳ. — *Signification à personne ou domicile* (C. proc. civ. nᵒˢ 342 à 377).

5724. — I. SIGNIFICATION AU DOMICILE RÉEL (C. proc. civ. nᵒˢ 343 à 355). — La nullité résultant de l'absence de signification de l'acte d'appel au domicile réel de l'intimé n'est pas couverte par cela seul que l'intimé a signifié à l'appelant une demande en communication de pièces, si cette demande portait principalement sur les documents relatifs à la nullité. — Req. 28 janv. 1878, J.G.S. *Appel civil*, 153. — V. *Code de procédure civile*, nᵒˢ 346 et s., et *supra*, art. 68, nᵒˢ 1538 et s.

5725. L'intimé est recevable à se prévaloir de cette nullité, lorsqu'il l'a invoquée dans ses conclusions avant toute défense au fond, et qu'il a déclaré ne conclure que très subsidiairement en tant qu'il pouvait être tenu légalement de conclure à toutes fins en appel. — Même arrêt.

5726. L'exploit d'appel d'un jugement rendu au profit d'une association syndicale de vidanges, à laquelle aucun siège social n'a été assigné par le décret qui l'a constituée, et qui n'en a indiqué aucun dans la procédure, est valablement signifié au domicile personnel du directeur chargé de la représenter. — Civ. c. 1ᵉʳ déc. 1886, D.P. 87. 1. 183.

5727. L'acte d'appel d'un jugement du tribunal de commerce doit, à peine de nullité, être signifié à personne ou à domicile, et la notification qui en est faite au greffe du tribunal par application de l'art. 422 C. com. est nulle. — Rennes, 19 mai 1879, D.P. 81. 2. 8.

5728. En matière de divorce, l'acte d'appel est soumis aux règles ordinaires ; dès lors, il doit contenir assignation dans les délais de la loi, être signifié à personne ou à domicile, à peine de nullité. — V. *Supplément au Code civil annoté*, nᵒˢ 2337 et s.

5729. — II. SIGNIFICATION AU DOMICILE DE L'AVOUÉ (C. proc. civ. nᵒˢ 356 à 361). — L'appel qui a été signifié au domicile de l'avoué de la partie, et non au domicile réel de celle-ci, est nul. — Paris, 20 août 1861, J.G.S. *Appel civil*, 199. — V. *Code de procédure civile*, nᵒ 358.

5730. Sur la signification de l'acte d'appel en matière d'ordre, V. *infrà*, art. 762.

5731. — III. SIGNIFICATION EN CAS DE DÉCÈS DE L'INTIMÉ (C. proc. civ. nᵒˢ 362 à 370).

5732. — IV. SIGNIFICATION A UN MINEUR (C. proc. civ. nᵒˢ 371 à 377).

§ 2. — *Signification au domicile élu* (C. proc. civ. nᵒˢ 378 à 447).

5733. — I. ÉLECTION DE DOMICILE CONVENTIONNELLE (C. proc. civ. nᵒˢ 378 à 382).

5734. — II. ÉLECTION DE DOMICILE VOLONTAIRE OU ÉMANÉE D'UNE SEULE PARTIE (C. proc. civ. nᵒˢ 383 à 424). — Lorsque l'exploit de signification d'un jugement contient commandement à fin de saisie-exécution, avec élection de domicile, l'acte d'appel peut être valablement signifié au domicile élu. — Paris, 14 août 1877, D.P. 78. 2. 184. — V. *Code de procédure civile*, nᵒ 399.

5735. En effet, par exception à la règle générale qui exige la signification de l'appel à personne ou à domicile, l'art. 584 C. proc. civ. en prescrivant l'élection de domicile dans le commandement qui précède la saisie-exécution, dispose que le débiteur pourra faire à ce domicile élu toutes significations même d'offres réelles et d'appel. — J.G.S. *Appel civil*, 156. — V. *infrà*, art. 584.

5736. Toutefois, s'il est décidé que le débiteur condamné en première instance ne peut signifier son appel au domicile élu par le créancier dans le commandement à fin de saisie mobilière qu'autant que ce domicile a été élu au lieu et en vue exclusive de

cette saisie. — Nancy, 28 janv. 1876, D.P. 77. 2. 3.

5737. En conséquence, si le créancier a fait dans le commandement deux élections de domicile, l'une au lieu et en vue de la saisie, l'autre en un lieu différent et où le débiteur n'a aucuns meubles ni effets mobiliers, la signification de l'acte d'appel ne peut avoir lieu qu'au domicile réel du créancier et au premier de ces domiciles élus, mais non au second. — Même arrêt.

5738. La signification d'un acte d'appel est nulle, lorsqu'elle est faite au domicile élu, dans l'exploit de notification du jugement, chez l'avoué qui a occupé en première instance ; il en est ainsi, alors même que cette élection de domicile a été également reproduite dans le commandement à fin de saisie-brandon signifié à la suite du jugement, si, d'ailleurs, ce domicile élu n'est point situé dans la commune où doit s'opérer la saisie, et s'il a été fait, en outre, dans le même acte l'élection spéciale de domicile prescrite par l'art. 584 C. proc. civ. — Rennes, 8 déc. 1881, D.P. 82. 2. 79. — V. *infrà*, art. 584.

5739. En ce qui concerne la signification de l'acte d'appel d'un jugement émanant d'un tribunal de commerce, V. *Code de commerce annoté*, art. 645, nᵒˢ 21 et s., et son *Supplément*.

5740. — III. DOMICILE DE POUVOIRS (C. proc. civ. nᵒˢ 425 à 433).

5741. — IV. ÉLECTION DE DOMICILE LÉGALE OU FORCÉE (C. proc. civ. nᵒˢ 434 à 447). — Sur la signification en matière de jugements intervenus sur incidents de saisie immobilière, V. *infrà*, art. 732.

§ 3. — *Nombre de copies* (C. proc. civ. nᵒˢ 448 à 497).

5742. — I. COPIES SIGNIFIÉES A PLUSIEURS DÉFENDEURS (C. proc. civ. nᵒˢ 448 à 468). — V. *supra*, art. 68, nᵒˢ 1569 et s.

5743. — II. COPIES SIGNIFIÉES A DES ÉPOUX (C. proc. civ. nᵒˢ 467 à 497). — 1ᵒ *Intérêts identiques* (C. proc. civ. nᵒˢ 467 à 470).

5744. — 2ᵒ *Intérêts distincts de la femme et du mari* (C. proc. civ. nᵒˢ 471 à 477).

5745. — 3ᵒ *Intérêts particuliers de la femme* (C. proc. civ. nᵒˢ 478 à 492). — Lorsqu'un jugement concerne un immeuble propre à une femme mariée, il y a lieu de signifier l'acte d'appel à la fois au mari et à la femme par deux copies distinctes ; en conséquence, l'appel est nul si la signification est faite à la copie remise au mari seul. — Pau, 30 avr. 1888, D.P. 89. 2. 194. — V. *Code de procédure civile*, nᵒ 486.

5746. — 4ᵒ *Femme séparée de biens* (C. proc. civ. nᵒˢ 493 à 495).

5747. — 5ᵒ *Femme remariée assignée comme tutrice* (C. proc. civ. nᵒˢ 496 et 497).

§ 4. — *Remise de la copie* (C. proc. civ. nᵒˢ 498 à 565).

5748. — I. REMISE DE LA COPIE A LA PARTIE, A SES PARENTS, SERVITEURS, etc. (C. proc. civ. nᵒˢ 499 à 512). — V. *supra*, art. 68, nᵒˢ 1552 et s.

5749. — II. ÉTAT (C. proc. civ. nᵒˢ 513 à 518). — V. *supra*, art. 69, nᵒˢ 1593 et s.

5750. — III. TRÉSOR PUBLIC (C. proc. civ. nᵒ 519). — V. *Code des lois adm. annotées*, t. 4, vᵒ *Organisation financière*.

5751. — IV. ADMINISTRATIONS ; ÉTABLISSEMENTS PUBLICS (C. proc. civ. nᵒˢ 520 à 530). — Une association syndicale autorisée d'assainissement et de vidanges, constituée dans un intérêt collectif et territorial, mais privé, étant un établissement d'utilité publique et non un établissement public, et ne faisant point partie intégrante de l'Administration, il n'est pas nécessaire, pour qu'un appel notifié à une association de ce genre soit valable, que l'exploit soit visé par le directeur. — Civ. c. 1ᵉʳ déc. 1886, D.P. 87.

1. 183. — V. *suprà*, art. 69, n°s 1598 et s.

5752. — V. COMMUNES (C. proc. civ. n°s 531 à 545). — V. *supra*, art. 69, n°s 1603 et s., 1609 et s.

5753. — VI. SOCIÉTÉS ; UNIONS DE CRÉANCIERS (C. proc. civ. n° 546). — V. *supra*, art. 69, n°s 1624 et s.

5754. — VII. PERSONNES SANS DOMICILE CONNU (C. proc. civ. n°s 547 à 556). — V. *supra*, art. 69, n°s 1637 et s.

5755. — VIII. PERSONNES DOMICILIÉES AUX COLONIES (C. proc. civ. n° 551). — V. *supra*, art. 69, n°s 1653 et s.

5756. — IX. PERSONNES ÉTABLIES À L'ÉTRANGER (C. proc. civ. n°s 558 à 561). — L'acte d'appel d'un jugement rendu au profit d'une personne établie en pays étranger doit être signifié au domicile du procureur général près la cour devant laquelle l'appel est porté, et non au domicile du procureur de la République près le tribunal qui a rendu le jugement. — Lyon, 5 mai 1882, D.P. 83, 2. 83. — Req. 24 nov. 1885, D.P. 86. 1. 256. — Paris, 13 janv. 1887, D.P. 87. 2. 188. — V. *Code de procédure civile*, n° 558, et *supra*, art. 69, n°s 1653 et s.

5757. Dès lors, l'exploit d'huissier doit également, à peine de nullité, mentionner que cette formalité a été observée. — Mêmes arrêts.

5758. — X. PERSONNES ÉTABLIES DANS LES ECHELLES DU LEVANT (C. proc. civ. n°s 562 à 565).

§ 5. — *Mention de la remise de la copie ou « parlant à »* (C. proc. civ. n°s 566 à 595).

5759. Au point de vue de sa forme extérieure et de sa signification, l'acte d'appel est soumis aux règles générales établies par le Code de procédure pour les exploits d'ajournement, en conséquence, cet acte est entaché de nullité s'il ne mentionne pas expressément ou par équipollent la remise d'une copie et s'il ne contient pas l'indication de la personne à laquelle cette remise a été faite. — Bordeaux, 18 juin 1886, D P. 88. 2. 189. — V. *supra*, art. 68, n°s 1576 et s.

5760. La mention de la personne à laquelle la copie d'un acte d'appel a été remise, doit se trouver tant sur l'original que sur la copie, à peine de nullité : en conséquence, est nul l'exploit qui laisse en blanc le *parlant à*. — Req. 17 juill. 1889, D.P. 90. 1. 485. — V. *Code de procédure civile*, n° 569 et 588.

5761. On objecterait vainement que cette nullité a été couverte par le fait d'une constitution d'avoué sans réserves, un tel acte étant nécessaire pour permettre de proposer la nullité de l'exploit n'impliquant, par suite, aucune renonciation à la faire valoir. — Même arrêt.

Art. 457. L'appel des jugements définitifs ou interlocutoires sera suspensif, s'il se prononce pas l'exécution provisoire, dans le cas où elle est autorisée.

L'exécution des jugements mal à propos qualifiés en dernier ressort ne pourra être suspendue qu'en vertu de défenses obtenues par l'appelant, à l'audience du tribunal d'appel, sur assignation à bref délai.

À l'égard des jugements non qualifiés, ou qualifiés en premier ressort, et dans lesquels les juges étaient autorisés à prononcer en dernier ressort, l'exécution provisoire pourra en être ordonnée par le tribunal d'appel à l'audience et sur simple acte.

5762. — I. DE QUEL ACTE RÉSULTE L'EFFET SUSPENSIF (C. proc. civ. n°s 3 à 19). — La disposition de l'art. 457 C. proc. civ. aux termes de laquelle l'appel est suspensif, est générale et ne comporte ni distinction, ni exception ; c'est au juge compétent seul qu'il appartient de décider si l'appel est, ou non, soit recevable, soit fondé, et d'en faire cesser

l'effet suspensif le cas échéant. — Civ. c. 10 août 1891, D.P. 92. 1. 17. et les observ. de M. Cohendy sous cet arrêt.

5763. En conséquence, toute décision judiciaire procédant d'un jugement frappé d'appel et qui en constitue ou en autorise l'exécution, lorsque l'exécution provisoire n'en a pas été ordonnée, est nécessairement viciée comme rendue en contravention de l'article susvisé. — Même arrêt.

5764. Spécialement, lorsqu'un jugement ordonnant une enquête a été frappé d'appel, l'appel est suspensif de l'enquête à laquelle il est procédé nonobstant cet appel est vicié de nullité, et le jugement qui statue sur le fond en le prenant pour base de sa décision est affecté du même vice dont elle est entachée, alors même que l'appel a été ensuite lui-même déclaré non recevable par la juridiction compétente. — Même arrêt. — Civ. c. 2 1, n°s 3582 et s.

5765. Tout acte d'exécution d'un jugement frappé d'appel est nul, lorsque l'exécution provisoire n'a pas été ordonnée ; peu importe que l'appel ait été ensuite lui-même déclaré nul ; il en est ainsi, quelle que soit la cause de la nullité de l'appel. — Civ. c. 27 janv. 1890. D.P. 90. 1. 394. — V. *Code de procédure civile*, n° 12.

5766. Spécialement, l'expertise à laquelle il a été procédé postérieurement à l'appel interjeté contre le jugement qui l'ordonnait est nulle, bien que cet appel ait été déclaré non recevable comme formé contre un jugement purement préparatoire, et bien que cet appel n'ait pas été notifié à l'expert, aucune disposition de loi n'exigeant cette formalité. — Même arrêt.

5767. La partie qui, n'ayant relevé appel d'un jugement interlocutoire ordonnant une expertise qu'après sommation d'assister à une seconde visite des lieux litigieux par l'expert, n'a pas à se plaindre de ce que l'expertise qui devait, à raison de l'urgence, avoir lieu le lendemain, ait eu lieu, n'est fondée à demander la nullité de l'expertise et du jugement qui en a été la suite. — Req. 31 juill. 1876, D.P. 77. 1. 108. — V. Observ. en sens contraire, D.P. 77. 1. 108, note 3.

5768. Un jugement, bien que frappé d'appel, n'en constitue pas moins, jusqu'à son infirmation, le titre apparent qui, dans le cas d'une transaction ultérieure, doit déterminer la situation juridique des parties et servir de base à la liquidation de l'impôt. — Trib. de la Seine, 27 juill. 1877, D.P. 77. 2. 79.

5769. En conséquence, l'appel interjeté d'un jugement qui a ordonné la délivrance du legs de l'usufruit d'un immeuble, ne fait pas obstacle à ce que la renonciation à ce legs, par voie de transaction convenue après ledit appel, soit translative de la propriété et ne donne, en conséquence, ouverture au droit de transcription. — Même arrêt.

5770. — II. A QUELS JUGEMENTS S'APPLIQUE L'EFFET SUSPENSIF (C. proc. civ. n°s 20 à 66). — 1° *Jugements définitifs et jugements interlocutoires* (C. proc. civ. n° 20 à 36). — L'effet suspensif est attaché non seulement à l'exécution du jugement attaqué, mais à celle des jugements qui en sont la suite ; l'appel ne peut arrêter le cours d'une instance distincte de la première. — Req. 1er mars 1875, D.P. 76. 1. 178. — J.G.S. *Appel civil*, 216. — V. *Code de procédure civile*, n° 23.

5771. Ainsi, lorsqu'une action en réintégrande avec demande accessoire de dommages-intérêts a été substituée dans les conclusions prises à l'audience, à la demande principale en dommages-intérêts fondée sur l'art. 1382 C. civ. qui faisait l'objet de l'exploit introductif d'instance, et que le jugement intervenu sur cette procédure n'a statué que sur l'action en réintégrande, réservant au demandeur la faculté de donner à son action originaire la suite qu'il jugerait

convenable, l'appel interjeté de cette décision ne suspend pas l'examen d'une action nouvelle dans laquelle le demandeur a reproduit sa réclamation primitive. — Req. 1er mars 1875, D.P. 76. 1. 178.

5772 L'ordonnance rendue sur requête, par laquelle le président d'un tribunal autorise l'assignation d'une partie pour telle audience déterminée, n'a point les caractères d'un véritable jugement ; elle ne constitue qu'une simple mesure d'ordre, et n'est, dès lors, pas susceptible d'appel. — Rennes, 20 mai 1879, D.P. 81. 2. 8.

5773. En conséquence, le tribunal peut valablement statuer sur ladite assignation, sans tenir compte de l'appel interjeté contre l'ordonnance en vertu de laquelle il a été saisi, cet appel ne pouvant avoir d'effet suspensif. — Même arrêt.

5774. L'appel est *suspensif* : ... en matière de divorce. — V. *Code de procédure civile annoté*, art. 457. et *Supplément au Code civil annoté*, art. 2341 et s.

5775. ... En matière d'ordre entre créanciers. — V. *infra*, art. 763.

5776. ... En matière de saisie immobilière. — V. *infra*, art. 741.

5777. — 2° *Jugements exécutoires par provision* (C. proc. civ. n°s 31 à 38). — En règle générale, l'exécution provisoire prive l'appel de son effet suspensif. — J.G.S. *Appel civil*, 226. — V. *Code de procédure civile*, n° 31.

5778. Mais, pour que cette règle soit applicable, il est nécessaire que la décision à exécuter porte sur un point précis, et prononce non une condamnation éventuelle et comminatoire, mais une condamnation certaine. — (Motifs) Paris, 1er avr. 1882, D.P. 82.2. 229.

5779. — 3° *Jugements qualifiés en dernier ressort* (C. proc. civ. n°s 39 à 44).

5780. — III. CONSÉQUENCES DE L'EFFET SUSPENSIF (C. proc. civ. n° 43 à 66). — L'appel d'un jugement rendu sur un incident dans une procédure de saisie immobilière produit un effet suspensif à l'égard de l'adjudication et met obstacle à ce qu'il y soit procédé ; mais il n'empêche pas d'accomplir les formalités préalables à cette adjudication, et spécialement de procéder à la lecture du cahier des charges. — Bourges, 23 janv. 1878, D.P. 80. 1. 71.

5781. La saisie-arrêt pratiquée en vertu d'un jugement frappé d'appel n'est pas nulle, cette mesure étant de sa nature principalement conservatoire, et ne prenant réellement un caractère d'acte d'exécution qu'après le jugement qui en prononce la validité. — Bordeaux, 24 mai 1869, J.G.S. *Appel civil*, 217.

5782. L'appel a pour effet d'enlever toute force juridique à la décision qui en est frappée ; en conséquence, la juridiction civile, saisie d'une difficulté relative à un droit de propriété, ne saurait être liée par la décision d'un tribunal de simple police qui a préjugé la même question, mais dont il a été interjeté appel.— Req. 20 juill. 1882, D.P. 83. 1. 161.

5783. Lorsqu'un jugement a ordonné à une partie, sous une sanction pénale, de faire une déclaration dans un certain délai à dater de la signification du jugement, et que, sur appel, celui-ci a été confirmé, le délai ne court qu'à partir de la signification de l'arrêt. — Paris, 1er avr. 1882, D.P. 82. 2. 229. — V. *Code de procédure civile*, n° 48.

5784. L'art. 457 C. proc. civ. qui attribue à l'appel un effet suspensif a pour unique objet d'arrêter la force exécutive de la décision attaquée tant qu'il n'a pas été statué sur l'appel, mais ne porte aucune atteinte aux droits de l'intimé pour le cas où cette décision serait maintenue. — Civ. c. 15 nov. 1881, D.P. 82. 1. 134. — Civ. c. 14 déc. 1881, D.P. 82. 1. 134. — Lyon, 7 mars 1883, D.P. 84. 2. 119. — V. *Code de procédure civile*, n° 50.

5785. Par suite, en cas de confirmation d'un jugement portant condamnation à des dommages-intérêts pour chaque jour de retard apporté à son exécution, ces dommages-intérêts sont dus à dater du jour fixé par la sentence confirmée, et non pas seulement du jour de sa confirmation. — Mêmes arrêts.

5786. Et le juge d'appel qui, en pareil cas, sous prétexte d'interprétation, décide que les dommages-intérêts ne seraient dus qu'à partir du jour où elle a été rendue, viole l'autorité de la chose jugée. — Arrêts préc. 15 nov. et 14 déc. 1881.

5787. Lorsqu'un jugement contradictoire rendu à la requête du créancier de l'un des héritiers a ordonné la liquidation et le partage de la succession dans les formes judiciaires, cette décision, bien que frappée d'appel, fait la loi des parties tant qu'elle n'a pas été réformée. — Req. 22 mai 1888, D.P. 89. 2. 191.

5788. Par suite, les héritiers ne peuvent astreindre ce créancier à renoncer au bénéfice du jugement qu'il a obtenu, en le sommant d'assister à un partage amiable, ni lui opposer ce partage, auquel il s'est abstenu de se présenter, et qui ne lui offre pas les garanties d'un partage poursuivi en justice. — Même arrêt.

Art. 458. Si l'exécution provisoire n'a pas été prononcée dans les cas où elle est autorisée, l'intimé pourra, sur un simple acte, la faire ordonner à l'audience, avant le jugement de l'appel.

5789. — I. CAS DANS LESQUELS L'EXÉCUTION PROVISOIRE PEUT ÊTRE ORDONNÉE EN APPEL (C. proc. civ. n°s 1 à 14). — L'exécution provisoire peut être demandée pour la première fois en appel. — Nancy, 11 juill. 1877, D.P. 78. 2. 104. — V. Code de procédure civile, n° 4.

5790. — II. PROCÉDURE (C. proc. civ. n°s 15 et 16).

Art. 459. Si l'exécution provisoire a été ordonnée hors des cas prévus par la loi, l'appelant pourra obtenir des défenses à l'audience, sur assignation à bref délai, sans qu'il puisse en être accordé sur requête non communiquée.

5791. — I. CONDITIONS AUXQUELLES EST SUBORDONNÉE LA DEMANDE DE DÉFENSES (C. proc. civ. n°s 1 à 13).

5792. — II. COMPÉTENCE (C. proc. civ. n°s 14 et 15).

5793. — III. FORMES DE LA DEMANDE (C. proc. civ. n°s 16 à 25).

Art. 460. En aucun autre cas, il ne pourra être accordé des défenses, ni être rendu aucun jugement tendant à arrêter directement ou indirectement l'exécution du jugement, à peine de nullité.

5794. Les cours d'appel ne peuvent accorder de défenses et prononcer des sursis à l'exécution des jugements des tribunaux de commerce qui ont été déclarés exécutoires par provision sans caution hors des cas prévus par la loi. — Req. 27 janv. 1880, D.P. 80. 1. 364.

5795. Mais les juges d'appel ont le droit de vérifier si l'exécution provisoire d'un jugement commercial a été légalement ordonnée, et, lorsque ce jugement a été déclaré exécutoire par provision sans caution hors des cas prévus par l'art. 439 C. proc. civ., de réparer cette irrégularité en décidant que l'exécution n'en aura lieu que moyennant caution. — Même arrêt.

Art. 461. Tout appel, même de jugement rendu sur instruction par écrit, sera porté à l'audience; sauf au tribunal à ordonner l'instruction par écrit, s'il y a lieu.

5796. — I. INSTRUCTION DE L'AFFAIRE EN APPEL (C. proc. civ. n°s 1 à 9). — C'est à la partie poursuivante à produire le jugement qu'elle attaque par la voie de l'appel : à défaut par elle de faire cette production, elle doit être déclarée non recevable dans son appel. — Paris, 25 juill. 1878, D.P. 78. 5. 36. — V. Code de procédure civile, n° 1.

5797. En ce qui concerne la consignation de l'amende de fol appel, V. infrà, art. 471.

5798. — II. JONCTION DE PLUSIEURS APPELS (C. proc. civ. n°s 10 à 15).

Art. 462. Dans la huitaine de la constitution d'avoué par l'intimé, l'appelant signifiera ses griefs contre le jugement. L'intimé répondra dans la huitaine suivante. L'audience sera poursuivie sans autre procédure.

5799. Lorsque l'appelant a conclu dans son acte d'appel à ce que le jugement attaqué soit déclaré mal jugé et annulé ou en tout cas infirmé, il importe peu qu'il ne soit pas expressément demandé dans cet acte le bénéfice de l'action formée en première instance par l'appelant lui soit adjugé, et que celui-ci ait seulement formulé cette demande dans des conclusions ultérieures. — Req. 3 mars 1880, D.P. 80. 1. 455. — V. Code de procédure civile, n° 12.

APPENDICE A L'ART. 462.

Division.

I. — DISTRIBUTION ET INSTRUCTION DES AFFAIRES (n° 5800).

II. — AUDIENCES SOLENNELLES DES COURS D'APPEL (n° 5803).

III. — ASSEMBLÉES GÉNÉRALES (n° 5852).

IV. — CHAMBRE DES VACATIONS (n° 5885).

V. — CHAMBRE TEMPORAIRE ET CHAMBRE CORRECTIONNELLE JUGEANT EN MATIÈRE CIVILE (n° 5890).

I. — DISTRIBUTION ET INSTRUCTION DES AFFAIRES.

Décret du 30 mars 1808,

Contenant règlement pour la police et la discipline, des cours et tribunaux. — Publié au *Bulletin des lois*, n° 3245. — (Extrait, J.G. Organ. judic., p. 1493.)

SECT. 3. — DE LA DISTRIBUTION DES CAUSES.

Art. 18. — (V. le texte, Code de procédure civile p. 688.)

5800. — ASSIGNATION A BREF DÉLAI (C. proc. civ. n°s 1 à 7).

Art. 19 à 21. — (V. le texte, Code de procédure civile, p. 688.)

Art. 23 à 25. — (V. le texte, Code de procédure civile, p. 688.)

SECT. 4 — DE L'INSTRUCTION ET DU JUGEMENT.

Art. 28 et 29. — (V. le texte, Code de procédure civile, p. 688.)

Art. 30 à 35. — (V. le texte, Code de procédure civile, p. 689.)

Loi du 20 avril 1810,

Sur l'organisation de l'ordre judiciaire et l'administration de la justice. — Publiée au *Moniteur* du 21 avr. 1810, et au *Bulletin des lois*, n° 5381. — (Extrait, J.G. Organ. judic., p. 1498.)

Art. 5. La division des cours impériales en chambres ou sections et l'ordre du service seront fixés par des règlements d'administration publique.

Si l'empereur juge convenable de créer des sections nouvelles ou d'en supprimer dans les cours impériales, il y sera également pourvu par des règlements d'administration publique, sans toutefois déroger à ce qui est prescrit par l'art. 4 ci-dessus.

5801. Conformément à ces dispositions, un décret du 18 sept. 1884 a étendu la compétence de la septième chambre de la cour d'appel de Paris à la connaissance des affaires correctionnelles. — D.P. 85. 4. 15.

Loi du 30 août 1883,

Sur la réforme de l'organisation judiciaire. — Publiée au *Journal officiel* du 31 août 1883, et au *Bulletin des lois*, n° 13463. — (Extrait, D.P. 83. 4. 58.)

Art. 2. Chaque cour d'appel comprendra le nombre de chambres déterminé au tableau A annexé à la présente loi et sera composée, outre le premier président, du nombre de présidents et de conseillers indiqué au même tableau. Outre les chambres, dont le nombre est ainsi déterminé, les cours comprendront une chambre d'accusation constituée conformément au décret du 12 juin 1880 (D.P. 80. 4. 51).

5802. Le tableau A annexé à la loi du 30 août 1883 (D.P. 83. 4. 70) divise les cours d'appel en cinq catégories au point de vue du nombre des chambres. La première catégorie ne comprend que la cour de Paris ayant neuf chambres ; la seconde ne comprend que la cour d'Alger ayant quatre chambres dont une des appels musulmans ; la troisième comprend sept cours avec trois chambres ; la quatrième, onze cours avec deux chambres ; la cinquième comprend sept cours n'ayant qu'une chambre. — D.P. 83. 4. 65, note 1, col. 2.

Décret du 6 juillet 1810,

Contenant règlement sur l'organisation et le service des cours impériales. — Publié au *Bulletin des lois*, n° 5726. — (Extrait, J.G. Organ. judic., p. 1498.)

Art. 16. — (V. le texte, Code de procédure civile, p. 689.)

II. — AUDIENCES SOLENNELLES DES COURS D'APPEL.

Décret du 30 mars 1808,

Contenant règlement pour la police et la discipline des cours et tribunaux. — Publié au *Bulletin des lois*, n° 3245. — (Extrait, J.G. Organ. judic., p. 1494.)

Art. 22. Si les avoués des deux parties se présentent pour poser des qualités, les causes resteront à la chambre qui tiendra l'audience.

Sont exceptées les contestations sur l'état civil des citoyens, à moins qu'elles ne doivent être décidées à bref délai ou avec des formes particulières qui ne comportent pas une instruction solennelle, les prises à partie et les renvois après cassation d'un arrêt qui seront portés aux audiences solennelles.

Ces audiences se tiendront à la chambre que préside habituellement le premier président, en y appelant la deuxième chambre dans les cours composées de deux chambres, et alternativement la deuxième et la troisième chambre dans les cours qui se divisent en trois chambres.

Ordonnance du 16 mai 1835,

Modifiant l'art. 22 du règlement du 30 mars 1808, en ce qui concerne les appels relatifs aux séparations de corps. — Publiée au Bulletin des lois, n° 5767. — (Extrait, J.G. Organ. judic., p. 1507.)

Art. 1er. L'art. 22 du règlement d'administration publique du 30 mars 1808, est modifié en ce qui concerne les appels relatifs aux séparations de corps : ces appels seront, à l'avenir, jugés par nos cours royales en audience ordinaire.

Décret du 1er mai 1885,

Portant modification au décret du 30 mars 1808 en ce qui touche les appels relatifs aux instances en divorce. — (D.P. 85. 4. 25.)

Art. 1er. L'art. 22 du décret réglementaire du 30 mars 1808 est modifié en ce qui touche les appels relatifs aux instances en divorce ; les appels de ces instances seront, à l'avenir, jugés en audience ordinaire.

DIVISION.

§ 1. — *Juridiction des chambres réunies* (n° 5803).

§ 2. — *Sanction des règles relatives à la juridiction des chambres réunies* (n° 5832).

§ 1er. — *Juridiction des chambres réunies* (C. proc. civ. n° 1 à 81).

5803. — I. QUESTIONS D'ÉTAT (C. proc. civ. n° 11 à 69). — 1° *Ce qu'on doit entendre par questions d'état devant être jugée en audience solennelle* (C. proc. civ. n° 11 à 24). — En matière de question d'état, la cause doit être jugée en audience solennelle, alors même que cette question serait née à l'occasion d'une cette instance devenue l'objet principal et dominant des conclusions des parties et des débats. — Civ. r. 26 juin 1889, D.P. 91. 1. 131.

5804. La demande en divorce ou en conversion de séparation de corps en divorce étant supprimée, devaient, sous l'empire de l'art. 22 du décret du 30 mars 1808, être jugées par les cours d'appel en audience ordinaire et non pas en audience solennelle. — Orléans, 9 janv. 1885, D.P. 85. 2. 99. — Civ. r. 12 janv. 1887, D.P. 87. 1. 160. — Civ. r. 9 févr. 1887, D.P. 88. 1. 21.

5805. Toutefois l'opinion contraire avait été adoptée par quelques arrêts de cour d'appel. — Dijon, 18 déc. 1884, D.P. 85. 2. 99. — Besançon, 27 déc. 1884, *ibid.* — Douai, 5 févr. 1885, *ibid.*

5806. La question est aujourd'hui résolue par le décret du 1er mai 1885 (D.P. 85. 4. 25), et par le nouvel art. 248 C. civ. d'après lesquels la cour d'appel doit juger en audience ordinaire les affaires de divorce.

— V. *Supplément au Code civil annoté*, n° 2343 et s.

5807. Les questions de nationalité constituent des questions d'état, et doivent, par conséquent, être jugées par les cours d'appel en audience solennelle,... alors même qu'il s'agit d'une contestation élevée à propos d'une demande d'inscription sur les listes électorales. — Civ. c. 9 déc. 1878, D.P. 79. 1. 170. — V. *Code de procédure civile*, n° 11 et 46.

5808. La poursuite d'interdiction, ayant pour but de frapper le défendeur d'une incapacité légale et de lui imposer une tutelle, soulève une question d'état ; en conséquence, tout jugement, rendu après la requête qui ouvre l'instance en interdiction, doit, en cas d'appel, être déféré à la cour en audience solennelle, sans qu'il y ait lieu de distinguer entre les décisions antérieures ou postérieures à la mise en cause du défendeur. — Civ. r. 17 janv. 1876, D.P. 76. 1. 151-152. — Req. 21 avr. 1880, D.P. 80. 1. 430.

5809. La dation d'un conseil judiciaire intéressant essentiellement l'état civil du prodigue, l'appel du jugement qui a nommé ce conseil doit être jugé en audience solennelle. — Civ. c. 15 déc. 1880, D.P. 81. 1. 56. — V. *Code de procédure civile*, n° 22. — *Contrà* : Montpellier, 14 juill. 1879, D.P. 80. 2. 21, et Observ. sous cet arrêt.

5810. Cette règle doit être étendue aux contestations qui peuvent s'élever au cours de l'instance, lorsqu'elles se rattachent directement à la demande elle-même et spécialement à la contestation élevée sur la régularité de la délibération d'un conseil de famille relative à une demande en nomination de conseil judiciaire. — Req. 21 avr. 1880, D.P. 80. 1. 430.

5811. Les contestations qui intéressent l'état civil des citoyens devant seules être jugées en audience solennelle, la demande en réhabilitation d'un failli, qui ne saurait soulever une question d'état civil, doit être portée à l'audience ordinaire. — Civ. c. 6 nov. 1883, D.P. 84. 1. 471.

5812. L'arrêt qui, pour repousser une demande en liquidation et partage de succession, déclare que le décès prétendu du *de cujus* n'est pas établi, ne tranche pas une question d'état, et, en conséquence, est rendu en audience ordinaire par la cour d'appel. — Req. 6 janv. 1886, D.P. 86. 1. 5.

5813. — 2° *Questions d'état urgentes* (C. proc. civ. n° 25 à 28).

5814. — 3° *Questions d'état incidentes* (C. proc. civ. n° 29 à 59). — Les contestations sur l'état civil des personnes doivent être portées en audience solennelle lorsqu'elles font l'objet direct et principal de la demande, qu'elles sont demeurées l'objet principal et dominant des débats et l'objet exclusif des conclusions prises par certaines parties. — Req. 14 juin 1887, D.P. 88. 1. 64. — V. *Code de procédure civile*, n° 29.

5815. Mais la règle d'après laquelle la cours d'appel sont tenues d'statuer en audience solennelle dans les causes qui intéressent l'état des personnes, ne s'applique pas aux cas où la question d'état n'a été soulevée qu'incidemment, et comme moyen de défense à l'action principale. — Req. 23 mars 1874, D.P. 76. 1. 278. — Req. 28 nov. 1876, D.P. 78. 1. 111. — Douai, 29 janv. 1879, D.P. 80. 2. 213. — Civ. c. 30 juin et 9 juill. 1879, D.P. 79. 1. 413. — Req. 14 déc. 1880, D.P. 81. 1. 310. — Lyon, 19 août 1881, D.P. 83. 1. 349. — Civ. c. 18 et 25 mars 1884, D.P. 84. 1. 385. — Civ. c. 7 déc. 1885, D.P. 86. 1. 155. — Bordeaux, 24 déc. 1886, D.P. 87. 2. 163. — Civ. c. 18 janv. et 13 août 1888, D.P. 89. 1. 155. — V. *Code de procédure civile*, n° 30.

5816. Il en est ainsi, notamment, lorsqu'une contestation relative à l'état civil des personnes est soulevée incidemment dans une demande principale en pétition d'hérédité. — Bordeaux, 21 déc. 1886, D.P. 87. 2. 163. — V. *Code de procédure civile* n° 32.

5817. ... Ou à une instance d'ordre et dans le but de repousser une collocation fondée sur l'hypothèque légale de la femme. — Req. 14 déc. 1880, D.P. 81. 1. 310. — V. *Code de procédure civile*, n° 33.

5818. Ainsi la demande en nullité d'une adoption ne doit pas être portée en audience solennelle, si elle n'a été formée qu'accessoirement à une pétition d'hérédité, fondée principalement sur la nullité prétendue d'un testament. — Req. 23 mars 1874, D.P. 76. 1. 278. — V. *Code de procédure civile*, n° 50.

5819. De même, la question de filiation naturelle incidente à une action principale en partage doit être jugée par les cours d'appel en audience ordinaire : la règle suivant laquelle les questions d'état doivent être jugées en audience solennelle n'est pas applicable dans ce cas. — Douai, 29 janv. 1879, D.P. 80. 2. 213.

5820. Mais si la règle, d'après laquelle les contestations sur l'état civil des citoyens doivent être jugées par les cours d'appel en audience solennelle fléchit dans les cas où la question d'état n'a été soulevée qu'incidemment, et comme moyen de défense à l'action principale, elle reprend tout son empire lorsque, par l'effet des conclusions respectives des parties, la cour saisie de la demande originaire est appelée à statuer par une disposition spéciale sur l'état civil de l'une d'elles, devenue l'objet principal et dominant du débat. — Civ. c. 30 juin et 9 juill. 1879, D.P. 79. 1. 413. — Civ. c. 18 mars 1884, D.P. 84. 1. 385. — Civ. c. 7 déc. 1885, D.P. 86. 1. 155. — Civ. c. 18 janv. et 13 août 1888, D.P. 89. 1. 155. — V. *Code de procédure civile*, n° 51.

5821. Spécialement, les conclusions prises par le demandeur au cours d'une instance en partage, et tendant à faire prononcer la nullité d'un mariage, n'ont pu être valablement jugées en audience ordinaire, alors que, dans les conditions où le litige a été porté au cours d'appel, cette question d'état était essentiellement principale et dominante, et a dû faire l'objet d'un chef spécial de décision. — Arrêt préc. 7 déc. 1885.

5822. De même, lorsqu'il a été sursis à statuer sur une demande en liquidation et partage jusqu'à ce que la question d'un mineur, intéressé dans l'instance et non contestée, ait été judiciairement reconnue, cette question d'état formant désormais le principal et même le seul objet du litige, l'arrêt qui la tranche ne peut être rendu en audience solennelle. — Civ. c. 9 juill. 1879, D.P. 79. 1. 413.

5823. Il en est de même de la décision d'une cour statuant sur une demande reconventionnelle qui mettait en question l'état civil du demandeur principal et sur l'objet direct était de faire interdire à celui-ci l'usage du nom sous lequel il avait introduit son action — Civ. c. 30 juin 1879, D.P. 79. 1. 413.

5824. Les conclusions par lesquelles le mari, défendeur à une action en séparation de corps, demande l'annulation de son mariage avec la demanderesse, constituent également une contestation d'état qui ne peut être jugée qu'en audience solennelle. — Lyon, 19 août 1881, D.P. 82. 2. 113. — Lyon, 29 déc. 1881, D.P. 82. 2. 113, et sur pourvoi, Civ. r. 18 mars 1884, D.P. 84. 1. 385. — V. en sens contraire Observations sous cet arrêt.

5825. Et il en est ainsi de la demande en séparation elle-même, qui n'est que qu'un accessoire et une dépendance nécessaire de la demande en nullité de mariage. — Arrêt préc. 18 mars 1884.

5826. De même, il y a lieu de statuer en audience solennelle sur l'action pour laquelle des cohéritiers, au cours d'une instance en partage, liquidation et partage, ont appelé en cause un tiers, étranger à ces opérations, à l'effet de faire annuler les actes de reconnaissance et de légitimation, dont il aurait pu se prévaloir pour réclamer la succession du défunt. — Civ. c. 23 mars 1884, D.P. 84. 1. 385-386.

5827. Lorsque, au cours d'une instance en pétition d'hérédité, le demandeur intente une nouvelle réclamation, tendant directement à faire prononcer la nullité de la reconnaissance du défendeur (ou de son auteur) comme enfant naturel du *de cujus* et de l'adoption qui l'a suivie, ces demandes, n'étant pas introduites par voie d'exception, mais constituent des actions principales et distinctes, doivent, à raison des questions d'état qu'elles soulèvent, être jugées en audience solennelle. — Civ. c. 16 févr. 1881, D.P. 82. 1. 203.

5828. — 4° *Questions connexes à une question d'état* (C. proc. civ. nᵒˢ 60 à 69).

5829. — II. Prise a partie (C. proc. civ. nᵒ 70. — V. *infrà*, art. 505 et s.

5830. — III. Renvoi après cassation (C. proc. civ. nᵒˢ 71 à 81). — En cas de renvoi après cassation, l'arrêt de défaut-profit-joint à rendre contre l'intimé non comparant doit être prononcé en audience solennelle. — Civ. r. 24 janv. 1887, D.P. 87. 1. 409.

5831. L'obligation pour les cours d'appel de statuer en audience solennelle sur les affaires dont elles sont saisies sur renvoi après cassation, ne s'applique pas en matière correctionnelle et la loi du 30 avril 1883 relative à la réorganisation de la magistrature n'a eu rien innové sur ce point. — Cr. c. 28 mai 1887, D.P. 87. 1. 353.

§ 2. — *Sanction des règles relatives à la juridiction des chambres réunies* (C. proc. civ. nᵒˢ 82 à 101).

5832. La règle de compétence en vertu de laquelle une contestation qui n'intéresse pas l'état civil des citoyens (dans l'espèce, une demande en réhabilitation d'un failli) doit être portée à l'audience ordinaire et non jugée en audience solennelle n'est pas d'ordre public, et la nullité qui résulte de son inobservation ne peut être couverte par le consentement exprès ou tacite des parties. — Civ. c. 6 nov. 1883, D.P. 84. 1. 471. — V. *suprà*, nᵒ 5803.

Décret du 6 juillet 1810,

Contenant règlement sur l'organisation et le service des cours impériales. — Publié au *Bulletin des lois,* nᵒ 5723. — (Extrait, J.G. Organ. judic., p. 1408.)

TITRE Iᵉʳ. — Des cours impériales.

Sect. 1ʳᵉ. — De la formation des cours impériales.

Art. 7. Le premier président de nos cours impériales présidera les chambres assemblées et les audiences solennelles. Il présidera habituellement la première chambre civile; il présidera aussi les autres chambres, quand il le jugera convenable et au moins une fois dans l'année.

Les audiences solennelles se tiendront dans la chambre présidée par le premier président; elles seront composées de la première chambre civile; et, dans les cours où il y en aura trois, la seconde et la troisième feront alternativement le service des audiences solennelles.

Dans les cours impériales qui n'auront qu'une chambre civile, la chambre qui devra connaître des appels en matière correctionnelle pourra être requise par le premier président de faire le service aux audiences solennelles.

Art. 19. — (V. le texte, *Code de procédure civile.* p. 693.)

Ordonnance du 24 sept. 1828,

Déterminant le nombre des juges dont seront composées les chambres des appels de police correctionnelle des cours royales et contenant des dispositions pour la prompte expédition des affaires. — Publiée au *Bulletin des lois,* nᵒ 9210. — (Extrait, J.G. Organ. judic., p. 1306.)

Art. 3. Dans les cours divisées en trois chambres seulement, la chambre des appels de police correctionnelle se réunira à la chambre civile pour le jugement des causes qui doivent être portées aux audiences solennelles, de manière que les arrêts soient rendus au nombre de quatorze juges au moins.

5833. — I. Présidence des audiences solennelles (C. proc. civ. nᵒˢ 1 à 3). — La loi n'exige pas à peine de nullité qu'un arrêt rendu en audience solennelle constate que le premier président était empêché de présider l'audience et qu'il a été remplacée par le plus ancien des présidents de chambre. — Civ. r. 21 déc. 1888. D.P. 89. 1. 165. — V. *Code de procédure civile,* nᵒ 3.

5834. — II. Composition des audiences solennelles (C. proc. civ. nᵒˢ 4 à 28). — Lorsque, pour juger en audience solennelle, la chambre des appels de police correctionnelle se réunit à la chambre civile, il est facultatif au premier président de la cour de présider l'une ou de deux chambres; en conséquence, l'audience solennelle a été régulièrement composée s'il est fait mention expresse dans l'arrêt que le premier président a complété par son adjonction la chambre des appels de police correctionnelle dont les membres étaient au nombre de six. — Req. 20 déc. 1875, D.P. 76. 1. 157-158.

5835. Une cour d'appel statuant en audience solennelle n'est pas régulièrement composée qu'autant que les deux chambres qui concourent au jugement réunissent chacune séparément le nombre de membres nécessaires pour la constituer. — Req. 8 mars 1880, D.P. 80. 1. 260. — Req. 20 juill. 1880, D.P. 81. 1. 179.—Civ. c. 28 juin 1882, D.P. 83. 1. 352.

5836. Et le premier président, lorsqu'il a concouru à l'arrêt, doit être considéré comme s'étant joint à celle des deux chambres qui avait besoin de son adjonction pour la compléter. — Arrêt préc. 20 juill. 1880.

5837. Dans une cour composée de trois chambres, dont une seule correctionnelle avec accusation, si l'une des deux chambres civiles appelées à l'audience solennelle se réunit pas le nombre de magistrats exigé par la loi, elle ne peut emprunter à l'autre un ou plusieurs de ses membres, mais doit prendre à la troisième les conseillers destinés à la compléter. — Arrêt préc. 8 juill. 1882.

5838. Mais lorsque deux chambres civiles appelées à former une audience solennelle la première est complète, indépendamment du premier président, la seconde est incomplète en ce qu'elle se trouve réduite à six membres, le premier président, en concourant à l'arrêt, est présumé, comme n'étant légalement attaché à aucune chambre exclusive à aucune autre, s'être adjoint à la seconde pour la compléter; peu importe que l'arrêt mentionne que l'un des conseillers de la première chambre a été détaché pour compléter la seconde. — Arrêts préc. 8 mars et 20 juill. 1880.

5839. La disposition légale aux termes de laquelle, dans les cours d'appel composées de deux chambres ou sections, ces deux chambres doivent être réunies lorsqu'il y a lieu de statuer en audience solennelle, doit être interprétée en ce sens que la cour est valablement composée, pour juger une affaire de cette nature, de magistrats appartenant aux deux sections entre lesquelles tous ses membres avaient été répartis, et en nombre suffisant pour représenter chaque

---

chambre. — Req. 30 juill. 1888, D.P. 90. 1. 114.

5840. Spécialement, lorsque dans une cour composée de deux chambres, une chambre des mises en accusation a été constituée en outre, conformément à la loi, avec des magistrats empruntés aux deux autres chambres et pouvant être pris exclusivement dans l'une d'elles, il suffit, pour la régularité de l'audience solennelle, que chacune des deux chambres entre lesquelles le personnel judiciaire avait été distribué, ait été représentée par cinq membres au moins. — Même arrêt.

5841. Et il importe peu que l'une des sections appelées à composer l'audience solennelle ait été qualifiée de troisième chambre, si elle était, en fait, l'une des deux chambres entre lesquelles tous les membres de la cour avaient été antérieurement et également répartis. — Même arrêt.

Loi du 30 août 1883,

Sur la réforme de l'organisation judiciaire. — Publiée au *Journal officiel* le 30 août 1883, et au *Bulletin des lois,* nᵒ 13465. — (Extrait, D.P. 83. 4. 58.)

Art. 1ᵉʳ.... Pour le jugement des causes qui sont portées aux audiences solennelles, les arrêts sont rendus par neuf juges au moins.

5842. La loi du 30 août 1883 a modifié les dispositions de l'ordonnance du 24 sept. 1828 en ce qui concerne le nombre des magistrats dont la participation au jugement d'une affaire est nécessaire à la validité de l'arrêt. — J.G.S. Compét. des trib. civ. d'arr., 160.

5843. Dans le projet de la commission du Sénat, le paragraphe 4 de l'art. 1ᵉʳ de la loi du 30 août 1883 était ainsi conçu : Pour le « jugement des causes qui doivent être « portées aux audiences solennelles, les « arrêts sont rendus par neuf juges. » Et il « était suivi d'un paragraphe 5 portant : « Les « magistrats appelés à compléter la chambre « d'audience solennelle seront désignés dans « l'ordre du tableau. » — D.P. 83. 4. 62, note 1, col. 3.

5844. Sur la proposition de M. Dauphin, les mots « au moins » à la fin du paragraphe 4 ont été ajoutés, et a supprimé le paragraphe 5. — V. *ibid.*

5845. Le rapporteur de la loi a déclaré que la commission acceptait la suppression du paragraphe 5, parce qu'il n'y avait plus lieu de prévoir que l'on compléterait en faisant appel à des magistrats d'une autre chambre. — V. *ibid.*

5846. En effet, ou l'audience solennelle doit avoir lieu devant une cour qui n'a qu'une chambre, et, dans ce cas, tous les magistrats sont appelés et doivent siéger, en quelque nombre qu'ils soient, pourvu qu'ils soient au moins au nombre de neuf et en nombre impair ; ou, au contraire, l'audience solennelle a lieu devant une cour qui a deux ou plusieurs chambres, et alors tous les magistrats des deux chambres sont appelés de plein droit, quel que soit leur nombre, et il faut qu'ils soient toujours au moins au nombre de neuf. — V. *ibid.*

5847. Par conséquent, il n'y a plus d'appel arbitraire à faire par le premier président, et, par conséquent, il n'y a pas à suivre l'ordre du tableau : on appelle dans ce cas deux chambres. Ces chambres peuvent ne pas être à leur nombre réglementaire de cinq, parce qu'il y a des magistrats empêchés ou récusés, mais il faut que le total des magistrats soit de neuf au moins. Si ce nombre est supérieur et qu'il soit de dix ou de douze, un magistrat s'abstiendra de prendre part au délibéré. — V. *ibid.*

5848. Décidé, depuis la loi du 30 août 1883, que la disposition légale aux termes de laquelle, dans les cours d'appel composées de deux chambres ou sections, ces deux chambres doivent être réunies lorsqu'il y a lieu de statuer en audience solennelle doit être interprété en ce sens que la cour est valablement composée, pour juger les affaires de cette nature, de magistrats appartenant aux deux sections entre lesquelles tous ses membres avaient été répartis, et en nombre suffisant pour représenter chaque chambre. — Req. 30 juill. 1888, D.P. 88. 1. 114.

5849. Spécialement, lorsqu'une cour composée de deux chambres, une chambre des mises en accusation a été constituée en outre, conformément à la loi, avec des magistrats empruntés aux deux autres chambres et pouvant être pris exclusivement dans l'une d'elles, il suffit, pour la régularité de l'audience solennelle, que chacune des deux chambres entre lesquelles le personnel judiciaire avait été distribué ait été représentée par cinq membres au moins. — Même arrêt.

5850. Et il importe peu que l'une des sections appelées à composer l'audience solennelle ait été qualifiée de *troisième chambre,* si elle était, en fait, l'une des deux chambres entre lesquelles tous les membres de la cour avaient été entièrement et également répartis. — Même arrêt.

5851. La loi du 30 août 1883 ne change en rien les règles relatives aux assemblées générales des cours, aux audiences des chambres réunies et aux attributions du premier président. — J.G.S. *Compét. des trib. civ d'arr. et des cours d'appel,* 160.

Sect. 8. — Des magistrats qui se retirent après trente ans d'exercice, et des magistrats qui meurent dans l'exercice de leurs fonctions.

Art. 77. — (V. le texte, *Code de procédure civile,* p. 694.)

III. — ASSEMBLÉES GÉNÉRALES.

Décret du 6 juill. 1810,

Contenant règlement sur l'organisation et le service des cours impériales. — Publié au Bulletin des lois, n° 5743. — (Extrait, J.G. *Organ. judic.,* p. 1408.)

Art. 61 à 69. — (V. le texte, *Code de procédure civile,* p. 694.)

Ordonnance du 18 janvier 1846,

Relative aux assemblées générales des cours royales. — Publiée au Bulletin des lois, n° 12553. — (D.P. 46. 3. 30.)

Art. 1er En cas de réunion des chambres d'une cour royale, l'assemblée générale ne sera régulièrement constituée qu'autant que le nombre des magistrats présents ne sera pas inférieur au nombre nécessaire pour la composition de chaque chambre.

Il suffira que la chambre des appels de police correctionnelle soit composée de cinq membres.

5852. Les arrêts prononcés par une cour dans les matières de nature à être jugées en assemblée générale, doivent être rendus par un nombre de conseillers au moins égal à celui qui est nécessaire pour la constitution de chacune des chambres dont se compose la cour. C. 29 août 1877, D.P. 77. 1. 180.

5853. En conséquence, la composition de la cour est régulière, alors que seize magistrats ont siégé, savoir : neuf conseillers faisant partie de la première chambre, six magistrats appartenant à la seconde, et le

---

premier président. — Req. 20 juill. 1880, D.P. 81. 1. 179.

5854. Une cour d'appel, comptant en tout vingt-trois membres, réunie en assemblée générale pour statuer sur la poursuite disciplinaire dirigée par le procureur général contre un avocat, est régulièrement composée de dix-neuf magistrats, y compris le premier président; en ce cas, il n'est pas nécessaire que l'arrêt mentionne la cause de l'absence de quelques membres de ladite cour, dont l'absence est présumée valable et justifiée. — Req. 29 juill. 1881, D.P. 85. 1. 237.

IV. — CHAMBRE DES VACATIONS.

Décret du 6 juillet 1810,

Contenant règlement sur l'organisation et le service des cours impériales. — Publié au Bulletin des lois, n° 5745. — (Extrait, J.G. *Organ. judic.,* p. 1408.)

Art. 32. — (V. le texte, *Code de procédure civile,* p. 695.)

Décret du 30 mars 1808,

Contenant règlement pour la police et la discipline des cours et tribunaux. — Publié au Bulletin des lois, n° 3245. — (Extrait, J.G. *Organ. judic.,* p. 1493.)

Sect. 5. — Des chambres de vacations.

Art. 40 à 43. — (V. le texte, *Code de procédure civile,* p. 695.)

Art. 44. La chambre des vacations est uniquement chargée des matières sommaires et de celles qui requièrent célérité. Elle donnera au moins deux audiences par semaine. Les jours en seront indiqués lors de son ouverture.

5855. Un décret du 12 juin 1880, modifiant cet article et l'art. 78 du même décret, a réglementé les audiences de vacations tant dans les tribunaux de première instance que dans les cours d'appel et décidé qu'il y aurait à l'avenir au moins une audience par quinzaine dans chaque tribunal et une audience par semaine dans chaque cour d'appel (1). — V. *suprà,* n°s 1878 et s.

5856. Ce décret a été suivi d'une circu-

---

(1) **12-17 juin 1880.** — *Décret qui fixe les audiences réglementaires pendant les vacances judiciaires.* — (D.P. 81. 4. 51.)

Art. 1er. Les audiences réglementaires pendant les vacances judiciaires seront, à l'avenir, fixées conformément aux dispositions suivantes :

Une audience sera tenue chaque quinzaine dans les tribunaux de première instance n'ayant qu'une chambre.

Les chambres des vacations des tribunaux de plus de deux chambres tiendront une audience par semaine.

Art. 2. La chambre des vacations des tribunaux de première instance ayant trois chambres, ou, en plus grand nombre, tiendra deux audiences hebdomadaires à des jours différents, fixés de huitaine en huitaine.

Art. 3. La chambre des vacations du tribunal de première instance de la Seine continuera à siéger quatre jours par semaine, conformément à la disposition finale de l'art. 78 du décret du 30 mars 1808.

Art. 4. Dans chaque cour d'appel, la chambre des vacations devra siéger au moins une fois par semaine, de huitaine en huitaine.

À cette fin, chaque cour d'appel, se réunira deux fois chaque semaine.

Art. 5. Ces audiences réglementaires, dont les dates seront fixées par une délibération prise par chaque compagnie judiciaire, seront indépendantes de celles

---

laire du garde des sceaux en date du 19 juill. 1880 et destinée à en assurer l'exécution. — *Bull. min. just.* 1880, p. 201.

5857. Un décret du 4 juill. 1885, ayant modifié la date des vacances judiciaires (2), un autre décret du 15 juillet suivant, rendu en exécution du premier, a modifié l'art. 6 du décret précité du 12 juin 1880 en reportant à la seconde quinzaine de juillet la date des délibérations à prendre par les compagnies judiciaires pour assurer le service des vacations (3). — D.P. 86. 4. 7.

5858. Ces décrets ont été suivis d'une circulaire du garde des sceaux en date du 23 juill. 1885 destinée à assurer le service des audiences des vacations. — *Bull. min. just.* 1885, p. 437.

5859. Une décision de la chancellerie, en date du 8 sept. 1877, reconnaît la compétence de la chambre des vacations de la cour d'appel pour statuer sur *toutes* les affaires qui requièrent célérité et qui, au cours de l'année judiciaire, ressortiraient à la première chambre civile de la cour à raison de la qualité du prévenu, par exemple, une poursuite contre un maire pour délit par lui commis dans l'exercice de ses fonctions d'officier de police judiciaire. — *Bull. min. just.* 1877, p. 128.

Ordonnance du 11 octobre 1820,

Sur le mode de roulement des magistrats dans les cours et tribunaux. — Publiée au Bulletin des lois, n° 6599.

Art. 5. — (V. le texte, *Code de procédure civile,* p. 696.)

que le président de la chambre des vacations reconnaîtrait, après son ouverture, utiles à l'intérêt du service.

Il appartiendra toujours au procureur général de requérir la convocation extraordinaire, en dehors des jours fixés à l'avance, de ces audiences chargées du service de la chambre des mises en accusation.

Le procureur de la République pourra également demander, par application de la loi du 20 mai 1863 sur l'instruction des flagrants délits, une réunion spéciale du tribunal.

Art. 6. Les délibérations des compagnies judiciaires ayant pour objet de régler le service des vacations seront prises dans la première quinzaine d'août.

Une expédition en sera adressée, par les soins du procureur général, dans la huitaine, au ministère de la Justice.

Art. 7. Les dispositions du décret du 30 mars 1808 sont abrogées en ce qu'elles ont de contraire aux articles ci-dessus.

---

(2) **4-5 juill. 1885.** — *Décret modifiant la date des vacances judiciaires.* — (D.P. 86. 4. 7.)

Art. 1er. Les vacances des chambres civiles de la cour de cassation, des cours d'appel et des tribunaux de première instance, commenceront le 15 août et se termineront le 15 octobre.

Le procès-verbal constatant les noms des magistrats présents à l'audience de rentrée et les lettres d'excuse des magistrats absents sera immédiatement transmis au garde des sceaux.

Art. 2. Le président du conseil, garde des sceaux, ministre de la justice, est chargé, etc.

---

(3) **15-19 juill. 1885.** — *Décret portant modification du décret du 12 juin 1880, relatif aux audiences réglementaires pendant les vacances judiciaires, et de l'ordonnance du 11 oct. 1820, sur le mode de roulement des magistrats dans les cours et tribunaux.* — (D.P. 86. 4. 7.)

Art. 1er. Le règlement du service des vacations et les opérations relatives au roulement des magistrats dans les cours d'appel et les tribunaux de première instance se feront dans la seconde quinzaine du mois de juillet.

Les dispositions du décret du 12 juin 1880 et celles de l'ordonnance du 11 oct. 1820 sont modifiées en ce qu'elles ont de contraire au présent décret.

Art. 2. Le président du conseil, etc., est chargé, etc.

26

V. — CHAMBRE TEMPORAIRE ET CHAMBRE CORRECTIONNELLE JUGEANT EN MATIÈRE CIVILE.

Décret du 6 juillet 1810,

Contenant règlement sur l'organisation et le service des cours impériales. — Publié au *Bulletin des lois*, nᵒ 5725. — (Extrait, J.G. *Organ. judic.*, p. 1408.)

Art. 10. Si le besoin du service exige que, pour l'expédition des affaires civiles, il soit formé une chambre temporaire, elle sera composée de conseillers pris dans les autres chambres.

La liste de ceux qui pourraient être choisis sera envoyée par le premier président, à notre grand juge, et, sur son rapport, nous nommerons les présidents et conseillers de la chambre temporaire.

Le même décret réglera le temps de la durée de cette chambre.

5860. Un décret du 6 août 1881 a créé, en exécution de cet art. 10, une chambre temporaire à la cour d'appel de Paris pour une durée de dix-huit mois. — D.P. 82. 1. 47.

Loi du 30 août 1883,

Sur la réforme de l'organisation judiciaire. — Publiée au *Journal officiel* le 31 août 1883 et au *Bulletin des lois*, nᵒ 13465. — (Extrait, D.P. 83. 4. 58.)

Art. 2... Si les besoins du service l'exigent, il pourra être formé, par règlement d'administration publique, une chambre temporaire composée de conseillers pris dans d'autres chambres.

5861. Lorsqu'une cour d'appel ne comprend qu'une seule chambre, elle ne peut, en l'absence d'un règlement d'administration publique, se diviser en deux chambres, et procéder simultanément les mêmes jours, en deux sections, au jugement des affaires civiles dans l'une et des affaires correctionnelles dans l'autre, sans violer la règle qui préside à l'organisation de ses pouvoirs. — Cr. c. 15 mars 1889, D P. 89. 1. 265.

5862. En conséquence, est nul l'arrêt rendu par la section irrégulièrement organisée pour procéder au jugement des affaires correctionnelles, tandis que l'autre section vaquait au jugement des affaires civiles. — Même arrêt.

5863. Mais il est parfaitement licite de répartir le service entre les membres de la cour de façon qu'ils soient alternativement dispensés d'assister à certaines audiences, afin de pouvoir siéger à des jours différents et de faciliter ainsi l'expédition des affaires en augmentant le nombre des audiences. Dans ce cas, il n'y a toujours qu'une chambre, et la même chambre, qui fonctionne. — D.P. 89. 1. 265, note 1-2.

5864. Ainsi quand l'arrêt d'une cour d'appel qui ne comprend qu'une seule chambre porte dans ses qualités qu'il a été rendu par la cour d'appel composée, président compris, de cinq magistrats, l'empêchement des autres membres de la compagnie est légalement présumé. — Req. 4 mars 1889, D.P. 89. 1. 53.

5865. Et cette présomption n'est pas renversée devant la cour de cassation par l'allégation que les conseillers qui n'ont pas siégé dans l'affaire, s'en sont abstenus comme faisant partie d'une autre chambre arbitrairement instituée sans un règlement d'administration publique, alors que la dite allégation n'est pas juridiquement établie par le demandeur au pourvoi. — Même arrêt.

Décret du 6 juillet 1810,

Contenant règlement sur l'organisation et le service des cours impériales. — Publié au *Bulletin des lois*, nᵒ 5725. — (Extrait, J.G. *Organ. judic.*, p. 1408.)

Art. 11. Lorsque, dans le cas de l'article précédent, le besoin d'une chambre temporaire ne sera pas reconnu, et qu'il y aura cependant des affaires civiles en retard, le premier président pourra faire un rôle des affaires sommaires, et les renvoyer à la chambre des appels en matière correctionnelle, qui sera tenue de donner, pour leur expédition au moins deux audiences par semaine.

Ordonnance du 24 septembre 1828,

Déterminant le nombre de juges, dont seront composées les chambres des appels de police correctionnelle des cours royales et contenant des dispositions pour la prompte expédition des affaires. — Publiée au *Bulletin des lois*, nᵒ 9240. — (Extrait, J.G. *Organ. judic.*, p. 1508.)

Art. 1ᵉʳ... les chambres des appels de police correctionnelle de nos cours royales seront composées au moins de sept juges, y compris le président.

Ces chambres pourront connaître des causes civiles tant ordinaires que sommaires et ne pourront prononcer qu'au nombre de sept juges.

Loi du 30 août 1883,

Sur la réforme judiciaire. — Publiée au *Journal officiel* le 31 août 1883, et au *Bulletin des lois*, nᵒ 13465. — (Extrait, D.P. 83. 4. 58.)

Art. 1ᵉʳ. En toute matière, les arrêts des cours d'appel sont rendus par des magistrats délibérant en nombre impair.

Ils sont rendus par cinq juges au moins, président compris.

Lorsque les membres d'une cour siégeant dans une affaire seront en nombre pair, le dernier des conseillers dans l'ordre du tableau devra s'abstenir.

5866. L'art. 1ᵉʳ de l'ordonnance du 24 sept. 1828 autorisait les chambres des appels correctionnels à connaître des causes civiles, mais disposait que, dans ce cas, ces chambres ne pourraient prononcer qu'au nombre de sept juges, tandis qu'en matière correctionnelle leurs arrêts pouvaient être rendus par cinq juges. — V. *Code de procédure civile*, nᵒ 1.

5867. La loi du 30 août 1883 a supprimé toute distinction entre les chambres civiles des cours d'appel et les chambres des appels correctionnels. — J.G.S. *Compét. civ. des trib. d'arr. et des cours d'appel*, 158.

5868. Aux termes de l'art. 1ᵉʳ de cette loi, les arrêts des cours d'appel étant, en toute circonstance, valablement rendus par cinq juges au moins, président compris, il n'y a plus d'hésitation possible sur la question de savoir si les chambres correctionnelles peuvent statuer sur les affaires civiles et, pour ces affaires n'ont-ils plus, comme autrefois, à se compléter au nombre de sept juges. Et cela, d'autant plus que, dans une partie des cours d'appel (7 sur 23), il n'y a qu'une seule chambre qui statue à la fois sur les affaires civiles et les affaires correctionnelles. — J.G.S. *Compét. civ. des trib. civ. d'arr. et des cours d'appel*, 158.

5869. La validité d'un arrêt est donc incontestable s'il est rendu par cinq magistrats au moins, ou par un nombre plus considérable, pourvu qu'ils soient en nombre impair. — J.G.S. *Compét. civ. des trib. civ. d'arr. et des cours d'appel*, 158.

5870. Décidé, avant la loi de 1883, qu'un

arrêt rendu, en matière civile ordinaire, par la chambre des appels de police correctionnelle est régulier, du moment qu'il a été rendu par sept magistrats, bien qu'il n'exprime pas le motif pour lequel la cause a été distribuée à cette chambre. — Req. 9 mai 1877, D.P. 78. 1. 30-31.

5871. Jugé depuis la loi de 1883 qu'un arrêt n'est pas nul par cela seul que la copie signifiée dudit arrêt porte qu'il a été rendu par quatre magistrats seulement, délibérant par suite en nombre pair, si la feuille d'audience établit la présence, au prononcé de l'arrêt, d'un président et de quatre conseillers. — Civ. r. 28 janv. 1891, D.P. 92. 1. 53.

Ordonnance du 24 septembre 1828,

Déterminant le nombre des juges dont seront composées les chambres des appels de police correctionnelle des cours royales et contenant des dispositions pour la prompte expédition des affaires. — Publiée au *Bulletin des lois*, nᵒ 9240. — (Extrait, J.G. *Organ. judic.*, p. 1508.)

Art. 2. — (V. le texte, *Code de procédure civile*, p. 606.)

Code de procédure civile (Suite).

Art. 463. Les appels des jugements rendus en matière sommaire seront portés à l'audience sur simple acte, et sans autre procédure. Il en sera de même de l'appel des autres jugements, lorsque l'intimé n'aura pas comparu.

Art. 464. Il ne sera formé, en cause d'appel, aucune nouvelle demande, à moins qu'il ne s'agisse de compensation, ou que la demande nouvelle ne soit la défense à l'action principale.

Pourront aussi les parties demander des intérêts, arrérages, loyers et autres accessoires échus depuis le jugement de première instance, et les dommages et intérêts pour le préjudice souffert depuis ledit jugement.

DIVISION.

Sect. 1. — DES CONCLUSIONS PRISES DEVANT LE JUGE D'APPEL (nᵒ 5872).

Sect. 2. — DES DEMANDES NOUVELLES EN GÉNÉRAL (nᵒ 5880).

Sect. 3. — DEMANDES NOUVELLES ET MOYENS NOUVEAUX PROPOSÉS PAR LE DEMANDEUR (nᵒ 5896).

§ 1. — *Demandes nouvelles formées par le demandeur* (nᵒ 5896).

A. — Demande distincte par son objet de la demande originaire (nᵒ 5806).

B. — Demande distincte par sa cause de la demande originaire (nᵒ 5913).

C. — Augmentation de la demande originaire (nᵒ 5924).

D. — Demande formée en une qualité autre qu'en première instance (nᵒ 5928).

E. — Demande formée contre une partie qui n'a pas figuré en première instance, ou contre la même partie en une autre qualité (nᵒ 5931).

§ 2. — *Demandes qui ne doivent pas être considérées comme nouvelles* (nᵒ 5937).

A. — Modification et restriction de la demande (nᵒ 5937).

B. — Demande sur laquelle le premier juge a omis ou refusé de statuer (nᵒ 5944).

C. — Demande virtuellement comprise dans la demande originaire (nᵒ 5947).

D. — Conclusions du demandeur ayant pour objet de repousser les conclusions du défendeur (n° 5959).

E. — Demandes accessoires (n° 5961).

F. — Demandes qui sont la suite ou la conséquence de la demande originaire (n° 5979).

§ 3. — *Moyens nouveaux à l'appui de la demande originaire* (n° 5981).

SECT. 4. — DEMANDES NOUVELLES ET MOYENS NOUVEAUX PROPOSÉS PAR LE DÉFENDEUR (n° 6004).

§ 1. — *Demandes et moyens nouveaux présentés comme défense à l'action principale* (n° 6004).

§ 2. — *Demandes et moyens nouveaux du défendeur non proposables en appel* (n° 6048).

§ 3. — *Demande en garantie* (n° 6058).

SECT. 1re. — DES CONCLUSIONS PRISES DEVANT LE JUGE D'APPEL (C. proc. civ. n° 1 à 19).

5872. En principe, la question de savoir sur quoi statue la décision d'appel est régie par les règles applicables au jugement de première instance. — V. *suprà*, art. 116, n° 1917 et s., et *infrà*, art. 473.

5873. — I. CONCLUSIONS POSÉES EN APPEL (C. proc. civ. n° 2 à 10). — Lorsque, par des conclusions précises et formelles, la cour d'appel est mise en demeure de statuer sur la validité et les effets d'une subrogation dans son hypothèse légale consentie par une femme mariée à un créancier, elle ne peut écarter ces conclusions sous le prétexte qu'elles constituent des réserves sur lesquelles il n'y a pas lieu de statuer. — Civ. c. 26 janv. 1887, D.P. 87. 1. 208.

5874. — De ce qui concerne la question de savoir quand les conclusions sont réputées avoir été abandonnées, V. *suprà*, art. 116, n° 1945 et s., et art. 141, n° 2365 et s.

5875. — II. JUSQU'À QUEL MOMENT DES CONCLUSIONS PEUVENT ÊTRE POSÉES EN APPEL (C. proc. civ. n° 11 à 19). — Sur cette question qui se présente tant en première instance qu'en appel, V. *suprà*, art. 72, Décr. 30 mars 1808, n° 1744 et s.

5876. — De nouvelles conclusions ne peuvent plus être prises lorsque la cause a été mise en délibéré. — Paris, 12 mars 1863, J.G.S. *Conclusions*, n° 14.

5877. L'interdiction de poser des conclusions devant la cour d'appel après l'audition du ministère public s'applique aux conclusions ayant pour objet le *donné acte* d'un fait à la charge de la partie adverse et non admis par celle-ci, d'un refus, par exemple, de communication de pièces. — Req. 23 janv. 1878, D.P. 78. 1. 375.

5878. Mais il n'en serait pas de même si, sous forme de conclusions, une partie demandait acte de la rectification d'erreurs matérielles qui se seraient glissées dans le libellé d'articulations admises en preuve, alors d'ailleurs que cette rectification, demandée oralement dans les plaidoiries, puis formulée par écrit sur la demande du président, a fait l'objet d'un débat contradictoire à l'audience et qu'elle ne constitue aucun moyen nouveau. — Civ. r. 29 mars 1887, D.P. 87. 1. 483.

5879. La remise au ministère public de notes et conclusions après la clôture des plaidoiries ne peut donner ouverture à cassation, lorsque rien n'établit qu'elles aient modifié les conclusions antérieures, que, dans tous les cas, le ministère public les a acceptées et n'a point passé ensuite sous les yeux de la cour. — Req. 19 janv. 1887, D.P. 87. 1. 484. — V. *Code de procédure civile*, n° 19, et *suprà*, Décr. 30 mars 1808.

art. 72, n° 1733 et s., et *infrà*, liv. 4, *Appendice, Pourvoi en cassation.*

SECT. 2. — DES DEMANDES NOUVELLES EN GÉNÉRAL (C. proc. civ. n° 20 à 43).

5880. — I. INTERDICTION DE PROPOSER DES DEMANDES NOUVELLES EN APPEL (C. proc. civ. n° 20 à 29). — Il n'y a demande nouvelle dans le sens de l'art. 464 C. proc. civ., qu'autant que devant la cour sont prises des conclusions qui n'avaient point été soumises aux juges de première instance. — J.G.S. *Demande nouvelle*, 4.

5881. Les juges d'appel ne pouvant prononcer que sur les demandes soumises aux juges de première instance, il ne leur est pas permis de statuer sur une demande nouvelle, ni d'apprécier par avance si, devant une autre juridiction, elle est ou non susceptible d'être accueillie. — Req. 14 févr. 1888, D.P. 84. 1. 406. — V. *Code de procédure civile*, n° 20.

5882. Il n'y a pas lieu de statuer en appel sur un chef de conclusions qui n'a été mentionné ni dans le commandement, ni dans les conclusions de première instance, et qui ne constitue pas un accessoire de celles-ci. — Bourges, 23 mars 1875, D.P. 77. 2. 114.

5883. La partie demanderesse, qui, par une action prétendue reconventionnelle dont elle est devenue l'objet de la part du défendeur, a conclu au fond en première instance, n'est plus recevable, en appel, à prétendre que ladite action, ne se rattachant nullement à la demande principale, était entachée de nullité comme ayant été introduite par acte d'avoué à avoué, au lieu de l'être par voie d'assignation. — Req. 2 févr. 1886, D.P. 87. 1. 132.

5884. — II. À QUELLES MATIÈRES S'APPLIQUE L'INTERDICTION DE PRÉSENTER DES DEMANDES NOUVELLES (C. proc. civ. n° 30 à 35). — Sur les demandes nouvelles: ... en matière de saisie immobilière, V. *infrà*, art. 732.

5885. ... En matière de folle enchère, V. *infrà*, art. 973.

5886. ... Dans les instances relatives aux difficultés qui s'élèvent, en matière de licitation, sur le cahier des charges, V. *infrà*, art. 973.

5887. ... En matière de surenchère sur aliénation volontaire, V. *infrà*, art. 838.

5888. Sur les demandes nouvelles et les moyens nouveaux: ... en matière d'ordre, V. *infrà*, art. 762.

5889. ... En matière administrative, V. *Code des lois adm. annotées*, t. 1er, IV, v° *Conseil d'État*, n° 870 et s.

5890. Sur la question de savoir si l'art. 464 est applicable en matière de divorce et de séparation de corps, V. *infrà*, art. 879.

5891. — III. FIN DE NON-RECEVOIR TIRÉE DE LA NOUVEAUTÉ DE LA DEMANDE (C. proc. civ. n° 36 à 43). — La fin de non-recevoir tirée de ce qu'une demande est nouvelle ne doit pas être suppléée d'office par le juge. — Besançon, 28 avr. 1875, D.P. 78. 2. 63. — Req. 13 juill. 1875, D.P. 76. 4. 118. — Req. 13 mars 1876, D.P. 76. 1. 342. — Req. 19 févr. 1819, D.P. 80. 1. 373. — V. *Code de procédure civile*, n° 39.

5892. ... Et elle ne peut être proposée pour la première fois devant la cour de cassation. — Arrêt préc. 13 juill. 1875. — V. *Code de procédure civile*, n° 42.

5893. Toutefois, si l'art. 464 C. proc. civ. n'impose pas au cours d'appel le devoir de prononcer contre une demande nouvelle une fin de non-recevoir que l'intimé n'invoque pas, il ne s'ensuit pas que, dans le silence de ce dernier, elles soient tenues de statuer sur toutes les demandes nouvelles qui leur sont soumises, et pour qu'elles puissent statuer sur une demande de ce genre, il faut au moins, suivant les termes de l'art. 473, que la matière soit disposée à recevoir une solution définitive. — J.G.S. *Demande nouvelle*, 8.

5894. En conséquence, lorsque, à défaut de documents, et à raison de la situation différente et indéterminée des intimés, une cour d'appel n'est pas en état de statuer sur des conclusions subsidiaires prises pour la première fois devant elle par l'appelant, elle peut renvoyer celui-ci à se pourvoir ainsi qu'il avisera. — Amiens, 16 janv. 1875, D.P. 77. 2. 57.

5895. Le moyen fondé sur ce qu'une demande nouvelle aurait été formée en cause d'appel ou sur la litispendance ne peut pas être proposé pour la première fois devant la cour de cassation. — Req. 14 févr. 1888, D.P. 88. 1. 225. — V. *Code de procédure civile*, n° 42.

SECT. 3. — DEMANDES NOUVELLES ET MOYENS NOUVEAUX PROPOSÉS PAR LE DEMANDEUR (C. proc. civ. n° 44 à 439).

§ 1er. — *Demandes nouvelles formées par le demandeur* (C. proc. civ. n° 44 à 119).

A. — Demande distincte par son objet de la demande originaire (C. proc. civ. n° 52 à 119).

5896. Il y a demande nouvelle non recevable pour la première fois en cause d'appel lorsqu'une nouvelle prétention est substituée devant les juges du second degré à celle qui a été portée en première instance, quelle que soit l'analogie qui puisse exister entre ces deux demandes. — Civ. c. 16 févr. 1887, D.P. 88. 1. 28. — V. *Code de procédure civile*, n° 52.

5897. Une demande subsidiaire est nouvelle, et à ce titre irrecevable en appel, lorsque, bien que fondée sur la même cause, elle a un objet différent de la demande principale présentée en première instance et ne peut être identifiée avec celle-ci. — Civ. r. 10 janv. 1883, D.P. 83. 1. 460.

5898. De même, les conclusions additionnelles qui n'étaient point comprises, même implicitement, dans les conclusions de première instance, et qui dérivent d'un tout autre ordre d'idées, constituent, par là même, une demande nouvelle, qui ne saurait être accueillie en appel. — Grenoble, 12 mars 1886, D.P. 88. 2. 29.

5899. Non seulement les juges d'appel ne peuvent statuer sur une demande nouvelle, mais ils ne peuvent même apprécier par avance si, devant une autre juridiction, elle est ou non susceptible d'être accueillie. — Req. 1er août 1883, D.P. 84. 1. 406.

5900. La demande formée par un propriétaire en vertu des lois des 29 avr. 1845 et 11 juill. 1847, et tendant à obtenir, pour l'irrigation de ses propriétés auxquelles des eaux naturelles dont il a le droit de disposer, l'autorisation d'appuyer son barrage sur le fonds du riverain opposé, alors que son droit d'action qu'il avait, tout d'abord, intentée à l'effet de revendiquer un droit exclusif reposant, pour le barrage et le point d'appui, sur la loi, mais sur des titres réguliers et des concessions anciennes des riverains; par suite, cette prétention, constituant une demande nouvelle, ne peut être portée pour la première fois devant la cour d'appel. — Nancy, 4 nov. 1887, D.P. 91. 1. 37.

5901. La partie qui, après avoir revendiqué en première instance une servitude de passage sur un chemin, conclut en appel à être reconnue propriétaire dudit chemin, forme une demande nouvelle que le juge du second degré doit déclarer irrecevable. — Req. 18 janv. 1886, D.P. 86. 1. 71. — V. *Code de procédure civile*, n° 59 et 60.

5902. De même, le droit de servitude et le droit de propriété sur le même immeuble sont exclusifs l'un de l'autre et constituent des droits distincts dont le premier ne peut être considéré comme compris dans le second: par suite, le plaideur qui, après avoir revendiqué, devant les premiers juges, la propriété d'un immeuble, se borne à réclamer en appel une servitude sur cet immeuble, formule une demande nouvelle et comme telle irrecevable. — Dijon, 25 juin 1890, D.P. 91. 2. 6.

5903. Lorsqu'un procès s'est engagé sur l'exécution de conventions relatives à l'exploitation d'un brevet d'invention, et que la nullité de ce brevet n'a point été demandée devant les premiers juges, elle ne saurait être invoquée pour la première fois devant la cour d'appel. — Rennes, 24 août 1883, D.P. 85. 1. 349.

5904. La demande formée pour la première fois en appel par le locataire, et tendant au payement d'une indemnité à fixer par experts à raison des impenses qu'il a faites dans les lieux qu'il occupe en vertu d'un bail dont la résiliation a été prononcée contre lui en première instance, est une demande nouvelle, et, par suite, non recevable. — Nancy, 16 avr. 1877, D.P. 79. 2. 205.

5905. Une demande de réduction de l'hypothèque judiciaire ne peut être présentée pour la première fois devant la cour d'appel, saisie d'un litige au sujet de la créance garantie par cette hypothèque. — Chambéry, 3 juill. 1878, D.P. 79. 2. 218.

5906. La partie qui a déclaré faire défaut à une enquête ordonnée par le premier juge n'est pas recevable à reprocher des témoins pour la première fois en appel. — Trib. de Saint-Sever, 10 août 1866, D.P. 68. 1. 251. — V. *Code de procédure civile*, nᵒ 119.

B. — Demande distincte par sa cause de la demande originaire (C. proc. cir. nᵒˢ 120 à 155).

5907. En ce qui concerne les diverses causes de la demande, V. *Supplément au Code civil annoté*, art. 1351, nᵒˢ 9174 et s.

5908. La partie qui a demandé, en première instance, la nullité d'un partage en se fondant sur ce qu'il n'était que provisionnel, n'est pas recevable à demander pour la première fois en appel la rescision de ce partage pour cause de lésion. — Lyon, 12 mars 1868, J.G.S. *Demande nouvelle*, 17. — V. *Code de procédure civile*, nᵒ 131.

5909. Lorsqu'un jugement a statué sur une demande en rescision d'une vente d'immeubles pour cause de lésion de plus des sept douzièmes, il n'est pas permis de demander pour la première fois en cause d'appel la nullité du contrat, sous prétexte qu'il contiendrait un avantage indirect prohibé par la loi; tout au moins, alors que rien n'indique que l'intimé ait accepté le débat sur ce point, la cour a-t-elle le droit de refuser de statuer. — Req. 17 nov. 1886, D.P. 87. 1. 425.

5910. Les conclusions additionnelles prises pour la première fois devant la cour forment des demandes nouvelles, non recevables en appel, lorsqu'elles diffèrent, par leur cause et par leur but, de la demande primitive. — Req. 20 févr. 1883, D.P. 83. 1. 474.

5911. Il en est ainsi, spécialement, des conclusions tendant alternativement soit au rachat du droit de pâturage, soit au payement d'une indemnité, et dont l'admission aurait pour conséquence l'extinction d'une servitude d'usage, tandis que, par ses conclusions devant les premiers juges, le demandeur entendait conserver sa qualité d'usager, alors surtout que la non-recevabilité de ses conclusions a été proposée par le défendeur. — Même arrêt.

5912. De même, le locataire qui n'a pas contesté en appel ni la régularité du congé qui lui a été signifié, ni le bien fondé du jugement qui a validé ce congé, et qui s'est borné à formuler des demandes d'indemnité, ne saurait se plaindre de ce que l'arrêt n'a point accueilli ses demandes, lorsqu'il est constaté qu'elles n'avaient point subi le premier degré de juridiction, et que cette constatation n'est contredite ni par les qualités du jugement, ni par celles de l'arrêt,

ni par aucune production. — Req. 29 juill. 1889, D.P. 90. 1. 380.

5913. Lorsqu'en première instance, la demande en nullité de société, formée par un associé contre son associé, est basée sur diverses causes, et notamment sur un défaut de publicité, le demandeur qui, en appel, n'a pas d'abord repris cette cause particulière dans ses conclusions, peut valablement l'invoquer dans des conclusions ultérieures, formulées après la réouverture des débats clos une première fois, rien n'impliquant qu'il y ait renoncé, et ce moyen d'ailleurs, même fût-il nouveau, ne constituant pas une demande nouvelle. — Civ. r. 8 janv. 1890, D.P. 91. 1. 243.

5914. Une partie ne peut, devant les juges du second degré, conclure à la nullité d'un contrat que l'action par elle intentée avait pour objet de faire sanctionner. — Toulouse, 10 févr. 1877, D.P. 77. 2. 173.

5915. Décidé en ce sens que des conclusions principales et des conclusions subsidiaires constituent deux demandes distinctes, lorsque les premières impliquent la nullité d'une vente, et les secondes sa validité : dans ces conditions, les conclusions subsidiaires ne sauraient être considérées comme un moyen nouveau à l'appui de la demande principale. — Req. 8 févr. 1881, D.P. 81. 1. 467.

5916. Ainsi, l'acheteur qui avait introduit une demande à fin de nullité d'une vente pour dol et fraude, intente en réalité une demande nouvelle, lorsqu'il réclame, par des conclusions subsidiaires, l'exécution de l'engagement qu'avait pris le vendeur de racheter, dans un délai déterminé, les biens vendus. — Même arrêt.

5917. Et cet engagement, qui suppose la validité de la vente, ne peut plus être utilement invoqué, si l'acheteur a laissé passer le délai stipulé sans mettre le vendeur en demeure de l'exécuter : il prétendrait vainement que la demande principale en nullité de la même vente, ayant été intentée dans ledit délai, le relève de la déchéance qui lui est opposée. — Même arrêt.

5918. La partie qui, en première instance, a demandé la nullité de la délibération d'une assemblée générale d'actionnaires, ou raison soit de sa composition, soit de l'autorisation par elle donnée à un liquidateur d'accepter un payement, en les calculant au pair, des actions de la société qui étaient alors à un cours inférieur, ne peut, en appel, demander, par voie subsidiaire, que ladite délibération soit annulée, en raison de ce qu'elle a accordé approbation et décharge aux comptes des administrateurs. — Req. 11 nov. 1883, D.P. 86. 1. 54.

5919. Ce chef de conclusions constitue une demande nouvelle qui, n'étant ni la suite, ni le développement des conclusions prises en première instance, doit être écartée comme irrecevable par le juge du second degré. — Même arrêt.

5920. On doit également regarder comme nouvelle la demande par laquelle le bénéficiaire d'une libéralité, qualifiée par les intéressés de pension alimentaire et déclarée nulle en première instance faute d'accomplissement des formalités relatives aux donations, réclame pour la première fois en appel une pension alimentaire. — Req. 10 janv. 1877, J.G.S. *Demande nouvelle*, 21.

5921. Le demandeur qui s'est, en première instance, borné à demander la réparation d'un préjudice causé par la faute, l'imprudence ou le quasi-délit du défendeur, ne peut invoquer pour la première fois, en appel, la violation par le dernier d'un contrat de transport. — Bruxelles, 12 mai 1883, D.P. 84. 2. 167.

5922. La cour saisie par la voie de l'appel, d'une demande en déchéance d'un jugement ordonnant une enquête à raison de l'expiration des délais impartis

par l'art. 257 C. proc. civ. (V. *suprà*, nᵒˢ 3570 et s.), doit déclarer non recevables comme nouvelles, des conclusions subsidiaires tendant à ce que l'enquête soit déclarée nulle par la faute du juge-commissaire, et à ce qu'une nouvelle enquête soit ordonnée d'office. — Dijon, 20 mai 1881, D.P. 83. 2. 58.

5923. La partie qui a porté à tort devant le tribunal civil, au lieu d'en saisir d'abord le juge de paix, une demande d'indemnité pour diffamation verbale, n'est pas recevable à soutenir pour la première fois en appel, en vue de faire déclarer la compétence effective du tribunal, que l'action aurait, en réalité, pour objet la réparation du préjudice causé par une manœuvre électorale. — Lyon, 13 févr. 1877, D.P. 78. 5. 186-187.

C. — Augmentation de la demande originaire (C. proc. civ. nᵒˢ 156 à 172).

5924. Toute augmentation de la demande, toutes augmentation additionnelles qui n'étaient point comprises, même implicitement, dans les conclusions de première instance, et qui dérivent d'un ordre d'idées, constituent par là même une demande nouvelle, que l'action aurait accueillie en appel. — Grenoble, 2 mars 1886, D.P. 88. 2. 29.

5925. Ainsi l'acheteur, autorisé à exiger la réparation du dommage occasionné par l'inexécution de la convention, et qui a, dans son exploit introductif d'instance, évalué ce dommage à la différence entre le prix facturé et le prix courant des marchandises similaires à l'époque indiquée pour la livraison, ne peut ensuite devant la cour modifier cette base d'évaluation, que l'action aurait à majorer sa demande. — Bruxelles, 30 juill. 1883, D.P. 85. 2. 1, et la note de M. Lévillain sous cet arrêt.

5926. Mais une demande n'est pas nouvelle, bien que formée au cours de l'instance par de simples conclusions, alors que l'exploit introductif indique, d'une part, les motifs de fait et de droit susceptibles de justifier cette demande, et contient, de l'autre, la réserve formelle d'augmenter les conclusions primitives. — Orléans, 5 août 1882, D.P. 84. 2. 31.

5927. De même, la partie adverse qui a conclu en première instance au payement de la restitution au cas où les objets dont elle réclame la restitution n'auraient pas été restitués dans un certain délai, peut conclure en appel, si la restitution n'a pas été opérée, au payement immédiat de ladite valeur, sans que ces conclusions puissent être écartées comme demande nouvelle. — Req. 14 déc. 1875, D.P. 76. 1. 216.

D. — Demande formée en une qualité autre qu'en première instance (C. proc. civ. nᵒˢ 173 à 180).

5928. Le fait d'agir devant la cour d'appel en une qualité autre que celle qui a été invoquée devant le tribunal constitue une demande nouvelle que ne peut être appréciée par la cour d'appel. — Orléans, 16 août 1882, D.P. 84. 2. 36-37. — V. *Code de procédure civile*, nᵒ 173.

5929. Spécialement, le syndic d'une société en faillite qui a assigné directement devant les premiers juges en payement du solde du prix des actions trois personnes associées en participation pour placer lesdites actions, sous prétexte qu'elles se sont toutes trois engagées avec la société, ne peut, en cause d'appel, leur demander ce versement au nom et comme exerçant les droits de celle d'entre elles qui aurait seule traité avec ladite société. — Même arrêt.

5930. Mais il le peut, en appel, leur demander le payement des actions souscrites personnellement par chacun des participants et en vertu desquelles ceux-ci ont pris part aux assemblées générales des actionnaires. — Même arrêt.

E. — Demande formée contre une partie qui n'a pas figuré en première instance, ou contre la même partie en une autre qualité (C. proc. civ. n°s 187 à 208).

5931. — I. DEMANDE FORMÉE CONTRE UNE PARTIE QUI N'A PAS FIGURÉ EN PREMIÈRE INSTANCE (C. proc. civ. n°s 187 à 194). — On ne peut conclure pour la première fois en appel contre une partie à laquelle on n'aux représentants de laquelle on n'a rien réclamé en première instance, eussent-ils été en cause. — J.G.S. *Demande nouvelle,* 32. — V. *Code de procédure civile,* n° 187

5932. Ainsi la partie qui, en première instance, s'est bornée à demander que quelques-uns des héritiers bénéficiaires fussent tenus de compenser, avec les fruits des biens adjugés à leur auteur, leurs créances personnelles colloquées dans l'ordre ouvert pour la distribution du prix de ces biens, ne peut, pour la première fois en appel, prendre contre un autre héritier bénéficiaire, non colloqué dans l'ordre, des conclusions tendant à le faire condamner directement à la restitution de sa part des fruits perçus par ladite succession. — Civ. c. 23 janv. 1878, D.P. 78. 1. 369

5933. L'appelant qui n'a pas conclu en première instance contre une partie appelée en justice par son adversaire ne peut pas, pour la première fois en appel, demander une condamnation solidaire contre cette partie, alors même que celle-ci aurait fait offre en première instance de payer à qui il serait ordonné par justice. — Civ. c. 2 juin 1886, D.P. 87. 1. 64.

5934. — II. DEMANDE FORMÉE CONTRE LA MÊME PARTIE PRISE EN UNE AUTRE QUALITÉ(C. proc. civ. n°s 197 à 204). — Il y a demande nouvelle lorsqu'on conclut en cause d'appel à ce que le défendeur soit condamné en une qualité autre que celle en vertu de laquelle il avait été assigné. Et notamment, la partie attaquée en première instance en qualité de garant ne peut pas, en appel, être condamnée comme débiteur direct. — Civ. c. 16 févr. 1887, D.P. 88. 1. 28. — V. *Code de procédure civile,* n° 197.

5935. Le commettant qui, en première instance, a demandé la nullité du gage constitué par le commissionnaire aux objets qu'il lui avait remis à celui-ci, en se fondant sur sa qualité de propriétaire desdites marchandises, et pour qu'elles lui fussent restituées en gage ou une autre qualité, celle de créancier, afin de se faire attribuer sur lesdites marchandises considérées comme comprises dans l'actif de la faillite du commissionnaire, son débiteur : c'est là une demande nouvelle qui ne peut être introduite pour la première fois devant la cour. — Civ. r. 4 nov. 1874, D.P. 78. 1. 73.

5936. Le demandeur qui, par l'exploit introductif d'instance, a assigné le maire d'une commune en cette qualité, ne peut, par des conclusions prises au cours d'instance, former contre lui une demande éventuelle en qualité de président d'une commission syndicale. — Nancy, 1 févr. 1891, D.P. 92. 2. 7.

5937. Le demandeur ne peut non plus être admis à former en appel et pour la première fois une demande en déchéance d'usufruit contre un tiers. — Bourges, 7 juill. 1890, D.P. 92. 2. 162.

§ 2. — *Demandes qui ne doivent pas être considérées comme nouvelles* (C. proc. civ. n°s 209 à 313).

A. — Modification et restriction de la demande (C. proc. civ. n°s 209 à 243).

5938. — I. MODIFICATION DES CONCLUSIONS (C. proc. civ. n°s 209 à 220). — L'appelant peut modifier ses conclusions à la condition de ne pas introduire dans la cause des éléments soumis au deux derniers degrés de juridiction. — Req. 24 janv. 1883, D.P. 84. 1. 17-18. — V. *Code de procédure civile,* n° 209.

5939. En ce qui concerne la modification des conclusions. V. *suprà,* Décr. 30 mars 1808, art. 72, n°s 1733 et s.

5940. Les conclusions par lesquelles une partie ne fait que rendre ses écritures précédentes plus explicites, sans porter le débat sur un terrain nouveau, et par exemple, les conclusions par lesquelles, après avoir résisté devant les premiers juges à une revendication portant sur deux canaux, cette partie spécifie en appel les droits qu'elle entend avoir sur l'un de ces canaux. — Req. 28 févr. 1888, D.P. 89. 1. 23.

5941 De même, l'héritier réservataire gratifié d'un legs universel par préciput, qui a demandé en première instance la réduction du don en usufruit fait au conjoint du *de cujus,* à la moitié de la succession, peut en appel demander que ce don soit estimé à une part déterminée de l'hérédité. — Paris, 7 févr. 1870, J.G.S. *Demande nouvelle,* 46.

5942. Une pareille demande ne saurait être considérée comme demande nouvelle, car elle n'est qu'une suite de la demande primitive, dans laquelle elle était implicitement comprise, les premiers juges ayant été appelés à statuer sur les effets de la réduction de la libéralité et sur la fixation qui s'ensuivait du droit des parties dans le partage de la succession. — Même arrêt.

5943. — II. RESTRICTION DE LA DEMANDE (C. proc. civ. n°s 221 à 243). — La partie au profit de laquelle un jugement constate, dans ses motifs, que la jouissance d'une prise d'eau s'exerce pendant un certain nombre de jours de chaque semaine, en se bornant, dans son dispositif, à reconnaître le droit réclamé, sans reproduire cette détermination de durée, peut, après la clôture des débats, une note par laquelle elle déclare que la jouissance à laquelle elle prétend se réduit, en effet, à la durée dont il s'agit ; ce n'est pas là une demande nouvelle. — Civ. r. 11 janv. 1881, D.P. 81. 1. 134.

B. — Demande sur laquelle le premier juge a omis ou refusé de statuer (C. proc. civ. n°s 244 à 257).

5944. Pour qu'une demande ne puisse pas être considérée comme nouvelle, il suffit qu'elle se trouve exprimée dans les conclusions prises devant les premiers juges, alors même que ceux-ci auraient omis d'en faire l'objet de leur sentence. — J.G.S. *Demande nouvelle,* 38. — V. *Code de procédure civile,* n° 38.

5945. Si l'art. 464 C. proc. civ. a été édicté pour empêcher les plaideurs de se soustraire à la règle du double degré de juridiction, la partie qui demande à la cour d'appel de juger pour la première fois sa prétention ne se met nullement en opposition avec cet article, lorsque c'est le tribunal qui a eu le tort de ne pas statuer sur une demande régulièrement portée devant lui, et on ne peut faire supporter à cette partie les conséquences d'une faute à laquelle elle est étrangère. — J.G.S. *Demande nouvelle,* 38.

5946. Mais les juges ne sont pas tenus de statuer sur les prétentions contenues dans l'ajournement, lorsqu'elles n'ont pas fait l'objet de conclusions à la barre du tribunal ; et, si ces mêmes prétentions sont ensuite formulées en cause d'appel, elles doivent être repoussées comme demandes nouvelles. — Riom, 21 mai 1886, D.P. 87. 2. 67.

C. — Demande virtuellement comprise dans la demande originaire (C. proc. civ. n°s 258 à 286).

5947. Une demande n'est pas nouvelle, bien qu'elle soit présentée en appel sous une forme qu'elle n'avait pas revêtue à l'origine de l'action, si elle se trouve virtuellement comprise dans celle qui a été soumise aux premiers juges. — Req. 13 déc.

1881, D.P. 82. 1. 222-223. — Civ. c. 16 mars 1887, D.P. 87. 1. 372.

5948. Spécialement, dans une action en réparation d'un dommage évalué provisoirement à 25.000 fr., le demandeur qui a conclu en première instance au payement d'une somme ferme de 10.556 fr. et à une garantie hypothécaire de 14.444 fr. peut, sans encourir l'exception de demande nouvelle, prendre en appel des conclusions tendant, comme condamnation unique, au payement d'une somme d'argent d'un chiffre total et définitif de 12.033 fr. — Arrêt préc. 13 déc. 1881.

5949. Il en est ainsi surtout lorsque le jugement frappé d'appel a statué soit implicitement, soit explicitement, sur la demande virtuellement comprise dans les conclusions primitives. — Arrêt préc. 16 mars 1887.

5950. Spécialement, le demandeur, après avoir usé de la faculté qui lui est conférée par une clause particulière du contrat d'exploitation d'un brevet d'invention, a demandé formellement qu'il fût fait défense à la partie adverse pour l'exploitation d'un brevet d'invention, a demandé formellement qu'il fût fait défense à cette dernière de continuer l'exploitation dudit brevet, ces conclusions doivent être considérées comme impliquant une demande à fin de résolution de la convention, qui ne saurait, par suite, ni être formulée explicitement en appel, ni être repoussée comme nouvelle. — Même arrêt.

5951. Il n'y a pas demande nouvelle dans le fait de conclure devant la cour à une condamnation pour un chiffre définitif, alors que la demande devant les premiers juges ne tendait qu'à une chiffre provisionnel, l'action procédant de la même cause et pour le même objet, et ne variant que quant au chiffre. — Lyon, 8 mai 1884, D.P. 84. 2. 219.

5952. On peut dire, en ce cas, que la demande formée en appel est virtuellement comprise dans la demande originaire. — D.P. 84. 2. 219, note 11.

5953. On ne saurait considérer davantage comme une demande nouvelle, non proposable en appel, celle qui, présentée en première instance, a été renouvelée pour la nullité dans ses conclusions d'appel, sinon en des termes identiques, du moins avec le même sens, la même portée, et en vertu de la même cause. — Req. 23 mars 1887, D.P. 88. 1. 264.

5954. Il en est de même, sous le rapport d'ordre, des conclusions de l'appelant tendant à ce que les intérêts de la créance contestée soient réduits, lorsqu'il a présenté un contredit demandant le rejet de tous les intérêts. — Riom, 23 févr. 1882, D.P. 83. 2. 57.

5955. Une demande produite en appel ne peut être considérée comme nouvelle, lorsqu'elle a été formulée expressément en première instance, et il en est ainsi, notamment, dans le cas où les conclusions d'appel tendant à faire condamner un notaire à indemniser le légataire d'un testament se trouvent libellées dans les qualités du jugement de première instance. — Civ. r. 4 mai 1875, D.P. 75. 1. 382.

5956. La décision d'une cour d'appel jugeant que la demande formée devant elle n'est que la conséquence nécessaire de l'homologation par le tribunal de première instance à un compte de liquidation qui lui était soumis est souveraine et, par conséquent, l'arrêt rendu sur cette demande ne peut être critiqué comme ayant fait droit à une demande nouvelle. — Req. 10 août 1874, D.P. 73. 1. 261.

5957. Lorsqu'un bailleur a demandé, en première instance, à ce qu'il soit mis fin, au moyen de l'expulsion de son locataire, au trouble que celui-ci cause au voisinage, par l'emploi de machines à imprimer produisant des bruits et des trépidations intolérables, ledit bailleur peut subsidiaire-

conclure, devant la cour d'appel, à la suppression d'un certain nombre de machines, ces conclusions constituant, non une demande nouvelle, mais une simple réduction de la demande principale, laquelle, par l'expulsion, devait avoir pour effet l'enlèvement de tout le matériel de l'imprimerie. — Civ. r. 26 janv. 1891, D.P. 91. 1. 153.

5958. Les juges n'avait à statuer que sur des conclusions formellement prises devant eux, une cour d'appel peut, sans violer aucune loi, s'abstenir de donner acte au demandeur de simples réserves formulées par celui-ci. — Civ. r. 19 nov. 1889, D.P. 90. 1. 293. — V. *Code de procédure civile*, n° 284.

D. — *Conclusions du demandeur ayant pour objet de repousser les conclusions du défendeur* (C. proc. civ. nᵒˢ 287 à 296).

5959. Le demandeur auquel le défendeur oppose comme défense à l'action principale une demande qui n'a pas été soumise aux premiers juges a le droit d'y riposter par une demande nouvelle. — J.G.S. *Demande nouvelle*, 88. — V. *Code de procédure civile*, n° 287.

5960. Ainsi l'héritier naturel, demandeur en partage de la succession, à qui le défendeur a opposé en première instance un testament olographe instituant des légataires universels, ne forme pas une demande nouvelle en invoquant pour la première fois en appel la nullité de ce testament; c'est une défense à l'exception et un moyen à l'appui de la demande principale. — Req. 9 juin. 1885, D.P. 86. 1. 368.

E. — *Demandes accessoires* (C. proc. civ. nᵒˢ 297 à 344).

5961. — I. LOYERS, ARRÉRAGES (C. proc. civ. nᵒˢ 297 à 299).

5962. — II. FRUITS (C. proc. civ. nᵒˢ 300 à 303).

5963. — III. INTÉRÊTS (C. proc. civ. nᵒˢ 304 à 319). — La demande d'intérêts faite devant la juridiction d'appel et basée sur un prétendu retard, apporté par le débiteur à l'exécution d'une obligation qui n'a pas été reconnue par le jugement et à raison de laquelle aucune demande d'intérêts n'avait été formée en première instance, constitue une demande nouvelle non recevable. — Civ. r. 23 janv. 1882, D.P. 82. 1. 319.

5964. — IV. DEMANDES EN PROVISION (C. proc. civ. nᵒˢ 311 à 318). — Les demandes en provision, étant considérées comme incidentes et accessoires à la demande principale, peuvent être formées pour la première fois en appel, et, notamment, la femme demanderesse en séparation de corps peut réclamer pour la première fois devant la cour d'appel une provision ou une pension alimentaire. — J.G.S. *Demande nouvelle*, 67.

5965. La demande formée par une femme demanderesse en séparation de corps, à l'effet d'être autorisée à changer sa résidence pendant le cours de l'instance, a également le caractère d'une demande incidente réclamant une mesure provisoire, à ce titre, elle est valablement portée devant la cour saisie sur appel de l'instance principale. — Paris, 29 déc. 1882, D.P. 83. 2. 218.

5966. — V. DOMMAGES-INTÉRÊTS (C. proc. civ. nᵒˢ 319 à 342). — La demande de dommages-intérêts formée devant la cour pour le préjudice éprouvé depuis le jugement frappé d'appel ne constitue pas une demande nouvelle. — Paris, 13 juill. 1872, D.P. 77. 5. 149. — Rouen, 5 juin 1883, D.P. 84. 2. 177. — Req. 3 déc. 1884, D.P. 85. 1. 189. — V. *Code de procédure civile*, nº 319.

5967. La privation des ressources que lui aurait procurées l'indemnité à laquelle il avait droit, depuis la date du jugement de première instance est, pour le commerçant victime d'un incendie, une juste cause de dommages-intérêts. — Paris, 5 janv. 1875, D.P. 76. 2. 58.

5968. De même, on ne doit pas considérer

comme une demande nouvelle les conclusions par lesquelles une partie réclame en appel le payement d'une somme représentant à la fois un nouveau droit d'affonage né au cours du procès et des dommages-intérêts. — Bourges, 30 oct. 1889, D.P. 90. 2. 195.

5969. Des dommages-intérêts peuvent encore être demandés pour la première fois en appel lorsqu'il y a eu préjudice né ou aggravé depuis le jugement de première instance et que le préjudice ou son aggravation provient de l'arrêt rendu sur l'appel du jugement, arrêt qui a été lui-même cassé. La cour de renvoi peut, notamment, accueillir la demande en dommages-intérêts qui serait fondée sur le préjudice résultant de l'exécution d'un des chefs de l'arrêt cassé. — Dijon, 18 janv. 1882, J.G.S. *Appel civil*, 117.

5970. Mais aucun texte de loi ne peut être violé par l'arrêt qui, en présence d'une demande additionnelle n'ayant pas été jugée, se borne à réserver sa décision en appel, sur la fin de non-recevoir et le fond, jusqu'après l'exécution d'une mesure d'enquête ordonnée dans le procès. — Civ. r. 30 oct. 1888, D.P. 89. 1. 61.

5971. Les dommages-intérêts alloués par le jugement au défendeur à raison de l'obstination de mauvaise foi du demandeur, peuvent être augmentés par la cour à raison du préjudice causé par la témérité de l'appel. — Req. 31 mai 1881, D.P. 82. 1. 18.

5972. Et cette augmentation est suffisamment motivée par l'arrêt qui déclare l'appel téméraire, cette déclaration se rattachant au dispositif du jugement confirmé qui a alloué les dommages-intérêts. — Même arrêt.

5973. Mais une cour d'appel ne peut aggraver la condamnation à des dommages-intérêts prononcée par les premiers juges, en se fondant uniquement sur le préjudice causé par l'appel, sans relever aucun fait constitutif d'une faute commise par l'appelant, et sans lui reprocher d'avoir en exerçant son droit d'appel agi méchamment ou de mauvaise foi. — Civ. c. 27 déc. 1878, D.P. 79. 1. 125. — Civ. c. 28 déc. 1881, D.P. 83. 5. 154.

5974. La cour peut accorder des dommages-intérêts à l'intimé à raison de l'abus du droit d'appel, alors même qu'elle déclare l'appel non recevable comme n'ayant pas été formé en temps utile; on dirait en vain que la cour en prononçant, dans ce cas, le non-recevabilité de l'appel, ne peut plus statuer sur aucun autre chef sans excès de pouvoir. Req. 27 mai 1884, D.P. 85. 1. 437.

5975. Les conclusions additionnelles prises devant la cour d'appel, et tendant à l'allocation de dommages-intérêts pour une cause de préjudice autre que celle qui a fait l'objet du litige porté devant les premiers juges, constituent une demande nouvelle non recevable devant les juges d'appel. — Paris, 8 avr. 1882, D.P. 85. 2. 120. — V. *Code de procédure civile*, nº 336.

5976. Si le demandeur peut, en appel, demander des nouveaux dommages-intérêts pour le préjudice souffert depuis le jugement de première instance, il ne saurait réclamer, devant la cour, à la réparation de certains faits antérieurs au jugement, qui n'ont pas été soumis au premier juge. — Paris, 21 juin 1883, D.P. 85. 2. 46. — Req. 3 déc. 1884, D.P. 85. 1. 189. — V. *Code de procédure civile*, nº 338.

5977. Décidé dans le même sens que la loi ne permettant de demander pour la première fois en appel des dommages-intérêts que pour le préjudice éprouvé depuis le jugement, on ne saurait former en cause d'appel une demande subsidiaire en dommages-intérêts à raison d'un préjudice souffert avant le jugement. — Bourges, 2 mai 1888, D.P. 89. 2. 136.

5978. — VI. FACULTÉ LAISSÉE AUX PARTIES (C.

proc. civ. nᵒˢ 343 et 344). — L'art 464 C. proc. civ., tout en interdisant aux parties de former en appel aucune demande nouvelle, les autorise cependant à réclamer les accessoires échus depuis le jugement. — Bordeaux, 21 août 1877, J.G.S. *Jugement*, 432.

F. — *Demandes qui sont la suite ou la conséquence de la demande originaire* (C. proc. civ. nᵒˢ 345 à 378).

5979. La partie qui, en première instance, a poursuivi l'annulation d'une convention portant atteinte à l'autorité maritale, a le droit en appel et sans qu'on puisse la taxer de former une demande nouvelle, de conclure à la nullité d'une stipulation connexe, ayant pour objet d'assurer l'exécution de ce contrat illicite, au moyen de la dation en garantie du bénéfice éventuel d'une assurance sur la vie. — Civ. r. 4 juill. 1888, D.P. 89. 1. 337.

5980. Les conclusions prises en appel par le demandeur et tendant à obtenir le payement, sur les bases fixées par les premiers juges, de sommes échues depuis le jugement, ne constituent pas une demande nouvelle. — Amiens, 29 avr. 1885, D.P. 86. 2. 212

5981. Et le fait que le défendeur oppose à ces conclusions un moyen de défense qui n'a pas été soumis aux premiers juges n'en modifie pas le caractère — Même arrêt.

5982. Le demandeur en homologation d'une transaction peut réclamer, pour la première fois en appel, l'exécution de cette transaction; ce n'est point là une demande nouvelle prohibée par l'art. 464 C. proc. civ. — Req. 16 août 1876, D.P. 77. 1. 346.

5983. Sur la question de savoir si l'exécution provisoire peut être demandée pour la première fois en appel, V. *supra*, art. 458, nᵒˢ 5789 et s.

§ 3. — *Moyens nouveaux à l'appui de la demande originaire* (C. proc. civ. nᵒˢ 379 à 439).

5984. — I. MOYENS NOUVEAUX (C. proc. civ. nᵒˢ 379 à 408). — L'action ne change pas de nature en appel lorsque, l'objet restant le même, l'appelant, demandeur originaire, se borne à présenter à l'appui des moyens nouveaux ou différents de ceux produits en première instance. — Limoges, 16 juin 1886, D.P. 89. 2. 31. — V. *Code de procédure civile*, nº 380.

5985. Ainsi le demandeur dont les conclusions ont tendu en première instance à la suppression d'une fosse à fumier établie par son voisin contre sa maison, peut en invoquer en appel un arrêté municipal interdisant tout dépôt de fumier dans l'intérieur de la ville et est situé son immeuble; ce n'est pas là une demande nouvelle, mais un moyen nouveau, qui tend à l'objet de la demande primitive. — Req. 28 nov. 1883, D.P. 85. 1. 29.

5986. Une demande ne saurait être considérée comme nouvelle, par cela seul que le demandeur invoque, à l'appui de sa demande en cause d'appel, un moyen qu'il n'avait point formulé en première instance, et notamment, par cela seul qu'après s'être placé uniquement, devant le tribunal, au point de vue de la communauté d'un terrain litigieux, pour réclamer la suppression d'un ouvrage établi sur ce terrain, il n'a visé spécialement que devant la cour les dispositions de l'art. 674 C. civ. — Bordeaux, 17 juill. 1889, D.P. 90. 1. 142.

5987. Celui qui a apposé sa signature, à un titre quelconque, sur un billet à ordre, se trouvant obligé à en payer le montant, la demande au payement introduite par le porteur contre lui, à raison des causes de l'obligation quelles qu'elles soient. — Req. 16 janv. 1888, D.P. 88. 1. 69.

5988. Par suite, alors même que l'assignation en payement a qualifié le défendeur « d'endosseur bénéficiaire du billet », le demandeur peut soutenir soit en première instance, soit en appel, et le juge peut décider, sans excès de pouvoirs, que la signature apposée au dos de l'effet, et faisant endossement quant à la forme, constitue au fond une garantie par *aval*, du moment où cette question est tranchée dans le but de motiver la condamnation en payement qui fait l'objet même de la demande. — Même arrêt.

5989. On ne saurait considérer comme une demande nouvelle en appel celle qui tend aux fins soumises aux premiers juges et repose sur la même cause ; il importe peu que le demandeur ait ajouté à ses conclusions des arguments tirés de faits nouveaux accomplis depuis l'ouverture de l'instance, notamment de la mise en liquidation de la société défenderesse. — Civ. c. 6 janv. 1885, D.P. 85. 1. 55.

5990. La défense de former une demande nouvelle en cause d'appel ne s'applique point aux demandes prises par le subrogé tuteur pour faire appliquer au tuteur les dispositions de la loi du 27 févr. 1880 (D.P. 80. 4. 47) sur l'emploi des capitaux appartenant à son pupille, bien que cette loi n'ait été promulguée qu'après la prononciation du jugement : c'est là, non une demande nouvelle, mais un moyen nouveau. — Douai. 24 juin 1880, D.P. 81. 4. 348-349.

5991. Pour avoir, après avoir demandé en première instance la nullité d'un testament pour une cause déterminée, invoquer en appel d'autres causes de nullité ; ce ne sont là que des moyens nouveaux, et l'objet de la demande reste le même. — Paris, 9 janv. 1867, J.G.S. *Demande nouvelle,* 80.

5992. La discussion pour la première fois en cause d'appel de la validité d'une transaction invoquée en première instance, ne constitue pas une demande nouvelle, mais seulement un moyen nouveau. — Amiens, 1er mars 1883, D.P. 84. 2. 150-151.

5993. Il a été jugé également que l'on peut, devant le juge d'appel, convertir une demande en dommages-intérêts pour contrefaçon en une demande en dommages-intérêts pour concurrence déloyale : la demande reste, en réalité, la même, puisqu'elle tend toujours à obtenir la réparation pécuniaire d'un fait dommageable. — Lyon, 9 juill. 1887, D.P. 88. 2. 189.

5994. Toutefois il a été décidé par un arrêt qu'il paraît difficile de concilier avec la jurisprudence établie, que la demande en nullité d'une saisie immobilière n'est pas recevable à invoquer, pour la première fois en appel, les moyens tirés, soit de ce que le commandement ne contiendrait pas l'indication du domicile de l'appelant, soit de ce qu'il ne serait pas justifié que la copie a été remise au maire ou à l'adjoint, soit de ce que la copie n'indiquerait pas que l'original a été visé. — Caen, 9 avr. 1875, D.P. 77. 2. 135-136.

5995. Lorsqu'un arrêt a donné une base juridique et suffisante à la décision par laquelle il a accueilli une demande (dans l'espèce, une demande en délivrance de legs), il devrait sans intérêt de rechercher si, en se fondant, en outre, sur un moyen présenté pour la première fois en appel, il a entendu seulement donner à sa décision l'appui d'un argument nouveau, ou s'il a à tort admis une demande nouvelle. — Req. 3 janv. 1887, D.P. 87. 1. 474.

5996. Spécialement, dans le cas où, par une interprétation souveraine d'un testament, il a déclaré, conformément à la demande originaire d'un légataire, que l'intention du testateur avait été de soustraire les legs particuliers à toute réduction, il importe peu qu'il ait rappelé surabondamment, conformément à des conclusions qui n'avaient pas été soumises aux juges du premier degré, que le légataire universel

ayant reconnu, dans l'état de liquidation de la succession, que les legs particuliers ne devaient pas subir de réduction, il était seul tenu de les acquitter. — Même arrêt.

5997. Lorsque le tribunal de première instance, malgré l'allégation de deux défendeurs dont chacun déniait avoir son domicile dans l'arrondissement, s'est déclaré compétent, en affirmant que l'un d'eux y est domicilié, celui-ci peut prétendre en appel sur la compétence, qu'il est étranger à l'entreprise donnant lieu au procès, et l'autre peut soutenir que, par voie de conséquence, il n'est pas justiciable du tribunal saisi devant lequel il demeurerait son défendeur, ce tribunal n'étant pas celui de son domicile. — Civ. c. 19 nov. 1890, D.P. 91. 1. 75.

5998. Doit être cassé l'arrêt qui déclare cette double exception irrecevable, sous le prétexte qu'une demande nouvelle ne peut se produire en appel, et qu'il ne peut s'agir en l'état d'y juger le fond, alors d'une part que l'assertion d'être étranger à l'entreprise objet de l'action ne constituait qu'un moyen de défense nouveau à la demande, et d'autre part qu'il appartenait à la cour, sans trancher cette question au fond, de l'examiner dans la mesure où cela était nécessaire pour statuer sur la compétence. — Même arrêt.

5999. — II. MOYENS DE NULLITÉ (C. proc. civ. nos 419 à 418). — L'exception est d'ordre public et peut être proposée pour la première fois. — Paris, 16 mars 1882, D.P. 82. 2. 97-98. — V. *Supplément au Code civil annoté,* art. 1965, nos 14385 et s., et aussi J.G.S *Jeu-pari,* 30 et s.

6000. La nullité d'un acte authentique, fondée sur le défaut de la signature par toutes les parties, constitue un moyen d'ordre public, qui peut être invoqué pour la première fois en cause d'appel. — Riom, 23 mars 1888, D.P. 89. 2. 237.

6001. — III. TITRES ET FAITS NOUVEAUX (C. proc. civ. nos 419 à 430). — L'appelant a le droit de répondre devant la cour, par des conclusions nouvelles, à des actes nouveaux, inexistants lors de la décision des premiers juges. — Pau, 22 mai 1888, D.P. 89. 2. 191.

6002. Spécialement, le créancier d'un héritier, auquel celui-ci oppose, pour la première fois en appel, une renonciation par lui faite à la succession du *de cujus,* peut, s'il considère cette renonciation comme faite au préjudice de ses droits, demander à être autorisé à accepter, en tant que de besoin, la succession du chef de son débiteur en vertu de l'art. 788 C. civ. — Même arrêt.

6003. — IV. PREUVES NOUVELLES (C. proc. civ. nos 431 à 439).

SECT. 4. — DEMANDES NOUVELLES ET MOYENS NOUVEAUX PROPOSÉS PAR LE DÉFENDEUR (C. proc. civ. nos 440 à 665).

§ 1er. — *Demandes et moyens nouveaux présentés comme défense à l'action principale* (C. proc. civ. nos 440 à 582).

6004. Toute demande nouvelle est valable en cause d'appel à la condition de servir de défense à l'action principale. — Civ. c. 29 janv. 1879, D.P. 79. 1. 76. — Civ. c. 22 nov. 1887, D.P. 89. 1. 28. — V. *Code de procédure civile,* n° 441.

6005. Le défendeur originaire est donc recevable à former en appel toutes les demandes reconventionnelles qui se rattachent directement à l'action du demandeur et tendent à en atténuer les effets. — Rennes, 6 juin 1879, D.P. 81. 2. 40.

6006. De même, les conclusions subsidiaires tendant à atténuer les effets et modifier les conséquences de la demande principale constituent une défense à cette demande et peuvent être prises pour la première fois en appel. — Civ. c. 17 févr. 1880, D.P. 82. 1. 311.

6007. — I. PROPRIÉTÉ ET USAGE (C. proc.

civ. nos 444 à 455). — Le propriétaire qui soutient qu'une parcelle de l'immeuble lui appartient est exempte de toute servitude de passage au profit de son fonds, s'est borné, en première instance, à soutenir qu'il a acquis par prescription un passage sur cet héritage, fait disparaître ledit objet en exécutant sa demande à ses risques et périls, elle peut, si ce jugement vient à être réformé, conclure devant la cour d'appel, pour la première fois devant la cour d'appel, à ce qu'il lui soit donné acte de son offre de laisser la servitude s'exercer sur une autre parcelle de sa propriété. — Civ. c. 17 févr. 1880, D.P. 82. 1. 311.

6008. Lorsque le propriétaire d'un terrain enclavé, défendeur à une action ayant pour objet de faire déclarer un héritage voisin franc et libre de toute servitude de passage au profit de son fonds, s'est borné, en première instance, à soutenir qu'il a acquis par prescription un passage sur cet héritage, fait valoir ce qu'il prouve qu'il n'a été formulé devant la cour d'appel, peut, en appel des conclusions tendant à faire désigner le fonds litigieux comme devant supporter, en conformité de l'art. 682 C. civ., le passage nécessaire à l'exploitation de sa propriété, ces conclusions, à supposer qu'elles constituent une demande nouvelle, n'étant qu'une défense à l'action principale. — Req. 15 juin 1875, D.P. 76. 1. 502.

6009. Lorsqu'une partie, après avoir été reconnue pour un jugement rendu en premier ressort, propriétaire d'un objet donné en gage par un tiers, fait disparaître ledit objet en exécutant ce jugement à ses risques et périls, elle peut, si ce jugement vient à être réformé, à titre de dommages-intérêts, au payement en principal des intérêts de la créance qui était garantie par le gage, et la demande en remboursement de cette créance, bien qu'elle n'ait été formulée devant la cour d'appel, ne constitue pas une demande nouvelle. — Civ. r. 4 nov. 1874, D.P. 78. 1. 73.

6010. — II. PARTAGE ET LIQUIDATION (C. proc. civ. nos 456 à 477). — Dans les instances en liquidation et en partage, les parties étant respectivement demanderesses et défenderesses, les demandes par elles formées pour la première fois en appel sont recevables comme ayant le caractère de défense à l'action principale. — Rouen, 15 mai 1874, D.P. 75. 2. 183. — Lyon, 21 janv. 1876, D.P. 78. 2. 38. — Rennes, 6 mars 1878, D.P. 80. 2. 87. — Civ. c. 1er févr. 1881, D.P. 82. 1. 21. — Civ. c. 28 avr. 1884, D.P. 84. 1. 329. — V. *Code de procédure civile,* n° 456.

6011. Il en est ainsi spécialement de la réclamation élevée par l'un des héritiers, au cours de l'instance en partage de la succession, et relative à l'étendue d'un legs qui doit être prélevé à son profit sur la masse à partager. — Arrêt précité. 6 mars 1878.

6012. De même, un cohéritier peut demander pour la première fois en appel les intérêts des impenses par lui faites sur les biens héréditaires. — Toulouse, 27 mai 1878, D.P. 79. 2. 141-142.

6013. De même, la partie contre laquelle a été prononcée en première instance la nullité d'un acte de donation-partage, peut, tout en acceptant au fond la décision du tribunal, conclure devant la cour à ce qu'il lui soit tenu compte des dépenses en améliorations par elle faites sur les immeubles compris dans son lot. — Rennes, 6 juin 1879, D.P. 81. 2. 40.

6014. La partie qui a soutenu, par des conclusions formelles, que les seuls inventaires produits étaient incomplets ou inexacts, et que l'actif à partager devait s'augmenter des sommes que la production d'autres inventaires établirait devoir en faire partie, peut, en cause d'appel et en présence du refus persistant par le défendeur de faire droit à sa demande et ces sommes soient déclarées partie intégrante de l'actif de la succession, et qu'à raison des dissimulations par lui commises, le défendeur soit privé de prendre dans cette partie de l'actif. — Civ. c. 28 avr. 1884, D.P. 84. 1. 329.

6015. La partie qui a fait défaut sur une

demande en licitation d'un immeuble est recevable à interjeter appel du jugement qui a ordonné la licitation, ou se prétendant seule propriétaire dudit immeuble, cette prétention n'étant qu'une défense à l'action principale. — Alger, 28 févr. 1887, D.P.89.1.113.

6016. La liquidation d'une société de fait entraînant l'apurement des comptes des copartaxeants qui se trouvent ainsi respectivement demandeurs et défendeurs dans l'instance, chacun d'eux est recevable à prendre pour la première fois en appel des conclusions tendant à modifier les comptes dressés par les experts. et notamment à former une demande en dommages-intérêts. — Civ. c. 1⁻ᵉʳ févr. 1881, D.P. 82. 1. 21.

6017. Mais les conclusions prises pour la première fois en appel accessoirement à une demande en nullité de partage et tendant à faire rectifier des erreurs ou omissions de ce partage ont le caractère d'une demande nouvelle, et. par suite, ne peuvent être accueillies par la cour d'appel après que celle-ci a rejeté la demande principale en nullité du partage. — Civ. r. 4 juin 1878, D.P. 79. 1. 36.

6018. — III. DONATIONS ET TESTAMENTS (C. proc. civ. n⁰ˢ 478 à 483). — Les héritiers qui, en première instance, ont contesté la validité de la transmission à une femme mariée d'une police d'assurances, sur la vie contractée par leur auteurs, et dont la demande a été rejetée par le motif qu'il y avait eu libéralité acceptée par la femme peuvent soutenir pour la première fois en appel que l'acceptation est nulle pour défaut d'autorisation maritale. — Civ. r. 29 janv. 1879, D.P 79. 1. 76.

6019. — IV. VENTE (C.proc. civ. n⁰ˢ 484 à 493). — L'acheteur d'une inscription de rente sur l'État. actionné en nullité de la vente par le véritable propriétaire de la rente et par le notaire responsable du dommage souffert par ce dernier, peut demander en appel, pour la première fois, des dommages-intérêts contre ledit notaire, pour le cas où la vente serait déclarée nulle ; cette demande, quoique nouvelle, est recevable comme défense à l'action principale. — Civ. c. 29 juin 1876, D P. 77. 1. 378.

6020. La résiliation d'un marché peut être réclamée pour la première fois en appel par défendeur originaire, comme défense à une action principale ayant pour objet la résiliation du même marché avec dommages-intérêts au profit du demandeur. — Douai, 24 nov. 1877. D.P. 78. 2. 92.

6021. Il importe peu que le défendeur ait offert en première instance d'exécuter le marché dans des conditions déterminées, si ces offres n'avaient pas été acceptées par le demandeur. — Même arrêt.

6022. La nullité d'une convention opposée pour la première fois en appel à la partie qui se plaint de son inexécution n'est qu'un moyen nouveau de repousser l'action du demandeur, et, si elle n'est pas une demande nouvelle, elle n'en serait pas moins recevable même étant une défense à l'action principale. — Paris, 14 janv. 1889, D.P. 90. 2. 249.

6023. Mais les conclusions subsidiaires prises par l'acheteur et tendant à faire interdire au vendeur, pendant un temps déterminé, le genre de commerce qui avait fait l'objet de la convention, constituent une demande nouvelle non recevable en appel si elle n'a pas été soumise aux premiers juges. — Même arrêt.

6024. La demande en résolution de la vente par application de l'art. 1654 C. civ. ne constitue pas une demande nouvelle prohibée en appel par l'art. 464 C. proc. civ., la demande en revendication et la demande en résolution pour inexécution des conditions de payement se confondant quant à leur objet et à leurs moyens en une même demande. — Dijon, 21 juill. 1890, D.P. 92. 2. 1.

6025. — V. CESSION DE DROITS LITIGIEUX (C. proc. civ. n⁰ˢ 494 et 495).

6026. — VI. LOUAGE (C. proc. civ. n⁰ˢ 496 à 499). — Quand l'action formée par le bailleur a pour objet, au principal, l'expulsion de son locataire dont l'industrie trouble le voisinage, et subsidiairement la suppression d'une partie des machines industrielles, le preneur qui prend, pour la première fois en appel, des conclusions en résiliation du bail dans le cas où le bailleur aurait gain de cause, ne peut être réputé formuler par là une défense à la demande, puisque lesdites conclusions ne tendent pas à faire écarter celle-ci ou tout ou en partie, mais la supposent au contraire admise. — Civ. r. 20 janv. 1891, D.P. 91. 1. 153.

6027. C'est par suite à bon droit que les conclusions en résiliation de bail dont il s'agit sont déclarées irrecevables par le juge d'appel, comme constituant une demande distincte et nouvelle, qui ne saurait être soustraite à la règle des deux degrés de juridiction. — Même arrêt

6028. — VII. COMPTES (C. proc. civ. n⁰ˢ 500 à 503). — Lorsque, par l'effet dévolutif de l'appel, les juges du second degré ont été saisis de l'ensemble d'un compte à établir, chacune des parties a le droit de formuler pour la première fois en appel toutes les réclamations qui se rattachent à ce compte et sont de nature à en modifier les résultats, les parties en cause dans une instance en compte et liquidation étant considérées respectivement comme demanderesses et défenderesses à la fois. — Req. 29 mai 1883, D.P. 84. 1. 351.

6029. Un comptable peut demander pour la première fois en appel des redressements sur divers articles d'un compte, cela ne doit voir dans une telle demande qu'une simple défense à l'action principale ou un moyen d'en atténuer les effets. — Req. 16 juin 1868, J.G.S. Demande nouvelle, 90.

6030. — VIII. EXCEPTIONS ET FINS DE NON-RECEVOIR (C. proc. civ. n⁰ˢ 504 à 566). — 1⁰ Défaut de qualité du demandeur (C. proc. civ. n⁰ˢ 511 à 521). — L'exception tirée du défaut de qualité du demandeur tient au fond du droit ; elle peut être présentée en tout état de cause, et même pour la première fois en appel. — Bordeaux, 13 janv. 1887, D.P. 87. 2. 142. — V. Code de procédure civile, n⁰ 511.

6031. Le défendeur peut notamment pour la première fois en appel refuser au curateur à une succession dans les colonies la qualité pour agir au nom des créanciers du cujus. — Bordeaux, 3 juin 1879, J.G S. Demande nouvelle, 118.

6032. — 2⁰ Qualité du défendeur non invoquée en première instance (C. proc. civ. n⁰ˢ 524 à 528) — Le principe des deux degrés de juridiction établi pour les demandes n'est pas applicable aux moyens de défense ; par suite, pour repousser l'action principale, le défendeur peut faire valoir une qualité qu'il n'avait pas invoquée en première instance. — Civ. r. 30 juin 1884, D.P. 85. 1. 302. — V. Code de procédure civile, n⁰ 524.

6033. Spécialement, aux colonies, le courtier de commerce qui, assigné pour avoir usurpé les fonctions de commissaire-priseur en vendant aux enchères publiques des marchandises avariées, a prétendu, en première instance, avoir le droit en sa qualité de courtier, peut exciper en appel de la délégation spéciale du consul des Etats-Unis et des immunités concédées au point à ce dernier. — Même arrêt.

6034. On ne peut aussi être déclaré irrecevable pour changement de qualité de la part de l'appelant, défendeur primitif, alors même que celui-ci a pris dans son acte d'appel une qualité autre que celle en laquelle il avait été cité par le demandeur, et en laquelle il a été condamné par le tribunal, si sa résistance à cet égard s'était déjà

manifesté devant le premier degré de juridiction dans ses conclusions en défense. — Req. 5 mai 1845, D P. 85. 1. 256.

6035. Spécialement, deux défendeurs cités en première instance comme tenus personnellement et solidairement vis-à-vis du demandeur, et condamnés en cette qualité, peuvent, sans encourir l'irrecevabilité, déclarer agir comme faisant partie d'une société en commandite, l'un à titre de gérant, l'autre de commanditaire, quand, dans leurs conclusions de première instance, ils ont soutenu que, s'ils étaient obligés, ils ne pouvaient être tenus l'un et l'autre q e dans ces mêmes conditions. — Même arrêt.

6036. — 3⁰ Exception de nullité (C. proc. civ. n⁰ˢ 529 à 540). — La nullité tirée du caractère illicite d'une convention est un moyen d'ordre public qui peut être proposé pour la première fois en appel.—Rennes, 19 janv. 1881, D.P. 81. 2. 104.

6037. Il en est ainsi à l'égard d'un traité intervenu entre les fabricants d'un même produit ayant pour but de détruire la libre concurrence, soit pour l'achat de la matière première, soit pour la vente du produit fabriqué, et tendant ainsi à donner à une marchandise des prix supérieurs ou inférieurs aux cours résultant de la marche ordinaire des affaires commerciales. — Req. 11 févr. 1879, D.P. 79. 1. 353.

6038. La nullité de pareils traités et conventions étant d'ordre public peut être proposée en tout état de cause, et notamment, pour la première fois, devant les juges d'appel, alors même que les conclusions tendant à faire prononcer cette nullité ne constitueraient pas une défense à l'action principale. — Req. 11 févr. 1879, D.P. 79. 1. 353.

6039. — 4⁰ Exceptions tirées du dol et de la fraude (C. proc. civ. n⁰ˢ 541 à 546.)

6040. — 5⁰ Exceptions tirées de la libération (C. proc. civ. n⁰ˢ 547 à 550). — Le défendeur, condamné en première instance, est recevable à conclure, pour la première fois en appel, à ce que des quittances subrogatoires lui soient délivrées en échange des sommes dont le payement a été mis à sa charge, une pareille demande tendant à atténuer l'effet de la condamnation, et se rattachant ainsi à l'action principale. — Civ. c. 16 janv. 1882, D.P. 82. 1. 197.

6041. — 6⁰ Exception de compensation (C. proc. civ. n⁰ˢ 551 à 558). — L'exception de compensation est proposable pour la première fois en appel ; par suite, l'exception de non-recevabilité d'une action en garantie, tirée de l'existence d'une société en participation entre les parties, doit être admise, quoique proposée pour la première fois en cause d'appel, soit comme constituant une défense à l'action principale, soit comme tendant à compensation. — Civ. c. 1⁻ᵉʳ mars 1887, D.P. 87. 1. 428. — V. Code de procédure civile, n⁰ 551.

6042. Une demande présentée pour la première fois en appel par le défendeur ne peut être considérée comme une défense à la règle du double degré de juridiction, qu'autant, alors qu'elle ne s'agit pas de compensation, qu'elle est de nature à modifier les termes de la décision à intervenir, c'est-à-dire à faire écarter l'action au tout ou in partie. — Civ. r. 20 janv. 1891, D.P. 91. 1. 153.

6043. L'emprunteur assigné en payement peut demander pour la première fois devant la cour d'appel que le prêteur soit condamné à des dommages-intérêts pour avoir vendu ou compenser les marchandises consignées, afin de compenser la somme qui lui serait allouée de ce chef avec celles qu'il doit au prêteur : une pareille demande ne constitue qu'une défense à l'action principale. — Req. 21 avr. 1886, D.P. 87. 1. 85.

6044. — 7⁰ Exceptions diverses (C. proc.

civ. n°s 559 à 566). — Les conclusions par lesquelles le conseil judiciaire et le prodigue lui-même exciperont pour la première fois devant la cour de l'existence d'un conseil judiciaire ne constituent pas une demande nouvelle, mais un moyen de défense qui peut être opposé en tout état de cause. — Paris, 21 mai 1885, D.P. 86. 2. 14.

6045. Une cour d'appel n'excède pas sa compétence et ne prononce pas sur demande nouvelle quand elle donne acte à deux des parties en cause, sur conclusions prises en appel, de ce que, par suite d'une transaction intervenue depuis le jugement, le procès n'a plus d'objet, malgré l'opposition d'une troisième partie demeurée étrangère à la transaction, lorsque cette partie est reconnue et déclarée être sans intérêt ni qualité au procès. — Civ. r. 1er août 1888, D.P. 89. 1. 119.

6046. — IX. Titres nouveaux (C. proc. civ. n°s 567 à 576).

6047. — X. Preuves nouvelles (C. proc. civ. n°s 577 à 582). — Le juge d'appel n'est pas tenu d'admettre la preuve testimoniale de faits articulés devant lui par des conclusions nouvelles lorsque ces faits sont démentis par les documents de la cause. — Rouen, 24 déc. 1878, D.P. 79. 2. 175. — V. *Code de procédure civile,* n° 581, et *supra,* art. 253 et s., n°s 3532 et s.

§ 2. — *Demandes et moyens nouveaux du défendeur non proposables en appel* (C. proc. civ. n° 583 à 606).

6048. Les demandes nouvelles qui ne sont pas des défenses à l'action principale, celles notamment qui devraient donner lieu à une décision particulière et distincte de celle qui est provoquée par la demande primitive, ne peuvent être formées pour la première fois en appel par le défendeur. — J.G.S. *Demande nouvelle,* 114. — V. *Code de procédure civile,* n° 583.

6049. Ainsi l'intimé ne peut valablement former devant la cour une demande incidente qui n'a pas été soumise aux juges de première instance, lorsque l'appel principal est déclaré non recevable en la forme. — Nancy, 25 févr. 1881, D.P. 81. 2. 224.

6050. Le moyen de cassation tiré par une femme mariée de ce que l'arrêt attaqué aurait à tort repoussé, comme constituant une demande nouvelle, les conclusions du syndic de la faillite de son mari tendant à faire prononcer la nullité d'un commandement, doit être rejeté, si, d'une part, les juges de première instance n'ont pas été saisis de cette demande, et, si, d'autre part, ladite demande ne peut être considérée comme une défense à l'action principale intentée contre les époux. — Req. 14 mars 1887, D.P. 88. 1. 206.

6051. L'époux défendeur sur une demande en séparation de corps ne peut, pour la première fois en appel, former reconventionnellement une demande de même nature, les conclusions nouvelles prises en ce sens constituant une demande principale distincte de la demande primitive, reposant sur une cause différente et donnant lieu à une décision distincte de celle qu'eût provoquée la demande primitive. — Paris, 21 avril 1888. J.G.S. *Demande nouvelle,* 115.

6052. La demande reconventionnelle en dommages-intérêts, fondée sur le caractère vexatoire et calomnieux de l'action principale, ne peut être considérée comme une défense à cette action, susceptible d'être invoquée pour la première fois en appel. — J.G.S. *Demande nouvelle,* 101.

6053. Mais une pareille demande, bien que non soumise aux premiers juges, a pu être accueillie par la cour d'appel, alors que les conclusions soulevées par le demandeur principal avaient déjà été soumises dans des instances antérieures à l'appréciation de cette cour, qui les avait déclarées

mal fondées et avait, de ce chef, condamné le même demandeur à des réparations civiles. — Req. 14 mars 1883, D.P. 84. 1. 24.

6054. La cour de cassation a jugé que, dans ces circonstances, l'arrêt attaqué avait pu, conformément à l'art. 464, accueillir la demande reconventionnelle en dommages-intérêts formée par le défendeur comme demande principale. — Même arrêt.

6055. On se trouvait donc en présence d'un cas exceptionnel, où l'action intentée n'était plus, en raison des agissements du demandeur, l'exercice légitime d'un droit, mais un abus véritable de ce droit, et où l'action devenait par elle-même préjudiciable; aussi ne peut-on déduire de cette décision une règle générale et absolue. — J.G.S. *Demande nouvelle,* 101.

6056. Tombe également sous la censure de la cour de cassation l'arrêt qui déclare une demande reconventionnelle du défendeur irrecevable comme étant nouvelle, alors qu'il résulte des qualités du jugement que ladite demande reconventionnelle, au contraire, avait été formulée devant le tribunal de première instance. — Civ. c. 6 août 1890, D.P. 91. 1. 304.

6057. Il n'appartient pas aux juges d'appel d'apprécier le mérite des motifs pour lesquels le conseil judiciaire refuse d'assister le prodigue ou le faible d'esprit, lorsque cette question n'a pas été soumise aux premiers juges. — Rennes, 3 janv. 1880, D.P. 80. 2. 284.

§ 3. — *Demande en garantie* (C. proc. civ. n°s 610 à 663).

6058. L'appelé en garantie qui a conclu en première instance au rejet de la demande principale, peut être intimé devant la cour d'appel par le demandeur principal. — Req. 20 mai 1878, D.P. 78. 1. 469. — V. *Code de procédure civile,* n° 640.

6059. Mais la demande en garantie, alors qu'elle ne constitue pas une défense à l'action principale, ne peut être formée pour la première fois en appel. — Req. 21 juin 1876, D.P. 77. 1. 437. — Paris, 14 avril 1883, D.P. 84. 1. 122. — Alger, 19 mars 1884, D.P. 85. 2. 134. — V. *Code de procédure civile,* n° 618.

6060. Toutefois, lorsqu'une demande, formée pour la première fois devant la cour, ne porte que sur l'un des éléments du préjudice à réparer, dont les autres éléments ont été débattus devant le tribunal et appréciés par lui, et que, d'ailleurs, elle rentre, par son objet, dans une action en garantie soumise aux premiers juges, elle ne constitue pas une demande nouvelle dans le sens de l'art. 464 C. proc. civ. — Req. 13 mars 1876, D.P. 76. 1. 342.

6061. De même, quand un agent de change, actionné par une femme dotale en payement de la portion non remployée du produit de la vente d'une inscription de rente frappée de dotalité a soutenu en première instance que la demande de la femme était irrecevable, par le motif qu'elle lui devait garantie contre sa propre action, soit comme s'y étant elle-même engagée, soit à titre d'héritière de sa mère qui en avait pris l'engagement, ledit agent de change peut, en appel, conclure à ce que ladite femme soit condamnée, mais aux paraplegiaux seulement, à la garantir des conséquences de la demande dirigée par elle contre lui. — Civ. c. 3 déc. 1888, D.P. 90. 1. 74.

6062. Ce n'est pas là une demande nouvelle, interdite devant le juge du second degré par l'art. 464 C. proc. civ., puisque les conclusions prises en appel, comme celles de première instance, ne tendent que à une chose qu'à paralyser, en tout ou en partie, les effets de l'action intentée par la demanderesse. — Même arrêt.

6063. De même encore, l'acheteur d'une inscription de rente actionné en nullité de

la vente par le véritable propriétaire de la rente et par le notaire responsable du dommage causé à ce dernier, peut demander pour la première fois en appel des dommages-intérêts contre ce notaire, pour le cas où la vente serait déclarée nulle. — Civ. c. 20 juin 1876, D.P. 77. 1. 373.

6064. Toutefois il a été décidé que le débiteur du fonds dotal, qui a opposé, en première instance, à l'action révocatoire de la femme dotale, une fin de non-recevoir tirée de sa qualité d'héritière de sa mère, laquelle l'avait garanti de toute poursuite à raison du défaut de remploi, est non recevable à demander pour la première fois devant la cour d'appel que cette garantie produise un effet immédiat et que la femme soit condamnée, du chef de sa mère, à l'indemniser de toutes les condamnations qui seraient prononcées contre lui. — Rouen, 7 avr. 1886, D.P. 88. 2. 45.

6065. En cas de nullité d'un acte d'appel, l'action en garantie dirigée contre l'huissier qui a notifié cet acte peut être portée directement devant la cour saisie de la demande principale à l'occasion de laquelle a pris naissance le fait générateur de la garantie. — Bordeaux, 18 juin 1886, D.P. 88. 2. 189. V. conf. D.P. 80. 2. 225, note 5. — Comp. Bourges, 16 févr. 1874, D.P. 77. 2. 53. — V. *Code de procédure civile,* n° 652.

6066. En tout cas, la cour, lorsque l'huissier intervient volontairement devant elle et déclare ne pas s'opposer à ce qu'elle statue sur cette demande, peut, en prononçant la nullité de l'acte d'appel, et si elle reconnaît que la décision des premiers juges eût dû être infirmée, déclarer l'huissier responsable de cette nullité, et le condamner, par suite, envers l'appelant à des dommages-intérêts aux dépens tant de première instance que d'appel. — Besançon, 23 févr. 1880, D.P. 80. 2. 225.

Art. 465. Dans les cas prévus par l'article précédent, les nouvelles demandes et les exceptions du défendeur ne pourront être formées que par de simples actes de conclusions motivées.

Il en sera de même dans les cas où les parties voudraient changer ou modifier leurs conclusions.

Toute pièce d'écriture qui ne sera que la répétition des moyens ou exceptions déjà employés par écrit, soit en première instance soit sur l'appel, ne passera point en taxe.

Si la même pièce contient à la fois et de nouveaux moyens ou exceptions, et la répétition des anciens, on n'allouera en taxe que la partie relative aux nouveaux moyens ou exceptions.

Art. 466. Aucune intervention ne sera reçue, si ce n'est de la part de ceux qui auraient droit de former tierce opposition.

DIVISION.

Sect. 1. — Intervention volontaire (n° 6067).

§ 1. — *Qui peut intervenir en appel* (n° 6067).

§ 2. — *Formes de l'intervention* (n° 6109).

§ 3. — *Recevabilité et effets de l'intervention* (n° 6110).

Sect. 2. — Intervention forcée (n° 6112).

Sect. 1re. — Intervention volontaire (C. proc. civ. n°s 1 à 124).

§ 1er. — *Qui peut intervenir en appel* (C. proc. civ. n°s 1 à 106).

6067. — I. Droit de former tierce opposition (C. proc. civ. nᵒˢ 1 à 27). — L'intervention en appel, en appel, à toute partie qui serait recevable à former tierce-opposition contre le jugement, et, par suite, à toute partie aux droits de laquelle le jugement préjudicie. — Caen, 14 mars 1876, D.P. 77. 2. 131. — V. *Code de procédure civile*, nᵒ 1, et *infrà*, art. 474, nᵒˢ 6325 et s.

6068. Celui qui peut être tenu solidairement avec l'appelant au payement de la somme litigieuse est en droit d'intervenir pour la première fois en cause d'appel. — Bruxelles, 12 janv. 1888, D.P. 89. 2. 293. — V. *Code de procédure civile*, nᵒ 3.

6069. Toutefois la partie qui intervient ainsi pour la première fois devant la juridiction d'appel, est tenue de prendre la cause dans l'état où elle se trouve, et il ne lui est pas permis de faire revivre les nullités couvertes vis-à-vis de la partie principale, ni de retarder, au moyen d'exceptions qui lui sont entièrement personnelles, la solution de l'instance originaire. — Même arrêt.

6070. L'intervention est recevable en appel de la part des cointéressés représentés au procès par un prête-nom et qui agissent aux mêmes titre et qualité que leur cohéritier, partie appelante. — Liège, 11 mars 1888, J.G.S. *Intervention*, 24. — V. *Code de procédure civile*, nᵒ 4.

6071. La femme mariée qui n'était point personnellement en cause en première instance ne peut intervenir en appel sans l'autorisation de son mari, et, à défaut, sans l'autorisation de justice sollicitée et obtenue dans les formes prescrites par la loi. — Paris, 21 févr. 1883, D.P. 84. 2. 173–174.

6072. L'aïeule paternelle ou le droit d'intervenir dans l'instance en réclamation d'état introduite par un enfant contre des collatéraux de la ligne maternelle, encore que, dans cette instance, leur intérêt matériel soit contraire à leur intérêt moral. — Rouen, 14 mars 1877, D.P. 77. 2 193–194, et la note 5.

6073. — II. CONDITIONS DE L'INTERVENTION EN APPEL (C. proc. civ. nᵒˢ 28 à 53). — Deux conditions seulement sont requises pour autoriser une intervention en appel : il faut, d'une part, que la partie intervenante n'ait été ni appelée ni représentée en première instance, et, d'autre part, que la décision à intervenir puisse former un préjudice contraire aux prétentions que l'intervenant aurait intérêt à élever et à soutenir, sans qu'il soit néanmoins nécessaire que cette décision lui soit opposable, comme ayant à son égard l'autorité de la chose jugée. — Civ. r. 8 juill. 1889, D.P. 90. 1. 382.

6074. — 1ᵒ *Personnes n'ayant pas figuré en première instance* (C. proc. civ. nᵒˢ 29 à 42). — La partie qui n'a figuré ni par elle-même, ni par des représentants quelconques, au jugement d'un litige, est recevable à intervenir en cause d'appel, lorsqu'elle se présente au même titre que le demandeur au regard de qui a été rendu le jugement frappé d'appel, que son action est basée sur les mêmes faits et tend au même objet que la demande originaire, et l'arrêt à intervenir, en supposant qu'il repousse cette demande, est de nature à fournir un préjudice contraire aux prétentions de l'intervenant et peut ainsi préjudicier à ses droits. — Paris, 26 mars 1886, D.P. 87. 2. 57.

6075. Le jugement qui dénie à un avoué le droit de plaider des affaires d'une certaine nature ne peut être frappé de tierce opposition par les autres avoués exerçant près le même tribunal, et, dès lors, ceux-ci ne sont pas recevables à intervenir sur l'appel de ce jugement. — Civ. c. 39 déc. 1878, D.P. 81. 1. 57.

6076. Décidé, toutefois, qu'une chambre de notaires est recevable à intervenir en appel dans une contestation dont l'issue intéresse les notaires, par exemple, dans une contestation portant sur le point de savoir

si les ventes mobilières sont dans les attributions exclusives du notariat. — Besançon, 28 juill. 1877, D.P. 78. 2. 50-51. — V. *Code de procédure civile*, nᵒ 33.

6077. Suivant un arrêt, toute personne qui a un intérêt semblable à celui de l'une des parties en cause est recevable à intervenir en appel, lorsque l'intervenant n'a pas déjà lui-même intenté son action dans une instance distincte. — Orléans, 24 mai 1883, D.P. 84. 2. 148, et Observ. sous cet arrêt, note 1.

6078. L'intervention en cause d'appel est interdite non seulement à celui qui a figuré personnellement en première instance, mais encore à celui qui y a été légalement représenté. — J.G.S. *Intervention*, 35.

6079. Ainsi il a été jugé que, sous le régime de la communauté, le mari ayant seul l'exercice des actions mobilières appartenant à la femme, celle-ci est non recevable à intervenir au appel dans une instance où elle est représentée par son mari, et où elle n'a aucun intérêt distinct du sien. — Req. 15 avr. 1874, D.P. 75. 1. 67.

6080. — 2ᵒ *Personnes lésées par le jugement* (C. proc. civ. nᵒˢ 43 à 53). — Pour qu'une personne soit recevable à intervenir en appel, il suffit que l'arrêt à rendre par la cour puisse éventuellement préjudicier à ses droits. — Req. 22 nov. 1880, D.P. 81. 1. 58. — V. *Code de procédure civile*, nᵒ 46, et *suprà*, art. 339, nᵒˢ 4033 et s.

6081. Spécialement, lorsqu'un jugement a rejeté la demande en nullité d'une vente faite par le mari, d'immeubles dépendant de la communauté, la femme qui a concouru à la vente est recevable à intervenir sur l'appel de ce jugement, à raison de la subordination de l'existence de son hypothèque légale au rôle qui lui sera attribué par la cour dans ladite vente. — Même arrêt.

6082. Décidé dans le même sens qu'il suffit, pour que l'intervention soit recevable en appel, que l'arrêt qui sera rendu soit de nature, en supposant qu'il confirme la décision des premiers juges, à former un préjudice contraire aux prétentions que l'intervenant est intéressé à soutenir. — Augers, 23 mai 1878, D.P. 80. 1. 248. — Civ. c. 5 janv. 1870, D.P. 80. 1. 112. — Nancy, 19 févr. 1887, D.P. 87. 2. 190. — V. *Code de procédure civile*, nᵒ 48.

6083. ... Et qu'il y ait incompatibilité entre cette décision judiciaire et le droit revendiqué par le tiers intervenant. — Arrêt préc. 13 févr. 1887.

6084. En conséquence, on doit admettre en cause d'appel l'intervention du légataire universel lorsque l'instance pendante devant la cour est relative à la propriété de titres au porteur que les parties principales prétendent tenir du défunt à la suite d'un don manuel. — Même arrêt.

6085. Les propriétaires de parcelles faisant partie d'une prairie assujettie tout entière à des droits d'usage sont également recevables à intervenir même en appel, dans l'instance engagée relativement à ces droits entre la commune qui en est titulaire et les propriétaires d'autres fractions de la même prairie. — Arrêt préc. 23 mai 1878.

6086. Mais l'intervention en cause d'appel, ayant pour but d'obtenir une décision positive sur des droits prétendus ne peut être reçue, lorsqu'elle ne tend qu'à former des réserves et à réclamer des mesures conservatoires, telles qu'un séquestre des droits en litige, sans que la cour soit saisie de la solution de ces droits, sur lesquels, d'ailleurs, il y a instance pendante devant les premiers juges entre l'appelant et l'intervenant. — Bruxelles, 17 mai 1853, J.G.S. *Intervention*, 28.

6087. Toutefois, si l'intervenant en cause d'appel ne peut soulever devant la cour des questions étrangères à l'objet du litige soumis au premier juge, rien ne s'oppose à ce qu'il élève, dans son intérêt personnel, des

prétentions qui, non produites jusque-là, se rattachent étroitement aux conclusions déjà prises par les parties et débattues en première instance. — J.G.S. *Intervention*, 26.

6088. Vainement objecterait-t-on la règle édictée par l'art. 464 C. proc. qui prohibe les demandes nouvelles en cause d'appel : on autorise l'intervention en cause d'appel d'une partie qui n'a pas figuré dans l'instance antérieure, l'art. 466 C. proc. civ. déroge à cette règle. — J.G.S. *Intervention*, 26. — Conf. Paris, 26 mars 1886, D.P. 87. 2. 57, et sur pourvoi, Civ. r. 8 juill. 1889, D.P. 90. 1. 382.

6089. — III. CRÉANCIERS (C. proc. civ. nᵒˢ 54 à 78). — 1ᵒ *Créanciers n'ayant pas figuré dans le jugement* (C. proc. civ. nᵒˢ 54 à 75). — Un créancier peut intervenir pour la première fois en appel sur le rapport formée par le syndic d'une faillite contre un autre créancier, alors qu'ayant figuré au même contrat que ce dernier, et se trouvant, à l'égard de la faillite, dans la même situation à raison de ce contrat, il est exposé lui-même à une action identique de la part du syndic et qu'ainsi il est directement intéressé à la solution des questions litigieuses que soulève une telle demande. — Orléans, 17 mai 1881, D.P. 82. 2. 93.

6090. Les créanciers d'un failli qui ont été représentés en première instance par leur débiteur ne sont pas recevables à intervenir devant la cause d'appel. — Paris, 3 juill. 1880, D.P. 82. 2. 62.

6091. Décidé également que lorsqu'un jugement portant déclaration de la faillite d'un commerçant, sur la demande de quelques-uns de ses créanciers, après rejet d'une requête à fin d'admission au bénéfice de la liquidation judiciaire, a été frappé d'appel par ce commerçant, les syndics provisoires contre lesquels l'appel a été formé doivent être considérés comme représentant dans l'instance tous les créanciers, que ceux-ci ne peuvent, dès lors, y intervenir, l'art. 466 C. proc. civ. n'autorisant l'intervention en cause d'appel que de ceux qui auraient le droit d'attaquer l'arrêt à rendre par la voie de la tierce opposition. — Paris, 26 nov. 1889, D.P. 90. 2. 249. — V. en sens contraire la note de M. Boistel sous cet arrêt, *ibid.* — V. *infrà*, art. 474.

6092. Les règles relatives aux créanciers chirographaires s'appliquent également en principe aux créanciers hypothécaires ; il est généralement admis en jurisprudence que ces créanciers sont les ayants cause de leur débiteur, même quant aux jugements où ils ont été parties postérieurement à la constitution de leurs hypothèques. — J.G.S. *Intervention*, 42.

6093. ... Il en est autrement toutefois lorsqu'ils invoquent les moyens qui leur sont propres. — J.G.S. *Intervention*, 42.

6094. C'est ainsi qu'il a été jugé que les créanciers hypothécaires ne sont pas représentés par leur débiteur dans une instance relative à la validité de la vente de l'immeuble hypothéqué, alors qu'ils demandent le maintien de leur hypothèque au cas même où la vente serait annulée. — Orléans, 10 févr. 1876, D.P. 77. 2. 113.

6095. Ils ne peuvent pas non plus être considérés comme ayant été parties à cette instance pour être intervenus devant le tribunal, et leur intervention a été rejetée comme tardive ; et ils sont, dès lors, recevables à intervenir sur l'appel du jugement qui a prononcé contre l'acquéreur la nullité de la vente pour fraude aux droits des créanciers du vendeur. — Même arrêt.

6096. Sur l'intervention des créanciers : ... en matière de saisie immobilière, V. *infrà*, art. 762.

6097. ... En matière d'ordre, V. *infrà*, art. 762.

6098. — 2ᵒ *Créanciers ayant figuré en première instance* (C. proc. civ. nᵒˢ 76 à 78).

6099. — IV. GARANT (C. proc. civ. nᵒˢ 79 à 85).

6100. — V. ACQUÉREUR (C. proc. civ. nᵒˢ 86 à 88). — V. *suprà*, art. 339, nᵒˢ 4064 et s.

6101. — VI. CESSIONNAIRE (C. proc. civ. nᵒˢ 89 à 94). — Le donataire d'un immeuble peut intervenir sur l'appel interjeté contre le jugement qui, postérieurement à la donation, a fait droit à une action possessoire intentée par le donateur à raison du trouble apporté par un tiers à sa possession. — Trib. civ. Bordeaux, 1ᵉʳ juill. 1889, J.G.S. *Intervention,* 46.

6102. — VII. ASSOCIÉ (C. proc. civ. nᵒˢ 95 et 96). — Lorsque, après la dissolution d'une société commerciale, l'un des anciens membres de cette société a souscrit un engagement sous la signature sociale, l'héritier d'un autre associé est recevable à intervenir, en cause d'appel, pour faire déclarer que c'est sans droit qu'il a été fait usage de cette signature. — Toulouse, 13 déc. 1886, J.G.S. *Intervention,* 44.

6103. — VIII. PROPRIÉTAIRE ; NU-PROPRIÉTAIRE (C. proc. civ. nᵒˢ 97 à 99). — Lorsque le défendeur à une action négative de servitude de passage a interjeté appel d'un jugement qui lui a refusé ce droit de passage, quoique, depuis la décision, il ait vendu l'immeuble au profit duquel il prétendait un droit, le nouveau propriétaire de l'immeuble peut intervenir dans l'instance. — Poitiers, 7 janv. 1885, D.P. 86. 2. 72. — V. *suprà,* art. 339,nᵒ 4065.

6104. — Si l'acheteur d'un immeuble n'a pas qualité pour former tierce opposition à l'arrêt rendu entre son vendeur et un tiers au sujet d'un droit de passage réclamé au profit de l'immeuble acheté par lui, en tout cas, il a intérêt à contredire les prétentions et allégations de ce tiers et est, dès lors, recevable à intervenir pour la première fois en appel. — Même arrêt.

6105. — IX. HÉRITIERS, LÉGATAIRES (C. proc. civ. nᵒˢ 100 à 102). — L'héritier qui n'a été ni appelé ni représenté dans une instance engagée entre ses cohéritiers et les légataires universels au particuliers sur la validité du testament de leur auteur, peut intervenir en appel, dès que la décision attaquée forme un préjugé sur ses prétentions, encore que l'arrêt intervenu depuis réforme cette décision des premiers juges. — Civ. c. 3 janv. 1883, D.P. 83. 1. 457.

6106. — Le colégataire du légataire universel que l'on prétend faire déclarer indigne, peut intervenir en appel dans l'instance engagée sur ce point, à l'effet de réclamer la part caduque de ce légataire. — Agen, 12 mai 1886, J.G.S. *Intervention,* 47.

6107. — X. MAIRE (C. proc. civ. nᵒ 103).

6108. — XI. QUESTION D'ÉTAT (C. proc. civ. nᵒˢ 104 à 106)

§ 2. — *Formes de l'intervention* (C. proc. civ. nᵒˢ 107 à 110).

6109. — V. *Code de procédure civile,* nᵒˢ 107 et s.

§ 3. — *Recevabilité et effets de l'intervention* (C. proc. civ. nᵒˢ 111 à 124).

6110. — I. RECEVABILITÉ DE L'INTERVENTION (C proc. civ. nᵒˢ 111 à 114). — L'appelant qui n'a proposé aucune fin de non-recevoir contre une intervention formulée devant le juge du second degré ne peut la critiquer devant la cour de cassation ; en prétendant qu'il n'avait pas été condamné aux frais de cette intervention. — Req. 31 oct. 1888, D.P. 89.1.95. — V. *Code de procédure civile,* nᵒ 114.

6111. — II. EFFETS DE L'INTERVENTION (C. proc. civ. nᵒˢ 115 à 124). — S'il est vrai que l'intervenant ne peut soulever devant la cour d'appel de questions étrangères au litige porté devant les premiers juges, rien ne s'oppose à ce qu'il élève dans son intérêt personnel des prétentions qui, non produites jusque-là, se rattachent étroitement

aux conclusions déjà prises par les parties et débattues en première instance. — Paris, 26 mars 1886, D.P. 87. 2. 87. — Civ. r. 8 juill. 1889, D.P. 90. 1. 382. — V. *suprà,* art. 340, nᵒˢ 4097 et s.

SECT. 2. — INTERVENTION FORCÉE (C. proc. civ. nᵒˢ 125 à 138).

6112. Toute personne ayant qualité pour intervenir en appel, parce qu'elle aurait le droit de former tierce opposition à l'arrêt, peut être mise en cause devant la cour. — Civ. r. 5 nov. 1877, D.P. 80. 1. 79. — Rouen, 13 juin 1881, D.P. 83. 2. 110. — Pau, 9 févr. 1885, D.P. 86. 2. 173. — V. *Code de procédure civile,* nᵒ 125.

6113. Est l'arrêt qui déclare que les droits de propriété d'une partie appelée en cause devant la cour d'appel se trouvent mis en question dans l'instance, justifie suffisamment le maintien de la mise en cause de cette partie. — Arrêt préc. 5 nov. 1877.

6114. Une cour d'appel peut d'office, à titre de mesure d'instruction, ordonner la mise en cause d'un tiers qui, ayant un intérêt évident dans la contestation, aurait le droit de former tierce opposition. — Nancy, 3 janv. 1880, D.P. 80. 2. 238. — Civ. Req. 2 août 1876, D.P. 77. 1. 224.

6115. Lorsque l'action en nullité d'un bail et l'action en rapport à une succession de sommes d'argent versées dans la communauté de locataire n'ont été dirigées que contre sa veuve commune en biens, le demandeur peut, sur l'appel du jugement qui l'a débouté de son action, assigner devant la cour les enfants comme héritiers de leur père en *déclaration de jugement commun,* d'autant plus que ces héritiers, s'ils n'étaient pas mis en cause, auraient le droit de faire tierce opposition à l'arrêt et que l'action en nullité d'un bail est une matière indivisible. — Gand, 24 déc. 1886, D.P. 83. 2. 88.

Art. 467. S'il se forme plus de deux opinions, les juges plus faibles en nombre seront tenus de se réunir à l'une des deux opinions qui auront été émises par le plus grand nombre.

APPENDICE A L'ARTICLE 467

Division.

I. — CAPACITÉ REQUISE CHEZ LES MAGISTRATS DES COURS D'APPEL.

II. — NOMBRE DES CONSEILLERS (nᵒ 6116).

III. — REMPLACEMENT DES CONSEILLERS EN CAS D'EMPÊCHEMENT (nᵒ 6123).

IV. — DES PRÉSIDENTS ET DE LEUR REMPLACEMENT.

I. CAPACITÉ REQUISE CHEZ LES MAGISTRATS DES COURS D'APPEL

Loi du 20 avril 1810,

Sur l'organisation de l'ordre judiciaire et l'administration de la justice. — *Publiée au Moniteur* du 21 avr. 1810 et au *Bulletin des lois,* nᵒ 5301. — (Extrait, J.G. *Organ. judic.,* p. 1406.)

Art. 65. — (V. le texte, *Code de procédure civile,* p. 782).

Loi du 30 août 1883,

Sur la réforme de l'organisation judiciaire. — Publiée au *Journal officiel* le 31 août 1883 et au *Bulletin des lois,* nᵒ 13465. — (Extrait, D.P. 83. 4. 38.)

Art. 10. — (V. le texte, *suprà,* p. 70.)

II. NOMBRE DES CONSEILLERS.

Loi du 27 ventôse an 8,

Relative à l'organisation des tribunaux. — Publiée au *Moniteur* du 23 germinal an 8 et au *Bulletin des lois,* nᵒ 103. — (Extrait, J.G. *Organ. judic.* p. 184.)

Art. 27. Les jugements des tribunaux d'appel ne pourront être rendus par moins de sept juges. —

Loi du 30 août 1883,

Sur la réforme de l'organisation judiciaire. — Publiée au *Journal officiel* le 31 août 1883 et au *Bulletin des lois,* nᵒ 13465. — (Extrait, D.P. 83. 4. 38.)

Art. 1ᵉʳ. — (V. le texte, *suprà,* p. 200 et 202.)

6116. Un arrêt est régulier du moment où il a été délibéré et rendu par cinq magistrats, et il importe peu que deux autres magistrats se soient abstenus d'y prendre part, après avoir assisté aux plaidoiries ; l'empêchement ou l'absence de ces cinq magistrats au moment de la prononciation de l'arrêt ne saurait en entraîner la nullité, alors que les juges qui ont statué étaient en nombre impair et suffisant. — Req. 20 mai 1885, D.P. 86. 1. 82.

6117. Quand l'arrêt d'une cour d'appel qui ne comprend qu'une seule chambre, porte dans ses qualités qu'il a été rendu par la cour composée, président compris, de cinq magistrats, l'empêchement des autres membres de la compagnie est légalement présumée. — Req. 4 mars 1889, D.P. 89. 1. 63.

6118. Cette présomption n'est pas renversée devant la cour de cassation par l'allégation que les conseillers qui n'ont pas siégé dans l'affaire s'en sont abstenus comme faisant partie d'une autre chambre arbitrairement instituée sans un règlement d'administration publique, alors que ladite allégation n'est pas juridiquement établie par le demandeur au pourvoi. — Même arrêt.

6119. Bien que l'expédition d'un arrêt omette le nom d'un des cinq magistrats qui y ont concouru, cette erreur est sans portée du moment où elle est rectifiée par les mentions de la minute dudit arrêt. — Req. 20 mai 1885. — Req. 2 août 1887, D.P. 88. 1. 156. — V. *Code de procédure civile,* nᵒ 6, et *suprà,* art. 141, nᵒˢ 2248 et s.

6120. L'arrêt d'une cour d'appel auquel a concouru un nombre pair de magistrats est nul. — Cr. c. 24 juill. 1886, D.P. 86. 1. 477.

6121. Et il importe peu que le nom du conseiller formant le nombre pair ne figure pas parmi les signatures apposées au bas de la minute de l'arrêt, si le nom de ce conseiller est indiqué en marge de la feuille d'audience dans un renvoi dûment approuvé. — Même arrêt.

6122. Mais la présence d'un nombre pair de magistrats à l'audience où l'affaire a été mise en délibéré au lieu de ces magistrats à celle où l'arrêt a été rendu, ne constituent une violation ni de l'art. 1ᵉʳ de la loi du 30 août 1883. ni de l'art. 468 C. proc. civ., du moment où il résulte des qualités que cinq magistrats seulement ont pris part

à la délibération et au prononcé de l'arrêt.
— Civ. r. 17 nov. 1886, D.P. 88. 1. 113, et la note de M. Levillain sous cet arrêt.

6123. Est valable l'arrêt rendu en assemblée générale par cinquante-six magistrats sur cinquante-sept magistrats présents, le dernier dans l'ordre du tableau s'étant abstenu, lorsqu'il est établi que, au cours de la délibération, deux autres conseillers, parents au degré prohibé, ont opiné dans le même sens, de sorte que la cour est réputée avoir statué au nombre de cinquante-cinq juges, c'est-à-dire au nombre impair. — Req. 9 juin 1890, D.P. 91. 1. 453, et la note.

6124. Lorsque dans une affaire qui se prolonge pendant plusieurs audiences, la cour a commencé à siéger en nombre pair, et que dans le courant des débats, spécialement avant les conclusions du ministère public, le doyen des conseillers a cessé d'y assister, ce magistrat doit être réputé avoir été légitimement empêché, et on ne saurait prétendre que c'est lui qui s'est retiré au délibéré, au lieu du dernier conseiller, pour permettre à la cour de juger en nombre impair. — Req. 9 juill. 1888, D.P. 88. 1. 321.

III. REMPLACEMENT DES CONSEILLERS EN CAS D'EMPÊCHEMENT.

Décret du 30 mars 1808,

Contenant règlement pour la police et la discipline des cours et tribunaux. — Publié au Bulletin des lois, n° 3245. — (Extrait, J.G. Organ. judic., p. 1495.)

Art. 4. En cas d'empêchement d'un juge, il sera, pour compléter le nombre indispensable, remplacé par un juge d'une autre chambre qui ne tiendrait pas audience ou qui se trouverait avoir plus de juges que le nombre nécessaire.

Décret du 6 juillet 1810,

Contenant règlement sur l'organisation et le service des cours impériales, des cours d'assises et des cours spéciales. — Publié au Bulletin des lois, n° 5725. — (Extrait, J.G. Organ. judic., p. 1499.)

Art. 9. Tous les membres des chambres civiles ou criminelles pourront être respectivement appelés, dans les cas de nécessité, pour le service d'une autre chambre.

6125. — I. Remplacement par un conseiller (C. proc. civ. n° 4 à 24). — 1° Dans quel cas il y a lieu au remplacement (C. proc. civ. n° 1 à 4). — Est nul l'arrêt rendu avec l'adjonction d'un magistrat pris dans une autre chambre alors que le nombre de magistrats indispensable pour juger était complet. — Cr. 24 juill. 1886, D.P. 86. 1. 477. — V. Code de procédure civile, n° 2, et supra, Appendice à l'art. 116, n° 2007 et s.

6126. Jugé également qu'on ne peut se compléter par l'adjonction d'un magistrat d'une autre chambre qu'en cas de nécessité; par suite, lorsque les conseillers qui composent la chambre correctionnelle figurent au nombre de cinq, la participation d'un conseiller appartenant à une autre chambre entraîne la nullité de l'arrêt. — Cr. 16 déc. 1881, D.P. 82. 1. 143.

6127. Il en est ainsi alors même que les deux des conseillers de la chambre à laquelle un magistrat est adjoint sont parents ou alliés au degré prohibé, à moins qu'une mention expresse de l'arrêt n'indique que leurs opinions conformes ne devaient compter que pour une. — Même arrêt.

6128. — 2° Constatation de l'empêchement

(C. proc. civ. n° 5 à 13). — L'indication des magistrats absents ou empêchés et des causes de leur absence ou empêchement n'est pas exigée à peine de nullité dans les jugements ou arrêts, et il suffit que des membres d'une chambre aient été appelés à compléter dans une autre le nombre indispensable des juges pour qu'on ne doive conclure qu'il y avait nécessité de les appeler et déclarer cet appel légal et régulier. — Civ. r. 29 mars 1876, D.P. 76. 1. 493. — V. Code de procédure civile, n° 6.

6129. La composition d'une cour d'appel n'est pas viciée, par cette énonciation de l'arrêt qu'un des neuf conseillers de la première chambre en a été détaché pour compléter la seconde. — Req. 20 juill. 1880, D.P. 81. 1. 179.

6130. Aucune loi n'exige, à peine de nullité, l'indication des magistrats absents ou empêchés et des causes de leur absence ou de leur empêchement; il suffit que d'autres magistrats aptes à siéger aient été appelés à compléter le nombre indispensable pour qu'on doive en conclure qu'il y avait nécessité de les appeler et déclarer cet appel régulier. — Civ. r. 28 janv. 1891, D.P. 91. 1. 469.

6131. — 3° Comment s'effectue le remplacement (C. proc. civ. n° 14 à 23). — Aucun texte n'exige à peine de nullité que le magistrat appelé à compléter une chambre de cour d'appel soit désigné suivant l'ordre de nominations, et sa désignation doit être présumée faite d'après les exigences du service général de la cour. — Civ. r. 29 mars 1876, D.P. 1. 493. — V. Code de procédure civile, n° 16.

6132. — 4° Nombre des remplaçants (C. proc. civ. n° 24).

6133. — II. Remplacement par un avocat ou un avoué (C. proc. civ. n° 25 à 31). — V. supra, Appendice à l'art. 116, n° 2010 et s.

Ordonnance du 24 septembre 1828,

Déterminant le nombre des juges dont seront composées les chambres des appels de police correctionnelle. — Publié au Bulletin des lois, n° 9240. — (Extrait, J.G. Organ. judic., p. 1506.)

Art. 4. — (V. le texte, Code de procédure civile, p. 724.)

Ordonnance du 5 août 1844,

Portant que les membres de la chambre des mises en accusation des cours d'appel feront, en outre, le service des autres chambres. — Publié au Bulletin des lois, n° 11403. — (Extrait, J.G. Organ. judic., p. 1508.)

Art. 1, 2 et 3. — (V. le texte, Code de procédure civile, p. 724.).

IV. DES PRÉSIDENTS ET DE LEUR REMPLACEMENT.

Décret du 30 mars 1808,

Contenant règlement pour la police et la discipline des cours et tribunaux. — Publié au Bulletin des lois, n° 3245. — (Extrait, J.G. Organ. judic., p. 1494.)

Art. 1, 2 et 3. — (V. le texte, Code de procédure civile, p. 724.)

Décret du 6 juillet 1810,

Contenant règlement sur l'organisation et le service des cours impériales, des cours d'assises et des cours spéciales. — Publié au Bulletin des lois, n° 5725. — (Extrait, J.G. Organ. judic., p. 1499.)

Art. 7. — (V. le texte, Code de procédure civile, p. 725.)

Art. 39 à 41. — (V. le texte, Code de procédure civile, p. 725.)

Code de procédure civile (Suite).

Art. 468. En cas de partage dans une cour d'appel, on appellera, pour le vider, un au moins ou plusieurs des juges qui n'auront pas connu de l'affaire, et toujours en nombre impair, en suivant l'ordre du tableau : l'affaire sera de nouveau plaidée, pour le conseiller ou les conseillers, comme le veut l'art. 468, ou de nouveau rapportée, s'il s'agit d'une instruction par écrit.

Dans les cas où tous les juges auraient connu de l'affaire, il sera appelé, pour le jugement, trois anciens jurisconsultes.

6134. — I. Mode de vider le partage (C. proc. civ. n° 1 à 10). — Antérieurement à la loi du 30 août 1883, on devait, en cas de partage dans une cour d'appel, appeler, pour le vider, un ou plusieurs des conseillers qui n'avaient pas connu de l'affaire, et toujours en nombre impair et suivant l'ordre du tableau. — Req. 24 janv. 1883, D.P. 84. 1. 17-18. — V. supra, art. 116, n° 2031 et s.

6135. Mais la loi du 30 août 1883 (art. 1ᵉʳ), en obligeant les magistrats des tribunaux d'arrondissement, et ceux des cours d'appel, à statuer en nombre impair, a implicitement modifié sur ce point l'art. 468 C. proc. civ. Si, à ce nombre impair, on ajoutait un, trois ou cinq magistrats, comme le veut l'art. 468, on obtiendrait en tout un nombre pair de magistrats, ce que défend la loi du 30 août 1883. — D.P. 85. 1. 236, note 1.

6136. Il faut donc aujourd'hui, à l'inverse de ce que dit l'art. 468, appeler un nombre pair de magistrats, deux par exemple, pour que l'affaire soit instruite, la seconde comme la première fois, par des magistrats siégeant en nombre impair. — V. ibid.

6137. Lorsqu'à la suite d'un arrêt de partage, quelques-uns des magistrats qui ont concouru à cet arrêt ne font plus partie de la cour d'appel, étant légalement empêchés, il faut, au préalable, les remplacer, jusqu'à concurrence du nombre primitif, par d'autres conseillers qui n'ont point connu de l'affaire; les membres départiteurs sont ensuite seulement, et dans l'ordre du tableau, appelés à vider le partage. — Civ. c. 7 janv. 1889, D.P. 85. 1. 236. — V. Code de procédure civile, n° 5.

6138. Le magistrat qui a déjà connu une affaire en concourant à un jugement interlocutoire ne peut être appelé comme départiteur. — Civ. c. 16 janv. 1877, D.P. 77. 1. 482. — V. Code de procédure civile, n° 7.

6139. — II. Ordre dans lequel sont appelés les conseillers départiteurs (C. proc. civ. n° 11 à 30). — Le tableau visé par l'art. 468 C. proc. civ. est celui des conseillers dans l'ordre de leur nomination, et non le tableau prescrit par l'art. 36 du décret du 6 juill. 1810 qui place avant les conseillers le premier président et les présidents de chambre dans l'ordre de leur nomination. — Req. 24 janv. 1883, D.P. 84. 1. 17-18, et la note. — V. Code de procédure civile, n° 17. — V. aussi supra, art. 118, n° 2027 et s.

6140. — III. Mention de l'empêchement des magistrats non appelés dans l'ordre du tableau (C. proc. civ. n° 31 à 45).

6141. — IV. Appel d'anciens jurisconsultes (C. proc. civ. n° 46 à 49).

6142. — V. Nullité résultant d'infraction à l'art. 468 (C. proc. civ. n° 50 à 54). — La nullité, résultant de l'inobservation de la règle de l'art. 468 C. proc. civ. (combinée avec les dispositions de la loi du 30 août 1883, V. supra, n° 5866 et s., 6116 et s.), ne saurait être couverte par le consentement des parties. — Civ. c. 7 janv. 1883, D.P. 85. 1. 236. — V. Code de procédure civile, n° 51.

Art. 469. La péremption en cause d'appel aura l'effet de donner au jugement dont est appel la force de chose jugée.

6143. — I. Effets de la péremption en cause d'appel (C. proc. civ. nos 1 à 21). — L'arrêt qui, en déclarant une instance d'appel périmée, a, par cela même, donné force de chose jugée à un jugement, ne rétroagit point d'une façon absolue jusqu'à ce jugement, et laisse subsister l'influence suspensive de l'appel. — Civ. r. 18 mai 1881, D.P. 82. 1. 115. — V. *Code de procédure civile,* no 9.

6144. Spécialement, il ne rend point nuls et sans effet les actes d'administration survenus dans l'intervalle entre un séquestre (dont les pouvoirs n'ont cessé que par l'effet de l'arrêt ayant prononcé la péremption) et les tiers qui, sous la foi de la qualité dont il est investi par la justice, ont traité avec lui pour les nécessités de sa gestion. — Même arrêt.

6145. La cour, saisie uniquement de la demande en péremption d'une instance d'appel, et qui accueille cette demande, n'a pas à statuer sur le sens et la portée du jugement auquel, en déclarant l'instance périmée, elle attribue force de chose jugée. — Req. 28 juin 1875, D.P. 76. 1. 30.

6146. Quelle qu'ait été la qualité de l'appelant et de l'intimé devant les premiers juges, la discontinuation des poursuites par l'appelant pendant le temps déterminé par la loi autorise l'intimé à demander la péremption de l'instance d'appel. — Même arrêt.

6147. — II. A quels jugements la péremption donne force de chose jugée (C. proc. civ. nos 22 à 27).

Art. 470. Les autres règles établies pour les tribunaux inférieurs seront observées dans les tribunaux d'appel.

6148. Il ne résulte pas de l'art. 470 que les cours d'appel doivent observer les formes tracées pour les tribunaux exceptionnels, lorsque les décisions de ces tribunaux leur sont déférées : il s'agit seulement, dans l'art. 470, des règles prescrites pour les tribunaux civils, juridictions de droit commun, et non des règles établies pour les autres. — J.G.S. *Jugement par défaut,* 58. — Comp. Rouen, 13 juin 1881, D.P. 83, 2. 110.

Art. 471. L'appelant qui succombera sera condamné à une amende de cinq francs, s'il s'agit du jugement d'un juge de paix, et de dix francs sur l'appel d'un jugement de tribunal de première instance ou de commerce.

6149. — I. Consignation préalable (C proc. civ. nos 1 à 8).

6150. — II. Appels qui donnent lieu a l'amende (C. proc. civ. nos 9 à 15).

6151. — III. Dans quels cas l'amende est encourue (C. proc. civ. nos 16 à 34). — La condamnation à l'amende de fol appel, n'étant pas prononcée au profit de l'intimé, ne peut fournir contre lui un moyen de cassation. — Req. 22 nov. 1875, D.P. 76. 5. 69. — Req. 4 juin 1877, D.P. 78. 1. 23. — Civ. r. 17 févr. 1885, D.P. 88. 1. 159. — Civ. r. 29 avr. 1885, D.P. 85. 1. 375. — V. *Code de procédure civile,* no 33.

6152. Et la mise en cause du Trésor public devant la cour de cassation, fût-elle régulière, ne saurait avoir pour effet de paralyser au préjudice de l'intimé l'exécution de l'arrêt. — Req. 4 juin 1877, D.P. 78. 1. 23.

Art. 472. Si le jugement est confirmé, l'exé-

cution appartiendra au tribunal dont est appel : si le jugement est infirmé, l'exécution entre les mêmes parties, appartiendra à la cour royale (cour d'appel) qui aura prononcé, ou à un autre tribunal qu'elle aura indiqué par le même arrêt; sauf les cas de la demande en nullité d'emprisonnement, en expropriation forcée, et autres dans lesquels la loi attribue juridiction.

DIVISION.

§ 1. — *Compétence pour l'exécution de l'arrêt en cas de confirmation* (no 6153).

§ 2. — *Compétence pour l'exécution de l'arrêt en cas d'infirmation* (no 6160).

§ 3. — *Attributions spéciales de juridiction* (no 6182).

§ 1er. — *Compétence pour l'exécution de l'arrêt en cas de confirmation* (C. proc. civ. nos 1 à 11).

6153. Le tribunal qui a prononcé la décision, compétent pour en régler l'exécution l'est même, dans certains cas, pour faire les modifications ou rétractations devenues postérieurement nécessaires. — J.G.S. *Compét. des trib. civ. d'avr.,* 119.

6154. En matière de séparation de corps, notamment, le tribunal qui a prononcé la séparation et statué sur la garde des enfants est compétent, malgré le changement de domicile du mari, pour connaître de la demande de la femme ayant trait à des modifications à apporter aux mesures prises relativement à cette garde. — Civ. c. 25 août 1884. D.P. 85. 1. 206.

6155. La cour d'appel qui confirme un jugement de séparation de corps peut, sans commettre un excès de pouvoir, ni violer l'art. 472 C. proc. civ., reconnaître à l'époux défendeur le droit de visiter ses enfants, dont la garde et la direction exclusive avaient été confiées à l'époux demandeur par le jugement confirmé. — Req. 3 févr. 1875, D.P. 76. 1. 465.

6156. Le remplacement d'un conseil judiciaire décédé constituant un acte d'exécution du jugement qui a reconnu la nécessité de nommer un conseil judiciaire au prodigue, c'est au tribunal qui a rendu ce jugement, et non à celui du domicile actuel du prodigue, qu'il appartient de désigner un nouveau conseil. — Nîmes, 25 janv. 1876, D.P. 77. 2. 187.

6157. Et cette attribution étant d'ordre public peut être invoquée pour la première fois en appel. — Même arrêt.

6158. Dans le cas où un créancier exerçant les droits de son débiteur, et en vertu d'une créance consacrée par un arrêt de cour d'appel, provoque la licitation d'un domaine indivis, ce n'est pas de difficultés relatives à l'exécution de cet arrêt, et, dès lors, le tribunal compétent est celui de la situation du domaine. — Req. 19 juin 1888, D.P. 88. 1. 449.

6159. L'action intentée par le demandeur au possessoire devant le tribunal civil à l'effet de faire prescrire les mesures propres à assurer l'exécution d'un jugement rendu et aux termes duquel on a condamné le défendeur à rétablir les lieux dans leur état primitif, sans porter aucune sanction à appliquer pour le cas de non-exécution, constitue une demande nouvelle soumise, au point de vue de l'appel, aux règles du droit commun. — Req. 27 févr. 1878, D.P. 78. 1. 304.

§ 2. — *Compétence pour l'exécution de l'arrêt en cas d'infirmation* (C. proc. civ. nos 12 à 93).

6160. — I. A quels juges appartient l'exécution en cas d'infirmation (C. proc. civ. nos 12 à 27.) — L'exécution de l'arrêt portant

infirmation d'un jugement appartient à la cour d'appel qui a rendu cet arrêt. — Req. 10 juin 1885, D.P. 86. 4. 222. — V. *Code de procédure civile,* no 12.

6161. Et il y a infirmation quand, le juge du premier degré ayant condamné une partie à payer ferme une somme d'argent, le juge du second degré condamne cette même partie à délivrer jusqu'à concurrence du montant de ladite somme, des actions et des parts de fondateur d'une société, et ne l'oblige à payer cette somme en espèces que subsidiairement, si la délivrance des titres indiqués n'a pas lieu dans un certain délai. — Même arrêt.

6162. Cependant l'arrêt qui infirme un jugement peut renvoyer les difficultés d'exécution devant le tribunal dont la décision a été infirmée, à la condition qu'il soit composé d'autres juges. — Rouen, 13 mars 1880, D.P. 80. 2. 245. — V. *Code de procédure civile,* no 16.

6163. La cour, compétente pour statuer sur les difficultés relatives à l'exécution d'un de ses arrêts infirmatifs, cesse de l'être pour statuer sur la demande de dommages-intérêts formée à l'occasion de faits antérieurs à l'arrêt et qui n'ont été l'objet d'aucune demande au cours de l'instance. — Lyon, 26 nov. 1881, D.P. 82. 2. 231.

6164. — II. A quels jugements s'applique l'art. 472 (C. proc. civ. nos 28 à 36). — L'art. 472 C. proc. civ. étant conçu en termes généraux, la faculté qu'il concède aux tribunaux d'appel, en cas d'infirmation, de renvoyer la cause à un juge de première instance, autre que celui dont la décision est réformée, s'applique aussi bien aux jugements interlocutoires qu'aux jugements définitifs. — Req. 24 déc. 1886, D.P. 87. 1. 409. — Req. 21 juill. 1887, D.P. 87. 1. 391-392. — Civ. c. 26 mars 1888, D.P. 88. 1. 465. — Bourges, 27 mai 1890, D.P. 91. 2. 249. — V. en sens contraire, Dissertation de M. Glasson, D.P. 87. 1. 409. — V. *Code de procédure civile,* no 33.

6165. En conséquence, lorsqu'un jugement interlocutoire est infirmé sur l'appel et que la cour n'a pas désigné un autre tribunal pour l'exécution de l'arrêt, c'est à elle-même qu'il appartient d'apprécier tous les actes qui ne sont que la suite et la conséquence de cet arrêt. — Bourges, 27 mai 1890, D.P. 91. 2. 249.

6166. Le tribunal civil qui infirme une sentence interlocutoire rendue par un juge de paix ne peut, pour la suite que comporte le litige, notamment pour la décision à rendre sur le fond, se considérer comme saisi par l'effet dévolutif de l'appel, puisque le premier degré de juridiction n'est pas épuisé. — Req. 4 juill. 1887, D.P. 87. 1. 393.

6167. Comme il ne saurait non plus retenir l'affaire par voie d'évocation, la cause ne pouvant en l'état, et sans mesures d'instruction, recevoir une décision définitive, il doit, en conséquence, renvoyer la cause et les parties, pour la continuation du procès, devant un tribunal de paix autre que celui dont la sentence a été infirmée. — Même arrêt.

6168. Ce renvoi ne rencontre aucun obstacle dans cette circonstance qu'il s'agit, entre les parties, d'une action possessoire, le tribunal de paix primitivement saisi n'étant pas, quant aux actions de cette nature, un juge d'attribution, au sens de l'art. 472, § 2, C. proc. civ. — Même arrêt.

6169. L'arrêt qui annule, pour vice de forme, un jugement prescrivant une enquête, constitue une décision infirmative, alors même que, sur les conclusions d'appel, il ordonne à nouveau une enquête ayant le même but que celle irrégulièrement prescrite par le tribunal. — Arrêt préc. 21 juill. 1887.

6170. En infirmant le jugement interlocutoire de première instance, la cour doit, en ce cas, la cause n'étant pas prête à recevoir une solution immédiate, renvoyer pour les suites de l'affaire devant un autre juge du premier degré; mais elle peut dans ce but désigner le même tribunal, pourvu qu'elle prenne soin d'ordonner qu'il sera composé de magistrats différents. — Même arrêt

6171. — III. Cas dans lesquels les juges d'appel sont compétents pour connaître de l'exécution de leurs sentences (C. proc. civ. n°s 37 à 60). — En disposant, d'une manière générale, que les demandes en validité d'offres réelles seront formées d'après les règles ordinaires des demandes principales, l'art. 815 C. proc. civ. n'a pas entendu porter atteinte au principe édicté par l'art. 472 du même code, qui attribue l'exécution de l'arrêt infirmatif à la cour qui l'a rendu. — Req. 10 juin 1885, D.P. 86. 1. 222. — V. *Code de procédure civile*, n^o51, et *infrà*, art. 815.

6172. Par suite, la demande en validité des offres réelles qui ont été faites pour arriver à l'exécution d'un arrêt infirmatif doit être portée devant la cour d'appel qui a rendu cet arrêt. — Même arrêt.

6173. On doit considérer comme incident d'exécution la demande tendant à faire décider par la cour que son arrêt a été exécuté par des offres réelles dans le délai qu'elle avait imparti; en conséquence, cette demande s'introduit valablement par un simple acte d'avoué à avoué. — Paris, 28 avr. 1883, D.P. 84. 2. 119-120. — V. *Code de procédure civile*, n° 51.

6174. La cour d'appel, saisie d'une demande tendant à l'exécution de l'arrêt qui a infirmé, en totalité ou en partie, la décision des premiers juges, reste compétente à l'effet de statuer sur cette demande, bien que la demandeur ait conclu devant elle à la nullité d'une convention dont le défendeur excipait pour échapper à l'exécution poursuivie contre lui. — Civ. c. 16 mai 1883, D.P. 83. 1. 164-165.

6175. Le tribunal de la situation des immeubles saisis est compétent pour statuer sur la demande en nullité de la saisie et sur toutes les exceptions opposées à cette demande. — Req. 10 juin 1879, D.P. 80. 1. 418. — V. *Code de procédure civile*, n° 52.

6176. Spécialement, lorsqu'une saisie a été pratiquée, après séparation de corps, par un mari sur les immeubles dotaux de sa femme, en vertu d'un arrêt condamnant cette dernière à lui remettre les enfants communs, et que la femme demande la nullité de cette saisie à raison de l'inaliénabilité de ses immeubles, tandis que le mari soutient que la condamnation obtenue par lui est susceptible d'être exécutée sur la dot comme ayant pour objet la réparation d'un quasi-délit, le tribunal du lieu de la saisie peut, sans excéder sa compétence, repousser l'exception et, en accueillant l'exception qu'y oppose le mari saisissant. — Même arrêt.

6177. Vainement prétendrait-on que ce tribunal est tenu de surseoir à statuer jusqu'à ce que la cour de laquelle émane l'arrêt de condamnation ait déterminé le sens, alors, d'ailleurs, que cet arrêt ne présente aucune ambiguïté. — Même arrêt.

6178. Sur l'applicabilité de l'art. 472 à la juridiction des référés, V. *infrà*, art. 806.

6179. — IV. Exécution contre les parties ou contre les tiers (C. proc. civ. n°s 61 à 67.)

6180. — V. Compétence en cas d'infirmation partielle (C. proc. civ. n°s 68 à 93). La règle d'après laquelle l'exécution, en cas d'infirmation d'un arrêt, appartient à la cour d'appel ou à un autre tribunal par elle désigné, est applicable, même au cas d'infirmation partielle, aux chefs infirmés, sauf le cas où ils ne constitueraient qu'un simple accessoire. — Paris, 28 avr. 1883, D.P. 84. 2. 119. — Req. 10 déc. 1883, D.P. 84. 1. 405. — V. *Code de procédure civile*, n° 68.

6181. Mais il peut arriver que tous les chefs d'un même jugement ou arrêt soient liés d'une manière indivisible entre eux, de telle sorte que, l'exécution ne pouvant

pas être scindée, la solution donnée dans les arrêts précités ne saurait s'appliquer. Alors, en l'absence de tout texte, il faut abandonner la question à la souveraine décision de la cour d'appel qui, selon les circonstances, se chargera de toutes les difficultés d'exécution ou les renverra au tribunal, bien qu'une partie de son jugement ait été infirmée, ou même en chargera un autre tribunal. — J.G.S. *Compét. des trib. civ. d'arr.*, 118. — V. *Code de procédure civile*, n° 80.

6182. — I. Attribution légale de compétence (C. proc. civ. n°s 91 à 108). — Bien qu'en principe l'exécution d'un arrêt infirmatif appartienne à la cour qui l'a rendu, cependant il en est autrement dans le cas d'expropriation forcée, où la loi attribue juridiction au tribunal de première instance qui a été saisi de l'affaire, et cette disposition doit s'appliquer à la saisie immobilière qui n'a d'autre but que d'amener la vente, c'est-à-dire l'expropriation des immeubles saisis. — Limoges, 30 avr. 1888, D.P. 90. 2. 167. — V. *Code de procédure civile*, n° 97.

6183. Toutes les fois qu'un arrêt a infirmé un jugement rendu en matière de saisie-gagerie, l'exécution de cet arrêt doit être renvoyée devant les premiers juges auxquels la loi attribue, comme en matière de saisie-exécution, un pouvoir spécial de juridiction. — Caen, 28 mars 1887, D.P. 87. 2. 185, et les Observ. de M. Glasson sous cet arrêt.

6184. Sur la compétence spéciale : ... en matière de société, V. *suprà*, art. 59, n°s 1250 et s.

6185. ... En matière de faillite, V. *suprà*, art. 59, n°s 1363 et s.

6186. ... En matière de garantie, V. *suprà*, art. 181, n°s 3232 et s.

6187. Sur la demande : ... en validité et en main levée de saisie-arrêt, V. *infrà*, art. 557 et 570.

6188. ... En matière de saisie-exécution, V. *infrà*, art. 584 et 608.

6189. Sur le cas de contestation en matière d'ordre, V. *infrà*, art. 767.

6190. Sur le renvoi d'une mesure d'instruction par un tribunal à un autre tribunal ou à un juge d'un autre ressort, V. *infrà*, art. 1035.

6191. Le droit conféré à la cour d'appel, lorsqu'elle infirme, de désigner pour l'exécution un tribunal autre que celui dont le jugement est infirmé, reçoit exception dans les cas où la loi attribue juridiction, au sens de la dernière proposition de l'art. 462 C. proc. civ. — Civ. c. 15 juill. 1890, D.P. 91. 1. 107. — V. *Code de procédure civile*, n° 105.

6192. Cette attribution après infirmation doit être considérée comme existant en matière de faillite, l'ensemble et la combinaison des différentes dispositions relatives à cette matière faisant ressortir que le législateur a trouvé indispensable à la bonne administration de la justice et aux intérêts engagés, de concentrer toutes les opérations et toutes les contestations d'une faillite, au lieu et devant le tribunal du domicile du failli. Même arrêt.

6193. La cour d'appel méconnaît la notion de juridiction dont il s'agit, lorsqu'en infirmant un jugement par lequel le tribunal de commerce du domicile d'un commerçant a rejeté la demande en déclaration de faillite de ce commerçant, et en prononçant la déclaration de faillite pour le cas où une certaine dette ne serait pas acquittée, elle renvoie les parties, si cette éventualité se réalise, devant un tribunal de commerce différent du premier, pour y être procédé à la désignation du syndic et aux opérations subséquentes de la faillite. — Même arrêt.

6194. — II. Exécution d'un arrêt infirmatif en matière de partage (C. proc. civ. n°s 109 à 127). — En matière de partage de succes-

sion, le tribunal de l'ouverture n'a pas une compétence exclusive, et, dès lors, la cour doit renvoyer pour l'exécution devant un tribunal autre que celui dont la décision est infirmée. — Toulouse, 31 déc. 1883, D.P. 84. 2. 81, et les observ. de M. Sarrut sous cet arrêt. — V. *Code de procédure civile*, n° 115.

6195. Mais ce renvoi n'est pas obligatoire quand l'infirmation ne porte que sur les sursis de statuer prononcés par le tribunal et les moyens d'instruction qu'il a ordonnés. — Même arrêt.

Art. 473. Lorsqu'il y aura appel d'un jugement interlocutoire, si le jugement est infirmé, et que la matière soit disposée à recevoir une décision définitive, les cours royales (cours d'appel) et autres tribunaux d'appel pourront statuer en même temps sur le fond définitivement, par un seul et même jugement.

Il en sera de même dans le cas où les cours royales (cours d'appel) ou autres tribunaux d'appel infirmeraient, soit pour vice de forme, soit pour toute autre cause, des jugements définitifs.

DIVISION.

Sect. 1re. — Effet dévolutif de l'appel (C. proc. civ. n°s 1 à 50).

6196. En vertu du principe de l'effet dévolutif, l'appel remet en question devant les juges supérieurs toutes les difficultés qui ont été débattues devant les premiers juges et résolues par eux, et sur lesquelles l'appel est interjeté. — J.G.S. *Appel civil*, 205. — V

Code de procédure civile, n° 1, et *suprà*, art. 21, n° 349.

6197. L'appel, lorsqu'il ne contient aucune réserve, a pour effet de porter devant le juge du second degré la contestation tout entière et de soumettre à sa révision les constatations, appréciations et décisions du juge du premier degré. — Civ. c. 16 déc. 1891, D.P. 92. 1. 61.

6198. En conséquence, doit être cassé le jugement qui confirme la décision du premier juge par le motif que l'appréciation par lui faite du trouble apporté à la possession d'une des parties était souveraine. — Même arrêt.

6199. — I. DE QUEL ACTE RÉSULTE L'EFFET DÉVOLUTIF (C. proc. civ. n°s 3 à 6). — C'est l'acte d'appel qui opère la dévolution et détermine si elle est totale ou partielle. Ainsi l'appel n'est pas dévolutif du fond lorsqu'il résulte des termes de l'acte d'appel combiné avec les diverses conclusions de l'appelant que la cour n'a été saisie que par celui-ci que du moyen tiré de l'incompétence du tribunal. — Amiens, 26 févr. 1881, J.G.S. *Appel civil*, 206.

6200. Lorsque l'appelant ne limite pas, dans son acte d'appel, à un seul chef l'application des principes de droit qu'il invoque, on doit admettre qu'il entend critiquer toutes les dispositions du jugement qui ont décidé contrairement à sa prétention. — Poitiers, 13 avr. 1883, D.P. 87. 2. 217.

6201. — II. A QUELS JUGEMENTS ET A QUELS CHEFS DE LA DÉCISION ATTAQUÉE S'APPLIQUE L'EFFET DÉVOLUTIF (C. proc. civ. n°s 7 à 43). — 1° *Chefs distincts* (n°s 8 à 29). — L'appel ne saisit le juge supérieur du droit de réformer le jugement que sur les chefs critiqués par l'appelant; et un jugement ne peut être infirmé sur les chefs préjudiciables à l'intimé, si celui-ci n'a lui-même interjeté appel. — Dijon, 12 mai 1876, D.P. 77. 2. 129. — V. *Code de procédure civile*, n° 9.

6202. Le juge d'appel ne peut donc, en l'absence d'un appel incident de la part de l'intimé qui conclut à la confirmation pure et simple du jugement, aggraver la condamnation prononcée contre l'appelant par les premiers juges. — Civ. c. 31 déc. 1878, D.P. 79. 1. 375. — V. *Code de procédure civile*, n° 23.

6203. Spécialement, lorsque le juge de première instance a décidé qu'une partie seulement du terrain appartenant à l'appelant est grevée d'une servitude, la cour ne peut, à défaut d'appel incident, étendre cette servitude au terrain tout entier. — Même arrêt.

6204. Il a été décidé dans le même sens: 1° que le juge du second degré ne peut, sans excès de pouvoir, réformer d'office un chef du jugement de première instance non compris dans les termes de l'appel principal, et qui n'a été l'objet d'aucun appel incident. — Civ. c. 16 janv. 1877, D.P. 77. 1. 424. — Comp. *Code de procédure civile*, n° 20.

6205. ... 2° Que le jugement qui, sur l'appel d'une sentence du juge de paix, réforme au préjudice de l'appelant un des chefs de cette sentence, alors que l'intimé non seulement n'avait pas formé appel incident, mais avait conclu expressément au maintien pur et simple de la sentence, est nul comme contrevenant à un quasi-contrat judiciaire et à l'autorité de la chose jugée. — Civ. c. 18 juill. 1877, D.P. 78. 1. 365.

6206. Mais l'appel formulé en termes généraux porte sur toutes les dispositions du jugement attaqué, et l'énumération dans l'acte d'appel de quelques-uns des griefs à élever contre le jugement de première instance, n'empêche pas de faire valoir d'autres griefs devant la cour. — Rouen, 15 mai 1871, D.P. 75. 2. 183.

6207. L'appel remettant en question la demande avec tous les moyens sur lesquels elle s'appuie, l'intimé qui a obtenu gain de cause peut, sans être obligé de relever ap-

pel incident, reprendre devant la cour toutes les conclusions qu'il avait prises devant le tribunal, même celles qui ont été rejetées par le jugement. — Req. 19 nov. 1879, J.G.S. *Appel civil*, 208.

6208. Lorsqu'un jugement a chargé un expert de déterminer en matière de compte courant la rémunération due au banquier, eu égard aux circonstances et aux usages de la place, l'arrêt qui, en l'absence d'un appel incident, confirme cette décision, en indiquant à l'expert une méthode de vérification, ne viole pas la règle en vertu de laquelle l'appel ne profite qu'à l'appelant. — Req. 16 nov. 1880, D.P. 81. 1. 109.

6209. Cette règle n'est pas violée non plus par l'arrêt qui, en l'absence d'un appel incident, ajoute à la condamnation prononcée contre l'appelant en première instance le coût de l'enregistrement de l'acte litigieux à titre de dommages-intérêts et à raison de ce que l'appelant a rendu cet enregistrement nécessaire. — Req. 3 août 1875, D.P. 76. 1. 81.

6210. ... Ni par l'arrêt qui, en confirmant un jugement de séparation de corps, reconnaît à l'époux défendeur le droit de visiter ses enfants dont la garde et la direction exclusive avaient été confiées à l'époux demandeur par le jugement confirmé. — Req. 3 févr. 1875, D.P. 76. 1. 465.

6211. Si l'appel remet tout en question, de telle sorte que, tant que la contestation n'a pas été définitivement tranchée par l'arrêt à intervenir, l'appelant peut faire à son adversaire des offres réelles de ce qu'il lui doit et éviter ainsi la résiliation du contrat (dans l'espèce, un bail), il en est autrement lorsque le jugement de première instance, qui ordonnait cette résiliation, a été provisoirement exécuté et ensuite confirmé sur appel; l'exécution ainsi maintenue, d'ailleurs non contestée en appel quant à sa validité, produit son effet, non seulement à partir de l'arrêt confirmatif, mais à compter du jour où elle a eu lieu. — Civ. r. 4 janv. 1892, D.P. 92. 1. 56. — Comp. *Code de procédure civile*, n° 15.

6212. Dès lors, sont tardives les offres réelles faites pour la première fois après le commandement dressé en vertu d'un jugement exécutoire par provision et sur l'exécution. — Même arrêt.

6213. — 2° *Jugements distincts* (C. proc. civ. n°s 30 à 43).

6214. — III. DESSAISISSEMENT DU JUGE DE PREMIÈRE INSTANCE (C. proc. civ. n°s 44 à 50).

SECT. 2. — POUVOIRS DES JUGES D'APPEL LORSQUE LE PREMIER JUGE A STATUÉ AU FOND (C. proc. civ. n°s 51 à 122).

§ 1er. — *Pouvoirs des juges d'appel relativement au fond du procès* (C. proc. civ. n°s 51 à 66).

6215. Il n'y a pas lieu d'évoquer lorsque le tribunal supérieur est saisi, par la voie de l'appel, d'un jugement qui a statué en première instance sur tous les points du litige: l'art. 473 ne concerne que les appels dirigés contre des jugements interlocutoires ou contre des jugements qui, statuant sur des nullités de forme, ont laissé en dehors le fond même du procès. — J.G.S. *Degrés de juridiction*, 192.

6216. Lorsque l'appel porte sur une décision définitivement rendue sur le fond même du litige, le juge d'appel est saisi par l'effet dévolutif de l'appel et nullement en vertu du droit d'évocation, ce droit ne pouvant s'exercer qu'en cas d'infirmation d'un jugement interlocutoire ou d'un jugement statuant définitivement sur des nullités ou des incidents. — Civ. c. 8 mai 1889, D.P. 90. 1. 296.

6217. En conséquence, le juge d'appel, s'il est d'ailleurs compétent, ne peut se dessaisir en tout ou en partie; il peut seulement

ordonner au préalable le moyen d'instruction qu'il croit nécessaire. — Même arrêt.

6218. Le tribunal saisi de l'appel de la sentence d'un juge de paix qui a statué au fond, ne peut ni renvoyer les parties devant un juge du premier ressort, ni statuer lui-même par voie d'évocation; la cause lui étant dévolue en entier et de plein droit en vertu de sa compétence, c'est à lui seul qu'il appartient de vider le litige comme tribunal du second degré, sauf à ordonner au préalable telle mesure d'instruction qu'il juge nécessaire. — Civ. c. 14 déc. 1887, D.P. 89. 1. 146. — V. *Code de procédure civile*, n°s 53 et 54.

6219. La cour qui a confirmé un jugement de première instance en ce que les premiers juges se sont déclarés compétents, mais qui l'a annulé au fond, parce qu'il a statué à la fois sur le fond et sur la compétence, contrairement à l'art. 172 C. proc. civ., ne doit pas, pour se saisir elle-même du fond de la contestation, recourir au droit d'évocation; elle est au tureliement saisie du fond par l'effet dévolutif de l'appel. — Nancy, 17 mai 1873, D.P. 76. 5. 150.

6220. Suivant un arrêt, la cour d'appel qui, en cas d'infirmation du jugement de première instance rejetant simplement les exceptions proposées par les défendeurs sans donner aucun chef de rejet, ne peut statuer par voie d'évocation, parce que l'affaire n'est pas en état, doit renvoyer les parties devant le tribunal même qui a rendu le jugement, mais composé d'autres juges. — Rouen, 13 mars 1880, D.P. 80. 2. 245.

6221. Cette décision a été critiquée: car il s'agissait, en effet, d'un jugement ayant statué sur le fond et auquel, par conséquent, l'art. 473 n'était pas applicable, puisqu'il ne peut y avoir évocation lorsque les premiers juges ont statué au fond. L'art. 472 ne pouvait davantage s'y appliquer; car ce dernier article ne parle que de l'exécution de l'arrêt infirmatif, et il est difficile de considérer l'instance relative au fond du procès comme une exécution de l'arrêt qui prononce l'infirmation pour vice de forme d'un jugement qui a statué au fond. — J.G.S. *Degrés de juridiction*, 194.

§ 2. — *Pouvoirs des juges d'appel quant aux mesures d'instruction* (C. proc. civ. n°s 67 à 81).

6222. L'appel d'un jugement qui a rejeté une demande saisit la cour de la connaissance du fond du litige comme de toutes les exceptions et défenses des parties. — Req. 15 nov. 1880, D.P. 81. 1. 153.

6223. Par suite, la cour d'appel peut ordonner toutes les mesures d'avant faire droit que le juge nécessaires, sans s'arrêter aux décisions d'instruction rendues par le premier juge avant tout jugement définitif. — Même arrêt. — V. *Code de procédure civile*, n° 67.

6224. Lorsque, sur l'appel d'un jugement qui a repoussé une demande comme non recevable pour défaut de qualité du demandeur, les parties ont repris leurs conclusions au fond comme elles l'avaient fait en première instance, la cour est saisie, par l'effet dévolutif de l'appel, de l'examen entier du litige. — Civ. r. 8 nov. 1887, D.P. 88. 1. 479.

6225. Elle peut, dès lors, en infirmant le jugement sur la recevabilité de la demande et en statuant au fond sans recourir à une évocation, ordonner une mesure d'instruction. — Même arrêt.

6226. De même, lorsque, sur l'appel d'un jugement interlocutoire, les parties reprennent leurs conclusions au fond dans les mêmes termes que devant les premiers juges, la cour est saisie, par l'effet dévolutif de l'appel, de l'entier examen de la cause. — Req. 12 août 1884, D.P. 85. 1. 71.

6227. Elle peut, dès lors, sans violer l'art. 473 C. proc. civ., infirmer un jugement nterlocutoire et ordonner une nouvelle mesure d'instruction ; saisie du différend au fond, elle peut, subordonner sa décision définitive au résultat d'un serment supplétif, de même qu'elle aurait pu prononcer sur le fond par une disposition immédiate. — Même arrêt.

6228. Le juge d'appel a, sans évocation et par l'effet dévolutif de l'appel formé contre un jugement qui avait statué sur le fond, le pouvoir et le devoir, en annulant des actes d'instruction faits par le premier juge, d'ordonner, à son tour, les moyens nouveaux d'instruction qu'il juge nécessaires, et qui ne sont pas défendus par une loi précise. — Req. 18 janv. 1887, D.P. 89. 1. 73.

6229. Il peut, d'une part, refuser d'annuler de suite ou le jugement comme conséquence de l'annulation des enquêtes qui avaient servi de base audit jugement, et, d'autre part, donner acte à l'appelant de ce qu'il refuse de prendre des conclusions au fond, sans s'exposer au reproche de priver cet appelant d'aucun droit légitime (dans l'espèce, du droit d'invoquer ultérieurement la courte prescription en matière de diffamation). — Même arrêt.

6230. Lorsqu'un jugement de première instance a emprunté à tort ses motifs aux constatations d'une mesure d'instruction illégalement exécutée (une visite officieuse des lieux) ou a omis de statuer sur un chef, les juges du second degré, saisis de l'entier litige par l'effet dévolutif de l'appel, étant investis du pouvoir de faire eux-mêmes ce que le premier juge aurait dû et pu faire, ont le droit, ou d'ordonner une nouvelle mesure d'instruction d'après les formes prescrites par la loi, ou de prononcer immédiatement sur la contestation, s'ils trouvent dans la cause des éléments de décision suffisants. — Req. 12 déc. 1888, D.P. 89. 1. 380.

§ 3. — *Décision unique ou distincte sur les exceptions et sur le fond (C. proc. civ. nᵒˢ 83 à 97).*

6231. L'art. 172 C. proc. civ. qui défend aux tribunaux de réserver les demandes en renvoi pour les joindre au principal, et de statuer sur le fond par le même jugement qui rejette le déclinatoire, est inapplicable aux instances d'appel. — Req. 30 déc. 1884, D.P. 85. 1. 421. — V. *Code de procédure civile*, nᵒ 91.

§ 4. — *Décision définitive sur l'appel (C. proc. civ. nᵒˢ 98 à 115).*

6232. V. *Code de procédure civile*, nᵒˢ 98 et s.

§ 5. — *Renvoi à un autre tribunal (C. proc. civ. nᵒˢ 116 à 122).*

6233. Un tribunal civil, saisi par appel d'une décision rendue au fond par un juge de paix, ne peut renvoyer les parties devant le juge de paix, sous prétexte que la cause n'est pas en état. — Civ. c. 15 févr. 1882, D.P. 83. 1. 18-19. — V. *Code de procédure civile*, nᵒ 118.

6234. Il est tenu de statuer sur l'appel, sauf à ordonner telles mesures d'instruction qui seraient jugées nécessaires. — Même arrêt.

6235. La cour d'appel qui annule pour excès de pouvoirs une ordonnance de juge rétractant une permission de saisir-arrêter, ne doit pas évoquer la cause, alors surtout que la demande en validité de la saisie-arrêt est encore pendante devant le tribunal. — Aix, 25 janv. 1877, D.P. 78. 2. 246. — Aix, 11 avr. 1878, D.P. 78. 2. 247.

Sᴇᴄᴛ. 3. — Évocation (C. proc. civ. nᵒˢ 123 à 322).

6236. L'évocation est une dérogation au droit commun suivant lequel le tribunal d'appel doit, après avoir infirmé le jugement d'incident, se dessaisir et laisser les premiers juges statuer sur le fond, sauf le droit pour les parties d'interjeter appel du jugement qui termine la contestation. — J.G.S. *Degrés de juridiction*, 183.

6237. En ce qui concerne l'évocation : ... en matière criminelle, V. *Code d'instruction criminelle annoté*, art. 215.

6238. ... En matière administrative, V. *Code des lois adm. annotées*, t. 1ᵉʳ, IV, vᵒ *Conseil d'État*, nᵒˢ 2670 et s.

6239. ... En matière électorale, V. *ibid.*, X, vᵒ *Élections*, nᵒˢ 4311 et s.

§ 1ᵉʳ. — *Conditions auxquelles est subordonné l'exercice du droit d'évocation (C. proc. civ. nᵒˢ 128 à 184).*

6240. L'évocation, en raison de son caractère de mesure exceptionnelle, ne doit être autorisée (sauf le cas où les parties y consentent) que sous les conditions prévues par l'art. 473 et lorsque ces conditions sont réunies. — J.G.S. *Degrés de juridiction*, 186. — V. *Code de procédure civile*, nᵒ 128.

6241. Aux conditions énoncées dans l'art. 473, plusieurs auteurs en ajoutent deux autres. Il faut, en premier lieu, pour que l'évocation soit possible, qu'il reste quelque chose à juger ; par exemple, si le jugement infirmé avait déclaré l'instance n'était pas périmée, la cour en infirmant ce jugement ne pourrait évoquer, car il ne resterait plus rien à juger. — J.G.S. *Degrés de juridiction*, 186.

6242. Il faut, en second lieu, que le tribunal qui exerce le droit d'évocation soit compétent pour statuer sur l'affaire comme tribunal du second degré. — J.G.S. *Degrés de juridiction*, 186.

6243. Mais la jurisprudence admet cependant, contrairement à cette opinion, que l'évocation est possible, alors même que le tribunal dont le jugement est infirmé pour incompétence serait juge du fond en dernier ressort. — J.G.S. *Degrés de juridiction*, 186.

6244. — I. Décision n'ayant pas statué au fond (C. proc. civ. nᵒˢ 129 et 130). — Il n'y a pas lieu à évocation lorsque le jugement porte seulement sur une nullité de forme, mais sur la décision définitive au fond, la cause tout entière étant alors dévolue à la cour. — Toulouse, 17 janv. 1882, D.P. 84. 2. 160.

6245. — II. Infirmation de la décision des premiers juges. (C. proc. civ. nᵒˢ 131 à 141). — Un tribunal d'appel ne peut évoquer qu'autant qu'il infirme un jugement pour vice de forme ou pour toute autre cause légale. — Civ. c. 29 juill. 1884, D.P. 1. 52. — V. *Code de procédure civile*, nᵒ 131.

6246. Et il ne peut connaître d'une contestation qui n'a pas été portée devant les juges du premier degré, à moins qu'il n'en soit saisi par un accord formel et exprès des parties. — Même arrêt.

6247. En conséquence, le tribunal d'appel qui confirme une sentence par laquelle le juge de paix, saisi d'une question de bornage, s'était déclaré incompétent, bien que le titre ne fût pas contesté, et, qui, statuant au fond, tranche, par interprétation du titre, une question de propriété qui ne lui était pas soumise, commet un excès de pouvoir. — Même arrêt.

6248. Jugé également que, lorsque l'appel porte sur une décision définitivement rendue au fond même du litige, le juge d'appel est saisi par l'effet dévolutif de l'appel et nullement en vertu du droit d'évocation, ce droit ne pouvant s'exercer qu'au cas d'infirmation d'un jugement interlocutoire ou d'un jugement statuant définitivement sur des nullités ou des incidents. — Civ. r. 8 mai 1889, D.P. 90. 1. 296.

6249. Lorsque le juge du premier degré a omis de prononcer sur l'un des chefs de la demande, il appartient au juge d'appel de statuer sur ce chef, sans qu'il y ait lieu de procéder par voie d'annulation et d'évocation. — Req. 12 août 1874, D.P. 76. 1. 501.

6250. Il n'est pas nécessaire que l'infirmation soit prononcée expressément ; il suffit qu'elle résulte de la décision du juge d'appel, ce qui a lieu notamment lorsque cette décision implique nécessairement l'annulation du jugement de première instance. — J.G.S. *Degrés de juridiction*, 189.

6251. Ainsi, lorsqu'un jugement de première instance a admis une partie à invoquer, à titre de présomption, les pièces d'une procédure expressément, l'arrêt qui décide que, dans l'espèce, les présomptions n'étaient pas admissibles, infirme par là même le jugement d'avant dire droit et peut, dès lors, évoquer le fond. — Req. 5 août 1880, D.P. 81. 1. 211.

6252. Mais l'arrêt qui, sur l'appel du jugement rendu dans l'instance en rescision pour lésion, s'est borné à homologuer l'expertise, à ordonner que la valeur de l'immeuble dont la vente était attaquée figurerait dans la fixation de la masse, et à renvoyer devant le notaire déjà commis, n'a point dessaisi le tribunal de l'action en partage proprement dite dont il reste encore saisi et n'a pu, par conséquent, évoquer le fond de l'instance en partage. — Civ. r. 1ᵉʳ août 1881, D.P. 82. 1. 469.

6253. Cependant les juges d'appel, bien qu'ils aient déclaré à tort évoquer le fond sur l'instance en partage, n'ont cependant commis aucun excès de pouvoir, s'ils n'ont statué, en réalité, que dans les limites de l'appel formé sur l'action en rescision. — Même arrêt.

6254. Suivant un arrêt, l'évocation peut être prononcée lorsque le premier juge dont l'appel est simplement réformé ou modifié comme ayant à tort déclaré mal fondée une action qu'il avait admise. — Alger, 25 janv. 1876, D.P. 76. 2. 59.

6255. Ou peut se demander si, dans ces conditions, un jugement est réellement infirmé et l'évocation est possible. — J.G.S. *Degrés de juridiction*, 190.

6256. Il semble en effet, qu'il n'y a pas, en pareil cas, infirmation du jugement frappé d'appel, puisque l'effet du dispositif n'a pas été changé. Le juge d'appel qui, dans l'espèce citée *suprà*, nᵒ 6254, s'était borné à redresser la qualification donnée par le premier juge à l'exception soulevée devant lui et avait, comme le tribunal de première instance, repoussé l'action du demandeur, avait dès lors en réalité en quelque sorte, quoique par des motifs différents en et qualifiant autrement les moyens invoqués, la décision des premiers juges. — J.G.S. *Degrés de juridiction*, 190.

6257. — III. Cause en état de recevoir une décision définitive (C. proc. civ. nᵒ 142 à 158). — Il n'y a pas lieu d'évoquer, lorsque la matière n'est pas disposée à recevoir une solution définitive, — C. cass. de Belgique, 14 juin 1883, D.P. 84. 2. 201, et les observations de M. Glasson sous cet arrêt. — Bruxelles, 16 nov. 1887, D.P. 88. 2. 90. — V. *Code de procédure civile*, nᵒ 142.

6258. ... Et spécialement, lorsque, avant de statuer sur le fond, les juges d'appel croient devoir prescrire une expertise. — Civ. c. 22 janv. 1877, D.P. 77. 1. 310.

6259. Une conséquence nécessaire de cette règle, c'est que l'évocation n'est possible qu'autant que les deux parties ont pris des conclusions sur le fond du litige ; car si l'une ou l'autre n'a pas conclu au fond, la cause n'est pas en état d'être jugée définitivement. — J.G.S. *Degrés de juridiction*, 193. — V. *Code de procédure civile*, nᵒ 153.

6260. Ainsi le juge d'appel n'a pas le pouvoir d'évoquer, la cause n'étant pas en état d'être jugée au fond, lorsque l'intimé n'a conclu au fond ni en première instance, ni en appel. — Civ. c. 25 avr. 1883, D.P. 84. 1. 10-20.

6261. Il en est de même dans le cas où l'appelant a fait défaut en première instance et n'a pas conclu au fond en appel. — Caen, 31 janv. 1887, D.P. 88. 2. 60.

6262. Il en est encore ainsi au cas où l'exéquatur d'un jugement rendu à l'étranger est demandé à un tribunal français : la cour ne peut, en infirmant la décision du premier juge, évoquer la cause lorsqu'il n'a été pris ni devant elle, ni en première instance, aucunes conclusions de la partie contre laquelle l'exéquatur est demandé. — Nancy, 13 août 1881, J.G.S. *Degrés de juridiction,*198.

6263. Au contraire, c'est à bon droit qu'une cour d'appel évoque une affaire comme disposée à recevoir une solution définitive, lorsque des fins subsidiaires en preuve ont été repoussées, et que des conclusions ont été prises au fond. — Req. 19 févr. 1884, D.P. 84. 1. 383.

6264. Mais il n'est pas nécessaire que les parties aient conclu au fond devant le juge d'appel, et une cause se trouve en état si des conclusions ont été prises sur le fond en première instance; dès lors, rien ne s'oppose à ce que la cour puisse évoquer sous les autres conditions prescrites par l'art. 473 C. proc. civ. — Alger, 23 janv. 1875, D.P. 76. 2. 59. — Arrêt précéd. 13 août 1884. — Civ. c. 10 août 1883, D.P. 86. 1. 213. — Req. 23 janv. 1888, D.P. 88. 4. 461.

6265. Les conclusions au fond prises devant le juge du premier degré suffisent pour mettre la cause en état devant le tribunal du second degré et autoriser l'évocation, alors même que le jugement n'ayant statué que par voie d'avant faire droit, l'intimé ne serait borné en appel à conclure à la confirmation de ce jugement. — Req. 8 févr. 1881, D.P. 82. 1. 39.

6266. Décidé de même dans le même sens que l'évocation par suite de l'annulation d'un jugement à pour effet de remettre les parties dans l'état où elles se présentaient devant des premiers juges, et que, par suite, il incombe aux juges d'appel de statuer sur tous les chefs des conclusions de première instance reproduites devant eux, sans qu'aucun appel incident soit nécessaire à ce sujet. — Caen, 12 janv. 1881, D.P. 82. 2. 57-58.

6267. Pour qu'une partie soit réputée avoir conclu au fond, il n'est pas indispensable que ses conclusions renferment la discussion plus ou moins détaillée des prétentions de son adversaire ; il suffit qu'elles impliquent, à les supposer admises, le rejet de ses prétentions. — J.G.S. *Degrés de juridiction,* 200.

6268. Ainsi, en cas d'appel d'un jugement interlocutoire, la cause est en état et l'évocation est possible quand l'appelant a conclu au fond en première instance et en appel, ou que l'intimé a conclu, devant les deux degrés de juridiction, au débouté de la demande. — Civ. c. 13 mai 1874, D.P. 75. 1. 83.

6269. De même, la cour d'appel qui infirme la décision par laquelle les premiers juges s'étaient déclarés compétents pour connaître du litige, peut évoquer le fond, alors que l'appelant, défendeur originaire, ayant conclu, d'une part, à l'infirmation du jugement, d'autre part à l'évocation de la cause et au rejet de la réclamation, l'intimé a demandé que l'appelant fût débouté de toutes ses demandes, fins et conclusions. — Civ. r. 6 janv. 1886, D.P. 87. 5. 146.

6270. Suivant un arrêt, la présence d'une partie à une expertise contradictoire suffit pour que l'instance soit liée au fond, quand bien même cette partie n'aurait conclu au fond ni en première instance ni en appel. — Arrêt précéd. 25 janv. 1875.

6271. Mais cette solution, adoptée quelquefois en matière administrative, ne paraît pas devoir être suivie en matière civile. — J.G.S. *Degrés de juridiction,* 201.

6272. Si le tribunal doit, pour évoquer, constater que la cause est en état, il n'est pas tenu de formuler cette constatation par une déclaration expresse : il n'est pas obligé non plus de déclarer formellement qu'il use du droit d'évocation. — J.G.S. *Degrés de juridiction,* 202.

6273. Ainsi une cour d'appel fait légitimement usage du droit d'évocation, bien qu'elle n'énonce pas expressément son intention d'user de cette faculté, lorsque, par le motif que la cause fournit des éléments d'appréciation suffisants, elle infirme un jugement qui a ordonné une expertise, et statue en même temps sur le fond du procès qui était en état. — Req. 6 juin 1887, D.P. 87. 1. 327.

6274. La loi n'ayant pas déterminé les conditions qu'une affaire doit remplir pour être réputée en état, il semble en résulter que les juges jouissent d'un pouvoir souverain pour apprécier si la cause est ou non susceptible d'être jugée définitivement, et, par suite, d'être évoquée. — Req. 5 juill. 1882, J.G.S. *Degrés de juridiction,* 203. — V. *Code de procédure civile,* n° 443.

6275. Mais cette règle doit être entendue en ce sens qu'il appartient au juge d'appel d'apprécier librement dans son for intérieur si les questions litigieuses ont été suffisamment élucidées et s'il n'y a pas lieu de recourir à de nouvelles mesures d'instruction : son appréciation sur ce point, quelle qu'elle soit, échappe à tout contrôle. — J.G.S. *Degrés de juridiction,* 203.

6276. Ainsi lorsque les parties ont conclu au fond, et que le tribunal du second degré trouve dans ces conclusions et dans les documents de la cause des éléments qui lui suffisent pour lui permettre de statuer en connaissance de cause, la décision par laquelle il évoque le fond est souveraine. — Req. 19 janv. 1875, D.P. 75. 1. 256.

6277. Mais il appartient toujours à la cour de cassation de vérifier si les conditions légales nécessaires pour que la cause puisse être réputée en état se trouvaient accomplies dans l'espèce. — J.G.S. *Degrés de juridiction,* 203.

6278. Ainsi un arrêt qui a prononcé l'évocation tout en ordonnant une nouvelle mesure d'instruction, ou sans que les parties aient conclu sur le fond du litige, ne saurait échapper à la censure de la cour de cassation sous le prétexte qu'il appartient aux juges d'appel de décider souverainement si la cause était ou non susceptible de recevoir une décision définitive. — J.G.S. *Degrés de juridiction,* 203. — Comp. Civ. c. 22 janv. 1877, D.P. 77. 1. 310. — Civ. c. 25 avr. 1883, D.P. 84. 1. 20.

6279. — IV. NÉCESSITÉ DE STATUER PAR UN SEUL ET MÊME JUGEMENT (C. proc. civ. n°s 169 à 184). — Il n'y a pas lieu d'évoquer lorsque la cour ne pourrait statuer au fond par l'ensemble de la demande par un seul et même arrêt. — Bruxelles, 16 avr. 1881, D.P. 88. 2. 90.

6280. Cette condition ne peut être remplie si le juge, après avoir infirmé et retenu la connaissance de l'affaire, ordonne une mesure d'instruction, puisque, en ce cas, il faudra un nouvel arrêt pour statuer sur le fond d'après les résultats de ladite mesure. — J.G.S., *Degrés de juridiction,* 197.

6281. Par application de cette règle, il a été jugé que le droit d'évocation, en cas d'appel d'un jugement interlocutoire, n'est pas valablement exercé si, avant de statuer sur le fond, les juges d'appel croient devoir prescrire une expertise. — Civ. c. 22 janv. 1877, D.P. 77. 1. 310.

§ 2. — *Infirmation d'un jugement interlocutoire* (C. proc. civ. n°s 185 à 196).

6282. Le jugement qui accorde à une partie des dommages-intérêts à établir par état n'est ni une décision interlocutoire, ni une décision définitive sur un incident, mais un jugement rendu au fond et contenant une condamnation définitive qu'il ne reste plus qu'à liquider. — J.G.S. *Degrés de juridiction,* 206.

6283. Mais en pareil cas la cour saisie, sur l'appel des parties, du différend tout entier, peut, sans contrevenir aux règles de l'évocation et du double degré de juridiction, régler sur-le-champ, d'après les éléments du débat, les dommages-intérêts qui pourraient être dus. — Req. 20 août 1877, D.P. 78. 1. 299.

§ 3. — *Infirmation pour cause de nullité* (C. proc. civ. n°s 197 à 233).

6284. — I. CAUSES D'ÉVOCATION (C. proc. civ. n°s 197 à 229). — Une cour peut évoquer le fond quand elle annule un jugement définitif à raison de l'irrégularité de la composition du tribunal ou du vice dans le règlement des qualités du jugement. — Poitiers, 18 mai 1881, D.P. 82. 2. 103. — V. *Code de procédure civile,* n° 199.

6285. Les termes absolus de l'art. 473 C. proc. civ. permettent à la cour d'appel d'évoquer le fond toutes les fois qu'elle infirme la sentence des premiers juges, quel que soit le motif de l'infirmation, pourvu que la cause soit en état. — Caen, 11 avr. 1884, D.P. 85. 2. 196.

6286. — II. JUGEMENT DONT L'ANNULATION PEUT DONNER LIEU A L'ÉVOCATION (C. proc. civ. n°s 230 à 233).

§ 4. — *Infirmation pour incompétence* (C. proc. civ. n°s 234 à 283).

6287. — I. CAUSES D'ÉVOCATION (C. proc. civ. n°s 234 à 237).

6288. — II. JUGEMENTS DONT L'ANNULATION POUR INCOMPÉTENCE PEUT DONNER LIEU A L'ÉVOCATION (C. proc. civ. n°s 238 à 251). D'après la loi du 18 avr. 1886, le président du tribunal peut, en matière de divorce et de séparation de corps, par ordonnances exécutoires par provision, statuer sur certaines mesures provisoires relatives soit à la résidence de l'époux demandeur, soit à la garde des enfants. — D.P. 86. 4. 27.

6289. Quoique la question de savoir si l'appel de ces ordonnances est possible soit diversement résolue en jurisprudence, il semble que cet appel soit recevable en principe et doive être porté, conformément au droit commun, devant la cour, à moins que le tribunal ne soit déjà saisi de l'instance en divorce, cas auquel la cour devrait se dessaisir. — J.G.S. *Degrés de juridiction,* 220. — V. *Supplément au nouvel art.* 238, § 5, C. civ., qu'une fois l'instance engagée, toutes les mesures provisoires doivent être soumises au tribunal, le président n'ayant plus le droit de statuer en référé que sur un point, la résidence de la femme. — J.G.S. *Degrés de juridiction,* 220. — V. *Supplément au Code civil annoté,* art. 238, n°s 1890 et s.

6291. Dès lors, si le président, une fois l'instance engagée devant le tribunal, statue par ordonnance sur un tout autre point, sa décision est entachée d'incompétence, et la cour, qui devrait se dessaisir du second degré, en raison des dispositions spéciales de la loi du 18 avr. 1886, ne saurait évoquer même en supposant que l'affaire eût été en état de recevoir jugement ou que les parties eussent consenti à l'évocation. — J.G.S. *Degrés de juridiction,* 220.

6292. Il en est spécialement ainsi au cas d'une ordonnance du président qui aurait statué, alors que le tribunal était saisi de l'instance en divorce, sur la garde des enfants; la cour devrait annuler l'ordonnance comme incompétemment rendue et ne saurait évoquer. — Pau, 10 août 1887, D.P. 88. 2. 242.

6293. En réformant sur la question de

28

compétence la décision des premiers juges, la cour peut évoquer le fond et commettre un de ses membres pour procéder à l'interrogatoire de la partie dont l'interdiction est poursuivie, tout en renvoyant le débat sur la demande principale devant le même tribunal composé d'autres juges. — Paris, 23 avr. 1890, D.P. 91. 2. 175.

6294. — III. Affaire en état de recevoir une décision définitive (C. proc. civ. dernier § 252 à 259). — L'évocation à la suite d'une infirmation pour cause d'incompétence est subordonnée à certaines conditions : la première, d'une portée générale, et applicable quelle que soit la cause de l'infirmation, est que la cause soit en état. — Lyon, 17 juill. 1883, D.P. 84. 2. 180. — Comp. Civ. c. 24 juill. 1889, D.P. 90. 1. 264.

6295. Et il n'y a pas à distinguer suivant que la décision du premier juge est annulée pour incompétence absolue. — Req. 26 nov. 1873, J.G.S. Degrés de juridiction, 211.

6296. L'évocation n'étant possible qu'autant que la matière est disposée à recevoir une décision définitive, le jugement qui, après évocation, ordonne avant de faire droit au fond une enquête sur certains faits articulés par les intimés est nul. — Civ. c. 23 déc. 1884, D.P. 85. 1. 104.

6297. Il en est de même, si, avant de statuer sur le fond, les juges d'appel croient devoir prescrire une expertise. — Civ. c. 22 janv. 1871, D.P. 71. 1. 310.

6298. Le juge d'appel qui infirme pour incompétence la décision des premiers juges ne peut non plus évoquer la cause, bien que les parties aient conclu au fond en première instance, s'il croit devoir ordonner une enquête avant de statuer définitivement sur la contestation. — Civ. c. 9 déc. 1884, D.P. 85. 1. 113-114.

6299. Et il importe peu que les deux parties aient conclu à l'évocation ; celle-ci n'en est pas moins irrégulière, du moment où l'une des parties a motivé ses conclusions sur ce que la cause n'était pas en état, et n'a ainsi renoncé au double degré de juridiction qu'autant que le juge estimerait que l'affaire était de nature à être jugée sans avant faire droit. — Même arrêt.

6300. Les conclusions au fond prises devant le juge du premier degré suffisent pour mettre la cause en état de recevoir une décision définitive, lorsque la cour d'appel, statuant par voie d'évocation, alors même que le jugement n'ayant statué que par voie d'avant faire droit, l'intimé se serait borné en appel à conclure à la confirmation de ce jugement. — Civ. r. 10 août 1885, D.P. 86. 1. 212-213.

6301. — IV. Limites du droit d'évocation en cas d'infirmation pour incompétence (C. proc. civ. n°s 260 à 283). — La faculté d'évoquer n'appartient au juge d'appel que lorsque, d'après les règles qui déterminent sa compétence, il a le pouvoir de juger en dernier ressort la contestation dont il est saisi par l'évocation. — Req. 27 févr. 1878, D.P. 79. 1. 367. — Civ. c. 14 mai 1878, D.P. 79. 1. 124. — C. cass. de Belgique, 14 juin 1883, D.P. 84. 2. 201. — Civ. c. 23 déc. 1884, D.P. 85. 1. 104. — V. Code de procédure civile, n° 260.

6302. Spécialement, le tribunal qui, en appel, infirme pour incompétence une sentence du juge de paix rendue dans une contestation qui aurait du être portée devant lui, n'a pas le droit d'évoquer le fond, si, à raison de la nature et de l'objet de cette contestation, il ne peut la juger qu'en premier ressort. — Arrêts préc. 14 mai 1878 et 23 déc. 1884. — V. Code de procédure civile, n° 262.

6303. Il en est ainsi également de la contestation qui porte sur l'exécution d'une sentence arbitrale réglant le mode d'exercice d'une servitude. — Arrêt préc. 14 mai 1878. — V. infrà, art. 1021.

6304. ... Et de la demande tendant à la confection de travaux d'une valeur indéter-

minée. — Même arrêt. — V. suprà, art. 453, Appendice, L. 11 avr. 1838, art. 1er, n°s 5513. et s

6305. Décidé dans le même sens que, lorsque le juge de paix s'est néanmoins déclaré compétent, le tribunal civil qui réforme son jugement en appel, sur l'exception soulevée par un serviteur ou préposé en procès avec le négociant qui l'emploie, exception prise du caractère commercial du litige, n'a pas qualité pour évoquer et juger le fond, l'affaire échappant à sa propre compétence. — Civ. c. 18 nov. 1890, D.P. 91. 1. 108.

6306. Le juge de paix n'étant pas compétent en matière de louage, lorsque la contestation ne porte pas seulement sur le payement des loyers, mais aussi sur l'existence ou la validité du bail, le tribunal d'arrondissement, saisi par voie d'appel de la sentence du juge de paix pour cause d'incompétence, ne peut pas non plus évoquer l'affaire. — Civ. c. 6 janv. 1886, D.P. 86. 1. 339.

6307. Mais la faculté d'évoquer appartient au tribunal civil, qui infirme comme incompétemment rendue la sentence d'un juge de paix, lorsqu'il s'agit de la demande en remboursement d'une somme inférieure à 1,500 fr., alors même que le défendeur, pour se refuser à ce payement, soulèverait une question de servitude légale d'une valeur indéterminée, si sa prétention ne constitue qu'un simple moyen de défense à l'action principale, et non une demande reconventionnelle. — Req. 20 avr. 1886, D.P. 87. 1. 253.

6308. Le juge d'appel ne pouvant évoquer qu'autant qu'il s'agit d'une affaire pour laquelle il est lui-même compétent comme juge du second degré, un tribunal de commerce ne peut pas, après avoir infirmé la sentence d'un conseil de prud'hommes pour cause d'incompétence, statuer sur la contestation par voie d'évocation, s'il s'agit d'un litige dont il n'est juge d'après la loi qu'en premier ressort. — Dijon, 27 janv. 1882, D.P. 83. 2. 187.

6309. Lorsqu'une cour d'appel infirme un jugement par lequel les premiers juges s'étaient déclarés à tort incompétents et que la cause est en état de recevoir une décision définitive, la cour peut évoquer le fond, alors même que le litige est de la compétence en dernier ressort des juges de première instance. — Aix, 27 déc. 1860, J.C.S. Degrés de juridiction, 218. — Rouen, 20 avr. 1880, ibid. — Caen. 12 janv. 1881, D.P. 82. 2. 57, et sur pourvoi, Civ. r. 21 mars 1883, D.P. 84. 1. 397. — Nancy, 12 juill. 1887, D.P. 88. 2. 289. — V. Code de procédure civile, n° 263.

6310. Décidé au sens contraire que, lorsqu'il s'agit d'une somme inférieure à celle qui détermine le dernier ressort, la cour ne peut être saisie que de la question de compétence, sans qu'il lui soit permis de connaître du litige ne se trouve pas dans les limites de son ressort. — Nancy, 23 juill. 1876, D.P. 77. 2. 157. — V. Code de procédure civile, n° 276.

6311. Une cour d'appel, en infirmant la décision des premiers juges pour cause d'incompétence, ne peut user de son droit d'évocation, alors même que l'affaire serait en état, si le tribunal compétent pour statuer sur le litige ne se trouve pas dans les limites de son ressort. — Nancy, 23 juill. 1876, D.P. 77. 2. 157. — V. Code de procédure civile, n° 276.

§ 5. — Infirmation d'un jugement statuant sur une fin de non-recevoir (C. proc. civ. n°s 284 à 297).

6312. Lorsqu'une cour d'appel est saisie de l'appel d'un jugement qui a repoussé une demande en séparation de corps par une fin de non-recevoir tirée de la réconciliation des époux, elle peut ordonner d'office la

preuve des faits antérieurs à cette réconciliation, bien que le tribunal ait sursis à statuer sur l'offre de cette preuve jusqu'à la décision définitive sur l'exception. — Req. 15 nov. 1880, D.P. 81. 1. 153.

§ 6. — Faculté pour le juge d'appel d'évoquer ou de renvoyer le litige devant le premier degré de juridiction (C. proc. civ. n°s 298 à 310).

6313. De la combinaison des art. 472 et 473 C. proc. civ. il ressort que la cour d'appel qui infirme un jugement pour vice de forme ou pour toute autre cause doit indiquer dans son arrêt le tribunal auquel appartiendra le litige, si elle ne peut légalement évoquer ou ne croit pas à propos de le faire. — Civ. c. 10 janv. 1888, D.P. 88. 1. 123. — V. Code de procédure civile, n° 299.

6314. En conséquence, lorsque le juge d'appel, en infirmant un jugement d'incompétence, n'a ni évoqué ni jugé le fond, ni désigné le tribunal qui aurait à en connaître, et à déclaré « qu'il n'y avait ni à réformer, ni à maintenir une décision qui n'existait pas », il y a de sa part, non une simple omission, mais un refus motivé de statuer, qui constitue la violation des articles précités. — Même arrêt.

§ 7. — Nullité de l'évocation (C. proc. civ. n°s 311 à 320).

6315. L'art. 473 C. proc. civ. consacrant une dérogation au principe des deux degrés de juridiction, les juges d'appel ne peuvent exercer la faculté d'évocation que sous les conditions limitativement prescrites par cet article ; en particulier, il faut que l'affaire soit disposée à recevoir une solution définitive et que le juge d'appel statue sur l'incident et sur le fond par un seul et même jugement. — Civ. c. 24 juill. 1889, D.P. 90. 1. 264.

6316. En conséquence, est nul le jugement qui, infirmant une sentence par laquelle le juge de paix s'était déclaré incompétent, évoque et renvoie à un mois pour être plaidé sur le fond. — Même arrêt.

6317. Lorsqu'une cour d'appel retient l'exécution d'un arrêt interlocutoire et statue en usant du droit d'évocation par un second arrêt sur le fond, celui-ci ne peut pas être attaqué sous prétexte qu'il aurait violé le principe des deux degrés de juridiction, si les parties ont volontairement exécuté l'arrêt interlocutoire et conclu sur le fond devant la cour. — Req. 14 févr. 1888, D.P. 88. 1. 225. — V. Code de procédure civile, n° 318.

6318. Cette solution est la conséquence du principe aujourd'hui généralement consacré par la jurisprudence que la règle des deux degrés de juridiction n'est pas d'ordre public. — Nancy, 22 mars 1876, D.P. 88. 1. 225, note 1.

6319. D'après cette jurisprudence, le principe du double degré de juridiction n'étant établi que dans l'intérêt des parties, celles-ci peuvent renoncer expressément ou tacitement à s'en prévaloir. — Civ. r. 29 avr. 1885, D.P. 85. 1. 375.

6320. Spécialement, lorsque les premiers juges, saisis d'une demande en nullité d'un conseil judiciaire, ont refusé d'ordonner l'interrogatoire prescrit par la loi, et que la cour d'appel, par un arrêt infirmatif, a décidé qu'il y serait procédé devant elle, le défendeur qui a été interrogé et a pris ensuite des conclusions sur le fond, sans faire aucunes protestations ni réserves, ne peut se faire un grief soit de ce qu'il a été privé du premier degré de juridiction, soit de ce que la formalité de l'interrogatoire, omise par le tribunal, n'a été remplie qu'en cause d'appel. — Même arrêt.

6321. Décidé dans le même sens que la règle que le juge d'appel, en infirmant un jugement d'incompétence, ne peut évoquer le fond qu'autant que la cause est en état de recevoir une décision définitive, cesse d'être applicable lorsque les parties, dans les conclusions par elles prises devant lui, ont renoncé au bénéfice des deux degrés de juridiction. — Civ. c. 7 avr. 1880, D.P. 80. 1. 213.

6322. Et cette renonciation résulte, spécialement dans le cas d'appel d'une sentence par laquelle le juge de paix s'est déclaré incompétent pour statuer sur une action en complainte, de ce que l'appelant et l'intimé ont l'un et l'autre conclu à ce que le tribu-

nal, en infirmant cette sentence, évoquât le fond et les déclarât chacun en possession du terrain litigieux, et ont subsidiairement offert de prouver par témoins leur possession respective. — Même arrêt.

6323. Il a été jugé, au contraire, que le tribunal d'appel ne peut évoquer, même avec le consentement des parties qui ne sauraient l'autoriser à déroger à une loi d'ordre public, soit quand l'affaire n'est pas en état de recevoir jugement, soit quand il s'agit d'une affaire pour laquelle il n'était compétent qu'en qualité de juge du premier degré, et

qu'il pourrait encore moins, en usant du droit d'évocation, décider qu'il statue en premier ressort. — C. cass. de Belgique, 14 juin 1883, D.P. 84. 2. 291. — V. dans le même sens dissertation de M. Glasson sous cet arrêt, note 1.

§ 8. — *Évocation en cas de juridictions supprimées* (C. proc. civ. nos 321 et 322).

6324. V. *Code de procédure civile,* nos 321 et s.

LIVRE QUATRIÈME

DES VOIES EXTRAORDINAIRES POUR ATTAQUER LES JUGEMENTS

TITRE PREMIER

De la Tierce Opposition.

Art. 474. Une partie peut former tierce opposition à un jugement qui préjudicie à ses droits, et lors duquel, ni elle ni ceux qu'elle représente n'ont été appelés.

DIVISION.

Sect. 1re. — Caractères de la tierce opposition (C. proc. civ. nos 1 à 21).

6325. D'après un arrêt, l'effet de la tierce opposition n'est pas d'anéantir de plein droit le jugement ou l'arrêt attaqué ni les actes d'instruction. — Req. 3 juin 1885, D.P. 86. 1. 81.

6326. En conséquence, la tierce opposition impose à celui qui la forme l'obligation de démontrer les erreurs qu'il impute à la décision attaquée et qui seraient d'après lui de nature à la faire rétracter en ce qui le concerne. — Même arrêt.

6327. Mais la doctrine de cet arrêt a été l'objet de sérieuses critiques: et l'on a fait observer qu'obliger le tiers opposant à établir non seulement sa qualité de tiers, mais encore le mal jugé de la décision attaquée, c'était prétendre que le jugement rendu entre les parties était revêtu d'une présomption de chose jugée aussi bien vis-à-vis des tiers que vis-à-vis des parties. — Dissertation de M. Glasson sous l'arrêt précité, D.P. 86. 1. 81, note 1.

6328. Or, cette proposition est manifestement erronée, car ce qui concerne les tiers, la décision rendue ne contenant ni vérité ni erreur, puisqu'à leur égard il n'y a pas chose jugée. Il en résulte que le tiers opposant a fait toute sa preuve en établissant qu'il n'a été ni partie ni représenté au procès, il n'est pas tenu de prouver le mal jugé: car rien n'a été jugé à son égard. — Même dissertation.

Sect. 2. — Jugements susceptibles de tierce opposition (C. proc. civ. nos 22 à 67).

6329. En ce qui concerne la tierce opposition: ... en matière administrative, V. *Code des lois adm. annotées,* t. 1er, IV, vo *Conseil d'État,* nos 2260 et s.

6330. ... en matière criminelle, V. *Code d'instruction criminelle annoté.*

6331. ... Contre les arrêts de cassation, V. *infrà, Appendice* au liv. 4, du *Pourvoi en cassation.*

6332. Le jugement français qui déclare exécutoire un jugement rendu en Suisse peut être attaqué par la voie de la tierce opposition. — Chambéry, 20 janv. 1877, D.P. 78. 2. 213.

6333. — I. Jugement provisionnel (C. proc. civ. no 32).

6334. — II. Jugement sur des questions d'état (C. proc. civ. nos 33 à 47). — La tierce opposition doit être admise en matière de question d'état comme dans toutes les autres. — Amiens, 30 janv. 1886, D.P. 88. 2. 39. — Contra : *Code de procédure civile,* no 33.

6335. Et, spécialement, le conjoint et les parents du prodigue pourvu d'un conseil judiciaire peuvent attaquer par cette voie de recours le jugement qui prononce la mainlevée de ce conseil, comme portant atteinte aux droits qui leur appartiennent de pourvoir à la défense de la famille. — Même arrêt.

6336. Cette solution a été critiquée comme trop générale. D'après l'opinion la plus répandue, la chose jugée dans la ques-

tion d'état est une vérité purement relative, et la tierce opposition doit être admise, suivant le droit commun, au profit de tous ceux qui n'ont été ni parties ni représentés au procès. Mais il paraît impossible de l'admettre dans les cas où la loi ne permet l'exercice de l'action qu'au profit de certaines personnes déterminées, par exemple en matière de désaveu d'enfant, de divorce, de séparation de corps. Les autres personnes étant privées de l'action directe ne sauraient être admises à attaquer par la tierce opposition le jugement intervenu sur cette action. — Observ. sous l'arrêt précité, D.P. 88. 2. 39, note 2.

6337. Les jugements qui prononcent une interdiction peuvent être attaqués par la tierce opposition; mais ce recours ne doit être accueilli qu'avec la plus grande réserve et en cas de preuve d'une collusion frauduleuse. — Bordeaux, 29 mars 1887, D.P. 87. 5. 484. — V. *Code de procédure civile,* no 42.

6338. — III. Jugement statuant sur un partage de succession (C. proc. civ. nos 48 et 49).

6339. — IV. Jugement prononçant une récusation (C. proc. civ. nos 50 et 51).

6340. — V. Jugement en matière de faux incident (C. proc. civ. no 52).

6341. — VI. Jugement en matière de saisie immobilière (C. proc. civ. nos 53 et 54).

6342. — VII. Jugement en matière d'ordre (C. proc. civ. no 55). — Sur la question de savoir si la tierce opposition est admise contre les jugements rendus en matière d'ordre, V. *infrà,* art. 761.

6343. — VIII. Jugement en matière d'enregistrement (C. proc. civ. no 56). — Sur la tierce opposition contre les jugements rendus en matière d'enregistrement, V. *Code de l'Enregistrement annoté,* nos 6272 et s.

6344. — IX. Jugement sur requête (C. proc. civ. nos 57 à 66). — Les décisions de la chambre du conseil peuvent être attaquées par la voie de la tierce opposition toutes les fois qu'elles tranchent une difficulté d'un caractère litigieux. — Bordeaux, 22 févr. 1888, D.P. 90. 2. 54. — V. *Code de procédure civile,* no 62.

6345. Mais il en est autrement lorsqu'elles émanent de la juridiction gracieuse et qu'elles constituent moins des jugements que de simples actes de tutelle judiciaire intervenus sans contradiction et non préjudiciables aux tiers qui peuvent toujours agir par l'action principale; tel est, notamment, le cas d'un arrêt qui refuse d'homologuer la délibération d'un conseil de famille destinée à autoriser un tuteur à transiger. — Même arrêt.

6346. — X. Ordonnance sur requête (C. proc. civ. nᵒ 67).

Sect. 3. — Conditions exigées pour la recevabilité de la tierce opposition (C. proc. civ. nᵒˢ 68 à 413).

§ 1ᵉʳ. — *Existence d'un préjudice* (C. proc. civ. nᵒˢ 74 à 110).

6347. Une partie ne peut former tierce opposition à un jugement qu'autant que ce jugement préjudicie à ses droits. — Req. 2 mai 1881, D.P. 82. 1. 255. — V. *Code de procédure civile*, nᵒ 74.

6348. Et cette voie de recours lui est interdite, lorsque le préjudice qu'elle a éprouvé provient, non du jugement qui ne porte aucune atteinte à ses droits, mais d'une négligence qui lui est personnelle et dont elle doit subir les conséquences. — Arrêt. préc. 2 mai 1881. — Alger, 28 juin 1873, D.P. 77. 2. 178.

6349. Spécialement, les créanciers hypothécaires qui ont encouru la déchéance édictée par l'art. 755 C. proc. civ., faute d'avoir produit à un ordre dans le délai prescrit, et qui, par suite, ont perdu le rang que leur assurait leur inscription, ne sont point recevables à se pourvoir par la tierce opposition contre le jugement qui a colloqué avant eux d'autres créanciers plus diligents. — Arrêt préc. 2 mai 1881.

6350. De même, le tiers détenteur d'un immeuble hypothéqué qui n'a pas purgé son titre d'acquisition, ne peut faire tierce opposition au jugement qui condamne le débiteur sur la demande du créancier — Arrêt préc. 28 juin 1873.

6351. L'acquéreur, menacé de dépossession par suite de la nullité d'un partage d'ascendant prononcée entre les parties intéressées, est recevable à attaquer par la voie de la tierce opposition l'arrêt qui prononce cette nullité ou celle des dispositions de cet arrêt qui lui fait grief. — Orléans, 29 juill. 1880, D.P. 81. 2. 161, et sur pourvoi Civ. 24 juin 1882, D.P. 83. 1. 353.

6352. Et cet acquéreur n'introduit pas une demande nouvelle en poursuivant la validité de la vente et par conséquent du partage dans la limite exclusive de son intérêt. — Arrêt. préc. 21 juin 1882.

§ 2. — *Personnes ayant été ou n'ayant pas été parties au jugement* (C. proc. civ. nᵒˢ 111 à 125).

6353. L'avoué, mandataire du client, ayant, dans le procès où il occupe, non seulement la faculté, mais le devoir de présenter au soutien des actes de procédure faits par lui toutes les conclusions de nature à en établir la régularité, ne peut être considéré comme un tiers étranger à la cause, au sens de l'art. 474 C. proc. civ. — Civ. 23 janv. 1888, D.P. 88. 1. 123.

6354. En conséquence, l'avoué d'appel ne saurait être admis à former tierce opposition contre l'arrêt qui a terminé le procès, pour faire rétracter cette décision quant à lui, et dans le but de mettre sa responsabilité à l'abri, en tant que ledit arrêt a repoussé comme tardif et irrecevable un moyen de nullité de l'acte d'appel, proposé pour le compte du client. — Même arrêt.

6355. En tout cas, alors même qu'il y aurait eu lieu à rétractation de l'arrêt susdit, quant à l'avoué, et dans la mesure de son intérêt, cet arrêt n'en serait pas moins resté acquis et définitif dans les relations des deux parties qui y avaient figuré comme adversaires, le caractère d'indivisibilité ne s'imposant pas dans l'espèce. — Même arrêt.

6356. Le défendeur, régulièrement assigné en justice, n'a pas le droit de se pourvoir en justice, n'a pas le droit de se pourvoir pour prétexte qu'à l'appel de la cause, celui qui prétendait le représenter, n'avait reçu aucun mandat à cet effet. — Bordeaux, 3 mai 1887, D.P. 88. 2. 110.

6357 Le tiers opposant à un arrêt n'est recevable à intervenir dans une instance relative à l'exécution de cet arrêt avant le jugement de sa tierce opposition. — Trib. de Marmande, 12 déc. 1889, D.P. 92. 2. 50.

6358. N'est pas recevable non plus la tierce opposition formée contre un acte par une personne qui a poursuivi antérieurement l'exécution. — Cons. d'Et. 11 mai 1872, D.P. 73. 3. 92.

§ 3. — *Personnes qui ont été ou n'ont pas été représentées dans l'instance* (C. proc. civ. nᵒˢ 126 à 413).

A. — Représentation par des mandataires conventionnels (C. proc. civ. nᵒˢ 126 à 149).

6359. — V. *Code de procédure civile*, nᵒˢ 126 et s.

B. — Représentation par des mandataires légaux (C. proc. civ. nᵒˢ 150 à 218).

6360. — I. Mineurs (C. proc. civ. nᵒˢ 151 à 160).

6361. — II. Interdits (C. proc. civ. nᵒˢ 161 et 162).

6362. — III. Absents (C. proc. civ. nᵒˢ 163 à 169).

6363. — IV. Appelés a une substitution (C. proc. civ. nᵒ 170).

6364. — V. Curateur a succession vacante (C. proc. civ. nᵒˢ 171 à 174).

6365. — VI. Epoux (C. proc. civ. nᵒˢ 175 à 185). — On a soutenu que la femme pouvait agir par voie de tierce opposition s'il y avait eu collusion entre le mari et le tiers avec lequel il a plaidé. — J.G.S. *Contrat de mariage*, 486.

6366. Mais cette opinion a été combattue par le motif que la tierce opposition n'est ouverte qu'à ceux qui n'ont pas été parties au procès; or la femme y a été partie, en la personne de son mari qui l'a représentée. La femme n'aurait alors d'autre moyen de réparation du préjudice que la collusion lui aurait causé qu'un recours en indemnité contre son mari, à la dissolution de la communauté. — J.G.S. *Contrat de mariage*, 486.

6367. — VII. Faillis (C. proc. civ. nᵒˢ 189 à 205). — Les porteurs de bons émis par une compagnie de chemins de fer étant des créanciers chirographaires, le syndic en cas de faillite de cette compagnie, introduit une instance ayant pour objet de faire collocation à la valeur afférente à chacune des obligation et à chacun des bons, procède dans l'intérêt général de la masse des créanciers, et représente notamment les porteurs de bons. — Paris, 3 avr. 1884, D.P. 85. 2. 48. — V. *Code de procédure civile*, nᵒ 189.

6368. Ces derniers ne sont pas, dès lors, recevables à former tierce opposition au jugement rendu dans cette instance, n'ils ne justifient pas d'un intérêt en opposition avec l'action du syndic. — Même arrêt.

6369. La tierce-opposition à un jugement par lequel un tribunal français a déclaré exécutoire en France un jugement déclaratif de faillite rendu en pays étranger (à Bruxelles) est non recevable, ... soit de la part du créancier qui, intervenant en France dans une instance en partage où figurait aussi comme intervenant le syndic de la faillite, n'a contesté ni l'état de faillite, ni la qualité du syndic, ni la validité du jugement d'*exequatur*; ... soit de la part du créancier qui a produit à la faillite en pays étranger, et touché une somme à titre de dividende dans la même faillite. — Rennes, 19 févr. 1879, D.P. 79. 2. 65. — V. *infrà*, art. 546.

6370. — VIII. Etat (C. proc. civ. nᵒˢ 206 à 212).

6371. — IX. Communes, Etablissements publics (C. proc. civ. nᵒˢ 243 à 215).

6372. — X. Ministère public (C. proc. civ. nᵒˢ 216 à 218).

C. — Cointéressés (C. proc. civ. nᵒˢ 219 à 249).

6373. — I. Personnes ayant un intérêt commun (C. proc. civ. nᵒˢ 219 à 222).

6374. — II. Cohéritiers (C. proc. civ. nᵒˢ 223 et 224).

6375. — III. Créanciers solidaires (C. proc. civ. nᵒˢ 225 à 227).

6376. — IV. Codébiteurs solidaires (C. proc. civ. nᵒˢ 228 à 231). — V. *Supplément au Code civil annoté*, art. 1351, nᵒˢ 9250 et s.

6377. — V. Caution (C. proc. civ. nᵒˢ 232 à 241).

6378. — VI. Garant (C. proc. civ. nᵒˢ 242 à 249).

D. — Ayants cause à titre universel ou à titre particulier (C. proc. civ. nᵒˢ 250 à 413).

6379. — I. Héritiers et successeurs a titre universel (C. proc. civ. nᵒˢ 250 à 260). — Les héritiers renonçant ne peuvent, en se fondant sur leur qualité de successibles habiles à rétracter leur renonciation, former tierce opposition au jugement d'envoi en possession. — Bordeaux, 10 nov. 1886, D.P. 88. 2. 68.

6380. Les débiteurs d'une succession et les détenteurs des biens héréditaires n'ont pas qualité pour former tierce opposition audit jugement. — Même arrêt. (C. proc. civ. nᵒˢ 261 à 337.)

6382. — II. Successeurs a titre particulier (C. proc. civ. nᵒˢ 338 à 413). — 1ᵒ *Créanciers chirographaires* (C. proc. civ. nᵒˢ 338 à 365). — Si l'art. 15 de la loi du 24 juin 1865 sur les associations syndicales (D.P. 65. 4. 77) peut être interprété comme conférant au syndicat, pour le recouvrement des taxes, le même privilège qu'au Trésor public pour le recouvrement de l'impôt, il ne résulte cependant ni de cet article, ni d'aucun autre texte de loi, que ces taxes soient elles-mêmes grevées d'un privilège au profit de ceux des créanciers du syndicat qui plairait à ce dernier d'inscrire à son budget et au détriment de ceux auxquels il refuserait arbitrairement le bénéfice de la même inscription; aussi les premiers créanciers étant purement chirographaires, ne peuvent-ils faire tierce opposition au jugement de validité d'une saisie-arrêt auquel ils ont été représentés par leur débiteur. — Agen, 28 juill. 1899, D.P. 92. 2. 50.

6383. — 2ᵒ *Débiteurs* (C. proc. civ. nᵒˢ 366 et 367).

6384. — 3ᵒ *Créanciers hypothécaires* (C. proc. civ. nᵒˢ 368 à 413). — Les créanciers même hypothécaires sont représentés par leur débiteur dans les instances qu'il engage ou qui sont engagées contre lui; en conséquence, sauf le cas de fraude, ils n'ont pas le droit de former tierce opposition. — Req. 8 janv. 1883, D.P. 84. 1. 57. — V. en sens contraire observ. sous cet arrêt, D.P. 84. 1. 57, note 1. — V. *Code de procédure civile*, nᵒ 368.

6385. Spécialement, les créanciers d'un cohéritier sont non recevables à attaquer par la voie de la tierce opposition le jugement qui a posé les bases d'un partage et commis un notaire pour y procéder, le tout sauf leur intervention dans les opérations du partage. — Même arrêt.

6386. Décidé dans le même sens que les créanciers hypothécaires sont légalement représentés, hors le cas de dol ou de fraude, par leur débiteur, dans un débat ayant pour objet, non une question de validité d'inscription ou de rang de collocation, mais une question de libération de ce débiteur envers un autre créancier dont l'hypothèque n'est pas contesté; et que, par suite, ils ne sont pas recevables à former tierce opposition au jugement intervenu entre ce créancier et le débiteur. — Riom, 23 févr. 1882, D.P. 83. 2. 57.

6387. Mais le créancier hypothécaire qui a, antérieurement au jugement déclaratif de la faillite de son débiteur, pratiqué une saisie-arrêt contre ce dernier et formé la demande en validité de ladite saisie, peut former tierce opposition contre le jugement déclaratif de faillite, s'il n'y a été ni appelé ni représenté, et il ne peut être considéré comme y ayant été représenté par son débiteur. — Req. 27 juill. 1874, D.P. 76. 1. 429.

6388. De même, les créanciers hypothécaires ne sont pas représentés par leur débiteur dans une instance relative à la validité de la vente de l'immeuble hypothéqué, alors qu'ils demandent le maintien de leur hypothèque au cas même où la vente serait annulée. — Orléans, 10 févr. 1876, D.P. 77. 2. 113.

6389. Ils ne peuvent pas non plus être considérés comme ayant été parties à cette instance pour être intervenus devant le tribunal, si leur intervention a été rejetée comme tardive; et ils sont dès lors recevables à intervenir sur l'appel du jugement qui a prononcé contre l'acquéreur la nullité de la vente pour fraude aux droits des créanciers du vendeur. — Même arrêt.

6390. Un jugement pouvant être attaqué à l'aide de la tierce opposition par ceux aux droits desquels il préjudicie ou qui n'y ont pas été valablement représentés, un créancier hypothécaire est recevable à former tierce opposition au jugement rendu sans lui qui a validé une délégation des fermages à échoir d'un immeuble qu'il a fait placer sous séquestre. — Angers, 16 févr. 1882, D.P. 83. 2. 219.

6391. Et le créancier hypothécaire intéressé à contester une délégation de fermages à échoir n'est valablement représenté au jugement qui a validé cette délégation,... ni par le créancier délégataire. — Même arrêt.

6392. . . Ni par le fermier délégué. — Même arrêt.

6393. ... Ni par l'administrateur-séquestre de l'immeuble, qui n'a pas reçu le mandat de le représenter. — Même arrêt.

6394. ... Ni par le créancier premier inscrit, alors qu'il ne s'agit point, comme le prétendit le défendeur à la tierce opposition d'une instance en distraction d'objets saisis, mais d'une question de préférence entre créanciers du même objet. — Même arrêt.

6395. Et, par suite, ce créancier hypothécaire est recevable à attaquer ledit jugement par la voie de la tierce opposition. — Même arrêt.

Art. 475. La tierce opposition formée par action principale sera portée au tribunal qui aura rendu le jugement attaqué.

La tierce opposition incidente à une contestation sur un tribunal est saisi sera formée par requête à ce tribunal, s'il est égal ou supérieur à celui qui a rendu le jugement.

6396. — I. COMPÉTENCE EN MATIÈRE DE TIERCE OPPOSITION (C. proc. civ. nos 1 à 18). — Lorsque, sur les conclusions des parties, le juge d'appel confirme un jugement de première instance et substitue ainsi sa propre décision à celle des premiers juges, la tierce opposition doit être dirigée contre l'arrêt confirmatif; par suite, elle doit être portée non devant le tribunal qui a rendu le jugement, mais devant la cour de qui émane l'arrêt. — Orléans, 29 juill. 1880, D.P. 81. 2. 161, et sur pourvoi, Civ. r. 21 juin 1882, D.P. 83. 1. 353. — V. *Code de procédure civile*, nº 5.

6397. — II. DÉLAI DE LA TIERCE OPPOSITION (C. proc. civ. nos 19 à 32).

6398. — III. FORMES DE LA TIERCE OPPOSITION (C. proc. civ. nos 33 à 49).

6399. — IV. PROCÉDURE DE LA TIERCE OPPOSITION (C. proc. civ. nos 50 à 60).

Art. 476. S'il n'est égal ou supérieur, la tierce opposition incidente sera portée, par action principale, au tribunal qui aura rendu le jugement.

Art. 477. Le tribunal devant lequel le jugement attaqué aura été produit pourra, suivant les circonstances, passer outre ou surseoir.

Art. 478. Les jugements passés en force de chose jugée, portant condamnation à délaisser la possession d'un héritage, seront exécutés contre les parties condamnées, nonobstant la tierce opposition et sans y préjudicier.

Dans les autres cas, les juges pourront, suivant les circonstances, suspendre l'exécution du jugement.

6400. — I. SUSPENSION DE L'EXÉCUTION DU JUGEMENT (C. proc. civ. nos 1 à 12).

6401. — II. EFFETS DU JUGEMENT RENDU SUR LA TIERCE OPPOSITION (C. proc. civ. nos 13 à 24). — La tierce opposition et la décision qui l'admet n'ont d'effet qu'au profit du tiers opposant; elle ne peut modifier en aucun point la situation résultant de la décision primitive entre les parties à l'égard desquelles elle a été rendue. — Civ. c. 5 déc. 1882, D.P. 83. 1. 17L — Comp. Req. 10 mai 1875, D.P. 76. 1. 450. — V. *Code de procédure civile*, nº 13.

6402. — Sauf le cas d'une indivisibilité absolue, d'où résulterait l'impossibilité d'exécuter à la fois les deux décisions. — Arrêt préc. 5 déc. 1882. — V. *Code de procédure civile*, nº 20.

6403. Spécialement, le jugement passé en force de chose jugée qui a prononcé contre le cessionnaire de la concession d'un tramway la résiliation du marché ainsi que l'indemnité ni créance d'aucune sorte, conserve toute sa force et continue d'avoir l'autorité de la chose jugée entre les parties, nonobstant la tierce opposition formée contre ce jugement par un tiers auquel le bénéfice de la concession avait été rétrocédé. — Même arrêt.

6404. En conséquence, l'arrêt qui, statuant sur la tierce opposition, déclare la cession nulle et reconnaît au vendeur le droit de rentrer en possession du tramway concédé, mais à la charge de restituer le prix par lui reçu, et de rembourser toutes les dépenses faites depuis la cession, ne peut statuer ainsi qu'en ce qui concerne le sous-acquéreur, la résiliation antérieurement prononcée subsistant, avec toutes ses conséquences, relativement au cessionnaire primitif. — Même arrêt.

Art. 479. La partie dont la tierce opposition sera rejetée sera condamnée à une amende qui ne pourra être moindre de cinquante francs, sans préjudice des dommages et intérêts de la partie, s'il y a lieu.

6405. Dans le cas de rejet d'une tierce opposition, le tiers opposant peut être condamné à des dommages-intérêts par cela seul que la tierce opposition a causé un préjudice. — Civ. r. 24 mars 1891, D.P. 91. 1. 231.

6406. Décidé également que la partie qui succombe sur la tierce opposition qu'elle a formée envers un jugement peut être condamnée à la totalité des dépens de l'instance depuis son intervention dans la cause, lorsque ses prétentions ont eu pour effet de compliquer et de prolonger le litige. — Req. 31 juill. 1880, D.P. 80. 1. 213.

TITRE II.

De la requête civile.

Art. 480. Les jugements contradictoires rendus en dernier ressort par les tribunaux de première instance et d'appel, et les jugements par défaut rendus aussi en dernier ressort, et qui ne sont plus susceptibles d'opposition, pourront être rétractés, sur la requête de ceux qui y auront été parties ou dûment appelés, pour les causes ci-après :

1º S'il y a eu dol personnel;

2º Si les formes prescrites à peine de nullité ont été violées, soit avant, soit lors des jugements, pourvu que la nullité n'ait pas été couverte par les parties;

3º S'il a été prononcé sur choses non demandées;

4º S'il a été adjugé plus qu'il n'a été demandé;

5º S'il a été omis de prononcer sur l'un des chefs de demande;

6º S'il y a contrariété de jugements en dernier ressort, entre les mêmes parties et sur les mêmes moyens, dans les mêmes cours ou tribunaux;

7º Si, dans un même jugement, il y a des dispositions contraires;

8º Si, dans le cas où la loi exige la communication au ministère public, cette communication n'a pas eu lieu, et que le jugement ait été rendu contre celui pour qui elle était ordonnée;

9º Si l'on a jugé sur pièces reconnues ou déclarées fausses depuis le jugement;

10º Si, depuis le jugement, il a été recouvré des pièces décisives, et qui avaient été retenues par le fait de la partie.

DIVISION.

SECT. 1. — CARACTÈRES DE LA REQUÊTE CIVILE (nº 6407).

SECT. 2. — CONTRE QUELS JUGEMENTS LA REQUÊTE CIVILE PEUT ÊTRE FORMÉE (nº 6408).

SECT. 3. — PAR QUI ET CONTRE QUI PEUT ÊTRE FORMÉE LA REQUÊTE CIVILE (nº 6417).

SECT. 4. — CAUSES DE REQUÊTE CIVILE (nº 6419).

§ 1. — *Dol personnel* (nº 6419).

§ 2. — *Violation des formes légales* (nº 6422).

§ 3. — *Prononciation sur choses non demandées* (nº 6429).

§ 4. — *Adjudication de plus qu'il n'a été demandé* (ultra petita) (nº 6433).

§ 5. — *Omission de statuer* (nº 6442).

§ 6. — *Contrariété de jugements* (nº 6450).

§ 7. — *Contrariété de dispositions dans un même jugement* (nº 6452).

§ 8. — *Défaut de communication au ministère public* (nº 6455).

§ 9. — *Pièces fausses* (nº 6456).

§ 10. — *Rétention de pièces* (nº 6457).

SECT. 1re. — CARACTÈRES DE LA REQUÊTE CIVILE (C. proc. civ. nos 1 à 4).

6407. V. *Code de procédure civile*, nos 1 et s.

Sect. 2. — Contre quels jugements la requête civile peut être formée (C. proc. civ. n°° 1 à 39.)

6408. — I. Jugements susceptibles de requête civile (C. proc. civ. n°° 5 à 28). — Suivant un système, la requête civile est admise contre les jugements des juges de paix en dernier ressort aussi bien que contre ceux des tribunaux d'arrondissement, pour les causes déterminées par la loi, notamment en cas de dol de la partie et de retenue d'une pièce décisive. — Justice de paix de Vitry-en-Artois, 8 août 1888, D.P. 89. 2. 201. — V. Code de procédure civile, n° 24.

6409. Quelques auteurs, tout en admettant en principe la requête civile contre les jugements en dernier ressort des juges de paix, la repoussent par exception dans les cas des n°° 3, 4, 5 et 6 de l'art. 480 C. proc. civ. — Dissertation de M. Glasson sous le jugement précité, D.P. 89. 2. 201, note 1.

6410. Mais la majorité, au contraire, se prononce pour le refus de la requête civile, et cette opinion paraît devoir être préférée. — Même dissertation. — V. Code de procédure civile, n° 25.

6411. En effet, la requête civile n'était pas autorisée dans l'ancien droit contre les décisions des juridictions inférieures, et le texte de l'art. 480 qui ne parle que des arrêts des cours d'appel et des jugements en dernier ressort des tribunaux de *première instance* ne permet pas de supposer que le législateur ait voulu faire de la requête civile une voie de recours d'une application générale. — Même dissertation.

6412. Les motifs qui ont décidé le législateur à refuser le pourvoi en cassation contre les jugements en dernier ressort des juges de paix ont dû le déterminer également à écarter la requête civile. — Même dissertation. — V. Code de procédure civile, n° 28, et *infra*, Appendice au liv. 4, tit. 3.

6413. D'ailleurs, à défaut de la requête civile, on pourra, dans certains cas, notamment en cas de dol de la partie, de fraude, de soustraction de pièces décisives, agir en dommages-intérêts, sans contester la chose jugée. — Même dissertation.

6414. — II. Matières qui peuvent donner lieu a la requête civile (C. proc. civ. n°° 29 à 39). — En ce qui concerne la requête civile : ... en matière de contributions indirectes, V. Code des lois adm. annotées, t. 3, v° Contributions indirectes.

6415. ... En matière d'enregistrement, V. Code de l'Enregistrement annoté, n°° 6276 et s.

6416. ... En matière administrative, V. code des lois adm. annotées, t. 1°°, IV, v° Conseil d'État, n°° 2211 et s.

Sect. 3. — Par qui et contre qui peut être formée la requête civile (C. proc. civ. n°° 40 à 58).

6417. — I. Par qui la requête civile peut être formée (C. proc. civ. n°° 40 à 57).

6418. — II. Contre qui la requête civile doit être formée (C. proc. civ. n° 58).

Sect. 4. — Causes de requête civile (C. proc. civ. n°° 59 à 361).

§ 1°°. — Dol personnel (C. proc. civ. n°° 60 à 102.)

6419. — I. De quels actes résulte le dol personnel (C. proc. civ. n°° 60 à 87). — Bien que certains témoins de l'enquête aient été subornés par le gagnant, il n'y a pourtant pas ouverture à requête civile pour cause de dol, si d'ailleurs cette requête civile porte sur des faits connus lors du procès et déjà appréciés par l'arrêt attaqué. — Besançon, 29 juill. 1889, D.P. 91. 2. 46.

6420. — II. Preuve du dol personnel (C. proc. civ. n°° 88 à 96).

6421. — III. Pouvoir du juge en ce qui con-cerne l'appréciation du dol. (C. proc. civ. n°° 97 à 102).

§ 2. — Violation des formes légales (C. proc. civ. n°° 103 à 149).

6422. — I. Violation des formes considérées comme moyen de requête civile (C. proc. civ. n°° 104 à 113).

6423. — II. Violation des formes considérées comme moyen de cassation (C. proc. civ. n°° 114 à 149). — La violation des formes légales n'est susceptible de motiver un pourvoi que lorsque la requête civile ne peut être employée. — J.G.S. Cassation, 275.

6424. L'art. 480 C. proc. civ. restreint l'exercice de la requête civile à la violation des formes prescrites à peine de nullité. Au contraire, aux termes du décret des 4-13 germ. au 2, art. 2, la violation ou omission des formes prescrites en matière civile donne ouverture à cassation, alors même que la peine de la nullité n'y aurait pas été expressément attachée. — J.G.S. Cassation, 277.

6425. On s'accorde à reconnaître, d'une part, que le texte précité a été abrogé par l'art. 1041 C. proc. civ.; d'autre part, qu'il existe des formes véritablement constitutives des actes, que la loi a négligé de prescrire à peine de nullité et dont la violation doit cependant être réprimée, parce qu'elle vicie la substance de l'acte. — J.G.S. Cassation, 277.

6426. Ces infractions pourront être poursuivies par la voie du recours en cassation : il ne sera de même pour les formalités auxquelles l'art. 7 de la loi du 7 avr. 1810 subordonne la validité des jugements et dont l'omission constitue, aux termes de cet article, une ouverture à cassation. — J.G.S. Cassation, 277.

6427. En ce qui concerne les formes prescrites à peine de nullité, ... le moyen de nullité n'a pas été invoqué devant les juges du fond, on doit considérer l'erreur comme involontaire de leur part et la requête civile doit leur permettre de la réparer. Si au contraire le moyen a été proposé devant le tribunal et rejeté par lui, on ne peut légitimement espérer le faire triompher devant les mêmes juges par la voie de la requête civile, et il y a lieu de se pourvoir en cassation. — J.G.S. Cassation, 277. — V. Code de procédure civile, n° 125.

6428. Lorsqu'une commune qui a succombé dans une instance relative à la propriété d'un chemin s'est fondée sur la découverte tardive d'états de classement dans ses archives pour attaquer par voie de requête civile la décision qui l'a déboutée de sa demande, en refusant d'ordonner la preuve des faits de possession par elle articulés, l'arrêt qui rejette cette requête par le motif que la production des états dans le débat n'aurait pas fait admettre l'offre d'enquête, échappe au contrôle de la cour de cassation. — Req. 6 juill. 1875, D.P. 77. 1. 297.

§ 3. — Prononciation sur choses non demandées (C. proc. civ. n°° 150 à 168).

6429. — I. Cas dans lesquels il y a prononciation sur choses non demandées (C. proc. civ. n°° 150 à 165). — En ce qui concerne le caractère et l'étendue de la demande tant au point de vue du libellé de l'assignation que des conclusions des parties, V. *supra*, art. 64, n°° 4301 et s., et art. 110, n°° 4917 et s.

6430. — II. Moyen de cassation (C. proc. civ. n°° 166 à 168). — Le grief tiré de ce que le juge a statué sur chose non demandée donne ouverture à requête civile et non à cassation. — Req. 27 juill. 1875, D.P. 77. 1. 440. — Req. 31 mai 1880, D.P. 84. 1. 14. — Comp. Civ. r. 18 mars 1878, D.P. 78. 1. 201. — V. Code de procédure civile, n° 166.

6431. Le pourvoi en cassation ne pourrait être admis que dans le cas où cette irrégu-larité se compliquerait d'une violation de la loi. — Req. 31 mai 1880, D.P. 81. 1. 14.

6432. Spécialement, l'allocation de dommages-intérêts non demandés donne ouverture non à un recours en cassation, mais à la requête civile. — Civ. r. 26 janv. 1886, D.P. 86. 1. 372.

§ 4. — Adjudication de plus qu'il n'a été demandé (ultrà petita) (C. proc. civ. n°° 169 à 214).

6433. — I. Dans quels cas il y a ultrà petita (C. proc. civ. n°° 169 à 207). — Ce sont les conclusions et non la condamnation qui déterminent le taux du ressort, lorsque le juge a statué *ultrà petita*, le jugement devant être rendu susceptible d'appel, parce que le jugement a alloué plus qu'il n'a été demandé. — Limoges, 5 juin 1886, D.P. 87. 2. 113.

6434. — II. Moyen de cassation (C. proc. civ. n°° 208 à 214). — Le grief pris de ce qu'un arrêt a statué *ultrà petita* ne peut constituer un moyen de cassation, lorsque d'ailleurs cet arrêt ne contient aucune violation de la loi. — Req. 22 nov. 1875, D.P. 77. 1. 484-485.

6435. Ainsi le chef d'un dispositif, qui a statué *ultrà petita*, par exemple, en accordant des intérêts non réclamés, ne peut donner ouverture à cassation, mais seulement à requête civile, alors qu'il est vainement argué d'une violation de la loi. — Req. 13 avr. 1885, D.P. 85. 1. 412.

6436. Mais le grief tiré de ce qu'un arrêt a statué *ultrà petita* peut donner ouverture à cassation, si cet arrêt renferme, en outre, une violation de la loi, telle que l'absence de motifs. — Req. 13 mars 1877, D.P. 77. 1. 323. — Civ. c. 5 avr. 1882, D.P. 83. 1. 246. — Civ. c. 5 juill. 1882, D.P. 83. 1. 350. — Civ. c. 4 août 1886, D.P. 87. 5. 384. — V. Code de procédure civile, n° 211.

6437. ... Ou la violation de la chose jugée. — Arrêt préc. 5 juill. 1882.

6438. Bien que le grief tiré, en dehors de toute violation de la loi, de ce que les juges du fond ont statué *ultrà petita* donne seulement ouverture à la requête civile, ce grief est cependant recevable devant la cour de cassation, lorsque, soumis à la cour d'appel, et écarté par elle avec des motifs empruntés au jugement, il ne peut plus lui être proposé de nouveau comme une requête civile pour lui faire rétracter sa décision. — Req. 18 oct. 1886, D.P. 87. 1. 390.

6439. Mais ce moyen ne peut être invoqué devant la cour de cassation par la partie qui, fondant son appel sur ce qu'elle a été condamnée en première instance au profit d'un adversaire qui n'avait pas conclu contre elle, n'a cependant mis en cause en appel ni cet adversaire ni ses représentants légaux, la cour d'appel ne pouvant réformer d'office le jugement rendu au profit d'une partie non intimée. — Même arrêt.

6440. Lorsqu'une cour, saisie de l'appel d'un jugement qui, sur la demande du mari, avait condamné la femme à lui remettre les enfants issus du mariage et ordonné comme sanction de cette disposition la saisie-arrêt avec mise sous séquestre des revenus de la femme, substitue une contrainte pécuniaire à l'établissement du séquestre ordonné par les premiers juges, cette seule décision, à supposer qu'elle ait accordé plus qu'il n'était demandé, ne pourrait être attaquée que par la voie de la requête civile et non par celle du pourvoi en cassation. — Civ. r. 18 mars 1878, D.P. 78. 1. 201.

6441. Si la condamnation aux dépens, prononcée au profit d'une partie qui n'y a pas conclu, n'offre pas ouverture à cassation, mais seulement à requête civile, le moyen tiré de ce chef est recevable, lorsqu'il résulte des qualités de l'arrêt que cette condamnation a été demandée par la partie qui l'a obtenue. — Civ. r. 14 juin 1882, D.P. 83. 5.47.

§ 5. — Omission de statuer (C. proc. civ. nos 215 à 268).

6442. — I. DANS QUELS CAS IL Y A OMISSION DE STATUER (C. proc. civ. nos 215 à 240).

6443. — II. MOYEN DE CASSATION (C. proc. civ. nos 241 à 268). — L'arrêt qui a omis de statuer sur un chef de demande ne peut donner ouverture à cassation, mais seulement à la requête civile. — Req. 17 mai 1876, D.P. 76. 1. 471. — Req. 22 janv. 1877, D.P. 77. 1. 219. — Req. 27 juill. 1882, D.P. 83. 1. 462. — Civ. r. 2 mai 1887, D.P. 87. 5. 383. — Req. 23 juill. 1889, D.P. 90. 1. 430. — Req. 18 déc. 1889, D.P. 90. 1. 373. — V. Code de procédure civile, no 241.

6444. Spécialement, l'omission de statuer sur l'une des questions posées au point de droit ne peut donner lieu ni à la requête civile et non à un pourvoi en cassation pour défaut de motifs. — Req. 1er mai 1876, D.P. 76. 1. 400.

6445. L'arrêt qui maintient purement et simplement un jugement sans s'expliquer ni dans ses motifs, ni dans son dispositif sur un nouveau chef de conclusions formulé par l'appelant, contient non un défaut de motifs susceptible d'un pourvoi en cassation, mais une omission de statuer donnant ouverture à la requête civile. — Req. 15 juin 1881, D.P. 83. 1. 259. — V. Code de procédure civile, no 247.

6446. Il en est de même du jugement contradictoire qui maintient une sentence par défaut, sans s'expliquer, ni dans ses motifs, ni dans son dispositif sur une demande en dommages-intérêts formée par l'opposant. — Civ. c. 25 févr. 1878, D.P. 79. 1. 477. — Civ. r. 23 mai 1882, D.P. 83. 1. 409. — V. Code de procédure civile, no 248.

6447. L'arrêt qui ne s'explique pas dans ses motifs sur les conclusions tendant à faire considérer comme nulle une cession de créance consentie à un huissier, n'est également susceptible d'être attaqué que par la voie de la requête civile, s'il contient en même temps une omission de statuer sur ce chef. — Civ. c. 8 févr. 1888, D.P. 88. 1. 158.

6448. En matière d'assurances maritimes, en admettant que les conclusions, prises en appel par le chargeur du navire, aient eu assez de précision pour soumettre à la cour une demande en règlement du fret sur laquelle le premier juge n'avait pas été appelé à se prononcer et qui était pendante devant un tribunal étranger, on ne peut induire du silence de l'arrêt sur cette question qu'une simple omission de statuer susceptible seulement de donner lieu à requête civile, alors que rien n'indique dans ledit arrêt n'indique qu'il ait décidé à régler ce fret par le motif qu'à cet égard il y aurait eu litispendance en raison de l'instance commencée devant la justice étrangère. — Req. 13 févr. 1882, D.P. 82. 1. 129-130.

6449. La confirmation d'un jugement avec adoption pure et simple des motifs fournis par les premiers juges, alors que des conclusions nouvelles ont été prises devant la cour, pour faire déclarer l'assurance nulle pour cause de réticence imputable à l'assuré, ne constitue qu'une omission de statuer donnant ouverture à la requête civile, et ne saurait motiver un pourvoi en cassation. — Civ. r. 29 avr. 1885, D.P. 85. 1. 41. — Comp. conf. sous cet arrêt. — V. Code de procédure civile, no 251.

§ 6. — Contrariété de jugements (C. proc. civ. nos 269 à 294).

6450. — I. CONTRARIÉTÉ DE JUGEMENTS DON-NANT OUVERTURE À REQUÊTE CIVILE (C. proc. civ. nos 269 à 287).

6451. — II. CONTRARIÉTÉ DE JUGEMENTS DON-NANT OUVERTURE CASSATION (C. proc. nos 288 à 294).

§ 7. — Contrariété de dispositions dans un même jugement (C. proc. civ. nos 295 à 302).

6452. L'autorité de la chose jugée s'attache uniquement au dispositif des jugements, et la contrariété des motifs ne suffit pas pour donner ouverture à requête civile. — Civ. r. 10 févr. 1891, D.P. 91. 1. 206.

6453. Spécialement, lorsqu'on se fondant principalement sur ce qu'un jugement, quoique frappé d'appel, était exécutoire par provision, un arrêt a déclaré régulière en la forme une saisie-arrêt pratiquée en vertu de ce jugement par des sous-traitants contre un entrepreneur et a sursis à statuer sur la validité de cette saisie jusqu'après le résultat de l'appel interjeté, il importe peu que cet arrêt ait ajouté, dans ses motifs, que l'entrepreneur était tenu envers les sous-traitants comme substitué à l'entrepreneur primitif, juger qu'il n'existait aucun lien de droit entre les sous-traitants et l'entrepreneur, loin de juger cette question, a réservé le tout partie sursis à ce qu'il a prononcé. — Même arrêt.

6454. Et l'arrêt qui statue ultérieurement au fond sur l'appel peut, sans violer l'autorité de la chose jugée, donner ouverture à la requête civile pour contrariété de décisions, juger qu'il n'existait aucun lien de droit entre les sous-traitants et l'entrepreneur. — Même arrêt.

§ 8. — Défaut de communication au ministère public (C. proc. civ. nos 303 à 319).

6455. V. Code de procédure civile, nos 303 à s.

§ 9. — Pièces fausses (C. proc. civ. nos 320 à 341).

6456. V. Code de procédure civile, nos 320 et s.

§ 10. — Rétention de pièces (C. proc. civ. nos 344 à 352).

6457. — I. PIÈCES DÉCISIVES (C. proc. civ. nos 344 à 352).

6458. — II. RÉTENTION PAR LE FAIT DE LA PARTIE (C. proc. civ. nos 353 à 361).

Art. 481. L'État, les communes, les établissements publics et les mineurs, encore reçus à se pourvoir, s'ils n'ont été défendus ou s'ils ne l'ont été valablement.

6459. — I. DÉFAUT DE DÉFENSE (C. proc. civ. nos 5 à 9).

6460. — II. DÉFENSE NON VALABLE (C. proc. civ. nos 10 à 26). — Une commune ne peut faire rétracter par voie de requête civile l'arrêt qui a statué sur l'action exercée par un contribuable dans le cas prévu par l'art. 49 de la loi du 18 juill. 1837[1], en se fondant sur ce que sin maire, appelé dans l'instance, a pris en son nom que des conclusions dérisoires. — Req. 6 juill. 1875, D.P. 77. 1. 297.

6461. ... Alors, du moins, qu'il résulte de toute la procédure que les intérêts de la commune ont été sérieusement défendus par le contribuable. — Même arrêt.

Le défaut de production, dans une instance intéressant une commune, de pièces découvertes seulement après le jugement qui a statué sur le litige, ne peut faire considérer la commune comme n'ayant pas été valablement défendue, et ne donne ouverture à requête civile que si ces pièces sont de telle nature que leur production au cours du débat eût nécessairement exercé une influence décisive sur le jugement. — Même arrêt.

Art. 482. S'il n'y a ouverture que contre un chef de jugement, il sera seul rétracté, à moins que les autres n'en soient dépendants.

Art. 483. La requête civile sera signifiée avec assignation, dans les deux mois, à l'égard des majeurs, du jour de la signification à personne ou domicile, du jugement attaqué (L. 3 mai 1862)[2].

Art. 484. Le délai de deux mois ne courra contre les mineurs que du jour de la signification du jugement, faite depuis leur majorité, à personne ou domicile (L. 3 mai 1862)[3].

Art. 485. Lorsque le demandeur sera absent du territoire européen de la France ou du territoire de l'Algérie pour cause de service public, le délai ordinaire de deux mois depuis la signification du jugement.

Il en sera de même en faveur des gens de mer absents pour cause de navigation (L. 3 mai 1862)[4].

Art. 486. Ceux qui demeurent hors de la France continentale auront, outre le délai de deux mois depuis la signification du jugement, les délais des ajournements réglés par art. 73 ci-dessus (L. 3 mai 1862)[5].

Art. 487. Si la partie condamnée est décidée dans les délais ci-dessus fixés pour se pourvoir, ce qui en restera à courir ne commencera, contre la succession, que dans les délais et de la manière prescrits en l'art. 447 ci-dessus.

Art. 488. Lorsque les ouvertures de requête civile seront les faux, le dol ou la découverte de pièces nouvelles, les délais ne courront que du jour où soit le faux, soit le dol, soit la découverte des pièces découvertes, auront été reconnus ou les pièces découvertes ; pourvu que, dans ces deux derniers cas, il y ait preuve par écrit du jour, soit du faux, soit du dol, et non autrement.

Art. 489. S'il y a contrariété de jugements, le délai courra du jour de la signification du dernier jugement.

Art. 490. La requête civile sera portée au même tribunal où le jugement attaqué aura été rendu ; il pourra y être statué par les mêmes juges.

Art. 491. Si une partie veut attaquer par la requête civile un jugement produit dans une cause pendante en un tribunal autre que celui qui l'a rendu, elle se pourvoira devant le tribunal qui a rendu le jugement attaqué ; et le tribunal saisi de la cause dans laquelle il est produit, pourra, suivant les circonstances, passer outre ou surseoir.

Art 492. La requête civile sera formée par

---

(2) Ancien art. 483. La requête civile sera signifiée avec assignation, dans les trois mois à l'égard des majeurs, du jour de la signification à personne ou domicile, du jugement attaqué.

(3) Ancien art. 484. Le délai de trois mois ne courra contre les mineurs que du jour de la signification du jugement faite depuis leur majorité à personne ou domicile.

(4) Ancien art. 485. Lorsque le demandeur sera absent du territoire européen du royaume pour un service de terre ou de mer, ou employé dans les négociations extérieures pour le service de l'État, il aura, outre le délai ordinaire de trois mois depuis la signification du jugement, le délai d'une année.

(5) Ancien art. 486. Ceux qui demeurent hors de la France continentale auront, outre le délai de trois mois depuis la signification du jugement, les délais des ajournements réglés par l'art. 73 ci-dessus.

---

(1) Remplacé par les art. 121 et s. de la loi municipale du 5 avr. 1884 (D.P. 84. 4. 25-59).

assignation au domicile de l'avoué de la partie qui a obtenu le jugement attaqué, si elle est formée dans les six mois de la date du jugement; après ce délai, l'assignation sera donnée au domicile de la partie.

Art. 493. Si la requête civile est formée incidemment devant un tribunal compétent pour en connaître, elle le sera par requête d'avoué à avoué; mais si elle est incidente à une contestation portée dans un autre tribunal que celui qui a rendu le jugement, elle sera formée par assignation devant les juges qui ont rendu le jugement.

Art. 494. La requête civile d'aucune partie autre que celle qui stipule les intérêts de l'État ne sera reçue, si, avant que cette requête ait été présentée, il n'a été consigné une somme de 300 francs pour amende, et 150 francs pour les dommages et intérêts de la partie, sans préjudice de plus amples dommages et intérêts, s'il y a lieu : la consignation sera de moitié, si le jugement est par défaut ou par forclusion, et du quart s'il s'agit de jugements rendus par les tribunaux de première instance.

6463. Sur les conditions nécessaires pour soumettre l'étranger demandeur en requête civile à la caution *judicatum solvi*, V. *suprà*, art. 166, nᵒˢ 3009 et s.

Art. 495. La quittance du receveur sera signifiée en tête de la demande, ainsi qu'une consultation de trois avocats exerçant depuis dix ans au moins près d'un des tribunaux du ressort de la cour d'appel dans lequel le jugement a été rendu.

La consultation contiendra déclaration qu'ils sont d'avis de la requête civile, et elle en énoncera aussi les ouvertures: sinon la requête ne sera pas reçue.

6464. — I. Quittance du receveur (C. proc. civ. nᵒ 1).

6465. — II. Consultation d'avocats (C. proc. civ. nᵒˢ 2 à 11).

Art. 496. Si la requête civile est signifiée dans les six mois de la date du jugement, l'avoué de la partie qui a obtenu le jugement sera constitué de droit sans nouveau pouvoir.

Art. 497. La requête civile n'empêchera pas l'exécution du jugement attaqué; nulles défenses ne pourront être accordées : celui qui aura été condamné à délaisser un héritage ne sera reçu à plaider sur la requête civile qu'en rapportant la preuve de l'exécution du jugement au principal.

Art. 498. Toute requête civile sera communiquée au ministère public.

Art. 499. Aucun moyen autre que les ouvertures de requête civile énoncées en la consultation ne sera discuté à l'audience ni par écrit.

6466. Le moyen tiré de ce que la reprise au nom d'un mineur par son tuteur d'une instance relative à des droits immobiliers n'aurait pas été valable, à défaut d'autorisation du conseil de famille, n'est pas admissible devant la cour de cassation, s'il n'a été énoncé comme ouverture de requête civile ni dans la consultation de trois avocats exigés par l'art. 495 C. proc. civ. ni dans les conclusions des parties. — Req. 18 févr. 1880, D.P. 80. 1. 351. — V. *Code de procédure civile*, nᵒ 11.

Art. 500. Le jugement qui rejettera la requête civile condamnera le demandeur à l'amende et aux dommages-intérêts ci-dessus fixés, sans préjudice de plus amples dommages-intérêts, s'il y a lieu.

Art. 501. Si la requête civile est admise, le jugement sera rétracté, et les parties seront remises au même état où elles étaient avant ce jugement; les sommes consignées seront rendues, et les objets des condamnations qui auront été perçues en vertu du jugement rétracté seront restitués.

Lorsque la requête civile aura été entérinée pour raison de contrariété de jugements, le jugement qui entérinera la requête civile, ordonnera que le premier jugement sera exécuté selon sa forme et teneur.

6467. La requête civile a pour effet, lorsqu'elle est admise, de remettre les parties, par rapport au jugement rétracté, au même état où elles étaient avant que ce jugement eût été prononcé. — Req. 14 déc. 1885, D.P. 87. 1. 78.

6468. Le juge, en faisant droit à la requête civile, doit mettre les frais de la décision rétractée à la charge de la partie qui avait obtenu cette décision. — Toulouse, 5 janv. 1878, D.P. 78. 2. 37. — V. *Code de procédure civile*.

Art. 502. Le fond de la contestation sur laquelle le jugement rétracté aura été rendu sera porté au même tribunal qui aura statué sur la requête civile.

6469. — I. Tribunal compétent pour statuer sur le rescisoire (C. proc. civ. nᵒˢ 1 et 2).

6470. — II. Formes à suivre sur le rescisoire (C. proc. civ. nᵒˢ 3 à 12). — La procédure sur le rescisoire ne forme pas, à proprement parler, une instance nouvelle; il n'est que la continuation des premières poursuites. — Req. 14 déc. 1885, D.P. 87. 1. 78. — V. *Code de procédure civile*, nᵒ 3.

6471. Dès lors, les avoués originairement constitués par les parties conservent leurs pouvoirs et ont le droit d'occuper dans l'instance sur le rescisoire. — Même arrêt.

6472. — III. Défense de cumuler le rescindant et le rescisoire (C. proc. civ. nᵒˢ 13 à 17). — L'arrêt qui, après avoir déclaré une requête civile non admissible, décide, en réponse à des conclusions additionnelles prises par le demandeur en requête et par un tiers qui est intervenu dans l'instance, que ces parties sont mal fondées en leurs dires, moyens et conclusions, ne cumule pas le rescindant avec le rescisoire. — Req. 6 juill. 1875, D.P. 77. 1. 297.

Art. 503. Aucune partie ne pourra se pourvoir en requête civile, soit contre le jugement, soit contre la voie voie, soit contre celui qui sur le rescisoire, à peine de nullité et de dommages-intérêts, même contre l'avoué qui, ayant coupé sur la première demande, occuperait sur la seconde.

6473. — I. Jugement attaqué par la voie de la requête civile (C. proc. civ. nᵒˢ 1 à 4).

6474. — II. Jugement ayant rejeté la requête civile (C. proc. civ. nᵒ 5).

6475. — III. Jugement rendu sur le rescisoire (C. proc. civ. nᵒˢ 6 à 8).

6476. — IV. Pourvoi en cassation contre le jugement sur requête civile (C. proc. civ. nᵒˢ 9 à 11).

Art. 504. La contrariété de jugements ren-

dus en dernier ressort entre les mêmes parties et sur les mêmes moyens en différents tribunaux donne ouverture à cassation; et l'instance est formée et jugée conformément aux lois qui sont particulières à la Cour de cassation.

6477. — I. Décisions définitives (C. proc. civ. nᵒˢ 1 à 3).

6478. — II. Décisions émanées de tribunaux différents (C. proc. civ. nᵒˢ 4 à 13).

6479. — III. Décisions contradictoires (C. proc. civ. nᵒˢ 14 à 20).

6480. — IV. Violation de la chose jugée (C. proc. civ. nᵒˢ 21 à 28).

6481. — V. Renvoi au cas de contrariété de jugements (C. proc. civ. nᵒ 29).

TITRE III.

De la prise à partie.

Art. 505. Les juges peuvent être pris à partie dans les cas suivants :

1° S'il y a dol, fraude ou concussion, qu'on prétendrait avoir été commis, soit dans le cours de l'instruction, soit lors des jugements;

2° Si la prise à partie est expressément prononcée par la loi;

3° Si la loi déclare les juges responsables, à peine de dommages et intérêts;

4° S'il y a déni de justice.

DIVISION.

§ 1. — *Caractères de la prise à partie* (nᵒ 6482).

§ 2. — *Contre qui la prise à partie peut être dirigée* (nᵒ 6487).

§ 3. — *Causes donnant lieu à prise à partie* (nᵒ 6495).

§ 1ᵉʳ. — *Caractères de la prise à partie* (C. proc. civ. nᵒˢ 1 à 13).

6482. La prise à partie suppose un magistrat dans l'exercice de ses fonctions. — Toulouse, aud. sol., 24 juill. 1884, D.P. 85. 2. 250.

6483. On ne saurait considérer comme un acte de l'exercice actif de la fonction le départ volontaire du magistrat; ce départ ne donne lieu à aucune formalité de procédure, à aucune instruction, mais seulement à une déclaration verbale du juge à la chambre dont il fait partie. — Même arrêt.

6484. En conséquence, lors même que les termes dont le juge se serait servi dans sa déclaration de départ volontaire seraient injurieux ou diffamatoires pour une des parties, elle ne saurait autoriser celle-ci à attaquer ce magistrat par la voie de la prise à partie. — Même arrêt.

6485. Mais cette solution paraît contestable, un juge qui s'abstient faisant certainement un acte de son ministère; la prise à partie aurait donc été ouverte dans les circonstances de l'arrêt précité, s'il y avait eu dol de la part du magistrat incriminé. — Observ. sous l'arrêt précité, note 3.

6486. Dans tous les cas, un magistrat qui n'est pas dans l'exercice de ses fonctions n'échappe pas à toute action; mais il tombe, pour les actes qu'il commet, sous l'application du droit commun de l'art. 1382 C. civ. — Mêmes observations.

§ 2. — *Contre qui la prise à partie peut être dirigée* (C. proc. civ. n°s 14 à 35).

6487. Suivant une opinion, le Code de procédure n'a organisé la prise à partie que contre les membres des cours et tribunaux. — Trib. civ. de Toulon, 21 janv. 1875, D.P. 76. 3. 63. — Concl. de M. l'avocat général Reverchon, D.P. 76. 1. 296, et le rapport de M. le conseiller Alméras-Latour, D.P. 76. 1. 295.

6488. Au contraire, d'après la doctrine consacrée par la jurisprudence, les règles de la prise à partie s'appliquent, non seulement aux juges et aux membres du ministère public, mais encore aux officiers de police judiciaire. — (Sol. impl.). Civ. c. 14 juin 1876, D.P. 76. 1. 301. — Civ. r. 28 mai 1879, D.P. 79. 1. 369. — Nancy, 25 janv. 1884, D.P. 85. 2. 63. — V. *Code de procédure civile*, n° 19.

6489. ... Notamment aux maires, aux adjoints et aux gardes champêtres. — Arrêts préc. 14 juin 1876 et 25 janv. 1884. — V. *Code de procédure civile*, n°s 20 et 21.

6490. En conséquence, celui qui veut poursuivre un maire à raison d'un préjudice qu'il a causé dans l'exercice de ses fonctions de police judiciaire, doit agir par voie de prise à partie et non par voie d'action directe en dommages-intérêts. — Même arrêt. — V. *Code de procédure civile*, n° 20.

6491. Toutefois, un officier de police judiciaire ne peut être pris à partie qu'autant qu'il a commis une faute en refusant de déférer à une réquisition à laquelle une loi claire et précise l'oblige d'obtempérer sous peine de dommages-intérêts. — Civ. r. 28 mai 1879, D.P. 79. 1. 369.

6492. Ainsi (antérieurement au décret du 30 déc. 1889 D.P. 90. 4. 126 qui rend à l'État l'exploitation directe du monopole de la fabrication et de la vente des allumettes chimiques) les termes de l'arrêté du ministre des finances du 15 juill. 1876 qui déterminait les conditions d'exercice du droit de réquisition des agents de la Compagnie générale des allumettes chimiques en cas de perquisition au domicile d'un particulier, étant obscurs et prêtant à des interprétations diverses, un commissaire de police n'a pu être pris à partie pour avoir refusé de déférer aux réquisitions d'un agent de la Compagnie. — Même arrêt. — V. aussi *Code des lois adm. annotées*, t. 3, v° *Contributions indirectes*.

6493. Et cela, bien que l'arrêté ministériel, combiné avec les dispositions de la loi du 28 juill. 1873 (D.P. 76. 4. 20) et avec l'interprétation qui en a été donnée ultérieurement par les diverses autorités administratives, dût être entendu en ce sens que tout agent de la Compagnie concessionnaire du monopole des allumettes chimiques, porteur d'ordres de visite émanant des agents supérieurs des contributions indirectes, avait le droit de requérir les officiers de police judiciaire. — Même arrêt.

6494. En ce qui concerne la prise à partie en matière criminelle, V. *Code d'instruction criminelle annoté*, art. 77, 112, 164, 271, 370, 483 et s.

§ 3. — *Causes donnant lieu à la prise à partie* (C. proc. civ. n°s 36 à 81).

6495. — I. DOL, FRAUDE OU CONCUSSION (C. proc. civ. n°s 37 à 68). — 4° *Dol ou fraude* (C. proc. civ. n°s 37 à 67). — La prise à partie étant une voie extraordinaire ne peut être autorisée que dans les spécialement déterminés par la loi, notamment en cas de dol. — Toulouse, aud. sol., 24 juill. 1884, D.P. 85. 2. 259. — V. *Code de procédure civile*, n°s 36 et 37.

6496. Le dol, en cette matière, consiste dans l'intention méchante et préméditée de nuire, et il faut en outre qu'il ait porté un préjudice. — Même arrêt. — V. *Code de procédure civile*, n°s 38 et 77.

6497. — 2° *Concussion* (C. proc civ. n° 68). — V. *Code pénal annoté*, art. 174; et son *Supplément*.

6498. — II. CAS DE PRISE A PARTIE EXPRESSÉMENT PRÉVUS PAR LA LOI (C. proc. civ. n°s 69 à 73). — Le décret du 19 sept. 1870, portant abrogation de l'art. 75 de la Constitution du 22 frim. au 8 (D.P. 70. 4. 91) et de toutes autres dispositions légales ayant pour objet d'entraver les poursuites contre les fonctionnaires, a laissé subsister les règles de la prise à partie, telles qu'elles sont établies par les art. 505 et suiv. C. proc. civ. — Civ. c. 14 juin 1876, D.P. 76. 1. 301. — Civ. c. 4 mai 1880, D.P. 80. 1. 460.

6499. — III. CAS OU LA LOI PRONONCE LA RESPONSABILITÉ CIVILE DES JUGES (C. proc. civ. n°s 74 à 80). — Dans tous les cas et notamment lorsqu'il s'agit d'une atteinte portée à la liberté individuelle, la cour saisie de la prise à partie jouit d'un pouvoir souverain pour apprécier s'il y a lieu de l'admettre ou de la rejeter. — Dijon, 20 déc. 1883, D.P. 85. 2. 50-51. — V. *Code de procédure civile*, n°s 50, 69 et 74.

6500. Sur ce qui concerne la prise à partie dirigée contre les officiers de police judiciaire. V. *supra*, n° 6188 et s.

6501. — IV. DÉNI DE JUSTICE (C. proc. civ. n° 81). — Sur cette dernière cause de prise à partie, V. *infra*, art. 506, n°s 6502 et s.; *Supplément* au *Code civil annoté*, art. 4, n° 288; *Code pénal annoté*, art. 185, et son *Supplément*, même article.

Art. 506. Il y a déni de justice, lorsque les juges refusent de répondre aux requêtes, ou négligent de juger les affaires en état et en tour d'être jugées.

6502. — I. CAS DANS LESQUELS IL Y A DÉNI DE JUSTICE (C. proc. civ. n°s 1 à 33). — « Il y a déni de justice proprement dit lors qu'il n'intervient ni résolution ni jugement sur la contestation. — J.G.S. *Déni de justice*, 3.

6503. L'obligation pour le juge de statuer sur la cause dont il est saisi n'admet pas d'exception; elle lui est imposée dans le cas même où il s'agit, par exemple, de l'appréciation de certains droits mal définis. — J.G.S. *Déni de justice*, 6.

6504. Ainsi, bien que la loi qui confère les droits de garde et d'éducation au père naturel n'ait pas déterminé les droits de la mère sur la personne de l'enfant pendant la vie du père, les tribunaux n'en sont pas moins obligés de statuer sur les contestations qui s'élèvent à cet égard, et leur refus de se prononcer, basé sur le silence de la loi, constituerait le déni de justice prévu par l'art. 4 C. civ. — J.G.S. *Déni de justice*, 6.

6505. L'art. 4 C. civ., aux termes duquel tout juge qui refuse de juger peut être poursuivi comme coupable de déni de justice est applicable en matière criminelle. — J.G.S. *Déni de justice*, 7. — V. *Code de procédure civile*, n° 4.

6506. Un tribunal correctionnel ne peut, sans commettre un déni de justice, refuser de statuer sur des délits dont la connaissance lui appartient, sous prétexte d'inadmissibilité ou d'un crime dont l'existence n'est pas démontrée. — Aix, 25 juill. 1874, D.P. 75. 2. 229-230.

6507. Mais il n'y a pas déni de justice dans le fait par une cour d'appel de réserver comme indépendante du débat la question de savoir sur le vendeur d'un immeuble s'est engagé à donner dans tous les cas à l'acheteur façade une place vacante. — Req. 15 juill. 1873, D.P. 74. 1. 262.

6508. — II. QUELLES PERSONNES PEUVENT COMMETTRE UN DÉNI DE JUSTICE (C. proc. civ. n°s 34 à 37).

Art. 507. Le déni de justice sera constaté par deux réquisitions faites aux juges, en la personne des greffiers, et signifiées de trois en trois jours au moins pour les juges de paix et de commerce, et de huitaine en huitaine au moins pour les autres juges : tout huissier requis sera tenu de faire ces réquisitions, à peine d'interdiction.

6509. — I. RÉQUISITIONS AUX JUGES (C. proc civ. n°s 1 à 7). — La prise à partie pour déni de justice n'étant recevable qu'à la condition de deux réquisitions, le demandeur en cassation ne peut se faire un grief du déni de justice commis à son égard par l'arrêt qu'il défère à la cour de cassation, lorsqu'il a omis ces deux réquisitions. — Req. 9 févr. 1836, D.P. 86. 1. 400. — V. *Code de procédure civile*, n° 1.

6510. — II. POURSUITES CRIMINELLES (C. proc. civ. n°s 8 et 9). — V. *Code pénal annoté*, art. 185; et son *Supplément*, même article.

Art. 508. Après les deux réquisitions, le juge pourra être pris à partie.

Art. 509. La prise à partie contre les juges de paix, contre les tribunaux de commerce ou de première instance, ou contre quelqu'un de leurs membres, et la prise à partie contre un conseiller à une cour d'appel ou à une cour d'assises, seront portées à la cour royale (cour d'appel) du ressort.

La prise à partie contre les cours d'assises, contre les cours d'appel ou l'une de leurs sections, sera portée à la haute-cour, conformément à l'art. 101 de l'acte du 18 mai 1804.

Art. 510. Néanmoins aucun juge ne pourra être pris à partie, sans permission préalable du tribunal devant lequel la prise à partie sera portée.

Art. 511. Il sera présenté, à cet effet, une requête signée de la partie, ou de son fondé de procuration authentique, laquelle procuration sera annexée à la requête, ainsi que les pièces justificatives s'il y en a, à peine de nullité.

6511. La prise à partie contre des magistrats de cour d'appel, introduite devant la cour de cassation au moyen d'une requête non enregistrée ni signée d'un avocat à la cour de cassation, n'est pas recevable. — C. c. de Belgique, 31 oct. 1887, D.P. 89. 2. 196.

6512. L'examen de la requête se fait en chambre du conseil. — Même arrêt. — V. *Code de procédure civile*, n° 5.

Art. 512. Il ne pourra être employé aucun terme injurieux contre les juges, à peine, contre la partie de telle amende, et contre son avoué, de telle injonction ou suspension qu'il appartiendra.

6513. Le ministère public seul peut se prévaloir, vis-à-vis de l'avoué rédacteur de la requête en prise en partie, de l'inobservation des règles prescrites par l'art. 512 C. proc. civ., frappant de peines disciplinaires les avoués qui emploient dans la requête des termes injurieux pour les juges. — Dijon, 20 déc. 1883, D.P. 85. 2. 50-51.

6514. Il est, toutefois, certain que le tribunal pourrait aussi appliquer d'office à l'avoué les peines disciplinaires prononcées par l'art. 512 C. proc. civ. — D.P. 85. 2. 50-51, note 2.

Art. 513. Si la requête est rejetée, la partie sera condamnée à une amende qui ne pourra être moindre de 300 francs, sans préjudice des dommages et intérêts envers les parties, s'il y a lieu.

Art. 514. Si la requête est admise, elle sera signifiée dans trois jours au juge pris à partie, qui sera tenu de fournir ses défenses dans la huitaine.

Il s'abstiendra de la connaissance du différend; il s'abstiendra même, jusqu'au jugement définitif de la prise à partie, de toutes les causes que la partie, ou ses parents en ligne directe, ou son conjoint, pourront avoir dans son tribunal, à peine de nullité des jugements.

Art. 515. La prise à partie sera portée à l'audience sur un simple acte, et sera jugée par une autre section que celle qui l'aura admise; si la cour d'appel n'est composée que d'une seule section, le jugement de la prise à partie sera renvoyé à la cour d'appel la plus voisine par la Cour de cassation.

6515. D'après une opinion, en matière de prise à partie, les magistrats composant la chambre de la cour d'appel qui a admis la requête peuvent siéger à l'audience solennelle où le débat sur la prise à partie est porté au fond. — Montpellier, 16 août 1881, D.P. 83. 2. 223. — V. supra, Déc. 30 mars 1880, art. 22, nᵒˢ 3803 et s.

6516. Mais cet arrêt a été cassé par la cour suprême qui a jugé que l'art. 515 C. proc. civ., qui interdit aux juges ayant statué sur l'admissibilité de la requête en prise à partie de connaître du fond, n'a été abrogé ni explicitement ni implicitement par l'art. 22 du décret du 30 mars 1808, qui décide que les prises à partie doivent être portées aux audiences solennelles. — Civ. c. 26 déc. 1883, D.P. 84. 1. 87. — Couf. Pau, 7 juill. 1880, D.P. 81. 2. 25, et la note.

6517. En conséquence, lorsqu'une cour d'appel, saisie d'une demande de ce genre n'est composée que de deux chambres, elle ne peut, distraction faite de la chambre qui a admis la prise à partie, se constituer en audience solennelle, et, dès lors, elle est incompétente pour statuer sur le fond de la demande, sauf aux parties à s'adresser à la cour de cassation, conformément à l'art. 515 C. pr. civ. in fine. — Arrêt préc. 26 déc. 1883.

6518. L'art. 515 C. proc. civ., exigeant que la prise à partie soit jugée par une section de la cour autre que la section qui l'a admise, il en résulte que le cas où la cour n'est composée que d'une seule chambre qui a admis la prise à partie, il y a lieu de demander à la cour de cassation le renvoi de l'affaire à la cour d'appel la plus voisine. — Req. 2 mars 1886, D.P. 87. 1. 150.

6519. C'est à la chambre des requêtes qu'il appartient de désigner la cour d'appel qui statuera sur la prise à partie. — (Sol. implic.) Arrêt préc. 2 mars 1886.

6520. Cette compétence se déduit de ce principe général qui attribue à la chambre des requêtes toutes les matières concernant les règlements de juges. — Observ. sous l'arrêt précité, note 2.

6521. Il n'est pas nécessaire qu'avant de statuer, la cour ordonne l'appel en cause de la partie adverse, la décision qu'elle est appelée à rendre n'étant point une décision au contentieux, mais une mesure administrative; il n'y a pas à décider entre deux tribunaux dont les parties se disputent la compétence, mais à déterminer la juridiction appelée à connaître d'une contestation qui, en l'état, n'a pas de juge. — V. ibid. rapport de M. Féraud-Giraud, note 2.

Art. 516. Si le demandeur est débouté, il sera condamné à une amende qui ne pourra être moindre de 300 francs, sans préjudice

des dommages-intérêts envers les parties, s'il y a lieu.

APPENDICE AU LIVRE IV.

Pourvoi en cassation en matière civile.

DIVISION.

§ 3. — *Amende, indemnité, frais* (nᵒ 7541).

SECT. 15. — RENVOI APRÈS CASSATION (nᵒ 7545).

§ 1. — *Désignation du tribunal de renvoi* (nᵒ 7546).

§ 2. — *Procédure devant le tribunal de renvoi* (nᵒ 7548).

§ 3. — *Effets du renvoi* (nᵒ 7553).

§ 4. — *Renvoi après deux cassations* (nᵒ 7575).

§ 5. — *Cassation sans renvoi* (nᵒ 7577).

SECT. 16. — POURVOI DANS L'INTÉRÊT DE LA LOI (nᵒ 7578).

SECT. 17. — ANNULATION POUR EXCÈS DE POUVOIR (nᵒ 7591).

SECT. 1ʳᵉ — ORGANISATION DE LA COUR DE CASSATION (C. proc. civ. nᵒˢ 1 à 13).

6522. — I. MAGISTRATS DE LA COUR DE CASSATION (C. proc. civ. nᵒˢ 1 à 9). — Un décret du 22 nov. 1890 a supprimé le titre et les fonctions de premier avocat général près la cour de cassation (1). — V. *Code de procédure civile*, nᵒ 8.

6523. — II. GREFFIERS (C. proc. civ. nᵒˢ 10 et 11).

6524. — III. AVOCATS (C. proc. civ. nᵒ 12). — V. *infrà, Appendice au Code de procédure civile.*

6525. — IV. HUISSIERS (C. proc. civ. nᵒ 13). — V. *infrà, Appendice au Code de procédure civile.*

SECT. 2. — DÉCISIONS SUSCEPTIBLES DE POURVOI (C. proc. civ. nᵒˢ 14 à 146).

§ 1ᵉʳ. — *Juridictions dont les décisions sont susceptibles de pourvoi* (C. proc. civ. nᵒ 14 à 56).

6526. — I. DÉCISIONS EN MATIÈRE CIVILE ET COMMERCIALE (C. proc. civ. nᵒˢ 14 à 28). — Les décisions rendues en dernier ressort par les conseils de prud'hommes peuvent être déférées à la cour de cassation dans tous les cas où le droit commun donne ouverture à cassation. — (Sol. implic.) Civ. c. 14 févr. 1883, D.P. 84. 1. 68. — V. *Code de procédure civile*, nᵒ 16.

6527. — Les décisions écrites des prud'hommes-pêcheurs peuvent être l'objet d'un recours en cassation. — J.G.S. *Cassation*, 44. — V. *Code de procédure civile*, nᵒ 18.

6528. Sur le pourvoi en cassation : ... en matière d'arbitrage, V. *infrà*, art. 1028.

6529. ... En matière d'ordre entre créanciers, V. *infrà*, art. 764.

6530. ... En matière de *divorce*. V. *Supplément au Code civil annoté*, nᵒˢ 2358 et s.

6531. ... En matière de *faillite*, V. *Code de commerce annoté*, art. 583 ; et sous *Supplément*.

6532. ... En matière *criminelle*, V. *Code d'instruction criminelle annoté.*

6533. ... En matière de *douanes*, V. *Code des lois adm. annoté*, t. 4, vᵒ *Douanes.*

6534. ... En matière de *contributions indirectes*, V. *ibid.*, t. 4, vᵒ *Contributions indirectes.*

6535. ... En matière de *presse*, V. *Code pénal annoté, Appendice*, L. 29 juill. 1881,

---

(1) **22-23 nov. 1890.** — *Décret supprimant le titre et les fonctions de premier avocat général près la cour de cassation.* — (D.P. 91. 4. 9.)

Art. 1ᵉʳ. Le titre et les fonctions de premier avocat général à la cour de cassation sont supprimés ; le nombre des avocats généraux restant le même.

Art. 2. Le garde des sceaux, ministre de la justice et des cultes, est chargé, etc.

---

art. 61 et 62, p. 299 et s.; et son *Supplément.*

6536. ... En matière *électorale*, V. *Code des lois adm. annotées*, t. 1ᵉʳ, X, vᵒ *Élections*, nᵒˢ 4529 et s.

6537. ... En matière d'*enregistrement*, V. *Code annoté de l'Enregistrement*, nᵒˢ 6278 et s.

6538. En ce qui concerne les *colonies*, un décret du 3 août 1878 a autorisé le recours en cassation contre les jugements et arrêts rendus par les tribunaux civils de la Nouvelle-Calédonie. — D.P. 79. 4. 5.

6539. — II. DÉCISIONS ADMINISTRATIVES (C. proc. civ. nᵒˢ 29 à 39). — Sur le pourvoi en cassation en matière administrative d'une manière générale, V. *Code des lois adm. annotées*, t. 1ᵉʳ, IV, vᵒ *Conseil d'État*, nᵒˢ 1253 et 1276; VIII, vᵒ *Commune*, nᵒˢ 8181 et s., 8210 et s., 8279 et s., 8463, 8449 et s.; X, vᵒ *Élections*, nᵒˢ 3576, 4529 et s.

6540. Lorsqu'une contestation s'élève devant la cour de cassation sur le sens d'un acte administratif, l'autorité administrative seule compétente pour en donner l'interprétation. — Civ. c. 22 mars 1882, D.P. 83. 1. 125. — V. *Code de procédure civile*, nᵒ 31.

6541. Mais il est non moins certain que, dès l'acte administratif est clair et n'a pas besoin d'interprétation, il appartient au pouvoir judiciaire d'en faire l'application. — Civ. c. 8 nov. 1876, D.P. 77. 1. 73. — V. *Code de procédure civile*, nᵒ 32.

6542. — III. DÉCISIONS RENDUES EN PAYS ÉTRANGER (C. proc. civ. nᵒˢ 40 à 56).

§ 2. — *Caractère des décisions susceptibles de recours en cassation* (C. proc. civ. nᵒˢ 57 à 129).

6543. — I. JUGEMENT (C. proc. civ. nᵒˢ 58 à 73). — Les décisions qui, en raison du préjudice irréparable qu'ils peuvent causer, soient susceptibles d'être attaqués par la voie du recours en cassation. — V. *Code de procédure civile*, nᵒ 58.

6544. Sur les décisions ayant le caractère de jugements, V. *suprà*, art. 443, nᵒˢ 4995 et s.

6545. En ce qui concerne le caractère des peines disciplinaires prononcées par les cours et tribunaux, V. *infrà, Appendice au Code de procédure civile.*

6546. — II. DÉCISION DÉFINITIVE (C. proc. civ. nᵒˢ 73 à 96). — Pour que le pourvoi soit recevable, il faut que la décision soit *définitive.* — Civ. r. 4 mai et 8 juin 1880, D.P. 81. 1. 335. — Civ. r. 27 mars, 19 avr. et 20 juin 1882, 9 juill. 1883, D.P. 83. 5. 199. — Civ. r. 7 mai et 20 août 1883, D.P. 84. 5. 192.

6547. Lorsqu'une partie invoque à l'appui de sa demande en dommages-intérêts deux qualités distinctes, l'arrêt qui refuse implicitement de lui reconnaître la première en ordonnant une mesure d'instruction pour vérifier la seconde, constitue, de ce chef, non une décision préparatoire, mais une décision définitive contre laquelle le pourvoi en cassation est recevable. — Civ. c. 23 août 1882, D.P. 83. 1. 237.

6548. En pareil cas, un pourvoi distinct doit être formé contre le jugement interlocutoire : les griefs que soulève ce jugement ne sauraient être invoqués ultérieurement à l'appui d'un pourvoi formé contre le jugement définitif. — Req. 14 déc. 1881, D.P. 82. 1. 184.

6549. On doit ranger dans la même catégorie les jugements qui prononcent d'une manière définitive sur la valeur d'une exception péremptoire. Spécialement, est susceptible d'un pourvoi avant la décision à intervenir sur le fond, le jugement qui rejette l'exception tirée de la non-recevabilité de la demande. — V. cass. de Belgique, 1ᵉʳ déc. 1881, J.G.S. *Cassation*, 39.

6550. — III. DÉCISION EN DERNIER RESSORT (C. proc. civ. nᵒˢ 97 à 124). — En ce qui concerne la question de savoir quand les jugements doivent être considérés comme en pre-

---

mier ou en dernier ressort, V. *suprà, Appendice à l'art. 453*, L. 11 avr. 1838, nᵒˢ 5322 et s.

6551. La voie du recours en cassation n'est pas ouverte : 1ᵒ contre le jugement qui prononce sur une demande comprenant à la fois un objet inférieur à 1.500 fr. et des dommages-intérêts nés de la cause sur laquelle la demande principale est fondée, et qui dépasse ainsi dans l'ensemble la limite du dernier ressort. — Req. 11 janv. 1881, D.P. 81. 1. 420-421. — V. *Code de procédure civile*, nᵒˢ 104 et s.

6552. ... 2ᵒ Contre un jugement susceptible d'appel et qui a même déjà été déféré à la cour d'appel. — Req. 21 mars 1881, D.P. 81. 1. 305.

6553. ... 3ᵒ Contre le chef d'un jugement qui, n'ayant pas été relevé comme grief d'appel, a acquis l'autorité de la chose jugée. — Req. 23 mars 1881, D.P. 82. 1. 420-421. — V. *Code de procédure civile*, nᵒ 110.

6554. ... 4ᵒ Contre le jugement rendu par un tribunal incompétent, puisqu'il est susceptible d'appel. — Civ. 10 août 1891, D.P. 92. 1. 17.

6555. Le rejet de l'exception d'incompétence par un tribunal de première instance, et même l'excès de pouvoir qui en serait la suite, ne peuvent non plus donner ouverture à cassation, quand le demandeur en cassation ne les a pas fait valoir devant la cour d'appel. — Req. 26 avr. 1876, D.P. 76. 1. 492.

6556. Décidé également que les décisions expresses ou implicites sur la compétence étant toujours susceptibles d'appel, au jugement du tribunal de commerce ne peut être frappé d'un pourvoi en cassation pour cause d'incompétence, lorsqu'il n'a pas été attaqué par la voie de l'appel. — Civ. 22 juin 1880, D.P. 80. 1. 318. — V. *Code de procédure civile*, nᵒ 110.

6557. Le jugement d'un tribunal de première instance qui viole le principe de la séparation des pouvoirs judiciaire et administratif en interprétant un acte administratif ne saurait être rendu en dernier ressort ; c'est donc par la voie de l'appel et non par celle du recours en cassation qu'il peut être réformé. — Civ. r. 14 juin 1887, D.P. 88. 1. 19.

6558. En ce qui concerne l'incompétence *ratione materiæ*, il importe peu que cette exception n'ait pas été proposée : car l'incompétence, lorsqu'elle est matérielle, doit être déclarée d'office, et le jugement qui a omis de la prononcer, est, dès lors, de ce chef, attaquable par la voie de l'appel. — Req. 12 mars 1877, J.G.S. *Cassation*, 31. — V. *Code de procédure civile*, nᵒ 120.

6559. En matière électorale comme en matière ordinaire, les décisions en *dernier ressort* peuvent seules être déférées à la Cour de cassation. — Civ. r. 25 avr. 1877, D.P. 77. 1. 364. — Civ. r. 8 mai 1878, D.P. 78. 5. 225-226. — Civ. r. 2 avr. 1879, D.P. 79. 1. 202.

6560. — IV. FINS DE NON-RECEVOIR (C. proc. civ. nᵒˢ 125 à 129). — Sur le délai dans lequel doit être formé le pourvoi, V. *infrà*, nᵒˢ 6639 et s.

6561. En ce qui touche le point de savoir si les jugements qui ont été l'objet d'un acquiescement ou non sont susceptibles de pourvoi en cassation, V. *Appendice au titre 33, suprà*, nᵒˢ 4647 et s.

§ 3. — *Jugements distincts ou contenant des chefs distincts* (C. proc. civ. nᵒˢ 130 à 146).

6562. — I. JUGEMENTS DISTINCTS (C. proc. civ. nᵒˢ 130 à 136). — La règle qui domine cette matière a pour maxime : *tot capita, tot sententiæ.* — J.G.S. *Cassation*, 40.

6563. — II. CHEFS DISTINCTS (C. proc. civ. nᵒˢ 137 à 146). — Lorsque la disposition principale est devenue définitive, faute d'avoir été frappée d'appel en temps utile, le pourvoi en cassation n'est pas recevable à l'égard des dispositions spéciales qui en sont la conséquence et l'accessoire. — Req. 10 nov. 1879, J.G.S. *Cassation*, 41.

SECT. 3. — PERSONNES QUI PEUVENT FORMER UN POURVOI OU Y DÉFENDRE (C. proc. civ. nᵒˢ 147 à 351).

§ 1ᵉʳ. — Demandeurs au pourvoi (C. proc. civ. nᵒˢ 147 à 368).

6564. — I. QUALITÉ (C. proc. civ. nᵒˢ 150 à 221) — 1ᵉ *Partie au procès* (C. proc. civ. nᵒˢ 150 à 165). — Un arrêt ne peut être frappé d'un pourvoi en cassation par celui qui, après avoir été partie au jugement de première instance, a cessé d'être partie en appel. — Civ. c. 8 févr. 1886, D.P. 87. 1. 22. — V. *Code de procédure civile*, nᵒ 150.

6565. Celui qui n'a conclu ni en première instance, ni en appel contre une partie co-défenderesse, est sans droit ni qualité pour demander la cassation du chef de l'arrêt qui profite à ladite partie. — Civ. r. 18 mars 1891, D.P. 91. 1. 401.

6566. La femme qui est partie distincte dans une instance où figure le syndic de la faillite de son mari ne peut invoquer, devant la cour de cassation, un moyen particulier à ce syndic qui ne s'est pas pourvu. — Req. 14 mars 1887, D.P. 88. 1. 206-207.

6567. Un jugement ne peut être frappé d'un pourvoi en cassation par celui qui n'a pas été partie dans l'instance, alors même que le nom du demandeur en cassation serait mentionné dans le dispositif du jugement attaqué, si cette mention n'est que le résultat d'une erreur matérielle reconnue par le demandeur lui-même. — Req. 9 juill. 1884, D.P. 85. 3. 55-56.

6568. Le principe qu'on ne peut se pourvoir contre une décision qu'autant qu'on y a été partie est applicable en matière électorale; c'est ce qui a été jugé à l'égard des électeurs attaquant en leur nom propre des décisions auxquelles ils n'ont pas été parties. — V. *Code de procédure civile*, nᵒ 151, et *Code des lois adm. annotées*, t. nᵒ X, vᵒ *Élections*, nᵒˢ 4532 et s.

6569. Ces électeurs ne seraient pas davantage recevables à se pourvoir en qualité de représentants des électeurs au regard desquels les décisions attaquées ont été rendues. — V. *Code des lois adm. annotées*, ibid., nᵒ 4557.

6570. Ne seraient pas non plus recevables à se pourvoir : le maire qui a présidé la commission municipale. — V. *Code des lois adm. annotées*, ibid., nᵒ 4566.

6571. — Ou les membres de la commission municipale dont la décision a été réformée par celle qui fait l'objet du pourvoi. — V. *Code des lois adm. annotées*, ibid., nᵒ 4569.

6572. — 2ᵉ *Partie décédée* (C. proc. civ. nᵒˢ 166 à 169). — Un pourvoi fait au nom d'une personne décédée doit être réputé nul et non avenu. — Civ. r. 4 avr. 1882, D.P. 83. 1. 404. — V. *Code de procédure civile*, nᵒ 166.

6573. — 3ᵉ *Héritiers ou ayants cause* (C. proc. civ. nᵒˢ 170 à 188). — Un pourvoi formé par le garant profite au garanti quand il existe entre la demande principale et les demandes récursoires un lien de dépendance et de subordination. — Civ. c. 12 nov. 1887, D.P. 80. 1. 88. — V. *Code de procédure civile*, nᵒ 181.

6574. Les liquidateurs d'une société commerciale dissoute représentent seulement les anciens associés ou leurs héritiers ; par suite, ces héritiers, bien qu'ils n'aient point été parties dans un arrêt contre lequel les liquidateurs s'étaient pourvus en cassation, peuvent valablement signifier l'arrêt d'admission obtenu par ces liquidateurs et suivre eux-mêmes sur le pourvoi. — Civ. r. 25 août 1879, D.P. 79. 1. 465, et la note 1.

6575. La partie qui a reconnu comme contradicteur légitime en première instance

et en appel une société dont la direction agissait sans désignation d'un représentant, ne peut, au mépris du contrat judiciaire résultant de cette reconnaissance, lui dénier le droit de se pourvoir devant la cour de cassation dans les mêmes conditions. — Civ. c. 12 nov. 1877, D.P. 80. 1. 88.

6576. — 4ᵉ *Représentants légaux* (C. proc. civ. nᵒˢ 189 à 208). — Le père, à raison de la puissance que la loi lui accorde sur ses enfants mineurs, est, de droit, leur fondé de pouvoir spécial pour toutes les affaires qui les concernent ; aussi a-t-il été décidé qu'il peut se pourvoir pour son fils mineur contre un arrêt de renvoi et de mise en accusation. — Cr. r. 19 mars 1881, J.G.S. *Cassation*, 74.

6577. Mais il a été jugé qu'à défaut d'un pouvoir spécial, un mari n'a pas qualité pour former un pourvoi en cassation au nom de sa femme. — Cr. r. 4 sept. 1879, J.G.S. *Cassation*, 74.

6578. Le syndic d'une société en faillite a qualité, malgré la nomination d'un liquidateur chargé de représenter les actionnaires, pour former un pourvoi en cassation dans une instance valablement introduite par lui à l'origine. — Civ. r. 10 avr. 1889, D.P. 90. 1. 305. — Conf. *Code de commerce annoté*, art. 443, nᵒˢ 259 et s. ; et son *Supplément*, même article.

6579. Le président du conseil d'administration d'une société anonyme dont les pouvoirs sont expirés, mais qui n'a pas encore été remplacé dans ses fonctions, peut valablement former un pourvoi en cassation au nom de la société. — Civ. c. 30 avr. 1878, D.P. 78. 1. 314.

6580. Lorsqu'un tuteur a été remplacé dans des conditions qui rendent ce remplacement radicalement nul, le nouveau tuteur qui ne représente pas alors légalement le mineur ne peut, à peine de déchéance du pourvoi formé au nom du pupille par son ancien tuteur, signifier l'arrêt d'admission rendu sur ce pourvoi. — Civ. r. 19 juin 1878, D.P. 78. 1. 317.

6581. — 5ᵉ *Mandataire conventionnel* (C. proc. civ. nᵒˢ 209 à 216).

6582. — 6ᵉ *Ministère public* (C. proc. civ. nᵒˢ 217 à 221).

6583. — II. INTÉRÊT (C. proc. civ. nᵒˢ 222 à 301). — Pour déterminer l'existence d'un intérêt au pourvoi, il faut se placer au moment de la décision qu'on veut attaquer a été rendue. — J.G.S. *Cassation*, 77.

6584. S'il apparaît, d'après les circonstances de la cause examinées à ce moment, que l'irrégularité relevée par le recours a causé un préjudice au demandeur au pourvoi, l'intérêt existe et rend le recours recevable : le pourvoi devrait, au contraire, être écarté, si l'intérêt était postérieur au recours. — J.G.S. *Cassation*, 77.

6585. La décision judiciaire qui donne acte au créancier d'une société en commandite par actions de l'offre à lui faite par les syndics de la faillite du gérant de payer ledit créancier selon un mode convenu entre lui et les syndics, et qui réserve, en outre, à ce créancier, le droit de poursuivre la liquidation judiciaire de cette société, s'il n'est pas payé dans un certain délai, ne cause aucun préjudice aux commanditaires : ils ne peuvent donc se pourvoir contre elle devant la cour de cassation. — Civ. r. 29 mars 1876, D.P. 76. 1. 403.

6586. Le moyen tiré de ce que c'est à tort que l'appel d'une partie, qui était appelée en même temps que d'autres, a été spécialement déclaré non recevable, doit être écarté par la cour de cassation comme n'étant pas recevable quand l'arrêt attaqué a aussi, en réalité, statué au fond sur les conclusions de tous les appelants, en déclarant notamment, par voie d'appréciation souveraine, que les faits articulés en preuve par eux tous manquaient de pertinence. — Civ. r. 4 déc. 1889, D.P. 90. 1. 105, et la note.

6587. En ce cas, la déclaration d'irrece-

vabilité de l'un des appels n'a fait grief, ni à celui qui l'avait formé, ni à aucun autre des appelants, puisque le fond de la cause a été examiné par le juge du second degré, et tranché contre tous par une appréciation de fait qui échappe à tout contrôle. — Même arrêt.

6588. La partie qui a interjeté appel d'une sentence de juge de paix rendue en dernier ressort, est également non recevable, pour défaut d'intérêt, à se pourvoir en cassation contre le jugement qui, en statuant au fond, a admis la recevabilité non contestée de cet appel. — Civ. r. 17 mai 1886, D.P. 86. 5. 59.

6589. Une partie n'est pas recevable, faute d'intérêt, à se pourvoir contre la décision par laquelle un tribunal s'est déclaré incompétent pour prononcer sur une demande en dommages-intérêts qui n'avait pas été l'objet de conclusions spéciales de sa part. — Civ. r. 16 mai 1877, D.P. 77. 1. 431.

6590. Lorsque la solution donnée au premier des moyens invoqués à l'appui d'un pourvoi en cassation est suffisante pour justifier le rejet de la demande, il n'y a pas lieu d'examiner le deuxième moyen proposé. — Req. 5 nov. 1888, D.P. 89. 1. 404. — Comp. *Code de procédure civile*, nᵒ 261.

6591. Une partie est non recevable à critiquer devant la cour de cassation, soit sous le rapport du fond, soit sous celui de la forme, la disposition d'un arrêt qui est entièrement conforme à ses conclusions. — Req. 11 mars 1879, D.P. 81. 1. 34. — V. *Code de procédure civile*, nᵒ 275.

6592. Ainsi, lorsque c'est conformément aux conclusions de l'acheteur qu'un arrêt, confirmatif de la décision des premiers juges, divisant en deux catégories les marchandises vendues, a maintenu la vente quant à l'une de ces catégories et l'a annulée quant à l'autre, et que l'appel incident qu'avait formé le vendeur portait uniquement sur le chef, l'acheteur n'est pas recevable à se plaindre devant la cour de cassation de ce que l'arrêt n'a pas annulé la vente en entier. — Même arrêt.

6593. Une partie est sans intérêt et sans qualité pour présenter devant la cour de cassation un moyen qui tendrait à faire annuler le chef d'un arrêt qui lui est profitable. — Civ. r. 4 avr. 1882, D.P. 83. 1. 404.

6594. De même, une partie est non recevable à attaquer comme insuffisamment motivé dans une de ses dispositions un arrêt qui, sur ce chef, lui a donné gain de cause. — Civ. r. 18 juill. 1888, D.P. 89. 1. 97.

6595. La partie qui a obtenu gain de cause au fond, mais qui a vu rejeter une fin de non-recevoir par elle proposée, n'est pas non plus recevable, au cas où l'autre partie s'est pourvue en cassation contre le chef de la décision sur le fond, à se pourvoir incidemment contre les chefs de la même décision qui ont statué sur les exceptions. — Civ. c. 5 mai 1879, D.P. 79. 1. 225.

6596. Lorsqu'à la suite de l'apport des procès-verbaux en matière d'une enquête, un jugement a admis l'un des moyens invoqués contre cette enquête, le demandeur en cassation qui a ainsi obtenu pleine satisfaction, est non recevable à attaquer cette décision comme ayant rejeté les autres moyens de nullité sans en donner de motifs suffisants, ... alors que les moyens de nullité rejetés (moyens fondés, dans l'espèce, sur la partialité du juge) ne faisaient pas plus obstacle que le moyen admis à ce que l'enquête fût recommencée. — Req. 18 janv. 1887, D.P. 89. 1. 73.

6597. Une partie est non recevable, à défaut d'intérêt, à demander la cassation d'un arrêt qui a refusé d'annuler un jugement rendu sans audition du ministère public, en matière d'inscription du faux, lorsque cet arrêt a reconnu à la partie le droit de poursuivre la procédure d'inscription et lui a assigné un délai à cette fin. — C. cass. de Belgique, 5 mai 1887, D.P. 88. 2. 120.

6598. L'appelant ne peut invoquer comme moyen de cassation le rejet d'un des chefs de conclusions de son co-appelant. — Observ. sous Req. 1er mai 1876, D.P. 76. 1. 481, note 2.

6599. A plus forte raison, une partie ne peut-elle se faire un moyen de cassation du rejet des conclusions prises par la partie adverse et se plaindre, par exemple, devant la cour de cassation de ce que le rejet des conclusions dirigées contre elle en appel n'a pas été motivé. — Civ. r. 25 juin 1877, J.G.S. *Cassation*, 89. — Req. 19 févr. 1883, *ibid.* — V. *Code de procédure civile,* nº 284.

6600. La partie perdante, mais qui a été désintéressée, ne peut se pourvoir en cassation, surtout contre celui qu'elle a subrogé à ses droits. — Civ. c. 12 mai 1875, D.P. 75. 1. 361.

6601. Ainsi un demandeur (spécialement, l'époux demandeur en divorce) ne saurait être admis à se faire un grief de cassation de ce que les juges du fait n'ont pas opposé à sa demande un moyen de déchéance, et, par exemple, ne l'ont pas déclaré déchu par le motif qu'il n'aurait pas été présent à tous les actes de la cause et, notamment, à l'audience où les conclusions à fin de conversion en divorce de l'instance en séparation de corps ont été posées. — Civ. r. 30 juin 1886, D.P. 87. 1. 60.

6602. Dans le cas où le juge du second degré a refusé de surseoir à l'examen de l'appel d'un jugement par défaut, en même temps frappé d'opposition devant le tribunal de commerce, jusqu'après la décision de ce tribunal sur ladite opposition, le moyen pris de ce refus doit être écarté par la cour de cassation, comme étant dénué d'intérêt, si, en fait, et par suite d'une remise de la cause devant la cour, celle-ci n'a statué sur l'appel qu'après le rejet de l'opposition par le juge du premier degré. — Req. 19 mai 1885, D.P. 86. 1. 451.

6603. La condamnation à l'amende de fol appel, étant prononcée en faveur du Trésor et non en faveur de l'intimé, ne peut pas donner lieu à un pourvoi en cassation contre ce dernier. — Req. 22 nov. 1875, D.P. 76. 5. 69.

6604. L'intérêt qu'une partie peut avoir à se faire relever de la condamnation aux dépens prononcée contre elle par un arrêt suffit pour la rendre recevable à frapper cet arrêt d'un pourvoi en cassation. — Civ. r. 15 nov. 1880, D.P. 81. 1. 401. — Civ. r. 4 déc. 1889, D.P. 90. 1. 165. — Civ. c. 12 août 1889, D.P. 90. 1. 457. — Civ. c. 34 juill. 1889, D.P. 91. 1. 323. — V. *Code de procédure civile,* nº 290.

6605. Spécialement, dans le cas où un arrêt a déclaré mal fondées les conclusions par lesquelles le créancier d'une faillite contestait la demande en homologation d'une transaction consentie par les syndics, ce créancier ne peut être déclaré non recevable, faute d'intérêt, à se pourvoir en cassation contre cet arrêt, sous prétexte, d'une part, qu'il a été désintéressé, et, d'autre part, que l'action en nullité sur laquelle est intervenue la transaction a été déclarée sans objet par une autre décision non attaquée par lui, alors que l'arrêt contre lequel est dirigé son pourvoi l'a condamné aux dépens de première instance et d'appel. — Arrêt préc. 15 nov. 1889.

6606. On ne peut écarter, sous prétexte de défaut d'intérêt, le pourvoi en cassation d'une partie condamnée aux dépens. — Civ. c. 4 févr. 1884, D.P. 84. 1. 247. — Civ. c. 11 févr. 1889, D.P. 89. 1. 316.

6607. Alors même que la partie qui a eu gain de cause en première instance n'a pas profité de l'autorisation à elle accordée par le jugement de l'exécution provisoire, et que l'incident relatif à cette autorisation, soulevé par l'appelant devant la cour d'appel, n'a été rejeté que par l'arrêt statuant sur le fond, néanmoins l'appelant qui s'est pourvu en cassation, est recevable à critiquer la solution dont l'exécution provisoire a été l'objet dans l'arrêt attaqué, par cela seul qu'en vertu de cet arrêt, il a à supporter les dépens de l'incident, en même temps que ceux du fond. — Civ. r. 23 avr. 1888, D.P. 89. 1. 233.

6608. La chambre civile de la cour de cassation doit apprécier les pourvois dans l'état où la cause s'est présentée devant la chambre des requêtes. — Civ. c. 26 mars 1888, D.P. 88. 1. 465. — V. *Code de procédure civile,* nº 298.

6609. En conséquence, on ne saurait opposer, devant la chambre civile, à un pourvoi formé contre un arrêt d'avant dire droit en matière de séparation du corps, une fin de non-recevoir tirée du défaut d'intérêt de ce pourvoi, en raison de ce que, postérieurement à l'arrêt d'admission de la chambre des requêtes, la séparation du corps aurait été prononcée par une décision rendue au fond. — Même arrêt. — V. toutefois observ. sous cet arrêt.

6610. La cour de cassation ne doit pas prendre en considération les événements postérieurs aux débats tranchés par les arrêts qui lui sont déférés. — Civ. r. 26 janv. 1885, D.P. 85. 1. 361. — V. *Code de procédure civile,* nº 299.

6611. Ainsi, le pourvoi fondé sur ce que l'arrêt attaqué aurait considéré comme propriété privée un terrain faisant partie du domaine du domaine public ne peut être déclaré non recevable à défaut d'intérêt, sous prétexte qu'un arrêté aurait, depuis les débats du procès, fait disparaître le caractère domanial de ce terrain. — Même arrêt.

6612. De même, le pourvoi dirigé contre l'arrêt qui a prescrit l'exécution d'un contrat de vente consenti par une commune sans attendre l'expiration du délai légal, n'en est pas moins recevable bien que, postérieurement à la décision attaquée et avant le dépôt de ce pourvoi, la délibération ait été revêtue de l'approbation préfectorale. — Civ. c. 15 mai 1882, D.P. 83. 1. 464-465.

6613. Mais le pourvoi dirigé contre le chef d'un arrêt qui reproduit une décision postérieurement cassée, est sans objet et, comme non recevable, alors que la cour de renvoi, saisie à la suite de la cassation prononcée, ayant consacré le même principe, son arrêt a été suivi d'exécution et d'acquiescement. — Civ. r. 13 juin 1881, D.P. 82. 1. 471.

6614. Le failli prétendu a intérêt à se pourvoir en cassation contre une décision de la cour d'appel, alors même qu'usant de la faculté accordée par l'art. 23, § 1er, de la loi du 4 mars 1889 (D.P. 89. 4. 9.) prorogeant à ce moment, il a aussitôt fait prononcer sa mise en liquidation judiciaire, du moment où c'est au tribunal de commerce de son domicile, non saisi de la demande en faillite, qu'il s'est adressé pour obtenir cette mesure, le jugement de ce tribunal ne pouvant avoir pour conséquence de détruire les effets de l'arrêt rendu par la cour d'appel. — Civ. c. 15 juill. 1889, D.P. 91. 1. 107.

6615. Par suite, le pourvoi formé contre cet arrêt ne peut être écarté sous le prétexte d'une fin de non-recevoir prise de ce qu'il serait désormais sans intérêt. — Même arrêt.

6616. — III. A QUI LE POURVOI PEUT PROFITER (C. proc. civ. nºs 302 à 308). — Quand l'objet du litige est indivisible, le pourvoi en cassation formé par l'une des parties profite aux autres. — Civ. r. 23 mai 1882, D.P. 83. 1 499. — Civ. c. 24 juill. 1888, D.P. 89. 1. 417

6617. A plus forte raison, dans ce cas, chacun des demandeurs en cassation est-il recevable à invoquer un moyen soulevé par l'un d'eux devant le juge du fond. — Civ. c. 3 juin 1890, D.P. 90. 1. 368.

6618. Quand il s'agit d'un litige portant sur les droits de plusieurs parties dans une succession et sur le mode de partage de cette succession, la matière litigieuse est indivisible, en sorte que le pourvoi d'un seul des intéressés suffirait pour remettre en question les intérêts de tous les autres. — Arrêt préc. 24 juill. 1888.

6619. En matière divisible, notamment dans une contestation entre cohéritiers sur le partage d'une succession et une reddition de comptes, la recevabilité du pourvoi formé par une partie mineure ne profite pas à son cointéressé majeur. — Arrêt préc. 23 mai 1882.

§ 2. — *Défendeurs au pourvoi* (C. proc.civ. nº 309 à 351).

6620. — I. CONTRE QUI DOIT ÊTRE DIRIGÉ POURVOI (C. proc. civ. nº 309 à 342). — Toutes les parties ayant intérêt à la décision attaquée doivent être mises en cause par l pourvoi. — J.G.S. *Cassation,* 87.

6621. Ainsi le légataire particulier qui, dans un procès en liquidation et partage, a été partie tant en première instance qu'en appel à raison de l'intérêt lui appartenant dans la liquidation, doit être mis en cause sur le pourvoi en cassation formé par l'une des parties intéressées contre l'arrêt intervenu sur les contestations auxquelles cette liquidation a donné lieu : vainement prétendrait-il que ces contestations lui sont étrangères. — Civ. c. 11 août 1886, D.P. 89. 1.

6622. Le demandeur en cassation ne peut faire assigner devant la chambre civile une personne qui n'a été partie ni en première instance ni en appel, qui ne représente aucune des parties ayant figuré au procès, et contre laquelle aucun pourvoi n'a été dirigé. — Civ. c. 14 août 1889, D.P. 89. 1. 461. — V. *Code de procédure civile,* nº 313.

6623. En conséquence, toutes assignations données devant la chambre civile de la cour de cassation à des personnes qui ne sont ni nommées, ni désignées dans l'arrêté de la chambre des requêtes, portant permission d'assigner devant la chambre civile, sont réputées nulles. — Civ. r. 12 juin 1876, D.P. 76. 1. 477.

6624. Quand un particulier s'est pourvu en cassation, sans restriction, contre un arrêt qui l'a débouté de sa demande contre une commune qui, suivant lui, usurpait ses eaux, et quand la commune excipant d'une concession émanée de l'État a mis l'État en cause, le recours en cassation de ce particulier est dirigé contre l'État qui était en cause, aussi bien que contre la commune, alors même que l'État n'est pas dénommé dans le pourvoi. — Civ. r. 2 avr. 1889, D.P. 89. 1. 451.

6625. La femme assignée en défense devant la chambre civile de la cour de cassation, comme représentant, à raison de la communauté de biens, son mari récemment décédé, contre lequel avait été suivie la procédure de première instance et d'appel, oppose une fin de non-recevoir valable à cette assignation, lorsqu'elle justifie qu'elle avait obtenu une séparation de biens dûment exécutée. — Civ. r. 30 déc. 1889, D.P. 90. 1. 303.

6626. Est également valable la fin de non-recevoir proposée dans les mêmes conditions, par un des enfants du plaideur décédé quand cet héritier a renoncé à la succession ou son père. — Même arrêt.

6627. Le pourvoi en cassation contre une décision disciplinaire d'une chambre de notaires doit être formé contre le syndic seul; le président de la chambre est à tort assigné en cette qualité devant la cour de cassation sur ce pourvoi, et il y a lieu, dès lors, pour la cour, de le mettre hors de cause. — Civ. c. 24 janvier 1881, D.P. 81. 1. 218-220. — V. *Code de procédure civile,* nº 317.

6628. La cour de cassation doit prononcer la mise hors de cause des parties lorsqu'elles n'ont aucun intérêt à combattre le pourvoi auquel elles ont été appelées. — J.G.S. *Cassation*, 96.

6629. Ainsi, le garant ne peut être mis en cause devant la cour de cassation lorsque la demande en garantie ayant été rejetée par des motifs distincts de la demande principale, le moyen unique du pourvoi en cassation s'applique exclusivement à la décision rendue sur cette dernière demande. — Civ. c. 5 févr. 1879, D.P. 79. 1. 52.

6630. En sens inverse, lorsqu'aucunes conclusions n'ont été échangées entre la demandeur principal et l'appelé en garantie, et qu'il n'a pas été prononcé de condamnation au profit de l'un contre l'autre, le demandeur principal est sans intérêt à défendre au pourvoi formé par l'appelé en garantie, et doit, dès lors, être mis hors de cause. — Civ. c. 2 et 3 juill. 1877, D.P. 78. 1. 57.

6631. La partie qui a été appelée en garantie par le défendeur, ne doit point être mise hors de cause sur le pourvoi en cassation du demandeur, si elle a conclu contre celui-ci devant le juge du fond, en excipant, notamment, d'un moyen d'incompétence qui a été accueilli. — Civ. c. 18 juin 1888, D.P. 88. 1. 434.

6632. Lorsque le pourvoi en cassation contre le chef relatif à la distraction des dépens est fondé sur l'irrégularité de l'affirmation de l'avoué, il n'est recevable qu'autant que l'avoué a été lui-même mis en cause. — Civ. r. 15 juill. 1867, J.G.S. *Cassation*, 87. — Comp. *Code de procédure civile*, nᵒ 334.

6633. — II. Des fins de non-recevoir opposées par le défendeur (C. proc. civ. nᵒˢ 343 à 351). — L'avoué du dernier créancier colloqué qui, après avoir comme représentant dans un ordre la masse des créanciers, adhéré à une contestation élevée sur le règlement provisoire, n'a pas appelé du jugement rejetant cette contestation, et qui, intimé sur l'appel, s'est rapporté à justice, se bornant à demander ses dépens que l'arrêt intervenu lui a accordés, est sans qualité pour se pourvoir en cassation contre ledit arrêt. — Civ. r. 27 nov. 1876, D.P. 77. 1. 57-58.

6634. Il a été décidé que l'annulation, pour vice de forme, d'un jugement par un arrêt non attaqué dans la partie qui a annulé cette décision, et ayant, par suite, acquis l'autorité de la chose jugée, rend non recevable, faute d'objet, le pourvoi en cassation dirigé contre ce jugement qui n'a pas d'existence légale. — Civ. r. 21 mars 1883, D.P. 84. 1. 397.

6635. Mais on peut se demander si cette décision n'est pas contraire au principe que la cour de cassation ne doit pas tenir compte des événements postérieurs au pourvoi. — Observ. sous l'arrêt précité, noté 1.

6636. Lorsque une fin de non-recevoir (spécialement, la non-recevabilité de l'action, prise du défaut d'intérêt et de qualité du demandeur) a été proposée aux juges du fond, et que ceux-ci l'ont repoussée non seulement dans les motifs, mais dans le dispositif même de l'arrêt, la partie de cette sentence qui déclare la demande recevable est acquise au demandeur et ne peut être remise en question sur le pourvoi. — Civ. r. 20 juin 1888, D.P. 89. 1. 284.

6637. Les parties qui, après avoir obtenu gain de cause devant une cour d'appel, ont déclaré renoncer au bénéfice de l'arrêt en tous les chefs pouvant leur profiter, doivent être mises hors de cause par la cour suprême lorsque ce désistement a été accepté par le demandeur en cassation. — Civ. c. 5 juill. 1881, D P. 81. 1. 462. — V. *Code de procédure civile*, nᵒ 354.

6638. Mais la cour de cassation ne peut mettre hors de cause un des défendeurs au pourvoi qui, ayant été maintenu dans l'instance malgré ses conclusions devant les juges du fond, a obtenu la condamnation de ses adversaires aux dépens, et a fait reconnaître à son profit certains droits sur lesquels les demandeurs en cassation ont intérêt à ce qu'il soit statué définitivement. — Civ. c. 12 nov. 1879, D.P. 80. 1. 86.

Sect. 4. — Délai du pourvoi (C. proc. civ. nᵒˢ 352 à 499.)

§ 1ᵉʳ. — *Obligation de former le pourvoi dans le délai légal* (C. proc. civ. nᵒˢ 378).

6639. Un pourvoi est tardif, et susceptible, dès lors, d'une fin de non-recevoir, quand il a été formé au nom d'une partie mineure, plus de deux mois après la signification de l'arrêt de la cour d'appel au tuteur de cette partie, sans qu'on puisse objecter que la non-signification dudit arrêt au subrogé-tuteur a suffi pour empêcher le délai de courir. — Civ. r. 13 janv. 1890, D.P. 90. 1. 145. — V. *Code de procédure civile*, nᵒ 363, et *suprà*, art. 444, nᵒˢ 5215 et s.

6640. La fin de non-recevoir qui résulte de la tardiveté du pourvoi étant d'ordre public doit être prononcée d'office par la cour de cassation. — Civ. c. 17 juill. 1883, D.P. 85. 1. 14. — V. *Code de procédure civile*, nᵒ 378.

6641. Cependant les principes de la solidarité et de l'indivisibilité tiennent quelquefois en échec l'application de la déchéance à raison de l'expiration du délai pour se pourvoir. — J.G.S. *Cassation*, 403.

6642. Ainsi le pourvoi formé en temps utile par l'un des colintéressés profite à tous les autres, qui ont le droit de se joindre à la demande, après l'expiration du délai pendant lequel ils auraient pu se pourvoir eux-mêmes. — J.G.S. *Cassation*, 104.

6643. Spécialement, le pourvoi formé par un seul des syndics d'une faillite, à supposer qu'il puisse être considéré comme nul, serait en tout cas validé par l'adjonction des autres syndics, même postérieure à l'expiration des délais du pourvoi. — Civ. r. 28 janv. 1878, D.P. 78. 1. 230.

§ 2. — *Point de départ du délai : Signification ; Jugements préparatoires, interlocutoires et par défaut* (C. proc. civ. nᵒˢ 379 à 459.)

6644. — I. Jugements contradictoires et définitifs (C. proc. civ. nᵒˢ 379 à 418). — Lorsque plusieurs parties sont en cause, le délai du pourvoi ne court qu'à l'égard de celles qui ont fait signifier le jugement intervenu. — Civ. r. 13 déc. 1875, D.P. 76. 1. 459. — Comp. *Code de procédure civile*, nᵒ 388.

6645. La réserve de se pourvoir, introduite dans un procès-verbal d'enquête, ne pouvant équivaloir à un pourvoi en cassation, ne saurait faire obstacle à ce qu'un arrêt passe, par l'expiration des délais de pourvoi, en force de chose jugée. — Civ. r. 8 mars 1886, D.P. 86. 1. 415. — Comp. *Code de procédure civile*, nᵒ 391.

6646. Une signification nulle du jugement attaqué ne fait pas courir les délais du pourvoi. — Civ. r. 12 juin 1888, D.P. 90. 1. 106. — V. *Code de procédure civile*, nᵒ 394.

6647. Le pourvoi en cassation formé plus de deux mois après la signification de la décision attaquée n'est pas recevable, bien que l'original et la copie de cette signification ne contiennent pas la mention du visa donné sur l'original de l'exploit par le maire qui a reçu la copie ; cette omission entraîne la nullité des exploits d'ajournement, mais non celle des significations de jugement. — Civ. r. 21 août 1882, D.P. 83. 1. 212. — V. *suprà*, art. 68, nᵒˢ 1560 et s.

6648. Un pourvoi en cassation ne saurait être déclaré non recevable, comme tardif, lorsque l'exploit designification de l'arrêt attaqué ne détermine pas, par sa date, le point de départ du délai pendant lequel le pourvoi peut être formé ; ... spécialement, lorsque

les surcharges existant aussi bien sur la copie que sur l'original ne permettent pas de reconnaître la date de la signification, et qu'aucune mention de l'exploit ne donne le moyen de rétablir cette date avec certitude. — Civ. c. 11 juin 1890, D.P. 91. 1. 35.

6649. — II. Jugements préparatoires et interlocutoires (C. proc. civ. nᵒˢ 419 à 451).

— 1° *Jugements préparatoires* (C. proc. civ. nᵒˢ 422 à 429). — Lorsqu'un jugement se borne à ordonner la comparution personnelle des parties sans subordonner la décision du fond au résultat de ce même instruction, il n'est pas nécessaire de le déférer à la cour de cassation avant ou en même temps que le jugement définitif. — Civ. c. 26 janv. 1881, D P. 82. 1. 39-60.

6650. — 2° *Jugements interlocutoires* (C. proc. civ. nᵒˢ 430 à 451). — Les moyens de droit qui pouvaient être proposés devant la cour de cassation contre un arrêt interlocutoire ne sont plus recevables lorsque cet arrêt n'a pas été attaqué dans les délais et à même été exécuté, et ces moyens ne sauraient être proposés contre l'arrêt définitif rendu en conséquence et en exécution de l'interlocutoire. — Req. 14 févr. 1883, D.P. 88. 1. 225, et la note.

6651. Le pourvoi formé contre un jugement interlocutoire en même temps que le pourvoi dirigé contre l'arrêt définitif est irrecevable si plus de deux mois se sont écoulés depuis la signification du jugement interlocutoire. — Civ. r. 28 nov. 1884, D.P. 85 1. 318. — Civ. r. 12 nov. 1889, D.P. 90. 1. 462.

6652. De même, n'est pas recevable, comme tardif, le pourvoi formé plus de deux mois après la signification d'un jugement qui ordonne une enquête, après avoir statué définitivement sur la nullité de moyens de forme et sur l'admissibilité de la preuve de la force majeure, en matière de validité de contrainte. — Civ. c. 26 juill. 1876, D.P. 76. 1. 358.

6653. — III. Jugements par défaut (C. proc. civ. nᵒˢ 452 à 459).

§ 3. — *Computation du délai* (C. proc. civ. nᵒˢ 460 à 464).

6654. V. *Code de procédure civile*, nᵒˢ 460 et s.

§ 4. — *Délais spéciaux* (C. proc. civ. nᵒˢ 465 à 499.)

6655. — I. État de guerre (C. proc. civ. nᵒˢ 465 à 470).

6656. — II. Expropriation publique (C. proc. civ. nᵒˢ 471 à 496). — Sur cette question, V. *Code des lois adm. annotées*, t. 3, vᵒ *Expropriation publique*.

6657. — III. Élections (C. proc. civ. nᵒˢ 497 et 498). — A cet égard *Code des lois adm. annotées*, t. 1ᵉʳ X, vᵒ *Élections*, nᵒˢ 4578 et s.

6658. — IV. Jurys des loyers (C. proc. civ. nᵒ 499).

6659. — V. Divorce. — V. *Supplément au Code civil annoté*, art. 248, vᵒ *Divorce*.

6660. — VI. Ordre. — En matière d'ordre, l'art. 764 C. proc. civ. fait courir le délai du recours en cassation à compter de la signification de l'arrêt à nouveau. — J.G.S. *Cassation*, 117. — V. *infrà*, art. 764.

6661. Mais la durée du délai n'est aucunement modifiée par l'art. 761 C. proc. civ., cet article, qui réduit à quinze jours le délai de signification de l'arrêt d'appel, ne visant expressément que ce cas spécial, et nullement celui du pourvoi en cassation. — Civ. r. 3 août 1886, D.P. 87. 1. 473.

Sect. 5. — Consignation d'amende (C. proc. civ. nᵒˢ 500 à 650).

§ 1ᵉʳ. — *Chiffre de l'amende* (C. proc. civ. nᵒˢ 500 à 506).

6662. V. *Code de procédure civile*, nᵒˢ 500 et s.

§ 2. — *Quels pourvois sont soumis à la consignation d'amende; Dispense* (C. proc. civ. n°° 507 à 591).

6663. — I. OBLIGATION DE CONSIGNER L'AMENDE (C. proc. civ. n°° 507 à 511).

6664. — II. DISPENSE DE LA CONSIGNATION EN FAVEUR DE L'ÉTAT (C. proc. civ. n°° 512 à 523).

6565. — III. DISPENSE EN MATIÈRE D'ÉLECTIONS, ETC. (C. proc. civ. n°° 524 à 526).

6666. — IV. DISPENSE DE LA CONSIGNATION EN FAVEUR DES INDIGENTS (C. proc. civ. n°° 527 à 591). — Sur la question de savoir si la loi du 22 janvier 1851 sur l'assistance judiciaire a abrogé les lois antérieures relatives à la dispense de la consignation d'amende au profit des indigents, V. *infrà*, L. 22 janv. 1851, *Appendice au Code de procédure civile.*

6667. — 1° *Certificat d'indigence* (C. proc. civ. n°° 534 à 579). — La production du certificat d'indigence exigé pour la dispense de consignation d'amende ne peut être remplacée par la production de pièces équivalentes. — J.G.S. *Cassation*, 151.

6668. En conséquence, on doit considérer comme insuffisant, pour dispenser de la consignation d'amende, un acte rédigé en langue étrangère par des autorités étrangères et, d'ailleurs, non revêtu des légalisations requises par les lois françaises. — Cr. r. 27 janv. 1876, D.P. 77. 1. 190.

6669. — A. *Délivrance du certificat par le maire* (C. proc. civ. n°° 543 à 562). — Le certificat d'indigence doit émaner du maire de la commune du domicile et non de celui de la résidence. — Cr. r. 27 janv. 1876, D.P. 77. 1. 190. — V. *Code de procédure civile.*

6670. Le certificat du maire, rédigé dans la forme prescrite par l'art. 10 de la loi du 20 janv. 1851 sur l'assistance judiciaire, est insuffisant pour dispenser de la consignation de l'amende. — Cr. r. 7 avr. 1876, D.P. 77. 1. 190.

6671. — B. *Visa du sous-préfet et approbation du préfet* (C. proc. civ. n°° 563 à 573). — Depuis la loi du 28 juin 1877 (D.P. 77. 4. 51) qui a modifié les art. 420 et 421 C. instr. crim. et qui exige un *approuvé* émanant, soit du préfet, soit du sous-préfet, suivant qu'il a été donné, ou non, dans l'arrondissement du chef-lieu, il a été jugé qu'un visa donné par un sous-préfet dans son arrondissement ne tient pas lieu de l'*approuvé*, et que l'approbation du préfet ne peut compléter utilement ce même visa. — Cr. r. 6 avr. 1882, D.P. 82. 1. 276. — V. le texte de cette loi (*Code d'instr. crim.*, annoté, art. 420 et 421.

6672. — C. *Effets de l'irrégularité ou de l'absence du certificat* (C. proc. civ. n°° 574 à 579).

6673. — 2° *Extrait du rôle des contributions* (C. proc. civ. n°° 580 à 591).

§ 3. — *Nombre d'amendes à consigner* (C. proc. civ. n°° 592 à 643).

6674. — I. DEMANDEUR UNIQUE (C. proc. civ. n°° 592 à 612). — La consignation d'une seule amende suffit pour le pourvoi formé par un seul et même acte contre deux arrêts rendus dans la même affaire, l'un sur la compétence, et l'autre sur le fond. — Req. 17 juill. 1878, J.G.S. *Cassation*, 140. — V. *Code de procédure civile*, n° 597.

6675. — II. CONCOURS DE PLUSIEURS DEMANDEURS (C. proc. civ. n°° 613 à 643). — 1° *Intérêt unique* (C. proc. civ. n°° 613 à 626). — La consignation d'une seule amende suffit pour rendre recevable le pourvoi formé par les parties qui ont un intérêt commun — Civ. c. 7 avr. 1875, D.P. 77. 1. 371. — Civ. c. 23 déc. 1879, D.P. 80. 1. 436. — Civ. c. 17 août 1880, D.P. 81. 1. 176. — V. *Code de procédure civile*, n° 613.

6676. Il en est particulièrement ainsi, lorsque les deux instances séparément introduites par les demandeurs en cassation avaient un seul et même objet; que la cour d'appel en a prononcé la jonction; que le pourvoi a été dirigé contre le même arrêt, et qu'il a été formé par la même requête. — Arrêt. préc. 7 avr. 1875.

6677. Peu importe, en pareil cas, que des moyens distincts aient été invoqués par chacun des demandeurs, et que l'un des défendeurs à la cassation n'ait pas été partie à l'un des jugements déférés à la cour d'appel, si son intérêt était identique à celui de son codéfendeur. — Même arrêt.

6678. Il en est de même, dans le cas : ... où les demandeurs en cassation se présentent comme agissant, l'un en qualité de veuve, les autres en qualité d'héritiers d'une même personne et demandent contre un adversaire commun l'annulation d'une condamnation prononcée contre la succession. — Civ. c. 23 déc. 1879, D.P. 80. 1. 136.

6679. — Où divers propriétaires riverains d'un bois ont réclamé des dommages-intérêts pour dégâts causés à leurs récoltes par les lapins séjournant dans ce bois. — Civ. c. 17 août 1880, D.P. 81. 1. 176.

6680. — Où les demandeurs en cassation demandent le maintien d'une vente et d'une saisie immobilière. — Civ. c. 14 juin 1881, D.P. 82. 1. 405.

6681. Peu importe, dans ce dernier cas, que l'un des demandeurs poursuive par la saisie le payement d'un prix de vente, et les autres le remboursement d'un prêt d'argent. — Même arrêt.

6682. Les demandeurs en cassation ne sont tenus de consigner qu'une seule amende pour tous, bien qu'ils ne soient pas tous dénommés dans la quittance délivrée par le receveur de l'enregistrement, lorsqu'ils sont les ayants cause d'un même débiteur, agissent dans un intérêt commun et identique, relativement à un même objet et ont formé un seul pourvoi, par la même requête, contre le même arrêt. — Civ. c. 8 févr. 1886, D.P. 87. 1. 22.

6683. Lorsque de deux pourvois formés dans une seule requête contre des arrêts statuant entre les mêmes parties et sur des incidents d'une même instance, le second n'a été formé que subsidiairement au premier, la cour de cassation doit statuer par un seul arrêt et ne condamner les demandeurs qu'à une seule amende. — Req. 1er févr. 1882, D.P. 83. 1. 197.

6684. — 2° *Intérêts distincts* (C. proc. civ. n°° 627 à 643). — Le pourvoi en cassation, formé par plusieurs demandeurs contre un arrêt commun, donne lieu à la consignation d'autant d'amendes qu'il y a de demandeurs, alors que ceux-ci avaient dans le procès des intérêts distincts. — Civ. c. 4 mai 1881, D.P. 81. 1. 471-472. — V. *Code de procédure civile*, n° 627.

§ 4. — *A quel moment l'amende doit être consignée* (C. proc. civ. n°° 644 à 650).

6685. V. *Code de procédure civile*, n°° 644 et s.

SECT. 6. — FORMALITÉS DU POURVOI (C. proc. civ. n°° 651 à 830).

§ 1er. — *Ministère d'un avocat à la cour de cassation* (C. proc. civ. n°° 651 à 654).

6686. Sur les prérogatives des avocats à la cour de cassation, V. *Appendice au Code de procédure civile.*

§ 2. — *Requêtes ou mémoires* (C. proc. civ. n°° 655 à 669).

6687. Le pourvoi dirigé par un notaire contre l'arrêt d'une cour d'appel qui l'a frappé d'une peine disciplinaire, doit être fait au greffe de la cour de cassation dans la forme prescrite pour les affaires civiles. — Req. 23 mars 1876, D.P. 81. 1. 481.

6688. Il est nul en la forme, s'il a été fait par voie de déclaration au greffe de la cour d'appel et de notification au procureur général près cette cour; il est, en outre, irrecevable en ce cas pour défaut de consignation d'amende. — Même arrêt.

6689. Dans les matières disciplinaires, lorsqu'il ne s'agit pas de fautes commises et jugées publiquement à l'audience d'un tribunal de répression, il y a lieu, quant au pourvoi en cassation, de suivre les formes usitées pour les matières civiles. — Req. 23 juill. 1888, D.P. 88. 1. 473.

6690. En conséquence, doit être rejeté comme irrecevable le pourvoi formé par le procureur général de la cour d'appel qui a prononcé, au second degré de juridiction, une décision disciplinaire relativement à un avocat, alors que ce pourvoi a été fait par déclaration au greffe de ladite cour d'appel. — Même arrêt.

6691. Est, au contraire, recevable et doit être examiné au fond le pourvoi que le procureur général près la cour d'appel dépose au greffe civil de la cour de cassation. — Req. 23 juill. 1888, D.P. 88. 1. 473.

6692. En matière disciplinaire, lorsqu'il ne s'agit pas d'une faute commise et jugée publiquement à l'audience d'un tribunal de répression, il y a lieu d'observer, devant la cour de cassation, soit pour le pourvoi, soit pour le désistement, les mêmes formes que dans les matières civiles ordinaires. — Req. 21 févr. 1888 et 28 mai 1888, D.P. 88. 1. 473.

6693. Spécialement, la condamnation à la suspension prononcée contre un avocat par la cour d'appel statuant, comme second degré de juridiction, sur une décision du conseil de l'ordre, n'est valablement frappée d'un pourvoi que par la déclaration soit faite par une requête signée d'un avocat près la cour de cassation, et déposée au greffe civil de cette cour, avec une quittance de consignation d'amende. — Mêmes arrêts.

6694. Et le désistement est également fait à ce même greffe par l'avocat du demandeur en cassation, sans pouvoir entraîner d'ailleurs la restitution de l'amende consignée. — Même arrêt.

6695. En conséquence, le pourvoi est irrecevable quand il a été fait par la partie condamnée au greffe de la cour d'appel qui a prononcé la condamnation; et la chambre des requêtes de la cour de cassation, qui est appelée à rejeter ce recours en raison de son irrecevabilité, n'a pas à donner acte du désistement intervenu également dans une forme irrégulière, ledit désistement étant comme non avenu. — Même arrêt.

6696. L'erreur de prénoms commise dans la déclaration d'un pourvoi en cassation ne rend pas ce pourvoi non recevable, lorsqu'elle a été réparée dans l'exploit de signification de l'arrêt d'admission et que si aucun doute ne peut s'élever sur l'identité du demandeur. — Civ. r. 4 avr. 1882, D.P. 83. 1. 404. — V. *Code de procédure civile*, n° 666.

§ 3. — *Indication des moyens de cassation* (C. proc. civ. n°° 670 à 710).

6697. — I. NÉCESSITÉ D'INDIQUER LES MOYENS DE CASSATION (C. proc. civ. n°° 670 à 695). On doit déclarer irrecevable le pourvoi qui n'indique aucun moyen de cassation et ne vise aucun texte de loi que le jugement attaqué aurait violé ou faussement appliqué. — Civ. c. 22 mars 1880, J.G.S. *Cassation*, 186. — V.*Code de procédure civile*, n°° 670 et 696.

6698. Cette disposition est applicable en matière électorale : le défaut d'indication des moyens produits à l'appui du pourvoi est une irrégularité substantielle et d'ordre public. — V. *Code des lois adm.* annotées, t. 1er, X, v° *Elections*, n°° 4682 et s.

6699. Mais un pourvoi est recevable, dès qu'il précise le grief relevé contre le jugement attaqué, encore bien qu'il invoque la violation d'une disposition de loi abrogée. — Civ. c. 29 juill. 1879, D.P. 79. 1. 453.

6700. Le pourvoi formé contre une partie mise hors de cause par la cour d'appel est irrecevable lorsqu'aucun des moyens présentés par ce pourvoi ne tend à la cassation du chef de l'arrêt qui a mis cette partie hors de cause. — Civ. r. 19 févr. 1889, D.P. 90. 1. 169.

6701. — II. Nécessité de citer la loi violée (C. proc. civ. nos 696 à 710). — La requête en cassation devant, à peine d'être réputée non avenue, contenir l'indication des lois dont la violation est invoquée, la cour ne peut s'occuper des textes de loi cités pour la première fois dans le mémoire ampliatif. — C. cass. de Belgique, 27 janv. 1887, D.P. 88. 2. 256.

§ 4. — *Pièces qui doivent être jointes à la requête* (C. proc. civ. nos 711 à 770).

6702. — I. Copie de la décision attaquée (C. proc. civ. nos 713 à 745). — La cour de cassation a toujours exigé, à peine de déchéance, que la copie ou l'expédition régulière soit produite, sinon en même temps que le dépôt du pourvoi, du moins avant l'expiration du délai pour se pourvoir. — Req. 1er déc. 1874, D.P. 75. 1. 72. — Civ. r. 15 mars 1876. D.P. 76. 1. 205. — V. *Code de procédure civile*, n° 740.

6703. En conséquence, est non recevable le pourvoi formé contre un jugement qui n'est produit devant la cour de cassation ni en copie, ni en expédition. — Civ. r. 15 mars 1876, D.P. 76. 1. 205. — Civ. r. 27 mars et 8 mai 1878, D.P. 83. 1. 429, note 5. — Civ. r. 4 mai 1881. *ibid.* — Civ. r. 5 juill. 1882, D.P. 82. 1. 429.

6704. Il en est de même du pourvoi formé contre un arrêt dont l'expédition régulière n'a été produite qu'après l'admission de ce pourvoi à la chambre des requêtes. — Civ. r. 13 avr. 1881, D.P. 81. 1. 353.

6705. Ces règles sont également applicables en matière électorale. — V. *Code des lois adm. annotées*, t. 1er, X, v° *Elections*, nos 4666 et s.

6706. — II. Quittance de consignation d'amende (C. proc. civ. nos 746 et 747).

6707. — III. Titres et actes à l'appui du pourvoi (C. proc. civ. nos 748 à 765). — Outre la copie de l'arrêt et de la quittance d'amende, exigées dans tous les cas, le demandeur doit produire toutes les pièces nécessaires à la justification des moyens invoqués. — J.G.S. *Cassation*, 483.

6708. Ainsi on ne peut soutenir devant la cour de cassation qu'une convention a été dénaturée par le juge du fond, lorsque cette convention n'est pas représentée et la cour ne peut en apprécier la nature et la portée qu'à l'aide des constatations de l'arrêt attaqué. — Req. 27 oct. 1886, D.P. 87. 1. 165.

6709. Il a été décidé en ce sens qu'il y a lieu de rejeter comme non justifié le moyen de cassation fondé sur un excès de pouvoir commis par une décision par défaut, quand, cette décision n'étant pas produite à l'appui du pourvoi contre la décision contradictoire qui l'a maintenue, la cour ne peut exercer sur elle le contrôle qui lui appartient. — Req. 7 nov. 1881, D.P. 82. 1. 209-210.

6710. Il est évident que, dans ce cas, la cour de cassation ne peut déclarer non recevable le pourvoi, mais seulement rejeter le moyen comme non justifié, le moyen tiré du contexte d'une pièce ne pouvant être justifié que par la production de cette pièce devant la cour. — D.P. 82. 1. 209-210, note 3.

6711. Et il y a lieu également de rejeter le pourvoi formé, soit pour défaut de motifs, soit pour violation de la loi, contre l'arrêt qui a repoussé les réclamations produites contre un procès-verbal de liquidation, si le défaut de production de ce procès-verbal met la cour suprême dans l'impossibilité de connaître et d'apprécier les raisons qui ont déterminé la cour d'appel. — Req. 10 juill. 1877, D.P. 78. 1. 107.

§ 5. — *Formalités du pourvoi dans certaines matières spéciales* (C. proc. civ. nos 771 à 830).

6712. — I. Expropriation pour cause d'utilité publique (C. proc. civ. nos 771 à 813). — V. *Code des lois adm. annotées*, t. 3, v° *Expropriation publique*.

6713. — II. Élections (C. proc. civ. nos 814 à 839). — Pour les pourvois dirigés contre les décisions des juges de paix à fin d'inscription sur les listes électorales communales et contre les jugements des tribunaux civils au regard des inscriptions sur les listes paroissiales protestantes, le délai de notification est de dix jours dans l'un et l'autre cas. — J.G.S. *Cassation*, 180. — Conf. *Décr.* 12 avr. 1880, art. 6, D.P. 81. 4. 96.

6714. Ce délai est de rigueur, et la notification est prescrite à peine de déchéance. — Civ. r. 28 mars 1876, D.P. 76. 1. 329. — Civ. r. 2 et 8 mai 1876, *ibid.* — V. *Code de procédure civile*, n° 823, et *Code des lois adm. annotées*, t. 1er, X, v° *Elections*, nos 4620 et s.

Sect. 7. — Effet suspensif du pourvoi (C. proc. civ. nos 831 à 859).

6715. — I. Cas dans lesquels le pourvoi n'est pas suspensif (C. proc. civ. nos 831 à 845). — En ce qui concerne l'effet du pourvoi : ... en matière d'expropriation publique. V. *Code des lois adm. annotées*, t. 3, v° *Expropriation publique*.

6716. ... En matière électorale, V. *ibid.*, t. 1er, X, v° *Elections*, nos 4660 et s.

6717. — II. Cas dans lesquels le pourvoi est suspensif (C. proc. civ. nos 846 à 859). — Les cas où le pourvoi est par exception suspensifs sont peu nombreux. — J.G.S. *Cassation*, 191.

6718. Le premier résulte de l'art. 263 C. civ. relatif au pourvoi dirigé contre un arrêt prononçant le divorce, article que la loi du 27 avr. 1884 (D.P. 84. 4. 97), rétablissant le divorce a remis en vigueur et aux termes duquel, tant qu'il n'a pas été statué sur le pourvoi, non seulement il ne peut être passé outre à un nouveau mariage, mais encore l'officier de l'état civil ne peut même prononcer le divorce. — J.G.S. *Cassation*, 191. — V. *Code de procédure civile*, n° 856. — V. aussi *Supplément au Code civil annoté*, art. 263, p. 94.

6719. D'après un auteur, l'art. 263 C. civ. devrait être étendu à tous les cas où la nullité du mariage a été prononcée, car il a été écrit moins en vue d'un divorce que pour prévenir l'accomplissement d'une bigamie légale; autrement, on aboutirait à une conséquence que le législateur a repoussée, en permettant de prendre dans la loi elle-même un point d'appui pour la violer. — J.G.S. *Cassation*, 192. — Comp. *Code de procédure civile*, n° 859.

6720. La seconde exception à la règle d'après laquelle le pourvoi n'est pas suspensif en matière civile résulte de l'inscription de faux de l'art. 241 C. civ. — J.G.S. *Cassation*, 193. — V. *Code de procédure civile*, n° 855, et *supra*, art. 241, nos 3483 et s.

6721. Sans cette exception, il eût été impossible non seulement de réparer les conséquences de la lacération de la pièce fausse en cas de cassation du jugement, mais encore, pour cause de cassation, de statuer sur le pourvoi, en l'absence des pièces incriminées. — J.G.S. *Cassation*, 193.

6722. Sur les effets suspensifs du pourvoi en matière criminelle, V. *Code d'instruction criminelle annoté*.

Sect. 8 — Attributions de la cour de cassation (C. proc. civ. nos 860 à 945).

§ 1er. — *Attributions générales de la cour de cassation* (C. proc. civ. nos 860 à 879).

6723. — I. Droit d. faire respecter la loi (C. proc. civ. nos 860 à 871). — La cour de cassation n'est pas un degré supérieur de juridiction : elle est instituée pour faire respecter la loi et maintenir l'unité de jurisprudence en France. — J.G.S. *Cassation*, 257. — V. *Code de procédure civile*, n° 860.

6724. — II. Défense de connaître du fond des affaires (C. proc. civ. nos 872 à 879). — Elle ne peut jamais entrer dans l'examen du fond des affaires, c'est-à-dire trancher la contestation qui divise les parties et fait l'objet de leurs conclusions. — J.G.S. *Cassation*, 257.

6725. Elle ne prononce que sur la violation des dispositions légales; quant aux questions du fait, les appréciations des juges d'appel sont souveraines et ne peuvent être réformées. — V. *Code des lois adm. annotées*, t. 1er, X, v° *Elections*, n° 4687.

§ 2. — *Attributions spéciales des différentes chambres de la cour de cassation* (C. proc. civ. nos 880 à 945).

A. — Attributions de la chambre des requêtes (C. proc. civ. nos 880 à 895).

6726. La chambre des requêtes, appelée à désigner l'autorité judiciaire devant laquelle doit être renvoyé le demandeur d'un crime ou d'un délit (C. instr. crim. art. 482), n'est point compétente, lorsqu'il s'agit de poursuites disciplinaires contre les membres de l'ordre du ministère public. — J.G.S. *Cassation*, 266.

6727. En pareil cas, c'est à la cour tout entière, réunie en assemblée générale, qu'il appartient de statuer : cette règle a été confirmée par art. 13 et 16 de la loi du 30 août 1883 sur la réforme de la magistrature (D.P. 83. 4. 68). — V. *infra*, n° 6745, le texte de ces articles. — J.G.S. *Cassation*, 266. — V. *Code de procédure civile*, n° 893.

B. — Attributions de la chambre civile (C. proc. civ. nos 896 à 905).

6728. En dehors des pourvois formés dans l'intérêt de la loi par le procureur général près la cour de cassation, les pourvois en matière d'expropriation pour cause d'utilité publique et des recours relatifs à l'inscription sur les listes électorales, la chambre civile ne peut être saisie que par le renvoi de la chambre des requêtes. — J.G.S. *Cassation*, 267. — V. *Code de procédure civile*, n° 896.

6729. Il en résulte que c'est dans l'état où la cause s'est présentée devant la chambre des requêtes que la chambre civile doit apprécier le pourvoi. — Civ. c. 26 mars 1888, D.P. 88. 1. 465.

6730. En conséquence, on ne saurait opposer, devant la chambre civile, à un pourvoi formé contre un arrêt d'avant dire droit eu matière de séparation de corps, une fin de non-recevoir tirée du défaut d'intérêt de l'inscription, en raison de ce que, postérieurement à l'arrêt d'admission de la chambre des requêtes, la séparation de corps aurait été prononcée par une décision rendue au fond. — Même arrêt.

6731. Sur les pourvois formés contre les décisions en matière disciplinaire, V. *infra*, *Appendice au Code de procédure civile*.

C. — Attributions des chambres réunies (C. proc. civ. nos 906 à 938).

6732. — I. Dans quels cas statuent les chambres réunies (C. proc. civ. nos 906 à 932). — La plus importante des attributions des chambres réunies est celle qui leur appartient aux termes de l'art. 1er de la loi du 1er avr. 1837, dans le cas où, après la cassation d'une première décision, le second jugement ou arrêt est attaqué par les mêmes moyens que le premier. — J.G.S. *Cassation,* 269.

6733. L'art. 1er de cette loi dispose que « lorsque, après la cassation d'un premier arrêt ou jugement rendu en dernier ressort, le deuxième arrêt ou jugement rendu dans la même affaire, entre les mêmes parties procédant en la même qualité, sera attaqué par les mêmes moyens que le premier, la cour de cassation prononcera toutes chambres réunies ». — J.G.S. *Cassation,* 269.

6734. Décidé à cet égard qu'une affaire ne doit être déférée aux chambres réunies de la cour de cassation, aux termes de l'art. 1er de la loi du 1er avr. 1837, que si le second arrêt rendu en appel est attaqué par les mêmes moyens que le premier, et renferme une résistance directe, de la part de la cour de renvoi, à la thèse de droit formulée dans l'arrêt de cassation de la chambre civile qui a saisi ladite cour. — Civ. r. 26 nov. 1890, D.P. 91. 1. 343. — V. *Code de procédure civile,* n°s 911 et s.

6735. Spécialement, il n'y a pas lieu de saisir les chambres réunies, quand, d'une part, la cour de renvoi alloue à des créanciers qui n'avaient pas rempli les formalités de l'art. 882 C. civ. pour assister à un partage, des dommages-intérêts contre les héritiers, à raison de ce que ceux-ci ont commis une faute spéciale comme héritiers bénéficiaires et méconnu les dispositions de l'art. 808 C. civ., en faisant dans ledit partage certaines délivrances à un légataire, au mépris des droits de créance connus d'eux. — Même arrêt.

6736. Et quand, d'autre part, la thèse de droit formulée dans l'arrêt de cassation de la chambre civile, consistait à déclarer que des héritiers ne peuvent être condamnés à des dommages-intérêts, uniquement pour avoir suivi un mode de partage et d'abandonnement préjudiciable aux créanciers, dès lors que ceux-ci n'avaient pas fait opposition préalable au partage. — Même arrêt.

6737. En conséquence, et dans ces conditions, c'est à la chambre civile de la cour de cassation, après admission par la chambre des requêtes, qu'il appartient de statuer sur le pourvoi formé contre l'arrêt de la cour de renvoi. — Même arrêt.

6738. Jugé dans le même sens que les chambres réunies de la cour de cassation ne sont appelées à se prononcer sur un pourvoi que lorsque, après cassation d'un premier arrêt ou jugement, le second arrêt ou jugement rendu dans la même affaire et entre les mêmes parties procédant en la même qualité est attaqué par les mêmes moyens que le premier. — Cr. c. 11 juill. 1885, D.P. 86. 1. 277. — Cr. r. 29 avr. 1891, D.P. 91. 1. 490.

6739. En conséquence, le pourvoi ne doit pas être soumis aux chambres réunies lorsque le jugement du tribunal de renvoi repose sur des motifs différents de ceux du jugement cassé et est dès lors attaqué par des moyens différents. — Même arrêt.

6740. Décidé également que le pourvoi formé contre un arrêt rendu après cassation ne doit pas être soumis aux chambres réunies lorsque la seconde décision est différente de la première et motivée sur un ordre de faits différents. — Civ. c. 6 janv. 1885, D.P. 85. 1. 55.

6741. Le pourvoi en cassation dirigé contre l'arrêt correctionnel rendu par une cour de renvoi ne doit pas non plus être soumis aux chambres réunies, mais à la chambre criminelle, lorsque cet arrêt est attaqué par d'autres moyens que ceux qui avaient déterminé la cassation du premier arrêt. — Cr. c. 30 avr. 1891, D.P. 91. 1. 491.

6742. Les chambres réunies de la cour de cassation ne sont compétentes pour connaître d'une affaire que dans la mesure où la cour de renvoi s'est mise en opposition avec

l'arrêt de cassation qui l'avait saisie. — Ch. réun. r. 2 août 1882, D.P. 83. 1. 5.

6743. En conséquence, lorsque la chambre civile, en présence de deux moyens, a cassé seulement sur le premier, sans examiner le second, les chambres réunies saisies ultérieurement d'un pourvoi dirigé contre l'arrêt de la cour de renvoi, et fondé sur ces deux mêmes moyens, ne sont compétentes que relativement au premier, et, si elles le rejettent, elles doivent, quant au second, renvoyer l'affaire devant la chambre civile. — Même arrêt.

6744. — II. COMMENT SONT SAISIES LES CHAMBRES RÉUNIES (C. proc. civ. n°s 933 à 938).

6745. — III. POUVOIR DISCIPLINAIRE. — En ce qui concerne le pouvoir disciplinaire de la Cour de cassation tant sur ses propres membres que sur les magistrats des autres corps judiciaires, V. *infrà, Appendice au Code de procédure civile,* I, *Discipline des cours et tribunaux.*

D. — Attributions de la chambre des vacations (C. proc. civ. n°s 939 à 943).

6746. Cette chambre jugeant les affaires urgentes peut statuer sur le pourvoi en matière électorale. — V. *Code des lois adm. annotées* t. 1er, X, v° *Élections* n° 4707.

6747. Sur les attributions de la chambre criminelle de la cour de cassation en matière pénale, V. *Code d'instruction criminelle annoté.*

SECT. 9. — OUVERTURES ET MOYENS DE CASSATION (C. proc. civ. n°s 956 à 1120).

§ 1er. — *Violation et fausse application de la loi* (C. proc. civ. n°s 957 à 1120).

A. — Actes dont la violation donne lieu à cassation (C. proc. civ. n°s 957 à 1020).

6748. — I. LOIS ANTÉRIEURES A 1789 (C. proc. civ. n°s 957 à 976). — Les actes antérieurs à 1789 comprennent les ordonnances, coutumes, lois romaines, arrêts de conseil, arrêts de règlements, enfin l'ancienne jurisprudence. — J.G.S *Cassation,* 286. — V. à cet égard *Supplément au Code civil annoté,* art. 1er, n° 40.

6749. — II. LOIS ET ACTES POSTÉRIEURS A 1789 (C. proc. civ. n°s 977 à 989). — En dehors des actes rendus par l'autorité législative sous les noms divers de lois, décrets, constitutions, on en rencontre d'autres qui, n'ayant pas la même origine, ne méritent pas le nom de lois. — J.G.S. *Cassation,* 287. — V. *Supplément au Code civil annoté,* art. 1er, n°s 41 et suiv.

6750. Ils en ont cependant l'autorité, soit directement, soit indirectement, et comme tels leur violation donne lieu à cassation. — J G. S. *Cassation,* 287.

6751. — 1° *Déclaration des droits de l'homme* (C. proc. civ. n° 977).

6752. — 2° *Décrets de l'Assemblée constituante et de la Convention* (C. proc. civ. n°s 978 et 979).

6753. — 3° *Arrêtés des représentants du peuple* (C. proc. civ. n° 980).

6754. — 4° *Traités politiques* (C. proc. civ. n°s 981 et 982). — Les traités internationaux, lorsqu'ils ont été régulièrement conclus, doivent être assimilés aux autres lois de l'État; leur mise à exécution est, d'ailleurs, assujettie, au point de vue de la promulgation et de la publication, aux mêmes conditions que les lois proprement dites. — J.G.S. *Cassation,* 289.

6755. Les tribunaux sont donc à interpréter et à appliquer les traités diplomatiques exactement comme les autres lois, toutes les fois que les contestations motivant cette application ont trait à des intérêts privés. — J.G.S. *Cassation,* 289. — V. *Code de procédure civile,* n° 981, et *Supplément au Code civil annoté,* art. 1er, n°s 59 et suiv.

6756. C'est ce qu'il a été décidé notamment : 1° à l'occasion d'un traité international concédant l'entreprise du câble transatlantique. — Req. 6 janv. 1873, D.P. 73. 1. 11.

6757. ... 2° A l'occasion d'une indemnité allouée par convention diplomatique aux représentants diplomatiques d'un Français. — Req. 16 août 1870, D.P. 71. 1. 279.

6758. — 5° *Droit des gens* (C. proc. civ. n° 983).

6759. — 6° *Actes du pouvoir exécutif* (C. proc. civ. n°s 984 à 987). — Les actes du pouvoir exécutif qui portent le nom d'*ordonnances* sous la royauté, de *décrets* sous l'empire et la république, ont force obligatoire, lorsqu'ils ont pour objet de pourvoir à la mise à exécution des lois, ou encore lorsqu'ils réglementent une matière pour laquelle la puissance législative a été expressément conférée par une loi au chef du pouvoir exécutif. — J.G.S. *Cassation,* 288. — V. *Code de procédure civile,* art. 984, et *Supplément au Code civil annoté,* art. 1er, n° 44 et s.

6760. On peut citer à titre d'exemples : 1° la loi sur les douanes et les *primes* ou *drawbacks,* du 15 déc. 1848 (D.P. 49. 4. 17), et les nombreux décrets pris en exécution de cette loi (V. notamment les décrets relatifs au drawback alloué à la sortie des savons du 14 févr. 1883 (D.P. 53. 4. 14) et 17 févr. 1855 (D.P. 55. 4. 21). — J.G.S. *Cassation,* 288.

6761. ... 2° la loi du 15 juill. 1845 sur la police des chemins de fer (D.P. 45. 3. 163), et l'ordonnance portant règlement sur la police, la sûreté et l'exploitation des chemins de fer du 15 nov. 1846 (D.P. 47. 3. 25).

6762. — 7° *Arrêtés administratifs* (C. proc. civ. n°s 988 et 989). — Le pouvoir réglementaire, qui appartient ordinairement au chef de l'État, peut être exercé, au moyen d'une délégation spéciale restreinte à certaines matières, tantôt par les ministres, tantôt par les préfets, par exemple, en ce qui concerne les journaux où il est inséré les *annonces judiciaires.* — Civ. c. 7 déc. 1859, D.P. 60. 1. 30. — J G.S. *Cassation,* 288.

6763. — ... ou bien par les maires, aux termes de la loi sur l'organisation municipale du 5 avr. 1884 (art. 94 et 97, D.P. 84. 4. 52). — V. *Code des lois adm. annotées,* t. 1er, VIII, v° *Commune,* n°s 2073 et s.

6764. — III. USAGE (C. proc. civ. n°s 990 à 998). — Le jugement qui refuse de tenir compte d'un usage dont il reconnaît d'ailleurs l'existence ne tombe pas sous la censure de la cour de cassation. — J.G.S. *Cassation,* 291.

6765. Mais il y a lieu de faire exception à cette règle pour le cas où les lois auraient renvoyé expressément à l'usage, car ce serait violer la loi elle-même que de ne pas se conformer à l'usage. — J.G.S. *Cassation,* 291.

6766. Suivant une autre opinion, il résulte des art. 1135, 1159 et 1160 C. civ. qui déclarent qu'il faut suppléer dans les conventions tout ce qui est d'usage, que l'on doit assimiler l'usage à la convention toutes les parties; et comme, d'autre part, en reconnaît que la cour de cassation a le droit d'annuler les décisions qui ne donnent pas effet aux conventions expresses ou tacites des parties, il faut admettre que la cour a, pour les mêmes motifs, le pouvoir de faire respecter les usages dûment constatés, et auxquels les parties par leur silence sont présumées s'être référées. — J.G.S. *Cassation,* 291.

6767. Mais, tout en admettant les motifs pour lesquels les juges du fond n'ont pas tenu compte d'un usage constaté ne pourraient appeler la censure de la cour suprême, on doit faire exception pour le cas où les juges constateraient que l'intention des parties a été de se soustraire à l'application de l'usage. En effet, il appartient aux juges du fond de déterminer souverainement, et d'après l'intention des parties contractantes, les conventions qu'elles avaient précisément eues en vue. — J.G.S. *Cassation,* 291.

6768. On peut rattacher à ce principe un arrêt qui a vu une constatation souveraine dans la décision par laquelle les juges du fond avaient déclaré qu'il y avait lieu, pour compléter une convention, de consulter les usages commerciaux d'un port de mer. — Req. 22 avril 1874, J.G.S. *Cassation*, 291. — V. *Supplément* au *Code civil annoté*, art. 1ᵉʳ, nᵒˢ 86 et 87.

6769. Il appartient également aux juges du fond de décider souverainement, par une interprétation d'actes conforme à l'usage, si la vente sans réserves d'une maison située sur une commune dépendant de l'ancienne province de Bretagne, a eu pour effet de transmettre à l'acquéreur de cet immeuble le droit du vendeur à un lot dans le partage d'un commun indivis entre un certain nombre d'*étagers*. — Req. 4 août 1874, D.P. 76. 1. 429.

6770. Il importe peu que le juge du fond ait en même temps invoqué surabondamment un jugement qui ne pouvait avoir, dans l'espèce, l'autorité de la chose jugée. — Même arrêt.

6771. — IV. JURISPRUDENCE [C. proc. civ. nᵒˢ 999 à 1007).

6772. — V. MAXIMES DE DROIT (C. proc. civ. nᵒˢ 1008 à 1013). — Si, en règle générale, les maximes de droit ne peuvent servir de base à un moyen de cassation, il en est autrement si la maxime dont la violation est invoquée, doit être considérée comme l'expression d'un principe de droit formulé implicitement dans une disposition de loi : tel est le cas de la maxime *locus regit actum* manifestement consacrée par les art. 47, 170 et 999 C. civ. — J.G.S. *Cassation*, 292.

6773. D'autres maximes répondent moins à un texte de loi spécial qu'à l'esprit général d'un ensemble de dispositions. En ce sens, on peut citer la maxime *nemo auditur propriam turpitudinem allegans*, ou encore : *nul en France ne plaide par procureur, si ce n'est le Roi*. — J.G.S. *Cassation*, 292.

6774. Bien qu'il soit assez difficile de justifier le recours en cassation fondé sur la violation d'une de ces maximes, ce recours est cependant d'une application fréquente, notamment en ce qui concerne la maxime *nul ne plaide par procureur*. Tout ce qu'on peut dire, c'est que la violation d'une de ces maximes constitue une contravention au principe de droit dont elles sont l'expression, et qui, bien que non formulé dans notre législation, y a été cependant sous-entendu d'une manière certaine. — J.G.S. *Cassation*, 292.

6775. — VI. LOI ÉTRANGÈRE (C. proc. civ. nᵒˢ 1014 à 1020). — Les lois étrangères n'ayant en principe aucune autorité en France, leur violation ne saurait constituer un moyen de cassation. — Req. 9 nov. 1868, J.G.S. *Cassation*, 293. — Req. 29 avr. 1885, D.P. 85. 1. 225. — V. *Supplément* au *Code civil annoté*, art. 1ᵉʳ, nᵒˢ 63 et s.

6776. Il en est autrement lorsqu'un traité international a donné force de loi en France à une loi étrangère ; mais cette hypothèse est moins une exception qu'une application de la règle, puisqu'il s'agit alors, à proprement parler, d'une contravention à une loi française. — J.G.S. *Cassation*, 293. — V. *Code de procédure civile*, nᵒ 1014.

6777. En outre, le recours en cassation est ouvert lorsque la violation d'une loi étrangère est la cause d'une contravention à la loi française. — Req. 25 mai 1868, J.G.S. *Cassation*, 294. — Req. 23 févr. 1874, *ibid.* — Civ. r. 18 juill. 1876, D.P. 76. 1. 497, et la note. — C. cass. de Belgique, 9 mars 1882, J.G.S. *Cassation*, 294, nᵒ 1014

6778. Ainsi, lorsqu'un gouvernement étranger, par exemple, celui de Tunis, a fait une concession territoriale à un Français, lui accordant uniquement le droit de disposer à titre de location, suivant la législation du pays, d'une portion de terrain concédé, l'arrêt qui, contrairement au texte du décret de concession et aux déclarations conformes du gouvernement tunisien, admet que la concession entière a pu faire l'objet d'un contrat licite de société et que le concessionnaire a pu l'y apporter pour sa part, tombe sous la censure de la cour de cassation. — Civ. c. 18 juill. 1876, D.P. 76. 1. 497.

6779. Si l'on applique ce principe à la loi concernant la forme des actes passés à l'étranger, comme la loi française à cet égard prescrit uniquement de se référer à la loi étrangère, il en résulte que du moment où les tribunaux se sont reportés à cette législation, on peut dire que le vœu de la loi est pleinement réalisé et qu'il n'appartient pas à la cour de cassation de rechercher si les dispositions de la loi étrangère ont été bien ou mal appréciées et appliquées. — J.G.S. *Cassation*, 295.

6780. Il a été jugé, toutefois, que la décision rendue sur la validité d'un testament fait à l'étranger par un Français peut être déférée à la cour de cassation pour infraction aux dispositions de la loi étrangère concernant la rédaction des actes de cette nature. — Civ. r. 12 févr. 1879, D.P. 79. 1. 84-85.

6781. Cette interprétation semblerait impliquer pour la cour de cassation le droit d'intervenir dans le cas où les tribunaux français, ayant à appliquer à un étranger la loi de son statut personnel, auraient méconnu les dispositions de cette loi ; car, bien que le code civil ne soit nulle part expressément que l'étranger sera régi par sa loi nationale, quant à son état et à sa capacité, il n'est pas douteux que ce principe résulte par argument de réciprocité des dispositions de notre loi quant à la situation des Français à l'étranger. — J.G.S. *Cassation*, 297.

6782. On pourrait, dès lors, soutenir que le renvoi à la loi étrangère énoncé expressément à propos de la forme des actes existe implicitement, mais avec tout autant de force en ce qui concerne l'état et la capacité des étrangers en France, et l'on devrait en conclure que la violation de la loi étrangère peut dans le second cas que dans le premier devenir la source d'une contravention à la loi française. — J.G.S. *Cassation*, 297.

6783. La cour de cassation de Florence a formellement décidé en ce sens que la violation ou la fausse interprétation de la loi étrangère peut donner ouverture à cassation, lorsque l'application de cette loi étrangère est prescrite par la loi nationale. — C. cass. de Florence, 23 avril 1881, J.G.S. *Cassation*, 297.

6784. Lorsque le législateur français, ne se bornant pas à renvoyer à une législation étrangère, a pris soin de s'en approprier les dispositions sur telle ou telle matière spécialement visée, la loi étrangère, devenant ainsi partiellement française et, quant à son application, c'est ce qui a lieu pour le droit musulman, applicable aux indigènes des colonies françaises de l'Inde et de l'Algérie ; c'est ce qui a bien pu motiver l'intervention de la cour de cassation. — J.G.S. *Cassation*, 298. — Comp. *Code de procédure civile*, nᵒ 1018.

6785. En conséquence, la cour de cassation examine les moyens fondés sur une prétendue violation de la loi musulmane. — J.G.S. *Cassation*, 298.

6786. Elle a notamment décidé : 1ᵒ que, dans les établissements de l'Inde, les Indiens restés investis du droit d'être juges suivant les lois et coutumes de leurs castes conservent spécialement la capacité de donner et recevoir entre vifs selon ces coutumes. — Civ. r. 5 avr. 1876, D.P. 77. 1. 247.

6787. ... 2ᵒ Que, d'après le droit musulman en vigueur dans les établissements de l'Inde, la donation est nulle si le donataire n'a pas été mis en possession des immeubles donnés. — Req. 26 déc. 1881, D.P. 82. 1. 149.

6788. — VII. TARIFS DES COMPAGNIES DE CHEMINS DE FER. — Les tarifs des compagnies françaises ont force de loi lorsqu'ils ont été dûment homologués par l'autorité compétente : à ce titre, leur application et leur interprétation sont soumises au contrôle de la cour de cassation. — Civ. r. 3 mars 1874, D P 75. 1. 171. — Comp. *Code de procédure civile*, nᵒ 1029.

6789. Il a été décidé, notamment, par application de cette règle, que le classement par assimilation dans un tarif de chemin de fer d'un objet qui n'y est point spécialement dénommé tombe sous le contrôle de la cour de cassation. — Civ. r. 12 févr. 1867, D.P. 67. 1. 167. — Civ. r. 18 juill. 1870, D.P. 70. 1. 406.

6790. Une homologation générale visant un recueil de tarifs a pu être réputée suffisante pour rendre obligatoire chacun des tarifs qui y étaient insérés. — Civ. c. 23 déc. 1874, D.P. 77. 1. 83.

B. — Contraventions à la loi donnant lieu à cassation
(C. proc. civ. nᵒˢ 1021 à 1126).

6791. — I. VIOLATION DE LA LOI (C. proc. civ. nᵒˢ 1025 à 1031). — Pour qu'il y ait violation de la loi, trois conditions doivent se trouver réunies : 1ᵒ existence d'une loi ; 2ᵒ disposition d'un jugement en contradiction avec cette loi ; 3ᵒ absence de faits particuliers à l'affaire faisant disparaître cette contradiction. — J.G.S. *Cassation*, 282.

6792. La fausse qualification de *demande reconventionnelle* donnée par un arrêt à une prétention qui n'était pas nouvelle en cause d'appel et sur laquelle la cour a statué en vertu du droit d'évocation, ne constitue pas une violation de la loi et par suite n'est pas une cause d'ouverture à cassation. — Req. 23 janv. 1888, D.P. 88. 1. 464.

6793. — II. FAUSSE APPLICATION DE LA LOI (C. proc. civ. nᵒˢ 1035 à 1044). — La fausse application de la loi équivaut le plus souvent à la violation, soit de la loi faussement étendue à un cas pour lequel elle n'avait pas été édictée, soit de la loi autre qui aurait dû être appliquée et dont le juge n'a pas tenu compte. — J.G.S. *Cassation*, 283.

6794. — III. FAUSSE INTERPRÉTATION (C. proc. civ. nᵒ 1045).

6795. — IV. ERREUR DANS L'APPLICATION DE LA LOI (C. proc. civ. nᵒˢ 1046 à 1049).

6796. — 2ᵒ *Erreur de fait* (C. proc. civ. nᵒˢ 1050 à 1075). — L'erreur de fait échappe à la censure de la cour de cassation qui n'est juge que du droit. — Req. 9 déc. 1874, D.P. 75. 1. 225. — V. *Code de procédure civile*, nᵒ 1050.

6797. — 3ᵒ *Erreur dans les motifs ou les énonciations d'un jugement* (C. proc. civ. nᵒˢ 1076 à 1120). — Les motifs d'un arrêt ne peuvent pas servir de base à un recours en cassation. — Req. 13 déc. 1875, D.P. 76. 1. 417-419. — V. *Code de procédure civile*, nᵒ 1076.

6798. En conséquence, il n'y a pas lieu à cassation d'un arrêt, pour violation de l'autorité de la chose jugée, à raison d'une déclaration consignée dans les motifs dudit arrêt, si cette déclaration n'a trouvé aucune place dans le dispositif. — Civ. r. 30 nov. 1886, D.P. 87. 1. 109.

6799. Un arrêt n'encourt pas la cassation, parce qu'un de ses motifs dans un jugement frappé d'appel, alors que cet arrêt a sa véritable base dans d'autres motifs indépendants dudit jugement. — Req. 23 mars 1891, D.P. 91. 1. 485.

6800. Un motif erroné ne peut donner ouverture à la cassation d'un arrêt dont le dispositif se justifie d'ailleurs par un autre motif juridique. — (Sol implic.) Req. 3 déc. 1878, D.P. 79. 1. 150. — Req. 16 août 1881, D.P. 83. 1. 401. — Req. 1ᵉʳ août 1883, D.P. 84. 1. 466. — Req. 21 mai 1884, D.P. 84. 1. 446. — Req. 7 janv. 1885, D.P. 85. 1. 311. — Civ. r. 7 déc. 1886, D.P. 87. 1. 401. — C. cass. de Belgique, 26 janv. 1888, D.P. 88. 2. 243. — Req. 21 févr. 1888, D.P. 88. 1. 315. — Civ. r. 15 janv. 1889, D.P. 89. 1. 49. —

Civ. r. 5 févr. 1889, D.P. 89. 1. 198. — Civ. c. 19 févr. 1889, D.P. 89. 1. 347. — Civ. r. 1er avr. 1889, D P. 90. 1. 257. — Civ. r. 20 mai 1890, D.P. 90. 1. 349. — Req. 23 mars 1891, D.P. 91. 1. 485. — Civ. r. 19 janv. 1892, D.P. 92. 1. 89. — V. *Code de procédure civile,* n° 1083.

6801 Spécialement, il n'y a pas lieu à cassation de la décision d'un tribunal qui admet l'action possessoire exercée par une commune, en se fondant sur des motifs qui n'auraient pu être invoqués qu'au pétitoire, si d'ailleurs cette décision est juridiquement justifiée par elle-même. — Arrêt préc. 3 déc. 1878.

6802. De même, l'énonciation erronée contenue dans les motifs d'un arrêt, relativement au délai de la prescription des effets de commerce d'après une législation étrangère, ne prouve pas ouverture à cassation. — Civ. r. 30 mai 1876, D.P. 78. 1 88.

6803. Décidé dans dans le même sens que l'inexactitude ou l'erreur dans les motifs d'un jugement ou d'un arrêt ne suffisent point pour en entraîner la nullité, à la condition, toutefois, que les raisons données par le juge à l'appui de sa décision répondent soit directement, soit indirectement, aux conclusions des parties. — Civ. r. 23 févr. 1885, D.P. 85. 1. 284.

6804. Il en est ainsi, notamment dans le cas où les motifs d'un arrêt attribuent une erreur à un jugement frappé d'appel, en jugeant sur le point de savoir quel était le prix d'un immeuble vendu, mais où en même temps l'arrêt repousse la demande comme dénuée de preuve et n'ayant aucune base sérieuse. — Civ. r. 28 janv. 1885, D.P. 85. 5. 53.

6805. Il n'est pas nécessaire d'examiner la critique dirigée par le pourvoi contre un motif accessoire qui se rencontre dans l'arrêt attaqué, alors que celui arrêt au principal repose sur d'autres motifs suffisant à la justifier. — Req. 16 févr. 1887, D.P. 87. 1. 208. — V. *Code de procédure civile,* n° 1102.

6806. De même, une constatation erronée au point de vue juridique, faite à titre de simple considération, ne peut entacher d'illégalité une décision régulièrement justifiée par d'autres motifs. — Req. 20 janv. 1880, D.P. 80. 1. 304.

6807. Il en est ainsi, il n'y a pas lieu d'annuler un arrêt qui, après s'être légalement fondé, pour délimiter l'assiette d'un droit de passage, sur le seule motif que l'emplacement choisi est le trajet le plus court pour arriver au fonds enclavé à la voie publique et n'est plus onéreux que s'il était établi sur tout autre point du fonds servant, ajoute qu'il est de l'intérêt d'un tiers et d'une plus grande commodité pour le propriétaire du fonds enclavé que le passage soit maintenu sur ce point. — Même arrêt.

§ 2. — *Incompétence et excès de pouvoir* (C. proc. civ. n°s 1121 à 1134).

6808. Un tribunal excède ses pouvoirs en délibérant sur l'exécution d'une circulaire du ministre de la justice, prescrivant aux compagnies judiciaires de ne pas se rendre en corps aux processions de la Fête-Dieu. — Req. 21 juin 1880, D.P. 81. 1. 222.

§ 3. — *Violation des formes légales; Contrariétés de jugements, etc.* (C. proc. civ. n°s 1135 à 1139).

6809. — I. Violation des formes légales (C. proc. civ. n° 1135). — V. *suprà,* art. 480, n°s 6122 et s.

6810. — II. Contrariété de jugements rendus en différents tribunaux (C. proc. civ. n° 1136).

6811. — III. Violation de la chose jugée (C. proc. civ. n° 1137).

6812. — IV. Omission de statuer (C. proc. civ. n° 1138). — V. *suprà,* art. 480, n°s 6442 et s.

6813. — V. Ultra petita (C. proc. civ.

n° 1139). — V. *suprà,* art. 480, n°s 6433 et s.

Sect. 10. — Pouvoirs d'appréciation des juges du fond et de la cour de cassation (C. proc. civ. n°s 1140 à 1552).

§ 1er. — *Appréciation et interprétation des actes et des conventions* (C. proc. civ. n°s 1140 à 1359).

6814. Dans la pratique, la ligne de démarcation entre le fait et le droit est souvent confuse et difficile à saisir. — J.G.S. *Cassation,* 257.

6815. Tout procès se décompose en trois parties bien distinctes qui doivent appeler successivement l'examen des juges : 1° les faits sur lesquels porte le litige; 2° la qualification légale de ces faits; 3° l'application des conséquences légales, c'est-à-dire des dispositions de loi qui correspondent à la qualification décernée. — J.G.S. *Cassation,* 258.

6816. Les cours et tribunaux constatent souverainement les faits et les circonstances matérielles des actes et contrats, sous la seule condition de ne pas méconnaître les prescriptions légales en matière de preuve. — J.G.S. *Cassation,* 259. — V. *Code de procédure civile,* n° 1140.

6817. D'un autre côté, en ce qui concerne la détermination des *conséquences légales,* la cour de cassation a, sans aucun doute, le droit et le devoir de rechercher si les règles appliquées à un fait préalablement qualifié sont celles que la loi prescrit. — J.G.S. *Cassation,* 260. — Comp. Req. 24 juill. 1877, D.P. 78. 1. 352. — V. *Code de procédure civile,* n° 1141.

6818. Ainsi la question de savoir si un tribunal est ou non compétent, à raison d'une élection de domicile faite dans un contrat, soulève une difficulté, non pas d'interprétation de ce contrat, mais de droit, qui tombe sous le contrôle de la cour de cassation. — Req. 23 nov. 1886, D.P. 88. 1. 63.

6819 Mais, à l'égard de la *qualification légale* des faits, la question devient très délicate. — J.G.S. *Cassation,* 261. — V. *Code de procédure civile,* n° 1143 et s.

6820. Un premier point qui n'est pas douteux, c'est qu'il appartient à la cour de cassation de déterminer les éléments légaux contenus d'une manière, soit expresse, soit implicite, dans chaque qualification, et de reconnaître si les mêmes éléments se retrouvent dans le fait qualifié. — J.G.S. *Cassation,* 262.

6821. En outre, la loi a pris soin parfois de préciser non seulement les éléments auxquels correspond telle qualification légale, mais encore certains caractères que ces éléments doivent présenter. — J.G.S. *Cassation,* 263.

6822. Relativement aux caractères indiqués implicitement ou explicitement par la loi, le contrôle de la cour de cassation ne pourrait s'exercer qu'à la condition d'entrer dans l'examen des circonstances et dans l'appréciation des intentions, ce qui est le domaine exclusif des juges du fait. — J.G.S. *Cassation,* 263.

6823. On peut dire qu'en pareille matière, l'*appréciation morale* est du domaine exclusif des juges du fait, mais que l'*appréciation légale,* dans le cas où elle est possible, relève de l'autorité de la cour de cassation. — J.G.S. *Cassation,* 263.

6824. Si la distinction entre l'appréciation morale et l'appréciation légale est exacte, si elle permet de déterminer en principe l'étendue du droit de contrôle qui appartient à la cour de cassation, il ne s'ensuit pas qu'elle fasse disparaître toutes les difficultés inhérentes à la matière : il existe beaucoup de cas dans lesquels cette distinction est d'une application difficile. — J.G.S. *Cassation,* 264.

6825. Il a été décidé, d'après ce principe,

qu'il appartient à la cour de cassation de contrôler et de reviser, au point de vue juridique, l'appréciation faite par les juges du fond des faits et actes présentés comme réunissant les conditions exigées par la loi pour la ratification des obligations annulables ou rescindables. — Req. 16 janv. 1882, D.P. 82. 1. 412.

6826. ...Que l'interprétation d'une convention par les juges du fait, d'après l'intention des parties, est souveraine et ne peut tomber sous la censure de la cour de cassation. — Req. 15 juin 1880, D P. 81. 1. 270. — Req. 26 juill. 1881, D.P. 82. 1. 316. — Civ. r. 27 juill. 1881, D.P. 83. 1. 25. — Cr. r. 16 févr. 1884, D P. 85. 1. 95. — Req. 14 févr. 1888, D.P. 88. 1. 235.

6827. — I. Titres de propriété (C. proc. civ. n°s 1152 à 1155). — Il appartient aux juges du fond de décider souverainement si un acte a pour but de transmettre la propriété d'une parcelle de terrain, ou simplement de conférer un libre passage sur ce terrain. — Req. 17 juill. 1878, J.G.S. *Cassation,* 355.

6828. ... D'apprécier le sens et la portée des titres produits devant eux (dans l'espèce, d'actes translatifs de propriété, et d'un arbre généalogique destiné à établir une filiation impliquant la translation de propriété), ainsi que les caractères de la possession invoquée. — Req. 3 juill. 1889, D.P. 90. 1. 481.

6829. La décision par lesquels les juges du fond, statuant sur une action en revendication, déclarent que l'ensemble des actes produits devant eux combinés les uns avec les autres et rapprochés des faits de la cause, qu'il n'existe au profit du demandeur aucun titre translatif de propriété, échappe au contrôle de la cour de cassation. — Req. 21 août 1877, D.P. 78. 1. 465. — V. *Code de procédure civile,* n° 1154.

6830. Les juges du fait, saisis d'une demande en revendication, ont un pouvoir souverain, tant pour interpréter les titres produits d'après leurs termes et d'après les faits et circonstances, que pour apprécier le caractère de la possession invoquée par le demandeur au point de vue de la prescription. — Req. 10 juill. 1889, D.P. 90. 1. 416.

6831. Ils ont également un pouvoir souverain pour interpréter les titres de propriété dont les termes sont équivoques, par exemple, le cahier des charges d'une adjudication aux enchères publiques et le rapport d'experts qui y est joint, à l'effet de déterminer les limites de deux lots contigus, acquis par deux adjudicataires différents. — Req. 5 févr. 1890, D.P. 91. 5. 50.

6832. La déclaration du juge du fait que des terrains revendiqués par les habitants d'une commune contre les habitants d'une autre commune constituent des *communaux* et non des biens *arrentés* dont le cens était payé au seigneur, échappe au contrôle de la cour de cassation, lorsqu'elle est fondée sur l'appréciation de titres et documents. — Civ. r. 5 déc. 1877, D.P. 79. 1. 198.

6833. On ne saurait voir une interprétation administrative appartenant exclusivement à la juridiction administrative dans la déclaration faite par l'autorité judiciaire que l'acte administratif, invoqué par l'une des parties, pour établir son droit de propriété sur une forêt domaniale, ne s'applique pas aux lieux litigieux, et que, de plus, il n'était pas opposable : cette appréciation qui n'y était pas partie : cette appréciation est de fait et souveraine. — Civ. r. 31 mars 1884, D.P. 85. 1. 210.

6834. — II. Titre constitutif d'usufruit, d'usage (C. proc. civ. n°s 1456 à 1159). — Il appartient au juge du fait de décider souverainement quel est celui des titres produits, s'il le *bois mort* soumis à l'exercice du droit d'usage des habitants est celui qui est mort naturellement par la cime à la racine, en dehors de tout sinistre et de toute circonstance exceptionnelle. — Civ. r. 4 août 1885, D.P.

86.1.194.— V. *Code de procédure civile*, nᵒ 1139.

6835. — III. Titre constitutif de servitude (C. proc. civ. nᵒˢ 1160 à 1167). — Lorsque, en appel comme en première instance, le défendeur à une action négatoire a soutenu que la servitude contestée avait été établie par la destination du père de famille, et que les juges du fond, sans s'expliquer en droit sur ce moyen, ont constaté en fait l'existence des conditions qui auraient dû le faire accueillir, la cour de cassation à laquelle il appartient de tirer des faits constatés par les juges du fond les conséquences légales qu'ils comportent, peut décider d'office que la servitude litigieuse avait été valablement acquise par la destination du père de famille. — Req. 24 juill. 1877, D.P. 78. 1. 312.

6836. Les juges du fond peuvent décider souverainement : 1ᵒ qu'une partie ne peut être réputée avoir tacitement renoncé aux droits qui lui appartenaient sur un chemin, notamment aux servitudes de vue, d'accès et d'aqueduc. — Req. 29 mai 1877, J.G.S. *Cassation*, 366.

6837. ... 2ᵒ Que les changements opérés par l'un des contractants dans la cour de sa maison ne gênent nullement la jouissance des jours concédés à l'habitation d'un propriétaire voisin. — Req. 8 août 1876, J.G.S. *Cassation*, 366.

6838. ... 3ᵒ Qu'un contrat d'échange passé par une commune a eu pour effet de confirmer un habitant de cette commune dans la jouissance d'une servitude qu'il exerçait antérieurement, en échange de la cession d'un terrain qui lui consentie. — Req. 23 janv. 1877, D.P. 77. 1. 186.

6839. Les règlements d'eau établis par l'autorité judiciaire, dans les termes de l'art. 645 C. civ. échappent au contrôle de la cour de cassation. — Req. 17 juin 1868, D.P. 69. 1. 12.

6840. Cela résulte avec évidence des termes mêmes de l'art. 645 C. civ., d'après lequel les juges doivent, en réglant l'usage des eaux entre riverains, concilier l'intérêt de l'agriculture avec le respect dû à la propriété. — J.G.S. *Cassation*, 366.

6841. En ce qui touche le pouvoir des tribunaux quant au mode de réglementation des eaux, V. *Supplément au Code civil annoté*, nᵒˢ 4250 et s.

6842. Sur le pouvoir d'appréciation du juge du fond en matière de servitudes. V. *Supplément au Code civil annoté*, nᵒˢ 4794, 4851, 4853, 4880 et 4881.

6843. L'établissement des servitudes est astreint à certaines conditions légales que les juges du fond ne peuvent impunément méconnaître, et dont il appartient à la cour de cassation de contrôler l'observation. — J.G.S. *Cassation*, 366.

6844. C'est en vertu de ce principe que la cour, tout en reconnaissant au juge du fait le pouvoir de constater l'existence d'un ancien usage non écrit relatif à la matière des servitudes légales, s'est réservé le droit de contrôler le sens et la portée de cet usage, sur lequel les juges s'étaient fondés pour écarter l'application à la cause des règles du code civil. — Req. 18 févr. 1884, D.P. 84. 1. 187. et concl. conf. de M. l'avocat général Petiton.

6845. — IV. Actes relatifs à une succession (C. proc. civ. nᵒˢ 1168 à 1176). — Les juges du fond ont un pouvoir souverain pour apprécier : 1ᵒ quels sont, d'après l'usage des lieux et l'intention des copartageants, les biens compris dans chaque lot et ceux laissés dans l'indivision. — Civ. r. 23 nov. 1874, D.P. 75. 1. 63. — V. *Code de procédure civile*, nᵒ 1172.

6846. ... 2ᵒ Si un pacte de famille a eu pour objet d'attribuer à chacune des parties une somme représentant, soit leur part virile dans la succession maternelle, soit la légitime que le père commun leur avait léguée tant sur ses biens propres que sur ceux de la communauté dont il se croyait seul propriétaire

et de faire ainsi cesser toute indivision entre les cohéritiers. — Civ. r. 5 juill. 1875, D.P. 76. 1. 38.

6847. ... 3ᵒ Si des cohéritiers, en stipulant que la plus-value acquise par un immeuble resté indivis entre eux serait fixée par des experts amiablement nommés, ont entendu que les experts ont, ou bien choisis par les intéressés eux-mêmes, ou bien nommés par la justice, à défaut d'entente amiable. — Req. 27 janv. 1886, J.G.S. *Cassation*, 335.

6848. En matière de rescision de partage, l'arrêt de la cour d'appel qui repousse la demande en rescision en alléguant simplement que le demandeur ou son auteur l'a exécuté manque de base légale et doit être cassé. — Civ. r. 29 févr. 1888, D.P. 88. 1. 224.

6849. La cassation dudit arrêt doit toutefois se restreindre à sa partie relative au partage rescindable, et ne saurait s'étendre à un chef de la décision qui déclare une autre partage non susceptible de rescision, par la raison qu'il remonte à plus de dix ans, et que, quant à lui, il y a prescription. — Même arrêt.

6850. — V. Disposition à titre gratuit (C. proc. civ. nᵒˢ 1177 à 1187).

6851. — VI. Substitution prohibée (C. proc. civ. nᵒˢ 1188 à 1194). — Lorsqu'un testament composé de plusieurs dispositions est attaqué comme renfermant une substitution prohibée, il appartient au juge du fait d'en rechercher le sens exact au moyen de la combinaison et de l'interprétation respectives des différentes clauses qui le constituent. — Req. 20 avr. 1885, D.P. 86. 1. 9. — Civ. r. 1ᵉʳ juill. 1891, D.P. 92. 1. 145. — V. *Code de procédure civile*, nᵒ 1189, et *Supplément au Code civil annoté*, art. 896, nᵒ 5614 et s.

6852. Spécialement, le juge du fait peut conclure du rapprochement des différentes clauses d'un testament que, au lieu de laisser à ses frères des immeubles en toute propriété à la charge de les conserver et de les rendre à un tiers, s'est borné à leur en donner l'usufruit, en ne les instituant légataires de la nue propriété que pour le cas où ils auraient des enfants, ladite nue propriété devant, dans le cas contraire, advenir directement audit tiers ; il appartient en conséquence, qu'une telle disposition rentre dans la catégorie des legs conditionnels alternatifs de nue propriété et d'usufruit et ne constitue pas une substitution prohibée. — Arrêt précité. 20 avr. 1885.

6853. L'arrêt qui décide, par une interprétation que ne démentent pas les termes du testament, que la disposition par laquelle le testateur, après avoir légué la jouissance de tous ses biens à une personne, déclare qu'à la mort de celle-ci, ils iront à une autre personne et, à défaut de cette dernière, à un autre légataire par lui désigné, ne contient pas une substitution prohibée, mais bien un legs d'usufruit et un legs de nue propriété avec substitution vulgaire, n'excède point les limites du pouvoir d'appréciation qui appartient aux juges du fond en cette matière. — Req. 14 juin 1876, D.P. 78. 1. 341.

6854. Le juge du fait ne se met pas non plus en contradiction avec les dispositions du testament soumis au contrôle de la cour de cassation et n'excède pas le droit qui lui appartient d'interpréter la volonté du testateur, lorsqu'il décide que le *de cujus* qui a légué sa fortune à un enfant en réservant l'usufruit des biens légués aux père et mère du légataire jusqu'à sa majorité, époque à laquelle ils devront lui remettre la succession en *grand* et qui a disposé que les père et mère resteront les seuls et uniques héritiers si l'enfant vient à mourir avant son âge de majorité, n'a entendu en disposant ainsi ni directement, ni indirectement, ni expressément, ni implicitement, imposer au légataire universel des biens légués l'obligation de les conserver et de les rendre à un institué en sous-ordre. — Req. 16 juill. 1885, D.P. 86. 1.

289. — V. *Supplément au Code civil annoté*, art. 896, nᵒˢ 5686 et s.

6855. Le droit qui appartient à la cour de cassation en matière de substitution de rechercher si la disposition litigieuse renferme ou non une substitution prohibée, ne va pas jusqu'à s'exercer sur l'intention du testateur constatée par les juges du fond, lorsque d'ailleurs cette intention n'est incertaine ni ne contredite ni par les clauses formellement contredite ni par les clauses de l'acte, ni par les conséquences juridiques qui en découlent. — D.P. 86. 1. 9, note t. — V. *Code de procédure civile*, nᵒ 1189, et *Supplément au Code civil annoté*, nᵒ 5892.

6856. Mais si le juge du fond, sous prétexte d'interpréter la donation l'avait dénaturée, la cour de cassation pourrait rétablir le véritable caractère de cette disposition soit d'après les termes de l'acte, soit d'après les éléments constitutifs de la disposition elle-même. — D.P. *ibid.* — V. aussi le rapport de M. le conseiller Connelly sur Req. 27 août 1877, D.P. 78. 1. 15. — Coup. Civ. c. 21 déc. 1891, D.P. 92. 1. 104. — V. en outre *Code de procédure civile*, nᵒ 1193, et *Supplément au Code civil annoté*, nᵒ 5693.

6857. — VII. Donation (C. proc. civ. nᵒˢ 1195 à 1201). — En cette matière, les juges sont souverains, pour reconnaître l'intention de libéralité qui a présidé à une convention. Ainsi a été jugée souverainement la décision par laquelle il est déclaré que la pension viagère reconnue à un père par son enfant dans le contrat de mariage de celui-ci ne constitue pas le simple accomplissement d'une obligation légale, mais une véritable libéralité. — Req. 10 janv. 1877, J.G.S. *Cassation*, 361. — V. *Supplément au Code civil annoté*, nᵒ 5614 et s.

6858. De même, il appartient exclusivement aux juges du fond de rechercher si un contrat, dont la nature est incertaine ou équivoque, constitue une vente ou une donation, cette opération exigeant nécessairement l'interprétation de l'acte d'après l'ensemble de ses dispositions et les circonstances dont s'y rattachent. — Req. 9 juill. 1879, D.P. 81 1. 27. — V. *Code de procédure civile*, nᵒ 1198.

6859. En conséquence, l'arrêt qui résout cette question, ou se fondant sur les termes des clauses du contrat, la qualité et l'intention des parties, les circonstances au milieu desquelles il est intervenu et les effets qu'il a produits, échappe au contrôle de la cour de cassation. — Même arrêt.

6860. C'est encore aux juges du fond qu'est abandonnée l'appréciation et la détermination des clauses et conditions insérées dans les donations. — J.G.S. *Cassation*, 361.

6861. Ainsi est souveraine l'appréciation faite par eux que la donation consentie par des parents à leurs enfants, et d'autre part le partage des biens donnés entre ceux-ci par voie de licitation, conformément au désir exprimé par les donateurs, ne constitue pas dans son ensemble un partage d'ascendants, mais que les deux opérations sont indépendantes l'une de l'autre. — Req. 2 juill. 1878, D.P. 78. 1. 463.

6862. Enfin les juges du fond apprécient souverainement si une personne est ou non saine d'esprit au moment où elle a consenti une donation. — Req. 28 juill. 1874, D.P. 75. 1. 108.

6863. — VIII. Testament (C. proc. civ. nᵒˢ 1202 à 1229). — Les juges du fait ont un pouvoir souverain pour interpréter un testament à l'effet de dégager de ses dispositions la véritable intention du testateur ; par conséquent, cette interprétation ne saurait donner ouverture à cassation. — Req. 28 déc. 1874, D.P. 76. 1. 368. — Req. 2 août 1880 D.P. 80. 1. 451. — Civ. r. 5 janv. 1887, D.P. 87. 1. 186.

6864. Toutefois, la cour de cassation y met la condition qu'ils ne dénatureront aucune des clauses du testament, et ne méconnaîtront pas les effets légaux qu'elles devaient produire. — J.G.S. *Cassation*, 362. — V. *Code de procédure civile*, nos 1202 et 1203, et *Supplément au Code civil annoté*, art. 1092, nos 6687 et s.

6865. Ainsi ils ont le droit d'apprécier souverainement le caractère d'une disposition testamentaire et de déclarer que le testateur n'a entendu faire qu'un legs de pure libéralité, et non un legs rémunératoire. — Req. 31 mars 1885, D.P. 85, 1. 406-407.

6866. La décision par laquelle ils déclarent que l'usufruit doit porter, dans l'intention du testateur, non sur un immeuble déterminé, mais sur l'ensemble des biens meubles et immeubles de la succession, échappe à la censure de la cour de cassation. — Req. 9 avr. 1877, D.P. 77, 1. 389-390.

6867. Ils peuvent décider, par une interprétation souveraine des clauses d'un testament, que le testateur n'a point disposé de l'usufruit dont il veut donner caution, et cette interprétation ne tombe pas sous le contrôle de la cour de cassation. — Civ. r. 4 avr. 1884, D.P. 84. 1. 381-382.

6868. Il leur appartient aussi exclusivement d'apprécier si, au moment où il a disposé, le testateur était sain d'esprit et si le testament fait par lui est l'œuvre d'une volonté raisonnable et libre. — V. *Supplément au Code civil annoté*, art. 901, nos 5898 et s., et supra, nº 6863.

6869. Mais la question de savoir si un testament est revêtu des formes prescrites par la loi à peine nullité, est une question de droit dont la solution rentre dans les attributions de la cour de cassation. — Civ. r. 22 juin 1881, D.P. 82. 1. 180. — V. *Code de procédure civile*, nº 1205.

6870. La cour de cassation a également le droit de rechercher si les termes dont le testateur s'est servi sont obscurs ou ambigus, et l'interprétation qui leur est donnée n'a pas dénaturé le sens et n'a pas méconnu les effets légaux de la disposition. — (Sol. implic.) Civ. r. 27 fév. 1884, D.P. 84. 1. 353.

6871. — IX. DONATION PAR CONTRAT DE MARIAGE ET ENTRE ÉPOUX (C. proc. civ. nos 1236 à 1231). — La disposition par laquelle un père de famille intervenant au contrat de mariage de l'un de ses enfants l'institue, conjointement et par égales portions avec ses frères et sœurs, héritier général et universel de tous ses biens, s'interdisant la faculté de pouvoir avantager ses autres enfants à son préjudice, peut être considérée par les juges du fond comme constituant, non seulement une promesse d'égalité, mais encore une institution contractuelle, générale et universelle, opposable aux tiers. — Req. 10 mars 1884, D.P. 85. 1. 198.

6872. Une telle interprétation est souveraine et ne peut donner lieu ni à révision, ni par conséquent à une censure de la part de la cour de cassation. — Même arrêt. — V. *Code de procédure civile*, nº 1236, et *Supplément au Code civil annoté*, art. 1081, nº 7180.

6873. — X. PARTAGE D'ASCENDANT (C. proc. civ. nos 1235 à 1240). — Sur les pouvoirs d'appréciation des juges du fond en matière de partage d'ascendant, V. *Code de procédure civile*, nº 1235, et *Supplément au Code civil annoté*, art. 1075, nos 6999 et s.

6874. — XI. CONVENTIONS (C. proc. civ. nos 1241 à 1264). — L'appréciation des termes d'une convention rentre dans les limites du pouvoir souverain des juges du fond. — Req. 26 juill. 1881, D.P. 82. 1. 376. — Req. 29 avr. 1885, D.P. 86. 1. 239-240. — Req. 24 févr. 1888, D.P. 88. 1. 225. — Conf. Cr. r. 16 févr. 1884, D.P. 85. 1. 95.

6875. Ainsi il leur appartient d'apprécier souverainement l'intention commune des parties et de fixer, d'après cette intention, la portée et le sens des clauses litigieuses d'un contrat. — Req. 15 juin 1880, D.P. 81. 1. 270. — Req. 27 juill. 1880, D.P. 81. 1. 165. — Civ. r. 27 juill. 1881, D.P. 83.

1. 25. — Civ. r. 8 fév. 1886, D.P. 87. 1.22. — Civ. r. 20 avr. 1887, D.P. 87. 1. 421. — Req. 6 août 1889, D.P. 90. 5. 49. — Civ. r. 30 avr. 1890, D.P. 91. 1. 367. — V. *Code de procédure civile*, nº 1242, et *Supplément au Code civil annoté*, art. 1134, nos 7501 et s.

6876. ... Et spécialement de décider souverainement quel est, des deux sens dont une convention est susceptible, celui qui paraît le plus conforme à la situation des parties, aux termes de la clause litigieuse et au mode d'exécution qu'elle a déjà reçu. — Req. 8 févr. 1875, D.P. 75. 1. 275.

6877. ... Et de rechercher si une convention a été conclue pour une seule ou pour plusieurs périodes de cinq ans. — Arrêt préc. 8 févr. 1886.

6878. ... Et de décider par interprétation d'un contrat, que, dans la volonté des contractants, les limites fixées par une expertise seraient à considérer, mais pour l'avenir seulement, comme déterminant l'assiette de leurs possessions respectives. — Arrêt préc. 30 avr. 1890.

6879. ... L'arrêt qui, pour déterminer les choses comprises dans un cheptel et sa valeur en argent, se fonde sur l'avis d'experts désignés par les parties ou par justice, sur la nature des objets et sur l'intention commune des parties appréciée d'après l'usage des lieux, échappe au contrôle de la cour de cassation. — Arrêt préc. 6 août 1889.

6880. Un arrêt, interprétant la clause d'une police d'abonnement en cas de cession réservée de résiliation en cas de cessation de commerce de l'abonné, peut décider que cette clause n'est pas applicable tant que le commerce n'est pas exercé soit par l'abonné lui-même, soit par son successeur, et que, par suite, en stipulant pour lui-même, l'abonné avait stipulé pour son successeur. — Req. 29 avr. 1885, D.P. 86. 1. 239-240.

6881. En conséquence, si le successeur a manifesté l'intention de profiter de cette stipulation, la résiliation ne peut être prononcée qu'autant qu'il a cessé lui-même d'exercer le commerce. — Même arrêt.

6882. De même, il appartient au juge du fait de déterminer souverainement, d'après les termes de l'acte et l'intention des parties, le sens et la portée d'un contrat d'ouverture de crédit. — Req. 14 mars 1887, D.P. 88. 4. 206-207.

6883. Spécialement, lorsque le juge du fait constate, d'après les termes du contrat et l'intention des parties, qu'une femme s'est obligée solidairement, et sans avoir pu se tromper sur la portée du contrat d'un crédit ouvert par un tiers aux deux époux, mais dont le mari était autorisé à faire usage pour éteindre des dettes antérieures, l'arrêt qui la condamne, solidairement avec celui-ci, à payer les avances ainsi faites et exclusivement affectées à cet emploi par le mari échappe au contrôle de la cour de cassation. — Même arrêt.

6884. En matière de chasse, lorsqu'il s'agit de savoir si l'un des associés peut ou non se substituer un étranger sans le consentement de ses co-associés, l'arrêt qui décide qu'une telle substitution n'est permise par aucune stipulation du contrat, apprécié souverainement l'intention des parties. — Req. 24 avr. 1876, D.P. 77. 1. 196.

6885. Le juge du fond constate souverainement qu'un contrat passé entre une ville et les Frères des écoles chrétiennes, et aux termes duquel ces derniers ont été mis en possession d'un terrain pour y construire un établissement scolaire, a été rédigé dans toutes ses clauses conformément au sens et à l'esprit de la délibération du conseil municipal, qui avait en pour but de fixer les bases et la convention alors à intervenir. — Req. 21 juill. 1882, D.P. 84. 4. 185.

6886. Il rentre également dans les attributions souveraines du juge du fait de décider que ce contrat ayant eu lieu à une époque où les Frères n'étaient qu'instituteurs libres, la résolution de la jouissance de l'immeuble qui était stipulée pour le cas où l'enseignement desdits Frères prendrait fin dans la ville ne peut être encourue que dans l'hypothèse où ils cesseraient d'y donner même l'enseignement libre. — Même arrêt.

6887. Il appartient également aux juges du fait de décider: 1º que la convention par laquelle deux propriétaires s'engagent à construire à frais communs une digue pour protéger leurs biens-fonds contre l'inondation, emporte comme conséquence l'obligation d'entretenir et de réparer cette digue à frais communs tant qu'elle existera. — Req. 27 juill. 1880, D.P. 81. 1. 165.

6888. ... 2º Que la clause d'une charte-partie, d'après laquelle l'allégement est mis aux frais et risques du chargement, doit être entendue comme ne s'appliquant qu'aux seuls allégements devenus nécessaires au port du débarquement, et non aux frais d'un allégement devenu dans le cours du voyage par suite d'un échouement. — Civ. r. 9 janv. 1884, D.P. 85. 4. 208.

6889. Lorsqu'il existe un doute sérieux sur le sens et la portée d'une clause, l'interprétation qui en est donnée par les juges du fond ne peut tomber sous la censure de la cour de cassation. — Même arrêt. — V. *Code de procédure civile*, nº 1243.

6890. Les juges du fait ne font qu'user du pouvoir souverain d'interprétation qui leur appartient, lorsqu'ils se bornent à fixer la véritable portée des actes invoqués par l'une des parties en cause, sans en dénaturer le sens. — Req. 1er juill. 1886, D.P. 87. 1. 217. — Comp. Civ. r. 21 déc. 1891, D.P. 92. 1. 104. — V. *Code de procédure civile*, nº 1134.

6891. Décidé en ce sens: 1º qu'en disant, par interprétation des termes d'un contrat d'assurance et d'après les circonstances de la cause, que l'assuré n'avait pas entendu faire au profit de son enfant mineur la stipulation au profit d'un tiers prévue et admise par l'art. 1121 C. civ., les juges du fond se livrent à une interprétation souveraine, qui ne tomberait sous la censure de la cour de cassation que si elle dénaturait les *termes clairs et positifs du contrat*. — Req. 15 juill. 1875, D.P. 76. 1. 232.

6892. ... 2º Que la décision par laquelle les juges du fond déclarent qu'il résulte des termes d'une convention et des circonstances de la cause qu'un contrat a été ratifié ne cesse d'être souveraine que si elle dénature le sens clair et positif des termes de la convention et qu'en conséquence, la cour de cassation ne peut pas ordonner une telle appréciation, lorsque le demandeur ne prétend pas devant elle que les documents qu'il prétend avoir été dénaturés. — Req. 11 juill. 1876, D.P. 77. 1. 176.

6893. ... 3º Que la décision rendue par les juges du fond échappe au contrôle de la cour de cassation, lorsqu'ils se sont bornés à apprécier, en vertu de leur pouvoir souverain, le sens et la portée des clauses obscures d'actes qu'ils n'ont point dénaturées (dans l'espèce, en déclarant que le demandeur n'avait point fait la preuve que le terrain litigieux eût été compris dans la vente à lui consentie, et à juger le caractère des actes de possession invoqués par le demandeur comme ayant été faits à titre de propriétaire. — Req. 30 juill. 1888, D.P. 89. 1. 213.

6894. ... 4º Que, lorsqu'en particulier d'une commune ont subordonné à l'obtention de l'autorisation préfectorale la validité des accords intervenus entre eux en vue de l'acquisition des parcelles de terrain nécessaires à l'acquisition de la commune, les juges du fond peuvent, sans excéder le pouvoir d'interprétation qui leur appartient, décider que les parties ont entendu désigner par cette clause l'autorité compétente pour donner ladite autorisation, et que, par suite, l'administration préfectorale a pu en référer à l'autorité supérieure à l'effet d'obtenir cette approbation sous la forme d'un décret conférant au besoin à la commune le droit d'agir par voie d'expropriation pour cause d'utilité publique. — Req. 18 mai 1887, D.P. 89. 1. 192.

6895. ... 5° Que le juge du fond use d'un pouvoir souverain en décidant, par voie d'interprétation de convention, que l'engagement des cautions d'un notaire en déconfiture n'a pas été subordonné à la condition de la nomination du fils du notaire à la place de celui-ci. — Req. 30 avr. 1888, D.P. 88. 1. 291.

6896. Le juge du fond ne fait qu'user de son pouvoir souverain, en décidant que l'interprétation des traités passés entre une ville et le principal d'un collège communal, que la gestion commerciale de ce dernier n'a pris fin qu'avec sa gestion administrative, c'est-à-dire au jour de son déplacement effectif, et non à celui antérieur de sa nomination à un autre poste. — Req. 12 nov. 1889, D.P. 90. 1. 128.

6897. Est souveraine et échappe au contrôle de la cour de cassation l'interprétation d'actes par laquelle les juges du fait décident que, dans l'intention des parties, la société concessionnaire d'une mine devait payer aux tréfonciers des redevances calculées sur toutes les quantités de charbon de ladite mine, même sur celles qui disparaîtraient par suite d'un vol commis par un tiers au préjudice de l'exploitation. — Civ. c 22 oct. 1890, D.P. 91. 1. 101.

6898. Les juges du fond ont pu décider par interprétation d'un bail et des conventions accessoires aux termes desquelles le bailleur avait autorisé les constructions élevées par le preneur, que le bailleur était tenu de faire cesser le trouble dont le preneur était menacé à l'occasion des jours ouverts dans ces constructions sur la propriété voisine. — Civ. r. 22 mai 1874, D.P. 75. 1. 484.

6899. Ils ne font également qu'user du pouvoir d'interprétation qui leur appartient, en décidant que, malgré l'existence d'un légataire universel, l'héritier non réservataire est recevable à contester la validité d'un legs particulier, lorsqu'ils se fondent exclusivement sur un acte qu'ils qualifient de transaction par lequel le légataire universel, moyennant la renonciation de l'héritier non réservataire à attaquer le testament dans la disposition qui le concerne, cède à ce dernier tous ses droits sur le montant du legs particulier, dont ce tiers où ce legs serait annulé, et lui en abandonne la propriété. — Req. 26 mars 1889, D.P. 90. 1. 254.

6900. L'arrêt qui, se fondant sur les circonstances du fait et l'esprit de la convention, décide que, dans l'intention des parties une déchéance établie par la police d'assurance n'a pas été encourue, échappe au contrôle de la cour de cassation, alors qu'il n'est pas établi que cette interprétation a dénaturé la convention. — Req. 11 mars 1889, D.P. 90. 1. 386.

6901. Il appartient aux tribunaux d'interpréter les clauses obscures des contrats et de rechercher, en en combinant le texte et l'esprit, la véritable intention des parties. — Civ. c. 25 juin 1883, D.P. 84. 1. 79.

6902. Spécialement, les juges du fond ont un pouvoir souverain pour décider qu'il résulte tant du texte d'un contrat de mariage que de son esprit interprété par les documents produits, que la femme a exclu de la communauté, non seulement les valeurs mobilières possédées par elle au moment de l'union, mais encore celles qui lui adviendraient par la suite. — Même arrêt.

6903. Toutefois il n'est permis d'interpréter un acte (dans l'espèce, un acte de vente) que lorsque les clauses en sont obscures et ambiguës; et les tribunaux ne sauraient, sous prétexte d'interprétation, ajouter aux dispositions claires et précises d'un

acte,... et, spécialement, déclarer qu'un immeuble qui ne figure point dans un acte de vente fait partie des immeubles vendus. — Pau, 27 janv. 1891, D.P. 92. 2. 39.

6904. D'après un arrêt, les tribunaux ne peuvent refuser l'application d'une stipulation claire et précise, constituant à la charge du défendeur une obligation principale et directe ayant pour cause un service à lui rendu par le demandeur, et ce par le motif qu'il ne se serait engagé en qualité de caution, alors que ce motif n'est fondé ni sur une appréciation des termes du contrat, ni sur l'interprétation de la commune intention des parties. — Civ. c. 3 févr. 1886, D.P. 86. 1. 169.

6905. Il semble, toutefois, résulter implicitement de la décision précitée que, si l'arrêt attaqué avait jugé par interprétation de la volonté des contractants, la cour de cassation n'aurait eu qu'à s'incliner devant une appréciation souveraine. — V. Code de procédure civile, nᵒ 1253. — Comp. suprà, nᵒ 6878.

6906. Il n'est pas permis aux juges du fond, placés en présence d'une convention claire et précise, de la dénaturer ouvertement sous le prétexte de l'interpréter, ou de la destituer ainsi de ses effets légaux, après en avoir constaté l'existence. — Civ. c. 24 déc. 1888, D.P. 89. 1. 413. — Civ. c. 21 janv. 1890, D.P. 90. 1. 483. — Civ. c. 21 déc. 1891, D.P. 92. 1. 104. — V. Code de procédure civile, nᵒ 1252.

6907. Ainsi ils ne peuvent considérer comme mettant fin à l'indivision un contrat de bail passé à l'un des cohéritiers par tous les autres cohéritiers, bien qu'il ait été stipulé que le montant des fermages serait attribué à quelques-uns seulement d'entre eux, à l'exclusion de ceux qui étaient tenus de rapporter à la succession, alors qu'aucun allotissement n'a été fait au profit de ces derniers et qu'il a été stipulé que le bail serait résilié de plein droit en cas de partage ou de licitation avant l'expiration du terme convenu. — Arrêt préc. 21 janv. 1890.

6908. Les tribunaux ne peuvent pas davantage, sous prétexte d'interprétation, dénaturer le sens et méconnaître la portée des conventions faites par les parties, pour en faire sortir une nullité que ces conventions ne comportent pas. — Civ. c. 28 oct. 1889, D.P. 90. 1. 52.

6909. Ainsi, lorsqu'une police d'assurance sur la vie stipule que la totalité des droits de commission dus à la compagnie, pour frais de gestion, de courtage, etc., sera exigible au moment de la signature de la police, le juge du fait ne peut décider, en interprétant les statuts, que ces droits n'étaient exigibles qu'au moment du versement de la première prime. — Même arrêt.

6910. La cour de cassation a également décidé par application de ces principes: 1° que la clause du règlement de la caisse des retraites d'une compagnie de chemin de fer, aux termes de laquelle les retenues faites sur les appointements ne restent à la caisse du jour où elles ont été opérées, est obligatoire pour les employés de cette compagnie, et qu'en conséquence le juge ne peut ordonner la restitution de ces retenues, en se fondant sur le prétendus motifs d'équité, sans méconnaître la force obligatoire des conventions légalement formées. — Civ. c. 10 mai 1875, D.P. 75. 1. 193.

6911. ... 2° Qu'il y a violation de l'art. 1134 C. civ., lorsque le juge, après avoir constaté l'existence d'un acte, modifie ce qu'il a reconnu constituer la convention, dont les termes sont clairs et précis, par des motifs sans valeur juridique. — Civ. c. 21 mars 1886, D.P. 86. 5. 43. — Civ. c. 14 déc. 1886, D.P. 87. 1. 352. — Civ. c. 26 déc. 1888, D.P. 89. 1. 168. — V. Code de procédure civile, nᵒ 1255.

6912. ... 3° Qu'il n'appartient jamais aux tribunaux, quelqu'équitable que puisse paraître leur décision, de prendre en considération le temps et les circonstances pour

modifier les conventions des parties et substituer des clauses nouvelles à celles qui ont été librement acceptées par les contractants. — Civ. c. 6 mars 1876, D.P. 76. 1. 193.

6913. Il est d'ailleurs certain que les tribunaux peuvent, en toute liberté, suppléer aux lacunes et au silence de la convention. — J.G.S. Cassation, 349.

6914. Ainsi il appartient aux juges du fond de décider souverainement, d'après les faits de la cause et l'intention des parties, qu'une convention par laquelle un boulanger a cédé à un tiers son fonds de boulangerie, comprend dans la cession la fourniture du pain à faire à la troupe au lieu et place du cédant, bien que l'acte de vente soit muet sur ce point. — Req. 14 févr. 1882, D.P. 82. 1. 411.

6915. — XII. EXÉCUTION ET EXTINCTION DES OBLIGATIONS (C. proc. civ. nᵒˢ 1265 à 1283). — Les juges du fond ont un pouvoir souverain d'appréciation pour la fixation des dommages intérêts. — Req. 13 avr. 1875, D.P. 77. 1. 72. — V. Code de procédure civile.

6916. Spécialement, lorsqu'un syndic de faillite, poursuivant en justice le rapport d'un payement de marchandises, a conclu à ce que le défendeur fût condamné, à titre de dommages-intérêts, à payer à la masse les intérêts du prix de ces marchandises à partir de l'exigibilité des factures, l'arrêt qui n'alloue les intérêts ainsi réclamés qu'à dater de l'introduction de la demande échappe au contrôle de la cour de cassation. — Même arrêt.

6917. Les juges du fond peuvent déclarer que le retard apporté dans la célébration d'un service religieux ne constitue pas une dérogation au titre qui prescrit cette célébration, et refuser, par suite, le prononcer, à raison de ce retard, une condamnation à des dommages-intérêts : la décision qu'ils rendent en ce sens échappe au contrôle de la cour de cassation. — Req. 24 mai 1876, D.P. 77. 1. 437.

6918. Il leur appartient également de fixer souverainement le point de départ des dommages intérêts qu'ils allouent; et, spécialement, de décider qu'une convention aux frais d'entretien d'un canal litigieux, réclamés à titre de réparation de dommages-intérêts, ne sera dus qu'à partir de l'époque à laquelle le préjudice avait cessé, en fait, d'être réparé. — Req. 28 févr. 1888, D.P. 89. 1. 23.

6919. Les juges du fond décident souverainement: 1° qu'aucun accord ultérieur n'est venu décharger une partie des obligations de la convention originaire. — Civ. r. 19 mars 1877, J.G.S. Cassation, 388.

6920. ... 2° Que les dommages produites en justice font double emploi entre elles. — Req. 1 déc. 1876, D.P. 77. 1. 184.

6921. ... 3° Qu'une ratification donnée par un associé, à l'occasion d'achats excessifs faits par son cossocié, doit être restreinte aux seules opérations déjà liquidées au moment de la rupture de la société. — Req. 5 avr. 1875, J.G.S. Cassation, 350. — V. Code de procédure civile, nᵒ 1270.

6922. En ce qui concerne l'appréciation des faits d'exécution volontaire desquels peut résulter la validité de l'acte, V. Supplément au Code civil annoté, art. 1339, nᵒˢ 8793 et s.

6923. La décision par laquelle les juges du fond déclarent qu'il résulte des termes d'une correspondance et des circonstances de la cause qu'un contrat a été ratifié ne cesse d'être souveraine que si elle dénature le sens clair et positif des termes de la convention. — Req. 11 juill. 1876, D.P. 77. 1. 176. — V. suprà, nᵒˢ 6906 et s.

6924. Toutefois les conditions nécessaires pour la validité de la ratification d'un acte contre lequel la loi admet l'action en nullité ou en rescision étant rigoureusement déterminées par l'art. 1338 C. civ., il appartient à la cour de cassation de contrôler et de réviser, au point de vue juridique, l'appréciation des juges du fond sur les faits présentés comme renfermant les caractères légaux d'une ra-

tification. — Civ. c. 29 févr. 1888, D.P. 88.
1. 224. — V. *Supplément au Code civil annoté*,
art. 1339, n° 8792.

6925. Ainsi la chambre civile de la cour
de cassation a décidé, contrairement à l'interprétation adoptée par les juges du fond,
que la ratification de l'obligation contractée
par une femme mariée sans autorisation de
son mari ni de justice ne peut être induite,
ni de la clause d'un testament où elle exprime la volonté que toutes ses dettes soient
payées sur la fortune qu'elle laissera, ni de
la déclaration insérée par la femme dans son
testament, que son créancier n'a d'autre garantie que sa parole, une telle déclaration
n'impliquant pas nécessairement la connaissance d'une cause quelconque de nullité ou
de rescision. — Civ. c. 7 nov. 1877, D.P. 78. 1.
469. — V. *Code de procédure civile*, n° 1272.

6926. La chambre des requêtes s'est, au
contraire, montrée parfois plus large dans la
constatation des conditions de la ratification.
— J.G.S. *Cassation*, 406.

6927. Ainsi elle a considéré comme une
appréciation souveraine la décision par laquelle les juges du fond déclarent qu'il résulte
des circonstances qu'un copartageant a volontairement et sciemment exécuté le partage et que cette exécution constitue une
ratification tacite. — Req. 4 avr. 1876, D.P.
76. 1. 380.

6928. Mais il ne faudrait pas conclure de
l'arrêt précité que la chambre des requêtes a
entendu abandonner complètement aux juges
du fond l'appréciation des faits allégués à
l'appui d'une confirmation expresse ou tacite d'une obligation. — J G.S. *Cassation*,
406.

6929. En effet, la même chambre a proclamé plus récemment son droit de contrôler
l'appréciation des juges du fait, en décidant
que la ratification d'une obligation nulle
(dans l'espèce, un contrat de révélation de
succession) ne peut être induite de documents et lettres renfermant des instructions
relatives à l'exécution de l'acte, mais n'indiquant ni la substance de l'obligation, ni le
motif de l'action en nullité, ni l'intention de réparer le vice de l'acte. — Req. 16 janv. 1882,
D.P. 83. 1. 112.

6930. La clause d'un acte de cession par
laquelle le cédant s'est engagé à faire verser
sans frais le montant de la créance cédée
entre les mains du notaire rédacteur de l'acte,
a pu être interprétée par les juges du fond
en ce sens que le versement ainsi effectué
aurait pour effet de décharger le cédant de
toute responsabilité envers les cessionnaires.
— Req. 22 nov. 1871, D.P. 77. 1. 450.

6931. Il appartient aux juges du fait
d'apprécier souverainement la dette contractée pour habitation et entretien par le
créancier d'une rente viagère envers le débiteur de cette rente viagère les conditions nécessaires pour être opposée, par voie de
compensation, à la demande en payement
d'arrérages de ladite rente. — Req. 31 déc.
1878, D.P. 79. 1. 432.

6932. La volonté de nover est souverainement constatée par les juges du fond. —
Req. 19 mai 1884, D P. 84. 1. 286. — Civ. r.
17 juin 1884, D P. 86. 1. 215. — V. *Code de
procédure civile*, n° 1281.

6933. — XIII. CONTRAT DE MARIAGE (C. proc.
civ. n° 1284 à 1289). — Le droit qui appartient à la cour de cassation de déterminer
le caractère et les conséquences légales du
régime matrimonial adopté par les époux
ne fait point obstacle au pouvoir souverain
qu'ont les juges du fond d'interpréter la
portée et l'étendue d'une clause du contrat
de mariage. — Civ. r. 13 nov 1875, D.P.
78. 1. 111. — C. cass. de Belgique, 19 janv.
1882, D.P.2 82. 2. 81. — V. *Code de procédure
civile*, n° 1285, et *Supplément au Code civil
annoté*, art. 1391, n° 10659 et s.

6934. ... Et spécialement d'une clause limitant l'application du régime dotal. —
Arrêt préc. 19 janv. 1882.

6935. Il appartient également aux juges
du fond de décider que la femme a entendu
exclure de la communauté non seulement
les valeurs mobilières possédées par elle au
moment de l'union, mais encore celles qui
lui adviendraient par la suite. — Civ. r.
25 juin 1883, D P. 84. 1. 79.

6936. De même, en cas de vente par une
femme dotale de biens paraphernaux contigus à ses biens dotaux, la ligne séparative
de ces biens est souverainement déterminée
par le juge du fond par interprétation des
dispositions du contrat de mariage. — Req.
2 févr. 1881, D P. 81. 1 423.

6937. Cette détermination échappe spécialement au contrôle de la cour de cassation, lorsque l'arrêt qui la fixe, interprétant le contrat de mariage dont les termes
étaient obscurs, se borne à confirmer l'application de ce titre faite par les experts sur
les lieux. — Même arrêt.

6938. Lorsque les juges ont à interpréter
une clause exprimée dans un contrat de mariage, ils jouissent d'un pouvoir d'interprétation aussi large à cet égard qu'en toute
autre matière, et cela par la raison que la
loi n'a pas retiré aux tribunaux, à propos du
contrat de mariage, leurs pouvoirs ordinaires d'interprétation. — J.G.S. *Cassation*,
374.

6939. Il en est autrement dans le cas où ils
usent du pouvoir d'interprétation *lato sensu*,
que leur confère l'art. 1135 C. civ. à l'effet
de suppléer les clauses non exprimées, pour
celles sont conformes à l'équité, à l'usage
ou à l'intention probable des parties. — J.G.S.
Cassation, 374

6940. Les juges peuvent sans doute constater souverainement que l'intention des
parties a été de sous-entendre dans leur
contrat de mariage telle ou telle clause
omise dans la rédaction, et la constatation
ainsi faite suffirait à rendre obligatoire une
clause omise dans une convention pour laquelle la loi n'exige pas la forme notariée.
— J.G.S. *Cassation*, 374.

6941. Mais il en est autrement dans les
cas où la loi prescrit cette forme, par
exemple, dans le cas de l'art. 1394 C. civ. où
la volonté des parties d'adopter telle ou telle
disposition reconnue par les juges du fond
n'a de force et de valeur qu'autant qu'elle
a été exprimée dans un acte notarié; la forme
devient alors une des conditions de validité
de la clause. — J.G.S. *Cassation*, 374.

6942. Pour cette raison, les tribunaux ne
peuvent suppléer, dans un contrat de mariage, une clause absente, par exemple, une
clause de réalisation absolument omise. —
J.G.S. *Cassation*, 374.

6943. Il appartient aux juges du fond de
décider souverainement, d'après les documents de la cause, et spécialement d'après
un acte de liquidation passé entre époux
séparés de biens, auquel des deux époux (ou
de leurs héritiers respectifs) appartiennent
des actions industrielles achetées par le mari
durant la communauté. — Req. 19 nov. 1877,
D.P. 78. 1. 486.

6944. — XIV. VENTE (C. proc. civ. n° 1290
à 1303). — Le juge du fond a un pouvoir
souverain pour apprécier, par voie d'interprétation, le sens et la portée d'une promesse
de vente. — Req. 8 mai 1882, D.P. 82. 1. 316.
— V. *Code de procédure civile*, n° 1294.

6945. ... Et de la condition à laquelle l'e-
xistence de cette promesse était subordonnée. — Même arrêt.

6946. Il peut de même décider, d'après
l'intention des parties et les obligations particulières auxquelles elles étaient soumises,
... que l'achat par le gérant d'une société
métallurgique d'un terrain renfermant des minerai, a été fait, non pour son propre compte,
mais pour le compte de la société. — Req.
12 mai 1880, D.P. 81. 1. 19.

6947. ... Que la vente sans réserves d'une
maison située sur une commune dépendant
de l'ancienne province de Bretagne a eu pour

effet de transmettre à l'acquéreur de cet immeuble le droit du vendeur à un lot dans le
partage d'un commun indivis entre un certain nombre d'*étagers*. — Req. 4 août 1874,
cité *supra*, n° 6769.

6948. ... Que le terrain, dont une compagnie de chemin de fer propose à un propriétaire de lui faire la délivrance, est bien le
même que celui qu'elle s'est engagée à lui
fournir en échange d'une cession antérieure. — Req. 6 juin 1877, J.G.S. *Cassation*
364.

6949. ... Qu'une femme a concouru à la
vente d'immeubles de la communauté faite
par son mari, non comme véritable vende-
resse, mais seulement pour renoncer au bénéfice de son hypothèque légale. — Req.
22 nov. 1880, D.P. 81. 1. 58.

6950. En vertu de son pouvoir souverain
d'appréciation, le juge du fond peut décider
si les parties ont entendu vendre la concession d'un chemin de fer ou seulement une
part des actions de la société chargée de son
exploitation. — Civ. r. 11 févr. 1884, D.P.
85. 1. 99-100.

6951. ... Si, au cas de vente publique
d'un meuble corporel et de droits incorporels, le meuble est l'objet principal ou accessoire de la vente. — Req. 27 mai 1878, D.P.
79. 1. 79.

6952. ... Quelle est l'étendue de la cession
du droit de reproduction d'une œuvre d'art.
— Cr. r. 29 avr. 1876, D.P. 76. 1. 409.

6953. L'arrêt par lequel une cour d'appel
décide, à raison des circonstances de la
cause, des termes du contrat et de la commune intention des parties, que la propriété
des terrains vendus pour la construction
d'un chemin de fer, a été irrévocablement
acquise au concessionnaire par le seul fait
de l'incorporation de ces terrains à la voie
ferrée, renferme une appréciation souveraine qui échappe au contrôle de la cour de
cassation. — Req. 7 janv. 1885, D.P. 85. 1.
311.

6954. Il en est de même : ... de l'arrêt qui,
par interprétation d'un cahier des charges
et d'un procès-verbal d'adjudication, ainsi
que par appréciation du caractère d'une
possession, décide que l'ancien lit d'un ruisseau n'a pas été compris dans une vente.
— Req. 21 déc. 1874, D.P. 76. 1. 434.

6955. ... De la décision par laquelle les
juges du fond ont reconnu à un contrat le
caractère d'une vente, suivie d'un bail à long
terme concédé au vendeur, et non le caractère de contrat pignoratif. — Req. 10 mai
1880, D.P. 81. 1. 215.

6956. ... De celle par laquelle les juges
du fond, interprétant une convention d'après
l'intention des parties, ont décidé qu'en im-
putant sur le principal d'une rente à long
terme, une somme d'argent payée au crédi-
rentier par le débiteur de cette rente, celle-
ci n'ont pas entendu stipuler la faculté de
rachat de la rente. — Même arrêt.

6957. L'arrêt qui déclare que les charges
d'un traité sont en droit incompatibles avec
l'idée d'un contrat de mandat, mais qu'il résulte au contraire des circonstances de la
cause que les parties ont voulu conclure
une vente, renferme une appréciation rentrant dans les limites du pouvoir souverain
du juge du fond. — Civ. r. 29 mai 1876, D.P.
76. 1. 361.

6958. La décision par laquelle le juge du
fond reconnaît sa compétence échappe à la
censure de la cour de cassation, lorsqu'elle
se fonde sur ce qu'un marché de fournitures
n'avait rien déterminé quant au lieu du payement, et sur ce qu'une facture indiquant que
ce payement serait effectué au domicile du
vendeur avait été ultérieurement reçue par
l'acheteur sans protestation. — Req. 9 nov.
1885, D.P. 86. 1. 8.

6959. Les juges du fond usent de leur
pouvoir souverain d'appréciation et ne violent
point la foi due à un acte authentique, en
dénaturant le sens de cet acte, en refusant

à un acte de vente toute autorité dans la cause, par le motif que cet acte est étranger au défendeur. — Req. 3 juill. 1889, D.P. 90. 1. 481.

6960. De même, il appartient aux juges du fond de décider, par une interprétation souveraine de l'intention des parties et des termes d'un acte de vente, que le notaire rédacteur de l'acte n'avait pas qualité pour recevoir le prix du vendeur. — Req. 10 déc. 1889, D.P. 91. 1. 436.

6961. Sur le pouvoir d'appréciation qui appartient aux juges du fond en matière de vente, V. *Supplément* au *Code civil annoté*, art. 1882, nos 12271 et s.

6962. — XV. Transport de créances et de droits incorporels (C proc. civ. nos 1304 à 1306). — Il appartient aux juges du fond de décider souverainement : 1° qu'un contrat qualifié vente par les parties ne constitue en réalité que cession de créance. — Req. 17 nov. 1875, J.G.S. *Cassation*, 364. — V. *Supplément* au *Code civil annoté*, art. 1689, nos 13064.

6963. ... 2° Qu'un contrat litigieux ne constitue ni un nantissement, ni un transport de créance, mais une compensation *in futurum*. — Civ. r. 9 juin 1886, D.P. 87. 1. 46.

6964. — XVI. Échange, louage (C. proc. civ. nos 1307 à 1311). — L'appréciation des clauses d'un bail, de l'intention des parties contractantes et des circonstances de fait soumises à l'examen des juges du fond, rentre dans leur pouvoir souverain. — Req. 22 mai 1882, D.P. 82. 1. 320. — Req. 3 janv. 1883, D.P. 83. 1.415. — V. *Code de procédure civile*, n° 1308.

6965. L'arrêt qui décide, par interprétation de la convention des parties, que la clause d'un bail invoquée par l'une d'elles ne s'applique pas à certains travaux, échappe au contrôle de la cour de cassation. — Req. 3 juill. 1875, D.P. 84. 1. 77.

6966. Il en est de même des arrêts qui décident : 1° que lorsqu'un propriétaire et un locataire sont convenus qu'il serait établi à frais communs un calorifère dans les lieux loués, et que cette convention a été résolue d'un commun accord, le propriétaire est tenu d'organiser le chauffage dans les conditions ordinaires et ne peut répéter contre le locataire la moitié des dépenses faites à cette occasion. — Req. 28 déc. 1875, D.P. 76. 1. 367.

6967. ... 2° Que la clause d'un bail stipulant que les améliorations apportées par le preneur dans l'immeuble demeureront, à l'expiration du bail, la propriété du bailleur sans indemnité, ne devait produire effet qu'au cas où le bail prendrait fin par l'expiration d'un des termes convenus, et non au cas de résiliation forcée par suite d'incendie. — Req. 8 juill. 1886, D.P. 87. 1. 118.

6968. Le juge du fond est souverain pour décider, en appréciant dans leur ensemble les conditions d'une convention portant résiliation d'un bail, que les obligations des fermiers relatives aux foins et pailles qu'ils devaient laisser à leur sortie, ont été modifiées en ce sens que ces foins et pailles ont dû être employés à la culture des terres que ces fermiers s'engageaient à faire, pendant une année encore, à titre de bail à colonage. — Civ. c. 23 août 1881, D.P. 82. 1. 302.

6969. Il appartient aux tribunaux de décider, par une interprétation souveraine des conventions intervenues, qu'une cession de bail constitue un contrat synallagmatique liant les deux parties, et non une simple promesse de bail obligatoire seulement pour l'un des contractants, et dont l'autre serait libre de ne pas réclamer l'exécution. — Req. 29 janv. 1883, D.P. 83. 1. 314-315.

6970. — XVII. Louage d'ouvrage ou d'industrie (C. proc. civ. nos 1312 à 1317). — Les juges du fond peuvent décider, par une appréciation souveraine des faits de la cause, que des travaux supplémentaires, exécutés pour le compte d'une personne qui s'est engagée à construire un immeuble devant être pris en location par un cercle, ont été connus et approuvés par cette personne, et que, dès lors, ils ne peuvent être laissés à la charge du cercle. — Civ. r. 7 déc. 1880, D.P. 81. 1. 148.

6971. Ils interprètent également d'une manière souveraine les termes de la convention intervenue entre le constructeur et les membres du cercle relativement aux éléments de la dépense qui doivent entrer en compte pour la fixation du loyer dû par le cercle. — Même arrêt.

6972. De même, la censure de la cour de cassation ne peut s'exercer sur l'arrêt qui déclare, en ce qui concerne la série des prix convenus entre une compagnie de chemin de fer et un entrepreneur, qu'un prix unique serait appliqué à toutes les natures de déblais, y compris les différentes variétés de roche du terrain secondaire et tertiaire, et que les roches rencontrées par l'entrepreneur rentraient dans ces catégories de terrains et ne pouvaient être considérées comme des déblais imprévus. — Req. 15 juin 1880, D.P. 81. 1. 270.

6973. ... Et que le consentement donné par l'entrepreneur à la série des prix n'a pas été influencé par aucune faute imputable à la compagnie. — Même arrêt.

6974. Il en est de même de l'arrêt qui déclare que des marchés de fournitures et de louages d'ouvrage et d'industrie conclus par l'ingénieur d'une usine ont été passés pour le compte des propriétaires de l'usine, lesquels doivent être condamnés à en supporter la dépense. — Civ. r. 30 déc. 1872, D.P. 74. 1. 37.

6975. — XVIII. Société (C. proc. civ. nos 1318 à 1324). — Il appartient aux juges du fond de décider souverainement : 1° qu'une société a été constituée d'une manière réelle et non fictive. — Req. 10 juin 1885, D.P. 86. 1. 222.

6976. ... 2° Si une société a reçu de ses membres le mandat exclusif de faire réprimer l'exécution illicite de leurs œuvres musicales avec ou sans paroles. — Cr. r. 16 févr. 1884, D.P. 85. 1. 95.

6977. ... 3° Si le gérant d'une société en commandite simple a droit de prendre part comme associé à la discussion et à l'approbation des comptes de la gérance. — Civ. r. 27 juill. 1881, D.P. 83. 1. 25.

6978. ... 4° Si l'un des associés ne peut, sans le consentement de l'autre, substituer une personne étrangère au contrat primitif. — Req. 24 avr. 1876, D.P. 77. 1. 196.

6979. ... 5° Si la liquidation d'une société est close. — Req. 18 déc. 1883, D.P. 84. 1. 402 403.

6980. Est également souveraine l'appréciation des juges du fond, déclarant que d'un ensemble de circonstances résulte l'engagement pris par un associé de prendre à sa charge, à l'égard de deux autres sociétaires, la situation d'un quatrième associé dans la liquidation sociale, et sa volonté de se reconnaître dans tous les cas débiteur personnel, à ses risques et périls, ferme et sans condition, de l'actif social. — Req. 13 avr. 1875, D.P. 77. 1. 62.

6981. Il appartient aux juges du fond de déclarer par une interprétation souveraine que les statuts sociaux, en donnant à l'assemblée générale le droit de délibérer sur la vente partielle ou totale, ou sur la fusion de la société avec d'autres exploitations ou industries, lui reconnaissent implicitement le pouvoir d'augmenter le capital social par l'émission de nouvelles actions et d'autoriser tous emprunts. — Req. 13 mars 1878, D.P. 78. 1. 3 5.

6982. L'arrêt qui, par interprétation d'un acte de société, décide qu'une assurance sur la vie contractée, en exécution de cet acte, par le gérant de la société, au nom et à l'ordre d'un commanditaire, pour une somme supérieure à la commandite, ne garantissait à ce dernier que le remboursement de sa commandite, et le surplus appartenait aux liquidateurs de la société, échappe à la censure de la cour de cassation, soit qu'il n'a point dénaturé la volonté des parties. — Req. 6 janv. 1891, D.P. 91. 1. 422.

6983. Et, pour se faire attribuer la somme qui, dans le contrat d'assurance, dépasse le montant de sa commandite, le commanditaire invoquerait vainement, en soutenant que cet excédent ne constitue qu'une créance des liquidateurs contre lui-même, une prétendue compensation légale entre cette somme et une créance existant, à son profit, contre la liquidation de la société, s'il est constaté, par une appréciation souveraine des juges du fond, qu'il n'était point débiteur, envers la liquidation, de la somme formant l'écart entre la commandite et le bénéfice de la police d'assurance. — Même arrêt.

6984. — XIX. Prêt-rentes constituées (C. proc. civ. nos 1325 et 1326). — Il appartient aux juges du fond de décider : 1° qu'une somme a été versée, non à titre d'acompte et pour couvrir une perte subie dans des opérations commerciales, mais à titre de prêt. — Req. 18 mars 1874, D.P. 76. 1. 279.

6985. ... 2° Qu'une ouverture de crédit a été faite, sans fixation de parts, dans l'intérêt et au profit de plusieurs des parties en cause. — Civ. r. 18 janv. 1887, D.P. 87. 1. 278. — V aussi C. cass. de Belgique, 8 mai 1886, D.P. 87. 2. 221. — Civ. r. 20 avr. 1887, D.P. 87. 1. 421.

6986. Sur les pouvoirs d'appréciation des juges en ce qui regarde le taux de l'intérêt, V. *Supplément* au *Code civil annoté*, nos 14128 et s.

6987. — XX. Jeu-pari (C. proc. civ. nos 1327 et 1328). — Le question de savoir si une opération de bourse constitue un jeu est une question d'intention dont l'appréciation appartient aux juges du fond. — Req. 7 nov. 1876, D.P. 79. 5. 148. — Req. 21 janv. 1878, D.P. 78. 1. 161. — V. *Code de procédure civile*, n° 1327, et *Supplément* au *Code civil annoté*, n° 14403 et s.

6988. De même, en matière de jeu de bourse, il appartient aux juges du fond de décider, d'après les circonstances de la cause, si l'exception de jeu est non fondée. — Req. 21 août 1882, D.P. 83. 1. 268.

6989. — XXI Contrats aléatoires (C. proc. civ. nos 1329 à 1336). — La jurisprudence considère comme souveraine, en matière d'assurances, l'interprétation par laquelle les juges décident : 1° que l'assurance de la baraterie de patron n'autorise pas l'armateur à se faire rembourser par l'assureur les dommages-intérêts auxquels il a été personnellement comme civilement responsable des suites d'un acte de violence commis par le capitaine sur un matelot. — Civ. r. 22 nov. 1876, D.P. 77. 1. 88.

6990. ... 2° Que la clause d'une police d'assurances, contre les accidents qui pourraient atteindre les hommes de l'équipage d'un navire, clause par laquelle la compagnie a pris à sa charge les conséquences de tous les accidents professionnels provenant d'une cause violente et involontaire, sans exclure du contrat aucun de ceux auxquels les marins devaient se trouver exposés dans la suite de leur profession, est applicable au cas de décès des matelots dans un naufrage. — Req. 9 juill. 1884, D.P. 85. 1. 305.

6991. ... 3° Qu'une clause d'une police d'assurances confère à la compagnie le droit de réduire le montant de l'assurance jusqu'à un chiffre dérisoire, et cela alors même que la valeur des objets assurés n'aurait pas varié. — Civ. r. 21 févr. 1887, D.P. 87. 1. 297.

6992. En ce qui concerne le contrat d'assurances terrestres en général, V. *Supplément* au *Code civil annoté*, nos 14495 et s.

6993. — XXII. Mandat (C. proc. civ.

n°s 1337 à 1348). — Les juges du fond ont un pouvoir souverain pour décider, par appréciation des actes et des circonstances de la cause, qu'une convention constitue non une cession de créance, mais un mandat salarié. — Req. 28 févr. 1877, D.P. 78. 1. 78. — V. *Supplément au Code civil annoté*, n°s 15596 et s., 13685 et s.

6994. ... Que la commune intention des parties a été de conférer à l'une d'elles un mandat tacite à l'effet de recevoir un payement. — Req. 22 nov. 1876, D.P. 77. 1. 150. — V. *Code de procédure civile*, n° 1340.

6995. Ils peuvent aussi décider, en se fondant sur l'usage local, les habitudes du commerce et les circonstances de la cause, qu'un mandat tacite et nécessaire autorise suffisamment la femme, en l'absence de son mari, à louer ses services et son industrie, pour subvenir à ses besoins et à ceux de ses enfants. — Req. 6 août 1878, D.P. 79. 1. 400.

6996. ... Qu'une somme a été reçue à titre de mandat ou de gestion d'affaires, et non à titre de dépôt. — Civ. r. 7 mars 1887, D.P. 87. 1. 403.

6997. Il leur appartient également de déterminer l'étendue du mandat, les obligations du mandataire et les éléments à l'aide desquels il doit établir son compte. — Req. 20 mars 1876, D.P. 76. 1. 328.

6998. Les juges du fait ne font qu'user des pouvoirs qui leur appartiennent, d'apprécier une convention d'après l'intention des parties et les circonstances qui l'ont accompagnée, lorsqu'ils déterminent en fait le caractère et les limites de l'obligation contractée par un notaire. — Req. 16 juin 1884, D.P. 85. 1. 161.

6999. ... Spécialement, lorsqu'ils déclarent que, par la réception d'une somme payée comptant sur le prix de vente d'un immeuble, ce notaire en a été simplement constitué dépositaire; que la seule obligation qui lui incombait, à ce titre, avait été de la conserver pour la remettre au vendeur, lorsque celui-ci lui rapporterait la mainlevée des inscriptions grevant l'immeuble, qu'il n'avait pas été chargé, en qualité de mandataire, de pourvoir à la libération de cet immeuble. — Même arrêt.

7000. Dans le cas de remise d'une somme par l'acquéreur d'un immeuble à un notaire avec mandat de faire un emploi utile de cette somme, les juges du fond apprécient souverainement si ce mandat imposait au notaire l'obligation d'insérer dans la quittance une clause de subrogation dans les droits hypothécaires du créancier. — Req. 28 janv. 1876, D.P. 76. 1. 381.

7001. Ils décident aussi souverainement qu'un notaire chargé par un client du règlement d'une succession est responsable de l'inexécution du mandat qui lui avait été donné de ne payer une dette de la succession par la voie de la subrogation. — Req. 15 févr. 1876, D.P. 76. 1. 246.

7002. — XXIII. CAUTIONNEMENT (C. proc. civ. n°s 1349 à 1351). — Il appartient aux juges du fond de déterminer souverainement le sens d'un acte de cautionnement dont la portée est contestée et qui contient des clauses ambiguës. — Req. 9 mai 1877, D.P. 78. 1. 30.

7003. Ils décident aussi souverainement que lorsqu'il est stipulé dans un contrat, dit pacte de famille, ayant pour objet de cautionner un débiteur en faillite, que celui-ci n'aura pas d'action contre ses cautions pour les obliger à remplir leurs engagements, cette clause doit être entendue en ce sens que le débiteur s'interdisait de s'ingérer dans les arrangements à prendre par les autres contractants avec ses créanciers, mais qu'en abandonnant la totalité de ses biens auxdits contractants, il n'entendait pas s'interdire du leur demander compte de l'emploi des biens abandonnés. — Civ. r. 9 févr. 1887, D.P. 87. 1. 269.

7004. — XXIV. TRANSACTION (C. proc. civ. n°s 1352 à 1357). — La règle que l'interprétation des conventions appartient souverainement aux juges du fond est applicable aux transactions comme aux autres contrats. — Req. 2 mars 1874, D.P. 74. 1. 359. — Req. 16 juin 1875, D.P. 77. 1. 71. — Req 17 janv. 1877, D.P. 78. 1. 258. — Req. 26 avr. 1880, D.P. 81. 1. 12. Civ. c. 23 févr. 1892, D.P. 92. 1. 150.

7005. Ainsi il leur appartient de décider souverainement : ... d'après la situation respective des parties et leur commune intention, si une convention intervenue entre elles renferme une transaction ou un autre contrat, tel, par exemple, qu'un prêt usuraire. — Req. 9 déc. 1879, D P. 80. 1. 325.

7006. ... Par application des circonstances de la cause, que la partie qui, après avoir transigé sur l'inscription de faux dirigée par elle contre un testament invoqué par son adversaire, a formé contre celui-ci une plainte en faux, n'a point renoncé par là même au bénéfice de la transaction antérieurement conclue. — Req. 16 août 1876, D.P. 77. 1. 316.

7007. De même, l'arrêt qui déclare qu'une prétendue transaction est restée à l'état de simple projet, faute du consentement de l'une des parties, se livre à une constatation de fait souveraine. — Req. 21 juin 1880, D.P. 81. 1. 168.

7008. Toutefois, s'il appartient aux juges du fait d'interpréter une transaction, comme tout autre contrat, ils ne peuvent, sous prétexte d'interprétation, en dénaturer le sens et la portée, quand les clauses en sont claires et précises. — Civ. c. 23 févr. 1892, D.P. 92. 1. 150.

7009. Ainsi, lorsqu'une transaction a réglé à forfait et d'une manière définitive toutes les conséquences, quelles qu'elles puissent être, résultant ou devant résulter d'un accident de voiture, un arrêt ne peut, sans tomber sous la censure de la cour de cassation, soumettre à une expertise le point de savoir si l'aggravation survenue dans l'état de la victime, avait pu être prévue par celle-ci lors de la transaction. — Même arrêt.

7010. Les juges du fait ne font qu'user de leur pouvoir souverain d'appréciation et ne violent aucune règle de droit, lorsqu'ils déclarent, par une interprétation de volonté déduite de l'ensemble des clauses d'un acte et des circonstances de la cause, que dans l'intention commune des parties, la transaction entre divers héritiers et un tiers, constatée par cet acte, était indivisible et ce sens que sa rescision ne pouvait être prononcée au profit des héritiers mineurs, sans que les majeurs eux-mêmes se trouvassent déliés de leurs engagements. — Req. 3 déc. 1889, D.P. 91. 1. 7.

7011. Mais, à l'égard des transactions, la cour de cassation reproduit sa théorie générale, d'après laquelle elle se reconnaît le droit de réviser les appréciations des juges du fond, lorsque ceux-ci ont méconnu les termes exprès et positifs de la convention, tandis que l'interprétation des tribunaux est souveraine pour déterminer la volonté des parties, lorsque le sens des stipulations est obscur ou douteux : cette doctrine, qui a toujours été celle de la chambre civile, est aussi actuellement celle de la chambre des requêtes. — J.G.S. *Cassation*, 376. — V. *Code de procédure civile*, n° 1352.

7012. La divergence, qu'on a pu relever autrefois dans la jurisprudence de l'une et l'autre chambre s'explique par cette circonstance que la chambre civile considérait comme des stipulations claires et précises des dispositions que la chambre des requêtes, dans des hypothèses analogues, proclamait douteuses. — J.G.S. *Cassation*, 376.

7013. Il appartient, d'ailleurs, à la cour de cassation, au moyen des éléments de fait qu'a retenus le juge du fond, de rectifier la qualification erronée donnée à la transaction

par l'arrêt attaqué; et, à raison de cette rectification, il n'échet d'examiner les critiques soulevées contre ledit arrêt par le pourvoi, du moment où ces critiques reposent exclusivement sur l'hypothèse que l'accord dont il s'agissait constituait un aveu judiciaire. — Req. 11 nov. 1884, D.P. 85. 1. 116-117.

7014. — XXV. INSCRIPTION HYPOTHÉCAIRE (C. proc. civ. n° 1358).

7015. — XXVI. MATIÈRES COMMERCIALES (C. proc. civ. n° 1359). — V. *Code de commerce annoté, passim*, et son *Supplément, ibid.*

§ 2. — *Appréciation de faits ou de fautes* (C. proc. civ. n°s 1369 à 1438).

7016. — I. APPRÉCIATION DE FAITS (C. proc. civ. n°s 1369 à 1424). — Les pouvoirs reconnus aux juges du fond à l'effet d'interpréter les actes et conventions supposent nécessairement qu'ils jouissent de la même liberté pour constater l'existence des faits matériels constitutifs ou concomitants de ces conventions. — J.G.S. *Cassation*, 383. — V. *Code de procédure civile*, n° 1361.

7017. Il en est autrement lorsqu'il s'agit, non plus de constater l'existence ou la non-existence d'un fait matériel, mais d'apprécier le fait dans ses rapports avec la loi, et de décider s'il satisfait aux conditions prescrites pour produire tels effets déterminés par la loi. — J.G.S. *Cassation*, 383. — V. *Code de procédure civile*, n° 1363.

7018. Certains faits produisent des effets légaux par cela seul qu'ils existent matériellement, et la constatation de leur existence, reconnue souverainement par les juges du fond, entraîne des conséquences légales que la cour de cassation ne peut se refuser à admettre. — J.G.S. *Cassation*, 384.

7019. D'autres faits n'existent, au point de vue légal, qu'à la condition de réunir certains caractères prévus par la loi; seulement, tantôt ces caractères comportent une certaine latitude d'appréciation, subordonnée aux circonstances dans lesquelles le fait s'est produit, tantôt ils ont une signification précise et déterminée par la loi. Dans le premier cas, la constatation des caractères nécessite une appréciation qu'on peut qualifier de *morale*, et qui à raison même des éléments qui lui servent de fondement, ne peut être effective que par les juges du fond. — J.G.S. *Cassation*, 384.

7020. Ainsi la déclaration par laquelle les juges du fond constatent qu'un chemin ne présente pas, à raison de son origine, de sa construction et de sa destination, les caractères d'un chemin public, constitue une appréciation matérielle souveraine, qui échappe au contrôle de la cour de cassation. — Req. 23 juill. 1878, D.P. 79. 1. 236.

7021. Il en est de même : ... de la déclaration qu'un nouvel œuvre n'est pas seulement une suppression de clôture, mais l'établissement d'une ouverture pouvant constituer le signe apparent d'une servitude de passage. — Req. 31 janv. 1876, D.P. 76. 1. 112.

7022. ... Et de la constatation que la marchandise assurée a péri par vice propre ou par fortune de mer. — Civ. r. 27 janv. 1875, D.P. 75. 1. 448.

7023. Le juge du fond se livre également à une appréciation souveraine de fait, lorsqu'il décide qu'un bordereau d'agent de change, produit par une société de crédit, est bien applicable à une opération de bourse déterminée, faite par cette société pour un client, nonobstant une différence existant entre le prix d'achat porté sur ce bordereau, et le prix que mentionnait la lettre d'avis au client émanée de la société. — Req. 18 mai 1885, D.P. 86. 1. 52.

7024. L'arrêt qui constate que, dans un travail de délimitation de propriétés, un immeuble a été divisé entre les parties, et qu'ensuite chacune d'elles a reçu des titres afférents à la part indivise qui lui revenait, se livre à une appréciation de fait souveraine qui échappe à la censure de la cour de cassation. — Req. 11 avr. 1888, D.P. 89. 1. 113.

7025. Le juge du fond rejette, en vertu d'une appréciation souveraine, la prétention d'un débiteur de faire surseoir à la collocation d'un créancier dans une distribution par contribution jusqu'après le jugement d'une instance en redressement de compte, quand il déclare que le fait même de l'ouverture de la contribution mettait le débiteur en demeure de poursuivre le redressement des comptes présentés par les créanciers et que le débiteur n'a justifié d'aucune diligence. — Civ. r. 19 déc. 1888, D.P. 89. 1. 168.

7026. Il y a aussi appréciation souveraine dans la décision du juge qui détermine la portion des revenus dotaux de la femme séparée de biens échappant à la saisie, comme étant nécessaire aux besoins de sa famille. — Req. 27 avr. 1880, D.P. 80. 1. 431.

7027. Le moyen pris de ce qu'une société civile n'aurait, en réalité, ni fonctionné, ni fourni de fonds à une société anonyme. manque complètement en fait, en présence de la constatation souveraine des juges du fond, que ladite société civile a rempli son objet, suivant la commune intention des parties; et ces mêmes juges déclarent également d'une façon souveraine qu'une irrégularité de forme alléguée, dans le contexte des titres délivrés aux obligataires, n'existe pas en fait. — Civ. r. 6 janv. 1890, D.P. 90. 1. 25.

7028. Dans le cas où l'existence des faits est reconnue et appréciée au moyen des indications fournies par la loi, on se trouve en face d'une appréciation *légale* qui, à la différence des appréciations matérielle et morale, c'est douée par les juges du fond que sous le contrôle de la cour de cassation, qui seule a qualité pour décider si cette appréciation est ou non conforme à la loi. — J.G.S. *Cassation*, 384.

7029. Ainsi il y a une appréciation légale, que la cour de cassation peut effectuer après les juges du fond, dans le fait de savoir si une réponse adressée à un journal réunit le caractère légal qui en rend l'insertion obligatoire. — Civ. c. 1ᵉʳ oct. 1875, D.P. 77. 1. 67.

7030. De même, la question de savoir si un individu a la qualité de commerçant est une question de droit sur la solution de laquelle la cour de cassation doit pouvoir exercer son contrôle. — Civ. c. 27 juill. 1891, D.P. 92. 1. 160.

7031. — 1° *Domicile* (C. proc. civ. nᵒˢ 1369 à 1372). — Le point de savoir en quel lieu se trouve le domicile d'un citoyen est essentiellement une question de fait dont les éléments ne peuvent être appréciés que par les juges du fond. — V. *Supplément au Code civil annoté*, art. 102, nᵒ 801.

7032. Il en est de même des circonstances invoquées comme constitutives d'un changement de domicile. — Req. 31 mai 1881, D.P. 82. 1. 18. — V. aussi *Supplément au Code civil annoté*, art. 105, nᵒˢ 850 et s.

7033. Le juge de paix, statuant sur l'appel d'une décision de la commission municipale, apprécie souverainement les faits qui constituent la résidence donnant droit à l'inscription sur la liste électorale. — V. *Code des lois adm. annotées*, t. 1ᵉʳ X, vᵒ *Elections*, nᵒˢ 953 et s.

7034. Mais son appréciation relative aux questions d'habitation réelle n'est souveraine qu'à la condition de ne pas contenir une interprétation illégale des éléments qui constituent la résidence. — V. *Code des lois adm. annotées*, ibid., nᵒˢ 967 et s.

7035. — 2° *Mariage; aliments* (C. proc. civ. nᵒˢ 1374 à 1379). — Les tribunaux ont un pouvoir discrétionnaire pour apprécier si un mariage a été ou non clandestin. — Lyon, 24 févr. 1881, D.P. 81. 2. 199.

7036. Ainsi il appartient au juge du fait de décider, par une appréciation souveraine des circonstances de la cause, que les parties qui sont allées contracter mariage en pays étranger, sans s'être conformées aux art. 170 et 171 C. civ., ont voulu rendre leur union clandestine. — Civ. r. 15 juin 1887, D.P. 88. 1. 412.

7037. — 3° *Divorce et séparation de corps* (C. proc. civ. nᵒˢ 1380 à 1385). — Le juge du fond apprécie souverainement : ... les caractères et la gravité des faits allégués à l'appui d'une demande de séparation de corps ou de divorce. — V. *Supplément au Code civil annoté*, art. 231, nᵒˢ 1515 et s.

7038. ... La question de savoir s'il y a eu réconciliation. — V. *ibid.*, art. 244, nᵒ 146.

7039. ... Les circonstances qui doivent déterminer les mesures à prendre dans l'intérêt des enfants issus du mariage. — V. *ibid.*, art. 303, nᵒˢ 2326 et s.

7040. Les tribunaux ont un pouvoir souverain d'appréciation pour admettre ou refuser une demande de conversion de séparation de corps en divorce. — V. *ibid.*, art. 309, nᵒˢ 2597 et s.

7041. — 4° *Paternité et filiation* (C. proc. civ. nᵒˢ 1386 à 1388). — *

7042. — 5° *Tutelle* (C. proc. civ. nᵒˢ 1389 et 1390¹. — Il appartient aux tribunaux d'apprécier les circonstances particulières qui peuvent excuser les irrégularités exemptes de tout soupçon de dol et de connivence dans la composition d'un conseil de famille. — V. *Supplément au Code civil annoté*, art. 407, nᵒˢ 3105 et s.

7043. — 6° *Interdiction, conseil judiciaire* (C. proc. civ. nᵒˢ 1391 à 1393). — Les juges du fond ont un pouvoir souverain pour apprécier les faits constitutifs de la démence à raison de laquelle l'interdiction peut être prononcée. — V. *ibid.*, art. 489, nᵒ 3314.

7044. ... Ainsi que les circonstances qui nécessitent la nomination d'un conseil judiciaire. — V. *ibid.*, art. 513, nᵒ 3414.

7045. — 7° *Immeubles par destination* (C. proc. civ. nᵒ 1394). — L'immobilisation d'objets mobiliers résultant à la fois de l'intention du propriétaire et de l'usage auquel a consacré ces objets, il appartient aux juges du fait de constater qu'un propriétaire n'a pas eu l'intention d'immobiliser par destination des meubles garnissant un fonds dotal, et qu'alors ces meubles ne sont pas devenus dotaux. — Req. 24 avr. 1885, D.P. 85. 1. 292.

7046. — 8° *Faits de possession* (C. proc. civ. nᵒˢ 1395 à 1405). — Les constatations des juges du fait sur l'existence et les caractères de la possession sont souveraines et échappent à la censure de la cour de cassation. — V. *Code de procédure civile*, nᵒ 1396. — V. aussi *supra*, art. 23, nᵒˢ 452 et s., 455 et s.; et *Supplément au Code civil annoté*, art. 1756i et s.

7047. Il leur appartient, en conséquence, de décider qu'il résulte du titre invoqué pour l'établissement d'une possession que cette possession est précaire et de pure tolérance. — Req. 2 mai 1876, D.P. 78. 1. 63. — V. *supra*, art. 23, nᵒ 461 et s.

7048. De même, ils apprécient souverainement, d'après le caractère et la continuité des faits allégués, si l'action possessoire a été formée dans l'année du trouble. — Req. 9 nov. 1875, D.P. 76. 1. 376. — V. *supra*, art. 23, nᵒˢ 678 et s.

7049. ... Et si la partie qui a formé son action en complainte dans l'aînée du trouble, était depuis un an au moins en possession paisible, publique, non équivoque et à titre de propriétaire. — Req. 7 août 1876, D.P. 77. 1. 123-124.

7050. — 9° *Servitudes* (C. proc. civ. nᵒˢ 1406 à 1410). — Les juges du fond peuvent affirmer qu'une propriété est en état d'enclave, et en déduire les conséquences légales, lorsque cet état n'est pas dénié par les parties intéressées qui en contestent seulement les résultats. — Civ. c. 17 févr. 1880, D.P. 82. 1. 311.

7051. — 10° *Succession* (C. proc. civ. nᵒˢ 1411 à 1413). — Il appartient aux juges du fond : ... de constater avec les caractères qui leur sont propres les éléments des faits présentés comme impliquant l'acceptation tacite d'une succession, et à la cour de cassation de contrôler les conséquences légales tirées de ces faits. — Req. 9 févr. 1874, D.P. 74. 1. 357.

7052. ... De décider, par une appréciation souveraine des circonstances de la cause, que des détournements ont été commis par des successibles au préjudice de la succession et que ces détournements présentent le caractère du divertissement prévu par l'art. 792 C. civ. — Civ. r. 10 avr. 1877, D.P. 77. 1.347. — Req. 18 oct. 1886, D.P. 87. 1. 390.

7053. L'arrêt qui déclare que les immeubles d'une succession sont impartageables à raison de la situation des parties et des circonstances de la cause et ordonne leur licitation échappe à la censure de la cour de cassation. — Civ. r. 11 août 1875, D.P. 75. 1. 461.

7054. — 11° *Dispositions à titre gratuit* (C. proc. civ. nᵒ 1414). — Il appartient aux juges du fond de décider, par une interprétation souveraine de la volonté des parties, qu'une condition impossible ou illicite opposée à une donation ou à un legs est substantielle, et que son inaccomplissement volontaire ou forcé doit faire tomber la libéralité elle-même. — Civ. r. 26 nov. 1878, D.P. 79. 1. 304. — Civ. r. 3 nov. 1885, D.P. 84. 1. 157.

7055. — 12° *Séparation de biens* (C. proc. civ. nᵒˢ 1415 à 1419). — En matière de séparation de biens, les tribunaux apprécient souverainement, dans chaque affaire, si le retard qui a pu se produire dans les poursuites doit être considéré comme une interruption, ou s'il n'a rien d'excessif et peut se justifier par les faits de la cause. — Civ. r. 18 août 1884, D.P. 85. 1. 207. — V. *Code de procédure civile*, nᵒ 1417.

7056. — 13° *Force majeure* (C. proc. civ. nᵒˢ 1420 à 1422). — Il appartient aux juges du fond de décider souverainement si une partie a fait la preuve de la force majeure invoquée par elle pour sa libération. — Req. 17 nov. 1873, J.G.S. *Cassation*, 390. — Civ. r. 40 avr. 1883, D.P. 84. 1. 79.

7057. Mais c'est à la cour de cassation à vérifier si les faits eux-mêmes sont de nature à entraîner les conséquences légales dérivant de la force majeure. — Civ. c. 29 févr. 1884, J.G.S. *Force majeure*, 26.

7058. Sur l'appréciation par les tribunaux des faits constitutifs de la force majeure, V. à outre *Supplément au Code civil annoté*, art. 1148, nᵒˢ 7615 et s.

7059. — 14° *Prescription* (C. proc. civ. nᵒ 1423). — L'appréciation des actes ou des faits qui, implicitement ou explicitement, manifestent de la part du débiteur la volonté de renoncer à une prescription acquise, rentre dans le pouvoir souverain des juges du fond. — Req. 21 mai 1883, D.P. 84. 1. 163.

7060. — 15° *Matière commerciale* (C. proc. civ. nᵒ 1424). — En matière d'autorisation maritale donnée à une femme commerçante, l'appréciation des juges du fond, basée sur l'usage local, les habitudes du commerce et les circonstances de la cause, est souveraine. — Req. 6 août 1878, D.P. 79. 1. 499.

7061. — II. Appréciation des fautes (C. proc.civ. nᵒˢ 1425 à 1438). — La doctrine qui reconnaît d'une façon absolue la souveraineté du juge en matière de responsabilité ne doit pas être acceptée sans réserve. — J.G.S. *Cassation*, 394 et 395.

7062. En effet, parmi les éléments constitutifs de la faute, il en est que la loi a rigoureusement déterminé et qui doivent être soumis, dès lors, à une appréciation légale. — J.G.S. *Cassation*, 395.

7063. La faute peut être définie un acte ou une omission réunissant les caractères suivants : 1° entraîner préjudice pour autrui ; 2° résulter de la libre détermination de son auteur ; 3° être illicite. — J.G.S. *Cassation*, 395.

7084. Les juges du fond constatent souverainement l'existence de l'acte ou de l'omission, et apprécient avec la même liberté les deux premiers caractères, à savoir : le préjudice causé à autrui et la libre détermination de l'auteur. — J.G.S. *Cassation*, 395. — V. conf. Req. 9 janv. 1882, D.P. 82. 1. 117. — Civ. r. 26 avr. 1887, D.P. 87. 5. 388. — Civ. r. 18 juill. 1888, D.P. 89. 1. 97.

7085. Mais il appartient à la cour de cassation d'apprécier, en droit, si les faits que les juges du fond ont déclarés constitutifs d'une faute tombent sous l'application de l'art. 1382 C. civ. — Civ. c. 28 janv. 1879, D.P. 79. 1. 151.

7086. Le caractère illicite de l'acte ou de l'omission résultera : ... tantôt d'une infraction à une convention particulière intervenue entre les parties, et alors les juges du fond sont souverains pour apprécier cette infraction comme tout ce qui a trait à l'étendue des conventions et aux intentions des parties. — J.G.S. *Cassation*, 395.

7067. ...Tantôt d'une infraction à la loi qui prohibe ou qui ordonne l'acte dont s'agit, et alors il y a lieu de distinguer suivant que la loi a édicté une prescription générale et vague, commandée de ne pas être imprudent, ou qu'elle a, par une disposition formelle, défendu ou exigé tel acte dans l'intérêt des tiers. — J.G.S. *Cassation*, 395.

7068. Dans le cas où il ne s'agit que d'une prescription générale et vague, le juge du fond ne peut nier que l'auteur du dommage soit obligé d'être prudent, c'est-à-dire de prendre toutes les précautions qu'un homme sensé devait observer afin de ne pas nuire à autrui ; mais il lui appartient de déterminer souverainement dans chaque espèce quelles sont les précautions auxquelles le prudence commande de recourir. — J.G.S. *Cassation*, 395.

7069. Ainsi, dans l'hypothèse d'un accident de chemin de fer, décider que l'administration d'une armée ennemie aurait été substituée à la compagnie pour l'organisation et la marche des trains entre lesquels une collision s'est produite, les juges du fond apprécient souverainement, soit la part d'imprudence imputable aux agents étrangers à la compagnie, soit l'absence de toute faute de la part du conducteur du train tel dans l'accident. — Civ. r. 27 juin 1876, D.P. 76. 1. 375.

7070. Il leur appartient également de décider souverainement la cause d'un accident est imputable à la négligence des employés d'une compagnie de chemin de fer, ou plutôt à l'imprudence de la partie lésée. — Req. 28 mars 1876, D.P. 76. 1. 487.

7071. Dans l'hypothèse où la loi a nettement indiqué une prescription ou une défense, la cour de cassation peut, au contraire, contrôler l'appréciation des juges du fond et décider si le fait invoqué comme base d'une action en responsabilité présente les caractères juridiques de la faute prévue par les art. 1382 et 1383. — J.G.S. *Cassation*, 395. — V. *Code de procédure civile*, n° 1439, et *Supplément au Code civil annoté*, n° 9669 et s.

7072. C'est ainsi qu'elle a cassé les arrêts qui considéraient comme illicite : 1° le fait par un bureau auxiliaire du Mont-de-Piété d'avoir consenti un prêt supérieur à 500 fr. contrairement aux règlements relatifs à l'administration du Mont-de-Piété qui défendent une opération de cette importance, ces règlements ne constituant que des mesures d'ordre intérieur. — Civ. r. 12 janv. 1875, D.P. 75. 1. 145.

7073. ...2° Le fait par l'avoué de l'adjudicataire auquel l'huissier remet par erreur la copie de l'exploit de dénonciation de surenchère, destinée à l'avoué du poursuivant, de n'avoir pas rendu la copie à l'huissier en

lui signalant cette erreur dont il s'est aperçu, et qui a pour effet d'entraîner la nullité de la signification. — Civ. c. 28 janv. 1879, D.P. 79. 1. 151.

7074. Il a été également décidé que, quand on a un arrêt, pour imputer à un navire la responsabilité d'un abordage, se fonde sur une manœuvre *à bâbord*, alors qu'aux termes d'un article du règlement international sur les abordages, le capitaine aurait dû, d'après ce même arrêt, commander la manœuvre *à tribord*, la cour de cassation peut et doit examiner si l'article du règlement a été exactement interprété. — Civ. c. 19 mars 1888, D.P. 88. 1. 391.

7075. De même, il appartient à la cour de cassation de qualifier les faits dûment constatés par les juges du fond, spécialement de décider, contrairement au jugement attaqué, que le fait d'un employé de chemin de fer qui refuse de prendre son service malgré les injonctions réitérées de la compagnie, constitue une faute grave de nature à le faire révoquer et à lui faire encourir certaines déchéances. — Civ. c. 13 janv. 1892, D.P. 92. 1. 157.

7076. Si les dommages-intérêts ont été fixés par la convention, les pouvoirs du juge du fond sont les mêmes qu'en matière d'appréciation de conventions ; si, au contraire, ils n'ont pas été prévus, il appartient au juge d'en déterminer souverainement la quotité par appréciation des circonstances de la cause. Peu importe, d'ailleurs, que l'allocation de dommages-intérêts ait pour fondement l'inexécution d'une convention (dommages-intérêts contractuels) ou bien la réparation d'un délit ou d'un quasi-délit. — J.G.S. *Cassation*, 393.

7077. Ainsi il a été jugé, dans le premier cas, que l'arrêt qui alloue des dommages-intérêts réclamés pour retard dans le payement de marchandises, seulement à compter de la demande en justice, échappe à la censure de la cour de cassation. — Req. 13 avr. 1875, D.P. 77. 1. 72.

7078. ... Et que le juge du fond qui, pour fixer une indemnité, interprète le contrat litigieux, ne viole aucune loi, du moment où il n'est pas démontré qu'il ait dénaturé ce contrat. — Req. 28 mars 1888, D.P. 88. 1. 361.

7072. La règle est non moins certaine dans la seconde hypothèse (réparation d'un délit ou quasi-délit) : les juges du fond ont un pouvoir discrétionnaire pour évaluer la quotité des dommages dont la réparation est réclamée en vertu des art. 1382 et 1383 C. civ. — Req. 20 nov. 1876, D.P. 78. 1. 172. — Req. 2 avr. 1878, J.G.S. *Cassation*, 393. — V. *Code de procédure civile*, n° 1436.

7080. Il leur appartient, en conséquence, d'apprécier souverainement si la partie admise par une partie a causé un préjudice et d'évaluer l'importance de ce préjudice. — Civ. r. 30 mai 1876, D.P. 78. 1. 88. — Req. 7 févr. 1877, D.P. 77. 1. 476.

7081. ... Et notamment de décider si la nullité d'un acte authentique a causé ou non aux parties un préjudice et, en cas d'affirmative, de déterminer l'importance de la réparation due par le notaire. — Req. 31 mars 1885, D.P. 85. 1. 406-407. — V. *Code de procédure civile*, n° 4437.

7082. Il appartient aussi souverainement aux juges du fond, saisis d'une demande d'indemnité pour cause d'avaries, de décider que « toute la marchandise a été avariée au point de ne pouvoir lui donner une estimation », et, par suite, de fixer les dommages-intérêts à la valeur totale de ces marchandises. — Req. 21 nov. 1882, D.P. 83. 1. 380.

7083. La question de savoir si l'accident à raison duquel un particulier est recherché lui est personnellement imputable est apprécié souverainement par les juges du fond. — Civ. r. 24 juin 1874, D.P. 74. 1. 398-399.

§ 3. — *Appréciation des faits constitutifs du dol, de la fraude, de la simulation, de la bonne ou de la mauvaise foi (C. proc. civ. n° 1439 à 1456).*

7084. — I. Dol et fraude (C. proc. civ. n° 1439 à 1445). — En ce qui concerne le pouvoir d'appréciation des tribunaux en matière de dol et de fraude, V. *Supplément au Code civil annoté*, n° 7404 et s.

7085. Jugé à cet égard que les juges du fond ont un pouvoir souverain : 1° tant en ce qui concerne l'existence des faits allégués comme dolosifs que sur la question de savoir si ces faits ont déterminé la convention dont la nullité est poursuivie. — Req. 25 mai 1880, D.P. 80. 1. 471. — Conf. Civ. r. 2 août 1876, D.P. 78. 1. 36, et la note.

7086. ... 2° Pour décider qu'un acte est entaché d'une fraude de nature à motiver l'annulation en vertu de l'action paulienne. — Req. 28 août 1874, J.G.S. *Cassation*, 403.

7087. ... 3° Pour décider si un contrat de vente déguisée une donation et si ce déguisement n'est pas entaché de fraude. — C. cass. de Belgique, 2 juin 1887, D.P. 89. 2. 39.

7088. ... 4° Pour décider que des billets à ordre constituent des valeurs de pure complaisance. — Req. 18 févr. 1874, D.P. 76. 1. 394.

7089. ... 5° Pour apprécier les faits et circonstances desquels il peut résulter qu'un contrat est de nature à porter atteinte au principe de la liberté du commerce et de la liberté de la concurrence. — Civ. r. 18 janv. 1879, D.P. 79. 1. 77.

7090. — II. Simulation (C. proc. civ. n° 1446 à 1454). — Le juge du fond a un pouvoir souverain pour reconnaître, en dehors du cas d'interposition légalement présumée, si le légataire désigné dans un testament est ou non une personne interposée. — Req. 15 déc. 1875, D.P. 76. 1. 325. — V. *Code de procédure civile*, n° 1448.

7091. Son appréciation est également souveraine sur la question de savoir si des prêts réalisés à un taux usuraire ont été ou non déguisés sous l'apparence d'une vente ou de toute autre convention. — Cr. r. 14 mai 1886, D.P. 86. 1. 426. — Cr. r. 18 nov. 1887, D.P. 88. 5. 523. — V. *Code de procédure civile*, n° 1452.

7092. — III. Bonne ou mauvaise foi (C. proc. civ. n° 1455 et 1456). — Les faits constitutifs de la bonne ou de la mauvaise foi rentrent dans le pouvoir souverain d'appréciation des juges du fond. — Conf. Civ. r. 19 févr. 1879, D.P. 79. 1. 222.

§ 4. — *Appréciation des preuves et présomptions (C. proc. civ. n° 1457 à 1496).*

7093. — I. Preuve littérale (C. proc. civ. n° 1457 à 1463).

7094. — II. Preuve testimoniale (C. proc. civ. n° 1464 à 1487). — En ce qui concerne le pouvoir du juge quant à l'admission de la preuve testimoniale, V. *Supplément au Code civil annoté*, n° 8965 et s.

7095. — 1° Admissibilité de la preuve (C. proc. civ. n° 1466 à 1476). — Les tribunaux ont un pouvoir discrétionnaire pour apprécier les faits allégués, et pour juger de leur pertinence. — Req. 16 avr. 1883, D.P. 84. 1. 75. — Req. 9 mai 1886, D.P. 87. 1. 16. — Req. 16 mars 1887, D.P. 87. 1. 211. — V. *Code de procédure civile*, n° 1466.

7096. Ainsi, la décision par laquelle les juges du fond refusent d'ordonner une enquête sur les faits dont la preuve est offerte en déclarant, d'après les circonstances établies au procès, que ces faits sont sans vraisemblance, échappe au contrôle de la cour de cassation. — Req. 26 mars 1877, D.P. 78. 1. 475.

7097. Les juges du fond peuvent déclarer souverainement que les faits dont l'appelant demandait à faire la preuve sont en contradiction avec ceux constatés dans la cause et refuser, en conséquence, d'admettre cette preuve.— Req. 20 janv. 1880, D.P. 80. 1. 304.

7098. Il leur appartient également d'écarter du débat, comme ne méritant aucune confiance et ne pouvant dès lors faire preuve d'un contrat de commission, une lettre missive produite par le prétendu commissionnaire, et qu'il n'avait point transcrite sur ses livres de commerce. — Req. 18 févr. 1874, D.P. 76. 1. 394.

7099. De même, un arrêt peut, en se fondant sur ce que les faits articulés sont déments par les documents officiels soumis aux premiers juges et à la cour, rejeter une offre de preuve produite pour la première fois en appel, sans que cette décision tombe sous la censure de la cour de cassation. — Req. 6 août 1883. D P. 85. 1. 16.

7100. C'est aussi à bon droit que les juges du fond déclarent non pertinents des faits offerts en preuve, et rejettent la demande qu'ils devaient justifier, si, appréciant à la fois la portée des conventions des parties et le caractère des ces faits, ils décident qu'ils n'étaient pas contraires aux conventions. — Req. 22 juill. 1889, D.P. 90. 5. 49.

7101. Mais il a été décidé que les juges du fond ne peuvent refuser d'ordonner la preuve de faits dont la pertinence n'est pas contestée, en se fondant sur ce qu'il n'est pas vraisemblable qu'ils puissent être prouvés par des témoins dignes de foi. — Rouen, 29 déc. 1875, D.P. 77. 2. 1.

7102. — 2o *Commencement de preuve par écrit* (C. proc. civ. nos 1417 à 1483). — Sur les caractères du commencement de preuve par écrit et le pouvoirs d'appréciation des juges du fond à cet égard, V. *Supplément au Code civil annoté*, no 8872 et s.

7103. En matière de filiation naturelle, il appartient aux juges du fond d'apprécier souverainement si les actes invoqués comme constituant un commencement de preuve par écrit rendent vraisemblable le fait allégué. — Civ. r. 25 juin 1877, D.P. 78. 1. 262. — V. *Code de procédure civile*, no 1483.

7104. — 3o *Appréciation des preuves produites* (C. proc. civ. nos 1484 à 1487). — Les juges qui déclarent que les héritiers légitimes, demandeurs en nullité d'un testament et tenus d'en faire la preuve, n'ont pas satisfait à cette obligation, usent de leur pouvoir d'appréciation souveraine, et leur décision sur ce point n'est pas sujette à cassation. — Req. 10 janv. 1877, D.P. 77. 1. 159-160.

7105. Les juges du fond apprécient aussi souverainement si, dans les dépositions d'une enquête, certains faits complètement étrangers à une partie ne peuvent pas lui être opposés. — Req. 13 déc. 1875, D.P. 76. 1. 417.

7106. ... Si l'ensemble des dépositions d'une enquête renferme non la preuve d'une obligation civile, mais seulement celle d'une obligation naturelle. — Même arrêt.

7107. — III. Présomptions (C. proc. civ. nos 1488 à 1492). — Pour déterminer l'étendue du droit d'appréciation des tribunaux en cette matière, il faut distinguer entre les présomptions légales, dont les juges ne peuvent méconnaître la force probante qui est établie par la loi, sans contrevenir directement à une prescription légale, et les présomptions simples ou humaines dont l'appréciation a été abandonnée aux termes de l'art. 1353 C. civ. « aux lumières et à la prudence du magistrat ». — J.G.S. *Cassation*, 399.

7108. S'il s'agit de déterminer les conséquences légales des présomptions admises par les juges du fond, la cour de cassation pourra sans doute intervenir, comme au regard des tous autres faits constatés par les tribunaux ; mais, sous cette seule réserve, ceux-ci jouissent d'un pouvoir discrétionnaire pour admettre ou repousser les présomptions invoquées dans les matières où la preuve testimoniale est recevable. — J.G.S. *Cassation*, 399.

7109. ... Et pour apprécier souverainement

la gravité, la précision et la concordance des présomptions invoquées. — Civ. c. 30 juin 1879, D.P. 79. 1. 413.

7110. En conséquence, l'arrêt qui déclare, en l'absence de toute preuve écrite et sur les seules présomptions résultant des faits de la cause, qu'une personne n'a point été l'associé d'un commerçant failli, mais seulement son commis intéressé pour une part dans les bénéfices, échappe à la censure de la cour de cassation. — Req. 2 févr. 1876, D.P. 77. 1. 422-423.

7111. Il en est de même de l'arrêt qui, dans le cas où des marchandises mises à bord d'un navire ont été indiquées dans le connaissement comme étant d'un poids déterminé, en tire la présomption que ces marchandises ont été l'objet d'un pesage. — Civ. r. 9 nov. 1875, D.P. 75. 1. 452.

7112. — IV. Aveu judiciaire (C. proc. civ. nos 1493 à 1496). — Les juges du fond constatent et apprécient souverainement l'aveu fait par une partie. — Civ. r. 22 mai 1878, D.P. 78. 1. 484.

7113. Il leur appartient aussi d'apprécier si les éléments d'un aveu extrajudiciaire se rencontrent dans une lettre missive produite par l'une des parties. — Civ. r. 20 nov. 1876, D.P. 78. 1. 413.

7114. ... Et si les déclarations faites par le défendeur éventuel dans les actes de la procédure constituent un aveu judiciaire. — Req. 31 janv. 1876, D.P. 76. 1. 112.

7115. Toutefois, ces décisions doivent être entendues comme se référant à la constatation de l'aveu, et non à la qualification qu'il convient de lui appliquer. — J.G.S. *Cassation*, 402.

§ 5. — *Appréciation et interprétation des actes judiciaires et des jugements* (C. proc. civ. nos 1497 à 1532).

7116. — I. Actes de procédure (C. proc. civ. nos 1497 à 1515). — Les juges du fond apprécient souverainement le caractère d'une action portée devant lui. — C. cass. de Belgique, 2 juin 1887, D.P. 89. 2. 39.

7117. Il leur appartient aussi de décider : 1o qu'un acte de procédure émanant de l'une des parties ne constitue qu'une acceptation conditionnelle d'un jugement, et qu'au cas où point l'exécution pure et simple. — Req. 10 août 1874, D.P. 75. 1. 108.

7118. ... 2o Qu'un aveu judiciaire, ayant été la suite d'une erreur de fait, doit être révoqué. — Req. 20 mars 1877, D.P. 77. 1. 328.

7119. Ils sont également souverains : ... pour apprécier les circonstances d'où résulte la renonciation tacite des parties à la formalité du serment des experts. — Req. 21 janv. 1874, D.P. 74. 1. 494.

7120. ... Pour décider, d'après les faits de la cause, que la date de l'acquiescement à un jugement par défaut, donné sous signature privée et non enregistré, n'est pas sincère et que, par suite, ce jugement est en demeure de péremption. — Req. 9 août 1880, D.P. 81. 1. 244. — V. *Code de procédure civile*, no 1515, et *supra*, nos 4606 et s.

7121. Sur le pouvoir du juge en matière de reproches, V. *supra*, no 3754.

7122. — II. Jugements et arrêts (C. proc. civ. nos 1516 à 1532). — C'est à la cour de cassation uniquement qu'il appartient d'interpréter ses propres arrêts. — J.G.S. *Cassation*, 412.

7123. Aussi a-t-elle décidé, en principe, qu'il n'y a pas lieu à interprétation d'un arrêt de cassation dont les dispositions sont claires, lors même qu'on son exécution donnerait lieu à des difficultés tenant à l'insuffisance de la loi. — Civ. r. 17 mars 1885, D.P. 85. 1. 230.

7124. ... Qu'elle ne peut, dans le but de prévenir les difficultés que l'exécution d'un arrêt rendu par elle pourrait soulever éventuellement, être saisie d'une demande en interprétation de cet arrêt, s'il ne présente

aucune obscurité ou ambiguïté, ces difficultés rentrant dans la compétence ordinaire des tribunaux. — Civ. r. 10 juill. 1860, J.G.S. *Cassation*, 412.

7125. Sur le pouvoir discrétionnaire des juges ; ... en matière de condamnation aux dépens, V. *supra*, nos 2632 et s.

7126. ... En matière d'interprétation de jugements, V. *supra*, nos 2789 et s.

7127. Il importe de distinguer les moyens nouveaux, d'une part, des demandes nouvelles, lesquelles élargissent le procès ou en modifient l'objet, et, d'autre part, des arguments nouveaux qui ont pour but de justifier avec plus de force les moyens invoqués. — J.G.S. *Cassation*, 418.

7128. Celui qui invoque des moyens nouveaux ne modifie pas ses prétentions, mais prétend atteindre un résultat identique par une voie différente ; il fonde sa réclamation sur un rapport de droit dont il avait négligé de se prévaloir antérieurement. — J.G.S. *Cassation*, 419.

7129. Pour reconnaître si un moyen est nouveau, la cour suprême prend pour base de son examen le dernier état de la cause : tout moyen qui ne résulte pas du texte même de la décision attaquée, ou tout au moins des qualités, est réputé nouveau. — J.G.S. *Cassation*, 420.

§ 1er. — *Moyens rejetés comme n'ayant été proposés ni en première instance, ni en appel* (C. proc. civ. nos 1535 à 1795).

7130. Sont nouveaux, non seulement les moyens qui n'ont été soumis aux juges ni en première instance, ni en appel, mais encore ceux qui, ayant été invoqués en premier degré, n'ont été reproduits ni moins implicitement dans le second, et celui tous ceux qu'on a omis de faire constater aux qualités des jugements ou arrêts. — J.G.S. *Cassation*, 420. — V. *Code de procédure civile*, no 1535.

7131. Ainsi un moyen n'est pas nouveau s'il est en rapport direct et précis avec les motifs sur lesquels s'appuie l'arrêt attaqué. — Civ. c. 14 janv. 1890, D.P. 91. 1. 433.

7132. Est, au contraire, considéré comme nouveau, et par conséquent est non recevable devant la cour de cassation, le moyen tiré d'un acte produit devant les juges du fond, mais qui désérés des moyens à raison desquels cet acte avait été invoqué. — Civ. r. 20 nov. 1888, D.P. 90. 1. 157.

7133. Il n'existe ni loi ni règlement qui soumette à une formule sacramentelle les moyens proposés devant la cour de cassation, et il est incontestablement permis d'invoquer pour la première fois devant elle des arguments ou des textes qui n'auraient pas été invoqués devant les juges du fond, pourvu que la question à juger reste la même, et que le débat, en se fixant sur le champ seulement par des arguments nouveaux, ne change pas de caractère. — D.P. 76. 1. 452-453, note 5.

7134. Le demandeur en cassation ne peut utilement produire pour la première fois, en vue d'invoquer une prétendue violation de la loi, une demande d'une tout autre nature que celle qui a été portée devant les juges du fond. — Civ. r. 19 févr. 1884, D.P. 84. 1. 388.

7135. Mais il importe peu qu'un moyen n'ait pas été formulé devant les juges du fond dans les mêmes termes où devant la cour de cassation, s'il n'en a pas moins été puisé dans les faits soumis à la cour d'appel et dans les conclusions dont elle a été saisie. — Civ. r. 23 nov. 1875, D.P. 76. 1. 452-453.

7136. Le moyen de cassation tiré de ce que l'interprétation de la loi musulmane consacrée par l'arrêt attaqué, exacte d'après le rite malékite, ne le serait pas d'après un autre rite que le défendeur aurait pu choisir, est irrecevable comme nouveau lorsque la question n'a pas été soulevée devant les juges du fond. — Req. 20 avr. 1891, D.P. 91. 1. 273. — Comp. *Code de procédure civile,* n° 1018.

A. — Matière civile (C. proc. civ. n°s 1546 à 1653).

7137. — I. ÉTAT DES PERSONNES (C. proc. civ. n°s 1548 et 1549). — Est nouveau et comme tel non recevable le moyen de cassation tiré de ce qu'un commerçant ne pourrait, à raison de sa qualité d'étranger, réclamer la protection des lois françaises sur les marques de fabrique lorsqu'il n'est pas établi que la partie adverse ait excipé devant les juges du fond de la prétendue extranéité de ce commerçant, ni qu'elle leur ait soumis les griefs qui seraient d'après elle la conséquence de ce fait allégué pour la première fois devant la cour de cassation. — Civ. r. 6 juill. 1891, D.P. 92. 1. 167.

7138. — II. ACTES DE L'ÉTAT CIVIL (C. proc. civ. n° 1550).

7139. — III. SÉPARATION DE CORPS ET DIVORCE (C. proc. civ. n° 1551). — On ne peut proposer pour la première fois devant la cour de cassation l'irrégularité consistant en ce qu'une cour d'appel aurait prononcé le divorce contre un époux à raison de faits relevés par elle dans une enquête, mais qui n'avaient pas été articulés par l'autre époux et sur lesquels le défendeur n'avait pu faire la preuve contraire. — Req. 6 févr. 1889, D.P. 90. 1. 206.

7140. — IV. CONSEIL DE FAMILLE (C. proc. civ. n°s 1552 et 1553).

7141. — V. PROPRIÉTÉ, USUFRUIT ET SERVITUDES (C. proc. civ. n°s 1554 à 1564). — L'usufruitier actionné par le nu-propriétaire en dommages-intérêts pour abus de jouissance, qui s'est borné en première instance et en appel à prétendre n'avoir fait qu'user de son droit, ne peut se plaindre devant la cour de cassation de ce que les juges, en le condamnant à une indemnité, n'aient point déclaré qu'elle ne serait exigible qu'à la cessation de l'usufruit. — Req. 16 déc. 1874, D.P. 76. 1. 431-432.

7142. Le moyen pris de ce que l'usufruitier d'un immeuble incendié ne serait tenu qu'à *terme* de l'indemnité pécuniaire due par lui au nu-propriétaire, en raison de ce que l'usufruit ne se trouverait pas éteint, la destruction de l'immeuble n'ayant été que partielle, ne peut être produit pour la première fois devant la cour de cassation, parce qu'il dépend d'un point de fait non vérifié. — Req. 4 juill. 1887, D.P. 87. 1. 321.

7143. Il en est de même du moyen tiré de ce que le lavoir dont le curage a été mis à la charge du propriétaire du fonds servant, serait un cours d'eau distinct du canal qu'il s'est obligé à curer, et que, par suite, l'obligation de curer ce lavoir constituerait une aggravation de servitude. — Req. 22 févr. 1881, D.P. 81. 1. 407.

7144. Lorsque les juges du fond ont déclaré que les demandeurs ne justifiaient d'aucun acte de propriété ou de possession sur le terrain litigieux, ceux-ci ne peuvent attaquer cette décision en soutenant qu'ils exerçaient depuis un temps immémorial les droits réservés par la loi aux riverains, et qu'ils avaient ainsi acquis une possession opposable au défendeur : ce moyen de cassation doit être déclaré irrecevable comme nouveau et comme mélangé de fait et de droit. — Civ. r. 22 déc. 1886, D.P. 87. 1. 111.

7145. Le moyen pris de ce qu'un arrêt aurait contrevenu aux principes qui régissent l'organisation de la propriété, en reconnaissant aux membres d'une congrégation enseignante la faculté d'occuper indéfiniment, et tant qu'ils l'enseigneraient dans la ville, le terrain dont l'usage leur avait été con-

cédé, ainsi que les bâtiments qu'ils y ont fait construire, est mélangé de fait et de droit, puisqu'il exige la recherche de l'intention des parties dans leur convention, afin de caractériser exactement le lien juridique formé entre elles, et de savoir s'il est ou non de nature à justifier la durée éventuellement indéfinie de l'occupation dont il s'agit. — Req. 24 juill. 1882, D.P. 84. 1. 185.

7146. En conséquence, ledit moyen doit être déclaré non recevable par la cour de cassation, en raison de sa nouveauté, s'il n'a été ni explicitement, ni implicitement soumis à l'examen des juges du fond. — Même arrêt.

7147. Est également nouveau et irrecevable le moyen de cassation tiré de ce que la durée du temps exigé pour l'acquisition d'une servitude par prescription n'aurait été que de vingt ans, lorsque devant les juges du fond le demandeur a justifié de sa prescription trentenaire. — Req. 20 avr. 1891, D.P. 91. 1. 273.

7148. — VI. SUCCESSION (C. proc. civ. n°s 1565 à 1569). — Le moyen tiré de ce que le retrait successoral serait inapplicable au cas où la cession consentie par un héritier n'aurait eu pour objet que des biens déterminés et irrévocable comme nouveau devant la cour de cassation, s'il n'a été proposé ni en première instance, ni en appel. — Civ. r. 8 nov. 1882, D.P. 83. 1. 268-269.

7149. Un légataire universel, renvoyé d'une demande en partage de successions échues au testateur, faute d'avoir prouvé le décès de celui-ci, n'est pas recevable à attaquer cette décision devant la cour suprême qui se fondait sur les principes en matière d'absence. — Req. 9 juill. 1873, J.G.S. *Cassation,* 439.

7150. Le moyen fondé sur ce qu'un partage de succession dûment homologué serait inefficace et irrégulier, soit à l'égard des créanciers de l'un des copartageants, parce qu'ils n'y ont été appelés, soit à l'égard de leur débiteur, est mélangé de fait et de droit, et ne peut, dès lors, être proposé pour la première fois devant la cour de cassation. — Req. 22 févr. 1881, D.P. 81. 1. 409.

7151. — VII. DONATIONS ET TESTAMENTS (C. proc. civ. n°s 1570 à 1580). — Le donataire particulier ne peut soutenir pour la première fois devant la cour de cassation qu'il a un droit personnel sur un immeuble objet d'une donation antérieure non transcrite, alors qu'il n'a présenté aucune conclusion sur ce point, soit en première instance, soit en appel. — Req. 1er août 1878, D.P. 79. 1. 167.

7152. Le moyen tiré de ce qu'un testament, ayant été provoqué par les manœuvres frauduleuses du légataire, aurait dû être annulé, et la restitution du legs ordonnée à titre de dommages-intérêts, est non recevable, lorsque le juge du fait n'a été saisi que d'une demande à fin d'attribution d'un legs et de nullité d'une disposition testamentaire. — Req. 19 févr. 1884, D.P. 84. 1. 388.

7153. La question de savoir si la clause révocatoire qui contient un testament annulé pourrait néanmoins demeurer efficace, constitue un moyen mélangé de fait et de droit, qui ne peut être soulevé pour la première fois devant la cour de cassation. — Req. 10 juill. 1883, D.P. 84. 1. 159.

7154. La partie qui s'est bornée devant les juges du fond à contester la remise d'un legs particulier, ne peut contester pour la première fois devant la cour de cassation la qualité de légataire universel que son adversaire s'est attribuée de notaire liquidateur. — Req. 30 mai 1881, D.P. 82. 1. 22.

7155. Et ce moyen n'est pas recevable, en tant que mélangé de fait et de droit, quand il se fonde sur ce que les termes exprès et non équivoques du testament doivent être rectifiés par l'interprétation des diverses clauses dès cet acte qui révéleraient une intention contraire aux expressions dont s'est servi le testateur. — Même arrêt.

7156. Le moyen tiré de ce que la libéralité dont le rapport est demandé n'aurait point été acceptée par le cohéritier à qui elle a été faite et qui en a, d'ailleurs, profité, étant mélangé de fait et de droit, ne peut être présenté pour la première fois devant la cour de cassation. — Req. 4 nov. 1889, D.P. 90. 1. 435.

7157. — VIII. OBLIGATIONS (C. proc. civ. n°s 1581 à 1601). — Le demandeur en cassation qui, devant les juges du fond, a uniquement argué de non recevable le moyen tiré des engagements contractés par lui, n'est pas recevable à invoquer devant la cour de cassation d'autres moyens étrangers à celui-ci. — Req. 25 mai 1880, D.P. 80. 1. 471.

7158. ... Et notamment ceux tirés : ... de ce que les billets souscrits par lui l'avaient été en blanc. — Même arrêt.

7159. ... De ce qu'ils étaient sans cause ou que la cause n'en était pas indiquée. — Même arrêt.

7160. ... Ou de ce qu'ils constituaient une pure libéralité, soumise, dès lors, aux formes prescrites pour les donations. — Même arrêt.

7161. ... Alors surtout que les faits, sur lesquels ces moyens étaient appuyés n'étaient point de nature à appeler l'attention du juge sur l'application des dispositions invoquées. — Même arrêt.

7162. D'ailleurs, de tels moyens, étant compliqués de fait et de droit, ne peuvent, même ou admettant qu'ils soient d'ordre public, être proposés pour la première fois devant la cour de cassation. — Même arrêt.

7163. La partie qui s'est bornée devant les juges du fond à contester la solidarité d'une dette et le caractère privilégié d'une créance, n'est pas recevable à soutenir pour la première fois devant la cour de cassation que l'action n'était pas légalement exercée par le créancier du chef de son débiteur failli et que la condamnation a été à tort prononcée au profit de ce créancier. — Civ. r. 30 janv. 1889, D.P. 89. 1. 319.

7164. Le moyen tiré, par le débiteur d'une pension alimentaire, de ce que le jugement de condamnation a fait courir les arrérages de cette pension antérieurement à la demande ne peut être proposé devant la cour de cassation, alors que devant les juges du fond le débiteur avait demandé seulement à être libéré de ces arrérages à titre de dommages-intérêts. — Civ. r. 3 avr. 1884, D.P. 83. 1. 335.

7165. Est également irrecevable comme nouveau un moyen tiré d'une convention invoquée devant la cour de cassation comme constituant un fait, par exemple, l'irrégularité de la nomination des administrateurs, qui pouvait donner lieu de lui-même à la nullité de la société, que le demandeur n'avait excipé de cette convention devant les juges du fond qu'à l'effet d'établir un grief relatif à l'évaluation des rapports en nature. — Civ. r. 20 nov. 1888, D.P. 90. 1. 151.

7166. Et il importerait peu que le moyen nouveau eût figuré dans les motifs des conclusions que le demandeur aurait prises devant la cour d'appel s'il ne s'en est point prévalu dans le dispositif desdites conclusions. — Même arrêt.

7167. Le moyen tiré de ce qu'un jugement a prononcé à tort la solidarité ne peut être proposé pour la première fois devant la cour de cassation. — Req. 20 mai 1879, D.P. 80. 1. 35. — V. *Code de procédure civile,* n° 1587.

7168. Mais le demandeur en cassation qui, tout en présentant devant un appel, a soutenu ne rien devoir à la partie adverse, peut critiquer devant la cour de cassation, la disposition qui a prononcé contre lui une condamnation solidaire : ce n'est pas un moyen nouveau. — Civ. c. 21 févr. 1872, D.P. 86. 1. 420, note 1. — Civ. r. 7 avr. 1886, D.P. 86. 1. 420-421.

7169. La cour de cassation a écarté comme

nouveaux les moyens tirés : 1° de ce que, en violation de la loi du contrat, un arrêt aurait refusé d'ordonner le dépôt chez un banquier des sommes encaissées pour le compte d'une participation. — Req. 28 avr. 1873, J.G.S. *Cassation*, 440.

7170. ... 2° De ce qu'une quittance était entachée de dol. — Req. 9 mars 1875, J.G.S. *Cassation*, 440.

7171. ... 3° De ce qu'une convention sur laquelle on fondait le droit d'user d'un procédé breveté devait être déclarée nulle pour défaut de cause, ou inefficace comme subordonnée à une condition défaillie. — Req. 17 avr. 1877, J.G.S. *Cassation*, 446.

7172. ... 4° De ce que la personne à laquelle des offres réelles ont été signifiées n'avait pas reçu du créancier mandat de recevoir ces offres. — Req. 18 mars 1879, D.P. 79. 1. 308. — V. *Code de procédure civile*, nᵒ 1595.

7173. ... 5° De ce que des offres réelles ont été déclarées valables sans qu'il ait été constaté que le créancier ait refusé de recevoir au payement leurs offres qui aient été faites, et bien que la dette ne fût pas liquide. — Req. 13 juill. 1881, J.G.S. *Cassation*, 425.

7174. ... 6° De la force majeure. — Req. 16 mai 1881, D.P. 87. 1. 263.

7175. ... 7° Des prorogations des délais de la prescription résultant des décrets des 9 sept. et 3 oct. 1870 (D.P. 70. 4. 87-95) ainsi que de l'art. 1ᵉʳ de la loi du 26 mai 1871 (D.P. 71. 4. 144), lorsqu'ils n'ont pas été soumis aux juges du fond. — Req. 17 janv. 1877. D.P. 78. 1. 19. — V. *Code de procédure civile*, nᵒ 1596.

7176. — IX. Preuve des conventions. (C. proc. civ. nᵒˢ 1602 à 1611). — Le moyen tiré du défaut d'authenticité d'un acte dont il a été fait application au procès ne peut être porté pour la première fois devant la cour de cassation : c'est là un moyen nouveau, et, par suite, non recevable. — Req. 17 juill. 1876, D.P. 77. 1. 263.

7177. Le demandeur en cassation qui, en appel, n'a pas argué de ce que les renseignements invoqués par le tribunal à l'appui de sa décision avaient été recueillis par lui directement en dehors de ceux fournis par les débats, et n'a pas critiqué ce mode de preuve comme étant contraire à la loi, est censé avoir renoncé à se prévaloir de ce prétendu grief et il ne peut l'invoquer pour la première fois devant la cour de cassation. — Civ. r. 15 janv. 1890, D.P. 90. 1. 129.

7178. Le moyen pris de ce que les juges saisis d'une affaire commerciale ont argué de témoignages oraux pour méconnaître une clause formelle écrite dans un contrat, est irrecevable devant la cour de cassation, alors que la partie condamnée s'est bornée à se pourvoir contre l'arrêt qui a statué au fond sur les résultats de l'enquête, et n'a formé aucun recours contre l'arrêt préparatoire qui, statuant sur l'admissibilité de la preuve testimoniale, avait autorisé ladite enquête. — Req. 14 déc. 1881, D.P. 82. 4. 184.

7179. On ne peut également proposer pour la première fois devant la cour de cassation le moyen tiré de ce que le juge a admis la preuve testimoniale d'une convention dont la valeur dépasse 150 fr. — Civ. c. 26 juin 1882, D.P. 83. 1. 78-79.

7180. ... Ni le moyen tiré de la chose jugée ou de l'aveu judiciaire. — Civ. r. 24 juin 1874, D.P. 76. 1. 398. — Req. 22 nov. 1880, D.P. 81. 1. 58. — V. *Code de procédure civile*, nᵒ 1608.

7181. ... Ni le moyen par lequel une partie allègue en sa faveur un aveu sous le sujet duquel elle a seulement produit dans la cause une lettre favorable à sa prétention sans poser de conclusions formelles devant les juges du fond. — Req. 18 janv. 1876, D.P. 76. 1. 245.

7182. ... Ni le moyen pris de la contravention aux règles de l'aveu fait en justice (en conciliation, dans l'espèce), alors que, devant les juges du fond, cet aveu avait été simplement allégué sous forme énonciative, soit dans l'assignation, soit dans les conclusions signifiées, mais que rien n'indique que la preuve en ait été produite, et qu'on n'en trouve aucune mention dans les conclusions prises à l'audience et rapportées aux qualités de la décision attaquée. — Civ. c. 29 janv. 1877, D.P. 78. 1. 149.

7183. ... Ni le moyen tiré de ce qu'un notaire ne pourrait, pour rapporter la preuve d'un aveu, faire usage contre l'avouant d'un acte reçu par lui en qualité de notaire. — Req. 23 juin 1887, D.P. 87. 1. 430.

7184. — X. Responsabilité (C. proc. civ. nᵒ 1612). — Le moyen tiré de ce que les juges du fond auraient accordé à une partie une réparation dépassant le préjudice dont elle se plaignait ne peut être proposé pour la première fois devant la cour de cassation. — Req. 15 févr. 1876, D.P. 76. 1. 246.

7185. — XI. Contrat de mariage (C. proc. civ. nᵒˢ 1613 à 1627). — La validité d'une renonciation à communauté ne peut être contestée devant la cour de cassation, par le motif que l'auteur de cette renonciation se serait immiscé dans les biens communs, alors que, devant les juges du fond, le demandeur en cassation ne s'était prévalu de ces chefs de recel ou de détournement qu'auraient été commis par le renonçant. — Req. 19 mars 1878, D.P. 78. 1. 218.

7186. On doit considérer comme nouveau et, par suite, non recevable devant la cour de cassation, le moyen tiré de ce que des immeubles faisant partie d'une société ayant existé entre le demandeur en cassation et son frère seraient pour la totalité des propres du mari, lorsque ce dernier a reconnu devant les juges du fond que la moitié de ces immeubles, acquis par lui et son frère, appartenait à la communauté, et que l'autre moitié devait lui être déclarée propre par représentation des droits de son frère. — Civ. c. 28 avr. 1884, D.P. 84. 1. 329

7187. — XII. Vente (C. proc. civ. nᵒˢ 1628 à 1632). — Lorsqu'un arrêt a déclaré nulle la vente faite par le mari d'un immeuble de sa femme, comme ayant eu lieu sans mandat de celle-ci, le moyen tiré de ce que la garantie à laquelle était tenu le mari, devenu héritier de sa femme, empêche la vente inattaquable du chef de cette dernière, ne peut être proposé pour la première fois devant la cour de cassation. — Req. 10 janv. 1877, D.P. 77. 1. 177.

7188. Lorsqu'un jugement a prononcé la résiliation de la vente d'un porc pour vice rédhibitoire au profit de l'acheteur qui n'avait pas provoqué la nomination préalable d'experts chargés, à peine de nullité, de dresser procès-verbal, le vendeur qui n'a recevoir tirée du défaut de cette expertise en non recevable à la présenter pour la première fois devant la cour de cassation. — Req. 3 nov. 1886, D.P. 87. 5. 50.

7189. L'acheteur qui, devant les juges du fond, a demandé la résiliation d'un marché en se fondant sur la non-conformité de la marchandise avec les conditions du marché, et non sur les vices rédhibitoires dont elle aurait été affectée, ne peut invoquer pour la première fois des pareils vices devant la cour de cassation. — Req. 4 juill. 1883, J.G.S. *Cassation*, 443.

7190. Il en est de même du moyen pris par le vendeur, actionné en nullité de la vente d'un appareil industriel, de ce que la chose vendue a été reçue et le prix payé sans protestation. — Req. 5 août 1873, J.G.S. *Cassation*, 443.

7191. ... Et du moyen tiré de ce qu'une vente est susceptible d'exécution partielle. — Req. 10 avr. 1876, D.P. 76. 1. 390-391.

7192. Le moyen tiré de ce que l'arrêt attaqué vicie l'art. 1178 C. civ. en considérant comme non remplie la condition mise à un contrat de vente, alors que l'accomplissement de cette condition a été empêché par un tiers, ne peut, comme étant nouveau, être présenté devant la cour de cassation, quand il n'a pas été proposé aux juges du fond. — Civ. r. 17 juin 1890, D.P. 90. 1. 297

7193. Le cessionnaire d'une créance qui n'a invoqué ni en première instance, ni en appel, la clause du l'acte de cession par laquelle le cédant lui attribue un droit de priorité sur la créance cédée, n'est pas recevable à l'invoquer pour la première fois devant la cour de cassation. — Civ. r. 12 août 1879, D. P. 79. 1. 473.

7194. La constatation faite par un arrêt qu'un transport de créance n'a été ni signifié ni accepté ne peut être contredite devant la cour de cassation par la production de documents qui n'ont pas été soumis aux juges du fait. — Civ. r. 28 août 1878, D.P. 79. 1. 62.

7195. — XIII. Louage (C. proc. civ. nᵒˢ 1633 à 1637). — Le moyen tiré de la violation de l'art. 2, nᵒ 4, de la loi du 23 mars 1855 (D.P. 55. 4. 27), et consistant à prétendre qu'un bail de plus de dix-huit ans n'est pas, faute de transcription, opposable aux tiers, ne peut être proposé pour la première fois devant la cour de cassation. — Civ. r. 22 mai 1878, D.P. 78. 1. 484.

7196. — XIV. Nantissement (C. proc. civ. nᵒ 1638).

7197. — XV. Mandat (C. proc. civ. nᵒ 1639). — Le moyen tiré de ce que, bien qu'une hausse se fût produite, une société de crédit n'aurait pas exécuté le mandat de revendre certaines valeurs récemment achetées pour son client, est nouveau et irrecevable devant la cour de cassation, quand l'arrêt attaqué a annulé l'achat lui-même, comme fait sans l'entremise d'un agent de change, et que le client s'est borné à conclure à des dommages-intérêts en raison du défaut de vente, pour le cas seulement où l'achat serait déclaré valable. — Req. 18 mai 1885, D.P. 86. 1. 52.

7198. La question de savoir si un coulissier a reçu du perdant les sommes dues par celui-ci au gagnant, et s'il est mis par là dans l'obligation de les remettre à ce dernier, soulève un moyen mélangé de fait et de droit, qui est irrecevable devant la cour de cassation, quand il n'a pas été soumis au juge du fond. — Req. 24 juin 1885, D.P. 86. 1. 35.

7199. Le moyen pris de ce que le directeur d'une société, en renonçant au bénéfice d'une promesse de vente précédemment consentie à la société sur un tiers, aurait outrepassé ses pouvoirs, est irrecevable devant la cour de cassation comme nouveau et mélangé de fait et de droit, alors qu'il n'a pas été proposé au juge du fond seul à même de vérifier, d'après les statuts, les pouvoirs en question et l'existence d'autorisations suffisantes de la part du conseil d'administration. — Req. 7 déc. 1887, D.P. 88. 1. 255.

7200. — XVI. Rentes (C. proc. civ. nᵒˢ 1640 et 1641).

7201. — XVII. Prêt (C. proc. civ. nᵒ 1642). — Le grief tiré de ce que les juges du fond n'ont pas déclaré valable, à concurrence du profit réalisé par l'emprunteur, l'acte de prêt consenti à un prodigue antérieurement à la dation de son conseil judiciaire, est un moyen mélangé de fait et de droit, non susceptible d'être présenté pour la première fois devant la cour de cassation. — Req. 5 nov. 1889, D.P. 90. 1. 379.

7202. — XVIII. Cautionnement (C. proc. civ. nᵒ 1643).

7203. — XIX. Société (C. proc. civ. nᵒˢ 1644 et 1645). — Le moyen pris de ce que le dépôt des statuts d'une société dans les minutes d'un notaire aurait été opéré irrégulièrement, en ce qu'il serait l'œuvre d'un seul des administrateurs non investi de pouvoirs utiles à cet égard, est mélangé de fait et de droit, et par conséquent irrecevable devant la cour de cassation, quand il n'a pas été soumis aux juges du fond. — Civ. r. 3 déc. 1889, D.P. 90. 1. 105.

7204. — XX. PRIVILÉGES ET HYPOTHÈQUES (C. proc. civ. nos 1616 à 1653). — Le moyen tiré de ce qu'un ouvrier, ayant été employé directement par un patron dans le mois qui a précédé la déclaration de faillite de celui-ci, aurait droit à un privilège à raison des salaires qui lui seraient dus, ne peut être présenté pour la première fois devant la cour de cassation. — Req. 26 fév. 1878, D.P. 78. 1. 302.

7205. Il en est de même : ... du moyen pris de ce qu'une caution aurait dû être déchargée, en raison de l'impossibilité, provenant du créancier, de la subroger aux droits, privilèges et hypothèques de celui-ci. — Civ. r. 24 oct. 1888, D.P. 89. 1. 52.

7206. ... Du moyen produit pour la première fois devant la cour de cassation, et pris de ce que ceux des administrateurs, qui ont représenté une société anonyme dans l'acte de concession d'hypothèque à une série particulière d'obligataires, auraient agi en vertu d'une délégation du conseil d'administration non revêtue de la forme authentique. — Civ. r. 3 déc. 1880, D.P. 90. 1. 105.

7207. ... Du moyen fondé sur ce que l'hypothèque consentie par le mandataire d'une société muni d'un pouvoir sous seing privé aurait pu être valablement ratifiée par l'assemblée générale des actionnaires. — Req. 27 juin 1881, D.P. 82. 1. 175.

7208. L'arrêt qui annule en son entier, comme simulé, un acte de cession d'hypothèque légale, ne saurait être critiqué utilement devant la cour de cassation, en raison de ce que cette cession valait à tout le moins comme garantie de certaines avances faites par le cessionnaire, si le juge du fond n'a pas constaté, en point de fait, que ladite cession eût cet objet. — Req. 6 juin 1887, D.P. 87. 1. 377.

B. — Matières commerciales (C. proc. civ. nos 1654 à 1681.)

7209. — I. ACTE DE COMMERCE (C. proc. civ. nº 1654). — Le créancier qui, poursuivant l'exécution d'obligations contractées en pays étranger, s'est borné, devant les juges du fait, à prétendre qu'il était Français, et qu'en cette qualité il avait droit au bénéfice de l'art. 14 C. civ., n'est pas recevable à se prévaloir devant la cour de cassation de ce que les tribunaux français sont compétents, dans les termes de l'art. 420 C. proc. civ. pour connaître des contestations commerciales, même entre étrangers. — Req. 25 mars 1874, D.P. 74. 1. 285.

7210. — II. SOCIÉTÉ COMMERCIALE (C. proc. civ. nos 1655 à 1664). — Le moyen pris de ce que la prescription de cinq ans édictée par l'art. 64 C. com. ne saurait être invoquée par les associés non liquidateurs si la liquidation a été confiée à une personne étrangère à la société, est le mélange de fait et de droit, et ne peut, dès lors, être produit pour la première fois devant la cour de cassation. — Req. 1er mars 1875, D.P. 75. 1. 70.

7211. — III. TRANSPORT DE MARCHANDISES (C. proc. civ. nos 1662 et 1663).

7212. — IV. EFFETS DE COMMERCE (C. proc. civ. nos 1664 à 1668). — Le moyen tiré de l'irrégularité de l'endossement en blanc d'un billet à ordre ne peut être proposé pour la première fois devant la cour de cassation. — Req. 3 mai 1875, J.G.S. *Cassation*, 446.

7213. L'associé qui, devant les juges du fond, a conclu à la nullité de billets comme étant causés valeur reçue comptant et ne constituant dès lors qu'un emprunt, et a fondé uniquement sur ce grief son refus de les payer, ne peut invoquer pour la première fois devant la cour de cassation le moyen tiré de l'interdiction faite aux associés de créer des billets autrement que pour achat de marchandises. — Req. 16 août 1875, D.P. 76. 1. 422.

7214. — V. COMPTE-COURANT (C. proc. civ. nos 1670 et 1671). — Une partie est non recevable à soutenir pour la première fois devant la cour de cassation que la capitalisation des intérêts d'un compte-courant à certaines dates n'aurait pu avoir lieu légalement à défaut d'arrêtés de compte auxdites dates. — Req. 11 janv. 1887, D.P. 88. 1. 382.

7215. — VI. MARCHÉ À TERME (C. proc. civ. nº 1672).

7216. — VII. ASSURANCES (C. proc. civ. nos 1673 à 1677). — Sont nouveaux, et comme tels irrecevables, quand ils se produisent pour la première fois devant la cour de cassation, les moyens tirés : ... soit du silence de l'arrêt sur le point de savoir si la remise faite au consignataire du navire a porté en réalité sur les marchandises destinées au réclamateur ; ... soit de la condamnation du réclamateur au payement du fret afférent à celles des marchandises qui avaient été incendiées, nonobstant la disposition de l'art. 302 C. com. — Civ. r. 17 nov. 1886, D.P. 88. 1. 413, et la note.

7217. Une compagnie d'assurances contre l'incendie qui, actionnée par l'assuré à l'effet de la garantir et indemniser de toutes les condamnations qui pourraient être prononcées contre lui pour risques locatifs, a combattu ces conclusions devant la cour d'appel en acceptant le débat pour le tout, est non recevable à soutenir pour la première fois devant la cour de cassation, qu'ayant assuré concurremment avec une autre compagnie, elle ne devait être condamnée que pour moitié dans les termes de l'art. 358 C. com. — Civ. r. 28 nov. 1881, D.P. 82. 1. 217.

7218. Est nouveau et non recevable pour la première fois devant la cour de cassation le moyen tiré de ce que les dommages-intérêts alloués à des agents révoqués d'une compagnie d'assurances seraient la représentation, tout au moins pour partie, des courtages qui auraient dû être laissés à la charge de la compagnie cédante comme contre-partie des primes encaissées pour elle. — Civ. r. 10 nov. 1890, D.P. 90. 1. 349.

7219. — VIII. FAILLITE (C. proc. civ. nos 1678 à 1681). — Le moyen tiré de ce qu'une cession de biens faite à ses créanciers par un débiteur depuis tombé en faillite renfermerait une violation des règles de la cession ne peut être invoqué pour la première fois devant la cour de cassation. — Civ. r. 21 juill. 1867, J.G.S. *Cassation*, 446.

7220. Il en est de même du moyen tiré de ce que les immeubles abandonnés par une demande à la faillite de son mari auraient dû être vendus par le syndic avec l'autorisation du juge-commissaire, dans la forme prescrite pour la vente des biens de mineurs. — Req. 23 juill. 1878, J.G.S. *Cassation*, 447.

7221. La question de savoir si un vendeur de valeurs de bourse devait être autorisé à agir directement contre l'acheteur en vertu de l'art. 573 C. com., en raison de ce que l'agent de change ayant joué le rôle de commissionnaire serait lui-même en état de faillite, est mélangée de fait et de droit ; elle ne peut, dès lors, être proposée à la cour de cassation, quand elle n'a pas été soumise à l'examen du juge du fond, par les conclusions des parties. — Req. 3 mai 1887, D.P. 87. 1. 196.

7222. Il en est de même du moyen tiré de ce que l'action intentée par un syndic de faillite au nom d'une masse de créanciers n'aurait pu l'être qu'au nom d'une autre masse. — Req. 29 nov. 1887, D.P. 89. 1. 159.

7223. Une partie n'est pas recevable à se prévaloir pour la première fois devant la cour de cassation de moyens ou exceptions fondés sur la qualité de failli concordataire et sur les dispositions légales relatives à l'exécution des concordats. — Req. 28 mars 1876, D.P. 77. 1. 491.

7224. Au cas de séparation de biens prononcée tant contre le mari qu'en état de faillite que contre son syndic, la question de savoir si les dépens occasionnés par la présence du mari au procès doivent être mis à sa charge ne peut être soulevée pour la première fois devant la cour de cassation. — Req. 23 fév. 1880, D.P. 80. 1. 337.

C. — Procédure. (C. proc. civ. nos 1682 à 1783).

7225. — I. ACTIONS POSSESSOIRES (C. proc. civ. nos 1686 à 1689). — Le demandeur à l'action en complainte ne peut soutenir pour la première fois devant la cour de cassation qu'entre le premier et le second fait de trouble il s'est écoulé un intervalle d'une année pendant laquelle la jouissance s'est exercée paisiblement, à l'effet de cette nouvelle possession annale et par cet effet de donner naissance à un nouveau délai commençant à courir du second fait de trouble. — Civ. c. 18 août 1880, D.P. 81. 1. 451.

7226. — II. CONCILIATION (C. proc. civ. nº 1690). — Le moyen tiré du défaut de préliminaire de conciliation ne peut pas être invoqué pour la première fois devant la cour de cassation. — Civ. r. 3 déc. 1878, D.P. 79. 1. 23.

7227. — III. QUALITÉ POUR AGIR EN JUSTICE (C. proc. civ. nos 1691 à 1699). — Sur le moyen auquel peut être opposé le défaut de qualité pour ester en justice. V. *supra*, art. 59, nos 1074 et 2.

7228. On ne peut invoquer pour la première fois devant la cour de cassation le moyen tiré : 1º de la violation de la maxime « nul en France ne plaide par procureur ». — Civ. r. 9 mai 1879, J.G.S. *Cassation*, 447. — V. *Code de procédure civile*, nº 1699.

7229. ... 2º De ce qu'un jugement attendu contre un prodigue sans l'assistance de son conseil judiciaire, si en appel cette assistance est venue compléter la capacité du prodigue. — Req. 21 juill. 1877, J.G.S. *Cassation*, 447.

7230. Le moyen de cassation tiré de la violation des art. 61 et 66 C. proc. civ. et de la maxime « nul en France ne plaide par procureur » est non recevable comme nouveau, lorsqu'il appert des qualités de l'arrêt attaqué que ce moyen n'a été présenté, ni en première instance, ni en appel. — Civ. r. 28 janv. 1891, D.P. 91. 1. 499.

7231. — IV. EXPLOITS ET ASSIGNATIONS (C. proc. civ. nos 1700 à 1712). — On ne peut proposer pour la première fois devant la cour de cassation le moyen tiré de ce qu'une erreur de prénoms commise dans la déclaration d'un pourvoi en cassation l'a été dans tout le cours de la procédure antérieure. — Civ. r. 4 avr. 1882, D.P. 83. 1. 404.

7232. — V. JUGEMENTS (C. proc. civ. nos 1713 à 1723). — Le demandeur en cassation n'est pas fondé à se prévaloir de l'irrégularité résultant de ce que le tribunal, puis la cour d'appel auraient jugé comme matière ordinaire une contestation qui, d'après la loi, était sommaire, lorsque cette irrégularité n'a été ni relevée en première instance, ni déférée à l'appréciation de la cour d'appel, et que c'est, d'ailleurs, à la requête de ce demandeur qu'a été suivie la procédure de l'irrégularité de laquelle il prétend se faire un grief. — Req. 19 janv. 1887, D.P. 87. 1. 484.

7233. Il en est ainsi du moyen tiré : ... de ce que le tribunal a jugé à tort comme ordinaire une instance en partage qui aurait dû, aux termes de l'art. 823 C. civ., être jugée comme matière sommaire. — Req. 2 déc. 1872, J.G.S. *Cassation*, 447.

7234. ... De ce que les dépens occasionnés par la présence du mari à l'instance en séparation de biens intentée par sa femme doivent être mis à la charge personnelle du mari. — Req. 23 fév. 1880, D.P. 80. 1. 337.

7235. ... De ce que les premiers juges ont à tort hors de cause un certain nombre de parties, ce moyen comportant l'examen des droits et des intérêts de ces parties. — Req. 21 mars 1881, D.P. 81. 1. 305.

7236. Le demandeur en cassation n'est pas recevable à se prévaloir pour la première fois d'une prétendue irrégularité de procédure en première instance, contre laquelle il n'a formulé aucune réclamation ni devant le tribunal, ni devant la cour d'appel qui a rendu l'arrêt qu'il attaque. — Req. 25 juin 1889, D.P. 90. 1. 420.

7237. Spécialement, le moyen de forme tiré de la nullité d'un jugement de première instance rendu en matière d'ordre sans rapport du juge-commissaire, est irrecevable devant la cour de cassation, lorsqu'il est proposé pour la première fois à l'appui d'un pourvoi dirigé contre un arrêt dont la régularité en la forme n'est pas contestée. — Req. 21 mars 1881, D.P. 81. 1. 305. — Req. 9 févr. 1886, D.P. 86. 1. 453.

7238. Il en est de même du moyen fondé sur ce qu'un créancier, ayant produit une première fois dans l'ordre ouvert pour la distribution du prix d'un immeuble, aurait perdu le droit de produire une seconde fois dans l'ordre ouvert pour la distribution d'un autre prix sur les mêmes biens. — Civ. c. 24 juin 1889, D.P. 90. 1. 17.

7239. ... Alors surtout que le juge du fait devait préalablement examiner si la contestation portait sur les incidents ou le fond d'un ordre, et apprécier la portée de jugements précédents qui déclaraient n'y avoir lieu à la procédure d'ordre. — Req. 21 mars 1881, D.P. 81. 1. 305.

7240. Le moyen tiré de ce qu'une demande de provisoire, prise sur l'ensemble d'une réclamation, a été déclarée recevable, alors que le juge aurait dû statuer sur le tout par un seul jugement, est mélangé de fait et de droit, et ne peut, dès lors, être produit pour la première fois devant la cour de cassation. — Req. 23 juill. 1884, D.P. 84. 1. 455. — V. supra, art. 134.

7241. — VI. Jugements par défaut (C. proc. civ. nᵒˢ 1724 à 1729). — Le moyen pris de ce qu'une partie défenderesse, contre laquelle son acquiescement à un jugement de défaut était invoqué, a excipé pour la première fois en appel de la nullité de cet acquiescement, est irrecevable devant la cour de cassation, alors que le demandeur loin de soutenir près des juges du second degré que le chef des conclusions relatif à la nullité de l'acquiescement contenait une demande nouvelle, a accepté le débat sur cette question de nullité. — Req. 14 nov. 1881, D.P. 82. 1. 156-157.

7242. — VII. Exceptions (C. proc. civ. nᵒˢ 1730 à 1732). — Sur les exceptions d'incompétence qui peuvent être proposées pour la première fois devant la cour de cassation, V. supra, art. 169, nᵒˢ 3085 et s., et art. 170, nᵒˢ 3110 et s.

7243. Doit être considéré comme nouveau et par conséquent comme non recevable devant la cour de cassation, le moyen tiré des règles de la compétence par la partie qui, sans proposer aucun déclinatoire, ni devant les juges de première instance, ni devant la cour d'appel ayant plénitude de juridiction, a simplement conclu au fond. — Civ. r. 6 août 1889, D.P. 90. 5. 54.

7244. — VIII. Vérification d'écritures (C. proc. civ. nᵒ 1733).

7245. — IX. Inscription de faux (C. proc. civ. nᵒˢ 1734 et 1735). — La partie qui n'a invoqué à aucune phase de la procédure la prétendue nécessité de recourir à la voie de l'inscription de faux contre un testament olographe, et dont les conclusions l'ont même virtuellement exclue, n'est pas recevable à proposer pour la première fois devant la cour de cassation le moyen tiré de ce que le testament a été annulé pour fausseté de sa date, sans qu'il ait été combattu par l'inscription de faux. — Req. 23 mars 1885, D.P. 86. 1. 108. — V. Code de procédure civile, nᵒ 1734.

7246. Sur le pouvoir discrétionnaire du juge en matière d'inscription de faux, V.

supra, art. 214, nᵒˢ 3415 et s., et art. 231, nᵒˢ 3461 et s.

7247. — X. Enquête (C. proc. civ. nᵒˢ 1736 à 1741). — Le moyen nouveau, tiré de la nullité d'une enquête, qui n'a pas été soumis aux juges du fond, est irrecevable devant la cour de cassation. — Req. 12 mai 1885, J.G.S. Cassation, 447. — Civ. r. 8 mars 1886, D.P. 86. 1. 415-416.

7248. Il en est ainsi spécialement de la nullité d'une enquête devant le juge de paix fondée sur l'audition des témoins à l'égard desquels des reproches avaient été admis et sur ce que des témoins ont été entendus sans avoir prêté serment. — Civ. c. 8 nov. 1880, D.P. 81. 1. 28.

7249. En admettant que le procès-verbal d'enquête dans une cause sommaire susceptible d'appel, constitue une formalité substantielle dont l'omission entraîne la nullité du jugement, cette nullité ne peut être proposée pour la première fois devant la cour de cassation. — Req. 1ᵉʳ juin 1881, D.P. 83. 1. 332.

7250. Le moyen tiré de la violation d'un contrat judiciaire résultant de ce que le jour aurait annulé un jugement interlocutoire ordonnant une enquête et exécuté volontairement par les parties, est nouveau, et par suite ne peut être proposé pour la première fois devant la cour de cassation. — Req. 30 déc. 1878, D.P. 79. 1. 291.

7251. Sur le pouvoir discrétionnaire du juge en matière d'enquête, V. supra, art. 253, nᵒˢ 3552 et s.

7252. — XI. Descente sur les lieux (C. proc. civ. nᵒ 1742).

7253. — XII. Expertise (C. proc. civ. nᵒˢ 1743 à 1747). — Le demandeur qui a proposé devant les juges du fond la récusation des experts en se fondant uniquement sur ce qu'ils avaient eu contre lui un procès qu'ils avaient perdu, est non recevable à soutenir devant la cour de cassation que l'arrêt attaqué a refusé à tort d'appliquer l'art. 283 C. proc. civ. à l'un des experts qui aurait donné des certificats sur les faits relatifs au procès et qui, aux termes du même article, aurait dû être considéré comme étant au service de la partie adverse. — Civ. r. 18 juill. 1888, D.P. 89. 1. 97.

7254. Une partie est aussi irrecevable à se prévaloir pour la première fois devant la cour de cassation de ce que l'expertise, sur laquelle est basée la condamnation, ne lui serait pas opposable, comme ayant été faite en dehors de sa présence. — Civ. r. 14 nov. 1888, D.P. 89. 1. 469.

7255. — XIII. Interrogatoire sur faits et articles (C. proc. civ. nᵒ 1748).

7256. — XIV. Intervention (C. proc. civ. nᵒ 1749.

7257. — XV. Reprise d'instance (C. proc. civ. nᵒ 1750).

7258. — XVI. Péremption (C. proc. civ. nᵒ 1751).

7259. — XVII. Récusation (C. proc. civ. nᵒˢ 1752 et 1753).

7260. — XVIII. Désistement (C. proc. civ. nᵒ 1754).

7261. — XIX. Appel (C. proc. civ. nᵒˢ 1755 à 1763). — Le moyen fondé sur la violation de la règle des deux degrés de juridiction ne peut pas être présenté pour la première fois devant la cour de cassation. — Req. 15 janv. 1877, D.P. 78. 1. 256. — V. Code de procédure civile, nᵒ 1755.

7262. La partie qui a conclu au fond en appel n'est pas recevable à proposer pour la première fois devant la cour de cassation le moyen tiré du défaut prétendu d'un appel régulier, soit de l'autorité de la chose jugée qui aurait été acquise à la décision des premiers juges. — Req. 21 juill. 1879, D.P. 81. 1. 348.

7263. — XX. Comptes; restitution de fruits (C. proc. civ. nᵒˢ 1764 et 1765).

7264. — XXI. Saisie (C. proc. civ. nᵒˢ 1766 à 1778). — On ne peut invoquer pour la première fois devant la cour de cassation le

moyen tiré de ce que la saisie d'un navire serait nulle comme portant atteinte au droit de gage appartenant au demandeur, alors que celui-ci, devant les juges du fond, s'était prévalu seulement d'un droit de propriété sur le navire saisi. — Req. 10 août 1875, J.G.S. Cassation, 443.

7265. ... Ni le moyen tiré de ce qu'une saisie réelle a porté, non pas sur l'immeuble vendu et non payé, mais sur les autres biens du débiteur. — Civ. r. 20 mai 1874, D.P. 76. 5. 67. — V. Code de procédure civile, nᵒ 1769.

7266. On doit encore considérer comme mélangé de fait et de droit, et ne pouvant, dès lors, être produit pour la première fois devant la cour de cassation : 1ᵒ le moyen tiré de ce que la saisie et la saisie qui l'a suivie auraient été effectuées avec l'assentiment de la partie saisie. — Req. 22 juin 1884, D.P. 86. 1. 59.

7267. ... 2ᵒ Le moyen de nullité d'une saisie-arrêt, tiré de ce que cette saisie, portant sur les sommes dues par une société à l'un des associés, a été formée entre les mains d'un autre associé qui n'était personnellement ni débiteur du saisi, ni détenteur de sommes en valeurs appartenant à ce dernier, au lieu d'être formée entre les mains de la société elle-même. — Req. 9 mars 1889, D.P. 81. 1. 263.

7268. ... 3ᵒ Le moyen tiré de ce que la poursuite de saisie immobilière pratiquée sur une usine hydraulique aurait dû être, conformément à un règlement d'eau, précédée d'un recours à l'autorité administrative. — Civ. c. 31 août 1887, D.P. 82. 1. 17.

7269. Lorsque, dans l'action en nullité d'une surenchère sur aliénation volontaire, le débat n'a porté, en première instance et en appel, que sur le point de savoir si les cautions du surenchérisseur avaient pu établir leur solvabilité au moyen d'un nantissement, et si les notifications à fin de surenchère avaient été valablement faites, le demandeur ne peut invoquer pour la première fois devant la cour de cassation, à l'appui de sa demande, l'inobservation des conditions nécessaires pour que le nantissement fourni par la caution lui conférât un privilège, un tel moyen doit être rejeté comme nouveau. — Req. 15 mai 1877, D.P. 77. 1. 397.

7270. — XXII. Référé (C. proc. civ. nᵒ 1779).

7271. — XXIII. Arbitrage (C. proc. civ. nᵒˢ 1780 à 1783).

D. — Matières diverses. (C. proc. civ. nᵒˢ 1784 à 1795.)

7272. Le moyen tiré de ce qu'une concession d'eau aurait été consentie par le double conseil d'une ville du Comtat Venaissin, sans l'adjonction des principaux propriétaires et habitants, exigée autrefois par la loi du Comtat, ne peut pas être présenté pour la première fois devant la cour de cassation. — Req. 21 août 1817, D.P. 78. 1. 424.

7273. Il en est de même du moyen tiré : ce que le demandeur, dans une instance en liquidation de dommages-intérêts, n'a pas communiqué à l'avoué du défendeur les pièces produites à l'appui de sa déclaration. — Req. 12 août 1878, D.P. 78. 1.

7274. ... De la violation des formalités prescrites par l'art. 20 de la loi du 5 juill. 1884 pour la cession des brevets d'invention. — Cr. r. 14 mars 1884, D.P. 85. 1. 45. — V. aussi Code de commerce annoté, L. 5 juill. 1844, art. 20, p. 891 et s. et son Supplément.

7275. ... De l'irrégularité d'une extradition. — Cr. r. 11 mars 1882, J.G.S. Cassation, 448.

7276. ... De l'immunité accordée par l'art. 23 de la loi du 17 mai 1819 aux écrits produits devant les tribunaux. — Req. 7 juill. 1880, D.P. 82. 1. 71-72.

7277. ... De ce qu'un arrêt intervenu sur une demande en dommages-intérêts formée à raison de faits qui pouvaient constituer une dénonciation calomnieuse, n'avait point été précédé d'une décision de l'autorité compétente sur la vérité ou la fausseté des faits dénoncés. — *Même arrêt.*

7278. L'avoué responsable du défaut de production à un ordre, et condamné à payer le capital et les intérêts de la créance non colloquée, n'est pas recevable à prétendre, pour la première fois, devant la cour de cassation, que, d'après le titre, le capital n'était pas productif d'intérêts; c'est là un moyen mélangé de fait et de droit et, par suite, nouveau. — Req. 10 juill. 1884, D.P. 85. 1. 236.

7279. Sur les moyens de cassation en matière électorale, V. *Code des lois adm. annotées,* t. 1er, X, v° *Elections,* nos 4682 et s.

§ 2. — *Moyens rejetés comme ayant été omis dans les conclusions ou les qualités* (C. proc. civ. nos 1796 à 1827).

7280. On ne peut exciper pour la première fois devant la cour de cassation d'un moyen qui n'a été formulé ni en première instance, ni en appel, dans les conclusions de la partie. — Req. 22 juin 1880, D.P. 81. 1. 104. — Civ. r. 13 juill. 1886, D.P. 86. 1. 462. — V. *Code de procédure civile,* n° 1796.

7281. Il en est ainsi, notamment, du moyen tiré de ce qu'un témoin entendu dans une instance en séparation de corps a déposé sur un fait non énoncé dans le jugement qui ordonnait l'enquête. — *Arrêt préc.* 22 juin 1880.

7282. Un moyen tiré par le créancier hypothécaire d'une femme dotale, successivement donataire d'une part de son père, la moitié seulement de ces derniers étant frappés de dotalité, de ce qu'un partage judiciaire devait distinguer la portion paraphernale de ces biens d'avec la portion dotale. — Civ. r. 13 juill. 1886, D.P. 86. 1. 462.

7283. Il en est de même du moyen tiré de l'autorité de la chose jugée, lorsque la circonstance sur laquelle il est fondé n'a pas été soumise au juges du fond et n'a fait devant eux l'objet d'aucunes conclusions. — Civ. r. 24 juin 1889, D.P. 90. 1. 47, et les Observ. de M. Dubois sous cet arrêt. — Civ. r. 20 nov. 1888, D.P. 9). 5. 53. — Comp. Civ. c. 4 août 1891, D.P. 92. 1. 459. — V. *infra,* nos et s.

7284. Et spécialement du moyen fondé sur ce qu'un créancier, ayant produit une première fois dans l'ordre ouvert pour la distribution du prix d'un immeuble, aurait perdu le droit de produire une seconde fois dans l'ordre ouvert pour la distribution d'un autre prix de ces mêmes biens. — Arrêt préc. 24 juin 1889.

7285. Mais on ne doit pas regarder comme nouveau devant la cour de cassation un moyen proposé en première instance et non reproduit explicitement dans les conclusions d'appel, s'il se trouve implicitement compris dans les termes généraux de ces conclusions. — J.G.S. *Cassation,* 421.

7286. La partie qui a conclu au fond contre les demandes subsidiaires formées en première fois par son adversaire, sans exciper de ce que ces demandes étaient nouvelles et, par suite, irrecevables, ne peut présenter pour la première fois devant la cour de cassation cette exception qui constitue un moyen nouveau, le juge d'appel n'étant pas tenu de la suppléer d'office. — Civ. r. 19 déc. 1887, D.P. 88. 1. 471.

7287. Il n'appartient pas à la cour de cassation de s'arrêter, pour statuer sur le mérite d'un arrêt qui a déclaré valable une élection au tribunal de commerce, à des faits allégués, mais non précisés, ni offerts en preuve devant la cour d'appel. — Civ. r. 24 oct. 1887, D.P. 88. 1. 277.

7288. Est nouveau et comme tel non recevable devant la cour de cassation le moyen qui n'a pas été proposé devant les juges du second degré, alors même qu'il aurait été invoqué en première instance. — Req. 20 déc. 1882, D.P. 83, 1. 489. — Req. 16 nov. 1885. D.P. 87. 1. 12. — V. *Code de procédure civile,* n° 1799.

7289. Il en est ainsi spécialement du moyen tiré de ce qu'une preuve testimoniale appuyée d'un commencement de preuve par écrit n'a pas été ordonnée par la cour, alors que la partie qui avait offert cette preuve en première instance l'a retirée en appel. — Req. 17 avr. 1877, D.P. 78. 1. 133.

7290. De même, lorsque de deux reproches formulés contre des témoins devant les premiers juges et repoussés par eux, un seul est relevé en appel, le pourvoi en cassation portant uniquement sur le reproche non présenté en appel n'est pas recevable. Arrêt préc. 16 nov. 1885.

7291. De même encore, l'exception d'incompétence à raison du domicile ne peut être reproduite devant la cour de cassation, par la partie qui, après l'avoir proposée en première instance, a pris ultérieurement en appel des conclusions au fond sans aucunes réserves. — Req. 23 nov. 1885, D.P. 86. 1. 56.

7292. L'exception tirée de l'omission du préliminaire de conciliation en première instance, mais non reproduite en appel, ne saurait être proposée devant la cour de cassation.— Req. 24 nov. 1885, D.P. 86. 1. 285.

7293. Un moyen qui a figuré dans les motifs des conclusions prises par le demandeur devant la cour d'appel, mais dont ce dernier ne s'est pas prévalu dans le dispositif desdites conclusions, est nouveau et par suite irrecevable devant la cour de cassation. — Civ. r. 20 nov. 1888, D.P. 90. 1. 157.

7294. Mais on ne saurait considérer comme tel celui qui a été suffisamment relevé dans le dispositif des conclusions prises par la partie devant les juges d'appel, bien que les motifs destinés à le proposer n'aient pas été reproduits dans les qualités de l'arrêt attaqué. — Civ. c. 17 févr. 1886, D.P. 86. 1. 443. — V. *Code de procédure civile,* n° 1806.

7295. L'intimé qui a conclu à la confirmation de la décision des premiers juges a soumis par cela même aux juges d'appel tous les moyens que le dispositif de cette décision avait implicitement accueillis; par suite, ces moyens ne peuvent être critiqués comme nouveaux devant la cour de cassation, sous prétexte que l'intimé ne les aurait pas expressément reproduits dans ses conclusions d'appel. — Civ. r. 8 janv. 1878, D.P. 79. 1. 457.

7296. On ne doit pas regarder davantage comme nouveau un moyen proposé en première instance et non reproduit explicitement dans les conclusions d'appel, s'il se trouve implicitement compris dans les termes généraux de ces conclusions.— Civ. r. 13 mars 1878, D.P. 77. 1. 49.

7297. Le moyen de cassation tiré par une partie majeure de ce que l'arrêt a refusé de la faire bénéficier de la rescision du partage prononcé à la requête d'un copartageant mineur, ne saurait être repoussé comme constituant un moyen nouveau, lorsque cette partie s'est réunie à ce mineur au vue de l'annulation du partage, et a témoigné ainsi qu'elle entendait profiter de cette annulation. — Civ. r. 5 déc. 1887, D.P. 88. 1. 241.

7298. Les conclusions signifiées au cours de l'instance, mais non reprises ni développées dans les discussions d'audience, et ne figurant pas, dès lors, parmi celles dont les qualités reproduisent *in extenso* le dispositif, ne peuvent être considérées comme ayant été soumises aux juges du fond. — Req. 18 mai 1885, D.P. 86. 1. 52. — V. *Code de procédure civile,* n° 1809.

7299. On ne saurait, en conséquence, arguer devant la cour de cassation de ce que l'arrêt attaqué ne contient aucune réponse à ces conclusions; et le moyen tiré de ce que l'objection qu'elles soulevaient était de nature à être accueillie par la cour d'appel, doit être rejeté comme nouveau et irrecevable, si la question était mélangée de fait et de droit. — *Même arrêt.*

7300. Spécialement, dans un procès relatif à une série d'opérations de bourse effectuées par une société de crédit pour un client, le défaut de répondre à des conclusions signifiées par ce dernier pendant l'instance d'appel, et tendant à l'annulation d'une des opérations comme portant sur les actions d'une société nulle, ne peut fournir un moyen de cassation, s'il résulte des qualités de l'arrêt que les conclusions ultérieurement présentées sur la même opération exclusivement quant au point de savoir si elle avait eu lieu par le ministère d'un agent de change. — *Même arrêt.*

7301. Quand les qualités d'un arrêt de cour d'appel se bornent à reproduire un dispositif de conclusions, comme énonciation des prétentions de l'appelant, il ne résulte pas de ces qualités que les conclusions dudit appelant aient, dans leurs motifs, frappé l'oreille du juge; aussi, les clauses d'un traité, invoquées en cause d'appel pour la première fois dans lesdits motifs seulement, ne peuvent servir de base à un moyen de cassation. — Civ. r. 19 déc. 1888, D.P. 89. 1. 57.

§ 3. — *Système nouveau* (C. proc. civ. nos 1828 à 1835).

7302. Le directeur d'une compagnie de transports maritimes, qui s'est borné devant les juges du fond à opposer à une demande en responsabilité dirigée contre cette compagnie, que le préjudice allégué n'avait pas été causé par le fait de celle-ci, n'est pas recevable à proposer pour la première fois devant la cour de cassation le moyen tiré de ce que, simple agent de la compagnie, il n'a pu l'obliger. — Req. 21 nov. 1882, D.P. 83. 1. 380. — V. *Code de procédure civile,* n° 1828.

7303. Est également nouveau et, par suite, non recevable devant la cour de cassation le moyen tiré de : ...d'un acte produit devant les juges du fond, mais différant des termes à raison desquels cet acte avait été invoqué. — Civ. 20 nov. 1888, D.P. 90. 1. 157.

7304. ... D'une convention invoquée devant la cour de cassation comme constituant un fait et, par exemple, l'irrégularité de la nomination des administrateurs, qui pouvait donner lieu de lui-même à la nullité de la société, alors que le demandeur n'avait excipé de cette convention, devant les juges du fond, qu'à l'effet d'établir un grief relatif à l'évaluation des apports en nature. — *Même arrêt.*

7305. ... De ce que les arrérages d'une pension alimentaire auraient été compris à tort dans la condamnation, alors que, devant les juges du fond, le débiteur des aliments avait demandé seulement à en être libéré à titre de dommages-intérêts. — Civ. r. 3 avr. 1883, D.P. 83. 1. 335.

7306. ... De la nullité d'un règlement de compte fait par le failli postérieurement à la cessation de payements, et basé par les créanciers sur l'art. 446 C. com., alors qu'en première instance la nullité avait été uniquement sur l'art. 447, et qu'en appel le failli a conclu au payement du reliquat du compte. — Civ. r. 27 juin 1876, D.P. 77. 1. 424-122.

7307. Mais il en est autrement du moyen tiré du maintien de l'hypothèque légale de la femme mariée au profit de ses héritiers, alors qu'en première instance et en appel le failli et les syndics ont conclu à ce que cette hypothèque fût déclarée éteinte. — Même arrêt.

7308. Dans un litige relatif aux comptes d'un négociant avec un fabricant dont il écoulait les produits, l'arrêt qui déclare que le négociant a agi, non comme acheteur personnel, mais à titre de commissionnaire, ne peut être critiqué devant la cour de cassation, par un moyen pris de ce que cet arrêt n'aurait pas fait application, en réglant le compte, des droits attachés pour avances et débours à la qualité de commissionnaire, alors que, ni en première instance ni en appel, le négociant n'a soutenu qu'il y eût matière à appliquer lesdits droits, pas plus que son adversaire n'a, d'ailleurs, formulé la prétention contraire. — Req. 26 mai 1886, D.P. 87. 1. 431.

7309. Le moyen tiré de ce que la contestation aurait dû être jugée d'après la loi étrangère ne peut pas être proposé pour la première fois devant la cour de cassation par la partie qui a constamment réclamé l'application de la loi française. — Civ. c. 23 janv. 1878, D.P. 78. 1. 369. — Civ. r. 26 déc. 1888, D.P. 89. 1. 183. — Req. 15 juill. 1889. D.P. 90. 1. 100. — Comp. Civ. c. 26 déc. 1888, D.P. 89. 1. 183.

7310. ... Ce moyen nécessitant des constatations de fait auxquelles les juges du fond pouvaient seuls procéder. — Arrêt préc. 15 juill. 1889.

§ 4. — Productions nouvelles (C. proc. civ. nᵒˢ 1836 à 1874).

7311. Est nouveau et, par conséquent, irrecevable devant la cour de cassation, le moyen qui repose sur les termes et la portée d'un document qui n'a pas été invoqué devant les juges du fond, et dont ils n'ont pu apprécier la portée. — Req. 28 nov. 1888, D.P. 90. 1. 102. — V. *Code de procédure civile*, nᵒ 1836.

7312. ... Spécialement, le moyen résultant de la ratification donnée à une opération, lorsque l'acte duquel le demandeur en cassation prétend tirer cette ratification (dans l'espèce, la délibération de l'assemblée générale d'une société) n'a pas été soumis aux juges du fond. — Même arrêt.

7313. Il a été jugé dans le même sens : 1ᵒ que la constatation faite par un arrêt qu'un transport n'a été ni signifié, ni accepté, ne peut être contredite, devant la cour de cassation, par la production de documents qui n'ont pas été soumis aux juges du fait. — Civ. r. 28 août 1878, D.P. 79. 1. 62.

7314. ... 2ᵒ Que les déclarations d'un arrêt constatant qu'un entrepreneur de travaux publics a occupé un terrain sans remplir au préalable les formalités prescrites par le décret du 8 févr. 1868 relatif aux occupations temporaires (D.P. 68. 4. 21) peuvent être combattues par des pièces et documents qui n'ont pas été soumis à l'appréciation des juges du fond et sont produits pour la première fois devant la cour de cassation. — Req. 23 juin 1879, D.P. 80. 1.28.

7315. ... 3ᵒ Qu'un titre qui n'a pas été soumis aux juges d'appel ne peut être produit pour la première fois devant la cour de cassation. — Civ. r. 5 déc. 1877, D.P. 79. 1. 198.

§ 5. — Moyens non réputés nouveaux (C. proc. civ. nᵒˢ 1875 à 1896).

7316. Un moyen ne peut être considéré comme nouveau par cela seul que, devant les juges du fait, le demandeur n'a pas visé en termes exprès les dispositions législatives sur lesquelles il s'est fondé à l'appui de ses prétentions, s'il est constaté que les parties se sont prévalues de ces dispositions en exposant les faits de la cause et en présentant leurs conclusions tant en première instance qu'en appel. — Civ. c. 14 mars 1881, D.P.

81. 1. 378. — V. *Code de procédure civile*, nᵒˢ 1875 et 1876.

7317. Ainsi lorsque le demandeur en cassation a conclu devant la cour d'appel à ce que le défendeur, pris en qualité de légataire de sa femme d'un quart d'usufruit, fût condamné à subir une réduction proportionnelle d'un quart sur les arrérages de la rente viagère que le *de cujus* lui avait constituée par contrat de mariage, le moyen de cassation tiré de la violation de l'art. 610 C. civ. ne peut être considéré comme nouveau, les juges ayant été ainsi mis en demeure d'appliquer la loi aux faits de la cause. — Civ. r. 14 août 1889, D.P. 90. 1. 163.

7318. En effet, la partie qui articule un moyen soit de sa demande, soit de sa défense, met par là même le juge en demeure d'examiner tous les principes ou raisons de droit pouvant justifier le moyen invoqué; en conséquence, si le juge omet lui-même de viser un texte qui trouvait son application en la cause, ce ne sera pas produire un moyen nouveau devant la cour de cassation que de se fonder sur cet oubli pour demander l'annulation de la sentence. — J.G.S. Cassation, 423. — V. *Code de procédure civile*, nᵒ 1878.

7319. Mais cette règle, que la cour de cassation peut connaître des arguments nouveaux, est étroitement limitée aux seuls arguments de pur droit; s'ils étaient mélangés de fait, la cour de cassation ne pourrait les examiner, quand bien même les éléments de fait seraient fournis par les constatations de la décision attaquée. — J.G.S. Cassation, 423.

7320. Le demandeur en cassation peut modifier devant la cour suprême son système de plaider, et invoquer pour la première fois des considérations de pur droit qui étaient implicitement contenues dans les conclusions soumises aux juges du fond, et que ceux-ci auraient pu eux-mêmes suppléer. — Civ. c. 5 août 1879, D.P. 80. 1. 17. — V. *Code de procédure civile*, nᵒ 1888.

7321. C'est ainsi qu'il a été jugé : ... qu'il appartient à la cour de cassation de tirer des faits constatés par les juges du fond les conséquences légales qu'ils comportent. — Req. 24 juill. 1877, D.P. 78. 1. 342-343.

7322. ... Que le demandeur en cassation peut présenter des considérations juridiques tendant à assigner à la prescription invoquée par son adversaire son véritable point de départ. — Arrêt préc. 5 août 1879.

7323. ... Qu'un plaideur peut également reprendre devant la cour de cassation un moyen de pur droit sur lequel la cour d'appel n'a pas statué, lorsque ce moyen n'a pas été abandonné par lui et résulte soit des faits constatés par l'arrêt attaqué, soit des pièces de la procédure. — Civ. r. 30 avr. 1890, D.P. 90. 1. 461.

7324. ... Que, lorsque devant la cour d'appel des créanciers ont conclu à être autorisés à retenir sur les sommes par eux dues au failli le montant du cautionnement par eux consenti à son profit, ils sont recevables à présenter pour la première fois devant la cour de cassation tous les arguments ou moyens de droit de nature à appuyer leur prétention. — Civ. c. 27 juin 1876, D.P. 77. 1. 121-122.

7325. Le moyen consistant à soutenir que les eaux d'un ruisseau auxquelles une partie prétend avoir un droit exclusif sont imprescriptibles comme *res nullius* peut également être proposé pour la première fois devant la cour de cassation; car il ne constitue qu'un motif de droit. — Civ r. 11 janv. 1881, D.P.81. 1. 134.

7326. Décidé dans le même sens qu'on ne peut considérer comme nouveau, ni à ce titre irrecevable devant la cour de cassation, un moyen de pur droit tiré de ce que le chef d'un jugement fixant le point de départ des intérêts légaux n'était point spécialement motivé, alors que les conclusions des parties,

et notamment celles qui fixaient le point de départ de ces intérêts dans les termes les plus étendus, ont mis les juges d'appel en demeure de vérifier toutes les dispositions du jugement. — Civ. c. 22 févr. 1882, D.P. 82. 1. 396-397.

7327. ... Et que le moyen de cassation tiré de ce que le jugement attaqué a méconnu la foi due aux registres portatifs des agents des contributions indirectes est recevable devant la cour de cassation, quoiqu'il n'ait pas été proposé devant les juges du fond, les registres dont il s'agit étant le fondement nécessaire des contraintes décernées par les administrateurs des contributions indirectes et la foi due aux constatations qu'ils renferment s'imposant par suite à l'examen des juges. — Civ. c. 22 févr. 1887, D.P. 87. 1. 231.

7328. En matière d'assurances maritimes, le moyen tiré de l'absence de révélation, par l'assuré à l'assureur, de l'assurance de bonne arrivée et des profits espérés, souscrite postérieurement à celle des avances sur le fret, n'est pas nouveau, lorsque le fait en question a été relevé formellement dans les conclusions de l'assureur devant la cour d'appel, bien qu'alors les art. 370 et 380 C. com. aient été seuls indiqués comme applicables à la cause et que, devant la cour de cassation, la violation de l'art. 348 ait été, en outre, invoquée comme motif de cassation. — Civ. r. 4 avr. 1887, D.P. 87.1. 241.

7329. La partie qui, en appel, a opposé à une demande de rapport à son profit la compensation résultant à son profit de créances non portées à tort au crédit de son compte courant, peut, devant la cour de cassation, en vertu du principe de l'unité et de l'indivisibilité du compte courant, soutenir que ces créances doivent y figurer à la date de leur naissance; ce n'est pas là un moyen nouveau. — Civ. c. 22 avr. 1884, D.P. 85. 1. 230.

7330. De même, la partie ayant conclu en appel à la réformation du jugement qui a repoussé sa demande en nullité d'un testament par une exception de ratification tacite tirée de l'exécution de cet acte, est recevable à attaquer devant la cour de cassation l'arrêt qui a également admis cette exception, en soutenant que le juge d'appel a omis de constater que la ratification avait eu lieu en connaissance des vices de forme invoqués contre le testament exécuté; ce n'est pas là non plus un moyen nouveau. — Civ. c. 9 janv. 1884, D.P. 84. 1. 230.

7331. Lorsque, devant les juges du fond, le débat s'est engagé sur le système d'une demande déterminée (dans l'espèce, une déchéance du bénéfice d'inventaire et une déchéance du bénéfice de l'art. 1483 C. civ.), et subsidiairement sur les faits articulés pour établir le bien fondé de cette demande, le moyen tiré de ce qu'en déclarant la demande quant à présent non recevable, les juges du fond avaient à tort refusé d'admettre la preuve offerte, n'est point un moyen nouveau, et peut être invoqué devant la cour de cassation. Civ. r. 27 mars 1889, D.P. 89. 1. 345.

7332. Lorsqu'on a plaidé devant la cour d'appel sur la question de savoir si les ventes de meubles opérées par huissier étaient des ventes forcées, et qu'on a soutenu qu'elles n'avaient pas pu prendre le caractère de ventes volontaires par l'assentiment donné en dehors de ses pouvoirs par le nouvel huissier du saisissant qui avait remplacé l'huissier précédemment chargé de cette mesure d'exécution, la valeur juridique du consentement donné par le second huissier aux ventes volontaires ayant été soumise à l'appréciation de la cour d'appel et, dès lors, le moyen tiré de la nullité de ce consentement n'est pas un moyen nouveau devant la cour de cassation. — Civ. r. 6 août 1887, D.P. 89. 1. 302.

7333. Le moyen pris de l'irrégularité d'une expertise sur laquelle s'est basée la décision attaquée est recevable devant la cour de cassation, lorsqu'il a été soulevé dans les conclusions présentées aux juges du fond. — Civ. r. 11 déc. 1888, D.P. 89. 1. 423.

7334. Lorsqu'une nullité de procédure n'a été connue légalement que par le prononcé du jugement définitif, elle peut être invoquée pour la première fois devant la cour de cassation. — Civ. r. 24 nov. 1886, D.P. 87. 1. 159.

§ 6. — *Moyens d'ordre public* (C. proc. civ. n°s 1897 à 1938).

7335. Les *moyens d'ordre public* peuvent être utilement invoqués, pour la première fois, devant la cour de cassation, soit par les parties, soit par le ministère public; ils peuvent être relevés d'office par la cour de cassation même lorsqu'il s'agit de l'ordre public. — V. *Code des lois adm. annotées*, t. 1er, X, v° *Elections*, n° 4698.

7336. — I. Moyens qui sont considérés comme d'ordre public (C. proc. civ. n°s 1898 à 1932). Le moyen tiré d'une incompétence *ratione materiæ* est d'ordre public et peut être proposé pour la première fois devant la cour de cassation. — Civ. c. 11 juill. 1882, D.P. 83. 1. 350.

7337. Il en est ainsi : ... de l'incompétence des tribunaux civils pour connaître d'une action résultant dans les attributions de l'autorité administrative. — (Sol. implic.) Req. 9 août 1880, D.P. 81. 1. 206.

7338. ... Du moyen tiré de l'incompétence du juge de paix pour connaître d'une action relative aux dommages faits aux champs, quand l'auteur de ces dommages prétend n'avoir fait qu'user régulièrement d'un droit de servitude à lui appartenant. — Civ. c. 11 juill. 1882, D.P. 83. 1. 350. — V. *supra*, n°s 142 et s.

7339. Toutefois, le moyen tiré d'une incompétence *ratione materiæ* ne peut être opposé lorsqu'il s'agit d'un jugement passé en force de chose jugée; c'est l'application de la règle générale qui déclare le recours en cassation inadmissible en cette hypothèse. — Civ. r. 22 févr. 1876, J.G.S. *Cassation*, 429.

7340. L'incompétence des tribunaux civils pour prononcer sur les affaires commerciales, n'étant ni absolue ni susceptible d'être prononcée d'office, ne peut être proposée pour la première fois devant la cour de cassation. — Req. 15 mai 1876, D.P. 76. 1. 376. — Req. 17 juin 1884, D.P. 85. 1. 392.

7341. Il en est ainsi spécialement de l'incompétence d'un juge de paix en matière commerciale. — Req. 16 déc. 1885, D.P. 86. 5. 46.

7342. En conséquence, le pourvoi dirigé contre une sentence d'un juge de paix, qui a statué sur la demande en payement d'un billet à ordre entre commerçants, n'est pas recevable, lorsque l'exception d'incompétence n'a pas été soumise au juge de paix dont la décision n'a pas été frappée d'appel. — Même arrêt.

7343. L'on ne peut proposer pour la première fois devant la cour de cassation l'incompétence des tribunaux de commerce pour connaître d'une contestation purement civile, quand elle n'a pas été proposée en appel, la cour d'appel ayant plénitude de juridiction pour statuer à la fois sur les affaires civiles et sur les affaires commerciales. — Req. 19 juin 1876, D.P. 77. 5. 49. — Req. 15 janv. 1877, D.P. 79. 1. 256. — Civ. r. 15 avr. 1878, D.P. 79. 1. 169. — Civ. c. 14 août 1882, D.P. 83. 1. 255. — Req. 10 févr. 1885, J.G.S. *Cassation*, 434. — Comp. Req. 19 déc. 1882, J.G.S. *Cassation*, 427.

7344. Spécialement, l'appelant qui, pour faire réduire le chiffre des condamnations prononcées contre lui par le tribunal de commerce, a formé devant la cour d'appel une demande reconventionnelle, n'est pas recevable, alors même que cette demande serait nouvelle et aurait un caractère civil, à invoquer devant la cour de cassation un moyen fondé, soit sur la violation de la règle des deux degrés de juridiction, soit sur l'incompétence de la juridiction commerciale. — Arrêt préc. 15 janv. 1877.

7345. D'ailleurs le moyen pris de ce qu'une demande en payement pour opérations de bourse, formée par un agent de change contre son client, n'aurait pas dû être portée devant le tribunal de commerce, parce que les dites opérations n'avaient pas le caractère commercial, est essentiellement mélangé de fait et de droit, et ne peut dès lors être présenté pour la première fois devant la cour de cassation. — Req. 4 janv. 1896, D.P. 86. 1. 12.

7346. Il a été décidé d'une manière générale par plusieurs arrêts de la chambre des requêtes que le moyen d'incompétence fondé sur la violation de la règle des deux degrés de juridiction ne peut être proposé pour la première fois devant la cour de cassation. — Req. 13 juill. 1875, D.P. 76. 1. 502. — Req. 13 juill. 1875, D.P. 76. 1. 118. — Arrêt préc. 15 janv. 1877.

7347. ... Et qu'on doit rejeter comme irrecevable, nouveau et d'ordre public, le moyen pris de l'omission du premier degré de juridiction, alors que toutes les parties ont comparu volontairement devant la cour d'appel, et ont conclu au fond, sans exciper de ce que le litige n'aurait pas été soumis au tribunal de première instance. — Req. 11 nov. 1885, D.P. 86. 1. 257.

7348. Toutefois, d'après la jurisprudence de la chambre civile, on peut produire pour la première fois devant la cour de cassation, comme intéressant l'ordre public, le moyen pris de ce que, sur les conclusions des parties et sans protestation de la part d'aucune, une cour aurait connu, comme second degré de juridiction, d'une contestation tranchée par un jugement non susceptible d'appel. — Civ. c. 25 mars 1879, D.P. 79. 1. 270. — Civ. c. 22 déc. 1880, D.P. 82. 1. 174.

7349. En effet, en face d'un jugement non susceptible d'appel, une incompétence au second degré est une incompétence matérielle d'ordre public ; elle dérive du défaut absolu de juridiction et, dès lors, le silence de la partie qui est intimée sur l'appel d'un jugement rendu à son profit en dernier ressort ne peut lever l'obstacle qui s'oppose à ce que cet appel soit reçu. — D.P. 86. 1. 257, note 2.

7350. Quand il s'agit, au contraire, de l'infraction à la règle des deux degrés de juridiction, en ce qu'une cour d'appel a jugé *de plano*, et malgré l'omission du premier degré, une cause qui, normalement, n'aurait dû arriver que par la voie de l'appel, la situation n'est plus la même. — D.P. *ibid.*

7351. Sans doute, s'il a été procédé ainsi, malgré la réclamation d'une partie, la cour de cassation doit accueillir le recours de cette partie. — D.P. *ibid.*

7352. Mais si la partie, pour faire une économie de temps et de frais, a consenti à se laisser juger *de plano* par une cour d'appel, il n'en résulte aucune atteinte à l'ordre public. — D.P. *ibid.*

7353. L'incompétence du juge d'appel pour connaître directement d'une cause qui n'aurait dû lui être déférée que par la voie de l'appel est purement relative, et comme telle peut être couverte par le silence des parties. — D.P. *ibid.*

7354. Le moyen pris de ce qu'un des juges de l'affaire au second degré de juridiction n'aurait pas eu qualité pour en connaître, à raison de sa participation au jugement de première instance, est nouveau et irrecevable devant la cour de cassation, si ledit magistrat a siégé en appel sans être l'objet d'une récusation de la part d'aucune des parties. — Req. 11 nov. 1885, D.P. 86. 1. 257, et la note. — V. *Code de procédure civile*, n° 1904, et *supra*, n°s 4335 et s.

7355. La nullité d'une enquête faite par le juge du paix dans une affaire de sa compétence n'intéresse pas l'ordre public, et ne peut, dès lors, être invoquée pour la première fois devant la cour de cassation. — Civ. c. 8 nov. 1880, D.P. 81. 1. 28.

7356. Le moyen pris de la violation de l'autorité de la chose jugée ne peut être proposé pour la première fois devant la cour de cassation. — Req. 7 juill. 1874, D.P. 76. 1. 430. — Req. 19 juill. 1875, D.P. 76. 1. 278. — Req. 27 juill. 1875, D.P. 77. 1. 440. — Civ. r. 30 mai 1876, D.P. 78. 1. 88. — Civ. r. 12 déc. 1876, D.P. 77. 1. 228. — Req. 4 juill. 1877, D.P. 79. 1. 477. — Req. 19 nov. 1877, D.P. 78. 1. 486. — Req. 22 nov. 1880, D.P. 81. 1. 348. — Req. 21 mars 1881, D.P. 81. 1. 365. — Req. 15 mai 1884, D.P. 84. 1. 223. — Civ. c. 4 août 1891, D P. 92. 1. 159. — Civ. c. 16 déc. 1891, D.P. 92. 1. 67. — V. *Code de procédure civile*, n° 1931.

7357. ... Alors surtout que l'arrêt d'où résulterait l'exception de la chose jugée n'a été invoqué qu'à titre d'argument devant les juges du fond. — Arrêt préc. 19 nov. 1877.

7358. Spécialement, le moyen, tiré de la violation de la chose jugée, qui, après avoir été présenté en première instance, n'a pas été reproduit en appel, est nouveau et non recevable devant la cour de cassation. — Arrêts préc. 4 juill. 1877 et 4 août 1891.

7359. Il en est de même du moyen tiré : ... de ce qu'il résulterait de la chose jugée par un arrêt antérieur que l'enquête ne devrait plus désormais avoir lieu, n'a pas, par conséquent, pu pourrait pas être recommencée. — Req. 5 mai 1884, D.P. 84. 1. 223.

7360. ... De ce que la recevabilité d'une exception d'incompétence écartée comme tardive par les juges d'appel, ayant été reconnue antérieurement par un jugement, acquiescée et exécuté par les parties. — Civ. c. 22 janv. 1877, D.P. 77. 1. 340.

7361. Le moyen tiré de la violation de l'art. 464 C. proc. civ., qui interdit de former en appel des demandes nouvelles, ne peut pas être proposé pour la première fois devant la cour de cassation. — Req. 20 mai 1878, D.P. 78. 1. 460. — Req. 18 nov. 1873, J.G.S. *Cassation*, 447. — Req. 24 juill. 1883, *ibid.* — V. *supra*, art. 464, n°s 5872 et s.

7362. Il en est de même du moyen fondé sur ce qu'une demande nouvelle aurait été formée en cause d'appel ou sur la litispendance. — Req. 14 févr. 1888, D.P. 88. 1. 225.

7363. Ne touche pas non plus à l'ordre public, et par suite ne peut être proposé pour la première fois devant la cour de cassation le moyen tiré : ... de ce que le tribunal de première instance, statuant sur l'appel d'une sentence de juge de paix, a admis une demande nouvelle qui, réunie à la demande principale, dépasse le chiffre de la compétence du juge de paix. — Civ. c. 17 juill. 1877, D.P. 79. 1. 483.

7364. ... De ce que le juge, après qu'il a été procédé à une enquête, a fondé sa décision sur des déclarations ou certificats émanés de témoins entendus dans cette enquête et relatifs aux faits sur lesquels ces témoins avaient déposé. — Req. 20 nov. 1878, D.P. 79. 1. 178.

7365. Mais le défaut d'autorisation de la femme mariée pour ester en justice est un moyen d'ordre public, qui peut être proposé, pour la première fois, devant la cour de cassation. — Civ. c. 6 déc. 1876, D.P. 77. 1. 307. — Civ. c. 30 janv. 1877, D.P. 77. 1. 348. — Civ. c. 31 juill. 1878, D.P. 78. 1. 381. — Civ. c. 16 juill. 1889, D.P. 90. 1. 377.

7366. Au contraire, le moyen pris de ce qu'une femme mariée a contracté une obligation sans y avoir été autorisée par son mari, n'est pas d'ordre public et ne peut être comme tel proposé pour la première fois devant la cour de cassation. — Req. 17 nov. 1875, D.P. 76. 1. 483.

7367. Ont été considérés comme touchant à l'ordre public le moyen tiré : ... 1° de ce qu'un tuteur *ad hoc* chargé de défendre à l'action en désaveu de paternité a été irrégalièrement nommé. — Civ. c. 24 nov. 1880, D.P. 82. 1. 52.

7368. ...2° Du caractère usuraire des stipulations d'une ouverture de crédit. — Civ. c. 28 juin 1876, D.P. 76. 1. 385. — Civ. c. 20 juin 1884, D.P. 89. 1. 26.

7369. ...Quand d'ailleurs il s'appuie sur des faits constatés par le juge du fond. — Arrêt préc. 20 juin 1888.

7370. ... 3° De ce qu'une commune n'a pas été dûment représentée dans une action concernant un chemin vicinal. — Civ. r. 8 déc. 1885, D.P. 87. 1. 492.

7371. Bien que les fonctions du ministère public soient incompatibles avec celles de juge, et que le tribunal auquel prend part un juge qui a eu antérieurement dans la même affaire comme officier du ministère public soit entaché d'une nullité radicale, cette nullité ne peut être proposée devant la cour de cassation lorsqu'elle ne l'a pas été devant la cour d'appel, la composition irrégulière d'un tribunal n'étant une de ces nullités qui sont réparables devant le juge d'appel chez qu'elles sont invoquées. — Cr. 25 avr. 1890, D.P. 91. 1. 140.

7372. — II. Cas dans lesquels les moyens d'ordre public ne sont pas proposables (C. proc. civ. nos 1933 à 1938). — La cour de cassation ne peut connaître des moyens même d'ordre public qui lui sont proposés qu'autant que les documents, même d'ordre public, sur lesquels ces moyens sont fondés, ont été produits devant le juge du fait. — Req. 10 juill. 1876, D.P. 76. 1. 478. — Req. 28 déc. 1880, D.P. 81. 1. 177. — Req. 11 juill. 1883, D.P. 84. 1. 61. — Req. 25 mars 1885, D.P. 85. 1. 54. — V. Code de procédure civile, n° 1933.

7373. Ainsi une partie n'est pas recevable à soutenir pour la première fois devant la cour de cassation que les juges du fait auraient dû annuler d'office la cession frauduleuse d'un traité concernant l'exécution d'un service public, cession interdite par l'une des clauses de cet acte, et qu'ils ont, d'autre part, violé le principe de la séparation des pouvoirs en portant atteinte à l'exécution des clauses de ce traité, lorsque ce document n'a été signalé ni directement ni indirectement au tribunal ou à la cour. — Arrêt préc. 29 déc. 1880.

7374. Elle ne peut non plus se prévaloir pour la première fois devant la cour de cassation de ce que l'obligation dont l'exécution est réclamée contre elle serait fondée sur une cause illicite. — Même arrêt.

7375. De même, un arrêt ne peut être attaqué par le motif que l'appel sur lequel il a statué n'aurait pas été notifié dans les délais légaux au conseil judiciaire dont l'intimé avait été pourvu depuis l'introduction de la demande, alors qu'il n'est pas établi que l'exploit de signification du jugement dont était appel ait été produit devant la cour, ni qu'aucune justification lui ait été faite de la publication du jugement qui a nommé le conseil judiciaire. — Arrêt préc. 11 juill. 1883.

7376. La nullité de l'appel interjeté après l'expiration du délai légal ne peut être proposée pour la première fois devant la cour de cassation, lorsqu'il n'appert pas des qualités de l'arrêt attaqué qu'il ait été excipé devant la cour d'appel des significations desquelles résulterait cette nullité. — Req. 5 janv. 1875, D.P. 76. 1. 15. — Civ. r. 18 nov. 1885, D.P. 87. 1. 220.

7377. Décidé dans le même sens : 1° que le moyen tiré de ce qu'une cour a statué sur l'appel d'un jugement du tribunal de commerce, alors que ce tribunal avait été prononcé lui-même comme juge d'appel, ne peut être proposé pour la première fois devant la cour de cassation, lorsque la cour d'appel n'a pas été mise en situation d'apprécier ce moyen, et que la prétendue décision du premier degré n'est pas représentée et n'est pas même mentionnée dans l'arrêt

attaqué. — Req. 17 mai 1881, D.P. 82. 1. 102-103.

7378. ... 2° Que l'arrêt qui a ordonné la démolition d'un mur de clôture construit en conformité d'arrêtés municipaux ne peut être attaqué pour excès de pouvoir, alors que ces arrêtés n'ont pas été soumis aux juges du fait. — Req. 26 janv. 1875, D.P. 76. 1. 124.

7379. ... 3° Que le moyen tiré de ce que l'arrêt attaqué aurait ordonné la suppression d'un établissement insalubre, dont la création était autorisée par un arrêté préfectoral, ne peut être invoqué pour la première fois devant la cour de cassation lorsque l'arrêté préfectoral n'a pas été produit devant les juges du fond. — Req. 1 juill. 1883, D.P. 76. 1. 478.

7380. ... 4° Que le moyen tiré de ce qu'une donation déguisée sous la forme de billets à ordre souscrits par l'un des époux au profit de l'autre, serait contraire au principe de la révocabilité des donations entre époux, ne saurait, en admettant qu'il intéresse l'ordre public, être proposé devant la cour de cassation par les héritiers du prétendu donateur qui s'étaient bornés à soutenir devant les juges du fond que ces billets ne pouvaient valoir comme donation, soit parce qu'ils ne contenaient pas l'indication de la cause, soit même parce qu'il n'était pas établi qu'ils eussent été transmis à titre de donation. — Civ. r. 5 déc. 1877, D.P. 78. 1. 481.

7381. ... 5° Que le moyen tiré de ce que les opérations d'une société seraient nulles comme constituant des loteries prohibées par la loi, est irrecevable devant la cour de cassation, bien qu'il intéresse l'ordre public, dès lors que les juges du fait n'ont pas été mis à même de vérifier les circonstances de fait qui pourraient lui servir de base. — Civ. r. 20 févr. 1888, D.P. 89. 1. 361.

7382. Un moyen d'ordre public n'est susceptible d'être proposé pour la première fois devant la cour de cassation qu'autant que le point de droit se dégage nettement et n'est pas subordonné à des vérifications de fait auxquelles le juge du fond n'a pu se livrer. — Req. 30 mars 1885, D.P. 86. 1. 410.

7383. Spécialement, le moyen tiré de l'irrecevabilité de l'appel ne peut être invoqué devant la cour de cassation quand son seul moyen soulève une question de divisibilité de la dette, sur laquelle, par la faute de l'intimé, il n'existe pas de renseignements suffisants. — Même arrêt.

7384. Le moyen tiré de ce qu'un banquier n'aurait pas rempli les formalités légales de procédure pour la vente de titres au porteur qui lui avaient été remis à titre de couverture, n'est pas apparent par lui-même, ne peut être proposé pour la première fois devant la cour de cassation. — Req. 9 juill. 1885, D.P. 86. 1. 419.

7385. Il n'appartient pas d'ailleurs aux tribunaux de soulever d'office une question de ce genre, lorsqu'elle ne leur est pas soumise par la partie intéressée. — Même arrêt.

7386. Un moyen est irrecevable devant la cour de cassation comme nouveau, même s'il tient à l'ordre public, lorsqu'il est compliqué de fait et de droit. — Civ. r. 18 avr. 1883, D.P. 84. 1. 25. — Req. 11 juill. 1883, D.P. 84. 1. 61. — Req. 22 juin 1885, D.P. 86. 1. 59. — Req. 31 oct. 1888, D.P. 90. 1. 68. — V. Code de procédure civile, n° 1038.

7387. Ainsi, bien que le moyen de cassation tiré de la violation du principe de la séparation des pouvoirs soit d'ordre public, ce moyen est non recevable, lorsque l'application de ce principe à la cause présente un mélange de fait et de droit. — Req. 20 juin 1888, D.P. 89. 1. 282.

7388. On ne peut non plus proposer pour la première fois devant la cour de cassation le moyen tiré de la violation de la règle de l'inaliénabilité du domaine public municipal. — Req. 18 janv. 1887, D.P. 87. 1. 493.

7389. ... Ni celui qui est tiré de l'incompétence de l'autorité judiciaire pour statuer

sur les conséquences dommageables de l'exécution de travaux publics et pour ordonner la destruction de ces travaux. — Même arrêt.

7390. ... Alors, du moins, que ces moyens se compliquent de questions de fait qui n'ont pas été soumises aux juges du fond. — Même arrêt.

7391. De même, les moyens d'incompétence, qui sont d'ordre public lorsqu'ils touchent à l'incompétence ratione materiæ ne sont recevables pour la première fois devant la cour de cassation qu'autant que les questions de fait qui leur servent de fondement ont été soumises aux juges du fond. — Req. 19 déc. 1882, J.G.S. Cassation, 427. — Req. 23 nov. 1885, D.P. 86. 1. 56. — Req. 5 juill. 1886. D.P. 87. 1. 378.

7392. Spécialement, l'exception d'incompétence prise de ce qu'un créancier de deux sommes, dépassant ensemble 200 fr., aurait scindé sa demande en deux actions dans le but unique d'attribuer compétence au juge de paix, est irrecevable devant la cour de cassation, si la preuve où à été établi que la première assignation a été lancée pour l'une des sommes, l'autre somme était déjà due, n'a été ni faite ni offerte devant le juge du fond. — Arrêt préc. 23 nov. 1885.

7393. De même, la partie qui a saisi le juge du référé, comme en un cas d'urgence, du point de savoir si un bâtiment servant à l'habitation de maître est compris dans l'antichrèse d'un domaine rural, n'est pas recevable à prétendre que la juridiction de référé, soit en première instance, soit en appel, était incompétente pour connaître de cette action, alors que l'arrêt attaqué ne permettant pas d'apprécier la question de l'urgence, qui n'a été débattue à aucun moment de la procédure. — Req. 5 juill. 1886, D.P. 87. 1. 378.

7394. Mais un moyen d'incompétence à raison de la matière ne peut être considéré comme mélangé de fait et de droit et écarté comme moyen nouveau lorsque, d'une part, la convention ayant donné lieu à la question de compétence a été insérée dans les qualités de l'arrêt attaqué, et, que, d'autre part, il résulte desdites qualités que l'objet des conclusions formelles devant les juges du fond. — Civ. c. 15 nov. 1881, D.P. 82. 1. 467-468.

7395. Le moyen tiré, en réponse à la demande en payement de sommes dues pour achats et ventes d'effets publics, de ce que ces opérations auraient été réalisées sans le concours d'un agent de change et se mélange de fait et de droit et ne peut, dès lors, être proposé pour la première fois devant la cour de cassation. — J.G.S. Cassation, 425.

7396. Il en est de même du moyen pris : ... de ce qu'une cession de valeurs mobilières aurait été effectuée par une femme sans l'autorisation de son mari. — Req. 8 mars 1886, D.P. 87. 1. 375.

7397. ... De ce qu'une commune n'aurait pas été régulièrement autorisée à donner son acceptation à un accord destiné à mettre fin à un procès. — Req. 11 juill. 1888, D.P. 89. 1. 33.

7398. ... De ce que la réclamation tendant à obtenir le remboursement des sommes indûment perçues à titre d'octroi de mer en vertu d'un arrêté illégal du gouverneur d'une colonie aurait dû d'abord être soumise à l'examen du conseil privé de cette colonie. — Req. 5 juin 1889, D.P. 89. 1. 200-201.

7399. ... De ce que la délibération qui autorise la conversion d'actions nominatives en titres au porteur aurait été prise avant le versement de moitié du montant de toutes les actions, en admettant même que ce moyen soit d'ordre public. — Civ. c. 21 juill. 1879 et 26 août 1878, D.P. 79. 1. 321-322.

7400. ... De ce que la tutelle de la mère ne serait pas une tutelle légale, mais une tutelle dative qui aurait été conférée en vertu du statut mosaïque et ne serait point régie par la loi française. — Req. 27 juin 1877, D.P. 78. 1. 412.

7401. ... De ce que l'hypothèque prise sur les biens du tuteur au profit d'un enfant mineur l'aurait été à une époque où ce dernier était devenu majeur ou était émancipé. — Même arrêt.

7402. Quoique le moyen tiré de la violation du principe de la séparation des pouvoirs administratif et judiciaire puisse être proposé en tout état de cause, ce principe cesse d'être applicable lorsqu'il est intervenu sur la compétence une décision définitive passée en force de chose jugée. — Req. 16 nov. 1887, D.P. 89. 1. 276.

7403. En pareil cas, l'autorité de la chose jugée doit être à l'abri de toute atteinte, alors même que l'arrêt auquel elle est attachée aurait méconnu des règles de compétence fondées sur des motifs d'ordre public. — Même arrêt.

Sect. 12. — Règles générales de la procédure devant la cour de cassation (C. proc. civ. nos 1939 à 2056).

§ 1er. — *Instruction et jugement* (C. proc. civ. nos 1939 à 1959).

7404. — I. Distribution des affaires (C. proc. civ. no 1939).

7405. — II. Rapport (C. proc. civ. nos 1940 à 1942).

7406. — III. Plaidoiries et productions de pièces (C. proc. civ. nos 1943 à 1947).

7407. — IV. Audition du ministère public (C. proc. civ. nos 1948 à 1950).

7408. — V. Audiences, délibérations, rédaction et expédition des arrêts (C. proc. civ. nos 1951 à 1959).

§ 2. — *Incidents de la procédure* (C. proc. civ. nos 1960 à 2056).

7409. — I. Intervention (C. proc. civ. nos 1960 à 1985). — On a mis en doute la possibilité d'une intervention devant la chambre des requêtes, en se fondant sur ce que l'art. 1er, tit. 8, 2e part., du règlement de 1738 n'a prévu ce cas que pour le cas d'une instance, et l'on sait, d'autre part, que l'instance ne commence ou n'existe, à proprement parler, en matière civile qu'après la signification de l'arrêt d'admission. — J.G.S. *Cassation*, 213.

7410. Mais tous cas, cette intervention ne peut se produire qu'en faveur du demandeur au pourvoi, puisqu'aucune défense n'est admise devant la chambre des requêtes. — J.G.S. *Cassation*, 213.

7411. Le droit d'intervention ne doit pas être restreint aux seules personnes qui ont été parties à l'instance devant les juges du fond, le texte de l'ordonnance de 1738 attribuant en termes généraux à la cour de cassation la faculté pleine et entière d'admettre les interventions ou de les repousser. — J.G.S. *Cassation*, 214.

7412. Mais l'intervention devant la cour de cassation de personnes qui n'ont pas figuré dans l'instance devant les juges du fond ne peut être admise qu'à la condition de se justifier par des circonstances et des intérêts exceptionnels. — Civ. r. 23 juin 1884, D.P. 84. 1. 441.

7413. La cour de cassation n'a pas précisé ce qu'il faut entendre par « circonstances graves et exceptionnelles »; mais on peut croire qu'elle avait en vue le cas où les intervenants auront un intérêt, non seulement commun, mais encore indivisible avec celui des parties en cause. Le rôle de l'intervention se bornera alors à fournir dans l'instance des arguments à l'appui soit du pourvoi, soit de la défense, suivant le sens où elle se sera produite. — J.G.S. *Cassation*, 214.

7414. L'intervention n'est recevable devant la cour de cassation qu'autant qu'elle est enregistrée et écrite sur papier timbré. — Civ. r. 7 févr. 1889, D.P. 89. 1. 175.

7415. — II. Garantie (C. proc. civ. nos 1986 à 1990). — Le garant mis hors de cause par l'arrêt attaqué, peut avoir intérêt à intervenir devant la cour de cassation pour défendre au pourvoi qui tend à faire disparaître cet arrêt. — J.G.S. *Cassation*, 217.

7416. D'autre part, le garanti, s'il a triomphé devant les juges du fond, a intérêt à mettre en cause son garant, en prévision d'un arrêt de cassation qui remettrait l'affaire en question. — J.G.S. *Cassation*, 217.

7417. — III. Faux incident (C. proc. civ. nos 1991 à 2032). — La voie de l'inscription de faux incident est ouverte devant la cour de cassation, contre la minute d'un arrêt de cour d'appel et contre l'expédition conforme de cette minute mentionnant la présence d'un magistrat qui, suivant l'inscription en faux incident, n'aurait pas concouru à l'arrêt. — Civ. r. 17 août 1881, D.P. 82. 1. 179. — V. *Code de procédure civile*, no 1990.

7418. Le défendeur peut se pourvoir en faux incident devant la cour de cassation contre l'arrêt, objet du pourvoi, qu'il a levé et signifié. — Même arrêt. — V. *Code de procédure civile*, no 2005.

7419. La demande en inscription de faux, formée devant la cour de cassation par une partie contre les qualités d'un arrêt de cour d'appel qui mentionnerait à tort qu'un avoué l'a représentée devant les juges du second degré, doit être rejetée quand, en fait, ledit avoué a pris des conclusions pour cette partie en même temps que pour plusieurs autres. — Req. 9 mars 1881, D.P. 82. 1. 125-126, et la note.

7420. Et il importe peu, au point de vue de ce rejet, que l'avoué n'ait pas reçu mandat de représenter la partie dont il s'agit, ait eu le tort, après avoir reconnu en temps utile l'erreur commise dans ses conclusions notifiées, de ne pas rectifier lesdites conclusions, afin d'effectuer le retranchement du nom qui ne devait point y figurer. — Même arrêt.

7421. Il n'y a pas lieu d'autoriser un demandeur en cassation à suivre sur une demande en inscription de faux contre un arrêt, fondée sur ce qu'une partie des motifs et du dispositif n'auraient pas été lus à l'audience, mais auraient après coup, alors que les éléments invoqués pour contredire la mention de l'arrêt qu' « il a été ainsi jugé et prononcé à l'audience publique », consistent dans des documents émanés du demandeur lui-même et ne rendent même pas vraisemblable son allégation. — Req. 4 juill. 1876, P.D. 77. 1. 59.

7422. Lorsque la cour de cassation a autorisé de sommer le défendeur, et que celui-ci déclare vouloir faire usage de la pièce arguée de faux, un deuxième arrêt intervient pour ordonner l'instruction de la demande de faux. Mais cette instruction ne s'effectue pas devant la cour de cassation qui ne peut connaître du fond des affaires; par application de cette règle, l'examen et le jugement du faux sont renvoyés à un tribunal, ordinairement égal en autorité à celui dont la décision est attaquée. — J.G.S. *Cassation*, 223.

7423. Jugé à cet égard que lorsque la cour de cassation admet l'inscription de faux et que la partie qui produit la pièce, sommée de déclarer si elle entend s'en servir, fait cette déclaration, la cour renvoie devant une cour d'appel pour être procédé au jugement de cette inscription de faux; après quoi, l'arrêt rendu sur cet incident étant produit, il est passé outre à l'instruction au jugement de l'affaire principale. — Civ. r. 30 août 1881, D.P. 82. 1. 179. — V. *Code de procédure civile*, no 2024.

7424. La question de faux une fois tranchée, la cour de cassation prononce, s'il y a lieu, la nullité de l'arrêt entaché de faux. — Civ. r. 17 et 30 août 1884, D.P. 82. 1. 179.

7425. Le délai de trois jours accordé au demandeur en inscription de faux pour sommer son adversaire de déclarer s'il entend se servir de la pièce arguée de faux, court à partir de l'arrêt qui admet l'inscription, lorsque cet arrêt l'ordonne ainsi. — Civ. r. 17 août 1881, D.P. 82. 1. 179. — Comp. *Code de procédure civile*, no 2026.

7426. L'amende consignée par le demandeur en inscription de faux doit lui être restituée lorsque sa requête est repoussée *de plano* comme inadmissible, la condamnation à l'amende ne devant être prononcée que contre le demandeur qui succombe après avoir obtenu l'autorisation de s'inscrire en faux. — Civ. r. 12 juin 1883, D.P. 84. 1. 279. — V. *Code de procédure civile*, no 2032.

7427. Jugé dans le même sens que, lorsqu'une demande en autorisation d'inscription de faux formée devant la cour de cassation est rejetée comme sans intérêt et partant sans objet, il y a lieu, néanmoins, d'ordonner la restitution de l'amende consignée spécialement pour la régularité de cette demande. — Civ. r. 24 mars 1890, D.P. 91. 1. 427.

7428. — IV. Récusation (C. proc. civ. no 2033).

7429. — V. Désaveu (C. proc. civ. nos 2034 à 2036).

7430. — VI. Défaut et forclusion (C. proc. civ. no 2037). — V. *infra*, nos 7475 et s.

7431. — VII. Péremption et prescription (C. proc. civ. nos 2038 à 2042).

7432. — VIII. Désistement (C. proc. civ. nos 2044 à 2053).

7433. — IX. Incidents divers (C. proc. civ. nos 2054 à 2056).

Sect. 13. — Procédure spéciale devant chacune des chambres de la cour de cassation (C. proc. civ. nos 2057 à 2303).

§ 1er. — *Procédure devant la chambre des requêtes* (C. proc. civ. nos 2057 à 2067).

7434. Le seul acte de procédure important devant la chambre des requêtes est la production du mémoire ampliatif dans lequel il est d'usage de développer et de justifier les moyens de cassation invoqués à la requête, et dans lequel peuvent être même proposés de nouveaux moyens, pourvu qu'ils soient relatifs aux chefs de cassation compris dans le pourvoi. — J.G.S. *Cassation*, 228.

7435. Toutefois, la chambre des requêtes s'est refusée à admettre le moyen de cassation formulé par une requête qui n'avait été déposée au greffe que le jour même de l'arrêt après l'audition du ministère public, et alors que le délibéré était commencé. — Req. 6 mai 1857, D.P. 57. 1. 298.

7436. En même temps que le mémoire ampliatif, les avocats à la cour de cassation ont l'habitude de déposer une copie de la décision attaquée, dite *copie lisible*. — J.G.S. *Cassation*, 228.

§ 2. — *Signification de l'arrêt d'admission* (C. proc. civ. nos 2068 à 2249).

7437. — I. Nécessité de la signification de l'arrêt d'admission (C. proc. civ. nos 2068 à 2303). — A défaut de signification régulière de l'arrêt d'admission au défendeur, le demandeur en cassation est déchu de son pourvoi. — Civ. r. 1er mars 1886, D.P. 86. 1. 422. — V. *Code de procédure civile*, no 2072.

7438. Il importe peu que l'arrêt d'admission ait été notifié à des parties qui, en première instance, s'étaient associées aux conclusions du défendeur, si ces parties se sont abstenues de conclure en appel et si la décision attaquée a été rendue au profit exclusif de cet unique défendeur à l'égard duquel le pourvoi est irrecevable. — Même arrêt.

7439. Dès lors, il n'y a pas lieu pour la cour de cassation d'examiner le moyen du pourvoi à l'égard de ces parties. — Même arrêt.

7440. Le demandeur en cassation est déchu de son pourvoi à l'égard des parties ayant un intérêt distinct auxquelles l'arrêt d'admission n'est pas signifié dans les délais légaux. — Civ. r. 10 janv. 1883, D.P. 83. 1. 460. — Civ. c. 28 janv. 1890, D.P. 90. 1. 177. — V. *Code de procédure civile*, nᵒ 2077.

7441. — II. Délai dans lequel la signification doit être faite (C. proc. civ. nᵒˢ 2081 à 2097). — La déchéance encourue, aux termes de l'art. 30, tit. 4, de la première partie du règlement du 28 juin 1738, par le demandeur en cassation qui a négligé de signifier l'arrêt d'admission au défendeur dans les délais impartis à cet effet, est d'ordre public et doit être prononcée d'office. — Civ. r. 2 mars 1886, D.P. 87. 1. 33. — V. *Code de procédure civile*, nᵒ 2086.

7442. — III. Formes de la signification (C. proc. civ. nᵒˢ 2098 à 2249). — 1ᵒ *Date* (C. proc. civ. nᵒˢ 2102 à 2113).

7443. — 2ᵒ *Signature et constitution d'un avoué près la cour* (C. proc. civ. nᵒˢ 2114 à 2120).

7444. — 3ᵒ *Mentions relatives aux demandeurs* (C. proc. civ. nᵒˢ 2121 à 2135). — Sur les mentions relatives au demandeur dans les exploits en général, V. *suprà*, art. 61, nᵒˢ 1561 et s.

7445. L'arrêt d'admission rendu sur le pourvoi formé par un demandeur décédé depuis ne saurait être signifié au nom de cette personne décédée; il doit l'être, à peine de déchéance, à la requête de ses héritiers, et la validité de la signification du même arrêt, faite par un autre demandeur, ne profite pas à ces héritiers lorsque la matière est divisible. — Civ. r. 20 mars 1889, D.P. 89. 1. 382. — V. *Code de procédure civile*, nᵒˢ 2132 et s.

7446. L'omission du nom patronymique du demandeur en cassation, dans l'exploit contenant signification de l'arrêt d'admission de son pourvoi, ne saurait entraîner la déchéance de ce pourvoi, lorsqu'aucun doute ne peut exister sur l'individualité du demandeur et sur son identité avec la partie au préjudice de laquelle avait été rendu l'arrêt attaqué. — Civ. r. 5 mars 1890, D.P. 90. 477.

7447. ... Spécialement, lorsque, d'une part, un nom complet figure dans la copie du pourvoi, donnée en tête de l'exploit et faisant corps avec lui, et que, d'autre part, il est suffisamment désigné par la qualité en laquelle il agit. — Même arrêt.

7448. — 4ᵒ *Huissier; immatricule* (C. proc. civ. nᵒˢ 2136 à 2148). — La signification d'un arrêt d'admission rendu par la chambre des requêtes est nulle, si l'huissier n'a indiqué, dans la copie signifiée, ni son nom, ni sa demeure, ni son immatricule, ni sa qualité. — Civ. r. 14 mai 1878, D.P. 78. 1. 264. — Civ. r. 13 mars 1882, D.P. 83. 5. 135. — Civ. r. 29 déc. 1890, D.P. 91. 5. 54. — V. *Code de procédure civile*, nᵒˢ 2145 et s.

7449. Alors d'ailleurs que cette omission n'est suppléée par aucune énonciation de l'acte. — Arrêt préc. 29 déc. 1890.

7450. La cour de cassation a annulé une signification de jugement dont la copie avait été signée par un huissier autre que celui dont le nom était indiqué dans l'immatricule, bien que cette signature, parfaitement lisible, fût connue de la partie qui avait reçu d'autres actes du même ministère. — Civ. c. 21 juill. 1885, D.P. 86. 1.85.

7451. — 5ᵒ *A qui la signification doit être faite* (C. proc. civ. nᵒˢ 2149 à 2166). — La signification ne peut être faite qu'aux personnes qui ont été parties au jugement attaqué, à moins que la chambre des requêtes n'ait autorisé le demandeur en cassation à

assigner, en outre, des personnes qui n'y ont pas figuré. — Civ. r. 12 juin 1876, D.P. 76. 1. 477. — V. *Code de procédure civile*, nᵒ 2149.

7452. Le pourvoi en cassation doit être dirigé contre la partie qui a obtenu la décision attaquée, et c'est à elle seule, sauf le cas de décès ou de changement d'état, que l'arrêt d'admission doit être signifié. — Civ. r. 2 août 1886, D.P. 86. 1. 446. — Civ. r. 24 déc. 1888, D.P. 89. 1. 165.

7453. Ainsi, le pourvoi est irrecevable quand un enfant mineur ayant figuré dans l'instance en la personne de son père administrateur légal, l'arrêt d'admission est notifié seulement à l'enfant demeuré mineur. — Arrêt préc. 24 déc. 1888.

7454. Lorsqu'à la suite de l'abstention de plusieurs magistrats, un tribunal saisi d'une poursuite disciplinaire contre un notaire n'a pu se constituer et que la cour d'appel a été appelée, sur les réquisitions du procureur général, à indiquer un autre tribunal pour statuer sur la poursuite, le notaire poursuivi qui, dans ces circonstances, n'a pas été et ne devait pas être partie à l'arrêt rendu par la cour d'appel, ne doit pas, si la chambre des requêtes admet le pourvoi, recevoir la signification de l'arrêt d'admission, et être appelé comme défendeur devant la chambre civile; cette dernière chambre doit d'office prononcer sa mise hors de cause — Civ. r. 9 déc. 1889, D.P. 90. 1. 65.

7455. En cas de pourvoi contre l'arrêt qui a statué sur les difficultés relatives au règlement d'un ordre entre créanciers, la signification de l'arrêt d'admission faite à l'avoué (au défenseur, en Algérie) du dernier créancier colloqué, sans effet à l'égard d'un créancier dont les droits ont été contestés, et qui a figuré, en nom et assisté par un avoué (ou un défenseur), dans la procédure d'ordre et dans l'arrêt; en conséquence, le pourvoi est non recevable à l'égard de ce créancier, s'il ne lui a pas été notifié personnellement. — Civ. r. 16 nov. 1885, D.P. 86. 1. 76-77.

7456. — 6ᵒ *Indication du domicile du défendeur et remise de la copie* (C. proc. civ. nᵒˢ 2167 à 2190). — La signification de l'arrêt d'admission ne saurait être annulée, avec déchéance du pourvoi, par le motif qu'elle a été faite à un autre domicile que le domicile réel du défendeur à la cassation, lorsque le demandeur, par les mentions contenues dans les qualités de l'arrêt attaqué et dans l'exploit même de signification dudit arrêt et dans la requête de la partie adverse, a été autorisé à considérer le lieu où il a signifié l'arrêt d'admission comme étant le domicile légal de cette partie. — Civ. r. 5 mars 1890, D.P. 90. 1. 477. — V. *Code de procédure civile*, nᵒˢ 2169 et s.

7457. Le défendeur arguerait vainement de mentions différentes, portées dans quelque acte de la procédure antérieure, l'instance introduite devant la cour de cassation ayant le caractère d'une instance nouvelle et extraordinaire. — Même arrêt.

7458. La signification de l'arrêt d'admission à l'un des défendeurs, associés solidaires, est valablement faite au domicile indiqué par les deux défendeurs comme leur étant commun et en parlant à la personne de l'autre. — Civ. r. 27 août 1877, D.P. 78. 1. 440.

7459. De même, la signification de l'arrêt d'admission faite au maire de la commune où la partie reconnaît avoir été domiciliée pendant tout le procès et alors que l'huissier n'a trouvé personne à ce domicile, est valable, quand bien même, avant et après la contestation, la partie aurait un domicile dans une autre localité. — Civ. r. 16 avr. 1889, D.P. 89. 1. 375.

7460. Il y a lieu d'appliquer à la signification de l'arrêt d'admission la disposition de l'art. 69, § 9, C. proc. civ., aux termes de laquelle ceux qui habitent le territoire fran-

çais hors du continent, et ceux qui sont établis chez l'étranger, doivent être assignés au parquet du tribunal où est portée la demande. — Civ. r. 20 nov. 1889, D.P. 90. 1. 54. — V. *Code de procédure civile*, nᵒ 2181, et *suprà*, art. 69, nᵒˢ 1853 et s.

7461. Il suit de là que la signification de l'arrêt d'admission rendu contre une partie qui est sans résidence ni domicile connus en France doit être faite, à peine de nullité, par l'exploit affiché à la principale porte de l'auditoire de la cour de cassation, et par copie remise au procureur général près cette cour. — Civ. c. 16 nov. 1885, D.P. 86. 1. 76-77. — V. *Code de procédure civile*, nᵒ 2185.

7462. De même, en cas d'arrêt d'admission prononcé par la chambre des requêtes, sur un pourvoi formé contre une partie qui habite Tunis, c'est au parquet de la cour de cassation que doit avoir lieu la signification de l'arrêt, avec assignation du défendeur devant la chambre civile. — Arrêt préc. 20 nov. 1889. — V. *Code de procédure civile*, nᵒ 21 6.

7463. La loi du 2 juin 1862 sur les délais des pourvois en matière civile (D.P. 62. 4. 47) s'est conformée aux dispositions de l'art. 30 du règlement de 1738, qui avait fixé, suivant l'éloignement de telle ou telle colonie, un délai plus ou moins long pour opérer la signification, en proportion de l'éloignement plus ou moins grand du lieu où réside le défendeur et le supplément de délai accordé au demandeur pour signifier l'arrêt d'admission (art. 6-1ᵉʳ et 2ᵒ de la loi de 1862 combinés). — J.G.S. *Cassation*, 243.

7464. — 7ᵒ *Décès du défendeur* (C. proc. civ. nᵒˢ 2191 à 2204). — L'instance en cassation ne devenant contradictoire que devant la chambre civile, le pourvoi en cassation formé contre une personne décédée antérieurement est valable si la signification de l'arrêt d'admission est régulièrement faite aux représentants légaux du défunt. — Civ. r. 30 janv. 1883, J.G.S. *Cassation*, 238.

7465. — 8ᵒ *Changement d'état du défendeur* (C. proc. civ. nᵒˢ 2205 à 2213). — Dans le cas où il est survenu un changement dans l'état et la capacité du défendeur, la signification ne sera valable qu'autant qu'elle aura été délivrée à la personne qui a qualité pour la recevoir par suite de ce changement. — J.G.S. *Cassation*, 239.

7466. Ainsi, un arrêt d'admission, obtenu contre un tuteur en cette qualité, par le mineur devenu émancipé depuis l'arrêt attaqué, doit être signifié à celui-ci avec assignation personnelle devant la chambre civile. — Civ. c. 9 févr. 1887, D.P. 87. 1. 269. — V. *Code de procédure civile*, nᵒ 2210.

7467. Le pourvoi en cassation constitue une instance distincte dont l'acte introductif est l'assignation devant la chambre civile en vertu de l'arrêt d'admission; en conséquence, dans le cas où, avant cet arrêt, un failli a été remis à la tête de ses affaires au moyen d'un concordat homologué par le tribunal, c'est contre lui que doit être suivi le pourvoi, et non pas contre le syndic qui a cessé ses fonctions. — Civ. r. 25 févr. 1879, D.P. 79. 1. 149.

7468. Toutefois, l'arrêt d'admission rendu sur le pourvoi en cassation d'un créancier du failli, est valablement signifié au syndic qui a obtenu la décision attaquée, bien que ce syndic ait déjà procédé, en vertu de ladite décision, à la liquidation définitive de la faillite et rendu ses comptes. — Civ. r. 21 nov. 1881, D.P. 82. 1. 204. — Civ. r. 5 août 1885, D.P. 86. 1. 467.

7469. ... Alors d'ailleurs que les résultats desdits compte et liquidation sont restés soumis à une condition résolutoire pour le cas où la décision attaquée viendrait à être cassée. — Arrêt préc. 5 août 1885.

7470. En pareil cas, en effet, le pourvoi en cassation mettant en question les résultats de la liquidation, on ne peut considérer les fonctions du syndic comme définititivement terminées. — J.G.S. *Cassation,* 239.

7471. — 9° *Nombre de copies* (C. proc. civ. n°s 2214 et 2239). — L'individu pourvu d'un conseil judiciaire ne pouvant jamais ester seul en justice, et le mineur émancipé étant dans une situation identique pour l'exercice de ses actions immobilières, il sera nécessaire dans ces diverses hypothèses de délivrer deux copies l'une à l'incapable, et l'autre à son conseil. — J.G.S. *Cassation,* 237.

7472. — 10° *Mention de la remise de la copie* (C. proc. civ. n°s 2231 à 2240. — Lorsqu'un arrêt d'admission de la chambre des requêtes est notifié à un étranger, en la personne du procureur général à la cour de cassation qui vise l'original de la signification, il suffit que la copie de cet acte de signification mentionne que l'huissier a requis le visa, et il n'est pas nécessaire qu'elle porte en outre que ce visa a été effectivement donné sur l'original. — Civ. r. 5 mars 1888, D.P. 88. 1. 369.

7473. — 11° *Actes par lesquels la nullité de la signification est couverte* (C. proc. civ. n°s 2241 à 2249).

§ 3. — *Procédure devant la chambre civile, défaut et forclusion* (C. proc. civ. n°s 2250 à 2299).

7474. — I. PROCÉDURE (C. proc.civ. n°s 2250 à 2273). — Lorsque le demandeur en cassation décède après l'expiration des délais impartis au défendeur pour produire sa défense, la cause est en état, et le jugement doit être rendu, sans que les héritiers du demandeur aient à reprendre l'instance. — Civ. c. 4 févr. 1884, D.P. 84. 1. 247.

7475. — II. DÉFAUT ET FORCLUSION (C. proc. civ. n°s 2274 à 2299). — 1° *Défaut* (C. proc. civ. n°s 2276 à 2290). — Le défendeur non comparant devant la cour de cassation est recevable à se faire restituer contre l'arrêt par défaut rendu contre lui, lorsque la demande a été formée dans les délais légaux, et avec l'accomplissement de toutes les formalités prescrites par la loi. — Civ. c. 20 mai 1885, D.P. 86. 1. 173. — Civ. c. 19 janv. 1886, D.P. 87. 1. 432. — Civ. c. 30 mai 1888, D.P. 88. 1. 369.

7476. Le défendeur non comparant devant la cour de cassation qui veut se faire restituer contre son arrêt par défaut rendu contre lui doit signifier sa demande à la partie adverse, dans un délai double de celui de l'assignation devant la chambre civile ; ce délai court à compter de la signification de l'arrêt par défaut qui est faite au domicile du défaillant. — Civ. r. 21 févr. 1876, D.P. 76. 1. 165.

7477. S'il est domicilié en Algérie, dans le cas où il veut se faire restituer contre l'arrêt par défaut rendu contre lui, il doit, à peine de déchéance, former sa demande dans un délai de trois mois à partir de la signification de l'arrêt attaqué faite à sa personne ou à son domicile. — Même arrêt.

7478. — 2° *Forclusion* (C. proc. civ. n°s 2291 à 2299). — Contre les arrêts de forclusion, au contraire, aucune opposition ou restitution n'est recevable, ils ont la même valeur que s'ils avaient été rendus contradictoirement. — Même arrêt, prononcés moyennant certaines conditions qui sont autant de garanties pour le demandeur forclos. — J.G.S. *Cassation,* 221.

7479. Aux termes de l'art. 1er, tit. 5, du règlement de 1738, la forclusion ne pourra être demandée que deux mois après une sommation de produire demeurée sans résultat. — J.G.S. *Cassation,* 221.

§ 4. — *Procédure devant les chambres réunies* (C. proc. civ. n°s 2300 à 2103).

7480. V. *Code de procédure civile,* n°s 2300 et s.

SECT. 14. — EFFETS, ÉTENDUE ET AUTORITÉ DES ARRÊTS DE LA COUR DE CASSATION (C. proc. civ. n°s 2304 à 2524).

§ 1er. — *Effets des arrêts de rejet* (C. proc. civ. n°s 2320 à 2344).

7481. — I. EFFETS DU REJET QUANT A L'ARRÊT QUI LE PRONONCE (C. proc. civ. n°s 2320 à 2328). — Aucun recours n'est ouvert contre un arrêt contradictoire rendu par la cour de cassation en matière civile. — Civ. r. 23 févr. 1885, D.P. 85. 1. 307. — V. *Code de procédure civile,* n° 2320.

7482. Spécialement, le demandeur en cassation contre une décision du jury d'expropriation est non recevable à demander la rétractation d'un arrêt rendu à la requête du défendeur, et par lequel la cour de cassation l'a déclaré déchu de son pourvoi pour défaut de justification de la consignation d'amende. — Même arrêt. — Civ. r. 23 nov. 1846, D.P. 85. 1. 307, note.

7483. En matière électorale, comme en toute matière civile, le demandeur dont le pourvoi a été rejeté comme tardif ne peut demander à cette cour la rétractation de cet arrêt, même en alléguant que le fait par suite duquel le rejet a été prononcé ne lui est pas imputable ; les art. 39, tit. 4 et 5, tit. 9, du règlement du 28 juin 1738 doivent en ce cas recevoir leur application. — Civ. r. 30 juill. 1889, D P. 90. 1. 232.

7484. — II. EFFETS DU REJET PAR RAPPORT AUX PERSONNES (C. proc. civ. n°s 2329 à 2332).

7485. — III. EFFETS DU REJET PAR RAPPORT A LA DÉCISION MAINTENUE (C. proc. civ. n°s 2333 à 2314). — Le pourvoi en cassation formé contre un arrêt définitif doit être rejeté, alors qu'il n'est fondé que sur l'annulation éventuelle d'un arrêt antérieur rendu sur incident et que le pourvoi formé contre celui-ci n'est pas admis. — Req. 16 nov. 1885, D.P. 87. 1. 12.

7486. De même, le pourvoi formé contre le jugement sur le fond, sans moyen spécial, et seulement en raison du pourvoi dirigé contre l'arrêt sur la compétence, devient sans objet en cas de rejet de celui-ci, et doit par suite être en même temps rejeté. — Req. 13 févr. 1888, D.P. 88. 1. 320.

7487. Lorsqu'un pourvoi a été formé éventuellement et pour le cas seulement où un autre pourvoi formé par la partie adverse serait admis, il n'y a lieu, dans le cas de rejet du pourvoi de la partie adverse, de statuer sur le pourvoi ainsi éventuellement formé. — Req. 19 juin 1888, D.P. 90. 1. 268.

§ 2. — *Effets des arrêts de cassation* (C. proc. civ. n°s 2345 à 2475).

7488. — I. PERSONNES AUXQUELLES LA CASSATION PROFITE OU PRÉJUDICIE (C. proc. civ. n°s 2348 à 2359). — La cassation prononcée n'a d'influence qu'au regard des personnes qui ont été parties à l'arrêt intervenu. — J.G.S. *Cassation,* 456. — V. *Code de procédure civile,* n° 2348.

7489. Ainsi, lorsqu'un arrêt repousse les conclusions de tous les cessionnaires, dont les uns invoquaient comme cause de préférence la date de la signification des transports à eux consentis et les autres la subrogation à un privilège de copartageant, et ordonne que la distribution aura lieu au marc le franc, si les premiers se pourvoient seuls, la cassation qu'ils obtiennent n'est que partielle et ne fait pas revivre les prétentions des autres cessionnaires. — Civ. 26 mai 1886, D.P. 86. 1. 281.

7490. Mais cette règle reçoit exception au cas d'indivisibilité ou de solidarité. — Besançon, 15 juill. 1874, D.P. 74. 2. 219.

7491. De même, quand le litige, objet de l'arrêt cassé, établit entre les parties un lien tel que l'intérêt des unes est inséparable de celui des autres, la cassation et le pourvoi de quelques-unes seulement produit, en ce cas, ses effets vis-à-vis de toutes. — Poitiers, 22 mai 1880, D.P. 80. 2. 339.

7492. Ainsi quand il existe entre la demande principale et l'action en garantie un lien de dépendance et de subordination, la cassation, obtenue par le garant, doit être prononcée à l'égard de toutes les parties et profiter au garanti. — Civ. c. 14 mars 1883, D.P. 83. 1. 377. — Civ. c. 12 juin 1883, D.P. 84. 1. 72. — Civ. c. 9 avr. 1884, D.P. 84. 237.

7493. De même, quand un lien de dépendance et de subordination existe entre les appels interjetés par deux parties, la cassation prononcée sur un moyen spécial à l'une d'elles entraîne l'annulation totale de l'arrêt qui avait statué sur ces deux appels. — Civ. c. 31 déc. 1884, D.P. 85. 1. 364.

7494. — II. EFFETS DE LA CASSATION (C. proc. civ. n°s 2360 à 2392). — L'effet nécessaire de l'arrêt de la cour de cassation qui annule une décision judiciaire est de remettre les parties au même et semblable état où elles étaient avant la décision cassée. — Req. 15 mars 1887, D.P. 88. 1. 86. — Civ. c. 25 juin 1888, D.P. 88. 1. 475. — Comp. Amiens, 24 févr. 1891, D.P. 92. 2. 123. — V. *Code de procédure civile,* n° 2360.

7495. En conséquence, la cassation d'un arrêt entraîne nécessairement la nullité de tous les actes faits en exécution de la décision cassée. — Civ. c 2 janv. 1884, D.P. 34. 1. 298-299. — V. *Code de procédure civile,* n° 2361.

7496. Il y a donc lieu d'annuler l'arrêt qui met à la charge de la partie à la requête de laquelle un précédent arrêt a été cassé, les frais de la poursuite exercée par son adversaire en exécution de cet arrêt, sous le prétexte que ces frais sont postérieurs audit arrêt, qu'ils ont été occasionnés par la faute de la partie, et que, le pourvoi en cassation n'étant pas suspensif, cette décision était exécutoire. — Même arrêt.

7497. Il en résulte également qu'une cour ne peut se refuser à ordonner les mesures d'exécution prises en vertu d'un arrêt cassé pour vice de forme, sous le prétexte que la confirmation sur le fond du jugement par la cour de renvoi rendait ces actes d'exécution définitifs et réguliers. — Civ. c. 24 juill. 1882, D.P. 83. 1. 222.

7498. L'effet légal et nécessaire de l'arrêt de cassation étant de remettre les parties au même état qu'avant la décision annulée, la partie qui a obtenu cette décision est tenue de restituer les sommes qui lui ont été payées en exécution de cette décision. — Civ. c. 30 août 1882, D.P. 83. 1. 244. — V. *Code de procédure civile,* n° 2363.

7499. En conséquence, lorsqu'un jugement portant condamnation à une certaine somme à titre de dommages-intérêts a été cassé pour vice de l'enquête qui l'a précédé, le commandement de restituer cette somme fait en exécution de l'arrêt de cassation ne peut être annulé sous le prétexte que cet arrêt n'a pas ordonné cette restitution. — Même arrêt.

7500. Mais c'est vrai que la cassation d'un arrêt entraîne de plein droit la restitution intégrale des sommes payées en vertu de l'arrêt cassé, le défaut de restitution de ces sommes ne saurait être un moyen pour faire refuser audience au défendeur sur la cassation devant la cour de renvoi. — Riom, 2 juill. 1884, D.P. 85. 2. 94.

7501. Les sommes payées en exécution d'un arrêt qui a été ultérieurement cassé doivent être restituées, non seulement en capital, mais encore avec intérêts. — J.G.S. *Cassation,* 462.

7502. La jurisprudence décide que ces intérêts doivent courir à partir de la signification de l'arrêt d'admission avec assignation devant la chambre civile, attendu que cette assignation équivaut à la demande en justice, nécessaire en principe pour faire courir les intérêts. — J.G.S. *Cassation,* 462.

— Pau, 21 janv. 1869, *ibid.* — Bourges, 11 juill. 1882, *ibid.*

7503. L'effet nécessaire des arrêts de la cour de cassation qui annulent une décision judiciaire étant de remettre les parties au même et semblable état où elles étaient auparavant et d'annuler tous les actes d'exécution de cette décision, tout jugement ou arrêt nouveau intervenu par suite de la décision qui a été cassée et qui en est une conséquence doit être considéré comme non avenu. — Civ. c. 18 févr. 1891, D.P. 91. 1. 474.

7504. Spécialement, l'arrêt d'une cour d'appel qui, pour prononcer une condamnation, se base au fond sur des constatations et évaluations puisées dans une expertise à laquelle il a été procédé en exécution d'un autre arrêt précédemment annulé par la cour de cassation, doit être tenu pour non avenu comme étant une conséquence directe de la décision cassée. — *Même arrêt.*

7505. En matière électorale, la cassation d'une décision du juge de paix qui avait rejeté la réclamation formée contre la décision de la commission municipale ordonnant l'inscription d'un électeur n'a pas pour effet d'opérer virtuellement la radiation de cet électeur. — Cons. d'Et. 8 juin 1889, D.P. 91. 3. 6.

7506. Et, par suite, celui-ci peut prendre part valablement au vote, tant que le juge de paix, devant qui l'affaire a été renvoyée par la cour de cassation, n'a pas prononcé la radiation. — *Même arrêt.*

7507. — III. Étendue de la cassation (C. proc. civ. nᵒˢ 2393 à 2453). — 1º *Dispositions distinctes* (C. proc. civ. nᵒˢ 2393 à 2400ᵉ. — Lorsqu'il s'agit de chefs distincts et indépendants par leur cause et leur objet, la cassation n'a pas une portée plus grande que le moyen qui lui a servi de base, et ne laisse subsister, comme étant passées en force de chose jugée, toutes celles des dispositions de l'arrêt qui n'ont pas été attaquées par le pourvoi ou qui ont été maintenues d'après le rejet des moyens inutilement proposés, à moins qu'elles ne se rattachent aux autres chefs par le lien de l'indivisibilité ou d'une dépendance nécessaire. — Civ. r. 26 nov. 1879, D.P. 80. 1. 63. — Civ. r. 25 juin 1883, D.P. 84. 1. 126. — Civ. c. 14 avr. 1885, D.P. 85. 1. 401. — V. aussi note Civ. c. 4 janv. 1887, D.P. 87. 1. 124. — V. *Code de procédure civile*, nº 2393.

7508. Ainsi, dans le cas où un arrêt prononce, d'une part, la validité d'un mariage argué de nullité, et décide, d'autre part, que ce mariage, fût-il nul, doit néanmoins produire les effets d'un mariage putatif en raison de la bonne foi des époux ou de l'un d'eux, il n'y a aucune espèce d'indivisibilité entre ces deux décisions; en conséquence, la cassation de cet arrêt sur le premier chef ne saurait être que partielle, et elle n'autorise pas la cassation du second. — Civ. c. 23 mars 1889, D.P. 90. 1. 227.

7509. La cassation, même prononcée en termes généraux, est limitée à la portée du moyen qui lui sert de base, et laisse notamment subsister tous les chefs de l'arrêt qui ont été maintenus par le rejet des moyens inutilement proposés. — Dijon, 18 janv. 1882, J.G.S. *Appel civil*, nº 117. — V. *Code de procédure civile*, nº 2403.

7510. Quand il n'existe entre la demande principale et la demande en garantie aucun lien de dépendance ou de connexité, la cassation de l'arrêt sur la demande principale ne peut entraîner celle de cet arrêt sur la demande en garantie. — Civ. c. 11 juill. 1882, D.P. 83. 1. 124. — V. *Code de procédure civile*, nº 2399.

7511. — 2º *Dispositions connexes ou indivisibles* (C. proc. civ. nᵒˢ 2407 à 2411). — La règle d'après laquelle la cassation d'un arrêt n'a pas une portée plus grande que le moyen qui lui sert de base est sans application au cas où le chef sur lequel cette cassation est

intervenue se rattache aux autres chefs de l'arrêt cassé par le lien de l'indivisibilité et d'une dépendance nécessaire. — *Arrêt préc.* 26 nov. 1879.

7512. Jugé en ce sens qu si, en principe, la cassation d'un arrêt remet seulement en question les chefs qui font grief à la partie qui s'est pourvue contre l'arrêt, il en est autrement lorsque ces points du litige sont liés à d'autres par une connexité intime et nécessaire. — Amiens, 24 déc. 1891, D.P. 92. 2. 123.

7513. Décidé également qu'un arrêt doit être cassé en son entier, alors qu'il y a un lien de connexité et de dépendance entre un chef de litige qu'il comprend, et celui sur lequel a porté la déclaration d'incompétence du tribunal, réformée ultérieurement, sans renvoi devant un autre juge, par la cour d'appel. — Civ. c. 10 janv. 1888, D.P. 88. 1. 124.

7514. Il y a connexité et dépendance entre le chef de conclusions par lequel une somme est réclamée à une société, en raison de ce qu'elle aurait promis de répondre de certains engagements aux lieu et place d'un de ses membres qui se retirait et qui est ensuite tombé en faillite, et le chef de demande par lequel ladite société, ayant mis en cause le syndic de la faillite, a conclu à ce qu'il fût jugé, contradictoirement avec celui-ci, que le payement qu'elle ferait d'ordre de justice au créancier réclamant la libérerait, tant envers le créancier, qu'envers le syndic lui-même. — *Même arrêt.*

7515. La règle d'après laquelle la cassation d'un arrêt n'a pas une portée plus grande que le moyen qui lui sert de base est également sans application au cas où il résulte, tant du dispositif de l'arrêt de cassation que des circonstances dans lesquelles cet arrêt est intervenu, que, bien qu'il ait statué seulement sur l'un de moyens du pourvoi, la cassation a été prononcée relativement à tous les chefs et envers toutes les parties. — Poitiers, 22 mai 1880, D.P. 80. 2. 239.

7516. Spécialement, quand un arrêt qui, sur une demande en garantie, avait mis hors de cause certains des défendeurs à cette demande et condamné les autres, a été frappé d'un pourvoi par ces derniers, et qu'il a été donné assignation devant la cour de cassation tant au demandeur principal et au demandeur en garantie qu'à ceux des parties mis en garantie mis hors de cause par l'arrêt attaqué, la cassation, bien qu'elle soit prononcée seulement sur un moyen relatif à la condamnation encourue par les demandeurs en cassation, s'étend à tous les chefs, alors que les autres moyens du pourvoi avaient remis en question le principe même de la demande en garantie. — *Même arrêt.*

7517. Et alors surtout que la cour de cassation n'a pas rejeté ces derniers moyens, mais s'est bornée à dire qu'il n'y avait pas lieu de soin d'y statuer. — *Même arrêt.*

7518. Lorsque les héritiers naturels du testateur poursuivent principalement la validité de la cession par laquelle le légataire universel leur a transmis ses droits à l'hérédité du défunt, puis subsidiairement, dans le cas où cette cession serait invalidée, la nullité du testament instituant leur cédant, ces deux chefs de conclusions, qui tendent également à la revendication de la succession, dépendent l'un de l'autre et forment un tout indivisible. — Civ. r. 25 juin 1883, D.P. 84. 1. 126.

7519. En conséquence, la cassation de l'arrêt qui a statué sur les conclusions subsidiaires étant totale, et la cour de renvoi est saisie de tous les chefs de demande débattus devant la cour dont l'arrêt a été cassé. — *Même arrêt.*

7520. Bien qu'un grief admis par une cour d'appel soit surabondant et que les autres griefs suffisent pour justifier la décision, néanmoins si les motifs donnés à l'appui de l'admission de ce grief sont en contradiction formelle avec le dispositif, si cette

admission a pour effet de modifier le calcul de l'indemnité allouée, il y a lieu à cassation de ce chef de l'arrêt, ce qui entraîne la cassation intégrale. — Civ. c. 22 août 1883 et 23 avr. 1884, D.P. 84. 1. 233.

7521. Lorsqu'un arrêt fait découler le préjudice à réparer d'une double faute commise par les défendeurs, comme administrateurs d'abord, puis comme liquidateurs d'une société, et, tout en déclarant que le préjudice, d'ailleurs certain, provenant de ce double chef, ne peut être déterminé actuellement quant à son *quantum*, donne pour base à la condamnation provisionnelle qu'il prononce les deux fautes qu'il a relevées, il devient impossible de déterminer le rôle que chacune d'elles devait jouer, pour le juge, soit dans la réparation totale dont le chiffre était à fixer ultérieurement, soit dans la condamnation provisionnelle d'ores et déjà prononcée. — Civ. c. 19 févr. 1890, D.P. 90. 1. 241.

7522. Par suite, s'il est reconnu par la cour de cassation que l'une de ces fautes n'est pas juridiquement établie, la cassation de l'arrêt s'impose dans toutes ses parties. — *Même arrêt.*

7523. — 3º *Dispositions qui sont une conséquence des dispositions de l'arrêt cassé* (C. proc. civ. nᵒˢ 2412 à 2416). — La cassation d'un arrêt sur le chef relatif à la demande en résolution d'une convention entraîne nécessairement, par voie de conséquence, la cassation sur le chef relatif aux dommages-intérêts réclamés à la même occasion. — Civ. c. 16 mars 1887, D.P. 87. 1. 372. — V. *Code de procédure civile*, nº 2412.

7524. La cassation d'une partie de l'arrêt posant un principe erroné en ce qui concerne le fardeau de la preuve, entraîne la cassation du chef de l'arrêt a ordonné une expertise ayant pour objet de faire cette preuve. — Civ. c. 4 janv. 1887, D.P. 87. 1. 124.

7525. Du moment où l'arrêt attaqué en cassation encourt l'annulation, pour avoir reconnu au profit d'une ville la servitude d'abreuvoir et celle d'établissement de nouveaux ponts, par cela même cet arrêt doit être annulé dans la disposition par laquelle il a déclaré que la ville aurait le droit de mettre le canal à sec, lorsque les travaux à faire par elle, pour l'exercice de ces deux servitudes, viendraient à l'exiger. — Civ. c. 4 déc. 1888, D.P. 89. 1. 193.

7526. Lorsqu'un arrêt a été cassé dans plusieurs de ses dispositions, la condamnation aux dépens prononcée par cet arrêt et qui embrassait, sans autres chefs annulés, la généralité du litige engagé devant la cour d'appel, a par là même été annulée, sans que l'on puisse invoquer l'autorité de la chose jugée pour faire maintenir cette condamnation. — Civ. r. 9 déc. 1890, D.P. 91. 1. 369.

7527. Et l'arrêt de la cour de renvoi qui condamne l'une des parties en tous les dépens comprend nécessairement dans cette condamnation ceux du jugement frappé d'appel et de l'arrêt cassé, alors même que l'arrêt primitif aurait réparti les dépens entre les parties. — *Même arrêt.*

7528. L'arrêt de la cour d'appel qui fait application de nouveau à la cause de la doctrine et des solutions contenues dans un précédent arrêt, dont la cassation a été ultérieurement prononcée, n'a plus de base légale et par suite doit être annulé. — Civ. c. 17 juill. 1889, D.P. 90. 5. 49.

7529. — 4º *Dispositions accessoires* (C. proc. civ. nᵒˢ 2417 à 2420). — La cassation d'un arrêt sur le chef qui fixe la date de la dissolution d'une société, entraîne, par voie de conséquence, son annulation sur le chef relatif au point de savoir si les sommes payées par une des parties, après ladite date, doivent être comprises dans les comptes sociaux. — Civ. c. 19 déc. 1877, D.P. 78. 1. 295.

7530. — 5º *Procédures et décisions intervenues en exécution de l'arrêt cassé* (C. proc.

civ. nos 2421 à 2448). — La cassation d'un arrêt entraîne par voie de conséquence l'annulation de toutes les décisions judiciaires qui en ont été la suite et en ont consacré l'exécution. — Civ. c. 29 juin 1887, D.P. 88. 1. 298. — Civ. c. 25 juin 1888, D.P. 88. 1. 475. — Civ. c. 11 févr. 1889, D.P. 89. 1. 312. — V. *Code de procédure civile,* n° 2423.

7531. Spécialement, il en doit être ainsi de la décision nouvelle, qui est intervenue sur une expertise ordonnée par la première décision ultérieurement cassée. — Arrêt préc. 25 juin 1888.

7532. De même, il y a lieu d'annuler un arrêt rendu sur requête civile et prononçant la nullité de la décision nouvelle, qui est la solidarité de parties condamnées par un précédent arrêt cassé dont il était la conséquence et l'exécution. — Arrêt préc. 11 févr. 1889.

7533. La cassation d'un arrêt qui, à tort, a déclaré nulle, même relativement aux immeubles situés en France, une institution contractuelle faite par un étranger à qui son statut personnel interdit une semblable disposition, emporte également l'annulation, par voie de conséquence, d'une décision qui refuse de surseoir à statuer sur des contredits opposés à un projet de liquidation de la succession de l'instituant, et de l'arrêt qui homologue ce projet. — Civ. c. 29 juin 1887, D.P. 88. 1. 298.

7534. La cassation de la décision qui a statué sur la compétence entraîne virtuellement l'annulation de la décision rendue sur le fond de la demande. — Civ. c. 16 déc. 1885, D.P. 86. 5. 44. — V. *Code de procédure civile,* n° 2432.

7535. La cassation de l'arrêt qui a dénié à tort au destinataire français d'une marchandise transportée par chemin de fer le droit de citer devant les tribunaux français une compagnie étrangère par laquelle la marchandise avait été assurée, en même temps que les compagnies françaises qui avaient transporté cette marchandise, entraîne la nullité de la décision intervenue au fond entre le demandeur et les transporteurs, et l'absence de l'assureur. — Civ. c. 14 mars 1883, D.P. 83. 1. 377.

7536. Mais la cassation partielle d'un arrêt n'entraîne point, par voie de conséquence, celle d'une décision rendue sur des points étrangers tant à l'objet du pourvoi qu'à l'arrêt de la cour de renvoi, et dont la solution s'appuie seulement sur des dispositions non annulées de l'arrêt cassé. — Civ. r. 18 mai 1886, D.P. 86. 1. 461.

7537. — 6° *Procédures et décisions antérieures à l'arrêt cassé* (C. proc. civ. nos 2419 à 2453).

7538. — IV. Interprétation des arrêts de cassation (C. proc. civ. nos 2454 à 2461).

7539. — V. Exécution de l'arrêt de cassation (C. proc. civ. nos 2462 à 2468).

7540. — VI. Autorité des arrêts de cassation (C. proc. civ. nos 2469 à 2475).

§ 3. — *Amende, indemnité, frais* (C. proc. civ. nos 2476 à 2524).

7541. — I. Amende (C. proc. civ. nos 2476 à 2503). — L'art. 9 de la loi de finances du 22 déc. 1878 (D.P. 79. 4. 10), portant que les chemins de fer de l'État sont soumis au même régime que les chemins de fer concédés, en ce qui concerne les droits, taxes et contributions de toute nature, il en résulte que l'Administration du réseau de l'État est dans la nécessité de consigner l'amende, quand elle veut se pourvoir en cassation, et qu'elle doit y être condamnée, si elle succombe dans son recours. — Req. 8 juill. 1889, D.P. 89. 1. 353.

7542. D'après l'art. 23, § 4, du décret organique du 2 févr. 1852, qui reproduit à cet égard les dispositions des lois de 1831 et de 1849, le pourvoi en matière électorale est jugé sans frais ni consignation d'amende.

V. *Code des lois adm. annotées,* t. 1er, X, v° *Elections,* n° 4717.

7543. — II. Indemnité (C. proc. civ. nos 2504 à 2515).

7544. — III. Frais et dépens (C. proc. civ. nos 2516 à 2524).

Sect. 15. — Renvoi après cassation (C. proc. civ. nos 2525 à 2645).

7545. Sur le renvoi prononcé par la cour de cassation pour cause de suspicion légitime ou de sûreté publique, V. *supra, Appendice au tit.* 29, nos 4306 et s.

§ 1er. — *Désignation du tribunal de renvoi* (C. proc. civ. nos 2529 à 2535).

7546. Le choix de la cour de cassation demeure subordonné à cette double condition, que le renvoi soit fait : 1° à d'autres juges que ceux qui ont statué; 2° à des juges du même degré. — J.G.S. *Cassation,* 470.

7547. La première condition est absolue, et, dans les cas où l'affaire peut être renvoyée au même tribunal (ce qui est permis à l'égard des juridictions coloniales), c'est à la condition que le tribunal ne soit composé de juges n'ayant pas siégé lors de la précédente instance; la seconde subit diverses exceptions. — J.G.S. *Cassation,* 470.

§ 2. — *Procédure devant le tribunal de renvoi* (C. proc. civ. nos 2536 à 2547).

7548. Le garant, qui n'a pas figuré au nombre des parties en cause devant la cour de cassation, ne peut pas être appelé devant la cour de renvoi : l'arrêt cassé conserve à son égard l'autorité de la chose jugée. — Amiens, 11 mai 1877, D.P. 78. 2. 218.

7549. Il a été décidé, au contraire, que l'appelé en garantie, à l'égard duquel un arrêt a déclaré n'y avoir lieu de statuer à raison du rejet de la demande principale, peut être, après la cassation de cet arrêt, valablement appelé devant la cour de renvoi lorsqu'il a été mis en cause devant la cour de cassation. — Caen, 15 juin 1877, D.P. 78. 2. 174.

7550. Pour justifier cette dernière interprétation, on fait observer d'une manière générale, la cassation d'une décision remet en question devant le juge de renvoi tout ce qui est la conséquence de la décision annulée, et que, spécialement, l'annulation de la disposition de l'arrêt qui renvoyait le défendeur originaire du fait de la demande fait disparaître la disposition déclarant qu'il n'y a pas lieu de statuer sur la demande en garantie. — J.G.S. *Cassation,* 480.

7551. Mais cette proposition exacte d'ailleurs ne paraît pas résoudre la difficulté. Ce qu'il s'agit de savoir, en effet, ce n'est pas si l'arrêt de cassation a pu produire tels ou tels effets, mais si ces effets sont opposables à une personne qui n'a pas été appelée à l'instance en cassation, ce qui revient à rechercher si le garant est nécessairement représenté par le garanti dans les décisions qui interviennent entre celui-ci et le demandeur principal. Or, dans le cas de garantie simple, ce qui est le cas le plus fréquent, la solution de cette question dépend de la nature du contrat duquel résulte la garantie. — J.G. *Tierce opposition,* 123.

7552. Sur l'obligation pour les juges d'appel, quand ils sont saisis sur renvoi après cassation, de statuer en audience solennelle. V. Décr. 30 mars 1808, art. 22, et L. 16 mai 1835, art. 1er, *supra,* nos 5803 et s.

§ 3. — *Effets du renvoi* (C. proc. civ. nos 2548 à 2634).

7553. Les attributions du juge de renvoi sont subordonnées à l'étendue de la cassation, et il convient de rappeler la règle fondamentale que la cassation n'a pas, en principe, une portée plus grande que le moyen

qui lui sert de base. — J.G.S. *Cassation,* 478. V. *Code de procédure civile,* n° 2548.

7554. — I. Effets du renvoi à l'égard des parties (C. proc. civ. nos 2549 à 2551). — Lorsqu'un arrêt qui a mis quelques-uns des défendeurs hors de cause n'a été, de la part des demandeurs, l'objet d'aucun pourvoi, cette portion du dispositif acquiert l'autorité de la chose jugée, et, dans le cas d'une cassation prononcée au regard d'autres défendeurs, la cour de renvoi n'en est point saisie. — Civ. c. 14 avr. 1888, D.P. 85. 1. 401. — V. *Code de procédure civile,* n° 2549.

7555. Spécialement, lorsqu'une demande en garantie pour cause d'éviction a été déclarée irrecevable à l'égard de quelques-uns des héritiers du vendeur, et accueillie contre les autres, et qu'aux termes de l'arrêt de cassation intervenu, ces derniers ne devraient supporter, dans l'indemnité d'éviction, qu'une fraction proportionnelle à leur part héréditaire, la cour de renvoi ne saurait prononcer une condamnation contre les parties primitivement mises hors de cause, sous le prétexte que l'obligation de garantie, étant indivisible, a entraîné devant elle tous les héritiers sans distinction. — Même arrêt.

7556. — II. Effets du renvoi quant au litige (C. proc. civ. nos 2552 à 2634). — 1° *Dessaisissement du tribunal dont le jugement est cassé* (C. proc. civ. nos 2553 à 2559). — Le tribunal dont le jugement a été absolument dessaisi, en ne rendant une nouvelle sentence entre les mêmes parties, il méconnaît l'ordre des juridictions et l'effet du renvoi. — Civ. c. 11 mars 1885, D.P. 85. 1. 210. — V. *Code de procédure civile,* n° 2553.

7557. — 2° *Pouvoirs du tribunal de renvoi* (C. proc. civ. nos 2560 à 2634). — A. *Moyens au fond et exceptions* (C. proc. civ. nos 2560 à 2591). — On peut produire devant la première fois devant la cour de renvoi toutes les défenses et exceptions que l'état de la cause comporte, et qui eussent été recevables devant le tribunal qui a rendu la décision annulée. — J.G.S. *Cassation,* 482.

7558. Ce n'est pas la cour de renvoi ait le droit de statuer sur les instances nouvelles, qui peuvent surgir de la contestation originaire, sans s'y rattacher par un lien de dépendance; les instances nouvelles doivent évidemment être déférées aux juges naturels des parties. — J.G.S. *Cassation,* 482.

7559. Le tribunal statuant sur renvoi après cassation d'un jugement n'a donc d'autre compétence que celle du tribunal qui a rendu ce jugement. — Civ. c. 12 août 1890, D.P. 91. 1. 409.

7560. L'effet légal et nécessaire de la cassation étant de faire considérer la décision annulée comme non avenue et de remettre les parties au même état qu'avant cette décision, il en résulte que lorsqu'un arrêt, attaqué sur un chef ordonnant au propriétaire d'une forêt de délivrer aux usagers des bois dans des conditions autres que celles qu'il avait offertes, a été cassé sur ce chef pour défaut de motifs, la cour de renvoi peut accueillir les conclusions subsidiaires de ce propriétaire tendant à faire juger que la délivrance du bois s'effectuera au cas où les offres seraient rejetées, d'après un mode indiqué (la cour arrêt sur lequel l'arrêt cassé ne s'était pas expliqué). — Req. 15 mars 1887, D.P. 88. 1. 86.

7561. L'arrêt qui casse une décision par le motif qu'elle a trop restreint la période sur laquelle devait porter une restitution de fruits et déclare qu'une cour d'appel pour être statué sur cette demande, remet les parties, en ce qui concerne cette restitution de fruits, au même état qu'avant l'arrêt cassé; par suite, la cour de renvoi doit statuer non seulement sur le point de départ, mais encore sur la quotité de cette restitution. — Rouen, 24 juill. 1880, D.P. 82. 1. 353, et sur pourvoi, Req. 4 juill. 1882, D.P. 82. 1. 353.

33

7562. L'action relative à ces restitutions et aux dommages-intérêts pour toute la période pendant laquelle ils sont réclamés étant de sa nature indivisible, reposant sur des faits complexes et se résolvant en une moyenne annuelle, il y a lieu de statuer sur l'ensemble des restitutions et des indemnités du jour de la demande au jour du payement sans s'arrêter à la fixation annuelle faite par l'arrêt cassé. — Mêmes arrêts.

7563. Après cassation d'un arrêt par le motif qu'il avait fait état d'une expertise irrégulière faute de prestation de serment des experts, la cour de renvoi saisie de l'appel du jugement comme l'avait été la cour première saisie, sous la seule réserve que sa décision serait restreinte aux intérêts civils des parties, a toute liberté pour procéder au jugement de l'affaire sans recourir à une autre expertise, et sans qu'on puisse prétendre qu'il y avait à cet égard chose jugée. — Cr. c. 29 juill. 1889, D.P. 88. 1. 41.

7564. La cour de renvoi est en droit de fonder son arrêt sur des faits accomplis depuis l'arrêt de cassation; elle peut, notamment, prendre pour base un traité conclu postérieurement à cet arrêt. — Montpellier, 5 févr. 1883, D.P. 85. 1. 123. — V. Code de procédure civile, nᵒ 2574.

7565. — B. Cassation d'un interlocutoire ou d'un jugement statuant sur un déclinatoire ou une fin de non-recevoir (C. proc. civ. nᵒˢ 2592 à 2603). — Le tribunal de renvoi est investi non seulement de la question jugée par la décision qui a été annulée, mais encore, en supposant que l'arrêt cassé n'ait porté que sur la fin de non-recevoir ou une question préjudicielle, de la demande principale dans sa intégralité et de tous les incidents qui s'y rattachent. — J.G.S. Cassation, 481.

7566. Il a été décidé, toutefois, que la cour saisie de renvoi après cassation d'un arrêt rendu sur une question de compétence ne peut connaître la fois de cette question de compétence et du fond. — Montpellier. 20 avr. 1863, J.G.S. Cassation, 481. — Contrà : Code de procédure civile, nᵒ 2598.

7567. — C. Cassation partielle (C. proc. civ. nᵒˢ 2604 à 2611). — L'arrêt d'une cour d'appel saisie par renvoi après cassation ne peut être critiqué pour avoir omis de s'expliquer sur une partie du litige qui n'avait pas été l'objet de l'annulation prononcée. — Req. 8 mai 1882, D.P. 82. 1. 311-312.

7568. Spécialement, dans un procès relatif à un droit de passage pour cause d'enclave, si la cour de cassation, en ce qui concerne le fait même de l'enclave, a rejeté le pourvoi dirigé contre l'arrêt qui l'avait consacré et ne l'a admis que sur le chef concernant le droit de passage, on ne peut reprocher à l'arrêt de la cour de renvoi d'avoir affirmé l'existence de l'enclave sans indiquer les circonstances matérielles susceptibles de la constituer. — Même arrêt.

7569. La cour de renvoi n'est pas compétente pour connaître de demandes qui n'avaient été formées ni devant le tribunal, ni devant la cour dont l'arrêt a été cassé, et qui ne se rattachent pas par un lien d'indivisibilité au litige dont elle a été saisie par l'arrêt de cassation. — Toulouse, 1ᵉʳ févr. 1877, D.P. 78. 2. 156. — V. Code de procédure civile, nᵒ 2607.

7570. Lorsqu'un arrêt qui a statué sur une demande principale en exécution d'un contrat, a condamné accessoirement le défendeur à des dommages-intérêts, est cassé sur des motifs relatifs à ce dernier chef seulement, sans d'ailleurs que la cassation soit restreinte dans ces termes, la cour de renvoi n'en est pas moins saisie de la cause entière. — Civ. r. 26 nov. 1879, D.P. 80. 1. 63. — V. Code de procédure civile, nᵒ 2616.

7571. Et il lui appartient de statuer à nouveau même sur le chef principal, alors que la question de savoir si des dommages-

intérêts sont dus au demandeur, dans quelle mesure et sous quelle forme ils peuvent lui être accordés, dépend de l'appréciation du juge sur les conditions dans lesquelles le contrat a été conclu. — Même arrêt.

7572. Cette cour peut également, sur l'appel incident du demandeur originaire, modifier le taux des intérêts qui lui avaient été accordés par un chef définitif de l'arrêt cassé, et les porter, notamment, de 5 à 6 pour 100. — Même arrêt.

7573. — D. Litige distinct (C. proc. civ. nᵒˢ 2618 à 2623). — La cour de renvoi est incompétente pour connaître des difficultés qui peuvent s'élever quant à la restitution, soit en principal, soit en intérêts, des sommes qui auraient été payées en vertu de l'arrêt cassé. — Bordeaux, 26 janv. 1862, J.G.S. Cassation, 478. — V. Code de procédure civile, nᵒ 2618.

7574. — E. Cas où le juge de renvoi renvoie lui-même devant un autre tribunal (C. proc. civ. nᵒ 2624 à 2634). — Lorsque après cassation d'un arrêt, la cour de renvoi a déclaré périmée l'instance d'appel et reconnu au jugement attaqué force de chose jugée, la cour de renvoi par cela même épuisé sa juridiction, de telle sorte que, si une difficulté surgit plus tard entre les parties à l'occasion du jugement devenu irrévocable, l'instance relative à cette difficulté doit être portée devant le tribunal qui a rendu le jugement et que, s'il y avait, il faut le déférer non pas à la cour qui a connu précédemment du renvoi, mais à celle dans le ressort de laquelle se trouve le tribunal qui a rendu le jugement. — Req. 7 nov. 1888, D.P. 89. 1. 259.

§ 4. — Renvoi après deux cassations (C. proc. civ. nᵒˢ 2635 à 2640).

7575. La cour de renvoi, saisie en vertu d'un arrêt rendu après une première cassation par les chambres réunies de la cour suprême, n'est liée que sur les points jugés par ledit arrêt, et non sur d'autres points, que le premier arrêt de cassation avait apprécié, mais dont les chambres réunies n'ont point eu à connaître. — J.G.S. Cassation, 496.

7576. En conséquence, lorsque des moyens, rejetés par le premier arrêt de cassation, mais sur lesquels le second arrêt rendu en chambres réunies n'a pas prononcé parce que non soumis par les conclusions des parties à la cour de renvoi, celle-ci ne peut pas refuser de les examiner sous prétexte qu'ils rentrent dans la décision des chambres réunies à laquelle ont été tenue de se rendre. — Cr. c. 20 nov. 1874, D.P. 77. 1. 187.

§ 5. — Cassation sans renvoi (C. proc. civ, nᵒˢ 2641 à 2645).

7577. D'après la majorité des auteurs, la cassation pour contrariété d'arrêts doit être prononcée sans renvoi. — J.G.S. Cassation, 498.

SECT. 16. — Pourvoi dans l'intérêt de la loi (C. proc. civ. nᵒˢ 2646 à 2686).

7578. Sur le pourvoi dans l'intérêt de la loi : ... en matière criminelle, V. Code d'instruction criminelle annoté, art. 442.

7579. ... En matière électorale, V. Code des lois adm. annotées, t. 1ᵉʳ, X, vᵒ Elections, nᵒˢ 4719 et s.

7580. — I. Décisions susceptibles de recours dans l'intérêt de la loi (C. proc. civ. nᵒˢ 2653 à 2656). — Le pourvoi dans l'intérêt de la loi peut être formé pour une violation quelconque de la loi soit au fond, soit dans les formes de procéder, soit pour excès de pouvoir, mais seulement au regard des jugements et arrêts. — J.G.S. Cassation, 199. — V. Code de procédure civile, nᵒ 2653.

7581. — II. Conditions de la recevabilité du pourvoi (C. proc. civ. nᵒˢ 2657 à 2666). — Il n'est recevable qu'après l'expiration du délai accordé aux parties intéressées pour

se pourvoir. En effet, la cassation dans l'intérêt de la loi n'a de raison d'être qu'autant que la cassation avec effet utile est impossible; de plus, l'intervention prématurée du procureur général aurait pour résultat de favoriser l'une des parties au détriment de l'autre. — J.G.S. Cassation, 199.

7582. — III. Qui peut se pourvoir dans l'intérêt de la loi (C. proc. civ. nᵒˢ 2667 à 2680). — Le procureur général près la cour de cassation a seul qualité pour se pourvoir dans l'intérêt de la loi; ce pourvoi serait donc non recevable s'il avait été formé par le ministère public siégeant près la cour d'appel, le tribunal de première instance ou même de simple police au regard de la décision attaquée. — Cr. r. 14 févr. 1890, D.P. 81. 5. 47. — Cr. r. 19 janv. 1889, D.P. 71. 1. 183. — V. Code de procédure civile, nᵒˢ 2670 et 2471.

7583. Toutefois à la Martinique et à la Guadeloupe, le recours en cassation dans l'intérêt de la loi peut être exercé par le procureur général de la colonie. — J.G.S. Cassation, 202.

7584. Mais cette exception ne doit pas être étendue aux autres colonies, et il a été jugé, notamment, que le pourvoi dans l'intérêt de la loi ne peut être formé dans les possessions françaises de la Cochinchine que par le procureur général près la cour de cassation. — Cr. r. 22 juin 1871, D.P. 71. 1. 183.

7585. Il en est de même à l'île de la Réunion. — Arrêt précis. 19 janv. 1889.

7586. Dans les établissements de l'Inde, aux termes du décret du 9 mai 1878 (D.P. 78. 4. 93), et à la Nouvelle-Calédonie, au terme du décret du 27 mars 1879 (D.P. 79. 4. 59), c'est également au procureur général près la cour de cassation qu'appartient exclusivement le droit de se pourvoir dans l'intérêt de la loi. — J.G.S. Cassation, 202.

7587. Le recours dans l'intérêt de la loi n'est pas ouvert seulement dans les cas où les parties peuvent elles-mêmes se pourvoir : il arrive fréquemment que des cassations dans l'intérêt de la loi sont requises à l'audience et sur le rejet du pourvoi formé par les parties. — J.G.S. Cassation, 200.

7588. Ainsi le pourvoi dans l'intérêt de la loi peut être formé à l'audience même de la chambre civile par l'avocat général de service, alors que la requête des parties a été déclarée non recevable pour irrégularité ou vice de forme; dans ce cas, la cour peut statuer sur les réquisitions verbales de l'avocat général. — (Sol. implic.) Civ. c. 12 févr. 1883, D.P. 84. 1. 280. — V. Code de procédure civile, nᵒ 2675.

7589. La chambre civile de la cour de cassation est compétente pour statuer sur le pourvoi formé dans l'intérêt de la loi par le procureur général, lorsque ce dernier agit en vertu de son initiative personnelle, et conformément à l'art. 88 de la loi du 27 vent. an 8, et qu'il n'est pas chargé par le gouvernement, en conformité de l'art. 80 de la même loi, de dénoncer à la cour un acte dans lequel les juges ont excédé leurs pouvoirs. — (Sol. implic.) Civ. c. 6 févr. 1889, D.P. 90. 1. 464.

7590. — IV. Effets du pourvoi dans l'intérêt de la loi (C. proc. civ. nᵒˢ 2681 à 2686). — La cassation prononcée dans l'intérêt de la loi n'ayant aucune influence sur le sort des parties, la partie condamnée, par un arrêt passé en force de chose jugée, à des dommages-intérêts à liquider par état, ne peut se prévaloir de la cassation de cet arrêt, prononcée dans l'intérêt de la loi, pour écarter ultérieurement, non comme non recevable en droit, mais mal fondée, l'action en payement desdits dommages-intérêts. — Req. 12 août 1878, D.P. 79. 1. 78. — V. Code de procédure civile, nᵒ 2681.

SECT. 17. — Annulation pour excès de pouvoir (C. proc. civ. nᵒˢ 2687 à 2718).

7591. À la différence du pourvoi dans

l'intérêt de la loi, l'annulation pour excès de pouvoir ne peut être poursuivie par le procureur général près la cour de cassation que sur l'ordre du ministre de la justice. — J.G.S. *Cassation*, 205. — V. *Code de procédure civile*, n° 2690.

7592. Pour l'intenter, il n'y a pas à se préoccuper si les parties sont ou non encore dans les délais pour se pourvoir en cassation dans leur intérêt. — J.G.S. *Cassation*, 205. — V. *Code de procédure civile*, n° 2693.

7593. D'après un auteur, la cour de cassation considère que l'excès de pouvoir en matière judiciaire peut être ramené à trois idées : l'usurpation d'un pouvoir interdit à l'autorité judiciaire, l'usurpation d'un pouvoir appartenant à une autorité judiciaire d'une nature différente ou d'ordre plus élevé, la violation des règles substantielles qui assurent la validité des jugements. — J.G.S. *Excès de pouvoir*, 1.

7594. — I. ACTES SUSCEPTIBLES D'ÊTRE ANNULÉS POUR EXCÈS DE POUVOIR (C. proc. civ. n°s 2694 à 2705). — L'annulation pour excès de pouvoir atteint non seulement les jugements et arrêts, mais encore les actes judiciaires quelconques. — J.G.S. *Cassation*, 205. — V. *Code de procédure civile*, n° 2694.

7595. Ainsi il a été jugé qu'une cour d'appel commet un excès de pouvoir lorsqu'elle s'attribue au cours d'une année judiciaire la faculté de modifier à son gré et suivant les circonstances sa précédente délibération qui, avec l'approbation du garde des sceaux, autorise les avoués d'un tribunal de son ressort à plaider pendant toute la durée de cette année judiciaire. — Req. 9 juin 1884, D.P. 84. 1. 409. — V. *Code de procédure civile*, n° 2096 et s.

7596. Un tribunal commet un excès de pouvoir lorsqu'il censure la conduite du ministère public. — Req. 19 mars 1883, D.P. 84. 1. 333.

7597. De même, il y a excès de pouvoir : ... dans une délibération de la cour de la Guadeloupe dont les termes contiennent un blâme formel contre la conduite du procureur général et qui a pour but de signaler ce magistrat à l'autorité du gouverneur de la colonie. — Même arrêt.

7598. ... Lorsqu'un jugement condamne ou censure dans ses motifs une personne étrangère au débat et spécialement un fonctionnaire de l'ordre administratif. — Cr. c. 5 août 1886, D.P. 87. 1. 190, — J.G.S. *Excès de pouvoir*, 3.

7599. ... Dans le jugement qui, statuant sur un appel, prononce une condamnation au profit d'une partie non en cause, soit en première instance, soit en appel, et spécialement d'une partie contre laquelle il n'y avait pas eu d'appel. — Civ. c. 28 mars 1882, D.P. 83. 1. 167.

7600. ... Dans la délibération par laquelle un tribunal de commerce, sous prétexte des lenteurs apportées à la réalisation de mesures disciplinaires qu'il avait provoquées, déclare qu'il cessera de siéger « jusqu'à ce que justice lui soit rendue ». — Req. 9 avr. 1884, D.P. 84. 1. 294.

7601. ... Dans l'arrêt qui refuse de statuer sur un chef de conclusions tendant à faire décider qu'une créance n'est pas privilégiée, sous le prétexte que la question relative au privilège reste intacte et qu'elle pourra être ultérieurement reprise. — Civ. c. 30 janv. 1889, D.P. 89. 1. 240.

7602. Sur ce qu'on doit entendre par excès de pouvoir, V. encore *suprà*, t. 25 mai 1838, art. 15, n°s 286 et s.

7603. — II. INTERVENTION AU CAS DE DEMANDE EN ANNULATION POUR EXCÈS DE POUVOIR (C. proc. civ. n°s 2706 et 2708). — La décision d'un tribunal entachée d'excès de pouvoir doit être annulée par la chambre des requêtes sur la dénonciation du gouver-

nement. — Req. 23 déc. 1890, D.P. 91. 1. 169.

7604. De même, la demande en annulation pour excès de pouvoir d'une sentence de juge de paix, formée par le procureur général sur l'ordre du garde des sceaux, doit être portée devant la chambre des requêtes de la cour de cassation. — (Sol. implic.) Req. 6 mars 1876, D.P. 76. 1. 203.

7605. — III. EFFETS DE L'ANNULATION POUR EXCÈS DE POUVOIR (C. proc. civ. n°s 2709 à 2718). — L'annulation pour excès de pouvoir prononcée dans un intérêt général, et sans préjudice du droit des parties intéressées, constitue une mesure d'ordre public, qui en elle-même est définitive et souveraine. — Req. 23 déc. 1890, D.P. 91. 1. 169.

7606. Elle ne saurait donc, comme en droit commun la cassation par la chambre civile, comporter aucun renvoi. — Même arrêt.

7607. Par suite, le tribunal dont l'acte est ainsi annulé n'a plus qu'à s'incliner devant l'arrêt de la chambre des requêtes, et à obéir purement et simplement aux prescriptions de la loi ; il ne peut, sans commettre un nouvel et double excès de pouvoir, délibérer à nouveau sur les mêmes faits, et maintenir, au mépris de la chose jugée par la chambre des requêtes, sa décision annulée. — Même arrêt.

7608. En cet état, il appartient à la chambre des requêtes, sauf se borner à annuler l'acte incriminé, d'ordonner impérativement, par une décision expresse, l'exécution de son propre arrêt. — Même arrêt.

7609. Sur l'annulation pour excès de pouvoir ... en matière électorale, V. *Code des lois adm. annotées*, t. 1er, X, v° *Élections*, n°s 4719 et s.

7610. ... En matière criminelle, V. *Code d'instruction criminelle annoté*, art. 441.

LIVRE CINQUIÈME

DE L'EXÉCUTION DES JUGEMENTS

TITRE PREMIER.

Des réceptions de cautions.

Art. 517. Le jugement qui ordonnera de fournir caution fixera le délai dans lequel elle sera présentée, et celui dans lequel elle sera acceptée ou contestée.

Art. 518. La caution sera présentée par exploit signifié à la partie, et si elle n'a point d'avoué, et par acte d'avoué, si elle en a constitué, avec copie de l'acte de dépôt qui sera fait au greffe, des titres qui constatent la solvabilité de la caution, sauf le cas où la loi n'exige pas que la solvabilité de la caution soit établie par titres.

7611. La sommation de comparaître qui dans la pratique est donnée à la partie adverse par l'exploit de l'acte d'avoué qui contient la présentation de la caution n'est prescrite par aucun texte de loi ; et, si elle était

irrégulière, la réception de la caution ne saurait être attaquée pour ce motif. — J.G.S. *Cautionnement*, 108. — V. *Code de procédure civile*, n° 4.

Art. 519. La partie pourra prendre au greffe communication des titres; et si elle accepte la caution, elle le déclarera par un simple acte : dans ce cas, ou si la partie ne conteste pas dans le délai, la caution sera au greffe sa soumission, qui sera exécutoire sans jugement, même pour la contrainte par corps, s'il y a lieu à contrainte.

7612. — I. ACCEPTATION DE LA CAUTION (C. proc. civ. n°s 1 à 4).

7613. — II. SOUMISSION DE LA CAUTION (C. proc. civ. n°s 5 à 16).

Art. 520. Si la partie conteste la caution dans le délai fixé par le jugement, l'audience sera poursuivie sur un simple acte.

Art. 521. Les réceptions de caution seront jugées sommairement, sans requête ni écritures ; le jugement sera exécuté nonobstant appel.

Art. 522. Si la caution est admise, elle fera sa soumission, conformément à l'art. 519 ci-dessus.

TITRE II.

De la liquidation des dommages-intérêts.

Art. 523. Lorsque l'arrêt ou le jugement n'aura pas fixé les dommages-intérêts, la déclaration en sera signifiée à l'avoué du défendeur, s'il en a un été constitué, et les pièces seront communiquées sur récépissé de l'avoué, ou par la voie du greffe.

Art. 524. Le défendeur sera tenu, dans le délai fixé par l'art. 97 et 98, et sous les peines y portées, de remettre lesdites pièces, et, huitaine après l'expiration desdits délais, de faire ses offres au demandeur, de la somme qu'il avisera pour les dommages-intérêts; sinon, la cause sera portée sur un simple acte à l'audience, et il sera condamné à payer le montant de la déclaration, si elle est trouvée juste et bien vérifiée.

Art. 525. Si les offres contestées sont jugées suffisantes, le demandeur sera condamné aux dépens, du jour des offres.

TITRE III.

De la liquidation des fruits.

Art. 526. Celui qui sera condamné à restituer des fruits, en rendra compte dans la forme ci-après; et il sera procédé comme sur les autres comptes rendus en justice.

7614. L'art. 526 C. proc. civ. portant que celui qui sera condamné à restituer des fruits en rendra compte dans la forme déterminée par les art. 527 et suiv., ne s'applique pas aux demandes en payement d'une quotité déterminée de fruits. — Req. 12 déc. 1882, D.P. 83. 1. 188. — V. *Code de procédure civile*, nᵒ 11.

TITRE IV.

Des redditions de comptes.

Art. 527. Les comptables commis par justice seront poursuivis devant les juges qui les auront commis; les tuteurs, devant les juges du lieu où la tutelle a été déférée; tous autres comptables, devant les juges de leur domicile.

DIVISION.

§ 1. — *Comptes auxquels s'appliquent les formalités du Code de procédure civile* (nᵒ 7615).
§ 2. — *Qui doit rendre compte* (nᵒ 7622).
§ 3. — *Qui peut demander une reddition de compte* (nᵒ 7623).
§ 4. — *Tribunal compétent pour statuer sur la demande en reddition de compte* (nᵒ 7624).
§ 5. — *Formes de la demande en reddition de compte* (nᵒ 7626).

§ 1ᵉʳ. — *Comptes auxquels s'appliquent les formalités du Code de procédure civile* (C. proc. civ. nᵒˢ 1 à 25).

7615. Le compte de tutelle dû par un père à son fils peut être rendu concurremment avec la liquidation de la communauté et le partage de la succession de la mère; et la cour saisie de l'appel contre un jugement qui avait renvoyé les parties à se pourvoir suivant le mode réglé par les art. 530 et suiv. C. proc. civ. peut ordonner, conformément aux conclusions nouvelles des parties, que ce compte sera rendu devant le notaire chargé de toutes les autres opérations. — Agen, 27 janv. 1880, D.P. 80. 2. 187. — Comp. *Code de procédure civile*, nᵒ 16.
7616. Les formalités prescrites par les art. 527, 530 et suiv. C. proc. civ. pour la red-

dition des comptes fournis en justice ne sont pas prescrites à peine de nullité. — Civ. r. 13 janv. 1839, D.P. 80. 1. 340. — Civ. r. et Civ. c. 23 mai 1882, D.P. 83. 1. 409. — Req. 7 déc. 1886, D.P. 87. 1. 428. — V. *Code de procédure civile*, nᵒ 19.
7617. ... Alors même que des mineurs sont intéressés dans la cause. — Arrêt préc. 23 mai 1882.
7618. En conséquence, lorsque le tribunal possède tous les éléments utiles pour procéder lui-même aux comptes, rien ne s'oppose à ce qu'il statue immédiatement et sans renvoi préalable devant un juge. — Arrêt préc. 23 mai 1882.
7619. Au lieu de procéder selon les formes édictées par les art. 527 et suiv., les tribunaux peuvent, avec l'assentiment des parties, renvoyer celles-ci devant un notaire déjà chargé de la liquidation et du partage auxquels se rattachent les comptes litigieux. — Arrêt préc. 23 mai 1882.
7620. Et lorsque les documents produits ne peuvent fournir les éléments détaillés de ces comptes de fruits, les juges ont le droit, par une appréciation souveraine des faits de la cause, d'arbitrer le solde qui en résulte au profit de l'une des parties. — Même arrêt.
7621. En ce qui concerne les comptes de tutelle, V. *Supplément au Code civil annoté*, nᵒˢ 3234 et s.

§ 2. — *Qui doit rendre compte* (C. proc. civ. nᵒˢ 26 à 50).

7622. Le possesseur, condamné à restituer les biens par lui détenus et actionné en reddition de compte des fruits et revenus qu'il a recueillis, ne peut arguer de la règle suivant laquelle la charge de la preuve incombe au demandeur pour soutenir qu'il appartient à celui-ci d'établir la consistance des biens dont le défendeur a eu en fait la gestion, et de fixer ainsi les bases du compte. — Req. 9 janv. 1878, D.P. 78. 1. 85.

§ 3. — *Qui peut demander une reddition de compte* (C. proc. civ. nᵒˢ 51 à 61).

7623. V. *Code de procédure civile*, nᵒˢ 51 et s.

§ 4. — *Tribunal compétent pour statuer sur la demande en reddition de compte* (C. proc. civ. nᵒˢ 62 à 83).

7624. La demande en reddition de compte est en principe soumise à la règle *actor sequitur forum rei*, sauf en ce qui concerne les tuteurs, qui doivent être assignés devant le tribunal de la tutelle si la tutelle s'est ouverte s'il s'agit d'une tutelle légitime, ou bien devant celui où elle a été déférée s'il s'agit d'une tutelle testamentaire ou dative, et les comptables nommés par justice, qui doivent l'être devant la juridiction qui les a nommés. — J.G.S. *Compte*, 11.
7625. On doit considérer comme un comptable commis par justice, au sens de l'art. 527, le séquestre, comptable *judiciaire*, qui tient sa qualité de sa volonté sans doute, mais de sa volonté confirmée par une décision judiciaire qui seule lui a réellement conféré sa mission. — J.G.S. *Compte*, 13.

§ 5. — *Formes de la demande en reddition de compte* (C. proc. civ. nᵒˢ 84 à 91).

7626. V. *Code de procédure civile*, nᵒˢ 84 et s.

Art. 528. En cas d'appel d'un jugement qui aurait rejeté une demande en reddition de compte, l'arrêt infirmatif renverra, pour la reddition et le jugement du compte, au tribunal où la demande avait été formée, ou à tout autre tribunal de première instance que l'arrêt indiquera.

Si le compte a été rendu et jugé en première instance, l'exécution de l'arrêt infirmatif appartiendra à la cour qui l'aura rendu, ou à un autre tribunal qu'elle aura indiqué par le même arrêt.

7627. — I. Appel d'un jugement rejetant la demande en reddition d'un compte (C. proc. civ. nᵒˢ 1 à 14). — L'arrêt infirmatif d'un jugement qui a rejeté une demande en reddition de compte doit, à peine de nullité, renvoyer, pour la reddition et le jugement du compte, au tribunal où la demande avait été formée ou à tout autre tribunal désigné par la cour. — Civ. c. 9 avr. 1889, D.P. 89. 1. 390.
7628. En conséquence, si la cour d'appel décide que des associés se doivent des comptes, même en ce qui concerne les exercices sociaux que le tribunal de commerce avait considérés comme définitivement arrêtés, elle ne peut pas se réserver la connaissance desdits comptes, et l'arrêt par lequel elle donne mission à des arbitres rapporteurs qu'elle désigne d'examiner ces comptes est entaché de nullité. — Même arrêt.
7629. Décidé dans le même sens que l'arrêt de cour d'appel qui, après avoir infirmé un jugement rejetant une demande en reddition de compte, a retenu la reddition et le jugement dudit compte et nomme un des conseillers pour le recevoir, doit être cassé comme ayant expressément violé l'art. 528 C. proc. civ. — Civ. c. 9 janv. 1878, D.P. 78. 1. 159.
7630. Toutefois la disposition de l'art. 528 C. proc. civ., d'après laquelle le juge d'appel, s'il infirme le jugement qui a rejeté une demande en reddition de compte, doit renvoyer les parties devant le tribunal qui avait été saisi de la demande ou devant un autre tribunal de première instance, ne s'applique pas au cas où il s'agit d'une reddition de compte ordonnée dans le cours d'une instance en réduction de donation entre vifs. — Req. 19 mars 1878, D.P. 78. 1. 218.
7631. En conséquence, la cour devant laquelle cette instance est pendante peut se réserver la connaissance dudit compte, et en confier les opérations à un notaire de son choix. — Même arrêt.
7632. L'art. 528 ne s'applique pas non plus au cas où un décompte est ordonné par une cour incidemment à une instance d'appel; dans ce cas, la cour peut ordonner que le compte du mandat confié à l'une des parties sera rendu devant l'un de ses magistrats. — Civ. c. 14 août 1867, J.G.S. *Compte*, 20.
7633. — II. Appel d'un jugement qui a statué sur le compte (C. proc. civ. nᵒˢ 15 à 21).

Art. 529. Les oyants qui auront le même intérêt nommeront un seul avoué : faute de s'accorder sur le choix, le plus ancien occupera, et néanmoins chacun des oyants pourra en constituer un; mais les frais occasionnés par cette constitution particulière, et faits tant activement que passivement, seront supportés par l'oyant.

Art. 530. Tout jugement portant condamnation de rendre compte fixera le délai dans lequel le compte sera rendu, et commettra un juge.

7634. — I. Délai dans lequel le compte doit être rendu (C. proc. civ. nᵒˢ 3 à 11).
7635. — II. Nomination d'un juge-commissaire (C. proc. civ. nᵒˢ 12 à 16). — Lorsque les parties, majeures et maîtresses de leurs droits, ont volontairement exécuté le jugement qui, pour apurer un compte, les a renvoyées devant un notaire, le tribunal peut

statuer au fond sans tenir compte des conclusions prises ensuite par l'une d'elles à fin de nomination d'un juge-commissaire devant lequel ce compte serait débattu. — Req. 17 mars 1868, J.G.S. *Compte*, 16.

7636. Le jugement qui ordonne une reddition de compte emporte hypothèque judiciaire ; car il contient le germe d'une condamnation au moins éventuelle, ce qui suffit, le jugement ultérieur qui fixera le reliquat ne faisant que rendre certaine et déterminée la créance implicitement reconnue par le jugement qui condamne à rendre compte. — J.G.S. *Compte*, 15. — V. *Code de procédure civile*, n° 16, et *Supplément* au *Code civil annoté*, n°* 16482 et s.

7637. Spécialement, le jugement qui, en prononçant la dissolution d'une société, nomme l'un des associés liquidateur avec obligation de remettre pendant la liquidation toutes les recettes à l'autre associé rend le liquidateur comptable de sa gestion, et autorise, dès lors, le second associé à prendre une inscription hypothécaire sur les biens pour garantir des dettes que cette gestion peut faire naître. — Req. 19 août 1878, D.P. 79. 1. 264.

Art. 531. Si le préambule du compte, en y comprenant la mention de l'acte ou du jugement qui aura ordonné le rendant, et du jugement qui aura ordonné le compte, excède six rôles, l'excédent ne passera point en taxe.

Art. 532. Le rendant n'emploiera pour dépenses communes que les frais de voyage, s'il y a lieu, les vacations de l'avoué qui aura mis en ordre les pièces du compte, les grosses et copies, les frais de présentation et affirmation.

Art. 533. Le compte contiendra les recette et dépense effectives ; il sera terminé par la récapitulation de la balance desdites recette et dépense, sauf à faire un chapitre particulier des objets à recouvrer.

7638. La loi ne prescrit aucune forme sacramentelle pour l'établissement du compte ; celui qui est présenté doit être discuté, pourvu qu'il soit intelligible et renferme les éléments nécessaires de la comptabilité. Dès qu'un compte comprend les deux chapitres de la recette et de la dépense et la récapitulation de l'un et de l'autre, le vœu de la loi est rempli, et l'oyant ne peut exiger davantage. — J.G.S. *Compte*, 22. — V. *Code de procédure civile*, n° 2.

7639. — I. ÉLÉMENTS DU COMPTE (C. proc. civ. n°* 8 à 32). — Le rendant compte peut dresser son compte comme il le juge conforme à ses intérêts, porter, hypothétiquement et par évaluation en bloc, les articles de recettes et de dépenses, sauf à l'oyant compte à les débattre, à les contester et à rectifier par voie de contredit. — Req. 19 juill. 1882, D.P. 82. 1. 454.

7640. Il est de principe, en effet, que la forme et la texture du compte appartiennent à celui qui le rend ; les droits de l'oyant ne peuvent en souffrir, puisqu'il conserve par la voie du débat tous les moyens nécessaires pour rectifier les erreurs dont il croit avoir à se plaindre, suppléer, retrancher, en un mot, inscrire la recette autant qu'il droit avoir à la faire, et rejeter de la dépense tout ce qu'il prétend ne pas devoir y rester. — D.P. 82. 1. 451, note 2.

7641. La règle d'après laquelle le rendant compte est maître de présenter son compte comme il le juge convenable est si absolue que, lorsque des décisions judiciaires, ayant l'autorité de la chose jugée, aient reconnu qu'il existait une comptabilité dans les mains du rendant compte, le juge ne peut contrain-

dre celui-ci, sous une sanction quelconque, à produire cette comptabilité. — Conf. Toulouse, 10 juill. 1880, D.P. 82. 1. 451.

7642. Mais, dans le cas où cette production est refusée, il appartient au juge de tirer toutes les conséquences de ce refus au point de vue des présomptions, et d'apprécier l'utilité de cette comptabilité pour l'établissement du compte. — Même arrêt.

7643. En cas de destruction par force majeure des pièces justificatives dont le juge avait ordonné la production à l'appui d'un compte de gestion, ce juge peut établir ce compte à l'aide d'autres éléments puisés dans la cause, et, notamment, d'une convention intervenue entre les parties et portant reconnaissance par l'une d'elles des éléments principaux du compte. — Req. 13 janv. 1880, D.P. 80. 1. 340.

7644. L'avoué représente son client dans tous les actes de la procédure en reddition de compte, mais son client est personnellement tenu de lui fournir les éléments de ce compte. — Paris, 2 déc. 1876, D.P. 78. 2. 12.

7645. En conséquence, il ne peut être déclaré responsable des suites d'un jugement par défaut qui, faute de production desdites pièces, a condamné son client personnellement au payement des sommes réclamées, en lui accordant toutefois un délai d'un mois pour présenter son compte devant un juge commis. — Même arrêt.

7646. ... Alors surtout que le client, ayant connaissance de ce jugement, a laissé passer, sans rendre compte, les délais qui lui étaient impartis. — Même arrêt.

7647. C'est au rendant, et non à l'oyant compte, qu'il incombe de produire les pièces justificatives à l'appui. — Paris, 25 févr. 1876, D.P. 76. 2. 233.

7648. C'est seulement par stipulation expresse que le rendant pourrait être dispensé de produire les pièces à l'appui de son compte. — D.P. 76. 2. 233, note.

7649. Sur les éléments du compte de tutelle, V. *Supplément* au *Code civil annoté*, art. 471, n°* 3240 et s.

7650. — II. ARRÊTÉ DE COMPTE (C. proc. civ. n°* 33 à 59). — L'acte par lequel, après le décès d'un des associés, les associés survivants s'engagent, conformément à l'acte de société et en prenant pour base le dernier inventaire, à payer une somme déterminée à l'héritier du défunt, en représentation de la part de celui-ci dans l'actif social, constitue un arrêté de compte par un traité à forfait. — Req. 27 nov. 1876, D.P. 77. 1. 350.

7651. Cet acte peut, alors que le dernier inventaire n'a été ni vérifié, ni signé par la partie, n'être que la reconnaissance d'un arrêté de compte qui, basée sur les résultats éventuels, ne contient pas une obligation invariable et définitive, et dont, en conséquence, soit les parties, soit les tiers, et notamment le syndic de la société tombée depuis en faillite, peuvent demander le redressement pour cause d'erreurs ou d'omissions. — Même arrêt.

7652. Du moins, l'arrêt qui le décide ainsi, par appréciation des circonstances de la cause et de l'intention des parties, ne fait qu'user du pouvoir souverain qui appartient aux juges du fond. — Même arrêt.

7653. La question de savoir si un inventaire approuvé peut équivaloir à un arrêté de compte a été soulevée, mais non résolue, dans une espèce jugée par la cour de cassation. — Civ. r. 23 nov. 1881, D.P. 82. 1. 417.

7654. Dans le sens de la négative, on a fait observer que tout compte comprend nécessairement deux éléments distincts, le *doit* et l'*avoir*, tandis qu'un inventaire ne serait qu'un tableau, dressé à une date déterminée, de toutes les valeurs composant l'actif et de toutes les dettes formant le passif d'un commerçant : il n'aurait pas pour but, dans une

société commerciale, par exemple, de régler la situation des associés entre eux ; les inventaires successifs pourraient servir de base au compte, en fournissant les éléments de la liquidation, mais ne sauraient en tenir lieu, et l'approbation des inventaires ne pourrait lier irrévocablement les parties. — J.G.S. *Compte*, 71.

7655. Mais on a répondu à ces arguments que, les inventaires ne sont point opposables, comme comptes, à une partie qui serait demeurée étrangère à leur confection, ils présentent généralement, dans les rapports des associés entre eux, les caractères de comptes annuels ; en effet, un inventaire régie la situation de chaque associé, d'abord vis-à-vis de la société, ensuite et par voie de conséquence, vis-à-vis des autres associés, puisque la balance, en établissant le total général de l'actif et du passif et la différence entre ces deux éléments, détermine par cela même les pertes et les bénéfices de l'exercice ; et il ne reste plus, le compte ainsi fait, qu'à partager ces bénéfices ou ces pertes au prorata de la part de chaque associé. — J.G.S. *Compte*, 71.

7656. En tous cas, l'arrêt qui rejette une demande en révision de comptes, livres et inventaires d'une société commerciale, est suffisamment motivé lorsqu'il fixe, en excluant l'intention des associés a été d'attribuer aux inventaires, signés et approuvés, tous les effets d'un compte vérifié et approuvé. — Civ. r. 23 nov. 1881, D.P. 82. 1. 417.

7657. Et, en présence de cette appréciation souveraine des faits, la cour de cassation n'a pas à rechercher si l'art. 541 C. proc. civ. est applicable à la revision des inventaires. — Même arrêt.

7658. L'approbation d'un inventaire commercial annuel peut être considérée comme impliquant l'approbation de l'inventaire de l'exercice précédent, lorsque les pièces relevées dans ce premier inventaire figurent parmi les éléments de celui qui a été régulièrement approuvé. — Même arrêt.

Art. 534. Le rendant présentera et affirmera son compte en personne ou par procureur spécial, dans le délai fixé, et au jour indiqué par le juge-commissaire, les oyants ou, appelés à personne ou domicile, s'ils n'ont avoué, et par acte d'avoué, s'ils en ont constitué.

Le délai passé, le rendant y sera contraint par saisie et vente de ses biens jusqu'à concurrence d'une somme que le tribunal arbitrera ; il pourra même y être contraint par corps, si le tribunal l'estime convenable.

7659. Les dispositions des art. 534 et suiv. C proc. civ., relatives à la reddition de comptes en justice, ne sont pas prescrites à peine de nullité. — Req. 24 janv. 1877, D.P. 78. 1. 125.

7660. Il y a lieu de remarquer que l'un des moyens de contrainte indiqué par l'art. 534, la contrainte par corps, n'est plus applicable depuis la loi du 22 juill. 1867 (D.P. 67. 4. 73) qui a aboli, en matière civile et commerciale, cette voie d'exécution. — J.G.S. *Compte*, 27.

7661. — I. PRÉSENTATION DU COMPTE (C. proc. civ. n°* 3 à 13). — Lorsque le mandataire, condamné à rendre compte de sa gestion, a laissé passer le délai déterminé, le juge peut, si les éléments fournis par le compte immédiatement et prononcer la condamnation définitive au payement du solde débiteur. — Paris, 25 févr. 1876, D.P. 76. 2. 233.

7662. L'arrêt qui déclare qu'un compte de fruits est dénué de pièces justificatives et n'offre pas de bases certaines d'appréciation, peut, en se fondant sur ce qu'insuffisance de production imputée au rendant compte est justifiée par sa position exceptionnelle, s'abstenir de prescrire les mesures coercitives édictées par l'art 534 C. proc. civ. contre le comptable récalcitrant. — Civ. c. 16 nov. 1874, D.P. 76. 1. 393-394.

7663. L'arrêt qui, pour affranchir un comptable, non de la restitution des fruits, mais seulement de l'observation des formes prescrites par les art. 533 et 534 C. proc. civ., déclare qu'il a pu se méprendre de bonne foi sur la nature de ses droits et sur le caractère de sa possession, ne méconnaît pas l'autorité des précédentes décisions, qui l'ont condamné à restituer les fruits par lui perçus, et ne contrevient pas aux dispositions de la loi qui lui imposent cette restitution au possesseur de mauvaise foi. — Même arrêt

7664. — II. AFFIRMATION DU COMPTE (C. proc. civ. nᵒˢ 14 et 15).

Art. 535. Le compte présenté et affirmé, si la recette excède la dépense, l'oyant pourra requérir du juge-commissaire exécutoire de cet excédent, sans approbation du compte.

7665. La question de savoir si l'exécutoire dont parle l'art. 535 C. proc civ emporte hypothèque judiciaire est controversée. — J.G.S. Compte, 28.

7666. On fait observer, pour soutenir que cet exécutoire n'emporte pas hypothèque judiciaire, qu'en principe, c'est aux jugements qu'est attachée cette garantie, et que si, aux termes de l'art. 2117 C. civ., elle est également le résultat des actes judiciaires; les actes judiciaires visés par cet article ne comprennent que les reconnaissances ou ordonnances judiciaires d'exécution des sentences arbitrales. — J.G.S. Compte, 28.

7667. Mais les partisans de l'opinion contraire invoquent la généralité des termes de l'art. 2117; et, en outre, ils tirent un argument *a fortiori* de la solution admise pour le jugement qui ordonne une reddition de compte. — J.G.S. Compte, 28.

Art. 536. Après la présentation et affirmation, le compte sera signifié à l'avoué de l'oyant; les pièces justificatives seront cotées et paraîtes par l'avoué du rendant : si elles sont communiquées sur récépissé, elles seront rétablies dans le délai qui sera fixé par le juge-commissaire, sous les peines portées par l'art. 107.

Si les oyants ont constitué avoués différents, la copie et la communication ci-dessus seront données à l'avoué plus ancien seulement, s'ils ont le même intérêt, et à chaque avoué, s'ils ont des intérêts différents.

S'il y a des créanciers intervenants, ils n'auront tous ensemble qu'une seule communication, tant du compte que des pièces justificatives, par les mains du plus ancien des avoués qu'ils auront constitués.

7668. — I. SIGNIFICATION DU COMPTE (C. proc. civ nᵒˢ 1 et 2).

7669. — II. INTERVENTION (C. proc. civ. nᵒˢ 3 à 5).

Art. 537. Les quittances de fournisseurs, ouvriers, maîtres de pension, et autres de même nature, produites comme pièces justificatives du compte, sont dispensées de l'enregistrement.

Art. 538. Aux jour et heure indiqués par le commissaire, les parties se présenteront devant lui pour fournir débats, soutènements et réponses sur son procès-verbal :

si les parties ne se présentent pas, l'affaire sera portée à l'audience sur un simple acte.

7670. La question de savoir si l'oyant compte qui n'a pas comparu devant le juge-commissaire est recevable à présenter pour la première fois ses dires devant le tribunal est controversée. — J.G.S. Compte, 31.

7671. Elle paraît, toutefois, devoir être résolue affirmativement, aucun texte ne prononçant de forclusion contre la partie défaillante devant le juge-commissaire. — J.G.S. Compte, 31, et note 6 sous Req. 19 avr. 1886, D P. 87. 1. 171.

7672. En tout cas, en admettant que cette partie soit non recevable, la nullité qui de ce chef entacherait le jugement ne saurait être proposée devant la cour de cassation; si elle n'a été déjà soulevée devant la cour d'appel. — Req. 19 avr. 1886, D.P. 87. 1. 171.

Art. 539. Si les parties ne s'accordent pas, le commissaire ordonnera qu'il en sera par lui fait rapport à l'audience, au jour qu'il indiquera; elles seront tenues de s'y trouver, sans aucune sommation.

Art. 540. Le jugement qui interviendra sur l'instance de compte contiendra le calcul de la recette et des dépenses, et fixera le reliquat précis, s'il y en a aucun.

7673. Le tribunal devant lequel le compte doit être rendu peut, dans le cas où le rendant compte fait défaut, statuer sur l'état des pièces et documents versés au débat par l'oyant compte. — Req. 24 janv. 1877, D.P. 78. 1. 125. — V. Code de procédure civile, nᵒ 1.

7674. Et le jugement rendu dans ces circonstances doit être maintenu nonobstant la signification faite par le rendant compte devant la cour d'appel d'un prétendu compte qui n'a été ni affirmé, ni soutenu de pièces justificatives. — Même arrêt.

7675. L'art. 540 C. proc. civ., prescrivant que le jugement à intervenir sur une instance de compte contienne le calcul détaillé de la recette et de la dépense, en implique qu'un compte rendu par articles, et non au cas où, le rendant ayant refusé de produire un compte régulier, les juges ont dû se borner à fixer, eu égard aux éléments d'instruction qui leur étaient fournis la somme dont il le reconnaissaient débiteur. — Paris, 25 févr. 1876, D.P. 76. 2. 233.

7676. Quoique la femme tutrice et le mari cotuteur ne doivent présenter qu'un seul et même compte de tutelle, le tribunal à qui deux comptes de tutelle séparés ont été présentés par le mari et par la femme non autorisée par son mari, peut, au lieu d'ordonner un nouveau compte unique, régler la situation des parties en s'appuyant sur les titres et quittances produits, alors qu'il était impossible d'accorder entre eux les rendant compte et que l'affaire était en état par suite des conclusions au fond des parties. — Req. 19 avr. 1886, D.P. 87. 1. 171.

7677. Le jugement qui, s'appuyant sur les éléments puisés dans les débats et dans le compte qui ont été produits, a dégagé un résultat nouveau aboutissant à une compensation ne viole pas l'art. 540 C. proc. civ. d'après lequel le jugement doit contenir le calcul des recettes et des dépenses. — Même arrêt.

Art. 541. Il ne sera procédé à la revision d'aucun compte, sauf aux parties, s'il y a erreurs, omissions, faux ou doubles emplois,

à en former leurs demandes devant les mêmes juges.

DIVISION.

§ 1ᵉʳ — *Caractère de la revision ou du redressement des comptes* (nᵒˢ 1 à 19).

7678. La distinction entre la revision des comptes, interdite par la loi, et le redressement, qu'autorise l'art. 541 C. proc. civ. est parfois assez difficile à établir; elle dépend d'une appréciation de fait qui rentre dans le pouvoir souverain des tribunaux. — J.G.S. Compte, 37.

7679. Il n'y a point lieu d'accueillir une demande en redressement de compte qui ne tend, soit directement par la loi, et le prétexte de discuter la validité d'offres faites par l'une des parties, qu'à la revision même du compte, et qui a le caractère d'un retour complet sur ce qui avait été arrêté d'accord et définitivement réglé. — Req. 3 juill. 1889, D.P. 90. 1. 384. — V. Code de procédure civile, nᵒ 4.

§ 2. — *Comptes auxquels s'applique la double disposition de l'art. 541* (C. proc. civ. nᵒˢ 20 à 41).

7680. L'art. 541 C. proc. civ., qui, tout en défendant la revision des comptes, permet aux parties de demander le redressement des erreurs, omissions, faux ou doubles emplois qui peuvent s'y trouver, s'applique aux comptes amiables aussi bien qu'aux comptes réglés par la Justice. — Gand, 10 mai 1882, J.G.S. Compte, 38. — Comp. Code de procédure civile, nᵒ 22.

7681. Mais il faut pour cela qu'un véritable compte ait été rendu. — J.G.S. Compte, 40.

7 82. Ainsi les art. 540 et 541 C. proc. civ. qui, en matière de reddition de comptes, obligent le juge à faire dans son jugement le calcul de la recette, des dépenses et du reliquat, et lui interdisent de reviser un compte antérieurement réglé entre les parties, supposent qu'il est produit un compte proprement dit, et ne s'appliquent pas au cas où il est seulement produit une quittance délivrée à la suite d'un règlement. — Civ. r. 31 juill. 1889, D.P. 90. 1. 108. — V. Code de procédure civile, nᵒ 25.

7683. Jugé dans le même sens que, en matière de reddition de compte, l'exception de l'art. 541 C. proc. civ. n'est opposable qu'autant qu'il y a un compte réglé; en conséquence, lorsque l'action tend à des dommages-intérêts pour erreurs, faux ou doubles emplois dans les écritures d'un comptable, le demandeur n'est pas tenu de les signaler taxativement dans son exploit introductif d'instance. — Limoges, 23 mai 1890, D.P. 91. 2. 351.

7684. Il faut, en outre, que les comptes, soit judiciaires, soit amiables, entre l'oyant et le rendant, aient été discutés, approuvés ou ratifiés dans des conditions qui impliquent une véritable reddition de comptes. — J.G.S. Compte, 44.

7685. L'art. 541 C. proc. civ., qui interdit la revision des comptes arrêtés, s'applique uniquement au cas où les parties ont entendu les régler définitivement. — Req. 30 mai 1877, D.P. 79. 1. 412. — V. *Code de procédure civile*, n° 30.

7686. Par suite, lorsqu'il est établi par les juges du fond, dont les constatations à cet égard sont souveraines, qu'un compte n'a pas été définitivement arrêté et que les sommes versées par l'une des parties à l'autre ont été laissées à la disposition de celle-ci à titre de provision sur les dépenses qu'elle pourrait avoir à faire, ce compte peut, sans qu'il y ait violation de l'art. 541, être revisé en justice. — Même arrêt.

7687. La fin de non-recevoir, résultant de l'art. 541 C. proc. civ., qui interdit soit à l'ayant, soit au rendant compte, la revision d'un compte ou qui ne leur permet d'en demander le redressement que sous les conditions déterminées par ce même article, ne peut pas être opposée par un débiteur dont la dette a été portée au compte remis au syndic par les liquidateurs d'une société déclarée en faillite et approuvé par lui, sous la réserve étrange, en vertu d'une ordonnance du juge commissaire. — Req. 14 avr. 1886, D.P. 87. 1. 430.

7688. Il est loisible au juge, sur la demande en redressement d'erreurs commises dans un décompte produit, de nommer un expert avec mission de faire un rapport sur les difficultés qui divisent les parties, alors qu'il n'y a pas, entre celles-ci, de compte définitivement arrêté; une pareille mesure n'a rien de contraire à l'art. 541. — Req. 15 nov. 1875, J.G.S. *Compte*, 43.

7689. De même, lorsque l'ayant compte a délivré au rendant, sur la présentation de son compte, une quittance pour solde renfermant la clause « sans erreur ni omission », il appartient aux juges du fait d'interpréter souverainement cette clause en ce sens que les parties n'ont entendu faire entre elles qu'un règlement provisoire; et ils peuvent, en conséquence, renvoyer celles-ci devant un expert à l'effet d'établir un compte définitif, sans violer la disposition de l'art. 541, qui prohibe la revision des comptes. — Req. 1er juill. 1885, J.G.S. *Compte*, 43.

7690. Les juges du fait ne font également qu'user de leur pouvoir souverain d'appréciation, en déclarant, après examen des termes de l'acceptation d'un compte, que cette acceptation n'a été que conditionnelle et réservait à la partie qui l'a donnée la faculté d'une vérification ultérieure. — Civ. r. 8 nov. 1888, D.P. 89. 1. 445.

7691. La disposition de l'art. 584 C. proc. civ. qui autorise les parties en cas d'erreurs, omissions, faux ou doubles emplois, à demander la rectification d'un compte, s'applique au compte courant comme à tout autre compte. — Req. 11 janv. 1887, D.P. 88. 1. 382. — V. *Code de procédure civile*, n° 41.

§ 3. — Causes de rectification des comptes (C. proc. civ. n°s 42 à 71).

7692. Pour que la disposition de l'art. 541 qui prohibe la revision des comptes reçoive son application, il faut que le prétendu compte ait été dressé de bonne foi et d'après les bases conformes aux conventions des parties. — J.G.S. *Compte*, 44. — V. *Code de procédure civile*, n° 46.

7693. L'action en redressement d'un compte n'est recevable que lorsqu'elle a pour objet la réparation d'une erreur matérielle ou de calcul, ou lorsqu'elle repose sur un titre qui, resté inconnu jusque-là, n'a pu être ni discuté ni apprécié par les juges. — Req. 15 mars 1876, D.P. 78. 1. 46. — V. *Code de procédure civile*, n°s 50 et 4.

7694. En conséquence, la demande en rectification d'une liquidation de succession doit être rejetée si elle est fondée uniquement sur ce que les jugements d'ailleurs définitifs arrêtant les bases de l'opération et homologuant le procès-verbal de liquidation, auraient, contrairement aux clauses d'un contrat de mariage, considéré certains des biens d'une cohéritière comme paraphernaux, et fixé, par suite de cette erreur, la qualité de ses biens dotaux dans la succession, à un chiffre beaucoup trop faible. — Même arrêt.

7695. ... Alors, du moins, que les juges dont émanaient les décisions critiquées avaient eu connaissance du contrat de mariage invoqué, « en avaient même reproduit les clauses dans leurs jugements. — Même arrêt.

7696. Le redressement de comptes définitifs et suivis de dation en payement de traites ou lettres de change ne peut être ordonné qu'autant que le demandeur produit des éléments de conviction de nature à rendre vraisemblables les erreurs ou omissions prévues par l'art. 541 C. proc. civ.; et les juges du fond apprécient souverainement les moyens de redressement proposés. — Req. 17 févr. 1879, D.P. 80. 1. 346.

7697. La disposition de l'art. 541 C. proc. civ. qui interdit toute revision de compte, ne fait pas obstacle au redressement d'une erreur dont l'existence est prouvée par des documents inconnus à l'époque de l'arrêté du compte. — Civ. c. 27 août 1877, D.P. 78. 1. 410. — V. *Code de procédure civile*, n° 43.

7698. Spécialement, le solde d'un compte réglé par jugement entre un entrepreneur de travaux publics et un sous-entrepreneur peut être l'objet d'une réduction, lorsque le règlement avait pour base le décompte provisoire de l'entreprise dressé par les agents de l'Administration, et que les éléments de ce décompte ont été ultérieurement modifiés par le décompte définitif. — Même arrêt.

7699. Mais, bien qu'une action en revision ou en redressement de compte soit ouverte, en cas d'erreur, omission, faux ou double emploi, à la partie qui a accepté ce compte sans réserves, et qu'il puisse en être ainsi lorsque cette partie a été, par le fait de son adversaire, privée des documents nécessaires à l'appréciation de son arrêté et à la vérification des divers articles du compte, l'arrêté constatant, en fait, qu'aucun document de ce genre n'a été ignoré d'elle, motive suffisamment le rejet des conclusions par lesquelles elle demande l'augmentation d'une créance déjà comprise au règlement de compte. — Civ. r. 18 nov. 1884, D.P. 86. 1. 317.

7700. Pour que l'action en rectification soit admise, il est nécessaire que le demandeur produise des éléments de conviction de nature à rendre vraisemblables les erreurs ou omissions alléguées. — Req. 17 févr. 1879, D.P. 80. 1. 346.

7701. Par suite, l'action en redressement doit être écartée lorsque les rectifications proposées sont rendues impossibles par la suppression de tous les éléments qui avaient servi à établir le compte. — Douai, 30 mars 1867, J.G.S. *Compte*, 52.

7702. La demande en redressement d'un compte doit être appuyée sur la production d'un compte à redresser avec indication précise des erreurs, omissions, faux ou doubles emplois dénoncés. La production d'une quittance pour solde est insuffisante pour autoriser le redressement demandé. — Req. 9 nov. 1875, J.G.S. *Compte*, 54. — V. *Code de procédure civile*, n° 62.

7703. En conséquence, la demande en redressement d'un compte formée contre une sentence arbitrale doit être repoussée, si cette sentence ne contient que des totaux sans aucune explication, et s'il est impossible de faire ressortir de ses termes les erreurs, omissions ou doubles emplois allégués. — Req. 22 nov. 1881, D.P. 82. 1. 339.

§ 4. — Fins de non-recevoir contre la demande en rectification (C. proc. civ. n°s 72 à 102).

7704. — I. Connaissance de l'erreur (C. proc. civ. n°s 73 à 86). — Si un commis intéressé a le droit de demander le redressement des erreurs ou omissions qui peuvent exister dans un compte de bénéfices établi par son patron, il est non recevable, après avoir reçu le compte et l'avoir ratifié, à en demander la revision. — Req. 21 juill. 1873, D.P. 78. 5. 439.

7705. ... Alors surtout qu'il ne peut alléguer aucune faute de calcul, et qu'il n'a point spécifié les chefs de comptes auxquels se rattacheraient les erreurs ou omissions par lui alléguées. — Même arrêt.

7706. Mais le principe d'après lequel le juge ne peut reviser un compte arrêté par les parties n'est pas violé par la décision qui ordonne une expertise à l'effet de déterminer les perceptions usuraires qui pourraient être relevées dans ce compte. — Req. 16 nov. 1880, D.P. 81. 1. 100. — V. *Code de procédure civile*, n° 85.

7707. Et cette décision n'est pas nulle pour défaut de motifs, si elle explique que l'expertise n'est ordonnée que dans ce but. — Même arrêt.

7708. — II. Exception de chose jugée (C. proc. civ. n°s 87 à 99). — Le jugement intervenu sur une action en redressement de compte ne fait pas obstacle à ce qu'une nouvelle action soit introduite à l'effet de faire statuer sur des chefs de réclamation qui n'ont encore été l'objet d'une décision judiciaire, ni d'un compte définitivement arrêté entre les parties. — Req. 6 juin 1877, D.P. 78. 1. 429-430.

7709. — III. Transaction (C. proc. civ. n°s 100 et 101).

7710. — IV. Prescription (C. proc. civ. n° 102). — La prescription applicable à l'action en redressement de compte est, d'après la doctrine généralement admise, celle de trente ans. — Lyon, 21 janv. 1854, J.G.S. *Compte*, 65.

7711. Décidé en ce sens que les dispositions de l'art. 1304 C. civ., relatives à la durée de l'action en nullité des conventions, ne sont pas applicables aux demandes en redressement de compte prévues par l'art. 541 C. proc. civ. — Req. 27 nov. 1876, D.P. 77. 1. 390.

§ 5. — Compétence en matière de rectification de comptes (C. proc. civ. n°s 103 à 128).

7712. La demande en redressement de compte doit être portée devant les juges qui ont compétence pour connaître de l'action en reddition de compte. — Req. 18 janv. 1882, D.P. 82. 1. 416. — V. *Code de procédure civile*, n° 103.

7713. Spécialement, le tribunal de commerce étant seul compétent pour connaître d'une demande en reddition de compte dirigée par un négociant contre son commis intéressé à raison de la gestion de celui-ci, une demande en redressement de compte doit être portée devant les juges consulaires qui ont compétence pour connaître de l'action en reddition de compte. — Req. 18 janv. 1882, D.P. 82. 1. 416.

7714. ... Et cela alors même que le patron aurait reconnu par acte notarié devoir à son commis la balance d'un compte arrêté entre eux, et lui aurait même conféré une hypothèque, s'il ne résulte ni d'ailleurs rien n'indique l'intention des parties d'avoir voulu faire une novation. — Même arrêt.

7715. On peut soutenir que cette règle de compétence est d'ordre public, par le motif qu'il serait contraire aux principes qui régissent notre organisation judiciaire qu'un tribunal pût rectifier la décision rendue par une juridiction du même degré que lui. — J.G.S. *Compte*, 375.

7716. En tout cas, il a été décidé que le

juge saisi de l'action en redressement d'un compte sur la reddition duquel il avait été statué par un juge différent, peut ae déclarer d'office incompétent, alors même que les parties avaient été d'accord pour lui déférer la connaissance de cette action. — Rouen, 27 déc. 1882, J.G.S. Compte, 59.

§ 6. — Procédure relative à l'action en redressement de compte (C. proc. civ. nᵒˢ 126 à 137).

7717. D'après l'opinion généralement admise, la demande en rectification de compte, bien qu'intentée dans l'année, doit être formée non par un simple acte, mais par assignation à la partie. — J.G.S. Compte, 63. — V. Code de procédure civile, nᵒ 430.

7718. Toutefois, d'après une autre opinion, la demande en rectification se rattache à l'action originaire eu reddition de compte, elle en est une dépendance nécessaire ; d'où il suit qu'elle constitue une véritable demande incidente, dispensée des préliminaires de conciliation, et qu'elle doit être formée, non par une assignation ordinaire, mais par un simple acte d'avoué à avoué conformément à l'art. 331 C. proc. civ. — J.G.S. Compte, 63. — V. aussi suprà, Appendice au tit. 7, Interprétation des jugements, nᵒˢ 2789 et s.

Art. 542. Si l'oyant est défaillant, le commissaire fera son rapport au jour par lui indiqué : les articles seront alloués, s'ils sont justifiés le rendant, s'il est reliquataire, gardera les fonds, sans intérêts; et s'il ne s'agit point d'un compte de tutelle, le comptable donnera caution, si mieux il n'aime consigner.

TITRE V.

De la liquidation des dépens et frais.

Art. 543. La liquidation des dépens et frais sera faite, en matière sommaire, par le jugement qui les adjugera.

7719. V. infrà, Appendice au Code de procédure civile, Tarifs civils.

Art. 544. La manière de procéder à la liquidation des dépens et frais dans les autres matières sera déterminée par un ou plusieurs règlements d'administration publique, qui seront exécutoires de même jour que le présent code, et qui, après trois ans au plus tard, seront présentés en forme de loi au Corps législatif avec les changements dont ils auront paru susceptibles.

7720. V. infrà. Appendice au Code de procédure civile, Tarifs civils.

TITRE VI.

Règles générales sur l'exécution forcée des jugements et actes.

Art. 545. Nul jugement ni acte ne pourront

être mis à exécution, s'ils ne portent le même intitulé que les lois, et ne sont terminés par un mandement aux officiers de justice, ainsi qu'il est dit art. 146.

7721. — I. EXÉCUTION FORCÉE DES JUGEMENTS ET ACTES (C. proc. civ. nᵒ 1 à 16). — L'exécution forcée est directe ou indirecte. — J.G.S. Jugement, 397.

7722. L'exécution directe est, à la fois, le procédé le plus satisfaisant et le moins pratique : le plus satisfaisant, car (son nom le montre assez) il procure la chose même qui fait l'objet de l'obligation ; le moins pratique, car il se heurte le plus souvent à une impossibilité matérielle, qui se traduit par le brocard : Nemo precise cogi potest ad factum ou par la règle du Code civil (art. 1142) : « Toute obligation de faire ou de ne pas faire se résout en dommages-intérêts ». — J.G.S. Jugement, 397.

7723. Le sens de cette dernière règle, c'est qu'aucune contrainte personnelle ne peut être exercée contre le débiteur pour le forcer, par exemple, à peindre le tableau, à modeler la statue, qui font l'objet de la condamnation. — J.G.S. Jugement, 397. — V. Supplément au Code civil annoté, art. 1142, nᵒ 7637 et s.

7724. La contrainte vraiment pratique est celle qui a trait à l'exécution indirecte, et qui se présente sous deux aspects : contrainte par corps, contrainte sur les biens. — J.G.S. Jugement, 398.

7725. Les tribunaux ne peuvent, même en matière civile, donner acte à une partie de son intention d'appliquer à une œuvre de bienfaisance le montant des condamnations prononcées à son profit. — Req. 27 juill. 1875, D.P. 76. 1. 161-162, et la note. — V. Code de procédure civile, nᵒ 4, et Comp. Code de procédure civile, art. 59, nᵒ 58.

7726. — II. PERSONNES PAR QUI L'EXÉCUTION PEUT ÊTRE POURSUIVIE (C. proc. civ. nᵒˢ 17 à 26). — V. suprà, art. 59, nᵒˢ 1053 et s., 1080 et s.

7727. — III. CONTRE QUI L'EXÉCUTION PEUT AVOIR LIEU (C. proc. civ. nᵒˢ 27 à 36).

7728. — IV. CONDITIONS NÉCESSAIRES POUR L'EXÉCUTION DES JUGEMENTS ET ACTES JUDICIAIRES (C. proc. civ. nᵒˢ 37 à 110). — En ce qui concerne les actes qui doivent être considérés comme authentiques, V. Supplément au Code civil annoté, nᵒ 8422 et s.

7729. — 1ᵒ Actes exécutoires (C. proc. civ. nᵒˢ 40 à 50). — Pour l'exécution : ... Des bordereaux ou mandats de collocation dans un ordre, V. infrà, art. 770.

7730. ... Des bordereaux délivrés aux créanciers en matière de distribution par contribution, V. infrà, art. 671.

7731. ... Des sentences arbitrales, V. infrà, art. 1021.

7732. ... En matière d'enregistrement, V. Code annoté de l'Enregistrement, nᵒˢ 3921 et s., 4574 et s.

7733. ... En matière de contributions directes, V. Code des lois adm. annotées, t. 3, vᵒ Contributions directes.

7734. ... En matière de contributions indirectes, V. ibid., vᵒ Contributions indirectes.

7735. ... En matière de douanes, V. ibid., vᵒ Douanes.

7736. ... En matière d'octroi, V. ibid., vᵒ Octroi.

7737. — 2ᵒ Formule exécutoire (C. proc. civ. nᵒˢ 51 à 106). — La formule exécutoire est l'ordre, pendant le pouvoir exécutif, de mettre un acte à exécution ; l'exécution forcée supposant, comme son nom l'indique, une contrainte, il serait contraire aux principes de notre droit public qu'il fût procédé sans un acte de l'autorité supérieure. — J.G.S. Jugement, 403.

7738. En principe, aucun titre ne peut être mis à exécution en France s'il n'est sanctionné par la justice française : les décisions judiciaires françaises sont seules susceptibles d'exécution parée (parata), c'est-à-dire autorisée de plano par le pouvoir supérieur. — J.G.S. Jugement, 403.

7739. Il n'est qu'une seule catégorie d'actes qui, en France, soient dispensés de ce contrôle du pouvoir judiciaire : ce sont les actes régulièrement reçus par un notaire français et les actes administratifs qui y sont assimilés. — J.G.S. Jugement, 404.

7740. Les actes notariés ayant exceptionnellement la même valeur que les jugements, mais seulement quant à la force exécutoire, il suit de là que le porteur d'un acte notarié n'a jamais besoin, pour l'exécuter, de recourir à la justice, et ne doit même pas le faire ; c'est ce qu'on exprime en disant que le porteur d'un acte notarié doit procéder par exécution, non par action. — J.G.S. Jugement, 404.

7741. La formule exécutoire des jugements a été modifiée par le décret du 6 sept. 1870 (D.P. 70. 4. 86) aux termes duquel les expéditions des arrêts et jugements, comme de tous autres actes susceptibles d'exécution forcée, sont intitulées ainsi qu'il suit : « La république française, au nom du peuple français. La cour d'appel ou le tribunal de..... a rendu..... ». — J.G.S. Jugement, 409.

7742. Lesdits arrêts et jugements sont terminés ainsi : « En conséquence, la République mande et ordonne à tous huissiers sur ce requis de mettre ledit jugement ou arrêt à exécution; aux procureurs généraux et aux procureurs de la République près les tribunaux de première instance d'y tenir la main; à tous commandants et officiers de la force publique de prêter main-forte lorsqu'ils en seront légalement requis. En foi de quoi, le présent jugement ou arrêt a été signé par... etc. ». — J.G.S. Jugement, 409.

7743. C'est encore aujourd'hui la formule en vigueur, sauf une légère modification résultant du décret du 2 sept. 1871 (D.P. 71. 4. 450), et consistant dans l'addition des mots : « En conséquence, le président de la République mande et ordonne, etc. ». — J.G.S. Jugement, 409.

7744. Lorsque la grosse a été délivrée sous un régime politique et doit être mise à exécution sous un autre, il n'est nécessaire de faire modifier la formule exécutoire primitivement apposée que quand la formule primitive est très différente de la formule actuelle. — Toulouse, 16 mars 1877, J.G.S. Jugement, 410. — V. Code de procédure civile, nᵒ 69 et s.

7745. En ce qui concerne l'apposition de la formule exécutoire sur les contraintes en matière d'enregistrement, V. Code de l'Enregistrement annoté, nᵒˢ 5917 et s.

7746. — 3ᵒ Commission rogatoire (C. proc. civ. nᵒ 107). — V. infrà, art. 1035.

7747. — 4ᵒ Légalisation (C. proc. civ. nᵒ 108).

7748. — 5ᵒ Apposition du sceau (C. proc. civ. nᵒˢ 109 et 110).

Art. 546. Les jugements rendus par les tribunaux étrangers et les actes reçus par les officiers étrangers, ne seront susceptibles d'exécution en France, que de la manière et dans les cas prévus par les art. 2123 et 2128 du Code civil.

DIVISION.

§ 1. — Autorité et exécution des jugements étrangers (nᵒ 7749).
§ 2. — Exécution des actes étrangers (nᵒ 7847).
§ 3. — Force probante des jugements et actes étrangers (nᵒ 7857).

§ 1ᵉʳ. — Autorité et exécution des jugements étrangers (C. proc. civ. nᵒˢ 1 à 128).

7749. — I. AUTORITÉ ET EXÉCUTION DES JUGEMENTS ÉTRANGERS (C. proc. civ. nᵒˢ 1 à 7). — D'après l'opinion généralement adoptée, les jugements rendus en matière contentieuse par des tribunaux étrangers ne jouissent point en France, en principe et par eux-mêmes, de l'autorité de la chose jugée. — J.G.S. *Droits civils*, 244. — V. *Code de procédure civile*, n° 1.

7750. Tant qu'ils n'ont pas été déclarés exécutoires par un tribunal français, ils ne peuvent être invoqués en France ni à l'appui et comme titre légal d'une demande nouvelle, ni pour repousser, sur le fondement de la chose jugée, une demande ou une exception tendant à remettre en question l'existence ou la non-existence des faits ou des droits sur lesquels ces jugements ont prononcé. — Paris, 3 juin 1884, D.P. 82. 2. 66. — Paris, 7 déc. 1885, sous Civ. r. 16 mai 1888, D.P. 88. 1. 305.

7751. Suivant une opinion contraire, le jugement étranger constitue en faveur de celui qui l'a obtenu un titre opposable eu tous lieux à la partie adverse, les parties ayant, en procédant devant le juge, conclu une espèce de quasi-contrat qui les oblige à se conformer au jugement quand il est devenu définitif. — J.G.S. *Droits civils*, 244.

7752. D'après les partisans de cette opinion, ce n'est pas comme acte exécutoire qu'il faut considérer le jugement qui sort de base à l'exception de chose jugée, mais comme contrat. — J.G.S. *Droits civils*, 244.

7753. On peut répondre à cela qu'il ne faut pas exagérer la comparaison de l'instance judiciaire à un contrat, l'acceptation du débat, et même l'action dans certains cas, étant imposées par la force des choses, et les parties ne se soumettant au jugement à intervenir que sauf à lui, le cas échéant, de toutes les voies de recours licites, l'autorité de la chose jugée dérivant moins de l'idée du contrat judiciaire que de la nécessité de mettre fin aux procès. — J.G.S. *Droits civils*, 244.

7754. D'ailleurs, si l'on considère le jugement étranger comme un titre ayant même valeur qu'un contrat, il s'ensuit logiquement qu'il ne produit pas tous les effets de la chose jugée en France ; la différence entre un contrat et un jugement ayant autorité de chose jugée consiste en ce que les dispositions du contrat peuvent être attaquées et contestées, tandis que celles du jugement ne peuvent l'être, et que l'exception de chose jugée n'admet pas de réplique. — J.G.S. *Droits civils*, 244.

7755. Du reste, s'il y a lieu de ne pas reconnaître tous les effets de la chose jugée aux jugements étrangers non déclarés exécutoires en France, on s'accorde généralement à reconnaître que ces jugements font foi jusqu'à preuve contraire des faits qu'ils constatent, en dehors de toute condamnation. — Comp. Paris, 7 déc. 1885, sous Civ. r. 16 mai 1888, D.P. 88. 1. 305. — V. *supra*, n° 7750.

7756. — II. Exécution des jugements étrangers (C. proc. civ. n°s 8 à 53). — 1° *Jugements en matière civile* (C. proc. civ. n°s 8 à 47). — Un tribunal français peut régulièrement déclarer exécutoire en France un jugement étranger, en constatant que ce jugement avait acquis l'autorité de la chose jugée dans le pays où il a été rendu, bien qu'il y ait été l'objet d'un recours. — Req. 28 juin 1884, D.P. 81. 1. 337, et la note 2 sous cet arrêt. — V. *Code de procédure civile*, n° 12.

7757. Spécialement, le jugement d'un tribunal espagnol peut être rendu exécutoire par le tribunal français, lorsqu'il est définitif et susceptible d'être exécuté en Espagne, bien qu'il n'y ait pas été revêtu du *visa* et *pareatis* que le juge doit y apposer en Espagne pour en autoriser l'exécution. — Pau, 17 janv. 1872, D.P. 75. 2. 193.

7758. Il ne semble pas, d'ailleurs, que, lorsqu'un jugement étranger a été, après révision, déclaré exécutoire en France, il puisse être ultérieurement modifié en France quelle que soit l'issue du recours dont il pourrait

être susceptible à l'étranger. — V. sur cette question en ce sens, la note 2, D.P. 81. 1. 337, et le rapport de M. Féraud-Giraud, D.P. 81. 1. 338. — *Contra : Code de procédure civile*, n° 15.

7759. La question de savoir si le tribunal français saisi de la demande d'*exequatur* d'un jugement rendu contre un Français par un tribunal étranger doit ou non reviser au fond la sentence étrangère, en examiner le bien ou mal jugé, est toujours controversée. — J.G.S. *Droits civils*, 236. — V. *Code de procédure civile*, n° 20.

7760. La jurisprudence admet en général la révision des jugements rendus par les tribunaux étrangers contre des Français. — J.G.S. *Droits civils*, 237. — V. *Code de procédure civile*, n° 25.

7761. Il a été décidé en ce sens que les art. 546 C. proc. civ. et 2123 C. civ. reproduisent le principe écrit dans l'ordonnance de janvier 1629, d'après lequel les jugements étrangers ne pouvaient être exécutés en France sans que les régnicoles contre lesquels ils étaient rendus eussent débattu leurs droits comme entiers devant les officiers de la justice française. — Req. 18 janv. 1876, D.P. 78. 1. 65.

7762. ... Que les tribunaux français doivent exercer un droit d'examen et de révision, en fait et en droit, sur les jugements étrangers, dont on leur demande d'ordonner l'exécution en France. — Req. 28 juin 1881, D.P. 81. 1. 337.

7763. Mais il a été jugé en sens contraire que les tribunaux français ne sont pas appelés à reviser et à discuter les jugements étrangers, parce que discuter et reviser un jugement, ce n'est pas le rendre purement et simplement exécutoire, mais lui substituer une nouvelle décision. — Paris, 23 févr. 1866, J.G.S. *Droits civils*, 237. — Comp. Metz, 11 nov. 1856, *ibid.* — Montpellier, 17 déc. 1869, *ibid.*

7764. Quant à la question de savoir quelle est la mission du tribunal français saisi d'une demande d'*exequatur* d'un jugement rendu contre un étranger par une juridiction étrangère, elle continue à diviser la doctrine. — J.G.S. *Droits civils*, 238.

7765. La majorité des auteurs se rallie à l'opinion d'après laquelle le tribunal français ne peut, en pareil cas, reviser la sentence étrangère et doit se borner à accorder ou à refuser l'*exequatur* de cette sentence. — J.G.S. *Droits civils*, 238.

7766. Ce n'est pas toutefois une simple formalité que doit remplir, dans l'opinion de ces auteurs, le tribunal français : il doit examiner si le jugement a été régulièrement rendu, s'il émane d'une juridiction compétente et s'il ne contient pas de décisions contraires aux règles du droit public français ou aux intérêts de l'ordre public en France. — J.G.S. *Droits civils*, 238.

7767. Il a été jugé, en ce sens, que les tribunaux français auxquels on demande de rendre exécutoires en France les jugements rendus en pays étrangers entre étrangers doivent, sans doute, examiner si ces jugements respectent les principes du droit des gens et de droit public, les règles d'ordre et de morale reconnues par la législation française, mais qu'ils ne doivent pas reviser ces jugements au fond, et qu'ils ne peuvent à cet égard ni les infirmer, ni les modifier. — Paris, 8 août 1866, J.G.S. *Droits civils*, 238. — V. *Code de procédure civile*, n° 27.

7768. Le juge français doit également refuser de déclarer exécutoire le jugement étranger lorsque ce jugement n'a pas été rendu par le juge compétent, ... ou bien encore lorsque le Français défendeur n'a pas été régulièrement appelé et mis en mesure de se défendre devant le juge étranger. — Rennes, 26 déc. 1879, D.P. 80. 2. 52.

7769. Il en est ainsi, par exemple, lorsque le Français, au lieu d'être assigné en France

par un officier public institué à cet effet, a été assigné par un simple particulier, tel qu'un clerc d'avoué, suivant les règles de la procédure anglaise. — Même arrêt.

7770. En pareil cas, le tribunal français chargé de rendre exécutoire un jugement étranger doit se borner à vérifier si le juge étranger a fait une saine application des règles de la compétence, des principes d'ordre public reçus en France et de la loi qui devait régir sa propre décision ; mais il ne peut pas substituer sa propre décision à celle du jugement étranger qui lui est déféré. — Aix, 9 févr. 1888, D.P. 89. 2. 281.

7771. En conséquence, lorsqu'un jugement étranger qui a statué en matière d'abordage est déféré à un tribunal français pour être déclaré exécutoire en France, ce tribunal doit appliquer, non pas les art. 435 et 436 du Code de commerce français, mais la loi du pays étranger où ledit jugement a été rendu. — Même arrêt.

7772. La jurisprudence se prononce généralement dans le sens de la revision au fond des jugements étrangers, même rendus contre des étrangers. — J.G.S. *Droits civils*, n° 239.

7773. C'est ainsi qu'il a été jugé : 1° que les tribunaux français, appelés à ordonner l'exécution en France d'un jugement émané d'une juridiction étrangère, doivent reviser ce jugement et le soumettre à un nouvel examen, sans qu'il y ait à distinguer entre les jugements rendus contre un Français et les jugements rendus entre étrangers. — Nancy, 11 juill. 1874, J.G.S. *Droits civils*, 239. — Rouen, 20 avr. 1880, et Req. 24 juin 1881, D.P. 81. 1. 337. — V. *Code de procédure civile*, n° 22.

7774. 2° Que les tribunaux étrangers n'ont par eux-mêmes en France ni la force exécutoire, ni l'autorité de la chose jugée ; que la mission attribuée aux tribunaux français de donner, s'il y a lieu, à ces jugements l'autorité et la force qu'ils n'ont pas par eux-mêmes, implique le devoir pour eux de vérifier des décisions tant en la forme qu'au fond ; que cette règle est absolue et ne comporte aucune distinction ni de personnes, ni de matières, puisant son unique raison d'être dans l'extranéité du pouvoir qui a statué. — Pau, 17 janv. 1872, D.P. 75. 2. 193.

7775. 3° Que les juges saisis de la demande d'*exequatur* d'un jugement rendu entre étrangers ont une compétence générale à l'effet de reviser la sentence rendue par la juridiction étrangère, et qu'ils peuvent statuer sur une demande en garantie formée à l'occasion de cette sentence, alors même que le défendeur à l'action en garantie n'aurait pas été mis en cause devant le tribunal étranger, surtout si ce défendeur a conclu au fond sur la demande en garantie devant le tribunal français. — Req. 21 août 1824, D.P. 83. 1. 258.

7776. ... 4° que la règle que les jugements rendus en pays étranger ne sont exécutoires en France qu'après avoir été déclarés tels par un tribunal français est une règle de contrôle, s'applique à celui-ci sur eux un pouvoir de contrôle, quant à la taxe des frais de justice rendus. — Req. 16 juin 1875, D.P. 77. 1. 184. — Comp. Pau, 6 janv. 1868, J.G.S. *Droits civils*, 239. — Rouen, 22 déc. 1874, et Civ. r. 5 mars 1888, D.P. 88. 1. 365.

7777. Une opinion intermédiaire s'est formée, qui repousse la substitution d'une décision nouvelle à la décision du tribunal étranger, mais qui attribue néanmoins au tribunal français la mission d'examiner au fond le jugement étranger, de rechercher si la juridiction étrangère a bien ou mal jugé, et d'accorder purement et simplement l'*exequatur* au premier cas et à le refuser au second. — J.G.S. *Droits civils*, 241. — V. en ce sens concl. de M. l'avocat général Saulnier de la Pinelais, sous Rennes, 26 déc. 1879, D.P. 80. 2. 52.

34

7778. Il a été jugé, conformément à cette opinion : 1° que le tribunal français saisi d'une demande d'*exequatur* d'un jugement étranger né peut, bien qu'il connaisse du fond de la cause, prononcer ou modérer des condamnations ; qu'il doit se borner à déclarer si les condamnations prononcées seront ou non exécutoires en France, et qu'il ne peut statuer sur des conclusions qui n'ont pas été soumises au juge étranger. — Nancy, 6 juill. 1877, D.P. 78. 2. 220.

7779. ... 2° Que la demande d'*exequatur* d'un jugement étranger, portée devant le juge français en vertu des art. 546 C. proc. civ. et 2123 C. civ., implique non seulement l'examen de la compétence du juge étranger, de la forme et de la régularité de la procédure, mais encore l'examen du fond ; que, toutefois, ce dernier examen n'a lieu que d'une manière accessoire, et seulement dans le but et comme moyen de reconnaître si le jugement étranger doit ou non être déclaré exécutoire en France. — Rennes, 26 déc. 1879, D.P. 80. 2. 52.

7780. Par suite, quand un étranger a, devant le juge français de première instance, demandé l'*exequatur* du jugement étranger, et conclu « en conséquence » à la condamnation déjà prononcée par ce jugement étranger, pendant à la condamnation « en tout cas », c'est-à-dire d'une manière principale et distincte de la question d'*exequatur*, abstraction faite du jugement étranger, doit être considérée comme une demande nouvelle, irrecevable aux termes de l'art. 464 C. proc. civ. — Même arrêt.

7781. On ne peut pas ainsi transformer devant la cour en demande principale et directe ce qui, devant les premiers juges, n'était qu'un des moyens invoqués à l'appui d'une autre demande, celle de l'exécution d'un jugement étranger. — Même arrêt.

7782. Le jugement d'*exequatur* qui déduit d'un jugement étranger les conséquences qui sont nécessaires pour qu'il reçoive sa pleine exécution en France n'ajoute aucune condamnation à ce jugement. — Paris, 6 mars 1888, D.P. 90. 2. 4.

7783. Spécialement, lorsqu'une condamnation prononcée par un tribunal étranger entraîne de plein droit, d'après la législation étrangère, des intérêts à un taux déterminé, le tribunal français, chargé de la rendre exécutoire, n'outrepasse pas ses pouvoirs en liquidant le montant de ces intérêts, dont le recouvrement ne pourrait être fait en France sans cette décision. — Même arrêt.

7784. La demande d'*exequatur* d'un arrêt d'une cour d'appel étrangère devient sans objet lorsque cet arrêt a été cassé par la cour de cassation compétente avant qu'il ait été statué sur ladite demande. — Paris, 3 juin 1881, D.P. 82. 2. 66-67, et la note.

7785. La décision de taxe rendue par défaut par un juge anglais sur la citation donnée en France à un Français par un Anglais suivant les formes de la loi anglaise, et devenue définitive, quoique non signifiée, conformément à la législation anglaise, est susceptible de recevoir l'*exequatur* en France. — Paris, 17 févr. 1888, D.P. 90. 2. 5.

7786. L'art. 10 de la loi belge du 25 mars 1876, comprenant le titre 1er du livre préliminaire du nouveau code de procédure civile (lois (les tribunaux de première instance) connaissent enfin des décisions rendues par les juges étrangers en matière civile. S'il existe entre la Belgique et le pays où la décision a été rendue un traité conclu sur la base de la réciprocité, leur examen ne portera que sur les cinq points suivants : 1° si la décision ne contient rien de contraire à l'ordre public, ni aux principes du droit public belge ; 2° si, d'après la loi du pays où la décision a été rendue, elle est passée en force de chose jugée ; 3° si, d'après la même loi, l'expédition qui est pro-

duite, réunit les conditions nécessaires à son authenticité ; 4° si les droits de la défense ont été respectés ; 5° si le tribunal étranger n'est pas uniquement compétent à raison de la nationalité du demandeur » -D.P. 88. 2. 213, note 1.

7787. En conséquence, le juge belge, saisi de la demande d'*exequatur* d'un jugement rendu par les tribunaux d'un pays avec lequel il n'existe pas de traité, est tenu, non seulement de réviser ce jugement au fond, mais encore d'examiner si les cinq conditions que prescrit l'art. 10 de la loi belge du 25 mars 1876 sont remplies. — C. cass. de Belgique, 26 janv. 1888, D.P. 88. 2. 213.

7788. Aux termes du paragraphe 5 de l'art. 10 de la loi précitée, le juge belge doit rechercher si la compétence du tribunal étranger provenait uniquement de la nationalité du demandeur ; mais il n'a pas à vérifier, sous d'autres rapports, si la compétence de ce tribunal, il doit l'accepter telle qu'elle est établie par le jugement étranger. — Même arrêt.

7789. Un jugement étranger réglant l'état et la capacité des personnes s'impose aux tribunaux belges, ne peut être l'objet d'aucune revision et doit être accepté comme l'expression de la chose définitivement jugée. — C. cass. de Belgique, 19 janv. 1882, D.P. 82. 2. 81-82.

7790. Il en est ainsi, notamment, de l'arrêt d'une cour française déclarant sans effet en France la naturalisation obtenue en pays étranger par une femme française non autorisée par son mari, ainsi que le nouveau mariage contracté par elle à la faveur de cette naturalisation du vivant de son mari français. — Même arrêt.

7791. En conséquence, ce second mariage ayant été déclaré nul par une décision qui a force de chose jugée en Belgique, le second mari de cette femme est sans qualité pour intervenir dans une instance introduite en ce pays et relative à la saisie des biens dotaux de celle-ci. — Bruxelles, 5 août 1880, D.P. 82. 2. 81-82.

7792. Par suite encore, les jugements français qui, après une séparation de corps prononcée, ont réglé la garde des enfants issus du mariage, se rattachant au statut personnel des parties, et étant, dès lors, obligatoires en Belgique, ne peuvent faire l'objet d'une demande d'*exequatur*. — Arrêt précéd. 19 janv. 1882.

7793. Mais il en est autrement des condamnations pécuniaires qu'un tribunal étranger prononce pour le cas où les dispositions qu'il a prises pour la garde des enfants ne seraient pas exécutées, et qui établissent une créance en faveur de celui au profit de qui elles sont prononcées ; ces condamnations, n'affectant que le patrimoine des parties, ne touchent point à leur statut personnel, elles sont soumises à l'application des règles générales pour l'exécution en Belgique des décisions judiciaires prononcées à l'étranger. — Même arrêt.

7794. En l'absence d'un traité conclu entre la Belgique et la France sur la base de la réciprocité, la demande d'*exequatur* de décisions rendues par les tribunaux français nécessite leur revision par les tribunaux belges, et ce défaut de revision est sans limites. — Même arrêt.

7795. En matière de séparation de corps, si les condamnations prononcées par les tribunaux français ne sont en cas d'inexécution des décisions relatives à la garde des enfants sont hors de toute proportion avec le dommage personnel éprouvé par l'époux au profit duquel elles ont été rendues, et si, en outre, ces condamnations paraissent aux tribunaux belges avoir été suffisamment exécutées en France, quant à la réparation de ce dommage, ces tribunaux peuvent refuser d'en ordonner l'exécution en Belgique. — Arrêt précéd. 5 août 1880.

7796. — 2° *Jugements en matière commer-*

ciale (C. proc. civ. n°s 48 à 53). — Il y a lieu de déclarer exécutoires en France les jugements régulièrement rendus en conformité d'une loi étrangère qui, dans le but de subvenir aux conséquences d'une crise financière, a autorisé les compagnies de chemins de fer obligées de cesser leurs payements à opérer, dans des conditions déterminées, la conversion de leurs obligations, bien que cette loi ait eu, dans une certaine mesure, un effet rétroactif. — Req. 18 janv. 1876, D.P. 78. 1. 65. — V. *Code de procédure civile*.

7797. La tierce opposition à un jugement par lequel un tribunal français a déclaré exécutoire en France un jugement déclaratif de faillite rendu en pays étranger est non recevable soit de la part du créancier qui, intervenant en France dans une instance en partage où figurait aussi comme intervenant le syndic de la faillite, n'a contesté ni l'état de faillite, ni la qualité du syndic, ni la validité du jugement d'*exequatur*, soit de la part du créancier qui a produit à la faillite en pays étranger et touché une somme à titre de dividende dans la même faillite. — Rennes, 19 févr. 1879, D.P. 79. 2. 65. — V. toutefois *Code de procédure civile*, n° 53.

7798. Le concordat dûment homologué à l'étranger a pleine efficacité en Belgique sans que la formalité d'homologation soit soumis à la formalité de l'*exequatur*. — C. cass. de Belgique, 23 mai 1889, D.P. 91. 2. 295.

7799. — III. EXÉCUTION DES JUGEMENTS ÉTRANGERS RÉGLÉE PAR DES LOIS OU DES TRAITÉS (C. proc. civ. n°s 54 à 88). — Suivant une opinion, les traités concernant l'exécution des jugements ne s'appliquent pas à tous les jugements émanés de juridictions des États étrangers contractants, mais seulement aux jugements rendus entre ressortissants de ces États. — Trib. Seine, 29 févr. 1856, et Paris, 17 nov. 1867, J.G.S. *Droits civils*, 261.

7800. Mais, d'après une interprétation qui paraît préférable, ces dispositions doivent s'appliquer à tous les jugements rendus dans les États contractants, quelle que soit la nationalité des parties : et l'on peut remarquer, à l'appui de cette dernière solution, que les traités pour l'exécution des jugements sont inspirés par la considération des procédés des tribunaux de l'État avec qui l'on contracte, laquelle considération est indépendante de la nationalité des parties. D'ailleurs, lorsque les traités ont en vue l'exécution des jugements rendus entre les nationaux, qu'ils visent les jugements plutôt que les parties qui les obtiennent ; les traités, du reste, ne font aucune distinction, et, dès lors, il est naturel de les appliquer à tous les jugements. — J.G.S. *Droits civils*, 261.

7801. — 1° Suisse (C. proc. civ. n°s 83 à 73). — Il a été décidé par application du traité du 15 juin 1869 avec la Suisse : 1° que le jugement français qui déclare exécutoire un jugement rendu en Suisse peut être attaqué par la voie de la tierce-opposition ; qu'il doit mentionner les conditions des parties, mais que le vice de forme résultant de cette omission ne peut faire prononcer la rétractation du jugement lui-même qu'autant qu'il contiendrait un grief susceptible d'être invoqué par le tiers opposant ; qu'en conséquence, le jugement doit être maintenu lorsque la sentence dont il a autorisé l'exécution en France avait été rendue par un tribunal compétent, entre parties régulièrement citées et représentées, et sur une question n'intéressant aucune règle d'ordre ou de droit public étranger. — Chambéry, 20 janv. 1877, D.P. 78. 2. 213.

7802. — 2° Que l'art. 5 de la convention internationale du 15 juin 1869, portant que les tribunaux suisses seront compétents pour les actions relatives aux successions des citoyens suisses domiciliés et décédés en France, n'est pas applicable à l'action tendant à faire déclarer qu'un citoyen suisse, ayant contracté mariage en France où il était domicilié, se trouvait, à défaut de conventions contraires, marié sous le régime de la communauté légale. — Civ. c. 3 juin 1874, D.P. 75. 1. 30. — Angers, 4 févr. 1875, D.P. 76. 2. 126.

7803. ... 3° Que les actions exercées contre les héritiers ou les créanciers de la succession d'un Français décédé à Genève sont régies, quant à la compétence, non pas par l'art. 5, mais par l'art. 1er du traité franco-suisse du 15 juin 1869 : qu'en conséquence, les créanciers de la succession doivent assigner les héritiers français devant le tribunal de leur domicile. — Trib. fédéral suisse, 5 déc. 1890, D.P. 92. 2. 30. — Comp. Paris, 29 juin 1888, D.P. 89. 2. 277, et la note. — Chambéry, 5 févr. 1889, D.P. 90. 2. 125.

7804. — 2° *Italie* (C. proc. civ. nos 74 à 82). — Le traité du 24 mars 1760 entre la France et la Sardaigne est resté en vigueur. — Aix, 8 déc. 1858, J.G.S. *Droits civils*, 255.

7805. ... Nonobstant la disparition du royaume de Sardaigne et sa transformation en royaume d'Italie. — Paris, 1er déc. 1879, J.G.S. *Jugement*, 406.

7806. Les dispositions des conventions diplomatiques entre la France et l'Italie, du 24 mars 1760 et des 1er et 11 sept. 1860, qui portent que, pour l'*exequatur* des jugements respectivement rendus dans les deux pays, les cours souveraines déféreront de part et d'autre aux réquisitions à elles adressées dans les formes de droit, ont eu pour but de rendre plus facile l'exécution des jugements entre Français et Italiens, et de donner le moyen d'éviter la revision, dans l'un des deux pays, des jugements rendus dans l'autre. — Civ. r. 5 mars 1883, D.P. 1. 365.

7807. En conséquence, ces traités n'ont pas pour effet de contraindre les parties à user des formes qu'ils autorisent, et de leur enlever le droit de se présenter, si bon leur semble, devant les tribunaux de l'un des deux pays, pour y demander l'exécution des jugements rendus dans l'autre, en se soumettant au droit commun qui implique la revision desdits jugements au fond. — Même arrêt.

7808. Spécialement, le demandeur italien, qui, devant un juge de sa nationalité, a obtenu un jugement contre un défendeur français, est autorisé, en dehors des formes tracées par les conventions diplomatiques précitées, à introduire, en suivant le droit commun, au premier degré de juridiction, une procédure d'*exequatur* devant un tribunal de première instance français, sous la condition que ce tribunal pourra reviser au fond la décision rendue à l'étranger. — Même arrêt.

7809. Aux termes du traité du 24 mars 1760 conclu entre la France et la Sardaigne et complété par la déclaration du 11 sept. 1860, la cour d'appel française, saisie d'une demande d'*exequatur* d'un jugement rendu par un tribunal italien, n'a pas le droit de reviser ce jugement au fond : elle doit se borner à examiner si le jugement a été rendu par une juridiction compétente, les parties ayant été dûment appelées, et si son exécution n'est pas contraire à l'ordre public français. — Paris, 3 juin 1881, D.P. 82. 2. 66-67. — Lyon, 28 févr. 1882, D.P. 82. 2. 228. — Bordeaux, 8 août 1887, D.P. 88. 2. 301, et les observations de M. Connudy sous l'arrêt. — Montpellier, 21 mars 1891, D.P. 92. 2. 29. — V. *Code de procédure civile*, nos 75 et 79.

7810. Spécialement, elle n'a pas à rechercher si la cour de cassation italienne, dont la décision fait l'objet de la demande d'*exequatur*, aurait admis un moyen de chose jugée non proposé aux juges du fond, ou serait livrée à une appréciation de fait, ou aurait méconnu un contrat judiciaire intervenu entre les parties. — Arrêt préc. 3 juin 1881.

7811. En conséquence, l'*exequatur* qui avait été accordé à un arrêt d'une cour d'appel italienne, cassé depuis par arrêt

d'une cour de cassation italienne, ne fait point obstacle à ce que ce dernier arrêt obtienne, à son tour, l'*exequatur*. — Même arrêt.

7812. Il a été jugé encore qu'un arrêt d'une cour de cassation italienne peut être, en France, l'objet d'une demande d'*exequatur*, bien qu'il ne prononce aucune condamnation, si les demandeurs ont intérêt à le faire déclarer exécutoire en France. — Même arrêt.

7813. En effet, l'autorité des magistrats, comme celle du souverain dont elle émane, ne s'étend pas au delà de leur territoire, et l'arrêt d'une cour étrangère ne peut être considéré comme existant en France et y produire aucun effet, tant que son exécution n'y a pas été autorisée. — Même arrêt.

7814. La partie qui demande l'exécution en France d'un jugement rendu par une cour d'appel italienne n'est pas obligée de faire notifier à son adversaire les actes de procédure qui ont abouti au jugement non plus que les lettres rogatoires émanées de ladite cour; il suffit qu'elle soumette ces lettres à la cour d'appel française à laquelle l'*exequatur* est demandé. — Arrêt préc. 24 mars 1891.

7815. Le tribunal italien devant lequel un Français domicilié en France a été assigné contrairement à la règle *actor sequitur forum rei* doit être considéré comme incompétent, alors même qu'il serait compétent d'après la législation italienne; et, par suite, le jugement qu'il a rendu dans ces conditions ne saurait être déclaré exécutoire en France. — Même arrêt.

7816. La juridiction française saisie d'une demande d'*exequatur* n'ayant pas mission de reviser le jugement qu'il s'agit de rendre exécutoire en France, la demande en intervention formée par des personnes qui n'ont pas été parties à ce jugement n'est pas recevable. — Arrêt préc. 8 août 1887.

7817. Les lettres rogatoires tendant à obtenir l'exécution en France d'un arrêt d'une cour de cassation italienne doivent émaner de cette cour elle-même. — Paris, 3 juin 1881, D.P. 82. 2. 66-67. — V. *Code de procédure civile*, n° 82.

7818. — 3° *Grand-duché de Bade* (C. proc. civ. n° 83).

7819. — 4° *Alsace-Lorraine* (C. proc. civ. nos 84 à 88). — La disposition de la convention franco-badoise du 16 avr. 1846 étendue à l'Alsace-Lorraine par la convention du 11 déc. 1871, d'après laquelle la partie qui a obtenu un jugement dans l'un des deux États ne peut en poursuivre l'exécution dans l'autre État qu'à la condition d'établir que ce jugement a obtenu force de chose jugée, est applicable aux jugements rendus par défaut faute de comparaître. — Trib. Gray, 11 juin 1878, D.P. 79. 3. 48.

7820. En conséquence, un tel jugement en Alsace-Lorraine, où l'art 158 C. proc. civ. est encore en vigueur, ne pouvant acquérir force de chose jugée que par l'expiration, puisque jusque-là l'opposition est recevable, ne peut être déclaré exécutoire par les tribunaux français, conformément aux conventions précitées, tant qu'il n'est pas justifié de cette exécution. — Même jugement.

7821. Et il en est ainsi, alors même que le Français condamné par défaut n'aurait dans le pays où le jugement a été rendu ni domicile ni résidence où il y possèderait aucun bien, et qu'ainsi l'exécution en pays étranger serait impossible. — Même jugement.

7822. Aux termes de la convention franco-badoise du 16 avr. 1846 (art. 1, 2 et 3), étendue à l'Alsace-Lorraine par l'art. 18 de la convention du 11 déc. 1871 additionnelle au traité de Francfort, entre l'Allemagne et la France, les jugements ou arrêts rendus en matière civile ou commerciale par les tribunaux compétents de l'un des deux États sont exécutoires dans l'autre, et l'exécution en est ordonnée par un tribunal du même

ordre que celui qui a rendu la décision. — Besançon, 29 nov. 1889, D.P. 91. 2. 145, et les Observ. de M. de Boeck sous cet arrêt. — Comp. Nancy, 3 août 1877, J.G.S. *Jugement*, 406.

7823. Le défendeur qui, assigné en matière personnelle ou mobilière devant un tribunal alsacien-lorrain qui n'est pas celui de son domicile ou de sa résidence, a tacitement renoncé à l'exception d'incompétence en concluant au fond, ne peut soulever pour la première fois devant le juge français cette exception qui ne touche pas à l'ordre public et est établie dans son intérêt exclusif. — Arrêt préc. 29 nov. 1889.

7824. — IV. EXÉCUTION DES JUGEMENTS RENDUS PENDANT L'OCCUPATION TEMPORAIRE D'UN PAYS (C. proc. civ. nos 89 à 93). — Les jugements rendus pendant l'occupation ennemie sont exécutoires sans qu'il soit besoin de *pareatis*. — J.G.S. *Droits civils*, 263. — V. *Code de procédure civile*, n° 89.

7825. Peu importe que les juges aient été maintenus par l'ennemi; d'une part, l'occupation militaire ne soustrait pas un pays à son souverain légitime; d'autre part, il est nécessaire que le cours de la justice ne soit pas interrompu et que ses décisions ne soient pas aueanties. — J.G.S. *Droits civils*, 263.

7826 D'après un auteur, au contraire, les jugements rendus, en pareil cas, même en France, par une juridiction étrangère, ne peuvent, par eux-mêmes, comme s'ils avaient été rendus à l'étranger, passer à l'égard des tribunaux français en force de chose jugée. — J.G.S. *Droits civils*, 263.

7827. Ils contiennent une violation d'autant plus flagrante du principe de la souveraineté nationale que la juridiction de laquelle ils émanent se rattache, par le principe de son institution en France, non à un état de guerre et à une situation violente qui ne peuvent fonder aucune espèce de droit. — J.G.S. *Droits civils*, 263.

7828. — V. EXÉCUTION DES JUGEMENTS RENDUS DANS LES TERRITOIRES ENLEVÉS OU ANNEXÉS A LA FRANCE (C. proc. civ. nos 94 à 115). — 1° *Séparation de territoire* (C. proc. civ. n° 94 à 102). — Les jugements rendus dans un territoire séparé de la France, alors qu'il était français, conservent en France l'autorité de la chose jugée et peuvent être exécutés, malgré la séparation, sans qu'il soit besoin de recourir aux formalités des art. 2123 C. civ. et 546 C. proc. civ., du moins lorsque ces jugements avaient acquis l'autorité de la chose jugée avant la séparation. — J.G.S. *Droits civils*, 262.

7829. — 2° *Réunion de territoire* (C. proc. civ. nos 103 à 115).

7830. — VI. TRIBUNAL COMPÉTENT POUR ACCORDER L'EXEQUATUR (C. proc. civ. n° 116 à 120). — D'après un arrêt, l'exécution en France des arrêts d'une cour souveraine étrangère. — Nancy, 6 juill. 1877, D.P. 78. 2. 220.

7831. Mais l'arrêt d'une cour d'appel française qui ordonne l'exécution d'une sentence étrangère ayant passé en force de chose jugée est nécessairement conditionnel et subordonné aux résultats éventuels des recours présents ou futurs auxquels cette sentence est soumise. — Paris, 3 juin 1881, D.P. 82. 2. 66-67.

7832. La demande d'*exequatur* pour un arrêt d'une cour de cassation italienne ne saurait être adressée à la cour de cassation de France, mais doit être portée de plano devant une cour d'appel. — Paris, 3 juin 1881, D.P. 82. 2. 66-67.

7833. Et une semblable demande est recevable, bien que l'arrêt de la cour de cassation italienne auquel elle s'applique ne prononce aucune condamnation, si le demandeur a intérêt à obtenir que cet arrêt soit exécutoire en France. — Même arrêt.

7834. On décide généralement qu'en l'absence de conventions diplomatiques, la demande d'*exequatur* constitue une demande principale ordinaire soumise, dès lors, à la règle générale des deux degrés de juridiction ; en conséquence, elle est non recevable si elle est portée directement devant la cour d'appel, quelle que soit la juridiction étrangère de laquelle émane la décision qu'on veut faire rendre exécutoire. — Nancy, 2 févr. 1889, D.P. 89. 2. 239. — V. conf. J.G.S. *Droits civils*, 266, et note sous l'arrêt préc. 6 juill. 1877.

7835. La demande en *exequatur* d'un jugement rendu par un tribunal étranger est une demande ayant pour objet une difficulté d'exécution de ce jugement, et, à ce titre, elle est de la compétence des tribunaux civils de première instance, alors même que ledit jugement a été rendu en matière commerciale et par un tribunal de commerce étranger. — Rouen, 22 déc. 1885, D.P. 88. 1. 365. — Aix, 9 févr. 1888, D.P. 89. 2. 281, et les observ. en sens contraire sous ce dernier arrêt. — Civ. r. 5 mars 1888, D.P. 88. 1. 365. — Conf. J.G.S. *Jugement*, 271. — V. *Code de procédure civile*, n° 117.

7836. Il en serait ainsi même dans le cas où la demande à fin d'*exequatur* se produirait devant le tribunal de commerce en réponse à une demande commerciale dont ce tribunal serait compétemment saisi, si d'ailleurs ladite demande n'avait d'exception que la forme et si elle avait pu être présentée comme demande principale. — Même arrêt.

7837. A cet égard, l'incompétence des tribunaux de commerce français est absolue, et, comme telle, elle doit être déclarée d'office, alors même qu'elle ne serait pas proposée par les parties. — Même arrêt.

7838. — VII. PROCÉDURE DE LA DEMANDE D'EXEQUATUR (C. proc. civ. nᵒˢ 124 à 128). — L'*exequatur* doit être demandé par voie d'action principale. — Bordeaux, 2 juill. 1890, D.P. 91. 2. 105.

7839. Quoique, en règle générale, la demande d'*exequatur* doive être introduite par voie d'ajournement, la voie de la requête serait cependant suffisante s'il s'agissait d'une matière de nature à être jugée sur simple requête d'après la loi française, tout au moins si le jugement étranger avait été rendu sur requête. — Colmar, 10 févr. 1864, J.G.S. *Droits civils*, 268.

7840. Certains auteurs considèrent même cette voie comme toujours suffisante, au moins lorsque le tribunal français ne doit pas reviser au fond la sentence étrangère. — J.G.S. *Droits civils*, 268. — V. en sens contraire Observ. de M. Levillain sous Bordeaux, 2 juill. 1890, D.P. 91. 2. 105, note 1.

7841. Mais le jugement rendu sur requête serait susceptible d'opposition s'il avait été statué par défaut. — Aix, 25 nov. 1858, J.G.S. *Droits civils*, 268. — V. *Code de procédure civile*, n° 128.

7842. Il doit être prononcé sur les demandes d'*exequatur* en audience publique. — J.G.S. *Droits civils*, 269. — V. *Code de procédure civile*, n° 126.

7843. Toutefois, suivant une opinion, il y a lieu de distinguer selon que la décision dont l'*exequatur* est demandé appartient à la juridiction contentieuse ou à la juridiction gracieuse ; dans le premier cas, l'audience doit être publique ; dans le second, la chambre du conseil est compétente. — J.G.S. *Droits civils*, 269.

7844. Lorsque les jugements rendus par les tribunaux français sont soumis à des formalités de publicité, l'*exequatur* accordé aux jugements étrangers doit être accompagné de ces mêmes formalités, à défaut desquelles les tiers ne pourraient être présumés en avoir eu suffisante connaissance. — J.G.S. *Droits civils*, 273.

7845. Il importe peu que le tribunal étranger, qui a prononcé en matière maritime entre un de ses nationaux et un

Français sur le règlement d'une avarie et le bénéfice d'une assurance, ait été ou non compétent, du moment où, dans la procédure d'*exequatur* suivie en France, selon les termes du droit commun, par l'étranger bénéficiaire du jugement, d'une part, ledit étranger a conclu, devant la cour d'appel du domicile du défendeur français, à ce que le fond fût évoqué avec faculté de revision, et, d'autre part, ladite cour a déféré à ses conclusions, évoqué le fond, et de plus modifié en un point la décision étrangère. — Civ. r. 5 mars 1888, D.P. 88. 1. 365.

7846. Dans ces circonstances, l'exception d'incompétence proposée contre le jugement du tribunal étranger étant devenue sans objet, la cour d'appel, en s'abstenant de l'accueillir, n'est pas obligée de motiver spécialement son arrêt sur ce point. — Même arrêt.

§ 2. — *Exécution des actes étrangers* (C. proc. civ. nᵒˢ 129 à 140).

7847. Si les actes légalement passés à l'étranger ne sont pas de plein droit exécutoires en France, ils ne peuvent l'y devenir qu'à condition d'avoir été déclarés exécutoires par un tribunal français. — Grenoble, 11 mai 1881, D.P. 83. 2. 65. — V. *Code de procédure civile*, n° 129.

7848. Décidé également qu'aux termes de l'art. 546 C. proc. civ., les contrats passés en pays étranger ne sont, aussi bien que les jugements, susceptibles d'exécution en France qu'après accomplissement des formalités prévues pour leur revision par les dispositions du Code civil, à moins qu'un traité diplomatique n'ait dérogé à ces dernières. — Bordeaux, 2 juill. 1890, D.P. 91. 2. 105, et les Observ. de M. Levillain sous cet arrêt.

7849. En produisant à une distribution par contribution ouverte devant un tribunal français pour la répartition du prix d'un navire étranger saisi et vendu en France, un créancier ne se borne pas à faire un acte conservatoire, il valide ipso facto le titre constitutif de sa créance et, dès lors, il doit le faire déclarer préalablement exécutoire en France. — Même arrêt.

7850. Spécialement, le créancier auquel une hypothèque a été conférée sur un navire étranger, par acte sous seing privé passé à l'étranger, ne peut produire utilement à la contribution et n'a, par suite, qualité pour contredire à la collocation d'un autre créancier comme créancier privilégié, que si son titre a été rendu exécutoire conformément à l'art. 546 précité. — Même arrêt.

7851. Toutefois on a critiqué les solutions par le motif que, si l'art. 546 C. proc. civ. renvoie, en ce qui concerne l'exécution des jugements et actes étrangers, aux art. 2123 et 2128 C. civ., l'art. 2123 ne vise que les jugements, et l'art. 2128 ne se prête à l'exécution des actes qu'autant qu'il existerait des lois politiques ou des traités à ce sujet. — J.G.S. *Droits civils*, 273.

7852. Les partisans de cette opinion en concluent que l'acte publié reçu à l'étranger pourra servir de titre si une demande devant les tribunaux français et devenir l'occasion d'une condamnation, comme pourrait le faire un acte sous seing privé ; mais que ce qui pourra être mis à exécution ne sera pas l'acte extérieur, mais bien le jugement français obtenu à l'aide et sur le fondement de cet acte. — J.G.S. *Droits civils*, 273.

7853. L'exécution en France de l'ordonnance d'un juge étranger accordant l'envoi en possession d'un legs universel est une décision qui ne relève pas de l'*exequatur* du juge français ; c'est au président du tribunal civil, et non à la chambre du conseil, qu'il appartient de statuer sur cette demande d'*exequatur*. — Paris, 2 févr. 1869, D.P. 74. 5. 305-306.

7854. On considère les actes de juridiction volontaire, en général, comme rentrant sous

l'application des lois qui déterminent la forme extérieure des actes, et comme ayant en France force probante et y produisant leurs effets, sauf l'hypothèque et la force d'exécution, sans qu'il soit besoin de les faire déclarer exécutoires par les tribunaux français. — J.G.S. *Droits civils*, 275.

7855. Décidé en ce sens que, si les actes de juridiction volontaire ou gracieuse, aussi bien que ceux de juridiction contentieuse tirent leur origine uniquement du pouvoir souverain de l'État, par l'effet de la nomination faite par ce pouvoir des magistrats chargés d'exercer cette juridiction, il s'est toutefois formé entre les nations un usage général d'admettre l'autorité des actes de juridiction volontaire ; que, par suite, le tuteur étranger investi dans son pays de l'administration des biens d'un mineur, lui-même étranger, a qualité pour agir en France, même contre les Français, sans être tenu de faire préalablement déclarer exécutoire la délibération du conseil de famille qui lui a conféré ses fonctions. — Nancy, 25 avr. 1885, D.P. 86. 2. 131. — V. dans le même sens : Pau, 6 janv. 1868, J.G.S. *Droits civils*, 239.

7856. Le traité du 15 juin 1869 entre la France et la Suisse ne contient aucune disposition relative à l'exécution des actes étrangers. — J.G.S. *Droits civils*, 280.

§ 3. — *Force probante des jugements et actes étrangers* (C. proc. civ. nᵒˢ 141 à 156).

7857. L'état et la capacité des personnes étant régis par la loi de leur nationalité, les jugements rendus à l'étranger entre étrangers qui tranchent des questions de cette nature peuvent être invoqués en France, sans qu'il y ait lieu de demander une décision d'*exequatur*, lorsqu'il ne s'agit que de leur application ou de leur exécution volontaire. — Paris, 28 févr. 1881, D.P. 88. 2. 263, note 3. — Trib. de la Seine, 26 déc. 1882, *ibid*. — Trib. Seine, 3 déc. 1884, *ibid*. — Trib. Seine, 27 janv. 1888, *ibid*. — Trib. Seine, 4 déc. 1886, *ibid*. — Trib. d'Annecy, 7 mai 1884, *ibid*. — Paris, 21 mai 1883, *ibid*. — Paris, 23 févr. 1888, D.P. 88. 2. 263.

7858. Ce qui revient à dire que les jugements concernant l'état et la capacité suivent les mêmes règles que les autres, mais que, plus souvent que les autres, ils pourront être invoqués comme faisant foi de certains faits et produisant certains effets sans qu'il s'agisse d'en poursuivre l'exécution forcée. — J.G.S. *Droits civils*, 246.

7859. Spécialement, le jugement étranger qui a prononcé la séparation de biens entre deux époux étrangers, au profit et dans l'intérêt de la femme, peut être exécuté volontairement en France par le mari ; par suite, celui-ci peut légalement céder à sa femme des objets mobiliers dont il a, en France, la libre disposition, pour la remplir de ses droits régulièrement constatés, et cette cession ne peut pas être attaquée par les créanciers du mari, si elle a eu lieu sans fraude. — Arrêt préc. 23 févr. 1888. — Trib. de Bruxelles, 10 janv. 1880, D.P. 88. 2. 263, note 3. — Trib. de Genève, 23 janv. 1886, *ibid*.

7860. D'après le système qui a prévalu dans la jurisprudence, les jugements déclaratifs de faillite qui rendent les actes étrangers ne sont soumis à la nécessité de l'*exequatur* qu'autant qu'il s'agit de procéder à des actes d'exécution forcée sur le territoire français : à tous autres points de vue, et notamment lorsqu'il s'agit pour les syndics d'exercer certains droits appartenant au failli, lesdits jugements n'ont pas besoin d'être revêtus de la formule exécutoire ; la seule preuve que ceux-mêmes de la qualité de syndics, à moins cependant que le fait de la déclaration de la faillite ou de la nomination des syndics eux-mêmes ne soit contesté. — Bordeaux, 2 juin 1874, D.P. 75. 2. 109. — Trib. civ. de la Seine,

19 janv. 1876, D.P. 88. 2. 289, note 1. — Paris, 7 mars 1878, *ibid.* — Paris, 28 févr. 1881, *ibid.* — Trib. com. de Coutras, 21 mars 1882, *ibid.* — Toulouse, 17 avr. 1883, *ibid.* — Paris, 16 juin 1887, *ibid.* — Paris, 18 févr. 1888, *ibid.*

7861. Ainsi le syndic nommé par un jugement déclaratif de faillite rendu par un tribunal étranger peut poursuivre devant les tribunaux français le recouvrement des créances dues à la faillite, alors même que le jugement étranger qui l'a nommé n'a pas été déclaré exécutoire en France. — Nancy, 12 juill. 1887, D.P. 88. 2. 289. — *Contrà* : Chambéry, 18 mars 1885, D.P. 88. 2. 289, note 1. — V. *Code de procédure civile*, n° 154.

7862. ... Alors, du moins, qu'il n'y a contestation ni sur le fait de la déclaration de faillite, ni sur le fait de la nomination du syndic. — Bordeaux, 23 déc. 1847, J.G.S. *Droits civils*, 276. — V. *Code de procédure civile*, n° 155.

7863. Décidé également que le syndic nommé par jugement étranger peut faire, comme mandataire, les actes conservatoires et, par exemple, faire opposition au jugement rendu par défaut contre le failli. — Colmar, 10 févr. 1864, J.G.S. *Droits civils*, 276.

7864. Il a été décidé toutefois que l'*exequatur* préalable est nécessaire pour autoriser le syndic à agir et à représenter les intérêts de la masse en France. — Trib. Seine, 30 juill. 1872, et sur appel, Paris, 31 janv. 1873, J.G.S. *Droits civils*, 276.

7865. ... Qu'avant l'*exequatur* d'un jugement déclaratif de faillite, le syndic étranger ne peut exercer en France aucun des pouvoirs qui lui sont conférés par ce jugement ; que la généralité de ces expressions de l'art. 546 C. proc. civ. « ne sont susceptibles d'aucune exécution » n'admet pas d'exception et qu'elles s'appliquent aux actes conservatoires comme aux autres, puisqu'elle procèdent tous du jugement étranger. — Mêmes jugement et arrêt.

7866. Mais on peut répondre que, faire un acte conservatoire en se fondant sur une qualité ou sur des faits constatés par un jugement étranger, ce n'est pas, à proprement parler, exécuter ce jugement, mais l'invoquer simplement comme un titre ; or il n'y a aucune raison de décider qu'un jugement étranger dépourvu de l'*exequatur* ne constitue pas un titre, alors qu'un acte sous seing privé passé à l'étranger peut en constituer un. — J.G.S. *Droits civils*, 276.

7867. Ce n'est pas non plus attribuer au jugement étranger l'autorité de la chose jugée, c'est seulement accorder foi provisoirement aux énonciations du jugement ; et cette solution peut être acceptée soit qu'on tienne le jugement déclaratif de faillite pour un acte de juridiction gracieuse, soit qu'on le considère comme un acte de juridiction contentieuse. — J.G.S. *Droits civils*, 276.

7868. Il a été décidé : 1° que le jugement déclaratif de faillite rendu par un tribunal étranger ne peut être opposé aux créanciers français, lorsqu'il n'a pas été rendu exécutoire en France ; notamment qu'on ne peut s'en prévaloir pour soustraire aux poursuites individuelles de ses créanciers. — Colmar, 10 févr. 1864, J.G.S. *Droits civils*, 276. — Bordeaux, 2 juin 1874, D.P. 75. 2. 209. — Aix, 30 nov. 1880, D.P. 88. 2. 289, note 1. — Trib. com. 29 juin 1881, D.P. 83. 3. 40. — Civ. 17 juill. 1882, D.P 83. 1. 65.

7869. ... Alors surtout que c'est un débiteur français qui oppose à des créanciers français, pour échapper à leur action, un jugement rendu en pays étranger sur sa demande, déclarant sa faillite et lui accordant le bénéfice de cession de biens. Et il importe peu que le jugement étranger ne soit invoqué que par voie d'exception, puisque celui-ci en réclame ainsi l'exécution en France. — Arrêt préc. 2 juin 1874.

7870. ... 2° Qu'un étranger peut assigner en déclaration de faillite devant les tribunaux de France un Français établi à l'étranger,

même pour des obligations contractées en pays étranger ; et que la mise en faillite de ce Français à l'étranger par une décision non rendue exécutoire en France ne fait pas obstacle à ce qu'il soit de nouveau déclaré en faillite par les tribunaux français, s'il possède une succursale ou un dépôt de marchandises en France. — Bordeaux, 25 mars 1885, D.P. 88. 2. 290.

7871. ... Ou s'il a exercé le commerce en France. — Paris, 10 nov. 1886, D.P. 88. 2. 290.

7872. ...3° Qu'un négociant exerçant le commerce en France ne peut invoquer un jugement étranger le déclarant en état de faillite pour se soustraire aux poursuites individuelles de ses créanciers lorsque ce jugement n'a pas été rendu exécutoire en France. — *Jugement* préc. 29 juin 1881.

7873. On a soutenu que les modifications dans la capacité du failli, qui résultent du jugement déclaratif étranger, ont leur effet en France en ce qui touche le statut personnel, mais qu'elles ne doivent être d'aucune considération en ce qui a trait au statut réel. — J.G.S. *Droits civils*, 278.

7874. En se fondant sur cette distinction, on refuse au failli déclaré tel par jugement étranger l'entrée de la Bourse et l'escompte de la Banque de France, mais on lui reconnaît le droit de faire en France certains actes, tels que des aliénations et des payements, qui ne lui sont défendus que relativement à ses biens et vis-à-vis de la masse de la faillite. — J.G.S. *Droits civils*, 278.

7875. Quelques auteurs maintenant, en outre, que la faillite appartenant aux lois sous certains aspects au statut réel, il ne suffirait pas du jugement déclaratif rendu à l'étranger pour soumettre les biens situés en France et les actes faits et consommés en France au régime de la faillite. — J.G.S. *Droits civils*, 278. — *Contrà* : Colmar, 10 févr. 1864, J.G.S. *Droits civils*, 276.

7876. D'après plusieurs auteurs, si le failli avait deux établissements, l'un en France, l'autre en pays étranger, les syndics étrangers ne pourraient en aucune manière s'ingérer dans la maison française. — J.G.S. *Droits civils*, 279.

7877. Et l'on a soutenu qu'il en serait ainsi, dans le cas même où le jugement étranger serait rendu exécutoire en France. — J.G.S. *Droits civils*, 279.

7878. Il a été jugé, par application de la convention franco-suisse du 15 juin 1869, que le commerçant dont la faillite a été déclarée par un tribunal suisse ne peut plus être postérieurement, à raison des mêmes faits, déclaré de nouveau en faillite par un tribunal français, bien que le jugement rendu à l'étranger n'ait pas encore reçu force exécutoire en France et que la faillite ait été close en Suisse pour insuffisance d'actif, si l'existence n'en est pas contestée. — Civ. 17 juill. 1882, D.P. 83. 1. 65. — *Contrà* : Paris, 8 juill. 1880, *ibid.*

7879. Mais les syndics pourraient, même avant l'*exequatur*, faire tous les actes conservatoires. — J.G.S. *Droits civils*, 280.

7880. L'art. 6 du traité franco-suisse du 15 juin 1869 subordonne à l'*exequatur* préalable du jugement déclaratif le droit pour les syndics de réclamer l'application de la faillite déclarée en Suisse aux biens meubles et immeubles possédés par le failli en France. — Comp. Chambéry, 18 mars 1885, J.G.S. *Droits civils*, 280.

7881. Le créancier qui a produit à la faillite de son débiteur français déclarée à l'étranger, sur la demande du débiteur lui-même, ne peut être considéré comme ayant ainsi renoncé à actionner son débiteur devant les tribunaux français et, par conséquent, à contester devant ceux-ci l'effet du jugement étranger déclaratif de faillite jusqu'à ce qu'il ait été déclaré exécutoire en France. — Bordeaux, 2 juin 1874, D.P. 75. 2. 209.

Art. 547. Les jugements rendus et les actes passés en France seront exécutoires dans tout l'Empire sans *visa* ni *pareatis*, encore que l'exécution ait lieu hors du ressort du tribunal par lequel les jugements ont été passés.

7882. — I. FORCE EXÉCUTOIRE DES ACTES AUTHENTIQUES (C. proc. civ. n° 1).

7883. — II. EXÉCUTION DES JUGEMENTS FRANÇAIS EN PAYS ÉTRANGER (C. proc. civ. n°s 2 à 12). — La formalité des lettres rogatoires, dans les relations judiciaires entre la France et l'Italie, a été maintenue par la pratique des deux pays. — Aix, 13 mai 1874, D.P. 75. 2. 57.

7884. Sur l'exécution des jugements des tribunaux français : en Suisse, V. *supra*, art. 546, n°s 7801 et s.

7885. ... En Alsace-Lorraine, V. *supra*, art. 546, n°s 7819 et s.

Art. 548. Les jugements qui prononceront une mainlevée, une radiation d'inscription hypothécaire, un payement, ou quelque autre chose à faire par un tiers ou à sa charge, ne seront exécutoires par les tiers ou contre eux, même après les délais de l'opposition ou de l'appel, que sur le certificat de l'avoué de la partie poursuivante, contenant la date de la signification du jugement faite au domicile de la partie condamnée, et de l'attestation du greffier constatant qu'il n'existe contre le jugement ni opposition ni appel.

7886. — I. À QUELLES DÉCISIONS S'APPLIQUE L'ART. 548 (C. proc. civ. n°s 1 à 24).

7887. — II. QUELLES PERSONNES DOIVENT ÊTRE RÉPUTÉES TIERS DANS LE SENS DE L'ART. 548 (C. proc. civ. n°s 25 à 28). — La Compagnie des Magasins généraux, dépositaire de marchandises warrantées appartenant à un négociant tombé en faillite, qui, sur son refus de livrer ces marchandises au porteur du warrant sans l'autorisation du syndic a été appelée comme partie défenderesse à une instance en référé, sur laquelle est intervenue une ordonnance prescrivant la remise des marchandises sans le concours du syndic, ne peut être considérée comme un tiers dans le sens de l'art. 548 C. proc. civ. — Req. 24 janv. 1879, D.P. 79. 1. 376.

7888. Par suite, elle ne peut, sans engager sa responsabilité, retarder la livraison des marchandises jusqu'à la production d'un certificat de non-opposition ni appel. — Même arrêt.

7889. — III. CONDITIONS DE L'EXÉCUTION D'UN JUGEMENT À L'ÉGARD DES TIERS (C. proc. civ. n°s 29 à 36).

Art. 549. A cet effet, l'avoué de l'appelant fera mention de l'appel dans la forme et sur le registre prescrits par l'art 183.

Art. 550. Sur le certificat qu'il n'existe aucune opposition ni appel sur ce registre, les séquestres, conservateurs, et tous autres, seront tenus de satisfaire au jugement.

7890. Il résulte de la combinaison des art. 163 et 550 C. proc. civ. qu'aucun jugement ne peut être exécuté à l'égard d'un tiers (séquestre, conservateur ou autre) que s'il n'existe sur le registre aucune mention d'opposition ou d'appel. A cet effet, l'avoué de la partie poursuivante dresse un certificat contenant la date de la signification du jugement, et le greffier certifie, de son côté, qu'il n'existe sur le registre ni opposition ni appel. — J.G.S. *Jugement*, 465.

Art. 551. Il ne sera procédé à aucune saisie mobilière ou immobilière qu'en vertu d'un titre exécutoire, et pour choses liquides et certaines : si la dette exigible n'est pas d'une somme en argent, il sera sursis, après la saisie, à toutes poursuites ultérieures, jusqu'à ce que l'appréciation en ait été faite.

7891. On doit considérer comme certaine et liquide, et comme pouvant, en conséquence, servir de fondement à une saisie immobilière, la dette résultant d'une ouverture de crédit et d'un compte courant, encore bien que ce compte n'ait pas été accepté par le débiteur et soit en partie contesté par le syndic de celui-ci, si la dette est, dès à présent, constatée pour une somme justifiant suffisamment la saisie. — Poitiers, 28 janv. 1878, D.P. 78. 2. 145.

7892. Un commandement est entaché de nullité, lorsque le débiteur a déjà exécuté les condamnations prononcées contre lui au moment où ledit commandement lui était signifié, par exemple, en consignant à la caisse des dépôts et consignations le montant de ces condamnations; et il n'est pas nécessaire, pour que cette consignation libère le débiteur, qu'il ait fait préalablement notifier au saisissant les récépissés du préposé à la caisse des dépôts et consignations. — Rennes, 12 janv. 1891, D.P. 92. 2. 20.

7893. Sur la formule exécutoire, V. *supra*, art. 545, nᵒˢ 7737 et s,

Art. 552. La contrainte par corps, pour objet susceptible de liquidation, ne pourra être exécutée qu'après que la liquidation aura été faite en argent.

7894. Pour le texte et le commentaire de la loi du 22 juill. 1867, qui a aboli la contrainte par corps, V. *Code pénal annoté*, p. 74 et s., et son *Supplément*.

Art. 553. Les contestations élevées sur l'exécution des jugements des tribunaux de commerce seront portées au tribunal de première instance du lieu où l'exécution se poursuivra.

7895. — I. TRIBUNAL COMPÉTENT POUR STATUER SUR L'EXÉCUTION DES JUGEMENTS DES TRIBUNAUX D'EXCEPTION (C. proc. civ. nᵒˢ 1 à 3).

7896. — II. POUVOIRS DES TRIBUNAUX CIVILS EN CE QUI CONCERNE L'EXÉCUTION DES DÉCISIONS COMMERCIALES (C. proc. civ. nᵒˢ 4 à 20). — Les art. 442 et 553 C. proc. civ., en interdisant aux tribunaux de commerce de connaître des contestations élevées sur l'exécution de leurs jugements, n'ont entendu parler que des difficultés qui pourront s'élever sur l'exécution considérée en elle-même ; la loi a voulu seulement défendre à ces tribunaux de connaître des actes de poursuite exercés en vertu de leurs jugements. — Paris, 18 janv. 1889, J.G.S. *Jugement*, 478. — Paris, 18 avr. 1889, et, sur pourvoi, Req. 12 févr. 1890, D.P. 91. 1. 23. — V. *supra*, art. 442, nᵒˢ 4983 et s.

7897. Ainsi lesdits tribunaux étant compétents pour connaître de l'opposition à leurs jugements, le sont aussi pour connaître des contestations que cette opposition peut soulever, et notamment pour décider si un jugement frappé d'opposition est tombé en péremption faute d'exécution dans les six mois. — Arrêts préc. 18 avr. 1889 et 12 févr. 1890.

7898. Ils sont de même compétents pour statuer sur la demande tendant à faire fixer une *astreinte* en cas de refus d'obéir à un premier jugement, une telle demande ne constituant pas un incident d'exécution, mais une demande nouvelle.— Arrêt préc. 18 janv. 1889.

7899. Enfin, ils le sont encore, lorsqu'ils se bornent à interpréter une décision par eux précédemment rendue, sans régler aucune difficulté d'exécution. — Civ. r. 15 nov. 1887, D.P. 89. 1. 433.

Art. 554. Si les difficultés élevées sur l'exécution des jugements ou actes requièrent célérité, le tribunal du lieu y statuera provisoirement, et renverra la connaissance du fond au tribunal d'exécution.

7900. — I. TRIBUNAL COMPÉTENT POUR STATUER SUR L'EXÉCUTION DES JUGEMENTS (C. proc. civ. nᵒˢ 1 à 20).

7901. — II. AUTORITÉ COMPÉTENTE POUR STATUER SUR L'EXÉCUTION DES JUGEMENTS REQUÉRANT CÉLÉRITÉ (C. proc. civ. nᵒˢ 21 à 27).

7902. — III. PROCÉDURE DES INSTANCES RELATIVES A L'EXÉCUTION DES JUGEMENTS (C. proc. civ. nᵒ 28). — V. *infrà*, art. 1038.

7903. — IV. POUVOIRS DES JUGES (C. proc. civ. nᵒˢ 29 et 30).

Art. 555. L'officier insulté dans l'exercice de ses fonctions dressera procès-verbal de rébellion; et il sera procédé suivant les règles établies par le Code d'instruction criminelle.

7904. En ce qui concerne les jours et heures auxquels il peut être procédé à l'exécution des jugements, V. *infrà*, art. 1037.

7905. Sur le crime ou délit de rébellion, V. *Code pénal annoté*, art. 207 et s.; et son *Supplément*.

7906. Sur les outrages et violences envers les officiers ministériels ou agents dépositaires de la force publique, V. *Code pénal annoté*, art. 222 et s., et son *Supplément*.

Art. 556. La remise de l'acte ou jugement à l'huissier vaudra pouvoir pour toutes exécutions autres que la saisie immobilière et l'emprisonnement, pour lesquelles il sera besoin d'un pouvoir spécial.

DIVISION.

§ 1. — *Effets de la remise de l'acte ou du jugement à l'huissier* (nᵒ 7907).

§ 2. — *Nécessité d'un pouvoir spécial pour la saisie immobilière* (nᵒ 7908).

§ 1ᵉʳ — *Effets de la remise de l'acte ou du jugement à l'huissier* (C. proc. civ. nᵒˢ 1 à 12).

7907. V. *Code de procédure civile*, nᵒˢ 1 l. s.

§ 2. — *Nécessité d'un pouvoir spécial pour la saisie immobilière* (C. proc. civ. nᵒˢ 13 à 60).

7908. — I. PAR QUI LE POUVOIR SPÉCIAL DOIT ÊTRE DONNÉ (C. proc. civ. nᵒˢ 15 à 24).

7909. — II. SENS ET ÉTENDUE DU POUVOIR SPÉCIAL (C. proc. civ. nᵒˢ 25 à 32). — Sur le pouvoir spécial nécessaire à l'huissier au cas de saisie immobilière poursuivie par le Crédit foncier, V. *infrà*, *Appendice* au tit. 12, *de la Saisie immobilière*.

7910. — III. FORMALITÉS DU POUVOIR SPÉCIAL (C. proc. civ. nᵒˢ 33 à 47).

7911. — IV. EFFET DU POUVOIR (C. proc. civ. nᵒˢ 48 à 52).

7912. — V. NULLITÉ RÉSULTANT DU DÉFAUT DE POUVOIR SPÉCIAL (C. proc. civ. nᵒˢ 53 à 60).

TITRE VII.

Des saisies-arrêts ou oppositions.

Art. 557. Tout créancier peut, en vertu de titres authentiques ou privés, saisir-arrêter entre les mains d'un tiers les sommes et effets appartenant à son débiteur, ou s'opposer à leur remise.

DIVISION.

§ 1. — *Caractère de la saisie-arrêt* (nᵒ 7913).

§ 2. — *Par qui la saisie-arrêt peut être faite* (nᵒ 7926).

§ 3. — *Sur quoi et entre les mains de qui la saisie-arrêt peut être faite* (nᵒ 7927).

§ 4. — *Pour quelles créances on peut former une saisie-arrêt* (nᵒ 7944).

§ 5. — *En vertu de quels titres on peut former une saisie-arrêt* (nᵒ 7968).

§ 6. — *Quelles choses peuvent être saisies-arrêtées* (nᵒ 7981).

§ 1ᵉʳ. — *Caractère de la saisie-arrêt* (C. civ. nᵒˢ 1 à 16).

7913. La saisie-arrêt est un acte conservatoire qui a exclusivement pour but d'empêcher le tiers saisi de se libérer une mesure d'exécution que par l'effet du jugement de validité, qui attribue au saisissant la propriété des sommes saisies, et lui confère la faculté de contraindre le tiers saisi à se libérer entre ses mains. — Civ. r. 28 déc. 1881, D.P. 82. 1. 377. — Civ. c, 1ᵉʳ mai 1889, D.P. 90. 1. 264. — V. *Code de procédure civile*, nᵒ 2.

7914. En conséquence, la saisie-arrêt pratiquée en vertu d'un jugement exécutoire par provision, portant condamnation du débiteur au paiement d'une somme déterminée, reste valable et doit être maintenue, à titre de mesure conservatoire, nonobstant l'arrêt qui, infirmant cette décision des premiers juges, a ordonné que les poursuites seraient suspendues jusqu'après la liquidation d'un compte d'où dépendent les droits du créancier; il y a seulement lieu, en pareil cas, de surseoir au jugement de validité, en attendant l'issue de cette liquidation. — Arrêt préc. 28 déc. 1881.

7915. Il en résulte également que, lorsqu'une saisie-arrêt est pratiquée par un cessionnaire, celui-ci n'est pas tenu de faire connaître sa qualité au débiteur cédé avant l'instance en validité, mais seulement avant le jugement à intervenir sur cette instance, et, dès lors, on ne saurait demander la nullité de la saisie-arrêt en se fondant sur ce que le saisissant n'a pas fait connaître sa qualité de créancier au débiteur cédé avant l'instance en validité de la saisie. — Arrêt préc. 1ᵉʳ mai 1889.

7916. Par suite aussi, l'opposition non validée n'étant qu'une mesure conservatoire qui ne confère aux créanciers saisissants aucun droit de préférence, et ne dépouillant pas le débiteur saisi de la propriété de la créance, la totalité de la créance saisie-arrêtée peut faire l'objet d'un transport régulier au profit d'un tiers qui est seulement obligé de respecter les oppositions antérieures et de s'entendre avec les créanciers opposants pour le règlement de leurs droits respectifs. — Trib. de Blois, 21 juill. 1885, D.P. 87. 2. 195.

7917. Mais la saisie arrêt, mesure conservatoire vis-à-vis du créancier, est un acte d'exécution à l'égard du débiteur. — Grenoble, 26 mai 1882, D.P. 83. 2. 125. — V. *Code de procédure civile,* n° 4.

7918. En conséquence, elle ne peut être pratiquée pour une créance à terme qui n'est pas encore exigible. — Même arrêt.

7919. En ce qui concerne la saisie-arrêt formée par l'administration de l'enregistrement, V. *Code de l'Enregistrement annoté,* n°s 5985 et s., 6023 et s.

§ 2. — *Par qui la saisie-arrêt peut être faite* (C. proc. civ. n°s 17 à 36).

7920. Suivant une opinion, comme d'une part le créancier peut, en invoquant l'art. 1166 C. civ., et sans remplir aucune formalité, se mettre aux lieu et place de son débiteur, exercer tous ses droits et actions, à l'exception seulement de ceux exclusivement attachés à sa personne, et sans aucune autre réserve ou distinction, et que d'autre part le débiteur peut saisir-arrêter entre les mains du débiteur de son débiteur, il doit en résulter que le créancier a le même droit et que la procédure de saisie-arrêt doit être suivie comme s'il était créancier direct du créancier tiers saisi. — D.P. 90. 2. 97-99, note 2. Conf. Trib. de la Seine, 12 janv. 1870, *ibid.*

7921. Au contraire, selon la doctrine généralement adoptée, un créancier ne peut saisir-arrêter que les sommes dues à son débiteur personnel, et non celles qui ne sont dues qu'au débiteur de son débiteur; il ne pourrait saisir-arrêter ces dernières, qu'autant qu'il se serait fait préalablement subroger aux droits de son débiteur, dont il veut mettre l'action en mouvement. — Poitiers, 24 janv. 1889, D.P. 90. 2. 97. — V. *Code de procédure civile,* n° 18, et *Supplément* au *Code civil annoté,* art. 1166, n° 784 et s.

7922. Ainsi le bailleur ne peut, *de plano,* saisir-arrêter les sommes dues au sous-locataire. — Même arrêt.

7923. Il est d'ailleurs constant que le créancier qui s'est fait subroger judiciairement aux droits de son débiteur remplit les conditions voulues pour pratiquer la saisie. — D.P. 90. 2. 97-99, note 2.

7924. Il a même été jugé que la saisie-arrêt pratiquée avec la permission du juge, doit être maintenue lorsque la subrogation est intervenue avant la demande en validité de la saisie. — Colmar, 13 juin 1831, J.G. *Obligations,* n° 947.

7925. La faculté accordée par l'art. 557 C. proc. civ. à tout créancier de saisir entre les mains d'un tiers les sommes et effets appartenant à son débiteur est générale et s'applique à tous les créanciers; elle appartient notamment aux créanciers successoraux bénéficiaires qui peuvent saisir-arrêter entre les mains d'un tiers les sommes dues par celui-ci à la succession. — Riom, 4 juill. 1890, D.P. 91. 2. 348.

7926. Les deniers qui proviennent de la vente d'immeubles dépendant d'une succession bénéficiaire étant le gage exclusif des créanciers hypothécaires auxquels les prix de vente ont été expressément délégués par le cahier des charges, bien que l'héritier bénéficiaire en ait donné quittance aux adjudicataires, lorsque, en fait, ils sont restés déposés chez un notaire pour le compte des créanciers hypothécaires dont l'héritier n'eu a jamais disposé, et que son intervention dans la quittance n'a eu pour but que de régulariser les versements sans modifier l'attribution des fonds, les créanciers chirographaires n'ont pas le droit de saisir-arrêter ces deniers. — Req. 20 juin 1887, D.P. 88. 1. 134.

§ 3. — *Sur qui la saisie-arrêt peut être faite* (C. proc. civ. n°s 37 à 82.)

7927. — I. SUR QUI LA SAISIE-ARRÊT PEUT ÊTRE FAITE (C. proc. civ. n°s 37 à 60). — L'instance en partage introduite par le créancier

d'un communiste, comme faisant valoir les droits de son débiteur, ne met pas obstacle à ce que le créancier fasse saisir-arrêter entre les mains des autres communistes les sommes par eux dues à son débiteur ou touchées pour lui, une telle saisie ayant pour objet de procurer au saisissant, sur tout ce que les tiers saisis seront finalement reconnus devoir au débiteur saisi, un droit privatif et exclusif que ne pouvait lui conférer ladite instance en partage. — Civ. c. 23 mars 1881, D.P. 81. 1. 417. — V. *Code de procédure civile,* n° 44.

7928. Cette instance n'empêche point non plus que le créancier de l'un des communistes puisse pratiquer des saisies-arrêts entre les mains des débiteurs de l'indivision sur la part revenant à son débiteur dans les créances communes. — Même arrêt.

7929. Vainement prétendrait-on que l'effet rétroactif assigné au partage par l'art. 883 C. civ. s'oppose à ce que, pendant l'instance en partage, une part dans chacune des créances communes soit attribuée à l'un des communistes ou à son créancier. — Même arrêt.

7930. En effet, la fiction de l'art. 883, d'un côté, ne s'applique qu'au partage consommé, et non à l'instance en partage, et d'un autre côté, ne s'étend point aux objets qui, au moment du partage, étaient déjà sortis de l'indivision, soit par des conventions légalement formées, soit par la force de la loi, et spécialement aux obligations susceptibles de division qui, aux termes de l'art. 1220 C. civ., se divisent de plein droit entre les communistes dans la proportion de la part de chacun d'eux. — Même arrêt.

7931. Dès lors, c'est à tort et par un excès de pouvoir que les juges déclarent nulles les saisies-arrêts dont il s'agit et autorisent les copropriétaires du débiteur saisi à toucher la part de ce dernier dans les créances saisies, à la charge de fournir préalablement caution ou hypothèque pour le représentation de cette part. — Même arrêt.

7932. L'actionnaire d'une société anonyme peut, nonobstant la saisie-arrêt pratiquée entre ses mains par un créancier de ladite société, payer valablement à celle-ci le montant des actions par lui souscrites, si le défaut de payement devrait avoir pour effet, aux termes des statuts sociaux, d'autoriser l'expropriation et la vente des actions. — Civ. c. 13 nov. 1877, D.P. 78. 1. 473.

7933. Il en est ainsi surtout lorsque, la société ayant son siège en pays étranger, le tiers saisi ne pourrait exercer contre elle les droits du saisissant auxquels il serait subrogé qu'après avoir fait rendre exécutoires, dans ce pays, les décisions judiciaires en vertu desquelles il aurait été procédé à la saisie-arrêt. — Même arrêt.

7934. Le failli peut pratiquer une saisie-arrêt. — Paris, 24 déc. 1890, D.P. 81. 2. 203.

7935. Et la saisie-arrêt étant un acte conservatoire, le droit pour un failli de la pratiquer emporte en sa faveur le droit de la dénoncer et d'en demander la validité: ces formalités étant exigées, à peine de nullité de la saisie-arrêt elle-même, ne lui enlèvent pas le caractère conservatoire. — Même arrêt.

7936. Sur la saisie-arrêt en matière de faillite d'une manière générale, V. *Code de commerce annoté,* art. 443, n°s 413 et s., 527, n°s 18, 31 et 35, et son *Supplément,* mêmes articles. — V. aussi J.G.S. *Faillite,* n° 508 et s.

7937. — II. ENTRE LES MAINS DE QUI LA SAISIE-ARRÊT PEUT ÊTRE FAITE (C. proc. civ. n°s 61 à 82). — Lorsqu'un créancier a saisi-arrêté entre les mains d'un usufruitier la somme que ce dernier devra rendre à l'héritier lors de l'extinction de son droit, l'usufruitier ne peut, au mépris de la saisie-arrêt, prendre avec l'héritier saisi des arrangements ou effectuer entre ses mains des payements ayant pour effet de le libérer de l'obligation

de restituer, à la fin de l'usufruit, la somme qui y était soumise. — Civ. c. 11 janv. 1888, D.P. 89. 1. 53.

7938. Ces arrangements ne sont pas opposables au créancier saisissant, alors même qu'ils ont été contractés de bonne foi, à la suite d'un jugement obligeant l'usufruitier, qui avait été dispensé par le testateur de donner caution, à fournir des garanties aux nu-propriétaires. — Même arrêt.

7939. Et il en est ainsi, quand bien même ces arrangements auraient eu pour effet de faire entrer dans le patrimoine de l'héritier saisi un immeuble et une créance dont la nue propriété pouvait être, dès à présent, saisie par le créancier. — Même arrêt.

7940. Le trésorier de la fabrique étant chargé à la perception du casuel des ecclésiastiques de la paroisse qui n'est pas un revenu de la fabrique, le créancier de l'un des vicaires n'a pas le droit de former entre ses mains une saisie-arrêt sur le montant du casuel revenant à celui-ci. — Trib. civ. de la Seine, 17 avr. 1877, D.P. 77. 3. 111. — V. *Code des lois adm.* annotées, t. 2, 1, v° *Culte,* n°s 3287 et s., et J.G.S. *Culte,* 343.

7941. Et cette saisie-arrêt nulle comme pratiquée entre les mains d'un tiers saisi non débiteur, n'est point validée par cette circonstance postérieure que le trésorier de la fabrique aurait remis au prêtre trésorier de la paroisse l'opposition qui lui avait à tort été adressée à lui-même. — Même jugement.

7942. La saisie-arrêt qu'un créancier fait pratiquer entre ses propres mains en qualité de gérant d'une société est nulle, alors qu'il résulte d'un jugement passé en force de chose jugée que la société n'a à l'égard du saisi aucune existence légale. — Alger, 19 janv. 1886, D.P. 87. 2. 169. — V. *Code de procédure civile,* n° 74.

7943. Le receveur d'une commune qui est en même temps receveur d'une association syndicale doit être considéré plutôt comme le mandataire tenu de rendre compte que comme un simple agent du syndicat, et les créanciers de celui-ci peuvent dès lors valablement faire saisie-arrêt entre ses mains. — Agen, 14 juin 1883, D.P. 92. 2, 50.

§ 4. — *Pour quelles créances on peut former une saisie-arrêt* (C. proc. civ. n°s 83 à 134).

7944. — I. CRÉANCE CERTAINE (C. proc. civ. n°s 84 à 118). — La saisie-arrêt pratiquée en partie pour une créance contestée et incertaine, est nulle et donne lieu à des dommages-intérêts. — Liège, 13 juin 1842, D.P. 83. 2. 138. — V. *Code de procédure civile,* n° 84.

7945. La saisie-arrêt ne peut être pratiquée, même sous autorisation du président du tribunal, à raison d'une créance dont l'existence n'est pas certaine et dépend de compte et vérifications à faire, et la nullité n'en est pas couverte par un jugement ultérieurement rendu qui constate l'existence de cette créance. — Dijon, 12 mars 1874, D.P. 76. 2. 94. — V, *Code de procédure civile,* n° 85.

7946. Mais si la saisie-arrêt est une mesure conservatoire qui ne peut être prise que pour sauvegarder une créance actuellement existante et non douteuse, il ne s'en suit pas qu'une contestation quelconque sur cette créance puisse entraîner nullité de la saisie-arrêt; autrement, il dépendrait du saisi d'empêcher, par une contestation sans aucun fondement, l'effet d'une opposition dont la régularité peut être ultérieurement démontrée par la décision rendue au fond sur la demande en payement de la créance. — Req. 20 mai 1890, D.P. 91. 1. 204, et la note.

7947. Lorsqu'une demande en payement est déférée à un tribunal de commerce, le tribunal civil saisi de la demande en validité de la saisie-arrêt peut surseoir à statuer jusqu'à ce que la juridiction commerciale ait rendu sa décision ; mais il n'y a pas lieu de statuer sur cette demande de sursis formée par le créancier quand le tribunal de commerce a rendu sa décision, fût-elle même non définitive, avant que le tribunal civil ait pu prononcer son jugement. — Même arrêt.

7948. L'existence de la créance au moment de la saisie-arrêt est suffisamment déterminée par la décision qui intervient sur la validité de la saisie, les jugements ayant un caractère déclaratif et ne faisant pas naître les droits, mais constatant seulement leur existence. — Req. 28 juin 1881, D.P. 82. 1 161-162.

7949. Une créance indéterminée, ou même éventuelle, dès lors qu'elle est acquise en principe, peut faire l'objet d'une saisie-arrêt à titre conservatoire, sauf au tribunal devant lequel est portée l'instance en validité à surseoir jusqu'à l'événement de la condition d'où dépend soit la fixation de son chiffre, soit son existence définitive. — Civ. c. 29 oct. 1890, D P. 91. 1. 475.

7950. Ce principe est notamment applicable au recours ouvert contre ses cohéritiers à l'héritier qui a subi, pour une dette de la succession à la sûreté de laquelle était hypothéqué l'immeuble mis dans son lot, l'expropriation dudit immeuble. — Même arrêt.

7951. Mais une créance, dont l'existence est soumise à une éventualité dont la réalisation n'est pas certaine, ne peut servir de base à une saisie-arrêt. — Poitiers, 12 déc. 1876, D.P. 77. 2. 231. — V. *Code de procédure civile*, nᵒˢ 88 et s.

7952. Spécialement, le vendeur d'un fonds de commerce auquel l'acheteur a promis de lui servir une rente, dans le cas où les revenus de ce fonds de commerce atteindraient un certain chiffre, ne peut pratiquer une saisie-arrêt aux mains des débiteurs de cet acheteur, s'il n'est pas d'ores et déjà certain que l'acheteur ait servi le chiffre de la rente spécifiée au contrat. — Même arrêt.

7953. Et le créancier saisissant n'est pas admis à prouver par voie d'enquête, ou par la communication des livres du débiteur saisi, que l'éventualité d'où dépend sa créance s'est réalisée. — Même arrêt.

7954. Mais une saisie-arrêt peut être valablement pratiquée en vertu d'un engagement par lequel un débiteur a autorisé son créancier à prélever le montant de ce qui pourrait être dû à celui-ci, après compte à régler entre eux, sur un cautionnement déposé par le débiteur entre les mains d'un tiers, dans l'espèce, la caisse municipale. — Trib. civ. de Valence, 11 janv. 1889, D.P. 90. 3. 23. — V. *Code de procédure civile*, nᵒˢ 88 et s.

7955. Dans ces circonstances, la créance du saisissant est certaine, car elle consiste dans le droit de s'opposer au retrait du cautionnement et c'est seulement le résultat de l'apurement du compte qui est éventuel. — Même jugement.

7956. De même, il a été jugé que le dépôt d'une somme entre les mains d'un notaire, par un débiteur, pour être remise à un créancier après liquidation, ne saurait faire obstacle au droit qui appartient à ce créancier de pratiquer une saisie-arrêt sur cette somme et de demander condamnation. — Toulouse, 12 déc. 1882, D.P. 83. 2. 143.

7957. La validité de la saisie-arrêt étant subordonnée à la condition de la préexistence d'un droit sur le tiers saisi au profit du saisi, la saisie-arrêt pratiquée entre les mains d'un patron par le créancier d'un ouvrier ne peut comprendre les sommes que cet ouvrier gagnerait postérieurement à la saisie en contractant librement avec le tiers saisi. — Req. 15 mai 1876, D.P. 76. 1. 436. — Comp. Trib. de la Seine, 7 févr. 1881, D.P. 85. 1. 437, note 5.

7958. Le saisissant soutiendrait vaine-ment qu'il s'agit de salaires ou appointements à venir courus après la saisie, au profit d'un agent salarié ou gagiste d'un tiers saisi. — Même arrêt.

7959. ... Ou que l'inscription, opérée sur les livres du tiers saisi en forme de compte courant, des factures du saisi et des avances à lui faites en marchandises ou en argent, a dû modifier la situation des parties et créer au profit du saisi un droit antérieur dont le saisissant pourrait se prévaloir. — Même arrêt.

7960. Le bailleur peut, en se fondant sur la présomption légale de l'art. 1733 C. civ., d'après laquelle le locataire est responsable de l'incendie survenu dans la maison louée, pratiquer une saisie-arrêt sur les sommes dues à son locataire. — Toulouse, 1ᵉʳ févr. 1877, D.P. 81. 2. 201. — Besançon, 2 déc. 1887, D.P. 90. 2. 97-99, note 1. — Poitiers, 24 janv. 1889, D.P. 90. 2 97. — *Contra:* Bordeaux, 26 nov. 1845, D.P. 81. 2. 201, note 1. — Trib. d'Angoulême, 29 nov. 1881, D.P. 90. 2. 97-99, note 1, et note sous l'arrêt préc. du 1ᵉʳ févr. 1877.

7961. ... Mais il faut que l'existence de cette présomption même soit établie. — Arrêt préc. 24 janv. 1889.

7962. Quant aux locataires de la maison incendiée, l'un d'entre eux ne peut pratiquer une saisie-arrêt sur les sommes dues à son colocataire, en vertu de l'art. 1734 C. civ , qui n'établit pas de présomption légale entre eux. — Toulouse, 21 juill. 1880, D.P. 81. 2. 201-203.

7963. Sur la question de la responsabilité des locataires en matière d'incendie, V. *Supplément* au *Code civil annoté*, art. 1733 et 1734, nᵒˢ 13433 et s. — V. aussi J.G.S. *Louage*, nᵒˢ 212 et s.

7964. — II. CRÉANCE EXIGIBLE (C. proc. civ. nᵒˢ 119 à 128). — Une saisie-arrêt ne peut être pratiquée pour une créance à terme non encore exigible. — Grenoble, 26 mai 1882, D P. 83. 2. 126. — V. *Code de procédure civile*, nᵒ 119.

7965. Lorsque la créance est exigible, le créancier ne s'interdit pas le droit de pratiquer une saisie-arrêt en accordant un délai de grâce à son débiteur. — Liège, 15 juin 1882, D.P. 82. 2. 138. — V. *Code de procédure civile*, nᵒ 125.

7966. Et, spécialement, cette saisie-arrêt doit être déclarée valable quand il résulte des documents de la cause que le délai n'a été accordé par le créancier au débiteur que pour permettre à ce dernier de réaliser ses biens sous forme de vente volontaire. — Même arrêt.

7967. — III. CRÉANCE LIQUIDE (C. proc. civ. nᵒˢ 129 à 134). — La saisie-arrêt pratiquée en vertu d'une créance dont le montant ne peut être déterminé qu'à la suite d'un compte à intervenir entre les parties est nulle. — Req. 27 avr. 1885, D.P. 86. 1. 191. — V. *Code de procédure civile*, nᵒˢ 129 et 131.

§ 5. — *En vertu de quels titres on peut former une saisie-arrêt* (C. proc. civ. nᵒˢ 135 à 184).

7968. — I. ACTES AUTHENTIQUES OU SOUS SEING PRIVÉ (C. proc. civ. nᵒˢ 136 à 145).

7969. — II. JUGEMENTS (C. proc. civ. nᵒˢ 146 à 184). — 1ᵒ *Quels jugements peuvent autoriser une saisie-arrêt* (C. proc. civ. nᵒˢ 146 à 151).

7970. — 2ᵒ *Formes du jugement* (C. proc. civ. nᵒˢ 152 à 159). — La saisie-arrêt étant un acte conservatoire et ne devenant une mesure d'exécution que par l'effet du jugement de validité, peut être pratiquée en vertu d'un jugement non encore signifié et déjà frappé d'appel. — Bordeaux, 12 juill 1880, D.P. 80. 2. 232. — Civ. r. 10 août 1881, D.P. 82. 1. 307. — V. *Code de procédure civile*, nᵒ 159.

7971. Elle ne devient un acte d'exécution qu'à partir du jugement de validité. — Arrêt préc. 12 juill. 1880.

7972. — 3ᵒ *Jugement susceptible d'appel* (C. proc. civ. nᵒˢ 160 et 161).

7973. — 4ᵒ *Jugement frappé d'appel* (C. proc. civ nᵒˢ 162 à 171). — La saisie-arrêt, ayant uniquement pour effet immédiat d'empêcher le tiers saisi de se libérer au préjudice du saisissant, est une mesure conservatoire et non un acte d'exécution ; en conséquence, elle peut être pratiquée en vertu d'un jugement commercial frappé d'appel sans que le saisissant soit tenu de fournir caution, bien qu'il n'ait obtenu l'exécution provisoire que sous cette condition. — Besançon, 15 févr. 1888, D.P. 88. 2.285. — V. *Code de procédure civile*, nᵒˢ 162 et 170.

7974. — 5ᵒ *Jugement par défaut* (C. proc. civ. nᵒˢ 172 et 173). — Suivant un arrêt, la saisie-arrêt ne peut être pratiquée en vertu d'un jugement par défaut non encore signifié à la partie défaillante. — Paris, 24 nov. 1887, D.P. 88. 2. 294.

7975. Jugé également que l'opposition à un jugement par défaut, lorsqu'elle est régulière en la forme, ayant pour effet de remettre les parties au même état où elles se trouvaient avant ce jugement, il y a lieu d'annuler la saisie-arrêt formée en vertu d'un jugement par défaut frappé d'une opposition régulière. — Civ. r. 3 févr. 1892, D.P. 92. 1. 115.

7976. Une saisie-arrêt pratiquée en vertu d'un titre dont un jugement par défaut a prononcé la résolution ne peut non plus être validée, alors surtout que le jugement qui statue sur la validité de la saisie, statue en même temps sur l'opposition au jugement par défaut et maintient la résolution prononcée. — Alger, 19 janv. 1886, D.P. 87. 2. 169.

7977. — 6ᵒ *Jugement frappé de pourvoi en cassation* (C. proc. civ. nᵒˢ 174 à 179).

7978. — 7ᵒ *Arrêt de la Cour de cassation* (C. proc. civ. nᵒ 180).

7979. — 8ᵒ *Décision du jury d'expropriation* (C. proc. civ. nᵒ 181).

7980. — 9ᵒ *Jugement administratif* (C. proc. civ. nᵒˢ 182 à 184).

§ 6. — *Quelles choses peuvent être saisies-arrêtées* (C. proc. civ. nᵒˢ 185 à 238).

7981. Un créancier a le droit de former directement et en son nom personnel opposition entre les mains des tiers sur la part indivise de son débiteur dans la créance d'une société de son chef. — Civ. 29 mars et 7 avr. 1886, D.P. 86. 1. 239.

7982. La saisie-arrêt, mesure essentiellement conservatoire, frappe d'indisponibilité au profit du saisissant, en même temps que la créance du saisi, l'hypothèque qui garantit cette créance. — Req. 21 mai 1889, D.P. 89. 4. 367.

7983. Il suit de là que la cession du rang de cette hypothèque faite par le saisi postérieurement à la saisie-arrêt ne peut conférer de droit au cessionnaire, au détriment du saisissant, bien que le conservateur ait traité sans que l'acte conservatoire du saisissant se révélât à lui par une inscription au bureau des hypothèques, la loi ne prescrivant pas, pour les saisies-arrêts, de formalité de cette nature. — Même arrêt.

7984. La saisie-arrêt ne porte que sur les sommes qu'elle a pu frapper d'indisponibilité au moment où elle a été pratiquée ; ses effets ne sauraient s'étendre à des sommes dont le tiers saisi est devenu débiteur du saisi par suite de conventions postérieures, encore bien que celles-ci se rattachent à la dette primitive et que l'obligation ait eu résulte ait été contractée dans le même but. — Civ. c. 19 nov 1884, D.P. 85. 1. 437.

7985. Spécialement, une saisie-arrêt entre les mains de l'acquéreur d'un office de notaire sur le prix de cession ne peut porter que sur les sommes dues par lui à la date de cette saisie, en vertu du traité de cession intervenu antérieurement ; elle est sans effet sur le prix du mobilier cédé plus tard par le notaire débiteur du saisissant à son futur successeur. — Même arrêt.

7986. Lorsque des marchandises sont expédiées contre remboursement, elles ne deviennent la propriété du destinataire que par le payement de la somme portée en remboursement, et le voiturier contracte l'obligation de ne les livrer au destinataire que contre le payement de la somme à rembourser et de les restituer à l'expéditeur si cette condition n'est pas remplie. — Civ. r. 26 avr. 1882, D.P. 83. 1. 135. — Civ. c. 13 avr. 1885, D.P. 86. 1. 84. — V. *Code de procédure civile,* n° 217.

7987. En conséquence, la marchandise n'ayant pas cessé d'appartenir à l'expéditeur, la saisie-arrêt pratiquée à l'encontre du destinataire est nulle, et la compagnie de chemins de fer qui refuse de livrer à l'expéditeur ou au destinataire, en invoquant cette saisie-arrêt, commet une faute qui engage sa responsabilité vis-à-vis de l'expéditeur. — Mêmes arrêts. — V. *Code de procédure civile,* n° 220.

7988. Mais la compagnie condamnée envers l'expéditeur pour avoir retenu les marchandises en magasin peut exercer un recours en garantie contre le saisissant aux injonctions de qui elle n'a fait que se conformer. — Arrêt préc. 13 avr. 1885.

7989. Une compagnie de chemin de fer n'est pas, en sa qualité de tiers saisi, juge du mérite de l'opposition formée entre les mains par le créancier d'un expéditeur, cette opposition énonce cette créance dans les termes les plus généraux, en conséquence, elle n'est passible d'aucuns dommages-intérêts vis-à-vis du destinataire lorsqu'elle déclare qu'elle ne délivrera pas les marchandises expédiées, tant que l'expéditeur ne justifiera pas de la mainlevée de la saisie-arrêt. — Paris, 12 juill. 1876, D.P. 79. 2. 102-103. — Rouen, 28 janv. 1878, D.P. 79. 2. 102-104. — Paris, 3 janv. 1879, D.P. 79. 2. 102-105. — Civ. c. 19 juill. 1882, D.P. 83. 1. 426. — Bordeaux, 30 juill. 1888, D.P. 89. 2. 245.

7990. Le récépissé d'expédition délivré par la compagnie de chemin de fer, tiers saisi, au saisi ne constitue que la constatation d'un simple fait matériel de dépôt et ne confère au destinataire aucun droit de disposition sur les marchandises expédiées, bien que ce récépissé lui ait été transmis par l'expéditeur. — Même arrêt.

7991. Jugé également qu'une compagnie de chemin de fer n'encourt aucune responsabilité à raison du défaut de livraison de marchandises expédiées par suite d'une saisie-arrêt pratiquée entre ses mains par un créancier de l'expéditeur, alors même que cette compagnie n'aurait pas informé le destinataire de l'existence de la saisie-arrêt. — Req. 26 juin 1876, D.P. 77. 1. 434.

7992. Les sommes versées aux caisses d'épargne peuvent faire l'objet d'une saisie-arrêt. — Caen, 11 août 1854, D.P. 54. 2. 264.

7993. Les fonds d'un syndicat ne sont pas insaisissables et ne sauraient être assimilés à ceux des communes et des établissements publics. — Agen, 14 juin 1888, D.P. 92. 2. 50.

7994. La somme allouée à la veuve pour frais de deuil n'est pas insaisissable. — Bordeaux, 17 mars 1891, D.P. 91. 2. 179.

7995. Sur les choses insaisissables en tout ou en partie, V. *infrà,* art. 580 et s.

Art. 558. S'il n'y a pas de titre, le juge du domicile du débiteur, et même celui du domicile du tiers saisi, pourront, sur requête, permettre la saisie-arrêt ou opposition.

7996. — I. SAISIES-ARRÊTS PRATIQUÉES AVEC LA PERMISSION DU JUGE (C. proc. civ. nos 1 à 12). — Un billet à ordre signé d'une femme non commerçante, que cette signature soit précédée du *bon pour,* ne saurait servir de base à une saisie-arrêt, à moins d'être

complété par une décision de justice, c'est-à-dire par une ordonnance du président autorisant cette saisie-arrêt. — Pau, 13 mars 1888, D.P. 89. 2. 135.

7997. Le président du tribunal de commerce est compétent pour autoriser une saisie-arrêt, lorsqu'elle a pour cause une créance commerciale. — (Sol. implic.) Aix, 25 janv. 1877 et 11 avr. 1878, D.P. 78. 2. 246 et 247. — Ord. du prés. du trib. com. de Saint-Omer, 12 févr. 1886, D.P. 86. 3. 120. — V. *Code de procédure civile,* n° 3.

7998. En l'absence de titre, la permission de pratiquer une saisie-arrêt ne peut être compétemment délivrée que par le président du tribunal du domicile du débiteur ou par celui du tribunal du domicile du tiers saisi ; par suite, nulle la saisie-arrêt faite en vertu d'une permission émanant du président d'un autre tribunal. — Riom, 13 janv. 1880, D.P. 80. 2. 238.

7999. Et cette nullité n'est point couverte par la défense au fond, l'art. 173 C. proc. civ. étant ici inapplicable. — Même arrêt. V. *suprà,* art. 173, nos 3166 et s.

8000. Il n'est pas nécessaire que l'ordonnance par laquelle le président d'un tribunal permet de saisir-arrêter sans titre évalue la somme pour laquelle on veut saisir, lorsque la requête présentée pour obtenir l'autorisation énonce cette créance, et que le président s'est, en fait, approprié l'évaluation du créancier. — Req. 16 mai 1883, D.P. 83. 1. 175. — V. *Code de procédure civile,* n° 7.

8001. L'ordonnance du président du tribunal civil qui autorise une saisie-arrêt ne préjuge rien sur la forme ni sur le fond de la saisie, ni, spécialement, sur la compétence relative à la demande en validité. — Paris, 8 avr. 1875, D.P. 76. 2. 99. — V. *Code de procédure civile,* n° 9.

8002. Le créancier qui a procédé, en vertu de l'autorisation du président du tribunal, à une saisie-arrêt depuis déclarée nulle, peut être condamné à des dommages-intérêts envers le saisi à raison du préjudice subi par ce dernier. — Dijon, 12 mars 1874, D.P. 76. 2. 94.

8003. — II. POUVOIRS DU PRÉSIDENT EN MATIÈRE DE SAISIE-ARRÊT (C. proc. civ. nos 13 à 17). — Le juge auquel un créancier dépourvu de titre demande la permission de pratiquer une saisie-arrêt, a le pouvoir d'apprécier si la créance paraît suffisamment certaine, quoiqu'elle soit contestée, et d'en fixer le chiffre, lorsqu'elle n'est pas liquide ; mais son ordonnance, essentiellement provisoire, ne peut en aucun cas porter préjudice au fond. — Paris, 16 nov. 1886, D.P. 81. 2. 66. — V. *Code de procédure civile,* n° 15.

8004. En conséquence, le tribunal saisi de la demande en validité doit statuer non seulement sur le mérite de l'opposition, mais encore sur l'existence et sur la quotité de la créance. — Même arrêt.

8005. La condition mise par le juge des référés à l'autorisation accordée par lui de pratiquer une saisie-arrêt deviendrait illusoire si elle pouvait disparaître par le seul fait d'une citation tendant à la validité devant le tribunal. — Paris, 24 avr. 1891, D.P. 91. 5. 467.

8006. — III. RÉSERVES A FIN DE RÉFÉRÉ DANS LES ORDONNANCES DE SAISIE-ARRÊT (C. proc. civ. nos 18 à 35). — En admettant qu'un magistrat au président du tribunal de rapporter une ordonnance qui, en autorisant une saisie-arrêt, réserve à la partie saisie d'introduire un incident en cas de difficulté, ce pouvoir de rétractation ne peut plus s'exercer lorsque le saisi, assigné en validité de la saisie, a constitué avoué sur cette assignation et renoncé à la voie du référé pour lier l'instance devant le tribunal compétent. — Rouen, 17 juill. 1890, D.P. 80. 2. 32. — V. *Code de procédure civile,* n° 28.

8007. ... Ni quand la saisie-arrêt a été

dénoncée et contre-dénoncée avec assignation en validité. — Paris, 28 août 1879, D.P. 81. 2. 30-31.

8008. En ce cas, l'ordonnance de référé qui autorise le tiers saisi à se libérer entre les mains du saisi, nonobstant la saisie-arrêt pratiquée en vertu de la première ordonnance, fait préjudice au principal et doit, en conséquence, être annulée. — Arrêt préc. 17 juill. 1879.

8009. Le président du tribunal n'a pas le pouvoir de mettre à néant, par une ordonnance de référé, une saisie-arrêt dont la validité a été soumise au tribunal par une demande régulière. — Civ. r. 10 nov. 1885, D.P. 86. 1. 209. — Paris, 24 mars et 17 avr. 1886, D.P. 90. 1. 477, note 1. — Paris, 19 janv. 1887, *ibid.* — Paris, 3 août 1887, *ibid.* — Paris, 27 oct. 1887, *ibid.* — Paris, 28 mars 1888, *ibid.* — Paris, 18 avr. 1888, *ibid.* — Paris, 5 janv. 1889, *ibid.* — Paris, 15 févr. 1889, *ibid.* — Paris, 3 mars 1889, *ibid.* — Paris, 20 mars 1889, *ibid.* — Paris, 30 mars 1889, *ibid.* — Paris, 4 avr. 1889, *ibid.* — Paris, 9 août 1889, *ibid.* — Civ. c. 16 déc. 1889, D.P. 90. 1. 263. — V. *Code de procédure civile,* n° 30.

8010. ... Ni de statuer sur les difficultés relatives à une saisie-arrêt, lorsque l'instance en validité de cette saisie est déjà engagée, et alors surtout que l'urgence n'est pas constatée ni même alléguée. — Bordeaux, 22 janv. 1886, D.P. 87. 2. 193. — Aix, 29 nov. 1886, D.P. 87. 2. 193.

8011. L'ordonnance par laquelle le président du tribunal rétracte la permission de saisir-arrêter donnée par une précédente ordonnance doit être annulée, comme entraînant préjudice au principal et dépassant les pouvoirs du juge du référé, lorsqu'elle n'est intervenue que postérieurement à la mise à exécution de la saisie-arrêt et à la demande en validité portée devant le tribunal. — Civ. c. 8 mars 1890, D.P. 90. 1. 477.

8012. Il importerait peu que l'instance en validité n'eût pas été liée entre les parties par la constitution d'avoué de la part du défendeur, la demande en validité suffisant pour saisir le tribunal et le rendre seul compétent pour statuer sur le maintien ou la mainlevée de la saisie-arrêt. — Même arrêt.

8013. La réserve insérée dans l'ordonnance portant permission de saisie-arrêt, qu'il en sera référé au juge en cas de difficulté, n'autorise pas le magistrat à rétracter par voie d'ordonnance de référé la permission par lui accordée et ne lui donne pas le pouvoir de mettre à néant la saisie-arrêt pratiquée en vertu de ladite permission, avant que l'instance en validité de la saisie ait été introduite devant le tribunal. — Arrêt préc. 5 mars 1890. — Civ. c. 1er juill. 1890, D.P. 90. 1. 469.

8014. Et il importe peu que le saisi n'ait pas constitué avoué et que l'instance n'ait été liée par lui devant le tribunal. — Arrêt préc. 1er juill. 1890.

8015. Mais le juge des référés, investi du droit d'accorder ou de refuser l'autorisation de saisir-arrêter, n'excède pas ses pouvoirs en soumettant la permission qu'il accorde à une restriction qu'aucune loi n'interdit. — Paris, 5 janv. 1889, D.P. 91. 2. 49. — Paris, 18 juill. 1889, *ibid.,* et les Observ. de M. Glasson sous ces arrêts.

8016. Et il conserve le droit de rapporter sa première ordonnance, même après la dénonciation de la saisie et l'assignation en validité, tant que l'instance n'est pas liée au principal par une constitution d'avoué de la partie saisie ou que cette dernière n'a pas laissé écouler un mois depuis la notification qui lui en a été faite. — Arrêt préc. 5 janv. 1889.

8017. La cour d'appel statuant en référé n'a pas plus de pouvoir à cet égard que le président du tribunal, et elle ne peut pas l'exercer même sous prétexte d'assurer l'exécution d'un arrêt antérieurement rendu. — Arrêt préc. 16 déc. 1889.

8018. En tout cas, l'ordonnance de référé par laquelle le président rétracte une permission de saisie-arrêter qu'il avait accordée sans réserve d'aucun droit de revision, est entachée d'excès de pouvoir. — Aix, 25 janv. 1877, D.P. 78. 2. 246. — V. *Code de procédure civile*, n° 35.

8019. La cour d'appel, qui annule pour excès de pouvoirs une ordonnance de référé rétractant une permission de saisie-arrêter, ne doit pas évoquer le fond, alors surtout que la demande en validité de la saisie-arrêt est encore pendante devant le tribunal. — Aix, 25 janv. 1877 et 11 avr. 1878, D.P. 78. 2. 246-247.

8020. Le juge des référés est incompétent pour prononcer la mainlevée d'une saisie-arrêt faite en vertu d'un titre, en se fondant sur ce que les sommes saisies-arrêtées étaient insaisissables comme appartenant à un État étranger ou comme destinées à l'exécution de travaux publics. — Paris, 28 nov. 1876 et 14 avr. 1877, D.P. 78. 2. 243-244.

8021. — IV. RECOURS CONTRE LES ORDONNANCES DU PRÉSIDENT (C. proc. civ. n°s 36 à 57). — L'ordonnance par laquelle le président du tribunal de commerce a autorisé une saisie-arrêt est susceptible d'opposition devant lui. — Ord. du prés. du Trib. comm. de Saint-Omer, 12 févr. 1886, D.P. 86. 3. 120.

8022. Suivant un premier système, l'appel interjeté contre une ordonnance de référé rendue par le président à la suite d'une première ordonnance accordée sur requête et autorisant une saisie-arrêt, est un recours recevable, alors que cette première ordonnance n'a été rendue par le président qu'à charge de lui en référer en cas de difficulté. — Aix, 11 avr. 1878, D.P. 78. 2. 246. — Paris, 29 juill. 1880, D.P. 81. 2. 30. — Paris, 15 déc. 1882, D.P. 83. 2. 97, et les Observ. de M. Glasson sous cet arrêt. — Paris, 29 janv. 1885, D.P. 88. 2. 239, note 1. — V. *Code de procédure civile*, n° 44.

8023. Mais, d'après l'opinion qui paraît prévaloir dans la doctrine et dans la jurisprudence, lorsque le président du tribunal, après avoir rendu une ordonnance sur requête, portant permission de saisie-arrêt, statue par une seconde ordonnance en référé, et après débat contradictoire, sur l'exécution de la première ordonnance, l'appel doit être admis contre cette seconde ordonnance qui a, en effet, un caractère contentieux. — Rouen, 17 juill. 1879, D.P. 80. 2. 32. — Paris, 28 août 1879, D.P. 81. 2. 30. — Civ. r. 10 nov. 1885, D.P. 86. 4. 209. — Paris, 16 1885, 18 janv. et 24 mars 1886, D.P. 88. 2. 239, note 1. — Bordeaux 22 janv. 1886, et Aix, 29 nov. 1886, D.P. 87. 2. 193. — Poitiers, 4 août 1887, D.P. 88. 2. 239. — Conf. Dissertation de M. Glasson, D.P. 83. 2. 97, note 1. — V. *Code de procédure civile*, n° 52.

8024. Jugé également que l'ordonnance rendue par le juge des référés à l'effet de rapporter une précédente ordonnance, autorisant une saisie-arrêt avec réserve de lui en référer en cas de difficulté, est susceptible d'appel. — Paris, 5 janv. 1889 et 8 juill. 1889, D.P. 91. 2. 49.

8025. Il en est de même de l'ordonnance par laquelle le président du tribunal civil statuant sur la réserve insérée dans une précédente ordonnance sur requête portant permis de saisie conservatoire, a maintenu cette saisie. — Paris, 30 juill. 1875, D.P. 76. 2. 40.

8026. Dans tous les cas, l'ordonnance de référé prononçant la mainlevée d'une saisie-arrêt comme faite sans titre ni permission du juge, ne peut pas être frappée d'appel par le créancier saisissant qui, à la suite de ladite ordonnance, a demandé au juge de la permission de former la saisie-arrêt, cette demande ayant le caractère d'un acquiescement à l'ordonnance. — Paris, 22 déc. 1876, D.P. 78. 2. 246.

8027. Lorsque le président du tribunal, en autorisant une saisie-arrêt par une ordonnance rendue sur requête impose au saisissant l'obligation de signifier cette ordonnance et de ne pas dénoncer la saisie-arrêt avant un délai par lui imparti, ladite ordonnance sur requête, à supposer qu'elle contienne un excès de pouvoir, ne peut être frappée d'appel. — Paris, 3 oct. 1891, D.P. 92. 2. 167.

8028. En tous cas, si elle ne l'a pas été et que, sur la signification de l'ordonnance sur requête, la partie saisie est citée le saisissant en référé, avant toute assignation notifiée au principal à fin de validité de la saisie-arrêt, le président peut, en état de référé, rapporter sa propre ordonnance et autoriser la partie saisie à toucher, nonobstant l'opposition, les sommes saisies-arrêtées. — Même arrêt.

8029. — V. POUVOIR DU JUGE DES RÉFÉRÉS EN MATIÈRE DE SAISIE-ARRÊT (C. proc. civ. n°s 58 à 67). — Le juge des référés est compétent pour statuer sur tous les cas d'urgence ou lorsqu'il s'agit de trancher provisoirement des difficultés relatives à l'exécution d'un jugement; en conséquence, il a le droit de décider qu'il ne sera pas tenu compte d'une saisie-arrêt faite dans le but d'entraver cette exécution. — Req. 7 janv. 1885, D.P. 85. 1. 192. — V. toutefois Observ. sous cet arrêt. — V. *Code de procédure civile*, n° 58.

8030. Mais c'est au juge du fond, lorsqu'il est déjà saisi, et non au juge des référés, qu'il appartient de statuer sur une saisie-arrêt pratiquée en vertu d'un titre. — Paris, 13 janv. 1887, D.P. 87. 2. 188.

8031. Suivant une première opinion, le juge des référés n'a pas qualité à l'effet de donner mainlevée d'une opposition tendant au payement de condamnations passées en force de chose jugée, même sous la condition de consigner une somme suffisante pour satisfaire au montant des condamnations. — Paris, 2, 10 janv. et 14 oct. 1874, D.P. 78. 2. 241-245 et la dissertation sous ces arrêts. — Paris, 3 janv. 1881, D.P. 84. 2. 146. — V. *Code de procédure civile*, n° 59.

8032. ... Alors surtout qu'il y a une instance engagée au principal sur la suffisance et la validité des offres. — Arrêts préc. 2 et 10 janv. 1874.

8033. Décidé dans le même sens que le juge des référés n'a pas le droit de restreindre les effets d'une saisie-arrêt faite régulièrement, ni de donner une véritable mainlevée partielle de cette saisie-arrêt au moyen d'une affectation spéciale, d'autant plus que celle-ci crée arbitrairement un privilège au profit du saisissant. — Paris, 13 janv. 1887, D.P. 87. 2. 188. — Conf. Dissertation sous Paris, 16 nov. 1883, D.P. 84. 2. 145, note 1.

8034. Jugé également que, lorsque l'action en validité d'une saisie arrêt opérée en vertu d'un titre a été régulièrement introduite devant le tribunal, il ne saurait appartenir au juge des référés de rendre la décision à intervenir relative à cette saisie, et que ce juge excède ses pouvoirs s'il autorise le saisi à toucher les sommes saisies-arrêtées nonobstant l'opposition. — Paris, 14 mai 1890, D.P. 92. 2. 9.

8035. Suivant une autre opinion, le juge des référés est compétent pour ordonner la mainlevée d'une saisie-arrêt faite avec la permission du juge. — Paris, 17 févr. 1874 et 11 août 1876, D.P. 78. 2. 241-245.

8036. ... Ou en vertu d'un titre de créance subordonnée à une condition qui ne s'est pas réalisée. — Paris, 16 sept. 1874, D.P. 78. 2. 241-245.

8037. Il peut donner mainlevée d'une saisie-arrêt, moyennant consignation d'une somme avec affectation spéciale à la créance du saisissant. — Paris 1er et 18 août 1874, D.P. 78. 2. 241-245. — Poitiers, 4 août 1887, D.P. 88. 2. 239. — V. *Code de procédure civile*, n° 63.

8038. ... Quand même l'instance en vali-

dité est déjà engagée devant le tribunal. — Arrêt préc. 1er août 1876.

8039. Décidé dans le même sens qu'après avoir pratiqué une saisie-arrêt pour être payé d'une somme litigieuse, le créancier peut, au cours de l'instance, renoncer à cette saisie en acceptant devant le juge des référés que tout ou partie de la somme saisie-arrêtée reste entre les mains du tiers saisi avec affectation spéciale au payement de sa créance pour le cas où celle-ci serait reconnue en justice. — Paris, 16 nov. 1883, D.P. 84. 2. 145.

8040. L'ordonnance du juge des référés opère au profit de ce créancier un véritable transport qui oblige le tiers saisi, à partir de la signification de l'ordonnance de référé. — Même arrêt.

8041. En conséquence, la procédure de validité de saisie-arrêt devient inutile; mais, si le créancier reprend cette procédure, puis revient de nouveau à l'exécution du transport, ces hésitations justifient la résistance du tiers saisi et permettent de mettre les dépens à la charge du créancier. — Même arrêt.

Art. 559. Tout exploit de saisie-arrêt ou opposition, fait en vertu d'un titre, contiendra l'énonciation du titre et de la somme pour laquelle elle est faite : si l'exploit est fait en vertu de la permission du juge, l'ordonnance énoncera la somme pour laquelle la saisie-arrêt ou opposition est faite, et il sera donné copie de l'ordonnance en tête de l'exploit.

Si la créance pour laquelle on demande la permission de saisir-arrêter n'est pas liquide, l'évaluation provisoire en sera faite par le juge.

L'exploit contiendra aussi élection de domicile dans le lieu où demeure le tiers saisi, si le saisissant n'y demeure pas : le tout à peine de nullité.

8042. — I. FORMES ORDINAIRES DES EXPLOITS (C. proc. civ. n°s 1 à 4).

8043. — II. ÉNONCIATION DU TITRE (C. proc. civ. n°s 5 à 8).

8044. — III. ÉNONCIATION DE LA SOMME (C. proc. civ. n°s 9 à 19). — Le saisissant doit, dans sa demande en validité, rester dans la limite des sommes de sa saisie; mais, dans cette limite, aucune loi ne lui interdit de rectifier le chiffre de son compte, en cas d'erreur. — Civ. r. 28 oct. 1891, D.P. 92. 1. 53.

8045. — IV. COPIE DE L'ORDONNANCE AU JUGE ET MENTION DE LA SOMME (C. proc. civ. n°s 20 à 23).

8046. — V. ÉVALUATION PROVISOIRE PAR LE JUGE (C. proc. civ. n°s 24 à 37). — La saisie-arrêt peut être validée, encore bien que les droits du créancier saisissant, reconnus constants, n'aient été fixés définitivement et exactement, quant au montant de la créance, ni par l'assignation, ni par le jugement de validité; il suffit que le créancier demande et que le juge accorde la somme provisoirement déterminée par l'ordonnance du juge. — Req. 28 juin 1881, D.P. 82. 1. 161-162. — V. *Code de procédure civile*, n° 26.

8047. — VI. ÉLECTION DE DOMICILE (C. proc. civ. n°s 38 à 44).

8048. — VII. SIGNIFICATION DE L'EXPLOIT (C. proc. civ. n°s 45 et 46). — Le titre de créance en vertu duquel une saisie-arrêt est pratiquée entre les mains d'une société civile doit être signifié à tous les associés. — Alger, 19 janv. 1886, D.P. 87. 2. 169.

8049. — VIII. NOTIFICATIONS PRÉALABLES (C. proc. civ. n°s 47 à 49).

Art. 560. La saisie-arrêt ou opposition entre les mains de personnes non demeurant en France sur le continent ne pourra point être faite au domicile des procureurs de la République; elle devra être signifiée à personne ou à domicile.

Art. 561. La saisie-arrêt ou opposition formée entre les mains des receveurs, dépositaires ou administrateurs de caisses ou deniers publics, en cette qualité, ne sera point valable, si l'exploit n'est fait à la personne préposée pour le recevoir, et s'il n'est visé par elle sur l'original, ou, en cas de refus par le procureur du Roi (de la République).

DIVISION.

§ 1. — *Saisie-arrêt sur les sommes dues par l'État* (n° 8050).

§ 2. — *Saisie-arrêt sur les cautionnements des fonctionnaires ou officiers ministériels* (n° 8060).

§ 1er. — *Saisie-arrêt sur les sommes dues par l'État* (C. proc. civ. n°s 1 à 79).

8050. — I. CAS DANS LESQUELS S'APPLIQUE L'ART. 561 (C. proc. civ. n°s 1 à 9).
8051. — II. JUSQU'A QUEL MOMENT LA SAISIE PEUT ÊTRE FORMÉE (C. proc. civ. n°s 10 à 13).
8052. — III. FORMALITÉS DE L'EXPLOIT DE SAISIE (C. proc. civ. n°s 14 à 24).
8053. — IV. A QUI DOIT ÊTRE REMIS L'EXPLOIT DE SAISIE (C. proc. civ. n°s 25 à 44). — En matière de saisie-arrêt, les nullités qui n'affectent que les formalités relatives au tiers saisi ne peuvent pas être invoquées par le saisi. — Chambéry, 20 janv. 1874, D.P. 76. 5. 398, et Observ. sous Req. 12 nov. 1877, D.P. 78. 1. 153, note 2.
8054. Ainsi, le receveur de l'enregistrement, dont le bureau a été saisi-arrêté entre les mains du directeur, n'est pas recevable à prétendre que cette saisie aurait dû être formée entre les mains du receveur, c'est-à-dire de lui-même, alors que le directeur, loin de réclamer, a fait verser la somme saisie à la Caisse des consignations. — Arrêt préc. 20 janv. 1874. — V. *Code de procédure civile*, n° 38.
8055. La saisie-arrêt de sommes dues par l'État ne peut être valablement pratiquée entre les mains du ministre des finances, lorsque ces sommes doivent être payées, non par le payeur central du Trésor public, mais par un payeur de département. — Riom, 13 janv. 1880, D.P. 80. 2. 238. — V. *Code de procédure civile*, n° 44.
8056. — V. VISA DE L'EXPLOIT (C. proc. civ. n°s 45 à 55).
8057. — VI. DÉNONCIATION DE LA SAISIE-ARRÊT (C. proc. civ. n°s 56 à 60). — La demande en validité d'une saisie-arrêt ou opposition faite entre les mains des représentants du Trésor public n'ayant pas besoin de leur être dénoncée, sont nuls les payements par eux faits au mépris d'une opposition régulièrement suivie d'une demande en validité, qui ne leur a pas été contredénoncée. — Req. 12 nov. 1877, D.P. 78. 1. 153.
8058. — VII. RENOUVELLEMENT QUINQUENNAL (C. proc. civ. n°s 61 à 63).
8059. — VIII. COMPÉTENCE (C. proc. civ. n°s 76 à 79).

§ 2. — *Saisie-arrêt sur les cautionnements des fonctionnaires ou officiers ministériels* (C. proc. civ. n°s 80 à 117).

8060. — I. QUI PEUT FORMER UNE SAISIE-ARRÊT SUR UN CAUTIONNEMENT (C. proc. civ. n°s 81 à 84).
8061. — II. FORMALITÉS DE L'OPPOSITION (C. proc. civ. n°s 85 à 95).
8062. — III. EFFETS DE L'OPPOSITION (C. proc. civ. n°s 95 à 115). — Les sommes formant le cautionnement d'un fonctionnaire peuvent être l'objet d'un transport, sauf

l'exercice des privilèges existant sur ces sommes, d'abord au profit de l'État, puis au profit des prêteurs. — Montpellier, 14 févr. 1872, J.G.S. *Cautionnement de fonctionnaires.* — V. *Code de procédure civile*, n° 109.
8063. — IV. COMPÉTENCE (C. proc. civ. n°s 116 et 117).

Art. 562. L'huissier qui aura signé la saisie-arrêt ou opposition sera tenu, s'il en est requis, de justifier de l'existence du saisissant à l'époque où le pouvoir de saisir a été donné, à peine d'interdiction, et des dommages-intérêts des parties.

Art. 563. Dans la huitaine de la saisie-arrêt ou opposition, outre un jour pour trois(1) myriamètres de distance entre le domicile du tiers saisi et celui du saisissant, et un jour pour trois (2) myriamètres de distance entre le domicile de ce dernier et celui du débiteur saisi, le saisissant sera tenu de dénoncer la saisie-arrêt ou opposition au débiteur saisi, et de l'assigner en validité.

8064. — I. DÉNONCIATION AU SAISI (C. proc. civ. n°s 1 à 19).
8065. — II. DEMANDE EN VALIDITÉ (C. proc. civ. n°s 20 à 25).

Art. 564. Dans un pareil délai, outre celui en raison des distances, à compter du jour de la demande en validité, cette demande sera dénoncée, à la requête du saisissant, au tiers saisi, qui ne sera tenu de faire aucune déclaration avant que cette dénonciation lui ait été faite.

Art. 565. Faute de demande en validité, la saisie ou opposition sera nulle : faute de dénonciation de cette demande au tiers saisi, les payements par lui faits jusqu'à la dénonciation seront valables.

DIVISION.

§ 1. — *Conséquences du défaut de demande en validité* (n° 8066).

§ 2. — *Conséquences du défaut de dénonciation au tiers saisi* (n° 8067).

§ 3. — *Effets de la saisie depuis la dénonciation au tiers saisi jusqu'au jugement de validité* (n° 8068).

§ 1er. — *Conséquences du défaut de demande en validité* (C. proc. civ. n°s 1 à 7).

8066. V. *Code de procédure civile*, n°s 1 et s.

§ 2. — *Conséquences du défaut de dénonciation au tiers saisi* (C. proc. civ. n°s 8 à 12).

8067. — V. *Code de procédure civile*, n°s 8 et s.

§ 3. — *Effets de la saisie depuis la dénonciation au tiers saisi jusqu'au jugement de validité* (C. proc. civ. n°s 13 à 42).

8068. — I. PAYEMENT PAR LE TIERS SAISI (C. proc. civ. n°s 13 à 39). — Le tiers saisi domicilié en France, et lié par une déclaration

affirmative envers le saisissant français, ne peut invoquer, à l'appui de la validité du payement fait par lui en pays étranger au préjudice de ce créancier saisissant, le cas de force majeure résultant d'un ordre des tribunaux étrangers. — Poitiers, 20 avr. 1880, D.P. 80. 2. 299.
8069. ... Ni contraindre le saisissant français à renoncer à poursuivre la saisie-arrêt régulièrement pratiquée devant les tribunaux de son pays. — Même arrêt.
8070. ... Alors même qu'il lui aurait fait connaître, dans sa déclaration, les oppositions faites en pays étranger sur les deniers saisis en France, ou communiqué postérieurement les actes émanés à cet égard de la justice étrangère. — Même arrêt.
8071. Il y a faute de la part du tiers saisi qui, lors de la distribution opérée à l'étranger, ne fait pas, près des autorités préposées à cette distribution, les diligences personnelles suffisantes pour y faire admettre le créancier français saisissant. — Même arrêt.
8072. Le cessionnaire, substitué aux droits d'un créancier du Trésor, et qui a réellement reçu payement en son lieu et place, ne peut, pas plus que le créancier lui-même, échapper au recours accordé au tiers-saisi jusqu'à concurrence des sommes payées au préjudice des droits du saisissant. — Req. 12 nov. 1877, D.P. 78. 1. 153. — V. toutefois Observ. sous arrêt, D.P. 78. 1. 153, note 4. — V. *Code de procédure civile*, n° 33.
8073. ... Alors surtout que c'est à l'aide d'une cession frauduleuse concertée avec le saisi, pour dépouiller de leur gage les créanciers de celui-ci, que le cessionnaire a touché la totalité de sa créance. — Même arrêt.
8074. — II. RESTRICTION DES DROITS DU SAISI (C. proc. civ. n°s 40 à 74).
8075. — III. CONSIGNATION PAR LE TIERS SAISI (C. proc. civ. n°s 75 à 92). — Le tiers saisi peut, sans attendre le jugement de la saisie, faire au saisi des offres réelles à la charge de rapporter la mainlevée de la saisie, et à défaut par ce dernier de lui rapporter cette mainlevée, consigner le montant de sa dette. — Req. 28 déc. 1880, D.P. 81. 1. 427. — V. *Code de procédure civile*, n° 79.
8076. — IV. CONCOURS ENTRE SAISISSANTS ET CESSIONNAIRES (C. proc. civ. n°s 93 à 122). — La saisie-arrêt rend indisponible la somme saisie tout entière, et non jusqu'à concurrence seulement d'une somme égale à la créance du saisissant. — Caen, 13 févr. 1882, D.P. 83. 2. 63. — Bordeaux, 15 mai 1891, D.P. 92. 2. 197. — V. *Code de procédure civile*, n° 95.
8077. Mais cette indisponibilité n'est pas absolue; elle n'est que relative à l'égard du créancier saisissant seulement. — Arrêt préc. 13 févr. 1882.
8078. Décidé, au contraire, conformément à l'opinion consacrée par la jurisprudence, qu'une saisie-arrêt ne frappe d'indisponibilité la somme sur laquelle elle est pratiquée que jusqu'à concurrence des causes de l'opposition. — Trib. de Blois, 28 juill. 1886, D.P. 87. 2. 195. — V. *Code de procédure civile*, n° 100.
8079. Par suite, le transport de l'excédent par le débiteur confère au cessionnaire le droit d'être payé par privilège à l'encontre d'un créancier saisissant. — Même jugement. — V. *Code de procédure civile*, n° 102.
8080. — V. INTERRUPTION ET PRESCRIPTION (C. proc. civ. n°s 123 et 124). — V. Supplément au *Code civil annoté*, n° 17600.

Art. 566. En aucun cas, il ne sera nécessaire de faire précéder la demande en validité par une citation en conciliation.

8081. — I. DEMANDE EN VALIDITÉ DE LA SAISIE-ARRÊT (C. proc. civ. n°s 1 à 3).

(1 et 2) Aujourd'hui cinq myriamètres, aux termes de l'art. 1033 C. proc. civ. modifié par la loi du 3 mai 1862 (V. infra, art. 1033).

8082. — II. DEMANDE EN MAINLEVÉE DE LA SAISIE-ARRÊT, (C. proc. civ. nᵒˢ 4 à 11).

Art. 567. La demande en validité et la demande en mainlevée formée par la partie saisie, seront portées devant le tribunal du domicile de la partie saisie.

8083. — I. TRIBUNAUX COMPÉTENTS POUR STATUER SUR LA DEMANDE EN VALIDITÉ (C. proc. civ. nᵒˢ 1 à 32). — 1° *Compétence* ratione materiæ (C. proc. civ. nᵒˢ 1 à 13). — Les tribunaux civils sont compétents, à l'exclusion des tribunaux de commerce, pour connaître des questions de validité et de mainlevée des saisies-arrêts. — Paris, 12 févr. 1886, D.P. 87. 2. 7.

8084. La demande tendant à faire décider qu'un expéditeur est demeuré propriétaire des marchandises saisies-arrêtées au préjudice du destinataire doit être assimilée à une demande en validité de saisie-arrêt et, par suite, portée devant le tribunal civil. — Même arrêt.

8085. Toutefois les parties ne peuvent, par leurs accords, déroger à l'ordre des juridictions en étendant la compétence d'un juge d'exception à une matière absolument étrangère à ses attributions. — Req. 5 janv. 1875, D.P. 75. 1. 468.

8086. — 2° *Compétence* ratione loci (C. proc. civ. nᵒˢ 19 à 32). — Si la question du fond n'est pas de la compétence du tribunal devant lequel est portée la demande en validité, il doit être sursis à statuer sur la validité de la saisie-arrêt jusqu'à ce que le fond ait été résolu par le juge compétent. — Paris, 6 avr. 1880, D.P. 81. 2. 66. — V. *Code de procédure civile*, nᵒˢ 5 et s.

8087. ... La nullité de la saisie ne soit demandée et prononcée pour vice de forme, la question au fond demeurant intacte. — Même arrêt.

8088. L'attribution de compétence que l'art. 567 C. proc. civ. fait au tribunal du domicile de la partie saisie pour connaître de la demande en validité ou en mainlevée de saisie-arrêt, n'enlève pas à la cour d'appel qui a rendu l'arrêt en vertu duquel la saisie a été pratiquée, le droit d'interpréter cet arrêt, lorsque les termes en sont ambigus. — Req. 16 déc. 1879, D.P. 80. 1. 374.

8089. Dès lors, en cas de contestation sur la portée de l'arrêt dont il s'agit, le tribunal saisi de la demande en validité doit surseoir à statuer, et renvoyer les parties devant la cour à l'effet de faire interpréter par elle sa décision. — Même arrêt.

8090. Et il n'y a pas violation de l'art. 567 C. proc. civ. de la part des juges d'appel qui donnent cette interprétation, alors qu'ils se bornent à expliquer le sens et la portée de leur décision, sans statuer sur la demande en validité de la saisie-arrêt. — Même arrêt.

8091. Le juge du domicile du tiers saisi est compétent pour connaître de la demande en validité de la saisie-arrêt formée par un étranger sur un autre étranger aux mains d'un Français; mais il ne peut statuer sur cette demande qu'après que l'étranger saisissant aura rapporté un jugement qui rende exécutoire le titre étranger en vertu duquel il a fait pratiquer la saisie. — Paris, 8 avr. 1875, D.P. 76. 2. 99. — V. *Code de procédure civile*, nᵒ 29.

8092. — II. TRIBUNAUX COMPÉTENTS POUR STATUER SUR LA DEMANDE EN MAINLEVÉE (C. proc. civ. nᵒˢ 33 à 46). — La demande en mainlevée de saisie-arrêt formée contre le saisissant par le saisi doit, dans tous les cas, être portée devant le tribunal du domicile de ce dernier. — Rennes, 10 juin. 1879, D.P. 79. 2. 159. — V. *Code de procédure civile*, nᵒ 37.

8093. Ainsi le saisi ne peut assigner le saisissant devant le tribunal du domicile du tiers saisi, alors même qu'une élection de domicile aurait été faite par l'exploit de saisie-arrêt dans le lieu où demeure le tiers saisi, cette élection de domicile, faite uniquement pour obéir aux prescriptions de l'art. 559 C. proc. civ., concernant les rapports du saisissant et du tiers saisi, et non ceux du saisissant et du saisi. — Même arrêt.

8094. Mais le saisi peut renoncer au droit établi en sa faveur et assigner le saisissant devant le tribunal du domicile de ce dernier. — Même arrêt.

Art. 568. Le tiers saisi ne pourra être assigné en déclaration, s'il n'y a titre authentique ou jugement qui ait déclaré la saisie-arrêt ou l'opposition valable.

8095. L'art. 568 C. proc. civ., qui défend d'assigner le tiers saisi en déclaration s'il n'y a titre authentique ou jugement qui ait déclaré la saisie-arrêt valable, ne distingue pas suivant que le titre authentique ou le jugement est antérieur ou postérieur à la saisie; en conséquence, le tiers saisi est valablement assigné en déclaration par le créancier qui a obtenu un titre authentique avant la demande en déclaration, fût-ce même depuis qu'il a formé la saisie. — Req. 14 juin 1876, D.P. 76. 1. 484.

Art. 569. Les fonctionnaires publics dont il est parlé art. 561 ne seront point assignés en déclaration; mais ils délivreront un certificat constatant s'il n'y a à la partie saisie, et énonçant la somme, si elle est liquide.

Art. 570. Le tiers saisi sera assigné sans citation préalable en conciliation, devant le tribunal qui doit connaître de la saisie; sauf à lui, si la déclaration est contestée, à demander son renvoi devant un juge.

8096. — I. JUGEMENT SUR LA DÉCLARATION AFFIRMATIVE (C. proc. civ. nᵒˢ 1 à 25). — Les dispositions de l'art. 570 C. proc. civ., qui autorisent le tiers saisi à demander son renvoi devant son juge, ne doivent pas recevoir leur application lorsque les contestations soulevées contre plusieurs tiers saisis ont une cause unique formant la matière d'un seul et même litige; en pareil cas, le demandeur peut assigner tous les tiers saisis devant le tribunal de l'un d'eux, alors surtout que ce dernier n'a pas été assigné dans le seul but de soustraire les autres tiers saisis à leurs juges naturels. — Req. 24 févr. 1875, D.P. 76. 1. 424.

8097. Le tiers saisi qui, ayant été appelé dans l'instance en nullité de saisie-arrêt intentée contre le saisissant, a uniquement conclu à sa mise hors de cause, ne peut se plaindre en cassation de ce que le renvoi devant un autre juge, autorisé par l'art. 570 C. proc. civ., n'ait pas été prononcé en sa faveur. — Req. 20 mai 1885, D.P. 86. 4. 82.

8098. Le tiers saisi peut être condamné solidairement avec le saisissant aux dépens de l'instance à titre de dommages-intérêts, en faveur du cessionnaire du débiteur saisi, s'il le juge du fond constate que, loin de rester simple spectateur dans l'affaire, il a pris un rôle actif, et s'est associé abusivement à la résistance indue, opposée d'accord avec lui, par le saisissant, à la demande légitime en mainlevée formée par ledit cessionnaire. — Même arrêt.

8099. — II. DÉFAUT, PROFIT-JOINT EN MATIÈRE DE SAISIE-ARRÊT (C. proc. civ. nᵒˢ 26 à 30).

Art. 571. Le tiers saisi assigné fera sa déclaration et l'affirmera au greffe, s'il est sur les lieux; sinon, devant le juge de paix de son domicile, sans qu'il soit besoin, dans ce cas, de réitérer l'affirmation au greffe.

8100. En cas de saisie-arrêt, la consignation est tenu le tiers saisi doit être faite à la Caisse des dépôts et consignations de l'arrondissement devant le tribunal duquel sont portées les demandes en validité de saisie-arrêt et en homologation de la déclaration de sommes. — Bordeaux, 17 févr. 1875, D.P. 77. 2. 199-200.

8101. Le tiers saisi qui a fait la déclaration affirmative est, à raison des frais de cette déclaration, créancier, non du saisi, mais du saisissant, sur la sommation et dans l'intérêt duquel il les a exposés. — Trib. de la Seine, 22 févr. 1877, D.P. 77. 3. 52.

8102. En conséquence, il peut assigner ce dernier pour en obtenir payement, bien qu'il se trouve débiteur du saisi pour une somme égale ou supérieure, et que sa déclaration ne soit pas contestée; mais, dans ce dernier cas, le tribunal n'a pas à donner acte de la déclaration. — Même jugement.

Art. 572. La déclaration et l'affirmation pourront être faites par procuration spéciale.

Art. 573. La déclaration énoncera les causes et le montant de la dette: les payements à compte, et aucuns ont été faits; les causes de libération, si le tiers saisi n'est pas débiteur; et, dans tous les cas, les saisies-arrêts ou oppositions formées entre ses mains.

8103. Le tiers saisi n'est pas tenu de faire mention dans sa déclaration des sommes insaisissables qu'il peut devoir au débiteur saisi. — Trib. civ. de Saint-Nazaire, 25 juill. 1885, D.P. 87. 3. 32.

Art. 574. Les pièces justificatives de la déclaration seront annexées à cette déclaration; le tout sera déposé au greffe, et l'acte de dépôt sera signifié par un seul acte contenant constitution d'avoué.

Art. 575. S'il survient de nouvelles saisies-arrêts ou oppositions, le tiers saisi les dénoncera à l'avoué du premier saisissant, par extrait contenant les noms et élection de domicile des saisissants, et les causes des saisies-arrêts ou oppositions.

Art. 576. Si la déclaration n'est pas contestée, il ne sera fait aucune autre procédure ni de la part du tiers saisi, ni contre lui.

Art. 577. Le tiers saisi qui ne fera pas sa déclaration ou qui ne fera pas les justifications ordonnées par les articles ci-dessus sera déclaré débiteur pur et simple des causes de la saisie.

8104. — I. DÉLAI DE LA DÉCLARATION AFFIRMATIVE (C. proc. civ. nᵒˢ 1 à 16). — Aucun délai fatal n'est imposé au tiers saisi, soit pour faire sa déclaration, soit pour la régulariser, soit enfin pour produire les pièces justificatives; les délais impartis ne sont que comminatoires, et les formalités ci-dessus peuvent être accomplies en tout état de cause, tant que le tiers saisi n'a pas été, définitivement, et par jugement passé en force de chose jugée, déclaré débiteur pur et simple des causes de la saisie. — Lyon, 26 nov. 1887, D.P. 90. 1. 425-426.

8105. Le tiers saisi ne doit plus être déclaré débiteur des causes de la saisie, lorsqu'il a fait des déclarations suffisamment explicites et en a donné, autant qu'il était en son pouvoir, la justification. — Même arrêt.

8106. — II. CONDAMNATION DU TIERS SAISI COMME DÉBITEUR DES CAUSES DE LA SAISIE (C. proc. civ. n°s 17 à 40). — Le tiers saisi, dont la déclaration affirmative est vague, insuffisante, et ne permet pas de savoir s'il est ou non débiteur du saisi, et qui, d'autre part, ne produit aucune pièce justificative, doit être condamné comme débiteur pur et simple des causes de la saisie. — Req. 15 juill. 1885, D.P. 86. 1. 248. — V. *Code de procédure civile,* n° 17.

8107. Le tiers saisi qui, étant l'associé du saisi et chargé de la caisse et de la comptabilité de la société, a fait sa déclaration au greffe sans y joindre les pièces justificatives, et qui, sommé de produire ses livres de commerce, a refusé d'obtempérer à cette sommation, doit être déclaré débiteur des causes de la saisie. — Req. 9 mars 1880, D.P. 81. 1. 263.

8108. Mais le commerçant tiers saisi, qui a fait la déclaration prescrite par les art. 571 et suiv. C. proc. civ. sans l'appuyer d'aucune preuve justificative, ne doit pas être pour cela reconnu débiteur des causes de la saisie, s'il est constaté qu'il n'avait, pour établir sa situation vis-à-vis de son créancier, d'autres documents que ses livres de commerce, dont la représentation, n'ayant point été demandée par le saisissant, n'a pas été ordonnée par le juge au cours de l'instance. — Req. 29 mai 1878, D.P. 79. 1. 21-22.

8109. L'art. 577 C. proc. civ., n'est pas applicable en dehors du cas spécial qu'il prévoit; en conséquence, le tiers saisi ne devient pas débiteur pur et simple des causes de la saisie, quand il a fait la déclaration et les justifications prescrites par la loi, quelque responsabilité qu'il encoure, du reste, en cas d'inexactitude reconnue. — Req. 15 mai 1881, D.P. 76. 1. 436-437.

8110. Toutefois, un arrêt peut valablement déclarer le tiers saisi responsable du dommage causé au saisissant par une pareille déclaration, en se fondant sur le caractère frauduleux et mensonger de la déclaration affirmative qu'il a faite. — Civ. r. 10 août 1881, D.P. 82. 1. 307.

8111. Et cet arrêt, en évaluant le dommage causé au saisissant par une pareille déclaration, peut considérer qu'il est au moins égal aux causes de la saisie. — Même arrêt.

8112. — III. EFFET DU JUGEMENT DÉCLARANT LE TIERS SAISI DÉBITEUR (C. proc. civ. n°s 41 à 47).

Art. 578. Si la saisie-arrêt ou opposition est formée sur effets mobiliers, le tiers saisi sera tenu de joindre à sa déclaration un état détaillé desdits effets.

Art. 579. Si la saisie-arrêt ou opposition est déclarée valable, il sera procédé à la vente et distribution du prix, ainsi qu'il sera dit au titre *De la distribution par contribution.*

DIVISION.

§ 1. — *Jugement de validité* (n° 8113).
§ 2. — *Effets de la saisie-arrêt à partir du jugement de validité* (n° 8116).

§ 1er. — *Jugement de validité* (C. proc. civ. n°s 1 à 16).

8113. — I. JUGEMENT (C. proc. civ. n°s 1 à 9). — La validité d'une saisie-arrêt doit être appréciée à la date même à laquelle elle a été pratiquée. — Amiens, 29 avr. 1885, D.P. 86. 2. 242.

8114. En conséquence, le créancier qui a indûment frappé d'opposition les sommes

dues à une fabrique d'église est non recevable à demander un sursis à l'effet d'obtenir de l'autorité administrative l'affectation de ces sommes au payement de sa créance, cette prétention tendant à faire valider rétroactivement une saisie-arrêt illégalement pratiquée. — Même arrêt.

8115. — II. APPEL (C. proc. civ. n°s 10 à 16).

§ 2. — *Effets de la saisie-arrêt à partir du jugement de validité* (C. proc. civ. n°s 17 à 68).

8116. — I. DROITS DU SAISISSANT SUR LES SOMMES SAISIES (C. proc. civ. n°s 18 à 56). — Le jugement passé en force de chose jugée, qui déclare une saisie-arrêt bonne et valable, et ordonne que le tiers saisi videra ses mains en celles du saisissant, équivaut, au profit de ce dernier, à un transport judiciaire de la somme saisie, de telle sorte que cette somme ne peut plus être saisie à son préjudice. — Pau, 21 févr. 1887, D.P. 88. 2. 181. — V. *Code de procédure civile,* n° 21.

8117. En conséquence, le débiteur saisi n'est pas recevable à critiquer ce jugement, rendu contradictoirement, signifié à partie, et non frappé d'appel par lui. — Même arrêt.

8118. L'effet nécessaire du jugement prononçant la validité d'une saisie-arrêt est de dessaisir le débiteur des sommes arrêtées, pour en faire attribution au saisissant qui devient ainsi créancier direct du tiers saisi. — Req. 23 mars 1881, D.P. 82. 1. 420-421. — V. *Code de procédure civile,* n° 22.

8119. En conséquence, le tiers saisi domicilié en France et lié par une déclaration affirmative envers le saisissant français, ne peut, en invoquant un fait étranger à ce saisissant, se libérer valablement, au mépris des droits résultant pour celui-ci de la saisie-arrêt qu'il avait fait pratiquer. — Même arrêt.

8120. Spécialement, une société française objecterait vainement que, ayant transféré son siège social dans un pays étranger (dans l'espèce, en Espagne) depuis la saisie-arrêt pratiquée entre ses mains et validée par jugement, elle a dû, pour déférer aux ordres des autorités étrangères, consigner dans ce pays les sommes par elle dues au débiteur saisi. — Même arrêt.

8121. Jugé également que la signification au tiers saisi du jugement qui prononce la validité d'une saisie-arrêt a pour effet de le dessaisir des sommes arrêtées pour en faire attribution au saisissant. — Req. 2 juill. 1890, D.P. 91. 1. 196.

8122. La distribution par contribution de ces sommes ne peut avoir lieu qu'entre le créancier saisissant et ceux dont les saisies avaient été pratiquées avant le dessaisissement du débiteur commun, à l'exclusion des créanciers qui n'ont formé opposition que postérieurement et de ceux qui n'en ont formé aucune. — Même arrêt.

8123. Rien ne s'oppose à ce que le créancier d'une succession bénéficiaire pratique une saisie-arrêt entre les mains du débiteur de cette succession. — Pau, 21 févr. 1887, D.P. 88. 2. 181. — Comp. *Code de procédure civile,* n° 23.

8124. Les dispositions des art. 808 et 809 C. civ., relatives au mode de payement et au recours des créanciers d'une succession bénéficiaire, ne s'appliquent que dans les rapports de ces créanciers avec l'héritier bénéficiaire; elles ne sauraient être invoquées par le créancier de la succession vis-à-vis du débiteur de celle-ci. — Même arrêt. — V. Supplément au *Code civil annoté,* art. 808 et 809, n°s 3202 et s.

8125. En conséquence, ce créancier ne peut prétendre à une distribution en concurrence avec un autre créancier saisissant, lorsqu'il n'a pratiqué lui-même aucune sai-

sie-arrêt entre les mains du débiteur de la succession. — Même arrêt.

8126. La saisie-arrêt validée a pour effet de conférer au créancier un droit d'appréhension directe; elle ne profite qu'à lui seul, alors même que d'autres créanciers ont formé l'opposition de l'art. 808 C. civ. — Pau, 4 juill. 1890, D.P. 91. 2. 348.

8127. La renonciation à un droit ne se présumant pas, le créancier de la succession qui a reçu un acompte de l'héritier bénéficiaire ne peut être considéré comme ayant renoncé à user pour le surplus des droits d'exécution que lui accorde la loi. — Même arrêt.

8128. Le créancier saisissant acquiert, par le jugement de validité passé en force de chose jugée, un droit de préférence sur les deniers arrêtés, si la créance saisie est née et certaine à l'époque du jugement, encore bien qu'elle ne soit pas alors exigible. — Pau, 21 févr. 1887, D.P. 88. 2. 181, et note sous Rennes, 28 févr. 1879, D.P. 80. 2. 14. — V. *Code de procédure civile,* n°s 30 et s.

8129. L'attribution judiciaire résultant du jugement de validité n'est pas subordonnée à la présence dans l'instance du tiers saisi ni même à sa déclaration affirmative. — Arrêt préc. 21 févr. 1887. — V. toutefois *Code de procédure civile,* n°s 35 et s.

8130. Cette déclaration peut être suppléée par la production d'un acte public constatant le chiffre exact de la somme due par le tiers saisi. — Même arrêt.

8131. L'aveu judiciaire ne peut être opposé au créancier de celui qui l'a fait, lorsque ce créancier agit, non pas au nom de son débiteur, mais contre lui en vertu d'un tiers saisi; par suite, quand, dans une instance en validité de plusieurs saisies-arrêts, l'existence d'une créance n'est établie que par la reconnaissance du débiteur, cette reconnaissance ne peut être opposée aux autres créanciers saisissants, et, par suite, les sommes saisies doivent leur être attribuées à l'exclusion de celui dont la créance a été ainsi reconnue. — Civ. r. 18 août 1884, D.P. 85. 1. 207.

8132. Le jugement qui a validé, au profit d'un créancier chirographaire, la saisie-arrêt pratiquée par lui des deniers déposés chez un notaire, ne saurait être opposable à ce notaire, alors que le jugement ne lui a pas été notifié et que l'exécution qu'il a donnée à ce jugement proteste contre la pensée d'attribuer ces deniers aux créanciers chirographaires. — Req. 20 juin 1887, D.P. 88. 1. 134.

8133. Le jugement qui prononce la validité d'une saisie-arrêt n'opère au profit du saisissant un transport judiciaire le rendant, jusqu'à concurrence de sa créance, propriétaire exclusif des deniers arrêtés, qu'autant qu'il a acquis l'autorité de la chose jugée; en conséquence, les dispositions régulièrement pratiquées par des tiers avant la signification du jugement de validité empêchent cette appropriation exclusive. — Req. 2 févr. 1891, D.P. 91. 1. 385. — V. *Code de procédure civile,* n° 39.

8134. De même, la saisie-arrêt n'opère transport au profit du saisissant des deniers saisis qu'à partir du jour où elle a été validée par une décision judiciaire ayant acquis l'autorité de la chose jugée. — Req. 28 déc. 1880, D.P. 81. 1. 427. — V. *Code de procédure civile,* n° 40.

8135. Par suite, la connaissance du jugement de validité, tant qu'il n'est point passé en force de chose jugée, ne peut, vis-à-vis du tiers saisi, équivaloir à un transport qui lui donne le saisissant pour créancier. — Même arrêt.

8136. Le jugement de validité d'une saisie-arrêt, même passé en force de chose jugée, ne peut avoir pour effet d'annihiler les droits antérieurement acquis par d'autres créanciers. — Arrêt préc. 21 févr. 1887. — V. *Code de procédure civile,* n° 50.

8437. En conséquence, les oppositions antérieures au jugement de validité, même non validées, conservent leur effet nonobstant ce jugement, et, par suite, les sommes qui en sont l'objet continuent à rester indisponibles entre les mains du tiers saisi, tant que celui-ci ne s'est pas définitivement libéré, ou que lesdites oppositions ne sont pas éteintes par la péremption. — Rennes, 28 févr. 1879, D.P. 80. 2. 14.

8138. Toutefois, un tiers ne saurait se prévaloir des droits antérieurement acquis par d'autres créanciers et dont l'exercice appartient exclusivement à ceux qui les ont acquis. — Arrêt préc. 21 févr. 1887.

8139. — II. Persistance de la dette du saisi (C. proc. civ. nᵒˢ 57 à 63).

8140. — III. Vente et distribution du prix (C. proc. civ. nᵒˢ 64 à 68). — V. infra, art. 656 à 672, nᵒˢ 8298 et s.

Art. 580. Les traitements et pensions dus par l'État ne pourront être saisis que pour la portion déterminée par les lois ou par ordonnances royales.

8141. — I. Traitement des fonctionnaires civils (C. proc. civ. nᵒˢ 1 à 11). — La saisie-arrêt qui a été pratiquée par une femme sur le traitement de son mari, fonctionnaire public, pour assurer le payement de la pension alimentaire et de la provision ad litem qui lui ont été accordées dans une instance en séparation de corps, ne doit pas être restreinte à une partie de ce traitement : elle peut en dépasser le cinquième. — Bordeaux, 12 juill. 1880, D.P. 80. 1. 232. — Trib. civ. Seine, 28 déc. 1891, D.P. 92. 2. 129, notes 1 et 2. — V. Code de procédure civile, nᵒ 4.

8142. Jugé cependant en sens contraire que les traitements des fonctionnaires publics ne sont saisissables qu'à concurrence d'un minimum déterminé par la loi, et que ce principe est applicable aux divers créanciers des fonctionnaires, quelle que soit la cause des créances. — Paris, 10 août 1882, D.P. 92. 2. 129, note a. — C. cass. de Belgique, 14 janv. 1892, D.P. 92. 2. 129.

8143. Spécialement, la femme séparée de corps d'un fonctionnaire ne peut poursuivre, par voie de saisie-arrêt, sur la portion déclarée insaisissable du traitement de son mari, le recouvrement de la pension alimentaire allouée par justice ; elle ne peut, comme tous autres créanciers et concurremment avec eux, exercer ses droits que sur la part dont la loi permet la saisie. — Arrêt préc. 14 janv. 1892.

8144. Sur l'insaisissabilité des traitements ecclésiastiques, V. Code des lois adm. annotées, t. 1ᵉʳ, 1, vᵒ Culte, nᵒˢ 3287 et s., et J.G.S. Culte, nᵒ 343.

8145. — II. Traitement des militaires (C. proc. civ. nᵒˢ 12 à 17). — V. Code des lois adm. annotées, t. 5, vᵒ Organisation militaire.

8146. — III. Salaires et profits des marins (C. proc. civ. nᵒˢ 18 à 26). — La part revenant à un patron de chaloupe de pêche associé à l'armateur doit être assimilable au salaire du marin et est par suite insaisissable. — Trib. civ. de Saint-Nazaire, 25 juill. 1885, D.P. 87. 3. 32. — V. aussi Code des lois adm. annotées, t. 5, vᵒ Organisation maritime.

8147. L'insaisissabilité établie pour la solde des matelots engagés sur des bâtiments de commerce s'applique à la solde des matelots engagés sur un bâtiment de pêche. — Civ. c. 14 mai 1873, D.P. 74. 1. 105.

8148. Est comprise dans le mot solde et protégée par le principe de l'insaisissabilité toute rémunération promise au matelot comme prix de son travail, sous quelque forme qu'elle soit stipulée, au fret, au profit, ou moyennant une part proportionnelle dans les produits du fret ou de la pêche. — Même arrêt.

8149. — IV. Pensions de retraite (C. proc.

civ. nᵒˢ 27 à 40. — Le paragraphe 1ᵉʳ de l'art. 1ᵉʳ de l'ordonnance du 16 sept. 1837, qui ordonne aux payeurs, agents ou préposés de l'État de déposer d'office à la Caisse des dépôts et consignations la partie saisissable des appointements et traitements civils ou militaires saisis-arrêtés entre leurs mains, désigne exclusivement les traitements dont une portion peut être l'objet d'une saisie-arrêt ou opposition à la requête de tout créancier. — Civ. c. 10 juill. 1883, D.P. 83. 1. 448.

8150. Spécialement, cette disposition est inapplicable aux pensions de retraite militaires, qui sont déclarées insaisissables par la loi, ainsi qu'aux allocations de la Légion d'honneur, sans qu'il soit assimilées sous le rapport de l'insaisissabilité. — Même arrêt. — V. Code de procédure civile, nᵒ 32.

8151. En conséquence, le payeur qui s'est abstenu de consigner d'office la solde d'une pension de retraite militaire et d'une pension de la Légion d'honneur frappées d'opposition entre ses mains, ne saurait être condamné à en payer le montant aux héritiers du titulaire décédé, comme responsable de la perte survenue par l'effet de la prescription quinquennale admise au profit de l'État. — Même arrêt.

8152. Jugé également que la femme d'un militaire contre laquelle la séparation de corps a été prononcée à la requête de son mari ne peut saisir-arrêter la pension de retraite de celui-ci pour avoir payé d'une pension alimentaire. — Req. 21 déc. 1883, D P. 84. 1. 186.

8153. — V. Indemnité des sénateurs et députés (C. proc. civ. nᵒˢ 41 à 44).

8154. — VI. Traitements et salaires dus par les particuliers (C. proc. civ. nᵒˢ 45 à 60). — Les traitements des employés des particuliers et les salaires des ouvriers peuvent être être déclarés insaisissables, soit en partie, soit pour le tout, lorsqu'il est constaté qu'ils ont un caractère alimentaire. — Req. 26 mai 1878, D.P. 79. 1. 21-22. — V. Code de procédure civile, nᵒ 51.

8155. Et les juges du fond apprécient souverainement la quotité des sommes saisies qui, à ce titre, doit être réservée au débiteur. — Même arrêt.

8156. Spécialement, ils peuvent, en se fondant sur les usages commerciaux (dans l'espèce, ceux de la place de Paris), fixer cette quotité au cinquième du traitement de l'employé contre lequel a été pratiquée la saisie. — Même arrêt.

8157. D'après un jugement, le prix de la location d'un bureau de tabac est assimilable au traitement de certains fonctionnaires, et notamment à celui des percepteurs ; il présente un caractère essentiellement alimentaire. — Trib. de Villefranche, 27 avr. 1877, D.P. 79. 3. 30, et Observ. en sens contraire sous ce jugement.

8158. Par suite, le prix de la location ne peut être saisi-arrêté pour la totalité, et les tribunaux, dans le cas où une saisie-arrêt a été pratiquée, ont le droit de réduire les effets de cette saisie dans une mesure qui varie suivant les circonstances. — Même jugement.

8159. Jugé dans le même sens que le produit d'un bureau de tabac concédé par l'État à la veuve d'un ancien militaire doit être considéré comme une pension alimentaire, et ne peut, dès lors, être saisi que dans la proportion d'un cinquième. — Douai, 17 févr. 1896, D.P. 90. 2. 308.

8160. ... Peu importe que le concessionnaire du débit de tabac l'exploite elle-même ou le loue à un gérant, cette location n'étant qu'un mode de jouissance et se transformant par le caractère du produit. — Même arrêt.

8161. Décidé, au contraire, que le produit résultant de la location du droit d'exploiter un bureau de tabac peut être saisi pour la totalité. — Douai, 17 janv. 1872, D.P. 78. 2. 9, note 1. — Amiens, 27 nov. 1877,

D.P. 78. 2. 9. — V. Code de procédure civile, nᵒ 60.

Art. 581. Seront insaisissables : 1ᵒ les choses déclarées insaisissables par la loi ; 2ᵒ les provisions alimentaires adjugées par justice ; 3ᵒ les sommes et objets disponibles déclarés insaisissables par le testateur ou donateur ; 4ᵒ les sommes et pensions pour aliments, encore que le testament ou l'acte de donation ne les déclare pas insaisissables.

8162. La condition d'insaisissabilité attachée à un legs ne doit pas nécessairement faire l'objet d'une déclaration expresse, et peut s'induire de la combinaison des clauses d'un ou de plusieurs testaments, par exemple, de l'institution, dans un second testament, sous le nom d'un tiers, d'un légataire universel directement institué dans un premier testament ; par suite, le créancier du légataire, dont la créance est antérieure à l'ouverture du legs, n'a aucun droit sur les biens déclarés indirectement insaisissables, qui sont compris dans ledit legs. — Req. 16 avr. 1877, D.P. 78. 1. 165-166.

Art. 582. Les provisions alimentaires ne pourront être saisies que pour cause d'aliments : les objets mentionnés aux numéros 3 et 4 du précédent article pourront être saisis par des créanciers postérieurs à l'acte de donation ou à l'ouverture du legs ; et ce, en vertu de la permission du juge, et pour la portion qu'il déterminera.

DIVISION

Sect. 1. — Choses déclarées insaisissables par la loi (nᵒ 8163).

§ 1. — Insaisissabilité des rentes sur l'État (nᵒ 8163).

§ 2. — Insaisissabilité des obligations du Crédit foncier (nᵒ 8170).

§ 3. — Créances déclarées insaisissables par diverses lois (nᵒ 8171).

Sect. 2. — Provisions alimentaires (nᵒ 8185).

Sect. 3. — Dons et pensions alimentaires déclarés insaisissables (nᵒ 8186).

Sect. 1ʳᵉ. — Choses déclarées insaisissables par la loi (C. proc. civ. nᵒˢ 1 à 51).

§ 1ᵉʳ. — Insaisissabilité des rentes sur l'État (C. proc. civ. nᵒˢ 1 à 51).

8163. — I. Insaisissabilité des rentes sur l'État (C. proc. civ. nᵒˢ 1 à 28). — Les rentes sur l'État sont en principe saisissables : elles ne deviennent insaisissables que dans le cas où la saisie nécessiterait une opposition entre les mains des agents du Trésor public. — Trib. civ. de Bordeaux, 11 mai 1887, D.P. 88. 3. 55-56. — Comp. Paris, 18 janv. 1886, D.P. 86. 2. 233.

8164. En conséquence, lorsque les créanciers d'un héritier ont formé opposition à ce qu'il fût procédé, hors de leur présence, au partage de la succession à laquelle leur débiteur était appelé, le notaire liquidateur peut valablement se refuser à délivrer audit héritier un titre de rente sur l'État compris dans la part qui lui revient par suite de la liquidation. — Arrêt préc. 11 mai 1887.

8165. L'opposition ainsi formée par les créanciers sur l'héritier vaut saisie-arrêt, et le tribunal peut, en validant cette saisie-arrêt, attribuer le titre de rente aux opposants. — Même jugement.

8166. Décidé, au contraire, que les lois du 8 niv. an 6 et du 22 flor. an 7 ne se bornent pas à interdire, dans l'intérêt du Trésor public et des règles de sa comptabilité, les saisies-arrêts des rentes sur l'État, mais déclarent ces rentes *insaisissables* dans les sens le plus absolu du mot; et cette insaisissabilité a été expressément confirmée par la loi du 11 juin 1878 (D.P. 78. 4. 67) pour les nouvelles rentes 3 pour 100 amortissables. — Rouen, 6 mars 1888, D.P. 88. 2. 291.

8167. En conséquence, le syndic d'une faillite ne peut pas revendiquer, à l'effet de les comprendre dans l'actif et d'en distribuer la valeur aux créanciers de la masse, des titres de rente sur l'État donnés en nantissement par le failli avant le jugement déclaratif de faillite, sous prétexte que le transfert de ce nantissement par le Trésor n'aurait été accompli que postérieurement audit jugement. — *Même arrêt.*

8168. — II. EXCEPTIONS AU PRINCIPE DE L'INSAISISSABILITÉ (C. proc. civ. nᵒˢ 29 à 48).

8169. — III. COMPÉTENCE (C. proc. civ. nᵒˢ 49 à 51).

§ 2. — *Insaisissabilité des obligations du Crédit foncier* (C. proc. civ. nᵒˢ 52 et 53).

8170. V. *Code de procédure civile,* nᵒˢ 52 et s.

§ 3. — *Créances déclarées insaisissables par diverses lois* (C. proc. civ. nᵒˢ 54 à 75).

8171. — I. LETTRE DE CHANGE (C. proc. civ. nᵒ 54).

8172. — II. COMPTE-COURANT (C. proc. civ. nᵒˢ 55 et 56).

8173. — III. BONS DU TRÉSOR (C. proc. civ. nᵒ 57).

8174. — IV. CRÉANCES DES ENTREPRENEURS DES TRAVAUX PUBLICS (C. proc. civ. nᵒ 58).

8175. — V. MAJORATS (C. proc. civ. nᵒ 59).

8176. — VI. CONTRIBUTIONS INDIRECTES (C. proc. civ. nᵒ 60). — V. *Code des lois adm. annotées,* t. 4, vᵒ *Contributions indirectes.*

8177. — VII. POSTE AUX LETTRES (C. proc. civ. nᵒˢ 61 et 62). — La disposition de l'art. 76 du décret du 24 juill. 1793, relatif à l'organisation des postes, qui déclare insaisissables les payements à faire par l'État aux maîtres de poste, aujourd'hui supprimés, doit-elle être étendue par voie d'analogie aux entrepreneurs des transports de la poste aux lettres dont le service se fait dans des conditions différentes de celui des anciens maîtres de poste. — Civ. c. 27 août 1883, D.P. 83. 1. 79. — Orléans, 28 févr. 1890, D.P. 90. 2. 306. — Civ. c. 3 août 1891, D.P. 93. 1. 463. — V. *contrà* Aix, 27 janv. 1887, D.P. 88. 2. 75.

8178. En conséquence, est valable la saisie-arrêt pratiquée par les créanciers d'un entrepreneur du transport des lettres sur les sommes qui lui sont dues par l'État. — Arrêts précités. 27 août 1883, 28 févr. 1890 et 3 août 1891.

8179. — VIII. TAXES DES TÉMOINS (C. proc. civ. nᵒ 63).

8180. — IX. PRODUIT DU TRAVAIL DES DÉTENUS (C. proc. civ. nᵒ 64).

8181. — X. GRATIFICATIONS ACCORDÉES AUX AGENTS FORESTIERS (C. proc. civ. nᵒ 65).

8182. — XI. DROIT DES PAUVRES (C. proc. civ. nᵒ 66).

8183. — XII. LETTRES CONFIÉES A LA POSTE (C. proc. civ. nᵒˢ 67 à 71).

8184. — XIII. CRÉANCES DIVERSES (C. proc. civ. nᵒˢ 72 à 75).

SECT. 2. — PROVISIONS ALIMENTAIRES (C. proc. civ. nᵒˢ 76 à 80).

8185. V. *Code de procédure civile,* nᵒˢ 76 et s.

SECT. 3. — DONS ET PENSIONS ALIMENTAIRES OU DÉCLARÉS INSAISISSABLES (C. proc. civ. nᵒˢ 81 à 119).

8186. — I. INSAISISSABILITÉ (C.proc.civ. nᵒˢ

81 à 119). — L'obligation consentie par un héritier, comme prix de la cession par son cohéritier de tous ses droits dans la succession de leur père, de le loger, nourrir, chauffer, éclairer, etc., pendant sa vie et jusqu'à son décès, constitue au profit de celui-ci, par sa nature et aussi à raison de la situation respective des parties, un droit exclusivement attaché à la personne du bénéficiaire, et ne peut, en conséquence, être l'objet d'une saisie-arrêt. — Civ. c. 5 août 1878, D.P. 79. 1. 73.

8187. Sur la clause d'insaisissabilité dans les donations et testaments. V. *Supplément au Code civil annoté,* art. 900, nᵒˢ 5771 et s.

8188. — II. EXCEPTIONS A LA RÈGLE DE L'INSAISISSABILITÉ (C. proc. civ. nᵒˢ 101 à 119).

TITRE VIII.

Des saisies-exécutions.

Art. 583. Toute saisie-exécution sera précédée d'un commandement à la personne ou au domicile du débiteur, fait au moins un jour avant la saisie, et contenant notification du titre, s'il n'a déjà été notifié.

8189. — I. CARACTÈRE DE LA SAISIE-EXÉCUTION (C. proc. civ. nᵒ 1).

8190. — II. QUI PEUT FORMER UNE SAISIE-EXÉCUTION (C. proc. civ. nᵒˢ 2 et 3). — Comp. *supra,* art. 59, nᵒˢ 1053 et s.

8191. — III. CONTRE QUI ON PEUT FORMER UNE SAISIE-EXÉCUTION (C. proc. civ. nᵒˢ 4 à 6).

8192. — IV. POUR QUELLES CRÉANCES ON PEUT SAISIR-EXÉCUTER (C. proc. civ. nᵒ 7).

8193. — V. TITRES EN VERTU DESQUELS ON PEUT SAISIR-EXÉCUTER (C. proc. civ. nᵒˢ 15 à 26).

8194. — VI. COMMANDEMENT PRÉALABLE A LA SAISIE-EXÉCUTION (C. proc. civ. nᵒˢ 27 à 71). — 1ᵒ *Nécessité du commandement* (C. proc. civ. nᵒˢ 27 à 11). — La disposition de l'art. 2205 C. civ., aux termes de laquelle la part indivise d'un cohéritier dans les immeubles de la succession ne peut être mise en vente par ses créanciers personnels avant le partage ou la licitation, ne s'étend point au cas de saisie mobilière. — Civ. c. 24 mars 1881, D.P. 81. 1. 417. — V. *Code de procédure civile,* nᵒˢ 35 et s.

8195. La circonstance qu'un créancier a demandé en justice acte de ce qu'il n'insiste pas la saisie des meubles autres que les récoltes n'implique pas successivement, par elle-même et par les seuls termes de cette déclaration, l'intention de ne pas faire vendre (quant aux meubles) qu'a duré l'indivision.—Bordeaux, 29 mars 1876, D.P. 81. 1. 417, note 6.

8196. Décidé, au contraire, que, si le créancier d'un cohéritier a le droit de saisir, avant le partage de la succession, les meubles dépendant de celle-ci, il ne peut les faire vendre (tant que dure l'indivision). — Bordeaux, 29 mars 1876, D.P. 81. 1. 417, note 6.

8197. — 2ᵒ *Formalités du commandement* (C. proc. civ. nᵒˢ 42 à 64).

8198. — 3ᵒ *Délai entre le commandement et la saisie* (C. proc. civ. nᵒˢ 65 à 69).

8199. — 4ᵒ *Recours contre le commandement* (C. proc. civ. nᵒˢ 70 et 71).

8200. — VII. EFFETS DE LA SAISIE (C. proc. civ. nᵒˢ 72 à 77). — La saisie-exécution, et spécialement la saisie-brandon, n'a pas pour effet de transférer au saisissant la propriété des objets sur lesquels elle porte, jusqu'au jour de la vente, la propriété de

ces objets repose, en droit, sur la tête du saisi, de même que leur possession reste, en fait, entre ses mains, et la mesure conservatoire dont ils sont frappés n'a d'autre conséquence que d'enlever au saisi la faculté d'en disposer au préjudice de ses créanciers. — Dijon, 28 déc. 1891, D.P. 92. 2. 119.

8201. Les risques demeurent donc à la charge du saisi par application de la règle générale : *res perit domino.* — *Même arrêt.*

Art. 584. Il contiendra élection de domicile jusqu'à la fin de la poursuite, dans la commune où doit se faire l'exécution, si le créancier n'y demeure; et le débiteur pourra faire à ce domicile élu toutes significations, même d'offres réelles et d'appel.

8202. — I. ÉLECTION DE DOMICILE (C. proc. civ. nᵒˢ 1 à 5).

8203. — II. EFFETS DE L'ÉLECTION DE DOMICILE (C. proc. civ. nᵒˢ 6 à 45). — 1ᵒ *Attribution de compétence* (C. proc. civ. nᵒˢ 8 à 16).

8204. — 2ᵒ *Offres réelles et consignation* (C. proc. civ. nᵒˢ 17 à 24).

8205. — 3ᵒ *Appel* (C. proc. civ. nᵒˢ 25 à 43). — L'acte d'appel ne peut plus être signifié au domicile élu dans le commandement à fin de saisie, dès que la poursuite a été terminée par la libération intégrale du débiteur saisi : à partir de ce moment, l'appel doit être signifié, suivant la règle générale, à personne ou à domicile réel. — Montpellier, 23 févr. 1878, D.P. 79. 2. 192-193.

8206. Si l'art. 584 C. proc. civ. déroge à l'art. 456, en ce qu'il autorise la signification de l'appel au domicile qui a été élu en cas de commandement de saisie, il ne dispense pas l'appelant de l'obligation de laisser, à peine de nullité, une copie de l'acte à chacun des intéressés. — Req. 31 oct. 1888, D.P. 89. 1. 95. — V. *supra,* art. 456, nᵒˢ 5724 et s.

8207. Cette obligation subsiste, bien que le commandement et la saisie aient été faits par plusieurs parties agissant ensemble, qui ont élu le même domicile et déclaré procéder dans un même but à l'exécution de la même jugement, ces circonstances ne suffisant pas pour que les dettes des parties, auxquelles l'exécution avait été accordée pour des sommes identiques de manière à n'être considérées comme une seule et même personne. — *Même arrêt.*

8208. L'art. 584 C. proc. civ. qui autorise, à raison de l'urgence, la signification de l'appel au domicile élu dans le commandement précédant une saisie-exécution, ne s'applique pas à d'autres actes que celui du commandement à fin d'exécution d'une condamnation définitive. — Lyon, 30 déc. 1887, D.P. 88. 2. 319.

8209. En conséquence, est nul l'appel signifié au domicile élu dans un commandement donné en exécution d'une ordonnance de référé qui prescrit un déguerpissement; cet appel doit-être notifié à personne ou domicile. — *Même arrêt.* V. *supra,* art. 456, nᵒˢ 5724 et s.

8210. — III. ÉLECTION DE PLUSIEURS DOMICILES (C. proc. civ. nᵒˢ 46 à 56). — Le débiteur constitué en première instance ne peut s'aggraver son appel à domicile élu par le créancier dans le commandement à fin de saisie mobilière qu'autant que ce domicile a été élu au lieu et en vue exclusive de cette saisie. — Nancy, 28 janv. 1876, D.P. 77. 2. 3.

8211. En conséquence, si le créancier a fait dans un commandement deux élections de domicile, l'une au lieu et en vue de la saisie, l'autre en un lieu différent et où le débiteur n'a ni meubles ni effets mobiliers, la signification de l'acte d'appel lui ne peut avoir lieu qu'au domicile réel du créancier et au premier de ces domiciles élus, mais non au second. — *Même arrêt.*

Art. 585. L'huissier sera assisté de deux témoins, Français, majeurs, non parents ni alliés des parties ou de l'huissier, jusqu'au degré de cousin issu de germain inclusivement, ni leurs domestiques ; il énoncera sur le procès-verbal leurs noms, professions et demeures ; les témoins signeront l'original et les copies. La partie poursuivante ne pourra être présente à la saisie.

8212. — I. Ministère d'un huissier (C. proc. civ. nᵒˢ 3 et 4).
8213. — II. Assistance de témoins (C. proc. civ. nᵒˢ 5 à 12).
8214. — III. Mention et signature des témoins (C. proc. civ. nᵒˢ 13 à 20).
8215. — IV. Présence du saisissant (C. proc. civ. nᵒˢ 21 à 23).

Art. 586. Les formalités des exploits seront observées dans les procès-verbaux de saisie-exécution ; ils contiendront itératif commandement, si la saisie est faite en la demeure du saisi.

8216. — I. Procès-verbal de saisie (C. proc. civ. nᵒˢ 1 à 8).
8217. — II. Itératif commandement (C. proc. civ. nᵒˢ 9 à 13).

Art. 587. Si les portes sont fermées, ou si l'ouverture en est refusée, l'huissier pourra établir gardien aux portes pour empêcher le divertissement : il se retirera sur-le-champ, sans assignation, devant le juge de paix, ou, à son défaut, devant le commissaire de police, et, dans les communes où il n'y en a pas, devant le maire, et à son défaut, devant l'adjoint, en présence desquels l'ouverture des portes, même celle des meubles fermants, sera faite, au fur et à mesure de la saisie. L'officier qui se transportera ne dressera point de procès-verbal ; mais il signera celui de l'huissier, lequel ne pourra dresser du tout qu'un seul et même procès-verbal.

Art. 588. Le procès-verbal contiendra la désignation détaillée des objets saisis : s'il y a des marchandises, elles seront pesées, mesurées ou jaugées, suivant leur nature.

8218. — I. Désignation des objets saisis (C. proc. civ. nᵒˢ 1 à 6).
8219. — II. Procès-verbal de carence (C. proc. civ. nᵒ 7).

Art. 589. L'argenterie sera spécifiée par pièces et poinçons, et elle sera pesée.

Art. 590. S'il y a des deniers comptants, il sera fait mention du nombre et de la qualité des espèces ; l'huissier les déposera au lieu établi pour les consignations ; à moins que le saisissant et la partie saisie, ensemble les opposants, s'il y en a, ne conviennent d'un autre dépositaire.

Art. 591. Si le saisi est absent, et qu'il y ait refus d'ouvrir aucune pièce ou meuble, l'huissier en requerra l'ouverture ; et s'il se trouve des papiers, il requerra l'apposition des scellés par l'officier appelé pour l'ouverture.

Art. 592. Ne pourront être saisis : 1° les objets que la loi déclare immeubles par destination ;
2° Le coucher nécessaire des saisis, ceux de leurs enfants vivant avec eux, les habits dont les saisis sont vêtus et couverts ;
3° Les livres relatifs à la profession du saisi, jusqu'à la somme de 300 francs, à son choix ;
4° Les machines et instruments servant à l'enseignement pratique ou exercice des sciences et arts, jusqu'à concurrence de la même somme, et au choix du saisi ;
5° Les équipements des militaires, suivant l'ordonnance et le grade ;
6° Les outils des artisans nécessaires à leurs occupations personnelles ;
7° Les farines et menues denrées nécessaires à la consommation du saisi et de sa famille, pendant un mois ;
8° Et enfin, une vache ou trois brebis, ou deux chèvres, au choix du saisi, avec les pailles, fourrages et grains nécessaires pour la litière et la nourriture desdits animaux pendant un mois.

8220. — I. Choses saisissables (C. proc. civ. nᵒˢ 1 à 17).
8221. — II. Choses insaisissables (C. proc. civ. nᵒˢ 18 à 83). — 1° Immeubles par destination (C. proc. civ. nᵒˢ 18 à 39). — Les abeilles et les ruches placées sur le fonds par le propriétaire deviennent immeubles par destination, elles ne peuvent être saisies que par voie de saisie immobilière et vendues qu'avec le fonds lui-même. — J.G.S. Droit rural, 104. — V. Code de procédure civile, nᵒ 39.
8222. Si elles ont été, au contraire, placées sur le fonds par un autre que le propriétaire, notamment par le fermier, elles ont le caractère de meubles et peuvent être l'objet d'une saisie-exécution. — J.G.S. Droit rural, 104.
8223. Aux termes de l'art. 10 de la loi du 4 avr. 1889, dans le cas où les ruches à miel pourraient être saisies séparément du fonds auquel elles sont attachées, elles ne peuvent être déplacées que pendant les mois de décembre, janvier et février. — D.P. 90. 4. 20.
8224. D'après un auteur, les vers à soie et les feuilles de mûrier sont meubles, mais peuvent être compris dans une saisie-exécution. — J.G.S. Droit rural, 113.
8225. Aux termes de l'art. 11 de la loi du 4 avr. 1889, les vers à soie ne peuvent être saisis pendant leur travail, ainsi que les feuilles de mûrier qui leur sont nécessaires. — D.P. 90. 4. 20.
8226. Une saisie opérée dans ces conditions serait, en effet, pour le débiteur une perte sans profit pour le créancier. — D.P. 89. 4. 36, note 7.
8227. — 2° Coucher et habits (C. proc. civ. nᵒˢ 40 à 55).
8228. — 3° Livres, machines et instruments relatifs à la profession (C. proc. civ. nᵒˢ 56 à 60).
8229. — 4° Équipements des militaires (C. proc. civ. nᵒˢ 61 à 64).
8230. — 5° Outils des artisans (C. proc. civ. nᵒˢ 65 à 72). — Les chevaux, harnais et voitures d'un entrepreneur de transport de dépêches ne rentrent pas dans les outils nécessaires aux artisans pour leurs occupations personnelles et ne sauraient, dès lors, être déclarés insaisissables. — Orléans, 28 févr. 1890, D.P. 90. 2. 306. — V. Code de procédure civile, nᵒ 71, et suprà, nᵒ 8177.
8231. — 6° Denrées, bétail et fourrages (C. proc. civ. nᵒˢ 73 à 75).
8232. — 7° Choses insaisissables (C. proc. civ. nᵒˢ 76 à 83). — Les revenus des fabriques comme ceux des communes sont insaisissables. — Amiens, 29 avr. 1885, D.P. 86. 2. 242.
8233. — III. Mention relative aux objets insaisissables (C. proc. civ. nᵒ 84).
8234. — IV. Recours en cas de saisie d'objets insaisissables (C. proc. civ. nᵒˢ 85 à 89).

Art. 593. Lesdits objets ne pourront être saisis pour aucune créance, même celle de l'État, si ce n'est pour aliments fournis à la partie saisie, ou sommes dues aux fabricants ou vendeurs desdits objets, ou à celui qui aura prêté pour les acheter, fabriquer ou réparer ; pour fermages et moissons des terres à la culture desquelles ils sont employés, loyers des manufactures, moulins, pressoirs, usines dont ils dépendent, et loyers des lieux servant à l'habitation personnelle du débiteur.

Les objets spécifiés sous le nᵒ 2 du précédent article, ne pourront être saisis pour aucune créance.

Art. 594. En cas de saisie d'animaux et ustensiles servant à l'exploitation des terres, le juge de paix pourra, sur la demande du saisissant, le propriétaire et le saisi entendus ou appelés, établir un gérant à l'exploitation.

Art. 595. Le procès-verbal contiendra indication du jour de la vente.

Art. 596. Si la partie saisie offre un gardien solvable, et qui se charge volontairement sur-le-champ, il sera établi par l'huissier.

8235. Le gardien d'objets saisis est un véritable séquestre judiciaire que l'on ne saurait contraindre à accepter cette fonction malgré lui. — Paris, 6 mai 1890, D.P. 91. 4. 395.
8236. Le saisissant ne peut être chargé de prendre les mesures nécessaires pour la conservation du son gage, alors que la loi a prescrit l'établissement d'un gardien chargé de veiller à cette conservation ; aussi lorsqu'une faute a été commise, ne peut-elle engager que la responsabilité du gardien. — Dijon, 28 déc. 1891, D.P. 92. 2. 119.

Art. 597. Si le saisi ne présente gardien solvable et de la qualité requise, il en sera établi un par l'huissier.

Art. 598. Ne pourront être établis gardiens le saisissant, son conjoint, ses parents et alliés jusqu'au degré de cousin issu de germain inclusivement, et ses domestiques ; mais le saisi, son conjoint, ses parents, alliés et domestiques, pourront être établis gardiens, de leur consentement et de celui du saisissant.

8237. Le saisi ne saurait être censé avoir accepté les fonctions de gardien s'il était absent lors de la saisie, ou si, présent, il n'a pas été interpellé et n'a pas signé le procès-verbal. — Paris, 6 mai 1890, D.P. 91. 1. 395.

Art. 599. Le procès-verbal sera fait sans déplacer ; il sera signé par le gardien sur l'original et la copie ; s'il ne sait signer, il en sera fait mention ; et il lui sera laissé copie du procès-verbal.

8238. — I. Rédaction du procès-verbal (C. proc. civ. nᵒˢ 1 à 5).
8239. — II. Signature du procès-verbal (C. proc. civ. nᵒˢ 6 à 13).

Art. 600. Ceux qui, par voies de fait, empêcheraient l'établissement du gardien, ou qui enlèveraient et détourneraient des effets saisis, seront poursuivis conformément au Code d'instruction criminelle.

Art. 601. Si la saisie est faite au domicile de la partie, copie lui sera laissée, sur-le-champ, du procès-verbal, signée des personnes qui auront signé l'original; si la partie est absente, copie sera remise au maire ou adjoint, ou au magistrat qui, en cas de refus de portes, aura fait faire ouverture, et qui visera l'original.

Art. 602. Si la saisie est faite hors du domicile et en l'absence du saisi, copie lui sera notifiée dans le jour, outre un jour pour trois myriamètres; sinon les frais de garde et le délai pour la vente ne courront que du jour de la notification.

8240. — I. Notification du procès-verbal, au saisi (C. proc. civ. nᵒˢ 1 à 4).
8241. — II. Frais de garde (C. proc. civ. nᵒˢ 5 à 16).

Art. 603. Le gardien ne peut se servir des choses saisies, les louer ou prêter, à peine de privation des frais de garde, et de dommages et intérêts, au payement desquels il sera contraignable par corps.

8242. L'acceptation de la garde d'objets saisis constitue un dépôt volontaire dont la preuve ne peut résulter que de la signature du gardien sur le procès-verbal de saisie ou de la déclaration qu'il ne sait signer. — Lyon, 5 janv. 1881, D.P. 81. 2. 168. — V. *Code de procédure civile,* nᵒ 20.
8243. Par suite, l'individu qualifié gardien des objets saisis, mais non signataire du procès-verbal, ne tombe pas, en cas de détournement des objets saisis, sous l'application des peines portées par l'art. 408 C. pén. — Même arrêt.
8244. S'il n'appert pas que le saisi établi gardien ait accepté cette fonction, il n'est point tenu des obligations propres aux séquestres, et, par suite, s'il fait disparaître les objets saisis qu'il continuait à posséder à titre, non de gardien, mais de propriétaire, il n'encourt pas les peines applicables au détournement d'objets saisis. — Paris, 6 mai 1890, D.P. 91. 4. 393. — V. *Code pénal annoté,* art. 400, nᵒˢ 120 et s., et son *Supplément,* même article.

Art. 604. Si les objets saisis ont produit quelques profits ou revenus, il est tenu d'en compter, même par corps.

Art. 605. Il peut demander sa décharge, si la vente n'a pas été faite au jour indiqué par le procès-verbal, sans qu'il ait été empêchée par quelque obstacle; et, en cas d'empêchement, la décharge peut être demandée deux mois après la saisie, sauf au saisissant à faire nommer un autre gardien.

Art. 606. La décharge sera demandée contre le saisissant et le saisi, par une assignation en référé devant le juge du lieu de la saisie; si elle est accordée, il sera préalablement procédé au récolement des effets saisis, parties appelées.

8245. — I. Changement du gardien (C. proc. civ. nᵒˢ 1 à 6).
8246. — II. Décès du gardien (C. proc. civ. nᵒˢ 7 à 9).

Art. 607. Il sera passé outre, nonobstant toutes réclamations de la part de la partie saisie, sur lesquelles il sera statué en référé.

8247. — I. Opposition du saisi aux poursuites (C. proc. civ. nᵒˢ 1 à 6).
8248. — II. Compétence du juge des référés (C. proc. civ. nᵒˢ 7 à 34). — Le juge

des référés peut ordonner, nonobstant une demande en revendication, la continuation des poursuites commencées. — Paris, 19 juill. 1884, D.P. 86. 2. 95. — V. *Code de procédure civile,* nᵒ 44.
8249. Mais cette solution trop absolue doit être repoussée, car elle tendrait à supprimer l'art. 608 C. proc. civ. et à rendre le juge du référé juge du principal. — Observ. sous l'arrêt précité, D.P. 86. 2. 95, note 5.
8250. Le juge du référé peut cependant ordonner la continuation des poursuites sur saisie-exécution, malgré une demande en revendication formée devant le tribunal civil dans le but d'arrêter cette saisie, si l'assignation en revendication est nulle pour défaut des formes prescrites à peine de nullité par l'art. 608 C. proc. civ. — Paris, 1ᵉʳ août 1882, D.P. 83. 2. 127. — Comp. *Code de procédure civile,* nᵒˢ 16 et s.
8251. En effet, si l'examen de la forme extérieure de l'assignation en revendication donnée sur les poursuites de saisie prévue le fond du débat, il ne porte pas préjudice à la contestation élevée sur le titre exécutoire, sur le maintien ou l'annulation des poursuites; mais, il assure au contraire la provision due au titre. — Observ. sous l'arrêt précité, D.P. 83. 2. 127, note 3.
8252. C'est aux juges du fond qu'il appartient de statuer sur les moyens de la demande en revendication et les nullités de forme qui la concernent; en conséquence, le juge de référé ne peut pas ordonner la vente d'objets saisis revendiqués. — Paris, 10 avr. 1885, D.P. 86. 2. 95. — V. *Code de procédure civile,* nᵒ 24.
8253. Il doit, au contraire, prescrire la discontinuation des poursuites jusqu'à ce qu'il ait été fait droit par les juges du principal sur l'action en revendication. — Paris, 19 mars 1885, D.P. 86. 2. 95.
8254. ... A moins cependant que la demande en revendication ne soit le résultat d'un dol manifeste et d'un concert frauduleux entre la partie saisie et le revendiquant. — Paris, 21 mars 1885, D.P. 86. 2. 95.
8255. Lorsque, à la suite d'une saisie-exécution, un tiers a formé devant le tribunal civil une demande en revendication des meubles saisis, et que cette procédure apparaît comme le résultat d'un concert dolosivement organisé pour tenir en échec le droit du saisissant, porteur d'un titre exécutoire auquel provision est due, le juge des référés peut, par provision, et tout en renvoyant les parties au principal, autoriser la continuation des poursuites. — Paris, 12 janv. 1891, D.P. 91. 2. 461, et la note.
8256. Ce magistrat peut, en tout cas, s'il ordonne la discontinuation des poursuites, placer sous séquestre les meubles litigieux. — Paris, 7 août 1890, D.P. 91. 2. 461, et la note.
8257. — III. Compétence des tribunaux civils (C. proc. civ. nᵒˢ 35 à 44).

Art. 608. Celui qui se prétendra propriétaire des objets saisis, ou de partie d'iceux, pourra s'opposer à la vente, par exploit signifié au gardien, et dénoncé au saisissant et au saisi, contenant assignation libellée et l'énonciation des preuves de propriété, à peine de nullité : il y sera statué par le tribunal du lieu de la saisie, comme en matière sommaire.

Le réclamant qui succombera sera condamné, s'il y échet, aux dommages et intérêts du saisissant.

8258. — I. Revendication d'objets saisis; droits des tiers (C. proc. civ. nᵒˢ 1 à 10). — La demande en revendication de meubles compris dans une saisie-exécution met obstacle à ce qu'il soit procédé à la vente des objets saisis. — Paris, 19 mars et 10 avr. 1885, D.P. 86. 2. 95. — V. *Code de procédure civile,* nᵒ 3.

8259. Le créancier d'un copropriétaire de meubles peut, pendant l'indivision, faire saisir ces meubles afin de prévenir la disparition du gage de sa créance; mais, tant que dure l'indivision, il ne peut faire procéder à la vente des objets saisis. — Civ. c. 29 mars 1887, D. P.87. 1. 454.
8260. En conséquence, lorsqu'une demande en distraction de ces objets a été régulièrement formée par leur copropriétaire, le juge ne peut passer outre en ordonnant la vente depuis le prix étant partagé entre les ayants-droit. — Même arrêt.
8261. Lorsqu'une saisie-exécution est déclarée nulle, les objets adjugés à des tiers peuvent être revendiqués contre eux; mais l'adjudicataire n'est pas de bonne foi et ne saurait dès lors invoquer la règle en *fait de meubles possession vaut titre,* lorsqu'il a été à la fois adjudicataire et poursuivant de la saisie déclarée nulle pour avoir été par lui faite sans qualité. — Req. 22 juin 1885, D.P. 86. 1. 59.
8262. — II. Compétence en matière de distraction (C. proc. civ. nᵒˢ 11 à 21). — En admettant que l'élection, que doit contenir le commandement préalable à la saisie-exécution, d'un domicile où le débiteur pourra faire toutes significations, soit prescrite par l'art. 584 C. proc. civ. qu'en faveur du saisi, l'irrégularité résultant de ce qu'un tiers aurait signifié à ce domicile élu sa demande en revendication d'objets saisis, se trouve couverte, lorsque, sur cette demande, le saisissant a comparu et conclu au fond, et que, postérieurement à ladite demande, le revendiquant a dénoncé au saisissant, à son domicile réel, l'opposition par lui faite à la vente. — Civ. c. 23 mars 1881, D.P. 81. 1. 417. — V. *Code de procédure civile,* nᵒˢ 15 et s., et *supra,* art. 584, nᵒˢ 8202 et s.
8263. — III. Procédure (C. proc. civ. nᵒˢ 22 à 33). — L'art. 608 C. proc. civ. ne fixe pas de délai à celui qui se prétendant propriétaire des objets saisis, a fait opposition entre les mains du gardien; en conséquence, la notification de cette opposition au saisissant et au saisi peut être valablement faite après la vente. — Nîmes, 22 juin 1883, D.P. 84. 2. 417-418. — V. *Code de procédure civile,* nᵒ 24.
8264. En pareil cas, la vente est nulle, sauf la responsabilité du gardien et celle de l'huissier. — Même arrêt.
8265. En matière de saisie-exécution, le défaut de dénonciation de l'exploit de revendication au domicile réel du saisissant, ou sa dénonciation irrégulière au domicile élu, sont des moyens de forme qu'on ne saurait, dès lors, présenter pour la première fois en appel s'il a été défendu au fond en première instance. — Chambéry, 22 mars 1887, D.P. 88. 2. 190.
8266. Au cas de revendication d'objets indûment compris dans une saisie-exécution, la partie saisie doit être mise en cause en appel aussi bien qu'en première instance; en conséquence, l'appel formé par le revendiquant contre le saisissant seul et sans que le saisi ait été mis en cause, est non recevable. — Req. 13 août 1878, D.P. 79. 1. 359. — V. *Code de procédure civile,* nᵒ 27.
8267. Le saisi peut intervenir dans l'instance en validité au lieu de s'y laisser assigner; et, en admettant que cette intervention faite par voie de conclusion et non sous forme de requête soit nulle pour vice de forme, cette nullité est couverte par le fait d'avoir plaidé au fond devant les premiers juges et ne peut plus, dès lors, être proposé devant la cour d'appel. — Chambéry, 22 mars 1887, D.P. 88. 2. 190.
8268. Sur la revendication par les tiers en matière de saisie de navires, V. *Code de commerce annoté,* art. 210, et son *Supplément.*
8269. — IV. Moyens de preuve (C. proc. civ. nᵒˢ 34 à 41). — L'exploit de revendication, en ce qui concerne les preuves de la propriété du revendiquant, peut être complété à l'aide des indications du procès-verbal de saisie. — Chambéry, 22 mars 1887, D.P. 88. 2. 190.

8270. L'énonciation des preuves de la propriété, prescrite en matière de saisie-exécution par l'art. 608 C. proc. civ., n'est point suffisamment fournie par l'exploit de revendication qui se borne à signifier un acte rapportée dans la cause. — Agen, 1ᵉʳ juin 1889 D.P. 91. 2. 262.

8271. La preuve testimoniale invoquée à l'appui d'une revendication d'objets mobiliers saisis doit être rejetée, lorsque les faits articulés sont absolument invraisemblables, que le demandeur se borne à demander à prouver que les objets saisis sont sa propriété, sans préciser les faits et circonstances desquels cette preuve pourrait résulter, et ne fournit aucune indication de nature à faire supposer que l'identité des objets pourrait être établie : cette preuve est, d'ailleurs, inadmissible, lorsque la valeur des objets revendiqués est supérieure à cent cinquante francs. — Même arrêt.

8272. — V. FINS DE NON-RECEVOIR (C. proc. civ. nᵒˢ 42 à 49.) — Le seul défaut de tradition ne constitue pas une fin de non-recevoir suffisante contre celui qui revendique les objets saisis en vertu d'un acte translatif de propriété ayant acquis date certaine. — Alger, 19 mars 1884, D.P. 85. 2. 134. — V. *Code de procédure civile*, nᵒ 42.

Art. 609. Les créanciers du saisi, pour quelque cause que ce soit, même pour loyers, ne pourront former opposition que sur le prix de la vente : leurs oppositions en contiendront les causes; elles seront signifiées au saisissant et à l'huissier ou autre officier chargé de la vente, avec élection de domicile dans le lieu où la saisie est faite, si l'opposant n'y est pas domicilié; le tout à peine de nullité des oppositions et de dommages-intérêts contre l'huissier, s'il y a lieu.

8273. — I. OPPOSITION SUR LE PRIX DE LA VENTE (C. proc. civ. nᵒˢ 4 à 6).

8274. — II. FORMALITÉS DE L'OPPOSITION (C. proc. civ. nᵒˢ 7 à 15). — L'opposition formée sur le prix de la vente par les créanciers du saisi n'est assujettie qu'aux formes et conditions prescrites par l'art. 609 C. proc. civ. — Paris, 12 mai 1887, D.P. 88. 2. 251.

8275. Ni un titre, ni la permission du juge, lorsque le créancier n'a pas de titre, ne sont nécessaires pour la former. — Même arrêt. — V. *Code de procédure civile*, nᵒ 7.

8276. Elle n'est pas non plus soumise à la formalité de la dénonciation et de la contre-dénonciation. — Même arrêt. — V. *Code de procédure civile*, nᵒ 14.

8277. L'huissier qui a procédé à la vente d'objets mobiliers saisis, et entre les mains duquel opposition est faite sur les deniers par un tiers se disant créancier privilégié, doit consigner à la caisse des dépôts et consignations le produit de la vente, sans se rendre en aucun cas juge du mérite de l'opposition. — Tr. c. 6 août 1890, D.P. 91. 1. 301.

8278. Cette obligation existe de sa part, alors même qu'il était chargé, par le créancier saisissant, bailleur de la partie saisie, d'exécuter un jugement portant autorisation, pour ce bailleur, de toucher directement, en acompte des fermages à lui dus, le prix de la vente, des mains de l'officier ministériel et sur sa simple quittance, nonobstant toutes oppositions de la part des créanciers de celui-ci n'ayant pas de privilège préférable à celui du propriétaire. — Même arrêt.

8279. Le jugement dont il s'agit, qui est étranger au créancier opposant, ne peut mettre obstacle à son droit de former opposition et d'exiger le versement des fonds à la caisse des dépôts et consignations, sans qu'il soit, d'ailleurs, tenu, pour exercer ce droit, de faire tierce-opposition ni d'invoquer expressément un privilège primant celui du bailleur. — Même arrêt.

Art. 610. Le créancier opposant ne pourra faire aucune poursuite, si ce n'est contre la partie saisie, et pour faire statuer sur l'opposition : et pour obtenir condamnation : il n'en sera fait aucune contre lui, sauf à discuter les causes de son opposition lors de la distribution des deniers.

8280. Les dispositions des art. 609 et 610 C. proc. civ., bien que ne visant expressément que les ventes mobilières sur saisie, s'appliquent également aux ventes volontaires, et, dans les deux cas, une simple opposition suffit pour obliger l'officier qui a procédé à la vente, à consigner le prix, sans qu'il soit nécessaire de remplir les formalités exigées par les art. 567 et suiv. C. proc. civ. en matière de saisie-arrêt. — Req. 2 févr. 1891, D.P. 91. 1. 385.

Art. 611. L'huissier qui, se présentant pour saisir, trouverait une saisie déjà faite et un gardien établi, ne pourra pas saisir de nouveau; mais il pourra procéder au récolement des meubles et effets sur le procès-verbal, que le gardien sera tenu de lui représenter : il saisira les effets omis, et fera sommation au premier saisissant de vendre le tout dans la huitaine; le procès-verbal de récolement vaudra opposition sur les deniers de la vente.

Art. 612. Faute par le saisissant de faire vendre dans le délai ci-après fixé, tout opposant ayant titre exécutoire pourra, sommation préalablement faite au saisissant, et sans former aucune demande en subrogation, faire procéder au récolement des effets saisis, sur la copie du procès-verbal de saisie, que le gardien sera tenu de représenter, et de suite à la vente.

Art. 613. Il y aura au moins huit jours entre la signification de la saisie au débiteur et la vente.

Art. 614. Si la vente se fait à un jour autre que celui indiqué par la signification, la partie saisie sera appelée, avec un jour d'intervalle, outre un jour pour trois myriamètres (1) en raison de la distance du domicile du saisi, et du lieu où les effets seront vendus.

Art. 615. Les opposants ne seront point appelés.

Art. 616. Le procès-verbal de récolement qui précédera la vente ne contiendra aucune énonciation des effets saisis, mais seulement de ceux en déficit, s'il y en a.

Art. 617. La vente sera faite au plus prochain marché public, aux jour et heure ordinaires des marchés, ou au jour de dimanche : pourra néanmoins le tribunal permettre de vendre les effets en un autre lieu plus avantageux. Dans tous les cas, elle sera annoncée un jour auparavant par quatre placards au moins, affichés, l'un au lieu où sont les effets, l'autre à la porte de la maison commune, le troisième au marché du lieu, et, s'il y en a pas, au marché voisin, le quatrième à la porte de l'auditoire de la justice de paix; et si la vente se fait dans un lieu autre que le marché où sont les effets, un cinquième placard sera apposé au lieu où se fera la vente. La vente sera, en outre, annoncée par la voie des journaux, dans les villes où il y en a.

Art. 618. Les placards indiqueront les lieu, jour et heure de la vente, et la nature des objets sans détail particulier.

Art. 619. L'apposition sera constatée par exploit, auquel sera annexé un exemplaire du placard.

Art. 620. S'il s'agit de barques, chaloupes et autres bâtiments de mer du port de dix tonneaux et au-dessous, bacs, galiotes, bateaux et autres bâtiments de rivière, moulins et autres édifices mobiles, assis sur bateaux ou autrement, il sera procédé à leur adjudication sur les ports, gares ou quais où ils se trouvent; il sera affiché quatre placards au moins, conformément à l'article précédent; et il sera fait, à trois divers jours sont lesdits objets : la première publication ne sera faite que huit jours au moins après la signification de la saisie. Dans les villes où il s'imprime des journaux, il sera suppléé à ces trois publications par l'insertion qui sera faite au journal, de l'annonce de ladite vente, laquelle annonce sera répétée trois fois, dans le cours du mois précédant la vente.

Art. 621. La vaisselle d'argent, les bagues et joyaux, de la valeur de trois cents francs au moins, ne pourront être vendus qu'après placards apposés en la forme ci-dessus, et trois expositions, soit au marché, soit dans l'endroit où sont lesdits effets, sans que néanmoins, dans aucun cas, lesdits objets puissent être vendus au-dessous de leur valeur réelle, s'il s'agit de vaisselle d'argent, ni au-dessous de l'estimation qui en aura été faite par des gens de l'art, s'il s'agit de bagues et joyaux.

Dans les villes où il s'imprime des journaux, les trois publications seront suppléées, comme il est dit en l'article précédent.

Art. 622. Lorsque la valeur des effets saisis excédera le montant des causes de la saisie et des oppositions, il ne sera procédé qu'à la vente des objets suffisant à fournir la somme nécessaire pour le payement des créances et frais.

8281. L'art. 622 C. proc. civ., qui prescrit d'arrêter la vente des objets saisis dès qu'ils ont produit somme suffisante pour le payement des créances et frais du saisissant, n'a pour objet que de le garantir, au profit de ce dernier, contre l'absence d'opposition préalable, une véritable attribution du prix de la vente, qui ne saurait être détruite par d'autres oppositions ultérieures. — Alger, 4 mai 1878, D.P. 79. 2. 89. — V. en sens contraire. Observ. sous cet arrêt, D.P. 79. 2. 89, note 4.

8282. Il en est ainsi quand bien même le produit de la vente n'aurait point encore été versé entre les mains du saisissant. — Même arrêt.

Art. 623. Le procès-verbal constatera la présence ou le défaut de comparution de la partie saisie.

Art. 624. L'adjudication sera faite au plus offrant, en payant comptant : faute de payement, l'effet sera revendu sur-le-champ à la folle-enchère de l'adjudicataire.

Art. 625. Les commissaires-priseurs et huissiers seront personnellement responsables du prix des adjudications, et feront mention, dans leurs procès-verbaux, des noms et domiciles des adjudicataires : ils ne pourront recevoir d'eux aucune somme au-dessus de l'enchère, à peine de concussion.

8283. La partie qui a chargé un huissier de saisir et de vendre le mobilier d'un locataire n'est pas responsable de ce que ledit huissier a, contrairement aux dispositions de

(1) Aujourd'hui cinq myriamètres (C. proc. civ. art. 1033, modifié par la loi du 3 mai 1862). V. *infra*, art. 1033.

l'art. 624 C. proc. civ., accordé aux adjudicataires un délai de trois mois pour se libérer. et par là causé un préjudice au saisi. — Amiens, 8 déc. 1873, J.G.S. *Huissier*, 13.

TITRE IX.

De la saisie des fruits pendants par racine, ou de la saisie-brandon.

Art. 626. La saisie-brandon ne pourra être faite que dans les six semaines qui précéderont l'époque ordinaire de la maturité des fruits; elle sera précédée d'un commandement, avec un jour d'intervalle.

8284. — I. Choses susceptibles de saisie-brandon (C. proc. civ. nos 2 à 19). — Une saisie-brandon est valable bien que les fruits pendants par branches et par racines saisis dépendent d'un immeuble indivis, la disposition de l'art. 2205 C. civ. ne pouvant être étendue aux valeurs mobilières. — Pau, 22 mai 1888, D.P. 89. 2. 263. — Comp. *Code de procédure civile*, n° 16.

8285. Et il en est ainsi surtout lorsque cette indivision ne résulte pas d'une succession, mais est l'effet d'une acquisition en commun, l'art. 2205 C. civ. ne défendant la mise en vente avant partage qu'il s'agit de succession. — Même arrêt.

8286. — II. Époque de la saisie-brandon (C. proc. civ. n° 20 à 27).

8287. — III. Formalités de la saisie-brandon ; Commandement (C. proc. civ. nos 28 à 36). — La signification d'un acte d'appel est nulle lorsqu'elle est faite au domicile élu, dans l'exploit de notification du jugement chez l'avoué qui a occupé en première instance, alors même que cette élection de domicile a été également reproduite dans le commandement à fin de saisie-brandon signifié à la suite du jugement, si d'ailleurs le domicile élu n'est point situé dans la commune où doit s'opérer la saisie, et s'il a été fait en outre, dans le même acte, l'élection spéciale de domicile prescrite par l'art. 584 C. proc. civ. — Rennes, 6 déc. 1881, D.P. 82. 2. 79. — V. *supra*, art. 584, nos 8202 et s.

Art. 627. Le procès-verbal de saisie contiendra l'indication de chaque pièce, sa contenance et sa situation, et deux au moins de ses tenants et aboutissants, et la nature des fruits.

Art. 628. Le garde-champêtre sera établi gardien, à moins qu'il ne soit compris dans l'exclusion portée par l'art. 598; s'il n'est présent, la saisie lui sera signifiée : il sera aussi laissé copie au maire de la commune de la situation, et l'original sera visé par lui.

Si les communes sur lesquelles les biens sont situés sont contiguës ou voisines, il sera établi un seul gardien, autre néanmoins qu'un garde-champêtre : le visa sera donné par le maire de la commune du chef-lieu de l'exploitation; et, s'il n'y en a pas, par le maire de la commune où est située la majeure partie des biens.

8288. Le saisissant ne peut, en matière de saisie-brandon, être rendu responsable des actes du gardien, au choix duquel il n'a aucune part, puisqu'il est désigné par une disposition impérative du Code de procédure. — Dijon, 28 déc. 1891, D.P. 92. 2. 119. — V. *Code de procédure civile*, n° 2.

8289. ... Alors surtout que la perte des fruits saisis-brandonnés paraît devoir être attribuée à des conditions atmosphériques tout-à-fait exceptionnelles, ayant rendu insuffisantes les précautions ordinairement suffisantes, et constituant ainsi un véritable cas de force majeure. — Même arrêt.

Art. 629. La vente sera annoncée par placards affichés, huitaine au moins avant la vente, à la porte du saisi, à celle de la maison commune, et s'il n'y en a pas, au lieu où s'apposent les actes de l'autorité publique; au principal marché du lieu, et s'il n'y en a pas, au marché le plus voisin et à la porte de l'auditoire de la justice de paix.

Art. 630. Les placards désigneront les jour, heure et lieu de la vente; les noms et demeures du saisi et du saisissant, la quantité d'hectares et la nature de chaque espèce de fruits, la commune où ils sont situés, sans autre désignation.

Art. 631. L'apposition des placards sera constatée ainsi qu'il est dit au titre des *Saisies-exécutions*.

Art. 632. La vente sera faite un jour de dimanche ou de marché.

Art. 633. Elle pourra être faite sur les lieux ou sur la place de la commune où est située la majeure partie des objets saisis.

La vente pourra aussi être faite sur le marché du lieu, et s'il n'y en a pas, sur le marché le plus voisin.

Art. 634. Seront, au surplus, observées les formalités prescrites au titre des *Saisies-exécutions*.

Art. 635. Il sera procédé à la distribution du prix de la vente ainsi qu'il sera dit au titre de la *Distribution par contribution*.

8290. Sur la distribution par contribution, V. *infrà*, tit. XI, art. 656 et s., nos 8298 et s.

TITRE X.

De la saisie des rentes constituées sur particuliers.

Art. 636. La saisie d'une rente constituée en perpétuel ou en viager, moyennant un capital déterminé, ou pour prix de la vente d'un immeuble, ou de la cession de biens immobiliers, ou à tout autre titre onéreux ou gratuit, ne peut avoir lieu qu'en vertu d'un titre exécutoire. Elle sera précédée d'un commandement fait à la personne ou au domicile de la partie obligée ou condamnée, au moins un jour avant la saisie, et contenant notification du titre, si elle n'a déjà été faite.

8291. — I. Caractère de la saisie des rentes (C. proc. civ. nos 1 à 7).

8292. — II. Pour quelles créances une rente peut être saisie (C. proc. civ. n° 8).

8293. — III. Rentes saisissables (C. proc. civ. nos 9 à 22).

8294. — IV. Commandement (C. proc. civ. n° 23).

Art. 637. La rente sera saisie entre les mains de celui qui la doit, par exploit contenant outre les formalités ordinaires, l'énonciation du titre constitutif de la rente, de sa quotité, de son capital, s'il y en a un, et du titre de la créance du saisissant; les noms, profession et demeure de la partie saisie; élection de domicile chez un avoué près le tribunal devant lequel la vente sera poursuivie, et assignation au tiers saisi en déclaration devant le même tribunal.

8295. — I. Entre quelles mains se fait la saisie des rentes (C. proc. civ. nos 1 à 4).

8296. — II. Exploit de saisie (C. proc. civ. nos 5 à 13).

8297. — III. Compétence (C. proc. civ. nos 14 à 16).

Art. 638. Les dispositions contenues aux art. 570, 571, 572, 573, 574, 575 et 576, relatives aux formalités que doit remplir le tiers saisi, seront observées par le débiteur de la rente.

Si ce débiteur ne fait pas sa déclaration, s'il la fait tardivement, ou s'il ne fait pas les justifications ordonnées, il pourra, selon les cas, être condamné à servir la rente faute d'avoir justifié de sa libération, ou à des dommages-intérêts résultant, soit de son silence, soit du retard apporté à faire sa déclaration, soit de la procédure à laquelle il aura donné lieu.

Art. 639. La saisie entre les mains de personnes non demeurant en France sera faite au continent sera signifiée à personne ou domicile; et seront observés, pour la citation, les délais prescrits par l'art. 73.

Art. 640. L'exploit de saisie vaudra toujours saisie-arrêt des arrérages échus et à échoir jusqu'à la distribution.

Art. 641. Dans les trois jours de la saisie, outre un jour par cinq myriamètres de distance entre le domicile du débiteur de la rente et celui du saisissant, et pareil délai en raison de la distance entre le domicile de ce dernier et celui de la partie saisie, le saisissant sera tenu de la dénoncer à la partie saisie et de lui notifier le jour de la publication du cahier des charges.

Lorsque le débiteur de la rente sera domicilié hors du continent de la France, le délai pour la dénonciation de la citation au tiers saisi.

Art. 642. Dix jours au plus tôt, quinze jours au plus tard, après la dénonciation à la partie saisie, outre le délai des distances, tel qu'il est réglé par l'art. 641, le saisissant déposera au greffe du tribunal devant lequel se poursuit la vente le cahier des charges contenant les noms, profession et demeure du saisissant, de la partie saisie et du débiteur de la rente, la nature de cette rente, sa quotité, celle du capital, s'il y en a un, de l'énonciation du titre en vertu duquel elle est constituée. l'énonciation de l'inscription, si la rente est constituée hypothèque et à cette hypothèque a été inscrite pour sûreté de la rente; les noms et demeure du poursuivant, les conditions de l'adjudication, et la mise à prix avec indication du jour de la publication du cahier des charges.

Art. 643. Dix jours au plus tôt, vingt jours au plus tard, après le dépôt au greffe du cahier des charges, il sera fait, à l'audience et au jour indiqué, lecture et publication de ce cahier des charges; le tribunal en donnera acte au poursuivant.

Art. 644. Le tribunal statuera immédiatement sur les dires et observations qui auront été insérées au cahier des charges, et fixera les jour et heure où il procédera à l'adjudication; le délai entre la publication et l'adjudication sera de dix jours au moins et de vingt jours au plus. Le jugement sera porté à la suite de la mise à prix ou des dires des parties.

Art. 645. Après la publication du cahier des charges, et huit jours au moins avant l'adjudication, un extrait de ce cahier, contenant, outre les renseignements énoncés en l'art. 642, l'indication du jour de l'adjudication, sera affiché : 1° à la porte du domicile du saisi ; 2° à la porte du domicile du débiteur de la rente; 3° à la principale porte du tribunal; 4° à la principale place du lieu où la vente se poursuit.

Art. 646. Pareil extrait sera inséré, dans le même délai, au journal indiqué pour recevoir les annonces judiciaires, conformément à l'art. 696.

Art. 647. Il sera justifié des affiches et de l'insertion au journal conformément aux art. 698 et 699, et il pourra être passé en taxe un plus grand nombre d'affiches et d'insertions aux journaux, dans les cas prévus par les art. 697 et 700.

Art. 648. Les règles et formalités prescrites au titre de la saisie immobilière par les art. 701, 702, 703, 704, 705, 706, 707, 711, 712, 713, 714 et 741, seront observées pour les rentes.

Art. 649. Faute par l'adjudicataire d'exécuter les clauses de l'adjudication, la rente sera vendue à sa folle enchère, et il sera procédé ainsi qu'il est dit aux art. 734, 735, 736, 738, 739 et 740. Néanmoins le délai entre les nouvelles affiches et l'adjudication sera de cinq jours au moins et de dix jours au plus, et la signification prescrite par l'art. 736 précédera de cinq jours au moins le jour de la nouvelle adjudication.

Art. 650. La partie saisie sera tenue de proposer ses moyens de nullité, contre la procédure antérieure à la publication du cahier des charges, un jour au moins avant le jour fixé pour cette publication, et contre la procédure postérieure, un jour au moins avant l'adjudication : le tout à peine de déchéance. Il sera statué au tribunal, sur un simple acte d'avoué, et, si les moyens sont rejetés, il sera immédiatement procédé, soit à la publication du cahier des charges, soit à l'adjudication.

Art. 651. Aucun jugement ou arrêt par défaut, en matière de saisie de rentes constituées sur particuliers, ne sera sujet à opposition. L'appel des jugements qui statueront sur les moyens de nullité, tant en la forme qu'au fond, ou sur d'autres incidents, et qui seront relatifs à la procédure antérieure à la publication du cahier des charges, sera considéré comme non avenu, s'il n'est interjeté après les huit jours, à compter de la signification à avoué, ou, s'il n'y a pas d'avoué, à compter de la signification à personne ou au domicile soit réel, soit élu; et la partie saisie ne pourra, sur l'appel, proposer des moyens autres que ceux qui auront été présentés en première instance.

L'appel sera signifié au domicile de l'avoué, et, s'il n'y a pas d'avoué, au domicile réel ou élu de l'intimé. Il sera notifié en même temps au greffier du tribunal et visé par lui. L'acte d'appel énoncera les griefs.

Art. 652. Ne pourront être attaqués par la voie de l'appel : 1° les jugements qui sans statuer sur des incidents, donneront acte de la publication du cahier des charges, ou qui prononceront l'adjudication ; 2° ceux qui statueront sur des nullités postérieures à la publication du cahier des charges.

Art. 653. Si la rente a été saisie par deux créanciers, la poursuite appartiendra à celui qui, le premier, aura dénoncé; en cas de concurrence, au porteur du titre le plus ancien; et si les titres sont de même date, à l'avoué le plus ancien.

Art. 654. La distribution du prix sera faite ainsi qu'il sera prescrit au titre de la *Distribution par contribution*, sans préjudice néanmoins des hypothèques établies antérieurement à la loi du 11 brumaire an 7 (1er novembre 1798).

Art. 655. Les formalités prescrites par les art. 636, 637, 639, 641, 642, 643, 644, 645, 646 et 651 seront observées à peine de nullité.

TITRE XI.

De la distribution par contribution.

Art. 656. Si les deniers arrêtés ou le prix des ventes ne suffisent pas pour payer les créanciers, le saisi et les créanciers seront tenus, dans le mois, de convenir de la distribution par contribution.

8298. — I. CAS OÙ LA DISTRIBUTION A LIEU (C. proc. civ. n°s 1 à 13). — Il n'y a pas lieu à distribution par contribution, lorsque la somme à distribuer dépasse le montant des créances. — J.G.S. *Distrib. par contrib.*, 4. — V. *Code de procédure civile*, n° 10.

8299. Mais si une distribution par contribution était ouverte alors que les deniers seraient suffisants pour désintéresser complètement les créanciers, la procédure ne serait pas nulle. — Trib. Seine, 23 juill. 1835, J.G.S. *Distrib. par contrib.*, 4.

8300. De même, il est à bon droit procédé à une distribution par contribution judiciaire lorsque, les deniers saisis étant d'ailleurs insuffisants pour désintéresser tous les créanciers, il ressort, soit de l'expiration du délai fixé par l'art. 656 C. proc. civ., soit des circonstances de la cause, que les créanciers n'ont pas pu se mettre d'accord pour opérer entre eux une répartition amiable. — Bordeaux, 30 janv. 1890, D.P. 91. 2. 245.

8301. Il y a un autre cas où une distribution par contribution n'est pas nécessaire : c'est lorsque, dans un ordre ouvert sur le prix d'un immeuble, les créanciers hypothécaires inscrits ont été intégralement payés et qu'il existe un excédent. — J.G.S. *Distrib. par contrib.*, 5.

8302. Il a été jugé que, dans ce cas, le juge-commissaire chargé du règlement de l'ordre est compétent pour distribuer cet excédent, sans qu'il soit besoin de recourir à la distribution par contribution, mais à la condition toutefois que les difficultés auxquelles les créances chirographaires ont pu donner lieu aient été aplanies ou puissent l'être facilement sans retarder la clôture de l'ordre. — Bastia, 25 janv. 1862, J.G.S. *Distrib. par contrib.*, 5.

8303. — II. SOMME SUR LESQUELLES S'OUVRE LA DISTRIBUTION PAR CONTRIBUTION (C. proc. civ. n°s 14 à 23). — La distribution par contribution ne peut être ouverte sur les deniers provenant d'une créance non exigible ou non liquide. — Toulouse, 6 mars 1852, J.G.S. *Distrib. par contrib.*, 9. — Trib. Nérac, 24 févr. 1877, D.P. 78. 3. 7. — V. *Code de procédure civile*, n° 22.

8304. — III. CRÉANCIERS ADMIS A LA DISTRIBUTION (C. proc. civ. n°s 24 à 39).

8305. — IV. CONTRIBUTION AMIABLE (C. proc. civ. n°s 40 à 52). — Malgré ces termes impératifs, la disposition de l'art. 656 qui porte que, dans tous les cas où il y a contribution entre les parties, elles doivent tenter de régler leurs droits à l'amiable, est purement facultative. — J.G.S. *Distrib. par contrib.*, 1.

8306. Un projet de loi adopté par le Sénat et actuellement soumis à la Chambre des députés a pour objet : 1° d'obliger les créanciers à tenter un arrangement amiable, et, pour cela, il a organisé une procédure spéciale, semblable à celle qui a été instituée par la loi du 21 mai 1858 (D.P. 58. 4. 3e) en matière d'ordre; 2° en cas d'insuccès de cette tentative amiable, d'améliorer la procédure, afin de réduire les frais qu'entraîne le mode actuel de distribution. — J.G.S. *Distrib. par contrib.*, 1.

Art. 657. Faute par le saisi et les créanciers de s'accorder dans ledit délai, l'officier qui aura fait la vente sera tenu de consigner, dans la huitaine suivante, et à la charge de toutes les oppositions, le montant de la vente, déduction faite de ses frais d'après la taxe qui aura été faite par le juge sur la minute du procès-verbal : il sera fait mention de cette taxe dans les expéditions.

8307. — I. CONTRIBUTION JUDICIAIRE (C. proc. civ. n°s 1 à 4).

8308. — II. CONSIGNATION (C. proc. civ. n°s 5 à 25). — L'officier public ou ministériel entre les mains duquel il a été formé une opposition sur le prix d'une vente mobilière opérée par son ministère n'est pas juge du mérite de cette opposition; et sa responsabilité est engagée si, au lieu de consigner le prix, il le paye au vendeur ou à un créancier de ce dernier. — Rennes, 20 mars 1880, D.P. 81. 2. 9. — V. *Code de procédure civile*, n° 12.

8309. Cette solution, contestable si l'on veut l'étendre aux ventes volontaires de meubles, ne saurait, à défaut d'une disposition spéciale de la loi, modifier les obligations dudit officier ministériel, lequel ne peut être astreint à se faire juge du mérite d'oppositions, dont les unes peuvent bien disparaître par le fait de la faillite, mais dont les autres peuvent subsister malgré cet événement. — Même arrêt.

8310. Le commissaire-priseur qui a procédé à une vente de meubles sur saisie-exécution, et entre les mains duquel ont été formées des oppositions, doit déposer à la caisse des consignations le produit de cette vente, sous la déduction des frais, à la charge des oppositions existantes. — Civ. r. 4 juin 1888, D.P. 89. 1. 65, et Dissertation sous cet arrêt.

8311. La survenance de la faillite du saisi ne saurait, à défaut d'une disposition spéciale de la loi, modifier les obligations dudit officier ministériel, lequel ne peut être astreint à se faire juge du mérite d'oppositions, dont les unes peuvent bien disparaître par le fait de la faillite, mais dont les autres peuvent subsister malgré cet événement. — Même arrêt.

8312. En conséquence, les sommes consignées par le commissaire-priseur, même depuis l'ouverture de la faillite, se trouvant valablement déposées, restent soumises aux oppositions existantes, jusqu'à une mainlevée amiable ou judiciaire. — Même arrêt.

8313. Et le syndic ne peut faire condamner le commissaire-priseur personnellement, sans mettre en cause la caisse des consignations, à payer à la faillite une somme représentant le montant du prix consigné, comme en tient comptable vis-à-vis d'elle. — Même arrêt.

8314. Lorsque c'est contre la Caisse des dépôts et consignations que le syndic intente l'action, pour se faire remettre les fonds que l'officier ministériel a consignés à la charge des oppositions, ladite Caisse ne peut être contrainte de se dessaisir, qu'autant que mainlevée des oppositions aura été donnée, soit volontairement par les opposants, soit, à leur refus, par la justice, lesdits opposants appelés. — Civ. c. 5 juin 1888, D.P. 89. 1. 65.

8315. Le syndic doit, en outre, produire à la Caisse des consignations une ordonnance du juge-commissaire à la faillite, autorisant le retrait des sommes dont il s'agit. — Même arrêt.

8316. Par suite, encourt la cassation l'arrêt qui condamne un préposé de la Caisse des dépôts et consignations à remettre au syndic les sommes en question, nonobstant l'absence des deux conditions susmentionnées. — Même arrêt.

8317. Le défaut de consignation préalable à la distribution par contribution ne peut être invoqué par le tiers saisi comme un obstacle à la distribution réglée selon la loi de procédure, puisqu'il provient de son fait personnel et exclusif. — Poitiers, 20 avr. 1880, D.P. 80. 2. 229.

Art. 658. Il sera tenu au greffe un registre des contributions, sur lequel un juge sera commis par le président, sur la réquisition du saisissant, ou, à son défaut, de la partie la plus diligente; cette réquisition sera faite par simple note portée sur le registre.

8318. — I. Réquisition (C. proc. civ. n°s 4 à 11.)

8319. — II. Nomination d'un juge-commissaire (C. proc. civ. n°s 12 à 15). — L'institution d'un juge spécialement chargé du règlement des procédures n'est établie que pour les ordres par l'art. 749 du Code de procédure civile au titre de l'*Ordre*; aucune disposition semblable ou analogue ne se rencontre au titre de la *Distribution par contribution*, où, bien au contraire, l'art. 658 du Code de procédure civile exige la commission expresse par le président d'un juge spécial pour chaque contribution. — Décis. de la Chancellerie, 29 avr. 1891, *Bull. min. just.* 1891, p. 160.

Art. 659. Après l'expiration des délais portés aux art. 656 et 657, et en vertu de l'ordonnance du juge commis, les créanciers seront sommés de produire, et la partie saisie de prendre communication des pièces produites, et de contredire, s'il y échet.

8320. La disposition de l'art. 659 aux termes de laquelle la faculté est faite aux créanciers sommation de produire, s'applique sans difficulté aux créanciers opposants. — J.G.S. *Distrib. par contrib.*, 17.

8321. Suivant un jugement, on doit considérer comme créanciers aux termes des art. 659 et 660 C. proc. civ., les créanciers dont les créances, ainsi que les noms et adresses, se trouvent mentionnées dans l'inventaire dressé par le liquidateur de la société débitrice après sa dissolution, ... alors surtout que ces indications sont en outre relatives dans le procès-verbal de dépôt à la Caisse des consignations, puis dans l'état des charges et oppositions que délivre le directeur de la Caisse. — Trib. de la Seine, 21 août 1877, D.P. 79. 2. 185.

8322. Toutefois on a fait observer, à l'appui de l'interprétation contraire, que la loi n'exige pas seulement que les créanciers se fassent connaître à l'aide d'un procédé quelconque, mais qu'elle veut qu'ils manifestent leur intention d'intervenir dans la procédure de distribution d'une manière positive par l'ac-

complissement d'une formalité déterminée exclusive de tout équipollent. — Observ. sous le jugement précité, D.P. 79. 2. 185, note 1.

8323. L'opposition doit, entre autres énonciations, renfermer une élection de domicile de la part du créancier dans la localité où se poursuivra la distribution, et c'est à ce domicile élu que doit être notifiée la sommation prescrite par l'art. 659. — Mêmes observations. — V. *Code de procédure civile*, n° 7.

8324. Si l'opposition ne renferme pas d'élection de domicile, le poursuivant peut se dispenser d'appeler en cause le créancier opposant, à moins qu'il n'habite dans la localité. — Mêmes observations.

8325. Les créanciers d'épona communs ou biens ne sont pas tenus, pour provoquer une distribution par contribution, d'attendre le résultat de l'action en reddition de compte et la liquidation de la communauté pendante entre les héritiers des époux, laquelle ne peut modifier leurs droits. — Bordeaux, 30 janv. 1890, D.P. 91. 2. 245.

8326. Sur la question de savoir si la disposition de l'art. 659 relative à la sommation est applicable en matière d'ordre, V. *infra*, art. 753.

Art. 660. Dans le mois de la sommation, les créanciers opposants, soit entre les mains du saisissant, soit en celles de l'officier qui aura procédé à la vente, produiront, à peine de forclusion, leurs titres en mains du juge commis, avec acte contenant demande en collocation et constitution d'avoué.

8327. — I. Production des titres (C. proc. civ. n°s 4 à 11.)

8328. — II. Forclusion (C. proc. civ. n°s 12 à 49.) — D'après un arrêt, la forclusion édictée par l'art. 660 C. proc. civ. contre les créanciers opposants qui ont omis de produire, dans une procédure de distribution par contribution, leurs titres ès mains du juge commis, s'applique à ceux qui ont produit des titres insuffisants. — Angers, 5 janv. 1877, D.P. 77. 2. 174.

8329. Et les créanciers qui ont produit à une distribution des titres incomplets ou insuffisants ne doivent plus être admis après l'expiration du délai d'un mois imparti par l'article précité, à compléter leurs productions par de nouveaux titres. — Même arrêt.

8330. Mais cette décision rigoureuse ne semble pas à l'abri de la critique, et rien n'autorise à penser que le législateur ait entendu frapper de déchéance un créancier dans la production duquel il manquerait quelques pièces. — Observ. sous l'arrêt présenté, D.P. 77. 2. 174, note 5.

8331. Toutefois, on ne pourrait considérer comme un complément de justification la présentation d'un titre tout à fait nouveau, alors que le titre primitivement produit a été annulé dans l'intervalle. — Douai, 27 déc. 1880, D.P. 80. 2. 50. — V. *infra*, art. 664, n°s 8351 et s.

8332. Du moment où les délais de production se trouvent expirés, la déchéance est encourue par tous les créanciers qui ont négligé de produire leurs titres et de former une demande en collocation, sans distinction entre les créanciers opposants et les créanciers non opposants. — Alger, 11 févr. 1878, D.P. 79. 2. 185, et la note. — V. *Code de procédure civile*, n° 29.

8333. La solution diamétralement opposée, et qui consisterait à accorder aux créanciers non opposants la faculté de produire utilement tant que la distribution n'est pas consommée, paraît aujourd'hui abandonnée. — J.G.S. *Distrib. par contrib.*, 24.

8334. D'après une opinion intermédiaire, les créanciers non opposants ne doivent encourir la forclusion que s'ils n'ont pas produit avant la confection du règlement provisoire par le juge-commissaire. — Disser-

tation de M. Levillain sous Alger, 11 févr. 1878, D.P. 79. 2. 185, note 3.

8335. Toutes les oppositions postérieures à la vente devraient être considérées comme non avenues dans le cas où l'huissier aurait, conformément à l'art. 622 C. proc. civ., discontinué la vente, parce qu'il aurait obtenu une somme suffisante pour désintéresser complètement le saisissant et ceux des créanciers qui se seraient fait connaître. — J.G.S. *Distrib. par contrib.*, 25.

8336. L'huissier est alors censé avoir reçu le payement pour le compte des créanciers, en sorte que la propriété des deniers passe à l'instant de la tête de ces créanciers sans faire impression sur celle du saisi. — J.G.S. *Distrib. par contrib.*, 25.

8337. De même, s'il s'agit de deniers saisis-arrêtés, le jugement intervenu en suite de la déclaration du tiers saisi valant transport, à due concurrence, au profit du saisissant et des créanciers qui se sont présentés antérieurement, toutes les oppositions postérieures semblent devoir être écartées comme tardives. — J.G.S. *Distrib. par contrib.* 25.

8338. En cas de faillite d'un débiteur pendant le cours d'une distribution par contribution, le syndic n'est plus en droit de revendiquer au profit de la masse la somme à distribuer, si la faillite a été déclarée après l'expiration des délais de production, les créanciers produisants ayant acquis à cette époque sur ladite somme un droit exclusif et irrévocable. — Trib. de la Seine, 21 août 1877, et Alger, 11 févr. 1878, D.P. 79. 2. 185-189. — Trib. de la Seine, 30 juin 1885, J.G.S. *Distrib. par contrib.*, 29. — V. *Code de procédure civile*, n° 30.

8339. La production des titres dans le mois de la sommation doit être effective, et il ne suffirait pas d'opposer, pour suspendre au séparation de biens contre son mari, se bornait à énoncer ses titres, lorsqu'elle se trouve obligée à être colloquée, à raison de ces reprises, dans une distribution par contribution ouverte au cours de l'instance en séparation de biens sur une somme appartenant à son mari : il faut qu'elle produise ses titres entre les mains du juge-commissaire. — Dijon, 8 juill. 1868, J.G.S. *Distrib. par contrib.*, 26.

8340. Les délais de production ne courent pour les créanciers opposants qu'à compter du mois où les sommations leur seront faites ou, à leur défaut, des sommations leur seront écrites par l'art 659 C. proc. civ. Leur cour est tel adressées ; en conséquence, si l'on a omis d'adresser la sommation à l'un des créanciers, le délai ne court point, et le défaut de production dans le mois n'emporte déchéance ni à l'égard du créancier non sommé, ni même à l'égard des autres créanciers. — (Sol. implic.) Trib. de la Seine, 21 août 1877, D.P. 79. 2. 185.

8341. La demande tendant à faire annuler une procédure de contribution ouverte au préjudice d'une contribution antérieure non terminée, n'est pas sujette à la forclusion édictée par l'art. 660. — Req. 23 juin 1886, J.G.S. *Distrib. par contrib.*, 30.

8342. De même, il a été jugé que la forclusion prononcée par l'art. 660 contre tout créancier opposant qui n'a pas produit dans le mois de la sommation qui y est prescrite, ne concerne que le droit de production et ne s'étend pas à une demande dont le but est de distraire de la contribution la somme à la procédure de l'ordre, une telle contestation mettant en question l'existence même de la contribution et n'intéressant pas seulement le nombre des créanciers qui y seront admis. — Paris, 17 mai 1888, J.G.S. *Distrib. par contrib.*, 31.

Art. 661. Le même acte contiendra la demande à fin de privilège : néanmoins le propriétaire pourra appeler la partie saisie et l'avoué le plus ancien en référé devant le juge-commissaire, pour faire statuer préliminairement sur son privilège pour raison des loyers à lui dus.

8343. L'art. 661 n'a été établi que pour le cas où la créance privilégiée du propriétaire n'est pas contestée; le juge-commissaire a qui le propriétaire en a référé, conformément à l'art. 661, peut alors lui attribuer le montant de sa créance non contestée, et cela sans délai, sans attendre le règlement commun à tous les créanciers. Mais si, au contraire, la créance du bailleur est contestée, le juge-commissaire doit se dessaisir et renvoyer les parties devant le tribunal conformément aux termes de l'art. 669. — Rouen, 20 avr. 1880, J.G.S. *Distrib. par contrib.*, 19.

8344. L'ordonnance rendue par le juge-commissaire en exécution de l'art. 661 n'est pas une mesure de simple administration, ni un acte de juridiction gracieuse; c'est une véritable décision judiciaire sur une demande en collocation. — Même arrêt.

Art. 662. Les frais de poursuite seront prélevés, par privilège, avant toute créance autre que celle pour loyers dus au propriétaire.

8345. Le privilège du bailleur prime tous les autres, même les *frais de poursuite*, et, par ces mots, l'art. 662 vise les frais de la distribution par contribution, frais qui ne profitent en rien au bailleur qui peut même faire statuer préliminairement sur son privilège. — J.G.S. *Distrib. par contrib.*, 32.

8346. Quant aux frais faits antérieurement à la distribution par les créanciers pour arriver à la vente, tels que les frais de commandement, de saisie et de vente, ils ont été faits dans l'intérêt du bailleur aussi bien que dans celui des autres créanciers; ils doivent donc primer la créance du bailleur. — J.G.S. *Distrib. par contrib.*, 22. — V. conf. Lyon, 16 janv. 1851, D.P. 52. 2. 296. — Civ. c 25 avr. 1854, D.P. 54. 1. 137.

Art. 663. Le délai ci-dessus fixé expiré, et même auparavant, si les créanciers et même auparavant, si les créanciers ont produit, le commissaire dressera ensuite de son procès-verbal l'état de distribution sur les pièces produites; le poursuivant dénoncera par acte d'avoué la clôture du procès-verbal aux créanciers produisants et à la partie saisie, avec sommation d'en prendre communication, et de contredire sur le procès-verbal du commissaire dans la quinzaine.

8347. — I. Règlement provisoire (C. proc. civ. nᵒˢ 1 à 18). — Lorsqu'une contribution a été régulièrement ouverte et a donné lieu à un règlement provisoire, elle doit continuer d'être suivie devant le tribunal civil qui en est saisi, malgré la faillite du débiteur. — Paris, 4 déc. 1886, J.G.S. *Distrib. par contrib.*, 12. — Trib. de la Seine, 2 juill. 1875, *ibid.* — V. *Code de procédure civile*, nᵒ 17.

8348. Décidé en sens contraire que, lorsque le débiteur tombe en faillite après le jugement sur les contredits, la juridiction civile doit se dessaisir de la distribution de la somme consignée et la renvoyer devant la juridiction commerciale dans le ressort de laquelle la faillite s'est ouverte. — Rouen, 1ᵉʳ août 1861, J.G.S. *Distrib. par contrib.*, 12.

8349. — II. Dénonciation de l'état de collocation provisoire (C. proc. civ. nᵒˢ 19 à 24). — L'art. 663 ne prescrit pas de signifier au tiers saisi la sommation de prendre communication des demandes en collocation et de l'état de distribution et d'y contredire. — J.G.S. *Distrib. par contrib.*, 36.

8350. Mais, bien que les art. 656 et suiv. C. proc. civ. ne l'appellent pas à contredire sur le règlement provisoire d'une distribution par contribution, il peut néanmoins produire une contestation lorsque, sommé par le saisissant de prendre connaissance des demandes en collocation, de l'état de distribution, et d'y contredire, il a été régulièrement appelé au débat. — Poitiers, 29 avr. 1880, D.P. 80. 2. 229.

Art. 664. Faute par les créanciers et la partie saisie de prendre communication ès mains du juge-commissaire dans ledit délai, ils demeureront forclos, sans nouvelle sommation ni jugement; il ne sera fait aucun dire, s'il n'y a lieu à contester.

8351. — I. Contredits (C. proc. civ. nᵒˢ 1 à 17). — La forclusion de contredire, prononcée par l'art. 664 C. proc. civ., entraîne nécessairement, lorsqu'elle est acquise, celle de produire un titre nouveau. — Douai, 27 déc. 1880, D.P. 81. 2. 59.

8352. Lorsque le titre en vertu duquel une saisie-exécution a été pratiquée vient à être annulé, la demande de collocation faite par le créancier poursuivant dans la distribution par contribution ouverte à la suite de cette saisie et la collocation provisoire qu'il a obtenue de ce chef sont sans valeur et non existantes à son égard. — Même arrêt.

8353. ... Encore bien que la procédure de distribution puisse profiter aux autres créanciers. — Même arrêt.

8354. L'indivisibilité matérielle du gage ne se communique pas à la créance elle-même dont le remboursement est toujours divisible; en conséquence, si deux ou plusieurs créances simplement conjointes sont protégées par une même hypothèque, le contredit que l'un des créanciers a formé, en temps utile, à l'état de collocation provisoire, ne soustrait pas à la forclusion l'autre créancier qui n'a pas contredit dans le délai prescrit. — Grenoble, 11 mai 1881, D.P. 83. 2. 62.

8355. Le créancier peut attaquer une collocation même après le délai de quinzaine, lorsque sa collocation est l'objet d'un contredit; il peut alors, bien que le délai légal soit expiré, contester comme fondée sur un titre frauduleux ou nul, la collocation du créancier qui l'attarde. Et il importerait peu que le créancier qui a contesté primitivement se fût désisté de son contredit, alors surtout que son désistement est postérieur aux conclusions par lesquelles on conteste sa créance. — Paris, 12 juin 1884, J.G.S. *Distrib. par contrib.*, 39.

8356. D'après un arrêt, les parties qui ont le même intérêt à se défendre contre un contredit qui attaque la contribution dans sa base doivent se faire représenter par un seul avoué, et celle qui se ferait représenter par un avoué particulier en supporterait personnellement les frais. — Rouen, 1ᵉʳ août 1861, J.G.S. *Distrib. par contrib.*, 38.

8357. — II. Subrogation a la poursuite (C. proc. civ. nᵒˢ 18 à 22).

Art. 665. S'il n'y a point de contestation, le juge-commissaire clora son procès-verbal, arrêtera la distribution des deniers, et ordonnera que le greffier délivrera mandement aux créanciers, en affirmant par eux la sincérité de leurs créances.

8358. — I. Règlement définitif (C. proc. civ. nᵒˢ 1 à 5). — Le règlement définitif n'a d'autorité de la chose jugée que dans les limites de la fixation et de l'attribution des dividendes afférents aux créances qui y ont été colloquées, et non relativement à ces

créances elles-mêmes, alors qu'aucune décision judiciaire rendue, notamment, par suite de contredits, ne les a consacrées. Par suite, le droit, pour le débiteur, de le contester dans des contributions ultérieures reste entier. — Trib. Seine, 21 févr., 1888, J.G.S. *Distrib. par contrib.*, 61.

8359. — II. Bordereau de collocation (C. proc. civ. nᵒˢ 6 et 7).

Art. 666. S'il s'élève des difficultés, le juge-commissaire renverra à l'audience; elle sera poursuivie par la partie la plus diligente, sur un simple acte d'avoué à avoué, sans autre procédure.

8360. Les dires du contredit formé sur le procès-verbal sont les seuls qui puissent être plaidés à l'audience; le tiers saisi n'est pas recevable à en proposer d'autres après l'expiration du délai fixé par l'art. 663 C. proc. civ. — Trib. de la Rochelle, 30 juill. 1879, D.P. 80. 2. 229. — V. *Code de procédure civile*, nᵒ 7.

Art. 667. Le créancier contestant, celui contesté, la partie saisie, et l'avoué le plus ancien des opposants, seront seuls en cette qualité.

8361. L'art. 667 doit être entendu en ce sens qu'on ne peut jamais intimer d'autres parties que celles indiquées par cet article, et qu'on n'est pas obligé de les intimer toutes. Au nombre de ces cas où il n'y a pas lieu d'intimer toutes les parties indiquées à l'art. 667, on peut citer celui où il s'agit que d'une question de privilège, sans que la créance soit contestée; dans ce cas, il suffirait d'intimer la partie saisie, sans qu'il fallût d'intimer l'avoué le plus ancien des opposants. — J.G.S. *Distrib. par contrib.*, 52.

Art. 668. Le jugement sera rendu sur le rapport du juge-commissaire et les conclusions du ministère public.

8362. Dans une procédure de distribution par contribution, si le jugement sur contredits a pour résultat de fixer le classement des créances entre elles, et de mettre obstacle à de nouvelles productions, il ne confère pas aux créanciers colloqués la propriété des sommes saisies sur le débiteur et conservées, en attendant le règlement définitif, à la caisse des dépôts et consignations. — Req. 22 déc. 1884, D.P. 85. 1. 199.

8363. En conséquence, le tiers qui a fait reconnaître par requête civile contre le débiteur son droit de propriété sur lesdites sommes, doit être autorisé à les toucher, nonobstant le jugement sur contredit rendu en faveur des créanciers colloqués, alors même que son instance sur requête civile a été postérieure ce jugement. — Même arrêt.

Art. 669. L'appel de ce jugement sera interjeté dans les dix jours de la signification à avoué; l'acte d'appel sera signifié au domicile de l'avoué; il contiendra citation et énonciation des griefs; et il y sera statué comme en matière sommaire.

Ne pourront être intimés sur ledit appel que les parties indiquées par l'art. 667.

8364. — I. Jugements susceptibles des deux degrés de juridiction (C. proc. civ. nᵒˢ 1 à 10). — Lorsque la contestation entre créanciers engagés dans une procédure de distribution par contribution ne porte ni sur l'existence, ni sur le chiffre des créances, mais sur le montant des sommes qui seront à distribuer, puisque le règlement provisoire reçoit son exécution, l'affaire est jugée en premier et dernier ressort du moment qu'il est établi, tant par le règlement que par la comparaison de la somme à distribuer et les créances produites, que le dividende auquel chacun des appelants pourra avoir droit en cas de maintien du règlement provisoire sera certainement bien inférieur à 1,500 fr. — Nancy, 24 nov. 1888, D.P. 90. 2. 6.

8365. — II. Personnes qui peuvent appeler et auxquelles l'appel profite (C. proc. civ. nos 11 et 12).

8366. — III. Parties qui doivent être intéressées (C. proc. civ. nos 13 à 25). — Le contestant ne peut assigner sur l'appel que le créancier contesté, la partie saisie ou ses héritiers et l'avoué le plus ancien des contestants. — Bordeaux, 30 janv. 1890, D.P. 91. 2. 245. — V. Code de procédure civile, no 13.

8367. Toutefois si, en matière de distribution par contribution, le créancier contestant, le créancier contesté, la partie saisie doivent être seuls des opposants doivent être seuls au cas de renvoi à l'audience, et si les mêmes parties doivent être seules intimées sur l'appel, ces prescriptions, édictées par les art. 667 et 669 C. proc. civ. dans une pensée d'économie, ne font pas obstacle à ce qu'un créancier opposant se fasse représenter par un avoué de son choix, à la charge de supporter les frais qu'il aura ainsi occasionnés. — Civ. r. 23 déc. 1891, D.P. 92. 1. 62.

8368. — IV. Délai de l'appel (C. proc. civ. nos 26 à 35).

8369. — V. Signification du jugement (C. proc. civ. nos 36 à 43).

8370. — VI. Formes et signification de l'acte d'appel (C. proc. civ. nos 44 à 50). — L'acte d'appel doit être notifié, à peine de nullité, au domicile de l'avoué, et non à celui de la partie qui a obtenu le jugement, et cette nullité est encourue, quand bien même l'appel serait postérieurement réitéré par acte d'avoué à avoué. — Caen, 9 mai 1891, J.G.S. Distrib. par contrib., 51. — V. Code de procédure civile, no 46.

8371. Les significations à avoué, quand elles sont moins destinées à lui-même qu'aux parties qu'il représente, notamment quand elles ont pour objet de faire courir un délai de rigueur, doivent, pour être régulières, être faites en autant de copies qu'il y a de parties ayant des intérêts distincts et séparés; et il importe peu, à cet égard, qu'elles aient été faites en outre au domicile de chaque partie, puisque, aux termes de l'art. 669 C. proc. civ., les significations à avoué régulièrement faites peuvent seules faire courir les délais d'appel en matière de distribution par contribution. — Civ. c. 23 déc. 1891, D.P. 92. 1. 62. — V. Code de procédure civile, no 50, et supra, art. 456, nos 3667 et s.

8372. — VII. Appel incident (C. proc. civ. nos 51 à 53).

8373. — VIII. Procédure sur l'appel (C. proc. civ. nos 54 à 56).

8374. — IX. Décision sur l'appel (C. proc. civ. nos 57 à 59).

Art. 670. Après l'expiration du délai fixé pour l'appel, et en cas d'appel, après la signification de l'arrêt au domicile de l'avoué, le juge-commissaire clora son procès-verbal, ainsi qu'il est prescrit par l'art. 665.

Art. 671. Huitaine après la clôture du procès-verbal, le greffier délivrera les mandements aux créanciers, en affirmant par eux la sincérité de leur créance par-devant lui.

8375. — I. Affirmation des créances (C. proc. civ. nos 1 à 3).

8376. — II. Bordereaux de collocation (C. proc. civ. nos 4 à 13).

8377. — III. Référé (C. proc. civ. nos 14 à 18).

8378. — IV. Cas où il survient de nouvelles sommes a distribuer (C. proc. civ. nos 19 à 22).

Art. 672. Les intérêts des sommes admises en distribution cesseront du jour de la clôture du procès-verbal de distribution, s'il ne s'élève pas de contestation; en cas de contestation, du jour de la signification du jugement qui aura statué; en cas d'appel, quinzaine après la signification du jugement sur appel.

TITRE XII.

De la saisie immobilière.

Art. 673. La saisie immobilière sera précédée d'un commandement à personne ou domicile, en tête de cet acte, il sera donné copie entière du titre en vertu duquel elle est faite. Ce commandement contiendra élection de domicile dans le lieu où siège le tribunal qui devra connaître de la saisie, et le créancier n'y demeure pas; il énoncera que, faute de payement, il sera procédé à la saisie des immeubles du débiteur; l'huissier ne se fera pas assister de témoins; il fera dans le jour viser l'original par le maire du lieu où le commandement sera signifié.

DIVISION.

§ 1. — *Du droit de former une saisie immobilière* (no 8379).

§ 2. — *Formes du commandement préalable à la saisie* (no 8380).

§ 3. — *Opposition au commandement* (no 8497).

§ 1er. — *Du droit de former une saisie immobilière* (C. proc. civ. nos 1 à s.).

8379. V. Code de procédure civile, no 1 et s.

§ 2. — *Formes du commandement préalable à la saisie* (C. proc. civ. nos 6 à 131).

8380. — I. Énonciations générales contenues dans le commandement (C. proc. civ. nos 8 à 22). — 1o Date (C. proc. civ. nos 9 à 13). — Le commandement n'est pas daté lorsque la date annoncée au corps de l'exploit est annulée par une surcharge approuvée en marge et que cette surcharge indique le jour le mois. — Pau, 10 août 1885, D.P. 86. 2. 208. — V. supra, art. 61, nos 1449 et s.

Le commandement ne contient pas non plus la mention du *parlant à* lorsque l'indication de la personne à laquelle l'exploit a été remis est d'une écriture tout à fait illisible. — Même arrêt.

8382. Dans ces circonstances, le commandement est nul à la fois pour défaut de date et pour défaut d'indication de la personne à laquelle il a été remis. — Même arrêt.

8383. — 2o Mentions relatives au demandeur (C. proc. civ. nos 14 à 16). — V. Code de procédure civile, art. 61, nos 1461 et s.

8384. — 3o Mentions relatives au défendeur (C. proc. civ. nos 17 à 21).

8385. — 4o Désignation des biens saisis (C. proc. civ. no 22).

8386. — II. Signification du commandement (C. proc. civ. nos 23 à 39). — Le commandement, aux termes de l'art. 673, précède la saisie immobilière, est nul s'il a été fait à une personne n'ayant pas capacité suffisante pour user du bénéfice de la loi. — Pau, 6 févr. 1884, D.P. 85. 2. 133. — V. Code de procédure civile, no 23.

8387. — Et, par exemple, s'il a été signifié à un failli dessaisi de l'administration de ses biens et à des syndics dont les pouvoirs sont contestés. — Même arrêt. — Comp. Code de procédure civile, no 28.

8388. La poursuite en saisie immobilière dirigée contre un héritier ne peut, sans qu'il y ait à rechercher s'il a ou non un acte d'exécution, avoir lieu qu'après une double notification du titre faite à l'héritier, et après l'expiration des délais cumulés des art. 877 C. civ. et 673 C. proc. civ., c'est-à-dire après trente-huit jours. — Nancy, 26 juill. 1884, D.P. 85. 2. 13. — V. Code de procédure civile, no 26

8389. Lorsqu'un individu qui allègue un changement de domicile, ou l'absence de déclaration, a payé dans un ancien domicile l'impôt personnel et des droits de mutation, et y a reçu sans protestation une signification ou commandement, il peut être réputé avoir conservé ce domicile, bien qu'il ait été également inscrit au rôle des contributions dans sa nouvelle résidence, qu'il s'y soit marié et qu'il y ait été porté sur les listes électorales. En conséquence, un commandement à fin de saisie immobilière et la dénonciation de ladite saisie ont pu, dans de pareilles circonstances, être valablement signifiés à son ancien domicile réel. — Caen, 9 avr. 1875, D.P. 77. 2. 135-136. — V. Code de procédure civile, no 30.

8390. — III. Copie du titre en vertu duquel la saisie est poursuivie (C. proc. civ. nos 40 à 90). — Un commandement donné en vertu d'un arrêt de condamnation et reproduisant le texte de cet arrêt contient une suffisante notification du titre exécutoire (dans l'espèce, un contrat de mariage relaté dans les qualités dudit jugement). — Riom, 30 avr. 1889, D.P. 90. 2. 160.

8391. Dans tous les cas, l'art. 583 C. proc. civ. n'édicte aucune nullité pour défaut de copie du titre exécutoire en tête du commandement; et lorsque le commandement n'est suivi d'aucune saisie mobilière ou réelle sauf l'opposition, les art. 583, 673 et 675 sont inapplicables. — Même arrêt. — V. toutefois Observ. sous cet arrêt.

8392. — 1o Titre dont il doit être donné copie (C. proc. civ. nos 43 à 56). — Il n'est pas nécessaire, pour la régularité des poursuites, que ce commandement soit précédé de la copie des actes contenant obligation du débiteur et acceptation du créancier; le seul acte dont il doive être donné copie est le titre qui sert de fondement à la créance et qui a établi l'hypothèque inscrite sur l'immeuble. — Req. 6 juill. 1881, D.P. 82. 1. 456.

8393. De même, le commandement tendant à saisie immobilière est régulier et valable, lorsqu'il contient notification de la grosse en forme exécutoire d'un acte d'ouverture de crédit passé entre le créancier et le débiteur, et de l'état du compte courant ouvert au débiteur sur les livres du créancier. — Poitiers, 28 janv. 1878, D.P. 78. 2. 145.

8394. Le titre dont, aux termes de l'art. 673 C. proc. civ., copie entière doit être donnée en tête du commandement tendant à saisie immobilière est le titre authentique et exécutoire, qui sert de fondement à la créance. — Bourges, 21 déc. 1891, D.P. 92. 2. 112.

8395. Par suite, lorsque la créance résulte de jugements frappés d'appel, puis confirmés, le créancier satisfait suffisamment à l'art. 673, si, en tête de son commandement, il donne simplement copie des jugements. — Même arrêt.

8396. ... Alors, d'ailleurs, qu'il vise, en tête dudit commandement, l'arrêt confirmatif. — Même arrêt.

8397. — 2° *Titre indiquant la qualité du poursuivant* (C. proc. civ. nos 57 à 71).

8398. — 3° *Irrégularités dans la copie du titre* (C. proc. civ. nos 72 à 82).

8399. — 4° *Formule exécutoire* (C. proc. civ. nos 83 à 90). — La copie entière du titre, y compris la formule exécutoire, doit être donnée en tête du commandement tendant à saisie immobilière, et cette copie, si la grosse a été délivrée avant l'ère républicaine, doit, pour être complète et régulière, et à peine de nullité, renfermer, outre la formule exécutoire dont elle était revêtue, la formule nouvelle édictée par le décret des 6-10 sept. 1870. — Poitiers, 17 juin 1875, D.P. 76. 2. 222. — V. *Code de procédure civile*, n° 83.
— V. *supra*, art. 515, nos 7137 et s.

8400. — IV. PREUVE DE L'EXISTENCE DU CRÉANCIER (C. proc. civ. nos 91 à 96).

8401. — V. ÉLECTION DE DOMICILE (C. proc. civ. nos 97 à 100). — Un commandement tendant à saisie immobilière n'est pas nul par cela seul que le créancier n'a fait qu'une élection de domicile dans un arrondissement, bien que les immeubles à exproprier soient situés dans deux arrondissements différents. — Lyon, 22 mars 1881, D.P. 83. 2. 199.

8402. Mais on ne semble pas tenir compte de l'art. 1er de la loi du 11 nov. 1808 aux termes duquel la vente forcée des biens situés dans différents arrondissements peut, par dérogation à l'art. 2210 C. civ., être poursuivie simultanément si la valeur totale des immeubles est inférieure au montant réuni des sommes dues tant au saisissant qu'aux créanciers inscrits. — Observ. sous l'arrêt précité, D.P. 85. 2. 199, note 1.

8403. Il ne suffisait pas en effet, pour valider le commandement, d'invoquer l'art. 2210 C. civ. ; il fallait encore constater que, dans l'espèce, la valeur totale des biens saisis était inférieure au montant réuni des sommes dues tant au saisissant qu'aux créanciers inscrits ; autrement, en effet, la vente aurait pu être poursuivie simultanément et, dès lors, plusieurs élections de domicile auraient été nécessaires, à peine de nullité du commandement. — Mêmes observations.

8404. — VI. SIGNIFICATIONS QUI PEUVENT ÊTRE FAITES AU DOMICILE ÉLU (C. proc. civ. nos 101 à 112).

8405. — VII. DÉCLARATION QU'IL SERA PROCÉDÉ À LA SAISIE (C. proc. civ. nos 113 et 114).

8406. — VIII. VISA DU COMMANDEMENT (C. proc. civ. nos 115 à 131). — V. *supra*, art. 68, nos 1560 et s.

§ 3. — *Opposition au commandement* (C. proc. civ. nos 132 à 167).

8407. Le commandement ne fait pas partie intégrante de la saisie immobilière, il n'en est que le préalable. — Trib. de Tarbes, 30 oct. 1886, D.P. 86. 3. 119. — V. *Code de procédure civile*, n° 132.

8408. — I. DANS QUELS CAS IL Y A LIEU DE FORMER OPPOSITION (C. proc. civ. nos 134 à 145).

8409. — II. COMPÉTENCE EN MATIÈRE D'OPPOSITION (C. proc. civ. nos 146 à 148). — Le tribunal de la situation des immeubles saisis est compétent pour statuer sur la demande en nullité de la saisie et sur toutes les exceptions opposées à cette demande. — Req. 10 juin 1879, D.P. 80. 1. 418.

8410. Spécialement, lorsque une saisie a été pratiquée, après séparation de corps, par un mari sur les immeubles de sa femme, en vertu d'un arrêt condamnant cette dernière à des dommages-intérêts envers lui à défaut de lui remettre les enfants communs, et que la femme demande la nullité de cette saisie à raison de l'inaliénabilité de ses immeubles, tandis que le mari soutient que la condamnation obtenue par lui est susceptible d'être exécutée sur la dot comme ayant pour objet la réparation d'un quasi-délit, le tribunal du lieu de la saisie peut, sans excéder sa compétence, repousser cette demande en accueillant l'exception qu'y oppose le mari saisissant. — Même arrêt.

8411. Vainement prétendrait-on que ce tribunal est tenu de surseoir à statuer jusqu'à ce que la cour de laquelle émane l'arrêt de condamnation en ait déterminé le sens, alors, d'ailleurs, que cet arrêt ne présente aucune ambiguïté. — Même arrêt.

8412. — III. FORME DE L'OPPOSITION (C. proc. civ. nos 149 et 150).

8413. — IV. DÉLAI DE L'OPPOSITION (C. proc. civ. nos 151 et 152).

8414. — V. EFFETS DE L'OPPOSITION (C. proc. civ. nos 153 à 159).

8415. — VI. CARACTÈRE DE L'OPPOSITION ET DU RECOURS CONTRE LE JUGEMENT QUI A STATUÉ SUR CETTE OPPOSITION (C. proc. civ. nos 160 à 167). — L'opposition au commandement ne doit pas être considérée comme un incident de la saisie immobilière ; c'est une action principale qui est soumise aux règles ordinaires de la compétence. — Trib. de Gray, 22 nov. 1881, D.P. 82. 3. 38. — V. *Code de procédure civile*, n° 161.

8416. En conséquence, elle doit être portée devant le juge de paix, si la valeur du litige n'excède pas 200 fr. — Même jugement.

8417. Décidé dans le même sens que le commandement étant un préalable, mais non le premier acte de la saisie immobilière, l'opposition faite à ce commandement avant la saisie ne constitue pas un incident de cette saisie et que, dès lors, l'appel dirigé contre le jugement qui a statué sur le mérite de cette opposition, au lieu d'être soumis aux règles de l'art. 732 C. proc. civ., n'est assujetti qu'aux formes du droit commun. — Riom, 31 janv. 1884, D.P. 86. 2. 102. — Orléans, 19 mai 1888, D.P. 89. 2. 205. — V. *Code de procédure civile*, n° 162, et *infra*, art. 732, nos 8724 et s.

8418. Décidé également que le commandement à fin de saisie immobilière étant antérieur à la saisie, la contestation dont il est l'objet ne saurait être considérée comme un incident de la saisie, et que, par suite, l'appel d'un jugement qui statue au sujet du commandement à fin de saisie immobilière est régi, non par les art. 731 et 732 C. proc. civ. qui ne reçoivent leur application que lorsqu'il s'agit des incidents de cette saisie, mais par les règles du droit commun. — Bourges, 21 déc. 1891, D.P. 92. 2. 112.

8419. Jugé en sens contraire que l'opposition à un commandement constitue un incident de la saisie ; et, qu'en conséquence, l'appel du jugement rendu sur cette opposition est soumis aux formes et aux délais des art. 731 et 732 C. proc. civ.; que, spécialement, cet appel doit, à peine de nullité, être interjeté dans les dix jours de la signification du jugement à avoué. — Grenoble, 22 janv. 1884, D.P. 86. 2. 102.

8420. Décidé également dans le même sens que toute opposition à commandement formée après la signification de la saisie immobilière doit être considérée comme un incident de cette saisie ; qu'en conséquence, le jugement qui statue sur cette opposition est soumis au délai spécial d'appel de l'art. 731 C. proc. civ. — Agen, 28 nov. 1889, D.P. 91. 2. 136. — V. *Code de procédure civile*, n° 164.

8421. De même, doit être considéré comme statuant sur un incident de saisie immobilière, et comme non susceptible d'opposition, le jugement par défaut qui repousse une demande en nullité de la saisie fondée sur ce qu'elle aurait été pratiquée plus de 90 jours après le commandement. — Req. 23 févr. 1891, D.P. 91. 1. 424.

8422. Les frais du commandement et de la notification qui l'accompagne ne doivent pas être ajoutés au chiffre de la dette dont le payement est poursuivi pour calculer le taux du litige. — Trib. civ. de Gray, 22 nov. 1881, D.P. 82. 3. 38.

Art. 674. La saisie immobilière ne pourra être faite que trente jours après le commandement; si le créancier laisse écouler plus de quatre-vingt-dix jours entre le commandement et la saisie, il sera tenu de le réitérer dans les formes et avec les délais ci-dessus.

8423. — I. MINIMUM DU DÉLAI ENTRE LE COMMANDEMENT ET LA SAISIE (C. proc. civ. nos 3 à 8). — Le commandement ne constituant pas un véritable acte d'exécution, il en résulte que rien ne s'oppose à ce qu'il soit fait dans la huitaine de la signification du jugement par défaut. — Lyon, 10 nov. 1888, D.P. 89. 2. 211. — V. *Code de procédure civile*, art. 673, nos 85 et 132.

8424. Et il n'y a pas lieu d'ajouter au délai de trente jours prescrit par l'art. 674 C. proc. civ. entre le commandement et la saisie immobilière celui de huitaine imposé par l'art. 155 du même Code et pendant lequel il est interdit d'exécuter le jugement par défaut. — Même arrêt.

8425. Le délai de trente jours entre le commandement et la saisie prescrit par l'art. 674 C. proc. civ., ne peut être abrégé, même du consentement du débiteur ; mais le délai résultant de l'abréviation de ce délai peut être proposée par toute partie intéressée par un autre créancier qui a pratiqué postérieurement une autre saisie immobilière. — Caen, 10 juin 1879, D.P. 81. 2. 17, et la note.

8426. Eu ce qui concerne la date du commandement. V. *supra*, art. 673, nos 8380 et s.

8427. — II. MAXIMUM DU DÉLAI ENTRE LE COMMANDEMENT ET LA SAISIE (C. proc. civ. nos 9 à 22). — La saisie immobilière peut être valablement pratiquée le quatre-vingt-onzième jour après celui du commandement. — Bordeaux, 28 mars 1876, D.P. 77. 2. 151.

8428. Le délai de quatre-vingt-dix jours entre le commandement et la saisie dans lequel, aux termes de l'art. 674 C. proc. civ., la saisie doit être pratiquée, ne cesse de courir tant que le créancier est dans l'impossibilité d'agir par le fait du saisi, par exemple, durant l'existence d'une opposition formée contre le commandement ; il ne recommence à courir que du jour de la signification du jugement ou de l'arrêt qui statue définitivement sur l'opposition. — Limoges, 28 janv. 1889, D.P. 90. 2. 158. — V. *Code de procédure civile*, n° 15.

8429. Le créancier poursuivant une saisie immobilière est libre, dans le cas où le commandement a été frappé d'une opposition qu'il croit mal fondée, soit de continuer la procédure à ses risques et périls, soit de la suspendre jusqu'à la décision définitive, sans que le débiteur puisse lui opposer les déchéances de l'art. 674 C. proc. civ. — Besançon, 21 févr. 1877, D.P. 80. 2. 42.

8430. Par suite, la saisie formée après le jugement qui a déclaré l'opposition non recevable est valable, bien que, d'une part, elle soit postérieure de plus de huit mois au commandement, et que, d'autre part, le délai écoulé d'abord entre le commandement et l'opposition, puis entre le jugement et la saisie, soit de moins de trente jours. — Même arrêt.

Art. 675. Le procès-verbal de saisie contiendra, outre toutes les formalités communes à tous les exploits :

1° L'énonciation du titre exécutoire en vertu duquel la saisie est faite;

2° La mention du transport de l'huissier sur les biens saisis;

3° L'indication des biens saisis, savoir : Si c'est une maison, l'arrondissement, la commune, la rue, le numéro s'il y en a, et dans le cas contraire, deux au moins des tenants et aboutissants;

Si ce sont des biens ruraux, la désignation des bâtiments quand il y en aura, la nature et la contenance approximative de chaque pièce, le nom du fermier ou colon s'il y en a, l'arrondissement et la commune où les biens sont situés;

4° La copie littérale de la matrice du rôle de la contribution foncière pour les articles saisis;

5° L'indication du tribunal où la saisie sera portée;

6° Et enfin constitution d'avoué chez lequel le domicile du saisissant sera élu de droit.

Division

Sect. 1re. — Formalités générales applicables au procès-verbal de saisie immobilière (C. proc. civ. n° 1 à 21).

8431. Le procès-verbal de saisie immobilière doit contenir les formalités communes à tous les exploits. — V. *supra*, art. 61, n° 1430 et s.

8432. — I. Date (C. proc. civ. n° 2 à 5).

8433. — II. Mentions relatives au saisissant (C. proc. civ. n° 6 à 8).

8434. — III. Mentions relatives au saisi (C. proc. civ. n° 9 à 16).

8435. — IV. Mentions relatives à l'huissier (C. proc. civ. n° 17 à 49).

8436. — V. Remise de la copie C. proc. civ. n° 20).

8437. — VI. Timbre (C. proc. civ. n° 21).

Sect. 2. — Formalités spéciales au procès-verbal de saisie immobilière (C. proc. civ. n° 22 à 160).

§ 1er. — Enonciation du titre (C. proc. civ. n° 23 à 26).

8438. V. Code de procédure civile, n° 23 et s.

§ 2. — Mention du transport de l'huissier (C. proc. civ. n° 27 à 32).

8439. V. Code de procédure civile, n° 27 et s.

§ 3. — Indication des biens saisis (C. proc. civ. n° 33 à 115).

8440. — I. Mentions communes aux immeubles de ville et de campagne (C. proc. civ. n° 33 à 74). — 1° *Désignation de l'arrondissement* (C. proc. civ. n° 33 à 43).

8441. — 2° *Désignation de la commune* (C. proc. civ. n° 44 à 48).

8442. — 3° *Désignation des biens saisis* (C. proc. civ. n° 49 à 74). — L'adjudicataire sur saisie d'une propriété immobilière a droit aux immeubles par destination qui en sont l'accessoire, en l'absence de toute clause contraire, et, à plus forte raison, lorsque le cahier des charges contient, à cet égard, une énonciation formelle. — Bordeaux, 23 avr. 1873, D.P. 76. 2. 180. — V. *Code de procédure civile*, n° 58.

8443. La concession du droit d'éclairage consenti par une ville au propriétaire d'une usine à gaz, peut être comprise dans la saisie immobilière pratiquée sur cette usine par les créanciers hypothécaires du concessionnaire, et adjugée avec elle, si, d'après les circonstances de la cause, elle doit être considérée comme un accessoire inséparable de l'immeuble saisi. — Civ. r. 21 janv. 1878, D.P. 79. 1. 263.

8444. Et, dans ce cas, le prix total de l'adjudication forme le gage des créanciers hypothécaires, sans qu'il y ait lieu d'en distraire, au profit des créanciers chirographaires, la part de ce prix afférente à la concession. — Même arrêt.

8445. Il appartient aux tribunaux de rechercher en fait, d'après l'intention des parties et l'usage des lieux, si le saisissant et l'adjudicataire ont entendu ou non comprendre dans l'adjudication les accessoires de l'immeuble saisi. — Augers, 5 janv. 1877, D.P. 77. 2. 79.

8446. Le créancier poursuivant une saisie immobilière qui comprend à tort dans ladite saisie un immeuble appartenant à un tiers commet une faute personnelle dont il doit réparation à celui-ci. — Trib. civ. de Montpellier, 26 mai 1882, D.P. 83. 3. 87.

8447. — II. Mentions spéciales aux maisons de ville (C. proc. civ. n° 75 à 83).

8448. — III. Mentions spéciales aux biens ruraux (C. proc. civ. n° 84 à 115.)

§ 4. — *Copie de la matrice du rôle* (C. proc. civ. n° 116 à 151.)

8449. V. *Code de procédure civile*, n° 116 et s.

§ 5. — *Indication du tribunal* (C. proc. civ. n° 152 à 156).

8450. V. *Code de procédure civile*, n° 152 et s.

§ 6. — *Constitution d'avoué* (C. proc. civ. n° 157 à 160).

8451. V. *Code de procédure civile*, n° 157 et s.

Art. 676. Le procès-verbal de saisie sera visé, avant l'enregistrement, par le maire de la commune dans laquelle sera situé l'immeuble saisi ; et, si la saisie comprend des biens situés dans plusieurs communes, le visa sera donné successivement par chacun des maires à la suite du procès-verbal relatif aux biens situés dans sa commune.

Art. 677. La saisie immobilière sera dénoncée au saisi dans les quinze jours qui suivront celui de la clôture du procès-verbal, outre un jour par cinq myriamètres de distance entre le domicile du saisi et le lieu où siège le tribunal qui doit connaitre de la saisie. L'original sera visé, sais le jour, par le maire du lieu où l'acte de dénonciation aura été signifié.

8452. — I. Délai de la dénonciation du procès-verbal de saisie (C. proc. civ. n° 1 à 8).

8453. — II. Mentions de l'exploit de dénonciation (C. proc. civ. n° 9 à 19).

8454. — III. À qui est faite la dénonciation de la saisie (C. proc. civ. n° 20 à 23).

8455. — IV. Visa de l'exploit de dénonciation (C. proc. civ. n° 24 à 32).

Art. 678. La saisie immobilière et l'exploit de dénonciation seront transcrits, au plus tard, dans les quinze jours qui suivront celui de la dénonciation, au bureau des hypothèques de la situation des biens saisis qui se trouvent dans l'arrondissement.

Art. 679. Si le conservateur ne peut procéder à la transcription de la saisie à l'instant où elle lui est présentée, il fera mention, sur l'original qui lui sera laissé, des heure, jour, mois et an auxquels il aura été remis, et, en cas de concurrence, le premier présenté sera transcrit.

Art. 680. S'il y a eu précédente saisie, le conservateur constatera son refus en marge de la seconde ; il énoncera la date de la présente saisie, les noms, demeures et professions du saisissant et du saisi, l'indication du tribunal où la saisie est portée, le nom de l'avoué du saisissant et la date de la transcription.

8456. La transcription au bureau des hypothèques d'une seconde saisie est nulle en tant qu'elle porte sur les biens compris dans la première saisie, et du moment que celle-ci subsiste faute de radiation. — Douai, 28 févr. 1889, D.P. 90. 2. 155. — V. *Code de procédure civile*, n° 2.

Art. 681. Si les immeubles saisis ne sont pas loués ou affermés, le saisi restera en possession jusqu'à la vente, comme séquestre judiciaire, à moins que, sur la demande d'un ou plusieurs créanciers, il n'en soit autrement ordonné par le président du tribunal, dans la forme des ordonnances sur référé.

Les créanciers pourront néanmoins, après y avoir été autorisés par ordonnance du président rendue dans la même forme, faire procéder à la coupe et à la vente, en tout ou en partie, des fruits pendants par les racines.

Les fruits seront vendus aux enchères ou de toute autre manière autorisée par le président, dans le délai qu'il aura fixé, et le prix sera déposé à la Caisse des dépôts et consignations.

8457. — I. Maintien en possession du saisi (C. proc. civ. n° 1 à 7).

8458. — II. Dépossession du saisi et vente des fruits (C. proc. civ. n° 8 à 17).

8459. — III. Référé C. proc. civ. n° 18 à 25).

Art. 682. Les fruits naturels et industriels recueillis postérieurement à la transcription ou le prix qui en proviendra, seront immobilisés pour être distribués avec le prix de l'immeuble par ordre d'hypothèque.

Art. 683. Le saisi ne pourra faire aucune coupe de bois ni dégradation, à peine de dommages-intérêts auxquels il sera contraint par corps, sans préjudice, s'il y a lieu, des peines portées par les art. 400 et 433 du Code pénal.

Art. 684. Les baux qui n'auront pas acquis date certaine avant le commandement pour ront être annulés, si les créanciers ou l'adjudicataire le demandent.

8460. — I. Comment un bail peut acquérir date certaine (C. proc. civ. n⁰ˢ 3 à 5).
8461. — II. Époque a laquelle le bail doit avoir acquis date certaine (C. proc. civ. n⁰ˢ 6 à 10).
8462. — III. Effets des baux sans date certaine (C. proc. civ. n⁰ˢ 11 à 17). — L'art. 684 C. proc. civ. laisse aux tribunaux la faculté de prononcer ou de ne pas prononcer, sur la demande de l'adjudicataire ou des créanciers hypothécaires, la nullité des baux qui n'ont pas acquis date certaine avant le commandement à fin de saisie immobilière. — Civ. r. 22 mai 1878, D.P. 78. 1. 484. — Req. 9 déc. 1878, D.P. 79. 1. 310. — Comp. Alger, 4 févr. 1876, D.P. 77. 1. 151. — V. Code de procédure civile, n⁰ 11.
8463. Et ce pouvoir d'appréciation leur appartient, même lorsqu'il s'agit de baux consentis après la transcription de la saisie. — Arrêt préc. 9 déc. 1878.
8464. Ainsi, les tribunaux peuvent refuser de prononcer la nullité de ces baux, en se fondant sur ce qu'il n'est pas justifié que leur date soit fausse ou qu'ils soient le résultat d'un concert frauduleux. — Arrêt préc. 22 mai 1878.
8465. En conséquence, le juge peut refuser de prononcer la nullité d'un bail postérieur à cette transcription, en se fondant sur ce qu'il n'est pas établi que ledit bail ait été passé en fraude des créanciers saisissants, ni qu'il ne constitue un acte de mauvaise administration. — Arrêt préc. 9 déc. 1878. — V. Code de procédure civile, n⁰ 12.
8466. — IV. Effets des baux ayant date certaine (C. proc. civ. n⁰ˢ 18 à 24).
8467. — V. Baux mis a la charge de l'adjudicataire par le cahier des charges (C. proc. civ. n⁰ˢ 25 à 30). — Le colicitant devenu adjudicataire ne peut se refuser au payement ou à la consignation du prix, sous prétexte qu'un bail s'oppose à sa prise de possession effective de l'immeuble adjugé, lorsqu'une clause du cahier des charges auquel il a concouru l'oblige à respecter les baux faits sans fraude de l'immeuble licité, et qu'il n'établit point que le bail est frauduleux, qu'il en ait ignoré l'existence ou que la clause s'appliquait à un autre bail. — Req. 2 janv. 1884, D.P. 84. 1. 315.

Art. 685. Les loyers et fermages seront immobilisés à partir de la transcription de la saisie, pour être distribués avec le prix de l'immeuble par ordre d'hypothèque. Un simple acte d'opposition à la requête du poursuivant ou de tout autre créancier vaudra saisie-arrêt entre les mains des fermiers et locataires, qui ne pourront se libérer qu'en exécution des mandements de collocation, ou par le versement des loyers ou fermages à la Caisse des consignations; ce versement aura lieu à leur réquisition, ou sur la simple sommation des créanciers. A défaut d'opposition, les payements faits au débiteur seront valables, et celui-ci sera comptable, comme séquestre judiciaire, des sommes qu'il aura reçues.

8468. La transcription de la saisie d'un immeuble frappe d'immobilisation, au profit des créanciers inscrits, les loyers et fermages à échoir, même cédés ou délégués par le débiteur antérieurement à cette transcription, si la cession ou la délégation est postérieure aux droits de ces créanciers. — Angers, 16 févr. 1882, D.P. 83. 2. 219.
8469. La loi du 23 mars 1855, d'après laquelle les délégations de fermages pour une somme inférieure à trois années, peuvent être opposées aux tiers, même lorsqu'elles ne sont pas transcrites, n'ayant abrogé ni expressément ni implicitement l'art. 685 C.

proc. civ., le droit des créanciers inscrits à l'immobilisation établie par cet article ne peut être détruit par une délégation ou une cession postérieure à leur inscription, alors même que les réserves contraires auraient été insérées dans la saisie. — Même arrêt.
8470. L'immobilisation dont les loyers ou fermages d'un immeuble saisi sont frappés à partir de la transcription de la saisie continue à produire ses effets, lorsque la saisie, sans être abandonnée, a été seulement suspendue, et qu'un jugement, réservant expressément les droits du saisissant et des créanciers hypothécaires, s'est borné à substituer à l'adjudication sur saisie une vente sur licitation. — Civ. c. 14 nov. 1883, D.P. 85. 1. 12.
8471. La loi attribuant compétence exclusive au tribunal de la situation des immeubles pour statuer sur les incidents des saisies immobilières et des ventes, c'est devant ce tribunal que doit être portée la demande en régularité de l'immobilisation des loyers résultant de l'art. 685 C. proc. civ., et celle qui concerne l'étendue des collocations; dans aucun cas, ces questions ne sauraient être dévolues à la juridiction commerciale. — Req. 4 déc. 1888, D.P. 89. 1. 384.
8472. L'immobilisation des fruits d'un immeuble saisi, attachée à la transcription de la saisie, étant une fiction introduite dans l'intérêt des créanciers hypothécaires seuls, n'a pas lieu quand le prix principal de l'adjudication intervenue à la suite de la saisie excédant le montant intégral des sommes dues aux créanciers inscrits, ceux-ci n'ont aucun intérêt légitime à s'en prévaloir. — Pau, 2 déc. 1890, D.P. 91. 2. 275.

Art. 686. La partie saisie ne peut, à compter du jour de la transcription de la saisie, aliéner les immeubles saisis, à peine de nullité, et sans qu'il soit besoin de la faire prononcer.

8473. — I. Vente (C. proc. civ. n⁰ˢ 3 à 33).
— 1⁰ Nullité de la vente postérieure à la transcription de la saisie (C. proc. civ. n⁰ˢ 3 à 17. — L'art. 686 C. pr. civ., qui frappe de nullité les aliénations postérieures à la transcription de la saisie, ne saurait être étendu à l'hypothèse où les baux n'ont pas acquis date certaine avant le commandement à fin de saisie. — Civ. r. 22 mai 1878, D.P. 78. 1. 484.
8474. — 2⁰ Qui peut invoquer la nullité de la saisie (C. proc. civ. n⁰ˢ 18 à 26). — La disposition de l'art. 686 C. proc. civ. aux termes duquel la partie saisie ne peut à peine de nullité aliéner l'immeuble saisi à compter du jour où la saisie a été transcrite, n'est établie qu'en faveur du saisissant et des créanciers hypothécaires, et ne saurait être invoquée par l'adjudicataire. — Paris, 12 févr. 1878, D.P. 79. 1. 302, note 6.
8475. En tout cas l'adjudicataire ne peut se prévaloir de cet article pour faire annuler, une convention intervenue entre le saisi et le locataire de l'immeuble, et dont l'effet avait été d'augmenter les droits de ce locataire quant à la jouissance des lieux loués. — Req. 26 nov. 1878, D.P. 79. 1. 302.
8476. Une semblable convention est opposable à l'adjudicataire sur saisie immobilière de l'immeuble loué, du moment qu'elle a acquis date certaine (dans l'espèce, par la mort du bailleur), avant le jugement d'adjudication; sauf la faculté qui appartient au juge de l'annuler par application de l'art. 684 C. proc. civ., si cette date est postérieure à celle du commandement. — Même arrêt. — V. suprà, art. 684, n⁰ 8460 et s.
8477. Toute aliénation d'immeubles postérieure à la transcription de la saisie de cet immeuble étant nulle, celui qui se prétend acquéreur en vertu d'une telle aliénation est sans droit pour faire annuler ce qui a été au profit la

vente régulièrement consentie ensuite à l'un des créanciers inscrits qui a fait transcrire son titre d'acquisition et a désintéressé les autres créanciers hypothécaires. — Bourges, 17 nov. 1887, D.P. 88. 2. 285.
8478. La nullité de l'aliénation de l'immeuble saisi, consentie par le débiteur après la transcription de la saisie, ne peut être invoquée par le débiteur. — Bordeaux, 27 avr. 1885, D.P. 86. 2. 263-264. — V. Code de procédure civile, n⁰ 26.
8479. ... Ni par ses créanciers personnels postérieurs à la transcription de la vente. — Req. 4 janv. 1882, D.P. 83. 1. 206.
8480. — 3⁰ Caractères de la nullité (C. proc. civ. n⁰ˢ 27 à 29).
8481. — 4⁰ Conséquences de la nullité (C. proc. civ. n⁰ˢ 30 à 33).
8482. — II. Constitution d'hypothèque (C. proc. civ. n⁰ˢ 34 à 36).
8483. — III. Actions relatives a la propriété des biens saisis (C. proc. civ. n⁰ˢ 37 à 44).

Art. 687. Néanmoins l'aliénation ainsi faite aura son exécution si, avant le jour fixé pour l'adjudication, l'acquéreur consigne somme suffisante pour acquitter en principal, intérêts et frais, ce qui est dû aux créanciers inscrits, ainsi qu'au saisissant, et s'il leur signifie l'acte de consignation.

Art. 688. Si les deniers ainsi déposés ont été empruntés, les prêteurs n'auront d'hypothèques que postérieurement aux créanciers inscrits lors de l'aliénation.

Art. 689. A défaut de consignation avant l'adjudication, il ne pourra être accordé, sous aucun prétexte, de délai pour l'effectuer.

Art. 690. Dans les vingt jours, au plus tard, après la transcription, le poursuivant déposera au greffe du tribunal le cahier des charges, contenant :
1⁰ L'énonciation du titre exécutoire en vertu duquel la saisie a été faite, du commandement, du procès-verbal de saisie, ainsi que des autres actes et jugements intervenus postérieurement;
2⁰ La désignation des immeubles, telle qu'elle a été insérée dans le procès-verbal;
3⁰ Les conditions de la vente;
4⁰ Une mise à prix de la part du poursuivant.

8484. Un décret du 30 août 1887 a déclaré l'art. 690 C. proc. civ. applicable aux possessions françaises du Sénégal. — Bulletin des lois, n⁰ 18398.
8485. — I. Rédaction et dépôt du cahier des charges (C. proc. civ. n⁰ˢ 1 à 8).
8486. — II. Énonciations du cahier des charges (C. proc. civ. n⁰ˢ 9 à 54). — 1⁰ Actes et jugements (C. proc. civ. n⁰ˢ 9 à 19).
8487. — 2⁰ Désignation des immeubles (C. proc. civ. n⁰ˢ 20 à 22).
8488. — 3⁰ Conditions de la vente (C. proc. civ. n⁰ˢ 23 à 47).
8489. — 4⁰ Mise à prix (C. proc. civ. n⁰ˢ 48 à 54). — Ni le saisi, ni les créanciers inscrits n'ont le droit d'élever la mise à prix fixée par le poursuivant dans le cahier des charges d'une vente d'immeubles sur saisie immobilière, contre le gré de celui-ci. — Req. 13 août 1883, D.P. 83. 1. 460. — Comp. Pau, 26 mai 1883, D.P. 91. 2. 310. — V. Code de procédure civile, n⁰ 50.

Art. 691. Dans les huit jours, au plus tard.

après le dépôt au greffe, outre un jour par cinq myriamètres de distance entre le domicile du saisi et le lieu où siège le tribunal. sommation faite au saisi, à personne ou domicile, de prendre communication du cahier des charges, de fournir ses dires et observations, et d'assister à la lecture et publication qui en sera faite, ainsi qu'à la fixation du jour de l'adjudication. Cette sommation indiquera les jour, lieu et heure de la publication.

Art. 692. Pareille sommation sera faite, dans le même délai de huitaine, outre un jour par cinq myriamètres :

1° Aux créanciers inscrits sur les biens saisis, aux domiciles élus dans les inscriptions. Si, parmi les créanciers inscrits, se trouve le vendeur de l'immeuble saisi, la sommation à ce créancier sera faite, à défaut de domicile élu par lui, à son domicile réel, pourvu qu'il soit fixé en France. Elle portera, qu'à défaut de former sa demande en résolution et de la notifier au greffe avant l'adjudication, il sera définitivement déchu à l'égard de l'adjudicataire, du droit de la faire prononcer;

2° A la femme du saisi, aux femmes des précédents propriétaires, au subrogé tuteur des mineurs ou interdits, ou aux mineurs devenus majeurs, si, dans l'un ou l'autre cas, les mariage et tutelle sont connus du poursuivant d'après son titre. Cette sommation contiendra, en outre, l'avertissement que, pour conserver les hypothèques légales sur l'immeuble exproprié, il sera nécessaire de les faire inscrire avant la transcription du jugement d'adjudication.

Copie en sera notifiée au procureur impérial (de la République) de l'arrondissement où les biens sont situés, lequel sera tenu de requérir l'inscription des hypothèques légales existant du chef du saisi seulement sur les biens compris dans la saisie (L. 21 mai 1858)(1).

8490. — I. Sommation aux créanciers inscrits (C. proc. civ. nos 1 à 23). — Le créancier inscrit qui n'a pas reçu la sommation prescrite par l'art. 692 C. pr. civ. est représenté au jugement de conversion, soit par le saisi, soit par le poursuivant, et, ceux-ci ayant obtenu une mesure dans l'intérêt général, ce créancier ne peut intervenir dans l'instance en nullité du jugement de conversion et de la saisie engagée par la saisi. — Orléans, 24 nov. 1888, D.P. 91. 2. 134.

8491. L'existence et l'efficacité du titre hypothécaire d'un créancier inscrit sont soumises, dans la procédure de l'ordre, à toutes les critiques des intéressés, sans qu'aucune novation ou confirmation de ce titre puisse résulter de la sommation faite au créancier d'assister à la procédure de saisie. — Req. 22 févr. 1881, D.P. 81. 1. 409.

8492. En matière de saisie immobilière, le droit de présenter leurs observations sur la rédaction du cahier des charges, et spécialement de réclamer une composition différente des lots ou de faire modifier cette composition par le tribunal ; mais alors le poursuivant peut changer sa mise à prix ou abandonner les poursuites. — Pau, 20 mai 1889, D.P. 91. 2. 310.

8493. Le même droit de demander une

(1) *Ancien art.* 692. Pareille sommation sera faite dans le même délai de huitaine, aux créanciers inscrits sur les biens saisis, aux domiciles élus dans les inscriptions.

Si parmi les créanciers inscrits se trouve le vendeur de l'immeuble saisi, la sommation à ce créancier portera qu'à défaut de former sa demande en résolution et de la notifier au greffe avant l'adjudication, il sera définitivement déchu, à l'égard de l'adjudicataire, du droit de la faire prononcer.

modification des lots appartient aux créanciers chirographaires. — Même arrêt.

8494. L'intervention des créanciers à cet égard est recevable, alors même que, avant la sommation de prendre communication du cahier des charges, la saisie a été convertie en vente volontaire. — Même arrêt.

8495. Dans ce dernier cas, les créanciers inscrits restent étrangers à la saisie, et l'adjudicataire est tenu de procéder vis-à-vis d'eux à la purge des hypothèques. — Même arrêt.

8496. — II. Sommation au vendeur (C. proc. civ. nos 24 à 31).

8497. — III. Sommation aux créanciers ayant hypothèque légale (C. proc. civ. nos 32 à 52). — La sommation adressée à la femme du saisi, conformément à l'art. 692, § 2, est valable, bien que cette femme y ait été inexactement qualifiée de partie saisie, si cette sommation contenait d'ailleurs l'avertissement que, pour conserver son hypothèque légale sur l'immeuble exproprié, il serait nécessaire de la faire inscrire avant la transcription du jugement d'adjudication. — Orléans, 23 nov. 1888, D.P. 90. 2. 245.

8498. La femme du saisi, dont l'hypothèque légale n'a été inscrite que par le procureur de la République, en vertu de l'art. 692, § 3, C. proc. civ., ne peut arguer de nullité la procédure de saisie, sous prétexte qu'elle n'aurait point reçu, outre la sommation spéciale prescrite par l'art. 692, § 2, celle exigée par l'art. 692, § 1, pour les créanciers inscrits. — Même arrêt.

8499. Alors surtout qu'elle s'est associée à la requête présentée par son mari, et tendant à la conversion de cette saisie en vente volontaire, et encore bien que, dans cette requête, elle ait pris seulement la qualité de partie saisie et non celle de créancière inscrite. — Même arrêt.

Art. 693. Mention de la notification prescrite par les deux articles précédents sera faite, dans les huit jours de la date du dernier exploit de notification, en marge de la transcription de la saisie, au bureau des hypothèques.

Du jour de cette mention, la saisie immobilière ne pourra plus être rayée que du consentement des créanciers inscrits ou en vertu de jugements rendus contre eux.

Toutefois, la saisie immobilière transcrite cesse de plein droit de produire son effet si, dans les dix ans de la transcription, il n'est pas intervenu une adjudication mentionnée en marge de cette transcription, conformément à l'art. 716 C. proc. civ.

Cette dernière disposition ne sera exécutoire que six mois après la promulgation. (L. 2 juin 1881) (2).

8500. Aux termes de l'art. 686 C. proc. civ., à compter du jour de la transcription de la saisie, le débiteur ne peut plus aliéner l'immeuble sur lequel cette saisie a été pratiquée. Avant la loi du 2 juin 1881, cette interdiction faite au débiteur d'aliéner son immeuble n'avait pas de limites et pouvait peser indéfiniment sur lui et la procédure de saisie restait en suspens. La disposition nouvelle édictée par la loi du 2 juin 1881 a pour but de remédier à cette situation regrettable pour le crédit. — Rapport au Sénat, D.P. 82. 4. 30, note 3.

8501. Le législateur est parti de cette idée que lorsqu'un long temps s'est écoulé depuis

(2) *Ancien art.* 693. Mention de la notification prescrite par les deux articles précédents sera faite dans les huit jours de la date du dernier exploit de notification, en marge de la transcription de la saisie au bureau des hypothèques.

Du jour de cette mention, la saisie ne pourra plus être rayée que du consentement des créanciers inscrits ou en vertu de jugements rendus contre eux.

la transcription de la saisie, lorsque le poursuivant et les créanciers sont restés dans l'inaction, on peut légitimement supposer qu'ils ont été désintéressés et que tout au moins ils ont tacitement renoncé à se prévaloir du droit spécial accordé par l'art. 686 C. proc. civ., ou bien qu'ils ont laissé au débiteur la libre disposition de son immeuble. — Même rapport.

8502. En conséquence, il a proclamé de plein droit la caducité complète de la saisie immobilière transcrite, s'il n'est pas intervenu dans les dix ans de la transcription, un jugement d'adjudication mentionné en marge de la transcription, selon le vœu de l'art. 716 C. proc. civ. — Même rapport.

8503. Le nouvel article 693 consacre non une prescription, mais une déchéance. Les actes de la procédure comme la transcription de saisie immobilière ne se prescrivent, ni ne se périment, à proprement parler. D'ailleurs, s'il s'agissait d'une prescription, le délai ne devrait courir que du dernier acte de la procédure. Il en serait de même en cas de péremption, et enfin la péremption n'a jamais lieu de plein droit. Il faut, d'après la loi, qu'elle soit demandée et déclarée. — Même rapport.

8504. Aux termes d'un décret du 23 mars 1889, la loi du 2 juin 1881 qui modifie l'art. 693 C. proc. civ. est rendue applicable à la Guyane française. — *Journ. off.* du 28 mars 1889. — *Bulletin des lois.* n° 20070.

8505. Un autre décret du 19 mai 1889 la rend applicable à la Guadeloupe et à ses dépendances. — *Journ. off.* du 21 mai 1889. — *Bulletin des lois*, n° 20919.

8506. Enfin, par deux autres décrets du 1er juill. 1890, cette même loi est rendue applicable : 1° aux colonies de Saint-Pierre et Miquelon, du Sénégal, du Gabon-Congo, de Mayotte, de Diego-Suarez et dépendances, de la Cochinchine, de la Nouvelle-Calédonie, d'Obock, ainsi qu'aux établissements français de l'Inde et de l'Océanie ; 2° aux îles de la Martinique et de la Réunion. — D.P. 91. 4. 134.

8507. — I. Mention de la sommation au saisie et au créancier (C. proc. civ. nos 1 à 3).

8508. — II. Radiation de la saisie (C. proc. civ. nos 4 à 16). — Le premier saisissant ne peut donner mainlevée de la saisie au détriment du second saisissant, alors même que la sommation prescrite par l'art. 691 C. proc. civ. n'aurait pas été faite aux créanciers inscrits ; en manifestant sa volonté d'agir, le second saisissant est devenu partie à l'instance, laquelle, dès lors, ne peut être éteinte sans son consentement. Par forte raison, en est-il ainsi s'il y a fraude et collusion entre le premier saisissant et le saisi. — Douai, 28 févr. 1889, D.P. 90. 2. 155.

8509. — III. Déchéance. — Pour que, conformément à l'art. 693 C. proc. civ. modifié par la loi du 2 juin 1881, une saisie immobilière soit frappée par déchéance au bout de dix ans à partir de la transcription et à défaut d'adjudication, il faut que cet état de choses soit le résultat de la négligence ou de l'inaction volontaire du créancier. — Toulouse, 28 mai 1888, D.P. 89. 2. 189.

8510. En conséquence, si celui-ci a été privé et si le défaut d'adjudication dans les dix ans n'est que la conséquence d'incidents soulevés par la mauvaise foi du débiteur, la déchéance de l'art. 693 n'est pas accomplie. — Même arrêt.

8511. Les déchéances édictées par l'art. 693 C. proc. civ., modifié par la loi du 2 juin 1881, d'après lequel la transcription de la saisie immobilière frappée de son plein droit de produire son effet si elle n'a pas été suivie d'une adjudication dans les dix ans de sa date, ne sont encourues par le créancier inactif ou négligent ; elles ne doivent pas être prononcées lorsque, malgré les diligences du créancier, le délai de dix ans s'est écoulé par suite d'incidents soulevés de mauvaise foi par le débiteur, ou par l'effet de la force majeure. — Montpellier, 30 janv. 1890, D.P. 91. 2. 308.

8512. Ces déchéances ne sauraient, d'ailleurs, être prononcées contre le tiers qui, postérieurement à la transcription de la saisie, s'est fait subroger au droit du poursuivant, puisque, tant que la saisie n'était ni rayée, ni périmée, ce tiers ne pouvait procéder à aucune transcription et devait nécessairement se faire subroger. — Même arrêt.

Art. 694. Trente jours au plus tôt et quarante jours au plus tard après le dépôt du cahier des charges, il sera fait à l'audience, et au jour indiqué, publication et lecture du cahier des charges.

Trois jours au plus tard avant la publication, le poursuivant, la partie saisie et les créanciers inscrits seront tenus de faire insérer, à la suite de la mise à prix, leurs dires et observations ayant pour objet d'introduire des modifications dans ledit cahier. Passé ce délai, ils ne seront plus recevables à proposer de changements, dires ou observations.

8513. — I. Publication du cahier des charges (C. proc. civ. n°s 1 à 12).

8514. — II. Rectifications au cahier des charges (C. proc. civ. n°s 13 à 36). — 1° Qui peut demander les rectifications (C. proc. civ. n°s 13 à 15). — Le poursuivant, le saisi et les créanciers inscrits doivent, suivant l'art. 694 C. proc. civ., contester le cahier des charges trois jours au plus tard avant sa publication; pour apprécier si le dire de l'intéressé a été formulé dans le délai légal, il faut envisager le jour où la publication du cahier des charges a été faite réellement, mais non celui où cette formalité avait été primitivement fixée et où, par suite d'une remise, elle n'a pas eu lieu. — Paris, 12 janv. 1892, D.P. 92. 2. 116.

8515. — 2° Délai dans lequel les rectifications doivent être demandées (C. proc. civ. n°s 16 à 23). — Le délai dans lequel les parties, suivant l'art. 694 C. pr. civ., doivent, trois jours au plus tard avant la publication du cahier des charges, y faire insérer leurs dires et observations, est un délai de rigueur, passé lequel le cahier des charges ne peut plus être modifié que de l'accord de toutes les parties en cause. — Limoges, 23 mai 1888, D.P. 90. 2. 224.

8516. En conséquence, est entaché de nullité le jugement qui, en l'absence des créanciers inscrits, accueille le dire tardif du poursuivant tendant à changer les conditions de la vente, lorsque cette nullité s'étend au jugement d'adjudication. — Même arrêt.

8517. Une partie ne peut demander que des immeubles saisis ne soient pas compris dans l'adjudication, lorsque cette demande n'a pas été formée trois jours avant celui qui a été fixé pour la lecture du cahier des charges. — Caen, 26 mai 1886, D.P. 87. 2. 81.

8518. La déchéance de l'art. 694 C. proc. civ. n'est applicable qu'aux créanciers appelés dans l'instance par la sommation de prendre communication du cahier des charges et non à ceux qui, n'ayant pas été appelés, interviennent spontanément. — Pau, 20 mai 1889, D.P. 91. 2. 310.

8519. — 3° Procédure (C. proc. civ. n°s 24 à 26). — Une partie ne peut, par un dire inséré à la suite du cahier des charges, demander que les immeubles non saisis soient compris dans l'adjudication sur expropriation. — Caen, 26 mai 1886, D.P. 87. 2. 81. — V. Code de procédure civile, n° 26.

8520. — 4° Pouvoirs du juge (C. proc. civ. n° 27 à 31).

8521. — 5° Nullité (C. proc. civ. n°s 32 à 36).

Art. 695. Au jour indiqué par la sommation faite au saisi et aux créanciers, le tribunal donnera acte au poursuivant des lecture et publication du cahier des charges, statuera sur les dires et observations qui y auront été insérés, et fixera les jours et heure où il procédera à l'adjudication. Le délai entre la publication et l'adjudication sera de trente jours au moins et de soixante au plus.

Le jugement sera porté sur le cahier des charges à la suite de la mise à prix ou des dires des parties.

8522. Le créancier inscrit sur un immeuble saisi, devient partie à l'instance en saisie, à la suite de la sommation qui lui est faite de prendre communication du cahier des charges; et, s'il ne fait aucun dire ou observation sur les énonciations de cet acte, il se rend irrecevable à s'élever ultérieurement contre lesdites énonciations. — Req. 18 avr. 1887, D.P. 87. 1. 263.

8523. Spécialement, le créancier inscrit est irrecevable à exciper du défaut de transcription de la cession à un voisin d'une parcelle ayant primitivement fait partie de la propriété saisie, si cette vente a été expressément reconnue dans le cahier des charges à lui dénoncé et dont il n'a pas demandé la modification. — Même arrêt.

Art. 696. Quarante jours au plus tôt et vingt jours au plus tard avant l'adjudication, l'avoué du poursuivant fera insérer, dans un journal publié dans le département où sont situés les biens, un extrait signé de lui et contenant:

1° La date de la saisie et de sa transcription;

2° Les noms, professions, demeures du saisi, du saisissant et de l'avoué de ce dernier;

3° La désignation des immeubles, telle qu'elle a été insérée dans le procès-verbal;

4° La mise à prix;

5° L'indication du tribunal où la saisie se poursuit, et des jour, lieu et heure de l'adjudication.

« Il sera, en outre, déclaré dans l'extrait, que tous ceux du chef desquels il pourrait être pris inscription pour raison d'hypothèques légales devront requérir cette inscription avant la transcription du jugement de l'adjudication.

« Toutes les annonces judiciaires relatives à la même saisie seront insérées dans le même jour. » (L. 21 mai 1858) (1).

8524. — I. Ce que doit contenir l'insertion (C. proc. civ. n°s 1 à 14). — La copie de la

(1) Ancien art. 696. Quarante jours au plus tôt et vingt jours au plus tard avant l'adjudication, l'avoué du poursuivant fera insérer, dans un journal publié dans le département où sont situés les biens, un extrait signé et contenant:
1° La date de la saisie et de sa transcription;
2° Les noms, professions, demeures du saisi, du saisissant et de l'avoué de ce dernier;
3° La désignation des immeubles, telle qu'elle a été insérée dans le procès-verbal;
4° La mise à prix;
5° L'indication du tribunal où la saisie se poursuit, et des jours, lieu et heure de l'adjudication.
A cet effet, les cours royales, chambres réunies, après un avis motivé des tribunaux de première instance respectifs, et sur les réquisitions écrites du ministère public, désigneront chaque année, dans la première quinzaine de décembre, pour chaque arrondissement de leur ressort, parmi les journaux qui se publient dans le département, un ou plusieurs journaux où devront être insérées les annonces judiciaires. Les cours royales régleront en même temps le tarif de l'impression de ces annonces. Néanmoins toutes les annonces judiciaires relatives à la même saisie seront insérées dans le même journal.

matrice cadastrale n'est pas comprise parmi les mentions indiquées par l'art. 675, § 3, C. proc. civ., pour la désignation des immeubles dans le procès-verbal de saisie; en conséquence, il n'est pas nécessaire qu'elle soit reproduite dans les extraits insérés dans les journaux ou dans les placards affichés. — Req. 19 août 1884, D.P. 85. 1. 68. — V. supra, art. 675, n°s 8431 et s.

8525. — II. Quand doit avoir lieu l'insertion (C. proc. civ. n°s 15 à 20).

Art. 697. Lorsque, indépendamment des insertions prescrites par l'article précédent, le poursuivant, le saisi, ou l'un des créanciers inscrits, estimera qu'il y aurait lieu de faire d'autres annonces de l'adjudication par la voie des journaux, le président du tribunal devant lequel se poursuit la vente pourra, s'il l'entend en taxe que dans le cas où cette autorisation aurait été accordée. L'ordonnance du président ne sera soumise à aucun recours.

Art. 698. Il sera justifié de l'insertion aux journaux par un exemplaire de la feuille, contenant l'extrait énoncé en l'article précédent; cet exemplaire portera la signature de l'imprimeur, légalisée par le maire.

Art. 699. Extrait pareil à celui qui est prescrit par l'article 696 sera imprimé en forme de placard et affiché, dans le même délai,

1° A la porte du domicile du saisi;

2° A la porte principale des édifices saisis;

3° A la principale place de la commune où le saisi est domicilié, ainsi qu'à la principale place de la commune où les biens sont situés, et de celle où siège le tribunal devant lequel se poursuit la vente;

4° A la porte extérieure des mairies du domicile du saisi et des communes de la situation des biens;

5° Au lieu où se tient le principal marché de chacune de ces communes, et, lorsqu'il n'y en a pas, au lieu où se tient le principal marché de chacune des deux communes les plus voisines dans l'arrondissement;

6° A la porte de l'auditoire du juge de paix de la situation des bâtiments, et, s'il n'y a pas de bâtiments, à la porte de l'auditoire de la justice de paix où se trouve la majeure partie des biens saisis;

7° Aux portes extérieures des tribunaux du domicile du saisi, de la situation des biens et de la vente.

L'huissier attestera, par un procès-verbal rédigé sur un exemplaire du placard, que l'apposition a été faite aux lieux déterminés par la loi, sans les détailler.

Le procès-verbal sera visé par le maire de chacune des communes dans lesquelles l'apposition aura été faite.

Loi du 23 oct. 1884.

Sur les ventes judiciaires d'immeubles. — Publiée au Bulletin des lois, n° 14759. — (Extrait, D.P. 85. 4. 9).

Art. 4. Le tribunal devant lequel se poursuivra une vente d'immeubles dont la mise à prix sera inférieure à 2,000 fr. pourra, par le jugement qui doit fixer les jours et les conditions de l'adjudication, ou par le jugement qui autorise la vente, ordonner: 1° que les placards et insertions ne contiendront qu'une désignation très sommaire des immeubles; le prix des insertions sera de la moitié de celui fixé pour les autres ventes judiciaires; 2° que les placards seront même manuscrits et apposés, sans procès-verbal d'huissier, dans les lieux que le tribunal indiquera, et ce, par dérogation à l'art. 699 du Code de procédure civile.

Art. 5. Le tribunal pourra, par dérogation

8526. — I' DÉLAI DE L'APPOSITION DES AFFICHES (C. proc. civ. n° 1 à 3).

8527. — II. ÉNONCIATIONS DES AFFICHES (C. proc. civ. n° 4 à 16).

8528. — III. FORMES DES AFFICHES (C. proc. civ. n° 17 à 35). — Depuis la loi de 1884 (art. 5), les placards peuvent être manuscrits. — D.P. 85. 4. 9.

8529. Aux termes du décret du 15 janv. 1853 qui modifie l'art. 19 de l'ordonnance du 10 oct. 1841 contenant le tarif des frais et dépens relatifs aux ventes judiciaires des biens immeubles, le timbre des placards autorisés par les art. 699 et 700 C. proc. civ. ne passera en taxe que sur un certificat délivré sans frais par le receveur du timbre ou de l'enregistrement du bureau dans l'arrondissement duquel la vente a eu lieu constatant que le nombre des exemplaires a été vérifié par lui et indiquant le montant total des droits de timbre. — D.P. 53. 4. 2. — V. *Code de procédure civile*, n° 35.

8530. Pour l'exécution de ce décret, les ministres des finances et de la justice ont pris de concert le 10 mai 1853 un arrêté interprétatif d'après lequel les vérifications et justifications prescrites par le décret du 25 janvier 1853 pour l'admission en taxe des droits de timbre s'appliquent non seulement aux affiches ou placards en matière de vente sur saisie immobilière, mais encore aux placards relatifs à toutes ventes judiciaires de biens immeubles et aux adjudications par suite de surenchère et de folle enchère de ces mêmes biens. — *Bull. min. just.* 1877, p. 149 et s.

8531. Afin de remédier aux abus qui s'étaient produits, des décisions postérieures de la chancellerie ont rappelé aux juges taxateurs qu'ils doivent exiger des avoués la production d'un certificat du receveur du timbre indiquant le montant et le détail des droits réellement acquittés à l'occasion de chaque vente. — *Bull. min. just.* 1877, p. 149 et s.

8532. Est exempt de timbre le certificat délivré par le receveur du timbre ou de l'enregistrement du bureau dans l'arrondissement duquel a eu lieu une vente judiciaire des biens immeubles constatant le nombre des placards apposée en exécution des art. 699 et 700 C. proc. civ. et indiquant le montant total des droits de timbre acquittés pour ces placards. — V. *Code annoté de l'Enregistrement, Appendice*, n° 14361 *bis*.

8533. — IV. LIEUX OÙ LES AFFICHES SONT APPOSÉES (C. proc. civ. n° 36 à 74). — La publicité organisée, assurée par la loi de 1884, par l'art. 699 C. proc. civ. est dispendieuse et inutile lorsqu'il s'agit d'immeubles de peu d'importance ; elle peut être restreinte sans inconvénient, les acquéreurs de ces sortes d'immeubles étant presque toujours des habitants de la localité où ils sont situés. — Exposé des motifs de la loi de 1884, D.P. 85. 4. 9-10, note 4.

8534. — V. PROCÈS-VERBAL D'APPOSITION (C. proc. civ. n° 75 à 81). — Aux termes d'une circulaire de la chancellerie relative à l'application de la loi de 1884, les juges taxateurs doivent vérifier si l'on a réduit dans les termes du jugement la longueur des insertions et si l'on s'est conformé à la disposition qui dispense de frais les placards imprimés et même d'un procès-verbal d'affiche. — Circ. min. just. 10 mars 1890, *Bull. min. just.* 1890, p. 89.

8535. — VI. VISA DU PROCÈS-VERBAL D'APPOSITION (C. proc. civ. n° 82 à 96).

8536. — VII. DESTRUCTION DES AFFICHES (C. proc. civ. n° 97 et 98).

Art. 700. Selon la nature et l'importance des biens, il pourra être passé en taxe jusqu'à 500 exemplaires des placards, non compris le nombre d'affiches prescrit par l'art. 699.

Art. 701. Les frais de la poursuite seront taxés par le juge, et il ne pourra être rien

exigé au delà du montant de la taxe. Toute stipulation contraire, quelle qu'en soit la forme, sera nulle de droit.

Le montant de la taxe sera publiquement annoncé avant l'ouverture des enchères, et il en sera fait mention dans le jugement d'adjudication.

Art. 702. Au jour indiqué pour l'adjudication, il y sera procédé sur la demande du poursuivant, et, à son défaut, sur celle de l'un des créanciers inscrits.

8537. — I. JOUR DE L'ADJUDICATION (C. proc. civ. n° 1 et 2).

8538. — II. RÉQUISITION DE L'ADJUDICATION (C. proc. civ. n° 3 à 10).

8539. — III. VENTE EN BLOC OU PAR LOTS (C. proc. civ. n° 11 à 16).

Art. 703. Néanmoins l'adjudication pourra être remise sur la demande du poursuivant, ou de l'un des créanciers inscrits, ou de la partie saisie, mais seulement pour causes graves et dûment justifiées.

Le jugement qui prononcera la remise fixera de nouveau le jour de l'adjudication, qui ne pourra être éloigné de moins de quinze jours, ni de plus de soixante.

Ce jugement ne sera susceptible d'aucun recours.

8540. — I. SURSIS OBLIGATOIRE A L'ADJUDICATION (C. proc civ.s n° 1 à 19°.

8541. — II. REMISE FACULTATIVE DE L'ADJUDICATION (C. proc. civ. n° 20 à 89).

8542. — III. SUSPENSION DES DÉLAIS DE LA SAISIE IMMOBILIÈRE PENDANT LA GUERRE DE 1870-1871 (C. proc. civ. n° 90 à 95).

Art. 704. Dans ce cas, l'adjudication sera annoncée huit jours au moins à l'avance par des insertions et des placards, conformément aux art. 696 et 699.

Art. 705. Les enchères sont faites par le ministère d'avoués et à l'audience. Aussitôt que les enchères seront ouvertes, il sera allumé successivement des bougies préparées de manière que chacune ait une durée d'environ une minute.

L'enchérisseur cesse d'être obligé si son enchère est couverte par une autre, lors même que cette dernière serait déclarée nulle.

8543. — I. ENCHÈRES (C. proc. civ. n° 1 à 6).

8544. — II. TAUX DES ENCHÈRES (C. proc. civ. n° 7 à 14).

8545. — III. ENCHÈRES NULLES OU COUVERTES (C. proc. civ. n° 15 à 19).

Art. 706. L'adjudication ne pourra être faite qu'après l'extinction de trois bougies allumées successivement.

S'il ne survient pas d'enchères pendant la durée de ces bougies, le poursuivant sera déclaré adjudicataire pour la mise à prix.

Si, pendant la durée de l'une des trois premières bougies, il survient des enchères, l'adjudication ne pourra être faite qu'après l'extinction de deux bougies sans nouvelle enchère survenue pendant leur durée.

Art. 707. L'avoué dernier enchérisseur sera tenu, dans les trois jours de l'adjudication, de déclarer l'adjudicataire et de fournir son acceptation, sinon de représenter

son pouvoir, lequel demeurera annexé à la minute de sa déclaration : faute de ce faire, il sera réputé adjudicataire en son nom, sans préjudice des dispositions de l'art. 711.

8546. — I. DÉCLARATION DE COMMAND PAR L'AVOUÉ (C. proc. civ. n° 1 à 18). — 1° *Délai de la déclaration* (C. proc. civ. n° 6 à 12).

8547. — 2° *Forme de la déclaration* (C. proc. civ. n° 13 et 14).

8548. — 3° *Effets de la déclaration de command* (C. proc. civ. n° 15 à 18). — La disposition de l'art. 707 C. proc. civ., aux termes de laquelle l'avoué, dernier enchérisseur, qui n'a pas déclaré l'adjudicataire dans les trois jours de l'adjudication, est réputé adjudicataire en son nom, cesse d'être applicable quand, au lieu de demander contre l'avoué personnellement l'exécution des clauses de l'adjudication, les parties intéressées ont fait ou laissé revendre l'immeuble sur la folle enchère de l'adjudicataire tardivement déclaré. — Req. 14 janv. 1878, D.P. 78. 1. 321.

8549. Il en est ainsi même à l'égard des créanciers inscrits (le tiers défendeur saisi et l'adjudicataire primitif, dans l'espèce, qui sont restés personnellement étrangers à la procédure de la folle enchère). — Même arrêt.

8550. La disposition de l'art. 707 C. proc. civ., aux termes de laquelle l'avoué dernier enchérisseur est tenu de produire la preuve écrite du mandat en vertu duquel il agit, est étrangère aux rapports entre cet avoué et l'adjudicataire lui-même ; en cas de contestation de la part de celui-ci, l'existence du mandat peut être établie conformément au droit commun, et, notamment par la preuve testimoniale, s'il y a un commencement de preuve par écrit. — Req. 13 juill. 1874, D.P. 75. 1. 104.

8551. Et l'on doit considérer comme un commencement de preuve par écrit suffisant l'aveu par l'adjudicataire, dans un interrogatoire sur faits et articles, qu'il s'est entretenu avec l'avoué, à la salle d'audience à la place que celui-ci lui a indiquée, s'est tenu auprès de lui pendant les enchères, a fait, après l'adjudication, des démarches réitérées dans son étude et a fait visiter l'immeuble à lui adjugé par divers acheteurs. — Bordeaux, 10 déc. 1873, D.P. 75. 1. 104.

8552. — II. DÉCLARATION DE COMMAND PAR L'ADJUDICATAIRE (C. proc. civ. n° 19 à 27). — En ce qui concerne le caractère de la déclaration de command au point de vue des droits d'enregistrement, V. *Code annoté de l'Enregistrement*, n° 11416 et s.

Art. 708. Toute personne pourra, dans les huit jours qui suivront l'adjudication, faire, par le ministère d'un avoué, une surenchère, pourvu qu'elle soit du sixième au moins du prix principal de la vente.

8553. — I. VENTES SUSCEPTIBLES DE LA SURENCHÈRE DU SIXIÈME (C. proc. civ. n° 1 à 27). — V. *Supplément* au *Code civil annoté*, art. 2185, n° 16880 et s.

8554. — II. QUI PEUT SURENCHÉRIR (C. proc. civ. n° 28 à 31). — V. *Supplément* au *Code civil annoté*, art. 2185, n° 16888 et s.

8555. — III. DÉLAI POUR SURENCHÉRIR (C. proc. civ. n° 32 à 39). — V. *Supplément* au *Code civil annoté*, art. 2185, n° 16904 et s.

8556. — IV. CE QUE DOIT COMPRENDRE LA SURENCHÈRE (C. proc. civ. n° 40 à 50).

8557. — V. SURENCHÈRE EN CAS DE DIVISION PAR LOTS (C. proc. civ. n° 51 à 55). — Il appartient aux juges du fond de déterminer, d'après les clauses du cahier des charges et du procès-verbal d'adjudication, sur quels immeubles la vente a porté et ce qui en constitue le prix principal. — Req. 13 mai 1885, D.P. 85. 1. 62-63.

8558. Et, spécialement, dans le cas où, sur une vente par licitation, des immeubles divisés en deux lots devaient, après adjudications séparées, être réunis en un seul lot pour l'adjudication définitive, un arrêt a pu, sans violer aucune loi, décider, par interprétation du jugement qui avait posé les bases de la vente, que, sur cette remise en vente, une surenchère peut être valablement formée sur un seul des deux premiers lots. — Même arrêt.

8559. Ne saurait constituer une renonciation au droit de surenchérir du sixième, le fait d'un copartageant d'avoir approuvé la liquidation qui attribue à un autre copartageant, jusqu'à concurrence de ses droits, des immeubles dont ce dernier s'était rendu adjudicataire sur licitation. — Orléans, 16 juill. 1887, D.P. 89. 2. 24.

8560. ... Alors du moins que l'attribution faite dans l'état liquidatif avait, comme l'approbation elle-même, un caractère provisoire et était subordonnée, à raison de la minorité de plusieurs héritiers, à une homologation du tribunal qui n'avait pas encore été donnée au jour de la surenchère. — Même arrêt.

8561. ... Et que l'approbation avait été donnée, non par le copartageant lui-même, mais par son mandataire, lequel n'avait pas reçu pouvoir de renoncer au droit de surenchérir. — Même arrêt.

8562. — VI. Concours de plusieurs surenchérisseurs (C. proc. civ. n°s 56 à 58).

Art. 709. La surenchère sera faite au greffe du tribunal qui a prononcé l'adjudication: elle contiendra constitution d'avoué et ne pourra être rétractée; elle devra être dénoncée par le surenchérisseur dans les trois jours, aux avoués de l'adjudicataire, du poursuivant, et de la partie saisie, si elle a constitué avoué, sans néanmoins qu'il soit nécessaire de faire cette dénonciation à la personne ou au domicile de la partie saisie qui n'aurait pas d'avoué.

La dénonciation sera faite par un simple acte, contenant avenir pour l'audience qui suivra l'expiration de la quinzaine, sans autre procédure.

L'indication du jour de cette adjudication sera faite de la manière prescrite par les art. 696 et 699.

Si le surenchérisseur ne dénonce pas la surenchère dans le délai ci-dessus fixé, le poursuivant ou tout créancier inscrit, ou le saisi, pourra la faire dans les trois jours qui suivront l'expiration de ce délai; faute de quoi, la surenchère sera nulle de droit, et sans qu'il soit besoin de faire prononcer la nullité.

8563. — I. Formes de la déclaration de surenchère (C. proc. civ. n°s 1 à 7). — En matière de saisie immobilière, il importe peu que la réquisition de surenchère soit faite au domicile du greffier ou au greffe, pourvu qu'ensuite la surenchère ait lieu au greffe même. — Limoges, 7 déc. 1891, D.P. 92. 2. 201, et les Observ. de M. Glasson sous cet arrêt.

8564. Cette réquisition peut même avoir lieu dans la nuit du dernier jour de la huitaine, et pourvu que la déclaration soit ensuite renouvelée au greffe avant l'heure de minuit, la surenchère est valable; peu importe que la rédaction du procès-verbal n'ait été terminée qu'après minuit, alors surtout que sa rédaction a été troublée ou suspendue par l'irruption d'un certain nombre de personnes au greffe. — Même arrêt.

8565. La surenchère est, comme la simple enchère, l'offre d'un prix supérieur, et dès lors, la validité de cet acte n'est pas subordonnée à la rédaction d'un écrit; le procès-verbal de surenchère n'est donc pas une condition d'existence de la surenchère, et rien ne s'oppose, dès lors, à ce qu'il soit terminé et signé après l'expiration du délai légal. — Même arrêt.

8566. — II. Dénonciation de la surenchère (C. proc. civ. n°s 8 à 44). — 1° Par qui la surenchère peut être dénoncée (C. proc. civ. n° 8).

8567. — 2° A qui doit être faite la dénonciation (C. proc. civ. n°s 9 à 16). — Au cas d'adjudication par devant notaire à la suite d'une licitation, la surenchère doit, à peine de nullité, être dénoncée à tous les adjudicataires sans exception. — Civ. c. 28 août 1882, D P. 83. 1. 240. — Comp. Code civil annoté, art. 2185, n° 139. — Comp. Code de procédure civile, n° 10.

8568. Par suite, lorsque des immeubles ont été adjugés à deux époux conjointement et solidairement sur le prix, la surenchère doit, à peine de nullité, être dénoncée à la femme aussi bien qu'au mari, alors même que les deux époux sont mariés sous le régime de la communauté. — Même arrêt.

8569. — 3° Délai de la dénonciation (C. proc. civ. n°s 17 à 22).

8570. — 4° Nullité résultant du défaut de dénonciation (C. proc. civ. n°s 23 et 24).

8571. — 5° Forme et contenu de la dénonciation (C. proc. civ. n° 23 à 44). — Les ventes judiciaires, et spécialement les ventes judiciaires d'immeubles de faillis, renvoyées devant notaire, sont, bien qu'il n'y ait pas d'avoués en cause, soumises à la règle générale d'après laquelle toute surenchère doit, à peine de nullité, être dénoncée dans les trois jours. — Civ. r. 8 juin 1886, D.P. 87. 4. 63. — V. Code de procédure civile.

8572. Seulement, en pareil cas, la dénonciation ne pouvait être faite à avoué, a lieu régulièrement par notification adressée à l'adjudicataire, à personne ou à domicile. — Même arrêt. — V. Code de procédure civile, n° 32.

8573. — III. Objet de l'acte d'avenir (C. proc. civ. n°s 45 à 56). — L'adjudication sur surenchère ne doit pas nécessairement avoir lieu à l'audience qui suit l'expiration de la quinzaine à partir de la dénonciation de la surenchère; il appartient au tribunal de fixer par un jugement rendu à cette audience le jour de la nouvelle adjudication. — Grenoble, 21 mars 1876, D.P. 78. 2. 228. — Comp. Code de procédure civile. n° 52.

8574. Et les délais prescrits pour l'accomplissement des formalités de publicité qui doivent précéder les nouvelles enchères courent à partir de ce jugement. — Même arrêt.

8575. Les frais du jugement qui fixe le jour de la nouvelle adjudication ne sont pas frustratoires et doivent être passés en taxe. — Même arrêt.

8576. — IV. Contestations relatives a la surenchère (C. proc. civ. n°s 57 à 61). — Les intéressés auxquels a été dénoncée la surenchère du sixième sont fondés, au cas où la nullité en est demandée, à contester cette nullité en vertu d'un droit qui leur est personnel. — Req. 2 mars 1880, D.P. 80. 1. 241.

8577. Par suite, le jugement qui prononce la nullité de la surenchère du sixième faite sur le prix d'une vente par licitation, à la demande de l'adjudicataire formée tant contre le surenchérisseur que contre les colicitants, peut être frappé d'appel par ces derniers, en leur propre nom, bien que le surenchérisseur ne l'attaque point lui-même. — Même arrêt. — V. infrà. art. 965.

8578. — V. Recours contre le jugement qui statue en matière de surenchère (C. proc. civ. n°s 62 à 69).

Art. 710. Au jour indiqué il sera ouvert de nouvelles enchères, auxquelles toute personne pourra concourir; si elle ne se présente pas d'enchérisseurs, le surenchérisseur sera déclaré adjudicataire: en cas de folle enchère, il sera tenu par corps de la différence entre son prix et celui de la surenchère.

Lorsqu'une seconde adjudication aura eu lieu, après la surenchère ci-dessus, aucune autre surenchère des mêmes biens ne pourra être reçue.

8579. — I. Effets de la surenchère (C. proc. civ. n°s 1 à 10).

8580. — II. Adjudication après surenchère (C. proc. civ. n°s 11 à 23).

Art. 711. Les avoués ne pourront enchérir pour les membres du tribunal devant lequel se poursuit la vente, à peine de nullité de l'adjudication ou de la surenchère, et de dommages-intérêts.

Ils ne pourront, sous les mêmes peines, enchérir pour le saisi ni pour les personnes notoirement insolvables. L'avoué poursuivant ne pourra se rendre personnellement adjudicataire ni surenchérisseur; à peine de nullité de l'adjudication ou de la surenchère, et de dommages-intérêts envers toutes les parties.

8581. — I. Personnes incapables de se rendre adjudicataires (C. proc. civ. n°s 1 à 73). — 1° Magistrats (C. proc. civ. n°s 2 à 12). — La règle qui interdit aux avoués d'enchérir pour les membres du tribunal devant lequel se poursuit la vente sur l'immeuble mobilière, n'est pas d'ordre public. — Civ. c. 1er mars 1882, D.P. 83. 1. 110, et sur renvoi, Orléans, 7 juill. 1883, D.P. 83. 5. 397. — Req. 18 nov. 1884, D.P. 85. 1. 101-102.

8582. En conséquence, la nullité de l'adjudication intervenue contrairement à cette règle est purement relative, et susceptible d'être couverte par la prescription du dix ans. — Mêmes arrêts.

8583. Cette prescription ne commence à courir qu'au jour où l'interposition de personnes qui vicie l'adjudication a été connue du vendeur. — Mêmes arrêts.

8584. — 2° Saisi (C. proc. civ. n°s 13 à 36). — L'adjudication prononcée en faveur du prête-nom du saisi est nulle, comme si elle avait eu lieu au profit du saisi lui-même, et les juges du fond ont un pouvoir souverain pour apprécier si l'adjudicataire n'a été en fait que le prête-nom du saisi. — Req. 29 juill. 1890, D.P. 91. 1. 200. — V. Code de procédure civile, n° 16.

8585. En admettant que, sous le régime dotal, le mari puisse être, dans le cas où la saisie des biens dotaux est permise, considéré comme saisi à raison de son action sur les biens dotaux, et qu'en conséquence, il soit incapable de se rendre adjudicataire, il n'est pas moins vrai que la nullité résultant de cette incapacité est purement relative et non pas d'ordre public, et ne peut dès lors être invoquée par toute personne. — Riom, 3 févr. 1890, D.P. 92. 1. 71-72.

8586. Dans le cas particulier où le mari de la femme dotale s'est rendu adjudicataire ou adjudicataire sur la surenchère, la nullité ne peut être demandée que par l'acquéreur volontaire auquel le mari adjudicataire a revendu l'immeuble, mais non par la femme, ni par conséquent par son heritier qui, à raison des circonstances de la cause, n'a aucun intérêt à demander cette nullité. — Req. 20 janv. 1891, D.P. 92. 1. 71.

8587. — 3° Personnes notoirement insolvables (C. proc. civ. n°s 37 à 61). — La surenchère du sixième sur expropriation forcée ne peut être faite que par une personne solvable, contre laquelle les créanciers inscrits puissent avoir une action utile. — Trib. Neufchâtel, 8 mai 1889, D.P. 92. 1. 238.

8588. Par suite, une femme mariée sous le régime dotal ne peut être admise à surenchérir et elle ne fournit pas la justification nécessaire qu'elle est séparée de biens. — Rouen, 3 juill. 1889, D.P. 92. 1. 238.

8589. La surenchère doit être déclarée nulle, si le surenchérisseur a pris le nom de la partie saisie. — Req. 15 avr. 1891, D.P. 92. 1. 238.

8590. Et il appartient aux juges du fond de déclarer souverainement, en se fondant sur des présomptions dont l'appréciation est entièrement abandonnée à leur pouvoir discrétionnaire, que la femme qui forme une surenchère, n'est que le prête-nom de son mari. — Même arrêt.

8591. La nullité de la surenchère peut être prononcée pour insolvabilité notoire du surenchérisseur; et les juges du fait ont un pouvoir d'appréciation pour prononcer sur sa solvabilité. — Aix, 10 nov. 1870, D.P. 77, 5, 420. — V. *Code de procédure civile*, n° 37.

8592. Spécialement, ils peuvent la conclure du bas prix de son logement, de l'impossibilité où il est de justifier du payement d'aucune contribution, et de fausses déclarations par lui faites au greffe du tribunal. — Même arrêt.

8593. La prohibition d'admettre des personnes insolvables à se rendre adjudicataire d'immeubles saisis emporte celle de surenchérir. — Caen, 12 août 1887, D.P. 88, 2. 87. — V. *Code de procédure civile*, n° 38.

8594. C'est à la partie qui conteste la validité de la surenchère qu'incombe la preuve de l'insolvabilité notoire du surenchérisseur. — Même arrêt.

8595. — 4° *Avoué poursuivant* (C. proc. civ., n° 68 à 71).

8596. — 5° *Tuteurs; Mandataires* (C. proc. civ., n° 72 et 73).

8597. — II. RESPONSABILITÉ DE L'AVOUÉ (C. proc. civ., n° 74 à 88). — 1° *Incapacité de l'adjudicataire* (C. proc. civ., n° 74 à 77).

8598. — 2° *Insolvabilité de l'adjudicataire* (C. proc. civ. n° 78 à 88). — L'avoué qui, dans une adjudication sur surenchère, a enchéri pour un adjudicataire notoirement insolvable, est tenu de réparer le préjudice causé à un créancier inscrit, dont la créance est devenue irrecouvrable du bas prix qu'a donné la revente sur folle-enchère, alors au contraire que cette créance eût été couverte par le prix de l'immeuble tel qu'il résultait de la surenchère validée. — Civ. 12 janv. 1891, D.P. 91. 1. 205.

8599. Le juge du fond ne saurait exonérer l'avoué de la responsabilité dont il s'agit, sous le prétexte que l'adjudicataire déclaré n'était en réalité que le prête-nom d'un tiers solvable, l'adjudicataire déclaré étant seul tenu en droit des suites de l'adjudication vis-à-vis des créanciers, avec la garantie de l'avoué qui a enchéri pour lui, dans le cas où personnellement ledit adjudicataire est insolvable. — Même arrêt.

8600. L'avoué ne peut non plus être exonéré sous le prétexte que le créancier inscrit en question, qui avait acheté l'immeuble saisi dans l'adjudication primitive aurait pu ne pas le revendre assez avantageusement pour se couvrir de sa créance qu'une autre primait, une telle considération étant sans portée, du moment où cette adjudication avait été validée, au moyen de laquelle le prix de l'immeuble avait été porté à un chiffre suffisant pour que le payement de ladite créance fût alors assuré. — Même arrêt.

8601. On prétendrait aussi vainement que l'avoué n'est pas responsable du préjudice, parce que le créancier aurait eu le tort grave, après avoir d'abord poursuivi la folle-enchère, et d'abandonner cette poursuite et de ne pas racheter l'immeuble en profitant de son bas prix survenu, alors que l'abandon des poursuites, et l'abstention au moment de la revente sur folle-enchère, n'étaient de la part du créancier, l'exercice d'un droit dont il n'appartient pas qu'il ait abusé, ni suffit que l'usage qu'il en a fait n'est pas de nature à le priver d'un recours en réparation inscrit dans la loi. — Même arrêt.

8602. L'arrêt qui admet de telles excuses et en conclut que le créancier n'établit pas que la perte de sa créance a été la conséquence directe et nécessaire de la faute reprochée à l'avoué, donne à cette conclusion, non une base prise d'une appréciation de fait, mais une base de droit erronée, et encourt par suite la cassation. — Même arrêt.

Art. 712. Le jugement d'adjudication ne sera autre que la copie du cahier des charges rédigé ainsi qu'il est dit en l'art. 690; il sera revêtu de l'intitulé des jugements et du mandement qui les termine, avec injonction à la partie saisie de délaisser la possession aussitôt après la signification du jugement, sous peine d'y être contrainte même par corps.

8603. — I. JUGEMENT D'ADJUDICATION (C. proc. civ., n° 1 à 15). — Le jugement d'adjudication se bornant à constater un contrat judiciaire, n'a pas autorité de chose jugée; en conséquence, la nullité de ce contrat doit être demandée par action principale ou par exception et non au moyen d'une voie de recours. — Req. 29 juill. 1890, D.P. 91. 1. 290. — V. *Code de procédure civile*, n° 16.

8604. — II. DÉPOSSESSION DU SAISI (C. proc. civ., n° 16 à 34).

8605. — III. COMPÉTENCE DU JUGE DES RÉFÉRÉS POUR L'EXÉCUTION DU JUGEMENT D'ADJUDICATION (C. proc. civ. n° 35 à 44).

Art. 713. Le jugement d'adjudication ne sera délivré à l'adjudicataire qu'à la charge, par lui, de rapporter au greffier quittance des frais ordinaires de poursuite, et la preuve qu'il a satisfait aux conditions du cahier des charges qui doivent être exécutées avant cette délivrance. La quittance et les pièces justificatives demeureront annexées à la minute du jugement, et seront copiées à la suite de l'adjudication. Faute par l'adjudicataire de faire ces justifications dans les vingt jours de l'adjudication, il sera contraint par la voie de la folle enchère, ainsi qu'il sera dit ci-après, sans préjudice des autres voies de droit.

8606. — I. DÉLIVRANCE (C. proc. civ., n° 1 à 6).

8607. — II. VOIES D'EXÉCUTION CONTRE L'ADJUDICATAIRE (C. proc. civ. n° 7 à 19). — L'adjudicataire sur lequel un bordereau de collocation a été délivré n'est pas un simple tiers détenteur. Il est personnellement obligé et le bordereau de collocation donne au créancier une hypothèque judiciaire sur tous ses immeubles; en conséquence, il peut être poursuivi sur ses biens personnels, soit avant la vente sur folle enchère, soit concurremment à cette vente. — Limoges, 30 juill. 1889, D.P. 92. 1. 133. — V. *Code de procédure civile*, n° 2.

8608. Dans tous les cas, à supposer que les voies de droit autorisées par l'art. 713 C. proc. civ. ne soient que subsidiaires à la poursuite de folle enchère, c'est à l'adjudicataire à établir la suffisance des biens folienchéris pour désintéresser le créancier. — Même arrêt.

Art. 714. Les frais extraordinaires de poursuite seront payés par privilège sur le prix, lorsqu'il en aura été ainsi ordonné par jugement.

Art. 715. Les formalités et délais prescrits par les art. 673, 674, 675, 676, 677, 678, 690, 691, 692, 693, 694, 696, 699, 704, 705, 706, 709, § 1 et 3, seront observés à peine de nullité.

La nullité prononcée pour défaut de désignation de l'un ou de plusieurs des immeubles compris dans la saisie n'entraînera pas nécessairement la nullité de la pour suite en ce qui concerne les autres immeubles.

Les nullités prononcées par le présent article pourront être proposées par tous ceux qui y auront intérêt.

DIVISION.

§ 1. — *Moyens de nullité* (n° 8609).
§ 2. — *Effets de la nullité* (n° 8613).

§ 1er. — *Moyens de nullité* (C. proc. civ., n° 1 à 32).

8609. — I. QUELS MOYENS PEUVENT ÊTRE PROPOSÉS (C. proc. civ. n° 1 à 3). — L'adjudicataire d'un immeuble sur saisie n'est pas recevable à se prévaloir des dispositions des art. 675 et 715 C. proc. civ., et ne peut demander la nullité de l'adjudication pour fausse désignation de l'immeuble par lui acquis. — Pau, 30 avr. 1890, D.P. 91. 2. 72.

8610. — II. PAR QUI PEUVENT ÊTRE PROPOSÉS LES MOYENS DE NULLITÉ (C. proc. civ., n° 4 à 16).

8611. — III. PROCÉDURE DE L'ACTION EN NULLITÉ (C. proc. civ. n° 17 à 23).

8612. — IV. JUGEMENT SUR LA DEMANDE EN NULLITÉ (C. proc. civ., n° 24 à 32). — La demande en nullité d'une saisie immobilière est susceptible d'appel, même dans le cas où le chiffre de la créance est inférieur au taux du dernier ressort, lorsque la contestation porte, non sur la réalité ou la légitimité de la créance, mais sur l'insaisissabilité de l'immeuble; et il y a insaisissabilité de l'immeuble, lorsque le saisi oppose au poursuivant une exception qui ne lui permet pas de procéder à la saisie sans rapporter préalablement mainlevée des inscriptions grevant l'immeuble du chef de ses propres auteurs. — Bordeaux, 6 août 1889, D.P. 91. 5. 165-166.

§ 2. — *Effets de la nullité* (C. proc. civ., n° 33 à 51).

8613. V. *Code de procédure civile*, n° 33 et s.

Art. 716. Le jugement d'adjudication ne sera signifié qu'à la personne ou au domicile de la partie saisie.

Mention sommaire du jugement d'adjudication sera faite en marge de la transcription de la saisie, à la diligence de l'adjudicataire.

Art. 717. L'adjudication ne transmet à l'adjudicataire d'autres droits à la propriété que ceux appartenant au saisi.

Néanmoins l'adjudicataire ne pourra être troublé dans sa propriété par aucune demande en résolution fondée sur le défaut de payement du prix des anciennes aliénations, à moins qu'avant l'adjudication la demande n'ait été notifiée au greffe du tribunal où se poursuit la vente.

Si la demande a été notifiée en temps utile, il sera sursis à l'adjudication, et le tribunal, sur la réclamation du poursuivant ou de tout créancier inscrit, fixera le délai dans lequel le vendeur sera tenu de mettre à fin l'instance en résolution.

Le poursuivant pourra intervenir dans cette instance.

Ce délai expiré sans que la demande en résolution ait été définitivement jugée, il sera passé outre à l'adjudication, à moins que, pour des causes graves et dûment justifiées, le tribunal n'ait accordé un nouveau délai pour le jugement de l'action en résolution.

Si, faute par le vendeur de se conformer aux prescriptions du tribunal, l'adjudication avait eu lieu avant le jugement de la demande en résolution, l'adjudicataire ne pourrait pas être poursuivi à raison des droits des anciens vendeurs, sauf à ceux-ci à faire valoir, s'il y avait lieu, leurs titres de créances, dans l'ordre et distribution du prix de l'adjudication.

Le jugement d'adjudication dûment transcrit purge toutes les hypothèques, et les créanciers n'ont plus d'action que sur le prix. Les créanciers à hypothèques légales, qui n'ont pas fait inscrire leur hypothèque avant la transcription du jugement d'adjudication ne conservent le droit de préférence sur le prix qu'à la condition de produire, avant l'expiration du délai fixé par l'art. 754, dans le cas où l'ordre se règle judiciairement, et de faire valoir leurs droits avant la clôture si l'ordre se règle amiablement, conformément aux art. 751 et 752. (L. 21 mai 1838) (1).

DIVISION.

§ 1. — Droits de l'adjudicataire (n° 8614).
§ 2. — Obligations de l'adjudicataire (n° 8618).
§ 3. — Demande en résolution formée par un ancien propriétaire de l'immeuble saisi (n° 8622).
§ 4. — Effets de l'adjudication relativement aux créanciers hypothécaires (n° 8626).

§ 1ᵉʳ. — Droits de l'adjudicataire (C. proc. civ. nᵒˢ 1 à 25).

8614. Celui qui s'est porté adjudicataire d'un immeuble sur saisie immobilière, a pour titre le cahier des charges, et ne peut, en conséquence, réclamer une parcelle qui a primitivement appartenu au saisi, alors que ledit cahier des charges a déclaré cette parcelle non comprise dans la saisie; et l'adjudicataire ne peut, notamment, revendiquer, en contradiction avec le cahier des charges, la parcelle dont il s'agit contre un propriétaire voisin, sous le prétexte que, si celui-ci soutient qu'elle lui a été autrefois cédée, il n'existe néanmoins aucun acte d'aliénation enregistré ni transcrit. — Req. 18 avr. 1887, D.P. 87, t. 263.

8615. Le jugement d'adjudication ne transmet à l'adjudicataire d'autres droits à la propriété que ceux appartenant au saisi et n'empêche pas les tiers propriétaires d'immeubles indûment compris dans l'expropriation de les revendiquer, soit contre l'adjudicataire lui-même, soit contre les sous-acquéreurs auxquels il les a transmis. — Req. 2 déc. 1890, D.P. 91. 1. 478.

---

(1) Ancien art. 717. L'adjudication ne transmet à l'adjudicataire d'autres droits à la propriété que ceux appartenant au saisi. Néanmoins l'adjudicataire ne pourra être troublé dans sa propriété par aucune demande en résolution fondée sur le défaut de payement du prix des anciennes aliénations, à moins qu'avant l'adjudication la demande n'ait été notifiée au greffe du tribunal où se poursuit la vente.

Si la demande a été notifiée en temps utile, il sera sursis à l'adjudication, et le tribunal, sur la réclamation du poursuivant ou de tout créancier inscrit, fixera le délai dans lequel le vendeur sera tenu de mettre à fin l'instance en résolution.

Le poursuivant pourra intervenir dans cette instance.

Ce délai expiré sans que la demande en résolution ait été définitivement jugée, il sera passé outre à l'adjudication, à moins que, pour des causes graves et dûment justifiées, le tribunal n'ait accordé un nouveau délai pour le jugement de l'action en résolution.

Si, faute par le vendeur de se conformer aux prescriptions du tribunal, l'adjudication avait eu lieu avant le jugement de la demande en résolution, l'adjudicataire ne pourrait à raison des droits des anciens vendeurs, sauf à ceux-ci à faire valoir, s'il y avait lieu, leurs titres de créances, dans l'ordre et distribution du prix de l'adjudication.

8616. Dans le cas où, sur la demande du copropriétaire pour moitié d'un immeuble saisi, un jugement a prononcé la nullité de la saisie et de l'adjudication pour la moitié de l'immeuble seulement, cette adjudication demeure valable pour l'autre moitié. — Civ. r. 27 août 1883, D.P. 84. 1. 303.

8617. En conséquence, la propriété et le prix de cette seconde moitié sont définitivement fixés par ce jugement passé en force de chose jugée, et la nouvelle adjudication sur licitation provoquée par le copropriétaire réintégré dans ses droits, ne peut déterminer que la transmission de propriété et le prix de la première moitié. — Même arrêt.

§ 2. — Obligations de l'adjudicataire (C. proc. civ. nᵒˢ 26 à 58).

8618. — I. Obligations résultant des clauses du cahier des charges (C. proc. civ. nᵒˢ 26 à 33). — Le sous-acquéreur évincé peut recourir en garantie contre l'adjudicataire de qui il a acquis l'immeuble revendiqué, et cet adjudicataire, alors surtout qu'il a promis à son acheteur la garantie de droit, ne saurait échapper à l'obligation de l'indemniser de l'éviction sous prétexte que, ayant acquis lui même l'immeuble litigieux aux enchères et l'ayant revendu tel qu'il l'avait acheté, avec indication de cette origine de propriété, aucune faute ne lui est imputable. — Req. 2 déc. 1890, D.P. 91. 1. 478.

8619. D'autre part, la bonne foi du vendeur ne l'exonère pas de l'obligation de garantie par lui contractée, obligation qui comprend, en cas de la restitution du prix, le droit pour l'acquéreur évincé d'être rendu complètement indemne des suites du contrat. — Même arrêt.

8620. — II. Payement du prix (C. proc. civ. nᵒˢ 34 à 52).

8621. — III. Intérêts du prix (C. proc. civ. nᵒˢ 53 à 58).

§ 3. — Demande en résolution formée par un ancien propriétaire de l'immeuble saisi (C. proc. civ. nᵒˢ 59 à 66).

8622. — I. Cas dans lesquels s'applique l'art. 717 (C. proc. civ. nᵒˢ 59 à 66).

8623. — II. Exercice de l'action résolutoire (C. proc. civ. nᵒˢ 67 à 82).

8624. — III. Sursis à l'adjudication (C. proc. civ. nᵒˢ 83 à 100). — Lorsque le donateur d'un immeuble intente, au cours d'une expropriation forcée poursuivie contre le donataire, une action en révocation de la donation pour inexécution des conditions, et notifie la demande dans les termes de l'art. 717 C. proc. civ., il doit être sursis à l'adjudication jusqu'à ce qu'il ait été statué sur son action. — Paris, 7 août 1885, D.P. 86. 2. 148. — Comp. Code de procédure civile, n° 65.

8625. Il importerait peu que ce donateur se fût obligé, solidairement avec le donataire, envers le créancier auquel ce dernier avait hypothéqué l'immeuble donné, l'abandon de son droit de révocation ne pouvant se présumer dans le silence de l'acte. — Req. 3 juill. 1879, D.P. 80. 1. 293.

8627. Il en est ainsi, spécialement, à l'égard des frais d'administration pour lesquels le Crédit foncier est colloqué dans l'ordre ouvert sur le prix d'un immeuble affecté hypothécairement à la garantie d'un prêt consenti par lui : aucune

§ 4. — Effets de l'adjudication relativement aux créanciers hypothécaires (C. proc. civ. nᵒˢ 101 à 130).

8626. — I. Créanciers inscrits (C. proc. civ. nᵒˢ 101 à 113). — Dans le cas de vente par expropriation forcée, c'est à la date de la transcription du jugement d'adjudication qu'on doit se reporter pour établir les collocations hypothécaires et pour apprécier tous les éléments de créance autres que les intérêts échus depuis cette date. — Req.

---

loi n'a affranchi, sous ce rapport, le Crédit foncier des règles du droit commun. — Même arrêt. — V. infra, Appendice au tit. 12, nᵒˢ 8636 et s.

8628. On prétendrait à tort que la collocation hypothécaire de cet établissement doit comprendre, comme accessoire de sa créance, tous les frais d'administration dus depuis le jugement d'adjudication jusqu'au payement effectif. — Même arrêt.

8629. Si, d'après l'art. 685 C. proc. civ., les fruits de l'immeuble saisi sont immobilisés, à partir de la transcription de la saisie, pour être distribués avec le prix de vente aux créanciers hypothécaires, ils deviennent libres, aux termes de l'art. 717, § 7, du même code, à partir de l'adjudication qui purge toutes les hypothèques et ne laisse plus aux créanciers d'action que sur le prix. — Civ. c. 30 juin 1890, D.P. 90. 1. 327. — V. supra, art. 685, nᵒˢ 8168 et s.

8630. En conséquence, lorsqu'une clause du cahier des charges dressé pour la vente a réservé des fermages à échoir après l'adjudication à un créancier antichrésiste auquel ils avaient été antérieurement cédés, un créancier hypothécaire ne peut, à la suite de la vente, s'opposer à l'exécution de cette clause, qui ne touche qu'aux intérêts de l'adjudicataire. — Même arrêt.

8631. Il en doit être ainsi d'autant plus que ledit créancier hypothécaire, qui était nécessairement partie dans l'instance de saisie, a pu contesté la clause en question, à l'époque où le cahier des charges a été dressé. — Même arrêt.

8632. L'adjudication après conversion de saisie immobilière purge, sous la seule réserve du droit de surenchère du sixième, les hypothèques des créanciers appelés ou intervenus dans du jugement de conversion. — Orléans, 23 oct. 1888, D.P. 90. 2. 245.

8633. L'art. 717 C. proc. civ., aux termes duquel le jugement d'adjudication sur saisie immobilière dûment transcrit purge toutes les hypothèques et ne laisse plus aux créanciers d'action que sur le prix, est inapplicable en matière de vente de biens de mineurs. — Bourges, 13 janv. 1876, D.P. 76. 2. 26. — V. infra, art. 964.

8634. — II. Créanciers à hypothèque légale (C. proc. civ. nᵒˢ 114 à 130). — La disposition de l'art. 717 C. proc. civ., aux termes de laquelle le jugement d'adjudication sur saisie immobilière purge les hypothèques légales non inscrites au moment où la transcription en est opérée, suppose que l'immeuble adjugé était la propriété du saisi; elle ne s'applique pas au cas où cet immeuble appartient à un tiers. — Civ. 2 déc. 1878, D.P. 79. 1. 289.

8635. En conséquence, la femme du véritable propriétaire conserve, en ce dernier cas, son hypothèque légale sur l'immeuble exproprié, malgré le jugement d'adjudication et la transcription dont ce jugement a été l'objet, alors du moins que la sommation prescrite par les art. 691 et 692 C. proc. civ. ne lui a pas été signifiée. — Même arrêt.

APPENDICE AU TITRE XII

Saisie immobilière pratiquée par le Crédit foncier.

Décret du 28 févr. 1852

Sur les sociétés de Crédit foncier (D. P. 52. 4. 105).

Tit. 4. — Chap. 2. — § 2. — De l'expropriation et de la vente.

Art. 32. — (V. le texte, Code de procédure civile, p. 1028).

Art. 33. Pour parvenir à la vente de l'immeuble hypothéqué, la société de crédit foncier fait signifier au débiteur un commandement dans la forme prévue par l'art. 673 C. proc. civ. Ce commandement est transcrit au bureau des hypothèques de la situation des biens.

A défaut de payement dans la quinzaine il est fait dans les six semaines qui suivent la transcription dudit commandement six insertions dans l'un des journaux indiqués par l'art. 42 C. com., et deux appositions d'affiches à quinze jours d'intervalle.

Les affiches seront placées:

Dans l'auditoire du tribunal du lieu où la vente doit être effectuée;

A la porte de la mairie du lieu où les biens sont situés, et sur la propriété, lorsqu'il s'agit d'un immeuble bâti.

La première apposition est dénoncée dans la huitaine au débiteur et aux créanciers inscrits, avec sommation de prendre communication du cahier des charges.

Quinze jours après l'accomplissement de ces formalités il est procédé à la vente aux enchères en présence du débiteur, ou lui dûment appelé, devant le tribunal de la situation des biens ou de la plus grande partie des biens.

Néanmoins, le tribunal, sur requête présentée par la société avant la première insertion, peut ordonner que la vente aura lieu, soit devant un autre tribunal, soit en l'étude d'un notaire du canton ou de l'arrondissement dans lequel les biens sont situés. Ce jugement n'est pas susceptible d'appel. Il ne peut y être formé d'opposition que dans les trois jours de la signification qui doit en être faite au débiteur, en y ajoutant les délais de distance.

8636. — I. COMMANDEMENT (C. proc. civ. nᵒˢ 2 à 8). — Le commandement signifié à la requête du Crédit foncier pour parvenir à la vente d'un immeuble hypothéqué à son profit est un premier acte de la poursuite en expropriation forcée, et, s'il y a contestation, il est statué par le tribunal de la situation de l'immeuble. — Bordeaux, 1ᵉʳ mai 1888, D.P. 89.2. 199. — V. *Code de procédure civile*, n° 2.

8637. — II. FORMALITÉS PRÉALABLES A L'ADJUDICATION (C. proc. civ. nᵒˢ 9 à 13).

8638. — III. INSERTIONS ET AFFICHES (C. proc. civ. nᵒˢ 14 à 23).

8639. — IV. ADJUDICATION (C. proc. civ. nᵒˢ 24 à 32).

Art. 34 à 42. — (V. le texte, *Code de procédure civile*, p. 1025 et s.).

Loi du 10 juin 1853,

Relative aux sociétés de Crédit foncier (D.P. 53. 4. 116.)

Art. 5 à 7. — (V. le texte, *Code de procédure civile*, p. 1027).

TITRE XIII

Des incidents de la saisie immobilière.

Art. 718. Toute demande incidente à une poursuite en saisie immobilière sera formée par un simple acte d'avoué à avoué, contenant les moyens et conclusions. Cette demande sera formée contre toute partie n'ayant pas d'avoué en cause, par exploit d'ajournement à huit jours, sans augmentation de délai à raison des distances, ni ce n'est dans le cas de l'art. 726, et sans préliminaire de conciliation. Ces demandes seront instruites et jugées comme affaires sommaires. Tout jugement qui interviendra ne pourra être rendu que sur les conclusions du ministère public.

8640. — I. INCIDENTS DE LA SAISIE IMMOBILIÈRE (C. proc. civ. nᵒˢ 1 à 24). — 1° *Ce qui constitue un incident* (C. proc. civ. nᵒˢ 1 à 7). — La demande tendant à l'annulation d'un bail d'immeubles saisis et, par voie de conséquence, à la suppression dans le cahier des charges de la clause obligeant l'adjudicataire à respecter ce bail, formée par un créancier étranger à la poursuite de saisie immobilière contre un tiers étranger à cette même poursuite, n'émane pas de la saisie, ne s'y réfère pas directement et ne doit pas exercer une influence immédiate et nécessaire sur sa marche et sur son issue. — Civ. c. 13 févr. 1889, D.P. 89. 4. 251.

8641. Par suite, elle ne forme pas un incident de la saisie immobilière, mais une demande principale soumise aux règles ordinaires de la compétence. — Même arrêt.

8642. L'action en nullité d'une saisie immobilière doit être considérée comme un incident, alors même qu'elle tend à contester directement les droits du saisissant et qu'elle est intentée par voie principale par un tiers détenteur, celui-ci devenant partie à la procédure de saisie du moment où le procès-verbal lui en a été dénoncé. — Douai, 18 févr. 1891, D.P. 92. 2. 151.

8643. — 2° *Compétence* (C. proc. civ. n° 8).

8644. — 3° *Formalités des incidents* (C. proc. civ. nᵒˢ 9 à 16).

8645. — 4° *Jugement* (C. proc. civ. nᵒˢ 17 à 24).

8646. — II. INTERVENTION DANS L'INSTANCE DE SAISIE IMMOBILIÈRE (C. proc. civ. nᵒˢ 25 à 39).

Art. 719. Si deux saisissants ont fait transcrire deux saisies de biens différents, poursuivies devant le même tribunal, elles seront réunies sur la requête de la partie la plus diligente, et seront continuées par le premier saisissant. La jonction sera ordonnée, encore que l'une des saisies soit plus ample que l'autre; mais elle ne pourra, en aucun cas, être demandée après le dépôt du cahier des charges: en cas de concurrence, la poursuite appartiendra à l'avoué porteur du titre le plus ancien, et, si les titres sont de la même date, à l'avoué le plus ancien.

Art. 720. Si une seconde saisie, présentée à la transcription, est plus ample que la première, elle sera transcrite pour les objets non compris dans la première saisie, et le second saisissant sera tenu de dénoncer sa saisie au premier saisissant, qui poursuivra sur les deux, si elles sont au même état; sinon il sursoira à la première et suivra sur la deuxième jusqu'à ce qu'elle soit au même degré: elles seront alors réunies en une seule poursuite, qui sera portée devant le tribunal de la première saisie.

Art. 721. Faute par le premier saisissant d'avoir poursuivi sur la seconde saisie à lui dénoncée, conformément à l'article ci-dessus, le second saisissant pourra, par un simple acte, demander la subrogation.

Art. 722. La subrogation pourra être également demandée s'il y a collusion, fraude ou négligence, sous la réserve, en cas de collu-

sion ou fraude, des dommages-intérêts envers qui il appartiendra.

Il y a négligence lorsque le poursuivant n'a pas rempli une formalité ou n'a pas fait un acte de procédure dans les délais prescrits.

8647. — I. DANS QUEL CAS IL Y A LIEU A LA SUBROGATION (C. proc. civ. nᵒˢ 1 à 18). — La subrogation dans une poursuite de saisie immobilière peut être demandée lorsque la poursuite a été abandonnée par le premier saisissant, quel que soit le motif de cet abandon. — (Sol. implic.) Nancy, 1ᵉʳ avr. 1876, D.P. 78. 2. 171. — V. *Code de procédure civile*, n° 7.

8648. — II. PAR QUI LA SUBROGATION PEUT ÊTRE DEMANDÉE (C. proc. civ. nᵒˢ 19 à 35). — Le droit du demandeur en subrogation peut être contesté, lorsqu'on soutient contre lui qu'il est sans qualité pour requérir cette subrogation, soit parce qu'il était lui-même créancier poursuivant, soit parce qu'il avait antérieurement donné mainlevée de la saisie, soit enfin parce qu'il avait accordé aux débiteurs saisis le bénéfice d'un terme qui n'était pas encore expiré. — Bordeaux, 8 mai 1891, D.P. 92. 2. 183.

8649. — III. CONTRE QUI LA SUBROGATION DOIT ÊTRE DEMANDÉE (C. proc. civ. n° 36).

8650. — IV. COMMENT LA SUBROGATION DOIT ÊTRE DEMANDÉE (C. proc. civ. nᵒˢ 37 à 50).

Art. 723. La partie qui succombera sur la demande en subrogation sera condamnée personnellement aux dépens.

Le poursuivant contre lequel la subrogation aura été prononcée sera tenu de remettre les pièces de la poursuite au subrogé sur son récépissé; il ne sera payé de ses frais de poursuites qu'après l'adjudication, soit sur le prix, soit par l'adjudicataire.

8651. — I. EFFETS DE LA SUBROGATION (C. proc. civ. nᵒˢ 1 à 6). — Le créancier qui a obtenu la subrogation dans une poursuite de saisie immobilière est soumis à l'observation des délais imposés au poursuivant, dont il prend la place. — Besançon, 22 juill. 1874, D.P. 77. 2. 428.

8652. En conséquence, le dépôt du cahier des charges opéré environ dix-huit mois après le jugement de subrogation est nul, et la procédure doit être reprise à dater du dernier acte valable. — Même arrêt.

8653. Si le créancier saisissant suspendu ou abandonné ses poursuites ne peut pas se faire subroger contre lui-même à raison de ce que la subrogation implique nécessairement la substitution d'un autre créancier, il n'est cependant pas obligé de recommencer toute la procédure de la saisie, et il a le droit de se faire autoriser par le tribunal à reprendre les poursuites suspendues, à partir du dernier acte utile qu'avait été accompli. — Bordeaux, 8 mai 1891, D.P. 92. 2. 183.

8654. — II. FORMALITÉS AU CAS DE SUBROGATION (C. proc. civ. nᵒˢ 7 et 8).

8655. — III. REMISE DES PIÈCES (C. proc. civ. nᵒˢ 9 à 12).

8656. — IV. DÉPENS (C. proc. civ. nᵒˢ 13 à 16).

Art. 724. Lorsqu'une saisie immobilière aura été rayée, les plus diligents des saisissants postérieurs pourra poursuivre sur sa saisie, encore qu'il ne se soit pas présenté de premier à la transcription.

Art. 725. La demande en distraction de tout ou partie des objets saisis sera formée, tant contre le saisissant que contre la partie saisie; elle sera formée aussi contre le créancier premier inscrit et au domicile élu dans l'inscription.

Si le saisi n'a pas constitué avoué durant la poursuite, le délai prescrit pour la comparution sera augmenté d'un jour par cinq myriamètres de distance entre son domicile et le lieu où siège le tribunal, sans que ce délai puisse être augmenté à l'égard de la partie qui serait domiciliée hors du territoire continental du royaume.

8657. — I. DANS QUELS CAS IL Y A LIEU DE FORMER UNE DEMANDE EN DISTRACTION (C. proc. civ. nᵒˢ 1 à 6). — Une demande en distraction d'immeubles saisis, bien qu'incidente à la saisie, constitue une demande principale, ayant une existence propre et distincte; par suite, doit être considérée comme une défense à cette demande et introduite par voie d'exception, la demande en rescision de la vente des immeubles saisis formée par la partie adverse. — Limoges, 30 avr. 1888, D.P. 90. 2. 167.

8658. Lorsque l'acte de vente produit à l'appui d'une demande en distraction est attaqué comme frauduleux par le créancier saisissant, la contestation sur la légitimité de ce titre est un simple incident de la saisie, et il n'y a pas lieu de prononcer la nullité de la saisie et d'en retarder le renouvellement jusqu'à ce que l'action révocatoire ait été admise par voie d'instance indépendante. — Req. 5 janv. 1891, D.P. 91. 1. 331.

8659. — II. PAR QUI LA DISTRACTION PEUT ÊTRE DEMANDÉE (C. proc. civ. nᵒˢ 7 à 26).
8660. — III. CONTRE QUI LA DEMANDE EN DISTRACTION PEUT ÊTRE FORMÉE (C. proc. civ. nᵒˢ 27 à 31).
8661. — IV. À QUEL MOMENT LA DEMANDE DOIT ÊTRE FORMÉE (C. proc. civ. nᵒˢ 32 à 38).
8662. — V. FORME DE LA DEMANDE EN DISTRACTION (C. proc. civ. nᵒˢ 39 à 43).

Art. 726. La demande en distraction contiendra les titres justificatifs qui seront déposés au greffe, et la copie de l'acte de dépôt.

Art. 727. Si la distraction demandée n'est que d'une partie des objets saisis, il sera passé outre, nonobstant cette demande, à l'adjudication du surplus des objets saisis. Pourront néanmoins les juges, sur la demande des parties intéressées, ordonner le sursis pour le tout.

Si la distraction partielle est ordonnée, la poursuivant sera admis à changer la mise à prix portée au cahier des charges.

8663. — I. EFFETS DE LA DEMANDE EN DISTRACTION (C. proc. civ. nᵒˢ 1 à 5).
8664. — II. JUGEMENT DE LA DEMANDE EN DISTRACTION (C. proc. civ. nᵒˢ 6 à 16).
8665. — III. REVENDICATION APRÈS L'ADJUDICATION (C. proc. civ. nᵒˢ 17 à 21).
8666. — IV. GARANTIE DUE À L'ADJUDICATAIRE ÉVINCÉ (C. proc. civ. nᵒˢ 22 à 26).

Art. 728. Les moyens de nullité, tant en la forme qu'au fond, contre la procédure qui précède la publication du cahier des charges, devront être proposés, à peine de déchéance, trois jours au plus tard avant cette publication.

S'ils sont admis, la poursuite pourra être reprise à partir du dernier acte valable, et les délais pour accomplir les actes suivants courront à dater du jugement ou arrêt qui aura définitivement prononcé sur la nullité.

S'ils sont rejetés, il sera donné acte, par le même jugement, de la lecture et publication du cahier des charges, conformément à l'art. 695.

DIVISION.

§ 1ᵉʳ. — *À quels moyens de nullité s'applique l'art.* 728 (nᵒ 8667).
§ 2. — *Délai de la demande en nullité* (nᵒ 8677).
§ 3. — *Ordre et moment auxquels doivent être proposés les moyens de nullité; Nullité couverte* (nᵒ 8678).
§ 4. — *Effets de la nullité* (nᵒ 8682).

§ 1ᵉʳ. — *À quels moyens de nullité s'applique l'art* 728 (C. proc. civ. nᵒˢ 1 à 50).

8667. — I. NULLITÉS DE FORME (C. proc. civ. nᵒˢ 1 à 13).
8668. — II. NULLITÉS DU FOND (C. proc. civ. nᵒˢ 14 à 50). — Les déchéances prononcées par les art. 728 et 729 C. proc. civ. contre la partie saisie immobilièrement qui ne propose pas ses moyens de nullité dans les délais déterminés, s'étendent à tous les moyens de nullité, tant en la forme qu'au fond, que le saisi aurait pu opposer à l'adjudication. — Req. 18 mai 1881, D.P. 82. 1. 263. — V. Code de procédure civile, nᵒ 14.

8669. Et elles sont encourues par la partie qui, soit en son nom personnel, soit en qualité de tuteur, a été appelée en cause dans la saisie et est intervenue pour en faire restreindre les effets. — Même arrêt.

8670. Elles peuvent être opposées surtout par les adjudicataires, ont ou contracté avec la justice. — Même arrêt.

8671. — 1° Nullité de la saisie portant sur les biens personnels d'un héritier bénéficiaire (C. proc. civ. nᵒˢ 17 et 18).

8672. — 2° Exception fondée sur l'état d'indivision de l'immeuble saisi (C. proc. civ. nᵒˢ 19 à 21). — Les déchéances prononcées par les art. 728 et 729 C. proc. civ. s'étendent notamment au moyen tiré de l'état d'indivision de l'immeuble saisi. — Req. 18 mai 1881. D.P. 82. 1. 263.

8673. — 3° Demande en distraction (C. proc. civ. nᵒ 22).

8674. — 4° Nullité résultant de la dotalité de l'immeuble (C. proc. civ. nᵒˢ 23 à 41). — La déchéance prononcée par l'art. 728 C. proc. civ. contre les nullités tant en la forme qu'au fond, qui n'auraient pas été proposées trois jours avant la publication du cahier des charges, ne s'applique pas à l'action intentée par une femme dotale et ayant pour objet, non la nullité de l'adjudication et la revendication des biens adjugés, mais la nullité d'un échange fait par elle et la revendication contre les tiers détenteurs des immeubles dotaux qu'elle avait aliénés en échange des immeubles saisis. — Civ. C. 3 avr. 1883, D.P. 84. 1. 23.

8675. — 5° Exception résultant de la nullité du titre (C. proc. civ. nᵒˢ 42 à 49).

8676. — 6° Nullité de la saisie pratiquée en vertu d'une créance ne grevant pas l'immeuble (C. proc. civ. nᵒ 50).

§ 2. — *Délai de la demande en nullité* (C. proc. civ. nᵒˢ 51 à 66).

8677. Le jugement passé en force de chose jugée, qui déclare bonne et valable une saisie immobilière, s'oppose à ce que la nullité de la même saisie soit demandée une seconde fois, même par de nouveaux moyens. — Paris, 5 juill. 1877, D.P. 78. 2. 89. — V. Code de procédure civile, nᵒ 60.

§ 3. — *Ordre et moment auxquels doivent être proposés les moyens de nullité; Nullité couverte* (C. proc. civ. nᵒˢ 67 à 90).

8678. Quel que soit le délai accordé pour demander la nullité du jugement d'adjudication, dans le cas où les irrégularités n'en sont pas couvertes, cette demande n'est plus recevable lorsque ce jugement a été volontairement exécuté. — Req. 7 août 1878, D.P. 79. 1. 269.

8679. Et l'on doit considérer comme une exécution volontaire du jugement d'adjudication l'ordre ouvert à la suite sans protestation de la part du saisi, le défaut d'opposition contre le règlement définitif, et la distribution du prix par l'adjudicataire entre les mains des créanciers colloqués. — (Sol. implic.) Même arrêt.

8680. Il importe peu que le saisi ait protesté contre l'adjudication, si sa protestation, faite sous la forme d'une demande d'assistance judiciaire et pendant la tentative d'ordre amiable, clos du reste postérieurement au rejet définitif de la demande d'assistance. — Même arrêt.

8681. Les nullités résultant de l'inobservation des délais légaux en matière de saisie immobilière ne peuvent pas être suppléées d'office par le juge. — Civ. r. 20 mai 1874, D.P. 76. 5. 312. — V. Code de procédure civile, nᵒˢ 88 et s.

§ 4. — *Effets de la nullité* (C. proc. civ. nᵒˢ 91 à 93).

8682. La nullité de la sommation de prendre communication du cahier des charges n'entraîne pas nullité de toute la procédure antérieure et la poursuite peut être reprise à partir du dernier acte valable. — Pau, 19 mai 1884, D.P. 85. 2. 114.

Art. 729. Les moyens de nullité contre la procédure postérieure à la publication du cahier des charges seront proposés, sous la même peine de déchéance, au plus tard, trois jours avant l'adjudication.

Au jour fixé pour l'adjudication, et immédiatement avant l'ouverture des enchères, il sera statué sur les moyens de nullité.

S'ils sont admis, le tribunal annulera la poursuite, en autorisera la reprise à partir du jugement de publication, ou autorisera la reprise à partir de ce jugement, et fixera de nouveau le jour de l'adjudication.

S'ils sont rejetés, il sera passé outre aux enchères et à l'adjudication.

8683. L'art. 729 C. proc. civ., d'après lequel les moyens de nullité contre la procédure postérieure à la publication du cahier des charges doivent être proposés, à peine de déchéance, au plus tard trois jours avant l'adjudication, ne s'applique pas à la procédure de la vente des biens mineurs appartenant à des mineurs. — Poitiers, 16 mars 1882, D.P. 83. 2. 31. — V. infra, art. 965.

8684. Par suite, celui de la vente de biens de mineurs, l'adjudicataire auquel on a fait surenchère, en pareil cas, a lieu de prendre attention et sans qu'il soit nécessaire de la faire prononcer, d'où il suit que l'adjudicataire n'est pas obligé de la faire valoir dans un délai déterminé. — Même arrêt.

8685. D'ailleurs, aux termes de l'art. 709, la nullité de la surenchère, en pareil cas, a lieu de plein droit et sans qu'il soit nécessaire de la faire prononcer, d'où il suit que l'adjudicataire n'est pas obligé de la faire valoir dans un délai déterminé. — Même arrêt.

Art. 730. Ne pourront être attaqués par la voie de l'appel : 1° les jugements qui statueront sur la demande en subrogation contre le poursuivant, à moins qu'elle n'ait été intentée pour collusion ou fraude; 2° ceux qui, sans statuer sur des incidents, donneront acte de la publication du cahier des charges ou prononceront l'adjudication, soit aprés surenchère; 3° ceux qui statueront sur des nullités postérieures à la publication du cahier des charges.

DIVISION.

§ 1. — *Jugements susceptibles d'appel* (n° 8686).
§ 2. — *Voies de recours autres que l'appel contre les jugements en matière de saisie immobilière* (n° 8697).
§ 3. — *Demande en nullité du jugement d'adjudication* (n° 8701).

§ 1er. — *Jugements susceptibles d'appel* (C. proc. civ. n°° 1 à 34).

8686. — I. JUGEMENT SUR LA DEMANDE DE SUBROGATION (C. proc. civ. n°° 7 à 13). — L'appel interjeté contre un jugement qui a statué sur une demande en subrogation dans une poursuite de saisie immobilière, n'est pas recevable, bien que le saisi ait, dès le début de l'instance, contesté le fond du droit en vertu duquel la subrogation a été demandée, alors qu'il s'agissait d'une contestation purement moratoire et déjà démontrée sans fondement par des décisions antérieures. — Nancy, 1er avr. 1876, D.P. 78. 2. 171.

8687. En matière de saisie immobilière, si la loi interdit d'appeler du jugement qui a statué sur une demande en subrogation dans le cas de négligence du poursuivant, la règle générale relative à la faculté d'appel reprend son empire, lorsque le droit même du demandeur en subrogation est contesté. — Civ. c. 10 déc. 1888, D.P. 91. 1. 228. — Bordeaux, 8 mai 1891, D.P. 92. 2. 185.

8688. I. — V. contestation sur le droit même du demandeur, quand on soutient contre lui qu'il est sans qualité pour demander la subrogation, parce qu'au mépris de l'art. 2214 C. civ., il n'a pas notifié préalablement une quittance subrogatoire qui était son titre pour agir en expropriation. — Arrêt. préc. 10 déc. 1888.

8689. En conséquence, le droit d'appeler appartient à la partie qui, ayant soulevé cette prétention contre le demandeur en subrogation, a succombé devant le tribunal de première instance, et l'arrêt qui déclare son appel irrecevable encourt la cassation. — Même arrêt.

8690. — II. JUGEMENTS RELATIFS A LA PUBLICATION DU CAHIER DES CHARGES (C. proc. civ. n°° 14 à 18).

8691. — III. JUGEMENT SUR LES NULLITÉS POSTÉRIEURES A LA PUBLICATION DU CAHIER DES CHARGES (C. proc. civ. n°° 19 à 23). — La disposition de l'art. 730 C. civ. aux termes de laquelle les jugements statuant sur les nullités postérieures à la publication du cahier des charges, ne pourront être attaqués que par la voie de l'appel. s'applique à toutes les nullités proposées après la publication, peu importe que la cause de ces nullités soit postérieure à cette époque où renonce à l'origine des poursuites, peu importe aussi que la nullité soit de forme ou qu'elle résulte du défaut de qualité d'une partie, ou qu'elle touche au fond du litige. — Orléans, 22 nov. 1888, D.P. 90. 2. 284. — V. *Code de procédure civile,* n°° 19 et 20.

8692. Mais cette disposition ne s'applique qu'aux difficultés motivées par de simples irrégularités de forme dans l'accomplissement des conditions prescrites pour préparer l'adjudication, elle ne saurait être étendue aux questions relatives à la validité d'une surenchère. — Poitiers, 16 mai 1882, D.P. 83. 2. 31.

8693. L'appel est irrecevable contre les jugements qui statuent sur les moyens de nullité tirés du défaut de reproduction de la matrice casuelle dans les extraits et placards, ces prétendues nullités étant postérieures à la publication du cahier des charges. — Req. 19 août 1884, D.P. 85. 1. 68.

8694. — IV. JUGEMENT D'ADJUDICATION (C. proc. civ. n°° 24 à 34). — Les jugements d'adjudication en matière de saisie immobilière

ne peuvent être attaqués que par voie d'action principale en nullité et non par voie d'appel. — Bourges, 23 janv. 1878, D.P. 80. 1. 71. — V. *Code de procédure civile,* n° 21.

8695. En ce qui concerne les décisions sur les demandes en conversion de saisie, V. *infra.* art. 746, n°° 8792 et s.

8696. Sur la question de savoir quand le jugement rendu sur la demande en nullité d'une saisie immobilière est susceptible d'appel ou ce qui touche la valeur du litige, V. *supra,* L. 11 avr. 1838, art. 1er, n°° 5502 et s.

§ 2. — *Voies de recours autres que l'appel contre les jugements en matière de saisie immobilière* (C. proc. civ. n°° 35 à 58).

8697. — I. OPPOSITION (C. proc. civ. n°° 35 à 43). — Les décisions rendues par défaut soit en appel, soit même en première instance, sur des incidents de saisie immobilière antérieurs à la publication du cahier des charges, ne sont pas susceptibles d'opposition. — Req. 23 févr. 1891, D.P. 91. 1. 424.

8698. — II. TIERCE-OPPOSITION (C. proc. civ. n°° 44 et 45).

8699. — III. REQUÊTE CIVILE (C. proc. civ. n°° 46 à 48).

8700. — IV. POURVOI EN CASSATION (C. proc. civ. n°° 49 à 58).

§ 3. — *Demande en nullité du jugement d'adjudication* (C. proc. civ. n°° 59 à 65).

8701. V. *Code de procédure civile,* n°° 59 et s.

Art. 731. L'appel de tous autres jugements sera considéré comme non avenu, s'il est interjeté après les dix jours à compter de la signification à avoué, ou, s'il n'y a point d'avoué, à compter de la signification à personne ou à son domicile, soit réel, soit élu.

Ce délai sera augmenté d'un jour par cinq myriamètres de distance, conformément à l'art. 725, dans le cas où le jugement aura été rendu sur une demande en distraction.

Dans le cas où il y aura lieu à appel, la cour statuera dans la quinzaine. Les arrêts rendus par défaut ne seront pas susceptibles d'opposition.

DIVISION.

§ 1. — *Qui peut interjeter appel* (n° 8702).
§ 2. — *Délai de l'appel* (n° 8703).
§ 3. — *Procédure et décision sur l'appel* (n° 8711).

§ 1er. — *Qui peut interjeter appel* (C. proc. civ. n°° 1 à 12).

8702. L'intervention d'un créancier dans une instance sur droit de commandement ou de saisie aux mêmes fins que le débiteur prend la nature de cette instance et, lorsque celle-ci revêt le caractère d'une instance de saisie immobilière, l'intervenant est, comme le débiteur lui-même, soumis, quant à l'exercice du droit d'appel, aux formes et aux délais des art. 731 et 732 C. proc. civ. — Grenoble, 22 janv. 1884, D.P. 86. 2. 102.

§ 2. — *Délai de l'appel* (C. proc. civ. n°° 13 à 60).

8703. Sur les délais de l'appel général, V. *supra,* art. 443, n°° 5205 et s.

8704. — 1° *Jugements dont l'appel doit être interjeté dans les dix jours* (C. proc. civ. n°° 20 à 44). — En cas d'appel contre un jugement qui, statuant sur une demande en nullité de la surenchère proposée par l'acheteur, il y a lieu d'observer, pour les

formes et les délais de l'appel, les dispositions des art. 731 et 732 C. proc. civ., bien que l'acheteur ou surenchérisseur conteste la qualité de créancier hypothécaire. — Montpellier, 20 juill. 1887, D.P. 88. 2. 192.

8705. Il est généralement admis que, dans le cas où une inscription de faux est formée contre la surenchère, l'appel dirigé contre le jugement qui a rejeté cette demande n'est pas soumis au délai fixé par les art. 731 et 732 C. proc. civ. — D.P. 82. 1. 27. note 1.

8706. Le jugement qui statue sur une demande tendant à ce qu'une surenchère faite à la suite d'une adjudication sur saisie immobilière soit déclarée nulle et à ce qu'il soit sursis à la nouvelle adjudication, est un jugement rendu sur incident sur la procédure d'expropriation; en conséquence, l'appel dirigé contre ce jugement est soumis aux délai et formes prescrits par les art. 731 et 732 C. proc. civ. — Req. 22 juin 1880, D.P. 82. 1. 27. — V. *Code de procédure civile,* n° 36.

8707. — 2° *Point de départ du délai* (C. proc. civ. n°° 45 à 56).

8708. — 3° *Computation du délai* (C. proc. civ. n°° 57 et 58). — Le délai d'appel fixé à dix jours par l'art. 731 C. proc. civ. en matière de jugement d'incident sur saisie immobilière n'est pas franc; en conséquence, le jour de l'échéance y est compris et l'appel interjeté le lendemain de ce jour est tardif. — Riom, 26 mai 1886, D.P. 87. 2. 29. — V. *Code de procédure civile,* n° 57.

8709. Les dispositions comprises dans les titres 12 et 13 du livre 5 de la première partie du Code de procédure civile sur la saisie immobilière et les incidents qui s'y rattachent forment un système complet qui, en principe, se suffit à lui-même, que l'on emprunte aux autres dispositions du même code; par suite, en l'absence d'un texte spécial, il n'y a pas lieu d'appliquer au délai de l'appel les règles ordinaires relatives à l'augmentation de délai à raison des distances. — Req. 19 oct. 1887, D.P. 88. 1. 179. — V. *Code de procédure civile,* n° 58.

8710. — 4° *Délai avant lequel on ne peut appeler* (C. proc. civ. n°° 59 et 60). — L'appel contre les jugements rendus sur les incidents de saisie immobilière peut être interjeté même pendant la huitaine de la prononciation de ces jugements. — Nancy, 19 févr. 1890, D.P. 91. 2. 283.

§ 3. — *Procédure et décision sur l'appel* (C. proc. civ. n°° 61 à 84).

8711. Sur la signification et les mentions de l'acte d'appel, V. *infra,* art. 732, n°° 8724 et s.

8712. — I. DÉLAI DE COMPARUTION (C. proc. civ. n° 62).

8713. — II. DÉLAI DANS LEQUEL DOIT ÊTRE PRONONCÉ L'ARRÊT (C. proc. civ. n°° 63 à 66).

8714. — III. INSTRUCTION EN APPEL (C. proc. civ. n°° 67 et 68). — Il n'est pas nécessaire que les qualités des jugements rendus sur les incidents de saisie immobilière soient signifiées. — Pau, 19 mai 1884, D.P. 85. 2. 114. — V. *Code de procédure civile,* n° 68.

8715. — IV. ARRÊTS PAR DÉFAUT (C. proc. civ. n°° 69 à 73). — En matière de saisie immobilière, soit de saisie convertie, soit de vente de biens de mineurs, la voie de l'opposition n'est pas ouverte contre les arrêts par défaut, lesquels, même à l'égard des parties défaillantes, ont l'effet de décisions contradictoires. — Req. 19 nov. 1887, D.P. 88. 1. 179.

8716. Il en résulte qu'il ne saurait y avoir lieu à réassignation, lorsqu'une des personnes intimées devant la cour d'appel n'a pas comparu. — Même arrêt.

8717. Jugé également que les décisions rendues par défaut soit en appel, soit même en première instance, sur des incidents de saisie immobilière antérieurs à la publication du cahier des charges, ne sont pas susceptibles d'opposition. — Req. 23 févr. 1891, D.P. 91. 1. 423.

8718. Les arrêts par défaut n'étant pas susceptibles d'opposition, dans les instances incidentes à saisie immobilière, il s'ensuit qu'il ne peut y avoir lieu, en cette matière, à prendre des arrêts de défaut profit-joint. — Req. 7 déc. 1887, D.P. 88. 1. 255. — V. *Code de procédure civile*, n° 70.

8719. En conséquence, lorsque, dans une instance en distraction d'immeubles saisie où figurent deux intimés, l'un fait défaut, tandis que l'autre se présente devant la cour, il y a lieu, non pas de joindre le profit du défaut et d'ordonner la réassignation du défaillant, mais de statuer immédiatement, à l'égard des deux intimés, par un seul et même arrêt définitif. — Même arrêt.

8720. Lorsqu'au cours d'une instance de saisie immobilière, les cohéritiers de la partie saisie introduisent une demande en distraction en un rapport de l'immeuble dont l'expropriation est poursuivie, et que la partie saisie ne comparaît pas au appel sur cette demande, la cour refuse à bon droit d'ordonner la jonction du défaut à la cause contradictoire. — Req. 18 déc. 1889, D.P. 90. 1. 373.

8721. — V. SIGNIFICATION DE L'ARRÊT (C. proc. civ. n° 74 à 78).

8722. — VI. EXÉCUTION DE L'ARRÊT SUR MINUTE (C. proc. civ. n°s 79 et 80).

8723. — VII. EFFETS DE L'ARRÊT (C. proc. civ. n°s 81 à 84).

Art. 732. L'appel sera signifié au domicile de l'avoué, et, s'il n'y a pas d'avoué, au domicile réel ou élu de l'intimé; il sera notifié en même temps au greffier du tribunal et visé par lui. La partie saisie ne pourra, sur l'appel, proposer des moyens autres que ceux qui auront été présentés en première instance. L'acte d'appel énoncera les griefs: le tout à peine de nullité.

DIVISION.

§ 1. — *Qui doit être intimé sur l'appel* (n° 8724).
§ 2. — *Formes de l'acte d'appel* (n° 8725).
§ 3. — *Signification de l'appel* (n° 8728).
§ 4. — *Effets de l'appel* (n° 8735).
§ 5. — *Demandes et moyens recevables en appel* (n° 8737).

§ 1er. — *Qui doit être intimé sur l'appel* (C. proc. civ. n°s 1 à 8).

8724. V. *Code de procédure civile*, n°s 1 et s.

§ 2. — *Formes de l'acte d'appel* (C. proc. civ. n°s 9 à 13).

8725. L'acte d'appel doit, dans le cas de l'art. 732 C. proc. civ., énoncer les griefs à peine de nullité. — Pau, 19 mai 1884, D.P. 85. 2. 144. — V. *Code de procédure civile*, n°s 11 et s., et *suprà*, art. 456, n° 5567 et s.

8726. D'après un arrêt, en matière d'incident de saisie immobilière, l'acte d'appel n'a pas besoin d'énoncer les moyens d'appel; l'indication de qui, dans le jugement attaqué, fait grief à l'appelant, sans développement des motifs, satisfait au vœu de la loi, alors surtout que ce jugement a statué sur un moyen unique. — Caen, 10 juin 1879, D.P. 81. 2. 17.

8727. Mais un acte d'appel, en matière d'incident sur saisie immobilière, qui se borne à dire: « Attendu les torts et griefs que le jugement intéré aux appelants; attendu que le tribunal a mal apprécié les faits de la cause et fait une fausse application de la loi », doit être déclaré nul comme n'énonçant pas les griefs de l'appelant. — Agen, 13 mars 1889, D.P. 90. 2. 332.

§ 3. — *Signification de l'appel* (C. proc. civ. n°s 14 à 37).

8728. — I. SIGNIFICATION A PERSONNE OU A DOMICILE (C. proc. civ. n°s 14 à 22). — La règle générale d'après laquelle l'exploit d'appel doit être signifié en autant de copies qu'il y a d'intimés ayant des intérêts distincts et séparés, s'applique même au matière d'incidents de saisie immobilière, et bien qu'alors l'appel soit signifié au domicile de l'avoué. — Req. 9 avr. 1877, D.P. 78. 1. 28. — Poitiers, 18 déc. 1882, D.P. 83. 2. 112.

8729. Par suite, est nul l'appel interjeté par une copie unique signifiée au domicile de l'avoué constitué pour plusieurs intervenants, et, la matière étant indivisible en fait, l'appel doit être déclaré nul à l'égard des autres parties intéressées. — Mêmes arrêts.

8730. — II. SIGNIFICATION AU GREFFIER (C. proc. civ. n°s 23 à 37). — L'opposition à un commandement tendant à la saisie immobilière ne constitue pas un incident de cette saisie et, dès lors, l'appel du jugement rendu sur cette opposition n'est pas soumis à la formalité de la notification au greffier, prescrite par l'art. 732 C. proc. civ. — Riom, 31 janv. 1884, D.P. 86. 2. 102.

8731. Lorsque le créancier a passé outre à la saisie, malgré l'opposition au commandement, et que l'instance sur l'opposition est jointe à l'instance sur la saisie, le jugement qui statue sur le tout n'est pas rendu en matière d'incident de saisie immobilière et, dès lors, la notification de l'appel au greffier n'est pas nécessaire. — Même arrêt.

8732. Le commandement à fin de saisie immobilière étant un préalable et non le premier acte de cette procédure, l'opposition faite à ce commandement avant la saisie, alors même qu'elle serait réitérée postérieurement, ne constitue pas un incident de la saisie; en conséquence, l'appel du jugement qui a statué sur cette opposition n'est pas soumis aux règles spéciales de l'art. 732 C. proc. civ., mais au droit commun. — Pau, 13 juill. 1889, D.P. 90. 2. 294. — V. en sens contraire Grenoble, 22 janv. 1884, D.P. 86. 2. 102.

8733. Mais on doit considérer comme un incident de la saisie immobilière la demande en intervention formée postérieurement à cette saisie par un tiers qui a fait des offres aux créanciers poursuivants et se prétend légalement subrogé dans leurs droits et dans les poursuites; en conséquence, l'appel formé par ce tiers contre le jugement qui a rejeté son intervention n'est valable qu'autant qu'il est interjeté de la manière prescrite par l'art. 732 précité. — Orléans, 19 mai 1886, D.P. 89. 2. 205.

8734. De même, l'action en nullité d'une saisie immobilière devant être considérée comme un incident, alors même qu'elle conteste le droit du saisissant et qu'elle est intentée par voie principale par un tiers détenteur, l'appel relevé contre le jugement qui repousse cette action doit être notifié au greffier et visé par lui, à peine de nullité. — Douai, 18 févr. 1891, D.P. 92. 2. 181.

§ 4. — *Effets de l'appel* (C. proc. civ. n°s 38 à 57).

8735. — I. EFFET DÉVOLUTIF (C. proc. civ. n°s 38 à 40).

8736. — II. EFFET SUSPENSIF (C. proc. civ. n°s 41 à 57). — V. *suprà*, art. 457, n°s 5762 et s.

§ 5. — *Demandes et moyens recevables en appel* (C. proc. civ. n°s 58 à 101).

8737. — I. DEMANDES NOUVELLES (C. proc. civ. n°s 58 à 63). — Il y a demande nouvelle, lorsque la partie qui, dans une procédure de saisie immobilière, avait formé en première instance une demande en distraction, demande en appel la nullité de la saisie. — Montpellier, 16 nov. 1889, D.P. 90. 2. 171. — V. *suprà*, art. 464, n°s 5872 et s.

8738. — II. MOYENS NOUVEAUX (C. proc. civ. n°s 64 à 92). — La partie saisie qui demande la nullité de la saisie immobilière, ne peut proposer en appel des moyens autres que ceux qu'elle a présentés en première instance. — Paris, 5 juill. 1877, D.P. 78. 2. 89. — Req. 3 févr. 1891, D.P. 92. 1. 28. — V. *Code de procédure civile*, n° 64.

8739. Spécialement, le saisi qui, en première instance, a relevé contre la saisie deux moyens de nullité, tirés, l'un de ce que les actes de procédure n'avaient pas été faits dans les délais légaux, l'autre de ce qu'ils ne contenaient pas toutes les énonciations exigées par la loi, n'est pas recevable à proposer, en appel, un autre moyen de nullité pris du défaut de dénonciation par exploits séparés, aux diverses parties en cause, du procès-verbal de saisie; ce moyen, n'ayant pas été proposé en première instance n'étant pas compris dans ceux qui avaient été soumis aux premiers juges, est nouveau. — Arrêt préc. 3 févr. 1891.

8740. Décidé dans le même sens que, lorsqu'en première instance, le débiteur a demandé la nullité de la saisie, parce qu'elle aurait été faite sans titre ou en vertu d'un titre sans force ni valeur légale, il peut, en appel, fonder sa demande en nullité sur ce que la créance n'était ni liquide ni assortie de la voie parée, ce moyen étant implicitement compris dans les conclusions de première instance. — Limoges, 28 avr. 1890, D.P. 91. 2. 108.

8741. Et le créancier qui poursuit par voie d'expropriation uniquement le payement des frais, alors qu'il a été remboursé du principal de sa créance, ne peut valablement agir qu'en un état régulièrement taxé. — Même arrêt.

8742. — III. A QUELLES PARTIES S'APPLIQUE LA DÉFENSE DE PRÉSENTER DES MOYENS NOUVEAUX (C. proc. civ. n°s 93 à 101). — La disposition de l'art. 732 C. proc. civ., aux termes de laquelle le saisi ne peut, sur l'appel, proposer des moyens autres que ceux qu'il ont été présentés en première instance, doit recevoir son application alors même que le saisi n'a pas comparu en première instance. — Req. 14 janv. 1878, D.P. 78. 1. 180. — V. *Code de procédure civile*, n° 93.

8743. Et l'on doit considérer comme nouveau le moyen de nullité de la saisie tiré de ce que le procès-verbal de description portait sur un immeuble n'appartenant pas au saisi, alors que le poursuivant n'a relevé nullité dans les premiers juges qu'une erreur commise dans la désignation de l'immeuble. — Même arrêt.

Art. 733. Faute par l'adjudicataire d'exécuter les clauses de l'adjudication, l'immeuble sera vendu à sa folle enchère.

8744. — I. DANS QUELS CAS IL Y A LIEU A REVENTE SUR FOLLE ENCHÈRE (C. proc. civ. n°s 1 à 22). — La fiction légale de l'art. 883 C. civ., bien qu'elle s'applique à la licitation comme au partage de biens indivis, n'met pas obstacle à ce que les colicitants conviennent, par une clause du cahier des charges, que, dans le cas où l'un d'eux, devenu adjudicataire, ne satisferait pas aux conditions de l'adjudication, il sera soumis à la revente sur folle enchère. — Req. 2 janv. 1884, D.P. 84. 1. 315.

8745. La revente sur folle enchère à laquelle il a été procédé, faute par l'adjudicataire d'avoir payé son prix, doit être maintenue, bien que l'arrêt qui avait confirmé la collocation du créancier auquel ce payement devait être fait ait été cassé ultérieurement. — Civ. r. 5 juin 1877, D.P. 78. 1. 29.

8746. La clause du cahier des charges, stipulant que, dans le cas où l'un des colicitants devenu adjudicataire ne satisferait pas aux conditions de l'adjudication, il serait soumis à la revente sur folle enchère, doit être expresse et formelle, et il ne suffirait pas qu'elle reproduisît à peu près littéralement les termes de l'art. 773 C. proc. civ., alors que cette reproduction est introduite par une pratique générale dans tous les cahiers des charges et constitue, en quelque sorte, une clause de style. — Bordeaux, 10 janv. 1890, D.P. 91. 2. 20.

8747. La revente sur folle enchère, même contre un cohéritier adjudicataire, peut être autorisée par une clause du cahier des charges, et cette autorisation peut résulter, en vertu de l'interprétation des juges du fond, d'une clause générale soumettant l'adjudicataire à la folle enchère. — Req. 13 avr. 1891, D.P. 92. 1. 203.

8748. — II. PAR QUI LA REVENTE SUR FOLLE ENCHÈRE PEUT ÊTRE POURSUIVIE (C. proc. civ. nos 23 à 39).

8749. — III. CONTRE QUI LA FOLLE ENCHÈRE DOIT ÊTRE POURSUIVIE (C. proc. civ. nos 40 à 43).

8750. — IV. DÉLAI (C. proc. civ. nos 44 à 46).

8751. — V. COMPÉTENCE (C. proc. civ. n° 47).

Art. 734. Si la folle enchère est poursuivie avant la délivrance du jugement d'adjudication, celui qui poursuivra la folle enchère se fera délivrer par le greffier un certificat constatant que l'adjudicataire n'a point justifié de l'acquit des conditions exigibles de l'adjudication.

S'il y a eu opposition à la délivrance du certificat, il sera statué, à la requête de la partie la plus diligente, par le président du tribunal, en état de référé.

8752. — I. CERTIFICAT DU GREFFIER (C. proc. civ. nos 1 à 5). — Lorsque la revente sur folle enchère est poursuivie après la délivrance du jugement d'adjudication et avant celle des bordereaux de collocation, le poursuivant n'est pas tenu de signifier avec commandement la seconde grosse dont il a obtenu la délivrance ; une simple sommation suffit. — Civ. r. 31 déc. 1883, D.P. 84. 1. 250. — V. *Code de procédure civile,* n° 4.

8753. — II. RÉVÉRÉ (C. proc. civ. nos 6 à 14).

Art. 735. Sur ce certificat, et sans autre procédure ni jugement, ou si la folle enchère est poursuivie après la délivrance du jugement d'adjudication, trois jours après la signification du bordereau de collocation avec commandement, on fera apposer de nouveaux placards et insérer de nouvelles annonces dans la forme ci-dessus prescrite.

Ces placards et annonces indiqueront, en outre, les noms et demeure du fol enchérisseur, le montant de l'adjudication, une mise à prix qui sera poursuivant, et le jour auquel aura lieu, sur l'ancien cahier des charges, la nouvelle adjudication.

Le délai entre les nouvelles affiches et annonces et l'adjudication sera de quinze jours au moins et de trente jours au plus.

8754. — I. PROCÉDURE JUSQU'À L'ADJUDICATION (C. proc. civ. nos 1 à 4). — Le commandement signifié, en vertu d'un bordereau de collocation, par les créanciers à l'adjudicataire d'un immeuble saisi, ne tendant pas à obtenir condamnation au payement d'une

somme d'argent, mais ayant pour but d'arriver à la revente sur folle-enchère et de dépouiller l'adjudicataire de sa propriété, l'opposition à ce commandement est une action immobilière qui ne peut être jugée qu'à charge d'appel lorsque la valeur de l'immeuble n'est pas déterminée par les modes admis par la loi du 11 avr. 1838. — Bordeaux, 15 déc. 1890, D.P. 92. 2. 223.

8755. Cette solution paraît assez douteuse ; car la doctrine de l'arrêt repose tout entière sur cette idée que le commandement prescrit par l'art. 735 C. proc. civ. avant la revente sur folle enchère est le premier acte de la poursuite et que l'opposition à ce commandement doit être immobilière comme la poursuite : il n'y a là, semble-t-il, qu'une affirmation que rien dans l'art. 735 ne justifie. — D.P. 92. 2. 223, note 1.

8756. — II. PLACARDS (C. proc. civ. nos 5 à 11). — Lorsque, dans la procédure de folle enchère, la sommation introductive à l'adjudicataire n'a lieu qu'après la délivrance du jugement d'adjudication, il n'est pas nécessaire qu'elle soit précédée de la signification de ce jugement. — Req. 2 janv. 1884, D.P. 84. 1. 315. — V. *Code de procédure civile,* n° 11.

8757. Les nullités ne pouvant être étendues par analogie, l'affichage, prescrit à peine de nullité par l'art. 699 C. proc. civ. à la porte du domicile réel du saisi, n'est pas exigé du domicile à la même peine à la porte du fol enchérisseur, alors surtout qu'il a eu lieu au domicile élu par celui-ci pour les actes de la procédure. — Même arrêt.

8758. D'ailleurs, ce moyen de nullité ne peut être utilement proposé moins de trois jours avant l'adjudication. — Même arrêt. — V. *supra,* art. 729, nos 8683 et s.

Art. 736. Quinze jours au moins avant l'adjudication, signification sera faite de jour et heure de cette adjudication à l'avoué de l'adjudicataire, et à la partie saisie au domicile de son avoué, et, si elle n'en a pas, à son domicile.

Art. 737. L'adjudication pourra être remise, conformément à l'art. 703, mais seulement sur la demande du poursuivant.

8759. — I. INCIDENTS (C. proc. civ. n° 1).
8760. — II. REMISE DE L'ADJUDICATION (C. proc. civ. nos 2 à 5).
8761. — III. CONCURRENCE POUR LA POURSUITE (C. proc. civ. nos 6 et 7).
8762. — IV. SUBROGATION (C. proc. civ. nos 8 à 12).

Art. 738. Si le fol enchérisseur justifiait de l'acquit des conditions de l'adjudication et de la consignation d'une somme réglée par le président du tribunal pour les frais de folle enchère, il ne serait pas procédé à l'adjudication.

8763. Le créancier inscrit qui, dans une poursuite de folle enchère, requiert la mise aux enchères de l'immeuble adjugé, quoiqu'il ait été antérieurement désintéressé en capital, intérêts et frais par l'adjudicataire, et que sa créance soit ainsi éteinte par un payement reçu sans réserve, commet une faute et cause un préjudice dont il doit réparation à l'adjudicataire évincé. — Req. 17 avr. 1883, D.P. 84. 1. 301. — Comp. *Code de procédure civile,* nos 5 et 7.

Art. 739. Les formalités et délais prescrits par les art. 734, 735, 736, 737, seront observés à peine de nullité.

Les moyens de nullité seront proposés et jugés comme il est dit en l'art. 729.

Aucune opposition ne sera reçue contre les jugements par défaut en matière de folle enchère, et les jugements qui statueront sur les nullités pourront seuls être attaqués par la voie de l'appel dans les délais et suivant les formes prescrits par les art. 731 et 732.

Seront observés, lors de l'adjudication sur folle enchère, les art. 705, 706, 707 et 711.

8764. — I. DEMANDES EN NULLITÉ (C. proc. civ. nos 1 à 6). — Les juges du fond, saisis d'une demande en nullité d'une adjudication sur folle enchère, fondée sur ce que les adjudicataires n'auraient été ou les prête-noms du fol enchérisseur, apprécient souverainement si ces adjudicataires étaient des acquéreurs sérieux, assumant toutes les charges et la responsabilité de la revente sur folle enchère. — Req. 6 août 1883, D.P. 84. 1. 328.

8765. En l'absence de tout concert frauduleux de nature à porter atteinte au droit des tiers intéressés et à perpétuer dans l'insolvable dans la possession de ses biens, l'adjudicataire sur folle enchère est maître de disposer des immeubles adjugés en faveur du fol enchérisseur, soit avant l'adjudication et pour le cas où il deviendrait adjudicataire, soit après cette opération. — Même arrêt.

8766. Mais lorsqu'une clause du contrat de mariage interdit à la femme mariée sous le régime de la communauté réduite aux acquêts de s'obliger envers les tiers, même avec le consentement de son mari ou de justice, l'obligation contractée par elle, solidairement avec son mari, au profit de créanciers de celui-ci, et pour la garantie des conséquences de la folle enchère d'un immeuble précédemment adjugé à ces créanciers doit être déclarée nulle. — Paris, 6 déc. 1877, D.P. 78. 2. 81, et les Observ. de M. Muile sur cet arrêt.

8767. — II. DÉCISIONS CONTRE LES DÉCISIONS EN MATIÈRE DE FOLLE ENCHÈRE (C. proc. civ. nos 7 à 28). — 1° *Opposition* (C. proc. civ. nos 7 à 9).

8768. — 2° *Appel* (C. proc. civ. nos 10 à 27). — On ne peut appeler d'un jugement qui, statuant sur une demande en surséis de l'adjudication, déclare qu'il n'y a pas lieu de surseoir et prononce cette adjudication ;... alors, d'ailleurs, qu'il n'a point statué sur un moyen de nullité. — Req. 2 janv. 1884, D.P. 84. 1. 315. — V. *Code de procédure civile,* n° 12.

8769. — 3° *Pourvoi en cassation* (C. proc. civ. n° 28).

8770. — III. ADJUDICATION (C. proc. civ. nos 29 à 34). — Sur la question de savoir si l'adjudication sur folle enchère est susceptible de surenchère, V. *supra,* art. 738, nos 8553 et s.

Art. 740. Le fol enchérisseur est tenu, par corps, de la différence entre son prix et celui de la revente sur folle enchère, sans pouvoir réclamer l'excédent, s'il y en a : cet excédent sera payé aux créanciers, ou, si les créanciers sont désintéressés, à la partie saisie.

8771. — I. CARACTÈRES DE L'OBLIGATION DE PAYER LE PRIX DE L'ADJUDICATION (C. proc. civ. nos 1 à 4). — Dans la vente forcée comme dans la vente volontaire, la condition de payement du prix n'est pas résolutoire. — Civ. r. 20 janv. 1880, D.P. 80. 1. 65, et la note. — V. *Code de procédure civile,* n° 2.

8772. — II. EFFETS DE LA REVENTE SUR FOLLE ENCHÈRE RELATIVEMENT AUX ACTES DE PROPRIÉTÉ DU FOL ENCHÉRISSEUR (C. proc. civ. nos 5 à 21). — L'adjudication sur folle enchère résout tous les droits réels quelconques compétant à des tiers, et la loi regarde comme anéantie, en principe, la propriété qui a reposé sur la tête du fol enchérisseur, qui est censé n'avoir jamais été propriétaire. — Agen, 25 févr. 1891, D.P. 91. 1. 201.

8773. — III. EFFETS DE LA REVENTE SUR FOLLE ENCHÈRE RELATIVEMENT AUX ACTES D'ADMINISTRATION (C. proc. civ. nos 22 à 29).

8774. — IV. DIFFÉRENCE DU PRIX ENTRE LES DEUX ADJUDICATIONS (C. proc. civ. nos 30 à 40). — Lorsque la femme s'est rendue adjudicataire des immeubles de son mari, que l'adjudication faite à son profit a été suivie de folle enchère et que la revente a produit un prix inférieur à celui de la vente, les créanciers de cette femme, colloqués en sous-ordre comme exerçant ses droits, ne peuvent prétendre à la différence entre le prix de vente et celui de revente, et cette différence dont la femme demeure débitrice, doit être attribuée aux créanciers inscrits. — Riom, 2 déc. 1886, D.P. 88. 2. 7.

8775. — La fol enchérisseur n'est pas libéré par cela seul qu'il s'est présenté à la revente un adjudicataire qui a mis une enchère supérieure à la sienne; il reste obligé, dans le cas où, cet adjudicataire ne remplissant pas ses engagements, l'immeuble est adjugé sur une nouvelle folle enchère, et peut, par suite, être contraint de parfaire la différence entre le prix de l'adjudication et celui de l'adjudication définitive. — Paris, 6 déc. 1877, D.P. 78. 2. 81, et sur pourvoi, Civ. c. 22 déc. 1879, D.P. 80. 1. 112. — V. Code de procédure civile, n° 34.

8776. — V. INTÉRÊTS ET FRUITS (C. proc. civ. nos 41 à 52). — Est licite la stipulation du cahier des charges disposant que la partie saisie ou ses créanciers pourront recourir contre le fol enchérisseur pour les intérêts courus dans l'intervalle de la première à la seconde adjudication. — Paris, 6 déc. 1877, D.P. 78. 2. 81.

8777. — Le fol enchérisseur ne peut pas répéter contre le nouvel adjudicataire les sommes par lui employées à acquitter les charges de la jouissance qu'il a eue de l'immeuble jusqu'à la revente sur folle enchère. — Même arrêt.

8778. — Lorsque, dans un ordre ouvert à fin de distribuer le prix de biens revendus sur folie enchère, un arrêt, après avoir constaté que le fol enchérisseur est devenu débiteur envers la masse des créanciers des intérêts du prix de la première adjudication jusqu'à la revente sur sa folle enchère, mais que cette dette s'est le montant d'une créance personnelle, détermine la part afférente à ces intérêts dans ladite compensation, cette détermination, uniquement consignée dans les motifs et non dans le dispositif, ne saurait porter atteinte, ni à l'autorité de la chose jugée par une décision précédente à laquelle l'arrêt se réfère, ni aux obligations du fol enchérisseur, ni à la propriété et au rang attribué dans l'ordre aux créanciers colloqués. — Civ. c. 30 nov. 1886, D.P. 87. 1. 109.

8779. — VI. FRAIS (C. proc. civ. nos 53 à 68). — On doit considérer comme licite et comme constituant une clause pénale opposée à l'exécution des obligations de l'adjudicataire, la stipulation du cahier des charges portant que l'adjudicataire fol enchérisseur ne pourra, en cas de revente sur sa folle enchère, répéter, soit contre le vendeur, soit contre le nouvel adjudicataire, soit contre les frais d'enregistrement, de greffe et d'hypothèque qu'il aurait payés, ni les intérêts du prix dont il aurait effectué la consignation. — Paris, 6 déc. 1877, D.P. 78. 2. 81.

Art. 741. Lorsque, à raison d'un incident ou pour tout autre motif légal, l'adjudication aura été retardée, il sera apposé de nouvelles affiches et fait de nouvelles annonces dans les délais fixés par l'art. 704.

Art. 742. Toute convention portant qu'à défaut d'exécution des engagements pris

envers lui, le créancier aura le droit de faire vendre les immeubles de son débiteur sans remplir les formalités prescrites pour la saisie immobilière, est nulle et non avenue.

8780. L'art. 742 C. proc. civ., qui frappe de nullité les conventions permettant au créancier impayé à l'échéance de faire vendre les immeubles de son débiteur sans remplir les formalités de la saisie immobilière, ne prohibe les stipulations de cette nature qu'autant qu'elles ont été faites dans l'acte d'obligation et avant l'échéance de la dette. — Bordeaux, 27 avr. 1885, D.P. 86. 2. 263-264.

8781. Il n'y a donc pas lieu d'annuler par application de cet article le mandat par lequel le débiteur a conféré à son créancier le pouvoir de vendre ses immeubles à l'amiable, lorsque ce mandat n'a été conféré que longtemps après l'acte d'obligation. — Même arrêt.

8782. De même, un débiteur peut valablement donner à un tiers, dans l'intérêt de son créancier, mandat de vendre ses immeubles sans formalités de justice, si ce mandat a été donné après l'exigibilité de la dette, au moment convenu pour la vente des immeubles et dans le but unique d'éviter les frais de saisie immobilière; on ne saurait y voir une transgression de l'art. 742 C. proc. civ. qui proscrit la clause de voie parée. — Orléans, 3 juill. 1883, D.P. 85. 2. 20. — V. Code de procédure civile, nos 4 et 5.

Art. 743. Les immeubles appartenant à des majeurs maîtres de disposer de leurs droits ne pourront, à peine de nullité, être mis aux enchères que lorsqu'il ne s'agira que de ventes volontaires.

Néanmoins, lorsqu'un immeuble aura été saisi réellement, et lorsque la saisie aura été transcrite, il sera libre aux intéressés, s'ils sont tous majeurs et maîtres de leurs droits, de demander que l'adjudication soit faite aux enchères, devant notaire ou en justice, sans autres formalités et conditions que celles qui sont prescrites aux art. 958, 959, 960, 961, 962, 964 et 965, pour la vente des biens immeubles appartenant à des mineurs.

Seront regardés comme seuls intéressés, avant la sommation aux créanciers prescrite par l'art. 692, le poursuivant et le saisi, et après cette sommation, ces derniers et tous les créanciers inscrits.

Si une partie seulement des biens dépendants d'une même exploitation avait été saisie, le débiteur pourra demander que le surplus soit compris dans la même adjudication.

8783. — I. QUELLES VENTES PEUVENT OU DOIVENT ÊTRE FAITES PUBLIQUEMENT ET JUDICIAIREMENT (C. proc. civ. nos 1 à 8).

8784. — II. CONVERSION DE LA SAISIE IMMOBILIÈRE (C. proc. civ. nos 9 à 24). — 1° Quand la conversion peut être demandée (C. proc. civ. nos 9 à 11).

8785. — 2° Qui peut demander la conversion (C. proc. civ. nos 12 à 24). — Les créanciers inscrits sont recevables à former tierce-opposition, pour cause de dol et de collusion, au jugement qui ordonne la conversion d'une saisie en vente sur publications volontaires, bien que ce jugement ait été obtenu, avant la sommation leur prescrit l'art. 693 C. proc. civ. par le saisi et le saisissant alors seuls intéressés à la poursuite. — Civ. r. 23 janv. 1878, D.P. 78. 1. 134. — V. toutefois Code de procédure civile, n° 13.

8786. Et ledit jugement est, à bon droit, rétracté, si les circonstances dans lesquelles il est intervenu, et qu'il appartient aux juges du fond d'apprécier souverainement, prouvent qu'il a été le résultat d'une fraude concertée entre les parties, en vue de para-

lyser les poursuites des créanciers inscrits. — Même arrêt.

8787. Jugé également dans le même sens que le jugement qui ordonne la conversion d'une saisie immobilière en vente volontaire constitue un contrat judiciaire, et, à ce titre, implique le consentement formel de tous les intéressés; ceux-ci sont donc non recevables à invoquer les nullités antérieures de la procédure de saisie. — Orléans, 24 nov. 1888, D.P. 91. 2. 134.

8788. Dans une vente sur conversion de saisie, le cahier des charges est la loi du vendeur et de l'adjudicataire; il ne peut y être dérogé qu'autant que des renseignements et des documents précis établissent que ces parties l'ont modifié postérieurement. — Lyon, 12 févr. 1890, D.P. 91. 2. 247.

Art. 744. Pourront former les mêmes demandes ou s'y adjoindre:

Le tuteur du mineur ou interdit, spécialement autorisé par un avis de parents;

Le mineur émancipé, assisté de son curateur;

Et généralement tous les administrateurs légaux des biens d'autrui.

Art. 745. Les demandes autorisées par les art. 743, § 2, et 744, seront formées par une simple requête présentée au tribunal saisi de la poursuite: cette requête sera signée par les avoués de ces parties.

Elle contiendra une mise à prix qui servira d'estimation.

8789. — I. COMPÉTENCE (C. proc. civ. nos 1 à 3).

8790. — II. FORMES DE LA DEMANDE EN CONVERSION (C. proc. civ. nos 4 à 7).

8791. — III. CAS OÙ UNE PARTIE SEULEMENT DES BIENS A ÉTÉ SAISIE (C. proc. civ. nos 8 et 9).

Art. 746. Le jugement sera rendu sur le rapport d'un juge et sur les conclusions du ministère public.

Si la demande est admise, le tribunal fixera le jour de la vente et renverra, pour procéder à l'adjudication, soit devant un notaire, soit devant un juge du siège ou devant un juge de tout autre tribunal.

Le jugement ne sera pas signifié, et ne sera susceptible ni d'opposition ni d'appel.

8792. — I. JUGEMENT SUR LA DEMANDE DE CONVERSION (C. proc. civ. nos 1 à 11).

8793. — II. SIGNIFICATION DU JUGEMENT ET APPEL (C. proc. civ. nos 12 à 16). — Lorsque à la suite d'une tentative infructueuse de vente sur conversion d'un immeuble saisi, un jugement statue, en cas de désaccord des parties, sur une nouvelle mise à prix et sur la fixation de la mise à prix, l'appel n'est pas recevable contre le chef de ce jugement relatif à la demande de sursis. — Paris, 10 juill. 1875, D.P. 77. 5. 395. — V. Code de procédure civile, n° 14.

8794. L'appel est, au contraire, recevable contre le chef de ce jugement rendu sur la mise à prix. — Même arrêt. — V. Code de procédure civile, n° 16.

8795. La disposition exceptionnelle de l'art. 746 C. proc. civ., aux termes duquel le jugement ordonnant la conversion d'une saisie en vente sur publications volontaires n'est pas susceptible d'appel, ne s'applique pas à la décision rendue sur la tierce-opposition formée à ce jugement par une personne qui n'y a pas été partie. — Civ. r. 23 janv. 1878, D.P. 78. 1. 134.

Art. 747. Si, après le jugement, il survient

un changement dans l'état des parties, soit par décès ou faillite, soit autrement, ou si les parties sont représentées par des mineurs, des héritiers bénéficiaires ou autres incapables, le jugement continuera à recevoir sa pleine et entière exécution.

Art. 748. Dans la huitaine du jugement de conversion, mention sommaire en sera faite, à la diligence du poursuivant, en marge de la transcription de la saisie.

Les fruits immobilisés en exécution des dispositions de l'art. 682 conserveront ce caractère, sans préjudice du droit qui appartient au poursuivant de se conformer, pour les loyers et fermages, à l'art. 685.

Sera également maintenue la prohibition d'aliéner faite par l'art. 686.

8796. — I. EFFETS DU JUGEMENT DE CONVERSION (C. proc. civ. nᵒˢ 1 à 11).

8797. — II. PROCÉDURE POSTÉRIEURE AU JUGEMENT DE CONVERSION (C. proc. civ. nᵒˢ 12 à 52).

TITRE XIV

De l'Ordre (L. 21-29 mai 1858) (1)

Art. 749. Dans les tribunaux où les besoins du service l'exigent, il est désigné par décret impérial, un ou plusieurs juges, spécialement chargés du règlement des ordres. Ils peuvent être choisis parmi les juges suppléants, et sont désignés pour une année au moins et trois années au plus.

En cas d'absence ou d'empêchement, le président, par ordonnance inscrite sur un registre spécial tenu au greffe, désigne d'autres juges pour les remplacer.

Les juges désignés par décret impérial, ou nommés par le président, doivent, toutes les lois qu'ils en sont requis, rendre compte à leurs tribunaux respectifs, au premier président et au procureur général, de l'état des ordres qu'ils sont chargés de régler.

8798. — I. CARACTÈRES DE LA PROCÉDURE D'ORDRE (C. proc. civ. nᵒˢ 1 à 5).

8799. — II. JUGE CHARGÉ DU RÈGLEMENT DES ORDRES (C. proc. civ. nᵒˢ 6 à 20).

Art. 750. L'adjudicataire est tenu de faire transcrire le jugement d'adjudication dans les quarante-cinq jours de sa date, et, en cas d'appel, dans les quarante-cinq jours de l'arrêt confirmatif, sous peine de revente sur folle enchère.

Le saisissant, dans la huitaine après la transcription, et, à son défaut, après ce délai, le créancier le plus diligent, la partie saisie ou l'adjudicataire dépose au greffe l'état des inscriptions, requiert l'ouverture du procès-verbal d'ordre et, s'il y a lieu, la nomination d'un juge-commissaire.

Cette nomination est faite par le président, à la suite de la réquisition inscrite par le poursuivant sur le registre des adjudications tenu, à cet effet, au greffe du tribunal

(1) Le titre de l'*Ordre* ayant été refondu entièrement par la loi du 21 mai 1858 (D.P. 58. 4. 38-40) qui a pris place dans le *Code de procédure* lui-même, nous n'avons pas cru devoir donner ici le texte, aujourd'hui abrogé, du Code de 1842.

8800. — I. TRANSCRIPTION DU JUGEMENT D'ADJUDICATION (C. proc. civ. nᵒˢ 1 à 13).

8801. — II. RÉQUISITION D'OUVERTURE DU PROCÈS-VERBAL D'ORDRE EN CAS D'EXPROPRIATION FORCÉE (C. proc. civ. nᵒˢ 14 à 39).

8802. — III. DÉPÔT AU GREFFE DE L'ÉTAT DES INSCRIPTIONS (C. proc. civ. nᵒˢ 40 à 48).

Art. 751. Le juge-commissaire, dans les huit jours de sa nomination, ou le juge spécial, dans les trois jours de la réquisition, convoque les créanciers inscrits, afin de se régler amiablement sur la distribution du prix.

Cette convocation est faite par lettres chargées à la poste, expédiées par le greffier et adressées tant aux domiciles élus par les créanciers dans les inscriptions qu'à leur domicile réel en France; les frais en sont avancés par le requérant.

La partie saisie et l'adjudicataire sont également convoqués.

Le délai pour comparaître est de dix jours au moins entre la date de la convocation et le jour de la réunion.

Le juge dresse procès-verbal de la distribution du prix par règlement amiable; il ordonne la délivrance des bordereaux aux créanciers utilement colloqués et la radiation des inscriptions des créanciers non admis en ordre utile.

Les inscriptions sont rayées sur la présentation d'un extrait, délivré par le greffier, de l'ordonnance du juge.

Les créanciers non comparants sont condamnés à une amende de vingt-cinq francs.

DIVISION.

§ 1ᵉʳ. — *Ordre consensuel* (nᵒ 8803).

§ 2. — *Ordre amiable* (nᵒ 8804).

§ 1ᵉʳ. — *Ordre consensuel* (C. proc. civ. nᵒˢ 1 à 25).

8803. V. *Code de procédure civile*, nᵒˢ 1 et s.

§ 2. — *Ordre amiable* (C. proc. civ. nᵒˢ 26 à 180).

8804. — I. CARACTÈRE DE L'ORDRE AMIABLE (C. proc. civ. nᵒˢ 26 à 33). — L'ordre amiable, à la différence de l'ordre consensuel, a un caractère judiciaire et est soumis à une procédure spéciale, placée sous la direction d'un magistrat. — Pau, 21 févr. 1887, D.P. 87. 2. 249, et Observ. sous cet arrêt.

8805. En conséquence, le procès-verbal d'ordre amiable a autorité de chose jugée, et sa validité, dans le silence de la loi, ne dépend pas de la signature des parties. — Même arrêt.

8806. — II. QUI PEUT CONSENTIR A L'ORDRE AMIABLE (C. proc. civ. nᵒˢ 34 à 44). — Le jugement qui prononce la séparation de biens relevant la femme de son incapacité ou tout ce qui se rapporte au recouvrement de ses droits et reprises, il en résulte qu'elle peut, sans avoir besoin d'être autorisée par son mari ou par justice, produire à l'ordre ouvert sur les biens de son mari, et que, si elle néglige de faire sa production dans le délai légal, c'est à bon droit qu'elle est déclarée forclose. — Req. 8 juill. 1878, D.P. 79. 1. 55.

8807. — III. CONVOCATION A L'ORDRE AMIABLE (C. proc. civ. nᵒˢ 45 à 74).

8808. — IV. DÉLAI DE LA COMPARUTION (C. proc. civ. nᵒˢ 75 à 80).

8809. — V. COMPARUTION EN PERSONNE OU PAR MANDATAIRE (C. proc. civ. nᵒˢ 81 à 97).

8810. — VI. PROCÈS-VERBAL DE DISTRIBUTION DU PRIX (C. proc. civ. nᵒˢ 98 à 113).

8811. — VII. RÈGLEMENT AMIABLE TOTAL OU PARTIEL (C. proc. civ. nᵒˢ 114 à 123).

8812. — VIII. DÉLIVRANCE DES BORDEREAUX (C. proc. civ. nᵒ 124). — V. *infra*, art. 770, nᵒˢ 9004 et s.

8813. — IX. RADIATION DES INSCRIPTIONS (C. proc. civ. nᵒˢ 125 à 130). — V. *infra*, art. 771.

8814. — X. RECOURS CONTRE LE RÈGLEMENT AMIABLE (C. proc. civ. nᵒˢ 131 à 144). — L'ordre amiable forme un contrat auquel l'ordonnance du juge-commissaire donne la force exécutoire et l'autorité de la chose jugée; par suite, il ne peut être attaqué par la voie de l'opposition. — Paris, 8 déc. 1874, D.P. 76. 2. 219. — V. *Code de procédure civile*, nᵒˢ 132 et 134.

8815. Suivant une autre opinion, l'ordre amiable est une véritable convention et non une instance judiciaire; aussi ne peut-il être attaqué que par les voies en nullité, rescision ou autres ouvertes contre toutes conventions. — Bordeaux, 22 juill. 1886, D.P. 88. 2. 237. — V. *Code de procédure civile*, nᵒ 131.

8816. — XI. CAUSES DE NULLITÉ DU RÈGLEMENT AMIABLE (C. proc. civ. nᵒˢ 145 à 154). — L'ordre amiable ne peut être rescindé que si raison d'une erreur portant sur la substance de la chose qui en fait l'objet, c'est-à-dire d'une erreur sur l'immeuble dont le prix est en distribution, ou sur la nature du contrat du produisant ou du colloqué. — Paris, 8 déc. 1874, D.P. 76. 2. 219. — Comp. Civ. r. 9 avr. 1878, D.P. 78. 1. 372.

8817. En conséquence, en cas d'adjudication après jugement de saisie, l'adjudicataire, qui a été partie au règlement de l'ordre amiable, ne peut refuser d'exécuter l'obligation de payer les créanciers en rang utile, sous prétexte qu'il ignorait l'existence d'une hypothèque légale qui a été inscrite après le règlement de l'ordre; on ne saurait voir dans cette ignorance une erreur sur la substance de nature à vicier le consentement, alors surtout que cette erreur provient de l'imprudence de l'adjudicataire qui a commis la faute de ne pas procéder, au préalable de l'ordre, à la purge des hypothèques légales. — Bordeaux, 22 juill. 1886, D.P. 88. 2. 237.

8818. — XII. AMENDE CONTRE LES CRÉANCIERS NON COMPARANTS (C. proc. civ. nᵒˢ 155 à 180). — Le créancier dont le refus d'adhésion à un règlement amiable a rendu inévitable la procédure d'ordre ne doit cependant pas être condamné aux frais de l'ordre à titre de dommages-intérêts. — Trib. civ. d'Abbeville, 4 juin 1883, D.P. 84. 3. 46, et dissertation de M. Glasson sous ce jugement, note 1. — V. *Code de procédure civile*, nᵒ 179.

Art. 752. A défaut de règlement amiable dans le délai d'un mois, le juge constate sur le procès-verbal que les créanciers n'ont pu se régler entre eux, et prononce l'amende contre ceux qui n'ont pas comparu. Il déclare l'ordre ouvert et commet un ou plusieurs huissiers à l'effet de sommer les créanciers de produire. Cette partie du procès-verbal ne peut être expédiée ni signifiée.

8819. — I. DÉLAI DU RÈGLEMENT AMIABLE (C. proc. civ. nᵒˢ 1 à 11).

8820. — II. OUVERTURE DE L'ORDRE JUDICIAIRE (C. proc. civ. nᵒˢ 12 à 25). — En matière d'ordre, à défaut de règlement amiable dans le délai d'un mois à partir de la convocation adressée aux créanciers inscrits, le juge commissaire constate par procès-verbal que ceux-ci n'ont pu se régler entre eux, en conséquence, déclarer l'ordre ouvert, puis, après l'accomplissement des formalités prescrites par les art. 752 à 755 C. proc. civ., dresser l'état des collocations sur les pièces produites et, s'il survient des contredits, renvoyer les parties à l'audience. — Req. 31 oct. 1888, D.P. 90. 1. 68. — V. *Code de procédure civile*, nᵒˢ 12 et 13.

8821. En conséquence, il y a nullité lorsque le juge aux ordres, après avoir constaté que les créanciers inscrits sur les immeubles n'ont pu se régler amiablement entre eux, a, sans déclarer l'ordre ouvert et sans dresser un état de collocation, dit que, du consentement de toutes les parties, il les renvoie à se pourvoir devant le tribunal. — Même arrêt.

8822. Mais la nullité résultant de cette manière de procéder n'étant pas d'ordre public, elle se trouve couverte par les conclusions prises au fond devant le tribunal par toutes les parties et ne saurait, dès lors, être proposée pour la première fois en appel. — Même arrêt.

8823. L'ordonnance d'un juge-commissaire, qui refuse d'ouvrir un ordre à raison de l'usufructueux des états d'inscriptions produits, ne peut être attaquée devant la cour par la voie de l'appel. — Angers, 19 août 1875, D.P. 76. 2. 185.

Art. 753. Dans les huit jours de l'ouverture de l'ordre, sommation de produire est faite aux créanciers inscrits dans leurs inscriptions ou à celui de leurs avoués, s'il y en a de constitués, et au vendeur à son domicile réel situé en France, à défaut de domicile élu par lui ou de constitution d'avoué.

La sommation contient l'avertissement que, faute de produire dans les quarante jours, le créancier sera déchu.

L'ouverture de l'ordre est en même temps dénoncée à l'avoué de l'adjudicataire. Il n'est fait qu'une seule dénonciation à l'avoué qui représente plusieurs adjudicataires.

Dans les huit jours de la sommation par lui faite aux créanciers inscrits, le poursuivant en remet l'original au juge, qui en fait mention sur le procès-verbal.

8824. — I. SOMMATION DE PRODUIRE AUX CRÉANCIERS INSCRITS (C. proc. civ. nᵒˢ 1 à 55).

8825. — II. SOMMATION AU VENDEUR ET AU SAISI (C. proc. civ. nᵒˢ 56 à 71). — Il n'y a lieu d'adresser au vendeur de la partie saisie une sommation de produire à l'ordre que si ce vendeur ou encore créancier du saisi et a fait inscrire son privilège ; en cas de subrogation d'un tiers à l'utilité effet de l'inscription, il suffit d'adresser la sommation au créancier subrogé. — Douai, 23 déc. 1876, D.P. 79. 2. 169. — V. *Code de procédure civile*, nᵒˢ 66 et s.

8826. — III. DÉLAI DE LA SOMMATION DE PRODUIRE (C. proc. civ. nᵒˢ 72 et 73).

8827. — IV. FORMES DE LA SOMMATION (C. proc. civ. nᵒˢ 74 à 81).

8828. — V. DÉNONCIATION DE L'OUVERTURE DE L'ORDRE A L'AVOUÉ DE L'ADJUDICATAIRE (C. proc. civ. nᵒˢ 82 à 87).

8829. — VI. REMISE AU JUGE DE L'ORIGINAL DE LA SOMMATION (C. proc. civ. nᵒˢ 88 à 91).

Art. 754. Dans les quarante jours de cette sommation, tout créancier est tenu de produire ses titres avec acte de produit signé de son avoué et contenant demande en collocation. Le juge fait mention de la remise sur le procès-verbal.

8830. — I. DÉLAI DE LA PRODUCTION A L'ORDRE (C. proc. civ. nᵒˢ 1 à 11). — Le délai de quarante jours, dans lequel les créanciers doivent, sous peine de déchéance, produire à l'ordre, court à partir des sommations qui leur sont faites et non de la dénonciation de l'ouverture de l'ordre à l'adjudicataire. — Douai, 23 déc. 1876, et Nimes, 11 avr. 1887, D.P. 79. 2. 169-170.

8831. Le délai pour produire à l'ordre court, pour chaque créancier séparément, du jour où la sommation de produire lui

est personnellement adressée, et non de la date de la dernière sommation faite dans la procédure d'ordre. — Civ. r. 30 avr. 1890, D.P. 90. 1. 461.

8832. — II. QUI PEUT PRODUIRE A L'ORDRE (C. proc. civ. nᵒˢ 12 à 26). — Dans un ordre, le créancier dont le débiteur est créancier lui-même de la partie saisie, peut produire au nom de ce débiteur. — Douai, 6 mars 1891, D.P. 91. 2. 363.

8833. — III. ACTE DE PRODUIT (C. proc. civ. nᵒˢ 27 à 38).

8834. — IV. PRODUCTION DES TITRES (C. proc. civ. nᵒˢ 39 à 44).

Art. 755. L'expiration du délai de quarante jours emporte de plein droit déchéance contre les créanciers non produisants. Le juge la constate immédiatement et d'office sur le procès-verbal, et dresse l'état de collocation sur les pièces produites. Cet état est dressé au plus tard dans les vingt jours qui suivent l'expiration du délai ci-dessus.

Dans les dix jours de la confection de l'état de collocation, le poursuivant la dénonce, par acte d'avoué à avoué, aux créanciers produisants et à la partie saisie, avec sommation d'en prendre communication et de contredire, s'il y échet, sur le procès-verbal, dans un délai de trente jours.

DIVISION.

§ 1. — *Déchéance faute de produire à l'ordre* (nᵒ 8835).

§ 2. — *Règlement provisoire* (nᵒ 8841).

§ 3. — *Contredits* (nᵒ 8847).

§ 1ᵉʳ. — *Déchéance faute de produire à l'ordre* (C. proc. civ. nᵒˢ 1 à 68).

8835. — I. A QUEL MOMENT DOIT AVOIR LIEU LA PRODUCTION DES TITRES JUSTIFICATIFS (C. proc. civ. nᵒˢ 1 à 28). — La déchéance prononcée par l'art. 755 C. proc. civ. ne s'applique qu'à défaut de demande en collocation dans le délai légal, et non à défaut de production des pièces justificatives de la demande dans le même délai. — Req. 11 nov. 1878, D.P. 80. 1. 323. — Douai, 6 mars 1891, D.P. 91. 2. 363. — V. *Code de procédure civile*, nᵒ 2.

8836. En admettant que la tardivité de la production d'un créancier hypothécaire n'enlève pas à ce créancier, qui a demandé sa collocation en temps utile, le droit de contester les collocations attribuées par le règlement provisoire, cette contestation n'est recevable qu'autant qu'elle a été formée dans le délai fixé par l'art. 755 C. proc. civ. — Req. 14 mai 1889, D.P. 90. 1. 279.

8837. — II. CARACTÈRE DE LA DÉCHÉANCE ; PAR QUI ELLE PEUT ÊTRE PROPOSÉE (C. proc. civ. nᵒˢ 29 à 34). — La forclusion prononcée par l'art. 755 C. proc. civ. contre les créanciers inscrits qui n'ont pas fait leur production en temps utile, n'entraîne pas contre eux déchéance de la faculté de contrôler l'existence et la qualité des créances colloquées. — Orléans, 11 mai 1882, D.P. 83. 5. 336.

8838. Spécialement, le syndic d'une faillite conserve cette faculté, bien qu'il se soit abstenu de produire à l'ordre en vertu de l'hypothèque inscrite au profit de la masse. — Même arrêt.

8839. — III. QUELS CRÉANCIERS ENCOURENT LA DÉCHÉANCE (C. proc. civ. nᵒˢ 35 à 58). — La déchéance édictée par l'art. 755 C. proc. civ. contre le créancier qui n'a produit ses titres dans un ordre qu'après l'expiration du délai de quarante jours après la sommation, est encourue par celui qui a formé une demande en collocation dans ce délai, relativement aux sommes qu'il n'a point

comprises dans cette demande, lorsque les documents qu'il produit tardivement à l'appui de sa nouvelle demande étaient déjà à sa disposition avant ce moment. — Civ. c. 25 févr. 1891, D.P. 91. 1. 201.

8840. — IV. EFFETS DE LA DÉCHÉANCE (C. proc. civ. nᵒˢ 59 à 65).

§ 2. — *Règlement provisoire* (C. proc. civ. nᵒˢ 69 à 142).

8841. — I. ÉTAT DE COLLOCATION PROVISOIRE (C. proc. civ. nᵒˢ 69 à 74). — L'état de collocation provisoire non suivi de contestation a autorité de chose jugée, ou du moins, l'accord de toutes les parties à l'accepter tel qu'il a été dressé, forme entre elles un contrat judiciaire que l'ordonnance de clôture ne peut modifier. — Riom, 20 mai 1889, D.P. 91. 2. 272.

8842. La collocation dans un règlement d'ordre provisoire ou définitif n'emporte pas, de la part du créancier colloqué pour une partie seulement de sa créance, alors même qu'il a reçu son bordereau et en a touché le montant, renonciation à faire valoir son hypothèque, dans le cas où il y aurait lieu de distribuer aux créanciers inscrits une autre somme faisant partie du prix dû par l'acquéreur de l'immeuble grevé de cette hypothèque. — Chambéry, 11 févr. 1889, D.P. 91. 2. 311.

8843. — II. QUELLES CRÉANCES DOIVENT ÊTRE COLLOQUÉES (C. proc. civ. nᵒˢ 75 à 114). — Le règlement provisoire qui ménage à un créancier hypothécaire le droit d'être colloqué en sous-ordre sur les sommes attribuées à une femme dotale et qui pourraient être frappées d'une collocation en sous-ordre, laisse en suspens la question de savoir quelles sommes peuvent ainsi être l'objet de cette collocation, et le créancier n'a pas de motif pour contredire ; mais, si sa demande de collocation en sous-ordre est rejetée par l'ordonnance définitive, il peut demander la réformation de celle-ci en se fondant sur ce que cette n'est pas la reproduction exacte de l'ordonnance provisoire, laquelle lui avait pas été contredite, et il aurait ainsi le droit de se prévaloir d'une cession d'antériorité à lui consentie par la femme dotale. — Toulouse, 2 mars 1890, D.P. 91. 2. 271.

8844. Sur les créanciers qui peuvent demander la collocation, V. *Supplément au Code civil annoté*, art. 2186, nᵒˢ 16917 et s.

8845. Sur la collocation éventuelle de la *femme mariée* pour droits non ouverts, V. *Supplément au Code civil annoté*, art. 2195, nᵒˢ 16976 et s.

8846. — III. DÉNONCIATION DU RÈGLEMENT PROVISOIRE (C. proc. civ. nᵒˢ 115 à 142).

§ 3. — *Contredits* (C. proc. civ. nᵒˢ 143 à 209).

8847. — I. QUELLES PERSONNES PEUVENT CONTREDIRE (C. proc. civ. nᵒˢ 143 à 177). — 1ᵒ *Créanciers* (C. proc. civ. nᵒˢ 35 à 160). — La collocation d'un créancier dans un ordre ne peut être contredite par un second créancier qui, au moment où il prêtait au débiteur commun des fonds avec lesquels le premier créancier a été partiellement remboursé, s'est engagé à laisser au profit de vue de la garantie hypothécaire, la priorité du rang qui appartenait à ce premier créancier, pour ce qui restait encore dû à celui-ci. — Req. 18 juill. 1887, D.P. 87. 1. 475.

8848. Et, dans le cas où l'hypothèque du premier créancier pourrait être arguée de nullité, le second créancier ne saurait utilement prétendre, en excipant de l'art. 1338 C. civ., que, lors de cet engagement, ignorant le vice de la constitution de l'hypothèque du premier créancier, il n'avait pas eu l'intention de le couvrir : les règles de la ratification ne sont pas applicables à sa situation, puisqu'il n'était pas partie au contrat d'hypothèque en question. — Même arrêt.

8849. — 2° *Saisi, vendeur* (C. proc. civ. n°ˢ 161 à 166).

8850. — 3° *Adjudicataire, acquéreur* (C. proc. civ. n°ˢ 167 à 177).

8851. — II. Délai pour contredire (C. proc. civ. n°ˢ 178 à 209). — En matière d'ordre, la récusation du juge-commissaire qui, sur la présentation d'un contredit, a renvoyé les créanciers contestants et les créanciers contestés à l'audience, ne doit pas être assimilée à une contestation sur le règlement provisoire; par suite, elle n'est pas soumise au délai imparti aux créanciers pour critiquer ce règlement, et peut être proposée tant que l'affaire n'est pas en état d'être jugée. — Bourges, 1ᵉʳ avr. 1878, D.P. 79. 2. 45.

Art. 756. Faute par les créanciers produisants et la partie saisie de prendre communication de l'état de collocation et de contredire dans ledit délai, ils demeurent forclos, sans nouvelle sommation ni jugement; il n'est fait aucun dire, s'il n'y a contestation.

DIVISION.

§ 1ᵉʳ. — *Forclusion faute de contredire* (n° 8852).

§ 2. — *Qui encourt la forclusion* (n° 8862).

§ 3. — *Quand l'exception de forclusion peut être opposée* (n° 8863).

§ 4. — *Intervention du créancier forclos* (n° 8866).

§ 5. — *Désistement des contredits* (n° 8867).

§ 1ᵉʳ. — *Forclusion faute de contredire* (C. proc. civ. n°ˢ 1 à 33).

8852. En matière d'ordre, lorsque les délais fixés par l'art. 755 C. proc. civ. sont expirés, un créancier est absolument irrecevable à contester la collocation qu'un autre créancier a obtenue, comme hypothécaire, dans le règlement provisoire, même en prétendant que la forclusion dont celui-ci se prévaut n'existe pas. — Civ. c. 28 janv. 1889, D.P. 90. 1. 66. — V. *Code de procédure civile*, n° 4.

8853. Le juge qui prétendrait vainement, pour repousser l'exception d'irrecevabilité invoquée devant lui, que la forclusion résultant de l'art. 755 C. proc. civ. n'existe qu'en faveur des créanciers hypothécaires ou privilégiés, tandis que le créancier invoquant ne pouvait, en réalité, invoquer ni l'une ni l'autre de ces qualités; qui procédant ainsi, il jugerait le fond au lieu de statuer d'abord sur l'exception, et porterait atteinte à l'autorité de la chose jugée qui, après les délais impartis pour les contredits, s'attache à l'état de collocation provisoire, en ce qui concerne l'existence du droit hypothécaire ou privilégié des créanciers colloqués à ce titre. — Même arrêt.

8854. Il n'est pas d'ailleurs interdit à un créancier chirographaire, s'il s'y croit intéressé, de produire à un ordre ou d'y intervenir, et l'art. 756 ne renferme rien qui s'oppose à ce que la forclusion qu'il prononce soit invoquée, s'il y a lieu, par ledit créancier. — Même arrêt.

8855. L'exception d'irrecevabilité susmentionnée ne peut plus être écartée sous prétexte que la collocation, ultérieurement contredite, avait été ordonnée par le juge-commissaire, dans l'exception de pièces décisives retenues par le créancier produisant: cette circonstance pouvant être, le cas échéant, la base d'une requête civile, et non celle de la réformation d'une décision ayant acquis force de chose jugée par l'expiration des délais de recours. — Même arrêt.

8856. La forclusion édictée par l'art. 756 C. proc. civ. contre les créanciers qui ont négligé de contredire en temps utile ne leur enlève pas le droit de se prévaloir de l'inexistence de la créance de l'un d'eux, résultant du payement et de la production d'une quittance, alors surtout que cette quittance n'a pas été produite à l'ordre et a été dissimulée par le prétendu créancier. — Pau, 11 juin 1890, D.P. 91. 2. 127.

8857. La forclusion édictée par l'art. 756 C. proc. civ. contre les contredits à l'ordre qui n'ont point été formés dans les trente jours de la dénonciation du règlement provisoire, s'applique exclusivement à ceux qui portent sur les allocations proposées et contestent soit l'existence des créances, soit le rang de leur collocation. — Civ. c. 3 avr. 1889, D.P. 90. 1. 159.

8858. Par suite, elle ne saurait s'appliquer aux demandes qui, sans contester le travail du juge-commissaire, tendent seulement à la fixation de la somme à distribuer, alors même qu'elles ont été formées par des créanciers produisants, et par exemple, à des conclusions tendant à ce que le prix d'adjudication d'un immeuble, formant la somme à distribuer, soit augmenté des fermages immobilisés à partir de la transcription de la saisie. — Même arrêt.

8859. Le créancier, dont la collocation utile dans un ordre est contestée, est recevable, bien qu'il n'ait pas contredit le règlement provisoire, à se prévaloir par voie d'exception de tous les moyens propres à faire maintenir cette collocation; il peut, par exemple, exciper de la nullité du titre dont se prévaut le créancier contestant, sans que celui-ci puisse lui opposer la forclusion prononcée par l'art. 756 C. proc. civ. — Civ. r. 28 août 1878, D.P. 79. 1. 62. — V. *Code de procédure civile*, n° 20.

8860. De même, la déchéance à défaut de contestation à un ordre dans le délai prescrit ne s'applique pas à la partie qui a été colloquée dans le règlement provisoire, et qui n'élève un débat que par voie principale, que comme moyen de défense à un contredit formé contre sa collocation. — Req. 6 juin 1887, D.P. 87. 1. 327.

8861. Spécialement, la déchéance n'est pas opposable à la femme qui, colloquée dans le règlement provisoire d'un ordre portant sur le prix d'un immeuble de son mari, et contredite dans cette collocation par un tiers qui prétend se faire substituer à elle, comme étant cessionnaire de son hypothèque légale, intente par action principale contre ledit tiers une demande tendant à la nullité de l'acte de cession de ladite hypothèque légale. — Même arrêt.

§ 2. — *Qui encourt la forclusion* (C. proc. civ. n°ˢ 34 à 57).

8862. V. *Code de procédure civile*, n°ˢ 34 et s.

§ 3. — *Quand l'exception de forclusion peut être opposée* (C. proc. civ. n°ˢ 58 à 62).

8863. La forclusion édictée par l'art. 756 C. proc. civ. contre le créancier qui laisse expirer le délai de trente jours sans contredire à l'état de collocation est d'ordre public, et l'exception qui en résulte peut être proposée en tout état de cause, même pour la première fois en appel. — Grenoble, 24 nov. 1881, D.P. 82. 2. 204. — V. *Code de procédure civile*, n° 59.

8864. Et le créancier ainsi forclos, qui se prétend lésé par une allocation faite dans un règlement définitif d'ordre au profit d'un autre créancier par lequel il est primé, ne peut exciper du dol et de la fraude par la voie d'une opposition à l'ordonnance de clôture; mais il conserve la voie de l'action directe et séparée. — Même arrêt.

8865. Décidé dans le même sens que

l'exception de forclusion édictée par l'art. 756 C. proc. civ. peut être proposée en tout état de cause, qu'elle est d'ordre public et peut, par conséquent, être suppléée par le juge, même en appel, alors surtout que rien dans la cause ne permet de supposer que le créancier qui néglige de l'opposer ait eu l'intention d'y renoncer, et qu'au contraire, son appel a pour objet de faire maintenir sa collocation rejetée en première instance à la suite du contredit tardivement formulé contre elle. — Limoges, 11 août 1886, D.P. 89. 2. 30. — V. *Code de procédure civile*, n° 62. — Comp. *supra*, art. 444, n°ˢ 5217 et s.

§ 4. — *Intervention du créancier forclos* (C. proc. civ. n°ˢ 63 à 77).

8866. V. *Code de procédure civile*, n°ˢ 63 et s.

§ 5. — *Désistement des contredits* (C. proc. civ. n°ˢ 78 à 93).

8867. — I. Pouvoir nécessaire pour la validité du désistement (C. proc. civ. n°ˢ 78 à 84).

8868. — II. Conditions de validité du désistement (C. proc. civ. n°ˢ 85 à 87).

8869. — III. Effets du désistement (C. proc. civ. n°ˢ 88 à 93). — Pendant la période des contredits et jusqu'au renvoi à l'audience, chaque créancier qui poursuit la procédure d'ordre que pour son intérêt propre; en conséquence, le contredit auquel a acquiescé le créancier contesté et dont s'est désisté le créancier contredisant pendant cette période, ne profite pas aux autres créanciers. — Bordeaux, 12 janv. 1887, D.P. 87. 2. 191. — V. *Code de procédure civile*, n° 88.

Art. 757. Lorsqu'il y a lieu à ventilation du prix de plusieurs immeubles vendus collectivement, le juge, sur la réquisition des parties ou d'office, par ordonnance inscrite sur le procès-verbal, fixe le jour où il recevra leur serment et le délai dans lequel ils devront déposer leur rapport.

Cette ordonnance est dénoncée aux experts par le poursuivant, la prestation du serment est mentionnée sur le procès-verbal d'ordre auquel est annexé le rapport des experts, qui ne peut être ni levé ni signifié.

En établissant l'état de collocation provisoire, le juge prononce sur la ventilation.

8870. Les créanciers produisant à un ordre ouvert pour la distribution du prix provenant de la licitation d'un immeuble qui dépendait indivisément de deux successions, ne peuvent être colloqués sur la totalité du prix à distribuer qu'autant que leurs créances grèveraient simultanément aux mêmes héritiers, dévolues aux deux hérédités, alors que celles-ci, n'ont été acceptées que sous bénéfice d'inventaire. — Civ. c. 16 nov. 1885, D.P. 86. 1. 76-77.

8871. Par suite, le contredit tendant à faire restreindre leurs collocations à la portion du prix revenant à l'une des successions, et fondé sur ce qu'ils n'ont pour débitrice que cette succession, ne saurait être rejeté par le seul motif que les créanciers poursuivants sont tous des créanciers héréditaires. — Même arrêt.

8872. Il y a lieu, en pareil cas, de procéder à une ventilation, comme dans le cas où plusieurs immeubles grevés d'hypothèques diverses ont été vendus collectivement; la disposition de l'art. 757 n'est pas limitative et elle doit être appliquée toutes les fois où une cause quelconque s'oppose à un règlement unique sur la totalité du prix. — D.P. 86. 1. 76, note 5.

39

8873. En matière d'ordre, le jugement qui, sur les conclusions subsidiaires d'un créancier contestant relatives à la fixation des sommes à distribuer, détermine le montant de ces sommes, ne peut être attaqué en appel par ce créancier lui-même, comme ayant statué *ultra petita;* et c'est à bon droit que ce jugement distingue dans le prix mis en distribution celui qui se réfère à un ordre antérieur et celui de l'ordre en discussion. — Riom, 4 août 1888, D.P. 90. 2. 219.

Art. 758. Tout contestant doit motiver son dire et produire toutes pièces à l'appui; le juge renvoie les contestants à l'audience qu'il désigne, et commet en même temps l'avoué chargé de suivre l'audience

Néanmoins, il arrête l'ordre et ordonne la délivrance des bordereaux de collocation pour les créances antérieures à celles contestées; il peut même arrêter l'ordre pour les créances postérieures, en réservant somme suffisante pour désintéresser les créanciers contestés.

8874. — I. Forme des contredits (C. proc. civ. nᵒˢ 1 à 16).
8875. — II. Motifs des contredits (C. proc. civ. nᵒˢ 17 à 29). — En matière d'ordre, le créancier qui a formé contre une collocation un contredit appuyé sur un seul moyen, n'introduit pas une demande nouvelle irrecevable lorsque, devant les juges du fond, il développe d'autres moyens propres à déterminer le rejet, le classement à un rang inférieur, ou la réduction de cette même collocation. — Req. 23 mai 1882, D.P. 82. 1. 367-368. — V. *Code de procédure civile*, nᵒ 23.

8876. A plus forte raison, le créancier contredisant qui, en précisant dans son contredit un motif spécial, s'est réservé de recourir à d'autres motifs, peut-il compléter devant les juges sa discussion, sans violer l'art. 758 C. proc. civ., lequel d'ailleurs ne prononce pas la peine de nullité. — Même arrêt.

8877. Décidé dans le même sens que l'art. 758 C. proc. civ., qui impose à tout créancier contestant dans son ordre l'obligation de motiver son dire, ne l'oblige pas à indiquer dans son contredit toutes les causes et tous les motifs qui peuvent amener le juge à réduire ou à rejeter la créance contestée. — Pau, 3 mai 1888, D.P. 89. 2. 285.

8878. — III. Production des pièces (C. proc. civ. nᵒˢ 30 à 34). — En matière d'ordre, bien que les art. 758 et 761 C. proc. civ. exigent que les pièces soient produites à l'appui du contredit, cette obligation admise par le règlement provisoire peut être annulée sans production de pièces ni dépôt au greffe, lorsque la nullité, fondée sur ce que l'obligation a été souscrite en fraude des droits des créanciers, résulte de faits d'ores et déjà constants, souverainement appréciés par les juges du fond. — Civ. r. 26 févr. 1878, D.P. 79. 1. 214-215.

8879. Sur la production ... de nouvelles pièces à l'audience, V. *infrà*, art. 761, nᵒˢ 8887 et s.
8880. ... Sur de nouveaux moyens en appel, V. *infrà*, art. 762, nᵒˢ 8895 et s.
8881. — IV. Effet des contredits (C. proc. civ. nᵒˢ 35 à 44).
8882. — V. Renvoi des contestations à l'audience (C. proc. civ. nᵒˢ 45 à 59).
8883. — VI. Délivrance des bordereaux de collocation (C. proc. civ. nᵒˢ 60 à 64).

Art. 759. S'il ne s'élève aucune contestation, le juge est tenu, dans les quinze jours qui suivent l'expiration du délai pour pren-

dre communication et contredire, de faire la clôture de l'ordre; il liquide les frais de radiation et de poursuite d'ordre qui sont colloqués par préférence à toutes autres créances; il liquide, en outre, les frais de chaque créancier colloqué en rang utile, et ordonne la délivrance des bordereaux de collocation aux créanciers utilement colloqués, et la radiation des inscriptions de ceux non utilement colloqués. Il est fait distraction, en faveur de l'adjudicataire, sur le montant de chaque bordereau, des frais de radiation de l'inscription.

8884. — I. Clôture de l'ordre (C. proc. civ. nᵒˢ 1 à 20).
8885. — II. Liquidation des frais (C. proc. civ. nᵒˢ 21 à 31).
8886. — III. Radiation des inscriptions (C. proc. civ. nᵒˢ 32 à 36). — La radiation des inscriptions ordonnée par le juge-commissaire ne peut atteindre ces inscriptions que dans la mesure de la partie du prix qui a été distribuée, et le droit de préférence reste éventuellement garanti par ces mêmes inscriptions, du moment que le prix intégral de l'immeuble n'a pas été distribué. Dans ce dernier cas, les créanciers inscrits conservent, pour cette nouvelle distribution, le rang que leur avait attribué le règlement définitif, lequel a cette autorité de chose jugée. — Chambéry, 11 févr. 1889, D.P. 91. 2. 311.

Art. 760. Les créanciers postérieurs en ordre d'hypothèque aux collocations contestées sont tenus, dans la huitaine après les trente jours accordés pour contredire, de se faire atteindre ces inscriptions que le juge-commissaire ne peut atteindre ces inscriptions que dans la mesure de la partie du prix qui a été distribuée avec eux sur le choix d'avoué; sinon ils sont représentés par l'avoué du dernier colloqué. L'avoué poursuivant ne peut, en cette qualité, être appelé dans la contestation.

Art. 761. L'audience est poursuivie, à la diligence de l'avoué commis, sur un simple acte contenant avenir pour l'audience fixée conformément à l'art. 758. L'affaire est jugée comme sommaire, sans autre procédure que des conclusions motivées de la part des contestés, et le jugement contient liquidation des frais S'il est produit de nouvelles pièces, toute partie contestante ou contestée est tenue de les remettre au greffe trois jours au moins avant cette audience; il en est fait mention sur le procès-verbal. Le tribunal statue sur les pièces produites; néanmoins, il peut, mais seulement pour causes graves et dûment justifiées, accorder un délai pour en produire d'autres; le jugement qui prononce la remise fixe le jour de l'audience; il n'est pas levé ni signifié. La disposition du jugement qui accorde ou refuse un délai n'est susceptible d'aucun recours.

8887. — I. Procédure (C. proc. civ. nᵒˢ 1 à 13). —Le délai de trois jours dans lequel le créancier qui a régulièrement formé sa demande en collocation doit déposer au greffe les pièces nouvelles produites par lui, n'est pas prescrit à peine de déchéance.—Req. 11 nov. 1878, D.P. 80. 1. 333.
8888. La disposition de l'art. 761 C. proc. civ. aux termes de laquelle les jugements sur contestations en matière d'ordre doivent contenir la liquidation des frais, n'est pas prescrite à peine de nullité. — Civ. r. 26 févr. 1878, D.P. 79. 1. 214.
8889. — II. Demandes nouvelles et moyens nouveaux (C. proc. civ. nᵒˢ 14 à 34). — Lorsqu'un créancier, évincé du rang provisoire d'un ordre demandé dans son contredit à être colloqué au premier rang hypothécaire, les conclusions ultérieures par lesquelles il demande la nullité des hypothèques

colloquées aux premier et deuxième rangs, loin de constituer une demande nouvelle, ne sont que le complément du contredit, auquel elles se rattachent nécessairement, et sont, par suite, recevables — *Lyon*, 6 févr. 1890, D.P. 91. 2. 377.

8890. Un contredit fait par un créancier donne à tous les créanciers contestés le droit d'intervenir, non seulement pour faire rejeter ce contredit, mais encore pour obtenir toute collocation nouvelle, s'il y a lieu; et des conclusions dans lesquelles le créancier contesté déclare s'en remettre à droit autorisent les juges à modifier ou même à rejeter sa collocation provisoire, sans qu'il soit, en pareil cas, statué *ultra petita.* — Riom, 4 août 1888, D.P. 90. 1. 219. — V. *Code de procédure civile*, nᵒ 32.
8891. — III. Demandes incidentes (C. proc. civ. nᵒˢ 35 à 45).
8892. — IV. Intervention (C. proc. civ. nᵒˢ 46 à 53).
8893. — V. Reprise d'instance (C. proc. civ. nᵒˢ 54 à 58).
8894. — VI. Péremption (C. proc. civ. nᵒˢ 59 et 60).

Art. 762. Les jugements sur les incidents et sur le fond sont rendus sur le rapport du juge et sur les conclusions du ministère public.

Le jugement sur le fond est signifié dans les trente jours de sa date à l'avoué seulement et n'est pas susceptible d'opposition.

La signification à avoué fait courir le délai d'appel contre toutes les parties à l'égard des unes des autres.

L'appel est interjeté dans les dix jours de la signification du jugement à avoué, outre un jour par cinq myriamètres de distance entre le siège du tribunal et le domicile réel de l'appelant; l'acte d'appel est signifié au domicile de l'avoué et au domicile réel du saisi, s'il n'a pas d'avoué. Il contient assignation et l'énonciation des griefs, à peine de nullité.

L'appel n'est recevable que si la somme contestée excède celle de 1.500 francs, quel que soit, d'ailleurs, le montant des créances des contestants et des sommes à distribuer.

DIVISION.

§ 1ᵉʳ. — *Jugements en matière d'ordre* (C. proc. civ. nᵒˢ 1 à 9).

8895. — I. Rapport du juge (C. proc. civ. nᵒˢ 2 à 9). — Le rapport du juge-commissaire, prescrit en matière d'ordre par l'art. 762 C. proc. civ., est une formalité substantielle dont l'omission entraîne nullité du jugement. — Toulouse, 28 juin 1883, D.P. 84. 2. 23. — V. *Code de procédure civile*, nᵒ 3.
8896. Et mention de ce rapport doit être faite dans le jugement, à peine de nullité. — Poitiers, 13 avr. 1885, D.P. 87. 2. 217. — V. *Code de procédure civile*, nᵒ 1 à 9.
8897. Mais cette mention n'est pas soumise à des termes sacramentels, et il suffit que la décision porte en elle-même la preuve que ces dispositions impératives n'ont pas été méconnues. — Même arrêt.

8898. La nullité résultant de ce que le jugement ne constate pas le rapport du juge-commissaire, n'étant pas d'ordre public, ne saurait être proposée pour la première fois devant la cour de cassation. — Req. 21 mars 1881, D.P. 81. 1. 305.

8899. — II. Conclusions du ministère public (C. proc. civ. n⁰ˢ 10 et 11).

8900. — III. Plaidoiries (C. proc. civ. n⁰ˢ 12 à 16).

8901. — IV. Serment décisoire (C. proc. civ. n⁰ 17).

8902. — V. Exécution provisoire (C. proc. civ. n⁰ 18).

8903. — VI. Provisions (C. proc. civ. n⁰ 19).

8904. — VII. Défaut profit-joint (C. proc. civ. n⁰ 20).

§ 2. — Degrés de juridiction en matière d'ordre (C. proc. civ. n⁰ˢ 21 à 36).

8905. — I. Éléments servant à déterminer les degrés de juridiction (C. proc. civ. n⁰ˢ 21 à 36). — En matière d'ordre, le taux du litige se détermine par le montant des sommes contestées, et cette règle s'applique à l'ordre amiable. — Bordeaux, 22 juill. 1886, D.P. 88. 2. 237. — V. *Code de procédure civile,* n⁰ 22.

8906. Jugé également qu'en matière d'ordre et de distribution par contribution, c'est le montant de la somme contestée, et non l'importance de la somme à distribuer, ni celle de la créance des contestants qui sert à déterminer le premier ou le dernier ressort. — Nancy, 3 févr. 1891, D.P.92. 2.161.

8907. Et il en est ainsi, alors même que la contestation porte non seulement sur l'existence ou la légitimité de la créance, mais encore sur le rang de collocation du créancier. — Même arrêt.

8908.... Et quelle que soit, d'ailleurs, la valeur des créances réclamées et celle des sommes mises en distribution. — Poitiers, 13 avr. 1885, D.P. 87. 2. 217.

8909. Ainsi la femme dotale ne peut se pourvoir par la voie de l'appel contre les sous-collocations obtenues à tort par ses créanciers, lorsqu'aucune de ces sous-collocations ne s'élève à un chiffre supérieur au taux du dernier ressort. — Pau, 25 nov. 1879, D.P. 81. 2. 412.

8910. En matière de distribution par contribution comme en matière d'ordre, l'appel n'est recevable que si la somme contestée excède 1.500 fr., quel que soit d'ailleurs le montant des créances des contestants et des sommes à distribuer. — Orléans, 5 mars 1887, D.P. 87. 2. 195.

8911. De même, lorsque la contestation porte, non sur la créance elle-même, mais sur son rang de collocation, la limite du premier ressort est fixée par la somme à distribuer : en conséquence, le jugement est en dernier ressort si cette somme est inférieure à 1.500 fr. — Lyon, 11 août 1881, D.P. 82. 2. 246. — V. en ce sens contraire Observ. sous cet arrêt, et *Code de procédure civile,* n⁰ˢ 34 et 35.

8912. — II. Demande reconventionnelle (C. proc. civ. n⁰ˢ 37 à 41).

8913. — III. Contestation portant sur la validité de l'ordre (C. proc. civ. n⁰ˢ 42 à 46).

8914. — IV. Contestation portant sur la somme en distribution (C. proc. civ. n⁰ˢ 47 à 49).

8915. — V. Contestation portant sur plusieurs créances (C. proc. civ. n⁰ˢ 50 à 62). — Quoique réunies dans une seule collocation, les créances résultant de titres différents restent distinctes et indépendantes au point de vue de la compétence en dernier ressort. — Poitiers, 13 avr. 1885, D.P. 87. 2. 217. — V. *Code de procédure civile,* n⁰ 56.

8916. De même, les créances se divisant de plein droit entre les cohéritiers, c'est à la part individuelle de chacun d'eux qu'il faut s'attacher pour savoir si l'appel doit être admis. — Même arrêt. — V. *Code de procédure civile,* n⁰ 59.

8917. — VI. Jonction de deux ordres (C. proc. civ. n⁰ 63).

§ 3. — Signification du jugement pour faire courir le délai d'appel (C. proc. civ. n⁰ˢ 64 à 104).

8918. — I. Délai dans lequel la signification doit être faite (C. proc. civ. n⁰ 64).

8919. — II. Quels jugements doivent être signifiés (C. proc. civ. n⁰ 65).

8920. — III. Par qui la signification doit être faite (C. proc. civ. n⁰ˢ 66 et 67).

8921. — IV. À qui le jugement est signifié (C. proc. civ. n⁰ˢ 68 à 87).

8922. — V. Formes et mentions de la signification (C. proc. civ. n⁰ˢ 88 à 99). — V. *supra,* art. 82. n⁰ˢ 1701 et s.

8923. — VI. Acquiescement résultant de la signification (C. proc. civ. n⁰ˢ 100 à 104).

§ 4. — Personnes qui peuvent appeler ou intervenir en appel (C. proc. civ. n⁰ˢ 105 à 147).

8924. — I. Appel (C. proc. civ. n⁰ˢ 105 à 127). — L'adjudicataire, obligé de payer son prix conformément aux conditions du cahier des charges, n'a pas qualité pour s'immiscer en tant qu'adjudicataire dans l'emploi des sommes qu'il est astreint à verser ; en conséquence, son appel n'est pas recevable. — Pau, 3 déc. 1884, D.P. 86. 2. 236.

8925. — II. Intervention (C. proc. civ. n⁰ˢ 128 à 147) Les créanciers postérieurs aux collocations contestées, bien qu'ils aient été parties au jugement de première instance en la personne de l'avoué chargé de les représenter, peuvent néanmoins intervenir sur l'appel interjeté par un autre créancier si leur intervention a pour objet, non de critiquer, mais de défendre le jugement qui a statué sur les contredits. — Nancy, 3 févr. 1891, D.P. 92. 2. 161.

8926. Et cette intervention est surtout recevable lorsque l'avoué qui représentait en première instance l'intérêt collectif desdits créanciers n'a pas été intimé sur l'appel. — Même arrêt.

8927 On ne saurait opposer à cette intervention la fin de non-recevoir tirée des dispositions de l'art. 756 C. proc. civ. : car cet article, en déclarant forclos les créanciers produisants qui n'ont pas personnellement contesté dans le délai légal, les prive bien de la faculté d'élever de nouvelles contestations sur le cahier d'ordre, mais il ne préjuge rien sur les effets des contestations qui ont été régulièrement faites. — Même arrêt. — V. *supra,* art. 756, n⁰ˢ 8852 et s.

§ 5. — Délai de l'appel (C. proc. civ. n⁰ˢ 148 à 193).

8928. — I. A l'appel de quels jugements s'applique le délai de dix jours (C. proc. civ. n⁰ˢ 149 à 171). — Les conditions et délais de l'appel dans la procédure d'ordre sont exclusivement régis par l'art. 762 C. proc. civ. ; en conséquence, est inapplicable en cette matière l'art. 447 qui suspend les délais d'appel en cas de décès de la partie perdante. — Req. 23 déc. 1884, D.P. 85. 1. 119-120.

8929. Il en est de même de l'art. 444 C. proc. civ. qui exige que les délais d'appel ne courent contre le mineur non émancipé que du jour de la signification du jugement aux tuteur et subrogé-tuteur. — Arrêt prec. 23 déc. 1884. — Req. 6 janv. 1864, D.P. 85. 1. 119-120, note *a.*

8930. L'art. 762 C. proc. civ, qui, en matière d'ordre, fixe à dix jours le délai de l'appel, ne s'applique qu'entre personnes appelées à prendre part à l'ordre ; en conséquence, l'appel d'un jugement rendu sur une demande introduite par voie d'action principale par un tiers contre un des créanciers parties dans l'ordre, est soumis au délai ordinaire de deux mois. bien que cette demande puisse avoir de l'influence sur le règlement. — Rennes, 2 janv. 1889, D.P. 84. 2. 130.

8931. L'instance relative à l'exécution d'un ordre amiable ne doit pas être considérée comme un incident d'ordre pour lequel une procédure spéciale a été organisée ; dès lors, les formes ordinaires de procéder doivent être suivies et les délais d'appel du jugement statuant à la suite d'une instance de cette nature, sont ceux du droit commun. — Bordeaux, 22 juill. 1886, D.P. 88. 2. 237. — V. *Code de procédure civile,* n⁰ 168.

8932. L'art. 762 C. proc. civ. n'ayant pas fixé le délai dans lequel doit être signifié au saisi l'appel du jugement qui a statué sur les contredits, il suffit, pour la validité de cet appel, que le saisi intervienne volontairement devant la cour ou y soit appelé avant que l'affaire ne soit couchue et plaidée. — Pau, 11 juin 1890, D.P. 91. 2. 127.

8933. — II. Point de départ du délai (C. proc. civ. n⁰ˢ 172 à 177).

8934. — III. Computation du délai (C. proc. civ. n⁰ˢ 178 à 188).

8935. — IV. Déchéance résultant de la tardiveté de l'appel (C. proc. civ. n⁰ˢ 189 à 193).

§ 6. — Acte d'appel (C. proc. civ. n⁰ˢ 194 à 221).

8936. — I. Signification de l'acte d'appel (C. proc. civ. n⁰ˢ 195 à 204). — L'appel d'un jugement rendu en matière d'ordre est nul, lorsque, au lieu d'être signifié à l'avoué de l'intimé, il l'est au domicile de ce dernier ; mais cette nullité est couverte par la comparution et les conclusions au fond de la partie irrégulièrement intimée. — Riom, 23 févr. 1882, D.P. 83. 2. 57. — V. *Code de procédure civile,* n⁰ 196.

8937. Lorsque le procès-verbal de saisie et le procès-verbal d'adjudication portent que les immeubles dont le prix est en distribution ont été saisis sur un débiteur et sur sa femme désignés l'un et l'autre comme propriétaires de ces biens, l'appel du jugement qui statue sur les difficultés soulevées à la suite du règlement provisoire d'ordre, doit être déclaré nul. s'il est constaté que l'acte d'appel n'a pas été signifié à la femme comme il l'a été à son mari; la cour d'appel n'a pas à rechercher si c'est à tort que le jugement l'a désignée comme copropriétaire des immeubles saisis. — Req. 14 avr. 1890, D.P. 91. 4. 208.

8938. — II. Formes de l'acte d'appel (C. proc. civ. n⁰ˢ 205 à 221). — Dans une procédure d'ordre, l'appelant devant, à peine de nullité, énoncer tous ses griefs dans son acte d'appel, c'est cet acte qui constitue ses véritables conclusions, la cour est donc régulièrement saisie de tous les griefs soulevés par l'appelant dans cet appel, encore qu'ils n'aient pas été reproduits dans ses conclusions d'audience, alors d'ailleurs qu'il n'y a pas renoncé et a déclaré formellement y persister. — Lyon, 6 févr. 1890, D.P. 91. 2. 377. — *Code de procédure civile,* n⁰ˢ 208 et s.

8939. L'art. 762 C. proc. civ. ne prescrivant aucune forme pour l'énonciation des griefs de l'appelant dans son acte d'appel, la déclaration dans cet acte que le jugement colloque à tort une femme pour la prétendue hypothèque légale, suffit pour permettre à l'appelant de contester l'existence de cette hypothèque et les acquêts de la communauté. — Pau, 23 juin 1884, D.P. 85. 2. 253. — V. *Code de procédure civile,* n⁰ 211.

§ 7. — Demandes nouvelles en appel (C. proc. civ. n⁰ˢ 222 à 268).

8940. — I. Demandes nouvelles (C. proc. civ. n⁰ˢ 222 à 241). — Est non recevable toute demande nouvelle produite par un créancier après les délais pour contredire et après l'ordonnance de clôture. — Riom, 26 mai 1889, D.P. 91. 2. 272.

8941. Toutefois, la production en appel d'un titre nouveau par un créancier qui a demandé à être colloqué dans un ordre, ne constitue point une demande nouvelle, alors que cette production ne modifie point la réclamation primitive. — Req. 11 nov. 1878, D.P. 80. 1. 323. — V. *suprà*, art. 464, n°s 5872 et s.

8942. — II. MOYENS NOUVEAUX (C. proc. civ. n°s 242 à 263). — L'acte d'appel, qui, d'après l'art. 762 C. proc. civ., doit contenir, à peine de nullité, l'énonciation des griefs auxquels donne lieu le jugement attaqué, proscrit seulement en matière d'ordre les demandes nouvelles et laisse en dehors de ses prohibitions les moyens nouveaux que le contestant peut toujours faire valoir pour justifier son contredit. — Pau, 3 mai 1888, D.P. 89. 2. 285.

8943. Ainsi, lorsque le jugement sur contredit a un règlement provisoire d'ordre, après avoir décidé qu'un créancier aurait dû être colloqué directement dans l'ordre par préférence à un autre créancier, a déclaré que la collocation du premier en sous-ordre sur le second, contenue dans le règlement provisoire, rendait inutile la modification de ce règlement, et qu'en appel le créancier sur lequel le sous-ordre a été fait a conclu à être seul colloqué dans l'ordre, ce créancier est recevable à contester devant la cour de cassation la légalité de la collocation en sous-ordre: ce n'est pas là un moyen nouveau. — Civ. c. 8 déc. 1880, D.P. 81. 1. 183.

Art. 763. L'avoué du créancier dernier colloqué peut être intimé s'il y a lieu.

L'audience est poursuivie et l'affaire instruite conformément à l'art. 761, sans autre procédure que des conclusions motivées de la part des intimés.

DIVISION.

§ 1er. — *Personnes qui doivent être intimées sur l'appel* (n° 8944).

§ 2. — *Indivisibilité de l'appel en matière d'ordre* (n° 8954).

§ 3. — *Appel incident* (n° 8955).

§ 4. — *Procédure sur l'appel* (n° 8956).

§ 1er. — *Personnes qui doivent être intimées sur l'appel* (C. proc. civ. n°s 1 à 53).

8944. — I. CRÉANCIERS (C. proc. civ. n°s 1 à 10).

8945. — II. VENDEUR (C. proc. civ. n°s 11 et 12).

8946. — III. SAISI (C. proc. civ. n°s 13 à 29). — En matière d'ordre, l'appel du jugement sur contredit, relevé contre un créancier, doit être notifié, à peine de nullité, dans les dix jours du la signification dudit jugement, au saisi ou au vendeur sur allégation volontaire. — Alger, 3 juin 1877, D.P. 78. 2. 183. — Req. 23 déc. 1884, D.P. 85. 1. 119-120. — Comp. *Code de procédure civile*, n° 23.

8947. Décidé dans le même sens qu'en matière d'ordre, il faut signifier l'acte d'appel au débiteur saisi et même à tous les débiteurs saisis, s'il en existe plusieurs, sans qu'il y ait lieu de rechercher s'ils ont des intérêts identiques ou contraires. — Pau, 3 déc. 1884, D.P. 86. 2. 235.

8948. Cette signification devant être faite dans le délai de dix jours imposé pour l'acte d'appel lui-même, il n'y a pas lieu d'accorder un sursis au saisissant pour lui permettre, postérieurement à l'expiration de ce délai, d'appeler en cause le saisi par la signification de l'acte d'appel. — Arrêt préc. 23 juin 1877.

8949. La nullité est encourue, alors même que le saisi ou vendeur ayant figuré et succombé en première instance a reçu de la partie gagnante signification du jugement, et procède ultérieurement par voie d'intervention devant la cour. — Arrêt préc. 23 déc. 1881.

8950. — IV. ACQUÉREUR ET ADJUDICATAIRE (C. proc. civ. n°s 30 à 33).

8951. — V. AVOUÉ DU DERNIER CRÉANCIER COLLOQUÉ (C. proc. civ. n°s 34 à 48). — Le défaut d'intimation, sur l'appel d'un jugement d'ordre, de l'avoué du dernier créancier colloqué n'entraîne pas la nullité de l'appel, surtout lorsque le dernier créancier colloqué est sans intérêt dans le litige. — Riom, 23 févr. 1882, D.P. 83. 2. 57. — Nancy, 3 févr. 1891, D.P. 92. 2. 161. — V. *Code de procédure civile*, n° 36.

8952. On pourrait même aller plus loin et soutenir que l'appel ne doit jamais être annulé pour défaut d'intimation dudit avoué, quel que soit l'intérêt du dernier créancier colloqué; le juge du second degré, en effet, peut toujours, soit sur la demande des parties, soit même d'office, ordonner la mise en cause du plaideur non intimé; ce ne serait qu'au cas où l'appelant se refuserait systématiquement à se conformer à l'injonction du juge que l'irrecevabilité de l'appel devrait être prononcée. — D.P. 92. 2. 161, note 1.

8953. — VI. INTIMATION DE L'AVOUÉ CHOISI PAR LES CRÉANCIERS POSTÉRIEURS AUX COLLOCATIONS CONTESTÉES (C. proc. civ. n°s 49 à 53).

§ 2. — *Indivisibilité de l'appel en matière d'ordre* (C. proc. civ. n°s 54 à 86).

8954. V. *Code de procédure civile*, n°s 54 et s.

§ 3. — *Appel incident* (C. proc. civ. n°s 87 à 103).

8955. En matière d'ordre, l'appel incident est recevable d'intimé à intimé. — Pau, 29 nov. 1875, D.P. 78. 2. 45. — V. *Code de procédure civile*, n°s 98 et s.

8956. V. *Code de procédure civile* (n°s 104 et s.

Art. 764. La cour statue sur les conclusions du ministère public. L'arrêt contient liquidation des frais; il est signifié dans les quinze jours de sa date à avoué seulement, et n'est pas susceptible d'opposition. La signification à avoué fait courir les délais du pourvoi en cassation.

8957. — I. DÉCISION SUR L'APPEL (C. proc. civ. n°s 1 à 6). — En matière d'ordre, l'arrêt rendu sur l'appel ne doit pas être précédé d'un rapport. — Req. 21 mars 1881, D.P. 81. 1. 303. — V. *Code de procédure civile*, n° 1.

8958. — II. SIGNIFICATION DE L'ARRÊT EN MATIÈRE D'ORDRE (C. proc. civ. n°s 7 à 10).

8959. — III. VOIES DE RECOURS CONTRE L'ARRÊT (C. proc. civ. n°s 11 à 20). — 1° *Opposition* (C. proc. civ. n°s 11 et 12).

8960. — 2° *Pourvoi en cassation* (C. proc. civ. n°s 13 à 20). — En matière d'ordre, le pourvoi en cassation formé plus de deux mois après la signification à avoué de l'arrêt attaqué n'est pas recevable. — Civ. r. 15 déc. 1884, D.P. 85. 1. 114-115. — V. *Code de procédure civile*, n° 14.

8961. Mais l'art. 764 C. proc. civ., qui, en matière d'ordre, fait courir le délai du pourvoi à partir de la signification à avoué de l'arrêt attaqué, n'en a pas réduit la durée, et les demandeurs n'en jouissent pas moins des délais de distance qui leur sont accordés en matière ordinaire. — Civ. r. 3 août 1886, D.P. 87. 1. 173.

8962. En conséquence, les demandeurs résidant en Italie ne sont pas tenus de déposer leur pourvoi en cassation dans les deux mois de la signification à avoué. — Même arrêt.

8963. La disposition de l'art. 764 C. proc. civ. ne s'appliquant qu'aux jugements ou arrêts rendus sur l'ordre lui-même, les contredits ou les incidents qui s'y rattachent, ne peut être étendue à l'arrêt statuant sur une demande en partage de succession ou de communauté, entièrement distincte de l'instance d'ordre. — Civ. c. 19 mars 1879, D.P. 82. 1. 404. — V. anal. Rennes, 2 janv. 1880, D.P. 81. 2. 130.

Art. 765. Dans les huit jours qui suivent l'expiration du délai d'appel, et en cas d'appel dans les huit jours de la signification de l'arrêt, le juge arrête définitivement l'ordre des créances contestées et les créances postérieures, conformément à l'art. 759.

Les intérêts et arrérages des créances utilement colloquées cessent à l'égard de la partie saisie.

8964. — I. RÈGLEMENT DÉFINITIF DE L'ORDRE (C. proc. civ. n°s 1 à 7).

8965. — II. CESSATION DES INTÉRÊTS ET ARRÉRAGES (C. proc. civ. n°s 8 à 21). — La consignation d'un prix de vente sur lequel un ordre est ouvert ne porte aucune atteinte aux droits hypothécaires ou privilégiés des créanciers, relativement à la qualité et à l'étendue des intérêts pour lesquels ils ont droit d'être colloqués. — Grenoble, 28 mai 1878, D.P. 79. 2. 90. — V. *Code de procédure civile*, n° 14.

8966. Par suite, ces intérêts doivent, nonobstant la consignation, être calculés suivant le taux réglé par la loi ou la convention, jusqu'à la clôture de l'ordre ou la délivrance des bordereaux de collocation, bien que la Caisse des consignations ne paye qu'un intérêt moindre. — Même arrêt.

Art. 766. Les dépens des contestations ne peuvent être pris sur les deniers provenant de l'adjudication.

Toutefois, le créancier dont la collocation rejetée d'office, malgré une production suffisante, a été admise par le tribunal sans être contestée par aucun créancier, peut employer ses dépens sur le prix au rang de sa créance.

Les frais de l'avoué qui a représenté les créanciers postérieurs en ordre d'hypothèque aux collocations contestées peuvent être prélevés sur ce qui reste de deniers à distribuer, déduction faite de ceux qui ont été employés à payer les créanciers antérieurs. Le jugement qui autorise l'emploi des frais prononce la subrogation au profit du créancier sur lequel le fonds manquent ou de la partie saisie. L'exécutoire énoncera cette disposition et indiquera la partie qui doit en profiter.

Le contestant ou le contesté qui a mis de la négligence dans la production des pièces peut être condamné aux dépens, même en obtenant gain de cause.

Lorsqu'un créancier condamné aux dépens des contestations a été colloqué en rang utile, les frais mis à sa charge sont, par une disposition spéciale du règlement d'ordre, prélevés sur le montant de sa collocation au profit de la partie qui a obtenu la condamnation.

8967. — I. FRAIS MIS A LA CHARGE DE LA PARTIE QUI SUCCOMBE (C. proc. civ. n°s 1 à 9). — Le créancier qui succombe dans la presque totalité de ses prétentions doit être personnellement condamné aux dépens. — Riom, 4 août 1888, D.P. 90. 2. 219.

8968. La partie qui succombe n'est pas

recevable pour défaut d'intérêt à critiquer la décision ordonnant l'emploi de dépens eu frais d'ordre. — Civ. r. 26 févr. 1878, D.P. 79. 1. 214-215.

8969. — II. Première exception (C. proc. civ. nᵒˢ 10 à 13).

8970. — II. Deuxième exception (C. proc. civ. nᵒˢ 14 à 18).

8971. — IV. Troisième exception (C. proc. civ. nᵒ 19).

8972. — V. Recouvrement des frais sur le créancier colloqué en ordre utile (C. proc. civ. nᵒ 20).

Art. 767. Dans les trois jours de l'ordonnance de clôture, l'avoué poursuivant la dénonce par un simple acte d'avoué à avoué.

En cas d'opposition à cette ordonnance par un créancier, par l'adjudicataire ou la partie saisie, cette opposition est formée, à peine de nullité, dans la huitaine de la dénonciation, et portée dans la huitaine suivante à l'audience du tribunal, même en vacation, par un simple acte d'avoué contenant moyens et conclusions; et, à l'égard de la partie saisie n'ayant pas d'avoué en cause, par exploit d'ajournement à huit jours. La cause est instruite et jugée conformément aux art. 761, 762 et 764, même en ce qui concerne l'appel du jugement.

DIVISION.

§ 1. — *Dénonciation de l'ordonnance de clôture* (nᵒ 8973).

§ 2. — *Opposition à l'ordonnance de clôture* (nᵒ 8974).

§ 3. — *Tierce-opposition* (nᵒ 8980).

§ 4. — *Effets de l'ordonnance de clôture; Chose jugée* (nᵒ 8984).

§ 1ᵉʳ. — *Dénonciation de l'ordonnance de clôture* (C. proc. civ. nᵒˢ 1 à 10).

8973. V. Code de procédure civile, nᵒˢ 1 et s.

§ 2. — *Opposition à l'ordonnance de clôture* (C. proc. civ. nᵒˢ 11 à 52).

8974. — I. Causes de l'opposition (C. proc. civ. nᵒˢ 15 et 16).

8975. — II. Qui peut former opposition (C. proc. civ. nᵒˢ 17 à 20). — La femme mariée qui, procédant en vertu de son hypothèque légale sur les immeubles de son mari décédé, demande la nullité d'un ordre à la suite duquel le prix de ces immeubles a été distribué, ne peut régulièrement agir sans mettre en cause les représentants de son mari et ses divers créanciers qui peuvent avoir intérêt à figurer dans l'instance; en conséquence, est non recevable la forme l'action de la femme qui, dans ces circonstances, a directement assigné un seul des créanciers hypothécaires en répétition de ce qu'il avait reçu et en nullité de l'ordre. — Req. 31 mai 1876, D.P. 76. 1. 445.

8976. — III. Délai de l'opposition (C. proc. civ. nᵒˢ 21 à 24).

8977. — IV. Formes de l'opposition (C. proc. civ. nᵒˢ 25 à 38).

8978. — V. Instruction et jugement sur l'opposition (C. proc. civ. nᵒˢ 39 à 41).

8979. — VI. Recours contre le jugement (C. proc. civ. nᵒˢ 42 à 52).

§ 3. — *Tierce-opposition* (C. proc. civ. nᵒˢ 53 à 80).

8980. Sur les conditions générales exigées pour la recevabilité de la tierce-opposition, V. *supra*, art. 474, nᵒˢ 6347 et s.

8981. — I. Créancier non appelé à l'ordre (C. proc. civ. nᵒˢ 54 à 61).

8982. — II. Créancier forclos (C. proc. civ. nᵒˢ 62 à 68).

8983. — III. Personnes ayant été ou non représentées dans l'ordre (C. proc. civ. nᵒˢ 69 à 80).

§ 4. — *Effets de l'ordonnance de clôture; Chose jugée* (C. proc. civ. nᵒˢ 81 à 136).

8984. — I. Sur quoi l'ordonnance de clôture a l'autorité de la chose jugée (C. proc. civ. nᵒˢ 81 à 101). — Le règlement définitif d'ordre a tous les caractères d'un jugement et fixe les droits des créanciers; mais, tant que ce jugement n'est pas intervenu, ces créanciers n'ont point d'action contre l'adjudicataire. — Agen, 25 févr. 1891, D.P. 91. 1. 201.

8985. Le règlement définitif d'un ordre n'a autorité de chose jugée au profit des créanciers que sur les points qui ont été réellement soumis à l'appréciation de la justice. — Agen, 18 déc. 1889, D.P. 91. 2. 48.

8986. Les ordonnances de collocation, rendues en matière de règlement par contribution, quand elles ne sont pas contestées, et, en cas de contestation, les jugements définitifs intervenus, qui règlent l'ordre et le rang des collocations, ont l'autorité de la chose jugée et constituent un titre exécutoire à l'égard de toutes les parties en cause, sur la légitimité et la quotité des créances colloquées ou rejetées. — Trib. de la Seine, 12 janv. 1877, D.P. 78. 3. 7-8.

8987. En conséquence, une partie qui a été colloquée pour le montant d'une créance, demeurée en partie impayée par insuffisance de deniers dans la contribution, peut, en vertu du jugement de collocation, saisir-arrêter des deniers provenant de facultés nouvelles survenues au débiteur, sans qu'il soit nécessaire d'obtenir soit une autorisation de justice, soit un jugement préalable de condamnation. — Même jugement.

8988. Dans le cas où un arrêt passé en force de chose jugée a ordonné la radiation des collocations en sous-ordre accordées aux créanciers de l'adjudicataire évincé par une revente sur une folle enchère, mais sans toucher aux collocations arrêtées par des règlements d'ordre dont l'exécution n'a rien d'inconciliable avec la radiation ordonnée, ces dernières collocations ne peuvent être modifiées par un arrêt postérieur. — Civ. c. 30 nov. 1881, D.P. 87. 1. 109.

8989. En conséquence, le créancier qui a reçu un bordereau contre l'acquéreur doit exercer ce titre exécutoire; dans le cas où les créanciers contestés sont exclus de l'ordre, le second arrêt ne peut, sans violer l'autorité de la chose jugée, contraindre le créancier à se contenter d'un nouveau bordereau à recouvrer contre les créanciers dont les sous-collocations ont été radiées et qui sont tenus de rapporter ce qu'ils ont indûment reçu. — Même arrêt.

8990. — II. Vis-à-vis de qui l'ordonnance de clôture a autorité de chose jugée (C. proc. civ. nᵒˢ 102 à 119). — Un règlement définitif non attaqué a autorité de chose jugée pour les créanciers qui y ont été colloqués. — Riom, 4 août 1890, D.P. 90. 1. 219. — V. Code de procédure civile, nᵒ 102.

8991. Depuis la loi du 20 mai 1858, l'avoué de l'adjudicataire recevant dénonciation de l'ouverture de l'ordre, l'adjudicataire devient partie à cette procédure, et, dès lors, l'ordonnance de clôture a vis-à-vis de lui autorité de chose jugée. — Poitiers, 16 févr. 1887, D.P. 88. 2. 188.

8992. En conséquence, l'adjudicataire sur lequel un bordereau a été régulièrement délivré, ne peut, en faisant opposition à ce commandement, demander la modification de l'ordonnance de clôture de l'ordre. — Même arrêt.

8993. Mais l'adjudicataire peut toujours demander la rectification des erreurs matérielles contenues dans un règlement définitif d'ordre judiciaire. — Poitiers, 12 août 1874, D.P. 76. 2. 219.

8994. ... Spécialement, dans le cas où, par suite d'une erreur matérielle, le règlement a omis de déduire du prix à distribuer aux créanciers la partie qui a été régulièrement payée par l'acquéreur (au Crédit foncier). — Même arrêt.

8995. Le saisi qui a figuré à l'ordre judiciaire ouvert sur le prix d'adjudication de l'immeuble saisi, et qui, ayant reçu toutes les notifications exigées par la loi, a laissé passer sans protestation les délais pour se pourvoir contre le règlement définitif, n'est plus recevable à attaquer en nullité le jugement d'adjudication, l'ordre avec toutes ses conséquences légales ayant acquis contre lui l'autorité de la chose jugée. — Req. 7 août 1878, D.P. 79. 1. 269.

8996. Lorsque des créanciers colloqués dans l'ordre, mais auxquels, en raison de l'insuffisance de la somme à distribuer, il n'a été délivré bordereau que pour une somme inférieure à leur collocation, poursuivent le débiteur pour le surplus, ce débiteur qui n'a pas formulé de contredit, bien qu'il ne soit pas recevable à répéter tout ou partie des sommes distribuées dans l'ordre, conserve, néanmoins, le droit de critiquer dans cette instance nouvelle les titres en vertu desquels les créanciers avaient été colloqués. — Agen, 18 déc. 1889, D.P. 91. 2. 48.

8997. Le règlement définitif d'un ordre passé en force de chose jugée, en vertu d'un véritable contrat judiciaire, tous les créanciers qui ont été colloqués, de sorte qu'aucun d'eux ne peut plus désormais porter atteinte aux rangs hypothécaires qui leur ont été assignés avec de légation corrélative sur le prix du gage commun. — Riom, 14 avr. 1890, D.P. 92. 2. 103.

8998. Cette délégation est d'ailleurs garantie par l'inscription d'office prise au profit du vendeur, et dont chaque créancier utilement colloqué bénéficie dans la mesure de sa collocation. — Même arrêt.

8999. En conséquence, si, à raison du défaut de payement du prix par l'adjudicataire, un des créanciers colloqués, au lieu de recourir à la folle enchère, fait procéder à la saisie sur l'adjudicataire des immeubles qu'il a acquis et à un nouvel ordre sur le prix de la nouvelle adjudication, pour signifier de sommation de produire à un autre créancier l'inscription qui a été périmée depuis la clôture du premier ordre, cet autre créancier n'est pourtant pas privé de cette nouvelle procédure du fait de la collocation qu'il a obtenue au premier ordre, alors que le nouvel ordre a lieu entre créanciers déjà colloqués au précédent ordre, d'autant plus que ce créancier porteur d'un bordereau de collocation délivré au premier ordre et resté impayé, aurait le droit de provoquer une surenchère et d'anéantir ainsi toute la procédure qui a donné lieu au second ordre. — Même arrêt.

9000. — III. Autorité du règlement d'ordre en cas d'ordres successifs (C. proc. civ. nᵒˢ 120 à 136).

Art. 768. Le créancier sur lequel les fonds manquent, et la partie saisie, ont leur recours contre ceux qui ont succombé, pour les intérêts et arrérages qui ont couru pendant les contestations.

Art. 769. Dans les dix jours, à partir de celui où l'ordonnance de clôture peut plus être attaquée, le greffier délivre un extrait de l'ordonnance du juge pourêtre déposé par l'avoué poursuivant au bureau des hypothèques. Le conservateur, sur la présentation de cet extrait, fait la radiation des inscriptions des créanciers non colloqués

Art. 770. Dans le même délai, le greffier délivre à chaque créancier colloqué un bordereau de collocation exécutoire contre l'adjudicataire ou contre la Caisse des consignations.

Le bordereau des frais de l'avoué poursuivant ne peut être délivré que sur la remise des certificats de radiation des inscriptions des créanciers non colloqués. Ces certificats demeurent annexés au procès-verbal.

9001. — I. Délivrance des bordereaux de collocation (C. proc. civ. nᵒˢ 1 à 5). — L'héritier, sommé d'intervenir à l'ordre ouvert sur l'un des immeubles de la succession pour justifier du payement qu'il aurait fait de sa part personnelle dans la dette héréditaire hypothéquée sur cet immeuble, ne peut être admis à critiquer la délivrance d'un bordereau de collocation pour la totalité de la créance successorale, lorsqu'il a omis de justifier à l'ordre du payement effectué par lui et qui aurait partiellement éteint ladite créance. — Civ, 29 oct. 1890, D.P. 91. 1. 475.

9002. Ni le juge ni le greffier ne peuvent délivrer postérieurement au règlement définitif, sans être saisi à nouveau, suivant les formes légales, un second bordereau payable sur les sommes qui peuvent encore être dues par l'acquéreur; le commandement fait par un créancier inscrit, en vertu d'un bordereau ainsi irrégulièrement délivré, serait entaché de nullité. — Chambéry, 11 févr. 1889, D.P. 91. 2. 311.

9003. Le créancier hypothécaire, porteur d'un bordereau de collocation sur l'acquéreur des immeubles hypothéqués, est primé, en cas de revente sur saisie de ces immeubles, par les créanciers hypothécaires de l'acquéreur si ceux-ci se sont fait inscrire avant qu'il n'ait pris ou renouvelé son inscription en temps utile. — Pau, 2 mars 1891, D.P. 92. 2. 223.

9004. I. Caractères et effets des bordereaux de collocation (C. proc. civ. nᵒˢ 6 à 20). — La collocation dans un ordre et la délivrance d'un bordereau ne constituent qu'une indication de payement et n'opèrent pas novation. — Orléans, 5 mars 1887, D.P. 87. 2. 195. — V. Code de procédure civile, nᵒ 6.

9005. En conséquence, le créancier qui a produit dans un ordre ouvert sur le prix d'immeubles saisis sur son débiteur, conserve, jusqu'au payement, nonobstant la délivrance du bordereau de collocation, la faculté de produire à la distribution par contribution du prix d'autres biens de ce débiteur. — Même arrêt.

9006. Il n'en serait autrement que s'il y avait collusion entre lui et d'autres créanciers, ou si l'on pouvait lui opposer des actes impliquant une renonciation de sa part. — Même arrêt.

9007. — III. Payement des bordereaux de collocation (C. proc. civ. nᵒˢ 21 à 50). — 1° Formes et conditions du payement (C. proc. civ. nᵒˢ 21 à 33). — Le bordereau de collocation délivré par le greffier au nom d'un créancier, n'est qu'une cédule indicative de payement et ne dispense pas l'adjudicataire de l'obligation de surveiller la régularité du payement du prix de l'immeuble adjugé, en se conformant aux stipulations du titre constitutif de la créance. — Limoges, 23 janv. 1878, D.P. 80. 2. 208.

9008. Par suite, l'adjudicataire, averti par l'obligation hypothécaire et par l'inscription qui lui a été délivrée de la remise au créancier de billets à ordre négociables dont les porteurs étaient de plein droit subrogés à l'hypothèque, et qui acquitte son prix sans exiger à la fois la représentation de l'obligation et l'annulation de ces billets, peut être tenu de payer une seconde fois entre les mains des porteurs desdits billets. — Même arrêt.

9009. — 2° Effets du payement (C. proc. civ. nᵒˢ 34 à 44). —

9010. — 3° Refus de payement des bordereaux de collocation (C. proc. civ. nᵒˢ 45 à 50).

9011. — IV. Référé sur l'exécution des bordereaux de collocation (C. proc. civ. nᵒˢ 51 à 56).

Art. 771. Le créancier colloqué, en donnant quittance du montant de sa collocation, consent la radiation de son inscription. Au fur et à mesure du payement des collocations, le conservateur des hypothèques, sur la représentation du bordereau et de la quittance du créancier, décharge d'office l'inscription jusqu'à concurrence de la somme acquittée.

L'inscription d'office est rayée définitivement sur la justification faite par l'adjudicataire du payement de la totalité de son prix, soit aux créanciers colloqués, soit à la partie saisie.

9012. Sur la capacité requise pour donner le consentement à la radiation. V. Supplément au Code civil annoté, art. 2157, nᵒˢ 16750 et s.

Art. 772. Lorsque l'aliénation n'a pas lieu sur expropriation forcée, l'ordre est provoqué par le créancier le plus diligent ou par l'acquéreur.

Il peut être aussi provoqué par le vendeur, mais seulement lorsque le prix est exigible.

Dans tous les cas, l'ordre n'est ouvert qu'après l'accomplissement des formalités prescrites pour la purge des hypothèques.

Il est introduit et réglé dans les formes établies par le présent titre.

Les créanciers à hypothèques légales qui n'ont pas fait inscrire leurs hypothèques dans le délai fixé par l'art. 2195 du Code civil, ne peuvent exercer de droit de préférence sur le prix qu'autant qu'un ordre est ouvert dans les trois mois qui suivent l'expiration de ce délai et sous les conditions déterminées par la dernière disposition de l'art. 717.

9013. — I. Ouverture de l'ordre après aliénation volontaire (C. proc. civ. nᵒˢ 1 à 10).

9014. — II. Purge préalable des hypothèques inscrites (C. proc. civ. nᵒˢ 11 à 26). — Lorsque l'aliénation d'un immeuble n'a pas lieu sur expropriation forcée, l'ordre n'est ouvert qu'après l'accomplissement des formalités prescrites pour la purge des hypothèques. — Civ. r. 4 juin 1889, D.P. 90. 1. 133. — V. Code de procédure civile, nᵒ 11.

9015. Il en est autrement cependant en cas d'aliénation faite par les syndics de la faillite après l'union des créanciers ; mais on ne saurait étendre cette exception aux aliénations effectuées par les syndics avant l'union, et, dans ces dernières circonstances, la nullité de l'ordre ouvert sans que les formalités de la purge aient été accomplies peut être demandée même par le créancier du failli qui s'est rendu adjudicataire. — Même arrêt. — V. Code de procédure civile, nᵒ 18.

9016. Quand la conversion d'une saisie immobilière en vente sur publications volontaires a été prononcée avant la dénonciation de la saisie aux créanciers inscrits, il y a lieu de remplir après l'adjudication les formalités de la purge, et l'ordre n'est légalement ouvert qu'après l'accomplissement de ces formalités. — Caen, 17 juin 1874, D.P. 77. 5. 397.

9017. — III. Purge des hypothèques légales (C. proc. civ. nᵒˢ 27 à 31).

9018. — IV. Exercice des droits des créanciers à l'hypothèque légale (C. proc. civ. nᵒˢ 32 à 36).

Art. 773. Quel que soit le mode d'aliénation, l'ordre ne peut être provoqué s'il n'y a moins de quatre créanciers inscrits.

Après l'expiration des délais établis par les art. 760 et 772, la partie qui veut poursuivre l'ordre présente requête au président du tribunal, à l'effet de faire procéder au préliminaire de règlement amiable dans les formes et délais établis en l'art. 751.

A défaut de règlement amiable, la distribution du prix est réglée par le tribunal, jugeant comme en matière sommaire, sur assignation signifiée à personne ou à domicile, à la requête de la partie la plus diligente, sans autre procédure que des conclusions motivées. Le jugement sera signifié à avoué seulement, s'il y a avoué constitué.

En cas d'appel, il est procédé comme aux art. 763 et 764.

9019. — I. Caractère de la compétence du tribunal dans le cas prévu par l'art. 773 (C. proc. civ. nᵒˢ 5 à 12).

9020. — II. A quel moment le nombre des créanciers doit-il être inférieur à quatre (C. proc. civ. nᵒˢ 13 à 19). — En matière d'ordre, la collocation par voie d'attribution n'a lieu qu'autant qu'au début de l'instance le bordereau des inscriptions requises révèle moins de quatre créanciers inscrits sur les immeubles dont le prix est à distribuer. — Douai, 15 janv. 1876, D.P. 77. 2. 160-161.

9021. La procédure d'ordre, une fois commencée, doit être régulièrement suivie, telle qu'elle est réglée par la loi, bien qu'au cours de cette procédure, et par suite de l'annulation de certaines inscriptions, le nombre des inscriptions puisse être réduit au-dessous de quatre. — Même arrêt. — V. Code de procédure civile, nᵒˢ 14 et 17.

9022. — III. Quels créanciers doivent être comptés dans le nombre fixé par l'art. 773 (C. proc. civ. nᵒˢ 26 à 30).

9023. — IV. Jonction de deux ordres (C. proc. civ. nᵒˢ 31 et 32).

9024. — V. Cas où il n'existe qu'un créancier inscrit (C. proc. civ. nᵒˢ 33 à 38). — La procédure d'ordre ayant essentiellement pour objet la détermination du rang respectif des créances grevant un immeuble en vue de la collocation sur le prix d'après le rang de ces créances, il n'y a pas lieu de l'ouvrir dans le cas où il n'y a qu'un créancier inscrit. — Civ. r. 28 déc. 1885, D.P. 86. 1. 339. — V. Code de procédure civile, nᵒ 33.

9025. Si, en principe, c'est l'état des inscriptions existant au moment où la nomination du juge-commissaire est requise qui détermine la procédure à suivre pour l'ordre, et si les variations qui peuvent survenir postérieurement à son ouverture sont sans influence sur la procédure engagée, cela n'est cependant vrai qu'autant que ces variations n'ont pas réduit le nombre des créanciers à l'unité qui exclut toute possibilité de fixation de rang, et, par suite, toute procédure d'ordre. — Même arrêt.

9026. — VI. Procédure (C. proc. civ. nᵒˢ 39 à 51).

9027. — VII. Jugement (C. proc. civ. nᵒˢ 52 à 59).

9028. — VIII. Recours contre les décisions en matière d'ordre (C. proc. civ. nᵒˢ 60 à 72). — 1° Opposition (C. proc. civ. nᵒˢ 60 à 72).

9029. — 2° Appel (C. proc. civ. nᵒˢ 61 à 71). — L'art. 762 C. proc. civ., qui prescrit la signification à avoué de l'appel des jugements en matière d'ordre, n'est pas applicable au cas où, à raison de l'existence de moins de quatre créanciers inscrits, l'ordre a lieu à l'audience conformément à l'art. 773 C. proc. civ. ; dans ce cas, l'appel doit, à peine de

nullité, être signifié à personne ou à domicile.
— Pau, 27 juill. 1875, D.P. 80. 2. 430, note
1. — Pau, 5 mai 1879, D.P. 80. 2. 430. —
Rennes, 2 janv. 1880, D.P. 81. 2. 430. —
Agen, 20 juin 1882, D.P. 83. 2. 186. — Poitiers, 17 mars 1887, D.P. 87. 2. 174. — Nancy,
24 juin 1891, D.P. 92. 2. 128. — V. Code de
procédure civile, n° 61.

9031. — 3° Cassation, tierce-opposition,
requête civile (C. proc. civ. n° 72).

Art. 774. L'acquéreur est employé par préférence pour le coût de l'extrait des inscriptions et des dénonciations aux créanciers
inscrits.

9032. L'art. 774 est exclusivement applicable au premier adjudicataire : en conséquence, l'adjudicataire d'un immeuble sur
surenchère du dixième, qui, conformément
à l'art. 2183 C. civ., rembourse au premier
adjudicataire les frais et loyaux coûts du contrat, de la transcription et des notifications,
est tenu de supporter personnellement ces
frais, pour le montant desquels il ne peut
demander à être colloqué, ni par préférence,
ni au marc le franc, dans l'ordre ouvert sur
le prix. — Paris, 17 avr. 1874, D.P. 76. 2. 11-
12. — V. Code de procédure civile, n° 5.

9033. Jugé également que l'acquéreur originaire qui devient adjudicataire sur surenchère du dixième, ne peut invoquer l'art. 774
C. proc. civ., et se faire colloquer par préférence pour les frais de notification. — Trib.
civ. des Andelys, 2 août 1886, D.P. 87. 3. 23,
et la note.

Art. 775. Tout créancier peut prendre inscription pour conserver les droits de son
débiteur, tant que le montant de la collocation
du débiteur est distribué, comme chose mobilière, entre tous les créanciers inscrits ou
opposants avant la clôture de l'ordre.

9034. — I. CAS OU IL Y A LIEU A UN SOUS-
ORDRE (C. proc. civ. n° 1 à 6).

9035. — II. QUI PEUT DEMANDER LA COLLO-
CATION EN SOUS-ORDRE. (C. proc. civ. n° 7 à
17). — Une collocation en sous-ordre ne
peut être obtenue que par celui qui est créancier reconnu de la personne directement
colloquée, pour une somme au moins égale à
celle qu'il prétend se faire attribuer. — Civ.
c. 8 déc. 1880, D.P. 81. 1. 183. — Lyon, 6 févr.
1890, D.P. 91. 2. 377.

9036. Dès lors, un arrêt viole la loi lorsqu'il maintient au profit d'une personne la
collocation en sous-ordre qu'elle a obtenu
dans un règlement provisoire d'ordre sur une
autre personne qui est directement colloquée, sans constater que la première soit
créancière de la seconde d'une somme égale
ou supérieure au montant de l'attribution qui
lui a été faite. — Même arrêt.

9037. — III. FORMES DE LA DEMANDE (C.
proc. civ. n° 18 à 21).

9038. — IV. DÉLAI DE LA DEMANDE (C. proc.
civ. n° 22 à 33).

9039. — V. PROCÉDURE DU SOUS-ORDRE (C.
proc. civ. n° 34 à 47).

9040. — VI. EFFETS DE LA DEMANDE DE COLLO-
CATION EN SOUS-ORDRE (C. proc. civ. n° 48 à
53). — Le sort des collocations en sous-ordre
étant subordonné à celui de la collocation
principale, les décisions qui les admettent ne
peuvent conférer aux créanciers colloqués
en sous-ordre des droits plus étendus que
ceux résultant de la collocation principale.

— Civ. c. 23 janv. 1878, D.P. 78. 1. 369, et sur
renvoi, Grenoble, 14 juin 1880, D.P. 80. 2. 222.

9041. En conséquence, lorsque la collocation de l'adjudicataire d'un immeuble dans
l'ordre ouvert sur le prix s'est trouvée éteinte
par suite de la revente sur folle enchère dudit immeuble pour un prix inférieur à celui
de la première adjudication, les sous-collocations admises au profit des créanciers de
l'adjudicataire évincé ne peuvent plus avoir
aucun effet. — Même arrêt.

9042. Il y a seulement lieu de modifier
l'ordre selon les résultats de la seconde adjudication, et de rendre exécutoires contre
le nouvel adjudicataire les bordereaux de
collocation qui étaient payables par l'ancien.
— Arrêt préc. 14 juin 1880.

9043. — VII. APPEL DU JUGEMENT (C. proc.
civ. n° 54 à 60.)

Art. 776. En cas d'inobservation des formalités et délais prescrits par les art. 753, 755,
§ 2, et 769, l'avoué poursuivant est déchu de
la poursuite, sans sommation ni jugement.

Le juge pourvoit à son remplacement, d'office
ou sur la réquisition d'une partie, par ordonnance inscrite sur le procès-verbal; cette
ordonnance n'est susceptible d'aucun recours.

Il en est de même à l'égard de l'avoué
commis qui n'a pas rempli les obligations
lui imposées par les art. 758 et 761.

L'avoué déchu de la poursuite est tenu de
remettre immédiatement les pièces sur le
récépissé de l'avoué le remplace, et n'est
payé de ses frais qu'après la clôture de l'ordre.

9044. — I. DEMANDE DE SUBROGATION A LA
POURSUITE DE L'ORDRE (C. proc. civ. n° 1 à 4).

9045. — II. ORDONNANCE PRONONÇANT LE
REMPLACEMENT DE L'AVOUÉ (C. proc. civ. n° 5
à 18).

Art. 777. L'adjudicataire sur expropriation
forcée qui veut faire prononcer la radiation
des inscriptions avant la clôture de l'ordre
doit consigner son prix et les intérêts échus,
sans offres réelles préalables.

S'il n'est pas ouvert, il doit en requérir l'ouverture après l'expiration du délai
fixé par l'art. 750. Il dépose à l'appui de sa
réquisition le récépissé de la Caisse des consignations, et déclare qu'il entend faire prononcer la validité de la consignation et la
radiation des inscriptions.

Les trois jours qui suivent l'expiration du
délai pour produire, fixé par l'art. 754, il fait
sommation par acte d'avoué à avoué et par
exploit à la partie saisie, si elle n'a pas
avoué constitué, de prendre communication de sa déclaration, et de la contester
dans les quinze jours, s'il y a lieu. A défaut
de contestation dans ce délai, le juge, par
ordonnance sur le procès-verbal, déclare la
consignation valable et prononce la radiation
de toutes les inscriptions existantes, avec
maintien de leur effet sur le prix. En cas de
contestation, il est statué par le tribunal
après la consignation, sur le rapport d'un
juge, et joignant le récépissé de la Caisse des
consignations. Il est procédé comme il est
dit ci-dessus, après l'échéance du délai des
productions.

Si l'ordre est ouvert, l'adjudicataire, après le
procès-verbal par lui dire signé de son avoué,
en joignant le récépissé de la Caisse des
consignations. Il est procédé comme il est
dit ci-dessus, après l'échéance du délai des
productions.

En cas d'aliénation autre que celle sur expropriation forcée, l'acquéreur qui veut
avoir rempli les formalités de la purge, veut
obtenir la libération définitive de tous privilèges et hypothèques par la voie de la consignation, opère cette consignation sans offres
réelles préalables. A cet effet, il somme le
vendeur de lui apporter, dans la quinzaine,
mainlevée des inscriptions existantes, et lui

fait connaître le montant des sommes en capital et intérêts qu'il se propose de consigner.
Ce délai expiré, la consignation est réalisée
et, dans les trois jours suivants, l'acquéreur
ou adjudicataire requiert l'ouverture de
l'ordre, en déposant le récépissé de la Caisse
des consignations. Il est procédé sur sa réquisition conformément aux dispositions ci-
dessus.

9046. — I. FACULTÉ DE CONSIGNER (C. proc.
civ. n° 1 à 8). — La disposition de l'art. 777
C. proc. civ., spéciale à l'instance d'ordre,
qui autorise l'adjudicataire à consigner son
prix sans offres réelles, ne déroge pas à
l'art. 1257 C. civ. — Grenoble, 25 nov. 1881,
D.P. 82. 2. 184.

9047. En conséquence, l'acquéreur d'un
immeuble peut recourir à la procédure des
offres réelles et de la consignation pour se
libérer envers le vendeur, sans faire ouvrir
un ordre. — Même arrêt. — V. infrà, art.
812, n° 9313 et s.

9048. L'art. 777 C. proc. civ. est spécialement inapplicable au cas de saisie-arrêt
entre les mains de l'acquéreur, celui-ci ne
pouvant se libérer qu'entre les mains du
saisissant ou par la consignation. — Même
arrêt.

9049. En cas de vente volontaire d'immeubles dont le prix doit être payé par à-
comptes, les créanciers inscrits qui ont provoqué l'ouverture de l'ordre sont bien
fondés à demander la consignation par l'acquéreur du prix ou de la portion exigible
du prix dont il est débiteur, lorsque l'insolvabilité notoire de cet acquéreur permet de
craindre que les immeubles soient dégradés
par une administration abusive et ne présentent plus un gage suffisant pour le
payement du prix et des intérêts après le
règlement définitif. — Bordeaux, 7 janv.
1890, D.P. 91. 2. 264.

9050. La consignation, quoiqu'étant de
l'essence même de la vente sur adjudication
et de la règle générale, n'est cependant pas
d'ordre public. — Nancy, 3 févr. 1891, D.P. 92.
2. 464.

9051. Dès lors, la clause du cahier des
charges qui défend à l'adjudicataire de consigner son prix avant que le soit
définitivement réglé est obligatoire, sauf
à l'adjudicataire à faire fixer un délai passé
lequel la consignation pourra avoir lieu,
s'il y a des lenteurs exceptionnelles résultant de difficultés imprévues pour arriver à
la clôture de l'ordre. — Même arrêt.

9052. L'adjudicataire qui consigne son
prix, malgré la défense du cahier des charges,
doit être condamné à payer la différence
d'intérêts entre le taux légal et celui qui est
payé par la caisse des dépôts et consignations. — Même arrêt.

9053. Si, en matière d'aliénation autre que la
vente sur expropriation forcée, l'acquéreur a la faculté de consigner son prix
sans offres réelles préalables, cette faculté
ne lui est concédée qu'autant qu'il a sommé
le vendeur de lui rapporter, dans la quinzaine, mainlevée des inscriptions existantes,
et qu'il lui a fait connaître le montant de
la somme en principal et intérêts qu'il se
propose de consigner. — Req. 21 mars 1881,
D.P. 81. 1. 305. — V. Code de procédure civile,
n° 20 et 26.

9054. A défaut d'avoir fait cette sommation dans les formes prescrites par l'art. 777
C. proc. civ., la faculté de consigner le prix
sans offres réelles préalables disparaît, et la
consignation ainsi opérée devient nulle et
sans effet. — Même arrêt.

9055. — II. A QUEL MOMENT DOIT AVOIR LIEU
LA CONSIGNATION (C. proc. civ. n° 9 à 17).

9056. — III. OU DOIT SE FAIRE LA CONSI-
GNATION (C. proc. civ. n° 18).

9057. — IV. CE QUE DOIT COMPRENDRE LA
CONSIGNATION (C. proc. civ. n° 19).

9058. — V. FORMALITÉS DE LA CONSIGNATION
(C. proc. civ. n° 20 à 30). — Les règles or-

dinaires relatives à la validité de la consignation ne s'appliquent pas en cas d'expropriation forcée; l'art. 777 C. proc. civ. déroge à l'art. 1259 C. civ. — Civ. r. 26 mars 1890, D.P. 90. 1. 442. — Comp. *Code de procédure civile*, n° 24.

9059. Le défaut de réquisition d'ouverture de l'ordre dans les trois jours de la consignation n'entraîne pas nullité de cette formalité, cette formalité n'étant pas substantielle. — Civ. r. 26 mars 1890, D.P. 90. 1. 442.

9060. — VI. DEMANDE EN VALIDITÉ DE LA CONSIGNATION (C. proc. civ. n°s 31 à 44.)

9061. — VII. EFFETS DE LA CONSIGNATION (C. proc. civ. n°s 45 à 55). — La consignation du prix ne libère l'acquéreur d'un immeuble qu'à la double condition d'être régulière en la forme et de comprendre la totalité du prix actuellement exigible. — Bourges, 8 mars 1880, D.P. 81. 1. 305-308.

9062. Par suite, le vendeur a le droit de contester, non seulement le chiffre, mais la validité de la consignation. — Même arrêt.

Art. 778. Toute contestation relative à la consignation du prix est formée sur le procès-verbal par un dire motivé, à peine de nullité; le juge renvoie les contestants devant le tribunal.

L'audience est poursuivie sur un simple acte d'avoué à avoué, sans autre procédure que des conclusions motivées; il est procédé ainsi qu'il est dit aux art. 761, 763 et 764.

Le prélèvement des frais sur le prix peut être prononcé en faveur de l'adjudicataire ou acquéreur.

9063. — I. CONTESTATIONS SUR LA CONSIGNATION (C. proc. civ. n°s 1 à 5.)
9064. — II. PRÉLÈVEMENT DES FRAIS (C. proc. civ. n°s 6 à 13.)

Art. 779. L'adjudication sur folle enchère intervenant dans le cours de l'ordre, et même après le règlement définitif de la délivrance des bordereaux, ne donne pas lieu à une nouvelle procédure. Le juge modifie l'état de collocation suivant les résultats de l'adjudication, et rend les bordereaux exécutoires entre les mains du nouvel adjudicataire.

9065. — I. MODIFICATION DE L'ORDRE PAR SUITE D'ADJUDICATION SUR FOLLE ENCHÈRE (C. proc. civ. n°s 1 à 9). — Le règlement modificatif additionnel d'ordre auquel il est procédé à la suite d'une adjudication sur folle enchère intervenue après le règlement définitif et la délivrance des bordereaux de collocation, ne constituent pas un nouvel ordre. — Trib. civ. de Saint-Amand, 24 août 1882, D.P. 83. 3. 142. — Comp. *Code de procédure civile*, n° 4.
9066. — II. FORMALITÉS RELATIVES A LA RECTIFICATION DE L'ÉTAT DE COLLOCATION (C. proc. civ. n°s 10 à 21).
9067. — III. NOUVEL ÉTAT DE COLLOCATION (C. proc. civ. n°s 22 à 35).
9068. — IV. OUVERTURE D'UN ORDRE NOUVEAU (C. proc. civ. n°s 36 à 45).

TITRE XV.

De l'emprisonnement (1).

Art. 780. Aucune contrainte par corps ne

(1) Ce titre ayant perdu presque tout son intérêt par suite de l'abolition de la contrainte par corps

pourra être mise à exécution qu'un jour après la signification, avec commandement, du jugement qui l'a prononcée.

Cette signification sera faite par un huissier commis par ledit jugement ou par le président du tribunal de première instance du lieu où se trouve le débiteur.

La signification contiendra aussi élection de domicile dans la commune où siège le tribunal qui a rendu le jugement, si le créancier n'y demeure pas.

Art. 781. Le débiteur ne pourra être arrêté,
1° Avant le lever ou après le coucher du soleil;
2° Les jours de fête légale;
3° Dans les édifices consacrés au culte, et pendant les exercices religieux seulement;
4° Dans le lieu et pendant la tenue des séances des autorités constituées;
5° Dans une maison quelconque, même dans son domicile, à moins qu'il n'ait été ainsi ordonné par le juge de paix du lieu, lequel juge de paix devra, dans ce cas, se transporter dans la maison avec l'officier ministériel, « ou déléguer un commissaire de police. » (L. 26 mars 1855, art. 2).

Art. 782. Le débiteur ne pourra non plus être arrêté, lorsque appelé comme témoin devant un juge d'instruction ou devant un tribunal de première instance, ou une cour d'appel ou d'assises, il sera porteur d'un sauf-conduit.

Le sauf-conduit pourra être accordé par le juge d'instruction, par le président du tribunal ou de la cour où les témoins devront être entendus. Les conclusions du ministère public seront nécessaires.

Le sauf-conduit réglera la durée de son effet, à peine de nullité.

En vertu du sauf-conduit, le débiteur ne pourra être arrêté, ni le jour fixé pour sa comparution, ni pendant le temps nécessaire pour aller et revenir.

Art. 783. Le procès-verbal d'emprisonnement contiendra, outre les formalités ordinaires des exploits, 1° itératif commandement; 2° élection de domicile dans la commune où le débiteur sera détenu, si le créancier n'y demeure pas: l'huissier sera assisté de deux recors.

Art. 784. S'il s'est écoulé une année entière depuis le commandement, il sera fait un nouveau commandement par un huissier commis à cet effet.

Art. 785. En cas de rébellion, l'huissier pourra établir garnison aux portes pour empêcher l'évasion et requérir la force armée; et le débiteur sera poursuivi conformément aux dispositions du Code d'instruction criminelle.

Art. 786. Si le débiteur requiert qu'il en soit référé, il sera conduit sur-le-champ devant le président du tribunal de première instance du lieu où l'arrestation aura été faite, pour qu'il soit statué en état de référé: si l'arrestation est faite hors des heures de l'audience, le débiteur sera conduit chez le président.

en matière civile, commerciale et contre les étrangers (L. 22 juillet 1867, D.P. 67. 4. 75), nous nous bornons à donner le texte des articles. — Toutefois, en ce qui concerne la contrainte par corps en matière criminelle, correctionnelle et de police, maintenue par la loi de 1867 et rétablie pour les frais de justice criminelle par la loi du 19 déc. 1871 (D.P. 71. 4. 167), V. pour le commentaire de ces dispositions notre *Code pénal annoté*, p. 74 et suiv., et son *Supplément*, et J.G.S. *Contrainte par corps*, n°s 91 et s.

Art. 787. L'ordonnance sur référé sera consignée sur le procès-verbal de l'huissier, et sera exécutée sur-le-champ.

Art. 788. Si le débiteur ne requiert pas qu'il en soit référé, ou si, en cas de référé, le président ordonne qu'il soit passé outre, le débiteur sera conduit dans la prison du lieu; et s'il n'y en a pas, dans celle du lieu le plus voisin; l'huissier et tous autres qui conduiraient, recevraient ou retiendraient le débiteur dans un lieu de détention non légalement désigné comme tel, seront poursuivis comme coupables du crime de détention arbitraire.

Art. 789. L'écrou du débiteur énoncera:
1° le jugement; 2° les noms et domicile du créancier; 3° l'élection de domicile, s'il ne demeure pas dans la commune; 4° les noms, demeure et profession du débiteur; 5° la consignation d'un mois d'aliments au moins; 6° enfin, mention de la copie qui sera laissée au débiteur, parlant à sa personne, tant du procès-verbal d'emprisonnement que de l'écrou. Il sera signé de l'huissier.

Art. 790. Le gardien ou geôlier transcrira sur son registre le jugement qui autorise l'arrestation: faute par l'huissier de représenter ce jugement, le geôlier refusera de recevoir le débiteur et de l'écrouer.

Art. 791. Le créancier sera tenu de consigner les aliments d'avance. Les aliments ne pourront être retirés, lorsqu'il y aura recommandation, si ce n'est du consentement du recommandant.

Art. 792. Le débiteur pourra être recommandé par ceux qui auraient le droit d'exercer contre lui la contrainte par corps. Celui qui est arrêté comme prévenu d'un délit peut aussi être recommandé; et il sera retenu par l'effet de la recommandation, encore que son élargissement ait été prononcé et qu'il ait été acquitté du délit.

Art. 793. Seront observées, pour les recommandations, les formalités ci-dessus prescrites pour l'emprisonnement: néanmoins l'huissier ne sera pas assisté de recors, et le recommandant sera dispensé de consigner les aliments, s'ils ont été consignés.

Le créancier qui a fait emprisonner, pourra se pourvoir contre le recommandant, devant le tribunal du lieu où le débiteur est détenu, à l'effet de le faire contribuer au payement des aliments par portion égale.

Art. 794. A défaut d'observation des formalités ci-dessus prescrites, le débiteur pourra demander la nullité de l'emprisonnement, et la demande sera portée au tribunal du lieu où il est détenu; si la demande en nullité est fondée sur des moyens du fond, elle sera portée devant le tribunal de l'exécution du jugement.

Art. 795. Dans tous les cas, la demande pourra être formée à bref délai, en vertu de permission du juge, et l'assignation donnée par l'huissier commis au domicile élu par l'écrou: la cause sera jugée sommairement, sur les conclusions du ministère public.

Art. 796. La nullité de l'emprisonnement, pour quelque cause qu'elle soit prononcée, n'emporte point la nullité des recommandations.

Art. 797. Le débiteur dont l'emprisonnement est déclaré nul ne peut être arrêté pour la même dette qu'un jour au moins après sa sortie.

Art. 798. Le débiteur sera mis en liberté, en consignant entre les mains du geôlier ou la prison les causes de son emprisonnement et les frais de la capture.

Art. 799 Si l'emprisonnement est déclaré nul, le créancier pourra être condamné en des dommages-intérêts envers le débiteur.

Art. 800. Le débiteur légalement incarcéré obtiendra son élargissement,

1° Par le consentement du créancier qui l'a fait incarcérer, et des recommandants, s'il y en a;

2° Par le payement ou la consignation des sommes dues tant au créancier qui a fait emprisonner qu'au recommandant, des intérêts échus, des frais liquidés, de ceux d'emprisonnement, et de la restitution des aliments consignés;

3° Par le bénéfice de cession;

4° A défaut par les créanciers d'avoir consigné d'avance les aliments;

5° Et enfin, si le débiteur a commencé sa soixante-dixième année, et si, dans ce dernier cas, il n'est pas stellionataire.

Art. 801. Le consentement à la sortie du débiteur sera donné, soit devant notaire, soit sur le registre d'écrou.

Art. 802. La consignation de la dette sera faite entre les mains du geôlier, sans qu'il soit besoin de la faire ordonner; si le geôlier refuse, il sera assigné à bref délai devant le tribunal du lieu, en vertu de permission: l'assignation sera donnée par huissier commis.

Art. 803. L'élargissement, faute de consignation d'aliments, sera ordonné sur le certificat de non-consignation, délivré par le geôlier, et annexé à la requête présentée au président du tribunal, sans sommation préalable.

Si cependant le créancier en retard de consigner les aliments fait la consignation avant que le débiteur ait formé sa demande en élargissement, cette demande ne sera plus recevable.

Art. 804. Lorsque l'élargissement aura été ordonné faute de consignation d'aliments, le créancier ne pourra de nouveau faire emprisonner le débiteur, qu'en lui remboursant les frais par lui faits pour obtenir son élargissement, ou les consignant, à son refus, ès mains du greffier, et en consignant aussi d'avance six mois d'aliments: on ne sera point tenu de recommencer les formalités préalables à l'emprisonnement, s'il a lieu dans l'année du commandement.

Art. 805. Les demandes en élargissement seront portées au tribunal dans le ressort duquel le débiteur est détenu. Elles seront formées à bref délai, au domicile élu par l'écrou, en vertu de permission du juge, sur requête présentée à cet effet: elles seront communiquées au ministère public, et jugées sans instruction, à la première audience, préférablement à toutes autres causes, sans remise ni tour de rôle.

TITRE XVI.

Des Référés.

Art. 806. Dans tous les cas d'urgence, ou lorsqu'il s'agira de statuer provisoirement sur les difficultés relatives à l'exécution d'un titre exécutoire ou d'un jugement, il sera procédé ainsi qu'il va être réglé ci-après.

DIVISION.

SECT. 1. — QUI PEUT FIGURER DANS L'INSTANCE DE RÉFÉRÉ (n° 9069).

SECT. 2. — DANS QUELS CAS IL Y A LIEU A RÉFÉRÉ (n° 9070).

§ 1. — *Urgence* (n° 9070).

§ 2. — *Difficultés sur l'exécution d'un titre exécutoire* (n° 9111).

§ 3. — *Difficultés sur l'exécution d'un jugement* (n° 9134).

SECT. 3. — COMPÉTENCE DU JUGE DES RÉFÉRÉS DANS LES MATIÈRES DU RESSORT DES TRIBUNAUX D'EXCEPTION (n° 9148).

SECT. 1re. — QUI PEUT FIGURER DANS L'INSTANCE DE RÉFÉRÉ (C. proc. civ. n°s 1 à 8).

9069. V. *Code de procédure civile,* n° 1 et s.

SECT. 2. — DANS QUELS CAS IL Y A LIEU A RÉFÉRÉ (C. proc. civ. n°s 9 à 148).

§ 1er. — *Urgence* (C. proc. civ. n°s 9 à 65).

9070. Le juge des référés peut, en cas d'urgence, ordonner toutes les mesures provisoires qui ne préjugent pas le fond. — Grenoble, 13 juill. 1872, D.P. 76. 2. 164.

9071. La loi a abandonné à l'appréciation discrétionnaire et souveraine du juge du référé les cas divers d'urgence qui peuvent déterminer sa compétence, sans que sa décision sur ce point tombe sous le contrôle de la cour de cassation. — Req. 14 mars 1882, 2 arrêts, D.P. 82. 1. 241, et dissertation sous ces arrêts, D.P. 82. 1. 241, note 1. — V. *Code de procédure civile,* n° 10.

9072. Spécialement, le juge du référé déclare souverainement qu'il y a urgence à autoriser le liquidateur d'une société immobilière à percevoir en sa qualité et, au besoin, en celle de séquestre, les loyers échus et à échoir saisis-arrêtés par un créancier entre les mains des locataires de la société, et la durée de l'instance en validité de saisie-arrêt. — Mêmes arrêts.

9073. La qualité de séquestre attribuée à cet égard au liquidateur de la société n'est pas incompatible avec le mandat judiciaire dont il est déjà investi. — Mêmes arrêts.

9074. Il n'y a pas excès de pouvoir dans la décision qui autorise, en cette circonstance, le liquidateur à prélever sur les versements des loyers les frais d'administration faits pour la conservation de la chose affectée à la garantie des obligations de la société. — Mêmes arrêts.

9075. L'urgence nécessaire pour autoriser le recours par voie de référé résulte suffisamment de ce que le maire d'une commune a troublé un particulier dans les travaux de construction par lui entrepris, et ordonné certaines mesures de nature à porter atteinte aux droits de propriété dont ce particulier excipait en vertu de titres qu'il avait le droit d'invoquer. — Req. 20 juill. 1882, D.P. 83. 1. 461.

9076. En tout cas, le juge du fond peut le décider ainsi sans excéder les pouvoirs d'interprétation qui lui appartiennent. — Même arrêt.

9077. Il appartient au juge du référé de prescrire une expertise à l'effet de vérifier si un enfant était né viable, alors que l'inhumation remontait à une époque assez éloignée pour donner à cette mesure un caractère d'urgence. — Grenoble, 13 juill. 1872, D.P. 76. 2. 164.

9078. Le juge du référé peut, quand il ordonne une expertise, décider qu'il sera procédé aux opérations par un seul expert et le dispenser d'office de la prestation de serment. — Arrêt préc. 13 juill. 1872. — Req.

15 juin 1874, D.P. 76. 1. 467. — Civ. r. 28 août 1877, D.P. 78. 1. 213. — Req. 24 juill. 1888, D.P. 89. 1. 207. — V. *supra,* art. 303, n°s 3846 et s.

9079. Bien que le juge des référés puisse sur la demande d'une partie qui se propose plus tard d'intenter une action, ordonner une expertise à l'effet de constater l'état actuel des lieux, cependant il ne saurait autoriser les experts à recueillir des renseignements, ce mode d'instruction étant inutile pour les vérifications purement matérielles à opérer et étant de nature à préjuger le fond de la contestation. — Bordeaux, 11 févr. 1890, D.P. 91. 2. 103, et les Observ. de M. Glasson sous cet arrêt.

9080. Le juge des référés n'excède pas ses pouvoirs lorsqu'il ordonne la remise de valeurs mobilières au demandeur, si le droit de propriété du demandeur sur ces valeurs n'est pas contesté. — Req. 1er déc. 1886, D.P. 87. 1. 427.

9081. Le juge des référés a compétence pour nommer l'administrateur provisoire d'une succession bénéficiaire. — Paris, 9 févr. 1893, D.P. 93. 2. 229.

9082. — I. PENSIONS ET PROVISIONS ALIMENTAIRES (C. proc. civ. n°s 15 à 19).

9083. — II. PROPRIÉTÉ DES LETTRES MISSIVES (C. proc. civ. n°s 20 et 21).

9084. — III. CONTESTATIONS ENTRE PROPRIÉTAIRES VOISINS (C. proc. civ. n°s 22 à 32). — Le juge du référé peut ordonner qu'un passage litigieux sera, à raison de l'urgence, rétabli dans son état primitif jusqu'au jugement définitif du litige. — Civ. r. 23 mars 1886, D.P. 86. 1. 408. — V. *Code de procédure civile,* n° 26.

9085. — IV. LEGS (C. proc. civ. n°s 33 et 34). — Le juge, quel qu'il soit, ne peut statuer sur une demande qu'il déclare irrecevable. — Montpellier, 29 mai 1890, D.P. 91. 2. 159.

9086. En conséquence, le juge des référés ne peut prescrire des recherches tendant à la découverte d'un testament, après avoir déclaré sans qualité pour requérir la levée des scellés la requérant dont l'opposition se basait sur ce que, d'après les oui-dire, le défunt aurait laissé des dispositions testamentaires l'intéressant. — Même arrêt.

9087. — V. REMPLOI (C. proc. civ. n° 35).

9088. — VI. BAUX, CONGÉS (C. proc. civ. n°s 36 à 59). — Le juge du référé est compétent pour ordonner l'exécution d'une clause résolutoire insérée dans un bail sous seing privé, aux termes de laquelle, à défaut de payement des loyers et quinze jours après une simple sommation, le bail doit être résilié sans jugement ou autre mise en demeure; et il ne peut, en ce cas, accorder de délais au preneur. — Paris, 22 mai 1874, D.P. 78. 2. 177-178. — V. *Code de procédure civile,* n° 39.

9089. De même, il doit prononcer l'expulsion du locataire, lorsqu'il a été convenu entre les parties, par une clause expresse du bail authentique ou sous seing privé, qu'à défaut de payement d'un seul terme de loyer et après un commandement de payer resté sans effet, la location serait résiliée de plein droit, et lorsqu'en fait ces conditions se sont réalisées. — Paris, 13 janv. 1886, D.P. 89. 2. 233.

9090. Et, en pareil cas, il peut ordonner la mise sous séquestre de tous meubles ou objets mobiliers garnissant les lieux loués, pour la garantie des loyers dus et des charges locatives. — Même arrêt. — V. *infra,* art. 809, n°s 9188 et s.

9091. Mais il est incompétent pour ordonner l'expulsion d'un locataire qui occupe les lieux en vertu d'un bail passé par acte sous seing privé et dont la résiliation n'a pas encore été prononcée. — Paris, 9 déc. 1886, D.P. 89. 2. 233.

9092. Il ne lui appartient pas davantage de dispenser le bailleur des formalités de la saisie en ordonnant la vente des meubles du locataire. — Même arrêt.

40

9093. Suivant un arrêt, l'urgence n'étend pas la compétence du juge des référés jusqu'à des mesures entraînant implicitement la résiliation du bail et de nature à ruiner les droits du locataire et à lui causer un préjudice peut-être irréparable; notamment le juge des référés ne peut ordonner l'expulsion du locataire, la séquestration du mobilier et la reprise de possession des lieux par le propriétaire. — Paris, 27 août 1878, D.P. 80. 1. 190, note 2.

9094. La jurisprudence admet, au contraire, que le juge des référés est compétent pour ordonner l'expulsion d'un locataire qui doit des loyers et qui n'a pas garni les lieux de meubles suffisants. — Paris, 9 avr., 22 mai et 13 juill. 1874, 2 mars 1875, 23 févr. 1878, 10 mars 1879, D.P. 78. 2. 177-180, et la note. — V. Code de procédure civile, nº 11.

9095. Et l'existence d'une instance principale en résiliation du bail n'est pas obstacle au droit qu'a le juge des référés de prononcer l'expulsion du locataire. — Arrêt préc. 22 mai 1874.

9096. Mais le juge des référés est incompétent pour ordonner l'expulsion d'un locataire, bien que celui-ci doive plusieurs termes de loyer et n'ait pas suffisamment garni les lieux, s'il appuie sa résistance sur une clause du bail, et, par exemple, sur l'engagement pris par le bailleur de faire, avant l'emménagement, des travaux de réparation et d'appropriation. — Paris, 28 août 1874, D.P. 78. 2. 177-179.

9097. Il est également incompétent pour ordonner l'expulsion d'un sous-locataire, alors même que le bail interdit toute cession ou sous-location sans le consentement exprès et par écrit du bailleur, si le bail ne contient pas de sanction pour le cas d'inexécution de cette clause, et si le sous-locataire affirme avoir reçu du bailleur l'autorisation verbale d'entrer dans les lieux. — Paris, 21 avr. 1877, D.P. 78. 2. 177-179.

9098. Le juge des référés est compétent:… pour ordonner le séquestre du mobilier saisi. — Paris, 12 mars, 9 avr., 22 mai et 13 juill. 1874, et 2 mars 1875, D.P. 78. 2. 177-180.

9099. … Pour ordonner, afin d'assurer l'exécution des saisies-arrêts pratiquées par le bailleur entre les mains des sous-locataires, la nomination d'un séquestre chargé non seulement de recouvrer les loyers, mais encore d'administrer les lieux sous-loués. — Arrêt préc. 12 mars 1874.

9100. … Pour ordonner la vente des objets saisis, dans les lieux où ils sont, sur simple apposition d'affiches et sans insertion d'annonces dans les journaux. — Arrêt préc. 22 févr. 1875.

9101. Décidé, au contraire, qu'il ne peut ordonner la vente des meubles saisis-gagés, dans ces lieux mêmes, sur simples affiches, et avant que la saisie ait été déclarée valable par le juge compétent. — Arrêts préc. 9 avr. 1874, 22 mai 1874 et 2 mars 1875.

9102. … A moins que le peu de valeur des meubles saisis-gagés ne permette de les transporter dans un autre lieu, ni de les placer sous séquestre. — Arrêts préc. 13 juill. 1874, 10 mars 1875.

9103. Le juge des référés peut ordonner l'expulsion d'un locataire, quoiqu'il y ait bail écrit, si ce locataire détourne les lieux loués de leur destination et cause par sa conduite du scandale dans la maison. — Paris, 8 févr. 1883, D.P. 84. 2. 32.

9104. Spécialement, il est compétent pour ordonner l'expulsion d'un locataire qui exploite un café-brasserie d'une manière scandaleuse. — Paris, 15 janv. 1878, D.P. 78. 2. 180.

9105. De même, lorsque le cessionnaire du bail d'un hôtel meublé introduit dans les lieux loués des femmes de mauvaise vie, le juge des référés peut autoriser le bailleur à les expulser même manu militari. — Paris, 27 août 1878, J.C.S. Louage, 179.

9106. Le juge des référés a le pouvoir d'ordonner l'expulsion du locataire ou du fermier qui a dégarni les lieux loués, même s'il a payé d'avance les loyers ou fermages. — Bordeaux, 26 juill. 1888, D.P. 90. 2. 94. — V. Code de procédure civile, nº 44.

9107. Le juge des référés ne peut ordonner que des mesures provisoires et de nature à ne pas préjuger la solution du litige; en conséquence, si, dans une instance en référé entre sous-locataires et propriétaire, celui-ci demande que les sous-locataires soient tenus d'appeler en cause le locataire principal avant qu'il soit statué sur la nomination d'experts, le juge des référés ne peut pas passer outre, nommer les experts et fixer leur mission, en déclarant la présence du locataire principal inutile; ce serait statuer au fond une exception de défaut de qualité et, par conséquent, commettre un excès de pouvoir. — Lyon, 8 janv. 1890, D.P. 91. 2. 47.

9108. — VII. LOUAGE D'OUVRAGE (C. proc. civ. nᵒˢ 60 à 64). — Le propriétaire d'un immeuble a le droit de faire ordonner en référé l'expulsion de son concierge congédié conformément à la loi et aux usages. — Paris, 1ᵉʳ févr. 1873, D.P. 76. 2. 64. — V. Code de procédure civile, nº 60.

9109. L'exercice de ce droit a, par sa nature même, un caractère d'urgence; et il n'est modifié ni par la saisie de l'immeuble, ni par la nomination d'un séquestre chargé de percevoir les loyers. — Même arrêt.

9110. En cas d'urgence, le juge du référé est compétent pour ordonner l'expulsion du greffier d'un commis interrogé qui, celui-ci refuse de cesser ses fonctions; il n'y a pas, à cet égard, de distinction à établir entre un commis-greffier et un employé qui a loué ses services à un patron. — Trib. civ. de Chalon-sur-Saône, 6 mai 1887, D.P. 87. 3. 96.

9111. Le juge des référés est compétent pour ordonner, en cas d'urgence, l'expulsion d'un employé congédié par son patron, dont il se prétend l'associé. — Paris, 28 janv. 1873, D.P. 76. 2. 163.

9112. Et cette expulsion est justement ordonnée dans le cas où les parties sont en contestation devant le tribunal sur la nature du contrat qui les lie, et où la mésintelligence qui les divise met en péril des intérêts considérables. — Même arrêt. — Contra: Code de procédure civile, nº 62.

9113. — VIII. ENREGISTREMENT (C. proc. civ. nº 63).

§ 2. — Difficultés sur l'exécution d'un titre exécutoire (C. proc. civ. nᵒˢ 66 à 117).

9114. — I. DANS QUELS CAS LE JUGE DES RÉFÉRÉS PEUT STATUER SUR L'EXÉCUTION DE TITRES EXÉCUTOIRES (C. proc. civ. nᵒˢ 66 à 112). — 1º Exécution du titre (C. proc. civ. nᵒˢ 68 à 75). — Le juge des référés étant compétent pour statuer, à titre d'ailleurs purement provisoire, sur les difficultés relatives à l'exécution d'un titre exécutoire, a par cela même aussi le pouvoir d'apprécier les prétentions qui font obstacle au payement et d'ordonner toute justification à ce sujet. — Paris, 14 mai 1887, D.P. 88. 2. 187.

9115. Et il a le droit d'apprécier la valeur de la pièce en vertu de laquelle la saisie-arrêt est poursuivie. — Paris, 24 nov. 1887, D.P. 88. 2. 294-295.

9116. Le juge de référé, compétent pour statuer sur les difficultés que soulève l'exécution d'un titre exécutoire, peut, sur la seule allégation du débiteur que le créancier a renoncé au droit inscrit à son profit dans le titre lui-même, renvoyer les parties à se pourvoir au principal, sans prétexte de contestation sur le fond. — Req. 18 avr. 1882, D.P. 83. 1. 263-264.

9117. Spécialement, le locataire qui, aux termes d'un bail authentique, a encouru la clause pénale de résiliation, faute d'avoir payé le terme de son loyer dans le délai fixé par la convention, prétendrait vaine-

ment, pour arrêter les poursuites en expulsion dirigées contre lui par le propriétaire, qu'en recevant, sans faire de réserves, le payement tardivement effectué, celui-ci avait renoncé à l'exercice du droit que lui conférait le titre. — Même arrêt.

9118. Et c'est du droit que le juge du référé, reconnaissant que provision est due à l'exécution d'un titre authentique incontesté, ordonne la continuation des poursuites. — Même arrêt.

9119. — 2º Sursis à l'exécution du titre (C. proc. civ. nᵒˢ 76 à 86.) — Le juge des référés est incompétent pour ordonner ou paralyser l'exécution d'un titre authentique. — Paris, 24 févr. 1887, D.P. 88. 2. 99. — V. Code de procédure civile, nº 76.

9120. Spécialement, dans le cas où le créancier, en vertu d'un jugement, a accordé des délais à un débiteur pour sa libération, le juge des référés qui, à l'expiration de ces délais, en accorde de nouveaux, commet un véritable excès de pouvoir. — Même arrêt.

9121. La demande en sursis tendant à arrêter les effets d'un commandement signifié au nom du Crédit foncier et à suspendre la procédure de saisie, doit être considérée comme un incident de cette procédure sur lequel il ne peut, dès lors, être statué par le juge des référés. — Bordeaux, 1ᵉʳ mai 1888, D.P. 89. 2. 199.

9122. Lorsqu'un débiteur menacé d'une saisie-exécution pour le montant d'une condamnation prononcée contre lui par un arrêt, fait opposition en invoquant des offres réelles, et que le juge des référés donne au demandeur un délai pour mettre en état sa procédure en validité des offres, ce magistrat n'excède pas les bornes de sa compétence. — Req. 3 juill. 1889, D.P. 95. 1. 249.

9123. — 3º Interprétation des conventions (C. proc. civ. nᵒˢ 87 à 92.) — Le juge des référés est incompétent pour connaître de l'interprétation des clauses d'un bail et déterminer l'étendue des référés des parties. — Rouen, 3 mars 1880, D.P. 80. 2. 435. — V. Code de procédure civile, nº 87.

9124. Il ne peut être saisi qu'en cas d'urgence, lorsqu'il s'agit d'une difficulté d'exécution ou de l'application d'un titre clair et certain. — Même arrêt. — V. Code de procédure civile, nº 92.

9125. Spécialement, lorsque, conformément au bail qui l'autorise à changer la distribution des lieux loués, le fermier d'un établissement de bains a transformé en salle de billard un vestibule donnant accès dans un salon dont le bailleur s'est réservé l'usage à certains jours, le juge du référé ne peut ordonner que ce vestibule reprendra pour l'exercice passager des droits du bailleur son ancienne destination. — Même arrêt.

9126. En statuant ainsi, il fait grief au principal. — Même arrêt.

9127. Lorsqu'en vertu d'un acte de vente notarié l'acheteur demande par voie de référé l'expulsion du vendeur et déclare à bon droit qu'il n'y a pas lieu à référé si l'acte de vente lui-même est contesté dans ses clauses essentielles ou dans leur exécution. — Bourges, 31 juill. 1896, D.P. 92. 5. 452

9128. — 4º Saisies (C. proc. civ. nᵒˢ 93 à 106). — Sur la compétence et les pouvoirs du juge des référés en matière de:… de saisie-arrêt, V. supra, art. 558, nᵒˢ 8063 et s. … de saisie-exécution, V. supra, art. 607, nᵒˢ 8218 et s.

9130. — 5º Ordres et contributions (C. proc. civ. nᵒˢ 107 à 112). — Sur la compétence et les pouvoirs du juge des référés en matière: … de délivrance d'actes, V. infra, art. 842 et s.

9131. … De divorce et de séparation de corps, V. infra, art. 875 et s.

9132. — II. DIFFICULTÉS SUR L'EXÉCUTION D'ACTES SOUS SEING PRIVÉ (C. proc. civ. nᵒˢ 113 et 114).

9133. — III. DIFFICULTÉS SUR L'EXÉCUTION DE CONVENTIONS VERBALES (C. proc. civ. nᵒˢ 115 à 117).

§ 3. — *Difficultés sur l'exécution d'un jugement* (C. proc. civ. nos 118 à 148).

9134. — I. EXÉCUTION DE DÉCISIONS JUDICIAIRES (C. proc. civ. nos 118 à 133). — 1o *Jugements* (C. proc. civ. nos 118 à 124). — Le juge des référés est compétent pour statuer sur les difficultés relatives à l'exécution des jugements, et notamment pour déclarer si ces jugements sont légalement exécutoires contre les tiers. — Lyon, 12 mai 1883, D.P. 84. 2. 39. — V. *Code de procédure civile*, no 119.

9135. Mais il ne peut, sans excéder ses pouvoirs, en modifier les dispositions ou en rectifier les erreurs. — Même arrêt.

9136. Le juge des référés est compétent pour statuer sur un incident de procédure tel qu'une action en dommages-intérêts dirigée par un tiers contre l'huissier saisissant à raison du préjudice que les actes du ministère de celui-ci lui auraient causé, lorsque cet incident se produit à la suite de diverses saisies, par suite du concours des saisies, et à l'occasion de l'exécution de titres exécutoires. — Req. 24 juill. 1884, D.P. 85. 1. 371.

9137. De même, le juge des référés n'excède pas sa compétence en ordonnant la remise à la femme séparée de biens de certaines valeurs par le notaire liquidateur, lorsqu'il est certain que ces valeurs lui appartiennent en propre et qu'elles ne sont pas frappées de saisie-arrêt par le mari. — Req 1er déc. 1886, D.P. 87. 1. 404.

9138. Mais, en pareil cas, son rôle se borne à rechercher si, en apparence, la possession dont le maintien provisoire est demandée au titre utile, et la requête doit être rejetée si ce titre est entaché de précarité. — Même arrêt.

9139. En Algérie, le juge des référés, qui est le président du tribunal de l'arrondissement, est compétent pour connaître des difficultés relatives à l'exécution des jugements en matière musulmane. — Alger, 8 févr. 1892, D.P. 92. 2. 247.

9140. Mais si les difficultés qui lui sont soumises entraînent l'examen d'une question touchant au fond du droit, spécialement d'une question comportant une attribution de sommes, il est tenu de renvoyer l'affaire au tribunal. — Même arrêt.

9141. — 2o *Arrêts* (C. proc. civ. no 125 à 132). — Le juge des référés est compétent pour statuer provisoirement en cas d'urgence sur les difficultés relatives à l'exécution des arrêts de cours d'appel. — Req. 3 juill. 1889, D.P. 90. 1. 229. — V. *Code de procédure civile*, no 125.

9142. — 3o *Sentences arbitrales* (C. proc. civ. no 133).

9143. — II. INTERPRÉTATION DES DÉCISIONS JUDICIAIRES (C. proc. civ. nos 134 à 140).

9144. — III. SURSIS A L'EXÉCUTION (C. proc. civ. nos 141 à 148). — Le juge des référés ne peut arrêter ou suspendre l'exécution d'un jugement, ni statuer sur la tardiveté d'un appel, lorsque cette question est soumise à la cour. — Besançon, 31 oct. 1888, D.P. 90, 2. 45.

9145. — Il ordonner un sursis sur l'exécution d'un jugement frappé de tierce opposition, le droit de suspendre l'exécution de ce jugement appartenant qu'au juge saisi de la tierce opposition. — Paris, 2 janv. 1883, D.P. 83. 2. 44.

9146. Mais il est compétent pour statuer provisoirement sur les difficultés qui naissent de l'exécution du jugement, notamment pour vérifier si le poursuivant agit en vertu d'un titre exécutoire régulier; en conséquence, il peut provisoirement suspendre les poursuites si le gagnant n'avait le droit d'exécuter qu'à charge de fournir caution et si cette caution n'a pas été fournie. — Arrêt préc. 1er oct. 1888.

9147. Si, en principe, le juge des référés ne peut pas ordonner la suspension de l'exécution d'un jugement, rien ne s'oppose cependant à ce qu'il prescrive la discontinuation des poursuites, du moment que cette mesure ne préjudicie pas au principal. — Toulouse, 20 janv. 1891, D.P. 92. 2. 71, et la note.

SECT. 3. — COMPÉTENCE DU JUGE DES RÉFÉRÉS DANS LES MATIÈRES DU RESSORT DES TRIBUNAUX D'EXCEPTION (C. proc. civ. nos 149 à 204).

9148. La compétence du juge des référés doit être restreinte aux litiges dont la connaissance appartient, quant au fond, aux tribunaux ordinaires; les art. 806 et suiv. C. proc. civ. sont inapplicables dans toutes les matières déférées par la loi à une juridiction spéciale. — D.P. 83. 1. 161, note 1. — V. *Code de procédure civile*, no 149.

9149. Ainsi le juge du référé est compétent pour statuer au provisoire dans tous les cas où le tribunal dont il fait partie serait compétent *ratione materiæ* pour statuer au fond. — Nancy, 6 déc. 1879, D.P. 81. 2. 167.

9150. Il est donc incompétent pour ordonner l'expulsion d'un locataire, ainsi que le séquestre et la vente du mobilier lorsqu'il y a congé contesté et que le prix de la location annuelle est inférieur à 400 fr., cette dernière circonstance faisant rentrer l'affaire dans les attributions exclusives des juges de paix. — Paris, 11 nov. 1884, D.P. 86. 2. 80. — V. *Code de procédure civile*, no 151.

9151. Mais le juge de paix n'ayant compétence pour connaître des expulsions de lieux que lorsqu'il s'agit de locations verbales ou par écrit n'excédant pas 400 fr., le juge des référés est valablement saisi d'une demande d'expulsion quand il n'existe pas de bail. — Req. 23 oct. 1888, D.P. 89. 1. 190.

9152. Le président du tribunal civil, statuant en référé, est incompétent pour ordonner une expertise à l'effet de constater un dommage fait aux champs, cette matière rentrant dans les attributions exclusives des juges de paix; et le jugement qui prend pour base cette expertise et lui reconnaît une autorité légale par l'homologation qu'il lui donne viole les règles de la compétence et les dispositions de l'art. 5, § 4, de la loi du 25 mai 1838. — Req. 31 juill. 1883, D.P. 91. 1. 323. — V. *supra*, nos 425 et s.

9153. La connaissance des actions possessoires étant exclusivement attribuée à la juridiction spéciale des juges de paix échappe par là même à la compétence du juge du référé. — D.P. 83. 1. 161, note 4.

9154. Mais la demande tendant à faire cesser l'obstacle apporté à des travaux que le demandeur avait entrepris sur un terrain, et à l'appui de laquelle celui-ci excipe tout à la fois de l'urgence et de son droit de propriété, ne saurait être considérée comme une action possessoire, et peut en conséquence être soumise au juge du référé. — Req. 26 juill. 1882, D.P. 83. 1. 161.

9155. — I. MATIÈRES COMMERCIALES (C. proc. civ. nos 155 à 172). — Les art. 806 et suiv. C. proc. civ. qui sont relatifs au référé s'appliquent exclusivement aux matières rentrant dans la compétence des tribunaux civils; en conséquence, le juge des référés est incompétent pour statuer provisoirement sur des contestations dont la connaissance appartient aux tribunaux de commerce. — Civ. cass. 21 déc. 1880, D.P. 81. 1. 5, et dissertation sous cet arrêt. — Paris, 2 janv. 1883, D.P. 83. 2. 141, et les Observ. de M. Glasson sous cet arrêt. — Paris, 5 mai 1888, D.P. 88. 5. 415. — *Contrà*: Rouen, 3 déc. 1867, D.P. 81. 1. 5, note 1. — V. *Code de procédure civile*, no 155.

9156. Dans ce cas, lorsqu'il y a urgence, la seule procédure à suivre est celle qui est indiquée par les art. 417 et suiv. C. proc. civ. — Arrêt préc. 1er déc. 1880. — V. *supra*, nos 4778 et s.

9157. Le juge des référés est incompétent, notamment, pour statuer sur les mesures à prendre en ce qui concerne l'administration et la liquidation d'une société commerciale dissoute par suite du jugement du tribunal de commerce, alors surtout que ces mesures ne se rattachent pas à l'exécution même de ce jugement. — Paris, 2 janv. 1883, D.P. 83. 2. 141, et les Observ. de M. Glasson sous cet arrêt. — Paris, 27 janv. 1883, D.P. 84. 2. 66. — V. *Code de procédure civile*, nos 168 et 169.

9158. — II. MATIÈRES ADMINISTRATIVES (C. proc. civ. nos 173 à 204). — Le juge du référé n'est pas compétent pour statuer par provision dans les matières où le jugement du fond appartient, non au tribunal dont il fait partie, mais à l'autorité administrative. — Alger, 9 févr. 1881, D.P. 82. 2. 16. — Trib. confl. 23 janv. 1888, D.P. 89. 3. 38. — Limoges, 13 août 1888, D.P. 89. 2. 57. — V. *Code de procédure civile*, no 174.

9159. Il a été décidé par application de ce principe que le juge du référé ne peut, sans excéder les limites de la compétence de l'autorité judiciaire, connaître d'une demande tendant à la réintégration d'une congrégation dans un immeuble scolaire et à l'expulsion de l'instituteur communal. — Trib. confl. 13 janv. et 14 avr. 1883, D.P. 84. 3. 73.

9160. ... Ni même ordonner la réintégration provisoire de la congrégation à qui un arrêté préfectoral enlève la direction de l'école communale, alors même que la demande en réintégration porte uniquement sur la partie des locaux affectée au logement de l'instituteur. — Trib. confl. 27 janv. 1883, D.P. 84. 3. 73.

9161. Décidé toutefois que le juge du référé étant compétent pour statuer au provisoire dans tous les cas où le tribunal dont il fait partie serait compétent *ratione materiæ* pour statuer au fond, il en résulte qu'il est compétent, comme le serait le tribunal lui-même, pour connaître de la demande formée par des Frères des écoles chrétiennes, demandant au maintien en possession du local d'une école qu'un préfet prétendrait avoir un droit réel d'usage et d'habitation, alors même qu'un arrêté préfectoral leur a enlevé la direction de cette école pour la confier à des instituteurs laïques. — Nancy, 6 déc. 1879, D.P. 81. 2. 167. — V. *Code de procédure civile*, no 40.

9162. Suivant un jugement, le juge des référés est compétent pour ordonner la réintégration d'un membre d'une société civile, muni d'un titre auquel provision est due, dans les immeubles appartenant à cette société, bien que le demandeur en ait été expulsé par suite d'un arrêté du préfet de police, comme faisant partie de la congrégation non autorisée dite de Jésus. — Trib. de la Seine, 9 juill. 1880, D.P. 80. 3. 61.

9163. Il a été décidé, au contraire, que le juge des référés est incompétent pour connaître de demandes de cette nature qui tendent à suspendre l'exécution et à annuler les effets d'un arrêté préfectoral ordonnant la dissolution d'une congrégation religieuse non autorisée. — Trib. des confl. 4 déc. 1880, D.P. 81. 3. 21.

9164. Le juge des référés n'est compétent pour statuer au provisoire que dans les affaires qui rentrent, au fond, dans la compétence des tribunaux civils; par suite, il doit se déclarer d'office incompétent pour statuer sur une difficulté qui met en question la validité d'un acte administratif (dans l'espèce, d'une décision prise par une commission départementale dans l'exercice des pouvoirs que la loi lui confère). — Montpellier, 20 juin 1887, D.P. 88. 2. 303.

9165. Il est également incompétent pour statuer sur une demande dont le résultat serait de mettre obstacle à l'exécution d'un arrêté municipal. — Caen, 28 juin 1866, D.P. 83.1. 162, note 1. — Bordeaux, 24 août 1875, *ibid.*

9166. Toutefois un arrêté municipal interdisant tous dépôts de matériaux sur la place publique d'une commune ne s'oppose pas à ce que le juge du référé fasse défense au maire d'interrompre les travaux entrepris sur un terrain qui, d'après la commune, ferait partie de cette place publique, mais dont le particulier, auteur des travaux, se prétend propriétaire, alors qu'il n'est justifié d'aucun acte de l'administration ayant fixé les limites de ladite place, ou décidé qu'elle s'étendrait sur une partie quelconque du terrain litigieux. — Req. 20 juill. 1882, D.P. 83. 1. 161. et la note.

9167. Lorsque les entrepreneurs de publicité chargés, par le concessionnaire et le comité de l'organisation d'une loterie autorisée, du placement des billets de cette loterie, ont, qui concluent simplement, au principal, à la résiliation de leur mandat, demandent en référé la substitution d'un séquestre à ce comité dont les attributions et les membres ont été désignés par l'autorité administrative, il n'appartient pas au juge du référé, qui ne peut connaître du fond du litige, de statuer sur le point de savoir si les défendeurs font ou non partie dudit comité. — Nancy, 31 oct. 1885, D.P. 87. 2. 4.

9168. D'ailleurs, la nomination de ce séquestre échappe à la compétence de l'autorité judiciaire qui ne saurait, sans violer la règle de la séparation des pouvoirs, s'immiscer dans l'exécution d'un arrêté administratif. — Même arrêt.

9169. — **1° Travaux publics** (C. proc. civ. nᵒˢ 189 à 201). — Le juge du référé est incompétent pour statuer sur les mesures provisoires ou préparatoires d'instruction destinées à fixer les bases de la décision à intervenir en matière administrative. — Orléans, 4 juill. 1882, D.P. 83. 2. 56.

9170. ... Notamment, pour ordonner une expertise à l'effet de constater le dommage causé par des travaux d'utilité publique, alors même que ces travaux sont depuis quelque temps achevés, l'appréciation de ce dommage étant de la compétence exclusive des tribunaux administratifs. — Même arrêt.

9171. ... Et pour ordonner une expertise à l'effet de faire constater le dommage que des particuliers prétendent leur avoir été causé par les exercices de tir ordonnés par l'autorité militaire, la réparation de ce dommage ne pouvant être réclamée que devant la juridiction administrative. — Alger, 9 févr. 1884, D.P. 82. 2. 16.

9172. Au contraire, le juge des référés est compétent, soit pour ordonner, en cas d'urgence, une expertise à l'effet de rechercher si des travaux exécutés en vertu d'un arrêté préfectoral qui a autorisé l'occupation temporaire d'un terrain n'ont pas excédé les limites de cet arrêté et porté une atteinte permanente à une propriété privée. — Rennes, 12 déc. 1881, D.P. 82. 2. 197.

9173. ... Soit pour faire défense auxdits entrepreneurs de faire emploi d'aucune partie du sable existant en dehors des limites que cet arrêté avait tracées. — Même arrêt.

9174. ... Soit pour donner aux experts la mission de rechercher si une certaine quantité de sable, que les entrepreneurs desdits travaux étaient autorisés à extraire sur le terrain temporairement occupé, a été employée à une autre destination que celle prévue par l'arrêté. — Même arrêt.

9175. Mais il ne peut, sans excès de pouvoir, leur faire défense de continuer provisoirement les travaux, le résultat de l'expertise ordonnée pouvant seul résoudre la question de savoir si ces travaux constituent, non une occupation temporaire, mais une occupation permanente entraînant la compétence du juge civil. — Même arrêt.

9176. Le juge de référé est compétent pour statuer sur des mesures provisoires sollicitées en vertu d'un bail administratif

— Besançon, 15 mars 1882, D.P. 82. 2. 233.

9177. Une demande en inscription de faux incident civil ne s'oppose pas à ce que le juge du référé ordonne l'exécution provisoire et partielle d'un acte authentique et publie consenti par l'administration. — Même arrêt. — V. supra, art. 214, nᵒˢ 3357 et s.

9178. — **2° Contraintes administratives** (C. proc. civ. nᵒˢ 202 à 204).

Art. 807. La demande sera portée à une audience tenue à cet effet par le président du tribunal de première instance, ou par le juge qui le remplace, aux jour et heure indiqués par le tribunal.

9179. — I. Juge des référés. (C. proc. civ. nᵒˢ 1 à 20). — **1° Compétence à raison de la matière** (C. proc. civ. nᵒˢ 1 à 10). — Dans un tribunal composé de deux chambres, l'audience des référés doit, en cas d'absence ou d'empêchement du président, être tenue par le vice-président ; en conséquence, doit être annulée l'ordonnance de référé rendue par le juge le plus ancien, alors que l'absence du vice-président n'est pas constatée. — Nancy, 26 févr. 1876, D.P. 76. 4. 313. — V. Code de procédure civile, nᵒ 2.

9180. — **2° Compétence territoriale** (C. proc. civ. nᵒˢ 11 à 20). — Lorsqu'il y a lieu à référé à l'occasion de l'exécution d'un jugement, il faut s'adresser au président du tribunal du lieu de l'exécution. — Req. 1ᵉʳ déc. 1886, D.P. 87. 1. 404 et 427. — V. Code de procédure civile, nᵒ 14.

9181. En conséquence, en matière de liquidation à la suite de séparation de biens, le juge compétent est celui dans le ressort duquel exerce le notaire chargé de la liquidation. — Même arrêt.

9182. — II. Assignation à l'audience des référés (C. proc. civ. nᵒˢ 21 à 39).

9183. — III. Comparution des parties (C. proc. civ. nᵒˢ 40 à 42).

9184. — IV. Référés sur procès-verbaux C. proc. civ. nᵒˢ 43 et 44).

Art. 808. Si néanmoins le cas requiert célérité, le président, ou celui qui le représentera, pourra permettre d'assigner soit à l'audience, soit à son hôtel, à l'heure indiquée, même les jours de fêtes ; et, dans ce cas, l'assignation ne pourra être donnée qu'en vertu de l'ordonnance du juge qui commettra un huissier à cet effet.

9185. — I. Assignation à bref délai (C. proc. civ. nᵒˢ 1 à 5).

9186. — II. Ordonnance de référé (C. proc. civ. nᵒˢ 6 à 17).

9187. — III. Renvoi à l'audience du tribunal (C. proc. civ. nᵒˢ 18 à 30).

Art. 809. Les ordonnances sur référé ne feront aucun préjudice au principal ; elles seront exécutoires par provision, sans caution si le juge n'a pas ordonné qu'il en serait fourni une.

Elles ne seront pas susceptibles d'opposition.

Dans les cas où la loi autorise l'appel, cet appel pourra être interjeté, même avant le délai de huitaine, à dater du jugement, et il ne sera point recevable s'il a été interjeté après la quinzaine, à dater du jour de la signification du jugement.

L'appel sera jugé sommairement et sans procédures.

DIVISION

§ 1. — Effets des ordonnances de référé (nᵒ 9188).

§ 2. — Exécution des ordonnances de référé (nᵒ 9217).

§ 3. — Recours contre les ordonnances de référé (nᵒ 9218).

§ 1ᵉʳ. — Effets des ordonnances de référé (C. proc. civ. nᵒˢ 1 à 27).

9188. Les pouvoirs du juge des référés sont bornés à des mesures essentiellement provisoires qui ne peuvent préjuger le fond du procès. — Poitiers, 6 août 1879, D.P. 79. 2. 262. — V. Code de procédure civile, nᵒ 1.

9189. Ils ne l'autorisent pas à ordonner, sous prétexte d'urgence, des mesures autres que celles prescrites par la loi pour certaines procédures spéciales. — Même arrêt.

9190. Ainsi, lorsque le tribunal est saisi d'une double demande tendant, d'une part, à faire prononcer l'interdiction d'une personne majeure entrée dans un couvent, de l'autre, à faire déclarer que cette personne a été séquestrée par la supérieure de ce couvent et à faire condamner celle-ci à la relâcher sous dommages-intérêts, le président est incompétent pour ordonner, même provisoirement, que cette personne se retirera, pendant la durée du litige, dans un autre lieu qu'il lui plaira de choisir. — Même arrêt.

9191. Il n'appartient pas au juge des référés de statuer sur une demande se rattachant à l'instance pendante devant le juge du principal. — Paris, 17 févr. et 9 déc. 1871, D.P. 76. 2. 161. — Paris, 17 févr. et 9 déc. 1872, 27 août et 10 déc. 1874, D.P. 76. 2. 161-162. — V. en sens contraire Dissertation de M. Cazalens sous cet arrêt, ibid., nᵒ 1.

9192. Ainsi, le juge des référés ne peut ordonner une expertise à l'effet de vérifier le dommage causé par un incendie, alors qu'une demande tendant à l'exécution du contrat d'assurances est engagée devant le tribunal. — Arrêts préc. 17 févr. et 9 déc. 1872.

9193. ... Et que, d'ailleurs, il n'y a pas urgence. — Arrêt préc. 9 déc. 1872.

9194. ... Ni prescrire la vérification par expert de mémoires relatifs à des travaux de maçonnerie, alors que le tribunal est saisi d'une demande en payement de mémoires concernant la même construction, et dont il a renvoyé l'examen à la chambre des entrepreneurs. — Arrêt préc. 27 août 1874.

9195. ... Ni connaître de la demande d'un cohéritier tendant à faire régler jusqu'au partage la jouissance d'une succession indivise, alors que le tribunal est déjà saisi de la demande en partage de la même succession. — Arrêt préc. 27 déc. 1871.

9196. ... Ni ordonner l'expulsion, avec séquestre de vente du mobilier, d'un locataire déjà assigné devant le tribunal en payement des loyers. — Arrêt préc. 10 déc. 1874.

9197. Mais une ordonnance de référé qui prescrit, vu l'urgence, l'expulsion du locataire ne fait pas préjudice au principal. — Req. 23 oct. 1888, D.P. 89. 1. 490. — V. supra, art. 806, nᵒˢ 9088 et s.

9198. De même, le juge de référé nomme valablement un expert, sur la demande de l'assuré, pour vérifier l'étendue du dommage résultant de l'incendie d'une maison et des marchandises y contenues, alors même que l'assuré et la compagnie d'assurances, en conformité d'un article de la police, ont déjà fait procéder à une expertise amiable par des experts de leur choix. — Req. 30 nov. 1889, D.P. 90. 1. 163.

9199. Il ne résulte de cette ordonnance aucun préjudice au principal, c'est-à-dire à la question de savoir quelle est la valeur de l'expertise amiable dont excipe la compagnie et de la clause qui la prescrivait, du moment où le juge du référé prend soin de constater qu'il ne s'agit que d'une mesure provisoire dont les dépens sont réservés, mesure prise d'urgence aux risques de l'assuré, et qui n'implique aucune appréciation du droit en vertu duquel a eu lieu la première vérification du dommage. — Même arrêt.

9200. L'arrêt qui statue en matière de référé peut condamner aux dépens faits tant en première instance qu'en appel la partie qui a mal à propos contesté la compétence du juge du référé. — Civ. r. 23 mars 1886, D.P. 86. 1. 408. — V. *Code de procédure civile*, n° 14.

9201. Décidé en sens contraire que le juge des référés ne peut pas statuer sur les dépens. — Riom, 12 nov. 1883, D.P. 85. 2. 64.

9202. Le juge des référés ne saurait, sans excéder ses pouvoirs, statuer sur l'existence, ni régler l'effet ou l'étendue d'un privilège contesté ou d'un prétendu droit de rétention. — Civ., c. 6 févr. 1877, D.P. 77. 1. 79.

9203. Il ne lui appartient pas, en conséquence, d'ordonner la mainlevée d'une saisie, ou d'autoriser l'avoué non payé de ses frais et qui excipe de son droit de rétention, de se dessaisir des pièces qu'il tient de ses anciens clients pour les remettre, même temporairement, à leur nouveau mandataire. — Même arrêt.

9204. Mais il peut donner mainlevée d'une saisie-arrêt, moyennant consignation d'une somme avec affectation spéciale à la créance du saisissant. — Poitiers, 4 août 1887, D.P. 88. 2. 239.

9205. Le juge des référés n'a pas le droit de cantonner une saisie-arrêt au montant des sommes dues au créancier saisissant et d'ordonner au tiers saisi sur la simple signification de son ordonnance de se libérer du surplus entre les mains du débiteur saisi. — Bordeaux, 15 mai 1891, D.P. 92. 2. 197.

9206. Il n'a ni pouvoir ni qualité : ... soit pour ordonner la consignation d'un prix de vente sur aliénation volontaire, soit pour ordonner la radiation des inscriptions prises par le vendeur ou par les créanciers, avec maintien de leur effet sur le montant de la somme consignée. — Lyon, 21 avr. 1882, D.P. 83. 2. 72.

9207. ... Soit pour statuer sur la demande en mainlevée d'une opposition à mariage. — Angers, 15 janv. 1879, D.P. 80. 2. 116.

9208. Au cas d'urgence, le juge du référé est compétent pour ordonner telle mesure de conservation qu'il juge convenable; il peut soit établir un séquestre, soit prescrire aux locataires tiers saisis de-verser directement leurs loyers à la Caisse des dépôts et consignations, soit combiner ces deux mesures entre elles, à la condition de ne statuer qu'au provisoire et de ne porter aucun préjudice au principal. — Req. 14 mars 1882, D.P. 82. 1. 241, et note 1. — V. *Code de procédure civile*, n° 18 et 21.

9209. Décidé également que le juge des référés n'est compétent pour nommer un séquestre judiciaire, en particulier, un administrateur provisoire d'une succession, qu'autant qu'il y a urgence et que la mesure ne préjudicie pas au fond du droit. — Riom, 12 nov. 1883, D.P. 85. 2. 64.

9210. Dans les cas où la loi autorise la nomination d'un séquestre, à titre de mesure provisoire et d'urgence, cette nomination peut être faite par le président, jugeant en état de référé. — Nancy, 26 févr. 1876, D.P. 76. 1. 313.

9211. Mais le juge des référés ne peut, par provision et en dehors des cas déterminés par la loi, ordonner le séquestre d'un mobilier qui n'est pas saisi et dont la propriété n'est pas litigieuse, alors d'ailleurs qu'il n'y a pas urgence. — Paris, 24 juill. 1874, D.P. 78. 2. 180.

9212. Le propriétaire d'un immeuble loué pour l'exercice d'un commerce, bien qu'il ne puisse s'opposer à l'enlèvement des marchandises au fur et à mesure de leur vente, peut demander en référé la nomination d'un séquestre, chargé de contrôler les ventes et d'affecter les rentrées jusqu'à due concurrence à l'exécution du bail, lorsque le locataire a manifesté d'une façon non équivoque (dans l'espèce, par des annonces et par une déclaration formelle) son intention de ne pas remplacer par d'autres les marchandises vendues. — Paris, 15 avr. 1885, D.P. 86. 2. 127.

9213. Le juge du référé auquel un mari demande une mesure conservatoire à l'effet de s'assurer de valeurs mobilières appartenant à sa femme, n'a pas à rechercher s'il existe dans l'espèce quelque cause de nullité de mariage, ou si même le mariage ne serait pas inexistant, la cérémonie faite en pays étranger n'ayant pas un caractère sérieux dans la pensée des parties. — Bruxelles, 26 nov. 1879, D.P. 76. 2. 129.

9214. Mais il suffit que le demandeur produise un acte de mariage fait à l'étranger dans les formes usitées, alors surtout que ce titre apparent est confirmé par les aveux de la femme défenderesse. — Même arrêt.

9215. Le juge des référés est valablement saisi, dans la limite de ses attributions, des difficultés que peut faire naître l'exécution d'une police d'abonnement pour l'éclairage au gaz, et il est compétent pour statuer sur ces difficultés, même dans le cas où la solution du litige au fond nécessiterait l'interprétation préalable du cahier des charges de la compagnie par l'autorité administrative, ce juge ne pouvant prescrire que des mesures provisoires et urgentes qui ne sauraient préjudicier au fond du droit. — Civ. r. 16 déc. 1878, D.P. 79. 1. 419.

9216. L'ordonnance de référé renvoyant les parties à se pourvoir au principal ne préjuge rien quant aux conditions de l'exercice de l'action principale; spécialement, elle ne fait pas obstacle à ce que la caution *judicatum solvi* soit débonnaire devant le tribunal. — Paris, 27 juill. 1875, D.P. 77. 2. 117-118.

§ 2. — *Exécution des ordonnances de référé* (C. proc. civ. n°s 23 à 32).

9217. L'ordonnance de référé étant exécutoire par provision et même sur minute, on ne peut tirer de son exécution une fin de non-recevoir contre l'appel qui en a été interjeté. — Poitiers, 4 août 1887, D.P. 88. 2. 239.

§ 3. — *Recours contre les ordonnances de référé* (C. proc. civ. n°s 33 à 88).

9218. — I. OPPOSITION (C. proc. civ. n°s 33 à 43). — L'art. 809 C. proc. civ. se bornant à disposer, dans son second paragraphe, que l'appel des ordonnances sur référé sera jugé sommairement sans reproduire l'interdiction de former opposition dans le premier paragraphe, il en résulte que la voie de l'opposition reste ouverte à l'égard des arrêts de défaut rendus en matière de référé. — Civ. 26 août 1879, D.P. 80. 1. 428. — Civ. c. 15 avr. 1891, D.P. 92. 1. 53, et la note 1. — V. *Code de procédure civile*, n° 42.

9219. Décidé, au contraire, que l'arrêt qui statue par défaut sur l'appel interjeté d'une ordonnance de référé, n'est pas susceptible d'opposition. — Bordeaux, 12 janv. 1888, D.P. 89. 2. 167. — V. *Code de procédure civile*, n° 40.

9220. — II. APPEL (C. proc. civ. n°s 44 à 87). — 1° *Ordonnances susceptibles d'appel* (C. proc. civ. n°s 44 à 70). — Les jugements de référé sont susceptibles d'appel toutes les fois que la matière de référé est susceptible d'appel. — Civ. 3. 109, note 9.

9221. Il est toujours permis d'interjeter appel d'une ordonnance de référé pour cause d'incompétence ou d'excès de pouvoir, quelle que soit la valeur du litige. — Poitiers, 4 août 1887, D.P. 88. 2. 239.

9222. On doit considérer comme interlocutoire et par conséquent comme susceptible d'appel, l'ordonnance de référé par laquelle le juge saisi d'une demande en discontinuation de poursuites exercées en vertu d'un titre notarié, renvoie les parties devant un notaire à fin de vérification des titres et sous réserve de lui en référer en cas de difficultés. — Paris, 14 mai 1887 D.P. 88. 2. 487.

9223. Lorsque le président du tribunal, en annulant une ordonnance rendue sur requête, impose au saisissant l'obligation de signifier cette ordonnance et de ne pas dénoncer la saisie-arrêt avant un délai par lui imparti, ladite ordonnance sur requête, à supposer qu'elle contienne un excès de pouvoir, ne peut être frappée d'appel. — Paris, 3 oct. 1891, D.P. 92. 2. 167.

9224. En tous cas, si elle ne l'a pas été, et que, sur la signification de l'ordonnance sur requête, la partie saisie ait cité le saisissant en référé, avant toute assignation notifiée au principal à fin de validité de la saisie-arrêt, le président peut, en état de référé, rapporter sa propre ordonnance, et autoriser la partie saisie à toucher, nonobstant l'opposition, les sommes saisies-arrêtées. — Même arrêt.

9225. Sur le recours dont est susceptible : ... l'ordonnance du président du tribunal de commerce autorisant une saisie conservatoire, V. *supra*, art. 417, n°s 4782 et s.

9226. ... L'ordonnance du président du tribunal civil statuant en matière de legs sur l'envoi en possession du légataire universel, V. *Supplément au Code civil annoté*, art. 1008, n°s 6730 et s.

9227. — 2° *Délai de l'appel* (C. proc. civ. n°s 71 à 77).

9228. — 3° *Procédure en appel* (C. proc. civ. n°s 78 à 87). — L'acte d'appel d'une ordonnance de référé est valablement signifié au domicile élu chez l'avoué que l'intimé avait constitué pour son mandataire; et il importe peu que l'élection de domicile, insérée dans la requête à fin de permis d'assigner à bref délai, n'ait pas été reproduite dans l'ordonnance rendue conformément à cette requête. — Paris, 26 janv. 1877, D.P. 77. 2. 87. — *Contrà* : *Code de procédure civile*, n° 78.

9229. Suivant un arrêt, les ordonnances de référé ne peuvent faire l'objet ni de tierce-opposition, ni, par conséquent, d'intervention en appel. — Paris, 29 avr. 1887, D.P. 88. 2. 221. — V. *Code de procédure civile*, n° 84.

9230. Mais, d'après l'opinion la plus généralement suivie, les personnes qui se croient lésées par des ordonnances de référé sont recevables à les attaquer par la voie de la tierce-opposition, et par suite, sont également recevables à intervenir sur appel de ces ordonnances. — D.P. 88. 2. 221, note 1.

9231. En Algérie, l'appel des ordonnances de référé rendues par les juges de paix à compétence étendue doit être porté devant le tribunal civil, et non devant la cour d'appel. — Alger, 30 juill. 1877, D.P. 78. 2. 226.

9232. — III. POURVOI EN CASSATION (C. proc. civ. n° 88).

Art. 810. Les minutes des ordonnances sur référés seront déposées au greffe.

9233. L'assistance et la signature du greffier ne sont pas nécessaires pour la validité d'une ordonnance de référé rendue par le président en son hôtel. — Grenoble, 13 juill. 1872, D.P. 76. 2. 164. — V. *Code de procédure civile*, n° 4.

Art. 811. Dans les cas d'absolue nécessité, le juge pourra ordonner l'exécution de son ordonnance sur la minute.

9234. — I. EXÉCUTION SUR MINUTE DES ORDONNANCES DE RÉFÉRÉ (C. proc. civ. n°s 1 à 5). — Le juge du référé peut autoriser d'office l'exécution provisoire sur minute de ses ordouannces. — Grenoble, 13 juill. 1872, D.P. 76. 2. 164.

9235. — II. EXÉCUTION SUR MINUTE DES JUGEMENTS ET ARRÊTS (C. proc. civ. n°s 6 à 13).

APPENDICE AU TITRE XVI

Ordonnances sur requête.

Décret du 30 mars 1808,

Contenant règlement pour la police et la discipline des cours et tribunaux. — Publié au Bulletin des lois, n° 3245. — (Extrait J.G. Organ. judic., p. 1494).

SECT. 3. — DE LA DISTRIBUTION DES AFFAIRES.

Art. 54. Toutes requêtes à fin d'arrêt ou de revendication de meubles ou de marchandises, ou autres mesures d'urgence; celles pour mise en liberté, ou pour obtenir permission d'assigner sur cession de biens ou sur homologation de concordat et délibération de créanciers, et celles pour assigner à bref délai, en quelque matière que ce soit, seront présentées au président du tribunal, qui les répondra par son ordonnance, après la communication, s'il y a lieu, au procureur impérial.

Néanmoins les requêtes présentées après la distribution de la cause, et dans le cours de l'instruction, seront répondues par le vice-président de la chambre à laquelle la cause aura été distribuée.

9236. — I. ORDONNANCES SUR REQUÊTE (C. proc. civ. n°s 4 à 8). — La nomination d'un séquestre dépasse les pouvoirs du président statuant sur simple requête; une telle mesure ne peut être ordonnée que par le tribunal tout entier ou, en cas d'urgence, par le président statuant sur référé. — Riom, 6 déc. 1878, D.P. 80. 2. 3.

9237. — II. CAS SPÉCIAUX DANS LESQUELS LE PRÉSIDENT PEUT STATUER SUR REQUÊTE (C. proc. civ. n°s 9 à 54). — Dans les circonstances requérant célérité, le président peut rendre une ordonnance portant permission d'assigner à bref délai. — V. supra, art. 72, n°s 1680 et s.

9238. Le président ou le juge qui le remplace délivre des ordonnances ... pour ordonner l'arrestation d'un enfant dans le cas où cette arrestation est requise par les père, mère ou tuteur. — V. Code civil annoté, art. 377, 381, 382

9239. ... Pour envoyer le légataire en possession. — V. Supplément au Code civil annoté, art. 1008, n°s 6781 et s.

9240. Le président autorise à délivrer copie tant d'une acte non enregistré, ou même resté imparfait, que d'une grosse, d'une minute d'acte ou, par forme d'ampliation, d'une grosse déposée de cet acte, enfin, d'une seconde expédition exécutoire d'un jugement. — V. infrà, art. 811, 844 et 854.

9241. Il permet à la femme de citer son mari, à jour indiqué, à la chambre du conseil, pour déduire les causes du refus qu'il ferait de l'autoriser à poursuivre ses droits. — V. infrà, art. 861.

9242. Il autorise la femme à former sa demande en séparation de biens. — V. infrà, art. 865.

9243. Il rend, sur la requête qui lui est présentée par un époux demandeur en séparation de corps et en divorce, l'ordonnance à fin de comparution personnelle des parties devant lui. — V. infrà, art. 875 et 878.

9244. Le président peut encore; ... ordonner le dépôt des paquets cachetés qui lui sont remis par le juge de paix en cas d'apposition de scellés. — V. infrà, art. 918 et 919.

9245. ... Ordonner la levée des scellés avant l'expiration du délai. — V. infrà, art. 928.

9246. ... Nommer un notaire pour représenter les parties non présentes, ou les héritiers trop éloignés. — V. infrà, art. 931, et 912.

9247. ... Forcer un avoué à remettre des pièces communiquées. — V. supra, art. 191, n° 3306.

9248. .. Rendre exécutoire la taxe des frais. — V. infrà, Appendice, Décr. 16 févr. 1807, art. 2.

9249. ... Taxer les frais de l'expertise, et les honoraires des notaires. — V. supra, art. 319, n° 3994.

9250. ... Permettre une saisie-arrêt lorsqu'il n'y a pas de titre. — V. art. 558, n°s 7996 et s.

9251. ... Permettre une saisie-gagerie, sans qu'elle soit précédée d'un commandement, ou la saisie-revendication. — V. infrà, art. 819, n°s 9331 et s., et 826.

9252. ... Autoriser le porteur d'une lettre de change protestée à saisir conservatoirement les effets mobiliers des tireurs, accepteurs et endosseurs, et, s'il y a urgence, à saisir ceux d'un débiteur. — V. Code de commerce annoté, art. 172, et son Supplément.

9253. ... Autoriser le payement d'une traite perdue sur seconde ou troisième. — V. Code de commerce annoté, art. 151, 152, et son Supplément.

9254. ... Autoriser le propriétaire de brevets d'invention à faire procéder par tous huissiers à la description avec ou sans saisie, des objets prétendus contrefaits. — V. Code de commerce annoté (L. 5 juill. 1844, art. 47), p. 917 et s., et son Supplément. — V. aussi J.G.S. Brevet d'invention, n°s 264, 321, 324 et s., 337.

9255. Il appartient aussi au président ou au juge qui le remplace d'ordonner la communication au ministère public : ... de la requête de l'héritier bénéficiaire tendant à la vente des immeubles. — V. infrà, art. 987.

9256. ... De l'expédition de la délibération du conseil de famille sujette à homologation. — V. infrà, art. 885.

9257. ... De la requête en interdiction. — V. infrà, art. 891.

9258. Le président doit également statuer sur l'opposition aux qualités d'un jugement. — V. supra, art. 145, n°s 2658 et s.

9259. Il nomme encore le notaire qui devront dresser l'inventaire, les commissaires-priseurs ou experts qui devront faire l'estimation des objets de la succession, lorsque les parties ne s'accordent pas sur le choix; enfin, à défaut de convention, la personne entre les mains de laquelle seront remis les papiers. — V. infrà, art. 935.

9260. Il nomme celui qui fera le rapport des documents présentés pour démontrer la nécessité de pourvoir à l'administration de tout ou partie des biens laissés par une personne présumée absente (C. civ. 112), ou d'envoyer les héritiers en possession provisoire des biens de celle dont l'absence a été déclarée. — V. infrà, art. 859 et 859.

9261. En cas d'éloignement de la résidence d'une partie à interroger sur faits et articles, il commet pour y procéder, soit le président du tribunal dans le ressort duquel cette partie réside, soit le juge de paix de cette résidence. — V. supra, art. 324, n° 3999.

9262. Il est chargé de commettre un juge dans les cas de délibération du conseil de famille et d'interdiction. — V. infrà, art. 885 et 891.

9263. Il nomme, sur requête, le tiers arbitre, dans les cas où les arbitres ne sont pas autorisés à le nommer eux-mêmes, et il appose au jugement l'ordonnance d'exécution. — V. infrà, art. 1017, 1020, 1021.

9264. Il autorise les créanciers non porteurs de titres exécutoires à requérir du juge de paix l'apposition des scellés sur les meubles de leur débiteur décédé. — V. infrà, art. 909.

9265. Il autorise la vente des meubles d'une succession, dans le cas, où les cohéritiers n'y faisant pas volontairement procéder, il y a des créanciers saisissants ou opposants, ou lorsque la majorité de ces cohéritiers juge la vente nécessaire pour l'acquit des dettes et charges de la succession. — V. infrà, art. 956.

9266. À la requête de l'héritier, le président autorise la vente des objets dépendant d'une succession bénéficiaire. — V. infrà, art. 986.

9267. Le pouvoir de rendre des ordonnances est dévolu aux juges chargés par le tribunal de la direction de certaines procédures dans les cas suivants : ... le juge commis autorise à assigner les témoins en matière d'enquête, et fixe les jour, lieu et heure où ils seront entendus. — V. supra, art. 259, n°s 3593 et s.

9268. Il ordonne, en cas d'inscription de faux, de faire apporter la minute de la pièce attaquée; il permet, sur requête, de sommer la partie adverse pour pouvoir des pièces de comparaison. — V. supra, art. 199 et s., n°s 3342 et s.

9269. Le juge-commissaire rend également des ordonnances en matière d'ordre. — V. supra, art. 751 et s., n°s 8803 et s.

9270. Le juge de paix rend des ordonnances, par exemple, à l'effet d'indiquer les jour et heure pour la vente des scellés. — V. infrà, art. 931.

9271. Lorsqu'il est chargé de commissions rogatoires, d'interrogatoires en matière d'enquêtes, d'interrogatoires sur faits et articles, le juge de paix est appelé, comme un autre juge, à rendre des ordonnances. — V. infrà, art. 1035.

9272. Le président du tribunal de commerce est appelé aussi : ... à rendre des ordonnances, notamment pour autoriser les assignations à bref délai, les saisies conservatoires, les saisies-arrêts. — V. supra, art. 417, n°s 4782 et s.

9273. ... À nommer des experts dans le cas de l'art. 106 C. com. — V. Code de commerce annoté, art. 106, n°s 5 et s. et son Supplément.

9274. — III. POUVOIRS DU JUGE (C. proc. civ. n°s 55 à 58).

9275. — IV. FORMES DE L'ORDONNANCE (C. proc. civ. n°s 59 à 64).

9276. — V. VOIES DE RECOURS (C. proc. civ. n°s 65 à 128). — Les ordonnances sur requête sont des actes de juridiction gracieuse et d'administration judiciaire; en conséquence, elles ne sont pas susceptibles d'appel. — D.P. 83. 2. 97, note. — Comp. Dissertation de M. Glasson, D.P. 85. 2. 217, note 1.

9277. Ainsi l'ordonnance du président autorisant la partie requérante à assigner à bref délai, et la dispensant du préliminaire de conciliation, constitue un acte de juridiction gracieuse et volontaire, qui n'est pas susceptible d'appel. — Toulouse, 28 août 1884, D.P. 85. 2. 217, et les Observ. de M. Glasson sous cet arrêt.

9278. Mais, en tant qu'elle dispense du préliminaire de conciliation, l'ordonnance du président est purement provisoire et aux risques et périls de celui qui l'obtient. — Même arrêt.

9279. En conséquence, l'ajournement n'en est pas moins nul, malgré cette permission du président, s'il est établi plus tard, par le défendeur, que l'affaire ne requérait pas célérité. — D.P. 83. 2. 97, note. — Comp. Même arrêt.

9280. L'ordonnance du président du tribunal civil qui, sur la requête du ministère public, désigne le gérant provisoire de l'office d'un notaire décédé, n'est pas sujette à appel. — Bordeaux, 23 juin 1885, D.P. 86. 2. 197-198, et la note.

9281. L'ordonnance sur requête qui pourvoit au remplacement d'un séquestre judiciaire investi d'un mandat déterminé, et décède avant d'avoir terminé sa mission, rentre également, à raison de son caractère conservatoire, dans le domaine de la juridiction gracieuse ; en conséquence, elle n'est pas susceptible d'appel. — Civ. r. 15 mai 1876, D.P. 76. 1. 344, et la note.

9282. — 1° *Recours par voie contentieuse* (C. proc. civ. n°s 71 à 80.) — Les ordonnances sur requête peuvent être frappées d'appel devant la cour, lorsqu'elles font grief aux droits ou aux intérêts d'une partie. — Arrêt préc. 23 juin 1885. — V. *Code de procédure civile*, n° 80.

9283. Ainsi est recevable l'appel dirigé contre une ordonnance qui a nommé le gérant provisoire de l'office d'un notaire décédé, sans tenir compte de la désignation faite dans la requête par les héritiers. — Même arrêt.

9284. Est également recevable l'appel dirigé contre une ordonnance qui a prescrit le dépôt d'un testament entre les mains d'un notaire, sans tenir compte du choix du légataire universel. — Même arrêt.

9285. L'ordonnance sur requête est, par exception, susceptible d'appel toutes les fois que, par suite des circonstances de la cause ou des conséquences de la décision elle-même, elle ne peut plus être considérée comme un acte de juridiction gracieuse, et prend, au contraire, le caractère d'une décision contentieuse. — Aix, 29 août 1883, D.P. 84. 2. 68.

9286. Ainsi les ordonnances sur requête sont susceptibles d'appel dans tous les cas où elles ont été précédées d'un débat contradictoire entre les parties intéressées. — Poitiers, 29 juill. 1878, D.P. 79. 2. 75-76.

9287. L'ordonnance sur requête portant déclaration d'incompétence est susceptible d'appel. Il en est spécialement ainsi de l'ordonnance par laquelle le président refuse, pour cause de litispendance devant un tribunal civil, de statuer sur la requête d'un légataire à fin de constitution d'un séquestre auquel seraient remis les titres et valeurs de la succession. — Riom, 6 déc. 1878, D.P. 80. 2. 3.

9288. En tous cas, l'appel du légataire n'est pas recevable, lorsqu'il n'est pas établi que l'opposition des héritiers ait été connue du président au moment où il a statué sur la requête des légataires. — Même arrêt.

9289. L'ordonnance sur requête contenant la réserve qu'il en sera référé en cas de difficulté est intimement liée à l'ordonnance sur référé rendue en vertu de cette réserve, et peut, en conséquence, aussi bien que cette dernière ordonnance, être attaquée par la voie de l'appel. — Paris, 20 janv. 1877, D.P. 77. 2. 67.

9290. Il en est ainsi spécialement de l'ordonnance sur requête autorisant une apposition de scellés, et qui a été suivie, en exécution de la réserve qu'elle contenait, d'une ordonnance sur référé portant qu'il serait procédé à la levée des scellés, avec inventaire, par les soins de la partie qui les avait fait apposer. — Même arrêt. — V. *infrà*, art. 909.

9291. L'ordonnance du président du tribunal de commerce qui autorise une saisie-conservatoire en vertu de l'art. 417 C. proc. civ. est susceptible d'appel ; mais l'appel est irrecevable pendant la durée des délais d'opposition. — Douai, 31 janv. 1884, D.P. 87. 2. 17. — V. *supra*, art. 417. n°s 4782 et s.

9292. L'ordonnance du président qui refuse l'envoi en possession demandé en vertu d'un testament olographe, est un acte de juridiction contentieuse, et partant susceptible d'appel. — Nancy, 19 mai 1883, D.P. 84. 2. 67-68.

9293. En tous cas, l'appel est recevable, lorsqu'il est fondé sur l'incompétence du président qui a statué. — Riom, 29 nov. 1879, D.P. 81. 2. 69.

9294. Le légataire universel peut interjeter appel de l'ordonnance qui a refusé de l'envoyer en possession, si cette ordonnance a été rendue par le tribunal contradictoirement entre lui et l'héritier expressément mis en cause. — Poitiers, 17 mars 1886, D.P. 82. 2. 36.

9295. Décidé, au contraire, que l'ordonnance sur requête par laquelle le président du tribunal civil refuse d'envoyer en possession le légataire universel institué par un testament olographe ou mystique n'est pas susceptible d'appel. — Riom, 6 déc. 1878, D.P. 80. 2. 3.

9296. Suivant un arrêt, l'ordonnance d'envoi en possession du légataire universel, lors-

qu'elle est rendue par le président en l'absence des héritiers, est susceptible d'être attaquée devant ce magistrat par la voie de l'opposition. — Agen, 7 juill. 1869, D.P. 74. 5. 359.

9297. — 2° *Mode de recours* (C. proc. civ. n°s 81 à 104).

9298. — 3° *Recours dans des cas spécialement prévus par la loi* (C. proc. civ. n°s 105 à 128). — Sur le point de savoir quelles sont les voies de recours contre … l'ordonnance d'envoi en possession rendue par le président au profit du légataire universel. V. *Supplément au Code civil annoté*, art. 1008, n°s 6790 et s.

9299. … L'ordonnance portant règlement de qualités, V. *supra*, art. 145, n°s 2737 et s.

9300. … L'ordonnance qui règle les vacations des experts, V. *supra*, art. 319, n°s 3933 et s.

9301. … L'ordonnance qui commet un juge pour procéder à un interrogatoire sur faits et articles, V. *supra*, art. 325, n°s 3987 et s.

9302. … L'ordonnance qui permet une saisie-arrêt, V. *supra*, art. 558, n°s 8021 et s.

9303 … L'ordonnance qui autorise une saisie-gagerie, V. *infrà*, art. 819.

9304. … L'ordonnance qui autorise une saisie-revendication, V. *infrà*, art. 826.

9305. … L'ordonnance qui commet un huissier pour notifier une surenchère. V. *infrà*, art. 832.

9306. … L'ordonnance qui permet à la femme d'assigner son mari pour être autorisée à ester en justice, V. *infrà*, art. 861.

9307. … Les ordonnances rendues en matière de séparation de corps, V. *infrà*, art. 876 et 878.

9308. … L'ordonnance du président qui désigne le notaire chargé de procéder à un inventaire, V. *infrà*, art. 942.

9309. … L'ordonnance d'*exequatur* mise au bas d'une sentence arbitrale, V. *infrà*, art. 1024.

9310. … L'ordonnance du président qui taxe les frais, V. 2° Déc. du 16 févr. 1807, art. 6, *Appendice au Code de procédure civile*.

9311. … Les ordonnances du président du tribunal de commerce, V. *supra*, art. 417, n°s 4782 et s.

9312. … Les ordonnances du juge-commissaire en matière de faillite, V. *Code de commerce annoté*, art. 453, et son *Supplément*.

SECONDE PARTIE

PROCÉDURES DIVERSES

LIVRE PREMIER

TITRE PREMIER.

Des offres de payement et de la consignation.

Art. 812. Tout procès-verbal d'offres désignera l'objet offert, de manière qu'on ne puisse y en substituer un autre; et si ce sont des espèces, il en contiendra l'énumération et la qualité.

9313. En ce qui concerne: ... le caractère et les effets des offres réelles, V. *Supplément au Code civil annoté*, art. 1257, n°s 8128 et s.

9314. ... Leurs conditions de validité, V. *ibid.*, art. 1258, n°s 8151 et s.

9315. Lorsque le cahier des charges dressé pour la vente sur adjudication volontaire d'un immeuble stipule que les frais seront payés en l'étude et dans les mains du notaire, l'adjudicataire a le droit de se libérer entre les mains de ce dernier, sans que, par un accord concerté entre l'officier public et le vendeur, il soit contraint de verser les frais à celui-ci, qui aurait, dans ce but, préalablement désintéressé le notaire. — Req. 22 août 1882, D.P. 83, 1. 121.

9316. Par suite, cet adjudicataire est fondé à faire les offres réelles au notaire pour les frais taxés et à poursuivre la validité de ces offres restreintes à ces frais, quel que soit d'ailleurs le droit de l'officier public d'agir contre le vendeur pour le cas où l'adjudicataire n'aurait point acquitté ces frais. — Même arrêt.

Art. 813. Le procès-verbal fera mention de la réponse, du refus ou de l'acceptation du créancier, et s'il a signé, refusé ou déclaré ne pouvoir signer.

Art. 814. Si le créancier refuse les offres, le débiteur peut, pour se libérer, consigner la somme ou la chose offerte, en observant les formalités prescrites par l'art. 1259 du Code civil.

Art. 815. La demande qui pourra être intentée, soit en validité, soit en nullité des offres ou de la consignation, sera formée d'après les règles établies pour les demandes principales : si elle est incidente, elle le sera par requête.

9317. — I. COMPÉTENCE D'ATTRIBUTION (C. proc. civ., n°s 1 à 5.) — Les dispositions des articles 49 et 815 C. proc. civ. n'ont d'autre effet que de régler la procédure à suivre dans les demandes sur offres réelles

qui sont portées devant les tribunaux de première instance ; elles ne sauraient avoir pour effet de soustraire à la compétence des juges de paix des affaires que la loi leur attribue, et de leur enlever le droit de statuer sur une exception à une demande qui rentrerait dans les limites de leur compétence. — J.G.S. *Compétence civ. des trib. de paix*, 17.

9318. Jugé en ce sens que le tribunal de paix peut être compétemment saisi d'une demande principale ayant pour objet de faire valider des offres réelles relatives à des salaires dont la fixation rentre dans la compétence dudit tribunal. — Trib. du Marseille, 6 juill. 1888, D.P. 91. 4. 99.

9319. La compétence du juge de paix doit être admise, tout aussi bien quand la demande en validité d'offres est principale, que lorsqu'elle se produit par voie d'exception, pourvu bien entendu, dans l'un et l'autre cas, que les offres rentrent, comme chiffre, dans le domaine du tribunal de paix et qu'elles aient pour objet d'éteindre une créance qui y rentre également par sa nature et son *quantum*. — D.P. 91. 1. 99, note 1.

9320. Mais il y a controverse sur la question de savoir si, quand la demande en validité se présente comme action principale, le juge de paix a qualité pour connaître d'une demande de ce genre, en supposant, bien entendu, qu'elle soit de sa compétence par sa quotité, et qu'elle ait pour objet d'éteindre une créance, y rentrant également par sa nature et son quantum. — J.G.S. *Compét. civ. des trib. de paix*, 18.

9321. Suivant certains auteurs, il n'y a aucune raison pour refuser au juge de paix le droit de statuer sur la validité des offres, dans les limites de sa compétence, lorsque la demande n'est pas portée devant lui en exécution d'un jugement qu'il aurait rendu. — J.G.S. *Compét. civ. des trib. de paix*, 18

9322. Attribuer les demandes de cette nature, quelque minime qu'en puisse être le chiffre, exclusivement aux tribunaux de première instance, ce serait fournir à la mauvaise foi des plaideurs un moyen trop facile de supprimer un degré de juridiction, et de déplacer, selon leur caprice, la limite des compétences. — Nîmes, 19 déc. 1868, J.G.S. *Compét. civ. des trib. de paix*, 18.

9323. Sur la question de savoir si les tribunaux de commerce sont compétents pour statuer sur la validité d'offres réelles, V. *supra*, art. 442, n°s 4983 et s.

9324. — II. COMPÉTENCE TERRITORIALE (C. proc. civ. n°s 6 à 18.) — En disposant, d'une manière générale, que les demandes en *validité* d'offres réelles seraient formées d'après les règles ordinaires des demandes principales, l'art. 819 C. proc. civ. n'a pas entendu porter atteinte au principe édicté par l'art. 472 du même Code qui attribue l'exécution de l'arrêt infirmatif à la cour qui l'a rendu; par suite, la demande en validité des offres réelles qui ont été faites pour arriver à

l'exécution d'un arrêt infirmatif doit être portée devant la cour d'appel qui a rendu cet arrêt. — Req. 10 juin 1885, D.P. 86. 1. 222.
— V. *supra*, art. 472, n°s 6153 et s.

9325. — III. PROCÉDURE (C. proc. civ. n°s 19 et 20).

Art. 816. Le jugement qui déclarera les offres valables ordonnera, dans le cas où la consignation n'aurait pas encore eu lieu, que, faute par le créancier d'avoir reçu la somme ou la chose offerte, elle sera consignée; il prononcera la cessation des intérêts, du jour de la réalisation.

9326. Sur la consignation préalable à la distribution par contribution, V. *supra*, art. 667, n°s 8308 et s.

9327. Il peut être stipulé dans le cahier des charges que l'adjudicataire de l'immeuble saisi devra consigner le prix. — V. *supra*, art. 777, n°s 9046 et s.

9328. Sur la consignation nécessaire pour arrêter la revente sur folle enchère, V. *supra*, art. 738, n° 8763.

9329. Sur la consignation du prix opérée par le vendeur ou l'adjudicataire afin d'obtenir la radiation des inscriptions hypothécaires, V. *supra*, art. 777 et 778, n°s 9046 et s.

Art. 817. La consignation volontaire ou ordonnée sera toujours à la charge des oppositions, s'il en existe, et en les dénonçant au créancier.

Art. 818. Le surplus est réglé par les dispositions du Code civil, relatives aux offres de payement et à la consignation.

9330. Sur les dispositions générales relatives aux offres de paiement et la consignation, V. *Supplément au Code civil annoté*, art. 1257 à 1264, n°s 8128 et s.

TITRE II.

Du droit des propriétaires sur les meubles, effets et fruits de leurs locataires et fermiers, ou de la saisie-gagerie et de la saisie-arrêt sur débiteurs forains.

Art. 819. Les propriétaires et principaux

locataires de maisons ou biens ruraux, soit qu'il y ait bail, soit qu'il n'y en ait pas, peuvent, un jour après le commandement, et sans permission du juge, faire saisir-gager, pour loyers et fermages échus, les effets et fruits étant dans lesdites maisons ou bâtiments ruraux, et sur les terres.

Ils peuvent aussi faire saisir-gager à l'instant, en vertu de la permission qu'ils en auront obtenue, sur requête, du président du tribunal de première instance.

Ils peuvent aussi saisir les meubles qui garnissaient la maison ou la ferme, lorsqu'ils ont été déplacés sans leur consentement; et ils conservent sur eux leur privilège, pourvu qu'ils en aient fait la revendication, conformément à l'art. 2102 du Code civil.

9331. — I. Qui peut former une saisie-gagerie (C. proc. civ. n°s 2 à 12).

9332. — II. Baux à raison desquels on peut former une saisie-gagerie (C. proc. civ. n°s 11 et 12). — La saisie-gagerie n'est pas réservée exclusivement aux bailleurs porteurs de baux sous seings privés; les bailleurs même porteurs de baux notariés peuvent y recourir sans être tenus de procéder par voie de saisie-exécution. — Paris, 25 mai 1867, J.G.S. *Louage*, 493.

9333. — III. Causes de la saisie-gagerie (C. proc. civ. n°s 13 à 27). — La saisie-gagerie, qui a pour objet d'assurer l'efficacité du privilège concédé au propriétaire, peut être pratiquée pour toutes créances résultant du bail, notamment pour le remboursement des avances faites par le colon partiaire. — Alger, 23 juin 1873, D.P. 79. 2. 209-210. — V. *Code de procédure civile*, n° 22.

9334. Mais si la saisie-gagerie a été pratiquée pour le remboursement non encore exigible d'avances faites au colon partiaire, elle doit être annulée comme prématurée, et donne naissance à une action en dommages-intérêts contre le saisissant. — Même arrêt.

9335. Sont valables la saisie-arrêt et la saisie-gagerie qui ont pour cause non seulement le loyer d'un terrain auquel s'appliquait la réduction prononcée par le jury des loyers, mais encore l'indemnité d'occupation d'un terrain qualifiée indemnité de loyers par les juges. — Civ. r. 10 avr. 1876, D.P. 76. 1. 269.

9336. — IV. Biens susceptibles d'être saisis-gagés (C. proc. civ. n°s 28 à 44). — Lorsque les meubles garnissant la maison louée ont été déplacés sans le consentement du propriétaire, mais sont demeurés en la possession du locataire, le propriétaire qui veut exercer son privilège sur ces meubles procède à bon droit par la voie de la saisie-gagerie, conformément aux dispositions de l'art. 819 C. proc. civ., et non par la voie de la saisie-revendication; et lorsque le loyer n'excède pas 400 francs, le juge de paix est seul compétent pour autoriser et valider cette saisie. — Rennes, 26 févr. 1886, D.P. 91. 5. 470. — Riom, 7 août 1890, *ibid.* — Besançon, 1er mai 1891, *ibid.* — V. *Code de procédure civile*, n° 44; et *supra*, n° 119. — V. aussi *Supplément au Code civil annoté*, art. 2102, n°s 16212 et s.

9337. — V. Formalités préalables de la saisie-gagerie (C. proc. civ. n°s 42 à 45). — Le bailleur ne peut pas enlever au preneur en retard de payer son loyer les meubles garnissant les lieux loués, sans remplir les formalités prescrites par l'art. 819 C. proc. civ. pour la saisie-gagerie. — Civ. c. 14 mars 1883, D.P. 83. 1. 338.

9338. — VI. Autorisation du juge (C. proc. civ. n°s 46 à 53).

Art. 820. Peuvent les effets des sous-fermiers et sous-locataires, garnissant les lieux par eux occupés, et les fruits des terres qu'ils sous-louent, être saisis-gagés pour les loyers et fermages dus par le locataire ou fermier

de qui ils tiennent; mais ils obtiendront mainlevée en justifiant qu'ils ont payé sans fraude, et sans qu'ils puissent opposer les payements faits par anticipation.

9339. Le propriétaire qui poursuit un sous-locataire sans avoir traité avec lui exerce les droits du locataire principal, son débiteur, et si, dans le cas des art. 1753 C. civ. et 820 C. proc. civ., la loi lui ouvre un recours direct, elle n'établit à son profit, par les limites mêmes où elle circonscrit ce recours, qu'une subrogation spéciale aux droits du locataire principal. — Besançon, 11 mai 1854, D.P. 83. 2. 209, note *a*.

9340. L'huissier qui, chargé de saisir-gager les meubles d'un locataire principal, saisit ceux d'un sous-locataire, malgré la production de la quittance du prix de la sous-location, outre-passe son mandat et est responsable envers le propriétaire, son commettant, du préjudice occasionné par cette faute. — Req. 9 juill. 1879, D.P. 80. 1. 388.

Art. 821. La saisie-gagerie sera faite en la même forme que la saisie-exécution; le saisi pourra être constitué gardien; et s'il y a des fruits, ils seront faits la forme établie par le titre IX du livre précédent.

9341. — I. Formalités de la saisie-gagerie (C. proc. civ. n°s 1 à 13). — V. *supra*, liv. 5, art. 595 et s., n°s 8235 et s., et art. 626 et s., n°s 8284 et s.

9342. — II. Référé (C. proc. civ. n°s 14 à 22).

Art. 822. Tout créancier, même sans titre, peut, avec commandement préalable, mais avec permission du président du tribunal de première instance et même du juge de paix, faire saisir les effets trouvés dans la commune qu'il habite, appartenant à son débiteur forain.

9343. — I. Nature de la saisie-foraine (C. proc. civ. n°s 1 à 6). — On peut considérer comme un débiteur forain l'étranger qui, après avoir en France un établissement commercial important, s'est réfugié dans son pays d'origine pour se soustraire aux conséquences d'une condamnation correctionnelle par lui encourue. L'habitation antérieurement occupée par lui en France, est louée au nom de la maison séparée de celui-ci et garnie de meubles appartenant à celle-ci. — Civ. r. 9 août 1877, D.P. 78. 1. 150. — V. *Code de procédure civile*, n° 4.

9344. L'autorisation de faire saisir les effets appartenant à un débiteur forain et laissés par lui dans son ancienne résidence, comprend celle de faire saisir lesdits effets dans toute l'étendue de la commune où il résidait. — Civ. r. 7 août 1877, D.P. 78. 1. 150.

9345. — II. Formalités de la saisie-foraine (C. proc. civ. n°s 7 à 12).

Art. 823. Le saisissant sera gardien des effets, s'ils sont en ses mains; sinon, il sera établi un gardien.

Art. 824. Il ne pourra être procédé à la vente sur les saisies énoncées au présent titre, qu'après qu'elles auront été déclarées valables; le saisi, dans le cas de l'art. 821, le saisissant, dans le cas de l'art. 823, ou le gardien, s'il en a été établi, seront condamnés par corps à la représentation des effets.

9346. — I. Saisie-gagerie (C. proc. civ. n°s 1 à 12). — 1° Effets de la saisie-gagerie (C. proc. civ. n°s 1 et 2).

9347. — 2° Jugement en matière de saisie-gagerie (C. proc. civ. n°s 3 à 8). — Les dispositions relatives à la saisie-exécution, étant générales et de droit commun, doivent être étendues aux autres saisies de même nature, notamment à la saisie-gagerie qui produit tous les effets de la saisie-exécution, à la seule condition d'être ultérieurement ratifiée par le juge. — Caen, 28 mars 1887, D.P. 87. 2. 185.

9348. En conséquence, le tribunal compétent en matière de saisie-exécution étant celui du lieu où se poursuit l'exécution, on doit, par analogie, décider que le tribunal dans le ressort duquel cette saisie a été pratiquée est de la compétence du tribunal dans le ressort duquel cette saisie est pratiquée et que le tribunal du domicile du débiteur saisi est incompétent. — Arrêt préc. 28 mars 1887. — Caen, 10 mars 1881 et 24 oct. 1882, D.P. 87. 2. 185, note 1. — V. en sens contraire Trib. civ. de la Seine, 29 oct. 1875, *ibid.* — V. *Code de procédure civile*, n° 4.

9349. Le tribunal dans le ressort duquel la saisie a été pratiquée est également compétent pour connaître de l'action en payement de loyers ou fermages, lorsqu'il est nécessaire, pour valider la créance du bailleur. — Arrêt préc. 28 mars 1887.

9350. Suivant une opinion opposée à celle qu'a adoptée l'arrêt précité du 28 mars 1887, la saisie-gagerie est une mesure conservatoire et non une voie d'exécution forcée, et, par conséquent, elle ne saurait être considérée comme une saisie de même nature que la saisie-exécution. — Dissertation sous l'arrêt précité, D.P. 87. 2. 185, note 1.

9351. La saisie-gagerie a surtout pour objet de garantir au bailleur la conservation de son gage; mais, lorsqu'il entend réaliser ce gage, il faut qu'il poursuive la validité de sa saisie, et c'est ensuite seulement qu'il pourra vendre pour être payé sur le prix. — Même dissertation.

9352. — 3° Vente (C. proc. civ. n°s 9 à 12). — Le propriétaire qui, après avoir formé une saisie-gagerie pour son loyer verbal, ne poursuit pas dans un bref délai la vente et l'expulsion de ce dernier en suivant sur la saisie ou en se pourvoyant en référé, peut être condamné s'il a été établi, à une réduction du loyer dû à titre de dommages-intérêts. — Paris, 26 nov. 1874, D.P. 76. 1. 269.

9353. — II. Saisie foraine (C. proc. civ. n°s 13 à 16).

Art. 825. Seront, au surplus, observées les règles ci-devant prescrites pour la saisie-exécution, la vente et la distribution des deniers.

TITRE III.

De la saisie-revendication.

Art. 826. Il ne pourra être procédé à aucune saisie-revendication qu'en vertu d'ordonnance du président du tribunal de première instance rendue sur requête; et ce, à peine de dommages-intérêts tant contre la partie que contre l'huissier qui aura procédé à la saisie.

9354. — I. Qui peut exercer la saisie-revendication (C. proc. civ. n°s 2 à 4). — V. à cet égard *Supplément au Code civil annoté*, art. 2102, n°s 16212 et s.

9355. Le créancier qui a usé d'un droit en interjetant appel d'un jugement et en pratiquant une saisie-revendication sur les effets mobiliers de son débiteur, n'est passible envers celui-ci d'autres dommages-intérêts que des dépens de l'instance d'appel, alors qu'il résulte des appréciations souveraines des juges du fond que, dans l'exercice de son droit, il n'a commis aucune faute. — Civ. r. 20 mars 1878, D.P. 78. 1. 286.

9356. — II. CAS DE SAISIE-REVENDICATION (C. proc. civ. nos 3 à 9). — En ce qui concerne la revendication au cas de perte ou de vol d'un meuble, V. *Supplément* au *Code civil annoté*, art. 2279, nos 17844 et s., et art. 2280, nos 17856 et s.

9357. — III. ORDONNANCE PERMETTANT LA SAISIE-REVENDICATION (C. proc. civ. nos 10 à 13).

Art. 827. Toute requête à fin de saisie-revendication désignera sommairement les effets.

Art. 828. Le juge pourra permettre la saisie-revendication, même les jours de fête légale.

Art. 829. Si celui chez lequel sont les effets qu'on veut revendiquer refuse les portes ou s'oppose à la saisie, il en sera référé au juge; et cependant il sera sursis à la saisie, sauf au requérant à placer garnison aux portes.

Art. 830. La saisie-revendication sera faite en la même forme que la saisie-exécution; si ce n'est que chez celui où elle est faite pourra être constitué gardien.

Art. 831. La demande en validité de la saisie sera portée devant le tribunal du domicile de celui où elle est faite; et si elle est connexe à une instance déjà pendante, elle le sera au tribunal saisi de cette instance.

TITRE IV.

De la surenchère sur aliénation volontaire.

Art. 832. Les notifications et réquisitions prescrites par les art. 2183 et 2185 du Code civil seront faites par un huissier commis à cet effet, sur simple requête, par le président du tribunal de première instance de l'arrondissement où elles auront lieu; elles contiendront constitution d'avoué près le tribunal où la surenchère et l'ordre devront être portés.

L'acte de réquisition de mise aux enchères contiendra, avec l'offre et l'indication de la caution, assignation à trois jours devant le tribunal, pour la réception de cette caution, à laquelle il sera procédé comme en matière sommaire. Cette assignation sera notifiée au domicile de l'avoué constitué; il sera donné copie, en même temps, de l'acte de soumission de la caution et du dépôt au greffe des titres qui constatent sa solvabilité.

Dans le cas où le surenchérisseur donnerait un nantissement en argent ou en rentes sur l'État, à défaut de caution, conformément à l'art. 2041 du Code civil, il fera notifier avec son assignation copie de l'acte constatant la réalisation de ce nantissement.

Si la caution est rejetée, la surenchère sera déclarée nulle et l'acquéreur maintenu, à moins qu'il n'ait été fait d'autres surenchères par d'autres créanciers.

9358. — I. PAR QUI DOIT ÊTRE FAITE LA NOTIFICATION DE LA SURENCHÈRE (C. proc. civ. nos 1 à 7).

9359. — II. A QUI EST FAITE LA NOTIFICATION DE LA SURENCHÈRE (C. proc. civ. nos 8 à 27).

9360. — III. PRÉSENTATION D'UNE CAUTION (C. proc. civ. nos 28 à 48]. — 1° *Assignation* (C. proc. civ. nos 28 à 37).

9361. — 2° *Justification de la solvabilité de la caution* (C. proc. civ. nos 38 à 48). — Dans le cas de surenchère sur aliénation volontaire, la caution fournie à notifier, avec son assignation, copie de l'acte constatant la réalisation de son nantissement, ne s'applique pas à la caution du surenchérisseur; celle-ci, lorsqu'elle fournit un nantissement, n'est tenue de notifier, avec assignation, que la copie de l'acte constatant le dépôt au greffe des titres qui justifient sa solvabilité et dont fait partie le récépissé de la Caisse des consignations. — Arrêt préc. 15 mai 1877.

9362. La disposition de l'art. 832, § 3, C. proc. civ., qui oblige le créancier surenchérisseur sur aliénation volontaire à notifier, avec son assignation, copie de l'acte constatant la réalisation de son nantissement, ne s'applique pas à la caution du surenchérisseur; celle-ci, lorsqu'elle fournit un nantissement, n'est tenue de notifier, avec assignation, que la copie de l'acte constatant le dépôt au greffe des titres qui justifient sa solvabilité et dont fait partie le récépissé de la Caisse des consignations. — Req. 15 mai 1877, D.P. 77. 1. 397. — Req. 19 mai 1890, D.P. 91. 1. 370.

9363. La validité du nantissement fourni par la caution du surenchérisseur sur aliénation volontaire n'est pas subordonnée à l'accomplissement des formalités nécessaires pour que le gage confère un privilège au créancier gagiste. — D.P. 77. 1. 397, note 4.

9364. Le surenchérisseur ne peut, à défaut de caution, fournir son nantissement en obligations municipales; et la surenchère doit, en pareil cas, être annulée, alors même qu'un nantissement régulier et urgent aurait été fourni avant le prononcé du jugement sur la nullité, mais après l'expiration du délai de quarante jours fixé par l'art. 2185 C. civ. — Paris, 25 juin 1877, D.P. 78. 2. 246.

9365. Jugé également qu'à défaut d'une garantie en immeubles ou d'un nantissement en argent ou en rentes sur l'État, la caution offerte par le surenchérisseur ne pourrait donner en nantissement des bons du Trésor. — Bordeaux, 23 nov. 1888, D.P. 90. 2. 149.

9366. En cas de vente volontaire d'immeubles, la solvabilité de la caution fournie par le créancier surenchérisseur doit être établie à peine de nullité de la surenchère elle-même, dans le délai de quarante jours fixé par l'art. 2185. — Civ. c. 17 août 1869, D.P. 69. 1. 464-465. — Bussieron, 16 mars 1877, D.P. 77. 2. 492. — V. *Code de procédure civile*, nos 46 et 47.

Art. 833. Lorsqu'une surenchère aura été notifiée avec assignation dans les termes de l'art. 832 ci-dessus, chacun des créanciers inscrits aura le droit de se faire subroger à la poursuite, si le surenchérisseur ou le nouveau propriétaire ne donne pas suite à l'action dans le mois de la surenchère.

La subrogation sera demandée par simple requête en intervention, et signifiée d'avoué à avoué.

Le même droit de subrogation reste ouvert au profit des créanciers inscrits, lorsque, dans le cours de la poursuite, il y a collusion, fraude ou négligence de la part du poursuivant.

Dans tous les cas ci-dessus, la subrogation aura lieu aux risques et périls du surenchérisseur, sa caution continuant à être obligée.

9367. — I. SUBROGATION A LA POURSUITE (C. proc. civ. nos 1 à 6).

9368. — II. DÉSISTEMENT (C. proc. civ. nos 7 et 8).

Art. 834. Les créanciers qui, ayant une hypothèque aux termes des art. 2123, 2127 et 2128 du Code civil, n'auront pas fait inscrire leurs titres antérieurement aux aliénations des immeubles hypothéqués, ne seront reçus à requérir la mise aux enchères, conformément aux dispositions du chapitre VIII, titre XVIII du livre III du Code civil, qu'en justifiant de l'inscription qu'ils auront prise depuis l'acte translatif de propriété, et au plus tard dans la quinzaine de la transcription de cet acte.

Il en sera de même à l'égard des créanciers ayant privilège sur les immeubles, sans préjudice des autres droits résultant au vendeur et aux héritiers, des art. 2108 et 2109 du Code civil.

Art. 835. Dans le cas de l'article précédent, le nouveau propriétaire n'est pas tenu de faire aux créanciers dont l'inscription n'est pas antérieure à la transcription de l'acte, les significations prescrites par les art. 2183 et 2184 du Code civil; et, dans tous les cas, faute par les créanciers d'avoir requis la mise aux enchères dans le délai et les formes prescrits, le nouveau propriétaire sera tenu que du payement du prix, conformément à l'art. 2186 du Code civil.

9369. Les art. 834 et 835 ont été abrogés par l'art. 6 de la loi du 23 mars 1855. — D.P. 55. 4. 27.

Art. 836. Pour parvenir à l'acte de revente surenchère prévue par l'art. 2187 du Code civil, le poursuivant fera imprimer des placards qui contiendront:

1° La date et l'acte d'aliénation sur lequel la surenchère a été faite, le nom du notaire qui l'aura reçu ou de tout autre autorité appelée à sa confection;

2° Le prix énoncé dans l'acte, s'il s'agit d'une vente, ou l'évaluation donnée aux immeubles dans la notification aux créanciers inscrits, s'il s'agit d'un échange ou d'une donation;

3° Le montant de la surenchère;

4° Les noms, professions, domiciles du précédent propriétaire, de l'acquéreur ou donataire, du surenchérisseur, ainsi que du créancier qui lui est subrogé dans le cas de l'art. 833;

5° L'indication sommaire de la nature et la situation des biens aliénés;

6° Le nom et la demeure de l'avoué constitué pour le poursuivant;

7° L'indication du tribunal où la surenchère se poursuit, ainsi que des jour, lieu et heure de l'adjudication.

Ces placards seront apposés, quinze jours au moins et trente jours au plus avant l'adjudication, à la porte du domicile de l'ancien propriétaire et aux lieux désignés dans l'art. 699 du présent Code.

Dans le même délai, l'insertion des énonciations qui précèdent sera faite dans le journal désigné en exécution de l'art. 696, et le tout constaté comme il est dit dans les art. 698 et 699.

Art. 837. Quinze jours au moins et trente jours au plus avant l'adjudication, sommation sera faite à l'ancien et nouveau propriétaire d'assister à cette adjudication, au lieu, jour et heure indiqués. Pareille sommation sera au créancier surenchérisseur, si c'est le nouveau propriétaire ou un autre créancier subrogé qui poursuit.

Dans le même délai, l'acte d'aliénation sera déposé au greffe et tiendra lieu de minute d'enchère.

Le prix porté dans l'acte ou la valeur déclarée et le montant de la surenchère tiendront lieu d'enchère.

9370. — I. Dépôt au greffe de l'acte d'aliénation (C. proc. civ. nos 4 à 6).

9371. — II. Dépôt d'un cahier des charges (C. proc. civ. nos 7 à 11).

Art. 838. Le surenchérisseur, même au cas de subrogation à la poursuite, sera déclaré adjudicataire si, au jour fixé pour l'adjudication, il ne se présente pas d'autre enchérisseur.

Sont applicables au cas de surenchère les art. 701, 702, 705, 706, 707, 711, 712, 713, 717, 731, 732, 733 du présent Code, ainsi que les art. 734 et suivants, relatifs à la folle enchère.

Les formalités prescrites par les art. 705 et 706, 832, 836 et 837, seront observées à peine de nullité.

Les nullités devront être proposées, à peine de déchéance, savoir : celles qui concerneront la déclaration de surenchère et l'assignation, avant le jugement qui doit statuer sur la réception de la caution ; celles qui seront relatives aux formalités de la mise en vente, trois jours au moins avant l'adjudication ; il sera statué sur les premières par le jugement de réception de la caution, et sur les autres avant l'adjudication, et, autant que possible, par le jugement même de cette adjudication.

Aucun jugement ou arrêt par défaut en matière de surenchère sur aliénation volontaire ne sera susceptible d'opposition.

Les jugements qui statueront sur les nullités antérieures à la réception de la caution, ou sur la réception même de cette caution, et ceux qui prononceront sur la demande en subrogation intentée pour collusion ou fraude, seront seuls susceptibles d'être attaqués par la voie de l'appel.

L'adjudication par suite de surenchère sur aliénation volontaire ne pourra être frappée d'aucune autre surenchère.

Les effets de l'adjudication en la suite de surenchère sur aliénation volontaire seront réglés, à l'égard du vendeur et de l'adjudicataire, par les dispositions de l'art. 717 ci-dessus. Néanmoins, après le jugement d'adjudication par suite de surenchère, la purge des hypothèques légales, si elle n'a pas eu lieu, se fait comme au cas d'aliénation volontaire, et les droits des créanciers à hypothèques légales par le dernier alinéa de l'art. 772 (L. 21 mai 1858) (1).

9372. — I. Demande en résolution de la vente (C. proc. civ. nos 1 et 2).

9373. — II. Nullités de la procédure de surenchère (C. proc. civ. nos 3 à 16). — La disposition de l'art. 838 C. proc. civ., aux termes de laquelle l'adjudication par suite de surenchère sur aliénation volontaire ne peut être frappée d'aucune autre surenchère, est générale et absolue, et par conséquent exclusive de toute exception. — Req. 21 oct. 1889, D.P. 90, 1. 11.

9374. Dès lors, bien que l'adjudication sur surenchère du sixième ait été suivie d'une adjudication sur folle enchère, il n'en demeure pas moins vrai que les créanciers inscrits ne peuvent venir ensuite surenchérir du dixième. — Même arrêt.

9375. On prétendrait vainement que l'adjudication sur folle enchère a pour résultat de faire considérer la surenchère du sixième comme n'ayant jamais existé, alors qu'il est constant, au contraire, que cette surenchère continue à produire certains effets, puis-

qu'elle oblige notamment le fol enchérisseur à payer la différence entre son prix et celui de la revente sur folle enchère. — Même arrêt.

9376. — III. Adjudication après surenchère (C. proc. civ. nos 17 à 25).

9377. — IV. Effets de l'adjudication par surenchère (C. proc. civ. nos 26 à 33). — L'adjudication sur surenchère a pour effet de résoudre le contrat antérieur de vente volontaire, de faire évanouir la propriété du tiers détenteur et de faire succéder directement, sans intermédiaire, l'adjudicataire au débiteur hypothécaire. — Req. 13 déc. 1887, D.P. 88. 1. 337, et la dissertation de M. Glasson sous cet arrêt. — V. *Code de procédure civile*, no 26.

9378. En conséquence, les droits réels qui existaient sur l'immeuble vendu au profit de l'acquéreur, avant son acquisition, d'abord paralysés par la confusion résultant de cette acquisition, doivent ensuite renaître après la résolution de cette vente. — Même arrêt.

9379. Mais cette règle n'est pas applicable à un bail stipulé avant la vente par le vendeur au profit de l'acquéreur dont le droit est résolu, lorsque l'intention contraire des parties ressort des circonstances de la cause, notamment lorsqu'il est établi que le débiteur hypothécaire vendeur et l'acheteur surenchéri ont d'abord fait un bail conditionnel et résoluble de plein droit dans la prévision d'une vente dont l'immeuble ferait l'objet au profit soit du preneur, soit d'un tiers, qu'il y a eu réalisation de cette condition et annulation du bail par consentement mutuel. — Même arrêt.

9380. L'adjudication sur surenchère, en cas d'aliénation volontaire, lorsqu'elle a lieu au profit de l'acquéreur primitif, confirme les droits déjà acquis par cet acquéreur, qui est réputé n'avoir jamais cessé d'être propriétaire à partir de la première adjudication. — Besançon, 14 déc. 1877, D.P. 78. 2. 55, et, sur pourvoi, Civ. r. 9 févr. 1881, D.P. 81. 1. 208. — C. de la Martinique, 9 déc. 1878, D.P. 80. 2. 34.

9381. Il n'en résulte, dès lors, aucune novation de la dette originairement contractée par ledit acquéreur. — Arrêt préc. 9 févr. 1881.

9382. Par suite, les fruits récoltés dans l'intervalle des deux ventes appartiennent à cet acquéreur et non aux créanciers inscrits sur l'immeuble. — Arrêt préc. 9 déc. 1878. — V. *Code de procédure civile*, art. 838, nos 30 et s.

TITRE V.

Des voies à prendre pour avoir expédition ou copie d'un acte, ou pour le faire réformer.

Art. 839. Le notaire ou autre dépositaire qui refusera de délivrer expédition ou copie d'un acte aux parties intéressées en nom direct, héritiers ou ayants-droit, y sera condamné, et non par suite, sur assignation à bref délai, donnée en vertu de permission du président du tribunal de première instance, sans préliminaire de conciliation.

9383. — I. Actes notariés (C. proc. civ. nos 1 à 8). — Sur le point de savoir quelles sont les parties intéressées à prendre connaissance d'un acte notarié, V. *Supplément* au *Code civil annoté*, nos 8537 et s.

9384. — II. Actes du pouvoir exécutif (C. proc. civ. no 9).

9385. — III. Actes du greffe (C. proc. civ. no 10).

Art. 840. L'affaire sera jugée sommairement, et le jugement exécuté nonobstant opposition ou appel.

Art. 841. La partie qui voudra obtenir copie d'un acte non enregistré ou même resté imparfait présentera sa requête au président du tribunal de première instance, sauf l'exécution des lois et règlements relatifs à l'enregistrement.

9386. — I. Acte imparfait (C. proc. civ. nos 1 à 5).

9387. — II. Actes non enregistrés (C. proc. civ. nos 6 à 8).

Art. 842. La délivrance sera faite, s'il y a lieu, en exécution de l'ordonnance mise ensuite de la requête ; et il en sera fait mention au bas de la copie délivrée.

Art. 843. En cas de refus de la part du notaire ou dépositaire, il en sera référé au président du tribunal de première instance.

Art. 844. La partie qui voudra se faire délivrer une seconde grosse, soit d'une minute d'acte, soit par forme d'ampliation sur une grosse déposée, présentera, à cet effet, requête au président du tribunal de première instance : en vertu de l'ordonnance qui interviendra, elle fera sommation au notaire pour faire la délivrance à jour et heure indiqués et aux parties intéressées pour y être présentes ; mention sera faite de cette ordonnance au bas de la seconde grosse, ainsi que de la somme pour laquelle on pourra exécuter, si la créance est acquittée ou cédée en partie.

Art. 845. En cas de contestation, les parties se pourvoiront en référé.

Art. 846. Celui qui, dans le cours d'une instance, voudra se faire délivrer expédition ou extrait d'un acte dans lequel il n'aura pas été partie, se pourvoira ainsi qu'il va être réglé.

9388. — I. Actes qui peuvent faire l'objet d'un compulsoire (C. proc. civ. nos 2 à 21).
— 1o *Actes authentiques* (C. proc. civ. nos 3 à 11). — Les actes du pouvoir exécutif ne peuvent être considérés comme des actes reçus par des officiers publics, et les parties intéressées ne peuvent contraindre, en vertu de l'art. 839 C. proc. civ., ceux des fonctionnaires qui en sont dépositaires à leur en délivrer expédition. — J.G.S. Compulsoire, 2.

9389. Le chef de l'État, les ministres, les représentants les plus élevés du pays, ne sauraient se faire délivrer expédition ou copie ou expédition de titres aux parties intéressées, et il est évident que la procédure du compulsoire ne peut les concerner. — J.G.S. Compulsoire, 2.

9390. Le secret professionnel interdit aux notaires de donner connaissance des actes dont ils sont dépositaires à d'autres qu'aux parties intéressées en nom direct, à leurs héritiers ou ayants-cause. — Req. 3 déc. 1884, D.P. 85. 1. 360. — V. *Code de procédure civile*, no 7.

9391. Par suite, les tribunaux ne peuvent ordonner, en faveur d'un intérêt privé, la communication générale, par la voie du greffe, soit des minutes dressées par un notaire pendant tout le temps ou une certaine période de son exercice, soit des registres de son étude, brouillard ou livre de caisse, qui reproduisent, pendant le laps de temps, l'ensemble et le détail des opérations de l'étude. — Même arrêt. — V. *Code de procédure civile*, no 9.

---

(1) *Ancien art.* 838. L'acte d'aliénation tiendra lieu de minute d'enchère. Le prix porté dans l'acte et la somme de la surenchère, tiendront lieu d'enchère.

9392. ... Alors même que ces registres devraient être examinés seulement *parte in quâ*, si aucune mesure n'est prise pour en restreindre l'examen aux seuls documents que les parties ont intérêt à connaître. — *Même arrêt.*

9393. — 2° *Actes en brevet; actes sous seing privé* (C. proc. civ. nᵒˢ 12 à 21). — La demande ou compulsoire tendant à permettre à un particulier de fouiller les dépêches transmises par un bureau télégraphique et de prendre connaissance de ces dépêches dans son seul intérêt privé, doit être repoussée, comme tendant à l'obtention d'une mesure illégale. — Pau, 2 janv. 1888, D.P. 89. 2. 131. — Comp. *Code de procédure civile*, nᵒ 18.

9394. Il n'existe que deux exceptions au principe de l'inviolabilité du secret des actes sous seing privé : ... 1° en matière correctionnelle ou criminelle, lorsque les pièces et papiers du prévenu peuvent conduire à la manifestation de la vérité, on procède à leur recherche par voie de perquisition à domicile. — V. *Code d'instr. crim. annoté*, art. 36.

9395. ... 2° En matière commerciale, dans le cours d'une contestation, le juge peut ordonner, en certains cas et même d'office, la représentation des livres d'un négociant. — V. *Code de commerce annoté*, art. 14, 15 et 496, et son *Supplément*.

9396. Sur le compulsoire consistant dans la vérification des registres d'un commerçant qui demande son admission au passif d'une faillite. — V. *Code de commerce annoté*, art. 476, et son *Supplément*.

9397. — II. QUI PEUT DEMANDER UN COMPULSOIRE (C. proc. civ. nᵒˢ 22 à 26).

9398. — III. POUVOIR DU JUGE (C. proc. civ. nᵒˢ 27 et 28). — Le juge apprécie souverainement l'utilité de la mesure qui est sollicitée de lui ; en conséquence, il a le droit d'exiger de la partie qui demande un compulsoire des renseignements exacts et précis sur la nature de l'acte à produire. — J.G.S. *Compulsoire*, 6.

9399. Décidé également que le juge n'a point à ordonner la communication d'une pièce lorsqu'il se trouve suffisamment éclairé, et que, d'ailleurs, le plaideur peut se procurer cette pièce par voie de compulsoire. — Lyon, 6 févr. 1890, D.P. 91. 2. 377.

Art. 847. La demande à fin de compulsoire sera formée par requête d'avoué à avoué : elle sera portée à l'audience sur un simple acte, et jugée sommairement sans aucune procédure.

Art. 848. Le jugement sera exécutoire, nonobstant appel ou opposition.

Art. 849. Les procès-verbaux de compulsoire ou collation seront dressés et l'expédition ou copie délivrée au notaire ou dépositaire, à moins que le tribunal n'ait ordonné qu'il serait commis un de ses membres, ou tout autre juge du tribunal de première instance, ou un autre notaire.

Art. 850. Dans tous les cas, les parties pourront assister au procès-verbal, et y insérer tels dires qu'elles aviseront.

Art. 851. Si les frais et déboursés de la minute de l'acte sont dus au dépositaire, il pourra exiger l'expédition tant qu'il ne sera pas payé desdits frais, entre celui et l'expédition.

Art. 852. Les parties pourront collationner l'expédition ou copie à la minute, dont lecture sera faite par le dépositaire : si elles prétendent qu'elles ne sont pas conformes, il en sera référé à jour indiqué par le procès-verbal, au président du tribunal, lequel fera

la collation ; à cet effet, le dépositaire sera tenu d'apporter la minute.
Les frais du procès-verbal, ainsi que ceux du transport du dépositaire, seront avancés par le requérant.

Art. 853. Les greffiers et dépositaires des registres publics en délivreront, sans ordonnance de justice, expédition, copie ou extrait à tous requérants, à la charge de leurs droits, à peine de dépens, dommages et intérêts.

9400. — I. JUGEMENTS ET ACTES DONT L'EXPÉDITION PEUT ÊTRE DÉLIVRÉE (C. proc. civ. nᵒˢ 1 à 5).

9401. — II. DÉLIVRANCE DES EXPÉDITIONS PAR LES GREFFIERS (C. proc. civ. nᵒˢ 6 à 21).

9402. — III. PROCÉDURE EN CAS DE REFUS DU GREFFIER (C. proc. civ. nᵒˢ 22 et 23).

Art. 854. Une seconde expédition exécutoire d'un jugement ne sera délivrée à la même partie qu'en vertu d'ordonnance du président du tribunal où il aura été rendu.
Seront observées les formalités prescrites pour la délivrance des secondes grosses des actes devant notaires.

Art. 855. Celui qui voudra faire ordonner la rectification d'un acte de l'état civil présentera requête au président du tribunal de première instance.

Art. 856. Il y sera statué sur rapport et sur les conclusions du ministère public. Les juges ordonneront, s'ils l'estiment convenable, que les parties intéressées seront appelées, et que le conseil de famille sera préalablement convoqué.
S'il y a lieu d'appeler les parties intéressées, la demande sera formée par exploit, sans préliminaire de conciliation.
Elle le sera par acte d'avoué, si les parties sont en instance.

9403. La chambre du conseil est compétente pour opérer, en matière d'actes de l'état civil, des rectifications qui, réparant des erreurs ou omissions matérielles, ne soulèvent aucune question d'état. — Alger, 16 déc. 1878, J.G.S. *Actes de l'état civil*, 119. — V. *Code de procédure civile*, nᵒ 5.

9404. Mais, si la rectification demandée implique directement ou indirectement une réclamation d'état, la compétence du tribunal constitué en chambre du conseil cesse ; les parties doivent alors, au lieu de procéder par voie de simple requête, suivre les formes ordinaires et introduire une action judiciaire portée devant le tribunal civil statuant en matière contentieuse qui jugera en audience publique. — Arrêt préc. 16 déc. 1878. — Chambéry, 20 juill. 1883, J.G.S. *Actes de l'état civil*, 119.

Art. 857. Aucune rectification, aucun changement, ne pourront être faits sur l'acte ; mais les jugements de rectification seront inscrits sur les registres en marge de l'acte réformé, aussitôt qu'ils lui auront été remis : mention en sera faite en marge de l'acte réformé ; et l'acte ne sera plus délivré qu'avec les rectifications ordonnées, à peine de tous dommages-intérêts contre l'officier qui l'aurait délivré.

Art. 858. Dans le cas où il n'y aurait d'autre partie que le demandeur en rectification, et où il croirait avoir à se plaindre du jugement, il pourra, dans les trois mois depuis la date de ce jugement, se pourvoir à la cour d'appel, en présentant au président une requête, sur laquelle sera indiqué un jour auquel il sera statué à l'audience sur les conclusions du ministère public.

9405. La loi du 3 mai 1862, en restreignant le délai de l'appel à deux mois, n'a pas modifié la disposition spéciale de l'art. 858 C. proc. civ. relatif à l'appel des jugements qui statuent sur les demandes en rectification de l'état civil. — Bordeaux, 15 févr. 1888, D.P. 89. 2. 197. — *Contra* : Observ. sous cet arrêt, D.P. 89. 2. 197, note I.

9406. En conséquence l'appel de ces jugements peut être interjeté pendant un délai de trois mois à partir du jour où ils ont été prononcés. — Même arrêt.

TITRE VI.

De quelques dispositions relatives à l'envoi en possession des biens d'un absent.

Art. 859. Dans le cas prévu par l'art. 112 du Code civil, et pour y faire statuer, il sera présenté requête au président du tribunal. Sur cette requête, à laquelle seront jointes les pièces et documents, le président commettra un juge pour faire le rapport au jour indiqué ; et le jugement sera prononcé après avoir entendu le procureur de la République.

Art. 860. Il sera procédé de même dans le cas où il s'agirait de l'envoi en possession provisoire autorisé par l'art. 120 du Code civil.

9407. Sur l'instance et le jugement d'envoi en possession provisoire, V. *Supplément au Code civil annoté*, art. 120, nᵒˢ 908 et s.

TITRE VII.

Autorisation de la femme mariée.

Art. 861. La femme qui voudra se faire autoriser à la poursuite de ses droits, après avoir fait une sommation à son mari, et sur le refus par lui fait, présentera requête au président, qui rendra ordonnance portant permission de citer le mari, à jour indiqué, à la chambre du conseil, pour déduire les causes de son refus.

9408. — I. SOMMATION AU MARI D'ACCORDER SON AUTORISATION (C. proc. civ. nᵒˢ 3 à 30). — 1° *Femme demanderesse ou intervenante* (C. proc. civ. nᵒˢ 3 à 17). — Une femme mariée peut être autorisée pour l'accomplissement des formalités prescrites par les art. 861 et suiv. (C. proc. civ.), à intervenir dans une instance d'appel où son mari est présent et a été entendu, alors d'ailleurs que l'intervention présente un caractère d'urgence et constitue bien moins une demande principale qu'une formalité accessoire pour régulariser la procédure. — Montpellier, 18 mai 1874, J.G.S. *Mariage*, 503.

9409. Jugé dans le même sens que, pour

obtenir l'autorisation d'appeler d'un jugement rendu contre elle et au profit de son mari, la femme n'est point tenue de procéder ainsi qu'il est prescrit par les art. 861 et suiv. C. proc. civ., mais peut demander directement l'autorisation à la cour saisie de son appel. — Paris, 6 juin 1882, J.G.S. *Mariage*, 503.

9410. — B. *Mari incapable* (C. proc. civ. n°s 18 à 20).

9411. — 2° *Femme défenderesse* (C. proc. civ. n°s 21 à 30).

9412. — II. TRIBUNAL COMPÉTENT POUR ACCORDER L'AUTORISATION (C. proc. civ. n°s 31 à 45).

Art. 862. Le mari entendu, ou faute par lui de se présenter, il sera rendu, sur les conclusions du ministère public, jugement qui statuera sur la demande de la femme.

9413. — I. JUGEMENT STATUANT SUR LA DEMANDE D'AUTORISATION (C. proc. civ. n°s 1 à 10). — Les conclusions du ministère public sur la demande d'autorisation d'ester en justice formée par la femme contre son mari, peuvent, sans qu'il y ait nullité, être données en audience publique, conformément à la règle générale posée par l'art. 112 C. proc. civ. — Req. 9 juill. 1879, D.P. 80, 1, 178. — V. *Code de procédure civile*, n°s 5 et s.

9414. — II. APPEL (C. proc. civ. n°s 11 à 17).

Art. 863. Dans le cas de l'absence présumée du mari, ou lorsqu'elle aura été déclarée, la femme qui voudra se faire autoriser à la poursuite de ses droits présentera également requête au président du tribunal, qui ordonnera la communication au ministère public, et commettra un juge pour faire son rapport à jour indiqué.

Art. 864. La femme de l'interdit se fera autoriser en la forme prescrite par l'article précédent ; elle joindra à sa requête le jugement d'interdiction.

TITRE VIII.

Des séparations de biens.

Art. 865. Aucune demande en séparation de biens ne pourra être formée sans une autorisation préalable, que le président du tribunal devra donner sur la requête qui lui sera présentée à cet effet. Pourra néanmoins le président, avant de donner l'autorisation, faire les observations qui lui paraîtront convenables.

9415. — I. AUTORISATION DU PRÉSIDENT (C. proc. civ. n°s 1 à 10).

9416. — II. ASSIGNATION DU MARI (C. proc. civ. n°s 11 à 14).

9417. — III. COMPÉTENCE (C. proc. civ. n°s 15 à 18). — V. aussi *Supplément au Code civil annoté*, art. 14, n°s 532 et s.

Art. 866. Le greffier du tribunal inscrira, sans délai, dans un tableau placé à cet effet dans l'auditoire, un extrait de la demande en séparation, lequel contiendra :

1° La date de la demande ;

2° Les noms, prénoms, profession et demeure des époux ;

3° Les noms et demeure de l'avoué constitué, qui sera tenu de remettre, à cet effet, ledit extrait au greffier, dans les trois jours de la demande.

Art. 867. Pareil extrait sera inséré dans des tableaux placés, à cet effet, dans l'auditoire du tribunal de commerce, dans les chambres d'avoués de première instance et dans celles des notaires, le tout dans les lieux où il y en a : lesdites insertions seront certifiées par les greffiers et par les secrétaires des chambres.

Art. 868. Le même extrait sera inséré, à la poursuite de la femme, dans l'un des journaux qui s'impriment dans le lieu où siège le tribunal ; et s'il n'y en a pas, dans l'un de ceux établis dans le département, s'il y en a. Ladite insertion sera justifiée ainsi qu'il est dit au titre de la *Saisie immobilière*, art. 696.

Art. 869. Il ne pourra être, sauf les actes conservatoires, prononcé, sur la demande en séparation, aucun jugement qu'un mois après l'observation des formalités ci-dessus prescrites, et qui seront observées à peine de nullité, laquelle pourra être opposée par le mari ou par ses créanciers.

9418. — I. DÉLAI DU JUGEMENT (C. proc. civ. n°s 1 à 3).

9419. — II. NULLITÉS (C. proc. civ. n°s 4 à 7).

9420. — III. MESURES CONSERVATOIRES (C. proc. civ. n°s 8 à 20). — En ce qui concerne la collocation de la femme demanderesse en séparation au lieu de son mari, V. *Supplément au Code civil annoté*, art. 2195, n°s 16976 et s.

9421. — IV. PENSION ALIMENTAIRE ET PROVISION (C. proc. civ. n°s 21 et 22).

Art. 870. L'aveu du mari ne fera pas preuve, lors même qu'il n'y aurait pas de créanciers.

9422. — I. PREUVES (C. proc. civ. n°s 1 à 3).

9423. — II. COMMUNICATION AU MINISTÈRE PUBLIC (C. proc. civ. n°s 4 et 5).

9424. — III. DÉSISTEMENT (C. proc. civ. n°s 6 et 7).

Art. 871. Les créanciers du mari pourront, jusqu'au jugement définitif, sommer l'avoué de la femme, par acte d'avoué à avoué, de leur communiquer la demande en séparation et les pièces justificatives, même intervenir pour la conservation de leurs droits, sans préliminaire de conciliation.

Art. 872. Le jugement de séparation sera lu publiquement, l'audience tenante, au tribunal de commerce du lieu ; et un extrait de ce jugement, contenant la date, la désignation du tribunal où il a été rendu, les noms, prénoms, profession et demeure des époux, sera inséré sur un tableau à ce destiné exposé pendant un an dans l'auditoire des tribunaux de première instance et de commerce du domicile du mari, même lorsqu'il ne sera pas négociant ; et s'il n'y a pas de tribunal de commerce, dans la principale salle de la maison commune du domicile du mari. Pareil extrait sera inséré au tableau exposé dans la chambre des avoués et notaires, s'il y en a. La femme ne pourra commencer l'exécution du jugement que du jour où les formalités ci-dessus auront été remplies, sans que néanmoins il soit nécessaire d'attendre l'expiration du susdit délai d'un an. Le tout sans préjudice des dispositions portées en l'art. 1445 du Code civil.

9425. — I. JUGEMENT DE SÉPARATION DE BIENS (C. proc. civ. n°s 1 à 4).

9426. — II. PUBLICITÉ DU JUGEMENT DE SÉPARATION DE BIENS (C. proc. civ. n°s 5 à 24). — 1° *Lecture au tribunal de commerce* (C. proc. civ. n°s 10 à 13).

9427. — 2° *Affiche dans l'auditoire des tribunaux civils et de commerce* (C. proc. civ. n°s 14 à 19). — Les formalités prescrites par l'art. 872 C. proc. civ. pour la publication du jugement de séparation de biens, et spécialement l'obligation d'afficher ce jugement dans la principale salle de la maison commune du domicile du mari, s'il n'y a pas de tribunal de commerce au lieu de ce domicile, sont prescrites à peine de nullité. — Alger, 5 juin 1874, D.P. 78, 2, 9.

9428. Le jugement de séparation de biens doit être affiché dans la principale salle de la maison commune du domicile du mari, toutes les fois qu'il n'y a pas de tribunal de commerce au lieu de ce domicile, et alors même qu'il y siégerait un tribunal civil faisant fonction de tribunal de commerce ; l'affiche apposée dans l'auditoire de ce tribunal ne remplace pas valablement celle qui doit être apposée dans la maison commune. — Même arrêt. — V. *Code de procédure civile*, n° 16.

9429. — 3° *Affiche aux chambres des avoués et notaires* (C. proc. civ. n°s 20 à 24).

9430. — III. NULLITÉ RÉSULTANT DU DÉFAUT DE PUBLICITÉ DU JUGEMENT (C. proc. civ. n°s 25 à 32).

9431. — IV. PUBLICITÉ DU JUGEMENT DE SÉPARATION DE CORPS OU DE DIVORCE (C. proc. civ. n°s 33 à 35). — En ce qui concerne la publicité du jugement de divorce, V. J.G.S. *Divorce et séparation de corps*, 514 et s.

9432. En ce qui touche la publicité du jugement de séparation de corps ou de divorce entre conjoints dont l'un est commerçant, V. *Code de commerce annoté*, art. 66, et son *Supplément*.

Art. 873. Si les formalités prescrites au présent titre ont été observées, les créanciers du mari ne seront plus reçus, après l'expiration du délai dont il s'agit dans l'article précédent, à se pourvoir par tierce opposition contre le jugement de séparation.

9433. — I. DÉLAI DU RECOURS LORSQUE LES FORMALITÉS ONT ÉTÉ OBSERVÉES (C. proc. civ. n°s 1 à 15). Dans l'hypothèse où les formalités prescrites par la loi pour la séparation de biens ont été observées, l'art. 873 C. proc. civ. dispose que les créanciers du mari ne seront plus reçus après le délai d'un an à se pourvoir par tierce opposition contre le jugement de séparation. Ce délai court du jour de la publication du jugement ordonnée par l'art. 872 C. proc. civ. — J.G.S. *Contr. de mar.*, 668.

9434. — II. DÉLAI DU RECOURS DANS LE CAS OÙ LES FORMALITÉS N'ONT PAS ÉTÉ OBSERVÉES (C. proc. civ. n°s 16 à 23). — Lorsque la séparation de biens est irrégulière en la forme, c'est-à-dire lorsqu'elle est attaquée par omission d'une des formalités prescrites par la loi à peine de nullité, il résulte, par *a contrario*, de l'art. 873 C. proc. civ. que la prescription d'une année édictée par cet article n'est pas applicable. — J.G.S. *Contr. de mar.*, 670. — V. *Code de procédure civile*, n° 17.

9435. Ainsi les créanciers du mari sont recevables, même après l'expiration du délai d'une année qui leur est accordé pour former tierce-opposition au jugement de séparation de biens, à demander la nullité de ce jugement en se fondant sur l'interruption des poursuites exercées par la femme. — Req. 28 avr. 1879, D.P. 79, 1, 301. — V. *Code de procédure civile*, n° 17.

9436. ... Alors surtout que cette interruption ne s'est produite et n'a pu être constatée qu'après l'expiration du délai fixé par l'art. 873 C. proc. civ. — Même arrêt,

9437. Et leur action en nullité peut être portée, par voie d'exception, devant le tribunal saisi d'une demande de la femme tendant à obtenir collocation, pour le solde de ses reprises, sur le prix d'immeubles ayant appartenu à son mari. — Même arrêt.

9438. Suivant une opinion, on doit distinguer si les formalités qui n'ont pas été observées sont antérieures ou postérieures au jugement de séparation : s'il s'agit de formalités antérieures au jugement, la tierce opposition des créanciers sera recevable pendant trente ans; mais, s'il s'agit de formalités postérieures au jugement, du défaut des publications ou de l'exécution que la loi exige, la nullité sera de droit et les créanciers pourront l'invoquer en tout temps, même après trente ans. — J.G.S. Contr. de mar., 670. — V. Code de procédure civile, n° 22.

9439. D'après une autre opinion, au contraire, tant que le jugement de séparation de biens n'a pas été annulé par application de l'art. 1444, on ne peut le considérer comme inexistant, et, pour le faire annuler, les créanciers doivent nécessairement y former tierce opposition. Si donc leur action en nullité n'est plus limitée à un an par l'art. 873 C. proc. civ., elle est alors soumise au droit commun, suivant lequel toutes les actions se prescrivent par trente ans. — J.G.S. Contr. de mar., 670. — V. Code de procédure civile, n° 21.

Art. 874. La renonciation de la femme à la communauté sera faite au greffe du tribunal saisi de la demande en séparation.

TITRE IX

De la séparation de corps et du divorce.

Art. 875. L'époux qui voudra se pourvoir en séparation de corps sera tenu de se porter au président du tribunal de son domicile, requête contenant sommairement les faits; il y joindra les pièces à l'appui, s'il y en a.

9440. Le législateur, en rétablissant le divorce par la loi du 27 juill. 1884 (D.P. 84. 4. 97), a voulu que les nouveaux articles 236 à 244 C. civ. fussent applicables à la séparation de corps ainsi bien qu'au divorce. — Rapport suppl. au Sénat, D.P. 86. 4. 31, note 3. — V. Supplément au Code civil annoté, n° 2876.

9441. Les règles relatives à la procédure en matière de divorce et de séparation de corps ont été déterminées par la loi du 18 avr. 1886 (D.P. 89. 4. 27)qui a modifié les art. 234 à 252 et l'art. 307 C. civ. — V. Supplément au Code civil annoté, n°s 1343 et s.

9442. Mais le nouvel art. 234 C. civ. n'est pas déclaré applicable à la demande de séparation de corps prévue par l'art. 307;cette demande reste donc régie par les art. 875 et 876 C. proc. civ. — J.G S. Divorce, 159. — V. Supplément au Code civil annoté, n° 1660.

9443. — I. TRIBUNAL COMPÉTENT EN MATIÈRE DE SÉPARATION DE CORPS OU DE DIVORCE (C. proc. civ. n°s 1 à 10). — La demande en divorce est, sous le rapport de la compétence du tribunal, soumise aux mêmes règles que l'action en séparation de corps. — V. Code de procédure civile, n° 1, et Supplément au Code civil annoté, n° 1389.

9444. Lorsque le mari quitte son ancien domicile pour en prendre un nouveau, c'est le tribunal de ce nouveau domicile qui devient compétent pour connaître de l'action

en divorce ou en séparation de corps non encore intentée. — J.G.S. Divorce, 157. — V. Code de procédure civile, n° 2.

9445. La requête présentée par l'époux demandeur en séparation de corps au président du tribunal ayant pour effet d'autoriser cet époux à comparaître devant ce magistrat, doit être considérée comme le premier acte de l'instance soumise à la juridiction du tribunal; dès lors, la notification de cette requête et de l'ordonnance permettant de citer en conciliation a la citation donnée en conséquence ont pour effet de lier l'instance et de saisir le tribunal, qui, par suite, ne peut être dessaisi par le changement de domicile du mari après cette notification. — Req. 8 déc. 1880, D.P. 81. 1. 260.

9446. Depuis la rédaction du nouvel art. 307 C. civ., on s'accorde à reconnaître que l'instance en divorce ou en séparation de corps doit être réputée commencée, et le tribunal saisi dès avant l'ajournement devant le tribunal; mais différents systèmes ont été proposés relativement à la détermination du moment précis auquel cet effet a lieu. — J.G.S. Divorce, 138. — V. Supplément au Code civil annoté, n° 1603.

9447. D'après celui qui paraît devoir être préféré, le fait de la présentation de la requête est bien le point de départ de la demande en divorce; mais, comme la requête peut encore être retirée sur les observations du président, il paraît plus exact de dire que la demande n'est définitivement formée qu'au moment où le président ordonne au bas de la requête, conformément à l'art. 235 C. civ.,que les parties comparaîtront devant lui. — V. Supplément au Code civil annoté, n° 1607, et Code de procédure civile, n° 5.

9448. Les tribunaux civils sont seuls compétents pour connaître de la demande en divorce ou en séparation de corps. — J.G.S. Divorce, 131. — V. Code de procédure civile, n° 10.

9449. — II. REQUÊTE ÉNONÇANT LES FAITS A L'APPUI DE LA DEMANDE DE SÉPARATION DE CORPS OU DE DIVORCE (C. proc. civ. n°s 11 à 21). — V. Supplément au Code civil annoté, n° 1626 et s., 1666 et s.

Art. 876. La requête sera répondue d'une ordonnance portant que les parties comparaîtront devant le président au jour qui sera indiqué par ladite ordonnance.

9450. Le nouvel art. 235 C. civ. aux termes duquel le juge, après avoir entendu le demandeur et lui avoir fait les observations qu'il croit convenable, ordonne au bas de la requête que les parties comparaîtront devant lui au jour et à l'heure qu'il indique et commet un huissier pour notifier la citation, n'a pas été étendu à la séparation de corps par le nouvel art. 307 C. civ. — J.G.S. Divorce, 159. — V. aussi Supplément au Code civil annoté, n° 1691.

9451. En conséquence, l'art. 876 C. proc. civ. conserve encore son application sous ce rapport. — V. Supplément au Code civil annoté, n° 1692.

Art. 877. Les parties seront tenues de comparaître en personne, sans pouvoir se faire assister de conseils ni de conseils.

9452. Le nouvel art. 238 C. civ. remplace et abroge par le même l'art. 877 C. proc. civ.; la loi ne prohibant plus d'une manière expresse la présence d'avoués ou de mandataires dans le préliminaire de conciliation, cette présence ne serait pas une cause de nullité. — J.G.S. Divorce, 196 — V. Supplément au Code civil annoté, n° 1731.

9453. — i. TENTATIVE DE CONCILIATION (C. proc. civ. n°s 1 à 9). — Aux termes du nou-

vel art. 238 C. civ., la demande en divorce, comme la demande en séparation de corps, doit être précédée d'une tentative de conciliation, non devant le juge de paix, mais devant le président du tribunal civil compétent. — J.G.S. Divorce, 155. — V. Code de procédure civile, n°s 1 et 2, et Supplément au Code civil annoté, n° 1673.

9454. Sur les demandes qui, par exception, sont dispensées du préliminaire de conciliation, V. Supplément au Code civil annoté, n°s 1675 et s. et 1940.

9455. — II. DÉLAI DE CITATION (C. proc. civ. n° 10). — Sur la détermination du délai de citation en conciliation devant le président, V. Supplément au Code civil annoté, n°s 1798 et s.

9456. — III. COMPARUTION PERSONNELLE (C. proc. civ. n°s 16 à 18). — En matière de divorce, la comparution des parties peut avoir lieu devant le président, alors même que la requête a été présentée à un juge à raison de l'empêchement du président. — Trib. civ. de Bruxelles, 26 mars 1881, J.G.S. Divorce, 176.

9457. Déjà, avant la loi de 1884, en matière de séparation de corps, et bien qu'il n'y eût à cet égard aucun texte précis, on reconnaissait généralement au président un droit semblable. — J.G.S. Divorce, 176. — V. Code de procédure civile, n° 12.

9458. — IV. IRRÉGULARITÉS DE LA TENTATIVE DE CONCILIATION (C. proc. civ. n°s 16 à 18). — En matière de séparation de corps, il a été jugé que la tentative de conciliation devant le président est d'ordre public et doit avoir lieu à peine de nullité. — Paris, 28 août 1879, J.G.S. Divorce, 156. — V. Code de procédure civile, n° 17.

9459. Il en est de même en matière de divorce. — J.G.S. Divorce, 156.

Art. 878. Le président fera aux deux époux les représentations qu'il croira propres à opérer un rapprochement; s'il ne peut y parvenir, il rendra, ensuite de la première ordonnance, une seconde portant qu'attendu qu'il n'a pu concilier les parties, il les renvoie à se pourvoir, sans citation préalable, au bureau de conciliation; il autorisera par la même ordonnance la femme à procéder sur la demande et à se retirer provisoirement dans telle maison dont les parties seront convenues, ou qu'il ordonnera d'office; il ordonnera que les effets à l'usage journalier de la femme lui seront remis. Les demandes en provision seront portées à l'audience.

9460. — I. SURSIS ORDONNÉ PAR LE PRÉSIDENT (C. proc. civ. n°s 4 à 7). — Le nouvel art. 238 C. civ. porte qu'avant d'autoriser le demandeur à citer, le juge peut, suivant les circonstances, ajourner les parties à un délai qui n'excède pas vingt jours, sauf à ordonner les mesures provisoires nécessaires. — V. Supplément au Code civil annoté, n°s 1762 et s.

9461. Il peut user de ce droit, alors même que les faits allégués par le demandeur constituent des causes péremptoires de divorce. — J.G.S. Divorce, 209. — V. Supplément au Code civil annoté, n° 1766.

9462. — II. ORDONNANCE PORTANT PERMIS D'ASSIGNER (C. proc. civ. n°s 8 à 12). — En cas de non-conciliation, le président rend une ordonnance qui constate la non-conciliation, et porte permission d'assigner devant le tribunal. — J.G.S. Divorce, 205. — V. Code de procédure civile, n° 8.

9463. La permission d'assigner ne saurait être refusée par le président qui n'est pas juge de la gravité des motifs sur lesquels repose la demande en divorce ou en séparation de corps. — J.G.S. Divorce, 216. — V. Code de procédure civile, n° 9, et Supplément au Code civil annoté, n° 1779.

9464. Le demandeur pourrait interjeter

appel contre l'ordonnance qui lui *refuserait* l'autorisation de former son action en divorce ou en séparation de corps. — J.G.S. *Divorce*, 216. — V. *Code de procédure civile*, n° 6.

9465. Mais c'est une question controversée que celle de savoir si l'ordonnance rendue par le président à la suite du préliminaire de conciliation est susceptible de recours, en tant qu'elle *autorise* le demandeur à assigner. — V. *Supplément au Code civil annoté*, n°s 1782 et s.

9466. Suivant l'opinion qui paraît devoir être suivie, cette autorisation est la conséquence du défaut de conciliation; c'est donc un acte de simple juridiction gracieuse et, par suite, l'ordonnance d'autorisation n'est susceptible d'aucun recours. — J.G.S. *Divorce*, 261. — (Sol. implic.) Poitiers, 29 juill. 1878, D.P. 79. 2. 75.

9467. Toutefois si, par cette ordonnance, le président avait rejeté une exception d'incompétence formellement soulevée devant lui par le défendeur, sa décision sur ce point pourrait être frappée d'appel. — J.G.S. *Divorce*, 261.

9468. Par le fait de l'ordonnance portant permission d'assigner, la femme est autorisée à faire toutes procédures pour la conservation de ses droits, et à ester en justice jusqu'à la fin de l'instance et des opérations qui en sont la suite. — V. *Code de procédure civile*, n°s 9 et s., et *Supplément au Code civil annoté*, n° 1787.

9469. — III. RÉSIDENCE PROVISOIRE DE LA FEMME (C. proc. civ, n°s 13 à 42). — 1° *Pouvoirs du président* (C. proc. civ. n°s 13 à 21). — L'art. 236 C. civ. qui permet au président du tribunal d'autoriser l'époux demandeur à résider séparément, n'a fait que transporter dans la demande en divorce une procédure qui était déjà autorisée en matière de séparation de corps par l'art. 878 C. proc. civ.; ce dernier article, toutefois, ne conférait au président le pouvoir de fixer une résidence à la femme qu'après la tentative de conciliation. — J.G.S. *Divorce*, n° 257. — V. *Supplément au Code civil annoté*, n° 1695.

9470. Aux termes de l'art. 238, § 2, après cette tentative, le juge statue à nouveau, s'il y a lieu, sur la résidence de l'époux demandeur. — V. *Supplément au Code civil annoté*, n° 1814.

9471. Le juge compétent pour statuer sur la résidence de la femme pendant l'instance en divorce, peut, s'il le croit utile, fixer cette résidence au domicile conjugal et, par suite, enjoindre au mari de quitter ce domicile. — 18 janvier 1892, D.P. 92. 1. 424.

9472. — 2° *Recours contre la décision du président relative à la résidence de la femme* (C. proc. civ, n°s 22 à 32). — En tant qu'elle statue sur les mesures provisoires, l'ordonnance du président, quand elle est rendue par défaut, n'est pas susceptible d'*opposition*. — J.G.S. *Divorce*, 262. — V. *Code de procédure civile*, n° 1865, et *Supplément au Code civil annoté*, n° 1865.

9473. Sous l'empire de l'art. 878 C. proc. civ., il y avait controverse sur la question de savoir si l'ordonnance par laquelle le président du tribunal désignait à la femme une résidence provisoire pendant l'instance en séparation de corps pouvait être attaquée par la voie de l'appel. Cette doute était consacré par la voie de l'appel. Cette doute était consacré par la voie de cassation et par la jurisprudence la plus récente des cours d'appel. — Paris, 4 août 1877, D.P. 78. 2. 220. — V. *Code de procédure civile*, n°s 24 et s., et *Supplément au Code civil annoté*, n°s 1868 et s.

9474. D'après le nouvel art. 238 C. civ., l'ordonnance du président qui statue sur les mesures provisoires en matière de divorce ou de séparation de corps est susceptible d'appel dans les délais fixés par l'art. 809 C. proc. civ. — V. *supra*, art. 809, n°s 9188 et s., et *Supplément au Code civil annoté*, n° 1867.

9475. — IV. REMISE DES EFFETS A L'USAGE DE LA FEMME (C. proc. civ. n°s 33 à 38). — Pour le cas de demande en séparation de corps, l'art. 878 C. proc. civ. disposait seulement que le président, en autorisant la femme à procéder sur sa demande, et à se retirer provisoirement dans telle maison dont les parties conviendraient ou qu'il désignerait d'office, devait ordonner que les *effets à l'usage journalier* de la femme lui seraient remis. — J.G.S. *Divorce*, 314. — V. *Code de procédure civile*, n° 33, et *Supplément au Code civil annoté*, n° 1848.

9476. Le nouvel art. 238 C. civ. ne limite pas à la femme la remise des effets personnels. En autorisant le juge conciliateur à statuer à nouveau, s'il y a lieu, sur la résidence de l'époux demandeur, « sur la garde provisoire des enfants, sur la remise des effets personnels, » il a en vue les effets personnels de l'époux autorisé à résider séparément, ainsi que ceux des enfants, si leur garde a été attribuée à cet époux ou à un tiers. — J.G.S. *Divorce*, 314. — V. *Supplément au Code civil annoté*, n° 1849.

9477. Par *effets personnels*, il faut entendre les vêtements, linges, outils, livres, objets mobiliers à l'usage personnel de l'époux et des enfants, en un mot, tout ce qui leur est nécessaire pour vivre et continuer l'exercice de leur profession; s'il y a désaccord, à ce sujet, entre les deux époux, le président ou le tribunal décidera; les magistrats jouiront, en cette matière, d'un pouvoir discrétionnaire. — J.G.S. *Divorce*, 317. — V. *Supplément au Code civil annoté*, n° 1853.

9478. — V. DEMANDES DE PROVISION (C. proc. civ. n°s 39 à 42). — Une jurisprudence qu'on peut aujourd'hui considérer comme constante a reconnu au président, statuant comme juge conciliateur ou en référé, au tribunal le pouvoir de fixer la résidence provisoire de la femme au domicile commun et d'enjoindre au mari de quitter ce domicile. Cette mesure, en effet, peut être commandée par l'intérêt de la famille, notamment lorsque le domicile conjugal qui est géré par la femme. — Paris, 1er févr. 1861, J.G.S. *Divorce*, 286. — Liège, 17 juin 1880, *ibid.* — Comp. Poitiers, 25 févr. 1878, D.P. 79. 2. 68. — Paris, 25 févr. 1885, D.P. 86. 2. 86. — V. *Supplément au Code civil annoté*, n° 1823.

9479. Toutefois, en pareil cas, il y a lieu de tenir compte de l'intérêt que peut avoir le chef de la communauté à ce que les bénéfices produits par la gestion de la femme ne soient pas distraits; aussi le juge peut-il ordonner que ces bénéfices seront encaissés par un séquestre. — Arrêt précis. 25 févr. 1885.

9480. Dans l'instance en divorce ou en séparation de corps, le juge conciliateur est aujourd'hui investi par l'art. 238 C. civ. du droit de statuer, s'il y a lieu, sur la provision *alimentaire* demandée par l'un des époux à l'autre, alors que, sous la législation antérieure, ce droit n'appartenait qu'au tribunal lui-même soit en matière de divorce, soit en matière de séparation de corps, sauf le cas d'urgence. — V. *Supplément au Code civil annoté*, n°s 1856 et s., et *Code de procédure civile*, n° 42.

9481. Mais la provision *ad litem* doit être demandée au tribunal. — V. *Supplément au Code civil annoté*, n° 1859.

9482. Le tribunal peut autoriser une femme demanderesse en séparation de corps à gérer seule un hôtel meublé, établi dans un immeuble dépendant de la communauté, si la jouissance de cet hôtel lui fournit les avantages d'une résidence séparée et les qu'une forme de la pension alimentaire à laquelle elle a droit; et l'autorisation spéciale de rester en possession du mobilier garnissant cet hôtel peut être demandée par la femme, sous la condition d'en faire l'inventaire contradictoirement avec son mari ou lui dûment appelé. — Poitiers, 25 févr. 1878,

D.P. 79. 2. 68. — V. *Code de procédure civile*, n°s 40 et s.

9483. — VI. MESURES CONSERVATOIRES (C. proc. civ. n°s 43 à 46). — Avant la loi de 1884 qui a rétabli le divorce, l'ordonnance du président préservait les mesures conservatoires mentionnées en l'art. 878 C. proc. civ., était susceptible d'appel, lorsque, à l'occasion de ces mesures, le président avait eu à statuer sur des contestations élevées entre époux. — V. *Code de procédure civile*, n°s 45 et 46, et *Supplément au Code civil annoté*, n° 1874.

9484. Aujourd'hui, la question est tranchée par l'art. 238 C. civ.: que les mesures provisoires aient été ou non l'objet d'un débat entre les époux, la décision du président sur ce chef peut toujours être frappée d'appel. — J.G.S. *Divorce*, 263. — V. conf. Bordeaux, 23 mars 1887, D.P. 88. 2. 409.

9485. Toutefois, si l'ordonnance ne faisait que consacrer un accord intervenu entre les parties, l'appel n'en serait pas recevable. — J.G.S. *Divorce*, 263.

9486. En outre, si l'ordonnance se bornait à déclarer, en l'absence de conclusions contraires de la femme, que la garde des enfants restera au père conformément à la loi, cette décision non contentieuse ne serait pas susceptible d'appel; elle pourrait seulement être modifiée, après débat contradictoire, soit par le président, soit par le tribunal. — J.G.S. *Divorce*, 263. — Comp. Paris, 5 mars 1886, D.P. 87. 2. 190.

9487. Les mesures conservatoires, telles que l'apposition des scellés et l'inventaire, peuvent d'ailleurs tout aussi bien être autorisées par le tribunal ou par la cour que par le président. — J.G.S. *Divorce*, 337. — Comp. *Code de procédure civile*, n° 36.

9488. — VII. COMPÉTENCE DU JUGE DU RÉFÉRÉ (C. proc. civ. n°s 47 à 60). — Avant la loi du 18 avr. 1886, la jurisprudence reconnaissait compétence au *juge des référés* pour ordonner les mesures provisoires et urgentes qui pouvaient être nécessaires en cas de demande en divorce ou en séparation de corps. — J.G.S. *Divorce*, 270. — V. *Code de procédure civile*, n° 1884.

9489. Spécialement, le président du tribunal était compétent, en cas d'urgence et en vertu de l'art. 806 C. proc. civ., pour ordonner, au début ou au cours de l'instance en séparation de corps, les mesures provisoires qu'exige la personne des enfants issus du mariage et pour en confier la garde soit à l'un des époux soit à un tiers. — Req. 15 juill. 1879, D.P. 81. 1. 209. — V. *Code de procédure civile*, n° 49.

9490. L'ordonnance du président qui pourvoit à la résidence des enfants est, en conséquence, susceptible d'appel. — Paris, 27 mai 1879, D.P. 81. 1. 209. — V. *Code de procédure civile*, n° 49, et *Supplément au Code civil annoté*, n°s 1838 et s., 2056 et s. — V. aussi *supra*, art. 809, n°s 9188 et s.

9491. Le nouvel art. 238 § 5, C. civ. mentionne formellement le droit qu'a toujours le juge de statuer, en tout état de cause, en référé, sur la résidence de la femme, mais sa compétence ne doit pas être restreinte à cette seule question, et il peut, en cas d'urgence, être appelé à ordonner les mesures provisoires, bien que le tribunal soit déjà saisi de la demande en divorce ou en séparation. — J.G.S. *Divorce*, 270. — V. *Supplément au Code civil annoté*, n°s 1886 et s.

Art. 879. La cause sera instruite dans les formes établies pour les autres demandes, et jugée sur les conclusions du ministère public.

9492. — I. INSTRUCTION DE LA DEMANDE EN SÉ-

PARATION DE CORPS ET EN DIVORCE. (C. proc. civ. n°s 1 à 3). — Le nouvel article 239 C. civ. consacre le principe de l'application des règles ordinaires aux procédures de divorce. — V. *Supplément au Code civil annoté*, n°s 1904 et s.

9493. — II. ENQUÊTE (C. proc. civ. n°s 4 à 39). — Aux termes du paragraphe 1er du nouvel art. 245 C. civ., lorsqu'il y a lieu à enquête, elle est faite conformément aux dispositions des art. 252 et s. C. proc. civ. — V. *Code de procédure civile*, n° 4, et *Supplément au Code civil annoté*, n° 2243. — V. aussi *supra*, art. 252, et s., n°s 3515 et s.

9494. Aux termes de l'ancien art. 253 C. civ., les dépositions des témoins, en matière de divorce, devaient être reçues par le tribunal séant à *huis clos*. Mais cette disposition n'était pas applicable en matière de séparation de corps. Toutefois on admettait, en vertu des principes du droit commun, que le huis-clos pouvait être ordonné pour la discussion et les débats. — V. *Code de procédure civile*, n°s 19 et 60, et *supra*, art. 253, n°s 3532 et s.

9495. Aujourd'hui les demandes en divorce ou en séparation de corps devant être jugées dans la même forme que les autres affaires contentieuses sont portées à l'audience publique. — J.G.S. *Divorce*, 243.

9496. Mais, aux termes de l'art. 239, § 4, C. civ., les tribunaux peuvent ordonner le huis-clos. — J.G.S. *Divorce*, 243. — V. *Supplément au Code civil annoté*, n° 1968.

9497. — III. DEMANDE RECONVENTIONNELLE EN SÉPARATION DE CORPS (C. proc. civ. n°s 40 à 57). — Avant la loi du 18 avr. 1886, la question de savoir si la demande reconventionnelle en divorce ou en séparation devait être intentée par action principale dans la forme ordinaire, et, par conséquent, après la préliminaire de conciliation, était controversée. — V. *Code de procédure civile*, n°s 43 et s.

9498. Suivant l'opinion qui avait prévalu dans la jurisprudence, on admettait qu'en cours d'instance, et même en cause d'appel, l'époux assigné en séparation de corps pouvait opposer au demandeur primitif une demande reconventionnelle de même nature par voie incidente à titre de défense à l'action principale, et sans nouveau préliminaire de conciliation. — Angers, 27 avr. 1880, D.P. 86. 1. 33, note 1. — Toulouse, 7 déc. 1882, *ibid*. — Req. 14 déc. 1885, D.P. 86. 1. 33, et la note. — V. *Code de procédure civile*, n° 54.

9499. Le § 2 du nouvel art. 239 C. civ. permet d'introduire par un simple acte de conclusions les demandes reconventionnelles en divorce par le motif que, la conciliation ayant été tentée et n'ayant pas abouti, il serait peu utile de l'exiger une seconde fois. — V. *Supplément au Code civil annoté*, n° 1940.

9500. — IV. JUGEMENT (C. proc. civ. n°s 58 à 66). — L'art. 239, § 1er, C. civ. porte que le *ministère public* doit être entendu en ses conclusions dans les procès en divorce ou en séparation de corps. — V. *Code de procédure civile*, n° 59, et *Supplément au Code civil annoté*, n° 1962.

9501. Sur l'interdiction de rendre compte des procès en divorce ou en séparation de corps édictée par le nouvel art. 239 C. civ., V. *Supplément au Code civil annoté*, n°s 1974 et s.

9502. Conformément aux principes généraux, le jugement de divorce ou de séparation de corps doit être suffisamment *motivé*. — V. *Code de procédure civile*, n°s 63 et s, et *supra*, art. 141, n°s 2284 et s.

9503. — V. APPEL (C. proc. civ. n°s 67 à 82). — Le nouvel art. 248, § 3, C. civ. dispose, conformément à la jurisprudence antérieure, que les appels relatifs aux instances en divorce seront jugés en audience ordinaire. — V. *Code de procédure civile*, n° 67, et *Supplément au Code civil annoté*, n°s 2343 et s.

9504. La jurisprudence admet généralement que l'époux demandeur peut articuler en appel des *faits nouveaux* à l'appui de sa demande. — J.G.S. *Divorce*, 495. — V. *Code de procédure civile*, n°s 70 et s., et *supra*, art. 464, n°s 5872 et s.

9505. Décidé toutefois que l'époux demandeur en séparation de corps ne peut articuler pour la première fois en cause d'appel des faits antérieurs à l'introduction de la demande, quand bien même il n'en aurait eu connaissance que postérieurement au jugement de première instance. — Paris, 18 nov. 1886, J.G.S. *Divorce*, 495.

Art. 880. Extrait du jugement qui prononcera la séparation sera inséré aux tableaux exposés tant dans l'auditoire des tribunaux que dans les chambres d'avoués et notaires, ainsi qu'il est dit art. 872.

9506. L'art. 250 C. civ. dispose qu'un extrait du jugement ou de l'arrêt qui prononce le divorce sera inséré aux tableaux exposés tant dans l'auditoire des tribunaux civils et de commerce que dans la chambre des avoués et des notaires, et que pareil extrait sera inséré dans l'un des journaux qui se publient dans le lieu où siège le tribunal, ou, s'il n'y en a pas, dans l'un de ceux publiés dans le département. — V. *Supplément au Code civil annoté*, n°s 2380 et s.

9507. La *sanction* de l'art. 250 C. civ. résulte implicitement du motif pour lequel il a été édicté. Les publications étant ordonnées dans l'intérêt des tiers, il s'ensuit que, si ces publications n'ont pas été faites, le divorce pourra ne pas être opposable, quant à ses effets pécuniaires, aux tiers de bonne foi qui auraient eu de justes raisons de croire que le mariage subsistait encore. — J.G.S. *Divorce*, 523. — V. *Supplément au Code civil annoté*, n° 2395.

Art. 881. A l'égard du divorce, il sera procédé comme il est prescrit au Code civil.

9508. Cet article est abrogé par l'art. 4 de la loi du 18 avr. 1886 sur la procédure en matière de divorce et de séparation de corps. — D.P. 86. 4. 27-31.

TITRE X.

Des avis de parents.

•

Art. 882. Lorsque la nomination d'un tuteur n'aura pas été faite en sa présence, elle lui sera notifiée, à la diligence du membre de l'assemblée qui aura été désigné par elle; ladite notification sera faite dans les trois jours de ladite délibération, outre un jour par trois myriamètres de distance entre le lieu où s'est tenue l'assemblée et le domicile du tuteur.

Art. 883. Toutes les fois que les délibérations du conseil de famille ne seront pas unanimes, l'avis de chacun des membres qui le composent sera mentionné dans le procès-verbal.

Les tuteur, subrogé tuteur ou curateur, même les membres de l'assemblée, pourront se pourvoir contre la délibération; ils formeront leur demande contre les membres qui auront été d'avis de la délibération, sans qu'il soit nécessaire d'appeler en conciliation.

9509. — I. MENTION DE L'AVIS DES MEMBRES DU CONSEIL DE FAMILLE (C. proc. civ. n°s 1 à 5).

9510. — II. DÉLIBÉRATIONS SUSCEPTIBLES DE RECOURS (C. proc. civ. n°s 6 à 23). — 1° *Délibérations non soumises à l'homologation du tribunal* (C. proc. civ. n°s 6 à 11).

9511. — 2° *Délibérations nommant ou destituant un tuteur* (C. proc. civ. n°s 12 à 23). — Suivant une opinion, la délibération par laquelle un conseil de famille prononce, lorsque la mère a convolé en secondes noces, sur le point de savoir s'il y a lieu de lui maintenir la tutelle des enfants de son premier lit, est susceptible d'un recours en justice. — Paris, 19 nov. 1887, D.P. 88, 2. 176. — V. *Code de procédure civile*, n° 14.

9512. Décidé, au contraire, que la délibération du conseil de famille qui refuse de conserver à la mère qui a convolé en secondes noces la tutelle de ses enfants mineurs, ne peut être l'objet d'un recours devant les tribunaux. — Angers, 11 nov. 1875, D.P. 76. 2. 31. — V. *Code de procédure civile*, n° 23.

9513. — III. CAUSES POUR LESQUELLES LA DÉLIBÉRATION PEUT ÊTRE ATTAQUÉE (C. proc. civ. n°s 24 à 36).

9514. — IV. QUI PEUT ATTAQUER LES DÉLIBÉRATIONS DU CONSEIL DE FAMILLE (C. proc. civ. n°s 27 à 41).

9515. — V. CONTRE QUI LE RECOURS DOIT ÊTRE DIRIGÉ (C. proc. civ. n°s 42 à 45). — Le tuteur d'un interdit doit être mis en cause sur l'appel formé par le subrogé-tuteur du jugement d'homologation d'une délibération du conseil de famille qui ordonne la vente d'immeubles de cet interdit; par suite, il est recevable à faire opposition à l'arrêt obtenu hors de sa présence sur l'appel du subrogé tuteur. — Orléans, 19 déc. 1884, D.P. 85. 2. 197.

9516. — VI. FORME DU RECOURS (C. proc. civ. n°s 46 à 54).

Art. 884. La cause sera jugée sommairement.

Art. 885. Dans tous les cas où il s'agit d'une délibération sujette à homologation, une expédition de la délibération sera présentée au président, lequel, par ordonnance au bas de ladite délibération, ordonnera la communication au ministère public, et commettra un juge pour en faire le rapport à jour indiqué.

Art. 886. Le procureur de la République donnera ses conclusions au bas de ladite ordonnance; la minute du jugement d'homologation sera mise à la suite desdites conclusions, sur le même cahier.

Art. 887. Si le tuteur, ou autre chargé de poursuivre l'homologation, ne le fait dans le délai fixé par la délibération, ou, à défaut de fixation, dans le délai de quinzaine, un des membres de l'assemblée pourra poursuivre l'homologation contre le tuteur, et aux frais de celui-ci, sans répétition.

Art. 888. Ceux des membres de l'assemblée qui croiront devoir s'opposer à l'homologation, le déclareront, par acte extrajudiciaire, à celui qui est chargé de la poursuivre; et s'ils n'ont pas été appelés, ils pourront former opposition au jugement.

9517. Quand aucune opposition d'intérêt n'existe entre l'interdit et son tuteur, le subrogé tuteur n'a pas, pour mettre obstacle à l'homologation d'un avis de parents, d'autres droits que ceux accordés aux membres dissidents du conseil de famille par l'art. 888 C. proc. civ.; par suite, s'il n'a pas formé opposition à la délibération par acte extra-judiciaire et n'a pas été partie dans la procédure suivie devant le tribunal, il est non recevable à se pourvoir par la voie de l'appel contre le jugement d'homologation.—Orléans, 19 déc. 1884, D.P. 85. 2. 197.

Art. 889. Les jugements rendus sur délibération du conseil de famille seront sujets à l'appel.

TITRE XI.

De l'interdiction.

Art. 890. Dans toute poursuite d'interdictions, les faits d'imbécillité, de démence ou de fureur, seront énoncés en la requête présentée au président du tribunal; on y joindra les pièces justificatives, et l'on indiquera les témoins.

9518. — MODE DE PRÉSENTATION DE LA REQUÊTE (C. proc. civ. n° 4 à 11). — En matière d'interdiction, les faits d'imbécillité, de démence ou de fureur sur lesquels est fondée la demande peuvent être considérés comme suffisamment articulés dans la requête, quoiqu'ils ne s'y trouvent pas énumérés en détail. — Lyon, 12 janv. 1882, D.P. 83. 2. 12. — V. *Code de procédure civile*, n° 5.

9519. Il n'est pas non plus nécessaire qu'une requête en interdiction indique les noms des témoins à faire entendre sur les faits articulés, ces faits pouvant être prouvés autrement que par témoins. — Bordeaux, 21 avr. 1875, D.P. 76. 5. 271. — Arrêt préc. 12 janv. 1882. — V. *Code de procédure civile*, n° 6.

9520. Les prescriptions des art. 489 et 493 C. civ. ne sont pas, d'ailleurs, prescrites à peine de nullité. — Arrêt préc. 12 janv. 1882. — V. *Code de procédure civile*, n° 8, et *Supplément au Code civil annoté*, art. 489, n° 3311 et s.

9521. D'après un auteur, le but de la loi est atteint, si le défendeur et le tribunal apprennent par la requête quel est le caractère de la maladie dont on prétend que le défendeur est atteint; le détail sera établi dans l'instruction. — J.G.S. *Interdiction-conseil judiciaire*, 46.

Art. 891. Le président du tribunal ordonnera la communication de la requête au ministère public, et commettra un juge pour faire rapport à l'époque qu'il indiquera.

9522. — I. COMMUNICATION AU MINISTÈRE PUBLIC (C. proc. civ. n° 1 à 3).

9523. — II. RAPPORT (C. proc. civ. n° 4 à 6).

Art. 892. Sur le rapport du juge et les conclusions du procureur de la République, le tribunal ordonnera que le conseil de famille, formé selon le mode déterminé par le Code civil, section 4 du chapitre 2, au titre *de la Minorité, de la Tutelle et de l'Émancipation*, donnera son avis sur l'état de la personne dont l'interdiction est demandée.

9524. — I. NÉCESSITÉ DE L'AVIS PRÉALABLE (C. proc. civ. n° 2 à 8). — La règle de l'art.

883 C. proc. civ., aux termes de laquelle « toutes les fois que les délibérations du conseil de famille ne seront pas unanimes, l'avis de chacun des membres qui le composent sera mentionné dans le procès-verbal », est applicable au conseil de famille réuni à l'occasion d'une demande en interdiction ; car la loi ne fait aucune distinction. — J.G.S. *Interdiction-conseil judiciaire*, 67.

9525. — II. COMPOSITION DU CONSEIL DE FAMILLE (C. proc. civ. n° 9 à 19). — La mère d'une personne dont l'interdiction est demandée a un droit propre et absolu à faire partie du conseil de famille appelé à donner son avis sur cette demande même du vivant de son mari et quand même l'interdiction serait poursuivie à la requête de celui-ci. — Caen, 10 juin 1880, D.P. 81. 2. 217, et la note.

9526. — III. DÉLIBÉRATION DU CONSEIL ET FORMATION DE L'AVIS (C. proc. civ. n° 20 à 32).

9527. — IV. RECOURS CONTRE L'AVIS DU CONSEIL DE FAMILLE (C. proc. civ. n° 33 à 42). — L'avis de parents, exigé par l'art. 494 C. civ., est un préalable indispensable à toute poursuite en interdiction, et l'annulation de cet avis fait tomber *ipso facto* toute la procédure qui l'a suivi. — Caen, 31 juill. 1878, D.P. 79. 2. 269. — V. *Code de procédure civile*, n° 36 et s.

9528. Sur les personnes qui peuvent être admises à faire partie du conseil de famille, V. *Supplément au Code civil annoté*, n° 3335 et s.

Art. 893. La requête et l'avis du conseil de famille seront signifiés au défendeur avant qu'il soit procédé à son interrogatoire.

Si l'interrogatoire et les pièces produites sont insuffisants, et si les faits peuvent être justifiés par témoins, le tribunal ordonnera, s'il y a lieu, l'enquête, qui se fera en la forme ordinaire.

Il pourra ordonner, si les circonstances l'exigent, que l'enquête sera faite hors de la présence du défendeur ; mais, dans ce cas, son conseil pourra le représenter.

9529. Sur l'interrogatoire du défendeur à la demande d'interdiction, V. *Supplément au Code civil annoté*, art. 496, n° 3312 et s.

9530. — I. SIGNIFICATION PRÉALABLE À L'INTERROGATOIRE (C. proc. civ. n° 3 à 5). — Cette signification a pour objet de porter à la connaissance du défendeur les faits sur lesquels il sera interrogé, afin de le mettre à même, s'il le peut, de recueillir ses souvenirs et de préparer ses explications: aussi, d'après un auteur, doit-il y avoir entre la signification dont il s'agit et l'interrogatoire un délai d'au moins vingt-quatre heures, délai prescrit par l'art. 329 C. proc. civ. en matière d'interrogatoire sur faits et articles. — J.G.S. *Interdiction-conseil judiciaire*, 70.

9531. — II. ENQUÊTE (C. proc. civ. n° 6 à 17).

9532. — III. DÉCISION SUR LA DEMANDE D'INTERDICTION (C. proc. civ. n° 18 et 19).

Art. 894. L'appel interjeté par celui dont l'interdiction aura été prononcée sera dirigé contre le provoquant.

L'appel interjeté par le provoquant, ou par un des membres de l'assemblée, ou contre celui dont l'interdiction aura été requise sera dirigé contre le provoquant.

En cas de nomination de conseil, l'appel de celui auquel il aura été donné sera dirigé contre le provoquant.

9533. — I. OPPOSITION (C. proc. civ. n° 1 et 2). — Sur la question de savoir si l'interdit peut se désister de l'opposition qu'il a formée au jugement d'interdiction rendu

par défaut contre lui, V. *supra*, art. 462. n° 4482 et s.

9534. — II. APPEL (C. proc. civ. n° 3 à 15). — Lorsque l'interdiction a été prononcée, que la demande a été rejetée d'une manière absolue ou qu'elle n'a abouti qu'à la nomination d'un conseil judiciaire, les membres du conseil de famille ont personnellement le droit d'appeler du jugement, bien qu'ils n'aient pas été parties en première instance. — J.G.S. *Interdiction-conseil judiciaire*, 105.

9535. La loi a considéré que l'interdiction intéresse la famille tout entière, et elle a voulu que ceux des membres de l'assemblée qui penseraient que l'interdiction devait être admise pussent poursuivre la demande en appel, alors même que le demandeur n'agirait pas; l'appel pourrait même être formé par un membre du conseil qui aurait exprimé un avis contraire à l'interdiction. — J.G.S. *Interdiction-conseil judiciaire*, 105.

9536. Mais, si l'interdiction avait été admise, un membre qui aurait émis un avis opposé ne pourrait pas appeler du jugement soit seul, soit en se joignant au défendeur. — J.G.S. *Interdiction-conseil judiciaire*, 105.

9537. En ce qui concerne la représentation de l'aliéné par un mandataire spécial. V. L. 30 juin 1838, art. 33, *Supplément au Code civil annoté*, Appendice à l'art. 497, n° 3364 et s.

9538. Sur la question de savoir si les causes d'interdiction doivent être jugées ou non en audience solennelle, V. *supra*, Appendice à l'art. 462, n° 5803 et s.

9539. — III. TIERCE-OPPOSITION (C. proc. civ. n° 16). — V. *supra*, art. 474, n° 6337.

9540. — IV. RECOURS EN CASSATION (C. proc. civ. n° 17).

Art. 895. S'il n'y a pas d'appel du jugement d'interdiction, ou s'il est confirmé sur l'appel il sera pourvu à la nomination d'un tuteur ou d'un subrogé-tuteur à l'interdit, suivant les règles prescrites au titre *des Avis de parents*.

L'administrateur nommé en exécution de l'art. 497 du Code civil cessera ses fonctions, et rendra compte au tuteur, s'il ne l'est pas lui-même.

9541. — I. ORGANISATION DE LA TUTELLE DE L'INTERDIT (C. proc. civ. n° 1 à 13). — La gestion du tuteur de l'interdit est soumise aux mêmes règles que celles du tuteur du mineur. — J.G.S. *Interdiction-conseil judiciaire*, 131.

9542. Ainsi les restrictions apportées aux pouvoirs des tuteurs par la loi du 27 févr. 1880 (D.P. 80. 4. 47) en ce qui concerne l'aliénation des valeurs mobilières, s'appliquent aux tuteurs des interdits comme à ceux des mineurs. — J.G.S. *Interdiction-conseil judiciaire*, 132.

9543. — II. REDDITION DES COMPTES DE L'ADMINISTRATEUR PROVISOIRE (C. proc. civ. n° 14 à 16). — D'après un auteur, il paraît résulter des art. 505 C. civ. et 895 C. proc. civ., que, si l'administrateur provisoire devient lui-même tuteur, son compte ne peut être rendu qu'avec celui de la tutelle. — J.G.S. *Interdiction-conseil judiciaire*, 131.

Art. 896. La demande en mainlevée d'interdiction sera instruite et jugée dans la même forme que l'interdiction.

9544. La mainlevée de l'interdiction peut être demandée par l'interdit lui-même. — J.G.S. *Interdiction-conseil judiciaire*, 185. — V. *Code de procédure civile*, n° 3.

9545. Cependant cette solution, bien que généralement adoptée en doctrine et en jurisprudence, a été considérée par quelques auteurs comme contraire aux principes, l'interdit, tant que l'interdiction n'est pas levée, étant incapable d'ester en justice : on a même invoqué l'art. 512, aux termes duquel « l'interdit ne pourra reprendre l'exercice de ses droits qu'après le jugement de mainlevée ». — J.G.S. *Interdiction-conseil judiciaire*, 185.

9546. Le conseil de famille ou ceux de ses membres qui croient devoir s'opposer à la mainlevée, peuvent intervenir sur la demande et faire valoir devant le tribunal les moyens qu'ils croient de nature à la faire rejeter : la même faculté d'intervention doit être reconnue à tout parent ayant le droit de demander l'interdiction. — J.G.S. *Interdiction-conseil judiciaire*, 186.

9547. Quant au tuteur, il ne peut intervenir que comme délégué du conseil de famille ou en son nom personnel, comme parent de l'interdit. — J.G.S. *Interdiction-conseil judiciaire*, 186.

Art. 897. Le jugement qui prononcera défenses de plaider, transiger, emprunter, recevoir un capital mobilier, en donner décharge, aliéner ou hypothéquer sans assistance de conseil, sera affiché dans la forme prescrite par l'art. 501 du Code civil.

9548. Le jugement ou l'arrêt portant nomination d'un conseil judiciaire doit être publié dans la même forme que le jugement d'interdiction, mais, comme pour le jugement d'interdiction, la publicité n'est pas prescrite à peine de nullité du jugement. — J.G.S. *Interdiction-conseil judiciaire*, 220.

9549. Jugé notamment que la nullité des actes passés par l'individu pourvu d'un conseil judiciaire sans l'assistance de ce conseil n'est pas subordonnée à l'accomplissement des formalités de publicité prescrites par l'art. 501 C. civ. — Poitiers, 15 mai 1882, D.P. 83, 2. 40.

TITRE XII.

Du bénéfice de cession.

Art. 898. Les débiteurs qui seront dans le cas de réclamer la cession judiciaire accordée par l'art. 1268 du Code civil seront tenus, à cet effet, de déposer au greffe du tribunal où la demande sera portée, leur bilan, leurs livres, s'ils en ont, et leurs titres actifs.

Art. 899. Le débiteur se pourvoira devant le tribunal de son domicile.

Art. 900. La demande sera communiquée au ministère public ; elle ne suspendra l'effet d'aucune poursuite, sauf aux juges à ordonner, parties appelées, qu'il sera sursis provisoirement.

Art. 901. Le débiteur admis au bénéfice de cession sera tenu de réitérer sa cession en personne, et non pas par procureur, ses créanciers appelés, à l'audience du tribunal de commerce de son domicile ; et s'il n'y en a

pas, à la maison commune, un jour de séance : la déclaration du débiteur sera constatée, dans ce dernier cas, par procès-verbal de l'huissier, qui sera signé par le maire.

Art. 902. Si le débiteur est détenu, le jugement qui l'admettra au bénéfice de cession ordonnera son extraction, avec les précautions en tels cas requises et accoutumées, à l'effet de faire sa déclaration conformément à l'article précédent.

Art. 903. Les noms, prénoms, profession et demeure du débiteur, seront insérés dans un tableau public à ce destiné, placé dans l'auditoire du tribunal de commerce de son domicile, ou du tribunal de première instance qui en fait les fonctions, et dans le lieu des séances de la maison commune.

Art. 904. Le jugement qui admettra un bénéfice de cession, vaudra pouvoir aux créanciers, à l'effet de faire vendre les biens meubles et immeubles du débiteur ; et il sera procédé à cette vente dans les formes prescrites pour les héritiers sous bénéfice d'inventaire.

Art. 905. Ne pourront être admis au bénéfice de cession, les étrangers, les stellionataires, les banqueroutiers frauduleux, les personnes condamnées pour cause de vol ou d'escroquerie, ni les personnes comptables, tuteurs, administrateurs et dépositaires.

Art. 906. Il n'est au surplus rien préjugé, par les dispositions du présent titre, à l'égard du commerce, aux usages duquel il n'est, quant à présent, rien innové.

LIVRE DEUXIÈME

PROCÉDURES RELATIVES A L'OUVERTURE D'UNE SUCCESSION

TITRE PREMIER.

De l'apposition des scellés après décès.

Art. 907. Lorsqu'il y aura lieu à l'apposition des scellés après décès, elle sera faite par les juges de paix, et, à leur défaut, par leurs suppléants.

9550. — I. CAS DANS LESQUELS IL Y A LIEU D'APPOSER LES SCELLÉS (C. proc. civ. art. 14). — Les scellés doivent être apposés : après le décès des officiers supérieurs de la marine. — Décr. 31 déc. 1886 (1). — V. *infrà*, art. 914, nos 9586 et s.

(1) 31 déc. 1886-8 janv. 1887. — *Décret relatif à l'apposition des scellés lors du décès d'un officier de la marine en activité de service.* — (D.P. 87. 4. 62.)

Art. 1er. Lors du décès d'un officier général, supérieur ou assimilé de l'un des corps de la marine, en activité de service, l'autorité maritime peut requérir le juge de paix d'apposer les scellés dans le plus bref délai sur les meubles contenant des papiers, cartes,

9551. ... Après le décès des officiers supérieurs plans ou mémoire susceptibles d'intéresser le département de la marine et trouvés au domicile du défunt.

Art. 2. La réquisition est adressée directement au juge de paix compétent, suivant les distinctions ci-après :

S'il le décédé résidait dans un chef-lieu d'arrondissement ou de sous-arrondissement maritime, par le préfet maritime du ressort ;

S'il résidait dans un établissement de la marine hors des ports, par le directeur de cet établissement ;

Dans tous les autres cas, par le ministre de la marine et des colonies.

Art. 3. L'autorité maritime peut se faire représenter à l'apposition et à la levée des scellés, par un officier ou un fonctionnaire délégué à cet effet. Ce délégué est désigné par l'autorité qui a formulé la réquisition.

Le juge de paix est tenu d'informer en temps utile le haut fonctionnaire indiqué à l'article précédent de l'apposition et de l'heure de la levée des scellés.

Art. 4. Lors de l'inventaire des objets mentionnés à l'art. 1er ci-dessus, ceux qui sont reconnus appartenir au Gouvernement ou que le délégué de l'autorité maritime juge devoir l'intéresser, sont inventoriés séparément et remis audit délégué sur son reçu. Toutefois les travaux dont le défunt serait l'auteur ne peuvent être saisis et sont délivrés de suite aux ayants-droit, ainsi que toutes les pièces dont la distraction n'a pas été demandée au nom du ministre.

rieurs de l'armée et de l'intendance. —

Art. 5. Copies de l'inventaire spécial et du reçu du délégué sont adressées au ministre de la marine et des colonies, qui veille à ce que les documents appartenant à l'État soient remis sans délai dans les dépôts respectifs qui les concernent. Si le ministre le juge convenable, il peut également conserver les pièces dont le défunt serait propriétaire, mais seulement à charge de les faire estimer, de concert avec les héritiers, et d'en payer la valeur sur les fonds du budget.

Art. 6. Dans le cas où l'apposition des scellés est uniquement faite dans l'intérêt de l'État, les frais en sont supportés par le budget de la marine.

Art. 7. Les mêmes formalités peuvent être accomplies au décès de tout officier, fonctionnaire ou agent de la marine ayant rempli une mission ou supposé détenteur de pièces ou documents quelconques intéressant le département.

Art. 8. A l'égard des officiers décédés à bord des bâtiments ou en campagne, les officiers d'administration exerceront, si le commandant le juge convenable, les fonctions attribuées ci-dessus aux juges de paix par l'art. 1er, et le délégué prévu à l'art. 3 sera nommé par le commandant du bâtiment ou du détachement, lequel rendra compte au ministre de la marine et lui fera parvenir les pièces indiquées à l'art. 5.

Art. 9. Les ministres de la justice, de la marine et des colonies, etc.

Décr. 22 janv. 1890 (1). — V. *infrà*, art. 911, nᵒˢ 9566 et s.

9552. ... Après le décès d'un notaire ou autre possesseur de minutes. — V. *infrà*, art. 911, nᵒˢ 9566 et s.

9553. ... En cas de décès d'un archevêque ou d'un évêque. — V. *Code des lois adm. annotées*, t. 2, l, vᵒ *Cultes*, nᵒˢ 6553 et s.

9554. ... En cas de décès du titulaire d'une cure. — V. *ibid.*, nᵒˢ 6450 et s.

9555. ... En cas de faillite. — V. *Code de commerce annoté*, art. 455 et s., 408 et s., 479 et s., et son *Supplément*.

9556. — II. Par qui les scellés doivent être apposés (C. proc. civ. nᵒˢ 13 à 21.)

Art. 908. Les juges de paix et leurs suppléants se serviront d'un sceau particulier, qui restera entre leurs mains, et dont l'empreinte sera déposée au greffe du tribunal de première instance.

Art. 909. L'apposition des scellés pourra être requise,

1ᵉ Par tous ceux qui prétendront droit dans la succession ou dans la communauté;

2ᵉ Par tous créanciers fondés en titre exécutoire, ou autorisés par une permission, soit du président du tribunal de première instance, soit du juge de paix du canton où le scellé doit être apposé;

3ᵉ Et en cas d'absence, soit du conjoint, soit des héritiers, ou de l'un d'eux, par les personnes qui demeuraient avec le défunt, et par ses serviteurs et domestiques.

9557. — I. Apposition des scellés requise

(1) **22 janv.-22 mars 1890.** — *Décret réglant les conditions dans lesquelles peuvent être apposés les scellés au décès des officiers de l'armée de terre*. (D.P. 91.4.15.)

Art. 1ᵉʳ. Aussitôt après le décès d'un maréchal de France, d'un officier général ou assimilé, d'un officier supérieur ou assimilé chef de corps ou de service de l'armée de terre, en activité de service ou en retraite, l'autorité militaire peut requérir le juge de paix du lieu de décès d'apposer, en présence du maire de la commune ou de son adjoint, les scellés sur les meubles contenant des papiers, cartes, plans ou mémoires militaires, susceptibles d'intéresser le département de la guerre, trouvés au domicile du défunt.

Art. 2. La réquisition est adressée directement au juge de paix compétent d'après les règles ci-après:

Par le général commandant la région militaire, pour tout officier et assimilé compris dans les catégories énumérées à l'art. 1ᵉʳ, résidant dans l'étendue de la région.

Par le ministre de la guerre, dans tous les autres cas (maréchaux de France, officiers généraux chargés de missions spéciales, officiers généraux membres du conseil supérieur de la guerre, officiers généraux commandant les régions et gouvernements militaires, les présidents des comités d'armes, fonctionnaires du contrôle de l'administration, de l'armée, intendants généraux, médecin inspecteur général, médecins et pharmaciens inspecteurs).

Art. 3. L'apposition des scellés peut également être faite au décès de tout officier ou fonctionnaire militaire de l'armée de terre, quel que soit son grade, qui aura rempli une mission spéciale ou qui sera supposé détenteur de pièces ou documents quelconques intéressant le département de la guerre.

Art. 4. Tous les documents militaires reconnus de nature à intéresser le département de la guerre seront remis à l'officier chargé d'assister à la levée des scellés et envoyés, selon le cas, soit au ministre de la guerre, soit au général commandant la région.

Les documents qui ne seront pas la propriété particulière du décédé, pourront être versés aux archives du ministère de la guerre ou remis au successeur de l'officier décédé.

Art. 5. Les ministres de la justice et de la guerre sont chargés, etc.

par les successibles (C. proc. civ. nᵒˢ 1 à 25).

— L'apposition des scellés sur les meubles du défunt peut être requise par les héritiers légitimes non réservataires et par les créanciers de la succession. — Nancy, 6 mars 1885, D.P. 86. 2. 47. — V. *Code de procédure civile*, nᵒˢ 1 et 26.

9558. La demande par laquelle les héritiers légitimes requièrent l'apposition des scellés à l'encontre du légataire universel peut être écartée par le juge, alors même que ce légataire n'a pas été régulièrement envoyé en possession de la succession, s'il résulte des circonstances que lesdits héritiers n'ont aucun intérêt à faire ordonner une pareille mesure. — Riom, 29 nov. 1879, D.P. 81. 2. 47. — V. *Code de procédure civile*, nᵒˢ 5 et s.

9559. Le droit de requérir l'apposition ou de s'opposer à la levée des scellés n'appartient qu'à ceux qui ont un intérêt né et actuel: ce droit ne saurait être réclamé par un tiers qui s'appuie sur de simples ouï-dire pour alléguer l'existence d'un testament caché. — Montpellier, 29 mai 1890, D.P. 91. 4. 159.

9560. Les syndics d'une faillite déclarée en pays étranger peuvent, sans qu'il soit nécessaire que le jugement déclaratif ait été rendu exécutoire en France, y requérir l'apposition des scellés sur titres et papiers concernant leur débiteur, alors que cette mesure est sollicitée non point en exécution du jugement déclaratif de la faillite ou par application de l'art. 453 C. com., mais en vertu de l'art. 909-2ᵉ C. proc. civ. et du droit que cet article accorde à tout créancier de se faire autoriser à cet effet par le président du tribunal de commerce. — Paris, 29 janv. 1877, D.P. 77. 2. 67.

9561. L'ordonnance sur requête autorisant une apposition de scellés et qui a été suivie, en exécution de la réserve qu'elle contenait, d'une ordonnance sur référé portant qu'il serait procédé à la levée des scellés avec inventaire par les soins de la partie qui les avait fait apposer, peut, aussi bien que cette dernière ordonnance, être attaquée par la voie de l'appel. — Même arrêt.

9562. — II. Apposition des scellés requise par les créanciers (C. proc. civ. nᵒˢ 26 à 35).

9563. — III. Apposition des scellés requise par les personnes demeurant avec le défunt (C. proc. civ. nᵒ 36).

9564. — IV. Pouvoirs du juge (C. proc. civ. nᵒ 37).

Art. 910. Les prétendants-droit et les créanciers mineurs émancipés pourront requérir l'apposition des scellés sans l'assistance de leur curateur.

S'ils sont mineurs non émancipés, et s'ils n'ont pas de tuteur, ou s'il est absent, elle pourra être requise par l'un de leurs parents.

Art. 911. Le scellé sera apposé, soit à la diligence du ministère public, soit sur la déclaration du maire ou adjoint de la commune, et même d'office par le juge de paix,

1ᵉ Si le mineur est sans tuteur, et que le scellé ne soit pas requis par un parent;

2ᵉ Si le conjoint, ou si les héritiers ou l'un d'eux sont absents;

3ᵉ Si le défunt était dépositaire public; auquel cas le scellé ne sera apposé que pour raison de ce dépôt et sur les objets qui le composent.

9565. — I. Apposition des scellés en cas d'absence ou de minorité (C. proc. civ. nᵒˢ 1 à 9). — L'apposition des scellés d'office sur les effets d'une succession, lorsque, parmi les héritiers, il en est un mineur, n'est obligatoire que dans le cas où le mineur est sans tuteur. — Riom, 30 nov. 1885, D.P. 87. 2. 45.

9566. — II. Apposition des scellés après le décès de dépositaires publics, fonctionnaires, etc. (C. proc. civ. nᵒˢ 10 à 16). — Aux termes de l'art. 1ᵉʳ du décret du 31 déc. 1886 (V.

suprà, nᵒ 9550) relatif à l'apposition des scellés au décès des officiers supérieurs de la marine, cette apposition ne peut être requise que par l'autorité maritime seule, dans les cas où cette mesure lui semble indispensable. — Circ. min. de la marine et des colonies, 6 janv. 1887, *Bull. min. just.* 1887, p. 65. — Comp. Circ. min. just. 9 juin 1876, *ibid.*, 1876, p. 101.

9567. L'arrêté du 13 niv. an 10 qui ordonne, après le décès d'un officier supérieur, l'apposition des scellés sur les papiers, cartes, plans et mémoires militaires autres que ceux dont le décédé est l'auteur et accorde à l'auteur un droit de préemption sur les documents trouvés dans la succession, s'applique aux œuvres d'un ancêtre du défunt. — Poitiers, 15 mars 1880, D.P. 80. 2. 153. — V. *Code de procédure civile*, nᵒ 12.

9568. Dans le cas où l'État déclare vouloir exercer son droit de préemption sur des papiers militaires trouvés dans la succession d'un officier supérieur, papiers qu'il doit indiquer d'une manière précise et détaillée, il y a lieu d'ordonner non seulement pour fixer la valeur de ces documents, mais encore pour déterminer:... soit la nature des papiers placés sous les scellés;... soit la dépréciation qui peut résulter pour les autres objets restitués aux héritiers de la séparation des documents réservés à l'État ou de l'acquisition partielle de ces documents. — Même arrêt.

9569. L'inobservation des formalités prescrites par l'arrêté du 13 niv. an 10 pour assurer la conservation des papiers militaires, ne saurait être invoquée contre l'État par les tiers que les formalités ont pour but de protéger. — Même arrêt.

9570. L'art. 1ᵉʳ du décret du 22 janv. 1890 (V. *suprà*, nᵒ 9551) laisse à l'autorité militaire toute latitude pour requérir, sous sa responsabilité, l'apposition des scellés dans le cas où cette mesure serait jugée indispensable. — Comp. Circ. min. just. 9 juin 1876, *ibid.*, 1876. p. 101.

9571. Quant aux frais d'apposition ou de levée des scellés, ils sont supportés par le ministère de la guerre. — Circ. min. just. 10 juill. 1886, *Bull. min. just.* 1886, p. 408 et de la Chancellerie, *ibid.*, 1890, p. 105.

9572. Le décret du 22 janv. 1890 est suivi d'une circulaire du même jour, destinée à en assurer l'exécution, circulaire qui traite successivement de l'apposition des scellés et de l'examen des documents scellés. — *Bull. min. just.* 1890, p. 105.

9573. En ce qui concerne les documents scellés eux-mêmes, il y a lieu de se conformer aux instructions renfermées dans un annexe à la circulaire de la chancellerie du 10 juill. 1886, annexe contenant un catalogue des pièces de toute nature à remettre au département de la Guerre, après le décès des officiers généraux, supérieurs, chefs de corps ou des intendants militaires. — *Bull. min. just.* 1886, p. 417.

9574. En ce qui touche les archevêques et évêques, l'art. 37 du décret de 1813 ne fait qu'étendre au cas de décès d'un archevêque et d'un évêque le principe général, déjà posé par l'art. 911, § 3, C. proc. civ., spécialement confirmé, en ce qui concerne les officiers supérieurs de la marine et de l'armée, par l'arrêté du 13 niv. an 10. — Circ. min. just. 8 janv. 1884. — V. *Code des lois adm. annotées*, t. 2, l, vᵒ *Cultes*, nᵒ 6555.

9575. Un arrêté du ministre des affaires étrangères en date du 20 juill. 1874 permet au ministre de requérir, s'il le juge nécessaire, l'apposition des scellés après le décès de tout agent diplomatique ou consulaire pour effectuer le retour aux archives des papiers laissés par cet agent et appartenant à l'État. — *Bull. min. just.* 1888, p. 14.

9576. — III. Apposition des scellés après le décès d'un étranger (C. proc. civ. nᵒˢ 17 à

19). — Un certain nombre de conventions consulaires conclues depuis plusieurs années entre la France et diverses puissances d'Europe et d'Amérique règlent l'apposition des scellés en cas de décès d'un citoyen de l'un des deux pays sur le territoire de l'autre ; telles sont les conventions consulaires conclues : ... avec le *Brésil*, le 10 déc. 1860, art. 7. — Décr. 28 nov. 1866, § 4 et 5, D.P. 67. 4. 7.

9577. ... Avec le *Portugal*, le 11 juill. 1866. — Décr. 27 juill. 1867, art. 8-1°, D.P. 67. 4. 138.

9578. ... Avec la *Russie*, le 1er avr. 1874 (art. 21. — L. 17 juin 1874, D.P. 75. 4. 14.

9579. ... Avec la *Grèce*, le 7 janv. 1876 (art. 12 et 13). — Décr. 2 mars 1878, D.P. 78. 4. 30.

9580. ... Avec la République du *Salvador*, le 5 juin 1878 (art. 12 et 13). — Décr. 7 août 1879, D.P. 80. 4. 12.

Art. 912. Le scellé ne pourra être apposé que par le juge de paix des lieux ou par ses suppléants.

Art. 913. Si le scellé n'a pas été apposé avant l'inhumation, le juge constatera, par son procès-verbal, le moment où il a été requis de l'apposer, et les causes qui ont retardé soit la réquisition, soit l'apposition.

9581. — I. A quel moment doivent être apposés les scellés (C. proc. civ. nos 1 et 2).

9582. — II. En quels lieux et sur quels objets sont apposés les scellés (C. proc. civ. nos 3 à 1).

Art. 914. Le procès-verbal d'apposition contiendra :

1° La date an, mois, jour et heure ;

2° Les motifs de l'apposition ;

3° Les noms, profession et demeure du requérant, s'il y en a, et son élection de domicile dans la commune où le scellé est apposé, s'il n'y demeure ;

4° S'il n'y a pas de partie requérante, le procès-verbal énoncera que le scellé a été apposé d'office ou sur la réquisition ou par la déclaration de l'un des fonctionnaires dénommés dans l'art. 911 ;

5° L'ordonnance qui permet le scellé, s'il en a été rendu ;

6° Les comparants et dires des parties ;

7° La désignation de lieux, bureaux, coffres, armoires, sur les ouvertures desquels le scellé aura été apposé ;

8° Une description sommaire des effets qui ne sont pas mis sous les scellés ;

9° Le serment, lors de la clôture de l'apposition, par ceux qui demeurent dans le lieu, qu'ils n'ont rien détourné, vu ni su qu'il ait été rien détourné directement ni indirectement ;

10° L'établissement du gardien présenté, s'il a les qualités requises ; sauf, s'il ne les a pas, ou s'il n'est pas présenté, à en établir un d'office par le juge de paix.

Art. 915. Les clefs des serrures sur lesquelles le scellé a été apposé resteront, jusqu'à sa levée, entre les mains du greffier de la justice de paix, lequel fera mention, sur le procès-verbal, de la remise qui lui en aura été faite ; et ne pourront, le juge ni le greffier, aller, jusqu'à la levée, dans la maison où est le scellé, à peine d'interdiction, à moins qu'ils n'en soient requis, ou que le transport n'ait été précédé d'une ordonnance motivée.

Art. 916. Si, lors de l'apposition, il est trouvé un testament ou autres papiers cachetés, le juge de paix en constatera la forme extérieure, le sceau et la suscription s'il y en a, paraîera l'enveloppe avec les parties présentes, si elles le savent ou le peuvent, et

indiquera les jour et heure où le paquet sera par lui présenté au président du tribunal de première instance ; il fera mention du tout sur son procès-verbal, lequel sera signé des parties, sinon mention sera faite de leur refus.

Art. 917. Sur la réquisition de toute partie intéressée, le juge de paix fera, l'apposition du scellé, la perquisition du testament dont l'existence sera annoncée ; et, s'il le trouve, il procédera ainsi qu'il est dit ci-dessus.

9583. Les juges ont un pouvoir souverain pour apprécier si la partie qui demande qu'il soit procédé à la perquisition d'un testament, en se présentant comme intéressée, justifie suffisamment de son droit à intervenir. — Montpellier, 29 mai 1890, D.P. 91. 2. 159.

Art. 918. Aux jour et heure indiqués, sans qu'il soit besoin d'aucune assignation, les paquets trouvés cachetés seront présentés par le juge de paix au président du tribunal de première instance, lequel en fera l'ouverture, en constatera l'état, et en ordonnera le dépôt si le contenu concerne la succession.

Art. 919. Si les paquets cachetés paraissent, par leur suscription, ou par quelque autre preuve écrite, appartenir à des tiers, le président du tribunal ordonnera que ces tiers seront appelés dans un délai qu'il fixera, pour qu'ils puissent assister à l'ouverture : il la fera au jour indiqué, en leur présence, ou à leur défaut ; et si les paquets sont étrangers à la succession, il les leur remettra sans en faire connaître le contenu, ou les cachetera de nouveau pour leur être remis à leur première réquisition.

Art. 920. Si un testament est trouvé ouvert, le juge de paix en constatera l'état, et observera ce qui est prescrit en l'art. 916.

Art. 921. Si les portes sont fermées, s'il se rencontre des obstacles à l'apposition des scellés, s'il s'élève, soit avant, soit pendant le scellé, des difficultés, il y sera statué en référé par le président du tribunal. A cet effet, il sera sursis, et établi par le juge de paix garnison extérieure, même intérieure, si le cas y échoit ; et il en référera sur-le-champ au président du tribunal.

Pourra néanmoins le juge de paix s'il y a péril dans le retard, statuer par provision, sauf à en référer ensuite au président du tribunal.

Art. 922. Dans tous les cas où il sera référé par le juge de paix au président du tribunal, soit en matière de scellé, soit en autre matière, ce qui sera fait et ordonné sera constaté sur le procès-verbal dressé par le juge de paix ; le président signera ses ordonnances sur ledit procès-verbal.

Art. 923. Lorsque l'inventaire sera parachevé, les scellés ne pourront être apposés, à moins que l'inventaire ne soit attaqué, et qu'il ne soit ainsi ordonné par le président du tribunal.

Si l'apposition des scellés est requise pendant le cours de l'inventaire, les scellés ne seront apposés que sur les objets non inventoriés.

Art. 924. S'il n'y a aucun effet mobilier, le juge de paix dressera un procès-verbal de carence.

S'il y a des effets mobiliers qui soient nécessaires à l'usage des personnes qui restent dans la maison, ou sur lesquels le scellé ne puisse être mis, le juge de paix fera un procès-

verbal contenant description sommaire desdits effets.

Art. 925. Dans les communes où la population est de 20,000 âmes et au-dessus, il sera tenu au greffe du tribunal de première instance, un registre d'ordre pour les scellés, sur lequel seront inscrits, d'après la déclaration que les juges de paix de l'arrondissement seront tenus d'y faire parvenir dans les vingt-quatre heures de l'apposition, 1° les noms et demeures des personnes sur les effets desquelles le scellé aura été apposé ; 2° le nom et la demeure du juge qui a fait l'apposition ; 3° le jour où elle a été faite.

TITRE II.

Des oppositions aux scellés.

Art. 926. Les oppositions aux scellés pourront être faites, soit par une déclaration sur le procès-verbal du juge de paix, soit par exploit signifié au greffier du juge de paix.

9584. — I. Formes de l'opposition a la levée des scellés (C. proc. civ. nos 1 à 3).

9585. — II. Qui peut former opposition a la levée des scellés (C. proc. civ. nos 4 à 8).

9586. — III. Effets de l'opposition a la levée des scellés (C. proc. civ. nos 9 et 10).

Art. 927. Toutes oppositions à scellés contiendront, à peine de nullité, outre les formalités communes à tout exploit,

1° Election de domicile dans la commune ou dans l'arrondissement de la justice de paix où le scellé est apposé, si l'opposant n'y demeure pas ;

2° L'énonciation précise de la cause de l'opposition.

TITRE III.

De la levée du scellé.

Art. 928. Le scellé ne pourra être levé et l'inventaire fait que trois jours après l'inhumation, s'il a été apposé auparavant, et trois jours après l'apposition, si elle a été faite depuis l'inhumation, à peine de nullité des procès-verbaux de levée de scellés et inventaire, et de dommages-intérêts contre ceux qui les auront faits et requis ; le tout, à moins que, pour des causes urgentes, il n'en soit autrement ordonné par le président du tribunal de première instance. Dans ce cas, si les parties qui ont droit d'assister à la levée ne sont pas présentes, il sera appelé pour elles, tant à la levée qu'à l'inventaire, un notaire nommé d'office par le président.

9587. — I. Délai dans lequel les scellés peuvent être levés (C. proc. civ. nos 1 à 5).

9588. — II. Compétence (C. proc. civ. nos 6 à 10).

9589. — III. Procédure (C. proc. civ. nos 11 et 12).

Art. 929. Si les héritiers ou quelques-uns d'eux sont mineurs non émancipés, il ne sera pas procédé à la levée des scellés, qu'ils n'aient été, ou préalablement pourvus de tuteurs, ou émancipés.

Art. 930. Tous ceux qui ont droit de faire apposer les scellés pourront en requérir la levée, excepté ceux qui ne les ont fait apposer qu'en exécution de l'art. 909, n° 3, ci-dessus.

9590. Tous ceux qui ont le droit de requérir l'apposition des scellés ont également la faculté d'en demander la levée. — Nancy, 6 mars 1885, D.P. 86. 2. 47. — V. *Code de procédure civile*, n° 3.

9591. Les syndics provisoires d'une faillite ont, aussi bien que les syndics définitifs, le droit de requérir la levée des scellés. — Décis. de la Chancellerie, 23 juill. 1878. *Bull. min. just.* 1878, p. 71. — Comp. *Code de commerce annoté*, art. 479 et s., et son *Supplément*, mêmes articles.

9592. Le juge de paix qui a fait l'apposition des scellés doit, si le tuteur du mineur l'en requiert, les lever sans description ni inventaire, lorsque ceux-ci ne sont réclamés par aucune autre partie intéressée. — Riom, 30 nov. 1885, D.P. 87. 2. 45.

9593. D'après un arrêt et d'après la jurisprudence du tribunal des conflits, la loi du 18 germ. an 10 et le décret du 22 déc. 1812 donnent aux préfets le droit d'opérer la fermeture des chapelles et oratoires privés ouverts au culte et non autorisés : cette fermeture, avec apposition de scellés, constitue donc un acte administratif, et, dès lors, l'autorité judiciaire est incompétente pour connaître d'une demande en levée de scellés et en réintégration formée par les propriétaires de ladite chapelle. — Trib. de Toulouse, 2 août 1880, D.P. 80. 3. 73. — Trib. des confl. 6 et 13 nov. 1880, D.P. 80. 3. 121-134.

Art. 931. Les formalités pour parvenir à la levée des scellés seront :

1° Une réquisition à cet effet consignée sur le procès-verbal du juge de paix ;

2° Une ordonnance du juge, indicative des jour et heure où la levée doit se faire ;

3° Une sommation d'assister à cette levée, faite au conjoint survivant, aux présomptifs héritiers, à l'exécuteur testamentaire, aux légataires universels ou à titre universel, s'ils sont connus, et aux opposants.

Il ne sera pas besoin d'appeler les intéressés demeurant hors de la distance de cinq myriamètres ; mais on appellera pour eux, à la levée et à l'inventaire, un notaire nommé d'office par le président du tribunal de première instance.

Les opposants seront appelés aux domiciles par eux élus.

9594. — I. FORMALITÉS POUR PARVENIR A LA LEVÉE DES SCELLÉS (C. proc. civ. n° 1 à 4).

9595. — II. NOMINATION D'UN NOTAIRE CHARGÉ DE REPRÉSENTER LES ABSENTS (C. proc. civ. n° 5 à 16).

Art. 932. Le conjoint, l'exécuteur testamentaire, les héritiers, les légataires universels, et ceux à titre universel, pourront assister à toutes les vacations de la levée du scellé et de l'inventaire, en personne ou par un mandataire.

Les opposants ne pourront assister, soit en personne, soit par un mandataire, qu'à la première vacation : ils seront tenus de se faire représenter, aux vacations suivantes, par un seul mandataire pour tous, dont ils conviendront ; sinon il sera nommé d'office par le juge.

Si, parmi ces mandataires, se trouvent des avoués du tribunal de première instance du ressort, ils justifieront de leurs pouvoirs par la représentation du titre de leur partie ; et l'avoué plus ancien, suivant l'ordre du tableau, des créanciers fondés en titre authentique, assistera de droit pour tous les opposants ; si aucun des créanciers n'est fondé en titre authentique, l'avoué le plus ancien des opposants fondés en titre privé assistera. L'ancienneté sera définitivement réglée à la première vacation.

Art. 933. Si l'un des opposants avait des intérêts différents de ceux des autres, ou des intérêts contraires, il pourra assister en personne ou par un mandataire particulier, à ses frais.

Art. 934. Les opposants pour la conservation des droits de leur débiteur ne pourront assister à la première vacation, ni concourir au choix d'un mandataire commun pour les autres vacations.

Art. 935. Le conjoint commun en biens, les héritiers, l'exécuteur testamentaire et les légataires universels ou à titre universel, pourront convenir du choix d'un ou deux notaires, et d'un ou deux commissaires-priseurs ou experts ; s'ils n'en conviennent pas, il sera procédé suivant la nature des objets, par un ou deux notaires, commissaires-priseurs ou experts, nommés d'office par le président du tribunal de première instance. Les experts prêteront serment devant le juge de paix.

9596. En cas de désaccord entre l'exécuteur testamentaire et l'héritier sur le choix du notaire qui sera chargé de faire l'inventaire, c'est au président du tribunal qu'il appartient de faire cette désignation. — Rouen, 20 janv. 1879, D.P. 79. 2. 179. — Req. 26 janv. 1885, D.P. 86. 1. 241. — V. *Code de procédure civile*, n° 6.

Art. 936. Le procès-verbal de levée contiendra : 1° la date ; 2° les nom, profession, demeure et élection de domicile du requérant ; 3° énonciation de l'ordonnance délivrée pour la levée ; 4° énonciation de la sommation prescrite par l'art. 931 ci-dessus ; 5° les comparutions et dires des parties ; 6° la nomination des notaires, commissaires-priseurs et experts qui doivent opérer ; 7° la reconnaissance des scellés s'ils sont sains et entiers ; s'ils ne le sont pas, l'état des altérations, sauf à se pourvoir ainsi qu'il appartiendra pour raison desdites altérations ; 8° les réquisitions à fin de perquisitions, le résultat desdites perquisitions et toutes autres demandes sur lesquelles il y aura lieu de statuer.

Art. 937. Les scellés seront levés successivement, et au fur et à mesure de la confection de l'inventaire : ils seront réapposés à la fin de chaque vacation.

Art. 938. On pourra réunir les objets de même nature, pour être inventoriés successivement suivant leur ordre ; ils seront, dans ce cas, replacés sous les scellés.

Art. 939. S'il est trouvé des objets et papiers étrangers à la succession et réclamés par des tiers, ils seront remis au qui il appartiendra ; s'ils ne peuvent être remis à l'instant, et qu'il soit nécessaire d'en faire la description, elle sera faite sur le procès-verbal des scellés, et non sur l'inventaire.

Art. 940. Si la cause de l'apposition des scellés cesse avant qu'ils soient levés, ou pendant le cours de leur levée, ils seront levés sans description.

TITRE IV.

De l'Inventaire.

Art. 941. L'inventaire peut être requis par ceux qui ont droit de requérir la levée du scellé.

9597. — I. CAS DANS LESQUELS IL Y A LIEU DE FAIRE INVENTAIRE (C. proc. civ. n° 1 à 18). — Les syndics provisoires d'une faillite ont, aussi bien que les syndics définitifs, le droit de procéder à l'inventaire. — Décis. de la Chancellerie, 23 juill. 1878, citée *suprà*, n° 9591. — Comp. *Code de commerce annoté*, art. 479 et s. ; et son *Supplément*, mêmes articles.

9598. — II. PERSONNES QUI PEUVENT REQUÉRIR LA CONFECTION D'UN INVENTAIRE. (C. proc. civ. n° 19 à 31). — Tous ceux qui ont le droit de requérir l'apposition des scellés ont également la faculté de requérir inventaire ; et l'envoi en possession de légataires universels ne peut paralyser ce droit. — Nancy, 6 mars 1883, D.P. 86. 2. 47.

9599. — III. COMPÉTENCE (C. proc. civ. n° 32).

Art. 942. Il doit être fait en présence ; 1° du conjoint survivant, 2° des héritiers présomptifs, 3° de l'exécuteur testamentaire si le testament est connu, 4° des donataires et légataires universels ou à titre universel, soit en propriété, soit en usufruit, ou eux dûment appelés, s'ils demeurent dans la distance de cinq myriamètres : s'ils demeurent au delà, il sera appelé pour tous les absents, un seul notaire, nommé par le président du tribunal de première instance, pour représenter les parties appelées et défaillantes.

9600. — I. PERSONNES QUI DOIVENT OU PEUVENT ASSISTER A L'INVENTAIRE (C. proc. civ. n° 1 à 15).

9601. — II. COMPARUTION PAR MANDATAIRE (C. proc. civ. n° 16 à 19).

Art. 943. Outre les formalités communes à tous les actes devant notaires, l'inventaire contiendra :

1° Les noms, professions et demeures des requérants, des comparants, des défaillants et des absents, s'ils sont connus, du notaire appelé pour les représenter, des commissaires-priseurs et experts ; et mention de l'ordonnance qui commet le notaire pour les absents et défaillants ;

2° L'indication des lieux où l'inventaire est fait ;

3° La description et estimation des effets, laquelle sera faite à juste valeur et sans crue ;

4° La désignation des qualités, poids et titre de l'argenterie ;

5° La désignation des espèces en numéraire ;

6° Les papiers seront cotés par première et dernière ; ils seront parafés de la main d'un des notaires ; s'il y a des livres et registres de commerce, l'état en sera constaté, les feuillets en seront pareillement cotés et parafés s'ils ne le sont ; s'il y a des blancs dans les pages écrites, ils seront bâtonnés ;

7° La déclaration des titres actifs et passifs ;

8° La mention du serment prêté, lors de la clôture de l'inventaire, par ceux qui ont été en possession des objets avant l'inventaire ou qui ont habité la maison dans laquelle sont lesdits objets, qu'ils n'en ont détourné, vu détourner ni su qu'il en ait été détourné aucun ;

9° La remise des effets et papiers, s'il y a lieu, entre les mains de la personne dont on conviendra, ou qui, à défaut, sera nommée par le président du tribunal.

9602. — I. Inventaire par les notaires (C. proc. civ. n°° 1 à 9). — Sur l'inventaire en cas de faillite, V. *Code de commerce annoté*, art. 479 et 480 ; et son *Supplément*, mêmes articles.

9603. — II. Acte notarié (C. proc. civ. n°° 10 à 17).

9604. — III. Contenu de l'inventaire (C. proc. civ. n°° 18 à 78).

9605. — IV. Prestation de serment par ceux qui ont été en possession des objets (C. proc. civ. n°° 79 à 84).

9606. — V. Remise des effets et papiers C. proc. civ. n°° 85 à 89).

9607. — VI. Sanction des règles relatives aux formalités des inventaires (C. proc. civ. n°° 90 à 92).

Art. 944. Si, lors de l'inventaire, il s'élève des difficultés, ou s'il est formé des réquisitions pour l'administration de la communauté ou de la succession, ou pour autres objets, et qu'il n'y soit déféré par les autres parties, les notaires délaisseront les parties à se pourvoir devant le président du tribunal de première instance ; ils pourront en référer eux-mêmes, s'ils résident au canton ou siège le tribunal ; dans ce cas, le président mettra son ordonnance sur la minute du procès-verbal.

9608. — I. Contestations relatives à l'inventaire (C. proc. civ. n°° 1 à 10).

9609. — II. Frais d'inventaire (C. proc. civ. n°° 11 à 19). — Les héritiers requérant l'inventaire dans leur intérêt exclusif doivent faire l'avance des frais, sauf à être ultérieurement statué sur le sort définitif de ces frais. — Nancy, 6 mars 1885, D.P. 86. 2. 47. — V. *Code de procédure civile*, n° 17, et *infrà*, Appendice, *Tarif des frais et dépens*.

TITRE V.

De la vente du mobilier.

Art. 945. Lorsque la vente des meubles dépendant d'une succession aura lieu en exécution de l'art. 826 du Code civil, cette vente sera faite dans les formes prescrites au titre des *Saisies-exécutions*.

Art. 946. Il y sera procédé sur la réquisition de l'une des parties intéressées, en vertu de l'ordonnance du président du tribunal de première instance, et par un officier public.

Art. 947. On appellera les parties ayant droit d'assister à l'inventaire, et qui demeureront ou auront élu domicile dans la distance de cinq myriamètres ; l'acte sera signifié au domicile élu.

Art. 948. S'ils s'élève des difficultés, il pourra être statué provisoirement par le président du tribunal de première instance.

Art. 949. La vente se fera dans le lieu où sont les effets, s'il n'est autrement ordonné.

Art. 950. La vente sera faite tant en absence que présence, sans appeler personne pour les non-comparants.

Art. 951. Le procès-verbal fera mention de la présence ou de l'absence du requérant.

Art. 952. Si toutes les parties sont majeures, présentes et d'accord, et qu'il n'y ait aucun tiers intéressé, elles ne seront obligées à aucune des formalités ci-dessus.

APPENDICE AU TITRE V.

I. — **VENTE PUBLIQUE DE MEUBLES** (n° 9610).

II. — **VENTE PUBLIQUE DE RÉCOLTES** (n° 9652).

I. — VENTE PUBLIQUE DE MEUBLES

DIVISION.

§ 1. — *Caractères ; Objets des ventes publiques de meubles ; Cas dans lesquels elles ont lieu* (n° 9610).

§ 2. — *Par qui sont faites les ventes publiques de meubles* (n° 9613).

§ 3. — *Formalités des ventes publiques de meubles* (n° 9640).

§ 1er. — *Caractères ; Objets des ventes publiques de meubles ; Cas dans lesquels elles ont lieu* (C. proc. civ. n°° 1 à 16).

9610. — I. Caractères des ventes publiques de meubles (C. proc. civ. n°° 1 et 2). — Il faut entendre par *ventes publiques*, non les ventes faites avec la publicité et en présence d'un grand nombre de spectateurs, mais seulement celles qui ont lieu avec le libre concours de tout individu solvable admis à se porter enchérisseur. — J.G S. *Commissaire-priseur*, 3.

9611. — II. Objets susceptibles de vente publique (C. proc. civ. n°° 3 à 9). — Les *barques lavandières*, constituant des meubles par leur nature, peuvent être vendues aux enchères publiques. — Besançon, 28 juill. 1877, D.P. 78.2. 59, et sur pourvoi, Req. 27 mai 1878, D.P. 79. 1. 79. — V. *infrà*, n° 9613, et 9614.

9612. — III. Dans quels cas ont lieu les ventes publiques de meubles (C. proc. civ. n°° 10 à 16).

§ 2. — *Par qui sont faites les ventes publiques de meubles* (C. proc. civ. n°° 17 à 48).

9613. — I. Commissaires-priseurs (C. proc. civ. n°° 48 à 22). — Les commissaires-priseurs ont le droit de procéder à la vente publique des meubles, soit seuls, soit en concurrence avec d'autres officiers ministériels, mais seulement en ce qui concerne les meubles corporels ; la vente des meubles incorporels appartient aux notaires. — D.P. 92. 2. 220, notes 4 et 5.

9614. Les *barques lavandières* ayant le caractère de meubles sont comprises au nombre des objets que les commissaires-priseurs ont, à l'exclusion de tous autres officiers ministériels, le droit de vendre aux enchères publiques dans les villes où siège un tribunal de première instance. — Arrêt préc. 27 mai 1878.

9615. ... Alors même que la vente comprend une clientèle, un droit au bail et une patente, lorsque ces droits ne sont que l'accessoire des barques mises aux enchères. — Même arrêt.

9616. La vente aux enchères publiques d'une grue de déchargement, ordonnée par le tribunal de commerce par suite de la résolution d'un marché, à la requête du créancier en vertu du droit de rétention et comme moyen de contrainte pour parvenir à l'exécution du jugement, a le caractère d'une vente forcée et doit avoir lieu par le ministère des commissaires-priseurs. — Rouen, 19 juill. 1882, D.P. 83. 2. 179-180.

9617. Mais le ministère des commissaires-priseurs n'est pas obligatoire pour les ventes aux enchères faites par une association (un comice agricole) d'objets mobiliers (de bestiaux) achetés des deniers de l'association et ne pouvant être adjugés qu'à ses membres à l'exclusion de toute autre personne (car il n'y a ici ni vente forcée ni vente publique). — Civ. r. 6 mars 1877, D.P. 77. 1. 161. — Conf. Décis. de la Chancellerie, 23 déc. 1878, *Bull. min. just.* 1878, p. 133.

9618. Il en est autrement lorsque la faculté d'enchérir est accordée, non seulement aux membres de l'association, mais encore à toutes personnes, sous l'unique condition qu'elles feront séance tenante la déclaration qu'elles veulent faire partie de l'association, ces personnes n'étant point associées faute d'être régulièrement et définitivement admises au moment où la vente est opérée. — Civ. c. 6 mars 1877, D.P. 77. 1. 162.

9619. Le droit exclusif de procéder aux commissaires-priseurs ne peut être exercé qu'au chef-lieu de leur établissement ; hors de ce chef-lieu, il n'ont qu'un droit de concurrence avec les notaires, greffiers, huissiers. — Rennes, 12 févr. 1879, D.P. 80. 2. 82.

9620. Et ce privilège ne s'étend même pas à une commune immédiatement voisine de la ville où se trouve le chef-lieu d'établissement, alors même que quelques-unes des ruelles de cette commune paraissent se continuer et se confondre avec plusieurs rues de la ville, si les définitions sont parfaitement établies par la circonscription de l'octroi et si les communes ont une administration, une police, un conseil municipal distincts. — Même arrêt.

9621. Un commissaire-priseur, en cas d'absence ou d'empêchement, ne peut se substituer, pour le remplacer dans ses fonctions, qu'un autre commissaire-priseur ayant établissement et compétence dans le même chef-lieu ; il ne peut se substituer le greffier du juge de paix. — Trib. civ. du Puy, 2 déc. 1884, D.P. 85. 3. 47.

9622. Et, lorsqu'en l'absence du commissaire-priseur, l'huissier chargé de la saisie a procédé à la vente, le commissaire-priseur que s'était substitué le greffier du juge de paix est sans qualité pour contester la validité de cette vente. — Même jugement.

9623. — II. Courtiers de commerce (C. proc. civ. n°° 23 à 30). — Les seules ventes auxquelles les courtiers ont le droit de procéder sont les ventes volontaires de marchandises à la requête des parties intéressées, et les ventes facultatives autorisées par le tribunal de commerce dans divers cas prévus par le code de commerce et les lois spéciales. — Rouen, 19 juill. 1882, D.P. 83. 2. 179. — V. *Code de procédure civile*, n° 23.

9624. L'art. 486 C. com. se borne à dire que la vente des effets mobiliers et marchandises après faillite sera faite par des courtiers de commerce ou tous autres officiers publics préposés à cet effet n'a nullement eu pour objet d'abroger les lois et règlements qui déterminent les conditions dans lesquelles les différentes classes d'officiers publics sont appelés à vendre aux ventes mobilières, sauf au contraire de s'y référer. — J.G.S. *Commissaire-priseur*, 4. — V. aussi *Code de commerce annoté*, art. 486, n°° 26 et s., et son *Supplément*.

9625. Serait donc de nul effet, à l'égard du commissaire-priseur, l'ordonnance du juge-commissaire qui autoriserait le syndic à faire opérer la vente au détail des marchandises neuves provenant de la faillite par le ministère d'un courtier de commerce ; et ce dernier, s'il procédait à cette vente malgré la défense à lui faite par le commissaire-priseur, serait même responsable envers lui et pourrait être condamné à lui payer des dommages-intérêts à raison du préjudice qu'il lui aurait causé. — Douai, 9 nov. 1887, J.G.S. *Commissaire-priseur*, 4.

9626. — III. NOTAIRES, HUISSIERS ET GREFFIERS (C. proc. civ. nos 31 à 56). — Deux décrets sont intervenus relativement à la tenue du registre des greffiers de justice de paix ayant qualité pour procéder aux ventes publiques d'objets mobiliers. — Décr. 2 déc. 1876 et 29 mars 1879, D.P. 77. 4. 8 et 79. 4. 51.

9627. Le décret du 29 mars 1879 reproduit textuellement celui du 2 déc. 1876 en y ajoutant seulement (art. 2-4°) la mention du prix total de la vente qui doit figurer dans les états trimestriels dressés par les greffiers de justice de paix (1).

9628. Le greffier d'un tribunal de commerce ne peut être commis par les syndics d'une faillite pour faire la vente publique du *mobilier* dépendant de la faillite : les greffiers de justice de paix, à l'exclusion de tous autres greffiers, peuvent seuls être chargés de procéder à ces ventes. — Besançon, 29 juin 1881, D.P. 82. 2. 1, et la note.

9629. Mais les greffiers des tribunaux de commerce peuvent, comme tous autres greffiers, être valablement désignés par les syndics pour procéder à la vente publique des *marchandises* qui dépendent de la faillite. — Arrêt préc. 29 juin 1881. — Caen, 23 janv. 1863, D.P. 82. 2. 1, note 1. — Trib. de Santes 16 juillet 1861, *ibid.* — Trib. de Brioude, 27 août 1879, *ibid.* — V. conf. Dissertation sous l'arrêt préc. 29 juin 1881.

9630. L'art. 4 de la loi du 17 sept. 1793 ayant purement et simplement abrogé l'art. 8 de la loi du 26 juill. 1790 qui fixait pour le cas de vente volontaire les émoluments des huissiers comme ceux des notaires et des greffiers et ne l'ayant remplacé par aucune disposition nouvelle, il en résulte, non pas sans doute que ces officiers ministériels peuvent se soustraire à la taxe, mais qu'à défaut de tarif spécial, il appartient aux tribunaux de rechercher et de déclarer sur

---

quelle base doit s'établir l'émolument d'une vente volontaire ; ils peuvent en particulier appliquer par analogie le tarif établi pour les commissaires-priseurs par la loi du 18 juin 1843. — Civ. r. 6 août 1888, D.P. 89. 1. 362.

9631. Les notaires seuls, à l'exclusion des commissaires-priseurs et autres officiers ministériels, ont le droit de procéder aux ventes publiques d'immeubles à démolir. — Trib. d'Hazebrouck, 26 mars 1881, D.P. 82. 3. 7.

9632. Jugé également qu'un fonds de commerce pris dans son ensemble constituant un meuble incorporel, il en résulte que la vente publique dudit fonds, faite en un seul lot, doit être opérée par un notaire et non par un commissaire-priseur. — Riom, 30 mars 1892, D.P. 92. 2. 226. — V. *supra*, nº 9613.

9633. — IV. VENTES PUBLIQUES A TERME (C. proc. civ. nos 57 à 66). — Il est permis aux commissaires-priseurs procédant à une vente d'effets mobiliers de stipuler, sous leur responsabilité personnelle, un terme de payement au profit de l'acquéreur, et, par suite, d'insérer au cahier des charges des conditions accessoires de sécurité telles qu'un cautionnement, une subrogation, une affectation hypothécaire. — Besançon, 28 juill. 1877, D.P. 78. 2. 50. — V. *Code de procédure civile*, nº 57.

9634. Les clauses et conditions accessoires de l'adjudication ne peuvent avoir aucune influence sur la compétence des officiers ministériels en matière de vente mobilière. — Req. 27 mai 1878, D.P. 79. 1. 79.

9635. Par suite, les commissaires-priseurs ont le droit de procéder, non seulement aux ventes mobilières dans lesquelles a été stipulé un terme au profit de l'acquéreur, mais encore à celles dont le cahier des charges contient des conditions accessoires de sécurité en faveur du vendeur, telles qu'un cautionnement à fournir ou une constitution d'hypothèque. — Même arrêt.

9636. Le commissaire-priseur qui, procédant à une vente annoncée comme devant se faire au comptant, néglige d'exiger le payement immédiat du prix de l'enchère, suit, à ses risques et périls, la foi de l'adjudicataire auquel il accorde crédit, et doit subir les conséquences de la dénégation par celui-ci d'avoir enchéri, comme de sou insolvabilité. — Civ. r. 19 mai 1886, D.P. 86. 1. 412. — *Code de procédure civile*, nº 58.

9637. Il ne saurait lui suffire, pour combattre cette dénégation, d'invoquer la foi due à son procès-verbal d'adjudication à raison de son caractère authentique, cet acte ne faisant pleine foi que des énonciations concernant les faits que l'officier public est chargé par la loi d'attester personnellement, et non des énonciations relatives à l'identité de celui l'oblige à s'assurer — Même arrêt.

9638. — V. RÈGLES COMMUNES AUX DIVERS OFFICIERS PUBLICS (C. proc. civ. nos 67 à 77).

9639. — VI. VENTES ADMINISTRATIVES (C. proc. civ. nos 78 à 88).

§ 3. — *Formalités des ventes publiques de meubles* (C. proc. civ. nos 89 à 135).

9640. — I. PUBLICITÉ (C. proc. civ. nos 89 à 95). — Lorsqu'une adjudication aux enchères d'objets mobiliers a été annoncée au public par la voie d'affiches et de circulaires imprimées, la circonstance que l'adjudication n'a pas eu lieu par suite d'un arrangement de gré à gré avant le jour fixé pour la vente, ne donne pas ouverture à une action en dommages-intérêts à raison des frais que s'est imposés un tiers pour venir sur les lieux au jour de la vente annoncée. — Douai, 26 juill. 1882, D.P. 84. 2. 112.

9641. En ce qui concerne la déclaration à faire au bureau de l'enregistrement avant toute vente publique de meubles, V. *Code de l'enregistrement annoté*, nos 10386 et s.

9642. — II. PROCÈS-VERBAL DE VENTE (C. proc. civ. nos 96 à 114). — En ce qui touche le

---

jugement des contraventions aux dispositions concernant les procès-verbaux de ventes mobilières. V. *Code annoté de l'Enregistrement*, nº 10452 et s.

9643. — III. PAYEMENT ET RECOUVREMENT DU PRIX DE VENTE (C. proc. civ. nos 115 à 120).

9644. — IV. VERSEMENT DU PRIX ; OPPOSITION (C. proc. civ. nos 121 à 131). — Suivant une opinion, dans le cas de vente volontaire de meubles aux enchères, une simple opposition sur le prix entre les mains de l'officier public ou ministériel qui a procédé à la vente suffit pour obliger celui-ci à consigner le prix, sans qu'il soit besoin de remplir les formalités prescrites en matière de saisie-arrêt. — Trib. de Laval, 20 juill. 1846, D.P. 81. 2. 9, note 1. — Trib. de Saint-Omer, 19 févr. 1849, *ibid.* — Rennes, 20 mars 1880, même arrêt, D.P. 81. 2. 9, note 1. — V. *supra*, art. 609 et 610, nos 8273 et s.

9645. Il a été décidé, au contraire, qu'une simple opposition pratiquée sur le prix entre les mains de l'huissier chargé de procéder à la vente ne constitue qu'une manifestation extrajudiciaire de la volonté du créancier qui, pour la rendre efficace, aurait dû la faire suivre d'une procédure d'exécution, saisie-gagerie, saisie-revendication ou saisie-arrêt. — Caen, 11 févr. 1884, D.P. 86. 1. 438.

9646. — Que, par conséquent, cette opposition ne fait pas obstacle à ce que le débiteur transporte à un créancier autre que l'opposant la créance qu'il a sur les acquéreurs de meubles. — Même arrêt.

9647. — Qu'elle n'apporte pas non plus d'empêchement à ce que, postérieurement au transport qui a été dûment notifié, l'huissier instrumentaire, qui, d'après le cahier des charges, n'était pas chargé de recevoir le prix, le touche pour le compte du cessionnaire qui l'a constitué son mandataire. — Même arrêt.

9648. — Que, par suite, le créancier opposant ne saurait contraindre l'huissier à déposer à la Caisse des dépôts et consignations les deniers que celui-ci a ainsi touchés et ne saurait agir en responsabilité contre lui, parce qu'il aurait refusé d'en opérer la consignation. — Même arrêt.

9649. En tout cas, le juge du fait a pu, sans compromettre aucun principe, justifier la décision par laquelle il repousse l'action en responsabilité dirigée contre l'huissier, en établissant, par une série de constatations et par une appréciation souveraine de la commune intention des parties, que le créancier opposant avait consenti, moyennant le versement d'une certaine somme d'argent, à la vente du mobilier et autorisé le débiteur à en verser le prix entre les mains du bailleur de fonds. — Req. 3 févr. 1886, D.P. 86. 1. 438.

9650. L'officier public ou ministériel entre les mains duquel a été formé une opposition sur le prix d'une vente publique opérée par son ministère n'est pas juge du mérite de cette opposition ; et sa responsabilité est engagée si, au lieu de consigner le prix, il l'a payé au vendeur ou à un créancier de ce dernier. — Rennes, 20 mars 1880, D.P. 81. 2. 9.

9651. — V. OBLIGATIONS PARTICULIÈRES DE L'OFFICIER PUBLIC (C. proc. civ. nos 132 à 135).

II. — VENTE PUBLIQUE DE RÉCOLTES

Loi du 5 juin 1851

Sur les ventes publiques volontaires de fruits et de récoltes pendants par racines et des coupes de bois taillis. — Publiée au Bulletin des lois, nº 2982. — (Extrait, D.P. 51. 4. 45).

Art. 1er. Les ventes publiques volontaires, soit à terme, soit au comptant, de fruits et récoltes pendants par racines, et des coupes de bois taillis, seront faites en concurrence et au choix des parties, par les notaires,

---

(1) **29 mars-3 mai 1879.** — *Décret qui modifie celui du 2 déc. 1876, portant que les greffiers de justice de paix, qui ont qualité pour procéder aux ventes publiques d'objets mobiliers, devront tenir un registre sur lequel ces ventes seront mentionnées* — (D.P. 79. 4. 51).

Art. 1er. Les greffiers de justice de paix, qui ont qualité pour procéder aux ventes publiques d'objets mobiliers devront tenir un registre visé et paraphé par le juge de paix ou son suppléant. Ce registre contiendra, suivant l'ordre de date des procès-verbaux, les mentions suivantes relatives à chaque vente d'objets mobiliers :

1° Le numéro d'ordre que les greffiers devront donner à chaque procès-verbal de vente ;

2° La date et le lieu de la vente ;

3° Les noms, prénoms et domiciles des vendeurs ;

4° Le montant du prix de vente total ;

5° Le montant des frais, déboursés et honoraires.

Art. 2. Dans les dix premiers jours de chaque trimestre, le greffier devra dresser un état indicatif des ventes auxquelles il aura procédé pendant le trimestre écoulé.

Cet état contiendra les mentions suivantes :

1° Le numéro d'ordre du procès-verbal de vente ;

2° La date et le lieu de la vente ;

3° Les noms, prénoms et domiciles des vendeurs ;

4° Le montant du prix de vente total ;

5° Le montant des frais, déboursés et honoraires ;

6° La date de la décharge remise au greffier ;

7° La date du certificat de dépôt à la caisse des consignations, s'il y a lieu ;

8° L'énoncé des motifs qui empêchent ou retardent la reddition des comptes.

Cet état sera remis, dans le délai susindiqué, au juge de paix, qui le visera, après vérification, et y joindra ses observations et le transmettra sans délai au procureur de la République près le tribunal civil de l'arrondissement.

Art. 3. La garde des sceaux, ministre de la justice, est chargé, etc.

commissaires-priseurs, huissiers et greffiers de justice de paix, même dans le lieu de la résidence des commissaires-priseurs.

9652. La loi du 5 juin 1851, sur les ventes publiques de récoltes et fruits pendants par racines, attribue le caractère de ventes mobilières, nonobstant les art. 520 et 521 C. civ., aux ventes des fruits et récoltes adhérents au sol, mais vendus pour en être détachés. — Civ. r. 30 juill. 1884, D.P. 85. 1. 233, et dissertation sous cet arrêt, D.P. 85. 1. 233, note 1.

9653. Si, par esprit de transaction, elle a permis aux notaires de procéder à ces ventes, concurremment avec d'autres officiers publics, cette concession constitue une exception au principe qui forme la loi d'institution des notaires, et doit être interprétée strictement. — Même arrêt.

9654. Par suite, la loi de 1851, uniquement relative aux ventes publiques volontaires, ne peut s'appliquer aux ventes judiciaires de récoltes et de fruits pendants par racines, qui demeurent soumises au Code de procédure civile et aux lois spéciales qui les régissent. — Même arrêt. — V. Code de procédure civile, n° 2.

9655. Spécialement, les commissaires-priseurs ont seuls, dans le lieu de leur résidence, à l'exclusion des notaires et autres officiers ministériels, le droit de procéder à la vente de récoltes sur pied dépendant d'une succession bénéficiaire et autorisée par le président du tribunal. — Rouen, 17 juill. 1832, D.P. 82. 2. 133, et sur pourvoi, Civ. r. 30 juill. 1884, D.P. 85. 1. 233.

9656. La loi du 5 juin 1851, qui réserve aux notaires et autres officiers publics le monopole de la vente des meubles et objets mobiliers, n'est pas applicable à la vente des arbres de haute futaie non abattus, qui sont des immeubles. — Req. 14 nov. 1883, D.P. 84. 1. 291, et le rapport de M. le conseiller Ballot-Beaupré.

9657. En conséquence, un propriétaire, maître de ses droits, peut, sans contrevenir à cette loi, procéder seul, après publication et enchères, à la vente sous seings privés de peupliers sur pied plantés dans un pré qui lui appartient. — Même arrêt.

9658. En ce qui concerne les ventes judiciaires, il a été décidé que les notaires ont seuls, à l'exclusion tant des commissaires-priseurs que des autres officiers publics, le droit de procéder à ces sortes de ventes, à moins qu'elles n'aient lieu sur saisie-brandon. — Trib. civ. Bar-le-Duc, 10 mai 1867, D.P. 68. 3. 47.

9659. Jugé au contraire que les commissaires-priseurs ont seuls, dans le lieu de leur résidence, le droit de procéder à ces ventes. — Trib. civ. Vendôme, 10 oct. 1851, D.P. 68. 3. 47, note. — Trib. civ. Troyes, 18 oct. 1872, J.G.S. Commissaire-priseur, 12.

TITRE VI.

De la vente des biens immeubles appartenant à des mineurs.

Art. 953. La vente des immeubles appartenant à des mineurs ne pourra être ordonnée que d'après un avis de parents énonçant la nature des biens et leur valeur approximative.

Cet avis ne sera pas nécessaire si les biens appartiennent en même temps à des majeurs, et si la vente est poursuivie par eux. Il sera procédé alors conformément au titre des Partages et licitations.

Art. 954. Lorsque le tribunal homologuera cet avis, il déclarera, par le même jugement, que la vente aura lieu soit devant l'un des juges du tribunal à l'audience des criées, soit devant un notaire à cet effet commis.

Si les immeubles sont situés dans plusieurs arrondissements, le tribunal pourra commettre un notaire dans chacun de ces arrondissements, et même donner commission rogatoire à chacun des tribunaux de la situation de ces biens.

9660. — I. Homologation de l'avis de parents (C. proc. civ. n°s 1 à 5).

9661. — II. Renvoi de la vente devant un juge ou un notaire (C. proc. civ. n°s 6 à 23). — Lorsqu'il s'agit de biens de mineurs, le tribunal peut, suivant les circonstances, ordonner la vente soit devant un juge commis à cet effet, soit devant un notaire. — Paris, 27 juill. 1887, D.P. 88. 5. 532. — V. Code de procédure civile, n° 7.

9662. Mais aucune préférence n'étant donnée par la loi à l'un ou l'autre de ces modes de vente, pour faire choix de l'un d'eux, le tribunal doit consulter l'intérêt des mineurs, ... et, en cas de doute, suivre le vœu exprimé par le conseil de famille, alors qu'il n'apparaît par aucun juge commis à cet effet, soit devant un notaire. — Paris, suffisants pour préférer un mode de vente à l'autre. — Même arrêt. — V. Code de procédure civile, n° 7.

9663. Dans les ventes de biens de mineurs ou sur saisie immobilière, le notaire commis peut recevoir de l'autorité judiciaire un pouvoir suffisant pour constater, après les formalités de l'enchère, le consentement des parties, et former, par la formule d'adjudication qu'il prononce, le contrat entre les parties. — Poitiers, 24 mars 1885, D.P. 87. 2. 18.

9664. Mais si l'on n'est plus de même en cas de vente volontaire, le notaire agissant alors en sa qualité d'officier ministériel dont la mission se borne à attester, dans l'acte qu'il rédige, les engagements résultant de l'accord des volontés des contractants. — Même arrêt.

Art. 955. Le jugement qui ordonnera la vente déterminera le prix de chacun des immeubles à vendre et les conditions de la vente. Cette mise à prix sera réglée, soit d'après l'avis des parents, soit d'après les titres de propriété, soit d'après les baux authentiques ou sous seing privé ayant date certaine et, à défaut de baux, d'après le rôle de la contribution foncière.

Néanmoins le tribunal pourra, suivant les circonstances, faire procéder à l'estimation totale ou partielle des immeubles.

Cette estimation aura lieu, selon l'importance et la nature des biens, par un ou trois experts que le tribunal commettra à cet effet.

9665. La clause du cahier des charges, rédigé par le notaire commis pour procéder à une vente judiciaire d'immeubles, qui stipule que l'adjudicataire payera au minimum tant pour cent du prix d'adjudication, et que, dans le cas où, par le résultat de la taxe, les frais ne s'élèveraient pas à ce chiffre, la différence reviendra aux vendeurs ou aux créanciers inscrits, est nulle à la fois comme ayant modifié la mise à prix fixée par le tribunal, et comme ayant été pour le notaire un moyen détourné d'échapper à la taxe. — Nancy, 28 mars 1874, D.P. 76. 2. 112, et sur pourvoi, Req. 7 avr. 1875, D.P. 76. 1. 346.

Art. 956. Si l'estimation a été ordonnée,

l'expert ou les experts, après avoir prêté serment, soit devant le président du tribunal, soit devant un juge de paix commis par lui, rédigeront leur rapport, qui indiquera sommairement les bases de l'estimation, sans entrer dans le détail descriptif des biens à vendre.

La minute du rapport sera déposée au greffe du tribunal. Il n'en sera pas délivré d'expédition.

9666. Un rapport d'experts indique suffisamment les bases de l'estimation des immeubles dépendant d'une succession lorsque, sans préciser la date de l'estimation, il permet d'établir que cette date doit être reportée soit au moment de l'ouverture de la succession, soit au moment de l'expertise, alors que, dans cet intervalle, la valeur des immeubles n'a pas subi de modification appréciable. — Req. 22 juill. 1884, D.P. 85. 1. 233.

Art. 957. Les enchères seront ouvertes sur un cahier des charges déposé par l'avoué au greffe du tribunal, ou dressé par le notaire commis, et déposé dans son étude, si la vente doit avoir lieu devant notaire.

Ce cahier contiendra:

1° L'énonciation du jugement qui a autorisé la vente;

2° Celle des titres qui établissent la propriété;

3° L'indication de la nature ainsi que de la situation du bien à vendre, celle des corps d'héritage, de leur contenance approximative et de deux des tenants et aboutissants;

4° L'énonciation du prix auquel les enchères seront ouvertes.

9667. — I. Conditions insérées au cahier des charges (C. proc. civ. n°s 1 à 6).

9668. — II. Dépôt du cahier des charges (C. proc. civ. n°s 7 à 10).

Art. 958. Après le dépôt du cahier des charges, il sera rédigé et imprimé des placards qui contiendront:

1° L'énonciation du jugement qui aura autorisé la vente;

2° Les noms, professions et domiciles du mineur, de son tuteur et de son subrogé tuteur;

3° La désignation des biens, telle qu'elle a été insérée dans le cahier des charges;

4° Le prix auquel seront ouvertes les enchères sur chacun des biens à vendre;

5° Les jour, lieu et heure de l'adjudication, ainsi que l'indication, soit du notaire et sa demeure, soit du tribunal devant lequel l'adjudication aura lieu, et, dans tous les cas, de l'avoué du vendeur.

Art. 959. Les placards seront affichés quinze jours au moins, trente jours au plus avant l'adjudication aux lieux désignés dans l'art. 699, et en outre, à la porte du notaire qui procédera à la vente; ce dont il sera justifié conformément au même article.

Art. 960. Copie de ces placards sera insérée dans le même délai, au journal indiqué par l'art. 696, et dans celui qui aura été désigné pour l'arrondissement où se poursuit la vente, si ce n'est pas l'arrondissement de la situation des biens.

Il en sera justifié conformément à l'art. 698.

Art. 961. Selon la nature et l'importance des biens, il pourra être donné à la vente une plus grande publicité, conformément aux art. 697 et 700.

Art. 962. Le subrogé tuteur du mineur sera

appelé à la vente, ainsi que le prescrit l'art. 469 du Code civil; à cet effet, le jour, le lieu et l'heure de l'adjudication lui seront notifiés un mois d'avance, avec avertissement qu'il y sera procédé tant en son absence qu'en sa présence.

9669. La disposition de l'art. 962 C. proc. civ. qui exige que le subrogé-tuteur soit appelé à la vente des immeubles du mineur doit être observée à peine de nullité. — Toulouse, 5 déc. 1878, D.P. 79. 2. 63. — V. *Code de procédure civile*, n° 3.

9670. Mais cette formalité n'a pas besoin d'être renouvelée lorsque, la première adjudication étant demeurée sans résultat, le tribunal a ordonné qu'il serait procédé à de nouvelles enchères après un nouveau délai, et sur une mise à prix inférieure. — Même arrêt.

Art. 963. Si, au jour indiqué pour l'adjudication, les enchères ne s'élèvent pas à la mise à prix, le tribunal pourra ordonner, sur simple requête en la chambre du conseil, que les biens seront adjugés au-dessous de l'estimation; l'adjudication sera remise à un délai fixé par le jugement, et qui ne pourra être moindre de quinzaine.

Cette adjudication sera encore indiquée par des placards et des insertions dans les journaux, comme il est dit ci-dessus, huit jours au moins avant l'adjudication.

Art. 964. Sont déclarés communs au présent titre les art. 701, 705, 706, 707, 711, 712, 713, 733, 734, 735, 736, 737, 738, 739, 740, 741 et 742.

Néanmoins, si les enchères sont reçues par un notaire, elles pourront être faites par toutes personnes sans ministère d'avoué.

Dans le cas de vente devant notaire, s'il y a lieu à folle enchère, la poursuite sera portée devant le tribunal. Le certificat constatant que l'adjudicataire n'a pas justifié de l'acquit des conditions sera délivré par le notaire. Le procès-verbal d'adjudication sera déposé au greffe, pour servir d'enchère.

9671. — I. Par qui l'adjudication peut être requise et en présence de qui elle a lieu (C. proc. civ. n°s 1 à 3).
9672. — II. Publicité de la vente (C. proc. civ. n°s 4 à 5).
9673. — II. Réception des enchères (C. proc. civ. n°s 6 à 9).
9674. — IV. Qui peut se rendre adjudicataire (C. proc. civ. n°s 14 à 22). — Sur l'incapacité pour le tuteur de se rendre adjudicataire des biens de son pupille, V. *Supplément au Code civil annoté*, art. 1596, n°s 12402 et s.
9675. — V. Déclaration de command (C. proc. civ. n°s 23 et 24).
9676. — VI. Procès-verbal d'adjudication (C. proc. civ. n°s 25 à 28).
9677. — VII. Incidents (C. proc. civ. n°s 29 à 33).
9678. — VIII. Recours contre l'adjudication (C. proc. civ. n°s 34 à 38).
9679. — IX. Obligations et droits de l'adjudicataire (C. proc. civ. n°s 39 à 56).
9680. — X. Effets de l'adjudication relativement aux tiers (C. proc. civ. n°s 57 à 59).
9681. — XI. Revente sur folle enchère (C. proc. civ. n°s 60 à 67).

Art. 965. Dans les huit jours qui suivront l'adjudication, toute personne pourra faire une surenchère du sixième en se conformant aux formalités et délais réglés par les art. 708, 709 et 710 ci-dessus.

Lorsqu'une seconde adjudication aura eu lieu après la surenchère ci-dessus, aucune autre surenchère des mêmes biens ne pourra être reçue.

TITRE VII.
Des partages et licitations.

Art. 966. Dans les cas des art. 823 et 838 du Code civil, lorsque le partage doit être fait en justice, la partie la plus diligente se pourvoira.

9682. Suivant une opinion, l'instance en partage doit être considérée soit au point de vue des formes de la procédure, soit au point de vue de l'application des règles du tarif, comme une affaire essentiellement ordinaire, et l'art. 823 C. civ. aux termes duquel « si l'un des cohéritiers refuse de consentir « au partage, ou s'il s'élève des contestations « soit sur le mode d'y procéder, soit sur la « manière de le terminer, le tribunal prononce « comme en *matière sommaire*», ne s'applique qu'à certains incidents survenus dans le cours de l'instance en partage. — Trib. civ. Lyon, 4 juin 1887, D.P. 89. 3. 7.

9683. Mais, d'après l'opinion générale ment suivie, les actions en partage doivent être rangées dans la classe des affaires sommaires, lorsqu'elles ne soulèvent aucune contestation sur le fond du droit. — Trib. de Bayeux, 10 mai 1883, D.P. 85. 3. 120. — Req. 27 mai 1889, D.P. 90. 1. 376. — V. Conf. Dissertation de M Glasson, D.P. 89. 3. 7, note 3.

9684. Et il n'y a pas contestation sur le fond du droit, mais seulement sur le mode de procéder, lorsque le demandeur en partage réclame une expertise et que les autres héritiers qui ont acquiescé à la demande en partage se bornent à contester la nécessité de l'expertise. — Arrêt. préc. 27 mai 1889.

Art. 967. Entre deux demandeurs, la poursuite appartiendra à celui qui aura fait viser le premier l'original de son exploit par le greffier du tribunal: ce visa sera daté du jour et de l'heure.

9685. C'est par voie de requête, et non par voie d'ajournement, que doit être provoquée la vente des immeubles dépendant d'une succession bénéficiaire, soit qu'il n'y ait qu'un seul héritier, soit qu'il y en ait plusieurs, et même quand il se trouve parmi eux des mineurs. — Req. 29 juill. 1874, D.P. 75. 1. 318-319.

9686. L'action des héritiers bénéficiaires à fin de provoquer ladite vente rentre dans le cercle des actes d'administration auxquels ils sont tenus en vertu de leur qualité, et en conséquence, la requête n'est pas nulle pour avoir été présentée, au nom de quelques héritiers seulement, sans le concours des autres. — Même arrêt.

Art. 968. Le tuteur spécial et particulier qui doit être donné à chaque mineur ayant des intérêts opposés sera nommé suivant les règles contenues au titre des Avis de parents.

9687. Sur les formalités relatives aux avis de parents, V. *suprà*, art. 882 et s., n°s 9509 et s.

Art. 969. Le jugement qui prononcera sur la demande en partage commettra, s'il y a lieu, un juge, conformément à l'art. 823 du Code civil, et en même temps un notaire.

Si, dans le cours des opérations, le juge ou le notaire est empêché, le président du tribunal pourvoira au remplacement par une ordonnance sur requête, laquelle ne sera susceptible ni d'opposition, ni d'appel.

9688. — I. Nomination d'un juge-commissaire (C. proc. civ. n°s 1 à 3).
9689. — II. Renvoi devant notaire (C. proc. civ. n°s 6 à 23).

Art. 970. En prononçant sur cette demande, le tribunal ordonnera par le même jugement le partage, s'il peut avoir lieu, ou la vente par licitation, qui sera faite devant un membre du tribunal ou devant un notaire, conformément à l'art. 954.

Le tribunal pourra, soit qu'il ordonne le partage, soit qu'il ordonne la licitation, déclarer qu'il y sera immédiatement procédé sans expertise préalable, même lorsqu'il y aura des mineurs en cause; dans le cas de licitation, le tribunal déterminera la mise à prix, conformément à l'art. 955.

9690. — I. Vente par licitation devant un juge ou un notaire (C. proc. civ. n°s 1 à 15). — Dans les instances en partage, le tribunal doit, dans le choix du notaire qu'il commet pour procéder au partage, à la liquidation et aux opérations de partage, se déterminer dans l'intérêt des parties, alors surtout qu'un mineur est en cause. — Rouen, 23 mars 1878, D.P. 79. 2 92. — V. *Code de procédure civile*, n° 2 et s.

9691. Spécialement, le tribunal peut commettre de préférence le notaire dans l'étude duquel ont été passés les actes les plus nombreux concernant le défunt et sa famille, alors surtout que la résidence de ce notaire est à proximité des biens à vendre. — Même arrêt.

9692. Les règles prescrites par la loi en matière de saisie immobilière, de licitation et de partage, ne sont pas applicables à la vente d'immeubles faite en exécution d'un testament. — Req. 2 déc. 1878, D.P. 79. 1. 164.

9693. Spécialement, un légataire d'usufruit peut être autorisé par justice, à défaut du consentement du nu-propriétaire, à faire vendre aux enchères publiques, sans expertise préalable ni commandement, les biens grevés de l'usufruit, si le testateur a manifesté la volonté que ces biens fussent vendus afin d'assurer à ce légataire un revenu minimum déterminé. — Même arrêt.

9694. — II. Expertise (C. proc. civ. n°s 16 à 20).

Art. 971. Lorsque le tribunal ordonnera l'expertise, il pourra commettre un ou trois experts, qui prêteront serment comme il est dit en l'art. 956.

Les nominations et rapports d'experts seront faits suivant les formalités prescrites au titre des *Rapports d'experts*.

Les rapports d'experts présenteront sommairement les bases de l'estimation, sans entrer dans le détail descriptif des biens à partager ou à liciter.

Le poursuivant demandera l'entérinement du rapport par un simple acte de conclusions d'avoué à avoué.

9695. — I. Nomination des experts (C. proc. civ. n°s 1 à 4).
9696. — II. Mission des experts (C. proc. civ. n°s 5 à 11).
9697. — III. Rapport des experts (C. proc. civ. n°s 12 et 13).

Art. 972. On se conformera, pour la vente, aux formalités prescrites dans le titre *de la Vente des biens immeubles appartenant à des mineurs*, en ajoutant dans le cahier des charges:

Les noms, demeure et profession du poursuivant, les noms et demeure de son avoué;

Les noms, demeures et professions des colicitants et de leurs avoués.

9698. — I. Cahier des charges (C. proc. civ. nos 1 à 12).

9699. — II. Publications (C. proc. civ. nos 13 à 15).

Art. 973. Dans la huitaine du dépôt du cahier des charges au greffe ou chez le notaire, sommation sera faite, par un simple acte, aux colicitants, en l'étude de leurs avoués, d'en prendre communication.

S'il s'élève des difficultés sur le cahier des charges, elles seront vidées à l'audience, sans aucune requête, et sur un simple acte d'avoué à avoué.

Le jugement qui interviendra ne pourra être attaqué que par la voie de l'appel, dans les formes et délais prescrits par les art. 731 et 732 du présent Code.

Tout autre jugement sur les difficultés relatives aux formalités postérieures à la sommation de prendre communication du cahier des charges ne pourra être attaqué ni par opposition, ni par appel.

Si, au jour indiqué pour l'adjudication, les enchères ne couvrent pas la mise à prix, il sera procédé comme il est dit en l'art 963.

Dans les huit jours de l'adjudication, toute personne pourra surenchérir d'un sixième du prix principal, en se conformant aux conditions et aux formalités prescrites par les art. 708, 709 et 710. Cette surenchère produira le même effet que dans les ventes de biens de mineurs.

9700. — I. Sommation de prendre communication du cahier des charges (C. proc. civ. nos 1 à 4).

9701. — II. Incidents de la licitation (C. proc. civ. nos 5 à 11). — Le droit qui appartient à tous les cohéritiers bénéficiaires de formuler des dires relatifs à la formation des lots et au renvoi de la vente devant notaire est suffisamment garanti, à l'égard de ceux de ces cohéritiers qui n'ont pas provoqué la vente, par la signification du jugement qui la ordonnée avec sommation de prendre connaissance du cahier des charges avant le jour fixé pour l'adjudication. — Req. 29 juill. 1874, D.P. 75.1. 318-319. — Comp. *Code de procédure civile*, no 7.

9702. Le jugement ordonnant une baisse de mise à prix peut être attaqué par la voie de l'appel pendant deux mois conformément à l'art. 443 C. proc. civ.; il n'y a pas lieu d'appliquer l'art. 973 du même code. — Paris, 7 mai 1884, D.P. 85. 2. 48. — V. *Code de procédure civile*, nos 9 et 10.

9703. — III. Réduction de la mise à prix (C. proc. civ. nos 12 à 18).

9704. — IV. Effets de l'adjudication sur licitation (C. proc. civ. nos 19 à 28). — V. *Supplément au Code civil annoté*, art. 883, nos 3517 et s.

9705. — V. Recours contre l'adjudication (C. proc. civ. nos 29 à 34).

9706. — VI. Surenchère (C. proc. civ. nos 35 à 39). — Lorsqu'un tribunal saisi d'une demande en liquidation et partage a ordonné la vente d'immeubles situés dans un autre arrondissement que le sien et a commis pour y procéder les immeubles, la surenchère doit être faite au greffe du tribunal qui a ordonné l'adjudication et non au greffe du tribunal de la résidence du notaire commis. — Aix, 10 févr. 1876, D P. 78. 5. 433. — Toulouse, 10 janv. 1885, D.P. 85. 2. 208, note 2.

— Orléans, 14 août 1884, D.P. 85. 2. 208. — Contrà : Grenoble, 10 juill. 1874, D.P. 75. 2. 32.

9707. — VII. Folle enchère (C. proc. civ. nos 40 à 63).

Art. 974. Lorsque la situation des immeubles aura exigé plusieurs expertises distinctes, et que chaque immeuble aura été déclaré impartageable, il n'y aura cependant pas lieu à licitation, s'il résulte du rapprochement des rapports que la totalité des immeubles peut se partager commodément.

Art. 975. Si la demande en partage n'a pour objet que la division d'un ou plusieurs immeubles sur lesquels les droits des intéressés soient déjà liquidés, les experts, en procédant à l'estimation, composeront les lots ainsi qu'il est prescrit par l'art. 466 du Code civil; et, après que leur rapport aura été entériné, les lots seront tirés au sort, soit devant le juge-commissaire, soit devant le notaire déjà commis par le tribunal, aux termes de l'art. 969.

9708. — I. Formation des lots (C. proc. civ. nos 1 à 14).

9709. — II. Tirage au sort des lots (C. proc. civ. nos 15 et 16). — Il n'y a pas lieu à renvoi d'un partage devant notaire, et le tirage immédiat des lots est possible, quand les parties sont d'accord sur les immeubles à partager et n'ont à effectuer ni rapports, ni prélèvements. — Req. 22 juill. 1884, D.P. 85. 1. 253.

Art. 976. Dans les autres cas, et notamment lorsque le tribunal aura ordonné le partage sans procéder à un rapport d'experts, le poursuivant fera sommer les copartageants de comparaître, au jour indiqué devant le notaire commis, à l'effet de procéder aux compte, rapport, formation de masse, prélèvements, composition de lots et fournissements, ainsi qu'il est ordonné par le Code civil, art. 828.

Il en sera de même après qu'il aura été procédé à la licitation, si le prix de l'adjudication doit être confondu avec d'autres objets dans une masse commune de partage pour former la balance entre les divers lots.

9710. Sur les opérations mentionnées dans cet article, V. *Supplément au Code civil annoté*, art. 828, no 5290 et s.

Art 977. Le notaire commis procédera seul et sans l'assistance d'un second notaire ou de témoins : si les parties se font assister auprès de lui d'un conseil, les honoraires de ce conseil n'entreront point dans les frais de partage, et seront à leur charge.

Au cas de l'art. 837 du Code civil, le notaire rédigera en un procès-verbal séparé les difficultés et dires des parties; ce procès-verbal sera, par lui, remis au greffe, et y sera retenu.

Si le juge commissaire renvoie les parties à l'audience, l'indication du jour où elles devront comparaître tiendra lieu d'ajournement.

Il ne sera fait aucune sommation pour comparaître soit devant le juge, soit à l'audience.

9711. — I. Opérations du notaire (C. proc. civ. nos 1 à 6). — Relativement à la composition de la masse et à la liquidation, V. *Supplément au Code civil annoté*, art. 828, nos 5296 et s.

9712. — II. Jugement des contestations

(C. proc. civ. nos 7 à 16). — Dans le cas où il s'agit, non d'un partage entre cohéritiers, mais d'une action en réduction intentée contre des donataires par un héritier à réserve, le juge a un pouvoir discrétionnaire pour répartir les dépens entre les parties, suivant la proportion dans laquelle elles succombent, et n'est pas tenu d'ordonner que ces dépens soient prélevés sur la masse. — Civ. c. 11 janv. 1882, D.P. 82. 1. 313-314.

9713. Les griefs non contestés d'un cohéritier contre le projet de liquidation arrêté par le notaire peuvent être simplement signalés, et un contredit en justice n'est pas nécessaire dans ce cas. — Civ. r. 15 déc. 1873, D.P. 74. 1. 113.

Art. 978. Lorsque la masse du partage, les rapports et prélèvements à faire par chacune des parties intéressées auront été établis par le notaire, suivant les art. 829, 830 et 831 du Code civil, les lots seront faits par l'un des cohéritiers, s'ils sont tous majeurs, s'ils s'accordent sur le choix, et si celui qu'ils auront choisi accepte la commission : dans le cas contraire, le notaire, sans qu'il soit besoin d'aucune autre procédure, renverra les parties devant le juge-commissaire, et celui-ci nommera un expert.

Art. 979. Le cohéritier choisi par les parties, ou l'expert nommé pour la formation des lots, en établira la composition par un rapport qui sera reçu et rédigé par le notaire à la suite des opérations précédentes.

Art. 980. Lorsque les lots auront été fixés, et que les contestations sur leur formation, s'il y en a eu, auront été jugées, le poursuivant fera sommer les copartageants à l'effet de se trouver, à jour indiqué, en l'étude du notaire, pour assister à la clôture du procès-verbal, en entendre lecture, et le signer avec lui, s'ils le peuvent et le veulent.

Art. 981. Le notaire remettra l'expédition du procès-verbal de partage à la partie la plus diligente pour en poursuivre l'homologation par le tribunal : sur le rapport du juge-commissaire, et si y a lieu, le tribunal homologuera ou, appelées si toutes n'ont pas comparu à la clôture du procès-verbal, et sur les conclusions du procureur de la République, dans les cas où la qualité des parties requerra son ministère.

9714. — I. Homologation du partage (C. proc. civ. nos 1 à 14). — Les créanciers qui ont formé opposition au partage doivent être appelés au jugement d'homologation, alors même qu'ils n'ont pas comparu devant le notaire chargé de la liquidation, nonobstant la sommation qui leur avait été faite. — Trib. de Toulouse, 15 mars 1888, D.P. 89. 2. 25.

9715. Mais, bien qu'ils n'aient pas été appelés au jugement d'homologation, il n'y a pas lieu d'annuler la liquidation lorsque les créanciers opposants ne demandent pas qu'il soit procédé à une liquidation nouvelle et se bornent à soutenir qu'elle ne leur est pas opposable comme étant intervenue postérieurement à une adjudication qui a déterminé leurs droits d'une manière définitive. — Toulouse, 30 juill. 1888, D.P. 89. 2. 25.

9716. En matière d'incident de partage antérieur à l'homologation, l'instance est régulièrement liée entre les parties, sans ajournement ni avenir, par cela seul que le procès-verbal du notaire, mentionnant la difficulté soulevée et les prétentions des parties, a été déposé au greffe, et que le juge commissaire a indiqué le jour de son rapport; peu importe que la difficulté concerne le fond ou la forme du partage. — Caen, 11 avr. 1884, D.P. 85. 2. 196.

9717. Mais, si l'une des parties n'a pas assisté à la rédaction du procès-verbal ou n'a pas été appelée à y consigner ses dires, ou encore, si le notaire n'a pas rédigé de procès-verbal, le poursuivant doit donner sommation d'audience à son adversaire, à peine de nullité du jugement à intervenir. — Même arrêt.

9718. Lorsque les juges, soit après discussion et contestation, soit sur des conclusions formelles même non contestées, ont déterminé les bases d'après lesquelles les opérations de partage qu'ils ont ensuite homologuées doivent avoir lieu, ils font acte de juridiction contentieuse, et l'autorité de la chose jugée doit s'attacher, tant au jugement qui a fixé contradictoirement les bases des opérations du partage qu'à celui qui a ultérieurement prononcé l'homologation. — D.P. 86. 1. 37, note 4.

9719. Sur les conditions dans lesquelles l'autorité de la chose jugée peut être attachée aux jugements d'homologation de partage, V. *Supplément au Code civil annoté*, art. 1351, nos 9049 et s.

9720. — II. RECOURS CONTRE LE JUGEMENT D'HOMOLOGATION (C. proc. civ. nos 15 à 25).

Art. 982. Le jugement d'homologation ordonnera le tirage des lots, soit devant le juge-commissaire, soit devant le notaire, lequel en fera la délivrance aussitôt après le tirage.

Art. 983. Soit le greffier, soit le notaire seront tenus de délivrer tels extraits, en tout ou en partie, du procès-verbal de partage que les parties intéressées requerront.

Art. 984. Les formalités ci-dessus seront suivies dans les licitations et partages tendant à faire cesser l'indivision, lorsque des mineurs ou autres personnes non jouissant de leurs droits civils y auront intérêt.

Art. 985. Au surplus, lorsque tous les copropriétaires ou cohéritiers seront majeurs, jouissant de leurs droits civils, présents ou dûment représentés, ils pourront s'abstenir des voies judiciaires ou les abandonner en tout état de cause, et s'accorder pour procéder de telle manière qu'ils aviseront.

TITRE VIII.

Du bénéfice d'inventaire.

Art. 966. Si l'héritier veut, avant de prendre qualité et conformément au Code civil, se faire autoriser à procéder à la vente d'effets mobiliers dépendant de la succession, il présentera, à cet effet, requête au président du tribunal de première instance dans le ressort duquel la succession est ouverte.

La vente sera faite par un officier public, après les affiches et publications ci-dessus prescrites pour la vente du mobilier.

Art. 987. S'il y a lieu à vendre des immeubles dépendant de la succession, l'héritier bénéficiaire présentera au président du tribunal de première instance du lieu de l'ouverture de la succession une requête dans laquelle ces immeubles seront désignés sommairement. Cette requête sera communiquée au ministère public : sur ses conclusions et le rapport du juge nommé à cet effet, il sera rendu jugement qui autorisera la vente et fixera la mise à prix.

ou qui ordonnera préalablement que les immeubles seront vus et estimés par un expert nommé d'office.

Dans ce dernier cas, le rapport de l'expert sera entériné sur requête par le tribunal, et sur les conclusions du ministère public le tribunal ordonnera la vente.

9721. — I. VENTE D'IMMEUBLES DÉPENDANT D'UNE SUCCESSION BÉNÉFICIAIRE (C. proc. civ. nos 1 à 5). — C'est par voie de requête et non par voie d'ajournement que doit être provoquée la vente des immeubles dépendant d'une succession bénéficiaire, soit qu'il n'y ait qu'un seul héritier, soit qu'il y en ait plusieurs, et même quand il se trouve parmi eux des mineurs. — Req. 29 juill. 1874, D.P. 75. 1. 318.

9722. L'action des héritiers bénéficiaires à fin de provoquer ladite vente rentre dans le cercle des actes d'administration auxquels ils sont tenus en vertu de leur qualité, et n'est pas susceptible de contestation : en conséquence, la requête n'est pas nulle pour avoir été présentée, au nom de quelques héritiers seulement, sans le concours des autres. — Même arrêt.

9723. — II. RENVOI DE LA VENTE DEVANT UN JUGE OU UN NOTAIRE (C. proc. civ. nos 6 à 12).

Art. 988. Il sera procédé à la vente, dans chacun des cas ci-dessus prévus, suivant les formalités prescrites au titre de la *Vente des biens immeubles appartenant à des mineurs*.

Sont déclarés communs au présent titre les art. 701, 702, 705, 706, 707, 711, 712, 713, 733, 734, 735, 736, 737, 738, 739, 740, 741, 742, les deux derniers paragraphes de l'art. 964 et l'art. 965 du présent Code.

L'héritier bénéficiaire sera réputé héritier pur et simple, s'il a vendu les immeubles sans se conformer aux règles prescrites par le présent titre.

9724. — I. ADJUDICATION DES IMMEUBLES D'UNE SUCCESSION BÉNÉFICIAIRE (C. proc. civ. nos 1 à 5).

9725. — II. SURENCHÈRE (C. proc. civ. nos 6).

9726. — III. FOLLE ENCHÈRE (C. proc. civ. nos 7 à 13).

Art. 989. S'il y a lieu à faire procéder à la vente du mobilier et des rentes dépendant de la succession, la vente sera faite suivant les formes prescrites pour la vente de ces sortes de biens, à peine contre l'héritier bénéficiaire d'être réputé héritier pur et simple.

Art. 990. Le prix de la vente du mobilier sera distribué par contribution entre les créanciers opposants, suivant les formalités indiquées au titre *de la Distribution par contribution*.

9727. Sur la distribution du prix aux créanciers opposants, V. *Supplément* au *Code civil annoté*, art. 808, nos 5202 et s.

9728. Sur les formalités de la distribution par contribution, V. *suprà*, art. 656 et s., nos 8298 et s.

Art. 991. Le prix de la vente des immeubles sera distribué suivant l'ordre des privilèges et hypothèques.

9729. Sur la délégation du prix des immeubles aux créanciers hypothécaires, V. *Supplément au Code civil annoté*, art. 806, nos 5199 et s.

9730. Sur les formalités de la procédure

d'ordre, V. *suprà*, art. 749 et s., nos 8798 et s.

Art. 992. Le créancier ou autre partie intéressée qui voudra obliger l'héritier bénéficiaire à donner caution, lui fera cette sommation, à cet effet, par acte extrajudiciaire signifié à personne ou domicile.

Art. 993. Dans les trois jours de cette sommation, outre un jour par trois myriamètre [1] de distance entre le domicile de l'héritier et la commune où siège le tribunal, il sera tenu de présenter caution au greffe du tribunal de l'ouverture de la succession, dans la forme prescrite pour les réceptions de caution.

9731. Sur la forme des réceptions de cautions, V. *suprà*, art. 517 et s., nos 7811 et s.

Art. 994. S'il s'élève des difficultés relativement à la réception de la caution, les créanciers provoquants seront représentés par l'avoué le plus ancien.

Art. 995. Seront observées, pour la reddition du compte du bénéfice d'inventaire, les formes prescrites au titre des *Redditions de comptes*.

9732. L'héritier bénéficiaire ne doit compte aux créanciers que des revenus des biens de la succession ; il ne doit des intérêts des capitaux compris dans son compte. — Lyon, 21 janv. 1875, D.P. 78. 2. 38.

9733. Sur la procédure des redditions de compte, V. *suprà*, art. 527 et s., nos 7615 et s.

Art. 996. Les actions à intenter par l'héritier bénéficiaire contre la succession se ront intentées contre les autres héritiers ; et s'il n'y en a pas, ou qu'elles soient intentées par tous, elles le seront contre un curateur au bénéfice d'inventaire, nommé en la même forme que le curateur à la succession vacante.

TITRE IX.

De la renonciation à la communauté, de la vente des immeubles dotaux et de la renonciation à la succession.

Art. 997. Les renonciations à communauté ou à succession seront faites au greffe du tribunal dans l'arrondissement duquel la dissolution de la communauté ou l'ouverture de la succession se sera opérée, sur le registre prescrit par l'art. 784 du Code civil, et en conformité de l'art. 1457 du même Code, sans qu'il soit besoin d'autre formalité.

Lorsqu'il y aura lieu de vendre des immeubles dotaux dans les cas prévus par l'art. 1558 du Code civil, la vente sera préalablement autorisée sur requête, par jugement rendu en audience publique.

_____
(1) Cinq myriamètres (art. 1033, modifié par la loi du 3 mai 1864).

Seront, au surplus, applicables les art. 955, 956 et suivants du titre *de la Vente des biens immeubles appartenant à des mineurs.*

9734. L'art. 997 C. proc. civ., aux termes duquel le jugement qui autorise la vente des immeubles dotaux dans les cas prévus par l'art. 1558 C. civ. doit être rendu en audience publique, est une disposition exceptionnelle et spéciale à la vente ; en conséquence, le jugement qui autorise une femme dotale à hypothéquer ses immeubles doit être rendu en chambre du conseil sans publicité. — Paris, 20 juin 1874, D.P. 76. 2. 139.

9735. Pour les cas dans lesquels l'aliénation des immeubles dotaux est permise et les formalités à observer pour la vente publique de ces immeubles, V. *Supplément* au *Code civil annoté*, art. 1558, nos 12047 et s.

TITRE X.

Du curateur à une succession vacante.

Art. 998. Lorsqu'après l'expiration des délais pour faire inventaire et pour délibérer, il ne se présente personne qui réclame une succession, qu'il n'y a pas d'héritier connu, ou que les héritiers connus y ont renoncé, cette succession est réputée vacante ; elle est pourvue d'un curateur, conformément à l'art. 812 du Code civil.

Art. 999. En cas de concurrence entre deux ou plusieurs curateurs, le premier nommé sera préféré sans qu'il soit besoin de jugement.

Art. 1000. Le curateur est tenu, avant tout, de faire constater l'état de la succession par un inventaire, si fait n'a été, et de faire vendre les meubles suivant les formalités prescrites aux titres de l'*Inventaire* et de la *Vente du mobilier.*

9736. Sur l'obligation pour le curateur de faire inventaire, V. *Supplément* au *Code civil annoté*, art. 813, nos 5210 et s.

Art. 1001. Il ne pourra être procédé à la vente des immeubles et rentes que suivant les formes qui ont été prescrites au titre du *Bénéfice d'inventaire.*

Art. 1002. Les formalités prescrites pour l'héritier bénéficiaire s'appliqueront également au mode d'administration et au compte à rendre par le curateur à la succession vacante.

LIVRE TROISIÈME

TITRE UNIQUE.

Des arbitrages.

Art. 1003. Toutes personnes peuvent compromettre sur les droits dont elles ont la libre disposition.

DIVISION.

§ 1. — *Caractères de l'arbitrage* (n° 9737).
§ 2. — *Différentes espèces d'arbitrage* (n° 9738).
§ 3. — *Personnes qui peuvent compromettre* (n° 9739).

§ 1er. — *Caractères de l'arbitrage* (C. proc. civ. nos 1 à 16).

9737. V. *Code de procédure civile*, nos 1 et s.

§ 2. — *Différentes espèces d'arbitrages* (C. proc. civ. nos 17 à 22).

9738. V. *Code de procédure civile*, nos 17 et s.

§ 3. — *Personnes qui peuvent compromettre* (C. proc. civ. nos 23 à 111).

9739. — I. MINEURS (C. proc. civ. nos 24 à 26).

9740. — II. ADMINISTRATEUR LÉGAL (C. proc. civ. nos 27 à 29).

9741. — III. TUTEUR (C. proc. civ. nos 30 à 46).

9742. — IV. INTERDITS ET PRODIGUES (C. proc. civ. nos 47 à 49).

9743. — V. FEMMES MARIÉES (C. proc. civ. nos 50 à 65). — Il est généralement admis que la femme séparée de biens ne peut compromettre. — J.G.S. *Contrat de mariage*, 720. — V. *Code de procédure civile*, n° 53.

9744. Il en est de même de la femme dotale. — J.G.S. *Contrat de mariage*, 1255.

9745. — VI. ABSENTS (C. proc. civ. nos 66 à 69).

9746. — VII. HÉRITIER BÉNÉFICIAIRE (C. proc. civ. nos 70 à 74).

9747. — VIII. MANDATAIRE (C. proc. civ. nos 75 à 92).

9748. — IX. ASSOCIÉ (C. proc. civ. nos 93 à 97).

9749. — X. LIQUIDATEUR (C. proc. civ. nos 98 et 99).

9750. — XI. INDIVISAIRE (C. proc. civ. n° 100).

9751. — XII. CRÉANCIER (C. proc. civ. nos 101 à 103).

9752. — XIII. CÉDANT, CESSIONNAIRE (C. proc. civ. n° 104).

9753. — XIV. FAILLITE; CESSION DE BIENS (C. proc. civ. nos 105 à 108). — Le syndic d'une faillite ne peut ni compromettre ni adhérer à une clause compromissoire. — Trib. com. Seine, 8 avr. 1885, J.G.S. *Faillites et banqueroutes*, 845.

9754. — XV. PERSONNES MORALES (C. proc. civ. nos 109 à 111). — Une commune, ne pouvant compromettre, ne peut pas non plus renoncer, dans un marché de travaux publics, au droit de faire appel au conseil d'État des arrêtés du conseil de préfecture, cette renonciation équivalant à un compromis. — Cons. d'Et. 11 juill. 1884, D.P. 86. 3. 14-15. — V. *Code de procédure civile*, n° 109, et *Code des lois adm. annotées*, t. 1er, VIII, *Commune*, nos 886 et s.

9755. Toutefois, dans un litige entre une commune et un particulier, le conseil d'État a appliqué une clause compromissoire sans faire aucune réserve sur la légalité de cette clause. — Cons. d'Et. 29 juill. 1881, D.P. 83. 3. 12.

9756. Mais, dans cette affaire, la décision arbitrale avait été exécutée par la commune, et c'était l'adversaire de celle-ci qui soulevait une contestation sur la portée et les conséquences de l'acquiescement donné par lui à cette même décision. — J.G.S. *Commune*, 1214.

9757. D'après un jugement, la nullité du compromis consenti par une commune est d'ordre public et peut être invoquée tant par la commune que par la partie adverse. —

Trib. civ. de Nevers, 16 mars 1891, D.P. 92. 2. 215, et la note.

9758. Les fabriques, comme les établissements publics, les hospices, etc., qui ne peuvent agir que par l'entremise de leurs représentants, et dont les intérêts exigent la surveillance du ministère public, ne sont pas autorisées à compromettre et à se mettre sous arbitrage. — V. *Code des lois adm. annotées*, t. 1er, I, *v° Culte*, n° 5211, et J.G.S. *Culte*, n° 584. — V. aussi *Code de procédure civile*, n° 109.

9759. Le compromis qu'elles feraient serait frappé d'une nullité d'ordre public, et toutes les parties pourraient invoquer cette nullité, même après la sentence. — V. *Code des lois adm. annotées*, *ibid.*, n° 5212. — V. aussi *Code de procédure civile*, nos 110 et 111.

9760. Un ministre ne peut valablement déléguer à des arbitres le droit de liquider l'indemnité qui, à la suite d'un changement d'affectation d'un immeuble domanial, peut être due à un évêque à raison des impenses exécutées dans l'immeuble pendant qu'il était affecté à un service diocésain. — Cons. d'Et. 23 déc. 1887, D.P. 89. 3. 1.

9761. En conséquence, le compromis ainsi que la sentence arbitrale intervenue à la suite de cette délégation ne sont ni valables, ni obligatoires pour l'État. — Même arrêt.

Art. 1004. On ne peut compromettre sur les dons et legs d'aliments, logement et vêtements ; sur les séparations d'entre mari et femme, divorces, questions d'état, ni sur aucune des contestations qui seraient sujettes à communication au ministère public.

9762. — I. DONS ET LEGS D'ALIMENTS (C. proc. civ. nos 2 à 9).

9763. — II. QUESTIONS D'ÉTAT (C. proc. civ. nos 10 à 21).

9764. — III. CONTESTATIONS COMMUNICABLES AU MINISTÈRE PUBLIC (C. proc. civ. nos 22 à 34). —

9765. — IV. CESSION D'OFFICE (C. proc. civ. nos 35 à 41).

Art. 1005. Le compromis pourra être fait

par procès-verbal devant les arbitres choisis, ou par acte devant notaire, ou sous signature privée.

DIVISION

§ 1. — *Caractères du compromis* (n° 9766).

§ 2. — *Conditions essentielles du compromis* (n° 9769).

§ 3. — *Formes du compromis* (n° 9770).

§ 1er. — *Caractères du compromis* (C. proc. civ. n°s 1 à 14).

9766. Le caractère essentiel du compromis, tel qu'il résulte de l'art. 1028 C. proc. civ., est de déterminer les pouvoirs des arbitres. — J G.S. *Arbitr.*, 40. — V. *Code de procédure civile*, n° 1.

9767. La clause insérée dans un acte constituant une transaction, et par laquelle des experts sont chargés de procéder en dernier ressort aux opérations d'une liquidation et d'un partage de succession, constitue un compromis soumis aux règles, non des transactions, mais des arbitrages. — Lyon, 23 juin 1881, D.P. 82. 2. 190. — V. *Code de procédure civile*, n° 1 et s.

9768. Le conseil d'État a considéré également comme un compromis la renonciation, dans un marché de travaux publics, au droit d'interjeter appel des décisions du conseil de préfecture. — Cons. d'Et. 11 juill. 1884, D.P. 86. 3. 14.

§ 2. — *Conditions essentielles du compromis* (C. proc. civ. n°s 15 à 20).

9769. V. *Code de procédure civile*, n°s 15 et s.

§ 3. — *Formes du compromis* (C. proc. civ. n°s 21 à 65).

9770. — I. ACTE ÉCRIT (C. proc. civ. n°s 21 à 33). — L'aveu judiciaire, consigné dans le procès-verbal régulier d'un interrogatoire sur faits et articles et mentionnant le nom des arbitres, la date du compromis et l'exécution qu'il a reçue, suffit à en établir l'existence et la validité à l'encontre de l'auteur de l'aveu, alors même qu'il n'aurait pas signé l'acte destiné à constater ce compromis. — Pau, 22 juin 1891, D.P. 92. 2. 231, et la note.

9771. — II. PROCÈS-VERBAL DEVANT LES ARBITRES CHOISIS (C. proc. civ. n°s 34 à 37). — Le compromis peut être fait par procès-verbal devant les arbitres, par acte notarié, par acte sous signature privée, en un mot, sous toute forme admise pour la validité d'un contrat ordinaire; en conséquence, lorsque le juge de paix choisi comme arbitre dresse un acte de cette nature, les parties contractant seulement une obligation privée, il n'est pas nécessaire que le procès-verbal dressé par le juge de paix constate la prestation de serment du greffier provisoire. — Limoges, 18 juill. 1888, D.P. 90. 2. 64. — Comp. *Code de procédure civile*, n°s 36 et s.

9772. Dans ces circonstances, le compromis n'est pas un acte authentique, mais tout au moins vaut-il comme écriture privée, du moment qu'il a été signé par les parties et mis au rang des minutes du greffe de la justice de paix. — Même arrêt.

9773. — III. ACTE NOTARIÉ (C. proc. civ. n°s 38 et 39).

9774. — IV. ACTE SOUS SIGNATURE PRIVÉE (C. proc. civ. n°s 40 à 55).

9775. — V. PROCÈS-VERBAL DE CONCILIATION C. proc. civ. n°s 56 à 65).

Art. 1006. Le compromis désignera les objets en litige et les noms des arbitres à peine de nullité.

DIVISION.

SECT. 1. — DÉSIGNATION DU LITIGE; ÉTENDUE DU COMPROMIS (n° 9776).

SECT. 2. — DÉSIGNATION DES ARBITRES (n° 9782).

§ 1. — *Personnes qui peuvent être nommées arbitres* (n° 9782).

§ 2. — *Nomination, nombre, remplacement des arbitres; acceptation par les arbitres de leur nomination* (n° 9798).

SECT. 3. — CLAUSE COMPROMISSOIRE (n° 9807).

SECT. 1re. — DÉSIGNATION DU LITIGE; ÉTENDUE DU COMPROMIS (C. proc. civ. n°s 1 à 54).

9776. — I. DÉSIGNATION DE L'OBJET DU LITIGE (C. proc. civ. n° 1 à 16). — Le compromis est valable, lorsque ses termes, malgré leur laconisme, précisent suffisamment la mission confiée à l'arbitre. — Chambéry, 15 mars 1875, D.P. 77. 2. 93. — V. *Code de procédure civile*, n° 1.

9777. Et les parties déterminent suffisamment l'objet du compromis, lorsqu'elles énoncent qu'il sera procédé aux règlements de compte à intervenir entre elles. — Chambéry, 30 juin 1885, D.P. 86. 2. 271.

9778. Lorsqu'un compromis a constitué un juge de paix arbitre d'un partage d'immeubles et de valeurs mobilières, il n'y a pas lieu, en ce qui concerne le partage immobilier d'abord réalisé, de tenir compte des critiques ultérieurement élevées contre la validité du compromis, si ce partage a été le résultat de l'accord des parties devant l'arbitre, et s'est consommé par des attributions directes de lots suivies d'une prise de possession immédiate. — Civ. c. 8 févr. 1888, D.P. 88. 1. 215.

9779. — II. ÉTENDUE DU COMPROMIS (C. proc. civ. n° 17 à 54). — L'objet du litige étant déterminé par le compromis, il reste à spécifier quelle sera l'étendue de ce litige, et quels accessoires seront soumis à l'examen des arbitres en même temps que l'objet principal; c'est là une question de fait, dont la solution dépend des circonstances propres à chaque espèce. — J.G.S. *Arbitr.*, 48. — V. *Code de procédure civile*, n° 19 et s.

9780. Cette question de savoir quels sont les accessoires de l'objet principal qui doivent être compris dans l'arbitrage se présente fréquemment en matière d'intérêts: elle doit être résolue suivant les circonstances et d'après l'intention des parties. — J.G.S. *Arbitr.*, 49. — V. *Code de procédure civile*, n° 22.

9781. Ainsi il a été décidé que la partie qui, après un arrêté du conseil de préfecture ordonnant une expertise, a signé un compromis par lequel elle convenait avec son adversaire de soumettre la contestation à un arbitrage, et qui a acquiescé à la sentence arbitrale fixant le chiffre de sa créance, n'est plus recevable à réclamer devant le conseil de préfecture le payement des intérêts de ladite créance. — Cons. préf. de la Seine, 18 mars 1879, D.P. 79. 3. 70, et sur pourvoi, Cons. d'Et. 29 juill. 1881, D.P. 83. 3. 12.

SECT. 2. — DÉSIGNATION DES PARTIES (C. proc. civ. n°s 55 à 124).

§ 1er. — *Personnes qui peuvent être nommées arbitres* (C. proc. civ. n°s 55 à 99).

9782. — I. MINEUR (C. proc. civ. n°s 58 à 60).

9783. — II. FEMME (C. proc. civ. n° 61).

9784. — III. INTERDIT-PRODIGUE (C. proc. civ. n°s 62 à 64).

9785. — IV. SOURDS-MUETS; AVEUGLES (C. proc. civ. n° 65).

9786. — V. FAILLI (C. proc. civ. n° 66).

9787. — VI RELIGIEUX OU PRÊTRE (C. proc. civ. n° 67).

9788. — VII. DÉTENU POUR DETTE; SERVITEUR (C. proc. civ. n° 68).

9789. — VIII. ÉTRANGER (C. proc. civ. n° 69). — Les fonctions d'arbitre peuvent être valablement conférées à un étranger. — Chambéry, 15 mars 1875, D.P. 77. 2. 93.

9790. — IX. AVOCAT ET OFFICIER MINISTÉRIEL (C. proc. civ. n°s 70 à 72).

9791. — X. MAGISTRAT (C. proc. civ. n°s 73 à 81). — Bien qu'il soit interdit aux parties de proroger la juridiction du juge de paix pour des causes où la loi déclare ce magistrat incompétent d'une manière absolue, rien ne s'oppose cependant à ce qu'il soit choisi comme arbitre dans ces mêmes causes. — Chambéry, 30 juin 1885, D.P. 86. 2. 271. — Comp. Civ. c. 8 févr. 1888, D.P. 88. 1. 215. — Limoges, 18 juill. 1888, D.P. 90. 2. 64. — V. *supra*, art. 7, n°s 50 et s.

9792. — XI. PERSONNE ILLETTRÉE (C. proc. civ. n°s 82 à 86).

9793. — XII. PERSONNE IGNORANTE DU DROIT (C. proc. civ. n° 87).

9794. — XIII. PERSONNE IGNORANT LA LANGUE DES PARTIES (C. proc. civ. n°s 88 à 90).

9795. — XIV. PERSONNE DOMICILIÉE HORS DU RESSORT DU TRIBUNAL (C. proc. civ. n° 91).

9796. — XV. PERSONNE AYANT UN INTÉRÊT PERSONNEL OU DES RELATIONS D'AFFAIRES OU DE PARENTÉ (C. proc. civ. n°s 92 à 95).

9797. — XVI. PERSONNE DÉJA NOMMÉE (C. proc. civ. n° 96 à 99).

§ 2. — *Nomination, nombre, remplacement des arbitres; acceptation par les arbitres de leur nomination* (C. proc. civ. n°s 100 à 124).

9798. — I. NOMINATION DES ARBITRES (C. proc. civ. n°s 100 à 114). — Si l'art. 1006 C. proc. civ. veut, à peine de nullité, que le compromis indique les noms des arbitres, il n'exige pas que les parties désignent le nom du tiers arbitre dont elles confient la nomination aux deux arbitres choisis par elles ou au président du tribunal civil. — Douai, 24 avr. 1890, D.P. 91. 2. 244.

9799. L'engagement implicite de se soumettre d'avance et sans appel aux décisions d'un comité, (dans l'espèce, d'un comité de régates), d'accepter sa juridiction et de renoncer à celle des tribunaux ne saurait être considéré comme contenant désignation suffisante des arbitres et, par suite, ne peut tenir lieu de compromis. — Trib. civ. de Lyon, 4 mai 1886, J.G.S. *Arbitr.*, 50.

9801. Mais cette décision a été critiquée par le motif qu'un contrat tacite de ce genre ne saurait constituer un compromis. — J.G.S. *Arbitr.*, 50.

9802. Quant à la désignation nominale, un arrêt a déclaré valable le compromis par lequel les parties auraient autorisé les arbitres par elles désignés à s'adjoindre un co-arbitre à leur choix. — Bordeaux, 31 mai 1880, J.G.S. *Arbitr.*, 50.

9803. Lorsque les parties désignent un arbitre par exemple, le juge de paix de telle localité), s'il est établi en fait qu'elles ont eu égard plutôt à la fonction qu'à la personne, celui qui exerce la fonction au moment de la contestation naît doit être considéré comme l'arbitre désigné. — Chambéry, 30 juin 1885, D.P. 86. 2. 271.

9804. — II. NOMBRE DES ARBITRES (C. proc. civ. n°s 115 et 116).

9805. — III. REMPLACEMENT DES ARBITRES (C. proc. civ. n°s 117 à 120).

9806. — IV. Acceptation par les arbitres de leur nomination (C. proc. civ. nos 121 à 124).

Sect. 3. — Clause compromissoire (C. proc. civ. nos 125 à 149).

9807. — I. Validité de la clause compromissoire (C. proc. civ. nos 125 à 142). — Il est reconnu par une jurisprudence aujourd'hui constante que les règles de l'art. 1006, qui exigent à peine de nullité dans les compromis la désignation des arbitres et celle de l'objet en litige, sont également applicables à la clause compromissoire, c'est-à-dire à la clause portant sur toutes les contestations qui pourront s'élever sur l'exécution de l'acte ou du traité qui la contient seront jugées par des arbitres. — J.G.S. Arbitr., 51. — V. Code de procédure civile, no 131.

9808. Il a été décidé en conséquence : 1o que la clause compromissoire est nulle lorsqu'elle ne fait connaître ni l'objet de l'arbitrage ni les noms des experts chargés d'y procéder. — Req. 7 mars 1888, D. P. 89. 1. 32.

9809. — 2o Que la clause compromissoire qui a pour objet de lier d'avance les parties par l'engagement de compromettre doit, pour être valable, contenir la désignation du nom des arbitres et de l'objet du litige. — Req. 15 juill. 1879, D. P. 80. 1. 106. — Req. 22 mars 1880, D. P. 86. 1. 342.

9810. — 3o Que le compromis qui se contient ni la désignation des objets en litige, ni les noms des arbitres est nul, encore bien que des jugements passés en force de chose jugée aient donné aux parties acte de la désignation de leurs arbitres. — Req. 1er déc. 1880, D. P. 81. 1. 321-323.

9811. — 4o Que la clause d'un contrat de vente, par laquelle les parties conviennent que toutes les contestations relatives à la vente seront jugées par des arbitres choisis à l'amiable, est nulle comme ne faisant connaître ni l'objet du litige ni les noms des arbitres. — Amiens, 10 juin 1881, D. P. 82. 2. 164.

9812. La clause prescrivant une expertise ne peut être assimilée à un compromis qu'autant que les experts ont reçu mission de statuer en dernier ressort. — Nancy, 24 déc. 1883, D. P. 87. 1. 297, note 2. — Trib. de Blois, 6 déc. 1884, ibid. — Trib. de Béthune, 9 nov. 1877, ibid. — Trib. de Bergerac, 22 déc. 1880, ibid. — Lyon, 28 juin 1881, D. P. 82. 2. 190.

9813. En conséquence, la clause d'une police d'assurances d'après laquelle les experts doivent être désignés par les parties ne saurait être considérée comme une clause compromissoire, nulle en vertu de l'art. 1006 C. proc. civ., si les experts qui doivent être désignés n'ont nullement le caractère d'arbitres. — Civ. r. 21 févr. 1887, D. P. 87. 1. 297.

9814. Mais lorsque les parties nomment trois experts auxquels elles donnent pour mission de déterminer la valeur des constructions et de fixer le chiffre de l'indemnité à payer par l'un des contractants à l'autre et ajoutent que les entendent considérer la décision des experts comme souveraine et sans appel, ces prétendus experts sont en réalité de véritables arbitres et la décision qu'ils rendent n'est pas un rapport d'experts, mais une sentence arbitrale que le président du tribunal peut rendre exécutoire. — Bruxelles, 22 déc. 1888, D. P. 90. 2. 312.

9815. Il appartient aux juges du fond de décider souverainement, en se fondant sur la commune intention des parties et les circonstances de la cause, que la clause d'une police d'assurance que laquelle l'assureur et l'assuré donnent à des experts, qui devront être désignés ultérieurement, la mission de régler les dommages en cas de sinistre, constitue une clause compromissoire et non une simple convention d'expertise. — Req. 15 juill. 1879, D. P. 80. 1. 106. — Req. 7 mars 1888, D. P. 89. 1. 32.

9816. Par suite, une pareille décision échappe au contrôle de la cour de cassation et l'arrêt qui prononce la nullité de cette clause pour défaut de désignation du nom des arbitres et de l'objet du litige ne viole aucune loi. — Arrêt préc. 15 juill. 1879.

9817. De même, la clause d'un contrat d'assurance contre l'incendie, par laquelle les parties s'engagent à remettre à des arbitres-experts le règlement de l'indemnité en cas de sinistre est nulle, comme ne faisant connaître ni l'objet du litige, ni le nom des arbitres. — Req. 22 mars 1880, D. P. 80. 1. 342.

9818. En conséquence, dans ce cas, l'assuré est recevable à actionner la compagnie d'assurances devant les tribunaux en payement de l'indemnité qu'il prétend lui être due; et les juges saisis de sa demande n'excèdent point leurs pouvoirs en nommant eux-mêmes les experts chargés de procéder aux mesures d'instruction nécessaire. — Même arrêt.

9819. Il en est ainsi, encore bien qu'après le sinistre il serait intervenu entre les parties un compromis donnant mission à des experts indiqués par elles d'évaluer le dommage et de fixer l'indemnité, si, par suite de la démission de ses fonctions donnée par l'un des experts, l'exécution de ce compromis est devenue impossible. — Même arrêt.

9820. La validité de la clause compromissoire est, au contraire, admise en Belgique, en dehors des cas prévus par l'art. 1006 C. proc. civ. — C. cass. de Belgique, 8 juin 1849, J.G.S. Arbitr., 51. — C. cass. de Belgique, 4 déc. 1879, ibid. — C. cass. de Belgique, 17 févr. 1888, D. P. 89. 2. 148.

9821. — II. Clause compromissoire stipulée dans les contrats d'assurance (C. proc. civ. nos 143 à 149).

Art. 1007. Le compromis sera valable encore qu'il ne fixe pas le délai; et, en ce cas, la mission des arbitres ne durera que trois mois, du jour du compromis.

9822. — I. Délai du compromis (C. proc. civ. nos 1 à 9). — Le délai légal de l'arbitrage s'applique à la constitution du tribunal arbitral comme à sa décision. — Req. 1er déc. 1880, D. P. 81. 1. 321.

9823. En conséquence, lorsque le compromis a autorisé les arbitres à statuer dans le délai qu'ils fixeraient, sans déterminer le laps de temps dans lequel ils devraient se constituer en tribunal, la mission des arbitres cesse si le tribunal ne s'est pas constitué dans le délai de trois mois. — Req. 1er déc. 1880, D. P. 81. 1. 321-323.

9824. Ces mots de l'art. 1007 : « La mission des arbitres ne durera que trois mois » signifient, non pas que la sentence doit être signée dans ce délai, mais qu'elle doit être rendue, c'est-à-dire délibérée et arrêtée par les arbitres. — Civ. r. 7 mai 1873, D. P. 73. 1. 244. — Bordeaux, 23 févr. 1886, D. P. 86. 2. 285.

9825. Le délai du compromis ne pouvant être indéterminé, les parties ne sauraient laisser en blanc la date de cet acte et s'en rapporter aux arbitres pour fixer, par l'apposition d'une date, à l'époque choisie par eux, le point de départ du délai stipulé pour la durée de l'arbitrage. — Civ. c. 11 juill. 1882, D. P. 83. 1. 208

9826. L'expiration du délai conventionnel fixé dans le compromis ou, à son défaut, du délai légal de trois mois établi par l'art. 1007 C. proc. civ., entraîne de plein droit la cessation des fonctions confiées aux arbitres; et la décision qu'ils rendraient, après l'expiration de ce délai, serait frappée d'une nullité absolue. — Rouen, 5 juin 1889, D. P. 91. 2. 98.

9827. — II. Point de départ du délai (C. proc. civ. nos 10 à 19). — L'arbitre désigné pour procéder à un partage mobilier et à un règlement de comptes ne saurait en connaître valablement si l'une des parties y résiste, en cas où plus de trois mois se sont écoulés à partir de la date du compromis. — Civ. c. 8 févr. 1888, D. P. 88. 1. 215.

9828. Quoiqu'en règle générale, le délai commence à courir à partir du compromis, il peut arriver que ce ne soit pas le compromis, mais un événement ultérieur, qui forme le point de départ du délai. Le délai ne peut, en effet, commencer à courir tant que la contestation n'est pas née. — Chambéry, 30 juin 1885, D. P. 86. 2. 271.

9829. — III. Computation du délai (C. proc. civ. nos 20 à 22).

9830. — IV. Prorogation du délai (C. proc. civ. nos 23 à 28). — Les parties peuvent proroger le délai du compromis, soit expressément, soit tacitement; mais la prorogation tacite suppose des faits postérieurs à l'expiration du délai, communs à toutes les parties en cause et impliquant nécessairement de leur part la volonté de continuer aux arbitres leurs pouvoirs. — Rouen, 5 juin 1889, D. P. 91. 2. 98.

9831. — V. Formes de la prorogation (C. proc. civ. nos 29 à 48). — 1o Prorogation émanant des parties (C. proc. civ. nos 29 à 47). — La prorogation du délai du compromis peut résulter de circonstances et de faits constatés par écrit et qui manifestent l'intention réciproque des parties. — Lyon, 13 févr. 1874, D. P. 75. 2.109. — Req. 31 mars 1884, D. P. 84. 5. 20. — V. Code de procédure civile, no 35.

9832. Le délai imparti aux arbitres par l'art. 1007 C. pr. civ., n'étant pas d'ordre public, peut être prorogé par les parties d'une manière expresse ou tacite, et il y a notamment prorogation tacite lorsqu'elles se présentent volontairement devant les arbitres, après l'expiration du délai, pour faire valoir leurs prétentions. — Paris, 29 janv. 1890, D. P. 90. 2. 314. — V. Code de procédure civile, no 36.

9833. Une simple mention du procès-verbal, non signé par les parties, ne saurait suffire à prouver la prorogation. — Arrêt préc. 13 févr. 1874.

9834. Le délai stipulé pour la durée de l'arbitrage peut être tacitement prorogé par les parties; mais la prorogation ne peut être admise par le juge qu'autant qu'il constate la date ou le point de départ de cette prétendue prorogation. — Civ. c. 11 juill. 1882, D. P. 83. 1. 208.

9835. — 2o Prorogation émanant des arbitres (C. proc. civ. no 48).

Art. 1008. Pendant le délai de l'arbitrage, les arbitres ne pourront être révoqués que du consentement unanime des parties.

9836. — I. Effets du compromis (C. proc. civ. nos 1 à 14).

9837. — II. Renonciation au compromis (C. proc. civ. nos 15 à 18).

9838. — III. Révocation des arbitres (C. proc. civ. nos 19 à 27).

Art. 1009. Les parties et les arbitres suivront, dans la procédure, les délais et les formes établis pour les tribunaux, si les parties n'en sont autrement convenues.

9839. — I. Formes de la procédure (C. proc. civ. nos 1 à 18). — La règle consacrée par l'art. 1009 C. proc. civ., d'après laquelle les parties et les arbitres doivent suivre, dans la procédure, les délais et les formes établis pour les tribunaux, si les parties n'en sont autrement convenues, s'applique aux divers actes de l'instruction. — J.G.S *Arbitr.*, 87.

9840. Il a été décidé, par application de cette règle, que les arbitres qui procèdent à une enquête dans une cause sujette à appel doivent, à peine de nullité de leur sentence, dresser procès-verbal de cette enquête, alors surtout qu'ils n'ont pas été dispensés des formalités de justice. — Pau, 22 mai 1863, J.G.S. *Arbitr.*, 87.

9841. Est irrégulière la décision rendue par l'arbitre, deux jours seulement après le compromis, qui ne constate ni la comparution des parties, ni la production des pièces, ni les conclusions respectives, et qui offre les apparences d'une décision arbitraire, pour ainsi dire dépourvue de motifs. — Chambéry, 15 mars 1875, D.P. 77. 2. 93.

9842. — II. Dispense des formes de la procédure (C. proc. civ. nos 19 à 22).

Art. 1010. Les parties pourront, lors et depuis le compromis, renoncer à l'appel.

Lorsque l'arbitrage sera sur appel ou sur requête civile le jugement arbitral sera définitif et sans appel.

9843. — I. Renonciation a l'appel (C. proc. civ. nos 1 à 26). — La clause d'un compromis qui confère aux arbitres la qualité d'amiables compositeurs et contient obligation formelle de se conformer à leur sentence dans toute sa teneur, a pour effet de leur reconnaître le droit de statuer en dernier ressort. — Nîmes, 18 déc. 1884, J.G.S. *Arbitr.*, 97. — V. *Code de procédure civile*, nº 26.

9844. Alors même que le compromis nommant les amiables compositeurs, au lieu de disposer qu'ils statueraient en dernier ressort, réserve au contraire formellement le droit d'appel, il a été décidé qu'on doit néanmoins leur reconnaître le droit de statuer en dernier ressort. — Bordeaux, 1er avr. 1886, J.G.S. *Arbitr.*, 98.

9845. Toutefois l'exactitude de cette solution paraît contestable, s'il est nécessaire d'opter entre deux clauses contradictoires, dont l'une, conflant aux arbitres la qualité d'amiables compositeurs, n'est rien moins qu'explicite, et n'exclut le droit d'appel que par voie d'interprétation, tandis que l'autre, au contraire, le réserve formellement; il semble alors que c'est à celle-ci que doit être donnée la préférence. — J.G.S. *Arbitr.*, 98.

9846. — II. Effets de la renonciation a l'appel (C. proc. civ. nos 27 à 39). — Les parties qui ont consenti un compromis ne peuvent pas renoncer par avance à invoquer des causes de nullité touchant à l'ordre public, et dès lors elles ont le droit d'appeler de la sentence arbitrale pour l'une de ces causes, même dans le cas où elles ont donné à l'arbitre la qualité d'amiable compositeur. — Chambéry, 30 juin 1885, D.P. 86. 2. 371. — V. *Code de procédure civile*, nº 33.

9847. — III. Arbitrage sur appel ou sur requête civile (C. proc. civ. nos 40 à 43).

Art. 1011. Les actes de l'instruction, et les procès-verbaux du ministère des arbitres, seront faits par tous les arbitres, si le compromis ne les autorise à commettre l'un d'eux.

9848. — I. Lieu ou se réunissent les arbitres (C. proc. civ. nos 1 et 2).

9849. — II. Actes d'instruction (C. proc. civ. nos 3 à 23). — La clause d'un compromis par laquelle les arbitres, nommés amiables compositeurs, sont dispensés non seulement de se conformer aux règles du droit, mais encore de suivre les formes de la procédure, les dispense par cela même d'observer

ver la règle de l'art. 1011 C. proc. civ.; et, dès lors, ces arbitres peuvent valablement, sans autorisation spéciale, commettre l'un d'eux pour faire les actes d'instruction. — Req. 27 janv. 1879, D.P. 79. 1. 262.

Art. 1012. Le compromis finit : 1º par le décès, refus, déport ou empêchement d'un des arbitres, s'il n'y a clause qu'il sera passé outre, ou au choix de remplacement sera au choix des parties ou au choix de l'arbitre ou des arbitres restants; 2º par l'expiration du délai stipulé, ou de celui de trois mois s'il n'en a pas été réglé; 3º par le partage, si les arbitres n'ont pas le pouvoir de prendre un tiers arbitre.

9850. — I. Décès de l'un des arbitres (C. proc. civ. nos 1 à 3).

9851. — II. Refus des arbitres (C. proc. civ. nos 4 à 12). — Le compromis prend fin et son exécution devient impossible si l'un des experts se retire et déclare qu'il entend résigner ses fonctions. — Req. 7 mars 1888, D.P. 89. 1. 32. — V. *Code de procédure civile*, nº 4.

9852. L'action révocatoire intentée par l'héritier d'une femme dotale contre les tiers détenteurs d'immeubles dotaux ne peut être écartée par le motif que l'héritier aurait renoncé à cette action, en acceptant un compromis, alors que ce compromis est resté sans effet par la non-acceptation d'un des arbitres. — Civ. c. 18 déc. 1878, D.P. 79. 1. 441.

9853. — III. Déport et empêchement des arbitres (C. proc. civ. nos 13 à 16).

9854. — IV. Expiration du délai du compromis (C. proc. civ. nos 17 à 24). — Une sentence arbitrale, nulle comme telle, parce qu'elle n'a pas été rendue dans le délai fixé par l'art. 1007 C. proc. civ., vaut comme convention synallagmatique, lorsqu'il résulte des circonstances, et spécialement des termes dans lesquels les parties y ont adhéré, qu'elles ont entendu lui donner ce caractère. — Poitiers, 4 juill. 1882, D.P. 83. 2. 31.

9855. Et l'on objecterait vainement que l'art. 1338 C. civ. subordonne la ratification d'un acte nul à la mention expresse de la volonté de le ratifier, et article étant inapplicable au cas où il s'agit, non de la ratification d'une obligation nulle, mais d'un contrat spécial consistant à adopter pour base d'un arrangement la formule d'un écrit émané d'un tiers, écrit auquel les parties ont déclaré se référer. — Même arrêt.

9856. — V. Autres causes mettant fin au compromis (C. proc. civ. nos 25 à 33).

9857. — VI. Conséquences de la fin du compromis (C. proc. civ. nos 34 à 37). — Les causes qui mettent fin au compromis ne laissent, en général, subsister des conventions qui avaient donné lieu au compromis lui-même. — J.G.S *Arbitr.*, 77.

9858. Toutefois, dans une espèce toute particulière, il a été décidé que l'engagement conditionnel contracté par une partie envers l'autre n'est pas nécessairement résolu par cela seul que la juridiction arbitrale est venue entre les parties pour vérifier la condition à pris fin au moyen du partage des arbitres; que les parties peuvent, en effet, avoir entendu soumettre leur différend à la juridiction du droit commun, dans le cas où l'arbitrage n'aboutirait pas à une solution définitive; et à cet égard, l'appréciation des juges du fond est souveraine. — Civ. r. 19 déc. 1877, J.G.S. *Arbitr.*, 77.

Art. 1013. Le décès, lorsque tous les héritiers sont majeurs, ne mettra pas fin au compromis : le délai pour instruire et juger sera suspendu pendant celui pour faire inventaire et délibérer.

Art. 1014. Les arbitres ne pourront se déporter, si leurs opérations sont commencées ; ils ne pourront être récusés si ce n'est pour cause survenue depuis le compromis.

9859. — I. Déport des arbitres (C. proc. civ. nos 4 à 22).

9860. — II. Récusation des arbitres (C. proc. civ. nos 23 à 74). — 1º Causes de récusation (C. proc. civ. nos 23 à 35). — Les règles tracées par l'art. 378 C. proc. civ. pour la récusation des juges, doivent, dans le silence de l'art. 1014 du même code, être appliquées à la récusation des arbitres. — Caen, 5 avr. 1876, D.P. 78. 2. 239. — V. *Code de procédure civile*, nº 24, et *suprà*, art. 378, nos 4335 et s.

9861. En conséquence, le fait par un arbitre d'avoir depuis le compromis, mangé ou bu dans l'une des parties dans la maison de celle-ci, est une cause de récusation. — Même arrêt. — V. *Code de procédure civile*, nº 26.

9862. Et si ce fait est reconnu par l'arbitre, et qu'il ne soit pas le résultat d'une force majeure, le juge saisi de la demande en récusation est tenu d'ordonner que l'arbitre s'abstiendra. — Même arrêt.

9863. — 2º Délai de la récusation (C. proc. civ. nos 36 à 39).

9864. — 3º Formes de la récusation (C. proc. civ. nos 40 à 50).

9865. — 4º Tribunal compétent pour juger la récusation (C. proc. civ. nos 51 à 53).

9866. — 5º Procédure et jugement sur la récusation (C. proc. civ. nos 54 à 63).

9867. — 6º Effets de la récusation (C. proc. civ. nos 61 à 74.)

Art. 1015. S'il est formé inscription de faux, même purement civile, ou s'il s'élève quelque incident criminel, les arbitres délaisseront les parties à se pourvoir, et les délais de l'arbitrage continueront à courir du jour du jugement de l'incident.

9868. — I. Inscription de faux (C. proc. civ. nos 1 à 11). — L'arbitre constitué pour statuer sur une contestation après examen de tous les livres de la comptabilité des parties, ne doit point surseoir à rendre sa sentence sur la demande principale, dans le cas où l'une des parties allègue, à la charge de l'autre, un débours ou une falsification de livres, lorsque cette allégation n'a été suivie d'aucune inscription de faux, ni d'aucun acte manifestant l'intention de se pourvoir par cette voie. — Req. 18 févr. 1885, D.P. 86. 1. 239. — V. *Code de procédure civile*, nº 4.

9869. ... Spécialement, lorsque l'auteur de l'imputation a continué à participer, contradictoirement avec son adversaire, aux opérations arbitrales, et n'a contesté la régularité de la procédure suivie par l'arbitre qu'après que la sentence qui le condamnait a été rendue. — Même arrêt.

9870. — II. Incidents suspendant le délai de l'arbitrage (C. proc. civ. nos 12 à 16).

Art. 1016. Chacune des parties sera tenue de produire ses défenses et pièces, quinzaine au moins avant l'expiration du délai du compromis ; et seront tenus les arbitres de juger sur ce qui aura été produit.

Le jugement sera signé par chacun des arbitres ; et dans le cas où il y aurait plus de deux arbitres, si la minorité refusait de le signer, les autres arbitres en feraient mention, et le jugement aura le même effet que s'il avait été signé par chacun des arbitres.

Le jugement arbitral ne sera, dans aucun cas, sujet à l'opposition.

9871. — I. Production des défenses et pièces (C. proc. civ. nos 1 à 19).

9872. — II. Délibération du jugement arbitral. (C. proc. civ. n°s 20 à 33).

9873. — III. Formes du jugement arbitral. (C. proc. civ. n°s 31 à 81). — 1° *Conclusion* (C. proc. civ. n°s 38 à 44).

9874. — 2° *Motifs* (C. proc. civ. n°s 42 à 44).

9875. — 3° *Dispositif* (C. proc. civ. n°s 45 à 51).

9876. — 4° *Ecriture* (C. proc. civ. n°s 52 à 54).

9877. — 5° *Prononciation* (C. proc. civ. n° 55). — S'il résulte des termes de la sentence arbitrale qu'elle a été prononcée dans le délai fixé par le compromis ou par la loi, cette déclaration fait foi jusqu'à inscription de faux. — Bordeaux, 23 févr. 1886, D.P. 86. 2. 285. — Comp. *Code de procédure civile*, n° 70.

9878. — 6° *Signature du jugement arbitral* (C. proc. civ. n°s 56 à 59). — Une sentence arbitrale n'est valable qu'autant qu'elle a été rendue dans le délai fixé par le compromis ou par l'art. 1007 C. proc. civ.; mais la sc ne prescrit pas qu'elle doive être rédigée et signée dans le même délai. — Bordeaux, 23 févr. 1886, D.P. 86. 2. 285. — V. *Code de procédure civile*, n°s 58 et 59.

9879. Lorsqu'en cas de partage, il a été déposé par chacun des arbitres un rapport signé, la signature de celui qui, modifiant son opinion, concourt avec le tiers arbitre à la formation de la sentence définitive, est seule nécessaire à la validité de cette sentence. — Req. 9 févr. 1891, D.P 92. 1. 125.

9880. Et il importe peu, en pareil cas, que le s cond arbitre n'ait pas signé la sentence définitive ou qu'il n'y ait pas été fait mention de son refus de signer. — Même arrêt.

9881. — 7° *Date* (C. proc. civ. n°s 72 à 77).

9882. — 8° *Indication du lieu* (C. proc. civ. n°s 78 à 81).

9883. — IV. Caractères du jugement arbitral (C. proc. civ. n°s 82 à 102). — Lorsqu'une sentence arbitrale contient plusieurs chefs différents, la nullité qui atteint un de ces chefs en vertu de l'art. 1028 ne frappe pas celles des dispositions de la sentence qui sont en dehors des termes du compromis. — Caen, 21 nov. 1872, J.G.S. *Arbitr.*, 100. — V. *Code de procédure civile*, n° 94.

9884. Mais il en est autrement lorsqu'il existe une connexité quelconque entre ces diverses dispositions. — Même arrêt.

9885. — V. Jugement rendu par défaut (C. proc. civ. n°s 106 à 110).

Art. 1017. En cas de partage, les arbitres autorisés à nommer un tiers seront tenus de le faire par la décision qui prononce le partage; s'ils ne peuvent en convenir, ils le déclareront sur le procès-verbal, et le tiers sera nommé par le président du tribunal qui doit ordonner l'exécution de la décision arbitrale.

Il sera, à cet effet, présenté requête par la partie la plus diligente.

Dans les deux cas, les arbitres divisés seront tenus de rédiger leur avis distinct et motivé, soit dans le même procès-verbal, soit dans des procès-verbaux séparés.

9886. — I. Partage des arbitres (C. proc. civ. n°s 1 à 35).

9887. — II. Tiers arbitre (C. proc. civ. n°s 36 à 62). — 1° *Par qui est nommé le tiers arbitre* (C. proc. civ. n°s 44 à 55). — Lorsqu'un compromis stipule qu'en cas de désaccord des experts choisis par les parties, celles-ci procéderont en commun à la nomination du troisième expert devant le président du tribunal et qu'une des parties obtient la désignation de ce tiers expert par ordonnance rendue sur sa simple requête, sans avoir au préalable appelé l'autre partie, celle-ci peut attaquer l'ordonnance ainsi surprise par les voies de recours qui auraient été admises si le président du tribunal avait été saisi par assignation, notam-

ment par la voie de l'appel. — Req. 15 janv. 1890, D.P. 92. 1. 63.

9888. L'ordonnance rendue sur requête ne saurait, dans ces circonstances, être considérée comme un acte de juridiction gracieuse, d'une part, les parties n'ayant jamais été d'accord d'agir par voie de simple requête et, d'autre part, la désignation d'un tiers expert pouvant engager d'une manière sérieuse et définitive le fond du procès. — Même arrêt.

9889. — 2° *Formes de la nomination du tiers arbitre* (C. proc. civ. n°s 56 à 62). — La régularité de la sentence rendue dans un arbitrage ne peut être critiquée, sous le prétexte que la désignation du tiers arbitre n'a pas eu lieu dans le mois qui a suivi le délai imparti aux premiers arbitres pour statuer, par la partie qui ne s'est pas pourvue afin d'obtenir cette nomination, alors que le compromis se réfère à la disposition de l'art. 1017 C. proc. civ., aux termes de laquelle la désignation du tiers arbitre par le président du tribunal est faite à la requête de la partie la plus diligente. — Req. 9 févr. 1891, D.P. 92. 1. 125.

9890. L'art. 1017 C. proc. civ. s'en remettant à la partie la plus diligente du soin de provoquer la nomination du tiers arbitre, celle qui a négligé de provoquer cette nomination ne saurait tirer de sa propre faute un moyen de nullité contre la sentence. — D.P. 92. 1. 125, note 1.

9891. — III. Avis distinct et motivé des arbitres (C. proc. civ. n°s 63 à 82).

Art. 1018. Le tiers arbitre sera tenu de juger dans le mois du jour de son acceptation, à moins que ce délai n'ait été prolongé par l'acte de la nomination : il ne pourra prononcer qu'après avoir conféré avec les arbitres divisés qui seront sommés de se réunir à cet effet.

Si tous les arbitres ne se réunissent pas, le tiers arbitre prononcera seul; et néanmoins il sera tenu de se conformer à l'un des avis des autres arbitres.

9892. — I. Délai dans lequel le tiers arbitre doit juger (C. proc. civ. n°s 1 à 22). — La juridiction des arbitres choisis par les parties est nécessairement prorogée, en cas de partage, du délai imparti par l'acte aux arbitres pour rendre la sentence. — Req. 9 févr. 1891, D.P. 92. 1. 125.

9893. Dès lors, la sentence rendue par le tiers arbitre d'accord avec l'un des arbitres, ne peut être annulée comme rendue après l'expiration du délai du compromis, alors même que cet arbitre aurait modifié son opinion postérieurement à l'expiration dudit délai, s'il n'est intervenue un délai imparti au tiers arbitre pour statuer. — Même arrêt.

9894. — II. Conférence des arbitres avec le tiers arbitre (C. proc. civ. n°s 23 à 44). — Lorsqu'un des arbitres divisés n'a pas rédigé son avis par écrit et refuse de conférer avec son co-arbitre, celui-ci n'ayant pas une connaissance suffisamment certaine et complète de l'avis de l'arbitre, ne peut pas statuer, et, s'il statue, sa sentence est entachée de nullité. — Req. 6 déc. 1886, D.P. 87. 1. 402. — V. *Code de procédure civile*, n° 24.

9895. — III. Pouvoirs du tiers arbitre (C. proc. civ. n°s 45 à 65).

9896. — IV. Décision du tiers arbitre (C. proc. civ. n°s 66 à 97). — 1° *Cas où il y a eu conférence ou délibération* (C. proc. civ. n°s 66 à 82). — La disposition de l'art. 1018 qui oblige le tiers arbitre à se conformer à l'avis de l'un des arbitres doit s'appliquer dans le cas même où le compromis autorise les arbitres à statuer comme amiables compositeurs. — Limoges, 4 déc. 1895, J.G.S. *Arbitr.*, 84.

9897. Cette clause, en l'absence d'une explication précise et positive, ne donne pas au tiers arbitre la faculté de substituer à la décision des arbitres une sentence qui n'est conforme à aucun des avis exprimés. — Même arrêt.

9898. L'avis personnel d'un tiers arbitre, d'abord conditionnel et provisoire, peut devenir une sentence définitive si, le jour même où il déclare y persister, l'un des arbitres adhère aux conclusions de cet avis. — Req. 26 févr. 1879, D.P. 80. 1. 181. — V. *Code de procédure civile*, n° 69.

9899. Et peu importe que cette adhésion de l'un des arbitres ait eu lieu hors de la présence de l'autre, si, à la séance antérieure où le tiers arbitre a développé son avis personnel et provisoire, les deux arbitres étaient présents. — Même arrêt.

9900. — 2° *Cas où les arbitres ne sont pas réunis* (C. proc. civ. n°s 83 à 97).

9901. — V. Formes du jugement (C. proc. civ. n°s 98 à 116). — Le tiers arbitre, en se rangeant à l'opinion de l'un des arbitres, n'est pas tenu de motiver spécialement sa décision, si l'avis qu'il adopte est spécialement motivé. — Bruxelles, 26 févr. 1879, J.G.S. *Arbitr.*, 84. — V. *Code de procédure civile*, n° 99.

Art. 1019. Les arbitres et tiers arbitres décideront d'après les règles du droit, à moins que le compromis ne leur donne pouvoir de prononcer comme amiables compositeurs.

DIVISION.

§ 1. — *Pouvoirs et compétence des arbitres. Mesures d'instruction ou d'exécution* (n° 9902).

§ 2. — *Amiables compositeurs* (n° 9909).

§ 3. — *Honoraires et dépens en matière d'arbitrage* (n° 9921).

§ 1er. — *Pouvoirs et compétence des arbitres; Mesures d'instruction ou d'exécution* (C. proc. civ. n°s 1 à 31).

9902. — I. Pouvoirs et compétence des arbitres (C. proc. civ. n°s 1 à 21). — Les pouvoirs des arbitres sont, en principe, définis par le compromis, et les juges du fond ont toute latitude pour déclarer si les arbitres ont statué ou non en dehors des termes du compromis. — J.G.S. *Arbitr.*, 91. — V. *Code de procédure civile*, n° 2.

9903. Il a été jugé que lorsqu'une sentence arbitrale est rendue hors des termes du compromis, et, par suite, peut être déclarée nulle, lorsqu'elle statue sur la nature d'un contrat d'assurance, tandis que, d'après l'interprétation souveraine la compétence des arbitres à l'appréciation de la valeur et de l'affectation de la cotisation payée par l'assuré, de la valeur des propriétés assurées, du chiffre des pertes et de la détermination des risques. — Req. 13 févr. 1883, D.P. 84. 1. 83-84.

9904. — Qu'en conséquence, l'arrêt qui repousse une fin de non-recevoir tirée de l'autorité de la chose jugée par cette sentence, ne viole ni la convention des parties, ni le principe de la chose jugée. — Même arrêt.

9905. — 2° Que les juges du fait ont un pouvoir souverain pour constater, d'après l'intention des parties, que celles-ci ont conféré aux arbitres la mission de régler complètement et définitivement leurs différends, d'établir entre elles une balance finale qui ne puisse être l'objet d'aucune contestation ultérieure, et qu'en donnant à ces arbitres la faculté de déposer des sentences séparées, elles ont entendu arriver à une solution plus prompte du litige, sans modifier l'étendue de la juridiction arbitrale ni la généralité du débat engagé. — Civ. r. 18 nov. 1884, D.P. 85. 1. 317.

9906. La résolution prise par une compagnie étrangère de supprimer les payements à Paris de dividendes antérieurement faits dans cette ville, et de ne plus opérer ces payements qu'à l'étranger, constitue une simple mesure d'administration intérieure, et non une affaire sociale, dont le jugement, aux termes des statuts, doive être déféré à un tribunal arbitral. — Paris, 29 avr. 1876, D.P. 77. 1. 474-475.

9907. — II. Mesures d'instruction (C. proc. civ. n° 22). — V. supra, art. 1011, n°° 9848 et s.

9908. — III. Mesures d'exécution (C. proc. civ. n°° 23 à 30).

§ 2. — Amiables compositeurs (C. proc. civ. n°° 31 à 60).

9909. — I. Désignation des amiables compositeurs (C. proc. civ. n°° 32 à 38). — Il n'est pas nécessaire que les parties emploient le terme sacramentel d'amiables compositeurs dans le compromis; il suffit que le mandat qu'elles confèrent aux arbitres leur en donne les pouvoirs. — Lyon, 28 juin 1881, D.P. 82. 2. 190. — V. Code de procédure civile, n° 32.

9910. L'arbitre est constitué amiable compositeur, lorsque les parties s'interdisent tout recours par une clause du compromis. — Civ. r. 15 déc. 1885, D.P. 86. 1. 468.

9911. Décidé, au contraire, que la qualité d'amiable compositeur ne résulte pas de ce que l'arbitre est chargé de statuer sans appel, si le compromis garde le silence sur l'observation des formes et des règles du droit. — Chambéry, 15 mars 1875, D.P. 77. 2. 93. — V. Code de procédure civile, n° 35.

9912. — II. Pouvoirs des amiables compositeurs (C. proc. civ. n°° 39 à 60). — Les arbitres amiables compositeurs sont dispensés d'observer les règles du droit; en conséquence, lorsqu'ils sont chargés de faire un partage entre des cohéritiers, ils peuvent faire ce partage par attribution au lieu de tirer les lots au sort. — Lyon, 28 juin 1881, D.P. 82. 2. 190.

9913. Quant à la procédure, ils ne sont pas tenus d'en suivre les règles quand ils en sont formellement dispensés par le compromis. — Req. 27 janv. 1879, D.P. 79. 1. 242.

9914. Et il est même admis que la qualité d'amiables compositeurs les dispense implicitement de se conformer à ces règles. — J.G.S. Arbitr., n° 49. — V. Code de procédure civile, n° 49.

9915. Bien que le compromis nommant des amiables compositeurs ait formellement réservé le droit d'appel, un arrêt leur reconnaît cependant la qualité de statuer en dernier ressort. — Bordeaux, 1er avr. 1880, J.G.S. Arbitr., 98.

9916. D'après un auteur, on peut admettre que la qualité d'amiables compositeurs donnée aux arbitres, a du moins pour effet d'enlever aux parties le droit de recourir aux moyens les plus favorables, tels que ceux tirés d'une nullité de forme ou de la prescription. — J.G.S. Arbitr., 98.

9917. Décidé, avant la loi du 22 juill. 1867, que les arbitres institués pour statuer comme amiables compositeurs et sans aucun recours sur une contestation commerciale entre associés, et autorisés par le compromis à prononcer sur la qualité des arbitres, pour que la partie qui succombera donne toute satisfaction, il peut être hypothèse, une des parties contre les parties. — Paris, 11 nov. 1861, J.G.S. Arbitr., 99.

9918. Cependant, la latitude laissée aux arbitres amiables compositeurs n'est pas si absolue que leur pouvoir ne s'arrête devant les règles touchant à l'ordre public. — J.G.S Arbitr., 99.

Suppl. au C. proc. civ.

9919. Jugé à cet égard que les parties consentant un compromis n'ont pas pu renoncer par avance à invoquer des causes de nullité touchant à l'ordre public, et que, dès lors, elles peuvent appeler de la sentence arbitrale pour l'une de ces causes, alors même qu'elles auraient donné à l'arbitre le pouvoir de statuer comme amiable compositeur. — Chambéry, 30 juin 1885, D.P. 86. 2. 271.

9920. Dans l'espèce soumise à la cour de Chambéry, l'appel formé contre la sentence de l'arbitre amiable compositeur était fondé tout à la fois sur l'incompétence de l'arbitre et sur la violation des formes essentielles et constitutives de l'arbitrage; et l'arrêt déclarait que, dans cette hypothèse, une des parties compromettantes ne pouvait être privée des garanties qui lui étaient assurées aussi bien par la loi que par le pacte qu'elle avait signé. — J.G.S. Arbitr., 99.

§ 3. — Honoraires et dépens en matière d'arbitrage (C. proc. civ. n°° 61 à 88).

9921. — I. Honoraires des arbitres (C. proc. civ. n°° 61 à 79). — Il est d'usage que le jugement du tribunal de commerce, rendu sur le rapport des arbitres nommés par ce tribunal en vertu de l'art. 429 C. com. liquide leurs honoraires en même temps que les dépens. — J.G.S. Arbitr., 126.

9922. Mais il a été jugé avec raison que cette liquidation ne peut constituer un titre au profit des arbitres qui ne sont pas parties au procès; qu'en conséquence, un arbitre rapporteur dans une instance commerciale ne peut réclamer le payement de ses honoraires par voie de commandement, en vertu de la liquidation des dépens contenue au jugement et dans laquelle seule est compris ces honoraires, ce jugement auquel il n'a point été partie, ne constituant pas un titre exécutoire à son égard. — Trib. civ. de Marseille, 9 mars 1868, J.G.S. Arbitr., 126.

9923. Si, en principe, le mandat des arbitres est salarié, c'est à la condition qu'ils aient été nommés en vertu d'un compromis valable. — Agen, 16 mars 1886, J.G.S. Arbitr., 129.

9924. Toutefois, malgré la nullité de leur mandat, les arbitres peuvent avoir droit au prix de leur travail, s'il a été de quelque utilité pour les parties litigeantes, et à raison des débours dûment justifiés. — Même arrêt.

9925. — II. Frais et dépens (C. proc. civ. n°° 80 à 88).

Art. 1020. Le jugement arbitral sera rendu exécutoire par une ordonnance du président du tribunal de première instance dans le ressort duquel il a été rendu : à cet effet, la minute du jugement sera déposée dans les trois jours, par l'un des arbitres, au greffe du tribunal.

S'il avait été compromis sur l'appel d'un jugement, la décision arbitrale sera déposée au greffe de la cour d'appel, et l'ordonnance rendue par le président de cette cour.

Les poursuites pour les frais de dépôt et les droits d'enregistrement ne pourront être faites que contre les parties.

9926. — I. Dépôt de la sentence au greffe (C. proc. civ. n°° 1 à 36). — 1° Par qui le dépôt peut être fait (C. proc. civ. n°° 1 à 5). — Le dépôt du rapport ne doit pas être fait nécessairement, à peine de nullité, par l'un des arbitres; il peut être valablement effectué par un tiers. — Bruxelles, 4 mai 1883, J.G.S. Arbitr., 106. — V. Code de procédure civile, n° 4.

9927. — 2° Quel doit être l'objet du dépôt (C. proc. civ. n°° 6 à 14).

9928. — 3° A quel moment doit avoir lieu le dépôt (C. proc. civ. n° 15 à 18). — Un jugement arbitral n'est pas nul, quoiqu'il n'ait

pas été déposé au greffe du tribunal civil dans le délai prescrit par l'art. 1020 C. proc. civ. — Lyon, 28 juin 1881, D.P. 82. 2. 190. — Paris, 29 janv. 1890, D.P. 90. 2. 314. — V. Code de procédure civile, n° 15.

9929. On ne saurait induire du défaut de dépôt au greffe dans le délai de trois jours que la sentence arbitrale n'a pas été rendue dans le délai légal, lorsque le dépôt de cette sentence chez un notaire et son enregistrement établissent d'une façon certaine qu'elle a été rendue dans les trois mois du compromis. — Arrêt préc. 28 juin 1881.

9930. — 4° A quel greffe doit avoir lieu le dépôt (C. proc. civ. n°° 19 à 32).

9931. — 5° Frais du dépôt (C. proc. civ. n°° 33 et 34).

9932. — 6° Communication de la sentence (C. proc. civ. n°° 35 et 36). — Une sentence arbitrale n'est acquise aux parties que par la communication qui leur en est donnée ou par le dépôt qui en est fait au greffe; spécialement, lorsque le choix d'un tiers arbitre a été laissé aux arbitres, sauf recours, en cas de désaccord, au président du tribunal, les arbitres peuvent, malgré la mention au procès-verbal que, n'ayant pu tomber d'accord ni sur le fond ni sur le choix du tiers arbitre, ils renvoyaient les parties à se pourvoir devant qui de droit, revenir valablement à la nomination du tiers arbitre, si leur première décision n'a fait l'objet ni d'un dépôt au greffe, ni d'une communication aux parties. — Riom, 30 juill. 1877, D.P. 79. 2. 23.

9933. — II. Ordonnance d'exécution (C. proc. civ. n° 37). — V. infra, art. 1021, n°° 9334 et s.

Art. 1021. Les jugements arbitraux, même ceux préparatoires, ne pourront être exécutés qu'après l'ordonnance qui sera accordée, à cet effet, par le président du tribunal, au bas ou en marge de la minute, sans qu'il soit besoin d'en communiquer au ministère public; et sera ladite ordonnance expédiée en suite de l'expédition de la décision.

La connaissance de l'exécution du jugement appartient au tribunal qui a rendu l'ordonnance.

9934. — I. Ordonnance d'exécution (C. proc. civ. n°° 1 à 18). — Un jugement arbitral n'est pas nul par cela seul qu'il n'a pas été revêtu de l'ordonnance d'exequatur du président du tribunal. — Lyon, 28 juin 1881, D.P. 82. 2. 190. — V. Code de procédure civile, n° 7.

9935. — II. Par qui est rendue l'ordonnance d'exécution (C. proc. civ. n°° 19 à 42).

9936. — III. Pouvoir du juge (C. proc. civ. n°° 43 à 45).

9937. — IV. Recours contre l'ordonnance d'exécution (C. proc. civ. n°° 46 à 62).

9938. — V. Exécution du jugement arbitral (C. proc. civ. n°° 63 à 77).

9939. — VI. Sentences arbitrales rendues à l'étranger (C. proc. civ. n°° 78 à 85). — La plupart des auteurs estiment que les sentences arbitrales rendues à l'étranger ne sont point sujettes à révision et qu'elles deviennent exécutoires en vertu d'une simple ordonnance d'exequatur délivrée par un juge français conformément à l'art. 1020 C. proc. civ., sans qu'il y ait à distinguer selon que ces sentences ont été rendues contre des Français ou entre étrangers, tout au moins lorsque les arbitres ont été choisis par les parties et ne tiennent leur mission que d'elles; peu importe, en pareil cas, que la sentence ait été ou non rendue exécutoire en pays étranger. — J.G.S. Droits civils, 249. — Contra : Code de procédure civile, n° 83.

9940. Toutefois, suivant une opinion, on doit exiger l'intervention du tribunal entier, lorsque la sentence arbitrale a été homolo-

44

guée à l'étranger par un tribunal entier. — J.G.S. *Droits civils*, 249.

9941. Les auteurs s'accordent à appliquer aux sentences arbitrales les mêmes règles qu'aux jugements rendus à l'étranger, lorsque les arbitres, loin de se tenir leur mission que des parties, ont procédé « en vertu d'une délégation émanée d'un tribunal étranger » ou en qualité « d'arbitres forcés auxquels la loi du pays reconnaît le caractère de juges ». — J.G.S. *Droits civils*, 250.

9942. — VII. Enregistrement (C. proc. civ. nos 86 et 87). — V. *Code annoté de l'Enregistrement*, nos 3902 et s., 4743 et s., 4789 et s., 4808 et s., 8073 et 8123.

Art. 1022. Les jugements arbitraux ne pourront, en aucun cas, être opposés à des tiers.

9943. — I. Foi due au jugement arbitral (C. proc. civ. nos 1 à 12). — Les décisions des arbitres présentent les mêmes caractères d'authenticité que les jugements, les énonciations faites par les arbitres ne peuvent être combattues que par la voie de l'inscription de faux. — Pau, 9 juill. 1888, D.P. 89. 2. 252. — V. *Code de procédure civile*, no 3.

9944. — II. Foi due a la date du jugement arbitral (C. proc. civ. nos 13 à 23).

9945. — III. Effets du jugement arbitral entre les parties (C. proc. civ. nos 24 à 50). — Une sentence rendue par des arbitres amiables compositeurs, chargés de régler complètement et définitivement les comptes d'une liquidation de société, et qui fixe la somme due par le liquidateur de cette société aux associés, a l'autorité de la chose jugée entre les parties, et s'oppose à ce que l'une de celles-ci réclame au liquidateur, à l'occasion d'une des créances sociales soumises à l'arbitrage, une somme supérieure à celle qui a été déterminée par les arbitres. — Civ. r. 18 nov. 1884, D.P. 85. 1. 317. — V. *Code de procédure civile*, no 33.

9946. — IV. Effets du jugement arbitral a l'égard des tiers (C. proc. civ. nos 51 à 61).

Art. 1023. L'appel des jugements arbitraux sera porté, savoir : devant les tribunaux de première instance, pour les matières qui, s'il n'y eût point eu d'arbitrage, eussent été, soit en premier, soit en dernier ressort, de la compétence des juges de paix; et devant les cours d'appel, pour les matières qui eussent été, soit en premier, soit en dernier ressort, de la compétence des tribunaux de première instance.

9947. — I. Sentences arbitrales susceptibles d'appel (C. proc. civ. nos 1 à 7). — Lorsqu'une partie, dans une sentence interlocutoire contre elle, relativement aux chefs d'une sentence arbitrale contenant condamnation à des dommages-intérêts, demande la nullité non seulement de ce chef, mais de toute la sentence, elle ne se borne pas à une simple défense, mais forme en réalité une demande principale portant sur divers objets d'une valeur indéterminée et sur laquelle le tribunal statue par conséquent à charge d'appel. — Civ. r. 15 déc. 1885, D.P. 86. 1. 468.

9948. Sur la renonciation des parties à l'appel lors et depuis le compromis, V. *suprà*, art. 1010, nos 9843 et s.

9949. — II. Formes et délais de l'appel (C. proc. civ. nos 8 à 11).

9950. — III. Juridiction compétente pour statuer sur l'appel (C. proc. civ. nos 12 à 15).

Art. 1024. Les règles sur l'exécution provisoire des jugements des tribunaux sont applicables aux jugements arbitraux.

Art. 1025. Si l'appel sera rejeté, l'appelant sera condamné à la même amende que s'il s'agissait d'un jugement des tribunaux ordinaires.

Art. 1026. La requête civile pourra être prise contre les jugements arbitraux, dans les délais, formes et cas ci-devant désignés pour les jugements des tribunaux ordinaires.

Elle sera portée devant le tribunal qui eût été compétent pour connaître de l'appel.

9951. — I. Causes de requête civile (C. proc. civ. nos 1 à 9). — La sentence arbitrale qui, statuant sur une demande d'indemnité comprenant deux chefs distincts, alloue sur l'un deux une somme supérieure au montant de la réclamation, doit, lorsqu'elle est attaquée par la voie de la requête civile, être rétractée de ce chef, alors même que les deux allocations réunies seraient inférieures au chiffre total de la demande. — Dijon, 17 déc. 1884, D.P. 85. 2. 142.

9952. — II. Juridiction compétente pour statuer sur la requête civile (C. proc. civ. nos 10 à 12).

9953. — III. Renonciation a la requête civile (C. proc. civ. nos 13 à 21).

Art. 1027. Ne pourront cependant être proposés pour ouvertures :

1° L'inobservation des formes ordinaires, si les parties n'en étaient autrement convenues, ainsi qu'il est dit en l'art. 1009;

2° Le moyen résultant de ce qu'il aura été prononcé sur choses non demandées, sauf à se pourvoir en nullité, suivant l'article ci-après.

Art. 1028. Il ne sera besoin de se pourvoir ni par appel ni par requête civile dans les cas suivants :

1° Si le jugement a été rendu sur un compromis, ou hors des termes du compromis;

2° S'il n'a été sur compromis nul ou expiré;

3° S'il a été rendu par quelques arbitres non autorisés à juger en l'absence des autres;

4° S'il l'a été par un tiers sans en avoir conféré avec les arbitres partagés;

5° Enfin, s'il a été prononcé sur choses non demandées.

Dans tous ces cas, les parties se pourvoiront par opposition à l'ordonnance d'exécution, devant le tribunal qui l'aura rendue, et demanderont la nullité de l'acte qualifié jugement arbitral.

Il ne pourra y avoir recours en cassation que contre les jugements des tribunaux, rendus soit sur requête civile, soit sur appel d'un jugement arbitral.

DIVISION.

Sect. 1. — Opposition a l'ordonnance d'exécution (no 9954).

§ 1. — *Caractères de cette opposition* (no 9954).

§ 2. — *Moyens d'opposition à l'ordonnance d'exécution* (no 9956).

§ 3. — *Délai et formes de l'opposition; Compétence; Appel* (no 9964).

Sect. 2. — Pourvoi en cassation (no 9968).

Sect. 3. — Fins de non-recevoir contre les voies de recours dont les sentences arbitrales sont susceptibles (no 9969).

Sect. 1re. — Opposition a l'ordonnance d'exécution (C. proc. civ. nos 1 à 80).

§ 1er. — *Caractères de cette opposition* (C. proc. civ. nos 1 à 13).

9954. La demande en nullité d'une sentence arbitrale fondée sur l'un des moyens énoncés

dans l'art. 1028 C. proc. civ. doit être portée devant le tribunal de première instance par voie d'opposition à l'ordonnance d'*exequatur*, et non par voie d'appel interjeté directement devant la cour. — Lyon, 1er avr. 1846 et 31 juill. 1852, D.P. 82. 2. 165, note 1. — Lyon, 1er juill. 1881, D.P. 82. 2. 165. — V. *Code de procédure civile*, no 5.

9955. Il en est ainsi notamment lorsque le tiers arbitre prononçant seul, ne s'est pas conformé à l'avis des deux arbitres divisés, ce cas rentrant dans celui qui est spécifié par le § 1er de l'art. 1028 C. proc. civ. — Arrêt préc. 1er juill. 1881.

§ 2. — *Moyens d'opposition à l'ordonnance d'exécution* (C. proc. civ. nos 14 à 60).

9956. — I. Jugement rendu sans compromis ou hors des termes du compromis (C. proc. civ. nos 14 à 26). — La violation par des arbitres, dans un chef distinct de leur sentence, de la règle qui leur interdit de statuer en dehors des termes du compromis, n'entraîne pas la nullité des autres chefs qui ne seraient pas connexes avec le premier. — Req. 2 juill. 1877, D.P. 78. 1. 471.

9957. Mais si la sentence doit être annulée pour le tout, si, le débat portant sur la liquidation d'une société, le chef de contestation apprécié à tort par les arbitres formait ou des éléments inséparables qui ont servi à déterminer la balance du compte, l'attribution des parts et l'allotissement entre les colégataires. — Même arrêt.

9958. Il y a lieu à interprétation d'un compromis lorsque sa portée est contestée et que ses termes ne sont pas suffisamment clairs et précis. Les juges du fond ont alors le droit de faire cette interprétation, et ils peuvent décider, d'après les faits et circonstances de la cause, que la sentence a été rendue par l'arbitre dans la limite des pouvoirs qui lui avaient été conférés par le compromis, tel qu'ils l'ont interprété. — Req. 28 févr. 1881, D.P. 82. 1. 16. — V. *Code de procédure civile*, no 24.

9959. — II. Jugement sur compromis nul ou expiré (C. proc. civ. nos 27 à 34).

9960. — III. Jugement rendu par quelques arbitres seulement (C. proc. civ. no 35).

9961. — IV. Jugement par le tiers arbitre seul (C. proc. civ. nos 36 à 38).

9962. — V. Jugement statuant sur choses non demandées (C. proc. civ. nos 39 à 46).

9963. — VI. Moyens de nullité non prévus par l'art. 1028 (C. proc. civ. nos 47 à 60).

§ 3. — *Délai et formes de l'opposition; Compétence; Appel* (C. proc. civ. nos 61 à 80).

9964. — I. Délai de l'opposition (C. proc. civ. nos 61 à 64).

9965. — II. Formes de l'opposition (C. proc. civ. nos 65 à 74).

9966. — III. Juridiction compétente pour statuer sur l'opposition (C. proc. civ. nos 75 à 78). — L'ordonnance d'*exequatur* du président du tribunal, rendue à la suite d'une sentence arbitrale, n'étant ni un jugement, ni une ordonnance de référé, mais un acte de juridiction gracieuse, ne peut pas être attaquée par voie d'appel devant la cour; c'est par voie d'opposition à l'ordonnance d'*exequatur* qu'il y a lieu de demander au tribunal de première instance la nullité de l'acte qualifié jugement arbitral, de manière à établir un débat contradictoire devant le premier degré de juridiction avant de se pourvoir en appel. — Bruxelles, 22 déc. 1888, D.P. 90. 2. 312.

9967. — IV. Appel (C. proc. civ. nos 79 et 80).

Sect. 2. — Pourvoi en cassation (C. proc. civ. nos 81 à 90).

9968. L'arrêt qui maintient un partage par attribution directe de lots, tels qu'ils ont été formés par des arbitres constitués amiables compositeurs avec les pouvoirs les plus étendus, échappe au contrôle de la cour de cassation, lorsqu'il appuie cette décision sur une interprétation tant des clauses du compromis que de l'intention commune des parties. — Civ. r. 24 juin 1887, D.P. 88. 1. 132.

Sect. 3. — Fins de non-recevoir contre les voies de recours dont les sentences arbi-

trales sont susceptibles (C. proc. civ. n°s 91 à 133).

9969. — I. Renonciation aux voies de recours (C. proc. civ. n°s 91 à 109).

9970. — II. Défaut d'intérêt ou de qualité (C. proc. civ. n°s 110 à 112).

9971. — III. Ratification (C. proc. civ. n°s 113 à 127). — La nullité du compromis, tirée de ce qu'il ne porte pas la mention qu'il a été fait en autant d'originaux qu'il y avait de

parties ayant un intérêt distinct, ne peut être opposée par celles des parties qui ont exécuté la convention portée dans l'acte. — Civ. r. 24 juin 1889, D.P. 90. 1. 29. — V. Code de procédure civile, n° 123.

9972. Le fait d'avoir fait l'avance des droits de greffe et d'enregistrement d'une sentence arbitrale constitue un acte de ratification de cette sentence. — Même arrêt.

9973. — IV. Acquiescement (C. proc. civ n°s 128 à 133).

DISPOSITIONS GÉNÉRALES

Art. 1029. Aucune des nullités, amendes et déchéances prononcées dans le présent Code n'est comminatoire.

9974. Suivant l'opinion générale, les délais fixés par le juge ne sont que comminatoires; mais il ne faut pas voir là une règle absolue. La question doit se résoudre surtout par l'interprétation du chef de la décision qui accorde le délai. — J.G.S. Délai, 41. — V. Code de procédure civile, n° 12, et Supplément au Code civil annoté, n°s 9307 et s.

Art. 1030. Aucun exploit ou acte de procédure ne pourra être déclaré nul, si la nullité n'en est pas formellement prononcée par la loi.
Dans les cas où la loi n'aurait pas prononcé la nullité, l'officier ministériel pourra, soit pour l'omission, soit pour contravention, être condamné à une amende, qui ne sera pas moindre de cinq francs et n'excédera pas cent francs.

9975. L'art. 1030 C. proc. civ. disposant qu'aucun exploit ne peut être déclaré nul si la nullité n'en est pas formellement prononcée par la loi, il appartient au juge d'apprécier si l'erreur de date d'une citation est de nature à enlever à cet acte son caractère et son utilité, et peut en entraîner l'annulation. — Req. 29 juill. 1875, D.P. 76. 1. 85.

9976. La circonstance qu'un acte d'appel a été écrit sur papier libre, et non sur papier timbré, n'entraîne pas nullité de cet acte. — Bastia, 17 janv. 1876, D.P. 78. 5. 256. — V. Code de procédure civile, n° 8.

Art. 1031. Les procédures et les actes nuls ou frustratoires, et les actes qui auront donné lieu à une condamnation d'amende, seront à la charge des officiers ministériels qui les auront faits, lesquels, suivant l'exigence des cas, seront en outre passibles de dommages et intérêts de la partie, et pourront même être suspendus de leurs fonctions.

9977. — I. Actes nuls (C. proc. civ. n°s 1 à 3). — Les frais des actes nuls doivent, nécessairement et dans tous les cas, être mis à la charge des officiers ministériels: il n'en est pas de ces frais comme des dommages-intérêts qui peuvent, selon les circonstances, être prononcés ou non contre lesdits officiers ministériels à raison des actes annulés. — Civ. c. 20 déc. 1876, D.P. 77. 1. 170. — V. Supplément au Code civil annoté, art. 1383, n°s 10076 et s.

9978. Spécialement, les frais d'un acte de

surenchère déclaré nul pour avoir été reçu par le greffier ou son commis dans la demeure de l'avoué du surenchérisseur, doivent être supportés par le greffier et l'avoué, alors même que l'irrégularité aurait été commise à la sollicitation du surenchérisseur lui-même. — Même arrêt.

9979. — II. Actes frustratoires (C. proc. civ. n°s 4 à 53). — 1° Actes devant être considérés comme frustratoires (C. proc. civ. n°s 4 à 16). — Lorsque, par suite du défaut de règlement des qualités, auxquelles il a été formé opposition, la nullité du jugement déjà expédié et signifié est prononcée, l'avoué, auteur des irrégularités, est responsable de la faute par lui commise vis-à-vis de sa partie, qui peut répéter contre lui les frais du jugement frappé de nullité; et il doit supporter personnellement les frais de l'ordonnance, rendue en son nom et sur sa requête, qui l'a autorisé à faire délivrer une seconde expédition exécutoire. — Toulouse, 15 mars 1881, D.P. 82. 2. 141.

9980. Le point de savoir si des frais sont frustratoires est apprécié souverainement par les juges du fond. — Rennes, 3 juill. 1874, D.P. 77. 1. 425.

9981. Jugé également qu'il résulte des termes des art. 71 et 1031 C. proc. civ. que les huissiers sont soumis, au point de vue de la responsabilité civile résultant de la nullité de leurs exploits, à la règle générale des art. 1382 et 1383 C. civ., mais qu'il appartient aux juges d'apprécier l'existence de la faute, la réalité et la quotité du préjudice que ces nullités ont occasionné. — Req. 2 mars 1891, D.P. 92. 1. 31.

9982. En conséquence, les juges peuvent, usant de leur pouvoir d'appréciation, condamner, dans des circonstances de fait qu'ils relèvent, un huissier à la réparation du tort le préjudice qu'il a causé. — Même arrêt.

9983. — 2° Compétence et procédure (C. proc. civ. n°s 47 à 53). — L'avoué ne peut être condamné aux frais des actes ou procédures frustratoires par lui faites, sans avoir été appelé en cause. — Riom, 13 juin 1869, D.P. 86. 1. 219, note. — V. Code de procédure civile, n° 50.

9984. — III. Responsabilité des avoués en cas de conseils frauduleux (C. proc. civ. n°s 54 à 58).

Art. 1032. Les communes et les établissements publics seront tenus, pour former une demande en justice, de se conformer aux lois administratives.

9985. Sur les conditions dans lesquelles les actions peuvent être intentées ou soutenues au nom du département. V. Code des

lois adm. annotés, t. 1er, V, v° Département, n°s 2099 et s. — V. aussi suprà, art. 69, n°s 1893 et s.

9986. Aux termes de l'art. 121 de la loi du 5 avr. 1884, nulle commune ou section de la commune ne peut ester en justice sans y être autorisée par le conseil de préfecture, sauf les cas prévus aux art. 122 et 154 de ladite loi. — V. Code de procédure civile, n° 3, et Code des lois adm. annotés, t. 1er, VIII, v° Commune, n° 7933 et s.

Art. 1033. Le jour de la signification et celui de l'échéance ne sont point comptés dans le délai général fixé pour les citations, sommations et autres actes faits à personne ou domicile.
Ce délai sera augmenté d'un jour à raison de cinq myriamètres de distance.
Il en sera de même dans tous les cas prévus, en matière civile et commerciale, lorsqu'en vertu des lois, décrets ou ordonnances, il y a lieu d'augmenter un délai à raison des distances.
Les fractions de moins de quatre myriamètres ne seront pas comptées; les fractions de quatre myriamètres et au-dessus augmenteront le délai d'un jour entier.
Si le dernier jour du délai est un jour férié, le délai sera prorogé au lendemain (L. 3 mai 1862) (1).

9987. — I. Computation des délais (C. proc. civ. n°s 1 à 6). — Suivant une jurisprudence constante, les délais que la loi fixe par mois doivent être comptés de quantième à quantième suivant le calendrier grégorien. — Req. 1er mars 1876, D.P. 78. 5. 185. — V. Code de procédure civile, n°s 1 et 2.

9988. Il en est ainsi spécialement du délai d'appel; et l'appel d'un jugement signifié le 4 octobre est non recevable comme tardif s'il a été formé le 6 décembre. — Même arrêt.

9989. En ce qui concerne... le délai accordé ou fixé par des jugements ou délai de grâce (C. proc. civ. n°s 1 à 6). — V. Supplément au Code civil annoté, art. 1244, n°s 8057 et s.

9990. ... Les suspensions de délais établies

_____
(1) Ancien art. 1033. Le jour de la signification ni celui de l'échéance ne sont jamais comptés pour le délai général fixé pour les ajournements, les citations, sommations et autres actes faits à personne ou domicile: ce délai sera augmenté d'un jour à raison de trois myriamètres de distance; et quand il y aura lieu à voyage ou envoi et retour, l'augmentation sera du double.

pendant la guerre de 1870-71. V. *Supplément au Code civil annoté*, nᵒˢ 17666 et s.

9991. — II. Jours termes (C. proc. civ. nᵒˢ 7 à 38). — 1ᵒ *Point de départ du délai ou dies à quo* (C. proc. civ. nᵒˢ 8 à 14). — Il est admis aujourd'hui, en règle générale, que le jour à partir duquel court un délai ne doit pas être compté dans le délai lui-même. — J.G.S. *Délai*, 7. — V. *Code de procédure civile*, nᵒ 8.

9992. — 2ᵒ *Jour d'échéance ou dies ad quem* (C. proc. civ. nᵒˢ 15 et 16). — C'est une règle ancienne que le jour de l'échéance appartient tout entier au délai, et que le délai expire avec la dernière heure de ce jour ; le principe n'a pas varié, mais les controverses qu'il a fait naître ne semblent pas complètement éteintes. — J.G.S. *Délai*, 10.

9993. Jugé à cet égard que la disposition générale de l'art. 1033 C. proc. civ., aux termes de laquelle le jour de l'échéance n'est pas compté dans les délais qui ont pour point de départ une signification à personne ou domicile ne s'applique pas lorsque le législateur a manifesté, par une formule exclusive et précise, l'intention de ne pas étendre au delà d'un certain terme le délai qu'il prescrit. — Civ. c. 2 août 1887, D.P. 88. 1. 180.

9994. Spécialement, l'art. 13 de la loi du 25 mai 1838 disposant que l'appel des jugements des juges de paix ne sera pas recevable après les trente jours qui suivront la signification, on doit déclarer tardif l'appel interjeté le trente et unième jour. — Même arrêt. — V. *supra*, nᵒˢ 280 et s.

9995. — 3ᵒ *Délai franc* (C. proc. civ. nᵒˢ 17 à 38). — La franchise du délai s'accorde à tous actes signifiés à personne ou domicile qui font courir un délai ; elle doit donc être refusée aux actes signifiés à avoué. — J.G.S. *Délai*, 34. — V. *Code de procédure civile*, nᵒ 19.

9996. Dans les actes de pure instruction qui doivent être exécutés par les avoués, dans les avenirs à l'audience, par exemple, on peut citer de la veille au lendemain, parce que les avoués sont réputés pouvoir se présenter tous les jours au palais ou pouvoir s'y faire remplacer. — J.G.S. *Délai*, 34.

9997. Mais dans les citations ou sommations relatives à des actes assignation où les parties peuvent avoir intérêt à assister en personne, par exemple, dans la sommation faite à une partie d'assister à l'ouverture des opérations des experts, le délai doit, par analogie de ce qui se pratique en matière d'enquête, être de trois jours francs pour les tribunaux civils ou les cours d'appel, et d'un jour franc pour les juridictions où le délai de la comparution n'est que d'un jour, sauf à demander dans les cas urgents une abréviation de délai. — J.G.S. *Délai*, 34.

9998. Parmi les délais qui peuvent être considérés comme francs, on doit citer le délai de deux mois pour interjeter appel des jugements rendus par les tribunaux civils et de commerce. — Civ. c. 14 août 1877, D.P. 77. 1. 415. — Paris, 14 août 1877, D.P. 78. 2. 184. — Liège, 9 juin 1881, J.G.S. *Délai*, 14.

9999. Suivant une opinion, le délai de trente jours accordé pour interjeter appel des décisions des juges de paix est franc et ne comprend pas le jour de l'échéance. — Trib. Pont-l'Évêque, 5 août 1879, D.P. 81. 1. 126.

10000. Ainsi l'appel contre un jugement signifié le 17 août est valablement formé le 17 septembre suivant. — Même jugement.

10001. Mais cette interprétation n'a pas été admise par la cour de cassation par le motif que, devant la formule exclusive adoptée par l'art. 13 de la loi du 25 mai 1838, on ne saurait invoquer la règle générale écrite dans l'art. 1033 C. proc. civ., pour prétendre que l'appel pouvait encore être utilement interjeté le jour qui suivrait les

trente jours après lesquels la loi déclare que l'appel ne sera pas recevable. — Req. 5 févr. 1879, D.P. 80. 1. 200. — Civ. c. 2 août 1887, D.P. 88. 1. 180-181.

10002. La cour de cassation a décidé, en conséquence, que le délai de trente jours accordé pour interjeter appel des jugements des juges de paix n'est pas franc et comprend le jour de l'échéance ; ainsi l'appel contre une décision signifiée le 17 janvier est tardivement formé le 18 février, alors même que le 17 février aurait été un jour férié, le dernier jour dans lequel le recours pouvait avoir lieu étant le 16 février. — Arrêt préc. 5 févr. 1879.

10003. La jurisprudence du conseil d'État considère comme franc le délai de trois mois fixé par l'art. 11 du décret du 22 juill. 1806 pour le recours contre les décisions des autorités qui ressortissent au conseil. — J.G.S. *Délai*, 16. — V. *Code des lois administratives annotées*, t. 1ᵉʳ, IV, vᵒ *Conseil d'État*, nᵒ 1343.

10004. La règle générale d'après laquelle le jour de l'échéance n'est pas compris dans le délai de l'assignation est sans application toutes les fois que, par une disposition spéciale et précise, le législateur a manifesté la volonté de restreindre le délai de l'ajournement. — Civ. c. 19 oct. 1885, D.P. 86. 1. 72. — V. *Code de procédure civile*, nᵒ 22.

10005. Il en est ainsi spécialement en matière de contributions indirectes, où la loi limite à huit jours le délai pour l'échéance de l'assignation délivrée par le redevable qui forme opposition à une contrainte ; en conséquence, l'opposition est nulle si la règle n'a été citée que pour le neuvième jour. — Même arrêt.

10006. Toutefois la jurisprudence décide que l'art. 1033 C. proc. civ. s'applique aux délais fixés par l'art. 3 de la loi du 20 mai 1838 pour l'exercice de l'action rédhibitoire. — Trib. de Montfort, 21 mars 1879, D.P. 79. 3. 63.

10007. Il n'en est pas de même en Belgique, où la loi du 28 mai 1850 (art. 2) dispose que le délai pour exercer l'action rédhibitoire ne pourra excéder trente jours « non compris le jour fixé pour la livraison » ; aussi la cour de cassation belge a-t-elle déclaré tardive une assignation faite après le trentième jour de la livraison. — C. cass. de Belgique, 15 juill. 1875, J.G.S. *Délai*, 19.

10008. L'article 1033 n'est pas applicable au délai de trois jours accordé pour faire une déclaration de command. — V. *supra*, art. 707, nᵒˢ 8546 et s.

10009. ... Au délai de dix jours accordés pour interjeter appel des jugements rendus en matière de saisie immobilière. — V. *supra*, art. 731, nᵒˢ 8704 et s.

10010. Sur la question de savoir : ... le délai de huitaine dans lequel une partie ayant avoué peut relever un défaut ou réitérer une opposition est franc, V. *supra*, art. 157, nᵒˢ 2950 et s.

10011. ... Si le délai accordé par l'art. 582 C. com. est un délai franc, V. *Code de commerce annoté*, art. 582, et son *Supplément*, même article.

10012. — III. Augmentation des délais à raison des distances (C. proc. civ. nᵒˢ 39 à 79). — 1ᵒ *Dans quels cas doivent être augmentés les délais* (C. proc. civ. nᵒ 39).

10013. — 2ᵒ *Délais susceptibles d'augmentation à raison des distances* (C. proc. civ. nᵒˢ 40 à 52). — Sur la question de savoir si l'art. 1033 C. proc. civ. s'applique... ... aux actes de la procédure sur saisie immobilière, V. *supra*, art. 674, nᵒˢ 8423 et s.

10014. ... En matière d'enquête dans ce cas de l'art. 261 C. proc. civ., V. *supra*, art. 261, nᵒˢ 3603 et s.

10015. ... Au délai de dix jours accordé pour appeler d'un jugement en matière d'ordre. V. *supra*, art. 762, nᵒˢ 8895 et s.

10016. Sur la computation du délai de l'opposition à un jugement par défaut en matière civile, V. *supra*, art. 157, nᵒˢ 2950 et s.

10017. Sur la computation du délai en matière d'appel, V. *supra*, art. 443, nᵒˢ 5137 et s., art. 456, nᵒ 5729.

10018. Sur la question de savoir si la règle de l'art. 1033 C. proc. civ. sur les délais de distance est applicable au délai de l'appel en matière électorale, V. *Code des lois adm. annotées*, t. 1ᵉʳ, X, vᵒ *Élections*, nᵒˢ 4183 et s.

10019. — 3ᵒ *Cas dans lesquels a lieu l'augmentation du délai* (C. proc. civ. nᵒˢ 53 à 73). — La partie assignée pour l'exécution d'un acte et notamment d'un marché commercial au domicile par elle élu dans le ressort du tribunal, n'a pas droit à une augmentation de délai à raison de la distance existant entre le lieu du siège du tribunal et celui de son domicile réel, ce domicile fût-il situé en dehors de la France continentale. — Req. 21 déc. 1875, D.P. 76. 1. 271.

10020. — 4ᵒ *Comment se calcule l'augmentation et la distance* (C. proc. civ. nᵒˢ 74 à 79). — Le paragraphe 4 de l'art. 1033 aux termes duquel les fractions de moins de quatre myriamètres ne seront pas comptées et les fractions de quatre myriamètres et au-dessus augmenteront le délai d'un jour entier ne s'applique que lorsque la fraction de quatre myriamètres, en conséquence, aucune augmentation ne doit être ajoutée au délai ordinaire de l'assignation lorsque la distance entre le lieu de l'ajournement et celui de la comparution, quoique étant supérieure à quatre myriamètres, est néanmoins inférieure à cinq myriamètres. — D.P. 70. 2. 194.

10021. La faculté donnée au président dans les cas qui requièrent célérité d'abréger les délais de l'assignation ne s'applique pas aux délais accordés à raison des distances ; ces délais sont, en effet, réputés indispensables à la comparution de la partie assignée, et c'est là une présomption légale que le juge ne peut faire fléchir ni abréger ce délai, même en considération de l'accélération des moyens de transport survenus depuis le code. — Limoges, 14 déc. 1878, J.G.S. *Délai*, 54. — *Contra* : Trib. Bruxelles, 7 janv. 1862, *ibid.*

10022. L'augmentation des délais à raison de la distance doit se calculer en prenant pour base la ligne la plus directe d'une localité à l'autre ; et lorsque la distance légale entre deux villes est fixée par les décrets et ordonnances, on ne saurait soutenir que la voie ferrée présentant un développement plus grand que les routes comporte un délai plus long. — Civ. 13 février 1891, D.P. 92. 2. 150.

10023. — IV. Jours fériés (C. proc. civ. nᵒˢ 80 à 90). — La disposition du dernier paragraphe de l'art. 1033 C. proc. civ., aux termes de laquelle, si le dernier jour du délai est un jour férié, le délai doit être prolongé au lendemain, est générale, et s'applique à tous les actes de procédure faits à personne ou domicile. — Civ. c. 13 juin 1877, D.P. 77. 1. 440.

10024. Cette règle est spécialement applicable au délai de dix jours accordé par l'art. 731 C. proc. civ. pour interjeter appel d'un jugement ayant statué sur un incident de saisie immobilière. — Arrêt préc. 13 juin 1877. — Pau, 10 mai 1884, D.P. 85. 2. 114.

10025. Elle s'applique non seulement aux délais fixés pour les jugements, mais encore aux actes faits à personne ou à domicile, comme à ceux des délais fixés par la loi. — Paris, 11 déc. 1890, D.P. 91. 2. 274.

10026. Ainsi, le délai de huit jours relatif à la déclaration de surenchère du sixième de l'art. 2185 C. civ. est prorogé au lendemain quand le dernier jour est férié. — Même arrêt

10027. La règle de l'art. 1033 C. proc. civ. est également applicable : 1ᵒ au délai de la comparution sur citation devant le juge de paix ; 2ᵒ au délai de trois jours accordé pour réitérer l'opposition aux jugements par défaut rendus par les tribunaux de commerce ; 3ᵒ au délai de deux mois pendant lequel l'appel des jugements des conseils des prud'hommes peut être interjeté; 4° au délai de quatre-vingt-dix jours après lequel le commandement est périmé en matière de saisie immobilière; 5° au délai de cinq jours imparti pour la transcription du jugement de divorce sur les registres de l'état civil. — J.G.S. *Délai*, 24.

10028. Conformément à la doctrine qui attribue au nouvel article 1033 la portée d'une règle générale s'étendant à toute matière, il est admis que le paragraphe dernier de cette article s'applique: 1° au délai du pourvoi en cassation en matière d'expropriation publique; 2° au délai de trois jours dans lequel doit être fait la déclaration de cessation de payements; 3° au délai de dix ans pendant lequel les inscriptions conservent les hypothèques et les privilèges. — J.G.S. *Délai*, 25.

10029. Il s'applique aussi, en matière d'élections consulaires, au délai de cinq jours pour attaquer les opérations électorales. — Chambéry, 24 janv. 1874, D.P. 74. 1. 392.

10030. Contrairement à la jurisprudence française, le système qui fait compter les jours fériés dans les délais de procédure, sauf en cas d'exception, a prévalu dans la jurisprudence belge, et il a été jugé en ce sens que si le dernier jour du délai d'opposition est un jour férié, l'opposition doit, à peine de nullité, avoir lieu la veille. — Trib. Liège, 21 juill. 1881, J.G.S. *Délai*, 26.

10031. Mais il convient de remarquer que la législation belge ne contient pas de disposition analogue à celle du paragraphe final du nouvel art. 1033 C. proc. civ. — J.G.S. *Délai*, 26.

10032. En matière électorale, les jours fériés comptent dans les délais. — C. cass. de Belgique, 4 déc. 1882, J.G.S. *Délai*, 26.

10033. Suivant une opinion, la disposition finale de l'art. 1033 est applicable à tous les délais, même à ceux impartis pour faire des actes au greffe, et spécialement au délai de huit jours dans lequel doit être déclarée la surenchère du sixième. — Pau, 3 août 1881, J.G.S. *Délai*, 29. — V. *Code de procédure civile*, n° 87.

10034. En matière de déclaration de command, il a été jugé, conformément aux mêmes principes, que lorsque le dernier jour du délai est férié, l'avoué peut faire sa déclaration au greffe le lendemain. — Trib. Chartres, 9 avr. 1876, D.P. 77. 5. 197. — Trib. Rocroy, 16 janv. 1879, D.P. 81. 1. 364. — V. *Code de procédure civile*, n° 82.

10035. Mais cette interprétation a été repoussée par la cour de cassation pour un double motif: 1° l'art. 1033 C. proc. civ. reste sans application lorsqu'il s'agit d'un acte judiciaire fait au greffe, sans signification à personne ou à domicile; 2° l'emploi d'une formule, comme celle dont il s'est servi dans l'art. 707 C. proc. civ., le législateur a clairement manifesté l'intention que l'acte ne pût être fait que dans les limites du délai fixé, et non au lendemain de son échéance. — Civ. c. 4 avr. 1881, D.P. 81. 1. 364. — Dans le même sens Trib. Espalion, 30 sept. 1876, D.P. 77. 5. 196-197.

10036. On doit également juger que, lorsque le dernier jour du délai pour produire à l'ordre tombe un jour férié, il n'y a pas lieu de proroger ce délai au lendemain, par application de l'art. 1033, §5, C. proc. civ. — Observ. sous Civ. r. 30 avr. 1890, D.P. 90. 1. 461, note 3.

10037. Plusieurs décisions ont consacré la même théorie en matière de surenchère du sixième. — Trib. Seine, 4 mai 1877, D.P. 77. 5. 193. — Trib. Saint-Nazaire, 28 avr. 1882, D.P. 83. 3. 16. — Trib. Muret, 9 mai 1884, J.G.S. *Délai*, 31. — Lyon, 30 mai 1885, *ibid.* — V. *Code de procédure civile*, n° 88.

10038. Si, malgré la résistance qui dure encore de plusieurs cours et tribunaux, la cour de cassation exclut du bénéfice de la disposition finale de l'art. 1033 C. proc. civ. les actes faits au greffe, il est un cas qui échappe à toute controverse, puisqu'il a fait l'objet d'un texte spécial, c'est le pourvoi en cassation, qui peut être formé le lendemain du dernier jour du délai, si ce jour est férié. — J.G.S. *Délai*, 32.

10039. Si le jour férié final est lui-même suivi d'un autre jour férié, l'échéance est prorogée au surlendemain. — Civ. c. 15 janv. 1877, D.P. 78. 1. 74.

Art. 1034. Les sommations pour être présent aux rapports d'experts, ainsi que les assignations données en vertu de jugement de jonction, indiqueront seulement le lieu, le jour et l'heure de la première vacation ou de la première audience; elles n'auront pas besoin d'être réitérées, quoique la vacation ou l'audience ait été continuée à un autre jour.

Art. 1035. Quand il s'agira de recevoir un serment, une caution, de procéder à une enquête, à un interrogatoire sur faits et articles, de nommer des experts, et généralement de faire une opération quelconque en vertu d'un jugement, et que les parties ou les lieux contentieux, seront trop éloignés, les juges pourront commettre un tribunal voisin, un juge, ou même un juge de paix, suivant l'exigence des cas; ils pourront même autoriser un tribunal à nommer, soit un de ses membres, soit un juge de paix, pour procéder aux opérations ordonnées.

10040. — I. DANS QUELS CAS IL Y A LIEU A COMMISSION ROGATOIRE (C. proc. civ. n°s 1 à 15). — Sur la commission rogatoire... en matière d'enquête, V. *supra*, art. 255, n°s 3560 et s.

10041. — En matière d'interrogatoire sur faits et articles, V. *supra*, art. 320, n° 3992.

10042. L'acte fait par un magistrat en dehors du territoire qui lui est attribué pour ressort ne saurait avoir aucun caractère légal et est entaché d'excès de pouvoir, alors même qu'il s'agit d'un tribunal saisi par un renvoi après cassation; en conséquence, si des actes d'instruction sont nécessaires (dans l'espèce, une visite des lieux contentieux) dans le ressort du tribunal originairement saisi, le tribunal de renvoi ne peut pas y procéder par lui-même ni par un de ses membres, et il y a lieu à commission rogatoire. — Civ. c. 25 mai 1887, D.P. 87. 1. 425, et les Observ. de M. Glasson sous cet arrêt.

10043. Lorsque deux expéditions dissemblables du procès-verbal de la décision d'un jury d'expropriation certifiées l'une et l'autre par le greffier du tribunal civil, sont produites devant la cour de cassation et que l'une de ces expéditions constate que la décision a été rendue avec le concours d'un juré qui, suivant l'autre, n'y aurait pas participé, il n'y a pas lieu d'ordonner l'apport de la minute au greffe de la cour de cassation; il suffit que la cour de cassation adresse au président du tribunal civil, conformément à l'art. 1035, C. proc. civ., une commission rogatoire à l'effet de collationner avec la minute les expéditions produites. — Civ. c. 6 févr. 1882, D.P. 84. 1. 444.

10044. — II. A QUI EST DONNÉE LA COMMISSION ROGATOIRE (C. proc. civ. n°s 16 à 29). — La commission rogatoire peut être donnée à un simple juge, et il est nécessaire que le magistrat ainsi délégué soit compétent pour le jugement de l'affaire. — J.G.S. *Instruct. civ.*, 17.

10045. Une commission rogatoire peut être donnée à un agent diplomatique français. — J.G.S. *Instruct. civ.*, 17. — V. *Code de procédure civile*, n° 21.

10046. Et cet agent ne peut décliner, sans déni de justice, la mission qui lui est confiée. — J.G.S. *Instruct. civ.*, 28.

10047. Mais une commission rogatoire ne saurait être donnée aux simples agents consulaires et aux vice-consuls qui ne sauraient être considérés comme ayant une véritable compétence judiciaire à l'égard de nos nationaux. — Décis. de la Chancellerie, 14 août 1877, *Bull. min. just.*, p. 97.

10048. En Belgique, aucune disposition de la loi belge du 31 déc. 1851 sur les consulats et la juridiction consulaire ne s'oppose à ce qu'un tribunal belge délègue le consul belge dans un pays de chrétienté, pour entendre lui-même ou faire entendre par le juge du lieu les témoins établis dans ce pays qui ont refusé ou ont été empêchés de comparaître devant la juridiction saisie de la contestation. — Gand, 9 avr. 1887, D.P. 89. 2. 86.

10049. On peut aussi déléguer un juge étranger. — Chambéry, 4 déc. 1874, D.P. 75. 2. 96. — V. *Code de procédure civile*, n° 22.

10050. Mais le juge étranger peut refuser son concours à la justice française, la délégation n'étant pas obligatoire pour lui, à moins toutefois de convention diplomatique spéciale. — J.G.S. *Instruct. civ.*, 20.

10051. Le juge ou l'agent diplomatique français chargé d'une commission rogatoire doit suivre les mêmes formes que la cour ou le tribunal qui l'a délégué; car les parties ont le droit de se prévaloir des garanties résultant de l'observation des formalités légales et d'exiger qu'elles soient suivies, non seulement quand le juge compétent procède lui-même aux actes d'instruction, mais aussi lorsqu'il a délégué ses pouvoirs à un autre juge. — J.G.S. *Instruct. civ.*, 20.

10052. Mais les juges étrangers, saisis d'une commission rogatoire par un tribunal français, ne sont astreints, pour l'exécuter, qu'aux formes usitées dans leur propre pays; la même règle s'applique, en sens inverse, aux commissions rogatoires envoyées à un juge français par un tribunal étranger. — J.G.S. *Instruct. civ.*, 20.

10053. Une circulaire adressée par le garde des sceaux, le 19 déc. 1891, aux procureurs généraux, relativement à l'exécution de commissions rogatoires en matière civile et commerciale envoyées par les autorités judiciaires étrangères aux tribunaux français, après avoir rappelé que ces réquisitions doivent, par leur objet même et envisagées suivant notre législation, rentrer dans les fonctions et dans la compétence du tribunal français, dispose qu'en principe le juge français doit, pour l'exécution du mandat judiciaire étranger, se conformer aux prescriptions de la loi française; cette règle est une conséquence du principe d'après lequel la forme des actes est régie par la loi du pays où ils sont passés. *Bull. min. just.* 1891, p. 534.

10054. Cependant les juges français sont autorisés à suivre certaines formes indiquées par la loi étrangère, « lorsque les magistrats étrangers en expriment le désir, toutes les fois du moins que leur demande n'est pas en contradiction avec nos lois et nos usages judiciaires. Même circ.

10055. La circulaire déclare en terminant que ce sont là des questions qu'il appartient aux tribunaux de trancher « conformément à leur propre appréciation, en s'attachant, dans le silence de la loi française, aux principes généraux du droit ». Même circ.

10056. Décidé sur cette question qu'on ne peut relever devant les tribunaux français aucun défaut de formalité dans les actes, notamment une expertise, auxquels il a été procédé par un tribunal suisse en vertu d'une commission rogatoire délivrée conformément à la convention diplomatique du 15 juin 1869, mais qu'on peut invoquer la nullité résultant de l'omission des formalités préliminaires qui doivent avoir lieu en France. — Chambéry, 4 déc. 1874, D.P. 75. 2. 96.

10057. Lorsque les tribunaux français reçoivent des commissions rogatoires des tribunaux étrangers, les magistrats ne doivent en aucun cas correspondre directement avec les autorités judiciaires étrangères; toutes les commissions rogatoires doivent être transmises au garde des sceaux. — Circ. min. just. 13 nov. 1885 et 15 janv. 1886, Bull. min. just. 1885, p. 208, et ibid., 1886, p. 3.

10058. Une circulaire du garde des sceaux, en date du 13 nov. 1885, a notamment rappelé ces principes en ce qui concerne les communications judiciaires avec l'Allemagne et principalement avec les tribunaux d'Alsace-Lorraine. — Bull. min. just. 1885, p. 208, et ibid. 1886, p. 3.

10059. Cependant les magistrats français peuvent communiquer directement avec les tribunaux de certains pays étrangers, tels que la Suisse. — Circ. min. just. 22 janv. 1885, Bull. min. just. 1885, p. 2. — Comp. aussi Circ. min. just. 25 juin et 27 juill. 1885, ibid., p. 72 et 140.

10060. Ces règles s'appliquent également en matière criminelle. — J.G.S. Instruct. civ., 19. — V. aussi Code d'instr. crim. annoté, art. 83 et s.

10061. Les actes nécessaires à l'exécution des commissions rogatoires émanant des gouvernements étrangers doivent être rédigés sur papier libre et enregistrés gratis. Le Trésor prend ces frais à sa charge, sauf à obtenir la réciprocité des gouvernements étrangers; il doit, en conséquence, conformément aux art. 41 et suiv. du décret du 18 juin 1811, acquitter les droits réclamés par les officiers d'état civil pour les expéditions fournies par eux en exécution de commissions rogatoires. — Décis. de la Chancellerie, 6 juill. 1876, Bull. min. just. 1876, p. 128.

10062. Pour le paiement des frais, les commissions rogatoires, en matière civile, adressées par les tribunaux étrangers sont assimilées aux commissions rogatoires criminelles. Il s'ensuit que les greffiers n'ont, en cette matière, droit à aucun émolument. Les officiers publics doivent, en matière criminelle, délivrer un minute l'acte qui constate l'exécution de la commission rogatoire. La rédaction de cet acte ne peut d'ailleurs donner lieu à aucun honoraires; il rentre, en effet, dans les devoirs d'assistance auxquels la juridiction est tenue. — Décis. de la Chancellerie, 2 déc. 1880, Bull. min. just. 1880, p. 277.

10063. — III. EFFETS ET EXÉCUTION DE LA COMMISSION ROGATOIRE (C. proc. civ. nos 30 à 40). — Les jugements ou arrêts qui délèguent un tribunal ou un simple juge pour procéder à une mesure d'instruction peuvent être rendus soit en audience publique, soit en chambre du conseil. — J.G.S. Instruct. civ., 21.

10064. Lorsqu'un jugement ou un arrêt délègue un magistrat pour accomplir un acte d'instruction, il doit indiquer ce magistrat par sa qualité, et non pas le désigner par son nom patronymique; mais l'indication du nom de ce magistrat ne saurait vicier et rendre nulle la délégation, lorsque le magistrat ainsi désigné exerçait encore la fonction quand la délégation lui est parvenue. — Req. 11 nov. 1867, J.G.S. Instruct. civ., 22.

Art. 1036. Les tribunaux, suivant la gravité des circonstances, pourront, dans les causes dont ils seront saisis, prononcer, même d'office, des injonctions, supprimer des écrits les déclarer calomnieux, et ordonner l'impression et l'affiche de leurs jugements.

10065. — I. DEVANT QUELLES JURIDICTIONS EST APPLICABLE L'ART 1036 (C. proc. civ. nos 1 à 3).

10066. — II. INJONCTIONS ET SUPPRESSIONS D'ÉCRITS (C. proc. civ. nos 6 à 10). — Le juge

peut, conformément à l'art. 1036 C. proc. civ., ordonner la suppression d'un écrit produit dans une instance judiciaire, alors même que cet écrit ne présente pas, à proprement parler, le caractère légal de l'injure ou de la diffamation; et il n'y a pour le tribunal qui prononce la suppression obligation d'en constater expressément le caractère injurieux ou diffamatoire qu'autant qu'il rentre, à ce point de vue, dans la définition donnée par la loi. — Req. 6 juin 1882, D.P. 83. 1. 49-50.

10067. Il n'appartient pas aux tribunaux d'ordonner la suppression d'un passage prétendu diffamatoire d'un testament notarié, les dispositions des lois relatives aux écrits injurieux ou diffamatoires produits devant les tribunaux ne pouvant s'étendre aux clauses ou déclarations formant la substance des actes authentiques. — Req. 7 mars 1876, D.P. 77. 1. 263.

10068. La suppression des mémoires injurieux et diffamatoires peut être ordonnée d'office par les tribunaux, bien qu'ils se rattachent directement à la cause et soient destinés à éclairer la justice, s'ils ont été répandus dans le public. — Bastia, 8 févr. 1888. D.P. 88. 2. 347.

10069. Jugé cependant en sens contraire que, bien que certains passages d'une requête contiennent l'allégation de faits de nature à porter atteinte à la considération d'une partie, cependant la cour peut rejeter la demande en suppression de ces passages, s'ils sont indispensables pour faire connaître les faits de la cause et justifier les conclusions prises contre la partie. — Req. 19 juin 1888, D.P. 88. 4. 449.

10070. De même, un électeur n'est pas fondé à demander au conseil d'État la suppression, comme injurieux, des passages d'un mémoire renfermant, à l'appui d'une demande en annulation des opérations électorales, l'articulation d'un fait dont l'exactitude n'est pas reconnue. — Cons. d'Ét. 27 juill. 1889, D.P. 91. 3. 26.

10071. D'après l'art. 1036 C. proc. civ., il appartient au conseil d'État de prononcer, même d'office, la suppression d'une partie d'un mémoire produit devant lui, et outrageante pour le conseil de préfecture dont l'arrêt lui est déféré. — Cons. d'Ét. 25 févr. 1887, D.P. 87. 3. 384. — Conf. Cons. d'Ét. 6 nov. 1880, D.P. 82. 3. 37. — Cons. d'Ét. 1er juill. 1881, D.P. 84. 5. 309. — V. aussi Code des lois adm. annotés, t. 1er, IV, vo Conseil d'État, nos 2793 et s.

10072. Décidé également qu'une partie est recevable à demander au conseil de préfecture et en appel au conseil d'État la suppression des passages injurieux d'un mémoire produit devant le conseil de préfecture, … à moins toutefois que la production du mémoire n'ait été désavouée devant le conseil d'État et qu'il ne soit d'ailleurs justifié d'aucun préjudice réel. — Cons. d'Ét. 16 juill. 1886, D.P. 87. 3. 124. — Conf. Cons. d'Ét. 28 janv. 1888, D.P. 89. 3. 28.

10073. Le droit de suppression des conflits d'ordonner la suppression d'un mémoire produit devant lui contenant des passages injurieux, outrageants à l'égard d'un des membres du tribunal et du tribunal lui-même; et cette suppression doit être ordonnée lorsque l'auteur du mémoire n'a présenté que des excuses tardives et insuffisantes. — Trib. confl. 20 juill. 1889, D.P. 91. 3. 41.

10074. Sur le droit de suppression des discours ou écrits injurieux, outrageants ou diffamatoires, V. Code pénal annoté, Appendice, Presse, L. 29 juill. 1881, art. 41, nos 206 et s., p. 236 et s., et son Supplément.

Art. 1037. Aucune signification ni exécution ne pourra être faite, depuis le 1er octobre jusqu'au 31 mars, avant six heures du matin

et après six heures du soir; et depuis le 1er avril jusqu'au 30 septembre, avant quatre heures du matin et après neuf heures du soir; non plus que les jours de fête légale, et si ce n'est en vertu de permission du juge, dans le cas où il y aurait péril en la demeure.

DIVISION.

§ 1. — Actes judiciaires faits aux heures prescrites ou avec la permission du juge (no 10075).

§ 2. — Actes judiciaires faits les jours fériés (no 10077).

§ 3. — Sanction des prescriptions de l'art. 1037 (no 10086).

§ 1er. — Actes judiciaires faits aux heures prescrites ou avec la permission du juge (C. proc. civ. nos 1 à 4).

10075. — I. ACTES FAITS AUX HEURES PRESCRITES (C. proc. civ. no 1).

10076. — II. ACTES JUDICIAIRES INTERDITS DU JUGE EN DEHORS DES HEURES PRESCRITES (C. proc. civ. nos 2 à 4).

§ 2. — Actes judiciaires faits les jours fériés (C. proc. civ. nos 5 à 34).

10077. — I. JOURS FÉRIÉS (C. proc. civ. nos 5 à 7). — Une loi du 6 juill. 1880 a déclaré le 14 juillet jour férié légal. — D.P. 80. 4. 57. — V. le texte, Code des lois adm. annotées, t. 2, I, vo Culte, p. 111.

10078. Une loi du 8 mars 1886 a également rangé parmi les jours fériés légaux les lundis de Pâques et de la Pentecôte. — D.P. 86. 4. 17. — V. le texte, Code des lois adm. annotées, t. 2, I, vo Culte, p. 111.

10079. Une loi du 20 juin 1892 a déclaré le 22 septembre jour férié légal pour l'année 1892. — D.P. 92. 4e partie. — Journ. off. du 21 juin 1892.

10080. — II. ACTES JUDICIAIRES INTERDITS LES JOURS FÉRIÉS (C. proc. civ. nos 8 à 43). — La loi du 12 juill. 1880 qui abroge celle du 18 nov 1814 sur le repos du dimanche et des fêtes religieuses déclare dans son art. 3 qu'il n'est rien innové aux dispositions des lois civiles ou criminelles qui règlent … les délais et l'accomplissement des formalités judiciaires, l'exécution des décisions de la justice. — D.P. 80. 4. 92. — V. le texte, Code des lois adm. annotées, t. 2, I, vo Culte, p. 126.

10081. La contrainte par corps, dans le cas où elle est maintenue par la loi du 22 juill. 1867, ne peut être exercée les jours de fête légale. — J.G.S. Contrainte par corps, 111. — V. Code de procédure civile, no 12.

10082. Sur le paiement des effets de commerce les jours fériés légaux, V. Code de commerce annoté, art. 134, nos 30 et s., et 162, nos 38 et s., et son Supplément, mêmes articles.

10083. — III. ACTES JUDICIAIRES PERMIS LES JOURS FÉRIÉS (C. proc. civ. nos 14 à 23). — Sur la question de savoir si l'art. 1037 est applicable en matière de procédure criminelle et de condamnations pénales, V. Code d'instruction criminelle annoté, art. 353. — V. aussi Code pénal annoté, art. 25, et son Supplément, même article.

10084. Sur la prorogation du délai au lendemain, quand le dernier jour du délai est férié, V. supra, art. 1033, nos 16023 et s.

10085. — IV. ACTES JUDICIAIRES AUTORISÉS PAR LE JUGE LES JOURS FÉRIÉS (C. proc. civ. nos 24 à 34).

§ 3. — Sanction des prescriptions de l'art. 1037 (C. proc. civ. nos 35 à 52).

10086. V. Code de procédure civile, nos 35 et s.

Art. 1038. Les avoués qui ont occupé dans les causes où il est intervenu des jugements définitifs seront tenus d'occuper sur l'exécution de ces jugements, sans nouveaux pouvoirs, pourvu qu'elle ait lieu dans l'année de la prononciation des jugements.

10087. La demande relative à l'exécution d'un arrêt ne constitue pas une demande nouvelle, mais seulement un incident de la précédente instance; en conséquence, elle est régulièrement formée par un acte d'avoué à avoué. — Lyon, 26 nov. 1881, D P. 82. 2. 231.

10088. Quand des offres réelles sont faites pour exécuter une délivrance de titres industriels prescrite par un arrêt, la demande en validité de ces offres, formée dans l'année dudit arrêt, peut être introduite sans ajournement et par acte d'avoué à avoué, comme constituant un simple incident d'exécution. — Req. 10 juin 1885, D.P. 86. 1. 222.

10089. Le mandat de l'avoué prend fin par la remise du dossier faite au client sur sa demande; par suite, l'avoué est déchargé de l'obligation de veiller pour l'avenir aux intérêts de son ancien client, et, spécialement, il n'a plus qualité pour s'opposer à la levée des exécutoires de dépens délivrés contre ce dernier, ... alors surtout qu'il a rompu toutes relations avec son ancien client et n'a reçu de lui ni les fonds ni les ordres nécessaires pour solder le montant des dépens. — Paris, 20 mars 1877, D.P. 78. 2. 95.

Art. 1039. Toutes significations faites à des personnes publiques préposées pour les recevoir seront visées par elles sans frais sur l'original.

En cas de refus, l'original sera visé par le procureur de la République près le tribunal de première instance de leur domicile. Les refusants pourront être condamnés, sur les conclusions du ministère public, à une amende qui ne pourra être moindre de cinq francs.

10090. L'omission dans la copie de la signification d'un jugement à une commune de la mention de l'absence du maire et de l'adjoint n'emporte pas nullité de l'exploit et par suite n'empêche pas ladite signification de faire courir le délai du recours en cassation, pourvu que l'original constate la remise de la copie au procureur de la République qui a visé l'original en l'absence du maire et de l'adjoint. — Civ. c. 25 avr. 1876, D.P. 77. 1. 30.

10091. Sur le visa des exploits d'assignation, V. supra, art. 68, nos 1565 et s., et art. 69, nos 1609 et s.

Art. 1040. Tous actes et procès-verbaux du ministère du juge seront faits au lieu où siège le tribunal; le juge y sera toujours assisté du greffier, qui gardera les minutes et délivrera les expéditions : en cas d'urgence, le juge pourra répondre en sa demeure les requêtes qui lui seront présentées; le tout, sauf l'exécution des dispositions portées au titre des Référés.

10092. — I. DANS QUELS LIEUX SONT RENDUS LES JUGEMENTS ET ORDONNANCES (C. proc. civ. nos 1 à 4).

10093. — II. ASSISTANCE ET SIGNATURE DU GREFFIER (C. proc. civ. nos 5 à 19). — Sur l'assistance et la signature du greffier au règlement de qualités des jugements et arrêts, V. supra, art. 145, no 2721.

Art. 1041. Le présent code sera exécuté à dater du 1er janvier 1807; en conséquence, tous procès qui seront intentés depuis cette époque, seront instruits conformément à ses dispositions. Toutes lois, coutumes, usages et règlements relatifs à la procédure civile, seront abrogés.

10094. L'ancien usage consistant à prouver par des actes de notoriété les points ou l'existence d'une coutume qui étaient contestés, a été abrogé par la promulgation du Code de procédure civile. — Pau, 26 févr. 1890, D P. 91. 2. 145.

Art. 1042. Avant cette époque, il sera fait, tant pour la taxe des frais que pour la police et discipline des tribunaux, des règlements d'administration publique.

Dans trois ans, au plus tard, les dispositions de ces règlements qui contiendraient des mesures législatives, seront présentées au Corps législatif en forme de loi.

10095. Les textes relatifs à la taxe des frais et dépens et à la discipline des cours et tribunaux sont réunis infra, Appendice au Code de procédure civile.

FIN DU CODE DE PROCÉDURE CIVILE

APPENDICE

AU CODE DE PROCÉDURE CIVILE

DIVISION

I. — DISCIPLINE DES COURS ET TRIBUNAUX.

Sénatus-consulte du 16 therm. an 10
(4 août 1802)

Organique de la Constitution. — Publié au *Bulletin des lois*, n° 1876. — (Extrait, J.G. *Droit constitut.*, p. 318.)

TIT. IX. — DE LA JUSTICE ET DES TRIBUNAUX.

Art. 78. Il y a un grand-juge ministre de la justice.

Art. 81. Il a sur les tribunaux, les justices de paix et les membres qui les composent, le droit de les surveiller et de les reprendre.

Loi du 30 août 1883.

Sur la réforme de l'organisation judiciaire. — Publié au *Journal officiel* le 31 août 1883 et au *Bulletin des lois*, n° 13465. — (Extrait, D.P. 83. 4. 58.)

Art. 17. Le garde des sceaux a sur les magistrats de toutes les juridictions civiles et commerciales un droit de surveillance. Il peut leur adresser une réprimande; cette réprimande est notifiée au magistrat qui en est l'objet par le premier président pour les présidents de chambre, conseillers, présidents, juges et juges suppléants, par le procureur général pour les officiers du ministère public. Le garde des sceaux peut mander tout magistrat afin de recevoir ses explications sur les faits qui lui sont imputés.

10096. L'art. 17 de la loi du 30 août 1883 ne contient aucune innovation: le garde des sceaux tenait le droit de surveillance et le droit de réprimande de l'art. 81 du sénatus-consulte du 16 therm. an 10, et le droit de mander les magistrats auprès de lui, ou, comme on dit, le droit de *veniat*, de la loi du 20 avr. 1810, art. 57. — J.G.S. *Discipl. jud.*, 123.

10097. En ce qui concerne les juridictions soumises au droit de surveillance et au droit de réprimande du garde des sceaux, la généralité des termes employés par l'art. 81 du sénatus-consulte du 16 therm. an 10 avait déjà fait admettre qu'elles comprenaient les juridictions civiles de tous les degrés, et aussi les tribunaux de commerce, lesquels d'ailleurs étaient expressément placés sous la surveillance du ministre de la justice par l'art. 630 C. com.; l'art. 17 de la loi du 30 août 1883 ne fait donc que consacrer sur ce point l'état de choses ancien. — J.G.S. *Discipl. jud.*, 124. — V. *Code de procédure civile*, n° 1 et .

10098. La question de savoir si le pouvoir disciplinaire du garde des sceaux s'applique aux cours et tribunaux comme corps, collectivement, ou seulement aux membres qui les composent pris individuellement est controversée. — J.G S. *Discipl. jud.*, 125. — V. *Code de procédure civile*, n° 7.

10099. Suivant une opinion qui paraît devoir être suivie, il y a lieu de distinguer entre le droit de surveillance qui appartient au garde des sceaux sur les cours et tribunaux comme corps, et le droit de réprimande, qui ne saurait être accordé au ministre sur un corps de magistrature. — J.G.S. *Discipl. jud.*, 125. — *Contrà : Code de procédure civile*, n° 7 et 8.

10100. D'ailleurs, l'art. 14 de la loi du 30 août 1883, qui interdit aux corps judiciaires toute délibération politique confiant à la cour de cassation constituée en conseil supérieur les infractions à cette prohibition, le garde des sceaux ne pourrait réprimander directement le corps judiciaire qui s'en serait rendu coupable: il ne pourrait agir qu'en saisissant le conseil supérieur de la magistrature. — J.G.S. *Discipl. jud.*, 125.

10101. Le pouvoir disciplinaire du garde des sceaux reste, quant à son étendue, après la loi de 1883, ce qu'il était avant, sauf le droit de révision des décisions disciplinaires rendues par les cours et tribunaux, que lui conférait l'art. 56 de la loi du 20 avr. 1810, et qui n'existe plus. Le ministre a donc la surveillance des magistrats : il peut les mander pour recevoir leurs explications, leur adresser des réprimandes, ou les déférer au conseil supérieur qui ne peut être saisi que par lui. — J.G.S. *Discipl. jud.*, 126.

Art. 82. Le tribunal de cassation, présidé par lui, a droit de censure et de discipline sur les tribunaux d'appel et les tribunaux criminels : il peut, pour cause grave, suspendre les juges de leurs fonctions, les mander près du grand juge pour y rendre compte de leur conduite.

Loi du 30 août 1883,

Sur la réforme de l'organisation judiciaire. — Publiée au *Journal officiel* le 31 août 1883 et au *Bulletin des lois*, nº 13465. — (Extrait, D P. 83. 4. 58.)

Art. 13. La cour de cassation constitue le conseil supérieur de la magistrature. Elle ne peut statuer en cette qualité que toutes chambres réunies. Le procureur général près la cour de cassation représente le gouvernement devant le conseil supérieur.

Art. 14. Le conseil supérieur de la magistrature exercera, à l'égard des premiers présidents, présidents de chambre, conseillers de la cour de cassation et des cours d'appel, des présidents, vice-présidents, juges, juges suppléants des tribunaux de première instance et de paix tous les pouvoirs disciplinaires actuellement dévolus à la cour de cassation ainsi qu'aux cours et tribunaux conformément aux dispositions de l'art. 82 du sénatus-consulte du 16 therm. an 10, du chap. 7 de la loi du 20 avr. 1810 et des art. 4 et 5 du décret du 1ᵉʳ mars 1852.

Toute délibération politique est interdite aux corps judiciaires.

Toute manifestation ou démonstration d'hostilité au principe ou à la forme du gouvernement de la République est interdite aux magistrats.

L'infraction aux dispositions qui précèdent constitue une faute disciplinaire.

....

Art. 16. Le conseil supérieur ne pourra être saisi que par le garde des sceaux et il ne devra statuer ou donner son avis qu'après que le magistrat aura été entendu ou dûment appelé.

DIVISION.

§ 1. — *Pouvoir disciplinaire de la cour de cassation sur les cours et tribunaux* (nº 10102).

§ 2. — *Pouvoir disciplinaire de la cour de cassation sur ses membres* (nº 10135).

§ 1ᵉʳ. — *Pouvoir disciplinaire de la cour de cassation sur les cours et tribunaux* (C. proc. civ. nºˢ 1 à 38).

10102. Sous la législation antérieure à la loi du 30 août 1883, la cour de cassation avait le droit de censure et de discipline sur les cours d'appel et les cours d'assises, et, par une extension qu'avait admise la jurisprudence, sur les tribunaux inférieurs, même sur les juges de paix. — J.G.S. *Discipl. jud.*, 116.

10103. Les magistrats pouvaient être traduits soit directement devant elle, soit successivement devant tous les degrés de juridiction, s'ils appartenaient aux tribunaux inférieurs. La cour de cassation était donc tantôt le tribunal de juridiction supérieure, tantôt une juridiction propre et de degré unique. (C. proc. civ. *jud.*, 116.

10104. Ce système, qui permettait de traduire les magistrats soit directement devant la cour de cassation, soit successive-

ment devant tous les degrés de juridiction s'ils appartenaient aux tribunaux inférieurs, était confus, plein d'inconvénients, en outre incomplet, puisqu'il ne prévoyait pas le pouvoir disciplinaire de la cour de cassation sur ses propres membres. — Rapport au Sénat, D.P. 83. 4. 68, note 2.

10105. Il a été abandonné et entièrement transformé par la loi du 30 août 1883 qui a institué comme juridiction disciplinaire unique pour les magistrats de l'ordre judiciaire le conseil supérieur de la magistrature. — J.G.S. *Discipl. jud.*, 116.

10106. Le système inauguré par l'art. 13 de la loi du 30 août 1883 a l'avantage d'unifier le pouvoir disciplinaire en en attribuant exclusivement l'exercice à un corps placé au sommet de la hiérarchie judiciaire. — Rapport au Sénat, D.P. 83. 4. 68, note 2.

10107. D'après l'art. 14, § 1ᵉʳ, la compétence personnelle du conseil supérieur s'étend aux premiers présidents, présidents de chambre, conseillers de la cour de cassation et des cours d'appel, présidents, vice-présidents, juges titulaires et suppléants des tribunaux de première instance et de paix ; le pouvoir disciplinaire conféré à la cour de cassation s'exerce donc sur ses propres membres et sur tous les magistrats qui composent les cours d'appel et les tribunaux inférieurs. — J.G.S. *Discipl. jud.*, 119.

10108. — I. CAUSES DE POURSUITES DISCIPLINAIRES DEVANT LA COUR DE CASSATION (C. proc. civ. nºˢ 11 à 26). — Les faits à raison desquels les peines disciplinaires peuvent être infligées n'ont été précisés par la loi que dans les cas prévus par les art. 58 et 59 de la loi du 20 avr. 1810, c'est-à-dire lorsqu'un juge se trouve sous le coup d'un mandat d'arrêt ou de dépôt, d'une ordonnance de prise de corps, ou d'une condamnation correctionnelle ou même de simple police. — J.G.S. *Discipl. jud.*, 165. — V. *infra*, nº .

10109. A part ces cas, la loi n'a point spécifié les faits qui pourraient donner lieu à l'application de peines disciplinaires ; c'est à la doctrine et à la jurisprudence à déterminer quels sont les faits par lesquels un juge *compromet la dignité de son caractère* (L. 20 avr. 1810, art. 49 à 56), et quelles sont les *causes graves* qui peuvent donner lieu à poursuites contre un magistrat. — J.G.S. *Discipl. jud.*, 165.

10110. — 1º *Devoirs professionnels.* — En ce qui concerne les manquements aux devoirs professionnels et aux règles de la hiérarchie, il a été jugé : 1º que le président d'un tribunal qui, contrairement aux instructions contenues dans une circulaire ministérielle, prononce une allocution à l'occasion de l'installation d'un magistrat (dans l'espèce, le procureur de la République), commet une imprudence répréhensible qui le rend passible d'une peine disciplinaire (la censure simple), alors même qu'il n'a pas eu l'intention de protester contre ces instructions. — Ch. réun. 15 juin 1882, D.P. 83. 1. 419.

10111. ... 2º Que le magistrat qui, à l'issue d'une audience de la cour d'assises où il a paru comme témoin dans une poursuite en diffamation envers un de ses collègues, partage le repas des prévenus acquittés et les accompagne dans un café où il prend des consommations avec eux, manque gravement à la réserve que lui commandait sa double qualité de magistrat et de témoin. Il méconnaît également ses devoirs, lorsqu'il affecte à l'audience une attitude offensante vis-à-vis du procureur général et du président de la cour d'assises, et se livre à leur égard à des manifestations irrévérencieuses, en ce qui motiva la peine de la suspension durant trois années. — Ch. réun. 16 nov. 1882, D.P. 83. 1. 95.

10112. ... 3º Qu'il y a infraction aux devoirs professionnels et aux règles de la hiérarchie, de la part du juge qui, sous le prétexte que son absence sans congé a été mentionnée dans le procès-verbal d'une délibération intérieure par ordre du président, reproche à

celui-ci par écrit d'avoir manqué à son égard à la délicatesse, à la loyauté et aux règles traditionnelles des rapports réciproques entre magistrats, et lui propose, soit par lettre, soit oralement dans la chambre du conseil et sur la voie publique, de constituer un jury d'honneur qui serait chargé de juger leur conduite respective, et devant la décision duquel le magistrat blâmé devrait s'incliner en quittant le tribunal. — Cons. sup. mag. 12 mai 1884, D.P. 81. 1. 246.

10113. ... 4º Qu'un juge d'instruction compromet la dignité de son caractère en faisant dîner avec lui dans un établissement public, un témoin qu'il soupçonnait déjà de participation au délit poursuivi et qu'il a dû peu après faire arrêter comme inculpé, pour le renvoyer ensuite en police correctionnelle ; que cet acte du juge ne saurait être excusé en raison de ce que la confrontation de ce témoin avec un autre n'était pas achevée lorsqu'est arrivée l'heure du repas, il pouvait y avoir intérêt pour la découverte de la vérité à empêcher une communication libre entre les deux témoins avant que cette confrontation pût être reprise et terminée. — Cons. sup. mag. 31 janv. 1888, D.P. 88. 1. 73.

10114. ... 5º Que ledit juge d'instruction commet une faute beaucoup plus grave en engageant avec un témoin une conversation téléphonique dans laquelle il dissimula sa qualité, de façon à ce que ledit témoin se figure être en communication avec l'inculpé ; qu'il alléguerait vainement pour sa défense qu'il a voulu seulement éclairer sa « conscience d'homme » sur l'entente qu'il soupçonnait entre ce témoin et l'inculpé, sans tirer parti des réponses du témoin comme moyens d'information, alors qu'il y cherchait la confirmation de ses soupçons quant à ladite entente, dans le but de pouvoir prendre contre l'inculpé une mesure d'arrestation sur laquelle il hésitait jusque-là : qu'en tous cas, un tel procédé s'écarte des règles de la loyauté que doit observer toute information judiciaire et constitue, par cela même, un acte contraire aux devoirs et à la dignité du magistrat. — Même décision.

10115. — 2º *Vie privée.* — Relativement aux faits de la vie privée qui peuvent porter atteinte à la dignité du magistrat et, par suite, doivent être punis disciplinairement, la cour de cassation n'a pas hésité à frapper de la déchéance un conseiller de cour d'appel reconnu coupable de faits qui, par leur immoralité honteuse et la notoriété qu'ils avaient acquise, l'avaient placé dans une situation telle qu'irrévocablement déchu et sans titres désormais à la confiance et à l'estime publiques, il ne pouvait plus être admis à concourir à l'œuvre de la justice. — Ch. réun. en ch. du cons. 15 juin 1882, D.P. 83. 1. 420.

10116. D'autre part, elle a décidé qu'une peine disciplinaire peut être encourue pour des faits qui nuisent à l'autorité morale du magistrat, qu'ils constituent d'ailleurs, ou non, une infraction pénale : ainsi le magistrat qui accepte une proposition de duel et se rend avec ses témoins sur le lieu désigné pour la rencontre, est coupable d'une faute grave et doit être frappé d'une peine disciplinaire (dans l'espèce, la suspension pendant deux ans), alors même que l'intervention de la police locale a empêché le combat. — Ch. réun. en ch. du cons. 16 juin 1882, D.P. 83. 1. 355.

10117. Il en est ainsi spécialement, quand cette tentative de duel a eu pour cause une série d'articles pseudonymes dont le magistrat s'est reconnu en partie l'auteur, en partie l'inspirateur, et que ces articles, insérés dans un journal de la localité, constituaient un système de dénigrement et d'attaques violentes contre le maire. — Même arrêt.

10118. — 3º *Attitude politique.* — En matière politique, le juge doit soumettre sa conduite à la plus scrupuleuse attention pour éviter tout ce qui pourrait être un manquement à la réserve, à la circonspection et à la dignité que lui impose un ministère exclusif de toute passion. Le juge, appelé par la loi, en la qualité dont il est revêtu, à punir les attaques contre les institutions et la forme du gouvernement, méconnaît gravement ses devoirs lorsqu'il se pose lui-même en adversaire et ennemi de l'ordre constitutionnel établi, et encourt à raison de cette attitude hostile une peine disciplinaire. — J.G.S. *Discipl. jud.*, 109.

10119. Il en est ainsi spécialement d'un juge suppléant qui, dans une lettre adressée au préfet à l'occasion de sa révocation comme maire, après avoir rappelé sa participation au pétitionnement contre la loi sur l'enseignement objet, ainsi que son intention de lutter pour la liberté religieuse, déclare qu'il s'est promis de combattre jusqu'au succès pour l'avènement du souverain légitime en France, qui ne le rendrait pas républicain. — Ch. réun. en ch. du cons. 1er mars 1880. D.P. 80. 1. 137.

10120. La circonstance que la lettre dont il s'agit a été livrée à la publicité par son auteur lui-même, et qu'il a fait suivre sa signature de la mention de sa qualité, de manière à mettre sous l'appui de cette qualité un acte absolument incompatible avec les devoirs qu'elle impose, aggrave au haut degré la faute commise, et il y a lieu pour la cour de cassation, saisie par ordre du garde des sceaux des faits relevés, de prononcer la déchéance contre le magistrat poursuivi. — Même arrêt.

10121. Le magistrat qui, dans un banquet royaliste, prononce un discours dans lequel, à côté d'un appel non déguisé à la restauration prochaine de la monarchie, figurent des imputations injurieuses et grossières de provoquer à la haine et au mépris du gouvernement, compromet au plus haut degré la dignité de son caractère, et commet un acte essentiellement incompatible avec les devoirs de sa fonction : il aggrave ensuite ses torts par la publicité qu'il fait donner lui-même à son discours, et peut être puni de la peine de la déchéance. — Ch. réun. en ch. du cons. 25 janv. 1882. D.P. 83. 1. 94.

10122. Le magistrat ne doit pas seulement s'abstenir de toute démonstration volontairement hostile au gouvernement établi ; il doit éviter tout acte qui, par l'apparence d'hostilité qu'il fait revêtir, donnerait lieu à un scandale public. — J.G.S. *Discipl. jud.*, 110.

10123. Ainsi le président d'un tribunal de première instance qui, dans une commune de son arrondissement, se rend à une messe célébrée en souvenir de la famille et du souverain déchu (la famille impériale) au milieu d'une assistance nombreuse, et qui ensuite signe une adresse collective à un prince de cette famille (le prince impérial), prend part à une manifestation politique à laquelle il était de son devoir de magistrat de demeurer étranger. — Ch. réun. en ch. du cons. 12 mai 1879. D.P. 79. 1. 233.

10124. Et il en est ainsi alors même que l'adresse signée n'énoncerait que des sentiments de respect et de reconnaissance, sans exprimer ni regrets ni aspirations politiques. En conséquence, la participation de ce magistrat à ladite manifestation le rend passible des peines disciplinaires, notamment de celle de la censure simple. — Même arrêt.

10125. De même, le fait pour un magistrat de faire enlever, le jour de la fête du 14 juillet, les godets placés sur la façade du palais de justice pour dessiner dans ses illuminations les initiales des mots « République française », et de briser d'un coup de canne un cordon de lanternes vénitiennes aux couleurs nationales, constitue un manquement grave à ses devoirs et à la dignité de son caractère. — Ch. réun. en ch. du cons. 25 janv. 1882. D.P. 83. 1. 93.

10126. Et il en est ainsi, alors même que

ce magistrat n'aurait pas voulu se livrer à une démonstration d'hostilité contre le gouvernement, mais aurait seulement en pour but de faire respecter l'ordre qu'il avait donné de ne placer aucun emblème sur la porte du tribunal, l'opinion publique ne pouvant manquer d'attribuer sa conduite à un mobile politique, et son mouvement, eût-il été irréfléchi, n'en étant pas moins passible d'une peine disciplinaire, notamment de de celle de la suspension pendant un mois, à raison du scandale public qu'il devait nécessairement causer. — Même arrêt.

10127. La question ne saurait, d'ailleurs, plus faire doute depuis la loi du 30 août 1883 dont l'art. 14 interdit aux corps judiciaires toute délibération politique, et l'infraction à cette prohibition constitue une faute disciplinaire. — J.G.S. *Discipl. jud.*, 411.

10128. L'action en répression de cette faute doit être exercée non contre les membres du corps judiciaire pris individuellement, mais contre l'ensemble de ces membres. — J.G.S. *Discipl. jud.*, 35.

10129. Et elle doit être portée devant le conseil supérieur de la magistrature, devant lequel sera cité le président de ce corps comme étant son représentant légal, et qui prononcera, s'il y a lieu, les peines qui, par leur nature, peuvent être appliquées à un être collectif, comme la réprimande ou la censure.— J.G.S. *Discipl. jud.*, 35.

10130. — II. Formes des poursuites (C. proc. civ. nos 27 à 38). — Elles sont réglées par l'art 16 de la loi du 30 août 1883, qui reproduit à cet égard la disposition de l'art. 55 de la loi du 20 avr. 1810. — J.G.S. *Discipl. jud.*, 121.

10131. Sous la législation antérieure, les cours et tribunaux pouvaient d'office mettre en mouvement l'action disciplinaire ; le ministère public pouvait requérir la poursuite, mais cette réquisition n'était pas indispensable. — J.G.S. *Discipl. jud.*, 120.

10132. La disposition nouvelle qui subordonne l'exercice de l'action disciplinaire à la seule appréciation du garde des sceaux, a été critiquée dans la discussion devant la Chambre des députés comme laissant place à l'arbitraire. — J.G.S. *Discipl. jud.*, 120.

10133. Au cours de la discussion de l'art. 16 devant le Sénat, il a été déclaré, au nom de la commission, que la cour pourrait, lorsqu'elle jugerait qu'il y a lieu, nommer une commission rogatoire pour entendre le magistrat inculpé, au lieu d'ordonner sa comparution personnelle, le choix des mesures à prendre étant laissé à la cour de cassation. — D.P. 83. 4. 69, note 2.

10134. Mais cette solution ne saurait être acceptée sans certaines réserves : en effet, le droit de défense doit être intégralement sauvegardé, et c'est un droit absolu, pour le magistrat inculpé, d'être entendu directement par le conseil supérieur. Par suite, il y a lieu de décider que le conseil ne pourra procéder par voie de commission rogatoire que si le magistrat inculpé, dûment appelé, n'a pas comparu, ou s'il avait sollicité lui-même la nomination de cette commission. — J.G.S. *Discipl. jud.*, 121.

§ 2. — *Pouvoir disciplinaire de la cour de cassation sur ses membres* (C. proc. civ. nos 39 à 44).

10135. L'art. 14 de la loi du 30 août 1883 confère à la cour de cassation constituée en conseil supérieur de la magistrature à l'égard de ses membres les mêmes pouvoirs disciplinaires qu'à l'égard des magistrats des cours d'appel et des tribunaux civils. V. le texte de cet article *supra*, p. 353.

Sénatus-consulte 16 therm. an 10

(Suite).

Art. 83. Les tribunaux d'appel ont droit de

surveillance sur les tribunaux civils de leur ressort, et les tribunaux civils sur les juges de paix de leur arrondissement.

Loi du 30 août 1883,

Sur la réforme judiciaire. — Publiée au Journal officiel le 31 août 1883 et au Bulletin des lois, n° 13465. — (Extrait, D.P. 83. 4. 88.)

Art. 19. Sont abrogés : l'art. 83 du sénatus-consulte du 16 therm. an 10 ; les art. 51 à 56 de la loi du 20 avr. 1810 ; les articles de la loi du 16 juin 1824, contraires aux dispositions de l'art. 13 ci-dessus ; l'art. 3 de l'ordonnance du 27 sept. 1828 ; les art. 3 à 6 de la loi du 11 avr. 1838 ; et, en général, toutes les dispositions antérieures contraires aux dispositions qui précèdent.

10136. Le sénatus-consulte du 16 therm. an 10, art. 83, avait conféré aux cours d'appel sur les juges inférieurs et aux tribunaux civils sur les juges de paix un pouvoir de surveillance aboutissant au droit de donner des avertissements. L'art. 52 de la loi du 20 avr. 1810 leur avait attribué le pouvoir de répression. L'art. 114. *jud.*, 114.

10137. La loi du 30 août 1883, art. 19, abroge expressément l'art. 83 du sénatus-consulte du 16 therm. an 10 et les art. 51 à 56 de la loi du 20 avr. 1810 : il ne subsiste donc plus, au point de vue disciplinaire, aucune subordination des juges de paix aux tribunaux civils et de ceux-ci aux cours d'appel. — J.G.S. *Discipl. jud.*, 114.

Sénatus-consulte 16 therm. an 10

(Suite)

Art. 84. Le commissaire du gouvernement près le tribunal de cassation surveille les commissaires près les tribunaux d'appel et les tribunaux criminels.

Les commissaires près les tribunaux d'appel surveillent les commissaires près les tribunaux civils.

10138. Sur la discipline des officiers du ministère public, V. *infra*, L. 20 avr. 1810, art. 60, 61, nos 10485 et s.

Loi du 20 avril 1810,

Sur l'organisation de l'ordre judiciaire et l'administration de la justice. — Publiée au Moniteur du 21 avr. 1810 et au Bulletin des lois, n° 8251. — (Extrait, J.G. Organ. judic., p. 1496.)

CHAP. VII. — *De la discipline.*

Art. 48. Les juges et les officiers du ministère public qui s'absenteront sans un congé délivré suivant les règles prescrites par la loi ou les règlements seront privés de leur traitement pendant le temps de leur absence ; et, si leur absence dure plus de six mois, ils pourront être considérés comme démissionnaires et remplacés. Néanmoins, les juges et officiers du ministère public pourront après un mois d'absence, être tenus par le procureur général de se rendre à leur poste, et faute pour eux d'y revenir dans le mois il en sera fait rapport au grand juge, qui pourra proposer à l'empereur de les remplacer comme démissionnaires.

10139. Aux termes de l'art. 46 du décret du 9 nov. 1853, les membres des cours et tribunaux qui n'ont pas joui des vacances peuvent obtenir, en une ou plusieurs fois dans l'année, un congé d'un mois sans retenue. Ce congé pourra être de deux mois pour les magistrats composant la chambre criminelle de la cour de cassation. — D P. 54. 4. 3. — Conf. Décis. de la Chancellerie, 5 et 22 nov. 1877, *Bull. min. just.* 1877, p. 436.

10140. Cette question des congés des magistrats a fait et fait encore l'objet de fréquentes décisions de la part de la chancellerie, décisions basées toutes sur le principe fondamental contenu dans l'art. 48 de la loi de 1810. — V. notamment *Bull. min. just.* 1877, 1878, 1879, 1880, 1881, 1883, *passim.*

10141. Aux termes d'une décision de la chancellerie, les magistrats qui s'absentent ou dépassent la durée de leur congé sans autorisation s'exposent aux mesures disciplinaires prescrites par l'art. 48 de la loi du 20 avr. 1810 et peuvent être privés de leur traitement pendant un temps double de la durée de leur absence conformément à l'art. 17 du décret du 9 nov. 1853. — Décis. de la Chancellerie du 16 juin 1884, *Bull. min. just.* 1884, p. 105. — Comp. *Circ. min. just.* 28 déc. 1853, *Analyse des circ. et instr. min. just.*, t. 2, p. 230.

10142. Enfin une décision de la chancellerie en date du 13 mai 1878 rappelle qu'aux termes des art. 28 du décret du 6 juill. 1810 et 33 du décret du 18 août 1810 les magistrats ne peuvent quitter le territoire français sans une autorisation spéciale du garde des sceaux. — *Bull. min. just.* 1878, p. 45.

10143. Le décret par lequel un magistrat est déclaré démissionnaire par application de l'art. 48 de la loi du 20 avr. 1810 est susceptible d'être déféré au conseil d'Etat en vertu de la loi des 7-14 oct. 1790 et de l'art. 9 de la loi du 24 mai 1872 sur le conseil d'Etat. — (Sol. implic.) Cons. d'Et. 7 août 1885, D.P. 87. 3. 17.

10144. L'art. 48 de la loi du 20 avr. 1810 s'étend au cas où un magistrat a cessé d'avoir son domicile réel et effectif dans la localité où il est tenu de résider d'après les règlements; il est applicable aux juges suppléants. — Même arrêt.

Art. 49. Les présidents des cours impériales (cours d'appel) et les tribunaux de première instance avertiront d'office, ou sur la réquisition du ministère public, tout juge qui compromettra la dignité de son caractère.

10145. D'après le rapporteur de la loi du 30 août 1883 sur la réforme judiciaire, les présidents des cours d'appel et des tribunaux conservent le droit qui leur est conféré par l'art. 49 de la loi du 20 avr. 1810, aux termes duquel ils peuvent avertir d'office ou sur la réquisition du ministère public tout magistrat qui compromettrait la dignité de son caractère. — J.G.S. *Discipl. jud.*, 112.

10146. Décidé à cet égard qu'il n'y a pas lieu de prononcer une peine disciplinaire spéciale, à raison d'une infraction professionnelle aux devoirs de l'avocat, contre les avocats qui sont en même temps juges suppléants, lorsque cette infraction n'est pas de nature à compromettre la dignité de leur caractère de magistrat. — Dijon, 3 mars 1880, D.P. 81. 2. 29.

Art. 50. Si l'avertissement reste sans effet, le juge sera soumis, par forme de discipline, à l'une des peines suivantes, savoir:

La censure simple;

La censure avec réprimande;

La suspension provisoire.

La censure avec réprimande emportera de droit privation de traitement pendant un mois: la suspension provisoire emportera privation de traitement pendant sa durée.

Loi du 30 août 1883,

Sur la réforme de l'organisation judiciaire. — Pu-

bliée au *Journal officiel* du 31 août 1883 et au *Bulletin des lois,* n° 13405. — (Extrait, D.P. 83. 4. 58.)

Art. 15. Après l'expiration de la période de réorganisation prévue à l'art. 11, aucun premier président, président de chambre, conseiller de cour d'appel, aucun président, vice-président, juge ou juge suppléant des tribunaux de première instance ne pourra être déplacé que sur l'avis conforme du conseil supérieur. Ce déplacement ne devra entraîner, pour le magistrat qui en sera l'objet, aucun changement de fonctions, aucune diminution de classe ou de traitement.

10147. La loi du 30 août 1883 n'a pas modifié la série des peines applicables en matière disciplinaire, peines qui sont encore aujourd'hui celles édictées par l'art. 50 de la loi du 20 avr. 1810, et en outre la déchéance autorisée par l'art. 59 de la même loi. — J.G.S. *Discipl. jud.*, 103.

10148. Mais les cas d'application de la peine de la déchéance qui, aux termes de l'art. 59 de la loi du 20 avr. 1810, était réservée au seul cas de condamnation à une peine, même de simple police, rendue contre un juge, ont été étendus par le décret-loi des 1er-5 mars 1852 (D.P. 52. 4. 62). — J.G.S. *Discipl. jud.*, 103.

10149. Ce décret permet, en effet, à la cour de cassation de déclarer le magistrat déchu de ses fonctions toutes les fois que par une décision de la cour d'appel ou du tribunal de première instance, il aurait été frappé de la suspension provisoire (art. 41), et aussi lorsqu'il aurait été traduit directement devant elle pour *cause grave,* dans les termes de l'art. 82 du sénatus-consulte du 16 therm. an 10 (art. 5). — J.G.S. *Discipl. jud.*, 103.

10150. La distinction consacrée par ce texte a elle-même disparu lors de la création du conseil supérieur de la magistrature par la loi du 30 août 1883, et l'on doit dire qu'aujourd'hui la déchéance est la peine disciplinaire la plus élevée, et que le conseil supérieur est destiné à l'appliquer toutes les fois que la gravité de la faute lui paraîtra mériter cette rigueur. — J.G.S. *Discipl. jud.*, 103.

10151. On s'est demandé si l'on devait rattacher à l'exercice du pouvoir disciplinaire le droit conféré au ministre de la justice par l'art. 15 de la loi du 30 août 1883 de déplacer, sur l'avis conforme du conseil supérieur de la magistrature, les magistrats auxquels nos lois constitutionnelles ont assuré l'inamovibilité du siège, on si, au contraire, cette faculté de déplacement ne constituait pas une peine, auquel elle aurait dû être appliquée par la juridiction disciplinaire. — J.G.S. *Discipl. jud.*, 104.

10152. Il résulte de la discussion que ce droit de déplacement ne constitue pas une peine disciplinaire proprement dite, mais une mesure purement administrative Le caractère propre de cette disposition nouvelle a été défini devant la Chambre des députés par le ministre de la justice, qui a dit que ce que l'on supprimait c'était l'inamovibilité de la résidence. — J.G.S. *Discipl. jud.*, 104.

Loi du 20 avril 1810 (*Suite*),

Art. 51 à 56.

10153. Ces articles ont été abrogés par l'art. 19 de la loi du 30 août 1883. — V. *suprà*, n°s 10136 et s.

Art. 57. Le grand juge ministre de la justice pourra, quand il le jugera convenable, mander auprès de lui, ou par personne, les membres des cours et tribunaux, à l'effet de s'expliquer

sur les faits qui pourraient leur être imputés.

Loi du 30 août 1883,

Sur la réforme de l'organisation judiciaire. — Publiée au *Journal officiel* du 31 août 1883 et au *Bulletin des lois,* n° 13405. — (Extrait, D.P. 83. 4. 58.)

Art. 17. Le garde des sceaux a sur les magistrats de toutes les juridictions civiles et commerciales un droit de surveillance.

Il peut leur adresser une réprimande; cette réprimande est notifiée au magistrat qui en est l'objet par le premier président pour les présidents de chambre, conseillers, présidents, juges et juges suppléants; par le procureur général pour les officiers du ministère public.

Le garde des sceaux peut mander tout magistrat afin de recevoir ses explications sur les faits qui lui sont imputés.

Loi du 20 avril 1810 (*Suite*),

Art. 58. Tout juge qui se trouvera sous les liens d'un mandat d'arrêt, de dépôt, d'une ordonnance de prise de corps ou d'une condamnation correctionnelle, même pendant l'appel, sera suspendu provisoirement de ses fonctions.

Art 59. Tout jugement de condamnation rendu contre un juge, à une peine même de simple police, sera transmis au grand juge, ministre de la justice, qui, après en avoir fait l'examen, dénoncera à la Cour de cassation, s'il y a lieu, le magistrat condamné; et sous la présidence du ministre, ledit magistrat pourra être déchu ou suspendu de ses fonctions, suivant la gravité des faits.

10154. Cette disposition de l'art. 59 qui n'est qu'une conséquence du droit de surveillance qui appartient au garde des sceaux subsiste encore aujourd'hui. — J.G.S. *Discipl. jud.*, 127.

Art. 60. Les officiers du ministère public dont la conduite est répréhensible seront rappelés à leur devoir par le procureur général du ressort. Il en sera rendu compte au grand juge, qui, suivant la gravité des circonstances, lui fera faire par le procureur général les injonctions qu'il jugera nécessaires, ou les mandera près de lui.

10155. La surveillance exercée par la voie hiérarchique sur les officiers du ministère public reste telle qu'elle a été organisée par l'art. 84 du sénatus-consulte du 16 therm. an 10, cette disposition n'ayant point été abrogée par la loi du 30 août 1883. — J.G.S. *Discipl. jud.*, 131.

10156. Les dispositions de l'article 17 de la loi du 30 août 1883 sur le pouvoir disciplinaire du garde des sceaux sont applicables aux officiers du ministère public: le ministre de la justice les surveille; il peut les mander pour recevoir leurs explications, et de leur adresser des réprimandes qui sont notifiées par le procureur général. — J.G.S. *Discipl. jud.*, 130.

10157. Ces droits de surveillance, de *venint* de réprimande peuvent être exercés par le ministre spontanément et sans l'initiative du procureur général, qui, de son côté, conserve le droit de rappel au devoir tel qu'il est défini par l'art. 60 de la loi du 20 avr. 1810 et l'obligation résultant pour lui de ce même article d'en rendre compte au garde des sceaux. — J.G.S. *Discipl. jud.*, 130.

Art. 61. Les cours impériales (d'appel) ou

d'assises sont tenues d'instruire le grand juge ministre de la justice toutes les fois que les officiers du ministère public exerçant leurs fonctions près de ces cours s'écartent du devoir de leur état, et qu'ils se compromettent l'honneur, la délicatesse et la dignité. Les tribunaux de première instance instruiront le premier président et le procureur général de la cour impériale des reproches qu'ils se croiront en droit de faire aux officiers du ministère public exerçant dans l'étendue de l'arrondissement, soit auprès de ces tribunaux, soit auprès des tribunaux de police.

10158. Les dispositions de l'art. 61 de la loi du 20 avr. 1810 n'ont pas cessé d'être en vigueur. — J.G.S. *Discipl. jud.*, 132.

Art. 62. Les greffiers seront avertis ou réprimandés par les présidents de leurs cours et tribunaux respectifs; et ils seront dénoncés, s'il y a lieu, au grand juge ministre de la justice.

10159. — I. Greffiers des cours et tribunaux (C. proc. civ. nos 1 à 7). — Les greffiers, s'ils ne sont point des magistrats, font du moins partie des cours et tribunaux; ils participent à l'œuvre de la justice; ce sont des fonctionnaires placés à côté des juges et des officiers du ministère public. Ils sont à ce titre soumis à un régime disciplinaire analogue par l'art. 62 de la loi du 20 avr. 1810, qu'il faut compléter par l'art. 57 de la même loi et l'art. 81 du sénatus-consulte du 16 therm. an 10. — J.G.S. *Discipl. jud.*, 136. — Comp. Cr. c. 7 juill. 1881, D.P. 81. 1. 441. — Civ. c. 3 févr. 1892, D.P. 92. 1. 201.

10160. D'autre part, la destitution des greffiers peut être prononcée par les tribunaux correctionnels dans certains cas, notamment dans ceux prévus par la loi du 21 vent. an 7, art. 23; elle peut être la conséquence de condamnations prononcées à la suite de poursuites criminelles, par exemple, par application des art. 174, 253, 255 C. pén. — J.G.S. *Discipl. jud.*, 136. — V. *Code pénal annoté*, art. 174, 253 et 255 C. pén. et son *Supplément*.

10161. Enfin le ministre de la justice peut provoquer du chef de l'État la révocation des greffiers, qui ont à cet égard une situation analogue à celle des officiers du ministère public; l'art. 92 de la loi du 27 vent. an 8 donne au gouvernement qui nomme les greffiers le pouvoir de les révoquer à volonté. — J.G.S. *Discipl. jud.*, 136.

10162. Les greffiers et commis-greffiers sont, non des officiers ministériels, mais des membres des cours et tribunaux, et ils ne peuvent, en conséquence, être poursuivis disciplinairement devant les cours et tribunaux en vertu des art. 102 et 103 du décret du 30 mars 1808. — V. Cr. r. 7 mai 1880, D.P. 80. 1. 476, et *Code de procédure civile*, n° 6.

10163. — II. Greffiers des justices de paix (C. proc. civ. nos 8 à 11).

Décret du 6 juillet 1810.

Contenant règlement sur l'organisation et le service des cours impériales, des cours d'assises et des cours spéciales. — Publié au *Bulletin des lois*, n° 5723. — (Extrait, J.G. *Organ. jud.*, p. 1800.)

Art. 58. Les commis assermentés seront avertis et réprimandés, s'il y a lieu, par le premier président ou par le procureur général.

Après une seconde réprimande, la cour peut, sur la réquisition du ministère public, et après avoir entendu le commis-greffier inculpé, ou lui dûment appelé, ordonner qu'il cessera ses fonctions sur-le-champ; et le greffier en chef sera tenu de le faire remplacer dans le délai qui aura été fixé par la cour.

Art. 59. Le greffier en chef est responsable solidairement de toutes amendes, restitutions, dépens et dommages-intérêts, résultant des contraventions, délits ou crimes dont ses commis se seraient rendus coupables dans l'exercice de leurs fonctions, sauf son recours contre eux, ainsi que de droit.

Décret du 18 août 1810,

Contenant règlement sur l'organisation des tribunaux

de première instance. — Publié au *Bulletin des lois*, n° 5876. — (Extrait, J.O. *Organ. jud.*, p. 1801.)

Art. 26. Le président du tribunal et le procureur impérial pourront, s'il y a lieu, avertir ou réprimander les commis assermentés.

Après une seconde réprimande, le tribunal pourra, sur la réquisition du ministère public, et après avoir entendu le commis-greffier inculpé, ou lui dûment appelé, ordonner qu'il cessera ses fonctions sur-le-champ; et le greffier sera tenu de le faire remplacer dans le délai qui aura été fixé par le tribunal.

Art. 27. Le greffier est solidairement responsable des amendes, restitutions, dépens et dommages-intérêts résultant des contraventions, délits et crimes dont ses commis se seraient rendus coupables dans l'exercice de leurs fonctions : sauf son recours contre eux, ainsi que de droit.

Décret du 1er mars 1852,

Sur la mise à la retraite et la discipline des magistrats. — Publié au *Bulletin des lois*, n° 3709. — (Extrait, D.P. 52. 4. 62).

TIT. II. — De la discipline.

Art. 4. Lorsqu'un magistrat inamovible de cour d'appel ou de première instance aura été frappé par mesure disciplinaire de la suspension provisoire, la décision contre lui rendue sera transmise au garde des sceaux, ministre de la justice, qui dénoncera, s'il y a lieu, le magistrat à la cour de cassation. — Cette cour pourra, selon la gravité des faits, et après avoir entendu le magistrat inculpé en la chambre du conseil, le déclarer déchu de ses fonctions.

Art. 5. Elle pourra aussi prononcer la peine de la déchéance contre le magistrat traduit directement devant elle dans le cas prévu par l'art. 82 du sénatus-consulte du 16 therm. an 10.

10164. Sur les conditions dans lesquelles la déchéance peut être prononcée depuis la loi du 30 août 1883, V. *supra*, nos 10108 et s.

II. — DISCIPLINE DES AVOCATS.

§ 1er. — *Avocats aux tribunaux et cours d'appel.*

Loi du 22 ventôse an 12
(13 mars 1804),

Relative aux écoles de droit. — Publiée au *Bulletin des lois*, n° 3078. — (Extrait, J.G. *Organ. de l'instr. publ.*, p. 1489.)

TIT. IV. — Des fonctions pour lesquelles l'étude du droit et l'obtention des grades seront nécessaires.

Art. 24. A compter de la même époque (1er vendém. an 17), nul ne pourra exercer les fonctions d'avocat près les tribunaux, et d'avoué de la cour de cassation, sans avoir représenté au commissaire du gouvernement, qui fera enregistrer, sur ses conclusions, son diplôme de licencié, ou des lettres de licence obtenues dans les universités, comme il est dit en l'article précédent.

10165. — I. Conditions exigées pour l'exercice de la profession d'avocat (C. proc. civ. nos 1 à 5). — Une femme munie du diplôme de docteur en droit ne saurait être admise par la cour à la prestation du serment d'avocat, la loi en vigueur, d'accord avec les mœurs et les traditions, interdisant aux femmes d'exercer, devant les tribunaux, la profession d'avocat. — Bruxelles, 12 déc. 1888, D.P. 89. 2. 33, et sur pourvoi C. cass. de Belgique, 11 nov. 1889, D.P. 90. 2. 8. — V. toutefois en sens contraire la dissertation de M. Glasson sous l'arrêt précité du 12 déc. 1888, note 1.

10166. La qualité de Français est indispensable pour être admis au serment; et le fait qu'un étranger aurait prêté serment ne mettrait pas d'obstacle à ce que le conseil de l'ordre lui refusât l'admission à raison de sa qualité d'étranger. — (Sol. implic.) Aix, 15 mai 1866, J.G.S. *Avocat*, 26. — V. *Code de procédure civile*, n° 2.

10167. Mais si la qualité de Français est exigée, il n'en est pas de même de l'exercice des droits de citoyen. La jouissance des droits politiques n'est, à aucun titre, un des éléments nécessaires de l'aptitude aux fonctions d'avocat. — J.G.S. *Avocat*, 27.

10168. Un interdit ne pourrait être admis au serment, au stage et au tableau. — J.G.S. *Avocat*, 24. — V. *Code de procédure civile*, n° 4.

10169. Mais si avait prêté serment, il conserverait le droit au titre d'avocat, lequel est distinct de l'exercice de la profession. — J.G.S. *Avocat*, 24.

10170. L'avocat qui se trouve dans un état habituel d'exaltation d'esprit qui ne lui laisse ni le calme, ni la possession d'esprit nécessaire à la profession d'avocat, ne doit pas, après avoir donné sa démission, obtenir sa réinscription au tableau. — Dijon, 24 juill. 1873, J.G.S. *Avocat*, 24 et 63.

10171. La question de savoir si un individu pourvu d'un conseil judiciaire peut être admis à exercer la profession d'avocat n'a pas été résolue par la jurisprudence et est laissée à l'appréciation des conseils de l'ordre et des tribunaux. — J.G.S. *Avocat*, 25.

10172. C'est ainsi qu'un arrêté du conseil de l'ordre de Paris, du 10 févr. 1850, rayant du stage un magistrat, vise entre autres motifs d'exclusion le fait d'être pourvu d'un conseil judiciaire. — J.G.S. *Avocat*, 25.

10173. — II. REPRÉSENTATION DU DIPLÔME DE LICENCIÉ EN DROIT (C. proc. civ. n°s 6 à 8). — L'obtention préalable du diplôme de licencié en droit est indispensable pour l'exercice de la profession d'avocat; l'autorisation de l'exercer ne pourrait être accordée par le gouvernement à un ancien avoué non pourvu de ce titre. — Décis. de la Chancellerie, 24 mai 1877, *Bull. min. just.* 1877, p. 62. — V. *Code de procédure civile*, n° 6.

10174. Par exception, la dispense de la représentation du diplôme de licencié a été accordée provisoirement par un arrêté du garde des sceaux en date des 15 janv. 11 mars 1871 aux jeunes gens qui avaient obtenu, aux mois de juillet et d'août 1870, le titre de licencié à la faculté de droit de Paris, et qui, à cause de l'investissement de la capitale, ne pouvaient se retirer leur diplôme, le licencié en droit était autorisé à exercer la profession d'avocat sur sa déclaration écrite attestant sur l'honneur que l'investissement de Paris lui interdisait la possibilité de justifier de sou titre à présenter sa demande d'admission au stage. — D.P. 71. 4. 18. — V. *Code de procédure civile*, n° 7.

10175. Un arrêt conforme à l'esprit de l'arrêté ministériel précitée admis à la prestation de serment un individu sur l'occupation étrangère avait empêché de recevoir son diplôme, sur la production d'un certificat d'aptitude à lui délivré sous le contrôle et avec l'approbation de la faculté de droit et revêtu du double visa du recteur de l'académie et du procureur général. — Nancy, 20 avr. 1871, J.G.S. *Avocat*, 23.

TIT. V. — DU TABLEAU DES AVOCATS PRÈS
DES TRIBUNAUX.

Art. 29. Il sera formé un tableau des avocats exerçant près les tribunaux.

Art. 31 Les avocats et avoués seront tenus, à la publication de la présente loi, et à l'avenir, avant d'entrer en fonctions, de prêter serment de ne rien dire ou publier, comme défenseurs ou conseils, de contraire aux lois, aux règlements, aux bonnes mœurs, à la sûreté de l'État et à la paix publique, et de ne jamais s'écarter du respect dû aux tribunaux et aux autorités publiques.

Ordonnance du 20 novembre 1822,

Contenant règlement sur l'exercice de la profession d'avocat et la discipline du barreau. — Publiée au *Bulletin des lois*, n° 13755. — (Extrait, J.G. *Avocat*, p. 467).

TIT. Ier. — DU TABLEAU.

Art. 1re. Les avocats inscrits sur le tableau dressé en vertu de l'art. 29 de la loi du 13 mars 1804 (22 vent. au 12), seront répartis en colonnes ou colonnes.

Art. 2. Il sera formé sept colonnes, si le tableau comprend cent avocats ou un plus grand nombre; quatre s'il en comprend moins

de cent et plus de cinquante; trois s'il en comprend moins de cinquante et plus de trente-cinq; et deux seulement s'il en comprend moins de trente-cinq et plus de vingt.

Art. 3. La répartition, prescrite par les articles précédents, sera faite par les anciens bâtonniers et le conseil de discipline actuellement en exercice, réunis sur la convocation de nos procureurs généraux, pour les avocats exerçant près les cours royales, et de nos procureurs près les tribunaux de première instance, pour les avocats exerçant dans ces tribunaux.

Art. 4. Cette répartition pourra être renouvelée tous les trois ans, s'il est ainsi ordonné par nos cours royales sur la réquisition de nos procureurs généraux ou sur la demande du conseil de discipline.

Art. 5. Nul ne pourra être inscrit sur le tableau des avocats d'une cour ou d'un tribunal, s'il n'exerce réellement près de ce tribunal ou de cette cour.

10176. — I. INSCRIPTION AU TABLEAU (C. proc. civ. n°s 1 à 13). — 1° *Stage ou inscription au tableau d'un autre tribunal* (C. proc. civ. n°s 2 à 8). — Sur les pouvoirs du conseil de discipline relativement à l'admission du stage, V. *infrà*, art. 13 et 30, n°s 10193 et s., 10337 et s.

10177. — 2° *Domicile* (C. proc. civ. n°s 9 et 10). — Aucune disposition législative n'impose aux avocats l'obligation de résider dans la ville où siège le tribunal près duquel ils veulent exercer, et cette condition de résidence ne peut être imposée par le conseil de l'ordre. — 18 juill. 1878, J.G.S. *Avocat*, 74. — V. *Code de procédure civile*, n° 9.

10178. Toutefois cette condition a toujours été formellement exigée au barreau de Paris : et un arrêté du conseil de l'ordre du 13 mars 1849 décide en termes explicites que l'avocat doit avoir son domicile dans l'enceinte de Paris. — J.G.S. *Avocat*, 74.

10179. En tout cas, l'avocat inscrit au tableau doit avoir son domicile ou tout au moins sa résidence dans le ressort du tribunal auprès duquel il est établi. — Rennes, 9 janv. 1888, D.P. 89. 2. 173. — Comp. Toulouse, 11 févr. 1885, D.P. 85. 2. 233.

10180. Toutefois, lorsqu'un conseil de discipline dispense, à tort, d'ailleurs, un avocat de cette condition, un autre conseil ne saurait interjeter appel de la délibération intervenue à cet effet. — Arrêt prée. 9 janv. 1888.

10181. — 3° *Moralité* (C. proc. civ. n°s 11 à 13). — V. *infrà*, n°s 10224 et s.

10182. — II. RANG AU TABLEAU (C. proc. civ. n°s 14 à 20). — Il appartient aux conseils de l'ordre des avocats de décider souverainement à quel rang doit être admis l'avocat qui sollicite sa réinscription au tableau. — Rouen, 24 févr. 1877, J.G.S. *Avocat*, 65.

10183. L'appel est également non recevable contre une délibération portant qu'un avocat frappé précédemment de la suspension temporaire serait inscrit au dernier rang du tableau. — Montpellier, 14 févr. 1865, J.G.S. *Avocat*, 80.

10184. D'après la pratique constante du conseil de l'ordre du barreau de Paris, le magistrat inscrit au tableau avant d'entrer dans la magistrature doit, lorsqu'il sollicite sa réinscription, n'y être admis qu'à la date de sa demande. — J.G.S. *Avocat*, 81.

10185. Il existe cependant quelques précédents en sens contraire, notamment pour les magistrats des cours d'appel. — J.G.S. *Avocat*, 81.

10186. C'est ainsi qu'il a été jugé que l'exercice de fonctions dans la magistrature équivaut au stage réglementaire dans un

barreau. — Chambéry, 4 juill. 1876, D.P. 77. 1. 489.

Art. 6. Le tableau sera réimprimé au commencement de chaque année judiciaire, et déposé au greffe de la cour ou au tribunal auquel les avocats inscrits seront attachés.

10187. Il doit, aux termes de la circulaire du 6 janv. 1823 *in fine*, être adressé une copie du tableau dans le courant du mois de novembre à la Chancellerie par l'intermédiaire des procureurs généraux, ainsi qu'une expédition des délibérations prises pour la nomination des bâtonniers et des conseils de discipline. — Décis. de la Chancellerie, mars 1878, *Bull. min. just.* 1878, p. 18.

10188. Les modifications apportées au cours de l'année dans la composition[1] du barreau ne peuvent entraîner de changements dans l'organisation du tableau arrêté pour l'année entière. Spécialement, l'adjonction tardive dans un barreau composé de cinq membres d'un membre nouveau ne nécessite pas des élections, de même que le départ d'un membre ancien n'enlève pas compétence à un conseil régulièrement élu par six avocats. — Décis. de la Chancellerie, 20 avr. 1881, *Bull. min. just.* 1881, p. 26.

TIT. II. — DU CONSEIL DE DISCIPLINE.

Art. 7. Le conseil de discipline sera composé premièrement des avocats qui auront déjà exercé les fonctions de bâtonnier ; secondement des deux plus anciens de chaque colonne, suivant l'ordre du tableau, troisièmement d'un secrétaire choisi indistinctement parmi ceux qui seront âgés de trente ans accomplis, et qui auront moins de dix années d'exercice.

10189. Sur l'élection des membres du conseil de l'ordre, V. *infrà* Ordonn. 27 août 1830, art. 1er, p. 365; Décr. 22 mars 1852, art. 2, p. 366.

Art. 8. Le bâtonnier et le secrétaire seront nommés par le conseil de discipline, à la majorité absolue des suffrages.

Ces nominations seront renouvelées au commencement de chaque année judiciaire sur la convocation de nos procureurs près nos cours et nos tribunaux.

10190. Sur l'élection du bâtonnier de l'ordre des avocats, V. *infrà*, Décr. 10 mars 1870, p. 366.

Art. 9. Le bâtonnier est chef de l'ordre et préside le conseil de discipline.

Art. 10. Lorsque le nombre des avocats portés sur le tableau n'atteindra pas celui de vingt, les fonctions des conseils de discipline seront remplies, savoir : s'il s'agit d'avocats exerçant près d'une cour royale, par le tribunal de première instance de la ville où siège la cour; dans les autres cas, par le tribunal auquel seront attachés les avocats inscrits.

10191. Un décret du 1er oct. 1887 soumet la profession d'avocat en Tunisie aux règles de discipline de l'ordonnance du 20 nov. 1822, avec cette restriction toutefois que, quel que soit le nombre des avocats admis au tableau autorisés à exercer en Tunisie, les fonctions du conseil de discipline seront toujours remplies par le tribunal. — D.P. 88. 4. 7.

Art. 11. Les tribunaux qui seront chargés, aux termes de l'article précédent, des attributions du conseil de discipline, nommeront annuellement, le jour de la rentrée, un bâtonnier qui sera choisi parmi les avocats compris dans les deux premiers tiers du tableau, suivant l'ordre de leur inscription.

Art. 12. Les attributions du conseil de discipline consistent : 1° à prononcer sur les difficultés relatives à l'inscription dans le tableau de l'ordre; 2° à exercer la surveillance que l'honneur et les intérêts de cet ordre rendent nécessaire; 3° à appliquer, lorsqu'il y a lieu, les mesures de discipline autorisées par les règlements.

10192. Les attributions du conseil de discipline consistent : 1° à statuer sur l'admission au stage et sur l'inscription au tableau; 2° à surveiller la conduite des stagiaires; 3° à dresser le tableau de l'ordre; 4° à exercer sur les avocats la surveillance que l'honneur et les intérêts de l'ordre rendent nécessaire; 5° à maintenir les principes de modération, de désintéressement et de probité qui sont les devoirs essentiels du barreau; 6° à réprimer les infractions commises par les avocats, en appliquant les peines disciplinaires. — J.G.S. *Avocat*, 183.

Art. 13. Le conseil de discipline statue sur l'admission au stage des licenciés en droit qui ont prêté le serment d'avocat dans nos cours royales (cours d'appel); sur l'inscription au tableau des avocats stagiaires après l'expiration de leur stage, et sur le rang de ceux qui ayant déjà été inscrits au tableau et ayant abandonné l'exercice de leur profession, se présenteraient de nouveau pour là réinscription.

10193. — I. POUVOIR DU CONSEIL DE DISCIPLINE RELATIVEMENT A L'ADMISSION AU STAGE (C. proc. civ. n°s 1 à 12). — Quoique, en principe, le conseil qui refuse l'admission au stage ne soit pas tenu de motiver sa décision, il existe cependant des exemples d'arrêtés motivés. — V. notamment Décis. du conseil de l'ordre des avocats de Paris, du 2 janv. 1850, J.G.S. *Avocat*, 39. — V. *Code de procédure civile*, n° 1.

10194. Aucune disposition légale n'impose à un avocat qui a été avoué l'interdiction d'habiter la même maison que son successeur; par suite, le conseil de l'ordre ne saurait subordonner son admission au stage à la condition résolutoire, sous peine de radiation, qu'il prendrait une habitation séparée. — Limoges, 3 juin 1889, D.P. 90. 2. 319.

10195. — II. POUVOIRS DU CONSEIL DE DISCIPLINE RELATIVEMENT A L'INSCRIPTION AU TABLEAU (C. proc. civ. n°s 13 à 30). — Le tableau des avocats doit être dressé chaque année non par l'ordre tout entier, mais par le conseil de discipline nouvellement élu. — Décis. de la Chancellerie, 13 févr., 24 avr., 14 mai et 17 juin 1873, *Bull. min. just.*, p. 5 et 60.

10196. — 1° *Voies de recours* (C. proc. civ. n°s 43 à 33). — Les conseils de discipline de l'ordre des avocats n'ont pas le droit de statuer souverainement et sans contrôle sur les demandes d'admission au tableau. — Chambéry, 4 juill. 1876, D.P. 77. 4. 489.

10197. En conséquence, la décision d'un conseil qui prononce un refus d'admission est susceptible d'appel devant la cour. — Même arrêt. — Aix, 18 juill. 1878, J.G.S. *Avocat*, 74. — V. *Code de procédure civile*, n° 21.

10198. Jugé dans le même ordre d'idées que les décisions du conseil de l'ordre des avocats sont soumises à la surveillance, à l'examen et à la censure des cours d'appel pour tout ce qui a trait aux conditions imposées par la loi ou par les règlements à l'exercice de la profession d'avocat. — Tou-

louse, 11 févr. 1885, D.P. 85. 2. 233, et la note.

10199. Ainsi, est susceptible d'appel la décision rendue par le conseil de discipline sur le point de savoir si un avocat a réellement établi sa résidence près du tribunal où il prétend être inscrit. — Même arrêt.

10200. Au contraire, les avocats sont maîtres de leur tableau en ce sens qu'ils apprécient, d'une manière souveraine, les caractères d'honorabilité et de capacité des postulants. — Même arrêt.

10201. Mais la distinction établie par l'arrêt précité est aujourd'hui repoussée par la jurisprudence qui décide que les décisions des conseils de discipline qui refusent l'inscription d'un avocat au tableau sont sujettes à appel, alors même qu'elles reposent sur une appréciation de la moralité et de la dignité du postulant. — Alger, 11 avr. 1870, J.G.S *Avocat*, 61. et Dissertation de M. Glasson, D.P. 85. 2. 233, note 4.

10202. Quant aux décisions des conseils de discipline qui prononcent l'admission d'un avocat, elles ne sont susceptibles d'aucun recours. — Alger, 4 nov. 1889, D.P. 91. 2. 141.

10203. Il en est de même dans le cas où c'est le tribunal qui exerce les attributions de conseil de discipline. — Même arrêt.

10204. En conséquence, est irrecevable, dans ce cas, l'appel relevé par le bâtonnier en quelque qualité qu'il agisse. — Même arrêt.

10205. L'appel est recevable non seulement en cas de refus d'admission ou de réinscription, motivé ou non, mais encore toutes les fois que la décision prise par le conseil de discipline équivaut à un rejet de la demande. C'est ainsi qu'il a été jugé que le fait par le bâtonnier, d'accord avec le conseil de l'ordre, d'avoir refusé de réunir le conseil pour statuer sur la demande en réinscription d'un avocat au tableau, équivaut sinon à une radiation, tout au moins à une interdiction temporaire; qu'en conséquence l'appel est recevable en pareil cas. — Dijon, 24 juill. 1872, J.G.S. *Avocat*, 63.

10206. Mais, tout en proclamant le principe de la recevabilité de l'appel, l'arrêt a confirmé la délibération du conseil de la considération que le postulant n'avait admission à ses pairs et leur dissimuler ainsi certains faits qui motivaient le refus opposé à la réinscription. — Même arrêt.

10207. Le ministère public est partie jointe, et non partie principale, dans les procès relatifs à des demandes en inscription au tableau de l'ordre des avocats. — Civ. c. 29 août 1877, D.P. 77. 1. 489. — V. *Code de procédure civile*, n° 20.

10208. Dès lors, en cas de pourvoi contre un arrêt rendu en cette matière, il ne saurait être assigné comme défendeur à la cassation. — Même arrêt.

10209. Le même système serait certainement applicable en cas d'appel. — J.G.S. *Avocat*, 66.

10210. Il a été décidé toutefois, contrairement à cette interprétation, qu'il appartient au procureur général près la cour d'appel de déférer à cette cour, pour violation des lois et règlements et notamment pour incompétence, la décision par laquelle un tribunal statuant comme conseil de discipline de l'ordre des avocats, a prononcé sur une demande d'admission au tableau. — Alger, 15 févr. 1864, J.G.S. *Avocat*, 67.

10211. — 2° *Délai d'appel* (C. proc. civ. n°s 34 à 36). — Le délai de l'appel contre les délibérations du conseil de discipline refusant l'inscription au tableau est de dix jours, par analogie avec l'appel interjeté en cas de décisions rendues en matière disciplinaire aux termes de l'art. 26 de l'ordonnance de 1822. — Toulouse, 11 févr. 1885, D.P. 85. 2. 233.

10212. La communication de la décision du conseil de l'ordre qui doit être faite à l'avocat par le bâtonnier fait seule courir le délai d'appel, et ne pourrait être suppléée

par la copie que l'avocat aurait pu prendre lui-même de ladite décision. — Aix, 15 mai 1866, J.G.S. *Avocat*, 26.

Art. 14. Les conseils de discipline sont chargés de maintenir les sentiments de fidélité à la monarchie (1) et aux institutions constitutionnelles, et les principes de modération, de désintéressement et de probité sur lesquels repose l'honneur de l'ordre des avocats. Ils surveillent les mœurs et la conduite des avocats stagiaires.

DIVISION:

§ 1. — *Devoirs de l'avocat* (n° 10213).
§ 2. — *Actes permis à l'avocat* (n° 10222).
§ 3. — *Actes défendus à l'avocat* (n° 10224).
§ 4. — *Responsabilité* (n° 10248).

§ 1er. — *Devoirs de l'avocat* (C. proc. civ. n°s 1 à 12).

10213. — I. VÉNALITÉ (C. proc. civ. n°s 1 à 4). — Le conseil de l'ordre de Paris a puni de la réprimande un avocat pour avoir commis par légèreté une erreur grave, quoique non volontaire, dans les renseignements fournis au tribunal. — Arrêté 14 févr. 1851, J.G.S *Avocat*, 144.

10214. — II. DISCRÉTION (C. proc. civ. n°s 5 et 9). — L'obligation du secret existe pour l'avocat, non seulement lorsqu'il est témoin devant les tribunaux, mais dans toutes circonstances. — J.G.S. *Avocat*, 149.

10215. Il a été décidé, encore qu'un avocat manque à ce devoir professionnel lorsqu'ayant rempli les fonctions d'arbitre amiable compositeur, il a relaté dans un certificat destiné à être produit dans une instance certaines paroles prononcées dans son cabinet par une des parties. — Arrêté du conseil de l'ordre des avocats de Paris, 16 juill. 1860, J.G.S. *Avocat*, 149.

10216. Ou lorsqu'il énonce dans une articulation certains faits que la *partie adverse* a pu révéler dans des pourparlers transactionnels. — Arrêté du 27 févr. 1855, J.G.S. *Avocat*, 150.

10217. — III. RESPECT DES AUTORITÉS (C. proc. civ. n°s 7 à 12). — Le respect pour la magistrature, qui est l'un des devoirs essentiels et traditionnels de la profession d'avocat, doit être observé en toute matière et en toute circonstance; et le pouvoir disciplinaire délégué par la loi au conseil de l'ordre s'étend à tous les actes de la vie publique de l'avocat, de nature à compromettre l'honneur et la dignité du barreau. — Bordeaux, 11 déc. 1889, D.P. 91. 2. 116.

10218. Par suite, le conseil ne saurait décliner sa compétence pour juger disciplinairement un avocat (spécialement, un avocat stagiaire), qui, par des discours publics tenus en dehors de l'exercice de sa profession (dans l'espèce, des discours offensants et menaçants tenus dans une réunion publique), a commis des irrévérences et des outrages envers un magistrat. — Même arrêt.

10219. Mais dans le cas où les délibérations d'un conseil municipal ont été, conformément à l'art. 54, § 2, de la loi du 5 avr. 1884, en *comité secret*, on ne saurait invoquer comme base d'une action disciplinaire contre un avocat, les propos qui ont pu être tenus par cet avocat, à cette occasion et en qualité de conseiller municipal, contre un magistrat. — Toulouse, 15 juill. 1889, D.P. 90. 2. 292.

(1) Modifié par suite de la proclamation de la République et de la promulgation des lois constitutionnelles du 25 févr. 1875 sur l'organisation des pouvoirs publics (D.P. 75. 4. 30 et 114).

10220. La cour ne pourrait admettre la preuve de l'existence de ces propos qu'en violant le principe du secret dont la séance du conseil municipal doit rester entourée, et si les faits ne sont connus que par suite d'une indiscrétion coupable d'un membre du conseil municipal, la cour ne peut pas admettre qu'ils soient cependant prouvés, du moment où le prétendu auteur de ces propos est demeuré étranger à leur divulgation. — Même arrêt.

10221. On ne saurait davantage invoquer à l'appui d'une poursuite disciplinaire dirigée contre un avocat la lettre par lui écrite à son client, contenant des imputations diffamatoires à l'encontre d'un magistrat lorsque cette lettre n'est parvenue aux mains du plaignant que par un véritable abus de confiance. — Req. 11 mai 1887, D.P. 87. 1. 332.

§ 2. — *Actes permis à l'avocat* (C. proc. civ. nos 13 à 18).

10222. Le droit pour l'avocat d'être *arbitre-juge*, même avec d'autres que des confrères, est admis sans conteste aujourd'hui. — J.G.S. *Avocat*, 152. — V. *Code de procédure civile*, no 14.

10223. Mais le rôle d'*arbitre-rapporteur*, lorsqu'il prend un *caractère professionnel* et *non purement accidentel et fortuit*, est inconciliable avec la profession d'avocat. — Arrêtés du conseil de l'ordre des avocats de Paris des 28 mars 1848, 2 déc. 1856 et 14 déc. 1858, J.G.S. *Avocat*, 84.

§ 3. — *Actes défendus à l'avocat* (C. proc. civ. nos 19 à 34).

10224. — I. AGENCE D'AFFAIRES. — L'interdiction faite aux avocats de se livrer à tout acte ayant l'apparence d'un négoce ou se rapprochant de l'agence d'affaires a été consacrée par de nombreuses décisions des conseils de discipline et surtout du conseil de l'ordre de Paris. — J.G.S. *Avocat*, 151.

10225. Ainsi des arrêtés du conseil de l'ordre des avocats de Paris ont réprimé : 1o le fait d'insérer dans un journal l'annonce suivante : « MM. les actionnaires fondateurs de la compagnie… sont invités à prendre communication des notes du cabinet de M. X… tous les jours, de 9 heures à midi, où le jugement rendu à leur insu du consentement de… avoué de la liquidation, et qui leur porte un notable préjudice ». — Arrêté du 8 juill. 1849, J.G.S. *Avocat*, 151.

10226. … 2o Le fait de prendre part à une convention ayant pour objet la concession d'un chemin de fer, de se refuser de payer une part des dépenses faites pour la réalisation de ce projet. — Arrêté du 5 févr. 1856, J.G.S. *Avocat*, 151.

10227. … 3o Le fait d'entretenir avec un huissier des relations dans lesquelles l'avocat se chargerait, en son nom personnel, de significations à faire et d'actes de poursuites à exercer; de se faire remettre les notes de frais, comme intermédiaire entre les clients et l'huissier, et d'assumer ainsi l'obligation d'en rendre compte, voire même de s'acquitter le montant à défaut du président par les parties intéressées. — Arrêté du 12 août 1851, J.G.S. *Avocat*, 151.

10228. … 4o Le fait de se charger, dans une demande en séparation de corps, de choisir un avocat et de se faire remettre une somme d'argent, destinée, pour partie du moins, à couvrir les frais de la demande. — Arrêté du 27 mars 1855, J.G.S. *Avocat*, 151.

10229. … 5o Le fait d'avoir, afin d'arriver à la négociation de deux cessions de créances, effectué un voyage pour vérifier les titres originaux; levé et payé un état d'inscriptions; rédigé les transports; accepté la charge de les faire réaliser par actes authentiques; de les avoir fait enregistrer et signifier, et d'avoir soldé tous les frais de ces divers actes sur une somme reçue à forfait dans le but de solder les dépenses et de pourvoir aux honoraires. — Arrêté du 31 juill. 1849, J.G.S. *Avocat*, 151.

10230. … 6o Le fait de se constituer l'intermédiaire d'agents d'affaires à l'occasion d'une cession de droits dans une succession, de se charger de placements de fonds, et d'engager sa responsabilité personnelle au remboursement de fonds déposés entre ses mains. — Arrêté du 17 avr. 1849, J.G.S. *Avocat*, 151.

10231. Il a été décidé également que l'avocat qui, sans nécessité, se rend dans une ville pour compulser des actes intéressant un client, et fait pour celui-ci l'avance du prix de ces actes, s'assimile à un agent d'affaires, et se livre à des démarches incompatibles avec sa profession. — Orléans, 28 janv. 1853, aff. V…, D.P. 53. 2. 149.

10232. — II. ABANDON DE LA CAUSE. — L'avocat qui a accepté au criminel la défense d'un accusé n'a le droit de s'abstenir ou de se retirer que lorsque son concours est formellement repoussé par l'accusé, ou lorsque la défense cesse d'être indépendante et libre; et il manque aux intérêts de son client, si pour des motifs graves il déserte son poste avant que l'arrêt prononcé ait mis un terme à son mandat. — Cons. de l'ordre des avocats de Paris, 28 juill., 1852, J.G.S. *Avocat*, 104. — V. *Code de procédure civile*, no 26.

10233. Ces règles qui prohibent l'abandon non justifié de la cause ont même été étendues au conseil de l'ordre de Paris aux affaires civiles. — Cons. de l'ordre des avocats de Paris, 3 et 24 juin 1851, J.G.S. *Avocat*, 105.

10234. L'abandon de la cause, le jour de l'audience, au moment où les débats vont s'engager, a été considéré comme une faute répréhensible, même lorsque l'avocat en alléguant qu'il s'est fait remplacer par un confrère, si ce dernier n'a pas eu le temps d'étudier le dossier, ni de conférer avec le client. — Arrêté du 27 févr. 1855, J.G.S. *Avocat*, 106.

10235. L'avocat ne peut, d'ailleurs, se substituer un confrère pour plaider une cause dont il est chargé, alors surtout que cette substitution a pour résultat d'augmenter le chiffre des honoraires. — Arrêté du 7 juin 1859, J.G.S. *Avocat*, 106.

10236. Mais le refus de plaider serait excusable de l'avocat, ayant accepté de se rendre dans une ville éloignée, le client ne lui avait pas fourni les moyens de faire un voyage long et dispendieux. — Arrêté 31 juill. 1859, J.G.S. *Avocat*, 107.

10237. — III. ACTES DIVERS. — Lorsqu'un conseil de discipline déclare par une appréciation souveraine des faits qu'un avocat s'engageait à ne pas lire la correspondance de leurs clients respectifs, deux avocats ont entendu s'interdire non seulement la lecture de ces pièces à l'audience, mais encore leur production ou leur emploi quelconque, le conseil de discipline ne commet un excès de pouvoir, ni violation de la loi, en décidant que le fait, par l'un de ces avocats, de laisser ladite correspondance dans son dossier avant la remise de celui-ci au président du tribunal, constitue un manquement à ses devoirs professionnels, en infligeant audit avocat une peine disciplinaire. — Req. 13 déc. 1836, D.P. 87. 1. 310.

10238. Lorsqu'un avocat croit, à tort d'ailleurs, mais de bonne foi, que la clientèle d'une administration (dans l'espèce, de l'administration des Contributions directes) qu'il avait à lui-même, a sollicité ni recherché a été retirée à un de ses confrères et lui a été attribuée à lui-même, et que, par l'effet de cette erreur, cet avocat fait une visite au directeur de cette administration, par pure politesse, dans le but de se mettre en relations avec son nouveau client, cette visite ne saurait être considérée comme une faute et ne constitue pas une infraction aux règles de la profession d'avocat. — Montpellier, 6 mars 1890, D.P. 91. 2. 142.

10239. La juridiction disciplinaire a qualité pour réprimer toute faute qui est en fait de nature à compromettre la dignité de l'avocat, alors même que celui-ci ne l'aurait pas commise dans l'exercice de sa profession, et elle jouit à cet égard d'un pouvoir souverain d'appréciation qui, par cela même, échappe à la censure de la cour de cassation. — Req. 9 juin 1896, D.P. 91. 1. 453. — V. *Code de procédure civile*, no 29.

10240. C'est ce qui résulte : … d'un arrêté du 27 janv. 1852 qui a prononcé l'avertissement contre un avocat qui, à plusieurs reprises, s'était livré à des opérations de bourse, était resté débiteur d'une certaine somme, attendu « que ces faits constituaient une infraction aux règles de la profession et sont de nature à compromettre le caractère de l'avocat ». — J.G.S. *Avocat*, 142.

10241. … D'un arrêté du 19 janv. 1838 qui a réprimandé un stagiaire pour refus d'acquitter une dette personnelle. — J.G.S. *Avocat*, 142.

10242. … D'un arrêté du 9 janv. 1858 qui a interdit pendant un an un avocat qui avait été saisi immobilièrement et avait passé un bail frauduleux pour frustrer ses créanciers. — J.G.S. *Avocat*, 142.

10243. … D'arrêtés des 12 déc. 1848 et 27 déc. 1853, qui ont puni de la radiation le fait d'avoir souscrit des billets et même des lettres de change au profit de créanciers de s'être laissé poursuivre et condamner comme négociant devant le tribunal de commerce; d'avoir employé des manœuvres pour se soustraire à des saisies mobilières et fait une vente simulée du mobilier saisi, etc. — J.G.S. *Avocat*, 142. — V. *Code de procédure civile*, no 23.

10244. Lorsqu'un avocat a reçu une opposition à la remise des pièces qui lui avaient été confiées par ses clients, le conseil de l'ordre de Paris a décidé que, lorsque l'avocat a, sous sa responsabilité, bona fide restitué ces pièces qui contre mauvaise foi, il ne peut se dessaisir que contre mainlevée de la saisie. — Arrêté du 17 déc. 1850, J.G.S. *Avocat*, 185.

10245. Toutefois, une pareille décision ne s'entend que de pièces dont l'existence entre les mains de l'avocat est avérée par suite d'un débat antérieur ou de toute autre circonstance; s'il s'agit de pièces remises à titre confidentiel, il paraît juste que l'avocat assigné en déclaration affirmative puisse se retrancher derrière le secret professionnel. — J.G.S. *Avocat*, 185.

10246. — IV. HONORAIRES. — La jurisprudence et les conseils de l'ordre n'ayant pas les mêmes exigences quant aux devoirs professionnels, tel fait qui constitue une faute aux yeux des conseils de discipline, échappe à toute peine d'après la doctrine des tribunaux : telle est, notamment, la réclamation des honoraires en justice, qui ne rend pas l'avocat passible de poursuites lorsqu'il y a pas, de sa part, actes contraires à la dignité de sa profession. — J.G.S. *Avocat*, 189. — V. *Code de procédure civile*, no 34; et *infra*, art. 42, no 10359 et s.

10247. Il a été décidé aussi que la déférence mise par un avocat à fournir au ministère public les renseignements qui lui étaient demandés, à la suite d'une plainte au sujet d'une réclamation d'honoraires, ne le rendait point l'objet d'une petite disciplinaire. — Bordeaux, 10 avr. 1861, J.G.S. *Avocat*, 189.

§ 4. — *Responsabilité* (C. proc. civ. nos 35 à 50).

10248. En ce qui concerne les faits relatifs aux particuliers, soit parties au procès, soit étrangers à la cause, l'avocat est responsable de ses paroles, lorsqu'elles ont été intentionnellement injurieuses ou diffamatoires, et qu'elles ont été prononcées sous nécessité et dans le but de nuire. — J.G.S. *Avocat*, 188. — V. *Code de procédure civile*, n° 40.

10249. Mais s'il peut, dans certains cas, être responsable, l'avocat ne répond pas de l'issue du procès. — J.G.S. *Avocat*, 159.

Art. 15. Les conseils de discipline répriment d'office, ou sur les plaintes qui leur sont adressées, les infractions et les fautes commises par les avocats inscrits au tableau.

10250. L'avocat démissionnaire n'en reste pas moins justiciable du conseil de discipline à raison des fautes qu'il a commises à l'époque où il était inscrit au tableau, et il en est ainsi, même si le conseil a accepté sa démission, alors surtout que le conseil s'était expressément réservé le droit d'instruire dans la suite contre l'avocat démissionnaire poursuivi criminellement, pour l'époque où la juridiction répressive aurait statué contre lui sur l'action publique. — Nancy, 6 janv. 1875, D.P. 76. 5. 51. — Bruxelles, 25 mai 1887, D.P. 88. 2. 102. — V. *Code de procédure civile*, n° 5.

10251. De même, le conseil ne pourrait prononcer la radiation d'un avocat sur la demande de celui-ci, lorsque le procureur général a interjeté appel *à minima* d'une délibération qui suspend l'avocat; le conseil commettrait ainsi un excès de pouvoir en faisant obstacle à l'appel interjeté. — Req. 29 juill. 1884, D.P. 85. 1. 237.

Art. 16. Il n'est point dérogé, par les dispositions qui précèdent, au droit qu'ont les tribunaux de réprimer les fautes commises à leur audience par les avocats.

DIVISION.

§ 1. — *Pouvoir disciplinaire des tribunaux sur les avocats* (n° 10252).
§ 2. — *Instruction* (n° 10266).
§ 3. — *Décision disciplinaire* (n° 10267).
§ 4. — *Recours contre les décisions disciplinaires* (n° 10277).

§ 1er. — *Pouvoir disciplinaire des tribunaux sur les avocats* (C. proc. civ. nos 1 à 17).

10252. Le pouvoir attribué aux tribunaux de réprimer les fautes disciplinaires commises ou simplement découvertes à l'audience appartient aux juridictions d'exception aussi bien qu'aux tribunaux ordinaires. — J.G.S. *Avocat*, 233. — V. *Code de procédure civile*, n° 1.

10253. Il appartient, notamment, aux conseils de préfecture. — Cons. d'Ét., 5 mars 1886, D.P. 86. 3. 33.

10254. Le principe que toute juridiction a la police de son audience a été expressément reconnu, en ce qui concerne spécialement les avocats, par les art. 16 et 43 de l'ordonnance de 1822, qui ne dérogent en rien aux dispositions régissant la matière. — J.G.S. *Avocat*, 232. — V. *supra*, art. 90, nos 1867 et s.

10255. Les avocats composant le conseil de leur ordre peuvent être traduits disciplinairement devant la cour d'appel, même pour les fautes par eux commises dans l'exercice de leur juridiction disciplinaire, par exemple pour manque de respect aux actes de la justice, et leurs délibérations peuvent également, abstraction faite de l'intérêt privé des parties, être déférées disciplinairement à la cour, spécialement pour excès de pouvoir. — Nîmes, 13 juill. 1880, D.P. 81. 2. 89-91. — (Sol. implic). Nîmes, 17 avr. 1880, D.P. 81. 2. 89-90. — V. *Code de procédure civile*, n° 12.

10256. Il y a excès de pouvoir et infraction aux devoirs professionnels de l'avocat dans la délibération par laquelle les avocats inscrits près un tribunal censurent implicitement les paroles prononcées à l'audience par un officier du ministère public et décident, par voie de résolution collective, qu'ils cesseront, pendant un certain temps et sous des conditions déterminées, de se présenter à la barre. — Dijon, 3 mars 1880, D.P. 81. 2. 29. — V. *Code de procédure civile*, n° 14.

10257. Peu importe que cette délibération soit l'œuvre de l'ordre entier et non du conseil de discipline, la nullité résultant de ce que l'assemblée générale aurait été illégalement convoquée ne pouvant faire disparaître ni l'excès de pouvoir, ni l'infraction disciplinaire. — Même arrêt.

10258. Il y a aussi excès de pouvoir et infraction aux devoirs professionnels de l'avocat dans la délibération par laquelle un conseil de l'ordre censure directement ou indirectement les paroles prononcées à l'audience par un juge de paix, lui reproche d'avoir dénié ces paroles au sujet desquelles il a ouvert une enquête, et interdit aux avocats de se présenter à la barre devant ce magistrat. — Montpellier, 21 janv. 1880, D.P. 89. 2. 262.

10259. Et il y a lieu d'annuler, tant sur l'appel du ministère public que sur celui de l'avocat frappé disciplinairement, la décision par laquelle le conseil de discipline a prononcé la peine de la suspension contre cet avocat qui, contrairement à la délibération précédente, a plaidé devant ledit juge de paix. — Même arrêt.

10260. Le droit, reconnu aux conseils de discipline des avocats, d'exercer la surveillance que l'honneur et la considération rendent nécessaire, les autorise, s'ils ont à se plaindre d'un magistrat, à s'adresser au chef hiérarchique de ce magistrat; mais ils ne sauraient lui infliger aucun blâme, censure ou remontrance sans commettre un véritable excès de pouvoir. — Pau, 21 juill. 1887, D.P. 88. 2. 189.

10261. Il n'y a d'excès de pouvoir... ni dans la délibération par laquelle le conseil de l'ordre des avocats, sans critique ou injonction, prie le procureur de la République, dans l'intérêt de la discipline, de bien vouloir lui faire connaître s'il a entendu, par des paroles prononcées à l'audience, incriminer réellement la conduite d'un membre du barreau, et de vouloir bien aussi, en cas d'affirmative, lui indiquer les griefs qui seraient imputables à celui-ci. — Req. 21 nov. 1888, D.P. 89. 1. 5.

10262. ... Ni dans la délibération par laquelle le conseil de l'ordre décide que le bâtonnier s'adressera au procureur général, tant pour solliciter son intervention près du procureur de la République, qui a refusé de donner les éclaircissements demandés, que pour se plaindre de ce même procureur de la République, comme ayant, postérieurement à son refus, offensé directement le conseil par son attitude à l'audience. — Même arrêt.

10263. En conséquence, est lui-même exempt de tout excès de pouvoir l'arrêt par lequel la cour d'appel, chambres réunies, repousse la demande du procureur général tendant à l'annulation des délibérations susindiquées. — Même arrêt.

10264. Il n'y a de même ni excès de pouvoir, ni offense envers la magistrature dans la décision du conseil d'ordre qui relaxe, après enquête, un avocat de la poursuite disciplinaire dirigée contre lui à raison de faits ayant motivé une condamnation correctionnelle, non encore définitive, si le conseil s'est abstenu, dans son enquête comme dans sa décision, d'examiner, d'apprécier et de contrôler l'œuvre des magistrats. — Nîmes, 13 juill. 1880, D.P. 81. 2. 89-91.

10265. L'arrêt qui renvoie les membres d'un conseil de l'ordre des avocats de la poursuite disciplinaire dirigée contre eux pour of-fense ou irrévérence envers la magistrature, en se basant sur l'appréciation des faits ainsi que des intentions des avocats poursuivis, est souverain et échappe au contrôle de la cour de cassation. — Civ. c. 9 nov. 1881, D.P. 82. 1. 281.

§ 2. — *Instruction* (C. proc. civ. nos 18 à 25).

10266. V. *Code de procédure civile*, nos 18 et s.

§ 3. — *Décision disciplinaire* (C. proc. civ. nos 25 à 43).

10267. D'après la jurisprudence de la cour de cassation, la décision qui prononce une peine disciplinaire à raison d'une faute commise ou découverte à l'audience, doit, à peine de nullité, affirmer l'intention de la part de l'inculpé, de commettre le manquement aux devoirs professionnels qui lui est reproché. — Civ. c. 21 mai 1878, D.P. 79. 1. 17.

10268. Spécialement, l'arrêt qui condamne un avocat pour avoir dénoncé un fait inexact dans une note produite au cours de l'instance, est entaché d'excès de pouvoir, s'il l'avocat s'est borné à cette simple énonciation sans en exiger ni en tirer aucune conséquence juridique, et s'il le juge n'affirme pas expressément l'intention qu'aurait l'avocat de surprendre sa religion. — Même arrêt.

10269. Toutefois, bien qu'un arrêt n'énonce pas expressément l'intention, de la part d'un avocat, de commettre une faute disciplinaire, cette intention ressort suffisamment des termes de l'arrêt, lorsqu'il y est déclaré que les paroles prononcées par l'avocat renfermaient une accusation grave contre le président, et qu'elles ont été singulièrement aggravées par son attitude. — Cr. r. 22 mai 1890, D.P. 90. 1. 495.

10270. L'art. 41 de la loi du 29 juill. 1881 sur la liberté de la presse (D.P. 81. 4. 65) atténue la peine édictée par l'art. 23 de la loi du 17 mai 1819, qui permettait de prononcer une suspension de six mois au plus, pour la première infraction, peine qui, en cas de récidive, pouvait être d'un an au moins et de cinq ans au plus, en décidant que la durée de la suspension ne pourra excéder deux mois, et six mois en cas de récidive *dans l'année*. — J.G.S. *Avocat*, 232. — V. *Code de procédure civile*, n° 31.

10271. Le tribunal de première instance devant lequel une faute est commise par un avocat ne peut pas la réprimer disciplinairement, sans qu'il soit obligé de statuer à cet égard séance tenante, pourvu qu'il rende sa décision à un moment où il est encore saisi du procès au cours duquel ladite faute s'est manifestée. — Req. 28 mars 1882, D.P. 82. 1. 282-283. — V. *Code de procédure civile*, n° 35.

10272. Décidé également que, si le jugement ou l'arrêt qui prononce une condamnation à raison du manquement commis par l'avocat à l'audience ne sont pas rendus séance tenante, ils ne peuvent l'être valablement que tant que les magistrats restent saisis de l'affaire à l'occasion de laquelle l'infraction s'est produite. — Civ. c. 21 mai 1878, D.P. 79. 1. 17.

10273. Toutefois, le juge à l'audience duquel ont été produits des écrits contraires aux règles de la discipline n'est pas tenu de statuer par une seule et même décision sur l'incident disciplinaire et sur le fond; la loi exige seulement qu'il statue avant d'être dessaisi du procès principal. — Même arrêt.

10274. Une cour ne peut être considérée comme dessaisie de l'instance principale au cours de laquelle s'est produit un incident qui a donné lieu à l'application d'une peine disciplinaire à un avocat, lorsque, ayant joint l'incident au fond, elle statue à la même audience et sans désemparer sur l'affaire principale et sur la faute disciplinaire, encore qu'elle n'ait pas prononcé sur celle-ci qu'en dernier lieu. — Civ. r. 22 mai 1890, D.P. 90. 1. 495.

10275. La condamnation prononcée par le tribunal contre l'avocat épuise l'action disciplinaire au premier degré, et il y a excès de pouvoir de la part du conseil de l'ordre des avocats qui s'agit de la même faute pour y statuer à une date postérieure. — Arrêt préc. 28 mars 1882.

10276. Il est admis par la cour de cassation qu'en matière disciplinaire, même lorsqu'il s'agit de jugements statuant sur des fautes commises à l'audience, la rédaction des qualités dans la forme prescrite par le code de procédure n'est pas obligatoire ; il suffit que le procès-verbal qui précède les motifs et le dispositif de la décision disciplinaire contienne un exposé des faits et de l'instruction suffisant pour permettre d'apprécier la régularité de cette décision. — Arrêt préc. 21 mai 1878.

§ 4. — *Recours contre les décisions disciplinaires* (C. proc. civ. nos 46 à 63).

10277. Lorsqu'un conseil de préfecture a prononcé, en vertu des art. 88 et suiv. C. proc. civ. et conformément à l'art. 13 de la loi du 21 juin 1865 (D.P. 65. 4. 63), une condamnation à une peine correctionnelle contre un avocat pour outrages commis à l'audience envers les magistrats au cours de sa plaidoirie, la cour d'appel est incompétente pour connaître de l'appel formé contre cette décision, et la suspension du second degré qui a lieu, le conseil d'État, désigné par la loi du 24 mai 1872, art. 9 (D.P. 72. 4. 88), pour statuer souverainement sur les recours en matière contentieuse. — Cr. r. 18 avr. 1885, D.P. 83. 4. 377. — V. *suprà*, nos 1866 et s.

10278. Lorsqu'il a été relevé appel, d'une part, du jugement du tribunal qui a statué disciplinairement sur la faute de l'avocat, d'autre part, de la décision du conseil de l'ordre relative à la même faute, un fait unique se trouve déféré à deux juridictions différentes, la chambre civile de la cour et l'assemblée des chambres réunies de la même cour : il y a lieu en conséquence à règlement de juges par la cour de cassation. — Req. 28 mars 1882, D.P. 82. 1. 282-283.

10279. La chambre des requêtes doit, dans ce cas, annuler la délibération du conseil de l'ordre des avocats, et renvoyer l'affaire devant la chambre civile de la cour, juridiction d'appel du tribunal de première instance qui a connu légitimement de la faute disciplinaire commise à son audience. — Même arrêt.

10280. Le jugement qui prononce une condamnation pour un manquement commis par un avocat à l'audience est exécutoire par provision, sans qu'il y ait lieu de distinguer entre les jugements disciplinaires et ceux émanant des tribunaux correctionnels et ceux émanant des tribunaux civils. — J.G.S. *Avocat,* 241.

10281. Par suite, doit être cassé l'arrêt qui déclare suspensif l'appel interjeté par un avocat contre le jugement qui l'a condamné à la suspension pour trouble de l'audience du tribunal correctionnel. — Cr. c. 24 avr. 1875, D.P. 75. 1. 441-442.

10282. L'avocat condamné par une cour d'appel à la peine de l'*injonction*, à raison d'une faute commise ou découverte à l'audience, peut déférer cette décision à la cour de cassation comme entachée d'excès de pouvoir. — Civ. c. 24 mai 1878, D.P. 79. 1. 17. — V. *Code de procédure civile,* nº 61.

10283. Il résulte des termes exprès de l'art. 163 du décret du 30 mars 1808 que, dans le cas où la peine prononcée serait celle de la suspension, le pourvoi de l'avocat serait recevable s'il était fondé sur tout autre grief de nature à motiver un recours en cassation dans les termes du droit commun. — J.G.S. *Avocat,* 247.

10284. Le doute est possible, au contraire, pour le cas où l'avocat a été condamné à

une peine inférieure : il semble, en effet, résulter *a contrario* de l'art. 193 que le pourvoi n'est pas possible en ce cas, à moins qu'il ne soit formé pour incompétence ou excès de pouvoir. — J.G.S. *Avocat,* 247.

10285. Dans les matières disciplinaires, lorsqu'il ne s'agit pas de fautes commises et jugées publiquement à l'audience d'un tribunal de répression, il y a lieu, quant au pourvoi en cassation, de suivre les formes usitées pour les matières civiles ; en conséquence, le pourvoi formé par un avocat contre une décision disciplinaire n'est recevable que si la déclaration en est faite par une requête signée d'un avocat près la cour de cassation, déposée au greffe civil de cette cour avec une quittance de consignation d'amende. — Req. 4 nov. 1890, D.P. 91. 5. 55.

10286. La consignation de l'amende est exigée pour la recevabilité du pourvoi formé par un avocat contre le jugement d'un conseil de guerre qui a prononcé contre lui la peine de l'avertissement. — Cr. r. 9 janv. 1880, J.G.S. *Avocat,* 248.

Art. 17. L'exercice du droit de discipline ne met point obstacle aux poursuites que le ministère public ou les parties civiles se croiraient fondés à intenter dans les tribunaux, pour la répression des actes qui constitueraient des délits ou des crimes.

10287. Une cour d'appel, statuant sur le fond d'une poursuite disciplinaire, n'excède pas son pouvoir d'appréciation, après avoir spécifié les manquements imputables à l'avocat poursuivi disciplinairement, en se référant à un jugement correctionnel rendu contre ce dernier à l'occasion des mêmes faits. — Req. 29 juill. 1884, D.P. 85. 1. 237. — Comp. *Code de procédure civile,* nº 3.

Art. 18. Les peines de discipline sont :

L'avertissement,
La réprimande,
L'interdiction temporaire,
La radiation du tableau.

L'interdiction temporaire ne peut excéder le terme d'une année.

10288. En annulant une décision disciplinaire comme entachée d'excès de pouvoir, la cour peut ordonner que son arrêt sera transcrit en marge de cette décision. — Dijon, 3 mars 1880, D.P. 81. 2. 29. — Nîmes, 17 avr. 1880, D.P. 81. 2. 89-90. — Montpellier, 21 janv. 1880, D.P. 85. 2. 262.

10289. La transcription de l'arrêt d'annulation d'une délibération du conseil de l'ordre des avocats sur les registres de ce conseil est une mode de l'avertissement prévu par l'art. 18 de l'ordonnance du 20 nov. 1822, et constitue dès lors une peine disciplinaire. — Civ. c. 30 juill. 1883, D.P. 84. 1. 393, et sur renvoi, Montpellier, 28 janv. 1884, D.P. 84. 2. 205. — Comp. *Code de procédure civile,* nº 3, et V. *infrà*, art. 25, nos 10308 et s.

Art 19. Aucune peine de discipline ne peut être prononcée sans que l'avocat inculpé ait été entendu, ou appelé avec délai de huitaine.

10290. — I. EXCÈS DE POUVOIR (C. proc. civ. nos 1 à 11). — Si les conseils de discipline ne sont pas tenus de recourir à une enquête régulière, rien ne les empêche d'entendre des témoins, s'ils le jugent utile. — J.G.S. *Avocat,* 202. — V. *Code de procédure civile,* nº 7.

10291. Mais les juridictions disciplinaires ne peuvent, sans sortir de leurs droits de l'autorité judiciaire, contrôler ou dénier l'existence de faits compris dans une poursuite criminelle ou correctionnelle pendante de-

vant la justice ordinaire. — Civ. c. 9 nov. 1884, D.P. 82. 1. 281, et Observ. sous cet arrêt, D.P. 82. 1. 281, note 3. — Comp. Civ. c. 9 nov. 1881, D.P. 82. 1. 281.

10292. En conséquence, dans le cas d'une poursuite disciplinaire exercée d'office contre un avocat et fondée sur des faits dont la juridiction correctionnelle est déjà saisie (spécialement, sur une prévention de complicité de fraudes électorales), le conseil de l'ordre excède ses pouvoirs en procédant à une information sur les faits incriminés et en rendant une décision de relaxe dans laquelle leur existence est expressément déniée. — Arrêt préc. 9 nov. 1881. — Montpellier, 28 janv. 1884, D.P. 84. 2. 205.

10293. Décidé dans le même sens que, dans le cas d'une poursuite disciplinaire intentée contre un avocat à raison de faits ayant déjà été appréciés par la juridiction correctionnelle, le conseil de l'ordre, bien qu'il ait en principe le droit de se livrer à de nouvelles investigations, excède pourtant ses pouvoirs en accueillant une offre de preuve testimoniale qui, dans les conditions et dans les termes où elle se produit, ne tend qu'à faire contrôler et reviser par lui le jugement précédemment intervenu, et qu'il en est ainsi, alors même que ce jugement n'a pas encore acquis l'autorité de la chose jugée. — Nîmes, 17 avr. 1880, D.P. 2. 89-90.

10294. Mais la détermination de procéder à une pareille enquête ne constitue pas une irrévérence envers la justice, quand elle a été prise sans aucune intention irrespectueuse, et par suite d'une simple erreur de droit. — Arrêt préc. 17 avr. 1880.

10295. — II. RÉCUSATION (C. proc. civ. nos 12 et 13). — Les récusations autorisées par le code de procédure sont applicables aux membres d'un conseil de discipline de l'ordre des avocats, et il en est de même de l'art. 60 de la loi du 27 vent. an 8, relatif à la suspicion légitime. — Toulouse, 22 juill. 1885, D.P. 86. 2. 275. — V. *Code de procédure civile,* nº 12, et *suprà*, art. 378, nos 4344 et s.

10296. Notamment le membre du conseil qui a un intérêt personnel incontestable à l'affaire et excluant de sa part toute indépendance, peut être récusé. — Même arrêt.

10297. Le conseil de l'ordre, saisi d'une action disciplinaire, n'est pas tenu, quand il l'objet d'une récusation de la part de l'avocat inculpé, de surseoir au jugement du fond, si l'avocat récusant ne justifie pas qu'il a soumis à la cour d'appel une requête à fin de renvoi, ni s'il ne rapporte pas une décision ordonnant la communication de cette requête et le sursis. — Civ. c. 28 avr. 1891, D.P. 91. 1. 409, et la note.

10298. Doit être annulé l'arrêt qui infirme la décision du conseil de l'ordre, parce qu'il n'a pas sursis au jugement de la plainte disciplinaire en présence d'une récusation collective, et qui néanmoins statue au fond sans s'occuper de la récusation en déclarant sans besoin l'action disciplinaire. — Même arrêt.

10299. Lorsqu'un conseil de discipline de l'ordre des avocats se trouve dans l'impossibilité de statuer, à la suite de récusations dirigées contre ses membres, il n'y a pas lieu à règlement de juges ; mais la cour doit évoquer, par analogie des dispositions des art. 473 C. proc. civ. et 215 C. instr. crim. — J.G.S. *Avocat,* 200. — Comp. Civ. r. 17 mars 1885, D.P. 85. 1. 239.

10300. Toutefois, les mots excès de critiqué : en pareil cas, la situation est toute différente de celle que suppose l'évocation. Le premier degré de juridiction faisant défaut, il n'y a plus qu'à s'adresser au second ; mais il n'y a ni évocation ni règlement de juges. — J.G.S. *Avocat,* 200. — Comp. Civ. r. 17 mars 1885, D.P. 85. 1. 239.

10301. — III. DÉLIBÉRATION (C. proc. civ.

nos 14 à 18]. — Les conseils de l'ordre des avocats délibèrent valablement avec le concours de la majorité de leurs membres: il n'est pas nécessaire que les membres présents forment les deux tiers, ni même la moitié plus un du nombre total des avocats composant le conseil. Ainsi, lorsque ce nombre est cinq, il suffit que trois membres (et non quatre) soient présents pour que le conseil puisse délibérer. — Douai, 19 juill. 1879, D.P. 80. 2. 13. — *Contra : Code de procédure civile*, no 15.

Art. 20. Dans les sièges où les fonctions du conseil de discipline seront exercées par le tribunal, aucune peine de discipline ne pourra être prononcée qu'après avoir pris l'avis écrit du bâtonnier.

Art. 21. Toute décision du conseil de discipline emportant interdiction temporaire ou radiation sera transmise, dans les trois jours, au procureur général, qui en assurera et en surveillera l'exécution.

Art. 22. Le procureur général pourra, quand il jugera nécessaire, requérir qu'il lui soit délivré une expédition des décisions emportant avertissement ou réprimande.

Art. 23. Pourra également le procureur général demander expédition de toute décision par laquelle le conseil de discipline aurait prononcé l'absolution de l'avocat inculpé.

Art. 24. Dans les cas d'interdiction à temps ou de radiation, l'avocat condamné pourra interjeter appel devant la cour du ressort.

10302. La disposition de l'art. 24 de l'ordonnance du 20 nov. 1822, aux termes de laquelle l'avocat ne peut appeler des décisions du conseil de discipline de son ordre qu'autant qu'elles prononcent la peine de l'interdiction ou de la radiation, ne s'applique pas au cas où ces décisions sont attaquées pour cause d'incompétence. — Agen, 28 avril 1875, D.P. 78. 5. 62-63.

10303. Mais l'appel n'est pas recevable, même pour cette cause, si le conseil disciplinaire n'a rendu qu'une décision purement préparatoire, prescrivant des mesures destinées à l'éclairer sur le point de savoir s'il lui appartenait de statuer sur la plainte dont il était saisi. — Même arrêt.

10304. L'appel est recevable contre une décision par laquelle un conseil a refusé de délibérer sur une demande de réinscription, refus équivalant, sinon à une radiation, du moins à une interdiction temporaire. — Dijon, 24 juill. 1872, J.G.S. *Avocat*, 206.

10305. Mais la décision du conseil de l'ordre rejetant la demande d'un ancien avocat en réinscription à *son rang d'ancienneté*, n'est pas susceptible d'appel devant la cour, l'ordre étant resté à cet égard maître de son tableau. — Rouen, 24 févr. 1877, J.G.S. *Avocat*, 65.

10306. On n'est pas recevable à interjeter appel d'une délibération du conseil de l'ordre qui n'a aucun caractère contentieux et disciplinaire, et ne constitue qu'un acte d'administration. — Montpellier, 21 janv. 1889, D.P. 89. 2. 262.

10307. L'appel d'une décision judiciaire qui interdit temporairement à un avocat l'exercice de sa profession est suspensif, et l'avocat ainsi suspendu peut se présenter à la barre du tribunal jusqu'à ce qu'il ait statué sur son appel. — Bordeaux, 15 oct. 1874, D.P. 76. 5. 50.

Art. 25. Le droit d'appeler des décisions rendues par les conseils de discipline, dans les cas prévus par l'art. 15, appartient également à nos procureurs généraux,

10308. Indépendamment du droit d'appel qui lui appartient en cas d'incompétence ou d'excès de pouvoir, le procureur général peut interjeter appel *à minimâ* de toute décision disciplinaire émanée d'un conseil de l'ordre des avocats, à l'égard d'un membre du barreau. — Req. 29 juill. 1884, D.P. 85. 4. 237. V. *Code de procédure civile*, no 1.

10309. Par suite, lorsque le procureur général a interjeté appel *à minimâ* d'une décision du conseil de l'ordre prononçant la peine disciplinaire de la suspension contre un avocat, ce conseil ne peut, sans excès de pouvoirs, faire obstacle à l'appel ainsi interjeté, en admettant la demande de l'inculpé, tendant à être volontairement rayé du tableau. — Même arrêt.

10310. Le procureur général a le droit d'appeler des décisions des conseils de discipline dans tous les cas, non seulement pour requérir l'application d'une peine plus forte que celle qui a été prononcée, mais encore pour demander la réduction, l'abaissement ou même la suppression de la peine. — Montpellier, 6 mars 1890, D.P. 91. 2. 142.

10311. L'application par le conseil de l'ordre à un avocat d'une peine disciplinaire, d'ailleurs reconnue par la loi, peut constituer un mal jugé, mais ne saurait être considérée comme un excès de pouvoir. — Même arrêt.

10312. Dans le cas de délibération illégalement prise par l'assemblée entière de l'ordre des avocats d'un barreau, c'est par voie d'action directe devant la cour d'appel doit être saisie, par voie d'action directe devant la cour d'appel dont doit être saisie. (Sol. implic.) Dijon, 3 mars 1880, D.P. 81. 2. 29. — V. *Code de procédure civile*, no 16.

10313. Les procureurs généraux sont toujours recevables à poursuivre dans un intérêt public, par voie d'action directe contre les bâtonniers, représentants légaux des conseils de l'ordre des avocats, l'annulation pour incompétence ou excès de pouvoir des délibérations de ces conseils. — Montpellier, 21 janv. 1889, D.P. 87. 2. 262. — V. *Code de procédure civile*, nos 14 et 15.

10314. En matière de discipline des avocats, l'action du ministère public tendant à faire annuler une délibération du conseil de l'ordre pour excès de pouvoir, n'est pas subordonnée à la condition de faire prononcer une peine disciplinaire contre ceux qui l'ont prise. — Civ. c. 30 juill. 1883, D.P. 84. 1. 393, et sur renvoi, Montpellier, 28 janv. 1884, D.P. 84. 2. 205.

10315. Par suite, lorsque le procureur général a dirigé une action de cette nature contre les membres du conseil de l'ordre qui ont pris part à la délibération entachée d'excès de pouvoir, sans requérir contre eux l'application de peines disciplinaires, la cour d'appel saisie de cette action doit statuer sur la question qui lui est soumise sans se préoccuper de la procédure suivie contre les membres du conseil cités devant elle. — Mêmes arrêts.

10316. En tout cas, cette procédure est régulière, si le procureur général, en même temps qu'il demande l'annulation de la délibération, requiert la transcription de l'arrêt à intervenir sur les registres du conseil de l'ordre, cette transcription étant un mode de l'avertissement prévu par l'art. 18 de l'ordonnance du 20 nov. 1822, et constituant dès lors, une peine disciplinaire. — Mêmes arrêts. — V. *suprà*, art. 18, nos 10288 et s.

10317. La transcription, sur les registres de l'ordre, de l'arrêt qui prononce cette annulation peut être demandée par le ministère public, bien qu'un arrêt précédent, les membres du conseil ayant poursuivie disciplinaire dirigée contre eux à raison de cette même délibération, quoique poursuite ayant un objet *différent* de celui de l'action en annulation pour excès de pouvoir. — Arrêt préc. 28 janv. 1884.

10318. L'arrêt qui refuse d'annuler une délibération du conseil de l'ordre des avo-

cats manifestement entachée d'excès de pouvoir, s'approprie le vice de cette délibération, et, par suite, doit être annulé pour excès de pouvoir. — Civ. c. 9 nov. 1881, D.P. 82. 1. 281.

10319. Le bâtonnier de l'ordre des avocats ne peut, en principe, intervenir ni être valablement appelé devant la cour pour y défendre les décisions disciplinaires du conseil. — Montpellier, 5 mars 1890, D.P. 91. 2. 142. — V. *suprà*, no 10340.

10320. Par exception, il peut comparaître et prendre part aux débats, lorsqu'il est appelé par l'acte d'appel qui saisit la cour et que cet acte d'appel vise un excès de pouvoir. — Même arrêt.

Art. 26. L'appel, soit du procureur général, soit de l'avocat condamné, ne sera recevable qu'autant qu'il aura été formé dans les dix jours de la communication qui leur aura été donnée, par le bâtonnier, de la décision du conseil de discipline.

10321. — I. FORMES ET INSTRUCTIONS DE L'APPEL (C. proc. civ. nos 1 à 7). — L'appel dirigé contre une décision d'un conseil de discipline, relative à l'inscription ou à la radiation d'un avocat sur le tableau, doit être relevé, à peine de déchéance, dans les dix jours qui suivent celui où l'appelant a eu connaissance de la décision attaquée. — (Sol. implic.) Toulouse, 11 févr. 1885, D.P. 85. 2. 233.

10322. Mais l'appel contre les élections des membres du conseil de l'ordre formé dans le délai légal est recevable, alors même qu'il est fondé sur les mêmes irrégularités dont on prétendait entachée la décision du conseil de discipline et quoique cette décision soit passée en force de chose jugée. — Même arrêt.

10323. Cet appel peut être interjeté sous forme de lettre missive. — Même arrêt. — V. *Code de procédure civile*, no 5.

10324. Lorsque l'appel est relevé par le procureur général, non pour mal jugé, mais pour violation de la loi ou excès de pouvoir, cette action peut être exercée quel que soit le délai écoulé, et sans qu'on puisse opposer au procureur général, comme fin de non-recevoir, son silence ou son acquiescement. — Alger, 15 févr. 1864, J.G.S. *Avocat*, 67.

10325. Un avocat est valablement assigné en matière disciplinaire par le ministère public, bien qu'il ait déjà reçu d'autres significations relatives à la même procédure, et qu'il s'est lui-même attribué dans le cours de ladite procédure, alors qu'il n'est intervenu, depuis cette attribution, aucun acte manifestant à la partie poursuivante le changement de domicile de l'inculpé. — Req. 29 juill. 1884, D.P. 85. 1. 237.

10326. Les matières disciplinaires sont soumises aux règles de la procédure civile; spécialement, la cour qui infirme la décision d'un conseil de l'ordre d'avocats doit, pour apprécier s'il y a lieu à évocation, se conformer aux dispositions de l'art. 215 C. proc. civ. et non à celles de l'art. 215 C. instr. crim. — Alger, 4 nov. 1889, D.P. 91. 2. 141. — V. *suprà*, art 473, nos 6196 et s.

10327. La décision d'un conseil de discipline, confirmée en appel, qui prononce une radiation du tableau, n'est pas attaquable par la voie de la requête civile; car, s'agissant de juridictions exceptionnelles, il n'y a pas lieu de recourir au silence de la loi, — Chambéry, 25 janv. 1871, J.G.S. *Avocat*, 230.

10328. — II. POURVOI EN CASSATION (C. proc. civ. nos 8 à 13). — Les décisions disciplinaires qui prononcent des peines non prévues par la loi sont susceptibles de recours en cassation. — Montpellier, 14 févr. 1865, J.G.S. *Avocat*, 80,

Art. 27. Les cours statueront sur l'appel en assemblée générale et dans la chambre du conseil, ainsi qu'il est prescrit par l'art. 52 de la loi du 20 avr. 1810, pour les mesures de discipline qui sont prises à l'égard des membres des cours et des tribunaux (1).

10329. L'art. 52 de la loi du 20 avr. 1810 ayant été expressément abrogé par l'art. 19 de la loi du 30 août 1883 sur la réforme de l'organisation judiciaire, l'appel ne doit pas être jugé en chambre du conseil. — D.P. 83. 4. 69.

10330. L'appel est porté devant la cour qui statue en assemblée générale : la cour est régulièrement composée, si chaque chambre compte le nombre de conseillers requis pour la composer séparément. — Civ. c. 29 août 1877, D.P. 77. 1. 489. — V. *Code de procédure civile*, n° 3.

10331. Une cour d'appel, comptant en tout vingt-trois membres, réunie en assemblée générale pour statuer sur la poursuite disciplinaire dirigée par le procureur général contre un avocat, est régulièrement composée de dix-neuf magistrats, y compris le premier président; en ce cas, il n'est pas nécessaire que l'arrêt mentionne la cause de l'absence de quelques membres de ladite cour, dont l'absence est présumée valable et justifiée. — Req. 29 juill. 1884, D.P. 85. 1. 237.

10332. Le droit de récusation contre les magistrats s'exerce conformément à l'art. 378 c. proc. civ. — J.G.S. *Avocat*, 218. — V. *supra*, art. 378, n°s 4335 et s.

10333. On ne peut récuser, à raison de sa parenté, un avocat. La poursuite disciplinaire dirigée contre un avocat, un magistrat cousin issu de germain de la personne qui s'était constitué partie civile contre cet avocat dans une instance correctionnelle antérieure, mais qui n'est point partie dans la poursuite disciplinaire. — Req. 29 juill. 1884, D.P. 85. 1. 237.

10334. Dans le cas où les débats ont lieu devant la cour ou chambre du conseil, il n'est pas possible, soit au point de vue disciplinaire, soit autrement, de les divulguer ou d'en faire état, et, dans tous les cas, la liberté de la défense veut qu'aucune action ne soit possible à raison de discours ou écrits produits pour cette affaire. — Toulouse, 22 juill. 1865, D.P. 66. 2. 275.

Art. 28. Lorsque l'appel aura été interjeté par l'avocat condamné, les cours pourront, quand il y aura lieu, prononcer une peine plus forte, quoique le procureur général n'ait pas lui-même appelé.

Art. 29. L'avocat qui aura encouru la peine de la réprimande ou de l'interdiction sera inscrit au dernier rang de la colonne dont il fera partie.

10335. D'après une décision d'un conseil de discipline, l'art. 29 de l'ordonnance de 1822 portant que l'avocat qui aura encouru la peine de la réprimande ou de l'interdiction sera inscrit *au dernier rang de la colonne dont il fait partie*, n'a pas été abrogé par la disposition de l'ordonnance de 1830 qui a

supprime le classement par colonnes. — Décis. du conseil de discipline du barreau d'Espalion, J.G.S. *Avocat*, 80.

10336. Mais le conseil reste maître de fixer le rang à donner à l'avocat atteint par une de ces mesures disciplinaires, sans que sa décision à cet égard soit susceptible d'appel. — Montpellier, 14 févr. 1865, J.G.S. *Avocat*, 80.

TIT. III. — DU STAGE.

Art. 30. La durée du stage sera de trois ans.

Art. 31. Le stage pourra être fait en diverses cours, sans qu'il doive néanmoins être interrompu pendant plus de trois mois.

10337. D'après un arrêt, le stage de trois années exigé pour l'inscription au tableau d'une cour peut être indifféremment accompli par l'avocat stagiaire devant une cour d'appel ou devant un tribunal. — Chambéry, 4 juill. 1876, D.P. 77. 1. 489. — *Contra* : *Code de procédure civile*, n° 2.

10338. Cette question a généralement été résolue par les barreaux dans un sens opposé: les art. 30 et 31 de l'ordonnance de 1822, en disant que le stage de l'avocat pourra être fait en diverses cours, ont seulement voulu déclarer qu'il n'y a pas nécessité de le commencer et de l'accomplir dans la même cour. Mais il a toujours paru impossible aux conseils de l'ordre établis près des cours que le stage commencé près d'un tribunal d'appel et avoir la même latitude est tellement accompli près d'une cour d'appel et avoir la même valeur que s'il eût été commencé devant cette cour. — Observ. sous l'arrêt précité, D.P. 77. 1. 489, note 6.

10339. La loi ayant créé une différence hiérarchique entre les deux sièges, il n'a pas été jugé légal ni rationnel d'assimiler les deux stages. En outre, les règles peuvent différer, l'enseignement professionnel n'y est pas donné avec la même latitude et la même perfection. — Décis. du Cons. de l'ordre de Paris du 11 déc. 1833, D.P. 77. 1. 489, note 6.

10340. Suivant un arrêt, l'exercice de fonctions dans la magistrature équivaut au stage réglementaire dans un barreau. — Chambéry, 4 juill. 1876, D.P. 77. 1. 489. — *Contra* : *Code de procédure civile*, n° 7.

10341. Mais cette interprétation paraît difficile à concilier avec les textes et les principes qui régissent la matière, et notamment avec les dispositions formelles des art. 30 et 31 de l'ordonnance de 1822. — Observ. sous cet arrêt, D.P. 77. 1. 489, note 7.

10342. D'après une lettre de M. le bâtonnier Bethmont au procureur général, en date du 22 mars 1853, le conseil de l'ordre des avocats de Paris admet immédiatement au tableau les anciens magistrats des cours d'appel, lorsque leurs fonctions ont duré pendant un temps convenable ou leur retraite a été honorable. — J.G.S. *Avocat*, 36.

10343. Toutefois il n'en est pas de même pour les magistrats de première instance; car des tribunaux éloignés de Paris ou dont les ressorts sont peu considérables, peuvent ignorer complètement les règles de la profession d'avocat au barreau de Paris : et, d'un autre côté, certains tribunaux se rapprochent tellement du barreau de Paris et sont tellement familiers avec ses habitudes, qu'il serait déraisonnable de faire subir un stage de trois ans aux magistrats qui, pendant de longues années, ont été revêtus de hautes fonctions remplies dans la magistrature. — J.G.S. *Avocat*, 36.

10344. En pareil cas, le conseil de l'ordre admet au stage les anciens magistrats; mais, lorsqu'un temps plus ou moins prolongé lui donne la certitude que l'ancien magistrat peut et doit figurer avec honneur

sur le tableau, il abrège la durée du stage suivant la durée et l'importance des fonctions remplies dans la magistrature. — J.G.S. *Avocat*, 36.

10345. Il en a été quelquefois de même à l'égard des personnes qui, après avoir commencé leur stage et l'avoir abandonné pour des fonctions étrangères à la profession d'avocat, se présentaient pour être admises au tableau. Le conseil, prenant en considération l'éminence des fonctions, les services rendus et l'honorabilité des personnes, a abrégé la durée du stage. — J.G.S. *Avocat*, 36.

Art. 32. Les conseils de discipline pourront, selon les cas, prolonger la durée du stage.

10346. A Paris, un arrêté du 16 mars 1852 a décidé qu'à l'avenir les stagiaires, après trois ans de stage, seraient interpellés de dire pourquoi ils ne se font pas inscrire au tableau; mais, dans l'usage actuel, ce n'est qu'après cinq ans que les stagiaires sont mis en demeure par le conseil de solliciter leur admission ou de donner leur démission. En tous cas, après cinq ans, ils sont omis de la liste, car il y a alors contre eux présomption d'inexactitude ou d'irrésolution. — J.G.S. *Avocat*, 43. — V. *Code de procédure civile*, n° 1.

10347. Sur la question de savoir si les conseils de discipline ont le pouvoir d'abréger la durée du stage, V. *supra*, n°s 10342 et s.

Art. 33. Les avocats stagiaires ne feront point partie du tableau. Ils seront néanmoins répartis et inscrits à la suite de chacune des colonnes, selon la date de leur admission.

10348. Indépendamment de l'assiduité aux audiences qui a été, de tout temps, une des conditions du stage, les avocats stagiaires sont soumis, à Paris, à la double obligation d'assister aux séances de la conférence présidée par le bâtonnier et aux réunions des colonnes. — J.G.S. *Avocat*, 45.

10349. La conférence dont l'existence a été légalement reconnue par l'art. 5 du décret du 22 mars 1852 (V. *infra*, p. 366) est établie dans l'intérêt des stagiaires ; elle a pour objet : 1° d'exercer les stagiaires et les jeunes avocats à l'art de la parole et à la discussion des questions de droit; 2° d'entendre, chaque année, les discours prononcés par deux stagiaires; 3° de constater l'assiduité de tous à y remplir les devoirs de stagiaire pendant sa durée. — J.G.S. *Avocat*, 46.

10350. Les colonnes rétablies par un arrêté du 16 mai 1851 n'ont plus le caractère de celles qui avaient été supprimées par l'ordonnance du 27 août 1830 et dont, d'après l'ordonnance de 1822, constituait le tableau des avocats inscrits. Les colonnes nouvelles sont exclusivement composées de stagiaires. — J.G.S. *Avocat*, 47.

10351. Elles ont pour objet, comme la conférence, de contrôler l'assiduité des stagiaires, d'exercer sur eux la surveillance prescrite par l'art. 44 de l'ordonnance de 1822, et, d'un autre côté, de les initier à la connaissance des usages, règles, devoirs et droits de la profession. — J.G.S. *Avocat*, 47.

10352. Les stagiaires sont répartis par voie de tirage au sort dans les différentes colonnes qui sont au nombre de seize. Chaque colonne est présidée par un membre du conseil assisté d'un secrétaire de la conférence, chargé de prendre note des présences et de dresser un procès-verbal sommaire de la séance. — J.G.S. *Avocat*, 47.

Art. 34. Les avocats stagiaires ne pourront plaider ou écrire dans aucune cause qu'après

---

(1) *Ancien art.* 52 (L. 20 avr. 1810). L'application des peines déterminées par l'art. 50 ci-dessus sera faite en chambre du conseil par les tribunaux de première instance, s'il s'agit d'un juge de ces tribunaux, ou d'un membre de justice de paix ou d'un juge de police de leur arrondissement.

Lorsqu'il s'agira d'un membre des cours impériales ou d'assises, l'application sera faite par les cours impériales en la chambre du conseil.

avoir obtenu, des deux membres du conseil de discipline appartenant à leur colonne, un certificat constatant leur assiduité aux audiences pendant deux années. Ce certificat sera visé par le conseil de discipline.

10353. La nullité d'un arrêt de condamnation ne pourrait résulter de cette circonstance que l'accusé a choisi lui-même pour défenseur un stagiaire qui ne remplit pas les conditions voulues par les art. 34 et 35. — Cr. r. 28 févr. 1857, J.G.S. *Avocat*, 48.

Art. 35. Dans les sièges où le nombre des avocats inscrits au tableau sera inférieur à celui de vingt, le certificat d'assiduité sera délivré par le président et par notre procureur.

Art. 36. Sont dispensés de l'obligation imposée par l'art. 34 ceux des avocats stagiaires qui auront atteint leur vingt-deuxième année.

Art. 37. Les avoués licenciés en droit qui, après avoir donné leur démission, se présenteront pour être admis dans l'ordre des avocats, seront soumis au stage.

10354. L'avocat qui, après avoir exercé la profession d'avoué, veut reprendre celle d'avocat, doit être de nouveau soumis au stage, alors même qu'il aurait été précédemment inscrit au tableau de l'ordre des avocats. — Décis. du conseil de l'ordre des avocats de Paris du 20 déc. 1859, J.G.S. *Avocat*, 90. — *Contra*: Décis. du même conseil du 18 juin 1850, *ibid.* — V. *Code de procédure civile*, n° 1.

TIT. IV. — Dispositions générales.

Art. 38. Les licenciés en droit sont reçus avocats par nos cours royales. Ils prêtent serment en ces termes: « Je jure d'être fidèle au roi et d'obéir à la charte constitutionnelle, de ne rien dire ou publier, comme défenseur ou conseil, de contraire aux lois, aux règlements, aux bonnes mœurs, à la sûreté de l'État et à la paix publique, et de ne jamais m'écarter du respect dû aux tribunaux et aux autorités publiques. »

10355. La partie politique de cette formule sacramentelle a été abrogée virtuellement par le décret du 5 sept. 1870 qui a aboli le serment politique. — D.P. 70. 4. 86.

Art. 39. Les avocats inscrits aux tableaux de la cour royale pourront seuls plaider devant elle.

Ils ne pourront plaider hors du ressort de la cour près de laquelle ils exercent, qu'après avoir obtenu, sur l'avis du conseil de discipline, l'agrément du premier président de cette cour et l'autorisation de notre garde des sceaux ministre secrétaire d'État au département de la justice.

Art. 40. Les avocats attachés à un tribunal de première instance ne pourront plaider que dans la cour d'assises et dans les autres tribunaux du même département.

Art. 41. L'avocat nommé d'office pour la défense d'un accusé ne pourra refuser son ministère, sans faire approuver ses motifs d'excuse et d'empêchement par les cours d'assises, qui prononceront, en cas de résistance, l'une des peines déterminées par l'art. 18 ci-dessus.

10356. L'abandon de la défense constitue, d'après la jurisprudence des conseils de l'ordre, une faute grave entraînant une répression disciplinaire. Au criminel, les règles du barreau, comme les dispositions de la loi, exigent que l'accusé soit assisté d'un défenseur, même s'il refuse cette défense. Les conseils de discipline ont, d'ailleurs, le pouvoir d'apprécier les motifs qui ont déterminé l'avocat à quitter l'audience et à abandonner la défense. — J.G.S. *Avocat*, 104. — V. *supra*, n°s 10233 et s.

10357. L'avocat nommé d'office, en cas d'assistance judiciaire, ne peut pas refuser la mission qui lui a été confiée, même lorsque le client déclare qu'il ne veut pas accepter son assistance. — Trib. civ. de Châteaubriant, 10 juill. 1884, D.P. 86. 3. 48.

10358. Le conseil de l'ordre de Paris ne l'admet que si l'avocat invoque de graves motifs, et alors il doit les faire connaître au conseil. — Arrêté du 9 déc. 1833, J.G.S. *Avocat*, 103.

Art. 42. La profession d'avocat est incompatible avec toutes les fonctions de l'ordre judiciaire, à l'exception de celle de suppléant; avec les fonctions de préfet, de sous-préfet et de secrétaire général de préfecture; avec celles de greffier, de notaire et d'avoué; avec les emplois à gages et ceux d'agents comptables; avec toute espèce de négoce. En sont exclues toutes les personnes exerçant la profession d'agent d'affaires.

DIVISION.

§ 1. — *Fonctions incompatibles avec la profession d'avocat* (n° 10359).

§ 2. — *Fonctions compatibles avec la profession d'avocat* (n° 10376).

§ 1er. — *Fonctions incompatibles avec la profession d'avocat* (C. proc. civ. n°s 1 à 50).

10359. — II. INCOMPATIBILITÉS ABSOLUES (C. proc. civ. n°s 6 à 12). — Parmi les incompatibilités absolues admises par le conseil de discipline de Paris, se trouve celle qui résulte de la qualité d'ancien huissier. Le conseil a persisté sur ce point dans sa jurisprudence. — J.G.S. *Avocat*, 53.

10360. — II. INCOMPATIBILITÉS RELATIVES OU TEMPORAIRES (C. proc. civ. n°s 13 à 50). — D'après les décisions les plus récentes du conseil de l'ordre des avocats de Paris, les situations emportant incompatibilité temporaire sont celles de : 1° rédacteur appointé au ministère de la justice. — Arrêté du 25 mars 1863, J.G.S. *Avocat*, 87.

10361. ... 2° De secrétaire du président de la cour des comptes. — Arrêté du 8 nov. 1859, J.G.S. *Avocat*, 87.

10362. ... 3° De secrétaire intime d'un préfet. — Arrêté du 6 nov. 1855, J.G.S. *Avocat*, 87.

10363. ... 4° D'archiviste public. — Arrêtés des 8 et 7 juill. 1856, J.G.S. *Avocat*, 87.

10364. ... 5° De directeur d'une société anonyme. — Arrêté du 1er mars 1853, J.G.S. *Avocat*, 87.

10365. ... 6° De membre du conseil d'administration d'une société anonyme. — Arrêté du 27 juin 1865, J.G.S. *Avocat*, 87.

10366. ... 7° De membre du conseil d'administration d'une société à responsabilité limitée. — J.G.S. *Avocat*, 87.

10367. ... 8° De membre du conseil de surveillance dans une société en commandite. — J.G.S. *Avocat*, 87.

10368. ... 9° De commissaire d'une société à responsabilité limitée. — J.G.S. *Avocat*, 87.

10369. D'après une autre décision, l'incompatibilité n'existerait pas entre la profession d'avocat et celle de conseur d'une compagnie d'assurances. — Arrêté du 27 avr. 1858, J.G.S. *Avocat*, 87.

10370. Sont encore incompatibles avec la profession d'avocat les fonctions suivantes : 1° liquidateur de la compagnie des Indes, dans laquelle l'avocat peut avoir un intérêt. — Arrêté du 24 déc. 1861, J.G.S. *Avocat*, 87.

10371. ... 2° Employé pour les expropriations dans une compagnie de chemins de fer. — Arrêté du 5 août 1856, J.G.S. *Avocat*, 87.

10372. ... 3° Rédacteur en chef d'un journal, lorsqu'il est appointé par l'imprimeur propriétaire. — Arrêté du 1er mars 1859, J.G.S. *Avocat*, 87.

10373. ... 4° Ingénieur maritime avec traitement. — Arrêté du 7 mars 1854, J.G.S. *Avocat*, 87.

10374. Un officier en activité de service ne peut réclamer son inscription au tableau de l'ordre des avocats. — Arrêté du conseil de l'ordre des avocats de Paris, 8 mars 1831. J.G. *Avocat*, 190. — Décis. de la Chancellerie du 7 nov. 1879, *Bull. min. just.* 1879, p. 235.

10375. Après avoir été considéré longtemps comme entraînant une incompatibilité absolue, la qualité d'ancien *arbitre rapporteur* près les tribunaux de commerce paraît devoir être regardée aujourd'hui comme n'entraînant qu'une incompatibilité relative ou temporaire. — J.G.S. *Avocat*, 94.

§ 2. — *Fonctions compatibles avec la profession d'avocat.* (C. proc. civ. n°s 51 à 63).

10376. Les fonctions suivantes ont été considérées comme ne constituant aucune incompatibilité. Ce sont : 1° celles de président de la Chambre des députés du conseil. — J.G.S. *Avocat*, 91.

10377. Un arrêté du conseil du 9 mars 1832 avait déclaré que les fonctions de président du Corps législatif étaient incompatibles avec la profession d'avocat; mais cette jurisprudence n'est plus suivie aujourd'hui. — J.G.S. *Avocat*, 91.

10378. ... 2° De chef de cabinet du président de la Chambre des députés. — J.G.S. *Avocat*, 91.

10379. ... 3° De secrétaire du président du conseil d'État. — Arrêté du 15 janv. 1859, J.G.S. *Avocat*, 91.

10380. ... 4° De secrétaire des présidences du Sénat et de la cour de cassation. — Arrêtés des 23 mars 1852 et 8 févr. 1859, J.G.S. *Avocat*, 91.

10381. ... 5° De conseiller d'État en service extraordinaire et auditeur de 2e classe. — Arrêté du 17 janv. 1857, J.G.S. *Avocat*, 91.

10382. ... 6° D'auditeur à la cour des comptes. — Arrêté du 3 avr. 1856, J.G.S. *Avocat*, 91.

10383. ... 7° D'attaché, sans appointements et sans assiduité obligée, au contentieux des communes, au ministère de l'intérieur. — Arrêté du 20 mai 1854, J.G.S. *Avocat*, 91.

10384. ... 8° De magistrat honoraire. — Arrêté du 5 avr. 1854, J.G.S. *Avocat*, 91.

10385. ... 9° De membre de la société des gens de lettres. — Arrêté du 21 nov. 1865, J.G S. *Avocat*, 91.

10386. Suivant un arrêté, un avocat peut recevoir une rémunération aux fonctions du conseil judiciaire; mais, s'il est attaché à une rémunération aux fonctions du conseil judiciaire, elle doit être complètement volontaire et ne peut faire l'objet d'une convention préalable ni d'aucune exigence de la part de l'avocat. — Arrêté du 10 févr. 1863, J.G.S. *Avocat*, 91.

10387. Il a été également décidé qu'un médecin pouvait être maintenu sur le tableau des avocats à la condition de modifier ses cartes de visite qui mentionnaient ses deux professions, mais cette décision parait avoir été déterminée en fait par la considération de la possession d'État. — Arrêté du 17 avr. 1855, J.G.S. *Avocat*, 91.

10388. Antérieurement à la loi du 23 juin 1865, les fonctions de conseiller de préfecture n'étaient pas considérées comme incompatibles avec la profession d'avocat. — J.G.S. Avocat, 92. — V. Code de procédure civile, nº 56.

10389. Cette solution ne pourrait être maintenue en présence des termes de l'art. 3 de cette loi qui déclare les fonctions de conseiller de préfecture incompatibles avec l'exercice « d'une profession ». — J.G.S. Avocat, 92.

10390. Mais il a été décidé qu'un conseiller de préfecture mis en disponibilité sans traitement n'est l'objet d'aucune incompatibilité qui empêche son inscription au tableau de l'ordre des avocats. — Lyon, 1ᵉʳ juill. 1891, D.P. 92. 2. 73.

10391. Toutefois cette solution a été critiquée par le motif que, d'après les principes et d'après le texte même de la loi de 1865, c'est la fonction de conseiller de préfecture et non pas l'exercice de cette fonction qui est incompatible avec toute autre profession, et que le conseiller de préfecture en disponibilité conserve néanmoins sa fonction, bien qu'il cesse momentanément de l'exercer. — Observations de M. Cohendy sous l'arrêt précité, D.P. 92. 2. 73, note 1.

Art. 43. Toute attaque qu'un avocat se permettrait de diriger, dans ses plaidoiries ou dans ses écrits, contre la religion, les principes de la monarchie, la charte(1), les lois du royaume ou les autorités établies, sera réprimée immédiatement sur les conclusions du ministère public, par le tribunal saisi de l'affaire, lequel prononcera l'une des peines prescrites par l'art. 18, sans préjudice des poursuites extraordinaires, s'il y a lieu.

Art. 44. Enjoignons à nos cours de se conformer exactement à l'art. 9 de la loi du 20 avr. 1810 et, en conséquence, de faire connaître, chaque année, à notre garde des sceaux, ministre de la justice. ceux des avocats qui se seront fait remarquer par leurs lumières, leurs talents, et surtout par la délicatesse et le désintéressement qui doivent caractériser cette profession.

Art. 45. Le décret du 14 déc. 1810 est abrogé. Les usages observés dans le barreau, relatifs aux droits et aux devoirs des avocats dans l'exercice de leur profession, seront maintenus.

10392. L'avocat a une action contre l'avoué ou contre son client pour obtenir le payement de ses honoraires lorsqu'il est établi que l'avoué a touché les honoraires pour l'avocat, et en vertu d'un mandat tacite de ce dernier. La preuve de ce mandat peut résulter soit des usages de la localité, soit des bonnes relations existant entre les officiers ministériels et le barreau. — Trib. civ. Nîmes, 2 déc. 1868, J.G.S. Avocat, 113. — V. Code de procédure civile, nº 129.

10393. Si la jurisprudence accorde à l'avocat une action pour obtenir le payement des honoraires qui lui sont dus, la plupart des conseils de discipline ont adopté une pratique beaucoup plus rigoureuse et interdit ce droit aux membres du barreau. — J.G.S. Avocat, 120.

10394. Et l'infraction à cette règle est punie comme un des manquements les plus graves aux devoirs professionnels. — J.G.S. Avocat, 123.

10395. Toutefois, tandis que les anciens usages frappaient l'avocat contrevenant de la peine de la radiation, des délibérations plus récentes se contentent de prononcer

(1) V. supra, p. 358, note 1.

L'avertissement. — Arrêté du 10 juill. 1860, J.G.S. Avocat, 124. — V. Code de procédure civile, nº 16.

10396. Décidé sur cette question que les honoraires dus à l'avocat constituent une juste rémunération d'un service rendu et récent par suite, à la charge du débiteur, une obligation qui doit recevoir son exécution. — Lyon, 5 nov. 1894, D.P. 92. 2. 287.

10397. ... Que les usages professionnels interdisent, en général, à l'avocat d'introduire lui-même une action en justice contre son client, pour le payement de ses honoraires, les mêmes considérations ne sauraient mettre obstacle à l'action de l'héritier poursuivant le recouvrement d'une créance légitimement due à son auteur. — Même arrêt.

10398. ... Mais qu'il appartient aux juges saisis de cette demande d'apprécier suivant les circonstances de la cause à quelle somme doivent être fixés les honoraires réclamés. — Même arrêt. — V. Code de procédure civile, nº 22.

10399. Aux décisions de la jurisprudence qui admettent la compensation entre la dette de l'avocat envers le client et sa créance pour honoraires, on peut opposer les décisions du conseil de l'ordre des avocats de Paris aux termes desquelles les honoraires devant être essentiellement volontaires de la part du client, il ne saurait appartenir à l'avocat de se les attribuer par voie de rétention arbitraire. — Arrêté du 8 juin 1852 et du 1ᵉʳ mars 1859, J.G.S. Avocat, 125. — V. Code de procédure civile, nº 3.

10400. Par coutre, le conseil repousse la répétition des honoraires lorsque la remise qui en a été faite à l'avocat a été l'expression de la volonté libre et éclairée du client. — Arrêtés du 18 et 25 févr. 1863, J.G.S. Avocat, 126.

10401. De ce que les honoraires doivent toujours être volontaires, il résulte que l'avocat doit s'interdire : 1º toute réclamation directe ou indirecte, et, à plus forte raison, tout acte quelconque tendant à les obtenir (lettre, démarche chez le client), et qui pourrait être considéré comme une inconvenance professionnelle. — Arrêtés du 3 déc. 1850 et du 18 mars 1851, J.G.S. Avocat, 127.

10402. ... Et spécialement l'abandon de la défense au dernier moment qui serait le plus répréhensible de ces actes. — Arrêtés des 20 mars 1860 et 18 janv. 1860, J.G.S. Avocat, 127.

10403. ... 2º Toute rétention de pièces pour garantie de ses honoraires. — Arrêté du 17 déc. 1850, J.G.S. Avocat, 127.

10404. Dans les causes plaidées d'office, la règle sans exception est que l'avocat commis non seulement ne peut pas demander des honoraires, ce qui est évident, mais encore qu'il ne peut en accepter, lorsque le client lui en offre, soit avant la plaidoirie, soit même après. — Arrêté du 24 déc. 1850, J.G.S. Avocat, 128.

10405. Non seulement l'avocat ne doit pas accepter d'honoraires, dans une affaire d'office, mais il ne peut se charger d'une affaire de ce genre qu'en vertu d'une commission régulière. Celui qui obtient l'assistance judiciaire aliène une partie de sa liberté ; il n'a plus le choix de son défenseur. Si un avocat, sollicité par lui, accepte de plaider sa cause, il faut qu'il obtienne la commission du bâtonnier. — Arrêté du 13 nov. 1860, J.G.S. Avocat, 129.

10406. Bien que l'art. 43 du décret de 1810 soit abrogé, les conseils de discipline continuent à être les juges naturels des contestations entre plaideurs et avocats sur la fixation des honoraires. Lorsque la rémunération lui paraît excessive, le conseil oblige l'avocat à restituer partie de ce qu'il a reçu. — Arrêtés des 18 et 25 févr. 1862, J.G.S. Avocat, 130. — V. Code de procédure civile, nº 18.

10407. Le conseil, outre qu'il est juge du

chiffre des honoraires, apprécie encore le mode de leur fixation. — J.G.S. Avocat, 131.

10408. C'est ainsi qu'il repousse les honoraires à tant par mois. — Arrêté du 21 mai 1851, J.G.S. Avocat, 131.

10409. ... Ou à tant par affaire. — Arrêté du 4 mai 1852, J.G.S. Avocat, 131.

10410. Les conseils de discipline et la jurisprudence n'ont jamais cessé d'être d'accord sur la prohibition du pacte de quota litis, et cette prohibition a été spécialement appliquée à la matière de l'expropriation pour cause d'utilité publique. — Arrêté du 13 juill. 1852, J.G.S. Avocat, 132. — V. Code de procédure civile, nº 31.

Ordonnance du 27 août 1830,

Relative au droit pour l'ordre des avocats de nommer ses officiers et de plaider, sans autorisation, devant toutes les cours royales et tous les tribunaux du royaume. — Publiée au Bulletin des lois, nº 110. — (J. G. Avocat, 471.)

Art. 1ᵉʳ. A compter de la publication de la présente ordonnance, les conseils de discipline seront élus directement par l'assemblée de l'ordre composée de tous les avocats inscrits au tableau et à la majorité relative des membres présents.

10411. — I. ÉLECTION DU CONSEIL DE L'ORDRE (C. proc. civ. nᵒˢ 1 à 15). — L'élection du conseil de l'ordre se fait d'ordinaire à la fin de l'année judiciaire ; mais, si cette époque est généralement consacrée par l'usage, aucun texte ne l'exige. — V. Code de procédure civile, nº 4.

10412. Si donc une élection faite pendant la durée des vacances peut être contestée à cause de l'absence d'un certain nombre d'avocats, il peut y être procédé au commencement de l'année judiciaire, c'est même la disposition de l'art. 8 de l'ordonnance de 1822 qui porte que les élections seront renouvelées au commencement de chaque année judiciaire. — J.G.S. Avocat, 174.

10413. Les élections des membres du conseil de discipline doivent toujours avoir lieu à la majorité absolue ; en conséquence, lorsque plusieurs candidats ont obtenu un nombre égal de suffrages, il y a lieu, même après deux scrutins successifs, de procéder à de nouvelles opérations de ballottage, et le plus ancien membre du barreau ne peut être proclamé élu. — Douai, ch. réun., 8 avr. 1880, Bull. min. just. 1881, p. 15.

10414. Décidé en sens contraire que, quand plusieurs candidats au conseil de discipline ont obtenu un nombre égal de suffrages, il n'y a pas lieu de recourir à un scrutin de ballottage et c'est le plus ancien dans l'ordre du tableau qui doit être nommé ; en conséquence, le scrutin de ballottage auquel il aurait été procédé irrégulièrement doit être annulé par la cour réunie en chambre du conseil en assemblée générale sur les réquisitions du ministère public. — Décis. de la Chancellerie, 24 déc. 1879, Bull. min. just. 1879, p. 268.

10415. On doit décider par analogie de ce qui a été jugé pour l'élection du bâtonnier, que les bulletins blancs ne doivent pas être comptés au nombre des suffrages servant à déterminer la majorité absolue nécessaire pour l'élection. — J.G.S. Avocat, 176. — V. infra, nº

10416. — II. RECOURS CONTRE L'ÉLECTION DU CONSEIL DE L'ORDRE (C. proc. civ. nᵒˢ 16 à 31). — Le procureur général qui requiert l'annulation de l'élection d'un conseil de discipline de l'ordre des avocats, à raison de ce que cet ordre serait composé d'un nombre d'avocats insuffisant, est recevable à se fonder sur la nullité de l'inscription de l'un des avocats. — J.G.S. Avocat, 180. — Contrà : Code de procédure civile, nº 22.

10417. — III. ASSEMBLÉE GÉNÉRALE DE L'ORDRE (C. proc. civ. nᵒˢ 32 à 34). — La question de savoir si l'ordre des avocats jouit du privilège de se réunir en assemblée générale a été vivement controversée et n'est pas encore résolue. — J.G.S. *Avocat*, 136.

10418. Et depuis les anciens arrêts qui sont, en général, favorables à cette prérogative de la corporation, aucune décision logique n'est intervenue pour les priver d'un droit qui semble inhérent à la nature même de leur institution. — J.G.S. *Avocat*, 139. — Comp. Dijon, 3 mars 1880, D.P. 81. 2. 29.

10419. L'assemblée des avocats n'a pas le droit d'élire le secrétaire du conseil de discipline ; cette nomination appartient exclusivement au conseil. — Décis. de la Chancellerie, 5 mai 1876, 5. 10 et 31 janv., 14 févr. et 2 mars 1877, *Bull. min. just.* 1876, p. 71, et 1877, p. 25.

Art. 2. Les conseils de discipline seront provisoirement composés de cinq membres dans les sièges où le nombre des avocats inscrits sera inférieur à trente, y compris ceux où les fonctions desdits conseils ont été jusqu'à ce jour exercées par les tribunaux ; de sept, si le nombre des avocats inscrits est de trente à cinquante ; de neuf, si ce nombre est de cinquante à cent ; de quinze, s'il est de cent ou au-dessus ; de vingt et un à Paris.

10420. L'ordonnance du 27 août 1830 décidant que les conseils de discipline de l'ordre des avocats seront composés de cinq membres au moins, un barreau ne peut pas constituer ce conseil si l'élection lorsqu'il se compose précisément de cinq avocats inscrits au tableau. — Pau, 5 févr. 1886, D.P. 86. 2. 280. — Alger, 4 nov. 1889, D.P. 91. 2. 140-141. — Comp. Décis. de la Chancellerie, 2 mars 1877, *Bull. min. just.* 1877, p. 26. — V. *Code de procédure civile*, nᵒ 2.

10421. Pour compléter le nombre de six, le conseil ne peut se dispenser un stagiaire d'une partie de son stage et l'inscrire au tableau ; une pareille inscription est nulle, et le stagiaire qui en est l'objet n'étant ni électeur, ni éligible, la délibération du conseil à laquelle il prend part est également entachée d'une nullité résultant de ce que le conseil est incomplet. — Arrêt préc. 4 nov. 1889.

10422. Mais les avocats, même en nombre insuffisant pour élire un conseil de discipline, et quel que soit ce nombre, pourvu qu'il soit suffisant pour former une majorité, ont le droit de nommer leur bâtonnier. — Poitiers, 8 mars 1875, J.G.S. *Avocat*, 169. — V. *Code de procédure civile*, nᵒ 3.

10423. Le bâtonnier doit compter dans le nombre des membres du conseil de discipline tel qu'il a été fixé par l'art. 2 de l'ordonnance du 27 août 1830. — Décis. de la Chancellerie du 10 avr. 1876, *Bull. min. just.* 1876, p. 71.

10424. Même dans les barreaux composés de six membres et au-dessus, le tribunal peut être chargé des fonctions du conseil de discipline : 1ᵒ si, par suite de l'abstention de quelques membres, les votants ne sont pas au nombre de six ; 2ᵒ s'il n'y a pas dans le barreau un nombre suffisant d'avocats remplissant les conditions d'éligibilité prescrites par l'art. 4 du décret du 22 mars 1852, savoir, cinq années d'inscription au tableau ; mais le fait ne pourra se présenter sans doute que bien rarement, l'art. 4 du décret ne s'appliquant qu'aux barreaux près les cours d'appel. — J.G.S. *Avocat*, 170.

10425. Mais lorsque des élections ont été régulièrement faites, conformément à l'ordonnance du 27 août 1830, le conseil élu doit continuer à remplir ses fonctions, alors même que le nombre des avocats inscrits se trouverait réduit à un chiffre inférieur pendant le cours de l'année judiciaire. — Décis. de la Chancellerie, 3 févr. 1880, *Bull. min. just.* 1880, p. 69.

Art. 3. Le bâtonnier de l'ordre sera élu par la même assemblée et par scrutin séparé, à la majorité absolue, avant l'élection du conseil de discipline.

10426. Sur l'élection du bâtonnier, V. *infrà*, Décr. 10 mars 1870, nᵒˢ 10430 et s.

Art. 4. A compter de la même époque, tout avocat inscrit au tableau pourra plaider devant toutes les cours royales et tous les tribunaux du royaume, sans avoir besoin d'aucune autorisation, sauf les dispositions de l'art. 295 C. instr. crim.

10427. En principe, les avocats plaident devant toutes les juridictions : il n'y a d'exception que pour la cour des comptes, le conseil d'État et la cour de cassation. Il convient d'y ajouter les tribunaux des conflits depuis la loi du 24 mai 1872 (D.P. 72. 4. 88). — J.G.S. *Avocat*, 95.

10428. Depuis le décret du 30 déc. 1862 (D.P. 63. 4. 5), les avocats peuvent plaider devant les conseils de préfecture. — J.G.S. *Avocat*, 96.

10429. Relativement au droit qu'ont les avocats de plaider devant les conseils de préfecture et aux conditions d'exercice de ce droit, V. Délib. du conseil de l'ordre des avocats de la cour de Paris du 22 déc. 1863, J.G.S. *Avocat*, 96.

Art. 5. Il sera procédé dans le plus court délai possible à la révision définitive des lois et règlements concernant l'exercice de la profession d'avocat.

Décret du 22 mars 1852,

Relatif aux élections du barreau. — Publié au *Bulletin des lois*, nᵒ 3830. — (D.P. 52. 4. 87.)

Art. 1ᵉʳ. Les conseils de discipline près les cours et tribunaux continueront d'être élus directement par l'assemblée générale des avocats inscrits au tableau, à la majorité absolue des suffrages des membres présents.

Art. 2. Le bâtonnier sera élu par le conseil de discipline, à la majorité absolue des suffrages. Il ne pourra être choisi que parmi les membres du conseil.

Art. 3. A l'avenir, l'avocat auquel sera appliquée l'une des peines disciplinaires énoncées dans l'article 18 de l'ordonnance du 20 novembre 1822 pourra, suivant les circonstances, et par la même décision, être privé du droit de faire partie du conseil de discipline pendant un espace de temps qui n'excédera pas dix ans.

Art. 4. Ne pourront être élus membres du conseil de discipline à Paris, les avocats qui n'auront point été inscrits au tableau pendant dix ans ; et dans les autres villes, chefs-lieux de cour d'appel, ceux qui n'auront point été inscrits au tableau pendant cinq ans.

Art. 5. Les secrétaires de la conférence des ordonnances de discipline à Paris, sur la présentation du bâtonnier. Les avocats stagiaires frappés de peines disciplinaires sont exclus du concours.

Art. 6. Sont maintenues les dispositions des ordonnances du 20 nov. 1822 et du 27 août 1830 qui ne sont pas contraires au présent décret.

Décret du 10 mars 1870.

Relatif à l'élection du bâtonnier de l'ordre des avocats. — Publié au *Bulletin des lois*, nᵒ 17583. — (D.P. 70. 4. 30).

Art. 1ᵉʳ. Le bâtonnier de l'ordre des avocats près chaque cour et tribunal de l'empire sera élu à la majorité des suffrages par l'assemblée générale de l'ordre, composée de tous les avocats inscrits au tableau.

Art. 2. L'art. 2 du décret du 22 mars 1852 est abrogé.

10430. L'élection du bâtonnier doit, conformément à l'ordonnance du 27 août 1830, précéder l'élection des membres du conseil de discipline. — Décis. de la Chancellerie, 19 avr. 1876, 10 janv., 14 et 20 févr., 2 mars 1877, *Bull. min. just.* 1876, et 1877, p. 25.

10431. Aux termes de l'ordonnance du 27 août 1830, remise en vigueur par le décret du 10 mars 1870, il suffit, pour que la nomination du bâtonnier appartienne à l'assemblée des avocats, qu'une majorité puisse se former, c'est-à-dire qu'il y ait trois avocats inscrits au tableau. — Décis. de la Chancellerie des 5 et 31 janv., 20 févr. et 21 mars 1877, *Bull. min. just.* 1877, p. 25.

10432. Ainsi il n'y a pas lieu à la nomination d'un bâtonnier, alors qu'il n'y a qu'un avocat inscrit au tableau ; cette désignation ne doit, en effet, être faite que lorsque le tableau compte au moins deux inscriptions. — Décis. de la Chancellerie, 25 janv. 1881, *Bull. min. just.* 1881, p. 6.

10433. L'élection du bâtonnier doit avoir lieu à la majorité absolue, et, tant que ce résultat n'est pas obtenu, il est nécessaire de procéder à de nouveaux tours de scrutin. — Pau, 21 févr. 1883, D.P. 83. 2. 37.

10434. Les bulletins blancs ne doivent pas être comptés au nombre des suffrages servant à déterminer la majorité absolue nécessaire pour l'élection du bâtonnier de l'ordre des avocats. — Montpellier, 12 déc. 1876. D.P. 78. 2. 55.

10435. Un avocat stagiaire, qui n'a pas trois années révolues de stage, ne peut être valablement inscrit au tableau de l'ordre, ni, par suite, concourir à l'élection d'un bâtonnier. — Même arrêt.

10436. Et il appartient au conseil de l'ordre de le rayer du tableau, puis, cette rectification opérée, d'ordonner un nouveau tour de scrutin pour l'élection à laquelle il a pris part, si, déduction faite de la voix dudit stagiaire, aucun candidat n'a obtenu la majorité absolue. — Même arrêt.

§ 2. — *Avocats à la cour de cassation.*

Règlement du 28 juin 1738,

Concernant la procédure du conseil. — (Extrait, J.G. *Cassation,* p. 5.)

SECONDE PARTIE -- TIT. XVII. — DE LA DISCIPLINE QUI DOIT ÊTRE OBSERVÉE PAR LES AVOCATS AU CONSEIL.

Art. 1er. Aucun ne pourra être pourvu d'un office d'avocat aux conseils du roi, s'il n'a été reçu avocat en parlement.

Art. 2. Les secrétaires, clercs ou commis de ceux qui ont entrée, séance et voix délibérative au conseil, ne pourront être pourvus d'offices d'avocats au conseil tant qu'ils demeureront en cet état; et à l'égard des clercs des avocats au conseil, ils ne pourront pareillement être pourvus desdits offices si, après avoir cessé d'être clercs, ils n'ont fréquenté le barreau pendant deux ans au moins en qualité d'avocats au parlement, dont ils seront tenus de rapporter des preuves en bonne forme.

Art. 3. Après que celui qui poursuivra sa réception en l'office de l'avocat au conseil aura été agréé par M. le chancelier, et en aura obtenu le renvoi aux doyen et syndics desdits avocats, il se présentera à l'assemblée desdits avocats, et s'ils trouvent qu'il ait les qualités requises, ils en rendront compte à M. le chancelier, et en conséquence il sera fait information de ses vie et mœurs et religion, par un des sieurs maitres des requêtes qui sera commis à cet effet.

Art. 4. Défenses sont faites aux clercs, solliciteurs, et à tous autres qu'aux avocats au conseil, de signer aucuns actes de procédure, soit d'instruction ou autres, ni même de les coter du nom desdits avocats, à peine de faux, et ne pourront lesdits avocats leur prêter leur ministère directement ou indirectement, ni signer pour eux aucunes écritures ou expéditions, à peine d'interdiction pour la première fois, et de privation de leur charge pour la seconde.

10437. — I. DROITS ET PRÉROGATIVES (C. proc. civ. nos 1 à 5).
10438. — II. PRIVILÉGE DE LA POSTULATION ET DE LA PLAIDOIRIE DEVANT LA COUR DE CASSATION (C. proc. civ. nos 6 à 11).

Art. 5. Ne pourront pareillement lesdits avocats occuper pour leurs confrères, ou leur prêter leurs noms directement ou indirectement, en quelque affaire que ce puisse être, quand même ce serait pour des parties qui n'auraient pas des intérêts opposés; et ce, sous telle peine qu'il appartiendra, sauf aux parties qui auraient un même intérêt à constituer le même avocat.

Art. 6. Aucun avocat au conseil ne pourra faire fonction de secrétaire, clerc ou commis de ceux qui ont entrée, séance et voix délibérative au conseil, ni pareillement d'intendant ou agent de quelque personne que ce puisse être; ce qui sera observé, à peine de destitution de son office : à l'effet de quoi, les doyen et syndics desdits avocats seront

tenus de se retirer par-devers M. le chancelier, pour y être par lui pourvu.

Art. 7. Les avocats au conseil tiendront une fois la semaine une assemblée, composée des doyen, syndics, greffier, et de ceux d'entre eux qui seront députés par chacun mois; à laquelle assemblée les autres avocats pourront se trouver, si bon leur semble.

Art. 8. Les députés seront tenus, dans le mois de leur députation, et les avocats nouvellement reçus, dans les trois premières années de leur réception, de se trouver à toutes lesdites assemblées, à peine de trois livres d'aumône pour chaque contravention, s'ils n'en sont excusés par les syndics, pour causes justes et légitimes.

Art. 9. Dans lesdites assemblées seront examinées les plaintes touchant la discipline desdits avocats, l'irrégularité des procédures et en général l'inobservation des règlements, notamment en ce qui concerne les termes injurieux dont aucuns desdits avocats se plaindront contre leurs confrères; sur quoi l'assemblée pourra mulcter les contrevenants de telle aumône qui sera jugée convenable, jusqu'à la somme de 100 liv., applicable à l'hôpital général.

Art. 10. Ne pourra néanmoins ladite assemblée prendre connaissance de la révocation qui aurait été faite d'un avocat par sa partie, et l'avocat que ladite partie aura constitué à la place du premier ne pourra se dispenser d'occuper pour elle, sous prétexte de vouloir y être autorisé par l'avis de ladite assemblée par devant laquelle, ou par devant lesdits syndics en charge, les parties ou leurs avocats ne pourront être obligés de se pourvoir au sujet de ladite révocation.

Art. 11. Les délibérations qui auront été prises dans lesdites assemblées ne pourront être attaquées par opposition ni par appel, sauf à ceux qui auront à s'en plaindre par devers M. le chancelier, pour y être pourvu ainsi qu'il appartiendra.

Art. 12. Les doyen et syndics desdits avocats seront tenus de remettre tous les mois à M. le chancelier un extrait des délibérations prises en ladite assemblée sur tous les points contenus en l'art. 9 ci-dessus, concernant la discipline des avocats aux conseils.

Art. 13. Le présent règlement sera ponctuellement observé dans toutes les affaires, sans exception, à commencer au quinzième juillet 1738, et ce, nonobstant tous règlements précédemment faits sur la procédure du conseil, qui demeureront entièrement abrogés, comme aussi nonobstant tous usages à ce contraires. Sera néanmoins permis aux avocats au conseil de continuer leurs procédures conformément aux règlements et usages ci-devant observés pour l'instruction des affaires réglées par appointement avant ledit jour, et pareillement pour celle des instances de requête respectives formées avant le même jour; à l'exception toutefois de ce qui concerne les nouveaux incidents, la communication des instances, et la forme de procéder à la liquidation et taxe des dépens, ou de se pourvoir contre ladite taxe; pour raison de quoi, lesdits avocats seront tenus, même dans lesdites affaires commencées, de se conformer exactement aux dispositions du présent règlement.

Ordonnance du 10 sept. 1817,

Relative aux avocats aux conseils et à la cour de cassation. — Publiée au *Bulletin des lois,* n° 2823. — (J.G. *Avocat,* 584.)

Art. 1er. L'ordre des avocats en nos conseils et le collège des avocats à la cour de cassation sont réunis sous la dénomination d'ordre des avocats aux conseils du roi et de la cour de cassation.

Art. 2. Ces fonctions seront désormais indivisibles.

Art. 3. Le nombre des titulaires est irrévocablement maintenu à soixante, conformément à notre ordonnance du 10 juill. 1814.

Art. 5. Pour déterminer le rang que les titulaires ci-dessus nommés doivent conserver entre eux, il sera dressé, par le conseil de discipline de l'ordre, un tableau où ils seront inscrits à la date la plus ancienne de leur réception dans l'un des deux collèges réunis.

Art. 6. Ceux qui n'ont point encore fourni le cautionnement exigé par les lois pour exercer près la cour de cassation seront tenus de le payer en quatre termes égaux de trois mois en trois mois, à partir de la date de la présente ordonnance.

Art. 7. Il y a, pour la discipline intérieure de l'ordre des avocats aux conseils et à la cour de cassation, un conseil de discipline composé d'un président et de neuf membres.

Deux de ces membres auront la qualité de syndics; un troisième, celle de secrétaire-trésorier.

Art. 8. Le président est nommé par notre garde des sceaux, sur la présentation de trois candidats élus, à la majorité absolue des voix, par l'assemblée générale de l'ordre.

Les neuf autres membres seront nommés directement par l'assemblée générale, à la majorité absolue des suffrages.

Le conseil choisit parmi les membres les deux syndics et le secrétaire-trésorier.

10439. En ce qui concerne la nomination du président du conseil de l'ordre, cet article a été modifié par le décret du 28 oct. 1850. — V. *infrà,* p. 368.

Art. 9. Les fonctions du président et des membres du conseil durent trois ans, et en conséquence, le tiers des membres du conseil est renouvelé chaque année. Les deux premiers renouvellements annuels des membres qui seront élus cette année auront lieu par la voie du sort. Aucun des membres sortants ne peut être réélu qu'après une année d'intervalle.

Cette dernière disposition n'est point applicable, pour les premières nominations à faire, aux membres du banc syndical des avocats en cassation et de la chambre de discipline des avocats aux conseils, actuellement en service.

Art. 10. Les nominations sont faites, chaque année, dans la dernière semaine du mois d'août. L'assemblée générale de l'ordre se réunit au palais de justice.

Art. 11. Le président du conseil de discipline est le chef de l'ordre; il préside l'assemblée générale : les syndics remplissent les fonctions de scrutateur et le trésorier celle du secrétaire. Le président est remplacé, en cas d'empêchement, par le premier ou le second syndic, et ceux-ci par les plus âgés des membres du conseil; les fonctions du secrétaire, en cas de l'absence du titulaire, sont remplies par le plus jeune des membres du conseil.

Art. 12 L'assemblée générale ne peut voter, si elle n'est pas composée de la moitié plus d'un des membres de l'ordre.

Le conseil peut valablement délibérer quand les membres présents sont au nombre de six.

En cas de partage d'opinions dans le conseil, la voix du président est prépondérante.

Art. 13. Le conseil prononce définitivement lorsqu'il s'agit de police et de discipline intérieure; il émet seulement un avis dans tous les autres cas. Cet avis est soumis à l'homologation de notre garde des sceaux, quand

les faits ont rapport aux fonctions d'avocat au conseil· et à l'homologation de la cour, lorsqu'il s'agit de faits relatifs aux fonctions des avocats près la cour de cassation. Ces décisions ne sont pas susceptibles d'appel.

10440. — I. ATTRIBUTIONS DU CONSEIL DE L'ORDRE (C. proc. civ. nᵒˢ 1 à 4).
10441. — II. POUVOIR DISCIPLINAIRE (C. proc. civ. nᵒˢ 5 à 21).

Art. 14. Les règlements et ordonnances actuellement existants, et concernant l'ordre des avocats et les fonctions des avocats en nos conseils et à la cour de cassation, en tout ce qu'il n'est pas contraire à la présente ordonnance, jusqu'à la publication d'un nouveau règlement général.

Art. 15. Les avocats en nos conseils et à la cour de cassation qui seront nommés par la

suite nous prêteront serment entre les mains de notre garde des sceaux, ministre de la justice.

Décret du 28 oct. 1850,

Sur l'élection du président du conseil de discipline de l'ordre des avocats au conseil d'État et à la cour de cassation. — Publié au *Bulletin des lois,* nᵒ 2302. — (Extrait, D.P. 50. 4. 204.)

Art 1ᵉʳ. L'art. 8 de l'ordonnance du 10 sept. 1817 est modifié ainsi qu'il suit : « Le président du conseil de discipline de l'ordre des avocats au conseil d'État et à la cour de cassation sera désormais élu directement et à la majorité absolue des suffrages, par l'assemblée générale de l'ordre. »

10442. Sur la discipline des avocats au conseil d'État, V. *Code des lois adm. annotées,* t. 1ᵉʳ, IV, vᵒ *Conseil d'État,* nᵒˢ 2718 et s.

III. — DISCIPLINE DES OFFICIERS MINISTÉRIELS.

§ 1ᵉʳ. — Notaires.

Loi du 25 vent. an 11
(16 mars 1803),

Contenant organisation du notariat. — Publiée au *Bulletin des lois,* nᵒ 2440.— (Extrait, J.G. *Notaire* p. 576.)

SECT. 3. — CHAMBRE DE DISCIPLINE.

Art. 50. Les chambres qui seront établies pour la discipline intérieure des notaires seront organisées par des règlements.

10443. Les CHAMBRES DE DISCIPLINE DES NOTAIRES. — Les règlements annoncés par cet article sont formulés d'abord dans l'arrêté du 2 niv. an 12 relatif à l'établissement et à l'organisation des chambres de discipline. — J.G. *Notaire,* 631.
10444. L'art. 23 de cet arrêté porte qu'il sera pourvu, lors du règlement général à faire pour l'exécution de la loi du 25 vent. an 11, à toutes autres dispositions qui pourraient concerner les chambres de discipline. Mais le règlement général dont cet article indiquait le besoin et faisait espérer la rédaction n'a jamais été fait. — J.G. *Notaire,* 631.
10445. L'ordonnance du 4 janv. 1843 relative l'organisation des chambres de notaires et à àla discipline du notariat a pour objet de combler cette lacune, et forme aujourd'hui, avec la loi du 25 vent. an 11, le code de la discipline notariale. — J.G. *Notaire,* 632. — V. *infrà.*
10446. Son importance est d'autant plus grande que l'art. 40 abroge *expressément* l'arrêté du 2 niv. an 12. — J.G. *Notaire,* 632.
10447. Ses dispositions ont été complétées par les décrets du 30 janv. et du 2 févr. 1890. — V. *infrà.*
10448. — II. ATTRIBUTIONS DES CHAMBRES DE NOTAIRES. — 1ᵒ *Attributions générales.* — Indépendamment de leur qualité de *juges* en matière de discipline, les notaires réunis en chambre exercent ou peuvent exercer les fonctions de conciliateurs, d'administrateurs, de conseillers. — J.G. *Notaire,* 671.

10449. Ces attributions se rattachent plus ou moins directement à la discipline notariale : car elles ont pour objet le maintien des règlements de la profession et l'exercice consciencieux et éclairé des fonctions du notariat. — J.G. *Notaire,* 671.
10450. Les chambres de discipline des notaires doivent être les premières gardiennes de l'honneur de la corporation. — Circ. min. just. 5 févr. 1840, J.G. *Notaire,* 672.
10451. Le ministère public et les chambres de discipline doivent veiller sur les conditions patentes ou occultes des traités. — Même circulaire, J.G. *Notaire,* 672.
10452. Une instruction ministérielle du 12 janv. 1843 déclare que les chambres de discipline des notaires sont établies et ont été maintenues pour servir d'auxiliaires à la surveillance de l'autorité judiciaire, mais que celle-ci n'est pas obligée de prendre leur avis dans les poursuites qu'elle juge devoir diriger contre les notaires. — J.G. *Notaire,* 672 et 715-7ᵒ. — V. *infrà.*
10453. Chaque nouveau notaire est tenu, en vertu de la loi du 25 vent. an 11, art. 49, de déposer au greffe des tribunaux du ressort et à la municipalité de sa résidence sa signature et son parafe; aussi, afin de faciliter l'exécution de cette disposition, les chambres de notaires ont-elles été autorisées à transmettre les signatures et parafes des nouveaux notaires à chaque tribunal de l'arrondissement, après que le président et syndic les ont certifiés, et que les signatures de ces derniers ont été légalisées. — J.G. *Notaire,* 684.
10454. Il est d'usage que le notaire qui représente à chaque assemblée générale semestrielle tous les notaires du ressort fasse connaître, par l'organe de son président, les objets sur lesquels elle a été appelée à prévoir pouvoir être appelée à représenter ainsi tous les notaires. — J.G. *Notaire,* 685.
10455. En sa qualité de représentant de tous les notaires de l'arrondissement, il a été décidé qu'il appartient exclusivement à la chambre de discipline des notaires d'un arrondissement, et non à l'assemblée générale des notaires de ce ressort, d'exprimer son

avis sur l'acceptation ou le refus des libéralités faites à la corporation; qu'il en est ainsi même dans le cas où la disposition est faite conditionnellement à titre onéreux;... dans le cas, par exemple, où la condition imposée par le donateur consiste dans l'établissement d'un cours de notariat institué d'après les bases exprimées dans la libéralité. — Délib. de la ch. des not. de Paris, 3 déc. 1842, J.G. *Notaire,* 686.
10456. — 2ᵒ *Intervention en justice.* — Le droit de la chambre de représenter les notaires s'applique à toutes les actions judiciaires, soit formées par intervention. — J.G. *Notaire,* 688. — V. aussi *suprà,* art. 339, nᵒˢ 4073 et s.
10457. Décidé en ce sens : 1ᵒ que la chambre peut intervenir, par son syndic, dans une instance dont l'appel dont le but serait de faire restreindre les attributions des notaires. — Colmar, 30 janv. 1827, J.G. *Intervention,* nᵒ 36-2ᵒ.
10458. — 2ᵒ Que les notaires ont qualité pour attaquer l'ordonnance de référé qui commet un commissaire-priseur pour procéder à la vente du matériel et de l'achalandage d'un fonds de commerce. — Paris, 26 mars 1832 et 15 juin 1833, J.G. *Notaire,* 688.
10459. — 3ᵒ Que les notaires sont également recevables à intervenir dans une instance engagée entre un membre de la compagnie et des officiers publics d'une autre classe (dans l'espèce, des commissaires-priseurs) et portant sur le point de savoir si les ventes mobilières sont dans les attributions exclusives du notariat. — Besançon, 28 juill. 1877, D.P. 78. 2. 59, et sur pourvoi, Req. 27 mai 1878, D.P. 79. 1. 79.
10460. — 4ᵒ Qu'ils ont droit de former tierce-opposition à un jugement qui a induement commis un huissier à l'effet de procéder à une vente publique de meubles et de biens incorporels. — Nancy, 7 mai 1881, J.C.S. *Notaire,* chap. 9.
10461. ...5ᵒ Que les notaires, en demandant par action principale à être maintenus dans le droit de rédiger les polices d'assurance

concurremment avec les courtiers, agissant valablement soit en leur nom propre, soit comme représentant les intérêts généraux de leur compagnie. — Aix, 23 janv. 1832, J.G. Bourse de commerce, 465.

10482. ... 6° Que la compagnie des notaires d'un arrondissement a droit et qualité pour intenter, par l'intermédiaire de son syndic, une action tendant à réprimer les empiétements commis contre les attributions des notaires, et, par exemple, pour réclamer des dommages-intérêts contre un huissier qui a procédé à une vente de bois encore sur pied. — Rouen, 23 juin 1845, D.P. 45. 2. 156.

10483. ... 7° Que le notaire qui est l'objet d'imputations calomnieuses ou diffamatoires dont il ne connaît pas l'auteur, et, par exemple, contre lequel on fait courir le bruit qu'il a reçu de la chambre de discipline l'injonction de vendre son office, peut réclamer de la chambre elle-même un certificat de nature à prouver la fausseté de ces bruits;... et qu'après avoir pris l'avis du ministère public, la chambre peut délivrer au notaire diffamé le certificat qu'elle a jugé devoir lui accorder. — Ch. des not. de Dijon, 28 avr. 1846, D.P. 46. 3. 192. — J.G. Notaire, 688.

10484. ... 8° Que, d'une manière générale, la chambre des notaires peut intervenir dans les affaires où l'honneur et la considération du notariat sont seuls engagés, ce qui est laissé à l'appréciation des tribunaux. — Bruxelles, 31 mars 1859, J.G.S. Notaire, 291. — Comp. J.G. Notaire, 689.

10485. Il a été décidé, au contraire, que l'intervention d'une chambre des notaires n'est pas recevable dans l'instance engagée entre l'administration de l'enregistrement et un notaire de la circonscription au sujet d'une amende réclamée à ce dernier à raison d'une contravention aux lois sur l'enregistrement, spécialement pour se joindre au notaire qui conteste l'exigibilité de cette amende. — Trib. de Versailles, 17 févr. 1871, D.P. 74. 5. 182. — Trib. de Saint-Amand, 11 août 1875, J.G.S. Enregistrement, 3353.

10486. Il en est de même d'une question de taxe qui constitue seulement un litige particulier entre le notaire et la partie pour le payement de ses honoraires. — Rennes, 4 juill. 1865, D.P. 65. 2. 185.

10487. La chambre ne doit former une action ou y défendre qu'après délibéré. Cette proposition qui n'a besoin, pour se soutenir, que sa propre évidence, résulte d'ailleurs du texte de l'art. 20 de l'ordonnance de 1843, qui suppose une délibération, puisqu'il dit que le syndic agit pour la chambre dans tous les cas, et conformément à ce qu'elle a délibéré. — J.G. Notaire, 691. — V. infra, no 11136 et s.

10488. Il n'y a de lieu légal qu'entre les notaires d'un même arrondissement : une chambre ne pourrait donc, dans aucune circonstance, engager d'autres chambres à lui prêter leur concours, sous prétexte qu'il s'agirait de l'intérêt de tout le corps des notaires. — J.G. Notaire, 692.

10489. — 3° Affichage. — Dans les chambres de discipline, il doit y avoir un tableau destiné à l'exposition des extraits des demandes en séparation de biens, des jugements prononçant la séparation de biens ou la séparation de corps et de biens, des contrats de mariage entre époux dont l'un est commerçant, des contrats de mariage de tout époux, séparé de biens ou marié sous le régime dotal, qui embrasserait le commerce depuis son mariage. — J.G. Notaire, 693.

10470. C'est aussi à la chambre des notaires que se trouvent les extraits des jugements d'interdiction destinés à entrer dans le tableau qui doit être exposé dans toutes les études de l'arrondissement. — J.G. Notaire, 693.

10471. Les chambres de discipline des notaires peuvent faire des règlements généraux. — V. infra, nos 10762 et s.

SUPPL. AU C. PROC. CIV.

Art. 51. Les honoraires et vacations des notaires seront réglés à l'amiable entre eux et les parties, sinon par le tribunal civil de la résidence du notaire, sur l'avis de la chambre et sur simple mémoire sans frais.

10472. La disposition de l'art. 51 de la loi du 25 vent. an 11 qui exige que la procédure ait lieu sur simples mémoires sans frais, doit être observée, quoiqu'elle n'ait pas été reproduite par l'art. 173 du tarif de 1807. — Req. 16 avr. 1827, J.G. Notaire, 517.

10473. Jugé également que cet article ne s'applique qu'aux contestations qui portent sur la quotité des honoraires, et non au cas où il s'agit de savoir si des honoraires sont dus. — Req. 24 juill. 1849, D P. 49. 1. 318.

Art. 52. Tout notaire suspendu, destitué ou remplacé, devra, aussitôt après la notification qui lui aura été faite de sa suspension, cesser l'exercice de son état, à peine de tous dommages et intérêts et des autres condamnations prononcées par les lois contre tout fonctionnaire suspendu ou destitué qui continue l'exercice de ses fonctions. Le notaire suspendu ne pourra les reprendre, sous les mêmes peines, qu'après la cessation du temps de la suspension.

Art. 53. Toutes suspension, destitution, condamnations d'amende et dommages-intérêts, seront prononcées contre les notaires par le tribunal civil de leur résidence, à la poursuite des parties intéressées, ou d'office à la poursuite et diligence du commissaire du gouvernement. — Ces jugements seront sujets à l'appel, et exécutoires par provision, excepté quant aux condamnations pécuniaires.

DIVISION.

§ 1. Action disciplinaire (no 10474).
§ 2. Peines disciplinaires infligées par les tribunaux (no 10556).
§ 3. Exécution des jugements disciplinaires et moyen de les attaquer (no 10603).

---

§ 1er. — Action disciplinaire.

10474. — I. Attributions des tribunaux en matière disciplinaire. — On doit rapprocher de l'art. 53 l'art. 2 de l'ordonnance du 4 janv. 1843, qui a remplacé, en le modifiant et en le fortifiant, l'arrêté du 2 niv. an 12, et qui dispose que les attributions de la chambre des notaires sont : « 1° de prononcer sur l'honneur, suivant les cas, l'application de toutes les dispositions de discipline... » — J.G. Notaire, 728. — V. infra, no 10687 et s.

10475. Il résulte de ces textes que l'action disciplinaire est partagée entre les chambres de discipline et les tribunaux. — J.G. Notaire, 728.

10476. La loi limite le pouvoir des chambres de discipline et ne leur donne que le droit de prononcer des peines légères : pour les peines plus graves, elles n'ont qu'un droit de provocation et les tribunaux ont seuls le pouvoir de prononcer la suspension et la destitution. — J.G. Notaire, 729.

10477. Mais la loi ne dit pas que la compétence des tribunaux soit restreinte à cette attribution exclusive : de là, la question fondamentale de savoir si, et dans quelles circonstances, le pouvoir disciplinaire des tribunaux doit ou peut concourir avec celui des chambres de discipline. — J.G. Notaire, 729.

10478. Une première opinion soutient que les tribunaux ont la plénitude de juridiction ; elle se fonde principalement sur l'art 11 de

---

l'arrêté du 2 niv. an 12 et sur l'art. 15 de l'ordonnance du 4 janv. 1843, d'après lesquels les tribunaux connaissent d'une manière générale de toute inculpation qui paraît assez grave pour entraîner la destitution ou la destitution. — J.G. Notaire, 730.

10479. Suivant les partisans de cette opinion, ces expressions, n'étant pas caractéristiques des faits qui peuvent amener la suspension ou la destitution, semblent indiquer que le législateur a abandonné l'appréciation au pouvoir arbitraire des tribunaux. — J.G. Notaire, 730. — Amiens, 16 avr. 1843, D.P. 45. 2. 82.

10480. Jugé en ce sens que les tribunaux sont compétents pour prononcer contre des notaires des peines de discipline intérieure, telles que celles du rappel à l'ordre, de la censure, etc., dans le cas, par exemple, où ils ont manqué de se rendre aux réunions annuelles sans excuse légitime. — Trib. de Tulle, 31 mai 1843. — Arrêt préc. 16 avr. 1843. — Lyon, 13 mai 1851, D.P. 51. 2. 96.

10481. Mais on répond avec raison que le pouvoir disciplinaire ne fait pas nécessairement partie de la juridiction des tribunaux ; qu'il ne peut leur appartenir qu'en vertu d'une attribution spéciale, et que la loi du 25 vent. an 11 ne leur défère que les faits qui peuvent entraîner la suspension, la destitution ou l'amende. — J.G. Notaire, 731. — Comp. J.G.S. Discipl. judic., 148 et s.

10482. Jugé en ce sens que, dans l'exercice du pouvoir disciplinaire, la juridiction de la chambre des notaires et celle du tribunal de première instance sont distinctes et indépendantes l'une de l'autre, et que, par suite, les tribunaux sont incompétents pour prononcer des peines de simple discipline. — Nancy, 2 juin 1834, J.G. Notaire. 731.

10483. ...Et que, lorsque la citation a pour but de faire prononcer une autre peine que la destitution ou la suspension, l'affaire ne doit point être portée devant les tribunaux. — Civ. r. 1er avr. 1844, J.G. Discipline judiciaire. 267-3°. — Civ. c. 29 janv. 1847, J.G.S. Discipl. judic., 51.

10484. Décidé spécialement que les tribunaux civils sont incompétents pour connaître disciplinairement du fait de changement de résidence d'un notaire, bien que, ayant persévéré pendant de longues années (vingt-deux ans) dans cette infraction à l'ordonnance de nomination, le notaire se trouvât ainsi en état de désobéissance constante aux injonctions de l'autorité supérieure. — Metz, 20 juin 1846, D.P. 46. 2. 160.

10485. Suivant une opinion, dans le cas où les chambres négligeraient ou refuseraient de poursuivre, le ministère public serait autorisé à saisir le tribunal d'une action tendant à l'application de simples mesures disciplinaires. — Req. 16 juin 1836 et 26 déc. 1839, J.G. Notaire, 732.

10486. Décidé en ce sens que, de l'art. 35 de la loi du 25 vent. an 11 qui attribue juridiction au tribunal civil pour prononcer toutes destitutions, suspensions et condamnations d'amendes ou dommages-intérêts contre les notaires, il résulte, à fortiori, que le même tribunal est compétent, lorsque les chambres de discipline négligent de poursuivre, pour connaître, non pas seulement des fautes spécifiées dans les art. 6, 23 et 33 de la même loi, mais encore de toutes infractions à la discipline, et, par exemple, du fait d'avoir négligé, sans excuse légitime, de se rendre à la réunion générale pour la nomination des membres de la chambre. — Bourges. 26 juill. 1827, J.G. Notaire, 732.

10487. Mais cette doctrine ne semble pas devoir être admise. Le tribunal n'ayant pas en lui-même la plénitude de juridiction en matière disciplinaire, le refus ou la négligence des chambres ne peut lui conférer une compétence que la loi ne lui reconnaît pas. — J.G. Notaire, 732.

47

10488. Toutefois si, en principe, l'autorité judiciaire est incompétente pour connaître de faits entraînant de simples mesures disciplinaires, il peut se présenter des cas où elle n'excéderait pas ses pouvoirs en prononçant contre le notaire traduit devant elle d s peines que la loi semble avoir placées dans le domaine exclusif des chambres de discipline. — J.G. *Notaire*, 734.

10489. Ainsi les tribunaux saisis de poursuites disciplinaires dirigées contre un notaire, à raison de fautes dont la répression rentre dans leurs attributions, sont compétents pour prononcer des condamnations du ressort de la chambre de discipline, si le fait incriminé a perdu de sa gravité dans les débats. — Civ. r. 8 avr. 1845, D.P. 45. 1. 233. — Req. 20 nov. 1848, D.P. 48. 1. 253. — Trib. de Saint-Calais, 27 juill. 1849, D.P. 50. 3. 46. — Paris, 29 juin 1852, D.P. 54. 2. 114. — Pau, 23 déc. 1872, D.P. 74. 2. 86. — Req. 12 janv. 1887, D.P. 87. 1. 57. — Amiens, 10 juill. 1862; Nîmes, 24 juin 1878; Pau, 13 déc. 1881, et Liège, 10 mai 1882, D.P. 87. 1. 57, note 1.

10490. Jugé, au contraire, que si le tribunal saisi par le ministère public en vertu de l'art. 53 de la loi du 25 vent. an 11. dégageant le fait de sa gravité, ne le considère plus que comme passible de mesures disciplinaires, il doit s'abstenir de prononcer lui-même ces mesures et se déclarer incompétent. — Nancy, 2 juin 1831, J.G. *Notaire*, 734. — Rouen, 1er févr. 1853, D.P. 53. 2. 111.

10491. Décidé également que le tribunal civil n'a pas le droit de connaître des décisions disciplinaires des chambres de notaires, et de les approuver ou de les infirmer. — Trib. civ. de Nancy, 8 juin 1869, D.P. 75. 5. 145.

10492. Par suite, lorsqu'un tiers se plaint d'être lésé et diffamé par les énonciations d'une de ces délibérations, le tribunal n'a pas qualité pour annuler ni pour prononcer des dommages-intérêts contre les membres de la chambre qui l'ont votée. — Même jugement.

10493. — II. Par qui est exercée l'action disciplinaire. — L'action disciplinaire devant les tribunaux appartient au ministère public exclusivement; les tribunaux ne sauraient, à cet égard, prendre aucune initiative; les invitations ou injonctions de ce genre sont contraires aux règles hiérarchiques de l'organisation judiciaire. — J.G. *Notaire*, 832.

10494. L'art. 53 en disant que les tribunaux pourront prononcer *d'office*, semblerait autoriser une induction contraire, celle-ci serait à tort; le mot *d'office*, employé mal à propos dans cet article, sert uniquement d'opposition aux poursuites intentées par les parties intéressées. — J.G. *Notaire*, 832.

10495 Quand les fautes commises par les notaires, et dont la connaissance parvient aux chambres, excèdent la compétence disciplinaire de ces dernières, elles doivent les dénoncer au ministère public, afin qu'il poursuive devant les tribunaux. — J.G. *Notaire*, 805.

10496. Mais si, dans l'exercice de ses fonctions disciplinaires, le ministère public est indépendant des tribunaux, à plus forte raison l'est-il des chambres de discipline : en conséquence, lorsqu'il poursuit disciplinairement devant le tribunal civil un notaire contre lequel il requiert la peine de la suspension, il n'est point tenu de demander au préalable l'avis de la chambre. — Conf. Req. 13 mai 1807, J.G. *Notaire*, 833. — Amiens, 30 mars 1821, *ibid.*, 732. — Bourges, 23 juill. 1827, *ibid.*, 733. — Bordeaux, 3 déc. 1827 sous Req. 24 janv. 1828, *ibid.*, 762-2°. — Lett. min. just. 16 nov. 1810 et Instr. min. just. 12 janv. 1843, *ibid.*, 715-7°. — Req. 2 août 1848, D.P. 48. 1. 185. — Civ. 14 janv. 1890, D.P. 90. 1. 75.

10497. L'art. 15 de l'ordonnance du 4 janv. 1843 n'est point applicable à ce cas. — Arrêt préc. 14 janv. 1890. — V. *infra*, n°s 11060 et s.

10498. L'avis dont parle cet article est nécessaire dans le cas seulement où la chambre, saisie d'une action de sa compétence, pense que le fait dénoncé est assez grave pour entraîner l'application d'une peine qu'il ne lui appartient pas de prononcer. Mais, si le ministère public intente directement la poursuite en vertu de l'art. 53 de la loi de l'an 11, il jouit de toute l'indépendance nécessaire à l'exercice de ses fonctions : aucune disposition légale ne l'oblige à obtenir l'avis préalable de la chambre. — J.G. *Notaire*, 833.

10499. Toutefois, lorsqu'une plainte est portée contre un notaire, si les faits dénoncés n'ont pas une gravité qui appelle immédiatement l'intervention directe du procureur de la République, la chancellerie invite les magistrats du parquet à communiquer la plainte qui leur est adressée au président de la chambre, en l'invitant à l'instruire, et en lui demandant, avec un rapport sur l'affaire, son avis motivé au sujet de la suite qu'elle comporte. — Circ. min. just. 1er mars 1890, D.P. 90. 4. 11.

10500. L'instruction officieuse faite par la chambre, non par son président seul, si la plainte n'est pas grave, est d'autant plus utile qu'elle amènera souvent un arrangement entre les parties et hâtera, par suite, la solution des difficultés pendantes. Ce mode de procéder offre cet autre avantage qu'il évite tout froissement et prépare éventuellement au parquet, auquel, dans tous les cas, les explications et les justifications les plus précises doivent être fournies, une source de renseignements particulièrement sûrs. — Même circ.

10501. Les magistrats du parquet doivent informer exactement le ministre de la justice de tous les faits importants qui surviennent dans la situation des notaires. — Circ. min. just. 1er mars 1890, D.P. 90. 4. 11.

10502. En aucune circonstance, sauf en cas d'urgence ou d'infraction grave et flagrante à la discipline, aucune action ne doit être engagée sans que le ministre de la justice ait été mis au courant des circonstances qui motivent l'intervention du ministère public et ait adressé ses instructions au parquet. — Même circ.

10503. Cependant, à titre d'exception, les magistrats du parquet peuvent poursuivre, sans en référer au ministre de la justice, sauf à lui en rendre compte, les contraventions aux règles dans la rédaction des actes établis par les art. 13, 16 et 17 de la loi de ventôse, soit à certaines autres prescriptions des lois, contraventions qui ne mettent pas en question la probité professionnelle des notaires et sont punies de simples amendes. — Même circ.

10504. L'action devant les tribunaux pourrait encore être intentée par la chambre de discipline elle-même, non seulement dans le cas où la corporation des notaires se trouverait directement intéressée dans la poursuite, ce qui rentre dans les termes de l'art. 53 qui autorise l'action des parties intéressées, mais même dans l'hypothèse où son intervention aurait pour but unique de donner plus de solennité aux débats, ou encore lorsque le ministère public aurait refusé d'agir sur la dénonciation de la chambre. — J.G. *Notaire*, 834.

10505. L'action disciplinaire et judiciaire est publique et tout à fait personnelle; il s'ensuit qu'elle n'admet aucune intervention étrangère, ni de la part d'autres notaires, ni de la part des tiers : par exemple, des créanciers intéressés à ce que leur débiteur ne perde pas son état par un jugement de destitution. — J.G. *Notaire*, 835.

10506. L'action disciplinaire et l'action criminelle sont indépendantes l'une de l'autre, et l'exercice de l'une ne suspend pas nécessairement l'exercice de l'autre. — Lyon, 21 nov. 1873, D.P. 75. 5. 143. — Pau, 4 janv. 1881, D.P. 82. 2. 8.

10507. En conséquence, le tribunal saisi d'une poursuite disciplinaire doit statuer sans attendre le résultat des poursuites criminelles dirigées contre le même prévenu à propos des faits qui motivent l'action disciplinaire. L'art. 3 C. Instr. crim. ne s'applique pas à cette hypothèse, l'action civile étant tout autre que l'action disciplinaire. — Arrêt préc. 27 nov. 1873.

10508. En certains cas, cependant, il peut y avoir convenance à surseoir à l'action disciplinaire tant qu'il n'a pas été statué sur l'action pénale, mais ce n'est qu'autant que le jugement intéressée peut préjugerait d'une façon quelconque le sort de l'action pénale. — Arrêt préc. 4 janv. 1881.

10509. Les décisions émanées des juridictions disciplinaires sont sans influence sur l'action civile : ainsi l'action en nullité d'un acte notarié, fondée sur ce que le notaire qui l'a reçu y aurait eu un intérêt personnel, peut être repoussée, bien que l'existence de cet intérêt ait servi de base à une condamnation disciplinaire prononcée contre le notaire pour manquement à ses devoirs professionnels. — Req. 25 nov. 1856, D.P. 57. 1. 19.

10510. De même, le jugement du tribunal civil qui inflige une peine disciplinaire à un notaire pour avoir détruit un acte sous seing privé n'a pas l'autorité de la chose jugée sur l'existence même du fait de destruction, et la partie lésée qui poursuit le notaire en dommages-intérêts doit faire la preuve de ce fait par les moyens légaux. — Nancy, 10 mai 1873, D.P. 74. 2. 232.

10511. La loi ne fixe pas de *délai* dans lequel l'action disciplinaire doit être exercée à peine de déchéance; il suit de là que cette action est imprescriptible. — J.G. *Notaire*, 793 et 837.

10512. — III. Procédure devant les tribunaux en matière disciplinaire. — 1° Compétence civile. — La loi du 25 vent. an 11 ne s'explique point sur les formes de la procédure; elle attribue seulement compétence au tribunal civil. Ses termes suffisent pour indiquer que, quoique la juridiction disciplinaire suppose l'application de peines, même de peines très graves, comme la destitution, les jugements disciplinaires doivent être considérés comme appartenant à la justice civile. — J.G. *Notaire*, 838.

10513. Toutefois la mention, dans un jugement en matière disciplinaire, que les juges qui l'ont rendu siégeaient *correctionnellement*, n'est pas une cause de nullité, si les autres énonciations de ce jugement et sa forme démontrent que c'est une mention erronée, et que la décision a été rendue par des juges jugeant *civilement*. — Req. 9 avr. 1856, D.P. 56. 1. 303.

10514. De ce que les jugements disciplinaires appartiennent à la justice civile, il résulte que, pour intenter les poursuites disciplinaires, on doit suivre les règles de la procédure civile. — Rennes, 7 janv. 1839, J.G. *Appel civil*, 1672. — Lyon, 19 nov. 1872, D.P. 75. 3. 163-164. — Toulouse, 6 juill. 1874, J.G.S. *Notaire*, 378.

10515. Il en est ainsi notamment du délai de l'assignation adressée au notaire par le ministère public. — Arrêt préc. 19 arv. 1872.

10516. Cependant les tribunaux civils appelés à statuer sur une poursuite disciplinaire contre un notaire, ne sont pas astreints à suivre, dans les enquêtes auxquelles ils se livrent, les formes déterminées par le Code de procédure civile. — Req. 20 juill. 1855, D.P. 55. 1. 344. — Req. 20 juill. 1869, D.P. 71. 1. 328.

10517. Notamment, il n'est pas besoin qu'un jugement ait préalablement ordonné l'audition de témoins et précisé les faits sur lesquels elle devrait porter; il suffit que le notaire inculpé ait été mis en état de connaître les témoins, de s'informer de leur position et de débattre leurs témoignages. — Même arrêt.

10518. Jugé toutefois qu'un notaire poursuivi pour contravention à la loi du notariat doit, à peine de nullité, lorsqu'une enquête a été ordonnée, dénoncer au ministère public les noms, profession et domicile des témoins, et cela dans les formes et dans les délais ordinaires. — Colmar, 1er févr. 1831, J.G. *Enquête*, 205.

10519. Les tribunaux qui ne sont pas astreints aux règles établies par le code de procédure civile en matière de preuve ne sont pas tenus non plus d'admettre exclusivement les modes de preuve prescrits en matière criminelle : ainsi, le tribunal saisi par le ministère public d'une poursuite contre un notaire pour faits d'immoralité, peut relever à sa charge une complicité d'adultère, alors même que ce dernier fait ne serait pas appuyé sur les preuves exigées par l'art. 338 C. pén. — Req. 26 juill. 1869, D.P. 75. 1. 328

10520. — 2° *Modes de preuve.* — En matière disciplinaire, tous les modes de preuve sont admis, et le juge peut puiser des éléments d'appréciation dans les pièces à conviction d'une procédure criminelle en cours d'instruction, sur lesquelles l'inculpé a été mis en demeure de se défendre, si ces pièces ont été jointes au dossier disciplinaire. — Req. 6 janv. 1887, D.P. 88. 1. 438.

10521. Spécialement, une peine disciplinaire peut être prononcée contre un notaire coupable de s'être rendu, en qualité de maire d'une commune, l'auteur d'écritures arguées de faux, lorsque ces faits qui portent la plus grande atteinte à sa considération professionnelle, sont établis par des pièces d'une procédure criminelle dont le ministère public a donné lecture à l'audience, que ce notaire s'est personnellement juré la justice, et dont ces pièces, et qu'aucune communication ne lui a été refusée. — Même arrêt.

10522. Décidé de même sous que l'action disciplinaire n'est soumise ni aux modes de preuve établis pour l'action civile ni même à ceux admis en matière d'action publique, et spécialement que la règle d'après laquelle la poursuite d'un délit qui suppose la préexistence d'un contrat dont la preuve doit être faite par écrit, n'est recevable qu'autant que cette preuve écrite du contrat est rapportée, est inapplicable en matière disciplinaire. — Civ. c. 5 juill. 1858, D.P. 58. 1. 342.

10523. Par suite, l'action disciplinaire dirigée contre un notaire, à raison de faits d'indélicatesse se rattachant à un abus de mandat ou à une violation de dépôt, n'est pas subordonnée à une preuve écrite du mandat ou du dépôt; la preuve testimoniale est admissible aussi bien en ce qui touche la convention dont les faits poursuivis disciplinairement impliquent l'existence qu'à l'égard de ces faits eux-mêmes, alors même que l'action disciplinaire serait portée devant les tribunaux. — Même arrêt.

10524. De même, les juges saisis d'une action disciplinaire dirigée contre un notaire qui, dans une instance civile, en l'ait, par serment décisoire, une convention invoquée contre lui par un tiers, peuvent autoriser le ministère public à prouver que ce notaire a faussement juré la justice, en ce qui la convention alléguée existait bien réellement; il ne s'applique pas les art 1341 et s. c. civ. — Angers, 14 nov. 1855, D.P. 56. 2. 28.

10525. Peu importe que les mêmes faits aient antérieurement, dans l'instance civile, considéré comme n'ayant jamais existé la convention niée par le notaire; il n'y a là, à raison du caractère particulier de l'action disciplinaire, aucune contrariété de jugements. — Même arrêt.

10526. Les juges saisis des poursuites disciplinaires dirigées contre un notaire, ne sont pas tenus de suivre exclusivement les formes de la procédure civile et peuvent emprunter à la procédure criminelle les voies d'instruction propres à les éclairer, pourvu

qu'ils ne portent pas atteinte au droit de la défense. Ainsi, la cour, saisie de l'appel d'une décision disciplinaire prononcée contre un notaire, peut statuer sur le rapport de l'un de ses membres et après interrogatoire de l'un notaire inculpé. — Req. 10 mai 1864, D.P. 64. 1. 284.

10527. Mais les actions disciplinaires ne sont pas soumises, à peine de nullité, à toutes les formes prescrites par le code d'instruction criminelle, et, par exemple, à l'art. 209 qui veut qu'en appel le jugement soit rendu au rapport de l'un des juges. — Req. 23 janv. 1855, D.P. 55. 1. 344.

10528. — 3° *Instruction.* — En matière de poursuites disciplinaires contre les notaires, l'audition des témoins n'est pas soumise aux règles tracées par le code de procédure civile. — Même arrêt.

10529. Et la mention que les témoins ont prêté le serment prescrit par la loi est suffisante. — Civ. c. 22 mai 1855, D.P. 55. 1. 214.

10530. En somme, en matière disciplinaire, les voies d'information ouvertes, la nature et la poursuite des éléments de conviction, sont abandonnées à la conscience du juge: le seul devoir qui lui soit imposé est d'interroger l'inculpé et d'entendre sa défense. — J.G.S. *Discipline judiciaire*, 83.

10531. Il a même été admis qu'une cour d'appel, saisie de poursuites disciplinaires contre un magistrat, avait pu, après interrogatoire de ce magistrat, charger, pendant le délibéré, l'un de ses membres de la vérification confidentielle des faits articulés, sous communication à l'inculpé du résultat de cette vérification. — Civ. c. 18 mai 1863, D.P. 63. 1. 406.

10532. Mais il faut observer qu'il était constant, dans l'espèce, ainsi que le constate l'arrêt précité, que la vérification avait eu exclusivement pour objet les faits sur lesquels avaient porté la poursuite et la défense de l'inculpé; sinon, il y aurait eu violation flagrante des droits de la défense. — J.G.S. *Discipline judiciaire*, 83.

10533. Les règles de la procédure civile relatives à la constitution d'avoué ne sont pas applicables en matière disciplinaire. — Douai, 16 juin 1835, J.G. *Notaire*, 838. — Trib. de Tarascon, 6 sept. 1879, D.P. 80. 3. 45.

10534. Spécialement, un notaire, poursuivi disciplinairement par le ministère public, peut sans doute se faire représenter par un avoué pour tous les actes de la procédure autres que l'interrogatoire; mais il peut aussi, sous peine d'être jugé par défaut, de comparaître en personne à l'audience pour y être entendu. — Req. 6 sept. 1879. — Nancy, 28 févr. 1874, J.G.S. *Notaire*, 378.

10535. — 4° *Motifs des jugements; Qualités.* — En matière disciplinaire, les prescriptions des art. 141 et 142 C. proc. civ. concernant la rédaction des qualités ne sont pas obligatoires. — Civ. c. 21 mai 1878, D.P. 79. 1. 47. — Civ. r. 1er mai 1880, D.P. 81. 1. 53. — Req. 16 août 1871, D.P. 82. 1. 269. — V. suprà, art. 141 et 142, nos 2240 et s.

10536. Spécialement, il n'est pas nécessaire que le jugement ou l'arrêt contienne l'exposé des points de fait et de droit; la procédure est régulière, pourvu qu'il soit constaté que le prévenu a été mis à même de présenter sa défense, et que ses conclusions soient mentionnées ainsi que celles du ministère public. — Civ. c. 1er déc. 1880, D.P. 81. 1. 53.

10537. Il suffit que le procès-verbal qui précède les motifs et le dispositif de la décision disciplinaire contienne un exposé des faits et de l'instruction suffisant pour permettre d'apprécier la régularité de cette décision. — Civ. r. 21 mai 1878, D.P. 79. 1. 17.

10538. En matière disciplinaire, les tribunaux qui statuent sur le fait dont la connaissance leur est déférée par la citation,

peuvent, en se bornant à constater l'existence de ce fait et en déclarant la culpabilité du notaire poursuivi contre lequel ils prononce ut une peine, relever dans ce motifs de leur jugement ni les circonstances diverses, qui, bien que non signalées dans la citation, leur font attribuer au fait une gravité plus ou moins grande. — Req. 12 janv. 1887, D.P. 87. 1. 57.

10539. La voie d'action principale est la seule voie ouverte contre le notaire qui aurait commis quelque infraction à la discipline notariale, infraction découverte dans une instance civile, et c'est à tort que, par voie d'incident à l'instance principale, le ministère public aurait requis, en vertu de l'art. 102 du décret du 30 mars 1808, une peine disciplinaire contre lui. — Douai, 14 août 1849, D.P. 50. 5. 328.

10540. — 5° *Jugement.* — L'action disciplinaire contre un notaire doit être jugée, non en assemblée générale et à la chambre du conseil, sans appel ni recours en cassation, conformément à l'art. 103 du décret du 30 mars 1808, mais, comme toute autre affaire civile, par l'une des chambres du tribunal de la résidence du notaire inculpé, en audience publique, et à charge d'appel et de pourvoi en cassation : le décret de 1808 ne s'applique pas aux notaires. — Agen, 28 févr. 1825, J.G. *Notaire*, 781. — Amiens, 25 sept. 1833 sous Req. 6 janv. 1835, J.G. *Discipline*, 501. — Décis. min just. 17 juin 1833, 10 déc. 1834, et Req. 20 avr. 1842, J.G. *Discipline*, 283-3°. — Req. 10 mai 1864, D.P. 64. 1. 284.

10541. Toutefois, une décision ministérielle, prévoyant les inconvénients qui pourrait présenter la discussion publique, permet au débat peut avoir lieu à huis clos, si les juges le croient convenable, sauf à prononcer toujours la décision en audience publique. — Décis. min. just. 22 déc. 1835, J.G. *Notaire*, 842.

10542. Le tribunal, statuant en audience publique, lorsqu'il est saisi en matière de discipline notariale, doit être composé comme tout tribunal civil en matière ordinaire; c'est par une seule chambre, non par l'assemblée générale, que l'affaire est jugée. — Req. tabuni 1864, D.P. 64. 1. 284.

10543. En matière de discipline, et alors même que cette action est dirigée contre des notaires, les tribunaux jouissent d'un pouvoir souverain pour statuer sur la pertinence des faits dont le ministère public demande à faire preuve: par suite, l'arrêt qui rejette, comme non pertinente, la preuve des faits offerte par le ministère public, n'est pas sujet à la censure de la cour de cassation. — Req. 15 déc. 1846, D.P. 47. 1. 30.

10544. La condamnation à la peine de la destitution, prononcée contre un notaire pour des faits à l'égard desquels le jugement ne s'est expliqué qu'avec une réserve que commandait la nature de ces faits (des actes d'immoralité), une règle *actore non probante reus absolvitur*, si, d'ailleurs, le juge a établi, comme faits constants, l'existence de deux suspensions précédentes, et le torts graves de ce notaire en qualité de notaire condamné, qui ont compromis son caractère d'officier public. — Req. 7 avr. 1851, D.P. 51. 4. 90.

10545. Les appréciations auxquelles le juge saisi de faits poursuivis disciplinairement se livre dans les motifs de son jugement, sans en faire l'objet d'aucune décision, ne peuvent obtenir l'autorité de la chose jugée. — J.G. *Notaire*, 845.

10546. Ainsi le jugement qui, rendu sur une action disciplinaire exercée pour des faits distincts, ne prononce une peine qu'à raison de l'un d'eux, les autres n'étant susceptibles d'entraîner qu'une peine inférieure à qu'a pas, à l'égard de ces autres faits, la force de la chose jugée, quoiqu'il n'y ait eu appel que relativement au fait puni, et les juges d'appel peuvent, dès lors, les faire concourir avec ce dernier fait pour maintenir la condamnation disciplinaire attaquée devant eux ; ils ne font en cela qu'user du droit qu'ils ont de modifier dans ses motifs, tout en la confirmant, la décision des premiers juges. — Civ. r. 28 août 1854, D.P. 54. 1. 321.

10547 En matière disciplinaire, les tribunaux qui statuent sur le fait dont la connaissance leur est déférée par la citation, peuvent, en se bornant à constater l'existence de ce fait, et en déclarant la culpabilité du notaire poursuivi contre lequel ils prononcent une peine, relever dans les motifs de leur jugement les circonstances diverses, qui, bien que non signalées dans la citation, leur font attribuer au fait une gravité plus ou moins grande. — Req. 12 janv. 1887, D.P 87. 1. 57.

10548. Le ministère public qui veut exercer l'action disciplinaire contre un notaire a le droit d'exiger la remise de son livre de compte. — Trib. de Draguignan, 13 juill. 1868, D.P. 71. 1. 208.

10549. En tous cas, le notaire qui a fait volontairement, et sans condition, la remise de ce registre au ministère public, n'est pas fondé à réclamer devant le tribunal la restitution immédiate, si la communication ne lui en est jamais refusée dans l'intérêt de sa défense. — Req. 9 mars 1869, D.P. 71. 1 206.

10550. — III. Composition des tribunaux en matière de discipline notariale. — C'est devant le tribunal de la résidence du notaire que l'action disciplinaire doit être portée. — Req. 21 mai 1844, J.G. Notaire. 838.

10551. L'attribution de compétence faite par l'art. 53 de la loi du 25 vent. an 11 au tribunal de la résidence du notaire est absolue et s'applique aux actions en réparations civiles qui peuvent être exercées contre les notaires. — D.P. 82. 1. 61, note 2.

10552. Toutefois un arrêt fait une distinction entre le cas où l'action en dommages-intérêts dirigée contre un notaire par une partie privée se trouve jointe à l'action disciplinaire exercée par la partie publique et celui où la demande en responsabilité civile est formée sans le concours de l'action disciplinaire. Dans le premier cas, il reconnaît que l'action en dommages-intérêts doit être portée devant le tribunal du domicile du notaire inculpé, en vertu de l'art. 53 de la loi de ventôse an 11, tandis que, dans le second cas, il décide qu'elle doit être portée devant le tribunal du domicile des défendeurs si elle est principale, et devant le juge saisi de la demande originaire, si elle est exercée par voie de garantie. — Req. 2 mars 1849, D P. 46. 1. 493.

10553. Mais une jurisprudence plus récente repousse cette distinction et décide que l'action dirigée contre un notaire à raison du préjudice causé à son client par sa faute ou sa négligence, est une action directe et constitue en dommages-intérêts, qui doit être portée devant le tribunal de son domicile, et ne saurait être déférée, sous forme de demande en garantie, à un autre tribunal saisi d'une instance en liquidation avec laquelle elle n'a aucun lien nécessaire. — Req. 29 juin 1881, D.P. 82. 1. 61.

10554. En matière disciplinaire, les notaires sont assignés devant la chambre civile à laquelle siège habituellement le président ; celui-ci peut retenir l'affaire ou la renvoyer à une autre chambre. — J.G. Notaire, 840.

10555. Suivant un arrêt, la chambre des vacations est compétente pour prononcer sur les actions disciplinaires dirigées contre un notaire ; de telles actions intéressant l'ordre public requièrent toujours célérité. — Rennes, 7 janv. 1839, J.G. Appel civil, n° 1072. — J.G. Notaire, 840.

§ 2. — Peines disciplinaires infligées par les tribunaux.

10556. En matière de discipline notariale, les peines sont spécifiées par la loi du 25 vent. an 11 et par l'ordonnance du 4 janv. 1843. Les unes et les autres peuvent être appliquées par les tribunaux, si l'on adopte l'opinion qui regarde l'autorité judiciaire comme investie de la plénitude de la juridiction disciplinaire. — J.G. Notaire, 847.

10557. Si, au contraire, on admet une ligne de démarcation bien tranchée entre les pouvoirs des chambres et ceux des tribunaux, ces derniers ne devront être considérés comme autorisés qu'à prononcer les peines mentionnées dans l'art. 53 de la loi du 25 vent. an 11, la suspension et la destitution. — Le même article ajoute : l'amende et les dommages-intérêts, mais les dommages-intérêts ne constituent qu'une condamnation purement pécuniaire et civile. — J.G. Notaire, 847.

10558. — I. Amende. — L'amende ne peut être infligée que dans le cas où une disposition spéciale l'autorise ; en la comprenant dans l'art. 53, le législateur n'a eu en vue que de donner attribution et compétence aux juges civils : il n'a pas entendu leur conférer le pouvoir exorbitant de frapper d'amende à leur discrétion. — J.G. Notaire, 847.

10559. Décidé en ce sens : 1° que la peine disciplinaire ne peut être remplacée par une amende arbitrée par les juges, lorsqu'il s'agit d'un fait (l'infraction à la résidence) pour lequel la loi n'en prononce pas. — Civ. c. 11 janv. 1841, J.G. Notaire, 62.

10560 ... 2° Que les infractions commises par les notaires aux devoirs ou aux règles de leur profession ne sont passibles d'amende que dans le cas où un texte de loi y a attaché cette peine, et que, par exemple, il n'en peut être prononcé au simple cas, de la part du notaire, de négligence à délivrer une grosse, ou même d'avoir instrumenté, bien qu'il fût absent, par l'intermédiaire d'un clerc. — Paris, 29 juin 1852, D.P. 54. 2. 114.

10561. — II. Remplacement. — Le remplacement des notaires prévu par les art. 4, 5, 33 et 66 de la loi du 5 vent. an 11 n'est pas une peine proprement dite. En effet, la révocation encourue de plein droit par l'accomplissement du fait qui la motive n'a pas besoin d'être prononcée par l'autorité et le notaire est, dans ce cas, considéré comme démissionnaire, ce qui met le gouvernement dans la nécessité de pourvoir à son remplacement. — J.G. Notaire, 848.

10562. Dans le cas prévu par l'art. 4 de la loi de ventôse an 11 où le notaire contrevient à l'obligation de résidence, le gouvernement ne procède au remplacement qu'après avoir pris l'avis du tribunal. — J.G. Notaire, 848.

10563. — III. Pouvoir des tribunaux. — La loi ayant déterminé d'une manière limitative les peines disciplinaires que les tribunaux sont autorisés à infliger aux notaires, ils n'ont pas le droit : 1° d'ordonner l'affiche ou l'insertion de leur décision dans les journaux ; ces mesures ne sont autorisées qu'à l'égard des officiers ministériels exerçant près les tribunaux, ou lorsqu'il s'agit d'assurer la modération et la convenance des débats judiciaires. — Douai, 13 févr. 1843, J.G. Discipline, n° 114. — Civ. r. 28 août 1854, D.P. 54. 1. 321 ; 21 mai 1855, D.P. 55. 1. 214.

10564. ... Ni d'ordonner que leur jugement sera lu devant tous les membres de la compagnie, et inscrit sur les registres de la chambre. — Mêmes arrêts.

10565. ... Ni de condamner un notaire à la contrainte par corps pour le payement des dépens de la condamnation disciplinaire ; ce n'est pas là le cas d'appliquer les art. 52 C. pén. et 191 C. instr. crim. — Douai, 13 sept. 1834, sous le numéro 1836, J.G. Notaire, 732.

10566. ... Ni de prononcer contre l'inculpé et au profit de la partie lésée une condamnation à des réparations civiles. — Civ. c. 7 juill. 1835, D.P 86. 1. 203.

10567. L'injonction d'être plus circons-

pect à l'avenir, dont l'art. 102 du décret du 30 mars 1808 permet de punir les officiers ministériels en cas de contravention aux lois et règlements, n'est pas applicable aux notaires : elle ne concerne que les officiers ministériels placés sous la juridiction directe du ministre de la justice. — Agen, 16 août 1834, D.P. 36. 2. 169. — Civ. c. 2 mars 1885, D.P. 85. 1. 464.

10568. Les peines disciplinaires doivent, à peine de nullité de la condamnation, être prononcées textuellement telles qu'elles sont écrites dans la loi ; les juges ne peuvent, à cet égard, se servir d'équipollents ; par exemple, est nul le jugement qui, au lieu d'enjoindre à un notaire d'être plus exact ou plus circonspect (à supposer qu'une telle peine soit applicable à cet officier public), « l'invite à plus de circonspection et de régularité dans la tenue de ses minutes. » — Arrêt préc. 16 août 1834.

10569. — IV. Suspension et destitution. — Ce sont de véritables peines disciplinaires infligées par les tribunaux dans les cas prévus par plusieurs dispositions de la loi de ventôse an 11 et notamment par les art. 6, 13, 16, 23, 26 et 33, ainsi que par les art. 68 et 176 C. com. et par l'art. 10 de l'ordonnance du 3 juill. 1816. — J.G. Notaire, 549.

10570. Ainsi la destitution d'un notaire peut être prononcée : 1° si, après avoir été suspendu de ses fonctions pour avoir instrumenté hors de son ressort, il récidive. — J.G. Notaire, 548.

10571. ... 2° S'il y a fraude dans la contravention à ce qui est prescrit au sujet des surcharges, interlignes ou additions, et des ratures dans les actes par lui reçus. — J.G. Notai e, 548.

10572. ... 3° S'il délivre une seconde grosse d'actes, sans y avoir été autorisé par ordonnance du juge. — J.G. Notaire, 548.

10573. ... 4° S'il est prouvé que l'omission du dépôt du contrat de mariage des époux, dont l'un est commerçant, est la suite d'une collusion. — J.G. Notaire, 548.

10574. ... 5° Si le notaire ne laisse pas de copie exacte des protêts et ne les inscrit pas entiers, jour par jour, et par ordre de date, dans le registre particulier qu'il doit tenir à cet effet. — J.G. Notaire, 548.

105 5. ... 6° S'il n'a pas versé à la caisse des consignations les sommes dont il était dépositaire dans les cas prévus par l'ordonnance du 3 juill. 1816, relative aux allocations de la caisse des dépôts et consignations, créée par la loi du 28 avr. 1816. — J.G. Notaire, 549-3°.

10576. Il y a lieu à la suspension du notaire, d'après l'art. 6 de la loi de ventôse an 11 : 1° s'il a instrumenté hors de son ressort. — J.G. Notaire, 546.

10577. ... 2° S'il a délivré expédition ou donné connaissance d'un acte par lui reçu à d'autres qu'aux personnes intéressées en nom direct, héritiers ou ayants cause. — J.G. Notaire, 546.

10578. ... 3° Si son cautionnement se trouve absorbé en tout ou en partie par l'effet de la garantie à laquelle ce cautionnement est affecté ; la suspension dure alors jusqu'à ce qu'il ait été rétabli en entier. — J.G. Notaire, 556.

10579. Un autre cas de suspension est prévu par la loi du 4 mai 1809 (art. 12) : il a lieu lorsqu'un notaire procède à un inventaire après le décès d'un titulaire de majorat, sans se faire représenter le certificat de notification de ce décès, et sans en faire mention dans l'intitulé de l'inventaire. — J.G. Notaire, 546.

10580. Mais ces dispositions ne sauraient être limitatives ; en donnant aux tribunaux le droit de prononcer les peines de suspension et de destitution, la loi les autorise à punir ainsi les notaires qui manqueraient gravement aux obligations spéciales de leur profession, sans prévoir et mesurer d'avance les infractions qui mériteraient ces châtiments et elle laisse aux juges le soin de choisir dans les limites de leur compétence la peine qui leur paraîtra le mieux appropriée à la faute. — J.G. *Notaire,* 849.

10581. Les tribunaux peuvent prononcer, soit la suspension, soit la destitution des notaires, toutes les fois que leurs fautes sont jugées assez graves pour que l'intérêt de la société exige l'application de l'une ou de l'autre de ces peines; et ils sont investis à cet égard d'un pouvoir souverain d'appréciation. — Req. 6 nov. 1850, D.P. 50. 1. 325.

10582. Ces peines peuvent, en l'absence de dispositions légales spécifiant les cas pour lesquels elles sont établies, être prononcées pour toute infraction disciplinaire, dont la gravité est souverainement appréciée par les juges du fait, et notamment pour contravention au devoir de la résidence, accompagnée de circonstances qui la transforment en une atteinte à la dignité des fonctions notariales. — Req. 22 août 1860, D.P. 61. 1. 58.

10583. Décidé en ce sens : 1° que tous les faits qui portent atteinte à l'honneur ou à la considération du notaire à qui on les impute, soit qu'ils se rapportent aux fonctions de ce notaire, soit qu'ils ne concernent que sa vie privée. — Paris, 26 mars 1839, J.G. *Discipline,* 17-3°. — Req. 16 avr. 1849, D.P. 49. 1. 134. — Trib. civ. de Saint-Calais, 27 juill. 1849, D.P. 50. 3. 45. — Req. 7 avr. 1851. D.P. 51. 1. 90.

10584. ... 2° Que le notaire qui s'est fait nommer par l'exhibition d'un traité ostensible portant cession pure et simple de l'office, et dans son entrée en fonctions, a opposé à l'action en payement du prix stipulé par ce traité, un second traité portant qu'il n'a acquis que la jouissance de l'office pendant un temps, moyennant une redevance de 4 fr. par acte reçu, a pu être condamné à la destitution, sans que l'arrêt de condamnation soit sujet à la censure. — Req. 20 juill. 1841, J.G. *Notaire,* 751.

10585. ... 3° Que la dissimulation dans le traité présenté à la chancellerie, par un candidat aux fonctions de notaire, d'une partie du prix de la cession est un fait de charge qui rend le candidat, devenu notaire, passible de peines disciplinaires, et notamment de la destitution, alors surtout : 1° qu'il a affirmé sur l'honneur, soit devant la chambre des notaires, soit devant le procureur du roi, qu'il n'a souscrit aucune obligation en dehors du traité officiel; 2° qu'il a apporté de la mauvaise foi dans ses rapports avec la veuve de son prédécesseur, notamment en dissimulant la contre-lettre. — Orléans, 7 févr. 1846, D.P. 46. 2. 45.

10586. ... 4° Que le notaire qui, en l'action en payement d'un supplément de prix de vente de son office, stipulé par contre-lettre purement verbale, a refusé ce payement, non pas parce qu'il aurait une cause illicite, mais en employant des mensonges et des subterfuges tendant à déguiser l'existence de cette convention, est passible de peines disciplinaires, et peut, notamment, encourir la destitution. — Req. 19 août 1847, D.P. 48. 5. 164.

10587. ... 5° Que la peine de la destitution peut être prononcée contre le notaire qui insère sur l'expédition d'un acte de vente qu'il a reçu, et, après la rédaction de ladite expédition, un renvoi marginal destiné à rétablir le prix réel porté sur la minute, alors que cette rectification frauduleuse a eu pour but de faire retomber sur le conservateur des hypothèques la responsabilité de la faute qu'il a commise et par suite de laquelle le privilège du vendeur ne garantissait qu'une somme inférieure au prix de la vente. — Pau, 24 janv. 1857, D.P. 89. 2. 45.

10588. ... 6° Que le notaire coupable d'un délit qui blesse les mœurs, bien qu'il ne porte pas atteinte à sa probité, est passible

des peines disciplinaires que les tribunaux peuvent, en usant de la latitude qui leur est donnée par l'art. 33 de la loi du 25 vent. an 11, proportionner à la gravité du fait, et réduire à une suspension temporaire. — Bordeaux, 6 juin 1833, J.G. *Notaire,* 854.

10589. ... 7° Qu'un notaire peut être suspendu de ses fonctions pour avoir exercé des voies de fait (un soufflet) envers un particulier. — Trib. de Thiouville, 8 mai 1844, D.P. 45. 3. 16.

10590. Le défaut, par un officier public, de payer, dans le délai imparti par le décret de suppression d'un office, la portion d'indemnité que ce décret met à sa charge, ne constitue pas, à lui seul, une faute passible de peines disciplinaires; notamment, quand les juges du fond constatent, en fait, que le notaire s'est abstenu d'opérer le versement dont il s'agit, sans accompagner son abstention de protestations irrévérencieuses, de refus ou de résistances ayant la forme ou les caractères d'une dure insubordination, et qu'il a agi sans mauvais vouloir prononcé et de bonne foi, croyant qu'il avait le droit d'attaquer le décret devant le conseil d'État; ils peuvent le renvoyer des fins de la poursuite disciplinaire intentée par le ministère public. — Req. 25 juin 1889, D.P. 89. 1. 225.

10591. Lorsque les juges prononcent la peine de la suspension, ils doivent en limiter la durée. — J.G. *Notaire,* 850.

10592. Par suite, il a été jugé qu'un tribunal ne peut ordonner qu'un notaire restera suspendu jusqu'à la présentation et l'installation de son successeur. — Montpellier, 26 févr. 1833, J.G. *Notaire,* 850.

10593. La peine de la suspension prononcée contre un notaire n'a point pour effet de le priver pendant sa durée du droit de présenter un successeur; cette faculté ne peut lui être enlevée que par une disposition législative qui n'existe pas. — Avis Cons. d'Ét. 19 févr. 1829, J.G. *Notaire,* 851.

10594. C'est aux tribunaux civils de première instance seuls, et non au gouvernement, qu'appartient le droit de suspendre un notaire de ses fonctions. — Trib. de... 31 déc. 1834, et Décis. min. just. 11 juill. 1835, J.G. *Notaire,* 852.

10595. C'est une conséquence de l'inamovibilité attachée aux fonctions de notaire par l'art. 2 de la loi du 25 vent. an 11, qu'ils ne puissent être privés de leur état qu'en vertu de jugement, c'est-à-dire de décisions émanées d'une autorité indépendante, non suspecte d'arbitraire ou de caprice. — J.G. *Notaire,* 852.

10596. La destitution d'un notaire ne peut être prononcée par le jugement que dans les cas limitativement déterminés par la loi, savoir : l'infraction à l'obligation de résidence, alors le ministère ne peut agir qu'après avoir pris l'avis du tribunal (L. 25 vent. an 11, art. 4); la contravention aux règles sur les incompatibilités, et alors le ministère ne prononce qu'une injonction sous peine de poursuites disciplinaires, à voir à opter entre la conservation des fonctions de notaire et la continuation d'actes qui n'est pas une décision et ne peut être, par conséquent, l'objet d'un recours au contentieux devant le conseil d'État. — Cons. d'Ét. 2 août 1854, D.P. 55. 3. 26.

10597. Les tribunaux, lorsqu'ils prononcent la destitution d'un notaire, prononcent par cela même la déchéance absolue de son titre. En conséquence, la chambre de discipline, invitée à procéder à l'examen des candidats qui se présentent pour remplacer le notaire destitué, ne peut, sans commettre un excès de pouvoirs, refuser d'obtempérer à cette invitation. — L. 25 vent. an 11, art. 52 et 53, J.G. *Notaire,* 853. — Décr. 21 août 1806, art. 1er, *ibid.* — Ord. du 30 juin 1814, art. 2, *ibid.* — Déc. min. just. 20 oct. 1835, *ibid.*

10598. En prononçant la destitution d'un notaire, les tribunaux violeraient la loi et

excéderaient leurs pouvoirs, s'ils n'autorisaient à présenter un successeur. — Bordeaux, 6 juin 1855, J.G. *Notaire,* 854.

10599. Une décision ministérielle du 12 avr. 1839 por° que le droit de grâce n'est pas applicable aux condamnations disciplinaires. — J.G. *Discipline judiciaire,* 127.

10600 Mais cette solution a été contestée, et il semble, en effet, que les raisons qui ont pu faire repousser l'application du droit de grâce en matière disciplinaire devraient céder, surtout depuis que la destitution des notaires, greffiers et officiers ministériels entraîne de graves incapacités, telles que celle d'être porté sur les listes électorales. — L. 31 mai 1850, art. 8, n° 7, D.P. 50. 4. 97. — J.G.S. *Discipline judiciaire,* 100.

10601. ... Et celle de remplir les fonctions de juré. — L. 21 juin 1853, art. 1er, n° 8, D.P. 53. 4. 96. — L. 21 nov. 1872, art. 2, n° 7, D.P. 72. 4. 132.

10602. Aux termes de l'art. 1er de la loi du 19 mars 1864, les notaires, les greffiers et les officiers ministériels destitués peuvent être relevés des déchéances et incapacités résultant de leur destitution. — D.P. 64. 4. 32.

§ 3. — *Exécution des jugements disciplinaires et moyens de les attaquer.*

10603. — I. NOTIFICATION. — Il résulte de l'art. 52 de la loi sur le notariat que la suspension ou destitution n'a d'effet qu'après que le jugement qui l'ordonne a été notifié au notaire condamné. Il en est de même des jugements interlocutoires rendus sur la poursuite, par exemple, d'un jugement de compétence. — J.G. *Notaire,* 857.

10604. Par suite, il a été jugé que l'action en destitution contre un notaire étant assujettie aux formes ordinaires de la procédure civile, un jugement prononçant sur la compétence, et ordonnant une enquête sur les faits imputés, ne peut être exécuté avant sa signification. — Rennes, 7 janv. 1839, J.G. *Appel civil,* 1072.

10605. Aussitôt après la notification du jugement prononçant la suspension ou la destitution, le notaire suspendu ou destitué doit, aux termes de l'art. 52 de la loi de ventôse an 11, cesser ses fonctions, sous peine de dommages-intérêts et de nullité de ses actes. — J.G. *Notaire,* 856.

10606. La notification du nom du notaire désigné par justice pour délivrer les grosses et expéditions, durant les délais de la suspension du notaire, fait partie de cette suspension. — Rennes, 14 juill. 1845, D.P. 45. 4. 119.

10607. — II. VOIES DE RECOURS. — Les jugements des tribunaux civils, en matière de discipline notariale, sont soumis aux mêmes règles de procédure que les autres décisions de ces tribunaux; ils doivent donc être rédigés dans les mêmes formes, et sont attaquables par les mêmes moyens. — J.G. *Notaire,* 858.

10608. — 1° *Opposition.* — En conséquence, ils sont susceptibles d'opposition, s'ils ont été rendus par défaut. — J.G. *Notaire,* 858.

10609. Jugé en ce sens que le notaire peut former opposition à la décision qui, sans qu'il ait été préalablement mis en cause, a prononcé sa destitution. — Civ. c. 20 nov. 1811, J.G. *Notaire,* 858.

10610. Toutefois, un notaire poursuivi disciplinairement, qui se laisse condamner par défaut à la destitution, en première instance, qui, sur l'appel par lui interjeté, se laisse de nouveau condamner par défaut, et qui, sur l'opposition à l'arrêt, se présente, en se bornant à conclure à ce que le ministère public lui fasse connaître textuellement les lois pénales dont il requérait l'application et à ce que les pièces de l'instruction lui soient communiquées, mal fondé à se plaindre, sur l'arrêt contradictoire qui maintient la condamnation, d'avoir été jugé sans avoir pu se défendre, alors d'ailleurs que cette condamnation n'a été prononcée qu'après vérification des faits qui motivaient la poursuite et que la citation énumérait. — Req. 21 mai 1844, J.G. Notaire, 858.

10611. — 2° Appel. — La garantie du double degré de juridiction ne peut être enlevée aux notaires. — J.G. Notaire, 860.

10612. Décidé en conséquence : 1° que l'art. 103 du décret du 30 mars 1808, qui porte que, dans les cours et tribunaux de première instance, chaque chambre connaîtra des fautes commises ou découvertes à son audience, ne s'applique pas aux notaires, et par suite, qu'une cour d'appel ne peut, sur le fondement de cet article, prononcer de plano contre un notaire une peine disciplinaire pour infraction dans les actes produits devant elle. — Rennes, 9 juill. 1834, et sur pourvoi, Req. 12 août 1835, J.G. Discipline judiciaire, 247-3°. — Nîmes, 14 avr. 1842, ibid., 247-3°. — Orléans, 22 févr. 1843, D.P. 45. 4. 148.

10613. ... 2° Que le ministère public qui poursuit la destitution d'un notaire, pour des faux déclarés n'avoir pas existé par le jury et la cour d'assises, ne peut, en appel, pour la première fois, alléguer d'autres faits: seulement il y a lieu de lui réserver son action, à raison de ces faits nouveaux. — Nîmes, 15 mai 1835, sous Req. 24 janv. 1837, J.G. Chose jugée, 526.

10614. Mais un notaire pourrait être condamné en appel, à raison des faits qui n'auraient pas été appréciés par les premiers juges qui l'auraient renvoyé de l'action; il n'y aurait là ni violation de la règle relative au double degré de juridiction ni violation du principe qui défend toute demande nouvelle en appel. — Req. 20 juill. 1841, J.G. Notaire, 861.

10615. Aux termes de l'art. 53 de la loi de l'an 11, le jugement est toujours sujet à l'appel, soit de la part du notaire, soit de la part du ministère public. — J.G. Notaire, 861.

10616. Mais, comme la position de l'appelant ne peut être aggravée sur son seul appel, si le ministère public n'interjette pas appel de la décision qui aurait prononcé une peine trop douce, la cour ne peut l'augmenter. — Douai, 2 juin 1834, J.G. Notaire, 862.

10617. Quant au notaire, son appel n'est recevable que s'il y a intérêt; par suite, lorsqu'un notaire a été acquitté de la prévention de prétendue infraction aux lois, ce notaire, ainsi que le syndic de la chambre de discipline chargé de prendre fait et cause pour lui, ne sont pas recevables à interjeter appel de cette décision, par le motif que le juges ont statué, non sur le droit, mais sur le fait. — Colmar, 23 mai 1834, J.G. Notaire, 862.

10618. Ce n'est pas le syndic de la chambre de discipline, mais le ministère public seul, qui peut appeler d'un jugement rejetant la demande de suspension d'un notaire. — J.G. Notaire, 863.

10619. En conséquence, il a été jugé que lorsque, dans une instance engagée entre un notaire et la chambre de discipline, le syndic représentant cette chambre a conclu à être mis hors de cause, il n'a pas qualité pour attaquer par la voie de l'appel la décision qui intervient, bien qu'elle annule une délibération dont la chambre soutenait la validité. — Pau, 31 août 1831, J.G. Notaire, 215.

10620. La signification du jugement faite par le procureur de la République à l'officier public contre lequel il est intervenu n'emporte pas acquiescement du ministère public à ce jugement, bien que cette signification ne contienne ni protestation, ni réserve, et soit accompagnée de la sommation de se conformer au jugement. — Pau, 24 janv. 1837, D.P. 89. 2. 15.

10621. En cette matière qui est d'ordre public, le ministère public ne saurait, du reste,

renoncer valablement aux facultés qu'il tient de la loi et pourrait, dès lors, former appel nonobstant toute renonciation. — Même arrêt.

10622. Il n'en serait pas de même du notaire qui aurait exécuté le jugement qui le condamnerait à une peine de discipline : il ne serait plus recevable, en raison de son acquiescement, à interjeter appel. — J.G. Notaire, 864.

10623. Toutefois, il a été jugé qu'on ne peut valablement acquiescer à un jugement intervenu sur des poursuites disciplinaires à fin de suspension ou de destitution; qu'un tel acquiescement ne rend le notaire non recevable à se pourvoir ultérieurement par appel. — Toulouse, 7 févr. 1843, J.G. Notaire, 864.

10624. Quoique les tribunaux prononcent des peines disciplinaires, comme ils jugent civilement, et que les faits sur lesquels ils statuent ne constituent pas des délits, c'est devant la chambre civile de la cour d'appel que doivent être portés les appels de condamnations disciplinaires. — J.G. Notaire, 865.

10625. Ainsi il a été décidé que les chambres d'appel de police correctionnelle sont incompétentes pour connaître de l'appel du jugement du tribunal civil devant lequel l'action en condamnation disciplinaire a été portée, conformément à l'art. 53. — Cr. c. 30 juin 1844, J.G. Notaire, 865.

10626. En matière disciplinaire, les délais et les formes de l'appel sont les mêmes que pour les jugements civils. — Pau, 24 janv. 1887, cité suprà, n° 10520.

10627. Les délais de l'appel sont, par conséquent, de deux mois, et courent à partir de la signification du jugement à la personne ou au domicile de la personne contre laquelle s'est exercée l'action disciplinaire; ils ne courent pas à partir du jugement, même contre le ministère public. — Même arrêt.

10628. L'appel du ministère public est donc recevable quand il a été formé dans les deux mois de la signification qu'il a faite du jugement, même s'il s'est écoulé plus de deux mois depuis qu'il a été rendu. — Même arrêt.

10629. Décidé, en sens contraire, que l'action disciplinaire doit être introduite et suivie dans les formes et délais des actions correctionnelles. — Montpellier, 27 déc. 1852, D.P. 53. 2. 65.

10630. En conséquence, le jugement qui statue sur une action de cette nature ne peut être attaqué par la voie de l'appel que dans les dix jours de la prononciation, conformément à l'art. 203 C. instr. crim. — Même arrêt.

10631. Toutefois l'appel des décisions rendues sur les poursuites disciplinaires exercées contre des notaires n'est pas rigoureusement assujetti à toutes les formalités de la procédure civile, mais seulement à celles qui ont pour objet de porter l'appel à la connaissance de la partie, de lui ménager les moyens de se défendre et de déterminer le délai dans lequel le recours doit être exercé à peine de déchéance. — Paris, 21 mars 1879, D.P. 79. 2. 245, et sur pourvoi, Civ. r. 1er déc. 1880, D.P. 81. 1. 53.

10632. Spécialement, une déclaration au greffe suffit, en cette matière, pour la régularité de l'appel interjeté par le ministère public, pourvu qu'elle ait été signifiée au prévenu avant l'expiration du délai de deux mois. — Arrêt préc. 21 mars 1879.

10633. Et le ministère public qui interjette cet appel n'est pas tenu de se conformer à la disposition de l'art. 456 C. proc. civ., d'après laquelle l'intimé doit être assigné, dans le délai de deux mois, à comparaître devant la cour : cette assignation peut être valablement notifiée à une époque ultérieure. — Arrêt préc. 1er déc. 1880.

10634. Lorsque le notaire poursuivi a in-

terjeté appel du jugement rendu contre lui, le ministère public peut, contrairement aux règles de la procédure civile, interjeter en tout état de cause appel incident. — Toulouse, 6 juill. 1874, J.G.S. Notaire, 378.

10635. La consignation de l'amende de fol appel exigée par l'art. 471 C. proc. civ. n'est pas obligatoire, lorsqu'il s'agit d'un appel en matière disciplinaire. — Arrêt préc. 27 déc. 1852. — Décis des min. de la justice et des finances des 23 et 30 sept. 1851, D.P. 88. 1. 438, note 1.

10636. Mais une condamnation à l'amende pour fol appel, en matière disciplinaire, ne saurait, alors même qu'elle aurait été prononcée à tort contre l'officier ministériel poursuivi, fournir un moyen de cassation contre le ministère public, auquel elle est étrangère. — Req. 4 janv. 1887, D.P. 88. 1. 438.

10637. — 3° Pourvoi en cassation. — Le pourvoi en cassation n'est pas suspensif de l'exécution des condamnations disciplinaires, et notamment de celle qui prononce la destitution, en ce sens du moins que, nonobstant le pourvoi de l'officier ministériel destitué, on peut se livrer légalement aux informations préalables à son remplacement et, par exemple, à l'évaluation de l'office. — Décis. min. just. 16 août 1847, D.P. 48. 3. 14.

10638. Mais cette décision ministérielle semble devoir être limitée aux mesures préalables d'exécution dont il était seulement question, dans l'espèce, et que l'on entendait arrêter par suite du pourvoi. Ces mesures, en effet, ne paraîtraient pas de nature, si l'arrêt de condamnation venait à être cassé, à nuire à l'officier ministériel plus que ne lui aurait nui l'exécution provisoire ordonnée par l'art. 53 de la loi de ventôse. — J.G. Notaire, 868.

10639. Le ministère public, bien qu'il ait conclu en faveur du notaire, n'est pas non plus recevable dans son pourvoi par cela seul que l'arrêt disciplinaire aurait été rendu conformément à ses conclusions. — Civ. c. 20 nov. 1841, J.G. Notaire, 869.

10640. Le pourvoi du ministère public devient sans objet et doit être rejeté si, au moment où il a été formé, le notaire inculpé avait donné sa démission, démission suivie même déjà de son remplacement et de l'installation de son successeur. — Civ. r. 11 juill. 1827, J.G. Notaire, 870.

10641. L'appréciation des fautes commises par les notaires, qui peut servir de mesure à contraindre leur suspension ou leur destitution, appartient exclusivement aux tribunaux, et, quelles que soient leurs décisions à cet égard, soit sous le rapport du fait, soit quant à la peine disciplinaire appliquée, elles échappent à la cassation. — Req. 24 juin 1828, J.G. Notaire, 762-2°. — Req. 22 août 1860, D.P. 61. 1. 58. — Comp. Req. 25 juin 1889, D.P. 89. 1. 225.

10642. Bien qu'un notaire ait omis de faire certifier l'identité d'un testateur qu'il ne connaissait pas personnellement, et qu'il ait dans un acte de remplacement militaire, pour certifier l'identité d'un des contractants, pris un témoin qui ne demeurait au lieu où l'acte a été fait, apprécié s'il a, l'acquitté par les tribunaux avec injonction d'être plus circonspect, cette décision ne peut être censurée par la cour de cassation. — Req. 26 juin 1823, J.G. Notaire, 871.

10643. Jugé d'autre part : 1° que la décision des juges est inattaquable devant la cour de cassation, toutes les fois qu'il s'agit d'une faute disciplinaire dont les caractères particuliers n'ont pas été expressément indiqués par la loi, mais qu'il en est autrement si le fait, étant prévu par elle, les juges lui avaient donné une qualification erronée. — Req. 20 juill. 1841, J.G. Notaire, 872.

10644. ... 2° Que si les cours d'appel ont un pouvoir discrétionnaire pour constater et apprécier la gravité des faits disciplinaires, leurs arrêts n'échappent pas à la censure de la cour de cassation, quand elles se déterminent uniquement par des raisons de droit ; qu'ainsi, elles ne peuvent refuser d'appliquer une peine disciplinaire à un notaire, après avoir constaté, en fait, qu'il s'était mis en contradiction avec une disposition formelle de la loi, sans que leur décision encoure la cassation. — Civ. c. 19 août 1844, J.G. *Notaire,* 772-2e.

10645. Cette dernière distinction est la seule vraie : si la constatation des faits inculpé disciplinairement est abandonnée à l'appréciation souveraine des juges du fond, il n'en est pas de même du caractère légal de ces faits. — J.G. *Notaire,* 872.

10646. Le ministre de la justice n'a nul droit de revision sur les jugements disciplinaires des tribunaux. — J.G. *Notaire,* 873.

10647. Mais il ne s'ensuit pas que les tribunaux aient le droit de refuser ou de critiquer la transcription que le ministre de la justice est dans l'usage d'ordonner sur les registres des délibérations des arrêtés qu'il prend dans les affaires disciplinaires sur lesquelles ils ont statué. — Req. 29 nov. 1837, J.G. *Discipline,* 292.

Ordonnance du 4 janv. 1843,

Relative à l'organisation des notaires et à la discipline du notariat — Publiée au *Bulletin des lois,* no 10456. — (J.G. *Notaire,* p. 592.)

§ 1er. — *Chambre de discipline des notaires et ses attributions.*

Art. 1er. Il y a près de chaque tribunal civil de première instance, et dans la ville où il siège, une chambre des notaires, chargée du maintien de la discipline parmi les notaires de l'arrondissement.

10648. Sur les attributions respectives de la chambre des notaires et des tribunaux en matière disciplinaire, V. *suprà,* nos 10493 et s.

10649. — I. POUVOIR DES TRIBUNAUX. — Bien que la chose jugée par la chambre de discipline ne lie pas les tribunaux, cependant ceux-ci ne peuvent prononcer contre un notaire acquitté par une chambre de discipline des peines simplement disciplinaires, telles que l'interdiction temporaire, etc. — Nancy, 2 juin 1834, J.G. *Notaire,* 737.

10650. Mais si un notaire poursuivi devant la chambre de discipline n'a été frappé que d'une peine légère, on n'a pas été puni du tout, le ministère public, une chambre de discipline n'a été frappé que d'une peine légère, on n'a pas été puni du tout, le ministère public peut demander aux tribunaux une des peines graves qu'ils ont le droit d'appliquer ; ici les deux juridictions agissent dans toute leur indépendance et dans toute la limite de leurs limites. — Même arrêt.

10651. Du reste, un tribunal est compétent pour ordonner la communication à un notaire, soit de l'arrêté d'une chambre prononçant contre ce notaire des peines de discipline intérieure. — Paris, 21 ou 28 avr. 1832, J.G. *Notaire,* 739.

10652. ... Soit d'une délibération qui contiendrait des expressions outrageantes pour lui. — Req. 31 août 1831, J.G. *Notaire,* 739.

10653. La demande introduite devant le tribunal civil par un notaire dans le but de faire décider qu'il ne peut être tenu au payement d'une cotisation établie par un règlement de la chambre, ne fait pas obstacle à ce que celle-ci statue disciplinairement sur la faute qui peut résulter du refus de payement ; le notaire ne peut, en cas de litispendance. — Req. 2 déc. 1856, D.P 57. 1. 261. — V. *suprà, Code de procédure civile,* art. 171, nos 3116 et s.

10654. — II. ÉTENDUE DE LA JURIDICTION DISCIPLINAIRE. — Tous les notaires sans exercice sont passibles, sans distinction de classes, de toutes les dispositions de la discipline notariale. — J.G. *Notaire,* 741.

10655. Ce ne sont pas seulement les fautes commises depuis l'entrée en fonctions qui peuvent être relevées contre le notaire, mais encore celles qu'il a pu commettre antérieurement, par exemple, dans l'exercice des fonctions qui ont précédé celles dont il est actuellement revêtu. — J.G.S. *Discipl. judic.,* 13.

10656. Parmi les actes antérieurs à l'entrée en fonctions qui peuvent donner lieu aux poursuites disciplinaires, il faut placer la dissimulation, dans les traités de cession, du véritable prix des offices. — J.G.S. *Discipl. judic.,* 14. — V. *infrà,* nos 10966 et s.

10657. La répression disciplinaire peut atteindre non seulement les actes répréhensibles que l'officier public a pu commettre personnellement, mais encore ceux qui placés sous sa responsabilité civile ou disciplinaire, lorsque ceux-ci ont agi comme leurs collaborateurs et pour leur compte. Ainsi une peine disciplinaire peut être prononcée contre un notaire à l'occasion de faits commis par son clerc, s'il est établi qu'il a connu la conduite de son clerc et qu'il y a eu communauté de torts entre le clerc et le patron. — Civ. c. 23 déc. 1868, D.P. 69. 1. 140.

10658. Un notaire n'échappe point au pouvoir disciplinaire par cela seul qu'il a donné sa démission. — J.G. *Notaire,* 742.

10659. Aussi a-t-il été jugé : 1o que la peine de la destitution peut être prononcée, par voie disciplinaire, contre un notaire, bien qu'il eût donné sa démission et présenté un remplaçant antérieurement aux poursuites. — 12e avr. 1837, J.G. *Notaire,* 786.

10660. ... 2o Que le notaire à l'égard duquel une ordonnance de la chambre du conseil déclare qu'il y a lieu à suivre criminellement, peut, bien qu'il ait donné sa démission non encore acceptée par le gouvernement et, à raison du même fait, poursuivi en destitution par le ministère public, alors surtout que l'ordonnance de non-lieu réserve à celui-ci l'exercice des poursuites disciplinaires. — Trib. de Mayenne, 12 déc. 1837, J.G. *Notaire,* 742.

10661. ... 3o Qu'un notaire ne peut échapper, par une démission, à l'application des peines disciplinaires qu'il a encourues, même à raison de faits se rapportant à la vie privée, ces peines étant établies pour le maintien de l'ordre général. — Req. 7 avr. 1851, D.P. 51. 1. 90.

10662. Le procureur de la République ne peut accepter la démission d'un notaire qui se trouve sous la prévention de faits suffisants pour le rendre passible de peines disciplinaires ; il doit en référer au ministre. — Circ. min. just. 20 août 1843, J.G. *Notaire,* 712. — Conf. Décis. min. just. 20 nov. 1837, *ibid.*

10663. Toutefois, le ministre de la justice a décidé que, lorsqu'un notaire prévenu d'une infraction à la loi sur la résidence donne volontairement sa démission, il y a lieu d'ajourner les poursuites propres à lui faire appliquer l'art. 4 de la loi du 25 vent. du 11. — Décis. min. 17 oct. 1837, J.G. *Notaire,* 713.

10664. La juridiction des chambres de discipline de notaires ne peut s'exercer qu'à l'égard des notaires qui sont en exercice, et ne saurait atteindre l'officier public remplacé dans ses fonctions. — Civ. r. 28 avr. 1885, D.P. 83. 1. 466.

10665. En conséquence, elles ne peuvent statuer sur l'opposition formée contre une décision disciplinaire rendue par défaut contre un notaire alors en exercice, si, depuis cette opposition, ledit notaire a été remplacé. — Même arrêt.

10666. Jugé dans le même sens : 1o que l'instance sur l'action disciplinaire à fin de suspension ou destitution, dirigée contre un notaire par le ministère public, s'éteint par le fait de la cessation des fonctions du no-

taire en prévention et de l'installation de son successeur et que le tribunal doit, en conséquence, déclarer qu'il n'y a lieu de statuer. — Trib. de Vassy, 23 nov. 1828, J.G. *Notaire,* 744.

10667. ... 2o Que le pourvoi formé par le ministère public contre un arrêt qui rejette la demande en destitution d'un notaire, devient sans intérêt et doit être rejeté, si, au moment où il a été formé, la démission du notaire, donnée par lui dès avant l'arrêt, était acceptée par le ministre de la justice, qui avait déjà pourvu à son remplacement par la nomination d'un candidat dont l'installation avait même eu lieu à la requête du ministère public lui-même. — Civ. r. 11 juill. 1827, J.G. *Notaire,* 744.

10668. Toutefois, le notaire qui a cessé ses fonctions n'en a pas moins intérêt et qualité pour déférer à la cour de cassation, juge des excès de pouvoirs, et pour faire annuler, en ce cas échéant, les décisions par lesquelles la chambre des notaires de son arrondissement lui a infligé des peines disciplinaires, au moment où il était encore en exercice. — Civ. c. 19 janv. 1887, D.P. 87. 1. 221. — Civ. c 23 déc. 1890, D.P. 91. 1. 81.

10669. — III. NOTAIRES HONORAIRES. — La question de savoir si les notaires honoraires sont soumis à l'action disciplinaire des chambres est controversée. — J.G. *Notaire,* 745.

10670. Il a été décidé que l'art. 53 de la loi du 25 ventôse est inapplicable aux notaires honoraires ; et que, par suite, les tribunaux civils sont incompétents pour prononcer la révocation de leurs titres. — Agen, 9 déc. 1850, D.P. 51. 2. 63. — V. conf. J.G.S. *Notaire,* 2.

10671. Quant à la question de savoir si les peines de simple discipline pourraient être prononcées contre un *notaire honoraire,* elle paraît devoir être résolue affirmativement. — Décis. min. just. 24 juin 1846, D.P. 46. 3. 161.

10672. Et ces peines peuvent être prononcées par les chambres de discipline ou par les tribunaux. — Même décision.

10673. — IV. INFRACTIONS COMMISES PAR LES CHAMBRES DE NOTAIRES. — Les chambres de notaires peuvent commettre, dans leurs délibérations, des actes répréhensibles, s'écarter de la loi, résister à l'autorité ; ces actes doivent encourir une répression disciplinaire. — J.G. *Notaire,* 747. — Trib. de Grenoble, 22 févr. 1853, J.G.S. *Notaire,* 301. — Trib. de Brignoles, 24 août 1865, *ibid.*

10674. La question de savoir si, dans ce cas, la poursuite doit s'adresser à la chambre en corps ou à chacun de ses membres individuellement, était controversée antérieurement au décret du 30 janv. 1890. — J.G. *Notaire,* 747.

10675. Suivant l'opinion qui paraissait devoir être préférée, la chambre pouvait être poursuivie collectivement. — J.G. *Notaire,* 747.

10676. Toutefois, cette opinion avait l'inconvénient de donner forcément lieu à des restrictions arbitraires. — J.G. *Notaire,* 747.

10677. En effet, on faisait observer que, s'il était possible de prononcer contre une chambre de notaires une censure ou une réprimande, il y avait des peines impossibles à appliquer à un corps collectif, telle que la privation de voix délibérative dans l'assemblée générale, et l'interdiction de l'entrée de la chambre pendant plusieurs années. — J.G. *Notaire,* 747.

10678. En tous cas, on reconnaissait généralement qu'en admettant les poursuites collectives, il y avait lieu de faire une exception pour les peines vraiment répressives, comme la suspension et la destitution. — J.G. *Notaire,* 748.

10679. Aux termes de l'art. 12 du décret du 30 janv. 1890, en cas de manquements graves à ses devoirs, notamment à ceux qui découlent de la mission qui lui est confiée par l'art. 8

de ce décret en ce qui concerne la vérification de la comptabilité des notaires, la chambre des notaires peut être suspendue ou dissoute par arrêté du garde des sceaux, après avis de la première chambre de la cour d'appel délibérant en chambre du conseil. — D.P. 96. 4. 7.

10680. Une poursuite collective ne suppose pas des actes dirigés contre tous les membres de la chambre; l'action serait valablement dirigée contre le président. — J.G. *Notaire,* 749. — Comp. J.G. *Avocat,* 412.

10681. Lorsqu'une faute n'est imputable qu'à certains membres de la chambre, c'est contre eux seuls que l'action doit être dirigée. — Bourges, 8 déc. 1828, J.G. *Notaire,* 750.

10682. Ainsi le refus, de la part d'un président de chambre de discipline, d'accuser réception d'une communication du ministère public ou d'en donner avis à ses collègues, le soumet à une action disciplinaire. — Trib. de Palmbœuf, 22 nov. 1844, D.P. 45. 4. 149.

10683. Un arrêt est allé jusqu'à décider qu'il y a lieu de punir disciplinairement le secrétaire qui, d'après les ordres de la chambre, a refusé de délivrer au ministère public expédition entière d'une délibération. — Bourges, 8 déc. 1828, J.G. *Notaire,* 715-1°.

10684. Mais, en présence de la situation délicate où les ordres de la chambre placent ce secrétaire, cette rigueur paraît excessive. — J.G. *Notaire,* 716.

10685. Les chambres délibèrent à huis clos et non en séance publique : aussi rien de ce qui s'y dit ne peut donner lieu au dehors à des réclamations ou poursuites pour injure ou diffamation. — J.G. *Notaire,* 707.

10686. Quand la chambre agit dans ses fonctions purement administratives, elle suit, quant au mode de procéder, soit l'usage, soit ses propres règlements, à moins que des actes du gouvernement ne lui prescrivent une marche déterminée. — J.G. *Notaire,* 708.

Art. 2. Les attributions de la chambre sont:

1° De prononcer ou de provoquer, suivant les cas, l'application de toutes les dispositions de discipline;

2° De prévenir ou concilier tous différends entre notaires, et notamment ceux qui pourraient s'élever, soit sur les communications, remises, dépôts ou rétentions de pièces, fonds et autres objets quelconques, soit sur des questions relatives à la réception et garde des minutes, à la préférence ou concurrence dans les inventaires, partages, ventes ou adjudications et autres actes; et, en cas de non-conciliation, d'émettre son opinion par simple avis;

3° De prévenir ou concilier également toutes plaintes et réclamations de la part de tiers contre les notaires, à raison de leurs fonctions; donner simplement son avis sur les dommages-intérêts qui pourraient être dus, et réprimer par voie de censure et autres dispositions de discipline, toutes infractions qui en seraient l'objet, sans préjudice de l'action devant les tribunaux, s'il y a lieu;

4° De donner son avis sur les difficultés concernant le règlement des honoraires et vacations des notaires, ainsi que sur tous différends soumis à cet égard au tribunal civil;

5° De délivrer ou refuser tous certificats de bonnes mœurs et capacité à tous demandés par les aspirants aux fonctions de notaire, prendre à ce sujet toutes délibérations, donner tous avis motivés, les adresser ou communiquer à qui de droit;

6° De recevoir des états des minutes dépendant des études de notaires supprimées;

7° De représenter tous les notaires de l'arrondissement collectivement sous le rapport de leurs droits et intérêts communs.

Loi du 25 vent. an 11
(16 mars 1813).

Contenant organisation du notariat. — Publiée au *Bulletin des lois, n° 2440.* — (Extrait, J.G. *Notaire,* p. 576.)

Art. 43. L'aspirant demandera à la chambre de discipline du ressort dans lequel il devra exercer un certificat de moralité et de capacité. Le certificat ne pourra être délivré qu'après que la chambre aura fait parvenir au commissaire du gouvernement du tribunal de première instance l'expédition de la délibération qui l'aura accordé.

Art. 44. En cas de refus, la chambre donnera un avis motivé, et le communiquera au commissaire du gouvernement, qui l'adressera au grand juge, avec ses observations.

DIVISION.

§ 1. — *Fonctions de conciliateur* (n° 10687).
§ 2. — *Fonctions de conseiller* (n° 10705).
§ 3. — *Fonctions d'administrateur* (n° 10762).

§ 1er. — *Fonctions de conciliateur.*

10687. Les paragraphes 2 et 3 de l'art. 2 de l'ordonnance de 1843 conférant à la chambre des notaires des fonctions de conciliateurs, les exemples qui y sont cités sont explicatifs et nullement limitatifs. — J.G. *Notaire,* 671.

10688. Toutefois, les différends dont il y est question et que les chambres des notaires doivent prévenir ou concilier ne peuvent être que ceux qui concernent les *fonctions notariales* : les chambres de notaires n'auraient aucun droit d'intervention dans les contestations élevées entre notaires, si elles étaient étrangères au notariat; par exemple, s'il s'agissait d'une question de propriété immobilière, d'une affaire administrative, d'une discussion électorale, etc. — J.G. *Notaire,* 674.

10689. Décidé en ce sens que la chambre de discipline des notaires ne peut intervenir, à titre de conciliateur, conformément à l'art. 2. § 2 de l'ord. du 4 janv. 1843, que sur les difficultés inhérentes à l'exercice des fonctions de notaire. — Ch. des notaires de Boulogne-sur-Mer, 2 févr. 1870, D.P. 72. 1. 139.

10690. Spécialement, elle ne peut intervenir, à titre de conciliateur, sur un différend occasionné par des expressions trop vives ou des procédés blessants, à moins qu'elle ne soit invitée par les deux parties à donner son avis. — Civ. r. 10 avr. 1872, D.P. 72. 1. 139.

10691. Le refus par un notaire d'admettre dans un acte un confrère comme notaire en premier et gardien de la minute constitue, en dehors de toute faute disciplinaire accessoire, non un manquement au devoir professionnel, mais un différend qui doit être soumis à la chambre appelée dans l'exercice de ses attributions conciliatoires, et dès lors ne peut être frappé d'aucune peine. — Civ. c. 6 avr. 1894, D.P. 94. 4. 229.

10692. Lorsqu'un débat s'élève entre notaires sur une question de préférence ou concurrence dans les inventaires, partages ou autres actes, la chambre des notaires est appelée à concilier le différend; ne peut, en cas de non-conciliation, qu'émettre un simple avis; elle ne peut, sans excès de pouvoir, décider qu'un notaire sera admis à partager les honoraires d'actes reçus hors de son ressort. — Civ. c. 24 juill. 1854, D.P. 54. 4. 308.

10693. ... Ni ordonner à un notaire de restituer des honoraires. — Civ. c. 14 janv. 1867, D.P. 67. 1. 40. — Civ. c. 5 juill. 1875, D.P. 73. 1. 431.

10694. Mais la chambre de discipline des notaires, compétente pour donner son avis sur les différends élevés entre notaires quant

---

à la préférence ou à la concurrence dans les inventaires, est réputée exprimer un simple avis, et non rendre un jugement ou prononcer une condamnation qui excéderait ses pouvoirs, dans la délibération portant : « Me ... participera aux honoraires de l'inventaire ». — Req. 14 mars 1864, D.P. 64. 1. 297.

10695. Cette chambre ne commet pas davantage d'excès de pouvoir, lorsqu'elle exprime l'avis que des raisons de convenance s'opposent à ce qu'un notaire emploie comme clerc le greffier de la justice de paix, et l'invite à pourvoir au remplacement de ce clerc dans un certain délai, un tel avis n'ayant pas non plus le caractère d'une décision obligatoire. — Même arrêt.

10696. Mais la décision par laquelle une chambre de discipline invite son président à faire connaître à un notaire, devant la chambre assemblée, qu'il doit adresser le plus promptement possible au président une lettre par laquelle il rétractera tous écrits et toutes paroles acerbes et inconvenantes qu'il a écrites ou dites, soit contre des confrères, soit le rapporteur, ne saurait être envisagée comme rentrant dans celles que les chambres de discipline sont autorisées à prendre, comme pouvoir conciliateur pour assurer, maintenir et ramener la concorde dans leur corporation. — Civ. c. 15 déc. 1868, D.P. 69. 4. 79.

10697. A l'occasion de la disposition des § 2 et 3 de l'art. 2, on s'est demandé si, dans un traité de cession d'un office, on pouvait valablement stipuler que la chambre des notaires connaîtrait des difficultés qui pourraient s'élever sur l'exécution de ce traité. — J.G. *Notaire,* 675.

10698. Une semblable clause paraît avoir le caractère d'une clause compromissoire, et devrait, par conséquent, être frappée de nullité. L'administration interdit, d'ailleurs, d'une manière générale la clause par laquelle les parties conviennent à l'avance que les difficultés qui surviendraient à l'occasion d'un traité seront soumises à l'arbitrage d'un tiers. — Décis. min. just. 16 mars 1839 et 9 mai 1848, J.G *Office,* 192.

10699. Une chambre de notaires ne peut, même du consentement des parties, se dépouiller de son caractère et se transformer en tribunal arbitral pour statuer sur des contestations placées dans ses attributions disciplinaires. — Trib. civ. de Saint-Calais, 27 juill. 1849, D.P. 3. 45.

10700. La délibération par laquelle une chambre de notaires consent à statuer sur une contestation intéressant un notaire, sans exprimer que ceux qui la composent ont accepté cette mission, non comme membres d'une chambre de notaires, mais comme simples particuliers, doit être inscrite sur les registres de la chambre. — Même jugement.

10701. Dans le paragraphe 3 de l'art. 2, la chambre des notaires est appelée aussi à remplir l'office de conciliateur relativement aux plaintes et réclamations, non plus entre notaires; cette fois, l'ordonnance ajoute expressément : *à raison de leurs fonctions.* — J.G. *Notaire,* 676.

10702. La seule attribution qui lui soit et qui puisse lui être donnée étant celle de prévenir et de concilier, si les parties ne s'entendent pas, la chambre des notaires ne peut prononcer irrévocablement, car elle n'a aucune juridiction sur les personnes étrangères au notariat. — J.G. *Notaire,* 676.

10703. Il en serait autrement, bien entendu, si les membres de la chambre avaient statué comme arbitres sur leur compromis. — J.G. *Notaire,* 676.

10704. La décision rendue par une chambre de discipline des notaires dans la sphère des pouvoirs de conciliation qu'elle exerce en vertu de l'art. 2, § 2 de l'ord. du 4 janv. 1843, n'est pas susceptible de recours en cassation. — Civ. r. 10 avr. 1872, D.P. 72. 1. 139.

§ 2. — *Fonctions de conseiller.*

10705. Lorsque des chambres ne sont point parvenues à prévenir ou à concilier des différends élevés entre notaires relativement à des affaires notariales, elles sont chargées, aux termes des paragraphes 2 et 4 de l'art. 2 de l'ordonnance de 1843, d'émettre leurs opinions par simples avis. — J.G. *Notaire*, 617.

10706. Il y a excès de pouvoir de la part des chambres des notaires toutes les fois qu'elles statuent par voie de décision dans les cas où elles ne peuvent se prononcer que par simple avis. — J.G.S. *Notaire*, 290.

10707. — I Difficultés concernant le règlement des honoraires et vacations. — Sur la question de savoir si le paragraphe portant que la chambre est appelée à donner son avis sur les difficultés concernant le règlement des honoraires et vacations des notaires a été abrogé ou modifié par l'art. 173 du tarif du 16 févr. 1807. — V. *infrà.*

10708. — II. Certificats délivrés aux aspirants aux fonctions de notaires. — La moralité et la capacité sont les deux conditions essentielles pour être admis aux fonctions de notaire. La loi indique le mode à l'aide duquel le candidat pourra justifier de l'accomplissement de ces deux conditions. — J.G. *Notaire*, 182.

10709. D'après les anciennes ordonnances, tout aspirant au notariat devait subir un examen devant les juges qui étaient appelés à recevoir son serment (Ord. 28 déc. 1691, art. 39; arrêt de régl. du 14 sept. 1685). Il en est encore de même en règle générale, du moins sous l'empire de la loi de l'an 11; mais l'autorité chargée d'apprécier la capacité a été changée : car c'est aujourd'hui à la chambre de discipline du ressort dans lequel le candidat veut exercer, que celui-ci doit demander qu'il s'agit. — J.G. *Notaire*, 184.

10710 — 1o *Dispense du certificat.* — Suivant quelques décisions, la disposition de l'art. 43 de la loi du 25 ventôse comporterait certaines exceptions. Ainsi il a été jugé : 1o qu'il n'y a pas de nouveau certificat à exiger d'un notaire de troisième classe qui, étant en exercice depuis plus d'un an, demande à être nommé de deuxième classe. — Décis. min. just. 15 juin 1836, J.G. *Notaire*, 184.

10711 .... 2o Qu'une chambre de notaires ne même dispense de certificat un ancien notaire qui demandait à reprendre ses fonctions qu'il avait cessé de remplir depuis deux ans. — Délib. Ch. de Lov..., 15 nov. 1835, J.G. *Notaire*, 184.

10712. Il semble, au contraire, en présence des termes absolus et généraux de l'art. 43, qu'un notaire exerçant, qui passe d'une place à une autre, même d'une classe égale à une autre, est dispensé de justification de moralité et de capacité. — J.G. *Notaire*, 184.

10713. Il doit en être de même pour le notaire démissionnaire qui se présente comme candidat pour de nouvelles fonctions; il doit fournir toutes les justifications exigées de ceux qui aspirent pour la première fois au notariat. — J.G. *Notaire*, 184.

10714. Enfin les mêmes règles sont applicables, lorsque c'est un ancien notaire qui veut reprendre son étude ou une autre. — J.G. *Notaire*, 184.

10715 — 2o *Chambre compétente.* — D'un autre côté, le certificat ne peut être demandé à toute chambre indistinctement; il ne peut l'être qu'à la chambre du ressort dans lequel l'aspirant devra exercer. — J.G. *Notaire*, 185.

10716. Il en résulte qu'une chambre du ressort où un aspirant aurait fait son stage devrait refuser le certificat si l'aspirant devait exercer dans un autre ressort; il en résulte aussi que, pour que la chambre puisse connaître si elle est compétente, la demande de l'aspirant doit indiquer le lieu

où il se propose de résider; c'est en ce sens que les instructions ministérielles prescrivent aux chambres de notaires d'examiner avant tout s'il convient de nommer un notaire dans le lieu désigné par la demande. — Circ. min. just. an 12,6 vend. et 28 vent. an 13, 18 juill. 1819, J.G. *Notaire*, 185.

10717. — 3o *Attributions de la Chambre.* — Il importe de ne pas oublier que les chambres de notaires n'ont, en règle générale, qu'un simple avis motivé à donner sur la moralité ou la capacité de l'aspirant; le gouvernement seul a le droit de statuer en dernier ressort soit sur la capacité et la moralité des aspirants, soit sur leur idonéité sous le rapport du stage et des autres conditions énoncées en l'art. 35 de la loi, soit enfin sur l'opportunité de pourvoir à l'étude dont ils font la demande — J.G. *Notaire*, 187.

10718. Il n'entre point dans les attributions de la chambre de discipline de prononcer sur la légalité des justifications imposées à tout aspirant aux fonctions du notariat. Elle doit se borner à constater si celui qui se présente devant elle offre, par sa moralité et sa capacité, des garanties suffisantes pour remplir les fonctions auxquelles il aspire, sauf à émettre son avis sur la légalité et la sincérité des certificats qui lui sont soumis, et dont il appartient au gouvernement d'apprécier le mérite. — Décis. min. just. 23 oct. 1829, J.G. *Notaire*, 187.

10719. Il a été décidé, dans le même sens, que la chambre ne peut se refuser à délibérer sur les demandes des aspirants au notariat, sous prétexte qu'il n'est pas nécessaire d'augmenter le nombre des notaires. — Circ. min. just. 6 vend. an 13, J.G. *Notaire*, p. 587. — Circ.min. just. 28 vent. an 13, *ibid.*, p. 588. — Circ. min. just. 15 juil. 1829, *ibid.*, no 767.

10720. Il est de ces principes que si, par exemple, un candidat, qui n'a pas justifié de son stage, prétend se trouver dans le cas de dispense prévu par l'art. 42 de la loi du 25 vent. an 41 en faveur des personnes qui ont rempli des fonctions administratives ou judiciaires, la chambre ne doit pas se borner à donner son avis sur cette prétention, en renvoyant les autres conditions préalablement pour obtenir la dispense; elle doit délibérer sur la moralité et la capacité, sauf à donner ensuite son avis sur les motifs de dispense allégués. — Circ. 6 vend. an 13, J.G. *Notaire*, p. 587. — Décis. min. just. 29 mai 1837, *ibid.*, 201.

10721. Le refus d'un certificat de capacité fait à un ancien huissier, et fondé sur sa qualité, en ce que « pour la considération du corps notarial, les fonctions de notaire ne devraient pas être confiées à un ancien huissier, » est illégal en ce qu'il porte atteinte à la considération et au principe d'égalité. — Décis. min. 20 déc. 1844, D.P. 45. 4. 357.

10722. Comme c'est aux aspirants que la loi impose l'obligation de demander le certificat dont il s'agit, on ne peut comprendre, sous ce titre que les personnes qui ont accompli les autres conditions imposées pour qu'on puisse être nommé notaire; une chambre ne serait pas tenue de s'occuper de la demande d'un prétendu aspirant qui ne le serait réellement pas à tous les yeux de la loi. — J.G. *Notaire*, 190.

10723. Jugé, dans ce sens, que l'aspirant au notariat ne peut obtenir de la chambre de discipline un certificat de moralité et de capacité qu'il n'a atteint l'âge d'admission aux fonctions de notaire, c'est-à-dire vingt-cinq ans accomplis. — Décis. de la Chancellerie, 9 févr. 1847, D.P 48. 3. 15.

10724. Les chambres de notaires ne peuvent, sur les matières dont il s'agit, donner leur avis, qui s'exprime par le refus motivé du certificat, mais elles sont tenues de donner cet avis. — J.G. *Notaire*, 192.

10725. — 4o *Délibération de la Chambre;*

Pouvoir d'appréciation. — Bien que le nombre et le placement des études de notaires aient fait, en 1810, l'objet d'un travail spécial, néanmoins lorsque le gouvernement invite les chambres de notaires à examiner les demandes des aspirants dans leurs effets sur les fixations de 1810, elles doivent délibérer sur la capacité et la moralité. — J.G. *Notaire*, 192.

10726. Mais les chambres des notaires ne peuvent être astreintes à procéder à l'examen de la moralité et de la capacité des aspirants au notariat que quand ceux-ci y ont un intérêt né et actuel, et cet intérêt n'existe pas lorsque le nombre des notaires exerçant dans un ressort a été déterminé par le gouvernement, et qu'il n'existe aucune vacance par démission ou décès; par suite, des aspirants ne peuvent exiger que la chambre délivre des certificats de capacité, qu'ils prétendent leur être nécessaires pour obtenir le rétablissement d'une étude qui a été supprimée dans le ressort; il n'importe que le maximum des charges des notaires n'ait pas encore été atteint dans la localité dont il s'agit. — Douai, 25 mars 1831, J.G. *Notaire*. 193.

10727. La chambre serait, au contraire, tenue de délibérer, s'il s'agissait d'un aspirant qui se présenterait dans un canton qui excéderait le maximum légal. L'étude excédante ayant été établie par le gouvernement, il appartient pas à la chambre des notaires de décider qu'il y a lieu de rentrer dans les limites du maximum, par une réduction dans le ressort de la mutation est demandée. Elle doit délibérer sur la demande de certificat, sauf à donner ensuite son avis sur l'opportunité ou la convenance de la réduction. — Décis. min. just. 15 juill. 1829.J.G. *Notaire*.194.

10728. Elle n'a pas le droit de refuser de délibérer sur la demande d'un certificat, sous prétexte que le titulaire a cédé son office à une époque où il n'avait plus le droit de le faire, étant alors en faillite. — Décis. min. just. 31 mars 1829, J.G. *Notaire*, 195.

10729. Il en serait de même dans le cas où des notaires démissionnaires seraient poursuivis criminellement ou correctionnellement pour faits relatifs à leur état; mais alors la chambre devrait avertir le gouvernement, puisque, le notaire poursuivi ayant perdu le droit de céder, le garde des sceaux pourrait proposer de sauctionner aucune transmission. Cette solution s'appliquerait même au cas d'acquittement des poursuites criminelles. — Circ. min. just. 18 juill. 1819, J.G. *Notaire*, 195.

10730. Suivant une décision, la chambre de discipline peut et doit délivrer le certificat de capacité et de moralité qui lui est demandé, alors même qu'un créancier du notaire cédant lui demande, pour être extrajudiciaire, de surseoir à cette délivrance jusqu'à ce qu'il soit justifié par le créancier du paiement de la somme qui lui est due, surtout si le traité paraît avoir été fait de bonne foi, et spécialement s'il ne porte pas quittance du prix stipulé. — Décis. min. just. 9 févr. 1838, J.G. *Notaire*, 196.

10731. Toutefois, on peut considérer cette opposition comme un renseignement à transmettre à l'administration supérieure. Mais, dans ce cas, le ministre de la justice peut ordonner que l'impétrant ne sera admis à prêter serment qu'après avoir consigné le prix de la cession, à moins qu'à raison de créancier du titulaire cédant n'ait le temps de faire tous actes conservatoires de ses droits. — Même décision.

10732. Si, malgré l'obligation qui lui est imposée par la loi et les instructions ministérielles, une chambre refusait de délibérer sur les demandes de certificat, il y aurait là un manquement grave, une sorte d'insubordination, qui suffirait, surtout lorsqu'il y a eu injonction de la part du gouvernement, pour soumettre les membres de la chambre récalcitrante à des peines disciplinaires, qui seraient prononcées par les tribunaux. — Circ. min. just. 2e vent. an 13 et Décis. min. just. 15 juill. 1829, J.G. *Notaire*, 197.

10733. Quant au candidat dont la chambre aurait illégalement refusé d'examiner la demande. il n'aurait pas le droit de s'adresser aux tribunaux pour leur demander l'examen et le certificat; car, d'une part. il s'agit d'une matière administrative, placée hors de la compétence des tribunaux, et d'autre part, les actes de la chambre des notaires ne sont soumis par aucune loi au recours judiciaire. — J.G. *Notaire*, 198.

10734. Mais ce serait au gouvernement que le candidat devrait s'adresser. — J.G. *Notaire*, 198.

10735. Et il semble qu'en pareil cas le ministre serait autorisé à demander des renseignements au ministère public, et à les considérer, s'ils sont suffisants, comme suppléant au certificat qui n'a pu être obtenu. — J.G. *Notaire*, 198.

10736. De ce que le certificat doit être péremptoirement accordé ou refusé, il s'ensuit qu'une chambre ne pourrait ajourner sa décision à cet égard. — J.G. *Notaire*, 199.

10737. Si deux ou plusieurs candidats se présentent pour une place vacante ou un notariat nouveau, la chambre doit examiner la moralité et la capacité de chacun d'eux et leur accorder ou refuser le certificat, suivant les cas. Elle peut indiquer celui des candidats qui lui paraît mériter la préférence: c'est seulement dans cette circonstance. qui entraîne les comparaisons nécessaires, que la même délibération peut comprendre plusieurs aspirante. — Circ. min. just. 6 vend. et 28 vent. an 13, J.G. *Notaire*, 200.

10738. La chambre appelée à délibérer sur une demande de certificat doit d'abord s'enquérir de la moralité de l'aspirant. Une première délibération constate la présentation du candidat, et, à la suite, une circulaire est adressée (du moins, tel est l'usage à Paris) à tous les notaires de l'arrondissement, afin de provoquer des renseignements. La chambre doit se montrer sévère sur la moralité, regarder comme un des éléments de cette enquête sur la moralité l'examen des conditions du traité d'acquisition et des moyens financiers à l'aide desquels le candidat pourra remplir ses conditions. — J.G. *Notaire*, 201.

10739. C'est en ce sens qu'il a été décidé que l'enquête sur la moralité doit porter non seulement sur la conduite du candidat dans les rapports privés, mais encore et principalement sur les actes relatifs à la profession du notaire qu'il demande à exercer. — Décis. min. just 3 févr. 1837, J.G. *Notaire*, 201.

10740. Les chambres de discipline ne sont pas consultées seulement sur la moralité et la capacité intellectuelle des aspirants aux fonctions de notaires; elles sont appelées à donner leur avis sur l'ensemble des justifications, notamment sur les questions de stage. — J.G. *Notaire*, 201.

10741. En conséquence, la chambre de discipline appelée à délibérer sur la délivrance à un aspirant d'un certificat de moralité et de capacité a le droit de vérifier si celui-ci justifie de toutes les conditions légales, et de refuser son certificat si elle pense, par exemple, qu'il n'a pas la capacité voulue pour l'exercice des fonctions qu'il aspire à remplir, sans lui faire subir, au préalable, l'examen exigé en pareil cas. — Décis. min. just. 29 mai 1837, J.G. *Notaire*, 204.

10742. Lorsque le certificat de moralité et de capacité, produit par un aspirant au notariat, porte une date ancienne, il est de règle d'exiger la production d'un certificat plus récent. — Décis. de la Chancellerie, 23 mai 1846, D.P. 46, 3, 132.

10743. — 5° *Examen professionnel*. — La capacité se constate ordinairement par un examen qui n'est pas prescrit, mais est

seulement permis : les chambres de notaires peuvent y renoncer, si elles le jugent inutile, si elles se sont assurées autrement de la capacité ou de l'incapacité du candidat. — Décis. min. just. 29 mai 1837, J.G. *Notaire*. 204.

10744. L'examen peut être exigé, non seulement du candidat qui aspire pour la première fois au notariat, mais de tout autre candidat qui a déjà exercé des fonctions judiciaires ; notamment d'un notaire qui "sans changer de classe, demande à passer dans une autre résidence. — J.G. *Notaire*, 204.

10745. Décidé, dans ce sens, que le notaire qui, sans changer de classe, demande à passer dans une autre résidence, est tenu de se soumettre à toutes les formalités imposées par la loi aux candidats ordinaires ; qu'en conséquence, la chambre de discipline du nouveau siège qu'il vient occuper est fondée à lui faire subir préalablement un examen. — Décis. min. 9 juin 1835, J.G. *Notaire*, 205.

10746. L'examen porte sur les fonctions et les devoirs du notaire, le droit civil et la jurisprudence dans ses rapports avec le notariat, la rédaction des actes. — J.G. *Notaire*, 207.

10747. Lorsque les chambres se sont édifiées sur la moralité du candidat et l'ont examiné sur sa capacité, elles doivent se prononcer : elles ne le peuvent faire que de deux manières, par la délivrance ou par le refus du certificat Si l'une ou l'autre des conditions dont elles ont à certifier l'accomplissement n'est pas remplie, il n'y a pas lieu de scinder le certificat, mais de le refuser : il est indivisible dans ses deux objets. — Décis. min just. 29 mai 1837, J.G. *Notaire*, 208.

10748. Par suite, l'aspirant qui, après examen, ne paraît pas posséder une instruction suffisante, ne peut être ajourné par la chambre de discipline à une époque déterminée, pour subir devant elle un nouvel examen, à la suite duquel il sera statué sur sa double demande d'un certificat de moralité et de capacité. — Observ. min. publ. 30 nov. 1835, J.G. *Notaire*, 208.

10749. — 6° *Délivrance du certificat*. — Lorsque la chambre a accordé le certificat demandé, l'art. 43 veut qu'il ne puisse être délivré qu'après que la chambre aura fait parvenir au ministère public l'expédition de la délibération qui l'aura accordé. De plus, d'après une circulaire du 13 juill. 1820, quand une présentation a eu lieu, les procureurs généraux sont chargés de donner personnellement au ministre tous les renseignements nécessaires pour éclairer celui-ci. — J.G. *Notaire*, 210.

10750. Lorsque la chambre de discipline a exprimé un avis favorable à l'aspirant, et que le ministère public n'a fait aucune observation contraire, la délivrance du certificat de capacité et de moralité n'est plus qu'une formalité pour laquelle une nouvelle réunion de la chambre ne paraît pas indispensable. — Décis. min. just. 8 mai 1837, J.G. *Notaire*, 210.

10751. Ce certificat peut, dans ce cas, être délivré régulièrement par le président, par tout autre fonctionnaire de la chambre, délégué à cet effet, dans la délibération prise sur la demande de l'aspirant; une nouvelle délibération n'est indispensable que lorsque le ministère public a refusé son *admittatur*. — Même décision.

10752. Si le ministère public n'approuve pas la délibération qui accorde le certificat, il fait ses observations et les renvoie à la chambre qui délibère de nouveau et persiste ou change d'avis. Sa nouvelle délibération est encore adressée au ministère public. — Circ. min. just. 22 vent. an 13 et Décis. min. just. 8 mai 1837, J.G. *Notaire*, 211.

10753. Dans le cas où il a été délivré à un aspirant au notariat, par la chambre des notaires, un certificat de capacité non motivé, le ministère public n'a pas le droit d'exiger qu'il soit dressé procès-verbal détaillé de l'examen, ainsi que des questions

adressées et répondues, et que l'expédition ini en soit délivrée. — Ch. de discipl. d'Avesnes, 25 févr. 1845, D.P. 45, 3 109.

10754. L'aspirant au notariat auquel la chambre de discipline a refusé le certificat de moralité et de capacité, est fondé à exiger la délivrance d'une expédition de la délibération prononçant ce refus, sans qu'il soit nécessaire que cette délivrance ait été préalablement autorisée par le ministère public. — Trib. d'Épernay, 22 nov. 1861, D.P. 62. 3. 59.

10755. Mais, à moins de circonstances exceptionnelles, il ne peut trouver, soit dans le refus du certificat demandé, soit dans le refus d'une expédition de la délibération, le principe d'une action en dommages-intérêts contre la chambre de discipline. — Même jugement.

10756. Jugé à cet égard, que, lorsqu'un candidat croit avoir été calomnié dans les délibérations prises par la chambre à l'occasion de sa sollicitation. il a le droit de demander communication et expédition de ces délibérations dont la communication sera faite par l'intermédiaire du ministère public. — Req. 31 août 1831, J.G. *Notaire*, 215.

10757. Le candidat qui n'a pas obtenu sa nomination ou qui a candidature renoncé à sa candidature est sans intérêt et par conséquent sans droit à obtenir de la chambre des notaires l'expédition des délibérations relatives à son certificat d'aptitude et de moralité, ainsi que des autres délibérations qui se rattachent à l'exécution du traité resté sans effet. — Paris, 3 mars 1865, D.P. 66. 2. 21, et sur pourvoi, Req. 6 nov. 1866, D.P. 67. 1. 40.

10758. — III. *Avis sur différentes questions*. — Les chambres de discipline sont compétentes pour donner leur avis sur la valeur des études de l'arrondissement, et sur le produit qu'on peut légitimement en retirer. — Décis. min. just. 6 mai 1830, J.G. *Notaire*, 685.

10759. Et elles ne peuvent refuser cet avis lorsqu'il leur est demandé par le gouvernement. — Mêmes décis.

10760. La chambre donne aussi son avis sur les dommages-intérêts qui pourraient être dus par des notaires à des tiers; mais les tribunaux seuls peuvent condamner à ces dommages-intérêts, sans être tenus, d'ailleurs, de s'en rapporter à l'opinion des notaires sur l'indemnité réclamée. — J.G. *Notaire*, 681.

10761. Enfin si le gouvernement juge à propos de consulter une chambre de notaires sur quelque sujet que ce soit, celle-ci peut et doit même exprimer son avis. — Décis. préc. 6 mai et 21 juin 1830, J.G. *Notaire*, 682.

§ 3. — *Fonctions d'administrateur*.

10762. Aux termes de l'art. 2, § 7, de l'ordonnance de 1843, les attributions de la chambre de discipline consistent à représenter tous les notaires de l'arrondissement collectivement, sous le rapport de leurs droits et intérêts communs — J.G. *Notaire*, 683.

10763. Par suite de ce droit de prendre des mesures dans l'intérêt commun de la corporation, il suit que c'est aux chambres qu'il appartient de régler les dépenses concernant la bourse commune, établie et administrée d'après les prescriptions de l'art. 39 de l'ordonnance de 1843. *V. infra*, nos 11377 et s.

10764. C'est ce que confirme, d'ailleurs, le paragraphe final de l'art. 6 de la même ordonnance, qui enjoint au trésorier de faire les recettes et dépenses autorisées par la chambre. A la fin de chaque trimestre, la chambre assemblée arrête son compte et lui en donne décharge. — J.G. *Notaire*, 683.

10765. C'est aux chambres qu'il appartient également: 1° de délibérer sur les demandes de changements de résidence formées par des notaires du ressort; elles suivent à cet égard la même instruction que pour les certificats de moralité et de capacité. — Circ. min. just. 18 juill. 1819, J.G. *Notaire,* 683.

10766. ... 2° De recevoir en dépôt les minutes dépendant des études supprimées. — J.G. *Notaire,* 683.

10767. Le notaire qui est l'objet d'imputations calomnieuses ou diffamatoires dont il ne connaît pas l'auteur, et, par exemple, contre lequel on fait courir le bruit qu'il a reçu de la chambre de discipline l'injonction de vendre son office, peut réclamer de la chambre elle-même un certificat de nature à prouver la fausseté de ces bruits;... et, après avoir pris l'avis du ministère public, la chambre peut délivrer au notaire diffamé le certificat qu'elle a jugé devoir lui accorder. — Ch. de discipl. de Dijon, 28 avr. 1846, D.P. 46. § 92.

10768. Les délibérations des chambres de notaires n'ont, en général, qu'un caractère *consultatif.* Elles n'ont donc de force obligatoire qu'autant que les notaires se sont engagés à la leur reconnaître, comme cela a été établi à Paris par les statuts du 30 mai 1734. — J.G. *Notaire,* 720.

10769. Toutefois, il a été décidé qu'un notaire qui refuse d'exécuter la délibération d'une chambre, prise en conséquence du règlement arrêté par cette chambre, est passible d'une peine disciplinaire, et, par exemple, du rappel à l'ordre. — Délib. de la ch. des not. de N..., 22 déc. 1837, J.G. *Notaire,* 766.

10770. Toutefois, il est évident que les chambres n'ont aucun moyen de contraindre à leur égard, pour l'exécution des délibérations. Pour éviter les ennuis d'une discussion sans issue, et quelquefois que les parties convertissent, par un compromis, l'avis à intervenir en véritable arbitrage, et constituent la chambre en juge du différend. — J.G. *Notaire,* 722.

Ordonnance du 4 janv. 1843 (Suite).

Art. 3. Toute décision ou délibération sera inscrite sur un registre coté et parafé par le président de la chambre.

Ce registre sera communiqué au ministère public à sa première réquisition.

10771. — **I. INSCRIPTION DES DÉLIBÉRATIONS SUR UN REGISTRE.** — Il résulte de cet article que les délibérations des chambres de notaires ne pourraient être écrites sur de simples feuilles volantes. — Circ. min. just. 22 vent. an 12, J.G. *Notaire,* 711.

10772. La non-inscription d'une délibération sur le registre de notaires sur les registres de cette chambre est punissable, suivant la gravité des cas, soit des peines prononcées par l'art. 53 de la loi du 25 vent. an 11, soit de celles établies par l'art. 11 de l'ordonnance du 4 janv. 1843. — Trib. de Saint-Calais, 27 juill. 1849, D.P. 50. 3. 45.

10773. La règle étant générale, la délibération par laquelle une chambre de notaires consent à statuer sur une contestation intéressant un notaire, doit exprimer que ceux qui la composent ont accepté cette mission, non comme membres d'une chambre de notaires, mais comme simples particuliers, doit être inscrite sur les registres de la chambre. — Même jugement.

10774. Les membres d'une chambre de notaires qui ont concouru à une délibération non inscrite sur les registres de la chambre peuvent être tous poursuivis disciplinairement,... sauf l'application d'une peine plus sévère au président de la chambre. — Même jugement.

10775. — **II. COMMUNICATION DES DÉLIBÉRATIONS AU MINISTÈRE PUBLIC.** — L'art. 12 de l'arrêté du 2 niv. an 12 n'exige la communication au ministère public, des délibérations de la chambre, que dans le cas de *suspension* prononcée par l'avis de la majorité. — J.G. *Notaire,* 715.

10776. Toutefois, avant la disposition expresse de l'ordonnance de 1843, la jurisprudence se prononçait déjà dans le sens de l'obligation d'une communication générale au ministère public; elle le décidait ainsi d'après les différents textes qui établissent les rapports des tribunaux avec les notaires, ou qui, plus spécialement, ordonnent certaines communications des chambres de notaires, par exemple, lorsqu'il s'agit des délibérations relatives aux certificats demandés par les aspirants. — J.G. *Notaire,* 715.

10777. C'est ainsi qu'il a été jugé: 1° que, bien que les actes ou délibérations de la chambre des notaires, relatifs à la discipline intérieure, doivent rester dans le sein de la chambre et n'être pas rendus publics, cependant, le ministère public, ayant le droit d'exiger la communication de toutes les délibérations qui touchent à la composition de la chambre, il suit de là que, si le même procès-verbal comprend tout à la fois une délibération relative au renouvellement de la chambre, et une portant sur un point de discipline intérieure, il doit lui être donné communication du procès-verbal *entier;* qu'un extrait, relatif seulement à la délibération sur la composition de la chambre, ne suffirait pas. — Bourges, 8 déc. 1828, J.G. *Notaire,* 715.

10778. ... 2° Que le ministère public poursuivant l'annulation d'un règlement, par lequel une chambre de notaires a fixé les honoraires que devraient réclamer à l'avenir les notaires de l'arrondissement, a le droit d'exiger communication du registre de délibérations de la chambre; qu'il ne suffirait pas qu'on délivrât une copie imprimée du règlement. — Bourges, 23 mars 1829, J.G. *Notaire,* 715.

10779. ... 3° Que le ministère public a le droit d'exiger des chambres des notaires communication des délibérations prises par elles, ainsi que des pièces qui ont pu être produites devant elles, même en matière de discipline intérieure, et que le président, à qui le ministère public s'est adressé à cet effet, ne peut refuser de transmettre l'expédition de la délibération de la chambre, au sujet de quelques-uns de ses membres, sur la conduite desquels l'examen de la chambre a été provoqué par le ministère public lui-même, sous le prétexte qu'elle n'aurait pas prononcé ni suspension ni peine plus grave. — Req. 25 août 1829, J.G. *Notaire,* 715.

10780. ... 4° Que, dans l'intérêt de la surveillance que la loi donne au ministère public, il a le droit de se faire représenter tous les registres où les actes des notaires peuvent se trouver inscrits, et notamment ceux des délibérations de leurs chambres. — Bourges, 3 janv. 1831, J.G. *Notaire,* 715.

10781. ... 5° Que le ministère public a le droit de prendre connaissance des délibérations de la chambre des notaires, et d'exiger qu'il lui en soit délivré copie par son secrétaire, ainsi que des lettres, documents et autres pièces sur lesquelles interviennent les délibérations; que, plus spécialement, cette communication doit être faite pour la délibération par laquelle un des membres de la chambre des notaires a été déclaré excusé d'absence à une ou plusieurs des séances tenues par cette dernière. — Trib. de Montauban, 12 févr. 1838, J.G. *Notaire,* 715.

10782. ... 6° Que les notaires sont, comme les avoués et huissiers, soumis à la surveillance du ministère public, qui peut toutes les fois qu'il le juge utile, se faire représenter tous les registres des délibérations de la chambre des notaires, même en matière de discipline intérieure. — Req. 2 juill. 1839, J.G. *Notaire,* 715.

10783. Une circulaire du garde des sceaux du 8 févr. 1810 a rappelé que les membres du parquet devaient se mettre en communication avec les chambres de discipline des officiers ministériels, et leur rappeler l'importance de la mission qu'elles ont à remplir. — J.G. *Notaire,* 715.

10784. Toutefois, d'après une instruction ministérielle du 12 janv. 1843, le ministère public doit user *avec beaucoup de réserve* de la faculté qui lui est attribuée par l'art. 3 de l'ordonnance du 4 janv. 1843, de prendre connaissance des délibérations des chambres de discipline; mais ces chambres doivent faire connaître au ministère public les décisions disciplinaires par elles prises. — J.G. *Notaire,* 715.

10785. Il résulte de plusieurs des décisions précitées que le ministère public a le droit de demander la communication de toutes les pièces qui ont servi de base à la décision. — J.G. *Notaire,* 716.

10786. Et il a été jugé en ce sens, avant l'ordonnance de 1843, qu'il peut exiger communication non seulement de la décision rendue par la chambre contre l'un de ses membres, mais encore de toutes les pièces qu'elle a cru devoir joindre à sa délibération, et notamment du rapport fait par l'un de ses membres, qui y a été annexé. — Trib. de Rethel, 1er mars 1838, J.G. *Notaire,* 716.

10787. La même doctrine a été adoptée, depuis l'ordonnance, par un arrêté ministériel qui a décidé que le ministère public a droit d'exiger la communication non seulement des registres des délibérations des chambres de discipline, mais encore des pièces et documents produits devant ces chambres, qui ont servi de base à ces délibérations. — Arrêté du garde des sceaux, 11 avr. 1846, D.P. 46. 3. 185. — Conf. Trib. de Montauban, 12 févr. 1838, J.G. *Notaire,* 715-5°.

10788. Mais il faut pour cela que les pièces n'aient pas été remises aux parties, ou que, si elles ont été annexées à la délibération, ou ont été mentionnées dans cet acte, elles se trouvent à la disposition de la chambre. — J.G. *Notaire,* 715-5°.

10789. D'après la lettre de l'ordonnance de 1843, on peut croire que le droit du ministère public ne serait pas aussi étendu, et que la communication du registre et la transcription des délibérations sur ce registre marquent à la fois la limite des devoirs de la chambre et des droits du ministère public. — J.G. *Notaire,* 717.

10790. Si la délibération mentionnait des annexes, les pièces ainsi désignées devraient être communiquées, car elles feraient partie de la délibération. — J.G. *Notaire,* 717.

10791. Si, sans ordonner aucune annexe, la délibération s'appuyait sur des faits, sur des documents dont l'analyse ou la mention paraîtrait insuffisante au ministère public, celui-ci pourrait encore en demander la communication. La demande ne devrait plus alors être fondée sur le droit absolu de communication, mais appuyée sur les motifs qui rendaient cette communication nécessaire. — J.G. *Notaire,* 717.

10792. Dans ce dernier cas, le tribunal n'aurait plus une simple injonction à formuler, mais il devrait apprécier les motifs de la résistance qui serait opposée par la chambre à la demande du ministère public. — J.G. *Notaire,* 717.

10793. D'après un arrêt, la réquisition du ministère public à fin de communication du registre peut être dirigée contre le *secrétaire* de la chambre. — Bourges, 8 déc. 1828, J.G. *Notaire,* 715.

10794. Toutefois, d'après l'art. 6, § 3, de l'ordonnance de 1843, qui règle les attributions du syndic, la réquisition paraîtrait plus régulièrement formée contre ce dernier. — J.G. *Notaire,* 718. — V. *infrà,* nos 10809 et s.

10795. Si une action devenait nécessaire à la suite d'une telle réquisition, elle serait portée devant le tribunal siégeant en audience publique, et non en chambre du conseil. — Trib. de Montauban, 12 févr. 1838, J.G. *Notaire,* 715-5°.

10796. — **III. COMMUNICATIONS DES DÉLIBÉRATIONS AUX TIERS.** — En principe, les délibérations des chambres de notaires ne sont pas publiques, et, s'il a été décidé que les parties intéressées ont le droit d'en obtenir expédition, cela ne peut s'entendre que des délibérations qui affectent les intérêts de ceux qu'elles concernent. — Paris, 3 mars 1865, D.P. 66. 2. 21.

10797 La délibération par laquelle une chambre de notaires refuse de délivrer à un tiers une copie d'une de ses délibérations n'étant qu'un simple avis, ne peut être l'objet d'un recours devant l'autorité judiciaire. — Req. 9 août 1870, D.P. 71. 1. 350.

Organisation de la chambre.

Art. 4. Les notaires de chaque arrondissement choisissent parmi eux les membres de leur chambre.

La chambre des notaires de Paris est composée de dix-neuf membres; les chambres établies dans les arrondissements où le nombre des notaires est au-dessus de cinquante, sont composées de neuf membres; celles de tous autres arrondissements, de sept.

10798. Aux termes d'une décision ministérielle, lorsque le nombre des notaires d'un arrondissement, qui était primitivement supérieur à cinquante, a été successivement réduit au-dessous, le nombre des membres de la chambre doit être réduit de neuf à sept, de la manière suivante : à la première élection, il n'y a lieu de remplacer qu'un des trois membres sortants; aux élections des deux années suivantes, les deux autres tiers doivent se renouveler successivement; enfin, la quatrième année, les membres formant ces deux mêmes tiers doivent tirer au sort celui d'entre eux qui devra céder une place pour compléter la série entamée par suite de la réduction des notaires de l'arrondissement. — Décis. min. just. 19 févr. 1837, J.G. *Notaire*, 646.

10799. Si aucun membre de la chambre ne peut rester en fonctions plus de trois ans, si ce n'est dans le cas où le membre réélu serait le seul notaire exerçant du chef-lieu. — Décis. min. just. 3 mai 1843, D.P. 46. 3. 48. Cons. d'Ét. 29 janv. 1857, D.P. 57. 3. 73.

10800. Mais il n'en est pas de même lorsqu'il y a deux notaires au chef-lieu; dans ce dernier cas, à l'expiration des fonctions de l'un d'eux, l'autre doit être nécessairement nommé. — Arrêt préc. 29 janv. 1857.

Art. 5. Les chambres ne peuvent délibérer valablement qu'autant que les membres présents et votants sont au moins au nombre de douze pour Paris, de sept pour les chambres composées de neuf membres, et de cinq pour les autres chambres.

10801. Une chambre de notaires composée de sept membres ne peut prendre de décision disciplinaire valable qu'autant que les membres présents et votants sont au nombre de cinq au moins, sans compter le syndic qui, étant partie poursuivante, ne prend pas part à la délibération. — Civ. c. 10 janv. 1888, D.P. 88. 1. 51. — Civ. c. 8 août 1888, D.P. 88. 5. 161.

10802. La délibération rendue par une chambre de discipline de notaires composée de cinq membres seulement, y compris le syndic, partie poursuivante, alors que le syndic doit être remplacé par un des cinq membres ayant droit de vote, est entachée de nullité, soit que ladite chambre ait statué étant relativement à quatre membres, soit que le syndic ait pris part à la délibération. — Civ. c. 23 déc. 1879, D.P. 75. 1. 64. — Civ. c. 22 janv. 1878, D.P. 78. 1. 55. — Civ. c. 29 avr. 1879, D.P. 79. 1. 224.

10803. La nullité dont se trouve entachée la décision quand le nombre des notaires

délibérants n'a été que de quatre est d'ordre public, et ne peut être couverte par le silence que les parties ont gardé à cet égard, lors de leur comparution. — Civ. c. 24 juill. 1854, D.P. 54. 1. 307, et la note. — Civ. c. 10 janv. 1888, D.P. 88. 1. 51. — V. *infra*, art. 15, nos 11060 et s.

Art. 6. Les membres de la chambre choisissent entre eux un président, un syndic, un rapporteur, un secrétaire et un trésorier.

Le président a voix prépondérante en cas de partage d'opinions; il convoque la chambre extraordinairement, quand il le juge à propos ou sur la réquisition motivée de deux autres membres; il a la police de la chambre.

Le syndic est partie poursuivante contre les notaires inculpés; il est entendu préalablement à toutes les délibérations de la chambre, comme le président, le droit de la convoquer; il poursuit l'exécution de ses délibérations dans la forme ci-après déterminée; enfin, il agit pour la chambre dans tous les cas et conformément à ce qu'elle a délibéré.

Le rapporteur recueille les renseignements sur les faits imputés aux notaires, et en fait rapport à la chambre.

Le secrétaire rédige les délibérations de la chambre, est gardien des archives et délivre toutes les expéditions.

Le trésorier fait les recettes et dépenses autorisées par la chambre. A la fin de chaque trimestre, la chambre assemblée arrête son compte et lui en donne décharge.

10804. — I. Président. — Le président de la chambre de discipline doit, sauf le cas prévu par l'art. 8 de l'ordonnance du 4 janv. 1843 (V. *infra*, p. 381), être choisi parmi les membres appartenant à la classe d'ancienneté; et, en cas d'inexécution de cette disposition, l'élection doit être renouvelée sans qu'il soit besoin pour cela de prononcer administrativement la nullité de la première opération. — Décis. de la Chancellerie, 15 oct. 1845, D.P. 47. 3. 174.

10805. Si le président est empêché, il peut être remplacé par le syndic dont les fonctions sont alors remplies par un autre membre. — Délib. 19 août 1836, J.G. *Notaire*, 809 et 824.

10806. Toutefois, il ne pourrait en être ainsi lorsque le syndic titulaire a rempli ses fonctions dans l'affaire, qu'il a entamé ou commencé l'instruction; car on ne peut être à la fois accusateur et juge. — J.G. *Notaire*, 809.

10807. En matière de discipline notariale, le président de la chambre ne peut faire un acte rentrant dans les attributions du syndic sans cumuler des fonctions essentiellement incompatibles. — Civ. c. 23 avr. 1879, D.P. 79. 1. 264.

10808. Et, par suite, la condamnation disciplinaire prononcée contre un notaire est nulle, lorsque la chambre, ayant été saisie, non par une citation du syndic, mais par une lettre émanée du président, celui-ci a cependant concouru à la délibération. — Même arrêt. — Civ. c. 4 juill. 1864, D.P. 64. 1. 286.

10809. — II. Syndic. — Celui des fonctionnaires de la chambre qui agit pour elle, est le syndic, ainsi que le décident déjà expressément l'art. 5 de l'arrêté du 2 niv. an 12. — J.G. *Notaire*, 560.

10810. Les syndics de la chambre des notaires ayant seuls qualité pour représenter la compagnie devant les tribunaux, pour le maintien des droits et intérêts communs, on doit déclarer non recevable l'intervention de commissaires spéciaux désignés à cet effet par la chambre des notaires. — Paris, 25 août 1834, J.G. *Intervention*, 38. — V. *supra*, art. 339, nos 4073 et s.

10811. Le syndic ne peut agir qu'en vertu d'une délibération de la chambre, sauf le cas d'urgence. — J. G. *Notaire*, 661.

10812. L'audition et les conclusions du syndic dans toute affaire disciplinaire sont une des formalités substantielles dont l'inobservation emporte la nullité de la décision. — Civ. c. 17 juin 1867, D.P. 67. 1. 196. — Comp. Civ. c. 13 nov. 1872, D.P. 72. 1. 444. — Civ. c. 2 mars 1881, D.P. 81. 1. 301.

10813. Mais les conclusions du syndic ne sont nécessaires que dans le cas où la délibération de la chambre a pour objet des questions contentieuses; en conséquence, la chambre peut valablement prescrire d'office une mesure d'instruction à laquelle cette chambre peut procéder sur la demande du plaignant, hors la présence du notaire inculpé, sans que le syndic qui, d'ailleurs, n'y a fait aucune opposition, ait préalablement et formellement donné son avis. — Civ. c. 18 mai 1870, D.P. 70. 1. 429.

10814. Les réquisitions du syndic doivent, à peine de nullité, être prises et en présence du notaire poursuivi. — Civ. c. 3 juin 1863, D.P. 63. 1. 31. — Civ. c. 4 juill. 1864, D.P. 64. 1. 286. — Civ. c. 27 juill. 1885, D.P. 85. 5. 149.

10815. Mais le remplacement du syndic qui déclare vouloir s'abstenir, par un autre membre de la chambre constitue une mesure d'ordre intérieur, à laquelle cette chambre peut procéder sur la demande du plaignant, hors la présence du notaire inculpé. — Req. 18 avr. 1866, D.P. 66. 1. 345.

10816. Lorsque le procès-verbal de la délibération constate que l'inculpé a comparu devant la chambre, qu'il a pris devant elle des conclusions écrites, et qu'il a été entendu dans ses explications orales, alors d'ailleurs qu'il ne ressort d'aucune des énonciations du procès-verbal que l'inculpé se soit retiré, soit avant la suspension, soit après la reprise de la séance, on doit présumer qu'il était présent lors du rapport fait par le président et des conclusions du syndic relativement au résultat d'une instruction supplémentaire. — Civ. c. 18 mai 1870, D.P. 70. 1. 429.

10817. — III. Rapporteur. — Le rapporteur recueille les renseignements sur les faits imputés aux notaires, et en fait rapport à la chambre; il ne peut s'entourer de renseignements avant de faire son rapport. — J.G. *Notaire*, 801.

10818. L'office du rapporteur n'est pas exclusif et n'empêche pas la chambre d'ordonner une enquête devant un de ses membres. — J.G. *Notaire*, 802.

10819. Jugé en ce sens que la chambre saisie d'une plainte contre un notaire peut, dans le but de l'éclairer, ordonner une enquête devant un de ses membres; qu'elle n'est pas tenue de nommer un rapporteur pour recueillir les renseignements relatifs à la plainte dont elle a besoin. — Nîmes, 5 janv. 1837, J.G. *Notaire*, 827.

10820. Après le rapport, toutes les personnes intéressées et l'inculpé sont entendus. J.G. *Notaire*, 803.

10821. L'audition préalable du rapporteur constitue une formalité substantielle prescrite à peine de nullité toutes les fois que la chambre des notaires est appelée à prononcer une peine disciplinaire. — Civ. r. 26 août 1862, D.P. 62. 1. 340. — Civ. c. 3 juin 1863, D.P. 63. 1. 31. — Civ. c. 4 juill. 1864, D.P. 64. 1. 286. — Civ. c. 1er mars 1870, D.P. 70. 1. 168. — Civ. c. 8 août 1888, D.P. 8. 1. 280.

10822. Et la délibération prise en matière disciplinaire par une chambre de notaire doit, à peine de nullité, contenir la mention qu'un rapport a été fait. — Civ. c. 4 juill. 1864, D.P. 64. 1. 286. — Civ. c. 1er mars 1870, D.P. 70. 1. 168. — Civ. c. 8 mai 1886, D.P. 90. 1. 302.

10823. Toutefois, une chambre de discipline de notaires n'est pas tenue d'entendre un rapport préalable sur un incident de pur droit soulevé par une poursuite disciplinaire;

ce rapport n'étant prescrit, à peine de nullité, que sur le fond de ladite poursuite, c'est-à-dire sur les faits reprochés au notaire inculpé. — Civ. r. 28 avr. 1885, D.P. 85. 1. 466.

10824 La décision rendue par une chambre des notaires, en matière de discipline, est nulle lorsque le rapport a été fait hors la présence du syndic et du notaire inculpé. — Civ. c. 21 févr. 1865, D.P. 65. 1. 134. — Civ. c. 12 déc. 1866, D.P. 66. 1. 424. — Civ. c. 6 janv. 1869, D.P. 69. 1. 9. — Civ. c. 2e mai 1878, D.P. 78. 1. 484. — Civ. c. 13 juill. 1884, D.P. 85. 1. 376. — Civ. c. 27 juill. 1885, D.P. 85. 5. 149. — Civ. c. 8 août 1888, D.P. 89. 1. 280. — Civ. c. 23 déc. 1890, D.P. 91. 1. 81.

10825. Spécialement, lorsqu'une chambre de discipline des notaires, saisie de la plainte d'un notaire contre l'un de ses collègues, statue comme juridiction disciplinaire, et non comme chambre conciliante par voie de simple avis sur un différend entre notaires, le rapport par un des membres de la chambre doit, à peine de nullité, être fait en présence du notaire inculpé. — Arrêt préc. 8 août 1888.

10826. Et la décision doit, à peine de nullité, constater que le rapport a été fait en la présence du syndic et du notaire inculpé. — Arrêt préc. 15 juill. 1884.

10827. En conséquence, lorsqu'il appert du procès-verbal de la délibération, d'une part, que la séance, après avoir commencé le matin en présence du notaire qui a déposé des conclusions écrites, a été reprise l'après-midi avec cette circonstance que le notaire a été invité à laisser délibérer la chambre en dehors de lui, et, d'autre part, que la chambre a prononcé une peine disciplinaire, après avoir oui le rapporteur et le syndic, il en résulte, cette mention s'appliquant uniquement à la séance de l'après-midi, que le rapport et le syndic ont été entendus en l'absence du notaire inculpé, et dès lors, la décision de la chambre doit être annulée, comme ayant méconnu les droits de la défense. — Arrêt préc. 23 déc. 1890.

10828 L'existence d'un rapport fait par l'un des membres de la chambre de discipline est suffisamment constatée par la délibération énonçant que la parole a été donnée au rapporteur et mentionnant ses déclarations. — Civ. c. 16 janv. 1884, D.P. 84. 1. 232.

10829. Est régulière la délibération d'une chambre de notaires, s'il résulte du procès-verbal que le rapport a été fait par le membre chargé de cette mission et, que les conclusions ont été prises par le syndic, le tout en présence du notaire inculpé. — Civ. c. 6 avr. 1891, D.P. 91. 1. 239.

10830. Le rapport peut être lu par un membre autre que le rapporteur, pourvu que la lecture en soit faite en présence de ce dernier. — Req. 14 mars 1861, D.P. 64. 1. 297.

10831. Mais la seule présence du rapporteur serait insuffisante, il faut un rapport émanant effectivement du rapporteur; il ne suffirait pas, pour cela, d'une simple lecture par le président des pièces de l'instruction. — Civ. c. 12 déc. 1866, D.P. 66. 1. 424.

10832. — IV. Secrétaire. — Les fonctions de secrétaire et de trésorier de la chambre des notaires ne peuvent être cumulées lorsque le nombre des membres de la chambre n'est pas inférieur à sept, mais atteint ce chiffre. — Décis. de la Chancellerie, 14 sept. 1844. D.P. 45. 4. 357.

10833. — V. Décanat. — Aucune disposition ne prévoit ni ne règle l'institution du décanat dans les compagnies de notaires; et si, dans quelques-unes de ces compagnies (spécialement à Paris), la qualification de doyen est donnée à l'un des membres de la compagnie par une délibération intérieure de la chambre, cette qualification est purement honorifique et ne confère à celui qui en est investi aucun droit ni aucune attribution. Dès lors, est non recevable le recours

formé, pour cause d'excès de pouvoir, par les notaires qui attaquent la décision par laquelle le ministre de la justice a approuvé ou a refusé d'annuler une délibération de cette nature; et ce, alors même que le titre de doyen serait ainsi attribué à un notaire qui ne serait pas le plus ancien membre de la compagnie. — Cons. d'Ét. 28 mai 1868, D.P. 68. 3. 51.

Art. 7. Le nombre des syndics peut être porté à trois pour Paris, et à deux pour les chambres dont le ressort comprend plus de cinquante notaires.

10834 Dans les chambres où il y a plusieurs syndics, ils agissent collectivement; l'action syndicale réside alors dans tous les syndics, comme elle réside dans un seul quand il n'y en a qu'un. — J.G. *Notaire,* 661.

Art. 8. Le président ou le syndic et le secrétaire des chambres établies dans un chef-lieu de cour royale, sont nécessairement choisis parmi les notaires résidant au chef-lieu.

Quant aux autres chambres, le président ou le syndic, ou le secrétaire est nécessairement choisi parmi les notaires de la ville où siège le tribunal de première instance.

Lorsque le secrétaire ne réside pas dans la ville où siège le tribunal, le président ou le syndic à la garde des archives, tient le registre prescrit par l'art. 33 ci-après, et délivre les expéditions des délibérations de la chambre.

Art. 9. Une ordonnance royale peut, suivant les localités, réduire ou augmenter le nombre des membres qui doivent composer les chambres, conformément aux dispositions de l'art. 4. Dans ce cas, elle détermine le nombre des membres dont la présence est nécessaire à la validité des délibérations.

L'ordonnance qui réduira le nombre des membres de la chambre déclarera, s'il y a lieu, que les membres sortants pourront être réélus.

Art. 10. Indépendamment des attributions particulières données aux membres désignés en l'art. 6, chacun d'eux a voix délibérative, ainsi que les autres membres, dans toutes les assemblées de la chambre; et néanmoins, lorsqu'il s'agit d'affaires où le syndic est partie poursuivante, il ne prend pas part à la délibération.

10835. Tous les membres de la chambre peuvent prendre part aux délibérations; mais il est évident que, si un membre de la chambre est plaignant contre un notaire, il ne pourra prendre aucune part à la délibération, ni même siéger avec voix consultative. — J.G *Notaire,* 810.

10836. Quand le syndic n'est pas partie poursuivante, ce qui arrive quand c'est le ministère public qui, avant de poursuivre, demande l'avis de la chambre, le syndic a voix délibérative. — Délib. 19 août 1836, J.G. *Notaire,* 705.

10837. Lorsque le syndic est partie poursuivante, il ne doit pas prendre part à la délibération; et lorsque le nombre des membres qui composent la chambre, sans tenir compte du syndic, est inférieur au nombre requis par la loi, la délibération, collective est entachée de nullité, alors même qu'en fait le syndic n'aurait pas pris part à la délibération. — Civ. c. 23 déc. 1874, D.P. 75. 1. 64. — Civ. c. 29 avr. 1879, D.P. 79. 1. 224. — Civ. c. 10 janv. 1888, D.P. 88. 1. 51. — Civ. c. 8 août 1888, D.P. 88. 5. 161. — Civ. c. 19 déc. 1888, D.P. 89. 1. 164.

10838. Mais la décision est valable, bien

que le syndic y ait concouru, s'il n'a opiné qu'avec voix consultative et si, d'ailleurs, le nombre des membres délibérants et votants était celui exigé par la loi, non compris le syndic. — Req. 10 mars 1846, D.P. 46. 1. 211.

10839. Et, d'autre part, la mention dans une délibération que la chambre, après avoir entendu dans ses conclusions le syndic, s'est retirée pour en délibérer ou a ensuite délibéré, constate suffisamment que le syndic n'a pas pris part à la délibération. — Req. 12 mai 1862, D.P. 62. 1. 339. — Civ. r. 29 juill. 1862, *ibid.*

Art. 11. Les fonctions spéciales attribuées par l'art. 6 à chacun des officiers de la chambre peuvent être cumulées lorsque le nombre des membres qui la composent est au-dessous de sept, dans le cas déterminé par l'art. 9 de la présente ordonnance; et néanmoins, les fonctions de président, de syndic et de rapporteur sont toujours exercées par trois personnes différentes.

Quel que soit le nombre des membres composant la chambre, les mêmes fonctions peuvent aussi être cumulées momentanément, en cas d'absence ou empêchement de quelqu'un des membres désignés en l'art 6, lesquels, pour ce cas, se suppléent entre eux, ou peuvent même être suppléés par un autre membre de la chambre.

Les suppléants sont nommés par le président ou, s'il est absent, par la majorité des membres présents en nombre suffisant pour délibérer.

De la discipline.

Art. 12. Il est interdit aux notaires, soit par eux-mêmes, soit par personnes interposées, soit directement ou indirectement:

1° De se livrer à aucune spéculation de bourse ou opération de commerce, banque, escompte et courtage;

2° De s'immiscer dans l'administration d'aucune société, entreprise ou compagnie de finances, de commerce ou d'industrie;

3° De faire des spéculations relatives à l'acquisition et à la revente des immeubles, à la cession de créances, droits successifs, actions industrielles et autres droits incorporels;

4° De s'intéresser dans aucune affaire pour laquelle ils prêtent leur ministère;

5° De placer en leur nom personnel des fonds qu'ils auraient reçus, même à la condition d'en servir l'intérêt;

6° De se constituer garants ou cautions, à quelque titre que ce soit, des prêts qui auraient été faits par leur intermédiaire ou qu'ils auraient été chargés de constater par acte public ou privé;

7° De servir de prête-noms en aucune circonstance, même pour des actes autres que ceux désignés ci-dessus.

DIVISION.

§ 1. — *Infractions à l'art. 12 de l'ordonnance de 1843* (n° 10840).

§ 2. — *Infractions non prévues par l'art. 12* (n° 10866).

§ 1er. — *Infractions à l'art.12 de l'ordonnance de 1843.*

10840. La prohibition contenue dans l'art. 12 de l'ordonnance du 4 janv. 1843 résultait déjà d'une circulaire portant d'une manière générale que les officiers publics (notaires, avoués, etc.) ne peuvent se livrer à des opérations de négoce, d'agiotage, sans encourir la censure disciplinaire,... ni se livrer à l'achat et à la revente d'immeubles et de créances. — Circ. min. just. 5 févr. 1840, J.G. *Notaire.* 758.

10841. Il avait même été décidé antérieurement à cette circulaire que le notaire intéressé dans des spéculations relatives aux remplacements militaires est passible des peines disciplinaires. — Trib. de Chartres, 10 sept. 1829, J.G. *Notaire*, 757.

10842. — I. Spéculations de bourse ou opérations de commerce, banque, escompte et courtage. — Le notaire qui consent, même par pure complaisance, à endosser des effets de commerce souscrits par ses clients, à les présenter à l'escompte et à en signer le bordereau, encourt une peine disciplinaire, par exemple, le rappel à l'ordre. — Ch. de discipl. des not. d'Orléans, 11 juin 1816, D.P. 46. 4. 159.

10843. Est également passible de peines disciplinaires le notaire qui persiste à se livrer à des opérations commerciales, au mépris des avertissements qui lui ont été donnés. — Trib. de Quimper, 31 oct. 1844, D.P. 45. 4. 145.

10844. Le notaire qui se livre à des opérations de banque, même pour le compte d'autrui, sans y avoir intérêt personnel et sans danger pour sa fortune, encourt la peine de la suspension. — Trib. de Mâcon, 31 août 1844, D.P. 45. 4. 146.

10845. Décidé, au contraire, que de telles opérations ne constituent pas, à proprement parler, des opérations de banque, mais bien une gestion gratuite des affaires d'autrui. — Délib. Ch. des not. de Mâcon, 14 août 1844, D.P. 45. 4. 146.

10846. Non seulement un notaire ne peut se livrer à aucune opération commerciale, mais l'exercice d'un commerce par la femme d'un notaire peut motiver contre celui-ci, de la part du ministère de la justice, une injonction d'opter entre la conservation de ses fonctions et la continuation de ce commerce. — Cons. d'Ét. 2 août 1854, D.P. 55. 3. 26.

10847. — II. Immixtion dans l'administration des sociétés, entreprises ou compagnies de finances, de commerce ou d'industrie. — On s'est demandé si la disposition de l'art. 12, § 2, de l'ordonnance du 4 janv. 1843, qui interdit aux notaires « de s'immiscer dans l'administration d'aucune société, entreprise, ou compagnie de finances, de commerce ou d'industrie », met obstacle à ce qu'un notaire accepte et conserve dans sa résidence les fonctions d'administrateur de la succursale de la Banque de France. — D.P. 91. 1. 81, note 1.

10848. Une décision de la chambre des notaires de Nevers en date du 12 juill 1886 a résolu affirmativement cette question. — Ch. des not. de Nevers, 27 juin 1889, D.P. 91. 1. 81.

10849. Mais la Chancellerie décide, au contraire, que les fonctions d'administrateur d'une succursale de la Banque de France, consistant à donner de simples avis sur l'escompte et le revenu et n'entraînant par suite aucune responsabilité, ne tombent pas sous la prohibition de l'article précité. — D.P. 91. 1. 82, note 1.

10850. — III. Spéculations relatives à l'acquisition et à la revente d'immeubles. — Un notaire contrevient à l'art. 12, § 3, quand il fait des ventes en détail d'immeubles qu'il a achetés seul, ou en société avec d'autres personnes; et qu'il fait, dans des actes sous seing privé le concernant, des changements, mais sans importance. — Nancy, 20 nov. 1841, J.G. *Notaire*, 758.

10851. Mais le notaire qui, après avoir acquis un immeuble pour faire emploi de ses capitaux, le revend quelque temps après au détail, ou fait d'une meilleure acquisition, ou même pour toute autre cause, ne se rend pas par ce seul fait passible d'une peine disciplinaire; on ne saurait voir là une spéculation dans le sens de l'art. 12-3°, de l'ordonnance du 4 janv. 1843; ... Il en serait autrement que si, l'opération se renouvelant, on pouvait y voir une habitude. — Bordeaux, 27 avr. 1857, D.P. 57. 2. 144.

10852. — IV. Intérêt pris par un notaire dans une affaire à laquelle il prête son ministère. — Jugé par application de l'art. 12-4° : 1° que la peine de la destitution peut être prononcée par les tribunaux civils contre le notaire qui s'est adjugé à lui-même, sous le nom d'une personne interposée, la coupe d'un bois qu'il avait vendue aux enchères en sa qualité d'officier public. — Civ. c. 30 déc. 1811, J. G. *Notaire*, 772.

10853. ... 2° Que le notaire qui reçoit des actes d'achat ou de revente dans lesquels il est personnellement intéressé par suite d'association en participation avec l'un des contractants est passible d'une peine disciplinaire; il invoquerait en vain sa bonne foi, car il ne saurait prétendre qu'il ignorait la loi. — Rennes, c. 19 août 1844, J.G. *Notaire*, 772.

10854. ... 3° Que le notaire, qui reçoit un acte dans lequel il est intéressé personnellement, par exemple, comme responsable de la somme prêtée par son client, encourt une peine disciplinaire. — Rennes, 1er fév. 1848, D.P. 49. 2. 230.

10855. ... 4° Qu'un notaire encourt une peine disciplinaire lorsqu'il se rend personnellement adjudicataire d'objets mobiliers en vertu d'une vente publique à laquelle il procède en vertu d'une délégation de justice, alors même qu'il n'y a pas de chez lui intention de fraude ni manœuvre déloyale. — Chambéry, 28 nov. 1877, J.G.S. *Notaire*, 309.

10856. L'acte authentique, fait en contravention de l'art. 8 de la loi du 25 vent. an 11, qui interdit aux notaires de recevoir des actes contenant quelque disposition en leur faveur, est radicalement nul. — Nancy, 21 déc. 1872, D.P. 73. 2. 198, et sur pourvoi, Req. 29 janv. 1874, D.P. 74. 1. 171. — Req. 16 fév. 1886, D.P. 86. 1. 159. — Civ. c. 11 déc. 1888, D.P. 90. 1. 13.

10857. Il ne peut valoir même comme acte sous seing privé, s'il est simulé. — Civ. c. 13 juin 1853, D.P. 53. 1. 211. — Douai, 11 janv. 1862, D.P. 62. 5. 218. — Arrêts préc. 21 déc. 1872 et 29 janv. 1874. — *Contra*: Douai, 10 fév. 1851, D.P. 51. 2. 61.

10858. Le notaire, judiciairement commis pour procéder aux compte, liquidation et partage d'une succession, peut valablement présenter en même temps, dans le procès-verbal de ses opérations, le compte de la gestion qu'il en a vue comme gérant et comme administrateur, à la condition que l'acte liquidatif réserve aux parties toux droits d'approbation ou de contestation, ce contenue, à l'égard du notaire, aucune fixation de reliquat, ni quittance ou décharge; en ce cas, l'acte liquidatif n'encourt pas, à raison du compte de gestion présenté par le notaire, la nullité édictée par l'art. 8 de la loi du 25 vent. an 11 contre les actes dans lesquels le notaire rédacteur avait un intérêt personnel. — Civ. r. 6 août 1873, D.P. 73. 1. 402.

10859. — V. Placement par un notaire en son nom personnel de fonds par lui reçus. — Le notaire qui applique à un usage personnel des fonds qu'il est chargé de recevoir encourt également des peines disciplinaires, alors même qu'il serait prouvé qu'il n'avait pas l'intention de se les approprier, et bien qu'il en ait opéré la restitution à son commettant. — Délib. vol. 22 août 1836, J.G. *Notaire*, 760.

10860. Il en est de même du notaire qui place en son nom personnel des sommes dont il est dépositaire. — Trib. du Mans, 3 janv. 1848, D.P. 46. 4. 160.

10861. Le notaire qui s'est mis dans la nécessité de proposer à ses clients de garder pour son compte et sur sa simple signature, des fonds que ceux-ci l'avaient chargé de placer, est également avec raison frappé d'une peine disciplinaire (de la destitution, par exemple), dans le cas même où il aurait réussi à faire accepter son offre. — Bordeaux, 2 mars 1859, D.P. 59. 2. 101.

10862. — VI. Fait par un notaire de se constituer garant du remboursement de prêts faits par son intermédiaire ou qu'il a été chargé de constater par acte public ou privé. — Cette prohibition s'applique aussi bien au notaire qui a servi seulement d'intermédiaire qu'à celui qui a dressé l'acte. — Nancy, 9 avr. 1870, D.P. 72. 2. 194.

10863. — VII. Fait de se servir de prête-nom dans un acte. — Il a été décidé, par application de l'art. 12-7° de l'ordonnance du 4 janv. 1843 : 1° que le notaire qui, au mépris de la peine de suspension déjà prononcée contre lui, instrumente sous le nom d'un confrère, encourt la destitution; et le confrère qui lui a prêté son nom peut être puni de la suspension. — Trib. de Lure, 23 mai 1816, D.P. 46. 3. 27.

10864. ... 2° Que le notaire qui achète sous un nom supposé des immeubles sur lesquels il avait fait un placement dont il était responsable, et qui cherche à revendre cet immeuble par parcelles, avec le concours d'un prête-nom, encourt une peine disciplinaire. — Toulouse, 31 oct. 1887, J.G.S. *Notaire*, 310.

10865. Les prohibitions contenues dans l'art. 12 de l'ordonnance le 1843 ont été complétées par celles é dictées dans le décret du 30 janv. 1890. — V. *infra*.

§ 2. — *Infractions non prévues par l'art. 12*

10866. Les dispositions de l'art. 12 de l'ordonnance du 4 janv. 1843 sur la discipline notariale ne sont pas limitatives; elles s'appliquent à tous les faits dont les conséquences nécessaires sont de nature à compromettre la dignité professionnelle et de l'officier public. — Circ. minist. du 12 janv. 1843, J.G. *Notaire*, 715-7°. — Lyon, 5 juin 1843, D.P. 84. 2. 99.

10867. Spécialement, elles sont applicables au notaire qui, ayant reçu des sommes d'argent avec mission de les employer à des placements hypothécaires s'engage à ne payer les intérêts à dater du jour au dépôt entre ses mains, un pareil engagement devant entraîner le notaire, pour retrouver ces intérêts, à faire valoir les fonds pour des opérations qui lui sont interdites. — Arrêt préc. 5 juin 1843.

10868. On doit poser en principe que le pouvoir disciplinaire, celui des tribunaux, soit des chambres, comprend non seulement les infractions commises par les notaires contre les lois de leur profession, mais même les actions blâmables que l'on pourrait leur reprocher en dehors de leur ministère. — J.G. *Notaire*, 751.

10869. ... Et que, par suite, un notaire peut encourir des condamnations disciplinaires pour tous actes contraires à la probité et à la délicatesse dont il s'est rendu coupable, soit dans l'exercice, soit hors de l'exercice de ses fonctions. — Amiens, 30 mars 1821, J.G. *Notaire*, 752.

10870. En effet, suivant un arrêt, l'homme privé et l'homme public sont indivisibles en matière disciplinaire, puisque les torts de l'un rejaillissent naturellement sur l'autre; il n'y a, dès lors, aucune distinction à faire à cet égard, et tous les faits qui entachent gravement la considération sont punissables. — Req. 7 avr. 1851, D.P. 51. 1. 99.

10871. — I. Infractions commises dans l'exercice du notariat. — Tout notaire qui manque à l'une des obligations qui lui sont imposées par les lois et règlements de sa profession s'expose à une punition disciplinaire, alors même que la disposition violée ne porterait aucune sanction pénale. — J.G. *Notaire*, 761.

10872. — 1° *Infractions à la règle de la résidence.* — Un notaire instrumente hors de son ressort, et encourt de ce fait une disciplinaire, lors qu'il reçoit un acte 'e hors de son ressort de sa résidence, bien qu'il le signe dans son cabinet. — Trib. de Roanne, 5 déc. 1844, D.P. 45. 3. 64.

10873. ... Encore qu'il justifie de réquisitions préalables des parties, s'il apparaît que ces réquisitions n'ont eu pour objet que de couvrir la contravention. — Trib. de Bourbon-Vendée, 24 févr. 1846, D.P. 46. 4. 374.

10874. Le notaire qui, sans réquisition préalable des parties intéressées, se transporte à jour fixe dans une commune autre que celle de sa résidence légale, pour y recevoir des actes, commet une infraction à ses devoirs professionnels, et se rend, dès lors, passible d'une peine disciplinaire. — Caen, 4 juin 1857, D.P. 59. 2. 142. — Req. 30 mai 1859, D.P. 59. 1. 289. — Caen, 28 mai 1861, D.P. 62. 2. 47. — Req. 8 mars 1864, D.P. 64. 1. 354. — Req. 1er avr. 1868, D.P. 68. 4. 421. — Bordeaux, 13 mai 1872, D.P. 73. 2. 63. — Grenoble, 24 févr. 1875, D.P. 76. 2. 114.

10875. Il en est de même du notaire qui, sans numère requis, se rend habituellement et à époque et fixes (tous les jours de foire et de marché) dans une localité où résident d'autres notaires, pour y tenir bureau ouvert et y recevoir publiquement des actes. — Agen, 4 août 1877, D.P. 87. 2. 164.

10876. Le notaire qui se transporte périodiquement dans une commune autre que celle de sa résidence, où il a un bureau ouvert dans une chambre qu'il loue à cet effet, peut également être déclaré passible de peines disciplinaires, comme ayant compromis la dignité de ses fonctions, s'il est constaté qu'il a passé ainsi hors de sa résidence le plus grand nombre des actes de son ministère, en cherchant à couvrir ses infractions par la mention de réquisitions simulées des parties, et au mépris de la promesse par lui faite devant la chambre des notaires de ne plus enfreindre le devoir de la résidence. — Req. 22 août 1860, D.P. 61. 1. 58.

10877. Mais il n'est pas passible de peines disciplinaires le notaire qui, procédant à une adjudication publique d'immeubles hors de son ressort, se borne à faire signer à chaque acquéreur un pouvoir en blanc indiquant les clauses de la vente, et rédige ensuite les actes réguliers dans son étude. — Civ. c. 21 mai 1873, D.P. 73. 1. 225.

10878. De ce que l'infraction à la règle de la résidence peut autoriser le gouvernement à révoquer le notaire qui s'en rend coupable, il ne s'ensuit pas que, si l'autorité administrative ne recourt pas à cette mesure de rigueur, cette infraction ne puisse donner lieu à des poursuites disciplinaires contre le notaire contrevenant. — Toulouse, 31 déc. 1844, D.P. 45. 2. 66.

10879. ... Spécialement lorsqu'il résulte des circonstances dans lesquelles a eu lieu l'infraction qu'il a compromis la dignité des fonctions notariales. — Req. 22 août 1860, D.P. 61. 1. 58.

10880. De même, le droit pour le gouvernement de réputer démissionnaire et de remplacer le notaire qui change de résidence, n'exclut pas celui accordé au ministère public de poursuivre les infractions à l'obligation de la résidence, commises, par exemple, par le notaire qui, sans avoir abandonné complètement celle qui lui a été fixée, en a cependant établi une plus réelle dans un autre lieu, où il a une véritable étude, dont l'existence constitue par elle seule une concurrence aux notaires de la localité. — Grenoble, 30 janv. 1856, D.P. 56. 2. 92.

10881. — 2° *Infractions diverses aux règles de la profession notariale.* — Est passible de peines disciplinaires le notaire qui fait suppléer par un de ses clercs dans la réception des actes. — Trib. de Béthune, 15 janv. 1846, D.P. 46. 4. 456.

10882. ... Et spécialement le notaire qui se fait remplacer par son clerc dans l'exécution d'une vente volontaire de meubles dont il a été chargé. — Trib. de Cambrai, 2 oct. 1858. D.P. 59. 5. 268.

10883. Une telle infraction ne saurait être excusée par son état de maladie ni par la difficulté qu'il aurait rencontrée à se faire sup-

pléer par un collègue. — Paris, 29 juin 1852, D.P. 54. 2. 114.

10884. Le notaire qui refuse toute communication de ses minutes aux magistrats du ministère public, même sans déplacement, à moins d'un compulsoire ou d'une ordonnance du tribunal, est passible d'une peine disciplinaire. — Trib. de Montmorillon, 13 août 1845, D.P. 46. 3. 185.

10885. Le notaire qui reçoit le contrat de mariage d'une fille de seize ans, évadée du toit paternel et qui n'est assistée d'aucun parent, peut être puni de la censure avec réprimande, et cela, malgré ses bons antécédents, et bien qu'il n'ait été mû par aucun sentiment de cupidité. — Bordeaux, 8 nov. 1853, D.P. 54. 2. 57.

10886. Un notaire encourt également une peine disciplinaire pour avoir prêté sciemment son ministère à des prêts usuraires, bien qu'il n'y eut, d'ailleurs, aucun intérêt personnel. — Caen, 15 déc. 1828, J.G. *Notaire*, 297-2°.

10887. Il y faute passible d'une peine disciplinaire de la part du notaire qui, à la faveur de moyens dilatoires, suscite une opposition à payement, afin de pouvoir se dérober à sa parole et se soustraire à un engagement; il en est ainsi spécialement du notaire qui, pour obtenir qu'un terrain soit cédé à l'un de ses parents, s'est formellement engagé à en faire payer comptant le prix au vendeur, nonobstant les hypothèques inscrites sur l'immeuble et le risque à courir de ce chef, s'il emploie pour se dérober à sa parole, une manœuvre consistant, après la signature du contrat, à faire former par un tiers, son client, opposition au payement en banque du chèque que l'acheteur a délivré au vendeur. — Req. 18 avr. 1887, D.P. 87. 1. 156.

10888. On peut également considérer comme un manquement aux devoirs professionnels, passible d'une peine disciplinaire, le fait, par un notaire, de n'avoir point averti un créancier que son débiteur lui offrait de rembourser la somme prêtée, mais de lui avoir conseillé de coûteuses prorogations de délai, opérées par son ministère et dans son seul intérêt. — Req. 16 août 1881, D.P. 82. 1. 209-210.

10889. Les fautes de négligence des notaires dans l'exercice de leur profession peuvent, suivant leur degré de gravité et les circonstances qui les ont accompagnées, entraîner contre eux des condamnations à des peines disciplinaires. — Req. 21 févr. 1882, D.P. 82. 1. 405.

10890. Spécialement, une peine disciplinaire est également inligée au notaire qui, recevant dans son étude un acte d'emprunt, en qualité de notaire et à la demande expresse de l'emprunteur, a négligé d'avis r le prêteur et le conseil de celui-ci de l'instance en interdiction formée, avant le prêt, contre l'emprunteur, sous prétexte que cette instance, qu'il connaissait, ne lui avait pas paru sérieuse. — Même arrêt.

10891. Il y a aussi manquement, par un notaire, aux devoirs de sa profession, dans la négligence à délivrer en temps utile la grosse d'un acte, pour laquelle il a reçu la totalité ou la presque totalité de ses honoraires et déboursés. — Paris, 29 juin 1852, D.P. 54. 2. 114.

10892. Est encore passible de peines disciplinaires : 1° le notaire qui procède à une vente mobilière à la faveur de stipulations non sérieuses de termes, de cautionnements ou d'hypothèques. — Paris, 5 juill. 1845, D.P. 45. 2. 154.

10893. 2° Le notaire qui fait des additions à un acte, après sa perfection, et surtout après son enregistrement, n'importe dans quelle intention. — Trib. de Vassy, 21 mai 1817, D.P. 49. 5. 155.

10894. 3° Le notaire qui ajoute après coup, à l'approuvé des mots rayés, un approuvé d'une barre destinée à remplir un blanc. — Rennes, 14 juill. 1845, D.P. 45. 4. 146.

10895. Le notaire qui reçoit un acte portant délégation, par un père à ses créanciers, des revenus de son usufruit légal sur les biens de son enfant mineur, avec engagement de ne plus émanciper cet enfant avant la cessation du même usufruit, pour assurer l'effet de la délégation, peut, à raison du préjudice causé au mineur par la première de ces stipulations et de la nullité d'ordre public qui frappe la seconde, être déclaré passible de peines disciplinaires. — Paris, 28 déc. 1867, D.P. 69. 2. 57.

10896. Il en est de même : ...du notaire qui insère sur l'expédition d'un acte de vente qu'il a reçu, et après la transcription de ladite expédition, un renvoi marginal destiné à rétablir le prix réel porté sur la minute, alors que cette rectification frauduleuse a eu pour but de faire retomber sur le conservateur des hypothèques la responsabilité de la faute qu'il a commise et par suite de laquelle le privilège du vendeur ne garantit plus aucune somme inférieure au prix de la vente. — Pau, 24 janv. 1887, D.P. 89. 2. 15.

10897. ... Du notaire qui, dans le but d'un double émolument, passe successivement deux actes pour une opération qui ne demandait qu'un seul. — Rennes, 1er févr. 1848, D.P. 49. 2. 231.

10898. ... Et, par exemple, du notaire qui, depuis la promulgation de la loi du 2 juin 1841, a fait procéder, dans des ventes volontaires de biens immeubles, à des adjudications définitives d'adjudications préparatoires : dans ce cas, la peine de la suspension peut être prononcée contre lui. — Trib. de Sarreguemines, 14 juill. 1845, D.P. 45. 4. 450.

10899. ... Du notaire qui, après avoir fait consentir la mainlevée de la saisie d'un immeuble, procède en son étude à l'adjudication de cet immeuble sans avertir l'huissier du saisissant de la mainlevée survenue, et en se bornant à lui faire écrire un ordre de discontinuation de poursuites, si, dans l'opinion que la saisie est toujours subsistante. — Même arrêt.

lorsque, dans son non payé de ses frais a, malgré cet ordre, continue les poursuites et occasionné ainsi une augmentation de frais au préjudice tant des créanciers inscrits que du débiteur saisi. — Paris, 28 déc. 1867, D.P. 69. 2. 57.

10900. De même encore, une peine disciplinaire peut être prononcée contre le notaire qui procède à la vente de meubles saisis sans avoir obtenu la mainlevée régulière de la saisie, et quoique le saisissant ait accordé un délai au débiteur. — Même arrêt.

10901. Ces deux derniers faits sont, du moins, de nature à motiver l'application de peines disciplinaires, lorsqu'ils paraissent avoir pour cause, de la part du notaire auquel ils sont imputés, autant un sentiment d'hostilité contre l'une des parties intéressées qu'une préoccupation exagérée des saisies que l'intérêt de son client. — Même arrêt.

10902. Si l'usage autorise les notaires à faire porter leurs minutes au bureau de l'enregistrement par un clerc ou par un tiers investi de leur confiance, le fait de laisser à la disposition de l'une des parties intéressées la minute d'un acte constatant une convention synallagmatique, peut entraîner contre le notaire l'application d'une peine disciplinaire. — Pau, 23 déc. 1872, D.P. 74. 2. 88.

10903. Un notaire encourt des peines disciplinaires : ...lorsqu'il passe un acte de remplacement militaire sans se faire attester par des témoins l'individualité des parties qu'il ne connaît pas. — Turin, 13 janv. 1813, J.G. *Notaire*, 774.

10904. ... Lorsqu'il ne s'est pas fait certifier l'individualité des personnes qui ont contracté devant lui sous de faux noms. — Poitiers, 21 mai 1823, J.G. *Notaire*, 774.

10905. Le notaire qui s'associe avec des

tiers pour partager les produits de son office est passible de destitution. — Trib. de Nantes, 15 avr. 1845, D.P. 45. 4. 379.

10906. — 3° *Désobéissance aux règlements et résistance à l'exécution des délibérations des chambres de notaires.* — La résistance, même légale, d'un notaire, à l'exécution d'une délibération de la chambre peut donner lieu contre lui à l'application de peines disciplinaires, et, par exemple, à l'interdiction de l'entrée de la chambre, si les formes en sont offensantes et si elle a été accompagnée d'insubordination. — Req. 2 déc. 1856, D.P. 57. 1. 261.

10907. Et la chambre de discipline est souveraine pour décider dans ce cas, par appréciation des circonstances, si la résistance avait un caractère irrévérencieux. — *Même arrêt.*

10908. Le fait par un notaire de n'avoir pas assisté, sans s'être fait excuser, contrairement à un règlement revêtu de l'approbation ministérielle, aux obsèques d'un collègue décédé, et de n'avoir pas répondu à l'invitation à lui adressée par le syndic de la chambre d'avoir à faire connaître les motifs de cette abstention, constitue un manquement aux devoirs professionnels passible de peines disciplinaires. — Bordeaux, 14 août 1889, D.P. 90. 2. 197.

10909. La désobéissance aux règles concernant l'organisation du corps des notaires, par exemple, la composition et la réunion des assemblées générales et des chambres de notaires, expose le récalcitrant à des peines disciplinaires. — J.G. *Notaire,* 765.

10910. Il manque, en effet, à ce qu'il doit à l'ordre public, aux principes d'une bonne administration, et aux bons rapports avec ses collègues. — J.G. *Notaire,* 765.

10911. Jugé spécialement : 1° que le fait, de la part d'un notaire, d'avoir manqué, sans excuse légitime, à la réunion générale annuelle des notaires du ressort, pour la nomination des membres de la chambre de discipline, est une désobéissance à la loi punissable de peines disciplinaires. — Bourges, 3 juill. 1827, J.G. *Notaire,* 732.

10912. Mais une telle infraction constituant une faute légère, il suffit de rappeler les contrevenants à l'ordre avec dépens, au lieu de les punir de la suspension temporaire, laquelle est réservée aux fautes graves. — *Arrêt préc.* 23 juill. 1827.

10913. — 2° Qu'il en serait de même de l'abstention non motivée d'une assemblée générale à convoquée pour tout autre objet. — J.G. *Notaire,* 765.

10914. — 3° Ou de l'absence non motivée des réunions de la chambre des notaires. — J.G. *Notaire,* 765.

10915. Il résulte d'une circulaire du ministre de la justice, du 28 vent. an 13, que les membres d'une chambre de notaires pourraient être poursuivis disciplinairement s'ils avaient refusé de délibérer, quoiqu'ils en eussent été régulièrement requis. — J.G. *Notaire,* 767.

10916. Il a été décidé, dans le même sens, que la circulaire du ministre de la justice, du 18 avr. 1833, qui a changé le jour fixé pour la réunion des assemblées générales des notaires étant obligatoire, le notaire qui refuse d'y obtempérer et de prendre part à la délibération pour laquelle il a été convoqué, commet une faute de nature à entraîner contre lui une peine disciplinaire. — Douai, 13 sept. 1834 et 15 juin 1835, sous Req. 16 juin 1836, J.G. *Notaire,* 732.

10917. De même, les chambres de discipline ne peuvent se refuser de délibérer sur les demandes de certificats de capacité et de moralité qui leur sont adressés par des aspirants au notariat, sous le prétexte que le titulaire n'aurait pas le droit de disposer de son office, le *maximum* légal étant excédé dans le canton : elles ont seulement le droit de donner leur avis sur ce dernier point ; mais si elles persévèrent dans leur refus quant

aux certificats demandés, ses membres peuvent être traduits disciplinairement devant les tribunaux. — Décis. min. just. 13 juill. 1829, J.G. *Notaire,* 767.

10918. Le notaire qui, ayant sollicité un avis de la chambre de discipline pour régler le différend existant entre lui et un de ses confrères, relativement à la garde d'une minute, dresse, sans tenir compte de cet avis, un procès-verbal des prétentions respectives des parties sur le choix du notaire instrumentaire, et obtient, par l'entremise de ses clients, une ordonnance du président l'autorisant à recevoir l'acte dont il s'agit, encourt également une peine disciplinaire. — Req. 28 juill. 1873, D.P. 74. 1. 307.

10919. Mais une chambre de notaires n'a pas le droit d'exiger d'un notaire une promesse pour attribuer une sanction à un règlement illégal, et, en conséquence, ne peut, à raison de l'inexécution de ladite promesse, prononcer contre lui une condamnation disciplinaire. — Civ. c. 10 janv. 1887, D.P. 87. 1. 221.

10920. En tout cas, il y a excès de pouvoirs dans cette condamnation, si la décision qui l'a prononcée ne relève aucun fait d'où l'on puisse induire que le notaire a volontairement manqué à sa promesse et ainsi commis une faute. — *Même arrêt.*

10921. — 4° *Réclamations d'honoraires excessifs.* — On a soutenu que le fait de la réclamation par un notaire, d'honoraires excessifs, ne donnerait pas lieu à une poursuite disciplinaire, tant que les parties qui auraient payé, tandis qu'elles pouvaient contester en justice, sont présumées avoir consenti au règlement. — J.G. *Notaire,* 775.

10922. Mais l'acquiescement des parties intéressées ne doit pas être un obstacle à ce que la chambre des notaires agisse disciplinairement pour la répression d'un défaut de délicatesse. — J.G. *Notaire,* 775.

10923. Décidé en ce sens : 1° qu'un notaire encourt des peines de discipline pour avoir fait des frais frustratoires mis en compte dans une étude. — Trib. de Chartres. 10 sept. 1829, J.G. *Notaire,* 775.

10924. — 2° Que la perception d'honoraires excessifs peut donner lieu à une poursuite disciplinaire. — Paris, 8 août 1851, J.G.S. *Notaire,* 311.

10925. — 3° Que le notaire qui fait un prêt pour son client, et passe successivement, en vue d'émoluments, et à de courts intervalles, deux actes, l'un qui constate purement et simplement le prêt, l'autre par lequel l'emprunteur consent une hypothèque au profit du prêteur, encourt une peine disciplinaire — Rennes, 1er févr. 1848, D.P. 49. 2. 231.

10926. La perception d'honoraires inférieurs au taux ou usage de l'arrondissement peut également être considérée comme un fait répréhensible, lorsqu'elle constitue un moyen de concurrence contraire aux principes de loyauté. — J.G.S. *Notaire,* 311.

10927. — 5° *Manquements à l'indépendance et à la dignité de la profession notariale.* — Le notaire qui manque à l'indépendance et à la dignité de sa profession se rend également passible de peines disciplinaires. — J.G. *Notaire,* 756.

10928. Jugé en ce sens : 1° que le notaire obéré de dettes emportant contrainte par corps doit être considéré comme manquant de l'indépendance nécessaire pour exercer avec dignité ses fonctions. — Limoges, 21 juin 1838, sous Req. 23 avr. 1839, J.G. *Notaire,* 793.

10929. — 2° Que le notaire qui, par suite de désordre dans ses affaires, s'est obligé de prendre ou d'acquérir des créanciers, et qui expose ses clients à ne pas être intégralement payés des sommes qu'il a lui confiées, encourt une peine disciplinaire. — Toulouse, 13 mai 1836, J.G. *Notaire,* 756.

10930. — 3° Que le notaire qui tolère que sa femme tienne un café, non seulement dans la localité où il exerce ses fonctions, mais dans la maison même où se trouve son

étude, est passible d'une action disciplinaire, pour manquement à la dignité de sa profession, dans le cas surtout où il persiste à conserver cet établissement après avoir reçu l'injonction de l'abandonner. — Trib. de Mende, 8 oct. 1853, D.P. 47. 3. 111. — Comp. Cons. d'Et. 2 août 1854, *supra,* n° 10846.

10931. Il encourt la peine de suspension, s'il a aggravé cette situation compromettante en établissant un second café dans une autre commune du canton, résidence d'un de ses collègues, et en s'y transportant avec sa femme les jours de marché pour l'exploiter en commun et y recevoir en même temps des actes pour les consommateurs. — *Jugement préc.* 8 oct. 1853.

10932. — 4° Que le notaire qui procède à des adjudications dans un cabaret, au milieu des distributions de vin, est passible de peines disciplinaires. — Metz, 2 juin 1845, D.P. 46. 4. 160.

10933. — 5° Qu'il en est même du notaire qui, sans nécessité, procède à une adjudication dans une auberge, quoique dans une pièce séparée de celle où l'on donne à manger, et invite les adjudicataires à payer une certaine somme pour faire face aux dépenses d'un repas donné à ceux-ci et auquel le notaire et son clerc assistent, encore bien qu'il ne serait abstenu de prendre part au repas et qu'il serait d'usage dans la localité d'en agir ainsi. — Rennes, 1er févr. 1848, D.P. 49. 2. 230.

10934. — 6° Du notaire qui se rend coupable d'irrévérence envers un magistrat dans l'exercice de ses fonctions. — Bordeaux, 4 août 1851, J.G. *Discipline,* 266-6°.

10935. — 7° Du notaire qui a écrit une lettre injurieuse à une personne avec laquelle il se trouve en relations d'affaires. — Délib. de la ch. des not. de M..., 8 nov. 1856, J.G. *Notaire,* 733.

10936. Le fait, par un notaire, d'avoir insulté un de ses clients, à l'occasion de la demande que lui faisait ce dernier d'un état détaillé d'actes reçus par lui, et dont ce client avait besoin pour la justification d'un compte, peut être considéré comme une infraction aux devoirs et à la dignité du notariat, et comme tombant, dès lors, sous l'exercice du pouvoir disciplinaire. — Civ. r. 29 juill. 1851, D.P. 62. 1. 339.

10937. Le notaire qui, invité à donner son avis sur une admission à l'honorariat, se sert d'expressions injurieuses ou outrageantes et émet contre le candidat des accusations reconnues mensongères, est passible d'une peine disciplinaire. — Req. 15 juill. 1873, D.P. 74. 1. 305.

10938. Il allèguerait vainement que l'avis par lui transmis au président de la chambre devait rester confidentiel et secret et bien que les décisions des chambres de notaires soient secrètes, en ce sens qu'elles sont rendues à huis clos, les infractions à la discipline intérieure, constatées dans les délibérations, n'en sont pas moins de nature à compromettre le caractère moral de leur auteur et doivent être réprimées comme toutes autres infractions, conformément à la législation spéciale de la matière. — *Même arrêt.*

10939. D'après un arrêt, le notaire qui, requis par un réfugié politique français qu'il ne connaît pas personnellement, de lui prêter son ministère pour la rédaction d'une procuration, se rend, de sa personne, à l'étranger, pour y prendre des renseignements sur l'individualité de ce réfugié, au lieu de la loi du 28 vent. an 11, à faire certifier l'individualité dans l'acte même, par deux témoins, compromet la gravité de son caractère et la dignité de ses fonctions en se faisant ainsi l'agent d'affaires de la partie pour des soins qui la concernaient uniquement, et peut être, pour ce fait, condamné à une peine disciplinaire. — Lyon, 13 mai 1851, D.P. 54. 2. 96.

10940. Cet arrêt peut toutefois être con-

10940. Cet arrêt peut toutefois être considéré comme un arrêt d'espèce. — Observ. sous cet arrêt.

10941. — 5° *Altération de la vérité.* — Toute altération de la vérité commise par un notaire donne lieu à l'application d'une peine disciplinaire. — J.G. *Notaire*, 780.

10942. Aucun doute ne saurait exister s'il s'agit d'un véritable faux : ainsi, un notaire a pu être destitué, à raison de deux procédures en faux dirigées contre des actes qu'il avait reçus. — Req. 24 juin 1828, J.G. *Notaire*, 762-2°.

10943. Mais un arrêt a refusé de voir un cas de destitution dans un faux commis sans intention frauduleuse, et sans qu'il y ait eu préjudice causé à personne. — Colmar, 8 mars 1825, J.G. *Chose jugée*, 528.

10944. Toutefois il ne faut pas en conclure qu'une telle faute ait été jugée non punissable. — J.G. *Notaire*, 780.

10945. En effet, il a été décidé : 1° que le fait, de la part d'un notaire, d'avoir envoyé son clerc dans une commune de son arrondissement pour y recevoir une vente publique cet acte comme ayant été passé par lui, ne constitue pas un faux criminel, à cause de l'absence d'intention de nuire, soit aux parties, soit au tiers, et de l'usage où certains notaires paraissent être d'en agir ainsi. — Nancy, 26 juin 1826, J.G. *Notaire*, 780.

10946. Cependant il constitue un faux matériel qui, bien qu'exempt de criminalité, est suffisant pour faire condamner le notaire à des peines disciplinaires. — Même arrêt.

10947. — 2° Que les faits de faux en écriture authentique, et d'usage d'actes faux, quoique non accompagnés de l'intention de porter préjudice à personne, constituent la faute de discipline la plus grave qui puisse être commise par un notaire, et suffisent conséquemment pour motiver sa destitution — Trib. de Mayenne, 12 déc. 1837, J.G. *Notaire*, 780.

10948. Les faux commis dans les certificats délivrés aux clercs entraînent une répression disciplinaire. — Poitiers, 10 août 1824, J.G. *Notaire*, 781. — Agen, 28 févr. 1825, *ibid.*

10949. ... Alors même que le notaire n'a agi par complaisance et sans aucun motif de cupidité. — Arrêt préc. 28 févr. 1825.

10950. La délivrance d'un certificat de vie, délivré, par suite de renseignements mal pris, au nom d'un titulaire de pension déjà décédé depuis plusieurs mois, ne constitue pas un faux, mais soumet le notaire certificateur à une action disciplinaire. — Trib. d'Etampes, 3 mars 1846, D.P. 46. 3. 184.

10951. La dissimulation du prix dans les ventes ou les contre-lettres qui ont pour objet de frauder les droits d'enregistrement, entraînent l'application de peines disciplinaires contre le notaire rédacteur de ces actes. — J.G. *Notaire*, 782.

10952. Décidé en ce sens : 1° que tout notaire qui se permet la moindre altération de la vérité dans l'expression du prix aux procès-verbaux de vente aux enchères, doit être poursuivi par le syndic de la chambre auquel chacun des notaires de l'arrondissement donne avis d'une telle infraction à ses devoirs. — Délib. de la ch. des not. de Nancy, 3 mai 1836, J.G. *Notaire*, 782.

10953. ... Que les notaires qui, dans les ventes aux enchères de biens immeubles, favorisent la dissimulation d'une partie du prix de l'adjudication, dans la vue de la soustraire au payement des droits d'enregistrement, doivent être poursuivis conformément à l'art. 53 de la loi du 25 vent. an 11. — Instr. min. just. 21 août 1838, J.G. *Notaire*, 782.

10954. ... 3° Que le notaire qui, pour diminuer les droits d'enregistrement, dissimule

une portion du prix d'une vente passée devant lui, est passible d'une peine disciplinaire ; mais que cette infraction peut donner lieu à l'application d'une simple peine de discipline intérieure, et non à l'amende. — Dijon, 24 févr. 1846, J.G. *Notaire*, 782.

10955. ... 4° Qu'un notaire encourt une peine disciplinaire lorsqu'il fournit sciemment à des parties les moyens de frauder l'enregistrement, soit au moyen de la rédaction de conventions fictives ou de contre-lettres. — Trib. de Péronne, 28 avr. 1852, D.P. 54. 3. 16. — Trib. de Verviers, 27 oct. 1852, *ibid.*

10956. ... Soit par la dissimulation d'une portion du prix d'une vente passée devant lui. — Dijon, 24 févr. 1846, D.P. 46. 4. 157. — Trib. de Loches, 4 févr. 1857, D.P. 57. 3. 39.

10957. ... Et qu'il en est ainsi dans le cas où la dissimulation du prix n'aurait pas précisément pour but la diminution de droits de mutation qu'elle doit nécessairement annuler. — Bordeaux, 14 mars 1859, D.P. 59. 2. 208.

10958. ... 5° Que le notaire qui constate mensongèrement que la totalité du prix d'une vente a été payée en espèces, tandis qu'une partie seulement a été payée de la sorte, et le surplus en un billet, encourt une peine disciplinaire, et, spécialement, peut être suspendu. — Trib. de Civray, 9 mai 1844, D.P. 45. 4. 147.

10959. Jugé, au contraire, que le notaire qui, après avoir reçu un acte de vente, participe à la confection d'une contre-lettre ayant pour objet un supplément de prix dont il n'est pas fait mention dans l'acte authentique, soit en l'écrivant de sa main, soit en le recevant en dépôt, n'est point passible de peines disciplinaires. — Lyon, 18 févr. 1841, J.G. *Notaire*, 783.

10960. Il était, il est vrai, constaté dans l'espèce que la contre-lettre n'avait pas eu pour objet de frauder les droits d'enregistrement. — J.G. *Notaire*, 783.

10961. Un notaire encourt une peine disciplinaire lorsqu'après avoir, sur la demande des parties, différé d'inscrire un acte sur son répertoire et de le soumettre à l'enregistrement, il change la date de cet acte, dans le but d'éviter le payement du double droit d'enregistrement et de l'amende. — Agen, 16 août 1834, D.P. 56. 2. 169.

10962. Suivant un arrêt, le notaire qui énonce faussement que les témoins signataires d'un acte ont été présents à sa passation, est passible d'une peine disciplinaire, alors même que cette mention a été faite dans un acte où la présence des témoins n'est pas indispensable à sa validité. — Amiens, 16 avr. 1845, D.P. 45. 2. 82.

10963. Mais il a été décidé, au contraire, que la mention, dans un acte notarié, de la présence à cet acte de témoins instrumentaires qui n'y ont été appelés qu'après la réception de l'acte, et à un moment où il était déjà signé par les parties et le notaire, ne rend pas le notaire passible d'une peine disciplinaire. — Civ. c. 31 mai 1865, D.P. 65. 1. 383.

10964. Décidé également que la mention, dans un acte notarié, de la présence à cet acte de témoins instrumentaires qui n'y ont été appelés qu'après sa réception, ne rend pas le notaire passible d'une peine disciplinaire dans les actes pour lesquels l'assistance réelle des témoins n'est prescrite par la loi. — Pau, 23 déc. 1872, D.P. 74. 2. 86.

10965. La dissimulation du prix véritable d'un office dans le traité de cession peut entraîner l'application de peines disciplinaires contre un notaire. — Req. 6 nov. 1850, D.P. 50. 1. 321. — Civ. r. 28 août 1851, D.P. 51. 1. 321. — V. *suprà*, n° 10656.

10966. On objecterait vainement que, la fraude étant antérieure à la nomination, il y a dans cette circonstance d'antériorité une fin de non-recevoir à l'action disciplinaire :

il a été jugé que, cette fraude se trouvant consommée par la nomination elle-même, et étant réputée se continuer pendant tout le temps de l'exercice des fonctions qu'elle a conférées, est à ce titre justiciable de la juridiction disciplinaire. — Mêmes arrêts.

10967. Mais l'action en annulation de la contre-lettre, de même que la demande en restitution de l'excédant du prix indûment payé, ne peuvent motiver une condamnation disciplinaire, attendu que ce n'est là que l'exercice d'un droit conféré par la loi elle-même. — Civ. c. 30 juill. 1850, D.P. 50. 1. 246.

10968. Toutefois, si l'action en restitution de l'excédent de prix s'est produite dans des circonstances qui jettent la déconsidération contre le notaire qui l'a intentée, l'ensemble de ces circonstances peut donner lieu à une condamnation disciplinaire. — J.G. *Notaire*, 784.

10969. Jugé en ce sens : 1° que le fait par le cessionnaire d'un office de notaire d'avoir, malgré l'offre d'intervention de la chambre des notaires, intenté contre son prédécesseur une action en réduction du prix, qui, en définitive, a été rejetée par la justice, peut motiver contre lui l'application de la peine de la suspension. — Req. 6 nov. 1850, D.P. 50. 1. 324.

10970. ... 2° Que si le seul fait, par le titulaire d'un office, de poursuivre en justice la nullité d'un traité secret passé entre lui et son cédant et la restitution du supplément de prix qu'il a payé en exécution de ce traité, ne le rend pas passible d'une peine disciplinaire, cette peine, par exemple, celle de la destitution, peut être prononcée à raison des circonstances dans lesquelles l'action a été exercée. — Civ. r. 28 août 1851, D.P. 51. 1. 321.

10971. ... Qu'ainsi, la peine de la destitution a pu être infligée sur justice par les juges au cessionnaire qu'outre son concours illicite à un traité secret portant stipulation du supplément de prix, ce supplément de prix n'avait été consenti par lui au profit de la veuve et des enfants de son ancien patron, qu'à cause de la présence d'un compétiteur offrant un prix encore plus élevé, de telle sorte que la répétition qu'il en avait poursuivie était de nature à jeter sa personne une déconsidération qui s'accroissait encore de celle qui pesait sur tout son exercice, durant lequel des infractions aux mesures prescrites pour prévenir les suppositions de personnes avaient été également relevées à sa charge. — Même arrêt.

10972. C'est là un exercice régulier du pouvoir disciplinaire accordé aux tribunaux sur les notaires par l'art. 53 de la loi du 25 vent. an 11. — Même arrêt.

10973. ... 3° Que, de même, le notaire qui traite secrètement de son office avec un individu encore mineur, et qui, pour masquer cette infraction à la loi du notariat, s'est fait inscrire son successeur un prête-nom, puis, moyennant le payement d'une somme annuelle, abandonne sa résidence durant les démarches faites pour obtenir l'agrément de la chancellerie, et laisse la gestion de son office à son acheteur et à un autre clerc, encourt la peine de la suspension. — Trib. de Nantes, 28 mai 1846, D.P. 46. 4. 158.

10974. Le notaire qui remet au chef du parquet pour l'exercice de l'action disciplinaire un document qu'il sait contenir une indication inexacte, commet une faute disciplinaire. — Chambéry, 28 nov. 1877, J.G.S. *Notaire*, 309.

10975. Le notaire qui, sans mandat des intéressés et de sa seule initiative, dénonce verbalement son prédécesseur au procureur de la République comme ayant aliéné des titres dépendant du successio d'un client, dont il aurait été dans l'impossibilité de restituer le montant, peut être également frappé d'une peine disciplinaire, s'il est établi en fait que ladite imputation était calomnieuse et n'avait d'autre but que d'atteindre celui qu'elle visait. — Req. 11 avr. 1892, D.P. 92. 1. 334.

10976. — 7° *Manque de réserve et de circonspection.* — Le notaire qui manque à la réserve et à la circonspection dont ses fonctions lui font un devoir peut être l'objet de poursuites disciplinaires. — J.G. *Notaire*, 777.

10977. Ainsi le notaire qui, après le décès de son client, s'est présenté à son domicile, a pénétré jusque dans la chambre mortuaire, et s'est fait remettre par un domestique le testament du défunt, est passible d'une peine disciplinaire. — Ch. des not. de l'ontaine-bleau, 2 sept. 1846, D.P. 47. 4. 166.

10978. — 8° *Manquement aux devoirs de confraternité.* — Non seulement les notaires sont passibles de peines disciplinaires, lorsqu'ils manquent vis-à-vis d'eux-mêmes aussi bien qu'à l'égard des tiers, à la dignité et la circonspection qui sont imposées par leurs fonctions, mais ils encourent encore de semblables peines lorsqu'ils manquent à leurs devoirs envers leurs confrères. — J.G. *Notaire*, 778.

10979. Ainsi un notaire peut être frappé d'une peine disciplinaire à raison de faits non contraires aux lois, à la morale et à l'ordre public, mais qui constituent une infraction aux devoirs de confraternité qu'ont à remplir les notaires les uns envers les autres. — Req. 16 févr. 1863, D.P. 63. 2. 405.

10980. Tel serait le cas du notaire qui chercherait à s'attirer la clientèle des autres notaires par des moyens peu honorables, soit, par exemple, en laissant échapper d'une manière directe ou indirecte des imputations qui feraient planer sur ses confrères des soupçons d'indélicatesse ou d'incapacité, soit en offrant aux clients des conditions plus avantageuses, en leur réclamant des prix moins élevés que ses confrères, en offrant pour le payement des délais plus éloignés, etc. — J.G. *Notaire*, 778.

10981. On doit considérer comme une infraction de cette nature le fait par un notaire de mettre en circulation des lettres par lesquelles il prévient que quiconque usera de son ministère jouira, par exemple, d'un délai de dix ans pour le payement des droits d'actes, et même qu'à l'expiration des dix années il se contentera d'un simple règlement, et que le débiteur prendra tout le temps qui lui conviendra pour se libérer. — J.G. *Notaire*, 778.

10982. En conséquence, la peine du rappel à l'ordre peut être infligée, pour manquement aux règles de la confraternité, au notaire qui, chargé de constater dans la forme authentique une vente dont l'acte privé avait été dressé par un autre notaire, refuse de s'entendre avec ce dernier, relativement à la réception de l'acte notarié, alors que, d'après un règlement en vigueur dans l'arrondissement, et quelle que soit l'étude où l'acte sous seing privé avait été dressé, le notaire rédacteur de l'acte sous seing privé avait seul droit à la minute et aux honoraires de cet acte notarié. — Req. 16 févr. 1863, D.P. 63. 1. 495.

10983. Ainsi encore, le fait, par un notaire, d'avoir, après un traité passé entre lui et l'un de ses confrères pour régler la mesure de leur intervention respective dans une liquidation de succession dont les opérations avaient été confiées à celui-ci par le testament du défunt, éludé l'exécution de ce traité, en faisant dresser par les parties des actes sous seings privés, a pu être qualifié de manquement aux devoirs imposés à ce notaire comme notaire et comme conseil, ainsi qu'aux sentiments de bonne confraternité qui lui étaient en même temps prescrit, et être frappé, dès lors, d'une peine disciplinaire. — Req. 16 avr. 1866, D.P. 66. 1. 345.

10984. De même, le notaire qui passe un acte pour des parties adressées à un de ses confrères, en laissant supposer aux parties qu'elles avaient affaire au notaire désigné à leur confiance, et en recevant même d'elles une lettre destinée à celui-ci, encourt la suspension. — Trib. de Castellane, 5 janv. 1834, D.P. 45. 4. 147.

10985. Pareillement, le refus par un notaire d'employer les moyens propres à faire disparaître une irrégularité commise par un de ses confrères, dans un acte où il figurait comme notaire en second, peut, au point de vue des procédés et des rapports de confraternité, être déclaré passible d'une peine disciplinaire, et notamment du rappel à l'ordre, à la différence du refus du même notaire de signer cet acte, à raison de son irrégularité.—Req. 18 juin 1862, D.P. 62. 1. 363.

10986. Le fait par un notaire d'annoncer, par voie d'affiches et d'une manière générale, qu'il est chargé d'acheter des propriétés, de placer des capitaux par hypothèque ou autrement, en invitant les vendeurs ou les emprunteurs à s'adresser à lui, et ce, dans le but d'attirer la clientèle au détriment de ses confrères, constitue un acte de concurrence déloyale, contraire à la délicatesse et à la dignité professionnelle, et, par conséquent, passible de peines disciplinaires. — Req. 7 nov. 1881, D.P. 82. 1. 209-210.

10987. Le notaire qui, sachant qu'un autre notaire était chargé d'une vente mobilière pour le compte d'un client, fait des démarches auprès de ce dernier pour se faire substituer à son confrère, manque aux devoirs de la confraternité professionnelle, et se rend, en conséquence, passible d'une peine disciplinaire. — Civ. r. 23 juill. 1879, D.P. 79. 1. 64.

10988. Mais le fait, de la part d'un notaire, d'accepter la suite d'une affaire d'abord confiée à un autre notaire, ne peut être l'objet d'une peine disciplinaire, lorsqu'il n'est pas établi que des circonstances d'indélicatesse aient accompagné l'acceptation de ce nouveau mandat. — Civ. c. 12 nov. 1856, D.P. 56. 1. 395.

10989. Et spécialement, la décision de la chambre de discipline des notaires qui prononce le rappel à l'ordre d'un notaire, pour avoir dressé divers contrats de ventes d'immeubles qu'il savait être mis en vente dans l'étude d'un autre notaire, est nulle, comme entachée d'excès de pouvoirs, alors qu'elle ne relève aucune circonstance de nature à imprimer au fait licite sur lequel elle porte, le caractère d'une infraction disciplinaire. — Même arrêt.

10990. Et il n'importe qu'une telle décision se trouve fondée,... soit sur l'inobservation, de la part du notaire rappelé à l'ordre, des usages et règlements constamment suivis dans son ressort, si elle ne fait pas connaître les dispositions réglementaires qui auraient été enfreintes. — Même arrêt.

10991. ... Soit sur un manquement aux égards que les notaires se doivent entre eux, si ce manquement n'est présenté que comme la conséquence de la réception du nouveau mandat. — Même arrêt.

10992. Le fait par un notaire d'avoir reçu un acte de vente sur l'insistance des vendeurs qui voulaient que l'acte fût passé devant lui comme notaire du lieu de leur domicile, sans s'être interposé pour faire prévaloir la désignation du notaire désigné par l'acquéreur, ne constitue pas non plus, en l'absence de toutes autres circonstances, un manquement aux devoirs professionnels de ce notaire, et ne peut, par suite, être l'objet de poursuites disciplinaires. — Civ. c. 4 juill. 1864, D.P. 64. 1. 286.

10993. A plus forte raison, en est-il ainsi si le notaire n'a fait qu'exécuter une décision régulière et rendue par des juges compétents. — Civ. c. 30 juin 1856, D.P. 56. 1. 261.

10994. Et spécialement, une chambre de discipline de notaires ne peut, sans excéder ses pouvoirs, infliger une peine disciplinaire (le rappel à l'ordre) à un notaire qui, seul commis par le tribunal pour faire une vente d'immeubles de failli, y a procédé seul, sous prétexte qu'en n'appelant pas l'un de ses confrères à cette vente, il se serait écarté des usages de sa corporation. — Même arrêt.

10995. ... Alors, d'ailleurs, qu'il résulte des circonstances que le tribunal, en nommant ce notaire, a entendu, par cela même, refuser de commettre également son confrère dont une des parties intéressées avait demandé la désignation soit exclusive soit concurrente. — Même arrêt.

10996. Et dans ce cas, le notaire commis ne peut être frappé d'une peine disciplinaire, alors même qu'il aurait reconnu le droit de son confrère de concourir à cette vente, une telle reconnaissance étant sans valeur, en présence de la décision par laquelle ce notaire a été seul désigné. — Même arrêt.

10997. On ne saurait considérer davantage comme un manquement aux devoirs de la profession pouvant motiver une peine disciplinaire, la seule déclaration de dresser une nouvelle déclaration des apports d'une jeune fille fiancée à un officier, sans en avertir le confrère qui avait fait la première déclaration, et sans le mettre dès lors en état de contrôler les critiques élevées contre ladite déclaration par l'autorité militaire. — Civ. c. 4 mai 1892, D.P. 92. 1. 361.

10998. — 9° *Fautes particulières dans la gestion d'affaires particulières confiées aux notaires.* — Les notaires sont également passibles de peines disciplinaires à raison des fautes commises dans la gestion des affaires particulières qui leur sont confiées. — Metz, 44 juin 1825, J.G. *Notaire*, 757.

10999. Et, par exemple, le notaire qui, comme condition d'un prêt effectué par son entremise, stipule qu'il aura le droit de prélever une portion des honoraires alloués à un autre notaire chargé de vendre les biens de l'emprunteur, et fait par un notaire le refus d'exécuter cette convention, cherche à entraver la vente, en proposant à un huissier d'exercer différentes poursuites hypothécaires sur les biens déjà vendus, en lui offrant au même temps de partager les bénéfices qui proviendraient de ces poursuites, commet une infraction grave aux devoirs de sa profession, et se rend passible de peines disciplinaires. — Paris, 11 janv. 1844, J.G. *Notaire*, 757.

11000. — II. Faits étrangers a l'exercice des fonctions de notaire. — L'immoralité dans la vie privée rejaillit dans l'action disciplinaire. — J.G. *Notaire*, 755. — Req. 10 avr. 1849, D.P. 49. 1. 154. — Req. 7 avr. 1851, D.P. 51. 1. 90. — Orléans, 25 mai 1847, J.G.S. *discipline judiciaire*, 10.

11001. Ainsi des poursuites disciplinaires peuvent être instituées... 1° contre un notaire qui, par sa conduite dans un café, compromet sa dignité et porte atteinte à la considération de la corporation à laquelle il appartient. — Arrêt préc. 21 mai 1864.

11002. ... 2° Contre un notaire qui rédige des actes sous seings privés destinés à couvrir des stipulations illicites (par exemple, un contrat pignoratif imaginé pour déguiser l'usure), bien que ces actes soient passés en dehors de ses fonctions de notaire. — Trib. de Saint-Marcellin, 16 avr. 1847, D.P. 49. 5. 115.

11003. ... 3° Contre un notaire tombé en déconfiture par suite de dépenses de luxe immodérées et qui a dissipé des sommes provenant de reliquats de vente dont il était resté dépositaire. — Req. 10 nov. 1845, D.P. 46. 4. 157.

11004. ... 4° Contre un notaire qui a pu être accusé de complicité d'adultère. — Req. 20 juill. 1869, D.P. 71. 1. 328.

11005. Toutefois si une peine disciplinaire peut être infligée au notaire qui, par la licence de sa vie mœurs, compromet son caractère, il ne suit pas de là qu'on doive approuver les investigations par lesquelles les juges disciplinaires chercheraient à pénétrer les secrets de la vie privée : il faut que les faits aient amené un scandale ou soient de notoriété publique. — Lettre proc. gén. de Paris, 21 mars 1861, J.G.S. *Notaire*, 304.

11006. Un notaire a pu être condamné à la privation temporaire de voix délibérative dans l'assemblée générale, pour avoir tenu sciemment des propos mensongers sur le compte d'un candidat aux élections municipales. — Req. 10 avr. 1849, D.P. 49. 1. 154.

11007. Les faits qualifiés par la loi crimes ou délits exposent, à plus forte raison, le notaire qui s'en rend coupable à des poursuites disciplinaires, soit que ces faits aient présenté assez de gravité pour motiver une condamnation de la part des tribunaux de répression, soit qu'ils ne soient pas assez caractérisés pour entraîner l'application de la loi pénale, soit même qu'ils n'aient été l'objet d'aucune poursuite criminelle. — J.G. *Notaire*, 762.

11008. Jugé en ce sens : 1° que l'abus de confiance commis par un notaire en dehors de ses fonctions peut entraîner la peine de la suspension, bien que les poursuites criminelles intentées à raison de ce fait aient été arrêtées par une ordonnance de non-lieu. — Paris, 26 mars 1839, J.G. *Discipline judiciaire*, n° 17-3°.

11009. ... 2° Qu'un notaire inculpé de faux peut, nonobstant l'arrêt de non lieu intervenu sur cette accusation, être poursuivi disciplinairement et destitué à raison des mêmes faits. — Req. 2 août 1848, D.P. 48. 1. 185.

11010. ... 3° Que la peine de la destitution peut être prononcée :... soit contre le notaire qui a été condamné pour délit d'usure. — Metz, 20 mai 1826, J.G. *Notaire*, 788. — Req. 24 juin 1838, J.G. *Notaire*, 762.

11011. ... Soit contre celui qui a pris part à un mouvement insurrectionnel. — Agen, 18 janv. 1852, J.G. *Notaire*, 762.

11012. ... Soit contre celui qui a été condamné à une peine correctionnelle pour avoir acheté un cheval d'un déserteur. — Trib. de Chartres, 10 sept. 1839, J.G. *Notaire*, 762.

11013. ... Qu'un notaire peut être suspendu de ses fonctions pour avoir exercé des voies de fait (un soufflet) envers un particulier, et que bien qu'il ait été déjà puni correctionnellement, à raison de ce délit, il n'y a pas là violation de la règle : *non bis in idem.* — Trib. de Thionville, 4 avril 1844, D.P. 45. 3. 16.

11014. ... 5° Que le fait par un notaire d'avoir compromis sa dignité professionnelle en prenant une part active à une scène de tumulte, à l'occasion de l'exercice des voies de fait à raison desquelles il a encouru une peine correctionnelle, constitue une infraction à la discipline. — Limoges, 31 juill. 1889, D.P. 90. 2. 356.

11015. ... 6° Que l'interdiction des droits civiques et civils prononcée contre un notaire par les tribunaux correctionnels, en vertu de l'art. 42 C. pén., suffit pour motiver sa destitution par voie d'action disciplinaire. — Trib. de Lure, 3 juill. 1844, D.P. 47. 3. 205.

11016. Il a même été décidé que le notaire condamné à la réclusion, qui par toute autre peine emportant la dégradation civique, demeure *destitué de plein droit de ses fonctions*; qu'en conséquence, lorsque la condamnation est devenue irrévocable, il ne peut plus être l'objet d'aucune poursuite disciplinaire. — Décis. min. just. 22 déc. 1855, J.G. *Notaire*, 763.

Art. 13. Les contraventions aux prohibitions portées en l'article précédent seront, ainsi que les autres infractions à la discipline, poursuivies, lors même qu'il n'existerait aucune partie plaignante, et punies, suivant la gravité des cas, en conformité des dispositions de la loi du 25 vent. an 11 et de la présente ordonnance.

11017. Les infractions à la discipline sont poursuivies, lors même qu'il n'existerait aucune partie plaignante. — J.G. *Notaire*, 797.

11018. C'est le manquement au devoir qui fonde l'action disciplinaire, indépendamment de toute considération de préjudice pécuniaire : aussi l'action disciplinaire n'est-elle pas subordonnée à la constatation d'un préjudice causé aux parties, et le notaire auquel une infraction disciplinaire est imputée, ne peut-il valablement invoquer, comme moyen de défense, qu'il n'a causé de préjudice à personne. — Civ. c. 19 août 1844, J.G. *Notaire*, 773-2°.

11019. On s'est demandé si un tribunal pourrait renvoyer un notaire devant la chambre de discipline. — J.G. *Notaire*, 798.

11020. Ce droit est reconnu aux tribunaux par les partisans de l'opinion qui leur attribue la plénitude de juridiction sur les notaires. — J.G. *Notaire*, 798.

11021. Toutefois, cette opinion ne doit pas être suivie : le tribunal qui serait saisi directement d'un fait de simple discipline devrait se déclarer incompétent, mais il excéderait ses pouvoirs en renvoyant le notaire devant la chambre de discipline de son arrondissement ; celle-ci ne serait pas légalement saisie par un tel renvoi. — J.G. *Notaire*, 798.

Art. 14. La chambre pourra prononcer contre les notaires, suivant la gravité des cas, soit le rappel à l'ordre, soit la censure simple, par la décision même, soit la censure avec réprimande, par le président, aux notaires en personne, dans la chambre assemblée, soit la privation de voix délibérative dans l'assemblée générale, soit l'interdiction de l'entrée de la chambre pendant un espace de temps qui ne pourra excéder trois ans pour la première fois, et qui pourra s'étendre à six ans en cas de récidive.

DIVISION.

§ 1. — *Peines qui peuvent être prononcées par les chambres de discipline* (n° 11022).

§ 2. — *Faits qui échappent à la juridiction des chambres de discipline* (n° 11045).

§ 1er. — *Peines qui peuvent être prononcées par les chambres de discipline.*

11022. Une chambre de discipline des notaires ne peut prononcer d'autres peines que celles qui sont limitativement édictées par l'art. 14 de l'ordonnance du 4 janv. 1843. — Civ. c. 15 déc. 1868, D.P. 69. 1. 79. — Civ. c. 23 déc. 1868, D.P. 69. 1. 140. — Civ. c. 20 févr. 1883, D.P. 83. 1. 192. — Civ. c. 2 mars 1885, D.P. 85. 1. 464. — Civ. c. 4 août 1885, D.P. 86. 1. 175. — Req. 30 nov. 1885, D.P. 86. 1. 402.

11023. En conséquence, elle ne peut, sans excès de pouvoir, inviter le notaire inculpé à être plus réservé et plus circonspect à l'avenir, une pareille disposition devant être considérée comme une peine et non comme un simple avis. — Arrêts préc. 2 mars 1885, 4 août 1885 et 30 nov. 1885.

11024. Et il importe peu qu'avant de statuer ainsi, la chambre déclare n'y avoir lieu, dans l'espèce, à prononcer une peine disciplinaire, une pareille disposition ne pouvant être considérée comme un avis ou conseil rentrant dans les pouvoirs de conciliation qui appartiennent aux chambres de notaires. — Arrêt préc. 4 août 1885.

11025. La chambre, en rendant une pareille décision, qui a le caractère d'un jugement définitif, s'est dessaisie de l'affaire et ne peut sans excès de pouvoir la rétracter par sentence. — Arrêt préc. 30 nov. 1885.

11026. De même, la décision d'une chambre des notaires qui enjoint à un notaire, résidant dans une commune autre que le chef-lieu de canton, de s'abstenir désormais d'aller à ce chef-lieu ou d'y envoyer un clerc périodiquement ou à jour fixé, est entachée d'excès de pouvoir. — Civ. c. 20 févr. 1883, D.P. 83. 1. 192.

11027. Et il importe peu qu'avant de prononcer cette injonction, la délibération mentionne qu'il n'y avait pas lieu, dans l'espèce, d'appliquer une peine disciplinaire, une pareille disposition ne pouvant être considérée comme un simple avis ou un conseil rentrant dans les pouvoirs de conciliation qui appartiennent aux chambres de notaires. — Même arrêt.

11028. La chambre de discipline des notaires peut, en vertu des attributions de conciliation que lui confère l'art. 2, § 2, de l'ordonnance du 4 janv. 1843, inviter un notaire à renvoyer son clerc en décidant que le notaire devra renvoyer son clerc dans un délai déterminé, cette injonction équivalant à une peine autre que celles édictées par l'art. 14 de l'ordonnance du 4 janv. 1843. — Civ. c. 23 déc. 1863, D.P. 69. 1. 140.

11029. On doit considérer comme entaché d'excès de pouvoirs la décision qui inflige à un notaire la peine de l'amende honorable, en disposant que le président sera invité à faire connaître à ce notaire, dans la chambre assemblée, qu'il doit adresser, le plus promptement possible, au président, une lettre par laquelle il rétractera tous écrits et toutes paroles acerbes et inconvenantes qu'il a écrits ou dites, soit contre des confrères, soit contre le rapporteur, une telle mesure ne pouvant être envisagée comme rentrant dans celles que les chambres de discipline sont autorisées à prendre, comme pouvoir conciliateur, pour assurer, maintenir et ramener la concorde dans leur corporation. — Civ. c. 15 déc. 1868, D.P. 69. 1. 79.

11030. Il n'appartiendrait pas non plus à une chambre des notaires d'ordonner qu'un notaire serait rayé du tableau des membres de la chambre ; ce serait, d'ailleurs, une usurpation sur les droits de l'assemblée générale qui seule nomme les membres de la chambre. — J.G. *Notaire*, 816.

11031. On doit aussi considérer comme entachés d'illégalité les règlements d'une chambre qui a autorisé la censure avec publicité ; cette publicité, contraire à l'esprit qui a présidé à l'établissement des chambres, est, en effet, une sorte de peine additionnelle qu'aucune loi n'autorise. — J.G. *Notaire*, 817.

11032. Il y a également excès de pouvoir de la part d'une chambre lorsqu'elle ordonne que la décision qui interdit à un notaire de voter aux assemblées générales pendant un certain nombre d'années, sera lue, chaque année, dans l'assemblée générale, pendant le même nombre d'années. — J.G. *Notaire*, 817.

11033. Mais la chambre de discipline des notaires peut, en prononçant une peine disciplinaire contre un notaire, ordonner que sa décision sera notifiée au plaignant, une telle notification ne pouvant être confondue avec la publication ou cette décision. — Civ. r. 29 juill. 1862, D.P. 62. 1. 339.

11034. L'amende n'est pas au nombre des peines de discipline intérieure. — Décis. de la Chancellerie, 24 août 1847, D.P. 48. 3. 114.

11035. Les chambres des notaires ne peuvent condamner les notaires cités disciplinairement devant elles à des réparations civiles et à des restitutions d'honoraires ; elles n'ont de compétence en cette matière que pour prononcer des peines disciplinaires. — Décis. min. 24 août 1847, D.P. 48. 3. 14. — Civ. c. 14 janv. 1867, D.P. 67. 1. 40. — Civ. c. 5 juill. 1875, D.P. 75. 1. 431.

11036. Par suite, il y a excès de pouvoirs dans la délibération de la chambre des notaires qui, par application d'article de son règlement intérieur non approuvé par le ministre de la justice, prononce contre un notaire la peine du rappel à l'ordre et lui ordonne de restituer des honoraires à un confrère. — Arrêt préc. 5 juill. 1875.

11037. Il en est ainsi spécialement dans le cas où cette peine est infligée à un notaire comme punition du fait d'avoir dressé l'inventaire d'une succession pour lequel il avait été commis par une ordonnance de référé, et où la chambre lui enjoint de restituer les honoraires de l'inventaire à un confrère et d'en délivrer à ses frais une expédition à déposer dans l'étude de celui-ci, l'exécution d'un tel mandat de justice étant d'ailleurs pour le notaire commis, non seulement l'exercice d'un droit, mais même l'accomplissement d'un devoir. — Même arrêt.

11038. La délibération de la chambre de discipline portant injonction à un notaire d'appeler un de ses confrères à une vente d'immeubles et de la partager avec lui ses honoraires est nulle pour excès de pouvoir. — Civ. c. 30 juin 1856, D.P. 56. 1. 261.

11039. Mais la chambre des notaires, en condamnant le notaire poursuivi à une peine disciplinaire peut émettre l'avis que ce notaire est tenu à des dommages-intérêts, un tel avis ne constituant qu'une simple appréciation des conséquences légales de la plainte. — Req. 18 avr. 1866, D.P. 66. 1. 314. — Conf. D.P. 75. 1. 431, note 5.

11040. Jugé de même qu'une chambre des notaires peut ordonner la suppression d'écrits produits devant elle par un notaire, dans une poursuite disciplinaire exercée contre lui sur la plainte d'un autre notaire, et qui ont pour ce dernier un caractère injurieux, cette mesure de prudence ne constituant pas une peine disciplinaire. — Req. 18 juin 1862, D.P. 62. 1. 363.

11041. Une chambre des notaires ne peut, sans outrepasser les limites de sa compétence, prononcer contre un notaire plusieurs peines disciplinaires. — J.G. Notaire, 818.

11042. Cependant une délibération a, contrairement à cette opinion, cumulé la privation de voix délibérative dans l'assemblée générale avec l'interdiction de l'entrée de la chambre. — Délib. 3 août 1835, J.G. Notaire, 818.

11043. Mais cette interprétation ne semble pas exacte, rien, dans les termes de l'art. 14, ne donnant à penser que l'une des peines qui y sont énumérées soit une dépendance de l'autre. — J.G. Notaire, 818.

11044. La chambre de discipline aurait donc dû opter ou s'arrêter à la peine la plus forte, ainsi que cela est de principe général en matière pénale, principe formellement consacré par l'art. 365 C. instr. crim., qui s'applique aux chambres de discipline comme à toutes autres juridictions. — J.G. Notaire, 818

§ 2. — Faits qui échappent à la juridiction des chambres de discipline.

11045. Les chambres de discipline sont incompétentes d'une manière absolue pour prononcer sur des faits qui sont susceptibles d'entraîner l'application des peines graves que la loi a placées dans le domaine exclusif des tribunaux, et cela alors même que la chambre, appréciant le fait qui lui est soumis, le dépouillerait des circonstances aggravantes et le déclarerait passible d'une simple peine disciplinaire. — J.G. Notaire, 819.

11046. Les chambres de discipline des notaires ne peuvent rechercher et punir des faits ou des actes qui n'ont en eux-mêmes, ni par les circonstances qui les accompagnent, rien de contraire à la probité, à la délicatesse ou à l'honneur. — Civ. c. 7 avr. 1862, D.P. 62. 1. 278. — Civ. c. 3 juin 1863, D.P. 63. 1. 314. — Civ. c. 17 juin 1867. D.P. 67. 1. 196. — Civ. c. 24 déc. 1874, D.P. 75. 1. 80. — Civ. c. 17 juill. 1878, D.P. 78. 1. 379. — Civ. c. 16 janv. 1884, D.P. 84. 1. 252.

11047. Et spécialement le fait, de la part d'un notaire, d'avoir reçu seul un acte que les parties ont voulu qu'il reçût sans appeler un confrère, ne peut être frappé d'une peine disciplinaire, sous prétexte, par exemple, que la présence d'un autre notaire, qui avait pour client l'une des parties, à des rendez-vous et à des projets d'actes antérieurs à l'acte définitivement dressé, légitimait et nécessitait le concours de ce dernier à cet acte, comme notaire en second. — Arrêt préc. 3 juin 1863.

11048. De même, ni le fait par un notaire d'avoir communiqué directement au propriétaire d'un immeuble l'offre d'acquisition de cet immeuble, émanée d'un de ses clients, sans adresser cette communication à un confrère en l'étude duquel il savait que venait d'être tentée l'adjudication dudit immeuble, ni le fait, par le même notaire, d'avoir reçu le contrat de vente de ce même immeuble, ne peuvent justifier l'application d'une peine disciplinaire. — Arrêt préc. 17 juin 1867.

11049. De même encore, il y a excès de pouvoir de la part d'une chambre de discipline qui prononce la peine du rappel à l'ordre contre un notaire pour avoir manqué de prudence en ne veillant pas à ce que les intérêts courus antérieurement aux cessions des prix de ventes faites en son étude, fussent intégralement employés, comme ils devaient l'être, à désintéresser les créanciers inscrits à qui les contrats avaient été notifiés. — Arrêt préc. 21 déc. 1874.

11050. Il a été décidé par application du même principe : 1° que le notaire qui, à la suite d'une démarche faite par un tiers et portée à sa connaissance, a été choisi comme mandataire dans une affaire précédemment confiée à un de ses collègues, se met de ce chef à l'abri de toute poursuite disciplinaire. — Arrêt préc. 17 juill. 1878.

11051. Et qu'il en est ainsi alors que ce changement de mandataire a eu lieu pour un motif plausible, par exemple dans le but d'empêcher qu'un mineur ne fût représenté dans des opérations d'inventaire, liquidation et partage, par le notaire de ses parents dont les intérêts étaient opposés aux siens. — Même arrêt.

11052. ... 2° Qu'aucune peine disciplinaire n'est encourue par le notaire qui, sollicité par un confrère de procéder à une adjudication à laquelle ce dernier ne pouvait, à raison d'une incompétence territoriale, procéder lui-même, prête son ministère à ladite vente à la triple condition de faire venir le client dans sa propre étude, de faire seul l'adjudication et d'en percevoir seul les honoraires. — Civ. c. 16 janv. 1884, D.P. 84. 1. 252.

11053. ... 3° Que le fait, par un notaire, d'avoir donné l'authenticité à un acte qui, sur la demande des parties, avait été rédigé d'avance et hors de sa présence, par un tiers, ne constitue pas, en l'absence de toute circonstance particulière pouvant imprimer à ce fait un caractère répréhensible, une infraction aux règles de la discipline notariale, ne peut, dès lors, en lui-même, servir de base à une condamnation disciplinaire. — Civ. c. 31 mai 1865, D.P. 65. 1. 363.

11054. ... 4° Qu'on ne peut condamner, comme manquement aux devoirs de la profession, le notaire qui, dans le cas où ce recours n'est que l'exercice d'un droit; qu'ainsi le notaire qui ne croit pas devoir suivre l'avis de la chambre sur une question de partage d'honoraires, conserve le droit d'en référer aux tribunaux, et l'usage qu'il fait de ce droit ne peut le rendre passible d'une peine disciplinaire. — Civ. c. 29 janv. 1855, D.P. 55. 1. 120.

11055. ... 5° Que des faits qui ne présentent, en eux-mêmes, ni dans les circonstances qui les ont accompagnés, rien de contraire aux droits que le notaire tient de sa profession non plus qu'aux obligations que cette profession lui impose, ne peuvent, sur de simples conjectures, être considérés comme des actes indignes du notariat ou des manquements aux devoirs de la bonne confraternité motivant l'application d'une peine disciplinaire. — Civ. c. 18 mai 1870, D.P. 70. 1. 429.

11056. ... 6° Qu'il en est ainsi spécialement de l'avis d'un décès donné par un notaire, sans offre de service, à une partie qui l'avait déjà chargé de diverses affaires. — Même arrêt.

11057. ... Et de l'opposition à la levée des scellés apposés au domicile du de cujus, formée au nom de l'un de ses clients, créancier de l'héritier. — Même arrêt.

11058. ... 7° Que le notaire qui, après s'être fait représenter la minute d'un acte reçu par un confrère, pour avoir à client qui l'avait chargé de cette vérification des renseignements sur l'état de la minute et le met ainsi en état de poursuivre la nullité de cet acte, n'encourt l'application d'aucune peine disciplinaire. — Civ. c. 25 avr. 1870, D.P. 70. 1. 208.

11059. Il n'est pas interdit à un notaire de s'adjoindre pour collaborateur, à titre de clerc, le notaire auquel il a succédé; une telle collaboration ne cesserait d'être légitime que si elle était le signe et le résultat d'une association formée pour l'exploitation de l'office et le partage de ses produits; en conséquence, une chambre de discipline ne peut, à raison de ce fait, infliger à un notaire une peine disciplinaire qu'à la condition de constater qu'il existe une association illicite entre lui et son prédécesseur. — Civ. c. 6 août 1872, D.P. 72. 1. 295.

Art. 15. Si l'inculpation paraît assez grave pour mériter la suspension ou la destitution du notaire inculpé, la chambre s'adjoindra, par la voie du sort, d'autres notaires de l'arrondissement : celle de Paris, dix notaires, et les autres chambres, un nombre inférieur de deux à celui de leurs membres.

La chambre ainsi composée émettra, par forme de simple avis, et à la majorité absolue des voix, son opinion sur la suspension et sa durée, ou sur la destitution.

Les voix seront recueillies, en ce cas, au scrutin secret, par oui ou par non; mais l'avis ne pourra être formé qu'autant que les deux tiers au moins de tous les membres appelés à l'assemblée seront présents.

11060. Les notaires que la chambre est obligée de s'adjoindre quand il s'agit de provoquer la suspension ou la destitution d'un notaire paraissent avoir rempli leur mission spéciale quand ils ont délibéré sur la question de suspension ou de destitution; il semble donc qu'ils ne pourraient prendre part à la délibération par laquelle la chambre, rejetant l'extrémité qui lui était proposée, se bornerait à l'application d'une simple peine de discipline. — J.G. Notaire, 814.

11061. Toutefois, il a été décidé au sens contraire : que les notaires, adjoints à la chambre de discipline dans le cas prévu par l'art. 14 de l'arrêté du 2 niv. an 12, peuvent, après qu'il a été déclaré qu'il n'y a pas lieu à prononcer la suspension, concourir à la délibération de la chambre qui prononce immédiatement contre le notaire inculpé une peine de discipline intérieure. — Délib. de la ch. de discip. des notaires, 3 août 1835. J.G. Notaire, 814.

11062. Mais cette décision paraît présenter une fausse application de la loi et un excès de pouvoir. — J.G. Notaire, 814.

11063. L'adjonction des notaires n'est exigée que pour l'art. 15 que pour former l'avis qui doit être donné; elle ne l'est pas pour procéder à des actes d'instruction ordonnés par la chambre. — J.G. Notaire, 806.

11064. Jugé en ce sens, que bien que les

faits reprochés à un notaire soient assez graves pour entraîner la suspension, la chambre de discipline peut procéder à des actes d'instruction avant de s'adjoindre d'autres notaires. — Nîmes, 5 janv. 1857, J.G. *Notaire*, 806.

11065. La chambre des notaires constitue une juridiction différente suivant qu'elle fonctionne en conformité de l'art. 14 ou en conformité de l'art. 15 de l'ordonnance du 4 janv. 1843; en conséquence, l'inculpé qui a été entendu devant l'une n'en doit pas moins être entendu devant l'autre s'il y est jugé sur un autre chef d'inculpation, quoique se rattachant aux mêmes faits. — Civ. c. 1er mars 1853, D.P. 53. 1. 64.

11066. Dans le cas où les membres d'une chambre de notaires ne sont pas en nombre suffisant pour délibérer en matière disciplinaire, la chambre doit se compléter par la voie du tirage au sort : on doit appliquer ici, par analogie, l'art. 15 de l'ordonnance du 4 janv. 1843. — Civ. c. 21 févr. 1865, D.P. 65. 1. 135. — Civ. c. 7 juill. 1874, D.P. 74. 1. 482. — Civ. c. 22 nov. 1882, D.P. 83. 1. 271.

11067. Par suite, est nulle la délibération rendue avec le concours d'un notaire choisi spontanément par la chambre, en remplacement d'un membre empêché. — Arrêt préc. 22 nov. 1882.

11068. Lorsqu'une chambre de discipline de notaires est composée de membres titulaires en nombre suffisant pour délibérer valablement, l'adjonction d'un membre étranger au personnel de la juridiction vicie cette chambre dans sa composition légale. — Arrêt précité 22 nov. 1882. — Civ. c. 24 juill. 1854, D.P. 54. 1. 307. — V. anal. Trib. de Saint-Palais, 27 juill. 1849, D.P. 50. 3. 45.

Art. 16. Quand la chambre, ainsi composée, sera d'avis de provoquer la suspension ou la destitution, une expédition du procès-verbal de sa délibération sera déposée au greffe du tribunal, et une expédition en sera remise au procureur du roi (de la République).

11069. Dans le cas prévu par l'art. 16, la délibération doit être notifiée au notaire inculpé. Bien que l'art 20 de l'ordonnance ne parle que de la notification des délibérations qui appliquent des peines, et que la même disposition ne soit pas écrite pour les simples avis, néanmoins les mêmes motifs doivent entraîner la même décision. — J.G. *Notaire*, 807.

11070. Suivant une opinion, l'avis portant qu'il y a lieu à suspension ou à destitution peut être frappé d'opposition ou d'autre recours par le notaire intéressé. — J.G. *Notaire*, 808.

11071. Mais, malgré l'évident intérêt qu'a le notaire à ne point voir arriver jusque devant les tribunaux la discussion des faits qui lui sont imputés, il semble qu'on ne saurait lui ouvrir, pour ce cas, une voie de recours sans effacer la distinction bien tranchée entre les décisions disciplinaires qui appliquent une peine, et les avis qui tendent à indiquer seulement qu'il y aurait lieu d'en appliquer une. — J.G. *Notaire*, 808.

Art. 17. Le syndic déférera à la chambre les faits relatifs à la discipline, et il pourra les lui dénoncer, soit d'office, soit sur l'invitation du procureur du roi (de la République), soit sur la provocation des parties intéressées ou d'un des membres de la chambre.

Le notaire inculpé sera cité à comparaître devant la chambre dans un délai qui ne pourra être au-dessous de cinq jours, à la diligence du syndic, par une simple lettre indicative des faits, signée de lui, et envoyée par le secrétaire, qui en tiendra note.

Si le notaire ne comparaît point sur la lettre du syndic, il sera cité une seconde fois, dans le même délai, à la même diligence, par ministère d'huissier.

11072. — I. Attributions du syndic. — Le syndic de la chambre exerce auprès d'elle les fonctions du ministère public; c'est à lui qu'appartient l'exercice de l'action disciplinaire. — J.G. *Notaire*, 797.

11073. Lorsque le syndic défère, ainsi qu'il y est tenu aux termes de l'art. 17 de l'ordonnance de 1843, à l'invitation du procureur de la République, il agit non comme relevant de ce magistrat, mais en vertu d'une autorité propre qu'il tient de la loi et conserve dans ce cas, comme dans tous les autres, son indépendance et l'appréciation des faits reprochés à l'inculpé et des conclusions à prendre contre l'inculpé. — Trib. de Rethel, 29 août 1838, J.G.S. *Notaire*, 330.

11074. La citation prescrite par l'art. 17 de l'ordonnance de 1843 doit émaner du syndic, et elle ne peut être remplacée par une lettre écrite par toute autre personne, notamment par le président ou le secrétaire. — Civ. c. 8 févr. 1875, D.P. 75. 1. 359. — Civ. c. 23 avr. 1879, D.P. 79. 1. 264.

11075. — II. Citation préalable. — 1° Caractère obligatoire. — Cette citation préalable est une formalité substantielle, qui tient au droit de défense et doit être observée à peine de nullité. — Civ. c. 14 juin 1867, D.P. 67. 1. 196.

11076. L'action disciplinaire exercée contre un notaire devant une chambre de notaires doit, à peine de nullité, donner lieu à intervenir, être suivie, à la requête du syndic, par une citation donnée à cinq jours, et indicative des faits reprochés au notaire inculpé. — Civ. c. 3 juin 1863, D.P. 63. 1. 311. — Civ. c. 4 juill. 1864, D.P. 64. 1. 286. — Civ. c. 8 févr. 1875, D.P. 75. 1. 359-360.

11077. En conséquence, est nulle la condamnation disciplinaire prononcée par une chambre de notaires lorsque l'inculpé a été convoqué devant la chambre, non par une citation du syndic, mais par une simple lettre d'avis émanée du président, à l'effet de venir fournir des explications sur un différend avec un collègue. — Arrêt préc. 8 févr. 1875.

11078. ... Alors d'ailleurs que le notaire inculpé n'a pas accepté la transformation que les conclusions de l'inculpé auraient fait subir au débat. — Même arrêt.

11079. Décidé également en ce sens : 1° qu'une condamnation prononcée contre un notaire par une chambre de discipline, après que ce notaire qui avait comparu devant elle à propos d'un débat de concurrence avec un de ses confrères, s'était retiré, et sans qu'il ait été à nouveau l'objet d'une citation, est nulle comme ayant violé les droits de la défense. — Arrêt préc. 3 juin 1863.

11080. ... 2° Que pareille nullité est encourue si le notaire inculpé ayant été cité une première fois devant la chambre qui n'a pu se réunir à raison de l'abstention d'un de ses membres, la condamnation a été prononcée dans une réunion ultérieure sans nouvelle citation de l'inculpé qui était absent. — Civ. c. 21 févr. 1865, D.P. 65. 1. 135.

11081. ... 3° Qu'il en est de même si, le syndic s'étant désisté d'une inculpation plus grave qui d'abord avait été portée contre un notaire devant la chambre composée comme il est dit en l'art. 15 de l'ordonnance du 4 janv. 1843, la chambre réduite à ses seuls membres, et statuant par l'application de l'art. 14 de la même ordonnance, a prononcé une condamnation sans qu'il soit constaté que cette chambre ainsi composée, l'inculpé ait été de nouveau entendu, ni même que le syndic ait pris de nouvelles réquisitions qu'il s'était réservé de prendre. — Civ. c. 1er mars 1853, D.P. 53. 1. 64.

11082. — 2° Comparution volontaire. —

Le notaire qui comparaît devant une chambre de discipline, accepte le débat sans élever de fin de non-recevoir ou d'exception, sollicite un renvoi et, après les conclusions de la partie poursuivante, déclare n'avoir rien à ajouter pour sa défense, ne peut se prévaloir de ce qu'il n'aurait pas été cité devant la juridiction disciplinaire, sa comparution volontaire et l'acceptation des débats ayant couvert la nullité tirée de l'absence de citation. — Req. 14 janv. 1885, D.P. 85. 1. 255.

11083. Jugé en ce sens : 1° que le notaire appelé devant une chambre de discipline, qui a fourni ses explications et accepté le débat sans proposer aucune fin de non-recevoir ou exception, ne peut se prévaloir devant la cour de cassation de ce qu'il n'a pas été régulièrement cité de ce qu'il n'a pas été régulièrement cité devant la juridiction disciplinaire. — Civ. c. 16 janv. 1884, D.P. 84. 1. 252.

11084. ... 2° Que le notaire, appelé devant la chambre de discipline par une lettre du syndic, pour répondre à une plainte dont copie lui avait été déjà donnée, qui a été entendu dans ses explications, et qui, après les réquisitions du syndic, a déclaré n'avoir rien à ajouter à sa défense, ne peut prétendre que la condamnation disciplinaire prononcée par la chambre est nulle à défaut de citation préalable. — Req. 11 avr. 1881, D.P. 82. 1. 24.

11085. ... 3° Que le notaire appelé devant une chambre de discipline, réunie d'abord pour connaître d'un différend entre lui et l'un de ses confrères, puis constituée en juridiction disciplinaire pour statuer sur sa conduite, ne peut se prévaloir devant la cour de cassation du défaut de citation préalable à la décision, lorsqu'il est établi par la décision intervenue qu'il n'a réclamé aucun délai pour préparer sa défense, et qu'après avoir entendu le rapport, il a fourni ses explications et accepté le débat contradictoire. — Civ. r. 4 août 1885, D.P. 86. 1. 175.

11086. ... 4° Que la comparution d'un notaire devant la chambre de discipline et l'exposé de ses moyens de défense couvrent le moyen de nullité tiré de ce que la citation a été donnée par le président de la chambre, alors qu'elle aurait dû l'être par le syndic. — Civ. r. 8 mai 1889, D.P. 90. 1. 302.

11087. Il importe peu qu'à la première séance le syndic ait relevé un fait nouveau non mentionné dans la citation, si le notaire présent a été immédiatement interpellé à cet égard par le président, et a déclaré par lui que la chambre statuerait à une séance ultérieure, et si, dans l'intervalle, le notaire a adressé au rapporteur un mémoire justificatif portant sur les faits anciens et le fait nouveau et s'il a renouvelé oralement ses explications à la séance ultérieure. — Req. 9 mai 1877, J.G.S. *Notaire*, 336.

11088. — 3° Énonciation des faits. — La citation doit, à peine de nullité, indiquer l'objet de la poursuite au moins dans son caractère général. — Civ. c. 21 févr. 1865, D.P. 65. 1. 135.

11089. L'indication des faits servant de base à la poursuite, dans la lettre qui sert de citation pour laquelle un notaire est appelé, à la requête du syndic, à comparaître devant la chambre de discipline, est une formalité substantielle; en conséquence, l'inobservation de cette formalité peut être invoquée pour la première fois devant la cour de cassation comme un moyen de nullité de la délibération qui s'en est suivie. — Civ. 23 janv. 1881, D.P. 81. 1. 218-220.

11090. ... Alors du moins que le notaire, n'ayant pas comparu devant la chambre, n'a ni accepté le débat sur la citation irrégulière, ni défendu au fond sur la plainte portée contre lui. — Même arrêt.

11091. La mention, dans la lettre adressée au notaire dans la citation signifiée à l'effet de comparaître devant la chambre de discipline, « que ce notaire est cité, à fin disciplinaire, pour manquement de déférence vis-à-vis de la chambre », n'indiquant point les faits constitutifs de la faute imputée, une semblable plainte ne peut servir de base à une condamnation disciplinaire contre le notaire inculpé. — Même arrêt.

11092. Mais, en matière disciplinaire, pour que la chambre des notaires soit valablement saisie, il n'est pas nécessaire que la citation donnée au notaire poursuivi, à la diligence du syndic, contienne l'exposé des faits reprochés à l'inculpé; il suffit qu'elle renferme une simple indication de l'objet de la poursuite. — Req. 11 août 1880, D.P. 81. 1. 342.

11093. ... Alors surtout que ces faits ont été entièrement mentionnés dans une première décision disciplinaire déférée par le notaire à la cour de cassation, que celui-ci a comparu devant la chambre et s'est défendu sans se prévaloir du défaut d'indication des faits incriminés. — Même arrêt.

11094. En matière disciplinaire, la lettre par laquelle le syndic de la chambre des notaires convoque un notaire à comparaître devant cette chambre, pour répondre à une plainte spécifiée par le nom de son auteur, et poursuivie, au moment où ladite plainte a été précédemment communiquée à l'officier public inculpé, qui a répondu par écrit. — Req. 18 avr. 1887, D.P. 87. 1. 156.

11095. Il n'y a pas nullité de la décision d'une chambre de discipline qui prononce contre un notaire la peine du rappel à l'ordre, pour un fait non visé dans l'acte de citation, mais révélé à l'occasion de ceux qui étaient l'objet de cet acte, si l'inculpé ayant accepté le débat sur ce point a été appelé à se défendre contre une inculpation nouvelle. — Civ. r. 17 juin 1885, D.P. 86. 1. 80.

11096. Le défaut d'indication dans la plainte et dans la citation de l'un des chefs d'inculpation qui ont motivé la condamnation disciplinaire d'un notaire n'est pas une cause de nullité de la décision, si ce chef a été relevé par le rapporteur comme se rattachant intimement au chef d'inculpation spécifié dans la citation, et alors, d'ailleurs, que l'inculpé appelé à s'en expliquer a fourni ses moyens de justification, acceptant ainsi le débat sur ce chef nouveau. — Civ. c. 18 avril 1870, D.P. 70. 1. 429.

11097. Le règlement d'une chambre de notaires, qui fixe, pour les citations devant cette chambre, un certain délai, et charge le rapporteur de faire une enquête, n'est relatif qu'aux poursuites exercées d'office par le syndic : les poursuites exercées sur la réquisition du procureur de la République, après une enquête faite par ordre de ce magistrat, sont régies non par ce règlement, mais par l'art. 17 de l'ordonnance du 4 janv. 1843. — Req. 1er avr. 1868, D.P. 68. 1. 424.

11098. Le notaire qui s'est abstenu de comparaître sur la citation qu'il avait reçue à l'effet de venir répondre à une plainte dirigée contre lui, ne saurait, en l'absence de toute autre circonstance impliquant de sa part une irrévérence envers la chambre de discipline, être considéré comme ayant manqué à ses devoirs. — Civ. c. 17 juill. 1878, D.P. 78. 1. 379.

11099. Toutefois, si, en règle générale, un notaire cité disciplinairement à comparaître devant la chambre peut user du droit de faire défaut, néanmoins des refus réitérés et systématiques, de la part de ce notaire, de comparaître à la chambre et de répondre soit aux lettres officielles du président, soit aux convocations annulables du syndic peuvent être considérés comme des actes d'insubordination envers la chambre et par suite constituer des fautes disciplinaires graves. — Bordeaux, 14 août 1889, D.P. 90. 2. 197.

11100. — III. Citation nouvelle par ministère d'huissier. — Il est d'usage que le notaire en retard supporte les frais de l'exploit d'huissier prévu par le paragraphe 3 de l'art. 17, à moins que la chambre ne l'en décharge. — J.G. Notaire, 799.

11101. Si, au lieu de citer d'abord le notaire par une simple lettre, le syndic l'a fait immédiatement assigner par huissier, ce ne serait pas une cause de nullité de la poursuite, mais un juste motif pour le notaire de se refuser à payer les frais de la citation. — J.G. Notaire, 799.

Art. 18. Quant aux différends entre notaires et aux difficultés sur lesquelles la chambre est chargée d'émettre son avis, les notaires pourront se présenter contradictoirement et sans citation préalable, devant la chambre; ils pourront également y être cités, soit par simples lettres énonçant les faits, signées des notaires qui s'adressent à la chambre, et envoyées par le secrétaire auquel ils en remettent des doubles, soit par des actes d'huissier. Les lettres et citations seront préalablement visées par le président de la chambre. Le délai pour comparaître sera celui fixé par l'art. 17 de la présente ordonnance.

11102. Lors même que le différend à concilier est entre notaires, la chambre ne peut jamais, s'il n'y a pas d'arrangement à l'amiable, prononcer par voie de décision et porter contre l'une des parties une condamnation pécuniaire. Son avis n'empêche jamais les parties de recourir aux tribunaux. — J.G. Notaire, 794.

11103. Rien ne s'oppose à ce qu'une chambre de discipline appelée à statuer sur une réclamation civile se saisisse incidemment de l'action disciplinaire. — J.G. Notaire, 800.

11104. Mais, pour qu'elle puisse le faire valablement, il faut supposer que le notaire inculpé est présent, a réclamé aucun délai pour préparer ses moyens et a présenté sa défense, enfin que la poursuite disciplinaire peut être vidée sans instruction ultérieure; il faut en outre que, pour éviter, suivant l'esprit de la loi, d'initier le public aux affaires de discipline, la partie lésée qui a reçu satisfaction se soit retirée avant que la chambre ne prononce sur la question disciplinaire. — J.G. Notaire, 800.

Art. 19. Lorsqu'un notaire sera parent ou allié, en ligne directe, à quelque degré que ce soit, et en ligne collatérale jusqu'au degré d'oncle ou de neveu inclusivement, de la partie plaignante ou du notaire inculpé ou intéressé, il ne pourra prendre part à la délibération.

11105. Dans le cas de parenté ou d'alliance prévu par l'art. 19, il n'est pas nécessaire que la récusation soit proposée; le notaire parent ou allié ne peut prendre part à la délibération, à peine de nullité, c'est un empêchement absolu. — J.G.S. Discipl. jud. 12.

11106. Suivant une opinion, on ne saurait invoquer d'autres motifs que la parenté comme moyen de récusation contre les notaires membres de la chambre de discipline. — J.G. Notaire, 811.

11107. Et notamment, les notaires qui déclarent avoir été témoins du fait qui donne lieu aux poursuites devant la chambre peuvent prendre part à la délibération. — J.G. Notaire, 812.

11108. Décidé en ce sens que ce que, sur une inculpation de faux, plusieurs notaires auraient exprimé dans la chambre de discipline dont ils faisaient partie, la connaissance qu'ils avaient de l'inexactitude de l'inculpation, il ne s'ensuit pas que, dans la poursuite disciplinaire à laquelle cette inculpation donne lieu ultérieurement devant cette chambre, ces notaires doivent être considérés comme témoins et empêchés de prendre part à la délibération. — Délib. 19 août 1836, J.G. Notaire, 824.

11109. Mais, contrairement à cette opinion, il est aujourd'hui généralement admis que les membres des juridictions disciplinaires étant appelés à rendre de véritables jugements, font office de juges, et que, malgré le caractère exceptionnel de leur compétence, ils n'en doivent pas moins être soumis aux mêmes règles que les magistrats proprement dits. — J.G.S. Discipl. jud., 43.

11110. La cour de cassation a consacré cette solution en déclarant bien fondée la récusation proposée contre un notaire, membre de la chambre de discipline, par application de l'art. 378-8° C. proc. civ., et en dehors des cas prévus par l'art. 19 de l'ordonnance du 4 janv. 1843. — Civ. c. 24 janv. 1881, D.P. 81. 1. 219.

11111. Jugé également que les chambres de notaires statuant en matière disciplinaire sont soumises, comme toute autre juridiction, à la règle suivant laquelle nul ne peut être juge et partie dans sa propre cause. — Civ. c. 28 avr. 1885, D.P. 85. 1. 493.

11112. Dès lors, en cas de récusation par l'inculpé de quelques-uns des membres de la chambre de discipline devant laquelle il est appelé, ces membres doivent, à peine de la nullité de la délibération à cette règle, s'abstenir de statuer sur la récusation dont ils étaient l'objet. — Même arrêt.

11113. ... Quel que soit, d'ailleurs, le nombre des récusations individuelles proposées, s'il n'est pas établi que la chambre de discipline ne pouvait se compléter en l'absence des membres récusés. — Même arrêt.

Art. 20. La chambre prendra ses délibérations sur les plaintes et réclamations des tiers, après avoir entendu au dûment appelé, dans la forme ci-dessus prescrite, les notaires inculpés ou intéressés, ensemble les tiers qui voudront être entendus, et qui, dans tous les cas, pourront se faire représenter par un notaire.

Les délibérations de la chambre seront motivées et signées par le président et le secrétaire à la séance même où elles seront prises.

Chaque délibération contiendra les noms des membres présents.

Ces délibérations n'étant que de simples actes d'administration, d'ordre ou de discipline, ou de simples avis, ne sont, dans aucun cas, sujettes à l'enregistrement, non plus que les pièces y relatives.

Les délibérations de la chambre seront notifiées, quand il y a lieu, dans la même forme que les citations, et il en sera fait mention par le secrétaire en marge desdites délibérations.

11114. — I. Droits de la défense. — Une chambre des notaires commet un excès de pouvoir quand elle prononce une peine disciplinaire contre un notaire inculpé, sans l'avoir préalablement entendu dans sa défense. — Civ. c. 1er mars 1853, D.P. 53. 1. 64.

11115. Il en est ainsi spécialement lorsque le syndic s'est désisté d'une inculpation plus grave qui, d'abord, avait été portée contre un notaire devant la chambre composée ainsi qu'il est dit dans l'art. 15 de l'ordonnance du 4 janv. 1843, en se réservant de prendre d'autres réquisitions contre lui par application de l'art. 14 de la même ordonnance devant la chambre réduite à ses seuls membres, sans que rien ne constate que devant cette chambre, ainsi composée, l'inculpé ait été de nouveau entendu, ni même que le syndic ait pris les nouvelles réquisitions qu'il s'était réservé de prendre. — Même arrêt.

11116. Mais il n'y a pas lieu d'exiger que les conclusions du notaire inculpé soient insérées dans la décision rendue par la chambre de discipline; cette décision est régulière, lorsqu'elle constate que l'inculpé a présenté sa défense par lui-même et par son avocat, qu'il a opposé au syndic les moyens jugés utiles à sa justification, et qu'il a concouru à la décision de conclusions personnellement prises par lui. — Req. 16 août 1881 (2ᵉ espèce), D.P. 82. 1. 209-210. — Req. 7 nov. 1881 (deux arrêts), D.P. 82. 1. 209-210.

11117. Il n'y a pas violation des droits de la défense dans le fait d'avoir donné aux membres de la chambre de discipline, hors la présence de l'inculpé, lecture d'une décision antérieure annulée par la cour de cassation et de l'arrêt de cette dernière cour, pièces dont l'inculpé avait d'ailleurs entière connaissance et qu'il saurait avoir été communiquées à la juridiction saisie. — Req. 17 août 1880, D.P. 81. 1. 342.

11118. Le membre d'une chambre de discipline qui n'a pas assisté à une séance dans laquelle un notaire inculpé a été officiellement invité à donner des explications sur le fait qui lui est imputé, a pu valablement concourir à la décision disciplinaire ultérieurement rendue contre ce notaire, lorsque cette décision a été précédée de plusieurs séances auxquelles ce membre a assisté et dans lesquelles le notaire inculpé a été à même de présenter tous ses moyens de défense. — Req. 16 nov. 1846, D.P. 46. 1. 346.

11119. Une délibération du 19 août 1836 a refusé à un notaire le droit de se présenter assisté, pour sa défense, d'un notaire agissant à titre d'avocat. — J.G. *Notaire,* 804.

11120. Mais cette restriction au droit de défense qui s'appuie sur le texte de l'art. 20 d'après lequel la faculté de se faire représenter par un notaire ne serait accordée qu'aux tiers ne paraît pas légitime. — J.G. *Notaire,* 804.

11121. A Paris, on laisse au notaire inculpé toute latitude de se faire assister par un autre notaire, par un avocat ou par tout autre conseil de son choix. — J.G. *Notaire,* 804.

11122. C'est d'ailleurs moins un usage local qu'un droit général et absolu. La défense est de droit commun devant toutes les juridictions, devant toutes les assemblées qui font les parties viennent elles-mêmes devant la chambre des notaires, soit qu'elles n'y comparaissent que par l'intermédiaire d'un fondé de pouvoir, elles ont toujours le droit de faire plaider leur cause par un défenseur de leur choix. — J.G. *Notaire,* 762.

11123. Toutefois, la juridiction de la chambre étant tout exceptionnelle, et ce qui s'y passe devant demeurer secret, il convient, dès qu'on n'interprète pas la loi dans la rigueur de son texte qui semble exclure tout autre représentant qu'un notaire, de décider que le défenseur devra, devant cette juridiction comme devant un tribunal, être choisi parmi les tiers devant elles : soit que les parties viennent afin que le caractère de représentant donne toute garantie de convenance et de discrétion. — J.G. *Notaire,* 762.

11124. Il n'est pas prescrit, à peine de nullité en matière disciplinaire, que le procès-verbal mentionne que le notaire poursuivi a eu la parole le dernier. — Civ. c. 6 avr. 1891, D.P. 91. 1. 229.

11125. — II. Droits des plaignants. — Les plaignants peuvent se faire assister, devant les chambres de discipline de notaires, par toutes autres personnes qu'un officier public. — Req. 11 avr. 1881, D.P. 82. 1. 24.

11126. Il est, ainsi que leurs conseils, le droit d'assister non seulement aux débats, mais encore à prendre des décisions disciplinaires, sans que cette assistance puisse être considérée comme une infraction à la règle que le prononcé des décisions disciplinaires doit avoir lieu à huis-clos. — Même arrêt.

11127. La procuration donnée par le plaignant à son fondé de pouvoir peut être sous seing privé. — J.G. *Notaire,* 793.

11128. — III. Enquête et mode de preuve. — Les chambres de notaires peuvent procéder à une enquête pour s'éclairer sur certains faits de discipline intérieure; seulement elles n'ont aucun moyen coercitif contre les personnes étrangères au notariat qui refusent de déposer devant elles. — J.G. *Notaire,* 699.

11129. Si le témoin appelé était un notaire de l'arrondissement, il en serait autrement. Dans le cas où celui-ci ne déférerait pas à l'invitation qui lui serait faite par la chambre de discipline, cette dernière serait fondée à lui demander compte de son refus de comparaître. — J.G. *Notaire,* 699.

11130. Le droit d'appeler des témoins, de les obliger à comparaître et à déclarer, sous la foi du serment, tout ce dont ils ont connaissance, et qui ont rapport à une plainte portée contre un notaire, ne peut être exercé par les chambres de discipline des notaires; en conséquence, lorsqu'une chambre de discipline, ou le rapporteur chargé de recueillir des renseignements, juge à propos de procéder à une enquête, la comparution des témoins appelés est entièrement volontaire, et leur déposition ne peut, par conséquent, être soumise à la formalité du serment. — Décis. min. just. 29 nov. 1837, J.G. *Notaire,* 698.

11131. Décidé dans le même sens que lorsqu'une chambre de notaires entend des témoins dans une poursuite disciplinaire, la prestation de serment desdits témoins n'est pas une formalité exigée par la loi. — Req. 13 avr. 1887, D.P. 87. 1. 156.

11132. Les chambres, libres dans le mode de former leur conviction, peuvent refuser d'entendre des témoins désignés par le notaire inculpé. — Délib. 5 août 1836, J.G. *Notaire,* 698.

11133. La chambre de discipline, qui prescrit l'audition d'un témoin à domicile, n'est pas obligée de déléguer le rapporteur pour y procéder; ainsi elle peut charger de cette délibération. — Civ. c. 18 mai 1870, D.P. 70. 1. 429.

11134. Le registre destiné à constater les droits dus à un notaire par ses clients n'a pas le caractère d'un document privé; il peut être pris en considération comme pièce de conviction à l'appui des poursuites disciplinaires dirigées contre ce notaire. — Req. 9 mars 1869, D.P. 71. 1. 206.

11135. Une chambre de notaires peut puiser dans l'une de ses précédentes délibérations les éléments d'une décision disciplinaire rendue contre un des notaires de l'arrondissement, alors que le fait qui était imputé à ce notaire se trouvait établi par cette délibération. — Req. 16 nov. 1846, D.P. 46. 1. 346.

11136. — IV. Formes des délibérations. — La délibération d'une chambre des notaires statuant en matière disciplinaire, qui se borne à mentionner que les membres étaient présents », sans indiquer ni les noms, ni le nombre des membres présents, ne satisfait ni aux prescriptions de l'art. 20 de l'ordonnance du 4 janv. 1843 qui veut que chaque délibération contienne les noms des membres présents, ni à celles de l'art. 5 de la même ordonnance d'après lequel les chambres de discipline ne peuvent délibérer qu'au nombre de cinq dans les chambres composées de sept membres seulement. — Civ. c. 4 juin 1889, D.P. 90. 1. 286.

11137. ... Alors surtout qu'un des membres de la chambre s'y trouve mentionné dans des termes qui sont exclusifs de sa participation comme membre aux décisions de la chambre. — Même arrêt.

11138. Cette irrégularité qui tient à la composition de la juridiction disciplinaire doit entraîner la nullité de la délibération. — Même arrêt.

11139. La délibération d'une chambre de discipline des notaires, rendue avec le concours de membres qui n'ont pas assisté à toutes les séances consacrées à l'affaire, est nulle. — Civ. c. 21 févr. 1865, D.P. 65. 1. 135.

11140. Telle est spécialement la décision rendue avec le concours d'un membre n'ayant pas assisté à la première séance, où le plaignant et l'inculpé avaient échangé leurs premières explications. — Civ. c. 4 juill. 1864, D.P. 64. 1. 286.

11141. Cette irrégularité constitue un excès de pouvoir suffisant pour autoriser le recours en cassation. — Req. 16 nov. 1846, D.P. 46. 1. 346.

11142. Mais le membre qui n'a pas assisté à une séance dans laquelle un notaire inculpé a été entendu, a pu valablement concourir à la décision disciplinaire, lorsque la décision a été précédée de plusieurs séances auxquelles ce membre a assisté et dans lesquelles le notaire inculpé a été mis à même de présenter tous ses moyens de défense. — Req. 16 nov. 1846, D.P. 46. 1. 346.

11143. Il convient, lorsque la décision d'une chambre de discipline est prise à l'unanimité, de n'en pas faire mention; mais aucune disposition légale n'attache la peine de nullité à cette énonciation. — Req. 16 août 1881, D.P. 82. 1. 209-210.

11144. — V. Motifs des décisions. — Les décisions des chambres des notaires doivent, à peine de nullité, être motivées. — Civ. c. 29 janv. 1855, D.P. 55. 1. 419. — Civ. c. 12 nov. 1866, D.P. 56. 1. 395. — Civ.c. 19 nov. 1890, D.P. 91. 1. 62.

11145. Par suite, est nulle comme manquant de base légale une délibération disciplinaire qui ne précise pas les faits imputés au notaire de façon que la cour de cassation puisse reconnaître si l'inculpé a manqué à ses devoirs. — Civ. c. 25 janv. 1870, D.P. 78. 1. 190. — Civ.c. 6 avr. 1891, D.P. 91. 1. 229.

11146. Ainsi n'est pas suffisamment motivée la délibération de la chambre des notaires qui déclare simplement que le notaire inculpé est intervenu, soit directement, soit indirectement, dans une affaire dont il devait, comme notaire, se tenir complètement éloigné, et qui, par ses rapports particuliers avec le plaignant, son confrère, se tenir complètement éloigné, et qu'en agissant ainsi il a manqué à l'un des devoirs les plus essentiels de sa profession. — Arrêt préc. 25 janv. 1870.

11147. Décidé dans le même sens que les motifs des décisions rendues en matière disciplinaire par les chambres des notaires doivent permettre à la cour de cassation d'apprécier la qualification légale que comportaient les faits et la répression disciplinaire dont ils pouvaient être susceptibles. — Civ. c. 13 avr. 1892, D.P. 92. 1. 296.

11148. Ainsi, n'est pas suffisamment motivée la délibération de la chambre des notaires qui, après avoir examiné les faits reprochés par la plainte au notaire inculpé et déclaré que ces faits ne sont pas suffisamment établis, prononce contre le inculpé une peine disciplinaire, par le motif qu'il résulterait de l'audition des témoins et des explications des parties que l'inculpé a négligé de s'entourer de toutes les précautions qu'exigeraient l'importance de l'affaire en question et la dignité de son ministère; car pareille constatation, en effet, ne fait pas connaître les faits constituant l'imprévoyance du notaire et le manquement à ses devoirs professionnels. — Même arrêt.

11149. Mais la décision rendue contradictoirement par une chambre de discipline, sur l'opposition à une première décision par défaut, qu'elle confirme purement et simplement sans qu'il se soit produit aux débats, contient une relation suffisante des motifs donnés par la sentence par défaut, d'ailleurs non produite et contre laquelle aucun défaut de motifs n'est articulé. — Req. 7 nov. 1881, D.P. 82. 1. 209-

240. — Comp. Req. 19 févr. 1872, D.P. 72. 1. 168. — Civ. c. 12 févr. 1873, D.P. 73. 1. 12.

11150. Une décision disciplinaire, rendue par la chambre des notaires contre un notaire de l'arrondissement, et motivée sur la collaboration illicite existant entre ce notaire et son prédécesseur, définit suffisamment le caractère de la contravention imputée au notaire inculpé. — Req. 16 nov. 1846, D.P. 46. 1. 346.

11151. En matière de discipline notariale, la délibération qui n'énonce pas qu'elle a été lue ou prononcée en présence du notaire, n'est point nulle, s'il est établi qu'elle a été signée par le président et le secrétaire et transcrite sur le registre des délibérations de la chambre, dont une copie a été remise à l'inculpé demandeur en cassation à sa première réquisition. — Civ. c. 6 avr. 1891, D.P. 91. 1. 329.

11152. — VI. Notification des décisions disciplinaires. — Les délibérations, en général, sont et restent secrètes. Toutefois, lorsqu'il y a lieu de les faire connaître soit à des notaires, soit à des tiers, la notification se fait dans la même forme que la citation. — J.G. Notaire, 712.

11153. Pour être exécutées, les délibérations ont besoin d'être connues légalement, et cette connaissance légale résulte de la notification. Jusqu'à ce qu'elles aient été notifiées dans la forme légale, les décisions disciplinaires ne peuvent produire aucun effet. — J.G. Notaire, 829.

11154. Décidé en ce sens qu'un notaire, privé de voix délibérative dans l'assemblée générale, a néanmoins le droit de coopérer à ses travaux, la délibération qui lui infligeait la peine ne lui ayant pas été notifiée régulièrement. — Paris, 25 août 1831, J.G. Notaire, 829.

11155. Les personnes qui sont parties intéressées dans une délibération, ayant besoin de la connaître, ont le droit d'en demander expédition; mais ce droit n'appartient qu'à elles-mêmes exclusivement.—J.G. Notaire, 713.

11156. D'après un arrêt, un notaire qui prétend avoir été inculpé dans son honneur par la délibération d'une chambre de notaires a le droit de se faire délivrer une expédition. — Civ. c. 31 août 1831, J.G. Notaire, 215.

11157. Mais on ne pourrait faire résulter de cette décision un principe de dommages-intérêts contre les chambres des notaires, qu'autant que celles-ci seraient sorties du cercle de leurs attributions pour attaquer gratuitement et sans nécessité une toute autre personne dans son honneur et sa réputation. — J.G. Notaire, 713.

11158. Le notaire frappé d'une peine disciplinaire peut exiger une expédition de la délibération, et la notification qui lui en est faite ne lui enlève pas ce droit. — J.G. Notaire, 821.

11159. L'individu qui a porté plainte contre un notaire n'est pas fondé, alors que sa dénonciation ne concernait qu'un intérêt disciplinaire et n'était accompagnée de sa part d'aucune demande tendant à faire donner satisfaction à ses intérêts privés, à réclamer du secrétaire de la chambre de discipline une expédition de la délibération prise par la chambre sur cette plainte. — Trib. de Lille, 8 juin 1867, D.P. 67. 3. 62.

11160. Mais si la plainte plaignante a réclamé des dommages-intérêts, l'expédition ne pourra lui être refusée, du moins en ce qui touche ce chef. — J.G. Notaire, 822.

11161. Les expéditions ou extraits des délibérations des chambres de discipline, relatives, par exemple, à l'examen et à la capacité des aspirants au notariat, ne sont admises par le ministère de la justice qu'autant qu'ils sont écrits sur papier timbré. — Circ. 28 vend. an 13 et Décis. de la Chancellerie, 19 juin 1844. — Conf. Décis. min. fin. 30 juin 1843 et Instr. de la régie, 20 juill. 1833, J.G. Notaire, 725.

11162. C'est le secrétaire qui délivre les expéditions; elles ne pourraient, dans aucun cas, être demandées au président. — J.G. Notaire, 714.

11163. Le secrétaire de la chambre de discipline des notaires n'est pas fondé à réclamer aucun droit de rédaction ou d'expédition pour les actes auxquels il procède en cette qualité. — Décis. de la Chancellerie, 16 févr. 1835, J.G. Notaire, 448-5°.

11164. — VII. Voies de recours contre les décisions disciplinaires des chambres de notaires. — Les décisions disciplinaires prises par les chambres des notaires sont souveraines : il n'appartient pas aux cours et tribunaux d'en connaître et de les approuver ou infirmer. — Req. 10 mars 1846, D.P. 46. 1. 211.

11165. Mais elles peuvent être déférées à la cour de cassation pour incompétence ou excès de pouvoir. — Req. 16 nov. 1846, D.P. 46. 1. 346.

11166. La règle d'après laquelle les décisions disciplinaires émanées, par exemple, d'une chambre des notaires, constituent des mesures de police intérieure non susceptibles d'être attaquées que devant la cour de cassation pour excès de pouvoirs, incompétence ou violation des formes légales, est inapplicable aux tiers qui se plaignent d'avoir été, dans les motifs d'une semblable décision, l'objet d'attaques injurieuses à leurs intérêts : les membres de la chambre qui ont concouru à cette décision peuvent, conformément au droit commun, être actionnés en dommages-intérêts par les tiers lésé. — Nancy, 3 févr. 1870, D.P. 70. 2. 99, et sur pourvoi, Req. 9 août 1870, D.P. 71. 1. 359.

11167. Mais ces tiers ne peuvent se pourvoir contre la décision qui a déclaré qu'il leur serait accordé une satisfaction suffisante en prononçant que cette chambre avait excédé la mesure de la modération, les appréciations des juges du fond étant souveraines sur ce point. — Arrêt préc. 9 août 1870.

11168. Il y a incompétence ou excès de pouvoir, lorsque la décision de la chambre est entachée d'irrégularités de forme, que les formalités exigées n'ont pas été remplies, que la composition de la chambre fixée par la loi n'a pas été observée, que la condamnation comporte une peine dont l'application est réservée aux tribunaux, ou une peine arbitraire, que la chambre a prononcé une condamnation ou une injonction dans un cas où la loi ne l'autorise qu'à donner un simple avis, etc. — J.G.S. Discipl. jud., 173.

11169. Un des cas les plus fréquents d'excès de pouvoir est celui où la chambre a considéré comme tombant sous l'application d'une peine disciplinaire un fait non susceptible de blâme. — J.G.S. Discipl. jud., 174.

11170. La cour de cassation se réserve le droit d'apprécier si le fait incriminé peut être frappé d'une peine disciplinaire, et elle juge qu'une chambre commet un excès de pouvoir, lorsqu'elle punit des faits qui, pris par les circonstances dont ils sont accompagnés, loin de contraire à la probité, à la délicatesse ou à l'honneur, ne sont que l'exercice d'un droit ou d'une faculté légitime. — Civ. c. 12 nov. 1856, D.P. 56. 1. 395. — Civ. c. 7 avr. 1862, D.P. 62. 4. 278. — Civ. c. 3 juin 1863, D.P. 63. 1. 311. — Civ. c. 17 juin 1867, D.P. 67. 4. 196. — Civ. c. 18 mai 1870, D.P. 70. 1. 429. — Civ. c. 24 déc. 1874, D.P. 78. 1. 80. — Civ. c. 17 juill. 1878, D.P. 78. 1. 379. — Civ. c. 16 janv. 1884, D.P. 84. 1. 282.

11171. Elle n'est pas d'ailleurs pour les chambres de discipline un second degré de juridiction, elle doit se borner à examiner si leurs décisions sont entachées d'incompétence ou d'excès de pouvoir; mais les

déclarations de fait, la constatation de l'intention des parties, la détermination de la peine à appliquer, son action, et elle n'a pas à cet égard de pouvoirs vis-à-vis des tribunaux et des cours d'appel. — J.G.S. Discipl. jud., 175.

11172. Le pourvoi en cassation contre les décisions des chambres de discipline doit être formé dans le délai imparti en matière civile et est de deux mois à compter de la signification de la décision faite à personne ou domicile. — J.G.S. Discipl. jud., 177.

11173. On ne saurait voir une notification suffisante pour faire courir le délai du pourvoi en cassation, dans une simple lettre émanée du syndic d'une chambre de discipline faisant office de ministère public, portant que cette chambre a prononcé une peine disciplinaire, mais dont ni la date, ni l'envoi, ni la réception ne sont authentiquement constatés, et qui ne reproduit pas intégralement le texte de la décision intervenue. — Civ. r. 2 mars 1885, D.P. 85. 1. 464.

11174. Le pourvoi est formé par les parties en cause, le condamné, ou le syndic de la chambre faisant office de ministère public : il peut l'être également par le procureur général près la cour (V. suprà, art. 80 et 83 de la loi du 27 vent. an 8.— J.G.S. Discipl. jud., 176.

11175. Mais les procureurs généraux près les cours d'appel sont sans qualité pour déférer à la cour de cassation les décisions disciplinaires rendues par les chambres des notaires de leurs ressorts. — Req. 5 août 1884, D.P. 84. 1. 457.

11176. En conséquence, le pourvoi formé par un procureur général contre une décision de cette nature doit être déclaré non recevable par la chambre des requêtes. — Même arrêt.

11177. A défaut de pourvoi de la part du syndic contre la décision de la chambre de discipline qui a relaxé de la plainte le notaire inculpé, le notaire plaignant n'est pas recevable, à se pourvoir en cassation contre cette décision. — Civ. c. 4 févr. 1873, D.P. 73. 1. 11.

11178. La partie qui attaque une décision disciplinaire rendue par une chambre de notaires doit former son pourvoi contre le syndic, partie poursuivante, et non contre le président de la chambre de discipline, lequel a été un des juges de la cause, ni contre le plaignant qui ne peut avoir le rôle de partie civile; en conséquence, la signification de l'arrêt d'admission qui a été faite au président de la chambre ou à la partie plaignante, doit avoir eu égard tenir lieu de celle qui aurait dû être faite au syndic. — Civ. r. 24 juill. 1888, D.P. 89. 1. 383.

11179. La partie qui a obtenu la cassation d'une décision disciplinaire ne peut prétendre que la chambre de discipline devant laquelle l'affaire a été renvoyée ne pouvait statuer avant que l'arrêt de cassation lui eût été signifié. — Req. 17 août 1880, D.P. 81. 1. 342.

11180. Lorsque la cour de cassation, annulant la décision d'une chambre de discipline des notaires, renvoie la cause devant une autre chambre, la première ne peut s'immiscer dans la solution du procès, ni faire obstacle à l'exécution de l'arrêt de renvoi. — Req. 30 nov. 1885, D.P. 86. 1. 402.

11181. La chambre de discipline devant laquelle est renvoyée, après cassation d'une décision rendue par une autre chambre, est compétente pour connaître de tous les faits sur lesquels était la décision cassée, alors même que certains de ces faits n'auraient pas été dénoncés dès l'origine par la partie poursuivante. — Req. 18 août 1864, J.G.S. Notaire, 373.

11182. Peu importe que la citation donuée à comparaître devant la chambre de discipline de renvoi ne contienne pas l'indication de ces faits, s'ils sont énoncés dans la première décision disciplinaire, laquelle a été signifiée au notaire inculpé : et si, d'ailleurs, c'est à la demande même de ce notaire que la chambre de renvoi a été saisie de ces faits. — *Même arrêt.*

11183. Les délibérations des chambres de discipline des notaires qui ne contiennent qu'un simple avis sur des difficultés relatives, par exemple, à un compte d'honoraires entre notaires, ne sont pas susceptibles de pourvoi en cassation, un tel avis ne liant ni les parties ni les juges qui pourront être ultérieurement saisis de ces difficultés. — Req. 7 avr. 1869, D.P. 69. 1. 478.

11184. Le garde des sceaux n'aurait aucun pouvoir de prononcer sur le mérite d'une délibération, rendue compétemment, avec les formes voulues, et appliquant une peine de discipline intérieure. — Déc. min. just. 2 janv. 1837, J.G. *Notaire,* 824; 12 avr. 1839, J.G. *Discipline,* 278.

11185. Si, par suite de l'examen d'une délibération qui lui serait adressée, le ministre trouvait la peine trop douce comparativement aux faits reprochés, il pourrait provoquer l'action du ministère public, lequel, d'ailleurs, aurait le droit d'agir d'office et de demander devant les tribunaux la suspension ou la destitution; cette poursuite serait complètement indépendante de la mesure disciplinaire prise par la chambre. — J.G. *Notaire,* 825.

11186. Le notaire appelé devant la chambre de discipline peut former opposition à la décision qui l'a condamné par défaut. — Paris, 25 août 1834, J.G. *Notaire,* 829.

11187. Ce recours doit, aux termes du code de procédure et en l'absence de dispositions spéciales, être formé dans la huitaine à partir de la signification de la décision de la chambre, par lettre du syndic, contenir les moyens d'opposition, suivre enfin les formes de la procédure civile et non celles de la procédure en matière correctionnelle. — J.G. *Notaire,* 829.

11188. La décision d'une chambre de discipline rendue par défaut, qui démet de son opposition un notaire condamné aussi par défaut à la privation pendant un an de voix dans les assemblées de l'assemblée générale, ne doit produire son effet, quant à l'application de la peine prononcée, qu'après que cette décision a été notifiée au notaire. — Paris, 25 août 1834, J.G. *Notaire,* 829.

Art. 21. Les assemblées de la chambre se tiendront en un local à ce destiné, dans la ville où elle sera établie.

11189. Les chambres des notaires n'ont aucun droit de contrôle ou de revision sur les délibérations des assemblées générales des notaires. — J.G. *Notaire,* 687.

Art. 22. Il y aura chaque année deux assemblées générales des notaires de l'arrondissement.

D'autres assemblées pourront avoir lieu toutes les fois que la chambre le jugera convenable.

Les assemblées générales ou extraordinaires seront convoquées conformément aux dispositions de l'art. 6.

Tous les notaires du ressort de la chambre seront invités à s'y rendre aux nominations dont parle l'art. 25 ci-après, soit pour se concerter sur ce qui intéressera l'exercice de leurs fonctions.

11190. Une circulaire du ministre de la justice exprime le désir que le ministère pu-

blic veille à ce que les deux assemblées générales des notaires aient lieu chaque année. — Circ. min. just. 18 avr. 1833, J.G. *Notaire,* 633.

11191. Néanmoins, dans beaucoup d'arrondissements, il ne se tient qu'une assemblée annuelle; on s'évite par là un déplacement qu'on juge inutile; et le droit de convocation extraordinaire, autorisé par le § 2 de l'article, peut justifier cette interprétation. — J.G. *Notaire,* 633.

11192. Toutefois il est préférable de tenir, conformément à l'ordonnance, deux assemblées générales : car c'est la chambre et non l'assemblée qui d'ordinaire convoque les réunions extraordinaires. — J.G. *Notaire,* 633.

11193. La convocation doit toujours avoir lieu, pour rappeler cette solennité d'une manière précise au souvenir des notaires qui ont le devoir d'y assister. — J.G. *Notaire,* 634.

11194. Pour les assemblées générales de droit, la convocation est faite, soit par le président (art. 11-3°), soit par le syndic. — J.G *Notaire,* 635.

11195. Quant aux réunions extraordinaires, c'est à la chambre de décider s'il convient qu'il y ait une assemblée extraordinaire : tant que celle-ci ne l'a pas arrêté, la convocation ne peut avoir lieu, et les convocations même de droit sont précédées à Paris, d'une assemblée de la chambre. — J.G. *Notaire,* 635.

11196. Les lettres de convocation sont signées par le président ou par le syndic, mais elles pourraient être écrites par le secrétaire de la chambre, pourvu qu'il fût mentionné qu'il s'agit que sur la réquisition du président ou du syndic. — Douai, 15 juin 1835, J.G. *Notaire,* 636.

11197. C'est le secrétaire qui fait les convocations extraordinaires arrêtées par la délibération de la chambre, et il doit y mentionner cette délibération. — J.G. *Notaire,* 636.

11198. Le local est celui de la chambre des notaires; on ne pourrait tenir l'assemblée chez le président ou chez tel autre membre. — Arrêté 4 août 1844, J.G. *Notaire,* 636.

11199. Toutefois, s'il en avait été prévenu à temps, il n'en résulterait pas une nullité, surtout si les motifs étaient sérieux. — J.G. *Notaire,* 636.

11200. La convocation ne pourrait être requise par le ministère public, lequel, en cas de retard du président, devrait se borner à inviter celui-ci ou le syndic à la faire, sauf en cas de refus, à les déférer à la chambre de discipline ou au tribunal, pour faire prononcer la suspension, si les circonstances donnaient de la gravité à ce refus. — J.G. *Notaire,* 637.

11201. Ce ne serait qu'alors, c'est-à-dire après infliction d'une peine qui empêcherait ces fonctionnaires d'agir dans l'intérêt de la chambre, qu'on pourrait les considérer comme empêchés, et par suite convoquer par les suppléés aux termes de l'art. 11. — J.G. *Notaire,* 637. — V. *supra,* p. 381.

11202. La convocation doit avoir lieu pour tous les notaires, même les notaires honoraires, comme le porte d'ailleurs expressément l'art. 30 de l'ordonnance, mais en accordant à ceux-ci que voix consultative. — J.G. *Notaire,* 637.

Art. 23. Les règlements qui seront faits, soit par l'assemblée générale, soit par la chambre, seront remis au procureur du roi (de la République), adressés par lui au procureur général et soumis à l'approbation de notre garde des sceaux ministre de la justice.

11203. Anciennement, les notaires faisaient homologuer leurs statuts : l'art. 22 de l'arrêté du 2 nivôse an 12 (24 déc. 1803) autorisait aussi l'homologation, mais dans un seul cas, pour l'établissement d'une bourse commune. — J.G. *Notaire,* 642.

11204. Aujourd'hui, l'approbation ministérielle a remplacé l'homologation, même pour la bourse commune, les limites des délibérations des assemblées générales se restreignant aux intérêts communs. — J.G. *Notaire,* 642.

11205. Les règlements des chambres des notaires, non approuvés par le ministre de la justice, n'ont aucune force légale et ne peuvent servir de base à une condamnation disciplinaire. — Civ. c. 29 janv. 1855, D.P. 55. 1. 119. — Civ. c. 7 avr. 1862, D.P. 62. 1. 278. — Civ. c. 10 déc. 1862, D.P. 63. 1. 17. — Req. 16 févr. 1863, D.P. 63. 1. 405. — Civ. c. 23 avr. 1870, D.P. 70. 1. 208. — Civ. c. 5 juill. 1875, D.P. 75. 1. 434-432. — Civ. c. 23 juill. 1878, D.P. 79. 1. 64. — Civ. c. 10 janv. 1887, D.P. 87. 1. 221. — Bordeaux, 14 août 1889, D.P. 90. 2. 197.

11206. Il en est ainsi même d'un règlement qui n'est que l'application d'un règlement antérieur dûment approuvé, alors du moins qu'il contient lui-même une disposition nouvelle. — Bordeaux, 14 août 1889, D.P. 90. 2. 197.

11207. Spécialement, lorsqu'à la suite d'un règlement approuvé qui obligeait les notaires à tenir un livre-journal et à le mettre à toute réquisition à la disposition du syndic ou d'un notaire délégué par elle, il est intervenu un nouveau règlement qui soumet, en outre les notaires à l'obligation d'apporter à des époques fixes, chaque année, au secrétariat de la chambre, leur livre-journal pour y faire apposer le visa du secrétaire-archiviste qui est un agent salarié étranger à la compagnie, ce dernier règlement ne devient obligatoire qu'autant qu'il a été lui-même approuvé par le ministre. — *Même arrêt.*

11208. Décidé dans le même sens : 1° que le fait, de la part d'un notaire, de s'être adressé directement à une personne, pour traiter avec elle, au nom et dans l'intérêt de son client, de l'acquisition d'une propriété, au lieu de s'adresser au notaire qu'il savait être le notaire habituel de cette personne, contrairement à l'injonction qui lui en était faite par un règlement de la chambre des notaires, n'est pas passible de peines disciplinaires, si ce règlement n'a pas été approuvé par le ministre de la justice. — *Arrêt préc.*

11209. ... 2° Que le règlement d'une chambre de notaires conférant au notaire par lequel la mise en vente ou en location d'une propriété aura été annoncée par la voie des journaux, le droit exclusif de dresser l'acte de vente ou de bail, ne peut servir de base à l'application d'une peine disciplinaire contre le notaire de l'acheteur ou du preneur, qui ne s'est pas conformé à ce règlement, et à qui l'on imputerait, notamment, de n'avoir pas suffisamment insisté auprès de son client pour le faire observer, que si le règlement dont il s'agit a été approuvé par le ministre. — Arrêt préc. 10 déc. 1862.

11210. ... Alors, d'ailleurs, qu'aucun fait tendant à établir l'emploi de manœuvres contraires à la dignité et à la délicatesse professionnelles pour obtenir la réception du contrat n'a été articulé. — *Même arrêt.*

11211. Une chambre de notaires n'a pas le droit d'exiger d'un notaire une promesse pour attribuer une sanction à un règlement illégal, et, en conséquence, par suite de l'inexécution de ladite promesse, prononcer contre cet officier public une condamnation disciplinaire. — Civ. c. 10 janv. 1887, D.P. 87. 1. 221.

11212. En tout cas, il y a excès de pouvoirs dans cette condamnation, si la décision qui l'a prononcée ne relève aucun fait d'où l'on puisse induire que le notaire a volontairement manqué à sa promesse et a ainsi commis une faute. — *Même arrêt.*

50

11213. Les usages d'une corporation ne peuvent prévaloir contre les actes de juridiction régulière et émanés de juges compétents; ainsi, la condamnation disciplinaire prononcée par la chambre des notaires pour infraction aux usages de la corporation est entachée d'excès de pouvoirs, si l'auteur de la prétendue infraction n'a fait qu'exécuter une décision régulière et rendue par des juges compétents. — Civ. c. 30 juin 1856, D.P. 56. 1. 264.

11214. Malgré le caractère impératif des prescriptions de l'art. 23 de l'ordonnance de 1843, beaucoup de chambres n'ont jamais présenté de règlement à l'approbation du garde des sceaux; quelques autres, dont les projets de statuts contenaient des dispositions qui ne paraissent être autorisées, ont préféré retirer leur projet et se trouvent également sans règlement obligatoire. — Circ. min. just. 1er mars 1890, D.P. 90. 4. 11.

11215. Le ministère de la justice a considéré cet état de choses comme préjudiciable à la bonne discipline et à l'autorité des chambres qui, ne pouvant imposer une sanction à leurs délibérations, restent désarmées en face des contraventions commises ou s'exposent à voir casser par la cour suprême des décisions prises irrégulièrement. — Mêmecirc.

11216. Il a, en conséquence, invité, en 1890, toutes les chambres qui ne lui auraient pas encore soumis un projet de statuts ou dont le projet n'aurait pas encore été approuvé, à prendre, dans la réunion de leur plus prochaine assemblée générale, les mesures nécessaires pour que les statuts de la compagnie soient définitivement formulés et lui soient adressés sans retard. — Même circ.

11217. Indépendamment des questions relatives aux rapports des notaires entre eux, à la police intérieure et à la bourse commune, d'autres points peuvent légitimement appeler l'attention des chambres; par exemple, la tenue des assemblées générales et des réunions de la chambre, la garde des archives, les épreuves que devront subir les candidats pour obtenir le certificat de capacité, la garde de la minute des actes, en cas de conflits entre notaires, les rapports des notaires avec le public, en matière de plaintes. — Même circ.

11218. En réalité, presque tout ce qui intéresse le bon fonctionnement des compagnies peut trouver sa place dans les règlements intérieurs, pourvu que les prescriptions établies ne soient contraires à aucun texte de loi, ne portent nulle atteinte aux prérogatives des pouvoirs publics ou des tribunaux, ou n'attribuent pas aux assemblées générales et aux chambres des droits autres que ceux que le législateur leur a octroyés. — Même circ.

11219. En ce qui concerne l'organisation et les attributions des assemblées générales et des chambres de notaires, V. le règlement de la compagnie des notaires du département de la Seine du 29 oct. 1846, approuvé par le garde des sceaux le 4 nov. 1846. — D.P. 47. 3. 50.

Art. 24. La présence du tiers des notaires de l'arrondissement, non compris les membres de la chambre, sera nécessaire pour la validité des délibérations de l'assemblée générale et pour les élections auxquelles elle procédera.

11220. — I. Conditions de validité des délibérations. — Une instruction du ministre de la justice porte que la présence du tiers des notaires du ressort ne suffit pas pour la formation d'une assemblée générale; qu'il faut, en outre, que les membres de la chambre de discipline se trouvent présents, soit en totalité, soit au moins quant au nombre exigé pour la validité des délibérations de cette chambre; qu'ainsi, dans un arrondissement où il y a quinze notaires, l'assemblée ne pourrait être composée de moins de dix personnes, savoir: cinq notaires formant le tiers de ceux du ressort, et cinq membres de la chambre de discipline. — Instr. min. just. décembre 1829, J.G. Notaire, 639.

11221. Suivant une autre interprétation, il résulte du sens naturel des expressions de l'art. 24 (lesquelles sont les mêmes que celles de l'arrêté du 2 niv. an 12) « que la délibération est valable lorsque le tiers des notaires du ressort est réuni, et que la présence des membres de la chambre est, dès lors, complètement inutile ». — J.G. Notaire, 639.

11222. Mais cette dernière opinion, qui ne paraît tenir aucun compte des mots « non compris les membres de la chambre », ne semble point admissible. — J.G. Notaire, 639.

11223. Une autre question est de savoir comment le tiers doit être fixé, lorsque le nombre des notaires n'est pas susceptible d'une division exacte, comme si le nombre total des notaires est de seize, vingt-deux, vingt-cinq, etc. A Paris, on prend la fraction la plus forte. Ainsi, on porte à quarante-huit, et non pas seulement à quarante-sept, le tiers des cent quarante-trois membres dont la compagnie est composée. — J.G. Notaire, 639.

11224. Suivant l'opinion la plus généralement adoptée, on ne considère pas comme présents, au point de vue de la validité des délibérations, les notaires qui, ayant répondu à l'appel de leur nom, restent dans la salle, mais s'abstiennent de voter. — V. Statuts de Paris, art. 12, J.G. Notaire, 640.

11225. — II. Composition du bureau. — L'ordonnance semble avoir laissé l'assemblée générale libre de se constituer comme elle l'entendra. Ainsi, ce qu'une assemblée arrêterait, à cet égard, ne pourrait obliger les assemblées futures: il ne s'y attacherait que la valeur d'un précédent. — J.G. Notaire, 640.

11226. A Paris, le président de la chambre et le secrétaire remplissent les mêmes fonctions dans l'assemblée générale. — V. Statuts des not. de Paris, 26 oct. 1846, art. 12, J.G. Notaire, 640.

11227. Ailleurs, on prend pour président le doyen d'âge et pour secrétaire le plus jeune; ailleurs encore on procède par voie de scrutin. — J.G. Notaire, 640.

11228. La même latitude est laissée pour la désignation des scrutateurs qu'il a paru nécessaire d'admettre pour le dépouillement des votes et la composition du bureau. — J.G. Notaire, 640.

11229. — III. Attributions de l'assemblée générale. — Les principales attributions de l'assemblée générale se réfèrent à la nomination des membres des chambres de discipline et à la bourse commune. — J.G. Notaire, 641.

11230. L'assemblée partage, en outre, avec la chambre le droit de faire des règlements sur les points qui intéressent la corporation en général. — J.G. Notaire, 641.

11231. Les attributions de la chambre sont beaucoup plus étendues que celles de l'assemblée générale: c'est la chambre, en effet, qui représente collectivement tous les notaires de l'arrondissement, sous le rapport de leurs droits et intérêts communs (art. 2, § 7, de l'ordonnance de 1843). — J.G. Notaire, 641.

11232. Ainsi ce n'est pas à l'assemblée générale, mais à la chambre qu'il appartient d'exprimer son avis sur l'acceptation ou le refus de libéralités faites à la corporation. — Ch. des not. de Paris, 3 déc. 1842, J.G. Notaire, 680.

11233. Si les assemblées générales établissaient des peines en dehors des cas de discipline, si elles faisaient des tarifs excessifs d'honoraires, dont les notaires requerraient l'application, bien qu'ils n'eussent pas été approuvés conformément à l'art. 23 de l'ordonnance de 1843, leurs règlements seraient censurés. — J.G. Notaire, 643.

11234. C'est aussi ce qui devrait arriver si elles empiétaient sur les attributions de la chambre des notaires soit en discutant les comptes trimestriels, soit en prononçant sur des faits de discipline contre des notaires. — Décis. min. just. octobre 1834, J.G. Notaire, 643.

11235. ... Soit en exerçant des poursuites ou une action qui n'appartiendraient qu'aux syndics. — J.G. Notaire, 643.

11236. Il a été jugé, à cet égard, que les notaires d'un arrondissement, réunis en assemblée générale, commettent un excès de pouvoir: 1° en arrêtant entre eux un tarif déterminant leurs honoraires. — Trib. de J..... 16 déc. 1833, J.G. Notaire, 487-3°.

11237. ... 2° En fixant un droit à percevoir au profit de la bourse commune sur la délivrance d'un certificat de moralité et de capacité. — Décis. min. just. 20 mars 1834, J.G. Notaire, 666.

11238. ... 3° En prenant une délibération par laquelle l'assemblée générale des notaires établirait pour l'avenir, sous peine de confiscation d'honoraires, un mode de vider les différends élevés entre notaires sur la réception et la garde des minutes, lequel consiste à déléguer à quelques membres de la chambre, et même à des tiers en dehors de la chambre, le pouvoir de juger qui appartient à la chambre en corps: une telle délibération est nulle comme portant atteinte aux droits des justiciables et aux attributions du président du tribunal civil et du tribunal lui-même. — Décis. de la Chancellerie, 2 juin 1843, J.G. Notaire, 643.

11239. Mais il n'y a aucun inconvénient à ce que, dans chaque assemblée, on s'entende sur la quotité des honoraires qu'il serait convenable d'exiger pour ceux des actes qui ont une certaine conformité, en quelque lieu que ce soit, et à ce qu'on rédige à cet égard des notes ou circulaires qui seraient transmises aux divers membres de la corporation. — J.G. Notaire, 643.

11240. Une assemblée générale de notaires ne peut non plus, sans excéder ses pouvoirs, exprimer des vœux en faveur de certaines réformes législatives, spécialement au sujet des projets de loi intéressant le notariat, et donner à ces observations une certaine publicité. — Circ. min. just. 3 juin 1862, D.P. 62. 3. 86.

11241. ... Ni prescrire la tenue régulière dans toutes les études de l'arrondissement, et soumettre au contrôle de la Chambre, d'une comptabilité uniforme. — Décis. min. just. 1832, J.G.S. Notaire, 272.

11242. Les opérations de l'assemblée générale doivent être constatées par des procès-verbaux, dont le ministère public peut exiger la communication. — J.G. Notaire, 644.

11243. — IV. Annulation des délibérations. — Lorsque les opérations de l'assemblée générale sont irrégulières, en ce que, par exemple, le vote n'a pas eu lieu au scrutin secret, que les membres n'étaient pas en nombre pour délibérer, qu'ils ont choisi leurs représentants hors de leurs délégués, ou en ce que l'assemblée a excédé ses pouvoirs, les opérations doivent être annulées. — J.G. Notaire, 645.

11244. Par une instruction en date du 26 sept. 1833, le ministre de la justice a invité la chambre des notaires à rapporter elle-même les délibérations de l'assemblée. — J.G. Notaire, 645.

11245. Mais ce mode est défectueux: car il ne doit pas être permis à la chambre, produit de l'élection de l'assemblée générale, d'annuler ce que celle-ci a fait. — J.G. Notaire, 645.

11246. Il paraîtrait plus régulier que, d'elle-même, ou sur la réquisition du procureur de la république, la chambre convoquât une assemblée extraordinaire et que celle-ci, après avoir rétracté sa délibération, procédât à une opération nouvelle et régulière. — J.G. Notaire, 645.

11247. Si la chambre ou l'assemblée générale refuse d'obtempérer aux réquisitions du ministère public, quelques décisions ont admis que ce dernier doit poursuivre contre la chambre l'annulation de la délibération devant les tribunaux par voie d'ajournement et en audience publique, et non sur simple requête en la chambre du conseil. — Trib. de Rennes, 14 août 1832. J.G. *Notaire,* 645.

11248. Mais cette délibération étant un acte administratif, il serait plus simple que le ministre, instruit par le procureur de la République, fît inviter la chambre à convoquer l'assemblée extraordinairement à l'effet de prendre une délibération nouvelle, ou qu'il annulât lui-même, en cas de refus, celle qui aurait été prise. — J.G. *Notaire,* 645.

11249. — V. ABSENCE DES MEMBRES. — Les assemblées générales ne peuvent ni excuser, ni punir leurs membres, même à raison de leur absence aux réunions. — J.G. *Notaire,* 796.

11250. Décidé en ce sens que l'assemblée générale des notaires est incompétente pour prononcer une peine de discipline intérieure contre un notaire, par exemple, pour son inexactitude à assister aux réunions. — Décis. de la Chancellerie, 24 août 1847, D. P. 48. 3. 14.

Nomination des membres de la chambre et durée de leurs fonctions.

Art. 25. Les membres de la chambre seront nommés par l'assemblée générale des notaires convoqués à cet effet.

La moitié au moins desdits membres sera choisie dans les plus anciens en exercice formant les deux tiers de leurs notaires du ressort.

Deux au moins des membres appelés à faire partie des chambres établies dans un chef-lieu de cour royale, seront nécessairement choisis parmi les notaires résidant au chef-lieu.

Quant aux autres chambres, un de leurs membres sera nécessairement choisi parmi les notaires de la ville où siège le tribunal de première instance.

La nomination aura lieu à la majorité absolue des voix, au scrutin secret et par bulletin de liste contenant un nombre de noms qui ne pourra excéder celui des membres à nommer.

Le notaire élu membre de la chambre ne pourra refuser les fonctions qui lui auront été déférées qu'autant que son refus aura été agréé par l'assemblée générale.

11251. La nomination par l'assemblée générale des membres de la chambre se fait au scrutin secret par bulletin de liste contenant un nombre de noms qui ne peut excéder celui des membres à nommer. Cette dernière disposition ne défend que d'excéder le nombre des noms : elle ne défend pas de rester au-dessous, en portant sur le bulletin moins de noms qu'il n'y a de membres à nommer. — J.G. *Notaire,* 657.

11252. Il suffit que le nombre des bulletins déposés soit égal au nombre des votants pour que l'opération ne doive pas être recommencée. — J.G. *Notaire,* 657.

11253. Un procès-verbal constate le fait de la constitution de la chambre, résultat de la nomination des membres. — J.G. *Notaire,* 657.

11254. Il est de règle que la nomination des membres de la chambre et une expédition de la délibération de la chambre, qui contient ses officiers, soient immédiatement adressées au ministère public pour être transmises au ministre de la justice, afin qu'il puisse au besoin faire annuler le résultat si elles sont entachées d'irrégularité. — J.G. *Notaire,* 659.

11255. Les décisions par lesquelles le ministre de la justice statue sur la validité de l'élection des membres de la chambre des notaires et sur la capacité des candidats élus, sont susceptibles de recours devant le conseil d'Etat par la voie contentieuse, de la part des notaires. — Cons. d'Et. 29 janv. 1857, D.P. 57. 3 73.

Art. 26. La chambre sera renouvelée par tiers chaque année, pour les nombres qui comportent cette division, et par portion approchant le plus du tiers pour les autres nombres, en faisant alterner chaque année les portions inférieures et supérieures au tiers, mais en commençant par les inférieures, et de manière que, dans tous les cas, aucun membre ne puisse rester en fonctions plus de trois ans consécutifs, sauf ce qui est dit en l'article précédent.

11256. La disposition de l'ordonnance du 4 janv. 1843, d'après laquelle aucun membre de la chambre ne peut rester en fonctions plus de trois ans, est absolue, et ne reçoit d'exception que dans le cas où le membre réélu serait le seul notaire exerçant au chef-lieu. — Décis. de la Chancellerie, 3 mai 1845, D.P. 46. 3. 48. — Cons. d'Et. 29 janv. 1857, D.P. 57. 3. 73.

11257. Par suite, lorsque, dans une ville qui n'est pas un chef-lieu de cour impériale (d'appel), mais où siège un tribunal de première instance, il y a seulement deux notaires, celui de ces deux notaires qui vient d'être pendant trois ans membre de la chambre, ne peut être réélu, bien qu'il résulte de là que l'élection de l'autre notaire soit forcée, l'art. 25 de l'ord. du 4 janv. 1843 voulant que l'un des membres de la chambre soit nécessairement choisi parmi les notaires de cette ville. — Arrêt préc. 29 janv. 1857.

Art. 27. Les membres désignés pour composer la chambre nommeront entre eux, en suivant le mode de l'art. 25, le président et les autres officiers dont parle l'art. 6.

Le président sera toujours pris parmi les plus anciens désignés dans l'art. 25, sauf l'application de l'art. 8.

Ces nominations se renouvelleront chaque année ; les mêmes pourront être réélus ; à égalité de voix, le plus ancien d'âge sera préféré.

Les membres élus officiers ne pourront refuser.

11258. La disposition de l'art. 27 qui porte que les membres élus officiers ne peuvent refuser, ne doit s'entendre que d'un refus non motivé ; car un notaire peut avoir un légitime empêchement à l'acceptation d'une fonction dans la chambre pour le proposer à ses collègues ; la chambre en serait juge, et, si elle rejetait la demande, le notaire ne pourrait se dispenser d'accomplir le mandat donné par la confiance de la chambre. — J.G. *Notaire,* 648.

11259. Il en serait de même de la démission d'un officier qui aurait d'abord accepté ; la chambre aurait le droit d'apprécier les motifs, et de l'admettre ou de la rejeter. — J.G. *Notaire,* 648.

11260. Quand les membres de la chambre se réunissent pour nommer leurs officiers, leurs anciens élus n'ont plus de pouvoirs : la présidence n'appartient donc à aucun d'eux ; il est d'usage à Paris et dans plusieurs collèges que le doyen des notaires présents préside, et le plus jeune soit nommé secrétaire. — J.G. *Notaire,* 650.

Art. 28. La nomination des membres de la

chambre aura lieu dans la première quinzaine du mois de mai de chaque année.

L'élection des officiers sera faite, au plus tard, le 15 mai, et la chambre sera constituée aussitôt après cette élection.

Des notaires honoraires.

Art. 29. Le titre de notaire honoraire pourra être conféré par nous, sur la proposition de la chambre et le rapport de notre garde des sceaux, ministre de la justice, aux notaires qui auront exercé leurs fonctions pendant vingt années consécutives.

11261. Les vingt ans d'exercice prescrits pour l'honorariat sont rigoureusement exigés par la Chancellerie. — Lettre min. just. 10 juin 1859, J.G.S. *Notaire,* 2.

11262. Mais les fonctions peuvent avoir eu lieu dans plusieurs arrondissements et l'exercice peut avoir été fractionné en une ou plusieurs périodes, si l'interruption n'a pas été trop prolongée et n'est due à une cause légitime. — Circ. min. just. 1er mars 1890, D.P. 90. 4. 11-14.

11263. D'après les instructions du ministère de la justice, l'honorariat ne peut être conféré aux anciens notaires tant qu'ils exercent des fonctions administratives ou judiciaires. Le titre de notaire honoraire pourrait obliger celui qui en serait investi à des devoirs incompatibles avec ses fonctions et le soustrairait à une discipline et à une juridiction autres que celles auxquelles il est naturellement soumis. — Même circ.

Art. 30. Les notaires honoraires auront le droit d'assister aux assemblées générales. Ils auront voix consultative.

Des aspirants au notariat.

Art. 31. Tout clerc qui aspirera aux fonctions de notaire se pourvoira d'un certificat du notaire chez lequel il travaillera. Ce certificat constatera le grade qu'il occupe dans l'étude du notaire.

11264. La loi n'a pas déterminé les caractères auxquels on pourrait reconnaître la profession de clerc ; de là on tire la conclusion que c'est au ministre de la justice qu'il appartient d'apprécier les circonstances d'où l'on peut induire qu'un individu travaille chez un notaire possède cette qualité, quand il s'agit de stage ; ou bien que cette appréciation appartient aux tribunaux, lorsque la question est portée devant eux. — J.G. *Notaire,* 99.

11265. Toutefois, il résulte d'une manière à peu près générale des diverses applications qui ont été faites, que la qualité de clerc s'induit d'une double condition, à savoir : le travail dans l'étude et le travail habituel. — J.G. *Notaire,* 99.

11266. Ainsi on ne considérerait comme clerc : ni celui qui, hors de l'étude, travaillerait habituellement pour un notaire. — J.G. *Notaire,* 99.

11267. ... Ni celui qui, même dans l'étude, ne ferait que quelques expéditions d'actes pour le notaire, surtout s'il avait une autre occupation principale et ordinaire, ou qui, ayant d'autres occupations, ne prêterait au notaire que d'une manière accidentelle un concours même rétribué. — Grenoble, 7 avr. 1827, J.G. *Notaire,* 99. — Comp. J.G.S. *Notaire,* 35. et Colmar, 4 nov. 1857, D.P. 59.2. 129.

11268. Mais il a été jugé qu'un individu soit occupé et écrive habituellement chez un notaire pour être réputé clerc de celui-ci. — Bruxelles, 12 avr. 1810, J.G. *Notaire,* 97.

11269. De même, ou doit considérer comme clerc celui qui travaille habituellement dans l'étude, encore que son travail ne soit ni rétribué, ni continu, que le clerc ne demeure pas chez son patron, et qu'il ne soit pas inscrit au stage. — Civ. r. 25 janv. 1858, D.P. 58. 1. 63.

11270. La position de clerc n'est pas subordonnée à la condition de recevoir un salaire. — J.G. Notaire, 100.

11271. Mais dans les localités où le nombre des clercs de chaque étude est fixé par règlement intérieur, le temps de travail ne compte pour le stage qu'autant qu'il a été accompli en qualité de clerc titulaire. — Décis. de la Chancellerie, 3 avr. 1847, D.P. 48. 3. 15.

11272. Les notaires de Paris se sont interdit d'admettre ou de conserver aucuns clercs qui se livreraient à des occupations étrangères au notariat ou contraires à ses usages, ou, à plus forte raison, qui auraient accepté des fonctions déclarées par la loi incompatibles avec celles de notaire. — Statuts not. de Paris, 4 juill. 1822, J.G. Notaire, 105.

11273. Le notaire qui délivre un certificat de stage à un candidat qui n'a pas travaillé chez lui, encourt la peine de la suspension. — Agen, 28 févr. 1825, J.G. Notaire, 110.

Art. 32. L'inscription au stage prescrit par les art. 36 et suivants de la loi du 25 ventôse au 11 aura lieu sur la production faite par l'aspirant de son acte de naissance et du certificat mentionné dans l'article précédent.

Loi du 25 ventôse an 11

(16 mars 1803),

Contenant organisation du notariat. — *Publiée au Bulletin des lois, n° 2440.* — (Extrait, J.G. Notaire, p. 576.)

Art. 36. Le temps de travail ou stage sera, sauf les exceptions ci-après, de six années entières et non interrompues, dont une des deux dernières, au moins, en qualité de premier clerc chez un notaire d'une classe égale à celle où se trouvera la place à remplir.

Art. 37. Le temps de travail pourra n'être que de quatre années, lorsqu'il en aura été employé deux dans l'étude d'un notaire d'une classe supérieure à la place qui devra être remplie, et, à plus forte raison, pendant la quatrième, l'aspirant aura travaillé en qualité de premier clerc chez un notaire d'une classe supérieure ou égale à celle où se trouvera la place pour laquelle il se présentera.

Art. 38. Le notaire déjà reçu, et exerçant depuis un an dans une classe inférieure, est dispensé de toute justification de stage, pour être admis à une place de notaire vacante dans une classe immédiatement supérieure.

Art. 39. L'aspirant qui aura travaillé pendant quatre ans, sans interruption, chez un notaire de première ou de seconde classe, et qui aura été pendant deux ans au moins, défenseur ou avoué près d'un tribunal civil, pourra être admis dans une des classes où il aura fait son stage, pourvu que, pendant l'une des deux dernières années de son stage, il ait travaillé en qualité de premier clerc chez un notaire d'une classe égale à celle où se trouvera la place à remplir.

Art. 40. Le temps de travail exigé par les articles précédents devra être d'un tiers en sus, toutes les fois que l'aspirant, ayant travaillé chez un notaire d'une classe inférieure, se présentera pour remplir une place d'une classe immédiatement supérieure.

Art. 41. Pour être admis à exercer dans la troisième classe des notaires, il suffira que l'aspirant ait travaillé, pendant trois années, chez un notaire de première ou de seconde classe ou qu'il ait exercé, comme défenseur ou avoué pendant l'espace de deux années, auprès du tribunal d'appel ou de première instance, et qu'en outre il ait travaillé pendant un an chez un notaire.

Art. 42. Le gouvernement pourra dispenser de la justification du temps d'étude les individus qui auront exercé les fonctions administratives ou judiciaires.

DIVISION.

§ 1. — *Durée et conditions du stage* (n° 11274).
§ 2. — *Motifs d'abréviation et de dispense du stage* (n° 11302).

§ 1er. — *Durée et conditions du stage.*

11274. — I. Durée du stage. — Le stage ne peut être utilement fait que dans l'étude d'un notaire en exercice et non dans le cabinet d'un notaire dont les fonctions ont cessé. — Décis. de la Chancellerie, 12 juill. 1817, D.P. 48. 3. 14.

11275. Les six années exigées et les mois qui les composent doivent, en l'absence d'une disposition spéciale contraire, être comptés de quantième à quantième, suivant le calendrier grégorien, par argument d'analogie de l'art. 132 C. com., sans distinction entre les mois plus longs que trente jours et ceux plus courts. — J.G. Notaire, 122.

11276. Les six années doivent être entières : ne manquât-il qu'une fraction même insignifiante de stage, l'aspirant ne pourrait être admis, encore qu'il présentât des garanties spéciales de capacité. — J.G. Notaire, 123.

11277. Il faut non seulement que les six années soient entières, mais encore il est indispensable, d'après le texte de la loi, qu'elles ne soient pas interrompues. — J.G. Notaire, 124.

11278. En cas de maladie dûment justifiée, il n'y a pas interruption de stage. — Décis. de la Chancellerie, 9 juill. 1847, D.P. 47. 3. 205.

11279. L'interruption de stage par suite de l'assujettissement au service militaire laisse subsister les droits acquis par le temps d'étude antérieur. — Décis. de la Chancellerie, 19 déc. 1845, D.P. 48. 3. 14.

11280. Les fonctions de sous-chef de bureau dans une préfecture ne constituent pas une interruption de stage. — Décis. de la Chancellerie, 10 sept. 1847, D.P. 48. 3. 14.

11281. Il en est de même des fonctions d'huissier. — Décis. min. just. 1825, J.G. Notaire, 125.

11282. ... De greffier de justice de paix. — Décis. min. just. 8 sept. 1836, J.G. Notaire, 125.

11283. ... De surnuméraire de l'enregistrement. — Décis. min. just. juill. 1836, J.G. Notaire, 125.

11284. On considérerait comme interruption du stage toute discontinuation, par le candidat, de ses études, pour se livrer à des occupations étrangères au notariat, ou même rester inoccupé. — J.G. Notaire, 126.

11285. Quant au mode de supputation des six années, il est hors de doute que l'on ne peut compter au candidat, dans les six ans que doit durer son stage, le temps pendant lequel il aurait été forcé de l'interrompre. — J.G. Notaire, 127.

11286. Ainsi le temps de suspension causé par une maladie dûment justifiée ne peut être compté dans la supputation totale du stage. — Décis. de la Chancellerie, 9 juill. 1847, D.P. 47. 3. 205.

11287. Il a même été décidé qu'on ne devrait pas compter à un aspirant le stage qu'il aurait fait chez un notaire concurremment avec l'exercice d'une fonction publique, « car l'aspirant qui aurait d'autres devoirs à remplir n'apporterait point à l'étude du notaire l'assiduité qui peut seule garantir sa capacité ». — Décis. min just. 31 juill. 1839, J.G. Notaire, 127.

11288. Décidé de même à l'égard d'un candidat qui exerçait, pendant le temps du stage, les fonctions de percepteur des contributions directes. — Décis. min. just. 26 juill. 1834, J.G. Notaire, 127.

11289. On s'est demandé si, en exigeant un stage de six années entières et non interrompues, la loi doit être entendue en ce sens qu'il soit nécessaire que le stage se prolonge jusqu'à l'époque où le candidat se présente pour être admis au notariat; ou bien s'il ne suffit pas que le stage soit du nombre d'années exigées, sans égard à l'intervalle de temps écoulé depuis que l'aspirant ne travaille plus chez le notaire et le moment de sa demande. — J.G. Notaire, 128.

11290. La chambre des notaires de Paris, par délibération du 19 nov. 1812, s'est prononcée en faveur de la première opinion. — J.G. Notaire, 129.

11291. Mais cette doctrine paraît trop absolue et n'est pas entièrement conforme à ce qui se pratique habituellement au ministère de la justice. — Décis. min. just. 15 déc. 1845. J.G. Notaire, 130.

11292. — II. Conditions du stage. — Une autre condition exigée par l'art. 36, c'est que, pendant l'une des deux années au moins du stage, l'aspirant ait travaillé en qualité de premier clerc. C'est pendant l'une des deux dernières années, et non pendant la dernière seulement, que doit être exercée la fonction de premier clerc. — J.G. Notaire, 131.

11293. Mais il est indispensable que l'aspirant ait eu cette qualité de premier clerc au moins une des deux dernières années du stage; il ne suffirait pas que pendant la quatrième année qu'un aspirant eût fait la qualité de premier clerc. — Décis. min. just. 10 mai 1840, J.G. Notaire, 131.

11294. Au surplus, une année de première cléricature fractionnée entre les deux dernières années du stage, par ex. six mois dans la cinquième et six mois dans la sixième, ces deux fractions fussent-elles séparées par l'intervalle de six mois ou d'un an, remplirait le vœu de la loi pourvu que pendant l'intervalle l'aspirant ne se soit pas livré à des occupations étrangères. — J.G. Notaire, 132.

11295. Mais l'année de première cléricature est de rigueur, et l'on ne pourrait admettre, en compensation, des années de travail en qualité de simple clerc au delà des six années exigées plus qu'on ne pourrait admettre le stage de second clerc à Paris, comme l'équivalent du stage de premier clerc dans une autre résidence. — J.G. Notaire, 133.

11296. Décidé de même que ni la qualité d'ancien élève de l'école polytechnique, ni celle d'ancien officier de l'état-major, ni l'obtention des grades de licencié et de docteur en droit ne donnent des titres à être dispensé d'une portion de l'année de première cléricature dont l'aspirant au notariat est tenu de justifier. — Décis. de la Chancellerie, 19 déc. 1845, D.P. 48. 3. 14.

11297. Malgré la prescription formelle de l'art. 36, la nomination de notaire a été plusieurs fois accordée à des aspirants qui ne justifiaient d'une année de première cléricature que dans le cours des premières années de leur stage; mais la Chancellerie est revenue à une interprétation plus exacte. — J.G.S. Notaire, 39.

11298. La dernière condition exigée par l'art. 36 consiste dans la nécessité d'exercer la cléricature chez un notaire d'une classe égale à celle où se trouve la place à remplir. — J.G. Notaire, 136.

11299. Une décision du ministre de la justice, a interprété cette prescription de la loi, en ce sens que, lorsqu'un aspirant au notariat justifie d'une durée de travail de six années, il n'y a pas lieu de rechercher où le travail s'est accompli, sauf l'année de première cléricature exigée par l'art 36. D'où il résulterait que c'est pour cette année seulement, et non pour toute la durée du stage, que le travail devrait avoir été fait chez un notaire d'une classe égale à celui où se trouve la place à remplir. — *Décis. min. just.* 15 sept. 1840, J.G. *Notaire,* 136.

11300. Décidé ou ce sens qu'il suffit qu'un aspirant au notariat justifie d'un stage de six ans, dont une année de premier clerc dans une étude de classe égale à celle de l'office qu'il se propose d'acquérir, pour que le vœu de la loi soit rempli; qu'on ne doit pas rechercher la classe de l'étude où il a accompli ses autres années de stage, lorsqu'il n'entend pas se placer dans l'un des cas exceptionnels prévus par les art. 37 et suivants de la loi du 25 vent. an 11. — *Décis.* de la Chancellerie, 15 sept. 1840, J.G. *Notaire,* 136.

11301. Mais cette interprétation détruirait toute l'économie de la loi qui, dans les articles suivants, abrège ou prolonge la durée du stage, suivant qu'il est fait chez un notaire d'une classe inférieure ou supérieure à celle où se trouve la place à remplir; ce qui indique bien que l'art. 36 est relatif à l'hypothèse où il s'agit d'un stage fait dans une classe qui n'est ni supérieure ni inférieure, mais égale à la place à remplir. Aussi l'art. 36 a-t-il été constamment entendu en ce sens que c'est le stage entier, et non pas seulement l'année de première cléricature, qui doit être fait chez un notaire d'une classe égale à celle où se trouve la place à remplir. — J.G. *Notaire,* 136.

§ 2. — *Motifs d'abréviation et de dispense du stage.*

11302. La loi du 25 vent. an 11 prévoit diverses circonstances qui permettent soit d'abréger la durée du stage, soit d'en dispenser les aspirants, selon la position dans laquelle ils se trouvent. — J.G. *Notaire,* 137.

11303. — I. Abréviation. — L'art. 37 de cette loi consacre une première exception à la règle sur les six années établies par l'article précédent, en faveur de ceux qui sont clercs chez un notaire de classe supérieure à celle où ils veulent être admis, et a pour objet de réduire d'un tiers la durée de leur stage. — J.G. *Notaire,* 138.

11304. Décidé, à cet égard, que, lorsqu'un aspirant se présente, pour être admis à un office de notaire de seconde classe, en vertu des dispositions exceptionnelles de l'art. 37 de la loi du 25 vent. an 11, mais toutefois sans justifier complètement de stage de première classe exigées par cet article, il n'est pas fondé à demander, par application de l'art. 40 de la même loi, que le stage qui lui manque dans la première classe soit compensé avec le stage qu'il a fait dans la seconde classe. — *Décis.* de la Chancellerie, 5 juill. 1847, D.P. 47. 3. 205.

11305. Dans les termes de la loi, la durée de quatre ans a fixée pour le stage dans ce cas, se décompose ainsi: trois années chez un notaire de première classe, et une année en qualité de premier clerc chez un notaire de première ou de seconde classe. — J.G. *Notaire,* 139.

11306. On a soutenu qu'il importerait peu que l'aspirant eût travaillé d'abord un an dans la première classe, un an comme premier clerc dans la seconde, et enfin deux ans dans la première, parce que, dans cette hypothèse, nonobstant l'ordre dans lequel le temps de cléricature se serait accompli, le candidat aurait, en définitive, passé trois ans chez un notaire de première classe et un an en qualité de premier clerc chez un notaire

de seconde, et que c'est là tout ce qu'exige la loi. — J.G. *Notaire,* 139.

11307. Mais il semble que la loi exige davantage et qu'il faille que l'année de première cléricature se trouve la quatrième. — J.G. *Notaire,* 139.

11308. Les quatre années de stage, dans le cas particulier de l'art. 37, doivent être non interrompues, comme les six années dans le cas de l'art. 36, bien que le texte ne le dise pas. — J.G. *Notaire,* 140.

11309. L'art. 37, malgré son apparente généralité, s'applique seulement au cas où l'aspirant veut exercer dans la deuxième classe. S'il aspirait à la troisième, sa position serait réglée par l'art. 41 qui limite à trois ans, et non au delà, la durée du stage chez un notaire d'une classe supérieure à celle où il veut entrer. — J.G. *Notaire,* 141.

11310. Il y a lieu d'observer, dans le stage exceptionnel prévu par l'art. 37, le principe général de la continuité; il faut ainsi que l'année de première cléricature soit l'une des deux dernières années de stage; il importe peu qu'elle ait été faite chez un notaire de première ou de seconde classe. — J.G.S. *Notaire,* 40.

11311. D'après l'art. 38 de la loi de ventôse, le notaire déjà reçu et exerçant depuis un an, dans une classe inférieure, sera dispensé de toute justification de stage, pour être admis à une place de notaire vacante dans une classe immédiatement supérieure. — J.G. *Notaire,* 142.

11312. Il a été jugé, par application de cette disposition, qu'un notaire de troisième classe qui, en exercice depuis plus d'un an, demande à être nommé dans la deuxième, n'est tenu à aucune justification de son aptitude ni de sa qualité. — *Décis. min. just.* 15 janv. 1836, J.G. *Notaire,* 142.

11313. Cette exemption de toute justification de stage ne peut être invoquée que par le notaire qui passe dans une classe immédiatement supérieure, selon l'expression de la loi. — J.G. *Notaire,* 143.

11314. C'est ainsi qu'il a été jugé qu'un notaire, même nommé de troisième classe, ne peut dans une étude de troisième classe, être nommé dans la première classe, si son stage primitif est insuffisant. — *Décis.* de la Chancellerie, 28 sept. 1845, D.P. 46. 3. 48.

11315. Cette solution à laquelle la Chancellerie avait admis certaines exceptions, a été confirmée par une décision ministérielle de 1861. — J.G.S. *Notaire,* 44.

11316. La dispense accordée par la loi au notaire exerçant depuis un an. C'est donc le commencement de son exercice, c'est-à-dire le jour où il a prêté serment, qui sert de point de départ au délai d'un an, et non pas sa nomination. — J.G. *Notaire,* 146.

11317. Le bénéfice de la loi est acquis non seulement au notaire qui exerce actuellement, mais aussi à celui qui a cessé d'exercer. — J.G. *Notaire,* 147.

11318. Aux termes de l'art. 39, l'aspirant qui aura travaillé pendant quatre ans, sans interruption, chez un notaire de première ou de seconde classe, et aura été pendant deux ans, au moins, chef ou premier clerc près d'un tribunal civil, pourra être admis dans une des classes où il aura fait son stage, pourvu que, pendant l'une des deux dernières années de son stage, il ait travaillé en qualité de premier clerc chez un notaire d'une classe égale à celle où se trouve la place à remplir. — J.G. *Notaire,* 148.

11319. D'après cette disposition, l'exception n'a lieu que pour le stage dans les études de première ou de seconde classe. — J.G. *Notaire,* 148.

11320. Elle ne s'appliquerait donc pas à l'aspirant qui aurait travaillé, pendant les quatre années dont il est question, chez un notaire de troisième classe. — J.G. *Notaire,* 148.

11321. Ce n'est pas une dispense, mais

une réduction de stage que l'art. 39 établit. Par conséquent, dans le cas même où l'aspirant se trouve dans la seconde condition prévue (défenseur ou avoué), les quatre années de stage sont toujours nécessaires. — J.G. *Notaire,* 149.

11322. C'est ainsi qu'on a considéré, avec raison, que le temps d'exercice comme avocat au delà de deux années, exigé par l'art. 39, ne peut compenser ce qui manquerait à l'aspirant des quatre années de stage notarial établies par le même article. — *Décis.* de la Chancellerie, 21 sept. 1835, J.G. *Notaire,* 149.

11323. La dispense établie en faveur des avoués et des défenseurs près les tribunaux civils comprend, sans aucun doute, les avocats reçus et qui exercent près des cours d'appel, mais elle ne s'étend pas au simple licencié qui, n'ayant pas été reçu au serment, ne possède qu'un titre académique. — *Décis.* de la Chancellerie, 21 sept. 1835, J.G. *Notaire,* 150.

11324. Décidé de même qu'un simple licencié en droit ne peut prétendre à la réduction du stage notarial accordée par la loi aux défenseurs, c'est-à-dire aux avoués et aux avocats ayant deux ans d'exercice. — *Décis.* min. 13 juin 1835, J.G. *Notaire,* 150.

11325. Toutefois, il n'est pas nécessaire que l'avocat qui demande le bénéfice de l'art. 39 soit inscrit au tableau. — J.G. *Notaire,* 451.

11326. Ainsi, un avocat stagiaire qui justifie de son exercice par un certificat du conseil de l'ordre et des juges de la cour ou du tribunal auxquels il appartient, peut invoquer le bénéfice de cet article. — J.G. *Notaire,* 151. — *Décis.* de la Chancellerie, 3 avr. 1817, D.P. 48. 3. 15.

11327. Les quatre années de cléricature et les deux années d'exercice comme avoué ou comme avoué, exigée par l'art. 39 précité, doivent être distinctes et successives et non pas simultanées. — *Décis.* de la Chancellerie, 25 sept. 1843, J.G. *Notaire,* 153.

11328. En effet, l'art. 39 de la loi du 25 vent. an 11 permet seulement d'ajouter deux ans d'exercice comme avocat à quatre années de travail comme clerc, pour compléter le temps de stage exigé par l'art. 36 de la même loi; mais, ni par sa lettre ni par son esprit, l'art. 39 n'autorise l'admission aux fonctions de notaire lorsque les quatre années de cléricature et les deux années de profession d'avocat se sont accomplies simultanément; il faut toujours, dans le cas prévu par cet article, qu'on somme, on retrouve les six années d'étude exigées par l'art. 36. — Même décis.

11329. La loi exige que les quatre années dont le stage se compose aient été faites sans interruption. — J.G. *Notaire,* 155.

11330. Toutefois, la non-interruption n'est pas également exigée par le texte, relativement aux deux années d'exercice comme avocat ou comme avoué, quoique elle paralise être dans l'esprit de la loi; mais, dans le silence de la loi, ce serait ajouter au texte que de faire de cette non-interruption une condition nécessaire de l'admission de l'aspirant. — J.G. *Notaire,* 155.

11331. En ce qui concerne l'année de première cléricature exigée par la loi, elle doit, ainsi que cela résulte de l'art. 39, se placer à la troisième ou à la quatrième année du stage; c'est une condition indispensable, et rien ne pourrait y suppléer. — J.G. *Notaire,* 156.

11332. Les avocats ou avoués qui invoquent le bénéfice de l'art. 39 ne sont pas dispensés du certificat de moralité et de capacité. — J.G. *Notaire,* 157.

11333. Aux termes de l'art. 40, le temps de travail exigé devra être d'un tiers en sus toutes les fois que l'aspirant, ayant travaillé chez un notaire d'une classe inférieure, se présentera pour remplir une place d'une classe immédiatement supérieure. — J.G. *Notaire,* 158.

11334. Cet article est applicable au stage ordinaire prévu par l'art. 35, comme au stage exceptionnel réglé par les art. 37 et 39. — J.G.S. *Notaire*, 43.

11335. Mais la Chancellerie n'exige pas que la durée du temps de première cléricature soit prolongée dans la même proportion. — Décis. 16 juill. 1857 et 24 sept. 1858, *ibid.*

11336. Et elle n'autorise l'admission du stage inférieur que pour la classe immédiatement supérieure. — Mêmes décisions.

11337. D'après l'art. 41, pour être admis à exercer dans la troisième classe de notaires, il suffira que l'aspirant ait travaillé pendant trois années chez un notaire de première ou de seconde classe, ou qu'il ait exercé, comme défenseur ou comme avoué pendant l'espace de deux années, près d'un tribunal d'appel ou de première instance, et qu'en outre il ait travaillé pendant un an chez un notaire. — J.G. *Notaire*, 165.

11338. Dans la première hypothèse prévue par cet article (celle d'un aspirant qui a travaillé dans une classe supérieure à celle où il veut entrer), le stage se réduit à trois ans au lieu de six, qui est la règle générale. — J.G. *Notaire*, 166.

11339. Ainsi le temps d'étude, chez un notaire d'une classe supérieure à la troisième, compte double pour le stage de cette troisième classe. — J.G. *Notaire*, 166.

11340. Et il importe peu que ce soit dans la première ou la deuxième classe que les trois ans de travail aient été passés. — J.G. *Notaire*, 166.

11341. L'art. 41 ne dit pas qu'il faut que les trois années de travail n'aient pas été interrompues ; mais la non-interruption est une règle fondamentale, en cette matière, posée dans l'art. 36. — J.G. *Notaire*, 167.

11342. Toutefois, il n'y aurait pas interruption si les trois années se trouvaient séparées entre elles par un stage dans la troisième classe ; par exemple, si le candidat avait travaillé deux ans dans la première, qu'il fût ensuite passé pour un an dans la troisième, et enfin qu'il fût rentré dans la première où il serait demeuré un an. Les trois années ne seraient pas consécutives sans doute ; mais on ne pourrait pas dire non plus que la continuité du stage eût été rompue. — J.G. *Notaire*, 167.

11343. Dans les trois années qu'exige l'art. 41, il n'est pas nécessaire que le candidat ait été premier clerc, puisque l'article ne le dit pas ; il suffit qu'il ait travaillé dans des études de première ou de deuxième classe. — J.G. *Notaire*, 168.

11344. La question de savoir s'il faut, pour que le temps de stage compte double, dans le cas dont il s'agit, que les trois années soient entières et complètes, de manière qu'au-dessous, ce temps ne compterait que pour sa durée effective est controversée ; elle revient à celle de savoir si les trois années passées dans une classe supérieure doivent être consécutives. — J.G. *Notaire*, 169.

11345. D'une part, il a été décidé que le temps de travail passé dans une étude de première ou de seconde classe compte double pour le candidat qui aspire à un notariat de troisième classe, alors même que la durée de ce travail n'est que de deux ans. — Décis. min. just. 23 juin 1837, J.G. *Notaire*, 169. — Délib. Chamb. des not. de Pamiers, 21 août 1838, *ibid.*

11346. D'autre part, il a été décidé, en sens contraire, pour que le temps de travail passé dans une étude de première ou de deuxième classe compte double pour le candidat qui aspire à un notariat de troisième classe, il faut, conformément à l'art. 41 de la loi du 25 vent. an 11, que ce travail ait duré trois ans ; au-dessous, il ne compte que par sa durée réelle. — Décis. min. just. 19 juill 1838, J.G. *Notaire*, 170.

11347. Dans la seconde hypothèse, prévue par l'art. 41, celle où un défenseur ou un avoué aspirant à une place de notaire de troisième classe, il résulte des termes de la loi que l'avocat ou l'avoué n'ont pas besoin nou plus d'avoir été premiers clercs ; quant à l'année de leur travail chez un notaire, peu importe la classe du notaire chez lequel ils ont employé cette année. — J.G. *Notaire*, 171.

11348. Seulement, il faut que cette année de travail et les deux années d'exercice comme avocat ou avoué soient distinctes et non pas simultanées. Mais il importerait peu que l'aspirant eût successivement, pendant ces deux années, comme avocat ou comme avoué, rempli ces deux fonctions ; rien n'indique dans la loi qu'il doive avoir exercé exclusivement l'une ou l'autre. — J.G. *Notaire*, 171.

11349. — II. DISPENSES. — Aux termes de l'art. 42 de la loi de ventôse an 11, le gouvernement pourra dispenser de la justification du temps d'étude les individus qui auront exercé des fonctions administratives ou judiciaires. — J.G. *Notaire*, 172.

11350. Cette disposition qui, d'après les motifs de la loi, devait être essentiellement transitoire, n'en a pas moins subsisté depuis sa promulgation et subsiste encore ; mais, si le gouvernement peut l'invoquer encore aujourd'hui, il ne doit le faire du moins qu'avec la plus grande réserve. — J.G. *Notaire*, 172.

11351. Dans l'ordre administratif, la dispense est applicable aux membres du conseil d'État, aux préfets, aux sous-préfets, aux conseillers de préfecture et même aux fonctionnaires des services financiers. — J.G. *Notaire*, 174.

11352. Elle l'est également aux maires et à leurs adjoints, car ces fonctionnaires sont les délégués du gouvernement en même temps que les représentants de la commune. — J.G. *Notaire*, 174.

11353. Mais les fonctions de conseiller municipal étant restreintes aux seuls intérêts de la commune, ne sont pas, ainsi que cela a été décidé, de véritables fonctions administratives propres à motiver l'application de la dispense de stage autorisée par l'art. 42 précité. — Décis. min. just. 19 mai 1836, J.G. *Notaire*, 174. — *Contrà :* Décis. 24 juin 1831, 12 avr. 1836 et 1816, J.G.S. *Notaire*, 45.

11354. Il faut en dire autant des fonctions de commissaire de police ou d'employé dans un ministère. — J.G. *Notaire*, 174.

11355. Jugé dans la même règle, que les fonctions de sous-chef de bureau dans une préfecture ne donnent droit à aucune dispense. — Décis. min. 19 sept. 1847, D.P. 48. 3. 14. — V. *suprà*, n° 11280.

11356. La dispense de stage a été accordée à un receveur d'hospice. — Décis. min. just. juill. 1832, J.G.S. *Notaire*, 44.

11357. — A un administrateur du bureau de bienfaisance. — Décis. min. just. 1853, *ibid.*

11358. — A un secrétaire de mairie. — Décis. min. just. 1854, *ibid.*

11359. Les directeurs de l'enregistrement, conservateurs des hypothèques, vérificateurs (aujourd'hui sous-inspecteurs) et receveurs de l'enregistrement sont des fonctionnaires de l'ordre administratif auxquels la dispense du stage peut être accordée. Décis. min. just. 14 juill. 1840, J.G. *Notaire*, 175.

11360. Toutefois, ils n'ont droit à cette dispense qu'autant qu'ils justifient non seulement de leur nomination, mais d'un exercice réel de leurs fonctions. — Décis. de la Chancellerie, 18 avr. 1847, D.P. 48. 3. 14.

11361. Si les receveurs de l'enregistrement jouissent du bénéfice de l'art. 42, il en est autrement, des simples surnuméraires de cette régie ; ils ne peuvent être dispensés de la justification du stage, alors même qu'ils auraient remplacé *par intérim* le titulaire d'un emploi. — Décis. min. just. 13 juin 1835, J.G. *Notaire*, 176.

11362. Dans l'ordre judiciaire, on comprend parmi les fonctionnaires auxquels la dispense peut être accordée tous les magistrats depuis ceux de la cour de cassation jusqu'aux juges de paix. On y comprend également les membres de la cour des comptes (Décis. min. 14 nov. 1835), quoique le caractère de *juges* proprement dits semble pouvoir leur être contesté, et ceux des tribunaux de commerce. — J.G. *Notaire*, 177.

11363. Il en est ainsi des juges suppléants, même des suppléants des juges de paix, lesquels sont membres d'un tribunal et exercent des fonctions judiciaires. — J.G. *Notaire*, 177.

11364. Cette disposition s'applique encore aux greffiers et à leurs commis assermentés, qui, par un très grand nombre de décisions, ont été déclarés aptes à obtenir la dispense. — V. entre autres Décis. de la Chancellerie, 31 janv. 1836, J.G. *Notaire*, 177.

11365. Décidé toutefois, en sens contraire, qu'un commis-greffier de justice de paix ne peut être dispensé du stage exigé pour les fonctions de notaire. — Décis. de la Chancellerie, 27 août 1844, D.P. 45. 4. 365.

11366. Les avocats, avoués et huissiers s'exerçant pas de fonctions judiciaires dans le sens de l'art. 42, n'ont droit évidemment à aucune dispense, sauf, en ce qui concerne les avocats et les avoués, l'application des dispositions particulières des art. 39 et 41 ci-dessus. — J.G. *Notaire*, 178.

11367. D'après les instructions les plus récentes de la Chancellerie, la dispense ne doit être accordée qu'autant que l'aspirant donne des preuves suffisantes de capacité et de moralité, qu'il mérite à tous égards la faveur qu'il sollicite du gouvernement et justifie du moins d'une certaine pratique notariale. — Circ. min. just. 1er mars 1890, D.P. 99. 4. 11.

Ordonnance du 4 janv. 1843 *(Suite).*

Art. 33. Il sera tenu, à cet effet, par le secrétaire, un registre qui sera coté et parafé par le président.

Les inscriptions audit registre seront assignées tant par le secrétaire de la chambre que par l'aspirant.

Elles devront être faites dans les trois mois de la date du certificat délivré comme il est dit en l'art. 31.

Le certificat et l'acte de naissance de l'aspirant resteront aux archives de la chambre.

11368. C'est l'aspirant lui-même qui, en principe, doit requérir l'inscription ; mais, en cas de maladie dûment constatée, l'inscription pourrait être requise par le notaire ou par tout autre fondé de pouvoirs, sauf la nécessité de laisser déposés aux archives, avec le certificat d'étude et l'acte de naissance, le pouvoir et le certificat du médecin. — J.G. *Notaire*, 111.

11369. Si l'inscription est prise dans le délai de trois mois, le stage court du jour de l'entrée dans l'étude (jour que le certificat du notaire doit nécessairement constater), pourvu cependant que ce jour ne remonte pas lui-même à plus de trois mois avant celui de l'inscription est prise, cette inscription ne devant constater que les trois mois antérieurs à sa date. — J.G. *Notaire*, 112. — Comp. Délib. des notaires de Paris, 26 vend. an 13, J.G. *Notaire*, 111.

Art. 34. Aucun aspirant au notariat ne sera admis à l'inscription, s'il n'est âgé de dix-sept ans accomplis.

11370. Cet article ne déterminant l'âge que pour l'inscription au stage et nullement pour ce qui concerne la hiérarchie établie entre les clercs d'une étude, il s'ensuit qu'il n'y aurait aucun obstacle à ce qu'un jeune homme, qui aurait accompli sa dix-septième année, fût inscrit comme second ou comme premier clerc. — J.G. *Notaire,* 113.

Art. 35. Les inscriptions pour les grades inférieurs à celui de quatrième clerc ne seront admises que sur l'autorisation de la chambre, qui pourra la refuser lorsque le nombre de clercs demandé sera évidemment hors de proportion avec l'importance de l'étude.

Le même grade ne pourra être conféré concurremment à deux ou plusieurs clercs dans la même étude.

11371. La dernière des dispositions de cet article a été exclusivement dirigée contre l'usage qui s'était introduit d'établir des premiers clercs adjoints des études de notaires et de considérer la qualité de premier clerc adjoint comme remplissant le but de la loi, laquelle n'admet un candidat aux fonctions de notaire que s'il a été premier clerc pendant un an au moins. — J.G. *Notaire,* 114.

11372. La première a été empruntée aux statuts des notaires de Paris, qui, en effet, admettaient l'intervention de la chambre dans les grades inférieurs à celui de quatrième clerc. — J.G. *Notaire,* 114.

11373. L'ordonnance de 1843, en généralisant cette disposition, n'a pu être tenu ou compte suffisant de la différence essentielle qui existe entre les études de Paris et celles de la plupart des autres localités. — J.G. *Notaire,* 115.

11374. Quoique cette ordonnance n'exige l'autorisation de la chambre que relativement à l'inscription dans les grades inférieurs à celui de quatrième clerc, et quoiqu'on puisse dire que tout notaire ayant le droit de recevoir quatre clercs dans son étude, doit, pour que ce droit ne soit pas paralysé, jouir de la faculté de les faire inscrire au stage, il semble que des circonstances peuvent se rencontrer où la simulation sera tellement évidente, en raison de la nullité des affaires de l'étude, que la chambre sera autorisée à refuser l'inscription de quatre stagiaires. — J.G. *Notaire,* 115.

11375. Au reste, si l'inscription d'un cinquième clerc était demandée, et que la chambre, usant de la faculté que lui donne l'art. 35 de l'ordonnance, refusât de l'autoriser, l'aspirant n'aurait aucun moyen de se pourvoir contre cette décision : le pouvoir de la chambre est souverain en cette matière, rien dans le texte ou dans l'esprit de l'ordonnance n'en limite l'exercice. — J.G. *Notaire,* 116.

Art. 36. Toutes les fois qu'un aspirant passera d'un grade à un autre, ou changera d'étude, il sera tenu d'en faire, dans les trois mois, la déclaration, qui sera reçue dans la forme prescrite par l'art. 33 ci-dessus. Cette déclaration sera toujours accompagnée d'un certificat constatant son grade.

11376. La date du certificat dont il est parlé dans cet article n'est plus, comme la date de celui dont il est question dans les art. 31, 32 et 33, le point de départ du délai de trois mois pour faire la déclaration dont il s'agit ici ; le point de départ de ce délai est placé par l'ordonnance à l'époque même du changement d'étude ou de grade. Si la déclaration était faite après, il s'ensuivrait une interruption dans le stage. — J.G. *Notaire,* 117.

Art. 37. Les chambres exerceront une surveillance générale sur la conduite de tous les aspirants de leur ressort, et pourront, suivant les circonstances, prononcer contre eux soit le rappel à l'ordre, soit la censure, soit enfin la suppression du stage pendant un temps déterminé, qui ne pourra excéder une année.

Il sera procédé contre les clercs dans les mêmes formes que celles prescrites par la présente ordonnance à l'égard des notaires.

Néanmoins, les dispositions des art. 15 et 16 ne seront pas applicables.

Dans tous les cas, le notaire, dans l'étude duquel travaillera le clerc inculpé, sera préalablement entendu ou appelé.

Art. 38. Dans le mois de la publication de la présente ordonnance, le registre d'inscription prescrit par l'art. 33 sera ouvert au secrétariat des chambres, où ce mode de constater le stage ne serait pas déjà établi.

Tous les aspirants travaillant dans les études du ressort desdites chambres seront tenus de se faire inscrire au plus tard avant le 1er avril prochain, et la première inscription de chacun d'eux, faite dans ledit délai, constatera tout le temps de stage qui leur sera déjà acquis en vertu des certificats qu'ils représenteront, lesquels, pour cette première inscription, devront être visés par le syndic de la chambre.

De la bourse commune.

Art. 39. Il y aura une bourse commune pour les dépenses de la chambre.

Il n'y sera versé que les sommes nécessaires pour subvenir aux dépenses votées par l'assemblée générale.

La délibération par laquelle l'assemblée générale aura établi cette bourse sera soumise à l'approbation de notre garde des sceaux, ministre de la justice, ainsi qu'il est dit en l'art. 23 ci-dessus.

La répartition des sommes votées entre les notaires de l'arrondissement sera proposée par l'assemblée générale ; le rôle en sera rendu exécutoire par le premier président, sur l'avis du procureur général.

11377. Comme la plupart des officiers ministériels, les notaires de chaque arrondissement sont tenus de former une bourse commune. Cette bourse est la mise qu'ils font en commun d'une somme fixe ou d'une partie de leurs droits sur les actes, pour subvenir à des dépenses faites dans l'intérêt de la compagnie. — J.G. *Notaire,* 662.

11378. La bourse commune n'est pas une société ; c'est, à proprement parler, le budget de la communauté des notaires, destiné à faire face à ses dépenses nécessaires. — J.G. *Notaire,* 664.

11379. Ces dépenses sont de deux sortes, ordinaires et extraordinaires. Les premières sont les frais de location, d'impression, d'achat de jetons, d'appointements d'employés ou salaires de gens de service, les frais de correspondance, les achats de livres, les abonnements aux journaux sur le notariat, etc., etc. — J.G. *Notaire,* 664.

11380. Elles sont autorisées par les chambres des notaires, seules chargées de l'administration, et dans la limite des crédits votés par l'assemblée générale. — J.G. *Notaire,* 664.

11381. Les secondes, variables comme les circonstances qui peuvent les déterminer, consistent, par exemple, en frais de procès à soutenir sur des questions qui intéressent plutôt la compagnie entière qu'un seul de ses membres. — J.G. *Notaire,* 664.

11382. Il ne saurait être ouvert de crédit à leur affectation par l'assemblée générale, qu'autant que les dépenses auraient été faites, ou que le procès serait déjà engagé ou résolu par la chambre. — J.G. *Notaire,* 664.

11383. C'est à l'assemblée générale des notaires à fixer le mode de contribution qu'il lui convient d'adopter, mais elle ne pourrait y faire entrer les amendes dont les notaires seraient passibles dans certains cas par elle déterminés, par exemple, en cas d'absence de l'assemblée ou de la chambre de discipline ; car l'amende en est une peine qui ne peut être prononcée que dans les cas prévus par la loi. — J.G. *Notaire,* 665. — Conf. Instr. min. just. 30 sept. 1858, J.G.S. *Notaire,* 287.

11384. Il en serait autrement des libéralités faites à une communauté de notaires avec l'autorisation du gouvernement : le montant de leurs revenus devrait réduire d'autant les cotisations. — J.G. *Notaire,* 665.

11385. Quant au mode de contribution, il n'est pas plus réglé par l'ordonnance de 1843 qu'il ne l'était par l'arrêté de l'an 12. — J.G. *Notaire,* 666.

11386. Il y en a deux principaux, le droit d'entrée et la cotisation annuelle : celui-là consistant dans le revenu d'une somme fixe, une fois payée au moment de la réception des notaires ; celle-ci imposant à chaque membre l'obligation de payer chaque année de l'étude, ou une somme proportionnée à ses produits. — J.G. *Notaire,* 666.

11387. La fixation, par une délibération de l'assemblée générale des notaires, d'un droit à percevoir au profit de la bourse commune, sur la délivrance d'un certificat de moralité et de capacité, est illégale, et le recouvrement n'en peut conséquemment en être poursuivi. — Trib. de S... 10 août 1832, et Décis. min. just. 20 mars 1834, J.G. *Notaire,* 666.

11388. La perception des recettes de la bourse commune s'accomplit par l'intermédiaire du trésorier de la chambre, et non par celui des receveurs de l'enregistrement auxquels il est interdit de s'en charger. — Décis. min. just. 8 juill. 1823, Délib. régie, 17 févr. 1829, J.G. *Notaire,* 667.

11389. Les délibérations de l'assemblée générale relatives à la bourse commune sont assimilées aux règlements que mentionne l'art. 23 ; les uns et les autres sont soumis à l'approbation du ministre ; ce n'est que le rôle de répartition qui, aux termes du § 3 de l'art. 39, est soumis au premier président ou au procureur général. — J.G. *Notaire,* 667.

11390. La délibération de l'assemblée générale des notaires relative à l'établissement de la bourse commune doit être soumise à l'approbation du ministre de la justice, avant d'être rendue exécutoire par le premier président de la cour d'appel. — Décis. min. just. 8 sept. 1843, J.G. *Notaire,* 667.

11391. Lorsque le rôle de cotisation pour la bourse commune, fixé par les délibérations prises en assemblée générale par les notaires, a été homologué et rendu exécutoire en vertu d'une ordonnance du président de la cour ou ressort et approuvé par le ministre de la justice, il n'est plus susceptible d'aucun recours devant l'autorité administrative, et à la perception des fonds votés pour les actes à des difficultés, les tribunaux sont seuls compétents pour en connaître. — Décis. min. just. 20 mars 1834, J.G. *Notaire,* 666.

11392. Les membres qui croient avoir à se plaindre de la délibération doivent adresser leurs observations au procureur général chargé de les transmettre avec son avis au ministre. C'est également, soit au ministre, soit au procureur général, qu'ils doivent envoyer leurs griefs contre les rôles de répartition, lesquels peuvent être modifiés sur l'avis de ce magistrat par l'assemblée générale, et, en cas de refus de celle-ci par le ministre, juge en dernier ressort de cet acte administratif. — J.G. *Notaire,* 668.

11393. Mais le rôle une fois revêtu de l'ordonnance d'exécution, les difficultés auxquelles la perception peut donner lieu ne peuvent plus être portées devant les tribunaux; c'est ce qui a été décidé dans une espèce où le refus d'un notaire de payer sa cotisation était fondé sur ce que la délibération relative à la bourse commune devait être renouvelée tous les ans. — Décis. min. just. 20 oct. 1834, J.G. Notaire, 668.

11394. Un notaire ne peut se refuser à payer la cotisation fixée par le règlement de la chambre pour la bourse commune, lorsque ce règlement a été revêtu, sur les conclusions conformes du procureur général, de l'ordonnance d'exequatur du premier président de la cour d'appel. — Req. 2 déc. 1856, D.P. 57. 1. 261.

11395. Et le refus par un notaire de payer cette cotisation peut donner lieu à l'application de peines disciplinaires. — Même arrêt.

11396. L'exécution est poursuivie par le syndic de la chambre, en qui réside le droit d'agir dans l'intérêt du corps des notaires; elle se poursuit, soit en vertu de l'ordonnance du premier président, soit même sur assignation devant les tribunaux, seuls compétents pour en connaître. — J.G. Notaire, 669.

11397. Le règlement de l'assemblée générale et le rôle de répartition sont obligatoires tant qu'ils n'ont pas été renouvelés. Si, après un long temps et dans le cas où, soit les dépenses, soit les recettes se seraient accrues, l'assemblée générale refusait de les modifier, le ministère public provoquerait les modifications devenues nécessaires au bien du service. — J.G. Notaire, 668.

11398. Quoique la répartition doive se faire entre les notaires de l'arrondissement, elle peut être inégale dans les arrondissements où il existe des notaires de deux classes; elle est moindre pour ceux de la seconde que pour ceux de la première. — J.G. Notaire, 670.

11399. Qu'un notaire soit suspendu ou non, il doit payer la cotisation tant qu'il appartient à la compagnie et encore bien qu'elle soit fixée à l'égard au produit des actes; il ne payera que suivant les actes qu'il aura passés. — J.G. Notaire, 670.

Dispositions générales.

Art. 40. L'arrêté du 2 niv. an 12 est abrogé.

Néanmoins, les chambres actuellement en exercice sont maintenues.

Elles seront organisées conformément à la présente ordonnance, lors du renouvellement triennal qui aura lieu dans la première quinzaine du mois de mai prochain.

Décret du 30 janvier 1890,

Complétant l'ordonnance du 4 janv. 1843, relation au notariat. — Journ. off. du 31 janv. 1890. — (D.P. 90. 4. 7.)

Art. 1er. Indépendamment des prohibitions énoncées dans l'ordonnance du 4 janv. 1843 il est interdit aux notaires:

1° De recevoir aucun des fonds à charge d'en servir l'intérêt ;

2° D'employer, même temporairement, les sommes ou valeurs dont ils sont constitués détenteurs à un titre quelconque, à un usage auquel elles ne seraient pas destinées ;

3° De retenir, même en cas d'opposition, les sommes qui doivent être versées par eux à la Caisse de dépôts et consignations dans les cas prévus par les lois, décrets ou règlements ;

4° De faire signer des billets ou reconnaissances en laissant le nom du créancier en blanc ;

5° De laisser intervenir leurs clercs sans un mandat écrit dans les actes qu'ils reçoivent.

11400. L'art. 1er du décret du 30 janv. 1890 contient plusieurs interdictions qui n'avaient pas été formellement édictées par l'ordonnance de 1843 et que des abus nouveaux ont obligé à préciser. Chacune d'elles s'applique à des agissements répréhensibles sous le couvert desquels trop de notaires ont l'habitude de dissimuler des spéculations ou des opérations de banque. — Rapport au président de la République, *Bull. min. just.* 1890, p. 29.

11401. Par ces prohibitions on a voulu empêcher les notaires de recevoir les dépôts illicites qui échappaient à toute surveillance, que l'officier public acceptait ou provoquait, soit en promettant d'en servir directement l'intérêt, soit en les plaçant par billet où le nom des créanciers restait en blanc, soit en se faisant sous le nom de mandataires fictifs le banquier et l'agent d'affaires responsable de ses clients. — Même rapport, *ibid.*

11402. Les prohibitions édictées par l'art. 1er du décret du 30 janv. 1890, comme celles de l'ordonnance de 1843, ont toutes pour but d'empêcher les notaires de se livrer à des spéculations en dehors et à côté de leurs fonctions, et de faire le trafic de l'argent. — Circ. min. just. 1er mars 1890, D.P. 90. 4. 11.

11403. Ce n'est qu'à titre exceptionnel qu'on peut tolérer qu'un notaire, afin de rendre service à un client solvable et honnête, se fasse pour lui, à l'occasion, l'intermédiaire d'un prêt par billet. — Même circ.

11404. Quant à la gestion par les notaires du bien et de la fortune de propriétaires qui ne peuvent ou ne veulent s'occuper eux-mêmes de cette gestion, il serait rigoureux de l'interdire. Les notaires auront, par suite, le droit d'encaisser des fermages, de toucher des loyers ou des intérêts, qui seront d'ailleurs soumis aux dispositions impératives des art. 4 et 6 du présent décret. — Même circ.

11405. Mais, en tous autres cas, les notaires ne doivent se laisser remettre des fonds qu'à l'occasion des actes qu'ils ont reçus ou sont appelés à recevoir. — Même circ.

11406. En dehors des emprunts qu'ils peuvent contracter pour leurs besoins personnels, il leur est absolument interdit de recevoir des sommes sans destination précise, pour les employer ou prêter à leur gré, ces remises fussent-elles constatées par des reconnaissances productives ou non d'intérêts et causées « pour prêt », par exemple, ou avec autorisation expresse par les bailleurs de fonds au notaire de placer l'argent sous sa responsabilité. — Même circ.

Art. 2. Les notaires ne peuvent conserver durant plus de six mois les sommes qu'ils détiennent pour le compte de tiers, à quelque titre que ce soit.

Toute somme qui, avant l'expiration de ce délai, n'a pas été remise aux ayants droit sera versée par le notaire à la caisse des dépôts et consignations.

Toutefois, les notaires peuvent conserver ces fonds pour une nouvelle période n'excédant pas six mois, sur la demande écrite des parties intéressées.

La demande ne peut être adressée au notaire que dans le mois précédant l'expiration du délai fixé au paragraphe 1er.

Les notaires doivent donner immédiatement avis à la chambre de la demande qui leur aura été adressée.

11407. Il n'a pas paru possible d'interdire les dépôts qui sont la conséquence de la réception ou de l'exécution d'un acte notarié; mais on a cherché, par des moyens moins rigoureux, à prévenir les détournements; tel est le but de l'art. 2 qui impose aux notaires l'obligation de verser à la caisse des dépôts et consignations toutes sommes par eux reçues dont le payement ou l'emploi n'aurait pas été effectué dans le délai

de six mois. — Rapport au président de la République, *Bull. min. just.* 1890, p. 29.

11408. Les formalités du dépôt qui sera constaté par un simple récépissé au nom du notaire, et celles du retrait des fonds ont été simplifiées de telle sorte qu'aucune difficulté, ou même aucun retard appréciable ne soit à prévoir dans la pratique des affaires. — Même rapport, *ibid.*

11409. Bien que l'art. 2 du décret fixe à six mois le délai au delà duquel les notaires ne pourront rester détenteurs des dépôts, on n'en saurait induire que ces officiers donneront satisfaction aux intentions du législateur en conservant, durant tout ce temps, les fonds qui leur seront remis. Le décret indique un délai maximum applicable seulement à quelques cas particuliers où des difficultés peuvent mettre obstacle au payement. — Circ. min. just. 1er mars 1890, D.P. 90. 4. 11.

11410. Mais, s'il s'agit de dépôts effectués après un acte d'emprunt ou après un contrat de vente, comme, par exemple, ce qui est le cas le plus fréquent, l'accomplissement des formalités hypothécaires qui retarde la remise des fonds n'exige pas d'ordinaire un délai supérieur à deux ou trois mois, suivant les circonstances. Tout retard, en pareil cas, devra être justifié. — Même circ.

11411. La demande écrite des parties tendant à faire autoriser le notaire à conserver les fonds pour une nouvelle période de six mois doit énoncer les motifs pour lesquels elle est faite. — Même circ.

11412. Le procureur de la République a le devoir et le droit d'obtenir communication de ces demandes, comme il a aussi celui de prendre connaissance des récépissés de versements délivrés par la caisse des consignations, et de vérifier la tenue du carnet à souche imposé à chaque notaire par l'art. 11 du décret du 2 février 1890 et chacun des registres de comptabilité institués par les art. 3, 4, 5, 6 et 7 du présent décret. — Même circ. V. *infrà*, p. 401.

Art. 3. Chaque notaire doit tenir une comptabilité destinée spécialement à constater les recettes et les dépenses de toute nature effectuées pour le compte de ses clients; et, à cet effet, il doit avoir au moins un livre-journal, un registre de frais d'actes, un grand-livre, un livre de dépôts de titres et valeurs, conformes à un modèle arrêté par le garde des sceaux.

Le livre-journal et le livre de dépôt des titres et valeurs sont cotés et parafés par le président du tribunal.

11413. Les art. 3, 4, 5, 6 et 7 imposent à tout notaire une comptabilité spéciale constatant les recettes et les dépenses de toute nature effectuées pour le compte de ses clients. — Rapport au président de la République, *Bull. min. just.* 1890, p. 30.

11414. En exécution de l'art. 3 du décret du 30 janv. 1890, un arrêté du ministre de la justice du 15 févr. 1890 a fixé le modèle des registres de la comptabilité notariale. — D.P. 90. 4. 9 (1).

---

15 février 1890. — *Arrêté du ministre de la justice fixant le modèle des registres de la comptabilité notariale.* — (D.P. 90. 4. 9.)

Art. 1er. Le *livre-journal* ou livre de caisse sera divisé en huit colonnes indiquant :

La première, le numéro d'ordre.

Les notaires devront n'avoir qu'une seule série de numéros, depuis le commencement de leur exercice ;

La deuxième, le numéro du folio du grand-livre où la somme est reportée ;

La troisième, la date de la recette ou de la dépense ;

11415. La chambre des notaires de Paris a rédigé en 1877 des instructions spéciales contenant les règles à suivre pour la mise en œuvre de la comptabilité notariale. — Circ. min. just. 1er mars 1890, D.P. 90. 4. 11.

11416. La circulaire ministérielle du 1er mars 1890 invite les parquets à provoquer des chambres de notaires la rédaction de notices qui seraient remises à chaque notaire et dans lesquelles on leur expliquerait en détail la destination de chaque registre, les énonciations qu'il doit contenir dans chaque colonne, et on leur ferait connaître, au besoin par des modèles remplis, le fonctionnement du décret du 30 janv. 1890 sur ce point. — Même circ.

11417. Beaucoup de notaires, surtout dans les grandes villes où les études sont importantes, font une comptabilité plus complète que cel e qui est imposée par le décret du 30 janv. 1890 ; ils tiennent un plus grand

---

La quatrième, les noms et demeures des parties, la cause et la date de la dépense ;

La cinquième et la sixième, les recettes et dépenses d'étude ;

La septième et la huitième, les recettes et dépenses faites pour les clients.

Ce registre sera conforme au modèle A ci-après (*a*).

Toutefois, les notaires qui voudront avoir une comptabilité plus complète et séparer la comptabilité d'étude de la comptabilité des clients sont autorisés à diviser leur livre-journal et à tenir deux registres, pourvu que chaque registre contienne, avec les recettes et les dépenses qu'il aura à constater, les autres énonciations ci-dessus prescrites.

Art. 2. Le *registre d'étude ou de frais d'actes* sera divisé en huit colonnes, indiquant :

La première, le numéro d'ordre ;

La deuxième, le numéro du folio du grand-livre où l'article sera reporté ;

La troisième, la date de l'acte ;

La quatrième, les noms et demeures du client débiteur ;

La cinquième, la nature de l'acte et le détail des formalités ;

La sixième, les déboursés divers ;

La huitième, les honoraires de l'acte ;

Ce registre sera conforme au modèle B ci-après (*b*).

Art. 3. Le *grand-livre* de comptes des clients sera divisé en sept colonnes, indiquant :

La première, le numéro d'ordre du livre-journal ou du registre d'étude ;

La deuxième, la date de la recette ou de la dépense ;

La troisième, l'indication des causes de la recette ou de la dépense ;

La quatrième et la cinquième, le chiffre de la recette ou de la dépense d'étude ;

La sixième et la septième, le chiffre de la recette ou de la dépense faite pour les clients.

Le nom et la demeure du client seront inscrits en tête de chaque article ;

Ce registre sera conforme au modèle C ci-après (*c*).

Toutefois, les notaires pourront, comme pour le livre-journal, diviser leur grand-livre de comptes en deux registres : grand-livre d'étude, grand-livre des clients.

Art. 4. Le *livre de dépôt des titres et valeurs* sera divisé en quatre colonnes, indiquant :

La première, le numéro d'ordre ;

La deuxième, la date de l'entrée des titres et valeurs ;

La troisième, le nombre, la nature des titres et leurs numéros ;

La quatrième, les noms et les énonciations diverses relatives à la remise.

Ce registre sera conforme au modèle D ci-après (*d*).

Art. 5. Les modèles ci-après ne sont qu'indicatifs des colonnes et énonciations que doivent contenir ces registres, et non du format.

Art. 6. Le conseiller d'État, directeur des affaires civiles et du sceau, est chargé, etc.

---

nombre de registres et notamment de livres spéciaux pour la comptabilité d'étude et pour la comptabilité des clients. Ces deux comptabilités sont alors complètement distinctes, et l'arrêté du 15 févr. 1890 autorise à continuer à ce mode de procéder. — Même circ.

11418. Le décret du 30 janv. 1890 impose les registres de comptabilité indispensables ; il prescrit un minimum et n'exclut nullement pour les notaires la faculté d'avoir une comptabilité plus rigoureuse avec un contrôle plus efficace, pourvu que ces registres fussent conformes aux modèles indiqués. — Même circ.

11419. La chancellerie admet même que, sur ce point, certains tempéraments peuvent être apportés, dans la pratique, aux prescriptions nouvelles ; ainsi, elle a décidé que les chambres pourraient autoriser certaines modifications, soit au registre d'étude, soit au registre de dépôt des titres et valeurs, l'addition d'une colonne par exemple, si ces modifications n'avaient, d'ailleurs, pour but que de compléter la comptabilité ou d'en faciliter le contrôle. — Même circ.

11420. En ce qui concerne les notaires déjà en exercice au moment de la promulgation du décret du 30 janv. 1890, si quelques uns de ces officiers publics avaient, par exemple, un livre-journal ou un registre d'étude ou un grand-livre dont la colonne de report aux autres registres fût établie (comme cela existe dans certaines études) à la fin de la page, au lieu de suivre immédiatement la colonne du numéro d'ordre, la chancellerie ne voit aucun inconvénient à ce que cette légère différence soit momentanément tolérée par le parquet et les chambres de discipline. — Même circ.

11421. Elle ne voit pas non plus un intérêt sérieux à exiger qu'un notaire resté détenteur d'une somme absolument insignifiante un fasse toujours et en tous cas rigoureusement le versement à la Caisse des consignations, conformément à l'art. 2 du décret, pourvu toutefois qu'il prenne soin d'en informer la chambre de discipline. Si, à cet égard, la chambre croient devoir fixer certaines règles aux notaires de leur arrondissement, elles doivent en faire part au parquet qui soumet ces prescriptions au ministre de la justice. — Même circ.

Art. 4. Le livre-journal doit mentionner, jour par jour, par ordre de dates, sans blancs, lacunes, ni transports en marge, notamment :

1° Les noms des parties ;

2° Les sommes dont le notaire aura été constitué détenteur et leur destination, ainsi que les recettes de toute nature et les sorties de fonds.

Chaque article aura un numéro d'ordre et contiendra un renvoi au folio du grand-livre où se trouve reportée soit la recette, soit la dépense.

Art. 5. Le registre d'étude ou de frais d'actes contient, dans l'ordre chronologique des actes reçus par le notaire, sous le nom du client débiteur, le détail des frais et honoraires de chaque acte.

Art. 6. Le grand-livre contient le compte de chaque client par le relevé de toutes les recettes et dépenses effectuées pour lui.

La balance de chaque compte doit être faite au moins une fois par trimestre, soit sur le grand-livre, soit sur un registre spécial de balances de compte.

Art. 7. Le livre de dépôt de titres et valeurs mentionne jour par jour, par ordre de dates, sans blancs, lacunes ni transports en marge, au nom de chaque client, les entrées et sorties des titres et valeurs au porteur ou nominatifs, avec l'indication de leurs numéros et immatricules.

Art. 8. Les chambres de discipline sont chargées de vérifier si la comptabilité des notaires est régulière et si la situation de la caisse spéciale des dépôts est conforme aux énonciations des registres, sans préjudice des droits de surveillance qui appartiennent également au ministère public.

Pour exercer son contrôle, la chambre désigne les délégués qui devront procéder à la vérification, au moins une fois l'an, dans chaque étude de l'arrondissement.

Les délégués sont choisis parmi les membres ou anciens membres de la chambre et les notaires honoraires, qu'ils aient ou non exercé dans l'arrondissement.

Les notaires en exercice ne pourront refuser cette délégation.

Chaque vérification est faite par deux délégués ; hors de Paris, ces délégués sont choisis, autant que possible, pour les chefs-lieux d'arrondissement et pour chaque canton, parmi les notaires étrangers à ces résidences.

11422. Les dispositions de l'art. 8 mettent les pouvoirs des chambres de discipline à l'abri de toute discussion et les arment contre toute désobéissance. Cet article édicte en termes exprès leurs droits de surveillance ; il les précise et indique comment et par qui ils doivent être exercés. — Circ. min. just. 1er mars 1890, D.P. 90. 4. 11.

11423. Il rappelle également les droits de surveillance qui appartiennent au ministère public et résultent de nombreux textes législatifs. — Même circ.

11424. Les pouvoirs de surveillance et de poursuite confiés au ministère public entraînent comme conséquence nécessaire le droit de se faire représenter le répertoire des notaires et tous les actes qui peuvent le mettre en mesure de découvrir les infractions à la loi. — Même circ.

11425. Le décret du 30 janv. 1890, en associant plus étroitement au contrôle du ministère public au contrôle des chambres de discipline, enlève désormais à cette surveillance le caractère qu'elle semblait parfois avoir auparavant, et permet aux magistrats du parquet de s'y consacrer, s'il y a lieu, plus régulièrement et plus activement, sans même qu'il soit besoin qu'une information soit ouverte ou qu'une plainte leur soit signalé les agissements d'un officier public. — Même circ.

11426. Les vérifications prescrites aux chambres des notaires par l'art. 8 ne doivent pas se borner à un examen rapide constaté par un simple visa sur les registres ; elles comportent une vérification inopinée de la caisse du notaire, l'inspection de la forme et des énonciations de chacun des registres prescrits par les art. 3, 4, 5, 6 et 7 du décret du 30 janvier. — Même circ.

11427. Les délégués doivent s'assurer que tous les registres prescrits sont régulièrement tenus et conformes aux modèles indiqués dans l'arrêté du 15 févr. 1890 ; que le livre-journal et le livre de dépôts de titres et valeurs sont cotés et parafés ; que le notaire porte jour par jour sur le livre de compte, en recettes et en dépenses, toutes les sommes, capitaux ou intérêts, loyers ou fermages, reçus ou payés pour le compte de ses clients ; que les balances des comptes sont exactement faites. — Même circ.

11428. Ils doivent veiller à ce que, dans chaque étude, le notaire ait, autant que possible, une caisse spéciale pour ses dépôts, séparée de sa caisse personnelle, et à ce que la situation de cette caisse, dont ils auront soin chaque fois de vérifier tout d'abord le contenu, soit conforme aux énonciations des registres. — Même circ.

11429. Le compte rendu de chaque vérification doit constater d'une façon détaillée les appréciations du délégué sur ces divers points comme sur l'ensemble de la gestion de l'étude. — Même circ.

51

Art. 9. Les délégués ont le droit de se faire représenter, sans déplacement et à toute réquisition, les registres de comptabilité et les actes qui ont pu être l'occasion d'un dépôt.

Ils apposent leur visa sur les registres, avec l'indication du jour de la vérification.

Ils s'assurent des conditions dans lesquelles a eu lieu la prorogation de délai prévue au paragraphe 3 de l'art. 2.

Les délégués rendent compte au notaire chez lequel ils travaillent.

Les délégués transmettent sans délai à la chambre de discipline le compte rendu de leurs opérations.

Art. 10. Le président de la chambre adresse au procureur de la République un rapport constatant, pour chaque étude, les résultats de la vérification et accompagné de son avis motivé.

Ces rapports sont transmis au fur et à mesure des vérifications et au plus tard avant le 31 décembre de chaque année.

11430. Le parquet doit exiger du président de la chambre des notaires un rapport spécial sur chaque office de façon que le ministère public, comme la Chancellerie, soit exactement éclairé sur la régularité des agissements de tous les officiers publics de son ressort. — Circ. min. just. 1er mars 1890. D.P. 90. 4. 11.

11431. Dans le cas où les chambres des notaires ne veilleraient pas suffisamment à l'exécution des prescriptions du décret du 30 janv. 1890, des agents supérieurs de l'administration de l'enregistrement pourraient être exceptionnellement, sur la désignation des ministres de la justice et des finances, chargés de participer au contrôle de la comptabilité notariale. — Même circ.

Art. 11. Seront punies, conformément aux dispositions de la loi du 25 vent. an 11 et de l'ordonnance du 4 janv. 1843, les contraventions au présent décret et au règlement prévu en l'art. 17 ci-après, y compris celles qui seraient commises par les membres des délégués des chambres.

11432. Les notaires honoraires, qui auront accepté la délégation de la chambre pour le contrôle de la comptabilité, ne sauraient se soustraire aux sanctions du règlement et pourraient encourir, pour faute grave, la révocation du titre qui leur a été conféré. — Circ. min. just. 1er mars 1890, D.P. 90. 4. 11.

Art. 12. En cas de manquements graves à ses devoirs, notamment à ceux qui découlent de la mission qui lui est confiée par l'art. 8 ci-dessus, la chambre de discipline peut être suspendue ou dissoute par arrêté du garde des sceaux, après avis de la première chambre de la cour d'appel délibérant en chambre du conseil.

Le ministère public saisit la cour par voie de citation donnée au président et au syndic de la chambre de discipline. Le délai de la citation sera de huitaine.

Le procureur général transmet, avec ses observations, l'avis de la cour au garde des sceaux pour être par lui statué ce qu'il appartiendra.

Art. 13. La suspension ne peut être prononcée pour plus de six mois.

Art. 14. Pendant la durée de la suspension,

ou en cas de dissolution, les attributions de la chambre de discipline sont transférées au tribunal, ou aux deux premières chambres dans les tribunaux composés de plus de deux chambres.

La chambre des vacations aura les mêmes pouvoirs durant les vacances des tribunaux.

Le tribunal, ainsi constitué en chambre de discipline, peut, dans le cas où il le juge nécessaire, désigner un ou plusieurs notaires honoraires ou en exercice, chargés d'agir près la chambre et conformément à ce qu'il aura délibéré. Néanmoins les poursuites disciplinaires ne peuvent être exercées que par le ministère public.

Art. 15. A l'expiration du délai fixé par l'arrêté de dissolution, délai qui ne peut excéder trois années, le président du tribunal convoque l'assemblée générale des notaires pour procéder à l'élection d'une nouvelle chambre de discipline.

Art. 16. Les dispositions relatives au dépôt des fonds et à la comptabilité seront exécutoires à partir du 1er juill. 1890.

Celles des art. 8, 9 et 10 du présent décret seront exécutoires, pour les chambres de discipline, à partir du 1er janv. 1891.

Art. 17. Il sera pourvu, d'accord avec le ministre des finances, au règlement des formalités spéciales nécessaires pour le dépôt et pour le retrait des sommes déposées à la Caisse des dépôts et consignations en vertu de l'art. 2 du présent décret.

Art. 18. Le garde des sceaux, ministre de la justice et des cultes, est chargé, etc.

Décret du 2 février 1890,

Relatif au dépôt et au retrait des sommes versées par les notaires à la Caisse des dépôts et consignations. — Journ. off. du 4 févr. 1890. — (D.P. 90. 4. 8.)

CHAP. 1er. — Des versements.

Art. 1er. Les sommes que les notaires, en vertu de l'art. 2 du décret du 30 janv. 1890, versent à la Caisse des dépôts sont reçues, à Paris et dans le département de la Seine, à la caisse générale et, dans les départements, par les préposés de la caisse pour l'arrondissement dans lequel les notaires ont leur résidence. Toutefois, la chambre de discipline pourra autoriser un notaire à effectuer ses versements dans un arrondissement voisin.

11433. La Caisse des dépôts et consignations est expressément chargée de recevoir, conserver et restituer les sommes qui lui seront déposées, sans avoir à s'immiscer dans le contrôle dont les chambres de discipline ont seules la responsabilité. — Circ. du directeur de la Caisse des dépôts et consignations du 21 avr. 1890, Bull. min. just. 1890, p. 290.

Art. 2. Chaque versement est accompagné de la remise par le déposant d'un bulletin destiné à la chambre de discipline et mentionnant l'affaire ou les affaires donnant lieu au versement. Cette mention est uniquement conçue dans les termes suivants : « Affaire N... ».

La Caisse des dépôts demeure étrangère aux indications et mentions portées sur les bulletins de versement ; elle ne les relate ni dans ses écritures, ni dans les récépissés qu'elle délivre aux parties versantes. Elle reçoit ces bulletins pour les remettre à la chambre de discipline dont relève le notaire.

11434. Lorsque le notaire, détenteur de fonds qui doivent être versés, désire déposer ces fonds à la Caisse des consignations, il les remet ou les fait remettre au préposé avec un simple bulletin imprimé ou écrit tout entier par lui et qui mentionne l'affaire donnant lieu au dépôt, dans les termes suivants, par exemple :

Étude de Me X..., notaire à...

M. X... a versé ce jour... à la Caisse des dépôts et consignations, la somme de..., dont il détenteur depuis le...

A..., le... 18... — Circ. min. just. 1er mars 1890, D.P. 90. 4. 11.

11435. Un récépissé lui est délivré séance tenante. Il le conserve comme pièce de comptabilité justificative du versement, et le bulletin est aussitôt adressé à la chambre de discipline de laquelle relève le notaire. — Même circ.

Art. 3. Chaque versement donne lieu à la délivrance d'un récépissé à talon, établi au nom du notaire déposant dans les conditions déterminées par les art. 1 et 7 de la loi du 24 avr. 1833.

CHAP. 2. — Des retraits.

Art. 4. Les fonds versés par les notaires sont remboursés par les préposés de la Caisse des dépôts qui ont reçu les versements sur la production d'autorisations de payement délivrées par les notaires et à la suite d'avis préalables adressés aux préposés dans un délai déterminé par les arrêtés du directeur général prévu à l'art. 13 ci-après, et qui ne pourra excéder cinq jours.

Art. 5. Les autorisations sont détachées d'un carnet à souche et à talon. Elles y sont comprises entre la souche et le talon. Une suite continue de numéros est imprimée sur les souches, sur les autorisations et sur les deux parties des talons prévues à l'art. 8 ci-après.

11436. Les autorisations de payement, tombant, au point de vue du timbre, sous l'application des art. 18 de la loi du 23 août 1871 et 8 de la loi du 19 févr. 1874, sont soumises au timbre à l'extraordinaire, au droit de 10 centimes avant leur envoi aux chambres. Quand elles émanent d'une ville autre que celle où le payement en sera effectué, elles sont assujetties à un droit additionnel de 10 centimes. — Circ. du directeur de la Caisse des dépôts et consignations du 21 avr. 1890, Bull. min. just. 1890, p. 292.

Art. 6. Ces autorisations sont délivrées par le notaire titulaire du compte courant ; elles sont constatées en présence du comptable chargé du payement, soit par le notaire, soit par son fondé de procuration, soit par la personne dont il a spécialement accrédité la signature pour un retrait déterminé.

Art. 7. Le notaire qui délivre une autorisation de payement reproduit à la souche les indications qui figurent dans cette autorisation. Il y ajoute la mention de l'affaire ou des affaires donnant lieu au retrait.

Art. 8. Le talon de l'autorisation de payement est divisé horizontalement en deux parties.

La première renferme la formule préalable à adresser au préposé de la caisse. Cette formule indique si le payement sera réclamé par le notaire lui-même, par son fondé de pouvoir ou par une tierce personne dont, dans ce cas, elle accrédite la signature.

La seconde partie du talon, dite bulletin de retrait, mentionne la date de l'avis et la somme qu'il concerne. Le talon comprenant l'avis et le bulletin de retrait est remis au préposé de la caisse, dans les délais réglementaires, par les soins du notaire qui veut effectuer le retrait.

Les bulletins de retrait, séparés des avis, sont mis par la Caisse des dépôts à la disposition de la chambre de discipline dans les conditions prévues, pour les bulletins de versement, à l'art. 2 du présent décret.

Art. 9. Les autorisations de payement ne mentionnent pas le nom de la personne appelée à les quittancer; elles se bornent à énoncer que le payement devra être effectué entre les mains de la partie désignée dans la formule d'avis.

Art. 10. Les autorisations de payement ne sont valables que pendant les trente jours qui suivent la date où l'avis est parvenu à la caisse. Cette clause est insérée dans le texte des autorisations.

Lorsqu'une autorisation n'est pas présentée dans ce délai de trente jours, l'avis et l'autorisation sont considérés comme nuls. La partie du talon portant avis est renvoyée au notaire.

Art. 11. Le carnet à souche des autorisations de payement est établi conformément au modèle arrêté par le directeur général de la caisse des dépôts. Il est fourni, à charge de remboursement, par la caisse des dépôts. Il est remis, par les soins de la chambre de discipline, au notaire intéressé, qui ne peut être détenteur que d'un seul carnet à la fois.

Le nom du notaire et le numéro de son compte courant sont reproduits à l'encre grasse sur la souche, sur l'autorisation de payement et sur les deux parties du talon.

Le sceau de la chambre de discipline est apposé à la souche sur chaque page du carnet.

La chambre de discipline fait connaître à la caisse la date de la remise de chaque carnet ainsi que le nombre et la série des numéros des autorisations contenues dans le carnet.

11437. Le carnet à souche prescrit par l'art. 11 du décret du 2 févr. 1890 est destiné à constater les opérations de retrait des fonds déposés à la caisse des consignations par les notaires. — Circ. min. just. 1er mars 1890, D.P. 90. 4. 11.

11438. Le retrait peut être fait soit par le notaire lui-même, soit par son fondé de pouvoir, soit par la personne à qui la somme déposée doit être versée, et dont le notaire aura accrédité la signature, en la faisant apposer sur l'avis préalable qui doit être adressé au préposé de la caisse. — Même circ.

11439. Le notaire remplit cet avis préalable et, à la suite, le bulletin de retrait, ces deux pièces devant être envoyées ensemble à la caisse. Il mentionne sur l'avis préalable le numéro d'ordre, la somme à retirer et le nom de la personne qui fera le retrait et dont la signature sera accréditée par son apposition sur ladite pièce. Il porte sur le bulletin de retrait le même numéro d'ordre, la date de l'avis, ainsi que la somme et l'affaire qu'elle concerne. — Même circ.

11440. Le préposé de la caisse conserve l'avis préalable et envoie à la chambre de discipline le bulletin de retrait, comme il y a déjà envoyé le bulletin de dépôt. Les frais d'envoi sont à la charge du notaire déposant. — Même circ.

11441. En même temps, le notaire remet à la personne qui devra effectuer le retrait l'autorisation de payement, laquelle ne mentionne point, en raison de la perte qui pourrait en être faite, le nom du bénéficiaire, mais se borne à énoncer que le payement aura lieu entre les mains de la partie désignée dans l'avis préalable. Le porteur de cette autorisation se présente à la caisse et n'a qu'à la quittancer en présence du comptable pour obtenir le retrait. — Même circ.

Chap. 3. — Du compte courant.

Art. 12. La Caisse des dépôts tient un compte spécial au nom de chaque notaire déposant. Ce compte est réglé, en capital et intérêts, au 31 décembre de chaque année.

Les intérêts annuels sont capitalisés à cette date. Dans le courant de l'année ils ne sont liquidés et payés que sur demande spéciale et pour un compte soldé intégralement.

Art. 13. Les conditions des comptes courants ouverts aux notaires par le present décret et, en particulier, les délais et le taux de l'intérêt bonifié sont déterminés par des arrêtés du directeur général de la Caisse des dépôts, pris après avis de la commission de surveillance et soumis à l'approbation du ministre des finances.

11442. Un arrêté du directeur général de la Caisse des dépôts et consignations du 14 févr. 1890, approuvé par le ministre des finances, a déterminé les conditions auxquelles seraient soumis les dépôts faits par les notaires à la Caisse des dépôts et consignations. — D.P. 90. 4. 127 (1).

Art. 14. Un extrait de son compte courant arrêté le 31 décembre précédent est transmis dans les deux premiers mois de l'année à chaque notaire, par l'intermédiaire de la chambre de discipline de l'intéressé.

La Caisse doit donner à toute époque communication du compte courant d'un notaire à la chambre de discipline.

Art. 15. Les dispositions du présent décret sont applicables à partir du 1er juillet 1890.

Art. 16. Le garde des sceaux, ministre de la justice et des cultes, et le ministre des finances sont chargés, etc.

(1) *Arrêté du 14 février 1890 du directeur général de la Caisse des dépôts et consignations, approuvé par le ministre des finances, concernant les dépôts faits par les notaires à la caisse des dépôts et consignations* (Bull., n° 21762). — D.P. 90. 4. 127

Art. 1er. Les sommes comprises dans les autorisations de payement délivrées par les notaires titulaires d'un compte courant à la Caisse des dépôts et consignations sont payables à partir du cinquième jour de la réception par l'administration centrale à Paris, ou par ses préposés dans les départements, de l'avis préalable adressé par les notaires, en exécution de l'art. 4 du décret du 2 févr. 1890.

Art. 2. Les comptes de dépôts des notaires sont bonifiés d'un intérêt de deux pour cent (2 pour 100) l'an.

Ils sont crédités des versements, valeur au dernier jour de la dizaine pendant laquelle les dépôts sont effectués, et débités des remboursements, valeur au premier jour de laquelle le retrait est opéré.

Art. 3. Les modifications qui seraient apportées dans l'avenir à ces conditions seront applicables aux dépôts antérieurement reçus, quinze jours après l'avis qui en sera donné aux chambres de discipline. En outre, la publication de ces modifications sera faite par voie d'affiches apposées dans les bureaux de la Caisse des dépôts et consignations et des préposés.

---

§ 2. — *Avoués*.

Loi du 27 vent. an 8

(18 mars 1800),

Sur l'organisation des tribunaux. — Publiée au *Moniteur* du 23 germ. an 9, et au *Bulletin des lois*, n° 103. — (Extrait, J. G. *Organ. judic.*, p. 1483).

Art. 93. Il sera établi... près chaque tribunal d'appel, près chaque tribunal criminel, près de chacun des tribunaux de première instance un nombre fixe d'avoués, qui sera réglé par le gouvernement, sur l'avis du tribunal auquel les avoués devront être attachés.

Art. 94. Les avoués auront exclusivement le droit de postuler et de prendre des conclusions dans le tribunal pour lequel ils seront établis; néanmoins, les parties pourront toujours se défendre elles-mêmes, verbalement et par écrit, ou faire proposer leur défense par qui elles jugeront à propos.

11443. — I. ATTRIBUTIONS ET PRÉROGATIVES DES AVOUÉS (C. proc. civ. nos 4 à 25). — Aux termes de la loi du 30 août 1883 (art. 10, D.P. 83. 4. 66), les avoués ne peuvent, à peine de nullité, occuper devant une cour ou un tribunal, lorsque, parmi les magistrats appelés à y siéger, soit comme titulaires, soit comme suppléants, se trouve un de leurs parents ou alliés, jusqu'au troisième degré inclusivement. — J.G.S. *Avoué*, 9. — V. le texte de cet article *supra*, n. 70.

11444. La parenté ou l'alliance de l'avoué avec un ministère public, au contraire, n'est jamais une cause de nullité. — Décis. min. 1 juill. 1884, *Bull. min. just.* 1884, p. 168.

11445. — II. DEVOIRS DES AVOUÉS (C. proc. civ. nos 26 à 33). — En ce qui concerne les registres des avoués, V. *infra*, *Tarifs*, Décr. 16 févr. 1807, art. 151.

11446. — III. COMPÉTENCE TERRITORIALE DES AVOUÉS (C. proc. civ. nos 34 à 41). — Les avoués ne peuvent exercer leurs fonctions que dans les ressorts des tribunaux près desquels ils sont établis. En conséquence, un avoué est non recevable à réclamer des droits de transport pour assistance à une adjudication renvoyée devant notaire, lorsque cette adjudication a eu lieu en dehors du ressort de cet avoué. — Req. 21 juin 1886, D.P. 88. 1. 54. — V. *Code de procédure civile*, n° 38.

Art. 95. Les avoués seront nommés par le premier consul, sur la présentation du tribunal dans lequel ils devront exercer leur ministère.

11447. Une circulaire du procureur général près la cour de Paris du 2 juin 1859 exige de tout candidat aux fonctions d'avoué la production des pièces suivantes : 1° une déclaration de non-parenté ou alliance avec les membres du tribunal auprès duquel le postulant doit exercer ses fonctions, et de la cour à laquelle ce tribunal ressortit; au cas de parenté, la déclaration indique quel est le degré; 2° un certificat de capacité et de moralité délivré par la chambre de discipline de la corporation des avoués; 3° l'*admittatur* du tribunal. Ces diverses pièces doivent être sur timbre et légalisées. — J.G.S. *Avoué*, 3.

Arrêté du 13 frim. an 9
(4 déc. 1800),

Qui établit une chambre des avoués auprès de chaque tribunal d'appel et de première instance. — Publié au *Bulletin des lois*, n° 408. — (Extrait, J.G. *Avoué*, p. 4.)

Chambre des avoués et ses attributions.

Art. 1er..... Il est établi, auprès de chaque tribunal d'appel et de première instance, une chambre des avoués pour leur discipline intérieure; elle est composée de membres pris dans leur sein et nommés par eux.

Cette chambre prononce par voie de décision lorsqu'il s'agit de police et de discipline intérieure, et par forme de simple avis dans les autres cas.

Art. 2. Les attributions de ladite chambre seront :

1° De maintenir la discipline intérieure entre les avoués, et de prononcer l'application des censures de discipline ci-après établies.

2° De prévenir ou concilier tous différends entre avoués, sur des communications, remises ou rétentions de pièces, sur des questions de préférence ou de concurrence dans les poursuites ou dans l'assistance aux levées des scellés et inventaires, et, en cas de non-conciliation, émettre son opinion, par forme de simple avis, sur lesdites questions ou différends.

3° De prévenir toute plainte et réclamation de la part de tiers contre des avoués, à raison de leurs fonctions; concilier celles qui pourraient avoir lieu, émettre son opinion, par forme de simple avis, sur les réparations civiles qui pourraient en résulter, et, réprimer, par voie de discipline et censure, les infractions qui en seraient l'objet, sans préjudice de l'action publique devant les tribunaux, s'il y a lieu;

4° De donner son avis, comme tiers, sur les difficultés qui peuvent s'élever lors de la taxe de tous frais et dépens, et même sur tous les articles soumis à la taxe, lorsqu'elle se poursuit contre partie, ou lorsque l'avoué fait défaut : cet avis pourra être donné par un des membres commis par la chambre à cet effet;

5° De former dans son sein un bureau de consultation gratuite pour les citoyens indigents, dont la chambre distribue les affaires aux divers avoués pour les suivre, quand il y a lieu;

6° De délivrer, s'il y a lieu, tous certificats de moralité et de capacité aux candidats, lorsqu'elle en sera requise, soit par le tribunal, soit par les candidats que le tribunal présente à la nomination du premier consul, en remplacement des avoués morts ou démissionnaires;

7° Enfin, de représenter tous les avoués du tribunal collectivement, sous le rapport de leurs droits et intérêts communs.

11448. — I. Pouvoir disciplinaire (C. proc. civ. n°s 1 et 2).

11449. — II. Différends entre avoués (C. proc. civ. n°s 3 à 7). — La chambre des avoués a pour mission de prévenir ou concilier tous différends entre avoués sur des questions de préférence ou de concurrence dans les poursuites ou dans l'assistance aux levées de scellés et aux inventaires. — J.G.S. *Avoué*, 93.

11450. Elle se borne, dans ces cas, à émettre son opinion sous forme d'un simple avis, auquel les avoués sont d'ailleurs dans l'usage de se soumettre; néanmoins cet avis ne peut jamais être considéré comme une

décision obligeant les avoués intéressés. — J.G.S. *Avoué*, 19.

11451. Et il en est ainsi, même dans le cas où les questions de préférence dont il a été parlé auraient été tranchées à l'avance par le règlement de la chambre. — Civ. c. 12 déc. 1881, D.P. 82. 1. 422.

11452. Une circulaire du procureur général près la cour de Paris du 12 juin 1862 interdit toute délibération prise en dehors des attributions conférées par l'arrêté du 13 frim. an 9, et classe dans cette catégorie les réclamations ou les vœux que peut exprimer la chambre des avoués. — J.G.S. *Avoué*, 96.

Art. 3. Tous avis de la chambre seront sujets à homologation, à l'exception des décisions sur le cas de police et de discipline intérieure, déterminées en l'art. 8.

Organisation de la Chambre.

Art. 4. La chambre des avoués est composée :

De quinze membres dont la chambre se compose, il y a :

De quinze membres dans les tribunaux où le nombre des avoués est de deux cents et au-dessus;

De onze, lorsque les avoués sont au nombre de cent et plus, jusqu'à deux cent exclusivement;

De neuf, lorsque les avoués sont au nombre de cinquante et plus, jusqu'à cent exclusivement;

De sept, lorsque les avoués sont au nombre de trente et plus, jusqu'à cinquante exclusivement;

De cinq, lorsque les avoués sont au nombre de vingt et plus, jusqu'à trente exclusivement;

De quatre, lorsque le nombre des avoués est inférieur à vingt.

Et néanmoins la chambre peut délibérer valablement quand les membres présents et votants forment au moins les deux tiers de ceux dont elle est composée.

Art. 5. Parmi les membres dont la chambre se compose, il y a :

1° Un président, qui a voix prépondérante en cas de partage d'opinions : il convoque extraordinairement quand il le juge à propos, ou sur la réquisition motivée de deux autres membres; il a la police d'ordre dans la chambre;

2° Un syndic, lequel est partie poursuivante contre les avoués inculpés : il est entendu préalablement à toutes délibérations de la chambre, mais il ne peut délibérer sur tous ses réquisitoires; il a, comme le président, le droit de la convoquer; il poursuit l'exécution de ses délibérations, dans la forme ci-après déterminée, et agit pour la chambre, dans tous les cas, et conformément à ce qu'elle a délibéré;

3° Un rapporteur qui recueille les renseignements sur les affaires contre les inculpés, et en fait le rapport à la chambre;

4° Un secrétaire, qui rédige les délibérations de la chambre : il est le gardien des archives, et délivre toutes expéditions;

5° Un trésorier, qui tient la bourse commune ci-après établie, fait les recettes et dépenses autorisées par la chambre, et en rend compte, à la fin de chaque trimestre, à la chambre assemblée, qui les arrête, ainsi que de droit, et lui en donne acte ou lo décharge.

Indépendamment des attributions particulières données aux membres désignés dans le présent article, chacun d'eux a voix délibérative, ainsi que les autres membres, dans toutes les assemblées de la chambre, et néanmoins, lorsqu'il s'agit d'affaires où le syndic est partie contre un avoué inculpé, le syndic n'a que voix consultative, et n'est point compté parmi les votants, à moins que son opinion ne soit à décharge.

Art. 6. Les fonctions spéciales attribuées

à chacun des cinq membres désignés dans l'article précédent, peuvent être cumulées lorsque le nombre des membres composant la chambre est au-dessous de cinq, et néanmoins, les fonctions de président, de syndic et de rapporteur seront toujours exercées par trois personnes différentes.

Quel que soit le nombre des membres composant la chambre, la même cumulation peut avoir lieu momentanément, en cas d'absence ou d'empêchement d'aucun des membres désignés dans l'article précédent, lesquels, pour ce cas, se suppléent entre eux, ou peuvent même être suppléés par tel autre membre que ce soit de la chambre.

Les suppléants momentanés sont nommés par le président (ou la chambre, ou, s'il est absent, par la majorité des membres présents en nombre suffisant pour délibérer.

Art. 7. Outre les fonctions spéciales ci-dessus attribuées à quelques membres, et celles communes à tous dans les délibérations, chacun des membres de la chambre est sous-délégué :

1° Pour faire les taxes qui lui sont réparties par le président de la chambre;

2° Pour l'examen et consultations des affaires des indigents, qui lui sont aussi réparties par le président de la chambre, à laquelle il les renvoie avec son avis, pour, s'il y a lieu de les suivre, être par le président distribuées aux divers avoués;

3° Enfin, pour se trouver à la chambre des avoués, chaque jour des audiences du tribunal, à l'effet de faciliter l'exercice des fonctions attribuées à ladite chambre.

Pouvoirs de la chambre dans les moyens de discipline.

Art. 8. La chambre prononce contre les avoués, par forme de discipline et suivant la gravité des cas, celles des dispositions suivantes qu'elle croit devoir leur appliquer, savoir :

1° Le rappel à l'ordre;

2° La censure simple, par la décision même;

3° La censure, avec réprimande, par le président, à l'avoué en personne, dans la chambre assemblée;

4° L'interdiction de l'entrée de la chambre.

11453. L'énumération des peines disciplinaires contenue dans l'art. 8 de l'arrêté du 13 frim. an 9 est limitative. Aucune autre peine ne saurait donc être prononcée contre un avoué. — J.G.S. *Avoué*, 102.

11454. Aussi a-t-il été jugé que la peine de l'avertissement qui peut être prononcée contre un avocat ne peut l'être contre un avoué, même autorisé à plaider. — Paris, 5 févr. 1883, D.P. 83. 2. 119.

11455. Le recours aux tribunaux, même exercé contrairement à l'avis de la chambre de discipline, ne peut donc être considéré comme un manquement aux devoirs de la profession, lorsqu'il n'est que l'exercice d'un droit et ne constitue pas, d'ailleurs, un procédé offensant ou une surprise à la religion des juges. — Civ. c. 12 déc. 1881, D.P. 82. 1. 422.

Art. 9. Si l'inculpation portée à la chambre contre un avoué paraît assez grave pour mériter la suspension de l'avoué inculpé, la chambre s'adjoint, pour la voie du sort, d'autres avoués en nombre égal, plus un, à celui des membres dont elle est composée; et, ainsi formée, la chambre émet son opinion sur la suspension et sa durée, par forme de simple avis.

Les voix sont recueillies, en ce cas, au scrutin secret, par oui ou par non, et l'avis ne peut être formé, si les deux tiers au moins des membres appelés à l'assemblée n'y sont présents.

Les dispositions de cet article ne sont point applicables aux avoués des tribunaux où leur nombre total n'est pas au moins triple de celui des membres de la chambre.

Art. 10. Quand l'avis émis par la chambre sera pour la suspension, il sera déposé au greffe du tribunal; expédition en sera remise au commissaire du gouvernement, qui en fera l'usage qui sera voulu par la loi.

Mode de procéder en la chambre.

Art. 11. Le syndic défère à la chambre les faits relatifs à la discipline; et il est tenu de les lui dénoncer, soit d'office, quand il en a eu connaissance, soit sur la provocation des parties intéressées, soit sur celle de l'un des membres de la chambre. Les avoués inculpés sont cités à la chambre avec délai suffisant, qui ne peut être au-dessous de cinq jours, à la diligence du syndic, par une simple lettre indicative de l'objet, signée de lui, et envoyée par le secrétaire, qui en tient note.

11456. *La décision d'une chambre des avoués, prononçant contre un avoué une peine disciplinaire, est nulle, si elle a été rendue sans que le rapporteur et le syndic aient été entendus.* — Civ. c. 2 mars 1881, D.P. 81 1. 301. — V. *Code de procédure civile,* n° 9.

11457. *Une chambre de discipline ne peut, sans méconnaître les droits de la défense, prononcer contre un avoué, sans distinction ni division, une peine disciplinaire, à raison de deux infractions distinctes, alors que l'une d'elles, révélée seulement lors de la comparution de l'inculpé devant la chambre, n'a pu être comprise dans la citation, que l'inculpé n'a point été averti qu'elle serait l'objet d'une action disciplinaire, qu'il n'a pas, à cet égard, accepté la poursuite et n'y a pas volontairement défendu.* — Civ. c. 29 mai 1883, D.P. 84. 1. 79.

11458. *Décidé, toutefois, que la demande en renvoi pour suspicion légitime, incident d'une poursuite disciplinaire commencée contre un avoué, peut être introduite par le ministère public, par simple requête, sans assignation à la partie poursuivie, les droits de la défense étant, d'ailleurs, sauvegardés par la notification de la décision par défaut et le droit d'opposition réservé à la partie.* — Civ., c. 24 nov. 1884, D.P. 85. 1. 124.

11459. *Le syndic, remplissant dans les affaires disciplinaires le rôle de partie poursuivante contre l'inculpé, ne peut, à peine de nullité, prendre part aux délibérations et aux votes de la chambre, sur la poursuite, ni signer le procès-verbal de ces délibérations.* — Comp. Civ. c. 7 juin 1882, D.P. 83. 5. 159, et la note.

11460. *De même, le président de la chambre ne peut être appelé à défendre devant la cour de cassation une décision disciplinaire à laquelle il a concouru comme juge, et qui a fait l'objet d'un pourvoi.* — Civ. c. 2 mars 1881, D.P. 81. 1. 301.

11461. *Suivant un arrêt, la partie qui se prétend lésée par les fautes commises par son avoué dans l'exercice de ses fonctions, peut porter directement devant le tribunal civil son action en dommages-intérêts, la tentative de conciliation par la chambre des avoués et l'avis préalable de cette chambre devant être considérés comme des formalités purement facultatives.* — Bordeaux, 19 août 1884, J.G.S. *Avoué,* 107.

Art. 12. Quant aux différends entre avoués et aux difficultés sur lesquelles la chambre est chargée de prononcer, les avoués peuvent se présenter contradictoirement et sans citation préalable aux séances de la chambre; ils peuvent également y être cités

soit par simples lettres indicatives des objets, signées des avoués provocants et renvoyées par le secrétaire, auquel ils en laissent des doubles, soit par des citations ordinaires, dont ils déposent les originaux au secrétariat. Ces citations officielles ou par lettres sont données avec les mêmes délais que celles du syndic, après avoir été préalablement soumises au visa du président de la chambre.

Art. 13. La chambre prend ses délibérations dans les affaires particulières, après avoir entendu ou dûment appelé, dans la forme ci-dessus prescrite, les avoués inculpés ou intéressés. ensemble les tierces parties qui voudront être entendues et qui, dans tous les cas, pourront se faire représenter ou assister par un avoué.

Les délibérations de la chambre sont motivées et signées, sur la minute, par la majorité des membres présents : les expéditions ne le sont que par le président et le secrétaire.

Ces délibérations n'étant que de simples actes d'administration, d'ordre et de discipline intérieure, ou de simples avis, ne sont, dans aucun cas, sujettes au droit d'enregistrement, non plus que les pièces y relatives

Les délibérations de la chambre sont notifiées, quand il y a lieu, dans la même forme que les citations ; et il en est fait mention par le secrétaire en marge desdites délibérations.

Nomination des membres de la chambre et durée de leurs fonctions.

Art. 14. Les membres de la chambre sont nommés par l'assemblée générale des avoués, qui se réunissent à cet effet dans le lieu où siège le tribunal.

Lorsqu'il y a cent votants et au-dessus, l'assemblée se divise par bureaux, qui ne peuvent être composés de moins de trente ni de plus de cinquante.

Chaque bureau est présidé par le doyen d'âge des avoués présents ; les deux plus âgés après lui font les fonctions de scrutateurs, et le plus jeune celles de secrétaire.

La nomination se fait au scrutin secret, par bulletin de liste contenant un nombre de noms qui ne peut excéder celui des membres à nommer.

La majorité absolue des voix de l'assemblée générale est nécessaire pour la nomination.

11462. *La qualité de membre de la chambre des avoués est une charge professionnelle que l'élu ne peut se dispenser d'accepter et qu'il doit remplir jusqu'à ce que sa démission ait été régulièrement acceptée.* — Caen, 23 janv. 1882, D.P. 82. 2. 156.

11463. *Tant que la démission d'un membre de la chambre des avoués n'a pas été acceptée par la corporation réunie, ce membre continue à faire partie de la chambre, qui reste, dès lors, régulièrement composée, et il est tenu de se rendre à la convocation de l'assemblée générale de la corporation.* — Même arrêt — Conf. Décis. min. just. 13 avr. 1870, J.G.S. *Avoué,* 491.

11464. *L'avoué appelé à faire partie de la chambre en remplacement d'un membre dont la démission est acceptée, ne peut être nommé que pour ce qui reste à courir du temps pendant lequel le membre démissionnaire devait exercer les fonctions de membre de la chambre.* — Même arrêt. 25 janv. 1882.

11465. *Mais l'erreur consistant à indiquer comme élus pour trois ans deux membres de la chambre de discipline, dont l'un, remplaçant un membre démissionnaire après deux ans d'exercice, ne pouvait être nommé que pour une année, peut être réparée ultérieurement à l'assemblée générale des avoués, soit par l'indication du membre élu pour un an seulement, soit par les démissions res-*

pectives des deux membres nouveaux. — Même arrêt.

11466. *Ce dernier procédé doit être considéré comme régulier, lors même qu'une année s'étant écoulée depuis l'élection, l'un des deux membres était, en réalité, arrivé à l'expiration de son mandat au moment de ces démissions.* — Même arrêt.

11467. *Il suffit alors qu'après l'acceptation de leurs démissions, les deux membres de la chambre soient remplacés l'un comme membre sortant, l'autre comme membre de la chambre depuis un an seulement, sans qu'il soit nécessaire d'indiquer nominativement celui des démissionnaires qui se trouvait dans l'un ou dans l'autre cas.* — Même arrêt.

11468. *S'il est plus régulier que l'assemblée des avoués statue par scrutin séparé sur chaque démission des membres de la chambre, l'oubli de cette formalité n'entraînerait cependant pas la nullité de l'acceptation en bloc des démissions, surtout quand personne n'a demandé la division du vote et qu'il s'agit de démissions données collectivement afin d'arriver, en définitive, à composer légalement la chambre.* — Même arrêt.

11469. *Lorsque les formes prescrites pour la nomination des membres des avoués n'ont pas été observées, l'élection peut être attaquée soit par les parties intéressées, soit par le ministère public, en vertu des art. 45 et suiv. de la loi du 20 avr. 1810.* — J.G.S. *Avoué,* 91.

11470. *Aucune loi ne donne compétence au tribunal civil pour connaître d'une difficulté de cet ordre, laquelle n'a aucun caractère disciplinaire, mais se rattache exclusivement à l'organisation intérieure du corps des avoués et rentre, par conséquent, dans le domaine des questions purement administratives; c'est donc le pouvoir administratif judiciaire supérieur, c'est-à-dire le ministre de la justice, qui, seul, doit être compétent en pareil cas.* — Trib. civ. Pau, 31 déc. 1869, J.G.S. *Avoué,* 91. — Décis. min. just. 13 avr. 1870, *ibid.*

Art. 15. Les membres de la chambre sont renouvelés tous les ans, par tiers pour les nombres qui comportent cette division, et par portions les plus approximatives du tiers pour les autres nombres, en faisant alterner, chaque année, les portions inférieures et supérieures au tiers, à commencer par les inférieures; de manière que, dans tous les cas, aucun membre ne puisse rester en fonctions plus de trois ans consécutifs.

Le sort indique ceux des membres qui doivent sortir la première et la seconde année; et ensuite ils sortent par ancienneté de nomination.

Les membres sortants ne peuvent être réélus qu'après une année d'intervalle.

Il est fait exception aux dispositions du présent article, pour le cas où le nombre total des avoués n'est pas suffisant pour le renouvellement, qui alors n'a lieu que jusqu'à concurrence du nombre existant. Il n'y a de même pas lieu audit renouvellement ni à la nomination primitive, si le nombre des avoués n'excède pas celui nécessaire pour la composition de la chambre, dont, en ce cas, ils sont membres de droit.

Art. 16. Les membres choisis pour composer la chambre ou ceux qui sont membres de droit, nomment entre eux au scrutin, à la majorité absolue, le président, le syndic, le rapporteur, le secrétaire et le trésorier.

Cette nomination se renouvelle tous les ans, et les mêmes sujets peuvent être réélus.

En cas de partage des voix, le scrutin est recommencé; et si le résultat est le même, le plus âgé des deux membres qui sont l'objet de ce partage est nommé de droit, à moins qu'il n'ait rempli pendant les deux années précédentes la place à laquelle il s'agit de nommer, auquel cas la nomination de droit s'opère en faveur de son concurrent.

Art. 17. La nomination des membres de la chambre a lieu de droit le 15 fruct. de chaque année. Ils entrent en fonctions le 1er vend. suivant; et le même jour ils nomment le président et les autres officiers, qui entrent de suite en fonctions.

Les premières nominations pour la mise en activité du règlement se feront, savoir, à Paris, dans les deux décades de sa date; et dans les autres départements, dans les deux décades qui suivront sa publication.

Fonds pour les dépenses de la chambre.

Art. 18. Il y a une bourse commune pour les dépenses des bureaux de la chambre.

Chaque membre de la chambre verse dans cette bourse commune la moitié des droits de présence à la taxe des droits de tiers qui lui sont attribués par les ordonnances.

Pour le surplus des fonds à fournir à la bourse commune, chaque avoué, même chacun des membres de la chambre contribue à ces deniers, suivant ses facultés et ainsi qu'il est réglé par elle, sans qu'il puisse néanmoins être exigé d'aucun d'eux, pour chaque année, au delà d'une somme égale à l'intérêt annuel de son cautionnement.

Et les fonds qui se trouvent dans la bourse commune au delà des dépenses annuelles sont réservés et employés par la chambre pour subvenir aux besoins des pauvres qu'elle croit avoir le plus de droits à la bienfaisance des avoués.

Arrêté du 2 therm. an 10
(21 juillet 1802),

Portant que les décisions de la chambre de discipline des avoués portant seulement des peines de discipline ne sont pas susceptibles de recours aux tribunaux. — (Extrait, J.G. Avoué, p. 5.)

Art. 1er. Dans les cas prévus par l'art. 8 (arrêté du 13 frim. an 9), où la chambre a le droit de prononcer le rappel à l'ordre, la censure simple, la censure avec réprimande, l'interdiction de l'entrée de la chambre, les décisions sont exécutées sans appel ou recours aux tribunaux.

11471. Les décisions disciplinaires prononcées par la chambre, en vertu de l'art. 8 de l'arrêté du 13 frim. an 9, ne sont pas susceptibles d'appel. — Req. 11 juill. 1883, D.P. 83. 1. 122. — V. *Code de procédure civile*, n° 1.

11472. ... Excepté lorsque le jugement substitue une peine arbitraire aux sanctions établies par les décrets et règlements. — Paris, 5 févr. 1883, D.P. 83. 2. 119.

11473. C'est au syndic de la chambre des avoués, chargé par la loi de l'action disciplinaire qu'il appartient de suivre cette action devant la cour de cassation; et c'est en conséquence à lui que doit être signifié l'arrêt par lequel la chambre des requêtes a admis le pourvoi de l'officier ministériel condamné disciplinairement. — Civ. c, 19 nov. 1890, D.P. 91. 1. 62.

11474. La signification peut s'agit être considérée comme faite au syndic lui-même pris en cette qualité, alors que l'exploit porte que l'arrêt a été notifié non pas à la chambre représentée par son syndic, mais « à la chambre en la personne de M° ... syndic en exercice ». — Même arrêt.

11475. Du moment où le syndic en exercice, à raison de ses fonctions propres, est le défendeur nécessaire au pourvoi, il doit être pris et agir en cette qualité de défendeur, et par conséquent jouer le rôle de

partie devant la cour de cassation, alors même qu'il a précédemment participé comme juge à la décision attaquée. — Même arrêt.

11476. Dans ces conditions, il ne peut appartenir au président de la chambre d'intervenir, comme représentant celle-ci, pour défendre au pourvoi. — Même arrêt.

11477. Une décision qui inflige une peine disciplinaire à un avoué, en se bornant à dire que cet avoué « a commis un manquement à ses devoirs en acceptant un mandat dans des conditions qu'il s'était interdites », doit être annulée pour défaut de motifs, et comme ne permettant pas à la cour de cassation d'exercer son contrôle, cette décision ne faisant connaître ni la nature, ni le caractère du mandat qu'aurait accepté l'avoué, ni les conditions dans lesquelles il se serait interdit de l'accepter. — Même arrêt.

Art. 2. Dans les cas prévus par l'art. 9, où la chambre n'a le droit de prononcer que par forme d'avis, ces avis n'ont d'effet qu'après qu'ils ont été homologués par le tribunal sur les conclusions du commissaire du gouvernement.

Art. 3. Dans aucun cas, la chambre des avoués ne pourra ordonner l'impression des arrêts de police et de discipline intérieure.

Loi du 22 vent. an 12
(13 mars 1804),

Relative aux Écoles de droit. — Publiée au Bulletin des lois, n° 3676. — (Extrait, J.G. Organ. de l'instr. publ., p. 1335.)

TIT. IV. — Des fonctions pour lesquelles l'étude du droit et l'obtention des grades seront nécessaires.

Art. 26. Nul ne pourra, après le 1er vendém. an 17, être reçu avoué près les tribunaux, s'il n'a suivi les cours de législation criminelle et de procédure civile et criminelle, subi un examen devant les professeurs, et en rapporte attestation visée d'un inspecteur général...

Art. 27. Les avoués, après dix ans d'exercice, pourront être nommés aux fonctions de juges, commissaires du gouvernement ou leurs substituts.

11478. Au nombre des prérogatives attribuées aux avoués, est le droit d'être appelé, à défaut d'avocats présents, et en suivant l'ordre du tableau, à compléter le tribunal à la cour qui, par suite d'absences, de récusations, d'empêchements, ou pour toute autre cause, ne se trouve pas en nombre pour délibérer. — J.G.S. Avoué, 14. — V. *suprà, Appendice* à l'art. 84, n°s 1787 et s., et aussi *suprà, Appendice* à l'art. 116, n°s 2010 et s.

Art. 32. Les avoués qui seront licenciés pourront, devant le tribunal auquel ils sont attachés, et dans les affaires où ils occuperont, plaider et écrire dans toute l'étendue de l'affaire, concurremment et contradictoirement avec les avocats.

En cas d'absence ou refus des avocats de plaider, le tribunal pourra autoriser l'avoué, même non licencié, à plaider la cause.

11479. Sur les cas dans lesquels les avoués ont le droit de plaider, V. *suprà.* art. 85, n°s 1816 et s.

Décret du 30 mars 1808,

Contenant règlement pour la police et la discipline des cours et tribunaux. — Publié au Bulletin des lois, n° 3245. — (Extrait, J.G. Org. jud., p. 1493.)

TIT. Ier. — Des cours d'appel.

Art. 27. Les homologations d'avis des chambres de discipline des officiers ministériels seront portées devant la cour entière, lorsqu'ils intéressent le corps de ces officiers.

TIT. II. — Des tribunaux de première instance.

Art. 64. Les homologations d'avis de la chambre de discipline des officiers ministériels seront portées devant le tribunal entier lorsqu'ils intéresseront le corps de ces officiers.

Décret du 6 juill. 1810,

Contenant règlement sur l'organisation et le service des cours impériales et des cours d'assises. — Publié au Bulletin des lois, n° 5729. — (Extrait, J.G. Org. jud., p. 1493.)

TIT. IV. — Des officiers ministériels des cours impériales et d'assises.

§ Ier — Des Avoués.

Art. 112. Les avoués immatriculés aux cours d'appel exerceront exclusivement leur ministère près ces cours.

Art. 113. Dans les lieux où il n'y a point de cour impériale, les avoués immatriculés au tribunal de première instance pourront exercer leur ministère près la cour d'assises qui tiendra ses séances au chef-lieu de ce tribunal.

Les avoués qui n'auront été reçus que dans une cour criminelle pourront exercer leur ministère près la cour d'assises; mais ils seront tenus de se faire immatriculer au tribunal de première instance du lieu, s'il y a un tribunal, et ils pourront postuler et faire tous actes de leur ministère, concurremment avec les avoués de ce tribunal.

Art. 114. Notre grand-juge ministre de la justice, après avoir pris l'avis des cours impériales, nous proposera une nouvelle fixation du nombre d'avoués nécessaire pour le service de chaque cour impériale et de chaque tribunal de première instance.

Art. 115. A l'avenir, nul ne pourra être nommé avoué près la cour impériale (d'appel), s'il n'est âgé de vingt-cinq ans accomplis et si, indépendamment du cours d'étude prescrit par l'art. 25 de la loi du 22 vent. an 12, relative aux études de cléricature chez un avoué.

11480. Peu importe, en principe, que le stage exigé des aspirants aux fonctions d'avoué ait été accompli dans une étude d'avoué d'appel ou dans une étude d'avoué de première instance. Cependant la chambre des avoués près le tribunal de la Seine exige au moins une année de cléricature dans une étude de première instance. — Arrêté de la chambre des avoués du 21 mars 1844, J.G.S. Avoué, 4.

11481. Un stage dans une étude de notaire, quelle qu'en ait été la durée, ne pourrait suffire. — Instr. min. 8 sept. 1837 et 25 mai 1850, J.G.S. Avoué, 4.

11482. Le travail chez un avocat à la cour de cassation ne pourrait non plus être assimilé à la cléricature chez un avoué. — J.G.S. Avoué, 4.

11483. L'accomplissement du temps de cléricature prescrit se prouve soit par un extrait du registre tenu au secrétariat de la chambre de discipline, soit par les certificats des patrons chez lesquels a travaillé le candidat. — J.G.S. *Avoué*, 5.

11484. Aux termes d'une circulaire du procureur général près la cour de Paris du 2 juin 1859, chacune de ces pièces doit mentionner, d'une manière précise, l'époque de l'entrée et de la sortie pour chaque grade. — J.G.S. *Avoué*, 5.

11485. Lorsque l'officier ministériel chez qui a travaillé le candidat est décédé, le certificat est délivré par le successeur ou par le président de la chambre de discipline. — J.G.S. *Avoué*, 5.

Décret du 19 juill. 1810,

Contenant des dispositions pénales contre les individus qui seront convaincus de se livrer à la postulation et contre leurs complices. — Publié au Bulletin des lois, n° 5738. — (Extrait, J.G. Avoué, p. 6.)

Art. 1er. Les individus qui seront convaincus de se livrer à la postulation seront condamnés par corps:

Pour la première fois, au payement d'une amende qui ne pourra être au-dessous de 200 francs, ni excéder 500 fr.;

Pour la deuxième fois, à une amende qui ne pourra être au-dessous de 500 fr. ni au-dessus de 1,000 fr.; et ils seront, de plus, déclarés incapables d'être nommés aux fonctions d'avoué.

Dans tous les cas, le produit de l'instruction faite au chef-lieu sera confisqué au profit de la chambre des avoués, et applicable aux actes de bienfaisance exercés par cette chambre.

Art. 2. Les avoués qui seront convaincus de complicité seront, pour la première fois, punis d'une amende qui ne pourra être au-dessous de 500 fr. ni excéder 1,000 fr., applicable ainsi qu'il est dit au précédent article;

Pour la deuxième fois, d'une amende de 1,500 fr. et de destitution de leurs fonctions.

Art. 3. Les peines ci-dessus prononcées contre les postulants et leurs complices sont sans préjudice des dommages-intérêts et autres droits des parties qui seraient lésées par l'effet de ces contraventions.

Art. 4. Lorsque la chambre des avoués informée de l'existence de la contravention et voulant la constater, croira devoir demander à être autorisée à faire les perquisitions convenables dans les domiciles qui seront indiqués, elle présentera à cet effet requête, soit aux premiers présidents de nos cours, soit aux présidents des tribunaux, selon que la postulation aura été où sera exercée auprès des cours ou des tribunaux. L'autorisation ne pourra être accordée que sur les conclusions du ministère public, et après que la gravité des faits et circonstances alléguées aura été examinée.

11486. On décide généralement aujourd'hui que c'est au président du tribunal, et non au tribunal lui-même, qu'il appartient d'accorder l'autorisation de perquisition formée par la chambre des avoués. — J.G.S. *Avoué*, 51. — Contrà : *Code de procédure civile*, n° 2.

Art. 5. Lesdites contraventions pourront aussi être poursuivies d'office, et les perquisitions être demandées par nos procureurs généraux ou par leurs substituts.

Art. 6. Les perquisitions ordonnées ne pourront, dans tous les cas, être faites qu'en présence d'un juge de paix ou d'un commissaire de police, lequel saisira les dossiers et autres pièces qui lui seront indiqués comme devant prouver l'existence de la contravention. Les pièces de chaque dossier, ainsi que les pièces détachées, seront numérotées, cotées et paraphées par le juge de paix ou le commissaire de police, qui du tout dressera procès-verbal.

Art. 7. Sur le procès-verbal ainsi dressé, parties ouïes ou dûment appelées, le ministère public entendu, il sera, par la cour ou par le tribunal qui aura autorisé les perquisitions, statué tant sur l'application des peines et dommages-intérêts résultant des poursuites et saisies qui seraient mal fondées.

Les jugements rendus par les tribunaux de première instance seront susceptibles d'être attaqués par la voie d'appel.

11487. La compétence du tribunal civil et non du tribunal correctionnel pour connaître du délit de postulation paraît aujourd'hui admise par la généralité des auteurs. — J.G.S. *Avoué*, 55. — V. *Code de procédure civile*, n° 1.

Ordonnance du 12 août 1832,

Qui fixe les conditions d'éligibilité aux chambres des avoués — Publiée au Bulletin des lois, n° 4322. — (Extrait, J.G. Avoué, p. 9.)

Art. 1er. Lorsque le nombre des avoués près des cours royales et les tribunaux de première instance sera de vingt et au-dessus, les membres des chambres de discipline ne pourront être élus que parmi les avoués les plus anciens en exercice formant la moitié du nombre total.

Lorsque le nombre sera au-dessous de vingt, tout avoué sera éligible à la chambre de discipline.

§ 3. — *Huissiers.*

Loi du 27 vent. an 8

(18 mars 1800),

Sur l'organisation des tribunaux. — Publiée au Moniteur du 23 germ. an 8 et au Bulletin des lois, n° 103. — (Extrait, J.G. Organ. judic., p. 1483.)

Art. 70. Il y aura auprès du tribunal de cassation huit huissiers qu'il nommera et pourra révoquer.

Ils instrumenteront exclusivement pour les affaires de la compétence du tribunal de cassation, dans l'étendue seulement du lieu de sa résidence; ils pourront instrumenter, concurremment avec les autres huissiers, dans tout le département de la résidence du tribunal de cassation.

11488. Il y a lieu, en matière électorale comme en toute autre matière, d'appliquer l'art. 70 de la loi du 27 vent. an 8, aux termes duquel c'est exclusivement aux huissiers près du tribunal de cassation qu'il appartient d'instrumenter, pour les affaires de la compétence de la cour dans le lieu de sa résidence. — Civ. 14 mars 1877, D.P. 84, 5, 495, note.— Civ. r. 8 avr. 1883, D.P. 84, 5, 195.

Art. 96. Il sera établi près de chaque tribunal de première instance, près de chaque tribunal d'appel, près de chaque tribunal criminel, un nombre fixe d'huissiers, qui sera réglé par le gouvernement, sur l'avis du tribunal près duquel ils devront servir : ils seront nommés par le premier consul, sur la présentation de ce même tribunal.

11489. V. à cet égard *infrà*, Décr. 14 juin 1813, tit. 1er, § 1er, art. 1er, p. 408.

Décret du 30 mars 1808,

Contenant règlement pour la police et la discipline des cours et tribunaux. — Publié au Bulletin des lois, n° 3245. — (Extrait, J.G. Organ. judic., p. 1493.)

TIT. V. — DES HUISSIERS.

Art. 94. Nos tribunaux de première instance désigneront pour le service intérieur ceux de leurs huissiers qu'ils jugeront les plus dignes de leur confiance.

Art. 95. Les huissiers audienciers de nos cours et de nos tribunaux de première instance feront tour à tour le service intérieur, tant aux audiences qu'aux assemblées générales ou particulières, aux enquêtes et autres commissions.

Art. 96. Les huissiers qui seront de service se rendront au lieu des séances, une heure avant l'ouverture de l'audience; ils prendront au greffe l'extrait des causes qu'ils doivent appeler.

Ils veilleront à ce que personne ne s'introduise à la chambre du conseil sans s'être fait annoncer, à l'exception des membres de la cour ou du tribunal.

Ils maintiendront, sous les ordres des présidents, la police des audiences.

Art. 97. Les huissiers audienciers auront, près de la cour ou le tribunal, une chambre ou un banc où se déposeront les actes et pièces qui se notifieront d'avoué à avoué.

Art. 98. Les émoluments des appels des causes et des significations d'avoué à avoué se partageront également entre eux (les huissiers audienciers).

11490. L'ordonnance du 26 juin 1822 (J.G. *Huissier*, 12-9°) sur la bourse commune des huissiers n'a pas abrogé les dispositions antérieures aux termes desquelles les émoluments afférents aux significations d'avoué à avoué appartiennent exclusivement aux huissiers audienciers de la cour ou du tribunal où ils ont été perçus, et doivent être partagés également entre eux tous. — Nîmes, 25 mars 1878, D.P. 79, 2, 123. — Trib. civ. de Céret, 21 juin 1882, D.P. 83, 3, 87.

11491. Ainsi, ces huissiers doivent partager entre eux les émoluments des appels de cause, des significations d'avoué à avoué, et des originaux et copies des actes relatifs aux poursuites criminelles et correctionnelles, autres que les significations à partie et assignations à témoin. — Jugement préc. 21 juin 1882.

11492. ... Sauf, pour les originaux des actes relatifs aux poursuites criminelles et correctionnelles, le prélèvement de la partie des émoluments qui, d'après l'ordonnance de 1822, doit être versée dans la bourse commune. — Même jugement.

Art. 99. Les huissiers désignés par le premier président de la cour, ou par le président du tribunal de première instance, assisteront aux cérémonies publiques, et marcheront en avant des membres de la cour ou du tribunal.

Décret du 6 juill. 1810,

Contenant règlement sur l'organisation et le service des cours impériales et des cours d'assises. — Publié au *Bulletin des lois*, nº 5725. — (Extrait, J.G. Org. jud., p. 1498.)

§ 2. — *Des huissiers.*

Art. 116. Dans les lieux où il y a une cour d'appel et une cour de justice criminelle, les huissiers immatriculés dans l'une ou l'autre de ces cours seront exclusivement chargés

1º Du service personnel près la cour impériale;

2º Des significations d'avoué à avoué près la même cour;

3º Des exploits en matière criminelle.

Ils pourront instrumenter, en matière civile, concurremment avec les huissiers du tribunal de première instance, et dans l'étendue du ressort de ce tribunal.

Cependant, ceux qui seront spécialement chargés du service personnel ne pourront instrumenter hors du canton de leur résidence, sans un mandement exprès de notre procureur général.

Art. 117. Dans les lieux où il n'y a point de cour d'appel et une cour de justice criminelle, les huissiers attachés aux cours de justice criminelle seront exclusivement chargés du service personnel près la cour d'assises, ainsi que de tous exploits en matière criminelle. Ils seront tenus de se faire immatriculer au tribunal de première instance; et ils pourront instrumenter, en matière civile, concurremment avec les huissiers de ce tribunal, mais dans l'étendue seulement du canton de leur résidence.

Art. 118. A l'avenir, les huissiers qui devront faire le service près les cours d'assises des départements autres que celui où siège la cour impériale, seront désignés par le procureur impérial criminel de concert avec le président, parmi les huissiers du tribunal de première instance. En cas de dissentiment, il en sera référé au procureur général : jusqu'à ce qu'il ait statué, les huissiers désignés par le procureur impérial criminel seront tenus de faire le service près la cour d'assises, ainsi que tous exploits en matière criminelle.

Art. 119. Seront, au surplus, exécutées les dispositions du titre V de notre décret du 30 mars 1808, concernant les huissiers audienciers de nos cours.

Art. 120. Notre grand juge, après avoir pris l'avis de nos cours impériales, nous proposera une nouvelle fixation du nombre des huissiers nécessaire pour le service de chaque cour impériale.

Art. 121. A l'avenir, nul ne pourra être nommé huissier s'il n'est âgé de vingt-cinq ans accomplis.

Art. 122. Ne pourront également être nommés huissiers, ceux qui n'auront pas travaillé au moins pendant une année dans l'étude d'un notaire ou d'un avoué, ou pendant deux ans chez un huissier,

11493. Cet article a été modifié par l'art. 10 du décret du 14 juin 1813. — V. *infrà.*

Décret du 14 juin 1813,

Portant règlement sur l'organisation et le service des huissiers. — Publié au *Bulletin des lois*, nº 9346. — (Extrait, J.G. *Huissier*, p. 157.)

TIT. Iᵉʳ. — DE LA NOMINATION, DU NOMBRE ET DE LA RÉSIDENCE DES HUISSIERS.

§ 1ᵉʳ. — *De la nomination et du nombre des huissiers.*

Art. 1ᵉʳ. Les huissiers, institués pour le service de nos cours impériales et pour tous nos tribunaux, seront nommés par nous.

Art. 2. Ils auront tous le même caractère, les mêmes attributions, et le droit d'exploiter concurremment dans l'étendue du ressort du tribunal civil d'arrondissement de leur résidence.

Néanmoins, nos cours et tribunaux choisiront parmi ces huissiers, conformément au tit. 5 de notre décret du 30 mars 1808, ceux qu'ils jugeront les plus dignes de leur confiance, pour le service intérieur de leurs audiences.

11494. Les huissiers ne sont autorisés à faire les prisées et ventes de meubles que dans la limite du ressort où ils exercent leurs fonctions. — Civ. r. 26 mars 1889, D.P. 90. 1. 110.

11495. En conséquence, un huissier résidant et immatriculé dans un arrondissement d'une colonie, spécialement l'île de la Réunion, ne peut procéder aux prisées et ventes de meubles indifféremment dans chacun des deux arrondissements, bien que l'ordonnance du 30 sept. 1827 réglant l'organisation judiciaire de cette colonie confère aux huissiers le droit d'exploiter concurremment dans toute l'étendue de la colonie, si, postérieurement à cette ordonnance, la colonie a été divisée en deux arrondissements. — Même arrêt.

11496. L'exploitation en commun de deux offices d'huissiers constitue, de la part des titulaires, une faute à raison de laquelle ils peuvent être condamnés à des dommages-intérêts au profit des autres huissiers de la même localité. — Req. 12 févr. 1878, D.P. 78. 1. 417.

11497. Il en est de même de l'association de deux huissiers avec un tiers, chargé, moyennant rétribution, d'encaisser les effets de commerce dont ils se réservent les profits. — Req. 12 févr. 1878, D.P. 78. 1. 417.

11498. Sur la question de savoir si les huissiers ont le droit de se charger eux-mêmes de l'encaissement des effets de commerce, V. *infrà*, art. 40, nºˢ 11510 et s.

Art. 3. Les huissiers ainsi désignés par nos cours et tribunaux continueront de porter le titre d'*huissiers audienciers*; ils auront, pour ce service particulier, une indemnité qui sera réglée par les art. 93, 94, 95, 96 et 103 ci-après.

Art. 4. Le tableau des huissiers audienciers sera renouvelé au mois de novembre de chaque année. Tous les membres en exercice seront rééligibles; ceux qui n'auront pas été réélus rentreront dans la classe des huissiers ordinaires.

Art. 8. Notre grand-juge ministre de la justice, après avoir pris l'avis de nos cours et les observations de nos procureurs généraux, nous proposera la fixation définitive du nombre des huissiers qu'il doit y avoir dans le ressort de chaque tribunal civil d'arrondissement.

Art. 10. A l'égard de ceux qui aspireront, à l'avenir, aux places d'huissiers ordinaires, les conditions requises seront :

1º D'être âgé de vingt-cinq ans accomplis;

2º D'avoir satisfait aux lois de la conscription militaire;

3º D'avoir travaillé, au moins pendant deux ans, soit dans l'étude d'un notaire ou d'un avoué, soit chez un huissier, ou pendant trois ans au greffe d'une cour impériale ou d'un tribunal de première instance;

4º D'avoir obtenu de la chambre de discipline, dont il sera parlé ci-après, un certificat de moralité, de bonne conduite et de capacité.

Si la chambre accorde trop légèrement ou refuse sans motif valable ce certificat, il y aura recours au tribunal de première instance, savoir : par le procureur impérial, et, dans le second, par la partie intéressée; en conséquence, le tribunal, après avoir pris connaissance des motifs d'admission ou de refus de la chambre, ainsi que des moyens de justification de l'aspirant, et après avoir entendu notre procureur impérial, pourra refuser ou accorder lui-même le certificat, par une délibération dont copie sera jointe à l'acte de présentation du candidat.

Art. 11. Ceux qui seront nommés huissiers se présenteront, dans le mois qui suivra la notification à eux faite de leur nomination, à l'audience publique du tribunal de première instance, et y prêteront le serment prescrit par l'art. 7.

Art. 12. Ces huissiers ne pourront faire aucun acte de leur ministère avant d'avoir prêté ledit serment; et ils ne seront admis à le prêter que sur la présentation de la quittance du cautionnement fixé par la loi.

Art. 13. Ceux qui n'auront point prêté le serment dans le délai ci-dessus fixé demeureront déchus de leur nomination, à moins qu'ils ne prouvent que le retard ne leur est point imputable; auquel cas, le tribunal pourra déclarer qu'ils sont relevés de la déchéance par eux encourue, et les admettra au serment.

§ 2. — *De la résidence des huissiers.*

Art. 15. Les huissiers audienciers seront tenus, à peine d'être remplacés, de résider dans les villes où siègent les cours et tribunaux près desquels ils devront faire respectivement leur service.

Art. 16. Les huissiers ordinaires seront tenus, sous la même peine, de garder la résidence qui leur aura été assignée par le tribunal de première instance.

11499. Les tribunaux de première instance ont le droit absolu de changer la résidence des huissiers de leur arrondissement; en conséquence, le changement de résidence de l'un d'eux ordonné par un tribunal, ne saurait donner à cet huissier le droit de réclamer en justice une indemnité. — Lyon, 8 févr. 1882, D.P. 82. 2. 245.

11500. En tout cas, si, dans le but de faciliter le transfert de résidence de l'un de leurs collègues, les huissiers d'un canton s'engagent à payer une indemnité à celui dont la nouvelle résidence sera fixée en un certain lieu, il n'appartient pas au tribunal de modifier les termes de cet engagement et d'allouer l'indemnité offerte à un autre officier ministériel de l'arrondissement. — Même arrêt.

11501. Le droit de fixer la résidence des huissiers attribué aux tribunaux de première instance par le décret du 14 juin 1813 emporte virtuellement le droit de la changer, et, pour opérer ce changement, de faire permuter entre eux deux huissiers de cantons différents. — Req. 8 juin 1874, J.G.S. *Huissier*, 43.

11502. Une telle décision est souveraine, car elle constitue une mesure d'administration qui n'est pas entachée d'excès de pouvoir, et ne saurait être attaquée par la voie du recours en cassation. — Même arrêt.

11503. Une décision de la Chancellerie du 12 déc. 1878 reconnaît le pouvoir absolu des tribunaux en cette matière et en conclut qu'une cour d'appel qui défend à un huissier de se rendre dans la résidence qui lui a été assignée par le tribunal méconnaît les principes établis par l'art. 16 du décret du 14 juin 1813, et commet un excès de pouvoir qui peut motiver l'annulation de la délibération. — *Bull. min. just.* 1878, p. 130.

11504. Une autre décision en date du 16 nov. 1832 a déclaré qu'un huissier ne peut, dans le but de changer de résidence, céder son office et acquérir ou même temps un autre office d'huissier dans le même arrondissement; ce serait porter indirectement atteinte aux prérogatives du tribunal, qui a spécialement reçu des attributions le droit de fixer la résidence des huissiers. — J.G.S *Huissier*, 44. — *Contrà :* Civ. r. 15 mars 1865, D.P. 65. 1. 87.

Art. 17. La résidence des huissiers ordinaires sera, autant que faire se pourra, fixée dans les chefs-lieux de canton.

Art. 18. Si des circonstances de localité ne permettent point l'établissement d'un huissier ordinaire au chef-lieu du canton, le tribunal de première instance le fixera dans l'une des communes les plus rapprochées du chef-lieu.

Art. 19. Dans les communes divisées en deux arrondissements de justice de paix ou plus, chaque huissier ordinaire sera tenu de fixer sa demeure dans le quartier que le tribunal de première instance jugera convenable de lui indiquer à cet effet.

TIT. II. — DES ATTRIBUTIONS DES HUISSIERS ET DE LEURS DEVOIRS.

CHAP. 1er. — *Attributions des huissiers.*

§ 1er. — *Service personnel près les cours impériales et près les divers tribunaux.*

Art. 20. Les huissiers audienciers sont maintenus dans le droit que leur donne et l'obligation que leur impose notre décret du 30 mars 1808, près leurs cours et tribunaux respectifs, le service personnel exclusivement, près leurs cours et tribunaux respectifs, le service personnel exclusivement, près les assemblées générales ou particulières, aux enquêtes, interrogatoire et autres commissions ainsi qu'au parquet.

Pourront néanmoins nos cours et tribunaux commettre accidentellement des huissiers ordinaires, à défaut ou en cas d'insuffisance des huissiers audienciers.

Art. 21. Le service personnel d'huissiers près les cours d'assises sera fait, savoir : dans les villes où siègent nos cours impériales, par des huissiers audienciers de la

cour impériale; et partout ailleurs, par des huissiers audienciers du tribunal de première instance du lieu où se tiendront les séances de la cour d'assises ou de la cour spéciale.

L'art. 118 de notre décret du 6 juill. 1810, relatif au mode de désignation des huissiers qui doivent faire le service près les cours d'assises des départements autres que celui où siège la cour impériale, continuera de recevoir son exécution.

Art. 22. Les huissiers qui seront désignés pour faire le service personnel près les cours d'assises ne pourront, pendant la durée des sessions criminelles, sortir du canton de leur résidence sans un ordre exprès du procureur général ou du procureur impérial criminel.

Art. 23. Il sera fait par nos cours et tribunaux, des règlements particuliers sur l'ordre du service de leurs huissiers audienciers, en se conformant aux dispositions du présent titre et à celles du tit. 5 de notre décret du 30 mars 1808.

Les règlements que feront sur cet objet les tribunaux de première instance ou de commerce, et les tribunaux ordinaires des douanes, seront soumis à l'approbation des cours auxquelles ces tribunaux ressortissent.

§ 2. — *Droit d'exploiter.*

Art. 24. Toutes citations, notifications et significations requises pour l'instruction des procès, ainsi que tous actes et exploits nécessaires pour l'exécution des ordonnances de justice, jugements et arrêts, seront faits concurremment par les huissiers audienciers et les huissiers ordinaires, chacun dans l'étendue du ressort du tribunal civil de première instance de sa résidence, sous les restrictions portées par les articles suivants.

Art. 25. Les huissiers audienciers de notre cour de cassation continueront, dans l'étendue du lieu de la résidence cette cour, d'instrumenter exclusivement à tous autres huissiers les affaires portées devant elle.

11505. V. L. 27 vent. an 8, art. 70, *supra*, p. 407.

Art. 26. Les huissiers audienciers de nos cours impériales et ceux de nos tribunaux de première instance, feront exclusivement, près leurs cours et tribunaux respectifs, les significations d'avoué à avoué.

Art. 28. Tous exploits et actes du ministère d'huissier près les justices de paix et les tribunaux de police seront faits par les huissiers ordinaires ou par les huissiers audienciers aux services des audiences.

A défaut ou en cas d'insuffisance des huissiers ordinaires du ressort, lesdits exploits et actes seront faits par les huissiers ordinaires de l'un des cantons les plus voisins.

Art. 29. Défenses itératives sont faites à tous huissiers, sans distinction, d'instrumenter en matière criminelle ou correctionnelle hors du canton de leur résidence, sans un mandement exprès délivré conformément à l'art. 84 de notre décret du 18 juin 1811.

Art. 30. Nos procureurs près les tribunaux de première instance et les juges d'instruction ne pourront délivrer de pareils mandements que pour l'étendue du ressort du tribunal de première instance.

Art. 31. Nos procureurs impériaux criminels pourront ordonner le transport d'un huissier dans toute l'étendue du département.

Art. 32. La disposition du précédent arti-

cle est applicable à nos procureurs près les tribunaux ordinaires des douanes, à moins qu'il n'y ait dans le même département deux ou plusieurs de ces tribunaux. Dans ce dernier cas, il ne pourront ordonner le transport que pour la partie de ce département formant le ressort de leur tribunal.

Art. 33. Le transport des huissiers dans les divers départements du ressort de nos cours impériales ne pourra être autorisé, dans les affaires criminelles, que par nos procureurs généraux près ces cours.

Art. 34. En matière de simple police, aucun huissier ne pourra instrumenter hors du canton de sa résidence, si ce n'est dans le cas prévu par le second paragraphe de l'art. 28 du présent décret, en vertu d'une cédule délivrée pour cet effet par le juge de paix.

Art. 35. Dans tous les cas où les règlements accordent aux huissiers une indemnité pour frais de voyage, il ne sera alloué qu'un seul droit de transport pour la totalité des actes que l'huissier aura faits dans une même course et dans le même lieu.

Ce droit sera partagé en autant de portions égales entre elles qu'il y aura d'originaux d'actes, et, à chacun de ces actes, l'huissier appliquera l'une desdites portions; le tout à peine de nullité de l'acte, de restitution envers la partie, et d'une amende qui ne pourra excéder 100 fr. ni être moindre de 20 fr.

Art. 36. Tout huissier qui chargera un huissier d'une autre résidence d'instrumenter pour lui, à l'effet de se procurer un droit de transport qui ne lui aurait pas été alloué s'il eût instrumenté lui-même, sera puni d'une amende de 100 fr. L'huissier qui aura prêté sa signature aura faits dans une même peine.

En cas de récidive, l'amende sera double, et l'huissier sera, de plus, destitué.

Dans tous les cas, le droit de transport indûment alloué ou perçu sera rejeté de taxe, ou restitué à la partie.

§ 3. — *Prisées et ventes publiques de meubles et effets mobiliers.*

Art. 37. Dans les lieux pour lesquels il n'est point établi de commissaires-priseurs exclusivement chargés de faire les prisées et ventes publiques de meubles et effets mobiliers, les huissiers, tant audienciers qu'ordinaires, continueront de procéder, concurremment avec les notaires et les greffiers, auxdites prisées et ventes publiques, en se conformant aux lois et règlements qui y sont relatifs.

11506. Sur le droit des huissiers de procéder aux ventes publiques de meubles ou de récoltes, V. *Appendice* à l'art. 952, *supra*, nos 9632 et s.

Art. 38. Les huissiers ne pourront, ni directement, ni indirectement, se rendre adjudicataires des objets mobiliers qu'ils seront chargés de vendre.

Toute contravention à cette disposition sera punie de la suspension de l'huissier pendant trois mois et d'une amende de 100 francs pour chaque article par lui acheté, sans préjudice de plus fortes peines dans les cas prévus par le code pénal.

La récidive, dans quelque cas que ce soit, entraînera toujours la destitution.

CHAP. II. — *Devoirs des huissiers.*

Art. 39. Les huissiers sont tenus de se renfermer dans les bornes de leur ministère, sous les peines portées par l'art. 132 C. proc. civ.

11507. En ce qui concerne les peines encourues par les huissiers qui ont excédé les bornes de leur ministère, V. *suprà*, art. 132, nos 2141 et s.

Art. 40. L'exercice du ministère d'huissier est incompatible avec toute autre fonction publique salariée.

11508. Il n'existe, dans l'état actuel de la législation, aucune incompatibilité entre les fonctions de maire et celles d'huissier. — Décis. de la Chancellerie du 13 oct. 1876, *Bull. min. just.* 1876, p. 213.

11509. Les huissiers ne peuvent pas plus représenter les parties appelées en conciliation devant le juge de paix que celles qui comparaissent dans une instance débattue au fond. — Décis. de la Chancellerie du 13 mai 1876, *Bull. min. just.* 1876, p. 124.

11510. Les huissiers ne sauraient, sans contrevenir aux règles générales de leur profession, se charger de l'encaissement des effets de commerce, de ceux du moins qui, portant la mention de *retour sans frais*, ne doivent pas être protestés, faute de payement. — Trib. de Colmar, 24 mars 1854, D.P. 78. 1. 417, note 2. — Circ. min. just. 13 nov. 1856, *ibid.*

11511. A la suite des lois des 5 avr. 1879, (D.P. 79. 4. 33) et 17 juill. 1880 (D.P. 81. 4. 113) qui ont autorisé l'administration des postes à assurer par son personnel le recouvrement des valeurs commerciales payables sans frais comme de celles susceptibles d'être protestées, une circulaire du garde des sceaux du 2 janv. 1882 a interdit aux huissiers d'une façon absolue d'accepter le mandat de présenter les effets de commerce, à partir du 1er juillet suivant. — *Bull. min. just.* 1882, p. 3.

11512. Mais cette interdiction ayant soulevé de la part des représentants du commerce et de l'industrie, d'assez nombreuses réclamations, une circulaire nouvelle a modifié les instructions antérieures en ce sens que l'encaissement par les huissiers des effets protestables continuerait d'être toléré dans les localités autres que les chefs-lieux de département et d'arrondissement où au sont le siège d'un tribunal de commerce. — Circ. min. just. 20 juin 1882, *Bull. min. just.* 1882, p. 47.

11513. Toutefois, les poursuites disciplinaires devraient être dirigées contre les officiers ministériels qui, ayant accepté le mandat d'effectuer les recouvrements, priveraient par des moyens plus ou moins déguisés les débiteurs du double avertissement que leur assurent les art. 161 et 162 C. com. — Même circ.

11514. ... Ou qui, par des procédés déloyaux de concurrence, manqueraient à la dignité de leurs devoirs professionnels et porteraient préjudice aux intérêts légitimes de leurs confrères. — Même circ.

Art. 41. Il est défendu aux huissiers, sous peine d'être remplacés, de tenir auberge, cabaret, café, tabagie, ou billard, même sous le nom de leurs femmes, à moins qu'ils n'y soient spécialement autorisés.

Art. 42. Les huissiers sont tenus d'exercer leur ministère toutes les fois qu'ils en sont requis, et sans acception de personnes, sauf les prohibitions pour cause de parenté ou d'alliance portées par les art. 4 et 66 C. proc. civ.

L'art. 85 de notre décret du 18 juin 1811 sera exécuté à l'égard de tout huissier qui,

sans cause valable, refuserait d'instrumenter à la requête d'un particulier.

Art. 43. Les copies à signifier par les huissiers seront correctes et lisibles, à peine de rejet de la taxe, ou de restitution des sommes reçues.

Les papiers employés à ces copies ne pourront contenir, savoir : plus de 40 lignes par page de moyen papier, et plus de 50 lignes par page de grand papier, à peine d'une amende de 25 fr., conformément à l'art. 26 de la loi sur le timbre, du 13 brum. an 7.

Si la copie d'un arrêt ou d'un jugement en dernier ressort n'est point conforme à ce qui est prescrit par le présent article, l'huissier qui l'aura signée sera de plus condamné à une amende de 25 fr. sur la seule provocation du ministère public, et par la cour ou le tribunal devant lequel cette copie aura été produite.

Nos procureurs généraux et impériaux sont chargés spécialement de veiller à l'exécution du présent article.

11515. Cet article a été abrogé par le décret du 29 août 1813, rapporté *Code de procédure civile*, p. 142.

Art. 44. Si l'huissier contrevenant à l'une des dispositions du précédent article est convaincu de récidive, le ministère public pourra provoquer sa suspension, ou même son remplacement, s'il y a lieu.

Art. 45. Tout huissier qui ne remettra pas lui-même à personne ou domicile l'exploit et les copies de pièces qu'il aura été chargé de signifier sera condamné, par voie de police correctionnelle, à une suspension de trois mois, à une amende qui ne pourra être moindre de 200 fr., ni excéder 2000 fr., et aux dommages et intérêts des parties.

Si néanmoins il résulte de l'instruction qu'il a agi frauduleusement, il sera poursuivi criminellement, et puni d'après l'art. 146 C. pén.

11516. — I. RÉDACTION DES ACTES (C. proc. civ. nos 1 à 15).

11517. — II. SIGNIFICATION DES ACTES (C. proc. civ. nos 16 à 31). — L'huissier doit, à peine de nullité, faire par lui-même les significations dont il est chargé. — Nîmes, 3 août 1886, D.P. 87. 2. 101.

11518. L'art. 45 du décret du 14 juin 1813 portant une peine disciplinaire contre l'huissier qui ne remet pas lui-même à personne ou domicile l'exploit et les copies qu'il est chargé de signifier, est général et doit être appliqué, quel que soit l'acte dont la signification lui est confiée, sans en excepter aucun, pas même les protêts. — Cr. c. 24 nov. 1883, D.P. 84. 1. 383.

11519. Cet article déroge à l'art. 176 C. com. qui, disposant spécialement en matière de protêt, avait prononcé pour ce cas la peine plus sévère de la destitution. — Même arrêt.

11520. L'huissier qui s'abstient de remettre la copie d'un exploit à signifier encourt les peines portées par l'art. 45 du décret du 14 juin 1813, tout aussi bien que celui qui charge un tiers de faire parvenir cette copie à sa destination. — Nîmes, 13 avr. 1877, D.P. 77. 2. 169. — Cr. c. 30 janv. 1879, D.P. 79. 1. 384.

11521. L'huissier qui fait notifier par ses clercs un ou d'autres personnes les protêts des effets de commerce, commet une faute, qui peut le rendre passible de dommages-intérêts envers les autres huissiers de la même localité. — Req. 12 févr. 1878, D.P. 78. 1. 417. — V. *Code de procédure civile*, nº 30.

11522. Pour établir que la remise n'a

pas été faite par l'huissier en personne, mais en faux contre l'acte signifié. — Nîmes, 3 août 1886, D.P. 87. 2. 101. — V. *Code de procédure civile*, nº 131.

11523. Il a été décidé, toutefois, que les juges du fond ont pu, en dehors de toute inscription de faux, puiser dans les circonstances de la cause la preuve des notifications irrégulières, alors que l'huissier à qui elles étaient imputées n'a pas cherché à se prévaloir de la loi sur les énonciations des protêts. — Req. 12 févr. 1878, D.P. 78. 1. 417.

11524. Il importe peu que ces notifications n'aient pas donné lieu à des poursuites disciplinaires, la tolérance de la chancellerie et du parquet ne pouvant mettre obstacle à l'exercice de l'action civile. — Même arrêt.

11525. — III. OBLIGATIONS DIVERSES DES HUISSIERS (C. proc. civ. nos 35 à 43). — L'huissier qui a reçu d'un commerçant, depuis déclaré en faillite, des titres de créances pour en opérer le recouvrement, ne peut, à défaut de payement de ses frais, exercer son droit de rétention indivisiblement sur tous les titres restés en sa possession, à raison des frais relatifs à quelques-uns d'entre eux; en conséquence, il ne peut retenir ceux de ces titres que le syndic réclame en offrant de payer les frais qui y sont afférents. — Bordeaux, 14 mai 1879, D.P. 80. 2. 76.

Art. 46. Les répertoires que les huissiers sont obligés de tenir, conformément à la loi du 22 frim. an VII, relative à l'enregistrement, seront cotés et paraphés, savoir :

Ceux des huissiers audienciers, par le président de la cour ou du tribunal, ou par le juge qu'il aura commis à cet effet;

Ceux des huissiers ordinaires résidant dans les villes où siègent les tribunaux de première instance, par le président du tribunal, ou par le juge qu'il aura commis à cet effet;

Ceux des autres huissiers, par le juge de paix du canton de leur résidence.

Art. 47. Outre les mentions qui, aux termes de l'art. 50 de la même loi, doivent être faites dans lesdits répertoires, les huissiers y marqueront, dans une colonne particulière, le coût de chaque acte ou exploit, déduction faite de leurs déboursés.

Art. 48. Pour faciliter la taxe des frais, les huissiers sont tenus d'indiquer la mention qu'ils doivent faire au bas de l'original et de la copie de chaque acte, du montant de leurs droits, se tenus d'indiquer en marge de l'original le nombre de rôles des copies de pièces, et d'y marquer de même le détail de tous les articles de frais formant le coût de l'acte.

11526. Sur cette question, V. *suprà*, art. 67, nos 4529 et s.

TIT. III. — DE LA RÉUNION DES HUISSIERS EN COMMUNAUTÉ D'ARRONDISSEMENT.

CHAP. 1er. — *Formation de la communauté.*

Art. 49. Il y aura communauté entre tous les huissiers sans exception résidant et exploitant dans l'étendue du ressort du tribunal civil d'arrondissement de leur résidence.

Art. 50. Le département de la Seine n'ayant qu'un seul tribunal civil, tous les huissiers exerçant dans ce département, y compris ceux de notre cour de cassation, seront réunis en communauté.

Art. 52. Chaque communauté aura une chambre de discipline, qui sera présidée par un syndic.

CHAP. II. — *Organisation de la chambre de discipline.*

Art. 53. Le nombre des membres de la chambre de discipline, y compris le syndic, est fixé, savoir :

A quinze, dans le département de la Seine ;

A neuf, dans les autres arrondissements où il y aura plus de cinquante huissiers ;

A sept, dans les arrondissements où le nombre des huissiers sera de trente à cinquante ;

A cinq, dans les arrondissements où il y aura moins de trente huissiers.

Art. 54. Dans chaque chambre, il y aura, outre le syndic, un rapporteur, un trésorier et un secrétaire.

Art. 55. Le syndic, et deux autres membres de la chambre, seront nécessairement pris parmi les huissiers en résidence au chef-lieu de l'arrondissement.

Dans les arrondissements où siègent les cours impériales, il y aura toujours à la chambre de discipline, indépendamment du syndic, au moins trois huissiers du chef-lieu.

Dans les départements de la Seine, les deux tiers au moins des membres de la chambre, y compris le syndic, seront pris parmi les huissiers de Paris.

11527. Le paragraphe 1er de cet article et l'art. 56 ont été abrogés par le décret du 13 oct. 1870, et cette abrogation entraîne virtuellement celle de l'art. 57. — V. *infrà*, nos 11535 et s.

Art. 58. La première nomination des autres membres de la chambre de discipline sera faite de la même manière que celle du syndic.

Art. 59. Après cette première nomination, les membres de la chambre de discipline, autres que le syndic, seront élus par l'assemblée générale des huissiers, qui se réuniront pour cet effet au chef-lieu de l'arrondissement, sur la convocation et sous la présidence du syndic.

Art. 60. L'élection des membres de la chambre de discipline se fera au scrutin secret.

Un scrutin particulier aura lieu pour la nomination du trésorier, qui sera toujours pris parmi les huissiers du chef-lieu.

Les autres membres de la chambre seront nommés, sans désignation de fonctions, par bulletin de liste contenant un nombre de noms qui ne pourra excéder celui des membres à nommer.

Toutes ces nominations seront faites à la majorité absolue.

Art. 61. Lorsqu'il y aura cent votants et au-dessus, l'assemblée se divisera par bureaux, qui ne pourront être composés de moins de trente ni de plus de cinquante votants.

Ces bureaux seront présidés, le premier par le syndic, et chacun des autres par le plus âgé des huissiers présents ; les deux plus âgés après lui rempliront les fonctions de scrutateurs, et le plus jeune celles de secrétaire.

Art. 62. La chambre de discipline sera renouvelée tous les ans par tiers, ou, si le nombre n'est pas susceptible de cette division, par portions les plus approchantes du tiers, en faisant alterner chaque année, les portions inférieures et supérieures au tiers à commencer par les inférieures, de manière que, dans tous les cas, aucun membre ne puisse rester en fonctions plus de trois années consécutives.

Art. 63. Le sort indiquera ceux des membres qui devront sortir la première et la seconde année ; ensuite le renouvellement s'opérera par ordre d'ancienneté de nomination.

Les membres sortants ne seront rééligibles qu'après un an d'intervalle, à l'exception toutefois du trésorier, qui sera toujours rééligible.

Art. 64. Lorsque le nombre total des huissiers formant la communauté ne sera pas suffisant pour le renouvellement de la chambre tel qu'il est prescrit ci-dessus, ce renouvellement n'aura lieu que jusqu'à concurrence du nombre existant.

11528. Un arrêté du garde des sceaux en date du 21 déc. 1877 a annulé, comme violant les art. 62, 63 et 64 du décret du 14 juin 1813, une délibération par laquelle des huissiers avaient nommé en 1877 membres de la chambre de discipline deux huissiers qui en faisaient partie, l'un depuis 1872, l'autre depuis 1874, tandis qu'un autre huissier n'y avait pas été appelé depuis 1873. — *Bull. min. just.* 1878, p. 2.

Art. 65. Les membres de la chambre de discipline nommeront entre eux au scrutin secret, à la majorité absolue, un rapporteur et un secrétaire.

Cette nomination sera renouvelée tous les ans, et les mêmes pourront être réélus.

Art. 66. En cas de partage des voix pour ladite nomination, le scrutin sera recommencé ; et si le résultat est le même, le plus âgé des deux membres qui seront l'objet de ce partage sera nommé de droit, à moins qu'il n'ait rempli, pendant les deux années précédentes, la fonction à laquelle il s'agira de nommer ; auquel cas, la nomination de droit sera pour son concurrent.

Art. 67. La nomination des membres de la chambre de discipline aura lieu chaque année dans la première quinzaine d'octobre, et sera immédiatement suivie de la nomination du rapporteur et du secrétaire.

Art. 68. La chambre et les officiers entreront en exercice le 1er novembre.

Art. 69. La chambre tiendra ses séances au chef-lieu de l'arrondissement ; elle s'assemblera au moins une fois par mois.

Le syndic la convoquera extraordinairement quand il le jugera convenable, ou sur la demande motivée de deux autres membres.

Il est tenu de la convoquer toutes les fois qu'il en recevra l'ordre du président du tribunal de première instance, ou de notre procureur près ce tribunal.

CHAP. III. — *Attributions de la chambre de discipline et de ses officiers.*

Art. 70. La chambre de discipline est chargée :

1° De veiller au maintien de l'ordre et de la discipline parmi tous les huissiers de l'arrondissement, et à l'exécution des lois et règlements qui concernent les huissiers ;

2° De prévenir ou concilier tous différends qui peuvent s'élever entre les huissiers relativement à leurs droits, fonctions et devoirs, et, en cas de non-conciliation, de donner son avis comme tiers sur ces différends ;

3° De s'expliquer, également par forme d'avis, sur les plaintes ou réclamations de tiers contre les huissiers, à raison de leurs fonctions, et sur les réparations civiles qui pourraient résulter de ces plaintes ou réclamations ;

4° De donner son avis comme tiers sur les difficultés qui peuvent s'élever au sujet de la taxe de tous frais et dépens réclamés par des huissiers.

Lorsque la chambre ne sera point assemblée, cet avis pourra être donné par un de ses membres, à moins que l'objet de la contestation ne soit d'une importance majeure ; auquel cas, la chambre s'expliquera elle-même à la prochaine séance, ou, si le cas est urgent, dans une séance extraordinaire ;

5° D'appliquer elle-même les peines de discipline établies par l'article suivant, et de dénoncer au procureur impérial les faits qui donneraient lieu à des peines de discipline excédant la compétence de la chambre, ou à d'autres peines plus graves ;

6° De délivrer, s'il y a lieu, tous certificats de moralité, de bonne conduite et de capacité, à ceux qui se présenteront pour être nommés huissiers ;

7° De s'expliquer également sur la conduite et la moralité des huissiers en exercice, toutes les fois qu'elle en sera requise par les cours et tribunaux, ou par les officiers du ministère public ;

8° Enfin, de représenter tous les huissiers sous le rapport de leurs droits et intérêts communs, et, en conséquence, d'administrer la bourse commune dont il sera parlé au chap. 5 ci-après.

11529. On ne peut considérer comme un manquement aux devoirs de la profession l'usage d'un droit concédé par la loi ; en conséquence, un huissier qui a poursuivi en justice la condamnation d'un de ses confrères à des dommages-intérêts à l'occasion d'une diffamation, ne peut encourir pour ce fait une peine disciplinaire. — *Civ. c.* 1er juin 1891, *D.P.* 92. 1. 275.

Art. 71. Les peines de discipline que la chambre peut infliger elle-même sont :

1° Le rappel à l'ordre ;

2° La censure simple par la décision même ;

3° La censure avec réprimande, par le syndic à l'huissier en personne dans la chambre assemblée ;

4° L'interdiction de l'entrée de la chambre pendant six mois au plus.

Art. 72. L'application, par la chambre des huissiers, des peines de discipline spécifiées dans l'article précédent ne préjudicie point à l'action des parties intéressées ni à celle du ministère public.

Art. 73. Toute condamnation des huissiers à l'amende, à la restitution et aux dommages-intérêts, pour des faits relatifs à leurs fonctions, sera prononcée par le tribunal de première instance du lieu de leur résidence, sauf le cas prévu par le troisième paragraphe de l'art. 43, à la poursuite des parties intéressées ou du syndic de la communauté, au nom de la chambre de discipline. Elle pourra l'être aussi à la requête du ministère public.

Art. 74. La suspension des huissiers ne pourra être prononcée que par les cours et tribunaux auxquels ils seront respectivement attachés.

11530. — I. SUSPENSION (C. proc. civ. nos 1 à 7).

11531. — II. DESTITUTION (C. proc. civ. nos 8 et 9.)

Art. 75. Il n'est dérogé par le présent titre à aucune des dispositions des art. 102, 103 et 104 de notre décret du 30 mars 1808.

Art. 76. Le syndic aura la police d'ordre dans la chambre.

Il proposera les sujets de délibération, recueillera les voix, et prononcera le résultat des délibérations.

Il dirigera toutes actions et poursuites à exercer par la chambre, et agira pour elle et en son nom dans tous les cas, conformément à ce qu'elle aura délibéré.

Il aura seul le droit de correspondre, au nom de la chambre, avec le président et le ministère public; sauf, en cas d'empêchement, la délégation au rapporteur.

Art. 77. Le rapporteur déférera à la chambre soit d'office, soit sur la provocation des parties intéressées ou de l'un des membres de la chambre, les faits qui pourront donner lieu à des mesures de discipline contre les membres de la communauté.

Il recueillera des renseignements sur ces faits, ainsi que sur toutes les affaires qui doivent être portées à la connaissance de la chambre, et lui en fera son rapport.

11532. La décision prononcée sans que e rapporteur ait été entendu est nulle, cette formalité substantielle ne pouvant être remplacée par un simple exposé des faits par le syndic. — Civ. c. 22 janv. 1879, J.G.S. *Huissier*, 81.
11533. Il n'y a pas violation des droits de la défense, bien qu'un huissier cité devant la chambre de discipline n'ait pas assisté à la lecture du rapport à l'audience à laquelle une mesure disciplinaire a été prise contre lui, si, d'une part, à une audience précédente, il a pris et développé des conclusions à fin de renvoi de la plainte et déclaré n'avoir rien à ajouter, et si, d'autre part, il était ajourné à comparaître à l'audience à laquelle ont eu lieu la lecture du rapport et le prononcé de la décision disciplinaire. — Civ. c. 1er juin 1891, D.P. 92. 1. 275.

Art. 78. Le trésorier tiendra la bourse commune, conformément aux dispositions du chap. 5 ci-après.

Art. 79. Le secrétaire rédigera les délibérations de la chambre.

Il sera le gardien des archives, et délivrera les expéditions.

CHAP. IV. — *Forme de procéder dans la chambre de discipline.*

Art. 80. La chambre ne pourra faire l'application des peines de discipline spécifiées en

l'art. 71 qu'après avoir entendu l'huissier inculpé, ou faute par lui d'avoir comparu dans le délai de la citation. Ce délai ne sera jamais moindre de cinq jours.

Art. 81. La citation sera donnée par une simple lettre indicative de l'objet, signée du rapporteur, et envoyée par le secrétaire qui en prendra note sur un registre tenu à cet effet, coté et paraphé par le président du tribunal de première instance.

Art. 82. La même forme aura lieu pour appeler toutes personnes, huissiers ou autres, qui voudront être entendues sur des réclamations ou plaintes par elles adressées à la chambre de discipline.

Art. 83. Lorsqu'il s'agira de contestations entre huissiers, les citations pourront être respectivement données dans la forme ordinaire, en déposant les originaux au secrétariat de la chambre.

Art. 84. Dans tous les cas, les parties pourront se présenter aux séances de la chambre volontairement et sans citation préalable.

Art. 85. La chambre ne pourra prononcer ni émettre son avis sur aucune affaire qu'après avoir entendu le rapporteur.

Art. 86. Elle ne pourra délibérer valablement si les membres votants ne forment au moins les deux tiers de ceux qui la composent.

Art. 87. Les délibérations seront prises à la majorité absolue des voix : le syndic aura voix prépondérante en cas de partage.

Art. 88. Les délibérations seront inscrites sur un registre coté et paraphé par le syndic : elles seront signées par tous les membres qui y auront concouru.

Les expéditions seront signées par le syndic et le secrétaire.

Art. 89. Tous les actes de la chambre, soit en minute, soit en expédition, à l'exception des certificats et autres pièces à délivrer aux candidats ou à des individus quelconques dans leur intérêt personnel, seront exempts du timbre et de l'enregistrement.

Art. 90. La chambre sera tenue de représenter à nos procureurs généraux et impériaux, toutes les fois qu'ils en feront la demande, les registres de ses délibérations, et tous autres papiers déposés dans ses archives.

Ordonnance du 6 oct. 1832,

Relative à la composition des chambres de discipline des huissiers. — Publiée au *Bulletin des lois*, n° 4182.

Art. 1er. Lorsque le nombre des huissiers exerçant dans le ressort d'un tribunal d'arrondissement sera de vingt et au-dessus, les membres des chambres de discipline ne pourront être élus que parmi les huissiers les plus anciens en exercice formant la moitié du nombre total.

Lorsque le nombre sera au-dessous de vingt, tout huissier sera éligible à la chambre de discipline.

11534. Aux termes d'une décision de la Chancellerie en date du 22 déc. 1879, dans le cas où le nombre des huissiers du ressort étant de vingt au moins, la chambre doit être élue parmi les plus anciens huissiers qui forment la moitié du nombre total, l'ancienneté dans l'arrondissement suivie de la démission et du rachat d'un autre office. — *Bull. min. just.* 1877, p. 6.

Décret du 13 oct. 1870,

Conférant aux chambres des huissiers la nomination de leurs syndics (D.P. 70. 4. 120.)

Art. 1er. Les art. 55, § 1er, et 56 du décret du 14 juin 1813 sont abrogés.

Art. 2. Les membres composant la chambre de discipline des compagnies d'huissiers nomment entre eux, au scrutin et à la majorité absolue, leur syndic. En cas de partage des voix, le scrutin est recommencé, et, si le résultat est le même le us âgé des membres qui sont l'objet de ce partage est nommé de droit.

11535. La chambre doit choisir le syndic dans son sein, et, par conséquent, l'huissier qui a été déjà membre de la chambre pendant trois ans, ne pouvant plus en faire partie, ne saurait être nommé syndic. — Décis. de la Chancellerie des 19 déc. 1876 et 3 janv. 1877, *Bull. min. just.* 1877, p. 5.
11536. Doit être annulée l'élection du syndic qui a été faite, non par la chambre, mais par une assemblée générale. — Décis. de la Chancellerie du 12 janv. 1877, *ibid.*

§ 4. — *Commissaires-priseurs.*

11537. Les commissaires-priseurs de Paris sont les seuls de ces officiers ministériels qui soient soumis à une chambre de discipline. — J.G. *Commiss.-pris.*, 48.
11538. L'arrêté consulaire du 29 germ. an 9, qui a établi cette chambre, déclare dans son art. 1er commune aux commissaires-priseurs les dispositions contenues au règlement du 13 frim. an 9 relatif aux avoués. — J.G. *Commiss.-pris.*, p. 556.
11539. Les objets dont s'occupe cet arrêté ont été développés dans un règlement homologué par le tribunal civil de première instance de la Seine le 21 frim. an 10. — J.G. *Commiss.-pris.*, p. 557.
11540. Il a été décidé par application de l'art. 5 du 13 frim. an 9 et de l'art. 2, tit. 3, du règlement du 21 frim. an 10 que la déci-

sion de la chambre de discipline des commissaires-priseurs du département de la Seine, prononçant une peine disciplinaire contre l'un de ces officiers ministériels, est nulle si elle a été rendue sans que le rapporteur ait été entendu. — Civ. c. 26 mai 1884, D.P. 85. 1. 176.
11541. Lorsque la cour de cassation annule la décision d'une chambre de discipline de commissaires-priseurs, et renvoie l'affaire devant la même chambre composée d'autres membres, si celle-ci ne peut pas se constituer en nombre suffisant, elle doit se compléter d'après le mode de procéder déjà consacré par la jurisprudence de la cour de cassation pour les cas identiques en matière disciplinaire. — Civ. r. 17 mars 1885, D.P. 85. 1. 250.

11542. Dans certaines villes, les commissaires-priseurs ont adopté, d'un commun accord, quelques dispositions d'ordre et de discipline qui confient à l'un et tels d'entre eux une surveillance et un pouvoir d'administration nécessaires. — J.G. *Commiss.-pris.*, 48.
11543. C'est aux procureurs de la République dans les départements qu'appartient le rôle de surveillance des conseils de discipline. — J.G. *Commiss.-pris.*, 48.
11544. Du reste, les commissaires-priseurs de toutes les résidences sont, comme les autres officiers ministériels, soumis à la discipline des tribunaux civils de première instance et du garde des sceaux. — J.G. *Commiss.-pris.*, 48.

§ 5. — *Pouvoir disciplinaire des cours et tribunaux sur les officiers ministériels.*

Décret du 30 mars 1808,

Contenant règlement pour la police et la discipline des cours et tribunaux. — Publié au *Bulletin des lois*, n° 3215. — (Extrait, J.G. *Organ. judic.*, p. 1493 et s.)

Art. 102. Les officiers ministériels qui se raienten contravention aux lois et règlements pourront, suivant la gravité des circonstances, être punis par des injonctions d'être plus exacts ou circonspects, par des défenses de récidiver, par des condamnations de dépens en leur nom personnel, par des suspensions à temps; l'impression et même l'affiche des jugements à leur frais pourront aussi être ordonnés, et leur destitution pourra être provoquée, s'il y a lieu.

Art. 103. Dans les cours et dans les tribunaux de première instance, chaque chambre connaîtra des fautes de discipline qui auraient été commises ou découvertes à son audience.

Les mesures de discipline à prendre sur les plaintes des particuliers ou sur les réquisitoires du ministère public, pour cause de faits qui ne se seraient point passés ou qui n'auraient pas été découverts à l'audience, seront arrêtées en assemblée générale, à la chambre du conseil, après avoir appelé l'individu inculpé. Ces mesures ne seront point sujettes à l'appel, ni au recours en cassation, sauf le cas où la suspension serait l'effet d'une condamnation prononcée en jugement.

Notre procureur général impérial rendra compte de tous les actes de discipline à notre grand juge, ministre de la justice, en lui transmettant les arrêtés, avec ses observations, afin qu'il puisse être statué sur les réclamations, ou que la destitution soit prononcée, s'il y a lieu.

DIVISION.

§ 1. — *Exercice de l'action disciplinaire* (n° 11545).

§ 2. — *Faits donnant lieu à l'action disciplinaire* (n° 11557).

§ 3. — *Compétence en matière disciplinaire* (n° 11566).

§ 4. — *Procédure* (n° 11576).

§ 5. — *Recours contre les décisions disciplinaires* (n° 11593).

§ 1er. — *Exercice de l'action disciplinaire* (C. proc. civ. n°s 1 à 17).

11545 L'action disciplinaire est une sorte d'action mixte, distincte à la fois de l'action publique et de l'action privée, indépendante de l'une et de l'autre, et qui peut, à raison d'un même fait, coexister avec toutes les deux. — J.G.S. *Discipl. jud.*, 16. — V. *Code de procédure civile*, n° 4.

11546. Si la loi ne prescrit pas de surseoir à l'action disciplinaire quand l'action publique est intentée, il est néanmoins convenable de le faire tant qu'il n'a pas été définitivement prononcé au criminel. — J.G.S. *Discipl. jud.*, 21. — V. *Code de procédure civile*, n° 10.

11547. Il en est ainsi du moins pour le cas où le jugement disciplinaire préjugerait d'une façon quelconque le sort de l'action pénale. — Pau, 4 janv. 1881, D.P. 82. 2. 8.

11548. Le sursis serait même obligatoire, si l'appréciation de la faute professionnelle déférée à la juridiction disciplinaire l'obligeait à se prononcer sur l'existence des faits qui forment la base de l'action pénale, alors que la connaissance de ces faits ne pourrait

résulter que de la procédure criminelle en cours d'instruction. — J.G.S. *Discipl. jud.*, 21.

11549. Ainsi, la juridiction disciplinaire, saisie de poursuites contre un officier ministériel, ne peut, sans excès de pouvoir, appuyer sa décision sur des renseignements puisés dans une information criminelle dont l'inculpé est actuellement l'objet. — Dijon, 5 déc. 1884, D P. 85. 2. 44.

11550. ... A moins que les pièces à conviction dépendant de la procédure criminelle en cours d'instruction n'aient été jointes au dossier disciplinaire et versées au débat public, l'inculpé ayant été ainsi mis en mesure de s'expliquer à leur égard. — Req. 4 janv. 1887, D.P. 88. 1. 438.

11551. L'action disciplinaire différant absolument de l'action publique et de l'action privée, est placée en dehors du droit commun en ce qui concerne les fins de non-recevoir qui peuvent lui être opposées. — J.G.S. *Discipl. jud.*, 23.

11552. C'est ainsi qu'on doit considérer comme non applicable à l'action disciplinaire le principe de non-rétroactivité formulé par l'art. 2 C. civ., et reproduit par l'art. 4 C. pén. La position du fonctionnaire et les conditions de capacité, de moralité et de dignité nécessaires à l'accomplissement de sa mission étant subordonnées à l'intérêt général, il est au pouvoir du législateur d'y apporter des changements ou des modifications selon les besoins de la société. — J.G.S. *Discipl. jud.*, 25.

11553. En conséquence, il est dans l'esprit comme dans la nature des règlements de discipline de saisir, au moment même de leur émission, le fonctionnaire soumis à leur action et d'avoir leur effet du jour de leur promulgation; ils n'ont eu cela aucun caractère de rétroactivité, parce que l'effet moral qu'ils poursuivent peut se produire actuellement, bien que résultant de faits antérieurs à leur promulgation. — J.G.S. *Discipl. jud.*, 25.

11554. Décidé, par application de ce principe, qu'un magistrat inamovible a pu être frappé de déchéance, en vertu de l'art. 4 du décret du 1er mai 1832, pour des faits antérieurs au décret. — Ch. réun. cass. 9 nov. 1852, J.G.S. *Discipl. jud.*, 25.

11555. De même, l'action disciplinaire n'est éteinte ni par la prescription criminelle, ni par la prescription civile. — Même arrêt. — V. *Code de procédure civile*, n° 13.

11556. Les avoués, huissiers et commissaires-priseurs sont poursuivis disciplinairement devant le tribunal civil conformément à l'art. 103 du décret du 30 mars 1808 ; le tribunal émet un avis sur la peine applicable, mais c'est de garde des sceaux qui statue définitivement et propose la révocation au président de la République. — V. *Code des lois adm. annotées*, t. 1er, X, v° Élections, n° 3332.

§ 2. — *Faits donnant lieu à l'action disciplinaire* (C. proc. civ. n°s 18 à 59).

11557. — I. FAITS DISCIPLINAIRES (C. proc. civ. n°s 18 à 49). — Les actes de la vie privée peuvent, aussi bien que ceux qui se rattachent à la fonction, faire l'objet de poursuites disciplinaires. — J.G.S. *Discipl. jud.*, 9.

11558. Une chambre de discipline des huissiers ne commet pas un excès de pouvoir en appliquant une peine disciplinaire à l'huissier qui, à la suite de débats avec sa servante, a été condamné envers celle-ci, et qui, après des procédures inutiles et au mépris des engagements contractés par lui devant le

délégué de la chambre, n'a pas voulu régler son compte avec cette femme. — Req. 23 févr. 1887, D.P. 87. 1. 396.

11559. Toutefois, cette règle ne doit être appliquée qu'avec une prudente réserve; le respect dû au secret du foyer domestique exige que, pour motiver une poursuite disciplinaire, les désordres privés aient acquis une certaine publicité, soit parce qu'ils auraient provoqué des plaintes, soit parce qu'ils auraient été révélés par des débats publics. — J.G.S. *Discipl. jud.*, 11.

11560. C'est ainsi qu'un arrêt intervenu sur des poursuites disciplinaires pour faits d'immoralité reprochés à un avocat s'appuie sur ce que les actes imputés n'avaient pas sur ce que les actes juridiquement constatés dans le cours de deux procédures criminelles. — Rennes, 24 nov. 1860, J.G.S. *Discipl. jud.*, 11.

11561. En principe, la juridiction disciplinaire ne peut s'exercer qu'à l'égard de fonctionnaires ou officiers publics qui sont en exercice et ne saurait atteindre celui qui a été remplacé dans ses fonctions. — Civ. r. 28 avr. 1885, D.P. 85. 1. 466.

11562. — II. DÉLIT D'AUDIENCE (C. proc. civ. n°s 50 à 59). — Le pouvoir de réprimer les fautes d'audience appartient aux tribunaux et aux cours, dans toute sa plénitude, à l'égard des avocats qui se présentent devant eux et des officiers ministériels accrédités auprès d'eux ; il est exercé par la chambre, civile ou criminelle, devant laquelle la faute a été commise ou découverte ; mais il est strictement restreint à l'officier ministériel dont la faute a été découverte à l'audience, sans pouvoir être étendu à tout autre dont la participation à la même faute aurait été ultérieurement reconnue. — J.G.S. *Discipl. jud.*, 147.

11563. Ainsi il a été jugé que la cour d'assises, compétente pour connaître de la faute d'un officier ministériel découverte à son audieuce, ne peut connaître par voie de suite de la participation d'un second officier ministériel à la même faute, alors que cette participation ne s'est pas révélée à ladite audieuce et n'a été démontrée qu'ultérieurement par une enquête. — Cr. r. 7 mai 1839, D.P. 80. 1. 476.

11564. Spécialement, quand une affaire criminelle est remise d'une session à une autre, parce qu'il est constaté à l'audience que l'huissier notificateur n'a pas signifié aux accusés la vraie liste du jury, la cour d'assises, à la nouvelle session, est, d'une part, compétemment saisie de la poursuite disciplinaire dirigée par le ministère public contre ledit huissier, et tendant à la condamnation de celui-ci aux frais occasionnés par le renvoi de la cause. — Même arrêt.

11565. Mais, d'autre part, elle est incompétente pour connaître en même temps de la participation d'un second huissier à la faute du premier, alors que rien, à l'audience où le renvoi avait été prononcé, n'était venu révéler cette participation, et qu'elle n'a été établie que depuis, au moyen d'une information faite par le parquet. — Même arrêt.

§ 3. — *Compétence en matière disciplinaire* (C. proc. civ. n°s 60 à 79).

11566. C'est au tribunal civil qu'appartient la compétence en matière disciplinaire. — J.G.S. *Discipl. jud.*, 36. — V. *Code de procédure civile*, n° 60.

11567. Lorsque les tribunaux sont appelés à connaître des faits imputés à des officiers ministériels, avoués ou huissiers, ils statuent en assemblée générale en la chambre du conseil, sauf le cas de fautes commises ou découvertes à l'audience. — J.G.S. *Discipl. jud.*, 144. — Comp. *Code de procédure civile,* n° 62.

11568. Mais cette disposition ne saurait mettre obstacle à ce qu'il soit statué, même eu temps ordinaire des vacations, toutes les fois que le tribunal n'a qu'une seule chambre; ces tribunaux n'ayant pas de vacances (Décr. 18 août 1810; Circ. proc. géu. près la cour de Paris, 21 janv., 1866), ils peuvent se réunir à toute époque de l'année en assemblée générale. — J.G.S. *Avoué,* 103. — V. *Code de procédure civile,* n° 79.

11569. Lorsqu'il s'agit de tribunaux composés de plusieurs chambres, et dans lesquels les vacances existent, la chambre des vacations ne peut certainement pas connaître des affaires qui exigent l'assemblée des chambres; mais il n'en résulte pas que ces affaires ne puissent être jugées en vacations, si, à cette époque, la réunion des chambres peut, en fait, être obtenue. — J.G.S. *Avoué,* 103.

11570. Les mesures de discipline à prendre par les tribunaux de première instance, sur les réquisitions du ministère public, pour des faits qui ne se sont point passés ou n'ont pas été découverts à l'audience, devant être arrêtées en assemblée générale et en chambre du conseil, le tribunal qui statue sur des poursuites de cette nature (exercées, dans l'espèce, contre un huissier pour un manquement à ses devoirs professionnels, au nombre de trois juges et dans la forme d'un jugement ordinaire, commet un excès de pouvoir; et il importe peu que le ministère public et l'inculpé aient été entendus en la chambre du conseil, si le jugement a été prononcé en audience publique. — Req. 15 janv., 1883, D.P. 83. 1. 355.

11571. Dans le cas où les cours et tribunaux statuent en la chambre du conseil soit à l'égard des avocats (Ord. 20 nov. 1822, art. 27), soit à l'égard des officiers ministériels (Décr. 30 mars 1808, art. 103), chacun des membres de la cour ou du tribunal doit être appelé à la délibération et à la décision. — J.G.S. *Discipl. jud.,* 38.

11572. Lorsque les juridictions de discipline intérieure ont négligé ou refusé de prononcer, les tribunaux peuvent être saisis directement *omisso medio,* et dans ce cas ils ont le droit d'appliquer les peines de discipline intérieure. — J.G.S. *Discipl. jud.,* 149.

11573. D'autre part, les tribunaux saisis de poursuites disciplinaires tendant à l'application des peines de la suspension ou de la destitution sont compétents pour prononcer une des peines de discipline intérieure, lorsque le fait incriminé a perdu de sa gravité au débat. — Req. 12 janv. 1887, D.P. 87. 1. 57. — J.G.S. *Discipl. jud.,* 149.

11574. En dehors de ces cas, il faut reconnaître la séparation des deux juridictions et dire que, lorsque le fait imputé n'est possible susceptible que des peines de discipline intérieure, il ne doit point être déféré aux tribunaux, mais que la connaissance doit en être laissée aux chambres syndicales. — J.G.S. *Discipl. jud.,* 151. — V. *Code de procédure civile,* n° 71.

11575. De même, il n'appartient pas au garde des sceaux de prononcer contre un huissier l'aggravation d'une peine résultant d'une délibération de la chambre syndicale, parce que ces délibérations ne lui sont pas déférées par le décret du 30 mars 1893. — Décis. de la Chancellerie du 24 avr. 1832, J.G.S. *Huissier,* 63.

§ 4. — *Procédure* (C. proc. civ. n°⁸ 80 à 113).

11576. — I. Citation et comparution (C. proc. civ. n°⁸ 80 à 90). — Lorsque l'action disciplinaire est portée devant les tribunaux, le délai d'ajournement est fixé par l'art. 72 C. proc. civ. En conséquence, il y a lieu d'annuler un jugement par défaut rendu sur

une assignation fixant le délai de comparution suivant les règles de la procédure criminelle. — Lyon, 19 avr. 1872, D.P. 73. 3. 163. — V. *Code de procédure civile,* n° 82.

11577. La comparution en personne des avocats, notaires et officiers ministériels devant les tribunaux ou devant les conseils et chambres de discipline peut être exigée. — Nancy, 28 févr 1874, J.G.S. *Discipl. jud.,* 73.

11578. Et la représentation par un avoué ne dispense pas l'inculpé de comparaître personnellement à l'audience pour y être entendu, à peine d'être jugé par défaut. — Trib. de Tarascon, 6 sept. 1819, D.P. 80. 3. 45. — V. *Code de procédure civile,* n° 83.

11579. On doit admettre toutefois que le tribunal peut dispenser l'inculpé de se présenter lui-même et consentir à entendre sa défense présentée par un mandataire, ou même la lecture de la défense écrite qu'il aurait préparée, mais seulement dans les cas exceptionnels où la comparution personnelle serait rendue impossible par la maladie, l'éloignement ou autre empêchement de l'inculpé. — J.G.S. *Discipl. jud.,* 74.

11580. Quant au droit pour l'inculpé de se faire assister par un défenseur, il est incontestable. — J.G.S. *Discipl. jud.,* 75. — V. *Code de procédure civile,* n° 89.

11581. Lorsque la poursuite se produit devant les cours et tribunaux procédant en chambre du conseil, la partie plaignante ne saurait être admise au débat, sauf au tribunal à recevoir, en la forme qu'il jugera convenable, ses explications si elles lui paraissent nécessaires. — J.G.S. *Discipl. jud.,* 77. — V. le texte de cet article, *supra,* p. 70.

11582. L'art. 10 de la loi du 30 août 1883 qui prononce la peine de nullité pour le cas où, dans la composition de la cour ou du tribunal, se trouve un magistrat parent ou allié au troisième degré inclusivement de l'une des parties intéressées au procès s'appliquant à toutes les juridictions civiles et criminelles, on doit l'étendre aux juridictions disciplinaires, au moins dans le cas où le ministère de l'avoué et l'assistance de l'avocat, qui ne sont pas facultatifs auraient été autorisés. — J.G.S. *Discipl. jud.,* 44. — V. le texte de cet article, *supra,* p. 70.

11583. — II. Récusation (C. proc. civ. n°⁸ 91 à 97). — Le droit de récusation dans les cas prévus par les art. 378 et suiv. C. proc. civ. doit être reconnu en matière disciplinaire, non seulement, lorsqu'il est procédé par voie de jugement en audience publique, par exemple, contre un notaire ou un officier ministériel pour faute d'audience ou découverte à l'audience, mais aussi dans les cas où les cours et tribunaux sont appelés à prononcer en assemblée générale dans la chambre du conseil. — J.G.S. *Discipl. jud.,* 43. — V. *supra,* art. 378, n°⁸ 4335 et s.

11584. La jurisprudence refuse d'accueillir les demandes en renvoi pour cause de suspicion légitime dans le cas où il est procédé en assemblée générale dans la chambre du conseil. — Bordeaux, 28 mai 1859, D.P. 61. 3. 448. — V. *Code de procédure civile,* n° 95.

11585. On a également soutenu que, lorsqu'il est procédé en assemblée générale dans la chambre du conseil, les parties n'ont pas le droit de demander le renvoi à un autre tribunal pour parenté ou alliance de plusieurs juges avec l'inculpé ou la partie plaignante, dans les cas précisés par l'art. 368 C. proc. civ. — J.G.S. *Discipl. jud.,* 47.

11586. Mais cette solution a été critiquée et il semble que le droit de demander le renvoi pour parenté ou alliance devrait être accordé non seulement dans le cas où il est statué en audience publique, mais aussi lorsqu'il est procédé devant les cours tribunaux en la chambre du conseil, en lorsque l'action disciplinaire est portée devant les conseils de discipline des avocats ou les chambres syndicales des officiers publics. — J.G.S. *Discipl. jud.,* 48.

11587. La loi qui a pris soin d'écarter l'influence de la parenté ou de l'alliance entre les membres d'un même tribunal (L. 29 avr. 1810, art. 63), ne peut à *fortiori* abandonner cette garantie d'impartialité lorsque le lieu qui peut le compromettre existe entre la partie et les juges appelés à contrôler sa conduite. — J.G.S. *Discipl. jud.,* 48.

11588. Il est généralement admis que la voie du pourvoi en règlement de juges doit être ouverte aux officiers ministériels poursuivis disciplinairement dans le cas où est admise l'application des art. 363 et suiv. C. proc. — J.G.S. *Discipl. jud.,* 49. — Contrà : *Code de procédure civile,* n° 97.

11589. Il est un cas assez fréquent où il semble qu'on devrait recourir à un règlement de juges, c'est celui d'empêchement de la juridiction appelée à statuer, résultant de ce que, par suite de mort, maladie, abstentions, récusations, ou toute autre circonstance, le nombre des juges se trouve réduit au-dessous de celui nécessaire pour statuer; en cet empêchement se produisant pour une cour ou un tribunal saisi disciplinairement, le pourvoi en règlement de juges devrait être admis comme le seul moyen de ne pas suspendre le cours de la justice. — J.G.S. *Discipl. jud.,* 50.

11590. — III. Expertise (C proc. civ. n°⁸ 98 à 101). — En matière disciplinaire, alors même qu'il est procédé en audience publique, tous les modes de preuve sont admis, et le juge peut puiser des éléments d'appréciation dans les pièces à conviction d'une procédure criminelle en cours d'instruction, sur lesquelles l'inculpé a été mis en mesure de se défendre, si ces pièces ont été jointes au dossier disciplinaire. — Req. 4 janv. 1887 D.P. 88. 1. 435. — Contrà : *Code de procédure civile,* n° 98.

11591. — IV. Jonction d'instances (C. proc. civ. n°⁸ 102 à 107).

11592. — V. Jugement (C. proc. civ. n°⁸ 108 à 113).

§ 5. — *Recours contre les décisions disciplinaires* (C. proc. civ. n°⁸ 114 à 140).

11593. — I. Décisions par défaut (C. proc. civ. n°⁸ 114 à 116). — La seule circonstance que l'inculpé a été touché d'une citation régulière ne saurait empêcher, s'il ne s'est pas présenté, que la condamnation prononcée contre lui ne soit par défaut et qu'il soit recevable à l'attaquer par voie d'opposition. — J.G.S. *Discipl. jud.,* 92.

11594. Et le droit d'opposition existe en faveur de la partie qui ne s'est pas défendue par cela seul qu'à son égard le débat n'a pas été contradictoire. — J.G.S. *Discipl. jud.,* 94. — Contrà : *Code de procédure civile,* n° 116.

11595. Dans ce système aujourd'hui généralement adopté, il importe peu que l'inculpé ait répondu à la citation par une notetendant à proposer des exceptions si, d'ailleurs, il n'a pas conclu au fond. — Civ. 24 avr. 1883, D.P. 83. 1. 417.

11596. Les formes et délais de l'opposition sont ceux prescrits par le code de procédure civile, lorsque la décision par défaut émane d'un tribunal. — J.G.S. *Discipl. jud.,* 95.

11597. En cette matière comme en matière correctionnelle ou de police, l'effet de l'opposition doit être non de suspendre la décision rendue par défaut, mais de remettre la question entièrement en l'état, de sorte que la nouvelle décision pourra porter une condamnation plus forte que celle qui avait été prononcée par défaut. — J.G.S. *Discipl. jud.,* 96.

11598. — II. Décisions prises en la chambre du conseil (C. proc. civ. n°⁸ 117 à 124). — Les décisions rendues par un tribunal réuni en assemblée générale ou en la chambre du conseil contre un officier ministériel et pour faits autres qu'une faute d'audience ou découverte à l'audience, ne sont susceptibles ni d'appel, ni de pourvoi en cassation, mais seulement de revision par le ministre. — J.G.S. *Discipl. jud.*, 166. — V. *Code de procédure civile*, n° 117.

11599. Décidé en ce sens qu'une mesure disciplinaire prise contre un avoué par le tribunal civil réuni en assemblée générale, pour un fait qui ne s'est pas produit à l'audience, ne peut être déféré qu'au ministre de la justice, et n'est susceptible ni d'appel, ni de pourvoi en cassation, même pour excès de pouvoir. — Req. 1er août 1887, D.P. 87. t. 408. — V. *Code de procédure civile*, n° 118.

11600. Les décisions judiciaires contradictoires rendues sur les actions disciplinaires introduites conformément à l'art. 103 du décret du 30 mars 1808 n'étaient susceptibles ni d'appel ni de recours en cassation, ne doivent point nécessairement être notifiées à l'officier ministériel qu'elles concernent. — Civ. r. 30 juin 1890, D.P. 90. 1. 343.

11601. — III. DÉCISIONS RENDUES EN AUDIENCE PUBLIQUE (C. proc. civ. n°s 125 à 132). — Lorsque les cours et tribunaux procèdent par jugement, c'est-à-dire contre les avocats, contre les officiers ministériels pour fautes commises ou découvertes à l'audience et contre les notaires, l'appel et le pourvoi en cassation sont de droit commun et ne peuvent être refusés. — J.G.S. *Discipl. jud.*, 167.

11602. Toutefois, l'art. 103 du décret du 30 mars 1808, dont l'application, spéciale aux officiers ministériels, a été étendue aux avocats par la jurisprudence, n'ouvre ces voies de recours que lorsque le jugement prononce la suspension. — J.G.S. *Discipl. jud.*, n° 167. — V. *Code de procédure civile*, n° 126.

11603. Mais les décisions disciplinaires rendues par les tribunaux en la forme de jugement, alors même qu'elles prononcent des peines moindres que la suspension, peuvent être déférées à la cour de cassation pour incompétence ou excès de pouvoir. — J.G.S. *Discipl. jud.*, 167.

11604. S'il arrivait que, dans une poursuite contre un officier ministériel pour fautes non commises ni découvertes à l'audience, le tribunal, au lieu de statuer en la chambre du conseil, comme le veut l'art. 103 du décret du 30 mars 1808, rendit une décision prononcée en audience publique, dans la forme et avec la qualification de jugement, une telle décision devrait être déférée à la cour de cassation pour excès de pouvoir. — Req. 27 mars 1883, D.P. 83. 1. 354.

11605. Le pourvoi devrait alors être formé par le ministère public institué près la juridiction qui a rendu la décision, sans préjudice du droit réservé au procureur général près la cour de cassation par l'art. 80 de la loi du 27 vent. an 8; mais le procureur général près la cour d'appel serait sans qualité pour exercer le recours. — Même arrêt.

11606. — IV. CONDAMNATIONS PÉCUNIAIRES (C. proc. civ. n°s 133 à 135).
— V. FORMES DU RECOURS (C. proc. civ. n°s 136 à 140). — Dans tous les cas où les voies de l'appel et du pourvoi en cassation sont ouvertes contre les décisions rendues par les cours et tribunaux, elles sont exercées, conformément au droit commun, par les parties qui figurent dans l'instance disciplinaire, c'est-à-dire par le ministère public et l'inculpé. — J.G.S. *Discipl. jud.*, 169.

11608. La partie lésée, dont l'action a été jointe à celle du ministère public, sera appelée qu'au point de vue de ses intérêts civils; il ne lui est pas permis de rouvrir le débat sur la question disciplinaire; et, si elle

entendait joindre sa demande à l'action de la partie publique, elle ne serait admise à le faire en appel que si l'objet de cette demande était supérieur à 1500 fr. — Montpellier, 7 mai 1867, J.G.S. *Discipl. jud.*, 169.

11609. L'appel et le pourvoi contre les décisions des cours et tribunaux sont formés dans les délais et suivis dans les formes du droit commun. — J.G.S. *Discipl. jud.*, 171. — V. *Code de procédure civile*, n° 138.

11610. Toutefois l'exercice de ces voies de recours n'est point assujetti à toutes les formalités de la procédure civile, mais seulement aux règles qui ont pour objet de sauvegarder les droits de la défense, telles que celles qui déterminent le délai dans lequel le recours doit être formé et signifié à peine de déchéance. — Paris, 21 mars 1879, D.P. 79. 2. 245, et sur pourvoi, Civ. 1er déc. 1880, D.P. 81. 1. 153.

11611. Décidé que les délais de l'appel sont de deux mois et courent à partir de la signification du jugement à la personne ou au domicile de la personne contre laquelle était exercée l'action disciplinaire; ils ne courent pas à partir du jugement, même contre le ministère public. — Pau, 24 janv. 1887, D.P. 89. 2. 15.

11612. L'appel du ministère public est donc recevable quand il a été formé dans les deux mois de la signification du jugement, alors même qu'il s'est écoulé plus de deux mois depuis qu'il a été rendu. — Même arrêt.

11613. Cette dernière solution, toutefois, pourrait être contestée; car il semble douteux que la signification soit nécessaire pour faire courir les délais de l'appel contre le ministère public, qui même contre l'inculpé, alors du moins qu'il a figuré au jugement. — J.G.S. *Discipl. jud.*, 171.

11614. Dans cette hypothèse, en effet, l'utilité de la signification n'apparaît pas, et il semble, pour cet motif, qu'il n'y ait point lieu de l'exiger, conformément aux prescriptions du code de procédure civile, pour faire courir les délais de l'appel. — J.G.S. *Discipl. jud.*, 171.

11615. En cette matière, du reste, comme en matière correctionnelle, l'appel étant établi sur un motif d'ordre public, le ministère public ne peut renoncer à se servir de cette voie de recours autrement qu'en laissant expirer le délai imparti pour interjeter appel. — Arrêt préc. 24 janv. 1887.

11616. — VI. RÉHABILITATION. — Une loi du 19 mars 1864 a étendu aux avoués et autres officiers ministériels le bénéfice de la loi du 3 juill. 1852 sur la réhabilitation. — D.P. 64. 4. 32.

11617. Les formes et les délais édictés par le code d'instruction criminelle pour la réhabilitation sont applicables en matière disciplinaire. — J.G.S. *Discipl. jud.*, 101.

11618. L'effet de la réhabilitation est de faire disparaître, avec l'incapacité légale, la tache au point de vue moral qu'avait produit la condamnation; mais il ne saurait être de réintégrer *ipso facto* l'officier public destitué dans ses fonctions; le juge peut être contamné, restitué dans la capacité voulue pour les exercer, pourrait-il solliciter une investiture nouvelle. — J.G.S. *Discipl. jud.*, 101.

Art. 104. Notre procureur impérial en chaque tribunal de première instance sera tenu de rendre, sans délai, un pareil compte à notre procureur général en la cour du ressort, afin que ce dernier l'adresse à notre

grand-juge ministre de la justice, avec ses observations.

Art. 108. Les règlements de discipline particuliers à aucune de nos cours ou tribunaux continueront d'être exécutés en ce qu'ils n'auraient rien de contraire au présent.

Loi du 20 avril 1819,

Sur l'organisation de l'ordre judiciaire et l'administration de la justice. — Publiée au *Moniteur* du 21 avr. 1819 et au *Bulletin des lois*, n° 5351. — (Extrait, J.G. Organ. judic., p. 1493.)

Art. 45. Les procureurs généraux auront la surveillance de tous les officiers ministériels du ressort.

Loi du 30 juill. 1870,

Portant augmentation du personnel du tribunal civil de première instance de la Seine. — (Extrait, D.P. 70. 4. 56.)

Art. 2. Les art. 64 et 103 du décret du 30 mars 1808 sont, en ce qui touche le tribunal civil de la Seine, remplacés par les dispositions suivantes :

La première et la deuxième chambre du tribunal civil de la Seine connaîtront à l'avenir : 1° des homologations d'avis des chambres de discipline des officiers ministériels, lorsqu'ils intéresseront le corps de ces officiers; 2° des mesures de discipline à prendre sur les plaintes des particuliers ou sur les réquisitions du ministère public pour cause de faits qui ne se seraient point passés ou qui n'auraient pas été découverts à l'audience.

Loi du 19 juill. 1892,

Portant augmentation du nombre des magistrats du tribunal de première instance de la Seine. — (Journ. off. 19 juill. 1892. — D.P. 92, 4e partie).

Art. 1er. Il est créé au tribunal civil de première instance de la Seine une place de vice-président, six places de juges titulaires, six places de juges suppléants, deux places de substituts du procureur de la République et une place de commis-greffier.

Art. 2. La première chambre du tribunal est divisé en trois sections, les autres chambres civiles sont divisées en deux sections. Les diverses sections d'une même chambre peuvent siéger simultanément si les besoins du service l'exigent.

Art. 3. Dans la première chambre, le président du tribunal présidera celle des sections à laquelle il voudra s'attacher; en cas d'empêchement, il y sera remplacé par un vice-président. Les deux autres sections seront présidées, l'une par un vice-président, l'autre par un juge titulaire. Dans les autres chambres, l'une des sections est présidée par le vice-président, l'autre par un juge titulaire. Les juges appelés à présider les sections sont désignés par décret du Président de la République pour la durée de l'année judiciaire. Cette désignation peut être renouvelée.

Art. 4. Les dispositions des lois antérieures sont abrogées en ce qu'elles ont de contraire à la présente loi.

IV. — TARIF DES FRAIS ET DÉPENS EN MATIÈRE CIVILE.

1er Décret du 16 février 1807,

Contenant le tarif des frais et dépens pour le ressort de la cour d'appel de Paris. — Publié au Bulletin des lois n° 2240.

LIV. Ier, — DES JUSTICES DE PAIX.

CHAP. Ier. — *Taxe des actes et vacations des juges de paix.*

11619. Les art. 1 à 8, composant le chap. 1er du tit. 1er, ont été abrogés par la loi du 21 juin 1843. — V. infrà, p. 444.

CHAP. II. — *Taxe des greffiers des juges de paix.*

Art. 9. (C. pr. 8.) Il sera taxé aux greffiers des justices de paix, par chaque rôle d'expédition qu'ils délivreront, et qui contiendra vingt lignes à la page et dix syllabes à la ligne,
À Paris, 50 c.,
Dans les villes où il y a tribunal de première instance, 40 c.:
Dans les autres villes et cantons ruraux, 40 c.

Art. 10. (C. pr. 54.) Pour l'expédition du procès-verbal qui constatera que les parties n'ont pu être conciliées, et qui ne doit contenir qu'une mention sommaire qu'elles n'ont pu s'accorder, il sera alloué,
À Paris, 1 fr.;
Dans les villes et cantons ruraux, 80 c.

Art. 11. (C. pr. 7.) La déclaration des parties qui demandent à être jugées par le juge de paix, sera insérée dans le jugement; et il ne sera rien taxé au greffier pour l'avoir reçue, non plus que pour tout autre acte de greffe.

Art. 12. (C. pr. 30.) Pour transport sur les lieux contentieux, quand il sera ordonné, il sera alloué au greffier les deux tiers de la taxe du juge de paix.

Art. 13. (C. pr. 58.) Il n'est rien alloué pour la mention sur le registre du greffe et sur l'original, du vu de la citation en conciliation, quand l'une des parties ne comparaît pas.

Art. 14. (C. pr. 45, 47.) Pour la transmission au procureur impérial de la récusation et de la réponse du juge, tous frais de port compris,
À Paris, 5 fr.;
Dans les villes où il y a tribunal de première instance, 5 fr.;
Dans les autres villes ou cantons ruraux, 5 fr.

Art. 15. (C. pr. 317.) Il sera taxé au greffier du juge de paix qui aura assisté aux opérations des experts, et qui aura écrit la minute de leur rapport, dans le cas où tous, ou l'un d'eux, ne sauraient écrire, les deux tiers des vacations allouées à un expert.

Art. 16. Il lui est alloué les deux tiers des vacations du juge de paix pour assistance,
(C. civ. 406.) Aux conseils de famille;

(C. pr. 909.) Aux appositions de scellés;
(C. pr. 932.) Aux reconnaissances et levées de scellés;
(C. pr. 921, 935.) Aux référés;
(C. civ. 70, 71.) Aux actes de notoriété.
Il est encore alloué au greffier les deux tiers des frais de transport dans les mêmes cas où ils sont alloués aux juges de paix.
Les greffiers des juges de paix ne pourront délivrer d'expéditions entières des procès-verbaux d'apposition, reconnaissances et levées de scellés, qu'autant qu'ils en seront expressément requis par écrit.
Ils seront tenus de délivrer les extraits qui leur seront demandés, quoique l'expédition entière n'ait été ni demandée, ni délivrée.

Art. 17. (C. pr. 925.) Il sera taxé au greffier du juge de paix,
Pour sa vacation, à l'effet de faire la déclaration de l'apposition des scellés sur le registre du greffe du tribunal de première instance, dans les villes où elle est prescrite, les deux tiers d'une vacation du juge de paix.

Art. 18. (C. pr. 926.) Il lui sera alloué pour chaque opposition aux scellés qui sera formée par déclaration sur le procès-verbal de scellés,
À Paris, 50 c.;
Dans les villes où il y a tribunal de première instance, 40 c.;
Dans les autres villes et cantons ruraux, 40 c.

Art. 19. (C. pr. 1039.) Il ne lui sera rien alloué pour les oppositions formées par le ministère des huissiers, et visées par lui.

Art. 20. (C. pr. 926.) Il est alloué pour chaque extrait des oppositions aux scellés, à raison, par chaque opposition, de :
À Paris, 50 c.;
Dans les villes où il y a tribunal de première instance, 40 c.;
Dans les autres villes et cantons ruraux, 40 c.

11620. Le droit de greffe de 1 fr., qui se percevait pour l'inscription au rôle de chaque cause portée à l'audience, d'après la loi du 16 nov. 1875. est supprimé, comme tous les autres droits de greffe, par la loi du 26 janv. 1892, art. 4, sur la réforme des frais de justice. — V. le commentaire de cette loi infrà, n°s 12290 et s.
11621. Les expéditions délivrées par les greffiers des justices de paix en matière civile sont dispensées du timbre par l'art. 12, 1er alinéa, de ladite loi du 26 janv. 1892. — V. infrà, n°s 12415 et s.
11622. Les avis de parents, les actes nécessaires pour la convocation et la constitution des conseils de famille et l'homologation des délibérations prises dans ces conseils, sont affranchis des droits de toute nature lorsqu'il s'agit de mineurs, interdits ou personnes dont l'interdiction est demandée, qui sont dans l'indigence. — L. 26 janv. 1892, art. 12, 2e alin. — V. infrà, n°s 12415 et s.

CHAP. III. — *Taxe des huissiers des juges de paix.*

Art. 21. Pour l'original,
De chaque citation contenant demande,

À Paris, 1 franc 50 c.;
Dans les villes où il y a tribunal de première instance, 1 fr. 25 c.;
Dans les autres villes et cantons ruraux, 1 fr. 25 c.;
(C. pr. 16, 19.) De signification de jugement, 1 fr. 25 c.;
(C. pr. 17.) De sommation de fournir caution ou d'être présent à la réception et soumission de la caution ordonnée, 1 fr. 25 c.;
(C. pr. 20.) D'opposition au jugement par défaut, contenant assignation à la prochaine audience, 1 fr. 50 c.;
(C. pr. 32.) De demande en garantie, 1 fr.
(C. pr. 34.) De citation aux témoins, 1 fr. 50 c.;
(C. pr. 42.) De citation aux gens de l'art et experts, 1 fr. 50 c.;
(C. pr. 52.) De citation en conciliation, 1 fr. 50 c.;
(C. civ. 406.) De citation aux membres qui doivent composer le conseil de famille, 1 fr. 50 c.;
De notification de l'avis du conseil de famille, 1 fr. 50 c.;
(C. pr. 926.) D'opposition aux scellés, 1 fr. 50 c.;
De sommation à la levée de scellés, 1 fr. 50 c.;
Et pour chaque copie des actes ci-dessus énoncés, le quart de l'original.

Art. 22. Pour la copie des pièces qui pourra être donnée avec l'original, par chaque rôle d'expédition de vingt lignes à la page et de dix syllabes à la ligne,
À Paris, 25 c.;
Dans les villes où il y a tribunal de première instance, 20 c.;
Dans les autres villes et cantons ruraux, 20 c.

Art. 23. Pour transport qui ne pourra être alloué qu'autant qu'il y aura plus d'un demi myriamètre (une lieue ancienne) de distance entre la demeure de l'huissier et le lieu où l'exploit devra être posé, aller et retour, par myriamètre, 2 fr.
Il ne sera rien alloué aux huissiers des juges de paix pour vim par le greffier de la justice de paix ou par les maires ou adjoints des communes du canton, dans les différents cas prévus par le code de procédure.

11623. Le droit d'enregistrement applicable aux exploits relatifs aux procédures en matière civile devant les juges de paix est réduit à 1 fr. par l'art. 6 de la loi du 26 janv. 1892 sur la réforme des frais de justice. — V. infrà, n°s 12333 et s.

CHAP. IV. — *Taxe des témoins, experts et gardiens des scellés.*

Art. 24. (C. pr. 29, 34.) Il sera taxé au témoin entendu par le juge de paix, une somme équivalente à une journée de travail, même à une double journée, si le témoin a été obligé de se faire remplacer dans sa profession, ce qui est laissé à la prudence du juge.
Il sera taxé au témoin qui n'a pas de profession, 2 fr.
Il ne sera point passé de frais de voyage

si le témoin est domicilié dans le canton où il est entendu.

S'il est domicilié hors du canton et à une distance de plus de deux myriamètres et demi du lieu où il fera sa déposition, il lui sera alloué autant de fois une somme double de la journée de travail, ou une somme de 4 fr., qu'il y aura de fois cinq myriamètres de distance entre son domicile et le lieu où il aura déposé.

Art. 25. (C. pr. 29. 42.) La taxe des experts en justice de paix sera la même que celle des témoins, et il ne leur sera alloué de frais de voyage que dans les mêmes cas.

Art. 26. Les frais de garde seront taxés par chaque jour, pendant les douze premiers jours :
A Paris, 2 fr. 50 c.;
Dans les villes où il y a tribunal de première instance.
Dans les autres villes et cantons ruraux, 1 fr. 50 c.;
Ensuite seulement à raison de :
A Paris, 1 fr.;
Dans les villes où il y a tribunal de première instance, 80 c.;
Dans les autres villes et cantons ruraux, 60 c.

LIV. II. — DE LA TAXE DES FRAIS DANS LES TRIBUNAUX INFÉRIEURS ET DANS LES COURS.

TIT. Ier. — DE LA TAXE DES ACTES DES HUISSIERS ORDINAIRES.

11624. La loi du 26 janv. 1892 *sur la réforme des frais de justice* a réduit d'un tiers le droit d'enregistrement : ... des exploits relatifs aux *instances suivies en matière civile* devant les tribunaux de première instance et les cours d'app l (art. 7). — V. infrà, nos 12345 et s.

11625. ... Des exploits relatifs aux *procédures d'ordre judiciaire*, de *contribution judiciaire* et de *vente judiciaire* (art. 8). — V. infrà, nos 12368 et s.

11626. La même loi a dispensé : ... de la formalité du timbre et de l'enregistrement les *exploits de signification des actes de procédure d'avoué* même devant les tribunaux de première instance et les cours d'appel (art. 5). — V. infrà, nos 12395 et s.

11627. ... Des droits de toute nature les *exploits signifiés* pour la convocation et constitution des *conseils de famille* et l'*homologation des délibérations* prises dans ces conseils lorsqu'il s'agit de mineurs, interdits ou personnes dont l'interdiction est demandée, qui sont *dans l'indigence* (art. 12-2°). — V. infrà, nos 12619 et s.

11628. Les huissiers sont tenus : ... de présenter au receveur de l'enregistrement, dans les quatre jours de la signification, à peine d'une amende de 10 fr., *les originaux des conclusions respectivement signifiées*, et les originaux ne peuvent être admis en taxe que s'ils sont visés, cotés et paraphés par le receveur de l'enregistrement (art. 18). — V. infrà, nos 12415 et s.

11629. ... D'inscrire sur un *répertoire spécial non timbré* les actes affranchis des droits et de la formalité de l'enregistrement par la loi du 26 janv. 1892, c'est-à-dire les exploits de signification d'actes d'avoué à avoué (art. 19). — V. infrà, nos 12626 et s.

11630. Les *états de frais* dressés par les huissiers doivent faire ressortir distinctement, dans une colonne spéciale et pour chaque débours, le montant des droits de toute nature payés au Trésor (art. 21). — V. infrà, nos 12618 et s.

§ 1er. — *Actes de première classe.*

Art. 27. (C. pr. 16, 59, 61 et 69, n° 8.) Pour l'original d'un exploit d'appel du jugement de la justice de paix,
D'un exploit d'ajournement, même en cas de domicile inconnu en France, et d'affiche à la porte de l'auditoire :
A Paris, 2 fr.;
Partout ailleurs, 1 fr. 50 c.

Art. 28. (C. pr. 65.) Pour les copies de pièces qui doivent être données avec l'exploit d'ajournement et autres actes. par rôle contenant vingt lignes à la page, et dix syllabes à la ligne, ou évalué sur ce pied :
A Paris, 25 c ;
Partout ailleurs, 20 c.
Le droit de copie de toute espèce de pièces et de jugements appartiendra à l'avoué, quand les copies de pièces seront faites par lui; l'avoué sera tenu de signer les copies de pièces et de jugements, et sera garant de leur exactitude.
Les copies seront correctes et lisibles, à peine de rejet de la taxe.

Art. 29. (C. pr. 121.) Pour l'original d'une sommation d'être présent à la prestation d'un serment ordonné;
(C. pr. 147.) D'une signification de jugement à domicile;
(C. pr. 153.) De signification d'un jugement de jonction par un huissier commis;
(C. pr 156.) De signification d'un jugement par défaut contre partie, par un huissier commis;
(C. pr. 162.) D'opposition au jugement par défaut rendu contre partie;
(C. pr. 204.) De sommation aux experts et aux dépositaires des pièces de comparaison, en vérification d'écritures;
(C pr. 223.) De signification aux dépositaires, de l'ordonnance ou du jugement qui porte que la minute de la pièce sera apportée au greffe;
(C. pr. 260. 261.) D'assignation aux témoins dans les enquêtes;
D'assignation à la partie contre laquelle se fait l'enquête;
(C. pr. 307.) De signification de l'ordonnance du juge-commissaire pour faire prêter serment aux experts;
(C pr. 329.) De la signification de la requête et des ordonnances, pour faire subir interrogatoire sur faits et articles;
(C. pr. 350.) De la signification du jugement rendu par défaut contre partie, sur demande en reprise d'instance, ou en constitution de nouvel avoué, par un huissier commis;
(C. pr. 355.) De signification du désaveu;
(C. pr. 365.) De signification du jugement portant permission d'assigner en règlement de juges, contenant assignation;
(C. pr. 415.) Pour l'original d'une demande formée au tribunal de commerce;
(C. pr. 429.) D'une signification de jugement par défaut au tribunal de commerce, par un huissier commis;
(C. pr. 436, 437.) Pour l'original d'opposition au jugement par défaut rendu par le tribunal de commerce, contenant les moyens d'opposition et assignation;
(C. pr. 439.) De signification des jugements contradictoires;
(C. pr. 440 441.) De l'acte de présentation de caution avec sommation à jour et heure fixes de se présenter au greffe pour prendre communication des titres de la caution, et assignation à l'audience, en cas de contestation, pour y être statué.
(C. pr. 446.) Original d'un acte d'appel de jugements des tribunaux de première instance et de commerce, contenant assignation et constitution d'avoué;

(C. pr. 447.) De signification de jugement à des héritiers collectivement, au domicile du défunt;
(C. pr. 507.) D'une réquisition aux tribunaux de juger en la personne du greffier;
(C. pr. 514.) De signification de la requête et du jugement qui admet une prise à partie;
(C. pr. 518.) De signification de la présentation de caution, avec copie de l'acte de dépôt au greffe des titres de solvabilité de la caution;
(C. pr. 534.) De signification de l'ordonnance du juge commis, pour entendre un compte, et sommation de se trouver devant lui, aux jour et heure indiqués, pour être présent à la présentation et affirmation;
(C. pr 557, 558, 559.) D'un exploit de saisie arrêt ou opposition contenant énonciation de la somme pour laquelle elle est faite, du jugement qui admet la prise à partie, ou de l'ordonnance du juge;
(C. pr. 563.) De la dénonciation au saisi de la saisie-arrêt, ou opposition, avec assignation en validité;
(C. pr. 564.) De la dénonciation au tiers saisi de la demande en validité formée contre le débiteur saisi;
(C. pr. 570.) De l'assignation au tiers saisi pour faire sa déclaration;
(C. pr. 583, 584.) D'un commandement, pour parvenir à une saisie-exécution;
(C. pr. 602.) De la notification de la saisie-exécution faite hors du domicile du saisi, et en son absence;
(C. pr. 606. D'une assignation en référé à la requête du gardien, qui demande sa décharge;
D'une sommation à la partie saisie, pour être présent au récolement des effets saisis, quand le gardien a obtenu sa décharge;
(C. pr. 608.) D'une opposition à vente, à la requête de celui qui se prétend propriétaire des objets saisis entre les mains du gardien;
De dénonciation de cette opposition au saisissant et au saisi, avec assignation libellée et l'énonciation des preuves de propriété.
Le gardien ne pourra être assigné.
(C. pr. 609.) D'une opposition sur le prix de la vente, en contenant les causes;
(C. pr. 612.) D'une sommation au premier saisissant de faire vendre;
(C. pr. 614.) D'une sommation à la partie saisie, pour être présente à la vente qui ne serait pas faite au jour indiqué par le procès-verbal de saisie-exécution;
(C. pr. 626.) Pour l'original du commandement qui doit précéder la saisie brandon;
(C. pr. 628.) De dénonciation de la saisie-brandon au garde champêtre, gardien de droit à ladite saisie, et qui ne sera pas présent au procès-verbal;
(C. pr. 636.) Du commandement qui doit précéder la saisie de rentes constituées sur particuliers;
(C. pr. 641.) De dénonciation à la partie saisie de saisie de rentes constituées sur particuliers;
(C. pr. 659, 660.) D'une sommation aux créanciers de produire dans les contributions, et à la partie saisie de prendre communication des pièces produites, et de contredire, s'il y échet;
(C. pr. 661.) D'une sommation à la partie saisie, qui n'a point d'avoué constitué, à la requête du propriétaire, de comparaître en référé devant le juge-commissaire, pour faire statuer préliminairement sur son privilège pour raison des loyers à lui dus;
(C. pr. 663.) De sommation à la partie saisie qui n'a point d'avoué constitué, de la clôture du procès-verbal du juge-commissaire, en contribution, avec sommation d'en prendre communication, et contredire sur le procès-verbal dans la quinzaine;
(C. pr. 673, 687, 693, 695.) *Les paragraphes 41, 45, 46, 47, 48 et 49 ont été abrogés par l'art. 10 de l'ord. du 16 oct. 1841 (V. infrà, p. 443).*
(C. pr. 753.) Des sommations aux créanciers inscrits de produire dans les ordres;

(C. pr. 807.) D'assignation en référé, dans le cas d'urgence, ou lorsqu'il s'agit de statuer sur les difficultés relatives à l'exécution d'un titre exécutoire ou d'un jugement;

(C. pr. 808.) De signification d'une ordonnance sur référé;

(C. civ. 1259.) D'une sommation d'être présent à la consignation de la somme offerte;

De dénonciation du procès verbal de dépôt de la chose ou de la somme consignée, au créancier qui n'était pas présent à la consignation;

(C. civ. 1264.) De sommation aux créanciers d'enlever le corps certain, qui doit être livré au lieu où il se trouve;

(C. pr. 819.) D'un commandement à la requête des propriétaires et principaux locataires de maisons ou biens ruraux, à leurs locataires, sous-locataires et fermiers, pour payement de loyers ou fermages échus;

(C. civ. 2183.) De la notification aux créanciers inscrits de l'extrait du titre du nouveau propriétaire, de la transcription et du tableau prescrit par l'art. 2183 du Code civil;

(C. pr. 839.) D'une assignation et sommation à un notaire, et aux parties intéressées, s'il y a lieu, pour avoir expédition d'un acte parfait;

(C. pr. 841.) Pour avoir expédition d'un acte non enregistré, ou resté imparfait;

(C. pr. 844.) Ou une seconde grosse;

(C. pr. 860.) D'une sommation à la requête de la femme à son mari, de l'autoriser;

(C. pr. 856.) D'une demande à domicile, à fin de rectification d'un acte de l'état civil;

(C. pr. 876.) D'une demande en séparation, de corps;

(C. civ. 241.) D'une demande en divorce pour cause déterminée (1).

(C. pr. 883.) D'ajournement, pour demander la réformation d'un avis du conseil de famille qui n'a pas été unanime;

(C. pr. 888.) De l'opposition formée, à la requête des membres d'un conseil de famille, à l'homologation de la délibération;

(C. pr. 947.) De sommation aux parties qui doivent être appelées à la vente des meubles dépendant d'une succession;

(C. pr. 976.) De sommation aux copartageants de comparaître devant le juge-commissaire;

(C. pr. 980.) De sommation aux parties pour assister à la clôture du procès-verbal de partage chez le notaire;

(C. pr. 992.) De sommation à la requête d'un créancier, à l'héritier bénéficiaire de donner caution;

(C. pr. 1018.) De sommation aux arbitres de se réunir au tiers-arbitre pour vider le partage;

De tout exploit contenant sommation de faire une chose, ou opposition à ce qu'une chose soit faite, protestation de nullité, et généralement de tous actes simples du ministère des huissiers non compris dans la seconde partie du présent tarif,

A Paris, 2 fr.;

Partout ailleurs, 1 fr. 50 c.;

Pour chaque copie, le quart de l'original.

Indépendamment des copies des pièces qui n'auront pas été faites par les avoués, et qui seront taxées comme il a été dit ci-dessus.

§ 1. — *Actes de seconde classe et procès-verbaux.*

Art. 30. (C. pr. 45.) Pour l'original de la récusation du juge de paix, qui en contiendra les motifs, et qui sera signé par la partie ou son fondé de pouvoir spécial, ainsi que la copie.

A Paris, 3 fr.;

Dans les villes où il y a tribunal de première instance, 2 fr. 25 c.;

Dans les autres villes et cantons ruraux, 2 fr. 25 c.;

(1) Abrogé par la loi du 8 mai 1816 qui a aboli le divorce et remis en vigueur par la loi du 27 juill. 1884 (D.P. 84. 4. 97), qui l'a rétabli.

Et pour la copie, le quart.

Art. 31. (C. pr. 585, 586, 587, 588, 589, 590 et 601.) Pour un procès-verbal de saisie-exécution, qui durera trois heures, y compris le temps nécessaire pour requérir, soit le juge de paix, soit le commissaire de police ou les maire et adjoints, en cas de refus d'ouverture de porte,

A Paris, y compris 1 fr. 50 c. pour chaque témoin, 8 fr.;

Et dans les villes où il y a tribunal de première instance,

Et dans les autres villes et cantons ruraux, y compris 1 fr. par chaque témoin, 6 fr.

Si la saisie dure plus de trois heures, par chaque vacation subséquente aussi de trois heures.

A Paris, y compris 80 c. pour chaque témoin, 5 fr.;

Dans les villes où il y a tribunal de première instance, 3 fr. 75 c.;

Et dans les autres villes et cantons ruraux, y compris 60 c. pour chaque témoin, 3 fr. 75 c.

Dans les taxes ci-dessus se trouvent comprises les copies pour la partie saisie et pour le gardien.

Art. 32. (C. pr. 587.) Vacation du commissaire de police qui aura été requis pour être présent à l'ouverture des portes et des meubles fermant à clef, ou aux maires et adjoints, si ces derniers le requièrent,

A Paris, 5 fr.;

Dans les villes où il y a tribunal de première instance. 3 fr. 75 c.;

Dans les autres villes et cantons ruraux, 2 fr. 50 c.

Art. 33. (C. pr. 590.) Vacation de l'huissier pour déposer au lieu établi pour les consignations, ou entre les mains du dépositaire qui sera convenu, les deniers comptants qui pourraient avoir été trouvés,

A Paris, 2 fr.;

Dans les villes où il y a tribunal de première instance, 1 fr. 50 c.;

Dans les autres villes et cantons ruraux 1 fr. 50 c.

Art. 34. (C. pr. 596.) Les frais de garde seront taxés par chaque jour, pendant les douze premiers jours,

A Paris, 2 fr. 50 c.;

Dans les villes où il y a tribunal de première instance, 2 fr.;

Dans les autres villes et cantons ruraux 1 fr. 50 c.

Ensuite seulement à raison de,

A Paris, 1 fr.;

Dans les villes où il y a tribunal de première instance, 80 c.;

Dans les autres villes et cantons ruraux, 60c.

11631. Le gardien d'objets saisis peut, après avoir fait taxer les frais de garde, requérir un exécuteur pour le montant de la taxe, et, en vertu de cet exécutoire, poursuivre par voie de commandement le payement desdits frais, alors même qu'ils n'ont pas été compris dans l'expédition d'un jugement ou arrêt. — Civ. c. 8 août 1877, D.P. 78. 1. 165.

Art. 35. (C. pr. 606.) Pour un procès-verbal de récolement des effets saisis, quand le gardien aura obtenu sa décharge.

A Paris, 3 fr.;

Dans les villes où il y a tribunal de première instance, 2 fr. 25 c.;

Dans les autres villes et cantons ruraux, 2 fr. 25 c.

Ce procès-verbal ne contiendra aucun détail, si ce n'est pour constater les effets qui pourraient se trouver en déficit; et l'huissier ne sera point assisté de témoins.

Il sera laissé copie du procès-verbal de récolement au gardien qui aura obtenu sa décharge: il remettra la copie de la saisie

qu'il avait entre les mains au nouveau gardien, qui se chargera du contenu sur le procès-verbal de récolement.

Pour chacune des copies à donner du procès-verbal de récolement, le quart de l'original.

Art. 36. (C. pr. 611.) Dans le cas de saisie antérieure et d'établissement de gardien, pour le procès-verbal de récolement sur le premier procès-verbal que le gardien sera tenu de représenter. et qui, sans entrer dans aucun détail, et contenant seulement la saisie des effets omis, et sommation au premier saisissant de vendre, témoins compris et deux copies sera taxé,

A Paris, 6 fr.;

Dans les villes où il y a tribunal de première instance, 4 fr. 50 c.;

Dans les autres villes et cantons ruraux, 4 fr. 50 c.

Et pour une troisième copie, s'il y a lieu, le quart de l'original.

Art. 37. (C. pr. 616.) Pour le procès-verbal de récolement qui ne contiendra aucune énonciation des effets saisis, mais seulement de ceux en déficit, s'il y en a, y compris les témoins,

A Paris, 6 fr.;

Dans les villes où il y a tribunal de première instance, 4 fr. 50 c.;

Dans les autres villes et cantons ruraux, 4 fr. 50 c.

Il n'en sera point donné de copie.

Art. 38. (C. pr. 617.) S'il y a lieu au transport des effets saisis, l'huissier sera remboursé de ses frais sur les quittances qu'il en représentera, ou sur sa simple déclaration, si les voituriers et gens de peine ne savent écrire, ou qu'il constatera par son procès-verbal de vente.

Il sera alloué à l'huissier ou autre officier qui procédera à la vente, pour la rédaction de l'original du placard qui doit être affiché,

A Paris, 1 fr.;

Dans les villes où il y a tribunal de première instance, 1 fr.;

Dans les autres villes et cantons ruraux 1 fr;

Pour chacun des placards, s'ils sont manuscrits,

A Paris, 50 c.;

Dans les villes où il y a tribunal de première instance, 50 c.;

Dans les autres villes et cantons ruraux, 50 c.;

Et s'ils sont imprimés, l'officier qui procédera à la vente en sera remboursé sur les quittances de l'imprimeur et de l'afficheur.

Art. 39. Pour l'original et l'exploit qui constatera l'apposition des placards. dont il ne sera point donné de copie,

A Paris, 3 fr.;

Dans les villes où il y a tribunal de première instance, 2 fr. 25 c.;

Dans les autres villes et cantons ruraux 2 fr. 25 c.

Il sera passé. en outre, la somme qui aura été payée pour l'insertion de l'annonce de la vente dans un journal, si la vente est faite dans une ville où il a été imprimée.

Pour chaque vacation de trois heures à la vente, le procès-verbal de vente sera taxé à l'huissier dans les lieux où ils sont autorisés à la faire,

A Paris, 8 fr.;

Dans les villes où il y a tribunal de première instance, 5 fr.;

Et à Paris, où les ventes sont faites par les commissaires-priseurs, il sera alloué à l'huissier, pour requérir le commissaire-priseur, une vacation de 2 fr.

11632. Les droits et honoraires fixés par la loi du 18 juin 1843 sur le tarif des commis-aires-priseurs ne sont pas applicables aux huissiers, greffiers et notaires. Ceux-ci, lorsqu'ils procèdent à des ventes judiciaires de meubles, doivent s'en tenir à l'émolument réglé par l'art. 39 du tarif. — J.G.S. *Frais et dépens*, 354.

11633. La question de savoir à quels émoluments ont droit les notaires, greffiers et huissiers qui sont en concurrence pour procéder aux ventes judiciaires de meubles dans les localités où il n'existe pas de commissaires-priseurs est controversée. — D.P. 87, 1. 411, note 2.

11634. Suivant un premier système, ils ont droit à l'émolument de 6 0/0 fixé par la loi du 18 juin 1813 relative aux émoluments des commissaires-priseurs. — Trib. de Château-Thierry, 18 août 1847, D.P. 87, 1. 411, note 2. — Trib. de Nancy, 18 mai 1852, *ibid.* — Décis. min. Just. 24 déc. 1852 et 28 févr. 1853, *ibid.*

11635. Mais cette interprétation a été repoussée par la cour de cassation qui a décidé que la loi du 18 juin 1843 spéciale aux commissaires-priseurs ne renfermait aucune disposition relative aux autres officiers publics autorisés dans certains cas à procéder à la vente des meubles aux enchères publiques et qu'elle n'avait pas dérogé, en ce qui concernait les huissiers, à l'art. 39 du tarif de 1807. — Req. 30 mai 1854, D.P. 67, 5. 224.

11636. Quoique cet arrêt semble interdire en tous les cas pour les notaires et officiers publics autres que les commissaires-priseurs l'application de la loi de 1843, la chancellerie a pensé qu'il pouvait laisser place à une distinction. — Décis. 14 déc. 1855, D.P. 87, 1. 411, note 2.

11637. D'après cette décision, lorsqu'il s'agit de ventes volontaires, les émoluments des huissiers, comme ceux des notaires et des greffiers, sont réglés par les lois des 26 juill. 1790 et 17 nov. 1793; mais, à raison de la difficulté qu'on éprouve à se rendre compte exactement des dispositions combinées de ces deux lois, le ministre de la justice tolère généralement l'application de la loi de 1843 aux officiers ministériels autres que les commissaires-priseurs. — D.P. 87, 1. 411, note 2.

11638. Lorsque, au contraire, dans le cas prévu par l'arrêt de la cour de cassation du 30 mai 1854, les ventes sont judiciaires, les huissiers, les notaires et greffiers ne peuvent recevoir d'autres salaires que ceux fixés par l'art. 39 du décret du 16 févr. 1807. — V. *ibid.*

Art. 40. (C. pr. 623.) En cas d'absence de la partie saisie, son absence sera constatée, et il ne sera nommé aucun officier pour la représenter.

Art. 41. (C. pr. 620, 621.) Dans le cas de publication sur les lieux où se trouvent les barques, chaloupes et autres bâtiments, prescrite par l'art. 620 du code, et dans le cas d'exposition de la vaisselle d'argent, bagues et joyaux, ordonnée par l'art. 621, il sera alloué à l'huissier, pour chacune des deux premières publications ou expositions,

À Paris, 6 fr.;

Dans les villes où il y a tribunal de première instance, 4 fr.;

Dans les autres villes et cantons ruraux, 3 fr.

La troisième publication ou exposition est comprise dans la vacation de vente.

À Paris, et dans les villes où il s'imprime des journaux, les vacations pour publications et expositions ne pourront être allouées aux huissiers, attendu qu'il doit y être suppléé par l'insertion dans les journaux.

Si l'expédition du procès-verbal de vente est requise par l'une des parties, il sera alloué à l'huissier ou autre officier, qui aura procédé à la vente, par chaque rôle d'expédition, contenant vingt-cinq lignes à la page, et dix à douze syllabes à la ligne,

À Paris, 1 fr.;

Dans les villes où il y a tribunal de première instance, 50 c.;

Dans les autres villes et cantons ruraux, 40 c.

Art. 42. (C. pr. 657.) Pour la vacation de l'huissier ou autre officier qui aura procédé à la vente, pour faire taxer ses frais par le juge, sur la minute de son procès-verbal,

À Paris, 3 fr.;

Dans les villes où il y a tribunal de première instance, 2 fr.;

Dans les autres villes et cantons ruraux, 1 fr. 50 c.

Et pour consigner les deniers provenant de la vente:

À Paris, 3 fr.;

Dans les villes où il y a tribunal de première instance, 2 fr.;

Dans les autres villes et cantons ruraux, 1 fr. 50 c.

Art. 43. (C. pr. 627.) Pour un procès-verbal de saisie-brandon, contenant l'indication de chaque pièce, sa contenance et sa situation, deux au moins des tenants et aboutissants, et la nature des fruits, quand il n'y sera pas employé plus de trois heures,

À Paris, 6 fr.;

Dans les villes où il y a tribunal de première instance, 5 fr.;

Dans les autres villes et cantons ruraux, 4 fr.

Et quand il y sera employé plus de trois heures, pour chacune des autres vacations aussi de trois heures,

À Paris, 5 fr.;

Dans les villes où il y a tribunal de première instance, 4 fr.;

Dans les autres villes et cantons ruraux, 3 fr.

L'huissier ne sera point assisté de témoins.

Art. 44. (C. pr. 628.) Pour les copies à délivrer à la partie saisie, au maire de la commune et au garde champêtre, ou autre gardien, par chacune, le quart de l'original.

Nota. Le surplus des actes sera taxé comme en saisie-exécution.

Art. 45. Il sera alloué pour frais de garde, soit au garde champêtre, soit à tout autre gardien qui pourrait être établi, aux termes de l'art. 628, par chaque, savoir:

Au garde champêtre:

À Paris, 75 c.;

Dans les villes où il y a tribunal de première instance, 75 c.;

Dans les autres villes et cantons ruraux, 75 c.

Et à tout autre que le garde champêtre:

À Paris, 1 fr. 50 c.;

Dans les villes où il y a tribunal de première instance, 2 fr. 50 c.;

Dans les autres villes et cantons ruraux, 1 fr. 50 c.

Art. 46. (C. pr. 637.) Pour un exploit de saisie du fonds d'une rente constituée sur particulier, contenant assignation au tiers saisi en déclaration affirmative devant le tribunal.

À Paris, 4 fr.;

Dans les villes où il y a tribunal de première instance, 3 fr.;

Dans les autres villes et cantons ruraux, 3 fr.;

Pour la copie, le quart.

Nota. La dénomination des placards et tous les autres actes seront taxés comme en saisie immobilière.

Art. 47, 48, 49, 50.

11639. Ces articles ont été abrogés par l'ordonnance du 10 oct. 1841, art. 20. — V. *infra*, p. 443.

Art. 51, 52, 53, 54, 55, 56, 57, 58.

11640. Ces articles relatifs à l'exécution de la contrainte par corps, ont été abrogés par l'arrêté du 24 mars 1819 (D.P. 49. 4. 72).

Art. 59. (C. pr. 813.) Pour l'original d'un procès-verbal d'offres, contenant le refus ou l'acceptation du créancier,

À Paris, 3 fr.;

Dans les villes où il y a tribunal de première instance, 2 fr. 25 c.;

Dans les autres villes et cantons ruraux, 2 fr. 25 c.;

Pour la copie, le quart.

Art. 60. (C. civ. 1259.) D'un procès-verbal de consignation de la somme ou de la chose offerte!

À Paris, 5 fr.;

Dans les villes où il y a tribunal de première instance, 4 fr.;

Dans les autres villes et cantons ruraux, 4 fr.;

Pour chaque copie à laisser au créancier, s'il est présent, et au dépositaire, le quart.

Art. 61. (C. pr. 819, 822, 825.) Les procès-verbaux de saisie gagerie sur les locataires et fermiers,

Et ceux de saisie des effets du débiteur forain,

Seront taxés comme ceux de saisie-exécution, ainsi que tous le reste de la poursuite.

Art. 62 (C. pr. 829). Pour un procès-verbal tendant à saisie-revendication, s'il y a refus de portes, ou opposition à la saisie, contenant assignation en référé devant le juge, y compris les témoins,

À Paris, 5 fr.;

Dans les villes où il y a tribunal de première instance, 4 fr.;

Dans les autres villes et cantons ruraux, 4 fr.;

Pour la copie, le quart.

Le procès-verbal de saisie revendication sera taxé comme celui de saisie-exécution.

Art. 63.

11641. Abrogé par l'art. 20 de l'ordonnance du 10 oct. 1841. — V. *infra*, p. 443.

Art. 64.

11642. Abrogé par l'art. 541 nouveau du code de commerce. — V. *Code de commerce annoté*, art. 541, p. 690.

Art. 65.

11643. Le § 1er a été abrogé par l'art. 541 nouveau du code de commerce. — V. *Code de commerce annoté*, art. 541, p. 690. — Le § 2 a été abrogé par l'ordonnance du 10 octobre 1841, art. 20. V. *infra*, p. 443. — Le § 3 a été abrogé par le décret du 23 mars 1848 (D.P. 48. 4. 57).

§ 3. — *Dispositions générales relatives aux huissiers.*

Art. 66 (C. pr. 62.) Il ne sera rien alloué aux huissiers pour transport jusqu'à un demi-myriamètre.

Il leur sera alloué au delà d'un demi-myriamètre, pour frais de voyage qui ne pourra excéder une journée de cinq myriamètres (dix lieues anciennes); savoir: au delà d'un demi-myriamètre et jusqu'à un myriamètre pour aller et retour.

A Paris, 4 fr ;

Dans les villes et cantons ruraux. 4 fr.

Au delà d'un myriamètre, il sera alloué par chaque demi-myriamètre, sans distinction, 2 fr.

Il sera taxé pour *visa* de chacun des actes qui y sont assujettis.

A Paris, 1 fr ;

Dans les villes où il y a un tribunal de première instance, 75 cent ;

Dans les autres villes et cantons ruraux, 75.

En cas de refus de la part du fonctionnaire public qui doit donner le *visa*. et dans le cas où l'huissier sera obligé, à raison de ce refus. de requérir le *visa* du procureur impérial, le droit sera double.

Les huissiers qui seront commis pour donner des ajournements, faire des significations de jugements, et tous autres actes. ou procéder à des opérations. ne pourront prendre de plus forts droits que ceux énoncés au présent tarif, à peine de restitution de l'amende portée par l'art. 67 du Code de procédure. être interdits de leurs fonctions sur la réquisition d'office des procureurs généraux et impériaux.

TIT. II. — DES AVOUÉS DE PREMIÈRE INSTANCE.

11644. La loi précitée du 26 janv. 1892 *sur la réforme des frais de justice* a dispensé de la formalité du timbre et de l'enregistrement les actes de procédure *d'avoué à avoué* devant les tribunaux de première instance et les cours d'appel (art. 5). — V. *infrà*, nos 12305 et s.

11645. La même loi a réduit à 0 fr. 50 c. le droit d'enregistrement des *actes de produit* avec demande en collocation en matière d'ordre et de contribution judiciaire (art. 9) — V. *infrà*, nos 12381 et s.

11646. Les *états de frais* dressés par les avoués doivent, à peine d'une amende de 10 fr., faire ressortir distinctement, dans une colonne spéciale placée en tête de bord, le montant des droits de toute nature payés au Trésor (art. 21). — V. *infrà*, nos 12548 et s.

CHAP. 1er. — *Matières sommaires.*

Art. 67. Les dépens, dans ces matières, seront liquidés, tant en demandant qu'en défendant; savoir :

Pour l'obtention d'un jugement par défaut contre partie ou avoués, y compris les qualités et la signification s'il y a lieu, quand la demande n'excédera pas 1,000 fr.,

A Paris, 7 fr. 50 c ;

Dans le ressort, les trois quarts ;

Et quand elle excédera 1,000 fr. jusqu'à 5,000 fr. 10 fr. ;

Et quand elle excédera 5,000 fr , 15 fr. ;

Et pour l'obtention d'un jugement contradictoire ou définitif, quand la demande n'excédera 1,000 fr., 20 fr. ;

Et quand elle excédera 1,000 fr , jusqu'à 5,000 fr. 20 fr. ;

Quand elle excédera 5,000 fr. 30 fr.

Nota. Si la valeur de l'objet de la contestation est indéterminée, le juge allouera l'une des sommes ci-dessus indiquées.

S'il y a à requête où à visite et estimation d'experts, ordonnée contradictoirement, et s'il est intervenu aussi jugement contradictoire sur l'enquête ou le rapport d'experts. Il sera alloué un demi droit;

Et. en outre pour copie des procès-verbaux d'enquête et d'expertise, par chaque rôle,

A Paris, 15 c.

Dans le ressort, les trois quarts;

S'il y a plus de deux parties en cause et si elles ont des intérêts contraires, Il sera alloué un quart en sus des droits ci-dessus à l'avoué qui aura suivi contre chacune des autres parties.

S'il y a lieu à un interrogatoire sur faits et articles, il sera passé à l'avoué avant l'obtention du jugement;

Il ne sera alloué aucun honoraire aux avocats dans ces sortes de causes.

Si l'avoué est révoqué, ou si les pièces lui sont retirées, il lui sera alloué; savoir:

S'il y a eu constitution d'avoué avant l'obtention d'un jugement par défaut, moitié du droit accordé pour faire rendre un jugement par défaut;

Et s'il a été obtenu un premier jugement par défaut ou un jugement interlocutoire, indépendamment de l'émolument pour ces jugements. moitié du droit accordé pour obtenir un jugement contradictoire.

Mais ces droits ne seront acquis, et ils ne pourront être exigés que lorsqu'il y aura eu constitution d'avoué dans le premier cas. ou qu'il aura été formé opposition au premier jugement par défaut, et que l'avoué aura suivi l'audience sur le débouté d'opposition.

Au moyen de la fixation ci-dessus, il ne sera passé aucun autre honoraire pour aucun acte et sous aucun prétexte. Il ne sera alloué, en outre, que les simples déboursés.

11647. — I. QUELLES AFFAIRES DOIVENT ÊTRE RÉPUTÉES SOMMAIRES AU POINT DE VUE DES DÉPENS (C. proc. civ. nos 1 à 14).

11648. — II. DROITS QUI PEUVENT ÊTRE RÉCLAMÉS EN MATIÈRE SOMMAIRE (C. proc. civ. nos 15 à 53). — 1o *Droit d'appel de cause* (C. proc. civ. no 15). — D'après un arrêt, un droit pour *placet* peut être alloué à l'avoué à titre de déboursé par application de l'art. 67 dernier paragraphe et 151, §3, du tarif. — Req 23 mars 1875, J.G.S. *Frais et dépens*, 154 et 187.

11649. La plupart des auteurs estiment, au contraire, qu'aucune allocation ne devrait être accordée. — J.G.S. *Frais et dépens*, 154.

11650 Le droit d'appel de cause n'est pas dû pour les jugements sur requête. — J.G.S. *Frais et dépens*, 156.

11651. — 2o *Droit pour conclusions motivées* (C. proc. civ. nos 16 à 26). — L'avenir de conclusions formant deux actes distincts par leur nature et leur objet peuvent être signifiés séparément; une double allocation d'émoluments est due dès lors à l'avoué. — Req 24 mars 1875, J.G.S. *Frais et dépens*, 157 et 187.

11652 L'avoué qui justifie avoir déboursé des ports de lettres pour correspondre avec son client qui habite hors l'arrondissement a le droit de lui en demander le remboursement. — Même arrêt.

11653 — 3o *Droit pour obtention d'un jugement* (C. proc. civ. nos 27 à 39).

11654. — 4o *Droit pour les copies des quit[t]ités* (C. proc. civ. no 40 à 44).

11655. — 5o *Droit de correspondance et de pièces* (C. proc. civ. nos 45 à 49).

11656. — 6o *Frais de voyage* (C. proc. civ. nos 50 à 53). — Suivant un arrêt, l'art. 146

du décret du 16 févr. 1807, qui alloue des frais de voyage aux avoués, est applicable en matière sommaire et commerciale aussi bien qu'en matière ordinaire ; et, dans tous les cas, ces frais peuvent, en matière sommaire et commerciale, être alloués comme déboursés, en vertu du paragraphe 10 de l'art. 67 du même décret. — Paris, 16 mars 1880, D.P. 80. 2. 185, et la note. — V. *Code de procédure civile*, no 50.

11657. Au contraire, d'après la jurisprudence de la cour de cassation, en matière sommaire, la loi n'alloue pas d'honoraires pour frais de voyage aux avoués et elle est muette sur le voyage des parties; toutefois, l'art. 67 du tarif autorise l'allocation de simples déboursés en sus des frais qu'il indique et les frais de voyage peuvent être attribués à ce titre. — Civ. c. 14 déc. 1887, D.P. 89. 1. 150-151. — Comp. Civ. c. 2 août 1882, D.P. 83. 1. 477. — V. *Code de procédure civile*, no 52.

CHAP. II. — *Matières ordinaires.*

§ 1er. — *Droit de consultation.*

Art. 68. (C. pr. 59. 61. 75. etc.) Pour la consultation sur toute demande principale, intervention, tierce-opposition et requête civiles tant en demandant qu'en défendant, sant qu'il puisse être passé plus d'un droit par chaque avoué par cause, et sans que l'intervention d'un appelé en garantie puisse y donner lieu, le droit ne pourra être exigé qu'autant qu'il aura été obtenu un jugement par défaut contre partie ou qu'il y aura eu constitution d'avoué, et y compris la procuration sous signature privée ou par devant notaire, indépendamment des déboursés.

A Paris, 10 fr.;

Dans le ressort, 7 fr. 50 c.

11658. Le droit de consultation n'étant dû qu'une seule fois, on ne doit avoir aucun égard au nombre des demandeurs ou défendeurs, lors même qu'ils auraient des intérêts distincts. — Rennes, 22 août 1896, J.G.S. *Frais et dépens*, 185. — V. *Code de procédure civile*, no 3.

11659. L'avoué du demandeur et celui du défendeur ne peuvent donc réclamer qu'un seul droit de consultation. — Même arrêt.

Art. 69. Il ne sera alloué aucun émolument à l'avoué dans le cas où il comparaîtrait au bureau de conciliation avec sa partie.

§ 2. — *Actes de première classe.*

Art. 70. (C. pr. 75.) Pour l'original d'une constitution d'avoué;

(C. pr. 79. 82 et *passim*.) Pour un acte d'avoué à avoué pour suivre l'audience, sans qu'il puisse en être passé plus d'un seul pour chaque jugement par défaut interlocutoire ou contradictoire

(C. pr. 462.) Les avoués seront tenus de se présenter au jour indiqué par les jugements préparatoires ou de remise, sans qu'il soit besoin d'aucune sommation.

(C. pr. 95. 104.) Pour l'original d'un acte de déclaration de production par le demandeur en intervention forcé écrit, contenant le nombre de rôles dont la requête est composée;

(C. pr. 97.) *Idem*, de la part du défendeur;

(C. pr. 110.) De la signification de l'ordonnance nomination d'un autre rapporteur, en cas de décès, démission ou impossibilité de faire le rapport en délibéré ou instruction par écrit;

(C. pr. 115, résultat de l'article). D'une sommation d'être présent au retrait des pièces, après les jugements sur délibéré ou en instruction par écrit;

(C. pr. 121.) D'une sommation d'avoué à avoué, pour être présent à la prestation d'un serment ordonné;

(C. pr. 145.) D'une sommation d'avoué à avoué, pour être réglé sur une opposition aux qualités;

(C. pr. 179.) De la déclaration au demandeur originaire de la part du défendeur, qu'il a formé une demande en garantie;

(C. pr. 179.) De la dénonciation au demandeur originaire de la demande en garantie;

(C. pr. 188.) De la sommation de communiquer les pièces signifiées ou employées dans la cause;

(C. pr. 191.) De la signification de la requête et de l'ordonnance portant que l'avoué qui retient les pièces sera tenu de les remettre;

De la signification de l'acte de dépôt au greffe dont l'écriture est déniée;

(C. pr. 204.) De la sommation de comparaître devant le juge commis en vérification d'écritures, pour être présent au serment des experts et à la représentation des pièces de comparaison;

(C. pr. 206.) De la sommation pour être présent à la confection d'un corps d'écritures;

(C. pr. 219.) De la signification de l'acte de dépôt au greffe d'une pièce arguée de faux;

(C. pr. 221.) De la sommation pour être présent à la réquisition d'apport au greffe de la minute de la pièce arguée de faux;

(C. pr. 224.) De la signification de l'ordonnance portant que la minute de la pièce arguée de faux sera apportée au greffe;

(C. pr. 225.) De la signification de l'acte de dépôt au greffe de la pièce arguée de faux, avec sommation d'être présent au procès-verbal qui sera dressé de son état;

(C. pr. 286.) De la signification des procès-verbaux d'enquête;

(C. pr. 297.) De la signification de l'ordonnance du juge commis pour faire une descente sur les lieux, contenant la désignation des jour, lieu et heure, et sommation d'y être présent;

(C. pr. 289.) De la signification du procès-verbal du juge-commissaire qui a fait une descente sur les lieux;

(C. pr. 315.) De la sommation contenant indication des jour et heure choisis par les experts, si la partie n'était pas présente à la prestation de leur serment;

(C. pr. 321.) De la signification du rapport des experts;

(C. pr. 335.) De la signification de l'interrogatoire sur faits et articles;

(C. pr. 344.) De la notification du décès d'une partie;

(C. pr. 354, 355.) De la signification d'un désaveu;

(C. pr. 372.) De la signification de l'acte à fin de renvoi, d'un tribunal à un autre, des pièces y annexées et du jugement intervenu;

(C. pr. 398.) De la signification de l'arrêt intervenu sur l'appel d'un jugement qui aura rejeté une récusation, ou du certificat du greffier de la cour impériale, contenant que l'appel n'est pas jugé, et indication du jour où il doit être;

(C. pr. 403.) De la sommation de se trouver devant le président, et voir déclarer la taxe des frais exécutoires, en cas de désistement de la demande;

(C. pr. 534.) De la sommation d'être présent à la présentation et affirmation d'un compte;

(C. pr. 574.) De la signification de la déclaration affirmative, et du dépôt des pièces contenant constitution d'avoué;

(C. pr. 575.) D'un acte contenant dénonciation d'opposition formée sur le débiteur entre les mains d'un tiers saisi;

(C. pr. 578.) De la signification de l'état détaillé des effets mobiliers saisis et arrêtés entre les mains d'un tiers saisi;

(C. pr. 871.) De la sommation à la requête des créanciers du mari, à l'avoué de la femme poursuivant sa séparation de biens, de leur communiquer la demande et les pièces justificatives;

(C. pr. 972.) *Ce paragraphe a été abrogé par l'ordonnance du 10 oct. 1841, art. 50. — V. infrà, p. 413.*

(Titre des partages.) De l'acte de sommation aux avoués des copartageants de se trouver, soit devant le juge-commissaire, soit devant le notaire, pour procéder aux opérations du partage.

A Paris, 1 fr.;

Dans le ressort, 75 c.;

Pour les copies de chacun des actes ci-dessus énoncés, indépendamment des copies de pièces, le quart.

§ 3. — Actes de deuxième classe.

Art. 71. (C. pr. 102.) Acte de production nouvelle en instruction par écrit contenant l'état des pièces;

(C. pr. 215.) Sommation à la partie adverse de déclarer si elle veut ou non se servir d'une pièce produite, avec déclaration que, dans le cas où elle s'en servirait, le demandeur s'inscrira en faux;

(C. pr. 213.) Déclaration de la partie sommée, signée d'elle ou du fondé de sa procuration spéciale et authentique, dont il sera donné copie, qu'elle entend ou non se servir de la pièce arguée de faux;

(C. pr. 252.) Acte contenant articulation succincte des faits dont une partie demandera à faire preuve;

Acte contenant réponse au précédent et dénégation ou reconnaissance des faits;

(C. pr. 282.) Acte contenant la justification des reproches par écrit;

Acte en réponse;

(C. pr. 289.) Acte contenant offre de prouver les reproches contre les témoins non justifiés par écrit, et désignation des témoins à entendre sur les reproches;

Acte en réponse;

(C. pr. 309.) Acte contenant les moyens de récusation contre les experts;

(C. pr. 311.) Acte contenant réponse aux moyens de récusation;

(C. pr. 337.) Acte contenant les moyens et conclusions des demandes incidentes;

Acte servant de réponse aux demandes incidentes;

(C. pr. 347.) Acte de reprise d'instance;

(C. pr. 402.) Acte de désistement et d'acceptation de désistement;

(C. pr. 518.) Acte de présentation de caution;

(C. pr. 519.) Acte de déclaration d'acceptation de caution;

(C. pr. 520.) Acte de contestation de la caution offerte;

(C. pr. 524.) Actes d'offres sur la déclaration des dommages et intérêts;

(C. pr. 856.) Acte contenant demande en rectification d'un acte de l'état civil;

Acte servant de réponse.

Tous ces actes seront taxés pour l'original,

A Paris, 5 fr.;

Dans le ressort, 3 fr. 75 c.;

Et pour chaque copie, indépendamment des copies de pièces, le quart.

§ 4. — Des requêtes et défenses qui peuvent être grossoyées, et des copies de pièces.

Art. 72. (C. pr. 77.) Pour l'original ou grosse des requêtes servant de défenses aux demandes, contenant vingt-cinq lignes à la page et douze syllabes à la ligne,

A Paris, 2 fr.;

Dans le ressort 1 fr. 50 c.

Les copies de pièces qui seront données avec les défenses ou qui pourront être signifiées dans les causes, seront taxées, à raison du rôle, de vingt-cinq lignes à la page

et de douze syllabes à la ligne, ou évaluées sur ce pied.

A Paris, 30 c.;

Dans le ressort, 25 c.

Les copies de tous actes ou jugements, qui seront signifiées avec les exploits des huissiers, appartiendront à l'avoué, si elles ont été faites par lui, à la charge de les certifier véritables, et de les signer.

11660. Dans certains tribunaux, il était d'usage de dispenser les avoués de signifier les requêtes grossoyées autorisées par les art. 72 et suivants du tarif civil et de les passer néanmoins en taxe. Une circulaire du garde des sceaux a prescrit de prendre les mesures nécessaires pour faire cesser cet abus qui avait pour effet de sacrifier l'intérêt du trésor sans aucun bénéfice pour les parties. — Circ. min. just. 20 janv. 1876, Bull. min. just. 1876, p. 49.

Art. 73. Pour l'original ou grosse des requêtes, contenant réponse aux défenses dans la forme ci-dessus, pour chaque rôle,

A Paris, 2 fr.;

Dans le ressort, 1 fr. 50 c.

(C. pr. 96.) Des requêtes en instruction par écrit, terminées par l'état des pièces, 1 fr. 50 c.;

(C. pr. 97.) Idem servant de réponse à celles en instruction par écrit, avec état des pièces au soutien, 1 fr. 50 c.;

(C. pr. 103.) Idem en réponse aux productions de nouvelles pièces qui ne pourront excéder six rôles.

Art. 74. (C. pr. 104.) Dans les instructions par écrit les grosses et les copies de toutes les requêtes porteront la déclaration du nombre de rôles dont elles sont composées, à peine de rejet de la taxe.

Art. 75. (C. pr. 161.) Pour la grosse de la requête d'opposition au jugement par défaut contenant les moyens, par chaque rôle,

A Paris, 2 fr.;

Dans le ressort 1 fr. 50 c.

Si les moyens ont été fournis avant le jugement par défaut, la requête d'opposition, sans les moyens, ne sera passée que pour un rôle. — Idem.

(C. pr. 166.) Idem pour la grosse de la requête, qui ne pourra excéder deux rôles, tendant à ce que l'étranger demandeur soit tenu de fournir caution;

Idem de celle en réponse qui ne pourra non plus excéder deux rôles;

(C. pr. 168.) Idem de la requête pour proposer un déclinatoire, qui ne pourra excéder six rôles;

Idem de la réponse;

(C. pr. 173.) Idem de la requête en nullité de la demande ou du jugement, qui ne pourra non plus excéder six rôles;

Idem de la réponse;

(C. pr. 174.) Idem de la requête pour demander délai pour délibérer et faire inventaire, qui ne pourra aussi excéder six rôles;

Idem de la réponse;

(C. pr. 180.) Idem de la requête pour soutenir qu'il n'y a lieu d'appeler garant, qui ne pourra excéder six rôles;

Idem de la réponse;

(C. pr. 192.) Idem de la requête d'opposition à l'ordonnance portant contrainte de remettre des pièces, qui ne pourra excéder deux rôles;

Idem de la réponse;

(C. pr. 229.) Idem de la requête contenant les moyens de faux;

(C. pr. 230.) Idem de la requête contenant réponse aux moyens de faux;

(C. pr. 339.) Idem de la requête d'intervention;

Idem de la requête en réponse à l'intervention;

(C. pr. 348.) Idem de la requête contenant

contestation sur la demande en reprise d'instance, qui ne pourra excéder six rôles ;
Idem de la réponse;
(C. pr. 354.) *Idem* de la requète servant de moyen contre un désaveu ;
Et réponse ;
(C. pr. 373.) *Idem* de la requête contre la demande à fin de renvoi d'un tribunal à un autre, pour cause de parenté ou alliance;
Et pour la réponse;
(C. pr. 400.) *Idem* de la requête en péremption d'instance, qui ne pourra excéder six rôles;
Idem de la réponse.
(C. pr. 475.) *Idem* de la requête de tierce-opposition;
Et réponse;
(C. pr. 493.) *Idem* de la requête civile incidente;
Et réponse;
(C. pr. 514.) *Idem* de la requête contenant défense du juge pris à partie;
Et réponse;
(C. pr. 531.) *Idem* pour la grosse d'un compte dont le préambule ne pourra excéder six rôles;
Il ne sera fait qu'une seule grosse;
(C. pr. 570.) *Idem* pour la grosse de la requête du tiers saisi qui demandera son renvoi devant son juge. en cas que sa déclaration affirmative soit contestée : cette requête ne pourra excéder des rôles;
Et réponse;
(C. pr. 815.) *Idem* de la requête pour demander incidemment la validité ou la nullité d'offres réelles;
Et réponse;
(C. pr. 847.) *Idem* de la requête afin de se faire autoriser à compulser un acte, qui ne pourra excéder six rôles;
Et réponse;
(C. pr. 871.) *Idem* de la requête d'intervention des créanciers du mari dans les demandes en séparation de biens;
Et réponse;
(C. pr. 972.) *Abrogé par l'ordonnance du 10 oct. 1841, art. 10.* — V. *infrà*, p. 443.
Il sera taxé pour chacun des rôles des requêtes ci-dessus énoncées.
A Paris, 2 fr.;
Dans le ressort, 1 fr. 50 c.;
Et pour chaque copie, par rôle, le quart.
Le nombre des rôles de requête en réponse ne pourra jamais excéder celui fixé pour la requête en demande.

Nota. Il ne sera passé aucun frais d'impression des requêtes et défenses, même autorisées.

11661. Quoique le paragraphe final de l'art. 75 soit applicable aux requêtes dont parlent les art. 72 et 73, cependant, comme il ne confère aucune mention, il appartient aux juges taxateurs, quand ils reconnaîtront que l'avoué n'a fait qu'user d'un droit de défense légitime, d'allouer la requête, lors même qu'elle est plus longue que les défenses du demandeur. — J.G.S. *Frais et dépens,* 163.

§ 5. — *Requêtes qui ne peuvent être grossoyées, et copies d'actes.*

Art. 76. (C. pr. 110.) Requête pour faire nommer un autre rapporteur en instruction par écrit ou sur délibéré;
(C. pr. 156.) Pour faire commettre un huissier à l'effet de signifier un jugement par défaut contre partie;
(C. pr. 191.) Pour faire contraindre un avoué à remettre les pièces qu'il a prises en communication;
(C. pr. 199.) Pour obtenir l'ordonnance du juge commissaire en vérification d'écritures, à l'effet de sommer la partie adverse de comparaître à jour et heure certains. pour convenir de pièces de comparaison;
(C. proc. 204.) Afin d'obtenir l'ordonnance du commissaire en vérification d'écritures,

à l'effet de sommer les experts de prêter serment, et les dépositaires de représenter les pièces de comparaison;
(C. pr. 221.) Au juge-commissaire, en inscription de faux incident, pour faire ordonner l'apport de la minute de la pièce arguée, par le dépositaire;
(C. pr. 259.) Au juge commis pour procéder à une enquête, à l'effet d'obtenir son ordonnance, indiquant le jour et l'heure pour lesquels les témoins seront assignés;
(C. pr. 297.) Au juge commis pour faire une descente sur les lieux, à l'effet d'obtenir son ordonnance, portant l'indication des jour, lieu et heure;
(C. pr. 307.) Au juge commissaire pour demander son ordonnance, à l'effet de faire prêter serment aux experts convenus ou nommés d'office;
(C. pr. 403.) En cas de désistement de la demande, pour obtenir l'ordonnance du président, afin de rendre la taxe de frais exécutoire;
(C. pr. 534.) Au juge commis pour entendre un compte, à l'effet d'obtenir l'ordonnance fixant le jour et l'heure de la présentation;
(C. pr. 617) Afin de permission de saisir les meubles saisis-exécutés. dans un lieu plus avantageux que celui indiqué par la loi;
(C. pr. 780.) Pour faire commettre un huissier à l'effet de signifier le jugement portant contrainte par corps;
(C. pr. 808.) Afin d'assigner extraordinairement en référé, si le cas requiert célérité;
(C. pr. 819.) Afin de saisir-gager à l'instant les meubles et effets garnissant les maisons et fermes;
(C. pr. 822.) Afin de permission de saisir les effets de son débiteur forain, trouvé en la commune qu'habite le créancier;
(C. pr. 832.) Afin de faire commettre un huissier pour notifier le titre du nouveau propriétaire aux créanciers inscrits;
(C. pr. 835.) Afin de faire commettre un huissier pour faire la réquisition de surenchère (*abrogé par l'ordonnance du 10 oct. 1841, art. 20.* — V. *infrà*, p. 443).
(C. pr. 976.) Au juge-commissaire en partage et licitation, à l'effet d'obtenir son ordonnance pour citer les autres parties à comparaître par devant lui;
(C. civ. 467.) Au procureur du roi pour faire désigner trois jurisconsultes sans l'avis desquels le tuteur du mineur ne pourra transiger.
Les requêtes ci-dessus énoncées ne seront point grossoyées, et seront taxées,
A Paris, 2 fr.;
Dans le ressort, 1 fr 50 c.
La vacation pour demander l'ordonnance du président ou du juge-commissaire et à la faire délivrer, est comprise dans la taxe.

Art 77. C. pr. 72.) Requête contenant demande pour abréger les délais dans les cas qui requièrent célérité;
C. pr. 558) Pour obtenir permission de saisir et arrêter, entre les mains d'un tiers. ce qu'il doit au débiteur quand il n'y a pas de titre;
(C. pr. 582.) Pour avoir permission de saisir et arrêter la portion que le juge déterminera dans des sommes ou pensions données ou léguées pour aliments, et ce, pour créances postérieures aux dons et legs;
(C. civ. 783.) A l'effet d'obtenir pour le témoin assigné, un sauf-conduit qui ne pourra être accordé que sur les conclusions du ministère public, et qui réglera sa durée;
(C. pr. 795.) A l'effet de demander la nullité de l'emprisonnement d'un débiteur détenu pour dettes;
(C. pr. 800.) Pour demander la liberté d'un débiteur détenu pour dettes, dans tous les cas prévus par l'art. 800;
(C. pr. 802.) Pour assigner le geôlier qui refuse de recevoir la consignation de la dette;
(C. pr. 803.) Pour demander la liberté faute de consignation d'aliments;

(C. pr. 826, 827.) Pour demander la permission de saisir-revendiquer, contenant la désignation des effets;
(C. civ. 113; c pr. 928. 931.) *Idem* pour faire commettre un notaire à l'effet de représenter les absents présumés. dans les inventaires, comptes. partages et liquidations dans lesquels ils sont intéressés;
(C. pr. 946.) Pour faire autoriser la vente du mobilier d'une succession;
(C. pr. 986.) Afin d'être autorisé sans attribution de qualité, à faire procéder à la vente d'effets mobiliers dépendants d'une succession des effets;
(C. pr. 996.) Pour faire nommer un curateur au bénéfice d'inventaire;
(C. pr. 998.) Pour faire nommer un curateur à une succession vacante;
(C. pr. 1017.) *Idem* à l'effet de faire nommer un tiers-arbitre.
Elles seront taxées,
A Paris, 3 fr.;
Dans le ressort. 2 fr. 25 c.
Les requêtes ci-dessus ne seront point grossoyées.
Et la vacation pour prendre l'ordonnance est comprise dans la taxe

Art. 78. (C. pr. 364.) Requête à fin d'obtenir permission d'assigner en règlement de juges;
(C. pr. 483, 492.) Requête civile principale;
(C. pr. 839, 841, 844. 854.) A fin de permission de se faire délivrer expédition ou copie d'un acte parfait, non enregistré, ou même resté imparfait, ou pour se faire délivrer une seconde grosse;
(C. pr. 855.) A fin de réformation d'un acte de l'état civil;
(C. pr. 859.) A l'effet de faire pourvoir à l'administration des biens d'une personne présumée absente;
(C. civ. 113.) Pour avoir permission de faire enquête pour constater l'absence;
(C. pr. 860.) A fin d'envoi en possession provisoire des biens d'un absent;
(C. pr. 861.) Requête de la femme, à l'effet de citer son mari à la chambre du conseil pour déduire les causes de son refus de l'autoriser;
(C. pr. 863, 864.) De la femme, en cas d'absence présumée ou déclarée du mari. ou en cas d'interdiction, pour se faire autoriser;
(C. pr. 865.) De la femme qui se pourvoit en séparation de biens;
(C. pr. 885; c. civ. 467.) Requête à fin d'homologation de l'avis d'un conseil de famille;
C. civ. 1008.) Pour demander l'envoi en possession du legs universel;
(C. pr. 909.) Requête du créancier pour obtenir la permission de faire apposer un scellé;
(C. pr. 955. 964.) A fin de partage (*4 à 17 ont été abrogés par l'ordonnance d'' 10 oct. 1841, art. 20.* — V. *infrà*, p. 443).
(C. pr. v. 70. 71.) Requête pour demander l'homologation d'un acte de notoriété délivré par le juge de paix sur la déposition de sept témoins, pour suppléer à un acte de naissance
Ces requêtes ne peuvent être grossoyées: et l'émolument pour prendre les ordonnances et communiquer au ministère public est compris dans la taxe, qui sera de,
A Paris, 7 fr. 50 c.;
Dans le ressort, 5 fr. 50 c.

Art 79. (C. pr. 325.) Requête pour avoir permission de faire interroger sur faits et articles, contenant les faits;
Cette requête ne sera point signifiée ni la partie appelée avant le jugement qui admettra ou rejettera la demande à fin de faire interroger : elle ne sera notifiée qu'avec le jugement et l'ordonnance du juge commis pour faire subir l'interrogatoire;
(C. pr. 875.) Requête de l'époux qui se pourvoit en séparation de corps, contenant sommairement les faits;

(C. pr. 890.) Requête contenant demande à fin d'interdiction, le détail des faits et l'indication des témoins;

Ces requêtes ne peuvent être grossoyées; et l'émolument pour prendre les ordonnances et communiquer au ministère public est compris dans la taxe,

A Paris, 15 fr.;

Dans le ressort, 12 fr.

§ 6. — *Plaidoiries et assistance aux jugements.*

Art. 80 (C. pr. 70 et 2.) Pour honoraires de l'avocat qui aura plaidé la cause contradictoirement,

A Paris, 15 fr.;

Dans le ressort, 10 fr.

11662. — I. Honoraires de l'avocat (C. proc. civ. nos 1 à 15). — Les art. 80 et 82 du décret du 16 févr. 1807 déterminant la somme que le gagnant a le droit de répéter du perdant pour honoraires de son avocat, il ne saurait être exigé du perdant rien au delà de ce que la taxe accorde. — Poitiers, 21 juill. 1830, D.P. 91, 2. 56.

11663. Il en résulte que la provision ad litem versée par le mari défendeur à la demande en divorce doit s'imputer sur les dépens mis à sa charge et non être employée à payer les honoraires de l'avocat de la demanderesse, alors même que le mari aurait bénévolement consenti à les acquitter dans le règlement des frais de divers incidents. — Même arrêt.

11664. Mais cette conséquence a été contestée par le motif qu'aucun article de loi ne définit la provision ad litem et ne dit qu'elle doit être réservée aux frais et dépens, et que, dès lors, l'avoué peut l'employer à toutes les dépenses résultant du procès et notamment aux honoraires de l'avocat. — Observ. sous l'arrêt précité. — Conf. J.G.S. Frais et dépens, 506.

11665. — II. Payement des honoraires de l'avocat par l'avoué (C. proc. civ. nos 16 à 26). — Il rentre dans les limites du mandat de l'avoué d'avancer pour son client les honoraires de l'avocat. Aussi a-t-il contre son client une action personnelle en remboursement de ces honoraires, alors même qu'ils s'élèveraient au delà du tarif, si, d'ailleurs, ils n'ont rien d'exagéré. — Caen, 25 avr. 1888, J.G.S. Avoué, 2.

Art. 81. Pour assistance de l'avoué à l'audience à l'effet de demander acte de sa constitution, en cas d'abréviation des délais,

A Paris, 1 fr. 50 c.;

Dans le ressort, 1 fr.

Art. 82. (C. pr. 149.) Assistance et plaidoirie aux jugements par défaut,

A Paris, 3 fr.;

Dans le ressort, 2 fr. 45 c.

Pour l'honoraire de l'avocat qui aura pris le jugement par défaut,

A Paris, 5 fr.;

Dans le ressort, 4 fr.

Quand le jugement par défaut aura été pris par un avocat, le droit d'assistance de l'avoué ne sera,

A Paris, que de 1 fr.;

Dans le ressort, 75 c.

Art. 83. (C. pr. 87.) Pour assistance de chaque avoué à tout jugement portant remise de cause ou indication de jour, sans que les jugements puissent être levés, ni qu'il soit signifié de qualités, ou donné d'avenir,

A Paris, 3 fr.;

Dans le ressort, 2 fr. 25 c.

Art. 84. (C. pr. 93 et 95.) Pour assistance et observations des avoués aux jugements

qui ordonneront une instruction par écrit,

A Paris, 5 fr.;

Dans le ressort, 4 fr.

Art. 85. (C. pr. 113.) Pour assistance aux jugements sur délibéré ou instruction par écrit, y compris les notes qu'ils pourront fournir,

A Paris, 5 fr.;

Dans le ressort, 4 fr.

Art. 86. (C. pr. 116.) Pour assistance des avoués à chaque journée de plaidoirie qui précède les jugements interlocutoires et définitifs contradictoires, quand les causes sont plaidées par les parties elles-mêmes ou par des avocats,

A Paris, 3 fr.;

Dans le ressort, 2 fr. 25 c.;

Et quand les avoués plaideront eux-mêmes,

A Paris, 10 fr.;

Dans le ressort, 6 fr.

11666. Il est d'usage d'assimiler le jugement qui donne acte du posé des qualités aux jugements portant remise de cause ou indication de 'our. — J.G.S. Frais et dépens, 180. — V. Code de procédure civile, no 1.

11667. Dans le cas où le jugement n'a pas été prononcé à l'audience où les plaidoiries ont été entendues, mais à une autre audience fixée à cet effet, il est dû à l'avoué un droit d'assistance au prononcé du jugement; mais on doit appliquer dans ce cas l'art. 86 du tarif et non l'art. 85 dont l'émolument plus élevé ne peut être accordé que pour l'assistance aux jugements sur délibéré et instruction par écrit. — J.G.S. Frais et dépens, 181.

11668. Le droit d'assistance est dû à l'avoué, encore que ce soit la partie elle-même qui ait plaidé sa cause. — J.G.S. Frais et dépens, 182.

11669. Le droit est dû pour les jugements préparatoires et interlocutoires, mais non pour les jugements rendus sur requête et sans contradiction. — J.G.S. Frais et dépens, 183.

§ 7. — *Qualités et signification des jugements.*

Art. 87. (C. pr. 142.) Pour l'original des qualités contenant les noms, profession et demeure des parties, leurs conclusions et les points de fait et de droit, sans que les motifs des conclusions puissent y être insérés, ni qu'on puisse rappeler, dans les points de fait et de droit, les moyens des parties, savoir, pour celle d'un jugement par défaut,

A Paris, 3 fr. 75 c.;

Dans le ressort, 2 fr. 80 c.;

Pour celle d'un jugement contradictoire sur plaidoirie ou délibéré,

A Paris, 7 fr. 50 c.;

Dans le ressort, 5 fr. 50 c.;

Et celle d'un jugement en instruction par écrit,

A Paris, 10 fr.;

Dans le ressort, 7 fr. 50 c.;

11670. Un droit est dû pour la rédaction des qualités d'un jugement poursuivant une enquête en matière de séparation de corps, alors même que cette enquête n'a pas lieu par suite de la réconciliation des époux, si l'avoué n'a été averti de cette réconciliation que plusieurs jours après le jugement; la rédaction des qualités ne constitue pas, dans ces circonstances, un acte frustratoire. — Req. 23 mars 1815, J.G.S. Frais et dépens, 187.

Art. 88. (C. pr. 142.) Pour chaque copie qui ne pourra être signifiée que dans le cas où le jugement serait contradictoire, le quart.

Art. 89. (C. pr. 157 et 158.) Pour significa-

tion de tout jugement à avoué ou à domicile, par chaque rôle d'expédition,

A Paris, 30 c.;

Dans le ressort, 25 c.

§ 8. — *Des vacations.*

Art. 90. Vacation pour mettre la cause au rôle.

(C. pr. 83.) Pour communiquer les pièces de la cause, au ministère public, et les retirer, le tout ensemble;

(C. pr. 94.) Pour produire et retirer les pièces dans les causes où il a été ordonné un délibéré;

(C. pr. 102.) Pour produire au greffe des pièces nouvelles en instruction par écrit;

(C. pr. 103.) Pour prendre en communication des pièces nouvelles produites en instruction par écrit;

(C. pr. 107.) Pour prendre le certificat du greffier, constatant que la partie adverse n'a pas produit en instruction par écrit dans les délais fixés;

(C. pr. 109.) Pour requérir le greffier, après que toutes les parties ont produit en instruction par écrit ou après l'expiration des délais, de remettre les pièces au rapporteur;

(C. pr. 144.) Pour former opposition à des qualités, le droit ne sera passé qu'autant que le président aura ordonné une réformation;

(C. pr. 145.) Pour faire régler les qualités des jugements en cas d'opposition;

(C. pr. 163, 164 et 549.) Pour faire la mention, sur le registre tenu au greffe, de l'opposition au jugement par défaut; ou de l'appel de tout jugement, quand il y aura dans les jugements des dispositions qui doivent être exécutées par des tiers;

(C. pr. 471, 494.) Pour consigner l'amende en requête civile, ou sur appel dans toutes les causes, à l'exception des matières sommaires;

(C. pr. 501.) Pour la retirer;

(C. pr. 548.) Pour donner certificat contenant la date de la signification. au domicile de la partie condamnée, qui prononce une mainlevée, la radiation d'inscription hypothécaire, un payement ou autre chose à faire par un tiers ou contre lui;

Pour requérir du greffier le certificat qu'il n'existe contre le jugement énoncé ci-dessus, ni opposition ni appel portés sur le registre tenu au greffe;

(C. pr. 967.) Pour faire viser par le greffier la demande en partage et licitation,

A Paris, 1 fr. 50 c.;

Dans le ressort, 1 fr. 15 c.

Art. 91. (C. pr. 77, 189.) Vacation pour donner et prendre communication des pièces de la cause à l'amiable, sur récépissé ou par la voie du greffe, et le rétablissement entre les mains de l'avoué, ou le retrait du greffe, le tout ensemble;

(C. pr. 96.) Pour produire au greffe dans les causes où il a été ordonné une instruction par écrit;

(C. pr. 97.) Pour prendre communication au greffe de la production du demandeur en instruction par écrit, et le rétablissement de cette production, le tout ensemble;

(C. pr. 115.) Pour retirer les pièces du greffe dans les instructions par écrit;

(C. pr. 219, 220.) Pour déposer au greffe les pièces arguées de faux;

(C. pr. 259.) Pour requérir l'ordonnance du juge commis à l'effet de procéder à une enquête et signer le procès-verbal d'ouverture;

(C. pr. 306.) Pour faire la déclaration au greffe des experts convenus;

(C. pr. 307, 315.) Pour être présent à la prestation de serment des experts devant le juge-commissaire;

(C. pr. 321.) Pour faire faire la mention, en

marge de l'acte de désaveu, du jugement qui l'aura rejeté;

(C. pr. 518.) Pour déposer au greffe les titres de solvabilité de la caution présentée;

(C. pr. 519.) Pour prendre communication au greffe des titres de solvabilité de la caution;

(C. pr. 519, 522.) Pour faire faire au greffe la soumission d'une caution;

(C. pr. 523.) Pour déposer au greffe, ou donner en communication sur récépissé à l'amiable les pièces justificatives de la déclaration des dommages et intérêts, et les retirer, le tout ensemble;

Pour prendre communication à l'amiable sur récépissé, ou au greffe, des pièces justificatives de la déclaration de dommages et intérêts, et les rétablir, le tout ensemble;

(C. pr. 569.) Pour requérir des fonctionnaires publics, tiers saisis, le certificat du montant de ce qu'ils doivent à la partie saisie;

(C. pr. 874.) Pour assister au greffe la femme qui fait sa renonciation à la communauté, en cas de séparation de bien;

(C. pr. 997, c. civ. 793, 794.) Pour assister au greffe la femme qui renonce à la communauté après décès, ou l'héritier qui renonce à la succession, ou qui ne l'accepte que sous bénéfice d'inventaire;

(C. pr. 1020.). Pour demander l'ordonnance d'exequatur d'une décision arbitrale,

A Paris, 3 fr. :

Dans le ressort, 2 fr. 25 c.

11671. Les frais de la sommation à l'effet d'obtenir communication des pièces doivent être alloués, alors même que la sommation est générale, sans indication de telle ou telle pièce, ni de mode de procéder est justifié par les circonstances de la cause. — J.G.S. Frais et dépens, 259.

11672. Il appartient en pareil cas au juge taxateur d'apprécier si la sommation était utile ou si elle n'avait pour but que d'augmenter sans nécessité le chiffre des émoluments. — Bordeaux, 22 janv. 1857, J.G.S. Frais et dépens, 259.

Art. 92. (C. pr. 196.) Vacation pour déposer au greffe une pièce dont l'écriture est déniée, et assistance au procès-verbal dressé par le greffier de l'état de ladite pièce;

(C. pr. 198.) Pour prendre communication de ladite pièce, et assistance au procès-verbal dressé par le greffier;

(C. pr. 199.) Idem devant le juge-commissaire, pour convenir de pièces de comparaison;

(C. pr. 204, 207.) Pour être présent au serment des experts à la représentation des pièces de comparaison, et faire les réquisitions et observations que nécessite chaque vacation;

(C. pr. 206.) A la confection du corps d'écriture fait par le défendeur, s'il est ainsi ordonné;

(C. pr. 218.) Pour former une inscription de faux incident au greffe;

(C. pr. 221.) Pour requérir du juge-commissaire son ordonnance à l'effet de faire apporter au greffe la pièce arguée de faux, lorsqu'il y a minute;

(C. pr. 226.) Au procès-verbal de l'état des pièces arguées de faux;

(C. pr. 228.) De l'avoué du demandeur, pour prendre, en tout état de cause, communication de la pièce arguée de faux;

(C. pr. 270.) A l'audition des témoins par trois heures;

(C. pr. 297.) En cas de descente sur les lieux par trois heures;

(C. pr. 317. Des avoués aux rapports d'experts si ils sont expressément requis par leurs parties, pour ne les répéter que contre elles, et sans qu'elles puissent entrer en taxe;

(C. pr. 353.) Pour former un désaveu au greffe, contenant les moyens, conclusions et constitution d'avoués;

(C. pr. 370.) Pour former par acte au greffe la demande à fin de renvoi d'un tribunal à un autre pour parenté et alliance;

(C. pr. 384.) Pour faire au greffe l'acte contenant les moyens de récusation contre un juge;

Pour interjeter appel au greffe du jugement qui aura rejeté la récusation, avec énonciation des moyens et dépôt des pièces au soutien;

(C. pr. 532, 536.) Pour mettre en ordre les pièces d'un compte à rendre, les coter et les parafer;

Il sera passé une vacation pour cinquante pièces; deux pour cent. et ainsi de suite;

(C. pr. 534.) A la présentation et affirmation du compte;

(C. pr. 535.) Pour requérir du juge-commissaire exécutoire de l'excédent de la recette sur la dépense dans les comptes présentés;

(C. pr. 536.) Pour prendre en communication les pièces justificatives du compte et les rétablir, le tout ensemble;

(C. pr. 538.) Pour fournir des débats sur le procès-verbal du juge-commissaire;

Par chaque vacation de trois heures, dont le nombre sera fixé et arbitré par le juge-commissaire;

(C. pr. 538.) Pour fournir soutènements et réponses;

Par chaque vacation de trois heures, dont le nombre sera fixé et arbitré par le juge-commissaire;

(C. pr. 573, 574.) Pour faire au greffe une déclaration affirmative sur saisie arrêt, contenant les causes et le montant de la dette, les payements à-compte s'il y en a ou s'il n'est fait. l'acte ou les causes de libération, et les saisies-arrêts formées entre les mains du tiers saisi, et le dépôt au greffe des pièces justificatives, le tout ensemble;

(C. pr. 850.) Pour assistance au compulsoire, et dires au procès-verbal par chaque vacation;

(C. pr. 866, 867, 868.) Pour faire et remettre l'extrait de la séparation de biens qui doit être inséré dans les tableaux de l'auditoire du tribunal où se poursuit la séparation et du tribunal de commerce, des chambres des avoués de première instance et des notaires, et le faire insérer dans un journal, le tout ensemble;

(C. pr. 872.) Pour faire insérer l'extrait du jugement qui aura prononcé la séparation de biens, dans les mêmes tableaux et dans un journal, le tout ensemble;

(C. pr. 880.) Pour faire insérer l'extrait du jugement qui prononcera la séparation de corps dans les mêmes tableaux et dans un journal, le tout ensemble;

(C. pr. 892.) Pour assister à la délibération du conseil de famille qui suit la demande en interdiction et avant l'interrogatoire;

(C. civ. 501.) Pour faire l'extrait du jugement qui prononcera une interdiction ou une nomination de conseil, le faire insérer dans le tableau de l'auditoire et des études des notaires de l'arrondissement et dans un journal, le tout ensemble;

Le jugement d'interdiction ou de nomination de conseil ne sera point signifié aux notaires de l'arrondissement; l'extrait en sera remis au secrétaire de leur chambre, qui en donnera récépissé, et qui le communiquera à ses collègues, qui seront tenus d'en prendre note, et le afficher dans leurs études;

(C. pr. 898.) Pour déposer au greffe le bilan, les livres et les titres actifs, s'il y en a. du débiteur qui demande à être admis au bénéfice de cession;

(C. pr. 903.) Pour faire l'extrait du jugement qui admet la cession de biens, et le faire insérer au tableau du tribunal de commerce, ou du tribunal de première instance qui en fait les fonctions, dans le lieu des séances de la maison commune et dans un journal, le tout ensemble;

(C. pr. 976. 977, 982.) Vacation au partage, soit devant le juge-commissaire, soit devant le notaire commis par lui, par trois heures (V. Ordonn. du 10 oct. 1841, art. 10);

(C. pr. 977.) Les vacations devant le notaire n'entreront point en frais de partage; elles ne pourront être répétées que contre la partie qui aura requis l'assistance de l'avoué,

A Paris, 6 fr. ;

Dans le ressort, 4 fr. 50 c.

11673. En matière de faux incident civil, les avoués des parties qui assistent au procès-verbal de l'état des pièces arguées de faux ont droit à l'émolument fixé par l'art 92, § 8, du tarif par vacation de trois heures. — J.G.S. Frais et dépens, 264.

11674. Le demandeur peut prendre communication de la pièce toutes les fois qu'il le juge nécessaire; mais il n'est dû qu'une seule vacation. — J.G.S. Frais et dépens, 266.

Art. 93. (C. pr. 806.) Vacation en référé à contradictoire,

A Paris, 5 fr. ;

Dans le ressort, 3 fr. 75 c. ;

Et par défaut,

A Paris, 3 fr. ;

Dans le ressort, 2 fr. 25 c.

Art. 94. (C. pr. 909). Vacation pour requérir une apposition de scellés;

(C. pr. 911.) Idem à l'apposition des scellés, par trois heures;

(C. pr. 916, 918, 920, 921, 922.) En référé lors de l'apposition, ou dans le cours de la levée;

(C. pr. 931.) Pour en requérir la levée;

(C. pr. 932, 933, etc.) A chaque vacation de trois heures, à la reconnaissance et levée;

(C. pr. 940.) Pour requérir la levée des scellés sans description.

A la reconnaissance et levée sans description,

A Paris, 6 fr.

Dans le ressort, 4 fr. 50 c.

§ 9. — Poursuite de contribution.

11675. La loi du 26 janv. 1892 sur la réforme des frais de justice vise les contributions judiciaires; elle a :... réduit d'un tiers le droit d'enregistrement des exploits relatifs à ces procédures (art. 8). — V. infra, nᵒˢ 12361 et s.

11676. .. Abaissé à 0 fr. 50 c. le droit d'enregistrement des actes de produit (art. 9). — V. infra, nᵒˢ 12384 et s.

11677. ... Dispose que les bordereaux de collocation délivrés par les greffiers seraient rédigés sur du papier timbré à 1 fr. 20 ou à 0 fr. 30 et contiendraient 35 lignes à la page et 20 à 25 syllabes à la ligne (art. 14). — V. infra, nᵒˢ 12451 et s.

11678. ... Assujettie les contributions judiciaires à un droit proportionnel de 1 0/0 sur le montant des sommes mises en distribution (art. 15-2ᵒ, 16, § 4-2ᵒ). — V. infra, nᵒˢ 12463 et s., et 125-7.

11679. D'autre part, un décret du 23 juin 1892 a réglé les allocations des greffiers pour chaque rôle d'expédition de bordereaux de collocation. — V. infra, nᵒˢ 12674 et s.

Art. 95. (C. pr. 658.) Vacation pour requérir sur le registre tenu au greffe. la nomination d'un juge-commissaire devant lequel il sera procédé à une contribution,

A Paris, 5 fr. ;

Dans le ressort, 3 fr. 75 c. ;

S'il se présente deux ou plusieurs requérants en même temps, ils se retireront devant le président du tribunal, qui décidera sur-le-champ celui dont la réquisition sera reçue. Il n'y aura ni appel, ni opposition contre la décision ; il n'en sera point dressé procès-verbal, et il ne sera alloué aucune vacation aux avoués pour s'être transportés devant le président.

11680. Lorsque deux réquisitions sont faites le même jour par deux avoués différents, le tribunal peut, en vertu de sa plénitude de juridiction, exercer les pouvoirs conférés au président par l'art. 95 du tarif de 1807 et décider à qui des deux avoués appartiendra la priorité. — Trib. Rennes, 17 févr. 1891, D.P. 92. 2. 239.

Art. 96. (C. pr. 659.) Pour la requête au juge-commissaire à l'effet d'obtenir son ordonnance pour sommer les opposants de produire, et la partie saisie de prendre communication des pièces produites et de contredire s'il y échet, et la vacation pour obtenir l'ordonnance du commissaire, le tout ensemble,
A Paris, 3 fr. ;
Dans le ressort, 2 fr. 25 c.

Art. 97. (C. pr. 660, 661.) Pour l'acte de production des titres contenant demande en collocation, et même à fin de privilége et constitution d'avoué, y compris la vacation pour produire,
A Paris, 10 fr. ;
Dans le ressort, 7 fr. 50 c.
Il ne sera point signifié.

Art. 98. (C. pr. 661.) Pour la sommation, à la requête du propriétaire, à l'avoué de la partie saisie, si elle en a constitué un, et au plus ancien de ceux des opposants, pour comparaître en référé par-devant le juge-commissaire à l'effet de statuer sur son privilége pour raison des loyers à lui dus,
A Paris, 1 fr. ;
Dans le ressort, 75 c. ;
Et pour chaque copie, le quart.
Vacation en référé devant le juge-commissaire, qui statuera sur le privilége réclamé pour loyers dus, par défaut,
A Paris, 3 fr. ;
Dans le ressort, 2 fr. 25 c. ;
Et contradictoirement,
A Paris, 5 fr. ;
Dans le ressort, 3 fr. 75 c.

Art. 99. (C. pr. 663.) Pour l'acte de dénonciation de la clôture du procès-verbal de contribution du juge-commissaire et de la partie des créanciers produisants et de la partie saisie, si elle en a un, avec sommation d'en prendre communication et de contredire sur le procès-verbal dans la quinzaine,
A Paris, 1 fr. ;
Dans le ressort, 75 c. ;
Et pour chaque copie, le quart.
Le procès-verbal du juge-commissaire ne sera ni levé ni signifié, et il ne sera enregistré que lors de la délivrance des mandements aux créanciers.

Art. 100. (C. pr. 663.) Vacation pour prendre communication de l'état de contribution et contredire sur le procès-verbal du juge-commissaire, sans qu'il ne puisse être passé plus d'une, sous quelque prétexte que ce soit,
A Paris, 5 fr. ;
Dans le ressort, 3 fr. 75 c.
Il ne sera fait aucun dire, s'il n'y a lieu à contredire.
Il sera alloué à l'avoué du poursuivant autant de demi-droits de vacation pour prendre communication de l'état de contribution et contredire, qu'il y aura eu de créanciers produisants,
A Paris, 2 fr. 50 c. ;
Dans le ressort, 1 fr. 88 c.

Art. 101. (C. pr. 665, 671.) Vacation pour requérir la délivrance du mandement au créancier utilement colloqué, et être présent à l'affirmation de la créance devant le greffier ; l'avoué signera le procès-verbal,
A Paris, 2 fr. ;
Dans le ressort, 1 fr. 50 c.

§ 10. — *Poursuite de saisie immobilière.*

Art. 102 à 129.

11681. Ces articles ont été abrogés par l'art. 20 de l'ordonnance du 10 oct. 1841, en tant qu'ils concernent les saisies immobilières, les surenchères sur aliénation volontaire, les ventes d'immeubles de mineurs et de biens dotaux sous le régime dotal, les ventes sur licitation, les ventes d'immeubles dépendant d'une succession bénéficiaire ou vacante, ou provenant d'un débiteur failli ou qui a fait cession : ces articles ne seraient donc restés en vigueur que lorsqu'il s'agit de saisie de rentes constituées sur particuliers, et encore, cette dernière procédure a-t-elle été notablement changée par la loi du 21 mai 1842. — V. *infra*, p. 443. — V. au surplus le texte de ces articles, *Code de procédure civile*, p. 1304 et s.

§ 11. — *Poursuite d'ordre.*

11682. La loi du 21 mai 1858 (D.P. 58. 4. 38) qui a réglementé les ordres amiables ne les a pas tarifés : il y a lieu de taxer les formalités nouvelles d'après les dispositions du tarif qui présentent avec elle le plus d'analogie. — J.C.S. *Frais et dépens*, 409.
11683. La loi du 26 janv. 1892 *sur la réforme des frais de justice* contient, en ce qui concerne les ordres judiciaires, différentes dispositions qui ont : ... réduit d'un tiers le droit d'enregistrement des *exploits* relatifs à ces procédures (art. 8). — V. *infra*, nᵒˢ 12368 et s.
11684. ...Abaissé à 50 c. le droit d'enregistrement des *actes de produit* (art. 9). — V. *infra*, nᵒˢ 12384 et s.
11685. ... Dispose que les *mandements* ou *bordereaux de collocation* délivrés aux créanciers par les greffiers, seraient rédigés sur du petit papier timbré à 60 c. ou 1 fr. 20 c., et contiendraient 35 lignes à la page et de 20 à 25 syllabes à la ligne (art. 14). — V. *infra*, nᵒˢ 12451 et s.
11686. ... Assujetti au droit proportionnel de 75 c. p. 100 les *ordres amiables*, et à 1 p. 100 les *ordres judiciaires*, sur le montant des sommes mises en distribution (art. 15 et 16, § 3 et § 4-2ᵒ). — V. *infra*, nᵒˢ 12463 et s., et 12527 et s.

Art. 130. (C. pr. 750.) Vacation pour requérir sur le registre tenu au greffe, la nomination, par le président du tribunal, d'un juge-commissaire devant lequel il sera procédé à l'ordre,
A Paris, 3 fr. ;
Dans le ressort, 4 fr. 50 c.
Si deux ou plusieurs avoués se présentent en même temps pour faire la même réquisition, ils se retireront sur le champ, sans sommation, devant le président du tribunal, qui décidera quelle est la réquisition qui doit être admise sans dresser aucun procès-verbal ; il ne sera reçu ni appel, ni opposition contre la décision du président, et il ne sera alloué aucune vacation aux avoués.

Art. 131. (C. pr. 752.) Requête au juge-commissaire à l'effet d'obtenir son ordonnance portant que les créanciers inscrits seront tenus de produire, et vacation pour se faire délivrer l'ordonnance, le tout ensemble,
A Paris, 3 fr. ;

Dans le ressort, 2 fr. 25 c.
Vacation pour se faire délivrer, par le conservateur des hypothèques, l'extrait des inscriptions,
A Paris, 6 fr. ;
Dans le ressort, 4 fr. 50 c.

Art. 132. (C. pr. 753.) Sommation d'avoué à avoué, aux créanciers inscrits qui en ont constitué un, de produire dans le mois,
A Paris, 1 fr. ;
Et pour chaque copie, le quart.

Art. 133. (C. pr. 754.) Acte de production des titres contenant demande en collocation et constitution d'avoué, y compris la vacation pour produire,
A Paris, 20 fr. ;
Dans le ressort, 15 fr. ;
Il ne sera point signifié.

Art. 134. (C. pr. 755.) Dénonciation, par acte d'avoué à avoué, aux créanciers produisants et à la partie saisie, de la confection de l'état de collocation, avec sommation d'en prendre communication, et de contredire, s'il échet, sur le procès-verbal du commissaire dans le délai d'un mois : le procès-verbal ne sera ni levé, ni signifié, et il ne sera enregistré que lors de la délivrance des mandements.
A Paris, 3 fr. ;
Dans le ressort, 2 fr. 25 c. le quart.
Et pour chaque copie, le quart.

Art. 135. Vacation pour prendre communication des productions et contredire sur le procès-verbal du commissaire sans qu'il puisse être passé plus d'une vacation sous le même ordre, sous quelque prétexte que ce soit.
A Paris, 10 fr. ;
Dans le ressort, 7 fr. 50 c.
Il sera passé à l'avoué poursuivant une demi-vacation par chaque production, pour en prendre communication, et contredire s'il y a lieu.
A Paris, 5 fr ;
Dans le ressort, 3 fr. 75 c.

11687. L'émolument accordé à l'avoué poursuivant par l'art. 135 doit être calculé sur toutes les productions y compris celle faite par l'avoué poursuivant lui-même. — J.C.S. *Frais et dépens*, 418.

Art. 136. (C. pr. 757.) Pour la dénonciation aux créanciers inscrits et à la partie saisie, des productions faites après les délais dans les ordres, et sommation de prendre communication et de contredire s'il y a lieu.
A Paris, 3 fr. ;
Dans le ressort, 2 fr. 25 c.,
Pour chaque copie, le quart.

Art. 137. (C. pr. 759.) Vacation pour faire rayer une ou plusieurs inscriptions en vertu du même jugement,
A Paris, 6 fr. ;
Dans le ressort, 4 fr. 50 c.
Vacation pour requérir et se faire délivrer le mandement ou bordereau de collocation,
A Paris, 5 fr ;
Dans le ressort, 3 fr. 75 c.

Nota. Les bordereaux de collocation et l'ordonnance de mainlevée des inscriptions non utilement colloquées contenant nécessairement la totalité de perception du juge-commissaire, l'expédition entière serait un double emploi : elle ne sera ni levée, ni signifiée.

Art. 138. (C. pr. 779.) Requête pour demander la subrogation à la poursuite d'ordre ; elle ne sera point grossoyée,
A Paris, 3 fr. ;
Dans le ressort, 2 fr. 25 c.

54

Art. 139. Vacation pour la faire insérer au procès-verbal du juge-commissaire, Paris, 1 fr. 5 0 c.
Dans le ressort, 1 fr. 15 c.
Signification de la requête au poursuivant par acte d'avoué à avoué,
A Paris, 1 fr. ;
Dans le ressort, 75 c. ;
Pour la copie, le quart,
Acte servant de réponse,
A Paris, 1 fr. ;
Dans le ressort, 75 c. :
Pour la copie, le quart.

§ 12. — Actes particuliers.

Art. 140. (C. pr. 495.) Pour la consultation de trois avocats exerçant depuis dix ans, qui doit précéder la requête civile principale ou incidente,
A Paris, 72 fr. ;
Dans le ressort, 72 fr.

Art. 141. (C. pr. 523.) Pour la déclaration de dommages-intérêts, par article,
A Paris, 60 c.
Dans le ressort, 45 c.
Pour la copie signifiée, par chaque article,
A Paris, 15 c.
Dans le ressort, 12 c.

Art. 142. (Arg. C. pr., art. 524.) Pour chaque apostille de l'avoué défendeur sur la déclaration de dommages-intérêts,
A Paris, 60 c. ;
Dans le ressort, 45 c.

Art. 143. C. civ. 2183.) Composition de l'extrait de l'acte de vente ou donation, qui doit être dénoncé aux créanciers inscrits par l'acquéreur ou donataire,
A Paris, 15 fr. ;
Dans le ressort, 11 fr. 75 c.
Et en outre par chaque inscription extraite,
A Paris, 1 fr. ;
Dans le ressort, 75 c.
Les copies de cet extrait et des inscriptions seront taxées comme les copies de pièces.

Art. 144. Il sera taxé aux avoués par chaque journée de campagne, à raison de cinq myriamètres sur un jour, lorsque leur présence sera autorisée par la loi ou requise par leurs parties, y compris leurs frais de transport et de nourriture,
A Paris, 30 fr. ;
Dans le ressort, 22 fr. 50 c.

Art. 145. Quand les parties seront domiciliées hors de l'arrondissement du tribunal il sera passé à leurs avoués, pour frais de port de pièce et de correspondance, par chaque jugement définitif,
A Paris, 10 fr. ;
Dans le ressort, 7 fr. 50 c.
Et par chaque interlocutoire,
A Paris, 5 fr. ;
Dans le ressort, 3 fr. 75 c.

11688. Le droit de correspondance est dû pour chaque partie ayant des intérêts distincts. — Douai, 6 mars 1877, D.P. 79. 2. 224.

Art. 146. Lorsque les parties feront un voyage et qu'elles se seront présentées au greffe, assistées de leur avoué pour y affirmer que le voyage a été fait dans la seule vue du procès, il leur sera alloué, pour frais de voyage, séjour et retour, 3 fr. par chaque myriamètre de distance entre leur domicile et le tribunal où le procès sera pendant, et à l'avoué pour vacation au greffe,
A Paris, 1 fr. 50 c. ;

Dans le ressort, 1 fr. 15 c. ;
Il ne sera passé en taxe qu'un seul voyage en première instance, et un seul en cause d'appel. La taxe pour la partie sera la même en l'un et l'autre cas.
Cependant, si la comparution d'une partie avait été ordonnée par jugement, et qu'en définitive les dépens lui fussent adjugés, il lui sera alloué pour cet objet une taxe égale à celle d'un témoin.

11689. L'indemnité de voyage ne peut être refusée à la partie qui a régulièrement affirmé au greffe avoir fait le voyage dans la seule vue du procès, sous le prétexte que ce voyage aurait été déterminé par d'autres motifs. — Paris, 16 mars 1880, D.P. 80. 2. 185. — V. Code de procédure civile, n° 3.
11690. ... Alors, d'ailleurs, que cette allégation n'est appuyée d'aucune preuve. — Même arrêt.
11691. L'art. 146 du tarif du 16 févr. 1807, par lequel une indemnité de voyage est allouée à la partie qui affirme au greffe avoir fait son voyage dans la seule vue du procès, n'est pas applicable aux matières commerciales, qui sont des matières sommaires. — Civ. 2 août 1882, D.P. 83. 1. 477. — V. Code de procédure civile, n° 5, et supra. n° 11656 et s.
11692. Suivant une opinion, les frais de voyage doivent être admis en taxe à raison de la distance parcourue depuis le point de départ jusqu'au point d'arrivée, bien qu'ils s'appliquent en partie à un trajet fait hors de France. — Trib. de Boulogne-sur-Mer, 7 juill. 1854, D.P. 80. 2. 185, note 1. — Paris, 17 août 1866, D.P. 80. 2. 185, note 4. — Paris, 16 mars 1880, D.P. 80. 2. 185. — Comp. Code de procédure civile, n° 9.
11693. Mais l'interprétation contraire semble plus juridique et l'art. 146, en prenant pour base de l'indemnité le nombre de myriamètres parcourus, indique que le législateur n'a pas voulu tenir compte de la distance parcourue en dehors du territoire continental de la France auquel seul peut s'appliquer cette mesure. — Observ. sous l'arrêt précité, D.P. 80. 2. 185, note 1, et J.G.S. Frais et dépens. 176. — V. Code de procédure civile, n° 7.
11694. Il a été décidé, conformément à cette dernière opinion, que l'indemnité pour frais de voyage accordée à la partie par l'art. 146 du tarif n'est due, lorsque cette partie est domiciliée hors de France, qu'à raison de la distance parcourue entre la frontière française et le siège du tribunal, et non à raison de la distance entre le domicile de la partie et la ville où siège le tribunal français. — Bordeaux, 28 août 1855, J.G.S. Frais et dépens. 176.
11695. Il a même été jugé que l'on ne devrait pas tenir compte de la distance parcourue d'un point du sol colonial français au territoire de la France. — Aix, 16 févr. 1865, J.G.S. Frais et dépens, 176. — Contra : Code de procédure civile, n° 10.
11696. La partie qui, obéissant à un jugement ordonnant sa comparution personnelle, a fait un premier voyage, ne peut plus réclamer une indemnité pour un second voyage effectué volontairement. — Bordeaux, 23 août 1865, J.G.S. Frais et dépens, 212.
11697. L'affirmation n'est pas nécessaire en cas de voyage forcé et les frais qu'elle a occasionnés ne doivent pas passer en taxe. — Même arrêt.

CHAP. III. — Avoués de la cour d'appel de Paris.

Art. 147. Les émoluments des avoués de la cour d'appel seront taxés au même prix et dans la même forme que ceux des avoués du tribunal de première instance de Paris, avec une augmentation sur chaque espèce de droits, savoir, dans les matières sommaires, du

double, et dans les matières ordinaires, du double pour le droit de consultation, ainsi que pour le port de pièces, lorsque les parties seront domiciliées hors de l'arrondissement du tribunal de première instance de Paris ; et pour les autres droits, d'une moitié seulement de ceux attribués aux avoués de première instance.
Néanmoins, dans les demandes de condamnation de frais d'un avoué contre sa partie, il ne sera alloué que moitié du droit ci-dessus fixé pour les matières sommaires.

11698. Le droit de consultation en appel n'est dû qu'une seule fois, lorsqu'il y a plusieurs parties ayant des intérêts distincts qui se sont portées appelantes d'un même jugement. — Rennes, 22 août 1866, J.G.S. Frais et dépens, 155.

Art. 148. (C. pr. 457, 458, 459.) Les frais des demandes à fin de défenses contre les jugements mal à propos qualifiés en dernier ressort, ou dont l'exécution provisoire a été mal à propos ordonnée, hors les cas prévus par la loi ainsi que ceux des demandes à fin d'exécution provisoire des jugements non qualifiés ou mal à propos qualifiés en premier ressort, et de ceux qui n'auraient pas prononcé l'exécution provisoire dans les cas où elle devait l'être, seront liquidés comme en matière sommaire.

Art. 149. ... Il en sera de même des frais faits sur les appels d'ordonnances de référés.

Art. 150. (C. pr. 858.) Les requêtes en prise à partie, et celles de pourvoi contre un jugement qui a statué sur une demande en rectification d'un acte de l'état civil, quand il n'y a d'autre partie que le demandeur en rectification, seront taxées 15 fr.

CHAP. IV. — Dispositions communes aux avoués des cours et des tribunaux.

11699. Deux dispositions de la loi du 26 janv. 1832 sur la réforme des frais de justice sont communes aux avoués des cours et des tribunaux : ... l'art. 3, qui a dispensé des deux formalités du timbre et de l'enregistrement les actes de procédure d'avoué à avoué. — V. infra, n° 12305 et s.
11700. ...L'art. 21 relatif à la rédaction des états de frais. — V. infra, n°s 12648et s.

Art. 151. Tous les avoués seront tenus d'avoir un registre, qui sera coté et parafé par le président du tribunal auquel ils seront attachés, ou par un des juges du siège, qui sera par lui commis, sur lequel registre ils inscriront eux-mêmes, par ordre de date et sans aucun blanc, toutes les sommes qu'ils recevront de leurs parties.
Ils représenteront ce registre toutes les fois qu'ils en seront requis, et qu'ils formeront des demandes en condamnation de frais; et faute de représentation ou de tenue régulière, ils seront déclarés non recevables dans leurs demandes.
Le tarif ne comprend que l'émolument net des avoués et autres officiers ; les déboursés seront payés en outre.
Les officiers ne pourront exiger de plus forts droits que ceux énoncés au présent tarif, à peine de restitution, dommages et intérêts, et d'interdiction, s'il y a lieu.
Il ne sera passé aux juges de paix, aux ex-avoués, aux notaires, et à tous officiers ministériels, que trois vacations par jour quand ils les opéreront dans le lieu de leur résidence; deux par matinée, et une seule l'après-dîner.

11701. — I. Registre des avoués (C. proc. civ nos 1 à 17). — Faute par l'avoué de représenter le registre exigé par l'art. 151, il est non recevable dans sa demande en payement des frais; et cette fin de non-recevoir n'est pas subordonnée à la preuve ni même à l'articulation d'avances déterminées qui auraient été faites par les parties. — Douai, 21 mars 1863, J.G.S. Avoué, 17. — V. Code de procédure civile, no 14.

11702. La fin de non-recevoir tirée du défaut de représentation du registre est, d'ailleurs, d'ordre public et peut, par conséquent, être opposée en tout état de cause. — Arrêt. préc. 21 mars 1863. — Grenoble, 15 nov. 1882. J.G.S. Avoué, 17. — V. Code de procédure civile, no 13.

11703. Suivant un arrêt, l'obligation de représenter le registre prescrit par l'art. 151 s'applique seulement aux frais judiciaires, mais aux réclamations d'autre nature, telles que celles relatives à des déboursés et avances faites en exécution d'un mandat ad negotia et non plus d'un mandat ad litem. — Arrêt préc. 15 nov. 1882. — Contra : Code de procédure civile, no 17.

11704. D'après un autre arrêt, l'obligation pour l'avoué de représenter son registre n'existe que quand il agit contre son propre client, mais non quand il poursuit la partie adverse, telle que quand il a obtenu la distraction des dépens. — Metz, 22 déc. 1864, J.G.S. Avoué, 18.

11705. Une circulaire de la Chancellerie constate qu'un certain nombre d'avoués négligent de tenir le registre spécial prescrit par l'art. 151 et invite les parquets à rappeler à ces officiers ministériels la stricte exécution de la loi. — Circ. min. just. 30 juin 1891, Bull. min. just. 1891, p. 171.

11706. Indépendamment des cas, où il s'agit soit d'apprécier la valeur d'une étude, soit d'instruire une plainte, les parquets doivent exiger de temps en temps, par exemple au début de chaque année judiciaire, la représentation du registre prescrit par l'art. 151 du décret de 1807, afin de s'assurer que ce registre est exactement tenu. Ils vérifieront particulièrement à ce que toutes les sommes versées par les clients à quelque titre que ce soit s'y trouvent mentionnées avec l'indication de l'affaire à laquelle elles se rapportent. — Même circ.

11707. — II. Actions qui appartiennent aux avoués (C. proc. civ. nos 18 à 49). — Si le client a touché de son adversaire les intérêts de frais dus à l'avoué, celui-ci a le droit d'exiger qu'il lui en tienne compte à partir du jour où ils ont couru à son profit. — Lyon, 17 nov. 1860. J.G.S. Avoué, 26. — V. Code de procédure civile, no 34 et s.

11708. — III. Vacations (C. proc. civ. no 44).

11709. — IV. Honoraires extraordinaires des avoués (C. proc. civ. nos 42 à 60). — L'avoué qui, en dehors de ses fonctions d'officier ministériel, a été chargé de démarches et de soins exceptionnels relativement à une affaire, a droit, comme mandataire ad negotia, à une rémunération supplémentaire, en dehors des frais taxés, dont le montant est fixé par le juge. — Lyon, 8 nov. 1860, J.G.S. Avoué, 26. — Nancy, 16 nov. 1874, J.G.S. Avoué, 28. — Req. 12 mai 1885, D.P. 86. 1. 192. — V. Code de procédure civile, no 42.

11710. Il appartient, d'ailleurs, à l'avoué de prouver qu'indépendamment du mandat ad litem, il a reçu un mandat ad negotia, qu'il a réellement donné à l'affaire des soins particuliers ou fait des démarches et travaux exceptionnels et distincts de ceux auxquels il est tenu par ses fonctions. — Arrêt préc 16 nov. 1874.

11711. Le mandat conféré à un officier ministériel, par exemple à un avoué, est, jusqu'à preuve du contraire, présumé salarié, tout au moins lorsqu'il a pour objet un acte de la fonction du mandataire. — J.G.S.

Avoué, 27. — V. Code de procédure civile, no 53.

11712. Cependant, peut être réputé gratuit, en l'absence de toute convention contraire, le mandat par lequel un avoué a été chargé de donner ses soins à une affaire dans laquelle il est personnellement intéressé : ce mandat, en effet, n'a pas été reçu par l'avoué à raison de sa qualité. — Req. 29 juin 1880, J.G.S. Avoué, 27.

11713. — V. Droit de rétention (C. proc. civ. nos 61 à 69). — Les avoués ne peuvent exercer leur droit de rétention que sur les actes de la procédure qu'ils ont faite ou sur les titres qu'ils se sont procurés au moyen de leurs avances, mais non sur les titres qui leur ont été remis par leurs clients, à l'effet de soutenir les droits de ceux-ci. — (Motifs) Rouen, 3 mai 1875, J.G.S. Avoué, 20.

11714. L'avoué de première instance, non encore payé de ses avances et honoraires, ne peut refuser à son client les pièces qui lui sont nécessaires pour défendre en appel le jugement prononcé à son profit, si celui-ci offre de les faire prendre directement par son avoué d'appel qui, après l'arrêt définitif, les rétablira entre les mains de son confrère. — Même arrêt. — V. Code de procédure civile, no 64.

11715. Lorsqu'une cour d'appel, au cours d'une instance engagée devant elle, a ordonné une communication de pièces, sous peine d'une indemnité de retard, le juge des référés est compétent pour statuer sur le refus opposé par l'avoué de première instance, auquel ces pièces avaient été confiées, de les remettre provisoirement entre les mains de l'avoué d'appel, lors même que l'avoué de première instance n'aurait pas personnellement figuré dans l'instance au cours de laquelle la communication a été ordonnée. — Même arrêt.

11716. Le droit de rétention de l'avoué ne va pas jusqu'à lui permettre de refuser communication à son client des pièces qu'il retient. — Bordeaux, 19 juin 1851, J.G.S. Avoué, 20.

Chap. V. — Des huissiers audienciers.

§ 1er. — Des tribunaux de première instance.

Art. 152. Pour chaque appel de cause sur le rôle, et lors des jugements par défaut, interlocutoires et définitifs sans qu'il soit alloué aucun droit pour les jugements préparatoires et de simples remises,

A Paris, 30 c.;

Dans les tribunaux du ressort, 25 c.

Art. 153, 154 et 155.

11717. Ces articles sont abrogés par l'ordonnance du 10 oct. 1841, art. 20. — V. infrà, p. 443.

Art. 156. Pour significations de toute espèce, d'avoué à avoué, sans aucune distinction, à l'ordinaire,

A Paris, 30 c.;

Dans les tribunaux du ressort, 25 c.

Pour significations extraordinaires, c'est-à-dire à une autre heure que celle où se font les significations ordinaires, suivant l'usage du tribunal,

A Paris, 1 fr.

Nota. Ces significations doivent être faites à heure datée; et, à défaut de date, elles ne seront taxées que comme significations ordinaires; elles ne sont passées en taxe, comme significations extraordinaires, qu'à Paris seulement.

Les huissiers audienciers, quoiqu'ils soient commis pour faire des significations ou autres opérations, ne pourront exiger autres ni plus forts droits que les huissiers ordinaires;

et ils seront obligés de se conformer à toutes les dispositions du Code, comme tous les autres huissiers, mais les frais de transport des huissiers de la cour royale, commis par elle, seront, dans ce cas, alloués pour toutes les remises de cause qui seront ordonnées, 1 fr. 25 c.; et il ne sera passé aucun droit d'appel pour les simples remises de cause et les jugements préparatoires.

§ 2. — Des huissiers audienciers de la cour impériale de Paris.

Art. 157. Pour l'appel des causes sur le rôle, ou lors des arrêts par défaut, interlocutoires et définitifs, à la charge d'envoyer des bulletins aux avoués pour toutes les remises de cause qui seront ordonnées, 1 fr. 25 c.

Il ne sera passé aucun droit d'appel pour les simples remises de cause et les jugements préparatoires.

Art. 158. Pour significations de toute espèce, d'avoué à avoué, sans aucune distinction.

A l'ordinaire, 75 c.;

A l'extraordinaire ou à heure datée, 1 fr. 50 c.

Chap. VI. — Des experts, des dépositaires de pièces et des témoins.

Art. 159. (C. pr. 820.) Il sera taxé aux experts, par chaque vacation de trois heures, lorsqu'ils opèrent dans les lieux où ils sont domiciliés ou dans la distance de deux myriamètres, savoir, dans le département de la Seine,

Pour les artisans et laboureurs, 4 fr.;

Pour les architectes et autres artistes, 8 fr.

Dans les autres départements,

Aux artisans et laboureurs, 3 fr.

Aux architectes et autres artistes, 6 fr.

11718. D'après une opinion qui paraît consacrée par la jurisprudence, les vacations et frais de voyage des architectes et autres experts domiciliés dans une ville où siège une cour d'appel doivent être taxés conformément aux dispositions spéciales des art. 159, 160 et 161 du premier tarif du 16 févr. 1807, et non d'après les dispositions du troisième décret du même jour, qui porte que le tarif des frais et dépens est réglé pour toutes les cours autres qu'une cour d'appel sous la déduction d'un dixième. — Nancy, 21 août 1878, D.P. 79. 2. 90. — Chambéry, 21 (et non 24) nov. 1883, D.P. 84. 2. 121. — C. cass. de Belgique, 15 mai 1884, D.P. 85. 2 451.

11719. Mais, suivant une opinion opposée, le troisième décret du 16 févr. 1807 s'applique aux honoraires comme aux autres frais et dépens. et, en conséquence, dans les villes où siège une cour d'appel, les vacations et frais de voyage des experts doivent être taxés au chiffre indiqué par le premier tarif pour Paris, diminué d'un dixième. — J.G.S. Frais et dépens, 269. — Observ. de M. Glasson, D.P. 84. 2 121, note 1.

11720. Le mode de liquidation des vacations dues aux experts est le même que celui des frais et dépens dus soit aux parties en cause, soit à leurs avoués. — Civ. r. 19 janv. 1886. D P. 87. 1. 76.

11721. Dès lors, et dans le silence de la loi, l'ordonnance du président portant taxe au profit d'un expert est susceptible d'opposition devant la chambre du conseil. — Arrêt préc. 19 janv. 1886. — Bordeaux, 1er févr. 1867, J.G.S. Expertise, 79. — Lyon, 29 mars 1884, J.G.S. Expertise, 81. — Contra : Bordeaux, 18 mars 1864, J.G.S. Expertise, 81. — Comp. Montpellier, 10 févr. 1890, D.P. 91. 2. 50.

11722. Mais la chambre du conseil n'est pas compétente pour statuer sur l'opposition, lorsque l'opposant, au lieu de se borner à critiquer les allocations consenties à l'expert, soutient, en outre, qu'il n'est pas tenu de la totalité des frais d'expertise quel qu'en soit le chiffre; cette seconde question doit être jugée suivant les formes du droit commun. — Arrêt préc. 19 janv. 1886.

11723. Décidé dans le même sens que les dispositions légales qui fixent le délai de l'opposition à une ordonnance de taxe de dépens sont applicables à la taxe des opérations des experts. — Riom, 13 mai 1889, D.P. 90. 2. 107, et sur pourvoi, Req. 12 nov. 1890, D.P. 92. 1. 7.

11724. ... Et que l'opposition est tardive et comme telle non recevable, lorsqu'elle est faite plus de deux mois après les offres réelles et au cours de l'instance en validité. — Mêmes arrêts.

11725. L'opposition à la taxe d'expert faite par le tribunal de commerce doit avoir lieu dans les trois jours de la signification à partie. — Nancy, 26 janv. 1889, D.P. 89. 2. 239.

11726. L'appel du jugement rendu en la chambre du conseil sur l'opposition à l'exécutoire de dépens délivré à un expert doit être porté devant la cour siégeant en chambre du conseil et non en audience publique. — Paris, 27 nov. 1882, D.P. 83. 2. 217.

11727. Et cet appel n'est pas recevable, sauf dans le cas où il y a appel du jugement sur le fond. — Paris, 30 déc. 1882, D.P. 83. 2. 217.

Art. 160. Au delà de deux myriamètres il sera alloué par chaque myriamètre, pour frais de voyage et nourriture, aux architectes et autres artistes, soit pour aller, soit pour revenir:

A ceux de Paris, 6 fr.;
A ceux des départements, 4 fr. 50 c.

Art. 161. Il leur sera alloué pendant leur séjour, à la charge de faire quatre vacations par jour, savoir:

A ceux de Paris, 32 fr.;
A ceux des départements, 24 fr.

Nota. La taxe sera réduite, dans le cas où le nombre de quatre vacations n'aurait pas été employé.

S'il y a lieu à transport d'un laboureur au delà de deux myriamètres, il sera alloué trois francs par myriamètre, pour aller, et autant pour le retour, sans néanmoins qu'il puisse rien être alloué au delà de cinq myriamètres.

Art. 162. Il sera encore alloué aux experts deux vacations, l'une pour leur prestation de serment, l'autre pour le dépôt de leur rapport, indépendamment de leurs frais de transport s'ils sont domiciliés à plus de deux myriamètres de distance du lieu où siège le tribunal; il leur sera accordé par myriamètre, en ce cas le cinquième de leur journée de campagne.

Au moyen de cette taxe, les experts ne pourront rien réclamer ni pour frais de voyage et de nourriture, ni pour s'être fait aider par des écrivains ou par des toiseurs et porte chaines, sous quelque autre prétexte que ce soit; ces frais, s'ils ont eu lieu, restant à leur charge.

Le président, en procédant à la taxe de leurs vacations, en réduira le nombre, s'il lui parait excessif.

Art. 163. Il sera taxé aux experts en vérification d'écritures, et en cas d'inscription de faux incident, pour chaque vacation de trois heures, indépendamment de leurs frais de voyage, s'il y a lieu,

A Paris, 8 fr.;
Dans les tribunaux du ressort, 6 fr.

Art. 164. (C. pr. 208, 232.) Il ne leur sera rien alloué pour prestation de serment ni pour dépôt de leur procès-verbal, attendu qu'ils doivent opérer en présence du juge ou du greffier, et que le tout est compris dans leurs vacations.

Art. 165. Il leur sera alloué pour frais de voyage, s'ils sont domiciliés à plus de deux myriamètres du lieu où se fait la vérification,

A Paris, 32 fr.;
Dans les tribunaux du ressort, 24 fr.

A raison de cinq myriamètres par journée, et au moyen de cette taxe, ils ne pourront rien réclamer pour frais de transport et de nourriture.

Art. 166. (C. pr. 201, 204, 205, 221, 225) Il sera taxé aux dépositaires qui devront représenter les pièces de comparaison en vérification d'écritures, ou argués de faux, ou inscription de faux incident, indépendamment de leurs frais de voyage, par chaque vacation de trois heures devant le juge-commissaire ou le greffier, savoir:

1° Aux greffiers des cours impériales et des cours d'assises. 12 fr.;
Des tribunaux de première instance, 10 fr.;
2° Aux notaires de Paris, 9 fr.;
Des départements, 6 fr. 75 c.:
3° Aux avoués des cours impériales. 8 fr.:
Des tribunaux de première instance. 6 fr.;
4° Aux huissiers de Paris, 5 fr.;
Des départements, 4 fr.;
5° Aux autres fonctionnaires publics ou autres particuliers, s'ils le requièrent, 6 fr.

Art. 167. Il sera taxé au témoin, à raison de son état et de sa profession, une journée pour sa disposition, et s'il n'a pas entendu le premier jour pour lequel il aura été cité, dans le cas prévu par l'article 267, il lui sera passé deux journées, indépendamment des frais de voyage, si le témoin est domicilié à plus de deux myriamètres du lieu où se fait l'enquête.

Le maximum de la taxe du témoin sera de 10 francs, et le minimum de 2 fr.:
Les frais de voyage sont fixés à 3 fr. par myriamètre pour l'aller et le retour.

Chap. VII. — Des Notaires (1).

Art. 168 Il sera taxé aux notaires, pour tous les actes indiqués par le code civil et par le code judiciaire,

Pour chaque vacation de trois heures.

(C. pr. 849.) 1° Aux compulsoires faits en leur étude;

(C. pr. 852.) 2° Devant le juge, en cas que leur transport devant lui ait été requis;

(C. civ. 151, 152, 153, 154.) 3° A tout acte respectueux et formel pour demander le conseil du père et de la mère, ou celui des aïeuls ou aïeules, à l'effet de contracter mariage;

(C. civ. 279.) 4° Aux inventaires contenant estimation des biens meubles et immeubles des époux qui veulent demander le divorce par consentement mutuel;

(C. civ. 281, 284 et s.) 5° Aux procès-verbaux qu'ils doivent dresser de tout ce qui aura été dit et fait devant le juge, en cas de demande en divorce par consentement mutuel;

(C. pr. 941 et s.) 6° Aux inventaires après décès;

(C. pr. 944.) 7° En référé devant le président du tribunal, s'il s'élève des difficultés ou s'il est formé des réquisitions pour l'administration de la communauté ou de la succession, ou pour tous autres objets;

(C. pr. 977, 978, etc.) 8° A tous les procès-verbaux qu'ils dresseront en tous autres cas et dans lesquels ils seront tenus de constater le temps qu'ils y auront employé;

(1) Sous ce chapitre, nous croyons devoir traiter de tout ce qui a rapport aux honoraires des Notaires.

(C.pr. 977.) 9° Au greffe, pour y déposer la minute du procès-verbal des difficultés élevées dans les partages contenant les dires des parties.

A Paris, 9 fr.;
Dans les villes où il y a un tribunal de première instance, 6 fr.;
Partout ailleurs, 4 fr.

DIVISION.

§ 1. — *Différentes sortes d'honoraires* (n° 11728).

§ 2. — *Honoraires tarifés par la loi* (n° 11735).

§ 3. — *Vacations* (n° 11755).

§ 1er. — *Différentes sortes d'honoraires.*

11728. Les honoraires des notaires sont de plusieurs sortes. On distingue : 1° les honoraires proprement dits qui sont dus pour la passation des actes ordinaires. — J.G. Notaire, 440.

11729. ... 2° Les vacations qui s'entendent du temps que le notaire a employé à la confection d'un procès-verbal, tel qu'un inventaire, ce qui comprend les frais de voyage, qui sont tarifés ou accordés au notaire, lorsqu'il se déplace. — J.G. Notaire, 440.

11730 ...3° Les droits d'expédition qui sont dus pour la délivrance de l'expédition d'un acte, indépendamment de la minute, et qui sont tarifés à tant par rôle. — J.G. Notaire, 440.

11731. Enfin les notaires ont droit, avant tout, au remboursement des avances qu'ils ont faites dans l'intérêt de leurs clients. — J.G. Notaire, 440.

11732. Parmi les honoraires, les uns sont fixés par des tarifs. — J.G. Notaire, 446.

11733. ... Les autres sont taxés par le président du tribunal civil à défaut de tarif. — J.G. Notaire, 416.

11734. ... Ou amiablement consentis entre le notaire et les clients. — J.G. Notaire, 416.

§ 2. — *Honoraires tarifés par la loi.*

11735. Les droits et honoraires des notaires qui se trouvent fixés d'une manière légale sont ceux dont s'occupe: 1° le premier tarif civil du 16 févr. 1807, chap. 7, art. 168 à 175. — J.G. Notaire, 446.

11736. ... 2° Le tarif criminel du 18 juin 1811, art. 13, 15, 90 et suiv. — J.G. Notaire, 447.

11737. ... 3° L'ordonnance du 10 oct. 1841, qui a déterminé un nouveau tarif pour l'exécution de la loi du 2 juin 1841 sur les ventes judiciaires d'immeubles. — J.G. Notaire, 447.

11738. ... 4° La loi du 22 févr. 1851, sur les baux d'apprentissage. — D.P. 51. 4. 43.

11739. ...5° Le décret du 5 nov. 1851 sur les ventes aux enchères de fruits et récoltes pendantes par racines. — D.P. 51. 4. 221.

11740. ...6° Le décret du 9 nov. 1853 sur les pensions civiles (art. 46). — D.P. 54. 4. 3.

11741. ...7° Les décrets des 12 juin 1856, 30 avr. et 13 déc. 1862 qui complètent le tarif du 16 févr. 1807. — D.P. 56. 4. 67; 62. 4. 40; 62. 4. 128.

11742. ...8° Le décret du 2 août 1860 relatif aux traitements de la Légion d'honneur et de la médaille militaire. — D.P. 60. 4. 134.

11743. ...9° La loi du 23 oct. 1884 sur les ventes judiciaires d'immeubles (art. 3 § 2). — D.P. 85. 4. 9

11744. Les fixations du tarif sont calculées soit en vacations, à raison du temps réel ou présumé employé dans l'affaire, ce qui comprend les frais de voyage; soit à raison de l'importance pécuniaire de l'affaire; soit enfin à raison du nombre de rôles employés dans les expéditions des actes. — J.G. *Notaire*, 448.

11745. Le tarif civil du 16 févr. 1807 et les décrets précités du 12 juin 1856, du 30 avr. et du 13 déc. 1862 qui le complètent, et le tarif criminel du 18 juin 1811 fixent le taux des vacations allouées aux notaires. — V. *infrà*, p. 446.

11746. Les dispositions précitées de l'ordonnance du 10 oct. 1841 et de la loi du 23 oct. 1884 sur les ventes judiciaires d'immeubles, celles du décret du 5 nov. 1831 sur les ventes aux enchères de fruits et récoltes pendantes par racines, et celles du décret du 6 nov. 1853 sur les pensions civiles et du décret du 2 août 1860 sur les traitements du décret d'honneur et de la médaille militaire attribuent aux notaires des remises proportionnelles. — V. *infrà*, p. 441, 444 et 446.

11747. Sur la question de savoir si d'autres actes que ceux visés dans ces dispositions donnent lieu à des remises proportionnelles, il a été jugé, d'une part, que le simple dépôt d'un testament olographe ou l'étude d'un notaire, en vertu d'une ordonnance du président, ne donne pas lieu à un émolument proportionnel. — Trib. d'Angers, 13 juill. 1847, D.P. 49. 4. 318. — Trib. de Montpellier, 9 janv. 1862, D.P. 62. 3. 66. — Trib. d'Anvers, 9 juill. 1861, D.P. 63. 3. 62. — Trib. d'Uzès, 17 janv. 1867, D.P. 67. 3. 64.

11748. . . Quoique les tarifs de plusieurs chambres de notaires lui aient donné ce caractère. — J.G.S. *Notaire*, 155. — *Conféd.* Chambéry, 24 déc. 1883, D.P. 85. 2. 4. 2

11749. . . Et d'autre part, que les notaires qui ont servi d'intermédiaires pour un placement hypothécaire ne peuvent réclamer aucun droit de négociation; ils ne pourraient faire une telle réclamation qu'en s'assimilant à des banquiers ou agents de change. — Toulouse, 25 janv. 1842, J.G. *Notaire*, 473.

11750. Mais ce dernier arrêt a été critiqué par le motif qu'en tendant à interdire aux notaires de faciliter les affaires de leurs clients, il peut jeter ces derniers dans les mains d'agents sans instruction, sans garantie, sans discipline, et que cependant il reconnaît un semble le droit de réclamer une rémunération qu'il refuse aux notaires. — J.G. *Notaire*, 475.

11751. La loi des 22 févr.-4 mars 1851, relative aux contrats d'apprentissage, fixe à 2 francs les honoraires des officiers publics appelés à rédiger chacun de ces contrats. — J.G. *Notaire*, 153.

11752. Aucune disposition légale n'autorise les notaires à percevoir un droit de répertoire pour chaque acte qu'ils y inscrivent. — Paris, 10 mars 1887, D.P. 88. 2. 240.

§ 3. — *Vacations.*

11753. Les actes qui donnent droit à des vacations sont, en général, ceux qui doivent contenir la mention de l'heure à laquelle leur rédaction a commencé, et de celle à laquelle cette rédaction a fini. Cette espèce d'actes est connue sous le nom de *procès-verbaux*, expression insuffisante pour les qualifier tous. — J.G. *Notaire*, 449.

11754. Le temps de chaque vacation est fixé à trois heures par l'art. 168. L'art. 4 du décret du 16 frim. au 14 qui permet les vacations de quatre heures est spécial à la perception du droit d'enregistrement et ne saurait s'appliquer à la fixation des honoraires. — Bourges, 16 juin 1876, J.G.S. *Notaire*, 160.

11755. Dans certaines circonstances, les notaires sont payés de leurs vacations, non pour le nombre d'actes, mais pour leur simple présence ou assistance, par exemple, pour compulsoire, transport devant le juge, ouverture de testaments, référé, dépôt de procès-verbaux et d'extraits. — J.G. *Notaire*, 455.

11756. Les actes pour lesquels les notaires sont rétribués, non d'après l'importance des sommes, mais d'après le temps employé pour les rédiger, sont énumérés dans les art. 168, 169 et 171 du décret du 16 févr. 1807 et dans d'autres actes législatifs postérieurs. — V. *infrà*, nos 11768 et s.

11757. Il n'est passé en taxe aux notaires que trois vacations par jour quand ils opèrent dans le lieu de leur résidence, et quatre quand l'opération se fait en dehors du lieu de leur résidence. — V. *infrà*, art. 170, nos 11769 et s. — J.G. *Notaire*, 456.

11758. Le taux de la vacation diffère suivant que le notaire agit comme dépositaire ou comme notaire. — J.G. *Notaire*, 453.

11759. Dans le premier cas, le taux est fixé par l'art. 166 du tarif de 1807 à 9 fr. pour les notaires de Paris et à 6 fr. 75 pour les notaires de classe. — J.G. *Notaire*, 453. — V. *supra*, p. 428.

11760. On s'est demandé si le troisième décret du même jour 16 févr. 1807, en disposant que le tarif applicable à la ville de Paris sera réduit d'un dixième dans les cours autres que Lyon, Bordeaux et Rouen, a apporté une dérogation à l'art. 166, de telle sorte que le prix des vacations attribué par l'art. 166 précité aux notaires de Paris (9 fr.) devra être déclaré applicable aux vacations des chefs-lieux de cours d'appel, sauf la réduction du dixième quand il y a lieu. — J.G. *Notaire*, 453.

11761. La négative a été admise, et il a été décidé que le troisième décret du 1807 n'est applicable que dans le cas où le tarif distingue entre les frais faits à Paris devant la cour ou le tribunal de première instance de la Seine, et les frais faits devant les autres tribunaux du ressort de la cour de Paris; mais que l'art. 166, ne faisant aucune distinction de cette nature, et ne pouvant recevoir aucune modification par suite du troisième décret du 16 févr. 1807; qu'en conséquence, et spécialement, un notaire de Besançon ne peut réclamer pour ses vacations, dans le cas de vérification d'écritures, que la somme de 6 fr. 75. — Trib. de Vesoul, 14 nov. 1838, J.G. *Notaire*, 453.

11762. Dans cette hypothèse, le taux des vacations est le même, quel que soit le tribunal ou la cour devant lesquels a lieu la procédure en vérification d'écritures. — J.G. *Notaire*, 453.

11763. Le tarif criminel, art. 13, renvoie à l'art 166 du décret du 16 févr. 1807 dans les cas suivant : Lorsqu'en conformité des dispositions du code d'instruction criminelle sur le faux, et dans le cas de prévus notamment par les art. 452 et 454, des dépositaires publics, tels que les greffiers, notaires, avoués et huissiers, sont tenus de se transporter au greffe ou devant un juge pour faire ou remettre des pièces arguées de faux ou des pièces de comparaison, il leur sera alloué, pour chaque vacation de trois heures, la même indemnité qui leur est accordée par l'art. 166 du décret du 16 févr. 1807, relativement à l'inscription de faux incident. Les déposi-taires publics auront toujours le droit de faire en personne le transport ou la remise des pièces, quand on puisse les obliger à les confier à des tiers. — J.G. *Notaire*, 454.

11764. Dans le cas où le notaire n'agit pas comme dépositaire, le taux des vacations est réglé par l'art. 168 du décret du 16 févr. 1807 complété par le troisième décret du même jour et par les décrets du 12 juin 1856 30 avr. et 13 déc. 1862. — V. *infrà*, p. 446.

11765. Le taux des vacations, d'après les dispositions combinées du premier et du troisième décret du 16 févr. 1807 et celles des décrets des 12 juin 1856, 30 avr. et 13 déc. 1862 est de 9 fr. pour les notaires de Paris, Lyon, Bordeaux, Rouen, Marseille, Toulouse, Lille et Nantes; de 8 fr. pour ceux des autres cours d'appel et des villes dont la population excède 30,000 âmes; de 6 fr. pour ceux des autres villes siéges d'un tribunal de première instance; et de 4 fr. pour ceux des autres localités. — V. *infrà*, p. 446.

11766. Le président taxateur peut opérer des retranchements dans les vacations réclamées pour un inventaire, si leur nombre lui paraît pas en rapport avec le temps qu'a dû exiger la confection de l'acte. — Paris, 20 nov. 1866, D.P. 67. 2. 12. — Req. 19 févr. 1883, D.P. 84. 1. 125.

11767. Décidé dans le même sens qu'il appartient au juge taxateur d'apprécier le temps que, dans la confection d'un inventaire, le notaire a dû employer d'une manière sérieuse et utile pour les parties, et, par conséquent, de fixer le nombre des vacations qui doit être alloué pour cet objet. — Lyon, 19 janv. 1865, D.P. 65. 2. 107.

Art. 169. Dans tous les cas où il est alloué des vacations aux notaires, il ne leur est rien passé pour les minutes de leurs procès-verbaux.

11768. Néanmoins les notaires ont toujours droit au remboursement du prix du papier timbré employé. — J.G. *Notaire*, 451.

Art. 170. Quand les notaires seront obligés de se transporter à plus d'un myriamètre de leur résidence, indépendamment de leur journée, il leur sera alloué pour tous frais de voyage et nourriture, par chaque myriamètre, un cinquième des vacations et autant pour le retour.

Et par journée, qui sera comptée à raison de cinq vacations, aussi bien pour l'aller que le retour, quatre vacations.

11769. Les frais de voyage sont dus aux notaires lorsqu'ils sont obligés de se déplacer dans l'exercice de leurs fonctions, pour inventaires, ventes de meubles à l'encan, notifications d'actes respectueux, et différents autres actes qui, de leur nature, doivent être rédigés sur les lieux. — J.G. *Notaire*, 461.

11770. Mais la fixation de l'art. 170 n'est relative qu'aux actes mentionnés dans l'art. 168, ou qui, de leur nature, doivent être rédigés sur les lieux, et nécessitent ainsi des voyages. — J.G. *Notaire*, 462.

11771. Dans toutes les autres circonstances, il y a lieu d'appliquer les dispositions de l'art. 173 relatives aux actes non tarifés spécialement par la loi. — J.G. *Notaire*, 462. — V. *infrà*, nos 11810 et s.

11772. Pour l'exécution de la disposition de l'art. 170, la chambre des notaires de Paris a pris, le 1er avril 1819, la délibération suivante qui peut servir de règle dans les cas analogues : l'indemnité allouée aux notaires, pour tous frais de voyage et de nourriture, se compose de cinquième, par chaque myriamètre, des vacations qui leur seraient allouées pour une journée de route. Le calcul se fait de la même manière pour le retour ; mais les vacations de séjour se comptent comme celles employées au lieu de résidence sans indemnité. Ainsi, pour 4 myriamètres et demi, il est alloué : 1o quatre journées de quatre vacations chacune, donnant, à 9 fr. par vacation, pour chaque journée, 36 fr., et pour quatre journées, 144 fr.; 2o à titre d'indemnité des frais de voyage et de nourriture, pour chaque myriamètre, un cinquième de la vacation, c'est-à-dire 1 fr. 20, faisant un cinquième de 36 fr., et pour 20 myriamètres, 144 fr.; en tout, 288 fr.; autant pour le retour, 288 fr.; total, 576 fr., indépendamment des vacations de séjour, qui se calculent comme celles employées au lieu de la résidence, sans aucune indemnité. — J.G. *Notaire*, 463.

11773. Il n'est pas dû de frais de voyage

au notaire qui, ne résidant pas dans le lieu où se trouve établi un bureau d'enregistrement, est obligé d'y porter ses actes pour les faire enregistrer. — J.G. *Notaire,* 461.

11774. L'indemnité allouée aux notaires pour tous frais de voyage et de nourriture se compose du cinquième, par chaque myriamètre, non de la totalité des vacations dues pour leur déplacement, mais seulement des vacations qui leur sont allouées par une journée de route, laquelle comporte quatre vacations à raison de cinq myriamètres. — Paris, 1er déc. 1882, D P. 83. 2. 182.

11775. Le notaire qui se transporte, pour procéder à une vente, à une distance moindre d'un myriamètre à sa résidence n'a droit à aucune indemnité de transport. — Civ. 14 févr. 1887, sol. impl. D.P. 87. 1. 111

11776. Des frais de voyage doivent encore être accordés aux notaires, outre leurs vacations, dans le cas de l'art. 166 du tarif, c'est-à-dire, lorsque dans une procédure de faux incident ou de vérification d'écriture, ou dans une inscription de faux, ils sont obligés à raison de cinq myriamètre pour aller déposer des pièces dans un greffe. — J.G. *Notaire,* 465.

11777. Il a été jugé que l'art. 166 du tarif, ne fixant les frais de voyage dus en pareil cas, il y a lieu de les régler à raison de 3 fr. par myriamètre pour l'aller et le retour, par application de la disposition finale de l'art. 167. — Trib. de Vesoul, 14 nov. 1838, J.G. *Notaire,* 465.

11778. Mais cette solution ne doit pas être admise, car il est impossible d'appliquer aux notaires, par analogie, l'art. 167, qui est relatif aux témoins. Il est probable que le législateur, en réservant dans l'art. 166 les frais de voyage, aux greffiers, notaires, avoués et huissiers, a entendu renvoyer sur ce point aux autres dispositions du tarif où les frais de même nature se trouvent fixés relativement à chacun de ces officiers publics et par conséquent rendre applicable à ce cas l'art. 170. — J.G. *Notaire,* 465.

11779. Mais si l'art. 166 du tarif est muet à l'égard des frais de voyage, le tarif criminel du 18 juin 1811 (art. 13) qui renvoie à l'art. 166 du tarif civil pour les frais de vacations dus aux officiers ministériels en cas de transport, pour remettre à qui de droit les pièces arguées de faux ou les pièces de comparaison dont ils prévus par les art. 452 et 454 C. instr. crim., n'a pas fait la même omission. — J.G. *Notaire,* 466. — V. *suprà,* n° 11640.

11780. En effet, l'art. 13 de ce tarif porte que, dans ces cas, les frais de voyage et de séjour des greffiers, notaires et dépositaires particuliers seront réglés comme ils le sont au chap. 8 du même tarif (art. 90 et suiv.) par les médecins, chirurgiens, etc.

11781. D'après les articles précités, ces frais sont ainsi réglés: 1° par chaque myriamètre parcouru en allant et en revenant, 2 fr. 50, l'indemnité réglée par myriamètre et demi-myriamètre; 2° pour chaque jour de séjour forcé dans la ville où se fait l'instruction et qui n'est point celle de leur résidence, dans les villes de 40,000 âmes et au-dessus 2 fr. 50 et partout ailleurs 2 fr.; 3° enfin par chaque jour de séjour forcé en route 2 fr.

11782. Le notaire qui a déplacé ses minutes pour opérer une vérification et qui, empêché, par une circonstance quelconque indépendante de sa volonté, d'achever l'opération, se trouve obligé de se déplacer une seconde fois pour aller reprendre ses minutes, a droit à une indemnité pour ses frais de voyage, mais non à une vacation, alors qu'il n'a fait que se présenter au greffe pour en retirer ses minutes. — Décis. min. just. 4 mars 1820, J.G. *Notaire,* 467.

Art. 171. Il sera passé aux notaires, pour la formation des comptes que les copartageants peuvent se devoir de la masse générale de la succession, des lots et des fournissements à faire à chacun des copartage nts, une somme correspondante au nombre des vacations que le juge arbitrera à avoir été employée à la confect.on de l'opération.

11783. L'usage a prévalu pour l'avantage de tous juges et parties de déterminer les honoraires d'une liquidation suivant le nombre et la position sociale des copartageants, et suivant le chiffre des biens liquidés; le législateur lui-même a pris l'importance des biens pour base des tarifs publiés postérieurement au décret du 16 févr. 1807. — J.G. *Notaire,* 432.

11784. Toutefois il a été jugé que les honoraires des notaires, en matière de liquidation, doivent être fixés d'après le nombre des vacations arbitrées par le juge avoir été employées aux termes des art. 171 et 173 du décret du 16 févr. 1807, et non consister, selon les usages de la chambre des notaires, dans une remise proportionnelle calculée sur l'actif des successions. — Paris, 4 janv. 1840, J.G. *Notaire,* 432.

11785. Cette décision ne saurait être critiquée au point de vue du droit, puisque le décret de 1807 ne parle que de vacations; mais il ressort cependant qu'en supputant par vacations, l'arrêt aboutit, en fait, à confirmer le chiffre d'honoraires que le notaire avait été proposé sur une base proportionnelle. — J.G. *Notaire,* 432.

11786. Dans une liquidation de succession, indépendamment des vacations arbitrées par le juge, conformément à l'art. 171 du tarif, pour la formation des comptes que les copartageants peuvent se devoir de la masse générale de la succession, des lots et des fournissements à faire à chacun des copartageants, il doit être alloué aux notaires une rémunération particulière pour les actes accessoires de la liquidation dans lesquels ils ont pu, suivant les circonstances, accomplir, dans l'intérêt de toutes les parties, l'office extérieur d'un mandataire. — Lyon, 19 janv. 1866, D.P. 65. 2. 107. — V. *infrà.*

11787. Le tribunal de la Seine fixe ainsi qu'il suit la rémunération accordée aux notaires pour les liquidations: 1 0/0 jusqu'à 300,000 fr., 1/2 0/0 de 300 000 à 600,000 fr., 1/4 0/0 de 600.000 à un million, 1/8 0/0 au delà d'un million. Beaucoup de tribunaux ont adopté les mêmes bases. — J.G S. *Notaire,* 467.

Art. 172. *Les remises accordées aux avoués sur les prix des ventes d'immeubles seront allouées aux notaires, dans le cas où les ventes d'immeubles renverront des ventes d'immeubles par devant eux, mais sans distinction de celles dont le prix n'excédera pas 2,000 fr.; et, au moyen de cette remise, ils ne pourront rien exiger pour les minutes de leurs procès-verbaux de publication et d'adjudication.*

11788. La loi du 26 janv. 1892 *sur la réforme des frais de justice* renferme différentes dispositions se rapportant aux notaires commis en justice.

11789. L'art. 15 vise (§ 4) *les adjudications de meubles ou d'immeubles renvoyées devant notaire commis par décision de justice* « pour assujettir ces adjudications *au nouveau droit proportionnel créé par la loi, « sur le prix augmenté de toutes les charges dans lesquelles ne seront pas comprises celles dues sur le procès-verbal d'adjudication ».* — V. *infrà,* n°s 12463 et s.

11790. L'art. 16-3e a... *tarifé à* 25 c. p. 100 le droit proportionnel dans son application à ces adjudications, ... disposé qu'il serait perçu « indépendamment du droit de mutation auquel ces jugements et procès-verbaux sont assujettis », ... exempté de son appli-

cation les ventes au-dessous de 2,000fr. » — V. *infrà,* n°s 12587 et s.

11791. Enfin l'art. 21 de la loi a réglé la forme des *états de frais* dressés par les notaires commis. — V. *infrà,* n°s 12648 et s.

11792. L'art. 172 a été abrogé par l'art. 20 de l'ord. du 10 oct. 1841 rendue pour l'exécution de la loi du 2 juin de la même année sur les ventes judiciaires d'immeubles et qui a établi un nouveau tarif de remises proportionnelles. — J.G. *Notaire,* 468. — V. *infrà,* p. 443.

11793. — I. VENTES JUDICIAIRES D'IMMEUBLES. — Le tarif établi par l'art. 14 de l'ordonnance du 10 oct. 1841 détermine les droits d'expédition que peuvent réclamer les notaires devant lesquels les tribunaux auront renvoyé les ventes d'immeubles, et les remises proportionnelles auxquelles ils auront droit sur le prix des biens vendus. — V. *infrà,* p. 443. — V également *infrà* L. 23 oct. 1884, sur les ventes judiciaires d'immeubles, art. 3, § 2, n°s 12203 et s.

11794. Dans le cas où le prix d'adjudication ne dépasse pas mille francs, les émoluments fixés par le tarif du 10 oct. 1811 sont réduits d'un quart par l'art. 3, § 2, de la loi du 23 oct. 1884. — D.P. 85. 4 9.

11795. L'art. 1er du décret du 30 avr. 1862 et l'art. 1er du décret du 13 déc. 1862 rendent communs aux tribunaux de première instance de Toulouse, Lille et Nantes le tarif réglé pour le tribunal de première instance de la Seine touchant les frais et dépens relatifs aux ventes judiciaires d'immeubles. — V. *infrà,* p. 443.

11796. La sanction des dispositions ci-dessus se trouve dans l'art. 18 de l'ordonnance de 1841, qui défend expressément de stipuler dans tous les cahiers des charges, à peine de nullité, au profit des officiers ministériels, d'autres droits que ceux énoncés au présent tarif. — J.G. *Notaire,* 473. — V. *infrà* p. 443.

11797. La disposition de cet art. 18 est d'ordre public et toute partie intéressée peut s'en prévaloir ; spécialement, la stipulation faite dans le cahier des charges d'une liquidation en justice renvoyée devant notaire, au sujet des honoraires de ce notaire, est frappée d'une nullité radicale qui peut être opposée par l'adjudicataire comme par les colicitants. — Civ. 7 déc. 1847, D.P. 47. 1. 360.

11798. Décidé dans le même sens que, dans tous les cahiers des charges, il est expressément défendu aux notaires de stipuler à leur profit d'autres et plus grands droits que ceux énoncés au tarif, sous peine de nullité de la stipulation ; et cette nullité, étant d'ordre public, peut être invoquée par tous ceux qui y ont intérêt. — Civ. 4 avr. 1859, D.P. 59. 1. 161. — Paris, 2 août 1884, D.P. 85. 2. 236.

11799. Avant l'ordonnance du 10 oct. 1841, il avait été jugé, dans le sens de la nullité, que la clause insérée dans le cahier des charges d'une vente d'immeubles renvoyée devant notaire doit, si elle dépasse, au profit de celui-ci, les droits portés au tarif, être réputée non écrite, et que, dans ce cas, le créancier qui, ayant produit à l'ordre, n'a pas obtenu une collocation utile peut réclamer du notaire la restitution des remises qu'il a indûment perçues, sans que celui-ci puisse lui opposer qu'il a produit à l'ordre sans réclamation ni réserve, alors que le notaire, ayant touché directement ces remises de l'adjudicataire, n'a pas figuré dans l'ordre. — Paris, 29 mai 1856, J.G. *Notaire,* 471.

11800. Si, dans une licitation, l'adjudicataire est l'un des copropriétaires par indivis, de sorte que la vente ne comprenne pour lui que la part dont il s'était déjà propriétaire, les honoraires doivent être calculés non pas seulement sur cette part, mais sur l'importance totale de la propriété entière. — D.P. 77. 2. 13, note 4.

11801. — II. VENTES VOLONTAIRES D'IMMEUBLES. — Les dispositions précitées de l'ordonnance de 1841 ne concernent que les ventes judiciaires ; mais, dans la taxe des honoraires, il y a lieu de lui accorder par analogie, pour les ventes volontaires, les remises allouées au cas de vente judiciaire. — Paris, 10 juill. 1852, D.P. 53. 2. 287.

11802. En matière de ventes volontaires comme en matière de ventes judiciaires, la taxe des frais est d'ordre public, et toute stipulation qui tend directement ou indirectement à soustraire à l'application des tarifs est frappée d'une nullité absolue. — Req. 22 août 1882, D.P. 83. 1. 121.

11803. — III. Vente de meubles aux enchères. — Les honoraires dus à un notaire pour une vente de meubles doivent être réglés, non d'après les dispositions du tarif établi par la loi du 18 juin 1813, applicable seulement aux commissaires-priseurs, mais d'après les dispositions de l'art. 30 du tarif de 1807, c'est-à-dire selon le nombre des vacations que la vente a nécessitées. — Décis. min. just. 14 déc. 1853, D.P. 87. 1. 411, note 2. — Lyon, 10 janv. 1865, D.P. 65. 2. 107. — Paris, 14 mars 1882, J.G.S. *Notaire*, 170.

11804. Mais cette solution applicable aux ventes *judiciaires* de meubles ne l'est pas aux ventes *volontaires*. — Conf. J.G.S. *Notaire*, 170.

11805. D'après la décision précitée du 14 déc. 1853, on devrait appliquer à ces dernières ventes le tarif fixé par les lois du 26 juill. 1790 et 10-11 sept. 1793.

11806. Mais la jurisprudence considère ces dernières lois comme abrogées par le tarif de 1807 et admet une par voie d'analogie on peut accorder aux notaires comme à une équitable rémunération des émoluments que la loi de 1813 attribue aux commissaires-priseurs. — Civ. 5 août 1888, D.P. 89. 1. 302.

11807. — IV. Ventes volontaires de fruits et récoltes pendants par racines et de coupes de bois taillis. — Aux termes de la loi du 5 juin 1851, art. 1er, les notaires partagent, avec d'autres officiers ministériels, le droit de procéder aux ventes volontaires de fruits et récoltes pendants par racines et de coupes de bois taillis. — Civ. 5 août 1888, n°s 9652 et s.

11808. Le décret du 5 nov. 1851 contient le tarif des droits alloués, dans ce cas, aux officiers ministériels, droits basés sur l'importance pécuniaire de la vente. — D.P. 51. 4. 221. — V. *infrà*, p. 444.

11809. L'art. 4 du décret fixe également les vacations pour versement à la caisse des consignations, payement des contributions ou assistance aux référés, s'il y a lieu. — V. *infrà*, *ibid.*

§ 1er. — *Règlements des chambres des notaires sur la taxe des actes non tarifés par la loi.*

11810. On s'est demandé si des règlements généraux de la taxe des actes non tarifés par la loi peuvent être faits, soit par les notaires d'un arrondissement, soit par leur chambre réunie en assemblée générale. — J.G. *Notaire*, 486.

11811. Quoique les chambres des notaires tiennent de l'ordonnance du 4 janv. 1843, comme elles tenaient auparavant de l'art. 16 de l'arrêté du 5 niv. an 12, le droit de se concerter sur tout ce qui intéresse l'exercice des fonctions de notaire, il est certain qu'on ne saurait reconnaître à une corporation quelconque le droit de tarifer elle-même les actes de sa compétence et que cette faculté doit être réservée au législateur. — J.G. *Notaire*, 486.

11812. La jurisprudence décide, en conséquence, que le tarif par lequel les notaires d'un arrondissement ont fixé les honoraires afférents à certains actes de leur ministère n'est pas obligatoire, et ne peut servir de base à une décision judiciaire. — Bourges, 30 juin 1829, J.G. *Notaire*, 487. — Civ. 20 avr. 1853, D.P. 53. 1. 228. — Req. 28 août 1854 (motifs), D.P. 55. 1. 23. — Paris, 20 nov. 1866, D.P. 67. 2. 12. — Pau, 23 févr. 1867, D.P. 67. 2. 243. — Trib. de Grenoble, 15 juin 1871, J.G.S. *Notaire*, 168. — Alger, 24 avr. 1872, D.P. 73. 2. 79. — Rennes, 12 août 1872, D.P. 75. 1. 260. — Chambéry, 24 déc. 1883, D.P. 85. 2. 152. — Paris, 16 mars 1887, D.P. 88. 2. 240. — V. aussi Décis. min. just. 26 janv. 1853, J.G. *Notaire*, 487.

11813. Ainsi il appartient au président du tribunal d'apprécier si les honoraires réclamés par un notaire conformément à ce tarif excèdent ce qui est légitimement dû en tenant compte, d'une part, du travail et des soins que le notaire a exigés, et, d'autre part, du chiffre des valeurs qui en ont fait l'objet. — Arrêts préc. 20 nov. 1866 et 23 févr. 1867.

11814. Jugé au même sens : 1° que les tribunaux n'ont d'autre règle à suivre, pour la fixation des honoraires des notaires, que celle établie par l'art. 173 du tarif de 1807, d'après laquelle les actes de ces officiers publics doivent être taxés suivant leur nature et les difficultés que leur rédaction aura présentées. — Douai, 21 mai 1875, D.P. 77. 2. 13-14.

11815. 2° Que le magistrat, chargé de la taxe des honoraires d'un notaire, jouit d'un pouvoir souverain d'appréciation, et n'a, pour l'accomplissement de sa mission, d'autres règles que la nature des actes, les difficultés de rédaction qu'ils présentent, et les renseignements que les parties et le notaire sont appelés à fournir. — Arrêt préc. 24 déc. 1883.

11816. 3° Qu'il appartient au juge de fixer le montant des honoraires dus aux notaires en tenant compte de la nature et de l'importance des actes, ainsi que de la valeur des biens auxquels se rapportent ces actes et de la responsabilité qu'assume le notaire. — Paris, 16 mars 1887, D.P. 88. 2. 240.

11817. 4° Qu'en l'absence d'une tarification légale, il appartient au juge taxateur (ou au tribunal, s'il y a contestation) de fixer le chiffre, en égard à l'importance pécuniaire de l'acte et à la responsabilité assumée par le notaire, et que le juge a, à cet égard, un pouvoir discrétionnaire. — Trib. d'Uzès, 17 janv. 1867, D.P. 67. 3. 64.

11818. 5° Que le magistrat taxateur peut avoir égard, tant à l'importance des sommes faisant l'objet de l'acte qu'à l'exécution plus ou moins complète que ses dispositions ont reçue ou pourront recevoir. — Aix, 18 juill. 1874, D.P. 73. 2. 202.

11819. L'arrêt qui réduit le coût d'un inventaire à une somme « laissant encore au notaire une large rémunération », ne fait qu'user des pouvoirs attribués aux magistrats taxateurs par l'art. 173 du décret du 16 févr. 1807. — Req. 19 févr. 1883, D.P. 84. 1. 125.

11820. Le notaire exciperait vainement de la chose jugée qui, selon lui, résulterait d'une ordonnance de référé intervenue entre les parties, si cette ordonnance n'a point statué sur le point en litige et s'il est d'ailleurs constaté que l'officier public n'a « tenu aucun compte des injonctions du président. » — Même arrêt.

11821. Dans la fixation à faire par le président du tribunal, en vertu de l'art. 173 du décret du 16 févr. 1807, des honoraires dus à un notaire pour la rédaction d'un contrat de mariage, il est juste de tenir compte, dans une mesure raisonnable, du chiffre élevé des valeurs formant l'apport des époux. — Pau, 23 févr. 1867, D.P. 67. 2. 243. — Comp. Bruxelles, 24 mai 1862, D.P. 63. 3. 60, note 3. — Trib. de Die, 9 août 1864, D.P. 65. 3. 60.

11822. La réduction résultant de la taxe des frais et honoraires stipulée par le cahier des charges dressé pour la vente sur adjudication volontaire d'un immeuble ne peut profiter au vendeur, les dispositions de l'art. 173 du tarif du 16 févr. 1807 en matière d'adjudication volontaire n'étant opposables qu'au notaire seul. — Req. 22 août 1882, D.P. 83. 1. 121.

§ 2. — *Règlements amiables des frais et honoraires.*

11823. Les art. 168 et s. du décret du 16 févr. 1807 (lequel est légal et obligatoire), en soumettant à une taxe tous les actes des notaires, ont substitué aux tarifs légaux des frais et honoraires au mode admis par l'art. 51 de la loi du 25 vent. an 11, qui laissait aux notaires et aux parties la faculté de les régler à l'amiable, par suite, nécessairement abrogé ces règlements amiables. — Req. 12 avr. 1875, D.P. 77. 1. 222.

11824. En conséquence, la taxe des frais peut être exigée par tous ceux qui y ont intérêt, même après règlement amiable. — Civ. 1er déc. 1841, J.G. *Notaire*, 515. — Paris, 14 mars 1818, D.P. 49. 2. 54. — Orléans, 7 janv. 1852, D.P. 52. 2. 198. — Paris, 10 juill. 1852, D.P. 52. 2. 287. — Civ. 4 avr. 1859, D.P. 59. 1. 161. — Trib. de Grenoble, 15 juin 1871, J.G.S. *Notaire* 168. — Req. 2 janv. 1872, D.P. 73. 1. 252. — Rennes, 12 août 1872, D.P. 75. 1. 260. — Paris, 18 mai 1874, D.P. 76. 2. 56, et sur pourvoi Req. 12 avr. 1875, D.P. 77. 1. 222. — Req. 22 août 1882, D.P. 83. 1. 121.

11825. Soit qu'il s'agisse d'actes tarifés, soit qu'il s'agisse d'actes non tarifés par la loi. — Mêmes arrêts.

11826. Spécialement, les honoraires en matière de partages et ventes volontaires, comme en matière de ventes judiciaires d'immeubles, doivent être taxés par le président du tribunal. — Paris, 2 août 1884, D.P. 85. 2. 123.

11827. Il en est ainsi, alors même que le règlement amiable aurait été exécuté volontairement. — Req. 22 août 1854, D.P. 55. 1. 23. — Civ. 29 déc. 1859, D.P. 60. 2. 11, et sur pourvoi, Req. 20 juin 1860, D.P. 60. 4. 346. — Paris, 30 janv. 1869, D.P. 69. 2. 49.

11828. ... Et notamment suivi d'un arrêté de compte approuvé par la partie. — Arrêt préc. 18 mai 1874.

11829. Cette solution paraît devoir être adoptée lorsque le taux de la taxe est requise par le client, mais au cas où elle est demandée par le notaire. — Trib. de Castellane, 26 nov. 1889, J.G.S. *Notaire*, 197.

11830. Mais lorsque la taxe n'a pas été requise, le règlement amiable passé entre le notaire et son client pour frais d'actes et pour avances est obligatoire, quant aux frais, d'ailleurs, ils ne sont pas exagérés. — Req. 2 mai 1853, D.P. 53. 1. 147.

11831. Et il doit également recevoir son exécution, quant aux avances, quoique le nolaire n'en établisse pas le chiffre par la production de ses registres. — Même arrêt.

11832. ... Sauf les retranchements à prononcer par le juge, si le compte présenté par le notaire comprend des sommes qui lui ont été indûment allouées, et, par exemple, d's intérêts de déboursés d'actes, calculés à partir de ces déboursés, et des intérêts d'intérêts capitalisés en dehors des conditions autorisées par la loi. — Même arrêt.

11833. De même, les frais et droits dus à un notaire peuvent, même avant d'avoir été taxés, être l'objet d'une compensation conventionnelle, sauf la réduction dont ils restent susceptibles, au cas où la taxe viendrait à être requise. — Req. 29 nov. 1852, D.P. 53. 1. 131. — Req 22 juill. 1878, D.P. 79. 1. 397. — Req. 29 juin 1880, D.P. 81. 1. 36.

11834. Et l'intention d'opérer cette compensation peut être induite du règlement de compte intervenu entre le notaire et son débiteur, sans que celui-ci ait réclamé la taxe. — Arrêt préc. 22 juill. 1878.

11835. Et ce règlement doit être maintenu, si la taxe ultérieurement opérée ne modifie point les chiffres qui y ont été prévus. — Req. 19 juin 1880, D.P. 81. 1. 36.

11836. La partie qui se reconnaît débitrice envers un notaire de frais et honoraires pour le payement desquels un délai lui est accordé, peut valablement, bien que ces frais et honoraires n'aient pas été taxés, s'engager à en servir les intérêts au notaire, ces intérêts ne devant porter que sur la somme qui sera définitivement mise à sa charge d'après la taxe. — Même arrêt.

§ 3. — Par qui la taxe peut être réclamée.

11837. La question de savoir si la taxe des honoraires d'un notaire chargé de procéder à une vente d'immeubles aux enchères peut être requise aussi bien par le vendeur que par l'adjudicataire est controversée. — J.G.S. Notaire, 182.

11838. D'après un premier système, la taxe ne peut être requise que par l'adjudicataire seul à l'exclusion du vendeur. — Orléans, 13 juin 1857, D.P. 59. 4. 162.

11839. Suivant un second système, le notaire peut être taxé uniquement par le vendeur seul et à ses créanciers, à l'exclusion de l'adjudicataire. — Paris, 30 juin 1860, D.P. 60. 2. 49. — Orléans. 10 juin 1861, J.G.S. Notaire, 182. — Trib. de Chartres, 9 juill. 1875, ibid.

11840. Un troisième système distingue suivant que la vente a eu lieu à l'amiable ou aux enchères publiques : dans le premier cas, c'est l'acquéreur qui a le droit de requérir la taxe ; dans le second, c'est le vendeur. — Rouen, 21 mai 1852, D.P. 60. 5. 194.

11841. En quatrième système, qui prévaut en jurisprudence, décide d'une manière générale et sans distinction que la taxe peut être indifféremment demandée soit par le vendeur, soit par l'acquéreur. — Civ. c. 4 avr. 1859, D.P. 59. 1. 161. — Nancy, 28 mars 1874, D.P. 76. 2. 112, et sur pourvoi, Req. 7 avr. 1875, D.P. 76. 1. 346. — Amiens, 7 juin 1878, D.P. 90. 2. 41.

11842. On a proposé un nouveau système qui repose sur la distinction suivante : tout que l'adjudicataire n'a pas payé les honoraires des notaires, la taxe peut être requise soit par lui, soit par le vendeur ; mais dès que l'acquéreur a payé les honoraires, il peut seul requérir la taxe. Toutefois, s'il avait été stipulé que les frais seraient payés en déduction du prix, le vendeur étant seul intéressé pourrait seul requérir la taxe. — Dissertation de M. Coheudy, D.P. 90. 2. 41.

11843. En cas de dissentiment entre un notaire et l'un de ceux qui le chargent des honoraires dus au premier pour la rédaction d'un acte, le client a le droit de requérir la taxe du président du tribunal, de faire au notaire offres réelles du montant de cette taxe, et, en cas de refus, d'en opérer la consignation. — Rennes, 4 juill. 1865, D.P. 65. 2. 186.

11844. Vainement alors le notaire déclarerait-il renoncer à ses honoraires : il ne peut, par une telle renonciation, ni enlever au client le droit de se libérer par un payement valable, ni se soustraire lui-même à l'obligation de subir la taxe. — Même arrêt.

11845. La taxe des frais et honoraires dus à un notaire est une mesure d'ordre public, et par suite, peut être requise nonobstant toute stipulation contraire. — Arrêts préc. 1er déc. 1841, 4 avr. 1859, 29 déc. 1859 et 30 janv. 1866. — Douai, 21 mai 1875, D.P. 77. 2. 13-14.

11846. ... Et, par exemple, nonobstant que les honoraires seront payés par l'adjudicataire, conformément au tarif adopté par les notaires de l'arrondissement. — Arrêt préc. 21 mai 1875.

11847. De même, en matière de vente d'immeubles opérée devant un notaire, les frais et honoraires dus à ce notaire peuvent être taxés, quoique la quotité en ait été fixée par le cahier des charges de l'adjudication. — Civ. c. 4 avr. 1859, D.P. 59. 4. 161.

11848. Lorsqu'il a été stipulé que les frais et loyaux coûts d'une vente volontaire, à payer par l'acquéreur, seraient de tant pour cent du montant du prix, le vendeur n'est pas recevable à requérir la taxe, si l'évolution convenu ne déguise aucun supplément de prix en sa faveur. — Bourges. 8 avr. 1868, D.P. 71. 5. 212.

11849. Mais l'acheteur peut toujours requérir la taxe, alors même qu'il aurait exécuté sans réserves la stipulation. — Même arrêt.

11850. Jugé, toutefois, que la taxe des actes de notaire par le président du tribunal civil n'est pas d'ordre public dans un sens absolu, et que rien ne s'oppose à ce que, par un compromis régulier, les parties intéressées donnent mission à des tiers de statuer sur les sommes dues pour coût d'actes par un client à son notaire. — Orléans, 11 déc. 1861, D.P. 62. 2. 28.

11851. ... Que, dans tous les cas, est valable le compromis par lequel un notaire et son client chargent des arbitres de juger les difficultés qui les divisent, comme amiables compositeurs et sans aucun recours, encore qu'il s'agisse de régler un compte dans lequel entrent, pour la plus grande partie des articles, des coûts d'actes notariés non taxés ; la partie intéressée pourrait toujours, même après la sentence, demander la taxe régulière des actes, et le sursis aux poursuites. — Même arrêt.

11852. Une convention dont l'effet serait d'enlever à la partie débitrice de frais et honoraires envers un notaire tout intérêt à en requérir la taxe est nulle, aussi bien que la renonciation absolue au droit de demander cette taxe. — Paris, 29 déc. 1859, D.P. 60. 2. 14, et sur pourvoi, Req. 20 juin 1860, D.P. 60. 1. 346.

11853. Ainsi la clause d'un acte de vente notarié, portant que si la taxe des frais et honoraires amiablement fixés était requise par l'acquéreur, malgré sa renonciation au droit d'exiger cette taxe, la réduction qui pourrait être prononcée profiterait, non à lui, mais au vendeur, est nulle, aussi bien que cette renonciation elle-même. — Mêmes arrêts.

11854. Surtout quand il est constaté en fait que la clause dont il s'agit a été insérée au profit exclusif du notaire, et dans le but de le soustraire à la taxe. — Mêmes arrêts.

11855. Mais lorsque les honoraires d'un notaire ont été taxés par le président du tribunal, en l'absence du client, celui-ci peut valablement acquiescer à cette taxe, et est réputé y acquiescer en approuvant un compte où se trouvent portés les honoraires ainsi réglés : il n'est pas là renoncer à la réquisition de la taxe elle-même. — Req. 13 mars 1866, D.P. 66. 1. 311.

11856. Dans les ventes d'immeubles volontaires ou judiciaires, les adjudicataires ne sont débiteurs que les vendeurs que du prix de leur adjudication et des frais et honoraires du notaire taxés par le juge. — Req. 22 août 1882, D.P. 83. 1. 121. — Paris, 2 août 1884. D.P. 85. 2. 236.

11857. En conséquence, la portion des honoraires retranchée par le juge taxateur ne doit pas être considérée comme appartenant au vendeur, à titre de supplément de prix ; elle appartient à l'adjudicataire, seul investi, en cas de payement, de l'action en répétition de l'indû contre les vendeurs qui auraient reçu de plus grands droits que ceux énoncés au tarif ou réglés par la taxe. — Arrêt préc. 2 août 1884.

11858. Jugé en sens contraire que, dans le cas où le cahier des charges d'une vente aux enchères imposait à l'adjudicataire l'obligation de payer au notaire, pour frais et honoraires, en sus du prix, une somme proportionnelle à ce prix, par exemple, 12 et 1/2 p. 100, c'est au vendeur seul, et non point à l'adjudicataire, que doit profiter la réduction opérée par le juge taxateur. — Paris, 27 janv. 1869, D.P. 60. 2. 49.

§ 4. — Quels honoraires sont sujets à la taxe.

11859. — I. Testaments. — Les honoraires relatifs aux actes testamentaires doivent être taxés suivant la nature et les difficultés de rédaction de ces actes, et non proportionnellement aux valeurs léguées. — Req. 22 août 1854, D.P. 55. 1. 76.

11860. Les notaires ont droit à un émolument pour la garde des testaments olographes qui leur sont remis en dépôt par les parties. — Req. 5 août 1861, D.P. 65. 3. 61. — Trib. d'Uzès, 17 janv. 1867, D.P. 67. 3. 61.

11861. ... Ainsi que des testaments mystiques. — Trib. d'Anvers, 9 juill. 1861, D.P. 65. 3. 61

11862. Mais cet honoraire ne saurait être un droit fixe. — Jugements préc. des 9 juill. et 9 août 1864 et du 17 janv. 1867.

11863. ... Ni un droit proportionnel. — Trib. d'Angers, 13 juill. 1847, D.P. 49. 4. 318. — Trib. de Dijo, 9 août 1864, D.P. 65. 3. 60-61. — Trib. de Montpellier, 9 juin 1862, D.P. 63. 3. 60-61. — Trib. de Dijo, 9 août 1864, D.P. 65. 3. 61. — Trib. d'Anvers, 9 juill. 1864, ibid. — Lyon, 19 janv. 1865, D.P. 65. 2. 107. — Trib. d'Uzès, 17 janv. 1867, D.P. 67. 3. 61.

11864. Et il appartient aux tribunaux, en l'absence d'une tarification légale, d'en fix r le chiffre en égard à l'importance pécuniaire de l'acte et à la responsabilité assumée par le notaire. — Jugements et arrêt préc. des 9 juill. et 9 août 1864, 19 janv. 1865.

11865. Le juge a, à cet égard, un pouvoir discrétionnaire. — Arrêt préc. 19 janv. 1865.

11866. Le notaire, entre les mains duquel le président a ordonné le dépôt d'un testament olographe, peut réclamer des honoraires à titre de droit d'ouverture du testament comprenant tous les soins auxquels cette ouverture a donné lieu ; mais on objecterait vainement qu'une rémunération lui doit être accordée au raison qu'à raison de l'acte de dépôt ; et, pour fixer ses honoraires, le juge peut prendre en considération tant l'importance des sommes dont il a été disposé par le testament que l'exécution donnée au testament : ce n'est pas allouer un honoraire proportionnel. — Req. 14 nov. 1855, D.P. 56. 1. 76. — Contra : Trib. de Gueret, 8 mars 1833, D.P. 85. 2. 152, note 3. — Trib. de la Réole, 20 mars 1845, ibid. — Trib. d'Angers, 12 juill. 1873, ibid.

11867. Suivant un arrêt, le notaire, qui a reçu le dépôt d'un testament peut prétendre, en outre du droit fixe de dépôt, à des honoraires proportionnels à raison de la surveillance et de la responsabilité à laquelle il est tenu. — Chambéry, 24 déc. 1883, D.P. 85. 2. 152.

11868. — II. Contrats de mariage. — En l'absence de textes spéciaux, les honoraires dus aux notaires pour les contrats de mariage, doivent, en cas de contestation, être fixés par les tribunaux d'après les règles d'équité indiquées par l'art. 173 du tarif de 1807. — Trib. civ. de Die, 9 août 1864, D.P. 65. 3. 61.

11869. Les notaires n'ont pas droit à des honoraires proportionnels aux avantages que l'une des parties peut tirer des dispositions que les actes non taxés par la loi contiennent. — Aix, 18 juill. 1871 (et non 1873), D.P. 73. 2. 202. — Trib. de Nîmes, 18 févr. 1880, J.G.S. Notaire, 174.

11870. Et les tarifs adoptés à cet égard par les assemblées générales ou les chambres des notaires ne sauraient lier le juge taxateur. — Jugement préc. 18 févr. 1880. — Lyon, 19 janv. 1865, D.P. 65. 2.107.

11871. Ainsi, le notaire qui, lors de l'institution contractuelle que se sont faite réciproquement des époux dans leur contrat de mariage, a reçu des honoraires se rapportant à la nature et aux difficultés de l'acte, ne peut plus réclamer des honoraires proportionnels aux avantages que l'époux survivant retire de l'institution contractuelle à l'époque où elle reçoit son exécution. — Arrêt préc. 18 juill. 1871.

11872. Cependant le magistrat taxateur peut avoir égard tant à l'importance des sommes dont l'objet de l'acte taxé qu'à l'exécution plus ou moins complète que ses dispositions ont reçue ou pourront recevoir. — Même arrêt.

11873. — III. Actes étrangers aux fonctions de notaire. — Le notaire qui a prêté son concours à des parties pour des actes étrangers à ses fonctions peut réclamer de ce chef, comme mandataire ou negotiorum gestor, une rémunération, sauf aux parties à en demander la réduction, si elle leur paraît excessive. — Req. 6 août 1873, D.P. 75. 1. 260.

11874. Ainsi, le notaire qui a préparé et rédigé des actes sous seings privés a droit, de ce chef, à des honoraires proportionnels qui ne sauraient toutefois être les mêmes que s'il s'agissait d'actes authentiques. — Chambéry, 24 déc. 1883, D.P. 85. 2. 152.

11875. De même, l'encaissement et la conservation des prix de vente d'immeubles constituent, pour le notaire par le ministère duquel la vente s'est faite, un mandat distinct, dont la rémunération doit être fixée eu égard aux peines et soins de mandataire et à la responsabilité qui lui était imposée. — Paris, 26 nov. 1866, D.P. 67. 2. 42.

11876. En cas de dépôt chez un notaire d'un acte de vente d'immeubles sous seing privé, le notaire peut exiger du vendeur le payement des frais et honoraires de l'acte de dépôt. — Amiens, 28 déc. 1849, D.P. 52. 2. 2.

11877. Les notaires n'ont pas le droit, à moins d'une convention expresse, de réclamer des honoraires pour l'administration des affaires de leurs clients. — Trib. de la Seine, 28 déc. 1867, D.P. 67. 3. 104.

11878. Jugé également qu'un notaire ne peut rien réclamer au delà des honoraires fixés par le tarif, s'il n'a pas reçu de mandat particulier en dehors de son ministère, ni fait des démarches ou des travaux extraordinaires. — Rennes, 12 févr. 1870, D.P. 72. 2. 64.

11879. — IV. Actes restés sans suite. — Un notaire a droit à des honoraires même pour la rédaction d'actes auxquels les parties n'ont pas donné suite. — Alger, 21 août 1874, J.G.S. Notaire, 164. — Douai, 21 nov. 1876, D.P. 77. 2. 81. — Trib. de Louviers, 21 déc. 1882, D.P. 84. 3. 127, note I. — Dijon, 3 janv. 1884, D.P. 85. 2. 232.

11880. Et ces honoraires étant dus au notaire à raison de ses fonctions, la demande doit être portée devant le tribunal de la résidence de cet officier public. — Arrêt préc. 3 janv. 1884.

§ 5. — De la taxe.

11881. Le décret du 16 févr. 1807, sur la taxe des honoraires dus aux notaires, est applicable hors du ressort de la cour de Paris.

11882. — I. Par qui la taxe doit être faite. — Le président a le droit de taxer tous les actes du ministère des notaires, qu'ils soient ou non tarifés ou même qu'ils soient rétribués par vacation. — Lyon, 19 janv. 1865, D.P. 65. 2. 107. — Paris, 2 août 1884, D.P. 85. 2. 236.

11883. Il jouit à cet égard d'un pouvoir souverain d'appréciation. — Chambéry, 24 déc. 1883, D.P. 85. 2. 152. — Req. 19 févr. 1883, D.P. 84. 1. 126.

11884. D'après l'art. 51 de la loi de l'an 11, c'était le tribunal civil de la résidence du notaire qui, en cas de contestation, était chargé de régler les honoraires, mais sur l'avis de la chambre et sur simples mémoires, sans frais. — J.G. Notaire, 489.

11885. On a soutenu d'abord que le décret de 1807, œuvre du pouvoir exécutif seul, ne pouvait déroger à la loi; qu'en conséquence, et malgré la disposition de l'art. 173 du tarif, c'était au tribunal et non au président qu'appartenait le droit de procéder à la taxe des honoraires des notaires. — J.G. Notaire, 489.

11886. Mais ce système a été rejeté avec raison et il a été décidé que le décret du 16 févr. 1807 déroge à l'art. 51 de la loi du 25 vent. an 11, en ce qu'il autorise, dans tous les cas, le président du tribunal à taxer les ventes volontaires faites par les notaires sur les renseignements fournis par le notaire et par les parties. — Req. 24 mars 1825, J.G. Notaire, 489. — Req. 12 févr. 1878, Ibid., 493-2º. — Comp. Req. 12 avr. 1875, D.P. 77. 1. 222.

11887. Le président saisi d'une demande ayant pour objet la taxe des honoraires dus à un notaire n'est pas astreint à prendre préalablement l'avis de la chambre des notaires; par suite de l'abrogation de l'art. 51 de la loi du 25 vent. an 11, par l'art. 173 du premier tarif du 16 févr. 1807, cette précaution est devenue purement facultative. — Req. 12 févr. 1878, J.G. Notaire, 493-2º. — Req. 19 mars 1828, Ibid., 496-1º. — Orléans, 7 janv. 1852, D.P. 52. 2. 198. — Req. 29 juill. 1862, D.P. 62. 1. 490. — Req. 3 janv. 1872, D.P. 72. 1. 252. — Contrà : Civ. r. 5 déc. 1825 et Civ. c. 17 mars 1829, J.G. Notaire, 491.

11888. Et de même, le tribunal civil, saisi de l'opposition à la taxe faite par le président, peut statuer sur cette opposition sans l'avis préalable de la chambre des notaires. — Req. 19 juin 1865, D.P. 65. 1. 336.

11889. La taxe des actes du ministère des notaires peut être faite par le président du tribunal civil, sans audition préalable du notaire et des parties; cette audition est, pour le magistrat taxateur, purement facultative. — Req. 19 juin 1865, D.P. 65. 1. 336. — Req. 3 janv. 1872, D.P. 72. 1. 252.

11890. Suivant un arrêt, en supposant que l'art. 51 de la loi du 25 vent. an 11 soit encore en vigueur, cet article ne s'appliquerait qu'aux contestations qui portent sur la quotité des honoraires, et non pas au cas où il s'agit de savoir si des honoraires sont dus. — Req. 23 juill. 1849, D.P. 49. 1. 318.

11891. En tout cas, le notaire ne peut se plaindre du défaut d'avis de la chambre, lorsqu'il a saisi lui-même le tribunal de sa demande d'honoraires, sans réclamer cet avis. — Même arrêt.

11892. Et d'un autre côté, le moyen tiré de l'absence de l'avis préalable de la chambre des notaires, ne tenant pas à la compétence, n'est pas d'ordre public, et ne peut, dès lors, être présenté pour la première fois devant la cour de cassation. — Req. 9 mars 1858, D.P. 58. 1. 202.

11893. L'ordonnance du président du tribunal qui taxe les honoraires dus à un notaire ne peut être annulée par le motif que le notaire n'aurait pas été cité par huissier à comparaître devant ce magistrat pour y fournir ses explications, alors qu'il est constant que ce notaire a eu parfaite connaissance des jour et heure fixés par le président pour entendre les parties, et qu'il a positivement refusé de s'y rendre. — Rennes, 4 juill. 1863, D.P. 63. 2. 186.

11894. Mais un notaire ne peut refuser de déférer à l'invitation du magistrat de se présenter chez lui et d'y apporter ses registres; en vain dirait-il que l'invitation n'a été faite que par simple billet et sans citation judiciaire, et que la loi de ventôse fait défense aux notaires de se dessaisir de leurs minutes, cette défense ne faisant pas obstacle à l'examen du président, et le mode de procéder à la taxe ayant, d'ailleurs, été changé par le décret de 1807. — Bourges, 30 déc. 1829, J.G. Notaire, 500.

11895. Un notaire n'est pas fondé à demander qu'une ordonnance de taxe apposée par le président sur la grosse de l'acte soit biffée, comme blessante pour lui en ce qu'elle réduirait le chiffre des honoraires qu'il a demandés. — Rennes, 4 juill. 1863, D.P. 65. 2. 186.

11896. Est valable la taxe faite par un juge du tribunal, son intervention faisant présumer l'empêchement du président. — Req. 3 janv. 1872, D.P. 72. 1. 252.

11897. La cour qui, saisie sur appel de la question de savoir auquel, du vendeur ou de l'adjudicataire, doit profiter la taxe de première instance, ne peut évoquer le fond et commettre un de ses membres pour procéder à la taxe : le président de l'arrondissement du notaire est exclusivement chargé de cette opération. — Paris, 30 janv. 1866, D.P. 66. 2. 49.

11898. Mais la taxe des honoraires d'un notaire demandée incidemment dans une instance en règlement de compte engagée entre le notaire et son client, peut, au lieu d'être renvoyée devant le président du tribunal, être valablement faite par les juges saisis de cette instance. — Req. 13 mars 1866, D.P. 66. 1. 341.

11899. Toutefois, si les tribunaux d'arrondissement peuvent, en l'absence de toute demande de renvoi, statuer sur les questions de taxe des honoraires de notaire non préalablement soumises au président du tribunal civil, il ne leur est pas interdit de s'abstenir de connaître de ces difficultés et d'ordonner d'office le renvoi. — Req. 27 juill. 1875, D.P. 76. 1. 373.

11900. En Algérie, la taxe des honoraires des notaires étant faite par le tribunal de première instance en chambre du conseil aux termes de l'art. 35 de l'arrêté ministériel du 30 déc. 1842 (Rép. vº Organisation de l'Algérie, nos 854 et s.), il avait été décidé que le tribunal devait taxer les actes non tarifés par la loi suivant leur nature et la difficulté de leur rédaction; qu'il n'était lié ni par l'usage, ni par les règlements ou les tarifs adoptés par les chambres des notaires. — Alger, 26 avr. 1872, D.P. 73. 2. 79.

11901. ... Que les dispositions de ces articles étaient d'ordre public et pouvaient être invoquées nonobstant toute stipulation contraire, et même lorsque le règlement amiable avait été suivi d'exécution volontaire. — Même arrêt.

11902. Mais l'art. 35 de l'arrêté ministériel du 30 déc. 1842 a cessé d'être en vigueur depuis la loi du 5 août 1881 qui a été déclarée applicable à l'Algérie (V. infrà, p. 438). En conséquence, c'est le président du tribunal civil qui est seul compétent en Algérie comme en France pour opérer la taxe des honoraires dus aux notaires tant pour les actes tarifés que pour ceux non tarifés. — Alger, 5 déc. 1888, J.G.S. *Notaire*, 181.

11903. — II. ORDONNANCE DE TAXE ; VOIES DE RECOURS. — Le tribunal qui, sur l'opposition formée à la taxe des frais d'actes d'un notaire, opérée par le président, déclare recevoir en la forme cette opposition, ne doit pas être réputé par cela seul avoir attribué à cette taxe le caractère d'un jugement, si, d'ailleurs, il a condamné directement l'opposant à payer les frais taxés. — Civ. r. 7 janv. 1846, D P. 46. 1. 14.

11904. La taxe des honoraires d'un notaire, faite par le président n'a pas le caractère d'un jugement. — Civ. c. 21 avr. 1845, D P. 45. 1. 233. — Civ. c. 15 mars 1847, D P. 47. 1. 152. — Comp. Req. 19 juin 1865, D.P. 65. 1. 336. — Civ. c. 28 août 1867, D.P. 1. 375.

11905. Par suite, le recours contre la taxe doit être porté par opposition devant le tribunal, et non par voie d'appel devant la cour. — Arrêts préc. 21 avr. 1845, 15 mars 1847, 19 juin 1865 et 28 août 1867. — Comp. Rennes, 1 juill. 1861,D.P. 63.2.101. — Orléans, 7 janv. 1852, D.P. 52. 2. 198.

11906. Jugé, en sens contraire, que la taxe des honoraires d'un notaire faite par le président, constitue, depuis le décret du 16 févr. 1807, un véritable jugement qui n'est pas susceptible d'être attaqué par la voie d'opposition devant le tribunal. — Trib. de Tours, 9 nov. 1844, D.P. 45. 4. 307.

11907. C'est devant le tribunal, en audience publique, et non en chambre du conseil, que doit être portée l'opposition à une ordonnance de taxe. — Orléans, 7 janv. 1852, D.P. 52. 2. 198.

11908. L'opposition est toujours recevable tant qu'il n'y a pas eu d'exécution. — Même arrêt.

11909. Mais le payement des honoraires d'un notaire, tels qu'ils ont été taxés par le tribunal ou par le juge qui le remplaçait, peut être considéré comme ayant eu fait librement, et, par suite, comme comportant déchéance du droit d'opposition à la taxe, encore qu'il ait été opéré à la suite d'une assignation en justice donnée par le notaire à la partie pour obtenir d'elle la somme portée à cette taxe. — Civ. c. 28 août 1867, D.P. 67. 1. 375.

11910. Il y a également acquiescement emportant déchéance du droit d'opposition dans le cas où la partie a approuvé un compte où se trouvaient portés les honoraires réglés conformément à l'art. — Req. 13 mars 1866, D.P. 66. 1. 141.

11911. Au contraire, l'acquiescement n'existe pas et le droit d'opposition reste ouvert lorsqu'il est constaté que la partie au moment du payement n'avait pas eu connaissance de la taxe et l'avait même inutilement réclamée. — Req. 25 juill. 1871, D.P. 71. 1. 155.

11912. La taxe faite par le président du tribunal, et après ce magistrat, par le tribunal, en cas d'opposition, des honoraires dûs aux notaires pour les actes non tarifés, taxe qui, aux termes de l'art. 173 du décret du 16 févr. 1807, doit être faite « suivant la nature de ces actes et les difficultés que leur rédaction aura présentées, » ne peut être soumise au contrôle de la cour de cassation. — Req. 10 mai 1858, D.P. 58. 1. 402.

11913. Ainsi, le notaire, devant lequel des immeubles distincts, dépendant d'une même succession, ont été vendus par lots séparés, et qui a dressé, par actes également séparés, les quittances des prix de ces ventes, ne peut se faire un grief devant la cour de cassation de ce que les honoraires relatifs aux diverses quittances par lui rédigées, ont été calculés, non sur les prix partiels payés par chacun des acquéreurs, mais sur la totalité des prix de ventes, comme s'il n'avait reçu qu'une quittance unique, une telle taxe étant l'œuvre du pouvoir discrétionnaire du magistrat auquel elle

a été confiée et du tribunal qui a statué sur l'opposition dont le notaire l'a frappé. — Même arrêt.

11914. De même, l'appréciation faite par le président ou par le tribunal procédant à la taxe des actes d'un notaire, de l'utilité de ces actes, échappe à la censure de la cour de cassation. — Req. 25 mars 1851, D.P. 54. 5. 416.

11915. Mais le président d'un tribunal civil qui, en procédant à la taxe d'un état de frais présenté par un notaire, insère dans son ordonnance des dispositions qui affectent le caractère de décisions judiciaires, et, par exemple, met à la charge de la partie requérante la moitié d'une somme due au notaire, et fixe le point de départ des intérêts, excède les pouvoirs attribués par la loi au juge taxateur; le tribunal, saisi sur opposition, qui maintient purement et simplement dans son entier ladite ordonnance, commet le même excès de pouvoir. — Civ. c. 31 juill. 1878, D.P. 79. 1. 63.

11916. — III. ACTION EN PAYEMENT DES HONORAIRES DES NOTAIRES. — Suivant une opinion, il n'est pas nécessaire que l'action en payement des honoraires d'un notaire soit, à peine de non-recevabilité, précédée de la taxe de ces honoraires par le président du tribunal civil. — Orléans, 9 nov. 1820, J.G. *Notaire*, 522.

11917. Mais la plupart des arrêts n'ont pas admis cette doctrine, et ils décident que des art. 51 de la loi du 25 vent. an 11 et 173 du décret du 16 févr. 1807 résulte que tout notaire qui assigne un client en payement de ses honoraires l'obligation de faire préalablement taxer son mémoire de frais. — Req. 7 mars 1839, J.G. *Notaire*, 523. — Civ. r. 7 mai 1850, D.P. 50. 1. 161. — Trib. de Colmar, 16 mars 1854, D.P. 54. 5. 416.

11918. Décidé en ce sens que la saisie-arrêt qu'un notaire a fait pratiquer, sur une simple ordonnance du président, pour sûreté du payement de frais et honoraires qui lui sont dus, n'est régulière qu'autant qu'il a fait taxer l'état de ces frais et honoraires au moins avant l'assignation en validité. — Trib. de Saint-Marcellin, 11 avr. 1867, D.P. 68. 3. 75.

11919. Mais l'obligation de la taxe préalable n'existe que si l'action du notaire a pour objet unique de faire régler la *quotité* des frais et honoraires à lui dus, et il en est autrement dans le cas où la contestation porte non sur la *quotité*, mais sur le *droit* lui-même. — Civ. c. 19 avr. 1826, J.G. *Notaire*, 494-1°. — Douai, 21 nov. 1876, D.P. 77. 2. 81.

11920. La taxe préalable n'est pas non plus nécessaire lorsque la question de taxe ne se présente qu'incidemment dans un litige dont elle n'est que l'accessoire, notamment dans une demande en règlement de compte. — Req. 13 mars 1866, D.P. 66. 1. 341. — V. *supra*, n°

11921. Jugé dans le même sens que dans le cas où un ancien notaire, actionné en restitution d'une somme versée entre ses mains pour frais et honoraires, faute par lui d'en fournir un état taxé, oppose qu'il n'est dessaisi de ses minutes et n'a plus les moyens de faire opérer la taxe, le tribunal saisi de l'action ne peut, en se fondant seulement sur ce défaut de justification, ordonner la restitution demandée : il doit procéder lui-même à la taxe, soit sur les explications et renseignements des parties, soit au besoin faisant représenter la minute. — Civ. c. 26 févr. 1878, D.P. 79. 1. 477-478.

11922. La demande d'honoraires formée par un notaire pour rémunération d'un mandat à lui confié en cette qualité, est compétent pour statuer, sans l'avis préalable de la chambre des notaires, tant sur la *validité* de ces honoraires, que sur leur *quotité*. — Trib. civ. de Louviers, 21 déc. 1882, D.P. 84. 3. 127.

11923. L'art. 51 de la loi du 25 vent. an 11, d'après lequel les contestations concernant les honoraires des notaires doivent être jugées sur simples mémoires et sans frais, n'est établi que dans l'intérêt des parties qui peuvent dès lors y renoncer. — Req. 24 juill. 1849, D.P. 49. 1. 318.

Art. 174. Les expéditions de tous les actes reçus par les notaires, y compris celles des inventaires et de tous procès-verbaux, contiendront vingt-cinq lignes à la page et quinze syllabes à la ligne, et leur seront payées par chaque rôle : à Paris, 3 fr.; dans les villes où il y a tribunal de première instance, 2 fr.; partout ailleurs, 1 fr. 50 c.

11924. — DROITS D'EXPÉDITION. — Les rôles ou droits d'expédition sont indépendants de l'honoraire proprement dit fixé par la loi. — J.G. *Notaire*, 476.

11925. Leur fixation a pour base la longueur de l'écriture ou le nombre des rôles que doit contenir une expédition. — J.G. *Notaire*, 476.

11926. Il résulte des dispositions de l'art. 174 rapprochées de celles du décret du 12 juin 1856 (V. *infra*, p. 446), du troisième décret du 16 févr. 1807 et des décrets des 30 avr. et 13 déc. 1862, que : 1° pour les notaires de Paris, Lyon, Bordeaux, Rouen, Marseille, Toulouse, Lille et Nantes, chaque rôle est de 3 fr.; 2° pour ceux qui résident au siège des autres cours impériales, de 2 fr. 70 c.; 3° pour ceux qui résident dans le ressort d'un tribunal de première instance, 2 fr., et partout ailleurs, 1 fr. 50 c. — J.G. *Notaire*, 476.

11927. Le droit entier d'expédition pour le premier rôle d'écriture doit toujours être accordé aux notaires, alors même que le recto et le verso du papier-expédition ne se trouvent pas remplis; mais, quant au second rôle et aux rôles subséquents, il y a lieu de réduire proportionnellement le droit d'expédition, lorsque ces rôles ne se trouvent pas écrits en entier. — Lettre min. just. 10 oct. 1835, J.G. *Notaire*, 477.

11928. Le droit d'expédition, exigible par le notaire dépositaire de minutes reçues par un notaire d'une autre classe, est dû à raison de la classe de l'étude dans laquelle elles seront réintégrées; mais si le dépôt n'est que provisoire ; mais si le dépôt est définitif, le notaire est fondé à réclamer le droit alloué à la classe dont il fait partie. — Même lettre, J.G. *Notaire*, 478.

11929. D'après une décision des ministres de l'intérieur et de la justice du 9 janv. 1808, la quotité des droits d'expédition est réduite lorsqu'il s'agit d'expéditions que se délivrent dans l'intérêt public : le rôle est alors fixé à 0 fr. 75 c. pour les notaires de Paris, et à 0 fr. 50 c. pour tous les autres. — J.G. *Notaire*, n° 589.

11930. Si deux notaires ont concouru au même acte, les honoraires de l'expédition doivent se partager également; mais ceux de la seconde expédition et les suivantes ne sont dus qu'au notaire détenteur de la minute. — J.G. *Notaire*, 480.

11931. Le notaire qui, pour obtenir la taxe de ce qui lui est dû par ses clients, a remis au juge des expéditions des actes par lui dressés, n'est pas fondé à répéter les frais de ces expéditions, sous prétexte qu'il ne doit pas déplacer ses minutes. — Civ. r. 11 nov. 1833, J.G. *Notaire*, 503.

11932. L'art. 15, § 1, de l'ordonnance du 10 oct. 1841, relative au tarif des frais en exécution de la loi du 2 juin de la même année porte que, dans les cas où les tribunaux renverront des ventes d'immeubles par-devant notaires, ceux-ci auront droit, pour la grosse du cahier des charges, par rôle contenant vingt-cinq lignes à la page et douze syllabes à la ligne : à Paris

2 fr.) dans le ressort, 1 fr. 50 c. — J.G. *Notaire*, 482.

11933. D'après l'art. 6 de la même ordonnance, le prix de 2 fr. est rendu commun aux notaires des villes de Marseille, Lyon, Bordeaux et Rouen ; il est réduit d'un dixième pour les notaires établis dans les villes où siège une cour d'appel ou dont la population excède 30,000 âmes ; partout ailleurs, il est de 1 fr. 50 c. — J.G. *Notaire*, 482.

11934. Pour les ventes volontaires de fruits et récoltes pendants par les racines et de coupes de bois de taillis, l'art. 3 du décret du 5 nov. 1851, rendu pour l'exécution de la loi du 11 juin de la même année, dispose que, s'il est requis expédition ou extrait de procès-verbaux de vente, il est alloué, outre le timbre, 1 fr. pour chaque rôle de vingt-cinq lignes à la page et de quinze syllabes à la ligne. — J.G. *Notaire*, 483.

11935. S'il est vrai que les notaires n'ont droit au coût de l'expédition des actes dont ils ont rédigé la minute qu'autant que cette expédition a été requise, toujours est-il qu'il n'est pas nécessaire que la réquisition leur en ait été faite par écrit ; les juges ont plein pouvoir pour apprécier, d'après les circonstances, si cette réquisition a ou non eu lieu. — Caen, 3 janv. 1865, J.G.S. *Notaire*, 176.

Art. 175. (C. civ. 501.) Les notaires seront tenus de prendre à leur chambre de discipline, et de faire afficher dans leurs études, l'extrait des jugements qui auront prononcé des interdictions contre des particuliers, ou qui leur auront nommé des conseils, sans qu'il soit besoin de le leur signifier les jugements.

Loi du 5 août 1881,

Qui fixe la prescription pour les frais des notaires et pour les demandes en réduction d'honoraires. — (D.P. 82. 4. 39.)

11936. Cette loi qui limite la durée de l'action des parties contre les notaires pour le recours en taxe, et celle des notaires contre leurs clients pour le payement du coût des actes de leur ministère, tend à sauvegarder à la fois les intérêts des notaires contre les répétitions imprévues, difficiles à combattre, et ceux des parties contre des réclamations tardives et souvent injustes. — D.P. 82. 4. 39, note 1.

Art. 1er. L'action des notaires en payement des sommes dues pour les actes de leur ministère ne se prescrit pour cinq ans à partir de la date de ces actes. La prescription ne cesse de courir que lorsqu'il y a un compte arrêté, reconnaissance, obligation ou demande en justice non périmée: les art. 2275 et 2278 C. civ. sont applicables à cette prescription.

Pour les actes dont l'exécution est subordonnée à un décès, tels que les testaments et donations pendant le mariage, les cinq ans ne dateront que du jour du décès de l'auteur de la disposition.

DIVISION.

§ 1. — *Action des notaires en payement des sommes dues pour les actes de leur ministère* (no 11937).

§ 2. — *A qui appartiennent les honoraires afférents aux actes notariés* (no 11979).

§ 3. — *Contre qui peut être poursuivi le recouvrement des honoraires des notaires* (no 11997).

§ 4. — *Prescription* (no 12019).

§ 1er. — *Action des notaires en payement des sommes dues pour les actes de leur ministère.*

11937. — I. ACTION EN PAYEMENT. — Dans la double hypothèse où les parties contesteraient la quotité des honoraires, ou en refuseraient absolument le payement, une action est accordée au notaire pour en poursuivre le recouvrement. — J.G. *Notaire*, 519.

11938. Cette action dérive non seulement de l'existence même des tarifs établis au profit des notaires, mais aussi d'une manière formelle de l'art. 9 du deuxième tarif du 16 févr. 1807 qui prévoit les demandes des avoués et autres officiers ministériels en payement des frais contre les parties pour lesquels ils auront occupé ou instrumenté. — J.G. *Notaire*, 519. — V. *infra*, no 12091.

11939. — II. OBJET DE L'ACTION. — L'action des notaires embrasse tout à la fois les honoraires proprement dits, les frais, les avances faites par eux pour droits d'enregistrement. L'art. 30 de la loi du 22 frim. an 7, en leur accordant, dans ce dernier cas, le droit d'obtenir un exécutoire du juge de paix, le suppose formellement. — J.G. *Notaire*, 520.

11940. Décidé en ce sens : 1o que le notaire qui a fait l'avance des droits d'enregistrement des actes passés devant lui a contre chacune des parties une action solidaire dont il ne peut être privé sous prétexte qu'il aurait entendu limiter son recours à l'une des parties, et cette renonciation à la solidarité ne résulte que de simples présomptions. — Civ. c. 9 avr. 1850, D.P. 50. 1. 124. — Aix, 20 févr. 1876, D.P. 77. 2. 36.

11941. ... 2o Que les notaires ont droit d'obtenir exécutoire du juge de paix, non seulement pour leurs avances de droits d'enregistrement, mais encore pour leurs avances de droits de timbre. — Trib. de Lombez, 18 mars 1842, D.P. 46. 3. 128.

11942. ... 3o Que les notaires démissionnaires ont le droit d'obtenir exécutoire du juge de paix, pour le remboursement des frais d'enregistrement qu'ils ont acquittés, et que ce même droit appartient à leurs héritiers. — Même jugement.

11943. Mais le notaire qui a fait enregistrer, alors qu'il n'y était point astreint, l'acte resté imparfait par suite du refus de l'une des parties de le signer, n'a le droit de répéter les droits de l'enregistrement perçus par sa faute, ni le remboursement des droits d'enregistrement perçus par sa faute, ni le droit de répéter les droits d'enregistrement perçus par sa faute. — Req. 8 janv. 1866, D.P. 66. 1. 165.

11944. Le notaire qui a avancé les droits d'enregistrement d'un acte sous seing privé de vente d'immeubles déposé dans son étude, n'a pas d'action pour se faire rembourser contre le vendeur, mais seulement contre le déposant, encore bien que les parties se soient donné mandat l'une à l'autre de faire le dépôt de cet acte ; toutefois, en pareil cas, le notaire peut exiger du vendeur le payement des frais et honoraires de l'acte de dépôt. — Amiens, 28 déc. 1849, D.P. 52. 2. 2.

11945. Le notaire qui actionne son client en remboursement de droits d'enregistrement dont il a fait l'avance, a la faculté et non l'obligation de recourir à la procédure sommaire et sans plaidoiries, spécialement établie pour le jugement des contestations en matière d'enregistrement ; dès lors, il procède régulièrement en suivant, pour l'introduction de sa demande, la procédure ordinaire. — Paris, 29 mai 1869, D.P. 70. 4. 363.

11946. Et le jugement rendu sur la demande ainsi introduite est susceptible d'appel. — Même arrêt.

11947. Le notaire a également une action contre la partie à la répétition de l'amende encourue par le fait de celle-ci. — Trib. de Poitiers, 15 déc. 1840, J.G. *Notaire*, 536.

11948. Mais il a été jugé : 1o que le notaire qui, pour obtenir la taxe de ce qui lui

est dû par ses clients, a remis au juge des expéditions des états qu'il leur dressés, n'est pas fondé à répéter les frais de ces expéditions, sous prétexte qu'il ne doit pas déplacer ses minutes. — Civ. r. 11 nov. 1833, J.G. *Notaire*, 519.

11949. ... 2o Que les gratifications faites par le notaire aux clercs de son étude ne peuvent être répétées par lui contre les parties. — Paris, 4 janv. 1840, J.G. *Notaire*, 432.

11950. Un notaire ne peut rien réclamer au delà des honoraires fixés par le tarif, s'il n'a pas reçu de mandat particulier ou en dehors de son ministère, ni fait de démarches ou des travaux extraordinaires. — Rennes, 12 févr. 1870, D.P. 74. 2. 64.

11951. Mais le notaire qui a prêté son concours aux parties comme mandataire pour des actes étrangers à ses fonctions a droit à une rémunération, sauf aux parties à en demander la réduction. — Req. 6 août 1873, D.P. 73. 1. 260. — Comp. Paris, 20 nov. 1866, D.P. 67. 2. 12.

11952. Il en est ainsi du notaire qui a préparé et rédigé des actes sous seing privé. — Chambéry, 24 déc. 1883, D.P. 85. 2. 152.

11953. Décidé, au contraire, qu'à moins de conventions expresses, un notaire n'a pas le droit de réclamer des honoraires pour l'administration des affaires de ses clients. — Trib. de la Seine, 28 déc. 1867, D.P. 67. 3. 104.

11954. Le notaire qui a fait enregistrer, alors qu'il y était point contraint, un acte resté imparfait par suite du refus d'une des parties de le signer, ne peut exiger des parties le remboursement des droits d'enregistrement de cet acte. — Req. 8 janv. 1866, D.P. 66. 1. 165.

11955. A plus forte raison, le notaire qui a provoqué des actes dolosifs dans le but d'en percevoir les honoraires, lorsque ces actes sont, à raison des principes qui le droit à ces honoraires, et au fond, notamment, à ce réclamer le payement à la partie victime de la fraude dont il s'est rendu le complice. — Req. 20 janv. 1869, D.P. 69. 1. 411.

11956. Mais les notaires ne peuvent être privés de leur action contre les parties, pour remboursement de droits d'enregistrement et pour payement d'honoraires, que lorsqu'ils font des actes inutiles ou frustratoires par leur faute, inopérés ou négligence. — Req. 8 janv. 1866, D.P. 66. 1. 165.

11957. Il a été jugé qu'on ne peut considérer comme frustratoire l'acte dans lequel un notaire exprime littéralement les conventions qu'il est dans l'intention des parties de faire, alors qu'il peut d'employer une rédaction propre à éviter un droit d'enregistrement. — Civ. c. 24 août 1825, J.G. *Notaire*, 521.

11958. ... Qu'ainsi lorsque, dans un acte d'aliénation sous seing privé, il est convenu que le vendeur revendra cet immeuble à son vendeur de l'acquéreur, et que, dans la revente par acte notarié, il est énoncé que, pour prix de l'immeuble, une créance a été cédée au vendeur propriétaire apparent, et que celui-ci, par seconde cession, la transporte au propriétaire véritable, le notaire, rédacteur de l'acte, ne peut être condamné à supporter le droit d'enregistrement de la seconde cession, et à perdre ses honoraires pour cette partie de l'acte, sous prétexte qu'il a fait un acte inutile et frustratoire pour les parties, alors qu'il aurait dû, au lieu de la seconde cession, se borner à stipuler une simple indication de payement. — Même arrêt.

11959. — III. REÇUS D'EXÉCUTION. — Les notaires peuvent se refuser à délivrer expédition des actes qu'ils ont reçus, tant qu'ils ne sont pas payés de leurs honoraires et déboursés conformément à la règle inscrite dans l'art. 851. — J.G. *Notaire*, 532. — Trib. de Vouziers, 14 mai 1886, J.G.S. *Notaire*, 236.

11960. Jugé dans ce sens : 1° que le notaire créancier d'une faillite, à raison des frais et déboursés pour actes passés devant lui par le failli, peut refuser aux syndics la délivrance d'expédition de ces actes, avant le remboursement de ce qui lui est dû. — Paris, 13 oct. 1834, J.G. *Notaire*, 532.

11961. ... 2° Que les notaires sont en droit de refuser l'expédition d'un acte, tant qu'ils ne sont pas payés de leurs honoraires. — Trib. de la Pointe-à-Pitre, 13 mars 1838, J.G. *Notaire*, 532.

11962. ... 3° Que le demandeur en délivrance d'une seconde grosse, lors même que ce serait un tiers cessionnaire, est tenu de rembourser au notaire ce qui lui est dû sur les frais et honoraires de la minute de l'acte. — Paris, 27 nov. 1834, J.G. *Notaire*, 532.

11963. Le droit de refuser copie d'un acte dont les frais n'ont pas été payés appartient au notaire vis-à-vis de toute partie, qu'elle soit ou non débitrice, qu'elle ait été ou non exonérée des frais. — J.G.S. *Notaire*, 236.

11964. Ainsi il ne peut être tenu de délivrer au vendeur la grosse d'un acte de vente par lui signé tant que les frais de cet acte n'ont pas été payés de l'acquéreur. — Bordeaux, 30 janv. 1882, J.G.S. *Notaire*, 236.

11965. Lorsqu'un client est débiteur envers le notaire des frais de plusieurs actes, il suffit pour obtenir l'expédition de l'acte le plus récent qu'il offre le coût de cet acte. — Alger, 17 avr. 1888, J.G.S. *Notaire*, 237.

11966. Le notaire ne pourrait exiger, pour délivrer cette expédition, le payement des frais d'actes antérieurs qu'autant qu'il existerait entre tous ces actes un lien et étroit qu'ils ne constitueraient qu'une seule opération. — J.G.S. *Notaire*, 237.

11967. Un notaire ne peut retenir les sommes provenant du prix de ventes immobilières passées devant lui, pour se faire payer les frais non taxés d'autres actes, ni établir une compensation entre les frais et les sommes retenues, sa créance, jusqu'à la taxe, n'étant pas liquide ; en conséquence, le notaire qui a ainsi retenu indûment les sommes appartenant à ses clients, doit être condamné à les restituer sans déduction, et est passible des intérêts du jour de la demande. — Angers, 24 mai 1843, J.G. *Notaire*, 533.

11968. — IV. Rétention des pièces. — Suivant un jugement, un notaire a le droit de retenir les pièces de leur client, jusqu'à ce qu'ils aient été payés des déboursés et honoraires de l'acte auquel se rattachent ces pièces. — Jugement préc. 13 mars 1838.

11969. Mais la jurisprudence s'est prononcée en sens contraire et reconnaît à l'officier ministériel qui n'a pas obtenu payement des frais et honoraires qui lui sont dus pour un acte, le droit de retenir les pièces qui lui ont été confiées pour la rédaction de cet acte. — Civ. r. 10 août 1870, D.P. 71. 1. 40.

11970. Il en serait ainsi même d'un titre de rente sur l'Etat. — Dijon, 27 janv. 1887, J.G.S. *Notaire*, 238.

11971. Réciproquement, la remise d'expéditions aux parties doit constituer sinon une preuve complète, du moins une présomption grave que celles-ci se sont libérées, pour peu que cette présomption se trouve appuyée de quelque circonstance favorable aux allégations des parties. — J.G. *Notaire*, 534. — Req. 26 janv. 1858, D.P. 56. 1. 160. — Civ. r. 6 févr. 1860, D.P. 60. 1. 283.

11972. Jugé dans ce sens : 1° que le notaire qui délivre aux parties une expédition des actes qu'il a passés est légalement présumé en avoir reçu le payement. — Civ. c. 4 avr. 1826, J.G. *Notaire*, 531-2°.

11973. ... 2° Que la remise d'une expédition, jointe au long silence du notaire, peut, dans certaines circonstances, faire preuve complète de la libération des honoraires. — Douai, 13 févr. 1834, J.G. *Notaire*, 534.

11974. ... 3° Que la demande formée par un notaire en payement du coût des actes et de l'enregistrement qu'il prétend n'avoir pas été acquitté par les parties peut être déclarée n'être pas suffisamment justifiée par la seule représentation des minutes de ces actes, surtout lorsqu'il a été délivré des extraits ou expéditions ; que les juges peuvent, dans ce cas, rejeter la demande, s'ils s'y croient fondés d'après les présomptions qui naissent des circonstance de la cause. — Req. 18 nov. 1813, J.G. *Notaire*, 534.

11975. ... 4° Que la remise de la grosse d'une obligation faite à la partie, par un notaire, emporte présomption du payement de ses honoraires. — Trib. de Moulins, 23 janv. 1843, D.P. 45. 4. 308.

11976. ... 5° Que la délivrance aux époux d'une expédition de leur contrat de mariage constitue une présomption légale du payement de leurs honoraires dus à raison de cet acte, alors que plus de trente ans se sont écoulés entre la date de l'acte et la réclamation formée par le successeur du notaire rédacteur. — Aix, 18 juill. 1871 (et non 1813), D.P. 73. 2. 202.

11977. ... 6° Que la délivrance sans réserve par le notaire à une partie d'un acte notarié fait présumer qu'il y a eu payement non remise de frais et honoraires, sans qu'il y ait à distinguer si la pièce délivrée est la grosse ou une simple expédition. — Civ. c. 14 mai 1888, D.P. 88. 1. 487, et sur renvoi, Besançon, 9 janv. 1889, D.P. 90. 2. 19. — *Contrà* : Trib. de Namur, 22 févr. 1854, J.G.S. *Notaire*, 240. — Trib. de Bruxelles, 5 déc. 1856, *ibid.* — Dijon, 14 août 1879, D.P. 81. 2. 86. — Alger, 30 mai 1888. D.P. 92. 2. 4.

11978. Mais la présomption de paiement d'honoraires, tirée de la remise au client de la grosse de son obligation, cède devant l'engagement qu'il a pris de prouver que ces honoraires ont été payés au notaire. — Riom, 14 mars1845, D.P. 45. 4. 308. — Paris, 27 nov. 1831, J.G. *Notaire*, 532-3°.

§ 2. — A qui appartiennent les honoraires afférents aux actes notariés.

11979. Dans le silence de la législation spéciale du notariat sur les honoraires afférents entre les notaires ayant concouru aux mêmes actes il y a lieu de se référer au droit commun, c'est-à-dire aux principes généraux du mandat. — Nancy, 31 janv. 1891, D.P. 92. 2. 31.

11980. Par suite, lorsque le second notaire n'a point comparu sur la demande de son confrère dans les termes des art. 2 et 3 de la loi du 21 juin 1843, ayant rempli l'office de son ministère, donné à l'acte, par l'apposition de sa signature, des garanties légales d'authenticité, et assumé une part égale dans la responsabilité, a droit à une part égale des honoraires qui en sont la conséquence naturelle. — Même arrêt.

11981. Il en est ainsi spécialement, lorsque le règlement de la chambre des notaires de l'arrondissement stipule le partage égal des honoraires ; et, en pareil cas, le notaire en second a le droit d'exiger de son confrère la communication de l'acte reçu en commun, à l'effet de l'inscrire sur son répertoire, et le droit de procéder à cette inscription. — Même arrêt.

11982. Il importe peu que la rédaction de l'acte soit l'œuvre personnelle de l'un des notaires, et que celui-ci ait, à l'exclusion de son confrère, correspondu avec les parties et recueilli tous les renseignements nécessaires ; la preuve tendant à établir ces faits doit être rejetée comme inopérante et sans portée sur la solution du litige. — Même arrêt.

11983. Le notaire auquel est attribuée la garde de la minute est attribuée arguerait vainement de cette circonstance pour se soustraire au partage des honoraires, cette attribution étant faite par suite de circonstances étrangères à la part prise par ce notaire dans le travail commun, et la garde de la minute trouvant sa rémunération dans des avantages et des émoluments spéciaux. — Même arrêt.

11984. Décidé dans le même sens que les honoraires afférents à un acte authentique reçu concurremment par deux notaires n'appartiennent pas exclusivement à celui dans l'étude duquel cet acte a été passé et qui est resté dépositaire de la minute ; l'autre notaire a le droit d'y participer, alors que son concours s'est produit à la demande des parties et dans les limites du ressort où il a le droit d'instrumenter. — Civ. r. 7 janv. 1879, D.P. 79. 1. 97, et sur renvoi, Trib. de Versailles, 18 juin 1880, J.G.S. *Notaire*, 159.

11985. Mais si le le notaire qui est venu concourir à l'acte dressé dans l'étude d'un de ses collègues était sorti des limites territoriales assignées à l'exercice de ses fonctions, il ne pourrait coopérer légalement à l'acte en qualité d'officier public ; son intervention ne serait que purement officieuse et ne lui donnerait pas le droit de participer à une rémunération qui s'applique exclusivement aux services rendus dans l'exercice des fonctions notariales. — D.P. 79. 1. 97, note 1.

11986. Décidé, en conséquence, que le règlement particulier arrêté entre les notaires d'un arrondissement, d'après lequel tout notaire en second, qui a droit à la moitié des honoraires des pour les actes auxquels il a concouru, sur la demande du client, avec celui qui les a reçus, ne peut être invoqué par le notaire qui n'a pas le droit d'instrumenter dans le lieu de la passation de l'acte. — Civ. c. 20 avr. 1853, D.P. 53 4. 228.

11987. ... Qu'une chambre des notaires ne peut, sans excès de pouvoir, décider qu'un notaire sera admis à partager les honoraires d'actes reçus hors de son ressort, la participation aux honoraires ne pouvant être que la conséquence et la rémunération de l'exercice légal de la profession. — Civ. c. 24 juill 1854, D.P. 54. 1. 308.

11988. En cas de concurrence entre notaires, pour la rédaction d'un acte, un règlement de la chambre des notaires de Paris, en date du 27 avr. 1867, donne, suivant la nature des actes et des circonstances, des indications utiles à connaître. — J.G.S. *Notaire*, p. 398.

11989. Il a été jugé, à l'occasion du partage entre notaires, que le notaire qui a remplacé un de ses confrères pour cause de l'absence ou de maladie de ce dernier a droit de percevoir la moitié des honoraires de l'acte par lui dressé, alors surtout qu'il résulte des circonstances que le notaire remplaçant ou substituant n'a pas entendu agir uniquement en cette qualité de substituant, mais qu'il a pensé faire un acte de sa profession, engageant sa responsabilité, et devant lui procurer un bénéfice personnel, ce lui donnant le droit à un partage égal des honoraires ». — Trib. d'Apt, 15 mars 1839, J.G. *Notaire*, 443.

11990. Cette solution semble juste à la rigueur, quoique l'usage d'abandonner au notaire substitué tous les honoraires de l'acte ait généralement prévalu comme plus conforme aux sentiments de confraternité qui doivent régner parmi les membres d'une même corporation. — J.G.S. *Notaire*, 443.

11991. Quant au notaire commis par justice pour gérer l'étude d'un notaire décédé ou destitué, il y a lieu de faire une distinction. En cas de décès, il est d'usage qu'il tienne compte aux héritiers et ayants cause de l'ancien notaire des honoraires par lui perçus pendant la vacance, parce qu'il est considéré comme un mandataire légal. — Trib. de Chalon-sur-Saône, 15 janv. 1889, J.G.S. *Notaire*, 160.

11992. Toutefois, le projet de règlement

notarial émané du ministère de la justice (art. 19) propose de lui attribuer la moitié des honoraires. — Circ. min. just. 26 févr. 1891, J.G.S. Notaire, 160.

11993. En cas de destitution, au contraire, le notaire gère l'office pour son compte et doit profiter de tous les émoluments des actes qu'il reçoit. — Rouen, 18 août 1874, J.G.S. Notaire, 160. — Trib. de Laon, 21 août 1875, ibid. — Caen, 14 janv. 1877, ibid.

11994. Le secrétaire de la chambre de discipline des notaires n'est fondé à réclamer aucun droit de rédaction ou d'expédition pour les actes auxquels il procède en cette qualité, et notamment pour la délivrance du certificat constatant le dépôt fait à la chambre d'une demande d'un jugement ou d'un extrait de contrat, dans le cas de séparation entre époux, d'interdiction, de nomination de conseil judiciaire et de mariage entre commerçants; il doit être enjoint aux trésoriers et secrétaires de la chambre de discipline qui perçoivent un droit quelconque pour les certificats ou actes ci-dessus désignés, d'y renoncer immédiatement. — Décis. min. just. 16 févr. 1835, J.G. Notaire, 448.

11995. En admettant qu'il soit d'usage à la Martinique que les officiers ministériels se fassent réciproquement remise des honoraires qui leur sont dus à raison des actes et services de leur ministère accomplis au profit les uns des autres, cet usage ne fait pas loi pour les parties qui ont la faculté de le méconnaître et de s'en affranchir. — Civ. c. 27 déc. 1886, D.P. 87. 1. 274.

11996. La renonciation à des honoraires ne pouvant résulter que d'une convention, ne peut, lorsque ces honoraires montent à plus de 150 fr., s'induire de simples présomptions non appuyées d'un commencement de preuve par écrit. — Même arrêt.

§ 3. — *Contre qui peut être poursuivi le recouvrement des honoraires des notaires.*

11997. Les notaires ont une action solidaire, pour le payement des frais et honoraires des actes rédigés par eux, contre toutes les parties qui ont figuré dans ces actes. — Civ. c. 9 avr. 1856, D.P. 56. 1. 124. — Dijon, 20 févr. 1867, J.G.S. Notaire, 224. — Aix, 29 févr. 1876, D.P. 77. 2. 36. — Civ. c. 7 nov. 1882, D.P. 82. 1. 471. — Trib. de Langres, 14 mai 1884, J.G.S. Notaire, 204. — Civ. c. 30 janv. 1889, D.P. 89. 1. 100. — Civ. c. 23 oct. 1889, D.P. 90. 1. 390.

11998. Ce principe s'applique même aux contrats de vente, nonobstant la disposition de l'art. 1593 C. civ. qui met les frais des actes et accessoires à la charge de l'acheteur. — Arrêt préc. 29 févr. 1876.

11999. Mais, pour qu'un notaire puisse exercer cette action, il faut qu'il reste dans sa situation d'officier public, et qu'il ne soit pas devenu le gérant d'affaires de l'acheteur en lui faisant crédit et en lui procurant des fonds pour lesquels il a négligé de retenir les frais de ses actes. — Même arrêt.

12000. Décidé de même sous que le notaire rédacteur d'un acte de vente d'immeubles a une action solidaire pour le payement de ses frais et honoraires tant contre l'acheteur que contre le vendeur. — Civ. c. 7 nov. 1882, D.P. 82. 1. 471. — Trib. civ. de Louviers, 21 déc. 1882, D.P. 84. 3. 127.

12001. Sauf le recours de ce dernier contre l'acheteur, recours garanti par le privilège accordé au vendeur pour le payement de son prix et de ses accessoires. — Civ. c. 7 nov. 1882, D.P. 82. 1. 473.

12002. Par suite, le notaire est fondé à prendre inscription comme exerçant les droits du vendeur, son débiteur, et à requérir à l'ordre une collocation par privilège en son nom. — Même arrêt.

12003. Et, dans ce cas, la somme garantie par cette inscription ne doit pas être partagée entre le notaire et les autres créan-

ciers du vendeur conformément à l'art. 775 C. proc. civ.: c'est au notaire seul que l'inscription doit profiter. — Même arrêt.

12004. Le notaire, rédacteur d'actes sous seings privés de vente et d'échange, a, en qualité de mandataire des parties, une action solidaire contre celles-ci pour le payement de ses frais et honoraires ; en conséquence, il peut, comme créancier du vendeur et pour sûreté des frais et honoraires qui lui sont dus, prendre inscription même en son nom personnel, afin de conserver le privilège du vendeur. — Limoges, 27 déc. 1878, D.P. 79. 2. 178.

12005. Aucun délai légal, autre que celui de la prescription édictée par la loi du 5 août 1881, n'a été imposé aux notaires pour l'exercice de leur action en payement de leurs frais et honoraires. — Civ. c. 23 et 29 oct. 1889, D.P. 90. 1. 390.

12006. En conséquence, le vendeur ne peut faire écarter la demande des frais et honoraires de leur action formée contre lui, sous prétexte que l'acquéreur étant devenu insolvable dans l'intervalle, le notaire, en réclamant tardivement le montant de sa créance, a, par sa faute, rendu impossible le recours du vendeur contre l'acquéreur. — Arrêt préc. 29 oct. 1889. — Civ. c. 30 janv. 1889, D.P. 89. 1. 400.

12007. ... Alors ou moins qu'il ne justifie pas avoir donné au notaire mandat de poursuivre ce recouvrement. — Arrêt préc. 30 janv. 1889.

12008. Mais un notaire n'a de recours, pour le payement de ses honoraires, contre une partie dénommée dans un acte, que si cette partie en a été réputée et lui avoir donné un mandat. — Trib. de Gray, 24 janv. 1882, D.P. 82. 3. 111.

12009. Et il n'a aucune action contre la partie qui a refusé formellement de donner un mandat, spécialement contre l'acheteur à l'insu et malgré les protestations duquel a été déposé chez le notaire du vendeur un acte sous seing privé contenant promesse de vente. — Trib. de Castelsarrazin, 2 juill. 1880, D.P. 89. 1. 404, note 1.

12010. Les honoraires dus à un notaire pour l'ouverture et le dépôt d'un testament olographe contenant un partage d'ascendant peuvent être réclamés solidairement contre tous les héritiers, alors qu'ils se sont approprié ce partage et en ont profité. — Trib. d'Uzès, 17 janv. 1867, D.P. 67. 3. 64.

12011. Un notaire peut demander solidairement à plusieurs personnes le payement des droits d'enregistrement par lui avancés et de ses honoraires qu'autant que ces personnes ont été parties à l'acte qui a donné lieu et que cet acte a été reçu dans leur intérêt commun. — Req. 8 nov. 1888, D.P. 89. 1. 404. — Conf. Trib. Seine, 5 juin 1886, D.P. 89. 1. 404, note 1.

12012. L'intervention dans un acte de vente d'un propriétaire resté créancier d'un solde de prix de l'immeuble aliéné, pour accepter la délégation faite en son profit de la désintéresser, ne suffit pas pour qu'il soit considéré comme partie et débiteur à ce titre des droits et honoraires de l'acte. — Arrêt préc. 5 nov. 1888.

12013. Si un notaire est fondé, en principe, à demander solidairement le payement des frais et honoraires de l'acte par lui reçu aux parties qui y ont concouru et dans l'intérêt desquelles il l'a passé, il n'a le droit d'exercer aucun recours contre le tiers étranger à cet acte, qui n'a pas requis de le recevoir, et qui n'y est intervenu que pour déclarer l'accepter après qu'il a été fait. — Req. 17 juin 1890, D.P. 91. 1. 272.

12014. Spécialement, lorsqu'un créancier gagiste intervient à l'adjudication de la rue propriété d'un titre de rente, sans avoir requis cette adjudication, mais simplement pour en faciliter l'exécution en l'acceptant une fois faite et en consentant à ce que le titre de rente soit immatriculé au nom de

de l'adjudicataire sous la réserve des droits de gage qui le grevaient, cette intervention ne suffit pas pour que le créancier gagiste puisse être considéré comme partie à l'adjudication et comme débiteur, à ce titre, des droits et honoraires dus à raison de cette adjudication. — Même arrêt.

12015. Jugé dans le même sens que celui qui intervient dans une vente comme bailleur de fonds pour une partie de l'acquisition, ne saurait être considéré comme responsable envers le notaire de tous les frais de l'acte de vente, au même titre que l'acquéreur et le vendeur ; il n'est tenu que des frais relatifs à l'acte de prêt. — Trib. civ. d'Auxerre, 31 août 1880, D P. 91. 4. 272, note 1.

12016. Dans le cas où une femme autorisée à suivre une demande en séparation de corps et à résider séparément a obtenu contre son mari, par défaut, un jugement lui allouant une provision et une pension, le notaire qui, en exécution de ce jugement, a procédé à une apposition de scellés et à un inventaire, a une action directe contre le mari en payement de ses honoraires. — Trib. civ. Seine, 11 déc. 1861, D.P. 62. 3. 60.

12017. Bien qu'en principe, un notaire ait le droit d'agir contre le mandant aussi bien que contre le mandataire pour le recouvrement des frais et honoraires qui lui sont dus pour la rédaction d'actes faits à la demande de ce dernier, un arrêt peut cependant ajourner l'action dirigée contre le mandant jusqu'à ce que le mandataire qui a requis ses services, afin de s'assurer si celui-ci a agi conformément à son mandat. — Req. 19 févr. 1883, D.P. 84. 1. 425.

12018. Les notaires qui poursuivent le payement des actes et vacations faits par eux dans une instance civile, en exécution d'une décision judiciaire, doivent agir contre la partie qui a été condamnée aux frais de cette instance, et non contre son adversaire. — Trib. de Gray, 24 janv. 1882, D.P. 82. 3. 111.

§ 4. — *Prescription.*

12019. Aux termes de l'art. 1er de la loi du 5 août 1881, l'action des notaires en payement des sommes dues pour les actes de leur ministère se prescrit par cinq ans. — D.P. 82. 4.39.

12020. Les avances des notaires sont soumises comme leurs honoraires à la prescription quinquennale. — Rapport au Sénat D.P. 82. 4. 39, note 1.

12021. Cette prescription est également applicable à toutes les formalités accessoires telles que frais de bordereaux, états d'inscription, dépôts de contrats de mariage ou d'actes de société. — J.G.S. Notaire, 217.

12022. ... Et aux frais, déboursés et honoraires dus à l'occasion de démarches faites par le notaire en vue d'un acte notarié qui ne s'est pas réalisé ou est demeuré imparfait. — J.G.S. Notaire, ibid.

12023. Les intérêts des déboursés et honoraires restent soumis à la prescription de l'art. 2277 C. civ. qui est aussi une prescription de cinq ans, mais qui est fondée sur la nécessité d'ordre public, et qui peut par conséquent être invoquée par le notaire, alors même qu'il reconnaît n'avoir pas payé les intérêts. — J.G.S. Notaire, 218.

12024. Dans tous les cas où le notaire a agi non comme officier public, mais comme negotiorum gestor de ses clients, la prescription trentenaire est seule applicable. — J.G.S. Notaire, ibid.

12025. Le point de départ de la prescription de cinq ans est la date de chaque acte sans qu'il y ait lieu de distinguer entre les frais faits au moment de la rédaction et les déboursés postérieurs comme les frais d'enregistrement et de transcription. — J.G.S. Notaire, 219.

12026. Pour les actes dont l'exécution est subordonnée au décès, le point de départ est le jour de décès de l'auteur de la disposition. — J.G.S. *Notaire, ibid.*

12027. Si le décès n'est connu que tardivement, la prescription ne devra courir que du jour de la connaissance de cet événement. — J.G.S. *Notaire, ibid.*

12028. L'exécutoire n'interrompt pas la prescription par lui seul; mais il en est autrement de la signification de l'exécutoire. — J.G.S. *Notaire,* 220.

Art. 2. Les demandes en taxe et les actions en restitution des honoraires dus aux notaires pour les actes de leur ministère se prescrivent par deux ans, du jour du payement ou du règlement par compte arrêté, reconnaissance ou obligation.

12029. La prescription de deux ans, qui est établie par l'art. 2 de la loi du 5 août 1881 contre les demandes en taxe des honoraires d'un notaire ou en restitution d'honoraires, n'est opposable qu'aux parties qui, après avoir payé les frais et honoraires, en demandent la taxe, ou qui, ne les ayant pas payés, ont fait avec le notaire un règlement par compte arrêté, reconnaissance ou obligation. — Amiens, 7 juin 1888, D.P. 90. 2. 41.

12030. En conséquence, elle n'est pas opposable au vendeur qui n'a pas payé les honoraires du notaire et qui n'a fait avec lui aucun règlement de compte. — Même arrêt.

12031. Toutefois, cette solution a été combattue comme contraire au texte et à l'esprit de la loi du 5 août 1881. D'une part, l'art. 2 ne contient aucune distinction et la généralité des expressions comprend aussi bien l'action qui appartient au vendeur que celle qui peut être exercée par l'acquéreur; et d'un autre côté les inconvénients que le législateur a voulu supprimer (V. D.P. 82. 4. 39, note 1) existent aussi bien quand la demande en taxe est formée par le vendeur que lorsqu'elle l'est par l'acheteur. — Dissertation de M. Cohendy sous l'arrêt précité.

12032. Les héritiers du client d'un notaire ne sauraient rendre ce notaire responsable d'un défaut de taxe, lorsque le droit de la requérir a été prescrit par leur fait et celui de leur auteur. — Req. 10 nov. 1886, D.P. 87. 1. 308.

12033. Quoique l'art. 2 de la loi de 1881 ne parle que des actes du ministère des notaires, il est hors de doute que la prescription de cet article s'applique aux demandes en taxe des honoraires exposés par un notaire chargé d'une liquidation, et qui paye à des tiers des frais d'actes. Ce notaire n'agit pas en ce cas comme mandataire, mais comme notaire, puisque les actes demandés par lui sont destinés au travail de la liquidation qui lui est confié en sa qualité d'officier public. — D.P. 87. 1. 308, note 1.

Art. 3. La taxe des actes notariés régulièrement faite par le président du tribunal donnera ouverture à un exécutoire qui sera délivré sur la réquisition du notaire par le greffier. Cet exécutoire sera susceptible d'opposition de la part de la partie.

Les oppositions à taxe seront jugées en audience publique comme en matière sommaire.

Les jugements seront susceptibles d'appel dans les délais et formes ordinaires.

12034. La disposition de la loi du 5 août 1881 qui donne aux notaires la faculté de demander au président du tribunal la taxe des actes de leur ministère et de requérir du greffier un exécutoire sur l'ordonnance rendue par ce magistrat, ne leur retire pas le droit d'intenter, si cela leur paraît plus conforme à leurs intérêts, une action en justice fondée sur l'art. 60 C. proc. civ. — Civ. c. 3 août 1887, D.P. 88. 1. 259. — Civ. c. 8 août 1888, D.P. 89. 1. 283. — V. *suprà,* art. 60, n°s 1101 et s.

12035. Mais le débiteur des frais taxés ne saurait être soumis au payement cumulé de l'exécutoire, dont le notaire n'a point fait usage et dont l'existence ne lui avait été révélée par aucun commandement ni aucune signification, et des dépens de l'instance que ce notaire a préféré suivre pour obtenir un jugement de condamnation. — Civ. c. 8 août 1888, D.P. 89. 1. 283.

12036. D'après un arrêt, la loi du 5 août 1881 n'ayant pas fixé le délai dans lequel doit être faite l'opposition à l'exécutoire obtenu du président du tribunal par un notaire, ce délai est laissé à l'appréciation souveraine du juge, suivant les circonstances de la cause: on ne saurait appliquer ici, ni le délai établi par le décret du 16 févr. 1807 pour l'opposition contre les exécutoires délivrés aux avoués, ni le délai fixé par le code de procédure pour l'opposition contre les jugements par défaut faute de comparaître. — Agen, 13 janv. 1889, D.P. 90. 2. 81.

12037. La question résolue par l'arrêt précité du 13 janv. 1889 est controversée. — Dissertation sous l'arrêt précité.

12038. On s'accorde, il est vrai, à reconnaître que l'on ne saurait appliquer par analogie l'art. 6 du deuxième décret du 16 févr. 1807; cette opinion était autrefois repoussée par la jurisprudence antérieurement à la loi du 5 août 1881. — Orléans, 7 janv. 1852, D.P. 52. 2. 198.

12039. Et il résulte clairement de la discussion de la loi de 1881 que les rédacteurs de cette loi ont entendu repousser l'analogie qu'on aurait pu être tenté d'établir avec l'exécutoire des frais et honoraires délivrés aux avoués quant au délai de l'opposition. — Dissertation sous l'arrêt précité du 13 janv. 1889. — D.P. 52. 4. 93.

12040. Mais la plupart des auteurs admettent que l'opposition à l'exécutoire de taxe délivrée à un notaire doit être formée à peine de déchéance dans les mêmes délais et sous les mêmes formes que ceux fixés par les art. 158 et 159 C. proc. civ. pour l'opposition aux jugements par défaut faute de comparaître. — Même dissertation.

12041. Et la question posée au Sénat par M. Griffe a été formellement résolue en ce sens par le rapporteur. — Même dissertation.

12042. Il semble, d'ailleurs, que la solution consacrée par l'arrêt précité serait contraire à la bonne administration de la justice et aux intérêts des parties en cause, en ce qu'elle ouvrirait la porte à l'arbitraire et permettrait à chaque tribunal de fixer à sa guise le délai d'opposition en matière d'exécutoire de taxe. — Même dissertation.

12043. Dans le cas où, au lieu de requérir l'exécutoire de taxe, le notaire a assigné directement son client devant le tribunal civil et obtenu un jugement contre lui, ce jugement est susceptible d'être attaqué au moyen de toutes les voies de recours de droit commun, et notamment au moyen de l'appel. — Même dissertation.

12044. On a soutenu que cet appel pourrait être interjeté, quel que fût le chiffre de la demande et alors même qu'il serait inférieur à la somme de 1500 fr. — Même dissertation.

12045. Mais cette interprétation ne saurait être accueillie, et il est certain que l'art. 3, § 3, de la loi du 5 avr. 1881 en disposant que « les jugements seront susceptibles d'appel dans les délais et formes ordinaires » n'a pas entendu apporter une semblable dérogation aux conditions requises par le droit commun pour la recevabilité de l'appel. — Même dissertation.

Art. 4. Les demandes en taxe et toutes actions en restitution des frais et honoraires contre les avoués ou huissiers seront prescrites par deux ans du jour du payement ou du règlement par compte-arrêté, reconnaissance ou obligation.

Art. 5. La présente loi sera applicable aux payements et règlements effectués, aux actes passés antérieurement à ce jour, et les prescriptions commencées, et pour lesquelles il faudrait encore, d'après les lois actuelles, plus de deux ans ou de cinq ans, seront acquises par l'expiration de ces délais, en suivant les distinctions déterminées par les articles précédents, à compter de la promulgation de la présente loi.

Art. 6. La présente loi est applicable à l'Algérie et aux colonies.

2° Décret du 16 févr. 1807,

Relatif à la liquidation des dépens en matière sommaire. — *Publié au Bulletin des lois, n° 2211.*

Art. 1er. La liquidation des dépens en matière sommaire sera faite par les arrêts et jugements qui les auront adjugés; à cet effet, l'avoué qui aura obtenu la condamnation, remettra dans le jour, au greffier tenant la plume à l'audience, l'état des dépens adjugés; et la liquidation en sera insérée dans le dispositif de l'arrêt ou jugement.

12046. La loi du 26 janv. 1892 sur la réforme des frais de justice renferme différentes dispositions qui se rapportant à la taxe du juge.

12047. D'après son art. 18, les originaux des conclusions respectivement signifiées dispensés par l'art. 5 de la loi de la double formalité du timbre et de l'enregistrement ne peuvent être admis en taxe par les magistrats taxateurs qu'autant qu'ils ont été visés, cotés et paraphés par le receveur de l'enregistrement. — V. *infrà,* n°s 12619 et s.

12048. Les art. 19 et 20 imposent aux huissiers et aux greffiers l'obligation de tenir un répertoire nouveau, sur papier non timbré, pour y inscrire les actes que la loi a dispensés du timbre et de l'enregistrement, et de présenter ce répertoire à des dates déterminées au visa du receveur de l'enregistrement, le tout sous les sanctions édictées en l'art. 18, c'est-à-dire l'amende et la non-admission de la taxe. — V. *infrà,* n°s 12626 et s., 12645.

12049. L'art. 21 régie la forme des états de frais. — V. *infrà,* n°s 12648 et s.

12050. — I. TAXE (C. proc. civ. n°s 2 à 16). — L'avoué a toujours le droit de présenter son mémoire de frais à la taxe du juge avant d'en réclamer le montant à son client. — Req. 23 mars 1875, J.G.S. *Frais et dépens.*

12051. Mais il n'est pas nécessaire que l'état des frais présenté par l'avoué soit taxé préalablement à la demande. — J.G.S. *Frais et dépens,* 533.

12052. L'avoué qui occupe dans une instance pour plusieurs parties ayant des intérêts distincts, quoique non opposés, a le droit d'établir pour chacune d'elles un dossier particulier et un mémoire de frais séparé. — Douai, 6 mars 1877, D.P. 79. 2. 224.

12053. Spécialement, il en est ainsi lorsque, malgré l'identité des conclusions, les moyens de défense ne sont pas les mêmes, et qu'une solution différente pourrait intervenir vis-à-vis de chacune des parties. — Même arrêt.

12054. Lorsque la partie condamnée aux dépens demande la taxe ou fait un acte qui implique de sa part l'intention de la demander, l'avoué de la partie adverse est en droit de lever et de signifier un exécutoire à l'effet de rendre cette taxe définitive. — Caen, 11 avr. 1889, D.P. 90. 2. 243.

12055. — II. Par qui doit être faite la taxe (C. proc. civ. nos 17 à 20). — Il a été jugé que le juge commissaire seul a le droit de procéder à la taxe des frais d'expédition et de signification des jugements rendus sur contredit qui constituent des frais de procédure d'ordre. — Nîmes, 16 juill. 1861, J.G.S Frais et dépens, 206.

12056. Mais cette solution a été critiquée, les frais d'expédition et de signification du jugement rendu sur contredit faisant partie des dépens de la contestation et ne constituant pas des frais de poursuite d'ordre. — J.S.S. Frais et dépens, 193.

12057. — III. Omission de la taxe des dépens en matière sommaire (C. proc. civ. nos 21 à 24). — Les dispositions régissant le mode de liquidation des frais en matière sommaire (dans l'espèce, en matière de règlement de prises d'eau), et prescrivant l'insertion de cette liquidation dans les arrêts et jugements qui auront adjugé les dépens, n'attachent pas la peine de la nullité à l'inobservation de cette formalité. — Req. 16 juin 1884, D.P. 85. 1. 451. — V. Code de procédure civile, no 23.

12058. En conséquence, le défaut d'insertion, aux jugements et arrêts rendus en matière sommaire, de la liquidation des dépens ne peut influer sur les dispositions qui ont statué au fond, et fournir à leur égard une ouverture à cassation. — Req. 25 juin 1889, D.P. 90. 1 420.

Art. 2. Les dépens dans les matières ordinaires seront liquidés par un des juges qui aura assisté au jugement; mais le jugement pourra être expédié et délivré avant que la liquidation soit faite.

Art. 3. L'avoué qui requerra la taxe, remettra au greffier l'état des dépens adjugés avec les pièces justificatives.

Art. 4. Le juge chargé de liquider, taxera chaque article en marge de l'état, sommera le total au bas, le signera, mettra le taxé sur chaque pièce justificative, et parafera : l'état demeurera annexé aux qualités.

12059. — I. Par qui doit être faite la taxe (C. proc. civ. nos 1 et 3). —

12060. — II. Ce que doit comprendre la taxe (C. proc. civ. nos 3 à 6). — Le juge taxateur qui a rendu à l'avoué le dossier et l'état taxé ne peut exiger, alors que les intéressés ne font aucune réclamation, la représentation de ces documents, dans le but de faire une nouvelle taxe ou de faire reviser la première par le premier juge. — C. de la Martinique, 9 mars 1888, J.G.S. Frais et dépens, 194.

12061. Cette règle s'impose notamment s'il s'agit d'une taxe dont le montant devra être et a été inséré dans un jugement d'adjudication. Il importe peu d'ailleurs que le jugement dans lequel se trouve mentionné le chiffre des frais taxés renferme la mention sauf taxe; cette réserve n'empêche pas que la taxe ne soit définitive, tant qu'elle n'a pas été attaquée par les intéressés. — Même arrêt.

Art. 5. Le montant de la taxe sera porté au bas de l'état des dépenses adjugées; il sera signé du juge qui y aura procédé et du greffier. Lorsque ce montant n'aura pas été compris dans l'expédition de l'arrêt ou jugement, il en sera délivré exécutoire par le greffier.

12062. Il n'est pas nécessaire de donner copie en tête du commandement de saisie immobilière du jugement qui a servi de base

à l'exécutoire.— Grenoble, 12 juill. 1855, J.G.S. Frais et dépens, 515.

Art. 6. L'exécutoire ou le jugement au chef de la liquidation seront susceptibles d'opposition. L'opposition sera formée dans les trois jours de la signification à avoué avec citation; il y sera statué sommairement, et il ne pourra être interjeté appel de ce jugement que lorsqu'il y aura appel de quelques dispositions sur le fond.

12063. — I. Opposition (C. proc. civ. nos 1 à 45). — 1o Par qui peut être formée l'opposition (C. proc. civ. nos 1 à 4). — La partie a qualité, aussi bien que l'avoué qui a occupé pour elle, pour faire taxer les dépens dus à cet officier ministériel, et pour former opposition à l'ordonnance de taxe qu'elle soutient avoir été rendue par un juge incompétent. — Nîmes, 16 juill. 1861, J.G.S. Frais et dépens, 206.

12064. La partie qui a payé, sans faire de réserves, les dépens du procès qu'elle a perdu, ne peut prétendre que la responsabilité de son avoué s'engage pour n'avoir pas formé opposition à la taxe. — Paris, 20 mars 1877, D.P. 78. 2. 95.

12065. — 2o Contre qui l'opposition doit être formée (C. proc. civ. no 5). — L'opposition à un exécutoire de dépens, formée par la partie qui, ayant perdu son procès, a été condamnée aux frais, doit, à peine d'irrecevabilité, être dirigée contre la partie gagnante, en même temps que contre l'avoué distractionnaire. — Trib. de Provins, 14 juin 1888, D.P. 91. 1. 127.

12066. Toutefois le jugement qui déclare ladite opposition irrecevable, par la raison qu'elle a été dirigée seulement contre l'avoué distractionnaire, est passible de cassation, comme méconnaissant les effets juridiques d'un acte, quand il y a eu, au témoignage du jugement lui-même dans ses qualités, un acte d'avoué à avoué, réitérant l'opposition au distractionnaire, pris d'une part en son nom personnel, et d'autre part à titre d'avoué et de représentant de la partie gagnante. — Civ. c. 23 juill. 1889, D.P. 91. 1. 127.

12067. — 3o Contre quelle décision peut être formée l'opposition (C. proc. civ. nos 6 et 7). — La règle édictée par l'art. 6 du deuxième décret du 16 févr. 1807 est applicable aux exécutoires délivrés aux experts. — J.G.S. Frais et dépens, 214.

12068. Il a été jugé qu'elle n'est pas applicable à l'opposition à la taxe faite conformément à l'art. 657 C. proc. civ. aux frais dus à l'officier ministériel qui a procédé à une vente en exécution d'un acte notarié. — Trib. d'Epernay, 12 août 1874, J.G.S. Frais et dépens, 214. — V. supra, art. 657, no 5307 et s.

12069. Mais cette solution ne paraît pas exacte, le deuxième décret de 1807 étant applicable à tous les exécutoires. — J.G.S. Frais et dépens, 214.

12070. — 4o Délai de l'opposition (C. proc. civ. nos 8 à 20). — L'art. 6 du décret de 16 févr. 1807, qui ordonne de former dans les trois jours de la signification à avoué l'opposition à l'exécutoire des dépens, ne s'applique qu'aux contestations sur la liquidation des dépens et non à celles qui portent sur l'interprétation de la condamnation aux dépens. — Paris, 16 déc. 1872, D.P. 76. 2. 197-198. — V. Code de procédure civile, no 19.

12071. L'art. 6 du deuxième décret du 16 févr. 1807 ne s'applique qu'à l'exécutoire des dépens requis par un avoué, et aucun texte n'impose aux experts l'obligation de signifier à l'exécutoire qui leur a été délivré contre la partie. — Montpellier, 16 févr. 1890, D.P. 91. 2. 30.

12072. Par suite, l'opposition à la taxe d'experts faite par le tribunal de commerce doit avoir lieu dans les trois jours de la signification à partie. — Nancy, 26 janv. 1889, D.P. 89. 2. 239. — V. supra, nos 11718 et s.

12073. — 5o Formes de l'opposition (C. proc. civ. nos 21 à 21).

12074. — 6o Par qui doit être jugée l'opposition (C. proc. civ. nos 25 à 31).

12075. — 7o Comment est jugée l'opposition (C. proc. civ. nos 32 à 44). — La procédure de la chambre du conseil organisée par le deuxième décret de 1807 pour les oppositions aux exécutoires de dépens est applicable à tous les dépens dont le tarif a été fixé par le décret du même jour, et notamment aux frais et honoraires des experts qui en font partie intégrante. — Paris, 27 nov. 1882, D.P. 83. 2. 217; 30 déc. 1882, D.P. 83. 2. 237. — Lyon, 29 mars 1884, D.P.83. 2. 237. — Riom, 13 mai 1889, D.P. 90. 2. 107. — Comp. Code de procédure civile, no 33.

12076. Mais ces règles ne sont pas prescrites à peine de nullité; il peut être procédé à l'instruction et au jugement des affaires en audience publique suivant les circonstances dont les tribunaux sont seuls appréciateurs. — Arrêt préc. 29 mars 1884. — V. Code de procédure civile, no 35.

12077. Dans tous les cas, les parties ne sont pas recevables à s'en plaindre lorsqu'elles ont été d'accord pour provoquer le débat en audience publique et qu'elles ont rendu ce débat nécessaire en formulant des chefs de demande sur lesquels il ne pouvait être statué qu'en audience publique. — Arrêt préc. 29 mars 1884. — Caen, 16 déc. 1872, D.P. 76. 2. 197.

12078. Toutefois cette solution a été critiquée, et l'on a soutenu que la compétence de la chambre du conseil ayant été édictée à raison de la nature des contestations que soulève l'opposition à exécutoire et des inconvénients graves que pouvait avoir la publicité en cette matière, les règles relatives à cette compétence étaient d'ordre public, et leur violation était une cause de nullité qui pouvait être relevée par les parties en tout état de cause et même d'office. — J.G.S. Frais et dépens, 211.

12079. Il a été décidé en ce sens que l'attribution à la chambre du conseil des recours contre la taxe est d'ordre public et que le tribunal saisi par assignation en audience ordinaire d'une opposition formée contre les experts à une ordonnance de taxe, doit d'office se déclarer incompétent. — Paris, 27 nov. 1882, D.P. 83. 2. 217. — V. Code de procédure civile, no 36.

12080. Le recours contre la taxe des frais d'un avoué ne peut être exercé que par la voie de l'opposition dans le délai déterminé par le deuxième décret de 1807 en chambre du conseil, lors même que ce recours souleverait une question de droit se rattachant à la nature des frais tels que celle de savoir si ils doivent être taxés comme en matière ordinaire ou comme en matière sommaire. — Poitiers, 21 janv. 1879, D.P. 79. 2. 95. — Contra : Caen, 16 déc. 1872, D.P. 76. 2. 197. — V. Code de procédure civile, no 37.

12081. Mais la chambre du conseil est incompétente lorsque l'opposition est basée sur ce qu'une partie des dépens a été faite au profit de l'avoué au nom d'une personne décédée en son nom irrégularité dans la signification du jugement. — Paris, 29 août 1865, J.G.S. Frais et dépens, 213.

12082. — II. Appel (C. proc. civ. nos 46 à 55). — L'appel du jugement rendu sur opposition à un exécutoire d'expert n'est pas recevable, sauf dans le cas où il y a appel du jugement sur le fond. — Paris, 30 déc. 1883, D.P. 83. 2. 217. — V. Code de procédure civile, no 47.

12083. Mais l'art. 6 du décret du 16 févr. 1807, portant qu'on ne peut appeler pour les dépens, quand on accepte la décision sur toutes les autres questions jugées, n'est vrai qu'à la liquidation des dépens, et ne fait dès lors pas obstacle à la recevabilité de l'appel fondé, non sur une erreur de taxe, mais sur ce que la condamnation aux dépens aurait été à tort prononcée contre l'appelant. — Lyon, 24 juin 1875, D.P. 77. 2. 49.

12084. L'appel du jugement rendu sur opposition à exécutoire d'expert doit être porté devant la cour siégeant en chambre du conseil, et non en audience publique. — Paris, 27 nov. 1882, D.P. 83. 2. 217.

12085. Lorsque les parties sont en désaccord sur le sens et l'étendue de la condamnation aux dépens, la cour a le droit de rendre un arrêt interprétatif; ce n'est pas là statuer sur une demande nouvelle. — Req. 8 avr. 1873, D.P. 74. 1. 260. — Paris, 17 mars 1883, D.P. 84. 2. 69.

12086. — III. Pourvoi en cassation (C. proc. civ. nᵒˢ 56 à 60). — C'est par la voie de l'opposition, et conformément à l'art. 6 du second décret du 16 févr. 1807, et non par le recours en cassation, qu'il faut se pourvoir contre le chef d'un arrêt qui, statuant en matière sommaire, contient la liquidation des dépens. — Req. 1ᵉʳ déc. 1886, D.P. 87. 1. 427. — V. Code de procédure civile, nᵒ 56.

12087. Jugé également que ces ordonnances de taxe insérées en matière sommaire dans le libellé des arrêts, étant susceptibles d'opposition, la partie qui n'a pas usé de cette voie de recours n'est pas recevable à se pourvoir en cassation contre l'arrêt contenant l'ordonnance de taxe du chef de la liquidation des dépens. — Req. 1ᵉʳ déc. 1886, D.P. 87. 1. 404.

12088. Mais la disposition d'un jugement qui, dans une affaire sommaire, a déclaré statuer en matière ordinaire, ne pouvant être attaquée que par la voie de l'opposition à la taxe des dépens, ni réformée par les juges qui l'ont rendue, donne ouverture au recours en cassation. — Civ. c. 29 janv. 1877, D.P. 78. 1. 149 — V. Code de procédure civile, nᵒ 57.

12089. Décidé dans le même sens que l'opposition à la taxe des dépens ne peut s'appliquer qu'à la base même de cette taxe; et qu'en conséquence, lorsqu'une cour d'appel décide, en confirmant le jugement de première instance, que celle-ci en matière ordinaire, elle ne peut rétracter ni directement ni indirectement cette disposition qui fait partie intégrante de son arrêt, et contre laquelle la partie opposante n'a d'autre recours que le pourvoi en cassation. — Nancy, 6 juin 1891, D.P. 92. 2. 160.

12090. Sur les frais et dépens devant les conseils de préfecture, V. L. 22 juill. 1889 et Décr. 18 janv. 1890, D.P. 90. 4. 1 et f.

Art. 7. Si la partie qui a obtenu l'arrêt ou le jugement néglige de le lever, l'autre partie fera une sommation de le lever dans les trois jours.

Art. 8. Faute de satisfaire à cette sommation, la partie qui aura succombé pourra lever une expédition du jugement sans que les frais soient taxés; sauf à l'autre partie à les faire taxer dans la forme ci-dessus prescrite.

Art. 9. Les demandes des avoués et autres officiers ministériels en payement de frais contre les parties pour lesquelles ils auront occupé ou instrumenté seront portées à l'audience, sans qu'il soit besoin de citer en conciliation; il sera donné, en tête des assignations, copie du mémoire des frais réclamés.

12091. L'art. 9 du décret du 16 févr. 1807 qui prescrit de mettre en tête de l'assignation copie du mémoire des frais, ne s'applique pas aux contestations entre officiers ministériels sur le règlement des frais. — Trib. civ. de Tarascon, 24 juin 1861, J.G.S. Frais et dépens, 522.

Tarif des frais de taxe (Suite du décret).

Il ne sera rien alloué aux avoués pour l'état des dépens adjugés en matière sommaire qu'ils doivent remettre aux greffiers, à l'effet d'en faire insérer la liquidation dans l'arrêt ou le jugement.

Pour chaque article entrant en taxe des dépens adjugés en matière ordinaire, il sera alloué 10 cent.

Au moyen de cette taxe, il ne sera alloué à l'avoué aucune vacation à l'effet de remettre et retirer les pièces justificatives.

Nota. Il ne pourra être fait qu'un article pour chaque pièce de la procédure, tant pour l'avoir dressé que pour l'original, copie et signification et tous les droits qui en résultent.

Chaque article sera divisé en deux parties : la première comprendra les déboursés, y compris les salaires des huissiers; et la seconde, l'émolument net de l'avoué; en conséquence, les états seront formés sur deux colonnes, l'une des déboursés, l'autre de l'émolument de l'avoué.

Pour la sommation, à l'avoué de la partie qui a obtenu la condamnation de dépens, de lever le jugement,

À Paris, 1 fr.;

Dans le ressort, 75 cent.;

Et pour la copie, le quart.

Pour l'original de l'acte contenant opposition, soit à un exécutoire de dépens, soit au chef du jugement qui les a liquidés, avec sommation de comparaître à la chambre du conseil pour être statué sur ladite opposition,

À Paris, 1 fr.;

Dans le ressort, 75 cent.;

Et pour chaque copie, le quart.

Pour assistance et plaidoirie à la chambre du conseil,

À Paris, 7 fr. 50 c.;

Dans le ressort, les trois quarts.

Pour les qualités et signification à avoué du jugement qui interviendra, s'il n'y a qu'une partie, le tout compris,

À Paris, 5 fr.;

Dans le ressort, 4 fr.

S'il y a plusieurs avoués, pour chacune des autres copies tant des qualités que du jugement,

À Paris, 1 fr.;

Dans le ressort, 75 cent.

Il ne sera passé aucun autre droit pour la taxe des frais.

3ᵉ Décret du 16 févr. 1807,

Qui rend commun à plusieurs cours impériales le tarif des frais et dépens de celle de Paris, et en fixe la réduction pour les autres. — Publié au Bulletin des lois, nᵒ 2212.

Art. 1ᵉʳ. Le tarif des frais et dépens de la cour d'appel de Paris, décrété aujourd'hui, est rendu commun aux cours impériales de Lyon, Bordeaux et Rouen.

Toutes les sommes portées en ce tarif seront réduites d'un dixième pour la taxe des frais et dépens dans les autres cours impériales.

Art. 2. Le tarif des frais et dépens, décrété pour le tribunal de première instance et pour les justices de paix établis à Paris, est rendu commun aux tribunaux de première instance et aux justices de paix établis à Lyon, Bordeaux et Rouen.

Toutes les sommes portées en ce tarif seront réduites d'un dixième dans la taxe des frais et dépens pour les tribunaux de première instance et pour les justices de paix établis dans les villes où siège une cour impériale, ou dans les villes dont la population excède trente mille âmes.

Art. 3. Dans tous les autres tribunaux de première instance et justices de paix de

---

l'empire, le tarif des frais et dépens sera le même que celui décrété pour les tribunaux de première instance et les justices de paix du ressort de la cour impériale de Paris, autres que ceux établis dans cette capitale.

Art. 4. Le tarif des frais de taxe, décrété également aujourd'hui pour le ressort de la cour d'appel de Paris, est aussi déclaré commun à tout l'empire : en conséquence, dans tous les chefs-lieux de cours impériales, les droits de taxe seront perçus comme à Paris; et partout ailleurs, ils seront perçus comme dans le ressort de la cour d'appel de Paris.

Ordonnance du 4 août 1824,

Concernant les indemnités auxquelles ont droit les juges, officiers du ministère public et greffiers qui, dans le cas prévu par l'art. 496 du Code civil, se transportent à plus de cinq kilomètres de leur résidence. — Publiée au Bulletin des lois, nᵒ 17444.

Art. 1ᵉʳ. Les juges, officiers du ministère public et greffiers qui, dans le cas prévu par l'art. 496 du Code civil, se transporteront à plus de cinq kilomètres de leur résidence, auront droit aux indemnités déterminées par les art. 88 et 89 du règlement du 18 juin 1811, suivant les distinctions établies dans ces articles, en ce qui concerne les distances.

Ordonnance du 17 juill. 1825,

Portant règlement sur les frais et émoluments à percevoir par les greffiers de justice de paix. — Publiée au Bulletin des lois, nᵒ 1194.

Art. 1ᵉʳ. Aucuns frais ni émoluments ne pourront être perçus par les greffiers de justice de paix que sur des états dressés par eux, qui seront vérifiés et visés par le juge de paix.

Ces états seront écrits au bas de l'expédition délivrée par le greffier. À défaut d'expédition, il sera fait un état séparé.

Art. 2. Les greffiers de justice de paix tiendront un registre sur lequel ils inscriront, par ordre de date et sans aucun blanc, toutes les sommes qu'ils recevront pour les actes de leur ministère.

Les déboursés et les émoluments seront inscrits dans des colonnes séparées.

Art. 3. Le registre mentionné en l'article précédent sera coté et parafé par le juge de paix.

Il sera tenu sous la surveillance de ce magistrat qui, à chaque trimestre, et plus souvent, s'il le juge convenable, le vérifiera, l'arrêtera, et en dressera un procès-verbal dans lequel il consignera ses observations.

Ce procès-verbal sera envoyé à notre procureur près le tribunal de première instance, qui en rendra compte au procureur général près la cour royale.

Art. 4. Pourront nos procureurs, quand ils l'auront reconnu nécessaire, procéder, par eux-mêmes ou leurs substituts, à la vérification prescrite par l'art. 3.

Art. 5. En cas d'infraction aux règles prescrites par la présente ordonnance, il en sera fait rapport à notre garde des sceaux pour être pris à l'égard des contrevenants telle mesure qu'il appartiendra.

Art. 6. Si les greffiers ou leurs commis reçoivent, sous quelque prétexte que ce soit, d'autres ou plus forts droits que ceux qui leur sont attribués par les lois et les règlements, il est enjoint aux juges de paix d'en informer nos procureurs. Il en sera pareillement fait rapport à notre garde des sceaux.

Les contrevenants seront, selon la gravité des circonstances, destitués de leur emploi, traduits devant la police correctionnelle pour être condamnés aux amendes déterminées par les lois, ou poursuivis extraordinairement en vertu de l'art. 174 C. pén. sans préjudice, dans tous les cas, de la restitution des sommes indûment perçues, et des dommages et intérêts, quand il y aura lieu.

Ordonnance du 10 oct. 1841,

Contenant le tarif des frais et dépens relatifs aux ventes judiciaires de biens immeubles. — Publiée au Bulletin des lois, n° 9609.

TIT. Ier. — Dispositions communes a tout le royaume.

Chap. Ier. — *Greffiers des tribunaux de première instance.*

Art. 1er. Il est alloué aux greffiers des tribunaux de première instance :
Pour la communication sans déplacement, tant du cahier des charges que du procès-verbal d'expertise, 15 fr.
Ce droit sera dû, soit qu'il y ait, soit qu'il n'y ait pas d'expertise. Toutefois, si l'expertise a été ordonnée en matière de licitation, le droit sera réduit à 12 fr.
Il sera perçu lors du premier dépôt au greffe, soit du procès-verbal d'expertise, soit du cahier des charges.

Chap. II. — *Conservateurs des hypothèques*

Art. 2. Il est alloué aux conservateurs des hypothèques, pour :
La transcription de chaque procès-verbal de saisie immobilière et de chaque exploit de dénonciation de ce procès-verbal au saisi (c. pr. 677 et 678). par rôle d'écriture du conservateur, contenant vingt-cinq lignes à la page et dix-huit syllabes à la ligne, 1 fr.
L'acte du conservateur contenant son refus de transcription, en cas de la précédente cause.
Chaque extrait d'inscription ou certificat qu'il n'en existe aucune (Arg. c. pr. 692), 1 fr.
La mention des deux notifications prescrites par les art. 691 et 692 (c. pr. art 693), 1 fr.
La radiation de la saisie immobilière (c. pr. art. 693), 1 fr.
La mention du jugement d'adjudication (c. pr. art. 716), 1 fr.
La mention du jugement de conversion (c. pr. art. 748), 1 fr.

12092. Le § 1er de cet article qui modifiait le n° 11 du tableau annexé au décret du 21 sept. 1810 a été modifié à son tour, d'abord par le décret du 24 nov. 1855 (D.P. 55.4.116), puis par celui du 9 juin 1866 (D.P. 66.4.135). — V. Code annoté de l'Enregistrement, n° 15352 et s., 15359.

TIT. II. — Dispositions pour le ressort de la cour royale de Paris.

Chap. Ier. — *Huissiers.*

§ 1er. — *Huissiers ordinaires.*

Art. 3. — *Actes de première classe.* — Il est alloué aux huissiers ordinaires :
(C. pr. 673.) Pour l'original du commandement tendant à saisie immobilière :
A Paris, 2 fr.;
Dans le ressort, 1 fr. 50 c.;
Pour chaque copie. le quart de l'original.
Pour droit de copie du titre, par rôle contenant vingt lignes à la page et dix syllabes à la ligne, ou évalué sur ce pied :
A Paris, 25 c.;
Dans le ressort, 20 c.;
(C. pr. 681.) Pour l'original de l'action en référé;
(C. pr. 684.) De la demande en nullité de bail;
(C. pr. 685.) De l'acte d'opposition entre les mains des fermiers ou locataires, ou de la simple sommation aux mêmes;
(C. pr. 687.) De la signification aux créanciers inscrits de l'acte de la consignation faite par l'acquéreur en cas d'aliénation, qui peut avoir lieu après saisie immobilière sous la condition de consigner;
(C. pr. 691, 692.) De la sommation à la partie saisie et aux créanciers inscrits de prendre communication du cahier des charges;
(C. pr. 716.) De la signification du jugement d'adjudication;
(C. pr. 717.) De la demande en résolution qui doit être formée avant l'adjudication et notifiée au greffe;
(C. pr. 718.) De l'exploit d'ajournement;
(C. pr. 725.) De la demande en distraction de tout ou partie des objets saisis immobilièrement contre la partie qui n'a pas avoué en cause;
(C. pr. 732.) De l'acte d'appel qui doit être en même temps notifié au greffier du tribunal et visé par lui;
(C. pr. 735.) De la signification du bordereau de collocation avec commandement;
(C. pr. 736.) De la signification des jour et heure de l'adjudication sur folle enchère;
(C. pr. 837.) De la sommation à faire à l'ancien et au nouveau propriétaire, et, s'il y a lieu, au créancier surenchérisseur;
(C. pr. 962.) De l'avertissement qui doit être donné au subrogé-tuteur;
(C. pr. 969.) De la demande en partage;
Et généralement de tous les actes simples non compris dans l'article suivant
A Paris, 2 fr.;
Dans le ressort, 1 fr. 50 c ;
Pour chaque copie, le quart de l'original.

Art. 4. — *Procès-verbaux et actes de seconde classe.*
(C. pr. 675.) Pour un procès-verbal de saisie immobilière auquel il n'aura été employé que trois heures :
A Paris, 6 fr.;
Dans le ressort, 5 fr.;
Et cette somme sera augmentée, par chacune des vacations subséquentes qui auront pu être employées, de :
A Paris, 5 fr.;
Dans le ressort, 4 fr.
L'huissier ne se fera pas assister de témoins.
(C. pr. 677.) Pour la dénonciation de la saisie immobilière à la partie saisie :
A Paris, 2 fr. 50 c.;
Dans le ressort, 2 fr.;
Pour la copie de ladite dénonciation, le quart.
(C. pr. 832; C. civ. 2185.) Pour l'original de l'acte contenant réquisition d'un créancier inscrit, à fin de mise aux enchères et adjudication publique de l'immeuble aliéné par son débiteur :
A Paris, 5 fr.;
Dans le ressort, 4 fr.;
Et pour le quart.
L'original et la copie de cette réquisition seront signés par le requérant ou par son fondé de procuration spéciale.
(C. pr. 699, 704, 709, 735, 741, 743, 836, 959, 972, 988, 997.) Pour le procès-verbal d'apposition de placards dans toutes les ventes judiciaires, y compris le salaire de l'afficheur :
A Paris, 8 fr.;
Dans le ressort, 6 fr.

Art. 5. Il ne sera rien alloué aux huissiers pour transport jusqu'à un demi-myriamètre.
Il leur sera alloué au delà d'un demi-myriamètre, pour frais de voyage qui ne pourra excéder une journée de cinq myriamètres (dix lieues anciennes), savoir, au delà d'un demi-myriamètre et jusqu'à un myriamètre, pour aller et retour :
A Paris, 4 fr.;
Dans le ressort, 4 fr.
Au delà d'un myriamètre, il sera alloué par chaque demi-myriamètre, sans distinction, 2 fr.
Il sera taxé pour visa de chacun des actes qui y sont assujettis :
A Paris, 1 fr.;
Dans le ressort, 75 c.

§ 2. — *Huissiers audienciers des tribunaux de première instance.*

Art. 6. Il est alloué aux huissiers audienciers des tribunaux de première instance.
(C. pr. 659.) Pour la publication du cahier des charges :
A Paris, 1 fr.
Dans le ressort, 75 c.
(C. pr. 705, 706.) Lors de l'adjudication, y compris les frais de bougies, que les huissiers disposeront et allumeront eux-mêmes :
A Paris, 5 fr.;
Dans le ressort, 3 fr. 75 c.
Ce droit sera dû à raison de chaque lot adjugé, quelle qu'en soit la composition, sans qu'il puisse être exigé sur un nombre de lots supérieur à six.
Lorsque après l'ouverture des enchères l'adjudication n'aura pas lieu, il sera alloué aux huissiers, y compris les frais de bougies, et quel que soit le nombre des lots :
A Paris, 5 fr.;
Dans le ressort, 3 fr. 75 c.

Chap. II. — *Avoués de première instance.*

§ 1er. — *Émoluments spéciaux à chaque nature de vente.*

Art. 7. — *Saisie immobilière.*
Il est alloué aux avoués de première instance, pour chacune des vacations suivantes :
(C. pr. 678.) Vacation à faire transcrire la saisie immobilière et l'exploit de dénonciation;
(C. pr. 692.) Vacation pour se faire délivrer l'extrait des inscriptions;
(C. pr. 692.) Vacation à l'examen de l'état d'inscriptions et pour préparer la sommation au vendeur de l'immeuble saisi;
(C. pr. 693.) Vacation à la mention, aux hypothèques, de la notification prescrite par les art. 691 et 692 c. pr.;
(C. pr. 716.) Vacation à la mention sommaire du jugement d'adjudication en marge de la transcription de la saisie;
(C. pr. 748.) Vacation à la mention sommaire du jugement de conversion en marge de la transcription de la saisie :
A Paris, 6 fr.;
Dans le ressort, 4 fr. 50 c.
(C. pr. 695.) Pour la vacation à la publication, compris les dires qui pourront avoir lieu :
A Paris, 3 fr.;
Dans le ressort, 2 fr. 45 c.
(C. pr. 720.) Pour l'acte de la dénonciation de la plus ample saisie au plus simple saisissant, à la requête du plus simple saisissant, avec sommation de se mettre en état :
A Paris, 3 fr.;
Dans le ressort, 2 fr. 25 c.;
Pour la copie, le quart.
(C. pr. 726.) Vacation pour déposer au greffe les titres justificatifs d'une demande en distraction d'objets immobiliers saisis :
A Paris, 3 fr.;

56

Dans le ressort, 2 fr. 45 c.

(C. pr. 745.' Requête non grossoyée et non signalée, sur le consentement de toutes les parties intéressées, pour demander, après saisie immobilière, que l'immeuble saisi soit vendu aux enchères par-devant notaire ou en justice :

A Paris, 6 fr. ;

Dans le ressort, 4 fr. 50.

12093. En matière de saisie immobilière, aucun droit d'obtention du jugement n'est dû aux avoués, pour le jugement qui fixe les jour et heure de l'adjudication. — Req. 29 juill. 1835, D.P. 87. 1. 301.

Art. 8. — Surenchère sur aliénation volontaire.

(C. pr. 832.) Requête pour faire commettre un huissier :

A Paris, 2 fr. ;

Dans le ressort, 1 fr. 50 c.

Vacation pour faire au greffe la soumission de la caution et déposer les titres justificatifs de sa solvabilité :

A Paris, 4 fr. ;

Dans le ressort, 2 fr. 25 c.

Vacation pour prendre communication des pièces justificatives de la solvabilité de la caution :

A Paris, 3 fr. ;

Dans le ressort, 2 fr. 25 c.

Art. 9. — Vente de biens de mineurs.

(C. pr. 954.) Requête à fin d'homologation de l'avis du conseil de famille pour aliéner les immeubles des mineurs :

A Paris, 7 fr. 50 c. ;

Dans le ressort, 5 fr. 50 c.

(C. pr. 956.) Vacation à prendre communication de la minute du rapport des experts :

A Paris, 6 fr. ;

Dans le ressort, 4 fr. 50 c.

Requête pour demander l'entérinement du rapport :

A Paris, 7 fr. 50 c.

Dans le ressort, 5 fr. 50 c.

Il sera alloué aux avoués, sans distinction de résidence, dans le cas où l'expertise n'aura pas lieu, à raison des soins et démarches nécessaires pour la fixation de la mise à prix, 25 fr. ;

Sans préjudice du supplément de remise proportionnelle accordé par l'art. 11 de la présente ordonnance.

(C. pr. 954.) Vacation à prendre communication du cahier des charges, au cas de renvoi devant notaire :

A Paris, 6 fr. ;

Dans le ressort, 4 fr. 50 c.

(C. pr. 963.) Requête pour obtenir l'autorisation de vendre au-dessous de la mise à prix :

A Paris, 7 fr. 50 c. ;

Dans le ressort, 5 fr. 50 c.

Ces émoluments seront les mêmes lorsqu'il s'agira de ventes d'immeubles dépendant d'une succession bénéficiaire, d'immeubles dotaux, ou provenant, soit d'une succession vacante, soit d'un débiteur failli, ou qui a fait cession.

Art. 10. — Partages et licitations.

(C. pr. 969.) Requête à fin de remplacement du juge ou du notaire commis :

A Paris, 3 fr. ;

Dans le ressort, 2 fr. 25 c.

(C. pr. 971.) Vacation à prendre communication du procès-verbal d'expertise :

A Paris, 6 fr. ;

Dans le ressort, 4 fr. 50 c.

Acte de conclusions d'avoué à avoué pour demander l'entérinement du rapport :

A Paris, 7 fr. 50 c.

Dans le ressort, 5 fr. 50 c. ;

Pour chaque copie, le quart.

Il sera alloué aux avoués, sans distinction de résidence, dans le cas où l'expertise n'aura pas lieu, à raison des soins et démarches nécessaires pour la fixation de la mise à prix et pour l'estimation et la composition des lots, en cas de partage en nature, 25 fr. ;

Sans préjudice du supplément de remise proportionnelle accordé par l'art. 11 de la présente ordonnance. Aucune remise proportionnelle ne sera due toutefois dans les cas de partage en nature.

(C. pr. 973.) Sommation de prendre communication du cahier des charges :

A Paris, 1 fr. ;

Dans le ressort, 75 c. ;

Pour chaque copie, le quart.

Vacation à prendre communication du cahier des charges, au greffe, pour chaque avoué colicitant :

En l'étude du notaire, pour l'avoué poursuivant et pour chaque avoué colicitant :

A Paris, 6 fr. ;

Dans le ressort, 4 fr. 50 c.

Acte de conclusions d'avoué à avoué pour obtenir l'autorisation de vendre au-dessous de la mise à prix :

A Paris, 7 fr. 50 c. ;

Dans le ressort, 5 fr. 50 c. ;

Pour chaque copie, le quart.

12094. L'indemnité de 25 fr. allouée aux avoués, en matière de partages et licitations, par l'art. 10 de l'ordonnance du 19 oct. 1841 n'est due qu'à l'avoué poursuivant et non aux avoués colicitants. — Req. 10 mars 1885, D.P. 86. 1. 192. — V. Code de procédure civile, n° 1. — Contrà : Trib. civ. de Bayeux, 10 mai 1883, D.P. 85. 3. 120. — Paris, 25 juill. 1853, J.G.S. Frais et dépens, 480. — Trib. Bagnères de Bigorre, 11 juill. 1861, ibid.

12095. Cette indemnité ne doit pas être multipliée par le nombre des lots mis en vente : elle s'applique à l'ensemble des soins et démarches que nécessite la fixation de la mise à prix, que la vente comprenne un ou plusieurs lots. — J.G.S. Frais et dépens, 481.

12096. Décidé, au contraire, que cette indemnité doit être répétée autant de fois qu'il y a eu de titres différents à examiner pour la formation des lots. — Trib. de Saint-Pierre (Réunion) 13 sept. 1878, J.G.S. Frais et dépens, 481.

§ 2. — Émoluments communs aux différentes ventes.

Art. 11. (C. pr. 690.) Pour la grosse du cahier des charges, qui ne sera signifiée dans aucun cas, par rôle contenant vingt-cinq lignes à la page et douze syllabes à la ligne :

A Paris, 2 fr. ;

Dans le ressort, 1 fr. 50 c.

Vacation pour déposer au greffe le cahier des charges :

A Paris, 3 fr. ;

Dans le ressort, 2 fr. 45 c.

(C. pr. 696.) Pour l'extrait qui doit être inséré dans le journal désigné par les cours royales :

A Paris, 2 fr.

Dans le ressort, 1 fr. 50 c.

Il sera payé autant de droits à l'avoué qu'il y aura eu d'insertions prescrites par le Code.

(C. pr. 697.) Pour obtenir l'ordonnance tendant à faire l'insertion extraordinaire :

A Paris, 2 fr. ;

Dans le ressort, 1 fr. 50 c.

Cette vacation ne sera allouée qu'autant que l'autorisation aura été obtenue.

Pour faire faire l'insertion extraordinaire :

A Paris, 2 fr. ;

Dans le ressort, 1 fr. 50 c.

(C. pr. 698.) Pour faire légaliser la signature de l'imprimeur par le maire :

A Paris, 2 fr. ;

Dans le ressort, 1 fr. 50.

(C. pr. 699.) Pour l'extrait qui doit être imprimé et placardé, et qui servira d'original et ne pourra être grossoyé :

A Paris, 6 fr. ;

Dans le ressort, 4 fr. 50 c. ;

L'avoué poursuivant aura droit à cette allocation toutes les fois que de nouvelles appositions de placards auront été nécessaires.

(C. pr. 702.) Vacation à l'adjudication :

A Paris, 15 fr. ;

Dans le ressort, 12 fr.

Ce droit sera alloué à raison de chaque lot adjugé, quelle qu'en soit la composition, sans que ce droit puisse être exigé sur un nombre de lots supérieur à six.

Néanmoins, la somme provenant de la réunion de tous les droits alloués sera répartie également entre tous les adjudicataires, quel qu'en soit le nombre.

Indépendamment des émoluments ci-dessus fixés, il sera alloué à l'avoué poursuivant, sur le prix de la composition, une remise sera faite au-dessus de 2,000 fr., savoir :

Depuis 2,000 fr. jusqu'à 10,000 fr., 1 p. 100;

Sur la somme excédant 10,000 fr. jusqu'à 50,000 fr., 1/2 p. 100;

Sur la somme excédant 50,000 fr. jusqu'à 100,000 fr., 1/4 p. 100;

Et sur l'excédant de 100,000 fr., indéfiniment, 1/8 de 1 p. 100.

En cas d'adjudication de plusieurs biens compris dans la même poursuite, en l'état où elle se trouvera lors de l'adjudication, la totalité du prix des lots sera réuni pour fixer le montant de la remise.

Le montant de la remise sera calculé sur le prix de chaque lot, séparément, lorsque les lots seront composés d'immeubles distincts.

Cette remise, lorsque le tribunal n'aura pas ordonné l'expertise dans les cas où elle est facultative, sera :

Depuis 2,000 fr. jusqu'à 10,000 fr., de 1 1/2 p. 100;

Sur la somme excédant 10,000 fr. jusqu'à 100,000 fr., de 1 p. 100;

Sur l'excédant de 100,000 fr. jusqu'à 300,000 fr., de 1/2 p. 100;

Et sur l'excédant de 300,000 fr., indéfiniment, de 1/4 p. 100.

La remise proportionnelle sur le prix de l'adjudication sera divisée, en licitation, ainsi qu'il suit :

Moitié appartiendra à l'avoué poursuivant;

La seconde moitié sera partagée par égales portions entre tous les avoués qui ont occupé dans la licitation, y compris l'avoué poursuivant, qui aura sa part comme les autres dans cette seconde moitié.

(C. pr. 703.) Vacation au jugement de remise :

A Paris, 6 fr. ;

Dans le ressort, 4 fr. 90 c.

(C. pr. 706.) Vacation pour enchérir :

A Paris, 7 fr. 50 c. ;

Dans le ressort, 5 fr. 50 c.

(C. pr. 707.) Vacation pour enchérir et se rendre adjudicataire :

A Paris, 15 fr. ;

Dans le ressort, 11 fr. 25 c.

(C. pr. 707.) Vacation pour faire la déclaration de command :

A Paris, 6 fr. ;

Dans le ressort, 4 fr. 50 c.

Les vacations pour enchérir, ou pour les déclarations de command, sont à la charge de l'enchérisseur ou de l'adjudicataire.

12097. La vacation à l'adjudication fixée par l'art. 11, § 8, de l'ordonnance du 10 oct. 1841, n'est due qu'à l'avoué poursuivant et non aux avoués colicitants; par suite, l'avoué colicitant, n'ayant pas droit à l'émolument de la vacation à l'adjudication, ne peut prétendre à l'indemnité de transport pour assister à l'adjudication, qui n'est que l'accessoire de cet émolument. — Nancy, 21 juin 1884, J.G.S. *Frais et dépens*, 487. — Req. 10 mars 1885, D.P. 86. 1. 192. — V. *Code de procédure civile*, n° 3. — *Contrà* : Trib. de Bayeux, 10 mai 1883, D.P. 85. 3. 126.

12098. La remise proportionnelle prévue à l'art. 11 de l'ordonnance du 10 oct. 1841 n'est due à l'avoué qui a occupé sur une poursuite de vente d'immeuble que dans le cas où l'adjudication a effectivement eu lieu. — Trib. de la Seine, 2 juill. 1878, D.P. 86. 1. 192, note 4. — Paris, 16 févr. 1881, *ibid.* — Req. 12 mai 1885, D.P. 86. 1. 192. — V. *Code de procédure civile*, n° 8.

12099. Mais lorsque cette adjudication ne s'est pas réalisée, l'ordonnance précitée ne fait pas obstacle à ce que l'avoué, comme tout autre mandataire salarié, puisse, en dehors des actes tarifiés, recevoir, pour ses soins et travaux particuliers, une rémunération subordonnée à l'appréciation des juges du fond et à la constatation par eux d'un service réellement rendu. — Req. 12 mai 1885, D.P. 86. 1. 192. — V. *Code de procédure civile*, n° 9.

12100. Le timbre des placards destinés à annoncer une adjudication ne pouvant passer en taxe, aux termes du décret du 15 janv. 1853 (D.P. 53. 4. 2), que sur le certificat du receveur d'enregistrement constatant que le nombre des exemplaires a été vérifié par lui, et indiquant le montant total des droits de timbre, il y a lieu d'accorder à l'avoué, à raison de l'obtention de ce certificat, la vacation qui fait l'objet de l'art. 5 de l'art. 11 de l'ordonnance de 1841. — Trib. de Libourne, 2 avr. 1854, J.G.S. *Frais et dépens*, 373.

Art. 12. (C. pr. 708.) Vacation pour faire au greffe la surenchère du sixième au moins du prix principal de l'adjudication :

À Paris, 15 fr.;
Dans le ressort, 11 fr. 25 c.
Pour acte de la dénonciation de la surenchère contenant avenir :

À Paris, 1 fr.;
Dans le ressort, 75 c.;
Pour chaque copie, le quart.

(C. pr. 734, 964.) Vacation pour requérir le certificat du greffier ou du notaire constatant que l'adjudicataire n'a pas justifié de l'acquit des conditions exigibles de l'adjudication :

À Paris, 3 fr.;
Dans le ressort, 2 fr. 25 c.
Les émoluments des avoués pour le dépôt de l'acte tenant lieu du cahier des charges, pour les extraits à placarder ou à insérer dans les journaux pour enchérir, se rendre adjudicataire et faire la déclaration de command, par suite de la surenchère autorisée par l'art. 708, ou de la folle enchère, seront taxés comme il est dit dans l'art. 11 : le droit de remise proportionnel sur l'excédant produit par la surenchère ou la folle enchère sera alloué à l'avoué qui les aura poursuivies.

Les autres incidents des ventes judiciaires ne pourront donner lieu à d'autres et plus forts droits que ceux établis pour les matières sommaires.

12101. Le droit d'obtention de jugement ne doit pas être alloué aux avoués, pour le jugement qui, en cas de surenchère du sixième non contestée, donne acte de cette surenchère, et fixe la date de l'adjudication nouvelle à laquelle il doit être procédé. — Req. 20 juill. 1885, D.P. 87. 1. 301.

12102. En conséquence, et en l'absence de toute contestation sur la surenchère du sixième, l'avoué qui occupe, tout à la fois, pour le poursuivant et pour le surenchérisseur, prétendrait en vain se faire allouer deux fois, à ce double titre, un droit d'obtention de jugement, alors qu'aucun droit de cette nature ne lui est dû. — Même arrêt.

12103. Et si ce droit non dû lui a été cependant alloué une fois comme avoué du surenchérisseur, il est du moins mal fondé à se plaindre de ce que le chiffre accordé ne serait pas en rapport avec le nombre des parties en cause. — Même arrêt.

Art. 13. Les copies de pièces, qui appartiendront à l'avoué, seront taxées, à raison du rôle de vingt-cinq lignes à la page et de douze syllabes à la ligne :

À Paris, 30 c.
Dans le ressort, 25 c.

Chap. III. — *Des Notaires.*

Art. 14. Dans les cas où les tribunaux enverront des ventes d'immeubles par-devant les notaires, ceux-ci auront droit, pour la grosse du cahier des charges, par rôle contenant vingt-cinq lignes à la page et douze syllabes à la ligne :

À Paris, 2 fr.;
Dans le ressort, 1 fr. 50 c.
Ils auront droit en outre, sur le prix des biens vendus :

Jusqu'à 10,000 fr., à 1 p. 100;
Sur la somme excédant 10,000 fr. jusqu'à 50,000 fr., à 1/2 p. 100;
Sur la somme excédant 50,000 fr. jusqu'à 100,000 fr., à 1/4 p. 100;
Et sur l'excédant de 100.000 fr., indéfiniment, à 1/8 de 1 p. 100.

Moyennant les allocations ci-dessus, les notaires sont chargés de la rédaction du cahier des charges, de la réception des enchères et de l'adjudication ; ils ne pourront rien exiger pour les minutes des procès-verbaux d'adjudication.

Les avoués restent chargés de l'accomplissement des autres actes de la procédure ; ils auront droit aux émoluments fixés pour ces actes, et, lorsque l'expertise est facultative et n'aura pas été ordonnée, les avoués auront droit, en outre, à la différence entre la remise allouée pour ce cas par l'art. 11 de la présente ordonnance, et la remise fixée par le paragraphe 2 du présent article.

Chap. IV. — *Des Experts.*

Art. 15. (C. pr. 955, 956.) Il sera taxé aux experts, par chaque vacation de trois heures, quand ils opéreront dans les lieux où ils sont domiciliés ou dans la distance de deux myriamètres, savoir :

Dans le département de la Seine,
Pour les artisans ou laboureurs, 4 fr.;
Pour les architectes ou autres artistes, 8 fr.;
Dans les autres départements,
Aux artisans et laboureurs, 3 fr.;
Aux architectes et autres artistes, 6 fr.
Au delà de deux myriamètres, il sera alloué par chaque myriamètre, pour frais de voyage et nourriture, aux architectes et autres artistes, soit pour aller, soit pour revenir :

À ceux de Paris, 6 fr.
À ceux des départements, 4 fr. 50 c.
Il leur sera alloué pendant leur séjour, à la charge de faire quatre vacations par jour, savoir :

À ceux de Paris, 32 fr.;
À ceux des départements, 24 fr.
La taxe sera réduite dans le cas où le nombre des quatre vacations n'aurait été employé.

S'il y a lieu à transport d'un laboureur au delà de deux myriamètres, il sera alloué 3 fr. par myriamètre pour aller et autant pour le retour, sans néanmoins qu'il puisse être rien alloué au delà de cinq myriamètres.

Il sera encore alloué aux experts deux vacations, l'une pour leur prestation de serment, l'autre pour le dépôt de leur rapport, indépendamment de leurs frais de transport s'ils sont domiciliés à plus de deux myriamètres de distance du lieu où siège le tribunal; il leur sera accordé par myriamètre, en ce cas, le cinquième de leur journée de campagne.

Au moyen de cette taxe, les experts ne pourront rien réclamer, ni pour frais de voyage et de nourriture, ni pour s'être fait aider par des écrivains ou par des toiseurs et porte-chaines, ni sous quelque autre prétexte que ce soit; ces frais, s'ils ont eu lieu, restant à leur charge.

Le président, en procédant à la taxe de leurs vacations, en réduira le nombre, s'il lui paraît excessif.

TIT. III. — DISPOSITIONS POUR LES RESSORTS DES AUTRES COURS ROYALES.

Art. 16. Le tarif réglé par le titre précédent pour le tribunal de première instance établi à Paris sera commun aux tribunaux de première instance établis à Marseille, Lyon, Bordeaux et Rouen.

Toutes les sommes portées en ce tarif seront réduites d'un dixième dans la taxe des frais et dépens pour les tribunaux de première instance établis dans les villes où siège une cour royale, ou dans les villes dont la population excède 30,000 âmes.

Dans tous les autres tribunaux de première instance, le tarif sera le même que celui qui est fixé pour les tribunaux du ressort de la cour royale de Paris autres que celui qui est établi dans cette capitale.

Néanmoins le droit fixe de 25 fr. établi par les art. 9 et 10 de la présente ordonnance, et les remises proportionnelles fixées par les art. 11 et 14, seront perçus dans tout le royaume, sans distinction de résidence.

Les dispositions du chap. IV du titre précédent seront appliquées sans autre distinction, à raison de la résidence, que celle qui se trouve indiquée dans ce chapitre.

TIT. IV. — DISPOSITIONS GÉNÉRALES.

Art. 17. Tous actes et procédures relatifs aux incidents des ventes immobilières, et qui ne sont pas l'objet de dispositions spéciales dans la présente ordonnance, seront taxés comme actes et procédures en matière sommaire, conformément à l'art. 718 du Code de procédure civile, et suivant les règles établies par le dernier paragraphe de l'art. 12 qui précède.

Si, à l'occasion d'une procédure de vente judiciaire d'immeubles, il s'élève une contestation qui n'ait pas le caractère d'incident, et qui doive être considérée comme matière ordinaire, les actes relatifs à cette contestation seront taxés suivant les règles établies pour les procédures en matière ordinaire.

Art. 18. Dans tous les cahiers des charges, il est expressément défendu de stipuler au profit des officiers ministériels d'autres et plus grands droits que ceux énoncés au présent tarif. Toute stipulation, quelle qu'en soit la forme, sera nulle de droit.

Art. 19. Outre les fixations ci-dessus, seront alloués les simples déboursés justifiés par pièces régulières.

Art. 20. Sont et demeurent abrogés les numéros 11, 12, 13, 14 et 15 du tableau annexé au décret du 21 sept. 1810 ; les paragraphes 44, 45, 46, 47, 48, 49 de l'art. 29 ; les art. 47, 48, 49, 50 et 63 ; les paragraphes 14, 15, 16, 17 de l'art. 78 ; les art. 153, 154, 155, 172 du premier décret du 16 févr. 1807 ; la disposition de l'art. 65 du même décret relative à l'opposition des placards ; le paragraphe de l'art. 70 applicable à l'acte de signification du cahier des charges; le paragraphe de l'art. 75 applicable aux requêtes contenant demande ou réponse en entérinement du rapport des experts; le paragraphe de l'art. 76 applicable à la commission d'un huissier, à l'effet de notifier la réquisition de mise aux enchères.

Sont également abrogées les dispositions des art. 102, 103, 104, 105, 106, 107, 108, 109, 110, 111, 112, 113, 114, 115, 116, 117, 118, 119, 120, 121, 122, 123, 124, 125, 126, 127, 128, 129, en tant qu'elles concernent les saisies immobilières, les surenchères sur aliénation volontaire, les ventes d'immeubles de mineurs, et de biens dotaux, dans le régime dotal ; les ventes sur licitations, les ventes d'immeubles dépendant d'une succession bénéficiaire ou vacante, ou provenant d'un débiteur failli ou qui a fait cession.

Loi du 18 juin 1843,

Sur le tarif des commissaires-priseurs, publiée au Bulletin des lois, n° 10710. — J.G. Commiss.-pris., p. 562.

Art. 1er. Il sera alloué aux commissaires-priseurs,

1° Pour droits de prisée, pour chaque vacation de trois heures, à Paris, Lyon, Bordeaux, Rouen, Toulouse et Marseille, 6 fr.;

Partout ailleurs 5 fr.;

2° Pour assistance aux référés et pour chaque vacation, à Paris, Lyon, Bordeaux, Rouen, Toulouse et Marseille, 5 fr.;

Partout ailleurs, 4 fr.;

3° Pour tous droits de vente, non compris les déboursés pour y parvenir et acquitter les droits, non plus que la rédaction des placards, 6 p. 100 sur le produit des ventes sans distinction de résidence.

Il pourra, en outre, être alloué une ou plusieurs vacations sur la réquisition de parties constatée par le procès-verbal du commissaire-priseur, à l'effet de préparer les objets mis en vente.

Ces vacations extraordinaires ne seront passées en taxe qu'autant que le produit de la vente s'élèvera à 3,000 fr.

Chacune de ces vacations de trois heures donnera droit aux émoluments fixés par le numéro 1er du présent article.

4° Pour expédition ou extrait de procès-verbaux de vente, s'ils sont requis, outre le timbre, et pour chaque rôle de vingt-cinq lignes à la page et de quinze syllabes à la ligne, 1 fr. 50 c.;

Pour consignation à la caisse, s'il y a lieu, à Paris, Lyon, Bordeaux, Rouen, Toulouse et Marseille, 6 fr.;

Partout ailleurs, 5 fr.;

Pour assistance à l'essai ou au poinçonnage des matières d'or et d'argent, à Paris, Lyon, Bordeaux, Rouen, Toulouse et Marseille, 6 fr.;

Partout ailleurs, 5 fr.

Pour payement des contributions, conformément aux dispositions des lois des 5-13 août 1791 et 12 nov. 1808, à Paris, Lyon, Bordeaux, Rouen, Toulouse et Marseille, 4 fr.;

Partout ailleurs, 3 fr.

Art. 2. L'état des vacations, droits et remises alloués aux commissaires-priseurs, sera délivré sans frais aux parties. Si la taxe est requise, elle sera faite par le président du tribunal de première instance ou par un juge délégué.

Art. 3. Toutes perceptions directes ou indirectes, autres que celles autorisées par la présente loi, à quelque titre et sous quelque dénomination qu'elles aient lieu, sont formellement interdites.

En cas de contravention, l'officier public pourra être suspendu ou destitué, sans préjudice de l'action en répétition de la partie lésée et des peines prononcées par la loi contre la concussion.

12104. La loi de 1843 a implicitement compris le remboursement des remises faites aux *pousseurs aux ventes* parmi les perceptions directes ou indirectes qu'elle interdit aux commissaires-priseurs. En conséquence, ces derniers ne sont pas fondés à réclamer, en sus des droits de vente, le payement de ces remises. — Trib. de Caen, 2 févr. 1871, D.P. 73. 3. 39.

Art. 4. Il est également interdit aux commissaires-priseurs de faire aucun abonnement ou modification à raison des droits ci-dessus fixés, si ce n'est avec l'État et les établissements publics.

Toute contravention sera punie d'une suspension de quinze jours à six mois. En cas de récidive, la destitution pourra être prononcée.

Art. 5. Il y aura, entre les commissaires-priseurs d'une même résidence, une bourse commune dans laquelle entrera la moitié des droits proportionnels qui leur seront alloués sur chaque vente.

Néanmoins, les commissaires-priseurs attachés aux monts-de-piété et les commissaires-priseurs du Domaine feront leurs versements à la Bourse, conformément aux traités passés entre eux et les autres commissaires. Ces traités seront soumis à l'homologation du tribunal de première instance, sur les conclusions du procureur du roi.

Art. 6. Toute convention entre les commissaires-priseurs, qui aurait pour objet de modifier directement ou indirectement le taux fixé par l'article précédent, est nulle de plein droit, et les officiers qui auraient concouru à cette convention encourront les peines prononcées par l'art. 4 ci-dessus.

Art. 7. Les fonds de la bourse commune sont affectés comme garantie principale au payement des deniers produits par les ventes : ils seront insaisissables.

Art. 8. La répartition des émoluments de la bourse commune sera faite, tous les deux mois, par portions égales, entre les commissaires-priseurs.

Art. 9. Les commissaires-priseurs de Paris continueront à être régis par les dispositions de l'arrêté du 29 germ. an 9, relativement à leur chambre de discipline.

Les dispositions de cet arrêté pourront être étendues, par ordonnance royale rendue dans la forme des règlements d'administration publique, aux chambres de discipline qui seraient instituées dans d'autres localités.

Loi du 21 juin 1845,

Portant suppression des droits et vacations accordés aux juges de paix. — Publiée au Bulletin des lois, n° 12041. — (Extrait, D.P. 45. 3. 133.)

Art. 1er. Les droits et vacations accordés aux juges de paix sont supprimés.

Il ne leur sera alloué d'indemnité de transport que quand ils se rendront à plus de cinq kilomètres du chef-lieu de canton.

Ordonnance du 6 déc. 1845,

Déterminant le montant de l'indemnité de transport établie au profit des juges de paix par la loi du 21 juin 1843. — Publiée au Bulletin des lois, n° 12441.

Art. 1er. L'indemnité établie au profit des juges de paix par l'art. 1er de la loi du 21 juin 1845 est fixée :

En cas de transport à plus de cinq kilomètres du chef-lieu du canton, à 5 fr. ;

En cas de transport à plus d'un myriamètre, à 6 fr.

Si les opérations durent plus d'un jour, l'indemnité est fixée, suivant la distance, à 5 ou 6 fr. par jour.

Décret du 5 nov. 1851,

Contenant le tarif des droits alloués aux officiers publics chargés de procéder à des ventes volontaires et aux enchères de fruits et récoltes pendants par racines ou de coupes de bois taillis. — Publié au Bulletin des lois, n° 3344. — D.P. 51. 3. 221.

Art. 1er. Il est alloué, pour tous droits d'honoraires, non compris les déboursés, à l'officier public chargé de procéder à une vente volontaire et aux enchères de fruits et récoltes pendants par racines ou de coupes de bois taillis, une remise sur le produit de la vente, qui est fixée à 2 p. 100 jusqu'à 10,000 fr., et à 1/4 p. 100 sur l'excédant sans distinction entre les ventes faites au comptant et celles faites à terme.

En cas d'adjudication par lots, consentie au nom du même vendeur, la remise proportionnelle établie au présent article est calculée sur le prix total des lots réunis.

La remise ne peut, en aucun cas, être inférieure à 6 fr.

Art. 2. Lorsque l'officier public qui a procédé à une vente à terme est chargé d'opérer le recouvrement du prix, il a droit à une remise de 1 p. 100 sur le montant des sommes par lui recouvrées.

Art. 3. S'il est requis expédition ou extrait de procès-verbaux de vente, il est alloué, outre le timbre, 1 fr. pour chaque rôle de vingt-cinq lignes à la page et de quinze syllabes à la ligne.

Art. 4. Pour versement à la Caisse des consignations, payement des contributions ou assistance aux référés, s'il y a lieu, il est alloué :

A Paris, Lyon, Bordeaux, Rouen, Toulouse et Marseille, 4 fr.;

Partout ailleurs, 3 fr.

Art. 5. Toutes perceptions directes ou indirectes, autres que celles autorisées par le présent règlement, à quelque titre et sous quelque dénomination qu'elles aient lieu, sont formellement interdites.

En cas de contravention, l'officier public pourra être suspendu ou destitué, sans préjudice de l'action en répétition de la partie lésée et des peines prononcées par la loi contre la concussion.

Art. 6. Il est également interdit aux officiers publics de faire aucun abonnement ou modification à raison des droits ci-dessus fixés, si ce n'est avec l'État et les établissements publics.

Toute contravention sera punie d'une suspension de quinze jours à six mois. En cas de récidive, la destitution pourra être prononcée.

Décret du 15 janv. 1852,

Qui modifie l'art. 19 de l'ordonnance du 10 oct. 1841, contenant le tarif des frais et dépens relatifs aux ventes judiciaires de biens immeubles. — Publié au *Bulletin des lois*, n° 109. (Extrait, D.P. 53. 4. 2).

Art. 1er. Le timbre des placards autorisé par les art. 699 et 700 c. pr. ne passera en taxe que sur un certificat délivré sans frais par le receveur du timbre ou de l'enregistrement du bureau dans l'arrondissement duquel la vente a eu lieu, constatant que le nombre des exemplaires a été vérifié par lui, et indiquant le montant total des droits de timbre.

La seconde disposition de l'art. 19 de l'ordonnance du 10 oct. 1841 est abrogée.

Décret du 24 mai 1854,

Portant fixation des émoluments attribués en matière civile et commerciale aux greffiers des tribunaux civils de première instance et aux greffiers des cours impériales. — Publié au *Bulletin des lois*, n° 1593. — (D.P. 54.4.90)

§ 1er. — *Des émoluments des greffiers des tribunaux civils de première instance.*

Art. 1er. Les greffiers des tribunaux civils de première instance ont droit aux émoluments suivants:

1° Pour dépôt de copies collationnées des contrats translatifs de propriété, 3 fr.;

2° Pour extrait à afficher, 1 fr.;

Plus, pour chaque acquéreur en sus, lorsqu'il y a des lots distincts, 50 cent.;

3° Pour soumission de caution avec dépôt de pièces, déclarations affirmatives, déclaration de surenchère ou de commandé, certificat relatif aux saisies-arrêts sur cautionnement et aux condamnations pour faits de charge, acceptation bénéficiaire, renonciation à communauté ou succession, 1 fr.;

4° Pour bordereau ou mandement de collocation, certificat de propriété, 2 fr.

Si le mandement ou le bordereau s'élève à 3,000 fr., ou si le certificat de propriété s'applique à un capital de pareille somme, l'émolument est de 3 fr.;

5° Pour le dépôt d'un testament olographe ou mystique, non compris le transport s'il y a lieu, 6 fr.;

6° Pour communication des pièces ou des procès-verbaux sur état de collocation dans les procédures d'ordre et de distribution dont chacune, quel que soit le nombre des parties, si la somme principale à distribuer n'excède pas 10,000 fr., 5 fr.;

Si elle dépasse ce chiffre, 10 fr.;

L'allocation accordée par l'art. 4 de la loi du 22 prair. an 7 est supprimée;

7° Pour tout acte, déclaration, ou certificat fait ou transcrit au greffe, et qui ne donne pas lieu à un émolument particulier, quel que soit le nombre des parties, 1 fr. 50.

8° Pour communication, sans déplacement de pièces dont le dépôt est constaté par un acte du greffe, 1 fr.

Dans les affaires où il y a constitution d'avoué, ce droit ne peut être perçu qu'une fois pour chaque avoué à qui la communication est faite, quel que soit le nombre des parties, et à la charge de justifier d'une réquisition écrite en marge de l'acte de dépôt.

9° Pour recherche des actes, jugements et ordonnances faits et rendus depuis plus d'une année et dont il n'est pas demandé expédition:

Pour la première année indiquée, 50 cent.;

Pour chacune des années suivantes, 25 cent.

(Loi du 21 vent. art. 4);

10° Pour légalisation, 25 cent.

(Même loi et article précités);

11° Pour l'insertion au tableau placé dans l'auditoire de chaque extrait d'acte ou de jugement soumis à cette formalité, 50 cent.;

12° Pour visa d'exploits, 25 cent.;

13° Pour chaque bulletin de distribution et de remise de cause, 10 cent.;

14° Pour la mention de chaque acte sur le répertoire prescrit par l'art. 49 de la loi du 22 frim. an 7, 10 cent.

12105. Le § 7 de l'art. 1er du décret de 1854 ne s'applique pas à la constatation des prestations de serment. — Décis. de la Chancellerie. 18 juin 1855, J.G.S. *Greffe-greffier*, 71.

12106. En dehors des cas prévus par la loi du 10 déc. 1850 sur le mariage des indigents, le droit de recherche des actes de l'état civil est maintenu. Ces recherches sont rémunérées par l'art. 14 de la loi du 21 vent. au 11 dont l'art. 1er du décret de 1854 a reproduit les dispositions. — Note de la Chancellerie d'octobre - décembre 1889, J.G.S. *Greffe-greffier*, 54.

12107. Les greffiers ne peuvent prétendre à la rétribution de 25 cent. pour la législation des actes de l'état civil, si l'acte, la copie ou l'extrait sont dispensés du timbre. — Note de la Chancellerie, octobre 1888, J.G.S. *Greffe-greffier*, 54.

Art. 2. Lorsque, dans l'exercice de leurs fonctions, les greffiers des tribunaux civils de première instance se transportent à plus de cinq kilomètres de leur résidence, ils reçoivent pour frais de voyage, nourriture et séjour, une indemnité, par jour, de 8 fr.;

S'ils se transportent à plus de deux myriamètres, l'indemnité par jour est de 10 fr.

Art. 3.

12108. Cet article a été remplacé par l'art. 1er du décret du 8 déc. 1862. — V. *infrà*, p. 446.

§ 2. — *Des greffiers des tribunaux civils qui exercent la juridiction commerciale.*

Art. 4. Les allocations établies par l'ordonnance des 9-12 oct. 1825 et l'arrêté modificatif du 8 avr. 1848, au profit des greffiers des tribunaux de commerce sont accordées aux greffiers des tribunaux civils de première instances qui exercent la juridiction commerciale; néanmoins, ils n'ont droit à aucun émolument dans les cas prévus par l'art. 8 du présent tarif.

12109. Le décret du 18 juin 1880 qui a fixé les émoluments attribués aux greffiers des tribunaux de commerce a attribué en principe les mêmes émoluments aux greffiers des tribunaux de première instance qui exercent la juridiction commerciale (art. 13 et 14, D.P. 80. 4. 83). — V. *infrà*, p. 446.

Art. 5. Les dispositions des art. 2, 3 et 4 du présent décret sont applicables aux greffiers des tribunaux civils qui exercent la juridiction commerciale; mais l'allocation, à titre de remboursement, du timbre employé aux feuilles d'audience, est fixée, pour chaque jugement, à 50 c.

12110. Cet article a été modifié par l'art. 2 du décret du 8 déc. 1862. — V. *infrà*, p. 446.

§ 3. — *Des greffiers des cours impériales.*

Art. 6. Les greffiers des cours impériales ont droit aux émoluments suivants:

1° Pour tout acte fait ou transcrit au greffe, quel que soit le nombre des parties, 3 fr.;

2° Pour chaque bulletin de distribution et de remise de cause, 20 cent.

3° Il leur est alloué une somme double de celle due aux greffiers des tribunaux civils de première instance pour les formalités prévues aux n°s 8, 9, 10, 11, 12 et 14 de l'art. 1er du présent décret.

Art. 7. Les greffiers des cours impériales ont droit aux allocations établies par l'art. 2

et l'art. 3 du présent décret. Leur remise, par chaque rôle d'expédition, est fixée à 40 cent., sans diminution des droits de l'État.

12111. Cet article a été modifié par l'art. 2 du décret du 8 déc. 1862. — V. *infrà*, p. 446.

§ 4. — *Dispositions générales.*

Art. 8. Les greffiers n'ont droit à aucun émolument: 1° pour les minutes des arrêts, jugements et ordonnances, ou pour celles des actes et procès-verbaux ou dressés par les magistrats avec leur assistance; 2° pour les simples formalités qui n'exigent aucune écriture, ou dont il est seulement fait mention sommaire, soit sur les pièces produites, soit sur les registres du greffe, à l'exception du répertoire prescrit par la loi du 22 frim. an 7; 3° pour l'accomplissement des obligations qui leur sont imposées, soit à l'effet de régulariser le service des greffes, soit dans un intérêt d'ordre public ou d'administration judiciaire.

Art. 9. Les greffiers doivent inscrire, au bas des expéditions qui leur sont demandées, le détail des déboursés et des droits auxquels chaque arrêt, jugement ou acte donne lieu.

À défaut d'expédition, ils doivent faire cette mention sur des états signés d'eux, et qu'ils remettent aux parties ou aux avoués.

Il leur est alloué, pour chaque état, un émolument de 10 centimes.

Ils portent sur les registres dont la tenue est prescrite par la loi toutes les sommes qu'ils perçoivent.

Les déboursés et les émoluments sont inscrits sur des colonnes séparées.

Art. 10.

12112. Cet article a été remplacé par l'art. 4 du décret du 8 déc. 1862. — V. *infrà*, p. 446.

Art. 11. Les émoluments déterminés par le présent tarif sont indépendants des droits et remises fixés par les lois des 21 vent. et 22 prair. an 7, le décret du 12 juill. 1808 et tous décrets, lois, ordonnances et règlements d'administration publique postérieurement publiés.

L'ordonnance du 18 sept. 1833, concernant les expropriations forcées pour cause d'utilité publique, et celle du 10 oct. 1841, sur les ventes judiciaires, continuent à être exécutées dans toutes leurs dispositions.

12113. Les dispositions de l'ordonnance du 10 oct. 1841, concernant le tarif des frais et dépens relatifs aux ventes judiciaires d'immeubles ne peuvent être étendues aux partages d'immeubles au sujaction, et spécialement le droit de 15 fr. établi par l'art. 1er de l'ordonnance au profit des greffiers ne saurait être alloué à ces officiers publics en matière de partage d'immeubles en nature, ni pour communication des procès-verbal d'expertise, ni pour communication du cahier des charges qui ont pu être dressées par les parties à cette occasion. — Note de la Chancellerie, janvier-mars 1890, J.G.S. *Greffe-greffier*, 60.

Art. 12. Il est interdit aux greffiers des cours impériales et des tribunaux civils de première instance, de recevoir, sous quelque prétexte que ce soit, d'autres ou plus forts droits que ceux qui leur sont alloués par le présent décret; ils ne peuvent exiger ni recevoir aucun droit de prompte expédition.

Le contrevenant est, suivant la gravité des circonstances, destitué de son emploi et poursuivi, pour l'application des peines prononcées an 7, soit par l'art. 174 C. pén., sans préjudice de la restitution des sommes perçues et de tous dommages-intérêts, s'il y a lieu.

12114. Sur les droits de greffe proprement dits, V. *Code annoté de l'Enregistrement*, nº 15682, et J.G.S. *Enregistrement*, 3427 et s.

Décret du 12 juin 1856,

Publié au *Bulletin des lois*, nº 3609. — (D.P. 56. 4. 67.)

Art. 1er. Le tarif des frais et dépens décrété le 16 févr. 1807, pour le tribunal de première instance et aux justices de paix établis à Paris, est rendu commun au tribunal de première instance et aux justices de paix de Marseille.

Décret du 30 avr. 1862,

Publié au *Bulletin des lois*, nº 10154. — (D.P. 62. 4. 49.)

Art. 1er. Le tarif des frais et dépens du 16 févr. 1807 —ou le tarif impérial de Paris, pour le tribunal de première instance de la Seine, et pour les justices de paix établis à Paris, est rendu commun à la cour impériale, au tribunal de première instance et aux justices de paix établis à Toulouse.

Le tarif réglé pour le tribunal de première instance de la Seine, touchant les frais et dépens relatifs aux ventes judiciaires de biens immeubles, par le titre 2 de l'ordonnance du 10 oct. 1841, est également rendu commun au tribunal de première instance de Toulouse.

Décret du 8 déc. 1862,

Concernant les allocations aux greffiers des cours impériales, des tribunaux de première instance, des tribunaux de commerce et des justices de paix, à titre de remboursement du papier timbré. — Publié au *Bulletin des lois*, nº 10757. — (D.P. 62. 4. 125.)

Art. 1, 2 et 3.

12115. Ces articles ont été remplacés par le décret du 24 nov. 1871, rapporté *infrà*.

Art. 4. Les greffiers mentionnés au présent décret ne peuvent écrire, sur les minutes ou feuilles d'audience et sur les registres timbrés, plus de trente lignes à la page et de vingt syllabes à la ligne, sur une feuille au timbre de 1 fr.; de quarante lignes à la page et de vingt-cinq syllabes à la ligne, lorsque la feuille est au timbre de 1 fr. 50 c.; et plus de cinquante lignes à la page et de trente syllabes à la ligne, lorsque la feuille est au timbre de 2 fr.

Toute contravention est constatée conformément à la loi du 13 brum. an 7 et punie de l'amende prononcée par l'art. 12 de la loi du 16 juin 1824, sans préjudice des droits de timbre à la charge des contrevenants.

Décret du 13 déc. 1862,

Publié au *Bulletin des lois*, nº 10766. — (D.P. 62. 4. 128.)

Art. 1er. Le tarif des frais et dépens décrété le 16 févr. 1807 pour le tribunal de première instance de la Seine, et pour les justices de paix établis à Paris, est rendu commun aux tribunaux de première instance et aux justices de paix établis à Lille et à Nantes.

Le tarif réglé pour le tribunal de première instance de la Seine, touchant les frais et dépens relatifs aux ventes judiciaires de biens immeubles, par le titre 2 de l'ordonnance du 10 oct. 1841, est également rendu commun aux tribunaux de première instance de Lille et de Nantes.

Décret du 24 nov. 1871,

Portant augmentation du tarif des greffiers et des huissiers. — Publié au *Bulletin des lois*, nº 712. — (D.P. 71. 4. 166.)

Art. 1er. Il est alloué aux greffiers des cours d'appel et aux greffiers des tribunaux civils de première instance, comme remboursement de papier timbré :

1° Pour chaque arrêt ou jugement rendu à la requête des parties, ceux de simple remise exceptés, 1 fr. 20 c.;

2° Pour chaque acte porté sur un registre timbré, 60 cent.;

3° Pour chaque mention portée sur un registre timbré, 25 cent.

Art. 2. Les dispositions de l'article précédent sont applicables aux greffiers des tribunaux spéciaux de commerce et aux greffiers des tribunaux civils qui exercent la juridiction commerciale; mais l'allocation à titre de remboursement du timbre employé aux feuilles d'audience est fixée, pour chaque jugement, ceux de simple remise exceptés, à 80 cent.

Art. 3. Il est alloué aux greffiers de justice de paix, à titre de remboursement du papier timbré :

1° Pour chaque jugement porté sur la feuille d'audience, ceux de simple remise exceptés, 80 cent.;

2° Pour chaque jugement de remise, 25 cent.;

3° Pour procès-verbal de conciliation inscrit sur un registre timbré, 60 cent.;

4° Pour le procès-verbal sommaire constatant que les parties n'ont pu être conciliées, 30 cent.;

5° Pour chaque mention sur un registre timbré, 25 cent.

Art. 4. Il est alloué aux huissiers comme remboursement du papier timbré du registre tenu en exécution de l'art. 176 du Code de commerce :

1° Pour protêt simple et intervention, 40 cent.;

2° Pour protêt de perquisition, 60 cent.

Art. 5. La rétribution due aux greffiers de la justice de paix, en vertu de l'art. 2 de la loi du 2 mai 1855, pour tout droit, par chaque billet d'avertissement avant citation, est fixée à 30 cent., y compris l'affranchissement, qui sera, dans tous les cas, de 15 cent., et sans préjudice du remboursement du coût de la feuille de papier timbré exigée par l'art. 21 de la loi du 25 août dernier.

Loi du 16 nov. 1875,

Concernant le traitement des greffiers de justice de paix. — Publiée au *Bulletin des lois*, nº 4005. — (D.P. 76. 4. 47.)

Art. 1er. Le traitement des greffiers de justice de paix est élevé de 200 fr. à partir du 1er janv. 1876.

Art. 2. A partir du 1er janv. 1876, il sera perçu, dans les greffes des justices de paix, un droit de 1 fr. en principal pour l'inscription de chaque cause portée à l'audience afin d'y recevoir jugement.

Il ne sera accordé aux greffiers de justice de paix aucune remise pour la perception de ce droit, qui sera effectué conformément aux dispositions des art. 3, 4, 10 et 24 de la loi du 21 vent. an 7.

12116. Afin d'assurer la perception du droit de greffe de 1 fr. sur l'inscription du rôle de chaque cause portée à l'audience pour y recevoir jugement, les juges de paix doivent se faire représenter, à certaines époques, les registres de nouveaux rôles et rechercher si toutes les affaires de nature à y être portées ont été régulièrement inscrites : un *visa* apposé par eux attestera l'observation de ces instructions. — Circ. min. just. 27 oct. 1880, J.G.S. *Greffe-greffier*, 85.

12117. Mais la perception du droit de greffe en question a été supprimée avec celle de tous les autres droits de greffe, sans exception par l'art. 4 de la loi du 26 janv. 1892. — D.P. 92. 4. 16. — V. *infrà*, nº 12192 et s

Décret du 20 février 1877,

Qui détermine les classes des commis-greffiers du tribunal de première instance de la Seine et fixe leur traitement. — (D.P. 77. 4. 36).

Décret du 18 juin 1880,

Qui fixe les émoluments attribués aux greffiers des tribunaux de commerce spéciaux, aux greffiers des tribunaux civils qui exercent la juridiction commerciale et aux greffiers des justices de paix des villes maritimes où il n'existe pas de tribunaux de commerce. — Publié au *Bulletin des lois*, nº 9131. —(Extrait, D.P. 80. 4. 81.)

Chap. VII. — *Des greffiers des tribunaux civils qui exercent la juridiction commerciale et des greffiers des justices de paix des villes maritimes où il n'existe pas de tribunaux de commerce.*

Art. 13. Les allocations attribuées aux greffiers des tribunaux spéciaux de commerce par les dispositions des art. 1er à 11 du présent décret sont accordées aux greffiers des tribunaux civils qui exercent la juridiction commerciale, à l'exception du droit de 50 cent. déterminé pour les jugements par les paragraphes 1er et 2 de l'art. 2.

Dans l'exercice de la juridiction commerciale, ils ne recevront, pour la communication, sans déplacement, des pièces dont le dépôt est constaté par un acte du greffe, que l'émolument fixé par l'art. 8-9e, et, à titre de remboursement du papier timbré, que les allocations fixées par l'art. 12.

12118. L'art. 13 de ce décret refuse en matière commerciale aux greffiers des tribunaux civils le droit de 60 centimes accordé aux greffiers des tribunaux de commerce pour la rédaction des jugements, parce que dans ces derniers tribunaux la rédaction des jugements, en fait, est le plus souvent l'œuvre des greffiers, tandis que dans les tribunaux civils elle est réellement l'œuvre du juge. — Circ. min. just. 29 juill. 1880, J.G.S. *Greffe-greffier*, 79.

Art. 14. Les greffiers des justices de paix des villes maritimes où il n'existe pas de tribunaux de commerce ont droit aux allocations accordées aux greffiers de ces tribunaux par l'art. 5 du présent décret pour la rédaction des actes désignés audit article.

Loi du 23 oct. 1884,

Sur les ventes judiciaires d'immeubles. — Publiée au *Bulletin des lois*, nº 14759. — (D.P. 85. 4. 9.)

12119. « S'il est une réforme sans cesse réclamée, c'est assurément celle de la réduction des frais de justice. Ce n'est pas d'aujourd'hui seulement que datent ces réclamations; elles sont aussi anciennes que la procédure judiciaire elle-même » (Rapport au Sénat, du 22 déc. 1883. *Journ. off.* de janvier 1884, annexe nº 451, p. 1198). — V. D.P. 85. 4. 9, note.

12120. De 1876 à 1880, le prix moyen des ventes judiciaires de mineurs et incapables de 500 fr. et moins a été de 283 fr.; les frais ont été, en moyenne, par vente, de 392 fr. Le prix moyen des adjudications de 500 fr. à été de 754 fr.; les frais ont été, par vente, de 410 fr. Le montant moyen des frais par 100 fr. de prix a été, savoir : pour les ventes de 500 fr. et moins, de 137 fr. 89 c.; — pour celles de 501 fr. à 1,000 fr., de 54 fr. 37 c.; — pour celles de 1,001 à 2,000, de 30 fr. 51 c.; — pour celles de 2,001 à 5,000 fr., de 15 fr. 15 c. ; — pour celles de 5,000 à 10,000, de 8 fr. 46 c. ; — pour celles au-dessus de 10,000 fr., de 2 fr. 66 c. — Rapport du garde des sceaux sur la justice civile, adressé le 17 août 1882 au Président de la République. — D.P. 85. 4. 9, note I.

12121. Ainsi, par suite des droits établis pour toutes les ventes judiciaires, les petites propriétés supportaient un impôt progressif à rebours, d'autant plus élevé que leur valeur était moindre. — Même rapport.

12122. Cet état de choses avait appelé l'attention du gouvernement qui, dès 1876, résolut d'y porter remède en dégrevant les ventes judiciaires d'un prix de 2,000 fr. et au-dessous.

12123. Trois systèmes étaient en présence : 1° supprimer une partie des formalités ; 2° autoriser l'enregistrement *en débet* des actes antérieurs à la vente et ne réclamer les droits de timbre, d'enregistrement, de greffe et d'hypothèque que lorsque le prix excéderait 2,000 fr. ; 3° enfin conserver tel quel le système de perception en usage et restituer tout ou partie des droits perçus lorsque le prix de la vente n'excéderait pas 2,000 fr. — M. Dufaure, garde des sceaux, déposa, le 17 mai 1876, sur le bureau de la Chambre des députés, un projet de loi rédigé dans ce dernier sens.

12124. Représenté le 14 janvier 1878, ce projet fut étudié et discuté par une commission en 1880 et 1881. Cette commission étant tombée d'accord avec le Gouvernement, un nouveau projet de loi fut présenté le 26 nov. 1881 (V. D.P. 85. 4. 9, note 3), projet qui, après beaucoup de vicissitudes, est devenu la loi du 23 oct. 1884.

Art. 1er, § 1er. Les ventes judiciaires d'immeubles, dont le prix principal d'adjudication ne dépasse pas 2,000 fr., seront l'objet des dégrèvements prévus aux art. 3 et 4 de la présente loi.

§ 2. Les lots en vente par le même lot seront réunis pour le calcul du prix d'adjudication, et la valeur des lots non adjugés entrera dans ce calcul pour leurs mises à prix.

La vente ultérieure des lots non adjugés profitera du bénéfice de la loi, d'après les mêmes règles.

DIVISION.

§ 1er. — *Caractère des ventes judiciaires.*

12125. La loi du 23 oct. 1884 est spéciale aux ventes judiciaires d'immeubles. Mais elle comprend sans exception toutes les ventes auxquelles il est procédé en vertu d'un ordre de justice conformément aux dispositions du code civil ou du code de procédure civile ; ce caractère appartient notamment aux aliénations ci-après : vente sur saisie immobilière ou sur conversion de saisie ; — vente de biens de mineurs, d'absents, ou d'interdits ; — vente à la suite de surenchère sur aliénation volontaire ; — vente de biens de successions vacantes ou de successions bénéficiaires ; — vente de biens dotaux ; — vente de biens dépendant d'une faillite ; — vente de biens compris dans une substitution, etc. — Instr. adm. enreg. du 3 déc. 1884, n° 2704, D.P. 85. 4. 10, note. — V. J.G.S. *Enregistr.*, n° 3133.

12126. Ces procédures profitent du bénéfice de la loi dès qu'elles ont été autorisées par le tribunal. Mais il importe peu que l'adjudication ait lieu à l'audience des criées ou devant le notaire commis pour recevoir

les enchères. L'officier public étant alors le délégué du tribunal, l'aliénation passée devant lui est considérée comme une vente judiciaire. — Même instr.

§ 2. — *Prix principal ; Charges.*

12127. Aux termes de l'art. 1er de la loi du 23 oct. 1884, le remboursement n'est accordé qu'aux ventes dont le *prix principal* d'adjudication ne dépasse pas 2,000 fr. L'expression de prix principal a été insérée dans la loi avec la signification qu'elle a dans l'art. 708 C. proc. civ. (V. *Code de procédure civile annoté*, art. 708, n° 44), afin d'exclure les *charges accessoires* qui constituent, pour la perception de l'impôt, une partie du prix, mais dont l'appréciation aurait pu soulever des difficultés de nature à retarder l'exécution du remboursement.

12128. Le *prix principal* comprend donc les sommes que l'acquéreur doit payer au vendeur ou à ses créanciers et autres ayants cause (J.G., v° *Surenchère*, n° 321). Il comprend également les *prestations*, telles que rentes perpétuelles ou viagères, qui tiennent lieu du tout ou partie du prix principal de l'aliénation. — Même instr.

12129. Lorsque la valeur de ces prestations n'est pas déterminée dans le contrat ou dans les actes de la procédure, il appartient au tribunal ou au notaire commis d'en fixer le chiffre en exécution du paragraphe 1er de l'art. 4 de la loi. Mais cette fixation toute spéciale ne préjudicie en rien au sujet de la liquidation du droit d'enregistrement qui continuera à être opérée conformément aux dispositions légales en vigueur. — Même instr.

12130. Les charges qui restent en dehors de la fixation du prix principal sont toutes celles qui ne sauraient, à raison de leur caractère purement accessoire, être considérées comme une fraction réelle du prix. Telles sont : — les remises proportionnelles dues aux avoués, — les centimes additionnels à payer au notaire, — certains frais antérieurs à la charge des vendeurs, — les impôts payés d'avance, etc. La question de savoir si une charge fait ou non partie du prix principal sera résolue en premier ordre par le tribunal ou par le notaire commis, sauf le recours établi par l'art. 4, § 1er, de la loi. — Même instr.

12131. Suivant une opinion qui a d'abord prévalu, les *frais de la poursuite* ne doivent pas être pris en considération pour la fixation du prix, non seulement quand ils sont stipulés payables *en sus* du prix, mais dans le cas même où ils doivent être payés *en déduction* ; par suite, la déduction de cette dernière aurait pour effet d'abaisser le prix au-dessous de 2,000 fr., si, d'autre part, le prix stipulé est supérieur à cette somme, la loi du 23 oct. 1884 ne doit pas recevoir son application ; et, d'autre part, si le prix ne dépasse pas 2,000 fr., le bénéfice de la loi est acquis à l'adjudication, quoique les frais soient payables en sus du prix. — Même instr. — Trib. de Ploërmel, 8 juill. 1885, D.P. 86. 3. 62. — Trib. de Doullens, 2 déc. 1887, D.P. 88. 5. 223. et Observ. contr. au note.

12132. Mais cette interprétation est aujourd'hui repoussée par la jurisprudence qui décide que l'on doit tenir compte du prix vrai revenant au vendeur, et non du prix tel qu'il a été motivé par une clause d'enchères qui a confondu dans ce prix les frais préalables ; qu'en conséquence, si les frais sont payables en diminution du prix, on doit les déduire et c'est la différence seule constitue le prix principal dont la fixation doit entraîner ou non la restitution des droits. — Trib. de Dijon, 9 janv. 1888, J.G.S. *Enregistrement*, 3140. — Trib. d'Épernay, 23 juin 1888, *ibid.* — Trib. de Vendeuvre, 4 févr. 1889, *ibid.* — Trib. d'Angers, 29 janv. 1889, D.P. 91. 5. 245.

12133. Il faut veiller à n'admettre en déduction que les sommes qui constituent réellement des frais de vente et en exclure toutes celles qui, bien que rentrant dans la catégorie des frais accessoires, sont, en réalité, des éléments du prix principal, dans le sens que la loi attache à cette expression. — Trib. de Rouen, 7 févr. 1888, J.G.S. *Enregistrement*, 3141. — Trib. de Forcalquier, 25 avr. 1889, *ibid.*

12134. Le prix principal étant déterminé conformément à l'art. 708 C. proc. civ. sans égard aux dispositions spéciales de la loi sur l'enregistrement, il en résulte que, si la vente judiciaire était faite *avec réserve d'usufruit au profit du vendeur*, il n'y aurait pas lieu d'ajouter au prix de la vente la moitié qui représente la valeur de l'usufruit (L. 22 frim. an 7, art. 15, n° 7). — Même instr. — V. *Code annoté de l'Enregistrement*, n° 2604 et s.

12135. Le prix principal déterminé par l'adjudication est la seule base autorisée pour l'application de la loi. Le bénéfice en serait acquis à l'aliénation, quoique des documents, tels qu'un procès-verbal d'expertise, fissent connaître la *valeur vénale* des biens vendus excéda 2,000 fr. — Même instr.

12136. Pour apprécier l'importance de la vente, la loi considère l'ensemble des immeubles exposés *aux enchères* par le même procès-verbal. « Les lots mis en vente par le même acte, portée l'art 1er, § 2, de la loi, seront réunis pour le calcul du prix d'adjudication ». Les biens appartenant au vendeur, qui feraient l'objet d'une autre adjudication, ne pourraient donc pas être réunis aux immeubles de la première vente, lors même qu'ils auraient été compris dans les mêmes poursuites. — Même instr.

12137. Mais si plusieurs poursuites faites séparément à l'origine, sont jointes avant la vente et aboutissent à un procès-verbal unique, c'est le résultat de la mise aux enchères de tous les lots qui détermine le prix principal. — Même instr.

12138. La valeur des *lots non adjugés* entre dans le calcul du prix pour leurs mises à prix (art. 1er, § 2). Ce calcul est définitif. Lors même que les lots non adjugés seraient ultérieurement vendus moyennant un prix différent, ce n'est à ce prix qui sert ultérieurement à régler l'application de la loi au premier procès-verbal ; les prix ultérieurs ne sauraient modifier cette situation. — Même instr.

12139. Il est nécessaire, toutefois, que les lots non adjugés aient été eux-mêmes *exposés aux enchères*. S'ils étaient retirés avant l'adjudication, soit volontairement, soit par le résultat d'une demande en distraction, ou pour toute autre cause, il n'y aurait pas lieu d'en faire état et d'ajouter leurs mises à prix au prix des biens adjugés. — Même instr.

12140. Il peut arriver que, par suite de la distraction des *lots non mis en vente et retirés* avant l'adjudication, celle-ci bénéficie du remboursement applicable aux actes de la procédure. Ce remboursement ne doit pas alors, bien entendu, s'étendre aux droits qui concernent spécialement les lots retirés. Mais, lorsque ces lots ont fait l'objet d'une poursuite distincte dont la jonction n'a été prononcée, les frais de cette poursuite demeurent acquis au Trésor. — Même instr.

§ 3. — *Meubles et immeubles.*

12141. La loi du 23 oct. 1884 ne s'applique qu'aux ventes judiciaires d'immeubles. Par conséquent, si un procès-verbal d'adjudication comprenait des immeubles et des meubles vendus pour un seul prix, le tribunal ou le notaire commis aurait à procéder à la ventilation nécessaire pour formuler l'ordre de remboursement. Mais cette ventilation demeurerait sans influence sur la liquidation du droit d'enregistrement qui resterait soumise aux dispositions spéciales de la loi du 22 frim. an 7. — note préc. 3 déc. 1884. — V. *Code annoté de l'Enregistrement*, n° 1146 et s.

12142. La loi de 1884 ne s'appliquant pas

aux aliénations mobilières, on ne saurait en étendre le bénéfice à l'adjudication d'une rente foncière, alors même que le jugement ordonnant la vente aurait déclaré qu'elle bénéficierait des dispositions de cette loi — Trib. de Morlaix, 28 juin 1888, J.G.S. Enregistrement, 3137.

§ 4. — Vente amiable.

12143. Dès que les biens ont été mis aux enchères, la loi est applicable au procès-verbal, quoiqu'aucun d'eux n'ait été adjugé. La réunion des mises à prix détermine la somme qui sert de base à l'ordre de restitution. Mais si la poursuite est abandonnée, ou si la vente amiable est substituée à la vente judiciaire, la loi cesse de recevoir son exécution à l'égard des biens qui font l'objet de cette poursuite ou de cette vente. — Instr. préc. 3 déc. 1884.

12144. Tout en confirmant cette règle que la restitution ne peut être accordée au cas où la poursuite est abandonnée avant la mise aux enchères, l'administration a décidé, dans une espèce où, après avoir été ordonnée dans le procès-verbal par le notaire rédacteur sans que le receveur de l'enregistrement ait fait opposition dans le délai de la loi, la restitution avait été exécutée, qu'il n'y avait pas lieu de revenir sur le fait accompli. — Sol. adm. enreg. 29 janv. 1885, D.P. 87. 3. 53.

12145. S'il est nécessaire que la mise aux enchères ait eu lieu, le bénéfice de la loi est acquis au contribuable dès que cette formalité a été remplie, alors même que l'adjudication n'a pas abouti. — J.G.S. Enregistrement, 3146.

12146. D'après le § 2 de l'art. 1er, lorsque quelques-uns des lots sont adjugés, les autres restant invendus, on doit ajouter les mises à prix des lots non adjugés aux prix de ceux qui ont été vendus; si la réunion de ces différentes sommes n'excède pas 2,000 francs, les droits applicables à toute la procédure sont restitués. Dans le cas contraire, c'est-à-dire si le total des sommes est supérieur à 2,000 francs, aucune restitution n'a lieu en ce qui concerne la première procédure d'adjudication, sauf au contribuable à se faire restituer les droits afférents à la seconde procédure d'adjudication si le prix reste dans les limites du maximum fixé par la loi. — J.G.S. Enregistrement, 3146.

12147. La réadjudication des lots non vendus est considérée isolément sans égard aux résultats de la vente antérieure. Le procès-verbal de réadjudication tombe sous l'empire de la loi de la même manière que si les biens n'avaient jamais été mis aux enchères. Le remboursement a lieu ou est à faire selon que ce procès-verbal réunit ou non par lui-même les conditions de l'art. 3. — Instr. préc. 3 déc. 1884.

12148. Lorsque la mise à prix des lots invendus, réunis aux prix des lots adjugés, ne dépasse pas 2000 fr., le remboursement s'étend à toute la procédure. Dans le cas contraire, ce sont les droits de la procédure, même à ceux des actes relatifs aux biens non adjugés. Si ces derniers biens font l'objet d'une réadjudication tombant aussi sous l'application de la loi, la restitution ne comprend pas les droits déjà restitués : l'ordre de remboursement est limité aux droits des actes relatifs à la seconde adjudication. — Même instr.

12149. De même, si, après avoir été compris dans une adjudication dont le prix excède 2.000 fr., un lot non vendu est remis en adjudication et vendu moyennant un prix ne dépassant pas 2.000 fr., la restitution ne s'applique qu'aux actes de la seconde procédure, les droits qui ont été perçus à l'occasion de la première demeurant acquis au Trésor. — Même instr.

12150. La question de savoir si les mêmes solutions doivent être appliquées lorsque la première tentative d'adjudication est totalement infructueuse, soit qu'elle n'ait pu avoir

objet qu'un immeuble unique, soit qu'elle portât sur plusieurs biens, est controversée. — J.G.S. Enregistrement, 3147.

12151. Suivant une opinion d'abord adoptée par l'administration, de l'enregistrement, il n'y a aucune distinction à faire entre le cas où l'insuccès de l'adjudication est total et celui où il est partiel : dans l'un comme dans l'autre, la procédure qui a abouti au procès-verbal de non-adjudication et celle de l'adjudication sur baisse de mise à prix doivent être considérées comme distinctes ; la restitution doit être restreinte aux droits des actes afférents à la seconde adjudication. — J.G.S. Enregistrement, 3147. — Trib. de Morlaix, 15 mars 1886, D.P. 89. 5. 64. — Trib. d'Amiens, 7 août 1886, D.P. 87. 5. 203. — Trib. de Louhans, 20 nov. 1889, D.P. 90. 5. 65. — Trib. de Toul, 8 mai 1890, D.P. 91. 5. 246.

12152. Mais, d'après un autre système consacré par la cour de cassation, la restitution, en cas d'adjudication sur baisse de mise à prix, à la suite d'une tentative faite sans résultat sur mise supérieure à 2.000 fr., s'applique aux droits de tous les actes de procédure y compris ceux auxquels a donné lieu la première mise aux enchères. — Trib. de Saint-Omer, 5 déc. 1887, D.P. 89. 5. 228. — Trib. de Trévoux, 30 avr. 1889, D.P. 90. 5. 228. — Req. 27 janv. 1890, D.P. 90. 1. 313.

12153. L'art. 1er, § 2, ne s'applique qu'autant qu'il s'agit d'immeubles qui ont été mis en vente par le même acte. Mais il importe peu que les immeubles appartiennent à des propriétaires différents, et que la vente en ait été autorisée par deux jugements particuliers, surtout si l'on des vendeurs a des droits de propriété exclusifs ou indivis sur chacun de ces immeubles. — Trib. de Bourg, 22 mars 1889, J.G.S. Enregistrement, 3150.

12154. La question de savoir s'il en serait de même si les vendeurs n'avaient aucun droit de co-propriété dans les biens vendus conjointement, est controversée. — V. dans le sens de l'affirmative, J.G.S. Enregistrement, 3151. — Contra : Jugement préc. 22 mars 1889.

12155. La loi de 1884 ne concernant que les ventes judiciaires, le prix d'un immeuble qui a été mis en vente volontairement avec d'autres immeubles dont la vente a été ordonnée et poursuivie en justice, ne doit pas entrer en ligne de compte pour le calcul du prix total d'une adjudication judiciaire. En conséquence, si le prix total supérieur à 2.000 francs est inférieur au chiffre après déduction du prix de l'immeuble aliéné volontairement, les droits perçus sur les actes de procédure antérieure doivent être restitués. — Trib. de Beauvais, 20 nov. 1886, D.P. 88. 5. 224.

12156. Jugé que le bénéfice de la loi du 23 oct. 1884 est applicable à la licitation judiciaire d'immeubles de communauté dont le prix n'excède pas 2.000 fr., bien qu'il ait été procédé en même temps à la vente volontaire d'autres immeubles propres au mari survivant avec renvoi aux clauses et conditions de la licitation, les deux ventes, bien que réunies dans le même procès-verbal, se distinguant l'une de l'autre par leur objet, leur prix, les droits de mutations auxquels elles ont donné lieu. — Trib. de Barle-Duc, 23 juill. 1890, D.P. 91. 5. 246.

12157. La loi du 1884 ne concernant pas les ventes faites en dehors des voies judiciaires, le bénéfice de l'art. 1er n'est pas applicable à une vente sur saisie de plusieurs lots dont le total n'excède pas 2.000 fr., lorsque quelques-uns de ces lots ont été adjugés par suite d'un accord entre le vendeur et l'avoué poursuivant sous des conditions et avec mises à prix autres que celles qui avaient été fixées par le tribunal. — Trib. d'Avallon, 20 févr. 1889, J.G.S Enregistr., 3135.

Art. 2, § 1er. Le bénéfice de la présente loi s'applique à toutes les ventes judiciaires

d'immeubles de la valeur constatée comme il est dit en l'art. 1er, ainsi qu'à leurs incidents de subrogation, de surenchère et de folle enchère.

§ 2. Dans les procédures n'ayant d'autre objet que la vente sur licitation, si les immeubles à liciter dont les mises à prix seront inférieures à 2,000 fr. appartiennent indivisément à des mineurs ou incapables et à des majeurs, ces derniers pourront se réunir aux représentants de l'incapable pour que la vente ait lieu sur requête, comme si les immeubles appartenaient seulement à des mineurs. L'avis du conseil de famille ne sera pas nécessaire lorsque la vente sera provoquée par les majeurs.

§ 3. Dans les procédures où la licitation est incidente aux opérations de liquidation et partage, le bénéfice de la présente loi sera acquis à tous les actes nécessaires pour parvenir à l'adjudication, à partir du cahier des charges inclusivement ; les frais antérieurs ne seront pas employés en frais de vente.

DIVISION.

§ 1er. — Incidents de la vente.

12158. L'art. 2, § 1er, de la loi de 1884, étend le bénéfice de la restitution à trois espèces d'incidents qui se produisent fréquemment dans les ventes judiciaires d'immeubles : les incidents de subrogation, de surenchère et de folle enchère. — Instr. préc. 3 déc. 1884, no 2794, D.P. 85. 4. 10, note.

12159. Cette énonciation est limitative. Elle ne comprend aucune des autres procédures accessoires auxquelles peut donner lieu la poursuite, par exemple, les demandes en distraction, les instances en nullité d'exploits. Ce sont là autant de procédures distinctes qui restent sous l'empire du droit commun et ne sauraient entrer en compte pour le calcul des droits à restituer. — Même instr.

12160. — I. Subrogation. — La procédure de subrogation ayant pour effet de substituer un poursuivant à un autre, n'a aucune influence directe sur la détermination du prix de l'adjudication à laquelle elle se rapporte peut être elle-même ou non bénéficier. — Même instr.

12161. Jugé, en ce sens, que le bénéfice de la subrogation aux poursuites de saisie, prononcée postérieurement à une mise à exécution de la loi du 23 oct. 1884, alors que la procédure de saisie a été commencée à une date antérieure à cette mise à exécution. — Trib. de Carpentras, 14 août 1888, D.P. 89. 5. 228. — Nantua, 13 juin 1889, Journ. enreg. art. 23,363.

12162. — II. Surenchère. — Quant aux incidents de surenchère, il y a lieu de distinguer. Les surenchères qui restent sans influence sur le prix de la vente surenchérie doivent être traitées comme les folles enchères. Ces incidents profitent ou non de la loi nouvelle selon que par eux-mêmes ils remplissent ou non les conditions prévues, soit qu'ils aient aux résultats de l'adjudication antérieure. — Même instr.

12163. Mais il en est autrement des surenchères qui, d'après la loi elle-même, servent à fixer le prix de l'adjudication définitive. Ces surenchères, en effet, se relient intimement alors à la première vente et on doit en combiner les résultats avec ceux de la vente pour appliquer la loi du 23 oct. 1884, tant à la vente qu'à l'incident de surenchère. — Même instr.

12164. En conséquence, si une vente dont le prix principal n'a pas excédé 2,000 fr. est l'objet d'une surenchère qui porte ce prix à un chiffre supérieur, ni la vente, ni l'incidont ne peuvent bénéficier du remboursement. — Même instr.

12165. Il en est de même si la surenchère dont il s'agit a seulement porté sur un ou quelques-uns des lots réunis pour la fixation du prix en exécution de l'art. 1er, § 2, de la loi. Dès lors que, par le résultat de cette surenchère partielle, le prix de la nouvelle adjudication ajouté au prix des autres lots adjugés et aux mises à prix des lots invendus, dépasse la somme de 2,000 fr., la loi n'est applicable ni à la première vente, ni à la procédure de surenchère. — Même instr.

12166. — III. Folle enchère. — La folle enchère remet en question le prix de la vente antérieure. C'est une aliénation nouvelle qui doit être, pour l'application du remboursement, considérée isolément et sans être rattachée à la première adjudication. — Même instr.

12167. Si le prix de la folle enchère détermine définitivement à l'art. 1er de la loi dépasse 2,000 fr., la procédure de l'incident n'est pas régie par la loi du 23 oct. 1884, quoique le prix de la vente antérieure ait été inférieur à ce chiffre et que cette vente ait bénéficié de la loi. — Même instr.

12168. Si, au contraire, le prix de la folle enchère ne dépasse pas 2,000 fr., les actes de la procédure, relatifs à l'incident, profitent des dispositions de la loi nouvelle, bien que la vente antérieure n'en ait pu bénéficier. — Même instr. — Conf. Trib. de Tarbes, 25 juin 1886, D.P. 87. 5. 203.

12169. Dans un cas comme dans l'autre, les résultats de la folle enchère ne peuvent réagir sur la vente primitive. — Même instr.

12170. Jugé en ce sens que la revente sur folle enchère à un prix inférieur à 2,000 fr., d'un immeuble saisi, précédemment adjugé à la suite de surenchère, moyennant un prix supérieur à ce chiffre, donne lieu à la restitution des droits autorisés pour les ventes judiciaires dont le prix n'excède pas 2,000 fr., mais seulement pour les actes de la procédure spéciale de folle enchère, et non pour tous ceux faits depuis le commencement des poursuites. — Civ. c. 14 janv. 1889, D.P. 89. 1. 199. — Conf. Trib. de Tulle, 18 juill. 1890, D.P. 91. 5. 246.

12171. — IV. Incidents non visés par la loi. — Tous les incidents de subrogation, de surenchère ou de folle enchère ne sont pas visés par la loi. On n'y saurait faire entrer que ceux dont les dépens sont employés en frais de vente. Souvent, en effet, ces dépens sont mis par le tribunal à la charge personnelle soit du saisissant qui conteste à tort la subrogation, soit du demandeur dont la poursuite est rejetée. En pareil cas, les frais de l'incident ne font pas réellement partie de la poursuite de vente; ils demeurent soumis au Trésor. — Instr. préc. 3 déc. 1884.

12172. Ainsi, le bénéfice de la loi du 23 oct. 1884 n'est pas applicable, en cas de vente sur saisie, aux frais d'une demande en distraction d'une partie des biens expropriés, rejetée par un jugement de première instance confirmé en appel, alors même que les frais de cette instance auraient été, pour partie, employés dans l'arrêt en frais privilégiés de saisie et de vente. — Trib. de Châteauroux, 2 avr. 1889, J.G.S. Enregistr., 3165.

12173. Lorsqu'après distraction des différents immeubles compris dans une saisie, le surplus est adjugé moyennant un prix inférieur à 2,000 fr., les droits perçus sur tous les actes auxquels l'adjudication a donné lieu sont restituables, à l'exception seulement de ceux pour lesquels il est établi qu'ils se rapportent spécialement aux immeubles retirés. — Trib. d'Avallon, 29 nov. 1890, D. P. 90. 5. 237.

12174. La restitution autorisée par la loi de 1884, n'est pas applicable à l'adjudication prononcée à la suite d'une surenchère du dixième, encore bien que le prix soit inférieur à 2,000 fr., lorsque la réunion de ce prix et de ceux d'autres lots non surenchéris donne un total excédant 2,000 fr. — Civ. c. 18 mai 1887, D.P. 87. 1. 504. — Civ. c. 1er déc. 1891, D.P. 92. 1. 518. — Conf. Trib. de Rambouillet, 31 juill. 1885, D.P. 86. 3. 119. — Contra : Trib. de Sainte-Menehould, 13 mai 1885, D.P. 86. 3. 118.

12175. Quant à la surenchère du dixième de l'art. 2185 C. civ., formée après le délai de quinzaine, elle n'exerce aucune influence sur la fixation du prix au point de vue de la loi de 1884; l'adjudication sur surenchère du dixième constitue dans ce cas une adjudication distincte et isolée à laquelle la restitution doit être appliquée, abstraction faite de la vente originaire. — J.G.S. Enregistr., 3161.

§ 2. — Licitations.

12176. Suivant un système que l'administration de l'Enregistrement a essayé de faire prévaloir (Instr. préc. 3 déc. 1884), les licitations qui ont lieu entre majeurs pour faire cesser l'indivision sont des aliénations volontaires, la loi ne permettant pas aux parties, dans ce cas, une vente judiciaire, ainsi que l'a déclaré le rapporteur à la Chambre des députés le 27 déc. 1880. — Conf. Trib. Epernay, 27 juin 1885, D.P. 86. 3. 61. — Trib. de Beaune, 24 oct. 1883, D.P. 86. 3. 62. — Trib. de Bourg, 21 janv. 1886 (2 jugements), D.P. 86. 5. 277; D.P. 87. 5. 204-205. — Trib. de Saint-Lô, 9 avr. 1886, D.P 87. 5. 204.

12177. La cour de cassation a décidé, au contraire, que la loi du 23 oct. 1884 étant conçue en termes généraux et absolus, est applicable à toute vente ordonnée en justice et notamment à la licitation ordonnée par jugement d'un immeuble appartenant à des majeurs et qui ne peut pas se partager commodément. — Civ. r. 6 avr. 1887, D.P. 87. 1. 503. — Conf. Trib. de Bergerac, 27 mai 1885, D.P. 86. 3. 61, note 1. — Trib. de Foix, 18 avr. 1885, D.P. 86. 3. 62. — Trib. d'Auxerre, 4 nov. 1885, D.P. 86. 3. 61, note 1.

12178. Dans tous les cas, notifie difficulté quand la licitation intéresse des mineurs. Soit qu'elle ait lieu dans les formes ordinaires, soit qu'elle s'opère conformément à l'art. 2, § 2, de la loi du 23 oct. 1884, l'adjudication rentre dans la catégorie des ventes judiciaires proprement dites; il y a lieu de lui en appliquer les dispositions. — Instr. préc. 3 déc. 1884.

12179. En disposant qu'au cas où les immeubles à liciter appartiennent indivisément à des majeurs et à des mineurs les premiers « pourront » se réunir aux second dans la demande pour que la vente ait lieu sur requête », la loi (art. 2, § 2) a accordé aux parties une simple faculté. Il leur est loisible de n'en pas user et de suivre les formes ordinaires plus dispendieuses de la procédure de droit commun.

12180. Ainsi, il a été décidé que la restitution autorisée pour les droits perçus sur les actes afférents à une vente judiciaire d'immeubles dont le prix n'excède pas 2,000 fr., est applicable à une licitation entre majeurs et mineurs, encore bien qu'il n'ait pas été procédé par simple requête comme cela est permis exceptionnellement dans le cas dont il s'agit et que les formes ordinaires aient été observées. — Sol. admin. 17 janv. 1890, D.P. 92. 2. 447. — V. infra, n° 12218.

12181. Le bénéfice de la loi du 23 oct. 1884 est applicable au cas de l'un des colicitants se trouve, par suite d'aliénation mentale dans un cas d'incapacité légale et placé à ce titre, sans être interdit, sous un établissement d'aliénés et a été représenté à la licitation par un notaire commis. — Trib. de Bourg, 21 janv. 1886, D.P. 86. 5. 59. — (Observ. conf. ibid. note. — V. aussi D.P. 87. 5. 204, note 59.

12182. La loi étant limitée au cas où les mises à prix ne dépassent pas 2,000 fr., il appartient aux tribunaux d'apprécier si les mises à prix sont sérieuses ou si elles n'ont pas été abaissées abusivement pour profiter du bénéfice de la loi. — Instr. préc. 3 déc. 1884.

12183. Le paragraphe 3 de l'article ci-dessus dispense de produire l'avis du conseil de famille lorsque la vente a été provoquée par des majeurs. La même règle paraît applicable quand un accord préalable pour commencer la procédure, est intervenu entre les majeurs et les représentants des mineurs. — Même instr.

12184. Le paragraphe 3 de l'article a édicté une règle spéciale pour le cas où la licitation est incidente aux opérations de liquidation et de partage. Cette licitation fait partie d'une procédure générale ayant pour objet de liquider un ensemble de valeurs mobilières ou immobilières, de régler la situation des communistes au sujet de leurs reprises, rapports et autres droits individuels. Il est évident que le bénéfice de la restitution ne peut s'appliquer à toute cette procédure. Elle doit être limitée aux frais de l'incident de la licitation. — Même instr.

12185. Ainsi que le constate le rapport de la commission, « l'immeuble à liciter profitera de la réduction de la taxe sur cette partie incidente de la procédure. Mais la procédure antérieure à ou cette postérieure pour son homologation, resteront soumises aux dispositions générales du Code de procédure. — Même instr.

12186. Afin de prévenir toute difficulté à cet égard, le paragraphe 3 de l'article ci-dessus décide que la restitution ne s'étendra qu'aux droits du cahier des charges et des autres actes postérieurs rédigés avant l'adjudication. Cette restitution ne s'effectuera, d'ailleurs, que dans les conditions requises au sujet des ventes ordinaires lorsque les actes auront exclusivement pour objet la procédure de licitation et que le prix, calculé comme en l'art. 1er, ne dépassera pas 2,000 fr. — Même instr.

12187. Ainsi il a été jugé :... que, lorsqu'il réunit des termes de l'assignation introductive d'une instance en licitation d'immeubles indivis, en particulier les conclusions du demandeur tendant à la nomination d'un juge-commissaire et d'un notaire pour procéder à la distribution du prix, que l'instance a principalement pour objet la liquidation et le partage des biens indivis entre les parties, la licitation à laquelle il est procédé constitue une licitation incidente à une opération de partage, en donnant lieu, par suite, à la restitution des droits sur le cahier des charges ou sur le cahier des charges inclusivement. — Trib. d'Amiens, 7 août 1886, D.P. 87. 5. 204. — Trib. de Vigan, 21 août 1887, D.P. 88. 5. 223. — Trib. de Vigan, 17 nov. 1887, D.P. 89. 5. 229. — Trib. de Joigny, 9 août 1888, ibid. — Trib. de Libourne, 7 déc. 1888, ibid. — Trib. de Grenoble, 13 mars 1889, ibid.

12188. ... Que, de même, en cas de licitation ordonnée par un jugement qui a annulé comme fraude aux droits des créanciers poursuivant une vente de part indivise d'immeubles, la restitution ne peut être étendue aux droits des actes autres que ceux faits pour parvenir à la vente à partir des charges, la loi ne s'appliquant qu'à ces derniers actes. — Trib. de Sainte-Menehould, 19 févr. 1886, D.P. 89. 5. 229.

12189. ... Que le bénéfice de la loi du 23 oct. 1884 ne s'applique pas à la délibération du conseil de famille qui a autorisé la vente, alors qu'elle n'a pas eu cette autorisation pour but unique et exclusif, spécialement lorsqu'elle confirme, en outre, la nomination du subrogé-tuteur à laquelle il aurait toujours fallu procéder pour l'organisation de la tutelle. — Trib. d'Amiens, 26 déc. 1890, D.P. 91. 5. 246.

12190. ... Mais que ce bénéfice est applicable : ... au jugement qui, dans ce même cas, homologue la délibération du conseil de famille, attendu que ce jugement était nécessaire pour la disposition autorisant la vente et qu'il ne l'était nullement pour celle concernant la nomination du subrogé-tuteur. — Même jugement. — V. infrà, n° 12214.

12191. ... A l'ensemble d'une procédure tendant à la licitation d'un immeuble appartenant indivisément à un débiteur et à ses cohéritiers dès que le prix n'excède pas 2,000 fr., encore bien qu'il ait été conclu en même temps à la condamnation du débiteur au paiement de sa dette. — Trib. de Châtillon-sur-Seine, 22 déc. 1891, D. P. 92, 5e partie, v° Enregistrement.

12192. Une solution de l'administration de l'enregistrement en date du 17 mars 1892 autorise, à raison des circonstances seulement l'exécution du jugement précité tout en protestant contre sa doctrine, attendu qu'il y avait eu deux instances et que le remboursement devait être restreint seulement à la quote-part des frais afférents à la licitation proprement dite. — D.P. ibid.

Art. 3, § 1er. Lorsque le **prix d'adjudication** calculé comme il est dit en l'art. 1er, ne dépassera pas 2,000 fr., et sera devenu définitif par l'expiration du délai de la surenchère (prévu par les art. 708 et 965 du Code de procédure civile et 573 du Code de commerce), toutes les sommes payées au Trésor public pour droits de timbre, d'enregistrement, de greffe et d'hypothèque, applicables aux actes rédigés en exécution de la loi pour parvenir à l'adjudication, seront restituées ainsi qu'il est stipulé dans l'art. 4 ci-après.

§ 2. Lorsque le prix d'adjudication ne dépassera pas 1,000 fr., les divers agents de la loi subiront une réduction d'un quart sur les émoluments à eux dus et alloués en taxe, conformément au tarif du 10 oct. 1841.

§ 3. L'état des frais de poursuite sera dressé par distinction entre les droits du Trésor et ceux des agents de la loi; il sera taxé et annexé au jugement ou au procès-verbal d'adjudication.

DIVISION.

§ 1er. — Prix définitif (n° 12193).
§ 2. — Adjudications et actes postérieures (n° 12198).
§ 3. — Actes antérieurs (n° 12199).
§ 4. — Droits à restituer (n° 12222).
§ 5. — Droits non perçus (n° 12228).
§ 6. — Amendes et droits en sus (n° 12229).
§ 7. — Salaires du conservateur (n° 12230).

§ 1er. — Prix définitif.

12193. En droit, le prix de l'adjudication n'est pas définitif tant qu'il peut être modifié par la surenchère ou par la folle enchère. — Instr. préc. 3 déc. 1884.

12194. La loi du 23 oct. 1884 n'exige pas, pour rendre le prix définitif à l'égard du remboursement des droits, que les différents délais dans lesquels la surenchère peut être demandée ou la folle enchère peut être demandée, par voie d'analogie, aux surenchères intervenue dans les mêmes délais au sujet de procédures identiques, telles que celles des art. 743, 913, 988, 997 et 1001 C. proc. civ. — Même instr.

12195. Mais, bien que le texte fasse seulement mention des deux surenchères de huitaine et de quinzaine réglées pour les ventes sur saisie immobilière et les ventes de biens de mineurs, les ventes des immeubles d'un failli, la disposition doit être étendue, par voie d'analogie, aux surenchères intervenue dans les mêmes délais au sujet de procédures identiques, telles que celles des art. 743, 913, 988, 997 et 1001 C. proc. civ. — Même instr.

12196. Les autres surenchères et la folle enchère restent sans influence sur la fixation définitive du prix. Par conséquent, la restitution devrait être opérée au moment où elle est requise, quoique ces voies de recours soient exercées et quelque même elles aient abouti à une nouvelle adjudication fixant le prix principal à un chiffre supérieur à 2,000 fr. — Même instr.

12197. A l'inverse, si le prix de l'adjudication primitive a dépassé 2,000 fr., l'acte ne bénéficiera pas de la loi, alors même que plus tard le prix de la nouvelle adjudication resterait inférieur à ce chiffre. Cette seconde procédure seule, considérée comme une nouvelle vente judiciaire, profiterait du dégrèvement si elle remplissait, d'ailleurs, les autres conditions imposées par la loi. — Même instr.

§ 2. — Adjudications et actes postérieurs.

12198. Aux termes de l'art. 3, § 1er, de la loi, les droits à restituer sont ceux des actes rédigés en exécution de la loi pour parvenir à l'adjudication. Le jugement ou le procès-verbal d'adjudication restent assujettis à la règle générale, de même que tous les actes postérieurs, tels que les déclarations de command, la quittance du prix, etc., autres que les incidents prévus par le paragraphe 1er de l'art. 2 de la loi. — Même instr.

§ 3. — Actes antérieurs.

12199. Deux conditions sont nécessaires pour que les actes antérieurs à la vente profitent du bénéfice du remboursement. — La première, c'est qu'ils aient été rédigés en exécution de la loi. Il y a donc lieu d'exclure de la restitution les droits perçus sur des actes frustratoires qui reconnus inutiles à la poursuite de vente, notamment les actes annulés pour vice de forme. — Même instr.

12200. La seconde condition, c'est que les actes aient été rédigés pour parvenir à l'adjudication. Si des procédures avaient un but ou un effet différent, si, par exemple, les actes renfermaient des dispositions étrangères à la vente, ils resteraient, pour ce motif, assujettis aux tarifs ordinaires, et le remboursement ne pourrait être autorisé. — Même instr.

12201. Il faut ranger dans cette dernière catégorie notamment : ... les actes auxquels peuvent donner lieu tous les incidents autres que ceux nominativement prévus par le premier paragraphe de l'art. 2 de la loi du 23 oct. 1884. — Même instr. — V. supra, n°s 12158 et s.

12202. ... Tous les actes antérieurs au cahier des charges dans les procédures où la licitation est incidente aux opérations de liquidation et de partage. — Trib. du Vigan, 27 avril 1887. D.P. 88. 5. 223. — Trib. de Bar-le-Duc, 23 juill. 1890, D.P. 91. 5. 246.

12203. Quant aux frais étrangers à la poursuite de vente, constituant, lorsqu'ils sont imposés à l'acquéreur, une charge du prix, et peuvent entrer dans le calcul du prix principal à déterminer par le tribunal. — Trib. de Beauvais, 20 nov. 1886, D.P. 88. 5. 221. — Trib. de Coutances, 11 janv. 1887, D.P. 89. 5. 229. — Trib. de Sainte-Menehould, 26 avr. 1887, D.P. 88. 5. 224. — Trib. de Saint-Omer, 8 déc. 1887, ibid. — Trib. de Grenoble, 13 mars 1889, D.P. 89. 5. 229.

12204. La restitution n'est pas applicable: ... au droit d'enregistrement perçu sur la disposition d'un jugement qui, ordonnant la vente des immeubles dépendant d'une succession acceptée sous bénéfice d'inventaire, constate cette acceptation et en donne acte aux héritiers, ladite déclaration d'acceptation étant étrangère aux actes rédigés pour parvenir à l'adjudication. — Trib. de Gray, 11 sept. 1890, D. P. 91. 5. 245. — Trib. de Gray, 16 oct. 1890, ibid. — Solut. admin. enreg., 20 déc. 1890, ibid.

12205. ... A la procuration sous seing privé donnée par un créancier à son avoué afin de souscrire une surenchère et de remplir les formalités prescrites à cet effet par les art. 2183 et s. C. civ., cet acte n'étant pas une pièce essentielle de la procédure de surenchère. — Trib. d'Aubusson, 21 déc. 1885, D.P. 87. 5. 205. — Trib. de Tulle, 29 avr. 1891, D.P. 92. 5e partie, v° Enregistrement.

12206. ... Aux pouvoirs donnés, par des membres du conseil de famille et la mère tutrice à l'effet de se faire représenter à la vente; ces actes n'ayant, en réalité, pour but que de dispenser les mandants d'un voyage dont la dépense serait restée à leur charge. — Trib. d'Amiens, 26 déc. 1890, D. P. 91. 5. 69.

12207. Mais il en est autrement toutes les fois qu'il s'agit d'un pouvoir donné en vue d'un acte ayant le caractère d'un consentement, c'est-à-dire susceptible de réagir sur les droits des parties. Dans ce cas, un pouvoir spécial est nécessaire à l'avoué mandataire obligé des parties et cet officier ministériel a intérêt à s'en munir dès qu'il a doute sur le caractère de l'acte à intervenir, afin d'être en mesure de prouver, le cas échéant, qu'il n'a pas outrepassé son mandat et d'éviter ainsi de succomber dans une procédure en désaveu. — D. P. 90. 5. 238, in° 66, infine.

12208. Spécialement, le bénéfice de la loi du 23 oct. 1884 est applicable aux pouvoirs donnés dans une procédure de saisie immobilière par les parties à leurs avoués respectifs à l'effet de demander au tribunal la conversion de la saisie en une vente volontaire devant notaire, ces pouvoirs étant exclusivement rédigés en vue de parvenir à l'adjudication et ne pouvant être considérés comme des actes frustratoires. — Solut. de l'admin. de l'enreg. du 23 juin 1890, D. P. 90. 5. 238.

12209. Au contraire, appliquer le bénéfice de la loi : ... au jugement qui a prononcé la remise de l'adjudication, conformément à l'art. 703 C. proc. civ. ... aux placards et procès-verbaux d'apposition de saisie à assurer la publicité dudit jugement et à faire connaître le jour fixé pour l'adjudication. ... à l'inscription qui a été la mention de l'adjudication à la suite du cahier des charges de l'adjudication. — Trib. de Brive, 23 déc. 1885, D.P. 87. 5. 203.

12210. ... A l'ordonnance de référé intervenue postérieurement à la transcription de la saisie, sur la requête du créancier saisissant. et ordonnant la vente des récoltes pendantes sur les immeubles saisis, ainsi qu'au procès-verbal de cette vente, ces actes ne constituant pas un incident de la procédure de saisie, mais en faisant partie intégrante et en étant une conséquence directe et nécessaire. — Trib. de Beaune, 21 févr. 1889, D.P. 89. 5. 227.

12211. ... Aux fractions de centimes perçues à l'enregistrement des actes par application de l'art. 5 de la loi du 23 frim. an 7. — Trib. de Bayeux, 31 janv. 1889, D.P. 89. 5. 228.

12212. ... L'état des frais soumis à la taxe du juge conformément à l'art. 701 C. proc. civ., est celui faisant partie des « actes rédigés en exécution de la loi pour parvenir en est prescrite par la loi même et doit avoir lieu avant la vente. — Trib. de Gray, 11 sept. 1890, D. P. 91. 5. 245. — Trib. de Gray, 16 oct. 1890, ibid. — Solut. admin. enreg., 20 déc. 1890, ibid.

12213. ... Au duplicata de l'état des frais qui aurait été dressé et annexé au procès-verbal ou jugement d'adjudication en vue de satisfaire plus complètement au paragraphe 3 de l'art. 3 ci-dessus. — Mêmes jug. 11 sept. et 16 oct. 1890; même solut. du 20 déc. 1890.

12214. ... Au jugement homologatif de la délibération du conseil de famille qui a autorisé la vente, mais même que cette délibération renferme, en outre la nomination d'un subrogé-tuteur. — Trib. d'Amiens, 26 déc. 1890, D. P. 91. 5. 245. — V. suprà, nº 12190.

12215. Suivant l'administration de l'Enregistrement, les dispositions de la loi de 1884 doivent être restreintes aux actes essentiels qui constituent la procédure de droit commun et ne sont pas applicables aux formalités exceptionnelles auxquelles la situation particulière des parties peut donner lieu. — J.G.S. Enregistr., 3168.

12216. Mais il a été décidé, contrairement à cette interprétation : ... 1° que la restitution s'applique aux droits perçus sur la signification aux héritiers du débiteur du titre exécutoire contre leur auteur, attendu que la loi exige que tout acte de poursuite soit précédé de la signification des titres aux héritiers du débiteur, que cette signification doit, dès lors, être considérée comme faisant partie des dits actes de poursuite, et qu'il en est de même de la signification de ce titre aux tiers détenteurs de l'immeuble grevé. — Trib. de Blois, 26 janv. 1886, D.P. 87. 5. 203. — Trib. de Bayeux, 11 nov. 1886, ibid. — Trib. de Vire, 1er déc. 1887, D.P. 88. 5. 223. — Sol. adm. enreg. 22 déc. 1890, D.P. 91. 5. 244. — V. J.G.S. Enregistr., 3169.

12217. ... 2° Que l'avis du conseil de famille qui autorise le tuteur d'héritiers mineurs à provoquer la licitation d'immeubles indivis entre ces derniers et leurs cohéritiers majeurs, rentre dans la catégorie des actes dressés en exécution de la loi du 23 oct. 1884 pour parvenir à l'adjudication et auxquels le dégrèvement autorisé par cette loi est applicable. — Trib. de Charleville, 8 déc. 1884, J.G.S. Enregistr., 3169.

12218. Il en serait ainsi même dans le cas où, la licitation ayant été provoquée par les cohéritiers majeurs, le tuteur aurait pu, en vertu de l'art. 2, § 2, de la nouvelle loi, procéder sans l'autorisation du conseil de famille, s'il a cru devoir remplir cette formalité. — Même jugement. — V. suprà, nº 12186.

12219. ... 3° Qu'en cas de décès du débiteur saisi, survenu avant la publication du cahier des charges, la procédure suivie par le créancier saisissant à l'effet de reprendre l'instance contre ses héritiers, et, en cas de renonciation de ces derniers, d'obtenir la déclaration de vacance de la succession et la nomination d'un curateur, fait partie intégrante de la poursuite d'expropriation, et les droits perçus sur les actes auxquels elle donne lieu doivent être restitués lorsque le prix principal ne dépasse pas 2,000 fr. — Trib. de Condom, 13 nov. 1889, D.P. 91. 3. 36. — Conf. J.G.S. Enregistr., 3169. — Contra : Sol. adm. enreg. 10 févr. 1890.

12220. Mais la procédure en nomination d'un séquestre judiciaire, qui a pu être jugée nécessaire pour la conservation des droits des créanciers, n'était pas nécessaire pour arriver à l'adjudication, les droits perçus à l'occasion de cette procédure ne doivent pas être compris dans l'ordre de restitution. — Jugement préc. 13 nov. 1889.

12221. En matière de saisie immobilière, le commandement doit être compté au nombre des actes qui, étant nécessaires pour parvenir à l'adjudication, donnent lieu à la restitution des droits de timbre et d'enregistrement. — Jugements préc. 26 janv. et 11 nov. 1886. — Conf. M. Bigard, Commentaire de la loi du 23 oct. 1884, D.P. 86. 3. 119, note. — V. infra, nº 12281 et s.

§ 4. — Droits à restituer.

12222. La restitution comprend tous les droits perçus sur les actes de la procédure. Elle embrasse, suivant le texte de l'art. 3, § 1er, de la loi nouvelle, « les sommes payées au Trésor public pour droits de timbre d'enregistrement, de greffe et d'hypothèque ». Il n'est fait aucune exception en ce qui concerne le droit de timbre, et le remboursement doit comprendre, dès lors, l'intégralité du prix des feuilles de papier de la débite, sans aucune retenue pour le coût de la fabrication. — Instr. préc. 3 déc. 1884.

12223. Ainsi la restitution s'applique au timbre employé pour inscription de chaque acte sur le répertoire et pour la publication du cahier des charges, cette publication constituant un jugement aux termes mêmes de l'art. 695 C. proc. civ. — Trib. de Bayeux, 31 janv. 1889, D.P. 89. 5. 228. — V. suprà, art. 695, nos 8532 et s.

12224. Mais le dégrèvement devant être limité aux actes indispensables pour parvenir à l'adjudication, la restitution ne s'étend pas :... au coût du timbre de la grosse du titre en vertu duquel un créancier a fait pratiquer une saisie sur les immeubles de son débiteur, et procéder à la vente de ces biens, la dite grosse survivant à la poursuite en tant que de nouveau contre son débiteur s'il n'a pas été désintéressé intégralement. — Trib. de Castellane, 12 juin 1885, D.P. 87. 5. 205.

12225. ... Ni au coût du papier timbré employé à la rédaction du procès-verbal d'adjudication, à la suite du cahier des charges, par le notaire commis à l'effet de procéder à la vente, encore bien que cet officier public n'ait employé que ce qui restait du papier du cahier des charges. — Trib. de Ruffec, 22 sept. 1886, D.P. 87. 5. 205.

12226. D'après le paragraphe 3 de l'art. 3 ci-dessus, la restitution s'est autorisée que pour les frais compris dans un état taxé, il a été décidé néanmoins, par une interprétation plus bienveillante que juridique de cette disposition, que la restitution est applicable :... au coût du cahier des charges dressé par un notaire commis, quoiqu'il n'ait pas été soumis à la taxe du juge, alors surtout que cette formalité remplie ultérieurement n'a pas modifié le chiffre. — Trib. de Cosne, 18 févr. 1891, D.P. 91. 5. 245. — V. infra, nº 12219.

12227. ... A l'adjudication contenant liquidation des sommes à restituer et ordre de restitution, quoique l'état des frais taxés n'y ait pas été annexé, et d'ailleurs, été produit ultérieurement. — Trib. de Caen, 28 avr. 1891, D.P. 91. 5. 245. — V. infra, nos 12217 et s.

§ 5. — Droits non perçus.

12228. La loi prévoit le cas du remboursement des droits payés, parce que c'est le plus ordinaire. Mais le même principe conduit à reconnaître que, si les droits n'avaient pas encore été perçus au moment du procès-verbal, la déclaration régulière que le bénéfice de la loi est acquis à la vente s'opposerait à ce que le versement en fût exigé. — Instr. préc. 3 déc. 1884.

§ 6. — Amendes et droits en sus.

12229. La loi ne concerne, d'ailleurs, que les droits simples représentant le salaire de la formalité. Les amendes ou les droits en sus encourus à l'occasion des actes de la procédure ne profitent pas du bénéfice de la restitution. — Même instr.

§ 7. — Salaires du conservateur.

12230. La restitution ne saurait, non plus, être étendue aux salaires dus aux conservateurs des hypothèques, ni aux droits de recherche établis au profit des receveurs. D'une part, le texte de l'art. 5 est spécial aux droits payés au Trésor public ; d'un autre côté, les seuls agents de la loi passibles de la réduction des émoluments sont les avoués, huissiers, greffiers et notaires. La déclaration en a été faite, à plusieurs reprises, dans les documents parlementaires qui ont précédé le vote de la loi. — Même instr.

12231. D'après l'instruction précitée du 3 déc. 1884, on ne doit pas appliquer davantage aux salaires des conservateurs des hypothèques la réduction d'un quart que doivent subir sur leurs émoluments les divers agents de la loi, aux termes de l'art. 3 § 2, lorsque le prix d'adjudication ne dépasse pas 1,000 fr. Mais cette question a été résolue par les tribunaux en sens contraire. — Trib. de Fontainebleau, 16 juill. 1885, J.G.S. Enregistr., 3176.

12232. Le jugement ou le procès-verbal d'adjudication constatera que le bénéfice de la présente loi est acquis à la vente, si le prix d'adjudication ne dépasse pas 2,000 fr. Il ordonnera la restitution par le Trésor public des sommes à lui payées pour les causes énoncées en l'art. 3, lesquelles devront être retranchées de l'état taxé ; et, de plus, réduira d'un quart les émoluments des agents de la loi compris en l'état si le prix d'adjudication est inférieur ou égal à 1,000 fr. La disposition du jugement ou du procès-verbal d'adjudication relative à la fixation des droits à restituer sera susceptible d'opposition pendant trois jours, à compter de l'enregistrement de l'acte de vente, de la part des intéressés. Cette opposition sera formée et jugée comme en matière d'opposition à taxe. S'il n'y a pas eu d'opposition, il en sera justifié par un certificat du greffier ; en cas de jugement rendu sur l'opposition, ou à défaut d'un extrait de ce jugement ; le tout aura lieu sans frais.

§ 2. Le receveur de l'enregistrement qui procédera au vu de l'enregistrement du jugement ou du procès-verbal d'adjudication restituera à l'avoué poursuivant, sur sa simple décharge et sur la remise d'un extrait délivré sans frais de l'ordre de restitution, le tout dans les vingt-trois jours de cette adjudication, les sommes perçues par le Trésor public et comprises en l'état taxé.

§ 3. Le greffier du tribunal ou le notaire délégué pour la vente délivrera à l'adjudicataire un extrait suffisant pour la transcription son titre, et au vendeur, mais seulement dans le cas de non-payement du prix ou de non-exécution des conditions de l'adjudication, un extrait en la forme exécutoire.

DIVISION.

§ 1. — Déclaration (nº 12232).
§ 2. — Ordre de restitution (nº 12235).
§ 3. — Opposition (nº 12251).
§ 4. — Restitution (nº 12267).
§ 5. — Prescription (nº 12278).
§ 6. — Actes employés après restitution (nº 12280).

§ 1er. — Déclaration.

12232. Lorsque la vente réunit les conditions exigées, le jugement ou le procès-verbal d'adjudication du notaire commis doit constater que le bénéfice de la loi est acquis. C'est la prescription formelle du premier paragraphe de l'article ci-dessus. En l'absence de cette déclaration, le remboursement ne pourrait pas avoir lieu. — Instr. préc. 3 déc. 1884.

12233. La déclaration est faite par le tribunal ou le notaire délégué. Si elle est contenue dans un jugement, elle doit émaner du tribunal tout entier, et non pas seulement du président ou du greffier. Elle doit être insérée dans le contexte même du jugement ou du procès-verbal dont elle forme, suivant l'art. 4, une « disposition ». — Même instr.

12234. En cas d'omission, il ne pourrait y être suppléé, puisque, suivant le texte précis de la loi, l'ordre de restitution ne constituerait plus alors une disposition même du jugement ou du procès-verbal d'adjudication. — Même instr.

§ 2. — Ordre de restitution.

12235. Le tribunal ou le notaire commis sont, en outre, chargés par la loi (art. 4, § 1) de déterminer exactement le montant des droits à restituer et d'ordonner ce remboursement. Ce calcul sera établi facilement d'après les états taxés qui accompagnent le procès-verbal d'adjudication et qui, d'après l'art. 3, § 3, de la loi, doivent indiquer distinctement le montant de ces droits. — Même instr.

12236. Mais il n'est pas nécessaire que l'ordre de restitution soit nominativement assigné sur le bureau chargé de l'enregistrement de la vente. La compétence exclusive de ce bureau résulte formellement du § 2 de l'art. 3 de la loi. — Même instr.

12237. Les prescriptions de la loi sont formelles, impératives. Il s'ensuit clairement que la restitution ne peut avoir lieu toutes les fois que le jugement ou le procès-verbal d'adjudication ne renferme pas l'ordre de restitution. — D.P. 91. 3. 23, note.

12238. Ainsi il a été jugé que la restitution autorisée par la loi du 23 oct. 1884 ne peut avoir lieu au cas où le procès-verbal d'adjudication ne renferme pas l'ordre de restitution, alors même qu'il renferme la réquisition par l'avoué poursuivant au notaire rédacteur du procès-verbal, d'y consigner que, le prix étant inférieur à 2,000 fr., les droits perçus sur les actes de la procédure antérieure doivent être remboursés. — Trib. de Baume-les-Dames, 21 mai 1886, D.P. 87. 3. 64.

12239. De même, la mention dans le procès-verbal dressé par notaire commis d'une adjudication prononcée moyennant un prix ne dépassant 2,000 fr., ainsi conçue : « Le notaire a donné aux parties connaissance et lecture de la loi du 23 oct. 1884, art. 3, § 1er, et art. 4, § 1er, accordant le remboursement des droits perçus sur les actes préparatoires aux ventes judiciaires au-dessous de 2,000 fr. En conséquence, lesdites parties demandent à ce que la remise en question leur soit faite », ne peut équivaloir à une ordonnance ou à une réquisition de restitution de droits et se forme par titre contre l'administration. — Trib. de Vesoul, 23 mai 1890, D.P. 91. 5. 243.

12240. En conséquence, l'opposition formée par l'administration audit cas doit être rejetée comme sans objet. — Même jugem. 23 mai 1890.

12241. Toutefois, si la loi est impérative quant au fond, c'est-à-dire quant à la nécessité de la constatation dans le procès-verbal d'adjudication que la restitution doit être effectuée, elle est muette relativement à la forme de cette déclaration : elle ne prescrit aucune formule sacramentelle. — D.P. 91. 3. 22, note.

12242. Ainsi, il a été décidé que la mention dans un procès-verbal d'adjudication dressé par notaire commis en justice que, le prix étant inférieur à 2,000 fr., l'adjudication tombe sous l'application de la loi du 23 oct. 1884 et doit profiter des restitutions qu'elle autorise, lesquelles le receveur de l'enregistrement est requis d'effectuer, équivaut à l'ordre de restitution prescrit par la loi, son texte n'étant assujetti à aucune formule sacramentelle. — Trib. Laon, 25 avr. 1888, D.P. 91. 3. 22.

12243. La loi exige que le jugement ou le procès-verbal d'adjudication renferme une disposition relative à la fixation des droits à restituer ». L'administration de l'enregistrement en conclut que le juge ou le notaire commis doit déterminer exactement le montant de la restitution à effectuer. Tel est bien l'esprit de la loi, mais son texte n'est pas aussi exigeant. — D.P. 91. 3. 23, note.

12244. Suivant un jugement, la restitution doit être opérée, alors même que le

jugement ou le procès-verbal d'adjudication qui l'ordonne ne renferme pas la liquidation des droits à rembourser. Il peut être suppléé à cette formalité par la production ultérieure d'un état taxé. — Trib. d'Argentan, 11 nov. 1885, D.P. 86. 5. 208. — Observ. contr. ibid., note.

12245. Mais il a été décidé, au contraire, que le procès-verbal ou le jugement d'adjudication doit liquider le montant des droits à restituer, et que le tribunal, sur l'opposition de l'administration à un ordre de restituer qui ne contient pas cette liquidation, doit en prononcer la nullité, sans pouvoir suppléer au défaut d'accomplissement de cette formalité, sans laquelle l'administration est dans l'impossibilité d'exercer utilement son droit d'opposition. — Trib. de Châteauroux, 19 juill. 1888, J.G.S. Enregistr., 3181. — Trib. de Mirande, 19 janv. 1887, ibid. — V. dans le même sens D.P. 86. 5. 208, note.

12246. La détermination des sommes à restituer peut être considérée comme suffisante bien qu'incomplète. Aussi a-t-il été jugé qu'il avait été satisfait à la loi par la mention dans le procès-verbal d'adjudication du montant des frais dus à chacun des avoués ainsi qu'au notaire et l'annexe des états taxés. — Trib. Laon, 25 avr. 1888, D.P. 91. 3. 23.

12247. La non-production par l'un des officiers ministériels d'un état taxé fait obstacle à la restitution seulement en ce qui concerne cet officier ministériel, et non pour les sommes portées aux états produits par les autres. — Même jugement.

12248. ... Et si le tribunal est saisi par suite d'opposition à la restitution, il peut réparer l'omission commise et fixer la somme à restituer. — Contrà : D.P. 91. 3. 23, notes 1, 2 et 3 in fine. — Adde suprà, n° 12245.

12249. Jugé, en ce sens, qu'un état taxé constatant distinctement les droits payés au Trésor et ceux revenant aux agents de la loi, est la seule base sur laquelle la restitution doit être ordonnée par l'autorité compétente ; que l'annexe de cet état au jugement ou au procès-verbal d'adjudication permettant à l'administration d'exercer son droit de contrôle, ses agents ne peuvent exiger la communication des dossiers. — Trib. de Condom, 13 nov. 1889, D.P. 91. 3. 85.

§ 3. — Opposition.

12251. — I. Intéressés. — La déclaration du tribunal ou du notaire, que le bénéfice de la loi est applicable à la vente, la fixation des sommes à restituer et l'ordre de remboursement, sont susceptibles d'opposition de la part des intéressés. Ces intéressés sont tous ceux auxquels la décision peut faire grief, notamment l'administration de l'enregistrement, les agents de la loi, le poursuivant, le vendeur et les tiers intervenants à la procédure. — Instr. préc. 1884.

12252. — II. Délai. — L'opposition doit être formée dès qu'il apparaît que la loi a été indûment appliquée à la vente, soit parce que celle-ci ne profite pas une vente judiciaire, soit parce que le prix a été mal calculé, soit parce que des erreurs ont été commises dans la fixation du chiffre de la restitution. Les appréciations du tribunal ou de son délégué ont été soumises au point par la loi au contrôle des agents de l'enregistrement. — Même instr.

12253. Le délai pour former opposition est, suivant l'art. 4, § 2, de la loi, celui de trois jours à compter de l'enregistrement de l'acte de vente. Ce délai est franc, le jour de l'enregistrement n'est pas compté et si le

troisième jour est férié, le délai est reporté au lendemain. — Même instr.

12254. Le délai de trois jours ne court qu'à partir de l'enregistrement effectif de l'acte ou du jugement, parce que c'est dès ce moment que la restitution doit avoir lieu. L'opposition ne pourrait donc être utilement formée pendant la période qui s'écoule entre la date du jugement et celle de la formalité. — Même instr.

12255. Il en résulte que, si l'enregistrement est retardé au delà du délai légal par le greffier ou par le notaire, ou si le receveur refuse de donner la formalité à défaut de consignation suffisante ou des déclarations ordonnées par l'art. 16 de la loi du 22 frim, au 7, le délai d'opposition se trouve suspendu. Nulle signification extraordinaire ne peut le faire courir contre l'administration. — Même instr.

12256. — III. Procédure. — L'opposition sera formée et jugée comme en matière d'opposition à taxe. Les formalités de cette procédure sont indiquées par le décret du 16 févr. 1807 sur la liquidation des dépens. — Même instr. — V. suprà, n°s 12046 et s.

12257. En règle générale, l'opposition est précédée d'une signification faite aux avoués des parties intéressées et introduite par voie de citation en chambre du conseil ; mais l'avoué poursuivant ayant été désigné par l'art. 4, § 2, comme le bénéficiaire de la restitution, c'est à lui seul que la signification et la sommation de comparaître doivent être notifiées. — Même instr.

12258. ... Et non pas aux parties, soit en leur personne, soit dans la personne de leur avoué. — Sol. admin. enreg. 11 déc. 1886 et 23 janv. 1886, J.G.S. Enregistr. 3187. — Conf. Trib. de Saint-Flour, 9 déc. 1885, ibid. — Contrà : Trib. d'Annecy, 12 août 1885, ibid.

12259. Le tribunal compétent est celui qui a prononcé la déclaration et l'ordre de remboursement ou, en cas de vente par notaire commis, celui qui a désigné cet officier public. — Même instr.

12260. La procédure a lieu devant la chambre du conseil, sans requêtes ni écritures : mais les plaidoiries y sont autorisées. La loi ayant décidé d'une manière générale que l'opposition serait jugée comme en matière d'opposition à taxe, se réfère par conséquent à la procédure ordinaire et exclut implicitement les dispositions de l'art. 65 de la loi du 22 frim. au 7. L'administration ne saurait donc invoquer le bénéfice de l'instruction écrite ; elle doit se faire représenter par un avoué. — Même instr.

12261. Le tribunal, en chambre du conseil, statue souverainement. Aucune disposition sur le fond n'étant engagée par le débat, le jugement n'est pas susceptible d'appel (Décr. 16 févr. 1807, art. 6, V. suprà, n°s 12063 et s.) ; mais de même qu'en matière civile, il n'est pas suspensif. — Même instr.

12262. Jugé que l'administration de l'enregistrement n'est pas recevable à soutenir, pour la première fois, devant la cour de cassation, dans une instance sur opposition formée par elle à un jugement ordonnant la restitution des droits perçus au sujet d'une vente judiciaire dont le prix n'excédait pas 2,000 fr., que l'avoué constitué par l'un au nom de ses clients, devant le tribunal, sans qu'aucune protestation ait été élevée, avait seul qualité pour répondre à l'opposition et que c'était contre lui ou à son profit que le jugement aurait dû intervenir. — Civ. r. 1er déc. 1891, D.P. 92. 1. 518.

12263. L'art. 4 de la loi nouvelle porte que les procédures relatives à l'opposition auront lieu sans frais. Toutes les séances seront dispensées du timbre et d'enregistrés gratis, quant il y aura lieu à l'enregistrement. Ils ne donneront lieu à aucun émolument de la part des agents de la loi. Par conséquent, aucune condamnation aux dépens ne saurait être prononcée contre celui qui succombe dans la procédure. — Instr. préc. 3 déc. 1884.

12264. Décidé en ce sens que le tribunal n'a pas à prononcer de condamnation aux dépens contre la partie qui succombe. — Trib. d'Epernay, 27 juin 1885, J.G.S. Enregistr., 3189. — Trib. de Rouen, 7 févr. 1888, ibid.

12265. C'est aussi ce qui résulte d'une circulaire de la Chancellerie aux termes de laquelle l'expression sans frais dont se sert l'art. 4, § 1er, in fine, de la loi du 30 oct. 1884, est générale et s'applique non seulement aux taxes fiscales, telles que droits d'enregistrement, de timbre et de greffe, mais encore aux honoraires des avoués. — Circ. min. just. 14 nov. 1887, Bull. min. just. 1887, p. 229.

12266. On a soutenu, au contraire, que si la loi de 1884 a entendu affranchir la procédure de restitution de tous les droits dus au Trésor, rien n'indique qu'elle ait voulu étendre le dégrèvement aux honoraires des officiers ministériels et que ces frais doivent être supportés par la partie qui succombe, conformément au droit commun. — Trib. de Saint-Lô, 9 avr. 1886, J.G.S. Enregistr. 3189. — Trib. de Dijon, 9 janv. 1888, ibid. — Trib. d'Epernay, 23 févr. 1888, ibid. — Trib. de Morlaix, 28 juin 1888, ibid.

§ 4. — Restitution.

12267. — I. Justifications. — S'il n'y a pas eu d'opposition, ou si l'opposition a été régulièrement vidée, l'ordre de remboursement peut recevoir son exécution, mais certaines justifications doivent précéder la remise des deniers. — Instr. préc. 3 déc. 1884.

12268. Il est nécessaire d'abord que l'avoué poursuivant dépose au recouvreur qui a enregistré le jugement ou le procès-verbal d'adjudication un extrait de l'ordre de restitution. Cet extrait, délivré par le greffier ou par le notaire commis, doit contenir toutes les énonciations propres à justifier le remboursement, à savoir : la déclaration que le bénéfice de la loi est acquis à la vente, le montant de la somme à payer et l'injonction de rembourser. — Même instr.

12269. L'extrait est délivré sans frais sur papier non timbré et il est dispensé de l'enregistrement. — Même instr.

12270. Il y a lieu de justifier au recouvreur qu'il n'a été formé aucune opposition de la part des intéressés ou que, s'il en a été signifié, elles sont devenues sans objet. — Même instr.

12271. Lorsqu'il n'y a pas ou d'opposition, cette preuve résulte d'un certificat délivré par le greffier du tribunal qui a ordonné le remboursement ou commis le notaire. Lorsqu'une opposition a été levée par un jugement, c'est produit une extrait constatant cette mainlevée. Enfin, en cas de désistement de l'opposition, le fait est également constaté par l'attestation du greffier. Tous ces certificats doivent être donnés sans frais et sur papier non timbré. — Même instr.

12272. Le bénéfice de la loi n'étant acquis que quand le prix est devenu définitif par l'expiration du délai des surenchères de huitaine et de quinzaine prévues par les art. 708 et 965 C. proc. civ. et 473 C. com., il est indispensable de justifier au recouvreur de cette condition. L'avoué poursuivant lui remet, à cet effet, un certificat délivré également sans frais par le greffier du tribunal du lieu de la vente et constatant qu'à l'expiration des délais, aucune surenchère n'avait été formée. — Même instr.

12273. — II. Délai dans lequel doit être opérée la restitution. — L'art. 4, § 2, énonce que la restitution doit avoir lieu dans les vingt-trois jours de la vente. Mais, ainsi que le rapporteur de la loi l'a expliqué dans la séance de la Chambre des députés du 16 oct. 1884, cette date ne saurait être prise d'une

manière absolue. La loi a parlé du cas le plus ordinaire, où le jugement d'adjudication est présenté à l'enregistrement dans les vingt jours de sa date, et où, par conséquent, le délai d'opposition de trois jours constitue une période utile de vingt-trois jours. — Même instr.

12274. Mais il peut arriver qu'en raison, notamment, de l'existence de jours fériés, le jugement ne soit présenté à l'enregistrement qu'après le vingtième jour de sa date. Dans cette hypothèse, les trois jours accordés aux intéressés pour former opposition, peuvent conduire au delà des vingt-trois jours fixés par le texte de l'art. 4. Ce n'est évidemment que quand le délai d'opposition est expiré que le recouvreur peut être contraint d'opérer la restitution. — Même instr.

12275. — III. Payement. — Le remboursement est effectué entre les mains de l'avoué poursuivant (art. 4, § 2) : s'il y en a plusieurs, c'est le plus diligent qui doit être préféré. La restitution ne peut pas être opérée partiellement entre chacun d'eux. — Même instr.

12276. En cas de décès ou de cession de l'office, l'avoué poursuivant est remplacé par son successeur ou par celui qui continue en son nom la procédure. Peu importe que le tribunal ait prononcé la distraction des dépens au profit d'un autre officier ministériel. Les termes de la loi sont précis et confient au poursuivant le soin de recevoir le remboursement. — Même instr.

12277. L'avoué poursuivant donne au recouvreur une décharge (art. 4, § 2) qui n'a pas été exemptée du timbre et comme celle n'a pas pour objet une restitution de droits perçus à la suite d'une erreur dont l'administration doit la réparation, l'exigibilité du timbre est justifiée par les dispositions de la loi générale. — Même instr.

§ 5. — Prescription.

12278. Le projet de loi présenté par le gouvernement, le 14 janv. 1878, renfermait une disposition portant que la demande en restitution devrait être faite dans les deux ans de l'enregistrement du procès-verbal d'adjudication. Cet article, qui soumettait l'action à un délai suivant à la prescription biennale, n'a pas été maintenu. Il y a donc lieu de faire à la créance du poursuivant l'application de la règle générale relative aux créances sur l'État et d'après laquelle le délai de la restitution est de cinq ans à partir de l'ouverture de l'exercice auquel appartient la restitution ordonnée. — Même instr.

12279. La loi du 23 oct. 1884 ne renferme aucune limitation de délai en ce qui concerne la restitution des droits perçus sur les actes de la procédure. Quoique la perception remonte à plus de deux ans au moment de l'adjudication, la prescription biennale établie par l'art. 61 de la loi du 22 frim. au 7, ne saurait être invoquée : elle se trouve abrogée par les dispositions générales et absolues de l'art. 3, § 1er, de la loi nouvelle. — Même instr.

§ 6. — Actes employés après restitution.

12280. La dispense d'impôt accordée par voie de restitution aux actes de la procédure est spéciale à la poursuite de vente. Il est certain que ces actes ne sauraient être utilisés à d'autres fins et que, dans ce dernier cas, les droits redeviendraient exigibles. Telle serait notamment l'hypothèse où un cahier des charges comprenant des lots retirés de la vente et d'autres lots vendus par un procès-verbal tombant sous l'application de la loi, servirait plus tard à la mise aux enchères des lots retirés de la première adjudication et serait ainsi une vente dont le prix principal dépasserait 2.000 fr. Le droit restitué sur le cahier des charges deviendrait alors recouvrable. — Même instr.

Art. 5. Le tribunal devant lequel se poursuivra une vente d'immeubles dont la mise à prix sera inférieure à 2.000 fr. pourra, par le jugement qui doit fixer les jours et les conditions de l'adjudication ou par le jugement qui autorisera la vente, ordonner : 1° que les placards et insertions ne contiendront qu'une désignation très sommaire des immeubles; le prix des insertions sera de la moitié de celui fixé pour les autres ventes judiciaires; 2° que les placards seront même manuscrits et apposés sans procès-verbal d'huissier, dans les lieux que le tribunal indiquera ou par dérogation à l'art. 699 C. proc. civ.

12281. Pour le commentaire de cet article, V. supra, art. 699, n°s 8526 et s.

Art. 6. Les dispositions de la présente loi ne pourront être appliquées qu'aux ventes judiciaires d'immeubles dont la poursuite ne serait pas commencée avant sa promulgation.

12282. La loi du 26 janv. 1892 sur la réforme des frais de justice dispose que « l'époque à laquelle la procédure est réputée commencée se détermine..... pour les ventes judiciaires, soit par l'assignation en licitation, soit par la requête tendant à obtenir du tribunal l'autorisation de procéder à la vente, soit par le procès-verbal de saisie immobilière mise aux enchères prévu par les art. 2185, C. civ. et 832 C. proc. civ. » (art. 24). — V. infra, n°s 12656 et s.

12283. Dans les procédures où la licitation est incidente aux opérations de liquidation et de partage, c'est le cahier des charges qui détermine le point de départ des poursuites ou le commencement de la procédure pour l'application de la loi du 23 oct. 1884. En conséquence, toutes les fois que le cahier des charges a été dressé postérieurement à la promulgation de la loi, le bénéfice des dispositions est applicable à toute la procédure. — Sol. adm. enreg. 10 avr. 1885, D.P. 86, 3. 135.

12284. L'application de la disposition ci-dessus aux adjudications sur saisie immobilière a soulevé des difficultés. Jugé que le commandement ne faisant pas partie intégrante de la procédure de saisie et n'en étant pas le préalable, on doit considérer comme commencée postérieurement à la loi du 23 oct. 1884, et tombant, par suite, sous son application, la saisie qui, avant le 23 oct. 1884, a seulement été l'objet d'un commandement. — Trib. de Tarbes, 30 oct. 1885, D.P. 86. 3. 119.

12285. ... Que, par suite, la restitution est applicable aux droits perçus sur les actes se rapportant à une vente sur saisie immobilière lorsque le procès-verbal de saisie est postérieur à sa promulgation, encore bien que le commandement ait été signifié antérieurement. — Même jugement. — V. dans le même sens, supra, n° 12282. La disposition de la loi du 26 janv. 1892, portant que la procédure de saisie est réputée commencée par le procès-verbal de saisie.

12286. Décidé, en sens contraire, que le commandement fait partie de la procédure de saisie immobilière, qu'il doit en être compris dans les frais de poursuites, et que, en conséquence, la loi du 23 oct. 1884 n'est pas applicable à une procédure de l'espèce lorsque le commandement par lequel les poursuites ont été entamées a été signifié antérieurement à sa promulgation. — Trib. de Blois, 13 mai 1885, D.P. 86. 3. 136; D.P. 87. 5. 264. — V. dans le même cas supra, n° 12281.

12287. A fortiori la loi du 23 oct. 1884 n'est-elle pas applicable à l'adjudication prononcée sur une saisie immobilière antérieure à la promulgation de cette loi, encore bien que les poursuites aient été suspendues et n'aient été reprises que postérieurement à cette promulgation. — Trib. de Grasse, 27 nov. 1889, D.P. 90. 5. 238.

12288. Peu importe, d'ailleurs, que la subrogation aux poursuites qui n'est pas distincte de la saisie originaire et ne peut être considérée, par suite, comme une procédure nouvelle, n'ait été prononcée que depuis la promulgation de la loi. — Trib. de Carpentras, 14 août 1888, D.P. 89. 5. 228.

Loi du 26 janv. 1892,

Portant fixation du budget des dépenses et des recettes de l'exercice 1892. — (Journ. off. du 27 janv., 1892). — Extrait, D.P. 92.4.9-10.

§ 2. — *Impôts et revenus autorisés.*

12289. Le projet de loi *sur la réforme des frais de justice* présenté en 1891 par M. Henri Brisson, membre de la Chambre des députés, et un grand nombre de ses collègues, supprimait les droits de greffe, exonérait du timbre et de l'enregistrement tous les actes de procédure et substituait à ces impôts une taxe proportionnelle spéciale à percevoir sur les jugements. — V. D.P. 92. 4. 16, note.

12290. Cette réforme radicale n'a pu être admise à cause des conséquences que son adoption aurait entraînées pour le Trésor. La proposition a abouti, après de longs débats, à différentes dispositions qui figurent dans la dernière loi de finances du 26 janv. 1892 sous les art. 4 à 28 (D.P. 92. 4. 16) et n'ont dégrevé qu'un certain nombre d'actes et de jugements. — V. D.P. 92. 4. 16, note.

12291. Comme on le verra plus loin, cette réforme se rattache, par différents côtés, aux dispositions du tarif des frais et dépens en matière civile.

Art. 4. Sont supprimés les droits de greffe de toute nature perçus par l'administration de l'enregistrement au profit du Trésor, dans les justices de paix, les tribunaux civils ou de commerce et les cours d'appel

12292. Les droits de greffe ont été institués par la loi du 21 vent. an 7 pour les tribunaux civils et de commerce. — J. G. *Enregistr.*, 5850.

12293. Une loi du 16 nov. 1875 (V. suprà, p. 446) qui a élevé le traitement des greffiers de justice de paix, a établi, dans son art. 2 (V. suprà, nos 12116 et s.), afin de compenser la charge imposée au Trésor par cette augmentation, un droit de 1 fr., en principal, à percevoir dans les greffes des justices de paix « pour l'inscription sur rôle de chaque cause portée à l'audience qui n'y reçoive jugement ». Cette taxe, qui constituait un droit de greffe, se trouve supprimée comme toutes les autres. — Instr. adm. enreg. 9 déc. 1875, nº 2533, D.P. 76. 5. 263. — V. *Code annoté de l'enregistrement*, nos 15710 et s.

12294. Les droits de greffe comprenaient : ... 1º le droit de mise au rôle. — J. G. *Enregistr.* 5861 et s., et J.G.S. *Enregistr.* 3447 et s.

12295. ... 2º le droit de rédaction et de transcription. — J.G. *Enregistr.* 5873 et s., et J.G.S. *Enregistr.* 3458 et s.

12296. ... 3º le droit d'expédition. — J.G. *Enregistr.* 5895 et s., et J.G.S *Enregistr.* 3477 et s.

12297. L'art. 4 de la loi du 1892 supprime tous les droits de greffe perçus au profit du Trésor et par conséquent tous les droits d'expédition qui, alors que le procès était terminé par la sentence rendue, venaient augmenter sensiblement les frais de l'instance. — Exposé des motifs, D.P. 92. 4. 11.

12298. Mais la situation des greffiers n'est pas modifiée ; car, ainsi que l'a déclaré le commissaire du gouvernement à la Chambre des députés, l'art. 4 dit simplement que les droits perçus au profit du Trésor sont supprimés, et il ne parle pas des émoluments que touchent les greffiers. — D.P. 92. 4. 16, note 1.

12299. La commission du Sénat a cru nécessaire de mentionner, dans l'art. 4, qu'il s'appliquerait aux justices de paix, aux tribunaux civils ou de commerce et aux cours d'appel, afin d'en écarter *ipso facto* la cour de cassation. — D.P. 92. 4. 16, note 1.

12300. Cette adjonction a été acceptée par le Sénat et la Chambre des députés, et a entraîné la suppression d'un paragraphe additionnel à l'art. 21 portant que les dispositions de la loi n'étaient pas applicables en ce qui concernait la cour de cassation. — D.P. 92. 4. 16, note 1.

12301. L'art. 4 ne s'applique pas non plus aux droits de greffe établis en matière *criminelle, correctionnelle* ou de *simple police* par le décret du 18 juin 1811. — D.P. 92. 4. 16, note 1.

12302. Les droits et frais de l'espèce perçus au profit de l'État aux greffes de la *cour de cassation* et de la *cour des comptes*, ainsi qu'au secrétariat du *conseil d'État*, ayant été intentionnellement passés sous silence et, par conséquent, maintenus sans modification, la perception de ces droits continuera à être effectuée comme par le passé par le receveur placé près la cour de cassation. — Instr. adm. enreg. 31 mai 1892, nº 2816, D.P. 92. 4. 49.

12303. Sous cette réserve, la disposition de l'art. 4 embrasse sans exception *tous* les droits de mise au rôle, d'expédition, de rédaction et de transcription, fixes ou proportionnels, établis par la loi du 21 vent. an 7 et les lois subséquentes. Elle s'applique, dès lors, en ce qui concerne soit les minutes, soit les expéditions, non seulement aux actes, jugements et arrêts relatifs à des instances et procédures, mais encore à tous les actes délivrés par les greffiers ou passés dans les greffes, en dehors de toute instance ou procédure, tels que certificats, déclarations, acceptations de successions sous bénéfice d'inventaire, renonciations à communautés ou à successions, dépôt de registres, de pièces, publications de contrats de mariage, actes de constitution ou de dissolution de sociétés, etc., etc. — Instr. adm. enreg. nº 2816. — Conf. M. Jules Godin, *Commentaire de la loi du 26 janv. 1892*, art. 1er, p. 50 ; M. Besson, *ibid.*, nº 11 et s. ; MM. Manuel et Louis, *ibid.*, nº 57 ; MM. Malepeyre et Mesnard, *ibid.*, nº 6 et s.

12304. Elle s'étend également aux expéditions et, en outre, aux actes qui, quoique exempts d'enregistrement, étaient assujettis au droit de rédaction sous l'empire de la législation abrogée, comme les dépôts de répertoires et les dépôts de signatures et paraphes des notaires. — Même Instr. adm. enreg. nº 2816.

Art. 5. Sont dispensés de la formalité du timbre et de l'enregistrement :

Les actes de procédure d'avoué à avoué devant les tribunaux de première instance et les cours d'appel, ainsi que les exploits de signification de ces mêmes actes.

Le bulletin nº 2 du casier judiciaire délivré aux particuliers sera dispensé du droit de timbre.

Le droit d'enregistrement sur ce bulletin sera réduit à vingt centimes (0 fr. 20).

DIVISION.

§ 1er. — *Actes d'avoué à avoué* (nº 12305).
§ 2. — *Bulletin nº 2 du casier judiciaire* (nº 12324).

___

§ 1er. — *Actes d'avoué à avoué.*

12305. Les deux premiers paragraphes de l'art. 5 ne sont passés dans le texte définitif de la loi que par suite de la persistance de la Chambre à ne pas accepter les modifications proposées par le Sénat au texte voté en premier lieu. — D.P. 92. 4. 16, note 2.

12306. La commission du Sénat avait écarté le dégrèvement du droit d'enregistrement, quoiqu'elle eût désiré supprimer cette formalité, mais l'organisation actuelle de notre procédure civile lui avait semblé en rendre le maintien indispensable. — D.P. 92. 4. 16, note 2.

12307. La signification des actes d'avoué, dit le rapporteur, entraîne, en beaucoup de cas, des forclusions, fait courir des délais, constate des péremptions ; il est donc nécessaire qu'elle ne puisse être discutée, et, si l'on veut garantir son exactitude, il est bon d'en maintenir sur les registres de l'enregistrement l'insertion qui seule peut lui donner date certaine. — D.P. 92. 4. 16, note 2.

12308. Ces considérations avaient déterminé le Sénat à repousser la suppression de la formalité de l'enregistrement et à se borner à réduire d'un tiers les droits d'enregistrement pour les actes d'avoué à avoué. — D.P. 92. 4. 16, note 2.

12309. Mais la Chambre des députés persista à voter cette suppression, sur l'insistance de MM. Brisson et Dupuy-Dutemps qui firent remarquer qu'un projet de réforme du Code de procédure civile proposait la suppression de la plupart des actes d'avoué à avoué, ainsi que sur la déclaration faite par le ministre des finances, d'après laquelle, au système de l'enregistrement, on devait substituer celui du visa réglé de façon à ce que la suppression de l'enregistrement n'entraînât aucun inconvénient. — D.P. 92. 4. 16, note 2. — V. *infrà*, no 12626 et s., 12645 et s.

12310. Il résulte des deux premiers paragraphes de l'art. 5 que les droits fixes de 75 centimes et de 1 fr. 50 c. (auxquels s'ajoutaient deux décimes et demi édictés par les art. 41, nº 1, et 42 de la loi du 28 avr. 1816, modifiés par la loi du 19 févr. 1874, cesseront d'être perçus. — Instr. adm. enreg. 31 mai 1892, nº 2816, D.P. 92. 4. 49. — V. *Code annoté de l'enregistrem.*, p. 294, 2e col.

12311. L'exemption s'applique à *tous* les actes de procédure d'avoué à avoué appelés dans le langage courant « actes du palais », et visés dans les art. 70 à 75, et 87 du tarif du 16 févr. 1867. Elle s'étend à tous ces actes sans exception, quelle que soit la nature de la procédure, quels que soient le contenu de l'acte, son but et ses effets. — M. Jules Godin, *Commentaire*, art. 5-1e, p. 53.

12312. En ce qui concerne les *qualités* des jugements et arrêts contradictoires signifiés d'avoué à avoué, en exécution des art. 142 et 470 C. proc. civ., l'original qui un est dressé se trouve affranchi du droit de timbre, au même titre que la copie, bien qu'il doive être déposé au greffe, après la signification, pour la rédaction de la décision à laquelle il se rapporte. — Instr. adm. enreg. préc., 31 mai 1892, nº 2816.

12313. L'immunité ne s'applique pas seulement à l'original et à la copie des qualités ; elle s'étend aussi à la *signification* (M. Besson, *loc. cit.*, nº 20), mais non à l'*expédition* que le greffier rédige des qualités lors de la délivrance de la grosse du jugement. Cette expédition est passible du timbre comme celle des motifs et du dispositif à laquelle elle est réunie pour former une seule et même pièce. — Même instr.

12314. La double exonération prononcée par l'art. 5 de la nouvelle loi est limitée par le texte même aux actes d'*avoué à avoué*. Elle n'est, par suite, applicable ni aux actes du ministère des avoués qui ne se signifient pas, tels que les *cahiers des charges* et *placards* en matière de vente judiciaire, les *certificats de publication de jugements portant séparation de corps ou de biens* (art. 872, 880 C. proc. civ.), ni à ceux qui pourraient être signifiés à partie, comme les *qualités des jugements et arrêts par défaut*. À plus forte raison ne saurait-elle s'étendre aux *significations de partie à partie*. — Même instr.

12315. Il en est ainsi quelle que soit la nature du défaut, qu'il soit prononcé faute de conclure ou pour n'avoir pas constitué avoué. — Conf. M. Besson, *loc. cit.*, nº 21.

12316. L'art. 41 de la loi du 16 juin 1824 a étendu aux avoués les dispositions des art. 41 et 42 de la loi du 22 frim. an 7, qui défendent aux notaires, huissiers, greffiers, etc., de faire ou rédiger aucun acte en conséquence d'un acte public ou sous seing privé, avant que ce dernier ait été enregistré, à moins qu'il ne soit exempt de la formalité. Aucune dérogation expresse ou implicite n'est apportée à cette règle. — Instr. préc. adm. enreg., nº 2816.

12317. Il y a lieu de faire la même remarque au sujet des prescriptions des art. 49 de la loi du 5 juin 1850 et 2 de la loi du 30 mars 1872, touchant l'énonciation dans les actes de titres, pièces ou écrits quelconque soumis au timbre. — Même instr. — V. *Code annoté de l'enregistrement*, nos 14053, 14068, 14673, 14873, 14879, 15094.

12318. L'avoué qui dresserait un acte de procédure d'avoué à avoué sans se conformer, le cas échéant, à ces diverses dispositions, encourrait alors, après le 1er juill. 1892, les mêmes peines et la même responsabilité qu'aujourd'hui. — Même instr.

12319. La double formalité du timbre et de l'enregistrement est maintenue pour tous les actes de procédure d'avoué à avoué visés par l'art. 5. Mais, pour certains d'entre eux, le tarif des droits fixes d'enregistrement auxquels ils sont soumis, est réduit à 1 fr. ou diminué d'un tiers par les art. 6, 7 et 8 de la nouvelle loi. — Même instr. — V. *infra*, nos 12333 et s., 12345 et s., 12368 et s.

12320. La rédaction primitive de l'art. 5 dispensait du timbre et de l'enregistrement les actes de procédure *d'avocat à avocat* devant la *cour de cassation*. Mais cette dispense a été retranchée sur la demande de M. de Ramel. D.P. 92. 4. 16, note 2.

12321. L'art. 5 de la loi du 26 janv. 1892 ne parlant ni des *conseils de préfecture*, ni du *conseil d'État*, ni de la *cour de cassation*, il s'ensuit que les significations faites devant ces juridictions ne profitent pas de l'exemption. Ainsi, les significations d'avocat à avocat devant le conseil d'État et devant la cour de cassation demeurent assujetties au timbre et à l'enregistrement. — D.P. 92. 5. 16, note 2.

12322. Le droit d'enregistrement est, pour ces significations, de 4 fr. 50 c. en principal, soit de 5 fr. 63 c., y compris les décimes. — V. *Code annoté de l'enregistrement*, p. 291.

12323. L'art. 25 de la loi dispose qu'un règlement d'administration publique déterminera la qualité et les dimensions du papier servant à la confection des actes d'avoué à avoué. Ce règlement est intervenu à la date du 23 juin 1892 (D.P. 92. 4. 83-84). Il dispose que le papier servant aux actes de l'avoué à avoué doit être de la même qualité et des mêmes dimensions que le petit papier à 1 fr. 20 ou la demi-feuille à 60 centimes. Il ajoute que les actes d'avoué à avoué rédigés sur papier ayant cette qualité et ces dimensions pourront seuls être admis en taxe par les magistrats taxateurs. — V. *infra*, nos 12679 et s.

§ 2. — *Bulletin nº 2 du casier judiciaire.*

12324. Les casiers judiciaires organisés par la circulaire du garde des sceaux du 6 nov. 1850 comprenaient deux catégories de bulletins : les bulletins nº 1 formant les éléments constitutifs des casiers judiciaires et dressés par les greffiers des tribunaux civils de première instance, pour constater chaque condamnation criminelle ou correctionnelle prononcée dans l'arrondissement de leur siège contre tout individu. — *Rec. off. min. just.* t. 2, p. 146 et s.

12325. ... Et les bulletins nº 2 ou extraits du casier judiciaire qui présentent le relevé complet des condamnations constatées au casier judiciaire par le bulletin nº 1 contre un même individu, ou qui attestent qu'il n'existe pas au casier judiciaire de bulletin nº 1 applicable à l'individu dont on veut connaître les antécédents. — Même recueil, *ibid.*

12326. Les droits exigés pour la délivrance des bulletins nº 2 variaient suivant la qualité des personnes qui les demandaient — Circ. min. just. 30 déc. 1873 et 28 nov. 1874. *Rec. off. min. just.*, t. 3, p. 268 et 316.

12327. La Chambre des députés avait accordé aux bulletins nº 2 délivrés aux particulier l'immunité complète du timbre et de l'enregistrement sur la proposition de M. Bovier-Lapierre, et malgré la résistance du commissaire du gouvernement et du ministre des finances. — D.P. 92. 4. 16, note 2.

12328. Le Sénat, qui avait d'abord refusé d'accepter cette immunité, a cédé dans une certaine mesure devant l'insistance de la Chambre, en accordant aux bulletins nº 2 la dispense du timbre et en les soumettant seulement au un droit d'enregistrement de 20 centimes que la Chambre des députés a accepté. — D.P. 92. 4. 16, note 2.

12329. Le rapporteur a fait remarquer que, d'après les circulaires remontant à quelques années, la demande d'obtention du casier judiciaire devait être faite sur papier timbré de 60 centimes : il lui a paru que, si l'on dégrevait du timbre le casier judiciaire lui-même, la *demande* pour en obtenir la délivrance ne pouvait y être assujettie. Le garde des sceaux a donné son adhésion à cette demande. — D.P. 92. 4. 16, note 2. — V. on ce sens MM. Manuel et Louis, *loc. cit.*, nº 110 ; M. Besson, *loc. cit.*, nº 45.

12330. Comme le fait observer ce dernier auteur, il aurait été préférable que le texte lui-même de la loi eût consacré cette solution. En effet, les demandes de cette nature tombent sous l'application de l'art. 12 de la loi du 13 brum. an 7 qui assujettit au timbre toutes les pétitions adressées aux autorités. — V. *Code annoté de l'enreg.*, nos 12924 et s.

12331. Les certificats constatant l'état du casier judiciaire, exempts d'enregistrement en vertu des lois en vigueur, continueront nécessairement à jouir de cette immunité. L'observation s'applique spécialement aux certificats remis à des magistrats ou à des administrations publiques dans l'intérêt exclusif de l'État ainsi qu'à ceux qui sont destinés à être produits à l'autorité militaire par les engagés volontaires dans les armées de terre et de mer, par les aspirants aux emplois d'officiers de la réserve de l'armée territoriale et par les candidats qui demandent à entrer dans le corps de la gendarmerie. — Instr. adm. enreg. 31 mai 1892, nº 2816, D.P. 92. 4. 49.

12332. Les bulletins nº 2 du casier judiciaire qui supporteront le droit de timbre de dimension de 0 fr. 60 c., au minimum, et le droit d'enregistrement de 1 fr. 50 c. en principal et de 1 fr. 88 c., décimes compris, comme autres produits à ce tarif (*Code annoté de l'enregistrement*, p. 303, 2e col.), sont, depuis la mise à exécution de la loi du 26 janv. 1892, exempts de timbre et assujettis seulement au un droit d'enregistrement de 0 fr. 20 c. en principal et 0 fr. 25 c., décimes compris.

Art. 6. Est réduit à 1 fr. le droit d'enregistrement applicable aux exploits en matière civile devant les juges de paix, ainsi que les significations des jugements définitifs.

12333. Cette disposition calquée sur l'art. 5 de la loi du 19 juill. 1845 a même portée que celle-ci et comprend, par conséquent, sans exception, tous les exploits actuellement assujettis au tarif de 2 fr. 25 c. — Instr. dir. gén. enreg. 31 mai 1892, nº 2816, D.P. 92. 4. 49. — V. *Code annoté de l'enregistrement*, p. 291, 1re col.

12334. Le droit qui s'élevait à 2 fr. 82 c., décimes compris, n'est plus aujourd'hui que de 1 fr. 25 c., décimes compris.

12335. À la séance du 19 janv. 1892, M. J. Godin obtint que le mot « instances » fût substitué à celui de « procédures » employé dans la rédaction primitive. Un erratum inséré au *Journal officiel* du 24 janv. 1892, p. 91, semble indiquer que la Chambre a adopté ce changement opéré par le Sénat. Cependant le texte définitif « maintient le mot « procédures ». — D.P. 92. 4. 16, note 3.

12336. Quoi qu'il soit, le texte de la loi n'est pas de nature à soulever aucune difficulté d'interprétation. Comme le fait observer M. Jules Godin (*Commentaire*, p. 58), il s'agit uniquement des procédures d'instances. Les expressions « jusques et y compris les jugements définitifs » viennent corroborer cette interprétation.

12337. Il est à remarquer que le dégrèvement ne s'applique qu'au droit d'enregistrement. Les exploits en question demeurent, par conséquent, assujettis au timbre.

12338. La disposition dont il s'agit visant tous les exploits signifiés dans les instances civiles devant les juges de paix, s'applique ... à la *citation en conciliation* qui, ainsi que le font observer MM. Manuel et Louis (*Commentaire*, nº 113), est bien un exploit relatif aux procédures en matière civile devant les juges de paix. Ajoutons, avec M. Besson (*Commentaire*, nº 47), qu'elle était assujettie au droit de 2 fr. 25 c. et que la loi nouvelle atteint tous les exploits qui supportaient ce tarif. — V. *supra*, nº 12331.

12339. ... À la citation en *référé* devant le juge de paix et à la signification de l'ordonnance rendue sur cette citation, la procédure de référé constituant une instance. — V. *infra*, nos 12351.

12340. ... À la citation donnée pour *opposition* à un jugement par défaut avec assignation à la première audience. — Conf. MM. Manuel et Louis, *loc. cit.*, nº 114 ; MM. Malepeyre et Mesnard, *Commentaire*, nº 46.

12341. ... Aux citations, soit aux *témoins*, soit aux *experts*, pour parler seulement. — Conf. MM. Malepeyre et Mesnard, *ibid.*

12342. ... Aux significations de tous les jugements qui précèdent le jugement définitif, puisque le dégrèvement s'étend « jusques définitifs », et, par suite, aux significations des jugements *préparatoires*, *interlocutoires*, *par défaut*. — Conf. M. Besson, *loc. cit.* ; M. Besson, *loc. cit.*, nos 50 et suiv.

12343. Mais le dégrèvement ne sera pas applicable à tous les exploits notifiés après la signification du jugement définitif, comme la citation en *réception de caution* dans le cas de l'art. 17 C. proc. civ. et l'art. 11 de la loi du 25 mars 1838 où l'exécution provisoire a été ordonnée avec caution. — Conf. MM. Manuel et Louis, *loc. cit.*, nº 113.

12344. Il n'est pas applicable, non plus, à tous les exploits qui ne sont pas signifiés dans une instance en matière civile devant la justice de paix. Il en est ainsi de la signification faite en matière de *scellés*, de l'exploit signifié au greffier de la justice de paix pour faire opposition aux scellés (C. proc. civ. 926, *supra*, nº 9584), de la sommation d'assister à la levée des scellés, prévue par l'art. 231-3° C. proc. civ. (*suprà*, n° 9591). — Conf. M. Besson, *Commentaire*, n° 55.

Art. 7.

Est réduit d'un tiers le droit d'enregistrement des autres exploits relatifs aux instances suivies en matière civile ou commerciale, devant les conseils de prud'hommes, les tribunaux de première instance, les cours d'appel, depuis l'exploit introductif d'instance inclusivement jusques et y compris la signification à partie des jugements et arrêts.

La même réduction est applicable, dans les mêmes matières, aux déclarations d'appel faites autrement que par exploit.

12345. La loi du 22 frim. an 7 (art. 68, § 1er) avait assujetti tous les exploits à un même droit de 1 franc. Mais des lois postérieures les avaient soumis à des droits dont le taux variait suivant l'objet de l'exploit et la juridiction à laquelle il se rapportait. — J.G.S. *Enregistr.* 477. — V. *Code annoté de l'enregistrement*, p. 291, 1re et 2e col.

12346. Le projet primitif présenté par M. Brisson tendait à supprimer complètement les droits de timbre et d'enregistrement pour tous les actes de procédure entre parties, mais il n'a pas que la situation du Trésor permit d'accorder ce dégrèvement absolu. — D.P. 92. 4. 17, note 1.

12347. Le commissaire du gouvernement a d'ailleurs fait remarquer à la Chambre des députés que, quand bien même ce dégrèvement aurait été jugé possible, on aurait dû, néanmoins, exiger que les actes de procédure entre parties fussent présentés à l'enregistrement, parce que les significations entre les parties sont une source féconde de renseignements, à défaut desquels la matière successorale se déroberait au contrôle de la perception des droits de mutation par décès. — D.P. 92. 4. 17, note 1.

12348. La commission du Sénat a fait supprimer dans l'art. 7 le mot « autres » qui précédait celui « d'exploits » dans le texte primitif, par le motif qu'il ne servait à rien. Un erratum inséré au *Journal officiel* du 24 janv. 1892, p. 91, indique que cette suppression a été maintenue par la Chambre. Cependant le mot « autres » est resté dans le texte définitif de l'art. 7. — D.P. 92. 4. 17, note 1.

12349. En ce qui concerne les *exploits*, la loi nouvelle a d'abord supprimé, à l'art. 5, la formalité du timbre et de l'enregistrement pour les significations d'avoué à avoué (V. *suprà*, n° 12305 et s.), puis réduit, par son art. 6, à 1 fr. le droit d'enregistrement des exploits relatifs aux procédures en matière civile devant les juges de paix (V. *suprà*, n° 12333 et s.). Ses art. 7 et 8 ont réduit d'un tiers le droit d'enregistrement des autres exploits relatifs aux instances suivies en matière civile ou commerciale, devant les conseils de prud'hommes, les tribunaux de première instance, les cours d'appel (art. 7), ainsi que de ceux relatifs aux procédures d'ordre judiciaire, de contribution judiciaire et de vente judiciaire (art. 8, *infrà*, n° 12368 et s.).

12350. Ainsi, la double formalité du timbre et de l'enregistrement est maintenue pour tous les exploits qui ne rentrent pas dans la catégorie des actes de procédure d'avoué à avoué visés par l'art. 5, sauf, pour certains d'entre eux, le droit d'enregistrement est réduit à 1 fr. ou diminué d'un tiers. — Instr. adm. enreg. 31 mai 1892, n° 2816, D.P. 92. 4. 49.

12351. L'art. 7 réduit d'un tiers, c'est-à-dire abaisse à 0 fr. 50 c., le droit fixe de 0 fr. 75 c. auquel étaient soumis les exploits relatifs aux instances suivies devant les *conseils de prud'hommes*. La formalité ne peut être donné *gratis*, conformément à la décision ministérielle du 26 juin 1809. — Même instr. n° 2816.

12352. Dans la pensée du législateur, la

réduction doit porter sur tous les actes visés par l'art. 1, de la loi du 28 avr. 1816, en d'autres termes sur « les assignations et tous autres exploits devant les prud'hommes », sans qu'il y ait à distinguer, sous ce rapport, entre les diverses attributions conciliatoires ou contentieuses de cette juridiction spéciale. — Même instr. n° 2816.

12353. La décision ministérielle du 26 juin 1809, visée par l'instruction de l'administration de l'enregistrement, dispose que les citations, procès-verbaux et autres actes devant les conseils de prud'hommes, doivent être enregistrés *gratis* lorsque l'objet du litige n'excède pas 25 fr. — J.G. *Enreg.* 4278, 4895. — J.G.S. *ead.* v°, n° 2355.

12354. D'autre part, la loi du 26 janv. 1892 n'a pas porté atteinte aux dispositions de lois qui admettent un visa pour timbre et à l'enregistrement *en débet* les actes de procédure dans les contestations entre patrons et ouvriers devant les conseils de prud'hommes et en appel ou devant la cour de cassation, ainsi que les jugements et actes nécessaires à leur exécution, sauf recouvrement ultérieur des droits contre les parties condamnées. — L. 7 août 1850, art. 1 à 4, D.P. 50. 4. 186. — Instr. adm. enreg. 17 août 1850, n° 1861. — V. *Code annoté de l'enregistrement*, n° 1194 et s.

12355. La réduction, pour les exploits relatifs aux instances suivies en matière *civile* ou *commerciale* devant les tribunaux *de première instance* et les *cours d'appel*, équivaut au rétablissement des tarifs en vigueur à l'époque de la mise à exécution de l'art. 2 de la loi du 19 févr. 1874. — Instr. préc. adm. enreg. du 31 mai 1892, n° 2816. — V. *Code annoté de l'enregistrement*, p. 291, 1re et 2e col.

12356. La détaxe s'applique sans exception à tous les exploits signifiés au cours des instances visées, depuis l'exploit introductif exclusivement, jusques et y compris la signification à partie du jugement ou de l'arrêt définitif. — Par exception, les *déclarations d'appel* faites autrement que par exploit, soit en matière civile, soit en matière commerciale, sont appelées à en profiter. — Les appels incidents formés par actes d'avoué à avoué bénéficient, d'ailleurs, de l'immunité absolue accordée par l'art. 5 aux actes de cette nature. — Même instr. n° 2816.

12357. La réduction prononcée par l'art. 7 est spéciale aux exploits ci-dessus spécifiés. Ceux qui précèdent l'introduction de l'instance ne sauraient en bénéficier. Il en est de même de ceux qui ont pour objet l'exécution de la sentence définitive, à moins qu'ils ne se rapportent eux-mêmes à une nouvelle instance. — Même instr. n° 2816.

12358. Ainsi, l'exploit de signification d'une contrainte en matière d'enregistrement reste passible du droit de 1 fr. 50 c. lorsque la somme réclamée excède 100 fr., tandis que, dans ce cas, l'opposition du redevable avec ajournement de l'Administration devant le tribunal bénéficie de la réduction comme acte introductif d'instance et n'est plus soumise qu'au droit de 1 fr. — Même instr. n° 2816.

12359. De même la saisie-arrêt tendant au recouvrement de condamnations résultant d'un jugement définitif continue d'être assujettie au droit de 3 fr., comme acte d'exécution, tandis que le nouveau tarif (2 fr.) est applicable à la dénonciation de cette saisie avec *assignation* en validité, ainsi qu'aux autres exploits relatifs à l'instance en validité. — Même instr. n° 2816.

12360. De même encore, le protêt demeure passible du droit de 1 fr. 50 c., alors que la dénonciation qui en est faite avec *assignation* au souscripteur ou aux endosseurs de l'effet protesté ne donne plus ouverture qu'au droit de 1 fr. — Même instr. n° 2816.

12361. La réduction ne s'appliquant qu'aux exploits relatifs aux instances et l'*ordonnance sur requête* ne représentant pas une décision rendue dans une instance, il s'ensuit que la réduction du tarif n'est pas applicable aux exploits auxquels l'ordonnance sur requête donne lieu. — Conf. M. Jules Godin, art. 7, p. 61; M. Besson, n° 63.

12362. Mais si l'exploit portant signification de l'ordonnance sur requête contient aussi assignation, il rentre dans la catégorie de ceux que vise la loi nouvelle et profite, par suite, des réductions qu'elle a établies. — Conf. mêmes auteurs.

12363. Au contraire de l'ordonnance sur requête, l'*ordonnance de référé* constitue une véritable décision sur instance, après débats contradictoires (V. *suprà*, n° 12339 et s.). Il s'ensuit que tous les exploits qui s'y rapportent, assignation, réassignation, signification, profitent de la réduction du droit d'enregistrement. Le droit n'est donc plus que de 2 fr. dans les procédures de référé devant les tribunaux civils ou de commerce, et de 1 fr. dans celles devant les justices de paix. — Conf. M. Besson, *loc. cit.*, n° 63. — V., toutefois, en sens contraire, MM. Malepeyre et Mesnard, *loc. cit.*, n° 18.

12364. Les exploits tendant à l'exécution d'une condamnation, étant en dehors de l'instance, ne profitent pas de la réduction du droit d'enregistrement. C'est ainsi : ... le commandement qui doit précéder la saisie immobilière, l'instance de saisie ne commençant véritablement qu'au procès-verbal de saisie. — Conf. M. Besson, *loc. cit.*, n° 54, 95; MM. Malepeyre et Mesnard, *loc. cit*, n° 18. — V. *suprà*, n° 12284 et s.

12365. ... Du commandement tendant à saisie-gagerie ou à saisie-exécution, attendu que, bien que placé au début de la procédure, cet exploit n'est pas introductif d'instance. — MM. Malepeyre et Mesnard, *ibid.*

12366. La réduction du droit d'enregistrement est applicable à l'exploit de signification d'appel, car elle a été établie pour toutes les significations faites depuis l'exploit introductif d'instance jusqu'à la signification de l'arrêt définitif. Mais, comme l'appel est formé parfois autrement que par exploit, qu'il est constaté, dans certains cas, soit par déclaration au greffe, soit par acte notarié, soit enfin par requête, qu'il peut même être formé verbalement à l'audience. (V. J.G.S. *Appel civil*, n° 133 et s., et *suprà*, n° 12356 et s.), le législateur a voulu que, comme il n'y avait aucune raison de distinguer entre ces différents cas, la réduction du droit fût applicable dans tous indistinctement; il a disposé en ce sens par le dernier alinéa de l'article ci-dessus.

12367. L'art. 7 se réfère exclusivement aux instances civiles ou commerciales engagées devant les tribunaux judiciaires de première instance et les cours d'appel. Il ne concerne, par conséquent : ni les exploits signifiés en matière de *police simple, correctionnelle* ou *criminelle*, à la requête du ministère public ou d'une partie civile; ni les appels des jugements rendus en pareille matière; ni ceux relatifs aux procédures suivies devant la *cour de cassation* ou les *tribunaux administratifs*, en quelque matière que ce soit. — Instr. préc. adm. enreg. n° 2816.

Art. 8.

Est également réduit d'un tiers le droit d'enregistrement des autres exploits relatifs aux procédures d'ordre judiciaire, de contribution judiciaire et de vente judiciaire.

DIVISION.

§ 1er. — *Ordres et contributions judiciaires* (n° 12370).

§ 2. — *Ventes judiciaires* (n° 12375).

12368. La loi du 26 janv. 1892 établit, par son art. 8, pour les *procédures d'exécution* un dégrèvement égal à celui qu'elle a édicté, dans les articles précédents, pour les *procédures d'instances*. Les procédures d'exécution qu'elle vise, sont l'ordre judiciaire, la contribution judiciaire et la vente judiciaire.

12369. Aux termes de l'art. 24 (V. *infrà*, n⁰ˢ 12656 et s.), le tarif réduit devient applicable, savoir : — pour les ordres et contributions, à partir du procès-verbal du juge qui en constate l'ouverture; — pour les ventes judiciaires, à compter soit de l'assignation en licitation, soit de la requête tendant à obtenir du tribunal l'autorisation de procéder à la vente, soit du procès-verbal de saisie immobilière, soit enfin de l'acte de réquisition de mise aux enchères prévu par les art. 2185 C. civ. et 832 C. proc. civ. — Instr. préc. enreg. n⁰ 2816.

§ 1er. — *Ordres et contributions judiciaires.*

12370. Le projet du gouvernement visait, avec les ordres et contributions *amiables*. Ce dernier mot fut retranché sur l'observation de M. Trarieux, présentée au Sénat dans sa séance du 19 janv. 1892, qu'il n'y a pas d'exploits en matière d'ordre amiable, les convocations étant faites par lettres chargées à la poste. — Conf. art. 751, *suprà*, n⁰ 8894. — V. également MM. Malepeyre et Mesnard, *loc. cit.*, n⁰ 21.

12371. Le droit d'enregistrement des exploits en matière d'ordre et de contributions judiciaires, était celui de 3 fr. en principal, qui s'applique à tous les exploits autres que ceux non tarifés spécialement (*Code annoté de l'enregistrement*, p. 291, 1re col.). Il est actuellement, d'après la loi nouvelle, de 2 fr. en principal, et de 2 fr. 50 c., décimes compris.

12372. Le dégrèvement est ici de grande importance, parce que les procédures d'ordre et de contribution donnent lieu à un grand nombre d'exploits et que, d'autre part, il est dit autant de droits qu'il y a de demandeurs et de défendeurs ayant des intérêts distincts. — V. *Code annoté de l'enregistrement*, n⁰ 6833 et s., 6847.

12373. La loi, étant conçue en termes généraux, doit être étendue, dans son application, à tous les exploits qui rentrent dans la procédure d'ordre ou de contribution, et, par conséquent, à ceux signifiés dans les *incidents* auxquels cette procédure peut donner lieu, comme dans le cas où il y a contestation sur le règlement provisoire (Conf. MM. Manuel et Louis, *loc. cit.*, n⁰ 123), lorsqu'une expertise est ordonnée par le juge-commissaire, qu'il est procédé à une enquête, à une vérification d'écritures, etc. — M. Besson, *loc. cit.*, n⁰ 89.

12374. Le dégrèvement contenu dans l'art. 8 s'applique à tous les exploits signifiés au cours des procédures indiquées, pourvu qu'ils s'y rattachent intimement et en forment pour ainsi dire une partie intégrante. — Instr. préc. adm. enreg. n⁰ 2816.

§ 2. — *Ventes judiciaires.*

12375. Il importe de remarquer à ce sujet qu'on doit entendre par *ventes judiciaires*, au sens de la loi, celles-là seulement qui, d'après les règles de la procédure civile, doivent avoir lieu par voie d'adjudication à la barre du tribunal ou par notaire commis par jugement à l'effet de recevoir les enchères. Les ventes sur saisie-exécution (art. 583 et s. C. proc. civ.) ne rentrent pas dans cette catégorie, la réduction du tarif prononcée par l'art. 8 ne saurait être invoquée en faveur des exploits relatifs à ces procédures (*Journ. off.* du 15 déc. 1891, Chambre, p. 2638 et s.). — Même Instr. n⁰ 2816.

12376. Il s'ensuit que la réduction de tarif ne s'applique qu'aux ventes judiciaires d'immeubles. Cela résulte du rejet par la Chambre des députés, dans la séance du 14 déc. 1891, d'un amendement de M. Royer tendant à assimiler aux ventes faites à la barre du tribunal ou devant notaire commis, celles réalisées par ministère d'huissier ou de commissaire-priseur. — V. en ce sens MM. Manuel et Louis, *loc. cit.*, n⁰ˢ 127 et 128; M. Besson, *loc. cit.*, n⁰ 94. — *Contrà* : M. Jules Godin, *loc. cit.*, art. 8, IV, p. 70.

12377. L'art. 8 ne vise que les ventes judiciaires qui ne donnent pas lieu à une instance proprement dite. Les autres sont, d'ailleurs, comprises dans la disposition précédente, de sorte qu'en toute hypothèse la quotité de la réduction est la même. — Instr. adm. enreg. 31 mai 1892, n⁰ 2816, D.P. 92. 4. 49.

12378. La réduction des droits s'applique aux procès-verbaux d'apposition de *placards* rapportés par les huissiers dans les procédures de saisie immobilière. Cela résulte d'une déclaration formelle faite en ce sens à la Chambre des députés par le commissaire du gouvernement, dans la séance du 14 déc. 1891, en réponse à une demande de M. Royer.

12379. Les art. 6, 7 et 8 étant conçus en termes limitatifs, l'application n'en peut être étendue par voie d'analogie. Tous les exploits non désignés, c'est-à-dire tous ceux qui interviennent en dehors des instances et procédures visées par ces dispositions, restent, en conséquence, assujettis aux tarifs en vigueur. — Instr. préc. adm. enreg., n⁰ 2816.

12380. A la séance du Sénat du 19 janv. 1892, M. Lacombe avait proposé un amendement ainsi conçu : « Est également réduit d'un tiers le droit d'enregistrement des autres *exploits relatifs aux procédures de purge d'hypothèques légales ou inscrites* (le reste comme au texte proposé). » — D.P. 92. 4. 17, note 2.

12381. Mais sur l'observation de M. Trarieux, rapporteur, qu'il n'était dans l'intention de la commission, ni dans l'art. 7, ni dans l'art. 8. d'édicter une réduction des droits aux procédures de purge d'hypothèque, que les réductions insérées dans ces divers articles ne visent que des actes qui se consomment devant le juge, qu'elles ne s'appliquent aux instances judiciaires dans l'art. 7, et, dans l'art. 8, qu'aux ordres et contributions, qui sont aussi sortes d'instances, puisqu'ils exigent l'intervention des magistrats, et qu'on compromettrait ainsi la réforme en l'étendant, l'amendement ne fut pas pris en considération. — D.P. 92. 4. 17, note 2. — V. MM. Manuel et Louis, *loc. cit.*, n⁰ 124; M. Besson, *loc. cit.* n⁰ 86; M. Jules Godin, art. 8-I, p. 63.

12382. Les ventes judiciaires d'immeubles comprennent toutes celles auxquelles il est procédé en vertu d'un ordre de justice conformément aux dispositions du Code civil ou du Code de procédure civile, notamment... les ventes sur saisie immobilière ou sur conversion de saisie...; celles de biens de mineurs, d'absents ou d'interdits...; les ventes à la suite de surenchère sur aliénation volontaire...; les ventes de successions vacantes ou de successions bénéficiaires...; celles de biens dotaux...; de biens dépendant d'une faillite...; de biens compris dans une substitution, etc. — V. *supra*, n⁰ˢ 12125 et s.

12383. La loi du 26 janv. 1892 ne porte pas atteinte aux dégrèvements établis par la loi du 23 oct. 1884 en faveur des ventes judiciaires d'immeubles dont le prix n'excède pas 2,000 francs. Cela résulte des déclarations catégoriques faites en ce sens par le commissaire du gouvernement et le rapporteur de la commission du Sénat, dans la séance du 19 janv. 1892. — V. *supra*, n⁰ˢ 12119 et s.

Art. 9. Le droit d'enregistrement des actes de produit avec demande en collocation en

matière d'ordre et de contribution judiciaires est réduit à 50 centimes.

12384. D'après la législation en vigueur antérieurement à la loi du 26 janv. 1892, les actes de produit avec demande en collocation, en matière d'ordre judiciaire et de contribution de même nature, comportaient le droit fixe d'enregistrement de 1 fr. 80 c., auquel sont soumis les actes judiciaires non spécialement tarifés (*Instr.* n⁰ 620). — Instr. adm. enreg. 31 mai 1892, n⁰ 2816, D.P. 92. 4. 49.

12385. La réduction du droit d'enregistrement à 50 centimes en principal emporte le taux actuel à 63 centimes, décimes compris. En y ajoutant le droit de timbre de dimension de 60 centimes, on trouve un total de 1 fr. 23 c., tandis que, sous le régime antérieur, les impôts que supportait l'acte de produit, s'élevaient à 4 fr. 28 c., y compris le droit de greffe supprimé.

Art. 10. Sont affranchis de la formalité du timbre et de l'enregistrement les actes rédigés en exécution des lois relatives aux faillites et liquidations judiciaires et dont l'énumération suit : les déclarations de cessation de payement, les bilans, les dépôts de bilans, les affiches et certificats d'insertion relatifs à la déclaration de faillite ou aux convocations de créanciers, les actes de dépôt des inventaires, les comptes et autres actes ; les procès-verbaux d'assemblées, de dires, d'observations et délibérations de créanciers; les états des créances présumées par les syndics, les requêtes adressées au juge-commissaire, les ordonnances et décisions de ce magistrat; les rapports et comptes des syndics; les états de répartition; les procès-verbaux de vérification et d'affirmation de créances, concordats ou atermoiements. Toutefois, ces différents actes continueront à rester soumis à la formalité du répertoire, en conformité de la loi du 22 frimaire an 7.

Les quittances de répartition données par les créanciers seront soumises au droit de timbre spécial créé par l'art. 18 de la loi du 23 août 1871.

12386. L'exemption accordée par cette disposition est absolue. Elle dispense les actes qu'elle vise de tous droits de timbre et d'enregistrement et des deux formalités. En raison de l'intérêt que présente la position des créanciers qui supportent, dans la plupart des cas, les frais des actes en matière de faillite, ces actes ont toujours été l'objet d'exceptions de faveur dans la législation fiscale. — J.G. *Enreg.*, n⁰ˢ 720 à 742. — J.G.S. *eod.* vᵒ, n⁰ˢ 413 à 426.

12387. Toutefois, l'énumération contenue dans l'art. 10 est essentiellement limitative. L'exemption qu'il accorde ne profite donc qu'aux actes nommément désignés et intervenus en matière de faillite ou de liquidation judiciaire au sens de la loi du 4 mars 1889 (*Instr.* n⁰ 2774). — Instr. adm. enreg., 31 mai 1892, n⁰ 2816, D.P. 92. 4. 49.

12388. La commission du Sénat compléta le texte de l'art. 10 tel qu'il avait été voté par la Chambre, en ajoutant aux actes à détaxer les déclarations de cessation de payement, les dépôts de bilans, et les actes de dépôt des inventaires, les comptes et autres actes. — D.P. 92. 4. 18, note 1.

12389. Nous aurions voulu, dit M. Trarieux dans son rapport du 7 janvier, pouvoir aussi y ajouter les *inventaires* eux-mêmes, mais il nous a paru, à la réflexion, que ces sortes de documents ne peuvent être affranchis de la formalité de l'enregistrement, à raison des perceptions de droits divers dont leur communication peut justifier la réclamation. — D.P. 92. 4. 18, note 1.

12390. Ainsi la dispense octroyée aux *actes de dépôt des inventaires* ne s'étend pas aux inventaires eux-mêmes qui demeurent assujettis au timbre et à l'enregistrement.— Instr. préc. adm. enreg., n° 2816.

12391. C'est encore ainsi que les *atermoiements* consentis par les créanciers d'un débiteur dont la faillite n'a pas été prononcée ou qui n'a pas été admis au bénéfice de la liquidation judiciaire, continuent d'être régis par le droit commun (Même instr. n°2816), c'est-à-dire de supporter le droit proportionnel de 50 c. p. 100 fr. (L. 22 frim. an 7, art. 69, § 2-40).— V. *Code annoté de l'enregistrement*, n°8 8403 et s.

12392. Il en est de même de tout acte intervenu en dehors des cas spécialement prévus, par exemple, des actes nécessités par la liquidation d'une société, lorsque la liquidation n'est point ordonnée en justice, ne dérive pas de l'application de la loi du 4 mars 1889.— Instr. préc. n° 2816.

12393. Il en est encore de même : ... des *affiches* apposées ainsi que des *certificats d'insertion* délivrés dans le cas de *vente des biens du failli*, attendu que le texte de la loi n'affranchit du timbre de l'enregistrement que « les affiches et certificats d'insertion relatifs à la déclaration de faillite ou aux convocations de créanciers ».— Conf. M. Jules Godin, *loc. cit.*, art. 10, p. 80 ; M. Besson, *loc. cit.*, n° 120.

12394. ..... De la *vente des marchandises et effets mobiliers* dépendant d'une *faillite*, bien que la requête adressée au juge commissaire à l'effet d'y procéder et l'ordonnance rendue par ce magistrat sur cette requête soient exemptes des droits, la loi visant nommément ces requêtes et ordonnances, tandis qu'elle ne comprend pas les ventes (Conf. M. Besson, *loc. cit.*, n° 124 et 125). Les ventes d'objets mobiliers après faillite donnent lieu, non au droit proportionnel de vente à 2 p. 100, mais au droit spécial de 50 c. p. 100.— V. J.G.S. *Enregistrem.*, n° 413 ; V. aussi *Code annoté de l'enregistrem.*, n°8 10490 et s.

12395. De la *vente des marchandises et effets mobiliers* à laquelle il est procédé, en exécution de la loi du 4 mars 1889 sur les *liquidations judiciaires*, au cours des opérations de ces liquidations, et ce par les mêmes motifs que pour les faillites, le texte de la loi s'appliquant aussi bien qu'aux faillites aux liquidations judiciaires aussi bien qu'aux faillites.

12396. ... Des *jugements des tribunaux de commerce*, attendu que la loi n'excepte des droits que les décisions du juge-commissaire. — Conf. M. Besson, *loc. cit.*, n° 133.

12397. Le projet de loi présenté par le gouvernement dispensait de l'enregistrement les *quittances de répartition* données par les créanciers d'une faillite, qui étaient assujetties par la législation antérieure au droit fixe de 3 fr., soit 3 fr. 75 c., décimes compris (V. *Code annoté de l'Enregistrement*, n° 9346; J.G.S. *Enregistr.*, n° 413). La disposition laissait ces quittances soumises au droit de timbre spécial de 10 c., auquel l'art. 18 de la loi du 23 août 1871 assujettit toute quittance de somme excédant 10 fr. — D.P. 92. 4. 18, note 1.— V. *Code annoté de l'enregistrement*, n°8 13447.

12398. M. de Ramel critiqua l'exemption proposée et demanda à la Chambre de décider en principe que les répartitions en matière de faillite seraient sujettes au droit d'enregistrement, afin d'établir l'égalité entre les créanciers des commerçants et ceux des non-commerçants. Sa proposition fut adoptée à la première séance de la Chambre du 14 déc. 1891. Une taxe de 0 fr. 25 cent. fut édictée sur les *distributions des faillites et liquidations judiciaires*.— D.P. 92. 4. 14, note 4.— V. *infrà*, art. 16, n°8 12527 et s.

12399. Sous le régime établi par la loi nouvelle, l'ancien droit fixe d'enregistrement de 3 fr. n'est plus perçu sur les quit-

tances de répartition données par les créanciers d'une faillite, mais, d'après l'art. 16, § 1er-16, « les répartitions aux créanciers en matière de faillite ou liquidation judiciaire » sont assujetties à un droit proportionnel de 0 fr. 25 cent. par 100. D'autre part, d'après la disposition ci-dessus, les quittances de ces répartitions donnent lieu à la perception d'autant de droits de timbre à 0 fr. 10 cent. qu'il y a de quittances de sommes excédant 10 fr. — V. *infrà*, n°8 12528 et s.

12400. La dernière phrase du premier paragraphe de l'art. 10 a été ajoutée par la Chambre des députés sur le texte primitif sur la demande de M. Vallé qui a fait observer que, lorsque la loi du 22 frim. an 7 avait frappé d'un droit fixe les différents actes mentionnés dans cet article, elle avait en même temps décidé que tous ces actes seraient portés au répertoire des greffiers, et que cette prescription très sage et très utile devait être maintenue, parce que, ces actes étant par leur nature unilatéraux, il n'en resterait plus trace lorsque l'opération de la faillite sera terminée, s'ils n'étaient portés au répertoire des greffiers. — D.P. 92. 4. 18, note 1.

12401. Le commissaire du gouvernement a appuyé l'amendement de M. Vallé, par le double motif que, dans l'intérêt des parties et afin qu'elles pussent retrouver trace des actes, il devait en être fait mention au répertoire, et qu'il convenait d'ailleurs de conserver aux greffiers l'émolument de 10 centimes qu'ils reçoivent pour chaque mention. — V. *infrà*, art. 19, n° 12626 et s.

12402. La disposition de l'article d'après laquelle les actes qu'il vise « continueront à rester soumis à la formalité du répertoire en conformité de la loi du 22 frim. an 7 » doit être entendue comme maintenant, seulement, pour les actes en question, le principe de l'inscription au répertoire, sans préciser le répertoire. Et, de fait, l'inscription des actes désignés dans l'art. 10 a lieu, non pas sur le répertoire timbré tenu en exécution de l'art. 49 de la loi du 22 frim. an 7, mais sur le nouveau répertoire non timbré dont la tenue est prescrite par l'art. 19 de la loi du 26 janv. 1892. — V. *infrà*, n°8 12626 et s.

Art. 11. Sont affranchies de la pluralité édictée par l'art. 11 de la loi du 22 frim. an 7, dans les jugements et arrêts, les dispositions indépendantes non sujettes au droit proportionnel.

Aucun droit fixe ne pourra jamais être perçu sur un jugement ou un arrêt renfermant une ou plusieurs dispositions passibles du droit proportionnel.

12403. L'art. 11 de la loi du 22 frim. an 7 porte que, lorsque dans un acte quelconque, il y a plusieurs dispositions indépendantes ou ne dérivant pas nécessairement les unes des autres, il est dû pour chacune d'elles un droit particulier d'enregistrement. — J.G. *Enregistr.*, 368.

12404. L'application de cette disposition donne lieu trop souvent à de sérieuses difficultés. Elle avait, principalement dans son application aux jugements, des conséquences d'une rigueur excessive. M. Brisson en a cité un exemple frappant, dans la deuxième séance de la Chambre du 14 déc. 1891. — V. MM. Jules Godin, *loc. cit.*, art. 11-11, p. 85; MM. Manuel et Louis, *loc. cit.*, n° 66.

12405. L'art. 11 de la loi du 26 janv. 1892 abroge le principe de l'art. 11 de la loi du 22 frim. an 7 en ce qui concerne les dispositions indépendantes des jugements et arrêts non sujettes au droit proportionnel; il ajoute qu'aucun droit fixe ne pourra jamais être perçu sur un jugement ou un arrêt renfermant une ou plusieurs dispositions passibles du droit proportionnel. Ainsi, lorsqu'un

jugement ou un arrêt contient une disposition donnant ouverture au droit proportionnel et, en outre, une ou plusieurs dispositions indépendantes qui eussent été passibles du droit fixe sous l'empire de la loi organique, ces dernières sont exemptes d'impôt. — Instr. adm. enreg. 31 mai 1892, n°8 2816, D.P. 92. 4. 49.

12406. Quand un jugement ou un arrêt ne contient aucune disposition sujette au droit proportionnel, il n'est dû qu'un seul droit fixe, quel que soit le nombre des dispositions indépendantes qu'il renferme. Seulement, comme, en pareille hypothèse, la dispense n'a pas pour objet telle disposition prise en particulier plutôt que telle autre et qu'en principe toutes sont virtuellement sujettes à l'impôt, c'est, le cas échéant, la disposition passible du droit le plus élevé qui doit être frappée à l'exclusion de celles qui comportent un moindre tarif. — Même instr. adm. enreg. n° 2816.— V. Observations dans ce même sens relativement à la perception du droit proportionnel J.G.S. *Enregistr.* n°8 85 et s.

12407. Cela résulte expressément de la discussion de la loi au Sénat. MM. Godin et Munier avaient proposé un amendement additionnel ainsi conçu : « En cas de pluralité de droits fixes, le droit le plus élevé sera perçu. » Mais, sur l'observation du rapporteur que cette addition était inutile, parce qu'en cas de coexistence de droits, c'est le plus élevé qui doit être perçu, l'amendement ne fut pas adopté. — D.P. 92. 4. 18, note 2.— V. M. Jules Godin, *loc. cit.*, art. 11-III, p. 87.

12408. Ainsi, il ne peut plus y avoir lieu à la pluralité des droits sur un jugement que lorsqu'il donne lieu à plusieurs droits proportionnels. — V. M. Jules Godin, *loc. cit.*, art. 11-IV, p. 88; MM. Manuel et Louis, *loc. cit.*, n° 69.

12409. Il en est ainsi, suivant l'administration de l'enregistrement, pour le droit gradué. Les dispositions indépendantes « porte l'instr. adm. enreg. 2816 précitée, soumises soit au droit proportionnel, soit au droit gradué, continuent d'être régies par l'art. 11 de la loi du 22 frim. an 7, auquel aucune dérogation n'est apportée, en ce qui les concerne ». Cependant il est rôle règle que le droit gradué a été substitué purement et simplement, pour certains actes, au droit fixe et représente comme lui le salaire de la formalité. V. J.G.S. *Enregistr.* n° 175.

12410. N'en doit-on pas conclure que, de même qu'il ne peut plus jamais être perçu sur un jugement qu'un seul droit fixe, il ne doit jamais être perçu non plus qu'un seul droit gradué?

12411. Il est, d'ailleurs, sans difficulté que l'exigibilité du droit gradué exclut, comme celle du droit proportionnel, la perception du seul droit fixe sur la même décision. — Instr. adm. enreg. 31 mai 1892 n° 2816, D.P. 92. 4. 49.

12412. Le droit de *titre* exigible en vertu de l'art. 69, § 2, n° 9, de la loi du 22 frim. an 7, ou de l'art. 22 de la loi du 14 juin 1859, est indépendant des droits spéciaux auxquels donnent lieu le jugement ou l'arrêt. Il convient donc de faire l'application du droit de titre pour l'application du principe formulé par la loi nouvelle; d'autres termes, rien ne s'oppose à la perception simultanée de ce droit et des droits fixes ou proportionnels sur l'arrêts sujettes à la même décision. — Instr. adm. enreg. n° 2816.

12413. L'art. 11 de la loi du 26 janv. 1892 profite à *tous* les jugements et arrêts sans distinction. Son application s'étend aux décisions rendues *en matière civile, criminelle, correctionnelle et de police*, ainsi qu'aux *arrêts de la cour de cassation* et *du conseil d'État*. Mais le bénéfice n'en est acquis qu'aux jugements et arrêts. Les actes judiciaires auxquels ce caractère n'appartient pas ne sauraient en profiter. Tels sont, notamment les *procès-verbaux d'enquête, d'interrogatoire sur faits et articles*, ceux qui sont dressés *en matière d'ordre et de contribution*, et les *ordonnances des magistrats*, à l'exception des ordonnances de référé qui constituent de véritables jugements. — Même instr. n° 2816.

12414. A plus forte raison, les actes du ministère des avoués, des huissiers et des greffiers demeurent-ils soumis au droit commun. Un amendement tendant à affranchir de la pluralité de droits fixes les exploits relatifs aux procédures de saisie, d'ordre et de contribution, a été écarté par la Chambre au cours de la discussion (avis de la séance du 14 déc. 1891. — D.P. 92. 4. 18, col. 2, note 2. — Même instr. n° 2816.

Art. 12. Sont dispensées du timbre les expéditions délivrées par les greffiers des justices de paix en matière civile et par les secrétaires des conseils de prud'hommes.

Sont affranchis des droits de toute nature les avis de parents de mineurs dont l'indigence est constatée conformément à l'art. 6 et au premier alinéa de l'art. 8 de la loi du 10 décembre 1850. Même dispense est concédée aux actes nécessaires pour la convocation et la constitution des conseils de famille et l'homologation des délibérations prises dans ces conseils dans le cas d'indigence des mineurs.

Les personnes dont l'interdiction est demandée et les interdits sont, dans les mêmes cas, assimilés aux mineurs.

DIVISION.

§ 1er. — *Expéditions des greffiers des justices de paix et des secrétaires des conseils de prud'hommes* (n° 12415).

§ 2. — *Avis de parents et autres actes concernant les mineurs et les interdits indigents* (n° 12423).

§ 1er. — *Expéditions des greffiers des justices de paix et des secrétaires des conseils de prud'hommes.*

12415. Le premier paragraphe de l'art. 12 primitivement voté par la Chambre dans les termes ci-dessus avait d'abord été repoussé par le Sénat mais avait refusé, le 19 janv. 1892, d'adopter la dispense du timbre dont il s'agit par cette raison, dit le rapporteur, « que le titre de créance qu'entend se procurer un créancier ne doit pas être moins coûteux pour lui s'il est réclamé par les voies judiciaires que s'il était obtenu par la voie ordinaire de l'acte authentique ou notarié ». — D.P. 92. 4. 13, note 8.

12416. Toutefois, à la séance du 22 janvier, le Sénat consentit à adopter le texte de ce premier paragraphe de l'article qui avait été rétabli par la Chambre. — D.P. 92. 418 note 3.

12417. Les expéditions délivrées par les greffiers des justices de paix en matière civile sont dispensées du timbre, sans qu'il y ait lieu de distinguer entre les expéditions des jugements et celles d'actes étrangers à la juridiction contentieuse, tels que les procès-verbaux d'avis de parents, d'apposition ou de levée des scellés, etc. Les seules expéditions des greffiers des justices de paix qui soient exclues de l'immunité sont celles qui sont délivrées en matière de simple police, avec ou sans intervention de partie civile. — Même instr. enreg. 31 mai 1892, n° 2816, D.P. 92. 4. 49.

12418. Ainsi, de ce que l'art. 12, § 1er, de la loi du 26 janv. 1892 ne vise que les expéditions délivrées en *matière civile*, il s'ensuit que l'exception établie par cette dispo-

---

sition ne s'applique pas à celles concernant les affaires de *simple police*, qu'il y ait eu ou non partie civile. — Conf. M. Besson, *loc. cit.*, n° 161.

12419. Et, d'autre part, de ce que la même disposition ne fait aucune distinction entre les différentes expéditions délivrées par les greffiers de justice de paix, il s'ensuit qu'elle s'applique à toutes les pièces de cette nature, notamment à celles qui, revêtues de la formule exécutoire, constituent des *grosses*. En outre, la disposition est applicable, quel que soit l'acte auquel l'expédition se rapporte, jugement ou simple procès-verbal d'apposition ou de levée de scellés, de conciliation ou de non-conciliation, d'avis de parents, etc. — Conf. M. Besson, *loc. cit.*, n°s 164 et 166 ; M. Jules Godin, *Commentaire de la loi du 26 janv. 1892*, p. 92 et 94.

12420. Mais l'exonération du timbre ne paraît pas applicable aux extraits ou copies des procès-verbaux de *ventes publiques de meubles* auxquelles il est procédé par les greffiers de justice de paix. — Conf. M. Besson, *loc. cit.*, n° 165.

12421. L'art. 9 du tarif de 1807 alloue un émolument de 0 fr. 40 c. aux greffiers de justices de paix par chaque rôle d'expédition contenant vingt lignes à la page et *dix syllabes* à la ligne. Cette disposition n'est, sur ce dernier point, que la reproduction de l'art. 6 de la loi du 21 vent. an 7 concernant les droits de greffe (v° *Enregistrement*, n° 5895 ; — *Code annoté de l'enregistrem*, n° 5760 et s.). Or la loi du 26 janv. 1892 a disposé, par son art. 13, « que les expéditions visées par l'art. 6 de la loi du 21 vent. an 7 contiendront de *douze à quatorze syllabes* à la ligne, compensation faite entre les lignes ». Cette règle nouvelle ne paraissant pas devoir s'appliquer aux expéditions délivrées par les greffiers des justices de paix comme elle le fait, dans son art. 26, pour les actes d'avoué à avoué, la *qualité* du papier qui devra être employé seraient déterminés par règlement, il s'ensuit que les greffiers des justices de paix pouvant se servir, pour leurs expéditions, de tel papier que bon leur semble. — M. Jules Godin, *loc. cit.*, p. 93. — V. toutefois, en ce sens contraire, MM. E. Manuel et R. Louis, *loc. cit.*, n° 99.

12422. La loi du 26 janvier 1892 n'ayant pas disposé pour les expéditions des greffiers des justices de paix comme elle l'a fait, dans son art. 26, pour les actes d'avoué à avoué, la *qualité* du papier qui devra être employé seraient déterminés par règlement, il s'ensuit que les greffiers des justices de paix pouvant se servir, pour leurs expéditions, de tel papier que bon leur semble. — M. Jules Godin, *loc. cit.*, p. 93 ; MM. E. Manuel et R. Louis, *loc. cit.*, n° 99).

§ 2. — *Avis de parents et autres actes concernant les mineurs et les interdits indigents.*

12423. La disposition des paragraphes 2 et 3 de l'art. 12 ne se trouvait pas dans le projet primitif. Dans la séance de la Chambre des députés du 14 déc. 1891, M. Bertrand proposa d'ajouter au texte du projet le paragraphe suivant : « En cas d'indigence constatée conformément à l'art 6 de la loi du 10 déc. 1850, sont également dispensées du timbre et affranchies des frais et droits de toute nature, les procédures relatives aux délibérations des conseils de famille pour la constitution des tutelles des mineurs, soit lorsqu'il s'agit de nommer un tuteur ou un subrogé-tuteur, soit simplement de donner un avis ou une autorisation ». — D.P. 92. 4. 18, note 8.

12424. Le directeur général de l'enregistrement accepta cette addition en principe, mais fit observer que l'amendement proposé faisait porter le dégrèvement, non seulement sur les droits perçus au profit du Trésor, mais aussi sur les frais, expression qui comprend les émoluments des officiers publics et ministériels. — D.P. 92. 4. 19, note 3.

12425. Il déclara qu'on ne pouvait, sans

---

créer un précédent très dangereux, introduire dans une loi de finances, une disposition de cette nature, attendu que les officiers publics et ministériels seraient exposés à tout instant à voir leur situation amoindrie par les articles de la loi de finances, et que, d'autre part, il fallait que la garde des sceaux, qui a la haute surveillance des officiers publics et ministériels, fût appelé à donner son avis sur les dispositions de cette nature, et propose en conséquence une rédaction conforme au texte qui a été adopté. — D.P. 92. 4. 18, note 3.

12426. La loi nouvelle affranchit l'avis de parents concernant un indigent, un interdit ou une personne dont l'interdiction est demandée, du droit du timbre de dimension 40 fr. 60 c. ou à 1 fr. 20 c. pour le papier employé à la rédaction de la minute, plus du droit d'enregistrement de 6 fr., qui s'élevait, avec tous les décimes, à 7 fr. 50 c. — V. *Code annoté de l'enregistrement*, n° 6577 et s., 7199 et s.

12427. M. Bertrand ayant demandé si cette nouvelle rédaction comprenait les conseils de tutelle, le directeur général de l'enregistrement répondit que la disposition était applicable aux conseils de tutelle des mineurs, mais qu'elle ne devait pas être étendue aux conseils de tutelle des interdits.

12428. Mais le dernier paragraphe de l'art. 12 fut introduit par la commission du Sénat, afin d'assimiler aux mineurs les personnes dont l'interdiction est demandée et les interdits, pour les réductions de droits à accorder, en cas d'indigence, pour les constitutions de conseils de famille. « Cette dernière disposition, dit M. Tra-rieux dans son rapport du 7 janvier, se justifie par l'identité de situation qui semble exister entre ces catégorie d'incapables auxquelles la loi doit une égale faveur ». — D.P. 92. 4. 18, note 3.

12429. Pour l'application de l'art. 12, § 2, le mot *avis de parents* doit être entendu dans le sens général qu'il comporte et que le législateur lui attribue dans l'intitulé du titre 10, liv. 1er, 2e part., C. proc. civ. (art. 882 et suiv.) ; en d'autres termes, il ne faut pas que le conseil de famille ait été appelé à émettre un simple avis à propos de sa délibération, à nommer, par exemple, un tuteur ou un subrogé-tuteur. Ce point ressort catégoriquement de la discussion de la loi. — D.P. 92. 4. 18, note 3, col. 3. — Instr. adm. enreg. 31 mai 1892, n° 2816, — Conf. M. Jules Godin, *loc. cit.*, art. 12-V, p. 97 ; M. Besson, n° 148 ; M. E. Manuel et R. Louis, n° 101 ; MM. Malepeyre et Mesnard, n° 29.

12430. Mais la dispense d'impôt n'est accordée qu'aux *avis de parents*, c'est-à-dire aux actes qui constatent l'exercice d'attributions conférées par la loi aux conseils de famille. Par conséquent, si le même procès-verbal relate une délibération prise par un conseil de famille et renferme, en outre, une disposition dont l'objet est étranger à la mission de cette assemblée, cette disposition reste soumise au droit commun. — Même instr. adm. enreg... n° 2816.

12431. Ainsi, dans le cas où un procès-verbal unique constate tout à la fois l'émancipation d'un mineur par son père ou sa mère, et la nomination d'un curateur à l'émancipation par le conseil de famille, cette dernière disposition, émanant seule du conseil, est la seule qui puisse profiter de l'exemption prononcée par l'art. 12 de la loi nouvelle. La déclaration d'émancipation, qui constitue, d'ailleurs, la disposition principale du procès-verbal, demeure sujette au droit fixe de 15 fr., et le procès-verbal lui-même, par cela seul qu'il la renferme, doit être rédigé sur papier timbré. — Même instr. adm. enreg., n° 2816. — Conf. M. Besson, *loc. cit.*, n° 149.

12432. Au contraire, selon MM. Manuel et Louis, les actes d'émancipation par le conseil de famille (art. 478 et s. C. civ.) sont désormais exempts des droits.

12433. L'immunité concédée aux avis de parents est parcillement octroyée « aux actes nécessaires pour la convocation et la constitution des conseils de famille et l'homologation des délibérations prises dans ces conseils dans le cas d'indigence des mineurs ». Les actes nécessaires à la convocation et à la constitution des conseils de famille comprennent, notamment : la requête présentée au juge de paix et l'ordonnance de ce magistrat (art. 406 C. civ.) ; la citation notifiée par huissier aux personnes désignées pour constituer le conseil de famille (art. 411 C. civ) ; le procès-verbal dressé par le juge de paix pour constater, s'il y a lieu, la prorogation ou l'ajournement de l'assemblée (art. 414 C. civ.). — Même instr. adm. enreg. nº 2816.

12434. On ne saurait, au contraire, ranger dans cette catégorie ni les *procurations* que les membres du conseil de famille peuvent donner pour s'y faire représenter (art. 412 C. civ.), attendu que ces actes répondent exclusivement à l'intérêt particulier des mandants, ni la *signification* qui doit être faite au tuteur de sa nomination à ces fonctions, lorsqu'elle n'a pas eu lieu en sa présence (C. proc. civ., art. 882), puisque cette signification intervient après la séparation de l'assemblée. — Même instr. nº 2816. — V. en sens contraire, pour les procurations, M. Besson, *loc. cit.*, nº 151.

12435. La dispense d'impôt accordée aux actes *nécessaires d'homologation* des délibérations prises par les conseils de famille ne doit pas être limitée aux actes qui tendent à obtenir l'homologation. Elle s'étend également aux décisions favorables ou défavorables auxquelles la demande donne lieu. En un mot, toute la procédure d'homologation, y compris les jugements et arrêts définitifs et leurs significations, se trouve dégrevée, en première instance comme en appel. — Même instr. nº 2816.

12436. Peu importe qu'il y ait, ou non, contestation sur l'homologation. Le dégrèvement est applicable dans tous les cas. — Conf. M. J. Godin, *Commentaire*, art. 12-V, p. 99.

12437. Lorsqu'une délibération n'est pas sujette à homologation, les membres du conseil de famille contre l'avis desquels elle a été prise sont admis à l'attaquer (C. proc. civ. art. 883). Les actes relatifs à ces instances n'étant pas prévus par l'art. 12 de la loi restent soumis au droit commun. — Même instr. nº 2816. — Conf. MM. Manuel et Louis, *loc. cit.*, nº 103 ; M. Besson, *loc. cit.*, nº 156.

12438. L'alinéa final de l'art. 12 assimile aux mineurs les *personnes dont l'interdiction est demandée et les interdits*. Cette dernière disposition a exactement la même portée que celle de l'alinéa qui précède. Elle concerne d'une manière exclusive les avis de parents ainsi que les actes nécessaires soit à la convocation et à la constitution des conseils de famille, soit à l'homologation de leurs délibérations. Elle est étrangère aux actes de la procédure d'interdiction dépourvus de ce caractère. — Même instr. nº 2816.

12439. Telle est aussi, sur ce dernier point, l'opinion enseignée par M. Jules Godin, *loc. cit.*, art. 12-VI, p. 161, et M. Besson, *loc. cit.*, 159. — MM. Manuel et Louis sont d'un avis contraire. Suivant ces auteurs, l'exemption s'étend à la procédure d'interdiction, à la requête articulant les faits, au jugement qui ordonne la réunion du conseil de famille, à la requête à fin d'indication des lieu et heure où il sera procédé à l'interrogatoire, à l'ordonnance répondue, à la sommation de comparaître pour l'interrogatoire, à procès-verbal d'interrogatoire, à l'assignation pour voir prononcer l'interdiction, au jugement qui la prononce et sa publicité — Manuel et Louis, *loc. cit.*, nº 104.

12440. Mais on s'accorde généralement à reconnaître que l'immunité est exactement la même que celle accordée aux mineurs indigents. Elle doit, par suite, être restreinte, dans son apppfication, à l'objet même indiqué par le paragraphe qui parle des mineurs, c'est-à-dire aux avis de parents nécessaires à l'interdiction (C. civ. art. 494 ; C. proc. civ. art. 492) et aux actes nécessaires pour la convocation et la réunion du conseil de famille. — Conf. M. Jules Godin, *loc. cit.*, art. 12-VI, p. 161 ; M. Besson, *loc. cit.*, nº 160.

12441. Elle n'est applicable, dans tous les cas, ni à la *signification* de l'avis du conseil de famille (C. proc. civ. art. 893) ... ni à la procédure *en maintenue d'interdiction*. — MM. Jules Godin, *loc. cit.*, art. 12-VI, p. 161 ; Manuel et Louis, *loc. cit.*, nº 104.

12442. L'exonération s'applique tant aux minutes et originaux qu'aux expéditions et copies. Elle est subordonnée, dans tous les cas, à la justification de l'indigence des mineurs, des personnes dont l'interdiction est poursuivie ou des interdits, dans la forme prévue par les art. 6 et 8, 1er alin., de la loi du 10 déc. 1850, sur le mariage des indigents (*Instr.* nº 1876). — Instr. préc. adm. enreg. nº 2816.

12443. ...C'est-à-dire par un certificat d'indigence délivré par le commissaire de police ou le maire de la commune, visé et approuvé par le juge de paix, et par un extrait du rôle des contributions constatant que la personne paie moins de 10 fr. d'impôts directs. — L. 10 déc. 1850, D.P. 51. 4. 9. — V. *Code annoté de l'enregistrement*, nºs 12179 et s., 14457 et s.

12444. Enfin les actes dont il est présentement question sont seulement affranchis *des droits*; ils restent donc assujettis à la *formalité* de l'enregistrement, qu'ils devront recevoir *gratis*, dans les délais ordinaires. — Instr. préc. adm. enreg., nº 2816.

12445. Suivant M. Jules Godin, *loc. cit.*, art. 12-V, p. 99, lesdits actes ne sont pas assujettis à la formalité du visa pour timbre gratis, attendu que ce serait une complication inutile. Il est vrai de remarquer que l'instruction de l'administration de l'enregistrement ne parle pas du timbre (*supra*, nº 12444), mais la question est sans intérêt, car, lorsqu'un acte est sujet au visa pour timbre et à l'enregistrement gratis, les deux formalités lui sont données simultanément « dans une seule et même formule ». — Instr. adm. enreg. 27 avr. 1875, nº 2508, § 4.

12450. La disposition ne s'applique pas,

non plus, aux expéditions délivrées par les greffiers des justices de paix en matière civile et par les secrétaires des conseils de prud'hommes, ces expéditions ayant été dispensées complètement du timbre par l'art. 12, § 1er, de la loi. — V. *supra*, nºs 12415 et s.

12451. L'article vise donc que les expéditions délivrées par les greffiers des tribunaux civils de première instance, des tribunaux de commerce et des cours d'appel ; il ne les exempte pas du timbre, mais, en élevant de douze à quatorze le nombre de syllabes que peut contenir chaque ligne lequel ne devait pas dépasser antérieurement huit à dix, il a opéré un dégrèvement sensible, évalué à 100.000 fr. environ par M. Tricux dans son rapport au Sénat.

12452. La compensation sera faite entre les lignes d'après le texte de la loi nouvelle. Elle devra être faite, non par page, mais pour toutes celles composant l'expédition. — Conf. M. Besson, *loc. cit.*, nº 169.

12453. Les émoluments des greffiers étant déterminés par le nombre de rôles que contient chaque expédition, ces officiers se trouvaient atteints dans une certaine mesure par la loi nouvelle ; mais elle a disposé (art. 23) qu'il serait procédé par un règlement d'administration publique à une nouvelle fixation des émoluments des greffiers pour les expéditions. Ce règlement est intervenu à la date du 23 juin 1892. — V. *infrà*, nº 12674 et s.

Art. 14. Les mandements ou bordereaux de collocation délivrés aux créanciers par les greffiers en matière d'ordre et de contribution seront rédigés sur du petit papier au tarif ordinaire de 60 centimes ou de 1 fr. 20. Ils contiendront trente-cinq lignes à la page et de vingt à vingt-cinq syllabes à la ligne, compensation faite d'une feuille à l'autre.

12454. Les mandements ou bordereaux de collocation sont des extraits du procès-verbal, soit du règlement définitif d'ordre, que le greffier du tribunal délivre à chaque créancier colloqué, pour le montant de sa collocation. — J.G. *Distrib. par contrib.*, 184 ; *Ordre*, 1175. — V. *supra*, art. 671, nº 8575 et s. ; art. 770, nºs 9001 et s.

12455. Comme expéditions par extrait du procès-verbal de distribution et du règlement d'ordre, ces mandements ou bordereaux ne pouvaient être délivrés sur papier timbré d'un format inférieur à celui appelé *moyen papier* à 1 fr. 80 c. la feuille (V. *Code annoté de l'enregistrement*, nº 14480 et s.). En outre, suivant la règle générale établie par l'art. 6 de la loi du 21 vent. an 7, ils ne pouvaient contenir que vingt lignes à la page et huit à dix syllabes à la ligne (*ibid.*, nº 15769 et s.). — V. *supra*, nºs 12156 et s.

12456. L'art. 14 de la loi du 26 janv. 1892 autorise à rédiger les mandements et bordereaux de collocation, en matière d'ordre et de collocation, sur du petit papier au tarif ordinaire de 0 fr. 60 (feuille simple) ou 1 fr. 20 (feuille double). Le commissaire du gouvernement a fait observer à la Chambre des députés que ce bordereau n'est pas en réalité des expéditions dans le sens étroit du terme, mais de simples actes du greffier qui délivre le mandement ou le sens d'après ce qui a été décidé par le juge. — D.P. 92. 4. 49, note 1.

12457. Il a ajouté qu'il ne se trouve le plus souvent sur ces bordereaux que quelques lignes d'écriture, et qu'il y avait quelque chose de très rigoureux à exiger l'emploi d'une ou plusieurs feuilles de timbre à 1 fr. 80 c. quand il suffisait d'une feuille de 60 centimes pour ces quelques lignes. — D.P. 92. 4. 49, art. 1.

12458. Mais il a combattu et fait rejeter un amendement de M. Tautière tendant à étendre ce dégrèvement à l'extrait de l'or-

---

Art. 13. Les expéditions visées par l'art. 6 de la loi du 21 vent. an 7 contiendront de douze à quatorze syllabes à la ligne, compensation faite entre les lignes.

12446. Aux termes de l'art. 6 de la loi du 21 vent. an 7, qui avait établi les droits de greffe, les expéditions délivrées par les greffiers devaient contenir vingt lignes à la page et huit à dix syllabes à la ligne, compensation faite les unes avec les autres. — J.G. *Enregistr.* 5895.

12447. Cette disposition avait été édictée en vue d'augmenter pour le Trésor les produits du droit de greffe. Elle se trouve sans objet depuis que l'art. 4 de la loi du 26 janv. 1892 a supprimé complètement tous les droits de greffe. — V. *supra*, nºs 12292 et s.

12448. L'art. 13 de la loi nouvelle porte que les expéditions contiendront désormais de douze à quatorze syllabes à la ligne, compensation faite entre les lignes. Le nombre de lignes à la page n'est pas modifié et reste, en conséquence, fixé à vingt.

12449. Il n'est rien innové en ce qui concerne les expéditions délivrées en matière de police correctionnelle ou criminelle. Instr. adm. enreg. 31 mai 1892, nº 2816, D.P. 92. 4. 49.

donnance du juge-commissaire, pour la *radiation des inscriptions*, par le motif que non seulement l'ordonnance est parfois plus longue, mais que la transcription de cette ordonnance constitue une véritable expédition. — D.P. 92. 4. 19, note 1.

12459. Les mandements de radiation doivent donc être délivrés, comme par le passé, sur du papier timbré à 1 fr. 80 c. la feuille.

12460. La faveur accordée aux mandements ou bordereaux de collocation doit être expressément limitée aux pièces dont il s'agit. Aucun autre extrait du procès-verbal d'ordre ou de contribution ne saurait en profiter. — Instr. adm. enreg. 31 mai 1892, n° 2816, D.P. 92. 4. 49.

12461. Les mandements ou bordereaux de collocation se trouvent, en outre, affranchis par l'art. 4 de la loi du 26 janv. 1892 qui a supprimé tous les droits de greffe. (V. *supra*, n° 12292 et s.) du droit de greffe qu'ils supportaient antérieurement. — V. *Code annoté de l'enregistrement*, n° 15753 et s.

12462. Les dispositions ci-dessus ont porté atteinte aux émoluments des greffiers qui étaient fixés d'après le nombre de rôles des mandements et bordereaux de collocation. Un décret du 23 juin 1893 a disposé, en conséquence, par son art. 3 (D.P. 92. 4° partie), que les greffiers des tribunaux civils de première instance auraient droit à 65 centimes par page pour les mandements ou bordereaux de collocation qu'ils délivrent aux créanciers en matière d'ordre et de contribution. » — V. *infrà*, n° 12674 et s.

Art. 15. En remplacement des impôts supprimés ou réduits par les articles précédents, des droits proportionnels de condamnation, collocation ou liquidation et des droits fixes auxquels les jugements et arrêts sont actuellement soumis, en matière civile ou commerciale, un droit proportionnel est perçu, savoir :

1° Pour les jugements, sentences d'arbitres et arrêts des cours d'appel, sur le montant des condamnations ou liquidations prononcées, et les intérêts.

Lorsque le droit proportionnel aura été acquitté sur un jugement rendu par défaut, la perception ne sera pas contradictoire qui pourra intervenir n'aura lieu que sur le supplément des condamnations, collocations ou liquidations. Il en sera de même pour les jugements et arrêts rendus sur appel, sauf l'exception édictée ci-après pour les jugements et arrêts confirmatifs.

2° Pour les ordres et contributions, faillites et liquidations judiciaires, sur le montant les sommes mises en distribution ;

3° Pour les jugements ou procès-verbaux judiciaires portant adjudication de meubles ou d'immeubles, sur le prix augmenté de toutes les charges, lesquelles ne seront pas comprises dans les droits dus sur le jugement d'adjudication ;

4° Pour les adjudications de meubles ou d'immeubles renvoyées devant notaire ou commis par décision de justice, sur le prix augmenté de toutes les charges, dans lesquelles ne seront pas compris les droits dus sur le procès-verbal d'adjudication ;

5° Pour les jugements et arrêts prononçant l'homologation d'un partage ou d'un état liquidatif sur l'actif net partagé ou liquidé.

Toutefois, lorsque les états liquidatifs ou partages comprendront des prix de meubles ou d'immeubles ayant supporté le droit proportionnel prévu aux § 3 et 4 ci-dessus, ces prix devront être déduits de l'actif net qui sert de base à la perception des droits prévus par le paragraphe 5.

DIVISION.

§ 1. — *Taxe de remplacement; Historique; Caractères* (n° 12463).

§ 2. — *Jugements; Sentences d'arbitres et arrêts des cours d'appel* (n° 12470).

§ 3. — *Ordres; Contributions; Faillites et liquidations judiciaires* (n° 12501).

§ 4. — *Ventes judiciaires* (n° 12515).

§ 5. — *Jugements et arrêts prononçant l'homologation d'un partage ou d'un état liquidatif* (n° 12520).

§ 1er. — *Taxe de remplacement; Historique; Caractères.*

12463. Après avoir établi, dans ses art. 4 à 14, un certain nombre de dégrèvements, la loi du 26 janv. 1892 a édicté une taxe de remplacement dont elle a constitué, ... par son art. 15, l'assiette... par son art. 16, les diverses quotités,... et par son art. 17, le minimum de perception pour chacune de ces quotités.

12464. L'art. 15 désigne les jugements, arrêts, sentences, procès-verbaux et autres actes judiciaires qui seront assujettis au nouveau droit proportionnel qu'il a édicté « en remplacement, suivant son texte même, des impôts supprimés ou réduits par les articles précédents, des droits proportionnels de condamnation, collocation ou liquidation, des droits fixes auxquels les jugements ou arrêts sont actuellement soumis, en matière civile ou commerciale ». — D.P. 92. 4. 19, note 3.

12465. D'un autre côté, l'art. 15 détermine l'assiette, la base légale de perception du nouveau droit pour chaque catégorie de décisions, procès-verbaux et actes qui y sont assujettis.

12466. La rédaction actuelle a été adoptée sur la proposition de la commission du Sénat, qui a modifié et réuni en un seul les art. 15 et 16 du projet tel qu'il avait été voté par la Chambre des députés.—D.P. 92. 4. 19, note 4.

12467. D'après le rapport de M. Tramcux au Sénat, la Chambre avait proposé une rédaction compliquée comprenant toute l'énumération des actes à grever de droits proportionnels nouveaux ou supplémentaires. La commission du Sénat a pensé qu'il convenait de ne pas changer pour l'assiette de ces droits les dispositions générales de la loi du 22 frim. an 7, et c'est à son texte qu'elle s'est référé pour la rédaction qu'elle a proposée. Elle a par ainsi fusionné en un seul cet art. 15 avec le suivant. — D.P. 92. 4. 19.

12468. L'ancien art. 16 incorporé dans l'art. 15 nouveau fixe la matière imposable qui sera l'assiette des droits de remplacement. La rédaction adoptée a apporté à l'ancien art. 16 trois modifications : 1° on a supprimé de la nomenclature les jugements et arrêts confirmatifs du n° 2, qui se trouvaient déjà visés suffisamment par le n° 1 ; 2° on a également supprimé les états liquidatifs et partages non suivis d'homologation du n° 7, aucune taxe ne pouvant, d'après l'avis de la commission, être perçue en dehors des décisions de justice qui peuvent en justifier l'assiette ; 3° on a ajouté, au contraire, les désistements et radiations sur lesquels a paru devoir être admise la légitimité d'une sur taxe. — Rapport au Sénat, D.P. 92. 4. 19, note 4.

12469. En ce qui concerne les radiations du rôle, qui, d'après la commission du Sénat, devaient être assujetties à une taxe de 6 fr. 50 cent. pour 100 sur le montant des demandes déterminé par un état que le greffier devait fournir chaque mois, le rapporteur proposa au Sénat de supprimer le droit sur ces radiations, et le commissaire du gouvernement y adhéra et cette suppression fut, en effet, prononcée par le Sénat. — D.P. 92. 4. 19, note 2. — Séance du 19 janv. 1892, Journ. offic. du 20, Débats parlem., p. 53.

12470. La taxe nouvelle remplace les droits de condamnation, liquidation, collocation et les droits fixes perçus sur les juge-

ments (V. J.G.S. Enreg. 2351 et s. — Code annoté de l'enregistrement, 7205 et s.; 8193 et s.; 8940 et s.). Reste, par conséquent, en dehors de cette disposition spéciale, la taxe particulière qu'on appelle *droit de titre*, qui se perçoit sur l'application à l'occasion d'un contrat qui est reconnu par ce jugement. — V. J.G.S. Enreg., n° 4329 ; — J.G.S. cod. v°, n° 2384 ; — Code annoté de l'enregistrement, n° 9017 et s. — Rapport au Sénat, D.P. 92. 4. 19, note 2.

12471. La même déclaration concernant le caractère du droit de titre a été faite à différentes reprises par le commissaire du gouvernement, M. Liotard-Vogt, qui a fait observer, avec juste raison, que le droit de titre « atteint moins les jugements que la convention sur laquelle les intervient », qu'il demeurait « tout à fait en dehors du projet et, bien entendu, continuerait à se percevoir concurremment avec la taxe des frais de justice ». — Conf. M. Besson, *loc. cit.*, n° 180 ; MM. Manuel et Louis, *loc. cit.*, n° 149 ; MM. Malopeyre et Mesnard, *loc. cit.*, n° 35 ; M. Jules Godin, *loc. cit.*, p. 419.

12472. L'objet de la loi nouvelle est, non pas d'exempter du droit d'enregistrement les décisions judiciaires, mais de substituer aux droits proportionnels de condamnation, ainsi qu'aux droits fixes, que ces décisions supportaient « un droit proportionnel » spécial. Dans le projet présenté par M. Brisson, cette nouvelle taxe se présentait avec « ses caractères particuliers tout-à-fait indépendants des impôts actuellement perçus sur les actes et sur les jugements » (M. Boulanger, *Rapport au Sénat*, p. 209), mais, telle qu'elle a été remaniée et définitivement édictée, elle constitue un véritable droit d'enregistrement.

12473. Nul doute que le nouveau droit proportionnel constitue un droit d'enregistrement, quoique la loi ne le dise pas. Cela ressort formellement de la discussion de la loi. M. J. Godin avait demandé au Sénat que le texte de la loi l'exprimât. Sa motion a été repoussée comme étant sans utilité (Sénat, séance du 19 janv. 1892, Débats parlement., Journ. off. 1892, p. 92). Cela s'induit, comme de l'art. 22 de la loi nouvelle. — V. *infra*, art. 22, n° 12632 et s. — Conf. M. Jules Godin, *loc. cit.*, p. 119, 189 et 190 ; M. Besson, *loc. cit.*, n° 177 ; MM. Manuel et Louis, *loc. cit.*, n° 155 ; MM. Malopeyre et Mesnard, n° 32.

12474. Il s'ensuit que, comme l'exprime l'instruction du 31 mai 1892, donnée par l'administration de l'enregistrement à ses agents pour l'exécution de la loi, les principes généraux relatifs à la perception, au recouvrement et à la prescription des droits d'enregistrement s'appliquent *de piano* au nouveau droit proportionnel (l'observation, est-il dit, en cours, dans cette instruction, ne a, d'ailleurs, été faite au cours de la discussion. — D.P. 92. 4. 49. V. également Journ. off. du 20 janv. 1892, Débats parlem., Sénat, p. 52, col. 3.

12475. À la différence de la loi du 22 frim. l'art. 15 janv. 1892 ne comprend pas les *dépens* parmi les sommes et valeurs sujettes au droit proportionnel (V. Journ. off. du 13 déc. 1891, Débats parlem. Chambre, p. 2640, col. 1re et 2me. Ce droit ne pourra être perçu sur les dépens, et, par suite, les exécutoires, qui étaient soumis au tarif de 0 fr. 50 c. p. 100, devront être enregistrés désormais au droit fixe de 1 fr. 50 c. édicté pour les actes judiciaires innommés. — Instr. adm. enreg. 31 mai 1892, n° 2816, D.P. 92. 4. 49. — V. J.G. Enreg. n° 4394 et s. ; J.G.S. cod. v°, n° 2370 ; Code annoté de l'enregistrement, n° 8974 et s.

12476. En dehors de la dérogation dont il s'agit, toutes les règles concernant l'exigibilité et l'assiette des droits actuels applicables au droit proportionnel d'enregistrement qui les remplace. Les principes de perception sont maintenus, le tarif seul est modifié. — Instr. prée. adm. enreg. n° 2816.

12477. C'est en ce sens qu'il convient d'entendre le deuxième alinéa de l'art. 15. n° 1, de la loi, emprunté à l'art. 69, § 2, n° 9, de la loi du 22 frim. au 7. — Même instr. n° 2816.

12478. Les cinq catégories de décisions, procès-verbaux et actes judiciaires que présente l'art. 15 de la loi, peuvent être ramenées à quatre, comprenant : ... la première, les jugements, sentences, arrêts, autres que ceux portant soit adjudication, soit homologation de liquidation ou de partage; ... la seconde, les procès-verbaux d'ordre, de distribution par contribution, de répartition de deniers provenant de faillites ou de liquidations judiciaires; ... la troisième, les ventes judiciaires; ...la quatrième, les jugements et arrêts prononçant l'homologation d'un partage ou d'un état liquidatif.

§ 2. — *Jugements; Sentences d'arbitres et arrêts des cours d'appel.*

12479. Le projet de loi présenté par M. Brisson à la Chambre des députés et le texte voté en premier lieu par cette Chambre soumettaient les *valeurs immobilières* comme les *valeurs mobilières* à la taxe de remplacement. La loi visait les jugements rendus sur demandes « en restitution, remise, revendication, résiliation, révocation ou résolution, nullité ou rescision de contrat ou de clause de contrat, délivrance, livraison ou exécution de contrat » et généralement toute instance ayant « pour objet la propriété, la jouissance de biens immeubles ».

12480. Le Sénat n'a pas admis que la taxe de remplacement pût être appliquée aux valeurs immobilières : « Nous avons écarté, a dit son rapporteur, l'idée d'une perception de droits sur les instances s'appliquant à des valeurs immobilières... Les valeurs immobilières engagées dans un procès ont presque toujours été assujetties à des droits considérables (droit de vente, de donation, de transaction, etc.) par les actes donnant naissance aux difficultés dont elles peuvent être l'objet, et nous avons trouvé que la propriété foncière était assez grevée pour ne pas ajouter à ses charges ».

12481. Il est certain, par suite, que le nouveau droit proportionnel n'est applicable qu'aux décisions intervenues au sujet de *valeurs mobilières.* — Conf. M. Jules Godin, *loc. cit.,* p. 114 ; M. Besson, *loc. cit.,* n° 186; MM. Manuel et Louis, *loc. cit.,* n° 153; MM. Malepeyre et Mesnard, *loc. cit.,* n° 32.

12482. Il faut, en outre, pour que le nouveau droit proportionnel soit exigible, que le jugement, l'arrêt ou la sentence arbitrale porte *condamnation ou liquidation,* car le premier paragraphe de l'art. 15 ne vise que les « condamnations ou liquidations prononcées ».

12483. Dans l'art. 15-1°, les mots *condamnations, liquidation* ont absolument le même sens que dans l'art. 67, § 2 à 9, de la loi du 22 frim. au 7 tel qu'il a été interprété par la jurisprudence. Les condamnations ou liquidations de sommes et valeurs mobilières qui étaient seules atteintes par la loi organique sont également seules frappées par la loi nouvelle. — Instr. adm. enreg. 31 mai 1892, n° 2816, D.P. 92. 4. 49.

12484. La jurisprudence a établi, en principe, que, par l'expression de *condamnation* employée dans la loi du 22 frim. au 7, on doit entendre toute décision, quelle que soit, d'ailleurs, sa dénomination de collocation ou liquidation, qui forme titre en faveur de l'une des parties contre l'autre. — Req. 4 juin 1851, D.P. 51. 1. 171. — V. J.G.S. *Enreg.,* n° 2366 ; *Code annoté de l'enregistrement,* n°s 8954 et s.

12485. Le mot *liquidation* exprime, dans son sens juridique, l'opération par laquelle on détermine avec certitude et précision, l'existence, l'étendue ou la quotité jusque-

là indéterminée du droit qui appartient à une ou à plusieurs personnes sur une chose. Il signifie aussi le résultat final de cette opération. C'est même dans ce dernier sens qu'il est employé par la loi du 22 frim. au 7. A ce point de vue, on peut dire que, comme comportant détermination du droit, la liquidation ne diffère pas essentiellement de la condamnation. — V. J.G.S. *loc. cit.,* n° 2375; *Code annoté de l'enregistrement,* n°s 8981 et s.

12486. La jurisprudence a donné à l'application du droit proportionnel de condamnation ou de liquidation une extension que cette application n'avait pas dans le principe. La perception du nouveau droit proportionnel établi par la loi du 26 janv. 1892 devant être faite d'après les mêmes règles devra avoir la même extension. — V. *supra* n° 12476.

12487. Ainsi, d'après la jurisprudence, consacrée par la loi nouvelle, le droit proportionnel de condamnation était exigible sur tout jugement ordonnant la *restitution de titres et valeurs* qui étaient la propriété de celui au profit duquel le jugement l'avait prescrite. — Civ. r. 2 janv. 1878, D.P. 78. 4. 177. — Civ. c. 6 juin 1882, D.P. 82. 1. 427. — Civ. r. 26 févr. 1883, D.P. 83. 1. 235-296. — Civ. r. 30 déc. 1884, D.P. 85. 1. 202. — Conf. J.G.S. *Enreg.,* 2306.

12488. Tous jugements, arrêts ou sentences sont soumis au nouveau droit proportionnel; tel est le principe de la loi nouvelle. Mais ce principe est subordonné naturellement à son application à la condition que l'acte fournisse une base à la perception du droit proportionnel. S'il y résiste, c'est le tarif minimum édicté par l'art. 17 de la loi qui lui sera applicable suivant sa nature. — Conf. MM. Manuel et Louis, *loc. cit.,* n° 156; M. Besson, *loc. cit.,* n° 189.

12489. C'est le tarif minimum de l'art. 17 qui est applicable lorsque le droit proportionnel ne peut être perçu, soit que l'unique droit fixe qui a complètement disparu avec les droits proportionnels de condamnation, collocation et liquidation. « Nous voulons, par notre projet, a dit le commissaire du gouvernement, proportionner l'impôt aux valeurs, ce que commandent à la fois l'équité et les principes démocratiques. Nous dirons: « Plus de droit fixe en pareille matière ». — Chambre des députés, séance du 14 déc. 1891.

12490. La loi nouvelle a fait table rase des droits proportionnels de condamnation, collocation et liquidation, ainsi que des droits fixes, mais sans pour autant atteinte aux règles concernant l'exigibilité et la perception de ces droits. Les principes de perception sont maintenus, le tarif seul est modifié. —Instr. adm. enreg. 31 mai 1892, n° 2816, D.P. 92. 4. 49.

12491. Le deuxième alinéa de l'art. 15-1° reproduit à peu près textuellement l'alinéa 3 de l'art. 69, § 2, n° 9, de la loi du 22 frim. au 7, d'après lequel au cas, soit de jugement par défaut suivi de jugement contradictoire, soit de jugements et arrêts rendus sur appel, la perception n'a lieu sur la décision définitive, jugement contradictoire ou arrêt, « que sur le supplément des condamnations » porte la loi de frimaire, « collocations ou liquidations » est-il ajouté dans la loi du 26 janv. 1892.

12492. De là il suit que, si la condamnation résultant de la décision définitive, jugement contradictoire ou arrêt, n'excède pas celle résultant du premier jugement, la décision définitive ne donne lieu qu'au droit fixe minimum édicté par l'art. 17 de la loi. — Conf. M. Besson, *loc. cit.,* n° 195.

12493. En ce qui concerne les jugements et arrêts rendus sur appel, la loi de 1892 porte : « sauf l'exception édictée ci-après pour les jugements et arrêts confirmatifs ». Cette exception se trouve dans l'art. 16 qui suit. — V. *infra,* n°s 12537 et s.

12494. La loi vise les *sentences d'arbitres.* Est-il nécessaire pour que le nouveau droit

proportionnel soit applicable, que la sentence soit revêtue de l'ordonnance d'*exequatur* qui, seule, peut lui donner la force exécutoire (V. *supra,* art. 1021, n° 9934) ? On allègue, dans le sens de l'affirmative, que la décision des arbitres non revêtue de l'ordonnance d'*exequatur*, n'a que la valeur d'un simple avis et ne peut être considérée comme sentence arbitrale. — MM. Malepeyre et Mesnard, *loc. cit.,* n° 175; MM. Malepeyre et Mesnard, *loc. cit.,* n° 32.

12495. On peut exciper, à l'appui de l'opinion contraire, de différentes décisions de la jurisprudence desquelles il résulte que, quoique non revêtue de l'ordonnance d'exécution, la décision d'arbitres constitue, non pas seulement un simple avis, mais un véritable jugement susceptible d'être attaqué par appel ou par pourvoi en cassation est parfaitement valable. — J.G. *Arbitrage,* n° 1154; *Code annoté de procédure civile,* art. 1021, n°s 7 et s., et *supra,* n° 9934.

12496. La loi du 26 janv. 1892 ne visant dans son application à un sujet en particulier pas de caractère, spécialement aux procès-verbaux de conciliation ou de non-conciliation. — V. M. Jules Godin, *loc. cit.,* p. 119.

12497. Le Sénat a repoussé un amendement de M. Munier « ayant pour objet d'étendre les taxes proportionnelles aux décisions rendues par les *conseils de préfecture* et par le *Conseil d'État.* » Cette extension de la loi à ces deux juridictions, dit le rapporteur, serait non seulement logique, si des droits existaient déjà sur elles; mais il n'eu est point ainsi, et la création des taxes qu'on nous demande serait une innovation qui sortirait complètement du cadre de nos travaux. — J.G. 92. 4. 19, note 2.

12498. La Chambre des députés s'est ralliée à la rédaction de l'article adopté par le Sénat. — MM. J.G. 92. 4. 19, note 2.

12499. Les art. 15 à 17 de la loi, portant l'instruction du art. 15, n° 2, que les étrangers en toute matière, et dans tous les cas, aux décisions de la *Cour de cassation* et des *tribunaux administratifs* qui continuent d'être régies par les règles actuelles. — D.P. 92. 4. 49.

12500. La même instruction porte que les jugements et arrêts rendus par l'autorité judiciaire en matière de *police simple, correctionnelle ou criminelle,* sont soumis à l'application des art. 15, 16, 17 de la loi nouvelle lorsqu'ils portent condamnation à des *dommages-intérêts,* et qu'en dehors de ce cas exceptionnel, ils restent soumis à la législation en vigueur.

§ 3. — *Ordres; Contributions; Faillites et liquidations judiciaires.*

12501. — I. ORDRES ET CONTRIBUTIONS — La taxe établie par l'art. 15, n° 2, pour les ordres et contributions, faillites et liquidations judiciaires, sur le montant des sommes mises en distribution est exigible, suivant le cas, comme il était de droit la collocation qu'elle remplace, soit sur le jugement qui règle la distribution du prix en exécution de l'art. 773 C. proc. civ., soit sur l'acte par lequel le juge-commissaire ordonne la délivrance des bordereaux ou mandements aux créanciers utilement colloqués. — Instr. adm. enreg. 31 mai 1892,n° 2816, D.P. 92. 4. 49.

12502. Les procès-verbaux d'ordre et ceux de distribution par contribution étaient sujets au droit proportionnel de 50 c. pour 100 par application de l'art.69, § 2, n° 9 de la loi du 22 frim. au 7, qui assujettit à ce droit les *jugements* « portant condamnation, collocation ou liquidation de sommes et valeurs mobilières ». — V. J.G.S. *Enreg.,* n°s 2380 et s.; *Code annoté de l'enregistrement,* n°s 9044 et s.

12503. Cette disposition ne visant que les jugements a été reconnue inapplicable aux *ordres amiables* (J.G. *Enreg.* n°s 116 et s.); mais, à la suite de la jurisprudence qui s'est établie en ce sens, l'art. 5 de la loi du 28 févr. 1874 a assimilé, pour la perception du droit d'enregistrement, les ordres amiables aux ordres judiciaires en les soumettant au droit de 50 c. pour 100 « les ordres, collocations et distributions, quelle que soit leur forme ». — V. J.G.S. *Enreg.* n° 2381 ; *Code annoté de l'enregistrement*, n° 9016.

12504. Le nouveau droit proportionnel a été fixé par l'art. 16 de la loi à 75 c. pour 100 pour les ordres amiables (§ 3) et à 1 fr. pour 100 pour « les ordres judiciaires et les contributions de même nature ainsi que les distributions de prix réglées à l'audience, conformément à l'art. 773 C. proc. civ. ». — V. *infra*, n°s 12570 et s., 12574.

12505. Le nouveau droit proportionnel édicté par la loi du 26 janv. 1892, remplaçant pour les ordres et contributions le droit proportionnel de collocation (V. *supra*, n° 12476), devra être perçu d'après les mêmes règles.

12506. Ainsi, pour la perception du nouveau droit comme pour l'ancien droit de collocation, il sera de règle que tous les ordres sans distinction y seront assujettis, qu'il est applicable à toute opération constitutive de la procédure ayant pour objet la distribution du prix d'un immeuble entre les créanciers d'après le rang de leurs privilèges et hypothèques. — Civ. 1er juill. 1878. D.P. 78. 1. 425. — V. J.G.S. *Enreg.*, n° 2382.

12507. Et l'on reconnaîtra, en conséquence, le caractère d'un règlement amiable passible du droit proportionnel à l'ordonnance par laquelle le juge commissaire, après examen et classement des créances, et alors que tous les créanciers régulièrement convoqués et comparaissant, ont reconnu que la créance inscrite au premier rang absorbait le prix à distribuer, a attribué la totalité de ce prix au créancier premier inscrit. — Arrêt préc. 1er juill. 1878. J.G.S. *loc. cit.*

12508. Toutefois la loi nouvelle ne paraît pas applicable à l'*ordre consensuel*, c'est-à-dire à l'ordre auquel il est procédé entre les parties par acte privé ou authentique, sans l'intervention du juge. La loi ne s'est occupée, en effet, que des opérations judiciaires accomplies par le juge ou sous sa direction. Les art. 15 et 16 ne visent, le premier, que « les ordres et contributions, faillites et liquidations judiciaires », le second, que « les ordres judiciaires et les contributions de même nature ». On doit en conclure que les ordres consensuels seront soumis, comme par le passé, au droit de 50 c. pour 100 par application de l'art. 5 de la loi du 28 févr. 1874. — V. J.G.S. *Enreg.*, n° 91. — Conf. M. Besson, *loc. cit.*, n° 218. — V. aussi M. Jules Godin, *loc. cit.* art. 15, § 2-11, p. 122; MM. Malepeyre et Mesnard, *loc. cit.*, n° 46.

12509. L'Administration de l'enregistrement a interprété en ce sens. « Il n'est rien innové, porte l'instruction du 31 mai 1892, n° 2816, en ce qui concerne les ordres consensuels et les contributions amiables. »— D.P. 92. 4. 49.

12510. Il demeure entendu qu'en cas de règlement partiel, comme dans l'hypothèse prévue par l'article 758 C. proc. civ., l'impôt doit être liquidé seulement sur les sommes définitivement versées, à l'exclusion de celles qui sont réservées pour désintéresser les créanciers contestés et sur lesquels l'impôt ne sera perçu qu'au moment de leur distribution définitive. — Instr. précit. 31 mai 1892, n° 2816.

12511. Il n'y a pas de délai de rigueur pour l'enregistrement des procès-verbaux d'ordre ou de contribution ; il suffit que ces procès-verbaux soient présentés à la formalité avant la délivrance des bordereaux ou mandements de collocation (*Instr.* n° 436, § 60, et 1704, n° 8). — Même instr. 31 mai 1892, n° 2816.

12512. — II. FAILLITES ET LIQUIDATIONS JUDICIAIRES. — La loi du 26 janvier 1892 soumet au nouveau droit proportionnel qu'elle a édicté, les répartitions aux créanciers en matière de faillite ou de liquidation judiciaire. Elle dispose que le droit sera perçu sur le montant des sommes mises en distribution.

12513. Ces dispositions ne s'appliquent qu'aux répartitions qui s'effectuent par les soins des syndics ou liquidateurs, c'est-à-dire à celles qui ont lieu en cas d'*union des créanciers ou de concordat par abandon d'actif*. — Même instr. — V. D.P. 92. 4. 20, note 1.

12514. Si le débiteur obtient un *concordat pur et simple*, en d'autres termes, s'il est replacé à la tête de ses affaires, les payements faits par lui en exécution de l'engagement qu'il a contracté envers ses créanciers, ne sont pas assujettis à la nouvelle taxe et continuent d'être régis par le droit commun (V. *Journal officiel* du 20 janv. 1892, Débats parlem., Sénat, p. 55 et 56). — Même instr. 31 mai 1892, n° 2816. — V. D.P. 92. 4. 20, note 4.— Conf. MM. Malepeyre et Mesnard, *loc. cit.*, n° 38 ; M. Besson, *loc. cit.*, n° 222 ; MM. Manuel et Louis, *loc. cit.*, n° 179.

§ 4. — *Ventes judiciaires.*

12515. La loi du 26 janv. 1892 vise, dans son art. 15, « les jugements ou procès-verbaux judiciaires portant adjudication de meubles ou d'immeubles » (§ 3), « les adjudications de meubles ou d'immeubles renvoyées devant notaire commis par décision de justice » (§ 4).

12516. La taxe établie sur les adjudications de meubles et immeubles par l'art. 15, n°s 3 et 4, est due sur le prix d'adjudication, augmenté de toutes les charges susceptibles d'y être ajoutées conformément aux dispositions de la loi organique relative à l'assiette du droit de mutation. Il est bien entendu (la loi le dit formellement dans les deux dispositions dont il s'agit) que ladite taxe ne saurait elle-même figurer au nombre des charges dont il s'agit. — Même instr. adm. enreg. n° 2816.

12517. En cas d'adjudication prononcée au profit du colicitant, le droit de 0 fr. 25 pour 100 établi par l'art. 15, n°s 3 et 4, et l'art. 16, § 7, n° 3, est exigible sur la totalité du prix, sans qu'il y ait lieu de déduire la part revenant à l'adjudicataire. Les dispositions de l'art. 15 qui prescrivent de liquider l'impôt sur le prix, étant conçues en termes généraux et absolus, ne comportent, en effet, aucune distinction. — Même instr.

12518. Les dispositions précitées de la loi du 26 janv. 1892 sont spéciales aux ventes qui ont lieu à la barre ou devant notaire commis et délégué par le tribunal. Toutes les ventes qui ne rentrent pas dans cette catégorie se trouvent par là même affranchies du nouveau droit, de même qu'elles sont exclues du bénéfice des dégrèvements accordés. Telles sont, notamment, les *ventes sur saisies mobilières*, les *ventes de meubles dépendant d'une faillite ou de marchandises neuves*, autorisées ou ordonnées par la justice consulaire. — Même instr.

12519. Il ne suffit pas, pour que la nouvelle loi soit applicable à une vente, qu'elle donne lieu à quelque incident sur lequel le tribunal est appelé à statuer comme cas où, s'agissant d'une vente sur saisie, le tribunal aurait eu à se prononcer sur une question de revendication de tout ou partie des objets saisis ; il faut que la vente soit ordonnée en justice et qu'il y soit procédé à la barre du tribunal ou devant un notaire commis par le tribunal. — Conf. MM. Malepeyre et Mesnard, *loc. cit.*, n° 33.

§ 5. — *Jugements et arrêts prononçant l'homologation d'un partage ou d'un état liquidatif.*

12520. L'art. 15 vise, sous le n° 5, pour

les soumettre au nouveau droit proportionnel, « les jugements et arrêts prononçant l'homologation d'un partage ou d'un état liquidatif ». Le droit doit être perçu « sur l'actif net partagé ou liquidé », déduction faite des prix de meubles ou d'immeubles qui auraient déjà supporté par application des § 3 et 4 de l'article concernant les ventes judiciaires auxquelles il est procédé à la barre du tribunal ou devant notaire commis. La disposition s'applique non seulement aux jugements et arrêts prononçant l'homologation d'un partage ou d'un état liquidatif, mais aussi aux sentences arbitrales ayant le même objet. — V. *infra*, art. 16, n° 12532.

12521. Le nouveau droit proportionnel est exigible indépendamment de ceux auxquels les liquidations et partages sont assujettis par les lois en vigueur : droit gradué, droit de soulte, etc. — Instr. adm. enreg. 31 mai 1892, n° 2816. D.P. 92. 4. 49. — V. J.G.S. v^o *Enregistr.*, n°s 1234 et s., 1289 et s. — V. *infra*, art. 16, n° 12532.

12522. Il doit être perçu « sur l'actif net partagé ou liquidé », tandis que, pour les ventes judiciaires, il est perçu « sur le prix augmenté de toutes les charges », d'après les deux paragraphes précédents de l'article et comme cela a lieu pour l'application des dispositions de la loi du 22 frim. an VII. — J.G. *Enreg.*, n°s 4517 à 4440 ; J.G.S. *loc. verbo*, n°s 2139 et s. — *Code annoté de l'enregistrement*, n°s 2545 et s., 2769 et s.

12523. Le droit gradué d'enregistrement se percevant sous son application au partage, comme le droit proportionnel édicté par la loi du 26 janv. 1892 « sur l'actif net partagé », s'ensuit quelles règles établies pour la perception du droit gradué doivent être appliquées à la perception du nouveau droit. L. 28 févr. 1872, art. 1-5°, D.P. 72. 4. 12. — V. *Code annoté de l'enregistrement*, n°s 2980 et s., 7481 et s.

12524. Ainsi, pour la perception du nouveau droit proportionnel, comme cela a été décidé, après de vives controverses, pour la perception du droit gradué, il n'y aura pas lieu de déduire : 1° à l'égard des *partages de successions*, les *rapports* faits par les cohéritiers à la masse, non seulement pour les valeurs rapportées *réellement*, en nature, mais aussi pour celles rapportées *fictivement*, en moins prenant, en valeur, même qu'elles sont attribuées à l'héritier qui a fait le rapport (Sol. adm. enreg. 27 sept. 1872. D.P. 74. 3. 29; Civ. r. 15 mars 1875, D.P. 75. 1. 212). — V. J.G.S. *Enregistr.*, n°s 2966 et s.; *Code annoté de l'enregistrement*, n°s 2981 et s.

12525. ... Ni à l'égard des *partages de communauté*, le rapport fait par les héritiers de l'époux prédécédé, du montant des dettes considérées par cet époux personnellement à ses enfants, durant le mariage, avec des deniers de la communauté. — Sol. adm. enreg. 27 sept. 1872, D P. 74. 3. 29.

12526. Quant à la question de savoir si le montant des prélèvements opérés sur l'actif de la communauté à titre de *reprises* doit être déduit pour la perception du droit, V. J.G.S. v^o *Enregistr.*, n°s 4274 et s.

Art. 16. Le droit proportionnel sera payé aux taux fixés ci-après :

À raison de 25 centimes pour 100 fr. :

1° Les répartitions aux créanciers en matière de faillite ou liquidation judiciaire. La taxe sera payée par le syndic ou liquidateur dans la huitaine à compter du jour où la répartition aura été ordonnée, sous peine d'en demeurer personnellement débiteurs ;

2° Les jugements ou arrêts prononçant l'homologation de liquidations ou de partages ou les sentences arbitrales ayant le même objet sans qu'il puisse y avoir ouverture à double perception en cas d'appel.

Ce droit sera perçu indépendamment de

ceux auxquels les liquidations et partages sont assujettis par les lois en vigueur;

3° Les jugements et procès-verbaux portant adjudication de meubles ou d'immeubles, soit devant un tribunal, soit devant un notaire ou expert;

Ce droit sera perçu indépendamment du droit de mutation auquel ces jugements et procès-verbaux sont assujettis;

Les ventes au-dessous de 2,000 fr. en seront exemptes.

§ 2. — 50 centimes par 100 fr. :

1° Les décisions confirmant sur appel un jugement rendu en premier ressort;

2° Les décisions infirmatives de jugements de débouté. Le total des droits à percevoir sur ces décisions devra égaler ceux qui eussent été exigibles sur une condamnation de première instance confirmée en appel;

§ 3. — 75 centimes par 100 fr. :

Les ordres amiables.

§ 4. — 1 fr. par 100 fr. :

1° Les jugements des juges de paix et ceux des conseils de prud'hommes, sauf ce qui sera édicté ci-après pour les dommages-intérêts;

2° Les ordres judiciaires et les contributions de même nature, ainsi que les distributions de prix réglées à l'audience conformément à l'art. 773 du Code de procédure civile;

§ 5. — 1 fr. 25 c. par 100 fr. :

Les jugements, arrêts et sentences arbitrales rendus en matière commerciale.

§ 6. — 2 fr. par 100 fr. :

1° Les jugements des tribunaux de première instance, les sentences d'arbitres et les arrêts de cours d'appel, en matière civile, sauf l'exception édictée ci-après relativement aux dommages-intérêts;

2° Les dommages-intérêts prononcés par les juges de paix en matière civile et de police et par les conseils de prud'hommes;

§ 7. — 3 fr. par 100 fr. :

Les dommages-intérêts prononcés par les tribunaux de première instance, les arbitres et les cours d'appel en matière civile ou commerciale et les juridictions criminelles ou correctionnelles.

DIVISION

§ 1. — *Faillite ou liquidation judiciaire* (n° 12528).

§ 2. — *Homologation de liquidation ou de partage* (n° 12532).

§ 3. — *Adjudication de meubles ou d'immeubles* (n° 12539).

§ 4. — *Décisions confirmatives* (n° 12552).

§ 5. — *Décisions infirmatives* (n° 12558).

§ 6. — *Ordres amiables* (n° 12570).

§ 7. — *Jugements des justices de paix ou des conseils de prud'hommes* (n° 12572).

§ 8. — *Ordres et contributions judiciaires* (n° 12574).

§ 9. — *Jugements, arrêts et sentences en matière commerciale* (n° 12577).

§ 10. — *Jugements, arrêts et sentences en matière civile* (n° 12584).

§ 11. — *Dommages-intérêts* (n° 12589).

12527. L'art. 15 de la loi du 26 janv. 1892 fait connaître les différentes catégories de décisions et procès-verbaux assujettis au nouveau droit proportionnel et, d'autre part, la base légale de la perception de ce droit pour chacune de ces catégories. L'art. 16 présente le tarif du nouveau droit, aux diverses quotités qui sont de 25 c. p. 100 fr., 50 c. p. 100 fr., 75 c. p. 100 fr., 1 fr. p. 100 fr., 1 fr. 25 c. p. 100 fr., 2 fr. p. 100 fr., 3 fr. p. 100 fr.

1er. — *Faillite ou liquidation judiciaire.*

12528. Le n° 1 du paragraphe 1er qui n'exis-

tait pas dans le projet soumis à la Chambre a été adopté par la Chambre dans sa deuxième séance du 14 déc. 1891, sur un amendement de M. de Ramel, accepté par le gouvernement. — D.P. 92. 4. 20, note 1.

12529. Sur le paragraphe 1er de l'art. 16, le directeur général de l'enregistrement, commissaire du gouvernement, a déclaré au Sénat, le 19 janv. 1892, que, en principe, les dividendes répartis par les syndics seront passibles de la taxe de 25 cent. par 100 fr. sur le montant de la distribution; que la taxe sera due, par suite, au cas d'*union des créanciers* et dans celui de *concordat par abandon d'actif*, mais que, lorsqu'il n'y aura pas répartition par les syndics, comme cela se produit dans le cas du *concordat par et simple*, il n'y aura pas lieu à la perception du nouveau droit. — D.P. 92. 4. 20, note 1. — Instr. adm. enreg. 31 mai 1892, n° 2816, D.P. 92. 4. 49.

12530. Il est à remarquer que la disposition ci-dessus constitue les liquidateurs-débiteurs personnels du droit de 25 c. p. 100 à défaut de paiement de ce droit par eux dans la huitaine à compter du jour où la répartition aura été ordonnée. La loi nouvelle applique aux syndics et liquidateurs une règle analogue à celle établie par l'art. 42 de la loi du 22 frim. au 7 au sujet des droits d'enregistrement d'un acte sous seing privé mentionné par un officier ministériel dans un acte de son ministère sans qu'il ait été préalablement enregistré. L'officier ministériel rédacteur de l'acte énonce qu'il est passible d'amende et de responsabilité des droits d'enregistrement dus sur l'acte énoncé. La loi du 26 janv. 1892 ne prononce aucune amende contre les syndics et les liquidateurs, mais elle les déclare débiteurs personnels de la taxe de 25 c. p. 100. — V. *Code annoté de l'enregistrement*, n° 4757.

12531. La loi n'indique pas suivant quel mode la perception sera faite. Ce ne pourra être par l'ordonnance du juge-commissaire qui ordonnera la répartition, ni sur l'état de répartition, car ces actes sont affranchis par l'art. 10 du droit et de la formalité de l'enregistrement (V. *supra*, n° 12386). Ce sera nécessairement sur une déclaration spéciale des syndics et liquidateurs au bureau de l'enregistrement. — V. M. Jules Godin, *loc. cit.*, art. 16, § 1er, p. 137.

§ 2. — *Homologation de liquidation ou de partage.*

12532. Le projet de loi voté par la Chambre portait à 0 fr. 50 c. le droit proportionnel perçu sur les jugements et arrêts mentionnés dans le paragraphe 2. La commission du Sénat l'a réduit à 0 fr. 25 c. pour 100. — D.P. 92. 4. 20, note 2.

12533. A la séance du Sénat, du 19 janv. 1892, M. Lacombe a demandé d'abord d'ajouter après les mots : « les jugements et arrêts prononçant l'homologation de liquidations ou de partages », ceux-ci : « et les sentences arbitrales ayant le même objet. » Il a demandé, en second lieu, qu'au lieu de s'en tenir à mentionner d'une manière vague les droits qui devront se cumuler avec la taxe proportionnelle, il fût formellement indiqué que cette réserve s'applique uniquement aux « droits gradués et aux droits de soulte » auxquels les liquidations et partages sont assujettis par les lois en vigueur. — D.P. 92. 4. 20, note 2.

12534. Le rapporteur acquiesça à la première demande, mais trouva la seconde inutile et dangereuse : « Inutile, parce que le droit serait à percevoir indépendamment de ceux auxquels les liquidations et partages sont soumis par les lois en vigueur, on avait entendu maintenir « les droits gradués et les droits de soulte », qui résultent des lois existantes, auxquelles il n'était porté aucune atteinte; — dangereuse, car elle pourrait pa-

raître avoir un caractère limitatif et semblerait restreindre « aux droits de soulte et aux droits gradués » l'ensemble des droits qui pourraient être perçus en sus des 25 centimes de droit proportionnel, tandis qu'il en est un très grand nombre que la loi entend maintenir, tels que les droits d'obligation, de vente, de quittance, tous ceux, en un mot, qui peuvent ressortir de l'examen d'un état liquidatif. — D.P. 92. 4. 20, note 2. — V. *supra*, art. 15, n° 12521.

12535. M. Lacombe s'étant déclaré satisfait si le rapporteur voulait interpréter le texte du paragraphe dans le sens qu'il n'y aura pas dualité entre le droit de liquidation et celui de condamnation que prévoit l'art. 69, § 2, n° 9, de la loi de frimaire an 7, le rapporteur répondit que ce dernier droit était supprimé par l'art. 45, et l'amendement fut retiré. — D.P. 92. 4. 20, note 2. — V. M. J. Godin, *loc. cit.*, art. 16, § 1er-2°, p. 143.

12536. Les décisions sur appel, soit qu'elles confirment l'homologation de partages ou d'actes liquidatifs, soit qu'elles la prononcent, sont expressément affranchies par une disposition spéciale de l'art. 16, § 1er, 2°) du droit additionnel de 9 fr. 50 c. p. 100 prévu par l'art. 16, § 2. — Instr. adm. enreg. 31 mai 1892, n° 2816, D.P. 92. 4. 49.

12537. Le projet voté par la Chambre contenait une disposition ainsi conçue : « Si, dans l'année qui suit la clôture d'un état liquidatif ou d'un partage sujet à homologation, il n'est pas intervenu de jugement prononçant cette homologation, le droit proportionnel de 0 fr. 50 c. p. 100 deviendra exigible et devra être versé dans le délai d'un mois sous peine d'un droit égal ». D'après ce texte, tout état liquidatif ou partage sujet à homologation était soumis à la taxe, alors même que l'homologation n'en était pas prononcée. Le Sénat a supprimé la disposition dont il s'agit, « aucune taxe ne pouvant être perçue en dehors des décisions de justice qui peuvent en justifier l'assiette. » — V. M. J. Godin, *loc. cit.*, art. 16, § 1er-2°, p. 146.

12538. Il s'ensuit que les parties pourront procéder aux opérations premières du partage, à la formation des lots et même au tirage au sort, et s'abstenir, pour ne pas payer la taxe, de poursuivre l'homologation devant le tribunal. — V. M. J. Godin, *loc. cit.*

§ 3. — *Adjudication de meubles ou d'immeubles.*

12539. A la séance du 14 déc. 1891, la Chambre avait fixé à 0 fr. 75 c. le droit proportionnel à percevoir sur les jugements portant adjudication de meubles et d'immeubles; ce droit fut abaissé à 0 fr. 25 c. par la commission du Sénat, malgré l'opposition du commissaire du gouvernement et du ministre des finances. — D.P. 92. 4. 20, note 2.

12540. Le ministre avait proposé d'élever le droit à 0 fr. 50 c. par voie de transaction, la Chambre ayant voté un droit de 0 fr. 75 c.; mais M. Denormandie fit remarquer que la procédure qui conduit à la réalisation des immeubles en justice est une procédure tout à fait simple, tout à fait onéreuse; que les 0 fr. 25 c. étaient largement suffisants pour remplacer les dégrèvements opérés sur la procédure qui conduit à la vente. — D.P. 92. 4. 20, note 2.

12541. Le droit de 25 c. pour 100 est applicable aussi bien à la vente faite devant notaire comme à celle faite à la barre. M. Lacombe avait proposé au Sénat de faire payer moitié droit, c'est-à-dire de 0 fr. 25 c. aux ventes qui seraient faites sur commission de la chambre des notaires, et de laisser passibles de l'intégralité du droit celles qui auraient lieu à la barre du tribunal. — D.P. 92. 4. 20, note 4.

12542. Mais l'amendement fut repoussé sur l'observation du rapporteur que l'on ne pouvait traiter inégalement deux sortes de ventes qui ont, l'une comme l'autre, le caractère judiciaire, favoriser les notaires au détriment des avoués et des greffiers. — D. P. 92. 4. 20, note 4. — V. MM. Malepeyre et Mesnard, *loc. cit.*, n° 49.

12543. Peu importe que le jugement soit rendu sur simple requête ou sur assignation. Le nouveau droit proportionnel est applicable dans un cas comme dans l'autre. — Conf. MM. Malepeyre et Mesnard, *loc. cit.*, n° 40.

12544. La nouvelle taxe est indépendante des droits de toute nature auquel le procès-verbal ou le jugement d'adjudication peut donner ouverture à raison de la mutation qu'il constate. Ces droits continueront d'être perçus conformément aux lois en vigueur. — Instr. adm. enreg. 31 mai 1892, n° 2446, D.P. 92. 4. 49.

12545. Le paragraphe qui porte que les *ventes dont le prix n'excède pas 2,000 fr.*, seront exemptes du droit de 0 fr. 25 c., fut adopté sur un amendement de MM. Godin et Munier présenté au Sénat le 19 janv. 1892, bien que le rapporteur ait fait remarquer que les ventes judiciaires au-dessous de 2,000 fr. sont déjà dégrevées par la loi du 23 oct. 1884 (D.P. 85. 4. 9). — D.P. 92. 4. 20, note 4.

12546. Le commissaire du gouvernement fit observer que la loi de 1884 qui a dégrevé des frais de tous les actes de procédure antérieurs à l'adjudication, les ventes judiciaires dont le prix n'excède pas 2,000 fr., ne devait avoir nullement pour conséquence de dégrever les ventes de 2,000 fr. du la taxe du 0 fr. 25 c. pour 100. — D.P. 92. 4. 20, note 4.

12547. Cette taxe de 0 fr. 25 c., dit-il, représente non seulement les droits que la loi nouvelle supprime ou réduit sur les actes de procédure, mais encore les droits de greffe perçus jusqu'ici sur le jugement d'adjudication que la loi nouvelle (art. 4, *supra*, n° 12292 et s.) a complètement supprimés. La loi de 1884 n'a jamais eu pour effet de dégrever les ventes judiciaires des droits afférents au jugement lui-même. — D.P. 92. 4. 20, note 4.

12548. Le Sénat n'a pas admis que la loi nouvelle pût grever du nouveau droit proportionnel les ventes judiciaires dont le prix n'excède pas 2,000, attendu que l'on eût ainsi détruit l'effet de la loi du 23 oct. 1884. — V. M. Jules Godin, *loc. cit.*, art. 16, § 1er, 3°.

12549. Il n'est donc nullement dérogé aux dispositions de la loi du 23 oct. 1884 qui continuera à être appliquée comme par le passé (*Instr.* n° 2765). — Instr. adm. enreg. 31 mai 1892 n° 2816. D.P. 92. 4. 49.

12550. La disposition qui affranchit de la nouvelle taxe les ventes au-dessous de 2,000 fr., édictée en vue de compléter l'œuvre du législateur de 1884, ne s'applique qu'aux ventes dont le prix total est inférieur au chiffre indiqué. En cas d'adjudication par lots, si le chiffre de 2,000 fr. est atteint pour l'ensemble des lots qui ont trouvé acquéreur, chaque adjudication partielle, quel qu'en soit le prix particulier, est passible du droit. — Même instr. 31 mai 1892, n° 2816.

12551. Il est à remarquer que la loi du 23 oct. 1884 ne s'applique qu'aux ventes judiciaires d'immeubles, tandis que celle du 26 janv. 1892 vise les adjudications de meubles comme celles d'immeubles. — V. M. Jules Godin, *loc. cit.*, art. 16, § 1er-3°, n° 159.

§ 4. — *Décisions confirmatives.*

12552. M. Munier avait proposé de substituer au paragraphe qui fixe à 0 fr. 50 par 100 fr. le droit sur les décisions confirmatives, le paragraphe suivant : « Les décisions confirmatives restent passibles du droit fixe tel qu'il est édicté par la loi de frimaire », par lequel le droit est déjà équitable, quand un créancier a payé en première instance tous les droits afférents au litige, s'il est traîné en appel par un recours souvent moratoire,

qu'on l'oblige encore à payer une partie de ces mêmes droits. Mais le Sénat n'a pas adopté cet amendement. — D.P. 92. 4. 20, note 5.

12553. La décision sur appel qui confirme un jugement en premier ressort, est soumise à un droit de 0 fr. 50 c. pour 100 sur le montant des condamnations, collocations ou liquidations confirmées (art. 16, § 2, n° 4). — Instr. adm. enreg. 31 mai 1892, n° 2816. D.P. 92. 4. 49.

12554. L'exigibilité du droit de 0 fr. 50 c. pour 100 est subordonnée, comme celle du droit principal, à la condition que la condamnation ou la liquidation porte sur des sommes ou des valeurs mobilières. Les dépens adjugés soit en première instance, soit en appel, ne sont affranchis comme ils le sont du droit auquel la taxe s'ajoute. — Même instr. adm. enreg. n° 2816.

12555. Un tribunal civil, statuant en matière commerciale, condamne le défendeur à payer au demandeur une somme de 50,000 fr. pour prix de marchandises. Cette décision donne ouverture, indépendamment du droit de titre, s'il y a lieu, au droit de 1 fr. 25 c. pour 100 sur 50,000 fr. (art. 16, § 5). Si, frappée d'appel, elle est confirmée purement et simplement, l'arrêt confirmatif est passible d'un second droit, qui doit être également calculé sur 50,000 fr., mais au taux réduit de 50 cent. pour 100. — Même instr.

12556. Si la confirmation est partielle, par exemple, si la condamnation n'est maintenue que jusqu'à concurrence de 40,000 fr., la taxe de 0 fr. 50 c. pour 100 n'est exigible que sur cette dernière somme. — Même instr.

12557. En cas de rejet d'une demande, tant en première instance qu'en appel, le droit fixe est seul dû sur la décision confirmative de même que sur le premier jugement ; la taxe additionnelle ne s'applique qu'aux décisions qui confirment ou prononcent sur appel une condamnation, collocation ou liquidation. — Même instr.

§ 5. — *Décisions informatives.*

12558. Le Sénat a repoussé un amendement de M. Lacombe ainsi conçu : « Les droits prévus au présent paragraphe ne seront que moitié de ceux-ci fixés, lorsque la juridiction saisie ou celle dont émane le jugement frappé d'appel sera le tribunal de paix ou le conseil des prud'hommes ». — D.P. 92. 4. 2, note 6.

12559. La loi n'établit aucune distinction entre les décisions rendues sur appel des jugements des juges de paix ou des conseils de prud'hommes, et celles qui interviennent sur appel de jugements des tribunaux ou de sentences arbitrales. Toutes les décisions sur appel sont soumises au même régime, quelle que soit la juridiction de laquelle elles émanent : tribunal de première instance, cour d'appel ou arbitres choisis par les parties. — Instr. adm. enreg. 31 mai 1892, n° 2816. D.P. 92. 4. 49.

12560. Le Sénat avait d'abord, contrairement au vote de la Chambre des députés, frappé d'un droit de 0 fr. 50 c. pour 100 les *jugements de débouté* sur le *montant de la demande*. La Chambre persista dans ses refus de taxer ces jugements, en raison, dit le rapporteur, de la difficulté que l'Administration rencontrait le plus souvent pour asseoir sur les jugements de cette nature une taxe proportionnelle ». — D.P. 92. 4. 20, note 6.

12561. Le commissaire du gouvernement avait également déclaré devant le Sénat qu'une taxe, même réduite à 0 fr. 50 c. pour 100, serait absolument en dehors de l'économie de la loi et, en même temps que la tendance des plaideurs à exagérer au début du procès le montant de leurs demandes, les amènerait à payer des

droits véritablement trop élevés. — D.P. 92. 4. 27, note 6.

12562. Il avait ajouté que, dans la pensée de la commission du Sénat, le droit perçu sur les décisions fixes, en quelque sorte, une peine infligée au plaideur téméraire, mais qu'un impôt, un droit simple, ne saurait constituer une peine, et que si l'on voulait punir le plaideur téméraire, c'était par une amende telle que les amendes de fol appel. — D.P. 92. 4. 20, note 6.

12563. Dans sa séance du 23 janvier, le Sénat finit par se rallier au sentiment de la Chambre, et par retirer le droit établi sur le montant du chiffre de la demande pour les jugements de débouté, quoique son rapporteur ait dit que la loi mériterait de s'intituler « le dégrèvement des mauvais procès », s'il ne devait profiter qu'aux instances témérairement engagées. — D.P. 92. 4. 20, note 6. — V. MM. Malepeyre et Mesnard, *loc. cit.*, n° 43 ; Manuel et Louis, *loc. cit.*, n° 161. — Sénat, séances des 19 et 23 janv. 1892, Journ. off., Débats parlem., p. 41 et 99 ; Ch. des dép., séance du 21 janv. 1892. Journ. off., Débats parlem., p. 53.

12564. Quant au droit de 50 cent. à percevoir sur les *décisions informatives*, il est le corollaire logique de celui porté sur les décisions de confirmation, car il ne serait pas admissible que le justiciable, gagnant son procès devant le dernier degré de juridiction, eût plus ou moins à payer au Trésor, suivant qu'il aurait gagné ou perdu en première instance. » C'est le droit final qui doit seul, en bonne justice, régler et uniformiser les situations identiques ». — Rapport au Sénat, D.P. 92. 4. 28, note 6. — V. M. Jules Godin, *loc. cit.*, art. 16, § 2-2°, p. 155.

12565. Si une demande rejetée en première instance est accueillie en appel, la condamnation, collocation ou liquidation prononcée par la décision informative, est passible, indépendamment du droit ordinaire, d'une taxe additionnelle dont le taux est aussi fixé à 0 fr. 50 c. pour 100, de telle sorte que le total de l'impôt doit égaler le montant des droits qui auraient été successivement perçus si la condamnation, collocation ou liquidation avait été prononcée en première instance et confirmée en appel (art. 16, § 2, n° 2). — Même instr. 31 mai 1892, n° 2816. D.P. 92. 4. 49. — V. M. Besson, *loc. cit.*, n° 206 ; M.J. Godin, *loc. cit.*, art. 16, § 2-2°, p. 155.

12566. Une demande tendant au payement de 50,000 fr., à titre de dommages-intérêts, est rejetée en première instance. Le jugement de rejet ne donne lieu qu'au droit fixe. Mais, sur l'appel du demandeur, la cour réforme la décision des premiers juges et condamne l'intimé au payement de la somme réclamée : cette décision ouvre droit au droit de 50 pour 100 (art. 16, § 7), mais encore à la taxe additionnelle de 50 cent. pour 100 sur 50,000 fr. — Même instr. adm. enreg., n° 2816.

12567. La même demande accueillie, au contraire, en première instance jusqu'à concurrence de 20,000 fr., est rejetée pour le surplus. Le jugement doit supporter le droit de 3 pour 100 sur 20,000 fr. — Même instr.

12568. Mais sur l'appel simultané du demandeur et du défendeur, qui ont tous deux succombé sur partie de leurs prétentions, la cour élève le chiffre de la condamnation à 30,000 fr. En cette hypothèse, l'arrêt comporte le droit de 50 cent. pour 100 sur 30,000 fr. et celui de 3 pour 100 sur le supplément de condamnation, qui est de 10,000 fr. — Même instr.

12569. Le tarif ordinaire est seul applicable sans adjonction du droit complémentaire de 50 cent. pour 100 quand le tribunal d'appel statue sur une *demande nouvelle* dont les premiers juges n'avaient pas été saisis (C. proc. civ., art. 464 et s.). Dans ce cas, décision rendue n'étant ni confirmative, ni infirmative d'une décision antérieure, ne rentre pas dans la catégorie de celle que prévoit l'art. 16, § 2, n°ˢ 1 et 2. — Même instr.

§ 6. — Ordres amiables.

12570. M. Taudière avait proposé de réduire à 0 fr. 50 c. par 100 fr. le droit sur les ordres amiables ; mais cet amendement n'a pas été adopté. — D.P. 92. 4. 21. note 1.

12571. Le droit proportionnel applicable aux ordres amiables était de 50 cent. pour 100 d'après l'art. 5 de la loi du 28 févr. 1872 (supra, n° 12503) ; il se trouve actuellement porté par la loi du 26 janv. 1892 à 75 c. pour 100. Mais les règles de perception sont toujours les mêmes. — V. supra, n° 12505.

§ 7. — Jugements des justices de paix ou des conseils de prud'hommes.

12572. Tout jugement de justice de paix ou d'un conseil de prud'hommes portant condamnation ou liquidation de sommes ou valeurs mobilières (supra, art. 13, § 1ᵉʳ, n° 12482), donne lieu au nouveau droit proportionnel au taux de 1 p. 100 d'après la disposition ci-dessus, si ce n'est lorsque les condamnations sont prononcées à titre de dommages-intérêts, le taux du droit étant, dans ce cas spécial, plus élevé. — V. infra, n° 12589.

12573. Les décisions dont il s'agit ne supportaient antérieurement que le droit proportionnel de condamnation ou de liquidation à 0 fr. 50 c. p. 100 (L. 22 frim. an 7, art. 69, § 2, n° 9 ; Code annoté de l'enregistrement, art. 8919 et s.). Le doublement du droit représente la compensation que le législateur a jugée nécessaire pour les dégrèvements qu'il a admis à l'égard des actes de la procédure.

§ 8. — Ordres et contributions judiciaires.

12574. La loi nouvelle élève de 0 fr. 50 c. à 1 fr. le droit proportionnel applicable aux ordres judiciaires et aux contributions de même nature (V. supra, n° 12501 et s.) ; comme on l'a vu supra, n° 12571, le droit, pour les ordres amiables, a été porté à 75 c. pour 100.

12575. On a dit, dans la discussion à la Chambre des députés, pour justifier cette différence de tarif, que l'ordre judiciaire profite plus largement que l'ordre amiable des dégrèvements accordés. Peut-être aussi la pensée des législateurs a-t-elle été d'encourager les ordres amiables. — V. M. Jules Godin, loc. cit., art. 16, § 4, p. 160 ; MM. Malepeyre et Mesnard, loc. cit., n° 46 ; MM. Manuel et Louis, loc. cit., n° 176.

12576. Les distributions de prix réglées par le tribunal conformément à l'art. 713 C. proc. civ. (supra, n°ˢ 9019 et s.) dans le cas où il y a moins de quatre créanciers inscrits, sont assujetties au droit de 1 p. 100, comme les ordres judiciaires dont elles ne sont, en quelque sorte, qu'une variété. — MM. Malepeyre et Mesnard, loc. cit., n° 46.

§ 9. — Jugements, arrêts et sentences en matière commerciale.

12577. Le mot arrêt a été introduit après le mot jugement dans le § 5 sur la demande de la commission du Sénat. — D.P. 92. 4. 21, note 2.

12578. Le rapport de M. Trarieux au Sénat constate que les procès commerciaux bénéficient des mêmes dégrèvements que les procès civils devant la juridiction d'appel, et profitent, par les art. 4 et 7, d'une large diminution de frais sur la procédure de première instance ; qu'il est, par suite, juste qu'ils participent aux taxes de remplacement dans une proportion corrélative à celle qui a été fixée pour les affaires civiles. Si ces

dernières sont assujetties à un droit de 2 fr. (V. infra, n°ˢ 12584 et s.), c'est donc le moins qu'on puisse faire que de porter les autres à 1 fr. 25 — D.P. 92. 4. 21, note 2.

12579. La Chambre des députés a repoussé un amendement de M. de Ramel proposant de ne dégrever que les jugements en matière commerciale, en première instance ou en appel qui statueraient sur des effets de commerce. — D.P. 92. 4. 21, note 2.

12580. L'écart entre le tarif applicable aux jugements, sentences et arrêts en matière commerciale (1 fr. 25 p. 100) et celui établi pour les jugements, sentences et arrêts en matière civile (2 p. 100) (V. infra, n° 12584 et s.) a été l'objet de critiques assez vives à la Chambre. M. le ministre des finances l'a justifié par cette considération que, dans l'exercice du commerce, les conventions sont beaucoup plus fréquentes que dans la vie ordinaire, et que, par suite, les négociants sont forcément exposés à un bien plus grand nombre de procès que les autres citoyens. — V. MM. Malepeyre et Mesnard, loc. cit., n° 47.

12581. Dans la séance du Sénat, du 19 janv. 1892, M. Mouïs a demandé de dispenser de la taxe proportionnelle des frais de justice « les sentences arbitrales intervenues sur compromis dressés avant l'exploit introductif d'instance et dispensant les arbitres des formalités de la procédure des tribunaux ». — D.P. 92. 4. 19, note 2.

12582. Le rapporteur fit repousser cet amendement en répondant qu'il ne serait pas juste d'affranchir les sentences arbitrales d'un droit que payeraient les autres décisions de justice. Il a fait remarquer... que toutes les sentences rendues, qui sont acceptées et exécutées volontairement par les parties, n'ont pas à supporter la formalité de l'enregistrement et, par conséquent, échappent aux nouvelles taxes. — D.P. 92. 4. 19, note 2.

12583. ... Mais que celles de ces sentences qui, n'étant pas acceptées par les plaideurs, doivent être soumises à la justice et qui, pour recevoir exécution, doivent obtenir l'ordonnance d'exequatur, où peut, à la suite, entraîner une opposition et toute une procédure d'instruction, ne pourraient échapper au principe de la nouvelle loi qui est de créer le droit proportionnel partout où il y a dégrèvement du droit fixe. — D.P. 92. 4. 19, note 2.

§ 10. — Jugements, arrêts et sentences en matière civile.

12584. Le nouveau droit proportionnel n'était applicable qu'aux « condamnations ou liquidations prononcées » (V. supra, art. 15, n° 12482), le jugement, la sentence ou l'arrêt qui ne renferme ni condamnation ni liquidation, n'y est pas assujetti et ne supporte que le droit fixe minimum exigé par l'art. 17 de la loi. — V. infra, n° 12600 et s.

12585. D'autre part, le droit de 2 p. 100 ne peut être appliqué aux jugements, sentences et arrêts qui ont été tarifés spécialement à un droit moindre, c'est-à-dire ... aux jugements, sentences ou arrêts prononçant l'homologation d'une liquidation ou d'un partage (V. supra, n° 12539), ... à l'adjudication ou revente d'immeubles (V. supra, n° 12532), ... aux décisions confirmatives dans certains cas (V. supra, n° 12552).

12586. Il faut, pour que le droit de 2 p. 100 soit applicable à un arrêt, que des condamnations nouvelles soient prononcées par cette décision. Le droit n'est pas exigible toutes les fois qu'il a déjà été perçu sur le jugement de première instance. — V. supra, n° 12492. — Conf. MM. Malepeyre et Mesnard, loc. cit., n° 48 ; M. Jules Godin, art. 16, § 6, p. 162.

12587. Le jugement d'un tribunal de première instance statuant sur appel d'une

sentence de justice de paix, donne lieu au droit de 0 fr. 50 c. p. 100 ou de 2 fr. p. 100 selon qu'il y a confirmation ou condamnation nouvelle. Les distinctions établies pour les arrêts rendus sur jugement de première instance s'appliquent également au jugement d'un tribunal civil statuant sur appel d'une sentence de justice de paix. — MM. Malepeyre et Mesnard, loc. cit., n° 48.

12588. Pour les sentences arbitrales rendues en matière civile comme pour celles intervenues en matière commerciale, le droit de 2 p. 100 n'est pas dû lorsque la sentence est exécutée volontairement par les parties ; il n'est exigible que sur celles auxquelles l'exequatur du président du tribunal donne la force exécutoire et qui forment ainsi un véritable titre judiciaire. — Conf. MM. Malepeyre et Mesnard, loc. cit., n° 48.

§ 11. — Dommages-intérêts.

12589. Le projet voté par la Chambre le 16 décembre 1891 portait à 2 fr. pour 100 le droit des dommages-intérêts prononcés par les juges de paix et par les conseils de prud'hommes — et élevait, en outre, à 3 francs pour 100 le droit sur les dommages-intérêts prononcés par les tribunaux de première instance, les arbitres et les cours d'appel en matière civile. Il ne s'occupait pas des juridictions criminelles ou correctionnelles qui étaient comprises dans le projet de M. Brisson. — Instr. admin.

12590. La commission du Sénat a pensé que le plaideur en faute devrait être traité à la même rigueur, au point de vue fiscal, quelle que fût la juridiction par laquelle la faute serait constatée. Elle établit le même droit de 3 francs pour toute les juridictions, civiles et commerciales. — D.P. 92. 4. 21, notes 3 et 4.

12591. Le rapporteur du Sénat a déclaré que l'unité de taxe pour les affaires civiles et les affaires commerciales avait paru s'imposer, la plupart des instances de cette nature appartenant aux deux compétences, et la considération d'une économie sur le droit à payer au Trésor ne pouvant pas, entre elles, influencer le choix du plaideur. Et il ajouta, en ce qui concerne toutes les condamnations de parties civiles devant les juridictions criminelles et correctionnelles : « Ici encore la communauté de compétence avec les tribunaux civils doit logiquement motiver l'unité de droits ». — D.P. 92. 4. 21, notes 3 et 4.

12592. Le tarif de 2 pour 100 n'a été conservé que pour les dommages-intérêts civils et de police et de jugés les juges de paix et les conseils de prud'hommes. — Celui de 3 pour 100 s'applique à tous dommages-intérêts prononcés, soit en matière de police (non civile) ou criminelles, soit en matière civile ou commerciale par les tribunaux de première instance civils ou de commerce, les arbitres et les cours d'appel. — Instr. admin. enreg. 31 mai 1892, n° 2816, D.P. 93. 4. 49.

12593. Le législateur a taxé les dommages-intérêts plus rigoureusement que les autres condamnations civiles ou commerciales : il a considéré qu'ils étaient occasionnés par le délit, le quasi-délit ou la simple faute civile de la partie qui devait les payer, et que, par suite, on pouvait sans injustice se montrer plus exigeant envers un plaideur dont les agissements illicites ou du moins fautifs auraient été judiciairement constatés. — MM. Malepeyre et Mesnard, loc. cit., n° 50.

12594. La cause des dommages-intérêts est indifférente, au point de vue de la perception du droit proportionnel, de même que le caractère principal ou accessoire de la condamnation. — M. Jules Godin, loc. cit., art. 16, § 6 et 7, p. 163 et 164.

12595. Les condamnations d'amendes au profit de l'État « et les confiscations prouoncées sur les poursuites des préposés des douanes « sont actuellement exemptes du droit proportionnel (*Décis. min. fin.* 2 juin 1828 et 2 juin 1830, *Instr.* n°s 1256, § 7, et 1336, § 9. V.J.G. *Enreg.* n°s 4301 et 4302. — *Code annoté de l'enregistrement*, n°s 8972 et 8973).Cette immunité n'est point abolie par la loi nouvelle, puisqu'ainsi qu'on l'a fait observer ci-dessus, l'exigibilité de l'impôt, à l'égard des jugements de condamnation, continue d'être subordonnée aux conditions requises par la législation antérieure. — Instr. adm. enreg. 31 mai 1892, n° 2816, D.P. 92. 4. 49.

12596. Mais les nouveaux tarifs sont naturellement applicables à celles des condamnations prononcées au profit de l'État qui étaient déjà passibles du droit proportionnel. Il importe enfin de remarquer que les droits minimum déterminés par l'art. 17 (V. *infra*, n° 12600) doivent également être perçus quand l'État est en cause, si la décision rendue à son profit ou à son préjudice ne donne pas ouverture au droit proportionnel, ou si le droit proportionnel exigible est inférieur au minimum prévu. — Même Instr. adm. enreg. n° 2816.

12597. L'exigibilité de l'impôt demeurant subordonnée aux conditions requises par la législation antérieure, la distinction entre les *dommages-intérêts* qui ont donné lieu à de si vifs débats, conserve tout son intérêt, le droit nouveau n'étant exigible que dans les cas où la condamnation prononcée a le caractère de dommages-intérêts.

12598. D'après la doctrine consacrée en dernier lieu sur ce point par la jurisprudence, les *indemnités* s'entendent seulement de celles qui sont « stipulées accessoirement à un contrat », ce qui exclut les indemnités judiciaires. Une condamnation a le caractère de *dommages-intérêts* toutes les fois qu'elle représente la réparation d'un préjudice causé par une faute. C'est la cause de la convention, c'est-à-dire le droit du créancier, qu'il faut considérer, quel que soit l'effet de cette convention sur son patrimoine. — Ch. réun. r. 23 juin 1875, D.P. 75. 4. 421. — Conf. Civ. c. 28 juin 1876, D.P. 76. 4. 490 — V.J.C.S. v° *Enregistr.*, 805 et s. — *Code annoté de l'Enregistrement*, n°s 8991 et s.

12599. Le droit édicté pour les condamnations à des dommages-intérêts ne pourra donc pas être perçu sur le jugement portant condamnation à une indemnité. Ce ne sera pas, non plus, le droit de 4 fr. 50 c. pour 100 établi par l'art. 69, § 2, n° 8, de la loi du 22 frim. an 7 sur les indemnités mobilières, qui sera exigible audit cas (V. *Code annoté de l'enregistrement*, n°s 8890 et s.). Ce sera le droit proportionnel nouveau d'un 1 fr., 1 fr. 25 ou 2 fr. pour 100 édicté par notre article, suivant que le jugement aura été rendu en justice de paix, ou par un tribunal de commerce, ou par un tribunal civil de première instance. — V. *supra*, n°s 12572 et s., 12584 et s. — Comp. M. Besson, *loc. cit.*, n° 260.

Art. 17. Il ne pourra être perçu moins de :
1° 1 fr. pour les jugements des juges de paix, les procès-verbaux de conciliation ou de non-conciliation dressés par ces magistrats et les jugements des prud'hommes;
2° 4 fr. 50 pour les jugements interlocutoires ou préparatoires des tribunaux de première instance, de commerce ou d'arbitrage;
3° 5 fr. pour les jugements définitifs des tribunaux de première instance rendus en matière civile, en premier ou en dernier ressort;
4° 7 fr. 50 pour les jugements définitifs des tribunaux de première instance rendus en matière civile, en premier en dernier ressort, et pour les arrêts interlocutoires ou préparatoires des cours d'appel;

5° 10 fr. pour les jugements des tribunaux de première instance portant débouté de demande en matière commerciale, quel que soit le ressort;
6° 20 fr. pour les jugements des tribunaux de première instance portant débouté de demande en matière civile, quel que soit le ressort;
7° 22 fr. 50 pour les jugements des tribunaux civils portant interdiction, séparation de biens ou séparation de corps;
8° 25 fr. pour les arrêts définitifs des cours d'appel;
9° 30 fr. pour les arrêts des cours d'appel portant débouté de demande;
10° 37 fr. 50 pour les arrêts des cours d'appel portant interdiction, séparation de biens ou séparation de corps;
11° 75 fr. pour les jugements de première instance déclarant qu'il y a lieu à adoption ou prononçant un divorce;
12° 150 fr. pour les arrêts des cours d'appel confirmant une adoption ou prononçant un divorce.

Si le jugement prononçant le divorce n'est pas frappé d'appel, le droit de 150 fr. continuera à être perçu sur la première expédition, soit de la transcription, soit de la mention du dispositif du jugement effectuée sur les registres de l'état civil;

Dans aucun cas l'ensemble des droits proportionnels ne pourra être inférieur au minimum déterminé par le présent article.

12600. En réglant le droit minimum qui devra être perçu sur les procès-verbaux de conciliation et de non-conciliation, les jugements et les arrêts, l'art. 17 de la loi du 26 janv. 1892 a établi, en réalité, le tarif des droits fixes à percevoir sur lesdits procès-verbaux, jugements et arrêts.

12601. L'art. 17 a un double sujet : il détermine, pour les décisions sujettes au droit proportionnel, le minimum de la taxe à percevoir, et, pour celles qui sont passibles seulement du droit fixe, la quotité du droit exigible. — Instr. adm. enreg. 31 mai 1892, n° 2816, D.P. 92. 2. 49.

12602. En ce qui concerne le droit proportionnel, à l'égard duquel subsiste la règle édictée par l'art. 11 de la loi du 22 frim. an 7, le minimum s'applique à l'ensemble des droits en vertu des art. 15 et 16, et non à chacun de ceux qui peuvent être exigibles si la sentence renferme plusieurs dispositions indépendantes les unes des autres. — Même instr.

12603. M. Lacombe avait demandé au Sénat de ne pas donner aux droits fixes établis par l'art. 17 sur les jugements, le caractère de droits minima lorsque la taxe proportionnelle est applicable. Mais cette proposition a été repoussée par le Sénat sur l'observation faite que le rapporteur qui a paru nécessaire et légitime de fixer un droit minimum qui serait payé toutes les fois que l'application du droit proportionnel n'en atteindrait pas l'importance. Suivant M. annote 5.

12604. La Chambre des députés a repoussé un amendement de M. Taudière tendant à faire supprimer dans le § 1er les mots « les procès-verbaux de conciliation et de non-conciliation dressés par un magistrat ». — D.P. 92. 4, note 5.

12605. Il semble, d'après les explications échangées entre M. Taudière et M. le commissaire du gouvernement, que les procès-verbaux devaient demeurer assujettis au droit actuel, qui est le droit fixe de 1 fr. 50, avec décimes, fixé au 7, art. 68, § 1er, n° 47). — D.P. 92. 4. 21, note 5. — V. *Code annoté de l'enregistrement*, n° 7896.

12606. Mais c'est là une erreur certaine. Le premier paragraphe de l'art. 17 tarifant au droit minimum de 1 fr., les procès-ver-

baux de conciliation et de non-conciliation, ces procès-verbaux ne peuvent plus être soumis à un droit fixe d'une quotité supérieure. — V. M. Besson, *loc. cit.*, n° 217.

12607. Si leurs dispositions donnent lieu à un droit proportionnel, c'est ce droit qui sera perçu comme cela avait lieu sous le régime antérieur, d'après le texte même de l'art. 68, § 1, n° 47, de la loi du 22 frim. an 7. — V. *Code annoté de l'enregistrement*, n° 7896. — Conf. M. Besson, *loc. cit.*, n°s 246 et 247.

12608. Les jugements, sentences d'arbitres et arrêts de cours d'appel, ainsi que les procès-verbaux de non-conciliation ou de non-conciliation dressés par les juges de paix, sont seuls visés par l'art. 17. Il en résulte que les autres actes judiciaires restent soumis à la législation en vigueur, quant à la quotité du droit fixe et quant au minimum du droit proportionnel. — Instr. prée. adm. enreg. n° 2816.

12609. Il en est ainsi, notamment, des *ordonnances* autres que celles de référé, des procès-verbaux d'*avis de parents*, d'*apposition* ou de *levée de scellés*, des *actes de tutelle officieuse* (art. 362 C. civ.), des procès-verbaux d'*enquête*, d'*interrogatoire sur faits et articles*, etc., etc. — Même instr.

12610. Par la même raison, le minimum prévu par l'art. 17 ne saurait s'appliquer à la perception du droit proportionnel établi sur les répartitions aux créanciers par suite de *faillite* ou de *liquidation judiciaire*, les collocations constatées par le juge-commissaire en matière d'*ordre* ou de *contribution*, les adjudications prononcées par un *juge commissaire* ou un *notaire commis*. — Même instr.

12611. Le deuxième paragraphe de l'article assujettit au droit de 4 fr. 50 c. les jugements *interlocutoires* ou *préparatoires*. Il ne parle pas des jugements *provisoires*. Ces décisions étant définitives relativement à l'objet sur lequel elles sont rendues, doivent être taxées comme jugements définitifs. — Conf. M. Jules Godin, *loc. cit.*, p. 170 ; M. Besson, *loc. cit.*, n° 250.

12612. Les décisions portant *débouté de demande* ne donnent pas lieu au droit minimum (V. *supra*, art. 15, n°s 12463 et s.) ; elles sont tarifées sous les numéros 6 fr. : ... en matière civile, 20 fr. ; ... les arrêts des cours d'appel, 30 fr. — La loi ne vise pas les déboutés prononcés par jugement, les justices de paix ; il faut en conclure que ces décisions ne sont passibles que du droit fixe de 1 fr. par application du premier paragraphe de notre article. — Conf. M. Besson, *loc. cit.*, n° 253.

12613. L'ordonnance de *référé* rendue par un juge de paix est sujette au droit minimum de 1 fr. par application du premier paragraphe de l'article. Quant à celles rendues par le président du tribunal civil, devront-elles être soumises au droit de 4 fr. 50 c. comme jugements interlocutoires ou préparatoires, ou à celui de 7 fr. 50 c. comme jugements définitifs? Suivant M. Besson, c'est le premier de ces droits qui leur est applicable. — M. Besson, *loc. cit.*, n° 253.

12614. Les jugements et arrêts rendus en matière de police simple, correctionnelle ou criminelle, tombent sous l'application des art. 15, 16 et 11 de la loi nouvelle, lorsqu'ils portent condamnation à des dommages-intérêts. En dehors de ce cas exceptionnel, ils restent soumis à la législation en vigueur. — Instr. adm. enreg. 31 mai 1892, n° 2816, D.P. 92. 4. 49.

12615. Les mêmes art. 15, 16 et 17 sont étrangers, en toute matière et dans tous les cas, aux décisions de la cour de cassation et des tribunaux administratifs. Ces décisions continuent d'être régies par les règles actuelles. — Même instr.

12616. Le dernier paragraphe de l'art. 17 a été expliqué ainsi qu'il suit par le rapporteur au Sénat : c'est le droit minimum qui est dû toutes les fois que le droit proportionnel n'en atteindrait pas le chiffre ; toutes les fois que le droit fixe sera dépassé, au contraire, par le droit proportionnel, c'est ce dernier qui devra se percevoir. — D P. 92. 4. 25, note 5.

12617. La Chambre avait adopté un article qui portait dans son projet le n° 20 et était ainsi conçu : « Art. 20. Les droits exigibles sur les jugements ou arrêts, en vertu de la présente loi ou des lois en vigueur, seront payés solidairement par les parties. Toutefois, le demandeur sera seul débiteur de l'impôt vis-à-vis du Trésor si le jugement le déboute de sa demande ou s'il a été rendu par défaut faute de comparaître ou de constituer avoué. » — D P 92. 4. 21, note 5.

12618. Mais le Sénat a repoussé cette disposition. « Cet article, a dit le rapporteur, M. Tranieux, prononçait la solidarité entre toutes les parties figurant dans un procès pour toutes perceptions de droits exigibles à un titre quelconque. C'était consacrer une prétention de l'enregistrement qui, toutes les fois qu'elle s'est manifestée, n'a pas manqué d'être repoussée par les tribunaux. Nous n'avons pas pensé qu'il fût possible de nous prêter à cette réaction contre une jurisprudence qui nous semble des plus légitimes ». — V. notamment Civ. c. 3 févr. 1879, D.P. 79. 1. 393, et Civ. c. 26 nov. 1889, D.P. 90. 1. 201. — D.P. 92. 4. 21, note 5. — V. Code annoté de l'enregistrement, n°8 4318 et s. — J.G.S. Enreg., n°8 2957 et s.

Art. 18. Les originaux des conclusions respectivement signifiées, bien que dispensés de la formalité du timbre et de l'enregistrement par l'art. 5 de la présente loi, devront néanmoins être présentés par l'huissier instrumentaire au receveur de l'enregistrement dans les quatre jours de la signification, sous peine d'une amende de 10 fr. pour chaque original non représenté.

Ces originaux seront visés, cotés et paraphés par les receveurs, qui auront la faculté d'en tirer copie, conformément à l'art. 56 de la loi du 22 frim. an 7. Ne pourront être admis en taxe par les magistrats taxateurs que les originaux ainsi visés, cotés et paraphés par le receveur de l'enregistrement.

12619. L'art. 18, adopté par la Chambre des députés sur un amendement de MM. Bertrand, Valle, Morillot et Goirand, accepté avec quelques légères modifications par le gouvernement, fut rejeté, le 19 janv. 1892 par le Sénat comme inutile, une disposition antérieure ayant, dit le rapporteur, maintenu pour les actes d'avoué la formalité de l'enregistrement qui supprime le visa. — D.P. 2. 91. 22, note 4.

12620. Rétabli par la Chambre, l'article a été de nouveau supprimé par le Sénat. Mais la Chambre l'ayant adopté pour la troisième fois comme une conséquence de son vote sur l'art. 5, (suprà, n°8 12305 et s.) le Sénat y a définitivement souscrit en adoptant ce dernier. — D.P. 92. 4. 22, note 1.

12621. L'exemption d'enregistrement accordée d'une manière générale et absolue aux significations d'actes d'avoué à avoué (suprà, n°8 12305 et s.) aurait été de nature à entraîner de fâcheuses conséquences au point de vue des recouvrements. En effet, si la plupart des actes d'avoué à avoué, tels que les constitutions, avenirs, sommations, peuvent être soustraits à l'examen des agents, sans inconvénient pour le Trésor, parce qu'ils n'offrent aucun intérêt relativement à la constatation des droits célés, il n'en est pas ainsi des conclusions qui contiennent fréquemment des énonciations propres à faciliter la répression de la fraude et l'exacte application de l'impôt. Il était donc essentiel que ces documents fussent régulièrement

communiqués au receveur, lors de leur notification, afin que ce préposé soit à même d'y puiser, comme par le passé, les éléments de découvertes ou de perception qu'ils peuvent renfermer. — Instr. adm. enreg. 31 mai 1892, n° 2816, D.P. 92. 4. 49.

12622. L'art. 18 de la loi dispose à cet effet que les originaux des conclusions respectivement signifiées, bien que dispensés de la formalité du timbre et de l'enregistrement, devront néanmoins être présentés au receveur par l'huissier instrumentaire, dans les quatre jours de la signification, sous peine d'une amende de 10 fr. pour chaque original non représenté. Cette disposition s'applique, sans distinction, à toutes les conclusions signifiées d'avoué à avoué, prises au nom du demandeur aussi bien que du défendeur, par requête grossoyée ou autrement. — Même instr.

12623. Le receveur auquel un original de conclusions est présenté, doit y apposer son visa et, en outre, le coter et parapher les rôles. Les originaux ainsi visés, cotés et paraphés, sont seuls susceptibles d'être admis en taxe. — Même instr.

12624. Si les conclusions renferment des renseignements qui paraissent de nature à être utilisés pour la découverte de droits célés, ou si elles fournissent la preuve de contraventions, le receveur doit en prendre une copie et la faire certifier conforme à l'original par l'huissier instrumentaire. En cas de refus de la part de ce dernier, il est autorisé à réserver l'acte pendant vingt-quatre heures pour s'en procurer une collation, le tout conformément à l'art. 56 de la loi du 22 frim. an 7, auquel se réfère purement et simplement l'art. 18 de la loi nouvelle. — Même instr. — V. Code annoté de l'enregistrement, n°8 5054 et s.

12625. Les receveurs doivent dater et signer leur visa. Ils sont dispensés, jusqu'à nouvel ordre, d'en faire mention sur les registres du bureau. — Même Instr.

Art. 19. Les huissiers et les greffiers tiendront, sous les sanctions édictées en l'article précédent, sur registre non timbré, coté et paraphé par le président du tribunal civil, des répertoires à colonnes, sur lesquels ils inscriront, jour par jour, sans blanc ni interligne et par ordre de numéros, tous les actes, exploits, jugements et arrêts qui sont dispensés, par le présent loi, des formalités du timbre et de l'enregistrement.

Chaque article du répertoire contiendra : 1° son numéro; 2° la date de l'acte; 3° sa nature; 4° les noms et prénoms des parties et leur domicile.

Chaque acte porté sur ce répertoire devra être annoté de son numéro d'ordre.

12626. L'art. 5 de la loi ayant aboli la formalité de l'enregistrement pour les significations d'avoué à avoué, il y a lieu de suppléer par un ensemble de mesures propres à empêcher les fraudes que cette formalité prévenait. C'est principalement dans ce but qu'ont été votés, sur l'initiative parlementaire, les art. 19 et 20 ci-après analysés. — Instr. adm. enreg. 31 mai 1892, n° 2816, D.P. 92. 4. 49.

12627. Toute contravention aux prescriptions contenues dans les deux premiers paragraphes de l'art. 19, sera punie d'une amende de 10 fr. Mais aucune sanction particulière n'étant attachée à la disposition du 3 aux termes de laquelle chaque acte porté au répertoire doit être annoté du numéro d'ordre sous lequel il y figure, le défaut d'annotation ne peut donner ouverture qu'à l'action disciplinaire de la part du ministère public. — Même Instr.

12628. Les dispositions de l'article concernant la forme du nouveau répertoire non timbré reproduisent celles des art. 49 et 50

de la loi du 22 frim. an 7 se rapportant au répertoire timbré dont ces articles imposent la tenue aux officiers ministériels. — V. Code annoté de l'enregistrement, n°8 4825 et s., 1926 et s.

12629. Il importe de préciser les actes qui doivent être portés sur le nouveau répertoire non timbré créé par l'art. 19 de la loi du 26 janv. 1892. Tous les autres actes de l'officier ministériel doivent être inscrits, comme par le passé, au répertoire timbré établi par l'art. 49 de la loi du 22 frim. an 7. — V. Code annoté de l'enregistrement, n°8 4825 et s.

12630. Les actes qui doivent être inscrits sur le nouveau répertoire non timbré sont, d'après le texte de l'art. 19, ceux qui sont dispensés par l'art. 5 de la loi « des formalités du timbre et de l'enregistrement », c'est-à-dire, non seulement du timbre, mais aussi de la double formalité de l'impôt.

12631. En ce qui concerne les huissiers, il n'y a, dans ce cas, que les significations d'avoué à avoué visées par l'art. 5 de la loi (V. suprà, n°8 12305 et s.). Le nouveau répertoire ne devra comprendre que les exploits de cette catégorie.

12632. Il ne comprendra : ... ni les exploits relatifs aux procédures en matière civile devant les juges de paix (art. 6 de la loi, V. suprà, n°8 12333 et s.); ... ni ceux signifiés dans les instances suivies en matière civile ou commerciale devant les conseils de prud'hommes, les tribunaux de première instance, les cours d'appel (art. 7, suprà, n°8 12345 et s.); ... ni ceux relatifs aux procédures d'ordre judiciaire, de contribution judiciaire et de vente judiciaire (art. 8, suprà, n°8 12368 et s.), par la raison que la dispense accordée pour tous ces exploits se borne à une réduction du droit d'enregistrement. Tous doivent être inscrits, comme par le passé, au répertoire timbré dont la tenue est prescrite par l'art. 49 de la loi de frimaire.

12633. Il en est de même de la citation notifiée par huissier aux personnes désignées pour constituer le conseil de famille d'un mineur indigent, ou d'un interdit indigent, parce que s'il y a, pour cet acte, exemption complète des deux impôts du timbre et de l'enregistrement, il demeure soumis à la formalité. — V. suprà, n°8 12412 et s. — V. conf. M. Besson, loc. cit., n° 276. — Contrà : MM. Manuel et Louis, loc. cit., n° 191; MM. Malepeyre et Mesnard, loc. cit., n° 61.

12634. Mais si les huissiers ne doivent porter sur le répertoire nouveau que les significations d'avoué à avoué, ils sont tenus d'y inscrire tous les exploits de cette nature, même ceux soumis au visa du receveur de l'enregistrement, c'est-à-dire à l'analyse de l'acte sur un registre spécial. — Conf. M. Besson, loc. cit., n° 278.

12635. Les huissiers sont dispensés d'inscrire les significations d'avoué à avoué sur le répertoire institué par l'art. 49 de la loi du 22 frim. an 7; une semblable inscription ne les affranchirait pas de l'obligation à laquelle ils sont soumis par l'art. 19 de la loi nouvelle. — Instr. adm. enreg., n° 2816, précitée.

12636. Le répertoire doit contenir notamment les noms et prénoms des parties et leur domicile. Dans les exploits de signification d'actes d'avoué à avoué la partie qui requiert et celle qui requit l'acte sont les avoués eux-mêmes; ce sont donc les noms des avoués qui doivent être inscrits sur les registres. — M. Jules Godin, loc. cit., art. 19 p. 180.

12637. En ce qui concerne les greffiers, ces officiers ministériels ne sont tenus, aux termes de l'art. 49 de la loi du 22 frim. an 7, d'inscrire sur leur répertoire que les actes et jugements assujettis à l'enregistrement. Les actes et procès-verbaux en matière de faillite et de liquidation judiciaire que l'art. 10 de la loi du 26 janv. 1892 exempte de la formalité (V. *supra*, nos 12386 et s.), ne doivent plus, par conséquent, figurer sur le répertoire établi par l'art. 49 précité. — Instr. adm. enreg. no 2816 précitée.

12638. Mais comme il importe de conserver la trace de ces actes, le principe même de l'inscription a été maintenu, en ce qui les concerne, par l'art. 40 de la loi nouvelle (V. *supra*, no 12402) : les art. 19 et 20 imposent à leur égard aux greffiers les mêmes obligations que celles qui incombent aux huissiers relativement aux exploits portant signification d'actes d'avoué à avoué. — Même instr.

12639. La seule différence consiste en ce que le répertoire spécial dont la tenue est prescrite aux greffiers ne doit être présenté au visa du receveur que deux fois par mois sur le registre destiné à l'enregistrement des jugements rendus par les tribunaux civils et de commerce. — Même instr.

12640. Le visa du receveur sur le répertoire spécial du greffier doit pareillement relater le numéro du dernier acte inscrit. Il est daté, signé et reproduit immédiatement sur le registre destiné à l'enregistrement des jugements rendus par les tribunaux civils et de commerce. — Même instr.

12641. En résumé, de même que les huissiers sont tenus de porter sur le répertoire nouveau non timbré établi par la loi du 26 janv. 1892 les exploits de signification d'actes d'avoué à avoué, parce que ces exploits sont affranchis du droit et de la formalité, de même les greffiers sont dans l'obligation d'inscrire sur ce même répertoire les actes et procès-verbaux en matière de faillite et liquidation judiciaire pour la même raison.

12642. D'autre part, les greffiers sont tenus, de même que les huissiers, d'inscrire, comme par le passé, sur le répertoire timbré tenu en exécution de l'an 7, les actes que la loi du 26 janv. 1892 vise sans les affranchir du droit et de la formalité de l'enregistrement. Et, comme les seuls actes des greffiers que la loi du 26 janv. 1892 a exemptés du droit et de la formalité de l'enregistrement, sont ceux rédigés par ces officiers ministériels en exécution des lois sur les faillites et sur les liquidations judiciaires, ce sont ces actes seulement qu'ils ne porteront plus sur le répertoire timbré et que, par contre, ils devront inscrire sur le répertoire nouveau non timbré établi par l'art. 19 de la loi du 26 janv. 1892.

12643. Quant aux actes visés par la loi du 26 janv. 1892 et que les greffiers doivent continuer de porter sur leur répertoire timbré tenu en exécution de la loi de l'an 7, ce sont : ... les avis de l'article indiquant que l'art. 12 de la loi affranchit du droit d'enregistrement, mais non du droit de la formalité (V. *supra*, no 12423) ; ... tous les actes auxquels peuvent donner lieu les procédures en interdiction ou indiquant pour la même raison (V. *supra* no 12426.)

12644. La tenue du nouveau répertoire est prescrite par notre article « sous les sanctions édictées en l'article précédent ». L'art. 18 en contient deux : une amende de 10 fr. et le refus de la taxe. Cette sanction se comprend pour les actes des huissiers, quoique la taxe soit requise, non par eux, mais par l'avoué qui les représente. Mais elle ne paraît pas applicable aux greffiers qui sont dans l'usage de faire consigner le coût des actes pour lesquels leur ministère est requis. — V. M. Jules Godin, *loc. cit.*, p. 183.

Art. 20. Les huissiers et les greffiers présenteront sous les mêmes sanctions au répertoire au visa du receveur de leur résidence, qui le visera et qui énoncera dans son visa le numéro du dernier acte inscrit. Cette présentation aura lieu : pour les huissiers, le 1er, 6, 11, 16, 21 et 26 ; pour les greffiers, les 1er et 16 de chaque mois.

Si le jour fixé pour le visa est un jour férié, le visa sera apposé le lendemain.

12645. Les art. 19 et 20 sont la reproduction, légèrement modifiée par la commission de la Chambre, d'accord avec MM. Brisson et Bertrand, d'un contre-projet présenté par MM. Brisson et Dupuy-Dutemps et accepté par le gouvernement à la séance du 21 janv. 1892. Ils furent supprimés par le Sénat, dans la première séance du 21 janvier, à raison du vote intervenu sur l'art. 5 ; mais la Chambre les rétablit le même jour, ce qu'accepta le Sénat en dernier lieu. — D.P. 92. 4. 22, notes 2 et 3.

12646. L'art. 20 enjoint au receveur d'énoncer dans son visa le numéro du dernier acte inscrit. Ce visa sera daté, signé et transcrit séance tenante sur le registre des actes extrajudiciaires. — Instr. adm. enreg. 31 mai 1892, no 2816, D. P. 92. 4. 49.

12647. Les dispositions de l'art. 20 ont pour objet d'assurer l'exactitude des énonciations du répertoire. Les sanctions sont les mêmes que celles édictées par l'art. 19, c'est-à-dire l'amende et le refus de la taxe ; mais elles se réduisent à une seule, l'amende, la seconde ne pouvant être appliquée en pareil cas. — M. Jules Godin, *loc. cit.*, p. 186.

Art. 21. Les états de frais dressés par les avoués, huissiers, notaires commis, devront faire ressortir distinctement, dans une colonne spéciale et pour chaque débours, le montant des droits de toute nature payés au Trésor.

Toute contravention à cette disposition sera punie d'une amende de 10 fr. en principal, qui sera recouvrée comme en matière d'enregistrement.

12648. Cette disposition a pour but de permettre aux parties de se rendre exactement compte de la somme pour laquelle l'impôt figure dans le montant total des frais. — Instr. adm. enreg., 31 mai 1892, no 2816, D.P. 92. 4. 49.

12649. De même, aux termes de l'art. 3, § 3, de la loi du 23 oct. 1884 qui a ordonné la restitution des droits perçus sur les actes rédigés pour parvenir à une vente judiciaire lorsque le prix n'excède pas 2,000 fr., l'état des frais de poursuite doit être dressé « par distinction entre les droits du trésor et ceux des avoués ». — V. *supra*, p. 450). L'art. 21 de la loi du 26 janv. 1892 généralise cette disposition en l'étendant à toutes les procédures. De plus, elle en assure l'exécution par une pénalité, alors que la loi de 1884 n'en a édicté aucune. — V. MM. Maiepeyre et Mesnard, *loc. cit.*, no 63 ; MM. Manuel et Louis, *loc. cit.*, no 195 ; M. Jules Godin, *loc. cit.*, p. 188.

12650. Le projet de cet article voté par la Chambre des députés portait que les dispositions des art. 4 à 21 n'étaient pas applicables à la *cour de cassation*. Le Sénat supprima le dernier alinéa de l'art. 4 avait déjà écarté la cour de cassation de l'énumération des juridictions auxquelles s'appliquait la loi nouvelle. — D.P. 92. 4. 22, note 4. — V. *supra*, nos 12320 et s. — V. toutefois, *suprà*, no 12413.

12651. L'art. 21 est général en ce qui concerne les avoués et les huissiers. Mais, quant aux notaires, il ne vise que ceux qui sont *commis*. Il s'ensuit que les états de frais des notaires doivent être rédigés en conformité de la disposition ci-dessus, lorsqu'ils ont été commis, et, dans tous les autres cas, comme par le passé, suivant les prescriptions de l'art. 51 de la loi du 25 vent. an 11. — M. Jules Godin, *loc. cit.*, sur l'art. 21, p. 188.

Art. 22. Continueront à être exécutées toutes les dispositions des lois sur l'enregistrement et le timbre qui ne sont pas contraires à la présente loi.

12652. Dans le projet primitif présenté à la Chambre des députés, suivant M. Brisson, comme dans ceux qui se sont produits à la suite et ont été discutés dans le parlement, la taxe de remplacement qualifiée « taxe des frais de justice » « taxe de proportionnalité dans les frais de justice », constituait un impôt nouveau qui différait entièrement, sous tous les rapports, du droit d'enregistrement.

12653. La loi définitivement votée a modifié complètement sous ce rapport les propositions primitivement présentées et a conservé entièrement à l'impôt nouveau le caractère de droit d'enregistrement. Il s'ensuit que toutes les règles relatives à la perception des droits d'enregistrement lui sont applicables. L'observation en a été faite à différentes reprises, *supra*, nos 12474 et 12476.

Art. 23. Un règlement d'administration publique fixera les émoluments des greffiers en ce qui concerne tant les expéditions délivrées par eux que les mandements ou bordereaux de collocation.

12654. La commission du Sénat avait d'abord voulu ajouter à l'art. 23 ce membre de phrase : « Il devra leur être réservé une compensation exacte des droits que supprime l'art. 4 qui précède » ; mais cette disposition fut écartée comme superflue et dangereuse.

12655. « En supposant, a dit le rapporteur, la nécessité d'une compensation « exacte, c'est-à-dire mathématique, nous aurions peut-être placé un très grand embarras celui qui aurait eu à résoudre le problème ; car comment être sûr d'un résultat rigoureusement exact, alors que la loi supprime des droits qu'on connaît par des droits nouveaux qui doivent laisser forcément quelque incertitude sur les résultats qu'ils pourront produire ? Nous retranchons donc la disposition, mais non pas l'espérance. Notre pensée formelle reste que la réforme que nous accomplissons ne doit pas être faite aux frais de MM. les greffiers. » — D.P. 92. 4. 22, note 6. — V. *infrà*, 1er décr. 23 juin 1892, nos 12674 et s.

Art. 24. Les dispositions des art. 4 à 21 ne sont pas applicables aux minutes, copies ou expéditions d'actes, jugements, sentences ou arrêts relatifs à des procédures commencées avant le 1er juillet prochain, ni au bulletin n° 2 du casier judiciaire délivré aux particuliers avant cette époque.

L'époque à laquelle la procédure est réputée commencée se détermine :

Pour les instances, par l'acte introductif ;

Pour les ordres et contributions, par le procès-verbal du juge qui en constate l'ouverture ;

Pour les ventes judiciaires, soit par l'assignation en licitation, soit par la requête tendant à obtenir du tribunal l'autorisation de procéder à la vente, soit par le procès-verbal de saisie immobilière, soit enfin par l'acte de réquisition de mise aux enchères prévu par les art. 2185 du Code civil et 832 du Code de procédure civile ;

Pour les faillites et les liquidations judiciaires, soit par le dépôt du bilan, soit par la requête ou l'assignation en déclaration de faillite.

Les incidents des instances et procédures, les ventes sur surenchère du sixième ou sur folle enchère sont considérés comme donnant lieu, à la continuation de la procédure antérieure.

Pour être admis au bénéfice des suppressions et réductions d'impôts prononcées par la présente loi, les actes, jugements, sentences, arrêts et expéditions devront rappeler la date et la nature de l'acte initial de l'instance ou de la procédure à laquelle ils se rapportent.

Les surtaxes établies seront perçues toutes les fois que les actes, jugements, sentences ou arrêts ne renfermeront pas cette mention. Toutefois, restitution pourra être ordonnée, dans les deux cas, au profit des parties, s'il est fourni des justifications suffisantes durant les six mois de la perception.

Un règlement d'administration publique pourra supprimer ou modifier, à partir du 1ᵉʳ janv. 1893, l'obligation imposée par les deux alinéas qui précèdent.

12656. L'art. 24 dispose que la loi nouvelle sera mise à exécution à partir du 1ᵉʳ juillet 1892 et détermine avec précision la date à laquelle une procédure devra être réputée commencée. Il a eu, en outre, pour objet de faciliter au justiciable, pendant la période transitoire, les justifications qui pourraient lui permettre de réclamer le bénéfice de la loi nouvelle. — D P. 92. 4. 23, note 1.

12657. A la séance du Sénat du 19 janvier, MM. Godin et Munier proposèrent une disposition additionnelle au sixième paragraphe de l'article, et ainsi conçue : « L'instance d'appel sera considérée comme une nouvelle instance ; toutefois, pour la taxe à percevoir sur l'arrêt, on considérera le jugement de première instance comme ayant été frappé de la loi nouvelle. » — D.P. 92. 4. 23, note 1.

12658. Mais cet amendement fut retiré sur la déclaration du rapporteur qu'il ne considérait pas l'existence de l'appel comme une instance nouvelle, puisque l'article se réfère pour l'application de la loi à l'acte initial de la procédure qui est l'exploit introductif d'instance. — D.P. 92. 4. 23, note 1.

12659. Ainsi, de même que les incidents des instances et procédures, les ventes sur surenchère du sixième ou sur folle enchère, l'appel doit être considéré comme donnant lieu, non à une procédure distincte, mais à la continuation de la procédure antérieure. — Instr. adm. enreg. 31 mai 1892, n° 2816, D.P. 92. 4. 49.

12660. C'est également la même instance qui se poursuit lorsque, après un arrêt de cassation, une affaire est portée devant le tribunal ou la cour désignée par la cour suprême pour en connaître ou pour statuer. — Même instr.

12661. Le neuvième alinéa de l'art. 24 avait été rédigé par la Chambre ainsi qu'il suit : « Les surtaxes établies seront perçues toutes les fois que les actes, jugements, sentences ou arrêts, ne renfermeront pas cette mention : *sauf restitution s'il y a lieu.* » — D.P. 92. 4. 26, note 1.

12662. La commission des finances du Sénat proposa de supprimer les mots : « sauf restitution, s'il y a lieu », et d'ajouter un paragraphe final conçu tel qu'il existe maintenant dans l'article, pendant les deux ans qui était accordé aux parties pour réclamer la restitution. — D.P. 92. 4. 23, note 1.

12663. Le commissaire du gouvernement objecta qu'il y avait une distinction à faire : « lorsque le défaut de justification aura privé les parties du bénéfice des délais, l'action en restitution ne sera pas accordée. Lorsque, au contraire, il s'agit de surtaxes, nous disons aux parties : nous percevrons

les nouveaux droits et sommes fondés à le faire ; mais si, dans le délai de deux ans, vous faites les justifications que vous aviez omises, nous vous accorderons la restitution afin de ne pas vous faire supporter le poids d'un impôt nouveau. » — D.P. 92. 4. 23, note 1.

12664. Le rapporteur lui répondit qu'il y avait là, avant tout, une règle élémentaire de justice : « Si vous avez admis, dit-il, la restitution d'un droit indûment perçu en vertu de la loi nouvelle, vous ne pouvons comprendre pourquoi vous la refuseriez pour une perception également irrégulière faite en vertu de l'ancienne loi. L'erreur procède, dans les deux cas, d'une cause de confusion identique. S'il est juste de restituer dans l'un, il est également juste de restituer dans l'autre. Nous ajoutons qu'il est toujours équitable de restituer quand la partie vient démontrer qu'elle a été victime d'une erreur et que le fisc s'est indûment enrichi à ses dépens. » — D.P. 92. 4. 23, note 1.

12665. Aussi le Sénat vota-t-il la modification proposée par la commission ; mais, sur la demande de M. Chovet, il abrégea le délai de réclamation et le réduisit à six mois. — D P. 92. 4. 23, note 1.

12666. Tant que toutes les instances introduites avant la mise à exécution de la loi du 26 janv. 1892, c'est-à-dire antérieurement au 1ᵉʳ juillet 1892, n'auront pas été vidées, les agents de l'enregistrement auront à distinguer, pour les perceptions à établir, entre les procédures entamées avant le 1ᵉʳ juillet 1892 et celles introduites postérieurement à cette date.

12667. Pour les minutes, copies ou expéditions d'actes, jugements, sentences ou arrêts relatifs à ces dernières, on appliquera les dégrèvements ainsi que les surtaxes résultant de la loi nouvelle.

12668. Pour les minutes, copies ou expéditions d'actes, jugements, sentences ou arrêts relatifs aux procédures entamées avant le 1ᵉʳ juillet 1892, on ne tiendra pas compte de la loi nouvelle. C'est la législation ancienne qui sera appliquée.

12669. C'est afin de permettre aux agents de l'enregistrement de distinguer les actes, jugements, sentences, arrêts et expéditions, se rapportant à des procédures antérieures au 1ᵉʳ juillet 1892 de ceux des procédures entamées après cette date, que l'art. 24 prescrit de rappeler dans lesdits actes, jugements, sentences, arrêts et expéditions, la date et la nature de l'acte initial de l'instance ou de la procédure.

12670. L'art. 24 est conçu, il importe de le remarquer, en termes généraux. Il vise « les minutes, copies et expéditions d'actes, jugements, sentences et arrêts relatifs à des procédures commencées avant le 1ᵉʳ juillet ». Il s'ensuit, notamment en ce qui concerne les actes, qu'aucune distinction ne peut être admise, qu'il suffit que se rattache à une procédure commencée avant le 1ᵉʳ juillet 1892 pour que la loi ne lui soit pas applicable, et, par contre, qu'un acte se rattachant à une procédure commencée postérieurement pour que la loi soit applicable. Il en est ainsi spécialement des actes d'avoué à avoué.

Art. **25.** Un règlement d'administration publique déterminera la qualité et les dimensions du papier servant à la confection des actes d'avoué à avoué.

12671. Cet art. 25 fut ajouté au projet de loi, dans la séance de la Chambre du 21 janv. 1892, sur la proposition de M. Royer (Aube), afin d'assurer la conservation des actes d'avoué à avoué, qui sont exposés à être détériorés au cours de procédures poursuivies souvent pendant un long espace de temps. — D.P. 92. 4. 23, note 2. — V. *infra*, 2ᵉ décr. 23 juin 1892, n°ˢ 12679 et s.

12672. L'art. 23 de la loi du 26 janv. 1892 a disposé qu'un règlement d'administration publique fixerait les émoluments des greffiers pour les expéditions délivrées par eux. — V. *supra*, n° 12654.

12673. Il n'est rien innové en ce qui touche les expéditions délivrées par les secrétaires des conseils des prud'hommes et par les greffiers du *justices de paix* ou autres juridictions non désignées dans le décret. — Instr. adm. enreg. 30 juin 1892, n° 2819.

1ᵉʳ Décret du 23 juin 1892,

Fixant les émoluments des greffiers en ce qui concerne, tant les expéditions délivrées par eux, que les mandements ou bordereaux de collocation. — (*Journal off.* 25 juin 1892). — D.P. 92. 4. 83-84.

Art. 1ᵉʳ. Il est alloué pour chaque rôle d'expédition :

Aux greffiers des cours d'appel, une remise de 60 centimes;

Aux greffiers des tribunaux de commerce et des tribunaux civils jugeant commercialement, y compris l'émolument de 10 centimes accordé par l'art. 11 du décret du 18 juin 1880, une remise de 60 centimes;

Aux greffiers des tribunaux civils de première instance, une remise de 45 centimes;

12674. Les expéditions délivrées par les greffiers, qui devaient contenir de 8 à 10 syllabes à la ligne sous le régime antérieur à la loi du 26 janv. 1892 sur la réforme des frais de justice, doivent en renfermer aujourd'hui de 12 à 14, d'après l'art. 13 de la dite loi. De là un certain préjudice pour les greffiers dont les émoluments sont déterminés par le nombre de rôles de chaque expédition. — V. *supra*, n°ˢ 12446 et s., 12453.

12675. D'autre part, les mandements ou bordereaux de collocation délivrés aux créanciers par les greffiers en matière d'ordre et de contribution sont rédigés, dans le passé, sur moyen papier à 1 fr. 80 c. la feuille, mais sur du petit papier au tarif ordinaire de 0 fr. 60 c. ou de 1 fr. 20 c. et doivent contenir 35 lignes à la page et de 20 à 25 syllabes à la ligne. — V. *supra*, n°ˢ 12454 et s.

12676. Ce changement de régime rendait nécessaire, en ce qui concerne les pièces en question, la révision des émoluments des greffiers, ces émoluments étant basés sur l'importance des rôles (V. *supra*, n°ˢ 12453 et 12462). Cette révision fait l'objet du décret ci-dessus du 23 juin 1892 rendu en forme de règlement d'administration publique en exécution de l'art. 23 de la loi du 26 janv. 1892.

12677. Les chiffres de 0 fr. 60 c. et de 0 fr. 45 c. légèrement majorés ont pour but de compenser les sacrifices que certaines dispositions de la loi de finances, notamment les art. 10 et 12, imposent aux greffiers en les obligeant à fournir désormais à leurs frais le papier nécessaire à la rédaction de nombreux actes dispensés du timbre. — Rapport du garde des sceaux, D.P. 92. 4. 83-84 (*Journ. off.* du 25 juin).

Art. 2. Sur les expéditions que les agents de la République demandent en leur nom et pour soutenir ses droits, la remise allouée par l'article précédent sera réduite :

Pour les greffiers des cours d'appel, à 40 centimes;

Pour les greffiers des tribunaux de commerce, à 40 centimes;

Pour les greffiers des tribunaux civils de première instance :

En matière commerciale, à 40 centimes;

En matière civile, à 30 centimes.

Art. 3. Les greffiers des tribunaux civils

de première instance ont droit à 65 centimes par page pour les mandements et bordereaux de collocation qu'ils délivrent aux créanciers en matière d'ordre et de contribution.

12678. On pouvait craindre, si le tarif avait été fixé par rôle, que les fractions de rôle ne dussent être payées comme les rôles entiers; il aurait pu en résulter, dans un très grand nombre de cas, une majoration sensible du coût des mandements ou bordereaux. Dans ces conditions, il a paru utile d'adopter la tarification par page sur le pied de 30 centimes, qui donne, avec l'augmentation proportionnelle, 0 fr. 65 c. par page. — Rapport du garde des sceaux, D.P. 92. 4. 83-84.

Art. 4. Les dispositions des lois et décrets antérieurs sont abrogées en ce qu'elles ont de contraire au présent décret.

Art. 5. Le garde des sceaux, ministre de la justice et des cultes est chargé de l'exécution du présent décret, qui sera publié au *Journal officiel* et inséré au *Bulletin des lois.*

2e Décret du 23 juin 1892,

Déterminant la qualité et les dimensions du papier servant à la confection des actes d'avoué à avoué. — (Journal off. 23 juin 1892). — D.P. 92. 4. 84.

Art. 1er. Le papier servant aux actes d'avoué à avoué doit être de la même qualité et de mêmes dimensions que le petit papier ou la demi-feuille visés au tableau de l'art. 3 de la loi du 53 brumaire an 7.

12679. Dans l'état actuel de la législation, les actes d'avoué à avoué, sauf dans des cas très exceptionnels, sont rédigés sur du papier timbré du format de 0 fr. 60 c. ou de 1 fr. 20; l'art. 5 de la loi du 26 janv. 1892 dispensant ces actes des deux formalités du timbre et de l'enregistrement (V. *suprà*, nos 12395 et s.), il a paru naturel d'imposer aux avoués l'obligation de se servir à l'avenir d'un papier uniforme ayant les mêmes dimensions que le petit papier timbré ou la demi-feuille visés au tableau de l'art. 3 du garde des sceaux, D.P. 92. 4. 84. — V. *Code annoté de l'enregistrement*, nos 12519 et s.

12680. En présence des difficultés relatives à la détermination de la qualité du pa-

pier, il a paru plus sage de fixer par simple comparaison avec le papier timbré les qualités que devra posséder le papier dont il s'agit. — Rapport ibid.

Art. 2. Ne pourront être admis en taxe par les magistrats taxateurs que les actes d'avoué à avoué rédigés sur le papier ayant la qualité et les dimensions indiquées par l'article précédent.

12681. Il a semblé également inutile d'imposer une couleur distincte pour les originaux et les copies, et la seule sanction pratique qu'il a été possible d'établir consiste dans le refus de taxe que les magistrats pourront opposer aux avoués s'ils estiment que ces officiers ministériels ont employé un papier qui s'écarte trop du type du papier timbré. — Rapport du garde des sceaux, D.P. 92. 4. 84.

Art. 3. Le garde des sceaux, ministre de la justice et des cultes est chargé de l'exécution du présent décret, qui sera publié au *Journal officiel* et inséré au *Bulletin des lois.*

V. ASSISTANCE JUDICIAIRE.

Loi du 22 janv. 1851,

Sur l'Assistance judiciaire. — (D.P. 51. 4. 25).

Art. 1er. L'assistance judiciaire est accordée aux indigents dans les cas prévus par la présente loi.

12682. Le but de l'assistance judiciaire étant de rendre possible toute réclamation à laquelle fait obstacle le défaut de ressources de l'intéressé, la constatation de l'indigence reste pour le bureau une question d'appréciation; cette indigence n'est d'ailleurs que relative. — Circ. min. just. 30 oct. 1891, *Bull. min. just.* 1891, p. 519. — Conf Décis. de la Chancellerie, 6 déc. 1888, *Bull. min. just.* 1877, p. 155.

12683. Le bénéfice de la loi du 22 janv. 1851 ne peut être réclamé que par les personnes privées indigentes et non par les personnes morales, comme une commune ou une société. — Décis. de la Chancellerie, 15 févr. 1861, *Bull. min. just.* 1877, p. 154.

12684. L'admission au bénéfice de l'assistance judiciaire ne suppose pas nécessairement une contestation sur des droits litigieux à faire valoir en justice. Ainsi l'assistance peut être accordée pour obtenir la nomination d'un tuteur d'un subrogé-tuteur. — Décis. de la Chancellerie, 18 sept. 1862, *Bull. min. just.* 1877, p. 154.

TIT. Ier. — DE L'ASSISTANCE JUDICIAIRE EN MATIÈRE CIVILE.

CHAP. Ier. — *Des formes dans lesquelles l'assistance judiciaire est accordée.*

Art. 2. L'admission à l'assistance judiciaire devant les tribunaux civils, les tribunaux de commerce et les juges de paix, est prononcée par un bureau spécial établi au chef-

lieu judiciaire de chaque arrondissement et composé,

1° Du directeur de l'Enregistrement et des domaines, ou d'un agent de cette administration délégué par lui;
2° D'un délégué du préfet;
3° De trois membres pris parmi les anciens magistrats, les avocats ou anciens avocats, les avoués ou anciens avoués, les notaires ou anciens notaires. Ces trois membres seront nommés par le tribunal civil.

Néanmoins, dans les arrondissements où il y aura au moins quinze avocats inscrits au tableau, un des trois membres mentionnés dans le paragraphe précédent sera nommé par le conseil de discipline de l'ordre des avocats, et un autre par la chambre de discipline des avoués près le tribunal civil; le troisième sera choisi par le tribunal, conformément au paragraphe précédent.

12685. Le préfet ne peut désigner comme délégué de l'administration un suppléant de juge de paix. — Décis. de la Chancellerie, 12 avr. 1851, *Bull. min. just.* 1877, p. 156.

12686. Les avocats, notaires et avoués, qui sont en même temps juges suppléants ou suppléants de juge de paix, ne peuvent être appelés à faire partie des bureaux d'assistance judiciaire. L'art. 2, § 3, de la loi du 22 janv. 1851, en permettant de choisir les membres des bureaux parmi les *anciens magistrats*, exclut implicitement les magistrats en exercice, et tel est évidemment le caractère des juges suppléants, ainsi que des suppléants de justice de paix. — Décis. de la Chancellerie, 12 et 17 mars, 3 et 5 avr., 22 mai 1851, *Bull. min. just.* 1877, p. 156. — V. *Code de procédure civile*, n° 4.

Art. 3. Le bureau d'assistance établi près d'une cour d'appel se compose de sept membres, savoir:
De deux délégués, nommés comme il est dit dans les nos 1 et 2 de l'article précédent;

Et de cinq autres membres choisis de la manière suivante:
Deux de la cour, en assemblée générale, parmi les citoyens des qualités énoncées dans le paragraphe 4 de l'article précédent;
Deux par le conseil de discipline de l'ordre des avocats,
Et un par la chambre de discipline des avoués à la cour.

12687. Un directeur de l'enregistrement ne peut être en même temps membre du bureau d'assistance établi près de la cour d'appel et du bureau établi près du tribunal de première instance. — Décis. de la Chancellerie, 3 avr. et 14 mai 1851; Décis. min. fin. 14 avr. et 10 juin 1851; *Bull. min. just.* 1877, p. 156.

Art. 4. Lorsque le nombre des affaires l'exige, le bureau peut, en vertu d'une décision du ministre de la justice, prise sur l'avis du tribunal ou de la cour, être divisé en plusieurs sections.

Dans ce cas, les règles prescrites par les deux articles précédents, relativement au nombre des membres du bureau et à leur nomination, s'appliquent à chaque section.

12688. Un arrêté du garde des sceaux du 3 mai 1879 a, en raison des besoins du service, divisé en deux sections le bureau d'assistance judiciaire établi près la cour d'appel de Paris, et porté de 7 à 14 le nombre des membres qui le composent. — *Bull. min. just.* 1879, p. 81.

12689. Un autre arrêté du 1er juin 1891 a, pour les mêmes motifs, divisé en six sections le bureau d'assistance judiciaire près le tribunal civil de la Seine qui n'était composé précédemment que de cinq sections. — *Bull. min. just.* 1891, p. 168.

Art. 5. Près de la cour de cassation et

près du conseil d'État, le bureau est composé de sept membres, parmi lesquels deux délégués du ministre des finances.

Trois autres membres sont choisis, savoir:

Pour le bureau établi près de la cour de cassation, par cette cour, en assemblée générale, les anciens membres de la cour, les avocats et les anciens avocats au conseil d'État et à la cour de cassation, les professeurs et les anciens professeurs en droit;

Et, pour le bureau établi près du conseil d'État, en assemblée générale, parmi les anciens conseillers d'État, les anciens maîtres des requêtes, les anciens préfets, les avocats et les anciens avocats au conseil d'État et à la cour de cassation.

Près de l'une et de l'autre de ces juridictions, les deux derniers membres sont nommés par le conseil de discipline de l'ordre des avocats au conseil d'État et à la cour de cassation.

Art. 6. Chaque bureau d'assistance ou chaque section nomme son président.

Les fonctions de secrétaire sont remplies par le greffier de la cour ou du tribunal près duquel le bureau est établi, ou par un de ses commis assermentés et, pour le bureau établi près du conseil d'État, par le secrétaire général de ce conseil, ou par un secrétaire de comité ou de section délégué par lui.

Le bureau ne peut délibérer qu'autant que la moitié plus un de ses membres sont présents, non compris le secrétaire, qui n'a pas voix délibérative.

Les décisions sont prises à la majorité : en cas de partage, la voix du président est prépondérante.

12690. Il n'existe aucun empêchement légal à ce qu'un receveur de l'enregistrement, délégué pour faire partie du bureau d'assistance judiciaire, soit désigné comme président de ce bureau; mais on doit éviter autant que possible ce choix. — Décis. de la Chancellerie, 3 juin 1852, Bull. min. just. 1877, p. 156.

12691. Les réunions des bureaux d'assistance ont lieu suivant le mode déterminé par chaque bureau. — Décis. diverses de la Chancellerie, Bull. min. just. 1877, p. 157.

12692. L'art. 6, § 2, de la loi de 1851 impose aux greffiers l'obligation de remplir les fonctions de secrétaire près les bureaux d'assistance. En conséquence, soit qu'ils remplissent eux-mêmes cette mission, soit qu'ils le confient à un commis-greffier, ils n'ont droit à aucune indemnité. — Décis. de la Chancellerie, 15 sept. 1851 et 13 févr. 1852, Bull. min. just. 1877, p. 158.

12693. Les greffiers ne peuvent réclamer aucune allocation pour la délivrance des extraits des décisions qui doivent être envoyées, par l'intermédiaire des procureurs de la République, soit aux présidents de tribunaux, soit aux juges de paix, conformément à l'art. 13 de la loi de 1851. Ils ont, en effet, à fournir ces extraits non comme greffiers, mais en leur qualité de secrétaires des bureaux d'assistance desquels doit être gratuit. — Décis. de la Chancellerie, 16 mars 1853, Bull. min. just. p. 158.

12694. La disposition de l'art. 6, § 3, qui exige pour la validité de la délibération la présence de la moitié plus un des membres du bureau, doit être entendue littéralement. Dans les bureaux composés de cinq membres la délibération peut avoir lieu lorsque trois sont présents. — Décis. de la Chancellerie, 19 déc. 1851, Bull. min. just. 1877, p. 157.

12695. La loi du 22 janv. 1851 ne se référant pas aux règles tracées par le code de procédure pour le mode de statuer sur les affaires portées devant les bureaux d'assistance, il n'y a pas lieu d'appliquer, en cette matière, les principes qui déterminent les causes de récusation ou d'abstention. On ne saurait non plus, dans le cas où un bureau ne pourrait se constituer, agir comme s'il y avait lieu à règlement de juges. — Décis. de la Chancellerie, 23 mars et 24 avr. 1852, Bull. min. just. 1877, p. 157-158.

12696. En pareil cas, le procureur général doit, conformément à l'art. 12 de la loi du 22 janv. 1851, saisir de la demande le bureau établi près la cour d'appel, en constatant que le bureau de première instance n'a pu réunir le nombre de membres nécessaire pour délibérer valablement ou que ses membres ont déclaré vouloir s'abstenir relativement à l'affaire soumise au bureau. — Même décis. — V. infra, art. 12, nos 12719 et s.

Art. 7. Les membres du bureau, autres que les délégués de l'administration, sont soumis au renouvellement, au commencement de chaque année judiciaire et dans le mois qui suit la rentrée; les membres sortants peuvent être réélus.

12697. Les procureurs généraux doivent faire connaître au garde des sceaux le résultat de ce renouvellement. — Circ. min. just. 26 oct. 1851, Bull. min. just. 1877, p. 156-157.

12698. Le renouvellement annuel n'est pas obligatoire pour le délégué de l'administration, que le préfet peut toujours, s'il le juge convenable, retirer cette délégation à la personne qui en a été investie. — Décis. de la Chancellerie, 18 janv. 1851, Bull. min. just. 1877, p. 157.

Art. 8. Toute personne qui réclame l'assistance judiciaire adresse sa demande sur papier libre au procureur de la République près le tribunal de ce dernier degré. Si le tribunal n'est pas compétent pour statuer sur le litige, le bureau se borne à recueillir tous les renseignements tant sur l'indigence que sur le fond de l'affaire. Il peut entendre les parties. Si elles ne sont pas accordées, il transmet, par l'intermédiaire du procureur de la République, la demande, le résultat de ses informations et les pièces, au bureau établi près de la juridiction compétente.

12699. Dans le cas prévu par l'art. 8 de la loi du 22 janv. 1851, le bureau du domicile de l'indigent n'a aucune décision à prendre et ne peut que recueillir tous les renseignements de nature à éclairer le bureau compétent qui a seul qualité pour admettre ou rejeter la demande. C'est à ce dernier bureau qu'il appartient de faire la constatation de l'indigence. — Lettre au procureur de la République de Saumur du 15 déc. 1879, Bull. min. just. 1879, p. 265. — V. Code de procédure civile, n° 3.

12700. Toutefois la constatation de l'indigence doit être précédée d'un examen sérieux tant sur l'indigence elle-même que sur le fond du procès, et au besoin, s'il y a lieu, de la comparution des parties. — Circ. min. just. 5 mai 1891, Bull. min. just. 1891, p. 160.

12701. La franchise postale accordée aux parquets en matière d'assistance judiciaire ne peut en aucun cas être étendue aux juges de paix. — Décis. de la Chancellerie, 28 oct. et 1er déc. 1874; Décis. min. fin. 21 déc. 1874; Bull. min. just. 1877, p. 160. — V. Code de procédure civile, n° 6.

Art. 9. Si la juridiction devant laquelle l'assistance judiciaire a été admise se déclare incompétente, et que, par suite de cette décision, l'affaire soit portée devant une autre juridiction de même nature et de même ordre, le bénéfice de l'assistance subsiste devant cette dernière juridiction.

Celui qui a été admis à l'assistance judiciaire devant une première juridiction continue à en jouir sur l'appel interjeté contre lui dans le cas même où il se rendrait incidemment appelant. Il continue pareillement à en jouir sur le pourvoi en cassation formé contre lui.

Lorsque c'est l'assisté qui émet un appel principal ou qui forme un pourvoi en cassation, il ne peut, sur cet appel ou sur ce pourvoi, jouir de l'assistance qu'autant qu'il y est admis par une décision nouvelle. Pour y parvenir, il doit adresser sa demande, savoir:

S'il s'agit d'un appel à porter devant le tribunal civil, au procureur de la République près ce tribunal;

S'il s'agit d'un appel à porter devant la cour d'appel, au procureur général près cette cour;

S'il s'agit d'un pourvoi en cassation, au procureur général près la cour de cassation;

Le magistrat auquel la demande est adressée en fait la remise au bureau compétent.

Art. 10. Quiconque demande à être admis à l'assistance judiciaire doit fournir:

1° Un extrait de ses contributions, ou un certificat du percepteur de son domicile, constatant qu'il n'est pas imposé;

2° Une déclaration attestant qu'il est, à raison de son indigence, dans l'impossibilité d'exercer ses droits en justice, et contenant l'énumération détaillée de ses moyens d'existence, quels qu'ils soient.

Le réclamant affirme la sincérité de sa déclaration devant le maire de la commune de son domicile ; le maire lui donne acte au bas de la déclaration.

12702. Le maire est légalement tenu de recevoir la déclaration d'indigence qui lui est faite en vue d'obtenir l'assistance judiciaire, mais il ne se porte pas garant de la sincérité de cette déclaration. — Décis. de la Chancellerie, 20 mars 1882, Bull. min. just. 1882, p. 44. — V. Code de procédure civile, n° 2.

12703. Il ne lui appartient pas d'attester par lui-même la situation pécuniaire et les ressources du pétitionnaire; il ne doit intervenir que pour recevoir la déclaration de ce dernier. — Circ. min. int. 30 août 1884, Bull. min. int. 1884, p. 200.

12704. Il peut, en donnant acte au déclarant de sa déclaration, lui rappeler les dispositions de l'art. 26 de la loi du 22 janv. 1851 qui l'expose en cas de déclaration mensongère à une condamnation correctionnelle. Si, malgré cet avertissement, le déclarant persiste dans son affirmation, le maire, lorsqu'il estime que la déclaration est fausse, doit prévenir le procureur de la République qui en avisera le bureau d'assistance judiciaire seul compétent pour statuer sur l'indigence du réclamant, et décidera s'il y a lieu d'exiger de lui la déclaration. — Même décis. ibid.

12705. Les étrangers non admis à fixer leur domicile en France ne peuvent réclamer le bénéfice de la loi du 22 janvier 1851 devant les tribunaux français, soit comme demandeurs, soit comme défendeurs que dans le cas où une convention diplomatique intervenue entre leur pays d'origine et la France a stipulé la réciprocité en matière d'assistance judiciaire. — Décis. de la Chancellerie, 11 mai 1855, 27 août 1856, 4 nov. 1857 et 18 août 1876; Bull. min. just. 1876, p. 197, et 1877, p. 159. — V. Code de procédure civile, nos 7 et s.

12706. Des conventions internationales ont été conclues à cet égard ; ... avec la

Suisse, le 15 juin 1869. — Décr. 19 oct. 1869, D.P. 70. 4. 6. — V. *Code de procédure civile*, n° 10.

12707. ... Avec *l'Italie*, le 19 févr. 1870. — Décr. 7 mai 1870, D.P. 70. 4. 47.

12708. ... Avec la *Bavière*, le 11 mars 1870. — Décr. 7 mai 1870, D.P. 70. 4. 47.

12709. ... Avec le *Grand-duché de Luxembourg*, le 22 mars 1870. — Décr. 7 mai 1870, D.P. 70. 4. 47.

12710. ... Avec la *Belgique*, le 22 mars 1870. — Décr. 8 juin 1870. D.P. 70. 4. 47.

12711. ... Avec *l'Autriche-Hongrie*, le 11 mai 1879. — L. 13 mars 1880, D.P. 81. 4. 47.

12712. ... Avec *l'Allemagne*, le 20 févr. 1880. — L. 12 févr. 1881, D.P. 82. 4. 21.

12713. — . . Avec *l'Espagne*, le 14 mai 1884. — L. 17 déc. 1885, D.P. 86. 4. 79.

12714. ... Avec *l'Uruguay*, le 24 mars 1885. — L. 29 févr. 1888, D.P. 88. 4. 49.

12715. Une circulaire de la Chancellerie réglemente l'application de la convention relative à l'assistance judiciaire conclue le 20 juin 1880 entre la France et l'Allemagne, convention aux termes de laquelle les conditions d'admission à l'assistance doivent être réglées par la loi du pays dans lequel l'assistance est réclamée. — Circ. min. just. 17 juill. 1886, *Bull. min. just.* 1886, p. 123.

12716. Lorsqu'une convention diplomatique spéciale a consacré le droit réciproque à l'assistance entre les sujets français et ceux d'un pays étranger, les bureaux d'assistance français n'ont pas compétence pour accorder l'assistance judiciaire devant les tribunaux étrangers; ils doivent seulement constater l'indigence, et transmettre les pièces au bureau d'assistance étranger qui statue définitivement. — Décis. de la Chancellerie, 9 sept. 1873, *Bull. min. just.* 1877, p. 153.

Art. 11. Le bureau prend toutes les informations nécessaires pour s'éclairer sur l'indigence du demandeur, et l'instruction déjà faite par le bureau du domicile du demandeur, dans le cas prévu par l'art. 8, ne lui fournit pas, à cet égard, des documents suffisants.

Il donne avis à la partie adverse qu'elle peut se présenter devant lui, soit pour contester l'indigence, soit pour fournir des explications sur le fond.

Si elle comparait, le bureau emploie ses bons offices pour opérer un arrangement amiable.

12717. Si l'instruction faite par le bureau du domicile du demandeur ne fournit pas au bureau requérant des documents suffisants, ce dernier bureau peut réclamer des renseignements complémentaires tant sur l'indigence elle-même que sur les motifs de la demande; mais il doit s'abstenir d'adresser au demandeur une invitation à comparaître, qui équivaudrait à un refus d'assistance et ne peuvent se déplacer à un refus d'assistance. — Circ. min. just. 22 janv. 1879, *Bull. min. just.* 1879, p. 7.

12718. Les bureaux d'assistance judiciaire établis près des cours d'appel, du conseil d'État et de la cour de cassation devant se livrer à un examen approfondi des affaires qui leur sont soumises, il est nécessaire que les dossiers leur soient adressés trois semaines au moins avant l'expiration des délais de l'appel et du recours. — Circ. min. just. 21 juin 1873; Décis. de la Chancellerie, 19 mai et 26 juin 1877; Circ. min. just. 12 juin 1883; Décis. de la Chancellerie, *Bull. min. just.* 1877, p. 161, et 1889, p. 120.

Art. 12. Les décisions du bureau ne contiennent que l'exposé sommaire des faits et des moyens, et la déclaration que l'assistance est accordée ou qu'elle est refusée, sans

expression de motifs dans l'un ni dans l'autre cas. Les décisions du bureau ne sont susceptibles d'aucun recours.

Néanmoins, le procureur général, après avoir pris communication de la décision d'un bureau établi près d'un tribunal civil et des pièces à l'appui, peut sans retard de l'instruction ni du jugement, déférer cette décision au bureau établi près la cour d'appel, pour être réformée s'il y a lieu.

Le procureur général à la cour de cassation et le procureur général près la cour d'appel peuvent aussi se faire envoyer les décisions des bureaux d'assistance qui ont été rendues dans une affaire sur laquelle le bureau d'assistance établi près de l'une ou de l'autre de ces cours est appelé à statuer, si ce dernier bureau en fait la demande.

Hors les cas prévus par les deux paragraphes précédents, les décisions du bureau ne peuvent être communiquées qu'au procureur de la République, à la personne qui a demandé l'assistance, et à ses conseils; le tout sans déplacement.

Elles ne peuvent être produites ni discutées en justice, si ce n'est devant la police correctionnelle dans le cas prévu par l'art. 26 de la présente loi.

12719. Les bureaux d'assistance n'ont pas le droit de statuer par voie générale et réglementaire. — Décis. de la Chancellerie, 4 nov. 1857, *Bull. min. just.* 1877, p. 160.

12720. Le procureur général peut toujours intervenir conformément à l'art. 12 de la loi du 22 janv. 1851, soit que l'assistance ait été refusée, soit qu'elle ait été abusivement octroyée. — Décis. de la Chancellerie, 18 déc. 1868, *Bull. min. just.* 1877, p. 160.

CHAP. II. — *Des effets de l'assistance judiciaire.*

Art. 13. Dans les trois jours de l'admission à l'assistance judiciaire, le président du bureau envoie par l'intermédiaire du procureur de la République, au président de la cour ou du tribunal, ou au juge de paix, un extrait de la décision portant seulement que l'assistance est accordée; il y joint les pièces de l'affaire.

Si la cause est portée devant une cour au un tribunal civil, le président invite le bâtonnier de l'ordre des avocats, le président de la chambre des avoués et le syndic des huissiers, à désigner l'avocat, l'avoué et l'huissier qui prêteront leur ministère à l'assisté.

S'il n'existe pas de chambre de bâtonnier, ou s'il n'y a pas de chambre de discipline des avoués, la désignation est faite par le président du tribunal.

Si la cause est portée devant un tribunal de commerce ou devant un juge de paix, le président du tribunal ou le juge de paix se borne à inviter le syndic des huissiers à désigner un huissier.

Dans le même délai de trois jours, le secrétaire du bureau envoie un extrait de la décision au receveur de l'enregistrement.

12721. Lorsque le ministère public intervient en vertu de l'art. 14, c'est seulement pour transmettre les décisions des bureaux d'assistance. Il agit alors comme remplissant une mission que la loi lui confie, et non comme obtempérant à une invitation de ces bureaux, qui n'ont pas le droit lui en adresser. — Décis. de la Chancellerie, 9 août 1851, *Bull. min. just.* 1877, p. 160.

Art. 14. L'assisté est dispensé provisoirement du payement des sommes dues au Trésor pour droits de timbre, d'enregistrement et de greffe, ainsi que de toute consignation d'amende.

Il est aussi dispensé provisoirement du payement des sommes dues aux greffiers, aux officiers ministériels et aux avocats, pour droits, émoluments et honoraires.

Les actes de la procédure faite à la requête de l'assisté sont visés pour timbre et enregistrés en débet.

Le visa pour timbre est donné sur l'original au moment de son enregistrement.

Les actes et titres produits par l'assisté, pour justifier de ses droits et qualités, sont pareillement visés pour timbre et enregistrés en débet.

Si ces actes et titres sont du nombre de ceux dont les lois ordonnent l'enregistrement dans un délai déterminé, les droits d'enregistrement deviennent exigibles immédiatement après le jugement définitif; il en est de même des actes soumis aux dues pour contravention aux lois sur le timbre.

Si ces actes et titres ne sont pas du nombre de ceux dont les lois ordonnent l'enregistrement dans un délai déterminé, les droits d'enregistrement de ces actes et titres sont assimilés à ceux des actes de la procédure.

Le visa pour timbre et l'enregistrement en débet doivent mentionner la date de la décision qui admet au bénéfice de l'assistance; ils n'ont d'effet, quant aux actes et titres produits par l'assisté, que pour la production dans laquelle leur production a eu lieu.

Les frais de transport des juges, des officiers ministériels et des experts, les honoraires de ces derniers et les taxes des témoins dont l'audition a été autorisée par le tribunal ou le juge-commissaire, sont avancés par le Trésor, conformément à l'art. 118 du décret du 18 juin 1811. Le § 5 (§ 6) du présent article s'applique au recouvrement de ces avances.

12722. Au cas de de descente du juge sur les lieux en matière civile, les frais de transport de l'avoué doivent être avancés par le Trésor, taxés d'après le tarif civil comme frais non urgents, conformément à l'ordonnance du 20 nov. 1838, relative à la liquidation et au payement des frais de justice criminelle (J.G. *Frais et dépens*, p. 48). — Décis. de la Chancellerie, 27 févr. et 4 juill. 1856; Décis. min. fin. 23 mai 1876 et 26 juill. 1853, *Bull. min. just.* 1877, p. 166.

12723. Les frais ou indemnités de transport dus aux huissiers à raison des exploits qu'ils signifient à la requête des personnes admises à l'assistance judiciaire doivent être avancés par les receveurs de l'enregistrement comme frais ordinaires sur mémoires taxés, rendus exécutoires par l'autorité judiciaire, mais ils doivent être considérés comme frais non urgents. — Décis. 29 avr. 1853 et Instr. gén. de l'Enreg. 18 juill. 1855, *Bull. min. just.* 1877, p. 166.

12724. Lorsqu'à la suite d'un refus du receveur de l'enregistrement, l'assisté a fait l'avance de certains frais, et que ce refus est justifié, l'assisté pourra obtenir la restitution des droits d'enregistrement, mais non celle des sommes déboursées pour le timbre. — Décis. de la Chancellerie, 19 avril et 23 nov. 1869; Décis. min. fin. 9 nov. 1869, *Bull. min. just.* 1877, p. 170.

12725. Le nombre des témoins à entendre doit être restreint autant que possible et leur audition doit être autorisée par le tribunal ou le juge-commissaire. — Décis. de la Chancellerie, 5 juin 1857, *Bull. min. just.* 1877, p. 167.

12726. Les requêtes transmises à la Chancellerie en vertu de l'art. 2 de la loi du 13 janv. 1817 relative aux militaires absents pouvant être rédigées sur papier libre, lorsque les requérants ont été admis au bénéfice de l'assistance judiciaire; mais elles doivent, en ce cas, être visées pour timbre, conformément à l'art. 14 de la loi du 30 janv.

60

1851. — Décis. de la Chancellerie des 21, 24 et 28 juin 1876, *Bull. min. just.* 1876, p. 105.

12727. La qualité d'assisté judiciaire indûment prise, ou étendue au delà des limites prévues des chefs de contestation nés au moment où l'admission est accordée, ne saurait vicier de nullité des actes régulièrement faits à tous égards et une procédure ayant rempli toutes les conditions généralement exigées par la nature même de la demande; il peut seulement appartenir au Trésor de exercer, contre celui qui a indûment pris la qualité d'assisté judiciaire, des droits de répétition ou même d'amende. — Trib. civ. Seine, 28 déc. 1885, D.P. 91. 1. 73, et la note.

12728. La délibération d'un bureau d'assistance judiciaire qui détermine l'objet de l'action à raison de laquelle il accorde le bénéfice de l'assistance, n'a point pour effet de restreindre et de limiter cette action, mais uniquement de permettre à celui qui a obtenu ce bénéfice d'ester en justice, en jouissant des avantages que la loi confère aux personnes indigentes ou hors d'état de faire face aux frais d'une instance. — Nancy, 24 janv. 1891, D.P. 92. 2. 49.

12729. Le bénéfice de l'assistance judiciaire ne s'étendant pas aux actes d'exécution qui suivent la signification du jugement définitif, la procédure de saisie-arrêt doit être suivie aux frais de l'assisté. — Décis. de la Chancellerie des 22 et 23 juin 1876. *Bull. min. just.* 1876, p. 125. — Comp. *Code de procédure civile*, nos 5 et s.

12730. Il en est de même de l'exécution des jugements qui accordent des pensions alimentaires. — Décis. de la Chancellerie, 4 nov. 1857, *ibid.*, p. 162.

12731. Mais le Trésor est tenu d'avancer à un époux survivant, admis au bénéfice de l'assistance judiciaire, les frais d'insertion des publications ordonnées par l'art. 770 C. civ. pour introduire une demande d'envoi en possession des biens de son conjoint, prédécédé sans héritiers connus. — Décis. min. fin 17 mars 1882, D P. 83. 5. 30.

12732. Cette décision reconnaît qu'il n'est pas entré dans la pensée du législateur de restreindre le bénéfice de l'assistance judiciaire aux frais spécialement prévus dans l'art. 14 de la loi du 22 janv. 1851, et que la loi a entendu accorder aux indigents toutes les exemptions nécessaires pour suivre leur action. — D.P. 83. 5. 30, note.

12733. Aux termes d'une instruction de l'administration de l'enregistrement du 18 juill. 1853, les salaires des témoins, ouvriers ou gardiens, employés dans les saisies, doivent être avancés à l'assisté, bien qu'il n'en soit pas fait mention dans le texte de la loi. — D.P. 83. 5. 39, note.

12734. Une solution de la même administration du 28 août 1854 a décidé également que les frais de publication d'une demande en séparation de corps doivent être avancés également à l'assisté. — D.P. 83. 5. 39, note.

12735. Le bénéfice de la loi est acquis à tous les actes de la procédure faits à la re quête de l'assisté indistinctement jusques et y compris ceux qui ont pour objet de faire acquérir au jugement l'autorité de la chose jugée tant contre l'assisté que contre la partie adverse. — Décis. de la Chancellerie, 23 juin 1854; Décis. min. fin. 8 févr. 1855; *Bull. min. just.* 1877, p. 164.

12736. Au cas où la séparation de biens a été prononcée sur la demande directe de la femme et par voie principale, conformément aux art. 1443 et s. C. civ., l'acte de liquidation et les autres actes d'exécution prévus par la loi doivent participer au bénéfice de l'assistance judiciaire. Aux termes de l'art. 1444 C. civ., le jugement n'est, en effet, valable qu'autant qu'il est suivi d'exécution, c'est-à-dire de payement réel des droits et reprises de la femme, constatés par

acte authentique ou que des poursuites ont été commencées dans la quinzaine. — Décis. de la Chancellerie, 15 juin et 23 nov. 1855, 4 nov. 1857; Décis. min. fin. 11 oct. 1855; Instr. dir. gén. enreg. 19 mars 1856; *Bull. min. just.* 1877, p. 162.

12737. Mais il n'en est pas de même lorsqu'il s'agit d'une séparation de corps et de biens judiciairement prononcée. Dans ce cas, la validité du jugement étant indépendante de la liquidation ou du payement des reprises, l'instance se trouve terminée lorsque le jugement a acquis force de chose jugée, et le bénéfice de l'assistance doit cesser. — Mêmes décis. et instr.

12738. Bien que le bénéfice de l'assistance judiciaire ne s'étende pas en principe aux actes d'exécution, il y a lieu d'appliquer les dispositions de la loi de 1851 aux actes de signification des actes et expéditions de jugements et arrêts prévus par l'art 159 C. proc. civ. Ces actes qui tendent à provoquer l'opposition, ou, en cas de non-opposition, à faire courir le délai de l'appel ou du pourvoi en cassation, et, dans tous les cas, à empêcher la péremption, ont pour but de faire acquérir l'autorité de la chose jugée aux décisions rendues en faveur des assistés. — Décis. de la Chancellerie, 29 avr. 1853, 16 juin 1875 et 15 mars 1877, *Bull. min. just.* 1877, p. 21.

Art. 15. Le ministère public est entendu dans toutes les affaires dans lesquelles l'une des parties a été admise au bénéfice de l'assistance.

Art. 16. Les notaires, greffiers et tous autres dépositaires publics ne sont tenus de la délivrance gratuite des actes et expéditions réclamés par l'assisté que sur une ordonnance du juge de paix ou du président.

12739. Lorsque l'instance est liée, l'assisté ne peut obtenir incidemment, en vertu d'une ordonnance du juge de paix ou du président, par application de l'art. 16 de la loi de 1851, l'expédition gratuite d'un acte notarié *dans lequel il n'a pas été partie*. La loi de 1851 ne s'applique pas à cette hypothèse qui reste régie par les art. 845 et s. C. proc. — Décis. de la Chancellerie, 28 oct. 1857, *Bull. min. just.* 1877, p. 164. — V. *suprà*, art 845 et s., nos 9388 et s.

Art. 17. En cas de condamnation aux dépens prononcée contre l'adversaire de l'assisté, la taxe comprend tous les droits, frais de toute nature, honoraires et émoluments auxquels l'assisté aurait été tenu, s'il n'y avait pas eu assistance judiciaire.

Art. 18. Dans le cas prévu par l'article précédent, la condamnation est prononcée et l'exécutoire est délivré au nom de l'administration de l'Enregistrement et des domaines, qui en poursuit le recouvrement comme en matière d'enregistrement.

Il est délivré un exécutoire séparé au nom de l'administration de l'Enregistrement et des domaines pour les droits qui, n'étant pas compris dans l'exécutoire contre la partie adverse, restent dus par l'assisté au Trésor, conformément au cinquième (sixième) paragraphe de l'art. 14.

L'administration de l'Enregistrement et des domaines fait immédiatement aux divers ayants droit la distribution des sommes recouvrées.

La créance du Trésor, pour les avances qu'il a faites, ainsi que pour tous droits de greffe, d'enregistrement ou de timbre, a la préférence sur celle des autres ayants droit.

12740. Dans le cas où le bénéfice de l'assistance judiciaire a été accordé pour obtenir l'exécution d'un jugement, l'administration de l'Enregistrement n'est point fondée, après qu'un exécutoire a été délivré à son profit contre l'adversaire de l'assisté à la suite de la confirmation du jugement en appel, à réclamer la délivrance d'un autre exécutoire contre l'assisté lui-même pour les droits d'enregistrement dudit jugement. — Bastia, 2 janv. 1878, D.P. 78. 2 169.

12741. Aux termes d'une décision du ministre des finances en date du 3 oct. 1876, la péremption acquise dans ses rapports avec l'assisté judiciaire, à l'adversaire de ce dernier, condamné par défaut à la constitution d'avoué en vertu de l'art. 156 C. proc., est opposable à l'administration de l'enregistrement et fait obstacle, en conséquence, à la poursuite des dépens, accessoire de la condamnation principale. — Instr. dir. gén. de l'enreg. 10 oct. 1876, *Bull. min. just.* 1876, p. 256.

12742. Il résulte de la même décision que l'administration devrait parcillement surseoir aux poursuites lorsque, le délai de six mois imparti par l'art. 156 C. proc. pour l'exécution des jugements par défaut n'étant point encore expiré, le condamné auquel le paiement est demandé se prévaut de cette circonstance que l'assisté n'a pas encore assuré l'exécution du jugement par défaut lequel demeure par suite susceptible de péremption conditionnelle à la loi. Rien ne s'oppose, toutefois, à ce que, dans cette hypothèse, l'administration prenne les mesures conservatoires auxquelles il pourrait être opportun de recourir. — Même instr. *ibid.*

Art. 19. En cas de condamnation aux dépens prononcée contre l'assisté, il est procédé, conformément aux règles tracées par l'article précédent, au recouvrement des sommes dues au Trésor, en vertu des paragraphes 5 et 8 (6 et 9) de l'art. 14.

Art. 20. Les greffiers sont tenus de transmettre, dans le mois, au receveur de l'Enregistrement, l'extrait du jugement de condamnation ou l'exécutoire, sous peine de 10 fr. d'amende pour chaque extrait de jugement ou chaque exécutoire non transmis dans le dit délai.

12743. Les greffiers doivent se conformer exactement aux prescriptions de l'art. 20 de la loi du 22 janv. 1851 sur l'assistance judiciaire qui établit une distinction entre les jugements rendus en matière sommaire ou en matière ordinaire. Dans le premier cas, le jugement doit toujours contenir la liquidation des dépens, et c'est un extrait qui doit être adressé au receveur de l'enregistrement; dans le second cas, il y a obligation pour le greffier de lui envoyer l'exécutoire. Si les avoués, soit par négligence, soit pour toute autre cause, mettent le greffier dans l'impossibilité, soit de liquider les dépens dans le jugement, soit de transmettre l'exécutoire dans le délai prescrit, ils doivent être poursuivis disciplinairement. — Décis. de la Chancellerie, 15 déc. 1857, *Rec. de circ.* t. 2, p. 310.

Chap. III. — *Du retrait de l'assistance*

Art. 21. Devant toutes les juridictions, le bénéfice de l'assistance peut être retiré en tout état de cause, soit avant, soit même après le jugement :

1° S'il survient à l'assisté des ressources reconnues suffisantes ;

2° S'il a surpris la décision du bureau par une déclaration frauduleuse.

12744. Lorsque la partie admise à l'assistance judiciaire vient à être déclarée en faillite au cours de l'action pour laquelle ce bénéfice lui a été accordé, l'assistance ne saurait être continuée au syndic qui reprend l'instance. — Bureau d'assist. judic. près la Cour de Bordeaux, 1er déc. 1881, D.P. 82, 3. 72.

12745. Toutefois cette solution ne devrait pas être généralisée : d'une part, en effet, si l'action au cours de l'action pour laquelle l'assistance a été accordée est relative à la personne du failli, comme le failli n'est pas frappé d'incapacité quant à l'exercice des droits exclusivement attachés à sa personne, il ne paraît pas douteux que l'assistance ne saurait lui être retirée, à moins qu'il ne se trouve dans les circonstances spéciales prévues par l'art. 21 de la loi du 22 janv. 1851. — Observ., suiv. la décision précitée D.P. 82, 3. 72, note 1.

12746. D'autre part, il peut arriver que le syndic soit appelé à poursuivre, du chef du failli, une action commencée avant le jugement déclaratif et intéressant le failli seul, par exemple, l'action en révocation d'une donation pour cause d'inexécution des conditions, ou l'action en révocation pour cause de survenance d'enfant. Une instance de ce genre commencée avant la faillite, puis reprise par le syndic au nom du donateur, est personnelle à celui-ci, quoiqu'elle puisse être exercée par le syndic ; et il semble qu'elle doive jouir, après comme avant le jugement déclaratif, du bénéfice d'assistance judiciaire accordé à l'indigent. — Mêmes observ.

Art. 22. Le retrait de l'assistance peut être demandé, soit par le ministère public, soit par la partie adverse.

Il peut aussi être prononcé d'office par le bureau.

Dans tous les cas, il est motivé.

12747. De même que l'obtention de l'assistance judiciaire n'empêche pas l'avoué de l'adversaire de l'assisté de se faire payer par tous les modes de droit commun, et notamment au moyen de l'exécutoire, de même l'avoué de l'assisté peut se faire solder ses frais par cette même voie, sans provoquer, au préalable, par l'intermédiaire du ministère public, le retrait de l'assistance judiciaire, s'il est établi que son client est maintenant en état de payer les frais. — Chambéry, 2 févr. 1887, D.P. 87. 2. 249. — V.

toutefois Observ. contr. de M. Glasson sous cet arrêt, D.P. 87, 2. 249, note 1.

Art. 23. L'assistance judiciaire ne peut être retirée qu'après que l'assisté a été entendu ou mis en demeure de s'expliquer.

Art. 24. Le retrait de l'assistance judiciaire a pour effet de rendre immédiatement exigibles les droits, honoraires, émoluments et avances de toute nature, dont l'assisté avait été dispensé.

Dans tous les cas où l'assistance judiciaire est retirée, le secrétaire du bureau est tenu d'en informer immédiatement le receveur de l'Enregistrement, qui procédera au recouvrement et à la répartition, suivant les règles tracées en l'art. 18 ci-dessus.

Art. 25. L'action tendant au recouvrement de l'exécutoire délivré à la régie de l'Enregistrement et des domaines, soit contre l'assisté, soit contre la partie adverse, se prescrit par dix ans.

La prescription de l'action de l'adversaire de l'assisté contre celui-ci, pour les dépens auxquels il a été condamné envers lui, reste soumise au droit commun.

12748. L'action attribuée à l'administration de l'Enregistrement, en matière d'assistance judiciaire, pour le recouvrement de l'adversaire de l'assisté par un jugement rendu par défaut, ne peut plus être exercée lorsque le jugement se trouve périmé faute d'exécution dans les six mois. — Déc. min. fin. 3 oct. 1876 et Instr. adm. Enreg. 10 oct. 1876, D.P. 78, 5. 42.

12749. Il en est de même à l'égard des condamnations prononcées par défaut au profit du Trésor par les conseils de prud'hommes, en vertu de l'art. 4 de la loi du 7 août 1850 (D.P. 50, 4. 186), ces condamnations étant de même nature que celles encourues en matière d'assistance judiciaire. — Même décis.

Art. 26. Si le retrait de l'assistance a pour cause une déclaration frauduleuse de l'assisté relativement à son indigence, celui-ci peut, sur l'avis du bureau, être traduit devant le tribunal de police correctionnelle et condamné, indépendamment du paiement des droits et frais de toute nature dont il avait été dispensé, à une amende égale au montant total de ces droits et frais, sans que

cette amende puisse être au-dessous de 100 fr. et à un emprisonnement de huit jours au moins et six mois au plus.

L'art. 463 du Code pénal est applicable.

Art. 27. Les dispositions de la loi du 7 août 1850 (sur le timbre et l'enregistrement des actes concernant les conseils de prud'hommes) (D.P. 50, 4. 186) sont applicables 1° à toutes les causes qui sont de la compétence des conseils de prud'hommes, et dont les juges de paix sont saisis dans les lieux où ces conseils ne sont pas établis ; 2° à toutes les contestations énoncées dans les numéros 3 et 4 de l'art. 5 de la loi du 25 mai 1838.

12750. En ce qui concerne les attributions des juges de paix relativement : ... aux causes ressortissant aux conseils de prud'hommes. — V. suprà, n° 188.

12751. ... Aux engagements des gens de travail, serviteurs, maîtres et patrons, et au paiement des nourrices, V. suprà, n°s 173 et s.

....

TIT. II. — DE L'ASSISTANCE JUDICIAIRE EN MATIÈRE CRIMINELLE ET CORRECTIONNELLE.

Les dispositions de ce titre (art. 28 à 30) seront rapportées au *Code d'instruction criminelle* annoté.

Art. 31. La présente loi pourra, par des règlements d'administration publique, être appliquée aux colonies et à l'Algérie.

12752. En exécution de cet article, un décret du 16 janv. 1851 a réglementé l'assistance judiciaire à la Martinique, à la Guadeloupe et à la Réunion. — D.P. 54, 4. 31.

12753. Dans les autres colonies, l'assistance judiciaire est organisée par arrêtés du gouverneur rendus en conseil privé. — Même décret, art. 28, J.G. *Organisation des colonies*, 186.

12754. Un décret du 2 mars 1859 a déclaré applicable en Algérie, avec certaines modifications de détail, la loi du 22 janv. 1851 sur l'assistance judiciaire. — D.P. 59, 4. 18.

12755. En ce qui concerne la Tunisie, l'assistance judiciaire y a été organisée par un décret du 18 juin 1884, modifié lui-même sur certains points de détail par un décret du 3 mai 1888. — D.P. 84. 4. 126 et 88. 4. 43.

FIN DE L'APPENDICE AU CODE DE PROCÉDURE CIVILE.

ADDITIONS COMPLÉMENTAIRES

JUSQU'A L'ANNÉE 1892

Le but du travail suivant a été de reproduire, jusqu'en 1892, les arrêts et autres documents insérés dans le Recueil périodique de la *Jurisprudence générale* pendant l'impression du *Supplément au Code de procédure civile annoté*.

A cet effet, sous chaque article mentionné à nouveau, on reproduit le numéro des annotations primitives auquel doivent se rattacher les additions classées elles-mêmes méthodiquement et distinguées par les chiffres 2°, 3°, 4°, etc.

Quelquefois, le numéro est simplement suivi d'une citation du document par sa date, avec le mot : *Adde*, ce qui signifie que le document mentionné est identiquement conforme à celui qui porte le même numéro dans le corps de l'ouvrage.

PREMIÈRE PARTIE
PROCÉDURE DEVANT LES TRIBUNAUX

LIVRE PREMIER
De la Justice de paix

TITRE PREMIER.
Des Citations.

Art. 2-3.

35-2°. L'art. 14 du projet de loi sur les justices de paix (V. *infrà*, p. 477) voté par la Chambre des députés en 1891, remplace et complète les art. 2 et 3 C. proc. civ. — Rapport à la Chambre des députés, *Journ. off.* 16 janv. 1890, p. 88.

35-3°. Le § 1er qui est en matière personnelle et mobilière l'application de la règle *Actor sequitur forum rei* ajoute aux dispositions contenues dans l'art. 2 C. proc. civ. qu'à défaut de domicile ou de résidence connue du défendeur le demandeur pourra intenter son action devant le juge de paix de son propre domicile. — Même rapport, *ibid.*

35-4°. Le § 2 renvoie les actions énumérées dans les art. 3 et 4 du présent projet devant le juge de la situation des lieux qui est en mesure d'apprécier la contestation mieux, plus rapidement et plus économiquement que tout autre. — Même rapport, *ibid.*

35-5°. Pour les contestations entre patrons et ouvriers, maîtres et domestiques, ouvriers et apprentis, le projet du gouvernement désignait uniquement le juge de paix du domicile des ouvriers ou apprentis. — Même rapport, *ibid.*

35-6°. Mais il a paru plus rationnel d'adopter une disposition proposée par M. Million, qui laisse au demandeur le choix entre le juge du défendeur et celui du chantier ou de l'atelier où le travail a été effectué. — Même rapport, *ibid.*

35-7°. M. Pontois avait proposé d'intercaler à la suite de l'art. 14 une disposition additionnelle qui étendrait la compétence des juges de paix en matière pénale. — *Journ. off.* 23 févr. 1891, p. 387.

35-8°. Mais cet amendement a été écarté par le motif que la loi nouvelle avait uniquement pour objet la compétence civile des juges de paix. — *Journ. off., ibid*, p. 388.

Art. 7.

57-2°. Les parties qui sont d'accord pour proroger la juridiction du juge de paix doivent en faire la déclaration en présence de ce magistrat, qui en dresse un procès-verbal qu'elles signent. — Civ. r. 3 nov. 1891, D.P. 92. 1. 233.

57-3°. La prorogation de juridiction est donc un acte judiciaire en même temps que conventionnel, et, par suite, les parties ne peuvent, hors la présence du magistrat et par une convention extrajudiciaire, proroger d'avance sa compétence en prévision d'un litige qui n'est pas encore né. — Même arrêt.

57-4°. Spécialement, lorsqu'il est stipulé dans un contrat d'assurance, dès la signature de la police, que les contestations relatives au payement des primes ou cotisations seront jugées, quelle que soit l'importance du litige, par le juge de paix du siège de la société, cette stipulation, ne satisfaisant pas aux prescriptions de l'art. 7 C. proc. civ., est nulle et ne saurait attribuer compétence au juge de paix ainsi désigné. — Même arrêt.

APPENDICE AU TITRE Ier
Loi du 25 mai 1838,
Art. 1er.

62-2°. Le projet de loi déposé en 1883 proposait de porter la compétence des juges de paix en dernier ressort au chiffre de 200 francs. — *Journ. off.* 17 et 21 mars 1883, Annexe, p. 384 et 404 (1).

(1) *Proposition de loi relative aux justices de paix* (texte adopté en première délibération par la Chambre des députés, le 24 févr. 1891). — *Journ. off.* des 13, 14, 16, 17, 19, 21, 23 et 24 févr. 1891.

TITRE Ier. — DE LA COMPÉTENCE DES JUGES DE PAIX.

Art. 1er. Les juges de paix connaissent de toutes actions purement personnelles ou mobilières, en dernier ressort, jusqu'à la valeur de 300 fr. et à charge d'appel jusqu'à la valeur de 1,500 fr.

Art. 2. Les juges de paix connaissent sans appel jusqu'à la valeur de 300 fr. et à charge d'appel à quelque valeur que la demande puisse s'élever :

Des actions en payement des loyers ou fermages dus en vertu de tous baux de meubles ou d'immeubles ;

Des congés ;

Des demandes en résiliation de baux fondées : soit sur le défaut de payement des loyers ou fermages, soit sur l'insuffisance de meubles garnissant la maison ou de bestiaux et ustensiles nécessaires à l'exploitation, prévue par les art. 1752 et 1766 C. civ., soit enfin sur la destruction en totalité par cas fortuit de la chose louée, prévue par l'art. 1722 C. civ. ;

Des expulsions de lieux ;

Des demandes en validité et en nullité ou mainlevée

62-3°. Un second projet déposé en 1883 abaissa ce chiffre à 150 fr., par le motif que cette fixation paraissait répondre à la diminution de la valeur monétaire depuis la loi de 1838, et qu'en outre elle concordait avec la disposition de l'art. 1341 C. civ., qui admet la preuve testimoniale jusqu'à ce chiffre. — Exposé des motifs, *Journ. off.* 27 nov. 1885.

62-4°. Mais la commission de la Chambre des députés s'est prononcée en faveur d'une proposition de M. Labussière, qui tendait à élever ce chiffre à 300 fr., et la Chambre a

---

de saisies-gageries pratiquées en vertu des art. 819 et 820 C. proc. civ. ou de saisies-revendications portant sur des meubles déplacés sans le consentement du propriétaire dans le cas prévu aux art. 2102 § 1er C. civ. et 819 C. proc. civ., à moins que dans ce dernier cas il n'y ait contestation de la part d'un tiers.

Le tout, lorsque les locations verbales ou par écrit n'excèdent pas annuellement 800 fr. et sans préjudice de la compétence ordinaire de l'art. 1er si les locations excèdent ce chiffre.

Si le prix principal du bail se compose en totalité ou en partie de denrées ou prestations en nature appréciables d'après les mercuriales, l'évaluation de ces denrées ou prestations sera faite sur les mercuriales du jour de l'échéance, lorsqu'il s'agira du payement des fermages; dans tous les autres cas, elle aura lieu suivant les mercuriales du mois qui aura précédé la demande.

S'il comprend des prestations non appréciables d'après les mercuriales, ou s'il s'agit de baux à colons partiaires, le juge de paix déterminera la compétence en prenant pour base du revenu de la propriété le principal de la contribution foncière de l'année courante multiplié par 5.

Art. 3. Les juges de paix connaissent également, sans appel jusqu'à la valeur de 300 fr. et à charge d'appel à quelque valeur que la demande puisse s'élever :

1° Des actions pour dommages faits aux champs, fruits et récoltes, soit par l'homme, soit par les animaux; et de celles relatives à l'élagage des arbres ou haies, et au curage soit des fossés, soit des canaux servant à l'irrigation des propriétés ou au mouvement des usines, lorsque les droits de propriété ou de servitude ne sont pas contestés;

2° Des réparations locatives des maisons ou fermes mises par la loi à la charge des locataires;

3° Des indemnités réclamées par le locataire ou fermier pour non-jouissance provenant du fait du propriétaire, lorsque le droit à une indemnité n'est pas contesté;

4° Des dégradations et pertes dans les cas prévus par les art. 1732 et 1733 C. civ. Néanmoins, le juge de paix ne connaît des pertes causées par incendie ou inondation que dans les limites posées par l'art. 1er de la présente loi;

5° Des contestations relatives aux engagements respectifs des gens de travail au jour, au mois et à l'année, et de ceux qui les emploient; des maîtres et de leurs employés, domestiques ou gens de service à gages; des maîtres et de leurs ouvriers ou apprentis, sans néanmoins qu'il soit dérogé aux lois et règlements relatifs à la juridiction des prud'hommes « et au contrat d'apprentissage »;

6° Des contestations relatives au payement des nourrices, sauf ce qui est prescrit par les lois et règlements d'administration publique à l'égard des bureaux de nourrices de la ville de Paris et de toutes les autres villes;

7° Des actions civiles pour diffamation verbale ou pour injures publiques ou non publiques, verbales ou par écrit, autrement que par la voie de la presse; des mêmes actions pour rixes et voies de fait « qui n'ont occasionné aucune incapacité de travail »; le tout, lorsque les parties ne se sont pas pourvues par la voie criminelle;

8° De toutes les demandes relatives aux vices rédhibitoires dans les cas prévus par la loi du 2 août 1884, soit que les animaux qui en sont l'objet aient été vendus, soit qu'ils aient été échangés, soit qu'ils aient été acquis par tout autre mode de transmission.

Art. 4. Les juges de paix connaissent, à charge d'appel :

1° Des demandes en pension alimentaire n'excédant pas en totalité 500 fr. par an et formées en vertu des art. 205, 206 et 207 C. civ.;

2° Des entreprises commises dans l'année sur les cours d'eau servant à l'irrigation des propriétés et au mouvement des usines et moulins, sans préjudice des attributions de l'autorité administrative dans les cas déterminés par les lois et règlements; des dénonciations de nouvel œuvre, complaintes, actions en réintégrande et autres actions possessoires fondées sur des faits également commis dans l'année :

3° Des actions en bornage et de celles relatives à la distance prescrite par la loi, les règlements particuliers et l'usage des lieux, pour les plantations d'arbres ou de haies, lorsque la propriété ou les titres qui l'établissent ne sont pas contestés;

4° Des actions relatives aux constructions et travaux énoncées par l'art 674 C. civ. lorsque la propriété ou la mitoyenneté du mur ne sont pas contestées.

Art. 5. Lorsque plusieurs demandes formées par la même partie contre le même défendeur seront réunies dans une même instance, le juge de paix ne prononcera qu'en premier ressort, si leur valeur totale s'élève au-dessus de 300 fr., lors même que quelqu'une de ces demandes serait inférieure à cette somme.

Il sera incompétent sur le tout si ces demandes excèdent par leur réunion les limites de sa juridiction.

Art. 6. La demande formée par plusieurs demandeurs ou contre plusieurs défendeurs collectivement et en vertu d'un titre commun sera jugée en dernier ressort, si la part afférente à chacun des demandeurs ou à chacun des défendeurs dans la demande n'est pas supérieure à 300 fr. Elle sera jugée pour tout en premier ressort si la part d'un seul des intéressés excède cette somme; enfin, le juge de paix sera incompétent sur le tout si cette part excède les limites de sa juridiction.

Art. 7. Les juges de paix connaissent de toutes les demandes reconventionnelles ou en compensation qui, par leur nature et leur valeur, sont dans les limites de leur compétence, alors même que ces demandes réunies à la demande principale excéderaient les limites de leur juridiction.

Ils connaissent, en outre, soit en dernier ressort, soit à charge d'appel, comme de la demande principale elle-même, des demandes reconventionnelles en dommages intérêts fondées exclusivement sur la demande principale, à quelque somme qu'elles puissent monter.

Art. 8. Lorsque chacune des demandes principales, reconventionnelles ou en compensation, sera dans les limites de la compétence du juge de paix en dernier ressort, il prononcera sans qu'il y ait lieu à appel.

Si l'une de ces demandes n'est susceptible d'être jugée qu'à charge d'appel, le juge de paix ne prononcera sur toutes qu'en premier ressort.

Si la demande reconventionnelle ou en compensation excède les limites de sa compétence, il pourra soit retenir le jugement de la demande principale, soit renvoyer sur le tout les parties à se pourvoir devant le tribunal de première instance, sans préliminaire de conciliation.

Art. 9. Les juges de paix connaissent des actions en validité et en nullité d'offres réelles, autres que celles concernant les administrations de l'enregistrement et des contributions indirectes, lorsque ces actions *ou leurs causes* n'excèdent pas les limites de leur compétence.

Art. 10. En matière de saisie sur débiteurs forains et en matière de saisie-gagerie et de saisie-revendication dans les cas prévus par les articles 2102 du Code civil, 819 et 822 du Code de procédure civile, si ces saisies ne peuvent avoir lieu qu'en vertu de la permission du juge, cette permission sera accordée par le juge de paix du lieu où la saisie devra être faite toutes les fois que les causes de la saisie rentreront dans sa compétence.

S'il y a opposition pour des causes qui, réunies, excéderaient cette compétence, le jugement en sera déféré aux tribunaux de première instance.

Art. 11. Les juges de paix connaissent des demandes en validité, en nullité et en mainlevée des saisies-arrêts ou oppositions, autres que celles concernant les administrations de l'enregistrement et des contributions indirectes, et des saisies sur débiteurs forains, lorsque les causes de ces saisies n'excèdent pas les limites de leur compétence.

En ce cas, la permission exigée, à défaut de titre, par l'article 558 du Code de procédure civile sera délivrée par le juge de paix du domicile du débiteur, et même par celui du domicile du tiers saisi, sur requête signée de la partie ou de son mandataire.

S'il y a concours de plusieurs saisies-arrêts, les juges de paix ne seront compétents que si les causes desdites saisies n'excèdent pas, par leur réunion, le taux de leur compétence.

Art. 12. Les juges de paix peuvent autoriser une femme mariée à ester en jugement devant leur tribunal, lorsqu'elle n'obtient pas cette autorisation de son mari entendu ou dûment appelé.

Le juge de paix peut nommer d'office un tuteur *ad hoc* à tout mineur intéressé dans une instance portée devant lui et dont la tutelle n'aurait pas été organisée.

Art. 13. Les juges de paix connaissent des actions en payement des frais faits devant eux.

Art. 14. L'action sera portée devant le juge de paix du domicile du défendeur, ou, s'il n'a pas de domicile, devant le juge de paix de sa résidence;

S'il n'a ni domicile ni résidence connue, devant le juge du domicile du demandeur;

S'il y a plusieurs défendeurs, la demande sera portée devant le juge de paix du domicile de l'un d'eux au choix du demandeur;

Dans les cas prévus par l'art. 3, § 1, 2, 3 et 4 et par l'art. 4, § 2, 3 et 4, l'action sera portée devant le juge de paix de la situation des lieux.

Dans les cas prévus par le § 5 du même article, elle sera portée devant le juge de paix soit du domicile du défendeur, soit du chantier ou de l'atelier où le travail a été effectué.

En cas de contestations entre les voyageurs et les entrepreneurs de transport, le voyageur pourra choisir à son gré le juge du siège principal de l'établissement de l'entrepreneur ou de la Compagnie de transport, celui du lieu où le fait qui donne ouverture au procès est arrivé, ou celui du lieu où le voyageur devait être transporté.

TIT. II. — DE L'ORGANISATION, DES CONDITIONS DE NOMINATION ET DES TRAITEMENTS DES JUGES DE PAIX.

Art. 15. Il y a dans chaque canton un juge de paix et deux suppléants. Toutefois, le président de la République peut, par décret rendu, le Conseil d'État entendu, réunir deux ou plusieurs cantons sous la juridiction d'un seul juge de paix.

Art. 16. En cas d'empêchement légitime d'un juge de paix et de ses suppléants, la cour d'appel, sur la réquisition du procureur général, déléguera, pour un temps qui ne pourra excéder quinze jours, le juge de paix d'un des cantons voisins.

Art. 17. A partir de la promulgation de la présente loi, pourront seuls être nommés juges de paix :

1° les licenciés en droit, justifiant d'un stage d'une année au moins, soit près d'un barreau, soit dans une étude de notaire ou d'avoué ou de l'exercice pendant un an de fonctions salariées dans l'administration de l'enregistrement;

2° et ceux qui, à défaut de licence en droit, auront été :

Soit notaires ou avoués pendant cinq ans;

Soit magistrats consulaires pendant six ans dont deux au moins comme président de tribunal ou président de section;

Soit huissiers pendant dix ans;

Soit greffiers près des cours d'appel ou des tribunaux civils, de commerce ou de paix, ou commis-greffiers près les cours ou tribunaux civils pendant dix ans;

Soit clercs de notaire ou d'avoué, gradués en droit, qui justifieront en outre de dix ans de cléricature dont cinq ans comme maîtres clercs, dans une étude d'avoué ou dans une étude de notaire d'arrondissement ou de cour d'appel;

Soit receveurs ou fonctionnaires d'un ordre égal ou supérieur dans l'administration de l'enregistrement ayant exercé ces fonctions au moins pendant cinq ans.

Les juges de paix et leurs suppléants ne pourront être nommés avant l'âge de 27 ans accomplis.

Art. 18. L'art 64 de la loi du 20 avr. 1810 est modifié ainsi qu'il suit :

adopté cette proposition. — Rapport à la Chambre des députés, *Journ. off.* 16 janv. 1890, p. 85.

62-5°. La Chambre a repoussé:... un amendement de MM. Royer et Haussmann tendant à ramener ce chiffre à 200 francs. — *Journ. off.* 16 févr. 1891, p. 318 et s.

62-6°. ... Et un amendement de M. Le Senne tendant à l'élever à 500 francs. — *Journ. off.* ibid., p. 323 et s.

62-7°. La compétence des juges de paix en premier ressort est élevée au chiffre de 1500 francs, c'est-à-dire au taux de la compétence actuelle en dernier ressort des tribunaux d'arrondissement. — Rapport à la Chambre des députés, *Journ. off.* 16 janv. 1890, p. 85.

62-8°. Cette extension déjà demandée en 1865 par la commission extra-parlementaire chargée de reviser le Code de procédure civile, a paru avoir l'avantage d'assurer dans tous les cas aux parties un double degré de juridiction, de faciliter l'instruction des affaires et d'assurer pour beaucoup d'instances l'acquiescement des parties à une première décision, au moment où les frais engagés ne sont pas considérables. — Rapport à la Chambre des députés, *Journ. off.* 16 janv. 1890, p. 86.

62-9°. La Chambre des députés a repoussé: ... un amendement de MM. Bertrand, Haussmann et Royer demandant la limitation de ce chiffre à 600 francs. — *Journ. off.* 16 févr. 1891, p. 329 et s.

62-10°. ... Et un amendement de M. Darlan, proposant de retirer aux juges de paix toute compétence à charge d'appel. — *Journ. off.* 17 févr. 1891, p. 344 et s.

62-11°. Elle a également repoussé une disposition additionnelle proposée par M. Dubois (de la Corrèze), qui avait pour objet d'étendre la compétence des juges de paix aux matières commerciales jusqu'au chiffre de 300 fr. et

---

peuvent être nommés comme juges suppléants dans les tribunaux de première instance; les juges de paix qui auront exercé leurs fonctions pendant cinq ans s'ils sont pourvus du diplôme de licencié en droit, et pendant dix ans s'ils sont pourvus du diplôme de bachelier ou du certificat de capacité en droit.

Les anciens juges de paix pourront être nommés juges de paix honoraires, après trente années d'exercice comme suppléants ou comme titulaires, ou si des infirmités graves et permanentes leur donnent des droits à une pension de retraite.

Le titre de juge de paix honoraire sera purement honorifique.

Art. 19. À Paris le traitement des juges de paix est maintenu à 8.000 fr., en outre de 1.500 fr. qu'ils reçoivent par an à titre d'indemnité pour un secrétaire.

Les juges de paix en résidence dans les autres cantons recevront:

1° Dans les villes dont la population atteint 80.000 habitants, à Nice, à Versailles et dans les cantons du département de la Seine 5.000 fr;

2° Dans les villes dont la population atteint 20.000 habitants et à Chambéry 3.500 fr;

3° Dans les chefs-lieux judiciaires et administratifs dont la population est inférieure à 20.000 habitants, 2.600 fr;

4° Dans les autres cantons 2.500 fr.

Les tableaux A, B et C, indicatifs des villes appartenant aux trois premières catégories et annexés à la présente loi ne pourront être modifiés que par une loi et en même temps que le tableau B annexé à la loi du 30 août 1883 sur la réforme de l'organisation judiciaire (a).

Art. 20. Sont abrogés: les art. 1 à 10 inclus de la loi du 25 mai 1838; 2 et 3 C. proc. civ. — La loi du 21 juin 1845, art. 2 (*sur la fixation du traitement des juges de paix,* D.P. 45, 3,133) et généralement toutes les dispositions des lois antérieures contraires à la présente loi.

(a) Il a paru inutile de reproduire ici ces tableaux qui ne présentent aucun intérêt au point de vue qui nous occupe.

dernier ressort. — *Journ. off.* 19 févr. 1891, p. 363 et s.

62-12°. ... Ainsi qu'un article additionnel proposé par M. Poitois, et tendant à faire rentrer dans la compétence des juges de paix toutes les attributions actuellement dévolues aux tribunaux de première instance en matière de partages, licitations ou ventes de biens de mineurs. — *ibid.* p. 368 et s.

72. *Abde.;* Civ. c. 11 mars 1891, D.P. 91. 1.253.

84-2°. La compétence du juge de paix est déterminée par le montant de la somme réclamée. — Trib. civ. de Moulins, 10 déc. 1887, D.P. 91. 1. 429.

90-2°. L'action tendant à ce qu'il soit fait défense à une personne de continuer ou d'entreprendre certains ouvrages dans le lit d'une rivière et à ce que les lieux soient rétablis dans leur premier état constitue une demande d'une valeur indéterminée, qui n'est point de la compétence du juge de paix. — Civ. c. 29 févr. 1892, D.P. 92. 1. 214.

Art. 3.

112-2°. En ajoutant dans le paragraphe 1er de l'art. 3 de la loi de 1838 (devenu l'art. 2 de la proposition de loi rapportée ci-dessus, p. 476 et s.) aux mots *loyers* et *fermages* les mots « de toute nature » (le *tous baux* dans la proposition votée par la Chambre, V. *supra* p. 476 et s.), qui leur donnent le sens le plus étendu, la commission chargée d'examiner le projet de loi sur les justices de paix (V. *supra*, p. 476, note 1) a voulu reconnaître compétence au juge de paix même en cas d'actions en payement de loyers de meubles, contrairement au projet primitif du gouvernement. — Rapport à la Chambre des députés, *Journ. off.* 16 janv. 1890, p. 86.

112-3°. Le paragraphe 2 attribue aux juges de paix la connaissance des demandes en résiliation de baux fondées sur l'insuffisance des meubles garnissant la maison (art. 1752 C. civ.) ou des bestiaux et ustensiles nécessaires à l'exploitation (art. 1768 C. civ.) ou enfin sur la destruction en totalité par cas fortuit de la chose louée (art. 1722 C. civ.). — Rapport à la Chambre des députés, *Journ. off.* 16 janv. 1890, p. 86.

112-4°. Le rapporteur de la loi à la Chambre des députés a fait observer que dans divers cas il ne pouvait exister aucune difficulté juridique et qu'il suffirait d'une constatation ou d'une visite des lieux. — Rapport *ibid.*

112-5°. Le texte nouveau précise la compétence du juge en matière de saisie-gagerie. Il ajoute aux demandes en validité les demandes en nullité qui avaient été omises par la loi de 1838 à part celle du 2 mai 1855. — Rapport, *ibid.*

112-6°. Il tranche dans le sens de l'affirmative la controverse qui s'était engagée sur le point de savoir si le juge de paix était compétent, lorsque les meubles avaient été déplacés sans le consentement du propriétaire, cas prévu par les art. 2101, § 1er, C. civ. et 819 et s. C. proc. civ. — Rapport, *ibid.* V. *Code de procédure civile*, art. 25 mai 1838, art. 3, n° 37 et s., p. 10.

112-7°. L'art. 2 du projet de loi élève à 800 fr. le taux du loyer qui limite la compétence et que la loi du 2 mai 1855 fixait à 400 fr. Cette élévation représente l'augmentation du prix des locations. — *Ibid.*

Art 5.

125-2°. Dans le projet de loi sur les justices de paix (V. *supra*, p. 477), les deux premiers paragraphes de l'art. 3 sont la reproduction textuelle des deux premiers paragraphes de l'art. 5 de la loi de 1838. — Rapport à la

Chambre des députés *Journ. off.* 16 janv. 1890, p. 86.

125-3°. Il a été déclaré par le rapporteur, dans la discussion, que les réparations locatives dont la connaissance est attribuée aux juges de paix par le paragraphe 2 ne comprennent pas celles qui sont dues en vertu de clauses particulières du bail, mais seulement celles que vise l'art. 1754 C. civ. et qui sont mises à la charge des locataires par l'usage des lieux. — *Journ. off.* 22 févr. 1891, p. 379.

125-4°. Les paragraphes 3 et 4 de l'art. 3 introduisent dans la catégorie des actions dont le juge de paix connaît à charge d'appel les indemnités réclamées par le locataire ou fermier pour non-jouissance provenant du fait du propriétaire, lorsque le droit à une indemnité n'est pas contesté, et les dégradations et pertes, dans les cas prévus par les art. 1732 et 1735 C. civ. L'art. 4 de la loi du 25 mai 1838 ne donnait en cette matière compétence au juge de paix que jusqu'à 1.500 francs à charge d'appel. — Rapport à la Chambre des députés, *Journ. off.* 16 janv. 1890, p. 86.

125-5°. Le projet du gouvernement omettait volontairement de viser les « indemnités de non jouissance » qui rentraient ainsi dans la règle générale des actions personnelles et mobilières de l'art. 1er. — Même rapport *ibid.*

125-6°. Il donnait en revanche aux juges de paix une compétence illimitée à charge d'appel, dans tous les cas de dégradation et pertes prévus par les art. 1732 et 1735 C. civ. — Même rapport *ibid.*, p. 87.

125-7°. Le projet actuel revient au système consacré par la loi des 16-24 août 1790 dont l'art. 10-4° conférait aux juges de paix une compétence illimitée à charge d'appel, tant en cas d'indemnités pour non-jouissance qu'en cas de dégradations et pertes. — Même rapport, *ibid.*, p. 87.

125-8°. Il écarte toutefois expressément les cas d'incendie ou d'inondation en maintenant le paragraphe final de l'art. 4 de la loi de 1838. — Même rapport, *ibid.*, p. 87.

125-9°. Le paragraphe 5 de l'art. 3 reproduit le paragraphe 3 de l'art. 5 de la loi de 1838 en n'y apportant une modification d'une part, il vise la loi du 4 mars 1851, relative au contrat d'apprentissage. — Même rapport, *ibid.*, p. 87.

125-10°. D'autre part, il introduit dans la catégorie des « gens de service à gages » le mot « employés » avant le mot domestiques. Il résulte des explications données par le rapporteur que l'expression générique « employés » doit supprimer une énumération impossible, parce qu'elle serait forcément incomplète, parce qu'elle embrasse dans sa généralité les clercs, secrétaires et autres collaborateurs de cette nature. — Même rapport *ibid.*, p. 87.

125-11°. Les § 6 et 7 sont la reproduction à peu près textuelle des § 4 et 5 de l'art. 5 de la loi de 1838; toutefois la loi nouvelle précise la nature des voies de fait visées au § 7 en indiquant que ce sont celles qui n'ont occasionné aucune incapacité de travail. — Même rapport *ibid.*, p. 87.

125-12°. La commission de la Chambre des députés avait demandé qu'on fit également rentrer dans la compétence des juges de paix les contestations qui peuvent surgir à l'occasion du contrat de cheptel. — *Journ. off.* 21 févr. 1891, p. 379.

125-13°. Cette compétence attribuée aux juges de paix par l'art. 6 de la loi du 15 germ. an 6 lui avait été retirée par la loi du 2 thermi. an 6, et le législateur de 1838 avait refusé de la lui restituer par ce motif développé par le rapporteur, M. Amilhau, que les conditions des baux à cheptel étaient trop variables, et que l'introduction de races d'un grand prix pourrait donner lieu à de sérieuses difficultés soit pour leur valeur soit pour l'interprétation des conventions. — *Ibid*, p. 380.

125-14°. La proposition de la commission combattue par M. Royer n'a pas été maintenue par le rapporteur et n'a pas été adoptée par la Chambre des députés. — *ibid.*, p. 380 et 1.

125-15°. Le paragraphe final de l'art. 3 qui attribue compétence aux juges de paix pour toutes les demandes relatives aux vices rédhibitoires dans les cas prévus par la loi du 2 août 1884 a été combattu devant la Chambre des députés par MM. Royer et Haussmann par le double motif que dans la plupart des cas ces questions seraient de la compétence des tribunaux de commerce et qu'en outre elles seraient souvent très difficiles à résoudre. — *Journ. off.* 22 févr. 1891, p. 381.

125-16°. Sur l'observation du rapporteur que la commission n'avait pas entendu déroger à la compétence commerciale, le paragraphe a été adopté. — *Ibid.* p. 382.

127-2°. Le fait qu'un garde champêtre n'a pas exercé une surveillance suffisante et a laissé piétiner par les bestiaux les terres d'un particulier ne saurait être considéré comme un dommage fait aux champs, et la demande en réparation du préjudice qu'a pu entraîner ce défaut de surveillance ne rentre pas dans la compétence du juge de paix. — Civ. c. 31 juill. 1889, D.P. 91. 1. 323.

Art. 6.

204-2°. Le juge de paix et, en appel, le tribunal civil sont compétents pour connaître d'une action en bornage, quoique les parties aient soulevé l'expertise des prétentions opposées quant au bornage à opérer, si le désaccord a eu seulement pour objet la détermination matérielle de la ligne divisoire des deux fonds laissant aucune contestation soit sur le droit respectif de propriété, soit sur les titres qui n'étaient même in invoqués, ni produits. — Civ. r. 5 janv. 1892, D.P. 92. 1. 135.

211-2°. Lorsque, par une action en bornage concomitante, mais distincte d'une action en complainte, une partie demande que les propriétés contiguës soient délimitées et abornées, le juge, pour fixer la ligne divisoire des deux fonds, n'est pas tenu de prendre pour base unique et nécessaire de sa décision la possession telle qu'il l'a attribuée au possessoire; il peut, tout en consultant cette possession, faire état de préférence de tous autres éléments utiles admis en matière de bornage de propriété. — Civ. r. 5 janv. 1892, D.P. 92. 1. 135.

217-2°. La contestation entre deux voisins qui, d'après les termes de l'assignation, porte sur la propriété d'une bande de terrain déterminée à laquelle chacun prétend, et qui soumet aux juges l'appréciation d'un titre, dont l'autorité invoquée par l'un des plaideurs est niée par l'autre, constitue, quand même le but final du litige est l'abornement de terrains contigus, une action en *revendication* et non une simple action en *bornage*; par suite, le tribunal d'arrondissement a compétence pour en connaître à l'exclusion du juge de paix. — Req. 21 mars 1892, D.P. 92. 1. 248.

258-2°. L'art. 4 du projet de loi sur les justices de paix (V. *supra*, p. 477) énumère toutes les actions sur lesquelles le juge de paix ne statue jamais qu'à charge d'appel, quel que soit le chiffre du litige, les dispositions qu'il renferme sont semblables à l'art. 6 de la loi de 1838: toutefois, le chiffre de la compétence en matière de pension alimentaire est élevé de 150 à 500 fr. — Rapport à la Chambre des députés *Journ. off.* 16 janvier 1890, p. 87.

Art. 7.

260-2°. Le projet de loi sur les justices

de paix reproduit dans son art. 7 (V. *supra*, p. 477) l'art. 7 de la loi de 1838 avec deux modifications : 1° pour que le juge de paix connaisse des demandes reconventionnelles et des demandes en compensation il faudra que les demandes soient, par leur nature et leur valeur, renfermées dans les limites de sa compétence. Les deux conditions, nature et valeur, sont exigées pour que le juge de paix soit compétent — Rapport à la Chambre des députés, *Journ. off.* 16 janv. 1890, p. 87.

260-3° L'article ajoute que cette compétence existe, alors même que les demandes réunies s'élèveraient au-dessus du chiffre de 1.500 fr. Il suffira de voir si chaque demande prise isolément n'excède pas les limites de la juridiction du juge de paix dans chaque ordre de compétence auquel elle appartient. — Même rapport, *ibid*, p. 87.

260-4°. Ainsi, si la demande principale a pour objet des réparations locatives et la demande reconventionnelle, la réparation d'un dommage aux champs, le juge de paix connaîtra des deux demandes, quelle que soit leur importance, puisqu'aux termes de l'art. 3, chacune d'elles n'excède pas les limites de sa juridiction. — Même rapport *ibid.*, p. 87.

260-5°. La disposition finale de l'article rend applicable aux justices de paix la règle établie pour les tribunaux de première instance par l'art. 2 de la loi du 11 avr. 1838, et d'après laquelle, lorsqu'il s'agit d'une demande en dommages-intérêts fondée exclusivement sur la demande principale elle-même, la compétence en premier et dernier ressort se règle uniquement d'après le taux de la demande principale dont la demande en dommages-intérêts n'est en ce cas qu'un simple accessoire. — Même rapport *ibid.*, p. 87.

263-2°. Dans le cas où l'assuré d'une compagnie d'assurances contre l'incendie à primes fixes, assigné devant le juge de paix en payement d'une prime, soulève, par une demande reconventionnelle, la question de résiliation de sa police, la valeur du litige ainsi modifiée est déterminée par le total de la prime réclamée et celles que le contrat obligerait l'assuré à payer, jusqu'à l'expiration de son engagement; en conséquence, lorsque ce total est inférieur à 200 fr., le juge de paix reste compétent pour statuer sur les demandes respectives des deux parties. — Civ. r. 4 mars 1891, D P. 91. 1. 290.

Art. 9.

273-2°. Le projet de loi présenté par le gouvernement sur les justices de paix proposait dans l'hypothèse prévue par cet article, de considérer isolément la valeur de chacune des demandes pour déterminer la compétence. — Rapport à la Chambre des députés. *Journ. off.* 16 janv. 1890, p. 87.

273-3°. Mais la commission de la Chambre des députés préoccupée des difficultés que présente inévitablement la question de connexité, a cru plus sage de s'en tenir à la disposition de l'art. 9 de la loi de 1838 qui les évite en prenant pour base le chiffre produit par la réunion des demandes. — Rapport, *ibid.*, p. 87.

273-4°. Cette disposition a d'ailleurs été adoptée par la Chambre, et est devenue l'art. 5 du projet de loi voté en 1891. — V. *supra*, p. 477.

273-5°. D'après l'art. 6 du projet de loi sur les justices de paix (article qui correspond à l'art. 9 de la loi de 1838, V. *supra*, p. 477), dans le cas d'une instance qui met en cause plusieurs demandeurs ou plusieurs défendeurs en vertu d'une cause commune ou d'un titre commun, on doit s'attacher, pour

déterminer la compétence, à la part de chacun des demandeurs ou de chacun des défendeurs dans la demande. — Rapport à la Chambre des députés, *Journ. off.* 16 janv. 1890, p. 87.

273-6°. Cette solution, conforme d'ailleurs à la jurisprudence, avait été déjà proposée par le projet de réforme du Code de procédure civile soumis en 1865 à l'examen du Conseil d'État. — Même rapport, *ibid.*, p. 87. — V. J.G.S. *Degrés de jurid.*, n° 51, et *Compét. civ. des trib. de paix*, n° 133.

274-2°. Lorsque le contrat litigieux se compose de divers éléments, qui ne sont pas évalués chacun à un chiffre déterminé, mais compris chacun ou de chacun des éléments déterminé, mais compris tous en bloc dans un chiffre total, le juge ne saurait effectuer une ventilation pour fixer quelle est, en réalité, l'importance pécuniaire du litige; il suit de là que, si la somme totale portée au contrat excède le taux de la compétence du juge de paix, le tribunal d'arrondissement est compétent pour statuer, encore que le débat ne porte que sur l'un des éléments de ladite somme. — Trib. civ. de Moulins, 10 déc. 1887, D.P. 91. 1. 429.

Art. 10.

277-2°. L'art. 10 du projet de loi sur les justices voté par la Chambre des députés en 1891 (V. *supra*, p. 477), convertit la disposition exceptionnelle de l'art. 822 C. proc. civ. en une règle générale commune à toutes les saisies-gageries, saisies-revendications et saisies sur débiteurs forains prévues par les art. 2102 C. civ. et 819 et 822 C. proc. civ. — Rapport à la Chambre des députés, *Journ. off.* 16 janv. 1890, p. 88. — V. *supra*, art. 822, n° 9343 et s.

277-3°. Les auteurs du projet de loi ont pensé que dans ces divers cas il y avait urgence à s'adresser, pour obtenir la permission de saisir un *gage* qui menaçait de disparaître, à la juridiction la plus voisine, c'est-à-dire au juge de paix du lieu, et non au président du tribunal. — Même rapport, *ibid.*, p. 88.

Art. 14.

284-2°. L'art. 14 de la loi du 25 mai 1838 défendant d'une manière absolue d'appeler, avant la sentence définitive, du jugement par lequel le juge de paix s'est déclaré compétent, il suit de là que le tribunal civil ne fonde valablement, pour déclarer recevable ledit appel prématuré, sur ce que le juge de paix aurait condamné aux frais la partie dont l'exception d'incompétence a été rejetée, cette condamnation accessoire pourrait devenir irrévocable, faute par ladite partie d'en avoir appelé dans les trente jours de la signification. — Civ. c. 28 janv. 1891, D.P. 91.1. 156.

TITRE II.

Des audiences du juge de paix et de la comparution des parties.

Art. 8.

310-2°. Est valable le jugement rendu au domicile du juge de paix et non au prétoire de la justice de paix, s'il est établi qu'il a été rendu publiquement, et que d'ailleurs, les parties avaient été informées du lieu où se tiendrait l'audience. — Civ. r. 13 janv. 1892, D.P. 92.1.271.

[Art. 11.

321-2°. Les lois de procédure, tant civile que criminelle, ont organisé, pour punir les actes qui troublent l'audience d'un tribunal ou la fonction d'un juge, un ensemble de dispositions de répression immédiate, qui n'ont pas de caractère pénal et s'appliquent distinctement à tous les actes publics de l'instruction judiciaire, qu'ils émanent d'une juridiction civile ou d'une juridiction répressive. — Trib. corr. de Narbonne, 9 févr. 1891, D.P. 92.2.183.

321-3°. En conséquence, un juge siégeant en audience civile peut, en cas d'insulte ou d'attitude irrespectueuse de la part des assistants ou des parties en cause, faire application de dispositions contenues dans le Code d'instruction criminelle ; réciproquement, un juge siégeant en audience correctionnelle ou de simple police peut faire application des articles de loi contenus dans le code de procédure civile. — Même arrêt.

321-4° Les frais d'affichage d'un jugement rendu contre un individu coupable d'irrévérence à l'audience envers un magistrat, délit prévu par les art. 10 et 11 C. proc. civ. ne sont point imputables sur les fonds spéciaux du ministère de la justice ; ils sont à la charge de la commune, sauf le recours de celle-ci contre le condamné, conformément aux dispositions de l'art. 3-3° du décret du 18 juin 1811. — Décis. de la Chancellerie, 4 mai 1877, *Bull. min. just.* 1877, p. 52.

Art. 15.

335-2°. Lorsque, dans une même affaire, le juge de paix a rendu plusieurs interlocutoires, la péremption de quatre mois instituée par l'art. 15 C. proc. civ. ne commence à courir que du jour du *dernier* interlocutoire ; et il en est ainsi quand même cet interlocutoire aurait été rendu par défaut. — Civ. c. 24 mai 1892, D.P. 92.1.328.

337-2°. Une décision interlocutoire du juge de paix, bien qu'il intervienne par défaut, peut et doit être prise pour point de départ du délai de quatre mois dans lequel, à peine de péremption, le juge saisi est tenu de rendre son jugement sur le fond. — Civ. r. 3 déc. 1890, D.P. 91.1.105 et la note.

337-3°. En conséquence, le jugement sur le fond est valable, alors même qu'au moment où il est rendu, plus de quatre mois se sont écoulés depuis la première décision d'avant faire droit, si la seconde décision interlocutoire remonte à un délai moindre. — Même arrêt.

TITRE III.

Des jugements par défaut et des oppositions à ces jugements.

Art. 19.

346-2°. La partie qui n'a été appelée à se défendre devant le juge de paix par aucune des voies légales ne peut être valablement jugée par défaut ; la sentence par défaut rendue dans ces conditions est nulle et de nul effet. — Civ. c. 24 mai 1892, D.P. 92. 1.328.

346-3°. Ainsi, lorsqu'un jugement con-

tradictoire a ordonné une expertise et renvoyé l'affaire à une date déterminée et qu'à cette date, le défendeur n'ayant pas comparu, un jugement a été rendu par défaut ordonnant une nouvelle expertise et ajournant à un certain jour la décision sur le fond, ladite décision sur le fond, prise par défaut au jour indiqué, est nulle si le défendeur défaillant n'a point reçu signification du jugement par défaut qui avait fixé le jour de l'audience et s'il n'a pas davantage été cité à comparaître audit jour. — Même arrêt.

346-4°. Et à cet égard, il importe peu que le défendeur ait eu connaissance des dispositions du jugement par défaut ordonnant un complément d'expertise, qu'il ait reçu sommation de comparaître à cette expertise et s'y soit effectivement rendu ; ces circonstances ne prouvant pas qu'il ait été avisé du jour auquel l'affaire devait être plaidée au fond. — Même arrêt.

TITRE IV.

Des jugements sur les actions possessoires.

Art. 23.

373-2°. L'action tendant à faire judiciairement constater une possession annale et à obtenir des dommages-intérêts à raison d'un trouble matériel causé à cette possession constitue une action possessoire, quoiqu'elle n'ait pas pour objet la remise effective des choses en l'état primitif ; et une pareille action est valablement portée devant le juge de paix. — Req. 21 juill. 1892, D.P. 92. 1. 455.

373-3°. Il en est ainsi spécialement de la demande par laquelle une partie poursuit la constatation judiciaire de la possession annale d'un cep de vigne, détruit par l'un de ses voisins, et réclame l'allocation de dommages-intérêts pour le préjudice résultant du trouble matériel apporté à cette possession. — Même arrêt.

380-2°. En vertu du principe de la séparation des pouvoirs, le juge du possessoire est incompétent pour connaître d'une demande en complainte, quand ladite demande a pour but de paralyser l'effet d'actes administratifs que l'autorité a accomplis dans une matière rentrant dans ses attributions. — Civ. c. 26 avr. 1891, D.P. 91. 1. 351.

380-3°. Spécialement, doit se déclarer incompétent le juge de paix saisi par le curé et le conseil de fabrique d'une complainte fondée sur un trouble de droit résultant, suivant les demandeurs, d'une délibération prise par le conseil municipal pour l'affectation à une école publique d'un immeuble affecté d'ancienne date au presbytère. — Même arrêt.

418-2°. La possession d'une servitude de prise d'eau n'est protégée que pour autant qu'elle est colorée par un titre conventionnel ou légal ou qu'elle présente les conditions matérielles requises par l'art. 2229 C. civ. pour conduire à la prescription. — Req. 27 juill. 1891, D.P. 92. 1. 385.

418-3°. En conséquence, on doit réputer purement précaire la possession du demandeur au complainte si, pour y soutenir que cette servitude de prise d'eau était fondée sur la destination du père de famille, il ne peut pas en faire la preuve. — Même arrêt.

455-2°. La possession légale d'un fonds immobilier une fois acquise se conserve par la seule intention du possesseur, tant qu'elle n'a pas été volontairement abandonnée ou

qu'elle n'est pas anéantie par la possession réelle d'un tiers ; en conséquence, cette possession autorise l'action en complainte contre l'auteur d'un trouble, à la condition que la demande soit intentée dans l'année de ce trouble. — Civ. c. 27 oct. 1891, D.P. 92. 1. 432.

470-2°. Considéré isolément, un cep de vigne peut, comme un arbre, être acquis par prescription et, par suite, être possédé indépendamment du sol sur lequel il est planté. — Req. 21 juill. 1892, cité *suprà*, n° 373-2°.

470-3°. Dès lors, est régulier le jugement qui, pour accueillir l'action possessoire formée par une partie, déclare souverainement en fait que cette partie a, depuis plus d'une année avant le trouble, la possession du cep de vigne, objet du trouble, et que cette possession est susceptible de conduire à la prescription. — Même arrêt.

625-2°. Les faits de possession qui se rattachent à la jouissance d'une servitude discontinue sont nécessairement entachés de précarité ; il en est ainsi notamment des actes de passage qu'un propriétaire prétend avoir exercés sur un chemin ayant son assiette dans le champ voisin et dont aucun signe apparent ne révèle l'existence. En conséquence, c'est à bon droit que le juge du possessoire refuse d'admettre la preuve de ces faits de possession. — Req. 6 nov. 1889, D.P. 91. 1. 389.

683-2°. L'art. 23 C. proc. civ., aux termes duquel les actions possessoires ne sont recevables qu'autant qu'elles sont formées dans l'année du trouble, établit non seulement une déchéance pour celui qui se plaint d'avoir été troublé, mais encore une règle de compétence qui s'impose au juge alors que la déchéance est encourue, et qui intéresse l'ordre des juridictions. — Civ. c. 27 mai 1891, D.P. 91. 1. 318.

683-3°. En conséquence, du moment où le délai pour former l'action est expiré, la déchéance doit être prononcée, abstraction faite de toute renonciation contraire de la part du défendeur, la juridiction du juge de paix n'étant pas susceptible en ce cas d'être prorogée. — Même arrêt.

683-4°. La charge de la preuve incombant en principe au demandeur, c'est au complaignant en matière possessoire qu'il appartient de prouver que sa demande est recevable comme ayant été formée dans l'année du trouble. — Civ. c. 28 oct. 1891, D.P. 92. 1. 385.

701-2°. L'arrêté municipal d'alignement qui autorise un particulier à avancer la façade de sa maison sur un terrain communal dépendant de la voie publique, mais sous réserve expresse des droits des tiers, et à condition par ce particulier de s'entendre avec les voisins qui auraient des réclamations à élever, ne lui donne pas le droit de déposséder violemment les voisins du la jouissance des droits d'accès qu'à titre de riverains ils avaient jusque-là exercés sur ce terrain, et ne fait pas obstacle à l'exercice de l'action possessoire ou réintégrande. — Req. 24 nov. 1890, D.P. 92. 1. 16.

702-2°. La personne qui, à titre de simple mandataire, cause par des voies de fait et de violence un trouble à la jouissance d'un tiers, peut être *personnellement* actionnée, par voie d'action en réintégrande, en cessation de ce trouble et en dommages-intérêts. — Civ. r. 25 juin 1889, D.P. 90. 1. 151.

711-2°. L'action en réintégrande protège même la simple détention matérielle et actuelle, et elle peut être utilement invoquée par le possesseur purement précaire, pourvu que sa détention ne soit pas entachée de violence ; et les réclamations adressées par une commune au possesseur n'empêchent pas la détention d'être paisible, du moment où cette détention n'a été dans son cours entachée d'aucune violence. — Civ. c. 17 nov. 1891, D.P. 92. 1. 424.

Art. 25.

798-2°. Il n'y a pas cumul du possessoire et du pétitoire lorsque le juge du possessoire rejette une action en complainte, par le motif que si le demandeur a la possession annale du droit d'utiliser les eaux d'une rivière à leur sortie d'un étang appartenant au défendeur, celui-ci, en abaissant le niveau de l'eau à l'occasion de l'exercice de la pêche dans ledit étang dont il est propriétaire, s'est borné à faire ce qu'il avait le droit de faire et avait toujours fait et n'a pas dépassé les limites de sa possession, alors d'ailleurs que le juge s'est abstenu de déterminer au fond les droits des parties et n'a constaté que surabondamment l'absence de préjudice causé. — Req. 18 déc. 1889, D.P. 91. 5. 12.

798-3°. Le juge du possessoire peut et doit examiner les titres produits devant lui, à l'effet de vérifier, à seule fin de statuer sur le possessoire, si un cours d'eau dans la possession duquel le demandeur se prétend troublé est un cours d'eau non navigable ou un canal creusé de main d'homme. — Civ. c. 1er avr. 1890, D.P. 91. 1. 291.

798-4°. Dès lors, doit être cassé le juge-ment au possessoire qui refuse de se livrer à cet examen, sous prétexte qu'il n'appartient pas au juge du possessoire d'interpréter les actes, d'en apprécier la valeur et de rechercher quelle est la nature du cours d'eau litigieux, qui, fût-elle établie, ne pourrait fournir qu'une exception de domanialité que l'État seul et non le défendeur pourrait opposer. — Même arrêt.

800-2°. Si, pour apprécier les caractères légaux de la possession, le juge du possessoire peut faire état des titres de propriété, c'est à la condition de ne pas les prendre pour base unique de sa décision, et de ne statuer que sur le possessoire par le dispositif de son jugement. — Civ. c. 15 juin 1892, D.P. 93. 1. 412.

800-3°. Dès lors, cumule le possessoire et le pétitoire et doit être cassé le jugement qui, pour accueillir une action possessoire tendant à la suppression d'un déversoir établi par un riverain sur la berge d'un canal, se borne, dans ses motifs, à déclarer que, par interprétation des titres, le réclamant avait sur les berges du canal un droit de copropriété ou au moins un droit de passage, et décide, dans son dispositif, que le riverain ne pouvait, sans le consentement de son copropriétaire, modifier l'état primitif des lieux. — Même arrêt

Art. 41.

884-2°. Il est interdit au juge de former sa conviction d'après la connaissance personnelle qu'il a pu acquérir des faits du litige en dehors des moyens de preuve ou d'instruction admis par la loi et administrés ou mis en œuvre suivant les règles qu'elle prescrit. — Civ. c. 21 mai 1878, D.P. 78. 1. 263.

884-3° En conséquence, la décision d'un juge de paix sur une demande en complainte manque de base légale, s'il résulte de ses motifs que le juge, à la suite d'une enquête par lui ordonnée, a procédé officieusement à une visite des lieux, après laquelle il ne lui est resté aucun doute sur la légitimité de la demande. — Même arrêt.

893-2°. Le juge de paix qui a rendu le jugement ordonnant l'expertise a compétence pour statuer au fond sur les comptes respectifs des parties, bien que le défendeur ait soulevé une demande reconventionnelle excédant par son taux la compétence du juge de paix. — Civ. c. 8 mai 1889, D.P. 90. 1. 296.

LIVRE DEUXIÈME.

Des tribunaux inférieurs.

TITRE PREMIER.

De la Conciliation.

Art. 49.

952-2°. Les demandes en payement des honoraires d'un notaire ne sont pas soumises au préliminaire de conciliation. — Toulouse, 23 févr. 1867, J.G.S. *Notaire*, 245.

TITRE II.

Des Ajournements.

Art. 59.

1127-2°. L'action intentée contre une association de fait, improprement dénommée syndicat, est non recevable lorsque l'assignation a été donnée au président et au secrétaire de cette association pris en leur nom personnel. — Lyon, 26 mars 1891, D.P. 91.2.204.

1127-3°. Cette irrecevabilité doit entraîner l'annulation de toute la procédure; et spécialement celle de l'intervention d'un tiers agissant comme substitué au demandeur. — Même arrêt.

1127-4°. Mais l'assignation serait valablement donnée au secrétaire d'un syndicat professionnel, comme représentant la personne morale assignée. — D.P. 91.2.204, note.

1127-5°. En tout cas, cette assignation est valable, quoiqu'elle ait été donnée à la personne et au domicile de ce secrétaire et non au siège du syndicat, alors que l'association assignée dans les circonstances de la cause, ne peut agir comme syndicat professionnel, mais comme simple société de fait. — Arrêt préc. 26 mars 1891.

1157-2°. Le juge de l'action ne devient le juge de l'exception qu'autant que l'exception rentre dans les limites de sa compétence. — Pau, 22 avr. 1890. D.P. 91. 2. 74.

1220-2°. *Adde* : — Orléans, 16 mars 1892, D.P. 93.2.190.

1229-2°. Lorsque deux débiteurs ont été assignés en payement d'une même dette, la libération opérée au profit d'un de ces débiteurs, qui a désintéressé le créancier en se faisant subroger dans ses droits, n'a point pour effet d'éteindre l'instance régulièrement liée, dont le tribunal reste saisi jusqu'à ce qu'elle ait été terminée par un jugement. — Req. 20 oct. 1890, D.P. 91. 1. 271.

1229-3°. Par suite, ce débiteur est fondé, en vertu de sa subrogation, à continuer l'instance contre son codébiteur devant le tribunal qui était compétent, dans le principe, comme étant le tribunal du domicile de l'un des défendeurs, bien qu'il ne soit pas celui du domicile du codébiteur resté seul en cause. — Même arrêt.

1258-2°. Une société anonyme étrangère est régulièrement assignée devant le tribunal du domicile du demandeur, pour l'exécution des obligations qu'elle a contractées envers un Français soit en France, soit même en pays étranger, encore bien qu'elle ait une succursale en France, si l'action ne dérive pas d'un engagement pris spécialement et uniquement par cette succursale. — Aix, 16 janv. 1883, D.P. 84. 2. 83.

1258-3°. La disposition de l'art. 14 C. civ. d'après laquelle l'étranger, même non résidant en France, peut être traduit devant les tribunaux de France pour les obligations par lui contractées en pays étranger envers des Français, n'a d'autre but que de permettre au demandeur français d'aller porter son action contre un défendeur étranger devant les tribunaux étrangers. — Civ. c. 4 mars 1885, D.P. 85.1.353. — Comp. 7 mars 1892, D.P. 92.2.284.

1258-4°. Elle ne dispense pas ce demandeur de l'observation des règles de compétence édictées par l'art. 59 C. proc.; dès lors, le défendeur étranger ne peut être assigné en France devant le tribunal du domicile du demandeur que lorsqu'il n'a ni domicile ni résidence sur le territoire français. Et cette règle est applicable aux sociétés étrangères. — Arrêt préc. 4 mars 1885.

1259-5°. En conséquence, lorsqu'une société étrangère ayant, d'après ses statuts, son siège social à l'étranger, possède une agence ou succursale en France, l'existence de cette succursale suffit, si elle présente d'ailleurs les caractères d'une résidence légale, pour que le demandeur français, agissant en vertu de l'art. 14 C. civ., doive saisir le tribunal du lieu où cette agence est établie. — Arrêt préc. 4 mars 1885.

1309-2°. La société minière qui a son siège social dans une ville déterminée, mais qui a fondé dans l'arrondissement où se trouvent les mines qu'elle possède, un principal établissement où elle entretient un personnel d'exploitation, où se font les affaires relatives à l'extraction du minerai, où se fait les livraisons, et où elle est représentée par un agent principal ayant qualité de directeur, peut être considérée comme ayant un domicile dans cet arrondissement; le tribunal de ce lieu est alors compétent pour connaître des actions qui concernent l'exploitation des mines, alors même que le contrat qui leur donne naissance a été passé au siège social, si d'ailleurs il devait recevoir son exécution à l'établissement principal. — Req. 18 nov. 1890, D.P. 92. 1. 414.

Art. 60.

1408-2°. Aux termes de l'art. 13 du projet de loi sur les justices de paix, voté en 1891 par la Chambre des députés, les juges de paix connaissent des actions en payement des frais faits devant eux. — V. suprà, p.477.

1408-3°. Les juges de paix ne connaissent pas des difficultés qui peuvent s'élever sur l'exécution de leurs jugements. Mais, en ce qui concerne les frais faits devant eux, il a paru inutile d'obliger les parties à aller, pour des sommes généralement très minimes, plaider devant le tribunal d'arrondissement. C'est d'ailleurs un principe général de notre droit que chaque tribunal connaisse des frais faits devant lui. — Rapport à la Chambre des députés, Journ. off. 16 janv. 1890, p. 88.

Art. 61.

1458-2°. L'erreur sur le jour fixé par l'assignation pour comparaître n'est une cause de nullité que si elle ne peut pas être rectifiée par les autres énonciations de l'acte. Spécialement, l'assignation donnée pour le mercredi 23 n'est pas nulle, alors même que le 23 est un mardi, si l'ordonnance signifiée en même temps que l'exploit permet d'assigner pour le 23, sans indication du jour, ce qui fait disparaître toute incertitude sur la date fixée pour l'assignation. — Req. 9 févr. 1891, D.P. 91.1.388.

1458-3°. Si la date d'un exploit peut résulter des énonciations directes contenues dans l'acte, sans qu'il soit rigoureusement nécessaire que tous les éléments se trouvent rassemblés sur un même point, il est du moins indispensable que ces énonciations soient de nature à constituer une date complète, c'est-à-dire laissant connaître le jour, le mois et l'année où l'acte a été fait. — Req. 3 nov. 1890, D.P. 92.1.30.

1458-4°. En conséquence, l'exploit de signification d'un jugement qui n'indique pas le jour où cette signification a eu lieu, est nul et ne fait pas courir les délais d'appel. — Même arrêt.

1470-2°. L'erreur dans l'indication du domicile du demandeur n'entraîne pas nullité, lorsqu'il n'en est résulté aucun préjudice pour le défendeur qui connaissait le véritable domicile de son adversaire. — Req. 9 févr. 1891, D.P. 91.1.388.

1472-2°. Il n'est pas nécessaire que les noms, demeure et immatricule de l'huissier figurent dans le corps même de la copie; il suffit que ces indications résultent de l'apposition en marge d'un timbre humide. — Riom, 30 déc. 1890, D.P. 92.2.227.

1486-2°. La copie d'un exploit tient lieu d'original à la partie qui la reçoit, d'où il suit que la régularité de l'original ne couvre pas le vice de la copie. — Riom, 30 déc. 1890, D.P. 92.2.227.

1525-2°. En matière d'interdiction, l'interrogatoire devant servir de fondement à la demande d'interdiction, il y a lieu d'en donner copie dans l'assignation par laquelle le défendeur est appelé devant le tribunal. — J.G.S. Interdiction-conseil judiciaire, 80.

Art. 68.

1542-2°. La signification d'un arrêt à la résidence d'une personne n'équivaut pas à la signification au domicile exigé par la loi et ne fait pas courir le délai du pourvoi en cassation. — Civ. c. 14 avr. 1891, D.P. 91. 1. 329.

1560-2°. Tout exploit doit, en l'absence de la personne à qui il est signifié, de ses parents et serviteurs, être remis à un voisin, et ce n'est qu'à défaut du voisin ou sur son refus de la recevoir, que la copie peut être remise au maire ou à l'adjoint. — Trib. de Nérac, 31 mai 1890, D.P. 91. 3. 111.

1561-2°. La nullité résultant de l'inobservation de la règle de l'art. 68 C. proc. civ. relative à la remise de l'exploit et la condamnation de l'huissier aux frais de l'acte nul et du jugement qui s'ensuit, doivent être prononcées d'office par le tribunal en cas de non-comparution du défendeur. — Trib. de Nérac, 31 mai 1890, D.P. 91. 3. 111.

1563-2°. L'art. 68 C. proc. civ. ne faisant aucune distinction entre le maire et l'adjoint leur reconnaît implicitement une qualité égale et parallèle pour recevoir les copies d'exploit, et l'huissier peut les remettre à l'adjoint sans s'adresser préalablement au maire; et la mention parlant à la personne du magistrat municipal, sans spécifier s'il s'agit du maire ou de l'adjoint, désigne d'une manière suffisante l'autorité qui a reçu la copie. — Dijon, 1er août 1890, D.P. 91. 5. 261.

1563-3°. Bien que, en principe, tout soit de droit étroit dans les mentions relatives aux exploits, cependant la loi n'impose aucune formule sacramentelle et, dès lors, il faut abandonner à l'appréciation du tribunal la question de savoir si la formule employée par l'huissier est ou non suffisante. — D.P. 91. 5. 261, note.

1568-2°. Est nul l'acte d'appel dont la copie ne mentionne pas le visa exigé par l'art. 68 C. proc. civ., mais se borne à déclarer que ce visa a été requis, car il ne s'ensuit pas nécessairement qu'il ait été obtenu. — Riom, 30 déc. 1890, D.P. 92. 2. 227.

1568-3°. Le visa donné par l'adjoint au maire sur l'original d'un exploit d'huissier portant signification d'un arrêt de divorce est régulier, bien qu'il ne soit pas fait mention de l'empêchement du maire, alors, d'ailleurs, que l'adjoint a été spécialement délégué par le maire pour remplir les fonctions d'officier de l'état civil; peu importe que l'arrêté de délégation n'ait pas été mentionné sur l'exploit. — Req. 5 août 1890, D.P. 91. 1. 277.

Art. 69.

1618-2°. Le visa de l'assignation donnée à une commune exigé par les art. 69, § 5, et 70 C. proc. civ., n'est soumis à aucune formule spéciale et sacramentelle et ne peut résulter de toute mention inscrite sur l'original par celui qui a reçu la copie et établissant que cet original lui a été présenté par l'huissier. — Montpellier, 13 déc. 1890, D.P. 91. 2. 374.

1618-3°. Il résulte, notamment, de la signature apposée par le maire en marge de l'acte d'appel qui constate par une mention faisant foi jusqu'à inscription de faux, la remise de la copie audit maire en son domicile. — Même arrêt.

1628-2°. Lorsque le défendeur devant la cour de cassation est une société commerciale, l'arrêt d'admission peut être valablement signifié, non à la société, être moral, mais à chacun des associés, à leur domicile qui se trouve être le siège d'exploitation, chacun desdits associés étant pris au nom et en qualité de membre de la société. — Civ. r. 4 janv. 1892, D.P. 92 1. 48.

1654-2°. Les assignations et significations à l'égard des parties domiciliées dans les colonies françaises peuvent être faites soit audit domicile dans la colonie, soit en France, au parquet du procureur de la République

près le tribunal où l'affaire doit être portée. — Civ. r. 12 janv. 1892, D.P. 92. 1. 377.

1654-3°. La règle posée par l'art. 12 du tit. 4 du règlement de 1738, 2e partie, portant que le délai du pourvoi en cassation court du jour de la signification faite au domicile de la partie dans la colonie, ne vise que le premier des deux actes, sans qu'il y ait lieu de rechercher à quelle date la copie ainsi signifiée aurait été remise, dans la colonie, au domicile de la partie à laquelle elle était destinée. — Civ. r. 12 janv. 1892, D.P. 92. 1. 377, et les Observ. de M. Glasson sous cet arrêt.

1671-2°. Est régulièrement cité devant un tribunal étranger (en Italie) le défendeur français qui a été assigné au moyen d'un exploit dont une copie a été remise pour au siège ou tribunal. — Montpellier, 21 mars 1891, D.P. 92. 2. 29.

1685-2°. D'après la loi italienne, le défaut de fixation de l'audience à laquelle les parties doivent comparaître, dans l'exemplaire du juge italien qui permet de citer à bref délai, ne vicie pas la citation. — Lyon, 25 févr. 1882, D.P. 82. 2. 228.

APPENDICE AU TITRE III.

Distribution et instruction des affaires.

Décret du 30 mars 1808.

Art. 72.

1743-2°. Le juge saisi d'une contestation doit la juger conformément aux règles de la matière et rectifier les erreurs commises par les parties dans la citation des lois demandant l'application. — Civ. c. 13 déc. 1881, D.P. 83. 1. 21.

1748-2°. Aucune disposition du décret du 30 mars 1808 n'autorise les avoués à signifier de nouvelles conclusions, lorsque les plaidoiries ont été closes et l'affaire renvoyée à une autre audience pour l'audition du ministère public. — Paris, 29 févr. 1892, D.P. 92. 2. 269.

1748-3°. Il en est ainsi surtout alors que ces conclusions introduisent aux débats des moyens nouveaux et une demande nouvelle à laquelle il n'avait pas été conclu en première instance ni même devant la cour. — Même arrêt.

1748-4°. Par suite, les conclusions, ainsi signifiées et posées au moment où le ministère public allait prendre la parole en suite du renvoi ordonné à la précédente audience, doivent être rejetées comme tardives. — Même arrêt.

Code de procédure civile (Suite).

Art. 84.

1785-2°. Aux termes de l'art. 6 de la loi du 30 août 1883, un substitut ou juge suppléant peut être délégué pour remplir les fonctions du ministère public près d'un autre tribunal que celui de sa résidence (1). — D.P. 83. 4. 64.

---

(1) **30 août 1883.** — Loi sur la réforme judiciaire. — Publiée au Journal officiel le 31 août 1883; et au Bulletin des lois, n° 13408. — (Extrait, D.P. 83, 4.98).

Art. 6. Un substitut ou un juge suppléant pourra

1785-3°. Un décret du 12 janv. 1884 a fixé l'indemnité de déplacement qui pourra être allouée en pareil cas (1). — D.P. 84. 4. 95.

1785-4°. Une disposition analogue existe dans l'art. 16 du projet de loi sur les justices de paix voté par la Chambre des députés en 1891, disposition qui permet à la cour d'appel de déléguer le juge de paix d'un canton voisin en cas d'empêchement légitime du titulaire et de ses suppléants. — V. *suprà*, p. 477.

1785-5°. D'après la loi du 16 vent. an 12 (J.G. *Organ. judic.*, p. 1489), en cas d'empêchement d'un juge de paix et de ses suppléants, le tribunal de première instance renvoie les parties devant le juge de paix du canton le plus voisin; mais cette délégation est spéciale et doit intervenir pour chaque affaire, à la requête des parties, en leur présence et sur les conclusions du ministère public. Il a paru utile que les désignations fussent générales et qu'elles pussent intervenir sans formalités. — Exposé des motifs, *Journ. off.* 17 et 21 mars 1885, annexes, p. 384 et 404.

APPENDICE AU TITRE IV.

Attributions du ministère public en matière civile; indivisibilité, indépendance et responsabilité du ministère public.

Loi du 20 avril 1810.

Art. 46-47.

1804-2°. Le ministère public a le droit d'interjeter appel de tout jugement qui contient des conclusions contraires à l'ordre public, alors même qu'il n'a figuré dans l'instance que comme partie jointe. — Nancy, 12 mars 1891, D.P. 92. 2. 30. — V. *Code de procédure civile*, n° 24.

TITRE VI.

Des délibérés et instructions par écrit.

Art. 93.

1883-2°. Le délibéré peut être ordonné dès que les conclusions ont été déposées et le jour fixé pour les plaidoiries. — Req. 5 août 1844, J.G.S. *Instruction par écrit*, 4.

Art. 111.

1889-2°. Les parties ne peuvent plus, après le rapport, prendre de nouvelles conclusions et produire de nouvelles pièces. — Caen, 5 juin 1845, J.G.S. *Instruction par écrit*, 8.

_____

si les besoins du service l'exigent, être délégué par le procureur général pour remplir dans le ressort de la cour près d'un autre tribunal que celui de sa résidence, les fonctions du ministère public.

(1) **12-47 janv. 1884.** — *Décret qui fixe l'indemnité de déplacement accordée au magistrat délégué pour remplir près d'un autre tribunal que celui de sa résidence les fonctions du ministère public.* — (Extrait, D.P. 84.4.95).

Art. 1er. Le substitut ou le juge suppléant qui sera délégué en conformité de l'art. 6 précité de la loi du 30 août 1883, pour remplir les fonctions du ministère public, recevra une indemnité de 10 fr. par jour pour frais de déplacement.

1889-3°. Toutefois, le principe suivant lequel, après la mise en délibéré d'une cause, les parties ne peuvent plus remettre que de simples notes aux juges, ne s'oppose pas à ce que ceux-ci fassent état d'une pièce produite après la clôture des débats, mais dont l'apport avait été précédemment ordonné par un arrêt interlocutoire et que les deux parties, d'un commun accord, avaient accepté, estime étant de nature à trancher la question du fait qui les divisait. — Req. 29 avr. 1890, D.P. 92. 1. 10.

1889-4°. Lorsque le rapport a eu lieu, une des parties ne peut se plaindre de ce qu'il n'a donné que des résultats négatifs, surtout si c'est par le fait de cette partie, qui a refusé de comparaître devant le magistrat compétent. — Req. 16 mars 1880, J.G.S. *Instruction par écrit*, 9.

TITRE VII.

Des jugements.

Art. 116.

1921-2°. Les juges devant lesquels une compensation est demandée par des conclusions formelles, ne peuvent se dispenser de l'admettre ou de donner les motifs qui s'opposent à qu'elle soit admise. — Civ. c. 2 févr. 1891, D.P. 91. 1. 198.

1921-3°. Spécialement. Ils ne peuvent déclarer qu'il n'y a point lieu de statuer sur la compensation demandée, sous prétexte qu'elle serait sans intérêt, lorsqu'en réalité, par l'effet de cette décision, ils refusent de compenser une créance invoquée par le débiteur et dont l'exigibilité n'est point contestée avec la condamnation qu'ils prononcent au bénéfice du créancier, et qu'au contraire, ils la compensent effectivement avec un excédent non réclamé par le créancier et ne faisant l'objet d'aucune condamnation. — Même arrêt.

1983. *Adde :* — Comp. Cr. c. 9 avr. 1891, D.P. 92. 1. 112.

1983-2°. Les jugements, statuant sur un incident contentieux, doivent être rendus publiquement, même pendant le huis-clos. — Paris, 16 juill. 1891, D.P. 92. 1. 173.

1983-3°. En ceci doit considérer comme tel un jugement qui rejette les conclusions du prévenu tendant à ce qu'il lui soit donné acte de l'assistance à l'audience, malgré le huis-clos, de personnes non citées comme témoins dont la présence constituerait, au dire du prévenu, une violation de la loi susceptible de faire annuler les débats. — Même arrêt.

1983-4°. Le huis-clos n'empêche pas qu'un tribunal admette certaines personnes aux débats, alors d'ailleurs que la présence de ces personnes n'a eu aucune influence sur les déclarations du prévenu, ni sur les dépositions des témoins, ni sur une partie quelconque des débats. — Même arrêt.

APPENDICE A L'ARTICLE 116.

I. CAPACITÉ DES JUGES.

Loi du 20 avril 1810.

Art. 64.

1992-2°. Le magistrat reçu dans le corps

où il a été nommé et qui, en vertu de cette qualité, y a prêté serment et a exercé ses fonctions, a, en faveur de la régularité de sa nomination, la présomption légale qui dispense de toute preuve. — Cr. r. 2 mars 1889, D. P. 89. 1. 390.

1992-3°. Il n'appartient pas, d'ailleurs, à la cour de cassation, lorsqu'une décision à laquelle ce magistrat à participé lui est déférée, de contrôler sa nomination (dans l'espèce, de rechercher s'il avait atteint l'âge exigé par la loi). — Même arrêt.

1992-4°. En ce qui concerne les juges de paix, l'art. 17 du projet de loi sur les justices de paix voté par la Chambre des députés en 1891 énumère les conditions nécessaires pour leur nomination. — V. *suprà*, p. 477.

1992-5°. L'art. 18 du projet de loi sur les justices de paix voté en 1891 par la Chambre des députés a modifié l'art. 64 de la loi du 20 avr. 1810 (V. le texte de cet article *Code de procédure civile*, p. 203), en ce qui concerne le droit pour les juges de paix de pouvoir être nommés juges titulaires ou suppléants des tribunaux de première instance. — V. *suprà*, p. 477.

1992-6°. La rédaction primitive de cet article permettait de nommer juges titulaires ou juges suppléants dans les tribunaux de première instance les juges de paix qui auraient exercé leurs fonctions pendant dix ans sans leur imposer aucune condition de l'observation du garde des sceaux qu'il conviendrait d'exiger ou pareil cas des juges de paix la condition exigée actuellement des avoués, c'est-à-dire le grade de bachelier en droit ou le certificat de capacité. — *Journ. off.* du 25 févr. 1891, p. 423.

1992-7°. La chambre des députés a repoussé une disposition proposée par M. Gauthier de Claguy aux termes de laquelle un juge de paix ne pourrait être déplacé, ni mis d'office à la retraite où destitué que sur l'avis conforme de la cour d'appel du ressort où il exerce ses fonctions, statuant toutes chambres réunies. — *Journ. off.* du 23 févr. 1891, p. 425.

1992-8°. Le garde des sceaux a combattu cette proposition par le motif qu'il ne lui paraissait pas nécessaire aujourd'hui plus qu'en 1838 de couvrir les juges de paix du principe de l'inamovibilité par cela seul qu'on leur conférait une compétence plus étendue. Il a ajouté que le caractère double du juge de paix qui est à la fois juge et officier de police judiciaire lui paraissait un obstacle à ce que l'inamovibilité lui fût conférée. — *Journ. off.*, *ibid.*

II. INCOMPATIBILITÉ POUR PARENTÉ OU ALLIANCE.

Loi du 20 avril 1810.

Art. 63.

1996-2°. L'art. 63 de la loi du 20 avr. 1810, aux termes duquel les parents ou alliés jusqu'au degré d'oncle ou neveu inclusivement ne peuvent faire simultanément partie d'un même tribunal, est applicable aussi bien aux magistrats consulaires qu'aux magistrats de tribunaux civils. — Décis. de la Chancellerie, 15 déc. 1876, Bull. min. just. 1876, p. 255.

III. NOMBRE DES JUGES.

Loi du 20 avril 1810.

Art. 41.

2001-2°. La loi du 30 août 1883, sur la

réforme de l'organisation judiciaire, en prescrivant que les jugements soient rendus par des magistrats en nombre impair, a eu pour but unique d'éviter l'inconvénient des partages. — Civ. c. 3 févr. 1892, D.P. 92. 1. 201.

2001-3°. Cette loi, dès lors, n'a point abrogé l'art. 41 de la loi du 20 avr. 1810, aux termes duquel les juges suppléants, quand ils ont siégé dans une affaire où ils n'étaient pas nécessaires pour constituer le tribunal, ont le droit d'assister au délibéré avec voix consultative, car aucun partage ne peut, en ce cas, résulter de leur participation à la délibération. — Même arrêt.

2001-4°. En conséquence, est valable le jugement à la délibération duquel, indépendamment des trois juges titulaires, a participé un suppléant ayant eu simple voix consultative. — Même arrêt.

2002-2°. La loi du 30 août 1883 n'ayant eu pour but que de réorganiser les tribunaux d'arrondissement et les cours d'appel, les autres juridictions demeurent étrangères à ses prescriptions; en conséquence, l'art. 4 de cette loi, qui ordonne aux magistrats de première instance de ne statuer qu'en nombre impair, n'est pas applicable aux tribunaux de commerce. — Montpellier, 28 mars 1890, D.P. 92. 2. 69, et les observations de M. Glasson sous cet arrêt.

2002-3°. Jugé en sens contraire que la disposition de l'art. 4 de la loi du 30 août 1883, d'après laquelle les jugements doivent être, à peine de nullité, rendus par des magistrats en nombre impair, et qui prescrit au dernier des juges siégeant au nombre pair de s'abstenir sous la même peine, s'applique aux tribunaux de commerce comme aux tribunaux civils. — Bourges, 29 déc. 1891, D.P. 92. 2. 176.

IV. REMPLACEMENT DES JUGES AU CAS D'EMPÊCHEMENT.

Décret du 30 mars 1808.

Art. 49.

2008-2°. Au Sénégal, le serment prêté, en qualité de juges suppléants, par les notables désignés par le gouverneur et choisis par le président de la cour pour siéger, en cas d'absence ou d'empêchement des membres de la cour, est valable non seulement pour l'année de leur désignation, mais pour tout le temps pendant lequel ils ont été, sans interruption, maintenus dans leurs fonctions judiciaires.—Civ.r. 12 août 1874, D.P. 75. 1. 208.

2008-3°. Le serment, conféré au gouverneur de la Guyane par l'ordonnance du 27 août 1828, par le président des magistrats intérimaires, et, par exemple, au président par intérim, n'a été abrogé par aucune disposition postérieure. — Cr.r. 1er août 1890, D.P. 92. 1. 425.

2008-4°. Jugé toutefois que ce droit n'appartient au gouverneur que dans le cas où nul des magistrats désignés par le décret du 3 oct. 1880 ne peut remplacer le magistrat absent ne peut le remplir provisoirement les fonctions, et que, par suite, un jugement est nul lorsqu'il a été rendu par un président intérimaire nommé par le gouverneur aux lieu et place des juges suppléants en congé de convalescence, alors qu'il existe au siège des juges suppléants réguliers. — Civ. c. 11 févr. 1891, D.P. 92. 1. 425.

2008-5°. L'assesseur musulman admis à siéger dans les tribunaux d'Algérie ne peut participer à la décision avec voix délibérative ; il n'a que voix consultative (Décr. 17 avr. 1889, art. 40, D.P. 90. 4. 46). — Req. 26 juill. 1892, D.P. 92. 1. 474.

2008-6°. L'indication dans le jugement de la qualité de l'assesseur qui l'a fait et des membres du tribunal a siégé suffit pour établir, en vertu d'une présomption légale

et en l'absence de preuve contraire, que ce magistrat s'est renfermé dans le rôle que lui attribuait le législateur. — Même arrêt.

2008-7°. ... Alors surtout que le jugement débute par cette formule qui implique une observation rigoureuse des prescriptions légales : « après délibéré conformément à la loi ». — Même arrêt.

2009-2°. Le rang des suppléants de juge de paix entre eux se détermine par l'ancienneté de la nomination, et le second suppléant ne peut être appelé à siéger qu'en cas d'empêchement ou de récusation du premier. — Civ. c. 23 juill. 1890, D.P. 91. 1. 222.

2009-3°. Il ne saurait appartenir au juge de paix de déléguer arbitrairement et par sa seule volonté l'exercice de ses fonctions à celui de ses suppléants qu'il lui plaît de choisir. En conséquence, la décision rendue en matière électorale par le second suppléant, même délégué à cet effet par le juge de paix, sans qu'il soit établi que le premier suppléant ait été empêché ou qu'il se soit récusé, est frappée de nullité. — Même arrêt.

2009-4°. Lorsque (à la Guyane) un arrêt rendu par la cour d'appel constate qu'un suppléant par intérim du tribunal de première instance a été appelé à compléter la cour « par suite de l'empêchement des autres membres de ce tribunal, des magistrats honoraires, des membres du barreau et des membres du tribunal de première instance », et que l'arrêt ajoute que « ce remplacement a eu lieu en conformité des dispositions de l'art. 11 du décret du 3 oct. 1880 », il résulte du rapprochement de ces deux énonciations que le juge suppléant n'a été appelé à siéger qu'à défaut de toute autre personne appartenant à l'une des catégories visées par le décret de 1880 et, spécialement, des avoués, qui, au surplus, doivent être censés compris dans l'expression « membres du barreau ». — Cr.r.1er août 1890, D.P. 92. 1. 425.

2015-2°. Un avocat ne peut être admis à concourir aux arrêts d'une cour d'appel ou au remplacement d'un magistrat que dans le cas où l'absence ou l'empêchement n'a permis de compléter la cour par aucun de ses membres, et l'arrêt rendu avec le concours d'un avocat est nul, s'il ne constate pas la composition de la cour ainsi constituée. — Cr. c. 26 févr. 1891, D.P. 91. 5. 315.

2015-3°. La mention, dans un arrêt de la chambre des appels correctionnels, que le plus ancien des avocats présents à la barre a été appelé à siéger en l'absence des autres membres de cette chambre absents ou empêchés ou de tous autres conseillers plus anciens, n'établit pas la régularité de la composition de la cour, quand l'arrêt ne constate pas l'absence ou l'empêchement d'un conseiller dont la nomination était postérieure à celle du dernier des membres de la chambre. — Même arrêt.

Code de procédure civile (Suite).

Art. 120.

2041-2°. Lorsque la partie à laquelle le serment décisoire est déféré se trouve présente à l'audience et consent à le prêter à l'audience même, les juges du fond ne sont pas tenus de donner acte, par des décisions distinctes, des faits qui s'accomplissent devant eux, relativement à cette délation de serment. — Req. 1er juin 1875, D.P. 78. 1. 71.

Art. 121.

2044-2°. Lorsque la partie à laquelle le serment est déféré est trop éloignée, le tribunal peut ordonner que ce serment sera prêté par elle devant le tribunal de sa résidence. — Trib. Rennes, 4 janv. 1882, J.G.S. Minorité, 392.

2045-2°. Les dommages-intérêts ne doivent pas être fixés par état, mais immédiatement liquidés quand le créancier, au profit duquel le droit aux dommages-intérêts a été reconnu, a fait toutes les justifications qu'il est à même de fournir. — Lyon, 26 août 1874, D.P. 76. 2. 18.

Art. 129.

2045-3°. En matière de restitution de fruits, les modes d'évaluation prescrits par l'art. 129 C. proc. civ. sont facultatifs pour les juges, qui peuvent et doivent même se dispenser d'y recourir, s'ils trouvent des éléments suffisants de décision dans les divers éléments du procès. — Civ. c. 16 nov. 1874, D.P. 76. 1. 393-394.

2045-4°. En conséquence, l'arrêt qui déclare qu'un compte de fruits était dénué de pièces justificatives et n'offrait pas de bases certaines d'appréciation, a pu néanmoins refuser d'ordonner une expertise, alors qu'il constate en même temps qu'en l'absence d'un état détaillé des récoltes et des dépenses annuelles d'exploitation de l'immeuble indûment possédé, les documents de la cause permettaient de déterminer la somme à laquelle avait dû s'élever le revenu annuel de cet immeuble pendant la durée de la possession du rendant compte. — Même arrêt.

Art. 130.

2046-2°. L'art. 130 C. proc. civ. se bornant à dire que toute partie qui succombera sera condamnée aux dépens, la loi n'exige pas, pour que cette condamnation soit prononcée, qu'elle soit requise par la partie qui doit en profiter contre celle de l'adversaire. — Req. 3 août 1891, D.P. 92. 1. 431.

2050-2°. Au cas où une femme mariée sur le refus d'assistance de la part du conseil judiciaire dont elle est pourvue, plaide avec l'autorisation et le concours à elle indûment donnés par son mari, les juges, en la déclarant non recevable à ester en justice, doivent la condamner, ainsi que le mari, aux dépens de l'incident. — Rennes, 3 janv. 1889, D.P. 80. 2. 251.

2052-2°. Lorsque l'État est tenu de restituer une succession qu'il aurait appréhendée comme vacante, les frais de l'instance en restitution de l'hérédité doivent rester à la charge des héritiers, lorsque l'État ou ses représentants n'ont commis aucune faute en refusant de consentir la restitution demandée. — Besançon, 25 mars 1880, D.P. 80. 2. 175.

2075-2°. La partie qui succombe peut être condamnée à la totalité des dépens, bien que l'instance qu'elle a poursuivie ait été irrégulièrement introduite par la faute d'un tiers ; et, si les juges ont la faculté, en pareil cas, de mettre les dépens à la charge de ce tiers, il leur appartient d'apprécier s'ils doivent user de cette faculté. — Req. 5 août 1890, D.P. 91. 1. 277.

2075-3°. La femme demanderesse en séparation de corps qui demande à être autorisée à changer de résidence pendant l'instance et qui obtient gain de cause de ce chef doit être, néanmoins, condamnée aux dépens de l'incident, lorsque c'est dans son intérêt qu'elle a sollicité cette mesure, et par son fait qu'elle l'a rendue nécessaire. — Paris, 29 déc. 1882, D.P. 83. 2. 218.

2081-2°. Lorsque, pour consentir à la radiation d'une inscription hypothécaire, le curateur à une succession vacante, a, par un excès de précaution, exigé une décision judiciaire, c'est à sa charge, et non à celle du débiteur, que doivent être mis les dépens de l'instance inutilement engagée. — Bordeaux, 22 janv. 1892, D.P. 92. 2. 428.

2093-2°. En matière d'ordre, les frais de l'intervention en appel des créanciers postérieurs aux collocations contestées doivent être mis à la charge de la partie qui succombe. — Nancy, 3 févr. 1891, D.P. 92. 2. 161.

2102-2°. Les juges peuvent condamner l'une des parties à payer, à titre de dommages-intérêts, le coût de l'impression de certaines pièces produites par la partie adverse, lorsqu'elle a fait de son côté des productions ayant un caractère dolosif et a ainsi injustement causé un préjudice; la simple constatation de ces faits est un motif suffisant de la condamnation prononcée. — Req. 29 avr. 1890, D.P. 92. 1. 19.

2102-3°. Les frais de l'expertise non utilisée peuvent être mis par les juges à la charge de la partie qui en avait demandé la nullité, du moment où ils déclarent que c'est à titre de supplément de dommages-intérêts auxquels était tenue la même partie, en raison de la résolution du marché prononcée contre elle. — Req. 14 févr. 1887, D.P. 87. 1. 205.

2111-2°. Lorsque le propriétaire d'un immeuble, menacé par l'action d'un tiers, appelle son vendeur en garantie et que la demande principale est rejetée, tous les dépens doivent être mis à la charge de celui qui avait formé cette demande. — Nancy, 5 juill. 1890, D.P. 92. 2. 285.

2111-3°. Toutefois, si celui-ci est notoirement insolvable, le jugement doit, non pas réserver à la partie le droit de réclamer au garant les frais occasionnés par la demande en garantie, mais condamner immédiatement le garant au payement de ces frais, sauf son recours contre son propre garant et contre le demandeur originaire. — Même arrêt.

2123-2°. Lorsque, à la suite d'un arrêt, l'Administration perçoit des droits supplémentaires sur des actes qui avaient été déjà soumis à l'enregistrement, ces droits doivent être supportés, en même temps que les dépens, par la partie perdante, si les dispositions de l'arrêt ont été la cause générale et non pas seulement occasionnelle des perceptions. — Lyon, 2 déc. 1887, D.P. 91. 312.

2127-2°. La condamnation de la partie qui succombe aux frais d'enregistrement afférents aux actes produits par son adversaire ne peut être prononcée qu'à titre de dommages-intérêts et qu'autant que des conclusions ont été prises dans ce sens par ce dernier. — Bourges, 18 nov. 1890, D.P. 92. 2. 21.

2130-2°. Les juges du fond peuvent, à titre de supplément de dommages-intérêts, mettre à la charge de la partie qui succombe le payement de l'enregistrement des pièces produites au procès, s'ils constatent, par une disposition motivée, l'existence d'une faute imputable à cette partie. — Req. 9 mai 1892, D.P. 92. 1. 360.

2130-3°. Une semblable condamnation est suffisamment motivée et justifiée par la constatation que la partie qui en est l'objet a, pour se soustraire à l'accomplissement d'engagements pris envers l'autre partie, imaginé et réalisé un système de frais dont le but et le résultat ont été de rendre impossible l'exécution du contrat. — Même arrêt.

Art. 132.

2160-2°. L'annulation pour excès de pouvoir d'une décision ministérielle interdisant de rendre exécutoire un rôle pour le recouvrement de frais de curage ne rentre dans aucun des cas de l'art. 2 du décret du 2 nov. 1864 (D.P. 65. 4. 120) permet de mettre les dépens à la charge de l'État. — Cons. d'Et. 20 juin 1890, D.P. 92. 3. 11.

2160-3°. Il en est de même du recours

d'un comptable à l'effet d'obtenir une décharge de responsabilité. — Cons. d'Et. 14 nov. 1890, D.P. 92. 3. 55.

2160-4°. Jugé également que les pourvois formés pour excès de pouvoir contre un décret portant révocation d'un membre de la Légion d'honneur ne rentrent pas dans les cas où l'État peut être condamné aux dépens. — Cons. d'Et. 30 mai 1873, D.P. 74. 3. 21.

2163-2°. Au cas de confirmation, sur l'appel du ministère public, d'un jugement déclaratif d'absence, les dépens exposés par l'intimé doivent être mis à sa charge, ainsi que ceux de première instance; les dépens exposés par le ministère public sont taxés comme frais de justice criminelle et supportés par le Trésor. — Nîmes, 14 janv. 1878, D.P. 78.2.62.

Art. 135.

2187-2°. L'exécution provisoire ne peut être ordonnée lorsque le jugement, au lieu de prononcer la résolution d'une convention, ce qui suppose un titre, d'ailleurs, valable, en prononce la nullité, un titre nul ne pouvant produire aucun effet. — Lyon, 1er oct 1864, J.G.S. Jugement, 525.

2189-2°. Le cahier des charges sur lequel un notaire, commis par justice, a procédé à une licitation est un acte authentique; en conséquence, l'exécution provisoire doit être ordonnée, lorsqu'une difficulté s'élève sur l'exécution de ce cahier des charges. — Paris, 14 janv. 1891, D.P. 92. 2. 52.

2189-3°. Une police d'assurance signée des parties, fixant les accords, régulière en la forme, maintenue par le jugement quant à son existence, bien qu'elle soit l'objet de contestations, constitue un titre certain se suffisant à lui-même, une promesse reconnue, au sens de l'art. 135 c. proc. civ., et peut, en conséquence, servir de base à l'exécution provisoire de la décision intervenue. — Aix, 18 févr. 1890, J.G.S. Jugement, 527.

2190-2°. L'exécution provisoire ne peut être ordonnée, dans le cas de révocation d'une donation, que lorsqu'il existe dans l'acte une clause spéciale relative à la résolution. — Trib. civ. de Gray, 1er mars 1883, D.P. 83. 3.109.

2199-2°. En matière d'interdiction, le tribunal ne peut, en la chambre du conseil, déclarer son jugement exécutoire par provision nonobstant opposition ou appel, l'interdiction n'étant pas comprise dans les cas où l'art. 135 c. proc. civ. permet d'ordonner l'exécution provisoire des jugements. — J.G.S. Interdiction-conseil judiciaire, no 123. — V. Code de procédure civile, no 123.

2202-2°. D'après un arrêt, le jugement qui statue sur une demande de provision (ou spécialement de pension alimentaire dans une instance en séparation de corps) n'est pas de plein droit exécutoire nonobstant appel. — Bordeaux, 24 mai 1869, J.G.S. Jugement, 503.

2202-3°. L'intérêt de la question, c'est que, lorsque le jugement n'est pas de plein droit exécutoire par provision et que l'exécution provisoire n'a pas été ordonnée, l'appel est suspensif. — Même arrêt.

2204-2°. La partie qui a exécuté provisoirement un jugement ultérieurement réformé ne saurait faire subir à son adversaire les conséquences dommageables qui peuvent en résulter lorsque, spécialement, si, pour pratiquer l'exécution provisoire, elle a dû déposer à la Caisse des consignations une somme équivalente au montant de la condamnation, ce n'est pas fondée à réclamer contre son adversaire la différence entre les intérêts au taux légal de cette somme, et les intérêts servis par ladite Caisse. — Paris, 10 déc. 1864, J.G.S. Jugement, 564.

2204-3°. La partie qui met à exécution un jugement exécutoire par provision use d'une faculté dont l'exercice ne doit pas causer de préjudice à son adversaire. — Paris, 18 févr. 1890, D.P. 90. 2. 308.

2204-4°. En conséquence, si, au lieu de fournir caution ou de justifier de solvabilité suffisante, cette partie verse comme garantie, à la Caisse des dépôts et consignations, le montant de la condamnation prononcée à son profit, elle n'a pas droit, après la confirmation du jugement frappé d'appel, à la différence entre les intérêts au taux légal et ceux que paye la Caisse des dépôts et consignations. — Même arrêt.

Art. 137.

2204-5°. La condamnation aux dépens ne peut jamais être l'objet d'une exécution provisoire. — Pau, 5 mai 1891, D.P. 92. 2. 192.

Art. 138.

2229-2°. Le jugement rendu avec le concours d'un juge non présent à l'audience où les conclusions respectives des parties ont été prises est nul, s'il n'est pas constaté que ces conclusions ont été reproduites à nouveau à l'audience à laquelle ce juge a assisté, et, dès lors, ce qui s'est passé aux précédentes audiences devient indifférent et il est sans intérêt de le rechercher. — Civ., 24 nov. 1880, J.G.S. Jugement, 33. — Req. 23 déc. 1885, ibid.

APPENDICE A L'ARTICLE 139.

Décret du 30 mars 1808.

Art. 91.

2233-2°. Le greffier d'un conseil de guerre fait partie intégrante de ce seul conseil. — Civ. c. 7 juill. 1881, D.P. 81. 1. 441

2233-3°. Les greffiers faisant, dans la sphère de leurs attributions, partie intégrante des cours et tribunaux, auprès desquels ils exercent leurs fonctions, ne peuvent, sans rendre complètement vicieuse la composition du tribunal ou de la cour, y figurer à un second titre, notamment comme partie ou comme mandataire d'une des parties. — Civ. c. 3 févr. 1892, D.P. 92. 1. 201.

2233-4°. Spécialement, doivent être déclarées nulles les décisions et procédures dans lesquelles la même personne a fonctionné comme greffier et et, en outre, comme mandataire de l'une des plaideurs. — Même arrêt.

2233-5°. Et cette règle est applicable aux greffiers de justice de paix comme à ceux de première instance ou des cours d'appel. — Même arrêt.

2233-6°. Fait acte de mandataire le greffier qui s'est tout d'abord présenté devant le juge de paix auquel il était attaché, comme mandataire de l'une des parties et qui, ce rôle lui ayant été, malgré ses conclusions, interdit par jugement, s'est substitué pour la représentation son mandant, une tierce personne, en conséquence, les actes accomplis après cette substitution, avec l'assistance dudit greffier, doivent être déclarés nuls. — Même arrêt.

2237-2°. Le jugement doit constater la présence du greffier, mais, à défaut de mention expresse, sa signature sur la minute fait légalement présumer sa présence. — Cr. r. 21 nov. 1879, J.G.S. *Jugement*, 342. — Cr. r. 23 avr. 1883, D.P. 84, 1. 251.

Art. 92.

2237-3°. Aux termes d'un décret en date du 7 sept. 1880. Il doit être tenu au greffe de chaque tribunal de première instance un registre sur lequel seront inscrits les liquidations et partages ordonnés par le tribunal (1).

Code de procédure civile (*Suite*).

Art. 141.

2250-2°. Aucune loi n'exige, à peine de nullité, que dans les affaires où le ministère public n'est que partie jointe, il assiste à la prononciation du jugement, lorsqu'il a donné ses conclusions. — Riom, 13 janv. 1886, D.P. 87. 2. 6.

2256-2°. Les personnes morales, comme les personnes physiques, sont suffisamment désignées, dès qu'il n'y a point place pour le doute : ainsi une société anonyme est suffisamment désignée par son titre et son siège social. — Req. 23 juin 1874, J.G.S. *Jugement*. 288.

2256-3°. De même, une commune est suffisamment désignée par son nom, sans indication de la personne qui l'a représentée en justice. — D.P. 78. 1. 439, note 4.

2256-4°. La raison de décider est ici double : c'est son seul nom, comme dans le cas d'une personne physique, l'esprit de la loi qui n'est nullement formaliste ; c'est encore l'absence de texte, puisque l'art. 141, ne prévoyant que l'hypothèse d'une personne

---

(1) **7 sept.-5 oct. 1880.** — *Décret portant qu'il sera tenu au greffe de chaque tribunal de première instance un registre sur lequel seront inscrits toutes les liquidations et partages ordonnés par le tribunal*. — (D.P. 81. 4. 94.)

Art. 1er. Il sera tenu au greffe de chaque tribunal de première instance un registre sur lequel seront inscrits toutes les liquidations et partages ordonnés par le tribunal.

Art. 2. Ce registre sera divisé en colonnes où seront mentionnés :

1° La nature de la liquidation ;
2° Le nom des parties ;
3° Celui de l'avoué poursuivant ;
4° La date du jugement ordonnant la liquidation ;
5° Le nom du notaire désigné ;
6° La date de la licitation des immeubles, s'il y a été procédé ;
7° La date de la clôture du procès-verbal des opérations du notaire ;
8° La date du jugement d'homologation ou de la décision ordonnant des modifications au travail du notaire.

Une colonne, dite d'*observations*, sera destinée à l'explication des retards qui se seront produits.

Art. 3. Le registre sera tenu sous la surveillance du procureur de la République, qui vérifiera l'exactitude des mentions qui y seront portées.

Ce registre sera, à toute époque, à la disposition du président du tribunal, qui pourra prendre les mesures que les intérêts engagés lui paraîtront réclamer.

Art. 4. Tous les trois mois, un relevé du registre sera transmis, sous forme d'état, au procureur général du ressort par le procureur de la République.

Art. 5. Les greffiers des tribunaux auront droit, pour la tenue du registre et la rédaction des états trimestriels, à un revenu fixe de 2 fr. par procédure de liquidation ou partage.

---

physique, ne règle pas celle d'une collectivité, nécessairement représentée par un tiers : un moyen de nullité manquerait donc ici de base légale. — J.G.S. *Jugement*, 288.

2280-2°. Les énonciations d'un jugement peuvent être considérées comme suffisantes pour sa validité lorsqu'elles font connaître nettement, bien que sommairement, le point de fait qui a donné naissance au litige et le point de droit qui s'en dégage. — Req. 22 mars 1892, D.P. 92. 1. 353.

2282-2°. Les motifs du jugement peuvent servir à réparer l'omission ou l'insuffisance des points de fait et de droit. — Req. 29 juill. 1875, J.G.S. *Jugement*, 314.

2298-2°. Les juges sont tenus de donner des motifs à l'appui de leur décision sur chacun des chefs de conclusions qui leur sont régulièrement soumis. — Civ. c. 12 juill. 1892, D.P. 92. 1. 451.

2298-3°. Spécialement, l'arrêt qui valide un testament en s'expliquant sur divers moyens de nullité et en rejetant les conclusions du demandeur sans s'expliquer sur un moyen spécial relatif à une clause d'inaliénabilité, est tenu de donner des motifs sur ce chef spécial. — Même arrêt.

2311-2°. Un arrêt est nul, pour défaut de motifs, lorsque, en prononçant une condamnation contre deux époux, il rejette implicitement les conclusions de la femme tendant à obtenir son renvoi, comme femme séparée de biens et renonçante. — Civ. c. 7 janv. 1880, J.G.S. *Jugement*, 701.

2328-2°. Un arrêt est également nul, lorsque, prononçant une condamnation, il rejette implicitement et sans motifs une exception proposée par le défendeur, par exemple, l'exception tirée, par une compagnie de chemin de fer, d'un tarif qui l'exonère de la responsabilité invoquée contre elle. — Civ, c. 9 mars 1880, J.G.S. *Jugement*. 701.

2330-2°. Il en est de même d'un arrêt qui statue au fond sur l'action en responsabilité formée par un actionnaire contre les fondateurs d'une société anonyme, à raison d'agissements qui avaient entraîné la nullité de la société, sans répondre à une fin de non-recevoir présentée pour la première fois par les intimés devant la cour et, tirée, notamment, de ce que le demandeur aurait commis lui-même une faute le rendant solidairement responsable des fautes commises. — Civ. c. 23 mars 1880, J.G.S. *Jugement*, 700.

2330-3°. Quand, dans une instance en bornage, l'appelant oppose l'incompétence du premier juge, mais n'excipe pas, en outre, en termes distincts, de l'incompétence du juge d'appel, le tribunal d'appel n'est pas tenu de donner des motifs spéciaux à l'appui de sa propre compétence ; il motive suffisamment sa décision en déclarant la compétence du premier juge. — Civ. r. 5 janv. 1892, D. P. 92 1.135.

2337-2°. Lorsqu'une partie a reproduit en appel un chef de conclusions repoussé par les premiers juges, l'arrêt qui, ne s'expliquant pas sur ce point de la demande, se borne à confirmer le jugement de première instance, laisse énoncer qu'il en adopte les motifs, doit énoncer suffisamment pour défaut de motifs. — Civ. c. 13 juin 1892, D.P. 92. 1. 350.

2343-2°. Quoiqu'un arrêt ait reconnu tardif l'appel interjeté contre un débiteur solidaire, cet arrêt a pu, sans autres explications, déclarer formé dans les délais légaux l'appel élevé contre deux autres débiteurs solidaires et des conclusions n'ont été prises par aucune des parties pour contester la régularité de ce dernier appel. — Civ. c. 16 déc. 1891, D.P. 92. 1. 177.

2345-2°. Le juge n'est tenu de répondre qu'aux chefs formulés dans le dispositif des conclusions ; c'est en ce sens qu'il faut entendre certains arrêts qui, employant une formule plus vague, disent que les juges ne doivent répondre qu'aux *chefs de demande* formulés devant eux. — Req. 5 juill. 1882, J.G.S. *Jugement*, 720.

2348-2°. Il n'est pas tenu davantage de donner un motif spécial sur le rejet d'un moyen que les qualités du jugement ou de l'arrêt ne constatent pas d'une manière formelle avoir été proposé. — Req. 23 févr. 1891, D.P. 91.1.337.

2349-2°. ... Ni de donner des motifs ou de prononcer explicitement sur des conclusions, alors qu'il n'est pas justifié qu'elles ont été mises sous ses yeux, encore bien qu'elles aient été notifiées à l'avoué adverse. — Même arrêt.

2354-2°. Le défaut de précision d'un moyen dans les conclusions d'une partie dispense les tribunaux de donner les motifs du rejet de ce moyen. — Civ. r. 27 oct. 1891. D.P. 92. 1. 95.

2359-2°. Un arrêt n'a pas à s'expliquer sur le moyen d'incompétence proposé par un plaideur qui se borne à conclure à ce que le jugement d'un tribunal de commerce soit déclaré incompétemment rendu, sans faire connaître à la cour en quoi ce tribunal était incompétent et sans fournir, à cet égard, aucun élément d'appréciation. — Req. 3 févr. 1891, D.P. 92. 1. 28.

2365-2°. Le juge n'est pas tenu de motiver le rejet d'une demande qui, formulée au début de l'instance, n'est pas reproduite dans les conclusions dernières, et ne figure pas au point de droit des qualités. — Civ. r. 15 juill. 1867, J.G.S. *Jugement*, 708.

2369-2°. Aux conclusions abandonnées au cours de l'instance, il faut assimiler celles qui n'auraient été prises que lors d'un premier jugement, tel qu'un jugement par défaut. — Civ. r. 24 avr. 1865, J.G.S. *Jugement*, 709.

2369-3°. ... Ou au jugement interlocutoire. — Req. 9 juill. 1885, D.P. 86. 1. 368.

2371-2°. Les tribunaux ne sont pas obligés de réfuter par des motifs spéciaux chacun des arguments indiqués dans les conclusions signifiées entre parties, mais non relevés sous la forme de griefs distincts dans le dispositif de ces conclusions exactement rapportés aux qualités. — Req. 31 mars 1890, D.P. 91. 1. 382.

2371-3°. Le juge n'est pas tenu de répondre par un motif spécial aux moyens produits comme simples arguments — Req. 10 déc. 1867, J.G.S. *Jugement*, 722. — Req. 3 mars 1883. *ibid.*

2408-2°. Les juges qui rejettent les conclusions subsidiaires d'une commune tendant à faire reconnaître qu'un terrain n'est pas susceptible d'une possession privée en vertu d'une présomption de domanialité, comme faisant partie d'une voie publique, motivent suffisamment leur décision en déclarant : que la présomption invoquée pouvait être combattue par la preuve contraire et que cette preuve ressort des documents produits..., que la parcelle litigieuse est distinguée nettement de la voie publique..., et, enfin, qu'il résulte de l'enquête que cette parcelle n'a jamais été affectée à un usage public. — Civ. r. 27 janv. 1891, D.P. 92. 1. 22.

2408-3°. Et le tribunal peut tirer de ces constatations et appréciations souveraines la conséquence que la possession privée des terrains litigieux se trouve justifiée et que la nature desdits terrains permet d'assurer à cette possession ses effets utiles. — Même arrêt.

2415-2°. Est suffisamment motivé l'arrêt qui, pour admettre l'intervention au procès de différents créanciers, déclare que « dans la situation étrange que présente l'affaire, il est tout naturel que les intervenants aient de justes raisons de craindre une collusion entre leur débiteur et les intimés principaux ». — Civ. c. 23 déc. 1891, D.P. 92. 1. 62.

2415-3°. Lorsqu'en appel une partie a conclu à ce que la cour juge « sur l'existence d'un prétendu marché à forfait : 1° que le tribunal a décidé à tort que les parties avaient arrêté un forfait ; 2° que l'adversaire, se rangeant à la prétention élevée contre lui a reconnu devant l'expert, et dans des dires subséquents, qu'il n'y avait point de marché à forfait ». L'arrêt qui, pour rejeter la seconde de ces allégations, confirme, avec adoption de motifs, le jugement de première instance dont le dispositif régulièrement motivé déclarait l'existence du marché à forfait, doit être considéré comme suffisamment motivé. — Civ. r. 4 janv. 1893, D.P. 92. 1. 48.

2415-4°. La déclaration contenue dans un arrêt que certaines lignes ferrées sont, par l'effet d'un contrat de cession approuvé par décret, sorties du patrimoine des sociétés cédantes pour entrer dans celui de la compagnie cessionnaire, suffit pour motiver le rejet des conclusions spéciales tendant, sous prétexte que la société cédante était une société anonyme antérieure à la loi de 1867, et soumise, dès lors, à l'approbation du gouvernement, à faire déclarer nulle, pour défaut de cette approbation, la délibération des actionnaires qui modifiait les statuts et le traité qui en a été la conséquence. — Civ. r. 3 mars 1890, D.P. 91. 1. 415.

2415-5°. L'arrêt qui, faisant droit à une demande en délivrance de legs, déclare, dans ses motifs, que l'héritier aura, le cas échéant, le droit d'exercer contre les légataires toute action utile en réduction ou en restitution, répond ainsi suffisamment aux conclusions par lesquelles le défendeur soutenait que les legs réclamés étaient nuls comme portant sur la chose d'autrui. — Req. 14 mai 1890, D.P. 91. 5. 353.

2415-6°. L'arrêt qui repousse des conclusions tendant à faire déclarer que le porteur d'une traite n'a pu valablement en poursuivre le payement devant la juridiction commerciale attendu que cette traite, souscrite en blanc et remplie abusivement après coup, ne pouvait constituer une lettre de change régulière, est motivé suffisamment s'il constate que la traite litigieuse affectait la forme régulière d'une lettre de change et que sa souscription en blanc, autorisée d'avance par les souscripteurs, contenait toutes les mentions qui caractérisent cette nature d'effets. — Req. 14 mars 1892, D.P. 94. 1. 267.

2415-7°. L'arrêt qui rejette la demande de préférence formulée par un créancier contre un autre créancier en déclarant expressément que l'exploitation industrielle qui a été poursuivie ne l'a pas été dans l'intérêt de ce dernier, motivo suffisamment le rejet de ladite conclusion. — Req. 1er avr. 1890, D.P. 91. 1. 374.

2422-2°. Le jugement qui repousse la demande en nullité d'une adjudication est suffisamment motivé lorsqu'il constate qu'aucune atteinte n'a été apportée à la liberté des enchères, et que d'ailleurs l'adjudicataire argumente tort bien. L'adjudication réel. — Req. 14 mai 1878, J.G.S. Jugement, 749.

2422-3°. Est également motivé au vœu de la loi le jugement qui, pour rejeter une demande en maintenue possessoire conventionnellement formée, examine les faits de possession invoqués par le demandeur reconventionnel, et ne les déclare insuffisants qu'après les avoir discutés. — Civ. c. 18 mai 1892, D.P. 92. 1. 297.

2422-4°. L'arrêt qui se fonde, pour reconnaître l'existence d'une convention (spécialement, d'un mandat) sur les documents de la cause, est suffisamment motivé, bien qu'il ne spécifie pas les documents auxquels il se réfère. — Req. 14 févr. 1889, J.G.S. Jugement, 745.

2422-5°. Le jugement qui annule des billets dont on réclame le payement est suffisamment motivé par la déclaration que le signataire des billets ne semble pas avoir été déterminé par des sentiments d'affection, et que les billets paraissent être le résultat d'abus de blanc-seings. — Req. 31 juill. 1877, J.G.S. Jugement, 743.

2422-6°. Un jugement, en déclarant que les offres réelles du débiteur ont été nécessitées « par le mauvais vouloir du créancier » qui s'est refusé à accepter un arrangement amiable intervenu entre les parties et consenti par lui », motive suffisamment le rejet de conclusions présentées par le créancier et tendant à prétendre que, s'il a refusé les offres amiables du débiteur, c'est parce qu'elles étaient insuffisantes. — Civ. r. 28 juin 1892, D.P. 92. 1. 383.

2422-7°. Un arrêt n'est pas susceptible de cassation par cela seulement qu'il n'établit point la proportion exacte entre les fruits non perçus par l'acquéreur d'un immeuble et les intérêts du prix de vente réclamés à cet acquéreur par le vendeur dudit immeuble, s'il déclare que les blessures n'ont en nécessaires pour la ventilation de leur défaut. — Req. 23 mai 1892, D.P. 92. 1. 375.

2432-2°. Un jugement est suffisamment motivé, quand il s'approprie les termes d'un rapport d'experts, et déclare que, en droit comme en fait, ce rapport a bien et dûment réglé les difficultés pendantes entre les parties. — Req. 1er mai 1877, J.G.S. Jugement, 732.

2434-2°. Le jugement qui rejette une demande en indemnité basée sur des blessures occasionnées à un animal, en s'appropriant les constatations d'un rapport d'expert dont il résulte que les blessures n'ont en rien déprécié la valeur marchande de l'animal et n'ont occasionné aucun dommage matériel, est suffisamment motivé. — Civ. c. 16 nov. 1891, D.P. 92. 1. 342.

2437-2°. En déclarant que la demande a pour objet unique le règlement d'un compte de commission, le juge affirme par cela même, et en motivant suffisamment sa décision, que les dispositions de loi qui ont trait aux engagements souscrits par un failli et d'autres coobligés, sont étrangères à la cause. — Req. 29 oct. 1888, D.P. 89. 4. 13-14.

2437-3°. Lorsqu'une partie, sans conclure autrement qu'au payement d'une somme d'argent, a invoqué successivement comme motifs une erreur de compte, puis une lésion dans un partage, il n'y a là que de simples arguments auxquels le juge n'est pas tenu de répondre ; en conséquence, l'arrêt qui repousse la demande, comme demande en revision du compte prohibée par l'art. 464 C. proc. civ., sans parler de l'argument relatif à la lésion, est suffisamment motivé. — Req. 9 nov. 1875, J.G.S. Jugement, 723.

2441-2°. Les juges du fait qui, statuant sur les dommages-intérêts dus en vertu d'un fait imputable à plusieurs personnes, fixent à une somme déterminée la part incombant à l'une d'elles dans l'ensemble des responsabilités, motivent dûment leur décision, alors qu'ils négligent d'indiquer le montant du préjudice total, si, usant de leur droit souverain d'appréciation, ils déclarent posséder les éléments suffisants pour déterminer l'étendue de la responsabilité partielle sur laquelle ils prononcent.—Civ.r.16 juin 1891, D.P. 92. 1. 321.

2451-2°. L'arrêt ne saurait être critiqué, comme n'ayant pas donné de réponse aux conclusions d'irrecevabilité d'appel, basées tout à la fois sur un acquiescement prétendu au jugement, et sur ce qu'un jugement n'était pas susceptible d'être déféré à la cour séparément de la décision sur le fond ; aucun motif particulier ne pouvait être donné en ce qui concerne l'allégation d'acquiescement, puisqu'elle n'était pas précisée. — Civ. r. 8 janv. 1891, D.P. 92. 1. 245.

2451-3°. L'arrêt qui déclare qu'en interrompant les représentations d'une pièce de théâtre en présence de manifestations bruyantes et hostiles, l'entrepreneur, qui s'était obligé envers le directeur d'un théâtre à donner un certain nombre de ces représentations, a fait, au détriment de ses propres intérêts, un sacrifice nécessaire à la paix publique, constate suffisamment l'existence de la force majeure et motive par la même le refus des dommages-intérêts réclamés pour l'inexécution de l'obligation contractée par cet entrepreneur. — Req. 3 déc. 1890, D.P. 92. 1. 137.

2454-2°. Le jugement qui condamne deux parties solidairement sans donner de motif pour justifier la solidarité prononcée manque de base légale. — Civ. c. 16 nov. 1891, D.P. 92. 1. 342.

2457-2°. Le jugement qui, pour repousser la nullité d'une obligation tirée des art. 1395 et 1396 C. civ. relatifs à l'immutabilité des conventions matrimoniales, se borne à déclarer que « l'obligation ne saurait être annulée par application desdits articles » est nul pour défaut de motifs. — Civ. c. 27 avr. 1891, J.G.S. Jugement, 753.

2459-2°. Est nul pour défaut de motifs l'arrêt qui condamne une partie à payer les intérêts, au taux de 6 pour 100, de la somme dont elle est débitrice, sans donner aucun motif de nature à justifier cette dérogation à la loi du 3 sept. 1807, et alors qu'il est constaté que, ladite partie étant un simple cultivateur, l'opération la concernant était purement civile et que, si bonne foi étant certaine, il n'y avait pas lieu contre elle à une condamnation en dommages-intérêts. — Civ. c. 18 nov. 1891, D.P. 92. 1. 64.

2466-2°. Le jugement qui se borne à déclarer que le principe de la responsabilité d'un fait dommageable est établi d'une manière incontestable sans préciser de quelles circonstances cette responsabilité se dégage, manque de base légale. — Civ. c. 21 oct. 1890, D.P. 92. 1. 342.

2467-2°. Un jugement est nul pour défaut de motifs, lorsque, en admettant une demande en responsabilité formée contre un voiturier, il rejette par cela même, sans donner de motifs, la fin de non-recevoir tirée de ce que le destinataire avait reçu la marchandise et payé le prix du transport, sans protestation ni réserve. — Civ. c. 5 août 1878, J.G.S. Jugement, 709. — Civ. c. 16 août 1882, ibid.

2468-2°. L'arrêt qui condamne à des dommages-intérêts en réparation des frais et faux-frais occasionnés par le procès, sans constater une faute dans l'exercice de l'action judiciaire, manque de base légale. — Civ. c. 8 juin 1891, D.P. 92. 1. 276.

2469-2°. Manque également de base légale le jugement qui condamne un demandeur à des dommages-intérêts, indépendamment des dépens, en se bornant, sans alléguer de faute, à relever que l'action portée devant la justice a contraint le défendeur à une défense onéreuse. — Civ. c. 20 avr. 1891, D.P. 91. 1. 351.

2469-3°. La condamnation à des dommages-intérêts fondée sur la témérité de l'appel interjeté manque de base légale, alors que l'arrêt qui prononce cette condamnation a omis de spécifier en quoi cette témérité constituait un dol ou une faute lourde équipollente au dol. — Civ. c. 29 oct. 1890, D.P. 91. 1. 475.

2469-4°. L'arrêt qui condamne l'appelant à des dommages-intérêts par cet unique motif que l'appel a été mal à propos interjeté et sans relever un fait ayant le caractère d'un délit ou d'un quasi-délit, manque de base légale. — Civ. c. 22 avr. 1891, D.P. 92. 1. 277.

2476-2°. Le jugement qui condamne à des dommages-intérêts sans constater la relation du préjudice à la faute manque également de base légale. — Civ. c. 14 mars 1892, D.P. 92. 1. 383. — Civ. c. 28 juin 1892, D.P. 92. 1. 383.

2476-3°. Est nul pour défaut de motifs le jugement qui condamne une partie à payer à l'autre une indemnité dite d'usage, sans faire connaître à quelle faute commise et à quel préjudice souffert cette indemnité s'applique. — Civ. c. 13 janv. 1892, D.P. 92. 1. 157.

2476-4°. Le jugement qui condamne à des dommages-intérêts la partie qui succombe sans indiquer un fait précis constitutif d'une faute manque de base légale et doit être cassé. — Civ. c. 9 juin 1891, D.P. 91. 1. 462.

2476-5°. L'exercice du droit de saisir les tribunaux d'une contestation, ne pouvant devenir une faute que s'il y a eu malice, mauvaise foi ou erreur grossière équipollente au dol, il en résulte qu'une allocation de dommages-intérêts, indépendamment des dépens, est dénuée de base légale, quand le juge qui la prononce se borne à arguer « des agissements pratiqués sans droit » par le demandeur. — Civ. c. 14 avr. 1891, D.P. 91. 1. 353.

2486. Adde : — Civ. c. 15 avr. 1891, D.P. 91. 5. 350.

2486-2°. Dans le cas où un notaire poursuit le paiement des honoraires qui lui sont dus sans avoir, dans la rédaction, agi à titre de mandataire ordinaire, d'un acte sous seing privé que par suite effectué, en qualité de notaire, le dépôt de cet acte au rang de ses minutes et dressé acte de ce dépôt, l'arrêt qui se borne à repousser sa demande en adoptant les motifs des premiers juges, est dépourvu de motifs, si le jugement confirmé ne s'est expliqué que sur les honoraires dus au notaire en qualité de simple mandataire. — Civ. c. 7 nov. 1882, D.P. 82.1.473.

2493-2°. L'arrêt est nul, pour défaut de motifs lorsque, pour rejeter des conclusions fondées sur deux moyens, tirés l'un de l'art. 446 C. com. et l'autre de l'art. 447 du même Code, relatifs à la faillite, il s'appuie uniquement sur ce que le premier de ces articles est inapplicable à la cause, sans donner de motifs sur le deuxième. — Civ. c. 19 nov. 1878, J.G.S. Jugement, 695. — V. Supplément au Code de commerce annoté, art. 446 et 447.

2493-3°. Lorsqu'une partie, ayant formulé divers chefs de conclusions, le juge, après avoir fait droit sur l'un deux, se borne à déclarer, quant au surplus, qu'il rejette toutes plus amples demandes et conclusions des parties, cette décision est nulle pour défaut de motifs. — Civ. c. 25 août 1880, J.G.S. Jugement, 695.

2493-4°. Le rejet sans motifs d'une fin de non-recevoir tirée de ce que le moyen soulevé par l'appelant devant la cour avait été abandonné par lui en première instance entraîne la nullité du jugement. — Civ. c. 28 févr. 1883, J.G.S. Jugement, 700.

2493-5°. Est nul, pour insuffisance de motifs, le jugement qui emprunte inexactement aux énonciations du procès-verbal qu'il vise le fait sur lequel la décision repose, et qui n'indique pas d'ailleurs une autre source de la désignation qui lui sert de base. — Cr. c. 20 mars 1891, D.P. 92. 1. 144.

2493-6°. La force majeure invoquée comme excuse par un inculpé poursuivi pour n'avoir point labouré et hersé aux jours fixés par l'Administration (en Algérie) des terres contaminées par des pontes de sauterelles, ne ressort pas de la preuve qu'il rapporterait que toutes les charrues dont il disposait avaient été, durant ces jours mêmes, employées à labourer, sur les réquisitions du maire d'une commune voisine, des terres où des pontes avaient également eu lieu, et le jugement qui, dans ces conditions, a renvoyé l'inculpe de la poursuite, doit être cassé pour défaut de motifs. — Cr. c. 24 nov. 1891, D.P. 92. 1. 368.

2493-7°. Le jugement qui, sans donner aucun motif à l'appui, condamne la partie qui succombe à payer, indépendamment des dépens, une certaine somme pour frais frustrés, manque de base légale. — Civ. c. 8 mars 1892, D.P. 92. 1. 359-360.

2493-8°. Manque également de base légale et doit être cassé le jugement qui, après avoir déclaré que, d'après les documents du procès, des avances ont été faites au défendeur par le demandeur, se borne, pour en déterminer le montant, à dire que « ces avances se sont élevées, ainsi qu'il le sera justifié au cas de déni, à 214 fr. 26 c. sur lesquels le défendeur a versé 10 fr. ». — Civ. c. 25 mai 1892, D.P. 92. 1. 336.

2493-9°. Il y a lieu de déclarer nul, comme insuffisamment motivé, l'arrêt qui, pour répondre à la demande d'une partie tendant au payement du tôt échu à l'obligation dont elle est porteur et tendant sur ce que la clause de déchéance, opposée par la société qui a émis l'obligation, serait nulle comme n'ayant pas été sanctionnée par l'arrêté ministériel autorisant l'émission, se borne à dire que, par suite de la déchéance encourue par la partie, celle-ci est sans intérêt dans la question de savoir qui profitera du lot. — Civ. c. 1er juin 1892, D.P. 92. 1. 320.

2493-10°. N'est pas suffisamment motivé, et dès lors doit être cassé, l'arrêt qui, pour annuler un bail n'ayant pas date certaine avant le commandement à fin de saisie immobilière, s'appuie sur un motif conçu en termes équivoques, ne permettant pas de reconnaître si la cour d'appel a fait usage du pouvoir d'appréciation que l'art. 684 C. proc. civ. lui attribue, ou si elle a fait résulter du seul défaut de date certaine une cause légale et nécessaire de nullité du bail. — Civ. c. 1er juin 1892, D.P. 92. 1. 384.

2493-11°. Il en est ainsi, notamment, lorsque, pour annuler le bail litigieux, le juge a bien invoqué la faute ou la négligence du preneur, mais parait l'avoir fait uniquement quant à l'inaccomplissement par le preneur des obligations imposées par la loi pour assurer date certaine aux actes sous seing privé. — Même arrêt.

2493-12°. Manque de base légale et doit être annulé le jugement qui, pour rejeter des conclusions tendant à la nullité d'une saisie pratiquée, sur un immeuble commun, contre la femme et son mari chef de la communauté, allègue dont seul motif que le saisissant est créancier privilégié, comme vendeur, sur la totalité de l'immeuble saisi, et qu'en cette qualité on ne pouvait lui opposer la division de l'immeuble, une pareille réponse ne concordant d'aucune manière avec les conclusions contenues dans l'objection. — Civ. c. 13 juin 1892, D.P. 92. 1. 350.

2493-13°. Est insuffisamment motivé le jugement qui repousse l'action en complainte en constatant uniquement que les faits invoqués par le demandeur remontant à une époque reculée et qu'un témoin engagé ne se réfère à l'année qui a précédé le trouble, sans que le jugement s'explique ni sur le caractère prétendu acquisitif de possession des actes anciens accomplis, ni sur la conversion de possession qui pouvait résulter de la simple intention. — Civ. c. 27 oct. 1891, D.P. 92. 1. 432.

2503-2°. Il n'y a pas lieu d'annuler comme non motivé l'arrêt qui adopte les motifs des premiers juges en faisant une légère addition aux moyens allégués. — Req. 5 juin 1877, J.G.S. Jugement, 769.

2503-3°. L'arrêt qui, pour un jugement condamnant l'une des parties en cause à recevoir en payement des actions d'une certaine société, se borne à adopter les motifs du premier juge uniquement tirés de l'interprétation d'une convention, est nul si l'appelant avait pris devant la cour des conclusions nouvelles fondées sur la nullité de ladite société. — Civ. c. 28 mai 1879, J.G.S. Jugement, 771.

2503-4°. Un arrêt est également nul lorsque, en présence de conclusions nouvelles invoquant, à l'appui d'une demande de privilège, la qualité de créancier gagiste ou de commissionnaire, il se borne à adopter les motifs des premiers juges qui ne visaient nullement cette double qualité. — Civ. c. 25 nov. 1879, ibid.

2503-5°. Est suffisamment motivé l'arrêt qui rejette la demande tendant à faire condamner les intimés au payement du montant d'effets impayés, lorsqu'il confirme par adoption de motifs la décision des premiers juges qui a renvoyé les parties à compter devant le syndic de la faillite, faute de documents produits par le demandeur pour permettre au tribunal d'apprécier son action. — Req. 1er avr. 1890, D.P. 91. 1. 374.

2503-6°. Est suffisamment motivée la décision qui, pour repousser le reproche formulé contre un témoin, confirme avec adoption de motifs le jugement qui a rejeté ce reproche sous le prétexte qu'il n'avait pas été reproduit dans les conclusions devant le tribunal; par là, en effet, la décision constate que le reproche était invoqué pour la première fois en cause d'appel. — Civ. r. 19 janv. 1892, D.P. 92. 1. 136.

2513-2°. Est nul l'arrêt qui se borne à confirmer, par adoption de motifs, le jugement attaqué, en présence de conclusions nouvelles demandant qu'il soit sursis à statuer jusqu'à la solution d'une instance connexe. — Civ. c. 17 août 1875, J.G.S. Jugement, 771.

2543-2°. Les juges d'appel qui confirment le jugement de première instance, dont ils adoptent les motifs, ne sont pas tenus de donner des motifs particuliers à l'appui du rejet de conclusions prises pour la première instance qui, quand ces conclusions reproduisent celles qui avaient été prises en première instance, alors même que les avoués auraient expressément déclaré abandonner leurs premières conclusions et les remplacer par les nouvelles. — Req. 13 janv. 1885, J.G.S. Jugement, 766.

2550-2°. L'arrêt qui rejette des conclusions prises pour la première fois en appel est suffisamment motivé, si ces conclusions donnés par le jugement de première instance et adoptés par la cour répondaient implicitement à ces conclusions. — Civ. r. 16 juin 1891, D.P. 92. 1. 321.

2567-2°. L'arrêt qui déclare qu'il n'existe aucune disposition de loi rendant applicables aux significations des jugements à avoué les formalités propres aux ajournements ordinaires, lorsqu'on que les significations sont de nature à faire courir un délai de rigueur, répond suffisamment aux conclusions tendant à la nullité de l'acte de signification d'un jugement basée sur ce que cet acte n'aurait pas fait connaître à la requête de quel avoué il était adressé. — Civ. c. 23 déc. 1891, D.P. 92. 1. 62.

2579-2°. Lorsque des héritiers ont pris pour la première fois en appel des conclusions subsidiaires par lesquelles, pour établir qu'ils n'avaient rien détourné, ils demandaient à la cour de les admettre à prouver qu'ils avaient payé les dettes de cujus, et de nommer un expert chargé de vérifier l'importance des réparations qu'ils ont exécutées, l'arrêt qui adopte les motifs des premiers juges, lesquels avaient admis l'existence des détournements, est suffisamment motivé. — Req. 3 avr. 1876, J.G.S. Jugement, 768.

2580-2°. L'arrêt qui confirme avec adoption de motifs le jugement de première instance motive suffisamment le rejet de conclusions subsidiaires prises pour la première fois en appel, alors que les motifs adoptés répondent indirectement, mais nécessairement, à ces conclusions. — Req. 28 janv. 1891, D.P. 91. 5. 349.

2593-2°. L'arrêt qui déclare qu'il résulte des actes et des faits de la cause qu'il a existé une véritable société civile, formant un être moral et une personne distincte des associés, et sur les immeubles de laquelle ceux-ci n'avaient qu'un droit purement mobilier, exclut virtuellement toute idée d'une association en participation et, par suite, répond implicitement à des conclusions tendant à établir que la société avait ce dernier caractère — Req. 23 févr. 1891, D.P. 91. 1. 337.

2593-3°. L'arrêt qui déclare que les premiers juges ont bien jugé en constatant l'existence d'une créance, reconnaît nécessairement que la preuve de l'obligation alléguée a été fournie, et est, par suite, suffisamment motivé. — Req. 14 avr. 1891, D.P. 92. 1. 155.

2593-4°. Un arrêt répond implicitement, mais d'une manière suffisante, à l'allégation du preneur que le payement des loyers a été effectué par un locataire précédent, s'il affirme que ledit preneur était personnellement tenu de l'obligation, une pareille affirmation excluant nécessairement l'idée d'un versement antérieur effectué en son lieu et place par un tiers. — Civ. r. 1er déc. 1891, D.P. 92. 1. 66.

2593-5°. La constatation de faits de nature à justifier le rejet d'un moyen de droit motive suffisamment la décision qui ne s'arrête pas à ce moyen, même sans le relever, ni le discuter, ni le rejeter formellement. — Req. 5 avr. 1892, D.P. 92. 1. 246.

2601-2°. Un arrêt est nul, lorsque, ayant à statuer à la fois sur une demande en remboursement de marchandises perdues et sur une demande en dommages-intérêts, il admet la première et exclut implicitement la seconde, en la passant sous silence, sans donner aucun motif de cette exclusion. — Civ. c. 14 févr. 1876, J.G.S. *Jugement*, 695.

2601-3°. L'héritier sommé d'intervenir à l'ordre ouvert sur l'un des immeubles de la succession pour justifier du payement qu'il aurait fait de sa part personnelle dans la dette héréditaire hypothéquée sur cet immeuble, ne peut être admis à critiquer la délivrance d'un bordereau de collocation pour la totalité de la créance successorale, lorsqu'il a omis de justifier à l'ordre du payement effectué par lui et qui aurait partiellement éteint la dite créance; et l'arrêt qui le décide ainsi par appréciation des circonstances de fait, donne à l'appui de sa décision un motif suffisant qui le dispensait d'examiner les autres conclusions de l'héritier tendant à démontrer le remboursement partiel antérieur d'une partie de la dette colloquée. — Civ. c. 29 oct. 1890, D.P. 91. 1. 475.

2601-4°. L'arrêt qui déclare qu'un entrepreneur est responsable des suites d'un accident survenu pour n'avoir pas empêché ses ouvriers de prendre dans un train une position dangereuse, statue implicitement, mais par des motifs suffisants, le moyen tiré de ce que la victime de l'accident aurait partagé la faute de l'entrepreneur au mépris des règlements et des usages qu'elle connaissait. — Civ. c. 22 avr. 1891, D.P. 92. 1. 277.

2601-5°. Une cour indique implicitement, mais d'une manière suffisante, le motif pour lequel elle n'avait pas à statuer sur le reproche proposé contre un témoin, lorsque, énumérant parmi les seuls témoignages sur lesquels elle fonde sa décision, elle ne cite pas et s'abstient d'examiner le témoignage de celui qui a été l'objet du reproche. — Civ. r. 19 janv. 1892, D.P. 92. 1. 136.

2605-2°. L'arrêt qui se base sur une ratification, pour donner gain de cause aux réclamations de l'agent de change contre le client, répond par cela même implicitement à l'objection prise de ce que les opérations contestées auraient eu lieu sans aucun mandat, et de ce que, par suite, le client n'était pas tenu de payer. — Req. 21 déc. 1885, D.P. 1. 254.

2605-3°. En décidant que le client se trouve obligé au payement, par suite de la ratification qu'il a donnée, le juge motive comme inutile le rejet de conclusions subsidiaires aux termes desquelles le client demandait à prouver que les négociations contestées avaient été faites sur l'initiative d'un employé, dont l'agent de change devait être reconnu responsable. — Même arrêt.

2605-4°. L'affirmation du juge du fond que les titres du défendeur à une complainte manquent de précision et n'indiquent pas de droits certains en sa faveur, répond implicitement à l'allégation de celui-ci que de ces titres ressort la preuve de la priorité vis-à-vis de lui de la possession du complaignant. — Civ. c. 18 mai 1892, D.P. 92. 1. 297.

2610-2°. Lorsqu'un jugement a ordonné la restitution d'un certain billet, le jugement ultérieur qui décide au fond qu'il n'y a pas identité entre ce billet et un autre, motive implicitement, mais d'une manière suffisante, le rejet de l'exception de chose jugée tirée du premier jugement. — Req. 18 déc. 1877, J.G.S. *Jugement*, 781.

2610-3°. Un arrêt est nul lorsque, en accueillant des conclusions additionnelles, il rejette implicitement, sans donner de motifs, une fin de non-recevoir tirée de ce que ces conclusions soulevaient une contestation distincte de la demande principale. — Civ. c. 24 juill. 1878, J.G.S. *Jugement*, 709.

2610-4°. L'arrêt qui se borne à constater qu'un litige soulève une question de propriété, motive suffisamment son refus de reconnaître à la demande le caractère d'une action possessoire. — Req. 26 juill. 1882, D.P. 83. 1. 461.

2623-2°. L'arrêt qui déclare que l'exécution d'un jugement par défaut n'est point établie écarte virtuellement, par cela même, les pièces invoquées comme preuve de cette exécution. — Civ. r. 29 avr. 1874, J.G.S. *Jugement*, 775.

2628-2°. L'arrêt qui entérine un rapport d'experts justifie par cela même les réductions qu'il fait subir à la demande de l'entrepreneur, conformément aux conclusions du rapport. — Civ. r. 6 déc. 1875, J.G.S. *Jugement*, 775.

2628-3°. Lorsqu'à l'appui de sa demande en résiliation, le preneur conclut en appel à une nouvelle expertise pour faire vérifier si la force motrice d'une rivière existe encore. L'arrêt qui rejette ces conclusions comme inutiles en tant qu'objet, déclare par là implicitement l'existence de la force motrice, et cette déclaration, qui ne renferme qu'une appréciation en fait, ne peut être considérée comme une violation de la loi du contrat intervenu entre les parties. — Req. 16 mai 1877, D.P. 79. 1. 164.

2641-2°. Un arrêt est suffisamment motivé lorsque les motifs de sa décision principale expliquent surabondamment une décision accessoire qui n'est que la conséquence de cette décision principale. — Req. 9 mars 1891, D.P. 91. 1. 459.

2644-2°. La chose jugée réside dans le dispositif des jugements et arrêts; en conséquence, lorsqu'un tribunal a été saisi de deux demandes pareilles, tendant aux mêmes fins, mais successivement et séparément introduites à la requête de deux catégories distinctes de demandeurs, dont chacune a agi en des qualités particulières (dans l'espèce, les membres du conseil de surveillance des membres du conseil, agissant en leur nom personnel, d'une part, et l'un délégué par l'assemblée générale des actionnaires, d'autre part), une jugement doit être considéré comme n'ayant statué que sur l'une des deux demandes, en la déclarant recevable et fondée, reste sur l'égard de la seconde demande, et n'entre même pas dans l'examen d'une fin de non-recevoir qui lui a été opposée. — Riom, 21 déc. 1890, D.P. 92. 2. 133.

2644-3°. Il importe peu que la condamnation aux dépens prononcée comprenne le coût de celle des assignations à laquelle il n'a pas été statué, une simple condamnation aux frais ne pouvant suppléer à l'absence des conditions substantielles requises pour constituer un véritable jugement, notamment à l'absence d'un dispositif statuant sur le fond du litige. — Même arrêt.

2644-4°. La cour d'appel devant laquelle on prétend qu'une traite, ayant été souscrite en blanc et remplie abusivement après coup, ne peut constituer une lettre de change, n'est pas tenue de s'expliquer sur le point de savoir si ladite traite contient ou non supposition du lieu où, d'après les mentions qu'elle porte, elle a été tirée, alors d'ailleurs que ce point n'a pas été visé dans le dispositif des conclusions. — Req. 14 mars 1892, D.P. 92. 1. 267.

2644-5°. En matière d'assurances contre l'incendie, le sinistré ne saurait critiquer devant la cour de cassation, le rejet sans motifs par la cour d'appel du moyen tiré de la connaissance que la Compagnie a eue en fait d'une seconde assurance par lui contractée, s'il ne justifie pas l'avoir expressément invoqué devant les juges du fond, et si ce moyen ne figure pas dans le dispositif de ses conclusions. — Req. 16 mars 1891, D.P. 92. 1. 46.

Art. 142.

2645-2°. On ne peut considérer comme constant l'aveu d'un fait par cela seul qu'il est relaté aux qualités, alors surtout que ce fait, dénanti d'ailleurs par des moyens qualités, faisait l'objet du procès. — Aix, 13 août 1866, J.G.S. *Jugement*, 262.

2649-2°. À l'égard des décisions rendues en matière de discipline, il ne saurait être question de qualités dressées en règles en conformité de l'art. 141, 142 et s. proc. civ., l'application de ces articles n'étant pas compatible avec les formes de l'action disciplinaire — Req. 18 juin 1890, D.P. 92. 1. 67.

2649-3°. Il suffit, dans ce cas, pour la régularité de la procédure, que le jugement ou arrêt constate la publicité de l'audience, contienne les noms des magistrats présents, le nom et l'interrogatoire de l'officier public assigné à la partie du parquet, et indique les chefs de prévention et les conclusions de la défense en des termes qui permettent à la cour de cassation d'exercer, s'il y a lieu, son droit de contrôle. — Même arrêt.

2649-4°. Mais la décision qui contiendrait, en outre, un exposé sommaire des faits portant la signature d'un substitut du procureur général, partie poursuivante, sous forme de qualités non signifiées, ne serait cependant pas entachée de nullité, malgré l'irrégularité de cette mention. — Même arrêt.

2651-2°. La nullité de la signification des qualités n'est pas prescrite à peine de nullité. — Req. 3 août 1876, J.G.S. *Jugement*, 271.

2651-3°. Il n'y a pas lieu à signification des qualités encore qu'il s'agisse d'un jugement de tribunal en matière disciplinaire, s'il est, en fait, il n'existe pas d'avoué contredisant à qui les qualités puissent être signifiées, comme cela existe dans les jugements par défaut, même lorsqu'ils ont été rendus contre avoué faute de comparaître. — Req. 24 juin 1878, J.G.S. *Jugement*, 463.

Art. 144.

2653-2°. L'opposition aux qualités d'un jugement devant être formée sur l'original de la signification à avoué desdites qualités, il en résulte que la mention sur la copie de cette signification qu'il y a eu opposition, n'en donne pas légalement la preuve, d'où le moyen de cassation, pris en ce cas du défaut du règlement sur opposition, manque en fait. — Civ. c. 22 avr. 1891, D.P. 91. 1. 416.

2657-2°. La nullité résultant du défaut

de règlement de qualités ne serait pas davantage couverte par l'exploit d'appel de la partie qui avait formé opposition, ni par les conclusions au fond contenues dans cet acte, ces sortes de nullité ayant trait à la validité même du jugement. — Caen, 8 mars 1889, J.G.S. *Jugement*, 182.

Art. 145.

2658-2°. Le jugement dont les qualités ont été, sans cause d'excuse légitime, signées par un magistrat autre que celui qui a présidé les débats, doit être annulé. — Douai, 20 déc. 1890, D.P. 92. 2. 27.

2662. *Adde:* — Civ. c. 11 juin 1877, J.G.S. *Jugement*, 314.

2663-2°. L'incompétence du magistrat, dans l'espèce, du premier président, qui a réglé les qualités d'un arrêt auquel il n'a pas concouru, est une incompétence absolue entraînant la nullité de cet arrêt, même dans le cas où l'avoué opposant aux qualités n'a pas comparu pour soutenir son opposition. — Civ. c. 1er juin 1892, D.P. 92. 1. 384.

2684-2°. Pendant les vacances, le règlement des qualités d'un arrêt ne peut être fait par un membre de la chambre des vacations qui n'y a point participé que dans le cas où tous les magistrats qui ont concouru à la décision sont absents ou empêchés ; en conséquence, à défaut de mention de cette absence ou de cet empêchement, le règlement est nul, ce qui entraîne la nullité de l'arrêt lui-même. — Civ. c. 12 mai 1891, D.P. 91. 5. 316.

2684-3°. Pendant les vacances des tribunaux, les membres de la chambre des vacations peuvent procéder au règlement des qualités en vertu de la plénitude de juridiction dont ils sont investis. — Douai, 19 janv. 1894, J.G.S. *Jugement*, 227.

2704-2°. Le fait qu'une date erronée a été donnée à l'ordonnance portant règlement des qualités d'un arrêt ne vicie pas cet arrêt, lorsque les énonciations mêmes de l'ordonnance permettent de rectifier l'erreur matérielle qui a été commise et de rétablir la véritable date. — Civ. r. 24 mars 1890, D.P. 91. 1. 427.

2708-2°. A supposer que le règlement des qualités à une date postérieure au jour fixe indiqué par l'avenir puisse être une cause de nullité, ce grief ne pourrait jamais être relevé que par l'avoué opposant, dont l'opposition aurait été rejetée par défaut ; il ne saurait l'être par l'avoué qui a rédigé les qualités et poursuivi le règlement. — Civ. c. 3 juill. 1877, J.G.S. *Jugement*, 203.

APPENDICE AU TITRE VII.

Des Jugements.

I. EFFETS LÉGAUX DES JUGEMENTS

2778-2°. Le jugement produit ses effets dès la première heure du jour où il a été prononcé. — Caen, 31 mars 1879, J.G.S *Jugement*, 344.

2778-3°. Ce principe est si formel que la même solution s'imposerait encore bien que la minute portât surabondamment l'heure où le jugement a été prononcé. — Même arrêt.

2778-4°. En principe, le jugement a un effet purement déclaratif. — Arrêt préc. 31 mars 1879, Montpellier, 16 janv. 1882, J.G.S. *Jugement*, 354. — Douai, 17 févr. 1890, D.P. 91. 2. 123.

2778-5°. De là, deux conséquences essen-

tielles : 1° le jugement rétroagit, en ce sens que le droit ou le fait qu'il reconnaît est réputé avoir été *ab initio*, tel que le jugement le proclame. — Arrêt préc. 17 févr. 1890.

2778-6°. 2° Il n'est pas soumis à la transcription, alors même qu'il reconnaîtrait un droit réel dont la mutation doit être transcrite, attendu qu'il ne fait que constater cette mutation et ne l'opère pas. — Arrêt préc. 16 janv. 1882.

IV. INTERPRÉTATION DES JUGEMENTS

2806-2°. Une cour d'appel, qui a ordonné la restitution à des particuliers de taxes illégalement perçues par un directeur des douanes, peut interpréter cette décision en ce sens qu'elle s'applique non seulement aux taxes perçues antérieurement à la demande, mais encore à celles qui n'ont été perçues que postérieurement. — Req. 26 févr. 1879, J.G.S. *Jugement*, 382.

2809-2°. Le texte d'une décision judiciaire l'emporte sur ce que les juges qui l'ont rendue prétendent ultérieurement avoir ou l'intention de faire et avoir fait ; et, lorsqu'il est clair et précis, le dispositif ne pouvant, sous aucun prétexte, donner lieu à l'interprétation, résiste à toute excursion arbitraire de son libellé. — Riom, 24 juin 1890, D.P. 92. 2. 133.

2813. *Adde :* — Trib. corr. de la Seine, 15 févr. 1888, J.G.S. *Jugement*, 387.

TITRE VIII

Des Jugements par défaut et oppositions.

Art. 149.

2823-2°. Bien que des conclusions n'aient pas été prises à l'audience nominativement contre une des parties, le jugement est contradictoire et non par défaut-congé lorsque l'objet de l'action est le même pour tous les défendeurs, de telle manière que chacun d'eux était nécessairement compris dans la demande, et si d'ailleurs la partie à l'encontre de laquelle il n'a pas été expressément conclu, a été touchée par les conclusions. — Req. 1er juill. 1891, D.P. 92. 1. 393.

2825-2°. De ce qu'un jugement par défaut peut être soumis sur ses divers chefs à des règles différentes, il en résulte que chaque chef doit donner lieu à la perception d'un droit d'enregistrement distinct, alors du moins que la pluralité des chefs résulte des motifs mêmes du jugement ou de l'arrêt. — Décis. min. fin. 14 sept. 1880, J.G.S. *Jugement*, 10. — J.G.S. *Enregistrement*, 2360.

2827-2°. Doivent être considérées comme des décisions par défaut les jugements rendus sur requête lorsque la partie intéressée n'y a pas été appelée ; ils peuvent alors être frappés d'opposition, à moins que cette voie de recours ne soit prohibée par la loi ou incompatible avec la nature de la demande. — Douai, 11 mars 1864, J.G.S. *Jugement par défaut*, 9

2827-3°. Il en est ainsi dans le cas même où cette partie ne devait pas, d'après la loi, être appelée. — Même arrêt.

2827-4°. Spécialement, le jugement de la chambre du conseil qui, en matière d'interdiction ordonne la convocation du conseil de famille, et l'interrogatoire de la personne dont l'interdiction est poursuivie, est susceptible d'opposition de la part de cette personne. — Même arrêt.

2828-2°. La partie qui, après avoir fait demander une remise par son avocat, déclare

ensuite par l'organe de cet avocat n'être pas prête à plaider, fait défaut faute de conclure, et non faute de comparaître. — Nîmes, 6 juin 1879, J.G.S. *Jugement par défaut*, 37.

2832-2°. Un jugement commercial doit être qualifié par défaut faute de plaider lorsque le défendeur a comparu aux premières audiences de la cause. — Lyon, 28 déc. 1872, J.G.S. *Jugement par défaut*, 80.

Art. 153.

2848-2°. Lorsque, dans une action intentée contre deux époux, la femme seule a constitué avoué sans autorisation, le tribunal ne peut, après avoir autorisé la femme à ester en justice, annuler cette constitution d'avoué et prononcer un jugement par défaut contre les deux époux : il doit, à peine de nullité, rendre un jugement de défaut profit-joint. — Bordeaux, 9 déc. 1890, D.P. 92. 2. 92.

2848-3°. L'art. 153 C. proc. civ. qui, lorsqu'il existe plusieurs parties assignées parmi lesquelles les unes comparaissent et les autres font défaut, prescrit de rendre un jugement par défaut profit-joint suivi de réassignation, n'est pas applicable au cas où tous les demandeurs font défaut. — Req. 24 déc. 1890, D.P. 92. 1. 182.

2854-2°. La disposition de l'art. 153 relative au jugement par défaut profit-joint, ayant surtout pour objet d'éviter des contrariétés de jugement dans la même affaire, est d'ordre public ; en conséquence, tout jugement rendu en violation de cette règle est entaché d'une nullité absolue qui peut être invoquée par toutes les parties et en tout état de cause. — Grenoble, 5 déc. 1890, D.P. 92. 2. 337.

2854-3°. En particulier, lorsque, dans une instance en distraction d'objets saisis, le débiteur saisi et défaillant a été jugé par défaut et sans que le tribunal ait au préalable rendu un jugement par défaut profit-joint, les demandeurs en distraction sont fondés à se prévaloir, pour la première fois en appel, de la nullité résultant de la violation de l'art. 153 par les juges du premier degré, alors surtout que le tribunal avait connaissance de la non-comparution du saisi. — Même arrêt.

2868-2°. La règle suivant laquelle l'appel n'est pas permis contre un jugement par défaut, tant que ce jugement est susceptible d'opposition, ne s'applique pas lorsque ce jugement par défaut a été rendu à la suite d'un défaut profit-joint. — Grenoble, 5 déc. 1890, D.P. 92. 2. 337.

2868-3°. Et il en est ainsi même dans le cas où le tribunal a omis de rendre le jugement par défaut profit-joint, de sorte qu'il a statué contradictoirement contre l'un des défendeurs et par défaut contre l'autre, alors surtout que les deux chefs du jugement sont liés l'un à l'autre d'une manière si intime que l'infirmation de l'un ne peut se comprendre sans l'infirmation de l'autre. — Même arrêt.

2872-2°. La disposition de l'art. 153 qui déclare non susceptible d'opposition le jugement rendu après un jugement de défaut profit-joint ne s'applique qu'au jugement qui statue sur le profit du défaut ; mais elle ne saurait concerner les jugements qui pourraient être ultérieurement rendus dans la même instance. — Riom, 2 févr. 1867, J.G.S. *Jugement par défaut*, 74.

Art. 154.

2874-2°. Le jugement ou arrêt de défaut-congé étant fondé sur ce que le demandeur déserte sa demande, le juge qui rend ce jugement ou cet arrêt n'a pas besoin de motiver sa décision. — Req. 24 déc. 1890, D.P. 92. 1. 182.

Art. 156.

2893-2°. Les étrangers qui n'ont en France ni domicile, ni résidence, ni propriété, ne présentant aucune possibilité d'exécuter contre eux les jugements par défaut intervenus à leur charge sont déclarés non recevables à se prévaloir de la disposition de l'art. 156 relatif à la péremption des jugements par défaut. — J.G.S. *Jugement par défaut*, 160.

2893-3°. Toutefois, cette jurisprudence qui, d'ailleurs, compte d'énergiques contradicteurs, notamment dans les tribunaux d'Italie, doit être entendue très strictement. — C. cass. de Florence, 15 mai 1876, J.G.S. *Jugement par défaut*, 157. — C. de Lucques, 2 févr. 1882, *ibid.* — C. de Catane, 20 oct. 1884, *ibid.*

2897. *Adde :* — Paris, 21 mars 1863, J.G.S. *Jugement par défaut*, 157.

2917-2°. Lorsqu'un jugement par défaut a attribué à un particulier la propriété d'une forêt, à l'encontre d'une commune, un commencement d'arpentage de la forêt et la coupe de certains arbres opérée par le demandeur peuvent n'être pas considérés comme une acte d'exécution de nature à empêcher la péremption. — Civ. r. 29 avr. 1874, J.G.S. *Jugement par défaut*, 179.

Art. 157.

2935-2°. Suivant la législation italienne, la partie défaillante à laquelle le jugement par défaut n'a pas été signifié à personne, a le droit de faire opposition, après l'expiration des délais, sur le premier acte d'exécution; mais l'on ne saurait considérer comme un acte d'exécution le commandement tendant à la saisie mobilière. — Lyon, 25 févr. 1882, D.P. 83. 2. 228.

2937-2°. Si, malgré l'opposition, le jugement par défaut est maintenu, tous les actes d'exécution qui avaient pu la précéder se trouvent rétroactivement validés, et le créancier peut, après le jugement de débouté, reprendre la poursuite d'après les derniers errements de la procédure. — Paris, 28 juill. 1868, J.G.S. *Jugement par défaut*, 142.

2949-2°. La signification doit être adressée, non à la partie, mais à *son avoué* constitué, alors même que cet avoué a fait constituer à son client qu'il ne voulait plus continuer d'occuper pour lui. — Grenoble, 24 juill. 1867, J.G.S. *Jugement par défaut*, 78.

Art 162.

2988-2°. Aucune disposition du traité franco-suisse du 15 juin 1869 n'a dérogé aux règles du droit commun en matière de procédure civile et notamment aux dispositions des art. 149 et 162 C. proc. civ., d'après lesquelles opposition peut être formée à un jugement rendu contre un défendeur qui n'a pas constitué avoué. — (Sol. implic.) Req. 11 juin 1879, D.P. 80. 1. 21.

TITRE IX.

Des Exceptions.

Art. 166.

2996-2°. L'étranger, demandeur en pre-

mière instance, qui interjette appel du jugement qui lui fait grief, doit, sur la demande de l'intimé, fournir la caution *judicatum solvi* devant la cour d'appel. — Paris, 23 janv. 1891, D.P. 92. 2. 327.

Art. 167.

3051-2°. Lorsque la cour d'appel fixe dans son arrêt le délai dans lequel la caution *judicatum solvi* doit être fournie, l'inobservation de ce délai par l'étranger appelant entraîne pour lui, non la déchéance de son action, mais simplement la déchéance de l'instance. — Paris, 23 janv. 1891, D.P. 92. 2. 327.

Art. 169.

3054-2°. L'exception tirée du défaut de qualité du demandeur est péremptoire et peut être invoquée en tout état de cause devant les juges du premier degré, même après des conclusions au fond signifiées par le défendeur et aussi devant les juges du second degré. — Bourges, 7 juill. 1890, D.P. 92. 2. 162.

Art. 170.

3107. *Adde :* — Orléans, 31 mars 1892, D.P. 92. 2. 365

3115-2°. L'incompétence à raison de la matière est un moyen d'ordre public qui oblige le juge à se dessaisir d'office et alors même qu'aucun déclinatoire n'est proposé devant lui. — Bordeaux, 15 mai 1891, D.P. 92. 2. 197.

Art. 171.

3137-2°. La loi n'ayant défini la connexité, ni dans l'art. 171 C. proc. civ., ni ailleurs, il appartient aux tribunaux d'apprécier les circonstances qui doivent contribuer à l'établir. — Civ. c. 14 janv. 1890, D.P. 91. 1. 433.

3137-3°. L'action en validité d'une saisie-arrêt et l'action en revendication des objets saisis-arrêtés (dans l'espèce, des marchandises en cours de transport) mettant l'une et l'autre en question le droit de propriété, sont connexes. — Poitiers, 26 janv. 1891, D.P. 92. 2. 300.

3137-4°. En conséquence, le tribunal de commerce devant qui a été portée la demande en revendication, alors que la demande en validité de saisie-arrêt était pendante devant un tribunal civil, doit renvoyer la cause à la juridiction civile. — Même arrêt.

3142-2°. En matière d'assurances maritimes, la jonction en cour d'appel des instances dirigées par les différents ayants-droit contre leurs assureurs respectifs laisse à chaque procès son individualité. — Amiens, 29 janv. 1891, D.P. 91. 2. 345.

3142-3°. En conséquence, la décision intervenue, même dans celles de ces parties qui ont été maintenues par la cour de cassation au regard de certaines des compagnies en cause, n'a pas l'autorité de la chose jugée au regard des autres, si, par rapport à ces dernières, elle a été cassée et l'affaire renvoyée devant une autre cour, les parties, par l'effet de la cassation et du renvoi, étant remises au même et semblable état qu'avant sa prononciation. — Même arrêt.

3142-4°. Une cour d'appel peut considérer, à bon droit, deux instances, dont elle est simultanément saisie, comme ayant entre elles un lien de dépendance et prononcer la jonction de ces deux instances pour cause de connexité, en se fondant : 1° sur ce qu'il s'agit d'apprécier la validité d'assurances

consenties sur diverses marchandises faisant l'objet d'un même chargement; 2° sur ce que les mêmes faits sont, dans les deux instances, imputés au chargeur pour faire prononcer la nullité de toutes les polices ; 3° sur ce que, si le chargeur ne figure pas en nom dans l'une de ces instances, son consignataire agit comme substitué à ses droits et à ses obligations. — Civ. c. 14 janv. 1890, D.P. 91. 1. 433.

Art. 173.

3195-2°. Le fait par l'intimé de prendre des conclusions sur la jonction du profit du défaut et au classement de l'affaire ne couvre pas les nullités de l'acte d'appel en conséquence, au jour fixé pour les plaidoiries, l'intimé peut soulever ce moyen de nullité. — Besançon, 18 févr. 1891, D.P. 92. 2.224.

Art. 175.

3225-2°. Les dispositions des art. 175 et 176 C. proc. civ. aux termes desquels les demandes en garantie, doivent être formées dans la huitaine de la demande originaire, ou de la demande en garantie, s'il s'agit d'appel dans l'intérêt du demandeur originaire et afin de lui éviter des retards préjudiciables, le garant ne saurait se prévaloir de leur inobservation et demander son renvoi à raison de ce qu'il n'aurait été cité qu'après l'expiration de ces délais. — Req. 2 déc. 1890, D.P. 91. 1. 478.

Art. 181.

3265-2°. En admettant qu'une action récursoire ne soit pas, à proprement parler, une demande en garantie, elle n'en peut pas moins être portée devant le tribunal saisi de la demande principale, dès lors que toutes deux naissent d'un fait unique et de connexité. — Rennes, 30 juin 1890, D.P. 92. 2. 303.

Art. 188.

3290-2°. Les tribunaux peuvent ordonner la production de pièces qui n'ont été ni signifiées, ni employées au cours des débats; mais ils sont toujours libres d'écarter ce moyen d'instruction, si l'usage ne leur en paraît pas justifié par des motifs sérieux; et ils jouissent, à cet égard, d'un pouvoir souverain d'appréciation. — Req. 17 juin 1879, D.P. 80. 1. 427.

3290-3°. Spécialement, il leur appartient de refuser la communication demandée en se fondant sur ce que cette mesure avait été omise d'établir le détournement de valeurs qu'il établiraient ni spécifiées ni désignées, et sur ce qu'aucun adminicule de preuve n'était fourni à ce prétendu détournement. — Même arrêt.

3290-4°. Peu importe que le demandeur ait assisté à la levée des scellés et à l'inventaire de la succession à laquelle appartenaient les pièces faisant l'objet de sa demande en communication, alors qu'il n'avait été admis à cet inventaire qu'à raison d'une créance non contestée et dont il a obtenu le remboursement. — Même arrêt.

3296-2°. Lorsqu'il ne résulte pas des énonciations d'un arrêt que les documents sur lesquels la cour d'appel a basé sa décision, ne lui ont été produits ou communiqués qu'au cours de son délibéré, après la clôture des débats, il y a lieu de présumer que ces pièces ont été versées au procès régulièrement, et que la partie adverse a été mise à même de les discuter. — Req. 28 janv. 1891, D.P. 91. 1. 339.

Art. 191.

3300-2°. Ce n'est pas au tribunal entier, mais seulement au président, que la partie doit s'adresser pour obtenir contre un avoué l'ordonnance à fin de restitution des pièces qui ont été communiquées à celui-ci. — Trib. civ. de Carcassonne, 27 janv. 1892, D.P. 92 2. 195.

TITRE X.

De la Vérification des écritures.

Art. 195.

3324-2°. En matière de vérification d'écritures, les juges peuvent puiser les éléments de leur conviction dans tous les faits, actes et documents de la cause, sans être astreints, pour le choix des pièces de comparaison et la manière de procéder, aux règles prescrites par la loi pour la vérification par experts. — Caen, 19 déc. 1891, D.P. 92. 2. 118.

Art. 200.

3342-2°. Lorsque les juges ont recours à la procédure spéciale de vérification d'écritures, il ne leur est pas loisible d'admettre d'autres pièces de comparaison que celles dont l'art. 200 C. proc. civ. contient l'énumération limitative. — Caen, 19 déc. 1891, D.P. 92. 2. 118.

3342-3°. Et, par exemple, des actes de l'état civil auxquels la personne dont la signature est déniée serait intervenue comme partie (spécialement les actes de reconnaissance de ses enfants naturels) — Même arrêt.

3342-4°. ... Ou un registre de commission agricole qu'elle aurait signé comme commissaire. — Même arrêt.

TITRE XI

Du Faux incident civil.

Art. 214.

3363-2°. La foi due à l'acte authentiquement dressé par des magistrats ou officiers publics ne peut pas être affaiblie par des reconnaissances émanées de la partie qui s'en prévaut. — Req. 22 déc. 1891, D.P. 92. 1. 118.

3363-3°. En conséquence, si le procès-verbal d'un juge de paix en matière d'enquête mentionne la présence à cette enquête du commis-greffier, lequel du reste a signé la minute, cette indication ne saurait être valablement combattue par la preuve testimoniale ou l'aveu de la partie adverse; pour en établir la fausseté, la voie de l'inscription de faux est seule possible. — Même arrêt.

3415-12°. La juridiction devant laquelle est formée une inscription de faux est juge souveraine de son admissibilité et les magistrats ont le pouvoir de la rejeter sans attendre la justification des moyens sur lesquels on prétend la fonder. — Limoges, 7 déc. 1891, D.P. 92. 2. 201.

3415-3°. La faculté accordée aux tribunaux d'admettre ou de rejeter une demande en inscription de faux incident est discrétionnaire; elle peut être exercée sans aucune condition, suivant les circonstances qu'il appartient aux juges du fond d'apprécier souverainement. — Req. 26 janv. 1892, D.P. 92. 1. 422.

3415-4°. Ils peuvent, notamment, rejeter cette demande en déclarant qu'elle est sans utilité, les actes argués de faux n'ayant aucune influence au procès. — Même arrêt.

TITRE XII

Des Enquêtes.

Art. 253.

3540-2°. La preuve par témoins doit être rejetée comme non pertinente, inutile et frustratoire, lorsque les articulations sur lesquelles elle porterait sont d'ores et déjà démenties en fait. — Riom, 20 janv. 1891, D P. 92. 2. 127.

Art. 255.

3549-2°. Une enquête peut être commencée avant la signification du jugement qui l'ordonne. — D.P. 92. 2. 151, note.

3555-2°. Il ne suffit pas à une partie, pour conserver le droit de demander la nullité d'une enquête à laquelle elle assiste, de faire des réserves générales, mais elle doit préciser immédiatement les moyens sur lesquels se fondera l'action en nullité; en conséquence, le moyen de nullité présenté pour la première fois en appel n'est pas recevable. — Riom, 7 janv. 1891, D.P. 92. 2. 151.

3559-2°. En matière ordinaire, l'enquête ne peut se faire à l'audience; elle doit nécessairement être renvoyée devant un juge-commissaire, à peine de nullité. — Besançon, 24 déc. 1890, D.P. 92. 2. 147.

3559-3°. Mais cette nullité n'est pas d'ordre public et les parties peuvent la couvrir en prenant volontairement part à l'enquête, en faisant entendre des témoins et en s'appuyant dans leurs conclusions au fond sur les résultats de cette enquête. — Même arrêt.

Art. 257.

2585-2°. Le délai de huitaine fixé par l'art. 257 C. proc. civ. pour commencer une enquête en cas d'appel, que de la signification à l'avoué de première instance soit de l'arrêt, soit de l'acquiescement. — Riom, 7 janv. 1891, D.P. 92. 2. 151.

Art. 279.

3655-2°. La partie qui, sur la demande de prorogation d'une contre-enquête formée par son adversaire, déclare s'en rapporter à justice sans demander que son côté, dans le délai de la loi, la prorogation de l'enquête, ne saurait bénéficier du jugement qui a accueilli la demande de prorogation de contre-enquête, pour faire entendre de nouveaux témoins dans l'enquête. — Paris 18 févr. 1891, D.P. 92. 2. 315.

Art. 283.

3695. *Adde :* — Trib. de Cusset, 20 déc. 1888, D.P. 92. 1. 451.

3696. *Adde :* — Trib. de Cusset, 20 déc. 1888, D.P. 92. 1. 451.

3698-2°. En matière d'interdiction, les parents ou alliés du défendeur peuvent être reprochés. — Gand, 27 mai 1868, J G.S. *Interdiction-conseil judiciaire*, 85.

3710. *Adde :* — Orléans, 11 déc. 1890, D.P. 91. 2 383.

Art. 289.

3770-2°. Les reproches présentés contre un témoin dans une enquête doivent être reproduits devant le tribunal avant tout débat sur le fond; dès lors, la partie qui ne les a pas relevés dans le dispositif de ses conclusions de première instance, ne peut pas les reprendre valablement en appel. — Civ. r. 19 janv. 1892, D.P. 92. 1. 130.

TITRE XIV.

Des Rapports d'experts.

Art. 303.

3851-2°. Si l'expertise ne peut, aux termes de l'art 303 C. proc. civ., se faire que par trois experts, à moins que les parties n'aient consenti à ce qu'il soit procédé par un seul, il n'est cependant pas indispensable que ce consentement soit formulé d'une manière expresse : il doit s'induire des conclusions subsidiaires par lesquelles les parties ont de mandé la nomination d'un ou de trois experts. — Toulouse, 17 juin 1891, D.P. 92. 2. 463.

Art. 305.

3860-2°. Le jugement qui désigne des experts doit, à peine de nullité, réserver expressément aux parties la faculté de les choisir elles-mêmes dans les trois jours de sa signification. — Toulouse, 17 juin 1891, D.P. 92. 2. 463.

Art. 307.

3865-2°. Les experts convenus par les parties ou nommés d'office par le juge doivent, à peine de nullité, prêter serment s'ils n'en sont dispensés par les parties, ou par le juge, du consentement de toutes les parties en cause. — Civ. c. 4 mai 1891, D. P.92. 4. 388.

3865-3°. En conséquence, le jugement qui dispense les experts de prêter serment sans constater le consentement des parties, et l'expertise qui a suivi sont viciés de nullité, si l'une des parties n'a figuré aux opérations de l'expertise que sous les plus expresses réserves de tous moyens, tant en la forme qu'au fond. — Même arrêt.

Art. 315.

3881-2°. Une partie qui n'a pas figuré

dans l'instance de référé, à la suite de laquelle a été rendue une ordonnance prescrivant une expertise, mais qui a été présente aux opérations de l'expert, a qualité pour demander l'entérinement du rapport de l'expert. — Civ. r. 28 août 1877, D.P. 78. 1, 213.

Art. 319.

3937-2°. Les dispositions légales qui fixent le délai de l'opposition à une ordonnance de taxe de dépens sont applicables à la taxe des opérations des experts; en particulier, l'opposition est tardive et comme telle non recevable, si elle est faite plus de deux mois après les offres réelles et au cours de l'instance en validité. — Req. 12 nov. 1890, D.P. 92. 1. 7.

Art. 322.

3961-2°. Lorsque le conseil de préfecture décide qu'un expert unique procédera à un supplément d'instruction, cette opération doit être considérée comme étant la suite et le complément de l'expertise, et, par suite, l'expert doit, sous peine de nullité de la décision à intervenir, observer les formalités essentielles en matière d'expertise et notamment procéder en présence des parties ou elles dûment appelées. — Cons. d'Ét 4 juill. 1890, D.P. 92. 3. 36.

Art. 323.

3962-2°. Les juges du fond ne sont point liés, quant à la décision du litige dont ils sont saisis, par les conclusions d'une expertise ordonnée par un jugement préparatoire ou interlocutoire, et sont libres d'accepter ou de rejeter ces conclusions. — Req. 6 janv. 1891, D.P. 91. 1. 479.
3962-3°. Les tribunaux, pour déterminer les causes d'un abordage, ne sont pas tenus d'accepter purement et simplement les conclusions du rapport des experts; ils peuvent s'en écarter en déduisant les motifs de leur décision, et le demandeur en cassation ne peut se prévaloir des constatations et appréciations de ce rapport qui sont en contradiction avec celles du jugement ou de l'arrêt attaqué. — Req. 3 mars 1891, D.P. 91. 1. 463.
3962-4°. Les juges, n'étant point astreints à suivre l'avis des experts, quand leur conviction s'y oppose, peuvent fonder leur conviction sur de simples présomptions, pourvu qu'elles soient tirées de faits sur lesquels les parties ont été mises en mesure de s'expliquer contradictoirement à l'audience. — Req. 23 déc. 1891, D.P. 92. 1. 409.
3962-5°. Spécialement, ils peuvent se fonder, pour refuser d'entériner l'expertise, sur des constatations de fait, parmi lesquelles est relevée la rétractation régulièrement produite aux débats de l'un des signataires du rapport. — Même arrêt.

TITRE XV.

De l'interrogatoire sur faits et articles.

Art. 330.

3996 *Addc :* — *Contrà :* Caen, 21 mai 1875 J.G.S. *Louage,* 70.

TITRE XVI.

Des Incidents.

Art. 339.

4042-2°. L'intervention est recevable en première instance par cela seul que l'intervenant justifie d'un intérêt dans le débat engagé. — Orléans, 31 mars 1892, D.P. 92. 2. 365.
4042-3°. Un intérêt qui se fonde sur un droit éventuel est un motif suffisant pour intervenir. Spécialement, le fils aîné du titulaire d'un majorat, étant du jour de sa naissance investi du droit au majorat sous la condition suspensive du décès de son père, peut intervenir dans l'instance que ce dernier a introduite pour empêcher des créanciers de saisir les biens compris dans le majorat. — Même arrêt.
4042-4°. Toute personne peut intervenir dans une instance dès lors qu'elle y a intérêt, et l'art. 882 C. civ. n'a pas eu pour but de restreindre l'application de cette règle au profit des créanciers des copartageants, mais uniquement d'obliger ces créanciers à faire valoir les droits que leur confère l'art. 1167 par voie d'intervention au partage à peine de forclusion. — Civ. c. 1er juin 1891, D.P. 92. 1. 242.
4042-5°. En conséquence, le fils de l'une des cohéritières est recevable à intervenir au partage comme représentant de son père décédé, pour accomplir l'obligation, que celui-ci avait contractée par contrat de mariage, de faire liquider les droits héréditaires de sa femme. — Même arrêt.

Art. 340.

4095-2°. La demande en intervention peut être admise, bien que la demande principale ait été déclarée non recevable, si cette non-recevabilité tient à des motifs exclusivement personnels au demandeur, notamment à son défaut de qualité, et si l'intervenant, de son côté, a un droit direct et distinct contre le défendeur, qui lui permet de s'approprier la demande originaire. — Rouen, 5 mars 1890, D.P. 92. 2. 320.

TITRE XVII.

Des reprises d'instance et constitutions de nouvel avoué.

Art. 344.

4124-2°. Bien que le décès d'une des parties en cause puisse donner lieu à reprise d'instance, le jugement n'est cependant pas nul faute de reprise d'instance, si ce décès n'a pas été notifié. — Paris, 19 févr. 1873, J.G.S. *Jugement,* 13.

Art. 349.

4144-2°. Le jugement qui, sur une assignation en constitution de nouvel avoué, déclare l'instance reprise, ne peut statuer en même temps sur le fond du droit; il ne peut y avoir de décision au fond, au moins par défaut, tant que le jugement de reprise d'instance n'aura pas acquis l'autorité de la chose jugée; et cette règle est prescrite à peine de nullité. — Civ. c. 11 juill. 1892, D.P. 92. 1. 461.
4144-3°. En conséquence, doit être cassé l'arrêt qui, faute de comparution de la partie

assignée en constitution de nouvel avoué, tient la cause pour reprise et en même temps statue au fond sur un incident de saisie immobilière. — Même arrêt.

TITRE XVIII.

Du Désaveu.

Art. 352.

4146-2°. Il n'y a pas lieu à désaveu contre un avoué, lorsque, d'après les constatations souveraines des juges du fait, d'une part, la déclaration faite par l'avoué n'était que la reproduction et la conséquence d'une pièce versée au débat, et que la décision intervenue s'est fondée sur des titres et des considérations étrangères à cette déclaration qui n'a causé aucun préjudice à la partie, et lorsque, d'autre part, la partie a connu tous les actes de la procédure sans élever aucune protestation. — Req. 10 nov. 1890, D.P. 91. 5. 170.
4146-3°. De même, il n'y a pas lieu à désaveu contre un avoué qui a admis une intervention au nom de son client, bien que cet avoué ne justifie pas d'un pouvoir spécial l'autorisant à conclure à cette admission, si l'intervenant est un créancier dont les droits sont reconnus par un jugement et par un arrêt et s'il s'agit d'une instance en partage et liquidation de succession. — Req. 2 déc. 1891, D.P. 92. 1. 475.
4146-4°. ... Alors surtout que l'avoué a eu le soin de demander des instructions à son client, lequel a eu le tort de ne pas les lui envoyer, et que ce client n'a, en fait, souffert aucun préjudice par l'effet de cette intervention. — Même arrêt.
4150-2°. L'avocat qui, à l'audience d'un tribunal de commerce, se présente au nom d'une partie en vertu d'une autorisation verbale, doit être tenu jusqu'à preuve contraire pour un mandataire régulièrement constitué, et c'est à celui qui dénie le mandat à recourir à la procédure du désaveu. — Montpellier, 2 juin 1890, D.P. 92. 2. 140.

APPENDICE AU TITRE XIX.

Règlements de juges devant la cour de cassation.

4267 2°. Lorsque, sans conclure au fond, la partie assignée oppose un déclinatoire d'incompétence qui ne soulève pas uniquement une difficulté portant sur l'interprétation d'un contrat, mais des questions de droit tombant sous le contrôle de la cour de cassation, le rejet de ce déclinatoire laisse la cause pendante au fond, et la requête en règlement de juges est recevable, conformément à l'art. 19, tit. 2, de l'ordonnance d'août 1737. — Req. 12 févr. 1889, D.P. 92. 1. 382.

TITRE XXI.

De la Récusation.

Art. 378.

4364-2°. La plainte portée contre un magistrat et restée sans effet ne prouve pas l'inimitié capitale et ne constitue point l'agression personnelle exigée pour autoriser la récusation d'un juge. — Req. 29 juill. 1884, D.P. 85. 1. 237.

TITRE XXII.

De la Péremption.

Art. 397.

4392-2°. Une instance doit être déclarée périmée en ce qui concerne la demande sur laquelle le dispositif n'a point statué, lorsqu'aucun acte de procédure valablement interruptif du cours de la péremption n'est intervenu depuis plus de trois années avant la date de la demande en péremption. — Riom, 24 déc. 1890, D.P. 92. 2. 133.

4393-2°. Lorsqu'un arrêt a été cassé, la péremption d'instance court à partir de la signification de l'arrêt de cassation à l'avoué qui a représenté la partie perdante devant la cour suprême; il n'est pas nécessaire que cet arrêt soit signifié à la partie perdante elle-même. — Bourges, 16 juill. 1891, D.P. 92. 2. 121.

4394-2°. La disposition de l'art. 397, 2° al., C. proc. civ., aux termes de laquelle le délai de la péremption est augmenté de six mois lorsqu'il y a lieu à constitution de nouvel avoué, ne s'applique pas au cas où la connaissance du litige est déférée, après cassation, à une cour de renvoi; en conséquence, la péremption d'instance peut être prononcée contre la partie qui a laissé passer trois ans, après la signification à elle faite de l'arrêt de cassation, sans faire aucun acte de procédure. — Bourges, 16 juill. 1891, D.P. 92. 2. 121, et les Observ. de M. Cohendy sous cet arrêt.

Art. 400.

4452-2°. L'art. 400 C. proc. civ., aux termes duquel la péremption d'instance ne peut pas être demandée par requête d'avoué à avoué dans les cas où l'avoué du défendeur est décédé ou interdit ou suspendu depuis le moment où elle est acquise, ne contient pas une énumération limitative; il faut y ajouter le cas où il n'y a pas d'avoué constitué. — Bourges, 16 juill. 1891, D.P. 92. 2. 121.

TITRE XXIII.

Du Désistement.

Art. 402.

4506-2°. En appel comme en première instance, le désistement du demandeur n'est valable et ne produit effet qu'à la condition d'être accepté par le défendeur; à défaut de cette acceptation, l'instance n'est pas éteinte et rien ne s'oppose à ce que l'intimé interjette appel incident. — Agen, 24 mars 1890, D.P. 92. 2. 8.

4516-2°. Le désistement signifié par acte d'avoué à avoué est régulier et suffit pour annuler l'acte d'appel, sans qu'il soit nécessaire que la cour rende un arrêt de donné acte au profit de la partie qui a accepté ce désistement. — Nancy, 17 janv. 1891, D.P. 92. 2. 56.

APPENDICE AU TITRE XXIII.

De l'Acquiescement.

4562-2°. Un chef de gare, modeste employé et simple préposé d'une compagnie de chemin de fer, n'a pas qualité pour acquiescer à un jugement au nom de cette compagnie. — Toulouse, 11 mars 1892, D.P. 92. 2. 242.

4574-2°. L'incompétence du juge ratione materiæ touchant à l'ordre public, on ne peut valablement acquiescer aux décisions rendues par un tribunal dont l'incompétence est absolue; l'acquiescement des parties ne peut empêcher que de pareilles décisions soient annulées. — Alger, 8 févr. 1892, D.P. 92. 2. 247.

4615-2°. La partie qui prend devant le juge des conclusions aux termes desquelles elle déclare s'en remettre à justice, n'acquiesce pas à la demande et doit être réputée au contraire l'avoir contestée dans la mesure où cette contestation peut être juridique; en conséquence, elle n'est pas déchue par là du droit d'interjeter appel contre le jugement rendu par les juges du premier degré. — Bordeaux, 15 mai 1891, D.P. 92. 2. 197.

4649-2°. La partie qui, en exécution d'un arrêt qui l'a condamnée à rendre compte de sa gestion, assigne la partie adverse en nomination d'un arbitre comptable pour établir un compte général et définitif et à payement immédiat et par provision d'une somme formant le solde du compte notifié par elle, ne doit pas être considérée comme ayant par cet acte d'exécution acquiescé à cet arrêt et renoncé par suite au bénéfice du pourvoi en cassation qu'elle avait formé contre ledit arrêt, si elle n'a agi qu'à la suite de poursuites dirigées contre elle et sous réserve formelle de son pourvoi. — Civ. c. 4 août 1891, D.P. 92. 1. 159.

4653-2°. Le demandeur en cassation ne saurait se voir opposer comme fin de non-recevoir l'exécution par lui donnée à l'arrêt attaqué, s'il n'a procédé à cette exécution que comme contraint et forcé et en faisant les plus expresses réserves de son pourvoi. — Civ. r. 16 juin 1891, D.P. 92. 1. 321.

4653-3°. Il en est ainsi notamment, bien que les réserves, insérées dans un acte de conclusions annonçant l'exécution contrainte et forcée, n'aient pas été renouvelées lors de l'exécution elle-même. — Même arrêt.

4664-2° L'exécution d'un jugement n'emporte pas acquiescement lorsqu'elle a eu lieu sous réserve d'appel ou de pourvoi en cassation, alors qu'il s'agit d'un jugement rendu en premier ou en dernier ressort. — Toulouse, 11 mars 1892, D.P. 92. 2. 242.

4664-3°. L'appel est recevable contre un jugement que la partie condamnée a exécuté, quoique sur l'exécutant elle n'ait fait réserve que de se pourvoir en cassation, si le silence de la partie touchant le droit d'appel tenait à ce que le jugement avait été mal à propos qualifié en dernier ressort. — Même arrêt.

TITRE XXIV.

Des Matières sommaires

Art. 404.

4736-2°. La demande en restitution de pièces communiquées par une partie à son adversaire au cours d'une instance engagée devant un autre tribunal doit être considérée comme sommaire, si le titre en vertu duquel elle a été introduite n'est pas contesté. — Trib. civ. de Beauvais, 30 déc. 1863, J.G.S. Matières sommaires.

4742. Adde:— Caen, 3° déc. 1856, J.G.S. Matières sommaires, 51; Nîmes, 11 mars 1862, ibid. — Comp. Trib. de Nîmes, 23 déc. 1861, ibid.

TITRE XXV.

Procédure devant les tribunaux de commerce.

Art. 420.

4792-2°. Les dispositions de l'art. 420 C. proc. civ. sont générales et s'appliquent à toutes les contestations d'ordre commercial, et par conséquent à celles qui se rattachent à une exécution de travaux par un entrepreneur de profession. — Poitiers, 21 janv. 1892, D.P. 92. 2. 249, et les Observations de M. Glasson sous cet arrêt.

4792-3°. L'art. 420 C. proc. civ. s'applique à tout contrat commercial, spécialement en matière de louage de services. — Req. 6 mai 1891, D.P. 92. 1. 487.

4792-4°. En conséquence, l'action, intentée contre une compagnie de chemins de fer par un ancien chef de section ou conducteur des travaux de cette compagnie, en payement d'une certaine somme à titre de provision sur des primes qu'il prétend devoir être liquidées à son profit, peut être valablement portée devant le tribunal du lieu où la compagnie a, non pas son siège social, mais un principal établissement, alors que les fonctions du demandeur le rattachaient à ce lieu, que tous ses rapports avec la compagnie y étaient cantonnés limitativement, qu'il y touchait ses appointements et que dans cet endroit il avait accepté les propositions de la compagnie et fonctionné pour son compte. — Même arrêt.

4794-2°. En cas de contestation entre une ville et le concessionnaire locataire d'un établissement thermal, l'action de la ville en résiliation du bail et de la concession peut être régulièrement portée devant le tribunal de commerce qui est celui du lieu de la promesse et de la livraison aussi bien que celui du payement; il importe peu que le concessionnaire locataire soit domicilié dans l'arrondissement d'un autre tribunal. — Req. 24 mars 1892, D.P. 92. 1. 228.

4826-2°. Lorsqu'un marché a lieu par correspondance, la promesse est réputée faite et le contrat formé, non point au lieu où le marché a été proposé et d'où l'offre est partie, mais dans celui où cette offre a été acceptée et d'où a été envoyée la lettre d'acceptation; en conséquence, le tribunal de ce lieu où le contrat s'est formé est compétent s'il est aussi celui de la livraison de la marchandise. — Poitiers, 21 janv. 1891, D.P. 92. 2. 249.

4847-2°. La vente sur échantillon ne devient définitive et la livraison ne s'opère que lorsque l'acheteur a reçu les marchandises dans son magasin et a reconnu qu'elles sont conformes aux échantillons qui lui avaient été présentés; en conséquence, si le marché a été conclu au même lieu, le tribunal du domicile de l'acheteur est compétent pour connaître des actions qui naissent de cette vente, alors surtout que le prix était payable par traite, c'est-à-dire à son domicile. — Pau, 14 janv. 1890, D.P. 92. 2. 54.

4874-2°. Lorsque le lieu du payement n'a

pas été déterminé dans le contrat, le payement doit se faire suivant les prescriptions de l'art. 1247 C. civ., c'est-à-dire au domicile du débiteur; le créancier ne saurait donc être admis à se prévaloir de la clause contenue dans sa facture et portant que le payement aura lieu à son propre domicile, si cette facture se réfère, non pas au contrat lui-même, mais aux créances qui peuvent être nées de sa rupture et si d'ailleurs elle n'a pas été acceptée par l'autre partie. — Poitiers, 21 janv. 1891, D.P. 92. 2. 219.

4874-3°. La déclaration imprimée, insérée dans une facture, que le payement des marchandises achetées devra être fait au domicile du vendeur, attribue compétence au tribunal de commerce de ce domicile, quoiqu'une clause manuscrite de la facture ait annoncé l'envoi d'une traite payable au domicile de l'acheteur, s'il est établi que, lors de la conclusion du marché et avant l'envoi de la facture, l'acheteur a accepté le domicile du vendeur comme lieu de payement. — Req. 29 mars 1892, D.P. 92. 1. 236.

Art. 424.

4893-2°. Les tribunaux de commerce sont incompétents pour connaître d'une demande reconventionnelle, lorsque le caractère de cette demande est purement civil, et qu'il n'existe point d'indivisibilité entre elle et la demande principale. — Pau, 22 avr. 1890, D.P. 91. 2. 71.

4894-3°. L'incompétence des tribunaux civils pour connaître des affaires commerciales n'est point *ratione materiæ*; le commerçant est présumé avoir renoncé à l'exception d'incompétence par cela seul qu'il ne l'a pas invoquée, et le moyen est, dès lors, non recevable devant la cour de cas-

sation. — Req. 17 juin 1884, D.P. 84. 1. 416.

Art. 425.

4896-2°. Lorsque, devant un tribunal de commerce, après avoir opposé à la demande une exception d'incompétence, le défendeur s'est abstenu de conclure sur le fond, le jugement qui, par deux dispositions distinctes, statue tout ensemble sur cette exception et sur le fond, est contradictoire quant à la compétence et par défaut quant au fond, quoiqu'il ait omis d'énoncer ce dernier point. — Caen, 16 mars 1880, J.G.S. *Jugement par défaut*, 14.

4899-2°. Lorsqu'un tribunal de commerce statue par un jugement spécial sur l'exception d'incompétence qu'il rejette, l'appel relevé contre ce jugement est suspensif, et le tribunal rend plus tard sur le fond un autre jugement par cet effet suspensif, sans qu'il soit nécessaire d'interjeter un second appel. — Toulouse, 20 janv. 1891, D.P. 92. 2. 71.

4899-3°. L'arrêt de la cour qui infirme ensuite le jugement de compétence fait tomber par cela même aussi le jugement sur le fond et replace les parties dans l'état où elles se trouvaient avant la demande. — Même arrêt.

Art. 429.

4920-2°. Une expertise ne peut être ordonnée dans les termes de l'art. 106 C. com. que pour les contestations entre le voiturier et le destinataire, mais non entre le desti-

nataire et l'expéditeur; l'expertise, dans ce dernier cas, doit être faite *parties présentes ou dûment appelées*, conformément aux art. 315 et 429 C. proc. civ. — Civ. c. 1er mars 1892, D.P. 92. 1. 235.

4920-3°. Il s'ensuit que, dans un débat élevé entre le destinataire et l'expéditeur, l'expertise faite en dehors de l'expéditeur ne saurait être prise par le juge comme base unique de sa décision; elle ne peut être utilisée par lui qu'à titre de simples renseignements. — Même arrêt.

Art. 433.

4946-2°. Devant la juridiction commerciale, les qualités des jugements ne sont pas réglées contradictoirement entre les parties, et sont simplement l'œuvre du greffier; par suite, elles ne peuvent ni profiter, ni nuire aux parties ou à leurs mandataires. — Riom, 31 déc. 1890, D.P. 92. 2. 133.

Art. 442.

4985-2°. Les tribunaux de commerce, qu'ils n'aient pas le droit de connaître de l'exécution de leurs jugements, peuvent cependant ajouter à leur premier jugement une *astreinte* contre la partie condamnée qui refuse de l'exécuter; il n'y a pas là un incident d'exécution. — Paris, 18 janv. 1889, J.G.S. *Jugement*, 475.

4997-2°. La péremption d'instance a lieu devant les tribunaux de commerce, comme devant les tribunaux civils. — Riom, 24 déc. 1890, D.P. 92. 2. 133.

LIVRE TROISIÈME

Des Tribunaux d'appel.

TITRE UNIQUE.

De l'Appel et de l'instruction sur appel.

Art. 443.

5031-2°. Lorsqu'un jugement est en dernier ressort, la fin de non-recevoir contre l'appel est d'ordre public. Dès lors, le juge doit d'office, et malgré le silence de l'intimé, déclarer non recevable l'appel formé devant lui contre un jugement en dernier ressort. — Civ. c. 13 juin 1892, D.P. 92. 1. 350.

5101-2°. Lorsque plusieurs parties ont été poursuivies solidairement à raison d'une faute commune, l'appel formé en temps utile contre quelques-unes d'entre elles ne conserve pas le droit de l'appelant vis-à-vis des autres; l'appel formé tardivement contre l'un de ces derniers demeure irrecevable à son égard; dès lors, l'arrêt qui le déclare valable doit être cassé. — Civ. c. 16 déc. 1891, D.P. 92. 1. 177, et les Observ. de M. Cohendy sous cet arrêt.

5153-2°. L'appel dirigé contre un individu pourvu d'un conseil judiciaire doit être signifié en même temps à l'incapable et à son conseil. — Nancy, 24 févr. 1892, D.P. 92. 2. 293.

5153-3°. En ce qui concerne les incapables non atteints d'une incapacité absolue, mais soumis, quand il s'agit d'ester en justice, soit à la nécessité d'une autorisation, comme la femme mariée, soit à l'assistance d'un curateur ou d'un conseil comme le mineur émancipé ou le prodigue, l'appel n'est régulièrement formé qu'autant que l'assignation est donnée en même temps à l'incapable et à celui qui doit l'autoriser ou l'assister. — D.P. 92. 2. 293, note 1.

5153-4°. Lorsque deux époux ont dans un procès un intérêt commun, il n'est pas nécessaire que la signification du jugement leur soit faite par copies séparées : une seule signification par une seule et même copie suffit pour faire courir à leur égard le délai d'appel. — Nancy, 24 juin 1891, D.P. 92. 2. 158.

Art. 444.

5224-2°. La disposition de l'art. 444 C. proc. civ. aux termes de laquelle le délai d'appel ne court contre le mineur non émancipé que du jour où le jugement a été signifié tant au tuteur qu'au subrogé-tuteur, peut être invoquée par le mineur devenu majeur depuis le jugement, et alors que ce jugement ne lui a pas été directement signifié. — Bastia, 16 juin 1890, D.P. 92. 2. 344.

Art. 449.

5240-2°. L'appel d'un jugement interjeté dans la huitaine de la prononciation est régulier lorsqu'il n'a été fait forme que par suite de l'exécution prématurée donnée à ce jugement avant l'expiration du même délai de huitaine par la partie qui l'a obtenu. — Riom, 18 févr. 1891, D.P. 92. 2. 287.

5240-3°. Spécialement, un jugement de séparation de corps a pu, dans la huitaine, être frappé d'appel par le mari, contre qui il a été prononcé, si, immédiatement après avoir obtenu ce jugement, la femme a fait procéder à sa lecture et à sa publication conformément aux art. 872 et 880 C. proc. civ. — Même arrêt.

Art. 451.

5251-2°. Le jugement d'un tribunal de commerce, qui annule le rapport d'un arbitre-rapporteur pour procéder à l'apurement des comptes des parties, ne constitue pas un simple jugement préparatoire : en annulant le rapport de l'arbitre dont l'homologation était demandée, le tribunal écarte entièrement du débat un document dont les parties auraient intérêt à se prévaloir, et il rend ainsi un jugement définitif; en conséquence, ce jugement peut être directement et immédiatement frappé d'appel. — Chambéry, 28 janv. 1891, D.P. 92. 2. 333.

5253-2°. Lorsqu'en matière d'interdiction le défendeur est intervenu devant le tribunal pour s'opposer à l'admission de la requête, le jugement qui reconnaît la pertinence des faits et ordonne la réunion du conseil de famille peut aussi être frappé d'appel par lui. — Besançon, 19 juill. 1876, J.G.S. *Interdiction-conseil judiciaire*, 56.

5253-3°. Ce jugement ne peut être déclaré exécutoire nonobstant opposition ou appel. En cas d'appel, la cour doit statuer à l'audience publique. — *Même arrêt.*

Art. 452.

5258-2°. Un jugement statuant définitivement sur le principe de la responsabilité d'un dommage, constitue un jugement sur le fond même de l'action et non un jugement simplement interlocutoire, alors même qu'il ordonne une expertise pour en fixer le montant. — Trib. comil. 29 nov. 1890, D.P. 92. 3. 51.

APPENDICE A L'ARTICLE 453.

II. JUGEMENTS RENDUS EN PREMIER OU EN DERNIER RESSORT.

Loi du 11 avril 1838.

Art. 1er.

5330-2°. Lorsque la demande principale et la demande reconventionnelle sont l'une et l'autre inférieures au taux du dernier ressort, le jugement rendu sur ces demandes n'est pas susceptible d'appel, bien que le défendeur ait conclu à l'établissement d'un compte. — Req. 3 mars 1891, D.P. 91. 5. 163.

5333-2°. N'est pas indéterminée la demande dont le chiffre a été fixé par le demandeur lui-même dans son exploit introductif d'instance. — Paris, 25 mars 1891, D.P. 92. 2. 336.

5333-3°. Par suite, l'appel d'un jugement sur une demande en nullité d'opérations de bourse n'est pas recevable, quel que soit d'ailleurs le chiffre de ces opérations, si le demandeur a fixé dans son exploit d'ajournement le montant de sa réclamation à une somme inférieure à 1,500 fr. — Même arrêt.

5335-2°. Lorsqu'un jugement est rendu sur l'ordonnance d'*exequatur* dont une sentence arbitrale a été revêtue, le taux du ressort de ce jugement se détermine, non point d'après le chiffre des condamnations prononcées par la sentence arbitrale, mais par le montant des demandes sur lesquelles celle-ci a été rendue. — Poitiers, 27 mai 1891, D.P. 92. 2. 335.

5336-2°. En conséquence, l'appel contre ce jugement est recevable lorsque l'objet de la demande soumise aux arbitres était d'une valeur incertaine et indéterminée, alors même que le montant de la condamnation par eux prononcée s'est divisé entre les différents débiteurs en ne laissant à la charge de chacun d'eux qu'une somme inférieure à 1,500 fr. — Poitiers, 27 mai 1891, D.P. 92. 2. 335.

5339-2°. L'appel du jugement qui a rejeté une demande inférieure à 1,500 fr. est irrecevable, alors même que le tribunal a qualifié mal à propos de *jugement en premier ressort* la décision par laquelle il a écarté cette demande. — Civ. 8 juill. 1891, D.P. 91. 5. 162. — Comp. Dijon, 27 janv. 1882, D.P. 83. 2. 187.

5340-2°. Les juges ne peuvent accepter comme constante l'estimation intéressée que le défendeur intimé en appel pourrait donner à la demande pour soutenir que le jugement attaqué a été rendu en dernier ressort, pas plus qu'ils ne pourraient eux-mêmes à la détermination de cette valeur. — Caen, 19 déc. 1885, D.P. 91. 4. 429, note *a*.

5344-2°. Le jugement rendu sur une demande inférieure à 1,500 fr. n'est pas susceptible d'appel si les prétentions du défendeur, dont ont été de nature à élever le taux du ressort, ne figurant pas dans le dispositif des conclusions ne mettaient pas le tribunal en demeure de se prononcer par voie décisoire, et n'étaient qu'un moyen de défense à l'action principale. — Civ. r. 30 nov. 1891, D.P. 92. 1. 390.

5389-2°. Les offres du défendeur n'ont pour effet de restreindre l'importance de la demande originaire qu'autant qu'elles sont acceptées par le demandeur. — Douai, 24 juill. 1891, D.P. 92. 2. 320.

5383-2°. Le jugement rendu sur une demande dont le chiffre dépasse 1,500 fr. est en dernier ressort, si ladite demande est formée par ou contre plusieurs parties ayant un intérêt n'excédant pas ce chiffre et entre lesquelles il n'y a ni solidarité, ni indivisibilité. — Nancy, 28 déc. 1891, D.P. 92. 2. 182.

5383-3°. Lorsque le total des créances des appelants s'élève à plus de 1,500 fr., le jugement de première instance n'est pas pour cela en premier ressort: l'appel de chacun des créanciers doit être examiné en lui-même, chaque créance jouissant du privilège qui peut y être attaché ayant formé devant les premiers juges et formant devant la cour une contestation particulière et distincte, à l'égard de laquelle le degré de juridiction est déterminé d'après les bases qui lui sont propres. — Nancy, 3 févr. 1891, D.P. 92. 2. 161.

5383-4°. Lorsque plusieurs individus produisent dans un ordre pour une somme supérieure à 1.500 fr. en qualité d'héritiers du créancier, la créance se divise entre eux de plein droit, de telle sorte que le jugement est en dernier ressort si la part de chacun d'eux est inférieure à 1,500 fr. — Même arrêt.

5383-5°. Lorsque des héritiers sont poursuivis chacun en payement de leur part dans la dette de leur auteur et que, par l'effet de la division, chaque part est inférieure à 1,500 fr., le jugement rendu contre eux est en dernier ressort, quoique la totalité de la dette incombant au *de cujus* s'élève à un chiffre qui dépasse les limites de la compétence en dernier ressort. — Paris, 2 avr. 1892, D.P. 92. 2. 248.

5393-2°. Lorsque plusieurs cointéressés ont formulé conjointement une demande divisible, spécialement, par voie de production dans un ordre, le jugement rendu est en dernier ressort vis-à-vis de ceux qui demandaient et ont obtenu une collocation inférieure à 1,500 fr.; mais il n'est qu'en premier ressort à l'égard de ceux qui demandaient une collocation supérieure à cette somme. — Grenoble, 26 déc. 1891, D.P. 92. 2. 279.

5403-2°. Bien que l'héritier du mari puisse être, aux termes des art. 1484 et 1491 C. civ., tenu envers les créanciers, de la totalité d'une dette de communauté contractée par son auteur, l'action formée contre lui conjointement contre cet héritier et la veuve commune, doit être considérée comme ne tendant qu'au payement par chacun de moitié de la somme réclamée, par application de l'art 1482; par suite, si cette moitié est d'une valeur inférieure à 1,500 fr., le jugement intervenu sur cette demande, aussi bien à l'égard de l'héritier qu'à l'égard de la veuve. — Orléans, 13 nov. 1890, D.P. 92. 2. 312.

5406-2°. Le jugement qui statue sur une demande formée collectivement par plusieurs cohéritiers dans le même exploit et en vertu

du même titre, n'est pas susceptible d'appel, bien que la créance soit supérieure à 1,500 fr., si la part qui revient à chacun d'eux est inférieure à cette somme. — Bordeaux, 17 mars 1891, D.P. 92. 2. 319.

5406-3°. La nature et la portée de la demande doivent être fixées d'après la situation existant à l'époque à laquelle elle a été formée et sans qu'il y ait lieu de tenir compte d'un partage qui a mis postérieurement la créance dans le lot d'un seul des cohéritiers. — Même arrêt.

5434-2°. Lorsque plusieurs héritiers ont été assignés en payement d'une dette hypothécaire, chacun pour sa part et portion héréditairement pour le tout, on doit s'attacher pour fixer le taux du dernier ressort, non pas à la part de chacun dans la dette, mais au montant intégral de la dette. — Bordeaux, 9 juin 1891, D.P. 92. 2. 301.

5434-3°. En conséquence, si le montant intégral de la dette est supérieur à 1,500 fr., le tribunal statue en premier ressort, alors même que la part de chacun des héritiers serait inférieure à cette somme. — Même arrêt.

5452-2°. Pour déterminer le taux du ressort, il y a lieu de joindre au montant de la demande principale celui des dommages-intérêts réclamés par le demandeur, lorsque les deux demandes ont l'une et l'autre une cause commune, de sorte que le tribunal juge en premier ressort seulement si le total des deux demandes dépasse 1,500 fr. — Douai, 24 juill. 1891, D.P. 92. 2. 320.

5474-2°. Un litige ne pouvant parcourir plus de deux degrés de juridiction, lorsqu'un tribunal d'arrondissement statuant sur l'incompétence du juge de paix et sur le fond a, par voie d'appel, rejeté l'exception d'incompétence et confirmé au fond la sentence du juge de paix, le litige a subi deux degrés de juridiction; le jugement du tribunal d'arrondissement ne peut donc pas être déféré par un second appel à la cour, qui constituerait un troisième degré de juridiction. — Req. 3 août 1891, D.P. 91. 1. 408.

5477-2°. L'inscription de faux n'étant qu'un incident de l'action principale, le jugement qui statue sur cette inscription n'est pas susceptible d'appel lorsque cet incident s'est élevé à l'occasion d'une demande principale portant sur une somme inférieure à 1500 fr. — Req. 28 oct. 1891, D.P. 92. 1. 476.

5477-3°. Il n'y a pas lieu de tenir compte de la demande en dommages-intérêts de 1.600 fr. formée par le défendeur à l'inscription de faux et fondée sur le préjudice résultant de cette inscription de faux. — Même arrêt.

5542-2°. Lorsque l'opposant à un jugement par défaut conclut à l'allocation d'une somme inférieure à 1,500 fr., le jugement qui intervient sur cette opposition est en dernier ressort, bien que la demande originaire qui a statué le jugement par défaut fût indéterminée si, par suite des circonstances de la cause, le litige se trouvait restreint à la demande de l'opposant; en conséquence, le jugement sur opposition est susceptible de recours en cassation. — Civ. r. 16 nov. 1891, D.P. 92. 1. 342.

5542-3°. Le jugement qui statue sur une demande en 1,000 fr. de dommages-intérêts pour diffamation est en premier ressort et susceptible d'appel, lorsque le demandeur a conclu, en outre, à l'insertion de la décision à intervenir dans un certain nombre de journaux. — Besançon, 26 déc. 1890, D.P. 92. 2. 147.

5542-4°. Lorsque la demande formée par un tuteur représentant quatre mineurs est indivisible, et que, d'ailleurs, elle ne contient aucune indication de la proportion dans laquelle la somme réclamée doit être partagée entre les intéressés, le jugement qui intervient n'est qu'en premier ressort, bien que cette somme soit inférieure à quatre fois

1,500 fr. — Besançon, 23 déc. 1891, D.P. 92. 2. 111.

Art. 2.

5638-2°. Lorsqu'une saisie mobilière a été pratiquée pour une somme n'excédant pas 1,500 fr., la demande en dommages-intérêts formée par le débiteur qui agit en nullité de la saisie, n'est pas susceptible d'appel, lors même qu'elle serait indéterminée et que le juge-ment attaqué et le nom des parties. — Nancy, 24 févr. 1891, D.P. 92. 2. 293.

suite supérieure au taux du dernier ressort; en pareil cas, le débiteur saisi ne peut pas être considéré comme le demandeur; c'est au saisissant qu'appartient cette qualité. — Req. 6 janv. 1892, D.P. 92. 1. 86.

5644-2°. Le débiteur qui forme opposition à un commandement doit être consi-déré comme défendeur à la demande en payement dirigée contre lui en vertu de ce commandement, et dès lors les dommages-intérêts qu'il demande en réparation du pré-judice que lui cause cet acte, étant exclusi-vement fondés sur l'action principale, sont sans influence pour la fixation du taux du ressort. — Bordeaux, 17 mars 1891, D.P. 92. 2. 319.

5644-3°. En décidant que la demande en dommages-intérêts fondée sur le préjudice résultant de la demande principale ne serait pas prise en considération pour la détermi-nation du taux du ressort, la loi du 11 avr. 1838 a voulu qu'un défendeur ne pût pas s'ouvrir la voie de l'appel en réclamant à titre de dommages-intérêts résultant du pro-cès une somme supérieure à 1,500 fr. — D.P. 92. 2. 319, note 3.

5644-4°. Si tel est le motif de la loi, on doit en conclure que le défendeur n'a pas le droit d'interjeter appel, ni du chef de la demande principale, ni du chef de sa demande reconventionnelle en dommages-intérêts. — D.P. 92. 2. 319, note 3.

Code de procédure civile (Suite).

Art. 454.

5654-2°. L'appel contre un jugement rendu par opposition à l'ordonnance d'une sentence arbitrale est toujours recevable lorsque cette sentence est attaquée comme intervenue sur compromis expiré ou tout au moins hors des termes du compromis et sur choses non demandées : il y a lieu d'appli-quer ici la règle qui étend la faculté d'appel à tous les jugements sur la compétence, encore que la valeur du procès soit dans les termes du dernier ressort. — Poitiers, 27 mai 1891, D.P. 92. 2. 335.

Art. 456.

5686-2°. Les prescriptions des art. 61 et 456 C. proc. civ. s'appliquent aussi bien aux Français qui résident à l'étranger qu'à ceux qui résident en France. — Rennes, 4 févr. 1892, D.P. 92. 2. 184.

5686-3°. En conséquence, est nul l'ex-ploit d'appel qui n'indique pas la demeure réelle et actuelle de l'appelant à l'étranger, mais se borne à énoncer sa dernière rési-dence de celui-ci en France; à défaut de l'habitation à l'étranger, l'exploit aurait dû tout au moins faire connaître le domicile d'origine ou un domicile chez un mandataire spécial en France. — Même arrêt.

5686-4°. La simple mention « demeurant actuellement en Amérique », sans autre pré-cision de lieu, équivaut à un défaut d'indi-cation de toute demeure ou résidence. — Même arrêt.

5690-2°. Est nul l'exploit d'appel qui ne contient pas l'indication de la personne à laquelle remise de la copie a été faite, et

notamment celui dont le parlant à est resté en blanc. — Grenoble, 17 mai 1892, D.P. 92. 2. 324.

5692-2°. L'énonciation erronée du domi-cile de l'intimé ne constitue pas une nullité de l'acte d'appel quand la copie a été reçue par la personne elle-même, sans protesta-tion ni réserve. — Nancy, 24 févr. 1892, D.P. 92. 2. 293.

5714-2°. L'acte d'appel est régulier, quoi-qu'il n'énonce pas l'objet et les moyens de la demande, s'il contient la date du juge-ment attaqué et le nom des parties. — Nancy, 24 févr. 1891, D.P. 92. 2. 293.

5719-2°. L'huissier commet une faute s'il ne fait aucune diligence pour signifier l'acte d'appel conformément à l'art. 68; et si plus tard, à raison de cette négligence, l'appel interjeté est reconnu tardif, il peut être déclaré responsable et tenu de dommages-intérêts vis-à-vis de l'appelant. — Bourges, 15 avr. 1889, D.P. 91. 2. 43.

5719-3°. Celui-ci a le droit de mettre di-rectement en cause devant la cour l'huissier en faute pour qu'il y défende son acte d'appel et, de son côté, l'huissier, quoiqu'il ne joue pas le rôle d'intimé, a le droit de soutenir, à titre de moyen de défense, que la significa-tion du jugement est entachée de nullité. — Même arrêt.

5719-4°. Pour déterminer la responsabi-lité de l'huissier et en apprécier les consé-quences, il y a lieu, de la part de la cour, de rechercher si, en supposant l'appel re-cevable, elle aurait maintenu ou mis à néant le jugement attaqué. — Même arrêt.

Art. 457.

5788-2°. L'exécution d'un jugement frappé d'appel est momentanément suspendue, mais ce jugement reprend sa force exécu-toire, en cas d'arrêt confirmatif. — Bourges, 21 déc. 1891. D.P. 92. 2. 112.

Art. 458.

5789. Adde : — Poitiers, 2 mars 1864, J.G.S. Jugement, 510.

5789-2°. L'exécution provisoire peut être demandée pour la première fois en appel, surtout, s'il apparaît que, depuis le jugement du tribunal, les circonstances de la cause rendent cette mesure nécessaire pour ga-rantir les intérêts du créancier. — Pau, 21 mars 1888, D.P. 88. 2. 257-258.

Art. 460.

5794-2°. Lorsque les premiers juges ont ordonné l'exécution provisoire de leur juge-ment d'une manière régulière et dans un des cas prévus par la loi, il n'est pas permis à la cour d'accorder des défenses et de sur-seoir directement ou indirectement à ladite exécution. — Pau, 5 mai 1891, D.P. 92. 2. 192.

APPENDICE A L'ARTICLE 462.

I. DISTRIBUTION ET INSTRUCTION DES AFFAIRES.

Décret du 6 juill. 1810.

Art. 16.

5802-2°. Une chambre civile, après le

roulement effectué, ne peut plus être vala-blement reconstituée que pour le prononcé du jugement dans les affaires mises en dé-libéré. — Bastia, 24 janv. 1882, D.P. 82. 2. 86.

5802-3°. En conséquence, lorsqu'une chambre civile, après avoir entendu les plaidoiries d'une affaire, a renvoyé cette affaire à une audience ultérieure pour en-tendre les conclusions du ministère public, et que le roulement s'effectue avant que cette audition ait pu avoir lieu, la chambre ne peut plus être valablement reconstituée pour en-tendre le ministère public. — Même arrêt.

II. AUDIENCES SOLENNELLES DES COURS D'APPEL.

Décret du 6 juill. 1810.

Art. 77.

5851-2°. Aux termes de l'art. 18-2° du projet de loi sur les justices de paix voté par la Chambre des députés en 1891, les anciens juges de paix peuvent être nommés juges de paix honoraires après trente ans de ser-vices ou dans le cas où des infirmités graves leur donneraient droit à une pension de re-traite. — V. supra, p. 477-478.

IV. CHAMBRE DES VACATIONS.

Décret du 30 mars 1808.

Art. 44.

5859-2°. Les prescriptions de l'art. 44 s'appliquent indistinctement à tous les tri-bunaux de première instance, qu'ils soient ou non composés de plusieurs chambres. — Note de la Chancellerie, août-septembre 1877 Bull. min. just. 1877, p. 120.

Code de procédure civile (Suite).

Art. 464.

5883-2°. Lorsqu'un conseil judiciaire re-fuse d'assister son pupille, il n'appartient pas au juge d'appel d'apprécier les motifs du refus d'assistance du conseil judiciaire et de procéder à la nomination d'un conseil ad hoc, lorsque ces questions n'ont pas été sou-mises aux premiers juges. — Nancy, 24 févr. 1892, D.P. 92. 2. 293.

5906-2°. Le demandeur en première ins-tance est non recevable à prendre ses con-clusions contenant, non un élément nouveau à l'appui de ses prétentions, une demande nouvelle. — Besançon, 30 déc. 1891, D.P. 92. 2. 113.

5906-3°. Spécialement, il ne peut, alors que son assignation tend à faire déclarer un partage nul en la forme, prendre des con-clusions tendant à la nullité de ce partage pour lésion de plus du quart. — Même arrêt.

5906-4°. Le demandeur ne saurait être admis à former en appel et pour la première fois une demande en déchéance d'usufruit contre un tiers. — Bourges, 7 juill. 1890, D.P. 92. 2. 102.

5906-5°. La demande en nullité de la vente d'actions d'une société, formée en appel par le syndic de la faillite de cette so-ciété contre le vendeur, auquel ledit syndic s'était borné, devant les premiers juges, à réclamer les versements complémentaires sur les actions vendues, constitue une demande nouvelle, qui ne peut être portée pour la première fois devant la cour d'appel. — Paris, 13 nov. 1889, D.P. 92. 1. 153.

63

5906-6°. La demande en nullité de la procédure d'une saisie ne peut être considérée comme étant implicitement contenue dans la demande en résolution de la vente d'un des immeubles saisis ; par suite, elle constitue une demande nouvelle qui n'est pas recevable pour la première fois en appel. — Pau, 11 févr. 1891, D.P. 92. 2. 231.

5927-2°. En admettant qu'une demande tendant au maintien d'une vente à réméré ne contienne pas implicitement la prétention de voir induire de cet acte au moins un droit d'antichrèse, cette dernière prétention ne saurait, en tous cas, être considérée comme une demande nouvelle, mais comme une défense à la demande reconventionnelle tendant à la nullité complète de l'acte litigieux ; elle peut donc être formulée pour la première fois en cause d'appel. — Grenoble, 13 nov. 1891, D.P. 92. 2. 310.

5977-2°. Il appartient au juge d'appel d'allouer à une partie des dommages-intérêts supérieurs à ceux prononcés par le premier juge, mais inférieurs à ceux demandés en première instance, en se fondant sur ce que la réparation accordée par le tribunal était insuffisante et sur ce que l'autre partie connaissait les vices dont son appel était entaché. — Civ, 3 févr. 1892, D.P. 92. 1. 115.

5998-2°. Le demandeur a la faculté de modifier, en cours d'instance, sa demande primitive, lorsque cette modification, respectant le dispositif de la demande qui seul lie le juge, s'applique seulement aux moyens invoqués pour la faire triompher. — Douai, 2 nov. 1891, D.P. 92. 2. 114.

5998-3°. Spécialement, lorsque l'assignation tend à la nullité d'un testament olographe pour cause d'insanité d'esprit et aussi parce qu'il serait entaché de fraude, collusion, suggestion et captation, le demandeur peut, par conclusions signifiées en cours d'instance, demander au tribunal saisi la nullité du testament comme n'étant pas entièrement écrit de la main du testateur, et comme contenant, en outre, des interlignes et des surcharges faites par une main étrangère. — Même arrêt.

5998-4°. Il n'en est autrement que si, le défendeur ayant accédé à la demande, il s'est ainsi formé un contrat judiciaire. — Même arrêt.

Art. 466.

6072-2°. L'intervention en cause d'appel est recevable de la part de ceux qui, n'ayant pas été parties au jugement, pourraient néanmoins y rencontrer, contre leurs prétentions, un préjudice qu'il leur serait peut-être difficile de détruire par la suite. — Nancy, 9 déc. 1891, D.P. 92. 2. 270.

6072-3°. L'intervention n'étant possible, d'après l'art. 466 C. proc. civ., que dans le cas où il serait la tierce opposition, elle est non recevable en appel quand le tiers représenté au jugement, n'est visé que dans les motifs. — Limoges, 27 juin 1890, D. P. 92. 2. 384.

6072-4°. Spécialement, un tiers n'est pas recevable à intervenir en appel pour demander la suppression des motifs d'un jugement qu'il prétend être diffamatoires pour lui, lorsque le dispositif est muet à son égard. — Même arrêt.

6080-2°. Le créancier colloqué sur le prix de vente d'un immeuble hypothéqué qui demande à intervenir en appel et à joindre ses conclusions à celles de l'adjudicataire de cet immeuble pour contester par lui la régularité de poursuites engagées par un autre créancier également colloqué, doit être déclaré non recevable dans sa demande lorsqu'il ne justifie d'aucun intérêt. — Req. 24 déc. 1890, D.P. 92. 1. 183.

6080-3°. L'intervention est recevable en référé, soit en première instance, soit en

appel, lorsque la mesure sollicitée est de nature à préjudicier aux droits de la partie intervenante. — Paris, 9 juill. 1891, D.P. 92. 2. 394.

6088-2°. L'intervention en cause d'appel des habitants d'une commune, propriétaires des prairies sur lesquelles s'exerce une servitude de pacage est irrecevable, alors qu'ils ont été représentés en première instance par le maire exerçant une action ayant pour objet un droit communal, que le jugement déféré n'a pas fait grief à leurs droits et que leur intervention aurait pour résultat de transformer une demande uniquement relative à des intérêts communaux en une demande relative à des intérêts purement privés. — Besançon, 16 juin 1891, D.P. 92. 2. 193.

6095-2°. Le principe suivant lequel un créancier est l'ayant-cause de son débiteur pour les jugements rendus contre celui-ci et, par suite, ne peut être admis à intervenir en appel dans un débat qui se poursuit entre son débiteur et une tierce personne, cesse d'être applicable au cas où l'existence d'une collusion entre le débiteur et la partie adverse est sérieusement alléguée. — Req. 14 avr. 1891, D.P. 92. 1. 153.

6095-3°. Il en est ainsi spécialement au cas où le débiteur, au lieu de s'apprêter, en sa qualité d'intimé, à défendre en appel le jugement qu'il a obtenu contre un de ses propres débiteurs, s'est pressé de céder ses titres de créance à un tiers afin que ce tiers les revendît audit débiteur pour un prix dérisoire et que, grâce à cette combinaison frauduleuse, ce dernier pût se présenter devant la cour d'appel, les titres de créance en mains, et montrant ainsi éteintes les causes de la condamnation prononcée contre lui. — Même arrêt.

6095-4°. Celui qui vient à être subrogé légalement aux droits du possesseur d'une créance dans le cours d'une instance d'appel suivie entre le créancier et le débiteur du droit en litige est recevable à intervenir dans cette instance d'appel soit pour y prendre le lieu et place du cédant, soit pour concourir avec celui-ci à la défense de ce qui avait fait l'objet de la cession. — Req. 14 mars 1892, D.P. 92. 1. 287.

6095-5°. Spécialement, l'endosseur d'une lettre de change qui, condamné solidairement avec le tiré à en payer le montant au tiers porteur, a remboursé celui-ci et s'est trouvé par suite subrogé légalement à ses droits, peut valablement intervenir sur l'appel formé par le tiré contre le tiers porteur. — Même arrêt.

6095-6°. On allèguerait vainement, pour faire déclarer cette intervention irrecevable, que l'endosseur a été partie en première instance, ledit endosseur agissant sur l'appel en qualité de *créancier*, alors qu'en première instance, il avait figuré comme *débiteur*. — Même arrêt.

6095-7°. C'est en vain aussi qu'on allèguerait que l'endosseur avait été représenté en première instance par le tiers porteur qu'il a remboursé, son investissement de la créance empêchant qu'il puisse être considéré comme représenté par son cédant que l'effet de la cession a dessaisi de ce pouvoir. — Arrêt préc. 14 mars 1892.

6095-8°. Et le tiers porteur, quoique ayant cessé d'être propriétaire de la traite, n'en doit pas moins rester dans l'instance d'appel, à raison de l'intérêt qu'il a au maintien du jugement qui a reconnu la validité de son titre à l'encontre du tiré et dont l'infirmation l'exposerait à un recours de la part de l'endosseur. — Même arrêt.

6102-2°. Un actionnaire d'une société anonyme étant intéressé dans le succès d'une demande formée par un autre actionnaire à fin de nullité de cette société, a le droit d'intervenir dans l'instance, même en cause d'appel. — Paris, 12 janv. 1887, D.P. 92. 1. 229.

6110-2°. Lorsqu'une partie a demandé à intervenir devant la cour pour s'opposer à l'exécution provisoire d'un jugement et que son intervention a été déclarée non recevable, pour défaut d'intérêt, une nouvelle demande en intervention de cette même partie sur l'appel formé contre ce jugement peut être repoussée par l'exception de chose jugée. — Pau, 15 juin 1891, D.P. 92. 2. 157.

6115-2°. L'intervention forcée doit être autorisée en cause d'appel, à l'égard d'une partie à laquelle la décision à intervenir pourrait préjudicier, soit directement, soit indirectement. — Bordeaux, 23 mai 1892, D.P. 92. 2. 453.

6115-3°. Spécialement, la compagnie des courtiers maritimes d'une ville qui poursuit les agents d'une société de navigation en réparation du préjudice que ceux-ci lui ont causé, peut, en appel, assigner en déclaration de jugement commun la société elle-même, s'il est prétendu que ladite société, coauteur ou complice des fautes et fraudes commises par ses agents, doit en être déclarée responsable. — Même arrêt.

6115-4°. C'est en vain que, pour écarter l'intervention forcée, ou opposerait l'existence d'une transaction intervenue entre les parties originaires pour mettre fin à l'instance, s'il est établi en fait que la transaction est demeurée à l'état de projet ou, en tout cas, a été abandonnée par les parties. — Même arrêt.

APPENDICE A L'ARTICLE 467.

II. NOMBRE DES CONSEILLERS.

Loi du 27 ventôse an 8.

Art. 27.

6116-2°. Un arrêt est valable dès lors que cinq magistrats ont assisté aux débats et au délibéré, et que les cinq mêmes magistrats assistent au prononcé de l'arrêt ; il importe peu qu'un autre ou plusieurs autres magistrats aient été présents aux débats, sans l'être au prononcé. — Req. 4 août 1885, J.G.S. *Jugement*, 39.

6119-2°. Les mentions d'un arrêt, relatives notamment à la présence des magistrats, ne peuvent être combattues à l'aide d'un extrait délivré par le greffe à l'effet de contredire cette présence. — Civ. r. 24 juill. 1887, J.G.S. *Jugement*, 144.

6124-2°. On ne saurait considérer comme ne formant qu'une seule et même cause nécessitant la présence des mêmes magistrats des débats vidés par deux arrêts dont l'un est contradictoire et l'autre par défaut. — Req. 12 févr. 1877, J.G.S. *Jugement*, 29.

6124-3°. Lorsqu'une cour d'appel, après comparution des parties, a ordonné une enquête et qu'elle est appelée ultérieurement à statuer par un nouvel arrêt sur les résultats de cette enquête il y a là une instance complètement nouvelle, et le second arrêt peut être valablement rendu par des magistrats n'ayant pas assisté à la comparution des parties. — Req. 12 févr. 1884, J.G.S. *Jugement*, 29.

Code de procédure civile (*Suite*).

Art. 472.

6162-2°. En cas d'infirmation partielle d'un jugement, la connaissance de l'exécution de l'arrêt infirmatif revient de droit à la cour d'appel sur tous les chefs du jugement, aussi bien sur ceux qui ont été confirmés que sur ceux qui ont été infirmés. — Lyon, 20 juill. 1887, J.G.S. *Jugement*, 493.

6162-3°. En matière de liquidation de communauté, il n'y a pas attribution de juridiction, dans le sens de l'art. 472 C. proc. civ., et les difficultés relatives à l'exécution d'un arrêt infirmatif qui prononce une séparation de biens, et notamment celles nées à l'occasion de la liquidation des reprises de la femme séparée, doivent être portées directement devant la cour qui a rendu cet arrêt. — Pau, 21 janv. 1867, J.G.S. *Jugement*, 496.

Art. 473.

6244-2°. Lorsqu'un jugement a porté sur le fond, même implicitement, la cour d'appel statue par l'effet dévolutif de l'appel et non en faisant usage du droit d'évocation. — Civ. c. 22 oct. 1890, D.P. 92. 1. 342.

6256-2°. Il n'y a pas lieu à évocation de la part de la cour, lorsqu'elle annule un jugement à raison de l'inobservation de l'art. 153 C. proc. civ. et, d'un autre côté, l'affaire ne pouvant pas être considérée comme ayant subi le premier degré de juridiction, il y a lieu, tout en déclarant nul le jugement de première instance, de renvoyer la cause et les parties devant d'autres juges pour être procédé et jugé au fond. — Grenoble, 5 déc. 1890, D.P. 92. 2. 337.

LIVRE QUATRIÈME

Des voies extraordinaires pour attaquer les jugements.

TITRE PREMIER.

De la Tierce opposition.

Art. 474.

6356-2°. L'exploit d'assignation régulièrement signifié constitue celui à qui il est adressé défendeur et partie nécessaire dans l'instance et le rend irrecevable à attaquer par la tierce opposition le jugement rendu contre lui, alors même que, par suite d'une fraude, il n'aurait pas eu connaissance de l'instance, et sauf son droit à des dommages-intérêts. — Montpellier, 2 juin 1890, D.P. 92. 2. 140.

6360-2°. Des mineurs, créanciers de leur père, sont en cette qualité représentés par ce dernier dans l'instance qu'il soutient contre un tiers; en conséquence, le subrogé tuteur n'est pas recevable à intervenir devant la cour d'appel, à moins qu'il n'y ait eu un concert frauduleux entre les parties pour nuire aux intérêts desdits mineurs. — Pau, 5 mai 1891, D.P. 92. 2. 192.

6384-2°. Si les créanciers hypothécaires doivent être considérés comme étant représentés par leur débiteur dans les instances où il engage ou qui sont engagées contre lui, il en est autrement et la voie de la tierce-opposition leur est ouverte lorsqu'il y a eu fraude dudit débiteur et participation personnelle à cette fraude des tiers acquéreurs à titre onéreux avec lesquels ce débiteur a traité. — Civ. r. 21 oct. 1891, D.P. 92. 1. 168.

6384-3°. En conséquence, un arrêt ne viole aucune loi lorsqu'il déclare recevable la tierce opposition formée par un créancier hypothécaire qui allègue l'existence d'un concert frauduleux entre les parties entre lesquelles le jugement attaqué a été rendu. — Même arrêt.

6391-2°. En matière de saisie immobilière, les créanciers inscrits du débiteur saisi sont recevables à invoquer la nullité de la saisie et à former tierce opposition contre le jugement autorisant la subrogation d'autres créanciers, alors que, d'une part, ce jugement fait grief à leurs intérêts, par exemple, en fixant la mise à prix de l'immeuble saisi à un chiffre qui en déprécie nécessairement la valeur, et que, d'autre part, ce jugement a été rendu à la suite de manœuvres frauduleuses concertées entre le créancier saisissant et le débiteur saisi. — Poitiers, 31 déc. 1890, D.P. 92. 2. 297.

TITRE II.

De la Requête civile.

Art. 480.

6431-2°. La décision qui prononce sur choses non demandées donne ouverture à cassation lorsqu'elle renferme une violation de la loi. — Civ. c. 8 juin 1891, D.P. 92. 1. 276.

6433-2°. Il n'y a pas *ultrà petita* dans l'arrêt qui déclare recevable le payement, fait au nom d'héritiers bénéficiaires contrairement à l'art. 808 C. civ., ne donne à la partie qui l'a opéré qu'une créance ordinaire lui permettant de venir en concurrence et au marc le franc avec les autres créanciers de la succession, alors que, devant le tribunal comme devant la cour d'appel, la partie adverse avait conclu au rejet de la demande en subrogation formée par la partie payante. — Req. 4 juill. 1892, D.P. 92. 1. 481.

Art. 495.

6465-2°. L'obligation de fournir à l'appui de la requête civile une consultation de trois avocats et de procéder à la consignation d'une amende s'applique, en Algérie, aux requêtes civiles formées en matière musulmane aussi bien qu'à celles formées en matière française. — Alger, 10 févr. 1892, D.P. 92. 2. 239.

6465-3°. Mais les requêtes civiles en matière musulmane ne sont pas soumises aux formalités de la loi française incompatibles avec l'organisation même de la juridiction musulmane; spécialement aux formalités impliquant l'intervention d'un huissier, d'un défenseur et d'un avoué. — Même arrêt.

APPENDICE AU LIVRE IV.

Pourvoi en cassation en matière civile.

6546-2°. Est non recevable le pourvoi en cassation contre un arrêt rendu en matière de référé, alors que cet arrêt statue seulement au provisoire et est susceptible d'être modifié ou rétracté par le juge des référés lui-même ou en tout cas par le juge du principal. — C. cass. de Belgique, 28 nov. 1889, D.P. 92. 2. 101.

6558-2°. Lorsqu'une cour a confirmé un jugement qui n'était pas susceptible d'appel, au lieu de déclarer l'appel non recevable, il n'en résulte point que le jugement confirmé ne puisse pas être régulièrement frappé d'un pourvoi en cassation, alors que l'arrêt confirmatif a été lui-même frappé de recours en cassation reconnu légitime. — Civ. c. 13 juin 1892, D.P. 92. 1. 380.

6582-2°. Le ministère public, dans les cas exceptionnels où il a reçu en matière civile le droit d'agir comme partie principale, n'a cette qualité et ne peut former un pourvoi en cassation que contre les décisions qu'il a provoquées par l'exercice de son droit d'action. — Civ. c. 5 nov. 1884, D.P. 85. 1. 81.

6582-3°. Par suite, le procureur général qui, en matière d'élections consulaires, n'a pas usé du droit qui lui est attribué par la loi de demander à la cour d'appel la nullité des opérations électorales d'un tribunal de commerce, est non recevable à se pourvoir en cassation contre l'arrêt de cette cour intervenu sur la réclamation de tiers électeurs. — Même arrêt.

6615-2°. Le légataire déclaré déchu de son legs est sans intérêt et par suite sans qualité pour soutenir devant la cour de cassation que la recevabilité de ce legs doit s'opérer au profit de tel légataire plutôt que de tel autre. — Req. 28 avr. 1891, D.P. 92. 1. 207.

6670-2°. Le certificat du maire, indiquant que le demandeur « n'est pas dans une position de fortune qui lui permette de supporter les frais de la procédure devant la cour de cassation » étant insuffisant pour dispenser ledit demandeur de la consignation d'amende, le pourvoi en cassation formé en matière civile, sans consignation d'amende de préalable et avec un certificat de cette nature, doit être lors être déclaré non recevable. — Req. 15 mars 1892, D.P. 92. 1. 234.

6777-2°. La violation des tarifs d'une compagnie étrangère de chemins de fer ne peut, à elle seule, motiver la cassation d'un jugement; il faut de plus qu'il y ait atteinte portée à un texte de la loi française. — Req. 10 févr. 1892, D.P. 92. 1. 299.

6906-2°. Lorsque, dans un acte de prêt, l'emprunteur déclare agir « en son nom personnel et de plus au nom et comme seul gérant d'une société », et consentir une hypothèque » pour le remboursement de toutes les sommes qui lui seront remises sur sa signature personnelle ou sur la signature sociale de la société », le juge du fait ne peut décider que l'emprunteur est intervenu simplement comme caution de la société et par suite pouvait opposer au prêteur le bénéfice de discussion. — Civ. c. 21 déc. 1891, D.P. 92. 1. 104.

6960-2°. Il appartient aux juges du fond de déclarer souverainement qu'un acte de vente n'impose point au vendeur l'obligation même implicite de procurer l'écoulement des eaux pluviales sur le fonds vendu et qu'il ne résulte de l'acte de vente ni quasi-contrat, ni convention tacite, relatifs à la servitude réclamée par l'acquéreur. — Req. 3 juin 1891, D.P. 92. 1. 264.

6983-2°. Est souveraine et échappe au contrôle de la cour de cassation, la déclaration du juge du fait que les conséquences de la faillite d'une compagnie d'assurance, et par suite la perte des actions de cette compagnie, ont eu pour cause le défaut de versement effectif de la partie la plus importante du premier quart dû sur les actions. — Req. 16 mai 1892, D.P. 92. 1. 348.

6983-3°. Les juges du fond apprécient souverainement si l'intention des parties a été de créer une société en commandite. — Req. 28 mars 1892, D.P. 92. 1. 265.

7031-2°. Il appartient aux juges du fond d'apprécier souverainement la pertinence des faits dont les parties demandent à être autorisées à faire la preuve. — Req. 29 juin 1891, D.P. 92. 1. 270.

7049-2°. Le contrôle de la cour de cassation peut s'exercer sur la déclaration du juge du fond qu'une possession n'est pas de simple tolérance, quand le juge tire cette conséquence d'un état de fait constaté par lui, qui se trouve être inopérant, par sa nature, pour apprécier une exception précise de précarité opposée à ladite possession. — Civ. c. 18 mai 1892, D.P. 92. 1. 297.

7065-2°. S'il appartient aux juges du fond de constater souverainement les circonstances d'où dérive la responsabilité d'un fait dommageable, l'appréciation à laquelle ils se livrent de ces mêmes circonstances pour admettre la faute, est susceptible d'être revisée par la cour de cassation. — Civ. c. 22 oct. 1890, D.P. 92. 1. 342.

7106-2°. L'arrêt qui, en se fondant sur les résultats d'une expertise, décide que les prétentions du demandeur ne sont pas justifiées, ne fait qu'un usage légitime du pouvoir souverain d'appréciation qui appartient aux juges du fait. — Req. 23 mars 1891, D.P. 92. 1. 165.

7106-3°. Un notaire ne peut réclamer des honoraires pour un mandat à lui confié qu'à la charge de prouver qu'il lui a été expressément ou tacitement; l'appréciation des juges du fond est à cet égard souveraine, et échappe comme telle au contrôle de la cour de cassation. — Req. 1er déc. 1891, D.P. 92. 1. 209, et les Observ. de M. Cohendy sous cet arrêt.

7106-4°. L'arrêt qui, appréciant l'ensemble des documents du procès, déclare, en fait, non seulement que le demandeur en mainlevée n'a pas prouvé la cessation des causes d'une interdiction antérieurement prononcée, mais même la preuve contraire est établie, contient une appréciation souveraine qui justifie le rejet de la demande en mainlevée. — Req. 13 juill. 1891, D.P. 92. 1. 124.

7106-5°. Le contrôle de la cour de cassation peut s'exercer sur la déclaration du

juge du fond qu'une possession n'est pas de simple tolérance, quand le juge tire cette conséquence d'un état de fait constaté par lui, qui se trouve être inopérant, par sa nature, pour détruire une exception précise de précarité opposée à ladite possession. — Civ. c. 18 mai 1892, D.P. 92. 1. 297.

7106-6°. Spécialement, quand une commune complaignante prétend être en possession, par la fréquentation des habitants, d'un chemin traversant le parc clos d'un particulier, et que celui-ci soutient que cette possession n'est que de tolérance, par suite de l'existence sur ce chemin, à l'entrée du parc, d'une grille et d'une porte confiée à la clef est aux mains d'un concierge sans l'assentiment et l'entremise duquel on ne peut passer, le juge du fond affirme vainement qu'il n'y a pas vice de précarité, en raison de ce que « le concierge a toujours, et sans observation aucune, livré passage à qui voulait passer ». — Même arrêt.

7106-7°. Ce fait pris en lui-même ne manifeste autre chose que l'étendue et la généralité de la tolérance, ce qui n'en efface pas le caractère, et il n'implique nullement que le public, pour circuler sur le chemin litigieux, pût se passer, et se passât effectivement, de l'agrément du propriétaire du parc. — Même arrêt.

7106-8°. Le jugement qui, en cet état, accueille la complainte de la commune, doit être cassé comme prononçant une maintenue possessoire, sans établir que la possession fût exempte du vice formel de précarité, allégué contre elle. — Même arrêt.

7106-9°. Il importe peu, dans cette situation, que le juge ait constaté, d'autre part, que le chemin dont il s'agit avait une destination d'intérêt public et était depuis plus d'un an ouvert le trouble l'objet d'une circulation générale et continue, ces circonstances, propres à démontrer qu'il ne s'agissait pas de simples actes de passage inopérants par eux-mêmes, n'ayant aucune portée pour détruire l'objection tirée de ce que la circulation publique était spécialement précaire, en raison de ce qu'elle se trouvait subordonnée, à l'entrée du parc, au consentement du propriétaire. — Même arrêt.

7120-2°. Les juges apprécient d'une manière souveraine en fait si les offres réelles de payement sont ou non suffisantes. — Req. 15 déc. 1891, D.P. 92. 1. 480.

7130-2°. Sont irrecevables devant la cour de cassation les moyens fondés sur des griefs que la partie, en appel, n'a point reproduits et a même formellement abandonnés dans ses conclusions. — Req. 23 juill. 1892, D.P. 92. 1. 488.

7130-3°. On ne peut proposer pour la première fois devant la cour de cassation un moyen non mentionné dans les conclusions des parties et sur lequel les juges du fond n'ont pu se prononcer. — Req. 24 mai 1892, D.P. 92. 1. 352.

7175-2°. Le moyen tiré de ce que la solidarité aurait été prononcée à tort contre un propriétaire et son concierge, pour préjudice causé par celui-ci à un locataire, ne peut être proposé pour la première fois devant la cour de cassation. — Req. 22 juill. 1891, D.P. 92. 1. 333.

7183-2°. Est nouveau, et comme tel irrecevable devant la cour de cassation le moyen tiré d'une violation, des règles de la preuve, alors que les constatations

incriminées, empruntées par l'arrêt au jugement de première instance, n'ont été contestées en appel que comme inexactes en fait, qu'elles n'ont été l'objet d'aucune critique, fondée sur un déplacement du fardeau de la preuve. — Civ. r. 27 juill. 1892, D.P. 92. 1. 461.

7254-2°. Un moyen de cassation fondé sur un rapport d'expert et qui n'a pas été soumis aux juges du fond ne peut être invoqué pour la première fois devant la cour de cassation, alors d'ailleurs que ce rapport d'expert n'est même pas produit devant cette cour. — Req. 6 juill. 1891, D.P. 92. 1. 244.

7262-2°. Le moyen tiré de l'irrecevabilité de l'appel d'un jugement rendu en dernier ressort peut être proposé devant la cour de cassation même par la partie qui a interjeté appel. — Civ. c. 13 juin 1892, D.P. 92. 1. 350.

7356-2°. Le moyen de cassation tiré de la violation de la chose jugée et des principes de la transaction n'est pas recevable comme nouveau lorsque la question n'a été soumise ni en première instance ni en appel à l'examen des juges du fond. — Civ. c. 4 août 1891, D.P. 92. 1. 320.

7448. Adde : — Civ. r. 17 mai 1892, D.P. 92. 1. 139.

7490-2°. Lorsqu'un arrêt prononçant une condamnation solidaire est cassé du chef de l'auteur principal du fait dommageable, cette cassation, quoique motivée par un moyen personnel à un seul des débiteurs, doit profiter aux autres en raison des liens de dépendance et de subordination qui existent entre les condamnations solidairement prononcées contre eux. — Civ. c. 16 déc. 1891, D.P. 92. 1. 177.

7502-2°. Lorsqu'une condamnation prononcée par un arrêt est rétractée après cassation par la cour de renvoi, la partie qui a poursuivi l'exécution de cette condamnation malgré le pourvoi doit être condamnée à restituer les frais et déboursés occasionnés à l'autre partie par le payement de ladite condamnation. — Besançon, 22 juill. 1892, D.P. 92. 2. 413.

7502-3°. Mais la partie qui a poursuivi ce payement ne doit les intérêts de la somme indûment touchée par elle qu'à compter de la signification de l'arrêt d'admission : jusqu'à ce moment, elle peut être considérée comme ayant été de bonne foi et ayant fait les fruits siens. — Même arrêt.

7502-4°. Et cette partie, n'ayant fait qu'user de son droit en poursuivant l'exécution de l'arrêt nonobstant le pourvoi, ne peut être condamnée pour cette exécution à des dommages-intérêts. — Même arrêt.

7527-2°. Lorsqu'il existe un lien de dépendance et de subordination entre le chef d'un arrêt qui est annulé sur le pourvoi d'une partie, et d'autres chefs du même arrêt attaqués par l'autre partie, l'annulation du premier chef doit entraîner l'annulation des seconds. — Civ. c. 12 juill. 1892, D.P. 92. 1. 451.

7559-2°. Lorsqu'un arrêt cassé par la cour suprême a réservé les dépens et que cette disposition n'a pas été comprise dans la cassation prononcée, la cour de renvoi ne doit statuer que sur les dépens de l'instance portée devant elle. — Besançon, 22 juill. 1892, D.P. 92. 2. 413.

LIVRE CINQUIÈME

De l'exécution des jugements.

TITRE IV.

Des Redditions de comptes.

Art. 528.

7629-2°. Une cour d'appel peut, en infirmant le jugement de première instance qui a refusé d'ordonner la justification d'un compte ou une expertise à cet effet, se réserver à elle-même la solution du fond, au lieu de la renvoyer devant les premiers juges. — Civ. r. 16 juin 1891, D.P. 92. 1. 321.

Art. 541.

7681-2°. Les prescriptions des art. 527 et suiv. C. proc. civ. concernant uniquement le cas où il s'agit d'une reddition de compte proprement dite, le juge n'est point tenu de s'y conformer, lorsqu'il se borne à prescrire même sous le nom de compte, une mesure d'instruction, en ordonnant, par exemple, à l'une des parties de rendre compte à l'autre, c'est-à-dire de lui justifier de l'emploi par elle fait d'une certaine somme qu'elle en avait reçu pour un objet déterminé ou en chargeant un expert de dresser, en matière de société, le compte d'un exercice annuel. — Civ. r. 16 juin 1891 (deux arrêts), D.P. 92.1.321.

TITRE VII.

Des Saisies-arrêts ou oppositions.

Art. 557.

7926-2°. Celui qui est à la fois créancier et débiteur d'une même personne peut former une saisie-arrêt entre ses propres mains. — Req. 27 juill. 1891, D.P. 92. 1. 430.

Art. 558.

8002-2°. N'est pas assujettie aux formalités prescrites pour la validité des saisies-arrêts, spécialement à l'existence d'un titre et à une permission du juge, la défense de se dessaisir signifiée à un tiers par les héritiers d'une succession, agissant non comme créanciers, mais comme cohéritiers revendiquant des corps certains dépendant de la succession et détenus par ce tiers. — Paris, 20 mai 1892, D.P. 92. 2. 357.

8013-2°. L'insertion d'une réserve de référé dans l'ordonnance sur requête qui autorise en matière de divorce une mesure conservatoire n'étant interdite par aucun texte, mais étant, au contraire, prévue par l'art. 242 (nouveau) C. civ., le président peut en référé rapporter, en vertu d'une semblable réserve, l'ordonnance sur requête par laquelle il a autorisé une saisie-arrêt. — Paris, 22 janv. 1892, D.P. 92. 2. 419.

8013-3°. ... Alors, d'ailleurs, que la citation en validité de saisie-arrêt a été donnée après la citation à fin de rapport de l'ordonnance autorisant la saisie. — Même arrêt.

8041-2°. Le juge des référés est compétent pour autoriser la partie saisie à toucher des sommes frappées d'opposition sans titre ni permission du juge, alors qu'il n'a été formé au principal aucune demande en validité de la saisie-arrêt. — Paris, 29 janv. 1892, D.P. 92. 2. 420.

8041-3°. Mais il est incompétent pour ordonner une semblable mesure, si la saisie-arrêt (même formée sans titre, et, par exemple, en vertu d'une obligation dont les causes sont éteintes, ou d'une demande énonçant une simple prétention) a été suivie d'une instance en validité. — Même arrêt.

8041-4°. Jugé, au contraire, que le juge des référés est compétent, même en présence d'une demande en validité d'opposition, pour apprécier la valeur du titre en vertu duquel la saisie-arrêt a été pratiquée et autoriser la partie saisie à toucher les sommes arrêtées, s'il estime que l'opposition a été conduite sans titre, et, par exemple, à l'une d'un jugement qui se bornait à renvoyer les parties devant un arbitre rapporteur chargé d'établir leur compte ou en vertu d'une sentence arbitrale accordant au débiteur terme et délai. — Paris, 25 août et 18 sept. 1891 (deux arrêts), D.P. 92. 2. 420.

8041-5°. ... Alors surtout que la demande en validité d'opposition n'a été formée que postérieurement à l'époque où le juge des référés était déjà saisi. — Arrêt préc. 18 sept. 1891.

8041-6°. Si le juge des référés est compétent pour ordonner la mainlevée d'une saisie-arrêt qui a été pratiquée sans titre ou permission du juge, il est au contraire incompétent lorsqu'il s'agit d'ordonner la mainlevée d'une opposition qui frappe des valeurs mobilières et qui est motivée sur ce fait qu'elles sont la propriété de l'opposant. — Paris, 27 avr. 1891, D.P. 92. 2. 463.

Art. 567.

8083-2°. Les tribunaux civils sont seuls compétents pour connaître d'une demande en validité de saisie-arrêt ; dès lors, l'expéditeur de marchandises ayant fait l'objet d'une saisie-arrêt de la part d'un créancier du destinataire ne peut assigner devant le tribunal de commerce le voiturier en restitution des marchandises dont il prétend être resté propriétaire, quand une instance en validité de la saisie-arrêt est pendante devant un tribunal civil. — Poitiers, 26 janv. 1891, D.P. 92. 2. 300.

8094-2°. Aux termes de l'art. 11 du projet de loi sur les justices de paix voté en 1891 par la Chambre des députés, les juges de paix connaissent des demandes en validité, nullité et mainlevée des saisies-arrêts et saisies foraines dans les limites de leur compétence. — V. supra, p. 477, le texte de cet article.

8094-3°. Sur la proposition de M. Renoirville, la commission de la chambre des députés a écarté la disposition par laquelle le projet du gouvernement proposait de donner aux juges de paix la connaissance « dans les limites de leur compétence de la saisie-brandon pratiquée par le propriétaire pour le payement de ses fermages ». — Rapport à la Chambre des députés, Journ. off. 16 janv. 1890, p. 88.

8094-4°. Il a paru que s'il s'agissait, dans ce paragraphe, de la simple mesure conservatoire que la loi met à la disposition des propriétaires ou principaux locataires (art. 819, § 1er), l'art. 2 du présent projet suffisait, puisque la saisie-gagerie était comprise dans la saisie-gagerie pratiquée sur les fruits encore attachés à la terre. — Même rapport, ibid.

8094-5°. ... Et que, s'il s'agissait au contraire de la saisie-brandon mesure d'exécution, il n'y aurait aucun motif de s'en tenir là, et de ne pas donner au juge de paix connaissance, dans les limites de sa compétence, de toutes les autres saisies-exécutions mobilières. — Même rapport, ibid.

8094-6°. En ce qui concerne les saisies-arrêts ou oppositions, les juges de paix pourront autoriser les saisies-arrêts sans titres dans les limites de leur compétence : ils statueront également dans ces limites sur les demandes en validité, en nullité ou en mainlevée de ces saisies. — Même rapport, ibid.

8094-7°. Il a paru utile de modifier en ce sens la législation existante d'après laquelle deux instances sont nécessaires, puisque le tribunal d'arrondissement ne peut prononcer sur la saisie qu'après que le juge de paix a prononcé sur l'existence et le quantum de la créance. — Même rapport, et le rapport de la créance, ibid.

8094-8°. Le texte de l'art. 11 ne porte pas expressément que, s'il y a lieu à une procédure de distribution, cette procédure sera suivie devant le tribunal de première instance. Il a paru qu'un texte formel n'était pas nécessaire pour affirmer le droit commun en vertu du titre 2 du livre 5 C. proc. civ. — Même rapport, ibid.

8094-9°. Un amendement de M. Sabatier tendant à confier aux juges de paix, dans les limites de leur compétence, le règlement des distributions par contribution a été repoussé par la commission. — Même rapport, ibid.

8094-10°. Les tribunaux d'arrondissement continuent à rester compétents en matière de saisies-arrêts ou d'oppositions concernant les administrations de l'enregistrement et des contributions indirectes comme en matière d'offres réelles. — V. supra, n° 8083-2°.

Art. 580.

8161-2°. Un émolument éventuel attribué à un employé ne saurait être assimilé à des appointements ni être susceptible de l'application que la loi du 21 ventôse an 9 relative à la portion saisissable des traitements des fonctionnaires publics et employés civils. — Ordonn. de référé du prés. du trib. civ. de la Seine, 28 nov. 1889, D P. 92. 2 359.

TITRE VIII.

Des Saisies-exécutions.

Art. 608.

8258-2°. Lorsqu'une revendication d'objets saisis apparaît comme le résultat d'un concert dolosivement organisé entre la revendiquant et la partie saisie pour tenir en échec le droit du poursuivant, porteur d'un titre exécutoire auquel provision est due, le juge des référés peut ordonner la continuation des poursuites, quoique l'instance en revendication soit déjà engagée au principal. — Paris, 24 juin 1890, D.P. 92. 2. 435. — Paris, 10 août 1891, ibid. — Paris, 1er déc. 1891, ibid. — Paris, 23 déc. 1891 (sol impl.), ibid.

8258-3°. ... Et ce lors même que le tribunal aurait déjà, par défaut, admis cette revendication. — Arrêt préc. 10 août 1891.

Art. 611.

8280-2°. La disposition de l'art. 611 C. proc. civ., aux termes de laquelle l'h ne peut pratiquer une nouvelle saisie sur des meubles déjà saisis, est spéciale aux saisies-exécutions et ne doit pas être suivie lorsque la première saisie est une saisie-gagerie. — Poitiers, 18 déc. 1890, D.P. 92. 2. 377.

TITRE XI.

De la Distribution par contribution.

Art. 658.

8318-2°. Une distribution par contribution ne peut être ouverte sans qu'au préalable une réquisition émanée de l'avoué ait été inscrite au greffe sur un registre spécial tenu à cet effet; et cette réquisition doit être accompagnée d'un certificat de consignation ou de toute autre pièce équivalente constatant qu'une somme est réellement déposée à la Caisse des dépôts et consignations. — Trib. de Rennes, 17 févr. 1891, D.P. 92. 2. 230.

8318-3° Et ces règles sont applicables au cas même où il s'agit d'un dividende revenant, dans une distribution antérieure, au débiteur sur lequel une nouvelle contribution doit être ouverte : il n'y a pas lieu d'appliquer ici par analogie les règles relatives à la collocation en sous-ordre. — Même jugement.

8318-4°. L'avoué qui a requis l'ouverture d'une distribution sans joindre à sa requête le certificat de consignation ne peut se prévaloir, pour échapper à la nullité, de ce que les sommes à distribuer auraient été consignées à l'époque où il présentait ladite requête : il aurait dû vérifier le dépôt ou prendre les mesures nécessaires pour le faire effectuer. — Même jugement.

8318-5°. Mais la nullité est couverte si cet avoué procède plus tard d'une manière régulière à l'ouverture de la distribution par contribution. — Même jugement.

Art. 669.

8364-2°. Lorsque, dans une distribution par contribution, une contestation porte exclusivement sur l'existence d'un privilège ou sur une préférence entre créanciers, le degré de juridiction est déterminé par le montant de la créance contestée dans son rang de priorité, quel que soit d'ailleurs le chiffre de la créance du contestant et alors même que cette dernière serait réciproquement contestée. — Poitiers, 18 déc. 1890, D.P. 92. 2. 377.

TITRE XII.

De la Saisie immobilière.

Art. 673.

8391-2°. La procédure de saisie immobilière qui a été pratiquée en vertu d'un titre nul est également nulle, alors surtout qu'elle a été continuée, comme vente sur conversion, après l'extinction de la créance : et cette nullité s'étend à tous les actes accomplis, notamment à la subrogation aux poursuites postérieurement consentie au profit d'autres créanciers. — Poitiers, 31 déc. 1890, D.P. 92. 2. 297.

Art. 684.

8462. Adde : — Civ. c. 1er juin 1892, D.P. 92. 1. 384.

TITRE XIII.

Des Incidents de la saisie immobilière.

Art. 718.

8642-2° La demande en dommages-intérêts, formée en même temps qu'une opposition à saisie immobilière, doit être considérée comme un incident de cette saisie; il en est ainsi même dans le cas où a été donnée de la saisie et où les juges n'ont à statuer que sur la demande en dommages-intérêts. — Poitiers, 7 juill. 1890, D.P. 92. 2. 312.

8642-3°. En conséquence, l'appel du jugement qui a statué sur cette demande est soumis aux formes et délais établis par les art. 731 et 732 C. proc. civ. — Même arrêt.

8643-2°. La demande en validité d'une consignation formée au cours d'une procédure de saisie immobilière, est une procédure principale, soumise par l'art. 815 C. proc. civ. à la règle générale de compétence de l'art. 59 du même code. — Angers, 17 déc. 1890, D.P. 92. 2. 352.

8643-3°. Elle conserve ce caractère même dans le cas où le jugement à intervenir est susceptible d'influer sur la procédure de saisie immobilière; cette circonstance fortuite ne saurait donner à l'action en validité de la consignation le caractère d'un incident de saisie immobilière, ni modifier les règles de compétence. — Même arrêt.

Art. 725.

8657-2°. La demande en distraction de tout ou partie des immeubles saisis constitue un incident de saisie régi par les dispositions des art. 725, 726, 731, 732 C. proc. civ. — Req. 7 déc. 1891, D.P. 92. 1. 416.

8657-3°. Et il en est ainsi même si la demande en distraction est formée par un tiers qui ne figure pas dans la poursuite, notamment par un tiers soutenant que certains immeubles doivent être distraits de la saisie, par la raison qu'ils lui sont dévolus par l'effet d'un partage déjà conclu entre le débiteur et lui. — Même arrêt.

Art. 729.

8685-2°. Lorsqu'une saisie immobilière a

été pratiquée en vertu d'un titre nul, on ne saurait repousser la tierce-opposition des créanciers inscrits, en se fondant sur ce que les moyens de nullité par eux invoqués auraient dû, pour être recevables, être proposés trois jours au moins avant la publication du cahier des charges. — Poitiers, 31 déc. 1890, D.P. 92. 2. 297.

8685-3°. La déchéance résultant des art. 728 et 729 C. proc. civ. ne doit pas être appliquée au cas où la poursuite sur saisie a été convertie en une vente volontaire aux enchères. — D.P. 92. 2. 297, note 3 à 6.

Art. 730.

8693-2°. La disposition de l'art. 730 C. proc. civ. suivant laquelle les jugements qui, en matière de saisie immobilière, statuent sur des nullités postérieures à la publication du cahier des charges, doit s'entendre non seulement des nullités dont la cause est postérieure à la publication du cahier des charges, mais aussi de celles, soit de forme, soit de fond, qui ont été proposées après cette publication, bien que la cause en soit antérieure. — Civ. c. 13 juin 1892, D.P. 92. 1. 350.

Art. 732.

8741-2°. La règle de l'art. 732 C. proc. civ. qui interdit à la partie saisie de présenter en appel des moyens nouveaux n'est pas applicable au moyen tiré de l'incompétence ratione materiæ. — Orléans, 31 mars 1892, D.P. 92. 2. 365.

8741-3°. ... Ni au tiers intervenant dans une procédure de saisie immobilière. — Civ. c. 25 mai 1892, D.P. 92. 1. 327.

8741-4°. Ainsi, le tiers intervenant qui, en première instance, a prétendu que le titre de créance en vertu duquel la saisie a été pratiquée était demeurée sa propriété et n'avait pas été valablement cédé par lui au saisissant, est recevable à soutenir en appel que l'acte de cession du titre a été frauduleusement fabriqué par le notaire rédacteur. — Même arrêt.

Art. 743.

8788-2°. Lorsqu'une saisie immobilière a été pratiquée en vertu d'un titre nul, on ne peut repousser la tierce-opposition des créanciers inscrits sur le motif que ces créanciers, n'ayant pas reçu la sommation prescrite par l'art. 692 C. proc. civ., auraient été représentés par le créancier saisissant lors de la conversion de la saisie en vente volontaire qui avait précédé le jugement de subrogation. — Poitiers, 31 déc. 1890, D.P. 92. 2. 297.

TITRE XIV.

De l'Ordre.

Art. 752.

8823-2°. Le créancier qui, sans alléguer de motifs, refuse son adhésion à un ordre amiable et rend ainsi nécessaire la procédure d'ordre, abuse de son droit, et son refus, même s'il n'est pas entaché de malice, constitue une faute grossière et équipollente au dol qui doit le faire condamner, à titre de dommages-intérêts, aux frais de l'ordre judiciaire autres que ceux qui ont été exposés dans la tentative d'ordre amiable. — Trib. civ. d'Orange, 29 mai 1892, D.P. 93. 2. 248.

Art. 756.

8861-2°. Le créancier produisant dans un ordre qui n'a pas contredit le règlement provisoire du juge commissaire, dans le délai de trente jours le règlement provisoire du juge commissaire, n'est pas admissible, après ce délai, à contester et à faire modifier les bases de la collocation d'une femme mariée, quand même, en réalité, ces bases seraient inexactes. — Grenoble, 8 mars 1892, D.P. 92. 2. 295.

8861-3°. Spécialement, il ne peut demander que la somme soumise, d'après la ventilation, à l'hypothèque légale de la femme du failli soit diminuée de la valeur d'une maison achetée et de constructions édifiées pendant le mariage par ledit failli. — Même arrêt.

8861-4°. Peu importe à cet égard que la fixation de la somme affectée à l'hypothèque de la femme ait été faite par des experts désignés par le juge-commissaire et non par le tribunal, alors que le créancier avait eu connaissance de la mission donnée à ces experts et avait été mis à même, par la dénonciation du règlement provisoire, d'apprécier les résultats de leur travail. — Même arrêt.

8861-5°. Le créancier qui n'a pas contredit dans le délai légal peut, malgré la forclusion édictée par l'art. 756 C. proc. civ., intervenir et opposer ses moyens de défense à un contredit formé en temps utile par un autre créancier, à la condition toutefois qu'il ait intérêt à le faire. — Même arrêt.

8865-2°. Bien que l'exception tirée de la forclusion soit une exception péremptoire qui peut être opposée d'office par le juge, néanmoins, la forclusion dont le créancier tardif est frappé n'est pas applicable au cas où la rectification demandée porte sur une erreur purement matérielle. — Même arrêt.

Art. 765.

8964-2°. Un dire collectif inscrit à la suite d'un règlement provisoire d'ordre, signé des avoués de toutes les parties, par lequel elles substituent un mode de collocation différent de celui que proposait le juge-commissaire, contient les bases d'un contrat judiciaire qui, pour être parfait et exécuté contre l'adjudicataire, doit être sanctionné par le juge dans un règlement définitif conforme. — Limoges, 14 janv. 1891, D.P. 92. 2. 360.

8964-3°. Mais lorsque le juge-commissaire, en faisant l'application dans son règlement définitif du contrat judiciaire intervenu, omet l'une des dispositions de ce contrat, cette disposition manque de sanction et ne peut être exécutée contre l'acquéreur. — Même arrêt.

Art. 770.

9003-2°. Le bordereau de collocation délivré contre l'acquéreur ne pouvant être que la reproduction *in parte quâ* du règlement définitif, le greffier ne peut suppléer au règlement du juge, en insérant dans le bordereau une disposition omise; le bordereau n'a aucune force exécutoire, quant à cette partie, et l'acquéreur est fondé à y former opposition. — Limoges, 14 janv. 1891, D.P. 92. 2. 360.

9003-3°. Un titre ne peut être exécutoire contre une personne qui n'y est pas individuellement dénommée. — Même arrêt.

TITRE XVI.

Des Référés.

Art. 806.

9081-2°. Malgré la clause d'une police d'assurances portant attribution de juridiction, pour l'exécution d'un contrat, devant un tribunal déterminé, l'urgence constatée par l'arrêt justifie la compétence du juge des référés de la ville où le sinistre s'est produit, pour nommer un expert, les droits des parties réservés, ainsi que le rejet d'une exception fondée sur la prétendue nécessité d'une expertise amiable préalable à toute action judiciaire. — Req. 12 févr. 1889, D.P. 92. 1. 382.

9143-2°. Le juge des référés ne peut pas, sans violer l'art. 1351 C. civ., prescrire des mesures conservatoires en vue d'un différend que des décisions antérieures ont clos et éteint. — Nancy, 24 févr. 1892, D.P. 92. 2. 293.

9143-3°. ... Alors même que lesdites décisions seraient frappées d'un pourvoi en cassation le pourvoi en cassation n'étant pas suspensif en matière civile. — Même arrêt.

9144-2°. Le juge des référés ne peut, en cas d'exécution provisoire ordonnée, accorder aucun sursis pour l'exécution du jugement. — Paris, 16 mai 1874, J.G.S. *Jugement*, 558.

9145-2°. ... A moins d'une cause péremptoire, telle qu'une tierce opposition frappant le jugement déclaré exécutoire par provision. — Ordon. réf. prés. du trib. civ. de la Seine, 5 sept. 1872, J.G.S. *Jugement*, 558.

9161-2°. Le juge du référé est compétent, en l'absence de tout acte administratif qui motiva la dépossession d'une congrégation religieuse, pour consulter et rechercher les titres à l'effet d'apprécier s'ils donnent une apparence légitime à la possession invoquée et pour ordonner, s'il y a lieu, la réintégration de la congrégation dépossédée violemment. — Dijon, 28 janv. 1891, D.P. 92. 2. 246.

Art. 807.

9179-2°. Hors le cas d'incompétence *ratione materiæ*, le juge compétent pour statuer en référé sur la désignation d'un expert est celui du lieu où les constatations doivent être faites. — Req. 12 févr. 1889, D.P. 92. 1. 382.

Art. 809.

9216-2°. Les ordonnances de référé ne statuant qu'au provisoire ne peuvent être invoquées devant le juge du principal comme ayant l'autorité de la chose jugée. — Civ. c. 28 juin 1892, D.P. 92. 1. 378. — V. *Code de procédure civile*, n° 25.

9216-3°. Il en est de même des arrêts rendus sur l'appel des ordonnances de référé, spécialement des arrêts confirmatifs de ces ordonnances. — Même arrêt.

9224-2°. En matière de référé, le taux du dernier ressort est, comme en matière ordinaire, déterminé par le montant des sommes qui forment l'objet des poursuites. — Paris, 11 déc. 1890, D.P. 92. 2. 359. — V. *Code de procédure civile*, n° 51.

9224-3°. En conséquence, est non recevable l'appel dirigé par un débiteur saisi-arrêté contre l'ordonnance de référé qui refuse de limiter l'étendue de la saisie-arrêt, lorsque celle-ci a été faite pour recouvrement d'une somme de 800 fr. — Même arrêt.

· SECONDE PARTIE

PROCÉDURES DIVERSES

LIVRE PREMIER

TITRE PREMIER.

Des Offres de payement et de la Consignation.

Art. 815.

9323-2°. L'art. 9 du projet de loi sur les justices de paix (V. *suprà*, p. 477), qui étend la compétence des juges de paix aux demandes en validité et en nullité d'offres réelles, même quand ces demandes sont introduites par action principale, a pour objet de mettre fin à une controverse qui divisait la doctrine et la jurisprudence. La doctrine que consacre la loi nouvelle avait été adoptée, sous l'empire de la loi de 1838, par un arrêt de la cour de Nîmes du 29 déc. 1868. — J.G.S. *Compét. civ. des trib. de paix*, n° 18.

9323-3°. L'exception apportée par cet article relativement aux administrations de l'enregistrement et des contributions a été introduite sur la réclamation du ministre des finances, qui, par une lettre à la commission de la Chambre des députés du 18 oct. 1886, a réclamé formellement que les demandes concernant ces deux administrations fussent réservées à la connaissance exclusive des tribunaux d'arrondissement, seuls compétents pour statuer en ces matières sur le fond du droit. Il a fait observer qu'il était aussi bien de l'intérêt des redevables que de l'intérêt du Trésor de maintenir en pareil cas l'unité de juridiction, et de ne pas modifier, en ce qui concernait les actions en validité d'offres et de saisies-arrêts la procédure spéciale de la compétence réglée par l'art. 65 de la loi du 22 frim. an 7. — Rapport à la Chambre des députés, *Journ. off.* 16 janv. 1890, p. 87 et s.

9323-4°. Les expressions « et leurs causes » ont été introduites dans la loi à la suite d'observations de M. Frédéric Grousset desquelles il résulte que le juge de paix serait incompétent pour connaître d'une demande en validité d'offres dans le cas où il s'agirait du solde d'une créance qui dans son principe aurait été supérieure à 1500 fr. — *Journ. off.* des 22 et 25 févr., p. 385 et 416.

TITRE V.

Des Voies à prendre pour avoir expédition d'un acte ou pour le faire réformer.

Art. 839.

9383-2°. Le droit de refuser copie d'un acte appartient au notaire vis-à-vis de toute partie, qu'elle soit ou non débitrice, qu'elle ait été ou non exonérée des frais. — J.G.S. *Notaire*, 236.

9383-3°. Par suite, il a été jugé qu'un notaire ne peut être tenu de délivrer au vendeur la grosse d'un acte de vente par lui reçu, alors que les frais de cet acte n'ont pas été payés par l'acquéreur; que, par conséquent, le vendeur n'est pas recevable à user contre le notaire des dispositions de l'art. 839 C. proc. civ.; qu'il ne peut agir que contre l'acquéreur pour le contraindre à payer les frais, à l'effet de lui faire obtenir la grosse de l'acte. — Bordeaux, 30 janv. 1852, J.G.S. *Notaire*, 236.

TITRE VII.

Autorisation de la femme mariée.

Art. 861.

9411-2°. Le paragraphe 1er de l'art. 12 du projet de loi sur les justices de paix, voté par la Chambre des députés (V. *suprà*, p. 477) reconnaît au juge de paix le droit qui lui avait été jusqu'ici contesté d'autoriser une femme mariée à ester en justice de paix, au cas de refus d'autorisation par son mari. — Rapport à la Chambre des députés *Journ. off.* 16 janv. 1890, p. 88.

9411-3°. Le paragraphe 2e donne aux juges de paix le droit de nommer un tuteur *ad hoc* aux mineurs intéressés dans une instance portée devant eux quand la tutelle n'a pas

été organisée. Les prescriptions de la loi en matière de représentation légale des mineurs sont fréquemment inobservées, et il a paru qu'exiger à propos d'une instance en justice de paix l'organisation de la tutelle entraînerait des lenteurs et des frais inutiles. — Même rapport.

TITRE X.

Des Avis de parents.

Art. 883.

9511-2°. L'art. 448 C. civ., antérieur à l'art. 883 C. proc. civ., appartenant à un corps de lois qui a pour objet de déclarer les droits et non d'en régler l'exercice, ne peut pas être considéré comme une dérogation à l'art. 883 C. proc. civ.; en conséquence, le tuteur destitué devra diriger sa demande en maintien dans la tutelle contre tous les membres du conseil de famille qui auront été d'avis de la délibération. — Paris, 11 août 1884, J.G.S. *Minorité*, 298.

9511-3°. Mais jugé en sens contraire que la mère tutrice qui défère au tribunal la délibération du conseil de famille, refusant, à raison de son second mariage, de lui maintenir la tutelle, procède régulièrement en assignant, non les membres du conseil de famille qui ont pris part à la délibération, mais le subrogé tuteur. — Montpellier, 14 mai 1883, J.G.S. *Minorité*, 77.

Art. 889.

9517-2°. Les membres du conseil de famille qui n'ont point déclaré par acte extrajudiciaire à la personne chargée de poursuivre l'homologation d'une délibération de conseil vouloir s'opposer à cette homologation, ne peuvent interjeter appel du jugement d'homologation. — Orléans, 16 mai 1868, J.G.S. *Minorité*, 192.

LIVRE DEUXIÈME

Procédures relatives à l'ouverture d'une succession.

TITRE VI.

De la Vente des biens immeubles appartenant à des mineurs.

Art. 954.

9664-2°. En matière de vente de biens de mineurs, le conseil de famille dont l'autorisation est exigée par la loi pour la vente de ces biens, peut exprimer son avis sur l'opportunité de faire la vente devant un notaire commis ou à la barre du tribunal, suivant que l'intérêt du mineur lui paraît commander l'une ou l'autre mesure ; le droit du conseil de famille à cet égard n'est en aucune façon exclu par le pouvoir souverain que la loi reconnaît en cette matière aux tribunaux. — Rouen, 20 avr. 1883, J.G.S. *Minorité*, 528.

LIVRE TROISIÈME

TITRE UNIQUE.

Des Arbitrages.

Art. 1018.

9900-2°. La sentence du tiers arbitre intervient régulièrement, alors même que l'un des arbitres aurait omis dans son procès-verbal un des chefs de difficulté compris dans le compromis : en vain soutiendrait-on que le tiers arbitre ne se serait pas trouvé investi, dans ce cas, des deux avis entre lesquels l'art. 1018 C. proc. civ. l'oblige à opter. — Poitiers, 27 mai 1891, D.P. 92. 2. 335.

APPENDICE AU CODE DE PROCÉDURE CIVILE

II. DISCIPLINE DES AVOCATS.

§ 1er. — *Avocats aux tribunaux et cours d'appel.*

10307-2°. Lorsqu'un conseil de l'ordre est saisi d'une action disciplinaire contre un avocat et que le conseil ne peut pas se constituer par suite de la récusation, ou du départ de quelques-uns de ses membres et de l'insuffisance du nombre des avocats pour le compléter, le procès-verbal qui en est dressé pour constater l'impossibilité de constituer le conseil de discipline, n'est pas une décision et par suite il n'y a pas à le déférer par voie d'appel à l'appréciation de la cour. — Limoges, 22 juin 1890, D.P. 92. 2. 422.

10307-3°. Mais, dans ce cas, le conseil ne pouvant fonctionner comme premier degré de juridiction, il n'y a pas lieu soit de faire ordonner par la cour le renvoi devant un autre conseil de discipline, l'avocat n'étant justiciable que du conseil de l'ordre auquel il appartient, soit de porter l'action devant le tribunal de première instance qui ne peut former un conseil de discipline qu'autant qu'il n'existe pas un nombre suffisant d'avocats pour constituer un ordre régulier. — Même arrêt.

10307-4°. Le premier degré de juridiction faisant alors défaut, il ne reste plus qu'à s'adresser au second, et la cour est compétemment saisie de la poursuite. — Même arrêt.

10433-2°. Le bâtonnier de l'ordre des avocats près chaque cour ou tribunal doit être élu à la majorité absolue des suffrages par l'assemblée générale de l'ordre composée de tous les avocats inscrits au tableau. — Paris, 18 nov. 1891, D.P. 92. 2. 431.

10433-3°. Par suite, malgré tout usage ou tradition contraires, il y a lieu de déclarer nulle et non avenue l'élection comme bâtonnier d'un avocat ayant obtenu le même nombre de voix que son concurrent. — Même arrêt.

§ 2. — *Avocats à la Cour de Cassation.*

Ordonnance du 10 sept. 1817.

Art. 10.

10439-2°. Longtemps avant le décret du 4 juill. 1885 qui a fixé au 15 août la date des vacances judiciaires (V. *suprà*, n° 5857), la disposition de l'art. 10 relative à l'époque des élections du conseil de l'ordre des avocats à la cour de cassation était tombée en désuétude. Ces élections ont lieu depuis plusieurs années dans la deuxième quinzaine du mois de juillet, sans qu'aucune disposition législative ou réglementaire soit venue sanctionner cet usage qui se trouve en fait concorder avec l'innovation introduite par le décret de 1885.

III. DISCIPLINE DES OFFICIERS MINISTÉRIELS.

§ 1er. — *Notaires.*

10492-2°. Le chancelier d'ambassade ayant fait fonction de notaire, en vertu des ordonnances de 1681 et du 4 août 1833, n'est pas, au cas d'une demande en responsabilité pour faute commise dans l'exercice de ces fonctions, régi, quant à la compétence, par l'art. 53 de la loi du 25 vent. an 11, qui ne vise que les véritables notaires et ne s'applique qu'au cas où ils auraient commis des fautes intéressant l'ordre public et les rendant passibles d'une peine disciplinaire. — Rennes, 30 juin 1890, D.P. 92. 2. 308.

10538-2°. En matière de discipline notariale, il n'est pas nécessaire que les décisions rendues contiennent toutes les énonciations prescrites par l'art. 141 C. proc. civ.; il suffit, pour la régularité de ces décisions, qu'elles indiquent, d'une part, les faits qui ont formé l'objet des poursuites et les réquisitions du ministère public, et qu'elles constatent, d'autre part, que les notaires inculpés ont été mis à même de produire leurs moyens de justification et qu'ils les ont produits. — Req. 23 mai 1892, D. P. 92. 1. 529, et la note.

10589-2°. Si, aux termes de l'art. 3 de la loi du 25 vent. an 11, les notaires sont tenus de prêter leur ministère aux parties, il n'en est ainsi que lorsque ce ministère est réclamé pour des actes licites. — Arrêt préc. 23 mai 1892.

10589-3°. Aussi a-t-il été décidé avec raison que le notaire qui prête son concours à un acte dont l'illégalité n'a pas pu lui échapper méconnaît de la manière la plus grave ses devoirs professionnels les plus étroits, et que la cour ne commet aucun excès de pouvoir en le frappant de la peine de la destitution. — Même arrêt.

10816-2°. L'arrêt d'admission, rendu sur le pourvoi en cassation d'un notaire frappé par une décision disciplinaire, doit être signifié, non pas au président de la chambre de discipline, mais au syndic de cette chambre. — Civ. c. 4 mai 1892, D. P. 92. 1. 364.

10857-2°. Est entachée d'une nullité radicale et d'ordre public l'obligation reçue par un notaire qui, au moyen d'un prête-nom, en est en réalité le véritable bénéficiaire. — Poitiers, 31 déc. 1890, D.P. 92. 2. 297.

§ 2. — Avoués.

Arrêté du 13 frimaire an 9
(4 déc. 1800).

Art. 17.

11470-2°. Aux termes de l'art. 1ᵉʳ du décret du 17 juill. 1806 (J.G. *Avoué*, 22) les élections à la chambre des avoués doivent avoir lieu le 1ᵉʳ septembre de chaque année, mais cette disposition toujours en vigueur ne saurait plus être appliquée depuis le décret du 4 juill. 1885 qui fixe au 15 août la date des vacances judiciaires. — V. *suprà*, n° 5857.

11470-3°. En fait, depuis plusieurs années, ces élections ont lieu à Paris chaque année le dernier vendredi de juillet avec l'autorisation du procureur général pour les avoués à la cour d'appel et du procureur de la république pour les avoués de première instance.

IV. TARIF DES FRAIS ET DÉPENS EN MATIÈRE CIVILE.

Loi du 26 janv. 1892.

Art. 10.

12392-2°. Les procès-verbaux d'*affiche des jugements déclaratifs de faillite* ou d'ouverture de *liquidation judiciaire* n'étant pas visés dans l'art. 10 de la loi du 26 janv. 1892 restent soumis aux règles fiscales qui les régissaient antérieurement à cette loi. — Sol. adm. enreg. 20 sept. 1892 (*Revue générale pratique d'enregistrement*, art. 345).

Art. 12.

12417-2°. L'exemption prévue par l'art. 12 s'applique aux expéditions des procès-verbaux constatant le dépôt au greffe de la justice de paix des actes des sociétés commerciales ou civiles. — Solut. adm. enreg. 3 sept. 1892 (*Répert. périod. enreg.* art. 7963).

12417-3°. ... Aux expéditions délivrées par les greffiers de paix des procurations authentiques, pouvoirs sous seings privés, certificats de médecins, ordonnances du président du tribunal, qui sont annexés aux actes de la justice de paix. — Même solut.

12417-4°. Mais les expéditions qui se réfèrent à des dépôts effectués à partir du 1ᵉʳ juillet 1892 doivent seules être admises à bénéficier de l'exemption. — V. *infrà*, n°ˢ 12670-2°, 3°, 4°, 5°, 6° et 7°.

Art. 17.

12613-2°. L'Administration de l'enregistrement a reconnu que la loi du 26 janv. 1892 n'a pas modifié le tarif applicable aux ordonnances de référé. — Solut. adm. enreg. 18 août 1892 (*Revue générale pratique d'enregistrement*, art. 341).

Art. 19.

12626-2°. L'obligation imposée aux huissiers par les art. 19 et 20 de la loi du 26 janv. 1892 de tenir et de présenter au visa un répertoire spécial des exploits dispensés des formalités du timbre et de l'enregistrement (art. 5), incombe uniquement à ceux qui sont chargés des significations d'avoué à avoué (art. 25, décret du 24 juin 1813). — Solut. adm. enreg. 11 et 21 juill. 1892 (*Journal de l'enregistr.*, art. 23904); 4 août 1892 (*Revue pratique d'enregistr.* art. 347).

12626-3°. Elle ne s'applique donc pas aux huissiers qui ne sont pas chargés des significations d'audience. — Même solut.

12626-4°. ... Ni aux greffiers des justices de paix. — Solut. préc. 21 juill. et 4 août 1892.

12626-5°. ... Ni aux greffiers des tribunaux civils qui ne paraissent pas appelés à rédiger des actes dispensés des formalités du timbre et de l'enregistrement. — Solut. préc. 21 juill. 1892.

Art. 24.

12670-2°. La loi du 26 janv 1892 ne vise pas exclusivement les actes relatifs aux instances judiciaires : elle embrasse également des actes délivrés par les greffiers ou passés dans les greffes en dehors de toute instance.

Si son art. 24 porte que les dispositions des art. 4 et 21 ne sont applicables qu'aux minutes, copies ou expéditions d'actes, jugements, sentences ou arrêts « relatifs à des procédures commencées avant le 1ᵉʳ juillet 1892 » c'est que, dans l'esprit des promoteurs de la réforme et dans celui du Gouvernement, la loi avait « uniquement pour but de dégrever les frais de justice dans les instances régulières. Mais, au cours de la discussion parlementaire, il a été apporté au projet primitif des modifications qui ont eu pour résultat de faire insérer dans la loi des actes absolument étrangers à toute instance.

12670-3°. Ainsi, bien que l'art. 24 ne soit pas très explicite à cet égard, il ne résulte pas moins de l'économie générale de la loi que l'on a entendu par le terme « procédure » non seulement les actes concernant les instances judiciaires, mais aussi l'ensemble des autres formalités accomplies dans les greffes en dehors de toute instance. — Solut. adm. enregistr. 3 sept. 1892 (*Répert. périod. enreg.*, art. 7963).

12670-4°. C'est dans ce sens que doit être interprété l'art. 24. Autrement il faudrait admettre, ce qui est manifestement contraire aux dispositions combinées de la loi du 26 janv. 1892, que les expéditions délivrées par les greffiers de paix, des actes qui ne se rapportent pas à une procédure judiciaire, ont pu être établies sur papier non timbré dès la promulgation de la loi. — Même solut. 3 sept. 1892.

12670-5°. Ainsi, pour l'application de l'exemption du timbre établie par l'art. 12 (1ᵉʳ alinéa) de la loi, aux expéditions délivrées par les greffiers des justices de paix, de procès-verbaux constatant le dépôt dans leurs greffes des actes de sociétés commerciales ou civiles, la date du procès-verbal de dépôt doit être uniquement prise en considération, puisque ce procès-verbal constitue l'acte initial de la formalité. — Même solut. 3 sept. 1892.

12670-6°. Les expéditions qui se réfèrent à des dépôts effectués à compter du 1ᵉʳ juillet 1892 doivent seules être admises à bénéficier de l'exemption. — Même solut. 3 sept. 1892.

12670-7°. Toutefois, si ces actes se rattachent à une instance ou à une procédure judiciaire, il y a lieu de prendre pour point de départ de la mise à exécution de la loi la date de l'acte introductif d'instance. — Même solut. 3 sept. 1892.

Art. 25.

12681-2°. Un décret du 10 sept. 1892 a rendu la loi du 26 janv. 1892 sur les frais de justice et les deux décrets du 23 juin 1892 qui l'accompagnent applicables à l'Algérie. — *Journ. off.* du 16 sept. 1892. — D. P. 92, 4ᵉ partie.

FIN DES ADDITIONS COMPLÉMENTAIRES.

TABLE CHRONOLOGIQUE

DES

LOIS ET DÉCRETS INSÉRÉS ET COMMENTÉS

DANS LE

SUPPLÉMENT AU CODE DE PROCÉDURE CIVILE ANNOTÉ

TABLE GÉNÉRALE ALPHABÉTIQUE

DES MATIÈRES CONTENUES DANS LE

CODE DE PROCÉDURE CIVILE ANNOTÉ ET SON SUPPLÉMENT [1]

---

(1) — **I. Abréviations.** — Dans la présente *Table générale alphabétique*, la lettre *C.* signifie *Code de procédure civile annoté* ; le nombre qui suit immédiatement cette lettre désigne l'article du Code ; le nombre placé après la lettre n. désigne la notice du commentaire de cet article. — Ainsi : *C.* 59, n. 25 s., 45 ; 71, n. 3, signifie : Code de procédure civile annoté, article 59, notices 25 et suivantes, 45 ; article 71, notice 3.

Pour les matières qui sont commentées sous forme d'Appendice dans le Code de procédure civile annoté, la table indique la page de l'ouvrage et la colonne ou l'article du texte spécial auquel se réfère la notice, et enfin le numéro de la notice. — Par exemple *C.* p. 1265, col. 3, art. 14, n. 12 s., signifie : Code de procédure civile annoté, page 1265, colonne 3, article 14, notices 12 et suivantes.

S. désigne le *Supplément* au *Code de procédure civile annoté*. — *S.* 6820 s. signifie : notices 6820 et suivantes de ce supplément.

A. signifie *Additions complémentaires* au Supplément du Code civil annoté. — Ainsi, *A.* 418-2 s. signifie : Additions complémentaires, notice 418 du Code civil annoté, numéros 2 et suivants.

— **II. Renvois.** — Les renvois placés à la ligne et après un tiret dépendent des mots principaux. Par exemple, à la colonne 2 de la page 510, le renvoi — V. Appel incident » dépend directement du mot principal **Acquiescement**.

Les renvois formulés à la suite de mots entre parenthèses dépendent des mots secondaires, s'ils sont précédés immédiatement d'un tiret, et, dans le cas contraire, des mots entre parenthèses.

Désistement (suite)
— époux, paiement des frais *C.* 403, n. 64.
— exécution, compétence *C.* 403, n. 102.
— forme *C.* 402, n. 84 s.
— formule sacramentelle *C.* 402, n. 134.
— fraude, nullité *C.* 402, n. 4 s., 9.
— homologation, effet *C.* 402, n. 231.
— huissier, signature *S.* 4503.
— incapable *C.* 402, n. 29 s.; *N.* 4480 s.
— indivisibilité *C.* 402, n. 55, 138, 191, 200.
— interprétation *C.* 403, n. 81 s.; (pouvoir du juge) *C.* 403, n. 96.
— intervention *C.* 340, n. 23 s.
— intimé, acceptation *C.* 402, n. 219 s.
— juge du fait *C.* 402, n. 91, 96.
— jugement, exécution *C.* 402, n. 66, 164.
— jugement interlocutoire, appel, tierce opposition d'incompétence *C.* 170, n. 133.
— jugement par défaut, motifs suffisants *C.* 141, n. 308.
— lésion *C.* 402, n. 67.
— lettre missive *C.* 402, n. 85, 87 s.; *S.* 4495.
— litispendance *C.* 171, n. 39, 40, 143.
— mandat, désaveu *C.* 352, n. 183.
— matière disciplinaire, effets *C.* 403, n. 3.
— mise en demeure *C.* 403, n. 111.
— mode d'acceptation *C.* 402, n. 205 s.
— motifs, conditions *C.* 402, n. 80.
— objet *C.* 402, n. 16 s.; *S.* 4474 s.
— offre, révocabilité *C.* 402, n. 236; *S.* 4517
— omission de statuer, requête civile *C.* 402, n. 242.
— ordre public *C.* 402, n. 16; *S.* 4474.
— parties (signature) *C.* 402, n. 105 s.; *S.* 4497 s.
— péremption *C.* 399, n. 129, 182, 218, 229; (indivisibilité) *C.* 401, n. 61, 73.
— pièces, rétention *C.* 403, n. 7.
— pouvoir du juge *C.* 403, n. 142.
— prescription, interruption *C.* 403, n. 40.
— preuve testimoniale, admissibilité *C.* 482, n. 253 s.
— procédure, effets *S.* 4531.
— procuration authentique, signature *C.* 402, n. 112, 130.
— qui peut l'accepter *C.* 402, n. 105.
— qui peut le demander *C.* 402, n. 27 s.; *S.* 4480 s.
— ratification *C.* 402, n. 116 s.
— ratification intérieure *C.* 402, n. 55.
— régie *C.* 402, n. 141, 178; 403, n. 84 s.
— règlement général *C.* 303, n. 80.
— réserves *C.* 402, n. 63 s., 260.
— révocabilité *C.* 402, n. 3.
— révocation *C.* 402, n. 235 s.; *N.* 4517 s.; (acceptation) *C.* 402, n. 232; (signature) *C.* 402, n. 241.

Désistement (suite)
— rôle d'audience, radiation *S.* 4496.
— signature (apposition) *S.* 4497; (approbation) *C.* 402, n. 113; (défaut, nullité) *C.* 402, n. 113; (impossibilité) *C.* 402, n. 112.
— tribunal de commerce, compétence *C.* 427, n. 24.
— validité, acceptation *A.* 4506-2.

Desservant
— qualité, demande nouvelle, appel *C.* 464, n. 523.

Détenu
— détenu pour dettes, arbitre, capacité *C.* 1006, n. 68.
— exploit, signification *C.* 68, n. 51 s.
— travail, produit, insaisissabilité *C.* 581-582, n. 54.

Diffamation
— action publique *C.* p. 19, n. 135, 138, 148.
— arbitre, récusation *C.* p. 19, n. 133.
— audience *C.* p. 19, n. 140 s.; (dommages-intérêts, dernier ressort) *C.* p. 664, n. 143 s.
— avoué, magistrat, action disciplinaire *C.* p. 1286, n. 27, 29.
— caricature *C.* p. 19, n. 145.
— corps constitué, fonctionnaire *C.* p. 19, n. 137 s.; *S.* 196.
— demande reconventionnelle *C.* p. 19, n. 134.
— dénonciation calomnieuse (cassation, exception d'incompétence) *S.* 3113; (dommages-intérêts, cassation, moyen nouveau) *S.* 7377.
— désistement *C.* p. 19, n. 79.
— discours *C.* p. 19, n. 141 s.
— dommages-intérêts (appel, contestation directe) *S.* 5582 s.; (degrés de juridiction) *C.* p. 663, n. 123; (demande reconventionnelle) *C.* p. 661, n. 64 s.; *S.* 5632; (dommages-intérêts, notaire, compétence) *S.* 10492; (premier ressort) *A.* 5542-3.
— écrit injurieux (suppression, demande, appel) *C.* 464, n. 368 s.; (suppression, tribunal de commerce) *S.* 4891; (dommages-intérêts, degrés de juridiction) *C.* p. 664, n. 142; (pouvoir du juge) *C.* 1036, n. 7; *S.* 10096 s.; (suppression, requête civile) *C.* 480, n. 199.
— fonctionnaire, cour d'assises *C.* p. 19, n. 138.
— gravure *C.* p. 19, n. 145.
— huissier, confrère, poursuites *S.* 11529.
— injure, connexité *C.* 171, n. 154.
— intervention *C.* 339, n. 39 s.; (appel) *A.* 6073-4.
— intervention volontaire, appel *C.* 468, n. 12 s.; (juge, prise à partie) *C.* 505, n. 42, 61 s.
— juge de paix, compétence *C.* p. 18, n. 9.

Distrib. par contr. (suite)
— clôture, distribution nouvelle *C.* 670, n. 7.
— collocation (privilège, conclusions) *C.* 661, n. 3; (rejet, défaut de motifs) *S.* 2474; (saisie-exécution) *S.* 8352.
— collocation provisoire, délai *C.* 663, n. 20 s.; (dénonciation) *C.* 663, n. 19 s.; *S.* 8319 s.; (procès-verbal) *C.* 663, n. 18; (sommation, signification) *S.* 8349.
— communauté, liquidation *S.* 8825.
— consignation *C.* 657, n. 5 s.; *S.* 8308 s.; (refus) *C.* 657, n. 9; (tiers détenteur) *C.* 657, n. 5 s.
— consignation préalable *C.* 658, n. 4.; (défaut) *S.* 8317.
— contestation (audience) *C.* 666, n. 1 s.; *S.* 8360; (audience, rapport) *C.* 666, n. 1; (créance privilégiée) *C.* 666, n. 2 s.; (jugement unique *C.* 666, n. 9 s.; (parties en cause) *C.* 667, n. 1 s.; *S.* 8331.
— contredit *C.* 664, n. 1 s.; *S.* 8351 s.; (audience) *C.* 667, n. 34 s.; *S.* 8360; (avoué) *C.* 666, n. 8; (chose jugée) *C.* 667, n. 8; (délai) *C.* 664, n. 4 s.; *S.* 8385; (forclusion) *C.* 664, n. 9, 13, 17; *S.* 8351; (partie saisie) *C.* 664, n. 14.
— contribution additionnelle, forclusion *C.* 660, n. 34.
— contribution amiable *C.* 654, n. 40 s.; *S.* 8305 s.; (caractère, incomm) *C.* p. 660, n. 47; (signification à personne) *S.* 8371.
— avoué (allocation, signature) *C.* 660, n. 6; (requête, consignation, nullité) *A.* 8318-4 s.; (réquisition préalable) *A.* 8318-2 s.
— bailleur, créance, frais antérieurs *S.* 8346.
— bordereau de collocation *C.* 671, n. 4 s.; (cassation, nouvoir du juge) *S.* 7025; (paiement) *C.* 671, n. 6; (pourvoi, signification) *C.* 474, n. 357.
— caisse des consignations, appel *C.* 669, n. 27.
— caractères *C.* 656, n. 1.
— cas où elle a lieu *C.* 656, n. 1 s.; *S.* 8298 s.
— cassation, personnes, effets *C.* p. 659, n. 6.
— cautionnement, saisie-arrêt *C.* 561, n. 105.
— cessionnaire, appel *C.* 669, n. 6, 28.
— chiffre, créance contestée, degrés de juridiction *C.* 669, n. 6.
— degrés de juridiction *C.* 669, n. 6.

Distrib. par contr. (suite)
— 669, n. 1 s.; *S.* 8364 s.; (ordre public) *S.* 669, n. 10.
— délai, forclusion *C.* 660, n 12 s.
— délégation *C.* 656, n. 11.
— demande en collocation (dettes distinctes, forclusion) *C.* 660, n. 36; (forclusion) *C.* 660, n. 23.
— demande indéterminée, appel *S.* 5518.
— demande nouvelle, appel *C.* 464, n. 48.
— désistement *C.* 403, n. 109, 234.
— distribution nouvelle *C.* 660, n. 7.
— domestique, production *C.* 660, n. 5.
— excédent de deniers *C.* 156, n. 10; *S.* 8298 s.
— faillite *S.* 1400 s.
— forclusion *C.* 660, n. 12 s.; *S.* 8326 s.; (pouvoir du juge) *C.* 669, n. 48.
— frais de poursuite, prélèvement *C.* 662, n. 8.
— greffe, titre, production *C.* 660, n. 1.
— insuffisance de deniers *C.* 656, n. 6 s.; *S.* 8300.
— juge-commissaire, ordonnance, appel *C.* 669, n. 3; (procès-verbal, clôture) *C.* 697, n. 9; (référé) *C.* 809, n. 38.
— jugement *C.* 668, n. 1 s.; *S.* 8362 s.; (droit d'enregistrement) *C.* 668, n. 5 s.; (jugement de collocation) *C.* 668, n. 1 s.; (plaidoirie) *C.* 668, n. 1 s.; (signification) *C.* 669, n. 36 s.; (signification, acquiescement) *C.* 669, n. 43; (signification, formalités) *C.* 569, n. 38 s.
— jugement par défaut, opposition *C.* 157, n. 24.
— mandement, délivrance *C.* 671, n. 4 s.
— matières sommaires *C.* 404, n. 119 s.
— ordre, règlement provisoire *C.* 669, n. 67; *S.* 1404 s.
— paiement, opposition, référé *C.* 671, n. 14 s.
— poursuites, subrogation *C.* p. 795, n. 241; (tierce opposition) *C.* 474, n. 357.
— privilège, degré de juridiction *A.* 8365-2.
— procédure, indivisibilité *C.* 660, n. 17.
— procès-verbal, clôture *C.* 670, n. 1 s.
— production, délai (défaut franc) *C.* 660, n. 10 s.; (opposition) *C.* 660, n. 23; (point de départ, forclusion) *C.* 660, n. 33 s.; *S.* 8340; (production tardive, forclusion) *C.* 660, n. 15, 39 s.
— référé *C.* p. 133, n. 67 s.; (procès-verbal, expédition) *C.* 671, n. 18.
— règlement définitif *C.* 665, n. 1 s.; *S.* 8336; (bordereau de collocation) *C.* 665, n. 6; (bordereau de collocation) *C.* 665, n. 1 s.; *S.* 8288; (chose jugée) *S.*

pension)*C.*703,n.90s.
— pourvoi en cassation (délai) *C.* p. 802, n. 465, n. 1 s.; (délai, suspension) *C.* p. 807, n. 469.

Habitation
— action possessoire *S.* 535.
— détermination du ressort *C.* p. 647, n. 791.
— droit d'habitation, insaisissabilité *C.* 981-982, n. 96 s.

Haie
— élagage, juge de paix, compétence *C.* p. 16, n. 53 s.; *S.* 164 s.
— mitoyenneté, possession non équivoque, possession annale *S.* 445 s.
— plantation, action possessoire, trouble de fait *C.* 22, n. 109.

Halle
— propriété, suspicion légitime *C.* p. 479, n. 22.

Herbes
— adjudication, officier ministériel *C.* p. 643, n. 927.

Héritier
— acquiescement, indivisibilité *C.* p. 929 s., 927.
— acte d'appel (copie, signification, domicile commun) *C.* 436, n. 464; (intérêts distincts) *C.* 436, n. 458; (signification collective) *C.* 456, n. 370.
— action, exercice *C.* 59, n. 294; (connu) *C.* 59, n. 328, 729.
— addition d'hérédité (intervention) *C.* 340, n. 133; (recours, détermination du ressort) *C.* p. 640, n. 544 s.
— appel *C.* 443, n. 192 s., 300, 366, 503 s.; (délai, suspension, signification) *C.* 447.
— arrêt d'admission, signification collective *C.* p. 383, n. 2202 s.
— cession de droits successifs, scellés, levée *C.* 932, n. 6.
— cohéritier (défendeur, action personnelle) *S.* 1218;(défendeur, pourvoi en cassation) *C.* p. 339 ; (délai, déchéance) *C.* p. 797, n. 367 ; (demande collective, dernier ressort) *A.* 5406-2 s. ; (défeta héréditaire, paiement, dernier ressort) *A.*5434-2 s.; (division des créances, détermination du ressort) *S.* 5406 s.; (exécution provisoire) *C.* 135, n. 47 s.; (jugement, tierce-opposition) *C.* 478, n. 16 s.; (opposition, formalités) *C.* 587, n. 13; (ordre, créances, divisibilité, degré de juridiction) *C.* 762, n. 59 ; *S.* 3616 (ordre, jugement, signification, intérêts distincts) *C.* 762, n. 79; (ordre, production, sommation) *C.* 753, n. 75; (pourvoi en cassation) *C.* p. 793, n. 171 ; *S.* 5573 s.; (préécini, demande nouvelle, appel) *C.*

461, n. 462 s.; (reddition de comptes) *S.* 6619 ; (solidarité, condamnation, défaut de moitiés) *S.* 2454 ; (succession, annule, cassation) *C.* p. 800, n. 624; *S.* 6078 ; (succession, partage, pourvoi en cassation) *S.* 6619; (tierce opposition) *C.* 474, n. 94, 94 s., 223 s.
— commandement, notification *C.* 673, n. 26 ; *S.* 8388.
— condamnation solidaire, jugement, interprétation *C.*p.288,n. 12.
— copartageant (lois, garantie) *C.* 59, n. 748; *S.* 1352 ; (reddition de comptes)*C.* 927, n. 2, 27.
— créance héréditaire, détermination du ressort *C.* p. 933, n. 326.
— créancier personnel, scellés, apposition *C.* 909, n. 54 s.
— défaut de qualité, motifs suffisants *C.* 141, n. 643 s.
— désistement, effet *C.* 403, n. 42 s.
— droits successoraux, cession, demande nouvelle, appel *C.* 464, n. 158.
— exception dilatoire *C.* 487.
— exploit, signification *C.* 68, n. 7, 39.
— femme séparée, succession, acceptation *C.* 169, n. 49.
— successeur (successeur à titre particulier, appel) *C.* 443, n. 104; (successeur irrégulier, appel) *C.* 443, n.193 ;(successeur régulier, appel) *C.* 443, n. 103 ; (successeur mixte) *C.* 59, n. 556.
— succession, action, demande jusqu'au partage *C.* 59, n. 719 ; *S.* 1341 s.

Héritier ab intestat
— commandement, copie du titre *C.* 673, n. 20 ; (succession, copie nouvelle, appel) *C.* 464, n. 123.
— héritier institué, demande nouvelle, appel *C.* 464, n. 132.
— héritier présomptif, scellés, levée *C.* 932, n. 2.

Héritier apparent
— acquiescement, indivisibilité *C.* p. 927.
— appel *C.* 443, n. 196.
— scellés, levée *C.* 930, n. 5 s.
— tierce opposition *C.* 474, n. 236, 377.

Héritier bénéficiaire.
V. *Succession bénéficiaire.*

Héritier réservataire
— quotité disponible *C.*141, n. 855; (tierce opposition) *C.* 474,n.253.

Héritier testamentaire
— commandement, copie du titre *C.* 1032, n. 58 s.
— intérêt pécuniaire *C.*59, n. 75 s.
— intervention, appel *C.* 466, n. 109 s.; *S.* 6105.
— intervention volontaire,

appel *C.* 466, n. 2.
— inventaire (frais) *C.* 944, n. 13 s ; *S.* 9670 ; (réquisition) *C.* 944, n. 25.
— jugement, exécution, référé *C.* 806, n. 124.
— jugement par défaut, opposition *C.* 157, n. 56.
— légataire universel, motifs suffisants *C.* 141, n. 541.
— mineur, succession, action *C.* 59, n. 723 s.
— péremption *C.* 397, n. 93 s., 137 ; (demande) *C.* 400, n. 52, 65 s.; (indivisibilité) *C.* 401, n. 62, 68; (interruption) *C.* 399, n. 148 s.
— poursuite, dernier ressort *A.* 5383-3.
— pourvoi en cassation *C.* p. 793, n. 161 s., 170 s.; p. 798, n. 340; p. 800, n. 407 s.; p. 858, n. 2330.
— prélèvement, demande nouvelle, appel *C.* 464, n. 71.
— promesse éventuelle, exécution provisoire *C.* 135, n. 104.
— qualité (acte authentique, moyen de cassation) *C.* p.822, n. 1130 ; (action exercice) *C.* 59, n. 127;(appel,acquiescement) *C.* p.531, n. 378, 363; (contestations, détermination en ressort) *C.* p. 640, n. 534 s.
— renonciation, tierce opposition *S.* 6379.
— reprise d'instance *C.* 346, n. 1, 11 s.
— requête civile *C.* 480, n. 49 s., 282.
— saisie immobilière, appel *C.* 732, n. 8.
— signification, appel *C.* 443, n. 503 s.
— société commerciale, compétence *C.* 59, n. 603.
— succession générale (partage, saisie-exécution) *C.* 583, n. 3.
— surenchère *C.* 711, n. 30 s.

Heure. V. *Ajournement,* formalités, Exploit.

Heure légale. V. Acte judiciaire.

Honoraires
— expert, action *C.* 319, n. 32 s.; (exécution provisoire) *S.* 3946; (solidarité) *C.* 319, n. 42.
— juge de paix, compétence *C.* p. 6, n. 12 s.; *S.* 7 I.
— paiement, jugement commercial, exécution *C.* 135, n. 60.
— syndic, acte d'appel, frmes *C.*436, n. 30.
— vente, officier ministériel, paiement *C.* 857, n. 19.
V. Arbitre, Avocat, Avoué, Notaire.

Hospice
— acte d'appel, remise de la copie *C.* 436, n. 523, 529.
— action en justice, formalité *C.* 1032, n. 4.
— ajournement *C.* 69, n. 55.
— appel, autorisation *C.* 443, n. 158.
— comparants *S.* 9758 s.; *S.* 6105.
— intervention, saisie-arrêt *C.* 557, n. 57 s.

Hospice (suite)
— matières sommaires *C.* 164, n. 153 s.; *S.* 6670 ; (réquisition publique) *C.* p. 1180, n. 16.
— saisie-arrêt (compétence) *C.* 567, n. 33; (signification) *C.* 561, n. 4, 42.
— secrétaire, avocat, incompatibilité *C.* p. 1271, col. 3, n. 53.

Hôtel-restaurant
— vente, compétence *S.* 4794.

Hôtel garni
— acte d'appel, remise de la copie *C.* 435, n. 503, 517 s.
— enseigne, jugement, interprétation *C.* 287, n.19.
— femme séparée, gérance *C.* 9482.
— maître, réponse, rédaction *C.* p. 66, n. 128 s.
— paiement de fournitures, défendeur, action, compétence *S.* 59, n. 474.
— propriété, appel *C.* 464, n. 347.
— saisie-gagerie *C.* 819, n. 9, 35.
— voyageur, départ, saisie-gagerie, référé *C.* 819, n. 16.

Hôtelier-compétence
— aubergiste *C.* p. 9, n. 5 s.; (voyageur, effets) *C.* p. 9, n. 9 s.
— cafetier *C.* p. 9, n. 9.
— chevaux *S.* 1002.
— dépenses d'hôtellerie *C.* p. 9, n. 4 s.
— restaurateur *C.* p. 9, n. 7.
— voyageur(contestations) *C.* p. 9, n. 2 s.; *N.* 1005.; (effets) *C.* p. 9, n. 8 s.
— V. Aubergiste.

Huissier
— acquiescement (sous-voir spécial) *C.* 352, n. 199 s.; (signification, désaveu) *C.* 352, n. 224.
— acte (enregistrement, délai) *C.* p. 1286, n. 36; (faux incident) *C.* 214, n. 8; (mentions atténuantes) *C.* p. 1285, art. 45, n. 4 s.; (rédaction mandataire) *C.* p. 1286, n. 31 ; (rédaction, mentions) *C.* p. 1285, art. 45, n. 2; (signification, dommages-intérêts) *C.* p. 1285, n. 30; (témoins, assistance) *C.* p. 1284, art. 34, n. 21; (transport, signification) *A.*5719-2 s.
— acte à amené, signification, réparation *C.* 480, n. 25.
— action personnelle, ordre, collocation *C.* 755, n. 78.
— agent d'affaires, peine disciplinaire *C.* p. 1289, n. 34.
— arrêt d'admission (immatériale, énonciation) *C.* p. 851, n. 2143 s.; (remise de la copie, mentions) *S.* 7471; (remise de la copie, serviteur)

signification *C.* p. 1286, n. 4 s.
— défenseur officieux, incompatibilité *C.* p. 1283, art. 40, n. 4; *S.* 11309.
— délai, désaveu *C.* 352, n. 203.
— demande en garantie, appel *C.* 464, n. 652 s ; *S.* 6065 s.
— déni de justice *C.* 306, n. 37.
— dépens, distraction *C.* 133, n. 1.
— désaveu *C.* 352, n. 3 s., 175, 176, 190 ; p. 1284, art. 34, n. 24, n. 22 ; *S.* 4146; (jugement, exécution, condition) *C.* 556, n. 3 s.; (mandat) *C.* 352, n. 190 s. ; (pouvoir) *C.* 352, n. 192.
— désistement *C.* 402,n.50.
— devoirs *C.* 1285, art. 39 s ; *S.* 11507 s.
— domicile élu (exploit, signification) *C.* 68, n. 53; (pourvoi spécial, jugement, signification) *C.* 147, n. 102 s.; (signification, frais frustratoires) *C.* 1031, n. 30 s.
— dommages-intérêts, demande incidente) *C.* 337, n. 40; (frais et dépens)*C.*180,n.121.
— droits litigieux, cession *C.* p. 1286, n. 37.
— émoluments, remise *C.* p. 1285, art. 43, col. 2, n. 1 s.
— enquête (immatricule omission) *C.* 294, n. 16, 46; (signature, omission) *C.* 294, n. 16.
— enregistrement, vacation) *C.* 1310, n. 16.
— état de frais *S.* 11530.
— exercice (cause personnelle) *C.* 66, n. 8 s.; *S.* 1626 s.; (communaunal d'huissiers) *C.* 66, n. 12; (domicile élu, domicile personnel) *C.* 66, n. 17; (incompatibilités) *C.* 66, n. 4 s.; *S.* 1526 s.;(parents et alliés) *C.* 66, n. 2 s.; (solidarité incident) *C.* 66, n. 10 s., 12 ; *S.* 1528.
— exploit (fonctionnaire public, visa) *C.* p. 1286, n. 17; (remise à domicile) *C.* p. 1286, n. 11, 16; (remise à personne) *C.* p. 1294, n. 22; (communautaument)*C.* p. 1294, n. 22; (copie préparée, usage local) *C.* p. 1294, n. 31; (hypothèque, purge, nullité)*C.* p. 1294, n. 28; (matière commerciale) *C.*p.1294, n. 23 s.; (saisie-arrêt) *C.* p. 1294, n. 27; (transport, signification) *C.* p. 1294, n.26.
— exploit, ont *C.* 67, n. 4 s.; *S.* 1829 s.; (contravention, peine) *C.* 67, n. 5 s.; (tombée de rôles) *C.* 67, n. 4; (timbre) *S.* 1829 s.
— exploit, signification (causes de nullité) *C.* 70, n. 4 s.; 1072 s.; (constitution d'avoué, remise en blanc) *C.* 71, n. 11; (constitution d'avoué, omission) *C.* 71, n. 7; (date, inexactitude) *C.* 71, n. 12, 13; (domicile réel, domicile élu, énonciation) *C.* 71, n. 14 s.; (domicile réel, domicile inconnu, formalités) *C.* 69, n. 175 s.; (domiciles in-rées, énoncé) *S.* 1675 s.; (étranger, domicile élu) *C.* 71, n. 18; (fait person-

600   TABLE GÉNÉRALE ALPHABÉTIQUE.

FIN DE LA TABLE ALPHABÉTIQUE

TABLE DES MATIÈRES

DU

SUPPLÉMENT AU CODE DE PROCÉDURE CIVILE

ERRATA

Page 2, n° 33, dernière ligne, *après* : art. 59 et 69, *lisez* : C. proc. civ.

P. 3, n° 71, dernière ligne, *au lieu de* : 1402, *lisez* : 1404.

P. 5, n° 126, dernière ligne, *au lieu de* : à, *lisez* : et.

P. 9, titre en haut de la page, *au lieu de* : L. 25 mai 1838, art. 5, *lisez* : L. 25 mai 1838, art. 6.

P. 13, n° 334, dernière ligne *après* : art. 15, n° 11, *supprimez les* expressions art. 147.

P. 15, n° 363, dernière ligne, *au lieu de* : n°s 367 et s., *lisez* : n°s 370 et s.

P. 36, n° 994, ligne 2, *au lieu de* : 267, *lisez* : 26.

P. 49, col. 3, *avant* : art. 60, *lisez* : *Code de procédure civile* (suite).

P. 63, n° 1812, ligne 4, *au lieu de* : n°s 47 à 100, *lisez* : n°s 47 à 84.

P. 86, n° 2462, dernière ligne, *au lieu de* : n° 670, *lisez* : n° 661.

P. 94, *au lieu de* : n° 2366, *lisez* : n° 2666.

P. 99, titre en haut de la page, *au lieu de* : art. 3, *lisez* : art. 153.

P. 109, n° 3148, première ligne, *au lieu de* : cette loi de 1876, *lisez* : la loi de 1876.

P. 117, n° 3359, ligne 2, *après* : volontairement reconnu, *lisez* : est.

P. 142, n° 4064, dernière ligne, *au lieu de* : J.S.S. *Intervention*, *lisez* : J.G.S. *Intervention.*

P. 143, n° 4087, dernière ligne, *au lieu de* : J.G.S. *Intervention* 57, *lisez* : J.G.S. *Intervention*, 56.

P. 175, n° 5106, dernière ligne, *au lieu de* : V. *Code de procédure civile*; n° 423, *lisez* : V. *Code de procédure civile*, n° 323.

Page 182, n° 5335, dernière ligne, *au lieu de* : V. *Code de procédure civile*, n° 51, *lisez* : V. *Code de procédure civile*, n° 54.

P. 188, n° 5611, dernière ligne, *au lieu de* : V. *infrà*, n° 689, *lisez*: V. *infrà*, n° 699.

P. 196, n° 5713, avant-dernière ligne, *au lieu de* : V. *Code de procédure civile*, n° 377, *lisez* : V. *Code de procédure civile*, n° 277.

P. 201, *après* le n° 5851 et *avant* : Sxcr. 8, *Des magistrats qui se retirent*, etc., *lisez* : Décret du 6 juill. 1810 (suite).

P. 225, n° 6497, première ligne, *au lieu de* : concession, *lisez* : concussion.

P. 257, n° 7552, dernière ligne, *au lieu de* : L. 16 mai 1835, *lisez* : Ordon. 16 mai 1835.

P. 262, 3° col.; *lisez* : n° 7682.

P. 293, *après* le n° 8536 et *avant* : art. 700, *lisez* : *Code de procédure civile* (suite).

P. 293, n° 8606, *au lieu de* : délivrance, *lisez* : délivrance de la grosse du jugement d'adjudication.

P. 295, n° 8607, dernière ligne, *au lieu de* : n° 2, *lisez* : n° 8.

P. 316, n° 9134, dernière ligne, *au lieu de* : V. *Code de procédure civile*, n° 119, *lisez* : V. *Code de procédure civile*, n° 122.

P. 317, n° 9179, ligne 7, *au lieu de* : de vice-président, *lisez* : le vice-président.

P. 327, n° 9472, avant-dernière ligne, *au lieu de* : V. *Code de procédure civile*, n° 22, *lisez* : V. *Code de procédure civile*, n° 27.

P. 383, n° 10408, dernière ligne, *après* : V. *infrà*, n°, *ajoutez* : 10454.

P. 385, n° 10415, dernière ligne, *après* : V. *infrà*, n°, *ajoutez* : 10431.

ANGERS, IMP. BURDIN ET Cⁱᵉ, 4, RUE GARNIER.

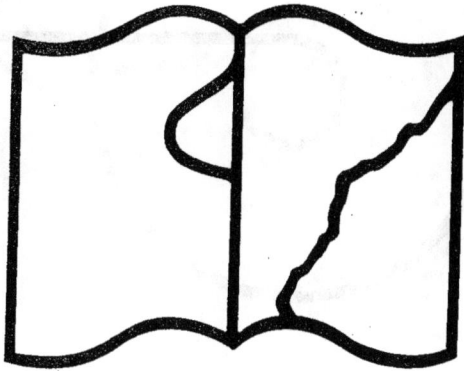

Texte détérioré —- reliure défectueuse

NF Z 43-120-11

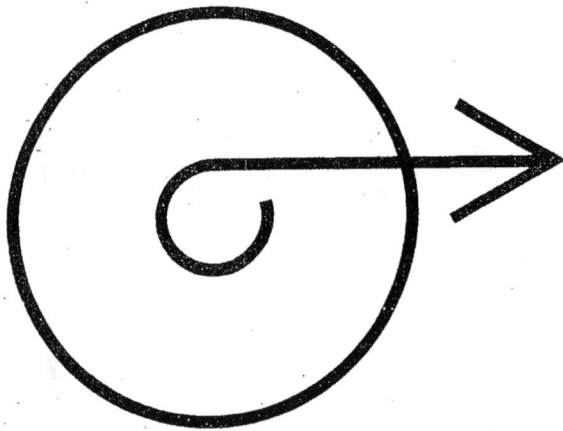

Fin de bobine

NF Z 43-120-3

www.ingramcontent.com/pod-product-compliance
Lightning Source LLC
Chambersburg PA
CBHW060842220326
41599CB00017B/2360